COMPTES
DES
BÂTIMENTS DU ROI
SOUS LE RÈGNE DE LOUIS XIV,

PUBLIÉS

PAR M. JULES GUIFFREY,

ARCHIVISTE AUX ARCHIVES NATIONALES.

TOME TROISIÈME.
LOUVOIS ET COLBERT DE VILLACERF.
1688-1695.

PARIS.
IMPRIMERIE NATIONALE.

M DCCC XCI.

COLLECTION

DE

DOCUMENTS INÉDITS

SUR L'HISTOIRE DE FRANCE

PUBLIÉS PAR LES SOINS

DU MINISTRE DE L'INSTRUCTION PUBLIQUE.

TROISIÈME SÉRIE.

ARCHÉOLOGIE.

Par arrêté du 24 mai 1875, le Ministre de l'Instruction publique, sur la proposition de la Section d'archéologie du Comité des travaux historiques et des Sociétés savantes, a ordonné la publication des *Comptes des Bâtiments du Roi sous le règne de Louis XIV*, par M. Jules GUIFFREY, archiviste aux Archives nationales.

M. Anatole DE MONTAIGLON, membre du Comité, a suivi l'impression de ce volume en qualité de commissaire responsable.

COMPTES
DES
BÂTIMENTS DU ROI
SOUS LE RÈGNE DE LOUIS XIV,

PUBLIÉS

PAR M. JULES GUIFFREY,

ARCHIVISTE AUX ARCHIVES NATIONALES.

TOME TROISIÈME.
LOUVOIS ET COLBERT DE VILLACERF.

1688-1695.

PARIS.

IMPRIMERIE NATIONALE.

M DCCC XCI.

AVERTISSEMENT.

Le présent volume embrasse une période de huit années, allant de 1688 à 1695 inclusivement. Deux Surintendants dirigèrent l'administration des Bâtiments pendant cet espace de temps : François-Michel Le Tellier, marquis de Louvois, mort le 16 juillet 1691, et Édouard Colbert, marquis de Villacerf, mort en 1699.

Les comptes de ces huit années occupent dix-huit registres, qui se trouvent, grâce au mode de publication adopté et longuement expliqué dans l'Introduction du premier volume, intégralement reproduits dans les pages suivantes. C'est un point capital sur lequel il convenait d'insister, puisqu'on est ainsi parvenu à faire tenir la matière de quarante-neuf registres in-folio en trois volumes, sans qu'aucun article, de si peu d'importance qu'il fût, ait été retranché, sans qu'aucun détail ait été omis.

La dépense des Bâtiments, de 1688 à 1695, s'élève au chiffre de 20 millions et demi de livres. Elle avait dépassé 57 millions et demi pendant les sept années précédentes et atteignait tout près de 74 millions durant les dix-sept premières années de l'administration de Colbert, c'est-à-dire sous la période la plus brillante du règne. De 1664 à 1695, l'administration des Bâtiments, avec tous ses services multiples, avait donc coûté à la France 162 millions environ. A première vue, la somme paraît énorme; mais, si on examine le détail de tout ce qui a été fait à ce prix, si on tient compte de toutes les institutions utiles créées, des encouragements donnés aux lettres, aux sciences et aux arts, de la suprématie du goût français assurée, on conviendra qu'une dépense moyenne de 5 millions environ par an n'a rien d'exorbitant par rapport aux immenses résultats obtenus.

On peut blâmer certaines prodigalités; peut-être y eut-il exagération dans les dépenses improductives et purement somptuaires pendant l'espace de temps qui sépare la paix de Nimègue de la ligue d'Augsbourg. C'est le moment des grandes folies pour la décoration des appartements et pour les jardins de Versailles. C'est alors que sont commandés les riches ouvrages d'argenterie, et aussi ces vases admirables, ces statues de marbre et ces groupes de bronze qui peuplent encore les grandes avenues du parc. Mais, il faut le reconnaître, l'art et le goût français trouvaient leur compte à toutes ces commandes. Pour peu qu'on les eût réparties sur une plus longue suite d'années, le résultat eût été le même sans apporter aucun trouble aux finances de l'État.

En 1688, la période des grands travaux est close; jamais les budgets annuels n'atteindront désormais les chiffres des années précédentes. De 1680 à 1687, on a vu les sommes affectées aux Bâtiments varier entre 6 et 8 millions par an, sauf pour l'année exceptionnelle de 1685 où elles arrivent à près de 14 millions. Bientôt ces chiffres vont sensiblement décroître et se maintenir dans des limites infiniment plus modestes. En 1688, dernière année de prodigalité, le total général dépasse encore 7 millions, pour se trouver réduit l'année suivante à la moitié de cette somme. A partir de 1690, un million et demi, un peu plus ou un peu moins, suffira à l'entretien des Maisons Royales, aux nouveaux travaux de construction et d'embellissement et même à l'amortissement des dettes des exercices précédents. Cette moyenne ne sera guère dépassée dans le cours des années suivantes. Qu'on songe un moment à la multiplicité des besoins auxquels il fallait faire face avec une somme aussi réduite, et on conviendra que des prodiges d'habileté et de sagesse furent alors accomplis pour soutenir les grandes créations de la première moitié du règne.

Si nous examinons maintenant l'un après l'autre les budgets de chaque palais et des divers établissements à la charge du Trésor royal, nous remarquons d'abord que les frais de Versailles vont en diminuant chaque année. On termine, il est vrai, la grande aile ou aile du Nord, du côté des réservoirs actuels; mais, dès 1689, les gros travaux touchant à leur fin, la dépense se trouve ainsi tomber de un million en 1688, ou de 220,000 livres en 1689, à 60,000 livres en 1690, pour arriver à 18,000 livres seulement en 1695. C'est que le favori sans mérite a eu le sort commun à tous les favoris. Son beau temps est passé pour ne plus revenir. Versailles est délaissé pour Marly. Ce qui n'empêche pas l'ensemble des sommes affectées au château, aux jardins et aux dépendances immédiates de Versailles d'atteindre encore un chiffre assez respectable, soit environ 4 millions de livres pour la période qui nous occupe, dont 2 millions et demi incombent aux années 1688 et 1689. La plus grosse part, 800,000 livres environ, revient, comme toujours, à la maçonnerie. Les autres chapitres se partagent le surplus dans des proportions qui ne prêtent à aucune observation particulière. Les dépenses de la sculpture, qui avaient pris un moment un développement considérable, ne tardent pas à rentrer dans les conditions normales. L'économie se fait sentir là comme partout ailleurs.

Sur les châteaux de Saint-Germain et de Fontainebleau, rien à dire. Le Roi pourvoit à leur entretien; c'est tout ce qu'il peut se permettre; un peu plus de 500,000 livres en tout, soit environ 60,000 livres par année, pour suffire à tous les besoins, voilà toute la dépense. Ici, c'est encore le chapitre de la maçonnerie qui présente les plus hauts chiffres. Pour le château de Marly, dont l'entretien et l'embellissement reviennent à près d'un million pour les huit années, une remarque s'impose : la somme énorme appliquée aux terrassements, aux routes, aux jardinages et aux plantations. On crée le parc, on apporte de tous côtés des arbres et des arbustes; la forêt est percée de routes, connues encore aujourd'hui sous le nom qu'elles portaient il y a deux siècles. Malgré ces frais exceptionnels, l'économie réalisée sur Marly subit la même progression que celle des autres Maisons Royales. Au lieu de 116,000 livres en 1688, la dépense des jardins et terrassements tombe à 17,000 ou 18,000 livres en 1694 et 1695, soit une diminution des neuf dixièmes.

La Machine de la rivière de Seine ou de Marly est toujours fort dispendieuse sans produire les résultats attendus. Pour ce chapitre, la grosse dépense est la serrurerie, qui, avec les journées d'ouvriers, coûte près de 200,000 livres sur 561,000, soit plus du tiers.

A partir de 1690, les travaux de la rivière d'Eure sont à peu près délaissés; les années 1688 et 1689 ont absorbé la presque totalité de la somme de 3 millions de livres environ qui figure au tableau.

Évidemment, s'il avait été possible de diviser les dépenses des Bâtiments suivant la logique des faits, mieux eût valu rattacher ces deux années 1688 et 1689 au groupe précédent, car elles appartiennent à un régime complètement abandonné à partir de 1690.

L'Hôtel des Invalides touche à son achèvement. Les grosses dépenses cessent en 1692; on en est arrivé aux travaux de sculpture et de marbrerie; cela signifie que l'édifice est terminé, que la décoration est bien près de sa fin.

Parmi les chapitres des diverses Maisons Royales, le plus élevé est celui de la pépinière du Roule, des achats d'arbres et de fleurs; ce qui s'explique facilement par les plantations de Marly. Notons aussi les travaux de sculpture et de marbrerie qui dépassent encore 250,000 livres en 1688, pour tomber à 4,000 livres et au-dessous sept ans plus tard.

Après 1693, plusieurs résidences nouvelles font leur apparition. C'est d'abord le château de Choisy, affecté à l'habitation du Grand Dauphin et qui est remis à neuf en 1693 et 1694; mais cette habitation ne tarde pas à être échangée contre le château de Meudon, naguère occupé par Louvois et que la veuve du ministre est heureuse de céder au Roi pour aller finir ses jours dans une demeure moins dispendieuse. Meudon forme un chapitre spécial à partir de 1695. Le Roi ne tardera pas à faire élever, dans le voisinage de la somptueuse résidence bâtie sous François Ier, le nouveau château qui a subsisté jusqu'en 1870; mais, en 1695, les nouvelles constructions ne sortent pas encore de terre. On entretient seulement l'ancien palais du xvie siècle, et les sommes, précédemment affectées à la maison de Choisy, sont désormais consacrées à ce château de Meudon, aux embellissements et agrandissements duquel on ne cessera de travailler jusqu'à la mort du Grand Dauphin.

L'avant-dernier tableau, qui réunit les Académies, les médailles, les gravures, les gratifications aux gens de lettres, serait un des plus curieux à étudier en détail. Ainsi, dès 1692, les allocations à l'Académie française et à l'Académie des sciences sont supprimées, ou du moins cessent de former un chapitre particulier. Les gratifications aux gens de lettres, encore maintenues, mais singulièrement réduites en 1691, disparaissent complètement l'année suivante. Bien des auteurs avaient cherché inutilement à fixer la date de la suppression des pensions attribuées aux littérateurs et aux savants, et jusqu'ici l'opinion la plus accréditée faisait remonter cette économie regrettable à une date bien antérieure.

Les sommes attribuées à l'Académie de peinture, à l'Académie de Rome, aux ouvrages des Gobelins ou de la Savonnerie subissent la loi commune qui impose l'économie dans toutes les branches de l'administration. La *Correspondance des Directeurs de l'Académie de Rome* avec le Surintendant des Bâtiments du Roi, récemment publiée avec tant d'érudition et de soin par M. Anatole de Montaiglon, fait connaître quelles vicissitudes, quelles extrémités la fondation de Colbert dut traverser pendant cette période troublée de son existence. Le chapitre des Gobelins, singulièrement réduit comme tous les autres, fournit toutefois les détails les plus précis sur les travaux de la Manufacture pendant ces années de détresse.

AVERTISSEMENT.

Il est vraiment fâcheux qu'on ait attendu si longtemps pour intercaler dans les comptes ces renseignements si précieux sur l'exécution des plus célèbres tentures du règne de Louis XIV.

Le chapitre des fonds libellés et parfaits payements suggérerait plus d'une observation curieuse. Ce chapitre s'élève à 4,250,000 livres environ, plus du cinquième de la dépense totale des huit années. Contrairement à ce qui a été observé précédemment, le chiffre le plus fort est celui de 1695. Il est vrai qu'on a compris dans ces fonds libellés le solde d'anciens travaux, terminés depuis quinze ou vingt années ou même bien davantage. Sous cette rubrique sont réunies les dépenses les plus diverses; à côté d'acomptes et de parfaits payements attribués à des entrepreneurs ou à des artistes, on rencontre, par exemple, une somme de 80,000 livres remise à la veuve de Louvois pour l'achat de la collection de tableaux, statues et autres objets d'art formée par son mari; puis, les gratifications du s^r Deville, l'ingénieur de la Machine de Marly, de Mansart et de Le Nostre, enfin beaucoup d'articles qui paraîtraient mieux à leur place sous la rubrique des diverses Maisons Royales. Les payements faits aux sculpteurs pour de récents travaux occupent aussi dans le chapitre des fonds libellés une place considérable. Il était impossible de remédier à cette confusion et de reporter à leur place rationnelle ces dépenses si variées. La table alphabétique permettra de retrouver, dans cette agglomération d'articles disparates, les sommes afférentes aux divers palais et aux entrepreneurs attitrés des résidences royales.

En 1694, sont inaugurés divers expédients financiers, suggérés sans doute par les besoins du moment et par la pénurie du Trésor. Il convient d'en dire quelques mots. Le chapitre des recettes porte en marge certaines indications, soigneusement reproduites ici dans les notes, desquelles il semble résulter que la plupart des créanciers du Roi furent remboursés, soit en rentes viagères à fonds perdu, soit en augmentations de gages, soit en rentes sur l'Hôtel de Ville de Paris. Il ne nous appartient pas d'examiner la légitimité de ces sortes de conversions ayant incontestablement pour but d'alléger les charges du Trésor; mais il importait de signaler cette mesure, dont l'application fut continuée pendant un certain nombre d'années. Sans doute, c'était une spoliation partielle, presque une banqueroute; les créanciers du Roi rentraient du moins de cette façon dans une partie des sommes dues depuis longtemps, quand ils couraient grand risque de perdre la totalité de leurs créances.

Si l'on considère le tableau récapitulatif de toutes les dépenses de 1688 à

1695, un fait capital se dégage tout d'abord. L'année 1689 clôt l'ère des grands travaux, la période des constructions nouvelles. A partir de 1690, les finances de l'État suffiront avec peine à l'entretien des palais, à la conservation des établissements qui, comme la Manufacture des Gobelins ou l'Académie de Rome, périraient, le jour où les subventions accoutumées viendraient à leur manquer.

La dernière partie des comptes des Bâtiments offrira donc un moindre intérêt que la période qui s'étend de 1664 à 1690. Était-ce un motif suffisant pour arrêter brusquement en 1690 la publication de cette grande collection? Nous ne le pensons pas. En effet, l'histoire des palais de Versailles, de Saint-Germain, de Fontainebleau, se trouve ici écrite au jour le jour dans des documents que rien ne saurait remplacer. Puis, les vicissitudes des grandes créations du règne de Louis XIV, soutenues à travers mille difficultés de toutes sortes, au prix de sacrifices incessants, intéressent autant l'historien que la période de prospérité et de gloire. L'histoire impartiale ne doit-elle pas tout connaître et tout dire : les revers comme les succès, les malheurs aussi bien que les triomphes? Quelques années suffiront maintenant pour terminer la publication des Comptes des Bâtiments sous le règne de Louis XIV. Bien que nous n'ayons rencontré d'aucun côté, il s'en faut, les encouragements sur lesquels nous avions peut-être le droit de compter, nous n'avons eu ni repos ni relâche avant que la copie des registres fût complètement achevée. C'est chose faite aujourd'hui. Grâce à cette précaution, l'impression des deux volumes qui termineront la série en cours d'impression pourra être poussée activement et sans interruption. Il arrive trop souvent, de nos jours, que des travaux de longue haleine, pompeusement annoncés, sont brusquement arrêtés par le caprice ou la fatigue des auteurs. C'est un danger que nous nous sommes efforcé de conjurer, autant qu'il dépendait de nous. A défaut d'autre mérite, on nous accordera du moins celui de la persévérance et aussi, nous l'espérons du moins, celui de l'exactitude.

Sur ce dernier point, nous nous trouvons dans la nécessité de répondre à certaines critiques adressées autant au plan de l'ouvrage qu'à l'auteur. Peu de personnes, même de celles qui auraient pu tirer de notre œuvre un profit certain, ont eu la patience de consulter et de feuilleter la masse énorme de documents que nous avons mis à la disposition des travailleurs. Aussi avons-nous été traité avec un parti pris évident par ceux qui nous ont fait la grâce de nous accorder un moment d'attention. Nous ne nous arrêterons pas à la boutade d'un critique surpris en flagrant délit de négligence et d'inexactitude et qui, par manière de

AVERTISSEMENT.

représailles, s'est un peu moqué de notre scrupule à reproduire les moindres minuties du texte, à faire ressortir les détails infinis auxquels descendaient les comptables du xviie siècle. De pareilles chicanes ne méritent guère qu'on s'en occupe. Elles laissent trop percer d'ailleurs le bout de l'oreille pour que nous ne nous contentions pas de sourire de cette petite vengeance.

C'est dans le même ordre d'idées, on pourrait presque dire sous la même inspiration que fut adressé à notre précédent volume un blâme qui, s'il était fondé, ne serait rien moins que la condamnation définitive d'une œuvre de vingt années.

En annonçant sommairement l'apparition du tome deuxième des *Comptes des Bâtiments*, la *Revue historique* ajoutait[1] : « Ces comptes offrent sans doute un certain intérêt et fournissent des renseignements utiles sur la construction et les embellissements des châteaux royaux, sur les artistes qui y ont travaillé sous le règne de Louis XIV, sur les prix des matériaux et de la main-d'œuvre au xviie siècle, enfin sur les finances mêmes du grand règne. Mais on se demande s'il n'eût pas été possible d'extraire ces renseignements de cet amas de documents sans les publier *in extenso*, et l'on éprouve quelques regrets en pensant que M. Guiffrey[2] passe à corriger de fastidieuses épreuves un temps qu'il pourrait employer à faire des travaux originaux. »

Ah! certes, il est fastidieux, il est fatigant de passer de longues heures à lire, à relire et à corriger plusieurs centaines de pages d'impression en petit texte; mais est-ce que le lecteur a souci de pareils détails? Ils ne regardent en somme que l'auteur, et, si celui-ci s'en acquitte d'une façon à peu près satisfaisante, il serait assez étrange qu'on vînt à lui reprocher ses peines. Sans doute, beaucoup d'érudits ou d'écrivains dédaignent fort de pareilles minuties; beaucoup sont trop portés à considérer comme temps perdu celui qu'ils consacrent à corriger des épreuves. Et c'est pourtant leur premier devoir de présenter un texte débarrassé de toutes les imperfections du travail préparatoire. Certes, personne n'eût songé à se plaindre si l'auteur de la fameuse *Bibliographie de l'Histoire de France jusqu'en 1789* avait donné plus de temps et plus d'attention à la revision du texte et à la correction des épreuves de son travail, quelque infime que puisse sembler un pareil labeur à un historien absorbé par des travaux originaux de haute érudition.

---

[1] Année 1887, t. XXXV, p. 325. L'article porte la double signature : G. Monod et Ch. Bémont.

[2] Ici nous passons quelques mots aimables trop visiblement destinés à faire illusion sur l'impartialité des critiques.

Si la critique s'était bornée à un détail insignifiant comme celui dont on vient de parler, il n'y aurait pas eu lieu de s'y arrêter. Elle se condamnait elle-même par le choix et la nature de ses observations. Mais elle prône une théorie que nous ne saurions admettre à aucun degré, et contre laquelle nous nous élevons de toutes nos forces; non parce qu'elle aboutirait à la condamnation de notre travail, mais parce qu'elle ne tendrait à rien moins qu'à introduire le plus pur arbitraire dans la publication des textes historiques.

L'auteur de la note reproduite ci-dessus se demande s'il n'eût pas été possible d'extraire les renseignements auxquels il veut bien reconnaître un certain intérêt de la masse des documents imprimés, sans publier le tout *in extenso*. Or, dès le début de la publication, dans l'Introduction placée en tête du premier volume, nous avons pris la précaution de nous expliquer nettement à ce sujet. L'objection était prévue; nous y avions répondu, pour ceux du moins qui ont pris la peine de nous lire. Nos idées n'ont pas changé depuis quinze ans; bien au contraire. Mais peu de personnes lisent les préfaces; et ce passage, qui allait au-devant des questions soulevées aujourd'hui, a sans doute échappé au rédacteur de la *Revue historique*. Il est donc essentiel de le reproduire ici. Nous disions alors : « Quant à une publication partielle ou par extraits, nous n'y aurions, pour notre part, jamais souscrit. Un document comme celui-ci est, de sa nature, absolument indivisible; il faut donner tout ou rien. » Comme on ne nous indique pas, maintenant qu'on a le texte sous les yeux, quels chapitres il fallait supprimer, nous n'avons aucune raison pour ne pas persévérer dans notre plan primitif. Nous avons d'ailleurs longuement exposé, à diverses reprises, par quels procédés bien simples nous sommes parvenu à faire tenir en un seul volume, sans retrancher un seul nom, un seul article, la matière de quinze ou vingt registres. Peut-être serait-on en droit de nous adresser un reproche mérité s'il fallait parcourir toutes les colonnes de chaque volume pour y trouver ce qu'on cherche; mais une table très détaillée indique rapidement à tout travailleur sérieux les articles spéciaux ayant trait à l'objet de ses études. Pour les historiens qui s'en tiennent aux résultats positifs, qui veulent seulement une vue d'ensemble, la récapitulation des dépenses peut suffire. Les listes de littérateurs, de savants, d'artistes et d'artisans, détachées de la table alphabétique, ont groupé tous les noms célèbres éparpillés dans les longues colonnes de la table. En outre, cette table, aussi développée que possible, répond à toutes les questions, soit sur les noms de personnes ou de lieux, soit sur les résidences royales, soit sur les matières. On a si peu l'habitude aujourd'hui de donner de pareils développements qu'on a parfois reproché à notre index de pécher par excès de détail; c'est, croyons-nous, le meilleur éloge qu'on puisse adresser à une pareille publication. Cette préoccupation de faciliter à chacun les recherches ne mériterait-elle pas au moins quelque reconnaissance de ceux qui nous consulteront sans perte de temps?

D'autre part, supprimer une partie des articles de dépenses, n'était-ce pas infirmer la valeur des résultats généraux présentés à la suite de chaque tome? Sans doute, ces récapitulations, ces listes, ces tables, auraient pu être rejetées à la fin du dernier volume. Beaucoup d'éditeurs se croient autorisés aujourd'hui à procéder de la sorte. Mais, sans insister sur l'étendue démesurée d'une table unique, n'était-ce pas rendre l'usage de notre publication à peu près impossible jusqu'à son achèvement complet? Or, qui peut être assuré d'arriver au terme, quand il s'agit d'un document aussi complexe et aussi considérable?

Depuis un certain nombre d'années, nous avons eu à rédiger nombre de tables de diverse importance; l'expérience nous a donc peut-être donné quelque compétence en cette matière assez délicate. Nous pouvons affirmer que la rédaction d'une bonne table n'est pas un travail aussi simple qu'on serait tenté de le supposer. Tel livre n'a de valeur que par sa table; et c'est, croyons-nous, un peu le cas de celui-ci. On ne saurait donc consacrer trop de soins à l'accomplissement de cette besogne, en apparence purement machinale. S'il ne dépendait que de nous, aucun volume de documents ne paraîtrait dans les collections officielles de l'État ou des grandes sociétés savantes, sans être accompagné de ce guide indispensable pour se retrouver dans un amas de textes arides et médiocrement attrayants. Trop souvent, et nous pourrions citer plus d'un exemple récent, l'auteur rejette à la fin d'une collection dont il ne verra jamais le terme l'impression de cet instrument de recherche indispensable aux travailleurs. Nous n'avons jamais laissé passer une occasion de protester contre une pareille méthode, et jamais non plus, quand il a dépendu de nous, nous n'avons manqué à ce que nous regardons comme le premier devoir d'un éditeur consciencieux.

Si nous en venions à l'examen des articles qu'on peut taxer d'inutilité, il ne serait pas malaisé de démontrer que tel ou tel passage, paraissant oiseux à la plupart des lecteurs, est précisément celui qui devait attirer l'attention d'un chercheur auquel nous n'avions pas songé. Et l'expérience se charge de nous démontrer chaque jour que nous avons eu raison de ne rien omettre. Qu'y a-t-il de plus insipide en apparence que ces nombreux articles sur les rigoles creusées aux environs de Versailles pour fournir de l'eau à la ville et pourvoir à l'insuffisance de la Machine de Marly? Or, ces canaux à ciel ouvert existent encore; la plupart d'entre eux ont conservé leurs anciennes dénominations; et il est parfois arrivé que les administrateurs de communes traversées par ces conduites trouvaient sur elles, dans nos Comptes, des renseignements utiles.

Sans insister davantage sur ces questions de détail, admettons un moment qu'on fût parvenu, en cherchant bien, à retrancher quelques articles. Mais tout juge impartial qui ne se contente pas d'un examen superficiel, qui va au fond des choses, avouera qu'il était extrêmement malaisé de faire un choix. Dans tous les cas, les suppressions n'auraient porté que sur un bien petit nombre de passages, et, pour un bénéfice de quelques pages, elles auraient eu le grave inconvénient de rendre toute la publication suspecte.

Voilà pourquoi nous avons adopté le système exposé dans l'Introduction du premier volume; voilà pourquoi, malgré la réprobation de la *Revue historique*, nous croyons avoir raison de persister dans ce système.

Au reste, il nous a toujours semblé que l'auteur d'un ouvrage publié sous le patronage de l'État, dans la collection des Documents inédits, ne devait rien négliger pour justifier la haute faveur dont il était l'objet. Les Comptes des Bâtiments Royaux étaient certes, par leur importance historique, une des séries les plus dignes de prendre place parmi les publications du Ministère de l'Instruction publique. Le Comité des travaux historiques a été de cet avis en décidant l'impression de ces Comptes.

Il y a longtemps qu'un juge des plus compétents en ces matières avait attiré l'attention de tous les travailleurs sur la valeur et l'abondance des renseignements qu'on pouvait puiser à cette source presque inconnue avant lui. Avec sa rare et pénétrante intelligence, M. le marquis de Laborde a su montrer, dans ses ouvrages sur les ducs de Bourgogne et sur la Renaissance en France, tout ce qu'on peut tirer des comptes royaux. Avant même de pouvoir mettre ses fécondes idées en application dans le grand établissement scientifique aux destinées duquel il a présidé pendant trop peu d'années, M. de Laborde avait tracé la voie aux historiens. A peine appelé à diriger les travaux du grand dépôt des Archives de France, il signalait les séries sur lesquelles il importait de faire la lumière. Stimulant par son exemple, par son incessante et féconde initiative, les collaborateurs groupés autour de lui, il parvenait en quelques années à élever un monument des plus honorables pour la maison à la tête de laquelle il était placé.

Ah! si ces généreuses et intelligentes traditions avaient été continuées, que de monuments précieux pour l'histoire soustraits pour toujours aux ténèbres et à l'oubli!

On avait commencé par les documents les plus anciens, les diplômes mérovingiens, le Trésor des Chartes, les premiers registres du Parlement de Paris; mais les comptes et les inventaires des rois de France devaient avoir leur tour. L'éminent érudit savait trop ce que l'histoire des mœurs, du costume, des arts et des lettres, doit à de pareils textes pour les négliger longtemps. Ses travaux antérieurs ne témoignaient-ils pas de l'importance capitale qu'il attachait à cette nature de documents?

C'est l'exemple, c'est l'étude des beaux travaux de M. de Laborde qui nous a suggéré l'idée de publier les Comptes des Bâtiments du Roi, d'assumer une partie de la tâche que sa dévorante activité s'était assignée.

Notre situation aux Archives nationales nous facilitait l'accomplissement d'une œuvre à peu près inexécutable pour un travailleur étranger à cette administration. Nous croirons avoir rempli notre devoir jusqu'au bout et largement payé notre dette envers le grand établissement auquel nous avons l'honneur d'appartenir depuis vingt-cinq années, si, fidèle aux traditions de M. le marquis de Laborde, nous menons à bonne fin l'œuvre commencée, si nous parvenons à terminer, sur le plan adopté par nous dès le début et accepté par le Comité des travaux historiques, la publication des Comptes des Bâtiments sous le règne de Louis XIV.

Jules GUIFFREY.

COMPTES
DES
BÂTIMENTS DU ROI.

ANNÉE 1688.

RECEPTE.

Du 21 décembre 1687 : de M° Estienne Jehannot, s' de Bartillat, 2719433ᴸ pour délivrer à M° Charles Le Besgue, trésorier général des Bastimens du Roy, pour employer au payement des dépenses que S. M. a ordonné estre faites pour ses bastimens pendant l'année prochaine 1688, et 22661ᴸ 18ˢ 4ᵈ pour les taxations du trésorier, à raison de 2ᵈ pour livre. 2742094ᴸ 18ˢ 4ᵈ

Dud. s' de Bartillat, garde du trésor royal, 1500000ᴸ pour employer à la continuation des dépenses que S. M. a ordonné estre faites pendant l'année prochaine 1688 pour conduire la rivière d'Eure à Versailles, et 12500ᴸ pour les taxations...... 1512500ᴸ

4 janvier 1688 : de Pierre Le Maistre, entrepreneur du grand aqueduc de Maintenon, 1406ᴸ 7ˢ qui est ez mains du nommé Alexandre, sous-entrepreneur, pour voitures de foin, bois, et pour outils qu'il a vendus jusqu'au 12 décembre 1687................ 1406ᴸ 7ˢ

De luy, 892ᴸ 10ˢ qui est ez mains du nommé Bardin, serrurier, pour 225 barils de charbon de terre que led. Le Maistre luy a livrez, à raison de 3ᴸ 10ˢ chacun baril.................................... 892ᴸ 10ˢ

De luy, provenans de bois vendus sur la rivière d'Eure par ledit Alexandre au nommé Havet, voiturier par eau....................................... 600ᴸ

De luy, 6508ᴸ pour 1627 barils de charbon de terre qu'il a livrez aux nommez Fontayne, Cordier et S'-Ange, à raison de 4ᴸ le baril.................... 6508ᴸ

Du nommé Fontayne, dit La Rivière, entrepreneur des bastimens dépendans du chasteau de Maintenon, la somme de 2000ᴸ pour les matériaux des trois fours à chaux prez l'aqueduc, employez à la construction du mur de closture de la pièce d'eau devant le parterre dud. chasteau............................... 2000ᴸ

Dud. s' de Bartillat, 6000ᴸ pour délivrer au s' Van der Meulen, peintre flamand, pour ses appointemens de l'année dernière 1687, et 50ᴸ pour les taxations du trésorier........................ 6050ᴸ

De luy, pour délivrer au s' Mignard, peintre, par gratification, en considération du soin qu'il a pris de conduire les sculpteurs qui ont travaillé pour le service de S. M. pendant l'année dernière 1687, et 25ᴸ pour les taxations.......................... 3025ᴸ

De luy, pour délivrer au s' Le Nostre, par gratification à cause du service qu'il a rendu dans les bastimens de S. M. pendant l'année dernière, et 25ᴸ pour les taxations........................... 3025ᴸ

De luy, pour délivrer au s' Le Boutroux, pour pension de l'année 1687, en considération du soin qu'il prend des orangers du jardin du chasteau de Fontainebleau, et 25ᴸ pour les taxations............... 3025ᴸ

De luy, pour délivrer aux trois anciens gondolliers vénitiens, par gratification, en considération du service qu'ils ont rendu à S. M. sur le canal de Versailles pendant l'année dernière 1687, et 10ᴸ pour les taxations du trésorier........................... 1210ᴸ

De luy, pour délivrer au s' Deville, sçavoir : 6000ᴸ par gratification, en considération des soins qu'il a pris de la machine de la rivière de Seyne pendant l'année dernière 1687, 6000ᴸ de pension extraordinaire que S. M. luy a accordée pendant la mesme année, et 100ᴸ pour les taxations...................... 12100ᴸ

De luy, pour délivrer aux principal, procureur et boursiers du collège de Cambray, pour le dédommagement de leurs bastimens qui ont esté démolis par ordre de S. M. pour la construction du Collège de France, et ce pendant l'année dernière, et 9ᴸ 16ˢ 8ᵈ pour les taxations........................... 1189ᴸ 16ˢ 8ᵈ

De luy, pour délivrer au prieur de Choisy-aux-Bœufs, pour son indemnité des dixmes qu'il a droit de prendre sur les terres et prez de son prieuré, enfermez dans les anciens et nouveaux murs du parc du chasteau de Versailles, et ce pour l'année dernière 1687, et 16ᴸ 18ˢ 6ᵈ pour les taxations.................. 2169ᴸ 18ˢ 6ᵈ

8 janvier : de luy, pour employer à compte des dépenses des bastimens que S. M. a ordonné estre faites à Trianon pendant la présente année, outre les fonds cy-devant faits, et 666ᴸ 13ˢ 4ᵈ pour les taxations dud. trésorier...................... 8o666ᴸ 13ˢ 4ᵈ

Du nommé Dorbay, entrepreneur des aqueducs de Roquancourt, pour employer au rétablissement d'iceux.. .... 400ᴸ

9 janvier : du sʳ de Bartillat, 3074ᴸ 10ˢ pour employer au payement de la dépense que S. M. a ordonné estre faite pour le changement et transport du moulin à vent scitué vis-à-vis des piles du grand aqueduc de la machine appartenant à la veuve Nicolas de Bise, et rétablissement d'iceluy en un autre endroit des environs de Marly, et 25ᴸ 12ˢ 4ᵈ pour les taxations du trésorier............................. 3100ᴸ 2ˢ 4ᵈ

11 janvier : du sʳ Manessier, trésorier général des Bastimens, 29499ᴸ qui restoient en ses mains du fonds de 1687 destiné à la dépense du bastiment de l'église des Invalides........................... 29499ᴸ

13 janvier : dud. sʳ de Bartillat, 8000ᴸ pour délivrer au sʳ Mignard, peintre, pour un tableau représentant Monseigneur, Madame la Dauphine et Mᵐˢ les ducs de Bourgogne, d'Anjou et de Berry, et 66ᴸ 13ˢ 4ᵈ pour les taxations........................... 8066ᴸ 13ˢ 4ᵈ

18 janvier : du nommé Le Moyne, fondeur, 1500ᴸ pour le prix de 3000 livres de fer qui luy ont esté délivrez au magasin jusqu'au 15 décembre dernier. 1500ᴸ

19 janvier : dud. sʳ Manessier, 30228ᴸ 7ˢ qui restoient en ses mains du fonds de 1687, destiné pour la dépense de la rivière d'Eure.................. 30228ᴸ 7ˢ

20 janvier : dud. sʳ de Bartillat, 15000ᴸ pour délivrer aux sʳˢ Acault, de Laistre, Mongrand et de Blancourt, à compte des marbres d'Italie qu'ils fournissent pour le service de S. M., et 125ᴸ pour les taxations............................ 15125ᴸ

De luy, 684ᴸ 5ˢ pour délivrer au curé de Marly, sçavoir : 210ᴸ pour la non-jouissance de 75 arpents de pré compris dans les fonds de Marly, et 474ᴸ 5ˢ pour la non-jouissance des dixmes des terres labourables de lad. cure, que S. M. a ordonné estre plantées en bois, y compris la dixme du troupeau du Trou-d'Enfer, et ce pendant l'année dernière 1687, et 5ᴸ 14ˢ pour les taxations........................... 689ᴸ 19ˢ

23 janvier : dud. sʳ de Bartillat, 20000ᴸ pour délivrer au sʳ Marcelin Charlier, à compte des étoffes que S. M. luy a ordonné de fournir pour meubler Trianon, et 166ᴸ 13ˢ 4ᵈ pour les taxations........ 20166ᴸ 13ˢ 4ᵈ

25 janvier : du nommé Denis, fontainier, 2417ᴸ 10ˢ 9ᵈ sçavoir : 1643ᴸ 10ˢ 9ᵈ pour le prix de 5976 livres et demie de soudure qu'il a prise au magasin, à raison de 5ˢ 6ᵈ la livre, et 774ᴸ pour celuy de 8603 livres de plomb, à 90ᴸ le milier.............. 2417ᴸ 10ˢ 9ᵈ

Dud. sʳ Dorbay, entrepreneur des aqueducs de Roquancourt, 500ᴸ pour employer au rétablissement d'iceux.......................... 500ᴸ

Dud. sʳ de Bartillat, 6446ᴸ 17ˢ 6ᵈ pour délivrer au nommé Dupont, tapissier, pour trois tapis, ouvrage de laine de la Savonnerie, qu'il a faits et livrez au Garde-meuble de S. M. pour le Roy de Siam, contenans ensemble 42 aunes 47/48 d'aune carrée, à raison de 150ᴸ l'aune, et 53ᴸ 14ˢ 5ᵈ pour les taxations...... 6500ᴸ 11ˢ 11ᵈ

30 janvier : de luy, 3000ᴸ pour délivrer aux demoiselles Supligeau et Bourget, pour leur donner moyen de continuer à soutenir la manufacture des dentelles de fil establie à Villiers-le-Bel, et 25ᴸ de taxations... 3025ᴸ

1ᵉʳ febvrier : de luy, 2221ᴸ 4ˢ pour délivrer à Josias Belle, orfèvre jouaillier, pour cinq bordures d'or émaillé pour des agathes, pesant ensemble 1 marc 3 onces 2 gros 1/2 27 grains d'or, qu'il a faites et livrées pour le service de S. M. et 18ᴸ 10ˢ 2ᵈ pour les taxations du trésorier............................ 2239ᴸ 14ˢ 2ᵈ

3 febvrier : dud. sʳ de Bartillat, 15646ᴸ 3ˢ 2ᵈ pour délivrer aux sʳˢ Haudiquer de Blancourt, de Castille et ancienne Compagnie, pour, avec 255200ᴸ qui leur ont esté cy-devant payez, sçavoir : 126200ᴸ des fonds destinez pour les bastimens des années 1684 et 1685, et 129000ᴸ dont il a esté fait fonds, sçavoir : 40000ᴸ par ordonnance du 17 janvier 1686, 45000ᴸ par autre ordonnance du 18 avril aud. an, 14000ᴸ par autre ordonnance du 23 juin 1687, et 30000ᴸ par autre ordonnance du 25 juillet ensuivant, faire le parfait payement de 270846ᴸ 3ˢ 2ᵈ à quoy montent les marbres blanc et

ANNÉE 1688. — RECETTE.

de couleur d'Italie qu'ils ont fourni pour le service de S. M. depuis le 3ᵉ aoust 1685 jusques et compris le 2ᵉ décembre 1687, montant à 650, toisant 22059 pieds 8 pouces 11 lignes 1/2, y compris 17420ᴸ pour la voiture de 157 caisses, évaluées pour le poids à 435 tonneaux 1/2, de Gennes au Havre, à 40ᴸ le tonneau, et 634ᴸ pour la voiture de 136 caisses de Rouen à Paris, et ce suivant les ordonnances, etc., et 130ᴸ 7ˢ 8ᵈ pour les taxations..................... 15776ᴸ 10ˢ 10ᵈ

5 febvrier : de luy, 60235ᴸ 4ˢ 4ᵈ pour employer au remplacement des dépenses extraordinaires que S. M. a ordonné estre faites pour ses bastimens pendant le mois de janvier dernier, et 501ᴸ 19ˢ 2ᵈ pour les taxations........................ 60737ᴸ 3ˢ 6ᵈ

De la somme de 800ᴸ ordonnée le 25 janvier dernier à CORNEILLE VANCLÈVE, sculpteur, à compte des ouvrages de sculpture en bois qu'il fait pour Trianon, laquelle somme il n'a point reçeüe............ 800ᴸ

9 febvrier : dud. sʳ DE BARTILLAT, 6700ᴸ pour délivrer à la veuve LOURDET, tapissier, pour son payement de quatre tapis de laine avec des fleurs, rabesques, oyseaux et autres animaux sur un fonds de pourpre brun, couleur naturelle, ouvrages de la Savonnerie, qu'elle a faits et livrez au Garde-meuble de S. M. pour le Roy de Siam, contenans ensemble 44 aunes 2/3 d'aune carré, à raison de 150ᴸ l'aune, et 55ᴸ 16ˢ 8ᵈ pour les taxations........................... 6755ᴸ 16ˢ 8ᵈ

8 febvrier : de la veuve et héritiers GABRIEL, cy-devant l'un des entrepreneurs des bastimens du Roy, 41610ᴸ 19ˢ 9ᵈ provenans des erreurs de calcul au préjudice de S. M. trouvées dans plusieurs mémoires et thoisez des ouvrages faits par led. GABRIEL depuis l'année 1668 jusqu'en 1682[1]................... 41610ᴸ 19ˢ 9ᵈ

Du sʳ DE LA PLANCHE, cy-devant trésorier des Bastimens, 2309ᴸ provenans des taxations mal employées et passées dans les comptes de ses exercices des années 1666, 1669, 1672, 1675, 1677 et 1679.... 2309ᴸ

Dud. sʳ LE MÉNESTREL, aussy cy-devant trésorier desd. Bastimens, 2119ᴸ provenans des taxations mal employées et passées dans les comptes de ses exercices des années 1664, 1667, 1670 et 1673............... 2119ᴸ

Du sʳ LE BESGUE DE MAJAINVILLE, 8680ᴸ provenans de taxations pareillement mal employées et allouées dans les comptes de ses exercices des années 1665, 1668, 1671, 1674 et 1676................... 8680ᴸ

12 febvrier : dud. sʳ DE BARTILLAT, 90000ᴸ pour estre

[1] En marge : «Cet article est destiné pour les dépenses du chasteau de Maintenon et est compris dans l'ordonnance de fonds cy-dessous de 15431ᴸ 2ˢ.»

employez à compte des dépenses des bastimens que S. M. a ordonné estre faits à Trianon pendant la présente année, outre les fonds cy-devant faits, et 750ᴸ pour les taxations..................... 90750ᴸ

17 febvrier : dud. sʳ MANESSIER, trésorier, 800ᴸ qui restoient en ses mains du fonds destiné pour les dépenses de l'augmentation de la pièce des Suisses.. 800ᴸ

Dud. sʳ DE BARTILLAT, 20000ᴸ pour délivrer au sʳ GAUTIER, à compte des damas cramoisy, or et soye, que S. M. luy a ordonné de fournir pour meubler Trianon, et 166ᴸ 13ˢ 4ᵈ pour les taxations..... 20166ᴸ 13ˢ 4ᵈ

De luy, 4363ᴸ 8ˢ 6ᵈ pour délivrer au sʳ PETIT pour huit médailles d'or pesant 5 marcs 3 onces 2 gros, à 57ᴸ 5ˢ l'once, et quatre-vingt-quinze médailles d'argent pesant ensemble 40 marcs 6 onces 3 gros, à 45ᴸ le marc, y compris 51ᴸ pour la tourneure desd. médailles, et 36ᴸ 7ˢ 1ᵈ pour les taxations......... 4399ᴸ 15ˢ 7ᵈ

22 febvrier : de MAURICE GABRIEL, entrepreneur, 134ᴸ pour le prix du bois de la démolition d'un plancher d'une chambre du bastiment sur rue de l'hostel de Vandosme à Paris, abbattu par la chutte d'un pignon que led. GABRIEL a fait sapper par le pied...... 134ᴸ

Du sʳ VANDERHULST, marchand, 3508ᴸ 13ˢ 4ᵈ qu'il a cy-devant reçus pour reste de 7508ᴸ 13ˢ 4ᵈ à quoy montent le fret et avaries des planches de sapin et cuivre et de cinq barils de cloud, envoyez de Stockolm par le sʳ GIGAT pour le service de S. M., attendu que lesd. fret et avaries sont compris et font partie du prix desd. cuivres dont led. sʳ GIGAT a esté payé... 3508ᴸ 13ˢ 4ᵈ

Des nommez VANIN et HENSANT, entrepreneurs, 250ᴸ provenans du prix des matériaux de la démolition d'un petit escalier au chasteau de Fontainebleau..... 250ᴸ

Dud. DORNAY et consors, entrepreneurs des aqueducs de Roquancourt, 600ᴸ pour estre employez à compte du rétablissement desd. aqueducs............ 600ᴸ

7 mars : dud. sʳ DE MANESSIER, trésorier, 1000ᴸ qui restoient entre ses mains du fonds de son exercice 1687, destiné pour les dépenses de l'augmentation de la pièce des Suisses......................... 1000ᴸ

8 mars : dud. sʳ DE BARTILLAT, 62280ᴸ 7ˢ 8ᵈ pour employer au remplacement des dépenses extraordinaires que S. M. a ordonné estre faites pour ses bastimens pendant le mois de febvrier dernier, et 519ᴸ pour les taxations........................ 62799ᴸ 7ˢ 8ᵈ

10 mars : de luy, 15303ᴸ 12ˢ 4ᵈ pour, avec 45000ᴸ faisant partie de plus grande somme qui a esté remise aud. LE BESGUE, sçavoir : 41610ᴸ 19ˢ 9ᵈ par la veuve et héritiers GABRIEL, provenans d'erreurs de calcul faites au préjudice de S. M. dans plusieurs mémoires et toisez

d'ouvrages de maçonnerie qu'il a fait depuis 1668 jusqu'en 1682, et 3389ᴸ 3ᵈ par les anciens trésoriers des Bastimens pour partie des revenans bons de leurs comptes des années précédentes, faire la somme de 60303ᴸ 12ˢ 4ᵈ à compte des dépenses extraordinaires que S. M. a ordonné estre faites au chasteau de Maintenon et autres lieux en dépendans, et 127ᴸ 10ˢ 6ᵈ pour les taxations. 15431ᴸ 2ˢ 10ᵈ

14 mars : de la veuve du sʳ Mabre Cramoisy, imprimeur, 8993ᴸ 10ˢ faisant le quart de 35974ᴸ qu'elle doit payer à S. M. en quatre payemens égaux, dont le troisième est échu le 1ᵉʳ janvier dernier, aux clauses portées par le contract passé devant Gallois et son collègue, notaires au Chastelet de Paris, le 23 décembre 1684, enregistré plus au long sur le registre de 1685. 8993ᴸ 10ˢ

Du sʳ Saint-Martin, 125ᴸ 5ˢ pour le prix des arbres qui ont esté abbatus dans la basse-court du chasteau de Madrid. 125ᴸ 5ˢ

Du nommé Lacroix, 45ᴸ pour le prix d'un reste de vieux bois de rebuts de la première démolition de l'hostel de Vandosme. 45ᴸ

Dud. Dorbay et consors, entrepreneurs des aqueducs de Roquancourt, 500ᴸ pour estre employez à compte du rétablissement desd. aqueducs. 500ᴸ

13 mars : dud. sʳ de Bartillat, 95000ᴸ à compte des dépenses des bastimens que S. M. a ordonné estre faites à Trianon pendant la présente année, outre les fonds cy-devant faits, et 791ᴸ 13ˢ 4ᵈ pour les taxations. 95791ᴸ 13ˢ 4ᵈ

17 mars : de luy, 4278ᴸ 2ᵈ pour délivrer au sʳ Petit, sçavoir : 2442ᴸ 13ˢ 3ᵈ pour son payement de neuf médailles d'or pesant 5 marcs 2 onces 5 gros 24 grains, à raison de 57ᴸ 5ˢ l'once, 1427ᴸ 6ˢ 11ᵈ pour quatre-vingt-quatre médailles d'argent pesant 31 marcs 5 onces 6 gros, à 45ᴸ le marc, 46ᴸ pour la tourneure desd. médailles, 62ᴸ pour quatre autres médailles d'argent, et 300ᴸ pour trois cents jettons d'argent de différends coings, à 20ˢ pièce, le tout livré pour le service de S. M., et 135ᴸ 13ˢ pour les taxations 4313ᴸ 13ˢ 2ᵈ

21 mars : du nommé Deschamps, marbrier, 1021ᴸ 6ˢ 10ᵈ pour le prix des marbres que le sʳ Fossier, garde-magasin, luy a délivrez des magasins de S. M. 1021ᴸ 6ˢ 10ᵈ

D'Antoine Rivet, menuisier, 124ᴸ 11ˢ pour le prix des bois qu'il a eus des démolitions de l'hostel de Vandosme. 124ᴸ 11ˢ

28 mars : du nommé Le Moyne, fondeur, 500ᴸ pour le prix de 1000 livres pesant de cuivre qui luy ont esté délivrez au magasin le 13 febvrier dernier. 500ᴸ

4 avril : des sʳˢ Pipault et veuve Hardouin, entrepreneurs de l'église des Invalides, 22770ᴸ 8ˢ 9ᵈ qu'ils ont reçeu au delà du prix des ouvrages de maçonnerie par eux faits à lad. église, déduction à eux faite de 12000ᴸ, d'une part, dont il leur a esté tenu compte pour les pierres gelées et autres prétentions desd. entrepreneurs, et 6000ᴸ, d'autre part, qui leur ont esté accordez par leur marché pour récompense, demeurans outre ce lesd. entrepreneurs chargez de faire les appuis des premiers vitraux de lad. église, conformément à leur devis, de plus faire, lorsqu'il leur sera ordonné, le ravallement de tous leurs ouvrages pour lesquels il ne leur sera rien payé, attendu qu'ils y sont obligez par leur marché; plus ils seront obligez d'oster les recoupes, s'il en reste, au devant et autour de lad. église au-dessus du rez-de-chaussée extérieur. 22770ᴸ 8ˢ 9ᵈ

Dud. Dorbay et consors, entrepreneurs des aqueducs sous Roquancourt, 600ᴸ pour estre employez à compte du rétablissement desd. aqueducs. 600ᴸ

6 avril : dud. sʳ de Bartillat, 6650ᴸ 4ˢ 6ᵈ pour délivrer au sʳ Petit, sçavoir : 3721ᴸ 5ˢ pour six médailles d'or pesant ensemble 8 marcs 1 once, à raison de 57ᴸ 5ˢ l'once, 2876ᴸ 9ˢ 6ᵈ pour soixante-dix-huit médailles d'argent pesant 63 marcs 7 onces 5 gros 1/2, à raison de 45ᴸ le marc, 52ᴸ 10ˢ pour la tourneure desd. médailles, et 55ᴸ 8ˢ 4ᵈ pour les taxations, le tout livré pour le service du Roi. 6705ᴸ 12ˢ 10ᵈ

7 avril : de luy, 18000ᴸ pour délivrer au sʳ Marcelin Charlier à compte des étoffes de damas rouge cramoisy brochez d'or que S. M. a ordonné de fournir pour meubler Trianon, et 150ᴸ pour les taxations. 18150ᴸ

De luy, 5118ᴸ 15ˢ 4ᵈ pour employer au remplacement des dépenses extraordinaires que S. M. a ordonné estre faites pour ses bâtimens pendant le mois de mars dernier, et 426ᴸ 10ˢ 5ᵈ pour les taxations du trésorier. 5160ᴸ 5ˢ 9ᵈ

De luy, 1500ᴸ pour délivrer à Antoine Trumel, jardinier, pour la pension que S. M. luy a accordée pendant l'année dernière 1687, et 12ᴸ 10ˢ pour les taxations. 1512ᴸ 10ˢ

11 avril : de Jaques Mazière et Pierre Bergeron, entrepreneurs, 3685ᴸ 8ˢ pour le prix de la pierre restée du bastiment de l'Orangerie, fait par Le Maistre en 1685 et 1686. . . . . 3685ᴸ 8ˢ

De Jaques Lucas, plombier, 3662ᴸ 11ˢ 9ᵈ pour prix de 13318 livres 1/2 de soudure qu'il a eu au magasin depuis le 1ᵉʳ janvier dernier jusqu'au 31 mars ensuivant, à raison de 5ˢ 6ᵈ la livre. 3662ᴸ 11ˢ 9ᵈ

ANNÉE 1688. — RECETTE.

De Louis Renoult, paveur, 533ᴸᴸ 2ˢ 6ᵈ pour le prix de 213 toises quarrées 1/4 de pavé provenant de la démolition de l'hostel de Vandosme........ 533ᴸᴸ 2ˢ 6ᵈ

18 avril : desd. Mazière et Bergeron, 19344ᴸᴸ 7ˢ 4ᵈ pour le prix des démolitions des anciens bastimens de Trianon...................... 19344ᴸᴸ 7ˢ 4ᵈ

D'eux, 6472ᴸᴸ 17ˢ pour le prix de ce qui a esté démoli des nouveaux bastimens........... 6472ᴸᴸ 17ˢ

D'eux, 467ᴸᴸ 10ˢ pour le prix des démolitions du mur de terrasse....................... 467ᴸᴸ 10ˢ

D'Antoine Hémont, Noël Maillot et Jean Fay, 168ᴸᴸ 2ˢ pour le prix des bois et oziers provenans des isles La Loge et Gautier pendant le mois de mars dernier............................. 168ᴸᴸ 2ˢ

14 avril : dud. sʳ de Bartillat, 1500ᴸᴸ pour délivrer au sʳ Berain, par gratiffication, en considération de divers desseins qu'il a fait pour le service de S. M., et 12ᴸᴸ 10ˢ pour les taxations............. 1512ᴸᴸ 10ˢ

18 avril : de luy, 5117ᴸᴸ 12ˢ pour délivrer à Mᵐᵉ la maréchalle duchesse de Grammont, pour son remboursement de la dépense par elle faite au logement qu'elle occupe dans l'ancien couvent des Capucines de la rue Saint-Honoré, et 42ᴸᴸ 12ˢ 11ᵈ pour les taxations...... .... 5160ᴸᴸ 4ˢ 11ᵈ

De luy, 2000ᴸᴸ pour délivrer au sʳ Filly, ingénieur, par gratiffication, en considération des soins qu'il prend pour la construction du grand aqueduc de terre de la rivière d'Eure entre Maintenon et Berchère, et 16ᴸᴸ 13ˢ 4ᵈ pour les taxations................ 2016ᴸᴸ 13ˢ 4ᵈ

De luy, 184629ᴸᴸ 19ˢ 11ᵈ pour employer au remboursement du prix principal et non-jouissances des maisons, jardins, terres, prez et bois appartenans à divers particuliers, sçavoir : une partie des héritages où est à présent bastic la ville de Versailles, les grandes et petites Escuries, partie du Potager, de la pièce des Suisses, partie de l'Orangerie, et augmentation du petit parc, faits en 1686, à l'exception des hauteurs de Satory et des héritages dépendans du prieuré de l'église de Choisy-aux-Bœufs, l'avenue qui va à Saint-Cyr hors le petit parc, et les maisons prises à la petite Normandie, enfermées dans la nouvelle Maison de Saint-Cyr, l'emplacement des aqueducs qui ameinent les eaux à la Ménagerie, les héritages qui estoient restez à payer des avenues de Saint-Cyr, de Fontenay, de Villepreux, de Noisy et de Bailly, les non-jouissances des terres de Gallye, le dédommagement des tuilleries et fours à chaux qui ont esté démolis par ordre de S. M. dans l'estendue du grand parc de Versailles, l'emplacement des conduites qui amennent l'eau à l'estang de Roquancourt, à Chèvreloup, et celles nouvellement payées pour amener les eaux bonnes à boire du costé de Roquancourt à Versailles, et 1538ᴸᴸ 11ˢ 8ᵈ pour les taxations................ 186168ᴸᴸ 11ˢ 7ᵈ

Dud. sʳ de Bartillat, 16000ᴸᴸ pour délivrer aux sʳˢ Ascault, de Laistre, de Blancourt et Montgrand, à compte des marbres d'Italie qu'ils fournissent pour le service de S. M., et 133ᴸᴸ 6ˢ 8ᵈ pour les taxations..... .... 16133ᴸᴸ 6ˢ 8ᵈ

10 may : de luy, 100000ᴸᴸ à compte des dépenses des bastimens que S. M. a ordonné estre faits à Trianon pendant la présente année, outre les fonds cy-devant faits, et 833ᴸᴸ 6ˢ 8ᵈ pour les taxations.. 100833ᴸᴸ 6ˢ 8ᵈ

12 may : de luy, 3375ᴸᴸ pour délivrer au nommé Geuslain, peintre, pour son payement d'avoir rétabli le tableau de la *Vénus* du Titien pour le service de S. M., et 28ᴸᴸ 2ˢ 6ᵈ pour les taxations........... 3403ᴸᴸ 2ˢ 6ᵈ

16 may : de la somme de 300ᴸᴸ ordonnée le 2ᵉ de ce mois à Lespingola, sculpteur, à compte de dix figures en bois dont il est chargé pour la gallerie de Trianon, laquelle somme il n'a point reçeue............. 300ᴸᴸ

Dud. Dorbay et consors, entrepreneurs des aqueducs de Roquancourt et de Bailly, 886ᴸᴸ pour estre employés à compte du rétablissement desd. aqueducs..... 886ᴸᴸ

Dud. sʳ de Bartillat, 3946ᴸᴸ 17ˢ pour délivrer au sʳ Petit, sçavoir : 2347ᴸᴸ 15ˢ pour huit médailles d'or pesant 5 marcs 1 once 1 gros 24 grains, à raison de 57ᴸᴸ 5ˢ l'once, et 1570ᴸᴸ 2ˢ pour cinquante médailles d'argent pesant 34 marcs 4 onces 1/2 gros, à raison de 45ᴸᴸ 10ˢ le marc, et 29ᴸᴸ pour la tourneure desd. médailles, le tout livré pour le service de S. M., et 32ᴸᴸ 17ˢ 9ᵈ pour les taxations................. 3979ᴸᴸ 14ˢ 9ᵈ

De luy, 3300ᴸᴸ pour délivrer au nommé Dupont, tapissier, pour douze dessus de formes et douze dessus de tabourets, ouvrages de laine de la Savonnerie, qu'il a fourni pour le service de S. M., revenans à 20 aunes carrées en superficie, à raison de 165ᴸᴸ l'aune carrée, et 27ᴸᴸ 10ˢ pour les taxations............. 3327ᴸᴸ 10ˢ

19 may : de luy, 48438ᴸᴸ 17ˢ 4ᵈ pour employer au remplacement des dépenses extraordinaires que S. M. a ordonné estre faites pour ses bastimens pendant le mois d'avril dernier, et 403ᴸᴸ 13ˢ 1ᵈ pour les taxations...... .... 48842ᴸᴸ 10ˢ 5ᵈ

23 may : de luy, 9221ᴸᴸ 16ˢ 4ᵈ pour délivrer au nommé de Launay, orfèvre, pour, avec 11500ᴸᴸ qu'il a cy-devant reçus et 887ᴸᴸ 5ˢ qui luy sont diminuez pour le prix de 2 marcs 1 once 0 grain 1/2 d'or qui luy ont esté donnez pour fondre, à raison de 416ᴸᴸ le marc, faire le parfait payement de 21609ᴸᴸ 1ˢ 4ᵈ à quoy montent une chocolatière garnie de sa lampe, quatre gobelets,

quatre boëtes, six cuilliers et huit flacons, le tout d'or, et autres menus ouvrages d'or et de vermeil doré qu'il a faits et livrez pour le service de S. M., et 76^{tt} 16^s 11^d pour les taxations.................. 9298^{tt} 13^s 3^d

31 may : de luy, 4005^{tt} 10^s pour délivrer aud. Launay pour plusieurs ornemens de vermeil doré qu'il a faits et fournis sur une horloge en forme d'un globe terrestre pour le service de S. M., et 33^{tt} 7^s 6^d pour les taxations.......................... 4038^{tt} 17^s 6^d

De la somme de 2000^{tt}, ordonnée le 9 de ce mois aux nommez Perrault, Varin et Harsant, à compte des ouvrages de maçonnerie du bastiment de la Surintendance des bastimens à Fontainebleau, laquelle somme ils n'ont point receue................................ 2000^{tt}

Des nommez Drouillet, Bergeron et Fleury, 5165^{tt} 17^s pour le prix des bois provenans des nouvelles routes de la forest de Marly et du boulingrin de Saint-Germain-en-Laye.................................. 5165^{tt} 17^s

14 avril : dud. s^r de Bartillat, 3000^{tt} pour délivrer aux prestres de la Mission de Fontainebleau, pour leur subsistance et entretenement pendant les six premiers mois 1688........................... 3000^{tt}

4 juin : de luy, 6500^{tt} pour délivrer au s^r de Chantemerle et Compagnie, à compte des marbres de Languedoc et des Pyrennées qu'ils ont livré pour le service de S. M., et 54^{tt} pour les taxations.............. 6554^{tt}

De luy, 1713^{tt} 4^s pour délivrer à Josias Belle, orfèvre jouaillier, pour six bordures d'or émaillé pour des agathes, et deux cachets d'or, pesant ensemble 1 marc 5 gros 1/2 16 grains, qu'il a faits et livrez pour le service de S. M., et 14^{tt} 5^s 6^d pour les taxations. 1727^{tt} 9^s 6^d

6 juin : de Joseph Rouillé, serrurier, 4294^{tt} 1^s 7^d pour le prix du vieux fer qui lui a esté livré, provenant de la démolition de la cour des cuisines et de plusieurs autres endroits dépendans du chasteau de Saint-Germain-en-Laye....................... 4294^{tt} 1^s 7^d

Des nommez Bailly et Rocher, entrepreneurs, 8551^{tt} 2^s pour le prix des matéreaux de partie de l'aqueduc de la tour de la machine de la rivière de Seyne..... 8551^{tt} 2^s

Dud. s^r de Bartillat, 4455^{tt} 18^s 6^d pour délivrer au s^r Petit, sçavoir : 2801^{tt} 13^s 6^d pour huit médailles d'or pesant ensemble 6 marcs 7 gros 1/2, à raison de 458^{tt} le marc, 1615^{tt} 5^s pour soixante-dix médailles d'argent, pesant ensemble 35 marcs 4 onces, à raison de 45^{tt} 10^s le marc, et 39^{tt} pour la tourneure desd. médailles, le tout livré pour le service de S. M., et 37^{tt} 2^s 7^d pour les taxations........................ 4493^{tt} 1^s 1^d

13 juin : dud. Dorbay et consors, entrepreneurs des aqueducs sous Roquancourt, 400^{tt} pour estre employez à compte du rétablissement desd. aqueducs....... 400^{tt}

27 juin : de Maurice Gabriel, entrepreneur, 11324^{tt} 10^s 5^d pour le prix des matériaux de maçonnerie des anciens bastimens du grand corps de logis sur rue de l'hostel de Vandosme.............. 11324^{tt} 10^s 5^d

4 juillet : de la somme de 500^{tt}, ordonnée le 27 juin dernier au s^r Morel à compte du travail qu'il fait au cabinet des médailles de S. M., laquelle somme il n'a point receue............................... 500^{tt}

Du s^r de Rieux, caution de Samson, entrepreneur, 1156^{tt} pour payer la dépense faite par la veuve Fouquoy pour la conduite des eaux de Ville-d'Avray à Versailles, de l'entreprise dud. Samson............. 1156^{tt}

De Pierre Le Maistre, entrepreneur de l'aqueduc de la rivière d'Eure à Maintenon, 3920^{tt}, en déduction de ce qu'il redoit au Roy sur son entreprise, sçavoir : 1920^{tt} par les mains du nommé Jurand, et 2000^{tt} par celles de Launay, débiteur des nommez Belquienne, de Roux et consors, sous-entrepreneurs dud. Le Maistre. 3920^{tt}

13 juin : dud. s^r de Bartillat, 2481^{tt} 19^s 2^d pour délivrer aux s^{rs} Acault, de Laistre, Montgrand et de Blancour, pour le prix de vingt-trois bassins de marbre blanc d'Italie qu'ils ont livré pour le service de S. M., et 206^{tt} 16^s pour les taxations........ 2502^{tt} 15^s 2^d

4 juillet : de luy, 50281^{tt} 19^s 4^d pour employer au remplacement des dépenses extraordinaires que S. M. a ordonné estre faites pour ses bastimens pendant le mois de may dernier, et 419^{tt} 4^d de taxations... 50700^{tt} 19^s 8^d

De luy, 2414^{tt} 2^s 10^d pour délivrer au sieur Petit, sçavoir : 1252^{tt} 18^s 11^d pour quatre médailles d'or pesant a marcs 5 onces.7 gros 6 grains, à raison de 57^{tt} 5^s l'once, et 1119^{tt} 13^s 7^d pour quatre-vingt-trois médailles d'argent pesant ensemble 24 marcs 4 onces 3 gros 1/2, à raison de 45^{tt} 12^s le marc, et 41^{tt} 10^s pour la tourneure desd. médailles, le tout livré pour le service de S. M., et 20^{tt} 8^d pour les taxations. 2434^{tt} 3^s 6^d

De luy, 15125^{tt}, sçavoir : 15000^{tt} pour délivrer à Marcelin Charlier à compte des étoffes qu'il fournit à Trianon, et 125^{tt} pour les taxations............ 15125^{tt}

14 juillet : de luy, 2308^{tt} 18^s 2^d pour délivrer au s^r Petit, sçavoir : 1297^{tt} 18^s 2^d pour deux médailles d'or pesant 2 marcs 6 onces 5 gros 1/2, à raison de 57^{tt} 5^s l'once, 997^{tt} 10^s pour vingt-cinq médailles d'argent pesant 21 marcs 7 onces, à raison de 45^{tt} 12^s le marc, et 13^{tt} 10^s pour la tourneure desd. médailles, le tout livré pour le service de S. M., et 19^{tt} 4^s 9^d pour les taxations......................... 2398^{tt} 2^s 11^d

Des nommez Mallet, La Porte et Aubert, charpen-

ANNÉE 1688. — RECETTE.

tiers, en l'aquit du nommé Chanteau, charpentier du bastiment de l'église et nouveau couvent des Capucines de l'hostel de Vandosme, 19691ᵗᵗ 16ˢ pour le prix des bois de charpente, tant neufs que vieux, qui se sont trouvez dans l'enclos dud. hostel, appartenans aud. Chanteau quy demeurera d'autant quitte envers S. M. sur son entreprise.................... 19691ᵗᵗ 16ˢ

Des nommez Remy, Veydeau, Carel et Rivet, menuisiers, 1495ᵗᵗ 10ˢ pour le prix des bois provenans des démolitions de charpenterie du grand corps de logis sur rue de l'hostel de Vandosme.......... 1495ᵗᵗ 10ˢ

15 juillet : dud. sʳ de Bartillat, 90000ᵗᵗ pour employer à compte des dépenses que S. M. a ordonné estre faites à Trianon pendant la présente année, outre les fonds cy-devant faits, et 750ᵗᵗ de taxations... 90750ᵗᵗ

18 juillet : de Pierre Le Maistre, entrepreneur de l'aqueduc de la rivière d'Eure dans le fonds de Maintenon, 8267ᵗᵗ en déduction de ce qu'il doit à S. M. sur son entreprise........................ 8267ᵗᵗ

De Claude-Louis Jurant, entrepreneur des grais dud. aqueduc, 21482ᵗᵗ 8ˢ 1ᵈ en déduction de ce qu'il se trouvera avoir trop reçeu de son entreprise... 21482ᵗᵗ 8ˢ 1ᵈ

De Jaques Lucas, plombier, 2150ᵗᵗ 12ˢ 9ᵈ pour le prix de 7820 livres 1/2 de soudure qui luy a esté fournie du magasin de Versailles, à 5ˢ 6ᵈ la livre. 2150ᵗᵗ 12ˢ 9ᵈ

De luy, 647ᵗᵗ 6ˢ pour le prix de 2354 livres de soudure qui luy ont esté délivrez au magasin de la machine de la rivière de Seyne, à 5ˢ 6ᵈ la livre.. 647ᵗᵗ 6ˢ

Du nommé Le Moyne, fondeur, 4750ᵗᵗ pour le prix de 9500 livres de cuivre du magasin de Versailles qui luy ont esté fournis, à raison de 10ˢ la livre... 4750ᵗᵗ

De la veuve Dionis et du nommé Remy, menuisiers, 1061ᵗᵗ pour le prix des bois qui leur ont esté délivrez provenans de la démolition dernière de l'hostel de Vandosme sur la rue Saint-Honnoré............ 1061ᵗᵗ

De Jaques Mazière et Pierre Bergeron, entrepreneurs, 776ᵗᵗ 2ˢ 11ᵈ pour le prix des vieux bois de charpente provenans de la démolition de la cour des cuisines de Saint-Germain-en-Laye............... 776ᵗᵗ 2ˢ 11ᵈ

Dud. sʳ de Bartillat, 2274ᵗᵗ 9ˢ pour délivrer au sʳ Petit, sçavoir : 1270ᵗᵗ 4ˢ 6ᵈ pour deux médailles d'or pesant 2 marcs 6 onces 1 gros 1/2, à raison de 55ᵗᵗ 5ˢ l'once, et 990ᵗᵗ 14ˢ 6ᵈ pour vingt-cinq médailles d'argent pesant 21 marcs 5 onces 6 gros 1/2, à raison de 45ᵗᵗ 12ˢ le marc, le tout livré pour le service de S. M., et 18ᵗᵗ 19ˢ pour les taxations................ 2293ᵗᵗ 8ˢ

De luy, 5541ᵗᵗ 14ˢ 2ᵈ pour employer au remplacement des dépenses ordinaires que S. M. a ordonné estre faites pour ses bastimens pendant le mois de juin dernier, et 461ᵗᵗ 15ˢ pour les taxations..... 5580ᵗᵗ 9ˢ 2ᵈ

1ᵉʳ aoust : du nommé Le Moyne, fondeur, 1767ᵗᵗ 10ˢ pour le prix de 3535 livres pesant de cuivre qui luy ont esté délivrez du magasin, à raison de 10ˢ la livre.......................... 1767ᵗᵗ 10ˢ

Dud. sʳ de Bartillat, 2519ᵗᵗ 18ˢ pour délivrer au sʳ Petit, sçavoir : 1426ᵗᵗ 7ˢ 6ᵈ pour quatre médailles d'or pesant 3 marcs 7 gros 23 grains, à raison de 57ᵗᵗ 5ˢ l'once, 1070ᵗᵗ 10ˢ 6ᵈ pour quarante-deux médailles d'argent pesant 23 marcs 3 onces 6 gros 1/2, à raison de 45ᵗᵗ 12ˢ le marc, et 23ᵗᵗ pour la tourneure desd. médailles, le tout livré pour le service de S. M., et 20ᵗᵗ 19ˢ 11ᵈ pour les taxations................ 2540ᵗᵗ 17ˢ 11ᵈ

15 aoust : de luy, 11000ᵗᵗ pour délivrer aux sʳˢ de Chantemerle, Dubois et Compagnie, à compte des marbres de Languedoc et des Pyrénées qu'ils ont livré pour le service de S. M., et 91ᵗᵗ 13ˢ 4ᵈ pour les taxations.................................. 11091ᵗᵗ 13ˢ 4ᵈ

17 aoust : de luy, 70000ᵗᵗ à compte des dépenses des bastimens que S. M. a ordonné estre faits à Trianon pendant la présente année, outre les fonds cy-devant faits, et 583ᵗᵗ 6ˢ 8ᵈ pour les taxations... 70583ᵗᵗ 6ˢ 8ᵈ

22 aoust : du sʳ Le Duc, entrepreneur, 615ᵗᵗ pour le prix de 8783 livres pesant de fer qui luy ont esté délivrés au magasin du Roy, à Maintenon, à raison de 70ᵗᵗ le millier...................... 615ᵗᵗ

26 aoust : dud. sʳ de Bartillat, 8668ᵗᵗ pour délivrer à la damoiselle Monier pour treize autruches, cent trente-sept poules sultanes, six cannes d'Égipte, un pellican, deux cannes d'Égipte tannées, vingt-deux aigrettes, six grues, une cigogne et six chèvres de la Thébaïde qu'elle a livré pour le service de S. M., et 72ᵗᵗ 4ˢ 8ᵈ pour les taxations...................... 8740ᵗᵗ 4ˢ 8ᵈ

31 aoust : de luy, 2013ᵗᵗ 5ˢ 1ᵈ pour délivrer au nommé Delorme, marchand à la Rochelle, pour faire tenir au sʳ marquis de Denonville, gouverneur de Québec, pour son remboursement de la dépense par luy faite à la découverte des carrières de marbre et de porphire dans le fleuve Saint-Laurens, les isles Saint-Pierre, Cap-Breton et l'isle Persée, et 16ᵗᵗ 14ˢ 6ᵈ de taxations. 2030ᵗᵗ 0ˢ 7ᵈ

5 septembre : du nommé Boucher, plastrier, en l'acquit du sʳ Chanteau, charpentier, 548ᵗᵗ pour le prix de 34 cordes de bois de rebut provenans du chantier dud. Chanteau, qui luy ont esté vendus, sçavoir : une corde à raison de 20ᵗᵗ, et les trente-trois autres à raison de 16ᵗᵗ la corde.......................... 548ᵗᵗ

De la veuve Dionis, menuisier, en l'acquit dud. Chanteau, 280ᵗᵗ pour le prix de quatorze cordes de bois, qui luy ont esté livrez aud. chantier, à raison de 20ʰ la corde............................. 280ʰ

31 aoust : du sʳ ᴅᴇ Tᴜʀᴍᴇɴʏᴇs, receveur général de l'hostel royal des Invalides, 100000ʰ pour estre employées aux dépenses de l'église dud. hostel des Invalides............................. 100000ʰ

5 septembre : de Mᴀᴜʀɪᴄᴇ Gᴀʙʀɪᴇʟ, 41867ʰ 15ˢ 7ᵈ provenant du prix des matériaux de maçonnerie des anciens bastimens du couvent des Capucines, rue Saint-Honnoré.................... 41867ʰ 15ˢ 7ᵈ

7 septembre : dud. sʳ ᴅᴇ Bᴀʀᴛɪʟʟᴀᴛ, 4900ʰ pour délivrer au nommé Aɴᴛᴏɪɴᴇ Rɪᴠᴏɪʀᴇ, entrepreneur, pour le tiers de la dépense des bastimens qui doivent estre construits pour l'établissement d'une manufacture de soye dans l'un des fauxbourgs de la ville de Vienne sur la rivière de Gère, et 40ʰ 18ˢ 4ᵈ pour les taxations du trésorier....................... 4940ʰ 18ˢ 4ᵈ

9 septembre : de luy, 2210ʰ 9ˢ 7ᵈ pour employer au remboursement des non-jouissances et dédommagemens des labours et semences deus au fermier du sʳ prince ᴅᴇ Fᴜʀsᴛᴇᴍʙᴇʀɢ, pour les héritages qui ont esté pris par ordre de S. M. pour faire le lit de la petite rivière de Joui qui prend les eaux de la rivière d'Eure, pour les jetter dans le canal de Gallardon, et 18ʰ 8ˢ 4ᵈ pour les taxations....................... 2229ʰ 17ˢ 11ᵈ

De luy, 12923ʰ 19ˢ pour employer au payement des non-jouissances deues à divers particuliers pour les moulins scituez sur la rivière de Gallardon et sur celle d'Épernon, desquels on a pris l'eau par ordre de S. M. pour servir à la navigation des matériaux nécessaires pour la construction des ouvrages de la rivière d'Eure, et ce pour deux années qui escherront au dernier décembre prochain, et 107ʰ 14ˢ de taxations. 13031ʰ 13ˢ

12 septembre : du sʳ ᴅᴇ Rɪᴇᴜx, caution de Sᴀᴍsᴏɴ, entrepreneur, 1000ʰ à compte de la dépense faite par la veuve Fᴏᴜʀǫᴜᴏʏ pour la conduite des eaux de Ville-d'Avray à Versailles, de l'entreprise dud. Sᴀᴍsᴏɴ. 1000ʰ

De Jᴇᴀɴ Mᴀʟʟᴇᴛ, charpentier, 6785ʰ 16ˢ 8ᵈ pour le prix des 2/3 des bois de charpente provenans des démolitions de l'ancien couvent des Capucines et de l'hostel de Vandosme, au nombre de 8143 pièces, déduction faite des quatre au cent, moyennant 125ʰ le cent.... 6785ʰ 16ˢ 8ᵈ

De Rᴀᴏᴜʟ ᴅᴇ Pɪᴇʀʀᴇ, dit Lᴀ Pᴏʀᴛᴇ, charpentier, 3392ʰ 18ˢ 4ᵈ pour le prix de l'autre tiers desd. démolitions.................... 3392ʰ 18ˢ 4ᵈ

De Lᴏᴜɪs Rᴇɴᴏᴜғ, paveur, pour les démolitions de pavé dud. ancien couvent.................. 911ʰ 9ˢ 2ᵈ

Dud. sʳ ᴅᴇ Bᴀʀᴛɪʟʟᴀᴛ, 4781ʰ 6ˢ pour délivrer à la veuve Lᴏᴜʀᴅᴇᴛ pour un grand tapis de laine à fleurs et rabesques, ouvrage de la Savonnerie, qu'elle a fait et livré au Garde-meuble de S. M., contenant 7 aunes 1/2 de long sur 4 aunes 1/4 de large, faisant en superficie 31 aunes 7/8, à raison de 150ʰ l'aune quarrée, et 39ʰ 18ˢ 6ᵈ pour les taxations......... 4821ʰ 4ˢ 6ᵈ

De luy, 40,000ʰ pour estre employées à compte des dépenses des bastimens que S. M. a ordonné estre faits à Trianon pendant la présente année, outre les fonds cy-devant faits, et 333ʰ 6ˢ 8ᵈ pour les taxations du trésorier.......................... 40333ʰ 6ˢ 8ᵈ

19 septembre : d'Esᴛɪᴇɴɴᴇ Yᴠᴏɴ, couvreur, 7864ʰ 8ˢ 6ᵈ, sçavoir : 2923ʰ 14ˢ 4ᵈ pour le prix de 1169 toises 17 pieds 1/2 d'ardoise, à 50ˢ la toise, et 4930ʰ 14ˢ 2ᵈ pour le prix de 1972 toises 18 pieds 1/2 de tuile, à 50ˢ la toise, le tout provenant de la démolition de la couverture de l'hostel de Vandosme et de l'ancienne église et couvent des Capucines.............. 7864ʰ 8ˢ 6ᵈ

26 septembre : dud. sʳ ᴅᴇ Bᴀʀᴛɪʟʟᴀᴛ, 2627ʰ 1ˢ 6ᵈ pour délivrer au sʳ Pᴇᴛɪᴛ, sçavoir : 1467ʰ 12ˢ 8ᵈ pour douze médailles d'or pesant 3 marcs 1 once 5 gros 6 grains, à raison de 57ʰ 5ˢ l'once, et 1096ʰ 18ˢ 10ᵈ pour cent treize médailles d'argent pesant 24 marcs 3 gros 1/2, à raison de 45ʰ 12ˢ le marc, et 62ʰ 10ˢ pour la tourneure desd. médailles, le tout livré pour le service de S. M., et 21ʰ 19ˢ 6ᵈ pour les taxations.. .... 2649ʰ 1ˢ

De luy, 6196ʰ 10ˢ 10ᵈ, sçavoir : 6564ʰ 9ˢ 4ᵈ pour employer au remplacement des dépenses extraordinaires que S. M. a ordonné estre faites pour ses bastimens pendant le mois de juillet dernier, et 547ʰ 1ˢ 6ᵈ pour les taxations......................... 6196ʰ 10ˢ 10ᵈ

30 septembre : du nommé Kᴇʟʟᴇʀ, fondeur, 378ʰ pour le prix de 23 cordes 3/4 de bois à brûler qui luy ont esté vendues, provenant de la démolition du bastiment sur rue de la rue Saint-Honnoré de l'hostel de Vandosme et de l'ancien couvent des Capucines, à raison de 16ʰ la corde.......................... 378ʰ

3 octobre : dud. sʳ ᴅᴇ Bᴀʀᴛɪʟʟᴀᴛ, 40000ʰ pour délivrer au sʳ Mᴀʀᴄᴇʟɪɴ Cʜᴀʀʟɪᴇʀ, à compte des étoffes que S. M. luy a ordonné de fournir pour meubler Trianon, et 333ʰ 6ˢ 8ᵈ pour les taxations.......... 40333ʰ 6ˢ 8ᵈ

7 octobre : de luy, 11500ʰ pour délivrer à Cʟᴀᴜᴅᴇ Dᴇɴɪs, fontainier, son dédommagement de partie de sa maison, seize au vieil Versailles, que S. M. a ordonné estre démolie pour y bastir la Surintendance de ses bastimens, et 95ʰ 16ˢ 8ᵈ de taxations. 11595ʰ 16ˢ 8ᵈ

8 octobre : de luy, 42995ʰ 19ˢ 4ᵈ pour employer à compte des dépenses extraordinaires que S. M. a or-

ANNÉE 1688. — RECETTE.

donné estre faites au chasteau de Maintenon et lieux en dependans, et 358ʰ 6ˢ pour les taxations. 43354ʰ 5ˢ 4ᵈ

De luy, 1500ʰ pour délivrer à Pierre-David de Cazenove, sculpteur, par gratiffication, en considération de la médaille de S. M. qu'il a fait en marbre, et 12ʰ 10ˢ pour les taxations.................... 1512ʰ 10ˢ

10 octobre : de luy, 17000ʰ pour délivrer aux sʳˢ Accault, de Laistre, Montgrand et de Blancourt, à compte des marbres blancs d'Italie et de portor qu'ils ont livré pour le service de S. M., et 141ʰ 13ˢ 4ᵈ pour les taxations......................... 17141ʰ 13ˢ 4ᵈ

17 octobre : de Charles-François Paulart, 6000ʰ pour le prix de 400 toises de tuyaux de fer de fonte, de six pouces de diamettre, qui luy ont esté vendus au profit de S. M., à raison de 15ʰ la toise........ 6000ʰ

16 octobre : dud. sʳ de Bartillat, 40000ʰ pour employer à compte des dépenses des bastimens que S. M. a ordonné estre faits à Trianon pendant la présente année, outre les fonds cy-devant faits, et 333ʰ 6ˢ 8ᵈ pour les taxations........................ 40333ʰ 6ˢ 8ᵈ

24 octobre : de luy, 7500ʰ pour délivrer aux sʳˢ Dubois et Compagnie, à compte des marbres de Languedoc et des Pyrennées qu'ils ont livré pour le service de S. M., et 62ʰ 10ˢ pour les taxations........... 7562ʰ 10ˢ

16 novembre : de luy, 88500ʰ 1ˢ pour employer au remplacement des dépenses extraordinaires du mois d'aoust dernier, et 735ʰ 16ˢ 8ᵈ pour les taxations du trésorier...................... 89235ʰ 17ˢ 8ᵈ

21 novembre : de Maurice Gabriel, entrepreneur, 320ʰ 12ˢ 6ᵈ pour le prix des matériaux de maçonnerie provenans de la démolition des anciens bastimens des Capucines non compris au toisé général du 28 juin dernier......................... 320ʰ 12ˢ 6ᵈ

De Le Moyne, fondeur, 1945ʰ 13ˢ pour le prix de 3891 livres 1/3 de cuivre qu'il a reçeu du magasin de S. M. pendant le mois d'octobre dernier et celuy de novembre courant, à 10ˢ la toise.......... 1945ʰ 13ˢ

Des nommez Maugis, Marchand et Dauchin, de Fontainebleau, 130ʰ pour le prix des vieilles caisses, poutres et autres bois provenans du chasteau de Fontainebleau qui leur ont esté vendus.................... 130ʰ

Du nommé Dorbay et consors, entrepreneurs des aqueducs sous la montagne de Roquancourt, pour employer au rétablissement d'iceux.......... 518ʰ 15ˢ

23 novembre : dud. sʳ de Bartillat, 2830ʰ pour employer au payement des gratifications que S. M. a ordonné estre payées aux officiers de ses bastimens et jardins de Fontainebleau en considération du bon estat de leurs entretenemens pendant la présente année, et 23ʰ 11ˢ 8ᵈ pour les taxations......... 2853ʰ 11ˢ 8ᵈ

24 novembre : de luy, 400ʰ pour délivrer au sʳ de Chatillon, par gratiffication, en considération du soin qu'il a eu de l'orangerie dud. Fontainebleau, et 3ʰ 6ˢ 8ᵈ pour les taxations.................... 403ʰ 6ˢ 8ᵈ

28 novembre : de Jaques Mazière et Pierre Bergeron, entrepreneurs, 199ʰ 8ˢ pour le prix de plusieurs outils qui leur ont esté délivrez du magasin du Roy pour les travaux de Trianon................. 199ʰ 8ˢ

Dud. sʳ de Bartillat, 3803ʰ 18ˢ 9ᵈ pour délivrer au sʳ Petit, sçavoir : 2000ʰ 3ˢ 6ᵈ pour quatre médailles d'or pesant 4 marcs 2 onces 7 gros 1/2, à raison de 57ʰ 5ˢ l'once, et 1776ʰ 15ˢ 4ᵈ pour cinquante médailles d'argent, pesant 39 marcs 2 onces 1 gros, à raison de 45ʰ 5ˢ le marc, et 25ʰ pour la tourneure desd. médailles, le tout livré pour le service de S. M., et 31ʰ 13ˢ 11ᵈ pour les taxations.................. 3835ʰ 12ˢ 8ᵈ

30 novembre : de luy, 16402ʰ 16ˢ 8ᵈ pour employer au payement du prix principal et non-jouissances pendant les années 1685, 1686, 1687 et 1688, des terres, prez, jardins et marais appartenans à divers particuliers, occupez par l'aqueduc de la Coudre à Fontainebleau, commençant à une pièce de terre appartenant à Michel Cagny, scize au delà du mur de son jardin, et joignant icelui où commence led. aqueduc et jusques aux murs du parc et jardin de Fontainebleau; des vignes, clos, jardins, bois, prez et pastures occupez par la conduite des eaux de Samois et de la Madelaine, à commencer au delà de Samois, dans une pièce de vigne appartenant à la veuve Dedan, et jusqu'au réservoir, d'autre, et des bois taillis et bruères pris à plusieurs particuliers sur les limites et confins de la forest de Fontainebleau, pour la continuation des routes que S. M. a ordonné estre faites en icelle forest pour la commodité de la chasse, et 136ʰ 13ˢ 9ᵈ pour les taxations........ 16539ʰ 10ˢ 5ᵈ

4 décembre : de luy, 40000ʰ à compte des dépenses des bastimens que S. M. a ordonné estre faits à Trianon pendant la présente année, outre les fonds cy-devant faits, et 333ʰ 6ˢ 8ᵈ pour les taxations... 40333ʰ 6ˢ 8ᵈ

7 décembre : de luy, 4921ʰ 17ˢ 6ᵈ pour délivrer à la veuve Lourdet pour un tapis de laine fond brun avec des ornemens de différentes couleurs, ouvrage de la Savonnerie, qu'elle a fait et livré au Garde-meuble, contenant 7 aunes 1/2 de long sur 4 aunes 3/8 de large, faisant en superficie 32 aunes 13/16, à raison de 150ʰ l'aune quarrée, et 41ʰ 3ᵈ pour les taxations... 4962ʰ 17ˢ 9ᵈ

12 décembre : d'Estienne Yvon, couvreur, 351ʰ 18ˢ 4ᵈ pour le prix de 117 toises 11 pieds d'ardoise provenant

de la démolition de la couverture d'ardoise du corps de logis au-dessus des offices du s' Bontemps, à raison de 3ᵗ la toise.................... 351ᴸ 18ˢ 4ᵈ

7 décembre : dud. s' de Bartillat, 3000ᴸ pour délivrer aux prestres de la Congrégation de la Mission de Fontainebleau, pour leur subsistance et entretenement pendant les six derniers mois 1688......... 3000ᴸ

14 décembre : de luy, 3000ᴸ pour délivrer à la damoiselle Supligeau pour luy donner moyen de continuer à soutenir la manufacture des dentelles de fil establie à Villers-le-Bel, et 25ᴸ pour les taxations....... 3025ᴸ

19 décembre : de Pierre Le Maistre et Gérard Marcou, entrepreneurs, 12849ᴸ 10ˢ 3ᵈ pour le prix des matériaux provenans de la démolition du pavillon et du corps de logis joignant avec toutes les offices, à la place desquelles on doit bastir la chapelle du chasteau de Versailles, contenus en 2 toises......... 12849ᴸ 10ˢ 3ᵈ

30 novembre : dud. s' de Bartillat, 81270ᴸ 10ˢ 6ᵈ pour employer au remplacement des dépenses extraordinaires du mois de septembre dernier, et 637ᴸ 5ˢ pour les taxations.................. 81907ᴸ 15ˢ 5ᵈ

19 décembre : dud. s' de Bartillat, 16000ᴸ pour délivrer à M. de Villacerf en considération de l'inspection générale que S. M. luy a donnée sur ses bastimens pendant la présente année, et 133ᴸ 6ˢ 8ᵈ pour les taxations..................... 16133ᴸ 6ˢ 8ᵈ

De luy, 5322ᴸ 11ˢ 6ᵈ pour délivrer à Dominico Guidi, sculpteur à Rome, pour, avec 3548ᴸ 7ˢ 8ᵈ qu'il a cy-devant reçeus, faire le parfait payement de 8870ᴸ 19ˢ 2ᵈ pour le groupe de figures qu'il a fait en marbre et livré pour le service de S. M., et 44ᴸ 6ˢ 11ᵈ pour les taxations..................... 5366ᴸ 18ˢ 5ᵈ

Desd. Le Maistre et Marcou, 619ᴸ 10ˢ 10ᵈ pour matériaux des bastimens des offices de M. Bontemps..... .... 619ᴸ 10ˢ 10ᵈ

26 décembre : du s' Delrieux, caution de Samson, entrepreneur de la conduite des eaux de Ville-d'Avray à Versailles, 2964ᴸ 1ˢ pour estre employée au payement des dépenses faites par la veuve Fourquoy pour le rétablissement desd. ouvrages................ 2964ᴸ 1ˢ

De divers particuliers de Maintenon, 2832ᴸ 8ˢ 3ᵈ, sçavoir : 722ᴸ 4ˢ 9ᵈ provenans d'effets livrez du magasin du Roy, 1314ᴸ à la décharge de Pierre Le Maistre, entrepreneur du grand aqueduc, et 796ᴸ 3ˢ 6ᵈ à celle de Louis Junant, entrepreneur des briques dud. aqueduc, et en déduction de ce qu'ils pourront devoir à S. M. sur leur entreprise.................. 2832ᴸ 8ˢ 3ᵈ

28 janvier 1689 : de Mᵉ Gedéon du Metz, garde du trésor royal, 89261ᴸ 7ˢ 6ᵈ pour employer au remplacement des dépenses extraordinaires que S. M. a ordonné estre faites pour lesd. bastimens pendant le mois d'octobre dernier, et 743ᴸ 16ˢ 8ᵈ pour les taxations. 90005ᴸ 4ˢ 2ᵈ

23 fevrier 1689 : de luy, 63965ᴸ 16ˢ 6ᵈ pour employer au remplacement de celles faites pendant le mois de novembre dernier, et 533ᴸ 11ᵈ pour les taxations... .... 64498ᴸ 17ˢ 5ᵈ

24 avril 1689 : de luy, 50845ᴸ 15ˢ 1ᵈ pour employer au remplacement des dépenses extraordinaires faites pendant le mois de décembre dernier, et 423ᴸ 14ˢ 3ᵈ pour les taxations.................. 51269ᴸ 9ˢ 4ᵈ

17 may 1689 : du s' Solus, 2068ᴸ 7ˢ employées dans l'estat de remboursement de la ville de Versailles cy-dessus enregistré, lad. somme revenant bon à S. M. étant comprise dans l'évaluation faite du total de Moulineau................... 2068ᴸ 7ˢ

30 janvier 1688 : du s' de Turmenyes, 338625ᴸ pour employer, sçavoir : 300000ᴸ au payement de ce qui reste deub en principal des 600000ᴸ pour le prix de l'acquisition faite sous le nom du Roy de l'hostel de Vandosme, et 38625ᴸ pour les intérests desd. 300000ᴸ depuis le 4 juillet 1685 jusqu'au dernier janvier 1688.................... 338625ᴸ

6 juin 1689 : de plusieurs particuliers, 3660ᴸ pour les loyers des maisons appartenantes à S. M. à Paris, pendant l'année 1688................ 3660ᴸ

23 aoust 1688 : du s' Delrieux, caution de Samson, entrepreneur de la conduite des eaux de Ville-d'Avray à Versailles, 90ᴸ pour estre payée au nommé La Francoise pour journées par luy employées au rétablissement desd. ouvrages........................ 90ᴸ

DÉPENSE.

VERSAILLES.

MAÇONNERIE.

16 may : à Pierre Le Maistre, entrepreneur, parfait payement de la somme de 1228540ᴸ 17ˢ 8ᵈ à quoy montent les ouvrages de maçonnerie par luy faits tant à la grande Orangerie de Versailles, au parterre du Midi, qu'au logement des jardiniers et au Labirinthe dans le

jardin du chasteau de Versailles pendant les années 1684, 1685, 1686 et 1687............ 361ᴴ 3ˢ 2ᵈ

11 janvier-26 décembre : à Gérard Marcou, entrepreneur, pour menus ouvrages de maçonnerie faits en plusieurs endroits du chasteau de Versailles depuis le mois de décembre 1687 jusqu'au mois de novembre 1688, y compris ses soins et équipages (9 p.)... 4388ᴴ 11ˢ

22 febvrier : à luy, à compte des ouvrages qu'il a fait au chasteau et jardin, en 1685 et 1686....... 6000ᴴ

16 may-8 aoust : à luy, sur les ouvrages qu'il a fait aud. jardin pendant les mois de may, juin et juillet (2 p.)............................ 1715ᴴ 15ˢ

8 aoust : à luy, pour son payement des sapines qu'il a fourni pour faire des pontons sur le canal pour transporter les pierres des tablettes qui s'y posent. 195ᴴ 16ˢ

4 avril-26 décembre : à luy, à compte de la tablette de pierre qu'il fait pour porter le cordon de marbre du parterre de l'Orangerie et autres ouvrages dans le jardin de Versailles (2 p.)................. 1300ᴴ

16 may-31 octobre : à luy, à compte des tablettes de pierre dure qu'il fait pour le canal de Versailles (11 p.)............................ 15700ᴴ

17-31 octobre : à luy, sur les pierres de Saint-Cloud dont il fait provision pour les employer auxd. tablettes l'année prochaine (2 p.)............. 1700ᴴ

11 janvier-28 novembre : à Jaques Mazière et Pierre Bergeron, entrepreneurs, à compte de leurs ouvrages de maçonnerie à Trianon (24 p.). 14754²ᴴ 10ˢ 8ᵈ

27 juin : à eux, pour les indemniser de l'erreur de calcul de pareille somme qui s'est trouvée dans l'extrait du toisé des démolitions des ouvrages faits de neuf à Trianon, qui leur ont esté comptez de 6472ᴴ 17ˢ 4ᵈ au lieu de 6372ᴴ 17ˢ 4ᵈ à quoy ils montent......................... 100ᴴ

21 mars : à eux, pour la dépense qu'ils ont faite pour le transport des pierres qui estoient dans la grande place devant Trianon................... 263ᴴ

22 aoust : à eux, pour 114 toises de dousses de batteau qu'ils ont fournis et qui ont esté employées à couvrir deux pierrées dans la pépinière de Trianon 91ᴴ 4ˢ

25 janvier-13 juin : aux nommez Rossignol et Dabady, entrepreneurs, à compte des ouvrages de maçonnerie qu'ils ont faits au réservoir de Trianon (5 p.)............................ 2500ᴴ

30 may : à Gov et consors, maçons, pour leurs journées et celles de leurs manœuvres et le plastre qu'ils ont employé aux modèles du dessus de la balustrade de Trianon............................ 220ᴴ 19ˢ 2ᵈ

25 janvier-15 febvrier : à Pierre Le Clerc, dit Pitre, parfait payement de 11999ᴴ 16ˢ à quoy montent la fouille et transport des terres de l'augmentation de la pièce des Suisses, les ouvrages de maçonnerie faits dans lad. augmentation du costé de l'Orangerie, les bonnes terres qui ont esté répandues sur les terres rapportées et le rétablissement de partie des tablettes de lad. pièce des Suisses, suivant le marché desd. bonnes terres (2 p.)............................ 7295ᴴ 16ˢ

18 avril-25 juillet : à luy, à compte de la maçonnerie de l'aqueduc qu'il fait au long du Mail pour recevoir l'égout des eaux qui viennent du Mail (2 p.) 1800ᴴ

7 mars-5 septembre : à Nicolas Le Jongleur, entrepreneur, parfait payement de l'aire de ciment qu'il fait sur la voute de la terrasse de Trianon-sous-Bois (2 p.).......................... 687ᴴ 15ˢ 4ᵈ

12 décembre : à ses ouvriers, pour avoir travaillé au rétablissement de l'aire de ciment au-dessus de l'Orangerie........................... 341ᴴ 6ˢ

Somme de ce chapitre.... 192203ᴴ 16ˢ 4ᵈ

TERRASSES.

2 may : à La Plante, appareilleur, pour son payement de deux décharges d'augmentation qu'il a fait au lac des Suisses............................ 30ᴴ

A Durand et La Forge, pour les journées qu'ils ont employées à rétablir la décharge du canal sur le chemin de la Ménagerie et rechercher les fautes du réservoir de Saint-Cyr............................ 94ᴴ 13ˢ

16 may : à eux, pour le rétablissement du conroy au pourtour du réservoir de Saint-Cyr........... 224ᴴ

27 juin : à eux, pour avoir rétabli le conroy du tour du réservoir de Jambette................ 231ᴴ 14ˢ

11 janvier-17 octobre : à Louis Rose, terrassier, parfait payement de 15130ᴴ à quoy montent les fouilles et transport de terre par luy faits au chasteau de Trianon en 1687 et 1688, et 200ᴴ par gratiffication (12 p.) 7600ᴴ

7 mars : à luy, pour plusieurs journées d'ouvriers qu'il a fourni pour plusieurs ouvrages qui n'ont pu estre toisez............................ 111ᴴ

4 avril : à luy, pour plusieurs petits marchez de transport de terre....................... 49ᴴ 15ˢ

3 octobre : à luy, pour plusieurs menus ouvrages de terrasse et plusieurs journées d'ouvriers pour petits ouvrages à Trianon (2 p.)................. 165ᴴ 6ˢ

11 janvier-14 mars : au nommé Becman, terrassier, parfait payement de 1465ᴴ 11ˢ pour les bonnes terres qu'il a transportées du Parc-aux-Cerfs dans les tranchées au long des gazons devant l'Orangerie (3 p.) 1215ᴴ 11ˢ

18 janvier : aux nommez Réverend et Collinet, ter-

rassiers, parfait payement de 345ᴸ 8ˢ à quoy montent les régallemens de terre et sablage par eux faits aux deux allées entre les grilles au bas des rampes de l'Orangerie................. 135ᴸ 8ˢ

2 may : à eux, pour 80 toises de fossés qu'ils ont fait au long du chemin de la Ménagerie au-dessous du Mail.................. 40ᴸ

17 octobre : à eux, pour avoir voituré hors du jardin de Versailles les pierres que l'on a démolies de Latonne pour y mettre le marbre........... 45ᴸ

22 février : à PIGIEUX et ses camarades, soldats de Piémont, pour les terres par eux enlevées pour faire la chaussée de pavé dans l'allée Saint-Antoine, du costé de Trianon.................. 21ᴸ

13 juin : à OLIVIER FLEURANT, jardinier de Trianon, pour son remboursement d'une portion de maison qu'il a occupée à Versailles pendant sept mois, et pour le bois qu'il a bruslé pour faire sécher les plastres de son logement de Trianon................ 500ᴸ

13 juin : à ses garçons jardiniers qui ont gardé la pépinière pendant les nuits, par gratiffication..... 100ᴸ

22 aoust : à MARTIN MOULIN, terrassier, pour les terres qu'il a fait transporter hors de la porte du petit parc de Versailles du costé de Saint-Cyr...... 39ᴸ 10ˢ

28 novembre : à JOACHIM POIRIER, pour 115 sachées de mousse qu'il a livré pour calfeutrer les portes et croisées des serres et baraques de la pépinière de Trianon. 46ᴸ

Somme de ce chapitre...... 10648ᴸ 17ˢ

CARREAUX DE TERRE CUITTE.

22 février-25 avril : à FRANÇOIS GUILLAUME, dit DU BUISSON, careleur, parfait payement de 4131ᴸ 0ˢ 8ᵈ à quoy montent les réparations de carreau de terre cuite par luy faites au chasteau de Versailles et ses dépendances depuis 1685 jusqu'au 1ᵉʳ janvier dernier (2 p.) . 861ᴸ 8ˢ

30 may-14 novembre : à luy, sur les ouvrages et réparations de carreau de terre cuite qu'il fait en divers endroits du chasteau (4 p.)............ 1100ᴸ

Somme de ce chapitre...... 1961ᴸ 0ˢ 8ᵈ

CARREAUX D'HOLLANDE POUR TRIANON.

4 avril : à BRANLARD, fayancier, pour 393 carreaux qu'il a fourni pour Trianon.............. 213ᴸ

27 juin : à luy, pour carreaux de fayance de Holande idem........................ 126ᴸ

16 may-27 juin : à DROUART, rocailleur, pour les carreaux d'Hollande qu'il a posé à la cascade de Trianon (2 p.).................... 700ᴸ

Somme de ce chapitre....... 1039ᴸ

RECOUPES ET TREILLAGES.

11 janvier-29 février : aux nommez DUREL et ROBERT, terrassiers, parfait payement de 7905ᴸ 13ˢ à quoy montent les recoupes et gazons qu'ils ont fait dans le jardin de Versailles (3 p.)............ 1505ᴸ 13ˢ

21 mars-22 aoust : à eux, à compte des recoupes et gazons qu'ils posent dans le jardin de Trianon (10 p.) 7700ᴸ

18 janvier : à eux, parfait payement de 1715ᴸ 7ˢ 6ᵈ à quoy montent les treillages de perche qu'ils ont fait à Trianon...................... 415ᴸ 7ˢ 6ᵈ

A eux, parfait payement de 2091ᴸ 9ˢ à quoy montent les treillages d'échalats qu'ils ont fait dans le jardin de Versailles...................... 91ᴸ 9ˢ

22 janvier-28 novembre : à eux, parfait payement des treillages d'échalats qu'ils font dans le jardin de Trianon (6 p.)................... 2245ᴸ 10ˢ

28 novembre : à eux, pour plusieurs menues réparations et des modèles qu'ils ont fait à Trianon. 107ᴸ 14ˢ

5 septembre-28 novembre : à eux, parfait payement des recoupes et gazons qu'ils ont posé dans le jardin de Versailles et dans l'allée d'eau dudit jardin (5 p.).... .... 1895ᴸ 6ˢ 3ᵈ

25 juillet-28 novembre : à GAUDON, jardinier, à compte des ornemens de treillage de bois qu'il a fait à la fontaine des trois jets au haut des Sources, du costé du jardin du Roy, à Trianon (4 p.)............ 1150ᴸ

13 juin : à REMY JANSON, jardinier, pour le gazon qu'il a posé au derrière des tablettes de l'augmentation du lac des Suisses..................... 84ᴸ 6ˢ

28 novembre : à luy, pour les bonnes terres qu'il a transportées dans la nouvelle augmentation de la pépinière de Trianon.................. 542ᴸ 13ˢ 4ᵈ

2-16 may : à SCAVET, terrassier, parfait payement des terres de saul et terraux qu'il a fourni pour les plattes bandes des parterres de Trianon (2 p.)........ 793ᴸ

30 may : à luy, pour terraux, terres de sault et marc de vigne qu'il a fourni pour la pépinière de Trianon..... .... 373ᴸ

27 juin-21 novembre : à luy, parfait payement de 2797 tombereaux de terraux, à 12ˢ le tombereau, et 130 muids de marc de vigne, à 35ˢ le muid, qu'il a fourni et voituré pour la pépinière de Trianon (4 p.)... .... 1095ᴸ 14ˢ

28 novembre : à luy, payement de 32 muids 1/2 de crotin de pigeon qu'il a fourni pour lad. pépinière 97ᴸ 10ˢ

14 mars : au sʳ COTTEREAU, à compte des oignons,

ANNÉE 1688. — VERSAILLES.

fleurs et plantes qu'il a entrepris de fournir pour le jardin de Trianon........................ 3000ᴧ

21 mars-26 décembre : au nommé Gorey, pour bottes de perches de chastaignier et échalats qu'il a fourni pour la pépinière de Trianon (2 p.)....... 453ᴧ 19ˢ

Somme de ce chapitre.... 22361ᴧ 2ˢ 1ᵈ

LABOURS.

11 janvier-20 juin : aux nommez Duval et des Kesnes, terrassiers, parfait payement de 1301ᴧ 18ˢ à quoy montent le défrichement et labour qu'ils ont fait en la nouvelle pépinière de Trianon (2 p.).. 671ᴧ 18ˢ

30 may-13 juin : à eux, parfait payement d'avoir régallé et rechargé de terre plusieurs allées au bas du jardin de Trianon et les avoir battues (2 p.). 760ᴧ 10ˢ

27 juin : à eux, pour avoir dégorgé les pierrées qui traversent l'allée au long du canal du costé de Trianon, et autres menus ouvrages................. 137ᴧ 5ˢ

11 juillet : à eux, pour journées d'ouvriers qu'ils ont employé à régaller les terres dans le champ au-dessous du Mail dans le petit parc............... 106ᴧ 13ˢ

25 janvier : à eux, pour avoir labouré au derrière du berceau du jardin de Trianon du costé du canal. 93ᴧ 8ˢ

A eux, pour avoir nettoyé les glacières de Clagny, de Satory et de la Ménagerie................. 37ᴧ

8 février : à eux, pour les terres qu'ils ont enlevées entre l'Orangerie et le logement de Dupuys...... 85ᴧ

7 mars : à eux, pour 225 toises de fossez qu'ils ont fait dans l'allée Saint-Antoine, proche le canal.. 56ᴧ 5ˢ

7 mars : à eux, pour les labours qu'ils ont fait au grand parterre de Trianon............... 67ᴧ 16ˢ

4 avril : à eux, pour avoir rempli les ornières et régallé les terres dans l'allée qui va de la pièce de Neptune à Trianon........................ 255ᴧ

18 avril : à eux, pour avoir fouillé et rempli de bonne terre la contre-allée du costé de l'Isle Royalle, depuis Bachus jusqu'à Neptune................. 173ᴧ 10ˢ

A eux, pour avoir labouré de 2 pieds 3/4 de bas, 203 toises quarrées de terre dans le jardin au bout de Trianon-sous-Bois...................... 71ᴧ 1ˢ

2 may : à eux, pour labour de terre au même lieu jusqu'au 30 avril.................... 305ᴧ 16ˢ

25 juillet : à eux, pour avoir abaissé treize pierres autour du canal........................ 143ᴧ

8 aoust-28 novembre : à eux, parfait payement du deffrichement et labour de la nouvelle augmentation de la pépinière de Trianon (4 p.)........ 2073ᴧ 13ˢ 4ᵈ

19 septembre-17 octobre : à eux, parfait payement du transport de terre par eux fait autour du réservoir de Trianon jusqu'au mur de la pépinière (3 p.) 687ᴧ 15ˢ

31 octobre-12 décembre : à eux, parfait payement des fouilles et transport des bonnes terres qu'ils ont répandus proche les glacières et le réservoir de Trianon (2 p.)............................ 488ᴧ 5ˢ

3 octobre : à eux, pour avoir coupé et déraciné les rozeaux du bassin de la décharge du canal..... 90ᴧ 15ˢ

Somme de ce chapitre..... 6304ᴧ 10ˢ 4ᵈ

SABLE DE RIVIÈRE.

11 juillet-26 décembre : aux nommez Lagarde et Yvelin, pescheurs, pour le sable de rivière qu'ils ont tiré et livré pour les jardins de Versailles, à 5ˢ le muid (6 p.)............................ 520ᴧ 6ᵈ

25 juillet-26 décembre : à Clenger, pour 1537 muids de sable de rivière voituré autour du jardin de Versailles et à Trianon, à 25ˢ le muid (5 p.)..... 1635ᴧ 6ˢ 9ᵈ

14 novembre : à La Vienne, pour la voiture de 135 muids 1/2 de sable de rivière pour le jardin de Versailles............................ 149ᴧ 1ˢ

Somme de ce chapitre...... 2304ᴧ 8ˢ 3ᵈ

FUMIERS.

7 mars : au nommé Rinquet, voiturier, pour fumier qu'il a voituré à Trianon pour mettre dans les appartemens durant la gelée...................... 44ᴧ

A luy, pour la voiture de deux batteaux qu'il a amenez du port de Sève au Canal.................. 23ᴧ

16 may : à luy, payement de 56 toises et demie cubes de fumier qu'il a fourni à la pépinière de Trianon............................... 452ᴧ

28 novembre : à luy, payement de plusieurs voitures et fournitures de bois qu'il a fait pour le canal de Versailles.......................... 55ᴧ 10ˢ

Somme de ce chapitre........ 574ᴧ 10ˢ

CHARPENTERIE.

11 janvier-22 aoust : à Jean Mallet, charpentier, à compte des ouvrages de charpenterie qu'il fait à Trianon (12 p.)........................... 30000ᴧ

25 janvier : à Saint-Maurice, charpentier, pour le rétablissement des aix que l'on avoit relevez au Mail pour faire le passage pour le transport des terres de la pièce des Suisses......................... 72ᴧ 10ˢ

11 juillet : à Boitille, marchand de bois, pour dausses de bateau qu'il a livré pour couvrir plusieurs pierrées dans le jardin de Versailles.......... 277ᴧ

25 juillet : à Rochelois, charpentier, pour les planches

de sapin qu'il a posé pour la couverture du comble de la gallerie du chasteau et de celles qu'il a préparées et montées sur le comble pour continuer lad. couverture....................................... 88ʰ 15ˢ

8 aoust : à la veuve JULIEN, marchand de bois, pour dausses de batteaux qu'elle a fourni pour couvrir une pierrée au bout du Mail.................... 36ʰ

26 décembre : à POTAGE, charpentier, pour équipages par luy fournis pour servir à eslever les figures et vases de marbre qui se posent dans le jardin de Versailles. 522ʰ

22 février-14 novembre : aux nommez LE LIONNOIS et SAINT-EUSTACHE, scieurs de long, pour leur payement du bois crochu qu'ils ont scié pour les barques du canal (8 p.)............................ 397ʰ 14ˢ

Somme de ce chapitre..... 31443ʰ 19ˢ

OUVRAGES DE CHARONNAGE ET AUTRES.

25 janvier : à RINQUET, charon, payement des masses de bois, manches de crocs et autres outils qu'il a fournis pour les glaces de Versailles............... 117ʰ 5ˢ

21 mars-2 may : à FONTEINE, charon, pour barres et leviers qu'il a fournis pour servir à transporter les pots de fleurs à Trianon (2 p.)................... 76ʰ

21 mars : à PERCHERON, pour fourches et houlette qu'il a fournis pour lever les plantes de fleurs à Trianon.. 71ʰ 3ˢ

16 may : à FERRAND et associez, payement de quatre charretées de courbes qu'ils ont fournis pour le canal en janvier et février 1687................... 100ʰ

13 juin : à DEFONTENI, marchand de bois, pour 87 pièces de bois crochu qu'il a fourni pour le rétablissement des vaisseaux du canal 304ʰ 10ˢ

A LECOMTE, charpentier, payement des journées qu'il a employées à chercher led. bois crochu et le faire débiter.. 50ʰ

11 juillet : à JOURDIN, marchand de bois, payement de 158 pièces de bois crochu qu'il a livré pour les vaisseaux du canal........................... 553ʰ

5 septembre : à la veuve JAQUIN, charon, pour son payement des chariots, machines et échelles qu'elle a fourni pour l'Orangerie de Versailles.......... 322ʰ

Somme de ce chapitre....... 1593ʰ 18ˢ

COUVERTURE.

16 may : à ESTIENNE YVON, couvreur, à compte des ouvrages de couverture qu'il a fait au chasteau de Versailles et ses dépendances depuis 1684....... 3000ʰ

16 may-19 septembre : à luy, à compte des ouvrages de couverture d'ardoise qu'il a fait à Trianon (3 p.) 4000ʰ

3 octobre : à luy, sur ses ouvrages aux serres et aux logemens des jardiniers et fontainiers........ 2000ʰ

11 juillet-12 décembre : à luy, à compte de plusieurs réparations de couverture qu'il a fait sur le comble du chasteau (3 p.)................... 1051ʰ 18ˢ 4ᵈ

11 janvier-31 octobre : à PIERRE TELLIER, couvreur, pour avoir posé des machines pour la fumée sur plusieurs cheminées du chasteau et autres menus ouvrages (4 p.)................................ 266ʰ 15ˢ

11-25 juillet : aux couvreurs qui ont travaillé sur les combles du chasteau pour préparer à poser les cuivres pendant quatre semaines (2 p.)......... 163ʰ 9ˢ

7 mars : aux nommez VILAIN et LE GENDRE, couvreurs, pour des couvertures de paille faites aux glacières de Clagny, Satori, la Ménagerie et Trianon..... 190ʰ 18ˢ

Somme de ce chapitre..... 10673ʰ 0ˢ 4ᵈ

MENUISERIE.

11 janvier-28 novembre : à ANTOINE RIVET, menuisier, à compte de ses ouvrages de menuiserie au chasteau de Versailles (5 p.).................... 1900ʰ

25 janvier-11 juillet : à luy, à compte de ses ouvrages de menuiserie pour Trianon (10 p.)... 12300ʰ

8 aoust : à luy, à compte du parquet qu'il a fait pour l'appartement de Mᵐᵉ de Mornay............. 200ʰ

11 janvier-25 aoust : à NICOLAS CAREL, menuisier, à compte des ouvrages de menuiserie qu'il a fait à Trianon (13 p.)........................... 17200ʰ

11 janvier : à luy, pour avoir déposé et reposé les chassis d'hiver des grands appartemens du chasteau de Versailles............................... 231ʰ

3 octobre-26 décembre : à la veuve d'ESTIENNE CAREL, à compte des ouvrages de menuiserie faits aud. chasteau et lieux en dépendans les années précédentes (3 p.)... .... 3000ʰ

8 février-28 novembre : à DUCOIN, menuisier, à compte de ses ouvrages de menuiserie au chasteau de Versailles (9 p.)...................... 6300ʰ

11 juillet-22 aoust : à luy, sur ses ouvrages à Trianon (2 p.).......................... 1000ʰ

19 septembre-17 octobre : à luy, sur ce qu'il a démonté, transporté et remonté les baraques de la pépinière (3 p.)............................ 1100ʰ

14 novembre : à luy, pour les planches de chesne qu'il a fourni pour les réparations qui ont esté faites à Trianon........................... 30ʰ

11 janvier-8 aoust : à REMY, menuisier, à compte de ses ouvrages de menuiserie à Trianon (7 p.)... 3600ʰ

11 janvier : à FONTVIELLE, menuisier, pour 8 toises

ANNÉE 1688. — VERSAILLES.

5 pieds de lambris à hauteur d'appuy, qu'il a fourni à Trianon dans la pièce n° 8.................. 116ᴸ

25 janvier-17 octobre : à VEYDEAU, menuisier, à compte des ouvrages de menuiserie pour Trianon (7 p.).
.... 6600ᴸ

1ᵉʳ février : à NIVET, menuisier, parfait payement de 1504ᴸ 10ˢ à quoy montent les croisées qu'il a fait pour partie des nouvelles serres de la pépinière de Trianon............................... 204ᴸ 10ˢ

22 février-31 octobre : à luy, sur les ouvrages de menuiserie qu'il fait pour Trianon (8 p.)..... 6100ᴸ

29 février : à JAQUES VEILLET, menuisier, parfait payement de 1479ᴸ à quoy montent les croisées et portes qu'il a fait pour partie des nouvelles serres de la pépinière de Trianon...................... 179ᴸ

16 may-31 octobre : à DEFLANDRE, menuisier, payement des journées qu'il a employées au rétablissement de la menuiserie du jak, et à ajuster les croisées de la grande Orangerie et les chassis d'hiver (3 p.). 136ᴸ 2ˢ

27 juin : aux menuisiers qui ont travaillé à remonter et rétablir les tables pour mettre les oignons de fleurs à la pépinière de Trianon.................. 76ᴸ

5 septembre-26 décembre : à ceux qui ont travaillé à plusieurs réparations extraordinaires depuis le 22 aoust jusqu'au 25 décembre (9 p.)........ 1305ᴸ 5ˢ 6ᵈ

Somme de ce chapitre ... 61577ᴸ 17ˢ 6ᵈ

SEAUX.

4 avril-27 juin : à VALENTIN LOPIN, tonnelier, parfait payement des seaux qu'il a fait pour planter des arbustes pour le jardin du Roy à Trianon (5 p.).. 2772ᴸ

SERRURERIE.

11 janvier-8 aoust : à ROGER, serrurier, à compte de ses ouvrages de serrurerie pour les berceaux de Trianon (9 p.)................................ 7600ᴸ

11 janvier-12 décembre : à luy, à compte de ses ouvrages de serrurerie faits au chasteau de Versailles (6 p.)................................... 4200ᴸ

25 janvier : à luy, à compte des trois portes de fer qu'il a fait aux portes du salon de la grande aile proche de l'appartement de Mᵐᵉ la princesse de Conti .. 300ᴸ

8 février-4 avril : à luy, à compte des serrures qu'il fait pour les appartemens de Trianon (2 p.).... 500ᴸ

7 mars-21 avril : à GAUDIGNON, serrurier, à compte de ses ouvrages de serrurerie au chasteau et lieux en dépendans depuis 1684 (2 p.)................ 1000ᴸ

11 janvier : à LOUIS TAVERNIER l'aisné, serrurier, à compte de ses ouvrages de serrurerie à la Ménagerie depuis la fin de 1683................... 500ᴸ

7 mars : à CHOCART, serrurier, pour ses ouvrages en 1687, pour les équipages des fontaines du chasteau. 121ᴸ

25 janvier : à LE ROY, serrurier, à compte des ouvrages de serrurerie qu'il a faits pour les vaisseaux et barques et pour le jardin de Versailles depuis 1685
.... 600ᴸ

12 décembre : à luy, sur les ouvrages de serrurerie qu'il fournit au chasteau de Versailles......... 150ᴸ

27 juin : à BOURGUIGNON, serrurier, pour menus ouvrages de serrurerie qu'il a faits au chasteau de Versailles................................. 37ᴸ 1ˢ

11 janvier-26 décembre : à THOMAS VALLERANT, serrurier, à compte des tire-fonds qu'il a posé à Trianon et autres ouvrages de serrurerie (12 p.)...... 4600ᴸ

11 janvier-26 décembre : à luy, à compte des ouvrages de serrurerie qu'il a livré au chasteau de Versailles et lieux en dépendans depuis 1685 (7 p.) 2600ᴸ

21 mars-30 may : à luy, sur ses ouvrages au jardin du chasteau depuis l'année dernière (3 p.).... 1300ᴸ

11 janvier : à HIEROSME LARIEUX, dit THOULOUSAIN, serrurier, pour avoir rétabli la porte et la grille de fer proche de la pièce de Neptune, qui estoit cassée en différends endroits........................... 60ᴸ

21 mars-12 décembre : à luy, sur les ouvrages de serrurerie qu'il a fait et fourni au chasteau et lieux en dépendans depuis 1685 (5 p.)............. 1750ᴸ

19 septembre : à luy, pour plusieurs menus ouvrages de serrurerie qu'il a faits aux bastimens du canal et aux équipages pour les bassins de marbre de l'allée d'eau. 97ᴸ

11 janvier-25 juillet : à ALEXIS FORDRIN, serrurier, à compte des ferrures des portes et croisées qu'il fait à Trianon (13 p.)........................ 5600ᴸ

2 may-22 aoust : à luy, sur la grille et porte de fer pour la fermeture de la grande cour de Trianon (7 p.)................................... 2700ᴸ

8 aoust-26 décembre : à luy, sur la rampe de fer pour l'escalier au bout de Trianon-sous-Bois (7 p.)..
.... 3100ᴸ

11 janvier-17 octobre : à CORNEILLE, serrurier, à compte des ferrures des portes et croisées qu'il a fait à Trianon (15 p.)........................ 8700ᴸ

11 janvier-26 décembre : à luy, à compte de la rampe de fer qu'il fait à l'escalier qui descend du salon du bout de la gallerie dans le jardin de Trianon (8 p.).. 3900ᴸ

11 janvier-16 may : à LUCAS, serrurier, à compte des gros ouvrages de serrurerie qu'il fait à Trianon (5 p.)................................. 2900ᴸ

11 juillet-26 décembre : à BOUTET, serrurier, à compte de la balustrade de fer qu'il fait pour le balcon du cabinet des glaces de Trianon (7 p.)...... 2600ᵗᵗ

11 janvier : à MICHEL HASTÉ l'aisné, serrurier, pour un chassis de fer qu'il a fait à la rampe de l'escalier du cabinet en entresolle de Monseigneur.......... 73ᵗᵗ

18 janvier : à luy, parfait payement de 34086ᵗᵗ à quoy montent les portes et grilles de fer par luy faites pour la fermeture de l'Orangerie du chasteau de Versailles en 1686 et 1687........................ 386ᵗᵗ 1ˢ

7 mars-5 septembre : à luy, parfait payement de la balustrade de fer qu'il fait pour la terrasse de Trianon-sous-Bois (6 p.)............................ 1286ᵗᵗ

29 février-19 décembre : à DUCATEL, serrurier, parfait payement de 1770ᵗᵗ à quoy montent les machines à chaleur qu'il fournit en divers endroits du chasteau de Versailles (2 p.)........................ 1570ᵗᵗ

27 juin-5 septembre : à MOREL, serrurier, parfait payement des portes et croisées qu'il deferre et referre pour blanchir la place des ferrures et donner lieu de rebronzer lesd. ferrures (3 p.)............. 172ᵗᵗ 10ˢ

5 septembre : à luy, pour plusieurs menus ouvrages de serrurerie qu'il a fait aux vieilles armoires du garde-meuble de Trianon.................... 22ᵗᵗ 15ˢ

8 février : à DESJARDINS, serrurier, pour deux cent dix-sept crampons de fer pour Trianon....... 37ᵗᵗ 19ˢ 6ᵈ

25 juillet : à luy, parfait payement qu'il a fourni pour les portes de caves de Trianon........... 30ᵗᵗ 16ˢ

25 avril : à CORNIQUET, marchand, pour trois cent cinquante fiches à vazes, de 10 pouces entre les vazes, sur 10 lignes de gros, à 17ˢ pièce............ 297ᵗᵗ 10ˢ

30 may : à PERCHERON, taillandier, pour houlettes à lever des fleurs et autres outils pour la pépinière de Trianon........................... 50ᵗᵗ

8 aoust : à luy, pour une machine pour couper les herbes dans la pièce du lac des Suisses............ 80ᵗᵗ

5 septembre : à DURANT, serrurier, pour ouvrages de serrurerie qu'il a fourni pour les chariots et machines pour l'Orangerie de Versailles............. 273ᵗᵗ 9ˢ

19 septembre : à FEREL, arquebusier, pour 72 vis à teste, d'un pouce, polis, pour tenir les glaces de Trianon............................ 72ᵗᵗ

28 novembre : à MARCHAND, serrurier, pour plusieurs menues fournitures de serrurerie pour Trianon. 38ᵗᵗ 10ˢ

Somme de ce chapitre.... 59305ᵗᵗ 11ˢ 6ᵈ

VITRERIE.

11 janvier-28 novembre : à BERNARD L'ESPINOUZE, vitrier, à compte des ouvrages et réparations de vitrerie qu'il a fait au chasteau et à l'Orangerie en 1687 (5 p.)................................ 1800ᵗᵗ

11 janvier-12 décembre : à CHARLES JANSON, vitrier, à compte des ouvrages de vitrerie et réparations qu'il a fait en 1687 au chasteau (6 p.)............ 3500ᵗᵗ

25 janvier-14 novembre : à luy, à compte des ouvrages de vitrerie qu'il fait pour le chasteau de Trianon (7 p.)................................. 3200ᵗᵗ

8 aoust : à luy, sur ses ouvrages de verre blanc. 650ᵗᵗ

Somme de ce chapitre......... 9150ᵗᵗ

PLOMBERIE.

11 janvier-14 novembre : à JAQUES LUCAS, plombier, à compte de ses ouvrages de plomberie à Trianon (16 p.)........................ 39762ᵗᵗ 11ˢ 9ᵈ

25 juillet : à ISABELLE, plombier, pour avoir coulé du plomb dans les joints de la terrasse de Trianon-sous-Bois....................................... 60ᵗᵗ

A luy, pour avoir esté pendant dix jours à Maintenon avec son garçon pour apprendre à couler en plomb les joints des dalles de pierre qui sont sur l'aqueduc aux ouvriers qui doivent travailler à cet ouvrage...... 60ᵗᵗ

Somme de ce chapitre... 39882ᵗᵗ 11ˢ 9ᵈ

OUVRAGES DE CUIVRE.

11 janvier : à ROYER, fondeur, parfait payement de 4830ᵗᵗ 11ˢ à quoy montent les soupapes et robinets de cuivre d'un pied qu'il a fourni en 1687 pour les fontaines du jardin de Versailles............. 230ᵗᵗ 11ˢ

11 janvier-12 décembre : à LE MOYNE, fondeur, à compte des crampons et autres ouvrages de cuivre qu'il fournit pour tenir les marbres à Trianon (4 p.). 2800ᵗᵗ

11 janvier-1ᵉʳ aoust : à luy, à compte du robinet de 18 pouces qu'il a fourni pour les fontaines du chasteau de Versailles, qui est au magasin (6 p.)...... 9717ᵗᵗ 10ˢ

19 septembre-31 octobre : à luy, sur les ouvrages de cuivre de fonte qu'il fournit pour le jardin de Versailles (2 p.)................................... 700ᵗᵗ

11 janvier-8 février : à la veuve LEMAIRE, fondeur, à compte des ouvrages de fonte qu'elle a fourni pour les fontaines du chasteau de Versailles (2 p.)...... 1600ᵗᵗ

11 janvier : à DROUILLY, fondeur, parfait payement de 3953ᵗᵗ pour deux robinets de cuivre d'un pied et quatre soupapes de 18 pouces, qu'il a livré pour les fontaines du chasteau de Versailles............. 403ᵗᵗ

25 janvier : à NOIRET, à compte des ouvrages de cuivre de fonte qu'il a fourni pour les fontaines de Trianon et celles du jardin de Versailles (2 p.)... 700ᵗᵗ

11 janvier-8 février : à LE LOUP, fondeur, à compte

ANNÉE 1688. — VERSAILLES.

des ouvrages de cuivre de fonte qu'il a fourni pour les fontaines du chasteau de Versailles (2 p.)..... 1000#

25 janvier 1688-9 janvier 1689 : à l'ordre du s^r Gigat, parfait payement de 56864# 8', sçavoir : 54446# 3' pour 6938 planches de cuivre rouge pesant 64954 livres, à raison de 19# 10' 1/8 [1] la livre, 2014# 10' pour 2806 planches de sapin à raison de 71# 16' le cent, et 403# 15' pour deux barils de clouds à teste large, le tout par luy envoyé de Stokolm pour la couverture du chasteau de Versailles (11 p.)........... 56864# 8'

26 décembre : à luy, par gratification, en considération de ses soings pour l'envoy desd. cuivres....... 1200#

18 janvier : au nommé MAUPIN, fondeur, parfait payement de 3156# 9' à quoy montent huit soupapes de cuivre de 18 pouces de diamettre et onze coudes de plomb d'un pied de diamettre, qu'il a fourni en 1685 pour les fontaines du chasteau de Versailles......... 456# 9'

1er février : au nommé PROVOST, fondeur, parfait payement de 1589# 16' à quoy montent les coudes et nœuds de soudure par luy fournis au magasin de Versailles pour le service de S. M. pendant l'année 1685............................. 189# 16'

Somme de ce chapitre...... 75861# 14'

DORURES AU FEU.

18 avril : à ROBILLARD, doreur à feu, pour avoir doré 3800 clouds pour les cascades de Trianon...... 152#

25 avril : à luy, parfait payement de 153# 15' pour la dorure à feu de 123 tirefonds pour Trianon. 53# 15'

13 juin : à luy, pour avoir nettoyé, rebruni et mis en couleur les vazes des cascades de Trianon.... 202# 2'

22 aoust : à luy, pour plusieurs dorures qu'il a faites à Trianon et autres endroits................... 36#

Somme de ce chapitre........ 443# 17'

OUVRAGES DE BRONZE DORÉ.

11 janvier-26 décembre : à DOMINICO CUCCY, fondeur, à compte des ouvrages de bronze doré qu'il a fourni pour le chasteau de Versailles depuis 1685 (4 p.) 2300#

22 février-28 novembre : à luy, parfait payement des ouvrages de bronze doré qu'il fait pour les bordures de tables de marbre pour Trianon (8 p.)... 4387# 10'

16 may-28 novembre : à luy, parfait payement des moulures de cuivre doré pour tenir les glaces du cabinet des miroirs de Trianon (5 p.)......... 2315# 12'

[1] Il y a ici une erreur. Il faut lire 19# 10^d 1/8; encore en comptant ainsi, n'arrive-t-on pas au total indiqué.

22 février-15 juin : à luy, à compte des ouvrages façon de lapis et de bronze qu'il a fait pour la petite gallerie du Roy (2 p.)..................... 2600#

11 janvier-14 novembre : à GUILLAUME DESAUZIERS, doreur, à compte de ses ouvrages de dorure à la grille de l'Orangerie, aux portes et grilles de Trianon (6 p.)............................... 3600#

8 février-18 avril : à luy, à compte de l'or dont il fait provision pour ses ouvrages et pour employer au passage de l'appartement de Mme la Duchesse (4 p.) 3525#

Somme de ce chapitre....... 19028# 2'

MARQUETTERIE.

7 mars : aux compagnons ébénistes de CUCCY, pour les journées qu'ils ont employé à démonter la marquetterie des planchers et platfonds des cabinets de Monseigneur.............................. 75#

12 décembre : aud. CUCCY, pour réparations qu'il a fait faire aux ferrures de bronze du chasteau de Versailles........................... 253# 8'

8 février : à OPPENON, ébéniste, pour ouvrages de marquetterie et cuivre doré qu'il a fait pour Monseigneur le duc de Bourgogne................. 360#

Somme de ce chapitre........ 688# 8'

VERNY.

8 février-14 novembre : à BAILLY, peintre, à compte du verny de bronze qu'il pose sur les ferrures des portes et croisées de Trianon (6 p.)............... 1150#

PEINTURE ET GROSSE PEINTURE.

11 janvier : à VOIRIOT, peintre, pour ouvrages de peinture qu'il a fait au rétablissement d'un morceau de perspective, avec colonnes et bas-reliefs, dans l'antichambre des bains..................... 100#

8 février-17 octobre : à BOURGAULT, peintre, à compte des grosses peintures qu'il fait à Trianon (11 p.)............................. 8000#

8 février-14 novembre : à luy, à compte des grosses peintures qu'il fait aux dépendances du chasteau (3 p.)........................... 2500#

21 mars-16 may : à luy, sur la peinture qu'il fait aux barrières et aux caisses de l'Orangerie (3 p.). 800#

2 may : à luy, à compte des peintures en verd qu'il fait aux caisses pour l'orangerie de Fontainebleau. 150#

8 février-26 may : à LE MOYNE le Troyen, peintre, parfait payement de 4065# à quoy montent les ouvrages de peinture qu'il a fait dans le cabinet des tableaux de

Monseigneur et à la corniche du grand cabinet de M.me de Maintenon en 1685 et 1686 (3 p.).......... 1695ʰ

15 février : à PAROCEL, peintre, parfait payement de 3750ʰ à quoy montent onze tableaux qu'il a fait et posez dans l'antichambre du Roy à Versailles..... 1450ʰ

13 juin-26 décembre : à PAILLET, peintre, pour la dépense et le séjour qu'il a fait à Versailles pour avoir soin des tableaux du Roy, depuis le 23 may jusqu'au 24 décembre (3 p.).................. 2368ʰ 10ˢ

26 décembre : à luy, par gratification, en considération du nettoyement des peintures et dorures de la chambre de Madame la Dauphine............ 200ʰ

4 avril : à PHILIPPES LALLEMAN, peintre, pour le rétablissement et nettoyement par luy fait aux tableaux du Cabinet de S. M. en 1685................. 300ʰ

Somme de ce chapitre...... 17833ʰ 10ˢ

SCULPTURE.

11 janvier-8 aoust : à MAZELINE, JOUVENET et BARROIS, sculpteurs, à compte des ornemens de sculpture qu'ils font aux corniches de Trianon (13 p.)........ 9200ʰ

2 may : à eux, sur la sculpture en bois qu'ils ont fait aux architraves des lambris des appartemens du Roy à Trianon-sous-Bois..................... 1000ʰ

31 octobre-12 décembre : à eux, parfait payement des quatre groupes d'enfans qu'ils font pour le dessus du péristile de Trianon (3 p.)................. 1040ʰ

5 septembre : à CORNU, sculpteur, à compte des ornemens de sculpture de pierre qu'il fait pour les combles de Trianon...................... 800ʰ

3 octobre : à luy, sur les grandes cassolettes de pierre qu'il fait pour idem............ 500ʰ

14 novembre-12 décembre : à luy, parfait payement de la sculpture des quatre groupes d'enfans qu'il fait pour lesd. combles (2 p.).............. 1040ʰ

18 avril-28 novembre : à COUSTOU et JOLY, sculpteurs, parfait payement des trophées de sculpture en pierre qu'ils font au-dessus des croisées de Trianon (12 p.)... .... 11465ʰ

31 octobre : à eux, sur les corbeilles de pierre et plomb pour mettre sur les murs de Trianon.... 600ʰ

22 aoust-12 décembre : à eux, parfait payement des paniers et corbeilles de fleurs, de pierre de Trossy, qu'ils ont fait et posez sur la balustrade du comble de Trianon (6 p.)............................. 2530ʰ

16 may-28 novembre : à LE COMTE, sculpteur, à compte de deux groupes de figure qu'il a fait sur les deux piliers de l'entrée de l'Orangerie de Versailles (3 p.)........................... 2400ʰ

7 mars-19 septembre : à L'ESPINGOLLA, sculpteur, parfait payement de 680ʰ pour quatre grandes corbeilles de fruits et fleurs de pierre qu'il a fourni et posé sur les quatre gros piliers de pierre de la fermeture de l'Orangerie (3 p.)............................ 480ʰ

30 may-27 juin : à luy, parfait payement des modèles de Sphinx qu'il a fait sur les socles du bas des rampes de l'Orangerie (2 p.)............ 527ʰ 15ˢ

17 octobre-12 décembre : à VARIN le jeune, sculpteur, parfait payement de quatre grandes corbeilles de fleurs, de pierre de Trossy, qui sont posées sur le petit cabinet de Trianon (3 p.)................. 640ʰ

11 janvier-8 février : à LEGRAND, sculpteur, parfait payement des ouvrages de sculpture en bois qu'il a fait pour le petit cabinet en entresolle de Monseigneur, au chasteau (2 p.).................... 300ʰ 2ˢ

5 septembre-12 décembre : à luy, parfait payement des douze tripiers en cassolettes avec des testes de bélier, qu'il a posé sur les combles de Trianon (3 p.).... .... 1080ʰ

31 octobre : à luy, sur les corbeilles de pierre et de plomb qu'il fait pour lesd. murs de Trianon.... 600ʰ

14 novembre : à luy, pour la sculpture en bois qu'il a fait au lambry du cabinet en entresolle de Monseigneur, au chasteau de Versailles................ 133ʰ 5ˢ

11 janvier-28 novembre : à LEGROS, sculpteur, à compte de deux groupes de figures qu'il fait à l'entrée de l'Orangerie (6 p.).................... 2500ʰ

22 aoust-12 décembre : à luy, parfait payement des deux groupes de figure de pierre de Trossy qu'il a faits et posez sur le comble du péristil de Trianon (4 p.).... .... 1100ʰ

5 septembre-12 décembre : à JOUVENET et HERPIN, sculpteurs, parfait payement des vingt paniers de fleurs de pierre de Trossy qu'ils ont fait pour les combles de Trianon (5 p.)....................... 2200ʰ

19 septembre-12 décembre : à VANCLÈVE et MAGNIER, sculpteurs, parfait payement des deux groupes de figures de pierre de Trossy qu'ils ont fait et posez sur les combles du péristil de Trianon (3 p.)......... 1100ʰ

22 février : à FONTELLE, sculpteur, à compte des ouvrages de sculpture faits en 1684 et 1685 au chasteau de Versailles et dépendances................ 200ʰ

5 septembre-12 décembre : à DAUPHIN, sculpteur, parfait payement de treize vazes de pierre de Trossy et neuf petites cassolettes, faits et posez sur les combles de Trianon (5 p.)......................... 1740ʰ

5 septembre-12 décembre : à DROUILLY, sculpteur,

ANNÉE 1688. — VERSAILLES.

parfait payement des vingt-neuf vazes de pierre de Trossy faits pour les combles de Trianon (4 p.). 1450 ^{lt}

13 juin : à Dufour, sculpteur, payement d'un modèle de corbeille de fleurs en plastre qu'il a fait sur un des piliers de pierre de la fermeture de l'Orangerie. 75^{lt}

22 aoust-12 décembre : à luy et François, parfait payement de six grandes cassolettes d'angles pour mettre sur la balustrade du comble de Trianon (4 p.).. 1200^{lt}

19 septembre-12 décembre : à Belan, Taupin et Le Maire, sculpteurs, parfait payement de trois grandes urnes de pierre de Trossy qu'ils ont fait et posé sur les combles de la gallerie de Trianon (2 p.)...... 285^{lt}

11 janvier : à Bertin, sculpteur, pour le rétablissement de dix vazes de marbre oriental qui sont dans le Labirinthe et les avoir fait percer............. 66^{lt}

22 février-2 may : à luy, à compte des ouvrages de sculpture qu'il a fait pour les corniches de quatre chambres de Trianon-sous-Bois (3 p.)................. 1500^{lt}

25 juillet : à luy, pour plusieurs réparations et ouvrages de marbre qu'il a fait aux vazes et figures de marbre du parc de Versailles............... 152^{lt}

25 avril-19 décembre : à luy, pour son remboursement des sommes par luy payées aux sculpteurs qui ont travaillé avec luy aux trois modèles de vazes de plastre pour les six vazes de marbre qui doivent estre faits pour le Roy, du 1er mars au 18 décembre (14 p.) 5284^{lt} 5^s

25 janvier : à Esloy, sculpteur, pour la sculpture qu'il a fait sur le ralongement des chambranles des croisées que l'on a changées dans les pièces n°s 13, 14 et 15 à Trianon........................... 60^{lt}

13 juin : aux sculpteurs qui ont travaillé à la balustrade de Trianon, depuis le 19 mars dernier jusqu'au 12 juin...... 1910^{lt} 10^s

25 juillet : à Montant, sculpteur, pour la sculpture qu'il a fait à une console pour porter une pendule de Monseigneur le Dauphin.................. 30^{lt}

Somme de ce chapitre...... 55,188^{lt} 7^s

MARBRERIE.

30 may : aux marbriers d'Hubert Misson, pour avoir relevé et reposé partie du pavé de marbre sous la gallerie du chasteau de Versailles............. 67^{lt} 18^s

26 décembre : à Jaques Ergo, marbrier, pour avoir déposé, transporté et reposé le chambranle de marbre de la cheminée qui estoit au sallon du bout de la gallerie de Trianon, à la salle des Seigneurs, et autres menus ouvrages......................... 53^{lt}

22 février-14 novembre : à Pierre Lisqui, marbrier, payement de plusieurs chambranles et foyers qu'il a posé et plusieurs réparations et menus ouvrages faits au chasteau (3 p.)........................... 331^{lt} 10^s

12-26 décembre : à ses ouvriers qui ont travaillé depuis le 18 novembre à eslargir les joins des cordons de marbre des deux grands bassins en face du chasteau (2 p.)................................. 414^{lt}

31 octobre : à Deschamps, marbrier, pour les marbres qu'il a fourni à déposer et reposer les pilastres des angles de Trianon pour poser les tuyaux de descente des combles............................. 274^{lt} 10^s

Somme de ce chapitre....... 1140^{lt} 18^s

PAVÉ.

11 janvier-22 février : à Louis Renoult, à compte des ouvrages de gros pavé qu'il fait au chemin de Trianon, du costé de la porte Saint-Antoine (2 p.). 3400^{lt}

21 mars-11 juillet : à luy, sur la chaussée de pavé qu'il fait dans l'allée Saint-Antoine dans le petit parc (2 p.)............................... 1990^{lt}

22 aoust : à luy, sur le gros pavé hors la porte du petit parc sur le chemin de Saint-Cyr........ 500^{lt}

21 mars : à luy, sur la chaussée de pavé qu'il fait sur le chemin de la Ménagerie................ 635^{lt}

22 février-26 décembre : à luy, à compte des réparations de pavé qu'il fait aux dépendances du chasteau de Versailles (5 p.)........................... 3000^{lt}

30 may-28 novembre : à luy, sur le pavé de grais qu'il fait poser à Trianon (4 p.)........... 3900^{lt}

11 janvier-8 février : à Tinel, paveur, parfait payement du pavé de moilon qu'il a fait à Trianon (2 p.).. .... 185^{lt} 6^s

25 juillet : à luy, sur le pavé de moilon qu'il a fait dans la nouvelle augmentation de la pépinière de Trianon........................... 112^{lt}

3 octobre : à luy, pour 28 toises 1/2 de pavé de moilon qu'il a fait au Ponseau proche le réservoir de Chèvreloup............................ 18^{lt} 10^s

Somme de ce chapitre....... 13,740^{lt} 16^s

BOISSELLERIE.

11 juillet-14 novembre : à Langelin, boisselier, parfait payement des ornemens de bois qu'il a fait pour les pavillons et berceaux de Trianon (3 p.)... 1714^{lt} 4^s 4^d

SOUDURE.

11 janvier-11 avril : à Denis, fontainier, parfait payement de 5628^{lt} à quoy montent les fournitures de soudure qu'il a fait aux ouvrages extraordinaires des fontaines depuis le mois de février 1687 (4 p.). 5028^{lt}

21 mars : à Denis le fils, fontainier de Trianon, pour la soudure qu'il a employé aux ouvrages extraordinaires des fontaines de Trianon.......... 103ᴸ 10ˢ

Somme de ce chapitre...... 5131ᴸ 10ˢ

CONDUITTES.

7 mars : à Charles-François Paulart, à compte des conduittes de plomb qu'il a fait relever et reposer pour les fontaines de Trianon.................... 1200ᴸ

5 septembre : à luy, pour le mastique gras qu'il a fourni pour mastiquer les joints des bassins en gradin de Latonne...................... 119ᴸ 18ˢ

A luy, pour plusieurs conduittes de plomb qu'il a fait fouiller et relever l'année passée autour de Latonne 104ᴸ

Somme de ce chapitre...... 1423ᴸ 18ˢ

OUVRAGES DE FIL DE LATON.

14 mars : à la veuve Bersaucourt, épinglier, parfait payement de 884ᴸ 14ˢ à quoy montent les ouvrages de fil de laton et de fer qu'elle a fourni au chasteau de Versailles depuis l'année 1685.......... 284ᴸ 14ˢ

16 may : à la veuve de la Rivière, autre, pour avoir garni de fer-blanc les mangeoires des escuries de la Surintendance........................ 71ᴸ 7ˢ

Somme de ce chapitre........ 356ᴸ 1ˢ

FOURNITURE DE PAILLE.

11-25 janvier : à Lesouillé, parfait payement de 1600 bottes de paille longue qu'il a fourni pour les glacières de Versailles (2 p.).................. 360ᴸ

8 février : à luy, pour 210 bottes de paille qu'il a livré pour couvrir à neuf une des glacières de la Ménagerie............................... 47ᴸ 5ˢ

28 novembre-26 décembre : à Nicolas Giroux, pour 1228 bottes de paille longue qu'il a fourni pour faire des paillassons à la pépinière de Trianon (2 p.).. 307ᴸ

28 novembre-26 décembre : à Charles Loeillet, pour 547 paillassons qu'il a fourni pour lad. pépinière (2 p.)............................... 95ᴸ 14ˢ

28 novembre : à Thomas Delaunay, pour 102 bottes d'ozier qu'il a fourni pour faire lesd. paillassons... 102ᴸ

11-25 janvier : à Jean Fournié, parfait payement de 583 bottes de paille longue qu'il a fourni (2 p.)..... .... 130ᴸ 1ˢ 6ᵈ

Somme de ce chapitre..... 1042ᴸ 0ˢ 6ᵈ

GLACES FAÇON DE VENIZE.

25 janvier : au sʳ Guimont, à compte des glaces qu'il a fourni pour les appartemens de Monseigneur et de Madame la Princesse de Conti au chasteau de Versailles 1500ᴸ

21 mars : à luy, à compte des glaces qu'il fait préparer pour le cabinet des glaces de Trianon........ 2000ᴸ

19 septembre-28 novembre : à luy, sur les glaces de miroir qu'il fournit pour la gallerie et led. cabinet (3 p.).................................. 7500ᴸ

7 mars : à Briot, miroitier, pour les journées qu'il a employées à démonter les glaces des platfonds des cabinets en entresolle de Monseigneur à la grande aile.... .... 56ᴸ 10ˢ

26 décembre : à luy, pour avoir mastiqué les joints des glaces de la cage au haut du grand escalier, et avoir nettoyé toutes les glaces de la gallerie des appartemens du Roy, de Monseigneur, de Mᵐᵉ la Princesse de Conti et de Mᵐᵉ de Montespan................... 254ᴸ

Somme de ce chapitre...... 11310ᴸ 10ˢ

CHAUDRONNERIE.

26 may : à Duchemin, chaudronnier, parfait payement de 850ᴸ 2ˢ à quoy montent les ouvrages par luy faits pour les fontaines de Versailles................ 350ᴸ 2ˢ

12 décembre : à luy, sur ses ouvrages de chaudronnerie pendant la présente année............. 214ᴸ

Somme de ce chapitre........ 564ᴸ 2ˢ

CORDAGES.

18 janvier : à Nicolas Rousseau, cordier, parfait payement de 861ᴸ à quoy montent les ouvrages de cordage par luy faits pour les vaisseaux du canal........ 461ᴸ

13 juin-22 aoust : à luy, pour les cordages qu'il a livrez pour la gallère du canal et le jardin de Versailles (2 p.)............................... 366ᴸ 15ˢ

12 décembre : à luy, pour les cordages qu'il a fourni pour la pépinière de Trianon............... 145ᴸ

A luy, payement d'une grande vintaine qu'il a fourni pour servir à élever les figures du jardin de Versailles 45ᴸ

Somme de ce chapitre...... 1017ᴸ 15ˢ

VUIDANGES DE FOSSES.

17 octobre-14 novembre : à Le Jeune, vuidangeur, parfait payement des fosses qu'il a vuidé dans le chasteau de Versailles (2 p.)................. 499ᴸ 10ˢ

TAUPES.

25 janvier-17 octobre : aux Liards, preneurs de taupes, pour les taupes qu'ils ont pris dans les jardins

ANNÉE 1688. — VERSAILLES.

de Versailles pendant le dernier quartier 1687 et les trois premiers 1688 (4 p.)............. 1469ᴴ 11ˢ

RAMONNAGES.

25 janvier : à Dominique Varisse, ramonneur de cheminées, pour les cheminées qu'il a ramonnées et racomodées pendant les six derniers mois de l'année dernière............................. 322ᴴ 8ˢ

27 juin : à Padelain, autre, pour cheminées qu'il a ramoné et racomodé avec du plastre pendant les six premiers mois 1688..................... 197ᴴ 14ˢ

Somme de ce chapitre........ 520ᴴ 2ˢ

OUVRAGES DE TOURNEUR.

22 février : à Le Roy, tourneur, pour les échelles qu'il a fournies pour l'orangerie et serre de Trianon............................... 44ᴴ 8ˢ

16 may : à luy, pour avoir ébauché et tourné neuf balustrades de pierre de Tonnerre, et les avoir posées aux croisées du chasteau où il en manquait......... 18ᴴ

Somme de ce chapitre........ 62ᴴ 8ˢ

PLOMBS D'ANGLETERRE.

1ᵉʳ février - 16 may : au sʳ Vanderhclst, marchand, parfait payement de 560 pièces de gros plomb qu'il a fait venir d'Angleterre pour le service de S. M........
.... 15573ˡ 14ˢ

ARTIFICES.

21 mars : à la veuve Jean-Baptiste Gervais, artificier, à compte de l'artifice qu'elle a fourni au magasin du Roy en 1680............................... 500ᴴ

DIVERSES DÉPENSES POUR LES VAISSEAUX DU CANAL.

7 mars : au sʳ Labbé, pour son remboursement du gaudron, poix et orcanson qu'il a achepté pour le radoubement des barques et vaisseaux du canal... 961ᴴ 18ˢ

27 juin : à Bezina, marchand de toile, pour la toile qu'il a fourni pour les pavillons des mats du vaisseau et du modèle et pour doubler les toiles cirées qui sont devant les croisées de l'appartement de Monseigneur...
.... 143ᴴ 17ˢ

11 juillet : à Croze, marchand, pour la toile cirée qu'il a fourni pour lesd. croisées................ 88ᴴ

11 juillet - 14 novembre : au sʳ Labbé, remboursement de plusieurs menues dépenses faites pour les bastimens (3 p.)....................... 576ᴴ 19ˢ

Somme de ce chapitre....... 1770ᴴ 14ˢ

DÉPENSES EXTRAORDINAIRES DE VERSAILLES.

11 janvier - 8 aoust : au sʳ de la Croix, remboursement des sommes qu'il a payées aux bardeurs qui ont voituré des pierres à Trianon, et autres dépenses faites pour faire avancer les ouvrages de Trianon (10 p.).....
.... 1755ᴴ 10ˢ 8ᵈ

25 janvier : au sʳ Labbé, pour ce qu'il a payé pour l'achapt des planches de bateau pour le jardin de Trianon............................. 784ᴴ 12ˢ

A Gilles Rivaux et autres, pour hottes, manes et autres outils fournis pour les glacières...... 379ᴴ 19ˢ

A Gervais Yvet et consors, payement de 692 bottes de paille longue fournies pour les glacières... 228ᴴ 19ˢ

8 février : aux compagnons menuisiers qui ont travaillé aux vieilles menuiseries provenant du magasin pour le logement d'Olivier, jardinier à Trianon... 55ᴴ

22 février : à Charles Melle, pour cinq cents de chaume qu'il a fourni pour la serre de Trianon.... 35ᴴ

7 mars : à Leoras, nattier, pour le rétablissement de la vieille natte qu'il a posée dans le logement du jardinier de Trianon....................... 23ᴴ

18 avril : à Lember, fontainier, pour avoir plongé plusieurs fois dans le lac des Suisses pour oster des pierres qui estoient entrées dans la soupape...... 66ᴴ

30 may : à Pouste, tapissier, pour neuf grands rideaux de toile cirée qu'il a fait et livré pour mettre au devant des croisées de l'appartement de Monseigneur le Dauphin............................. 22ᴴ

25 juillet : à Sauvage, vannier, pour manes qu'il a fourni pour la pépinière de Trianon............ 51ᴴ

A Lefebvre, remboursement de menues dépenses faites pour le transport de plusieurs caisses venues de Portugal, depuis Sève jusqu'à Trianon....... 16ᴴ 10ˢ

8 aoust : à Brion, marchand linger, pour deux bannes qu'il a fourni pour couvrir les combles de la gallerie lorsque l'on a voulu la couvrir de cuivre....... 75ᴴ 10ˢ

12 décembre : à Robert, payement de vingt-deux brouettes qu'il a fourni pendant trois mois aux ouvriers qui ont travaillé à la journée du Roy au régalement des terres devant et autour du chasteau de Trianon... 90ᴴ

26 décembre : aux nommez Magnan et Touroude, jardiniers, payement de 1050 toises courantes de buys qu'ils ont planté pour regarnir les parterres de Trianon............................. 78ᴴ 15ˢ

Somme de ce chapitre...... 3661ᴴ 5ˢ 8ᵈ

OUVRIERS À JOURNÉES.

11 janvier - 26 décembre : aux ouvriers qui ont tra-

vaillé à la journée du Roy dans le jardin de Versailles, depuis le 20 décembre 1687 jusqu'au 25 décembre dernier (27 p.)........................ 4456ᵗᵗ 7ˢ 7ᵈ

A ceux qui ont travaillé à la pépinière de Trianon pendant le même temps (28 p.)....... 25365ᵗᵗ 9ˢ 2ᵈ

11 janvier : à ceux qui ont travaillé au rétablissement des chemins de Trianon dans le petit parc.... 174ᵗᵗ 2ˢ

11 janvier-21 mars : aux charetiers qui ont fourni des chevaux pour voiturer deux colonnes à Trianon, et vingt-cinq voyes de bois crochu pour les vaisseaux du canal, de la forêt de Saint-Germain au canal (3 p.).
.... 459ᵗᵗ

18-25 janvier : à ceux qui ont travaillé à remplir les glacières au-dessus de l'estang de Clagny, de Satory, au-dessus du potager de Trianon et de la Ménagerie (3 p.)........................ 4687ᵗᵗ 15ˢ

25 janvier : à ceux qui ont jetté les neiges de dessus les combles de Trianon................. 24ᵗᵗ 16ˢ

21 mars-26 décembre : à ceux qui ont travaillé au jardin et au chasteau de Trianon (6 p.).... 3342ᵗᵗ 16ˢ

21 mars-28 novembre : à ceux qui ont travaillé sous Janson à divers travaux dans les jardins et parcs de Versailles (10 p.)........................... 1383ᵗᵗ 17ˢ 8ᵈ

22 aoust : aux sculpteurs, menuisiers et maçons qui ont travaillé à plusieurs réparations extraordinaires....
.... 239ᵗᵗ 19ˢ

Somme de ce chapitre..... 40134ᵗᵗ 2ˢ 5ᵈ

GRANDE AILE.

MAÇONNERIE.

4 janvier-19 décembre : à Pierre Le Maistre et Gérard Marcou, entrepreneurs, à compte des ouvrages de maçonnerie de la grande aile du chasteau de Versailles du costé des réservoirs (26 p.).. 205585ᵗᵗ 10ˢ 3ᵈ

15 février-19 décembre : à Jaques Mazière et Pierre Bergeron, entrepreneurs, à compte des ouvrages de maçonnerie qu'ils ont fait au Grand Commun du Roy (12 p.)........................... 2900ᵗᵗ

22 février : à eux, sur les ouvrages qu'ils ont fait aux Récolets................................ 6000ᵗᵗ

18 juillet-12 septembre : à eux, parfait payement des ouvrages de maçonnerie du pont de Bonpré (2 p.).
.... 598ᵗᵗ 5ˢ

26 may-18 juillet : à eux, parfait payement des ouvrages de maçonnerie de l'aqueduc sous terre du réservoir de Chèvreloup (3 p.)........... 1888ᵗᵗ 15ˢ 8ᵈ

20 juin-21 novembre : à eux, parfait payement des ouvrages de maçonnerie faits à l'église paroissiale de Saint-Cyr (6 p.)....................... 2396ᵗᵗ 14ˢ

18 janvier-19 décembre : à Gérard Marcou, à compte de plusieurs réparations de maçonnerie en divers endroits des bastimens des dehors du chasteau de Versailles (10 p.)........................ 2100ᵗᵗ

9 may-18 juillet : à luy, à compte des ouvrages qu'il fait à la Chancellerie (6 p.)........... 2400ᵗᵗ

4 janvier-5 décembre : à Robert de Cotte, entrepreneur, à compte des ouvrages de maçonnerie faits en 1684 et 1685, tant aux réservoirs qu'aux nouvelles escuries de Versailles (12 p.).............. 12000ᵗᵗ

11 avril-19 décembre : à Pierre Levé, entrepreneur, à compte des ouvrages de maçonnerie faits pour la Surintendance des bastimens de Versailles (17 p.). 57800ᵗᵗ

1ᵉʳ février-12 septembre : à Bergeron le jeune, à compte de la maçonnerie du deuxième réservoir du Parc-aux-Cerfs (13 p.).................... 8100ᵗᵗ

25 avril : à luy, sur plusieurs rétablissemens de maçonnerie pour les regards des soupapes des réservoirs du Parc-aux-Cerfs, de Chèvreloup et des regards des conduites de tuiaux de fer................... 200ᵗᵗ

24 octobre : à luy, sur les pierrées qu'il fait pour dessécher les avenues de Saint-Cloud et Parc-aux-Cerfs.
.... 300ᵗᵗ

21 novembre-19 décembre : à luy, sur les pierrées et regards des conduites de tuiaux de fer des fontaines de Versailles (3 p.)...................... 600ᵗᵗ

6 juin-19 décembre : à luy, sur la maçonnerie des fontaines publiques de Versailles (10 p.)..... 2900ᵗᵗ

4 janvier-5 décembre : à François Lepée l'aisné, entrepreneur, à compte de plusieurs réparations de maçonnerie qu'il fait tant aux grandes et petites escuries du Roy qu'aux escuries des gardes du corps et hostel de Limoges (14 p.)......................... 3500ᵗᵗ

28 mars-19 décembre : à luy, sur ses ouvrages pour une escurie au derrière du manège de la grande escurie du Roy à Versailles (10 p.)............. 4800ᵗᵗ

26 may-29 aoust : à luy, sur les réparations de maçonnerie aux escuries de Madame la Dauphine et aux escuries du Roy (6 p.).................. 1800ᵗᵗ

1ᵉʳ aoust-12 septembre : à luy, à compte de la maçonnerie du mur de clôture du jardin de Clagny (3 p.).
.... 2000ᵗᵗ

5 aoust : à Adenet, maçon, pour plusieurs ouvrages de réparations de maçonnerie qu'il a fait à l'hospital de Bouviers............................... 104ᵗᵗ

Somme de ce chapitre.. 317973ᵗᵗ 4ˢ 11ᵈ

ANNÉE 1688. — VERSAILLES.

TUIAUX DE GRAIS.

4 janvier-28 novembre : à Nicolas Le Jongleur, entrepreneur, parfait payement de 4649ᴴ 10ˢ à quoy monte la conduite de tuiaux de grais de 4 pouces de diamettre qu'il fait pour la conduitte des eaues bonnes à boire de Chèvreloup (2 p.)............ 4649ᴴ 10ˢ

11 avril : à luy, parfait payement de 3015₁ᴴ 5ˢ 6ᵈ à quoy montent les ouvrages de ciment qu'il a fait aux aqueducs de la Geurinière et de Satory au Parc-aux-Cerfs........................ 3151ᴴ 5ˢ 3ᵈ

20 juin : à luy, pour le ciment qu'il a employé dans l'aqueduc de communication proche le puys de Langle........................ 369ᴴ 12ˢ

A luy, pour remboursement de ce qu'il a payé aux tailleurs de pierre qui ont fait les pierrées des regards des eaux bonnes à boire............... 226ᴴ 13ˢ

Somme de ce chapitre..... 8397ᴴ 0ˢ 3ᵈ

CARRELAGE.

4 janvier : à Dubuisson, carreleur, à compte de plusieurs réparations de carreau faites en divers endroits des dehors du chasteau de Versailles............ 100ᴴ

15 février-21 novembre : à luy, sur ses ouvrages dans le Grand Commun (10 p.)............ 1050ᴴ

Somme de ce chapitre.......... 1150ᴴ

OUVRAGES DE TERRASSE.

25 janvier : à Pierre Le Clerc, dit Pitre, terrassier, pour le supplément du parfait payement qui luy a esté expédié le 19 avril dernier des terres qu'il a enlevées au bastiment de Saint-Cyr............ 699ᴴ 10ˢ 10ᵈ

28 mars : à luy, à compte de la dépense par luy faite pour herber la butte Montboron............. 1000ᴴ

4 janvier : à Tréau, terrassier, pour 22 toises 2 pieds cube de terre qu'il a enlevées pour faire la chaussée de pavé depuis le pavillon du bas de la grande aile jusqu'à l'ancienne chaussée de pavé, à 3ᴴ 10ˢ la toise.. 77ᴴ 4ˢ

4 janvier-19 décembre : à La Vigne, terrassier, à compte des glaises qu'il transporte dans le second réservoir du Parc-aux-Cerfs (22 p.)............... 14400ᴴ

15-29 février : à Martin Moulin, terrassier, parfait payement de 174 toises cubes de terre qu'il a transporté pour former la chaussée de pavé le long du mur du Potager du costé du Parc-aux-Cerfs (2 p.)... 348ᴴ

11 avril-6 juin : à luy, pour les terres qu'il a transporté de la chaussée de pavé de la rue de la Pompe et autres endroits (4 p.).................. 486ᴴ 5ˢ 8ᵈ

20 juin-4 juillet : à luy, pour les terres qu'il a transporté en divers endroits de la ville de Versailles et avoir nettoyé l'aqueduc du Chesnay (4 p.).. 355ᴴ 8ˢ

18 juillet : à luy, pour la fouille et transport de terre, tant pour faire la chaussée de la rue du Chenil que celle qui descend du marché de Versailles à l'estang de Clagny............................ 273ᴴ 10ˢ

1ᵉʳ aoust : à luy, pour les terres qu'il a transportées, tant pour les chaussées de pavé de la ville de Versailles que pour nettoyement des ponts des avenues et pour avoir transporté de la terre au pourtour du regard des conduites de l'estang de Roquancourt.......... 202ᴴ

12 septembre : à luy, payement des fossez qu'il a nettoyez le long de l'avenue de Saint-Cloud... 50ᴴ 18ˢ

21 novembre : à luy et Fleurant Félix, pour avoir nettoyé l'aqueduc de six pieds de la plaine de Satory... .... 317ᴴ 5ˢ

29 aoust-19 décembre : à Fleurant ou Florent Félix, terrassier, à compte du transport des terres qu'il fait au pourtour du deuxième réservoir du Parc-aux-Cerfs (4 p.)........................ 700ᴴ

26 septembre-5 décembre : à luy, pour les transports de terre qu'il a fait au manège, à la place Dauphine, à la Surintendance et autres endroits des dehors du chasteau de Versailles (5 p.).................. 837ᴴ 12ˢ

21 novembre : à Hiérosme Loistron, terrassier, parfait payement de 2124ᴴ à quoy montent les ouvrages de glaize par luy faits au grand bassin du nouveau potager......................... 324ᴴ

A luy, parfait payement de 9078ᴴ 7ˢ 3ᵈ à quoy montent les ouvrages de glaize qu'il a faits aux deux réservoirs du bout de l'aile du chasteau de Versailles... 2128ᴴ 7ˢ 3ᵈ

21 novembre : à Michel Thomas, terrassier, pour 102 toises de terre qu'il a transporté sous la chaussée de pavé proche Roquancourt................ 102ᴴ

Somme de ce chapitre..... 22302ᴴ 0ˢ 9ᵈ

ARBRES FRUITIERS.

25 janvier : à Roussel, jardinier, payement de plusieurs arbres fruitiers qu'il a fourni pour le jardin de Saint-Cyr........................... 206ᴴ 14ˢ

CHARPENTERIE.

18 janvier-19 décembre : à Jean Mallet, charpentier, à compte des ouvrages de charpenterie qu'il fait à la grande aile du chasteau de Versailles (25 p.)... .... 62849ᴴ 15ˢ 4ᵈ

11 avril-21 novembre : à luy, à compte des réparations de charpenterie qu'il fait en plusieurs endroits

des bastimens des dehors du chasteau de Versailles (4 p.)................................ 1600ʰ
6 juin - 15 aoust : à luy, à compte des plattes formes et racineaux du deuxième réservoir du Parc-aux-Cerfs (4 p.)................................ 2500ʰ
26 may - 15 aoust : à luy, sur ses ouvrages à l'hostel de la Chancellerie à Versailles (2 p.)......... 800ʰ
18 juillet - 19 décembre : à luy, sur ses ouvrages à la Surintendance des bastimens (11 p.)......... 8500ʰ
4 janvier - 15 février : à Pierre Garreau, charpentier, parfait payement du posage des planches du comble de la grande aile (4 p.)................... 622ʰ 15ˢ
6 juin : à luy, pour avoir couvert de planches le comble du pavillon de la grande alle du costé de la salle des Ballets......................... 135ʰ 17ˢ
28 mars : à Raoul de Pierre, dit La Porte, charpentier, payement des bois par luy employez à la machine de la pompe de Saint-Cyr......... 1125ʰ 3ˢ 4ᵈ

Somme de ce chapitre.... 78,133ʰ 10ˢ 8ᵈ

COUVERTURE.

29 aoust - 19 décembre : à Estienne Yvon, couvreur, à compte de ses ouvrages de couverture de la grande aile (5 p.)................................ 3000ʰ
1ᵉʳ aoust - 21 novembre : à luy, à compte de ses ouvrages à la Surintendance des bastimens de Versailles (8 p.)................................ 5300ʰ
18 janvier - 19 décembre : à luy, sur ses ouvrages de couverture en divers endroits des bastimens des dehors du chasteau de Versailles (14 p.).......... 4400ʰ
4 juillet - 29 aoust : à luy, sur ses ouvrages à la Chancellerie de Versailles (3 p.)................ 1800ʰ
6 juin : à luy, sur la couverture de l'escurie au derrière du manège de la grande escurie du Roy à Versailles............................ 1000ʰ
20 juin : à luy, sur la couverture des escuries de Madame la Dauphine................... 200ʰ
12 - 26 septembre : à luy, sur celle de l'église parroissialle de Saint-Cyr (2 p.)................ 1000ʰ
1ᵉʳ février : à Jean Le Gendre, couvreur, pour la couverture de paille des glacières et engards du Parc-aux-Cerfs............................ 145ʰ 12ˢ

Somme de ce chapitre...... 16845ʰ 12ˢ

MENUISERIE.

4 janvier : à Antoine Rivet, menuisier, parfait payement de 3690ʰ à quoy montent les ouvrages de menuiserie qu'il a faits pour le buffet d'orgues de l'église parroissialle de Versailles............... 590ʰ

1ᵉʳ février - 19 décembre : à luy, à compte des ouvrages de menuiserie qu'il fait pour la grande aile du chasteau de Versailles (17 p.)............ 29500ʰ
6 juin : à luy, à compte des ouvrages qu'il a faits pour divers endroits de la dépendance du chasteau en 1684, 1685 et 1686................................ 2000ʰ
26 septembre : à luy, sur ses ouvrages, en 1685 et 1686, à Saint-Cyr et autres endroits des dehors du chasteau................................ 3000ʰ
20 juin - 5 décembre : à Remy, menuisier, à compte des ouvrages de menuiserie qu'il fait pour la grande aile du chasteau de Versailles (9 p.)......... 7000ʰ
18 juillet - 5 décembre : à Carel, menuisier, à compte de la menuiserie de la grande aile (8 p.)..... 14000ʰ
20 juin - 19 décembre : à Nivet, menuisier, à compte de la menuiserie de la grande aile (9 p.)....... 9000ʰ
15 aoust - 19 décembre : à Veydeau, menuisier, sur la menuiserie de la grande aile (7 p.)......... 7000ʰ
18 juillet - 19 décembre : à Veillet, menuisier, à compte des ouvrages de menuiserie qu'il fait à la grande aile (9 p.)................................ 6000ʰ
4 janvier - 21 novembre : à Duchesne, menuisier, pour ouvrages et réparations de menuiserie qu'il a fait aux escuries des gardes du corps, à la petite escurie, grande escurie du Roy et autres endroits des bastimens du dehors du chasteau de Versailles (7 p.)..... 889ʰ
4 janvier - 7 novembre : à luy, sur ses ouvrages et réparations de menuiserie au Grand Commun du Roy à Versailles (8 p.).................. 1402ʰ 19ˢ
20 juin - 12 septembre : à luy, à compte des ouvrages de menuiserie qu'il fait pour les escuries au derrière du manège de la grande escurie du Roy à Versailles (2 p.)........................ 400ʰ
15 février : à Louis Chevalier, menuisier, sur ses ouvrages de menuiserie, tant pour les tables et tretteaux pour travailler le cuivre de la couverture de la grande aile qu'autres endroits des dehors du chasteau. 139ʰ 10ˢ
9 may : à luy, sur les réparations de menuiserie aux escuries de Madame la Dauphine à Versailles. 104ʰ 10ˢ
6 juin : à luy, sur ses ouvrages à la grande aile et autres endroits..................... 69ʰ 5ˢ
15 aoust : à luy, sur ses réparations de menuiserie aux portes et chassis du potager de Versailles. 161ʰ 10ˢ
20 juin - 26 septembre : à Gauray, menuisier, à compte de la menuiserie qu'il fait pour la Chancellerie à Versailles (3 p.)........................ 900ʰ
7 novembre : à Pariset, menuisier, pour les réparations de menuiserie qu'il fait au Potager du Roy à Versailles............................ 90ʰ 1ˢ

ANNÉE 1688. — VERSAILLES.

21 novembre : à DAVIGNON, menuisier, pour ses ouvrages de menuiserie au modèle de la chapelle du chasteau de Versailles.................... 60ʰ 10ˢ

19 décembre : à BIGELOIS, menuisier, pour ouvrages de menuiserie à l'église parroissialle de Saint-Cyr..... .... 78ʰ 10ˢ

Somme de ce chapitre....... 82386ʰ 4ˢ

SERRURERIE.

15 février : à LOUIS TAVERNIER, serrurier, pour clouds et crocs qu'il a livré au magasin du poids du fer, depuis le 13 décembre 1687................ 290ʰ 11ˢ 2ᵈ

11 avril-24 octobre : à luy, payement des pattes, clouds et chevilles qu'il a fourni (6 p.).. 2581ʰ 10ˢ 4ᵈ

12 septembre-21 novembre : à luy, parfait payement des ouvrages de gros fer qu'il a livrez à la grande aile (3 p.)............................. 1821ʰ 2ˢ

19 décembre : à PIERRE BOUCHE, dit TOULOUZAIN, serrurier, pour ouvrages de serrurerie faits pour la grande aile du chasteau de Versailles.................. 75ʰ

4 janvier : à JAQUES FROMANT, dit BOURGUIGNON, serrurier, pour ouvrages de serrurerie faits en plusieurs endroits des dehors du chasteau de Versailles 70ʰ 5ˢ

18 janvier : à luy, pour mil pattes de fer qu'il a livré au magasin............................... 50ʰ

6 juin : à PIERRE MARIE, serrurier, à compte des ouvrages de serrurerie qu'il a fait et fourni en divers endroits des dépendances du chasteau de Versailles depuis 1683................................. 500ʰ

24 octobre-21 novembre : à THOMAS VALLERAND, serrurier, parfait payement du gros fer qu'il a fourni pour les bastimens de la grande aile du chasteau de Versailles (3 p.)................................. 1007ʰ

4 janvier : à luy, sur ses ouvrages au buffet d'orgues de l'église parroissialle de Versailles (2 p.)... 198ʰ 4ˢ

18 janvier : à luy, pour crocs et masses de fer qu'il a livrez au magasin du fer pour tirer et casser les glaces................................. 219ʰ 6ˢ

15 février-18 juillet : à luy, payement des ouvrages de serrurerie qu'il a fait, tant pour les brides des racordemens des tuyaux de fer qu'autres ouvrages des bastimens des dehors du chasteau de Versailles (4 p.)..... .... 765ʰ 14ˢ 2ᵈ

11 avril : à luy, pour brides des racordemens des conduites de tuiaux de fer posées pour les fontaines de Trianon............................. 116ʰ

6 juin : à luy, pour plusieurs équipages de soupapes et autres ouvrages qu'il a faits pour les réservoirs de Chèvreloup et Trianon................. 185ʰ 9ˢ

15 aoust : à luy, pour cinq équipages pour lever les soupapes du deuxième réservoir du Parc-aux-Cerfs et pour des brides pour les racordemens des conduites de tuiaux de fer...................... 374ʰ 4ˢ 7ᵈ

12 septembre : à luy, pour les petites rampes de fer faites pour les petits escaliers de la grande aile. 228ʰ 7ˢ

A luy, pour grilles de fer faites pour les regards des réservoirs de la butte de Montboron et Parc-aux-Cerfs................................... 231ʰ 11ˢ

26 septembre-21 novembre : à luy, pour les fers qu'il a livrez, tant à la balustrade de fer et porte du chasteau de Clagni qu'aux escuries au derrière du manège (2 p.)................................ 290ʰ 6ˢ

19 décembre : à luy, pour ouvrages de gros fer qu'il a livré pour les bastimens de la grande aile.. 589ʰ 18ˢ

9 may : à CHOCART, serrurier, à compte des équipages des soupapes pour les réservoirs des fontaines de Trianon................................ 200ʰ

29 aoust-12 septembre : à luy, sur la serrurerie de l'église parroissialle de Saint-Cyr (2 p.)....... 200ʰ

18 juillet : à luy, pour avoir façonné quatre échelles de fer pour descendre dans les aqueducs sous la grande aile du chasteau de Versailles............. 39ʰ 6ˢ

18 janvier-29 septembre : à LUCAS, serrurier, à compte des gros ouvrages de serrurerie qu'il fait à la grande aile du chasteau (6 p.)................. 2500ʰ

14 mars : à luy, payement de cent vingt crampons de fer qu'il a livré pour la balustrade de la grande aile, et trente-quatre anneaux et six crochets pour les escuries du vieil hostel de Mademoiselle............... 68ʰ

4 janvier-12 septembre : à FRANÇOIS FORDRIN, serrurier, pour ouvrages et réparations de serrurerie qu'il a fait aux grandes et petites escuries du Roy à Versailles (7 p.)............................. 676ʰ 3ˢ 6ᵈ

4 janvier-21 novembre : à luy, pour plusieurs ouvrages et réparations de serrurerie qu'il a fait tant au Grand Commun qu'au logement du suisse de la porte de la Geurinière, au potager et autres endroits des dehors du chasteau de Versailles (6 p.)........... 672ʰ 10ˢ

4 juillet-21 novembre : à luy, payement des ouvrages de serrurerie pour les ferrures des portes et croisées de la grande aile (5 p.).................... 738ʰ 10ˢ

19 décembre : à luy, pour ouvrages de serrurerie à la Surintendance des bastimens............. 269ʰ

12 septembre-7 novembre : à ROGER, serrurier, à compte de la rampe de fer qu'il fait pour le grand escalier de la grande aile (2 p.)................ 1000ʰ

4 janvier : à JEAN CORNIQUET, marchand à Paris, parfait payement de 939ʰ 16ˢ à quoy montent les ouvrages

de serrurerie qu'il a fourni au magasin du poids du fer.................................. 739ᴸᴸ 16ˢ

18 janvier-4 juillet : à luy, pour les pattes de fer qu'il a livrées au magasin (3 p.)........ 359ᴸᴸ 10ˢ 1ᵈ

29 aoust-19 décembre : à luy, pour les ferrures fournies dans les magasins pour estre employées au bastiment de la grande aile (3 p.)............ 3285ᴸᴸ 1ˢ

28 mars-20 juin : à luy, parfait payement des ouvrages de serrurerie qu'il a livrez dans les magasins pour estre employez dans les bastimens des dehors du chasteau de Versailles (2 p.).............. 687ᴸᴸ 7ˢ

4 janvier : à PIERRE CORNEILLE, serrurier, parfait payement de 485ᴸᴸ 10ˢ à quoy montent ses ouvrages de serrurerie pour le pavillon de la grande aile du chasteau................................... 85ᴸᴸ 10ˢ

18 janvier : à luy, pour plusieurs menus ouvrages de serrurerie.................................. 171ᴸᴸ 2ˢ

15 février : à luy, pour 534 fiches à vases qu'il a livré au magasin...................... 393ᴸᴸ 18ˢ

21 novembre : à DAUDIÉ, serrurier, pour les boutons qu'il a livré pour les portes de la grande aile du chasteau..................................... 120ᴸᴸ

15 février-7 novembre : à DESJARDINS, serrurier, pour des menus ouvrages de serrurerie qu'il a fait en plusieurs endroits des bastimens des dehors du chasteau de Versailles (12 p.)..................... 827ᴸᴸ 10ˢ

11 avril-1ᵉʳ aoust : à luy, payement de plusieurs ouvrages et réparations de serrurerie qu'il a fait en divers endroits du Grand Commun (3 p.)..... 289ᴸᴸ 16ˢ

10-24 octobre : à luy, payement des vis et pattes qu'il a livré pour attacher la menuiserie de la grande aile (2 p.)............................ 120ᴸᴸ 2ˢ

6 juin-10 octobre : à JEAN DURAND et JEAN DESJARDINS, serruriers, à compte de la ferrure des portes et croisées de la grande aile (5 p.)............ 2350ᴸᴸ

15 février : à LUCHET, serrurier, pour menus ouvrages de serrurerie aux croisées de la pompe de Saint-Cyr et autres endroits des dehors du chasteau........ 36ᴸᴸ 1ˢ

1ᵉʳ aoust-19 décembre : à SAINT-FARD, marchand, pour plusieurs ouvrages de serrurerie qu'il a fourni pour la grande aile (3 p.)................. 794ᴸᴸ 15ˢ

24 octobre-5 décembre : à JEAN DURAND, serrurier, sur ses ouvrages de serrurerie pour les croisées des appartemens de la grande aile (3 p.).......... 1100ᴸᴸ

29 aoust-5 décembre : aux nommez GROU et PARISIEN, serruriers, à compte de la ferrure des portes et croisées de la grande aile (6 p.)............ 1100ᴸᴸ

Somme de ce chapitre... 29418ᴸᴸ 5ˢ 10ᵈ

OUVRAGES DE CUIVRE.

18 janvier-2 may : à MASSELIN, chaudronnier, à compte du lave-main de cuivre qu'il a fait pour Saint-Cyr (3 p.)................................ 2500ᴸᴸ

18 janvier : à DUCHEMIN, chaudronnier, pour feuilles de cuivre rouge qu'il a posées sur le bord des mangeoires des grandes et petites escuries du Roy...... 208ᴸᴸ 10ˢ

15 février-4 juillet : à CHRISTOPHLE GERZOLLE, couvreur suédois, à compte de la façon de la couverture de cuivre qu'il fait sur le comble de la grande aile du chasteau de Versailles (7 p.)........................ 1850ᴸᴸ

26 septembre : à luy, pour luy donner moyen de s'en retourner en Suède avec son garçon...... 150ᴸᴸ

19 décembre : à JEAN BARTELLES, couvreur, à compte de la couverture de cuivre du comble d'un des pavillons de la grande aile...................... 150ᴸᴸ

18 janvier-29 aoust : à LE MOYNE, fondeur, pour dix soupapes de cuivre, de deux pieds de diamettre, qu'il a livré au magasin pour employer au deuxième réservoir du Parc-aux-Cerfs, pour les conduittes de la rivière d'Eure et plusieurs robinets pour les fontaines publiques de Versailles (5 p.)..................... 5444ᴸᴸ 5ˢ

21 novembre : à luy, pour un robinet d'un pied qu'il a livré le 4 aoust dernier pour la conduite qui vient du Parc-aux-Cerfs au premier réservoir du bout de l'aile, pesant 2289 livres, à 17ˢ la livre........ 1945ᴸᴸ 13ˢ

21 novembre : à luy, pour robinets qu'il a fourni pour les fontaines publiques de Versailles... 442ᴸᴸ 4ˢ 3ᵈ

6 juin-24 octobre : à LE LOUP, fondeur, pour les robinets et tampons à vis de cuivre qu'il a livré au magasin........................... 453ᴸᴸ 16ˢ 6ᵈ

Somme de ce chapitre..... 13144ᴸᴸ 8ˢ 9ᵈ

CONDUITES DE FER DE FONTE.

11 janvier-15 aoust : au sʳ COULON, propriétaire de forges en Champagne, à compte de 1200 toises de tuiaux de dix-huit, douze et quatre pouces de diamettre qu'il fournit pour les fontaines du chasteau de Versailles (7 p.)......................... 112000ᴸᴸ

18 janvier-1ᵉʳ février : à luy, parfait payement de la somme de 555156ᴸᴸ 5ˢ à quoy montent les conduites de tuiaux de fer de fonte d'un pied et de dix-huit pouces qu'il a fourni pour les fontaines du chasteau de Versailles et autres Maisons Royales, depuis le 1ᵉʳ janvier 1684 jusqu'au 15 septembre 1687 (3 p.)........ 36656ᴸᴸ 5ˢ

28 mars-4 juillet : à luy, sur les conduites d'un pied qu'il fournit du bout du réservoir du pied de l'aile jusqu'à Roquancourt (3 p.)................. 42000ᴸᴸ

ANNÉE 1688. — VERSAILLES.

18 janvier-4 juillet : au s⁰ Desvaugoins, propriettaire de forges en Normandie, à compte des tuiaux de dix-huit pouces de diamettre qu'il fournit pour les conduites du chasteau de Versailles (6 p.)............ 44000ᴴ

18 janvier-29 février : au s⁰ de la Rotterie, maître de forge, à compte des tuiaux de fer de fonte de dix-huit pouces qu'il a posez aux deux conduittes des réservoirs de la butte Montboron (4 p.)......... 22000ᴴ

28 mars-19 décembre : à luy, sur les tuyaux pour les fontaines de Versailles (4 p.)........... 32000ᴴ

4 janvier-1ᵉʳ février : à Charles-François Paular, à compte du posage des conduites de fer des eaux bonnes à boire de Glatigny (2 p.)................ 1000ᴴ

29 février-12 septembre : à luy, à compte du posage des conduites de huit pouces pour les fontaines du chasteau de Fontainebleau (8 p.)........... 4000ᴴ

11 avril : à luy, pour 176 toises 5 pieds de tuiaux de trois pouces posés pour conduire l'eau aux deux nouvelles fontaines de la place du marché de Versailles, à 14ᴴ la toise...................... 2475ᴴ 18ˢ

A luy, pour 187 toises 4 pieds de tuiaux de trois à quatre pouces de diamettre, posez depuis le regard des réservoirs de la butte Montboron dans le jardin de Clagny................................ 2372ᴴ 13ˢ

18 juillet-29 aoust : à luy, sur le posage et reposage des conduites de tuiaux de fer de huit pouces de diamettre, des réservoirs du Chesnay à celuy de Roquancourt (3 p.)........................ 2000ᴴ

12 septembre-5 décembre : à luy, sur le déposage et reposage des conduites depuis les réservoirs du Parc-aux-Cerfs jusqu'à la Ménagerie (5 p.)....... 2500ᴴ

7-21 novembre : à luy, sur le déposage des conduites de tuiaux de fer de la plaine de Satory (2 p.)..
.... 1000ᴴ

14 mars : à Philippes Le Maire, maître de forges en Champagne, parfait payement de 45629ᴴ 3ˢ 8ᵈ à quoy montent 794 toises 1 pied de tuiaux de fonte de fer, d'un pied de diamettre, et 34 toises de tuiaux invalide, du mesme diamettre, qu'il a fourni pour les fontaines de Versailles, y compris 1000ᴴ qui avoient esté retenu pour la garantie de 500 toises 1/2 posées à Trianon...
.... 3329ᴴ 3ˢ 8ᵈ

5 septembre : à Denis La Coste, idem, parfait payement de 21666ᴴ 13ˢ 4ᵈ à quoy montent les conduites de tuiaux de fer de fonte d'un pied de diamettre qu'il a posées pour les conduites des fontaines du chasteau de Versailles..................... 1002ᴴ 13ˢ 4ᵈ

Somme de ce chapitre.... 308336ᴴ 13ˢ

CONTRE-CŒURS.

9 may-6 juin : au s⁰ de Suzemont, maître de forges, parfait payement de 407 contre-cœurs de plusieurs grandeurs qu'il a fourni pour les cheminées des bastimens du Roy à Versailles (2 p.)......... 2942ᴴ 7ˢ 4ᵈ

VITRERIE.

15 février-5 décembre : à Bernard Lespinouze, vitrier, à compte des réparations de vitrerie qu'il a fait en plusieurs endroits des bastimens des dehors du chasteau de Versailles (7 p.)........................ 1500ᴴ

15 aoust-7 novembre : à luy, à compte de ses ouvrages pour la grande aile (2 p.)............ 1000ᴴ

15 février-5 décembre : à Charles Janson, vitrier, à compte de plusieurs réparations de vitrerie en plusieurs endroits des bastimens des dehors du chasteau de Versailles (7 p.)........................ 1250ᴴ

29 aoust-7 novembre : à luy, à compte des ouvrages de vitrerie de la grande aile (2 p.)............ 1000ᴴ

4 janvier : à Petit, vitrier, pour ouvrages de vitrerie et verges de fer qu'il a fourni pour les bastimens de Saint-Cyr........................... 93ᴴ 18ˢ 6ᵈ

Somme de ce chapitre..... 4843ᴴ 18ˢ 6ᵈ

PLOMBERIE.

9 may-19 décembre : à Jaques Lucas, plombier, à compte des façons des plombs qu'il fait pour les bastimens des dehors du chasteau de Versailles (9 p.).....
.... 10150ᴴ 12ˢ 9ᵈ

26 septembre-24 octobre : à luy, à compte des façons des plombs pour la couverture de la grande aile (3 p.)........................... 1500ᴴ

26 septembre-10 octobre : à luy, idem, pour la couverture de la Surintendance des bastimens (2 p.). 1000ᴴ

21 novembre : à luy, à compte des façons des plombs des fontaines publiques de Versailles......... 1000ᴴ

Somme de ce chapitre... 13650ᴴ 12ˢ 9ᵈ

PEINTURE.

11 janvier : à Corneille l'aisné, peintre, à compte du tableau qu'il a fait pour le maistre autel de la parroisse de Versailles [1].................... 200ᴴ

9 may : à Bailly, peintre, pour le verny qu'il a fait sur le lave-main du réfectoire de Saint-Cyr.... 74ᴴ 5ˢ

7 novembre-5 décembre : à Thibeault, peintre, à

---

[1] Ce tableau, qui se trouve encore à Versailles dans l'église Notre-Dame, mais non sur le maistre autel, représente l'*Assomption de la Vierge*.

compte de la couleur de bronze qu'il met sur les ferrures des portes et croisées de la grande aile (3 p.)... 300ᵗᵗ

12 décembre : à Houasse, peintre, pour un tableau par luy fait et livré à l'autel du chœur de l'église des Récolets, représentant *Jésus-Christ en croix*....... 200ᵗᵗ

  Somme de ce chapitre........ 774ᵗᵗ 5ˢ

GROSSE PEINTURE.

18 janvier - 4 juillet : à Estienne Bourgault, peintre, à compte des ouvrages de grosse peinture qu'il a fait en divers endroits des dehors du chasteau de Versailles (4 p.)............................... 400ᵗᵗ

1ᵉʳ aoust : à luy, sur ses ouvrages à la Chancellerie.. .... 100ᵗᵗ

19 décembre : à luy, sur *idem* à la Surintendance des bastimens......................... 200ᵗᵗ

11 avril : à luy, sur ses ouvrages de grosse peinture aux treillages et bancs de Saint-Cyr....... 393ᵗᵗ 19ˢ

12 septembre - 5 décembre : à luy, sur ses ouvrages dans les appartemens de la grande aile (6 p.).. 2600ᵗᵗ

  Somme de ce chapitre....... 3693ᵗᵗ 19ˢ

DORURE AU FEU.

18 janvier : à Robillard, doreur, parfait payement de 914ᵗᵗ 10ˢ à quoy montent les ouvrages de dorure au feu qu'il a faits pour l'église parroissialle de Versailles..... .... 314ᵗᵗ 10ˢ

SCULPTURE.

26 septembre - 21 novembre : à Barrois, sculpteur, sur la sculpture des chapiteaux du vestibule de la chapelle de Versailles (5 p.)................... 2000ᵗᵗ

26 septembre - 19 décembre : à Esloy, sculpteur, sur la sculpture en bois des appartemens de la grande aile (3 p.)............................... 550ᵗᵗ

15 aoust - 5 décembre : à Taupin, sculpteur, à compte de la sculpture en bois qu'il fait pour la grande aile (4 p.)............................... 700ᵗᵗ

A Belan, sculpteur, sur *idem* (4 p.)........ 650ᵗᵗ

4 janvier - 21 novembre : à Jean Cornu et Rayolle, sculpteurs, à compte de leurs ouvrages de sculpture à la façade de la grande aile du chasteau (22 p.).. 14000ᵗᵗ

1ᵉʳ aoust - 5 décembre : à Magnier et Vanclève, sculpteurs, à compte de la sculpture des corniches des appartemens de la grande aile (6 p.)............... 2300ᵗᵗ

1ᵉʳ aoust - 19 décembre : à Dauphin de Sainte-Marie, sculpteur, sur la sculpture de la corniche des appartemens de la grande aile (7 p.)............. 1050ᵗᵗ

18 janvier : à de la Lande, sculpteur, pour ouvrages de sculpture en bois au retable de l'autel de la chapelle du Chenil de Versailles................. 284ᵗᵗ

15 aoust - 24 octobre : à luy, sur ses ouvrages de sculpture en bois pour la grande aile (3 p.).... 550ᵗᵗ

6 juin - 5 décembre : à Le Grand, sculpteur, à compte de la sculpture en bois pour les appartemens de la grande aile (4 p.).................... 600ᵗᵗ

1ᵉʳ aoust - 19 décembre : à luy, sur la sculpture des corniches de stuc des appartemens de la grande aile (7 p.)................................... 2600ᵗᵗ

15 aoust - 5 décembre : à Le Maire, sculpteur, à compte de la sculpture en bois aux appartemens de la grande aile (4 p.)...................... 650ᵗᵗ

A Briquet, sculpteur, sur *idem* (4 p.)...... 800ᵗᵗ

24 octobre : à Jouvenet, sculpteur, à compte des chapiteaux de la façade de la grande aile...... 500ᵗᵗ

  Somme de ce chapitre........ 27234ᵗᵗ

PAVÉ.

1ᵉʳ février - 29 aoust : à Louis Renoult [1], paveur, sur ses ouvrages de pavé en plusieurs endroits des dehors du chasteau de Versailles (7 p.)............... 2900ᵗᵗ

14 mars : à luy, sur ses ouvrages de pavé le long du vieil hostel de Seignelay................. 500ᵗᵗ

28 mars : à luy, sur ses ouvrages au derrière des escuries de Madame la Dauphine............. 500ᵗᵗ

29 février - 28 mars : à luy, sur la chaussée de pavé de la rue de Satory proche le Potager (2 p.).... 1500ᵗᵗ

10 octobre - 19 décembre : à luy, sur ses ouvrages à la Surintendance des bastimens (3 p.)....... 2000ᵗᵗ

14 mars : à luy, sur la chaussée proche la grande aile, du costé du jardin de Versailles......... 500ᵗᵗ

25 avril - 24 octobre : à luy, sur le pavé de la chaussée de la rue de la Pompe (4 p.)............. 3000ᵗᵗ

1ᵉʳ aoust : à luy, sur le pavé de la chaussée de la rue de l'Estang......................... 1000ᵗᵗ

12 septembre - 19 décembre : à luy, sur *idem* à la grande aile (3 p.)...................... 3000ᵗᵗ

9 may - 24 octobre : à luy, sur plusieurs chaussées de pavé qu'il fait sur le ruisseau de Villepreux entre Gallye et Moulineau (4 p.)................ 3500ᵗᵗ

20 juin - 18 juillet : à luy, sur la chaussée de pavé dans la rue du Chenil à Versailles (3 p.)..... 3000ᵗᵗ

26 septembre - 10 octobre : à luy, sur ses ouvrages aux escuries au derrière du manège de la grande escurie (2 p.)............................ 1000ᵗᵗ

---

[1] Il est aussi nommé Renouf.

ANNÉE 1688. — VERSAILLES.

24 octobre-19 décembre : à luy, sur les réparations et pavé neuf de grais qu'il fournit en différens endroits dans la ville de Versailles (6 p.)............ 7500ᴴ

29 aoust : à luy, sur la chaussée de pavé du pont de Bonpré............................. 800ᴴ

24 octobre-5 décembre : à luy, sur celle de l'avenue de Marly proche Roquancourt (3 p.)........ 2500ᴴ

Somme de ce chapitre......... 33200ᴴ

MARBRERIE.

26 septembre-19 décembre : à Lisqui, marbrier, parfait payement des chambranles et foyers de marbre pour les cheminées des appartemens de la grande aile (2 p.)............................. 500ᴴ 10ˢ

10 octobre-7 novembre : à luy, sur les attiques de cheminées de marbre desd. appartemens (2 p.).. 800ᴴ

A Ergot, marbrier, sur les attiques de cheminées desd. appartemens (2 p.)....................... 800ᴴ

A Cuvillier, marbrier, *idem* (2 p.)......... 600ᴴ

A Hubert Misson, marbrier (2 p.).......... 400ᴴ

Somme de ce chapitre....... 3100ᴴ 10ˢ

ORGUES.

29 février-10 octobre : à Tribuot, facteur d'orgues, à compte de l'orgue de l'église parroissiale de Versailles (5 p.)............................. 2300ᴴ

5 septembre : à Alexandre Thierry, facteur d'orgues, parfait payement de 2700ᴴ à quoy monte l'orgue par luy fait pour l'église de Saint-Cyr............ 500ᴴ

Somme de ce chapitre......... 2800ᴴ

VUIDANGES DE FOSSES.

6 juin : à Noel Le Grain, vuidangeur, pour avoir fait plusieurs dégorgemens de fosses d'aysance et avoir vuidé la fosse du vieil hostel de Duras........ 135ᴴ

7 novembre : à luy, pour les fosses qu'il a vuidées tant à la Chancellerie qu'à l'hostel de Limoges, à Versailles................................ 496ᴴ

Somme de ce chapitre.......... 631ᴴ

RAMONNAGE DE CHEMINÉES.

1ᵉʳ février : à Dominique Varisse, ramonneur, pour cheminées qu'il a ramonnées dans les bastimens du dehors du chasteau de Versailles pendant les six derniers mois 1687....................... 206ᴴ 16ˢ

18 juillet : à Jean Padelain, autre ramonneur, payement de 326 cheminées par luy ramonnées dans lesd. bastimens pendant les six premiers mois 1688. 143ᴴ 6ˢ

Somme de ce chapitre........ 350ᴴ 2ˢ

DIVERS.

15 aoust : à François Liard, taupier, pour 300 taupes qu'il a pris dans le jardin potager de Versailles... 45ᴴ

19 décembre : à Risquet, charon, pour les barres qu'il a fourni pour les escuries de la Surintendance des bastimens................................ 57ᴴ

26 may : à Baudouin, voiturier, pour la voiture, du port de Sève à Versailles, de 420 contre-cœurs pour les cheminées du chasteau et bastiment de Versailles. 137ᴴ 6ᵈ

Somme de ce chapitre....... 239ᴴ 0ˢ 6ᵈ

DÉPENSES EXTRAORDINAIRES DE VERSAILLES.

4 janvier : à François Rivault, pour 700 bottes de paille qu'il a livré pour la couverture des glacières et angard du Parc-aux-Cerfs................. 210ᴴ

A Toulousin, serrurier, et autres, payement des menues dépenses et ouvrages qu'ils ont fait.... 147ᴴ 12ˢ

18 janvier : à Luchet, serrurier, pour menus ouvrages............................. 179ᴴ 5ˢ 4ᵈ

1ᵉʳ février : à Louis Drou, tonnelier, pour menus ouvrages............................. 27ᴴ 18ˢ

15 février : à La Croix, espinglier, *idem*..... 125ᴴ

29 février : à Duchatel, manœuvre, *idem*. 168ᴴ 15ˢ

14 mars : à Martin Moulin et Tanevot, *idem*. 122ᴴ

28 mars : à eux et Duchatel, *idem*....... 94ᴴ 5ˢ

11 avril : à Gareau et autres, *idem*...... 139ᴴ 10ˢ

25 avril-19 décembre : à divers particuliers qui ont travaillé depuis le 10 avril jusqu'au 18 décembre (16 p.)........................... 1064ᴴ 4ˢ

Somme de ce chapitre....... 2278ᴴ 9ˢ 4ᵈ

OUVRIERS À JOURNÉES.

4 janvier-19 décembre : aux ouvriers qui ont travaillé au magasin des démolitions de Versailles depuis le 15 décembre 1687 jusqu'au 18 décembre 1688 (26 p.)............................. 2018ᴴ 15ˢ 6ᵈ

4 janvier-19 décembre : à ceux qui ont travaillé au magasin des plombs pendant le même temps (26 p.)... .... 3652ᴴ 1ˢ

4 janvier-19 décembre : à ceux du magasin du poids du fer pendant le même temps (26 p.)... 1057ᴴ 10ˢ 6ᵈ

1ᵉʳ février : aux ouvriers et voituriers qui ont travaillé à charrier et casser la glace pour emplir les glacières et angard du Parc-aux-Cerfs (2 p.).......... 2100ᴴ 5ˢ

26 septembre-19 décembre : à ceux qui ont travaillé aux bastimens de la grande aile (5 p.)..... 309ᴴ 8ˢ 8ᵈ

4 janvier-26 décembre : aux ouvriers qui ont travaillé

sous Villiard, tant à l'entretien des eaux bonnes à boire qu'aux nivellemens (10 p.).............. 765ᴸᴸ 13ˢ

Somme de ce chapitre..... 9903ᴸᴸ 13ˢ 8ᵈ

DIVERSES DÉPENSES EXTRAORDINAIRES
DE VERSAILLES.

11 janvier-12 décembre : aux nommez Bourgault et Matis, arpenteurs, pour leurs appointemens des deux derniers mois 1687 et onze premiers 1688 qu'ils ont esté employez à faire les arpentages des bois et avenues des environs de Versailles, à 150ᴸᴸ par mois pour chacun, 180ᴸᴸ pour une année du loyer de leur logement, et 120ᴸᴸ pour le papier à dessiner par eux employé et pour les journées d'hommes qui leur ont aidé pendant led. temps (6 p.)......................... 6364ᴸᴸ 10ˢ

18 janvier : à Presti, marchand, pour 16282 livres de plomb de Hullt qu'il a livré pour la couverture du chasteau de Trianon, à raison de 117ᴸᴸ 10ˢ le millier...
.... 1913ᴸᴸ 2ˢ

A Allen, autre, pour 24294 livres de plomb de Hullt qu'il a livré, à 117ᴸᴸ le millier........ 2854ᴸᴸ 5ˢ 4ᵈ

15 février : au sr Muguet, libraire, pour les imprimez qu'il a fait pour les Bastimens pendant 1687... 1859ᴸᴸ

A Haubé, terrassier, pour payement d'une ordonnance de M. de Blainville, à compte de l'élargissement qu'il a fait à la rigolle entre le Plessis et le Trou-Salté.. 300ᴸᴸ

14 mars : à Pierre de la Croix, ferblannier, pour réparations de fil de fer par luy faites autour des grilles du jardin de Versailles................ 42ᴸᴸ 16ˢ 6ᵈ

11 avril : à Chevrier, remboursement de pareille somme par luy avancée, depuis le Havre jusqu'à Versailles, pour trente-cinq paniers de fleurs qui ont esté envoyez de Portugal pour le Roy, et pour gratification..
.... 150ᴸᴸ

16 may : à M. le baron de Beauvais, pour remboursement de ce qu'il a payé pour plusieurs trous qu'il a fait boucher au mur du bois de Boulogne dans le temps que Monseigneur y couroit le loup.............. 84ᴸᴸ 10ˢ

20 juin : au sr de Beaurepaire, pour dépenses qu'il a faites pour la chambre du Conseil des bastimens jusqu'au 1ᵉʳ septembre 1687..................... 719ᴸᴸ

11 juillet-22 aoust : à Lambert, pour avoir plongé par quatre diverses fois dans le regard de l'estang de Trapes pour oster les pierres qui estoient dans les soupapes dud. estang (2 p.)................ 200ᴸᴸ

29 aoust : au sr Cazes, tailleur d'habits, pour six justaucorps de la livrée du Roy qu'il a fait et fourny pour les six gardes de rigolles de S. M., à 54ᴸᴸ par chacun................................ 324ᴸᴸ

14 novembre : au sr Duchinon, garde-magasin, pour la dépense qu'il a faite à décharger au port de Marly un batteau chargé de planches de cuivre et de sapin, venus de Stocholm, de l'envoi du sr Vanderuclst, marchand à Rouen, et les avoir fait voiturer dud. port dans le magasin du Roy....................... 260ᴸᴸ 16ˢ

Somme de ce chapitre.. 15071ᴸᴸ 19ˢ 10ᵈ

COMPIÈGNE, SAINT-LÉGER ET DIVERS.

MAÇONNERIE.

4 janvier-15 février : à Gerard Le Sourd, maçon, parfait payement de la maçonnerie de la glacière du chasteau de Compiègne (2 p.)................ 256ᴸᴸ

4 juillet-23 aoust : à la veuve Fouquoy, parfait payement de la dépense qu'elle a faite pour la conduite des eaux de Ville-d'Avray à Versailles, de l'entreprise du nommé Samson, maçon (3 p.).......... 5120ᴸᴸ 1ˢ

23 aoust : à La Franchise, maçon, pour les journées qu'il a employées à l'inspection desd. ouvrages.... 90ᴸᴸ

29 aoust-19 décembre : aux nommez La Fontaine et Moncault, parfait payement d'avoir nettoyé les aqueducs du Chesnay (2 p.)..................... 367ᴸᴸ 4ˢ

A Bergeron, entrepreneur, à compte de la maçonnerie pour les ponts qu'il fait proche Villepreux et dans le petit parc (8 p.).................. 8400ᴸᴸ

18 juillet-12 septembre : à Égasse, entrepreneur, à compte des ouvrages de maçonnerie qu'il fait au chasteau de Saint-Léger (4 p.)................ 410ᴸᴸ

22 février : à Nicolas Le Jongleur, entrepreneur, parfait payement de 14271ᴸᴸ à quoy montent les ouvrages de ciment par luy faits aux aqueducs du Trou-Salté et de la Geurinière.................. 2521ᴸᴸ

6 juin : à Le Gros, maçon, payement de la réparation par luy faite à l'aqueduc de Buc............ 77ᴸᴸ 4ˢ

11 janvier-21 novembre : à Jean Tellier, entrepreneur, parfait payement des dalles de pierre qu'il pose dans les aqueducs de Roquancourt, entre les pieds-droits d'icellui pour les soutenir, en la place des étresillons de bois que l'on a ostez (8 p.)..... 4018ᴸᴸ 15ˢ

22 aoust : à La Franchise, pour journées employées aud. rétablissement..................... 90ᴸᴸ

Somme de ce chapitre....... 21350ᴸᴸ 4ˢ

CHARPENTERIE.

15 février : à Antoine Marie, charpentier, payement

ANNÉE 1688. — COMPIÈGNE, SAINT-LÉGER, ETC.

des ouvrages de charpenterie qu'il a fait en 1686 et 1687 pour le rétablissement du comble de la glacière du chasteau de Compiègne....................... 132ᵗᵗ

27 juin-12 septembre : au nommé BLAINS, charpentier, à compte des ouvrages de charpenterie qu'il fait au chasteau de Saint-Léger (5 p.)........ 660ᵗᵗ

21 mars : à JEAN MALLET, charpentier, pour vingt-neuf pièces de bois qu'il a livré pour faire des ceintres dans l'aqueduc qui conduit l'eau de la machine sur la butte de Montboron, à 330ᵗᵗ le cent........... 69ᵗᵗ

A NICOLAS LE JONGLEUR, pour 140 toises de planches de chesne qu'il a livré pour faire des ceintres dans led. aqueduc de Montboron, à raison de 15ˢ la toise.. 105ᵗᵗ

21 novembre : au sʳ LABBÉ, payement de 550 toises de planches de batteau qu'il a fourni pour couvrir les pierrées qui ont esté faites dans le petit parc.. 539ᵗᵗ 15ˢ

25 janvier-21 mars : à LUCAS, charpentier, à compte des ponts qu'il fait dans la forest de Montfort (2 p.)............................... 600ᵗᵗ

7 mars-21 novembre : à LAFOSSE, entrepreneur, à compte des ceintres qu'il pose dans l'aqueduc qui conduit l'eau de la machine à la butte de Montboron (3 p.)................................. 604ᵗᵗ

25 janvier : à NICOLAS PERRIER, pour 57 solives 1/2 de bois, en plusieurs pièces, qu'il a posées sur les rigolles de la plaine de Saclay, pour le passage des gens de pied, à raison de 350ᵗᵗ le cent.............. 201ᵗᵗ 0ˢ 5ᵈ

Somme de ce chapitre.... 2910ᵗᵗ 15ˢ 5ᵈ

GRAIS.

11 avril-24 octobre : à BROCHET, tailleur et piqueur de grais, à compte des bornes qu'il fait pour planter autour des remises et faisanderies du costé de Noisy, de Saint-Cyr, de Vilpreux, au Peray et aux environs de Versailles (3 p.)....................... 800ᵗᵗ

1ᵉʳ aoust : à GUILLAUME et JEAN MEROT, voituriers, à compte des 597 bornes qu'ils ont voituré des carrières sur les susd. terres................... ,500ᵗᵗ

7 novembre : à TAUPIN, voiturier, à compte des bornes qu'il voiture pour planter autour des remises et faisanderies du fonds de Villepreux........... 120ᵗᵗ

Somme de ce chapitre........... 1420ᵗᵗ

TERRASSES.

8 février-11 avril : au nommé LACHENAYE, terrassier, parfait payement des fouilles et transport des terres du cimetière de Choisy et de Trianon (4 p.)... 3382ᵗᵗ 15ˢ

25 janvier-8 février : à RIGOLLET, terrassier, parfait payement du recomblement des caves et fondations de Choisy (2 p.)........................... 600ᵗᵗ

16 may : à luy, pour avoir abattu plusieurs berges de terre et recomblé plusieurs bouts de fossez au-dessus du village de Choisy........................ 30ᵗᵗ

A luy, pour 72 toises cubes de terre qu'il a transportée pour faire une chaussée proche le pont de Gallye............................ 136ᵗᵗ 16ˢ

27 juin : à luy, pour plusieurs batteaux qu'il a tirez des estangs des environs de Versailles et avoir recomblé les ornières dans les allées des environs de Trianon. 90ᵗᵗ

25 janvier-7 mars : à luy, payement de plusieurs trous qu'il a recomblez sur les aqueducs qui conduisent l'eau de la plaine de Saclay au Parc-aux-Cerfs et sur celle qui conduit l'eau de la machine sur la butte de Montboron, et les ornières et fossez du chemin de Saint-Cyr à Marly (2 p.)....................... 174ᵗᵗ

18 juillet-21 novembre : à luy, à compte des fossez qu'il fait proche Villepreux (9 p.)............. 1870ᵗᵗ

27 juin-18 juillet : à JANSON, terrassier, parfait payement des bonnes terres qu'il a portées à la descente de l'allée de Choisy, des fossez qu'il a fait le long du Mail, et de la graine de foin qu'il a livré pour servir à lad. descente (2 p.)...................... 220ᵗᵗ

11 janvier-21 mars : à PIERRE LE CLERC, dit PITRE, parfait payement du transport de terres fait dans l'allée de Bailly (3 p.)...................... 2326ᵗᵗ 5ˢ

16 may : à luy, pour 1252 toises 1/2 de terre cube qu'il a recomblées à la rigolle de la plaine de Satory, à raison de 22ˢ la toise................ 1377ᵗᵗ 15ˢ

A luy, pour avoir presté cent quatorze brouettes avec plusieurs outils qui ont servi pendant six semaines, tant à Trianon que dans le parc de Versailles....... 200ᵗᵗ

29 aoust-5 décembre : à POTEAU, terrassier, parfait payement de 4730 toises de fossé qu'il a fait dans le petit parc de Versailles (7 p.)............. 1448ᵗᵗ 5ˢ

12 septembre-21 novembre : à ROZE, terrassier, à compte des terres qu'il a transporté pour recombler le réservoir de la Geurinière (5 p.)............ 675ᵗᵗ

29 aoust-26 décembre : à FRANÇOIS, terrassier, à compte du rehaussement de la chaussée du nouvel estang de Saclay (6 p.)..................... 3980ᵗᵗ

20 juin-25 juillet : à FRANÇOIS BERTIN, terrassier, à compte des terres qu'il fait porter sur la chaussée de l'estang du Trou-Salé (2 p.).................. 200ᵗᵗ

8-29 février : à FRANÇOIS DUHAMEL, terrassier, parfait payement de 764ᵗᵗ 15ˢ 3ᵈ à quoy montent les terres qu'il a transportées aux ravines et pavé du pont de Buc, sur la chaussée de l'estang d'Orsigny et autres ouvrages (2 p.).................... 214ʰ 15ˢ 3ᵈ

29 février : à Louis François, terrassier, parfait payement de la somme de 56370ʰ 6ˢ 6ᵈ à quoy montent les ouvrages de terrasse et de maçonnerie par luy faits, tant à la chaussée de l'estang du Trou-Salé, à celle de Vilaroy qu'au nouveau et vieil estang de Saclay, pendant les années 1683, 1684, 1685, 1686, 1687 et 1688.... .... 84ʰ 6ˢ 6ᵈ

28 novembre-26 décembre : à La Brie, à compte du gazon qu'il doit poser à la chaussée du nouvel estang de Saclay (2 p.)................ 35ʰ

26 décembre : à Marin de Launay, terrassier, à compte des terres qu'il a transportées au pont de Buc pour le rétablissement d'iceluy............. 150ʰ

A René Bidois, à compte des terres qu'il a transportées pour le rétablissement de la rigolle de Chasteaufort. 25ʰ

Somme de ce chapitre.... 17219ʰ 17ˢ 9ᵈ

PAVÉ.

16 may : à Jean Benoit, paveur, à compte des ouvrages de pavé qu'il fait à l'aqueduc de Bailly........ 386ʰ

25 janvier : à Tinelle, paveur, pour 26 toises de pavé de moilon qu'il a fait, tant à l'aqueduc qui conduit l'eau de Saclé au Parc-aux-Cerfs et à la descente du réservoir de Satory, à 14ʰ la toise.................. 47ʰ 9ˢ

Somme de ce chapitre........ 433ʰ 9ˢ

SERRURERIE ET FIL DE FER.

6 juin : à Tavernier l'aisné, payement des chesnes et pieux de fer qu'il a fourni pour les bateaux des environs de Versailles...................... 50ʰ 19ˢ 4ᵈ

26 septembre-24 octobre : à Pierre David, serrurier, à compte des grilles de fer qu'il fait pour les faisanderies de Rennemoulin et de Moulineaux (3 p.)........ 500ʰ

18 juillet-20 septembre : à la veuve Bersaucourt, espinglière, parfait payement de 360 pieds de treillage de fil de fer qu'elle a fourni aux réservoirs de la butte Montboron et du Parc-aux-Cerfs (2 p.)........ 180ʰ

19 septembre : à Nicolas Breton, serrurier, payement de plusieurs réparations de serrurerie qu'il a fait aux soupapes de la plaine de Saclay......... 84ʰ 5ˢ

Somme de ce chapitre....... 815ʰ 4ˢ 4ᵈ

COUVERTURE.

21 mars-19 septembre : à Estienne Yvon, couvreur, à compte des réparations de couverture qu'il fait au chasteau de Saint-Léger (6 p.)................ 1800ʰ

ROUTTES.

18 janvier : à Dolot, parfait payement de la somme de 2647ʰ 10ˢ à quoy montent 21917 toises courantes de routtes qu'il a deffrichées dans la forest de Saint-Léger et autres ouvrages par luy faits........... 247ʰ 10ˢ

21 mars-5 décembre : à luy, ayant l'entretenement des routtes de la forest de Montfort, pour une année de ses gages finie le 1ᵉʳ décembre dernier (4 p.).... 600ʰ

7 mars-5 décembre : à Rigollet, ayant l'entretenement des routtes des environs de Versailles, pour une année de ses gages finie le 1ᵉʳ novembre dernier (4 p.). 900ʰ

Somme de ce chapitre....... 1747ʰ 10ˢ

DIVERSES DÉPENSES.

27 juin : à Ocans, pescheur, pour avoir pêché des brochets dans l'estang de Clagny et le canal de Versailles pour mettre dans les réservoirs de la butte de Montboron et du Parc-aux-Cerfs..................... 170ʰ

11 juillet : à Chupin, dessinateur, pour remboursement de plusieurs menues dépenses qu'il a faites pour le service de S. M.................... 60ʰ 10ˢ

1ᵉʳ aoust : à Perrier, payement de 1200 toises de fossez qu'il a faits le long de l'aqueduc de Bailly.. 120ʰ

11 janvier : aux ouvriers à journées sous le sʳ Morley qui ont travaillé à deffricher les rejets de bois qui estoient dans les routtes du petit parc, et pour les voitures et semailles de 180 sacs de graines de foin semé à la pièce des Suisses en 1687.................. 194ʰ 16ˢ

6-27 juin : à ceux qui ont travaillé à bacqueter l'eau dans l'aqueduc de Roquancourt, et au nettoyement dud. aqueduc depuis le 19 avril jusqu'au 18 juin (3 p.).. .... 1098ʰ 15ˢ

18 avril : à Lambert, compagnon fontainier, pour avoir plongé deux fois dans les regards des soupapes de Saclay et de la retenue de Villiers............. 33ʰ

Somme de ce chapitre........ 1677ʰ 1ˢ

ENTRETIENS DU CHASTEAU DE COMPIÈGNE.

15 février : au sʳ Esmery, concierge du chasteau de Compiègne, pour remboursement de ce qu'il a payé, tant pour l'entretien du jardin et terrasse dud. chasteau, pendant l'année dernière 1687, que pour le remplissage de la glacière.................... 402ʰ

28 novembre : à luy, parfait payement de la somme de 2200ʰ 10ˢ à quoy montent les dépenses par luy faites

ANNÉE 1688. — FONDS LIBELLÉS.

pour l'entretien du chasteau de Compiègne pendant les années 1683, 1684, 1685 et 1686........ 700ʰ 10ˢ

15 février : à Jacques Camay et autres, pour menues dépenses et réparations faites à la glacière dud. chasteau............................ 25ʰ 17ˢ

18 février : à Jean Croiset, charpentier, ayant l'entretenement des ponts de la forest de Compiègne, pour une année de ses gages................ 100ʰ

8 février-7 novembre : à Jean Chéret, vitrier, parfait payement de 486ʰ à quoy montent les réparations de vitrerie dud. chasteau (2 p.)............. 186ʰ

27 juin : à Migasse, ayant l'entretenement des routtes de la forest, pour ses gages des six derniers mois de 1687 et six premiers de 1688................ 485ʰ 13ˢ

A luy, ayant l'entretenement des fossez de lad. forest, pendant le mesme temps................ 490ʰ 12ˢ

Somme de ce chapitre....... 2390ʰ 12ˢ

ÉTABLISSEMENT DES PÉPINIÈRES
DE MEURIERS.

27 juin : au sʳ Silvestre de Sainte-Catherine, à compte de ce qui lui a esté ordonné pour l'exécution du traité qu'il a fait pour l'establissement desd. pépinières de meuriers en France, ez environs de la rivière d'Armançon.............................. 900ʰ

FONDS LIBELLEZ.

25 janvier : au sʳ Van der Meulen, peintre flamand, pour ses appointemens de l'année 1687....... 6000ʰ

Au sʳ Mignard, peintre, par gratification, en considération du soin qu'il a pris de conduire les sculpteurs qui ont travaillé pour le service de S. M. pendant l'année dernière 1687.................... 3000ʰ

1ᵉʳ février : à luy, pour un tableau qu'il a fait, représentant Monseigneur, Madame la Dauphine et les trois Princes leurs enfants................... 8000ʰ

25 janvier : au sʳ Le Nostre, par gratification, en considération du service qu'il a rendu dans les Bastimens pendant l'année dernière................ 3000ʰ

Au sʳ Le Bouteux, par gratification, à cause du service qu'il a rendu dans les Bastimens et du soin qu'il prend des orangers du chasteau de Fontainebleau. 3000ʰ

Aux trois anciens gondolliers vénitiens, par gratification, pour le service qu'ils ont rendu sur le canal du chasteau de Versailles pendant lad. année dernière. 1200ʰ

Au sʳ Deville, sçavoir : 6000ʰ par gratification, en considération des soins qu'il a pris de la machine de la rivière de Seine pendant l'année 1687, et 6000ʰ de pension extraordinaire que S. M. luy a accordée pendant la même année....................... 12000ʰ

Aux principal, procureur et boursiers du collège de Cambray, pour leur dédommagement de leurs bastimens qui ont esté démolis par ordre de S. M. pour la construction du Collège de France............ 1180ʰ

Au prieur de Choisy-aux-Bœufs, pour son indemnité des dixmes qu'il a droit de prendre sur les terres et prez dépendans de son prieuré, enfermez dans les anciens et nouveaux murs du parc de Versailles, et ce pour l'année dernière 1687....................... 2153ʰ

Au prieur curé de Rennemoulin, pour la non-jouissance de 50 arpens de bois taillis siz en Cruze, dépendans dud. prieuré, occupez par les travaux que S. M. a ordonné estre faits aux environs de Versailles.... 600ʰ

8 février-24 octobre : aux sʳˢ Acault, de Laistre, Mongrand et Blancourt, à compte des marbres d'Italie et de portor qu'ils ont livrez pour le service de S. M. (4 p.)........................ 72815ʰ 19ˢ 2ᵈ

22 février : aux sʳˢ Haudiquer de Blancourt, de Castille et ancienne Compagnie, parfait payement de la somme de 270846ʰ 3ˢ 2ᵈ à quoy montent les marbres blancs et de couleur d'Italie, qu'ils ont livré pour le service de S. M................ 15646ʰ 3ˢ 2ᵈ

8 février : au sʳ curé de Marly, pour la non-jouissance de 75 arpens de pré compris dans le fonds de Marly et de la dixme des terres labourables de lad. cure, que S. M. a ordonné estre plantées en bois, y compris la dixme du troupeau du Trou-d'Enfer, et ce pendant l'année dernière.................... 684ʰ 5ˢ

A la veuve Nicolas Debise, pour la dépense du changement et transport du moulin à vent scitué vis-à-vis des piles du grand aqueduc des environs de Marly, et rétablissement d'iceluy en un autre endroit des environs de Marly..... .... 3074ʰ 10ˢ

8 février-17 octobre : à Marcelin Charlier, à compte des étoffes de damas rouge cramoisy broché d'or, que S. M. luy a ordonné de fournir pour meubler Trianon (4 p.)............................ 9300ʰ

8 février : à Dupont, tapissier, pour trois tapis, ouvrages de la Savonnerie, qu'il a fait et livrez au Garde-meuble de S. M. pour le Roy de Siam .. 6446ʰ 17ˢ 6ᵈ

9 may : à luy, pour douze dessus de forme et douze dessus de tabouret, ouvrage de laine de la Savonnerie, qu'il a fourni pour S. M. 3300ʰ

15 février-26 décembre : aux damoiselles Supligeau et Bourget, pour leur donner moyen de continuer à sou-

tenir la manufacture des dentelles de fil établie à Villers-le-Bel (2 p.)........................ 6000ᵗᵗ

15 février : à Josias Belle, orfèvre jouaillier, pour cinq bordures d'or émaillé faites et livrées pour le service de S. M............................ 2221ᵗᵗ 4ˢ

20 juin : à luy, pour six bordures d'or émaillé pour des agathes et deux cachets d'or, pesant ensemble 1 marc 5 gros 1/2 16 grains, qu'il a fait et livrez pour S. M............................. 1713ᵗᵗ 4ˢ

29 février : à la veuve Loubdet, tapissière, pour quatre tapis de laine avec des fleurs, rabesques, oyseaux et autres animaux sur un fond de pourpre brun, couleurs naturelles, ouvrage de la Savonnerie, qu'elle a fait et livrez au Garde-meuble de S. M. pour le Roy de Siam......................... 6700ᵗᵗ

26 septembre : à elle, pour un grand tapis de laine à fleurs et rebesques, ouvrage de la Savonnerie, pour led. Garde-meuble................ 4781ᵗᵗ 5ˢ

19 décembre : à elle, pour un tapis de laine, ouvrage de la Savonnerie................. 4921ᵗᵗ 17ˢ 6ᵈ

29 février : au sʳ Gautier, marchand, à compte des damas cramoisy, or et soye, qu'il doit fournir pour meubler le chasteau de Trianon........... 20000ᵗᵗ

29 février-5 décembre : au sʳ Petit, pour les médailles d'or et d'argent et jettons d'argent qu'il a livrez pour le service de S. M. (11 p.)..... 39642ᵗᵗ 16ˢ 10ᵈ

28 mars 1688-9 janvier 1689 : à Dominique Doby et autres, terrassiers, à compte des ouvrages qu'ils ont fait au chasteau de Maintenon et autres bastimens dépendans d'iceluy (2 p.)................. 3866ᵗᵗ 6ˢ 4ᵈ

28 mars 1688-29 may 1689 : à François Fontaine et autres, à compte des ouvrages de maçonnerie et charpenterie par eux faits au chasteau de Maintenon et dépendances d'iceluy (4 p.)............ 18010ᵗᵗ 7ˢ 6ᵈ

28 mars 1688-29 may 1689 : à divers particuliers qui ont travaillé aux ouvrages de maçonnerie et charpenterie aud. chasteau de Maintenon et dépendances d'iceluy (17 p.)..................... 41283ᵗᵗ 15ˢ 9ᵈ

28 mars : au sʳ Vanderhulst, pour tuyaux de plomb, pièces d'étain et plomb d'Angleterre qu'il a livré pour S. M............................. 10651ᵗᵗ 10ˢ

A Jean Havet, voiturier, pour la voiture desd. plombs qu'il a conduit à Maintenon........ 580ᵗᵗ 4ˢ

9 may : à Antoine Trumel, jardinier, pour la pension que S. M. luy a accordée pendant l'année dernière 1687............................. 1500ᵗᵗ

Au sieur Berain, en considération de divers desseins qu'il a fait pour le service de S. M......... 1500ᵗᵗ

9 may : à Mᵐᵉ la mareschalle, duchesse de Gram- mont, pour remboursement de la dépense par elle faite au logement qu'elle occupe dans l'ancien couvent des Capucines de la rue Saint-Honoré........ 5117ᵗᵗ 12ˢ

Au sʳ Filley, ingénieur, par gratification, en considération des soins qu'il prend pour la construction du grand aqueduc de la rivière d'Eure, entre Maintenon et Berchère............................ 2000ᵗᵗ

A divers particuliers, pour leur payement du prix principal et non-jouissances des maisons, jardins, terres, prez et bois à eux appartenans, où est à présent bastie la ville de Versailles............... 184629ᵗᵗ 19ˢ 11ᵈ

26 septembre : à d'autres particuliers, pour les non-jouissances à eux deues pour les moulins scituez sur la rivière de Gallardon et sur celle d'Épernon, desquels on a pris l'eau pour servir à la navigation des matériaux nécessaires pour les ouvrages de la rivière d'Eure.....
.... 12923ᵗᵗ 19ˢ

9 janvier 1689 : à d'autres particuliers de Fontainebleau, pour le prix principal et non-jouissances pendant les années 1685, 1686, 1687 et 1688, des terres, prez et jardins à eux appartenans, occupez par l'aqueduc de la Coudre à Fontainebleau.......... 16402ᵗᵗ 16ˢ 8ᵈ

9 may : à Geuslain, peintre, pour avoir rétabli le tableau de la *Vénus* du Titien pour le service de S. M...
.... 3375ᵗᵗ

20 juin : à de Launay, orfèvre, parfait payement de 21609ᵗᵗ 1ˢ 4ᵈ à quoy montent une chocolatière garnie de sa lampe, quatre gobelets, quatre boestes, six cuillers et huit flacons, le tout d'or, et autres menus ouvrages d'or et de vermeil doré qu'il a livré pour le service de S. M....................... 9221ᵗᵗ 16ˢ 4ᵈ

A luy, pour plusieurs ornemens de vermeil doré qu'il a fait et fourni sur une horloge en forme d'un globe terrestre pour le service de S. M............. 4005ᵗᵗ 10ˢ

6 juin-19 décembre : aux prestres de la Mission de Fontainebleau, pour leur subsistance et entretenement de l'année 1688 (2 p.)................. 6000ᵗᵗ

20 juin-22 aoust : au sʳ de Chantemerle et Compagnie, à compte des marbres de Languedoc et des Pyrennées qu'ils ont livré pour le service du Roy (2 p.)....
.... 17500ᵗᵗ

12 septembre : à la damoiselle Monien, pour treize autruches, cent trente-sept poules sultanes, six canes d'Égypte, un pellican, deux canes d'Égypte tannées, vingt-deux aigrettes, six grues, une cigogne et six chèvres de la Thébaïde, qu'elle a livré à la Ménagerie.. 8668ᵗᵗ

12 septembre : à Delorme, marchand à la Rochelle, pour faire tenir à M. le marquis de Nonville, gouverneur de Québec, pour son remboursement de la dépense par

ANNÉE 1688. — JARDIN POTAGER DE VERSAILLES.

luy faite à la découverte des carrières de marbre et de porphire dans le fleuve Saint-Laurent, les isles Saint-Pierre, Cap-Breton et l'isle Persée...... 2013# 5ˢ 1ᵈ

19 septembre : à Antoine Rivoire, entrepreneur, pour le tiers de la dépense des bastimens que S. M. a ordonné estre construits pour l'establissement d'une manufacture de soye dans un des fauxbourgs de la ville de Vienne, sur la rivière de Gère............ 4900#

26 septembre : au fermier de M. le prince de Furstemberg, pour son remboursement des non-jouissances et dédommagement des labours et semences à luy deus pour les héritages qui ont esté pris par ordre de S. M. pour faire le lit de la petite rivière de Jouy, qui prend les eaux de la rivière d'Eure pour les jetter dans le canal de Gaillardon......................... 2211# 9ˢ 7ᵈ

17 octobre : à Claude Denis, fontainier, pour son dédommagement de partie de sa maison sçize à Versailles, démolie pour bâtir la Surintendance......... 1500#

17 octobre : à David de Cazenove, sculpteur, par gratification, en considération de la médaille de S. M. qu'il a fait en marbre.................... 1500#

14 novembre : à Dubois et Compagnie, à compte des marbres de Languedoc et des Pyrennées qu'ils ont livré pour le service de S. M................... 7500#

5 décembre : aux officiers de Fontainebleau cy-après nommez, par gratification, en considération du bon estat de leurs entretenemens pendant la présente année, sçavoir :

A de Bray, ayant l'entretenement de la moitié du grand parterre....................... 300#
A Madelaine et Anne Poiret, ayant celui de l'autre moitié............................. 300#
A Varin, ayant celui des arbres fruitiers...... 200#
A luy, en considération de l'augmentation de son entretenement........................ 120#
A Desbouts, ayant celui du jardin de l'estang.. 150#
A Nivelon, ayant celui du jardin du Mail.... 100#
A Voltigeant, ayant celui des bateaux........ 150#
A Thierry, concierge de la Ménagerie........ 60#
A Couturier, ayant l'entretenement des fontaines.... .... 200#
A Besnard, concierge de l'hostel d'Albret..... 150#
A Jamin, concierge de la cour du Cheval Blanc. 100#
A Toulet, concierge de la Surintendance..... 200#
A la veuve Desbouts, ayant l'entretenement des palissades du parc........................ 400#
A Jacques-Philippes Boisseau, dit Chastillon, ayant celuy de l'Orangerie, appointemens extraordinaires de l'année 1688...................... 200#

A lad. veuve Desbouts, en considération de l'augmentation de son entretenement.............. 100#

Au sʳ Pion, ayant le soin de la nourriture des carpes et cignes du canal et des estangs du chasteau, en considération de l'augmentation du nombre des cignes pendant lad. année......................... 100#

Total pour Fontainebleau....... 2830#

5 décembre : aud. Chastillon, par gratification, en considération du soin qu'il a eu de l'orangerie de Fontainebleau........................... 400#

26 décembre : à M. de Villacerf, en considération de l'inspection générale que S. M. luy a donné sur ses Bastimens pendant la présente année........ 16000#

A Dominico Guidi, sculpteur à Rome, parfait payement de la somme de 8870# 19ˢ 2ᵈ pour le prix du groupe de figures qu'il a fait en marbre et livré pour S. M.............................. 5322# 11ˢ 6ᵈ

9 janvier 1689 : à Jean Bardin, serrurier, et autres, à compte des ouvrages de serrurerie et maçonnerie qu'ils ont fait au chasteau de Maintenon.......... 1495#

A Jean Dumont, charpentier, et autres, payement des ouvrages de charpenterie qu'ils ont fait aud. chasteau................................. 9458# 11ˢ 3ᵈ

A André Le Beau et autres, charpentiers, pour ouvrages aud. chasteau............... 1957# 16ˢ 10ᵈ

Somme de ce chapitre.. 735406# 13ˢ 11ᵈ

JARDIN POTAGER DE VERSAILLES.

4 janvier : au sʳ de la Quintinie, parfait payement de 18000# pour l'entretenement du jardin potager de Versailles pendant l'année finie le dernier décembre 1687............................. 3000#

11 janvier-7 décembre : à luy, à compte dud. entretenement, du mois de décembre 1687 au mois d'octobre 1688 (11 p.).................... 13750#

1ᵉʳ février : à luy, pour son remboursement de ce qu'il a payé pour 225 voyages qu'il a fait faire à Saint-Cyr pour porter des légumes et des fruits, depuis le 1ᵉʳ novembre 1686 jusqu'au 23 janvier 1688........ 135#

25 avril : à luy, pour ses gages de l'année 1687 à cause dud. entretenement................. 2000#

5 décembre : à sa veuve, pour son remboursement de plusieurs ouvrages de menuiserie qu'elle a fait faire, tant dans led. potager que dans le logement qu'il occupoit............................ 333# 6ˢ 8ᵈ

5.

12 décembre : à elle, parfait payement de 1875ᵗᵗ pour l'entretenement dud. potager pendant une année et quinze jours finis le 15 novembre dernier..... 375ᵗᵗ

A Besnard, jardinier, ayant l'entretenement dud. potager pendant les quinze derniers jours de novembre dernier................................. 625ᵗᵗ

Somme de ce chapitre..... 23593ᵗᵗ 6ˢ 8ᵈ

ENTRETENEMENS DU JARDIN DE VERSAILLES
ET DE TRIANON.

11 janvier-17 octobre : à Bertin, sculpteur, ayant l'entretenement des figures et autres ouvrages de sculpture en marbre dud. jardin, pour ses appointemens du dernier quartier 1687 et des trois premiers 1688 (4 p.)............................. 1092ᵗᵗ

15 février-10 octobre : à Henry Dupuy, jardinier, ayant l'entretenement des allées du petit parc, orangerie et pourtour du canal de Versailles, pour ses appointemens des six derniers mois 1687 et six premiers 1688 (4 p.)........................... 2040ᵗᵗ

A Olivier Fleurant, ayant celui du jardin de Trianon, 1879ᵗᵗ pour, avec 371ᵗᵗ, faire le quart de 1484ᵗᵗ qui luy sont diminuez pour la dépense qui a esté faite en 1687 à fournir, voiturer et oster dud. jardin le grand fumier nécessaire à couvrir 106 toises de baraque qui ont servi à la couverture des orangers plantez en palissade dans led. jardin, et pour faire le parfait payement de 9000ᵗᵗ pour appointemens des six derniers mois 1687 et six premiers 1688 (4 p.).................... 7516ᵗᵗ

A Drouart, rocailleur, ayant celuy des rocailles dud. jardin de Versailles, pour led. temps (4 p.).... 2600ᵗᵗ

A Remi Janson, jardinier, ayant celuy du Mail et des allées du pourtour de la pièce des Suisses, idem (4 p.)............................. 900ᵗᵗ

A Lisqui, marbrier, ayant celuy de tous les ouvrages de marbre dud. jardin, idem (4 p.)......... 1500ᵗᵗ

19 décembre : à Janson le jeune, ayant l'entretenement du jardin du Chenil, à compte dud. entretenement depuis le commencement de l'année 1686...... 150ᵗᵗ

Somme de ce chapitre......... 34158ᵗᵗ

ENTRETENEMENS DES CONDUITES
ET FONTAINES DE VERSAILLES.

8 février-3 octobre : à Claude Denis, fontainier, ayant l'entretenement desd. fontaines, pour ses gages des six derniers mois de 1687 et six premiers de 1688 (4 p.)................................. 4560ᵗᵗ

A Gournay, compagnon fontainier, pour ses gages pendant led. temps (4 p.)..................... 1000ᵗᵗ
A Thomas La Cide, autre, pour idem (4 p.).. 1000ᵗᵗ
A Vitry, autre, pour idem (4 p.)......... 1000ᵗᵗ
A Lambert, autre, pour idem (4 p.)....... 1000ᵗᵗ
A Muzart, autre, employé à la butte de Montboron, pour idem (4 p.)........................ 1000ᵗᵗ
A Claude Denis fils, garçon fontainier, pour idem (4 p.)................................ 540ᵗᵗ
A Morjette, autre compagnon, pour idem (4 p.)... .... 1000ᵗᵗ
A Baclet, garçon fontainier, pour idem (4 p.).. 540ᵗᵗ
A Godet, autre, pour idem (4 p.)......... 540ᵗᵗ
A Laurens, autre, pour idem (4 p.)....... 540ᵗᵗ
A Thomas, autre, pour idem (4 p.)........ 540ᵗᵗ
A Pivet, autre, pour idem (4 p.)......... 540ᵗᵗ
A Gabriel, autre, pour idem (4 p.)....... 540ᵗᵗ

A Remy Denis fils, ayant l'entretenement des fontaines de Trianon, de la fontaine de la décharge du canal et des réservoirs au-dessus de Trianon, pour ses gages pendant le même temps (4 p.)............... 1500ᵗᵗ

A luy, pour les gages de son garçon, pour idem (4 p.)................................. 300ᵗᵗ

A Le Moyne, fondeur, ayant l'entretenement de tous les ouvrages de cuivre des fontaines de Versailles, pour idem (4 p.)............................. 1500ᵗᵗ

A André, garçon fontainier, pour idem (4 p.).. 540ᵗᵗ
A Tessier, autre, pour idem (4 p.)......... 540ᵗᵗ

Au sʳ Paulart, ayant l'entretenement de toutes les conduites de tuiaux de fer de fonte des fontaines du chasteau de Versailles et lieux en dépendans, pour ses gages du dernier quartier 1687 et trois premiers 1688 (4 p.)............................. 10000ᵗᵗ

4 avril-3 octobre : à Claude Denis fils, fontainier, pour les six derniers mois 1687 et six premiers mois 1688 de la gratification de 460ᵗᵗ que S. M. luy accorde chacun an (2 p.)....................... 460ᵗᵗ

Somme de ce chapitre........ 29180ᵗᵗ

GAGES DES MEUNIERS
DES DEUX MOULINS DE SATORY.

25 janvier : à Julien Levé, ayant l'entretenement d'un des moulins de Satory, 400ᵗᵗ pour ses gages pour les six derniers mois de 1687, et 50ᵗᵗ pour l'entretenement des graisses et chevilles dud. moulin pendant led. temps................................. 450ᵗᵗ

4 juillet : à luy, pour led. entretenement pendant cinq mois échus le dernier may dernier............ 375ᵗᵗ

25 janvier : à Antoine Magnot, ayant celuy de l'autre moulin de Satory pendant led. temps.......... 450ʰ
4 juillet : à luy, pour cinq mois éclus le dernier may.................................. 375ʰ
    Somme de ce chapitre.......... 1650ʰ

GAGES DES OFFICIERS, MATELOTS
ET GONDOLLIERS, SERVANS SUR LE CANAL DE VERSAILLES.

11 janvier : à Jaques Lorich, gondolier vénitien, pour ses gages des mois de juillet, aoust et septembre 1687, à 1200ʰ par an.......................... 300ʰ
A Jean Massagati, autre, pour led. temps.... 300ʰ
A Palmarin Palmarini, autre, idem......... 300ʰ
A Joseph Sora, autre, à raison de 120ʰ par mois pour idem................................. 360ʰ
A Pierre Massagati, autre, idem........... 360ʰ
A Barthelemi Pancalonio, autre, à 75ʰ par mois. 225ʰ
A Jean-Baptiste Sora, autre, idem.......... 225ʰ
A Marc Tarabara, autre, idem............. 225ʰ
A Vincent Doria, autre, idem............. 225ʰ
A Nicolas Vidotti, autre, idem............ 225ʰ
A Benoist Borelli, autre, idem............ 225ʰ
A Mathieu Sedea, autre, idem............ 225ʰ
A Nicolas Manenti, autre, idem........... 225ʰ
21 mars : aux gondoliers cy-dessus nommez, pour leurs gages des mois d'octobre, novembre et décembre.. .... 3420ʰ
11 juillet : à eux, pour leurs gages du premier quartier 1688.......................... 3420ʰ
10 octobre : à eux, pour leurs gages du deuxième quartier 1688.......................... 3420ʰ
10 janvier : aux nommez Pierre Salicon, Simon Bunon et Guillaume Regnier, matelots congédiez, pour leurs gages du quartier d'octobre dernier.... 337ʰ 10ˢ
11 janvier-12 décembre : au sʳ Martin, capitaine du canal, pour son remboursement de ce qu'il a payé aux mariniers de rame qui ont servi sur la gallère depuis le mois de décembre 1687 jusqu'au mois de novembre dernier (12 p.)..................... 4801ʰ 15ˢ
13 juin-17 octobre : à luy, pour remboursement de ce qu'il a payé aux soldats des galliottes depuis le mois de may jusqu'au mois de septembre (5 p.)... 4705ʰ 7ˢ
21 mars : aud. sʳ Martin, capitaine et commandant du canal de Versailles, pour ses appointemens des trois derniers mois 1687.................... 600ʰ
A Christophle Le Roux, maître des matelots, pour idem................................. 275ʰ

A Mathieu Suart, comite de la gallère, idem.. 300ʰ
A Jean Bourdon, sous-comite, idem......... 210ʰ
A Jaques Le Comte, charpentier, idem...... 210ʰ
A Nicolas Mansier, autre, idem........... 210ʰ
A Jean Candon, autre, idem.............. 210ʰ
A Joseph Chesne, autre, idem............ 210ʰ
A Jaques Fosse, calfateur, idem........... 210ʰ
A Jaques Douville, calfateur, idem......... 210ʰ
A Jean Merseron, garde-magasin, idem...... 210ʰ
A Claude Germain, matelot, à 540ʰ par an... 135ʰ
A Jean Guernel, autre matelot, idem....... 135ʰ
A Noël Coste, autre, idem............... 135ʰ
A André Morel, autre, idem.............. 135ʰ
A Pierre Le Cordier, autre, idem.......... 135ʰ
A Jean Bremart, autre, idem............. 135ʰ
A Nicolas Granval, autre, idem........... 135ʰ
A Louis Mouton, autre, idem............. 135ʰ
A Louis Cauvin, autre, idem.............. 135ʰ
A Jean Leger, autre, idem............... 135ʰ
A Joseph Trevan, autre, idem............ 135ʰ
A Jean Masurier, autre, idem............. 135ʰ
A Jean-Baptiste Rossignol, autre, idem...... 135ʰ
A Barthelemi Choisy, autre, idem.......... 135ʰ
A Michel Avienne, autre, idem............ 135ʰ
A François Vidotti, autre, à raison de 270ʰ par an.................................. 57ʰ 10ˢ
A Nicolas Savary, autre, idem............ 57ʰ 10ˢ
A Honorat Vidotti, autre, idem........... 57ʰ 10ˢ
A Jean-Baptiste Juste, autre, idem......... 57ʰ 10ˢ
A Jean Vidotti, autre, à 270ʰ par an...... 57ʰ 10ˢ
A Jean Cadene, autre, idem............. 57ʰ 10ˢ
13 juin : ausd. officiers et matelots cy-dessus nommez qui ont servi sur le canal pendant le premier trimestre 1688.................................. 5352ʰ 10ˢ
3 octobre : à eux, pour le deuxième trimestre de lad. année.................................. 5307ʰ 10ˢ
26 décembre : à eux, pour le troisième trimestre de 1688.................................. 5217ʰ 10ˢ
4 avril : aux six demy-paye qui servent au canal, pour supplément de leurs appointemens du quartier d'octobre de l'année dernière..................... 60ʰ
17 octobre : à Jean Léger, cy-devant matelot dud. canal, pour les mois d'avril, may, juin et juillet qu'il a servi sur le canal...................... 180ʰ

    Somme de ce chapitre....... 44867ʰ 2ˢ

DIVERSES MAISONS ROYALLES.

COUVERTURES.

15 février-22 aoust : à Noël Martin, couvreur, ayant l'entretenement des couvertures du chasteau de Vincennes, pour ses gages pour l'année 1687 (3 p.)........ 900^{lt}

15 février 1688-9 janvier 1689 : à Camay et veuve Chambois, ayant l'entretenement des couvertures du chasteau de Compiègne, pour leurs gages de l'année 1687 (3 p.)............................... 400^{lt}

11 avril-19 décembre : à Estienne Yvon, couvreur, ayant celuy des Maisons Royalles de Versailles, pour ses gages des deux derniers quartiers 1687 et des trois premiers 1688 (4 p.)..................... 7500^{lt}

13 juin-19 décembre : à luy, ayant celuy des couvertures des Maisons Royales de Paris, pour ses gages du dernier quartier de 1687 et des trois premiers de 1688 (3 p.)................................ 3520^{lt}

Somme de ce chapitre........ 12320^{lt}

ÉGLISE DES INVALIDES.

MAÇONNERIE.

11 janvier-26 décembre : à Pierre Le Maistre, entrepreneur, à compte de ses ouvrages de maçonnerie pour les bastimens de lad. église (38 p.).. 18336^{lt} 3^d

SERRURERIE.

1er aoust-19 décembre : à Roger, serrurier, pour ancres et tirans de fer qu'il a fourni pour le dosme de l'église des Invalides et autres ouvrages de serrurerie (3 p.)................................ 1722^{lt} 16^s 3^d

CHARPENTERIE.

15 février : à Michelet l'aisné, pour son remboursement des dépenses qu'il a faites à vérifier les calculs de la maçonnerie et de la charpenterie du bastiment de l'église des Invalides.................... 222^{lt}

25 avril : au s^r Le Goux, pour la dépense par luy faite à Paris pendant le temps qu'il a esté employé à revérifier le toisé de la charpente de l'hostel des Invalides............................... 228^{lt}

CONSIGNATION.

30 janvier : au s^r Samson, receveur des consignations du Parlement de Paris, 338625^{lt}, sçavoir : 300000^{lt} pour, avec pareille somme qui a cy-devant esté consignée, faire le parfait payement de 600000^{lt} pour le prix principal de l'hostel de Vandosme et de 1600 toises de place hors dud. hostel acquis au nom du Roy par contract passé devant Galloys et Caillet, notaires au Chastelet de Paris, le 4 juillet 1685, et 38625^{lt} pour les intérests desd. 300000^{lt} depuis led. jour, 4 juillet 1685, jusqu'au dernier janvier 1688, jour de lad. consignation, pour estre lad. somme de 338625^{lt} distribuée à qui par justice il sera ordonné.................... 338625^{lt}

14 mars : aux s^{rs} Chaumoret et Boisseau l'aisné, procureurs au Parlement, pour leur remboursement des frais ordinaires et extraordinaires du décret de l'hostel de Vandosme, fait à la requête dud. Chaumoret, le 22 aoust 1687, sur M. le duc de Vandosme. 1583^{lt} 15^s

Somme de ce chapitre..... 340208^{lt} 15^s

NOUVEAU COUVENT DES CAPUCINES
DE L'HOSTEL DE VENDOSME.

MAÇONNERIE.

4 janvier-26 décembre : à Maurice Gabriel, entrepreneur, à compte de ses ouvrages de maçonnerie au nouveau couvent des Capucines de l'hostel de Vendosme et à la place royalle dud. hostel (29 p.).. 188386^{lt} 2^s 6^d

TRANSPORT DE TERRES.

29 février-11 juillet : à Antoine du Breuil et consors, parfait payement des transports de terres bénistes, sépultures, corps, ossements, menuiserie, tableaux, labours, façons et applanissements des jardins et cours, et autres ouvrages par eux faits (10 p.)....... 3916^{lt} 4^s

21 novembre-5 décembre : à eux, pour avoir dressé le jardin du préau et fait d'autres menus ouvrages aud. jardin (2 p.)........................ 80^{lt} 13^s

14 mars-11 juillet : à Le Bouteux, jardinier, pour son travail au jardin des Capucines (3 p.)........ 500^{lt}

11 avril-27 juin : à Antoine Courtois, glaiseur, à compte des terres fouillées et sables qu'il a transporté de la citerne de l'ancien couvent des Capucines dans le jardin (5 p.)........................... 982^{lt} 3^s

11 avril-26 may : à Le Gué, carrier, parfait payement de 18 toises 8 pieds cubes de glaise neuve qu'il a voiturée et fournie pour la nouvelle cisterne du nouveau couvent des Capucines (2 p.)................ 820^{lt}

22 aoust-26 décembre : à Pierre Cloud, jardinier, pour le rétablissement des jardins du nouveau couvent et

ANNÉE 1688. — NOUVEAU COUVENT DES CAPUCINES.

l'avoir labouré, dressé, posé, planté, et fourni le gazon nécessaire aud. jardin (3 p.).............. 262ᴸ 10ˢ

Somme de ce chapitre....... 6561ᴸ 10ˢ

CHARPENTERIE.

29 février - 16 may : à Chanteau, charpentier, à compte des démolitions de la charpenterie des bastimens de l'hostel de Vendosme sur la rue Saint-Honnoré (5 p.).................................. 920ᴸ

13 juin - 18 juillet : à luy, sur la démolition du réservoir des frères Capucins et du pavillon de la citerne des Capucines (4 p.)...................... 491ᴸ 19ˢ

1ᵉʳ - 29 aoust : à luy, sur la charpenterie du clocher de l'horloge (4 p.)...................... 326ᴸ 14ˢ

Somme de ce chapitre....... 1738ᴸ 13ˢ

COUVERTURE.

18 janvier - 19 septembre : à Estienne Yvon, couvreur, à compte des ouvrages de couverture au couvent des Capucines de l'hostel de Vendosme (3 p.).. 8305ᴸ 6ˢ 10ᵈ

MENUISERIE.

18 janvier - 21 novembre : à la veuve Dionis, menuisier, à compte des ouvrages de menuiserie qu'elle fait au nouveau couvent des Capucines de l'hostel de Vendosme (13 p.)........................ 19500ᴸ

18 janvier - 5 décembre : à Remy, menuisier, à compte des ouvrages de menuiserie qu'il fait aud. couvent (13 p.).............................. 19050ᴸ

15 février : à luy, sur les vieilles démolitions de menuiserie de l'hostel de Vendosme qu'il a employé aud. couvent.................................. 500ᴸ

15 février - 10 octobre : à Veydeau, menuisier, à compte de ses ouvrages aud. couvent (2 p.).... 1300ᴸ

Somme de ce chapitre......... 40350ᴸ

SERRURERIE.

4 janvier - 12 septembre : à François Lucas, serrurier, à compte des fers qu'il a fourni et employé au nouveau couvent des Capucines de l'hostel de Vandosme (9 p.).................................. 3526ᴸ 6ˢ

9 may - 18 juillet : à luy, parfait payement du rétablissement des vieilles ferrures provenans des démolitions de l'hostel de Vandosme qu'il a rétablies et posées en place aud. nouveau couvent (2 p.).............. 146ᴸ 17ˢ

1ᵉʳ aoust : à luy, pour plusieurs menues réparations de serrurerie qu'il a fait au logement des inspecteurs des Bastimens........................ 95ᴸ 6ˢ 6ᵈ

25 janvier - 18 juillet : à Jean Corriquet, serrurier, pour les fiches, pattes, serrures et autres ouvrages de serrurerie qu'il a fournis pour le nouveau couvent des Capucines (3 p.).................... 1309ᴸ 15ˢ 9ᵈ

25 janvier - 18 juillet : à Corneille, serrurier, pour les fiches, clouds et autres ouvrages pour led. couvent (4 p.)............................ 1479ᴸ 6ˢ

25 janvier - 29 aoust : à Parisien et Lussier, ferreurs, pour avoir ferré des fiches, tant de brizeure qu'à double nœud, aux croisées dud. couvent, et autres ouvrages de ferrure et serrurerie (4 p.).......... 428ᴸ 1ˢ 6ᵈ

28 mars : à Desjardins, serrurier, pour 500 tourniquets qu'il a fournis................. 55ᴸ

15 aoust : à Granderie, pour 271 livres de cloud de batteau qu'il a fourni pour estre employé aud. couvent.................................. 32ᴸ 16ˢ 5ᵈ

5 septembre : à Noiret, pour plusieurs ouvrages de cuivre et de fer fournis pour led. couvent..... 436ᴸ 4ˢ

Somme de ce chapitre..... 7509ᴸ 13ˢ 2ᵈ

VITRERIE.

14 mars - 12 décembre : à Pougeois, vitrier, à compte des ouvrages de vitrerie qu'il fait au nouveau couvent des Capucines de l'hostel de Vandosme (6 p.)..... 3000ᴸ

PLOMBERIE.

4 janvier - 7 novembre : à Jaques Lucas, plombier, à compte de la façon des plombs qu'il a employez au nouveau couvent des Capucines de l'hostel de Vendosme (10 p.)............................ 3957ᴸ 11ˢ 9ᵈ

27 juin : à luy, pour cinq cercueils de plomb qu'il a fourni pour mettre les religieuses Capucines décédées depuis le mois d'octobre 1686................. 300ᴸ

Somme de ce chapitre..... 4257ᴸ 11ˢ 9ᵈ

PAVÉ.

11 avril - 12 septembre : à Louis Renoult, paveur, à compte des ouvrages de pavé qu'il fait au nouveau couvent des Capucines (2 p.).............. 1444ᴸ 11ˢ 8ᵈ

PEINTURE.

7 mars - 25 juillet : à Musset, peintre, à compte des ouvrages de grosse peinture qu'il fait à l'huisle au nouveau couvent des Capucines de l'hostel de Vandosme (5 p.).................................. 3000ᴸ

11 avril - 27 juin : à la veuve Lange, parfait payement des nettoyemens et ouvrages de peinture et vernis qu'elle a faits sur plusieurs tableaux de l'ancien couvent qui ont esté mis dans le nouveau (4 p.)............ 429ᴸ

7 novembre : à elle, pour avoir nettoyé, rentoilé et verni cent dix tableaux dans led. couvent....... 110ᴸ
5 décembre : à elle, pour dorure, peinture, nettoyement de figures et verni................ 117ᴸ 13ˢ

Somme de ce chapitre....... 3656ᴸ 13ˢ

SCULPTURE.

25 avril-31 octobre : à La Lande, sculpteur, parfait payement des ouvrages de sculpture qu'il a fait en bois au nouveau couvent des Capucines (4 p.)........ 644ᴸ
21 novembre : à Noel Briquet, sculpteur, parfait payement de 115ᴸ à quoy montent les ouvrages de sculpture en bois qu'il a fait sur la grande porte de menuiserie de la nouvelle église des Capucines........ 15ᴸ
16 may : à Corneille Vanclève, sculpteur, à compte des ouvrages de sculpture qu'il a fait au portail de l'église dud. couvent..................... 200ᴸ
15 aoust : à Noel Jouvenet, sculpteur, parfait payement de 404ᴸ pour les ouvrages de sculpture qu'il a fait aux chapiteaux, consoles et clefs du portail de la nouvelle église dud. couvent.................. 104ᴸ

Somme de ce chapitre.......... 963ᴸ

MARBRERIE.

5 septembre : à Jaques Ergot, marbrier, pour ouvrages par luy faits à déposer, transporter et reposer plusieurs tombes, épitaphes et autres ouvrages de marbre de l'ancienne église et couvent des Capucines.. .... 76ᴸ
31 octobre : à Derbais, marbrier, pour deux bénitiers de marbre de Rance qu'il a fournis et posés à l'église des religieuses Capucines............. 100ᴸ

Somme de ce chapitre.......... 176ᴸ

DIVERSES MENUES DÉPENSES.

25 juillet : à Julien Lorry, orlogeur, à compte de l'horloge neuve qu'il a fait pour le nouveau couvent des Capucines de l'hostel de Vandosme.......... 200ᴸ
25 janvier : à Granderie, marchand de fer, pour les clouds, chevilles et autres fournitures par luy faites pour la cage du modèle de la statue équestre du Roy à l'hostel de Vandosme..................... 66ᴸ 15ˢ
A Pirlot, couvreur en paille, pour avoir fait la couverture de paille et fourni 35 toises de paillassons à ladite cage................................. 110ᴸ
28 mars : à luy et consors, pour avoir transporté les serrures, ferrailles, marbres et autres matériaux et équipages, des magasins que l'on a démolis à l'hostel de Vandosme..................................... 62ᴸ

8 février : aux nommez Dumayne et Arteman, pour avoir transporté la vieille menuiserie de l'hostel de Vendosme au couvent des Capucines, et pour les terres qu'ils ont fouillées et transportées de la nouvelle cave dud. couvent........................... 114ᴸ 17ˢ
15 février : à Nicolas Artemant et consors, pour avoir transporté partie des terres de la sépulture des Frères et pour la façon de douze caisses pour le transport des terres hénistes de l'ancien couvent des Capucines dans le nouveau................................ 10ᴸ 16ˢ
29 février-21 novembre : à Dupont, pour son remboursement des journées payées aux ouvriers et soldats qui ont transporté le reste de la vieille menuiserie et des fers provenans de la démolition de l'ancien bastiment, et pour onze chaises à porteur pour transporter les religieuses infirmes et leurs hardes, et pour les journées qu'il a employées à escrire les rolles dudit hostel depuis le 19 décembre 1687 jusques et compris le 19 du mois de novembre 1688 (5 p.)....... 871ᴸ
28 mars : à Michel Lambert et consors, pour avoir pris les premiers niveaux et alignements des allées, arraché et replanté les arbres en pépinière au jardin du couvent des Capucines................... 72ᴸ 9ˢ
11 avril-20 juin : à Antoine Lambert et consors, pour payement des ouvrages par eux faits à dresser et planter ledit jardin jusqu'au 17 juin (6 p.). 393ᴸ 12ˢ
6 juin : à Jacques Julienne et consors, jardiniers, pour 68 bottes d'hisope, 40 bottes de lavande, 2000 pieds d'asperges de deux ans, un millier d'artichaux et plusieurs espèces de graines de légumes qu'ils ont fourni pour planter dans le jardin dud. nouveau couvent..... .... 111ᴸ 2ˢ
18 juillet-10 octobre : à Perdrimaine et consors, pour la démolition et transport de la vieille menuiserie, plombs, fers et autres matériaux de l'ancien couvent des Capucines (7 p.)................. 1150ᴸ 17ˢ
1ᵉʳ aoust : à Nicolas Courtois, cordier, pour cordages qu'il a fourni pour la cage de la statue équestre du Roy dud. hostel...................... 21ᴸ 1ˢ
10 octobre : à Herlant, pour deux pierres de S'-Leu, contenant 10 toises 5 pieds, qu'il a fournis à Vanclève, sculpteur, pour faire deux figures d'anges pour mettre au-dessus du portail de lad. église......... 102ᴸ 3ˢ
24 octobre : à Charles Amant et consors, pour ouvrages de maçonnerie, grottes, menuiserie et serrurerie par eux faits et posez dans led. nouveau couvent. 83ᴸ 2ˢ
21 novembre : au sʳ Sedileau, pour la dépense et le travail qu'il a fait à l'arpentage des héritages compris dans la closture dud. nouveau couvent....... 290ᴸ

ANNÉE 1688. — DIVERSES MAISONS ROYALES.

5 décembre : au frère Nicolas Augustin, pour remboursement de la dépense par luy faite pour les quatre pompes dud. couvent.................. 426ᴸ 16ˢ

Somme de ce chapitre....... 4086ᴸ 10ˢ

VINCENNES.

MAÇONNERIE.

11 janvier-14 mars : à Jean Benoist, maçon, à compte des ouvrages de maçonnerie qu'il a fait au chasteau de Vincennes (2 p.)....................... 2000ᴸ

16 may-8 aoust : à luy, sur ses ouvrages et réparations aux appartements de la Reyne Mère et de M. le maréchal de Bellefonds (4 p.)............... 1400ᴸ

17 octobre : à luy, sur ses ouvrages pour la construction d'un regard, pour servir à la nouvelle conduite d'eaux du village de Montreuil à l'ancien regard de Sᵗ-Pierre pour l'augmentation des eaux du chasteau de Vincennes......................... 315ᴸ 1ˢ 8ᵈ

Somme de ce chapitre...... 3715ᴸ 1ˢ 8ᵈ

CHARPENTERIE.

11 avril : à François Caillet, charpentier, à compte des ouvrages de charpenterie qu'il a fait au chasteau de Vincennes et logement des portiers du parc..... 200ᴸ

29 février : aux nommez Dionnet et consors, scieurs de long, pour 97 toises 1/2 courantes de sablières qu'ils ont scié et débité pour les réparations des appartements occupez par M. le maréchal de Belfond, au-dessus de l'appartement de la Reyne Mère, au chasteau de Vincennes........................... 29ᴸ 5ˢ

6 juin : au nommé Patissier, pour une grosse poutre de bois de chesne qu'il a fournie pour led. chasteau en 1687............................... 300ᴸ

Somme de ce chapitre.......... 529ᴸ 5ˢ

COUVERTURE.

11 janvier : à Noel Martin, couvreur, pour ses ouvrages de couverture, outre son entretien, au chasteau de Vincennes et dépendances................. 300ᴸ

MENUISERIE.

11 avril : à Simon Gillot, menuisier, pour vingt-cinq journées de maître et trois journées de compagnon menuisier employées en diverses réparations et ouvrages de menuiserie aux appartemens du chasteau de Vincennes............................. 58ᴸ 10ˢ

28 novembre : à luy, sur ses ouvrages et réparations de menuiserie aud. chasteau............... 43ᴸ 10ˢ

21 novembre : à Hubert Le Roy, menuisier, sur ses ouvrages de menuiserie fournis aud. chasteau en juillet et aoust............................... 55ᴸ

Somme de ce chapitre.......... 157ᴸ

SERRURERIE.

26 may-28 novembre : à Nicolas Le Roy, serrurier, pour ouvrages de serrurerie faits au chasteau de Vincennes et dépendances, depuis le 3 novembre 1687 jusqu'au 30 octobre 1688 (2 p.)........ 157ᴸ 4ˢ 5ᵈ

VITRERIE.

25 juillet : à Charles-François Jaquet, vitrier, sur ses ouvrages et réparations de vitrerie au chasteau de Vincennes en 1687..................... 300ᴸ

DIVERSES MAISONS ROYALLES.

MAÇONNERIE.

14 mars-5 septembre : à Claude Tricot, maçon, à compte des ouvrages de maçonnerie qu'il a fait à la maison occupée par M. le Premier à la petite escurie du Roy et aux escuries de Monseigneur, rue Sᵗ-Honnoré (4 p.)............................... 4000ᴸ

2 may-6 juin : à luy, sur la maçonnerie de l'escurie à deux rangs proche la grande escurie (2 p.).. 1500ᴸ

26 may-19 décembre : à luy, parfait payement de la maçonnerie au pavillon des Thuilleries vers la grande escurie, et au pont de l'entrée du jardin du costé du Pont-Royal, et au mur de closture des religieux de l'Assomption (5 p.)......................... 4596ᴸ 12ˢ 6ᵈ

3 octobre : à luy, sur la maçonnerie à la Samaritaine et au Fort l'Évesque...................... 500ᴸ

19 septembre : à Nicolas Sellier, maçon, pour ouvrages de maçonnerie qu'il a fait à la maison occupée par le sʳ Ballon, à la pépinière du Roule... 174ᴸ 8ˢ 4ᵈ

1ᵉʳ aoust : à Charles Le Tellier, maçon, pour ses ouvrages de maçonnerie au garde-meuble de la Couronne en 1688........................ 168ᴸ 14ˢ 4ᵈ

26 may-7 novembre : à Jean Benoist, maçon, sur ses réparations de maçonnerie en 1687 aux bassecours et autres bastimens du chasteau de Limours (5 p.).. 2000ᴸ

1ᵉʳ février : à Jaques Pinard, maçon, sur ses ouvrages et réparations de maçonnerie à une maison appartenant au Roy, sçize rue du Chantre, occupée par le nommé Legrand, tailleur............... 229ᴸ 0ˢ 3ᵈ

A luy, sur ses ouvrages et réparations de maçonnerie au Louvre et dépendances en 1687....... 55ᴸ 15ˢ 6ᵈ
11 avril : à luy, sur *idem* au Palais-Royal en 1687 et 1688.............................. 500ᴸ
6 juin : à luy, sur *idem* au Louvre et maisons adjacentes en 1687 et 1688............... 200ᴸ
2 may-25 juillet : à Nicolas Maigret, à compte des ouvrages de maçonnerie qu'il a fait au Louvre et maisons adjacentes en 1687 (2 p.)............. 1500ᴸ
11 juillet-17 octobre : à luy, sur ses ouvrages au Palais-Royal en 1687 et 1688 (2 p.)......... 900ᴸ
26 septembre : à luy, sur les réparations de maçonnerie à la porte du bois de Boulogne du costé de Neuilly, à l'orangerie du Roule et aux portes du Cours.. 600ᴸ
22 février-14 mars : à François Carton, maçon, parfait payement de 4293ᴸ 17ˢ 9ᵈ à quoy montent les ouvrages de maçonnerie qu'il a fait aux murs, portes et logemens du portier du bois de Boulogne (2 p.)......
.... 2493ᴸ 17ˢ 9ᵈ

Somme de ce chapitre..... 19418ᴸ 8ˢ 8ᵈ

FOURNITURES DE PLASTRE.

29 février-21 novembre : à Boucher, plastrier, pour 26 muids et demi de plastre qu'il a fourni pour le modèle de la statue équestre du Roy de l'hostel de Vandosme (2 p.)............................ 189ᴸ

OUVRAGES DE CIMENT.

24 octobre : à Duez, cimentier, pour le bassin de maçonnerie revêtu d'un hourdy et enduit de ciment de 6 pouces d'épaisseur, qu'il a fait de neuf dans le jardin des fleurs aux Tuilleries.................. 150ᴸ

TERRASSES.

24-31 octobre : à Perdrimaine et consors, parfait payement de 20 toises 1/4 cubes de terres noires qu'ils ont tirées pour les plattes bandes du parterre des Thuilleries (2 p.)........................ 141ᴸ 15ˢ
10 octobre : à Convers, pour quatorze puits par luy faits et fouillés, depuis la saussaye des Mailliests jusqu'à Louan, pour la recherche des eaux que l'on propose d'augmenter à l'aqueduc d'Arcueil pour la ville de Paris................................. 349ᴸ 7ˢ 6ᵈ

Somme de ce chapitre....... 491ᴸ 2ˢ 6ᵈ

CHARPENTERIE.

17 octobre : à Raoul de Pierre, dit La Porte, à compte de la charpenterie qu'il fait à la fonderie de la statue équestre de S. M. à l'hostel de Vandosme. 300ᴸ

8 aoust-28 novembre : aux nommez Robbe et Grenier, charpentiers, à compte des ouvrages de charpenterie qu'il font au chasteau de Limours (3 p.)... 900ᴸ
11 avril : à Jean Poisson, charpentier, pour ouvrages de charpenterie faits au pied d'estal de la statue équestre du Roy à l'hostel de Vandosme et divers autres ouvrages................................. 1370ᴸ 5ˢ 6ᵈ
1ᵉʳ aoust : à Cousturier, charpentier, pour ses ouvrages du garde-meuble de la Couronne en 1688. ...
.... 77ᴸ 18ˢ
25 janvier : à Joseph Virot et Nicolas du Magni, charpentiers, sur leurs ouvrages de charpenterie en 1687 aux atteliers des nommez Mazière et Granier, sculpteurs................................. 212ᴸ 18ˢ 4ᵈ
A eux, sur leurs ouvrages à la remise de carosse et escurie du sʳ Félix, dans la cour derrière les bastimens du Louvre............................ 72ᴸ 12ˢ
22 février : à eux, pour avoir descendu, chargé et fait des poulains pour plusieurs figures et bassins menez à Versailles et dans les magasins du Roy..... 258ᴸ 10ˢ
11 avril : à eux, sur leurs ouvrages au Louvre et aux Thuilleries en 1687..................... 300ᴸ
26 may-3 octobre : à eux, sur leurs ouvrages au pavillon des Thuilleries vers la grande escurie, et au pont de l'entrée du jardin du costé du Pont-Royal (3 p.)...
.... 1100ᴸ
5 septembre : à eux, pour un grand traisneau et quatre poulains pour voiturer les groupes, figures et colonnes à Versailles, et pour avoir dressé les perches devant le Louvre, Thuilleries et hostel de Vandosme, où ont esté attachées les tapisseries pendant les processions des deux dernières Festes-Dieu........ 167ᴸ 15ˢ 4ᵈ
24 octobre : à eux, sur leurs ouvrages de charpenterie au Palais-Royal.................... 300ᴸ

Somme de ce chapitre..... 5059ᴸ 19ˢ 2ᵈ

PAYEMENTS D'OUVRAGES DE CHARPENTERIE ET AUTRES OUVRAGES.

25 janvier : à Adrien Guérinot, marchand de bois, pour une grosse pièce d'orme qu'il a fourni pour faire un billot au balancier des médailles du Roy.... 102ᴸ
8 février-31 octobre : à Nicolas Gautrot, charron, pour dix grosses roües neuves et réparations qu'il a faites aux roües et corps des grands et petits binards de S. M. (4 p.)............................. 2456ᴸ 7ˢ
11 avril : à Claude de Longchamps, marchand de

---
[1] Le scribe écrit quelquefois ce nom Gotropt.

ANNÉE 1688. — DIVERSES MAISONS ROYALES.

bois, pour sept poutres et une poutrelle employées au rétablissement de l'escurie à deux rangs prez la grande escurie du Roy.................... 1027ᵗᵗ 14ˢ 2ᵈ

16 may : à Loliverel, charron, pour ses ouvrages et réparations aux binards du Roy........ 120ᵗᵗ 14ˢ

13 juin : au nommé Lion, marchand de bois, pour 39 pièces 1/4, 7 pouces de bois réduit qu'il a fourni pour faire le traisneau, cage et chemain de binard qui ont servi à mener les deux groupes de marbre faits par Renaudin et Flamand, sculpteurs, et les deux figures, aussi de marbre, faites par Raon et Cornu.. 114ᵗᵗ 15ˢ

21 novembre : à Jean Le Dru, charpentier de batteaux, pour un batteau qu'il a fait et fourni pour servir aux teintures en soye et layne des Goblins....... 55ᵗᵗ

Somme de ce chapitre..... 3876ᵗᵗ 10ˢ 2ᵈ

COUVERTURE.

25 janvier : à Estienne Yvon, couvreur, pour ouvrages de couverture faits à la remise de carosse et escurie du sʳ Félix dans la cour du Louvre, en 1687..... .... 184ᵗᵗ 1ˢ 6ᵈ

8 février : à luy, sur ses ouvrages de couverture faits, outre ses entretiens ordinaires, à l'hostel des Ambassadeurs pendant les six premiers mois 1687.. 243ᵗᵗ 8ˢ 7ᵈ

12 septembre-14 novembre : à Noël Martin, couvreur, à compte de ses ouvrages de couverture aux basse-courts et chasteau de Limours (4 p.)......... 1500ᵗᵗ

Somme de ce chapitre..... 1927ᵗᵗ 10ˢ 1ᵈ

MENUISERIE.

11 avril-8 aoust : à Pierre Guérin, menuisier, à compte des ouvrages et réparations de menuiserie faits au Louvre et palais des Thuilleries en 1687 et 1688 (2 p.).......................... 1600ᵗᵗ

6 juin-24 octobre : à luy, sur les ouvrages de menuiserie qu'il a fait au Palais-Royal en 1687 et 1688 (2 p.).......................... 1200ᵗᵗ

3 octobre : à luy, sur ses ouvrages aux grandes escuries du Roy en 1687 et 1688............... 500ᵗᵗ

14 mars : à Urbain Payart, menuisier, pour avoir démonté, ragrandi et remonté la cage de l'échafaut du grand modèle de la statue équestre du Roy à l'hostel de Vandosme.......................... 442ᵗᵗ 1ˢ 8ᵈ

A luy, pour cinq grands rouleaux de sapin qu'il a fourni pour rouler les grands tapis d'ouvrage de la Savonnerie........................... 24ᵗᵗ

13 juin : à luy, pour un grand brancard de bois de tillot garni de sangles, qu'il a fait et fourni pour porter le grand tableau de la *Vénus* du Titien, racomodé par le sʳ Geslain.................... 45ᵗᵗ

17 octobre : à Antoine Rivet, *idem*, pour la menuiserie de deux bordures qu'il a fait et fourni aux nommez Briquet et Charmeton, sculpteurs, pour servir aux tableaux du sʳ Wandermeulen, posés au chasteau de Marly.......................... 60ᵗᵗ

25 janvier-1ᵉʳ aoust : à Fraissenet, menuisier, sur ses ouvrages et réparations de menuiserie au garde-meuble de la Couronne en 1687 et 1688 (2 p.)...... .... 606ᵗᵗ 15ˢ 6ᵈ

4 janvier-8 février : à Justine, menuisier, parfait payement de ses ouvrages de menuiserie à la maison occupée par M. le Premier, à la petite escurie du Roy et à l'escurie de Monseigneur, rue Sᵗ-Honoré (2 p.).... .... 1263ᵗᵗ 1ˢ 2ᵈ

Somme de ce chapitre.... 5740ᵗᵗ 18ˢ 4ᵈ

SERRURERIE.

15 février-18 juillet : à Robert Boutet, serrurier, à compte de ses ouvrages de serrurerie en divers endroits du Palais-Royal, en 1686, 1687 et 1688 (2 p.). 1100ᵗᵗ

8 aoust : à luy, sur ses ouvrages au chasteau de Madrid, porte du bois de Boulogne et à la Savonnerie. 600ᵗᵗ

11 avril-14 novembre : à luy, sur ses ouvrages au Louvre, garde-meuble de la Couronne, Louvre et palais des Thuilleries, et maisons des environs appartenans au Roy, en 1686, 1687 et 1688 (4 p.)........ 2600ᵗᵗ

8 février-12 septembre : à François Lucas, serrurier, pour 31 poinçons et 66 carrez d'acier qu'il a fournis aux graveurs pour les médailles du Roy, déduction faite de 160ᵗᵗ pour 200 livres d'acier, à 16ˢ la livre (2 p.).... .... 1742ᵗᵗ

15 février : à luy, pour 17 virolles et 4 vis d'acier qu'il a faits pour servir aux carrez et boëtes du balancier des médailles du Roy.................. 110ᵗᵗ

13 juin : à luy, pour plusieurs ouvrages et réparations de serrurerie, vis et barres de balancier qu'il a fait pour *idem*.......................... 524ᵗᵗ 3ˢ

8 aoust-21 novembre : à luy, sur ses ouvrages aux petites escuries du Roy sous la grande gallerie et aux escuries de Monseigneur, rue Sᵗ-Honoré (2 p.).. 800ᵗᵗ

10 octobre-5 décembre : à luy, à compte de la boëste qu'il fait pour le grand balancier et des vis qu'il a fournies pour le balancier de Suède pour les médailles du Roy (2 p.).......................... 350ᵗᵗ

1ᵉʳ aoust : à Paris, serrurier, sur ses ouvrages de serrurerie au garde-meuble de la Couronne. 76ᵗᵗ 7ˢ 3ᵈ

21 novembre : à Granderie, marchand de fer, pour 109 livres pesant de clouds et chevilles qu'il a fournis pour le rétablissement de la cage du modèle de la statue équestre du Roy à l'hostel de Vandosme..... 25ᴸ 18ˢ

Somme de ce chapitre..... 7928ᴸ 8ˢ 3ᵈ

VITRERIE.

25 janvier : à Charles Janson, vitrier, pour réparations de vitrerie par luy faites au cabinet des tableaux et aux appartemens de M. le maréchal de Vivonne, au Louvre.......................... 84ᴸ 11ˢ 8ᵈ

1ᵉʳ février : à luy, sur ses réparations de vitrerie au Louvre et à l'Imprimerie royale en 1687...... 110ᴸ

29 février : à luy, sur ses ouvrages au pavillon des Thuilleries occupé par Mᵐᵉ de Montespan et chez le sʳ de Clinchamps pendant 1686 .... 101ᴸ 4ˢ 1ᵈ

14 mars : à luy, sur ses ouvrages de vitrerie au jardin du Roulle en 1687................... 168ᴸ 15ˢ 6ᵈ

28 mars : à luy, sur idem au Collège royal en 1687. .... 62ᴸ 6ˢ 11ᵈ

11 avril : à luy, sur idem à l'orangerie des Thuilleries et logemens attenans................... 84ᴸ 0ˢ 8ᵈ

18 avril-14 novembre : à luy, sur idem au Palais-Royal en 1685, 1686 et 1687 (3 p.)..... 1111ᴸ 8ˢ

16 may : à luy, sur idem à la maison occupée par M. le Premier et aux petites escuries en 1686... .... 503ᴸ 17ˢ 2ᵈ

13 juin : à luy, sur ses ouvrages à la grande escurie du Roy, maison occupée par M. de Lyonne, et au logement du portier de lad. escurie en 1687..... 110ᴸ 11ˢ 9ᵈ

20 juin : à luy, sur idem aux appartemens du Roy, de la Reyne, à la gallerie d'Apollon et autres endroits du chasteau du Louvre en 1687............ 308ᴸ 18ˢ 6ᵈ

5 septembre : à luy, sur idem au garde-meuble de la Couronne et Jardin royal en 1687 et 1688. 127ᴸ 8ˢ 10ᵈ

3 octobre : à luy, sur idem à la maison occupée par le sʳ Le Nostre au palais Brion en 1687... 78ᴸ 1ˢ 2ᵈ

31 octobre : à luy, sur idem à l'Imprimerie royale et à deux maisons appartenans au Roy, rue du Chantre... .... 73ᴸ 3ˢ 5ᵈ

6 juin : à Jean Gombault, vitrier, parfait payement de 1348ᴸ 9ˢ 2ᵈ à quoy montent les ouvrages et réparations de vitrerie qu'il a faits au chasteau des Thuilleries en 1687...................... 848ᴸ 9ˢ 2ᵈ

A luy, sur ses ouvrages à la maison occupée par M. le Premier en la présente année.......... 35ᴸ 13ˢ 2ᵈ

6 juin : à Charles-François Jaquet, vitrier, sur ses ouvrages et réparations à la maison des Gobelins en 1687............................. 257ᴸ 8ˢ 7ᵈ

Somme de ce chapitre.... 4065ᴸ 19ˢ 3ᵈ

PAVÉ.

7 mars : à Simon Aniel, paveur, pour les ouvrages et réparations de pavé qu'il a fait aux cours et escuries du chasteau de Vincennes en 1687.............. 30ᴸ

11 avril : à luy, pour 29 toises courantes de vieux pavé levé et reposé le long de la conduite des eaux de la Samaritaine, depuis la tour de la vollière du Louvre jusqu'au deuxième guichet des galleries..... 50ᴸ 15ˢ

6 juin : à luy, sur ses ouvrages et réparations de pavé à l'escurie à deux rangs attenante la grande escurie, en 1688...................... 82ᴸ 4ˢ 2ᵈ

A luy, sur ses ouvrages aux petites escuries du Roy, celles de Monseigneur, rue Sᵗ-Honnoré, et à la maison occupée par M. le Premier............ 118ᴸ 2ˢ 5ᵈ

4 juillet : à luy, pour 22 toises 1/2 courantes de conduite de la Samaritaine aux Thuilleries, qu'il a fouillées, recomblées et rétablies................ 40ᴸ 17ˢ 6ᵈ

3 octobre : à luy, pour ses ouvrages et réparations aux Thuilleries, Palais-Royal, garde-meuble du Roy et autres maisons appartenantes à S. M............. 180ᴸ 8ˢ

Somme de ce chapitre...... 502ᴸ 7ˢ 1ᵈ

PEINTURE.

30 may-12 septembre : à Blanchard, peintre, à compte de deux tableaux qu'il fait pour la salle de bal à Trianon (3 p.).................... 400ᴸ

6 juin-4 juillet : à Allegrain, peintre, à compte des tableaux qu'il a livré et de ceux qu'il fait, représentans les veües et perspectives des parterres et bosquets du jardin de Versailles (2 p.)................ 500ᴸ

12 septembre-19 décembre : à luy, sur ses tableaux pour la gallerie de Trianon (3 p.)........... 800ᴸ

1ᵉʳ février : à François Berthault, peintre, pour ses ouvrages de peinture et dorure aux chassis des croisées des appartemens du palais des Thuilleries et aux remises de carrosse de Monseigneur en 1687..... 656ᴸ 14ˢ 2ᵈ

4 janvier : aux nommez Baptiste et de Fontenay, peintres, pour, avec 350ᴸ qui leur ont esté ordonnez, sçavoir : aud. Baptiste, 150ᴸ le 5 octobre 1687 et 100ᴸ le 26 dud., et aud. Fontenay 100ᴸ led. jour 26 octobre, faire le parfait payement de 552ᴸ, pour l'ouvrage qu'ils ont fait à repeindre les plantes et les oyseaux de huit grands tableaux représentans des hommes, plantes et animaux des Indes pour faire en tapisserie de basse lisse aux Gobelins......................... 202ᴸ

ANNÉE 1688. — DIVERSES MAISONS ROYALES.

15 février : à Bon Boulogne l'aisné, peintre, pour deux tableaux qu'il a peints et livrez représentant l'un l'*Art* et l'autre la *Nature*, qui ont esté portez à Marly. 600ᴴ

30 may-28 novembre : à luy, à compte d'un tableau qu'il fait pour la chambre des Jeux à Trianon (3 p.). 500ᴴ

A Boulogne le jeune, à compte de deux tableaux qu'il fait pour la chambre des Jeux à Trianon (4 p.). . 600ᴴ

9 may-17 octobre : à Corneille l'aisné, peintre, à compte de quatre tableaux qu'il fait pour la salle de la Musique et la chambre des Fleurs des appartemens de Trianon (4 p.). 800ᴴ

21 novembre : à Camo, peintre, à compte des ouvrages de peinture à compartimens qu'il fait à l'appartement occupé par M. le comte de Gramont au palais Brion. 300ᴴ

28 novembre : à Coispel fils, peintre, à compte des tableaux qu'il fait pour Trianon. 200ᴴ

9 may-12 septembre : à Coespel père, peintre, à compte de trois tableaux qu'il fait pour le cabinet du Repos des appartemens de Trianon (3 p.). . . . 600ᴴ

13 juin-19 septembre : à luy, à compte des tableaux représentans des rabesques qu'il peint d'après Raphaël pour faire en tapisserie aux Gobelins (2 p.). . . 1900ᴴ

29 février-19 décembre : à Cottel, peintre, à compte des tableaux qu'il peint des fontaines de Versailles pour la galerie de Trianon (21 p.). 6025ᴴ

9 may-4 décembre : à Delafosse, peintre, à compte de trois tableaux qu'il fait pour le cabinet du Couchant des appartemens de Trianon (3 p.). 600ᴴ

27 juin : à de Sève, peintre, pour avoir nettoyé et repeint le grand platfonds de la grande chambre de la Reyne, à Vincennes. 150ᴴ

7 novembre : à luy, à compte de sept tableaux représentans la fable de *Vénus et d'Adonis*, pour Trianon. 500ᴴ

25 janvier : à Houasse et de Bonnemer, peintres, parfait payement de 1550ᴴ à quoy montent les ouvrages qu'ils ont fait à repeindre huit grands tableaux représentans des hommes, plantes et animaux des Indes pour faire en tapisserie de basse lisse aux Gobelins. . . 750ᴴ

9 may-21 novembre : aud. Houasse, à compte de six tableaux qu'il fait pour la chambre du Sommeil et le sallon des Sources des appartemens de Trianon (5 p.). 1300ᴴ

30 may-25 juillet : à Jouvenet, peintre, à compte d'un tableau pour le salon de Trianon (2 p.). . . 350ᴴ

18 juillet-14 novembre : à Martin, peintre, à compte d'un tableau fait et livré à Trianon, représentant la *Gallerie d'Eau* (2 p.). 350ᴴ

5 septembre : à Joubert, peintre, pour vingt-quatre desseins de plantes rares qu'il a peint en mignature sur vélin pour estre insérées dans la suitte des livres de plantes de mignature du Cabinet de S. M. 600ᴴ

5 décembre : à luy, la peinture en mignature qu'il fait au clavessin du Roy. 200ᴴ

25 janvier : à Le Moyne le Troyen, peintre, parfait payement de 3164ᴴ pour six desseins de couleur à détrempe sur du papier à carreaux, qu'il a fait pour faire en ouvrages de laine à la Savonnerie, ouvrages que S. M. a ordonnez pour le Roy de Siam. 1964ᴴ

11 janvier-13 juin : à Lefebvre, peintre, parfait payement des ouvrages de peinture à compartiment et dorure qu'il a fait aux appartemens du Roy et de la Reyne et aux appartemens de M. le maréchal de Bellefond au chasteau de Vincennes (3 p.). 774ᴴ

27 juin : à Paroussel, peintre, pour avoir nettoyé et repeint la frize de l'antichambre du Roy à Vincennes. 150ᴴ

11 avril-26 décembre : au sʳ Wandermeulen, à compte de la dépense qu'il fait au payement des journées des peintres qui travaillent sous luy aux tableaux des cheminées de Marly (19 p.). 4026ᴴ

18 juillet : à luy, payement de deux cents exemplaires d'estampes représentant le *Passage du Rhin*, et deux cents autres représentant la *Prise de Valenciennes* qu'il a fourni au cabinet de la bibliothèque du Roy. . . 400ᴴ

30 may-23 novembre : à Verdier, peintre, à compte d'un tableau qu'il fait pour la chapelle de Trianon (2 p.). 350ᴴ

4 janvier : à Charles Hérault, peintre, pour son remboursement des frais et dépenses par luy faits pour porter et conduire de Paris à Versailles trois tableaux pour le service du Roy, y compris 150ᴴ par gratification pour ses soins. 249ᴴ

12 septembre : à Sevin, peintre, pour trente desseins de devises de jettons et médailles qu'il a fait sur papier à l'ancre de la Chine pour l'Académie des inscriptions. 90ᴴ

A Camot, pour les ouvrages de peinture par luy faits au Palais-Royal en la présente année. 220ᴴ

10 octobre : à Petit, doreur, pour deux bordures qu'il a dorées, portées et posées en place au chasteau de Marly, pour mettre les tableaux faits par le sʳ Wandermeulen. 173ᴴ 10

Somme de ce chapitre. 27273ᴴ 4ˢ 2ᵈ

SCULPTURE.

4 juillet : à Antoine André, sculpteur, parfait payement de 326ᵗᵗ à quoy montent deux chapiteaux pilastre d'angle d'ordre ionique, qu'il a fait en marbre et livrez au chasteau de Trianon.................... 76ᵗᵗ

10 octobre : à la femme dud. André, pour la dépense que led. André a faite en son voyage de Paris à Carare en Italie, où il a esté envoyé pour le choix des marbres du Roy...................... 250ᵗᵗ

11 janvier-12 septembre : à Arcis, sculpteur, à compte du modèle de plastre qu'il fait d'un Terme représentant *Flore* (2 p.).................. 600ᵗᵗ

15 février-20 juin : à luy, à compte d'un vase qu'il fait en marbre pour le parc de Versailles (2 p.). 500ᵗᵗ

18 juillet : à luy, parfait payement de 769ᵗᵗ pour deux chapiteaux pilastre droits et trois d'angle d'ordre ionique, qu'il a fait en marbre pour Trianon... 119ᵗᵗ

15 février-28 mars : à François Barroy, sculpteur, à compte d'un vase qu'il fait en marbre pour le parc de Versailles (2 p.)..................... 500ᵗᵗ

1ᵉʳ aoust : à luy, parfait payement de 280ᵗᵗ pour deux chapiteaux pilastre droits d'ordre ionique, qu'il a faits en marbre et livrez au chasteau de Trianon.. 80ᵗᵗ

4 janvier : à François Besson, sculpteur-mouleur, pour quatre moules de plastre des chapiteaux pilastre qu'il a fait pour les bastimens de Trianon, et 83 plastres qu'il a jettez dans lesd. moules et livrez aux sculpteurs chargez de faire en marbre lesd. chapiteaux.... 1010ᵗᵗ

14 mars : à luy, pour deux moules de plastre des chapiteaux de la gallerie de Trianon, et dix modèles 1/2 de plastre qu'il a jettez dans lesd. moules et livrez aux sculpteurs............................ 463ᵗᵗ

26 may-5 septembre : à luy, parfait payement des ouvrages de moulerie et jets en plastre et carton, qu'il a posez et reparez à la gallerie de François Iᵉʳ et au grand cabinet du Roy où l'on a remis des poutres, au chasteau de Fontainebleau (2 p.)................ 800ᵗᵗ

11 juillet : à luy, parfait payement de 280ᵗᵗ à quoy montent deux chapiteaux pilastre droits d'ordre ionique, qu'il a faits en marbre pour Trianon..... 30ᵗᵗ

26 septembre : à luy, payement d'un moule et deux jets de plastre d'une figure de *Vénus et l'Amour* faite en marbre par feu Sarrazin, et qu'il a fourni à Le Hongre pour achever lad. figure.................. 280ᵗᵗ

19 décembre : à luy, pour un moule qu'il a fait en plastre sur le modèle de terre de la figure du *Point du jour*, et de trois jets qu'il a coulés dans led. moule...
.... 300ᵗᵗ

8 février-4 juillet : à Baptiste Tuby, sculpteur, parfait payement de 1585ᵗᵗ à quoy monte un chapiteau colonne isolé, trois chapiteaux pilastre droits, un chapiteau d'angle d'ordre ionique et un grand chapiteau d'ordre composite, qu'il a fait en marbre (3 p.).. 785ᵗᵗ

7 mars : à luy, à compte du grand vaze de marbre qu'il a fait et posé à Versailles, représentant la *Paix de Nimègue*............................. 600ᵗᵗ

19 décembre : à luy, à compte du groupe qu'il fait en marbre, représentant *Laocoon et ses enfants*.. 500ᵗᵗ

11 juillet : à Buirette, sculpteur, parfait payement de 440ᵗᵗ pour un chapiteau colonne isolé et un chapiteau pilastre d'ordre ionique, qu'il a fait en marbre pour Trianon............................. 240ᵗᵗ

18 juillet : à luy, à compte de l'*Amazone* qu'il copie en marbre d'après l'antique................. 300ᵗᵗ

26 septembre : à luy et L'Espingola, parfait payement de 1000ᵗᵗ pour un groupe de trois enfans avec leurs attributs qu'ils ont modelés de terre et réparé les cires pour estre jettés en bronze pour le bassin de Vénus du parterre de Versailles.................... 600ᵗᵗ

8 février : à Boutet, sculpteur, à compte d'un chapiteau d'angle qu'il fait en marbre pour le dessus des tables des trémeaux de la gallerie de Trianon... 150ᵗᵗ

21 mars-1ᵉʳ aoust : à luy, parfait payement de 788ᵗᵗ pour deux chapiteaux pilastre droits, un d'angle d'ordre ionique et un demi-chapiteau pour un des trémeaux d'angle de la gallerie de Trianon, d'ordre composite, qu'il a fait en marbre (2 p.).................... 288ᵗᵗ

13 juin-22 aoust : à luy, à compte de la sculpture de deux bassins qu'il fait en marbre pour la Colonnade de Versailles (2 p.).................... 450ᵗᵗ

25 janvier-18 juillet : à Noël Briquet, sculpteur, à compte des ouvrages de sculpture qu'il fait en bois pour les appartemens de Trianon (10 p.)........ 3350ᵗᵗ

3 octobre : à luy, pour la sculpture d'une bordure en bois pour un tableau du sʳ Wandermeulen posé au chasteau de Marly.......................... 120ᵗᵗ

18 juillet : à Bourlier, sculpteur, parfait payement de 420ᵗᵗ pour trois chapiteaux pilastre droits d'ordre ionique, qu'il a fait en marbre et livrez à Trianon. 170ᵗᵗ

25 janvier-26 may : à Bellan, sculpteur, à compte des ouvrages de sculpture qu'il fait en bois pour les appartemens de Trianon (6 p.)............. 1800ᵗᵗ

18 juillet : à luy, parfait payement de 450ᵗᵗ pour deux chapiteaux pilastre droits et un chapiteau d'angle d'ordre ionique, qu'il a fait en marbre pour Trianon................................. 200ᵗᵗ

4 juillet : à Beaussieux, sculpteur, parfait payement

ANNÉE 1688. — DIVERSES MAISONS ROYALES.

de 92ᴸ pour un petit chapiteau faisant les 2/3 d'un chapiteau pilastre droit d'ordre ionique, en marbre, pour Trianon.. 42ᴸ

8 février-4 juillet : à ANTOINE COISEVAUX, sculpteur, parfait payement de 1585ᴸ à quoy montent un chapiteau colonne isolé, trois chapiteaux pilastre droits, un chapiteau d'angle d'ordre ionique et un grand chapiteau d'ordre composite, qu'il a fait en marbre pour Trianon (3 p.)......................... 785ᴸ

21 mars : à luy, à compte du groupe qu'il fait en marbre, représentant *Castor et Pollux*......... 400ᴸ

28 mars-18 juillet : à CLÉRION, sculpteur, à compte de deux Termes qu'il fait en marbre, représentant *Jupiter et Junon* (2 p.)........................... 900ᴸ

1ᵉʳ aoust : à luy, parfait payement de 280ᴸ pour deux chapiteaux pilastre droits d'ordre ionique, qu'il a fait en marbre à Trianon................... 80ᴸ

22 février-18 juillet : à CARLIER, sculpteur, à compte du groupe de deux figures qu'il fait en marbre, représentant la *Paix des Grecs* (2 p.)........... 900ᴸ

18 juillet : à luy, parfait payement de 746ᴸ pour deux chapiteaux pilastre droits et deux chapiteaux d'angle d'ordre ionique, qu'il a fait en marbre pour Trianon.. 196ᴸ

1ᵉʳ aoust : à COUSTOU, sculpteur, parfait payement de 746ᴸ pour deux chapiteaux pilastre droits et deux d'angle d'ordre ionique *idem*................ 196ᴸ

14 mars : à CASSEGRAIN, sculpteur, parfait payement de 1050ᴸ à quoy monte le moulage qu'il a fait en plastre du bronze de *Persée et d'Andromède*, fait en marbre par POUGET, qui est dans le jardin de Versailles... 250ᴸ

12 septembre-5 décembre : à luy, à compte du moule qu'il fait de la statüe équestre du Roy sur le modèle fait par le sʳ GIRARDON (4 p.).......... 2500ᴸ

7 mars-20 juin : à JEAN CORNU, sculpteur, à compte de la grande figure d'*Hercule de Farnaise*, qu'il a copiée en marbre et posée dans le jardin de Versailles (2 p.)... 800ᴸ

4 janvier-27 juin : à CHARMETON, sculpteur, à compte de la sculpture qu'il fait en bois pour les appartemens du chasteau de Trianon (10 p.)............. 2520ᴸ

3 octobre : à luy, pour la sculpture d'une bordure en bois, faite à un tableau du sʳ WANDERMEULEN posé au chasteau de Marly................................. 132ᴸ

4 janvier-18 juillet : à DROUILLY, sculpteur, parfait payement de 1346ᴸ pour un chapiteau colonne isolé, deux chapiteaux pilastre droits, deux chapiteaux d'angle d'ordre ionique et un demi-chapiteau d'ordre composite, qu'il a fait en marbre pour Trianon (4 p.).. 796ᴸ

15 février-26 may : à luy, à compte d'un vase qu'il fait en marbre pour le petit parc de Versailles (2 p.)... 500ᴸ

11 avril : à luy, parfait payement de 1300ᴸ à quoy monte la restauration du Terme de *Jupiter* de Besançon [1], qu'il a fait en marbre et posé dans le petit parc.. 400ᴸ

11 juillet : à DUFOUR, sculpteur, parfait payement de 280ᴸ à quoy montent deux chapiteaux pilastre droits d'ordre ionique, qu'il a fait en marbre pour Trianon.. 100ᴸ

4 janvier-4 juillet : à DEDIEU, sculpteur, parfait payement de 1186ᴸ à quoy montent un chapiteau colonne isolé, trois chapiteaux pilastre droits et deux chapiteaux d'angle d'ordre ionique, qu'il a faits en marbre à Trianon (2 p.).. 436ᴸ

6 juin : à DE VAUX, sculpteur, pour avoir réparé une grosse teste de lyon jettée en bronze, servant au balancier des médailles.............................. 100ᴸ

25 janvier-30 may : à DEVILLE, sculpteur, à compte des ouvrages de sculpture qu'il fait en bois pour les appartemens de Trianon (5 p.).............. 900ᴸ

4 janvier-26 may : à ESLOY, sculpteur, à compte des ouvrages de sculpture qu'il fait en bois pour les appartemens du chasteau de Trianon (4 p.)......... 720ᴸ

1ᵉʳ aoust : à LOUIS FRANÇOIS, sculpteur, parfait payement de 345ᴸ pour deux chapiteaux pilastre d'angle d'ordre ionique, qu'il a faits en marbre et livrez à Trianon.. 95ᴸ

1ᵉʳ aoust : à JEAN FRANÇOIS, sculpteur, parfait payement de 280ᴸ pour deux chapiteaux pilastre droits d'ordre ionique, qu'il a faits en marbre et livrez à Trianon.. 80ᴸ

4 janvier-3 octobre : à FLAMAND, sculpteur, à compte du modèle en plastre de la figure qu'il fait en marbre de *Cyparisse* (3 p.)........................... 900ᴸ

1ᵉʳ aoust : à luy, parfait payement de 720ᴸ pour un chapiteau colonne isolé et trois chapiteaux pilastre droits d'ordre ionique, qu'il a fait en marbre et livrez à Trianon.. 120ᴸ

4 janvier : à FRANÇOIS GIRARDON, sculpteur, pour son remboursement des journées de sculpteurs qui ont travaillé sous luy à faire la médaille du Roy sur le groupe de marbre envoyé de Rome, de DOMINICO GUIDY, et à refaire la teste de la figure du Cavalier BERNIN.... 1325ᴸ 10ˢ

---

[1] Ainsi appelé parce que le grand torse antique venait des collections du cardinal DE GRANVELLE à Besançon.

4 janvier-21 novembre : à luy, par gratification, pour ses soins à la conduite des ouvrages de sculpture qui ont esté faits pour le service du Roy, pendant sept mois, à raison de 4000ᵗᵗ par an (2 p.)............ 3450ᵗᵗ

4 janvier-26 décembre : à luy, pour son remboursement des journées par luy payées aux compagnons sculpteurs et manœuvres qui ont travaillé au modèle de la statue équestre du Roy à l'hostel de Vandosme et ceux qui ont réparé les cires des figures du *Gladiateur mourant*, du *Faune* de la Reyne de Suède et de l'*Attalante*, que VINASSE doit fondre en bronze (4 p.). 3066ᵗᵗ 18ˢ 10ᵈ

7 mars-26 may : à luy, à compte du modèle de la statue équestre du Roy de la place royale de l'hostel de Vendosme (2 p.).................... 2500ᵗᵗ

16 may : à luy, pour son remboursement de la dépense par luy faite pour réparer la cire du *Rotator*, qui doit être fondu en bronze par le fondeur Napolitain............................ 61ᵗᵗ 16ˢ

16 may-25 juillet : à GAUTIER, sculpteur, à compte de deux figures qu'il fait en bois pour le dessus des frontons de la gallerie de Trianon (3 p.).......... 260ᵗᵗ

1ᵉʳ aoust : à GOY, parfait payement de 280ᵗᵗ pour deux chapiteaux pilastre droits d'ordre ionique, qu'il fait en marbre pour Trianon................ 100ᵗᵗ

25 janvier-13 juin : à GUYON, sculpteur, à compte des ouvrages de sculpture qu'il fait en bois pour les appartemens de Trianon (5 p.).............. 900ᵗᵗ

16 may-8 aoust : à luy, sur deux figures qu'il fait en bois pour le dessus des frontons de la galerie de Trianon (4 p.)........................ 400ᵗᵗ

7 novembre : à la veuve de GOULLON [1], sculpteur, parfait payement de 300ᵗᵗ à quoy montent les ouvrages de sculpture par elle faits sur un bassin de marbre blanc posé à la Colonnade de Versailles............ 150ᵗᵗ

4 janvier-4 juillet : à GRANIER, sculpteur, parfait payement de 1536ᵗᵗ pour deux chapiteaux colones isolés, trois chapiteaux pilastre droits et deux chapiteaux d'angle (2 p.)........................ 636ᵗᵗ

8 février : à luy, parfait payement de 1000ᵗᵗ pour un groupe de trois enfans avec leurs attributs, qu'il a modelé de terre et réparé les cires pour estre jetté en bronze pour le grand bassin de Vénus du parterre de Versailles............................ 600ᵗᵗ

18 avril : à luy, par gratification, en considération des soins qu'il a pris à réparer les cires des figures que le sʳ KELLER jette en bronze à l'Arsenal, pendant une année............................ 400ᵗᵗ

[1] Il faut lire : à la veuve de DUGOULLON.

12 septembre : à luy, sur un Terme qu'il a fait en marbre et livré à Versailles, représentant le *Philosophe Isocrate*................... 500ᵗᵗ

19 septembre : à luy, à compte du modèle et du groupe d'*Ino et Mélicerte* qu'il fait en marbre d'après le modèle du sʳ GIRARDON................... 300ᵗᵗ

11 juillet : à SIMON HURTRELLE, sculpteur, à compte d'un Terme qu'il a fait en marbre, représentant un *Philosophe*.............................. 500ᵗᵗ

1ᵉʳ aoust : à luy, parfait payement de 1021ᵗᵗ pour un chapiteau colonne isolé, deux chapiteaux pilastre droits et deux d'angle d'ordre ionique, qu'il a fait en marbre pour Trianon........................ 371ᵗᵗ

1ᵉʳ aoust : à HARDY, sculpteur, parfait payement de 606ᵗᵗ pour deux chapiteaux pilastre droits et deux d'angle d'ordre ionique, qu'il a fait en marbre pour Trianon............................ 106ᵗᵗ

5 septembre-7 novembre : à luy, à compte d'un grand vase qu'il fait en marbre pour l'allée Royalle de Versailles (2 p.)........................ 500ᵗᵗ

1ᵉʳ aoust : à HULOT, sculpteur, parfait payement de 693ᵗᵗ à quoy montent deux chapiteaux pilastre droits et deux d'angle d'ordre ionique, qu'il a fait en marbre pour Trianon........................ 143ᵗᵗ

25 janvier-16 may : à HANARD, sculpteur, à compte des ouvrages de sculpture qu'il fait en bois pour les appartemens de Trianon (4 p.).............. 950ᵗᵗ

27 juin : à luy et la veuve de GOULLON, à compte d'un grand vase de marbre commencé par feu GOULLON et fini et livré par led. HANARD à Versailles....... 300ᵗᵗ

15 février-18 avril : à HERPIN, sculpteur, à compte d'un vase qu'il fait en marbre pour le jardin de Versailles (3 p.)............................ 500ᵗᵗ

16 may-7 novembre : à luy, parfait payement de la sculpture qu'il fait sur deux bassins de marbre pour la Colonnade de Versailles (5 p.).............. 600ᵗᵗ

1ᵉʳ aoust : à luy, parfait payement de 513ᵗᵗ pour deux chapiteaux pilastres droits et un d'angle d'ordre ionique, qu'il a faits en marbre et livrez à Trianon...... 113ᵗᵗ

18 juillet : à NOEL et ISAAC JOUVENET frères, sculpteurs, parfait payement de 3045ᵗᵗ pour un chapiteau colonne isolé, dix chapiteaux pilastre droits et cinq chapiteaux pilastre d'angle d'ordre ionique, qu'ils ont fait en marbre pour Trianon........................ 1645ᵗᵗ

7 novembre : à NOEL JOUVENET, parfait payement de 630ᵗᵗ à quoy montent les ouvrages d'architecture, taille, sculpture, voiture et pose d'un bassin qu'il a fait en marbre à la Colonnade de Versailles......... 230ᵗᵗ

21 novembre : à luy, parfait payement de 750ᵗᵗ

ANNÉE 1688. — DIVERSES MAISONS ROYALES.

à quoy monte la guaisne qu'il a fait en marbre pour porter le buste de *Junon* posé dans le jardin de Versailles............................. 150ᴴ

8 février-18 juillet : à Isaac Jouvenet le jeune, sculpteur, parfait payement d'un grand chapiteau d'ordre composite, qu'il a fait en marbre pour l'un des trumeaux de la gallerie de Trianon (3 p.)............. 550ᴴ

18 juillet : à Jumelle, sculpteur, parfait payement de 932ᴴ pour quatre chapiteaux d'angle d'ordre ionique, qu'il a fait en marbre pour Trianon........... 232ᴴ

15 février-13 juin : à Joly, sculpteur, à compte d'un vase qu'il fait en marbre pour les jardins de Versailles (2 p.).................................. 500ᴴ

1ᵉʳ aoust : à luy, parfait payement de 746ᴴ pour deux chapiteaux pilastre droits et deux chapiteaux d'angle d'ordre ionique, qu'il a fait en marbre pour Trianon................................ 196ᴴ

15 février : à luy et Coustou, pour quatre modèles différends de chapiteaux composite pour le dessus des tablettes des trémeaux de la gallerie de Trianon.... .... 300ᴴ

8 aoust-19 septembre : à Jacquin, sculpteur, à compte des figures qu'il fait en bois pour le dessus des frontons du salon de Trianon (2 p.)................ 200ᴴ

8 février-4 juillet : à Le Conte, sculpteur, parfait payement de 1270ᴴ à quoy montent d'un chapiteau colonne isolé, trois chapiteaux pilastre droits d'ordre ionique et un grand chapiteau d'ordre composite, qu'il a faits en marbre pour la gallerie de Trianon (3 p.)...... 670ᴴ

4 janvier : à Mazière l'aisné, sculpteur, à compte d'un chapiteau colonne d'ordre ionique, en marbre, pour Trianon........................... 200ᴴ

25 avril-26 décembre : à luy, à compte de deux Termes en marbre représentant *Pan* et *Sirinx* (2 p.).. .... 500ᴴ

15 février-16 may : à L'Espingola, sculpteur, à compte de dix figures en bois pour les frontons de la gallerie de Trianon et pour les modèles en terre desd. figures (4 p.)................................. 1300ᴴ

28 mars : à luy, à compte de sept bas-reliefs qu'il fait en bois pour les croisées feintes de la gallerie de Trianon................................. 200ᴴ

13 juin-14 novembre : à luy, à compte du groupe de deux figures en marbre représentant *Sesto Mario* (2 p.).................................. 600ᴴ

11 juillet : à luy, parfait payement de 816ᴴ pour un chapiteau colonne isolé et deux chapiteaux pilastre d'angle d'ordre ionique, en marbre, pour Trianon.. .... 266ᴴ

A Lehongre, sculpteur, parfait payement de 720ᴴ pour un chapiteau colonne isolé et trois chapiteaux pilastre droits d'ordre ionique, en marbre, pour Trianon.................................... 120ᴴ

1ᵉʳ aoust : à Jacques et Esloy Legrand, sculpteurs, parfait payement de 1021ᴴ pour quatre chapiteaux pilastre droits et deux chapiteaux d'angle d'ordre ionique, en marbre, pour Trianon.................. 321ᴴ

13 juin-18 juillet : à Le Guay, sculpteur, à compte des figures qu'il fait en bois pour les frontons de la gallerie de Trianon (2 p.)..................... 200ᴴ

4-25 janvier : à Legeret, sculpteur, à compte de ses ouvrages de sculpture en bois pour les appartemens du chasteau de Trianon (2 p.)................. 1100ᴴ

9 may-24 octobre : à luy, parfait payement de la sculpture en marbre sur un des bassins de la Colonnade (2 p.).................................... 300ᴴ

11 juillet-22 aoust : à luy, à compte d'un grand vaze qu'il fait en marbre pour l'allée Royale de Versailles (2 p.)................................. 500ᴴ

18 juillet : à luy, parfait payement de 470ᴴ pour deux chapiteaux pilastre droits et un d'angle d'ordre ionique, en marbre, pour Trianon............. 120ᴴ

1ᵉʳ février : à Legros, sculpteur, à compte de la figure en marbre de la *Vénus* de Richelieu............. 300ᴴ

A luy, à compte de la figure en marbre représentant le *Point du Jour*........................ 300ᴴ

25 avril : à luy, à compte de la figure du *Lantin* et d'un Terme représentant *Psiché*, en marbre, pour Versailles.................................... 300ᴴ

18 juillet : à luy, parfait payement de 720ᴴ pour un chapiteau colonne isolé et trois chapiteaux pilastre droits d'ordre ionique, en marbre, pour Trianon..... 120ᴴ

15 aoust : à luy, à compte d'un grand vaze qu'il fait en marbre pour l'allée Royale de Versailles..... 200ᴴ

7 mars : à Armand Lefebvre, sculpteur, à compte de la figure d'*Artémise* qu'il fait en marbre et du modèle qu'il fait en plastre...................... 500ᴴ

6 juin-24 octobre : à luy, à compte d'un grand vaze qu'il fait en marbre pour l'allée Royale de Versailles (2 p.)................................. 500ᴴ

18 juillet : à luy, parfait payement de 769ᴴ pour deux chapiteaux pilastre droits et trois chapiteaux d'angle d'ordre ionique, en marbre, pour Trianon... 369ᴴ

25 janvier-27 juin : à Lemaire, sculpteur, à compte de ses ouvrages de sculpture en bois pour les appartemens de Trianon (7 p.)...................... 1700ᴴ

4 janvier : à Langlois, mouleur, pour un moule de plastre d'un chapiteau colonne ionique pour les bastimens

de Trianon et seize plastres qu'il a fournis aux sculpteurs qui font en marbre lesd. chapiteaux. (2 p.).. 726ʰ

9 may : à luy, pour avoir fait le moule en plastre du *Rotator* et un jet aussi en plastre, avoir monté une cire de lad. figure pour estre jettée en bronze, et avoir fait un autre jet en plastre de la figure de l'*Aurore*..... 310ʰ

25 juillet-31 octobre : à luy, parfait payement des moules en plastre sur les figures de marbre de la *Vénus honteuse*, de la *Nimphe à la coquille*, posées dans le parc de Versailles, du *Gladiateur mourant*, et de la figure antique d'*Atalante* qui est dans les magasins de Versailles (4 p.).............................. 851ʰ

3 octobre : à luy, pour avoir refisselé, rassemblé et rangé dans les magasins du Roy plusieurs creux de plastre de diverses figures tirées de chez les fondeurs en bronze............................. 142ʰ

14 mars : à luy et Besson, autre mouleur, parfait payement de 600ʰ à quoy monte le moule qu'ils ont fait en plastre du groupe du *Milon* qui est en marbre dans les jardins de Versailles..................... 100ʰ

A luy et Robert, pour avoir rassemblé, reficellé et rangé plusieurs moules et jets, venus de Rome, dans le palais Brion et dans le magasin de la Reyne, et avoir moulé la machine du balancier de Suède pour frapper les médailles......................... 200ʰ

14 mars : à eux, pour avoir réparé et restauré les sculptures au droit des poutres que l'on a mis de neuf dans l'appartement du Roy à Vincennes........ 77ʰ

28 mars : à Lespagnandel, sculpteur, à compte d'un Terme en marbre livré à Versailles, représentant *Diogène*............................... 500ʰ

15 février-13 juin : à Lange, sculpteur, à compte des ouvrages de sculpture qu'il fait en bois pour Trianon (4 p.)............................. 1050ʰ

25 janvier-8 aoust : à Lalande, sculpteur, à compte des ouvrages de sculpture qu'il fait en bois pour les appartemens de Trianon (5 p.)................ 1350ʰ

18 juillet : à luy, parfait payement de 455ʰ pour deux chapiteaux pilastre droits, un chapiteau d'angle d'ordre ionique, en marbre, à Trianon......... 205ʰ

21 novembre : à luy, pour trois bordures fournies au chasteau de Marly pour les tableaux du sʳ Wandermeulen............................... 565ʰ 10ˢ

1ᵉʳ février-6 juin : à Magnier fils, sculpteur, à compte de la figure en marbre qu'il fait, représentant l'*Aurore* (2 p.).............................. 600ʰ

16 may-4 juillet : à luy, à compte du groupe des *Luteurs* et d'un Terme en marbre représentant *Ulisse*, et un autre de *Circé* (2 p.)................... 700ʰ

11 juillet : à luy, parfait payement de 490ʰ pour un chapiteau colonne isolé et un chapiteau pilastre droit d'ordre ionique, en marbre, pour Trianon..... 190ʰ

4 janvier-27 juin : à Legrand, sculpteur, à compte de ses ouvrages de sculpture en bois pour les appartemens de Trianon (12 p.)................ 3490ʰ

7 novembre : à luy, parfait payement de 630ʰ à quoy montent les ouvrages d'architecture, taille, sculpture, voiture et pose d'un bassin qu'il a fait en marbre à la Colonnade de Versailles................... 230ʰ

9 may-14 novembre : aux Mazière frères, sculpteurs, parfait payement de 6300ʰ à quoy monte la sculpture par eux faite sur les vingt-un bassins de la Colonnade (10 p.).............................. 5800ʰ

18 juillet : à eux, parfait payement de 1326ʰ pour un chapiteau colonne isolé, quatre chapiteaux pilastre droits et deux chapiteaux d'angle, ordre ionique, faits en marbre à Trianon........................ 226ʰ

14 novembre : à Mazière le jeune, parfait payement de 630ʰ à quoy montent l'architecture, sculpture, voiture et posage d'un bassin de marbre blanc fait pour la Colonnade............................. 230ʰ

25 janvier-30 may : à Matuée, sculpteur, à compte des ouvrages de sculpture qu'il fait en bois pour les appartemens de Trianon (6 p.)............... 1500ʰ

11 juillet : à Pierre Mazeline, sculpteur, parfait payement de 440ʰ pour un chapiteau colonne isolé et un chapiteau pilastre droit d'ordre ionique, qu'il a fait en marbre pour Trianon..................... 190ʰ

30 may : à Melo, sculpteur, à compte de sept enfans de cire qu'il a réparés chez Vanin et Langlois, et de quatre autres qu'il répare, dont il a modelé deux terres pour réformer lesd. cires et les couler en bronze. 300ʰ

13 juin-5 septembre : à luy, à compte d'un grand vaze en marbre pour l'allée Royalle de Versailles (2 p.). 500ʰ

18 juillet : à luy et à Pasquier, sculpteur, parfait payement de 746ʰ pour deux chapiteaux pilastre droits et deux chapiteaux d'angle d'ordre ionique, en marbre, à Trianon........................... 146ʰ

14 novembre : à luy, sur un Terme livré à Versailles, représentant un *Philosophe*................ 400ʰ

25 janvier-27 juin : à Pineau, sculpteur, à compte de ses ouvrages de sculpture en bois pour les appartemens de Trianon (10 p.)................. 3900ʰ

1ᵉʳ aoust : à Pnou, sculpteur, parfait payement de 746ʰ pour deux chapiteaux pilastre droits et deux d'angle d'ordre ionique, en marbre, pour Trianon..... 196ʰ

4 janvier-4 juillet : à Poulletier, sculpteur, à compte

ANNÉE 1688. — DIVERSES MAISONS ROYALES.

du modèle en plastre et du Terme qu'il fait en marbre, représentant *Cérès* (4 p.)................. 1500ʰ

4 janvier : à luy, à compte d'un chapiteau colonne d'ordre ionique, en marbre, pour Trianon...... 200ʰ

8 février-11 juillet : à luy, parfait payement de 2169ʰ pour un chapiteau colonne isolé, deux chapiteaux pilastre droits, trois chapiteaux pilastre d'angle d'ordre ionique et deux grands chapiteaux d'ordre composite pour les trumeaux de la gallerie à Trianon (4 p.)...... 1369ʰ

15 février-7 mars : à luy, à compte d'un grand vaze en marbre pour Versailles (2 p.)............. 500ʰ

4 janvier-7 mars : à REGNIER, sculpteur, à compte de la sculpture en bois qu'il fait aux appartemens de Trianon (3 p.)......................... 550ʰ

1ᵉʳ aoust : à ROUSSELET, sculpteur, parfait payement de 746ʰ pour deux chapiteaux pilastre droits et deux chapiteaux d'angle d'ordre ionique, en marbre, pour Trianon................................ 196ʰ

1ᵉʳ février : à RAYOLLE, sculpteur, à compte d'une figure qu'il fait en marbre, représentant *Leucothée*. 300ʰ

21 mars-10 octobre : à luy, à compte d'un Terme qu'il fait en marbre, représentant un *Philosophe* (2 p.) 500ʰ

11 avril-16 may : à luy, à compte d'un grand vaze qu'il fait en marbre pour l'allée Royalle du jardin de Versailles (2 p.)........................... 500ʰ

1ᵉʳ aoust : à REGNAUDIN, sculpteur, parfait payement de 463ʰ pour un chapiteau colonne isolé et un chapiteau d'angle d'ordre ionique, en marbre, pour Trianon.................................. 113ᵏ

8 aoust : à luy, à compte des figures de *Bachus* et de *Cérès* et d'un grand groupe de l'*Enlèvement de Cybelle*, qu'il a fait en marbre et posez à Versailles...... 500ʰ

18 juillet : à REGNARD, sculpteur, parfait payement de 420ʰ pour trois chapiteaux pilastre droits d'ordre ionique, en marbre, pour Trianon............. 170ʰ

4 janvier : à RAON, sculpteur, à compte d'un chapiteau colonne d'ordre ionique, en marbre, pour Trianon................................... 200ʰ

8 février-4 juillet : à luy, parfait payement de 1620ʰ à quoy montent deux chapiteaux colonne isolés, trois chapiteaux pilastre droits d'ordre ionique et un grand chapiteau d'ordre composite, en marbre, pour Trianon (3 p.)............................... 920ʰ

15 février : à luy, pour avoir taillé et sculpté les socles, bazes et chapiteaux de marbre blanc, et ajusté la colonne d'albatre oriental posée à l'Étoile dans le jardin de Versailles, sur laquelle est le buste de *Mars*.. 550ʰ

21 mars-7 novembre : à luy, à compte d'un Terme qu'il fait en marbre, représentant *Bachus* (2 p.).. 500ʰ

2 may : à luy, à compte de la figure qu'il fait en marbre, représentant *Arion*................. 300ʰ

10 octobre : à luy, à compte d'un grand vaze qu'il fait en marbre pour l'allée Royalle............. 200ʰ

16 may-28 novembre : à ROBERT, sculpteur, à compte d'un grand vaze qu'il fait en marbre pour l'allée Royalle de Versailles (3 p.)....................... 600ʰ

1ᵉʳ aoust : à luy, parfait payement de 513ʰ pour deux chapiteaux pilastre droits et un d'angle d'ordre ionique, en marbre, pour Trianon................... 163ʰ

4 janvier-19 décembre : à SLODTZ, sculpteur, à compte du modèle en plastre et de la figure qu'il fait en marbre, représentant *Hannibal* (3 p.)......... 800ʰ

4 avril-19 septembre : à luy, à compte du modèle en plastre et d'un groupe qu'il est chargé de faire en marbre, représentant *Protée et Aristée* (2 p.).......... 600ʰ

11 avril-26 may : à luy, à compte d'un grand vaze qu'il fait en marbre pour l'allée Royalle de Versailles (2 p.)................................ 500ʰ

11 juillet : à luy, parfait payement de 746ʰ à quoy montent deux chapiteaux pilastre droits et deux chapiteaux pilastre d'angle d'ordre ionique, en marbre, pour Trianon................................ 196ʰ

25 janvier-25 avril : à TAUPIN, sculpteur, à compte des ouvrages de sculpture qu'il fait en bois pour les appartemens de Trianon (4 p.).............. 1550ʰ

4 janvier : à VILAINE, sculpteur, pour une bordure de bois, sculptée à jour et dorée, qu'il a fournie pour le tableau du Roy, représentant une *Vierge*, du DOMINICAIN, placé dans la petite gallerie de S. M., à Versailles.... .... 168ʰ 15ˢ

25 janvier-7 mars : à luy, à compte de ses ouvrages de sculpture en bois pour les appartemens de Trianon (2 p.)................................. 300ʰ

15 février-6 juin : à VIZIER, sculpteur, à compte d'un grand vaze en marbre pour les jardins de Versailles (2 p.)............................... 500ʰ

14 mars-22 aoust : à luy, à compte de la figure en marbre représentant *Achiles* (2 p.)............ 500ʰ

18 juillet : à luy, parfait payement de 769ʰ pour deux chapiteaux pilastre droits et trois chapiteaux d'angle, en marbre, pour Trianon.................. 269ʰ

1ᵉʳ aoust : à VAILLANT, sculpteur, parfait payement de 280ʰ pour deux chapiteaux pilastre droits d'ordre ionique, en marbre, pour Trianon............. 80ʰ

25 janvier : à CORNEILLE VANCLÈVE, sculpteur, à compte de ses ouvrages de sculpture en bois pour les appartemens de Trianon............................ 800ʰ

26 may : à luy, à compte de la figure de *Cléopatre*

7.

qu'il a copiée d'après l'antique pour le chasteau de Versailles.................................. 400ᴛᴛ

18 juillet : à luy, parfait payement de 766ᴛᴛ pour un chapiteau colonne isolé et deux chapiteaux d'angle d'ordre ionique, en marbre, à Trianon........ 216ᴛᴛ

7 novembre : à luy, parfait payement de 630ᴛᴛ pour les ouvrages d'architecture, taille, sculpture, voiture et pose d'un bassin qu'il a fait en marbre à la Colonnade de Versailles................................. 230ᴛᴛ

11 janvier-14 novembre : aux nommez Varin, Langlois et Monnier, fondeurs et sculpteurs, à compte des groupes d'enfans qu'ils fondent en bronze pour l'allée de la Pyramide (5 p.)........................ 7600ᴛᴛ

29 février-26 décembre : à eux, à compte des cordons de bassin qu'ils font de marbre de Languedoc pour le jardin de Trianon (14 p.).............. 6500ᴛᴛ

21 mars-9 may : à eux, à compte de la sculpture qu'ils font à la fontaine de Monsieur pour Saint-Cloud (2 p.)................................. 500ᴛᴛ

8 février-18 juillet : à Varin et Langlois, sculpteurs, parfait payement de 3368ᴛᴛ pour neuf chapiteaux pilastre droits, six chapiteaux d'angle d'ordre ionique et deux grands chapiteaux d'ordre composite, en marbre, pour la gallerie de Trianon (3 p.).............. 1768ᴛᴛ

8 février-18 juillet : à Varin le jeune, parfait payement de 830ᴛᴛ pour deux chapiteaux pilastre droits d'ordre ionique et un grand chapiteau d'ordre composite, en marbre, pour Trianon (3 p.)......... 580ᴛᴛ

Somme de ce chapitre... 121274ᴛᴛ 9ˢ 10ᵈ

BRONZE.

25 janvier-19 décembre : à Keller, fondeur, à compte des figures de bronze qu'il fond pour le chasteau de Versailles (5 p.)........................ 15000ᴛᴛ

11 avril : à luy, pour deux enfants, deux consolles, deux bas-reliefs de trophées et une couronne, qu'il a jetté en bronze pour estre dorés et appliqués autour du buste du Roy fait par le Cavalier Bernin, et treize pièces de canon de fonte, de quatre et six livres de balles, qu'il a fondues et réparées pour le vaisseau du Canal de Versailles................................. 6850ᴛᴛ

25 janvier-31 octobre : aux nommez Aubry, Bontallet, Roger et Taubin, fondeurs, à compte de huit groupes d'enfans qu'ils fondent en bronze pour les grands bassins du parterre de Versailles (5 p.)....... 5500ᴛᴛ

22 février : à eux, pour le moule en plastre d'un groupe de trois enfans avec leurs attributs, modelé en terre par Bujret et Lespingola, sculpteurs...... 300ᴛᴛ

18 juillet : à Vinasse, fondeur, pour une figure de bronze qu'il a jettée d'après l'antique, représentant le *Rotator*, dont il a fourni le métal, et livré à Versailles, compris 150ᴛᴛ de gratification (2 p.)... 1317ᴛᴛ 12ˢ 7ᵈ

5 septembre-14 novembre : à luy, à compte des figures du *Gladiateur mourant*, du *Faune* de la Reyne de Suède, de la *Vénus honteuse*, de la *Nimphe à la Coquille* et de l'*Attalante*, qu'il doit fondre en bronze (2 p.)................................. 400ᴛᴛ

4 juillet : à Nicolas de Nainville, fondeur, pour la façon et fonte de cinquante-deux tant goujons que crampons, qu'il a livrez aux sculpteurs, pour servir aux figures et chapiteaux faits pour le service de S. M.... 37ᴛᴛ 18ˢ

À luy, pour la façon et fonte de trois cloches qu'il a fourni pour l'horloge du chasteau de Marly. 1012ᴛᴛ 10ˢ

3 octobre-28 novembre : à luy, payement de la fonte et alliage de dix-neuf milliers pesant de bronze, moitié rouge, moitié jaune, pour faire une *Nimphe*, modelée par le sʳ Raon, sculpteur, et pour couler les figures que l'on fait en bronze pour le chasteau de Versailles (2 p.)............................... 2485ᴛᴛ 10ˢ

15 février : à de Vaux, fondeur et doreur, pour avoir rétabli les tringles, targettes, crampons, boutons, véroux à ressort et mantonnets de bronze des croisées et portes des appartemens du Roy et de la Reyne, au palais des Thuilleries................... 200ᴛᴛ

Somme de ce chapitre.... 33103ᴛᴛ 10ˢ 7ᵈ

MARBRERIE.

4 janvier-5 septembre : à François Deschamps, marbrier, à compte des ouvrages qu'il fait en marbre pour Trianon (11 p.)........................ 19000ᴛᴛ

21 mars-12 septembre : à luy, sur les ouvrages de marbre à l'Orangerie, cordons de bassins, pieds d'estaux et socles de l'allée Royalle, pour les figures de bronze et vazes de porphire de l'orangerie de Versailles (3 p.)..................................... 6000ᴛᴛ

13 juin-7 novembre : à luy, parfait payement de 8910ᴛᴛ pour l'architecture, taille, voiture et pose de vingt-sept bassins qu'il a fait en marbre pour la Colonnade de Versailles (5 p.)................. 3910ᴛᴛ

25 juillet-29 aoust : à luy, à compte des pieds d'estaux qu'il fait en marbre pour la statue équestre faite par le Cavalier Bernin et pour le groupe fait par Dominico Guidi (2 p.)........................ 2000ᴛᴛ

26 septembre : à luy, sur les incrustations aux murs de basse-cour du chasteau de Trianon........ 1000ᴛᴛ

3 octobre : à luy, sur la nape d'eau du bois de Trianon.................................... 500ᴛᴛ

ANNÉE 1688. — DIVERSES MAISONS ROYALES.

17-31 octobre : à luy, à compte de la pose de trente-deux bas-reliefs de la Colonnade de Versailles (2 p.)... 2000ᴸ

11 janvier-25 avril : à Cuvillier, marbrier, à compte des chambranles, attiques et revêtemens de cheminées qu'il a fait en marbre pour Trianon (4 p.).... 1200ᴸ

8 février-16 may : à luy, à compte des ouvrages de marbre qu'il fait pour la niche du petit jardin du Roy, à Trianon (4 p.)........................ 1100ᴸ

1ᵉʳ aoust : à luy, pour un chambranle, foyer et revêtement de cheminée qu'il a fait et posé au chasteau de Vincennes en 1688.................. 198ᴸ 1ˢ 8ᵈ

8 février-31 octobre : à luy, Engo et Lisqui, parfait payement de 6270ᴸ à quoy montent dix-neuf bassins en marbre pour l'allée de la Pyramide et voiture d'iceux, à raison de 330ᴸ pièce (6 p.)............. 4770ᴸ

13 juin-24 octobre : à eux, sur leurs ouvrages en marbre pour le péristil, à Trianon (6 p.)..... 4100ᴸ

4 janvier-27 juin : à Hubert Misson, marbrier, à compte du pavé à compartiment de couleur qu'il fait en marbre pour le sallon de Trianon (6 p.)...... 2700ᴸ

11 janvier-25 avril : à luy, à compte des huit attiques, chambranles et revêtemens de cheminées et foyers en marbre pour Trianon (4 p.).............. 1300ᴸ

8 février : à luy, à compte des ouvrages de marbre qu'il fait pour la salle des Seigneurs, à Trianon.. 300ᴸ

30 may-12 septembre : à luy, sur le pavé qu'il fait en marbre dans le péristile de Trianon (5 p.) 3000ᴸ

5 septembre : à luy, pour la façon d'un chambranle et foyer qu'il a posé dans le petit cabinet de Monsieur et la voiture et posé d'un autre dans la chambre de Mᵐᵉ la princesse de Conti, au chasteau de Fontainebleau............................. 188ᴸ 10ˢ

28 novembre : à luy, pour son remboursement des frais qu'il a fait à tirer des magasins du Roy vingt colonnes de marbre de Rance, qu'il devoit employer au vestibule de la grande aile de Versailles, dont l'ordre a esté changé, et depuis lesd. colonnes remises au magasin............................. 283ᴸ

11 janvier-11 avril : à Jaques Engot, marbrier, à compte de ses ouvrages en marbre pour la fontaine de Monsieur, à Saint-Cloud (2 p.)............. 500ᴸ

25 janvier-26 may : à luy, à compte des chambranles, attiques, foyers et revêtemens de cheminées en marbre pour Trianon (5 p.)..................... 1350ᴸ

29 février-3 octobre : à luy, à compte des bassins en marbre pour la Colonnade de Versailles (6 p.). 3000ᴸ

16 may : à luy, pour avoir rétabli deux chambranles et posé deux foyers au Palais-Royal........... 24ᴸ

20 juin-5 décembre : à Engot, Lisqui et Cuvillier, marbriers, à compte du pavé en marbre pour la grande aile de Versailles (9 p.)................... 8000ᴸ

20 juin-5 septembre : à eux, à compte des ouvrages de marbre qu'ils ont faits et posez au parterre du Nord du jardin de Versailles (2 p.)............. 2000ᴸ

11 janvier-26 may : à Pierre Lisqui, marbrier, à compte des chambranles, attiques, foyers et revêtemens de cheminées qu'il fait en marbre pour Trianon (5 p.)................................ 1500ᴸ

15 février : à Jaques Baudin, marbrier, pour avoir racomodé trois tables, vingt-quatre scabellons et deux vazes de porphire envoyez de Rome pour le service de S. M.............................. 200ᴸ

21 mars-5 décembre : à luy, sur les ouvrages qu'il fait en marbre pour la fontaine de Latonne (10 p.).... .... 4300ᴸ

15 aoust : à la veuve Mayeau, marbrier, pour quatre pierres d'autel de marbre qu'elle a fait et fourni aux quatre autels de l'église de l'Anonciade de Meulan. 20ᴸ

12 septembre : à elle, sur trois bassins qu'elle a fait faire en marbre pour l'allée de la Pyramide, à Versailles................................ 250ᴸ

31 octobre : à elle, parfait payement de 990ᴸ à quoy montent trois bassins faits et voiturés pour Versailles.. .... 240ᴸ

21 novembre : à la veuve Pasquier, marbrier, pour trois blots de marbre blanc qu'elle a livrez au magasin du Roy, contenant 37 pieds 10 pouces cube, à raison de 15ᴸ 10ˢ le pied......... 586ᴸ 10ˢ

Somme de ce chapitre..... 75520ᴸ 1ˢ 8ᵈ

MARQUETERIE.

18 avril-12 septembre : à Dominico Cucci, ébéniste, à compte de deux grands cabinets d'orgues qu'il fait de marqueterie pour le service du Roy (2 p.).... 1600ᴸ

VOITURES.

8 février : à Nicolas Richon, voiturier par terre, pour les voitures qu'il a fait de figures et moules, tant de marbre que de bronze et plastre, des atteliers des sculpteurs et marbriers à l'Arcenal et à Versailles.. 205ᴸ 10ˢ

1ᵉʳ aoust-12 septembre : à luy, parfait payement du transport de 1546 blots et quinze colonnes de marbres de Cosne [Caunes, Aude] et des Pyrenuées, qu'il a voituré du port du Cours dans les magasins du Roy (2 p.)............................ 3796ᴸ 5ˢ

22 février : à Esme La Rotiers, voiturier, pour avoir voituré, du bord de la rivière sous le hangard proche le

modèle de la grande église des Invalides, vingt-neuf tambours de marbre de Languedoc pour les colonnes de lad. église....................................... 509^tt

11 avril : à Gabriel Morin, voiturier, pour la voiture par eau, de Rouen à Paris, de 139 caisses d'ouvrages de marbre et d'une grande caisse contenant le groupe de la *Renommée*, de Dominique Guide, envoyez de Rome, montant à 104 tonnes 1/4, à 2000 miliers par tonneau, et 8^tt chaque tonneau....................... 834^tt

8 février : au s^r Fossier, remboursement des dépenses par luy faites pour les voitures de Paris à Versailles d'une figure de marbre représentant *Flore*, d'une autre représentant *Hercule* et du groupe fait par Regnaudin, sculpteur, posé devant l'Orangerie.......... 742^tt 1^s

7 mars : à luy, pour la voiture de deux colonnes de marbre vert de Campan, qui ont esté menées sur un binard de Paris à Trianon............... 187^tt 16^s

A luy, pour les frais de voiture et décharge de 62 caisses de figures, tables, escabelons, vazes et autres ouvrages de marbre venus de Rome, de l'envoi du s^r de la Teulière...................... 240^tt 0^s 4^d

11 avril-24 octobre : à luy, remboursement de la menue dépense qu'il a fait pour le service de S. M., depuis le 1er novembre dernier jusques et après le 30 septembre (2 p.)............................. 1633^tt 11^s 6^d

11 avril : à luy, pour la dépense qu'il a faite à recouvrir de paille neuve et emplir de glaces les deux glacières du jardin des Thuilleries................. 406^tt 4^s

18 avril-12 septembre : à luy, pour son remboursement de 9222 pieds 9 pouces 2 lignes en superficie, de sciage de marbre, qu'il a payé aux sculpteurs et marbriers (2 p.)........................ 5865^tt 14^s

5 décembre : à luy, pour son remboursement de la voiture de Paris à Versailles du groupe de *Sesto Mario*..................... 329^tt 11^s

Somme de ce chapitre... 14749^tt 12^s 10^d

TAUPES.

16 may-28 novembre : aux Liards, preneurs de taupes, pour 904 taupes qu'ils ont pris dans le petit parc de Vincennes pendant le dernier quartier 1687 et les trois premiers mois 1688, à 3^s 6^d la pièce (3 p.).. .... 158^tt 2^s

GODRONNAGES.

18 janvier : à Le Vasseur, parfait payement de 650^tt à quoy montent les ouvrages de godronnage par luy faits à la charpente de la tour de bois de l'Observatoire. 250^tt

ÉTOFFES ET FOURNITURES.

11 janvier-28 novembre : à Lalleu, tireur d'or, pour 58 marcs d'or fillé et trait qu'il a fourni pour les ouvrages de broderie qui se font à Saint-Cyr (5 p.)..... .... 2740^tt 14^s

A Jean Vivien, marchand de soye, douze bottes de soye grenadine aurore, qu'il a fourni pour *idem* (4 p.). .... 186^tt

A Bouret, marchand de soye, pour plusieurs menues merceries qu'il a fourni (6 p.)................ 205^tt 1^s

11 janvier-11 juillet : à Marcelin Charlier, marchand de soye, pour 41 aunes 3/4 de taffetas rouge qu'il a fourni (4 p.)...................... 109^tt 17^s 6^d

Somme de ce chapitre..... 3241^tt 12^s 6^d

VUIDANGES.

8 février-19 septembre : à François Duval et Christophe Le Jeune, vuidangeurs, pour avoir escuré plusieurs puits et vuidé plusieurs fosses d'aysances en diverses Maisons Royalles appartenans à S. M. (3 p.)...... 390^tt

15 aoust : à Antoine Descostés et consors, pour avoir curé le puits de la porte du bois de Boulogne et posé 18 toises courantes de gazon, sur 3 pieds de large, sur le mur de terrasse de l'orangerie des Tuilleries. 30^tt

7 novembre : à Jean Guérin, vuidangeur, pour avoir nettoyé et dégorgé deux fosses d'aysances dans la maison des Gobelins...................... 113^tt 6^s 8^d

Somme de ce chapitre....... 533^tt 6^s 8^d

RAMONNAGE DE CHEMINÉES.

29 février : à Pierre Varisse, ramonneur, pour avoir ramonné et racomodé cinquante-huit cheminées, fait 9 toises 1/2 courantes de languette, et fourni vingt-cinq sacs de plastre aux cheminées du Louvre, Thuilleries et Palais-Royal................................. 31^tt 11^s

ACHATS ET TRANSPORTS.

4 janvier : au s^r Vanderhulst, marchand, parfait payement de 5596^tt 10^s à quoy montent l'achapt et voiture de 57299 pots de terre qu'il a envoyez de Rouen pour la pépinière de fleurs de Trianon........ 1096^tt 10^s

A luy, pour fret et autres frais de plusieurs caisses remplies de divers ouvrages de marbre et de sept blots d'albatre rustique, venus de Civita-Vecchia par le Havre-de-Grace pour le service de S. M.......... 3083^tt 5^s

A luy, restans à payer de 7508^tt 13^s 4^d pour son remboursement du fret et avaries de 3140 planches de sapin et 7221 planches de cuivre et 5 barils de clouds, venus de Stokolm pour le service de S. M. 3508^{lt} 13^s 4^d

20 juin : à luy, pour son payement du fret, du Havre à Rouen, de deux ballots de livres, de trente-cinq paniers d'oignons de fleurs, trois caisses d'oranges et d'une caisse contenant des plantes, ananas, envoyez de Hollande par le s^r d'Allencé pour S. M........ 124^{lt} 15^s

1er aoust : à luy, pour son remboursement de pareille somme qu'il a fait remettre, à Amsterdam, au s^r d'Alencé pour employer en achapt de plusieurs livres qu'il a envoyez pour la bibliothèque de S. M........ 1107^{lt} 8^s

12 septembre : à luy, pour ce qu'il a payé pour frais de fret de deux grandes caisses contenant des figures de marbre venus de Livorne, plusieurs paniers de plantes de fleurs venus de Lixbonne, et autres choses envoyées de divers endroits pour S. M............ 395^{lt} 10^s

17 octobre : à luy, pour frais de fret de 6938 planches de cuivre, 2 barils de clouds et 2844 planches de sapin venans de Stocholm, depuis le Havre-de-Grace jusqu'au port de Marly........................ 1366^{lt}

Somme de ce chapitre..... 10682^{lt} 1^s 4^d

TOURNURE DE VIS.

10 octobre : à Maubois, tourneur, à compte des vis d'acier et des escroues qu'il tourne pour le balancier de Suède................................ 150^{lt}

GRAVEURE.

9 may : à Aury, graveur en acier, pour un grand carré qu'il a gravé, représentant le chasteau de Versailles, pour la suite des médailles de S. M........... 350^{lt}

29 février-11 avril : à Audran, graveur, à compte de trois planches qu'il grave à l'eau-forte d'après les tableaux peints par le s^r Mignard à la petite gallerie de Versailles (2 p.)........................ 3000^{lt}

8 février : à Louis Chastillon, dessignateur et graveur, pour vingt-un desseins de plantes qu'il a dessinées d'après le naturel et livrées au Cabinet de la Bibliothèque du Roy, à 22^{lt} pour chacun................ 462^{lt}

4 avril : à luy, pour quatre planches qu'il a gravées et livrées aud. Cabinet, sçavoir : deux planches pour la suite des Conquestes du Roy, représentant Dinan et l'Ouvrage à corne de Mastric, les deux autres pour servir à l'Histoire des animaux, représentant le Chameau dromadaire et l'Esquelette de l'éléphant............. 776^{lt}

15 aoust : à luy, pour huit planches qu'il a gravées sur cuivre à l'eau-forte, dont deux représentent la Prise de Rhimberg et la Prise de Doesbourg, pour la suite de l'Histoire du Roy, et les six autres représentans diverses plantes, pour la suite de l'Histoire des plantes, qu'il a livrées au Cabinet de la Bibliothèque du Roy... 1140^{lt}

28 novembre : à luy, pour trente desseins de plantes qu'il a faits au Jardin royal, pour servir à l'Histoire des plantes, qu'il a livrées au Cabinet de la Bibliothèque du Roy............................. 660^{lt}

29 février : à Simonneau, graveur, pour avoir gravé et fourni au Cabinet de la Bibliothèque du Roy une planche gravée à l'eau-forte et retouchée au burin, représentant la Prise de la Franche-Comté, d'après l'un des tableaux du s^r Le Brun, dans la grande gallerie de Versailles...
.... 1869^{lt} 5^s 5^d

22 aoust : à luy, pour une grande planche de cuivre gravée à l'eau-forte, représentant la Fontaine des bains d'Apollon............................. 550^{lt}

17 octobre : à Chéron, graveur, à compte d'un modèle de cire des Matelots et d'un carré qu'il grave au creux, représentant le Mariage du Roy........ 200^{lt}

22 février : à Thomas Bernard, graveur, parfait payement de 960^{lt} pour un modèle qu'il a fait en cire, un poinçon et un carré qu'il a gravé, représentant la Satisfaction d'Espagne, pour la suite des médailles de S. M.................................. 660^{lt}

11 avril : à luy, pour une cire, un poinçon et un carré de revers qu'il a gravés pour la suite, représentant l'Établissement de l'Hospital général.......... 630^{lt}

8 aoust : à luy, à compte d'un modèle de cire, un poinçon et un carré qu'il fait d'une médaille représentant l'Établissement de Saint-Cyr............. 200^{lt}

4 janvier : à Sébastien Le Clerc, dessinateur et graveur, pour unze desseins au net, unze esquisses et sept traits gravés à l'eau-forte sur les poinçons et carrez des médailles du Roy....................... 392^{lt}

6 juin : à luy, parfait payement de 550^{lt} pour cinquante médailles qu'il a gravées et livrées pour servir à l'Histoire de la France métallique............. 350^{lt}

15 aoust : à luy, payement de vingt-cinq desseins de médailles au net, vingt-trois esquisses et cinq traits de carrez qu'il a fait pour la suite des médailles du Roy..
.... 743^{lt}

28 novembre : à luy, pour quarante-huit médailles qu'il a gravées sur cuivre et livrées au Cabinet de la Bibliothèque du Roy......................... 528^{lt}

14 mars : à Delahaye, graveur, pour un modèle qu'il a fait en cire et trois carrez qu'il a gravez en acier, pour la suite des médailles du Roy............... 530^{lt}

16 may : à luy, pour un modèle de cire, un poinçon et trois carrez qu'il a gravez................ 570^{lt}

15 aoust : à luy, pour un modèle qu'il a fait en cire, trois carrez et un poinçon qu'il a gravez en creux, l'un desd. carrez représentant une *Victoire et les Armes des dix villes prises sur le Rhin*, le poinçon et les deux autres carrez représentant un *Amas d'artillerie*, pour la suite idem................................. 455ᴸᴸ

26 septembre : à luy, pour deux carrez qu'il a gravez en creux, l'un représentant le *Port de Brest*, l'autre les *Dix villes d'Alsace*, pour la suite des médailles du Roy................................ 440ᴸᴸ

11 avril : à Desportes, graveur, pour six alphabets de poinçons de lettres en acier, de différentes grandeurs, pour frapper dans les carrez des médailles du Roy. 132ᴸᴸ

19 septembre : à Nolin, graveur, pour deux grandes planches gravées sur cuivre, représentant les murs de face, rampes d'escaliers, grilles, balustres et pieds d'estaux de l'orangerie de Versailles, avec leurs profils et élévations........................... 235ᴸᴸ 3ˢ

29 février : à Michel Molard, graveur en acier, à compte de trois carrez, d'un revers de médaille et d'un carré de teste du Roy, représentant l'*Audiance des placets*, les *Magasins* et les *Arts*................ 300ᴸᴸ

4 avril : à luy, parfait payement de 1350ᴸᴸ à quoy montent lesd. trois carrez qu'il a gravés en creux pour la suite de l'*Histoire du Roy*................. 750ᴸᴸ

6 juin : à luy, à compte d'un poinçon et d'un carré qu'il a gravé, représentant la *Majorité du Roy*... 200ᴸᴸ

21 novembre : à luy, sur deux poinçons et trois carrez qu'il a gravez en creux pour la suite des médailles de S. M............................... 500ᴸᴸ

22 février : à Mauger, graveur, parfait payement de 900ᴸᴸ pour un poinçon et un carré qu'il a gravé, représentant la *Jonction des mers*, pour la suite des médailles du Roy............................... 600ᴸᴸ

13 juin : à luy, pour un modèle en cire, un poinçon et deux carrez qu'il a gravés en creux, représentans l'*Entrée de la Reyne à Paris*, pour la suite des médailles du Roy............................ 980ᴸᴸ

15 aoust : à luy, pour un poinçon et un carré qu'il a gravez en acier, représentant la *Prise des quatre villes sur le Rhin*, pour idem.................... 680ᴸᴸ

10 octobre : à luy, à compte des carrez qu'il grave pour la suite des médailles............... 200ᴸᴸ

22 février : à Roussel, graveur, parfait payement de 500ᴸᴸ pour deux carrez qu'il a gravés, l'un représentant la *Ville de Cambray*, l'autre la *Prise de Besançon*, pour idem................................ 350ᴸᴸ

16 may-28 novembre : à luy, à compte de deux poinçons et deux carrez de médailles, l'un représentant l'*Abandonnement de l'Issel* par les Hollandois, l'autre la *Prise d'Aire*, qu'il grave en creux, idem (3 p.). 700ᴸᴸ

15 février : à Revoin, graveur en acier, pour un modèle qu'il a fait en cire d'un poinçon et d'un carré qu'il a gravé en acier d'un revers de médaille de la *Démolition des Temples*, pour la suite des médailles du Roy... .... 370ᴸᴸ

28 novembre : à Jaques Nilis, graveur en acier, à compte de deux poinçons et deux carrez de médailles, l'un représentant la teste du Roy, l'autre la *Bataille de Cassel*, qu'il a gravez en creux, pour idem...... 500ᴸᴸ

7 mars : à Le Berton (sic), graveur en acier, pour trois modèles qu'il a fait en cire, quatre poinçons et dix carrez qu'il a gravés pour idem.......... 2580ᴸᴸ

15 aoust : à luy, pour deux carrez qu'il a gravez en creux, l'un du revers de la teste de la Reyne, l'autre d'une teste du Roy, pour idem.............. 400ᴸᴸ

11 juillet-12 septembre : à Roettiers, autre graveur, parfait payement de quatre poinçons, quatre carrez, sçavoir : deux de la teste du Roy, et deux autres de revers qu'il a gravez en creux pour la suite des médailles du Roy (3 p.)........................... 3950ᴸᴸ

6 juin : à Humpiere, graveur, pour trois carrez qu'il a gravez, représentans la *Bataille d'Agusta* et les *Fortifications de Strasbourg*, pour servir à la suite des médailles du Roy....................... 150ᴸᴸ

19 septembre : à luy, pour cinq carrez de revers de médailles qu'il a gravez en creux, pour idem... 220ᴸᴸ

Somme de ce chapitre.... 28302ᴸᴸ 8ˢ 5ᵈ

DIVERSES DÉPENSES.

11 janvier : au sʳ Doussot, expert des Bastimens, pour 182 vaccations et 5 journées par luy employées à la vérification, aux toisez et calculs des ouvrages de maçonnerie et autres des bastimens de S. M., du 27 mars au 31 décembre 1687..................... 1172ᴸᴸ

19 septembre : à luy, pour 241 vaccations et 6 journées qu'il a employées à la vérification, toisez, etc., des ouvrages faits de neuf pour les réparations des Maisons Royales........................... 1542ᴸᴸ

11 janvier : à Dupont, employé à escrire les rolles de l'hostel de Vendosme, pour 44 journées de son travail, du 6 novembre au 19 décembre 1687, et autres menues dépenses....................... 170ᴸᴸ 13ˢ

Au sʳ Stouppe, colonel, pour remboursement de pareille somme par luy payée pour les frais du port des caisses du lustre de cristal de roche qu'il a fait venir de Milan à Paris en 1684.............. 694ᴸᴸ 16ˢ 4ᵈ

25 janvier : à FRÉMIN PERNELLE, pour le remboursement de la dépense faite pour le rétablissement des brèches de cinq remises à gibier dans la plaine de Saint-Denis.......................... 18ʰ 18ˢ

A NOEL LARDIN, pour 83 toises cubes de gravois, provenans des démolitions des planchers et cloisons au-dessus des appartemens du Roy et de la Reyne au chasteau de Vincennes, qu'il a transportés à 400 toises du chasteau, à 40ˢ la toise...................... 175ʰ

A la veuve LANGE, pour fournitures de toille, sable et marouf, et ses peynes à détacher et rattacher sur toile double le grand tableau original du TITIEN, représentant *Vénus et Adonis dans un paysage*.............. 52ʰ

Au sʳ DE CHANTALOU, pour avoir toisé et gravé 1228 blocs de marbre blanc et de couleur, et 2000 tranches aussi de marbre, en 1687, lesquelles ont esté remisées aux magasins du Roy................. 638ʰ 7ˢ 7ᵈ

5 septembre : à luy, pour avoir toisé et gravé 459 blocs ou bassins, et 1600 tranches de marbre blanc et de couleur, d'Italie et des Pyrennées..... 343ʰ 17ˢ 4ᵈ

11 avril : au sʳ DE NANTEUIL, commissaire des pauvres de la parroisse Saint-Roch, pour les taxes faites pour les pauvres sur trois maisons appartenant à S. M. en lad. parroisse, servant pour les escuries du Roy et de Monseigneur et de l'hostel de Vendosme, à raison de 26ʰ pour chaque maison........................ 78ʰ

20 juin : au sʳ AUBIN, faisant pour M. AMELOT, ambassadeur de Portugal, pour ce qu'il a payé à Lisbonne au sʳ DUPINEAU, pour trente-cinq paniers d'oignons de fleurs et trois caisses d'oranges qu'il a envoyées pour le service de S. M....................... 600ʰ

20 juin-22 aoust : à CHEVILLARD, fontainier, pour plusieurs réparations aux robinets des conduites, bassins, regards et autres ouvrages au chasteau de Vincennes (2 p.)...................... 78ʰ 16ˢ 6ᵈ

3 octobre : à luy, pour fouilles, tranchées, pierrées et pavement de tuiaux d'une nouvelle conduite d'eau du village de Montreuil au chasteau de Vincennes 213ʰ 16ˢ

11 juillet : à LOIR, orphèvre, pour le déchet et façon de deux gobelets d'or qu'il avoit faits pour le service du Roy et que S. M. luy a fait rendre...... 399ʰ 16ˢ 6ᵈ

1ᵉʳ aoust-17 octobre : à MARCELIN, pour avoir tiré 23 blots et un bassin de marbre blanc du port du Cours, et les avoir passez au delà du pavé pour débarasser led. port, avoir tiré deux autres blots hors de l'eau où ils estoient noyez et mené deux caisses de marbres aux magasins (2 p.)........................ 163ʰ 10ˢ

29 aoust : à DURU, consierge du chasteau de Vincennes, pour ce qu'il a payé aux ouvriers qui ont mis en couleur et frotté les planchers des principaux appartemens dud. chasteau...................... 80ʰ

5 septembre : à CHRISTOPULE PERIN, voiturier, pour avoir voituré par terre, de Paris à Sedan, six chapiteaux et six vazes de marbre blanc pour l'église de lad. ville........................... 151ʰ 14ˢ

12 septembre : au sʳ COLLINET, pour 2200 livres de savon par luy envoyez aux manufactures pour y faire des essais, à raison de 20ʰ le cent.......... 440ʰ

10 octobre : au sʳ DE LA HIRE, pour la dépense et voyage qu'il a fait pour aller jauger les eaux d'au-dessus de Saint-Germain, avoir esté trois fois niveller celles d'au-dessus de Rungis, dans la plaine de Paret et de Contain, et par gratification pour ses peines et celles de deux hommes........................ 600ʰ

21 novembre : à TIQUET, remboursement de ce qu'il a avancé à JAQUES BULARD, potier de terre, pour les briques qu'il a fait pour la fonderie de la statue équestre du Roy à l'hostel de Vendosme.............. 100ʰ

28 novembre : au sʳ LEFEBVRE, remboursement de ce qu'il a payé pour le port, de la Rochelle à Paris, d'un balot envoyé de Lisbonne, plein d'oignons de fleurs, et pour le port dud. balot de Paris à Versailles... 21ʰ 5ˢ

Somme de ce chapitre.... 7734ʰ 10ˢ 3ᵈ

OUVRAGES DES GOBELINS
ET DE LA SAVONNERIE.

4 janvier : à JANSS, pour l'ouvrage qu'il a fait sur six pièces de tapisseries de haute lisse, en juillet, aoust et septembre 1687................. 2342ʰ 18ˢ 1ᵈ

A luy, pour, avec celle de 1559ʰ 1ˢ 5ᵈ, pour laquelle il lui a esté donné des étoffes servant à la fabrique desd. tapisseries, faire celle de 5225ʰ, à compte de dix pièces de tapisseries qu'il fait d'après RAPHAEL et JULES ROMAIN, dont les prix ne sont point réglez....... 3665ʰ 18ˢ 7ᵈ

7 mars-27 juin : à luy, pour l'ouvrage qu'il a fait sur cinq pièces de tapisseries¹ haute lisse, pendant les mois d'octobre, novembre et décembre 1687, janvier, février et mars 1688 (2 p.)................. 4782ʰ 2ˢ 5ᵈ

A luy, pour, avec celle de 688ʰ 6ˢ 8ᵈ, pour laquelle il luy a esté donné des estoffes servant à la fabrique desd. tapisseries, faire celle de 4370ʰ, à compte de dix pièces de tapisserie d'après RAPHAEL et JULES ROMAIN........................... 3681ʰ 13ˢ 4ᵈ

¹ En marge se trouve consignée cette utile indication : «Sçavoir : une représentant les *Princesses de Perse*, une autre *l'École d'Athènes*, deux autres *Attila*, et une autre le *Parnasse*.»

27 juin : à luy, pour, avec 749ᴴ 12ˢ 7ᵈ, pour laquelle somme il luy a esté donné des estoffes servant à la fabrique desd. tapisseries, faire 8550ᴴ, à compte de onze pièces de tapisseries d'après RAPHAEL et JULES ROMAIN...................... 7800ᴴ 7ˢ 5ᵈ

3 octobre : à luy, pour son ouvrage sur quatre pièces haute lisse, une représentant l'*École d'Athènes*, une autre le *Parnasse*, et deux autres *Attila*.... 1921ᴴ 10ˢ

A luy, pour, avec 698ᴴ 9ˢ 2ᵈ à quoy montent l'or filé, etc., faire 6080ᴴ, à compte de onze pièces de haute lisse qu'il fait, sçavoir : quatre d'après J. ROMAIN, cinq d'après RAPHAEL, et deux d'arabesques.. 538ᴴ 10ˢ 10ᵈ

26 may : à luy, pour six mois de gages, à raison de 150ᴴ par an......................... 75ᴴ

4 janvier-3 octobre : à LEFEBVRE, tapissier, payement de cinq pièces² de tapisserie de haute lisse qu'il a fait pendant les six derniers mois 1687 et six premiers 1688 (4 p.)........................ 6932ᴴ 18ˢ 3ᵈ

4 janvier : à luy, parfait payement de 1567ᴴ 10ˢ, compris la somme de 627ᴴ 4ˢ 1ᵈ, pour laquelle il luy a esté donné des étoffes servant à la fabrique de six pièces de tapisseries qu'il a fait d'après RAPHAEL et JULES ROMAIN, dont les prix ne sont point réglez....... 940ᴴ 5ˢ 11ᵈ

7 mars : à luy, parfait payement de 1320ᴴ, compris 473ᴴ 12ˢ 6ᵈ qui luy sont déduits pour les étoffes servant à la fabrique desd. tapisseries qu'il fait d'après les mêmes....................... 846ᴴ 7ˢ 7ᵈ

27 juin : à luy, parfait payement de 2333ᴴ 15ˢ, compris 266ᴴ 2ˢ 4ᵈ qui luy sont déduits pour les étoffes³ de six pièces de tapisseries qu'il a fait, sçavoir : trois d'après JULES ROMAIN, deux d'après RAPHAEL, et une d'arabesques........................... 2067ᴴ 12ˢ 8ᵈ

3 octobre : à luy, parfait payement de 2062ᴴ 10ˢ, compris 215ᴴ 4ˢ 1ᵈ qui luy sont déduits pour les étoffes desd. six pièces de tapisseries.............. 1847ᴴ 5ˢ 11ᵈ

26 may : à luy, pour six mois de ses gages, à raison de 150ᴴ par an......................... 75ᴴ

3 octobre : à luy, pour une année de l'apprentissage de FRANÇOIS PASQUIER, son apprentif tapissier... 100ᴴ

4 janvier : à MOSIN, parfait payement de 4844ᴴ 10ˢ 5ᵈ

¹ En marge : «A quoy montent les soies, cramoisi et commune, les laines, carnation et commune, et chaisnes qui luy ont esté fournies pendant led. quartier.»

² En marge : «Sçavoir : une représentant le *Triomphe d'Alexandre*, une la *Bataille d'Arbelles*, une *Moïse frapant la roche*, une l'*Incendie du Bourg* et une le *Parnasse*.»

³ En marge : «A quoy monte l'or filé, les soies, cramoisi et commune, et les laines, carnation et commune, qui luy ont esté fournis.»

pour huit pièces de tapisserie de basse lisse, compris 823ᴴ 16ˢ 5ᵈ qui luy sont déduits, pour lesquels on luy a donné des étoffes servant à la fabrique desd. huit pièces........................... 4020ᴴ 14ˢ

7 mars : à luy, parfait payement de 4344ᴴ 17ˢ 6ᵈ pour neuf pièces de basse lisse, compris 692ᴴ 7ˢ 9ᵈ qui luy sont déduits pour les étoffes desd. tapisseries........
.... 3652ᴴ 9ˢ 9ᵈ

27 juin : à luy, parfait payement de 4702ᴴ 0ˢ 6ᵈ pour douze pièces de basse lisse⁴, compris 763ᴴ 1ˢ 6ᵈ qui luy sont déduits pour les étoffes⁵ desd. tapisseries. 3938ᴴ 19ˢ

3 octobre : à luy, parfait payement de 4692ᴴ 16ˢ 3ᵈ, compris 1009ᴴ 4ˢ 8ᵈ qui luy sont déduits pour les étoffes, pour douze pièces de tapisseries de basse lisse, sçavoir : 4 de la tenture indienne, représentant, l'une un *Chasseur indien*, l'autre un *Roy porté par deux Maures*, l'autre un *Éléphant*, et la dernière un *Combat d'animaux*, trois autres représentans, l'une l'*Armée navalle de Scipion*, l'autre *Scipion qui reçoit les officiers*, et la troisième l'*Assaut de Carthage*, cinq autres de la tenture des *Mois de Lucas*, représentans ceux de *Novembre*, *Décembre*, *May*, *Octobre* et *Juillet*............ 3683ᴴ 11ˢ 7ᵈ

26 may : à luy, pour six mois de ses gages, à raison de 150ᴴ par an......................... 75ᴴ

4 janvier : à LA CROIX, parfait payement de 2163ᴴ 5ˢ 7ᵈ, compris 524ᴴ 0ˢ 6ᵈ qui luy sont déduits pour étoffes servant à la fabrique de quatre pièces de tapisserie de basse lisse......................... 1639ᴴ 5ˢ 1ᵈ

21 mars : à luy, parfait payement de 2651ᴴ 5ˢ pour cinq pièces de basse lisse, compris 302ᴴ 16ˢ qui luy sont déduits pour les étoffes desd. tapisseries. 2348ᴴ 9ˢ

27 juin : à luy, parfait payement de 3428ᴴ 8ˢ 9ᵈ pour sept pièces de basse lisse⁶, compris 240ᴴ 6ˢ 10ᵈ qui luy sont déduits pour les étoffes desd. tapisseries...
.... 3188ᴴ 2ˢ 11ᵈ

⁴ En marge, on lit cette indication : «Sçavoir : trois d'arabesques représentans les mois de *Mars*, *Avril* et *Novembre*, cinq de la tenture indienne, deux autres : l'*Armée navalle de Scipion*, et l'autre *Scipion qui reçoit les officiers*, et deux autres de la tenture des mois de *Novembre* et *Décembre*.»

⁵ Même note au sujet des étoffes que pour JANSS et LEFEBVRE.

⁶ En marge : «Sçavoir, deux d'arabesques représentans les mois de *Mai* et *Juillet*, trois de la tenture indienne, dont une représente un *Cheval pommelé*, une les *Pescheurs*, et la troisième un *Cheval rayé*, et deux de la tenture des mois de *Mars* et de *Septembre*.» A propos des étoffes, l'observation qui a déjà été signalée au sujet de JANSS et LEFEBVRE se trouve répétée ici.

ANNÉE 1688. — OUVRAGES DES GOBELINS, ETC.

3 octobre : à luy, parfait payement de 2714ᵗᵗ 7ˢ 6ᵈ, compris 421ᵗᵗ 19ˢ 1ᵈ qui luy sont déduits pour les étoffes, pour le prix de huit pièces de tapisserie de basse lisse, sçavoir : deux de la tenture indienne, dont une représente les *Pescheurs* et l'autre un *Cheval rayé*, trois de la tenture des mois de Lucas, représentant les mois de *Mars*, *Septembre*, *Juin*, trois autres de l'*Histoire de Scipion* représentant : une *Scipion allant à la bataille*, l'autre la *Conférence de Scipion et d'Hannibal*, la troisième la *Bataille de Scipion*.................. 2292ᵗᵗ 8ˢ 5ᵈ

26 may : à luy, pour six mois de ses gages, à raison de 100ᵗᵗ par an........................ 50ᵗᵗ

4 janvier-3 octobre : à Yvart, peintre et dessinateur, pour son remboursement des dépenses qu'il a faites pour les desseins et peintures pendant les six derniers mois 1687 et six premiers 1688 (4 p.).... 2348ᵗᵗ 7ˢ

A luy, pour ses appointemens pendant led. temps (4 p.)........................... 3000ᵗᵗ

26 may : à luy, pour six mois de ses gages, à raison de 150ᵗᵗ par an........................ 75ᵗᵗ

4 janvier-3 octobre : à Maugan[1], payement de 345 livres 1/2 de laine blanche d'Angleterre, à 2ᵗᵗ 15ˢ la livre, 303 livres 1/2, à 45ˢ, et 321 livres de chaisne, à 3ᵗᵗ la livre (4 p.)..................... 2749ᵗᵗ 5ˢ

4 janvier-3 octobre : à Branchy, lapidaire, pour ses appointemens des six derniers mois 1687 et premiers 1688 (4 p.)........................... 1920ᵗᵗ

4 janvier : à luy, pour son remboursement de ce qu'il a payé pour 103 journées de deux hommes qui ont servi à scier et polir les pierres qu'emploie led. Branchy, à raison de 25ˢ par jour pour chacun, y compris 25ᵗᵗ 5ˢ pour du fil de fer, de la cire, et avoir fait transporter la table que led. Branchy a achevé.. 154ᵗᵗ

21 mars : à luy, pour 70 journées d'un homme qui a scié et poli les pierres qu'il emploie, à 25ˢ par jour. 87ᵗᵗ 10ˢ

27 juin : à luy, pour ce qu'il a payé pour une pierre de lierre[2] qu'il a fait apporter aux Gobelins et qu'il a fait scier par tranches.................. 43ᵗᵗ 2ˢ

A luy, pour 72 journées d'un homme qu'il employe à scier et polir les pierres, à raison de 25ˢ par jour. 90ᵗᵗ

3 octobre : à luy, pour 69 journées *idem*.... 86ᵗᵗ 5ˢ

4 janvier-3 octobre : à Kerchove, teinturier, pour ses appointemens des six derniers mois 1687 et six premiers 1688 et pour avoir teint, pendant led. temps,

---

[1] On trouve ce nom écrit aussi Mauger.
[2] C'est-à-dire une pierre de liais.

204 livres et demie de laine blanche d'Angleterre en différentes couleurs (4 p.).................. 1500ᵗᵗ

A luy, pour remboursement de ce qu'il a payé à un homme qui l'a aydé à teindre pendant led. temps, à raison de 10ᵗᵗ par semaine[3] (4 p.)........... 560ᵗᵗ

A luy, pour 21 voyes de bois qu'il a achepté pour la teinturerie, y compris 15ᵗᵗ pour une corde à puis, deux seaux, un mortier et pilon, etc. (4 p.)...... 286ᵗᵗ 4ˢ

21 mars-3 octobre : à luy, pour dix-huit mois de l'apprentissage de Louis Kerchove, son apprenti teinturier (2 p.).......................... 137ᵗᵗ 10ˢ

26 may : à luy, pour six mois de ses gages, à 100ᵗᵗ par an........................... 50ᵗᵗ

27 juin : à luy, pour ce qu'il a payé pour des ustancils et drogues de teinturerie.............. 109ᵗᵗ 3ˢ

4 janvier-3 octobre : à Roulleau, pour drogues de teinturerie qu'il a fourni aud. Kerchove pendant les six derniers mois 1687 et six premiers 1688 (2 p.). 1292ᵗᵗ 7ˢ

4 janvier-3 octobre : à de Mouchy, pour avoir reblanchi et dégraissé 649 livres de laine blanche d'Angleterre, à raison de 4ˢ la livre (4 p.)........... 129ᵗᵗ 16ˢ

4 janvier-21 mars : à Clément, chirurgien, pour six mois de ses appointemens (2 p.)............ 200ᵗᵗ

4 janvier-3 octobre : à Nivelon, dessinateur, pour une année de ses appointemens (4 p.)....... 1100ᵗᵗ

A la veuve Barreau, portière, *idem* (4 p.).... 300ᵗᵗ
A Gaspard Trehet, jardinier, *idem* (4 p.).... 400ᵗᵗ
A Rochon, concierge, *idem* (4 p.)........ 1200ᵗᵗ

A luy, pour son remboursement de menues dépenses qu'il a faites aux Gobelins pendant led. temps (4 p.).. .... 723ᵗᵗ

4 janvier : à Gazor, marchand, pour 241 bottes 4 onces 4 gros de soye de nuances de différentes couleurs pour servir aux ouvrages de tapisserie (2 p.)....
.... 3387ᵗᵗ 17ˢ 6ᵈ

7 mars-18 juillet : au sʳ Joseph Pichon, prestre, chapelain de la Savonnerie, pour une année de ses appointemens (2 p.)......................... 240ᵗᵗ

21 mars : à Gluc, pour drogues de teinturerie qu'il a fourni........................... 134ᵗᵗ 15ˢ

21 mars-3 octobre : à la veuve Legrand, lingère, pour 422 aunes 1/2 de toile grise, à 15ˢ l'aune, qu'elle a fourni pour servir de rideaux aux ateliers de tapisseries tant pour les fenestres que pour les métiers et devan

---

[3] Voici la proportion des diverses couleurs pour un quartier : Sur 140 livres de laine, 20 livres sont teintes en cramoisy, 60 livres en carnation et 60 livres en teinte commune.

les tablettes où sont les soies et les laines du magasin des Gobelins (2 p.).................... 332ᴧ 11ˢ 6ᵈ

26 may : à de Sève, peintre pour les Histoires, pour ses gages pendant les six derniers mois de l'année dernière, à raison de 200ᴧ par an............. 100ᴧ

A Anguier, peintre pour les ornemens, *idem*.. 100ᴧ

A Houasse, peintre pour les Histoires, *idem*.. 100ᴧ

A luy, pour le soin qu'il prend des tableaux qui sont dans l'hostel de Grammont, à raison de 300ᴧ par an.. 150ᴧ

A Baptiste, peintre pour les fleurs, pour ses gages pendant les six derniers mois de l'année 1687.. 100ᴧ

A Verdier, peintre pour les Histoires, *idem*... 100ᴧ

A Le Clerc, graveur, *idem*................ 150ᴧ

A de Bonnemer, peintre, qui a le soin et la conduite de l'instruction des enfans étudians dans la maison des Gobelins, à raison de 300ᴧ par an, six mois... 150ᴧ

15 aoust : à luy, pour 118 desseins de plusieurs parties de figures qu'il a fait sur papier gris et livrés auxd. Moisin (*sic*) et de la Croix, tapissiers, pour réformer les tapisseries de la Couronne faites par Lucas, qu'ils font en basse lisse aux Gobelins................. 105ᴧ

26 may : au sʳ Ferret, prestre, ecclésiastique de la paroisse de Saint-Hipolitte, qui fait le catéchisme aux Gobelins, à raison de 150ᴧ par an............ 75ᴧ

26 may : au Père Antoine Bolduc, religieux flamand de Picpus, qui fait le sermon et le catéchisme aux ouvriers flamans travaillans aux Gobelins, à raison de 100ᴧ par an........................... 50ᴧ

27 juin-3 octobre : au sʳ Lunac, chirurgien, pour six mois de ses appointemens (2 p.)......... 200ᴧ

11 juillet : au sʳ Ferary, marchand, pour 310 livres de soye blanche qu'il a fourni pour les Gobelins. 4340ᴧ

3 octobre : à luy, payement de 61 marcs d'or fillé qu'il a fourni auxd. Gobelins............. 2755ᴧ

Somme de ce chapitre.... 9846ᴧ 4ˢ 9ᵈ

MAISONS DES GOBELINS ET DE LA SAVONNERIE.

11 janvier : à Julien Lory, orloger, pour avoir racomodé et rétabli l'horloge de la Savonnerie en 1687. 40ᴧ

A la veuve Lourdet, pour son remboursement du linge et réparations d'ornemens de la chapelle de la Savonnerie....................... 40ᴧ 5ˢ

1ᵉʳ février-5 décembre : à Jaques Pinard, maçon, payement des réparations et ouvrages de maçonnerie qu'il a faits aux Gobelins en 1687 et 1688 (3 p.)..... .... 940ᴧ 17ˢ 4ᵈ

11 avril : à Jean Poisson, charpentier, payement d'une grosse poutre employée à faire quatre costerets des métiers de la Savonnerie, en 1686............. 184ᴧ

26 may-26 décembre : à Noel Martin, couvreur, à compte des ouvrages et réparations de couverture qu'il a fait aux Gobelins (2 p.).................. 800ᴧ

8 aoust : à Trillé, menuisier, sur ses ouvrages de menuiserie à la maison des Gobelins......... 600ᴧ

A Jean Blancheton, serrurier, sur ses ouvrages *idem*.. .... 150ᴧ

Somme de ce chapitre...... 2755ᴧ 2ˢ 4ᵈ

JARDIN ROYAL.

11 janvier-31 octobre : au sʳ Bolduc, apotiquaire, pour remboursement de la dépense par luy faite au laboratoire du Jardin royal pour y faire le cours de chimie pendant l'année 1687-1688 (2 p.)........... 2617ᴧ 5ˢ

8 février : au sʳ Dalencé, pour ce qu'il a payé au jardinier des simples d'Amsterdam, d'où-on a envoyé un ananas au Roy...................... 33ᴧ 1ˢ 6ᵈ

A Claude Duval, menuisier, parfait payement de 248ᴧ 6ˢ à quoy montent les ouvrages de menuiserie faits aud. jardin en 1687............... 148ᴧ 6ˢ

8 aoust : à luy, à compte de ses ouvrages en 1688.. .... 100ᴧ

8 février : à Claude Poulain, serrurier, pour ses ouvrages de serrurerie aud. jardin en 1687.... 104ᴧ 14ˢ

Au sʳ Marchand, remboursement de la dépense par luy faite à la culture des plantes du petit jardin qu'il entretient dans led. Jardin royal en 1687.... 35ᴧ 10ˢ

8 février-27 juin : au sʳ Duvernay, remboursement des menues dépenses par luy faites pour les démonstrations d'anatomie, dissections d'animaux, jardin et à l'Académie des sciences, depuis le mois d'avril 1687 jusques et compris le dernier may 1688 (2 p.). 1346ᴧ

22 février : à luy, pour ses gages, en qualité de démonstrateur pendant l'année 1687......... 1500ᴧ

8 février : au sʳ Borelli, remboursement des dépenses par luy faites pour le laboratoire, exercices et expériences de l'Académie des sciences pendant l'année 1687............................ 1394ᴧ 2ˢ

22 février-24 octobre : à Jaques Pinard, maçon, pour les ouvrages de maçonnerie faits aud. jardin en 1687 et 1688 (5 p.)................. 1293ᴧ 8ˢ 7ᵈ

22 février : au sʳ Dacquin, premier médecin du Roy, surintendant des démonstrations intérieures des plantes et opérations médicinales au Jardin royal, pour ses appointemens en lad. qualité en 1687........ 3000ᴧ

Au sʳ Dacquin le jeune, docteur en médecine de la

ANNÉE 1688. — CABINET DES MÉDAILLES.

Faculté de Paris, pour ses gages de démonstrateur aud. jardin............................... 1500ᴸ

Au sʳ Fagon, autre médecin, pour ses gages en lad. qualité de démonstrateur pendant lad. année... 1500ᴸ

A luy, pour ses gages en qualité de sous-démonstrateur *idem*............................. 1200ᴸ

A Pierre Beaupré, garçon de laboratoire dud. jardin, pour ses gages en lad. qualité en 1687........ 200ᴸ

A Paul Guadrigues, autre garçon dud. laboratoire, pour ses gages pendant lad. année 1687....... 200ᴸ

22 février-1ᵉʳ aoust : à Brémant, jardinier dud. jardin, pour ses gages des trois derniers mois 1687 et six premiers 1688 (2 p.).................... 1875ᴸ

6 juin : à luy, pour les menues dépenses par luy faites pour le rétablissement du treillage du petit jardin des fleurs, y compris deux cents cloches de verre pour les couches dud. jardin.................. 116ᴸ

A luy, par gratification, pour avoir esté herboriser et rechercher des plantes pendant la présente année pour led. jardin............................. 150ᴸ

22 février-1ᵉʳ aoust : à Chaillou, portier dud. jardin, pour ses gages des trois derniers mois 1687 et six premiers 1688 (2 p.)..................... 337ᴸ 10ˢ

11 avril-22 septembre : au sʳ Tournefort, à compte de la dépense qu'il fait pour la recherche de diverses plantes pour led. Jardin royal (3 p.)........... 2200ᴸ

11 avril : au sʳ Janss, remboursement de ce qu'il a payé à Aix en Provence aud. sʳ Tournefort..... 500ᴸ

29 aoust : au sʳ Lefebvre, pour avoir peint de grosse peinture à huisle, couleur d'olive, la couverture des couches et treillage du jardin des fleurs et planches de l'apoticairerie dud. jardin................ 86ᴸ 10ˢ

A Costés, pour un palmier à dattes, de cinq pieds de hault, qu'il a livré pour led. jardin........ 112ᴸ 10ˢ

Somme de ce chapitre.... 21549ᴸ 17ˢ 1ᵈ

BIBLIOTHÈQUE.

18 janvier : au sʳ Minoin, procureur des Invalides, parfait payement de 2135ᴸ à quoy monte la dépense qu'il a faite pour les Heures du Roy.......... 935ᴸ

3 octobre : à luy, à compte de la dépense qu'il a faite pour le livre de S. M................... 1000ᴸ

25 janvier-26 décembre : au sʳ Thevenot, commis à la garde de la Bibliothèque, pour son remboursement des dépenses qu'il a faites à lad. Bibliothèque, depuis le 9 novembre 1687 jusqu'au 18 décembre 1688 (19 p.).......................... 5022ᴸ 18ˢ 10ᵈ

5 septembre : à Charles-François Jaquet, vitrier, payement des ouvrages et réparations de vitrerie faits à lad. Bibliothèque en 1687............ 124ᴸ 15ˢ 9ᵈ

17 octobre : à Auboin, payement d'un livre des *Familles Bizantines* du sʳ du Cange qu'il a fourni au Père Verjus, jésuite....................... 30ᴸ

24 octobre : à Goiton, imprimeur, pour avoir nettoyé les poinçons et carrés des médailles du Roy et les poinçons de lettres orientales de la Bibliothèque.... 150ᴸ

9 janvier 1689 : à la veuve Maere Cramoisy, imprimeur, pour la dépense par elle faite à l'impression et reliure du *Chronicon Paschale*, grec et latin, en un volume in-folio, de papier au grand raisin, faisant la suitte de l'*Histoire Bizantine*, dont elle a fourni deux cents exemplaires à lad. Bibliothèque, y compris les reliures de vingt volumes en veau et trois en maroquin du Levant................................. 3334ᴸ

Somme de ce chapitre.... 10596ᴸ 14ˢ 7ᵈ

CABINET DES MÉDAILLES.

7 mars : au sʳ Bonnet, pour plusieurs médailles qu'il a fourni pour le Cabinet de S. M............. 387ᴸ

Au sʳ Vilain, pour plusieurs médailles d'or et d'argent qu'il a fourni aud. Cabinet.......... 1181ᴸ 5ˢ

21 mars : au sʳ Petit, pour 102 médailles d'argent, représentant le *Festin donné par la Ville de Paris à S. M.*, pesant 82ᵐ 3ᵒⁿ 5ᵍʳ, à 45ᴸ le marc, y compris 51ᴸ pour la tourneure desd. médailles, fournies pour estre distribuées aux officiers de la ville de Paris.. 3761ᴸ 7ˢ 10ᵈ

26 septembre : au sʳ Regnard, graveur, pour plusieurs médailles d'argent faites et fournies pour led. Cabinet................................. 316ᴸ 15ˢ

3 octobre : à Richard, graveur en pierre, pour plusieurs ouvrages qu'il a gravez sur des agathes pour led. Cabinet................................... 414ᴸ

31 octobre : à la dame Toinetti, pour quarante-quatre médailles antiques d'argent qu'elle a vendues pour led. Cabinet............................ 150ᴸ

14 novembre : au P. Verjus, jésuite, remboursement de ce qu'il a payé pour plusieurs médailles qu'il a fait mettre aud. Cabinet................. 228ᴸ 5ˢ 4ᵈ

13 juin : au sʳ Dallencé, pour remboursement de ce qu'il a payé pour une médaille d'argent frappée à la Haye, représentant les bustes du prince et de la princesse d'Orange, qu'il a envoyée pour led. Cabinet. 24ᴸ

18 juillet : à luy, pour une médaille d'argent du Roy de Pologne, frappée à Leyde, envoyée *idem*.... 19ᴸ 4ˢ

8 aoust : à luy, pour une médaille frappée à Leyde, sur la levée du siège d'Hambourg, envoyée *idem*. 14ᴸ 8ˢ

A luy, pour une médaille de Philippe-Guillaume, prince d'Orange, frappée en 1605, envoyée *idem.*. 60ᴸ

29 aoust : à luy, pour une médaille, frappée à Leyde, sur la sortie des évesques de la Tour de Londres, envoyée *idem*................... 19ᴸ 4ˢ

A luy, pour une médaille, frappée à Leyde, sur la liberté de religion accordée par le Roy d'Angleterre, pour led. Cabinet........................ 17ᴸ

19 septembre : à luy, pour les desseins de trois grandes agathes orientales, qu'il a envoyé de la Haye, pour led. Cabinet................... 24ᴸ

14 novembre : à luy, pour une médaille d'argent, frappée à la Haye, concernant la naissance du prince de Galles, pour led. Cabinet............ 14ᴸ 8ˢ

Somme de ce chapitre..... 6630ᴸ 17ˢ 2ᵈ

DIVERSES DÉPENSES DU CABINET DES MÉDAILLES.

11 janvier-19 décembre : au sʳ OUDINET, advocat, employé avec le sʳ RAINSSANT à l'explication des médailles dud. Cabinet, pour avoir travaillé à lad. explication depuis le 8 décembre 1687 au 8 décembre 1688, à raison de 3ᴸ par jour, compris ses frais de voyage de Versailles à la Bastille, pour porter au sʳ MORELL les catalogues du moyen bronze, dix-huit tablettes de médailles, aussy de moyen bronze, et les 600ᴸ à luy ordonnées (15 p.)........................... 1134ᴸ

11 janvier-19 décembre : au sʳ VINCENOT, employé au mesme travail pendant le mesme temps (14 p.). 1016ᴸ

11 janvier-16 may : au sʳ DEJOYE, pour avoir écrit l'inventaire des médailles moulées dud. Cabinet pendant 128 jours, à 3ᴸ par jour (5 p.)............ 384ᴸ

1ᵉʳ février : au sʳ VILAIN, par gratification, en considération de la recherche par luy faite depuis deux ans de plusieurs monnoyes et médailles antiques et modernes, d'or et d'argent, pour led. Cabinet.......... 900ᴸ

1ᵉʳ février-19 décembre : au sʳ MORELL, par gratification, en considération des médailles qu'il dessine aud. Cabinet des médailles (6 p.)............. 4100ᴸ

28 mars : au sʳ OPENORT, ébéniste, pour dix tiroirs de bois de chesne, faits et fournis pour mettre les tablettes des agathes dud. Cabinet.............. 30ᴸ

28 mars-26 septembre : à LOUIS DAUBANCOURT, gainier, pour journées qu'il a employées aux nouvelles tablettes des agathes aud. Cabinet et autres ouvrages (3 p.)............................. 18ᴸ 15ˢ

11 avril : à CARPENTIER, marchand, pour douze aunes de velours vert de Geunes qu'il a livré pour garnir les cabinets d'agathe, à 18ᴸ l'aune............ 219ᴸ

18 avril : à PARY, papetier, pour fournitures de papier, plumes et ancre pour le bureau des médailles de S. M................................ 170ᴸ 4ˢ

12-26 septembre : au sʳ DALLENCÉ, par gratification, en considération de la recherche qu'il fait de diverses médailles pour led. Cabinet (2 p.)......... 1000ᴸ

3 octobre : au sʳ Bosc, remboursement de ce qu'il a fait payer au sʳ GALLAND, à Smirne, pour ses appointemens d'une année.................... 800ᴸ

Somme de ce chapitre...... 10271ᴸ 19ˢ

ACADÉMIES DES SCIENCES ET FRANÇOISE.

8 février : à COSSON, pour avoir rétabli les planchers, l'escalier, et fourni une porte garnie de la ferrure, au logement du portier de l'Observatoire........ 78ᴸ

15 février : au sʳ HARTSOEKER, ingénieur holandois, parfait payement de 3196ᴸ 10ˢ à quoy montent trente-trois grands verres de lunettes, un grand microscope à trois verres, deux miroirs ardans, un termomettre, un baromettre et une lunette d'approche toute montée de ses verres, dont il a fourni à l'Observatoire vingt des susd. verres, et le reste au P. BERNABÉ, missionnaire jésuite allant à la Chine.................... 1846ᴸ 10ˢ

15 février-31 octobre : au sʳ PETIT, pour 6420 jettons d'argent qu'il a fourni à l'Académie françoise pendant la présente année, pesant 189 marcs 21 onces 13 gros, à 34ᴸ le marc, et un carré de teste du Roy et un revers qu'il a fourni pour frapper lesd. jettons (4 p.)............................. 6690ᴸ 9ˢ

7 mars : à LE COMTE et DUCHARD, gardes morte-payes du chasteau du Louvre, pour une année de leurs gages et du soin qu'ils ont eu de l'Académie françoise et gouvernement de l'horloge pendant l'année 1687.. 60ᴸ

18 avril-10 octobre : au sʳ BOYER, trésorier de l'Académie, pour le bois, bougie et transcriptions des cahiers pendant les six derniers mois 1687 et six premiers 1688 (2 p.)......................... 300ᴸ

16 may : au sʳ COUPLET, concierge de l'Observatoire, remboursement des menues dépenses par luy faites pour les exercices de l'Académie des sciences pendant l'année 1687.............................. 157ᴸ 1ˢ

15 aoust : à luy, pour menues dépenses, tant pour ports d'animaux et autres sujets fournis pour les exercices de lad. Académie, que pour réparations faites aux machines et logemens de l'Observatoire pendant les six premiers mois 1688................... 433ᴸ 19ˢ

6 juin : au sʳ VILLETE, remboursement de deux grandes cuvettes d'estain fournies à l'Observatoire pour servir aux observations des eaux de pluye............. 169ᴸ

ANNÉE 1688. — GRATIFICATIONS AUX GENS DE LETTRES.

20 juin : à Commeray, terrassier, pour avoir aplani les terres de la terrasse de l'Observatoire.......... 90ᵗᵗ

27 juin : au Père Verjus, jésuite, pour ce qu'il a payé pour les instrumens de mathématique, et deux pendules qu'il a acheptées et fournies aux Pères Avril et Beauvollier, jésuites, allant à la Chine par la grande Tartarie............................ 306ᵗᵗ

18 juillet : à Hubin, émailleur, pour deux termomettres et deux baromettres qu'il a fourni aux sʳˢ Sedileau et Cusset à l'Observatoire, pour l'observation des eaux de pluye et leur évaporation............ 26ᵗᵗ

29 aoust : à André-Guillaume Gérard, coutellier, pour plusieurs ouvrages de coutellerie fournis au sʳ Duvernay, pour servir aux dissections de l'Académie des sciences............................ 59ᵗᵗ 10ˢ

5 septembre : à Duez, pour réparations de ciment par luy faites aux pavés et dalles des terrasses de l'Observatoire............................ 754ᵗᵗ 3ˢ 4ᵈ

12 septembre : à Le Bas, pour six grands verres de lunettes qu'il a fourni pour l'Observatoire...... 165ᵗᵗ

19 septembre : à Oudot, pour remboursement et composition de la musique qui a esté chantée le jour de Saint-Louis à la chapelle du Louvre pour l'Académie françoise............................ 300ᵗᵗ

10 octobre : à Jaques Regnard, pour le bois, bougie et transcriptions des cahiers de l'Académie des inscriptions pendant l'année 1687................ 200ᵗᵗ

Somme de ce chapitre.... 11635ᵗᵗ 12ˢ 4ᵈ

GRATIFICATIONS AUX GENS DE LETTRES.

24 octobre : au sʳ Racine, par gratification, en considération des ouvrages qu'il compose et donne au public, pour l'année dernière 1687............ 2000ᵗᵗ

Au sʳ de la Chapelle Bessé, par gratification, en considération de son application aux belles-lettres, pour idem............................ 1500ᵗᵗ

Au sʳ Rainssant, en considération de son application aux belles-lettres...................... 1500ᵗᵗ

Au sʳ Charpentier, idem................ 1500ᵗᵗ

Au sʳ Despréaux, idem................. 2000ᵗᵗ

Au sʳ abbé Tallemant, idem............. 1500ᵗᵗ

Au sʳ abbé Galloys, idem.............. 1500ᵗᵗ

Au sʳ Félibien, historiographe, en considération de son travail pour l'histoire des Maisons Royales.. 1200ᵗᵗ

Au sʳ de la Hire, mathématicien, en considération de la connaissance qu'il a des mathématiques, astronomie et géométrie.................... 1500ᵗᵗ

Au sʳ Borelli, en considération de son application à la phisique............................ 2000ᵗᵗ

Au sʳ Duvernay, anatomiste, sçavoir : 1500ᵗᵗ en considération du travail qu'il fait à l'Académie des sciences, et 600ᵗᵗ pour l'entretien d'un garçon pendant lad. année................................ 2100ᵗᵗ

Au sʳ Quinault, en considération de son application aux belles-lettres...................... 1500ᵗᵗ

Au sʳ Dippy, interprette en langue arrabe, pour ses gages pendant lad. année 1687............ 1200ᵗᵗ

Au sʳ de la Croix, père, interprette en langue turque, pour idem pendant lad. année............. 1200ᵗᵗ

Au sʳ du Cange, par gratification, en considération du travail qu'il a fait à la Bibliothèque du Roy.... 2000ᵗᵗ

31 octobre : au sʳ Cassini, mathématicien, pour ses appointemens pendant lad. année.......... 9000ᵗᵗ

Au sʳ Dodart, par gratification, en considération de la connoissance qu'il a des mathématiques..... 1500ᵗᵗ

Au sʳ Bourdelin, idem, en considération de son travail pour l'analize des plantes................. 1500ᵗᵗ

Au sʳ Marchand, idem, en considération de l'histoire naturelle des plantes..................... 1200ᵗᵗ

Au sʳ Dalesme, ingénieur, en considération de plusieurs machines qu'il a inventées............ 600ᵗᵗ

Au sʳ Sedileau, en considération de son application aux mathématiques..................... 500ᵗᵗ

Au sʳ Potenot, idem.................. 400ᵗᵗ

Au sʳ Duhamel, secrétaire de l'Académie des sciences, pour ses soins pendant lad. année.......... 1500ᵗᵗ

Au sʳ Couplet, concierge de l'Observatoire et commis à la garde et entretien des instrumens et machines de lad. Académie, pour ses gages pendant lad. année. 500ᵗᵗ

Au sʳ Rolle, en considération de la connoissance qu'il a de la géométrie et des nombres............ 400ᵗᵗ

Au sʳ Lefebvre, idem.................. 300ᵗᵗ

Au sʳ de Cusset, en considération de la connoissance qu'il a de l'astronomie, géométrie et mécanique. 300ᵗᵗ

Au sʳ Mery, en considération de son application à la phisique, à l'histoire des animaux et aux dissections... .... 600ᵗᵗ

Au sʳ Chastillon, dessinateur des dissections d'animaux et de plantes, en considération de son travail. 400ᵗᵗ

26 décembre : aux héritiers du sʳ Perrault, médecin, en considération de la connoissance particulière qu'il avoit des mathématiques, et ce pour l'année 1687... 2000ᵗᵗ

Somme de ce chapitre......... 44900ᵗᵗ

ACADÉMIE DE PEINTURE ET SCULPTURE
DE ROME.

8 février-26 décembre : au s' CLERK, pour remboursement des sommes qu'il a fait remettre à Rome en lettres de change payables au s' DE LA TEULIÈRE, pour employer aux dépenses de lad. Académie (7 p.). 30600"
20 juin : au s' DUBOIS, remboursement de ce qu'il a payé pour la voiture, de Paris à Toulon, d'une caisse de livres, de plans et d'estampes envoyées de la Bibliothèque du Roy aud. s' DE LA TEULIÈRE........ 59" 4'

Somme de ce chapitre....... 30659" 4'

ACADÉMIE DE PEINTURE, SCULPTURE
ET ARCHITECTURE DE PARIS.

25 janvier-24 octobre : aux s'' BRUAND, DORBAY, BULLET, DE LA HIRE et FÉLIBIEN, architectes, pour le payement de leurs assistances aux conférences de l'Académie d'architecture pendant le dernier quartier 1687 et les trois premiers 1688 (4 p.)........ 2846" 5'
7 mars-19 décembre : au s' DE BEAUBRUN, trésorier de l'Académie de peinture et sculpture, pour l'entretenement de lad. Académie pendant le dernier quartier 1687 et les trois premiers 1688 (4 p.)....... 6000"
24 octobre : au s' GUESDRON, pour le gros bois, fagots, cotrets, bougies et autres menues nécessitez qu'il a fournies pour l'Académie d'architecture...... 100"

Somme de ce chapitre....... 8946" 5'

CHASTEAU DE MONCEAUX.

MAÇONNERIE.

16 may-10 octobre : à SIMON PIPAULT, entrepreneur, parfait payement de 33011" 11' 8^d à quoy montent les ouvrages de maçonnerie, menuiserie et serrurerie qu'il a fait et fait faire aud. chasteau depuis l'année 1684, déduction faite de la somme de 4126" 18' 9^d pour le prix des matériaux provenans des vieilles démolitions dud. chasteau (6 p.)................. 14284" 12' 11^d
8 février-20 juin : à FRANÇOIS DESARNEAUX, entrepreneur, parfait payement de 13081" 7' 2^d à quoy montent les ouvrages de maçonnerie par luy faits au chasteau en 1687 (2 p.)................ 2281" 7' 2^d
25 avril-24 octobre : aux nommez DESARNEAUX, à compte des ouvrages et réparations de maçonnerie qu'ils font aud. chasteau (8 p.)................. 11700"

8 février-19 décembre : à JAQUES DUDAIN, entrepreneur, à compte des ouvrages de maçonnerie en plastre qu'il a fait aud. chasteau de Monceaux (7 p.)... 3400"

Somme de ce chapitre..... 31666" 0^s 1^d

CHARPENTERIE.

11 avril-20 juin : à PIERRE DE LA VAUX, dit LA MARCHE, charpentier, parfait payement de 14272" 5' à quoy montent les ouvrages de charpenterie par luy faits aud. chasteau de Monceaux pendant les années 1684, 1685, 1686 et 1687 (3 p.)................. 3272" 5'
1er aoust-24 octobre : à luy, sur les ouvrages de charpenterie aud. chasteau (2 p.)............ 1100"

Somme de ce chapitre........ 4372" 5'

COUVERTURE.

25 avril : à CLAUDE DU VAL et SIMON BEGA, couvreurs, pour une année de leurs gages, à cause de l'entretien des couvertures du chasteau de Monceaux, échue le 11 avril................. 350"
16 may-20 juin : à eux, parfait payement de 7197" 16' 9^d à quoy montent les ouvrages de couverture par eux faits aud. chasteau depuis l'année 1684 (2 p.)....
.... 1196" 16' 9^d
4 juillet-28 novembre : à eux, sur la couverture neuve d'ardoise faite aud. chasteau (5 p.)....... 850"
16 may-20 juin : à JAQUES LE LONG et NOËL MARTIN, couvreurs, parfait payement de 2952" 14' 9^d à quoy montent les ouvrages de couverture par eux faits aud. chasteau de Monceaux depuis l'année 1683 (2 p.)....
.... 1952" 14' 9^d

Somme de ce chapitre..... 4349" 11' 6^d

SERRURERIE.

16 may-28 novembre : à NICOLAS GAVELLE, serrurier, à compte des ouvrages de serrurerie aud. chasteau (5 p.)................. 850"

MENUISERIE.

18 juillet : à FONTVIELLE, VEILLET et MOREL, menuisiers, à compte de leurs ouvrages de menuiserie aud. chasteau................. 600"
3 octobre-19 décembre : aud. FONVIELLE, sur ses ouvrages de menuiserie (3 p.)............ 900"
3 octobre : aud. VEILLET, idem........... 150"
3-24 octobre : aud. MOREL, idem (2 p.)..... 350"

Somme de ce chapitre......... 2000"

ANNÉE 1688. — MOULIN DE MOULINEAU.

PLOMBERIE.

11 janvier-26 septembre : à Jaques Lucas, plombier, à compte de ses ouvrages de plomberie aud. chasteau (2 p.) 3000ᴸ

SCULPTURE.

22 février-29 aoust : au nommé Rochette et consors, sculpteurs, à compte de leurs ouvrages de sculpture aud. chasteau (2 p.) 1000ᴸ

PEINTURE.

3 octobre-28 novembre : à Jean Jamault, peintre, à compte des impressions de peinture en blanc qu'il a entrepris sur la menuiserie des croisées dud. chasteau (3 p.) 1600ᴸ

ROLLES D'OUVRIERS ET MENUES DÉPENSES.

6 juin-18 juillet : à Antoine Rachen et autres, pour menües dépenses et ouvrages qui ont esté faits pour les réparations du chasteau de Monceaux (2 p.). 148ᴸ 12ˢ 4ᵈ

1ᵉʳ aoust-28 novembre : à divers particuliers, pour menües dépenses et ouvrages faits depuis le 15 juillet jusqu'au 26 novembre (4 p.) 591ᴸ 16ˢ 1ᵈ

6 juin : au sʳ Rousselot, pour ce qu'il a payé pour plusieurs réparations qu'il a fait faire à son logement dans l'avant-cour dud. chasteau 66ᴸ

Somme de ce chapitre 806ᴸ 8ˢ 5ᵈ

COUVENT DE L'ANNONCIADE DE MEULAN.

MAÇONNERIE.

2 may-24 octobre : à Jean Arasse, maçon, à compte de ses ouvrages aud. couvent (4 p.) 5400ᴸ

16 may : à Nicolas Cellier, maçon, parfait payement de 1248ᴸ 2ˢ 3ᵈ à quoy montent ses ouvrages de maçonnerie aux fondations du cloistre, rétablissement au mur de terrasse et décombrement de terres dud. couvent 648ᴸ 2ˢ 3ᵈ

Somme de ce chapitre 6048ᴸ 2ˢ 3ᵈ

CHARPENTERIE.

18 avril : au nommé Petit, charpentier, à compte de ses ouvrages de charpenterie aud. couvent 300ᴸ

MENUISERIE.

7 novembre : à Jean Mabille, menuisier, parfait payement de 119ᴸ 10ˢ à quoy montent ses ouvrages de menuiserie aud. couvent en 1687 .... 19ᴸ 10ˢ

SERRURERIE.

20 juin-31 octobre : au nommé Cunot, serrurier, à compte de ses ouvrages de serrurerie aud. couvent (2 p.) 600ᴸ

MOULIN DE MOULINEAU.

26 septembre : à Jaques Roger, voiturier, à compte de la pierre et du sable qu'il a voiture pour les réparations de Moulineau 130ᴸ

26 septembre : à Roger, chauffournier, à compte de la chaux qu'il fournit pour lesd. réparations 200ᴸ

15 aoust-21 novembre : à Doucet [1], maçon, sur ses ouvrages et réparations aux gros murs de l'écluse dud. moulin et sur le rétablissement de la voute pour l'écoulement des eaux (8 p.) 1820ᴸ

15 aoust-26 septembre : à Lamoureux, maçon, à compte de ses ouvrages de maçonnerie en plastre aud. moulin (4 p.) 1025ᴸ

12 septembre-21 novembre : à luy, à compte de la couverture de tuile sur les granges, escuries et bergerie et les empoutrages dud. moulin (5 p.) 1110ᴸ

24 aoust : à luy, sur le rétablissement des planchers du moulin 110ᴸ

15 aoust-21 novembre : à la veuve Taupin, voiturier, à compte des voitures de pierre et de sable pour faire les réparations dud. moulin (7 p.) 407ᴸ

15 aoust-24 octobre : à Pierre Taupin, à compte de la pierre qu'il voiture pour idem (4 p.) 185ᴸ

15 aoust : à Charles Le Comte, à compte de la pierre qu'il voiture 10ᴸ

A Jean Le Clerc, carrier, à compte du moilon qu'il a livré 24ᴸ

15 aoust-10 octobre : à Dubuisson, carreleur, à compte des réparations de carrelage qu'il fait au chasteau de Moulineau (3 p.) 225ᴸ

A François Dubois, chauffournier, à compte de la chaux qu'il a fourni pour lesd. réparations (2 p.). 84ᴸ

15 aoust-12 septembre : à François Lafleur et son associé, à compte des tranchées qu'ils ont fait dans le parc de Moulineau pour découvrir les conduites et relever les vieux plombs (3 p.) 77ᴸ

10 octobre-21 novembre : à eux, sur le curage de l'écluse et rivière du moulin (4 p.) 255ᴸ

[1] Ou Dousset.

15 aoust-31 octobre : à Martin Moulin, terrassier, à compte du rétablissement et curage des canaux dud. moulin (4 p.)........................ 525ᵗᵗ
29 aoust-26 septembre : à luy et Laurens Le Comte, sur lesd. ouvrages (2 p.)................. 340ᵗᵗ
7-21 novembre : à luy, sur la glaise qu'il fait pour tenir l'eau dans l'écluse dud. moulin (2 p.).... 120ᵗᵗ
15 aoust-21 novembre : à Davignon, menuisier, à compte de ses réparations de menuiserie (5 p.).. 463ᵗᵗ
15-29 aoust : à David, serrurier, sur ses réparations de serrurerie aud. moulin (2 p.)............ 165ᵗᵗ
15 aoust-26 septembre : à Michel Fresneau, couvreur, parfait payement de la couverture d'ardoise qu'il fait sur le chasteau de Moulineau (2 p.)....... 300ᵗᵗ
29 aoust : à de Laistre, à compte de la tuile et du bois de charpente qu'il a livrez pour faire lesd. réparations............................ 375ᵗᵗ
12-26 septembre : à Bourgault, peintre, à compte de la grosse peinture qu'il fait (2 p.).......... 270ᵗᵗ
12-26 septembre : à Mignot, charpentier, à compte des réparations qu'il fait aux granges, escuries et bergerie de Moulineau (2 p.)................. 150ᵗᵗ
24 octobre-21 novembre : à luy, sur les rétablissemens des empoutrages et de l'auge du moulin (3 p.).. .... 96ᵗᵗ
12 septembre-21 novembre : à Jean Peltier, à compte du moilon qu'il a tiré pour faire lesd. réparations (3 p.)............................ 72ᵗᵗ 10ˢ
10 octobre : à Crespin, serrurier, à compte des équipages des soupapes des conduites de Moulineau et des gros fers qu'il fournit pour la ferme........... 70ᵗᵗ
A Fleury Pichot, charpentier, à compte du rétablissement de la charpente des étables dud. Moulineau. 25ᵗᵗ

Somme de ce chapitre....... 8633ᵗᵗ 10ˢ

DÉPENSES DE TOULON ET MARSEILLE.

7 mars-5 septembre : au sʳ de Lubert, trésorier général de la marine, pour son remboursement de ce qu'il a payé pour l'entretien du jardin de S. M. à Toulon pendant les six derniers mois 1687 et six premiers 1688 (2 p.)............................. 1833ᵗᵗ 1ˢ 6ᵈ
10 octobre : à luy, pour ce qu'il a payé au Havre-de-Grâce, tant pour achapts de marchandises qu'autres dépenses pour le service des vaisseaux et frégattes qui sont sur le canal de Versailles............. 2970ᵗᵗ 11ˢ 5ᵈ

Somme de ce chapitre.... 4803ᵗᵗ 12ˢ 11ᵈ

MANUFACTURES DE DENTELLES DE FIL.

4 janvier-17 octobre : au sʳ Maury, à compte de la dépense qu'il fait pour l'établissement des manufactures de dentelles de fil dans les villes de Tonnerre, Laignes, Noyers et Chastillon-sur-Seyne pendant 1688 (3 p.)............................. 33000ᵗᵗ

MARBRES DE LANGUEDOC ET DES PYRENNÉES.

14 mars-10 octobre : au sʳ de Chantemerle et sa Compagnie, à compte des marbres de Languedoc et des Pyrennées qu'ils fournissent pour le service de S. M., et ce suivant les réquisitions du sʳ Martin (3 p.). 37500ᵗᵗ

LOYERS DE MAISONS.

4 janvier : au sʳ de Franclieu, pour le loyer du logement qu'il a occupé à Buc, pour l'année 1687... 165ᵗᵗ
11 janvier : à la veuve Bellier, jardinière du parterre aux gazons de Madame la Dauphine, à Saint-Germain, pour la maison qu'elle y a occupée l'année dernière 1687............................. 150ᵗᵗ
A Jean-Baptiste Lalande, jardinier de l'Orangerie, pour la maison qu'il a occupée à Saint-Germain. 150ᵗᵗ
29 février : à M. le Coadjuteur de Roüen, pour une année du loyer de deux maisons à luy appartenantes, rue Vivien, occupées par la Bibliothèque de S. M. 5000ᵗᵗ
7 mars : aux enfans du sʳ Petit, pour les six derniers mois de l'année 1687 du loyer de la maison à eux appartenante, scize à Versailles, occupée par le sʳ Lefebvre, controlleur............................. 600ᵗᵗ
14 mars : à la dame d'Astric, pour une année du loyer de deux maisons scizes à la Halle-Barbier, à Paris, occupées par les Mousquetaires................. 500ᵗᵗ
Aux héritiers de la veuve Perrier, pour pareil loyer de deux maisons occupées idem................ 500ᵗᵗ
A Charles Houel, pour le loyer de deux maisons occupées idem.............................. 360ᵗᵗ
A la veuve Massonnet, pour pareil loyer de deux maisons................................. 360ᵗᵗ
A la veuve Roger, pour pareil loyer de deux maisons................................... 360ᵗᵗ
21 mars : à la dame Cornuel, pour une année du loyer de neuf maisons qui luy appartiennent, scizes à la Halle-Barbier, occupées par les Mousquetaires, à raison de 180ᵗᵗ par an pour chacune............. 1620ᵗᵗ
18 juillet-19 décembre : au sʳ de Poutrincourt, pour

une année du loyer de sa maison, escurie et manège, occupez par les officiers et pages de la grande escurie à Paris (2 p.)........................... 6100ᴸ

29 février : au sʳ ᴅᴇ ʟ'Isʟᴇ, pour trois années du loyer d'une pièce de pré, contenant 5 arpens 87 perches 3/4, occupée par la pépinière d'Auhneau près Seaux, appartenant aux héritiers de feu M. Cᴏʟʙᴇʀᴛ, à raison de 146ᴸ 17ˢ par an.................. 440ᴸ 11ˢ

Somme de ce chapitre...... 16305ᴸ 11ˢ

PLANTS D'ARBRES ET DE FLEURS.

29 février-24 octobre : à Pɪᴇʀʀᴇ Tʀᴜɪᴛᴛᴇ́, jardinier, parfait payement de 3200 narcis de Constantinople, 1000 jassintes romaynes, 300 iris de Perse, 400 pieds de cardinales et autres fleurs qu'il a fourni pour les jardins de Trianon (2 p.).................. 386ᴸ 18ˢ

11 avril : à luy, pour 3008 maronniers d'Inde qu'il a fournis pour planter dans les bosquets des jardins de Versailles et de Trianon............. 371ᴸ 14ˢ 3ᵈ

11 janvier : au sʳ ᴅᴇ Tᴜʀᴍᴇɴʏᴇs, trésorier de l'Extraordinaire des guerres, pour remboursement de ce qu'il a payé pour l'achapt et voiture de 25000 pieds d'arbres qui ont esté pris en Artois pour planter dans les parcs et avenues des Maisons Royales à Versailles.. 16949ᴸ 16ˢ

18 janvier : à Mɪᴄʜᴇʟ Bʟᴏǫᴜᴇʀɪᴇ, pour dix milliers d'épine blanche, vingt-quatre milliers de plant d'aulnettes, 2700 de plant d'érable, 400 gros brins de charmille et 63 bottes de buys qu'il a fourni pour planter dans les parcs et jardins de Versailles, Saint-Germain et du R. P. Lachaise à Mont-Louis.................. 168ᴸ 11ˢ

1ᵉʳ février : à Nɪᴄᴏʟᴀs Mᴀᴜɢᴇʀ et Jᴇᴀɴ Bᴇsʟᴀʀᴅ, jardiniers, pour 50 tillots de la grande espèce pour planter à Marly, 100 ormes pour planter au chasteau de la Muette à Bologne et 4 miliers de petit plant de chastaigniers pour le service de S. M............. 115ᴸ

15 février : à Pɪᴇʀʀᴇ Bᴏɴɴᴇɢᴇɴᴛ et Gᴜɪʟʟᴀᴜᴍᴇ ᴅᴇ ʟᴀ Pɪᴇʀʀᴇ, jardiniers, pour 288 bottes de buis de bois, sçavoir : 260 pour planter dans le jardin de Versailles et 28 pour faire des boules au jardin du Roule. 89ᴸ 16ˢ

14 mars : à Cʜᴀʀʟᴇs ᴅ'Aɪɢʀᴇʙᴇᴛᴛᴇ et consors, jardiniers, pour 193 bottes de buys nain pour planter dans le petit jardin de Trianon.................. 55ᴸ 3ˢ

A Jᴇᴀɴ Bᴇsʟᴀʀᴅ et consors, jardiniers, pour 132 arbres fruitiers de haute tige, 488 arbres fruitiers nains qu'ils ont fourni pour le nouveau couvent des Capucines.................................. 333ᴸ 5ˢ

11 avril : au sʳ Hᴀᴍᴀʀᴅ, pour 2500 maronniers d'Inde, de cinq à six pieds de haut, pour planter dans les bosquets de Versailles et de Trianon, à 4ˢ pièce, y compris la voiture........................ 524ᴸ 15ˢ

25 avril : à Lᴏᴜɪs Cʀᴜᴄʜᴇᴛ, jardinier, pour 150 rosiers de plusieurs espèces et 6 altéats frutex pour planter dans le jardin du palais des Thuilleries....... 63ᴸ

1ᵉʳ aoust : à Nɪᴄᴏʟᴀs Pʀᴏᴠᴏsᴛ et consors, pour 5500 jacintes bleüe turquin, 19700 jacintes bremales hatives et 845 ciclamens d'automne pour le jardin du Roy à Trianon................................... 1322ᴸ

15 aoust : à Cʟᴀᴜᴅᴇ Dɪᴏᴛ et consors, pour 5000 renoncules cramoisyes, 750 tulipes, 500 jacintes bleues turquin et 364 ciclamen d'automne pour Trianon..... .... 311ᴸ 12ˢ

19 décembre : à Jᴇᴀɴ Bᴇsʟᴀʀᴅ, Jᴇᴀɴ ᴅᴇ Vᴀᴜx et consors, jardiniers, pour 1201 ormes, 104 tillots d'Hollande, 400 maronniers d'Inde, 146 chicomores et 224 arbres fruitiers qu'ils ont fourni pour les Maisons Royales............................... 987ᴸ 15ˢ

18 juillet : à Lᴏᴜɪs Cᴏsᴛᴇ, pour sept petits citronniers limes douces pour le jardin de Trianon et un batteau de 11 toises de long qui a esté mis en pièces pour faire des caisses................................ 200ᴸ

A luy, à compte de 46 gros orangers d'haute tige qu'il a fait lever en Italie et voiturer au jardin de la pépinière du Roule....................... 2000ᴸ

1ᵉʳ aoust-26 septembre : à Hᴇɴʀʏ Jᴜʟɪᴇɴɴᴇ, jardinier, parfait payement de l'achapt et voiture de 16300 renoncules de différentes espèces et 50 esnemosnes [anémones] doubles qu'il a achaptées en Normandie pour planter à Trianon (2 p.)....................... 644ᴸ 3ˢ

24 octobre-21 novembre : à luy, parfait payement de 449500 plants d'ormilles semées de deux ans, et 574500 d'ormilles semées d'un an, qu'il a fourni et voituré dans le parc de Versailles (2 p.)................. 2587ᴸ 7ˢ 6ᵈ

6 juin : à Mɪᴄʜᴇʟ Dᴏʀᴇ́, jardinier, pour l'achapt et voiture de quatre orangers et de vingt limes douces qu'il a prises à Orléans et voiturées au jardin de S. M. à Trianon................................... 248ᴸ

6 juin : à Bᴏᴜʟʟᴀʀᴅ, pour 99 orangers et une lime douce qui ont esté pris dans son jardin au village Saint-Vrin proche de Chastre[1]................ 1200ᴸ

A Mᴀᴛᴜʀɪɴ Bᴀʀʀᴀ, Cʟᴀᴜᴅᴇ Cʜᴇᴠᴀʟɪᴇʀ et consors, jardiniers, pour 173 orangers et 10 limes douces qu'ils ont vendu et livré pour Trianon.................. 1987ᴸ

20 juin : à Esᴛɪᴇɴɴᴇ Mᴀʀᴇsᴄʜᴀʟ et consors, pour 54 orangers et 7 limes douces qu'ils ont vendus pour Trianon................................ 802ᴸ

---

[1] Chastre est l'ancien nom d'Arpajon.

A Jean Thomson, jardinier, pour 9 citronniers limes douces pour Trianon, y compris la voiture de Chartres.................................. 163ᴸ

29 aoust : aud. Marescual, pour 30 livres pesant d'esmosnes doubles à pluches, de plusieurs espèces, 9500 jacintes bleues turquin, 4800 renoncules cramoisies, 13700 narcisses simples tardives, 6000 narcisses d'Angleterre et autres fleurs qu'ils ont fourni pour le jardin de Trianon..................... 1368ᴸ 4ˢ 2ᵈ

Aux nommez Chéron et Jolly, pour 28 citronniers limes douces qu'ils ont livré au port du guichet à Paris............................. 1178ᴸ 0ˢ 3ᵈ

12 septembre : aud. Marescual et consors, pour 6300 jassintes de plusieurs belles espèces, 1700 narcis doubles, treize boisseaux d'autres narcis blancs doubles et jaunes, et autres fleurs pour Trianon....... 1327ᴸ

26 septembre : à eux, pour dix-huit boisseaux de narcis blancs doubles, 175 couronnes impériales, 1400 iris bulbeux, 400 narcis jaunes et autres fleurs... 1226ᴸ 7ˢ

10 octobre : à eux, pour vingt-un boisseaux de tulipes, 17 boisseaux de narcis blancs doubles, 1200 tulipes et autres fleurs................... 671ᴸ 1ˢ

24 octobre : à eux, pour 1430 pieds de jassintes doubles orangés, 1900 oignons de tulipes bosüels blanches, 8000 narcis d'Angleterre et autres fleurs. 425ᴸ 6ˢ

5 décembre : ausd. Pierre Truité et Marescual, pour 1138 maronniers d'Inde, 265 seringats, 500 jacintes orangères doubles et neuf boisseaux d'oignons de perceneige pour planter dans le jardin de Trianon.. 489ᴸ 4ˢ

26 septembre : à la veuve Duduisson, jardinière hollandoise, à compte de 1216 oignons de jacintes rares qu'elle a fourni pour Trianon............... 600ᴸ

11 avril : à Louis Germain, pour avoir fait arracher 251 milliers de charmille dans la forest de Lions pour planter dans les jardins de Saint-Germain-en-Laye et de Marly, y compris la voiture............. 301ᴸ 5ˢ

6 juin : à Louis de la Croix, jardinier, pour avoir arraché 70 milliers de plant de chesne dans les pépinières de S. M. à Versailles, qui ont esté plantez dans la vente de Bourbon dans la forest de Saint-Germain.. 17ᴸ 10ˢ

24 octobre-21 novembre : aud. Germain, pour 160 milliers de plant de charmilles qu'il a fait arracher dans lad. forest de Lions et voiturer pour planter ausd. Maisons Royales (2 p.)..................... 219ᴸ 5ˢ

5 décembre : à eux, pour 365 milliers de charmilles qu'il a fait arracher et voiturer pour planter dans le parc du chasteau de Stain.................. 328ᴸ 12ˢ

5 décembre : à Robert Frades, pour avoir arraché 66 gros ormes dans la pépinière proche du pont du Pecq

et les avoir voituré à Trianon et dans les avenues de Versailles............................ 93ᴸ 10ˢ

1ᵉʳ-29 février : à Jean Pellerin et consors, jardiniers, pour avoir émoussé 35465 arbres de différentes grosseurs dans les avenues, jardins et parcs du chasteau de Saint-Germain, palais des Thuilleries, parc de Boulogne et chasteau de Vincennes (3 p.).... 456ᴸ 10ˢ 8ᵈ

5 décembre : à Jean Fraslon et Estienne Sebille et consors, jardiniers, à compte de 2500 trous, de 3 pieds de large sur 2 pieds de creux, qu'ils ont fait et rempli dans les bosquets du jardin de Versailles pour y planter des arbres............................ 300ᴸ

4 janvier : à Germain Chédeville et Jaques Huby, jardiniers, pour 243 chicomores, 15 tillots d'Hollande, 5 ormes, 88 arbres fruitiers de haute tige, 568 arbres fruitiers nains, 26 figuiers, 200 marcottes de muscat, 575 roziers de Gueldres et 800 pieds de vigne vierge qu'ils ont fourni pour planter dans les jardins de Fontainebleau, Vincennes, palais des Thuilleries, Palais-Royal, Marly et Saint-Germain-en-Laye....... 489ᴸ 7ˢ

28 mars : ausd. Huby et consors, pour 48 lauriers francs, 60 lauriers teints, 44 chèvrefeuilles, 195 jassemins communs, 409 roziers, 21 lilas, 75 trifolium et 1000 matrequaires pour planter à Trianon.. 828ᴸ 10ˢ

11 avril : à eux, pour 12 lauriers francs, 239 grenadiers à fleur double, 1075 jassemins communs, 48 lilas de Perse, 38 piracantha, 535 roziers, 581 chèvrefeuilles, 14 arbres de Judée, 2521 plants de fleurs de plusieurs espèces, 650 oignons d'iris et dix boisseaux de perseneige qu'ils ont fourni pour lesd. Maisons Royales............................ 2222ᴸ 9ˢ

25 avril : à eux, pour achapt de 24 grenadiers à fleurs doubles, 306 lauriers serize, 61 chèvrefeuilles, 82 esglantiers doubles, 290 roziers, 120 vignes vierges, 469 jassemins communs, 30 arbres de Judée, 900 marguerittes, 950 œillets d'Espagne, 510 juliennes doubles et 225 jassées pour Trianon......... 1010ᴸ 1ˢ

9 may : à eux, pour achapt de 181 piracantes, 28 roziers muscats, 18 roziers jaunes, 118 chèvrefeuilles, 70 jassemins communs, 72 vignes vierges, 9 jassemins jonquilles, 22 grenadiers panachez, 1163 giroflées doubles, 1609 œillets d'Espagne doubles, 646 juliennes doubles, 4 lis asfodelles, 340 campanelles, 325 matrequaires doubles et 406 livres pesant d'esmosnes simples.............................. 1889ᴸ 1ˢ

26 may : à eux, pour achapt de 14 grenadiers, 178 chèvrefeuilles, 295 jassemins communs et autres arbres pour Trianon................... 425ᴸ 18ˢ

11 avril : à Claude Diot et consors, jardiniers, pour

ANNÉE 1688. — PLANTS D'ARBRES ET DE FLEURS.

1200 bottes de buys qu'ils ont fourni pour planter dans le jardin du Roy à Trianon.................. 341ʰ

21 novembre : à Jean Diot, jardinier, pour huit cents bottes de buys à deux pieds de tour, pour planter dans le jardin du Roy à Versailles, à 6ˢ la botte (2 p.). 250ʰ

4 janvier-29 février : à Pierre Enfroy et consors, jardiniers, parfait payement de 344100 boutures d'ormes et bois blancs qu'ils ont arrachées dans les parcs et avenues de Versailles et de Vincennes, à raison de 50ˢ le millier (4 p.)...................... 800ʰ 5ˢ

14-28 mars : à eux, pour avoir arraché 136780 boutures d'ormes dans les avenues du palais des Thuilleries et sur la grande terrasse de Saint-Germain-en-Laye (2 p.)........................ 341ʰ 19ˢ

19 décembre : à Joseph Descuamps et consors, jardiniers, pour avoir arraché 345 milliers de plant de chesne dans les pépinières du Roy à Versailles, pour planter aux Maisons Royales................ 103ʰ 10ˢ

A Jean Robert et consors, jardiniers, pour avoir arraché 138200 boutures d'ormes au pied des arbres des avenues du chasteau de Vincennes, à 50ˢ le millier... .... 345ʰ 10ˢ

Somme de ce chapitre... 4936ʰ 10ˢ 10ᵈ

VOITURES D'ARBRES.

4 janvier-11 avril : à Charles Chrestien et Estienne Ferrand, voituriers, pour cent cinquante voitures de charrettes d'arbres et d'arbrisseaux qui ont esté menez de la pépinière du Roulle aux jardins et parcs des Maisons Royales, et pour cinq cents mannequins et un boisseau de graine d'ifs par eux fournis (3 p.). 1263ʰ 14ˢ

25 avril-12 septembre : ausd. Chrétien, Jean Le Roy et consors, pour 332 voitures de charrettes chargées d'arbrisseaux et de plantes de fleurs pour planter à Trianon (6 p.)........................ 2876ʰ 12ˢ

10 octobre-5 décembre : à eux, pour 169 voitures chargées de pots de terre, d'arbrisseaux verds et oignons de fleurs pour les Maisons Royalles (3 p.)...... .... 1442ʰ 5ˢ

10 octobre : au sʳ Chénon, pour la voiture, de Lion à Paris, de seize caisses pleines d'oignons de narcis de Constantinople, de lotus albus, jacintes et jonquilles venans de Provence pour planter dans le jardin du Roy à Trianon........................ 177ʰ 1ˢ

Somme de ce chapitre....... 5759ʰ 12ˢ

LABOURS ET FOSSEZ.

28 mars : à Jean de la Roche et Gervais Le Roy, terrassiers, pour 224 toises de fossez, de 5 pieds de large sur 3 pieds de creux, qu'ils ont fait pour la conservation des arbres de l'avenue qui conduit de la Ménagerie à Saint-Cyr dans le parc..................... 56ʰ

18 janvier : à Remi Janson, jardinier, payement de l'entretien et tonture par luy faite, deux fois par chacune année, à 1600 picéas plantez entre les ormes des allées proche de Gallye, au bout du canal, et à la teste de la grande pièce d'eau au-dessus du Mail de Versailles, de septembre 1683 à septembre 1687, à 4oˢ pour chacun cent................................ 288ʰ

15 février : à luy, parfait payement de 797ʰ 17ˢ 3ᵈ à quoy montent les troisièmes labours qu'il a fait à 11500 ormes de six pieds en carré dans les avenues du chasteau de Vincennes en 1687........ 497ʰ 17ˢ 3ᵈ

29 février : à luy, pour avoir relevé 303 toises de fossez, de cinq pieds de large sur trois pieds de creux, pour la conservation des arbres dans les avenues de Vincennes pendant 1687................ 116ʰ 9ˢ

28 mars-11 avril : à luy, parfait payement des deffrichemens à 159 arpens 58 perches 3/4 de terre des ados qui sont entre les rayons plantez en nouveaux bois, dans la grande remise à gibier entre Rennemoulin et Villepreux, dans le grand parc (2 p.)......... 638ʰ 7ˢ 6ᵈ

25 avril-9 may : à luy, parfait payement de 5500 troux, de quatre pieds de large sur deux pieds de creux, par luy plantez d'arbre et remplis de terre dans les bosquets du jardin de Trianon (2 p.)............ 1261ʰ

26 may : à luy, parfait payement de 7156ʰ 13ˢ à quoy montent trois labours par luy faits aux arbres des allées, quinconges, charmilles en palissades, et petits plants nouveaux plantez dans le parc de Versailles et dans la grande remise à gibier............ 1556ʰ 13ˢ

1ᵉʳ aoust : à luy, pour fouille et transport de 6 toises de mauvaise terre qu'il a ostées du pied des ormes et des ifs plantez près le Mail, pour régaler l'allée le long dud. Mail........................ 78ʰ 4ˢ 4ᵈ

26 may-21 novembre : à luy, sur les trois labours en plain à 84 arpens 64 perches de terre plantez en bois en divers endroits dans le parc de Versailles (3 p.).............................. 1350ʰ

26 may-19 décembre : à luy, sur les trois labours, tant plain que vuide, qu'il fait à 166 arpens 9 perches 1/2 de terre plantez en petits plants de bois, dans la grande remise entre Rennemoulin et Villepreux (3 p.).............................. 1360ʰ

26 may-21 novembre : à luy, sur les trois labours à 77396 toises carrées de terre au pied des arbres et

charmilles des parcs de Versailles et dans la grande remise entre Rennemoulin et Vilpreux (3 p.).... 2200^{ll}

26 may-5 décembre : à luy, sur les trois labours à 11891 toises carrées de terre au pied des arbres des avenues et parcs du chasteau de Vincennes (3 p.). 300^{ll}

12 septembre : à luy, sur le 2e labour, à 161 arpens 44 perches 3/4 de terre, des ados deffrichez entre les rayons plantez en bois dans la grande remise à gibier entre Rennemoulin et Villepreux......... 484^{ll} 7^s 6^d

26 septembre : à luy, pour la fouille et transport de 24 toises cube de mauvaise terre qu'il a ostée au pied des ormes et arbrisseaux verds plantez dans les allées entre la pièce d'eau et le potager......... 276^{ll} 15'

21 novembre : à luy, sur la fouille et remplissage de terre à 3150 trous, de six pieds en carré sur deux pieds de creux, pour planter des arbres à la place de ceux qui sont morts, dans les avenues et parcs de Versailles et dans la grande remise à gibier entre Rennemoulin et Villepreux........................ 800^{ll}

1er février-26 septembre : à Antoine Tricadeau, pour trois labours, tant plain que vuide, par luy faits à 44 arpens 75 perches de terre plantez en bois proche Roquancourt (3 p.)....................... 716^{ll}

29 février : à luy, parfait payement de 3652^{ll} 14^s 6^d à quoy montent les trois labours par luy faits à 43585 toises carrées aux arbres et palissades de charmes en platte-bandes des avenues en face du chasteau de Versailles du costé de Paris, celles de Saint-Antoine, à Marly, Clagni et Glatigny, etc......... 1002^{ll} 14^s 6^d

14 mars-26 may : à luy, parfait payement du deffrichement de 688 arpens 11 perches de terre des ados qui sont entre les rayons plantez en nouveaux bois dans les remises à gibier du grand parc de Versailles (4 p.)............................ 2768^{ll} 10^s

9 may-1er aoust : à luy, sur le premier et deuxième labours, tant plain que vuide, à 400 arpens de petit plant de bois qu'il fait dans les remises à gibier du grand parc de Versailles (2 p.)................... 2000^{ll}

26 may-19 décembre : à luy, sur les trois labours, tant plain que vuide, qu'il a fait à 692 arpens 11 perches, à la ceinture au long des murs du grand parc, et dans une autre remise proche l'estang de Clagni (3 p.)............................ 3620^{ll}

26 may-21 novembre : à luy, sur les trois labours à 40000 toises carrées au pied des arbres et charmilles des avenues en face du chasteau de Versailles, etc. (3 p.)........................... 1050^{ll}

15 aoust-12 septembre : à luy, pour le deuxième labour, à 688 arpens 11 perches de terre, des ados qui ont esté desfrichez entre les rayons plantez en bois dans les remises à gibier dans le grand parc (2 p.). 2064^{ll} 7^s 6^d

21 novembre : à luy, sur la fouille et remplissage de terre de 4400 trous, de 6 pieds en carré sur 2 pieds de creux, pour planter des arbres pour regarnir les avenues de Versailles du costé de Paris, etc......... 1200^{ll}

1er février : à Jean Frade, jardinier, parfait payement de 452^{ll} 19^s 7^d à quoy monte le labour fait à trois fois à 13387 toises carrées au pied des arbres des avenues du chasteau de Saint-Germain en Vézinet, et dans la routte des Loges, et deux labours en plain à 5 arpents 1/2 de terre plantez en pépinière proche les ponts du Pec en 1687..................... 152^{ll} 19^s 7^d

26 may-5 décembre : à luy, sur les trois labours à 11635 toises carrées au pied des susd. arbres (3 p.).. .... 300^{ll}

4 juillet-1er aoust : à luy, parfait payement pour avoir fait armer d'épines 6444 arbres dans les avenues du chasteau de Saint-Germain pour les conserver des bestes fauves (2 p.)....................... 386^{ll} 12^s

29 aoust-24 octobre : à Olivier Brouillard et consors, laboureurs, pour le labour d'un pied de creux à un arpent 20 perches de terre en pré, destinée pour semer de l'ormille, au printemps prochain, le long des murs du grand parc de Versailles proche le réservoir d'eau de Roquancourt (2 p.).................. 120^{ll} 8^s 6^d

4 janvier : à Thomas de Bugni, parfait payement de 619^{ll} 19^s 6^d pour le labour par luy fait à trois fois à 15398 toises carrées aux arbres du palais des Thuilleries et du parc de Boulogne en 1687........ 219^{ll} 19^s 5^d

26 may-5 décembre : à luy, sur les trois labours aux 15398 toises carrées cy-dessus en 1688 (3 p.).. 430^{ll}

26 may-21 novembre : à Jean Maheu, laboureur, sur les trois labours par luy faits à 60 arpens de pépinière d'ormes, bois blancs et chicomores, dans les parcs de Versailles, et à 19 arpens 34 perches plantez en pépinière de petit plant de chesne (3 p.).. 2207^{ll} 8^s 10^d

4-18 juillet : à luy, parfait payement pour avoir rempli 4037 toises de fossez de différentes grandeurs dans les avenues de l'ancien parc de Versailles et dans celles de Noisy (2 p.).................. 267^{ll} 2^s

1er aoust : à luy, pour avoir enfoncé en terre, de deux pieds de creux, au pied des arbres dans les avenues proche Trianon, 662 pieux de charpente pour conserver lesd. arbres des voitures de charrettes...... 125^{ll} 17^s

15 aoust : à luy, pour 131 toises de fossez, de 4 à 5 pieds de large sur 2 pieds de creux, pour escouler les eaux des terres destinées pour semer, en printemps prochain, de la graine d'ormille en pépinière le long du

ANNÉE 1688. — PLANTS D'ARBRES ET DE FLEURS.

grand parc de Versailles proche le réservoir d'eau de Roquancourt............................ 26^(tt) 4^(s)

4-25 janvier : à Nicolas Garnon et consors, terrassiers, pour le labour de deux pieds de creux à cinq quartiers de terre proche l'église Saint-Antoine, hors le parc de Versailles, pour planter une pépinière d'ormes.. 112^(tt) 15^(s)

14 mars : à eux, pour un labour d'un fer de besche à 2 arpens 2 perches de terre le long du mur en dedans du grand parc, entre Saint-Antoine et Roquancourt, pour semer du gland en pépinière............ 102^(tt)

25 avril-4 juillet : à Estienne Parmentier, pour les labours, de 10 à 12 pouces de profondeur, à 24 arpens 50 perches de terre en différents endroits du parc de Boulogne, proche la croix de Mortemart, pour y semer du gland en pépinière (2 p.)............. 336^(tt) 4^(s)

5 décembre : à luy, pour douze septiers de gland qu'il a fait amasser dans le parc de Boulogne et fait voiturer et enterrer proche la croix de Mortemar, et autres ouvrages............................. 97^(tt) 2^(s)

5 décembre : à Robert Labbé et Jaques Le Roy, jardiniers, pour trois labours par eux faits en 1688 à 2000 toises de charmille plantée autour des trois faisanderies dans l'ancien parc de Versailles........ 45^(tt)

5 décembre : à Jean Le Voix, pour trois labours par luy faits chacune année à six remises à gibier plantées en bois dans la plaine de Grenelle, depuis le mois de mars 1686 jusqu'au mois de juillet dernier.... 1426^(tt) 4^(s) 9^(d)

18 janvier : à Hierosme Droit, pour le troisième labour qu'il a fait à cinq remises à gibier plantez en bois dans la plaine Saint-Denis, contenant 7 arpents labourez en plain et 8 arpents labourez, tant plein que vuide, en 1687.. 69^(tt)

26 may-21 novembre : à luy, pour les trois labours à trois remises à gibier ci-dessus en 1688, y compris le rétablissement de 12 toises de murailles de leur closture (3 p.)........................... 206^(tt)

28 mars-5 décembre : à Jaques Hamond, jardinier, pour avoir fait arracher 1860 ormes dans la pépinière d'Aulneau, avoir rempli les trous et voituré lesd. arbres jusqu'au jardin de Trianon (2 p.)........... 178^(tt) 16^(s) 4^(d)

4 juillet-5 décembre : à luy, pour trois labours à 5 arpens 1/2 de terre plantée en pépinière d'ormes proche Auneau (3 p.)........................ 99^(tt)

4 janvier-29 février : à Pierre Poitreau et consors, terrassiers, pour 908 toises de fossez, de 3 pieds de large sur 2 de creux, faits pour conserver les arbres des voitures de charrettes plantés dans le parc de Versailles aux environs de Trianon (2 p.)............... 194^(tt) 6^(s)

15 février : à eux, pour douze portes, de 6 pieds de haut sur 4 pieds de large, de grosses perches fendues, pour les closures des quatre pépinières dans le grand parc, y compris les massifs, sellement en plastre des poteaux et la ferrure................. 100^(tt) 13^(s) 4^(d)

14 mars-25 avril : à luy, pour 922 toises 1/2 de fossez qu'ils ont fait et relevez (3 p.).... 260^(tt) 1^(s) 6^(d)

6 juin : à eux, pour 581 toises de fossez, de 5 pieds de large sur 3 pieds de profondeur, qu'ils ont fait et relevez pour la conservation des arbres.......... 269^(tt) 4^(s) 6^(d)

1^(er) aoust-24 octobre : aud. Poitreau et à François Metay, payement de 1108 toises, idem........ 265^(tt) 5^(s)

5-19 décembre : aud. Poitreau, à Michel Bray et consorts, payement de 152750 boutures de bois blanc et d'orme qu'ils ont arrachez (2 p.)...... 382^(tt) 4^(s) 6^(d)

1^(er) février-11 avril : à Henry Couturier et consors, terrassiers, parfait payement de 2655 toises de fossez qu'ils ont relevez dans les avenues de Versailles, au Chesnay et sur la route de Marly (3 p.).. 346^(tt) 2^(s) 6^(d)

18 janvier-11 avril : à Jean Fralon et Estienne Sebille, jardiniers, parfait payement de 6721 trous par eux faits, les avoir rempli de terre, et planté les arbres dans les bosquets de Versailles (4 p.).. 1079^(tt) 5^(s) 6^(d)

Somme de ce chapitre... 35491^(tt) 10^(s) 10^(d)

TREILLAGES.

4 janvier-29 février : à François Poirier et consors, parfait payement de 462 toises 2/3 de treillages pour clore les pépinières le long du mur proche de Saint-Antoine, pour les conserver des bestes fauves (5 p.)............................ 549^(tt) 17^(s)

1^(er) février : à Goret, pour 723 bottes de perches de chastaigniers pour faire les closures des pépinières au long du mur en dedans du grand parc de Versailles entre Saint-Antoine et Roquencourt, à raison de 10^(s) la botte............................ 361^(tt) 10^(s)

14 mars : à Nicolas Brissonnet, pour 695 bottes d'échalats de chastaigniers de 4 pieds 1/2 de long, pour idem............................ 372^(tt) 15^(s)

6 juin : à luy, pour 775 grosses perches de chastaigniers pour servir à redresser et soutenir les treillages qui servent de closture aux pépinières du grand parc de Versailles, à 8^(s) pièce..................... 310^(tt)

5 décembre : à Louis Cochin, pour 250 bottes d'échalats de 4 pieds de long pour rétablir les closures des pépinières du Merisier et partie de celle de Chèvreloup dans le grand parc....................... 100^(tt)

19 décembre : à Lesmond et consors, pour 331 bottes d'échalats de cartier, 420 livres 1/4 de fil de fer et 12 livres de cloud, pour rétablir les clostures des pépinières dans le grand parc de Versailles, pour empescher les lièvres d'y entrer.................... 299ᴸ 14ˢ

28 mars : à Michel Thibault, jardinier, pour l'entretien et rétablissement par luy fait à la closture de pallis de la petite garenne de Vincennes, pour la conservation des arbres des avenues, pendant deux années finies à la Saint-Martin d'hiver 1687................ 120ᴸ

20 juin : à luy, pour dix-huit pièces de bois de sapin de vingt pieds de long pour faire des conduites d'eau et autres fournitures pour le jardin de Vincennes........................... 376ᴸ 15ˢ 9ᵈ

11 janvier-1ᵉʳ février : à Jaques Robert, parfait payement de 2925ᴸ 14ˢ 4ᵈ pour avoir armé d'épines la quantité de 48762 arbres dans les avenues et remises à gibier du grand parc de Versailles, pour les conserver des bestes fauves (2 p.).................. 1125ᴸ 14ˢ 4ᵈ

26 septembre-19 décembre : à compte des arbres qu'il a fait armer d'épines (4 p.)............ 2450ᴸ

Somme de ce chapitre..... 6066ᴸ 6ˢ 1ᵈ

FUMIERS.

1ᵉʳ février : à Antoine Taureau et Ouin Hanap, pour 125 chartées de fumier de vache et de mouton consommé, pour les orangers de la pépinière du Roulle, y compris la voiture................... 160ᴸ 10ˢ

A Jaques Bardou et Philipes Billard et consors, jardiniers, pour avoir fouillé et porté à la hotte 14 toises 1/2 cubes de fumier consommé pour fumer les carrez de terre dud. jardin de la pépinière du Roule, et autres ouvrages.................... 82ᴸ 18ˢ 9ᵈ

29 février : à Nicolas Sallé et Pierre Harel, voituriers, pour 7 toises 1/3 cubes de fumier consommé qu'ils ont fourni et voituré de Versailles à la pépinière entre Roquancourt et l'estang du Trou-d'Enfer, pour fumer une partie des plants de lad. pépinière...... 87ᴸ

4 janvier : à Jaques Bardou et Philipes Billard, jardiniers, pour 15 toises 1/3 cubes de fumier, pour la pépinière du Roule.............. 36ᴸ 16ˢ 8ᵈ

A Pierre Caillou et aud. Billard, pour 9 toises 1/6 cube de fumier consommé qu'ils ont porté dans les quarrez de lad. pépinière et ouvrages de terrasse...... .... 57ᴸ 16ˢ 8ᵈ

28 mars : à luy, Bardou et consors, pour avoir écheniillé 3555 ormes dans les avenues hors le parc du chasteau de Vincennes..................... 300ᴸ 1ˢ

6 juin-26 septembre : à luy et Jean Regepied, pour avoir labouré 341 perches de terre dans les jardins de la pépinière du Roule, et avoir fourni 53 1/2 queues de futaille pour faire et rétablir des caisses, et 27 toises de cordes à puits (3 p.).................. 265ᴸ 6ˢ 6ᵈ

5-19 décembre : ausd. Caillou et consors, pour transports de terraux, fouilles de rigolles et transport de bonnes terres à lad. pépinière (2 p.)...... 147ᴸ 4ˢ 6ᵈ

28 mars : à Jean Asseline, dit Le Dru, voiturier, payement de la voiture de quatre batteaux chargez de terres franches depuis Choisy-sur-Seine jusqu'au jardin du Roule........................... 302ᴸ 5ˢ

26 may : à Antoine et Jean Le Bouteux, voituriers, pour 665 tombereaux qu'ils ont pris le long du bord de l'esgout et voituré dans les carrez du jardin de la pépinière du Roule.................. 152ᴸ 19ˢ 6ᵈ

15 aoust-26 septembre : à François Baudin, Nicolas Ruel et consors, pour 67 toises 1/2 cubes de grand fumier qu'ils ont fourni à lad. pépinière, à 8ᴸ la toise........................... 640ᴸ

1ᵉʳ aoust : à Nicolas Richon et consors, pour 646 grands tombereaux de fumier qu'ils ont pris dans les rues de Paris et voituré aud. jardin de la pépinière du Roule.......................... 199ᴸ 16ˢ

4 juillet-29 aoust : à Antoine Rinquet, voiturier, parfait payement de 203 toises 5/6 cubes de grand fumier qu'il a pris à Versailles et voituré à Trianon, à 8ᴸ la toise cube (4 p.)................ 1630ᴸ 13ˢ 4ᵈ

19 décembre : à luy, pour 24 toises cubes de grand fumier qu'il a fourni et voituré pour la grande orangerie............................ 132ᴸ

Somme de ce chapitre..... 4195ᴸ 0ˢ 11ᵈ

POTS DE TERRE.

20 juin-19 décembre : à Duvivier, potier de terre, parfait payement de 100150 pots de terre qu'il a fourni pour le jardin du Roy, à Trianon (12 p.)... 9414ᴸ 4ˢ

21 novembre : à luy, pour 600 pots de terre de huit pouces qu'il a fourni à l'orangerie de Versailles. 56ᴸ 5ˢ

A luy, pour 1084 pots de terre de différentes grandeurs qu'il a fourni pour empoter des arbrisseaux et plantes de fleurs à la pépinière du Roulle.. 158ᴸ 19ˢ 2ᵈ

Somme de ce chapitre...... 9629ᴸ 8ˢ 2ᵈ

MANEQUINS.

11 avril : à Louis Cordelette, marchand, pour 3000 manequins qu'il a fournis à la pépinière du Roule pour y mettre des arbrisseaux.............. 162ᴸ

ANNÉE 1688. — DIVERSES DÉPENSES.

25 avril : à Nicolas Andrecis et consors, vanniers, pour 200 manes d'ozier pour planter des arbres fruitiers en réserve, douze abricotiers de haute tige et douze seriziers pour le jardin du nouveau couvent des Capucines................................ 52ᴸ 19ˢ

24 octobre : à eux, pour 927 manes d'ozier rond et 800 manequins pour mettre des arbrisseaux de la pépinière du Roule, pour planter dans les jardins et parcs des Maisons Royales................. 285ᴸ 14ˢ 9ᵈ

21 novembre : à luy, pour 600 manes de gros ozier et 200 grands manequins fournis pour *idem*... 158ᴸ 2ˢ

25 avril-29 aoust : à Nicolas Malherbe et consors, pour 1335 manes de gros ozier pour lever des arbrisseaux au jardin de la pépinière du Roule, pour voiturer et planter aux jardins des Maisons Royales... 350ᴸ 2ˢ

29 aoust : à luy, pour 68 douzaines de paniers à fraises, 84 douzaines 1/2 de clayons, 22 douzaines de panniers et autres ouvrages pour porter les fruits du jardin du chasteau de Vincennes aux Maisons Royales.... .... 421ᴸ 18ˢ

Somme de ce chapitre..... 1430ᴸ 15ˢ 9ᵈ

OUVRIERS À JOURNÉES
DE LA PÉPINIÈRE DU ROULLE.

4 janvier-19 décembre : aux ouvriers qui ont travaillé à la journée du Roy au jardin de la pépinière du Roulle, depuis le 15 décembre 1687 jusqu'au 18 décembre 1688 (26 p.)................ 5383ᴸ 15ˢ 1ᵈ

OUVRIERS DE DIVERS ENDROITS.

4 janvier-5 décembre : aux ouvriers qui ont travaillé à la journée du Roy à lever des marcottes d'ormes et de bois blanc dans la pépinière proche de Roquancourt, et à les replanter dans lad. pépinière, et à couper le faux bois pour redresser les arbres, depuis le 15 décembre 1687 jusqu'au 4 décembre 1688 (14 p.)..... 2021ᴸ 8ˢ 10ᵈ

4 janvier-19 décembre : à ceux qui ont voituré sous Remy Janson, avec des charettes et des chevaux de bats, les arbres qui estoient proche Rennemoulin, les ormes, bois blancs et petits plants de pépinière, pour planter à Trianon et autres endroits où ils doivent estre plantez (13 p.)......................... 1960ᴸ 13ˢ 4ᵈ

4 janvier-19 décembre : à ceux qui ont arraché des ormes et des bois blancs dans les pépinières du parc de Versailles, pour planter à Trianon, Fontainebleau et autres endroits, pendant le mesme temps (34 p.)..... .... 4397ᴸ 17ˢ 8ᵈ

18 janvier : à ceux qui ont travaillé à amasser et compter les boutures d'ormes qui ont esté arrachez dans les avenues du chasteau de Vincennes et à choisir les bonnes pour les enterrer.................. 28ᴸ 2ˢ

18 janvier-26 may : à ceux qui ont travaillé à émonder les arbres des avenues du parc de Versailles, depuis le 2 janvier jusqu'au 22 may (7 p.)..... 881ᴸ 16ˢ 8ᵈ

1ᵉʳ février-28 mars : à ceux qui ont échenillé les arbres dans les avenues de l'ancien parc de Versailles, voituré des boutures de bois blanc proche la grille de Gallie et autres ouvrages (10 p.)......... 708ᴸ 5ˢ 2ᵈ

29 febvrier : à ceux qui ont travaillé à couper au pied des boursaults¹ proche les palissades de l'allée du Jeu de paume et autres endroits.................. 111ᴸ 10ˢ

11 avril : à ceux qui ont criblé et semé du gland en pépinière dans le parc proche Saint-Antoine et autres endroits (2 p.)..................... 67ᴸ 12ˢ 4ᵈ

Somme de ce chapitre....... 10177ᴸ 6ˢ

DIVERSES DÉPENSES.

4 janvier : au sʳ Ballon, pour son remboursement de la nourriture et conservation de 464 cignes, tant sur la rivière que dans les closeures où ils ont esté mis sur l'isle devant le Cours la Reyne et à Chattou, depuis le 26 novembre dernier.................. 801ᴸ 1ˢ

28 mars-10 octobre : à luy, pour la nourriture et garde de 460 cignes sur la rivière, depuis Corbeil jusqu'à Vernon, pendant les trois premiers quartiers 1688 (3 p.)............................ 2093ᴸ 5ˢ

18 janvier : à Pierre Le Clerc, pour 108 bottes de paille longue, 30 bottes de cerceau, 18 bottes d'ozier pour faire des paillassons et brisevents au jardin du chasteau de Vincennes, et huit douzaines de clayons pour porter des fruits au Roy.................... 108ᴸ 6ˢ

14 mars-26 septembre : au sʳ Blavet, pour la voiture, tant par eau que par terre, depuis Lyon jusqu'à la pépinière du Roulle, de 36 caisses d'oignons de tubéreuses, de jacintes jonquilles et narcis de Constantinople, venus de Provence, pour planter dans les jardins de Trianon (3 p.)...................... 305ᴸ 16ˢ 8ᵈ

11 avril : au sʳ Gombault, jardinier, pour avoir cultivé et entretenu le jardin de la Chancellerie, à Versailles, pendant une année................. 60ᴸ

25 avril : à Louis de la Croix, pour avoir arraché 189 milliers de plant de chesne dans les pépinières de Versailles........................... 47ᴸ 5ˢ

¹ Le boursault est une espèce de saule.

26 may-4 juillet : à la veuve Pierre Jullin, pour 162 toises d'aix de batteau, 29 muids de futailles, 98 livres de cloud pour faire des caisses, deux échelles doubles, quatre paires de seaux ferrez, 1275 mannequins pour la pépinière du Roulle, et 50 perches à croc fournies au jardin de la Vennerie à Versailles pour soutenir les marroniers d'Inde (2 p.)....................... 379ᴸ 7ˢ

6 juin : à Dominique Gillot, pour avoir fait voiturer 653 tombereaux, pleins de recoupes, dans les allées du Cours pour remplir des trous............ 133ᴸ 15ˢ

Somme de ce chapitre....... 3928ᴸ 15ˢ

CAISSES POUR LES ORANGERS.

29 février-20 juin : à la veuve Barbier et Pierre Barbier, son fils, menuisiers, parfait payement de 115 caisses de bois d'entrevoux et de mairin de différentes grandeurs, qu'ils ont fournies pour l'orangerie de Fontainebleau (2 p.).................... 547ᴸ 5ˢ

26 may : à elle, pour 150 caisses de mairin de différentes grandeurs, qu'elle a fourni pour l'orangerie du Roulle................................. 264ᴸ

15 février-9 may : à Pierre Guerin, menuisier, parfait payement de 40 caisses d'assemblage cottées A B, de différentes grandeurs, pour l'orangerie de Versailles (4 p.)..................,..... 1480ᴸ

15 février-20 juin : à Jaques Portrait, menuisier, pour 26 caisses d'orangers cottées G, et 13 cottées D, qu'il a fait pour l'orangerie de Fontainebleau (2 p.)...
.... 1080ᴸ

6 juin : à luy, pour cent caisses de mairin, de 12 à 13 pouces en carré, qu'il a fait pour encaisser des jassemains d'Espagne et autres arbres de l'orangerie de Fontainebleau............................ 75ᴸ

15 février-9 may : à Nivet et Veillet, menuisiers, parfait payement de 261 caisses d'assemblage cottées C D E F et H, de différentes grandeurs, qu'ils ont faits pour l'orangerie de Versailles (7 p.)......... 6721ᴸ

15 février : à Valentin Lopin, menuisier, à compte de 36 caisses cottées G et H pour l'orangerie de Versailles................................... 100ᴸ

1ᵉʳ février : à Nicolas Lefebvre, menuisier, pour trois caisses d'assemblage de différentes grandeurs, pour servir de modelle à celles qui seront faites pour l'orangerie du chasteau de Fontainebleau.......... 100ᴸ

29 février-20 juin : à luy, pour 35 caisses d'assemblages par luy faites pour lad. orangerie (3 p.). 813ᴸ 10ˢ

19 décembre : à luy, à compte de 26 caisses d'assemblage pour lad. orangerie................. 300ᴸ

1ᵉʳ février : à Denis Davignon et Valentin Lopin, menuisiers, parfait payement de 349ᴸ pour 11 caisses d'assemblage de différentes grandeurs, pour servir de modelles à celles qui seront faites pour l'orangerie de S. M. à Versailles...................... 149ᴸ

15 février-20 juin : à eux, parfait payement de 38 caisses cottées G, par eux fournies pour l'orangerie de Fontainebleau (4 p.)................... 1186ᴸ

15 février-9 may : aud. Davignon, parfait payement de 41 caisses d'assemblage de différentes grandeurs pour l'orangerie de Versailles (4 p.)......... 762ᴸ

1ᵉʳ février : à Jean Durand, serrurier, pour avoir fourni le fer nécessaire et ferré douze caisses d'assemblage de différentes grandeurs, qu'il ont estre faites pour l'orangerie de S. M. à Fontainebleau.................... 195ᴸ 14ˢ 9ᵈ

1ᵉʳ février-11 avril : à François Boutet, serrurier, à compte de la ferrure de 250 caisses d'assemblage de différentes grandeurs pour l'orangerie de Versailles (6 p.)........................... 3850ᴸ

11 avril-4 juillet : à luy, parfait payement de la ferrure de 108 caisses d'assemblage de différentes grandeurs pour l'orangerie de Fontainebleau (3 p.)....... 1603ᴸ 2ˢ 6ᵈ

18 janvier-9 may : à Valentin Lopin, tonnelier, parfait payement de 1092ᴸ à quoy montent 64 caisses d'assemblages cottées G H, pour l'orangerie de Versailles (4 p.)........................ 992ᴸ

4 juillet-5 décembre : à luy, parfait payement de 4839 caisses de douves de futailles et autres de diverses grandeurs qu'il a fourni pour Trianon (6 p.). 3667ᴸ 5ˢ

29 février-28 mars : à luy, à compte de 18 cuves de quatre pieds de haut, de quatre pieds de large par le haut, sur trois pieds par le bas, pour l'orangerie de Trianon (2 p.)......................... 400ᴸ

9 may-20 juin : à luy et Blaise de Verd, serrurier, payement de la ferrure de douze des cuves cy-dessus (2 p.).............................. 1083ᴸ

1ᵉʳ aoust-5 décembre : à luy, payement de 6715 bouts de douves de tonneaux, de 8 à 10 pieds de long, pour faires de petites caisses à la pépinière du Roulle, pour avoir raccommodé, godronné et ferré 30 seaux ferrez pour planter des arbrisseaux au jardin de Trianon et pour deux caisses d'assemblage pour l'orangerie de Versailles................................ 145ᴸ 13ˢ

Somme de ce chapitre. . . 25514ᴸ 10ˢ 3ᵈ

SAINT-GERMAIN-EN-LAYE.

CONDUITE DE GRAIS.

16 may : à Nicolas Le Jongleur, entrepreneur, à compte d'une conduite de grais de 4 pouces de diamettre qu'il a posée pour mettre une partie de l'eau de Retz qui arrive à Montaigu dans l'ancienne conduite de Saint-Germain-en-Laye 500tt

MAÇONNERIE.

22 février - 20 juin : à Robert Dubray, maçon, parfait payement des quatre glacières qu'il a démolies dans le Boulingrin du chasteau neuf et refaites proche les jardins de MM. les ducs d'Aumont et de Noailles, à Saint-Germain-en-Laye (9 p.) 2614tt 1ˢ 1ᵈ
27 juin : à luy, pour suplément du parfait payement cy-dessus 100tt
11 janvier - 12 décembre : à Jaques Barbier, maçon, à compte des ouvrages de maçonnerie qu'il a rétabli en plusieurs endroits de la dépendance du chasteau de Saint-Germain-en-Laye (14 p.) 2000tt
4 avril : à luy, pour 748 trenchées qu'il a fait aux appuis de la balustrade du haut du chasteau de Saint-Germain pour y sceller des crampons 93tt 10ˢ
5 septembre : à luy, pour 92 toises carrées de gobetage qu'il a fait aux murs du clos du chasteau neuf, à 20ˢ la toise............................ 92tt
25 janvier - 26 décembre : à Jaques Mazière et Pierre Bergeron, entrepreneurs, à compte des amas de matériaux qu'ils font pour les nouveaux ouvrages de maçonnerie à faire pour la basse-cour de Saint-Germain (25 p.)..................... 6376tt 2ˢ 11ᵈ
4 avril - 19 septembre : à Jean de la Rue, maçon, à compte du rétablissement qu'il fait à la première porte de l'entrée du chasteau neuf de Saint-Germain (12 p.)............................ 4500tt
Somme de ce chapitre...... 7577tt 14ˢ

CHARPENTERIE.

25 janvier - 21 mars : à Jean-Jaques Aubert, charpentier, parfait payement de 1571tt 16ˢ 6ᵈ à quoy montent les ouvrages de charpenterie qu'il a rétablis en plusieurs endroits dépendans du chasteau de Saint-Germain-en-Laye (2 p.) 771tt 16ˢ 6ᵈ
27 juin - 14 novembre : à luy, à compte des ouvrages de charpenterie du nouveau bastiment de la cour des cuisines de Saint-Germain (11 p.).......... 13750tt

27 juin - 26 décembre : à luy, pour les ouvrages de charpenterie qu'il a posés à plusieurs augmentations de bastimens à l'hostel du Mayne (4 p.)...... 3668tt 9ˢ
Somme de ce chapitre..... 18190tt 5ˢ 6ᵈ

COUVERTURE.

18 avril - 2 may : à Simon Deschamps, couvreur, à compte du rétablissement qu'il fait à la couverture du chasteau neuf de Saint-Germain (2 p.)........ 500tt
17 octobre - 26 décembre : à luy, sur les ouvrages de couverture d'ardoise qu'il a fait sur le nouveau bastiment de la cour des cuisines (6 p.)............. 4800tt
Somme de ce chapitre.......... 5300tt

MENUISERIE.

11 janvier - 21 mars : à François Millot, menuisier, à compte des ouvrages de menuiserie qu'il a fait et rétabli à plusieurs endroits et dépendances du chasteau de Saint-Germain (3 p.)............... 657tt 6ˢ 8ᵈ
5 - 19 septembre : à luy, sur le revestement dans l'appartement de la Reyne et de Monseigneur, au chasteau (2 p.)........................... 600tt
14 novembre - 12 décembre : à luy, sur le rétablissement des croisées pour le derrière du nouveau bastiment de la cour des cuisines dud. chasteau (4 p.)... 1200tt
22 février : à Élizabeth Berton, veuve Lavier, menuisier, à compte des ouvrages de menuiserie qu'elle a fait faire au chasteau de Saint-Germain........ 200tt
Somme de ce chapitre...... 2657tt 6ˢ 8ᵈ

SERRURERIE.

25 janvier - 18 avril : à Joseph Rouillé, serrurier, à compte de ses ouvrages de serrurerie à plusieurs endroits de la dépendance de Saint-Germain (3 p.)..... 650tt
11 juillet - 28 novembre : à luy, parfait payement des gros fers et autres ferrures, livrés et mis en œuvre pour la construction du nouveau bastiment de la Capitainerie (10 p.)........................... 5235tt 7ˢ 2ᵈ
26 décembre : à luy, sur les gros fers et ferrures. 200tt
11 janvier - 12 décembre : à Louis Piau, serrurier, à compte de ses ouvrages de serrurerie à plusieurs endroits et dépendances dud. chasteau (8 p.) 545tt
22 février : à luy, pour avoir démoli les berceaux et portiques qui étoient dans le Boulingrain du chasteau neuf, que l'on a ostez à cause du changement de dessein dud. bosquet................................. 45tt
21 mars : à luy, sur les ouvrages de serrurerie qu'il a fait au cabinet de Monseigneur, au chasteau...... 60tt
Somme de ce chapitre...... 6735tt 7ˢ 2ᵈ

VITRERIE.

14 mars : à Claude Cosset, vitrier, parfait payement de 7327ᴸ 3ˢ 3ᵈ à quoy montent les vitres qu'il a fournies au chasteau de Saint-Germain-en-Laye, et les réparations par luy faites tant au chasteau qu'autres maisons qui en dépendent, pendant les années 1684, 1685, 1686 et 1687, y compris 125ᴸ qui luy sont déduits pour un milier de plomb qui luy a esté délivré au magasin de Saint-Germain, à raison de 2ˢ 6ᵈ la livre... 402ᴸ 3ˢ 3ᵈ

PLOMBERIE.

11 janvier : à Jaques Lucas, plombier, pour les plombs et soudures qu'il a livré au magasin de Saint-Germain pour y faire les réparations nécessaires, depuis le 23 mars 1686 jusqu'au 17 octobre 1687......... 1068ᴸ 8ˢ

14-28 novembre : à luy, parfait payement de la main-d'œuvre de 11582 livres de plomb en table, à 40ᴸ le millier, et 550 livres de soudure, qu'il a livrez pour le nouveau bastiment (2 p.)............ 738ᴸ 5ˢ 7ᵈ

12-26 décembre : à luy, sur ses ouvrages de plomberie aux nouveaux bastimens (2 p.)......... 500ᴸ

Somme de ce chapitre..... 2306ᴸ 13ˢ 7ᵈ

PAVÉ.

11 janvier-8 février : à Gilles Deriaux, paveur, à compte de ses ouvrages de pavé à des endroits nécessaires pour le passage des ravines au-dessus de l'aqueduc, qui est depuis Joyenval jusqu'à Montaigu, passant dans le fonds de Retz (3 p.)................ 500ᴸ

11-25 juillet : à luy, parfait payement à quoy monte le rétablissement qu'il a fait au pavé du nouveau chemin du Pecq (2 p.)..................... 150ᴸ

Somme de ce chapitre.......... 650ᴸ

PEINTURE.

5 septembre : à la veuve Jean Boisseau, peintre, pour les ouvrages de peinture de blanc de séruze à huile qu'elle a fait sur la vieille balustrade du haut du chasteau de Saint Germain en 1684............... 93ᴸ 12ˢ

LABOURS ET TERRASSES.

22 février-16 may : à Pierre Raguille, terrassier, parfait payement des terres qu'il transporte dans le fond du Boulingrin du chasteau neuf de Saint-Germain (7 p.)......................... 1551ᴸ 8ˢ 4ᵈ

22 février-21 mars : à Thomas Fequiet, terrassier, parfait payement des labours qu'il fait dans le petit parc de Saint-Germain...................... 147ᴸ 18ˢ

21 mars-2 may : à Estienne Faucoeux, parfait payement des terres qu'il a enlevées pour construire une rampe à costé de la demie lune de la teste de la nouvelle avenue du chasteau joignant le Boulingrin (3 p.)..... .... 350ᴸ 18ˢ

30 may : à luy, pour la terre qu'il a enlevée joignant l'abrevoir de Saint-Germain et transportée en plusieurs fonds du chasteau neuf................. 41ᴸ 5ˢ

22 février-21 mars : à Nicolas Duval, terrassier, parfait payement de ses labours dans le petit parc (2 p.)............................. 124ᴸ 1ˢ

21 mars : à Pierre Charpentier, pour avoir régallé le terrain entre le chasteau neuf et le vieux chasteau de Saint-Germain...................... 33ᴸ

22 février-21 mars : à Germain Charpentier, parfait payement des labours par luy faits dans le petit parc (2 p.)............................. 194ᴸ

18 avril : à luy, pour avoir régallé le terrain de la moitié des labours du petit parc............... 66ᴸ

11 juillet : à luy, pour 8166 ormes qu'il a labouré dans le petit parc où l'on a planté des ormes.... 49ᴸ

22 février-21 mars : à Claude Treslin, parfait payement de ses labours dans le petit parc (2 p.)......... .... 109ᴸ 19ˢ 9ᵈ

21 mars : à Pierre Rochefort, pour ses labours dans le petit parc....................... 31ᴸ 4ˢ 3ᵈ

A Henri Godard, idem................ 36ᴸ 14ˢ 6ᵈ

A Guillaume Laurens, idem.............. 12ᴸ 9ˢ

A Jean Drouard, idem................. 95ᴸ 6ˢ 7ᵈ

28 mars : à François Palles, idem...... 29ᴸ 13ˢ 4ᵈ

2 may : à Pierre Motte, pour le régalement qu'il a fait à partie des labours du Boulingrin du chasteau neuf............................... 45ᴸ

26 décembre : à luy, payement de 13506 billes d'ormes qu'il a plantées dans les dernières parties de labours du petit parc de Saint-Germain...... 168ᴸ 16ˢ

8 février-21 mars : à Pierre Champagne et Noël Lavenet, terrassiers, parfait payement des labours qu'ils font dans le Boulingrin du chasteau neuf de Saint-Germain, sur 2 pieds 1/2 de profondeur (3 p.)........ .... 1173ᴸ 14ˢ 10ᵈ

22 février-21 mars : à Nicolas Guillau, terrassier, parfait payement de ses labours au petit parc (2 p.)... .... 108ᴸ 18ˢ 9ᵈ

22 février-21 mars : à Barthélemi Bellehoste, parfait payement de ses labours idem (2 p.)... 131ᴸ 8ˢ

22 février-21 mars : à Claude Convé, terrassier, parfait payement de pareils labours (2 p.).... 231ᴸ 5ˢ

11 janvier-25 avril : à Jean Frade, laboureur, par-

ANNÉE 1688. — SAINT-GERMAIN-EN-LAYE.

fait payement de 574ᴸ 6ˢ 1ᵈ à quoy montent les labours et ensemensages par luy faits et fournis aux trois remises de la garenne de Vézinet et autres endroits (2 p.)........
.... 274ᴸ 6ˢ 1ᵈ

16 may : à luy, sur les labours et ensemensages de lad. garenne.................................. 100ᴸ

13 juin : à luy, sur les fossez qu'il fait relever aux endroits où l'on fait des passages pour traverser les plants de la garenne de Vézinet................. 150ᴸ

8 aoust-14 novembre : à luy, parfait payement des fossez qu'il a fait, rétablis et garnis d'épines le long des avenues de lad. garenne (2 p.).......... 295ᴸ 12ˢ

16 may-14 novembre : à luy, pour les trois labours qu'il a fait aux petits plants renfermez de palis dans la forest de Saint-Germain joignant les Loges, montant à 57 arpents 80 perches, à 3ᴸ l'arpent (8 p.).. 520ᴸ 4ˢ

22 février-21 mars : à Simon Dreux, terrassier, parfait payement des labours du petit parc (2 p.)... 113ᴸ

8 février-21 mars : à Joseph Goullié, terrassier, parfait payement des labours du petit parc (2 p.). 161ᴸ 4ˢ

13 juin : à Eustache Saint-Abr, terrassier, pour 300 toises courantes de régallement d'allées qu'il a fait dans le petit parc de Saint-Germain........... 45ᴸ

22 février-21 mars : à François Bertin, terrassier, parfait payement de ses labours dans le petit parc (2 p.)............................... 118ᴸ 19ˢ

11 janvier-11 avril : à Séraphin Hamuel, terrassier, parfait payement de 1327ᴸ 7ˢ 10ᵈ pour les tranchées qu'il a fait dans le Boulingrin du chasteau neuf pour élargir les anciennes, et des bonnes terres qu'il y rapporte (7 p.)........................ 1247ᴸ 7ˢ 10ᵈ

2-16 may : à luy, parfait payement des terres qu'il transporte dans le fond du Boulingrin (2 p.)........
.... 703ᴸ 3ˢ 9ᵈ

8 février-21 mars : à Jaques Boulanger, terrassier, parfait payement des labours qu'il fait dans le petit parc (3 p.)............................. 197ᴸ 5ˢ 11ˢ

22 février-21 mars : à François d'Andrieux, parfait payement de pareils labours (2 p.)......... 219ᴸ 6ˢ

8 février-21 mars : à Charles Amelot, terrassier, parfait payement de pareils labours (2 p.).. 88ᴸ 16ˢ 6ᵈ

26 décembre : à luy, pour deux bouts de chaussée qu'il a fait joignant les estangs de Rets au-dessous de la forest de Marly.......................... 40ᴸ

22 février-21 mars : à Louis Rousseau, terrassier, parfait payement de ses labours dans le petit parc (2 p.)............................... 214ᴸ 11ˢ

8 février-21 mars : à Claude Fillette, jardinier, parfait payement de pareils labours (3 p.).. 192ᴸ 9ˢ 9ᵈ

22 février-21 mars : à Jaques Garnier, parfait payement de ses labours dans le petit parc (2 p.). 195ᴸ 11ˢ

8 février-21 mars : à Estienne Bourguet, terrassier, parfait payement de ses labours (2 p.)..... 168ᴸ 0ˢ 6ᵈ

22 février-21 mars : à Claude Deschars, terrassier, parfait payement de ses labours (2 p.)...... 178ᴸ 19ˢ

8 février-21 mars : à Michel Guilmin, terrassier, parfait payement de ses labours (3 p.)... 206ᴸ 19ˢ 6ᵈ

22 février-21 mars : à Louis Renault, terrassier, parfait payement de ses labours (2 p.)........ 193ᴸ 15ˢ

8 février-21 mars : à Jean Vigor, terrassier, parfait payement de ses labours (2 p.)............ 654ᴸ 1ˢ

21 mars : à luy, pour trenchées qu'il a faites et remplies de bonnes terres joignant les palissades du Boulingrin................................ 236ᴸ

4 avril : à luy, pour les terres qu'il a enlevées dans le petit parc pour rehausser d'une ligne de pente la nouvelle allée en face de la terrasse du chasteau.... 200ᴸ

2-16 may : à luy, parfait payement des terres qu'il transporte dans le fond du Boulingrin (2 p.). 722ᴸ 10ˢ

25 juillet : à luy, pour avoir rempli les ornières depuis la porte de Pontoise, de Saint-Germain, jusque dans la plaine d'Achères.................... 139ᴸ 12ˢ

22 février-21 mars : à Antoine Dossi, terrassier, parfait payement des labours qu'il fait dans le petit parc (2 p.)............................... 44ᴸ 5ˢ 6ᵈ

8 février-21 mars : à Pierre Le Clerc, terrassier, parfait payement de ses labours (2 p.)..... 139ᴸ 6ˢ 4ᵈ

8 février-21 mars : à Jean Montaudouin, terrassier, parfait payement de ses labours (3 p.)... 177ᴸ 18ˢ 10ᵈ

22 février-21 mars : à Charles Saint, terrassier, parfait payement de ses labours (2 p.)...... 153ᴸ 18ˢ 9ᵈ

8 février-21 mars : à Jean Deshayes, terrassier, parfait payement de ses labours (2 p.)..... 146ᴸ 12ˢ 3ᵈ

22 février-21 mars : à François Couplier, terrassier, parfait payement de ses labours (2 p.).. 184ᴸ 10ˢ

A Louis Le Tanneur, terrassier, parfait payement de ses labours (2 p.)......................... 181ᴸ

A Nicolas Lion, terrassier, parfait payement de ses labours (2 p.)........................ 195ᴸ 3ˢ 7ᵈ

A Guillaume Cueville, terrassier, parfait payement de ses labours (2 p.).................. 77ᴸ 8ˢ

A Gille Vanaime, terrassier, parfait payement de ses labours (2 p.)..................... 138ᴸ 18ˢ

25 janvier : à Nicolas Bigot, jardinier, pour 34 toises courantes de gros treillage qu'il a fait au commencement du parterre de Saint-Germain pour le fermer du costé du bastiment, afin d'oster la communication dud. parterre aux ouvriers.................. 85ᴸ

3 octobre - 28 novembre : à Jaques Marais, terrassier, parfait payement de 9228 trous qu'il a fait pour remplacer les ormes qui sont morts dans les nouveaux plants du petit parc (4 p.)...................... 692ᴸ 2ˢ

22 aoust-19 septembre : à Denis Dixdeniers, terrassier, parfait payement des régallemens qu'il a fait et des pierres qu'il a ostées dans la dernière partie de labours qui a esté faite dans le petit parc (3 p.)......... 150ᴸ

22 février - 21 mars : à Pierre Ratteau, terrassier, parfait payement de ses labours dans le petit parc (2 p.)............................ 144ᴸ 17ˢ 10ᵈ

22 février - 21 mars : à Antoine Coillard, autre, parfait payement de pareils labours (2 p.)... 125ᴸ 19ˢ 9ᵈ

26 décembre : aux nommez Defonteny et Ferrand, terrassiers, à compte du labour qu'ils font sur deux pieds et demi de profondeur dans le petit parc de Saint-Germain où l'on a abattu le bois.............. 1000ᴸ

21 mars - 2 may : à Jaques Le Cerf, terrassier, à compte du pavé qu'il a arraché dans la cour des cuisines de Saint-Germain à cause du nouveau bastiment (2 p.)............................... 150ᴸ

26 décembre : à Robert Mine d'Onge, pour le labour, sur deux pieds et demi de profondeur, à 21 perches de terrain dans le petit parc de Saint-Germain...... 42ᴸ

Somme de ce chapitre.... 6127ᴸ 19ˢ 1ᵈ

DÉPENSES EXTRAORDINAIRES DE SAINT-GERMAIN.

22 février : à Robert Retz, voiturier, pour avoir démoli et transporté au magasin les planches et pieux provenans de la démolition du Mail dud. Saint-Germain....................... 66ᴸ

7 mars : à Claude Beaunier, remboursement du papier et autres menues dépenses qu'il a faites pour recouvrir les dorures des cabinets du chasteau de Saint-Germain........................ 59ᴸ 18ˢ 6ᵈ

4 avril : à la veuve Dossy, voiturière, pour trois journées et demie d'une voiture à quatre chevaux par elle employée à voiturer 1400 ormes depuis la porte de Gallye jusque dans le parc de Saint-Germain.... 35ᴸ

A Toussaint Tuyau et autres, pour les ormes qu'ils ont livré dans le petit parc pour planter dans les nouveaux labours, au nombre de 2652, à raison de 9ˢ la pièce................................ 1193ᴸ 8ˢ

18 avril : à Nicolas Maugé et autres, pour 2729 ormes qu'ils ont livré, idem............... 1228ᴸ 1ˢ

2 may : à Royer, fondeur, pour avoir refondu et augmenté la cloche des Pères Récolets de Saint-Germain.............................. 199ᴸ 6ˢ

A Pierre Jolly, pour 38 travées qu'il a relevées et rétablies autour des remises de la garenne de Vézinet. 60ᴸ

28 novembre : à luy, pour le rétablissement des pallis de la première remise à gibier de lad. garenne.... 45ᴸ

30 may : à François Lavecher, pour deux paires d'arosoirs, 50 boîtes d'éclatais et une trenchée qu'il a fouillée et remplie de bonne terre au pourtour des murs du jardin joignant le Pecq, appartenant au Roy...... 114ᴸ

27 juin : au sʳ de Bernapré, remboursement de 231 toises de bois qu'il a fait desserter à plusieurs endroits des routes des Aluests pour la commodité de la chasse de Monseigneur..................... 177ᴸ

25 juillet : à Gervais, chaudronnier, pour quatre paires d'arrousoirs qu'il a livrez aux jardiniers de Saint-Germain............................. 96ᴸ

14 novembre : à Pierre Bonvalet, vuidangeur, pour avoir vuidé les lieux communs de la Capitainerie......
.... 66ᴸ 13ˢ 4ᵈ

A Pierre Couillié, jardinier du Val, pour deux années du loyer de deux chambres qu'il a occupées au village de Carrière-sous-Bois où il a serré les fruits d'hyver qu'il a portez à S. M. pendant 1686 et 1687.. 60ᴸ

Somme de ce chapitre........ 3400ᴸ 6ˢ

ENTRETENEMENS DU CHASTEAU DE SAINT-GERMAIN.

11 janvier - 3 octobre : à Louis Isabelle, garçon plombier, pour une année de l'entretien des plombs sur la couverture du chasteau de Saint-Germain et des maisons en dépendantes (4 p.)................... 900ᴸ

11 janvier - 3 octobre : à Simon Deschamps, couvreur, ayant l'entretenement des couvertures et des dépendances des chasteaux de Saint-Germain et de Marly (4 p.)............................. 2000ᴸ

11 janvier : à Pierre Jolly, garde des plants et pallis de la forest de Saint-Germain, pour avoir servi à la conservation des nouveaux plants et réparations des pallis qui sont joignant les Loges dans la forest de Saint-Germain pendant l'année 1687............... 150ᴸ

3 octobre : à luy, pour une année de l'entretien des cages qui conservent les ormes plantez dans la route des Loges en face du chasteau.................. 100ᴸ

11 janvier : à Jean-Baptiste La Lande, jardinier, pour le charbon qu'il a fourni pour échauffer l'orangerie de Saint-Germain, et pour avoir bouché la grande porte de son entretenement pendant le présent hyver.. 250ᴸ

11 janvier - 11 juillet : à luy, pour les labours et entretenement des palissades du parc de Saint-Germain pendant les six derniers mois 1687 et six premiers 1688 (2 p.)............................ 400ᴸ

ANNÉE 1688. — MARLY.

25 janvier-3 octobre : à Jaques Barbier, maçon, ayant l'entretenement de la terrasse, perrons, murs de closture et loges des suisses de la dépendance de Saint-Germain-en-Laye et de Marly, pour une année de ses gages (4 p.) 2000ᴛᴛ

5 septembre : à Léger Acremant, suisse à la garde de la porte de Carrière-sous-Poissy, pour avoir entretenu les escarpemens qui sont entre Carrière et Denouval et avoir nettoyé le sable, dessous partie des arches du pont de Poissy, pendant une année 40ᴛᴛ

Somme de ce chapitre 5840ᴛᴛ

OUVRIERS À JOURNÉES.

11 janvier-25 juillet : aux ouvriers qui ont travaillé à la journée du Roy à démolir la tuile, le bois de charpente et la menuiserie de partie du bastiment de la cour des cuisines de Saint-Germain et à les transporter au magasin, depuis le 25 décembre 1687 jusqu'au 15 juillet 1688 (14 p.) 1843ᴛᴛ 12ˢ 9ᵈ

25 janvier-8 février : aux ouvriers qui ont travaillé à remplir la glacière du Val (2 p.) 422ᴛᴛ 4ˢ 2ᵈ

22 février : à ceux qui ont travaillé à construire un échafaux fait pour voir sortir les cerfs des toiles de la vente Saint-Léger hors de la forest de Saint-Germain, pendant la journée du 18 février 85ᴛᴛ 12ˢ

22 février-26 décembre : à ceux qui ont travaillé au chasteau et dépendances, à la journée du Roy, à ranger les démolitions, depuis le 25 février jusqu'au 24 décembre (14 p.) 1656ᴛᴛ 2ˢ 5ᵈ

18 avril-13 juin : à ceux qui ont travaillé, au Boulingrin du chasteau neuf et du petit parc, à planter les ormes et autres petits plants dans les nouveaux labours, depuis le 2 avril jusqu'au 12 juin (5 p.) 611ᴛᴛ 13ˢ 9ᵈ

11 juillet : à ceux qui ont travaillé à labourer, sur 2 pieds 1/2 de profondeur, la deuxième partie du terrain du petit parc de Saint-Germain qui est entre la chapelle, le bois et le mur de closture du costé du parterre, montant à 16 arpents 41 perches 141 pieds 1/2, à raison de 300ᴛᴛ l'arpent 4958ᴛᴛ 2ˢ 4ᵈ

25 juillet-8 aoust : à ceux qui ont travaillé aux nouvelles routtes au travers du petit parc de Saint-Germain en l'alignement de la terrasse du chasteau (2 p.) 222ᴛᴛ 13ˢ 4ᵈ

Somme de ce chapitre 9800ᴛᴛ 0ˢ 9ᵈ

MARLY.

MAÇONNERIE.

11 janvier-21 mars : à Jaques Loizeleur, maçon, parfait payement de la somme de 816ᴛᴛ 15ˢ à quoy montent les ouvrages de maçonnerie qu'il a faits pour la construction de l'abreuvoir de Marly à l'endroit de la décharge des eaux (3 p.) 466ᴛᴛ 15ˢ

8 aoust-12 décembre : à luy, sur les aqueducs et pierrées qu'il rabaisse des deux costez du chasteau et sur les autres allées à l'endroit des rigolles pour y pouvoir mettre la bonne terre (9 p.) 2500ᴛᴛ

11 janvier-26 décembre : à Jean Bailly et Louis Rocher, entrepreneurs, à compte de leurs ouvrages de maçonnerie en plusieurs endroits de la dépendance du chasteau neuf (10 p.) 5200ᴛᴛ

11 janvier : à eux, à compte des ouvrages de maçonnerie qu'ils ont fait au chasteau de Marly en 1685. 3000ᴛᴛ

7 mars-3 octobre : à eux, à compte des amas de matériaux qu'ils font pour l'augmentation d'épaisseur et exaussement du mur de revestement de la chaussée de l'estang du Trou-d'Enfer (15 p.) 12550ᴛᴛ

21 mars-26 décembre : à eux, à compte des amas de matériaux qu'ils font pour la construction de l'église parroissiale du village de Marly (21 p.) 29200ᴛᴛ

18 avril : à Martin Molière, maçon, pour les réparations de maçonnerie qu'il a faites en plusieurs endroits des bastimens de Marly pendant les trois premiers mois 1688 .... 109ᴛᴛ 18ˢ

11 janvier-14 novembre : à François Gobin, maçon, pour les ouvrages de maçonnerie à plusieurs endroits de la dépendance du chasteau de Marly (5 p.). 621ᴛᴛ 4ˢ 4ᵈ

11 juillet-19 septembre : à luy, parfait payement des ouvrages de maçonnerie qu'il a fait au changement du cinquième pavillon de l'aile du costé du village de Marly (4 p.) 639ᴛᴛ 2ˢ

17 octobre : à luy, pour ses ouvrages à la démolition et rétablissement du platfond de la calotte du chasteau, et autres ouvrages 493ᴛᴛ 4ˢ

Somme de ce chapitre 54780ᴛᴛ 3ˢ 4ᵈ

TERRASSES ET JARDINAGES.

11 janvier-15 février : à Jaques Le Jay, terrassier, parfait payement de la somme de 1400ᴛᴛ 8ˢ 3ᵈ à quoy montent les derniers labours qu'il a fait aux plants de la dépendance du parc de Marly et autres ouvrages (2 p.) 420ᴛᴛ 8ˢ 3ᵈ

7 mars : à luy, pour les trous qu'il a fait des deux costés de l'allée nouvelle dans la plaine du Trou-d'Enfer, et les ormes plantez et armez d'épines 183ᴛᴛ 16ˢ

7 mars-20 juin : à luy, parfait payement des fouilles et transport de terre pour le rabaissement du terrain de

la demie lune de l'entrée de Marly entre les corps de garde (6 p.)........................ 2659ⁿ 5ˢ 4ᵈ

27 juin-14 novembre : à luy, payement des trois labours qu'il a faits aux plants et bosquets de la dépendance du parc de Marly (3 p.)......... 763ⁿ 10ˢ 8ᵈ

2 may-14 novembre : à luy, sur le gazonnage à queue qu'il fait pour le revêtement des chaussées de l'estang du Trou-d'Enfer (11 p.).................... 6550ⁿ

6 juin : à luy, parfait payement de la somme de 1583ⁿ 10ˢ à quoy montent 1464 toises courantes de gros treillages qu'il a fait en plusieurs endroits de la dépendance du jardin de Marly, à raison de 20ˢ la toise, et autres ouvrages................. 233ⁿ 10ˢ

22 aoust : à luy, pour une rigolle faite sur le terrain au-dessus des glacis joignant le bois du costé de la chapelle.............................. 75ⁿ 10ˢ

19 septembre : à luy, pour 82 toises carrées de recoupes qu'il a façonnées sur la pièce du devant de Marly............................... 20ⁿ 10ˢ

16 may-20 juin : à luy, parfait payement des recoupes qu'il a rebattues et resablées à la sortie de l'hyver en divers endroits du jardin de Marly, au nombre de 18730 toises carrées, à raison de 15ˢ 6ᵈ la toise (3 p.).............................. 1404ⁿ 15ˢ

31 octobre-28 novembre : à luy, parfait payement de 4110 trous qu'il a fait dans le dessus de Marly et aux avenues de la plaine du Trou-d'Enfer pour remplacer les ormes morts (2 p.).................. 308ⁿ 5ˢ

25 juillet-22 aoust : à luy, parfait payement de la recoupe qu'il enlève en partie des endroits du jardin de Marly où l'on doit planter des bosquets (3 p.)........
.... 506ⁿ 9ˢ 9ᵈ

8 aoust-28 novembre : à luy, sur la fouille et transport des terres qu'il fait à plusieurs endroits du jardin de Marly pour construire les trenchées où l'on doit planter des ormes et des ifs et des bonnes terres qu'il rapporte dans lesd. trenchées (8 p.).......... 3700ⁿ

25 juillet-26 décembre : à luy, à compte de la recoupe qu'il façonne en partie des allées du jardin de Marly et entre le chasteau et le grand perron (2 p.)...
.... 550ⁿ

11 janvier-4 juillet : à CHARLES AMELOT, terrassier, parfait payement de 2062ⁿ 2ˢ 2ᵈ à quoy montent les deux labours qu'il a fait aux plants et bosquets de la dépendance du chasteau de Marly, et des régallemens de routes dans la plaine du Trou-d'Enfer et les bois joignant le parc de Noisy en 1687 (3 p.).... 457ⁿ 2ˢ 2ᵈ

13 juin : à FRANÇOIS THIERY, jardinier, pour avoir nettoyé partie des allées du parc de Noisy......... 38ⁿ

11 janvier-25 avril : à JEAN VIGON, terrassier, parfait payement de 517 trous par luy faits pour seulement des poteaux de la barrière posée des deux costez de la principale descente de Marly (2 p.)......... 129ⁿ 5ˢ

2 may-13 juin : à luy, parfait payement des régallemens qu'il a fait à partie des nouvelles routtes de la forest de Marly (4 p.)...................... 470ⁿ 5ˢ 2ᵈ

4 juillet : à luy, pour avoir vuidé et transporté hors du parc de Marly les gravois provenans du pavillon des bains................................. 96ⁿ

11 janvier-25 avril : à luy, parfait payement des routtes qu'il régalle entre la porte de la croix Saint-Philippe et le parc de Noisy pour la commodité de la chasse de S. M. (3 p.)........................ 200ⁿ

7 mars : à luy, pour régallemens de terre qu'il a fait en divers endroits de la dépendance de Marly... 200ⁿ

8 aoust-19 septembre : à luy, pour avoir raporté des terres en plusieurs endroits et autres ouvrages (2 p.)..
.... 412ⁿ 10ˢ

8 aoust-28 novembre : à luy, à compte de la fouille et transport des terres pour les tranchées du jardin de Marly où l'on doit planter des ormes et des ifs, et de la bonne terre qu'il rapporte dans lesd. trenchées (6 p.)................................ 900ⁿ

17 octobre-12 décembre : à luy, pour partie des terrasses qu'il a enlevées en plusieurs endroits de la dépendance de Marly, et pour 143 toises 2 pieds courants de trenchée qu'il a fouillé pour une branche de la conduite de la bonne eau que l'on prend sous le chasteau de Marly pour l'amener au milieu de la ligne des pavillons du costé de Luciennes, et autres ouvrages (4 p.). 564ⁿ 10ˢ

11-25 janvier : à PIERRE CHAMPAGNE et NOËL LAFENEY, terrassiers, à compte de la fouille et transport des terres qu'ils font en divers endroits de la dépendance du chasteau de Marly (2 p.)..................... 340ⁿ

7 mars : à eux, pour les terres qu'ils ont enlevées au bout de la nouvelle allée de la plaine du Trou-d'Enfer...................... 50ⁿ 19ˢ 9ᵈ

21 mars-26 décembre : à eux, sur les terres qu'ils enlèvent et le conroy qu'ils font pour la construction de la nouvelle chaussée et exaucement de l'estang du Trou-d'Enfer (19 p.)..................... 27990ⁿ

11 janvier-29 février : à ESTIENNE BOURGUET, terrassier, parfait payement des terres qu'il rapporte sur les chaussées des réservoirs du dessus de Marly (4 p.). 480ⁿ

7 mars : à luy, pour les régallemens qu'il a fait dans une partie de la nouvelle allée de la plaine du Trou-d'Enfer............................... 41ⁿ 4ˢ

25 juillet-22 septembre : à luy, parfait payement des

ANNÉE 1688. — MARLY.

recoupes qu'il enlève en partie des endroits du jardin de Marly où l'on doit planter des bosquets (3 p.)..... .... 972ᴸ 18ˢ 2ᵈ

8 aoust-26 décembre: à luy, sur la fouille et transport des terres qu'il fait pour les trenchées dud. jardin où l'on doit planter des ormes et des ifs, et des bonnes terres qu'il rapporte dans lesd. trenchées (9 p.). 2790ᴸ

13 juin-12 décembre: à Isaac Gosset, terrassier, à compte de la fouille et transport des terres qu'il fait au-dessous du rez-de-chaussée de l'église parroissiale de Marly (9 p.)........................... 940ᴸ

18 janvier-27 juin: à Claude Voeren, terrassier, pour labours et autres ouvrages dans les jardins et dépendances du chasteau de Marly (8 p.)... 997ᴸ 11ˢ 6ᵈ

25 juillet-22 aoust: à luy, parfait payement des recoupes qu'il enlève en partie des endroits du jardin de Marly où l'on doit planter des bosquets (2 p.)..... .... 283ᴸ 13ˢ 6ᵈ

8 aoust-14 novembre: à luy, sur les terres qu'il remue pour les trenchées du jardin où l'on doit planter des ormes et des ifs (7 p.)................ 1600ᴸ

25 juillet-26 décembre: à luy, parfait payement des labours qu'il a fait dans la partie du terrain entre les réservoirs du dessus de Marly et les corps de garde pour y planter une pépinière d'orme (5 p.)......... 510ᴸ

19 septembre: à luy, pour 1334 toises courantes qu'il a régallé dans la forest de Marly, à 9ᵈ la toise.... 50ᴸ

12 décembre: à luy, pour avoir relevé les boues de l'entrée du village de Marly et celles du chemin depuis led. village jusqu'aux offices................... 86ᴸ

7 mars-13 juin: à Joseph Gourlier, terrassier, parfait payement des régallemens qu'il a fait en partie des nouvelles routes de la forest de Marly, ausquelles il a arraché les souches (7 p.)................ 3000ᴸ 7ˢ

25 juillet-22 aoust: à luy, parfait payement des recoupes qu'il enlève en partie des endroits du jardin de Marly (2 p.).......................... 355ᴸ 19ˢ

8 aoust-14 novembre: à luy, sur les terres qu'il remue pour les trenchées dud. jardin où l'on doit planter des ormes et des ifs, et des bonnes terres qu'il y rapporte (7 p.)............................. 1340ᴸ

25 juillet-26 décembre: à luy, parfait payement des labours qu'il fait à 3 arpents 44 perches entre les réservoirs du dessus de Marly et les corps de garde pour y planter une pépinière d'ormes (5 p.)........ 688ᴸ

19 septembre-5 décembre: à luy, parfait payement des terres qu'il a enlevées dans les routtes de la forest pour la comodité de la chasse de S. M. (3 p.)....... .... 313ᴸ 7ˢ 8ᵈ

7 mars-13 juin: à Jaques Rattier, terrassier, parfait payement des arrachemens de souches et des régallemens dans les allées de la forest de Marly (6 p.)..... .... 688ᴸ 1ˢ 1ᵈ

3 octobre: à luy, pour 2220 toises courantes de chemins qu'il a régallé dans lad. forest, à raison de 9ᵈ la toise................................. 83ᴸ 5ˢ

30 may: à Séraphin Hamuel, labonreur, pour 8 septiers de graine d'herbe qu'il a fournie et semée en divers endroits du parc de Marly.................. 54ᴸ

25 janvier-25 avril: à Claude Feuillet, jardinier, parfait payement de 4349 toises courantes de plattebandes par luy labourées à tous les endroits du parc de Marly où sont plantez les arbres verds et la vigne vierge (2 p.)............................... 137ᴸ 9ˢ

16 juillet-26 décembre: à Pierre Le Clerc, dit Pitre, terrassier, à compte des remuemens de terre qu'il fait dans la dépendance du chasteau de Marly (10 p.)................................ 4000ᴸ

12 décembre: à Nicolas Borienne, terrassier, pour avoir régallé et rempli de pierre les ornières de l'allée au devant des pavillons de l'aile du costé de Luciennes................................... 63ᴸ

16 may-17 octobre: à Pierre Motte, terrassier, pour avoir nettoyé et ratissé diverses allées des jardins et dépendances du chasteau de Marly (8 p.)..... 877ᴸ

22 février: à François Moulin, terrassier, pour avoir régallé le terrain au pourtour de la chapelle des chevaux d'eau dans la forest de Marly................. 50ᴸ

7 mars-13 juin: à luy, parfait payement des arrachemens de souches et des régallemens qu'il a fait dans les allées de la dépendance de Marly (6 p.).. 736ᴸ 14ˢ

22 aoust: à luy, pour des terres qu'il a enlevées à plusieurs endroits des nouvelles routtes des cent arpens de la forest de Marly pour la commodité de la chasse................................. 91ᴸ 18ˢ

14-28 novembre: à Jaques Rouen, laboureur, parfait payement des labours qu'il fait à la terre nouvellement rapportée des deux costez du chasteau de Marly (2 p.).................................. 354ᴸ

13 juin: à Saint-Jean, terrassier, pour plusieurs régallemens de trous qu'il a fait dans la commune de Noisy................................. 42ᴸ

A François La Tronce, terrassier, pour idem.. 107ᴸ

27 juin: à Jaques Boulanger, terrassier, pour avoir repassé au rateau les avenues de la plaine du Trou-d'Enfer.................................. 45ᴸ 15ˢ

A Julien Dupont, autre, pour avoir régallé une partie des allées du parc de Noisy et celles des bois joignans.................................... 65ʰ

22 aoust : à François Bourdin, autre, pour avoir élargi et régalé plusieurs chemins dans la forest de Marly.................................... 99ʰ 16ˢ

19 septembre : à Jean Barra, autre, pour avoir rangé les recoupes mises en provision sur la troisième allée du jardin de Marly........................ 27ʰ

12 décembre : à Jean Mine, pour avoir dressé les plattes-bandes nouvellement faites, sur six pieds de largeur, entre les pavillons de l'aisle du costé de Luciennes.................................... 36ʰ

Somme de ce chapitre..... 11623ʰ 11ˢ

SABLE.

30 may : à Jean Frade, laboureur, pour 100 muids de sable de rivière livré dans le parc de Marly.... 75ʰ

11 juillet-8 aoust : à Henry Le Vanneur, pour 889 muids de sable de rivière qu'il a livré, à 15ˢ le muid (2 p.).................................... 666ʰ 15ˢ

Somme de ce chapitre........ 741ʰ 15ˢ

CHARPENTERIE.

25 janvier-4 avril : à Raoul de Pierre, dit Laporte, charpentier, parfait payement de 429 toises 4 pieds courants de barrières qu'il pose des deux costez de la principale descente de Marly (3 p.)........ 2005ʰ 2ˢ 2ᵈ

18 avril : à luy, payement de 60 toises 1 pied courant de barrières qu'il a fait au pourtour de la demie lune au-dessus des pavillons de fer du derrière du chasteau, à raison de 4ʰ 13ˢ 4ᵈ la toise..... 280ʰ 15ˢ 6ᵈ

2 may-27 juin : à luy, parfait payement de ses ouvrages de charpenterie pour la construction du dome nouvellement fait sur le pavillon de la chapelle de Marly........................... 1240ʰ 13ˢ 10ᵈ

11 juillet : à luy, pour avoir taillé et posé des échafauds sur les chasteau et pavillons de Marly, pour attacher des toiles qui ont servi de modèle pour l'exhaussement des attiques que l'on devoit faire sur le chasteau.. 180ʰ

15 février : à luy, parfait payement de 1562ʰ 18ˢ 3ᵈ à quoy montent les ouvrages de charpenterie qu'il a livrez et mis en œuvre à des changements faits à partie des douze pavillons de Marly en 1687.... 912ʰ 18ˢ 3ᵈ

22 février : à luy, pour le hangard qu'il a fait au derrière du second Commun de Marly, pour servir de bucher aux officiers............................ 150ʰ

30 may-26 décembre : à luy, à compte des ouvrages de charpenterie qu'il fait pour la construction de l'église parroissialle de Marly (16 p.) 8850ʰ

14 novembre-26 décembre : à luy, sur ses ouvrages pour le nouveau dome du pavillon de la chapelle (4 p.).................................... 1400ʰ

Somme de ce chapitre..... 15019ʰ 9ˢ 9ᵈ

COUVERTURE.

18 juillet : à Estienne Yvon, couvreur, parfait payement de 15250ʰ 11ˢ 6ᵈ à quoy montent les ouvrages de couverture par luy faits aux quatre nouveaux pavillons, escuries et dépendances de Marly en 1684 et 1685.................................... 2350ʰ 11ˢ 6ᵈ

8 février-20 juin : à Simon Deschamps, couvreur, parfait payement de 15940ʰ 13ˢ 4ᵈ à quoy montent les ouvrages de couverture d'ardoise par luy faits aux nouveaux bastimens de la dépendance de Marly, y compris 150ʰ qui luy sont diminuez pour le prix de quinze milliers de tuile qui luy ont esté délivrez du magasin des démolitions (3 p.).................... 3490ʰ 13ˢ 4ᵈ

8 aoust : à luy, sur les réparations de couverture d'ardoise des bastimens de Marly, outre ses entretenemens.................................... 300ʰ

22 aoust-3 octobre : à luy, sur la couverture de tuile qu'il fait à l'église parroissialle de Marly (4 p.).. 700ʰ

Somme de ce chapitre..... 6841ʰ 4ˢ 10ᵈ

MENUISERIE.

25 janvier-11 avril : à François Millot, menuisier, parfait payement de 869ʰ 3ˢ 11ᵈ à quoy montent les ouvrages de menuiserie qu'il a fait dans les appartemens de Mᵐᵉ de Maintenon et autres endroits du chasteau de Marly (2 p.)................. 469ʰ 3ˢ 11ᵈ

2 may : à luy, sur les armoires de menuiserie qu'il fait dans la salle du premier étage du pavillon des offices où loge M. Bontemps.................... 300ʰ

16 may-27 juin : à luy, sur les modèles de cheminées qu'il fait (4 p.)................... 1500ʰ

11 juillet-17 octobre : à luy, sur ses ouvrages en divers endroits de la dépendance dud. chasteau (6 p.)..
.... 1800ʰ

8 février-25 avril : à Jaques Mirel, menuisier, parfait payement de plusieurs ouvrages et réparations de menuiserie au chasteau et dépendances de Marly (4 p.).................................... 606ʰ 10ˢ 1ᵈ

13 juin : à luy, sur les modèles de cheminées qu'il fait au-dessus du pavillon de la salle des gardes.... 200ʰ

11 juillet-26 décembre : à luy, sur la menuiserie qu'il a posée à plusieurs endroits de la dépendance dud. chasteau (8 p.).................... 1300ʰ

11 juillet-31 octobre : à Louis Nivet, menuisier, sur

la menuiserie qu'il a posée pour la construction des bains de Marly (3 p.) 1350ʰ

26 décembre : à luy, sur la menuiserie qu'il rétablit pour l'église parroissiale 400ʰ

Somme de ce chapitre 7925ʰ 14ˢ

SERRURERIE.

8 février : à ROBERT BOUTET et ALEXIS FONDRIN, pour le gros fer et autres ferrures qu'ils ont livré et mis en œuvre au chasteau et autres bastimens de Marly. 312ʰ 5ᵈ

2-30 may : aud. FONDRIN, sur plusieurs réparations de gros fer et ferrures qu'il a fait en la dépendance dud. chasteau (2 p.) 300ʰ

30 may-26 décembre : à luy, sur le gros fer qu'il fournit pour la construction de l'église parroissiale (15 p.) 4650ʰ

2 may-14 novembre : à LOUIS PIAU, serrurier, pour cinq machines de taulle qu'il a fait et posées aux cheminées du chasteau de Marly et à l'appartement de Mᵐᵉ DE MAINTENON (3 p.) 330ʰ

11 janvier-11 avril : à GASTON MARTIN, serrurier, parfait payement de 1526ʰ 17ˢ 6ᵈ à quoy montent le rétablissement et fournitures de gros fer et ferrures qu'il a fait au chasteau et pavillons de Marly en 1687 et 1688, compris 259ʰ qui luy sont diminuez pour 3700 livres de vieil fer qu'il a eu du magasin de Marly (6 p.) 907ʰ 17ˢ 6ᵈ

13 juin-14 novembre : à luy, parfait payement du gros fer qu'il a fourni et des ferrures qu'il a rétablies aud. chasteau (9 p.) 1506ʰ 14ˢ 4ᵈ

26 décembre : à luy, sur la serrurerie qu'il rétablit au chasteau et dépendances de Marly 100ʰ

13 juin : à GÉRARD DESCHAMPS, taillandier, pour deux fers de charrue, de 3 pieds de long sur 6 pouces de large, garnis de deux queues, qu'il a livrez au magasin de Marly 30ʰ

Somme de ce chapitre 8136ʰ 8ˢ 3ᵈ

VITRERIE.

11 janvier-14 novembre : à CLAUDE COSSET, vitrier, pour réparations de vitres qu'il a fait au chasteau et autres bastimens de Marly (11 p.) 1756ʰ 6ˢ 11ᵈ

28 novembre-12 décembre : à luy, parfait payement du calfeutrement et réparations qu'il a fait aux croisées du chasteau et pavillons de Marly (2 p.) 630ʰ 5ˢ 3ᵈ

26 décembre : à luy, sur les vitres de l'église parroissiale du village de Marly 200ʰ

Somme de ce chapitre 2586ʰ 12ˢ 2ᵈ

PLOMBERIE.

18 janvier : à JAQUES LUCAS, plombier, pour le plomb et la soudure qu'il a livré et mis en œuvre dans la dépendance de Marly 756ʰ 2ˢ

2 may-11 juillet : à luy, parfait payement de la façon du plomb qu'il a livré pour le revestement du dome nouvellement fait sur la chapelle dud. chasteau (3 p.) 1168ʰ 16ˢ

3 octobre-28 novembre : à luy, parfait payement de la main-d'œuvre de 52387 livres de plomb en tablettes, à 40ʰ le millier, et 1210 livres de soudure, à 10ˢ la livre, qui ont esté employés au chasteau et dépendances de Marly (5 p.) 2700ʰ 9ˢ 7ᵈ

12-26 décembre : à luy, pour la main-d'œuvre du plomb qu'il a livré dans la dépendance du chasteau (2 p.) 700ʰ

Somme de ce chapitre 5325ʰ 7ˢ 7ᵈ

PAVÉ.

11 janvier : à LOUIS RENOULT, paveur, à compte des nouveaux ouvrages de pavé qu'il fait dans le parc de Marly 300ʰ

7 mars : à luy, sur ses ouvrages depuis la grille du Trou-d'Enfer jusques joignant les pavillons de fer du derrière du chasteau 1000ʰ

21 mars-20 juin : à luy, parfait payement de 12168ʰ 18ˢ 2ᵈ à quoy montent les ouvrages de pavé par luy faits dans la dépendance du chasteau (7 p.). 10568ʰ 18ˢ 2ᵈ

17 octobre-14 novembre : à luy, sur ses ouvrages à divers endroits de la dépendance du chasteau (3 p.). 900ʰ

Somme de ce chapitre 12768ʰ 18ˢ 2ᵈ

PEINTURE.

4 juillet : à LOUIS POISSON, peintre, parfait payement de 5483ʰ 9ˢ 6ᵈ à quoy montent les ouvrages de peinture, manière de paysage, qu'il a fait aux deux Communs de Marly 633ʰ 9ˢ 6ᵈ

11 juillet : à luy, pour avoir peint les modèles de l'attique que l'on devoit relever au-dessus du pavillon de la salle des gardes et au premier pavillon de l'aile du mesme costé 210ʰ

11 janvier-12 décembre : à LOUIS POISSON, peintre, à compte des ouvrages de grosse impression de peinture qu'il fait à la menuiserie en plusieurs endroits du chasteau et dépendances de Marly (6 p.) 850ʰ

7 mars-13 juin : à luy, sur sa peinture aux nouvelles barrières de Marly (7 p.) 900ʰ

11.

25 juillet-8 aoust : à luy, sur les carreaux d'Holande qu'il peint sur la menuiserie des bains (2 p.)... 600ᴸ

5 septembre : à luy, sur la peinture aux ornemens de sculpture des modelles du dessus du chasteau et pavillons.................................. 150ᴸ

21 mars-26 décembre : à Philipes Meusnier, peintre, à compte de la peinture qu'il a fait à partie des nouveaux bastimens de Marly (2 p.)............. 400ᴸ

11-25 juillet : à Le Moyne, peintre, pour avoir peint les modèles de l'attique du dessus du chasteau de Marly (2 p.).................................... 322ᴸ

11 juillet : à Petit, peintre, pour 69 toises quarrées de toilles peintes de deux couches qu'il a livrées au magasin de Marly pour faire lesd. modèles, à raison de 5ᴸ 8ˢ la toise...................... 385ᴸ 12ˢ

19 septembre : à Bailly, peintre, pour avoir mis en couleur d'eau bronzée les deux cuvettes des bains de Marly.................................... 30ᴸ

Somme de ce chapitre...... 4481ᴸ 1ˢ 6ᵈ

SCULPTURE.

3 octobre-26 décembre : aux nommez Bourlier, Guyot et Boutet, sculpteurs, à compte des six couronnemens de sculpture qu'ils font au-dessus des frontons des pavillons de la chapelle, salle des gardes et offices de Marly (7 p.)............................ 2500ᴸ

3 octobre-26 décembre : à Mazeline, Jouvenet et Barnois, sculpteurs, sur les quatre couronnemens qu'ils font au-dessus des frontons des quatre faces dud. chasteau de Marly (7 p.)..................... 5500ᴸ

A Legros, Groüard et Robert, sculpteurs, sur douze torchères de sculpture qu'ils font au-dessus dud. chasteau de Marly (7 p.)........................ 2000ᴸ

A Prou, sculpteur, sur huit cassolettes de sculpture qu'il fait au-dessus du chasteau de Marly (7 p.)... 1700ᴸ

A Louis et Jean François, sculpteurs, sur les vazes de sculpture qu'ils font pour tous les pavillons dud. chasteau (7 p.).................................. 2800ᴸ

Aux nommez Vigiel, Roussel et François, sculpteurs, sur 48 couronnemens de sculpture qu'ils font au-dessus du milieu des douze petits pavillons (7 p.)..... 2950ᴸ

Somme de ce chapitre......... 17450ᴸ

DORURE.

11-25 juillet : à Robillard, doreur, à compte des quatre robinets et clouds qu'il a dorés pour le pavillon des bains de Marly (2 p.)................... 300ᴸ

CHAUDRONNERIE ET CONDUITES DE FER.

19 septembre : au nommé Mazeline, chaudronnier, à compte des deux grandes chaudières et des robinets qu'il a livrés aux bains de Marly............. 500ᴸ

3 octobre-28 novembre : à Gilles Le Moyne, fondeur, parfait payement d'un robinet de fonte d'un pied de diametre, qu'il a livré dans le parc de Marly pour mettre à la conduitte d'un pied que l'on continue jusqu'à l'ejustage du bassin du derrière du chasteau, pesant 2555 livres, à 17ˢ la livre (3 p.)......... 2172ᴸ 3ˢ 6ᵈ

26 décembre : à Charles-François Polard, parfait payement de la somme de 1064ᴸ 17ˢ 6ᵈ à quoy montent le déposage et reposage par luy fait des conduites de fer d'un pied et de 8 pouces de diametre, depuis les réservoirs du dessus de Marly jusques et joignant le regard au derrière du bassin du grand jet... 664ᴸ 17ˢ 6ᵈ

Somme de ce chapitre........ 3337ᴸ 1ˢ

MARBRERIE.

18 janvier : à la veuve de Jean Ghiert, marbrier, parfait payement de 1206ᴸ 18ˢ 11ᵈ à quoy montent les ouvrages du pavé de marbre blanc et noir par luy faits en 1685 dans la chapelle du chasteau de Marly, à raison de 40ᴸ la toise.................... 604ᴸ 18ˢ 11ᵈ

HORLOGERIE.

27 juin : à Julien Lorry, horloger, à compte du grand mouvement qu'il a fait pour la sonnerie de l'horloge de Marly................................... 150ᴸ

ROCAILLE.

25 juillet-19 septembre : à Nicolas Drouard, rocailleur, parfait payement des carreaux de Hollande qu'il a posez et attachez avec des clouds dans la chambre des bains de Marly (2 p.)................... 220ᴸ

PLASTRE.

28 novembre : à la veuve Verret, plastrière, pour 304 sacs de plastre qu'elle a livrez dans le parc de Marly pour faire des moules, à 3ˢ 4ᵈ le sac. 50ᴸ 13ˢ 4ᵈ

VOITURES.

18 janvier : à Martin Nicole, voiturier, pour avoir déchargé un batteau de pots de terre au port de Marly et les avoir voiturez de là à Trianon, déduction faite de 8ᴸ 12ˢ pour 160 desd. pots de terre qu'il a cassez en chemin................................ 435ᴸ 4ˢ

25 janvier-2 février : à luy, parfait payement de la

ANNÉE 1688. — MARLY.

voiture de 28426 pots de terre depuis le port de Marly jusqu'à Trianon (2 p.)................. 419ᴴ 17ˢ

27 juin : à luy, pour trente-six voyages d'une voiture à quatre chevaux pour amener de la vieille menuiserie du magasin de Versailles à celui de Saint-Germain, pour employer aux nouveaux bastimens de la cour des cuisines................................. 228ᴴ

30 may : à Charles Mathieu, voiturier, pour 3230 perches qu'il a voituré de la forest de Marly au magasin, provenans des routtes nouvellement percées dans lad. forest........................ 121ᴴ 2ˢ 6ᵈ

A Jaques Blouin, autre, pour 3076 perches qu'il a voituré idem........................ 115ᴴ 7ˢ

A Jaques Prieur, autre, pour 729 perches voiturées idem................................ 27ᴴ 6ˢ

A Antoine Duval, autre, pour 5827 facines qu'il a voituré à l'estang du Trou-d'Enfer pour employer au gazonnage........................ 291ᴴ 7ˢ

A la veuve Dossy, pour 2803 facines qu'elle a voituré aud. estang, et 1020 perches au magasin de Marly... .... 191ᴴ 3ˢ

13 juin : à elle, pour 2432 facines qu'elle a voituré pour idem........................ 121ᴴ 12ˢ

3-17 octobre : à elle, parfait payement de 78200 de vieille thuille qu'elle a voituré du magasin de Saint-Germain-en-Laye à l'église parroissiale du village de Marly (2 p.)........................ 234ᴴ 12ˢ

13 juin : à Henri Le Vanneur, batellier, pour 401 muids de sable de rivière qu'il a livré dans le parc de Marly, à 15ˢ le muid................. 300ᴴ 15ˢ

14 novembre : à Jaques Mercier, pour la voiture de 4000 pieds d'ormes du petit parc de Saint-Germain au magasin de Marly................... 40ᴴ

Somme de ce chapitre...... 2526ᴴ 5ˢ 6ᵈ

DÉPENSES EXTRAORDINAIRES DE MARLY.

11 janvier : à Jean Bourguignon, employé au magasin de Marly à y arranger les choses nécessaires, pour ses gages du quartier d'octobre................ 99ᴴ

A Pierre Despoix, vigneron, pour 402 arbres chateignier qu'il a livré pour regarnir en plusieurs endroits nécessaires dans le parc de Marly........ 120ᴴ 12ˢ

11-25 janvier : à Dominique Varisse, ramonneur, pour les cheminées qu'il a ramonées, visitées et accomodées au chasteau et dépendances de Marly (2 p.)... .... 90ᴴ 13ˢ

11 janvier-11 juillet : à Thomas Vitry, plombier, pour remboursement du charbon et outils qu'il a acheptez pour l'entretien des fontaines de Marly et autres menues dépenses (2 p.)................... 146ᴴ 11ˢ 6ᵈ

31 octobre : à luy, pour avoir entretenu l'horloge pendant une année, finie le 1ᵉʳ aoust dernier....... 40ᴴ

25 janvier : à Pierre Champagne et Noël Lavenet, terrassiers, pour avoir rempli de glace deux caves à l'entrée du village de Marly pour le service de S. M. 120ᴴ

25 janvier-28 novembre : à Estienne Langlois, cordier, pour plusieurs marchandises de cordages, clouds et autres choses nécessaires qu'il a livrez au magasin de Marly (2 p.)...................... 771ᴴ 17ˢ 6ᵈ

25 janvier : au sʳ Lefevbre, prévost des Invalides, pour son remboursement de ce qu'il a payé aux sergent et soldats qui ont travaillé à accomoder le chemin de la descente de la montagne de Marly............ 32ᴴ

4 avril : à Charles de Launay et Vincent Martin, voituriers, parfait payement de 187ᴴ 16ˢ pour la voiture, du port de Sève au magasin de Versailles, de 1973 planches de sapin.................. 92ᴴ 16ˢ

18 avril-17 octobre : à Jean Padelain, ramonneur, pour les cheminées qu'il a ramonées, visitées et racomodées avec du plastre au chasteau et autres bastimens de Marly (3 p.)...................... 208ᴴ 5ˢ

18 avril : à Gilles Colin, taillandier, pour plusieurs besches, pics et pioches qu'il a livrez au magasin de Marly............................... 45ᴴ 12ˢ

18 avril : à Toussaint Tuyau, dit Groanez, et autres, pour les ormes, chateigniers et petits plants de chateigniers qu'ils ont livrez dans le parc de Marly.. 166ᴴ 9ˢ

2 may : à Nicolas Maugé, pour 100 chateigniers qu'il a livré dans le parc de Marly................ 30ᴴ

A la veuve Dossy, pour treize journées de voiture à quatre chevaux qu'elle a fourni pour amener de la fassine de la forest de Marly à l'estang du Trou-d'Enfer, pour employer aux gazonnages que l'on y faits.. 117ᴴ

2 may : à Mathieu Delbert, fondeur, pour les réparations qu'il a faites aux robinet et soupape du parc de Marly.............................. 33ᴴ

A Julien Lory, horloger, pour ajustemenus et fournitures d'esquaires et de fil de cuivre qu'il a fait au sujet du changement de la cloche de l'horloge de Marly.. .... 56ᴴ 10ˢ

16 may-13 juin : à Mathieu La Vigne, pour 20735 fassines qu'il a façonnées et livrées dans la forest de Marly pour employer aux gazonnages (2 p.) 310ᴴ 0ˢ 6ᵈ

30 may : au sʳ Vanderhulst, pour remboursement de cent seaux d'ozier brayé qu'il a livré au port de Marly et par luy envoyez de Rouen................ 115ᴴ

11 juillet : à Denis Malgrange, épinglier, pour le

treillis de fil de fer qu'il a livré et mis en œuvre à deux grilles du parc de Marly et avoir rétabli l'ancien treillis au pourtour des autres grilles............ 89ᴸ 11ˢ 8ᵈ

25 juillet : à Frémin, pour 5400 clouds polis qu'il a livrez pour employer à attacher les carreaux de fayance posez dans la chambre des bains que l'on a fait dans un des pavillons de Marly..................... 243ᴸ

A Pierre Branlard, fayancier, pour 8000 carreaux d'Holande qu'il a livré au magasin de Marly. 1827ᴸ 10ˢ

A Gervais, chaudronnier, pour avoir dessoudé les masques et les consolles, fait des trous par le fond pour vuider les cuvettes des bains de Marly, et fourni deux tuiaux de cuivre de chacun 2 pouces de diamettre. 30ᴸ

19 septembre : à Larue, dessinateur, pour remboursement de plusieurs menues dépenses faites pour les ouvrages de Saint-Germain et de Marly.......... 40ᴸ

A Pierre Bonvallet, vuidangeur, pour avoir vuidé les aysances des offices....................... 50ᴸ

31 octobre : à Estienne Jolivet, pour le loyer d'une année du logement du suisse de la troisième porte, faite pour la comodité des habitans de Conflans-Sainte-Honorine............................... 45ᴸ

28 novembre : à Duchemin, chaudronnier, pour les fleurs de lys qu'il a percées dans une plaque de cuivre découppée et posée à une ouverture faite au platfonds du cabinet du Roy aud. chasteau............... 60ᴸ

A Jaques Lefevre, pour un petit bateau qu'il a vendu et livré pour mettre dans l'estang de Reis........ 40ᴸ

12 décembre : à Robert Lesieur, charon, pour un chariot à deux roües qu'il a livré au magasin..... 33ᴸ

Somme de ce chapitre..... 5053ᴸ 8ˢ 12ᵈ

ENTRETENEMENS DU CHASTEAU DE MARLY.

11 janvier-3 octobre : à Thomas Vitry, fontainier, ayant l'entretenement des fontaines et recherche des plombs sur la terrasse du chasteau et pavillons de Marly, pour une année de ses gages (4 p.)......... 1200ᴸ

A luy, pour les gages de son garçon (4 p.)... 400ᴸ

A Louis Garnier, jardinier du jardin de Marly, pour ses gages de la même année (4 p.)............ 800ᴸ

Somme de ce chapitre.......... 2400ᴸ

OUVRIERS À JOURNÉES.

11 janvier-14 novembre : aux ouvriers qui ont travaillé à la journée du Roy à élargir les carrefours des routtes de la nouvelle forest de Marly pour la comodité de la chasse (9 p.)................. 1702ᴸ 19ˢ 3ᵈ

11 janvier-26 décembre : à ceux qui ont travaillé dans la dépendance du chasteau de Marly à divers ouvrages (26 p.)..................... 8425ᴸ 19ˢ 8ᵈ

25 janvier-12 décembre : à ceux qui ont rempli les glacières du chasteau de Marly (2 p.).... 639ᴸ 1ˢ 8ᵈ

22 février : à ceux qui ont travaillé au modèle de la lanterne de la chapelle de Marly où l'on doit poser la cloche............................. 68ᴸ 7ˢ

7 mars : à ceux qui ont travaillé à rétablir le pavillon où le feu avoit pris........,......... 102ᴸ 3ˢ

25 juillet-19 septembre : à ceux qui ont servi les sculpteurs qui ont fait des modèles de plastre sur une des faces du chasteau (5 p.).......... 5543ᴸ 9ˢ 3ᵈ

Somme de ce chapitre.. 16481ᴸ 18ˢ 10ᵈ

MACHINE DE LA RIVIÈRE DE SEYNE.

MAÇONNERIE.

18 janvier-14 mars : à Jean de la Rue, entrepreneur, à compte de ses ouvrages de maçonnerie aux magasins, forge et fonderie, sur la grande digue de la machine (3 p.)........................... 1500ᴸ

18 janvier-9 may : à Jean Fay, entrepreneur, à compte de ses ouvrages de maçonnerie aux clostures, revestemens des grands chevalets et autres endroits de la machine (5 p.)......................... 2500ᴸ

25 avril-1ᵉʳ aoust : à luy, à compte de la chaux et des matériaux qu'il fait venir pour la construction du réservoir de Luciennes (3 p.)............. 4500ᴸ

6 juin-4 juillet : à luy, sur la maçonnerie sous les petits chevalets (3 p.).................. 2000ᴸ

15 aoust-5 décembre : à luy, sur la maçonnerie et le pavement de pierre de taille de la grande digue et le changement du mur du réservoir (8 p.)...... 5900ᴸ

12 septembre-19 décembre : à luy, parfait payement des pierres de taille qu'il a fournis sur la grande digue proche la machine, les vieux pavez qu'il a rétablis et les bornes par luy livrées pour la séparation des héritages acquis au nom de S. M. dans les isles (2 p.)............................. 1712ᴸ 13ˢ 4ᵈ

4 janvier-22 may : à Jean Bailly et Louis Rocher, entrepreneurs, à compte des ouvrages de maçonnerie qu'ils ont fait à l'aqueduc d'entre la machine et les réservoirs des environs de Marly (2 p.)...... 14551ᴸ 2ˢ

7 novembre-19 décembre : à Nicolas Le Jongleur, entrepreneur, à compte des conduites de grais qu'il pose pour prendre les eaux au-dessous de la Selle (3 p.)... .... 2600ᴸ

18 janvier-14 mars : à Michel Crosnier, pour

200 de moilon qu'il a livrez et qui ont esté employez au-dessous de la machine pour soutenir le chemin de la chaussée (2 p.)............................ 88ᴸ

14 mars-19 décembre : à Pierre Lefebvre, parfait payement des libages qu'il a fourni pour paver au-dessus et à costé de la grande digne (2 p.)........ 192ᴸ 10ˢ

14 mars : à Joseph Brocard, pour 23 toises 2/3 cubes de moilon provenans de la démolition de la rampe de la tour, qu'il a voituré hors de la closture et entoisé..... .... 53ᴸ 6ˢ 8ᵈ

18 juillet : à Jean de Caux, pour quarante-six futailles de chaux de Triel qu'il a livré pour ragréer le réservoir de Loucienne....................... 230ᴸ

A Jean Parajot, pour vingt-deux futailles de chaux de Garencière, pour *idem*............... 124ᴸ 13ˢ 4ᵈ

15 aoust : à Jean Chiquet, pour seize futailles de chaux de Garencière, pour *idem*............. 90ᴸ 13ˢ 4ᵈ

Somme de ce chapitre.... 3604ᴸ 18ˢ 8ᵈ

TERRASSES.

4-18 janvier : à Nicolas Bobienne, terrassier, pour une rigolle qu'il a faite pour l'écoulement des eaux au-dessus des carrières de la machine et autres ouvrages (2 p.)... 118ᴸ

1ᵉʳ-15 février : à luy, pour transport de terres et de moilons pour remplir les affaissemens des esperons du costé de la rivière neuve (2 p.)................. 132ᴸ

14 mars : à luy, pour un fossé qu'il a relevé sur le chemin de Versailles prez le regard du Jongleur...... .... 30ᴸ 6ˢ 3ᵈ

11 avril-4 juillet : à Nicolas Verdeneuil et Guillaume Laire, parfait payement du régalement des terres qu'ils font entre le regard du Jongleur et le grand aqueduc de la tour (6 p.)................ 2999ᴸ 18ˢ 4ᵈ

18 juillet-19 décembre : à eux, sur les terres qu'ils transportent et le conroy qu'ils font au réservoir de Louciennes (12 p.)......................... 6400ᴸ

15 aoust : à Henry Le Vanneur, terrassier, pour 27 toises 3/4 cubes de terre qu'il a employées devant les digues de Chatou et la Morue............... 83ᴸ 5ˢ

14 mars-11 avril : à Jean Frade, parfait payement de l'ozier qu'il a livré et planté pour remplacer celui qui a manqué dans les isles (2 p.)........... 277ᴸ 15ˢ

26 may : à luy, pour ses labours dans les plants d'oziers des isles Gautier et la Loge......... 137ᴸ 4ˢ

29 aoust-26 septembre : à luy, parfait payement des cailloux qu'il a livrez pour les réparations des digues de Chatou, la Morue et Bezons (2 p.)............ 507ᴸ

15 février-11 avril : à Antoine Hémont, pour moilon et cailloux qu'il a livré pour la réparation de la digue entre l'isle la Chaussée et l'isle Gautier et des pierres qu'il a passées sur la grande digue avant l'hyver (2 p.)........................... 162ᴸ 12ˢ

1ᵉʳ aoust-24 octobre : à luy, parfait payement des pierres et des moilons qu'il a transporté hors des éperons des isles pour les rabaisser (5 p.)..... 507ᴸ 1ˢ 8ᵈ

Somme de ce chapitre..... 11355ᴸ 2ˢ 3ᵈ

CHARPENTERIE.

11 janvier : à Raoul de Pierre, dit La Porte, charpentier, parfait payement de la somme de 11000ᴸ pour l'entretien des charpentes et mouvemens de la machine pendant l'année dernière 1687............. 1000ᴸ

18 janvier : à luy, parfait payement de 4988ᴸ 15ˢ à quoy montent les bois d'augmentation qu'il a fournis aux mouvemens sur la rivière et autres endroits de la machine pendant l'année dernière 1687, y compris 78ᴸ qui luy ont esté rabatus pour deux crys, et 18ᴸ pour deux barils de savon noir, qui luy ont esté délivrez au magasin................................ 1392ᴸ 15ˢ

15 février-19 décembre : à luy, à compte de l'entretien qu'il fait aux charpentes et mouvemens de la machine (16 p.)....................... 10500ᴸ

1ᵉʳ aoust-21 novembre : à luy, sur les bois d'augmentation aux digues et rempiètemens des isles (6 p.)................................. 6000ᴸ

1ᵉʳ aoust-12 septembre : à luy, à compte de ses ouvrages de charpenterie à la machine depuis 1681 (2 p.)............................... 9956ᴸ 17ˢ

1ᵉʳ février-11 avril : à luy, Jean-Jaques Aubert et Jean-Siane Dupont, charpentiers, à compte des bois qu'ils ont fourni aux charpentes, sur les isles, l'estacade, et aux digues de la machine depuis Chatou jusqu'à Bezons (2 p.)................................ 3000ᴸ

1ᵉʳ aoust : aud. Aubert, à compte de ses ouvrages de charpenterie à la machine depuis 1681.. 6563ᴸ 18ˢ 8ᵈ

1ᵉʳ aoust : ausd. La Porte et Aubert, sur *idem*..... .... 6105ᴸ 12ˢ

4 janvier : à Jean-Jaques Aubert et Jean-Siane Dupont, à compte de leurs ouvrages de charpenterie aux rempiettemens des isles proche la machine..... 5000ᴸ

29 février : à Louis Guillon de Fonteni, pour deux gros chesnes, de chacun 16 pieds de long et 6 pieds de gros, qu'il a livrez pour estre employez aux arbres de roue de la machine, à raison de 200ᴸ chacun... 400ᴸ

11 avril : à luy, pour les courbillons et les courbes qu'il a livré pour lad. machine, et les charmes livrez pour les pistons des corps de pompe......... 413ᴸ

20 juin : à Jean Duchemin, pour les embrasures pour les roues et bois de charme qu'il a fournis pour les pistons des corps de pompe de la machine...... 344ᴸᴸ 5ˢ

Somme de ce chapitre..... 50676ᴸᴸ 7ˢ 8ᵈ

COUVERTURE.

25 avril-26 septembre : à Estienne Yvon, couvreur, parfait payement de 10573ᴸᴸ 18ˢ 8ᵈ à quoy montent les ouvrages de couverture d'ardoise et de tuile qu'il a fait aux bastimens de la machine (5 p.)..... 2773ᴸᴸ 18ˢ 8ᵈ

25 avril-21 novembre : à Simon Deschamps, couvreur, à compte de l'entretien des couvertures des bastimens de la machine, à raison de 600ᴸᴸ par an (3 p.)................................. 600ᴸᴸ

Somme de ce chapitre..... 3373ᴸᴸ 18ˢ 8ᵈ

MENUISERIE.

14 mars-5 septembre : à Élisabeth Berton, veuve Lavier, menuisier, parfait payement de 3043ᴸᴸ 1ˢ 8ᵈ à quoy montent les ouvrages de menuiserie qu'elle a fait faire au pavillon et au grand puisard de la machine (5 p.)........................... 843ᴸᴸ 1ˢ 8ᵈ

14 mars-9 may : à Louis Nivet, menuisier, parfait payement de 1021ᴸᴸ 3ˢ 4ᵈ à quoy montent les ouvrages de menuiserie qu'il a faits aux portes de closture à la chapelle et à la tour (2 p.)............. 221ᴸᴸ 3ˢ 4ᵈ

Somme de ce chapitre........ 1064ᴸᴸ 5ˢ

CHARBON.

26 may : au sʳ Vanderhulst, marchand, pour cent barils de charbon d'Angleterre qu'il a livré pour la forge des serruriers à la journée du Roy............ 275ᴸᴸ

24 octobre : à Claude Piat, pour 35 muids de charbon qu'il a livrez pour servir aux réparations des plombs de la machine............................. 105ᴸᴸ

14 mars : à Robert Charpentier, pour 8 muids et demi de charbon livrez pour les ouvrages de plomberie de la machine................................. 25ᴸᴸ 10ˢ

Somme de ce chapitre........ 405ᴸᴸ 10ˢ

CUIRS DE LIÈGE.

6 juin : à Jean Proust, pour son remboursement de vingt-quatre cuirs forts et des clouds qu'il a acheptez à Liège pour les pistons des corps de pompe de la machine............................... 790ᴸᴸ 10ˢ

15 aoust-12 septembre : à luy, pour cinq manivelles qu'il a fait faire à Liège, pour idem (2 p.).. 1284ᴸᴸ 13ˢ

5 décembre : à luy, pour treize cuirs et sept bandes de cuir fort qu'il a acheptez à Liège pour lad. machine............................. 603ᴸᴸ 17ˢ 8ᵈ

1ᵉʳ février-7 novembre : à la veuve Julien Pays, pour 37 cuirs de vache qu'elle a livrez pour les forges, réparations des baches des puisards et coursières de la machine (2 p.).......................... 300ᴸᴸ

Somme de ce chapitre...... 2979ᴸᴸ 0ˢ 8ᵈ

VOITURES.

6 juin-5 décembre : à Louis Frémault, pour la voiture des cuirs et clouds envoyez de Liège et de quatre manivelles qu'il a voiturés, par la rivière d'Oyse, depuis Pontavert jusqu'à la machine (2 p.)........... 43ᴸᴸ

SERRURERIE.

20 juin : à Nicolas Cucu, serrurier, parfait payement de 385ᴸᴸ 10ˢ 4ᵈ à quoy montent les échantignolles, chevilles et boulons qu'il a livrez aux équipages de la tour de la machine et dans les coursières, pendant l'année 1685, y compris 1676ᴸᴸ 9ˢ pour du fer qui lui a esté livré du magasin................................. 226ᴸᴸ 1ˢ 4ᵈ

29 février-29 aoust : à Alexis Fordrin et Robert Boutet, serruriers, à compte des fers qu'ils ont livrez pour les équipages des puisards à mi-coste de la machine (4 p.)................................. 1800ᴸᴸ

5-19 décembre : à Jean-Baptiste Boileau et consors, à compte des chesnes et chevrons de fer qu'ils ont livré pour les balanciers de la machine (2 p.)...... 3000ᴸᴸ

1ᵉʳ février-9 may : à Pierre et Denis Noiret, marchands, parfait payement de 8220ᴸᴸ 2ˢ 3ᵈ à quoy montent les cuivres, clouds à vanne, fers de pieux et autres marchandises qu'ils ont livrez à la machine depuis le mois de février 1685 (2 p.)............ 920ᴸᴸ 2ˢ 3ᵈ

5-19 décembre : à Pierre Menoit et Denis Noiret, à compte des chaisnes et chevrons de fer qu'ils ont livrez pour les balanciers de lad. machine (2 p.).... 4000ᴸᴸ

28 mars-19 septembre : à Nicolas Dezeustres, serrurier, parfait payement de 1933ᴸᴸ 12ˢ 3ᵈ à quoy montent les fers de chevron qu'il a livrez à la huitième chaisne des grands chevalets et septième des petits, des échantignolles qu'il a fourni auxd. chaisnes et autres endroits de la machine (3 p.).......... 1090ᴸᴸ 12ˢ 3ᵈ

15 février-18 avril : à Pierre Menoit, parfait payement de 1862ᴸᴸ 12ˢ 11ᵈ à quoy montent les fers et aciers qu'il a livrez à la machine depuis le 11 mars 1685 (2 p.)...................... 1362ᴸᴸ 12ˢ 11ᵈ

18 janvier-5 décembre : à Philipes Renault et Vincent Morel, serruriers, parfait payement de l'entretien

ANNÉE 1688. — MACHINE DE LA RIVIÈRE DE SEYNE.

qu'ils font aux ouvrages de serrurerie et de forge de la machine (9 p.)........................ 10000ᵗᵗ

22 février : à Vincent Morel, serrurier, parfait payement de 737ᵗᵗ 1ˢ 6ᵈ pour les fers d'augmentation qu'il a livrez à la machine depuis le 17 juillet 1687. 26ᵗᵗ 3ˢ 6ᵈ

28 mars-4 juillet : à luy, parfait payement des fers d'augmentation qu'il a livrez depuis le mois de février 1688 (2 p.).......................... 535ᵗᵗ 13ˢ

20 juin-19 décembre : à luy, à compte des fers qu'il a fournis aux équipages des puisards (6 p.).... 6000ᵗᵗ

28 mars-4 juillet : à Philipes Renault, serrurier, parfait payement des fers d'augmentation qu'il a livrez pour lad. machine (3 p.)................ 1306ᵗᵗ 16ˢ

1ᵉʳ aoust-21 novembre : à luy, parfait payement des fers qu'il a livrez, par augmentation, aux charpentes des digues et rempiettemens des isles et autres endroits de la machine (4 p.)...................... 1356ᵗᵗ

Somme de ce chapitre..... 31624ᵗᵗ 1ˢ 3ᵈ

OUVRAGES DE CUIVRE.

11 janvier : à Joseph Royer, fondeur, parfait payement de 1200ᵗᵗ pour l'entretien des ouvrages de cuivre des mouvemens de lad. machine............ 300ᵗᵗ

18 janvier : à luy, parfait payement de 4116ᵗᵗ 11ˢ à quoy montent les cuivres d'augmentation qu'il a livrez en 1687 en divers endroits de la machine.... 496ᵗᵗ 1ˢ

14 mars-5 décembre : à luy, à compte des cuivres qu'il a livrez, par augmentation, pour les puisards et équipages de lad. machine (8 p.)............. 2500ᵗᵗ

26 septembre : à luy, sur les racordemens de cuivre qu'il a livrez pour les puisards en 1685 et 1686. 1000ᵗᵗ

19 décembre : à luy, 300ᵗᵗ en considération de l'augmentation de l'entretien des cuivres des mouvemens de la machine pendant l'année 1687, et 150ᵗᵗ pour le dédommager des ruptures qui ont esté faites aux équipages sur la rivière pendant la présente année....... 450ᵗᵗ

29 février-18 juillet : à Charles-François Paulart, parfait payement des équipages et calottes de cuivre qu'il a relevez et reposez dans les puisards de lad. machine et sur la rivière (2 p.).................... 740ᵗᵗ

Somme de ce chapitre........ 5486ᵗᵗ 1ˢ

PLOMBERIE.

11 janvier : à Jaques Lucas, plombier, parfait payement de 11224ᵗᵗ 9ˢ 4ᵈ à quoy montent les plombs et soudures qu'il a livrez en 1687 pour le grand aqueduc et terrasse de la tour de la machine, pour le regard du Jongleur et autres endroits dépendans de lad. machine................................. 124ᵗᵗ 9ˢ 4ᵈ

25 juillet : à luy, sur les plombs et soudure qu'il livre pour la machine........................ 647ᵗᵗ 6ˢ

Somme de ce chapitre...... 771ᵗᵗ 15ˢ 4ᵈ

VITRERIE.

14 mars : à Claude Cosset, vitrier, pour les réparations de vitres qu'il a fait aux bastimens de lad. machine, depuis le mois de juin 1687.......... 84ᵗᵗ 3ˢ

GODRONNAGES.

29 février : à Jean Le Vasseur, calfateur, parfait payement de 247ᵗᵗ 12ˢ à quoy montent les godronnages par luy faits à la charpente de la quatorzième roue et couverture des vannes de la machine........... 97ᵗᵗ 12ˢ

CHANDELLES ET AUTRES USTANCILS.

18 janvier : à Philipes Haulmoire, parfait payement de 1038ᵗᵗ 10ˢ 9ᵈ à quoy monte la chandelle, huisle, pots à brusler et autres marchandises par luy fournies pour la machine en 1687............. 288ᵗᵗ 10ˢ 9ᵈ

26 may-10 octobre : à luy, à compte des chandelles, etc., qu'il a livrez pour éclairer les ouvriers, à la journée du Roy (2 p.)..................... 600ᵗᵗ

Somme de ce chapitre....... 888ᵗᵗ 10ˢ 9ᵈ

PAVÉ.

29 février-25 avril : à Louis Renoult, paveur, à compte des ouvrages de pavé qu'il a fait à la machine et autour du grand puisard (3 p.)............. 1100ᵗᵗ

PEINTURE.

4 juillet-22 aoust : à Jean-Baptiste Fauconnier, peintre, parfait payement de 824ᵗᵗ 7ˢ 10ᵈ à quoy montent les peintures qu'il a faites aux portes et croisées des bastimens des magasins, puisards et portes de closture de la machine (2 p.)..................... 334ᵗᵗ 7ˢ 10ᵈ

DIVERSES DÉPENSES.

4 janvier-26 septembre : à Guillaume Tournay, maistre du coche de Sedan, pour la voiture, de Liège jusqu'à Paris, des cuirs forts, clouds et autres marchandises, envoyez de Liège pour servir aux pistons des corps de pompe de lad. machine (2 p.).......... 98ᵗᵗ 19ˢ 6ᵈ

1ᵉʳ février : à Pierre Paticier, pour deux fortes nacelles qu'il a fournies pour passer dans les isles de la machine.............................. 111ᵗᵗ

A Robert Marquant, pour 13 journées 1/2 de voitures qu'il a employées à voiturer les moulins à chapelets du réservoir de Louveciennes et les vieux plombs, fers et bois de démolition des conduites, de la tour au magasin................................... 40ᴴ 10ˢ

15 février : à ESTIENNE LANGLOIS, pour cordages et seaux pour la machine................. 134ᴴ 6ˢ 6ᵈ

A MAURICE LE CERF, pour les bois venus de Rouen qu'il a voiturez du port de Prunay dans les magasins de lad. machine........................ 148ᴴ 15ˢ

29 février-11 avril : à VIVANT MERLIN, voiturier, pour avoir voituré, de la forest de Saint-Germain au magasin de la machine, deux gros chesnes, quatorze troncs et autres bois pour les roues de la machine (2 p.).. 240ᴴ

14 mars : à GILLES MAREST, pour les courbillons et gros troncs d'arbres à faire des rouets pour les roues de la machine, qu'il a écarris et façonnez dans la forest de Saint-Germain...................... 27ᴴ 13ˢ 6ᵈ

11 avril-21 novembre : à NOËL MAILLOT, pour manes d'ozier, seaux et autres ustancils qu'il a livrez pour la machine (2 p.).................... 88ᴴ 19ˢ

6 juin : à FRANÇOIS MICHEL, taillandier, pour outils qu'il a livrez ou qu'il a racomodez pour la machine........................... 52ᴴ 15ˢ

Somme de ce chapitre...... 942ᴴ 18ˢ 6ᵈ

OUVRIERS À JOURNÉES.

4 janvier-19 décembre : aux serruriers, charpentiers et autres ouvriers qui ont travaillé à la journée du Roy à l'entretien de la machine, à la construction d'un pont de bois sur la rivière, au ragrément du mur du réservoir de Louveciennes, et autres ouvrages extraordinaires, depuis le 10 décembre 1687 jusques et compris le 17 décembre 1688 (31 p.)................. 19472ᴴ 7ˢ 4ᵈ

FONTAINEBLEAU.

MAÇONNERIE.

22 février-10 octobre : à NICOLAS VARIN et MATURIN HERSANT, entrepreneurs, à compte des ouvrages de maçonnerie de l'escalier pour descendre de la gallerie de François Iᵉʳ à la chapelle de FRÉMINET, au chasteau de Fontainebleau (11 p.)..................... 10050ᴴ

18 juillet-21 novembre : à eux, à compte des réparations de maçonnerie qu'ils font aud. chasteau (2 p.)............................. 1800ᴴ

11 janvier-9 may : à MATURIN HERSANT, à compte de ses réparations de maçonnerie aud. chasteau en 1687 et 1688 (2 p.).......................... 900ᴴ

9 may : à VARIN, PERRAULT et HERSANT, à compte de leurs ouvrages de maçonnerie à la Surintendance des bastimens de Fontainebleau.............. 2000ᴴ

26 may-21 novembre : à CLÉMENT et PERRAULT, sur leurs ouvrages de maçonnerie aud. lieu (2 p.).. 4000ᴴ

11 janvier : à PAULI et BRUNELET, entrepreneurs, à compte de l'aqueduc qu'ils font au-dessus de la Coudre à Fontainebleau, au lieu dit les Plus[1]........ 800ᴴ

6 juin-5 septembre : à eux, parfait payement de l'écharpe de conroy qu'ils font à la Coudre au-dessous de l'ancien aqueduc (6 p.)............ 936ᴴ 11ˢ 4ᵈ

15 aoust-7 novembre : à eux, parfait payement des murs de closture qu'ils font au jardin de l'Hermite de la Madelaine (4 p.).................. 686ᴴ 16ˢ 4ᵈ

6 juin-7 novembre : à FOUQUET et consors, parfait payement de l'écharpe de conroy, pierrées et autres ouvrages qu'ils ont fait dans le jardin des Pères de la Charité d'Avon (6 p.)................. 1053ᴴ 4ˢ 2ᵈ

4 juillet-21 novembre : à eux, à compte des ouvrages de maçonnerie et de conroy qu'ils font, tant dans le parc de Fontainebleau qu'au réservoir de la Charité d'Avon (2 p.)........................... 1600ᴴ

14 mars-12 septembre : à FOURNIER, entrepreneur, à compte des ouvrages qu'il a fait en 1687 à l'aqueduc sous terre proche la Madelaine, à Fontainebleau (6 p.)............................. 730ᴴ

10 octobre : à luy, pour les deux puisards par luy fouillez dans la garenne d'Avon.......... 258ᴴ 6ˢ

6 juin-19 décembre : à GRINGOT, parfait payement du dégorgement des conduites de grais et de la maçonnerie des quatre regards de ventouses et autres ouvrages (4 p.).......................... 468ᴴ 3ˢ 8ᵈ

10 octobre : à luy, ayant l'entretenement des conduites de grais depuis Samois jusqu'au haut des Basses-Loges, pour les six premiers mois de 1688........ 220ᴴ 7ˢ

21 novembre : à JOURDAIN, maçon, à compte des ouvrages de maçonnerie par luy faits pour l'augmentation des corps de gardes suisses au chasteau de Fontainebleau................................ 800ᴴ

Somme de ce chapitre..... 26303ᴴ 8ˢ 6ᵈ

LABOURS.

20 juin-10 octobre : à NICOLAS MARCHAND, pour les labours, semages et fumages par luy faits dans les onze parquets de la forest de Fontainebleau (2 p.)... 1058ᴴ

11 janvier-19 décembre : à TAILLARD D'HAUTECLAIR,

---

[1] C'est-à-dire les Pleux; c'est là en réalité qu'est, sur le chemin de fer de Lyon, la station de Fontainebleau.

entrepreneur, à compte du labour et regarnissement des plants dans l'enceinte des palis de la forest de Fontainebleau pendant l'année 1687 (12 p.).......... 1500ᴛ

11 janvier : à Louis Guillemet et consors, parfait payement de 191ᴛ 3ˢ à quoy montent les petits plants de chesne, aulnettes et autres qu'ils ont labourés dans les carrez du parc du chasteau de Fontainebleau, en 1687............................... 71ᴛ 3ˢ

Somme de ce chapitre....... 12629ᴛ 3ˢ

ROUTTES.

14 mars-19 décembre : à Jean Gitton, entrepreneur, à compte des routtes qu'il fait dans la forest de Fontainebleau (6 p.)........................ 2600ᴛ

5 décembre : à luy, pour le nettoyement des avant-cour et autres endroits du chasteau et dépendances. 240ᴛ

9 aoust : à Bradet et de Laistre, carreyeurs, parfait payement de la routte qu'ils ont entrepris de faire dans le rocher de Franchard pour la descente de la calesche du Roy (3 p.)..................... 640ᴛ

9 may-15 aoust : à Joineau et consors, carreyeurs, parfait payement des petites routtes de quatre pieds qu'ils font en divers rochers de la forest de Fontainebleau et des roches fendues, cassées et ostées dans lesd. routtes (4 p.)............................ 269ᴛ 11ˢ 3ᵈ

Somme de ce chapitre..... 3749ᴛ 11ˢ 3ᵈ

TERRASSES.

1ᵉʳ février : à Taillard et Simon, terrassiers, pour le suplément de payement des fouilles et transport de terre qu'ils ont faits à la descente du chemin de Chailly, du costé dud. Chailly, au delà de leur marché.... 1000ᴛ

11 avril : à Pierre Hamon, parfait payement de 311ᴛ 5ˢ à quoy montent les ouvrages et nettoyement par luy faits en divers endroits du chasteau de Fontainebleau............................... 6ᴛ

11 janvier : à Pierre Mercier et consors, parfait payement de 1255ᴛ 10ˢ 7ᵈ à quoy montent les ouvrages de conroy par eux faits à la teste du grand canal dans le parc et autres endroits du chasteau de Fontainebleau, et le gazon posé au pourtour du réservoir de la Charité d'Avon.......................... 55ᴛ 10ˢ 7ᵈ

Somme de ce chapitre..... 1061ᴛ 16ˢ 7ᵈ

CHARPENTERIE.

9 may-21 novembre : à Mortillon, charpentier, sur ses ouvrages de la Surintendance des bastimens de Fontainebleau (3 p.)....................... 2400ᴛ

6 juin-7 novembre : à luy, sur ses ouvrages à l'escalier pour descendre de la gallerie de François Iᵉʳ à la chapelle de Fréminet (2 p.)............... 1100ᴛ

12 septembre : à luy, sur ses ouvrages au chasteau et dépendances........................ 300ᴛ

14 mars : à Vezan, charpentier, pour une poutre qu'il a fournie pour led. chasteau, de quatre toises de long sur 14 à 15 pouces de gros.................... 90ᴛ

A Berrurier, charpentier, pour trois poutres de 16 pieds de long et de 15 à 16 pouces de gros, qu'il a fournies pour led. chasteau, à raison de 35ᴛ la pièce.. 105ᴛ

11 avril : à luy, pour ouvrages de charpenterie qu'il a fourni en divers endroits dud. chasteau.... 530ᴛ 11ˢ 2ᵈ

21 novembre : à Tiger, charron, à compte des ouvrages de charronnage par luy faits aud. chasteau en 1687............................... 80ᴛ

14 mars : à Charlot, marchand de bois, pour quatre poutres qu'il a fournies pour led. chasteau, de 4, 5 et 5 toises 1/2 de long sur 16, 17 et 18 pouces de gros, à raison de 110ᴛ la pièce................ 440ᴛ

18 juillet : aux nommez Leclerc, Hureau et Rivière, charpentiers, pour dix poutres qu'ils ont fourni. 1000ᴛ

Somme de ce chapitre..... 6045ᴛ 11ˢ 2ᵈ

COUVERTURE.

6 juin : à Grognet, couvreur, à compte des ouvrages de couverture et des matériaux dont il fait provision pour la couverture du pavillon de l'escalier pour descendre à la chapelle de Fréminet.................. 600ᴛ

PLOMBERIE.

22 février : à la veuve Girard, plombier, à compte des ouvrages de plomberie qu'elle a faits aud. chasteau............................... 160ᴛ

SERRURERIE.

14 mars-21 novembre : à la veuve Rossignol, serrurier, sur ses ouvrages de serrurerie depuis 1685, en divers endroits dud. chasteau (5 p.).......... 2200ᴛ

22 février : à La Brie, Valentin et consors, serruriers, à compte de leurs ouvrages de serrurerie à la Surintendance............................ 1000ᴛ

22 février-21 novembre : à Benoit, autre, à compte de ses ouvrages aux maisons dépendantes dud. chasteau (2 p.)............................ 250ᴛ

21 novembre : à Beaujouan, Guillot et consors, à compte de leurs ouvrages de serrurerie à la Surintendance en 1685 et 1686.................... 300ᴛ

Somme de ce chapitre......... 3750ᴛ

MENUISERIE.

22 février : à Sçauret, menuisier, à compte de ses ouvrages de menuiserie à la Surintendance des bastimens dud. Fontainebleau...................... 1200ʰ

9 may - 21 novembre : à luy, sur les ouvrages de menuiserie par luy faits aud. chasteau et dépendances depuis 1684 (4 p.)............................... 3000ʰ

11 avril - 5 septembre : à luy, parfait payement des poutres mises en place aud. chasteau (3 p.). 136:1ʰ 13ˢ 9ᵈ

5 septembre : à luy, à compte des potteaux qu'il met aux routtes de quatre pieds dans les rochers de la forest de Fontainebleau....................... 150ʰ

7 novembre : à Barrois, pour ouvrages de menuiserie à la Chancellerie de Fontainebleau.......... 61ʰ 10ˢ

Somme de ce chapitre...... 5773ʰ 3ˢ 9ᵈ

VITRERIE.

5 septembre - 21 novembre : à Tisserant, vitrier, à compte de ses ouvrages et réparations de vitrerie aud. chasteau depuis 1686 (3 p.)............... 700ʰ

PAVÉ.

14 mars : à la veuve Duchemin, paveur, à compte des réparations qu'elle a fait faire au pavé du bourg de Fontainebleau.............................. 400ʰ

25 avril - 26 septembre : à elle, à compte des ouvrages qu'elle a cy-devant faits au chasteau et lieux en dépendans (2 p.)............................ 600ʰ

6 juin - 21 novembre : à elle, sur la chaussée de pavé qu'elle fait à la routte de Chailly, à la descente du costé dud. Chailly depuis 1686 (2 p.)............ 1000ʰ

Somme de ce chapitre........ 2000ʰ

PEINTURE.

15 aoust - 21 novembre : à Louis Dubois, peintre, à compte des ouvrages de peinture qu'il a fait au chasteau de Fontainebleau depuis l'année 1684........ 1000ʰ

5 septembre : à Corneille, peintre, pour, avec 3600ʰ, faire le parfait payement des ouvrages de peinture et dorure par luy faits en divers endroits du chasteau de Fontainebleau................................ 400ʰ

22 février - 24 octobre : à Gabriel La Tour, à compte des planchers qu'il a mis en couleur et frottez en divers endroits dud. chasteau depuis 1685 (2 p.)...... 800ʰ

Somme de ce chapitre........ 2200ʰ

SCULPTURE.

3 octobre : à Poulletier, sculpteur, pour les ouvrages de sculptures, tant en bois qu'en plastre, par luy faits aud. chasteau en 1688..................... 1258ʰ

ENTRETENEMENS DE FONTAINEBLEAU ET GRATIFICATIONS.

11 janvier - 18 juillet : à Rebours, dit Labrie, garde des pallis de la forest de Fontainebleau, pour ses gages des six derniers mois 1687 et six premiers 1688 (2 p.)................................... 300ʰ

18 juillet : à luy et Marchand, ayant l'entretenement des routtes de lad. forest, pour, avec 200ʰ ordonnez aux nommez Hamon et Boudon, faire le parfait payement de 440ʰ à quoy monte l'entretenement desd. routtes, commencé par lesd. Hamon et Boudon, et fini par lesd. Rebours et Marchand en lad. année 1687...... 240ʰ

5 décembre : à eux, pour leurs gages à cause dud. entretenement, pour six mois finis le dernier septembre... 400ʰ

11 janvier : à Couturier, fontainier, pour ses gages des quatre premiers mois 1687, à raison de 1000ʰ par an.................................... 333ʰ 6ˢ 8ᵈ

25 janvier : à Nicolas Varin, ayant l'entretenement des arbres fruitiers qui sont plantez dans les jardins de Fontainebleau, allées d'ipreaux et nettoyement des tablettes du canal, en considération de l'augmentation de son entretenement en 1687................. 150ʰ

22 febvrier : à Gringot, ayant l'entretenement des conduites de grais depuis Samois jusqu'aux Basses-Loges, montant à 4407 toises, à 2ˢ la toise, pour les six derniers mois de son entretenement de l'année 1687, à raison de 440ʰ 14ˢ par an............... 220ʰ 7ˢ

25 avril : à Pierre Hamont et Nicolas Gouet, ayant l'entretenement des palis qui enferment les sept parquets des plaines des environs de Fontainebleau, pour leurs gages des six derniers mois 1687............ 60ʰ

25 avril : à Angelin de la Salle, garde des parquets de lad. forest, pour le bled qu'il a fourni pour la nourriture des perdrix et faisands pendant une année finie le dernier febvrier 1688................... 547ʰ 10ˢ

5 décembre : à luy, sçavoir : 400ʰ pour une année de ses gages qui échora le dernier avril prochain, et 200ʰ pour ceux de son garçon.................. 600ʰ

10 octobre : à Pasquier Souchet, pour une année de la gratification qui luy a esté accordée par S. M. en considération du soin qu'il a eu des orangers dud. Fontainebleau............................... 300ʰ

5 décembre : à Nicolas Gouet et consors, ayant l'entretenement des pallis qui enferment les sept parquets

des environs de Fontainebleau, pour leurs gages des six premiers mois 1688.................... 60ᵗᵗ

Somme de ce chapitre..... 3211ᵗᵗ 3ˢ 8ᵈ

OUVRIERS À JOURNÉES.

4 janvier-5 décembre : aux ouvriers qui ont travaillé à la journée du Roy, en divers endroits du chasteau de Fontainebleau et lieux en dépendans, à remplir les six glacières, à transporter de la terre de Valvin à Fontainebleau pour l'orangerie, et autres ouvrages, pour leurs journées et menues dépenses depuis le 9 novembre 1687 jusques et compris le 2 décembre 1688 (23 p.)......................... 6219ᵗᵗ 4ˢ 10ᵈ

DIVERSES DÉPENSES DE FONTAINEBLEAU.

18 janvier : à JAQUES JOLY et RENÉ NIVELON, pour 583 arbres de plants d'aunes qu'ils ont livré pour le regarnissement du parc et jardin des Pins...... 233ᵗᵗ 4ˢ

21 mars-31 octobre : aux habitans de Fontainebleau, pour les terres qu'ils ont ensemencées aux environs dud. Fontainebleau pendant les années 1685 et 1686 et recueillies en 1686 et 1687 (2 p.)........ 392ᵗᵗ 13ˢ 10ᵈ

11 avril : à LOUIS BILLAUDEL, arpenteur, parfait payement de 883ᵗᵗ 10ˢ à quoy montent les journées par luy employées à divers toisés par luy faits aux dépendances depuis le 22 novembre 1684 jusqu'au 25 octobre 1687......................... 273ᵗᵗ 10ˢ

4 juillet : à luy, à compte des journées qu'il a employées avec son porte-chaisne à tracer les routtes dans la forest........................ 250ᵗᵗ

9 may : au sʳ DE GUIMONT, pour une grande glace fournie et posée à la chambre à alcove de l'appartement de la Reyne Mère aud. Fontainebleau en 1687.. 172ᵗᵗ

6 juin : à GUYOT, pour l'achapt et voiture de neuf pièces de nattes contenant chacune 5 toises de longueur sur une toise de largeur pour led. chasteau......... 71ᵗᵗ 10ˢ

26 septembre : à MARCEL CANNÉ et autres, voituriers, pour 897 pieds cubes de pierre d'Arcueil qu'ils ont voiturée et livrée au port de Valvin pour led. chasteau, à 12ˢ le pied cube........................ 538ᵗᵗ 4ˢ

28 novembre : à M. le marquis DE SAINT-HEREM, remboursement de ce qu'il a payé pour dépenses extraordinaires faites pour les parquets des environs dud. Fontainebleau.......................... 201ᵗᵗ 18ˢ

5 décembre : à NICOLAS GODET, pour avoir nettoyé et enterré les herbes des fossez au pourtour du chasteau........................... 47ᵗᵗ 8ˢ

Somme de ce chapitre..... 2180ᵗᵗ 7ˢ 10ᵈ

CHAMBORD.

VOITURES.

21 novembre : aux nommez HABERT et JACQUET, entrepreneurs, à compte de la pierre de taille qu'ils font voiturer pour les bastimens du chasteau de Chambord, et ce sur les réquisitions des sʳˢ DE LA SAUSSAYE et DESGODETZ............................ 1000ᵗᵗ

MAÇONNERIE.

28 mars-14 novembre : à LACHANT, maçon, à compte de ses réparations de maçonnerie aux murs du parc de Chambord (5 p.)........................ 1400ᵗᵗ

29 aoust-12 décembre : à BOURATZ, maçon, pour les puits qu'il a fait proche le pavillon de la porte du parc du costé de Saint-Dié (2 p.)................. 275ᵗᵗ

14 novembre : à PIERRE BERSON, pour le moilon qu'il a entrepris d'entoiser sur les carrières de Saint-Aubin, pour le chasteau........................ 60ᵗᵗ

Somme de ce chapitre.......... 1735ᵗᵗ

CHARPENTERIE.

21 mars : aux nommez BESNIER et veuve RABY, charpentiers, parfait payement de 927ᵗᵗ 4ˢ 3ᵈ à quoy montent les réparations de charpenterie par eux faites au chasteau de Chambord et lieux en dépendans en l'année 1687......................... 277ᵗᵗ 4ˢ 3ᵈ

28 mars-14 novembre : à eux, sur les réparations de charpenterie qu'ils font aud. chasteau (3 p.). 1000ᵗᵗ

16 may : à eux, sur leurs ouvrages aux palis des faisanderies........................ 500ᵗᵗ

28 mars-29 aoust : à JAQUES BOURAY, charpentier, parfait payement du remaniment des bois de charpenterie qui sont dans le chantier du nommé POITEVIN, à Chambord, et sur la démolition et voiture des bois de palis de la remise de Periou, déduction faite de 10ᵗᵗ 10ˢ pour trois cordes 1/2 de vieux bois (2 p.)...... 359ᵗᵗ

Somme de ce chapitre...... 2136ᵗᵗ 4ˢ 3ᵈ

COUVERTURE.

14 novembre : à TESNIER, couvreur, à compte de ses réparations de couverture aud. chasteau et lieux en dépendans............................ 50ᵗᵗ

MENUISERIE.

25 janvier-7 mars : à RENÉ BONNET, menuisier, par-

fait payement de la menuiserie des contre-vents qu'il a fait aux croisées dud. chasteau (2 p.).......... 450ʰ
21 mars : à luy, pour ses réparations de menuiserie aud. chasteau et lieux en dépendans en 1687. 129ʰ 9ˢ 2ᵈ
Somme de ce chapitre....... 579ʰ 9ˢ 2ᵈ

SERRURERIE.

25 janvier-7 mars : à CLÉMENT BEAUJOUAN, serrurier, parfait payement de la ferrure des contre-vents des croisées du chasteau (2 p.)................. 197ʰ 9ˢ
21 mars : à luy, parfait payement de 197ʰ 11ˢ 11ᵈ à quoy montent les réparations de serrurerie faites aud. chasteau et lieux en dépendans en l'année 1687......
.... 147ʰ 11ˢ 11ᵈ
29 aoust : à luy, sur ses réparations de serrurerie aud. chasteau............................. 60ʰ
Somme de ce chapitre...... 405ʰ 0ˢ 11ᵈ

VITRERIE.

21 mars : à TRINQUART et veuve MARCHAND, vitriers, pour les réparations de vitrerie par eux faites au chasteau de Chambord en 1687................. 19ʰ 7ˢ 2ᵈ

PEINTURE.

8 aoust : au nommé DURINCÉ, peintre, à compte des impressions de peinture qu'il fait dans les principaux appartemens dud. chasteau................... 55ʰ

PAVÉ.

21 mars : à POIREMOLLE, paveur, parfait payement de 207ʰ 2ˢ 10ᵈ à quoy montent les ouvrages et réparations de pavé par luy faits aud. chasteau en lad. année......
.... 17ʰ 2ˢ 10ᵈ

MENUES DÉPENSES ET ENTRETENEMENS DU CHASTEAU DE CHAMBORD.

15 février : à MATHIEU LACHANT, entrepreneur, ayant l'entretenement de la maçonnerie du chasteau de Chambord, pour ses gages de l'année dernière à cause dud. entretenement............................ 250ʰ
A BESNIER et la veuve RABY, charpentiers, ayant celuy de la charpenterie, pour idem............... 340ʰ
A VALENTIN TESNIER, couvreur, ayant celuy des couvertures................................. 360ʰ
A RAYMOND POIREMOLLE, paveur, ayant celuy du pavé..
.... 290ʰ
A RENÉ BONNET, menuisier, ayant celuy de la menuiserie................................. 147ʰ

A BEAUJOUAN, serrurier, ayant celuy de la serrurerie................................. 150ʰ
A NICOLAS MARCHAND et FRANÇOIS TRINQUART, vitriers, ayant celuy de la vitrerie................. 120ʰ
A BELLEFOND, concierge du chasteau, ayant celuy du frottage du parquet et nettoyement du chasteau.. 247ʰ
A luy, ayant celuy de l'horloge............. 50ʰ
A ANTOINE JOURDAIN, pour l'entretien des nettoyemens des allées de la Canardière................. 48ʰ
Somme de ce chapitre.......... 2002ʰ

GAGES PAR ORDONNANCES PARTICULIÈRES.

4 janvier-4 juillet : à ROGER, commis du sʳ LA CHAPELLE-BESSÉ, pour ses appointemens des six derniers mois 1687 et six premiers 1688 (2 p.)...... 1000ʰ
11 janvier-14 novembre : aux nommez DE LA CHAMBRE, DU TRIER, LA LANDE, VILLEMERAN et PHILIPES LE MAISTRE, dit LA BARRE, gardes établis pour la conservation des arbres des avenues et rigolles des environs de Versailles et du Perray, pour une année de leurs gages finie fin octobre, à raison de 45ʰ par mois pour chacun (6 p.)................................. 2700ʰ
11 janvier-14 novembre : à LEFEBVRE, dit LA VIOLETTE, garde de l'estang de la Tour, pour une année de ses gages finie fin octobre, à 20ˢ par jour (6 p.). 366ʰ
11 janvier-14 novembre : à DENIS ROSÉE, garde au grand aqueduc de Buc, pour ses gages pendant le mesme temps, à 20ˢ par jour (6 p.).................... 366ʰ
11 janvier-21 novembre : aux nommez SEBERT, LIGNIÈRES, FOUQUET, SARRABACK, GUSSIN et JEAN CHRISTOPHE, élèves peintres, LE MOYNE, GERARDIN et LE LORRAIN, élèves sculpteurs, pour leur subsistance pendant la mesme année, à raison de 22ʰ par mois pour chacun (6 p.)................................. 2376ʰ
18 janvier-5 septembre : à CLAUDE BEAUNIER, gardemagasin de Saint-Germain, pour dix mois de ses gages, à raison de 60ʰ par mois (5 p.)............. 600ʰ
18 janvier-14 novembre : à LIENARD DESCHAMPS, dit LAFLEUR, inspecteur, pour une année de ses gages, à 30ʰ par mois (10 p.).................... 360ʰ
18 janvier-14 novembre : à TOUSSAINT MICHEL, menuisier tourneur à la machine, pour ses appointemens des deux derniers mois 1687 et les trois premiers quartiers 1688 (4 p.)........................ 660ʰ
1ᵉʳ février : à VERDIER, peintre, en considération du travail qu'il a fait aux Gobelins en lad. année.. 3000ʰ
1ᵉʳ février-26 décembre : au sʳ DE LESSOT, inspecteur

ANNÉE 1688. — GAGES PAR ORDONNANCES PARTICULIÈRES.

à l'hostel de Vandosme, pour onze mois de ses appointemens, à 75ᴸ par mois (11 p.) 900ᴸ

1ᵉʳ février-26 septembre : au sʳ DE LA LONDE, pour une année de ses appointemens (2 p.) 4000ᴸ

8 février : à DESGODETS, controlleur à Chambord, pour ses appointemens de l'année dernière 1687 .... 1800ᴸ

Au sʳ SÉRON, médecin des Bastimens, pour sa pension de l'année dernière 1687 .... 2000ᴸ

8 février-19 décembre : à JOSEPH ROËTTIERS, graveur en acier, pour sa pension de l'année dernière et des six premiers mois 1688 (3 p.) 2250ᴸ

8 février-19 décembre : à JEAN CRÉANT, inspecteur à Saint-Germain et à Marly, pour treize mois de ses appointemens, à raison de 50ᴸ par mois (5 p.) ... 650ᴸ

15 février-19 septembre : à BAILLY, portier de la Savonnerie, pour une année de ses gages, y compris 30ᴸ pour l'entretenement de la chapelle (2 p.) 330ᴸ

15 février : au sʳ LAFOREST, ayant l'entretenement de la pompe du Pont-Neuf à Paris, pour ses gages des six premiers mois 1687 .... 2000ᴸ

ÉTAT DES INSPECTEURS.

Au sʳ GOUJON, employé à toiser les ouvrages, pour ses appointemens des mois de novembre et décembre 1687, à raison de 3600ᴸ par an 600ᴸ

Au sʳ DE SAINTE-CATHERINE, employé aux travaux de la plaine de Trapes, pour le mesme temps, à 3000ᴸ par an 500ᴸ

Au sʳ DE FRANCLIEU, employé aux travaux de Buc et à la plaine de Saclay, pour idem, à 2400ᴸ par an .. 400ᴸ

Au sʳ LE GOUX, employé, idem, à 1200ᴸ par an... .... 200ᴸ

Au sʳ GUILLIN, employé à la butte Montborou, pour idem, à 900ᴸ 150ᴸ

Au sʳ DESCHATEAUX, employé à la conduite des moulins qui élèvent les eaux à l'hostel de Vendosme, à 1500ᴸ par an, ... 250ᴸ

Au sʳ PICOT, employé sous le sʳ LAMBERT, idem, à 900ᴸ par an 150ᴸ

Au sʳ DUCHIRON, garde-magasin des plombs, à 2000ᴸ par an 333ᴸ 6ˢ 8ᵈ

Au sʳ DESLOUIT, employé au magasin des démolitions, à 1200ᴸ 200ᴸ

Au sʳ BOURSI, employé à prendre garde aux paveurs, à 900ᴸ 150ᴸ

Au sʳ CHUPIN, employé aux plants pour dessiner, à 1500ᴸ 250ᴸ

Au sʳ JOANNEAU, employé à l'aisle, à 1200ᴸ ... 200ᴸ

A L'ESPÉRANCE, employé idem, à 720ᴸ 120ᴸ

Au sʳ FROSNE, employé à la place de l'hostel de Vendosme, à 1200ᴸ 200ᴸ

Au sʳ DE LA CROIX, employé à Trianon, à 1200ᴸ... .... 200ᴸ

Au sʳ HAUSSKOBRE, employé dans le petit parc, à 1500ᴸ 250ᴸ

Au sʳ JOURDAN, employé idem, à 900ᴸ 150ᴸ

Au sʳ PERROT, employé à 1200ᴸ 200ᴸ

Au sʳ MICHELET l'aisné, employé à la pesée des fers, à 1200ᴸ 200ᴸ

Au sʳ MICHELET le jeune, employé à 900ᴸ 150ᴸ

Au sʳ ANDRIEUX, employé au toisé des terres, à 2000ᴸ. 333ᴸ 6ˢ 8ᵈ

A ANDRIEUX le jeune, aydant à toiser avec led. ANDRIEUX, à 20ˢ par jour 61ᴸ

Au sʳ LE COURT, employé à l'église des Invalides, à 1500ᴸ 250ᴸ

Au sʳ DE LA BOULAYE, employé aux vitres, à 900ᴸ.. .... 150ᴸ

Au sʳ COCHU, employé à la machine, à 3600ᴸ.. 600ᴸ

Au sʳ DE LA BROÜE, employé idem, à 900ᴸ 150ᴸ

Au sʳ JUMELLE, employé idem, à 900ᴸ 150ᴸ

Au sʳ BOUCAULT, employé idem, à 900ᴸ 150ᴸ

A RENNEQUIN SUALEM, charpentier à la machine, à 1800ᴸ 300ᴸ

Au sʳ DE RUSÉ, employé à Saint-Germain et à Marly, à 3600ᴸ 600ᴸ

Au sʳ DE LA MAISON BLANCHE, employé au magasin de Marly, à 900ᴸ 150ᴸ

Au sʳ ROUSSELOT, employé à Monceaux, à 2400ᴸ... .... 400ᴸ

Au sʳ LABBÉ, employé à visiter les ouvriers à Paris, à 1800ᴸ 300ᴸ

Au sʳ LAFONTAINE, employé à visiter les bois de charpente, à 900ᴸ 150ᴸ

A ALBERT GAFFART, employé sous le sʳ LAFONTAINE, à 20ˢ par jour 61ᴸ

A CHARLES LE BRUN, portier de l'hostel des Inspecteurs 61ᴸ

A PIERRE COLLART, portier de l'hostel de Limoges. 61ᴸ

A BRUTIN le fils, garde de l'estang du Mesnil, à 900ᴸ 150ᴸ

18 avril : aux inspecteurs et employez cy-dessus, pour leurs appointemens des mois de janvier et février derniers 8926ᴸ 13ˢ 4ᵈ

20 juin : à eux, pour leurs appointemens des mois de mars, avril et may dernier 13442ᴸ 5ˢ

12 septembre : à eux, pour leurs appointemens des mois de juin, juillet et aoust dernier 13173ᴸ

7 mars : au s' DE LA MOTTE fils, par gratiffication, en considération du service qu'il a rendu en 1687.. 900ᵗᵗ

Au s' LAMBERT, ayant l'inspection sur toutes les conduites de tuiaux de fer de fonte, pour ses appointemens de l'année 1687........................ 4000ᵗᵗ

Au s' MERIEN, aumosnier des Bastimens, pour sa pension de l'année dernière 1687............... 350ᵗᵗ

Aux Récolets de Versailles, pour avoir célébré la messe à la chapelle de la Surintendance des bastimens en 1687................................ 250ᵗᵗ

Au s' PETIT, cy-devant controlleur des bastimens de Fontainebleau, pour ses appointemens de l'année dernière.................................. 3600ᵗᵗ

7 mars-28 novembre : à GASTON ARNAUDIN, inspecteur à Marly, pour neuf mois de ses appointemens, à 45ᵗᵗ par mois (3 p.)........................ 405ᵗᵗ

7 mars-3 octobre : à ANTOINE LESCUYER, dessinateur à Marly, pour dix mois de ses gages (4 p.).... 1000ᵗᵗ

14 mars : à CLÉMENT, employé à la Bibliothèque, pour ses appointemens de l'année 1687.......... 1500ᵗᵗ

Au s' PERRAULT, greffier de l'Escritoire, 2400ᵗᵗ pour ses appointemens de l'année 1687, et 2000ᵗᵗ par gratiffication................................. 4400ᵗᵗ

Au s' VILLIARD, préposé aux travaux des eaux bonnes à boire, pour ses gages de 1687............ 1200ᵗᵗ

Au s' FOSSIER, garde-magasin, 1200ᵗᵗ pour ses appointemens ordinaires, et 700ᵗᵗ pour gages extraordinaires à cause du soin qu'il a des Maisons Royales... .... 1900ᵗᵗ

21 mars : au s' MERVEILBALD, en considération du soin qu'il a pris des manufactures en lad. année 1687............................... 1500ᵗᵗ

Au s' DE LA CHAPELLE-BESSÉ, pour les six derniers mois de ses appointemens de l'année 1687.... 1500ᵗᵗ

Au s' DE BEAUREPAIRE, pour ses gages des six derniers mois 1687........................... 1500ᵗᵗ

A luy, pour les gages de son commis pendant lad. année................................. 600ᵗᵗ

21 mars-30 may : à JAQUES POISSON le jeune, employé à copier les mémoires des ouvrages de Saint-Germain et de Marly, pour six mois de ses gages (3 p.)................................... 180ᵗᵗ

28 mars-12 décembre : au s' DE LEYRAT, commis des manufactures à Calais, pour une année de ses appointemens (4 p.)............................. 2000ᵗᵗ

28 mars-12 décembre : au s' IMBERT, commis desd. manufactures à Saint-Vallery, pour une année de ses appointemens (4 p.)....................... 2000ᵗᵗ

4 avril-21 novembre : au s' MANSART, premier architecte des Bastimens du Roy, pour une année de ses appointemens ordinaires et extraordinaires (4 p.). 10000ᵗᵗ

Au s' D'AVILERE, dessinateur sous led. s' MANSART, pour une année de ses appointemens (4 p.)... 1200ᵗᵗ

Au s' CAUCHY, autre dessinateur, idem (4 p.). 1200ᵗᵗ

Au s' LE BRUN, premier peintre du Roy, pour une année de ses appointemens (4 p.)............. 8800ᵗᵗ

4 avril-26 décembre : à la veuve DE REYNE, brodeuse, travaillant à Saint-Cyr, pour une année de sa pension (4 p.)............................. 2000ᵗᵗ

A elle, pour la nourriture et journées de deux brodeuses qui ont travaillé pendant lad. année, à raison de 25ˢ par jour (4 p.).................. 695ᵗᵗ

4 avril-26 décembre : à JEAN LHERMINOT fils, autre brodeur aud. Saint-Cyr, pour une année de sa pension (4 p.)................................ 900ᵗᵗ

4 avril : à la veuve du s' HARDOUIN, controlleur, pour les appointemens dud. s' HARDOUIN pendant les six premiers mois 1687........................ 1200ᵗᵗ

A PIERRE LE CLERC, inspecteur au Boulingrin du chasteau de Saint-Germain, pour un mois et demi de ses gages, à 30ᵗᵗ par mois................. 45ᵗᵗ

4 avril-5 septembre : à GUY PRIEUR, employé, pour huit mois et demi de ses appointemens (4 p.). 180ᵗᵗ

25 avril-8 aoust : au s' BALLON, ayant la direction des grands et petits plants des Maisons Royales, pour une année de ses appointemens (2 p.)...... 1800ᵗᵗ

A LOUIS-CLÉMENT GARNIER, jardinier de la pépinière du Roule, pour une année de ses appointemens (2 p.).................................. 1200ᵗᵗ

A LOUIS GERMAIN, ayant inspection sur les ouvriers qui travaillent à la pépinière et aux plants d'arbres des avenues de Vincennes, palais des Thuilleries, parc de Boulogne et Saint-Germain-en-Laye (2 p.)..................................... 900ᵗᵗ

A PIERRE COLINOT, servant à cheval, ayant inspection sur les ouvriers qui travaillent aux plants d'arbres de Marly et de Versailles (2 p.)............. 1200ᵗᵗ

A CLAUDE MATHIEU, qui a l'inspection sur les ouvriers qui travaillent à planter du petit plant de bois aux environs de Versailles, pour une année de ses gages (2 p.)..................................... 720ᵗᵗ

Au s' DE BEAULIEU, professeur ez mathématiques, enseignant à escrire et l'arithmétique aux garçons jardiniers de la pépinière du Roule, pour une année de ses gages (2 p.)............................... 300ᵗᵗ

25 avril : à JEAN LARIEU, ayant soin de garder les avenues d'arbres du palais des Thuilleries, pour les six derniers mois 1687....................... 50ᵗᵗ

ANNÉE 1688. — GRATIFICATIONS.

Au s⁻ Dorbay, architecte, pour ses appointemens de l'année 1687........................... 2000ᵗᵗ

Au s⁻ de Laforest, ayant l'entretenement de la pompe du Pont-Neuf, pour les six derniers mois 1687. 2000ᵗᵗ

16 may - 21 novembre : à Pierre Cailleteau, dit Lassurance, dessinateur, pour une année de ses appointemens (3 p.)........................... 800ᵗᵗ

26 may : à Nicolas Le Jongleur, ayant le soin des eaux bonnes à boire, pour ses appointemens de lad. année 1687........................... 2000ᵗᵗ

A Seignelonge, portier de l'Observatoire, pour une année de ses gages escheüe le dernier mars de la présente année, compris 30ᵗᵗ pour un justaucorps des livrées du Roy........................... 180ᵗᵗ

30 may : au s⁻ Lesconché, à compte des arpentages qu'il a fait à la chaussée Boisar et à Fontainebleau. 600ᵗᵗ

30 may - 14 novembre : à Denis Le Roux, pour l'inspection qu'il a eue sur les gazonnages du Trou-d'Enfer, pour six mois de ses gages (4 p.)............ 185ᵗᵗ

27 juin - 5 septembre : à Mathieu Roussel, inspecteur à Marly, pour neuf mois de ses gages qu'il a esté employé à prendre garde aux labours et plants de Marly (2 p.)........................... 405ᵗᵗ

4 juillet - 14 novembre : à François Mestivier, autre, pour cinq mois et demi de ses gages (3 p.)..... 165ᵗᵗ

4 juillet : à Bourguignon, autre, pour six mois de ses gages........................... 99ᵗᵗ

18 juillet : à Maugen, qui a soin d'apporter la hauteur des eaux, pour huit mois de ses gages..... 600ᵗᵗ

8 aoust : à Nicolas Remy, qui a gardé les arbres, pour les six premiers mois de ses gages............ 50ᵗᵗ

22 aoust : au s⁻ Fossier fils, à compte des journées qu'il a employées à la conduite des tableaux et vases de porphire et d'albatre oriental, des figures de marbre et de bronze, et des vazes, bassins et colonnes de marbre, de Paris et autres endroits à Versailles et Trianon. 400ᵗᵗ

A Joseph Castel, sergent au régiment de Bourbonnois, pour vingt-un jours qu'il a esté employé à compter les ouvriers de l'estang du Trou-d'Enfer........ 21ᵗᵗ

24 aoust : à Henry de Chope, sergent aud. régiment, pour les journées qu'il a esté employé aux carrières de Saint-Nom, du 15 may au 22 aoust............ 90ᵗᵗ

19 septembre - 28 novembre : à François Galin, pour 106 journées qu'il a esté employé aux ouvrages de Marly (2 p.)........................... 159ᵗᵗ

17 octobre : au s⁻ Martin, employé aux marbres de Languedoc et des Pyrennées, pour une année de ses appointemens........................... 3600ᵗᵗ

A Laurens Polonnois, suisse, qui a gardé les deux fausses portes prez du clos du s⁻ Toqueville, pour entrer les bonnes terres dans le parc............ 30ᵗᵗ

31 octobre : à Chotard, sergent de la compagnie de Calais du régiment de Guiche, qui a esté employé à faire travailler les soldats dud. régiment à l'estang du Trou-d'Enfer, pour le mois d'octobre............ 30ᵗᵗ

22 aoust - 31 octobre : à Gaspard Barthels, couvreur en cuivre, Suédois, pour trois mois de ses appointemens (3 p.)........................... 225ᵗᵗ

21 novembre : au s⁻ Lefebvre, controleur, en considération du séjour qu'il a fait à Versailles et du soin qu'il a pris des bastimens pendant la présente année........................... 3000ᵗᵗ

A Thomas Monget, garde du pavillon du Chesnay et qui a soin d'apporter la hauteur des eaux, pour quatre mois de ses appointemens................. 300ᵗᵗ

28 novembre : à la veuve du s⁻ Lafontaine, employé à visiter les bois de charpente, pour un mois de ses appointemens........................... 75ᵗᵗ

12 décembre : au s⁻ Revellois, commis des manufactures de Saint-Malo, pour six mois de ses appointemens........................... 500ᵗᵗ

Au s⁻ Ducluseau, autre commis à Morlaix, pour six mois *idem*........................... 500ᵗᵗ

26 décembre : au s⁻ Desgodets, controleur à Chambord, appointemens de la présente année...... 1800ᵗᵗ

Au s⁻ de Rusé, pour son remboursement des gages qu'il a payés à son commis, pour cette année... 600ᵗᵗ

6 mars 1689 : au s⁻ Mesmyn, commis de M. de Villacerf, pour ses appointemens de 1688........ 1500ᵗᵗ

Somme de ce chapitre... 13321ᵗᵗ 11ˢ 8ᵈ

GRATIFICATIONS.

4 janvier : à François Thibault, maçon, qui a esté blessé en travaillant à la démolition du chasteau de Trianon........................... 30ᵗᵗ

4 janvier - 19 décembre : aux palfreniers de la grande et de la petite escurie, de la grande vennerie, et à ceux de Madame la Dauphine, pour les fumiers qui leur ont esté pris pendant la présente année pour les parquets de Fontainebleau (2 p.)................... 308ᵗᵗ

4 janvier : à Michels, marchand, demeurant à Beauvais, pour luy donner moyen d'aller en Bourgogne examiner les endroits les plus propres pour établir une manufacture de serge, façon de Londres.......... 150ᵗᵗ

A Nivelon, dessinateur, par gratification, en considération de son travail à dessigner la grande galerie de

Versailles et autres ouvrages pendant les années 1686 et 1687........................... 400ᴸ

Au sʳ de Beaufrand, autre, par gratification, pour avoir dessiné les plants et profils des bastimens de la place Royalle et du couvent des Capucines de l'hostel de Vendosme, sous le sʳ Mansard.................. 600ᴸ

A La France, invalide, pour ses soins aux bastimens de la grande église des Invalides............. 60ᴸ

4 janvier : au sʳ Erben, Suédois, pour deux voyages qu'il a fait à Versailles pour servir d'interprète au couvreur suédois, et pour les soins qu'il prend à monnoyer proprement les médailles du Roy............. 60ᴸ

11 janvier–4 avril : à La Violette, en considération du soin qu'il a eu des magasins du canal de Versailles pendant l'année dernière 1687 (2 p.)........ 400ᴸ

18 janvier : à Claude Mathieu, Jean Mahieu et Pierre Billiardière, qui ont accompagné le sʳ Morlet en Artois pour faire arracher et voiturer des ormes pour planter aux Maisons Royales.................... 270ᴸ

A Mauger, qui a soin d'apporter la carte de la hauteur des eaux, pour luy ayder à avoir un autre cheval................................... 33ᴸ

A Lafleur, poseur, qui a esté blessé en travaillant à la grande aile........................... 30ᴸ

Aux PP. Récolets de Saint-Germain, qui ont célébré la messe les dimanches et festes de l'année 1687 dans la chapelle de la machine..................... 100ᴸ

Au sʳ Proust, commis des postes de Liège, qui a eu soin d'achepter des cuirs et faire faire des clouds et des manivelles à Liège pour la machine........... 200ᴸ

A Marcille, commis des postes à Sedan, qui a eu soin de les recevoir et de les faire passer pour Paris. 75ᴸ

1ᵉʳ février : à Gilles Lambotté, de la machine, en considération des soins qu'il a pris de mettre en estat les pompes de Saint-Cyr..................... 50ᴸ

8 février : à Dessault, tailleur de pierre, qui s'est blessé en travaillant à Trianon................. 20ᴸ

22 février : au sʳ de Lachoix, inspecteur à Trianon, en considération des soins qu'il a pris........ 1000ᴸ

7 mars–11 juillet : aux nommez de Granville et Dreux, pour leur donner moyen de continuer à faire des épreuves d'un savon propre aux manufactures (3 p.)................................. 600ᴸ

25 avril : à Louis-Clément Garnier, jardinier de la pépinière du Roule, par gratification........ 200ᴸ

A Louis Germain, qui a inspection sur les ouvriers qui travaillent à la pépinière et autres endroits... 100ᴸ

A Jean Frade, qui a inspection pour la garde des cignes sur la rivière depuis Surennes jusqu'à Rouen. 150ᴸ

A Pierre Le Cochois, qui a le soin desd. cignes sur la rivière depuis Corbeil jusqu'à Saint-Cloud..... 150ᴸ

9 may : à Gannot, charpentier, blessé en travaillant à la grande aile............................. 30ᴸ

9 may : à La Fontaine, inspecteur sur les bois de charpente, en considération de sa maladie...... 150ᴸ

20 juin : à Claude Mathieu, ayant inspection sur les ouvriers qui travaillent à planter du petit plant de bois aux environs de Versailles................... 360ᴸ

A Champagne, poseur à Trianon, qui a esté blessé en travaillant............................. 30ᴸ

4 juillet : à Louis Bertault, manœuvre, blessé en travaillant à la grande aile..................... 20ᴸ

A François Pramort, limosin, dont le frère a esté tué en travaillant aux glacières de Saint-Germain.... 150ᴸ

11 juillet : à Chupin, dessinateur, en considération des voyages par luy faits à Paris, Marly et autres endroits pour le service de S. M................ 150ᴸ

18 juillet : à La Pierre, marbrier, qui a esté blessé en travaillant à Trianon..................... 25ᴸ

1ᵉʳ aoust : aux tailleurs de pierre de l'église des Invalides, par gratification pour le May de l'Ascension...................................

8 aoust : à Didier Adenay, dit Saint-Jean, soldat, qui a esté blessé en travaillant à Trianon........... 75ᴸ

15 aoust : à Boutier, scieur de pierre, qui a esté blessé en travaillant à la grande aile.......... 20ᴸ

15 aoust : à Nicolas Nouel, poseur de pierre, qui a esté blessé en travaillant à la grande aile......... 30ᴸ

22 aoust : à Vivant Marlin, terrassier, en considération de ce qu'il a eu un cheval tué en travaillant aux terrasses de Marly............................ 50ᴸ

29 aoust : à Lespérance, inspecteur, en considération de ce qu'il s'est blessé au bras............... 20ᴸ

A Perigeur, qui a esté blessé en tirant du moilon pour les ouvrages que le Roy fait faire aux environs de Trappes................................. 15ᴸ

5 septembre : au sʳ Frosne, inspecteur de la place Royalle et du nouveau couvent des Capucines de l'hostel de Vendosme, en considération des voyages qu'il a fait de Paris à Versailles.................... 300ᴸ

12 septembre : à Martin, sculpteur, en considération de son travail au modèle de la statue équestre du Roy, sous la conduite du sʳ Girardon............. 300ᴸ

A Poirier, autre, idem................. 150ᴸ

A Jean Michault, compagnon charpentier, qui a esté blessé en travaillant à la grande aile.......... 25ᴸ

19 septembre : à Caultfou, en considération des avis qu'il a donnez concernans les manufactures..... 600ᴸ

ANNÉE 1688. — GAGES D'INVALIDES.

A Jean Roche, charpentier, qui a esté blessé en travaillant à poser les bassins de marbre de l'Allée d'eau... 25ᴸ

A Nicolas Gosse, marbrier, qui s'est cassé une jambe en travaillant à Trianon.................... 25ᴸ

A Desjardins, soldat, qui a esté blessé en travaillant à Trianon............................. 15ᴸ

24 octobre : à La France, invalide, en considération de ses soins au bastiment de la grande église des Invalides................................. 60ᴸ

14 novembre : au s' de la Boulaye, en considération des voyages qu'il a faits à Paris pour choisir du verre blanc pour Trianon................ 100ᴸ

A Durel, employé à Trianon pendant cinq semaines en l'absence du s' de la Croix, par gratification.. 60ᴸ

21 novembre : à Silvin L'Évesque, contreposeur, qui a eu la jambe cassée en travaillant à la grande aile. 30ᴸ

A Gervais, dit Tourangeau, manœuvre, blessé *idem*.
.... 25ᴸ

A Liénard Loudln, limosin, qui a esté blessé *idem*..
.... 30ᴸ

A Antoine Plumard, manœuvre, blessé *idem*... 20ᴸ

5 décembre : au s' Michelet le jeune, en considération des voyages qu'il a faits à Paris pour le service de S. M.. 200ᴸ

12 décembre : à Dumoustier, manœuvre, qui a eu la jambe cassée en travaillant à Marly............ 30ᴸ

29 décembre : à Jean Langevin, dit Ladouceur, garçon charpentier, qui a esté blessé en travaillant à la charpente du clocher de l'église de Marly.......... 30ᴸ

A Claude Mathieu, Pierre Billardière et Jean Mahieu, pour leur voyage en Flandre pour faire arracher des ormes pour les Maisons Royalles, à raison de 110ᴸ chacun..................................... 330ᴸ

A Pierre Desbettes, compagnon serrurier, qui a eu la jambe cassée d'un chevron de fer en travaillant dans le grand puisard de la machine............... 45ᴸ

Somme de ce chapitre.......... 863ᴸ

GAGES D'INVALIDES.

25 janvier : au s' du Parc, officier invalide, employé aux Capucines de l'hostel de Vendosme, pour vingt-quatre journées du mois de décembre dernier, à 40ˢ par jour....................................... 48ᴸ

Au s' Irrisary, autre officier, employé pendant le mois entier *idem*............................... 62ᴸ

A Jean Pasquier, dit La Montagne, employé à 20ˢ par jour................................... 31ᴸ

A Simon Giot, dit La Violette, employé aux Capucines, *idem*............................... 31ᴸ

A Pierre Charles, dit Saint-Jean, employé aux ouvrages du couvent de l'Annonciade de Meulan, *idem*. 31ᴸ

A Pierre Brouillet, dit Monredon, employé au chasteau de Vincennes......................... 31ᴸ

A Robert de France, dit La France, employé à l'église des Invalides pendant 23 jours du mois de décembre................................... 23ᴸ

A Pierre Mersant, dit Lalliance, *idem* pendant le mesme temps............................... 23ᴸ

15 février : ausd. Irrisary, Pasquier, Guyot, de Saint-Jean, Brouillet, de France et Mersan, invalides, employez sous le s' La Chapelle pendant le mois de janvier dernier, pour leurs journées............ 234ᴸ

14 mars : ausd. Irrisary, Pasquier, Broqueville, dit Rochefort, Brouillet, Charles, dit Saint-Jean, de France et Mersant, pour leurs journées du mois de février. 218ᴸ

11 avril : ausd. Irrisary, Dumas, Broqueville, Legrand, de Saint-Jean, Brouillet, de France, Mersant et Le Moyne, dit du Tailly, invalides, pour leurs journées du mois de mars....................... 248ᴸ

9 may : à eux et à de Launay, pour leurs journées du mois d'avril............................ 282ᴸ

6 juin : à eux, pour leurs journées du mois de may....................................... 289ᴸ

11 juillet : à eux, pour 21 journées au mois de juin...................................... 279ᴸ

8 aoust : aux sus-nommez et à Jean Belot, dit L'Espérance, et Jean Macé, dit La Rose, tous invalides employez pendant le mois de juillet............ 426ᴸ

5 septembre : à eux, pour leurs journées du mois d'aoust................................... 348ᴸ

3 octobre : à eux, pour leurs journées du mois de septembre................................. 303ᴸ

7 novembre : ausd. Irrisary, Dumas, Delaunay, Brouillet, Charles, Le Grand, de France, Mersant et Le Moyne, pour leurs journées du mois d'octobre.. 255ᴸ

12 décembre : à eux, pour leurs journées du mois de novembre.................................. 294ᴸ

15 février : à Louis Baccary, dit Le Dilligent, employé à Marly, pour ses journées durant les mois de décembre 1687 et janvier dernier, à 20ˢ par jour... 62ᴸ

A Baucheron, dit La Violette, employé à la grande aile pendant le mesme temps................. 62ᴸ

A Joseph Barrast, employé à Trianon, pour *idem* et dix jours de février qu'il est retourné à l'hostel... 72ᴸ

A Lagneau, employé à la pièce des Suisses à Versailles, pour décembre et dix-huit jours de janvier. 49ᴸ

A L'Avocat, employé à Trianon, pour deux mois. 62ᴸ
A Mathieu Ricord, employé *idem*, pendant deux mois et huit jours............................ 70ᴸ
A Pichon, employé au petit parc, pendant deux mois................................ 62ᴸ
A Bras-de-Fer, employé à Monceaux, *idem*.... 62ᴸ
A Ramzay, dit Huile, *idem*............... 62ᴸ
A Daniel Pacault, dit Francoeur, employé aux puits de Ville-d'Avray....................... 62ᴸ
A Pierre Morin, dit Lapierre, employé aux avenues de Versailles.......................... 62ᴸ
A François Lavadis, dit La Bauche, employé *idem*.. .... 62ᴸ
A Nicolas Nuret, dit Lampoix, employé à Trianon, pour *idem* et dix jours de février........... 72ᴸ
A Antoine Maugis, employé à Trianon, pour le mois de décembre et vingt-deux jours de janvier...... 53ᴸ
A Charles de Laage, employé à Trianon, pour deux mois................................ 62ᴸ

18 avril : ausd. Baucheron, dit La Violette, Lagneau, L'Avocat, Pichon, Le Tessier, dit La Violette, 31 jours de juillet 1687, Baccary, dit Dilligent, et 31 jours d'obmis, Bras-de-Fer, Ramzay, dit Huile, Nuret, dit Longbois, Pascau, dit Francoeur, Morin, dit Lapierre, et Lavadi, tous invalides cy-dessus nommez, pour leurs journées pendant les mois de février et mars, outre le temps cy-dessus exprimé............ 730ᴸ

20 juin : ausd. Baucheron, Lagneau, Pichon, Le Tessier, Baccary, Louis Nicolas, Saint-Estienne, de Laage, Pascau, Bras-de-Fer, Ramzay, Nuret, Morin, Lavadi et Villiers, pour leurs journées pendant les mois d'avril et may dernier...................... 885ᴸ

29 aoust : ausd. Baucheron, Lagneau, Pichon, René Le Tessier, dit La Violette, pour décembre 1687, janvier 1688 et juin et juillet ensuivant, Baccary, pour juin et juillet et trente jours obmis sur les estats précédens, Louis Nicolas, dit La Violette, pour deux mois et treize jours de janvier, février et mars qu'il a esté obmis, Saint-Estienne, pour *idem*, Delage, pour deux mois, Mathieu Ricord, pour quatre mois, Lavau, dit La Liberté, pour quinze jours de juin et le mois de juillet, Baranger, pour les quatre derniers mois, Nogaret, pour les six derniers mois, Léger Guillot et Desmaret, pour sept jours de juin et juillet entier, Glonon, dit Duval, pour dix-neuf jours de juin et juillet, de Villiers, Pacau, Nuret, Ramzay, Bras-de-Fer, Morin, Lavadi, pour deux mois, Creussé et Antoine, dit Quatrevents, pour vingt jours de juin et juillet entier, pour leurs appointemens d'invalides des mois de juin et juillet.................................. 1770ᴸ

7 novembre : ausd. Baucheron, Lagneau et autres invalides cy-dessus nommez, pour leurs journées pendant les mois d'aoust, septembre et octobre dernier.. 2276ᴸ

Somme de ce chapitre......... 9983ᴸ

GAGES ET ENTRETENEMENS SUIVANT L'ESTAT.

7 mars : aux cy-après nommez, pour leurs gages à cause des entretenemens du palais des Thuilleries, Palais-Royal, Vincennes, Jardin royal et Saint-Germain-en-Laye, pendant les mois de juillet, aoust et septembre de l'année dernière 1687, sçavoir :

LES THUILLERIES.

Au sʳ de Clinchant, garde du palais des Thuilleries, pour ses gages pendant led. temps............ 75ᴸ
A luy, concierge de la salle des Comédies dud. palais, pour *idem*............................. 500ᴸ
A luy, aiant le soin de nettoyer et tenir propres toutes les chambres et cours dud. palais............ 500ᴸ
Au sʳ Le Nostre, aiant l'entretenement du grand parterre en face dud. palais.................. 875ᴸ
A luy, aiant celuy des parterres en gazon nouvellement plantez ensuitte des quarrés en broderie... 625ᴸ
A luy, aiant celuy du petit jardin à fleurs..... 375ᴸ
A luy, aiant celuy des palissades de jasmins d'Espagne dud. jardin............................ 375ᴸ
A la veuve Carbonnet, aiant celuy de la haute allée des maronniers d'Inde et pisceas jusques la moitié du fer à cheval.............................. 100ᴸ
A elle, pour le loyer de la maison qu'elle occupe à cause dud. entretenement................. 50ᴸ
Aux filles de deffunt Bouchard, aiant celuy des orangers................................ 225ᴸ
A Desgots, aiant celuy de toutes les allées et plans d'arbres avec le fer à cheval............... 900ᴸ
A la veuve Masson et Claude et Élisabeth Le Juge, ses belles-sœurs, aiant celuy dud. jardin.... 512ᴸ 10ˢ
A Lamy, portier dud. jardin, du costé du pont Rouge. 75ᴸ
A Villeneuve, autre portier dud. jardin, du costé du Manège............................... 75ᴸ
A Duchemin, autre portier dud. jardin, de la porte par où l'on fait voiturer les fumiers du costé de la rue Saint-Honoré............................... 75ᴸ

13 juin : aux cy-dessus nommez, pour leurs ga-

ges desd. entretenemens pendant le quartier d'octobre............................ 5337ᴴ 10ˢ
24 aoust : à eux, pour leurs entretenemens des trois premiers mois 1688................. 5337ᴴ 10ˢ
14 décembre : à eux, pour le deuxième quartier 1688........................... 5337ᴴ 10ˢ

    Somme de ce chapitre......... 21350ᴴ

PALAIS-ROYAL.

7 mars : à Gratian Bouticourt, concierge dud. palais, pour ses gages du troisième quartier 1687... 112ᴴ 10ˢ
A luy, aiant le soin de nettoyer les chambres et cours dud. palais, *idem*...................... 56ᴴ 5ˢ
A Clinchant, concierge de la salle des Comédies.... .... 56ᴴ 5ˢ
A Claude Bouticourt, aiant l'entretenement du jardin dud. palais........................... 375ᴴ
A Georges, portier de la basse-cour dud. palais, du costé de la rue de Richelieu............. 112ᴴ 10ˢ
A Simon Le Vacher, portier de la porte de la cour des cuisines, du costé de la rue des Bons-Enfans.. 37ᴴ 10ˢ
13 juin : aux cy-dessus nommez, pour leurs gages à cause desd. entretenemens du quatrième quartier de l'année 1687...................... 750ᴴ
24 aoust : à eux, pour leurs gages du premier quartier 1688........................... 750ᴴ
14 décembre : à eux, pour leurs gages du deuxième quartier 1688......................... 750ᴴ

    Somme de ce chapitre.......... 3000ᴴ

VINCENNES.

7 mars : à Michel Tuibalt, jardinier, aiant l'entretenement de tous les jardins dependans dud. chasteau, pour ses gages du troisième quartier 1687......... 375ᴴ
A Chevillard, fontainier, aiant celuy des fontaines dud. chasteau, pour *idem*................. 150ᴴ
13 juin : aux cy-dessus nommez, pour leurs gages du dernier quartier de l'année 1687.............. 525ᴴ
24 aoust : à eux, pour leurs gages du premier quartier de l'année 1688...................... 525ᴴ
14 décembre : à eux, pour *idem* du deuxième quartier 1688............................. 525ᴴ

    Somme de ce chapitre.......... 2100ᴴ

JARDIN ROYAL.

Nota. Le jardinier et le portier dud. jardin sont payez de leurs gages par ordonnance particulière, cy. Mémoire.

SAINT-GERMAIN-EN-LAYE.

7 mars : à Jean-Baptiste de la Lande, aiant l'entretenement du vieil jardin et nouvelles palissades du parc du chasteau, pour ses gages du troisième quartier 1687............................. 125ᴴ
Aud. de la Lande, aiant l'entretenement de l'orangerie............................. 125ᴴ
A la veuve Jean de la Lande, aiant l'entretenement du grand parterre nouvellement planté et augmenté de trois allées autour dans le vieil jardin........ 337ᴴ 10ˢ
A Jean de la Lande, aiant celuy des allées et palissades de l'enclos du petit bois.............. 84ᴴ 5ˢ
A luy, aiant celuy du potager................. 50ᴴ
A luy, aiant celuy du Boulingrin............. 200ᴴ
A la veuve Bellier et à Claude Bellier, sa fille, aiant celuy du nouveau jardin en gazons....... 300ᴴ
A François Lavecher, aiant celuy du jardin et parterres devant les grottes du chasteau neuf... 112ᴴ 10ˢ
A luy, aiant celuy des canaux et colines dud. chasteau............................... 18ᴴ 15ˢ
A Goëren, dit La Salle, concierge du pavillon du Val................................. 300ᴴ
A Le Coustellier, jardinier, aiant l'entretenement du jardin dud. pavillon...................... 1000ᴴ
A Claude Patexostre, concierge du Cheuil proche le Tripot............................... 45ᴴ
A Pierre Bertin, concierge du chasteau neuf. 118ᴴ 15ˢ
A Gilles Ricuard, concierge de la petite écurie. 50ᴴ
A Soulaigre, concierge du vieil chasteau... 56ᴴ 5ˢ
A luy, aiant l'entretenement de l'horloge...... 18ᴴ 15ˢ
A Goëren, portier des portes du parc........ 175ᴴ
A Clerambourst, portier de la porte du grand parterre, pour led. temps........................ 90ᴴ
A Jean Arnaudin, concierge de la Surintendance des bastimens............................ 50ᴴ
A Claude Lefebvre, concierge de la maison de la Religion............................. 50ᴴ
13 juin : aux cy-dessus nommez, pour leurs gages du dernier quartier de l'année 1687.......... 3419ᴴ 10ˢ
24 aoust : à eux, pour leurs gages du 1ᵉʳ quartier de l'année 1688........................ 3419ᴴ 10ˢ
14 décembre : à eux, pour le 2ᵉ quartier de lad. année............................... 3419ᴴ 10ˢ

    Somme de ce chapitre...... 13565ᴴ 10ˢ

FONTAINEBLEAU.

24 aoust : aux cy-après nommez, aians les entretenemens du chasteau et jardins de Fontainebleau, pour leurs

gages pendant les mois de janvier, febvrier et mars 1688.

Sçavoir :

A la veuve GROGNET, couvreur, aiant les entretenemens de toutes les couvertures du chasteau..... 750ᴸᴸ
A TISSERANT, aiant celuy des vitres......... 300ᴸᴸ
A la veuve GIRARD, plombier, aiant celuy des plombs............................... 125ᴸᴸ
A DUBOIS, peintre, aiant celuy de toutes les peintures................................. 150ᴸᴸ
A JULIEN DE BRAY, aiant celuy de la moitié du grand parterre du jardin du Roy, petites palissades et allées en terrasse au pourtour d'iceluy............... 250ᴸᴸ
A MAGDELAINE et ANNE POIRET, aiant l'autre moitié................................. 250ᴸᴸ
A GABRIEL DESBOUTS, aiant celuy du jardin de l'estang et du jardin des pins................. 175ᴸᴸ
A la veuve LOUIS DESBOUTS, aiant celuy des grandes et petites palissades....................... 500ᴸᴸ
A VARIN, aiant celuy des arbres fruitiers et allées d'ipréaux et autres.................... 206ᴸᴸ 5ˢ
Aux Religieux de la Charité d'Avon, pour la pension qui leur est accordée pour la subsistance des malades.................... 562ᴸᴸ 10ˢ
A CHATILLON, aiant l'entretenement des orangers et du jardin de la Reine..................... 300ᴸᴸ
A DORCHEMER, dit LA TOUR, ayant celuy du petit jardin de la Conciergerie.................... 11ᴸᴸ 5ˢ
A LOUIS DE LA TOUR, ayant la charge du nettoyement des cours du chasteau.................. 100ᴸᴸ
A DUBOIS, aiant l'entretenement du jardin de la fontaine du chasteau et jardins en dépendans.... 37ᴸᴸ 10ˢ
A la veuve VIEUXPONT, aiant celuy du jardin potager et fruitier du jardin neuf................ 45ᴸᴸ
A RENÉ NIVELON, aiant celuy du Mail..... 27ᴸᴸ 2ˢ 6ᵈ
A BERNARD, aiant celuy du petit jardin de l'hostel d'Albret............................... 25ᴸᴸ
A CHATILLON, aiant celuy du nettoyement des canaux de l'estang............................ 50ᴸᴸ
A VOLTIGEANT, aiant celuy des bateaux sur le canal et sur l'estang............................ 50ᴸᴸ
Au sʳ PION, aiant le soin et la nourriture des carpes et cignes dud. canal et des estangs........ 270ᴸᴸ
A CHATILLON, aiant celuy de l'horloge du chasteau. 25ᴸᴸ
A TOULET, concierge du pavillon de la Surintendance................................. 50ᴸᴸ
A GERVAIS, portier du parc............ 75ᴸᴸ
A BESNARD, concierge de l'hostel d'Albret..... 25ᴸᴸ
A PETIT, portier de la cour du Cheval Blanc.... 50ᴸᴸ
Aud. DORCHEMER, concierge du chasteau...... 75ᴸᴸ
12 septembre : à COUTURIER, fontainier au chasteau de Fontainebleau, pour ses gages des six premiers mois 1688................................. 500ᴸᴸ
14 décembre : aux officiers du chasteau et jardins de Fontainebleau cy-dessus nommez, pour leurs gages à cause desd. entretenemens pendant le 2ᵉ quartier 1688............................. 4409ᴸᴸ 12ˢ 6ᵈ

Somme de ce chapitre........ 9394ᴸᴸ 5ˢ

AQUEDUCS.

MAÇONNERIE.

29 aoust-19 septembre : à MARTIN, tailleur de pierre, pour la taille des pierres qui se font pour les vannes à la queüe de l'estang d'Arcy (2 p.)............ 45ᴸᴸ
3 octobre-28 novembre : à COLLOT, pour la taille des pierres employées à la voute des soupapes de l'estang de Trapes (2 p.).......................... 58ᴸᴸ 3ˢ 8ᵈ
13 juin-28 novembre : à PIERRE LE CLERC, dit PITRE, sur les provisions de moilon et de chaux qu'il a fait pour les revestemens des étangs de Trappes et d'Arcy (8 p.)................................. 16800ᴸᴸ
19 septembre-14 novembre : à luy, à compte des ouvrages de maçonnerie qu'il a fait aux digues des Marnières (5 p.)........................... 11320ᴸᴸ
11 janvier-20 juin : à ANNE BINOT, maçon, parfait payement de la somme de 3361ᴸᴸ 1ˢ à quoy montent les ouvrages et réparations qu'il fait dans l'aqueduc qui conduit les eaux de l'estang de Trappes à Satory (10 p.)................................ 2761ᴸᴸ 1ˢ
22 aoust : à luy, pour la démolition qu'il a faite à une partie de l'aqueduc de communication des deux estangs d'Arcy, pour la construction des vannes qui se font au mesme endroit........................... 80ᴸᴸ

Somme de ce chapitre..... 31064ᴸᴸ 4ˢ 8ᵈ

TERRASSES.

25 janvier-13 juin : à MARTIN MARISCAL, terrassier, parfait payement de la fouille et transport des terres par luy faits pour l'exhaussement de la rigolle prez la chapelle de Sainct-Quentin, pour la construction et ragrément de plusieurs ouvrages aux environs de l'estang de Trappes (5 p.)......................... 2139ᴸᴸ 12ˢ 4ᵈ
22 aoust-26 décembre : à luy, pour la fouille et transport des terres par luy faits, tant pour faire le conroy dans

ANNÉE 1688. — RIVIÈRE D'EURE.

un trou de marnière que derrière les revestemens de l'estang de Trapes (9 p.)........................ 4200ᴸᵗ

11 janvier-17 octobre : à PIERRE LE CLERC, dit PITRE, entrepreneur, à compte du canal qu'il fait à Crache, pour la conduite de la rivière d'Eure (15 p.)...... 42000ᴸᵗ

25 janvier-11 juillet : à ALEXANDRE GODILLE, dit LA-VALLÉE, terrassier, parfait payement des menus ouvrages de terrasses et de pavé par luy faits dans la rigolle de Coupe-Gorge et aux environs du Perray (5 p.)....... .... 1026ᴸᵗ 15ˢ 6ᵈ

17 octobre : à luy, pour avoir enlevé les ravines et nettoyé la rigolle de Vieille-Église............ 50ᴸᵗ

14 novembre-26 décembre : à luy, parfait payement des fouilles et transport des terres et conroy par luy faits dans les aqueducs du Perray et de l'Artoire (2 p.)............................... 301ᴸᵗ 10ˢ

14 mars : à VALLÉE, terrassier, à compte des fouilles et transport de terres qu'il a fait, depuis 1685, aux rigolles et autres ouvrages près de l'estang de Trappes................................ 500ᴸᵗ

8 février : à JAQUES JUNOT, dit DUMESNIL, entrepreneur, parfait payement de la somme de 4898ᴸᵗ à quoy montent 604 toises courantes de grais par luy fournis et qui ont esté employez à revestir une partie de la chaussée de l'estang de Trappes, à 7ᴸᵗ 15ˢ la toise, et 108 toises 1/2 carrées de pavé de moilon qu'il a fait tant au glacis du bout de la chaussée du Mesnil, que les eaux avoient emporté, qu'à un autre glacis sur la rigolle d'Élancour près la Villedieu et autour du pavillon du bout de l'aqueduc de la Boissière.......... 248ᴸᵗ

Somme de ce chapitre... 50465ᴸᵗ 17ˢ 10ᵈ

CHAUX.

25 janvier-16 may : à MICHEL ROGER, chaufournier, pour 17 muids et 531 poinçons de chaux par luy fournis pour employer à la réparation de l'aqueduc qui conduit les eaux de l'estang de Trapes à Satory, à raison de 31ᴸᵗ le muid et 4ᴸᵗ le poinçon (8 p.)...... 2651ᴸᵗ 11ˢ

VOITURES.

11 janvier-16 may : à PIERRE TOUIN, voiturier, parfait payement du sable qu'il voiture pour la réparation de l'aqueduc qui conduit les eaux de l'estang de Trappes à Satory (8 p.)............................ 856ᴸᵗ

CHARPENTERIE.

31 octobre : à ESLOY, charpentier, pour la réparation qu'il a fait aux grilles et vanes des soupapes de l'estang de Trappes.............................. 92ᴸᵗ 5ˢ

MENUISERIE.

13 juin : à LOUIS CHEVALIER, menuisier, pour les ouvrages de menuiserie par luy faits à l'estang du bois d'Arcy et autres endroits................. 150ᴸᵗ

SERRURERIE.

19 septembre-26 décembre : à GEORGES SIMONNET, serrurier, parfait payement des ouvrages de serrurerie, lanternes et portes de fer par luy faits pour les réparations et augmentations des estangs d'Arcy, Trapes, du Ménil, du petit Port-Royal et du Perray (3 p.)....... .... 952ᴸᵗ 10ˢ

VITRERIE.

14 novembre : à BOURNAY, vitrier, pour les réparations de vitre qu'il a fait aux trois pavillons des gardes-rigolles des environs de Trappes.............. 12ᴸᵗ

ROLLES D'OUVRIERS
TRAVAILLANT SOUS LE SIEUR DE SAINTE-CATHERINE.

18-25 janvier : aux ouvriers et voituriers employés à remplir et réparer les glacières de Saint-Léger (2 p.).............................. 233ᴸᵗ 13ˢ

25 janvier : à ceux qui ont travaillé à divers menus ouvrages à la chaussée de l'estang de la Tour et ailleurs.............................. 336ᴸᵗ 14ˢ

4 avril-25 juillet : à plusieurs particuliers, pour plusieurs journées et menus ouvrages et matéreaux qu'ils ont fourni (2 p.).................... 265ᴸᵗ 6ˢ

30 may : à ceux qui ont esté employés à faire les fassines qui ont esté mises le long des digues de l'estang de Trappes........................... 331ᴸᵗ 4ˢ

25 juillet-12 décembre : à ceux qui ont travaillé à gohter le mur de la chaussée de l'estang du bois Robert et autres ouvrages, du 1ᵉʳ juillet au 11 décembre (11 p.)........................... 1582ᴸᵗ 18ˢ 6ᵈ

Somme de ce chapitre...... 2749ᴸᵗ 15ˢ 6ᵈ

RIVIÈRE D'EURE.

DÉPENSE.

19 janvier : au sʳ DE TOURMENYES, trésorier général de l'Extraordinaire des guerres, 302287ᴸᵗ faisant partie de la somme de 335000ᴸᵗ qu'il auroit avancée pour estre employée aux dépenses de la rivière d'Eure, sçavoir : 120000ᴸᵗ par ordre du 15 juin 1686; 115000ᴸᵗ par

ordre du 4 juillet ensuivant; 100000ᴸ par ordre du 3 septembre 1686; au moyen de quoy les susd. ordres seront et demeureront nuls, à l'exception de celuy du 3 septembre 1686 qui ne subsistera plus que pour 32713ᴸ.................. 302287ᴸ

2 décembre : à luy, pour, avec les 302287ᴸ cy-dessus, faire le parfait payement et remboursement de 455000ᴸ qu'il auroit avancée les jours susd. suivant nos ordres y énoncez, et celuy de 120000ᴸ du 9 septembre 1686, lesquels demeureront nuls à l'esgard dud. s' de Turmesnes et ne subsisteront que pour former la recepte de pareille somme de 455000ᴸ dans l'estat au vray de l'exercice dud. s' Le Bègue, de l'année 1686...... 152713ᴸ

Somme.................. 455000ᴸ

MAÇONNERIE.

4 janvier-26 décembre : à Pierre Le Maistre, entrepreneur, à compte des ouvrages de maçonnerie qu'il fait au grand aqueduc de la rivière d'Eure dans le fonds de Maintenon (25 p.).................. 273096ᴸ

18 juillet : à luy, pour 1181000 de brique qu'il a fourni pour employer à la construction des ouvrages du chasteau de Maintenon et bastimens qui en dépendent en 1687.......................... 8267ᴸ

25 juillet-24 octobre : à Alexandre Belquienne et René La Roche, entrepreneurs, à compte de la construction de six puits sur la hauteur entre les villages de Houdreville et Espinville pour fournir de l'eau aux troupes qui doivent estre employées à l'aqueduc de terre sur lad. hauteur (6 p.).................. 4046ᴸ

14 mars 1688-9 janvier 1689 : à Michel Boubaine, entrepreneur, parfait payement de l'amas de matériaux qu'il a fait pour la construction des ouvrages de maçonnerie qu'il a entrepris de faire sur les lignes de la rivière d'Eure (4 p.)............. 6319ᴸ 16ˢ 9ᵈ

8 février-5 décembre : à Pierre Le Clerc, dit Pitre, terrassier, à compte des ouvrages de maçonnerie et de terrasse qu'il fait pour la chaussée de Boizard sur les lignes de lad. rivière d'Eure (14 p.)....... 36150ᴸ

Somme de ce chapitre... 327878ᴸ 16ˢ 9ᵈ

GRAIS.

20 janvier-26 décembre : à Claude-Louis Jurart, entrepreneur, à compte des grais qu'il fournit pour le grand aqueduc de Maintenon (23 p.).......... 132057ᴸ

18 juillet : à luy, pour les grais taillez qu'il a fourni et mis en œuvre aux nouveaux bastimens du chasteau de Maintenon et le pavé qu'il a fourni pour les bastimens et autres lieux dépendans dud. chasteau. 21482ᴸ 8ˢ 1ᵈ

Somme de ce chapitre.... 153339ᴸ 8ˢ 1ᵈ

PAVÉ.

24 aoust : à Quentin, paveur, pour les ouvrages de pavé par luy faits dans le fonds de Berchère, pour soutenir les tuyaux de la conduite du grand aqueduc de terre.................. 1221ᴸ 9ˢ 2ᵈ

TERRASSES.

25 janvier : à Nicolas du Mont et Dominique Doby, terrassiers, pour terres enlevées pour réparer une brèche que les eaux sauvages ont faites à la digue du canal prez l'écluse de Bouré............ 94ᴸ 10ˢ

11 avril : à Jaques Huby et consors, jardiniers, pour 275 arbrisseaux à fleurs de différentes espèces et 51 bottes de plantes aromatiques qui ont esté acheptées pour planter dans le jardin de Maintenon............. 254ᴸ

1ᵉʳ février-4 avril : à Dominique Doby, terrassier, pour ouvrages de terrasses et autres par luy faits pour réparer une brèche que les grandes eaux avoient faites à la digue du canal prez l'écluse de Bouré (2 p.)....... .... 232ᴸ 10ˢ

1ᵉʳ février-24 aoust : au s' Le Duc, entrepreneur, à compte des remuements de terre qu'il fait au grand aqueduc de terre entre Maintenon et Berchère[1] (18 p.). 414654ᴸ

8 février-21 novembre : à Pierre Le Clerc, dit Pitre, terrassier, à compte des ouvrages de terrasse qu'il fait pour le rehaussement de la rivière d'Eure entre Berchère et Clevilliers et pour agrandir le talud des chaussées de lad. rivière (12 p.)............. 34000ᴸ

Somme de ce chapitre....... 449235ᴸ

CHARBON DE TERRE.

14 mars-19 décembre : au s' Vanderbuslt, marchand à Rouen, parfait payement de 15022 barils de charbon de terre d'Angleterre qu'il a livré à Maintenon, à raison de 355ᴸ le cent de barils (4 p.)........ 53328ᴸ 10ˢ

---

[1] A côté de cet article se trouve inscrite l'observation suivante : « Moyennant la résolution que le Roy vient de prendre concernant led. aqueduc, le s' Le Duc demeurera déchargé de 115 à 120000 toises cubes de terre les plus difficiles et qui luy devoient couster plus que ce que le Roy luy en donne; Sa Majesté a trouvé bon que sur le remuement de terre qu'il fera entre la teste du canal au-dessus de Berchère et Maintenon, il luy soit diminué 30000ᴸ, cy......... Mémoire.»

ANNÉE 1688. — RIVIÈRE D'EURE.

PLOMBS.

16 may-8 octobre : aud. s' Vanderhulst, parfait payement de 750 pièces de gros plomb de Hulst qu'il a fait venir d'Angleterre et fourni à Maintenon, pesant 223805 livres, à raison de 22ᵈ obole la livre (3 p.).............................. 29406ᴸ 10ˢ 6ᵈ

1ᵉʳ-15 aoust : à Jaques Lucas, plombier, à compte des tuyaux de plomb qu'il a posez dans les puits du fonds de Berchère pour la conduite des eaux de la rivière d'Eure (2 p.).................................. 2000ᴸ

Somme de ce chapitre.... 31406ᴸ 10ˢ 6ᵈ

MENUISERIE.

8 février-2 may : à Antoine Rivet, menuisier, à compte de ses ouvrages de menuiserie pour le chasteau de Maintenon (4 p.).................. 4000ᴸ

SERRURERIE.

4 janvier : à Jean Bardin, serrurier, pour ses ouvrages de serrurerie et gros fers par luy fournis à la maison du s' Robelin pendant l'année dernière 1687. 195ᴸ 13ˢ 9ᵈ

25 juillet-26 septembre : à luy, parfait payement de la main-d'œuvre de 117490 livres de plomb qu'il a coulé dans les joints des tablettes dud. aqueduc (3 p.).................... 1193ᴸ 11ˢ 6ᵈ

26 septembre : à luy, payement des fers et outils livrez pour couler led. plomb............. 378ᴸ 9ˢ 3ᵈ

24 octobre : à luy, pour la ferrure de quinze grands seaux, de chacun quatre cercles de fer, à raison de 7ᴸ chacun, pour estre employés aux puits que S. M. a fait construire sur la hauteur du village de Houdreville............................. 105ᴸ

31 octobre-26 décembre : à luy, parfait payement de 91036 livres pesant de plomb qu'il a coulé dans les joints des tablettes dud. aqueduc de maçonnerie, à raison de 9ᴸ par chacun millier (2 p.)......... 819ᴸ 6ˢ 5ᵈ

15 aoust : à Thomas Vallerand, serrurier, pour deux vis qu'il a fourni pour lever les soupapes des conduites du fonds de Berchère..................... 64ᴸ

Somme de ce chapitre...... 2756ᴸ 0ˢ 11ᵈ

PEINTURE ET DORURE.

16 may : à Guillaume Desoziers, doreur, à compte des peintures et dorures qu'il a cy-devant faites au chasteau de Maintenon................... 1000ᴸ

DIVERSES DÉPENSES.

4 janvier : à Jean Legrand et autres, pour menües dépenses faites pour la construction du grand aqueduc qui doit conduire à Versailles la rivière d'Eure.... 58ᴸ 14ˢ

A Louis Canon, remboursement de ce qu'il a payé pour la graveure et impression de plusieurs cartes concernant le grand aqueduc de Maintenon.... 235ᴸ 19ˢ

1ᵉʳ février : au s' Fillet, ingénieur, remboursement du loyer de son logement des Quatre-Vents pendant l'année 1687......................... 400ᴸ

15 février : à Charles Trehou, terrassier, pour 500 facines, 70 paquets de gaulles et 500 piquets qu'il a fourni.................................. 75ᴸ

29 février : à Francœur, soldat, et autres, pour menües dépenses......................... 45ᴸ 10ˢ

7 mars : au s' Collinet, pour ce qu'il a payé aux nommez Guillebon et Vilain, pour 102 livres de sang de dragon qui ont esté remis au magasin de Maintenon pour faire du ciment, à raison de 12ˢ la livre. 63ᴸ 15ˢ

14 mars : à Jean Borde et autres, pour menües dépenses................................. 19ᴸ 15ˢ

14 mars-5 septembre : au s' Le Blanc, pour une année échue du loyer de la maison occupée par le s' Robelin à Maintenon et du logement du dessinateur (2 p.)............................... 390ᴸ

4 avril : à François Fontaine, dit La Rivière, et autres, pour menües dépenses.............. 131ᴸ 11ˢ 6ᵈ

4 avril-26 septembre : à Jaques Petit, cordier, pour 752 livres de cordes qu'il a livré pour servir aux puits construits sur la hauteur entre le Buisson-Pommeray et le village des Quatre-Vents, pour fournir l'eau aux soldats employez à la construction de l'aqueduc de terre sur la hauteur, à 5ˢ la livre.................. 188ᴸ

18 avril : à Sans Soucy et autres, pour menües dépenses............................... 66ᴸ 13ˢ

2 may : à Jaques Petit et autres, idem... 176ᴸ 11ˢ

6 juin : à Jolicœur et autres, idem....... 144ᴸ 10ˢ

30 juin : à Mathurin Georget et autres, pour idem.. .... 136ᴸ 15ˢ 6ᵈ

11 juillet : à Gabriel Godart et autres, idem. 182ᴸ 6ˢ

1ᵉʳ aoust : à Josse Menard et autres, idem. 103ᴸ 16ˢ

8 aoust : à Nicolas Ferron et autres, idem. 71ᴸ 0ˢ 9ᵈ

22 aoust : à Estienne Donné l'aisné et autres, idem. 31ᴸ 15ˢ

5 septembre : à Jean Giboreau et autres, idem..... .... 51ᴸ 15ˢ

26 septembre-5 décembre : à Jean Bardin et autres, pour menües dépenses (2 p.)........ 77ᴸ 7ˢ 3ᵈ

10 octobre : à Bourgault, arpenteur, pour avoir alozé les bois dans la forest de Ivelines pour conduire

la rivière à Versailles, avec trois hommes qui luy ont aydé................................ 303ʰ

24 octobre : à Gabriel Godart et autres, pour menües dépenses........................ 62ʰ 18ˢ

Au sʳ Pigoreau, pour les loyers de deux années d'une chambre qui a servi de bureau pour les escritures de l'aqueduc, à raison de 52ʰ 10ˢ par an........ 105ʰ

31 octobre : à Pierre Le Blon et autres, pour menües dépenses............................ 20ʰ

14 novembre : à Mareschal, *idem*...... 4ʰ 16ˢ 3ᵈ

Somme de ce chapitre..... 3,146ʰ 8ˢ 3ᵈ

ROLLES D'OUVRIERS.

25 janvier : aux soldats et voituriers qui ont esté employez à remplir les glacières de Maintenon... 359ʰ 5ˢ

1ᵉʳ février-26 décembre : aux éclusiers employez à la construction du grand aqueduc, pour leurs journées du mois de janvier au mois de décembre (12 p.)......
.... 10044ʰ 10ˢ

A eux, pour dix-huit mois de leurs logemens (3 p.).
.... 374ʰ

29 février-14 mars : aux ouvriers qui ont travaillé à faire des fassines, gaulles et piquets employez pour la réparation du fassinage d'un des costez du sas de l'écluze de Moineaux sur le canal du ruisseau de Gallardon (2 p.)........................... 321ʰ 7ˢ 3ᵈ

24 octobre : à ceux qui ont coulé 4444 livres pesant de plomb entre les joints des tablettes sur led. aqueduc............................ 170ʰ 2ˢ 3ᵈ

Somme de ce chapitre.... 11269ʰ 4ˢ 6ᵈ

REMBOURSEMENS.

1ᵉʳ février : au sʳ Le Duc, entrepreneur, pour 111 toises 5 pieds de pavé qu'il a fait faire au passage qui traverse le grand aqueduc de terre de la rivière d'Eure d'entre Maintenon et Berchère, sur le chemin de Bois-Richeux à Chartrinvilliers, à raison de 7ʰ 10ˢ la toise, et douze bornes à 17ʰ 10ˢ chacune............. 1048ʰ 15ˢ

A luy, parfait payement de 1944ʰ à quoy monte la moitié de la dépense de deux petits aqueducs de terre que led. Le Duc a fait faire dans le fonds des Quatre-Vents pour l'écoulement des eaux des atteliers.. 1194ʰ

12 may-26 septembre : à luy, pour remboursement des dépenses extraordinaires qu'il a fait pour led. aqueduc depuis le 26 juillet 1687 jusqu'au 21 aoust 1688 (4 p.)............................ 5306ʰ 16ˢ

28 novembre : à luy, 2000ʰ pour le loyer de la maison et magasin qu'il a occupez aux Quatre-Vents pendant deux années, plus 200ʰ à luy accordez pour mettre ses outils et équipages en estat de servir au printemps prochain, et 615ʰ pour ce qu'il a payé pour des vieux fers qui luy avoient esté délivrez des magasins et qui ont esté employez pour le service de S. M..... 2815ʰ

9 janvier 1689 : à luy, pour son remboursement des appointemens des deux piqueurs qui ont soin des magasins dud. aqueduc.................... 500ʰ

Somme de ce chapitre...... 10864ʰ 11ˢ

ÉTATS CERTIFIEZ DES INVALIDES
EMPLOYEZ SOUS LE Sʳ FILLEY.

6 juin : à Pierre Lucet, dit La Franchise, Izac Huzé, dit Le Normand, Pierre Ferrand, dit La Chaisne, Pierre Hulin, dit La Croix, Pierre L'Évesque, dit Des Vieux, Louis Nort, dit La Ramée, Jaques Berthaumé, dit La Brie, Charles Pochet, dit Sᵗ-Remy, Louis Buton, dit La Coste, Louis Couvenon, dit Le Lorain, Benoist Garnier, dit Deschamps, Louis Le Roy, dit La Verdure, Louis Lasseret, dit La Montagne, Antoine Priva, dit Quatre-Vents, et Cambray, tous Invalides employez, sous le sʳ Filley, au grand aqueduc de terre de la rivière d'Eure entre Maintenon et Berchère, pour leurs journées pendant les mois d'avril et may, à raison de 20ˢ par jour chacun, y compris 225ʰ à François Paulard, fontainier, pour l'entretien des tuiaux pendant les mois de mars, avril et may, à raison de 75ʰ par mois........ 1125ʰ

15 aoust : auxd. L'Évesque, Hubin, Ferrant, Pochet, Thevenin, Noé, Button, Huzé, Hulet, Bertomé, Lasseray et Leroy pour deux mois, Jennin, trente et un jours, Cambray, deux mois, Laisné, 150ʰ pour deux mois, de l'entretien des deux conduites du fonds de Berchère, et aux nommez Louvier et Thuillot, pour quatre-vingt-quatre journées à rabattre le plomb d'entre les tuiaux de lad. conduite, 126ʰ ; tous lesd. Invalides employez pendant lesd. mois de juin et juillet......... 1100ʰ

24 aoust : à eux, pour leurs journées pendant les vingt-cinq jours de ce mois................ 412ʰ

Somme de ce chapitre........ 2637ʰ

DÉPENSES FAITES SOUS LE Sʳ PARISOT.

8 février 1688-9 janvier 1689 : aux nommez Houny, Bierry et de la Picaudière, employez sous le sʳ Parisot, pour leurs appointemens de l'année 1688, y compris leurs frais de voyage (12 p.)............ 3732ʰ 11ˢ

15 février : au sʳ Parisot, ingénieur, pour son remboursement du loyer du logement qu'il a occupé à Senermont pendant l'année dernière................. 120ʰ

18 avril : à Graind'orge, par gratification, en consi-

ANNÉE 1688. — RIVIÈRE D'EURE.

dération de ce qu'il a esté estropié en travaillant à la chaussée de Boizard............ 60ʰ

Somme de ce chapitre....... 3912ʰ 11ˢ

GAGES D'EMPLOYEZ À LA RIVIÈRE D'EURE.

4 janvier : au sʳ Robelin père, ayant la direction du grand aqueduc de Maintenon, pour ses appointemens du mois de décembre dernier, à raison de 6000ʰ par an.................................. 500ʰ

Au sʳ Robelin fils, pour *idem*, à raison de 1800ʰ par an................................. 150ʰ

Au sʳ La Neuville, maître maçon, *idem*..... 150ʰ

Au sʳ La Vallée, ingénieur, à raison de 1440ʰ par an................................. 120ʰ

Au sʳ Villeneuve, inspecteur sur les carrières des grais, à 1200ʰ........................ 100ʰ

Au sʳ Guiard, toiseur, à raison de 1080ʰ par an... .... 90ʰ

Au sʳ Louste, enseigne au régiment suisse de Stoppa, de la compagnie de Schoudy, inspecteur ambulant. 90ʰ

Au sʳ Berthon, tenant le bureau des affaires, à 900ʰ par an................................. 75ʰ

Au sʳ Dupuy, lieutenant au régiment de la Sarre, compagnie de Daubarède, inspecteur sur les carrières de Gallardon................................. 75ʰ

Au sʳ de la Tour, lieutenant au régiment de Normandie, inspecteur pour la navigation sur le ruisseau d'Épernon........................... 75ʰ

Au sʳ Duperat, inspecteur sur led. aqueduc pendant les six premiers jours du mois de décembre........ 15ʰ

Au sʳ Gourdin, dessinateur, à raison de 720ʰ par an.................................. 60ʰ

Au sʳ Gosselin, employé à donner et recevoir le fer, les bois et autres matériaux qui s'employent aux bastimens dépendans du chasteau de Maintenon.......... 60ʰ

Au sʳ de Boudeville, lieutenant au régiment de Feuquières, de la compagnie de Boudeville, employé à donner et recevoir les billets de voitures des batteaux.. 60ʰ

Au sʳ Quesneau, cy-devant inspecteur sur led. aqueduc, et à présent dans la généralité de Caen pour faire venir des tailleurs de pierre................ 60ʰ

Au sʳ Dubreuil, lieutenant au régiment de la marine, aussy cy-devant inspecteur sur led. aqueduc, et à présent en Picardie et Artois pour faire venir des tailleurs de pierre................................. 60ʰ

Au sʳ Gillet, employé à escrire, à raison de 600ʰ par an................................ 50ʰ

1ᵉʳ février : ausd. sieurs Robelin père et fils, La Neuville, La Vallée, Villeneuve, Guiard, Louste, Berthon, Dupuy, La Tour, Gourdin, Gosselin, de Boudeville, Quesneau, Dubreuil et Gillet, employez à lad. rivière d'Eure pendant le mois de janvier dernier, pour leurs appointemens........................ 1775ʰ

29 février : à eux, pour leurs appointemens du mois de février........................... 1775ʰ

28 mars : ausd. Robelin père et fils, La Neuville, Lagrange, pour les mois de décembre 1687 et trois premiers mois 1688, à 1800ʰ par an, La Vallée, Villeneuve, Guiard, Louste, Berton, Dupuy, La Tour, Duperat, Gourdin, Gosselin, de Boudeville, Quesneau, Dubreuil et Gillet, employez pendant le mois de mars................................ 2415ʰ

2 may : ausd. Robelin père et fils et autres cy-dessus nommez pour le mois d'avril, et au sʳ Charpentier, inspecteur, pendant les quinze premiers jours d'avril.... .... 2060ʰ

6 juin : ausd. Robelin père et fils, de la Neuville, de la Grange, Boyer, pendant décembre 1687 et les cinq premiers mois 1688, La Vallée, de Villeneuve, Guiard, Louste, Berthon, Dupuy, La Tour, Duperat, Gourdin, Gosselin, Boudeville, Quesneau, Dubreuil et Mouton, pour quatre jours, pour leurs appointemens du mois de may dernier................ 2708ʰ

30 juin : à eux, pour leurs appointemens du mois de juin............................. 2135ʰ

1ᵉʳ aoust : à eux, pour leurs appointemens du mois de juillet............................. 2135ʰ

29 aoust : à eux, pour leurs appointemens du mois d'aoust............................. 2135ʰ

26 septembre : ausd. Robelin père, La Neuville, La Grange, Boyer, La Vallée, de Villeneuve, Guiard, Louste, Berton, Dupuy, La Tour, Gourdin, Gosselin, de Boudeville, Quesneau et à Mouton, pour leurs appointemens du mois de septembre.......... 1850ʰ

31 octobre : ausd. sieurs Robelin père, de la Neuville, de la Grange, de la Vallée, de Villeneuve, Guiard, Louste, Berthon, Dupuy, de la Tour, Gourdin, dessinateur, Gosselin et Boudeville, pour leurs appointemens du mois d'octobre................ 1605ʰ

5 décembre : ausd. sieurs Robelin père, de la Neuville, de la Grange, de Villeneuve, Berthon, Dupuy et Boudeville, pour leurs appointemens du mois de novembre............................. 1110ʰ

26 décembre : ausd. Robelin, de Neuville, de la Grange, de Villeneuve, Berton et Dupuy, pour leurs appointemens du mois de décembre.......... 1050ʰ

4 janvier - 12 décembre : au sʳ Parisot, ingénieur,

14.

pour ses gages du mois de novembre 1687 au mois de novembre 1688, à raison de 1800ᴧ par an (6 p.).... .... 1950ᴧ

4 janvier-28 mars : au sʳ Bardet, escrivain, qui a esté employé à escrire au bureau des affaires dud. aqueduc et des bastimens à Maintenon, depuis le 29 octobre 1687 jusqu'au 23 mars 1688, à raison de 45ᴧ par mois (3 p.)................................. 216ᴧ

1ᵉʳ février-17 octobre : au sʳ Filley, ingénieur, pour ses appointemens des trois derniers mois de 1687 et des quatre premiers de 1688, et pour aoust et septembre, à raison de 300ᴧ par mois (3 p.)............. 3000ᴧ

1ᵉʳ février-6 juin : au sʳ Dumont, inspecteur aux Quatre-Vents, pour ses appointemens desd. huit mois, à raison de 75ᴧ par mois (2 p.).............. 600ᴧ

6 juin : au sʳ Du Cartier, inspecteur, pour ses appointemens d'avril et may..................... 150ᴧ

Au sʳ Huguot, idem, pendant vingt-cinq jours d'avril et may.. 137ᴧ

Au sʳ de la Boiselle, idem, pour ses appointemens d'avril et may, à 60ᴧ par mois.............. 120ᴧ

Au sʳ Houdard, autre, idem............... 120ᴧ
Au sʳ d'Haubret, autre, idem............... 120ᴧ
Au sʳ Dubois, autre, idem.................. 120ᴧ
Au sʳ Daubeau, autre, idem................ 120ᴧ

Au sʳ Dormieux, autre, pendant vingt-cinq jours d'avril et may entier........................ 110ᴧ

Au sʳ de la Grange, autre, pendant vingt-trois jours d'avril et may entier...................... 106ᴧ

Au sʳ de Vaigne, autre, idem............... 106ᴧ
Au sʳ de l'Hospital, autre, idem............ 106ᴧ

Au sʳ Plumard, autre, pendant vingt jours d'avril et may entier....................................... 100ᴧ

Au sʳ Regnaux, autre, idem................ 100ᴧ
Au sʳ de Pizi, autre, idem.................. 100ᴧ

Au sʳ Fossié, autre, pour dix jours d'avril et may entier.. 80ᴧ

Au sʳ de la Dauderne, autre, pendant quinze jours de may... 30ᴧ

15 aoust : ausd. Filley, Dumont, Du Cartier, Huguot, de la Boiselle, de l'Hospital, de Vague, de Plumant, Dessors, de la Dauderne, Fossié, Regnaut, Dormieux, de la Grange, de Pisy, Daubera, de Beauneaux et Moreau, inspecteurs cy-dessus employez, pour leurs appointemens des mois de juin et juillet dernier................................ 2730ᴧ

24 aoust : ausd. Dumont, Du Cartier, Huguot et autres inspecteurs cy-dessus, pour leurs appointemens du mois d'aoust.............................. 925ᴧ

24 octobre : au sʳ Gillet, pour trente-cinq journées qu'il a esté employé à escrire au bureau des affaires du grand aqueduc, à raison de 50ᴧ par mois... 58ᴧ 6ˢ 8ᵈ

1ᵉʳ janvier 1689 : au sʳ de la Vallée, ingénieur, pour ses appointemens des mois de novembre, décembre 1688 et janvier 1689, à raison de 120ᴧ par mois.... 360ᴧ

Somme de ce chapitre.... 36107ᴧ 6ˢ 8ᵈ

TUYAUX DE FER DE FONTE POUR LA RIVIÈRE D'EURE.

4 avril-24 octobre : au sʳ Coulon, propriétaire de forge en Champagne, à compte des tuiaux de fer de fonte de dix-huit pouces pour conduire la rivière d'Eure à Versailles (5 p.)................................ 180000ᴧ

29 aoust : au sʳ des Vaugoins, idem, à compte desd. tuiaux de fer de fonte de dix-huit pouces..... 20000ᴧ

Au sʳ de la Potterie, idem, à compte desd. tuiaux. 10000ᴧ

15 février-19 aoust : au sʳ de Valence, maître de forges en Normandie, à compte desd. tuiaux (5 p.)... .... 40000ᴧ

Somme de ce chapitre....... 250000ᴧ

GRATIFICATIONS.

6 juin : au sʳ Boursy, en considération du soin qu'il a pris de chercher des Limosins aux environs de Versailles pour envoyer à Maintenon................... 50ᴧ

A Julien Le Grais, en considération de ce qu'il a eu une jambe cassée en travaillant sous le sʳ Parisot sur les lignes de la rivière d'Eure..................... 30ᴧ

Somme de ce chapitre........... 80ᴧ

ÉTAT DES GAGES DES OFFICIERS

des Bastimens du Roy, jardins, tapisseries et manufactures de S. M., et appointemens des personnes rares en l'architecture, peinture, sculpture et autres arts, qu'elle veut estre entretenus pour son service en ses chasteaux du Louvre et des Tuilleries, Palais-Royal, Sᵗ-Germainen-Laye, Versailles, Madrid, Vincennes et autres lieux à elle appartenant, pendant l'année dernière 1688, expédié par Nous, François-Michel Le Tellier, marquis de Louvois et de Courtanvaux, conseiller du Roy en tous ses Conseils, secrétaire d'État et des Commandemens de S. M., chancelier de ses Ordres, Surintendant et Ordonnateur général de ses Bastimens et jardins, tapisseries, arts et manufactures de France, suivant le pouvoir à Nous donné par S. M.

ANNÉE 1688. — ÉTAT DES GAGES DES OFFICIERS.

PREMIÈREMENT :

GAGES ET APPOINTEMENS DES SURINTENDANS, INTENDANS, CONTROLLEURS ET TRÉSORIERS DESD. BASTIMENS.

A Nous, en lad. qualité de Surintendant et Ordonnateur général desd. bastimens, jardins, tapisseries, arts et manufactures, pour nos gages à cause de nostre charge............................... 12000ʰ

A Nous, en lad. qualité de lad. charge et pension attribuée et unie à icelle..................... 3000ʰ

A Nous, comme Surintendant et Ordonnateur général des bastimens du chasteau de Monceaux....... 2400ʰ

Au sʳ Coquart de la Motte, conseiller du Roy en ses Conseils, intendant et ordonnateur ancien desd. bastimens, jardins, tapisseries et manufactures, pour trois quartiers de ses gages................... 4500ʰ

Au sʳ Mansart, aussy conseiller du Roy en ses Conseils, intendant et ordonnateur alternatif desd. bastimens, pour trois quartiers de ses gages....... 4665ʰ

Au sʳ de Chanlai, aussy conseiller du Roy en ses Conseils, intendant et ordonnateur triennal desd. bastimens, pour trois quartiers de ses gages....... 4500ʰ

Au sʳ Le Nostre, controlleur général ancien desd. bastimens, etc., pour trois quartiers de ses gages........ .... 4080ʰ 18ˢ 9ᵈ

Au sʳ Gabriel, controlleur général alternatif desd. bastimens, etc., pour trois quartiers........... 4125ʰ

Au sʳ Lefebvre, controlleur général triennal desd. bastimens, pour trois quartiers............... 4133ʰ

A Mᵉ Charles Le Besgue, conseiller du Roy, trésorier général desd. bastimens, idem........... 2100ʰ

A Mᵉ Charles Le Besgue, conseiller du Roy, trésorier général desd. bastimens, pour trois quartiers. 2100ʰ

A Mᵉ Charles Manessier, aussy conseiller du Roy, trésorier général desd. bastimens, pour trois quartiers................................. 2100ʰ

Somme de ce chapitre.... 49703ʰ 18ˢ 9ᵈ

OFFICIERS QUI ONT GAGES

pour servir généralement dans toutes les Maisons Royales et Bastimens de S. M.

Au sʳ Le Brun, pour ses appointemens de lad. année la somme de 8800ʰ, à luy ordonnée par gratification à cause de la conduitte et direction des peintures des Maisons Royalles, et aussi de celles qu'il a sous nos ordres de la manufacture des Gobelins, pour, avec 3200ʰ employez dans l'estat de la Maison du Roy, faire la somme de 12000ʰ à luy accordée par chacun an, et dont il a esté payé, partant cy...................... Néant

Au sʳ de la Hire, professeur de l'Académie d'architecture establie au Palais-Royal, pour y tenir les conférences et y enseigner publiquement, pour ses gages................................. 1200ʰ

Au sʳ Mansart, architecte, idem........... 1000ʰ
Au sʳ Dorbais, autre architecte, idem....... 1000ʰ
Au sʳ de Cotte, autre architecte, idem...... 2400ʰ
Au sʳ Félibien, historiographe desd. bastimens, pour ses gages, à cause de lad. charge.......... 1200ʰ
A Noël Coypel, peintre, pour ses gages..... 200ʰ
A Friquet, autre peintre, idem............ 200ʰ
A Claude Goy, autre peintre, idem........ 120ʰ
A André Félibien, ayant la garde des figures et le soin de tenir et polir les marbres des Maisons Royalles, pour ses gages............................. 400ʰ
A Jacques Houzeau, sculpteur, faisant ordinairement les modèles et ornemens, tant au Louvre qu'ailleurs, pour ses gages la somme de 400ʰ, dont il luy sera payé seulement celle de...................... 150ʰ
A François Girardon, autre sculpteur, idem... 200ʰ
A Thomas Regnaudin, autre, idem........ 150ʰ
A Antoine Coisevaux, autre, idem........ 200ʰ
A Louis Le Gros, autre, idem............ 150ʰ
A Mathieu Lespagnandel, autre, idem...... 150ʰ
A Estienne Lehongre, autre, idem......... 150ʰ
A Baptiste Tuby, autre, idem............ 200ʰ
A Pierre Mazelines, autre, idem.......... 150ʰ
Aux héritiers de Pierre Mesnard, marbrier, idem. 30ʰ
A Hubert Missou, autre, idem............ 30ʰ
A Dominico Cuccy qui fait toutes les garnitures de bronze doré des portes et croisées des Maisons Royales. 60ʰ
A Le Clerc, graveur, pour ses gages........ 100ʰ
A Israël Silvestre, autre graveur, pour faire les desseins d'architecture, veue et perspective des Maisons Royalles, carousels et autres assemblées publiques, pour ses gages............................. 400ʰ
A Goiton, imprimeur en taille-douce, idem... 100ʰ
A François Vildot, de Clermont, maistre des œuvres de maçonnerie des Bastimens du Roy, pour ses gages anciens et augmentation d'iceux la somme de 1200ʰ, dont il sera payé la moitié, attendu le service actuel qu'il rend à S. M......................... 600ʰ

A Philippes Clequin, maitre des œuvres de charpenterie, pour avoir l'œil sur tous les charpentiers des Mai-

sons Royalles, la somme de 1200ᵗᵗ, dont il ne sera payé
que de la moitié.......................... 600ᵗᵗ
 A Jean Dorbay, maçon, pour ses gages....... 30ᵗᵗ
 A Jacques Mazière, autre, *idem*.............. 30ᵗᵗ
 A Pierre Threvenot, autre, *idem*............ 30ᵗᵗ
 A Pierre Le Maistre, autre, *idem*.......... 30ᵗᵗ
 A Jean Mallet, charpentier, *idem*........... 30ᵗᵗ
 A Remy, menuisier, *idem*..................... 30ᵗᵗ
 A Nicolas Carrel, autre, *idem*.............. 30ᵗᵗ
 A Roger, serrurier du cabinet, *idem*......... 30ᵗᵗ
 A André-Charles Boulle, ébéniste, *idem*..... 30ᵗᵗ
 A Charles Janson, vitrier, *idem*............ 30ᵗᵗ
 A Estienne Yvon, couvreur, *idem*............ 30ᵗᵗ
 A Phelippes Vitry, plombier, *idem*.......... 30ᵗᵗ
 A Jacques Lucas, autre, *idem*............... 30ᵗᵗ
 A Louis Rekouf, paveur, *idem*............... 30ᵗᵗ
 A Claude Briot, miroitier, *idem*............ 30ᵗᵗ
 A Guillaume Desauziers, peintre et doreur, *idem*. 30ᵗᵗ
 A Gosselin et Lagni, armuriers, retenus pour travailler aux instruments de mathématiques nécessaires pour l'Académie des sciences..................... 200ᵗᵗ
 A Thuret, horloger, retenu pour entretenir toutes les pendulles de l'Académie des sciences, tant celles qui sont à l'Observatoire que dans lad. Académie....... 300ᵗᵗ
 A Masselin, chaudronnier, pour ses gages.... 30ᵗᵗ
 A Padelain et Varisse, ramonneurs de cheminées, 200ᵗᵗ sur lesquels il leur sera payé 30ᵗᵗ à chacun... 60ᵗᵗ
 A Daniel Fossier, garde du magasin du Roy, où se mettent les démolitions nécessaires pour les Bastimens de S. M.................................... 400ᵗᵗ
 A Charles Molet, jardinier, retenu pour travailler aux desseins des parterres et des jardins de S. M., la somme de 1000ᵗᵗ, dont il luy sera payé........... 500ᵗᵗ
 A André Le Nostre, aussi retenu pour travailler ausd. jardins et parterres, pour ses gages [1]........ 1200ᵗᵗ
 Au sʳ Marigner, l'un de nos commis, ayant le soin de tenir le registre de la dépense des bastimens. 2000ᵗᵗ
 A ....., commis de l'intendant desd. bastimens en exercice............................. 600ᵗᵗ
 A ....., commis du controlleur général desd. bastimens pour, en son absence, avoir l'œil à ce qui est du Controlle général, pour ses appointemens...... 600ᵗᵗ
 Aux trois premiers commis en tiltre d'office des trois trésoriers généraux desd. bastimens, pour leurs gages, à raison de 300ᵗᵗ chacun, dont il leur sera payé seulement 200ᵗᵗ.............................. 600ᵗᵗ

[1] Après Le Nostre sont biffés deux articles relatifs aux héritiers de François Francines.

 A Daniel Fossier, garde des magasins des marbres pour lesd. bastimens................... 600ᵗᵗ

Somme................... 18710ᵗᵗ

OFFICIERS SERVANS SA MAJESTÉ
POUR L'ENTRETENEMENT DES MAISONS ET CHASTEAUX
CY-APRÈS NOMMEZ.

LOUVRE.

 A René de Louvigni, concierge du chasteau du Louvre, pour tenir nettes les grandes et petites galleries, les ouvrir et fermer, pour ses gages tant anciens que nouveaux............................. 100ᵗᵗ

COURS DE LA REYNE.

 A Germain, portier de la porte du Cours de la Reyne du costé des Thuilleries, pour ses gages....... 150ᵗᵗ
 A Jacques Duruisson, portier de l'autre porte du costé de Chaillot, et pour garder les plans des Thuilleries................................. 150ᵗᵗ

Total 300ᵗᵗ

PALAIS-ROYAL.

 A Estienne Métivier, portier de la grande porte du Palais-Royal, pour ses gages................. 150ᵗᵗ

COLLÈGE DE FRANCE.

 A Duclos, concierge dud. Collège de France, pour deux quartiers de ses gages pendant lad. année... 25ᵗᵗ

MADRID.

 A Jean Ricard, concierge du chasteau de Madrid, pour ses gages dont il sera payé de trois quartiers seulement................................. 150ᵗᵗ

SAINT-GERMAIN-EN-LAYE.

 A Henry Soulaigre, portier du vieil chasteau, pour trois quartiers de ses gages.................. 75ᵗᵗ
 A Louis Guillot, portier du chasteau neuf, *idem*. 75ᵗᵗ
 A Claude Tailler, portier de la porte du parc de Saint-Germain, au bas des descentés du chasteau.. 75ᵗᵗ
 A Poisson, peintre, pour ses gages........... 30ᵗᵗ
 A Jacques Barbier, maçon, *idem*.............. 30ᵗᵗ
 A Aubert, charpentier, *idem*................. 30ᵗᵗ
 A François Millot, menuisier, *idem*.......... 30ᵗᵗ
 A Louis Piau, serrurier, *idem*............... 30ᵗᵗ
 A Charles Le Mercier, vitrier, *idem*......... 30ᵗᵗ

Total 405ᵗᵗ

SAINT-LÉGER.

Au sʳ DE GARSAULT, concierge du chasteau de Sᵗ-Léger, pour deux quartiers de ses gages......... 225ᴸ

POUGUES.

A JEAN ADRIEN, garde des fontaines de Pougues, pour trois quartiers de ses gages................. 75ᴸ

VERSAILLES.

A DUCHIRON, concierge de la Surintendance des bastimens de Versailles, pour ses gages pendant lad. année.................................... 200ᴸ

L'entretenement ordinaire des autres concierges, jardiniers et autres officiers dud. chasteau de Versailles est payé par état séparé, cy.................. Néant

JARDIN MÉDECINAL.

Les gages des officiers et entretenemens ordinaires du jardin médecinal du faubourg Sᵗ-Victor montant à 21000ᴸ se payent par estat séparé........... Néant

HOSTEL DES AMBASSADEURS.

A GAULAR, concierge dud. hostel, la somme de 400ᴸ dont il sera payé seulement de.............. 100ᴸ

A luy, pour l'entretenement d'un jardinier et d'un portier.. 150ᴸ

Total..................... 250ᴸ

CHASTEAU-THIÉRY.

Led. chasteau et domaine de Chasteau-Thiéry a esté engagé à M. le duc DE BOUILLON, partant....... Néant

VILLERS-COTTERESTS.

Led. chasteau et domaine de Villers-Cotterests a esté baillé à M. le duc D'ORLÉANS en augmentation de son apanage, partant cy..................... Néant

Somme totale du présent estat. 70293ᴸ 18ˢ 9ᵈ ¹

Laquelle somme de 70293ᴸ 18ˢ 9ᵈ sera payée aux dénommez au présent par le sʳ LE BESGUE, trésorier général des Bastimens du Roy, en exercice pendant l'année 1688, des deniers de sa charge, et rapportant le présent estat par nous expédié, ensemble les certifications du controlleur des Bastimens et jardins de S. M., du service que les officiers sujets à aucuns entretenemens auront bien et deuement faits, ainsy qu'ils sont obligez par leurs charges et emplois, et quittances sur ce suffisantes, lad. somme de 70293ᴸ 18ˢ 9ᵈ sera passée et allouée en la dépense de son compte par Messieurs des Comptes à Paris, lesquels nous prions ainsy le faire sans difficulté.

Fait à Versailles, le 22ᵉ febvrier 1689.

22 febvrier 1689 : à Nous, pour la pension à Nous accordée par S. M. par chacun an, à cause de nostre charge de Surintendant et Ordonnateur général desd. bastimens pendant l'année 1688............ 6000ᴸ

27 febvrier : à CAILLET, notaire des Bastimens, par gratification, en considération de son travail pendant l'année 1688......................... 400ᴸ

ÉTAT DES GAGES DES OFFICIERS

que le Roy veut et entend estre entretenus en son chasteau de Fontainebleau, et autres dépenses que S. M. commande y estre faites pour la conservation et entretenement d'iceluy pendant l'année dernière 1688, expédié par Nous, FRANÇOIS-MICHEL LE TELLIER, marquis DE LOUVOIS et DE COURTANVAUX, conseiller du Roy en tous ses Conseils, secrétaire d'État et des Commandemens de S. M., chancelier de ses Ordres, Surintendant et Ordonnateur général de ses Bastimens et jardins, tapisseries et manufactures de France, suivant le pouvoir à Nous donné par S. M.

PREMIÈREMENT :

Au sʳ marquis DE Sᵗ-HEREM, capitaine et concierge dud. chasteau, pour ses gages, outre 1200ᴸ employez dans l'estat de S. M. de la maitrise de Melun et Fontainebleau........................... 3800ᴸ

A Nous, en lad. qualité de Surintendant et Ordonnateur général des bastimens, jardins, tapisseries et manufactures de France, pour nos gages, outre 1200ᴸ employez dans l'estat des bois de la maitrise de Melun et Fontainebleau......................... 3800ᴸ

Au sʳ TOUROLLE, ayant la charge de faire tendre et nettoyer les meubles dud. chasteau et veiller à la conservation d'iceux, pour ses gages............. 300ᴸ

A JULIEN DE BRAY, ayant l'entretenement de la moitié du grand parterre du Roy, anciennement appellé le Tibre, nouvellement refait et replanté de neuf, pour la tonture des bois des deux carrez d'iceluy du costé de la chaussée, nettoyemens desd. carrez, de toutes les allées, perrons et

---

¹ Il y avait d'abord 80343ᴸ 18ˢ 9ᵈ qui ont été biffés et remplacés par le chiffre exact.

palissades et terrasses plantées et à planter, augmentation du rond d'eau, allées et parterres d'alentour et de la grande allée de la chaussée qui va de la cour de l'Ovalle au Cheny, suivant le devis et marché qui en ont esté faits, la somme de 500ᴸ pour sond. entretenement pendant les six derniers mois de lad. année....... 500ᴸ

A MAGDELAINE et ANNE POIRET, filles de deffunct Nicolas POIRET, ayant celuy de l'autre moitié du grand parterre en augmentation dud. grand rond d'eau, suivant le devis et marché qui en ont esté faits, pendant les six derniers mois 1688..................... 500ᴸ

A GABRIEL DESBOUTZ, jardinier, ayant l'entretenement du petit jardin de l'estang et du jardin des Pins nouvellement plantez, deffrichez et remis en estat, allée royalle, allée solitaire et allée du pourtour dud. jardin des Pins, allée des ormes, du chenil, et allignement des canaux qui font la séparation du parc d'avec lesd. cheny, jusque commençant le long de la closture du jardin de la fontaine de la Granderie, et finissant au bout de la grande allée attenant le pavillon, eu égard à l'augmentation d'entretenement dud. jardin des Pins, suivant le devis et marché qui en ont esté faits.......... 350ᴸ

A CHATILLON, jardinier, ayant l'entretenement du jardin appelé de la Reyne, et des orangers de S. M., pour ses appointements à cause dud. entretenement la somme de 1200ᴸ, à la charge de fournir 200ᴸ par chacun an à la veuve BONNAVENTURE NIVELON, vivant jardinier dud. lieu, et tondre les buis, nettoyer les quatre quarrez dud. jardin, les allées et terrasses d'iceluy, ensemble d'entretenir les palissades des buis qui sont tant contre lesd. terrasses que contre les murs dud. chasteau, filarias et ciprès, et les sallettes de gazon en ovalle et quarrez, comme aussi de fournir les charbons nécessaires pour l'orangerie, faire racommoder toutes les caisses desd. orangers, rafraischir les terres toute fois et quantes que besoin sera, faire sortir au printemps lesd. orangers, et les faire rentrer dans lad. orangerie, et généralement faire et fournir tout ce qui sera nécessaire pour led. jardin de l'orangerie, suivant le devis et marché qui en ont esté faits, desquels il ne luy sera payé que 600ᴸ, ayant receu les six premiers mois........ 600ᴸ

A JEAN CAMARIGEAS, ayant épousé CATHERINE DE SERMAGNAC, veuve de REMY, auquel S. M. a accordé, par son brevet du ....., la jouissance du logement du carré qui est au milieu des palissades dud. jardin des Pins, à la charge de le faire planter d'arbres fruitiers à ses dépens sans aucuns gages, cy................ Néant

A DORCHEMER, dit LA TOUR, pour l'entretien et nettoyement du jardin de la Conciergerie du chasteau, ensemble les arbres fruitiers et palissades d'iceluy, pour les six derniers mois................ 22ᴸ 10ˢ

A JACQUES BESNARD, ayant l'entretenement et nettoyement de l'hostel d'Albret, les plattes bandes, bordures et compartimens qui y sont plantez et des allées et palissades, pour idem........................ 50ᴸ

A CHATILLON, à condition qu'il baillera 100ᴸ à la veuve COTTARD, pour luy ayder à nourir et entretenir elle et ses enfans tant qu'elle vivra, et pour avoir par led. CHATILLON soin de netoyer l'étang et canaux dud. chasteau et oster les herbes, les joncs et ordures qui s'y pourront trouver et amasser, fournir les bateaux et ustencils nécessaires à cet effect, pour ses gages dont il ne sera payé que des six derniers mois............... 100ᴸ

A JEAN DUBOIS, ayant le soin et nettoyement des peintures tant à fresque qu'à huille, anciennes et modernes, des salles, galleries, chambres et cabinets dud. chasteau. 600ᴸ pour ses gages, à la charge de rétablir celles qui sont gastées et nettoyer les bordures des tableaux, et de fournir de bois, charbon et fagots pour bruslor esd. salles, galleries, chambres et cabinets où sont lesd. tableaux, pour la conservation d'iceux, pour ses gages des six derniers mois........................ 300ᴸ

A la veuve GROGNET, ayant l'entretenement et rétablissement de toutes les couvertures d'ardoise et de tuille dud. chasteau, jeu de paume couvert et orangerie, galleries, hostel d'Albret, de Ferrare, des Religieux, et généralement de toutes les maisons dépendantes dud. chasteau et appartenantes à S. M., pour les six derniers mois..................................... 1500ᴸ

A TISSERANT, ayant celuy de toutes les vitres dud. chasteau et dépendances, idem.............. 600ᴸ

A la veuve VIEUXPONT, ayant celuy du jardin potager et fruitier du jardin neuf, pour ses gages des six derniers mois.. 90ᴸ

A la veuve ANDRÉ GIRARD, plombier, pour l'entretenement des plomberies dud. chasteau et dépendances, et rétablir les plombs rompus, pour les six derniers mois... 250ᴸ

A RENÉ NIVELON, pour l'entretenement et netoyement du jeu du mail et des palissades d'icelui, ensemble du berceau des meuriers entre les canaux du chenil, pour idem.................................... 54ᴸ 5ˢ

A NICOLAS VARIN, ayant celuy des arbres fruitiers qui sont plantez dans les quarrez du grand parterre de Fontainebleau et le long de la muraille du costé de la Coudre, des allées d'ipreaux, nettoyement des tablettes du canal, labours du pied des arbres fruitiers et des plattes bandes de l'allée des meuriers, ensemble le nettoiement

ANNÉE 1688. — ÉTAT DES GAGES DES OFFICIERS.

des ruisseaux et fossés qui écoulent les eaux du parc, suivant le devis et marché qui en ont esté faits, pour ses gages des six derniers mois.............. 412ᴸ 10ˢ

A la veuve Louis Desboutz, jardinier, ayant celuy de toutes les tontures du devant des grandes palissades dans les cinq principales allées en toute leur hauteur, et les tontures des petites allées de traverse à 20 pieds de haut, la tonture du derrière desd. grandes et petites palissades à 10 pieds de haut, les plattes bandes au pied de devant lesd. palissades, etc., pour led. entretenement et augmentation pendant les six derniers mois...... 1000ᴸ

Aux Religieux de la Très Sainte Trinité dud. Fontainebleau, tant pour l'entretenement d'une lampe d'argent garnie de ses chaisnons que Leurs Majestés ont donné pour brusler nuit et jour devant le Très Saint Sacrement de l'autel, que pour la fourniture et entretenement des ornemens et paremens de l'autel, linges et luminaire pour la célébration du service divin, pour l'année entière............................ 300ᴸ

Aux Religieux de l'hospital de la Charité d'Avon, pour la pension que S. M. leur fait par chacun an pour la subsistance des malades, pour les six derniers mois............................ 975ᴸ

A Voltigeant, ayant l'entretenement de tous les bateaux sur le canal, pour *idem*................ 100ᴸ

A Louis Dubois, au lieu de Martin Jamin, concierge du logis de la Fontaine dud. chasteau, et jardinier des jardins en dépendans, la somme de 150ᴸ pour ses gages de concierge et jardinier, à la charge de bien et soigneusement entretenir lesd. jardins, pour ses gages des six derniers mois....................... 75ᴸ

A Nicolas Thiery, ayant la garde et conciergerie du Chenil et entretenement des allées du parc d'iceluy, *idem*.................................. 100ᴸ

A Pion, ayant le soin et nouriture des carpes et cignes dud. canal et des étangs dud. chasteau, pour ses gages des six derniers mois et à cause de l'augmentation des cygnes............................... 770ᴸ 8ˢ

A Couturier, fontainier, pour *idem*......... 500ᴸ

A Nicolas Dupont, gentilhomme ordinaire de la Vennerie, et Nicolas Dupont, son fils, en survivance l'un de l'autre, à cause de l'entretenement de la volière qu'il avoit auparavant qu'elle fust convertie en orangerie, pour l'année entière....................... 600ᴸ

A Desplatz, garde de la basse cour des cuisines, pour l'année entière.......................... 50ᴸ

A Robert Jamin, ayant la charge de garde de la basse cour du Cheval blanc, pour l'année entière... 37ᴸ 10ˢ

A Jaques Besnard, ayant la charge et conciergerie de l'hostel d'Albret, et pour l'entretenement de la maison, cours et écuries qui en dépendent, pour les six derniers mois.................................. 50ᴸ

A Louis La Tour, ayant la charge du netoyement des cours du chasteau, pour *idem*............... 200ᴸ

A Toulet, ayant la charge de concierge du pavillon ou logement de MM. les Surintendans des finances, pour ses gages des six derniers mois 1688...... 100ᴸ

A la veuve Charles Gervais, portier du parc, pour *idem*.................................. 150ᴸ

A Cosme Petit, portier de la cour du Cheval blanc, pour *idem*............................. 100ᴸ

A Jaques Donchemer, dit La Tour, pour avoir soin de distribuer, retirer et garder les clefs de tous les logemens dud. chasteau, pour les six derniers mois....... 150ᴸ

A Chatillon, ayant le soin de monter et d'entretenir l'orloge, pour les six derniers mois............ 50ᴸ

Somme totale du présent estat. 18537ᴸ 3ˢ¹

Laquelle somme de 18537ᴸ 3ˢ sera payée aux dénommez au présent estat par le sʳ Le Besgue, trésorier général des Bastimens du Roy en exercice pendant l'année 1688, des deniers de sa charge, et rapportant le présent estat par nous expédié, ensemble les certifications du controlleur desd. bastimens du service que les officiers sujets à aucuns entretenemens auront bien et deuement faits, ainsy qu'ils sont obligez par leurs charges et emplois, et quittances sur ce suffisantes, lad. somme de 18537ᴸ 3ˢ sera passée et allouée en la dépense de son compte par Messieurs des Comptes à Paris, lesquels nous prions ainsy le faire sans difficulté.

Fait à Versailles, le 22 febvrier 1689.

17 may 1689 : à la veuve du sʳ François Francines, pour ses gages de l'année dernière 1688, contenus en trois articles cy-devant rayez dans l'estat enregistré ci-dessus et rétablis par trois ordonnances expédiées ce jourd'huy............................. 1005oᴸ

¹ Le total exact est 19537ᴸ 3ˢ.

ANNÉE 1689.

RECEPTE.

Du 30 décembre 1688 : de M⁰ Gédéon du Metz, 16500ᴸ pour délivrer à M. le prince de Furstemberg pour les intérests pendant une année écheue le 1ᵉʳ juillet dernier de 330000ᴸ à quoy monte le prix principal de la terre et seigneurie de Grognouil et dépendances, acquise par ordre de S. M., et 137ᴸ 10ˢ pour les taxations du trésorier, à raison de 2ᵈ pour livre. 16637ᴸ 10ˢ

6 janvier 1689 : de luy, 6000ᴸ pour délivrer au sʳ Vandermeulen, peintre flamand, pour ses appointemens de l'année dernière 1688, et 50ᴸ pour les taxations.......................... 6050ᴸ

De luy, 3000ᴸ pour délivrer au sʳ Mignard, peintre, par gratification, en considération du soin qu'il a pris de conduire les sculpteurs qui ont travaillé pour le service de S. M. pendant l'année dernière 1688, et 25ᴸ pour les taxations......................... 3025ᴸ

De luy, 3000ᴸ pour délivrer au sʳ Le Nostre par gratification, en considération du service qu'il a rendu dans les Bastimens pendant lad. année, et 25ᴸ pour les taxations......................... 3025ᴸ

De luy, 3000ᴸ pour délivrer au sʳ Le Bouteux pour sa pension de l'année dernière 1688, en considération du soin qu'il prend des orangers du jardin de Fontainebleau, et 25ᴸ pour les taxations.......... 3025ᴸ

16 février : de luy, 1200ᴸ pour délivrer aux trois anciens gondoliers vénitiens, par gratification, en considération du service qu'ils ont rendu sur le canal de Versailles pendant 1688, et 10ᴸ pour les taxations........................... 1210ᴸ

6 janvier : dud. sʳ du Metz, 12000ᴸ pour délivrer au sʳ de Ville, sçavoir : 6000ᴸ par gratification, en considération du soin qu'il a pris de la machine de la rivière de Seyne pendant l'année dernière 1688, et 6000ᴸ de pension extraordinaire que S. M. luy a accordée pendant la mesme année, et 100ᴸ pour les taxations........................... 12100ᴸ

8 may : de Mᵉ Nicolas de Frémont, 11800ᴸ pour délivrer aux principal, procureur et boursiers du Collège de Cambray pour le dédommagement de leurs bastimens qui ont esté démolis par ordre de S. M. pour la construction du Collège de France, pendant lad. année 1688, et 9ᴸ 16ˢ 8ᵈ pour les taxations.. 11809ᴸ 16ˢ 8ᵈ

De luy, 2153ᴸ pour délivrer au prieur de Choisy-aux-Bœufs pour son indemnité des dixmes qu'il a droit de prendre sur les terres et prez dépendans de son prieuré enfermez dans les anciens et nouveaux murs du parc du chasteau de Versailles pendant l'année 1688, et 16ᴸ 18ˢ 6ᵈ pour les taxations......... 2169ᴸ 18ˢ 6ᵈ

12 may : de luy, 11900ᴸ pour délivrer au sʳ Dubois et Cⁱᵉ, à compte des marbres de Languedoc et des Pyrennées qu'ils ont livré pour le service de S. M., et 99ᴸ 3ˢ 4ᵈ pour les taxations.......... 11999ᴸ 3ˢ 4ᵈ

16 may : de luy, 500ᴸ pour délivrer au sʳ Galland, par gratification, en considération de ses services, et 4ᴸ 3ˢ 4ᵈ pour les taxations............. 504ᴸ 3ˢ 4ᵈ

6 février : de luy, 103070ᴸ 4ˢ 6ᵈ pour délivrer au sʳ Gautier pour, avec 29000ᴸ qu'il a cy-devant receus, faire le parfait payement de 132070ᴸ 4ˢ 6ᵈ pour plusieurs étoffes d'or, d'argent et de soye qu'il a fourni pour le service de S. M., et 858ᴸ 18ˢ 4ᵈ pour les taxations.................... 103929ᴸ 2ˢ 10ᵈ

13 may : de luy, 684ᴸ 5ˢ pour délivrer au curé de Marly, sçavoir : 210ᴸ pour la non-jouissance de 75 arpens de pré compris dans le fonds de Marly, et 474ᴸ 6ᵈ pour la non-jouissance de la dixme des terres labourables de lad. cure, que S. M. a ordonné estre plantées en bois, y compris le troupeau du Trou-d'Enfer, et ce pendant l'année dernière 1688, et 5ᴸ 14ˢ pour les taxations........................... 689ᴸ 19ˢ

15 février : dud. sʳ du Metz, 3190ᴸ 17ˢ pour délivrer à Charles-François Polard, pour son payement du posage des tuiaux de fer de fonte des conduites de la machine, qui ont esté cassez par la gellée au mois de janvier dernier, et de la fourniture de ceux qu'il a reposez en leur place, et 26ᴸ 13ˢ 1ᵈ pour les taxations........................3217ᴸ 10ˢ 1ᵈ

20 février : de luy, 20000ᴸ pour délivrer au sʳ Dubois et Compagnie, à compte des marbres de Languedoc et des Pyrennées qu'ils ont livré pour le service de S. M., et 166ᴸ 13ˢ 4ᵈ pour les taxations..... 20166ᴸ 13ˢ 4ᵈ

23 février : de luy, 1428748ᴸᴸ pour employer aux dépenses que S. M. a ordonné estre faites pour ses bastimens pendant la présente année, et 11906ᴸᴸ 4ˢ 8ᵈ pour les taxations.................... 1440654ᴸᴸ 4ˢ 8ᵈ

13 mars : de luy, 11589ᴸᴸ 1ˢ 3ᵈ pour délivrer au nommé Dupont, tapissier, pour deux grands tapis de laine, ouvrages de la Savonnerie, qu'il a fourni au garde meuble de S. M., contenans ensemble 77 aunes 25/96 en superficie, à raison de 150ᴸᴸ l'aune, et 96ᴸᴸ 11ˢ 6ᵈ pour les taxations............... 11685ᴸᴸ 12ˢ 9ᵈ

21 mars : de luy, 10000ᴸᴸ pour délivrer à Jean Malet, charpentier, pour le dédommager des bois qu'il a assemblez par ordre de S. M. pour les bastimens, desquels Elle n'a pas jugé à propos de se servir, et 83ᴸᴸ 6ˢ 8ᵈ pour les taxations...................... 10083ᴸᴸ 6ˢ 8ᵈ

15 mars : de luy, 1500ᴸᴸ pour délivrer à Antoine Trumel, jardinier, pour la pension que S. M. luy a accordée pendant l'année dernière 1688, et 12ᴸᴸ 10ˢ pour les taxations................... 1512ᴸᴸ 10ˢ

17 avril : de luy, 12800ᴸᴸ pour délivrer aux sʳˢ Dubois, Chantemerle et Compagnie, à compte des marbres de Languedoc et des Pyrennées qu'ils ont livré pour le service de S. M., et 106ᴸᴸ 13ˢ 4ᵈ pour les taxations........
.... 12906ᴸᴸ 13ˢ 4ᵈ

24 avril : de luy, 11869ᴸᴸ 12ˢ 1ᵈ pour employer au remplacement des dépenses extraordinaires que S. M. a ordonné estre faites pour ses bastimens pendant les mois de janvier, février et mars dernier, et 989ᴸᴸ 2ˢ 5ᵈ pour les taxations.............. 11968ᴸᴸ 14ˢ 6ᵈ

15 may : de Mᵉ Nicolas de Frémont, 20787ᴸᴸ 6ˢ pour employer au parfait payement des dépenses que S. M. a ordonné estre faites au chasteau de Maintenon et lieux en dépendans, et 173ᴸᴸ 3ˢ 4ᵈ pour les taxations.......
.... 20960ᴸᴸ 8ˢ 4ᵈ

17 may : de luy, 1500ᴸᴸ pour délivrer au sʳ Petit, de Fontainebleau, pour la pension que S. M. luy a accordée pendant l'année écheue au 1ᵉʳ octobre 1688, et 12ᴸᴸ 10ˢ pour les taxations............ 1512ᴸᴸ 10ˢ

10 may : de luy, 3000ᴸᴸ pour délivrer aux prestres de la Mission de Fontainebleau pour leur subsistance et entretenement pendant les six premiers mois 1689....
.... 3000ᴸᴸ

22 may : de luy, pour employer à compte des dépenses extraordinaires que S. M. a ordonné estre faites pour les bastimens de Marly, et 250ᴸᴸ pour les taxations.............................. 30250ᴸᴸ

26 may : de luy, 1465oᴸᴸ pour délivrer aux sʳˢ Dubois, de Chantemerle et Compagnie, à compte des marbres de Cosne et des Pirennées qu'ils fournissent, et 122ᴸᴸ 1ˢ 8ᵈ pour les taxations........ 14772ᴸᴸ 1ˢ 8ᵈ

5 juin 1689 : du sʳ de Frémont, 100000ᴸᴸ pour employer à compte du payement de 330000ᴸᴸ à quoy monte le prix principal de la terre et seigneurie de Grogneuil et dépendances, acquise par ordre de S. M. de M. le prince de Furstenberg et de Mᵐᵉ son épouse, et 833ᴸᴸ 6ˢ 8ᵈ pour les taxations........ 100833ᴸᴸ 6ˢ 8ᵈ

12 juin : de luy, 13216ᴸᴸ pour délivrer aux sʳˢ Dubois, de Chantemerle et Compagnie, à compte des marbres de Cosne et des Pyrennées qu'ils ont livré pour le service de S. M., et 110ᴸᴸ 2ˢ 8ᵈ pour les taxations...................... 13326ᴸᴸ 2ˢ 8ᵈ

20 juin : de luy, 75251ᴸᴸ 17ˢ pour employer au remplacement des dépenses extraordinaires que S. M. a ordonné estre faites pour ses bastimens pendant les mois d'avril et may dernier, et 627ᴸᴸ 1ˢ 11ᵈ pour les taxations.......................... 75878ᴸᴸ 18ˢ 11ᶜ

21 juin : de luy, 1500ᴸᴸ pour délivrer au sʳ Dupré, advocat, en considération du soin qu'il a pris de la terre de Grogneuil, et 12ᴸᴸ 10ˢ pour les taxations.....
.... 1512ᴸᴸ 10ˢ

3 juillet : de luy, 16500ᴸᴸ pour délivrer à la dame princesse de Furstenberg, pour une année, écheue le 1ᵉʳ de ce mois, des intérests de 330000ᴸᴸ du prix principal de la terre et seigneurie de Grogneuil et dépendances, acquise par ordre de S. M., lad. dame authorisée par son contrat de mariage pour l'administration de ses biens, et 137ᴸᴸ 10ˢ pour les taxations.... 16637ᴸᴸ 10ˢ

De luy, 1425ᴸᴸ pour délivrer au nommé Dupont, tapissier, pour quatre tapis et trois morceaux de bordures, d'ouvrage de laine de la Savonnerie, qu'il a fournis pour la salle du billard de Trianon, contenant 9 aunes 1/2 en superficie, à raison de 150ᴸᴸ l'aune carrée, et 11ᴸᴸ 19ˢ 2ᵈ pour les taxations......... 1436ᴸᴸ 19ˢ 2ᵈ

De luy, 808ᴸᴸ 6ˢ 8ᵈ pour délivrer au nommé Lourdet, autre, pour trois tapis, trois morceaux de pareils ouvrages, contenans ensemble 7 aunes 7/18 carrées en superficie, à raison de 150ᴸᴸ l'aune carrée, et 6ᴸᴸ 14ˢ 8ᵈ pour les taxations..................... 815ᴸᴸ 1ˢ 4ᵈ

18 juillet : dud. sʳ de Frémont, 8194ᴸᴸ 19ˢ 6ᵈ pour délivrer aux sʳˢ Dubois, de Chantemerle et Compagnie, à compte des marbres de Cosne et des Pyrennées qu'ils ont livré pour le service de S. M., et 68ᴸᴸ 5ˢ 9ᵈ pour les taxations................................. 8263ᴸᴸ 5ˢ 3ᵈ

28 juillet : de luy, 20000ᴸᴸ à compte des dépenses que S. M. a ordonné estre faites pour ses bastimens de Marly, et 166ᴸᴸ 13ˢ 4ᵈ pour les taxations. 20166ᴸᴸ 13ˢ 4ᵈ

31 juillet : de luy, 11529ᴸᴸ 14ˢ pour employer au

payement de la dépense que S. M. a ordonné estre faite pour achever, à l'aqueduc de Maintenon, de démolir, déblayer et transporter les matériaux de deux pilles et de trois voustes qui sont tombées le 2 de ce mois, maçonner une desd. pilles de la hauteur de deux toises, et estayer les six voustes dud. aqueduc, et 96ʰ 1ˢ 6ᵈ pour les taxations................. 11625ʰ 15ˢ 6ᵈ

2 aoust : de luy, 50000ʰ pour, avec 100000ʰ ordonnez le 5 juin dernier, faire 150000ʰ à compte de 330000ʰ à quoy monte le prix principal de la terre et seigneurie de Grogneuil et dépendances, acquise par ordre de S. M. de M. le prince DE FURSTEMBERG et de la dame son épouse, et 4156ʰ 13ˢ 4ᵈ pour les taxations................. 50416ʰ 13ˢ 4ᵈ

30 aoust : de luy, 47933ʰ 6ˢ pour employer au remplacement des dépenses extraordinaires que S. M. a ordonné estre faites pour ses bastimens pendant le mois de juin dernier, et 399ʰ 8ˢ 10ᵈ pour les taxations................. 48332ʰ 14ˢ 10ᵈ

De luy, 15000ʰ à compte des dépenses que S. M. a ordonné estre faites pour ses bastimens de Marly, et 125ʰ pour les taxations.................. 15125ʰ

4 septembre : de luy, 40000ʰ pour, avec 150000ʰ ordonnez les 5 juin et 2 aoust dernier, faire 190000ʰ à compte du payement de 330000ʰ pour le prix de la terre et seigneurie de Grogneuil et dépendances, et 333ʰ 6ˢ 8ᵈ pour les taxations.............. 40333ʰ 6ˢ 8ᵈ

De luy, 9250ʰ 15ˢ pour délivrer au sᵣ évesque de Chartres, tant pour le payement du prix principal du fonds de 16 arpens 1/2 de bois taillis qui ont esté pris par ordre de S. M. dans les bois de Bailleau pour faire le lict et les bords de la rivière d'Eure, que pour les non-jouissances des moulins, prez, jardins et droits appartenans à la seigneurie de Pontgoin, dépendante de l'évesché de Chartres, causez par les travaux de la rivière d'Eure, pendant les années 1685, 1686, 1687, 1688 et la présente 1689, et 77ʰ 1ˢ 8ᵈ pour les taxations........................... 9327ʰ 16ˢ 8ᵈ

2 octobre : de luy, 40000ʰ pour, avec 190000ʰ, faire 230000ʰ à compte du payement de 330000ʰ à quoy monte le prix principal de la susd. terre de Grogneuil, et 333ʰ 6ˢ 8ᵈ pour les taxations........ 40333ʰ 6ˢ 8ᵈ

10 octobre : de luy, 7340ʰ 19ˢ 1ᵈ pour délivrer aux sʳˢ Dubois, DE Chantemerle et Compagnie, à compte des marbres de Cosne et des Pyrennées qu'ils ont livré pour le service du Roy, et 61ʰ 3ˢ 6ᵈ pour les taxations.......................... 7402ʰ 2ˢ 7ᵈ

31 octobre : de luy, 41133ʰ 6ˢ 6ᵈ pour employer au remplacement des dépenses extraordinaires que S. M. a ordonné estre faites pour ses bastimens pendant le mois de juillet dernier, et 342ʰ 15ˢ 6ᵈ pour les taxations............................. 41476ʰ

2 novembre : de luy, 40000ʰ à compte du payement de 330000ʰ à quoy monte le prix principal de la susd. terre de Grogneuil, et 333ʰ 6ˢ 8ᵈ pour les taxations................................ 40333ʰ 6ˢ 8ᵈ

16 novembre : dud. sʳ DE Frémont, 2301ʰ 1ˢ pour, avec 1000ʰ ordonnez le 1ᵉʳ octobre 1688, faire 3301ʰ 1ˢ à quoy monte le parfait payement de la dépense que S. M. a ordonné estre faite tant pour la seconde partie de ses Heures que pour deux grands livres de chant pour la chapelle du chasteau de Versailles et d'un moyen pour l'Hostel des Invalides, et 19ʰ 3ˢ 6ᵈ pour les taxations.................................. 2320ʰ 4ˢ 6ᵈ

20 novembre : de luy, 11555ʰ 12ˢ 6ᵈ pour délivrer aux sʳˢ Accault, DE Laistre et Compagnie, à compte des marbres d'Italie qu'ils ont livrez pour le service de S. M., et 96ʰ 6ˢ 11ᵈ pour les taxations...... 11651ʰ 18ˢ 5ᵈ

24 novembre : de luy, pour délivrer aux cy-dessus nommez 4800ʰ, et 40ʰ pour les taxations...... 4840ʰ

De luy, 4719ʰ 10ˢ pour délivrer au sʳ Arnoux, pour son payement de 54 poules sultanes, 23 poules pintadées, 33 oüettes grises, 2 autruches, 4 graes, 9 canes d'Égipte, 2 palles, 4 aigrettes, 5 chèvres de la Thébaïde et 7 moutons de Barbarie qu'il a livrez à la Ménagerie, de l'envoy du sʳ Monier, de Montpellier, et 39ʰ 6ˢ 6ᵈ pour les taxations............................... 4758ʰ 16ˢ 6ᵈ

6 décembre : de luy, pour délivrer aux prestres de la Mission establis à Fontainebleau pour leur subsistance et entretenement pendant les six derniers mois de la présente année........................ 3000ʰ

2 décembre : de luy, 4200ʰ pour délivrer aux sʳˢ Accault, Delaistre et Compagnie, à compte desd. marbres d'Italie, et 35ʰ pour les taxations........... 4235ʰ

2 décembre : de luy, 40000ʰ pour, avec 270000ʰ ordonnez cy-devant, faire 310000ʰ à compte du payement de 330000ʰ à quoy monte le prix principal de la susd. terre et seigneurie de Grogneuil, et 333ʰ 6ˢ 8ᵈ pour les taxations............................ 40333ʰ 6ˢ 8ᵈ

20 décembre : de luy, 30059ʰ 3ˢ 4ᵈ pour délivrer au sʳ Marcelin Charlier pour, avec 111000ʰ qu'il a receues, faire le parfait payement de 141059ʰ 3ˢ 4ᵈ à quoy montent les brocards d'or, d'argent et de soye qu'il a livrez pour le service de S. M., sçavoir : 30690ʰ pour 60 aunes 3/4 brocard or et argent pour la chambre du trone et les portières de la chambre attenant, à raison de 440ʰ l'aune ; 5635ʰ pour 13 aunes 5/12 brocard d'or pour la galère, à raison de 420ʰ l'aune ;

19983ᴸᴸ 6ˢ 8ᵈ pour 99 aunes 2/3 1/4 brocard d'or pour la doubleure d'un lit et pour lad. galère, à raison de 200ᴸᴸ l'aune; 1852ᴸᴸ 16ˢ 8ᵈ pour 168 aunes 1/4 1/6 de drap d'or pour lad. galère, à raison de 110ᴸᴸ l'aune, et 66225ᴸᴸ pour 735 aunes 1/2 1/3 damas d'or pour Trianon, à raison de 90ᴸᴸ l'aune, et 250ᴸᴸ 9ˢ 1ᵈ pour les taxations................ 30309ᴸᴸ 12ˢ 5ᵈ

24 décembre : de luy, 4200ᴸᴸ pour délivrer aux sʳˢ Accault, Delaistre et Compagnie, à compte des marbres blancs d'Italie qu'ils ont livrez pour S. M., et 35ᴸᴸ pour les taxations........................ 4235ᴸᴸ

De luy, 16000ᴸᴸ pour délivrer à M. de Villacerf, en considération de l'inspection générale que S. M. luy a donnée sur ses bastimens pendant la présente année, et 133ᴸᴸ 6ˢ 8ᵈ pour les taxations.......... 16133ᴸᴸ 6ˢ 8ᵈ

31 décembre: de luy, 18520ᴸᴸ 18ˢ 10ᵈ pour délivrer aux sʳˢ Accault, Delaistre et Compagnie, à compte des marbres blancs d'Italie qu'ils ont livrez pour S. M., et 154ᴸᴸ 6ˢ 10ᵈ pour les taxations................ 18675ᴸᴸ 5ˢ 8ᵈ

De luy, 20000ᴸᴸ pour, avec 310000ᴸᴸ ordonnez cy-devant, faire l'entier et parfait payement de 330000ᴸᴸ à quoy monte le prix principal de la terre et seigneurie de Grogneuil et dépendances, acquise par ordre de S. M. du sʳ prince de Furstemberg et de la dame son épouse, et 166ᴸᴸ 13ˢ 4ᵈ pour les taxations........ 20166ᴸᴸ 13ˢ 4ᵈ

2 avril 1690: de Mᵉ Jean-Baptiste Brunet, garde du Trésor royal, 42594ᴸᴸ 2ˢ 8ᵈ pour employer au remplacement des dépenses extraordinaires que S. M. a ordonné estre faites pour ses bastimens pendant le mois d'aoust 1689, et 354ᴸᴸ 19ˢ pour les taxations... 42949ᴸᴸ 1ˢ 8ᵈ

18 mars 1690 : de luy, 2830ᴸᴸ pour employer au payement des gratifications que S. M. a ordonné estre payées aux officiers de ses bastimens et jardins de Fontainebleau en considération du bon estat de leurs entretenemens pendant l'année dernière 1689, et 23ᴸᴸ 11ˢ 8ᵈ pour les taxations........................ 2853ᴸᴸ 11ˢ 8ᵈ

De luy, 43705ᴸᴸ 6ˢ 3ᵈ pour employer au remplacement des dépenses extraordinaires que S. M. a ordonné estre faites pour ses bastimens pendant le mois de septembre dernier, et 364ᴸᴸ 4ˢ 2ᵈ pour les taxations. 44069ᴸᴸ 10ˢ 5ᵈ

14 aoust 1690 : de luy, 160233ᴸᴸ 1ˢ 6ᵈ pour employer au remplacement des dépenses extraordinaires que S. M. a ordonné estre faites pour ses bastimens pendant les mois d'octobre, novembre et décembre derniers, et 1335ᴸᴸ 5ˢ 6ᵈ pour les taxations.......... 161568ᴸᴸ 7ˢ

RECEPTE PARTICULIÈRE 1689.

9 janvier : de la veuve du sʳ Mabre Cramoisy, imprimeur, 18993ᴸᴸ 10ˢ, sçavoir : 8993ᴸᴸ 10ˢ, faisant le quatrième et dernier payement de 35964ᴸᴸ que led. sʳ Cramoisy devoit payer au Roy en quatre payemens égaux, dont le dernier est écheu le premier de ce mois, et ce en exécution du traité fait au nom de S. M. avec led. sʳ Cramoisy, passé devant Galloys et son collègue, notaires au Chastelet de Paris, le 24 décembre 1684, et 10000ᴸᴸ faisant moitié des 20000ᴸᴸ dont lad. veuve Cramoisy est reliquataire envers S. M., suivant les clauses du mesme traité aud. jour 1ᵉʳ de ce mois.............. 18993ᴸᴸ 10ˢ

De la somme de 11165ᴸᴸ 2ˢ 1ᵈ dont led. sʳ de Manessier, trésorier en exercice, est resté reliquataire par le finito de l'estat au vray de son année d'exercice 1685......................... 11165ᴸᴸ 2ˢ 1ᵈ

30 janvier : de Charles Janson, vitrier, 952ᴸᴸ 10ˢ 6ᵈ tant pour le prix de 4100 livres de plomb qui luy ont esté délivrez des magasins du Roy pendant les années 1686, 1687 et 1688, à raison de 90ᴸᴸ le millier, que pour du vieux verre qui luy a esté fourni pendant ledit temps au prix de son marché............... 952ᴸᴸ 10ˢ 6ᵈ

De Bernard Lespinouze, autre, 355ᴸᴸ 8ˢ 1ᵈ, tant pour le prix de 2000 livres de plomb qui luy ont esté délivrez en 1688, à raison de 90ᴸᴸ le millier, que pour du vieux verre comme cy-dessus, fourni en 1687 et 1688............................ 355ᴸᴸ 8ˢ 1ᵈ

6 février : de la veuve Le Maire, fondeur, pour le payement de 493 livres de potin qui luy ont esté délivrez des magasins de Paris et de Versailles, à raison de 10ˢ la livre....................... 2465ᴸᴸ 10ˢ

Du nommé Le Loup, autre, pour le prix de 4235 livres de potin qui luy ont esté délivrez comme dessus, à 10ˢ la livre....................... 2117ᴸᴸ 10ˢ

10 février : de Dezaignes, marbrier, en l'acquit de M. le duc de Beauvilliers, pour le prix de 92 pieds 8 pouces 10 lignes 2/3 cube de marbre d'Italie et des Pyrennées qui luy a esté délivré des magasins du Roy.............................. 1309ᴸᴸ 10ˢ

20 février : de Jean Mallet, charpentier, pour bois de charpente qui luy ont esté délivrez, provenans de l'ancien couvent des Capucines de la rue Sᵗ Honnoré, à Paris.............................. 32ᴸᴸ 6ˢ 8ᵈ

De Raoul de Pierre, dit La Porte, charpentier, pour bois à luy délivrez provenans idem.... 16ᴸᴸ 3ˢ 4ᵈ

Dud. Mallet, pour le prix de 2393 pièces 1/2 2/3 de bois, provenans de la démolition de la charpente du pavillon et corps de logis en aile qui a esté abattu pour la construction de la chapelle du chasteau de Versailles, à raison de 250ᴸᴸ le cent.............. 5985ᴸᴸ 8ˢ 4ᵈ

27 mars : de Martin Nicole, vigneron à Chatou,

pour le prix de la moitié de la coupe des dix remises de la plaine d'Ouille, que l'on a recepées pour retirer le gibier................................. 200ᴧ

De Noël Lavenet, pour le prix des fascines qui estoient restées au pourtour de la chaussée de l'estang du Trou-d'Enfer, après que le gazonnage dud. estang a esté fini............................. 40ᴧ

3 avril : de Claude-Louis Jurant, entrepreneur de la fourniture des grais du grand aqueduc de la rivière d'Eure dans le fonds de Maintenon, en déduction de ce qu'il peut devoir au Roy sur lad. entreprise. 768ᴧ 17ˢ 7ᵈ

Du sʳ Delrieux, caution du nommé Samson, entrepreneur des aqueducs et conduites des eaux de Ville-d'Avray à Versailles, pour estre employé aux dépenses faites par la veuve Forcnoy pour lesd. aqueducs. 826ᴧ 3ˢ

17 avril : de Jean Maueu, pour le prix de la vente du bois qui a esté coupé en émondant les arbres autour de l'Arc de triomphe et du nouveau cours de Vincennes............................. 61ᴧ 9ˢ

De Nicolas Le Jongleur, pour les vieilles portes et fenestres des maisons de Chèvreloup appartenantes à S. M., qui ont esté vendues aud. Le Jongleur... 75ᴧ

24 avril : de Thomas Vallerand, serrurier, pour le prix de 3593 livres de vieux fer qu'il a receu du magasin, à raison de 6ᴧ le cent........... 215ᴧ 11ˢ 7ᵈ

19 avril : du sʳ de Vantabrun, pour le prix de 48 pieds 2 pouces 5 lignes de marbre verd de Campan, qui luy ont esté délivrez par le sʳ Fossier, garde magasin, à raison de 8ᴧ 10ˢ le pied cube... 409ᴧ 14ˢ 4ᵈ

30 avril : de Claude Denis, fontainier, pour le prix de 16881 livres pesant de plomb, à raison de 90ᴧ le millier, et de 909 livres de soudure, à raison de 5ˢ 6ᵈ la livre........................... 1769ᴧ 9ˢ 6ᵈ

8 may : du magistrat de la ville de Menin, 20000ᴧ qui leur a esté prestez par ordre de S. M. dès le 10 avril 1686 pour ayder à bonnifier la manufacture du linge damassé de lad. ville................ 20000ᴧ

De Jaques Mazière et Pierre Bergeron, entrepreneurs, 4526ᴧ pour le prix de 886 toises 1/2 cube de moilon, le cinquième déduit pour le déchet, à raison de 100 sols la toise cube, et de 93 pieds 1/2 de pierre dure, à raison de 20 sols le pied, le tout provenu de la démolition des murs du parc, de celle de quatre logements des suisses situés dans led. parc, et de celle des murs de Chèvreloup........................ 4526ᴧ

15 may : du nommé Le Moyne, fondeur, pour le prix de 6400 livres de potin qui luy ont esté fournis du magasin de Versailles, à raison de 10ˢ la livre.. 3200ᴧ

De Laurent Dollo et Pierre Poteau, jardiniers, pour le prix de 940 toises de treillages d'échalas et de perches de chasteignier qui servent de closture aux pépinières du parc de Versailles, à raison de 3ˢ 6ᵈ la toise courante........................... 164ᴧ 10ˢ

16 may : du sʳ de Turmenyes, trésorier général de l'hostel des Invalides, pour estre employé aux dépenses de l'église dud. hostel................ 100000ᴧ

22 may : d'Estienne Yvon, couvreur, pour le prix de 421 toises 1/4 un pied 1/2 de tuile provenue de la démolition du village de Chèvreloup et d'un des quatre logemens de suisse du parc, à raison de 50ˢ la toise quarrée, et de 47 toises 3 pieds 1/2 d'ardoise provenue de trois desd. quatre logemens de suisse, à raison de 3ᴧ la toise carrée................. 1194ᴧ 7ˢ 6ᵈ

De Louis Renouf, paveur, pour le prix de 175 toises de gros pavé provenant du devant des logemens des suisses des portes de Noisy et Saint-Antoine, à raison de 4ᴧ la toise, et de 186 toises 1/4 un pied 1/2 de pavé fendu en trois, provenant du bastiment démoli pour construire la chapelle, à raison de 3ᴧ la toise......... 1258ᴧ 15ˢ

De Jaques Foubert, pour le prix des fagots et bourées provenant du bois nouveau planté dans le parc de Boulogne qui a esté coupé au pied à cause qu'il avoit esté escorché par les lapins........... 407ᴧ 16ˢ

5 juin : d'Alexis Fondrin, serrurier, pour le prix de 11600 livres de vieux fer qu'il a receu du magasin de Marly, à raison de 6ᴧ 10ˢ le cent............ 754ᴧ

26 juin : de Thomas Vallerand, pour le prix de 80177 livres de vieux fer du magasin, à raison de 6ᴧ le cent........................... 4810ᴧ 12ˢ 4ᵈ

De Roger, serrurier, pour le prix de 1891 livres de vieux fer qu'il a receu du magasin, à 6ᴧ le cent..... .... 113ᴧ 9ˢ 2ᵈ

3 juillet : des nommez Chanteau, charpentiers, pour demeurer par eux quittes envers S. M. de la somme de 145405ᴧ 13ˢ 10ᵈ qui leur a esté ordonnée et qu'ils ont cy-devant receue à compte des ouvrages de charpenterie par eux faits tant au nouveau couvent des Capucines qu'aux démolitions de l'ancien et de la charpente de l'hostel de Vendosme......... 4238ᴧ 2ˢ 4ᵈ

23 juillet : du sʳ Le Duc, en l'acquit de Pierre Le Maistre, entrepreneur du grand aqueduc de la rivière d'Eure, pour le prix de 1581 barils 1/2 de charbon d'Angleterre à luy livrez, à 3ᴧ 15ˢ le baril. 5847ᴧ 14ˢ

23 juillet : dud. Le Maistre, en déduction de ce qu'il peut redevoir au Roy sur son entreprise... 2146ᴧ 11ˢ

Des nommez Fontaine, dit La Rivière, et Le Comte, pour le prix des matéreaux qui leur ont esté livrés du magasin à Maintenon.............. 148ᴧ 1ˢ 10ᵈ

ANNÉE 1689. — RECETTE.

10 juillet : du nommé Durand, serrurier, pour le prix de 2700 livres de vieux fer qu'il a reçeu du magasin du fer à Versailles, à 6ᴴ le cent......... 162ᴴ

Du nommé Tavernier, pour 4220 livres de vieux fer, à 6ᴴ le cent........................ 253ᴴ 4ˢ

De Jean Mallet, charpentier, pour le prix tant de 700 pièces de bois, dont 450 de chesne et 250 de chasteignier, provenans des démolitions du village de Chèvreloup, et de 66 autres pièces de bois de chesne provenant de la démolition de la petite sacristie de la chapelle du chasteau de Versailles et de l'appartement du sʳ Bastide sous le mouvement de l'horloge, à raison de 250ᴴ le cent de pièces................ 1915ᴴ

D'Estienne Yvon, couvreur, pour le prix de 3 toises 1/2 d'ardoise provenant de la démolition de la couverture de l'ancienne sacristie de la chapelle du chasteau de Versailles, à raison de 3ᴴ le cent......... 10ᴴ 10ˢ

18 juillet : du nommé Masselin, chaudronnier, pour le prix de 259 livres pesant de cuivre qui luy ont esté délivrez au magasin de Versailles, à 22ˢ la livre. 284ᴴ 18ˢ

24 juillet : de luy, pour le prix de 400 planches de cuivre rouge, dont 364 pesant net 15350 livres, à 81ᴴ 15ˢ le cent pesant, et 36 pesant net 1392 livres, à 77ᴴ 17ˢ le cent, et 1521ᴴ pour le prix de 2535 livres de soudure, à raison de 60ˢ le cent, le tout livré aud. Masselin par le sʳ Fossier, garde des magasins de S. M., dès l'année 1685.............. 15153ᴴ 14ˢ

De la somme de 148ᴴ 1ˢ 10ᵈ, ordonnée sur l'estat du 3 juillet du présent mois au nommé Fontaine, dit La Rivière, à compte des fournitures et menues dépenses qu'il fait pour l'aqueduc de la rivière d'Eure dans le fonds de Maintenon, attendu que lad. somme ne luy est point payée, au moyen de ce passée et allouée en dépense sans rapporter quittance........ 148ᴴ 1ˢ 10ᵈ

Du sʳ Cottereau et du sʳ Pouget, controlleur de la Maison du Roy, caution dud. Cottereau, pour ce que led. Cottereau a trop reçeu, à compte des oignons et fleurs qu'il a fourni pour S. M. au jardin de Trianon.................................. 2293ᴴ 18ˢ

24 juillet : de la veuve du sʳ Rainssant, pour plusieurs médailles doubles du cabinet de S. M. que le sʳ Rainssant a vendues de son vivant, par ordre. 1950ᴴ

24 juillet : du sʳ Vanderhulst, marchand à Rouen, 8000ᴴ qui luy auroient esté ordonnez le 3 octobre 1688 à compte du plomb de Hull qu'il avoit entrepris de fournir pour l'aqueduc de Maintenon........ 8000ᴴ

De Masselin, chaudronnier, pour 21225 livres de cuivre rouge en vieux godet, à 15ˢ la livre, et 4732 livres de soudure, à 5ˢ 6ᵈ la livre, le tout venant du magasin de Duchiron.................... 17220ᴴ 1ˢ

14 aoust : de Jaques Mazière et Pierre Bergeron, entrepreneurs, pour 5 toises 1/3 de moilon, provenant du mur de closture à l'endroit où doit estre construite la chapelle Sᵗ Martin et Sᵗᵉ Geneviefve, à l'église de Roquancourt........................... 26ᴴ 13ˢ 4ᵈ

De Lucas, serrurier, pour 37 milliers pesant de vieux fer qui luy a esté fourni, sçavoir : moityé au magasin de Duchiron, garde magasin des plombs, et l'autre à celuy de Deslouit, garde du magasin des démolitions, à raison de 60ᴴ le millier.............. 2220ᴴ

21 aoust : du sʳ Daugecourt, pour treize planches de cuivre rouge de Suède qui luy ont esté fournies du magasin des plombs à Versailles, pesant 110 livres, à 22ˢ la livre........................... 121ᴴ

27 septembre : de Jaques Ergot et Pierre Lisqui, marbriers, pour le prix de 16 pieds 10 pouces 8 lignes 3/4 cubes de marbre portor, brèche violette et sérancolin qu'ils ont eus du magasin.......... 192ᴴ 2ˢ 6ᵈ

21 septembre : du sʳ de la Clos, pour le prix d'un bloc de marbre blanc contenant 52 pieds 3 pouces, à 11ᴴ 11ˢ le pied, et de deux noyaux de marbre blanc, contenant 12 pieds 9 pouces 7 lignes, à 11ᴴ 2ˢ le pied, qui lui ont esté livrez du magasin du Roy... 745ᴴ 11ˢ

23 octobre : de la somme ordonnée sur l'estat du 17 juillet dernier à La Lande, sculpteur, à compte d'une grande bordure de tableau de la Famille de Darius, du sʳ Mignard, au moyen de quoy l'article doit estre alloué en dépense sans rapporter quittance..... 300ᴴ

30 octobre : de Lucas, serrurier, pour le prix de 9030 livres de vieux fer du magasin du sʳ Duchiron, à Versailles, à 62ᴴ le millier.............. 541ᴴ 16ˢ

9 novembre : de Baptiste Tuby, Antoine Coisvaux et Estienne Le Hongre, sculpteurs, pour le prix de 379 pieds 4 pouces 4 lignes 1/3 cubes de marbre d'Italie, blanc pur, blanc veiné, portor et brèche grise de Sauveterre, qui leur ont esté délivrés du magasin pour faire les ouvrages qui leur ont esté ordonnez au tombeau de M. le Cardinal Mazarin, dans le collège des Quatre-Nations, à Paris........... 4829ᴴ 6ˢ 11ᵈ

13 novembre : de Thomas Vallerant, serrurier, pour 4248 livres pesant de vieux fer, livré du magasin de Versailles, à 6ᴴ le cent................. 254ᴴ 17ˢ 6ᵈ

Du nommé Roger, pour 2404 livres de vieux fer livré idem................... 144ᴴ 4ˢ 9ᵈ

20 novembre : de Claude Denis, fontainier, pour le prix de 1594 livres pesant de soudure, à 5ˢ 6ᵈ la livre.................................. 438ᴴ 7ˢ

De Pierre Le Maistre, entrepreneur, pour le prix des matériaux qui luy ont esté livrez pour servir à la construction de la maçonnerie du grand aqueduc de Maintenon.......................... 526729ᴸ 15ˢ

De Claude-Louis Jurant, pour le prix des grais à luy livrez pour *idem*................. 44900ᴸ 2ˢ 10ᵈ

27 novembre : du nommé La Rivière, entrepreneur de la main d'œuvre de l'aqueduc de pierre de Maintenon, en l'acquit dud. Le Maistre...... 1925ᴸ 1ˢ 2ᵈ

11 décembre : du sʳ Arnoux, 544ᴸ 10ˢ qui luy ont esté ordonnez au delà de ce qui luy est deu, pour la fourniture qu'il a faite des oyseaux et animaux de Levant, envoyez par le sʳ Mosnier.............. 544ᴸ 10ˢ

Du sʳ de Turmenyes, trésorier général de l'Extraordinaire des guerres, 11227ᴸ 3ˢ, sçavoir : 11018ᴸ 5ˢ pour le prix de 1469½ livres pesant de cuivre rouge qui a esté pris au magasin de Versailles, à raison de 15ˢ la livre, et 208ᴸ 18ˢ pour la voiture dud. cuivre de Versailles à Paris............................... 11227ᴸ 3ˢ

18 novembre : du sieur Landry, pour douze vieux corps de pompe de la machine, pesant 2390 livres, à raison d'un sol la livre............... 119ᴸ 10ˢ

25 décembre : du nommé Roger, serrurier, pour 3184 livres de vieux fer provenant des démolitions des berceaux de Trianon, à raison de 6ᴸ le cent pesant..... .... 191ᴸ

De Claude-Louis Jurant, entrepreneur de la fourniture des grais de l'aqueduc de Maintenon, 609ᴸ 5ˢ provenant de la vente de vingt-trois chevaux qui luy appartenoient venans de son équipage............ 609ᴸ 5ˢ

De Jean Mallet, charpentier, pour le prix de 265 pièces 1/2 2/3 de vieux bois provenant du comble du grand escalier de marbre de l'appartement de Mᵐᵉ de Maintenon et autres endroits de la dépendance du chasteau, à raison de 250ᴸ le cent.......... 665ᴸ 8ˢ 4ᵈ

De la somme de 125ᴸ ordonnée au nommé François, marchand de fer, pour 250 livres d'acier de carme par luy fourni pour forger des carrez à monnoyer pour l'Irlande (non reçeue)...................... 125ᴸ

30 décembre : de la somme de 11178ᴸ 12ˢ pour la plus value des espèces qu'il avoit en caisse lors du rehaussement des monnoyes arrivé le 12 dud. mois de décembre... .... 11178ᴸ 12ˢ

27 décembre : de M. de Turmenyes, 794ᴸ 15ˢ 3ᵈ pour, avec les 11227ᴸ 3ˢ de l'autre part, faire 12021ᴸ 18ˢ 3ᵈ pour les cuivres y énoncez, y compris 646ᴸ 7ˢ pour le prix de 525 livres de rosette, à raison de 15ˢ la livre, et de 421 livres de canon, à raison de 12ˢ la livre, quy ont esté fournis en dernier lieu du magasin du Roy pour envoyer en Irlande, dans laquelle somme de 12021ᴸ 18ˢ 3ᵈ estant compris les 3 deniers pour livre retenus pour l'hostel des Invalides, sur 11873ᴸ 10ˢ à quoy monte la juste valeur des cuivres et voitures, il ne doit estre icy tiré hors ligne que..................... 646ᴸ 7ˢ

30 décembre : de la somme de 526705ᴸ 19ˢ 4ᵈ à quoy monte le reliquat du compte de l'année 1687 .... 526705ᴸ 19ˢ 4ᵈ

Du sʳ Vanderhulst, en l'acquit de Pierre Le Maistre, entrepreneur de l'aqueduc de Maintenon, pour 2000 barils de charbon de terre d'Angleterre, fournis de cinq barils par cent, à raison de 400ᴸ le cent de barils, y compris 30ᴸ pour les frais de garde dud. charbon sur le port de Maintenon.................... 8630ᴸ

7 mars 1690 : du sʳ Pollard, pour 1235 toises de tuiaux de fer de fonte de 8 pouces de diamettre, à raison de 20ᴸ la toise, qu'il a pris pour son compte au magasin de Versailles................... 24700ᴸ

9 novembre 1689 : de Dezaignes, marbrier, pour un bloc de marbre serancolin, contenant 23 pieds 7 pouces 8 lignes 1/6, délivré du magasin de Paris pour M. le maréchal de Lorges............ 147ᴸ 15ˢ

14 may 1690 : des locataires des maisons appartenantes au Roi, à Paris, pour une année du loyer desd. maisons, eschüe le dernier décembre 1689.... 3710ᴸ

DÉPENSE.

CHASTEAU DE VERSAILLES.

MAÇONNERIE.

27 février-4 décembre : à Gérard Marcou, entrepreneur, pour menues réparations de maçonnerie par luy faites au chasteau de Versailles, du mois de décembre 1688 au mois de décembre 1689, y compris ses soins et équipages (10 p.)................. 5071ᴸ 9ˢ 6ᵈ

27 mars-20 novembre : à luy, sur ses ouvrages et réparations de maçonnerie dans le jardin, petit parc et Ménagerie (4 p.)...................... 1360ᴸ

6 novembre : à luy, sur ses ouvrages dans l'appartement de Mᵐᵉ de Maintenon............... 628ᴸ

ANNÉE 1689. — VERSAILLES.

3 juillet : au nommé ANCEAU, pour le ciment qu'il a fourni pour le rétablissement de l'aire de ciment au-dessus de l'Orangerie, et des marches des escaliers dont on a refiché les joints........................ 436ᴸᴸ

4 décembre : à DAUFRESNE, maçon, à compte des machines qu'il pose au-dessus des cheminées du chasteau pour empêcher la fumée................ 100ᴸᴸ

5 juin : à MICHEL JOURDIN, pour avoir dégravoyé et nettoyé les lits et joints de soixante marches des grands escaliers de l'Orangerie de Versailles pour y reficher du ciment.. 45ᴸᴸ

A LA MONTAGNE et autres, pour avoir dégravoyé et nettoyé les lits et joints de quatre-vingt-neuf marches desd. escaliers........................ 66ᴸᴸ 15ˢ

Somme de ce chapitre...... 7707ᴸᴸ 4ˢ 6ᵈ

CARREAU DE TERRE CUITTE.

13 mars-22 may : à FRANÇOIS GUILLAUME, dit DU BUISSON, carreleur, parfait payement de 1695ᴸᴸ 18ˢ à quoy montent les ouvrages et réparations de carreau de terre cuitte qu'il a faites au chasteau de Versailles en 1688 (2 p.)........................... 595ᴸᴸ 18ˢ

17 juillet-2 octobre : à luy, parfait payement des ouvrages et réparations de carreau faites aud. chasteau pendant les six premiers mois 1689....... 535ᴸᴸ 18ˢ

Somme de ce chapitre...... 1131ᴸᴸ 16ˢ

JARDINAGES ET PERCHES DE CHASTAIGNIER.

27 mars : à SAVET, jardinier, pour 30 muids 1/2 de terre de saule qu'il a fourni à la pépinière de Trianon............................. 83ᴸᴸ 17ˢ

22 may-19 juin : aux nommez DUBEL et ROBERT, jardiniers, parfait payement de la recoupe qu'ils rétablissent au-dessus de l'Orangerie et devant l'appartement de Mᵐᵉ la Duchesse (2 p.)............ 327ᴸᴸ 13ˢ 4ᵈ

22 may-5 juin : à eux, parfait payement de 8199ᴸᴸ 14ˢ 9ᵈ à quoy montent les ouvrages de recoupes et gazon qu'ils ont fait à neuf dans les Sources et les allées à Trianon (2 p.).............. 499ᴸᴸ 14ˢ 9ᵈ

27 mars : à GUORET, pour 104 bottes de perches qu'il a fourni pour soutenir la palissade de charme que l'on a transplantée dans le jardin de Trianon..... 40ᴸᴸ

13 mars : à REMY JANSON, jardinier, remboursement de la dépense qu'il a faite pour semer autour de Trianon du costé des réservoirs et des glacières.. 135ᴸᴸ

31 juillet-9 octobre : à JEAN BUTEAU et DUBUISSON, parfait payement des grands fumiers et terraux qu'ils ont fournis à la pépinière de Trianon (5 p.) 2239ᴸᴸ 5ˢ 4ᵈ

13 mars-10 avril : aux nommez MAGNAN et TOU-ROUDE, jardiniers, pour 2874 toises de buys qu'ils ont planté pour regarnir les parterres de Trianon (2 p.)............................. 215ᴸᴸ 11ˢ

10 may : à JEAN BUTEAU, voiturier, pour fumiers de mouton qu'il a fourni pour la pépinière de Trianon..................................... 93ᴸᴸ 10ˢ

27 février-10 may : à RISQUET, voiturier, pour les fumiers et terraux qu'il a fourni pour la pépinière de Trianon (2 p.)....................... 584ᴸᴸ

13 février : aux nommez BUISSON et BOURGUIGNON, pour 29 toises 1/3 de terrault qu'ils ont livré à la pépinière de Trianon....................... 352ᴸᴸ

27 février-27 mars : auxd. BUISSON et BUTTEAU, voituriers, pour 19 toises cubes de terrault et 9 toises 2/3 cubes de fumier de vache qu'ils ont livré pour la pépinière de Trianon (2 p.).................. 373ᴸᴸ

Somme de ce chapitre.... 4943ᴸᴸ 11ˢ 5ᵈ

TERRASSES.

22 may-31 juillet : aux nommez DURAND et LA FORGE, glaiseurs, pour les rétablissemens du conroy autour du réservoir de Saint-Cyr (2 p.)................ 184ᴸᴸ

6 novembre : aud. DURAND, pour le rétablissement qu'il a fait au conroy du premier réservoir du bout de l'aile neuve...................... 88ᴸᴸ 15ˢ

30 janvier : à luy, pour les glaizes qu'il a fourni pour des lieux à Trianon........................ 35ᴸᴸ

A luy, pour avoir remply les glacières à Trianon. 22ᴸᴸ

27 mars : aux nommez DUVAL et DES KESNES, terrassiers, pour les bonnes terres qu'ils ont rapportées dans le champ au-dessous des glacières de Trianon, pour y faire semer de la graine d'herbe............ 325ᴸᴸ 18ˢ

10 may-6 novembre : à eux, sur divers ouvrages de terrasses et autres par eux faits dans les environs du chasteau de Versailles (6 p.)................ 409ᴸᴸ

Somme de ce chapitre...... 1064ᴸᴸ 13ˢ

TREILLAGES.

27 février : au nommé GAUDON, jardinier, parfait payement de 1629ᴸᴸ 10ˢ à quoy montent les ornemens de treillage par luy faits aux fontaines des Trois Jets et celle du bout de l'allée, entre le jardin du Roy et les Sources, au chasteau de Trianon......... 479ᴸᴸ 10ˢ

CHAUX.

27 février : au nommé BLOT, chaufournier, pour ciment et chaux qu'il a fourni pour poser les marbres de la fontaine de Latonne............ 100ᴸᴸ 10ˢ 6ᵈ

22 may : à CLERGÉ, pour 6 futailles 1/2 de chaux

qu'il a livré pour faire du mortier de l'enduy qu'il convient faire au-dessus des pierrettes qui couvrent l'aire de ciment au-dessus de l'Orangerie......... 33ʰ 11ˢ 8ᵈ

Somme de ce chapitre....... 134ʰ 2ˢ 2ᵈ

SABLE DE RIVIÈRE.

19 juin-4 décembre : à La Garde et Yvelin, pescheurs, pour avoir tiré de la rivière du sable pour les jardins de Versailles et de Trianon (5 p.). 355ʰ 18ˢ 9ᵈ

19 juin-4 décembre : au nommé Clergé, pour avoir voituré led. sable à Versailles et à Trianon (5 p.)..... .... 1666ʰ 6ˢ 6ᵈ

Somme de ce chapitre...... 2022ʰ 5ˢ 3ᵈ

CHARPENTERIE ET CHARRONNAGE.

20 février-2 octobre : à Jean Mallet, charpentier, à compte des menus ouvrages de charpenterie qu'il fait au chasteau de Versailles et dépendances (2 p.) 532ʰ 6ˢ 4ᵈ

19 juin : à luy, à compte des bois qu'il a fourni pour servir à rétablir les barques et vaisseaux du canal. 500ʰ

31 juillet-20 novembre : à luy, à compte des ouvrages et réparations du grand escalier (5 p.) 3465ʰ 8ˢ 4ᵈ

6 novembre : à luy, pour ses ouvrages de charpenterie dans l'appartement de Mᵐᵉ de Maintenon..... .... 322ʰ 0ˢ 10ᵈ

19 juin : à Laurens, charpentier, pour six bascules qu'il a fait et fourni pour tirer de l'eau aux six puits de la pépinière de Trianon................. 42ʰ

30 janvier : à Lionnois et son associé, pour 73 toises de bois qu'ils ont scié pour les barques du canal de Versailles................................... 21ʰ 18ˢ

19 juin : à La Roze, pour 63 toises de bois réduit à un pied, qu'il a scié pour le rétablissement desd. barques.................................... 15ʰ 15ˢ

13 février : à Risquet, charron, pour les masses de bois, manches de crocs, coignées et perches qu'il a fourni pour attacher aux manes qui ont servy à tirer la glace................................. 48ʰ 2ˢ 6ᵈ

Aux nommez Rivan et Durand, pour leur payement des pelles, seaux, mannes et autres outils par eux fournis 127ʰ 13ˢ

Somme de ce chapitre...... 5075ʰ 4ˢ 4ᵈ

COUVERTURE.

22 may-20 novembre : à Estienne Yvon, couvreur, à compte des ouvrages par luy faits au chasteau de Versailles et lieux en dépendans, pendant les années précédentes et la présente année (3 p.)..... 2494ʰ 7ˢ 6ᵈ

11 septembre-25 décembre : au nommé Bartels, couvreur de cuivre, parfait payement des ouvrages de couverture qu'il a fait au-dessus de l'escalier du chasteau de Versailles (5 p.)................. 372ʰ

13 février : aux nommez Le Gendre et Vilain, couvreurs de paille, pour le rétablissement par eux fait aux couvertures des glacières de la Ménagerie, Satory, Trianon et Clagni........................ 89ʰ 5ˢ

Somme de ce chapitre..... 2955ʰ 12ˢ 6ᵈ

MACHINES POUR LA FUMÉE.

27 mars : à Pierre Tellier, couvreur, pour plusieurs machines pour la fumée qu'il a posées sur les cheminées du chasteau de Versailles.................. 38ʰ

17 juillet : à luy, pour avoir rataché plusieurs ornemens de cuivre et de plomb des combles du chasteau, que le vent avoit fait tomber................ 45ʰ

Somme de ce chapitre........... 83ʰ

MENUISERIE.

27 février : à Antoine Rivet, menuisier, à compte des ouvrages de menuiserie par luy faits au chasteau de Versailles.............................. 200ʰ

27 février-4 décembre : à luy, sur ses ouvrages de menuiserie à Trianon (7 p.)................ 2500ʰ

6 novembre : à luy, pour les frises d'assemblage qu'il a fourni pour l'appartement de Mᵐᵉ de Maintenon.. 57ʰ 10ˢ

27 février : à Nicolas Carel, menuisier, pour avoir démonté et remonté les chassis dormaus des chassis d'hyver du chasteau de Versailles, en 1688..... 126ʰ

10 avril-4 décembre : à luy, sur ses ouvrages à Trianon (6 p.)........................... 2800ʰ

23 octobre-18 décembre : à luy, sur ses ouvrages au chasteau de Versailles (4 p.)............... 1750ʰ

31 juillet : à la veuve d'Estienne Carel, à compte des ouvrages de menuiserie faits par led. feu Carel au chasteau les années précédentes............. 1000ʰ

27 février-24 avril : à Ducons, menuisier, pour avoir démonté et remonté les baraques de la pépinière de Trianon (2 p.)......................... 1041ʰ 13ˢ

17 juillet : à luy, sur ses ouvrages à Trianon.. 400ʰ

6 novembre : à luy, pour ses ouvrages à l'appartement de Mᵐᵉ de Maintenon, au chasteau de Versailles.... .... 395ʰ 18ˢ 4ᵈ

20 novembre-4 décembre : à luy, sur ses ouvrages et rétablissement de la menuiserie de la cage du grand escalier du chasteau de Versailles (2 p.)....... 568ʰ

27 février : à luy, pour le rétablissement qu'il a fait

d'un pan de baraque qui estoit tombé à la pépinière de Trianon.................................. 112ʰ

13 mars-23 octobre : à Nicolas Ducons, menuisier, à compte des ouvrages de menuiserie par luy faits au chasteau depuis le mois de juillet 1688 (4 p.). 2100ʰ

27 février-18 décembre : à Louis Nivet, menuisier, à compte de ses ouvrages de menuiserie au chasteau de Trianon (7 p.)........................... 3400ʰ

27 mars : à luy, pour les bois de menuiserie par luy fournis qui ont esté employés à plusieurs réparations faites aud. chasteau.................... 156ʰ

17 juillet-20 novembre : à Veydeau, menuisier, à compte de ses ouvrages de menuiserie à Trianon (4 p.)................................. 2900ʰ

20 novembre : à luy, pour dix feuilles de parquet, de 2 pouces et de 4 1/2, qui ont esté employez dans l'appartement de Mᵐᵉ de Maintenon.............. 89ʰ

22 may : à Jaques Mirel, menuisier, pour la menuiserie d'un jeu de l'anneau tournant, qu'il a fait pour Saint-Cyr................................. 216ʰ

13 février-14 aoust : à Toulouzin, menuisier, pour la menuiserie d'un jeu d'anneau tournant et autres ouvrages et réparations de menuiserie qu'il a fait à Trianon et autres endroits (3 p.)............... 238ʰ

Somme de ce chapitre..... 20050ʰ 1ˢ 4ᵈ

SERRURERIE.

27 février-6 novembre : à Roger, serrurier, à compte de ses ouvrages de serrurerie au chasteau de Versailles (5 p.)................................... 1900ʰ

27 février : à luy, pour les journées de compagnons serruriers qu'il a fourni pour bien faire aller toutes les ferrures des portes et croisées du chasteau pendant le dernier voyage de Fontainebleau............... 74ʰ

26 juin-25 décembre : à luy, à compte de ses ouvrages des années précédentes (3 p.).... 448ʰ 13ˢ 11ᵈ

11 septembre : à luy, pour plusieurs menus ouvrages de serrurerie à Trianon.................... 125ʰ 7ˢ

18 décembre : à luy, sur ses ouvrages au grand escalier................................. 500ʰ

13 mars-18 décembre : à Thomas Vallerand, serrurier, à compte de ses ouvrages de serrurerie aud. chasteau de Versailles en la présente année (7 p.).. 2050ʰ

26 juin-13 novembre : à luy, sur ses ouvrages idem des années précédentes (2 p.).......... 5065ʰ 9ˢ 10ᵈ

13 mars-18 décembre : à luy, à compte de ses ouvrages de serrurerie à Trianon (4 p.)......... 850ʰ

27 février-20 novembre : à Hierosme Lavieux, dit Thoulousin, serrurier, à compte de ses ouvrages de serrurerie au canal, dans le jardin, et en divers endroits de Versailles (3 p.)........................ 495ʰ

27 février-23 octobre : à Alexis Fordrin, serrurier, parfait payement de 4966ʰ 13ˢ 4ᵈ à quoy monte la rampe de fer qu'il a fait pour l'escalier du bout de Trianon-sous-Bois (4 p.)............. 1866ʰ 13ˢ 4ᵈ

14 aoust : à luy, sur la porte de fer et costière qui ferme la cour idem...................... 300ʰ

11 septembre : à luy, sur ses ouvrages de serrurerie à Trianon............................. 200ʰ

27 février-20 novembre : à Corneille, serrurier, à compte des rampes de fer qu'il a fait à Trianon, à l'escalier de pierre du bout de la gallerie (8 p.)... 2300ʰ

14 aoust-6 novembre : au nommé François Lucas, serrurier, parfait payement de 64075ʰ 6ˢ 11ᵈ à quoy montent les ouvrages de serrurerie par luy faits, tant au chasteau de Versailles et lieux en dépendans qu'à Trianon et autres endroits des bastimens de S. M. pendant les années 1683 à 1688, suivant vingt-deux mémoires arrestez (3 p.)................... 2785ʰ 13ˢ 8ᵈ

22 may : à François Boutet, serrurier, parfait payement de 2800ʰ à quoy monte la balustrade de fer qu'il a fait pour le balcon du cabinet des glaces de Trianon................................. 200ʰ

13 février-28 aoust : à Marchand, serrurier, parfait payement de plusieurs menus ouvrages de serrurerie par luy faits et fournis à Trianon (2 p.)..... 309ʰ 8ˢ

27 mars-10 avril : à Jean Brador, taillandier, pour trente fourches de fer à trois fourchons et trente houlettes qu'il a fourni pour la pépinière de Trianon (2 p.)................................... 75ʰ

Somme de ce chapitre..... 19545ʰ 5ˢ 9ᵈ

VITRERIE.

30 janvier : à Bernard L'Espinouze, vitrier, à compte de ses ouvrages de vitrerie au chasteau de Trianon les années précédentes................... 355ʰ 8ˢ 1ᵈ

2 octobre-4 décembre : à luy, à compte de ses ouvrages de vitrerie au chasteau et à l'orangerie de Versailles (5 p.).......................... 1300ʰ

30 janvier : à Charles Janson, vitrier, à compte des ouvrages de vitrerie par luy faits au chasteau de Trianon les années précédentes............... 952ʰ 10ˢ 6ᵈ

30 janvier-4 décembre : à luy, à compte de ses ouvrages au chasteau de Versailles (13 p.)....... 4200ʰ

Somme de ce chapitre.... 6807ʰ 18ˢ 7ᵈ

PLOMBERIE.

4-18 décembre : à Jaques Lucas, plombier, à compte

de ses ouvrages de plomberie au chasteau de Versailles (2 p.)............................ 1100^{tt}

SOUDURE.

1er-15 may : à Claude Denis, fontainier, parfait payement des ouvrages de soudure faits dans le jardin de Versailles en 1688 (2 p.)............... 3225^{tt} 5^s

20 novembre-18 décembre : à luy, parfait payement de ses ouvrages de soudure pour l'année 1689 (2 p.).............................. 797^{tt} 5^s

Somme de ce chapitre....... 4022^{tt} 10^s

OUVRAGES DE CUIVRE.

15-22 may : à Gilles Le Moyne, fondeur, parfait payement de 44065^{tt} 14^s à quoy montent les ouvrages de cuivre par luy fournis, tant à Versailles qu'à Marly, pendant les années 1684 à 1688, suivant trente mémoires arrestez.................. 3249^{tt} 13^s 6^d

11 septembre-4 décembre : à luy, pour ouvrages de cuivre de fonte pour poser les marbres et pour les fontaines du jardin de Versailles, et autres ouvrages pendant l'année 1689 (3 p.)................ 687^{tt} 11^s 6^d

6-27 février : à la veuve Le Maire, parfait payement de 12813^{tt} 7^s à quoy montent les ouvrages de fonte de cuivre par elle faits et fournis pour les fontaines du jardin de Versailles de 1685 à 1688 (2 p.).............................. 2513^{tt} 7^s

27 février : à la veuve Gascoin, ferblannier, à compte des roseaux et autres ouvrages de cuivre par elle faits pour le chesne vert du Marais, dans le jardin de Versailles................................ 1000^{tt}

6-13 février : à Le Loup, fondeur, parfait payement de 13060^{tt} 18^s 9^d à quoy montent les ouvrages de fonte de cuivre par luy faits et fournis dans les magasins du Roy à Versailles, depuis le 13 avril 1685 (2 p.) 2160^{tt} 18^s 9^d

22 may : à Duchemin, chaudronnier, pour un jeu d'aneau tournant, de cuivre jaune, qu'il a fait pour Trianon........................ 302^{tt} 17^s 6^d

28 aoust-11 septembre : à luy, pour vingt-cinq paires d'arrousoirs fournis à la pépinière de Trianon (2 p.).............................. 700^{tt}

Somme de ce chapitre..... 10614^{tt} 8^s 3^d

DORURE.

23 octobre : à Robillard, doreur, pour avoir doré de feuille au feu les fiches et targettes des guichets des croisées de la chambre du Roy, que l'on a brizées, et les vazes de la rampe de fer du bout de Trianon-sous-Bois............................... 74^{tt}

14-28 aoust : à Guillaume Desauziers, peintre, à compte de la dorure qu'il fait à la rampe de fer de l'escalier du bout de Trianon-sous-Bois (2 p.)..... 800^{tt}

Somme de ce chapitre......... 874^{tt}

VERNY.

24 avril : à Bailly, peintre, parfait payement de 1671^{tt} 6^s à quoy monte le verni couleur de bronze qu'il a posé sur les ferrures des portes et croisées de Trianon........................... 321^{tt} 6^s

PEINTURE.

27 février-20 novembre : à Estienne Bourgault, peintre, à compte de ses ouvrages de grosse peinture au chasteau de Versailles (4 p.)............... 1500^{tt}

9 octobre : à Le Moyne le Parisien, autre, à compte de 15 toises de guillochi rehaussé d'or qu'il a fait pour mettre sur le pourtour de la cage qui éclaire le grand escalier du chasteau de Versailles............. 200^{tt}

5 juin-6 novembre : à Paillet, peintre, pour son remboursement de la dépense qu'il a faite pour les tableaux du Roy, le rétablissement de la peinture à fresque du grand escalier de Versailles, et son séjour aud. chasteau (3 p.)......................... 1947^{tt} 10^s

Somme de ce chapitre....... 3647^{tt} 10^s

SCULPTURE.

24 avril : aux nommez Mazelines, Jouvenet et Barrois, sculpteurs, à compte des ouvrages de sculpture par eux faits à Trianon...................... 1000^{tt}

24 avril : à Jean Cornu, sculpteur, parfait payement de 1800^{tt} pour neuf grandes cassolettes et consolles de pierre qu'il a faites pour les combles de Trianon. 500^{tt}

27 février-31 juillet : aux nommez Coustou et Joly, sculpteurs, parfait payement de 3750^{tt} pour des paniers dont le corps est de pierre et les fleurs de plomb, qu'ils font pour mettre sur les murs de Trianon (7 p.) 3150^{tt}

24 avril-17 juillet : à Louis Le Comte, sculpteur, à compte de deux grands groupes de figures qu'il a fait sur deux des piliers de l'entrée de l'orangerie de Versailles (2 p.)......................... 1200^{tt}

13-27 février : à Charmeton, sculpteur, pour la bordure qu'il a fait pour le dessein du *Portement de Croix* d'après M. Mignard, que Monseigneur a fait pour donner au Roy (2 p.)........................ 320^{tt}

27 février-31 juillet : aux nommez Legrand, sculpteurs, parfait payement de 4000^{tt} à quoy montent les paniers de fleurs de pierre et de plomb, qu'ils font pour les murs de Trianon (7 p.).............. 3400^{tt}

ANNÉE 1689. — VERSAILLES.

27 février : à eux, pour deux cassolettes à teste de béliers qu'ils ont fait et qui sont posés sur le comble de Trianon........................ 180ᴸᴸ

24 avril-17 juillet : à Louis Le Gros, sculpteur, à compte de deux grands groupes de figures qu'il a fait sur deux des piliers de l'entrée de l'Orangerie (2 p.). 1100ᴸᴸ

9 janvier-6 février : à Bertin, sculpteur, remboursement de ce qu'il a payé aux sculpteurs et marbriers qui ont travaillé sous luy aux six vazes de marbre qu'il fait pour le service du Roy (3 p.)............. 1072ᴸᴸ

13 mars : à luy, pour draperies et feuilles de vigne par luy faits aux figures du jardin de Versailles.. 234ᴸᴸ

28 aoust : à luy, pour plusieurs réparations de sculpture aud. chasteau.................. 135ᴸᴸ

20 novembre : à luy, pour ouvrage fait à la corniche de l'appartement de Mᵐᵉ de Maintenon........ 166ᴸᴸ

A luy, pour ouvrage fait au gros cordon autour de la cage du grand escalier.................. 278ᴸᴸ

Somme de ce chapitre........ 12735ᴸᴸ

MARBRERIE.

27 février : à Pierre Lisqui, marbrier, pour le rétablissement par luy fait aux tables de marbre qui sont à Trianon............................ 89ᴸᴸ

A luy, pour 191 joints qu'il a fait faire aux bassins de marbre des fontaines du jardin de Versailles. 114ᴸᴸ 12'

5 juin-14 aoust : à luy, pour le rétablissement qu'il a fait du pavé de marqueterie de marbre des cabinets des Bains d'Apollon (4 p.).................. 400ᴸᴸ

11 septembre : à luy, pour plusieurs réparations aux ouvrages de marbre..................... 31ᴸᴸ

11 septembre-18 décembre : à luy, à compte du rétablissement des pied-d'estaux de marbre du jardin (5 p.)............................ 600ᴸᴸ

20 novembre-18 décembre : à luy, pour plusieurs menus ouvrages de marbre aud. chasteau (2 p.). 184ᴸᴸ 10'

4 décembre : à luy, pour 329 joints qu'il a fait scier aux tablettes au-dessus des petits murs en terrasse des parterres du Nord et du Midi du jardin de Versailles............................. 172ᴸᴸ

28 aoust : à Cuvillier, marbrier, pour plusieurs ouvrages de marbre à Trianon.............. 151ᴸᴸ

Somme de ce chapitre....... 1742ᴸᴸ 2'

PAVÉ.

13 février-19 juin : à Louis Renouf, paveur, à compte de ses ouvrages de pavé à Trianon (4 p.) 4500ᴸᴸ

29 mars : à luy, pour ses réparations de pavé à Trianon en 1689......................... 305ᴸᴸ

20 novembre-18 décembre : à luy, pour ses ouvrages et réparations de pavé au chasteau de Versailles et dépendances (2 p.)......................... 926ᴸᴸ 6'

Somme de ce chapitre........ 5731ᴸᴸ 6'

OUVRAGES DE FIL DE FER ET DE LATON.

13 mars : à La Croix, épinglier, pour 64 pieds carrez de treillis de fil de fer qu'il a posé aux grilles sous la gallerie et à celle du passage au parterre au-dessus de l'orangerie de Versailles................ 21ᴸᴸ

5 juin : à Malgrange, épinglier, pour son remboursement de quatre modèles en forme d'éventail qu'il a fait pour servir à palisser les arbrisseaux du petit jardin du Roy, à Trianon........................ 20ᴸᴸ

3 juillet : à la veuve Bersaucourt, pour ouvrages de fil de laton et fil de fer qu'elle a fait pour le service de S. M............................. 155ᴸᴸ

Somme de ce chapitre......... 196ᴸᴸ

FOURNITURE DE PAILLE.

13 février : à Sébastien Lesguillié, pour la paille longue qu'il a fourni pour les glacières du chasteau de Versailles............................ 714ᴸᴸ 9'

A Chrétien, pour la paille qu'il a fourni à la pépinière de Trianon pour faire des paillassons.... 67ᴸᴸ 4'

Somme de ce chapitre....... 781ᴸᴸ 13'

GLACES FAÇON DE VENIZE.

24 avril-17 juillet : au sʳ Guymont, parfait payement de 12576ᴸᴸ à quoy montent les glaces de miroir qu'il a fourni à Trianon (3 p.).................. 3076ᴸᴸ

20 novembre : à Briot, miroitier, pour avoir nettoyé toutes les glaces de tous les appartemens de Versailles et de Trianon et avoir posé les glaces sur la cage du grand escalier........................ 505ᴸᴸ

Somme de ce chapitre......... 3581ᴸᴸ

ROCAILLES.

22 may : à Drouart, rocailleur, pour le rétablissement qu'il a fait des carreaux d'Hollande aux deux cascades de Trianon, y compris 45ᴸᴸ 16' pour ses peines et soins............................. 200ᴸᴸ

3 juillet : à luy, pour le rétablissement des roches de grais de trois des petits bassins de l'Ancelade..... 51ᴸᴸ

Somme de ce chapitre........... 251ᴸᴸ

DIVERSES DÉPENSES.

22 may-20 novembre : à Nicolas Rousseau, cordier,

pour les cordages qu'il a fourni pour la galère du canal de Versailles (2 p.)..................... 216ʰ 2ˢ

23 octobre-20 novembre : à Le Jeune, vuidangeur, parfait payement de la vuidange des fosses d'aysance du chasteau de Versailles (2 p.)............... 507ʰ

16 janvier-23 octobre : aux Liards, preneurs de taupes, pour 10,647 taupes qu'ils ont prises pendant les trois derniers mois 1688 et les neuf premiers 1689 dans le jardin et petit parc de Versailles, à 3ˢ chacune (4 p.)........................... 1437ʰ 1ˢ

16 janvier : à Jean Padelain, ramonneur, pour les cheminées qu'il a ramonnées et racomodées au chasteau pendant les six derniers mois 1688........ 349ʰ 11ˢ

10 avril-18 décembre : à Varisse, ramonneur, pour les cheminées qu'il a ramonnées pendant les trois premiers quartiers de 1689 aud. chasteau (2 p.)...... 374ʰ 9ˢ

5 juin : au nommé Sorin, pour le goudron, arcanson, soufre, suif et autres fournitures pour les vaisseaux du canal............................. 654ʰ 15ˢ

31 juillet : à la veuve Fourcroy, pour trois demies queues de bray qu'elle a fourni, pesant 1537 livres, à 10ʰ le cent........................ 153ʰ 14ˢ

13 février-18 décembre : au sʳ Labbé, remboursement de la dépense par luy faite pour les bastimens de Versailles, et pour boules et lèves pour l'anneau tournant de Saint-Cyr (3 p.).................. 628ʰ 2ˢ

13 février : à de l'Isle, voiturier, pour dix journées de tombereau qu'il a fourni à la pépinière de Trianon pour transporter des bonnes terres et terraux. 34ʰ 13ˢ 4ᵈ

19 juin : à Le Maire, fayancier, pour les carreaux d'Hollande qu'il a fourni pour rétablir les cascades de Trianon........................... 393ʰ

3 juillet : à Valentin Lopin, pour une machine qu'il a fait pour enlever et transporter les grands orangers de Trianon........................... 350ʰ

23 octobre : à Clermont, remboursement de ce qu'il a payé aux ouvriers qui ont travaillé les nuits aux appartemens du chasteau, pendant le voyage du Roy à Fontainebleau........................... 145ʰ 10ˢ

20 novembre : à Percheron, pour avoir nettoyé, poly et remis en couleur tous les balustres, ornemens et bases de bronze du grand escalier............... 150ʰ

4 décembre : à luy, pour plusieurs menus ouvrages de cuivre qu'il a fourni pour mettre aux croisées et portes de l'appartement du Roy.................. 130ʰ

18 décembre : à de Launey, pour 94 bottes d'oziers fournies pour la pépinière de Trianon...... 84ʰ 12ˢ

Somme de ce chapitre..... 5600ʰ 9ˢ 4ᵈ

OUVRIERS À JOURNÉES.

16 janvier : aux ouvriers qui ont travaillé à la journée du Roy à remplir de glace les glacières de la Ménagerie............................. 210ʰ 5ˢ

A ceux qui ont remply les glacières et le trou de Satory............................... 711ʰ 9ˢ

A ceux qui ont remply celles de Clagny.. 1384ʰ 9ˢ

A ceux qui ont remply celles de Trianon.. 612ʰ 16ˢ

18 décembre : à ceux qui ont serré de la glace dans les glacières de Clagny et de Satory........ 198ʰ 4ˢ

16 janvier-18 décembre : aux ouvriers qui ont travaillé à plusieurs réparations dans le chasteau de Trianon, à la pépinière et au jardin (27 p.). 1982ʰ 2ˢ 8ᵈ

A ceux qui ont travaillé au chasteau et jardin de Versailles (21 p.)...................... 3160ʰ 19ˢ 10ᵈ

8 may-19 juin : à ceux qui ont dégorgé les pierrées dans l'allée au long de la pièce des Suisses, et rétabli le ciment au-dessus de l'Orangerie (5 p.).. 1474ʰ 14ˢ 4ᵈ

Somme de ce chapitre... 27579ʰ 19ˢ 10ᵈ

GRANDE AILE ET ENVIRONS DE VERSAILLES.

MAÇONNERIE.

9 janvier-11 décembre : à Pierre Le Maistre et Gérard Marcou, entrepreneurs, à compte des ouvrages de maçonnerie qu'ils font à la grande aile du chasteau de Versailles du costé des réservoirs (12 p.).. 5873ʰ 12ˢ

20 mars-4 septembre : à eux, sur leurs ouvrages de maçonnerie à la chapelle du chasteau (13 p.).. 4976ʰ 1ˢ

8 may : à eux, pour le prix des murs du pavillon et bastimens où la chapelle du chasteau de Versailles se construit, qui restent dans les fondations de lad. chapelle et qui ont esté payez par lesd. entrepreneurs, faisant partie des 12849ʰ 10ˢ 3ᵈ à quoy montent toutes les démolitions................................ 607ʰ 2ˢ 2ᵈ

9 janvier : à Robert de Cotte, entrepreneur, à compte des ouvrages de maçonnerie par luy faits en 1684 et 1685, tant aux réservoirs qu'aux nouvelles escuries de Versailles........................ 1000ʰ

20 mars-10 juillet : à Gérard Marcou, entrepreneur, parfait payement de ses ouvrages de maçonnerie à l'hostel de Limoges, à Versailles (4 p.)..... 1021ʰ 15ˢ 6ᵈ

17 avril-16 octobre : à luy, sur ses ouvrages et réparations de maçonnerie aux dehors du chasteau (5 p.)............................. 1150ʰ

29 may : à luy, sur ses ouvrages au vieux hostel de Duras............................... 150ʰ

ANNÉE 1689. — VERSAILLES.

9 janvier-27 novembre : à Jaques Mazière et Pierre Bergeron, entrepreneurs, à compte de leurs ouvrages de maçonnerie au Grand Commun du Roy à Versailles (7 p.).................................. 1750ᴧ

12-26 juin : à eux, pour leurs ouvrages pour les piliers battans contre le mur de closture du potager de Versailles (2 p.)........................... 778ᴧ 1ˢ 2ᵈ

20 février-11 décembre : à Pierre Levé, entrepreneur, à compte des ouvrages de maçonnerie qu'il fait pour la Surintendance des bastimens (19 p.). 14700ᴧ

10 may : à Jean Bergeron le jeune, entrepreneur, pour les réparations de maçonnerie qu'il a fait à la ferme de Gallye............................. 190ᴧ 1ˢ

26 juin : à luy, pour les pierres de regard qu'il a fournies et posées sur plusieurs puits d'aqueducs dans la ville de Versailles.................... 150ᴧ 10ˢ

7 aoust : à luy, parfait payement de 4331ᴧ 13ˢ à quoy montent ses ouvrages de maçonnerie pour les fontaines publiques de la ville de Versailles......... 331ᴧ 13ˢ

27 novembre : à luy, pour ouvrages de maçonnerie par luy faits dans le petit parc de Versailles.. 185ᴧ 5ˢ

3 avril : à la veuve Forcroy, à compte de la dépense qu'elle a faite pour la conduite des eaues de Ville-d'Avray à Versailles................... 826ᴧ 3ˢ

9 janvier-27 novembre : à François Lespée l'aisné, entrepreneur, à compte des réparations de maçonnerie faites aux grandes et petites escuries du Roy à Versailles (6 p.)............................ 1400ᴧ

12 juin : à luy, pour ses ouvrages pour le rétablissement des poutres posées par sous-œuvre dans les greniers de la petite escurie du Roy............. 664ᴧ 11ˢ 8ᵈ

30 octobre-13 novembre : à luy, sur ses ouvrages au chenil et escuries des gardes du corps (2 p.)... 400ᴧ

Somme de ce chapitre.... 80939ᴧ 14ˢ 6ᵈ

CARRELAGE.

9 janvier-27 novembre : à François Du Buisson, carreleur, à compte des réparations de carreaux qu'il fait au Grand Commun du Roy (7 p.)................ 750ᴧ

TERRASSES.

6 février-21 aoust : à Martin Moulin et Florand Félix, terrassiers, pour le nettoyement d'un aqueduc et des pierrées qui passent sous le jardin du Potager, et avoir remply plusieurs trous autour des réservoirs du Parc-aux-Cerfs (4 p.)............................ 317ᴧ 10ˢ

9 janvier-11 décembre : aux mêmes, pour divers ouvrages de terrasses par eux faits aux environs du chasteau de Versailles (7 p.)....................... 613ᴧ 11ˢ 8ᵈ

4 septembre-16 octobre : à eux, parfait payement des réparations du conroy de glaize de l'estang de Roquancourt (4 p.)........................... 759ᴧ 6ˢ 4ᵈ

30 octobre : à eux, pour les terres enlevées de la deuxième cour de l'aile et des rigolles et terres transportées sur la conduite des eaux bonnes à boire qui passent à la queüe de l'estang de Clagny... 197ᴧ 7ˢ 6ᵈ

17 avril : à eux, à compte du réglement des terres qu'ils font au pourtour du deuxième réservoir du Parc-aux-Cerfs............................... 100ᴧ

15 may-26 juin : à Martin Moulin, parfait payement de la réparation du conroy de glaize à l'estang de Roquancourt (4 p.)...................... 949ᴧ 9ˢ

21 aoust : à Remy Janson, jardinier, parfait payement de 4240ᴧ 10ˢ à quoy montent les terres qu'il a coupées pour l'aplanissement de la montagne de Marly. 100ᴧ 10ˢ

12 juin : à Godard, terrassier, pour les tranchées qu'il a fouillées pour tirer des tuyaux de plomb du réservoir de Satory............................ 37ᴧ 10ˢ

Somme de ce chapitre...... 3075ᴧ 4ˢ 6ᵈ

CHARPENTERIE.

20 février-10 juillet : à Jean Mallet, charpentier, à compte des ouvrages de charpenterie qu'il fait à la chapelle et à la grande aile du chasteau de Versailles du costé des réservoirs (2 p.).................. 7900ᴧ 8ˢ 4ᵈ

21 aoust-13 novembre : à luy, à compte de la charpenterie du grand plancher du salon de la tribune de la chapelle (5 p.)........................... 4000ᴧ

29 may : à luy, à compte des réparations de charpenterie qu'il fait dans les bastimens des dehors du chasteau de Versailles........................... 500ᴧ

12 juin : à luy, pour quatre poutres qu'il a posées par sous-œuvre aux greniers de la petite escurie du Roy à Versailles............................ 136ᴧ 17ˢ

7 aoust-13 novembre : à luy, sur ses ouvrages de la Surintendance des bastimens (5 p.)......... 3000ᴧ

20 février : à Gabriel Boureau, charpentier, pour avoir démonté la volée du deuxième moulin de Satory. 32ᴧ

Somme de ce chapitre..... 16569ᴧ 5ˢ 4ᵈ

COUVERTURE.

20 mars-13 novembre : à Estienne Yvon, couvreur, sur plusieurs rétablissemens de couverture qu'il a fait en plusieurs endroits des bastimens des dehors du chasteau de Versailles (7 p.)...................... 1500ᴧ

12 juin-10 juillet : à luy, sur les rétablissemens de

couvertures qu'il a fait aux petites escuries du Roy à Versailles, à la grande aile et à la chapelle du chasteau (2 p.).................................. 210ʰ 10ˢ

30 octobre-11 décembre : à luy, à compte de la couverture d'ardoise des bastimens de la Surintendance (4 p.).................................. 1200ʰ

6 mars : à luy, pour avoir nettoyé les neiges sur le comble de la grande aile et avoir dégorgé plusieurs tuiaux de descente.................................. 124ʰ 4ˢ

Somme de ce chapitre....... 3034ʰ 14ˢ

MENUISERIE.

9 janvier-27 novembre : à Antoine Rivet, menuisier, à compte de ses ouvrages de menuiserie pour les appartemens de la grande aile et aux grandes escuries du Roy (8 p.).................................. 3409ʰ

17 avril-29 may : à luy, parfait payement de 793ʰ pour ses ouvrages de menuiserie à l'appartement de M. le comte de Brionne, à la grande escurie (2 p.) 293ʰ

9 janvier-30 octobre : à Michel Remy, menuisier, à compte de ses ouvrages de menuiserie pour les appartemens de la grande aile (6 p.)............ 2900ʰ

20 mars-18 septembre : à Nicolas Carel, menuisier, à compte de ses ouvrages de menuiserie à la grande aile (3 p.).................................. 1000ʰ

17 avril-30 octobre : à luy, à compte de ses ouvrages de menuiserie à la Surintendance (8 p.)...... 2500ʰ

20 mars : à Nivet, menuisier, sur sa menuiserie à la grande aile.................................. 1000ʰ

9 janvier-20 mars : à Veydeau, menuisier, à compte de ses ouvrages de menuiserie pour les appartemens de la grande aile (2 p.).................................. 1500ʰ

9 janvier : à Duchesne, menuisier, pour plusieurs ouvrages et réparations de menuiserie aux coffres, lits et croisées de la petite escurie du Roy à Versailles.. 160ʰ

20 février-27 novembre : à luy, sur ses ouvrages et réparations de menuiserie au Grand Commun du Roy à Versailles, et autres endroits des bastimens des dehors du chasteau (4 p.)........................ 840ʰ 13ˢ

26 juin : à luy, sur ses ouvrages de menuiserie aux escuries des gardes du corps.................. 85ʰ

4 septembre-16 octobre : à Gauray, menuisier, sur ses ouvrages de menuiserie à la grande aile (3 p.) 550ʰ

9 janvier : à Louis Chevalier, menuisier, pour plusieurs ouvrages et réparations de menuiserie en plusieurs endroits des bastimens des dehors du chasteau de Versailles.................................. 204ʰ 10ˢ

6 mars : à luy, pour plusieurs ouvrages de menuiserie aux escuries de Madame la Dauphine à Versailles. 390ʰ

29 may : à luy, sur ses réparations de menuiserie aux chassis pour les nouveautez du potager et aux portes d'iceluy.................................. 205ʰ 10ˢ

4 septembre-11 décembre : à luy, sur les ouvrages de menuiserie de la grande aile (4 p.)........ 550ʰ

15 may : à Davignon, menuisier, pour plusieurs ouvrages de menuiserie par luy faits pour les modèles des bastimens de S. M. à Versailles............ 57ʰ 10ˢ

29 may : à Babin, menuisier, pour les réparations de menuiserie faites aux portes des faisanderies de Moulineau et Rennemoulin, dans le grand parc.... 19ʰ 10ˢ

Somme de ce chapitre..... 15655ʰ 13ˢ

SERRURERIE.

9 janvier-11 décembre : à Louis Tavernier, serrurier, pour le gros fer, pattes, clouds, chevilles et autres ouvrages de serrurerie par luy faits et fournis pour les bastimens de la grande aile et divers endroits du chasteau de Versailles (6 p.)........ 2926ʰ 14ˢ 9ᵈ

6-20 février : à luy, payement des gros fers qu'il a fourni pour la grande aile (2 p.)...... 556ʰ 13ˢ 10ᵈ

29 may : à luy, payement des pommes de cuivre qu'il a livré au magasin pour les rampes des escaliers de la grande aile et du gros fer qu'il a fourni.. 316ʰ 1ˢ 9ᵈ

10 juillet : à luy, à compte de ses ouvrages des années précédentes.................................. 253ʰ 4ˢ

9 janvier-27 novembre : à Thomas Vallerand, serrurier, pour le gros fer et ouvrages de serrurerie qu'il a fait et fourni pour les bastimens de la grande aile et en divers endroits des dehors du chasteau de Versailles (8 p.).................................. 2518ʰ 17ˢ 5ᵈ

24 avril : à luy, sur ses ouvrages aux dépendances du chasteau de Versailles pendant les années précédentes.................................. 215ʰ 11ˢ 7ᵈ

29 may : à luy, pour réparations de serrurerie faites au Chenil.................................. 82ʰ 6ˢ

12 juin : à luy, pour réparations de serrurerie à l'hostel de Limoges et aux escuries des gardes du corps.................................. 186ʰ 3ˢ

17 avril : à Corneille, serrurier, pour 200 targettes à panache estamées avec leurs crampons, par luy fournies pour les croisées du bastiment de devant la grande aile.................................. 110ʰ

6 février-18 septembre : à François Fordrin, serrurier, pour plusieurs ouvrages de serrurerie faits aux grandes escuries du Roy, à l'appartement de M. le comte de Brionne, et en plusieurs endroits des bastimens des dehors du chasteau de Versailles (3 p.)..... 647ʰ 9ˢ

15 may : à Daudié, serrurier, pour vingt boutons de

ANNÉE 1689. — VERSAILLES.

portes avec leurs rosettes pour les portes des appartemens de la grande aile..................... 30ᴴ

9 janvier : à Roger, serrurier, pour trois portes de fer qu'il a fait pour fermer trois arcades dans le pavillon de la grande aile du chasteau de Versailles..... 693ᴴ

6 mars-12 juin : à luy, à compte de la rampe de fer du grand escalier de la grande aile......... 800ᴴ

13 novembre : à luy, pour les tringles de fer qu'il a fait pour les portes et croisées de l'appartement de M. le duc de Bourgogne.................. 123ᴴ

10 juillet : à Hierosme Lavieux, serrurier, pour les ouvrages de serrurerie qu'il a fait pour les fontaines publiques de la ville de Versailles............... 49ᴴ

9 janvier-11 décembre : à Jean Conniquet, serrurier, pour les pattes, clouds, chevilles et gros fer qu'il a fourni pour estre employés aux bastimens de la grande aile (4 p.)...................... 1430ᴴ 18ˢ 6ᵈ

3-17 avril : à luy, pour ouvrages de serrurerie qu'il a fourni pour les portes et croisées de la grande aile (2 p.)............................ 1317ᴴ 10ˢ

9 janvier : à Jean Desjardins, serrurier, pour les pattes et pointes et menus ouvrages de serrurerie qu'il a fait pour les bastimens des dehors du chasteau de Versailles (2 p.)......................... 278ᴴ 11ˢ 8ᵈ

20 février-11 décembre : à luy, pour ouvrages et fournitures de serrurerie qu'il a fait à la Surintendance et autres bastimens des dehors du chasteau de Versailles (7 p.)............................ 1667ᴴ 1ˢ

26 juin : à luy, pour menus ouvrages à la grande aile............................... 239ᴴ 16ˢ

3 avril-4 septembre : à Jean Desjardins et Jean Durand, serruriers, à compte de leurs menus ouvrages de serrurerie pour les portes et croisées des bastimens de la grande aile (2 p.)..................... 500ᴴ

15 may-13 novembre : aud. Durand, sur ses ouvrages des ferrures des portes et croisées de la grande aile (3 p.)............................... 800ᴴ

16 octobre : aud. Desjardins, sur ses ouvrages à la grande aile.......................... 100ᴴ

6 février-10 may : aux nommez Grou et Parisien, serruriers, parfait payement de 1697ᴴ à quoy montent les ouvrages de serrurerie qu'ils ont attaché dans les appartemens de la grande aile (4 p.)............... 597ᴴ

20 mars : à Cuocard, serrurier, parfait payement de 233ᴴ 10ˢ pour ses ouvrages de serrurerie à l'église paroissiale de Saint-Cyr................... 33ᴴ 10ˢ

13 novembre : à luy, sur les équipages de soupapes de réservoirs du Parc-aux-Cerfs................ 100ᴴ

20 février-13 novembre : à Charles Cabaret, serrurier, pour les ferrures qu'il a mises en place aux croisées du bastiment de la Surintendance et autres menus ouvrages (6 p.).................. 254ᴴ 19ˢ

9 janvier : à Jean Durand, serrurier, pour plusieurs menus ouvrages de serrurerie qu'il a faits pour les bastimens de la grande aile................ 237ᴴ 8ˢ

24 juillet-30 octobre : à Pierre Manseau et Louislier, serruriers, pour plusieurs ouvrages de serrurerie faits à la grande aile (2 p.)............... 174ᴴ 4ˢ

11 décembre : à Claude Bulot, dit Manseau, pour ouvrages de ferrure faits auxd. appartemens..... 93ᴴ 7ˢ

9 janvier : à François Dezeustres, serrurier, pour menus ouvrages de serrurerie faits pour la grande aile.............................. 112ᴴ 10ˢ

29 may : à David, serrurier, pour réparations de serrurerie par luy faites aux portes des faisanderies de Moulineaux et de Rennemoulin, dans le grand parc de Versailles............................ 28ᴴ 10ˢ

9 janvier : à Languedoc et Picard, serruriers, pour plusieurs ouvrages de serrurerie qu'ils ont attaché et mis en place aux portes et croisées de la Surintendance des bastimens...................... 73ᴴ 16ˢ 6ᵈ

Somme de ce chapitre...... 17547ᴴ 3ˢ

OUVRAGES DE CUIVRE.

9 janvier : à Gilles Le Moyne, fondeur, pour les bourdonnières et crapodines de cuivre qu'il a livré pour les grandes croisées de la grande aile du chasteau de Versailles............................. 220ᴴ 10ˢ

6 mars : à luy, pour les robinets qu'il a fournis tant pour les fontaines publiques de Versailles que pour les fontaines de Fontainebleau............. 343ᴴ 6ˢ 6ᵈ

24 juillet-20 novembre : à Masselin, chaudronnier, parfait payement de 68890ᴴ 1ˢ à quoy montent ses ouvrages tant au réservoir de cuivre du Chasteau d'eau qu'autres lieux dépendans du chasteau de Versailles et autres maisons royales, depuis la fin de l'année 1682, suivant quatorze mémoires (3 p.)............. 32390ᴴ 1ˢ

9 janvier : à Jean Bartelles, couvreur suédois, parfait payement de 235ᴴ à quoy montent les ouvrages de couverture de cuivre par luy faits sur le comble de la grande aile......................... 85ᴴ

12 juin : à Duchemin, chaudronnier, pour huit arrosoirs de cuivre qu'il a fait pour le potager du Roy à Versailles, et pour douze autres qu'il a rétablis et resoudés............................. 230ᴴ 4ˢ 6ᵈ

Somme de ce chapitre...... 33269ᴴ 2ˢ

COUVERTURE DE CHAUME.

6 mars : à Jean Le Gendre, couvreur de chaulme, pour les réparations par luy faites à la couverture des escuries des gardes du corps à Versailles, et à celles des deux glacières du Parc-aux-Cerfs............ 126ᵗᵗ

4 septembre : à Gascoin, couvreur, payement des eschafaux qu'il a faits pour peindre neuf croisées de lucarnes de l'abbaye de Saint-Cyr............ 90ᵗᵗ

Somme de ce chapitre.......... 216ᵗᵗ

CONDUITTES DE TUYAUX DE FONTE.

3 avril : au sʳ Coulon, maître de forges de Champagne, parfait payement de 20901ᵗᵗ 14ˢ 4ᵈ à quoy montent les conduittes de tuyaux de fonte de fer par luy fournies et posées, tant pour les fontaines du chasteau de Versailles que de Trianon et Marly, depuis le mois d'octobre 1687........................ 19010ᵗᵗ 14ˢ 4ᵈ

24 juillet : au sʳ de Suzemont, maître de forges de Champagne, pour les grands contre-cœurs qu'il a livré pour les cheminées des offices du chasteau de Versailles........................ 1359ᵗᵗ 11ˢ 8ᵈ

30 octobre-13 novembre : à Charles-François Paulart, parfait payement du posage et déposage de la conduite des tuiaux d'un pied de diametre de communication des conduittes de l'estang de Roquancourt, et du posage de deux conduittes de fer de huit pouces qui traversent l'estang de Bois-d'Arcy (2 p.)...... 1859ᵗᵗ 3ˢ

11 décembre : à luy, à compte du relevage des conduites de tuiaux de fer de l'aqueduc de Satory... 500ᵗᵗ

3 avril : à Denis La Coste, parfait payement de 4359ᵗᵗ à quoy montent les déposages et reposages qu'il a fait des conduittes de tuyaux de fer et corps de pompes de la machine de la rivière de Seyne en 1684 et 1685.....
.... 1359ᵗᵗ

Somme de ce chapitre.... 24088ᵗᵗ 9ˢ

VITRERIE.

6 mars : à Bernard L'Espinouze, vitrier, à compte de ses ouvrages de vitrerie pour la grande aile du chasteau de Versailles........................ 300ᵗᵗ

3 avril : à luy, à compte de ses ouvrages de vitrerie à la Surintendance.................... 150ᵗᵗ

15 may-27 novembre : à luy, sur ses réparations de vitrerie dans les bastimens des dehors du chasteau de Versailles (6 p.).................... 900ᵗᵗ

6 mars-27 novembre : à Charles Janson, vitrier, à compte de ses ouvrages et réparations de vitrerie à la Surintendance et aux bastimens des dehors du chasteau de Versailles (7 p.).................... 1100ᵗᵗ

4 septembre-16 octobre : à luy, idem à la grande aile (2 p.).............................. 200ᵗᵗ

13 novembre : à Descrineaux, vitrier, pour réparations de vitrerie aux endroits où on a mis des poutres par sous-œuvre à Saint-Cyr.................. 26ᵗᵗ

Somme de ce chapitre.......... 2676ᵗᵗ

PLOMBERIE.

9 janvier : à Jaques Lucas, plombier, à compte des façons de plomb qu'il fournit pour les bastimens de la grande aile......................... 1000ᵗᵗ

27 novembre : à luy, sur ses ouvrages pour les conduites des estangs et réservoirs des fontaines de Versailles............................. 500ᵗᵗ

21 aoust : à luy, sur ses ouvrages de plomberie et soudure dans les bastimens et sur les conduites des dehors du chasteau de Versailles............. 1000ᵗᵗ

27 novembre : à luy, sur les combles des bastimens de la Surintendance....................... 500ᵗᵗ

Somme de ce chapitre.......... 3000ᵗᵗ

PEINTURE.

9 janvier-27 novembre : à Taibault, peintre, à compte de la couleur de bronze qu'il pose sur les ferrures des portes et croisées de la grande aile (2 p.) 200ᵗᵗ

9 janvier-13 novembre : à Estienne Bourgault, peintre, à compte de ses ouvrages de grosse peinture dans les appartemens de la grande aile (6 p.)........ 1100ᵗᵗ

3 avril-27 novembre : à luy, à compte de ses ouvrages de grosse peinture dans la Surintendance des bastimens de Versailles (3 p.).................... 500ᵗᵗ

3 avril-21 aoust : à luy, sur ses ouvrages de peinture dans les bastimens des dehors du chasteau (2 p.). 200ᵗᵗ

30 octobre : à luy, pour ouvrages de grosse peinture à la grande maison royale de Saint-Louis, à Saint-Cyr................................. 65ᵗᵗ 17ˢ 6ᵈ

Somme de ce chapitre..... 2065ᵗᵗ 17ˢ 6ᵈ

SCULPTURE.

21 avril : à Barrois, sculpteur, parfait payement de 2550ᵗᵗ à quoy montent ses ouvrages de sculpture pour les chapiteaux du vestibule de la chapelle du chasteau de Versailles......................... 550ᵗᵗ

4 septembre : à Esloy, sculpteur, parfait payement de 658ᵗᵗ 14ˢ à quoy montent ses ouvrages de sculpture en bois dans les appartemens de la grande aile.. 108ᵗᵗ 14ˢ

ANNÉE 1689. — VERSAILLES.

A Taupin, autre, parfait payement de 1065ᴴ 15ˢ pour ses ouvrages de sculpture en bois...... 365ᴴ 15ˢ
A Bellan, parfait payement de 783ᴴ 3ˢ à quoy montent pareils ouvrages................. 133ᴴ 3ˢ
A Le Maire, parfait payement de 790ᴴ 19ˢ à quoy montent ses ouvrages.................. 140ᴴ 19ˢ
A Briquet, parfait payement de 808ᴴ 16ˢ pour idem................................ 8ᴴ 16ˢ
A Havart, pour ouvrages de sculpture en bois à la grande aile.......................... 134ᴴ 5ˢ
11 septembre : à La Lande, autre sculpteur, parfait payement de 1149ᴴ 14ˢ à quoy montent les ouvrages de sculpture en bois par luy faits à la grande aile. 599ᴴ 14ˢ
7 septembre : à Legrand, autre, parfait payement de 876ᴴ 5ˢ à quoy montent pareils ouvrages.... 276ᴴ 5ˢ
Somme de ce chapitre...... 2317ᴴ 11ˢ

PAVÉ.

20 mars-11 décembre : à Louis Renouf, paveur, à compte des réparations de pavé qu'il a fait en plusieurs endroits des dehors du chasteau de Versailles et dans la ville (12 p.)........................ 3100ᴴ
4 septembre : à luy, sur ses ouvrages proche la parroisse de Versailles....................... 300ᴴ
18 septembre : à luy, sur ses ouvrages de pavé dans la cour de la chapelle du chasteau............ 300ᴴ
30 septembre : à luy, sur *idem* dans la deuxième cour de la grande aile....................... 400ᴴ
22 may : à luy, sur ses ouvrages de pavé aux dépendances du chasteau de Versailles pendant les années précédentes............................ 1258ᴴ 15ˢ
Somme de ce chapitre....... 5358ᴴ 15ˢ

MARBRERIE.

21 aoust : à Pierre Lisqui, marbrier, pour avoir fait voiturer six chambranles de cheminées de marbre du magasin de Paris à Versailles, et en avoir posé cinq dans les appartemens de la Surintendance............... 50ᴴ

DIVERSES DÉPENSES.

6 mars-27 novembre : à Pierre La Croix, épinglier, pour fil de fer qu'il a fourni et ajusté aux croisées des offices et dans le gros pavillon de la grande aile (3 p.)............................... 87ᴴ 10ˢ
3 avril-16 octobre : à Tribtot, facteur d'orgues, à compte de l'orgue qu'il fait pour l'église parroissiale de Versailles (2 p.)..................... 1300ᴴ
16 janvier-30 octobre : à Noel Legrain, vuidangeur, pour les fosses et lieux communs qu'il a vuidés aux grandes et petites escuries, au Commun, à l'hostel des Inspecteurs, et autres endroits des dehors du chasteau de Versailles (5 p.)...................... 546ᴴ 10ˢ
23 janvier : à Mathurin Arnault, pour trois dégorgemens de chausses (sic) d'aysances qu'il a fait dans les bastimens des dehors du chasteau de Versailles... 74ᴴ
23 janvier-27 novembre : à Jean Padelain et Pierre Varisse, ramonneurs, payement des cheminées qu'ils ont ramonnées dans les bastimens des dehors du chasteau de Versailles pendant le dernier quartier 1687 et les trois premiers 1689 (4 p.)............. 783ᴴ 1ˢ
15 may-27 novembre : aux Liards, taupiers, pour 340 taupes prises dans le jardin potager de Versailles pendant les trois premiers quartiers 1689 (2 p.).. 51ᴴ
9 janvier : à plusieurs particuliers, pour menues dépenses faites sous le sʳ Lambert, dans les bastimens des dehors du chasteau de Versailles........... 60ᴴ 10ˢ
20 mars : à Bréau, marchand, pour les toilles qu'il a fourni pour les croisées des grandes et petites escuries du Roy, à Versailles................. 36ᴴ 12ˢ 6ᵈ
3 avril : à Rinquet et autres, pour les rateliers des escuries de l'hostel de Limoges........... 562ᴴ 18ˢ 6ᵈ
24 juillet : aud. Rinquet, pour la voiture des contrecœurs de cheminées depuis Sève jusqu'à Versailles..... .... 74ᴴ 8ˢ 6ᵈ
17 avril : à Jourdain et autres, pour les piquets faits pour les escuries de l'hostel de Limoges.... 181ᴴ 0ˢ 6ᵈ
1ᵉʳ may : à Pierre Beausseron, dit La Violette, et Daniel Pacof, dit Francœur, invalides employez pendant les trois premiers mois 1689............. 157ᴴ
12 juin-13 novembre : audit Beausseron, employé à la Surintendance, pour cinq mois (5 p.)....... 153ᴴ
Somme de ce chapitre....... 3567ᴴ 11ˢ

OUVRIERS À JOURNÉES.

9 janvier-27 novembre : aux ouvriers qui ont travaillé à la journée du Roy, à nettoyer les appartemens de la grande aile du chasteau de Versailles (15 p.)... .... 584ᴴ 1ˢ
9 janvier-11 décembre : à ceux qui ont travaillé au magasin des démolitions (25 p.)............ 2121ᴴ 3ˢ
A ceux du magasin des plombs (25 p.)... 1949ᴴ 4ˢ
A ceux du poids du fer (24 p.)...... 1135ᴴ 19ˢ
23 janvier : à ceux qui ont rempli de glace les glacières et angards du Parc-aux-Cerfs......... 708ᴴ 6ˢ
17 avril-1ᵉʳ may : à ceux qui ont esté employé au modèle du pied d'estal de la place de l'hostel de Vandosme qui se fait dans la figuerie à Versailles (2 p.)............................. 157ᴴ 6ˢ 8ᵈ

17.

26 juin-2 octobre : à ceux qui ont travaillé à sceller les poteaux pour tendre la tapisserie proche la chapelle pour la procession de la Fête-Dieu, et rempli de terre les fondations de lad. chapelle (7 p.)........ 333ᵗᵗ 2ˢ 6ᵈ

7 aoust : à ceux qui ont gobté et réparé le mur du deuxième réservoir du Parc-aux-Cerfs....... 237ᵗᵗ 1ˢ

27 novembre : à ceux qui ont voituré les vazes, le reste des godetz et de la mitraille de cuivre du magasin de Versailles à celuy de Paris.......... 208ᵗᵗ 18ˢ 4ᵈ

Somme de ce chapitre..... 7435ᵗᵗ 1ˢ 6ᵈ

ROLLES D'OUVRIERS SOUS VILLIARD.

30 janvier-4 décembre : aux ouvriers qui ont travaillé sous Villiard, tant à l'entretien des eaux bonnes à boire qu'aux nivellemens, du 27 décembre 1688 au 3 décembre 1689 (8 p.)................... 586ᵗᵗ 4ˢ

PARCS ET JARDINS DE VERSAILLES.

MAÇONNERIE.

9 janvier-19 juin : à Jean Bergeron le jeune, parfait payement de 10539ᵗᵗ à quoy montent les ponts et pierrées qu'il a fait sur le ruisseau de Villepreux et dans le petit parc de Versailles (5 p.).............. 1739ᵗᵗ

10 may-27 novembre : à luy, pour la maçonnerie faite aux murs des faisanderies de Moulineaux et de Rennemoulin, et pour six ponts dans la faisanderie de Gallie (2 p.)..................... 962ᵗᵗ 9ˢ 3ᵈ

20 mars : à luy, pour 7 toises 8 pieds 3/4 de mur à chaux et sable qu'il a fait aux aqueducs de Saint-Cyr, et 2 toises 7 pieds 3/4 de mur qu'il a ourdé en plastre pour rétablir une brèche qui estoit au mur du grand parc proche la Boulie, et autres ouvrages........ 94ᵗᵗ 10ˢ

23 janvier : à Égasse, entrepreneur, pour avoir emply de glace la glacière de Saint-Léger, et pour des réparations par luy faites à la couverture.......... 250ᵗᵗ

19 juin : à luy, parfait payement de 471ᵗᵗ 8ˢ 6ᵈ à quoy montent lesd. ouvrages de maçonnerie au chasteau de Saint-Léger..................... 61ᵗᵗ 8ˢ 6ᵈ

6 février-20 mars : à Nicolas Jongleur, entrepreneur, à compte des massifs de maçonnerie qu'il a fait sur les aqueducs qui conduisent les eaux bonnes à boire à Versailles (3 p.)........................ 375ᵗᵗ

2 octobre : à luy, pour 10 toises d'aqueducs pour donner un demi-pouce d'eau bonne à boire pour les habitans de Roquancourt..................... 300ᵗᵗ

11 décembre : à luy, pour les réparations faites à la fontaine de Ville-d'Avray................ 206ᵗᵗ 5ˢ

10 avril-19 juin : à Jaques Mazière et Pierre Bergeron, entrepreneurs, parfait payement des murs de closture qu'ils font pour l'augmentation du petit parc (7 p.)............................. 4242ᵗᵗ

17 juillet-28 aoust : à eux, pour leurs ouvrages de la chapelle de Roquancourt (3 p.)....... 994ᵗᵗ 2ˢ 8ᵈ

27 mars-24 avril : à Lafosse, maçon, pour la réparation qu'il a entrepris de faire dans l'aqueduc du Trou-Sallé à Bucq (3 p.).................... 290ᵗᵗ

3 juillet-4 septembre : à luy, à compte de la maçonnerie qu'il a fait pour le rétablissement de la chaussée du nouvel estang de Saclay (4 p.)............. 1170ᵗᵗ

18 septembre : à Léonard Dousset, maçon, pour les réparations de maçonnerie par luy faites pour rétablir les brèches au pourtour du grand parc de Versailles............................ 274ᵗᵗ 16ˢ

11 décembre : à Lamoureux, maçon, pour ouvrages de maçonnerie à une des portes du grand parc à la Croix Saint-Philipes........................ 15ᵗᵗ

Somme de ce chapitre..... 4959ᵗᵗ 11ˢ 5ᵈ

TERRASSES ET JARDINAGES.

9 janvier-20 mars : à Lefranc, terrassier, pour les fossez qu'il fait le long des aqueducs qui conduisent les eaux bonnes à boire à Versailles (5 p.)..... 258ᵗᵗ 12ˢ

10 avril-27 novembre : à Remy Janson, jardinier, ayant l'entretenement des fossez du petit parc et des faisanderies de Moulineau et de Rennemoulin, pendant les trois premiers quartiers 1689 (3 p.)........ 375ᵗᵗ

17 juillet-27 novembre : à luy, pour avoir rehaussé des arbres proche l'estang de Pierre, et avoir arraché toutes les revenues de bois et les épines qui estoient dans les quarrez du petit parc, avoir élargi le fossé de la faisanderie de Gallie pour la décharge des eaux du canal sur la longueur de 112 toises et la largeur de 5 pieds, et autres ouvrages (3 p.).................. 650ᵗᵗ

22 may-5 juin : à Harel, à compte des gravois qu'il transporte hors de la fondation du mur qui a esté démoli dans l'augmentation du petit parc (2 p.)........ 120ᵗᵗ

9 janvier : à Rigolley, terrassier, parfait payement de 1903ᵗᵗ 5ˢ à quoy montent les fossez par luy faits dans les faisanderies de Moulineaux et de Rennemoulin, proche Villepreux.......................... 33ᵗᵗ 5ˢ

9 janvier-10 avril : à luy, pour les ornières et trous qu'il a recomblez dans le petit parc, sur la plaine de Satory et du costé de Chèvreloup (2 p.)........ 225ᵗᵗ

9 janvier-6 février : à Louis Roze, terrassier, parfait payement de 1344ᵗᵗ 16ˢ 6ᵈ à quoy montent les transports

de terres pour recombler le réservoir de la Geurinière (2 p.)........................ 669ʰ 16ˢ 6ᵈ

24 avril-22 may : à luy, pour une chaussée de terre faite dans le petit parc proche Galie (2 p.)... 96ʰ 15ˢ

5-19 juin : à Franbeuf, terrassier, pour les fossez qu'il fait le long des murs de l'augmentation du petit parc et la bonne terre qu'il a portée sur les gravois où estoit cy-devant le village de Chèvreloup (2 p.).... 313ʰ 14ˢ 6ᵈ

5-19 juin : à Davou, pour les régallemens qu'il fait où estoit le village de Chèvreloup (2 p.)...... 120ʰ

23 janvier-27 février : à Dolot, entrepreneur, pour les pierres qu'il a ramassées et enterrées dans la partie de terrain où estoit cy-devant le village de Choisy (2 p.)............................... 150ʰ

20 mars-28 aoust : à luy, ayant l'entretenement des routes de la forest de Montfort, pour deux quartiers échus le 1ᵉʳ juin (2 p.)................... 300ʰ

24 avril-5 juin : à luy, parfait payement des fossez qu'il recomble dans l'augmentation du petit parc proche Chèvreloup (4 p.)..................... 1095ʰ

28 aoust : à luy, pour avoir recomblé les caves des suisses et gardes de la plaine de Satory......... 90ʰ

20 mars-28 aoust : à Rigollet, ayant l'entretenement des routes des environs de Versailles, pour trois quartiers (3 p.)............................ 675ʰ

24 avril-22 may : à luy, parfait payement du régallement de terre qu'il a fait dans l'augmentation du petit parc proche Chèvreloup (3 p.).......... 411ʰ 10ˢ

10 may-5 juin : à Maheu, parfait payement des vignes qu'il a arrachées et des fossez qu'il a faits dans l'augmentation du petit parc du costé de Chèvreloup (3 p.)........................... 1064ʰ

19 juin-17 juillet : à luy, pour les régallemens qu'il a fait aux allées des environs du petit parc (2 p.) 486ʰ

28 aoust : à luy, pour la façon de 180 toises de fossez avec cinq passages et 210 toises de fossez pour les trous qu'il a régalez dans un jardin où estoit le village de Chèvreloup.................................. 110ʰ

25 janvier-20 février : à François, terrassier, à compte des terres qu'il a entrepris de porter pour le rehaussement de la chaussée du nouvel estang de Saclay (2 p.)................................ 340ʰ

27 mars : à La Brie, jardinier, pour le gason qu'il a posé sur la chaussée du nouvel estang de Saclay. 50ʰ 12ˢ

23 janvier : à Marin de Launay, parfait payement de 231ʰ 5ˢ 3ᵈ à quoy montent les terres par luy transportées pour le rétablissement du pont de Buc.. 81ʰ 5ˢ 3ᵈ

23 janvier-27 mars : à René Bidois, terrassier, pour les terres qu'il a transportées pour le rétablissement de la rigolle de Merentais (2 p.)............. 84ʰ 9ˢ 6ᵈ

27 mars-4 décembre : à Potone, à compte des terres qu'il a entrepris de porter à la chaussée du nouvel estang de Saclay (12 p.)........................ 2540ʰ

27 mars : à luy, pour cent fascines et cent piquets fournis à la chaussée de l'estang de Saclay.... 22ʰ 10ˢ

Somme de ce chapitre..... 10362ʰ 9ˢ 9ᵈ

CHARPENTERIE.

22 may-19 juin : à Jean Mallet, charpentier, pour ses ouvrages de charpenterie au logement des suisses de l'augmentation du petit parc (3 p.)........ 915ʰ 11ˢ

17 juillet-28 aoust : à luy, pour ses ouvrages à la chapelle de Roquancourt (2 p.)......... 305ʰ 16ˢ 6ᵈ

19 juin : à Ablains, charpentier, parfait payement de 721ʰ 13ˢ 8ᵈ pour les ouvrages de charpenterie par luy faits au chasteau de Saint-Léger........ 61ʰ 13ˢ 8ᵈ

A François Lucas, marchand de bois, parfait payement de 900ʰ à quoy montent les ponts de bois par luy faits dans la forest de Saint-Léger............ 300ʰ

Somme de ce chapitre...... 1583ʰ 1ˢ 2ᵈ

MENUISERIE.

10 avril : à Nicolas Carel, menuisier, pour 53 toises 1/2 de reigles qu'il a fait pour mettre dans les réservoirs, à raison de 12ˢ la toise................. 31ʰ 16ˢ

8 may : à luy, pour les portes de menuiserie du mur d'augmentation du petit parc................ 120ʰ

22 may-5 juin : à luy, sur ses ouvrages aux logemens des suisses (2 p.)...................... 250ʰ

Somme de ce chapitre........ 401ʰ 16ˢ

PAVÉ.

6 février-24 avril : à Louis Renouf, paveur, parfait payement des ouvrages de pavé qu'il fait en divers endroits des aqueducs qui conduisent les eaux bonnes à boire à Versailles (4 p.).................. 825ʰ 13ˢ

22 may-19 juin : à luy, parfait payement des ouvrages de pavé qu'il a fait aux portes et au logement des suisses de l'augmentation du petit parc (3 p.)... 1039ʰ 16ˢ 6ᵈ

28 aoust : à luy, pour le pavé qu'il a fait dans l'allée de Bailly, sur le chemin de Marly......... 346ʰ 10ˢ

Somme de ce chapitre..... 2211ʰ 19ˢ 6ᵈ

SERRURERIE.

9 janvier : à Pierre David, serrurier, parfait payement de 751ʰ 10ˢ à quoy montent les grilles de fer qu'il

a fourni pour les faisanderies de Moulineaux et de Bonnemoulin........................ 251ʰ 10ˢ

19 juin : au nommé Manceau, serrurier, pour avoir ferré les portes et croisées des logemens des suisses de l'augmentation du petit parc............... 45ʰ 2ˢ

A Jean Durand, serrurier, pour menus ouvrages de serrurerie qu'il a fourni ausd. logemens..... 83ʰ 12ˢ

10 may-19 juin : à Roger, serrurier, parfait payement des grilles de fer qu'il a fait pour le mur de l'augmentation du petit parc (4 p.)......... 689ʰ 11ˢ 1ᵈ

2 octobre : à luy, pour les ouvrages qu'il a faits à la chapelle de Roquancourt et au mur de l'augmentation du petit parc........................ 207ʰ 2ˢ 9ᵈ

10 juillet : à Durand, serrurier, à compte des ouvrages de serrurerie qu'il a fait à Moulineaux... 162ʰ

Somme de ce chapitre... 1438ʰ 17ˢ 10ᵈ

COUVERTURE.

22 may-19 juin : à Estienne Yvon, couvreur, pour la couverture qu'il a fait aux logemens des suisses de l'augmentation du petit parc (3 p.).......... 1192ʰ 10ˢ

28 aoust : à luy, pour couverture de la chapelle de Roquancourt........................ 127ʰ 18ˢ 7ᵈ

Somme de ce chapitre..... 1320ʰ 8ˢ 7ᵈ

DÉPENSES EXTRAORDINAIRES.

9 janvier : au nommé Purel, pour remboursement de dépenses faites pour les Bastimens.......... 104ʰ 5ˢ

16 janvier : à Louis Canon, pour remboursement de menues dépenses d'impression pour les Bastimens. 73ʰ

23 janvier : au sʳ Lefebvre, pour son remboursement du port, de la Rochelle à Paris et de Paris à Versailles, de six boetes de prunes confites de Guimaroins, venues de Portugal, et d'une boete de graines, le tout pour le service de S. M....................... 28ʰ 15ˢ

6 mars : à luy, pour la voiture, de Rouen à Saint-Germain et à Versailles, de deux caisses d'oranges envoyées de Portugal par le sʳ Dupineau............. 14ʰ 16ˢ

3 avril : à luy, pour remboursement des menues dépenses faites au sujet d'une caisse remplie de greffes et d'eau de Legacao, venue de Portugal......... 3ʰ 5ˢ

10 juillet : à luy, pour deux carrosses qui ont servi à porter des tablettes pleines de médailles à la Bastille au sʳ Morel, et raporter tous les papiers et livres du sʳ Morel............................. 24ʰ 15ˢ

2 octobre : à luy, pour le port, de la Rochelle à Paris et de Paris à Marly, de trois petites caisses contenant trois pots de muscat envoyez de Lisbonne par le sʳ Dupineau................................ 30ʰ 15ˢ

30 janvier : au sʳ Renault, pour deux chevaux qu'il a acheptez pour les gardes du Pré-Clos et l'estang du Mesnil............................... 241ʰ

6 février : aux nommez Bourgault et Matis, arpenteurs, sçavoir : 600ʰ pour leurs appointemens des mois de décembre 1688 et janvier dernier, qu'ils ont esté employez à faire les arpentages des héritages occupez par les travaux des environs de Versailles; 180ʰ pour une année du loyer de leur logement, écheue le 31 du mois de décembre; 130ʰ pour les frais extraordinaires par eux faits pendant lad. année, et le surplus pour les journées des hommes qui leur ont aidé pendant lesd. deux mois........................ 1199ʰ

3 avril-20 octobre : à eux, pour leurs appointemens de février à septembre et les journées des hommes qui les ont aidé pendant led. temps (4 p.)..... 3353ʰ 10ˢ

6 février : au sʳ Duchiron, garde-magasin des plombs, pour les dépenses extraordinaires qu'il a faites pour le service de S. M.................... 235ʰ 16ˢ

13 mars : à luy, pour cinq cordes de bois qu'il a acheptées pour convertir en barres les nœuds de soudure dud. magasin, à 17ʰ la corde, y compris 4ʰ pour la voiture de chaque corde.................. 105ʰ

18 septembre : aux héritiers ou créanciers de Nicolas Boudin, propriétaire d'un jardin à Vildavray, et à François de Neuville, locataire dud. jardin, sçavoir : 150ʰ pour le dédommagement de la fontaine qui a esté bouchée dans led. jardin pour conserver la pureté de l'eau de la fontaine de Ville-d'Avray, dans laquelle l'eau de lad. fontaine avoit sa décharge, et 30ʰ aud. de Neuville pour l'indemniser de la perte de ses légumes et de plusieurs arbres en pépinière qui ont esté gastez lors de la fermeture de lad. fontaine..................... 180ʰ

13 février : au sʳ Muguet, imprimeur, pour ce qu'il a fait pour les Bastimens pendant l'année 1688...................... 1601ʰ 2ˢ 6ᵈ

13 février : à Jean Mauger et Pierre Menant, huissiers à Rouen, pour les frais de saisye des outils et instrumens servans aux particuliers qui imprimoient des toiles peintes........................ 75ʰ

13 mars : à Jean Jardin et Charles Lafontaine, pour avoir abatu et aplani les berges de l'église et du cimetière de Choisy............................ 24ʰ

3 juillet : à Nicolas Le Jongleur, fontainier, pour le rétablissement par luy fait au regard où l'on prend l'eau de la fontaine de Ville-d'Avray............ 44ʰ 18ˢ

18 septembre : au nommé Cazes, tailleur, pour un justaucorps de la livrée du Roy, qu'il a fait et fourny

au nommé Beaucaire, garde du pavillon de l'estang du Mesnil.................................. 56ʰ 9ˢ 6ᵈ

25 décembre : au nommé Noblet, remboursement du port, de la Rochelle à Paris, d'un sac de poix et de quelques graines envoyées de Lisbonne par le sʳ Dupineau pour le service de S. M...................... 7ʰ 6ˢ

27 février : à Jaques Robert, jardinier, pour les pierres qu'il a voituré dans tous les trous et fossez qui ont esté recomblés dans le petit parc de Versailles, et les ornières recomblées aux environs de Trianon..... 60ʰ

Au nommé Mauger, pour avoir recomblé plusieurs éboulis qui estoient sur l'aqueduc qui conduit l'eau de la machine sur la butte Montboron............... 30ʰ

8 may : à Gilles Boitel, pour 200 toises de planches qu'il a livré pour estre employées dans les fondations du mur du petit parc, à 13ˢ la toise............ 150ʰ

19 juin : à Estienne Bourgault, peintre, pour ouvrages de grosse peinture par luy faits aux portes et logemens des suisses de l'augmentation du petit parc..................................... 36ʰ 4ˢ

A Jean Rochet, pour avoir posé les plattes formes dans les fondations du mur du petit parc....... 24ʰ

A Berteuille, tapissier, pour quatre rideaux de treillis doublez de toile qu'il a fournis pour les fenestres de l'appartement de Mᵐᵉ la duchesse de Créqui vis-à-vis des fenestres du cabinet de Madame la Dauphine.... 23ʰ

28 aoust : à Nicolas de Nainville, fondeur, pour la façon et fonte d'une cloche qu'il a fait pour les Récolets de Versailles, pesant 556 livres, y compris la voiture..................................... 172ʰ 16ˢ

27 mars : au nommé Boulan, voiturier, pour 5 toises de moilon qu'il a voituré au pavillon du garde des estangs de Saclay, à 4ʰ la toise cube................ 20ʰ

27 mars : au nommé Potone, payement de cent fascines et cent piquets qu'il a fournis à la chaussée du nouvel estang de Saclay.................. 32ʰ 10ˢ

Somme de ce chapitre........ 794¹ʰ 3ˢ

BORNES.

16 janvier : à Guillaume et Jean Menot, parfait payement de 805ʰ 19ˢ à quoy monte la voiture de 597 bornes de grais, des carrières de Lartoire, en divers endroits des environs de Versailles, à 27ˢ chacune...... 305ʰ 19ˢ

A Pierre Taupin, voiturier, parfait payement de 328ʰ 1ˢ pour la voiture de 243 bornes de grais, des carrières de Laubarderie et de Chevaudeau, pour planter autour des faisanderies de Moulineaux, Rennemoulin et autres endroits, à 27ˢ chacune........... 208ʰ 1ˢ

13 février - 3 juillet : à Brochet, piqueur et fendeur de grais, à compte des bornes qu'il a fendues et taillées pour planter dans la séparation des terres acquises par S. M. dans les paroisses de Cognières, de Lévy, des Essarts, des Brevières, du Perray et de Vieille-Église. 950ʰ

13 février : à luy, à compte des bornes qu'il a plantées dans la séparation des terres acquises par S. M. dans les paroisses de Levy, des Essarts, des Brevières et du Perray.................................. 150ʰ

Somme de ce chapitre......... 1614ʰ

DÉPENSES DU CHASTEAU DE COMPIÈGNE.

20 mars : au nommé Migasse, ayant l'entretenement des routtes de la forest de Compiègne, pour six mois écheus le 1ᵉʳ janvier dernier............ 242ʰ 16ˢ 6ᵈ

A luy, ayant celuy des fossez de lad. forest, pour six mois écheus le 1ᵉʳ décembre 1688............ 245ʰ 6ˢ

24 avril : à Jean Croiset, charpentier, ayant l'entretenement des ponts de lad. forest, pour une année. 100ʰ

26 juin : à Esmery, concierge, pour remboursement des dépenses faites, tant pour emplir la glacière que fournir de paille et fagotz, et pour les entretiens des jardins et terrasses et réparations de maçonnerie aux murs de closture................................. 454ʰ

28 aoust : au sʳ Migasse, pour six mois de l'entretien des fossez et des routtes écheu le 1ᵉʳ juillet dernier...................................... 488ʰ 2ˢ

Somme de ce chapitre..... 1528ʰ 4ˢ 6ᵈ

FONDS LIBELLEZ.

16 janvier : à Mᵐᵉ la princesse de Furstemberg, pour les interests pendant une année, échue le 1ᵉʳ juillet dernier, de 330000ʰ à quoy monte le prix principal de la terre et seigneurie de Grogneul et dépendances, acquise par ordre de S. M............... 16500ʰ

24 avril : au sʳ Wan der Meulen, peintre flamand, pour ses appointements de l'année dernière 1688. 6000ʰ

Au sʳ Mignard, peintre, par gratification, en considération du soin qu'il a pris de conduire les sculpteurs qui ont travaillé pour le service de S. M. en 1688.. 3000ʰ

Au sʳ Le Nostre, par gratification, pour le service qu'il a rendu dans les Bastimens pendant lad. année..................................... 3000ʰ

Au sʳ Le Bouteux, pour le soin qu'il prend des orangers du jardin du chasteau de Fontainebleau... 3000ʰ

6 mars : aux trois anciens gondoliers vénitiens, par gratification, en considération du service qu'ils ont rendu sur le canal de Versailles pendant lad. année... 1200ʰ

24 avril : au s^r DE VILLE, sçavoir : 6000^tt par gratification, en considération du soin qu'il a pris de la machine de la rivière de Seyne pendant l'année 1688, et 6000^tt de pension extraordinaire.......... 12000^tt

22 may : aux principal, procureur et boursiers du collège de Cambray, pour le dédommagement de leurs bastimens qui ont esté démolis par ordre de S. M. pour la construction du Collège de France, et ce pour lad. année 1688........................ 1180^tt

24 avril : au prieur de Choisy-aux-Bœufs, pour son dédommagement des dixmes qu'il a droit de prendre sur les terres et prez dépendans de son prieuré, enfermez dans les anciens et nouveaux murs du parc du chasteau de Versailles....................... 2153^tt

23 janvier-18 octobre : aux s^rs DUBOIS, CHANTEMERLE et Compagnie, à compte des marbres de Languedoc, de Cosne et des Pyrennées qu'ils ont livré pour le service de S. M. (7 p.).................... 88101^tt 18^s 7^d

Au s^r GALLAND, par gratification, en considération de ses services.......................... 500^tt

20 février : au s^r GAUTHIER, marchand, parfait payement de 132070^tt 4^s 6^d à quoy montent les étoffes d'or, d'argent et de soye livrées pour S. M... 103070^tt 4^s 6^d

20 février : au s^r COTTIN, curé de Marly, sçavoir : 210^tt pour la non-jouissance de 75 arpens de pré compris dans le fonds de Marly, 474^tt 5^s pour la non-jouissance de la dixme des terres labourables de lad. cure, que S. M. a ordonné estre plantées en bois, y compris la dixme du troupeau du Trou-d'Enfer............... 684^tt 5^s

27 février : à CHARLES-FRANÇOIS POLARD, pour le déposage des tuyaux de fer de fonte des conduites de la machine qui ont esté cassez par la gellée, et la fourniture de ceux qu'il a reposez en la place.... 3190^tt 17^s

27 mars : au nommé DUPONT, tapissier, pour deux grands tapis de laine, ouvrage de la Savonnerie, qu'il a fourni au garde-meuble de S. M., contenant 77 aunes 25/96 en superficie, à raison de 150^tt l'aune........
.... 11589^tt 1^s 3^d

10 avril : à JEAN MALET, charpentier, pour le dédommager des bois qu'il a assemblez par ordre de S. M. pour employer dans ses bastimens, et desquels elle n'a pas jugé à propos de se servir........... 10083^tt 6^s 8^d

24 avril : à ANTOINE TRUMEL, jardinier, pour la pension que S. M. luy a accordée pour l'année dernière 1688............................... 1500^tt

22 may : à FRANÇOIS FONTAINE, dit LA RIVIÈRE, entrepreneur, pour son parfait payement de 58245^tt 8^s 8^d à quoy montent les ouvrages de maçonnerie, charpenterie, couverture et autres par luy faits au chasteau de Maintenon et lieux en dépendans en 1686, 1687 et 1688......................... 18535^tt 1^s 2^d

22 may : à JAQUES LUCAS, plombier, parfait payement de 4854^tt 5^s 2^d à quoy montent les ouvrages de plomb et soudure par luy livrez et employez à la fontaine de Grogneuil, au chasteau de Maintenon, pendant les années 1687 et 1688................... 2254^tt 5^s 2^d

Au s^r PETIT, de Fontainebleau, pour sa pension pendant l'année finie le 1er octobre 1688........ 1500^tt

29 may-7 décembre : aux prestres de la Mission de Fontainebleau, pour leur subsistance et entretenement pendant l'année 1689 (2 p.).............. 6000^tt

26 juin : à Mme la princesse DE FURSTEMBERG, à compte de 330000^tt à quoy monte le prix principal de la terre et seigneurie de Grogneuil et ses dépendances, acquise de lad. dame par ordre de S. M............ 70000^tt

10 juillet : au s^r DUPRÉ, avocat, en considération du soin qu'il a pris de l'acquisition de la terre de Grogneuil............................... 1500^tt

24 juillet : à Mme la princesse DE FURSTEMBERG, authorisée par son contrat de mariage pour l'administration de ses biens, pour une année écheue le 1er de ce mois de la somme de 330000^tt cy-dessus... 16500^tt

A DUPONT, tapissier, pour quatre tapis et trois morceaux de bordure d'ouvrage de laine de la Savonnerie, qu'il a fourni pour la salle du billard de Trianon, contenant 9 aunes 1/2 en superficie, à 150^tt l'aune carrée................................ 1425^tt

A LOURDET, autre, pour trois tapis, trois morceaux de pareils ouvrages pour idem et au mesme prix, contenant 5 aunes 7/18...................... 808^tt 6^s 8^d

9 aoust : au s^r TIREMANT, receveur des consignations de la Cour des Aides, pour, avec les 70000^tt de l'autre part, faire le parfait payement de 330000^tt pour le prix de lad. terre de Grogneuil, de laquelle somme de 260000^tt led. trésorier se remboursera sur les ordonnances de fonds qui luy seront délivrez de mois en mois sur le trésor royal jusqu'à la concurrence d'icelle..... 260000^tt

18 octobre : à M. l'évesque de Chartres, pour les fonds des bois de Baillan et non-jouissances des moulins, prez, jardins et droits appartenans à la seigneurie de Pontgoin dépendant de l'évesché de Chartres... 9250^tt

27 novembre : au s^r DE MAUROY, procureur des Invalides, parfait payement de 3301^tt 1^s à quoy monte la dépense faite, tant pour la deuxième partie des Heures de S. M. que pour deux grands livres de chant de la chapelle du chasteau de Versailles et d'un moyen pour l'hostel des Invalides, y compris 128^tt 15^s pour

le soldat invalide qui a escrit les *Heures* du Roi, et 112ᴴ 10ˢ pour ceux qui ont travaillé aux grands livres de chant.......................... 2301ᴴ 1ˢ

27 novembre-15 janvier 1690 : aux sʳˢ Accault, de Laistre et Compagnie, à compte des marbres blancs d'Italie qu'ils ont livré pour le service de S. M. (5 p.).......................... 43276ᴴ 11ˢ 4ᵈ

4 décembre : au sʳ Arnoux, pour les oyseaux et animaux de Levant, de l'envoy du sʳ Monier de Montpellier, qu'il a livrez à la Ménagerie............ 4719ᴴ 10ˢ

25 décembre : au sʳ Marcelin Charlier, parfait payement de 141059ᴴ 3ˢ 4ᵈ à quoy montent les brocards d'or, d'argent et de soye qu'il a livrez pour le service de S. M........................ 30059ᴴ 3ˢ 4ᵈ

A M. de Villacerf, en considération de l'inspection générale que S. M. luy a donnée sur ses bastimens pendant la présente année................ 16000ᴴ

23 avril 1690 : aux officiers de Fontainebleau cy-après nommez, par gratification, en considération du bon estat de leurs entretenemens pendant l'année dernière 1689, suivant l'ordonnance de fonds expédiée le 18 mars dernier, sçavoir :

A Debray, ayant l'entretenement de la moitié du grand parterre........................ 300ᴴ

A Madelaine et Anne Poiret, ayant celuy de l'autre moitié............................. 300ᴴ

A Varin, ayant celuy des arbres fruitiers..... 200ᴴ

A luy, en considération de l'augmentation de son entretenement......................... 120ᴴ

A Desbouts, ayant celuy du jardin de l'estang. 150ᴴ

A Nivelon, ayant celuy du jardin du Mail.... 100ᴴ

A Voltigeant, ayant celuy des bateaux...... 150ᴴ

A Thierry, concierge de la Ménagerie........ 60ᴴ

A Couturier, ayant celuy des fontaines...... 200ᴴ

A Besnard, concierge de l'hostel d'Albret.... 150ᴴ

A Jamin, concierge de la cour du Cheval Blanc. 100ᴴ

A Toulet, concierge de la Surintendance..... 200ᴴ

A la veuve Desbout, ayant l'entretenement des palissades du parc..................... 400ᴴ

A elle, en considération de l'augmentation de son entretenement....................... 100ᴴ

A Jaques-Philipes Boisseau, dit Chatillon, ayant celuy de l'orangerie, appointemens extraordinaires pendant l'année 1689................... 200ᴴ

Au sʳ Pion, ayant le soin de la nouriture des carpes et cignes du canal et des estangs du chasteau, en considération de l'augmentation du nombre des cignes pendant lad. année........................... 100ᴴ

Somme de ce chapitre... 753711ᴴ 11ˢ 8ᵈ

ENTRETENEMENT DU JARDIN POTAGER DE VERSAILLES.

9 janvier : à la veuve du sʳ de la Quintinie, pour ses gages de l'année 1688 échus le 1ᵉʳ novembre.. 2000ᴴ

9 janvier-4 décembre : à Nicolas Besnard, jardinier, ayant l'entretenement du jardin potager, à compte de l'entretenement d'iceluy pendant le mois de décembre 1688 et les onze premiers mois 1689 (12 p.). 15000ᴴ

27 février-9 octobre : à Henry Dupuy, jardinier, ayant les entretenemens des allées du jardin, orangerie et pourtour du canal de Versailles, pour ses gages des six derniers mois 1688 et six premiers 1689, y compris l'augmentation de 2000ᴴ qui luy a esté faite par S. M. (4 p.)............................. 20400ᴴ

A Olivier Fleurant, ayant celuy du jardin de Trianon, pour ses gages pendant le mesme temps et pour avoir fourni, voituré et osté dud. jardin le grand fumier nécessaire à couvrir 106 toises de baraques qui ont servy à la couverture des orangers plantez en palissade dans led. jardin (4 p.)...................... 7516ᴴ

A Drouart, rocailleur, ayant celuy des rocailles du jardin de Versailles, pour ses gages pendant ledit temps (4 p.)............................. 2600ᴴ

A Remy Janson, jardinier, ayant celuy du Mail et des allées du pourtour de la pièce des Suisses, pour ses gages pendant led. temps (4 p.)............... 900ᴴ

A Pierre Lisqui, marbrier, ayant celuy de tous les ouvrages de marbre dud. jardin de Versailles (4 p.).... .... 1500ᴴ

23 janvier : à Bertin, sculpteur, ayant l'entretenement des figures et autres ouvrages de sculpture en marbre dud. jardin, pour ses gages des trois derniers mois de 1688........................... 273ᴴ

24 avril-9 octobre : à luy, pour ses gages des trois premiers quartiers 1689 (3 p.).......... 1271ᴴ 5ˢ

13 novembre : aud. Janson, ayant l'entretenement du jardin du Chenil, pour led. entretenement pendant une année............................. 50ᴴ

Somme de ce chapitre....... 51510ᴴ 5ˢ

ENTRETENEMENT DES CONDUITES ET FONTAINES DE VERSAILLES.

13 février : à Claude Denis, fontainier, ayant l'entretenement des fontaines de Versailles, pour ses gages du troisième quartier 1688................. 1140ᴴ

A Gournay, compagnon fontainier, idem...... 250ᴴ

A Thomas La Cire, autre, idem............. 250ᴴ

A Vitry, autre, idem	250ʰ
A Lambert, autre, idem	250ʰ
A Muzart, autre, idem	250ʰ
A Moriette, employé aux réservoirs du Parc-aux-Cerfs, idem	250ʰ
A Claude Denis fils, garçon fontainier, idem	135ʰ
A Baclet, autre, idem	135ʰ
A Godet, autre, idem	135ʰ
A Laurens, autre, idem	135ʰ
A Thomas, autre, idem	135ʰ
A Pivet, autre, idem	135ʰ
A Gabriel, autre, employé au petit parc, idem	135ʰ
A Tessier, autre, idem	135ʰ
A André, autre, idem	135ʰ

A Remy Denis fils, ayant l'entretenement des fontaines de Trianon, de la fontaine de la décharge du canal et des réservoirs au-dessus de Trianon, idem...... 375ʰ

13 février : à luy, pour les gages de son garçon. 75ʰ

A Le Moyne, fondeur, ayant l'entretenement de tous les ouvrages de cuivre des fontaines de Versailles. 375ʰ

30 avril : ausd. Denis et autres dénommez cy-dessus, pour leurs gages pendant les trois derniers mois 1688, y compris 230ʰ à Claude Denis fils, fontainier, pour les six derniers mois 1688 de la gratification de 460ʰ que S. M. luy a accordé d'extraordinaire par chacun an.................................. 4910ʰ

17 juillet : à eux, pour les trois premiers mois de l'année 1689, y compris les deux garçons de Remy Denis et la gratification de 230ʰ de Claude Denis des six premiers mois 1689.................... 4985ʰ

16 octobre : à eux, pour le deuxième quartier 1689, y compris l'augmentation des gages de Remy Denis, à 1800ʰ par an depuis le 1ᵉʳ janvier dernier, au lieu de 1500ʰ............................ 4905ʰ

10 may : à Remy Denis fils, fontainier de Trianon, pour les gages de son deuxième garçon pendant les trois derniers quartiers de l'année 1688........ 225ʰ

20 mars-13 novembre : à Charles-François Paulart, ayant l'entretenement de toutes les conduites de tuiaux de fer des fontaines du chasteau de Versailles et lieux en dépendans, pour ses gages du dernier quartier 1688 et trois premiers 1689 (4 p.)............. 10000ʰ

Somme de ce chapitre........ 29705ʰ

GAGES DES OFFICIERS, MATELOTS ET GONDOLIERS SERVANS SUR LE CANAL DE VERSAILLES.

16 janvier-4 décembre : au sʳ Martin, capitaine desd. vaisseaux, pour son remboursement de pareille somme par luy payée aux mariniers de rame qui ont servi sur le canal pendant douze mois finis fin novembre dernier (12 p.)............................. 4779ʰ

20 mars : aud. sʳ Martin, capitaine dud. canal, pour ses appointemens du dernier quartier 1688..... 600ʰ

A Cristophle Le Roux, maître des matelots, idem	275ʰ
A Mathieu Suart, comite de la galère, idem, à 1200ʰ par an	300ʰ
A Jean Bourdon, sous-comite, idem, à 840ʰ par an	210ʰ
A Jacques Le Comte, charpentier	210ʰ
A Nicolas Mansier, autre	210ʰ
A Jean Candon, autre	210ʰ
A Joseph Chesne, autre	210ʰ
A Jacques Fosse, calfateur	210ʰ
A Jacques Douville, autre	210ʰ
A Jean Merseron, garde magasin	210ʰ
A Claude Germain, matelot, idem, à 540ʰ par an	135ʰ
A Jean Quernel, autre	135ʰ
A Noel Coste, autre	135ʰ
A André Morel, autre, idem	135ʰ
A Pierre Le Cordier, autre, idem	135ʰ
A Jean Bremart, autre, idem	135ʰ
A Nicolas Granval, autre, idem	135ʰ
A Louis Cauvin, autre, idem	135ʰ
A Louis Mouton, autre, idem	135ʰ
A Joseph Trevan, autre, idem	135ʰ
A Jean Masurier, autre, idem	135ʰ
A Jean-Baptiste Rossignol, autre, idem	135ʰ
A Barthelemy Choisy, autre, idem	135ʰ
A Michel Avienne, autre, idem	135ʰ
A François Vidotti, autre, idem	135ʰ
A Georges Regné, autre, idem	135ʰ
A Nicolas Savari, autre, idem	67ʰ 10ˢ
A Honorat Vidotti, autre, idem	67ʰ 10ˢ
A Jean Vidotti, autre, idem	67ʰ 10ˢ
A Jean-Baptiste Juste, autre, idem	67ʰ 10ˢ
A Jean Cadenne, autre, idem	67ʰ 10ˢ

3 juillet : aux officiers et matelots cy-dessus nommez, pour leurs appointemens des trois premiers mois 1689.................................. 5352ʰ 10ˢ

9 octobre : à eux, pour leurs appointemens du deuxième quartier 1689............. 5352ʰ 10ˢ

5 juin-9 octobre : aud. sʳ Martin, pour son remboursement des soldats du piquet qui ont servi sur les vaisseaux du canal pendant cinq mois (5 p.)... 3853ʰ 19ˢ

20 février : à Jacques Lorich, ancien gondollier vénitien, pour ses gages du troisième quartier 1688. 300ʰ

A Jean Massagati, autre, *idem*............ 300"
A Palmarin Palmarin, autre, *idem*......... 300"
A Joseph Sora, autre, *idem*............... 360"
A Pierre Massagati, autre, *idem*.......... 360"
A Barthellemy Pancalonio, autre, *idem*.... 225"
A Jean-Baptiste Sora, autre, *idem*........ 225"
A Marc Carabara, autre, *idem*............. 225"
A Vincent Doria, autre, *idem*............. 225"
A Nicolas Vidotti, autre, *idem*........... 225"
A Benoist Borelli, autre, *idem*........... 225"
A Mathieu Sedea, autre, *idem*............. 225"
A Nicolas Manenti, autre, *idem*........... 225"
A Pierre Serda, autre, *idem*.............. 225"
17 avril : aux gondoliers vénitiens dénommez cy-dessus, pour leurs appointemens du quatrième quartier 1688................................. 3645"
17 juillet : auxd. gondoliers vénitiens, pour leurs appointemens du premier quartier 1689........ 3645"
30 octobre : à eux, pour leurs appointemens du deuxième quartier..................... 3645"

Somme de ce chapitre....... 39270" 9'

COUVERTURES DES MAISONS ROYALLES.

16 janvier-18 décembre : à Claude Duval et Simon Bega, couvreurs, pour l'entretenement des couvertures du chasteau de Monceaux et lieux en dépendans, pour dix-huit mois (3 p.)........................ 525"

6 février-10 juillet : aux nommez Camay et veuve Chambois, ayant celuy des couvertures du chasteau de Compiègne, pour leurs gages de l'année 1688 (2 p.).. 400"

13 mars-16 octobre : à Noel Martin, couvreur, ayant l'entretenement des couvertures du chasteau de Vincennes, pour ses gages de l'année 1688 et six premiers mois 1689 (3 p.)...................... 1350"

2 octobre : à luy, pour l'entretenement de la couverture de la maison des Gobelins, pour les six premiers mois 1689............................ 125"

3 juillet-2 octobre : à Estienne Yvon, autre, ayant l'entretenement des couvertures des Maisons Royalles de Versailles, pour les trois derniers mois 1688 et trois premiers 1689 (2 p.).................... 3000"

10 juillet-16 octobre : à luy, pour les trois derniers mois de l'année 1688 et les deux premiers quartiers de 1689 de l'entretenement des couvertures des Maisons Royalles de Paris (2 p.).................... 2640"

A luy, pour l'entretenement des couvertures du nouveau couvent des Capucines, pour les six premiers mois 1689.................................. 250"

Somme de ce chapitre......... 8290"

ÉGLISE DES INVALIDES.

MAÇONNERIE.

13 mars-20 novembre : à Pierre Le Maistre, entrepreneur, à compte des ouvrages de maçonnerie qu'il fait pour l'église des Invalides (22 p.)... 16146" 13' 2ᵈ

CHARPENTERIE.

18 décembre : à Jean Mallet, charpentier, à compte de la charpenterie du dosme de l'église des Invalides............................... 2000"

3 juillet : à Nicolas Chanteau, charpentier, parfait payement de 9243" 17' à quoy montent les ouvrages de charpenterie par luy faits à l'accroissement du chœur, des bas-costez et aux deux dosmes des sacristies de l'église des Invalides................ 3053" 17'

Somme de ce chapitre...... 5053" 17'

COUVERTURE.

13 mars : à Estienne Yvon, couvreur, pour ses ouvrages de couverture à claire-voye sur un appenti dans l'attelier des Invalides et le lattis sur les deux dosmes des sacristies de l'église dud. lieu........ 330" 15' 10ᵈ

MENUISERIE.

16 octobre-11 décembre : à Du Verger, menuisier, parfait payement du modèle de la charpenterie du dosme des Invalides qu'il a fait de menuiserie (3 p.) 525" 13'

SERRURERIE.

1ᵉʳ may : à Roger, serrurier, pour une chaisne de gros fer, composée de vingt et un tirans et dix-neuf ancres, qu'il a fournie et posée au pourtour du grand dosme de l'église de l'hostel des Invalides........ 379" 12' 9ᵈ

18 septembre-11 décembre : à luy, parfait payement des gros fers qu'il fournit pour la grande corniche du haut du dosme de lad. église............. 1429" 8' 9ᵈ

MENUES DÉPENSES.

13 mars : à Edme La Roettière[1], pour la voiture de quatre tambours de marbre de Languedoc, du bord de la rivière sous l'appenti de l'attelier de la grande église des Invalides.............................. 68"

---

[1] Le 3 juillet, il est nommé La Roquière.

3 juillet : à luy, pour la voiture de cinq tambours. 85ᴸ

18 septembre : à Le Jeune, pour le rétablissement par luy fait à la couverture de paille d'une des sacristies de la grande église...................... 18ᴸ

Somme de ce chapitre......... 171ᴸ

PLACE ROYALLE ET ÉGLISE DES CAPUCINES.

MAÇONNERIE.

9 janvier-18 septembre : à Maurice Gabriel, entrepreneur, à compte des ouvrages de maçonnerie qu'il a fait à la Place Royalle de l'hostel de Vandosme (12 p.)........................... 47535ᴸ 10ˢ

GRAIS.

29 may-19 juin : à Claude Véron, parfait payement de 400 blots de grais qu'il a fourni pour la fonderie de la statue équestre du Roy à l'hostel de Vandosme (2 p.). 612ᴸ

TERRASSES.

1ᵉʳ aoust : à Guillaume Vallée, pour avoir fouillé trois puisarts, enlevé les décombres et gravois des allées des jardins des Capucines.................. 46ᴸ

CHARPENTERIE.

20 février : à Raoul de Pierre, dit La Porte, charpentier, à compte de la charpenterie qu'il fait à la fonderie de la statue équestre de S. M. à l'hostel de Vandosme........................ 16ᴸ 3ˢ 4ᵈ

12 juin : à Bonus, charpentier, pour avoir démonté la charpente de la cage du modèle de la statue équestre, et pour avoir fait une baraque de charpente.... 56ᴸ 8ˢ

Somme de ce chapitre....... 72ᴸ 11ˢ 4ᵈ

MENUISERIE.

9 janvier-25 décembre : à Remi, menuisier, à compte de ses ouvrages de menuiserie au nouveau couvent des Capucines (3 p.)....................... 1350ᴸ

16 octobre-25 décembre : à Veydeau, menuisier, à compte de ses ouvrages de menuiserie aud. couvent (2 p.)............................... 800ᴸ

Somme de ce chapitre......... 2150ᴸ

SERRURERIE.

6 novembre : à Corniquet, marchand de fer, pour ouvrages de serrurerie qu'il a fourni pour le nouveau couvent des Capucines................... 211ᴸ 5ˢ

8 may-3 juillet : à Allen, marchand de fer, pour les gros fers qu'il a livrez pour les armatures de la statue équestre du Roy de l'hostel de Vandosme (2 p.) 257ᴸ 14ˢ

3 juillet : à Boilletot, autre, pour gros fers qu'il a fourni pour lad. statue.................. 58ᴸ 13ˢ

8 may : à Lay, autre, sur les gros fers qu'il fournit idem................................ 100ᴸ

3 juillet : à Caron, autre, sur les gros fers idem. 65ᴸ 5ˢ

15 may-3 juillet : à Semillard, autre, idem. 190ᴸ 10ˢ

8 may-25 décembre : à François Lucas, idem, à compte de la façon des fers des armatures de lad. statue (17 p.)............................ 2441ᴸ 5ˢ

Somme de ce chapitre....... 3324ᴸ 12ˢ

VITRERIE.

14 aoust : à Gombault, vitrier, pour l'entretien des vitres du nouveau couvent des Capucines pendant une année finie le 15 juillet................... 200ᴸ

16 aoust : à Nicolas Pougeois, vitrier, parfait payement de 3383ᴸ 3ˢ 8ᵈ à quoy montent les ouvrages de vitrerie par luy faits au nouveau couvent des Capucines de l'hostel de Vandosme............... 383ᴸ 3ˢ 8ᵈ

Somme de ce chapitre...... 583ᴸ 3ˢ 8ᵈ

PLOMBERIE.

9 janvier : à Jaques Lucas, plombier, à compte des façons des plombs employez au nouveau couvent des Capucines.............................. 68ᴸ 10ˢ

PAVÉ.

29 may-16 octobre : à Louis Renouf, paveur, à compte des ouvrages de pavé qu'il a fait au nouveau couvent des Capucines de l'hostel de Vandosme (4 p.)............................... 2000ᴸ

PEINTURE.

17 avril : à Antoine Paillet, peintre, pour quatre tableaux de 3 à 4 pieds de diamètre en rond qu'il a faits et placés dans la nouvelle église des Capucines... 130ᴸ

8 may-20 novembre : à Firmin Musset, peintre, parfait payement de 4798ᴸ 3ˢ 5ᵈ à quoy montent les ouvrages de peinture qu'il a fait au nouveau couvent des Capucines (5 p.).......................... 1798ᴸ 3ˢ 5ᵈ

14 aoust : à luy, pour avoir peint en bronze la statue équestre............................. 200ᴸ

Somme de ce chapitre...... 2128ᴸ 3ˢ 5ᵈ

SCULPTURE.

2 octobre-20 novembre : à Vanclève, sculpteur, à compte des ouvrages de sculpture en pierre qu'il a fait

ANNÉE 1689. — DIVERSES MAISONS ROYALES.

au portail de l'église des Capucines de l'hostel de Vandosme (2 p.)........................... 250ʰ

DIVERSES MENUES DÉPENSES.

12 juin : à Julien Loby, horloger, parfait payement de 350ʰ, tant pour une grande horloge de fer neuve que les réparations qu'il a fait à l'ancienne horloge du couvent des Capucines...................... 150ʰ

14 aoust-18 septembre : à Doublet, tapissier, pour les paillasses, rideaux et autres ouvrages qu'il a fait aud. couvent (2 p.)....................... 1254ʰ 6ˢ 8ᵈ

9 janvier : à Rigault, menuisier, pour plusieurs ouvrages de serrurerie et autres faits dans le nouveau couvent............................. 66ʰ 10ˢ

13 mars-29 may : à Pierre Liard et consors, payement des pesées et transport des vieux fers retirés des mains de Lucas, serrurier, peinture de trois cadrans, maçonnerie, rocailles, transport de blots de grais du port de l'île Louvier à la fonderie, et autres ouvrages (4 p.).......................... 411ʰ 9ˢ

18 décembre : à Jean Bernard et autres, pour diverses fournitures et ouvrages faits à la construction de la cage intérieure pour renfermer le noyau de la statüe équestre................................ 268ʰ 8ˢ

25 décembre : à François Mary et autres, pour ouvrages et fournitures qu'ils ont faits pour la fonderie de la statüe équestre...................... 28ʰ 6ˢ

Somme de ce chapitre 2178ʰ 19ˢ 8ᵈ

DIVERSES MAISONS ROYALLES.

MAÇONNERIE.

28 septembre : à Claude Tricot, maçon, sur les ouvrages et réparations de maçonnerie par luy faits au Louvre et garde meuble de la Couronne, en 1687 et 1688............................ 500ʰ

25 décembre : à luy, sur les ouvrages à deux maisons appartenantes au Roy, l'une dans la rue Fremenleau, l'autre dans la cour des cuisines au Louvre, en 1688............................. 250ʰ

23 octobre : à luy, parfait payement de 1651ʰ 8ˢ 7ᵈ à quoy montent les ouvrages et réparations de maçonnerie par luy faites à l'escurie à deux rangs, au logement des pages et escuyers de la grande escurie du Roy à Paris............................. 151ʰ 8ˢ 7ᵈ

20 novembre : à luy, parfait payement de 540ʰ 12ˢ 6ᵈ à quoy montent les ouvrages et réparations par luy faits à la Samaritaine, conduites des eaux aux Thuilleries, au Fort l'Évesque et à l'hostel des Ambassadeurs extraordinaires pendant 1687 et 1688......... 40ʰ 12ˢ 6ᵈ

9 janvier-25 décembre : à Jean Benoist, maçon, à compte des ouvrages et réparations de maçonnerie qu'il a fait à l'escurie à deux rangs, dans la basse-cour du chasteau de Vincennes, aux escuries de la Reyne et du haras en 1689 (8 p.)........................ 2500ʰ

17 avril-19 juin : à Jaques Pinard, maçon, à compte des ouvrages et réparations de maçonnerie qu'il a fait au Palais-Royal et à la maison des Gobelins, en 1687 et 1688 (3 p.)........................

18 septembre : à luy, sur ses ouvrages à l'hostel des Ambassadeurs........................ 150ʰ

24 juillet-20 novembre : à luy, sur ses ouvrages au Jardin Royal des plantes (2 p.)............ 800ʰ

29 may-20 novembre : à Nicolas Maisnet, maçon, à compte des ouvrages et réparations de maçonnerie qu'il fait au Palais-Royal (2 p.)................ 700ʰ

12 juin : à Antoine Paris, maçon, sur ses ouvrages à la maison des Gobelins en 1687........... 18ʰ 15ˢ

Somme de ce chapitre..... 6010ʰ 16ˢ 1ᵈ

CIMENT.

3 juillet : à la veuve Fonquoy, fontainier, pour avoir fait à neuf une conduite de tuiaux de grais et avoir réparé les conduites de décharge des bassins des Thuilleries en 1687 et 1688............. 205ʰ 14ˢ 4ᵈ

A elle, pour avoir rétabli le conroy de la douve et platfonds du grand bassin octogone des Thuilleries............................. 168ʰ 15ˢ

2 octobre : à Duez, fontainier, pour le rétablissement des joints et reposement des dalles de pierre qu'il a faits en ciment sur les entablements du Louvre du costé de la cour des cuisines..................... 236ʰ

Somme de ce chapitre..... 610ʰ 9ˢ 4ᵈ

TERRASSES.

13 mars : à Jean Neveu, voiturier, pour la fourniture et voiture dans le jardin des Thuilleries de quarante-deux tombereaux de sable de rivière pour les allées du jardin............................ 42ʰ

5 juin : à Louis Faudeur, voiturier, pour avoir passé à la claye vingt-quatre voyes de recoupes de pierre pour led. jardin...........................

24 juillet : à La Verdure, terrassier, pour avoir dressé en talus les terres au-dessus d'un mur de terrasse de l'orangerie des Thuilleries.............. 19ʰ 7ˢ 9ᵈ

14 aoust : à François Gallie et Roger Formont, terrassiers, pour avoir recouvert de recoupe de pierre battue

en pente le dessus de la vouste de la terrasse du jardin du Louvre, le long de la rivière................. 86ᴧ

27 novembre : à Henry Langlois, terrassier, pour cinquante tombereaux de terre rouge qu'il a fourni pour faire le noyau de la statue équestre du Roy de l'hostel de Vandosme.......................... 87ᴧ 10ˢ

A Pierre Clou, jardinier, pour le fumier qu'il a fourni à la construction de la cage intérieure pour renfermer le noyau de lad. figure équestre.......... 225ᴧ 19ˢ

Somme de ce chapitre...... 478ᴧ 6ˢ 9ᵈ

CHARPENTERIE.

9 janvier - 16 octobre : à Dugué, marchand de bois, à compte des bois qu'il a fourni pour les réparations du chasteau de Limours pendant l'année 1688 (3 p.) 1100ᴧ

10 may : à François Caillet, charpentier, à compte des ouvrages et réparations de charpenterie au chasteau de Vincennes........................... 150ᴧ

9 janvier - 2 octobre : à Joseph Vibot et Nicolas Du Magni, charpentiers, à compte des ouvrages et réparations de charpenterie qu'ils ont faits au chasteau de Vincennes, aux escuries de la Reyne et escuries du haras dud. chasteau (2 p.)..................... 400ᴧ

17 avril - 25 décembre : à eux, à compte de leurs ouvrages de charpenterie à la salle des machines, gros pavillon des Thuilleries, du costé de la grande escurie, et au pont de la porte d'entrée du jardin, du costé du pont Royal, à l'orangerie et aux escuries de Monseigneur (5 p.). 1950ᴧ

20 novembre : à eux, pour ouvrages et réparations à l'hostel des Ambassadeurs extraordinaires et au Fort l'Évesque, en 1687 et 1688............ 48ᴧ 4ˢ 10ᵈ

13 mars : à Lion, marchand de bois, pour solives, chevrons et brins de bois de charpenterie qu'il a fourni pour les poteaux et réparations de la grande escurie du Roy du chasteau de Vincennes.......... 128ᴧ 0ˢ 7ᵈ

18 septembre : à Le Lorrain, pour une poutre de bois de chesne qu'il a fournie pour les réparations de la maison appartenant au Roy, occupée par M. de Beringhen.............................. 150ᴧ

20 novembre : à de l'Isle Loignon, charpentier, pour le rétablissement des voustes sur la terrasse du petit jardin du Louvre le long de l'eau, en 1688 et 1689........................... 236ᴧ 2ˢ 8ᵈ

Somme de ce chapitre..... 4162ᴧ 8ˢ 1ᵈ

COUVERTURE.

9 janvier : à Estienne Yvon, couvreur, pour ses ouvrages de couverture sur un apenti d'une orangerie au Roule, en 1687.................. 290ᴧ 6ˢ 8ᵈ

10 may : à luy, sur ses ouvrages de couverture au Louvre, Thuilleries, Palais-Royal, hostel des Ambassadeurs, outre ses entretenemens ordinaires pendant les six derniers mois 1687................. 260ᴧ 11ˢ

12 juin : à luy, pour ses ouvrages au chasteau de Madrid, portes du bois de Boulogne et à la maison des cygnes, pendant l'année 1687.......... 351ᴧ 0ˢ 1ᵈ

3 juillet : à luy, pour ses ouvrages au logement occupé par le portier de l'Observatoire, en 1688. 174ᴧ 15ˢ

21 aoust - 25 décembre : à luy, à compte de ses ouvrages et réparations extraordinaires à plusieurs maisons appartenantes au Roy à Paris, pendant les six premiers mois 1688 (3 p.)...................... 900ᴧ

3 avril - 18 septembre : à Noel Martin, couvreur, parfait payement des ouvrages et réparations de couverture qu'il a fait à la maison des Gobelins, en 1687 et 1688 (3 p.)........................ 995ᴧ 1ˢ 7ᵈ

19 juin - 20 novembre : à luy, parfait payement de 1283ᴧ 15ˢ pour ses ouvrages au chasteau de Vincennes et lieux en dépendans (2 p.)............. 483ᴧ 15ˢ

Somme de ce chapitre...... 3455ᴧ 9ˢ 4ᵈ

MENUISERIE.

3 avril - 8 septembre : à Trille, menuisier, à compte des ouvrages et réparations de menuiserie qu'il a fait à la maison des Gobelins, en 1687 et 1688 (3 p.). 1000ᴧ

13 mars : à Pierre Guerin, menuisier, sur ses ouvrages et réparations de menuiserie à la grande escurie, chez M. le comte de Lionne et à l'hostel d'Armagnac, en 1687 et 1688................................ 600ᴧ

17 avril : à luy, sur ses ouvrages à la maison occupée par M. le Premier, aux petites escuries du Roy et aux escuries de Monseigneur, rue Saint-Honnoré.... 500ᴧ

10 may : à luy, sur ses ouvrages à la pépinière du Roule, portes du bois de Boulogne et du Cours la Reyne, en 1687 et 1688............................ 500ᴧ

3 avril - 25 décembre : à luy, sur ses ouvrages au Palais-Royal, au Louvre, Thuilleries, palais Brion et maisons adjaçantes, en 1687 et 1688 (5 p.)..... 2000ᴧ

13 mars : à Justine, menuisier, sur ses ouvrages et réparations de menuiserie à la petite escurie du Roy, à Paris, à la maison occupée par M. le Premier et à celle de Monseigneur, rue Saint-Honnoré........ 229ᴧ 8ˢ

A Rozière, menuisier, sur ses ouvrages à l'Observatoire, en 1688.................................. 118ᴧ

3 juillet : à Blomet, menuisier, à compte du rétablissement de huit grandes croisées de la salle du bal du chasteau de Limours........................ 50ᴧ

ANNÉE 1689. — DIVERSES MAISONS ROYALES.

10 may : à CLAUDE DUVAL, menuisier, parfait payement de 214ʰ 3ˢ 9ᵈ à quoy montent les ouvrages de menuiserie par luy faits au Jardin Royal, en 1687 et 1688............................ 114ʰ 3ˢ 9ᵈ

2 octobre-27 novembre : à ANTOINE RIVET, à compte de la menuiserie qu'il a fait à la maison occupée par M. le Premier (2 p.)........................ 500ʰ

Somme de ce chapitre.... 5611ʰ 11ˢ 9ᵈ

SERRURERIE.

13 mars : à CHEVALLIER, serrurier, sur ses ouvrages et réparations de serrurerie à l'Observatoire, en 1688................................. 123ʰ 8ˢ

9 janvier : à ROBERT BOULET, serrurier, sur ses ouvrages au Palais-Royal, en 1686, 1687 et 1688. 500ʰ

10 may : à luy, sur ses ouvrages et réparations au Louvre, Thuilleries, garde meuble de la Couronne et maisons adjaçantes...................... 400ʰ

24 juillet-25 décembre : à luy, sur ses ouvrages et réparations aux portes du bois de Boulogne, à la pépinière du Roule, à la Savonnerie, au Louvre, au Jardin Royal des plantes, hostel des Ambassadeurs et autres maisons adjaçantes, en 1686, 1687 et 1688 (5 p.)............................. 1800ʰ

24 avril : à NICOLAS LE ROY, serrurier, sur ses ouvrages et réparations de serrurerie au chasteau de Vincennes, depuis le 21 novembre 1688........... 159ʰ 10ˢ

A NICOLAS FOURNIER, serrurier, sur ses ouvrages et réparations au chasteau de Limours, en 1688.... 100ʰ

Décembre : à FRANÇOIS FONDRIN, serrurier, à compte des poinçons et carrez qu'il a forgez pour la monnoye d'Irlande............................ 100ʰ

14 aoust : à FRANÇOIS LUCAS, à compte de la grande boete qu'il a fait pour le grand balancier, des vis et autres ouvrages de serrurerie du balancier de Suède pour les médailles du Roy................... 250ʰ

18 septembre : à luy, sur ses ouvrages et réparations aux petites escuries du Roy, sous la grande gallerie, et aux escuries de Monseigneur, rue Saint-Honoré, en 1686 et 1687........................ 400ʰ

Décembre : à luy, sur les poinçons et carrez qu'il a forgés pour la monnoye d'Irlande............. 100ʰ

11 décembre : à PIERRE FRANÇOIS, marchand de fer, pour 250 livres d'acier de carme qu'il a fourni pour employer à forger des carrez à monnoyer pour envoyer en Irlande............................. 125ʰ

Somme de ce chapitre....... 4057ʰ 18ˢ

VITRERIE.

13 mars-25 décembre : à CHARLES JANSON[1], vitrier, pour ses ouvrages et réparations de vitrerie à l'Observatoire, Palais-Royal, Savonnerie, Jardin Royal, maison du portier du bois de Boulogne du costé de Neuilly, garde meuble de la Couronne, Louvre et dépendances desd. maisons (8 p.)..................... 2088ʰ 15ˢ 5ᵈ

20 mars-16 octobre : à JEAN GOMBAULT, vitrier, pour l'entretien des vitres du palais des Thuilleries, et avoir entouré et mis en plomb 3504 carreaux aux croisées de tous les appartemens dud. palais, en 1689 (2 p.). 419ʰ

20 mars-21 aoust : à CHARLES-FRANÇOIS JAQUET, vitrier, sur ses ouvrages et réparations de vitrerie au chasteau de Vincennes et à la maison des Gobelins, en 1687 et 1688 (3 p.)................. 842ʰ 0ˢ 6ᵈ

Somme de ce chapitre.... 3349ʰ 15ˢ 11ᵈ

PAVÉ.

13 mars : à ANTOINE LE LIEUTRE et JAQUES LE VIONNET, paveurs, pour ont fait aux escuries du Roy, Palais-Royal et maisons appartenantes à S. M., en 1688........ 300ʰ

5 juin-6 novembre : à eux, sur leurs ouvrages et réparations de pavé au Louvre et Palais-Royal (3 p.).... .... 700ʰ

Somme de ce chapitre......... 1000ʰ

PEINTURE.

10 may-10 juillet : à ALLEGRAIN, peintre, à compte des tableaux qu'il fait pour Trianon (2 p.)..... 600ʰ

9 janvier : à BAILLY, peintre, pour avoir mis en couleur la figure de bronze du *Rotator*, qui est au chasteau de Fontainebleau, et trois bustes qui sont au magasin du palais Brion......................... 77ʰ

9 octobre : à BON BOULOGNE l'aisné, peintre, à compte des tableaux qu'il fait pour Trianon....... 300ʰ

24 avril-9 octobre ; à CORNEILLE l'aisné, peintre, à compte des tableaux qu'il fait pour Trianon (2 p.). 500ʰ

13 mars : à CAMO, peintre, parfait payement de 550ʰ pour les ouvrages de peinture à compartiment et dorure par luy faits à l'appartement occupé par M. le comte DE GRAMONT, au palais Brion................. 250ʰ

9 octobre : à la veuve dud. CAMO, pour ouvrage de grosse peinture fait par led. deffunt au Palais-Royal, à

---

[1] A partir du 21 aoust, CHARLES JANSON est remplacé par sa veuve.

la maison occupée par M. le Premier et à l'orangerie du Roulle.................................. 90ᴸᴸ 17ˢ 6ᵈ

13 mars-18 décembre : à COESPEL père, peintre, à compte des tableaux d'arabesques qu'il fait d'après les desseins de RAPHAEL pour faire en tapisserie aux Gobelins (4 p.).................................... 4100ᴸᴸ

24 avril : à COESPEL fils, peintre, à compte de huit tableaux qu'il fait pour Trianon-sous-Bois...... 300ᴸᴸ

13 mars-27 novembre : à COTTEL, peintre, à compte des tableaux qu'il fait pour la gallerie de Trianon (7 p.)...................................... 3893ᴸᴸ

13 mars : à DELAFOSSE, peintre, à compte des tableaux qu'il fait pour Trianon............... 200ᴸᴸ

A DE SÈVE l'aisné, peintre, à compte des tableaux qu'il fait pour Trianon..................... 300ᴸᴸ

6 novembre : à DE FONTENAY, peintre, sur les nouveaux desseins peints en huile qu'il fait pour les bordures de tapisserie de la gallerie de Saint-Cloud, que l'on fait aux Gobelins pour le Roy................. 200ᴸᴸ

3 avril : à HOUASSE, peintre, à compte des tableaux qu'il fait pour Trianon.................... 300ᴸᴸ

2 octobre : à luy, à compte d'un grand portrait du Roy, que S. M. a donné à M. le Premier Président.... .... 300ᴸᴸ

13 mars-20 novembre : à MARTIN, peintre, à compte des tableaux qu'il fait pour Trianon (3 p.)..... 700ᴸᴸ

13 mars-14 aoust : à JOUBERT, peintre, à compte de la peinture qu'il a fait en mignature sur le clavessin du Roy (2 p.).................................. 500ᴸᴸ

20 mars : à luy, sur la peinture en mignature de vingt-sept plantes rares du Jardin Royal........... 675ᴸᴸ

19 juin-20 novembre : à luy, pour quarante-huit desseins en mignature de plantes rares (4 p.)...... 1200ᴸᴸ

13 mars : à LOUIS DENIS, qui a fait le corps dud. clavessin du Roy, à compte de son ouvrage....... 200ᴸᴸ

20 mars-20 novembre : à LE MOYNE le Troyen, peintre, pour les desseins en grand colorez sur papier à carreaux, qu'il a fait pour servir aux tapissiers de la Savonnerie qui font les tapis et banquettes du billard de Trianon (2 p.)..................................... 491ᴸᴸ 6ˢ 8ᵈ

3 avril-6 novembre : à LEFEBVRE, peintre, sur ses ouvrages et réparations de grosse peinture qu'il a faits à l'appartement de la Reyne mère à Vincennes (3 p.)... .... 434ᴸᴸ 2ˢ

23 janvier : à VERDIER, peintre, à compte des tableaux qu'il fait pour Trianon.................. 200ᴸᴸ

9 janvier-24 juillet : au sʳ WAN DER MEULEN, peintre, à compte des journées qu'il a payées aux peintres qui ont travaillé sous luy aux tableaux qu'il fait pour le chasteau de Marly (4 p.).......................... 861ᴸᴸ

Somme de ce chapitre.... 16672ᴸᴸ 6ˢ 2ᵈ

SCULPTURE[1].

13 mars-10 may : à NOEL BRIQUET, sculpteur, à compte des bordures de bois sculptées et dorées qu'il fait pour les tableaux du sʳ WAN DER MEULEN, à Marly (3 p.)..................................... 800ᴸᴸ

4 septembre-13 novembre : à luy, parfait payement de 5481ᴸᴸ 15ˢ 6ᵈ à quoy montent les ouvrages de sculpture en bois par luy faits à Trianon (7 p.) 1081ᴸᴸ 15ˢ 6ᵈ

11 septembre-13 novembre : à BELLAN, sculpteur, parfait payement de 3420ᴸᴸ 10ˢ 10ᵈ à quoy montent les ouvrages de sculpture en bois par luy faits à Trianon (5 p.)..................................... 820ᴸᴸ 10ˢ 10ᵈ

13 mars : à NICOLAS CASSEGRAIN, sculpteur mouleur, à compte du moule qu'il a fait en plastre de la statue équestre du Roy sur le modèle fait par le sʳ GIRARDON....................................... 1000ᴸᴸ

29 may-25 décembre : à luy, pour les journées employées à monter les cires de la statue équestre du Roy de l'hostel de Vandosme (16 p.)........ 2410ᴸᴸ 10ˢ

29 may : à luy, pour le moule et un jet de la teste et partie de l'encolure du modèle de lad. statue.... 150ᴸᴸ

A luy, pour avoir rétabli et mis en estat les parties qui ont esté coupées ou corrompues en montant le modèle de plastre de lad. statue............. 96ᴸᴸ 10ˢ

13 mars-10 may : à CHAUVEAU, sculpteur, pour les bordures de bois sculptées et dorées qu'il fait pour les tableaux du sʳ WAN DER MEULEN, à Marly (3 p.)...... .... 665ᴸᴸ 8ˢ 9ᵈ

4 septembre-13 novembre : à CHARMETON, sculpteur, parfait payement de 4265ᴸᴸ 6ˢ 8ᵈ à quoy montent les ouvrages de sculpture en bois qu'il a fait pour Trianon (7 p.).................................. 845ᴸᴸ 6ˢ 8ᵈ

27 novembre : à DROUILLY, sculpteur, à compte d'un grand vaze de marbre blanc qu'il a fait et posé à l'allée Royale de Versailles................... 200ᴸᴸ

4 septembre-13 novembre : à PINEAU, sculpteur, parfait payement de 4962ᴸᴸ 15ˢ à quoy montent les ouvrages de sculpture en bois à Trianon (6 p.)..... 1052ᴸᴸ 15ˢ

18 septembre-13 novembre : à DEVILLE, sculpteur,

---

[1] De nombreux sculpteurs connus sont inscrits sur le registre sans que leur nom soit accompagné de la mention d'aucun payement. D'où il est permis de conclure que ces noms, classés, comme on le voit, par ordre alphabétique, étaient inscrits à l'avance.

ANNÉE 1689. — DIVERSES MAISONS ROYALES.

parfait payement de 1473ᵗᵗ 17ˢ 6ᵈ à quoy montent ses ouvrages de sculpture en bois pour Trianon (3 p.).... 223ᵗᵗ 17ˢ 6ᵈ

6-13 novembre : à Esloy, sculpteur, parfait payement de 1926ᵗᵗ 5ˢ à quoy montent ses ouvrages de sculpture en bois pour Trianon (2 p.)......... 106ᵗᵗ 5ˢ

23 octobre : à Gautier, sculpteur, parfait payement de 300ᵗᵗ pour deux figures sculptées en bois pour la gallerie et le sallon de Trianon............... 40ᵗᵗ

11 septembre-13 novembre : à Guyot, sculpteur, parfait payement de 2201ᵗᵗ 10ˢ à quoy montent ses ouvrages de sculpture en bois pour Trianon (6 p.)..... 851ᵗᵗ 10ˢ

23 octobre : à luy, parfait payement de 600ᵗᵗ pour quatre figures sculptées en bois pour les frontons de la gallerie et sallon de Trianon................ 200ᵗᵗ

3 avril-18 septembre : à François Girardon, sculpteur, pour son remboursement des journées payées aux sculpteurs et manœuvres qui ont travaillé au modèle de la statue équestre du Roy de l'hostel de Vandosme, depuis le 27 septembre 1688 jusqu'au 1ᵉʳ septembre 1689 (7 p.)...................... 786ᵗᵗ 15ˢ 6ᵈ

3 juillet-23 octobre : à luy, par gratification, en considération des soins qu'il a pris à la conduite des ouvrages de sculpture qui ont esté faits au service de S. M. (2 p.)............................ 3538ᵗᵗ

18 septembre : à luy, pour journées payées au nommé Poirier qui a réparé les cires et le modèle de plastre réformé de la figure du *Point du Jour* pour estre fondue en bronze à l'Arsenal..................... 234ᵗᵗ

A luy, pour journées payées aux nommez Bontemps et La Cour qui ont réparé les cires des figures que Vinache est chargé de fondre en bronze........... 106ᵗᵗ 3ˢ 4ᵈ

11 décembre : à luy, pour avoir restauré un torse antique représentant un *Bacchus*, posé à Marly.... 500ᵗᵗ

11 décembre : à luy, pour avoir restauré une figure antique représentant un jeune homme qui tient des fruits et deux lapins, qui devoit estre posé et depuis renvoyé au magasin des antiques................ 100ᵗᵗ

11 septembre-13 novembre : à Havard, sculpteur, parfait payement de 1860ᵗᵗ à quoy montent les ouvrages de sculpture en bois qu'il a fait à Trianon (5 p.). 510ᵗᵗ

Janvier : à Noel Jouvenet, sculpteur, pour plusieurs modelles de plastre de chapiteaux et colonnes, qu'il a fait pour servir aux sculpteurs qui les ont exécutez en marbre pour Trianon..................... 383ᵗᵗ 10ˢ

17 juillet : à luy, parfait payement de 1428ᵗᵗ à quoy montent les fleurs de lys et mufles de lions qu'il a sculptez en pierre de liais aux chapiteaux et simaises du principal portail de la grande église des Invalides....... 928ᵗᵗ

23 octobre : à Jacquin, sculpteur, parfait payement de 300ᵗᵗ pour deux figures en bois qu'il a faites et sculptées pour les frontons de la gallerie et sallon de Trianon................................ 100ᵗᵗ

9 octobre : à L'Espingola, sculpteur, parfait payement de 200ᵗᵗ pour dix petits modèles qu'il a fait en cire et terre des figures d'enfans sculptées en bois de ronde bosse pour le dessus des frontons des croisées de la gallerie et du sallon de Trianon............... 100ᵗᵗ

23 octobre : à luy, parfait payement de 1400ᵗᵗ pour sept bas-reliefs qu'il a fait en bois pour les croisées feintes de la gallerie et chambre de Trianon.... 300ᵗᵗ

23 octobre : à Leguay, sculpteur, parfait payement de 300ᵗᵗ pour deux figures sculptées en bois pour les frontons de la gallerie et du sallon de Trianon...... 100ᵗᵗ

4 septembre-13 novembre : à Legeret, sculpteur, parfait payement de 3311ᵗᵗ 4ˢ 2ᵈ à quoy montent ses ouvrages de sculpture en bois pour Trianon (7 p.)...... 1311ᵗᵗ 4ˢ 2ᵈ

11 septembre-13 novembre : à Le Maire, sculpteur, parfait payement de 3430ᵗᵗ 18ˢ 9ᵈ à quoy montent ses ouvrages de sculpture en bois pour Trianon (5 p.)...... 730ᵗᵗ 18ˢ 9ᵈ

12 juin : à Langlois, sculpteur mouleur, pour l'assemblage, port et raport de plusieurs moules de plastre du palais Brion chez Vinache et de là au palais Brion et à l'Arsenal, pour les figures que l'on jette en bronze pour S. M.................................. 130ᵗᵗ

14 aoust : à luy, pour un moule de plastre de la figure du *Point du Jour*, réformé par le sʳ Girardon. 235ᵗᵗ 10ˢ

6 novembre : à luy, pour le jet en plastre du groupe de *Castor et Pollux* et de la figure du *Point du Jour*.. 99ᵗᵗ

11 septembre-13 novembre : à Lange, sculpteur, parfait payement de 2274ᵗᵗ 13ˢ 4ᵈ à quoy montent ses ouvrages de sculpture en bois pour Trianon (5 p.)..... 674ᵗᵗ 13ˢ 4ᵈ

20 mars-19 juin : à La Lande, sculpteur, à compte des bordures de bois sculptées et dorées qu'il fait pour les tableaux du sʳ Wan der Meulen, à Marly (4 p.).... 1100ᵗᵗ

17 juillet-14 aoust : à luy, pour une grande bordure en bois sculptée et dorée qu'il a fait pour le tableau du sʳ Mignard, représentant la *Famille de Darius* (2 p.)............................. 556ᵗᵗ 7ˢ 6ᵈ

18 septembre : à luy, pour vingt-deux grands chassis

de bois de sapin qu'il a fait et fourni pour les tableaux que le s' Van der Meulen a fait pour Marly..... 154ᴸ

4 septembre-13 novembre : à luy, parfait payement de 2498ᴸ 2ˢ 11ᵈ à quoy montent ses ouvrages de sculpture en bois pour Trianon (7 p.)........ 898ᴸ 2ˢ 11ᵈ

17 avril-19 juin : à Legrand, sculpteur, à compte des bordures de bois sculptées et dorées qu'il fait pour les tableaux du s' Van der Meulen, à Marly (3 p.) 800ᴸ

4 septembre-13 novembre: à luy, parfait payement de 5582ᴸ 6ˢ 4ᵈ à quoy montent ses ouvrages de sculpture en bois pour Trianon (8 p.)...... 1262ᴸ 6ˢ 4ᵈ

4 décembre : aux Mazière frères, sculpteurs, à compte de la sculpture qu'ils font en marbre sur quatre guéridons et deux socles, pour deux fontaines du Labirinthe de Versailles.................... 300ᴸ

11 septembre-13 novembre : à Mathée, sculpteur, parfait payement de 2449ᴸ 7ˢ 6ᵈ à quoy montent ses ouvrages de sculpture en bois pour Trianon (5 p.)....
.... 449ᴸ 7ˢ 6ᵈ

20 novembre : à Poulletier, sculpteur, à compte d'une grande figure de marbre représentant *Didon avec ses attributs*, qu'il a fait pour l'allée Royalle du jardin de Versailles................... 500ᴸ

13 novembre: à Regnier, sculpteur, parfait payement de 1740ᴸ 12ˢ 11ᵈ à quoy montent ses ouvrages de sculpture en bois pour Trianon............ 90ᴸ 12ˢ 11ᵈ

9 janvier : à Raon, sculpteur, à compte d'un grand vaze qu'il fait en marbre pour l'allée Royalle de Versailles............................... 200ᴸ

13 novembre : à Robert, sculpteur, à compte d'un grand vaze qu'il fait en marbre pour *idem*..... 200ᴸ

A Taupin, sculpteur, parfait payement de 1596ᴸ 3ˢ à quoy montent les ouvrages de sculpture en bois qu'il a fait pour Trianon....................... 46ᴸ 3ˢ

A Vilaine, sculpteur, parfait payement de 1216ᴸ 12ˢ 8ᵈ à quoy montent ses ouvrages de sculpture en bois pour Trianon.............................. 16ᴸ 12ˢ 8ᵈ

21 aoust : aux nommez Varin, Langlois et Monnier, sculpteurs et fondeurs, sur leurs ouvrages aux chapiteaux de pierre de Saint-Leu du grand portail de l'église des Invalides............................... 1000ᴸ

2 octobre-20 novembre : à eux, payement de 64 mufles de lion en pierre dure à la cimaise de la dernière corniche du dosme de lad. église (2 p.)...... 376ᴸ

Somme de ce chapitre... 2936,ᴸ 17ˢ 2ᵈ

FONTE DE BRONZE.

13 mars-24 juillet : aux nommez Varin, Langlois et Monnier, sculpteurs fondeurs, à compte des groupes d'enfans qu'ils ont fondu en bronze pour l'allée de la Pyramide de Versailles (4 p.)............. 4000ᴸ

17 juillet-9 octobre : à Keller, fondeur, à compte des figures de bronze pour le chasteau de Versailles (2 p.)............................... 6000ᴸ

3 avril-18 septembre : aux nommez Aubry, Bonvallet, Roger et Taubin, fondeurs, à compte de huit groupes d'enfans qu'ils sont chargez de fondre avec leurs attributs pour les grands bassins du parterre de Versailles (4 p.)............................... 3000ᴸ

13 mars-17 juillet : à Vinasse, fondeur, à compte des figures du *Gladiateur mourant*, du *Faune de la Reyne de Suède*, de la *Vénus honteuse*, de la *Nimphe à la coquille* et de l'*Attalante* qu'il a entrepris de fondre en bronze pour le service du Roy (2 p.)................. 1200ᴸ

3 avril : à Nicolas de Nainville, fondeur, pour la fonte et alliage de 11155 livres de mitraille, moitié rouge et moitié jaune, pour jetter la deuxième *Nimphe* de Raon, sculpteur, fondue par Keller, et la figure du *Gladiateur mourant*, fondue par Vinasse en 1688.....
.... 1551,ᴸ 12ˢ

3 avril : à luy, pour la façon et fonte de 79 crampons de bronze qui ont esté délivrez aux sculpteurs et marbriers pour servir aux chapiteaux, bassins et ouvrages de Latonne, à Versailles................. 112ᴸ

14 aoust-16 octobre : à luy, à compte de la fonte qu'il fait en bronze du corps du balancier de Suède (2 p.).................................. 400ᴸ

Décembre : à luy, à compte des fontes et alliages qu'il a faites des étoffes de cuivre pour l'Irlande..... 1000ᴸ

Somme de ce chapitre...... 17263ᴸ 12ˢ

MARBRERIE.

9 janvier : à François Deschamps, marbrier, pour la façon de trois chambranles de marbre de couleur, qu'il a fait et remis au magasin du Roy à Paris... 236ᴸ 18ˢ 4ᵈ

17 avril : à luy, parfait payement de 3200ᴸ pour la pose de trente-deux bas-reliefs de marbre blanc à la Colonnade de Versailles..................... 1200ᴸ

17 juillet : à luy, à compte des cordons de bassins qu'il fait en marbre pour le Labirinthe de Versailles.. 200ᴸ

21 aoust-27 novembre : à luy, à compte de huit colonnes de marbre vert de Campan dégrossies, qu'il a coupées de mesure et taillées en partie pour le salon au-dessus du vestibule attenant la chapelle de la nouvelle grande aile du chasteau de Versailles (3 p.)... 1000ᴸ

3 avril : à luy, à compte de huit pieds d'estaux qu'il a faits pour l'orangerie de Versailles, sept autres petits pieds d'estaux et quatre socles pour Trianon 300ᴸ

ANNÉE 1689. — DIVERSES MAISONS ROYALES.

20 mars-15 may : à JAQUES ERGOT, marbrier, pour avoir fait et rétabli les foyers et chambranles de l'appartement de M. le comte DE GRAMONT, au palais Brion, et autres ouvrages au palais des Thuilleries (2 p.). 32ʰ 1ˢ

9 janvier : aux nommez ERGOT, LISQUI et CUVILLIER, marbriers, à compte du pavé qu'ils font en marbre à la grande aile du chasteau de Versailles........ 1000ʰ

13 mars : à JAQUES BAUDIN, marbrier, à compte des ouvrages qu'il fait en marbre pour la fontaine de Latonne, à Versailles................... 300ʰ

Somme de ce chapitre..... 4268ʰ 19ˢ 4ᵈ

MARQUETTERIE.

24 juillet-9 octobre : à DOMINICO CUCCI, ébéniste, à compte des bordures de bronze doré qu'il fait pour les tables de marbre et d'albastre de Trianon (2 p.). 400ʰ

VOITURES.

10 may : à CLAUDE HAVET, voiturier, pour la voiture par eau, de Rouen à Paris, de 63 caisses remplies de divers ouvrages de marbre et sept blots de marbre d'albastre montaluto, envoyez de Rome pour le service du Roi et remis aux magasins............. 207ʰ 18ˢ

18 septembre : à MONIN, voiturier, pour son remboursement de ce qu'il a payé au P. BOCCONE, Sicilien, pour plusieurs graines de plantes rares apportées d'Italie et semées dans le Jardin Royal................ 225ʰ

20 novembre : à NICOLAS RICHON, voiturier, pour voitures et journées d'hommes employez à voiturer et mettre dans les magasins du Roy les tranches de marbre de différentes couleurs et qualitez, provenans des marbres délivrés aux sculpteurs et marbriers........ 2083ʰ 10ˢ

27 mars : au sʳ VANDERULST, marchand à Rouen, pour remboursement du fret et autres frais de 90 caisses de statues de marbre, venans de Civita-Vechia au Havre, du Havre à Rouen et de Rouen à Paris, pour le service de S. M.................. 1607ʰ 1ˢ

9 octobre : à luy, remboursement de plusieurs caisses d'oranges et autres, envoyées de Lisbonne par le Havre et Rouen............................ 42ʰ 9ˢ 6ᵈ

Somme de ce chapitre..... 4165ʰ 18ˢ 6ᵈ

DIVERSES DÉPENSES.

13 mars-4 décembre : au sʳ FOSSIER, pour son remboursement de ses dépenses pour faire remplir et raccomoder les glacières des Tuileries, pour les ustanciles qui ont servi à éteindre le feu dans un logement appartenant au Roi, pour transport de 65 caisses de marbre et d'orangers venues de Rome (6 p.).... 1286ʰ 0ˢ 5ᵈ

18 septembre : à luy, pour son remboursement de ce qu'il a payé aux sʳˢ DESCHAMPS, ERGOT et LISQUI, marbriers, pour 3822 pieds 2 pouces 5 lignes en superficie de sciage de marbre en tranches, par eux remises aux magasins........................ 2429ʰ 12ˢ 6ᵈ

2 octobre : à luy, pour sommes payées aux sʳˢ RAUDIN et MISSON, marbriers, RAON et BUIRETTE, sculpteurs, pour 3748 pieds 11 pouces 11 lignes en superficie de sciage de marbre en tranches, remises aux magasins........................... 2814ʰ 8ˢ 5ᵈ

6 novembre : à luy, pour somme payée à CUVILLIER, marbrier, VARIN et consors, SLODS, HANDY, MAZIÈRE, GRENIER et DE MELO, sculpteurs, pour 3674 pieds 2 pouces 11 lignes en superficie de sciage de marbre en tranches, remises aux magasins............... 2269ʰ 11ˢ 7ᵈ

8 may-25 décembre : au sʳ DE FROSNE, à compte des menues dépenses de la fonderie de la statue équestre du Roy à l'hostel de Vandosme (6 p.)........... 700ʰ

20 mars : à JEAN VIONNET, Savoyard, pour avoir mis en couleur et frotté les planchers des appartemens de la Reyne Mère et autres attenans, au chasteau de Vincennes.............................. 30ʰ

A GAUCHÉ, arquebusier, pour la ferrure d'acier poli, doré et damasquiné, qu'il a fait et posée sur le clavessin du Roy............................. 102ʰ 10ˢ

3 avril : à DUPONT, pour remboursement des journées par luy payées aux menuisiers et nattiers qui ont travaillé et fourni de la natte pour la cage du modèle de la statue équestre du Roy, et pour 125 journées que led. DUPONT a employé à escrire les rolles des ouvrages de la Place Royalle....................... 243ʰ 2ˢ

15 may-16 octobre : au sʳ DOUSSOT, expert des bastimens, pour 306 vacations et 10 journées employées à la vérification, toisés et calcul des ouvrages de maçonnerie, charpenterie, couverture, serrurerie et autres qui ont esté faits de neuf, tant aux réparations des maisons royales de Paris qu'au couvent des Capucines (2 p.)........................... 2135ʰ 10ˢ

15 may : au sʳ DE CHANTALOU, toiseur, pour avoir toisé et gravé 281 blots ou colonnes, et 2823 tranches de marbre de différentes couleurs.......... 371ʰ 5ˢ 4ᵈ

20 novembre : à luy, pour avoir toisé et gravé 510 blots, 13 colonnes et 8 tambours de marbre d'Italie et des Pyrennées de différentes couleurs......... 246ʰ

15 may-27 novembre : au sʳ HERLAN, marchand, pour la cire, térébantine, poix grasse et huile d'olive qu'il a fourni pour le modèle de la statue équestre du Roy à l'hostel de Vandosme (9 p.)........... 3570ʰ 15ˢ

29 may : à ROBERT BÉGA, pour avoir transporté et

19.

serré les vieux bois des démolitions de la Sainte-Chapelle du chasteau de Vincennes................ 24ᴴ 10ˢ

29 may : à Chevillard, fontainier, pour le rétablissement par luy fait des cassures et fautes des tables de plomb de la terrasse du chasteau de Vincennes. 29ᴴ 11ˢ

12 juin : à Marcelin, pour avoir transporté et fait passer, du port du Cours au delà du pavé, 13 blots de marbre blanc pour débarasser led. port............ 97ᴴ 10ˢ

18 septembre : à Louis Denis, pour la dépense qu'il a faite pour le port du clavessin du Roy peint par le sʳ Joubert................................. 37ᴴ 10ˢ

9 octobre : au sʳ Petit, commissaire des pauvres de la parroisse Saint-Roch, pour la taxe des trois maisons appartenantes à S. M. sur lad. parroisse........ 78ᴴ

13 novembre : à Noblet, remboursement de frais de déchargement au port de Sève et de voiture par charette, dud. port de Sève à Trianon, de vingt paniers de papagaye envoyez de Lisbonne pour le service de S. M. 12ᴴ

Somme de ce chapitre.... 1'6478ᴴ 0ˢ 10ᵈ

TAUPES.

10 may-20 novembre : aux Liards, taupiers, pour 840 taupes qu'ils ont prises dans les jardins et petit parc de Vincennes, pendant le dernier quartier 1688 et les deux premiers 1689 (2 p.).................. 147ᴴ

BRODERIES DE SAINT-CYR.

13 mars-3 juillet : à Lalleu, tireur d'or, pour 31 marcs d'or filé qu'il a fourni pour lesd. broderies (2 p.).................................. 1420ᴴ

13 mars : à Bouret, marchand, pour 2 livres de fil aurore et cinq douzaines de broches de buys qu'il a fourni pour idem................................ 13ᴴ 5ˢ

13 mars-3 juillet : à Jean Vivien, autre, pour six bottes de soye grenadine aurore qu'il a fourni (2 p.). 93ᴴ

Somme de ce chapitre..... 1526ᴴ 5ˢ

VUIDANGES.

12 juin : à François Duval et Cristopule le jeune, vuidangeurs, pour la moitié de la vuidange des fosses d'aysances de la maison de la Longue Allée, rue Saint-Honoré, et avoir curé un cloaque au Palais-Royal .. 61ᴴ

3 juillet : à Jean Guerier, autre, pour vuidange des deux fosses d'aysance à la maison des Gobelins 117ᴴ 11ˢ

11 décembre : aud. Duval et Lejeune, pour vuidanges de deux aysances et d'un puits à la maison occupée par M. le Premier........................ 48ᴴ 13ˢ

Somme de ce chapitre........ 227ᴴ 4ˢ

RAMONNAGES DE CHEMINÉES.

10 may : à Jean Padelain, ramonneur, pour 89 cheminées qu'il a ramonnées et 10 autres qu'il a racommodées au Louvre, Thuilleries, garde meuble de la Couronne, Palais-Royal et hostel des Ambassadeurs... 39ᴴ 3ˢ

TOURNURE DE VIS.

13 mars-2 octobre : à Maubois, tourneur, pour rouleaux de bois, vis d'acier et escroues du balancier de Suède et balancier des médailles (2 p.)........... 373ᴴ

GRAVEURE.

11 décembre : à Le Pautre, graveur, pour deux planches gravées sur cuivre, représentant l'*Élévation de la façade d'une des escuries du Roy*, du costé de l'avenue de Versailles, contenant 2 pieds 2 pouces 7 lignes 1/2 en superficie, à raison de 150ᴴ le pied... 337ᴴ 16ˢ 3ᵈ

Janvier : à Gérard Audran, graveur, parfait payement de 5000ᴴ pour trois planches qu'il a gravées à l'eau-forte d'après les tableaux peints par le sʳ Mignard à la petite gallerie du chasteau de Versailles....... 1000ᴴ

13 mars : à Louis Chatillon, dessinateur et graveur, pour avoir gravé sur cuivre un petit portrait et fourny 250 épreuves............................. 45ᴴ

20 mars : à luy, pour avoir gravé à l'eau-forte deux planches, l'une représentant la *Prise d'Aire*, l'autre la *Prise de la citadelle d'Ipre*, pour servir à l'Histoire des conquestes de S. M..................... 600ᴴ

19 juin : à luy, pour deux planches qu'il a gravées et livrées à la Bibliothèque du Roy, une pour la suitte des *Conquestes du Roy* représentant la *Prise d'Orsoy*, et l'autre pour servir à l'*Histoire des animaux* représentant un *Crocodril* et ses parties................... 388ᴴ

14 aoust : à luy, pour six planches qu'il a gravées et livrées à la Bibliothèque du Roy pour servir à l'*Histoire des plantes*............................ 528ᴴ

2 octobre : à luy, pour une planche qu'il a gravée à l'eau-forte, représentant la *Prise de la ville de Burick*, pour la suite des *Conquestes du Roy*............ 300ᴴ

10 may : à Simonneau le jeune, graveur, pour une planche de cuivre qu'il a gravée à l'eau-forte, représentant la principale veue du *Théastre d'Eau* du jardin de Versailles, qu'il a fournie avec les épreuves au cabinet de la Bibliothèque du Roy.................... 335ᴴ

Janvier : à Thomas Bernard, graveur, parfait payement de 1090ᴴ pour un modèle de cire, un poinçon et un carré qu'il a gravés en creux pour la suitte des médailles du Roy, représentant l'*Établissement de la Communauté royalle de Saint-Louis à Saint-Cyr* 890ᴸᵗ

9 octobre : à MICHEL MOLARD, graveur, à compte de trois poinçons et cinq carrez d'acier qu'il a gravez en creux pour la suitte des médailles du Roy 150ᴸᵗ

13 mars-6 novembre : à MAUGER, graveur, à compte de deux carrez qu'il grave en creux pour la suitte des médailles du Roy (3 p.) 550ᴸᵗ

27 mars-5 juin : à ROUSSEL, graveur, parfait payement de deux poinçons et deux carrez qu'il a gravez pour la suitte des médailles, représentant l'*Abandonnement de l'Issel par les Hollandois* et la *Prise d'Aire*, et sur trois cires et trois carrez représentant idem et la *Teste du Roy* (4 p.) 1490ᴸᵗ

Somme de ce chapitre 6613ᴸᵗ 16ˢ 3ᵈ

BRIQUES.

13 mars-20 novembre : à TRICQUET, pour son remboursement de pareille somme qu'il a avancée à JAQUES BULARD, potier de terre, pour les briques qu'il a fait pour la fonderie de la statue équestre du Roy à l'hostel de Vandosme (4 p.) 1000ᴸᵗ

OUVRAGES DES GOBELINS ET DE LA SAVONNERIE.

9 janvier-2 octobre : à JANSS, tapissier, pour son payement de l'ouvrage qu'il a fait sur trois pièces de tapisseries haute lisse, sçavoir : une représentant l'*École d'Athènes*, une autre le *Parnasse*, et la troisième *Attila*, et ce pendant les six derniers mois 1688 et six premiers 1689 (4 p.) 3048ᴸᵗ 19ˢ 7ᵈ

9 janvier : à luy, à compte de douze pièces de tapisserie de haute lisse qu'il a fait, sçavoir : quatre d'après JULES ROMAIN, cinq d'après RAPHAEL et trois d'arabesques dont les prix ne sont point réglez, y compris 1154ᴸᵗ16ˢ2ᵈ pour l'or filé, les soies cramoisi et commune, les laines cramoisi, carnation et commune, à luy fourni 5685ᴸᵗ 3ˢ 10ᵈ

27 mars : à luy, sur treize pièces, dont quatre de JULLES ROMAIN, cinq de RAPHAEL et trois d'arabesques, y compris 1518ᴸᵗ 1ˢ pour fournitures comme ci-dessus 4039ᴸᵗ 9ˢ 11ᵈ

10 juillet : à luy, sur lesd. pièces, y compris 1331ᴸᵗ. 16ˢ 2ᵈ pour fournitures 6000ᴸᵗ 18ˢ 10ᵈ

2 octobre : à luy, idem, y compris 1309ᴸᵗ 12ˢ 1ᵈ pour fournitures 6670ᴸᵗ 7ˢ 1ᵈ

27 mars : à luy, pour la première demie année de cinq apprentifs tapissiers, sçavoir : CLAUDE-LOUIS COGNÉ,

GERMAIN TEXIER, TOUSSAINT VAVAQ[1], AMANT VAVAQ et JEAN-BAPTISTE VAVAQ qui luy ont esté obligez dès le 13 juin 1688 .... 250ᴸᵗ

27 mars-2 octobre : à luy, pour ses gages de l'année 1688 et les six premiers mois 1689 (3 p.) 225ᴸᵗ

9 janvier-2 octobre : à LEFEBVRE, tapissier, pour l'ouvrage qu'il a fait sur quatre pièces de tapisserie de haute lisse, sçavoir : une représentant la *Bataille d'Arbelles*, une *Moyse frappant la roche*, une le *Parnasse* et une l'*Incendie du Bourg* (4 p.) 3770ᴸᵗ 9ˢ 7ᵈ

9 janvier : à luy, pour l'ouvrage qu'il a fait, sçavoir : trois pièces d'après JULLES ROMAIN, deux d'après RAPHAEL et une pièce d'arabesque, dont les prix ne sont point réglez, y compris 214ᴸᵗ 3ˢ 11ᵈ pour laines à luy fournies 2817ᴸᵗ 12ˢ 7ᵈ

27 mars : à luy, sur sept pièces, sçavoir : quatre pièces de JULLES ROMAIN, deux de RAPHAEL et une d'arabesques 2119ᴸᵗ 9ˢ 4ᵈ

10 juillet : à luy, sur huit pièces, sçavoir : quatre pièces de JULLES ROMAIN, trois pièces de RAPHAEL et une d'arabesques 1955ᴸᵗ 2ˢ

2 octobre : à luy, sur huit pièces, comme dessus 2045ᴸᵗ 6ˢ 8ᵈ

2 octobre : à luy, pour ses gages de l'année 1688 et six premiers mois 1689 .... 225ᴸᵗ

9 janvier : à MOSIN, pour l'ouvrage qu'il a fait sur quinze pièces de tapisseries basse lisse, sçavoir : trois de la *Tenture Indienne*, l'une représentant un *Combat d'animaux*, une un *Éléphant* et une *Deux Taureaux* ; cinq autres de l'*Histoire de Scipion*, représentant une le *Festin*, une *Scipion dans son throsne*, une l'*Assault de Carthage*, une *Scipion qui reçoit les officiers* et une l'*Armée navalle*; sept autres de la tenture des *Mois* de Lucas, représentant ceux de novembre, décembre, may, octobre, juillet, febvrier et aoust, pour, avec celle de 1267ᴸᵗ 2ˢ 9ᵈ à quoy montent les soies cramoisi et commune, les laines cramoisi, carnation et commune, et chaisne qui luy ont esté fournies pendant le troisième quartier de 1688, faire celle de 5272ᴸᵗ 7ˢ 10ᵈ

27 mars : à luy, sur treize pièces (sept de la *Tenture des Mois* et six de *Scipion*, y compris la *Grande bataille*), avec 917ᴸᵗ 6ˢ 7ᵈ pour soies, laines et chaisne à luy fournies 4859ᴸᵗ 11ˢ 6ᵈ

10 juillet : à luy, sur douze pièces de tapisserie susénoncées, y compris 799ᴸᵗ 13ˢ 4ᵈ pour soyes et laines 4495ᴸᵗ 8ˢ

2 octobre : à luy, sur six pièces de l'*Histoire de Sci-*

---

[1] Il faut lire VAVOQ.

pion, deux de la *Tenture Indienne*, représentans l'une *Deux Taureaux* et l'autre un *Combat d'animaux*, et une pièce de la tenture des *Mois* de Lucas, représentant le mois de février, avec 613ʰ 13ˢ 8ᵈ pour soyes, laines et chaisne.................... 4280ʰ 13ˢ 9ᵈ

27 mars - 2 octobre : à luy, pour ses gages de l'année 1688 et des six premiers mois de 1689 (3 p.).. 225ʰ

9 janvier : à LACROIX, pour l'ouvrage qu'il a fait sur huit pièces de tapisseries basse lisse, sçavoir : trois de l'*Histoire de Scipion*, représentant une la *Bataille*, une la *Conférence de Scipion et d'Anibal*, une *Scipion allant à la bataille*; quatre autres de la tenture des *Mois* de Lucas, représentant ceux de mars, septembre, juin et avril; une autre de la *Tenture Indienne*, représentant un *Cheval rayé*, sous déduction de la somme de 727ʰ 3ˢ 9ᵈ à quoy montent les soyes cramoisi et commune, les laines carnation, cramoisi et commune à lui fournies. 4091ʰ 9ˢ 9ᵈ

27 mars : à luy, sur sept pièces de tapisseries basse lisse (trois de l'*Histoire de Scipion*, une de la *Tenture Indienne* et les mois de janvier, avril et juin de la tenture des *Mois*), avec 514ʰ 0ˢ 10ᵈ pour fournitures de soies et laines............... 2623ʰ 9ˢ 2ᵈ

10 juillet : à luy, sur lesd. sept pièces, avec 260ʰ 1ˢ 2ᵈ pour fournitures de soyes et laines........ 3128ʰ 13ˢ

2 octobre : à luy, sur sept pièces (janvier et avril de la tenture des *Mois*, quatre de la tenture de *Scipion* et un *Cheval rayé*), avec 192ʰ 9ˢ 1ᵈ pour les soyes qui luy ont été fournis.................... 3658ʰ 3ˢ 2ᵈ

27 mars - 2 octobre : à luy, pour ses gages de l'année 1688 et des six premiers mois de 1689 (3 p.)... 150ʰ

9 janvier - 2 octobre : à YVART, peintre, pour ses appointemens des six derniers mois 1688 et six premiers 1689 (4 p.)........................ 3000ʰ

A luy, pour son remboursement de la dépense qu'il a faite pendant le mesme temps pour les desseins et peintures (4 p.)......................... 2229ʰ 5ˢ

A luy, pour ses gages de l'année 1688 et six premiers mois 1689 (3 p.)..................... 225ʰ

9 janvier - 2 octobre : à TURPIN, marchand, pour 42 livres de laine blanche d'Angleterre à 45ˢ la livre, 63 livres à 55ˢ, 459 livres 1/2 à 3ʰ 3/4, et 463 livres de chaisne à 3ʰ la livre (4 p.)......... 3058ʰ 6ˢ 3ᵈ

9 janvier - 2 octobre : à BRANCHY, lapidaire, pour ses appointemens des six derniers mois 1688 et six premiers 1689 (4 p.)..................... 1920ʰ

A luy, pour son remboursement des journées qu'il a payées à un homme pour scier et polir les pierres qu'il employe, à 25ˢ par jour (4 p.)............ 350ʰ 4ˢ

9 janvier : à luy, remboursement de ce qu'il a payé,

sçavoir : 129ʰ 18ˢ 9ᵈ pour 14 livres 7 onces de lapis, à 9ʰ la livre, et 35ʰ 14ˢ pour douze scies de cuivre pesant 25 livres 1/2, à 28ˢ la livre....... 165ʰ 12ˢ 9ᵈ

10 juillet : à luy, sçavoir : 40ʰ pour 100 livres d'émery, et 8ʰ 14ˢ pour cire et arcanson..... 48ʰ 14ˢ

9 janvier - 2 octobre : à KERCHOVE, teinturier, pour ses appointemens des six derniers mois 1688 et six premiers 1689 (4 p.)..................... 1500ʰ

A luy, pour son remboursement de ce qu'il a payé à un homme qui luy a aydé à teindre pendant led. temps (4 p.)............................. 600ʰ

A luy, pour son remboursement de ce qu'il a payé pour le bois, cordes à puits et seaux pour la teinturerie (4 p.)............................ 295ʰ 15ˢ

A luy, pour ses gages de l'année 1688 et des six premiers mois 1689 (3 p.)................. 150ʰ

27 mars : à luy, pour six mois, échus au dernier décembre, de la seconde année de l'aprentissage de LOUIS KERCHOVE, son apprentif................ 37ʰ 0ˢ 10ᵈ

9 janvier - 2 octobre : à LIMAGNE, chirurgien, pour ses appointemens des six derniers mois 1688 et six premiers 1689 (4 p.)..................... 400ʰ

A NIVELON, dessinateur, pour ses appointemens pendant led. temps (4 p.).................... 1100ʰ

A la veuve BAREAU, portière, pour *idem* (4 p.). 300ʰ

A ROCHON, concierge, pour *idem* (4 p.)...... 1200ʰ

A luy, pour son remboursement des menues dépenses faites aux Gobelins pendant led. temps (4 p.). 377ʰ 15ˢ

13 mars - 24 juillet : au sʳ JOSEPH PICHON, prestre, pour avoir célébré le service divin dans la chapelle de la Savonnerie pendant les six derniers mois 1688 et six premiers 1689 (2 p.)..................... 240ʰ

27 mars : le nommé MANGAR, marchand, a fourni 70 livres de laine pendant le quartier de juillet 1688, qui valient, à raison de 3ʰ la livre, 210ʰ; mais, attendu qu'il s'est retiré du royaume au sujet de la religion avant que d'estre payé, cet article ne sera tiré que pour Mémoire.

27 mars - 2 octobre : au nommé ROULLEAU, pour les drogues de teinturerie qu'il a fournies suivant ses mémoires (2 p.)..................... 661ʰ 14ˢ 6ᵈ

27 mars - 2 octobre : à DE MOUCHY, payement d'avoir dégraissé et reblanchi des laines d'Angleterre, à 4ˢ la livre (3 p.)......................... 113ʰ 1ˢ

27 mars - 2 octobre : à DE SÈVE, peintre pour les histoires, pour ses gages de l'année 1688 et six premiers mois 1689 (3 p.)...................... 300ʰ

27 mars - 2 octobre : à ANGUIER, peintre pour les ornemens, pour ses gages pendant led. temps (3 p.) 300ʰ

ANNÉE 1689. — JARDIN ROYAL.

A Houasse, peintre pour les histoires, *idem* (3 p.). 450ʰ

A luy, pour le soin qu'il prend des tableaux qui sont dans l'hostel de Grammont, pour led. temps (3 p.). 450ʰ

A Baptiste, peintre pour les fleurs, pour ses gages pendant led. temps (3 p.). 300ʰ

A Verdier, peintre pour les histoires, *idem* (3 p.). 300ʰ

A Le Clerc, graveur, *idem* (3 p.) 450ʰ

A Bonnemer, peintre, qui a le soin et la conduite de l'instruction des enfans étudians dans la maison des Gobelins, *idem* (3 p.) 450ʰ

Au s’ Ferret, prestre ecclésiastique de la parroisse de Saint-Hypolite, qui fait le catéchisme aux Gobelins, *idem* (3 p.). 225ʰ

Au Père Antoine Bolduc, religieux flamand de Picpus, qui fait le sermon et le catéchisme aux ouvriers flamands travaillans auxd. Gobelins (3 p.) 150ʰ

8 may : à Charles Harlan, marchand, pour 50 livres de cochenille qu'il a livré pour la teinture des soyes et laynes de la manufacture des Gobelins 1000ʰ

5 juin : au s’ Ferrary, banquier, pour 305 livres de soye blanche descruzées, par luy livrées pour les Gobelins 4498ʰ 15ˢ

24 juillet : à luy, payement de 20 marcs d'or fillé qu'il a fourni au s’ Rochon, pour *idem* 980ʰ

A Bailly, portier de la Savonnerie, pour ses appointemens des six premiers mois 1689 .... 150ʰ

4 septembre : au s’ de Laclos, remboursement de la dépense qu'il a faite, par notre ordre et de nos deniers, pour une tenture de tapisserie haute lisse, ouvrage des Gobelins, contenant 92 aunes 6 bastons et 7/16 carrées, représentant en six pièces la gallerie de Saint-Cloud 3628ʰ 12ˢ 2ᵈ

13 novembre : à la veuve Lourdet, pour six desseins de tabouret, ouvrage de laine de la Savonnerie, à fond jaune, contenant ensemble 2 aunes 1/2, à 165ʰ l'aune carrée, qu'elle a livrés au garde meuble de la Couronne 412ʰ 10ˢ

20 novembre : au s’ Dupont, pour trois desseins de forme et trois desseins de tabourets, ouvrage de laine de la Savonnerie, contenant 5 aunes 1/2 carrées en superficie, à 165ʰ l'aune carrée 838ʰ 15ˢ

27 mars - 2 octobre : à la veuve Trenet, jardinière, pour ses gages des six derniers mois 1688 et six premiers 1689 (4 p.) 400ʰ

Somme de ce chapitre.... 13741ʰ 6ˢ 1ᵈ

MAISON DES GOBELINS ET DE LA SAVONNERIE.

A Jean Blancheton, serrurier, parfait payement de 263ʰ 18ˢ à quoy montent les ouvrages et réparations par luy faits à la maison des Gobelins, en 1687 et 1688 .... 113ʰ 18ˢ

12 juin : à Julien Lony, horloger, pour réparations par luy faites à l'horloge de la Savonnerie 10ʰ

Somme de ce chapitre........ 123ʰ 18ˢ

JARDIN ROYAL.

19 may : à Claude Poulain, serrurier, pour ouvrages et réparations de serrurerie qu'il a faits en 1687 et 1688 au Jardin Royal 65ʰ 13ˢ

20 février : au s’ Dacquin, premier médecin du Roy, surintendant des démonstrations intérieures des plantes et opérations médicinales au Jardin Royal, pour ses appointemens pendant l'année 1688 .... 3000ʰ

Au s’ Dacquin le jeune, docteur en médecine de la Faculté de Paris, pour ses gages de démonstrateur aud. jardin 1500ʰ

Au s’ Fagon, autre médecin, pour ses gages en la même qualité 1500ʰ

A luy, pour ses gages en qualité de sous-démonstrateur pendant la mesme année 1200ʰ

Au s’ Du Vernay, démonstrateur, pour ses gages en lad. qualité 1500ʰ

14 aoust : à luy, pour son remboursement des dépenses par luy faites aux démonstrations d'anatomie et de chirurgie aud. jardin 1261ʰ

20 février : à Pierre Beaupré, garçon du laboratoire dud. jardin, pour ses gages de 1688 en lad. qualité 200ʰ

A Paul Guarigues, autre garçon, *idem* 200ʰ

20 febvrier-13 novembre : à Bremant, jardinier dud. jardin, pour ses gages des six derniers mois 1688 et six premiers 1689 (2 p.) 2500ʰ

13 novembre : à luy, par gratification, pour avoir esté herboriser et rechercher des plantes pour led. jardin pendant la présente année 400ʰ

20 février-17 juillet : à Guaillou, portier dud. jardin, pour ses gages des six derniers mois 1688 et six premiers 1689 (2 p.) 450ʰ

13 mars : à Dominique Lemt, pour avoir rétabli la fermeture d'une cheminée de l'appartement occupé par le s’ Fagon aud. jardin 15ʰ 10ˢ

24 juillet : au s’ Marchand, pour son remboursement

de dépenses par luy faites à la culture des plantes rares du petit jardin qu'il entretient dans led. jardin.. 63ᴴ 4ˢ

18 septembre : à luy, pour la voiture, de la Rochelle à Paris, de huit caisses et une boète garnie de plantes, oignons et graines envoyez des Isles de l'Amérique pour led. jardin........................... 104ᴴ

24 juillet : au sʳ François Moreau, remboursement de ce qu'il a payé au sʳ Gabriel Taviel et autres, à compte des dépenses qu'il fait pour le service du Roy. 300ᴴ

14 aoust : aux sʳˢ Le Couteux, banquiers, remboursement de ce qu'ils ont fait payer au sʳ Du Pineau, à Lisbonne, à compte des dépenses qu'il fait pour le service de S. M..................................... 300ᴴ

18 septembre : à Pierre Guénin, menuisier, à compte des armoires et couches de menuiserie qu'il a fait aud. jardin en 1688............................. 500ᴴ

Au sʳ de l'Escolle, docteur de Sorbonne, pour une lettre de change de pareille somme payée à Lisbonne au sʳ Tournefort par le sʳ de l'Escolle, consul françois, pour le retour dud. Tournefort en France.. 337ᴴ 10ˢ

11 décembre : au sʳ Boulduc, apotiquaire, pour drogues provenans du cours de chimie qu'il a enseigné aud. Jardin Royal pendant la présente année, délivrées à Mᵐᵉ de Miramion pour distribuer aux charitez des parroisses des environs de Paris...................... 1310ᴴ 19ˢ

A André-Guillaume Gérard, coutillier, pour plusieurs ouvrages de coutellerie servans à dissecter, qu'il a racomodez et fournis au sʳ Du Vernay pour servir aux dissections de l'Académie des sciences et à celles du Jardin Royal............................... 57ᴴ 17ˢ

Au sʳ Neveu, baigneur, remboursement de pareille somme payée à Lisbonne au sʳ Du Pineau, à compte des dépenses qu'il fait...................... 185ᴴ 5ˢ

Somme de ce chapitre...... 16950ᴴ 18ˢ

BIBLIOTHÈQUE.

13 février - 4 décembre : au sʳ Thévenot, commis à la garde de la Bibliothèque, pour son remboursement de pareille somme qu'il a payée pour la dépense faite à lad. Bibliothèque depuis le 19 décembre 1688 jusqu'au 5 novembre 1689 (11 p.)........... 1943ᴴ 11ˢ 6ᵈ

CABINET DES MÉDAILLES.

23 janvier : à Josias Belle, orphèvre, pour plusieurs bordures d'or émaillé qu'il a faites et fournies pour diverses agathes dud. cabinet........... 877ᴴ 13ˢ 4ᵈ

13 mars : à luy, pour plusieurs garnitures d'or émaillé qu'il a fait à cinq agathes et une cornaline pour le service de S. M....................... 598ᴴ 0ˢ 7ᵈ

28 aoust : à luy, pour une garniture d'agathe représentant le buste d'Alexandre, antique, d'or émaillé, faite en forme de cartouche, pesant un marc une once 3 gros 1/2 moins 9 grains, qu'il a faite et fournie pour led. cabinet.................................. 1289ᴴ 18ˢ 9ᵈ

24 juillet : au sʳ Morell, remboursement de trois médailles grecques d'argent qu'il a achcptées et livrées pour led. cabinet........................ 33ᴴ 15ˢ

9 janvier : au sʳ Rainssant, pour son remboursement de la dépense qu'il a faite pour led. cabinet depuis le 8 octobre 1687 jusqu'au 8 octobre 1688... 331ᴴ 10ˢ

16 janvier - 7 aoust : au sʳ Oudinet, pour avoir travaillé avec le sʳ Rainssant à l'explication des médailles impériales d'argent de S. M. depuis le 8 décembre 1688 jusqu'à la fin de juillet dernier, à raison de 3ᴴ par jour, y compris les frais de voyages qu'il a fait de Versailles à la Bastille pour retirer des mains du sʳ Morel les médailles consulaires qui lui étoient confiées (8 p.). 789ᴴ

16 janvier - 4 décembre : à Vincenot, pour avoir écrit l'explication desd. médailles depuis le 10 décembre 1688 jusqu'à fin novembre dernier, à raison de 3ᴴ par jour, y compris ses frais de voyages de Versailles à Paris[1] pour le service de S. M. (13 p.)..... 1161ᴴ

13 février : à Pary, papetier, pour papier, plumes et encre, et autres fournitures par luy faites pour led. cabinet.................................. 136ᴴ 5ˢ

3 avril : au sʳ Morel, sur les desseins qu'il fait desd. médailles................................ 600ᴴ

10 juillet : à Daubancour, ébéniste, pour une tablette qu'il a fournie pour le cabinet des médailles et autres ouvrages......................... 19ᴴ

4 septembre : à luy, pour une grande tablette pour mettre les médailles modernes et quatre autres plus petites................................. 63ᴴ 10ˢ

28 aoust : au sʳ Mesnyn, pour quatre voyages qu'il a fait de Versailles à la Bastille pour les médailles du Roy.................................... 48ᴴ

Somme de ce chapitre..... 5947ᴴ 12ˢ 8ᵈ

ACADÉMIES DES SCIENCES ET FRANÇOISE.

9 janvier - 18 septembre : au sʳ Couplet, concierge de l'Observatoire, pour remboursement des dépenses par luy faites pour les exercices de l'Académie des sciences, l'entretien de l'Observatoire (3 p.) et le rétablissement des grandes lunettes................... 370ᴴ 9ˢ

---

[1] Notamment pour porter les 600ᴴ ci-dessous au sʳ Morel, à la Bastille, pour ses dessins de médailles pour le Roi.

ANNÉE 1689. — GRATIFICATIONS AUX GENS DE LETTRES.

19 juin : au sʳ Borelli, remboursement des dépenses qu'il a faites pour le laboratoire, exercices et expériences de lad. Académie des sciences 1404ᵗᵗ 10ˢ

19 juin-18 septembre : au sʳ Boyer, trésorier de l'Académie françoise, pour le bois, bougie et transcription de cahiers de lad. Académie, pendant les six derniers mois 1688 et six premiers de 1689 (2 p.) 300ᵗᵗ

1ᵉʳ may : au sʳ Petit, pour 3120 jettons d'argent livrez pour distribuer à l'Académie de France pendant les six premiers mois 1689, et trois médailles d'argent pour les prix des étudians de l'Académie de peinture et sculpture pendant les trois derniers mois 1688, le tout pesant 97 marcs 5 onces 6 gros, à raison de 34ᵗᵗ le marc de jettons et 45ᵗᵗ celuy des médailles. 3340ᵗᵗ 8ˢ 9ᵈ

17 juillet : à luy, pour 1560 jettons d'argent pour distribuer pendant le troisième quartier de 1689 et six médailles d'argent pour les prix des estudians de l'Académie de peinture et sculpture, pour les six premiers mois 1689, pesant 47 marcs 7 onces 2 gros, à 45ᵗᵗ le marc 1782ᵗᵗ 5ˢ 8ᵈ

6 novembre : à luy, pour 1560 jettons d'argent et trois médailles pour les prix des étudians pour le quatrième quartier de lad. année 1711ᵗᵗ 2ˢ

18 septembre : au sʳ Oudot, maître de musique, pour son remboursement et composition de la musique qui a esté chantée le jour de la saint Louis, à la célébration de la messe de Messieurs de l'Académie françoise, dans la chapelle du Louvre 300ᵗᵗ

A Jaques Regnard, pour le bois, bougie et transcriptions de cahiers de l'Académie des inscriptions, pendant les six premiers mois 1688 .... 100ᵗᵗ

Somme de ce chapitre 9308ᵗᵗ 15ˢ 5ᵈ

GRATIFICATIONS AUX GENS DE LETTRES.

8 janvier 1690 : au sʳ Racine, à compte de 2000ᵗᵗ de gratification pour l'année 1688, en considération des ouvrages qu'il compose et donne au public. 666ᵗᵗ 13ˢ 4ᵈ

Au sʳ de la Chapelle Bessé, à compte de 1500ᵗᵗ, en considération de son application aux belles-lettres. 500ᵗᵗ

Au sʳ Charpentier, idem 500ᵗᵗ

Au sʳ Despréaux, à compte de 2000ᵗᵗ ... 666ᵗᵗ 13ˢ 4ᵈ

Au sʳ abbé Tallemant, à compte de 1500ᵗᵗ 500ᵗᵗ

Au sʳ abbé Galloys, idem 500ᵗᵗ

Au sʳ Félibien, historiographe, à compte de 1200ᵗᵗ, en considération du travail qu'il fait pour l'histoire de Maisons Royales 400ᵗᵗ

Au sʳ de la Hire, à compte de 1500ᵗᵗ, en considération de la connoissance qu'il a des mathématiques, astronomie et géométrie 500ᵗᵗ

Au sʳ Borelli, à compte de 2000ᵗᵗ, pour son application à la physique 666ᵗᵗ 13ˢ 4ᵈ

Au sʳ Du Vernay, anatomiste, à compte de 2100ᵗᵗ, sçavoir : 1500ᵗᵗ par gratification, en considération du travail qu'il fait à l'Académie des sciences, et 600ᵗᵗ pour l'entretienement d'un garçon 700ᵗᵗ

Au sʳ Dippy, interpreite en langue arabe, à compte de 1200ᵗᵗ, pour ses gages en lad. qualité 400ᵗᵗ

Au sʳ de la Croix, interpreite en langue turque, idem 1200ᵗᵗ 400ᵗᵗ

Au sʳ Cassini, mathématicien, à compte de 9000ᵗᵗ, pour ses appointemens 3000ᵗᵗ

Au sʳ Dodart, à compte de 1500ᵗᵗ, pour la connoissance qu'il a des mathématiques 500ᵗᵗ

Au sʳ Bourdelin, à compte de 1500ᵗᵗ, en considération de son travail pour l'analyse des plantes 500ᵗᵗ

Au sʳ Marchand, à compte de 1200ᵗᵗ, en considération de l'histoire naturelle des plantes 400ᵗᵗ

Au sʳ Dalesme, ingénieur, à compte de 600ᵗᵗ, en considération de plusieurs machines qu'il a inventées. 200ᵗᵗ

Au sʳ Sedileau, à compte de 500ᵗᵗ, en considération de son application aux mathématiques 166ᵗᵗ 13ˢ 4ᵈ

Au sʳ Potenot, à compte de 400ᵗᵗ, en considération idem 133ᵗᵗ 6ˢ 4ᵈ

Au sʳ Duhamel, secrétaire de l'Académie des sciences, à compte de 1500ᵗᵗ, pour ses soins 500ᵗᵗ

Au sʳ Couplet, concierge de l'Observatoire, commis à la garde et entretien des instrumens et machines de lad. Académie, à compte de 500ᵗᵗ 166ᵗᵗ 13ˢ 4ᵈ

Au sʳ Rolle, à compte de 400ᵗᵗ, en considération de la connoissance qu'il a de la géométrie et des nombres 133ᵗᵗ 6ˢ 8ᵈ

Au sʳ Lefebvre, sur 300ᵗᵗ, par gratification ... 100ᵗᵗ

Au sʳ de Cusset, sur 300ᵗᵗ, à cause de sa connoissance de l'astronomie, de la géométrie et de la mécanique 100ᵗᵗ

Au sʳ Meri, sur 600ᵗᵗ, à cause de son application à la physique, à l'histoire des animaux et aux dissections 200ᵗᵗ

Au sʳ Chatillon, dessinateur des dissections d'animaux et de plantes, sur 400ᵗᵗ 133ᵗᵗ 6ˢ 8ˢ

A la veuve du sʳ Rainssant, à compte de 1500ᵗᵗ de gratification, en considération de son application aux belles-lettres en 1688 .... 500ᵗᵗ

14 may : à elle et à tous les dénommez cy-dessus, à compte desd. gratifications de l'année 1688, le sʳ Borelly décédé est retrenché dud. estat 12466ᵗᵗ 13ˢ 4ᵈ

21 may : à la veuve du s' Borelly, à laquelle la première somme ordonnée aud. s' Borelly, le 8 janvier, sera payée, à compte de 2000ᴸ de gratification. 666ᴸ 13ˢ 4ᵈ
10 septembre : à elle et à tous les dénommez cy-dessus, pour faire le parfait payement de 39400ᴸ à quoy montent les gratifications accordées par S. M. pour lad. année 1688......................... 13133ᴸ 6ˢ 8ᵈ

Somme de ce chapitre... 39399ᴸ 19ˢ 8ˢ

ACADÉMIE DE PEINTURE, SCULPTURE
DE ROME.

6 mars - 27 novembre : au s' Clerx, pour remboursement de pareilles sommes qu'il a fait remettre à Rome par lettres de change payables au s' DE LA Teulière, pour employer aux dépenses de lad. académie (7 p.). 19000ᴸ

ACADÉMIE DE PEINTURE, SCULPTURE
ET ARCHITECTURE DE PARIS.

31 janvier - 6 novembre : aux s'ˢ Mansart, Bruand, Dorbay, Bullet, Delahire, de Cotte et Félibien, architectes, pour leurs assistances aux conférences de l'Académie d'architecture pendant le dernier quartier de 1688 et les trois premiers 1689 (4 p.).... 3375ᴸ
20 mars - 16 octobre : au s' Beaubrun, trésorier de lad. Académie de peinture et sculpture, pour l'entretien d'icelle pendant le dernier quartier 1688 et les trois premiers 1689 (4 p.)..................... 600ᴸ

Somme de ce chapitre 3975ᴸ

MONCEAUX.

MAÇONNERIE.

15 may - 6 novembre : à Jaques Dudain, entrepreneur, à compte des carrelages et ouvrages de maçonnerie en plastre qu'il a fait faire au chasteau de Monceaux (5 p.)............................. 2150ᴸ

CHARPENTERIE.

6 novembre : à Pierre de la Vaux, dit La Marche, charpentier, pour réparations de charpenterie au chasteau de Monceaux 84ᴸ 6ˢ

SERRURERIE.

15 may - 6 novembre : à Gavelle, serrurier, à compte du gros fer qu'il a livré et mis en œuvre au chasteau de Monceaux (2 p.)........................ 120ᴸ

27 mars - 27 novembre : à Jean Corniquet, marchand de fer, parfait payement des ferrures, targettes, crampons, pattes et broquettes qu'il a fourni pour les bastimens dud. chasteau (4 p.)........... 1039ᴸ 11ˢ 8ᵈ

Somme de ce chapitre..... 1159ᴸ 11ˢ 8ᵈ

MENUISERIE.

27 mars : à Fontvielle, menuisier, à compte des ouvrages de menuiserie par luy faits aud. chasteau. 150ᴸ
27 mars - 18 septembre : à Veillet, menuisier, à compte de ses ouvrages de menuiserie aud. chasteau (2 p.)................................. 350ᴸ
27 mars : à Morel, menuisier, à compte de ses ouvrages de menuiserie aud. chasteau........... 100ᴸ

Somme de ce chapitre........... 600ᴸ

PEINTURE.

6 juin : à Jean Jamault, peintre, sur sa peinture à la menuiserie des croisées dud. chasteau......... 400ᴸ

MENUES DÉPENSES.

27 février : au nommé Luchet et autres, pour menues dépenses et réparations aud. chasteau.... 166ᴸ 6ˢ 10ᵈ
26 juin - 28 aoust : aux nommez Dezarneaux et autres, pour menues réparations et dépenses aud. chasteau (2 p.)............................. 257ᴸ 4ˢ 9ᵈ
2 octobre : à ceux qui ont ferré les portes et croisées dud. chasteau et autres ouvrages et menues réparations.............................. 257ᴸ 11ˢ 6ᵈ

Somme de ce chapitre....... 681ᴸ 3ˢ 1ᵈ

COUVENT DE L'ANNONCIADE DE MEULAN.

MAÇONNERIE[1].

19 juin : à Jean Avasse, maçon, à compte des ouvrages de maçonnerie qu'il a fait aud. couvent... 500ᴸ

DIVERSES DÉPENSES DE TOULON, MARSEILLE
ET AUTRES ENDROITS.

7 aoust - 2 octobre : au s' de Lubert, trésorier général de la marine, pour son remboursement de ce qu'il a payé pour l'entretien du jardin de S. M. à Toulon et autres dépenses faites pendant les six derniers mois 1688 et six premiers 1689 (2 p.)........ 2485ᴸ 11ˢ

---
[1] Les autres chapitres inscrits au registre ne mentionnent aucun payement.

MARBRES DE LANGUEDOC ET DES PYRENNÉES.

27 février : au s' DE CHANTEMERLE et sa Compagnie, à compte des marbres qu'ils fournissent pour le service de S. M. suivant les réquisitions du s' MARTIN.. 1500ᴴ

2 octobre : au s' MARTIN, pour son remboursement de ce qu'il a payé pendant cinq années, à raison de 30 sols par semaine, pour envoyer quérir ses lettres à Tarbes et à Carcassonne........................ 429ᴴ

Somme de ce chapitre......... 1929ᴴ

LOYERS DE MAISONS.

23 janvier : au s' DE FRANCLIEU, pour son remboursement du logement qu'il a occupé à Buc pendant l'année dernière...................... 165ᴴ

13 février-18 décembre : au s' DE SAINTE-CATHERINE, pour le loyer du logement qu'il a occupé à Trappes en 1688 et 1689 (2 p.)................. 400ᴴ

6 mars : à M. le Coadjuteur de Rouen, pour une année, écheue le dernier décembre 1688, du loyer de deux maisons à luy appartenantes rue Vivien, occupées par la Bibliothèque de S. M.................. 5000ᴴ

27 mars : aux enfans du s' PETIT, pour le loyer de la maison à eux appartenante, occupée par le s' LEFEBVRE, controlleur, pendant quatre mois et demi, à 1200ᴴ par an................................ 450ᴴ

Aux héritiers de la dame DASTRIC, pour une année du loyer de deux maisons à elle appartenantes, scizes à la Halle-Barbier, à Paris, occupées par les Mousquetaires............................ 500ᴴ

Aux héritiers de la veuve PERRIER, pour le loyer de deux maisons occupées, *idem*............... 500ᴴ

Au s' CHEVALIER HOUEL, pour le loyer de deux maisons occupées, *idem*..................... 360ᴴ

A la veuve MASSONNET, pour deux maisons, *idem*. 360ᴴ

A la veuve ROGER, pour deux maisons, *idem*... 360ᴴ

A la dame CORNUEL, pour une année du loyer de neuf maisons qui luy appartiennent, scizes à la Halle-Barbier, occupées par les Mousquetaires, à raison de 180ᴴ par an pour chacune...................... 1620ᴴ

24 avril : à CLAUDE DENIS, fontainier, pour les loyers du logement occupé par son fils, fontainier de Trianon, depuis le 8 juillet 1675 jusqu'au 1ᵉʳ avril 1689. 500ᴴ

19 juin : au s' LEFEBVRE, controlleur, pour sept mois et demi du loyer de sa maison de Versailles, à raison de 1200ᴴ par an.................... 750ᴴ

24 juillet : au s' DE POUTRINCOURT, pour six mois du loyer de sa maison, escurie et manège, occupez par les officiers et pages de la grande escurie à Paris, à raison de 6100ᴴ par an..................... 3050ᴴ

Somme de ce chapitre........ 14015ᴴ

MANUFACTURES DE DENTELLES DE FIL.

13 février : au s' MAUZY, parfait payement de 35974ᴴ 0ˢ 1ᵈ à quoy monte la dépense par luy faite pendant l'année 1688 pour l'établissement desd. manufactures dans les villes de Tonnerre, Laignes, Chastillon-sur-Seyne et Noyers.................. 2974ᴴ 0ˢ 1ᵈ

13 février-2 octobre : à luy, pour la dépense qu'il a fait pour les mesmes établissemens dans les villes de Tonnerre, Laignes et Chastillon-sur-Seyne pendant la présente année (2 p.).................. 15200ᴴ

2 octobre : à luy, pour remboursement de la dépense qu'il a faite au sujet du retranchement dans lesd. établissemens, et de la suppression de celuy de Noyers, depuis le premier janvier jusqu'au dernier février de la présente année......................... 2666ᴴ 10ˢ

Somme de ce chapitre...... 20840ᴴ 11ˢ

PLANTS D'ARBRES ET DE FLEURS.

9 janvier : au s' VIARD, 16257ᴴ 5ˢ; sçavoir : 6855ᴴ pour 22850 pieds d'arbres qu'il a livrez pour planter dans les jardins du Roy, à raison de 6ˢ le pied; 7997ᴴ pour la voiture desd. arbres, à raison de 35ᴴ le cent; 729ᴴ 15ˢ pour 24325 billes ou marcottes d'orme, à 30ᴴ le millier; 350ᴴ pour voiture, et 325ᴴ pour l'achapt de la paille et cordes qui ont esté employez pour couvrir lesd. arbres et billes................ 16257ᴴ 5ˢ

20 mars : au s' HAMARD, pour 1462 maronniers d'Inde, pour planter dans le jardin de Trianon...... 1315ᴴ 5ˢ

27 novembre : à HENRY JULIENNE, pour 1268 milliers 1/2 d'ormille, y compris la voiture jusqu'au port de Marly......................... 3125ᴴ 15ˢ

11 décembre : à JEAN LANCELIN et CHARLES LE COMTE, voituriers, pour le remboursement de la dépense qu'ils ont faite à charger, voiturer et enterrer les arbres qui ont esté levez dans les pépinières, et les petits plants pour planter dans les parcs et avenues de Versailles, Marly, Sᵗ-Germain et Maintenon................ 538ᴴ 6ˢ

13 avril-30 octobre : à CHARLES CHRESTIEN et ESTIENNE FERRAND, voituriers, pour 101 voitures de charettes à trois chevaux, chargées d'arbres et d'arbrisseaux verds et à fleurs pour les jardins, parcs et avenues des Maisons Royales (3 p.)................... 764ᴴ 15ˢ

7 aoust : au nommé DU TARTRE, pour la voiture de

Lion à Paris de 14 caisses pleines d'oignons de fleurs, pesant 1960 livres, pour planter, idem.... 167ᵗᵗ 0ˢ 4ᵈ

20 mars : à Léon Guerrier et Charles Le Comte, voituriers, pour la voiture de 130 septiers de gland de la forest de Sᵗ-Germain-en-Laye, pour planter en pépinière dans le parc de Versailles, et des petits plants de chesne pour planter aux Maisons Royalles... 205ᵗᵗ 10ˢ

20 mars : à Charles Janson, pour six bottes d'ozier et seize bottes de foin qu'il a fourni pour lier les maronniers d'Inde, et dix journées employées à regarnir de buys et de charmille le jardin du Cheny...... 18ᵗᵗ 6ˢ

20 mars : à Jaques Huby, jardinier, pour 50 peschers nains, 30 pommiers, 30 poiriers, 26 pruniers, 8 peschers et 4 poiriers de haute tige, 200 pieds de vigne muscat, 200 pruniers sauvageaux et 300 coignassiers, pour planter dans le jardin de S. M. à Fontainebleau et au chasteau neuf de Sᵗ-Germain............... 84ᵗᵗ 16ˢ

3 avril : à Mathieu Julien et Jean Janson, jardiniers, pour 200 giroflées doubles qu'ils ont fourni pour planter dans le petit jardin du Roy, à Trianon...... 245ᵗᵗ

10 may : à Micuel Parmentier et Louis Odiot, jardiniers, pour 1270 jassées doubles, 1936 œillets d'Espagne, 1165 julienes doubles et 99 livres pesant d'esnemosnies simples, le tout fourni pour planter à Trianon. 383ᵗᵗ 8ˢ

3 avril : à la veuve Dubuisson, jardinière hollandoise, parfait payement de 1090ᵗᵗ pour 1090 oignons de jacintes très rares qu'elle a fourni pour planter dans le jardin du Roy à Trianon, à raison de 20ˢ la pièce................................ 490ᵗᵗ

20 mars : à Louis Germain, pour avoir arraché dans la forest de Lions 101 milliers de plants de charmille, et l'avoir fait voiturer pour planter dans le jardin du Boulingrin de Sᵗ-Germain-en-Laye et dans le parc de Versailles............................. 122ᵗᵗ 9ˢ

30 octobre-27 novembre : à luy, pour 500 milliers de plants de charmille qu'il a fait arracher et voiturer depuis lad. forest jusques dans le parc de Versailles (2 p.)............................. 520ᵗᵗ 15ˢ

27 novembre-11 décembre : à luy, pour 63 milliers de charmilles qu'il a fait arracher pour planter dans le parc de Marly, y compris la voiture (2 p.).... 857ᵗᵗ 3ˢ

6 février : à Pierre Truitté, à compte des plantes de fleurs qu'il a chercher sur les montagnes de Dauphiné et Piedmont pour le jardin de Trianon.......... 300ᵗᵗ

6 mars : à luy, pour 1500 maronniers d'Inde qu'il a rendus et voiturés pour planter dans les bosquets du jardin de Versailles, à 3ˢ pièce............. 243ᵗᵗ 16ˢ

9 janvier : à Jean Truilleau et Pierre Truitté, jardiniers, pour 2812 maronniers d'Inde, 18 chicomores,

16 tillots, 80 ormes et 200 bottes de buys, le tout livré pour planter dans les jardins de Versailles, Trianon et le palais des Thuilleries.................. 587ᵗᵗ 6ˢ

20 février : à Nicolas Bondier, jardinier, pour 133 bottes de buis d'Artois fourni pour le jardin à Trianon............................. 39ᵗᵗ 18ˢ

6 mars : à Claude Diot et Estienne Fromantin, jardiniers, pour 387 bottes de buys fournis pour planter idem............................. 116ᵗᵗ 2ˢ

A Jean Belard, jardinier, pour 1998 maronniers d'Inde par luy vendus et voiturés dans les bosquets du jardin de Trianon.................. 358ᵗᵗ 19ˢ

3 avril : à Charles Le Comte, voiturier, pour avoir voituré du gland de la forest de Saint-Germain pour semer en pépinière à Versailles et autres endroits. 84ᵗᵗ 15ˢ

30 octobre : à Jean Le Dru, pour avoir voituré par eau, chargé et déchargé 17 orangers depuis Fontainebleau jusqu'à l'orangerie de Versailles......... 530ᵗᵗ

20 mars : à Michel Thibault, jardinier, pour l'achapt et voiture de 102 bottes de paille longue, 30 bottes de cerceaux, 18 bottes d'ozier et 18 bottes de perches, pour faire des paillassons brize-vents pour conserver les fraisiers dans le jardin de Vincennes.......... 155ᵗᵗ 11ˢ

6 mars-12 juin : à Estienne Parmentier, pour 51 milliers de plants de chesne par luy arracher dans les pépinières du parc de Boulogne pour planter dans la forest de Fontainebleau, et le premier labour à 27 arpens 1/2 de petit plant qui a esté semé en gland en 1685 et 1686 et autres ouvrages (2 p.)...... 255ᵗᵗ 10ˢ

23 janvier : à Jaques Robert, parfait payement de 2930ᵗᵗ 11ˢ 8ᵈ pour avoir fait armer d'épines 48843 arbres dans les avenues et remises à gibier du grand parc de Versailles et autres endroits pour les préserver des bestes fauves............................. 480ᵗᵗ 11ˢ 8ᵈ

3 avril-1ᵉʳ may : à luy, pour 6882 arbres qu'il a fait armer d'épines dans les avenues de Versailles et autres endroits (2 p.)................... 412ᵗᵗ 18ˢ 6ᵈ

3 avril : à luy, payement de 295 trous de 6 pieds en carré, par luy faits pour planter des ormes, et autres ouvrages dans le jardin du chasteau de Maintenon et sur les talus de la rivière d'Eure proche Berchère.. 151ᵗᵗ 5ˢ

26 juin : à luy, pour un petit labour à 1 arpent 1/4 de terre plantée de chesne sur lesd. talus..... 10ᵗᵗ 15ˢ

20 mars : à Jean Robert, pour avoir arraché dans les pépinières du Roy à Versailles 165 milliers de plant de chesne pour planter aux Maisons Royalles...... 41ᵗᵗ 5ˢ

23 janvier-6 mars : à Jean et François Les Nables, pour les arbres qu'ils ont échenillés aux avenues de

ANNÉE 1689. — MANUFACTURES DE DENTELLES DE FIL.

l'ancien parc de Versailles, du costé de la Ménagerie (3 p.)......................... 395ᵗᵗ

6 février : audit Jean Robert, jardinier, pour avoir échenillé les arbres des avenües du chasteau de Versailles du costé de Paris, celles de S¹-Antoine à Marly, à Clagni et Clatigni......................... 108ᵗᵗ 4ˢ

12-26 juin : à luy, parfait payement de 482ᵗᵗ 8ˢ à quoy montent 2431 toises de fossez par luy faits dans le parc de Versailles (2 p.)................ 332ᵗᵗ 8ˢ

16-30 octobre : à luy et François Poirier, pour 333 toises courantes de treillages qu'ils ont fait pour servir de closture à l'ormille semée en pépinière entre S¹-Antoine et Rocquaucourt (2 p.).......... 245ᵗᵗ

30 octobre-27 novembre : aud. Robert et Pierre Poteau, pour 2807 toises de fossez qu'ils ont relevé dans les avenues de Versailles (2 p.).............. 546ᵗᵗ 10ˢ

11 décembre : à eux, pour avoir fait arracher 1293 arbres dans la pépinière d'Aulneau et les avoir fait voiturer dans les avenues de Vincennes, du palais des Tuilleries et du parc de Boulogne...... 160ᵗᵗ 18ˢ

12 juin-27 novembre : à Jaques Hamond, jardinier, pour les trois labours par luy faits à 5 arpens et demi de terre plantée en pépinière d'orme proche Aulneau, à 6ᵗᵗ l'arpent, et avoir relevé 282 toises de fossez autour de lad. pépinière pour la conservation des arbres. 134ᵗᵗ 5ˢ

Somme de ce chapitre.... 3972ᵗᵗ 10ˢ 6ᵈ

FOSSEZ.

20 mars-17 avril : à Jean Robert et Charles Moncot, jardiniers, parfait payement de 3644 toises de fossez de différentes grandeurs, qu'ils ont fait et relevé dans les avenües de Versailles et autres endroits (3 p.). 673ᵗᵗ 5ˢ

15 may-7 aoust : aud. Robert, pour 632 toises de fossez qu'il a fait et relevé dans lesd. avenues de Versailles et pour divers ustencils (2 p.)........ 234ᵗᵗ 15ˢ

10 juillet : à luy, pour huit arrosoirs de bois et de terre, neuf seaux, cinq bricolles garnis de crochets de fer, et quatre muids de futailles pour servir à arroser la pépinière d'ormes le long du mur du parc de Versailles entre S¹-Antoine et Rocquaucourt............ 22ᵗᵗ 15ˢ

1ᵉʳ may : à Pierre Potteau, pour avoir enfoncé 360 pieux de charpente au pied des arbres et en avoir relevé 60, et autres ouvrages pour la conservation desd. arbres................................. 79ᵗᵗ 7ˢ 6ᵈ

9 janvier-6 mars : à Jean Fralon et Estienne Sedille, parfait payement de 4432 trous qu'ils ont faits et remplis de terre dans les bosquets du jardin de Versailles (2 p.)................................ 364ᵗᵗ 16ˢ

Somme de ce chapitre..... 1374ᵗᵗ 18ˢ 6ᵈ

LABOURS.

6 février : à Remi Janson, jardinier, parfait payement de 932ᵗᵗ 7ˢ pour trois labours par luy faits à 12411 ormes qui forment les avenues du chasteau de Vincennes et le tour de l'Arc de triomphe, et avoir armé d'épines 2636 arbres pour les conserver des bestes fauves. 632ᵗᵗ 7ˢ

20 mars-3 avril : à luy, pour 5776 trous de 4 pieds en carré, par luy faits et remplis dans les bosquets du jardin de Trianon, à raison de 4ˢ pièce, et 44 trous de 6 pieds, à raison de 6ˢ pièce, y compris le plantage des arbres (2 p.)......................... 1192ᵗᵗ 8ˢ

3 avril : à luy, parfait payement de 3357ᵗᵗ 14ˢ 9ᵈ à quoy montent le deffrichement, premier labour et plantage en petits plants de bois, de 156 arpens 16 perches de terre dans la grande remise entre Rennemoulin et Villepreux, dans le grand parc de Versailles en 1684, à raison de 21ᵗᵗ 10ˢ chacun arpent........ 57ᵗᵗ 14ˢ 9ᵈ

3 avril : à luy, pour avoir fait et relevé 600 toises de fossez, de 6 à 7 pieds de large, pour la conservation des arbres des avenues de Vincennes, à raison de 5ˢ la toise... 150ᵗᵗ

1ᵉʳ may : à luy, parfait payement de 6859ᵗᵗ 10ˢ 6ᵈ à quoy montent les trois labours par luy faits à 77369 toises carrées de terre au pied des arbres dans les avenues des parcs de Versailles, y compris la remise proche de Rennemoulin.................................. 1149ᵗᵗ 10ˢ 6ᵈ

1ᵉʳ may : à luy, sur le premier labour en plein à 140 arpens de nouveaux bois plantez dans la remise entre Rennemoulin et Villepreux............. 600ᵗᵗ

15 may-16 octobre : à luy, payement des trois labours à 79064 toises carrées de terre au pied des avenues du parc de Versailles et dans la susd. remise (3 p.). 2250ᵗᵗ

29 may-30 octobre : à luy, pour trois labours à 161 arpens 44 perches 3/4 de terre plantée en bois dans la grande remise à gibier entre Rennemoulin et Villepreux (3 p.)......................... 1230ᵗᵗ

29 may-27 novembre : à luy, pour trois labours aux arbres des avenues du chasteau de Vincennes (3 p.).. 300ᵗᵗ

26 juin : à luy, pour avoir fait arracher une lizière de bois de 6 pieds de large dans les bosquets qui sont plantez d'arbres en avenues dans la nouvelle enceinte du parc de Vincennes, et autres ouvrages... 217ᵗᵗ 10ˢ

21 aoust : à luy, sur le premier labour en plein à 57 arpens 80 perches de terre, plantées en bois dans les bosquets de l'ancien parc de Versailles...... 300ᵗᵗ

A luy, payement des bonnes terres qu'il a prises

près l'estang de Clagny et voiturées dans le jardin de l'orangerie de Versailles pour servir aux orangers (2 p.)............................ 393ʰ

4 septembre-30 octobre : à luy, sur le deuxième et troisième labours à 29 arpens 89 perches de bois en divers endroits, dans les bosquets de l'ancien parc de Versailles et dans les petites remises à gibier, dans les faisanderies de Rennemoulin et de Moulineau (2 p.). 200ʰ

30 octobre : à luy, sur la fouille de 1255 trous de 6 pieds en carré, sur 2 pieds de creux, pour planter des arbres en place de ceux qui sont morts dans les avenues du parc de Versailles et dans la grande remise.. 200ʰ

3 avril : à Antoine Tricadeau, jardinier, parfait payement de 3993ʰ 14ˢ pour avoir deffriché le premier labour et planté en petits plants de bois 701 arpens 17 perches 3/4 de terre dans les remises à gibier, à la ceinture au long des murs dans le grand parc de Versailles et dans une remise proche l'estang de Clagny, les avoir entretenu de trois labours chaque année et regarni pendant quatre années commencées au mois de novembre 1684 et finies en février 1688..... 238ʰ 14ˢ

1ᵉʳ may : à luy, parfait payement de 2967ʰ 17ˢ 6ᵈ à quoy montent trois labours par luy faits à 41336 toises carrées de terre au pied des arbres des avenues en face hors le parc de Versailles et proche l'estang de Clagny.............................. 717ʰ 17ˢ 6ᵈ

1ᵉʳ may-11 décembre : à luy, pour les labours en plein à 180 arpens de bois nouveaux plantez dans les remises à gibier du grand parc de Versailles (3 p.)................................. 2100ʰ

15 may-24 juillet : à luy, sur les trois labours à 380 arpens de nouveaux bois plantez à la ceinture au long des murs du grand parc (3 p.)........ 2200ʰ

29 may-27 novembre : à luy, pour les trois labours aux arbres et charmilles des avenues de Versailles du costé de Paris (3 p.).................... 1050ʰ

12 juin-7 aoust : à luy, pour les trois labours en plein à 550 arpens de nouveaux bois plantez dans les avenues de Versailles (3 p.)................ 3000ʰ

10 juillet-4 septembre : à luy, sur le premier et deuxième labours en plein à 16 arpens de terre plantée en bois proche de la pépinière de Roquencourt (2 p.)................................. 192ʰ

30 octobre : à luy, sur le troisième labour aux nouveaux bois plantez dans les remises à gibier au long des murs dans le grand parc................... 700ʰ

A luy, pour les trous de 6 pieds pour planter des arbres pour regarnir les avenues de Versailles du costé de Paris, Marly, Clagni et Glatigni, etc............ 600ʰ

20 février : à Jean Frade, jardinier, parfait payement de 379ʰ 14ˢ pour trois labours à 11454 arbres dans les avenues de Vézinet et route des Loges...... 79ʰ 14ˢ

29 may-27 novembre : à luy, pour les trois labours au pied des arbres des avenues de Saint-Germain-en-Laye et route des Loges (3 p.).............. 300ʰ

20 février : à Thomas de Bugni, jardinier, parfait payement de 707ʰ 7ˢ pour trois labours par luy faits à 15398 arbres dans les avenues du palais des Thuilleries et du parc de Boulogne................. 277ʰ 7ˢ

29 may-27 novembre : à luy, sur les trois labours au pied des arbres desd. avenues (3 p.)....... 450ʰ

15 may-30 octobre : à Jean Maheu, jardinier, parfait payement des trois labours par luy faits à 63 arpens de pépinière d'ormes et bois blancs dans les parcs et aux environs de Versailles (6 p.)............ 1888ʰ 11ˢ

16-30 octobre : à luy, pour labour à la besche à 6 arpens de terre et friches, au long du mur de Sᵗ-Antoine à Roquencourt et avenues du Chesnay (2 p.)................................. 306ʰ 5ˢ

12 juin : à luy et Jean Robert, pour avoir fait amasser et livré 1233 boisseaux de graines d'ormes, mesure de Versailles, dans les parcs du chasteau, trois grandes sachées aussi de graines dans les avenues du palais des Tuileries.............................. 547ʰ 4ˢ

15 may-27 novembre : à Jerosme Droit, jardinier, pour les trois labours aux plants des remises à gibier de la plaine Saint-Denis (3 p.)............ 209ʰ 10ˢ

6 mars : à Pierre Potreau et Louis Le Roy, pour 21 bottes de perches de chastaignier, 38 bottes d'échalats, qu'ils ont fourni pour rétablir les clostures et portes des pépinières de Versailles................... 44ʰ 14ˢ

10 juillet : aud. Pierre Poteau, pour les pieux de charpente qu'il a enfoncez en terre pour la conservation des arbres dans les avenues de Versailles et autres ouvrages................................. 174ʰ

7 aoust-4 septembre : à luy, pour avoir relevé 394 toises de fossez de six pieds de large, pour faire escouler les eaux des ravines dans les avenues de Galye à Marly (2 p.)............................ 179ʰ 2ˢ

6 mars : à Jean Regempied et Thomas Guillois, pour labour par eux fait à 95 perches 1/2 de terre dans les carrez du jardin du Roule............. 38ʰ 7ˢ 6ᵈ

Somme de ce chapitre..... 24166ʰ 6ˢ 3ᵈ

FUMIERS.

9 janvier : à Charles Chavanne, pour 53 muids de fumier de pigeon et 69 muids 1/2 de marc de vigne

ANNÉE 1689. — MANUFACTURES DE DENTELLES DE FIL.

qu'il a livré pour l'orangerie du Roy, à Versailles..... .... 197ʰ 15ˢ

23 janvier-20 février : à Estienne Ferrand et Michel Caradant, pour 274 grans tombereaux chargez de terre prise sur le bord de l'esgout et mise dans les carrez du jardin de la pépinière du Roule, et pour 52 voitures de charettes chargées d'arbres et d'arbrisseaux à fleurs pour les parcs, avenues et jardins des Maisons Royalles (2 p.)............................. 464ʰ 8ˢ

9 janvier : à Pierre Caillou, jardinier, pour avoir fouillé et transporté à la hotte 18 toises cubes de fumier consommé pour fumer des carrez de terre plantez d'ifs au jardin du Roulle, et autres ouvrages...... 51ʰ 10ˢ

8 février : à luy et Thomas Guillois, pour avoir fouillé et porté à la hotte 5 thoises 1/4 cube de fumier consommé pour fumer des carrez de terre aud. jardin et autres endroits................. 88ʰ 18ˢ 9ᵈ

20 février : à eux, pour avoir labouré 139 perches de terre dans le jardin de la pépinière du Roulle, et autres ouvrages dans led. jardin........... 60ʰ 8ˢ

15 may-26 juin : aud. Caillou et à Jaques Bardou, pour labours et autres fournitures faites pour led. jardin (4 p.)............................. 247ʰ 17ˢ 9ᵈ

26 juin-27 novembre : à Antoine Risquet, voiturier, pour le grand fumier qu'il a pris à Versailles et voituré le long du mur du parc proche Roquancourt pour servir à couvrir de la graine d'orme qui a esté semée en pépinière pour la conserver des chaleurs, à 5ʰ 10ˢ la toise cube (2 p.).......................... 217ʰ 5ˢ

24 juillet : à Nicolas Ruel et Nicolas Richon, voituriers, pour avoir fourni et voituré de Paris à la pépinière du Roule 314 grands tombereaux de fumier pour fumer les carrez dud. jardin, à 6ˢ le tombereau...... 94ʰ 4ˢ

7 aoust-30 octobre : à François Baudin, voiturier, parfait payement de 37 toises 1/2 cubes de grand fumier qu'il a fourni pour couvrir une serre à mettre des orangers à lad. pépinière (4 p.)................. 296ʰ

Somme de ce chapitre...... 1718ʰ 6ˢ 6ᵈ

MANEQUINS.

9 janvier-16 octobre : à Nicolas Malherbe et Nicolas Hendrecis, vanniers, pour 270 mannes d'ozier pour lever et voiturer les ifs, 926 manequins pour planter des arbrisseaux verts et en fleurs, 24 bannettes pour porter des fleurs à S. M., 156 douzaines de clayons, 28 douzaines de paniers, 4 hottes à étages, pour porter des fruits du jardin de Vincennes à S. M., et autres ouvrages (3 p.)............................ 881ʰ 2ˢ

17 avril : à Louis Condelette et Claude Lescarsellé, pour 1800 manequins, 10 douzaines de corbeilles, 35 tonneaux et 30 livres pesant de cloud pour faire des caisses, fournis pour le jardin de la pépinière du Roulle, y compris 16 journées 1/2 dud. Lescarcellé, menuisier, pour faire racomoder des caisses.. 227ʰ 11ˢ

1ᵉʳ may : aud. Lescarsellé et Claude Merlin, pour 6 serfouettes de fer, 27 toises de cordes et autres fournitures pour led. jardin................ 62ʰ 16ˢ

2 octobre : aud. Condelette, pour 1350 grands manequins pour lever des arbrisseaux à lad. pépinière..... .... 165ʰ 10ˢ

Somme de ce chapitre....... 1336ʰ 19ˢ

OUVRIERS DE LA PÉPINIÈRE DU ROULE ET AUTRES ENDROITS.

9 janvier-11 décembre : aux ouvriers qui ont travaillé à la journée du Roy à la pépinière du Roulle depuis le 20 décembre 1688 jusqu'au 10 décembre 1689 (25 p.)........................ 4537ʰ 10ˢ 4ᵈ

9 janvier-11 décembre : aux ouvriers qui ont travaillé à la journée du Roy à arracher et voiturer de la charmille en motte dans le parc de Versailles et à la replanter dans le jardin de Trianon, et autres ouvrages (24 p.)........................... 4305ʰ 10ˢ

9 janvier-15 may : à ceux qui ont travaillé à arracher du plant de chesne dans le parc de Boulogne pour planter dans l'enceinte des palis de la forest de Fontainebleau, y compris la voiture du Roulle, et autres ouvrages dans led. parc de Boulogne (6 p.)...... 1336ʰ 17ˢ 4ᵈ

9 janvier-6 mars : à ceux qui ont travaillé à escheniller les arbres des bosquets du jardin de Versailles, et autres ouvrages (5 p.)................. 854ʰ 5ˢ 4ᵈ

9 janvier-27 novembre : à ceux qui ont travaillé, avec voitures de charettes et chevaux de bats, à charger, voiturer, décharger et enterrer les arbres qui ont esté levez dans les pépinières de Versailles aux lieux où ils doivent estre plantez, et autres ouvrages (5 p.)............................. 1330ʰ 5ˢ 6ᵈ

20 mars-3 avril : à ceux qui ont planté de la charmille dans le jardin de Trianon (2 p.).... 227ʰ 18ˢ 8ᵈ

20 mars-11 décembre : à ceux qui ont émondé les arbres des avenues de Versailles à Sᵗ-Germain, et autres ouvrages aux environs de Versailles (11 p.)... .... 1484ʰ 10ˢ 6ᵈ

20 mars-11 décembre : à ceux qui ont travaillé, sous Tricadeau, à garnir de plant une pièce de terre, et autres ouvrages dans les pépinières proche Roquancourt (10 p.)............................. 1916ʰ 15ˢ 8ᵈ

26 juin-10 juillet : à ceux qui ont coupé le bois inu-

tile aux arbres de la pépinière de Chèvreloup et autres endroits (2 p.)........................ 346ʰ 18ˢ

Somme de ce chapitre.... 16340ʰ 11ˢ 4ᵈ

DIVERSES DÉPENSES.

9 janvier-16 octobre : au sʳ Ballon, pour son remboursement de ce qu'il a payé pour la nourriture et la garde des cignes sur la rivière de Seyne, depuis Charenton jusqu'à Meulan et depuis Corbeil jusqu'à Vernon, pendant le dernier quartier 1688 et les trois premiers 1689 (4 p.)........................ 1969ʰ 18ˢ 6ᵈ

23 janvier-30 octobre : à Pierre Le Cocuois et Jean Frade, pour avoir pris sur la rivière de Seyne, depuis Corbeil jusqu'à Meulan, 569 cignes, et les avoir mis dans des clostures pour les conserver des glaces (2 p.)............................... 572ʰ 6ˢ

3 avril : au nommé Du Tartre, commis à la messagerie de Lion à Paris, pour avoir voituré dud. Lion à la pépinière du Roulé dix caisses plaines de 20000 oignons de tubéreuses, envoyez de Provence par M. de Vauvray, pesant 1386 livres, à raison de 10ʰ le cent.. 145ʰ 12ˢ

A Nicolas Gombault, jardinier, pour avoir fait la culture et l'entretien de la Chancellerie pendant une année, à Versailles.................... 72ʰ

27 may : au sʳ Le Coq, greffier à la Maîtrise des eaux et forestz, pour son remboursement des frais du procez fait à deux garçons qui ont tué un cigne proche le Cours-la-Reyne.......................... 79ʰ 10ˢ

26 juin : à Jean Le Dru, charpentier, pour avoir rétabli deux batteaux qui servent à la conservation des cignes sur la rivière de Seyne................. 69ʰ

7 aoust : à Dominique Gillot, dit Sᵗ-Gerin, portier du Cours-la-Reyne, pour avoir fait répandre, pour régaller les allées dud. Cours, 505 grands tombereaux de gravois, terre et recoupes meslées, et autres ouvrages................................. 97ʰ 10ˢ 6ᵈ

16 octobre : à Jaques Butet, jardinier, qui a gardé les nuits 2 arpens d'ormille semé en pépinière le long du mur du parc entre Sᵗ-Antoine et Roquancourt, pour les conserver des bestes fauves, à 10ˢ par nuit.... 60ʰ

30 octobre : à la veuve Jaques Dousseau, tonnelier, pour 57 muids de futailles et autres fournitures par elle faites pour le jardin de la pépinière...... 139ʰ 11ˢ

A Pierre Barbier, pour la fourniture du bois, fer, cloud et ouvriers, pour faire une caisse de 4 pieds de large sur 15 pieds de hauteur, pour encaisser un if de 14 pieds de haut et le charger sur un binard pour le voiturer du jardin du sʳ Bigot au fauxbourg Sᵗ-Antoine pour planter à Versailles.................. 75ʰ 9ˢ

23 janvier : à Jean Durand, serrurier, pour 36 houlettes de fer emmanchées, 20 écheniŀloires, 7 grandes échelles, 1 cizeau, 4 livres de cloud et 5 livres de fil de fer par luy fourni pour servir à planter du plant de chesne, de l'ozier, à écheniller les arbres dans le jardin de Versailles......................... 108ʰ 12ˢ 6ᵈ

Somme de ce chapitre..... 3389ʰ 9ˢ 8ᵈ

CAISSES POUR LES ORANGERS.

6 mars-17 avril : à Pierre Guénis, menuisier, parfait payement de 25 caisses d'assemblage de différentes grandeurs, par luy faites et livrées pour l'orangerie du jardin de Versailles (2 p.)............... 616ʰ

29 may : à luy, à compte de cinq caisses pour l'orangerie de Versailles.................... 177ʰ 10ˢ

20 février-10 may : à Nivet et Veillet, menuisiers, parfait payement de 50 caisses d'assemblage pour l'orangerie de Versailles (3 p.)................. 1268ʰ

29 may : à eux, à compte de neuf caisses pour l'orangerie de Fontainebleau.................. 300ʰ

6 février-29 may : à Jaques Portrait et Nicolas Lefebvre, menuisiers, parfait payement de 54 caisses d'assemblage ; sçavoir : 24 de 2 pieds 1/2 de large sur 2 pieds 2 pouces de haut, à 25ʰ pièce, et 30 autres caisses de bois d'entrevous de 18 pouces, à 4ʰ pièce, pour l'orangerie de Fontainebleau (2 p.)...... 725ʰ

3 avril : à eux, parfait payement de 832ʰ pour 39 caisses d'assemblage de différentes grandeurs qu'ils ont fourni pour l'orangerie de Versailles....... 532ʰ

9 janvier : à Robert Bouvet, serrurier, parfait payement de 3866ʰ 14ˢ à quoy monte la ferrure de 406 caisses d'assemblage pour l'orangerie de Versailles.............................. 16ʰ 14ˢ

20 mars-29 may : à luy, parfait payement de la ferrure de 38 caisses d'assemblage pour l'orangerie de Fontainebleau (3 p.).................... 767ʰ 14ˢ 6ᵈ

6 mars-29 may : à Nicolas Dezeustres, serrurier, parfait payement de la ferrure de 114 caisses d'assemblage pour l'orangerie de Versailles (5 p.)... 1439ʰ 5ˢ

15 may-10 juillet : à Estienne Bourgault, peintre, à compte des ouvrages de grosse peinture qu'il fait aux caisses pour l'orangerie de Fontainebleau (2 p.). 400ʰ

4 septembre : à luy, sur ses ouvrages de peinture en verd à 114 grandes caisses d'assemblage pour l'orangerie de Versailles....................... 214ʰ 2ˢ 8ᵈ

Somme de ce chapitre...... 3476ʰ 6ˢ 2ᵈ

PÉPINIÈRES DE MURIERS.

17 juillet : au sʳ Silvestre de Sᵗᵉ-Catherine, à compte

ANNÉE 1689. — SAINT-GERMAIN.

de l'établissement des pépinières de muriers en France et aux environs de la rivière d'Armençon...... 1000ᴸᵗ

SAINT-GERMAIN.

MAÇONNERIE.

13 mars-18 décembre : à JAQUES BARBIER, maçon, à compte des réparations de maçonnerie par luy faites au chasteau et autres endroits de S¹-Germain (13 p.)........................... 1513ᴸᵗ 15ˢ

16 janvier-3 juillet : à JAQUES MAZIÈRES et PIERRE BERGERON, entrepreneurs, à compte des ouvrages de maçonnerie qu'ils ont fait dans les offices dud. chasteau (3 p.)............................. 600ᴸᵗ

9 octobre : à eux, payement de quatre arcs d'augives qu'ils ont démolis et rétablis à la voute dud. chasteau................................... 150ᴸᵗ

9 octobre-4 décembre : à JAQUES LOIZELEUR, maçon, parfait payement des aqueducs qu'il a rétablis dans les lignes joignant le dernier estang de Reis et du pavé qu'il fait à plusieurs endroits du fond desd. aqueducs (4 p.)................................... 759ᴸᵗ 13ˢ 4ᵈ

30 janvier : à JEAN DE LA RUE, maçon, pour réparations qu'il a fait aux auges des escuries du manège de S¹-Germain........................... 25ᴸᵗ

27 mars : à luy, parfait payement de 4776ᴸᵗ 3ˢ 3ᵈ à quoy montent ses réparations de maçonnerie à la première porte de l'entrée du chasteau neuf dud. S¹-Germain en 1688......................... 276ᴸᵗ 3ˢ 3ᵈ

19 juin : à luy, pour, avec 44ᴸᵗ qui luy sont déduits pour du vieux bois qu'il a reçeu du magasin, au nombre de 22 pièces, à raison de 200ᴸᵗ le cent, faire le parfait payement de 111ᴸᵗ 15ˢ 10ᵈ pour le rétablissement par luy fait à la maçonnerie du bastiment de la geole et des escuries du manège dud. S¹-Germain..... 67ᴸᵗ 15ˢ 10ᵈ

Somme de ce chapitre...... 3392ᴸᵗ 7ˢ 7ᵈ

CHARPENTERIE.

13 mars-24 avril : à JEAN-JAQUES AUBERT, charpentier, à compte de ses ouvrages de charpenterie à l'hostel du Mayne et autres endroits dépendans dud. chasteau de S¹-Germain (2 p.)........................ 200ᴸᵗ

19 juin : à luy, pour 120 poteaux, de chacun 15 pieds de long, et 200 toises d'entretoises, qu'il a posez dans la cour des cuisines joignant l'ancien abbreuvoir, pour tendre la tapisserie de la Feste-Dieu........... 100ᴸᵗ

Somme de ce chapitre........... 300ᴸᵗ

COUVERTURE.

Néant.

MENUISERIE.

16 janvier-22 may : à FRANÇOIS MILLOT, menuisier, parfait payement des tables de cuisine et armoires qu'il a livrez au chasteau de S¹-Germain aux endroits occupez par le Roy et la Reyne d'Angleterre (6 p.). 3075ᴸᵗ 0ˢ 7ᵈ

10 avril-27 aoust : à luy, pour réparations de menuiserie dans le passage de l'appartement du Roy et autres endroits dud. chasteau (3 p.)........... 531ᴸᵗ 3ˢ 4ᵈ

21 aoust : à la veuve LAVIEN, menuisier, à compte des ouvrages de menuiserie qu'elle a fait faire aud. chasteau les années précédentes................... 1000ᴸᵗ

Somme de ce chapitre..... 4606ᴸᵗ 3ˢ 11ᵈ

SERRURERIE.

30 janvier-17 juillet : à JOSEPH ROUILLÉ, serrurier, parfait payement de 1921ᴸᵗ 10ˢ à quoy montent les gros fers qu'il a fournis aux nouveaux bastimens de la cour des cuisines et de la ferrure qu'il a aussi fourni aud. chasteau pour les appartemens occupez par le Roy et la Reyne d'Angleterre (6 p.)................... 1721ᴸᵗ 10ˢ

14 aoust-18 décembre : à luy, sur les gros fers et serrures qu'il a fourni et réparé aud. chasteau (5 p.)................................... 1050ᴸᵗ

16 janvier-3 avril : à LOUIS PIAU, serrurier, parfait payement de 1629ᴸᵗ 11ˢ à quoy montent les ouvrages de serrurerie qu'il a fourni et rétabli au chasteau et dépendances de S¹-Germain, depuis le 1ᵉʳ septembre 1685 (5 p.)................................... 464ᴸᵗ 11ˢ

19 juin-28 aoust : à luy, parfait payement de 180ᴸᵗ à quoy montent les serrures qu'il a dérouillées et nettoyées, et autres ouvrages de serrurerie provenans des démolitions du chasteau vieux (2 p.)........ 58ᴸᵗ 13ˢ

18 décembre : à GASTON MARTIN, serrurier, pour 111 crampons de fer qu'il a livrez au magasin de S¹-Germain pour employer aux entablemens du chasteau en 1688.................................. 33ᴸᵗ 6ˢ

Somme de ce chapitre.......... 3328ᴸᵗ

VITRERIE.

16 janvier-10 avril : à CLAUDE COSSET, vitrier, parfait payement des carreaux de verre qu'il a rétablis au chasteau de S¹-Germain (4 p.)........ 1081ᴸᵗ 19ˢ 3ᵈ

22 may-18 décembre : à luy, pour carreaux de verre et réparations par luy faites aud. chasteau depuis le mois de may jusqu'au mois de novembre dernier (7 p.)................................... 1038ᴸᵗ 16ˢ 7ᵈ

Somme de ce chapitre..., 2120ᴸᵗ 15ˢ 10ᵈ

PLOMBERIE.

22 may : à Jaques Lucas, plombier, parfait payement de 1133ᵗᵗ 14ˢ 5ᵈ à quoy montent 28343 livres de plomb qu'il a mis en œuvre et livré au nouveau bastiment de la cour des cuisines de Sᵗ-Germain....... 633ᵗᵗ 14ˢ 5ᵈ

PAVÉ.

19 juin : à Gilles Deriaux, paveur, pour avoir dépavé et repavé 120 trous dans la cour des cuisines de Sᵗ-Germain, pour les poteaux que l'on y avoit scellés pour tendre la tapisserie le jour de la Feste-Dieu. 30ᵗᵗ

28 aoust : à luy, parfait payement de 857ᵗᵗ 14ˢ 7ᵈ à quoy montent les ouvrages de pavé neuf et réparations faits dans la dépendance dud. chasteau en 1686, 1687 et 1688....................... 357ᵗᵗ 14ˢ 7ᵈ

20 novembre : à luy, pour ouvrages de pavé neuf et réparations en plusieurs endroits de la dépendance dud. chasteau 186ᵗᵗ 13ˢ 9ᵈ

28 aoust : à Jaques Le Cerf, voiturier, parfait payement de 160ᵗᵗ à quoy monte le pavé par luy relevé dans la cour des cuisines de Sᵗ-Germain, et transporté à la cour du Chenil où est le magasin 10ᵗᵗ

Somme de ce chapitre....... 584ᵗᵗ 8ˢ 4ᵈ

PEINTURE.

3 juillet : à Louis Poisson, peintre, à compte des ouvrages de dorure et de peinture en blanc qu'il a fait aux oratoires de l'appartement de la Reyne, aud. chasteau de Sᵗ-Germain......................... 100ᵗᵗ

LABOURS.

16 janvier-27 février : aux nommez de Fonteny et Ferrand, à compte du labour qu'ils ont fait, sur 2 pieds 1/2 de profondeur, en la première partie du terrain du petit parc de Sᵗ-Germain (2 p.)...... 1000ᵗᵗ

27 février-10 avril : à Pierre Housset, terrassier, pour les plattes-bandes qu'il a dressées des deux costez des allées du petit parc de Sᵗ-Germain (2 p.)......
.... 235ᵗᵗ 13ˢ 1ᵈ

13 mars : à luy, pour avoir recepé le plant de chesne aux deux remises enfermées de palis dans la forest dud. Sᵗ-Germain, joignant les Loges.............. 50ᵗᵗ

10 avril-18 décembre : à Pierre Motte, laboureur, à compte du labour et trous qu'il fait au nouveau plant du petit parc et Boulingrin de Sᵗ-Germain (7 p.). 1250ᵗᵗ

27 février : à Robert Miné d'Orge, laboureur, pour 44 perches 134 pieds de terrain qu'il a labouré dans le chemin du petit parc de Sᵗ-Germain, à raison de 3ᵗᵗ la perche................................. 134ᵗᵗ 15ˢ

27 mars : à Jean Frade, laboureur, parfait payement de 322ᵗᵗ 19ˢ 11ᵈ à quoy montent les labours et ensemensage de grains par luy faits et fournis aux trois remises à gibier de la garenne de Vézinet, et autres menus ouvrages............................. 72ᵗᵗ 19ˢ 11ᵈ

22 may : à luy, à compte des labours et ensemensage de grains par luy faits dans les trois remises à gibier de la garenne de Vézinet................. 150ᵗᵗ

31 juillet-25 septembre : à luy, parfait payement du plain labour qu'il fait aux plants renfermez de palis dans la forest de Sᵗ-Germain (4 p.).............. 867ᵗᵗ

Somme de ce chapitre........ 3760ᵗᵗ 8ˢ

TERRASSES.

13 mars-10 avril : à Estienne Bourguet, terrassier, parfait payement de la fouille et transport des terres qu'il fait pour remplir les fonds de la partie du Boulingrin de Sᵗ-Germain (3 p.)....................... 722ᵗᵗ 2ˢ 1ᵈ

31 juillet : à Jean Frade, pour plusieurs parties de fossez qu'il a fait et relevez joignant les avenues de la garenne de Vézinet...................... 15ᵗᵗ

13 mars : à Genin Charpentier, terrassier, pour 220 trous qu'il a faits dans le petit parc de Sᵗ-Germain pour planter des ormes, à raison de 5ˢ la pièce... 55ᵗᵗ

16 janvier : à Pierre Navarre, terrassier, pour une butte de terre qu'il a enlevée dans la nouvelle demie lune du petit parc de Sᵗ-Germain, contenant 10 toises 4 pieds cube, à raison de 30ˢ la toise............. 16ᵗᵗ

Somme de ce chapitre........ 808ᵗᵗ 2ˢ 1ᵈ

FUMIERS.

24 avril : à Laurent Raffront, pour le fumier qu'il a livré dans le jardin du chasteau neuf pour les plattes bandes................................. 150ᵗᵗ

DÉPENSES EXTRAORDINAIRES DE SAINT-GERMAIN.

16 janvier-24 avril : à Nicolas Hainault, pour la couleur, la cire, les brosses et balays par luy fournis pour mettre en couleur et frotter les planchers de plusieurs appartemens du chasteau de Sᵗ-Germain (2 p.)............................. 84ᵗᵗ 6ˢ

10 avril : à Julien Lory, horloger, pour réparations à l'horloge du chasteau depuis le 25 octobre 1687 jusqu'au 15 janvier dernier.................. 55ᵗᵗ 10ˢ

10 avril-9 octobre : à Pierre Bonvallet, vuidangeur, pour avoir dégorgé les tuiaux des lieux communs de l'hostel du Mayne et pour la vuidange des fosses d'aisances du pavillon de Madame la Dauphine (2 p.). 160ᵗᵗ

10 avril : à Pierre Jolly, garde des plants et palis de

ANNÉE 1689. — SAINT-GERMAIN.

la forest, pour onze travées de palis qu'il a relevées au pourtour de la remise à gibier de la garenne de Vézinet.................................. 20ᵗᵗ

5 juin : à MATHIEU LAMBERT, fayancier, pour 31 pots de fayance de différentes grandeurs, par luy fournis pour mettre des fleurs dans l'appartement de la Reyne d'Angleterre........................ 77ᵗᵗ 10ˢ

14 aoust : à luy, payement d'un cent de cloches de verre qu'il a livré aux jardiniers du Val, y compris plusieurs fiolles de verre.................... 40ᵗᵗ

19 juin : à ESTIENNE LANGLOIS, cordier, pour clouds, cordages et autres marchandises qu'il a livré au magasin de Saint-Germain.................... 37ᵗᵗ 14ˢ

19 juin : à PIERRE VARISSE, ramonneur, pour cheminées qu'il a ramonnées et visitées et un garçon ramonneur qu'il a fait rester au chasteau pour prévenir les accidents qui y pourroient arriver.......... 76ᵗᵗ 17ˢ

3 juillet : à NICOLAS BRANCUE, pour avoir mis en couleur, frotté et ciré la chambre, l'antichambre et le garderobe de l'appartement du Roy au chasteau du Val et autres endroits...................... 30ᵗᵗ

17 juillet : à PIERRE CRIQUET, pour le nettoyement de l'abbreuvoir de Sᵗ-Germain et transport des boues dans le boulingrin du chasteau neuf............... 36ᵗᵗ

A ESTIENNE JOLLIVET, pour le loyer du logement du suisse de Conflans-Sᵗᵉ-Honnorine, pendant une année.. 45ᵗᵗ

14 aoust : à PIERRE DAILLY, charbonnier, pour huit muids de charbon qu'il a livrez au magasin de Sᵗ-Germain, à 3ᵗᵗ le muid................... 24ᵗᵗ

11 septembre : à LA FLÈCHE, tourneur, pour deux échelles, de chacune 18 pieds de hault sur 5 pieds de large, qu'il a livrées aux jardiniers du Val....... 16ᵗᵗ

9 octobre : à LOUIS COUTILLIER, jardinier, pour avoir figuré les arbres du parterre de Madame la Dauphine dud. chasteau pendant le mois de juin dernier... 36ᵗᵗ

23 octobre : aux nommez COUSTILLIER, jardiniers du Val, pour les fruits et fleurs qu'ils ont portez à la Reyne d'Angleterre, pendant les mois de may, juin, juillet, aoust et septembre de la présente année....... 225ᵗᵗ

20 novembre : à PIERRE COUSTILLIER l'aisné, jardinier, pour son remboursement du loyer de deux chambres qu'il a occupées dans le village de Carrière-sous-Bois pour serrer les fruits d'hyver et les raisins dud. jardin.. 30ᵗᵗ

A GUILLON, manœuvre, pour les gravois qu'il a enlevés entre la porte de l'entrée dud. chasteau de Sᵗ-Germain et celle du parterre joiguant le mur du fossé. 18ᵗᵗ

Somme de ce chapitre....... 1011ᵗᵗ 17ˢ

ENTRETENEMENS DU CHASTEAU DE SAINT-GERMAIN-EN-LAYE.

23 janvier-9 octobre : à JAQUES BARRIER, maçon, ayant l'entretenement de la terrasse, perrons, murs de closture et loges des suisses de la dépendance de Sᵗ-Germain-en-Laye et de Marly, pour ses gages du dernier quartier 1688 et trois premiers 1689 (4 p.)... 2000ᵗᵗ

A SIMON DESCHAMPS, couvreur, ayant celuy des couvertures des dépendances de Sᵗ-Germain-en-Laye et de Marly, pour ses gages pendant le mesme temps (4 p.).................................. 2000ᵗᵗ

A LOUIS ISABELLE, garçon plombier, ayant la recherche des plombs sur la couverture du chasteau de Sᵗ-Germain et des maisons qui en dépendent, pour ses gages pendant le mesme temps (4 p.).................. 900ᵗᵗ

23 janvier : à PIERRE JOLLY, garde des plants et palis de la forest de Sᵗ-Germain, pour avoir veillé à la conservation des nouveaux plants et réparations des palis qui sont joignans les Loges dans lad. forest, pendant l'année dernière 1688........................ 150ᵗᵗ

9 octobre : à luy, pour une année, finie le 24 septembre, de l'entretenement des cages qui conservent les ormes dans la route des Loges, en face du chasteau. 100ᵗᵗ

23 janvier : à JEAN-BAPTISTE LA LANDE, jardinier, pour le charbon qu'il a fourni pour eschauffer l'orangerie de Sᵗ-Germain, et pour avoir bouché la grande porte de son entretenement pendant le présent hyver.... 250ᵗᵗ

23 janvier-3 juillet : à luy, pour le labour et entretenement des palissades du parc de Sᵗ-Germain, pendant les six derniers mois 1688 et six premiers 1689 (2 p.)................................. 400ᵗᵗ

23 janvier : à luy, pour son remboursement du loyer de la maison qu'il a occupée à Sᵗ-Germain l'année dernière 1688........................... 150ᵗᵗ

A la veuve BELLIEN, jardinière du parterre aux gazons de Madame la Dauphine à Sᵗ-Germain, pour le loyer de sa maison pendant 1688................. 150ᵗᵗ

Somme de ce chapitre........... 6100ᵗᵗ

OUVRIERS À JOURNÉES.

16 janvier : aux ouvriers qui ont travaillé à nettoyer et mettre en couleur les planchers des appartemens occupez par le Roy et la Reyne d'Angleterre aud. chasteau de Sᵗ-Germain........................ 311ᵗᵗ 12ˢ 6ᵈ

A ceux qui ont travaillé à remplir de glace les quatre nouvelles glacières de Sᵗ-Germain et celle du Val................................... 1227ᵗᵗ 14ˢ

30 janvier-18 décembre : à ceux du chasteau et dé-

pendances qui ont travaillé à divers ouvrages depuis le 15 janvier jusqu'au 15 décembre (24 p.). 2501ᴸ 6ˢ

Somme de ce chapitre..... 4040ᴸ 12ˢ 6ᵈ

MARLY.

MAÇONNERIE.

23 janvier : à Jaques Loizeleur, maçon, parfait payement de 2885ᴸ 11ˢ à quoy montent les ouvrages de maçonnerie par luy faits en divers endroits de la dépendance du chasteau de Marly.............. 385ᴸ 11ˢ

13 mars : à luy, pour 7 toises 1/2 de vouste d'aqueducs qu'il a racomodés entre l'estang du Trou-d'Enfer et le réservoir du dessus de Marly.............. 45ᴸ

24 avril : à luy, pour 21 toises courantes de pierrées qu'il a fait, joignant le regard du robinet de 8 pouces qui est proche l'estang du Trou-d'Enfer..... 94ᴸ 10ˢ

10 may : à luy, pour six pierrées qu'il a fait sur les allées du devant des pavillons des deux ailes de Marly pour recevoir les eaux de la ravine et les conduire dans les aqueducs du derrière desd. pavillons....... 297ᴸ

22 may-28 aoust : à luy, à compte de ses ouvrages de maçonnerie en plusieurs endroits de la dépendance de Marly (8 p.).................... 2150ᴸ

19 juin-23 octobre : à luy, parfait payement des ouvrages de maçonnerie à pierre sèche qu'il a faits pour le revestement des nouvelles chaussées de l'estang du Trou-d'Enfer (10 p.)............. 6548ᴸ 17ˢ 5ᵈ

9 octobre : à luy, pour 48 toises carrées de murs qu'il a rétablis aux murs de closture du parc de Noisy.. 96ᴸ

16 janvier-9 octobre : à Jean Bailly et Louis Rocher, entrepreneurs, à compte des ouvrages de maçonnerie qu'ils font pour l'église parroissialle du village de Marly (8 p.)................................ 3600ᴸ

10 may-4 décembre : à eux, sur les ouvrages de maçonnerie qu'ils font pour la construction des nouveaux bastimens de Marly (14 p.)............. 39600ᴸ

23 octobre-6 novembre : à eux, à compte de leurs ouvrages de maçonnerie à l'estang du Trou-d'Enfer (2 p.).................................. 800ᴸ

16 janvier : à François Gobin, maçon, pour ouvrages de maçonnerie qu'il a fait à plusieurs réparations tant au chasteau, offices, qu'autres bastimens de Marly... 79ᴸ

27 février-10 avril : à luy, pour ouvrages et réparations de maçonnerie par luy faits au chasteau et pavillons de Marly (4 p.).................... 249ᴸ 7ˢ 1ᵈ

19 juin-18 décembre : à luy, pour ouvrages et réparations de maçonnerie à plusieurs endroits du chasteau, offices et autres bastimens de la dépendance de Marly (5 p.)............................ 1011ᴸ 7ˢ 9ᵈ

17 juillet : à luy, pour ses ouvrages de maçonnerie pour la construction du dosme nouvellement posé sur le pavillon de la chapelle de Marly............. 80ᴸ

Somme de ce chapitre... 55036ᴸ 13ˢ 3ᵈ

JARDINAGES ET LABOURS.

16 janvier-27 février : à Jaques Le Jay, terrassier, parfait payement de 4567ᴸ 6ˢ 9ᵈ à quoy montent la fouille et transport des terres par luy faits à divers endroits dud. jardin de Marly, pour planter des ormes et des ifs (2 p.).................... 867ᴸ 6ˢ 9ᵈ

27 février : à luy, pour 622 trous par luy faits dans les nouvelles avenües de la plaine du Trou-d'Enfer. 622ᴸ 4ˢ

13 mars : à luy, pour le gazonnage qu'il a changé aux glacis des deux costez du chasteau de Marly. 137ᴸ 13ˢ 3ᵈ

27 mars : à luy, parfait payement de 6963ᴸ 18ˢ 9ᵈ à quoy monte le gazonnage à queüe par luy fait au pourtour de partie de l'estang du Trou-d'Enfer pour la construction des nouvelles chaussées..... 413ᴸ 18ˢ 9ᵈ

3 juillet : à luy, pour un escalier de gazon au devant du premier pavillon de l'aile de Marly, du costé des offices................................. 15ᴸ

31 juillet-18 décembre : à luy, sur le gazon plat qu'il fait le long des plattes bandes de partie des allées du jardin de Marly (6 p.)..................... 1120ᴸ

25 septembre-18 décembre : à luy, parfait payement du gazon plat et à queüe qu'il a fait pour soutenir les terres raportées au pourtour du nouveau canal du Trou-d'Enfer (5 p.)........................ 572ᴸ 15ˢ 11ᵈ

13 février-4 décembre : à luy, pour trois labours qu'il a fait en 1688 à 2000 plants, et avoir enterré 2000 manes remplies de 2000 ormes plantez autour des réservoirs du dessus de Marly (2 p.)....... 275ᴸ

27 mars-3 juillet : à Charles Amelot, terrassier, parfait payement de la fouille et transport des terres et des recoupes qu'il a transportées et façonnées sur les allées dud. jardin de Marly (5 p.)........ 546ᴸ 8ˢ 8ᵈ

22 may-23 octobre : à luy, sur la recoupe qu'il dresse et bat sur les allées (12 p.)................. 2935ᴸ

31 juillet-11 septembre : à luy, pour les chemins qu'il défriche et régalle dans la forest de Marly (4 p.)................................ 515ᴸ 13ˢ 2ᵈ

25 septembre-18 décembre : à luy, pour les routes et chemins qu'il a élargi et régallez dans lad. forest (4 p.)........................... 266ᴸ 16ˢ 5ᵈ

5 juin : à François Thierry, jardinier de Noisy, pour

avoir régallé et passé au rateau les allées du parc de Noisy.................................... 60ᴸᴸ

13 mars-8 may : à CLAUDE FEILLET, jardinier, pour labours et régallemens d'allées en plusieurs endroits du jardin de Marly (2 p.).............. 388ᴸᴸ 13ˢ 11ᵈ

10 avril : à luy, pour labour des plattes bandes du jardin de Marly...................... 136ᴸᴸ 14ˢ 4ᵈ

Somme de ce chapitre...... 8313ᴸᴸ 5ˢ 2ᵈ

TERRASSES.

16 janvier-27 février : à JEAN VIGON, terrassier, parfait payement de 1591ᴸᴸ 13ˢ 4ᵈ à quoy montent la fouille et transport des terres qu'il fait pour les tranchées où l'on doit planter des ormes et des ifs dans le jardin de Marly, et des bonnes terres qu'il y a rapportées (2 p.).......................... 691ᴸᴸ 13ˢ 4ᵈ

13 mars-10 avril : à luy, parfait payement de ses ouvrages de terrasse dans divers endroits de la dépendance du chasteau de Marly (3 p.)...... 735ᴸᴸ 16ˢ 2ᵈ

14 aoust-11 septembre : à luy, pour les terres et recoupes qu'il a enlevées des deux costez du chasteau de Marly (3 p.).................... 883ᴸᴸ 16ˢ 10ᵈ

25 septembre : à luy, pour ouvrages de terrasse et de recoupe au pourtour de partie des bassins du grand perron dud. chasteau................. 711ᴸᴸ 12ˢ 10ᵈ

23 octobre-20 novembre : à luy et SIMON COURTIN, pour la fouille et transport des terres qu'ils ont fait pour le changement des deux glacis au-dessous du grand mur de terrasse, en divers endroits du jardin de Marly (3 p.)............................... 1424ᴸᴸ 3ˢ 2ᵈ

18 décembre : à eux, sur la fouille et transport de terre faits dans le jardin de Marly pour le changement des glacis........................ 790ᴸᴸ 13ˢ 6ᵈ

16 janvier-18 décembre : à PIERRE CHAMPAGNE et NOËL LAVENET, terrassiers, à compte des terres qu'ils enlèvent et du conroy qu'ils font pour la construction des nouvelles chaussées de l'estang du Trou-d'Enfer (23 p.)................................... 12530ᴸᴸ

24 avril-25 septembre : à eux, sur la fouille et transport des terres qu'ils font à plusieurs endroits du parc de Marly, pour la place où l'on doit bastir (11 p.).................................... 5696ᴸᴸ 14ˢ 4ᵈ

4 décembre : à eux, pour 53 brouettes qu'ils ont livrées au magasin........................ 79ᴸᴸ 10ˢ

23 janvier : à ESTIENNE BOURGUET, terrassier, parfait payement de 3199ᴸᴸ 2ˢ 6ᵈ à quoy montent les mauvaises terres qu'il a enlevées à plusieurs endroits du jardin de Marly, où l'on doit planter des ormes et des ifs. 409ᴸᴸ 2ˢ 6ᵈ

27 février-10 avril : à luy, pour fouille et transport de terre faits dans led. jardin (2 p.)...... 81ᴸᴸ 17ˢ 2ᵈ

22 may-25 septembre : à luy, parfait payement des terres qu'il a ostées en partie des allées du jardin de Marly pour y mettre en place la recoupe (10 p.)...... .... 2034ᴸᴸ 5ˢ 9ᵈ

5 juin-14 aoust : à luy, pour transport de recoupes et avoir sablé le bosquet qui est au derrière des pavillons de l'aile du costé de Luciennes (2 p.)...... 176ᴸᴸ 10ˢ

30 janvier-27 mars : à ISAAC GOSSET, terrassier, parfait payement de 1140ᴸᴸ 10ˢ 3ᵈ à quoy montent les ouvrages de terrasse pour la construction de la nouvelle église du village de Marly (2 p.)........ 200ᴸᴸ 10ˢ 3ᵈ

10-24 avril : à luy, pour divers menus ouvrages de terrasse dans le jardin de Marly (2 p.).... 66ᴸᴸ 14ˢ 2ᵈ

16 janvier-27 mars : à CLAUDE VOËBEN, terrassier, parfait payement de 2606ᴸᴸ 2ˢ 5ᵈ à quoy montent les fouilles et transport de terre qu'il a fait pour les tranchées où l'on doit planter des ormes et des ifs dans led. jardin et les bonnes terres qu'il y rapporte (4 p.).............................. 1006ᴸᴸ 2ˢ 5ᵈ

24 avril-10 may : à luy, pour les tranchées qu'il a fouillées et terres qu'il a enlevées en plusieurs endroits dud. jardin (2 p.).................... 269ᴸᴸ 3ˢ 6ᵈ

22 may-14 aoust : à luy, parfait payement de la recoupe qu'il a ostée sur partie des allées dud. jardin de Marly (7 p.).................... 1456ᴸᴸ 9ˢ 6ᵈ

13 février : à luy, pour labour à 50 perches de terre dans les deux quinconges du bas du jardin, et 104 pieds d'arbres qu'il a abbattus dans les carrez des hauteurs du parc de Marly (2 p.)....................... 99ᴸᴸ 18ˢ

31 juillet-11 septembre : à luy, pour les chemins qu'il a deffrichés et regallez dans la forest de Marly (2 p.)........................ 179ᴸᴸ 3ˢ

16 janvier-27 mars : à JOSEPH GOURLIER, terrassier, parfait payement de 1821ᴸᴸ 4ˢ 10ᵈ à quoy montent les tranchées pour planter des ormes et des ifs dans led. jardin (4 p.)................ 421ᴸᴸ 4ˢ 10ᵈ

10 avril-17 juillet : à luy, sur la fouille et transport des terres à plusieurs endroits dud. jardin et autres ouvrages (3 p.)........................ 363ᴸᴸ 12ˢ 4ᵈ

31 juillet-11 septembre : à luy, pour les souches qu'il arrache et les chemins qu'il deffriche et régalle dans la forest de Marly (4 p.)............ 483ᴸᴸ 17ˢ 6ᵈ

9 octobre : à luy, pour les terres qu'il a enlevées dans led. jardin de Marly................... 42ᴸᴸ 12ˢ 3ᵈ

10 avril-11 septembre : à GERIN CHARPENTIER, terrassier, pour divers ouvrages de terrasses, fouilles et

transport de terres à plusieurs endroits des environs et du jardin de Marly (6 p.)............. 206ʰ 19ˢ 3ᵈ

5 juin : à Jaques Hardy, laboureur, pour 479 toises 5 pieds 1/2 courant de chemin, qu'il a élargis et régallez dans la forest de Marly..................... 24ʰ

23 octobre : à Jean Marcilly, terrassier, à compte de la fouille et transport des terres qu'il a fait pour le parachèvement du canal de l'estang du Trou-d'Enfer.. 150ʰ

16 janvier-5 juin : à Pierre Le Clerc, dit Pitre, terrassier, parfait payement de 6598ʰ 19ˢ 6ᵈ à quoy montent la fouille et transport des terres par luy fait pour les quinconges où l'on a planté des ormes dans le jardin de Marly (6 p.).................... 1698ʰ 19ˢ 6ᵈ

28 aoust : à Pierre Dupont, terrassier, à compte de la terre glaize qu'il a voiturée en plusieurs endroits du pourtour de l'estang du Trou-d'Enfer.......... 60ʰ

27 février : à Nicolas Borienne et Jean Marcilly, jardiniers, pour des plattes bandes qu'ils ont labourées et dressées dans le jardin de Marly pour planter des ormes......................... 227ʰ 19ˢ 1ᵈ

27 mars-10 may : audit Jean Marcilly, jardinier, pour le gazonnage par luy fait à plusieurs glacis dud. jardin (2 p.)........................ 179ʰ 7ˢ 1ᵈ

24 avril : aud. Borienne, pour 271 toises courantes de cléonnage qu'il a fait et garni de pierre au pied du glacis d'une des faces de l'estang du Trou-d'Enfer...... .... 135ʰ 10ˢ

5 juin : à luy, pour nettoyage des abbreuvoirs des escuries du Roy et des gardes du corps et celui qui est hors du parc du costé de Saint-Germain........... 41ʰ 5ˢ

31 juillet-6 novembre : à luy, à compte du gazon qu'il fait sur partie des allées du jardin de Marly (3 p.)............................. 830ʰ

22 may-11 septembre : à luy, parfait payement des recoupes qu'il rapporte sur partie des allées du jardin de Marly à la place des terres enlevées à plusieurs endroits du parc (5 p.)......................... 237ʰ 11ˢ 2ᵈ

13 mars-8 may : à Claude Feillet, jardinier, parfait payement des labours et régallement d'allées qu'il a fait à plusieurs endroits du jardin de Marly (2 p.)............................ 388ʰ 13ˢ 11ᵈ

10 avril : à luy, pour les plattes bandes dud. jardin qu'il a labourées.................... 136ʰ 14ˢ 4ᵈ

10-24 avril : à Pierre Motte, terrassier, pour ses labours aux plattes bandes dud. jardin et plantage de 3000 billes d'ormes (2 p.)................. 60ʰ 18ˢ

24 avril-18 décembre : à luy, à compte des labours et des trous qu'il fait aux plants du parc de Marly et à la plaine du Trou-d'Enfer (10 p.)........... 1300ʰ

31 juillet-11 septembre : à Guillaume Motte, terrassier, pour les chemins qu'il a deffrichés et régallés dans la forest de Marly (2 p.).................. 125ʰ 18ˢ

22 may-25 septembre : à Thomas Marville, terrassier, pour les allées qu'il a ratissées à plusieurs endroits de la dépendance de Marly et autres menus ouvrages (3 p.)............................ 71ʰ 11ˢ 3ᵈ

14 aoust-4 décembre : à Estienne Bourguet et Julien Dupont, terrassiers, parfait payement de la fouille et transport de terres qu'ils font pour le parachèvement du canal de l'estang du Trou-d'Enfer (8 p.). 2589ʰ 0ˢ 10ᵈ

4 avril : à La Tronce, jardinier, pour avoir nettoyé les deux bassins ronds du jardin bas de Marly. 15ʰ 15ˢ

24 avril : à Lambert Liquot, jardinier, pour avoir régallé l'allée qui est au devant des pavillons de l'aile du costé de Lucienne, et autres ouvrages......... 30ʰ

24 avril : à Pierre Lescouflé, jardinier, pour avoir ratissé et passé au rateau les allées du bosquet qui est au derrière des pavillons du costé du village......... 32ʰ

8 may : à Jean Salix, jardinier, pour les plattes bandes qu'il a labourées et dressées à plusieurs endroits du jardin de Marly........................ 29ʰ 3ˢ 6ᵈ

8 may-31 juillet : à Jean Mine, pour avoir labouré à la besche le quinconge entre le dernier pavillon et le mur de closture du parc, et passé au rateau et espierré tous les quinconges dud. jardin (2 p.).......... 61ʰ 16ˢ

8 may-31 juillet : à Marville, jardinier, pour avoir passé au rateau et sorti l'herbe du bosquet au derrière des pavillons du costé de Lucienne, et autres ouvrages (2 p.)............................. 57ʰ

25 septembre : à Simon Courtin, autre, pour les terres et la recoupe qu'il a transportée et enlevée en partie du pourtour des bassins du grand perron du chasteau de Marly............................. 330ʰ 4ˢ

9 octobre : à Jean Moret, terrassier, pour 611 toises courantes de terre qu'il a régallée au pied du mur à pierre sèche au pourtour du dedans de l'estang du Trou-d'Enfer.............................. 22ʰ 18ˢ 3ᵈ

23 octobre-6 novembre : à Martin Nicole, à compte de la recoupe qu'il a prise dans les carrières de Carrière-sous-Bois et qu'il a déchargée et voiturée au port de Marly pour employer aux nouveaux bosquets du jardin dud. chasteau (2 p.)..................... 900ʰ

Somme de ce chapitre.... 56061ʰ 7ˢ 2ᵈ

SABLE DE RIVIÈRE.

3 juillet-25 septembre : à Martin Nicole, payement de 1197 muids de sable de rivière qu'il a livré dans le

ANNÉE 1689. — MARLY.

parc de Marly pour employer à sabler la recoupe, à 16ˡ le muid (6 p.)...................... 957ᶧᵗ 12ˢ

CHARPENTERIE.

4 décembre : à JEAN ARPAILLET, pour ouvrages de charpenterie qu'il a démolis à la grange où l'on faisoit le service divin dans le village de Marly.......... 200ᶧᵗ

18 décembre : à JEAN-JAQUES AUBERT, charpentier, pour 125 barres tournées qu'il a livrées et mis en œuvre dans les escuries du Roy à Marly............. 217ᶧᵗ

16 janvier-25 septembre : à RAOUL DE PIERRE, dit LA PORTE, charpentier, parfait payement de 13644ᶧᵗ 14ˢ 8ᵈ à quoi monte la charpenterie de l'église paroissiale du village de Marly (11 p.)............. 4794ᶧᵗ 14ˢ 8ᵈ

22 may-19 juin : à luy, parfait payement de 2461ᶧᵗ 11ˢ à quoy montent les ouvrages de charpenterie du nouveau dosme qu'il a posé au-dessus du pavillon de la chapelle de Marly (3 p.)...................... 1061ᶧᵗ 11ˢ

17 juillet-18 décembre : à luy, sur ses ouvrages à plusieurs endroits de la dépendance dud. chasteau (3 p.)................................ 1000ᶧᵗ

5 juin : à luy, pour une vanne qu'il a faite et posée au-dessus des deux soupapes de l'estang du Trou-d'Enfer. 36ᶧᵗ

3 juillet-25 septembre : à JEAN MALLET, charpentier, parfait payement des ouvrages de charpenterie qu'il a fait pour les nouveaux bastimens de Marly (7 p.)....... .... 8147ᶧᵗ 6ˢ 4ᵈ

Somme de ce chapitre..... 15456ᶧᵗ 12ˢ

COUVERTURE.

27 février-27 mars : à SIMON DESCHAMPS, couvreur, à compte de la couverture de l'église paroissiale du village de Marly (3 p.)..................... 600ᶧᵗ

19 juin-6 novembre : à luy, sur les ouvrages de couverture d'ardoise des nouveaux bastimens de Marly (11 p.)............................... 5350ᶧᵗ

Somme de ce chapitre......... 5950ᶧᵗ

MENUISERIE.

19 juin-9 octobre : à FRANÇOIS MILLOT, menuisier, parfait payement de ses ouvrages de menuiserie aux nouveaux bastimens de Marly (7 p.)........... 2261ᶧᵗ 9ˢ 1ᵈ

6 novembre-18 décembre : à luy, sur les bancs qu'il fait pour les nouveaux bosquets (3 p.)........ 800ᶧᵗ

16 janvier-5 juin : à JAQUES MIREL, menuisier, parfait payement de 3499ᶧᵗ 15ˢ 11ᵈ à quoy montent les ouvrages et réparations de menuiserie qu'il a fait au chasteau et dépendances de Marly (9 p.)... 1999ᶧᵗ 15ˢ 11ᵈ

19 juin-9 octobre : à luy, parfait payement de ses ouvrages et réparations en plusieurs endroits de la dépendance de Marly (9 p.)............. 1692ᶧᵗ 11ˢ 2ᵈ

6 novembre-4 décembre : à luy, sur les bancs des nouveaux bosquets dud. jardin (2 p.).......... 500ᶧᵗ

18 décembre : à luy, à compte des ouvrages qu'il a fait pour la construction des jeux de l'ancau tournant, que l'on a plancheiez sur deux faces de la terrasse du chasteau de Marly............................. 500ᶧᵗ

30 janvier : à JAQUES MIREL, menuisier, pour 300 planches, de chacune 12 pieds de long, qu'il a livré pour faire un plancher sur une des faces de la terrasse du chasteau de Marly où sont posez deux jeux de trou-madame, à 3ᶧᵗ le cent............................ 333ᶧᵗ

30 janvier : à BAHIAL, pour 91 planches, à 12ˢ la toise, pour idem........................ 109ᶧᵗ 4ˢ

30 janvier : à la veuve CASTELOTTE, pour 83 planches, idem............................... 142ᶧᵗ 16ˢ

30 janvier : à JEAN VANTE, pour 112 toises courantes de planches, idem..................... 44ᶧᵗ 16ˢ

30 janvier : à NICOLAS LE MAISTRE, pour 58 toises, idem................................. 21ᶧᵗ 4ˢ

24 avril : à JAQUES PIN, pour 200 bottes de perche de 50 brains chacune, qu'il a livrez pour faire un clayonnage au pied d'une des faces en dedans de l'estang du Trou-d'Enfer, à 50ᶧᵗ le cent.................. 100ᶧᵗ

5 juin : à NOËL JOUVENET, sculpteur, pour 108 toises courantes de dosses de batteau, qu'il a livrez au magasin de Marly, à 12ˢ la toise.................. 64ᶧᵗ 16ˢ

16 janvier-24 avril : à LOUIS NIVET, menuisier, parfait payement de 2857ᶧᵗ 2ˢ 3ᵈ à quoy montent ses ouvrages de menuiserie pour la construction de l'église paroissialle du village de Marly (7 p.)........ 2457ᶧᵗ 2ˢ 3ᵈ

3 juillet-9 octobre : à luy, pour quatre bancs de bois de chesne qu'il a fournis et posez au pourtour des deux bassins ronds du bas jardin de Marly (2 p.).... 500ᶧᵗ

22 may-4 décembre : à ANTOINE RIVET, menuisier, parfait payement des ouvrages de menuiserie qu'il a fait pour les nouveaux bastimens de Marly (8 p.).. 3369ᶧᵗ 16ˢ 5ᵈ

19 juin-3 juillet : aux nommez LOQUET, THIERRY, MARQUET et SERGENT, menuisiers, pour les ragréemens qu'ils font à la charpenterie du nouveau dosme du pavillon de la chapelle de Marly................. 320ᶧᵗ

Somme de ce chapitre... 15216ᶧᵗ 10ˢ 10ᵈ

SERRURERIE.

10 avril : à JOSEPH ROUILLIER, serrurier, pour ouvrages de serrurerie qu'il a fourni à la forge nouvellement faite aux escuries du Roy et une chaisne de fer de 20 toises de long, fourni au magasin................. 189ᶧᵗ 18ˢ

16 janvier-13 mars : à ALEXIS FORDRIN, parfait payement de 7918ʰ 14ˢ 3ᵈ à quoy montent les ouvrages de gros fer et ferrure qu'il a faits et fournis pour la construction de l'église paroissialle de Marly, déduction de 16ʰ 0ˢ 7ᵈ pour 229 livres de vieux fer qu'il a eu du magasin (5 p.)....................... 2952ʰ 13ˢ 8ᵈ

24 avril : à luy, sur les ouvrages de serrurerie qu'il a fourni et rétabli à divers endroits de la dépendance de Marly................................. 200ʰ

10 may-18 décembre : à luy, sur les grilles et autres ouvrages de serrurerie faits aux nouveaux bastimens et autres endroits (16 p.)............... 8604ʰ

16 janvier : à THOMAS DUVAL, serrurier, pour plusieurs ouvrages de serrurerie et réparations dans les grands aqueducs de la montagne de Roquancourt.. 18ʰ

16 janvier-18 décembre : à GASTON MARTIN, serrurier, à compte des ouvrages de serrurerie qu'il fait et rétablit au chasteau et dépendances de Marly (22 p.) 3040ʰ

Somme de ce chapitre... 15004ʰ 11ˢ 8ᵈ

VITRERIE.

16 janvier-4 décembre : à CLAUDE COSSET, vitrier, pour réparations qu'il a faites aux croisées du chasteau et pavillons de Marly pendant la présente année 1689 (12 p.)............................ 1024ʰ 15ˢ

13-27 mars : à luy, à compte des ouvrages qu'il fait pour l'église paroissialle de Marly (2 p.)....... 270ʰ

Somme de ce chapitre....... 1294ʰ 15ˢ

PLOMBERIE.

5 juin : à JAQUES LUCAS, plombier, parfait payement de 2350ʰ 17ˢ 7ᵈ à quoy monte la main-d'œuvre du plomb et soudure qu'il a livré au chasteau et dépendances de Marly pendant les trois derniers mois 1688, au nombre de 53147 livres de plomb, à raison de 40ʰ le millier, et de 450 livres de soudure pour réparations, à 10ˢ la livre..................... 1650ʰ 17ˢ 7ᵈ

17 juillet-23 octobre : à luy, parfait payement de la main-d'œuvre du plomb en table, tuyaux, soudure pour plomb, et soudure pour réparations, qu'il a livrez et mis en œuvre pour la construction du nouveau dosme de la chapelle de Marly (4 p.)............. 2343ʰ 4ˢ 2ᵈ

Somme de ce chapitre...... 3994ʰ 1ˢ 9ᵈ

PAVÉ.

13 février-3 juillet : à LOUIS RENOUF, paveur, parfait payement de 2827ʰ 8ˢ 2ᵈ à quoy montent les ouvrages de pavé par luy faits dans la dépendance du chasteau de Marly (11 p.)..................... 1927ʰ 8ˢ 2ᵈ

17 juillet-4 décembre : à luy, sur ses ouvrages de pavé pour les nouveaux bastimens (10 p.)........ 4100ʰ

13 mars : à GILLES DENIAUX, paveur, pour le rétablissement qu'il a fait au pavé de Marly depuis la porte cochère de l'entrée du parc du costé du village jusqu'aux offices................................. 160ʰ

Somme de ce chapitre..... 6087ʰ 8ˢ 2ᵈ

PEINTURE.

30 janvier-27 mars : à LOUIS POISSON, peintre, à compte des trois tableaux qu'il peint pour la nouvelle église de Marly (5 p.)..................... 900ʰ

22 may-18 aoust : à luy, sur la grosse impression de peinture qu'il fait à la menuiserie de plusieurs endroits de la dépendance de Marly (5 p.)........... 650ʰ

28 aoust-18 décembre : à luy, à compte des ouvrages de peinture qu'il fait aux ornemens du chasteau et pavillons de Marly (7 p.)................... 2900ʰ

14 aoust-18 décembre : à PHILIPES MEUSNIER, peintre, sur les ouvrages de peinture qu'il fait aux Communs du chasteau (8 p.)....................... 4450ʰ

Somme de ce chapitre......... 8900ʰ

SCULPTURE.

27 février : aux nommez BOURLIER, GUYOT et BOUTET, sculpteurs, parfait payement de 2780ʰ à quoy montent les couronnemens de sculpture par eux faits au chasteau de Marly............................... 280ʰ

27 mars-3 juillet : à SÉBASTIEN BOURLIER et PAUL BOUTET, sur les ouvrages de sculpture qu'ils font à l'église paroissialle du village (3 p.).......... 300ʰ

5 juin : à ROBERT DE LA LANDE, sculpteur, à compte des ouvrages de sculpture par luy faits à l'église paroissialle de Marly........................... 100ʰ

13 février-25 septembre : aux nommez MAZELINE, JOUVENET et BARROIS, sculpteurs, parfait payement de 8136ʰ à quoy montent les quatre couronnemens de sculpture qu'ils font au-dessus des frontons des quatre faces du chasteau de Marly (9 p.)........... 2636ʰ

18 décembre : à MAZELINE et JOUVENET, pour une couronne de plomb qu'ils ont faite et posée au-dessus du dosme du pavillon de la chapelle de Marly.... 141ʰ 4ˢ

13 février : à GROUARD, sculpteur, pour la fleur de lys et autres ouvrages de sculpture par luy faits au poinçon et à la croix de la nouvelle église du village de Marly............................... 62ʰ

23 octobre : aux nommez LEGROS, GROUARD et ROBERT, sculpteurs, parfait payement de 2400ʰ pour douze tor-

chères de sculpture de pierre de Trossy avec leurs ornemens, qu'ils ont fait et posez sur le chasteau de Marly.............................. 400ᵗᵗ

18 décembre : à BERTIN, sculpteur, pour 34 journées qu'il a employées à restaurer et placer toutes les figures qui sont dans le jardin de Marly, à raison de 4ᵗᵗ par jour, et de 82 journées de compagnons sculpteurs qu'il a aussi fournis pour le mesme sujet, à 50ˢ par jour.... 341ᵗᵗ

27 février : à PROU, sculpteur, parfait payement de 1945ᵗᵗ à quoy montent seize cassolettes et autres ouvrages de sculpture par lui faits au chasteau de Marly.. 245ᵗᵗ

9 octobre - 4 décembre : à NICOLAS DUFOUR, sculpteur, à compte des groupes d'enfans et des fleurs et fruits qu'il fait et qu'il rétablit sur les pieds d'estaux des perrons qui sont prez le chasteau de Marly (3 p.)......... 500ᵗᵗ

13 février - 18 décembre : à LOUIS FRANÇOIS et JEAN FRANÇOIS, sculpteurs, à compte des vases de sculpture qu'ils font pour tous les pavillons du chasteau de Marly (13 p.)............................... 3400ᵗᵗ

13 mars : à CLAUDE JACOB, sculpteur, pour avoir posé et soudé ensemble les glaçons aux deux pieds d'estaux des trois perrons des deux côtés du bassin du grand jet de Marly................................ 60ᵗᵗ

10 avril : à DROUILLY, sculpteur, pour deux modèles de vazes qu'il a fait aux deux angles de la façade du pavillon de la Salle des gardes............... 75ᵗᵗ 5ˢ

13 février - 4 décembre : aux nommez VIGIEL, ROUSSEL et FRANÇOIS, sculpteurs, parfait payement de 5280ᵗᵗ à quoy montent 48 couronnemens de sculpture qu'ils font au-dessus du millieu des douze petits pavillons du chasteau de Marly (7 p.)...................... 2330ᵗᵗ

Somme de ce chapitre....... 10870ᵗᵗ 9ˢ

DORURE.

23 janvier : à ANTOINE ROBILLARD, doreur au feu, parfait payement de 418ᵗᵗ à quoy monte la dorure de cinq milliers de grands clouds et quatre tuiaux et robinet de bronze pour la chambre des bains de Marly..... 118ᵗᵗ

CHAUDRONNERIE ET OUVRAGES DE CUIVRE.

22 may : à MARTIN MASSELIN, chaudronnier, pour ouvrages de cuivre qu'il a livrez et mis en œuvre pour les bains de Marly....................... 286ᵗᵗ 16ˢ

13 février - 18 décembre : à GILLES LE MOYNE, fondeur, pour les ouvrages de cuivre par luy faits et fournis dans la dépendance de Marly (3 p.)......... 192ᵗᵗ 4ˢ

Somme de ce chapitre.......... 479ᵗᵗ

HORLOGERIE.

19 juin : à JULIEN LORY, horlogeur, à compte de l'horloge et gros mouvemens qu'il a fourni sur le pavillon de la chapelle de Marly et du changement qu'il a fait pour poser le mouvement dans le nouveau dosme. 100ᵗᵗ

20 novembre : à luy, pour le rétablissement de l'ancienne horloge du village de Marly et posage d'icelle à la nouvelle église....................... 120ᵗᵗ

Somme de ce chapitre.......... 220ᵗᵗ

VOITURES.

10 avril - 20 novembre : à la veuve JAQUES DOSSY, voiturière, payement de la voiture de la vieille menuiserie de l'ancienne église de Versailles à celle de Marly, et autres différentes voitures à quatre chevaux à Saint-Germain et à Marly (9 p.)................ 681ᵗᵗ

DÉPENSES EXTRAORDINAIRES DE MARLY.

16 janvier : à CLAUDE GARANT, charpentier, pour avoir descendu les modèles de torchères et cassolettes de plastre de dessus le chasteau de Marly............... 70ᵗᵗ

A THOMAS VITRY, fontainier, pour menues dépenses par luy faites pour calfeutrer les portes et croisées dud. chasteau de Marly...................... 116ᵗᵗ 8ˢ 6ᵈ

A NOËL MEILLEUR, vannier, pour 600 manes d'ozier qu'il a fournies au magasin de Marly, à raison de 30ᵗᵗ le cent................................. 180ᵗᵗ

30 janvier : à JEAN PADELAIN, ramoneur, pour les cheminées qu'il a visitées et racomodées oud. chasteau et dépendances....................... 16ᵗᵗ 16ˢ

13 février : à FOSSARD, payement de 200 de paille qu'il a livré au magasin de Marly, à raison de 15ᵗᵗ le cent................................. 30ᵗᵗ

A JEAN LAURENS, tailleur de pierre, pour 135 trous qu'il a fait sur tous les pavillons du chasteau de Marly pour y sceller les barres de fer montantes dans lesquelles sont enfilez les vases que l'on y a posez.... 23ᵗᵗ 12ˢ 6ᵈ

10 avril : à DUBIN, marchand tablettier, pour quatre grands leves de buys qu'il a livré pour le jeu du grand anneau tournant à Marly.................... 40ᵗᵗ

A JAQUES METAY, pour quatre brayers de cuir, garnis de boucles et clavettes, qu'il a fourni pour les trois cloches de la nouvelle église de Marly.............. 14ᵗᵗ

24 avril : à ANTOINE DESFOSSÉS, taupier, pour taupes qu'il a prises dans le parc de Marly........... 12ᵗᵗ

10 may : à LOUIS LE SUEUR, charon, pour avoir empilé derrière le magasin les bois de charpenterie qui estoient au-devant de la porte dud. magasin de Marly. 18ᵗᵗ

A MARIN BOULANGER, pour 210 sommes de funiers

qu'il a voiturés à plusieurs endroits du jardin pour employer au pied des ifs nouvellement plantez sur la teste des glacis du jardin...................... 68ʰ 5ˢ

A Charles Larcher, jardinier, pour 186 toises courantes de main d'œuvre de treillage qu'il a fait à plusieurs endroits du jardin de Marly pour fermer les bosquets et ceinture du parc...................... 28ʰ

A Jaques Garnier, pour cinq sacs de graine d'herbe qu'il a livré dans le parc de Marly.............. 30ʰ

22 may : à Michel Moncousin, charpentier, pour avoir démoly et descendu en bas le dosme que l'on a osté de dessus le pavillon de la chapelle de Marly pour en remettre un autre...................... 36ʰ

5 juin : à Louis Ollivier, faucheur, pour avoir fauché l'herbe au pourtour des allées et glacis des réservoirs du dessus de Marly...................... 18ʰ

A la veuve Boivin, pour le loyer d'une cave servant de glacière dans le village pendant l'hyver dernier... 15ʰ

A Noël Bonneville, pour le loyer d'une cave, idem.. .... 15ʰ

19 juin : à Estienne Langlois, cordier, pour clouds, cordages et autres fournitures qu'il a livré à nostre magasin de Marly............................ 115ʰ 6ᵈ

A Pierre Varisse, ramonneur, pour les cheminées qu'il a ramonnées et visitées au chasteau et dépendances de Marly............................ 106ʰ 1ˢ

17 juillet : à François Galin, pour remboursement de ce qu'il a payé pour 236 toises courantes de dosses de bateau qu'il a livrées au magasin......... 141ʰ 12ˢ

A Vitry, pour charbon, dont partie a été délivrée aux sculpteurs pour faire la fonte des ornemens du nouveau dosme et autres fournitures............... 139ʰ 7ˢ

14 aoust : aud. Desfossés, pour taupes qu'il a pris dans le parc de Marly pendant le deuxième quartier 1689...................... 36ʰ

28 aoust : à Vivant Martin, voiturier, pour 80 toises de dosses de bateau qu'il a livrées au magasin, pour employer à couvrir les pierrées que l'on a fait dans le jardin dud. Marly...................... 48ʰ

A Jean Meusnier le jeune, pour le loyer de deux chambres et une cuisine occupez par les sculpteurs qui ont fait les ornemens qui sont posez sur le dosme du pavillon de la chapelle...................... 33ʰ

11 septembre : à Vivant Merlin, pour 147 toises de dosses de batteau qu'il a livré au magasin..... 88ʰ 4ˢ

A Claude Garnier, pour trois septiers de graine d'herbe qu'il a livrez au magasin pour employer à semer plusieurs glacis et allées dans la dépendance du chasteau...................... 18ʰ

25 septembre : à Pierre Bonvallet, vuidangeur, pour avoir vuidé les lieux communs des offices de Marly. 40ʰ

9 octobre : aud. Vitry, remboursement des fournitures qu'il a acheptées pour le service et entretien desd. bastimens de Marly...................... 103ʰ 6ˢ

25 octobre : aud. Merlin, pour 56 pieds 1/2 de chaisnes de fer qu'il a livré au magasin, à 8ˢ le pied.. 22ʰ 12ˢ

20 novembre : à Jaques Lefebvre, batelier, pour un bateau qu'il a livré dans le nouveau canal de l'estang du Trou-d'Enfer...................... 50ʰ

A Pierre Varisse, pour les cheminées qu'il a ramonnées, visitées et racomodées depuis le 14 juillet jusqu'au 7 novembre...................... 58ʰ 13ˢ

20 novembre : à Nicolas Malherbe, maître vannier, pour 1,000 manes d'ozier, de 18 pouces de diamètre sur 15 pouces de hauteur, qu'il a livrées au magasin de Marly, pour employer à planter des ormes pour mettre en réserve...................... 250ʰ

4 décembre : à Michel Caradon, vannier, pour 1,000 manes d'ozier, pour idem............. 270ʰ

A Robert Le Sueur, charon, pour un grand chariot livré au magasin de Marly.................. 40ʰ

18 décembre : à Jean Couville, vigneron, pour 57,850 plants de charmille de marque qu'il a livrées dans le jardin de Marly, à raison de 50ˢ le millier. 144ʰ 12ˢ 6ᵈ

Somme de ce chapitre....... 2435ʰ 10ˢ

ENTRETENEMENS DU CHASTEAU DE MARLY.

23 janvier-9 octobre : à Thomas Vitry, fontainier, ayant l'entretenement des fontaines et recherche des plombs sur la terrasse du chasteau et pavillons de Marly, pour ses gages à cause dud. entretenement pendant le dernier quartier 1688 et trois premiers 1689, y compris 400ʰ pour son garçon (4 p.).......... 1600ʰ

9 octobre : à luy, pour l'entretenement de l'horloge de Marly à différens ouvrages, pendant l'année finie le 1ᵉʳ aoust dernier. 40ʰ

23 janvier-9 octobre : à Louis Garnier, jardinier du jardin de Marly, pour ses gages du dernier quartier 1688 et des trois premiers 1689 (4 p.)............ 800ʰ

Somme de ce chapitre......... 2440ʰ

OUVRIERS À JOURNÉES.

16 janvier-18 décembre : aux ouvriers qui ont travaillé à la journée du Roy dans la dépendance du chasteau de Marly à différens ouvrages, depuis le 21 décembre 1688 jusqu'au 17 décembre 1689 (38 p.). 11413ʰ 9ˢ 10ᵈ

16 janvier : à ceux qui ont rempli les deux glacières qui sont dans le parc de Marly et les deux caves du village...................... 472ʰ 5ˢ 10ᵈ

16 janvier-14 aoust : aux sculpteurs qui ont travaillé à faire et poser partie des glaçons qui sont au pied des groupes d'enfans au-dessus des pieds d'estaux du pourtour du chasteau de Marly et autres menus ouvrages (5 p.)........................... 1721ᴸ 15ˢ 10ᵈ

Somme de ce chapitre.... 13607ᴸ 11ˢ 6ᵈ

MACHINE DE LA RIVIÈRE DE SEYNE.

MAÇONNERIE.

20 mars : à Jean Fay, entrepreneur, pour la maçonnerie et marches d'escallier qu'il a fait au puits de l'angle avec de vieilles dalles de la tour............ 60ᴸ

17 avril : à luy, pour les dalles de la tour qu'il a taillées et posées sous le robinet des conduites du fonds de Louvetiennes et sous les conduites au-dessous du grand puisard et du massif par luy fait sous lesd. dalles. 219ᴸ

15 may : à luy, pour la maçonnerie qu'il a faite pour la construction du regard où sont les vannes du réservoir de Louvetiennes et autres ouvrages............ 400ᴸ

29 may-24 juillet : à luy, parfait payement de 13862ᴸ 1ˢ 8ᵈ à quoy montent ses ouvrages de maçonnerie au réservoir de Louvetiennes, y compris 225ᴸ qui luy sont déduit pour 45 toises cubes de moilon qu'il a receus des démolitions de la tour, à 5ᴸ la toise (5 p.)..... .... 1937ᴸ 1ˢ 8ᵈ

7 aoust-27 novembre : à luy, pour les réparations de pierre dure de Nanterre, qu'il a fait sur la grande digue proche la machine, et onze toises courantes 1/6 de rigolles de pierre dure qu'il a fait sous les grands chevalets à la croupe de la montagne et autres ouvrages (2 p.).......................... 659ᴸ 2ˢ 6ᵈ

Somme de ce chapitre...... 3275ᴸ 4ˢ 2ᵈ

CONDUITES DE GRAIS.

3 avril-1ᵉʳ may : à Nicolas Le Jongleur, entrepreneur, parfait payement de 3298ᴸ 10ˢ à quoy montent les conduittes de grais qu'il a posées pour prendre les eaux au-dessous de la Selle (3 p.)............ 698ᴸ 10ˢ

29 may-24 juillet : à luy, parfait payement de l'aqueduc et trois puits qu'il fait pour écouler les eaux de la montagne au-dessus du réservoir à mi-coste (5 p.)..... .... 1606ᴸ

Somme de ce chapitre....... 2304ᴸ 10ˢ

CAILLOUX ET MOILONS.

7 aoust-4 septembre : à Henry Le Vanneur, pour les cailloux qu'il a fourni pour la réparation de la digue de la Morüe et les terres qu'il transporte pour garnir devant lad. digue et devant celle de Chaton pour empescher que l'eau ne passe à travers (2 p.)............. 292ᴸ 5ˢ

3 avril : à Michel Crosnier, pour un cent de moilon qu'il a livré pour la réparation de la glacière de la machine................................... 25ᴸ

30 octobre : à Pierre Bullé, pour 292 pieds 1/2 cube de pierre dure de Nanterre qu'il a livrée pour servir à réparer la grande digue de la machine........ 146ᴸ 5ˢ

15 may : à Pierre Lefebvre, pour les libages qu'il a livrez pour la réparation des pavés au-dessus de la grande digue près la machine................... 76ᴸ 15ˢ

18 septembre : à Silvain Pergot, pour réparations de pavé de libage qu'il a fait sur la grande digue de la machine............................... 157ᴸ 2ˢ 6ᵈ

Somme de ce chapitre....... 698ᴸ 7ˢ 6ᵈ

CHAUX.

26 juin-21 aoust : à Jean Parajot, pour vingt futailles de chaux qu'il a livré pour gobeter le mur du réservoir de Louveciennes (2 p.)........... 113ᴸ 6ˢ 8ᵈ

TERRASSES.

26 juin-24 juillet : à Isaac Gosset, pour les glaizes qu'il conroye et terres qu'il a fouillées pour les contreforts derrière l'aqueduc qui escoule les eaux derrière led. réservoir (2 p.)..................... 409ᴸ 19ˢ 2ᵈ

24 juillet-21 aoust : à Lambert Lacot, terrassier, pour les terres qu'il transporte pour garnir les affaissemens et le derrière de la muraille du réservoir de Louveciennes (3 p.)..................... 264ᴸ 2ˢ 6ᵈ

9 janvier-20 février : à Nicolas Verdeneuil et Guillaume Laire, terrassiers, parfait payement de 7527ᴸ 0ˢ 10ᵈ à quoy montent les terres qu'ils ont transportées au réservoir de Louveciennes (3 p.)........ 1127ᴸ 0ˢ 10ᵈ

15 may : à Nicolas Gautier, pour les libages qu'il a livrez pour la réparation de la digue de l'isle la Chaussée............................... 85ᴸ 5ˢ

1ᵉʳ may-7 aoust : à Anthoine Hémont, pour les vidanges d'un fossé qu'il a enlevées et les trous faits par les débordemens des grandes eaux dans l'isle la Loge, par luy remplis, et autres ouvrages (2 p.)............ 116ᴸ

Somme de ce chapitre....... 2002ᴸ 7ˢ 6ᵈ

CHARPENTERIE.

9 janvier : à Raoul de Pierre, dit La Porte, charpentier, parfait payement de 7151ᴸ 8ˢ 4ᵈ à quoy montent les bois qu'il a fournis par augmentation aux exhaus-

semens des digues au-dessus de Chatou, remplaettemens des isles, et à la digue proche la machine.. 1151ᵗᵗ 8ˢ 4ᵈ

23 janvier : à luy, parfait payement de 11000ᵗᵗ à quoy monte l'entretien de tous les ouvrages de charpenterie et mouvemens de la machine pendant l'année dernière 1688............................... 500ᵗᵗ

6 février-3 avril : à luy, parfait payement des bois qu'il a fournis pour les changemens au corps de la machine et dépendances pendant l'année dernière (3 p.)........................... 2090ᵗᵗ 18ˢ 2ᵈ

20 février-27 novembre : à luy, à compte de l'entretien qu'il fait aux charpentes et mouvemens de la machine (18 p.)......................... 10500ᵗᵗ

17 avril : à BENOIST LE ROY, pour les planches et courbes qu'il a sciées et débitées dans les magasins de la machine................. 24ᵗᵗ 8ˢ 7ᵈ

7 aoust : à GUILLON DE FONTENY, pour 36 toises 2/3 courantes de bois de charme qu'il a livré pour faire des boules de pistons pour les corps de pompe de la machine................... 73ᵗᵗ 6ˢ 8ᵈ

A NICOLAS PROUVAIS, pour un cormier qu'il a livré pour faire des tampons aux corps de pompe des puisards. 30ᵗᵗ

Somme de ce chapitre..... 14370ᵗᵗ 1ˢ 9ᵈ

COUVERTURE.

6 mars : à SIMON DESCHAMPS, couvreur, parfait payement de 600ᵗᵗ à quoy monte l'entretien par luy fait aux couvertures des bastimens, magasins, forges et fonderies de la machine pendant l'année dernière....... 150ᵗᵗ

17 avril-30 octobre : à luy, sur led. entretien (3 p.)............................. 450ᵗᵗ

3 avril : à LAURENS YVON, pour le rétablissement et couvertures de chaume qu'il a fait aux bastimens proche la machine.............................. 27ᵗᵗ

Somme de ce chapitre........... 627ᵗᵗ

CHARBON.

3 avril : à VINCENT MAILLEUX, pour 21 muids de charbon qu'il a livrez pour les ouvrages de plomberie de la machine................................ 63ᵗᵗ

1ᵉʳ may : à luy, pour 21 muids 1/2, pour *idem*. 64ᵗᵗ 10ˢ

2 octobre : à LOUIS LE ROY, pour 31 muids de charbon qu'il a livrez pour les provisions et réparations des plombs de lad. machine:.................... 93ᵗᵗ

Somme de ce chapitre........ 220ᵗᵗ 10ˢ

CUIRS ET MANIVELLES.

20 février-21 aoust : à JEAN PROUST, parfait payement de 3075ᵗᵗ pour les manivelles de Liège qu'il a livré à la machine (4 p.).................... 2475ᵗᵗ

6 mars : à luy, pour son remboursement de 19 cuirs forts et 125 livres de clouds qu'il a acheptez à Liège pour les pistons des corps de pompe de la machine. 586ᵗᵗ 10ˢ

20 mars : à luy, pour ses soins pour l'achapt des cuirs et des manivelles qu'il a fait faire et envoyés de Liège................................. 200ᵗᵗ

24 juillet : à luy, payement de 38 cuirs forts, 2 bandes et 500 livres de clous à piston, envoyés de Liège pour *idem*................................ 1245ᵗᵗ

27 novembre : à la veuve JULIEN PAYS, pour douze cuirs de vache du pays pour la réparation des baches des puisards.................. 108ᵗᵗ

11 décembre : à JAQUES GIRARD, pour les cuirs tannez qu'il a livrés et préparés pour les boules de piston des corps de pompe de la machine................. 33ᵗᵗ

Somme de ce chapitre........ 4647ᵗᵗ 10ˢ

FER ET SERRURERIE.

9 janvier : à JEAN-BAPTISTE BOILEAU, à compte des chesnes et chevrons de fer qu'il a livrez pour les balanciers de la machine..................... 1500ᵗᵗ

A PIERRE MENOIT et PIERRE NOIRET, à compte des chesnes et chevrons pour *idem*............. 2000ᵗᵗ

13 novembre : à PIERRE NOIRET, pour des clouds, taules, serrures et autres ouvrages de fer pour *idem*.... 217ᵗᵗ 4ˢ

9 janvier-11 décembre : à PHILIPES REGNAULT, serrurier, parfait payement de l'entretien qu'il fait aux ouvrages de forge et de serrurerie de lad. machine (18 p.)................................ 10000ᵗᵗ

24 juillet-7 aoust : à luy, payement des fers d'augmentation qu'il a livrez pour lad. machine (2 p.)...... 605ᵗᵗ 3ˢ 6ᵈ

9 janvier : à VINCENT MOREL, serrurier, à compte des fers qu'il a livrez pour les équipages des puisards de la machine................................ 1000ᵗᵗ

17 avril-29 may : à luy, pour les fers d'augmentation et un cent de barils de charbon d'Angleterre qu'il a fournis pour les forges de la machine (2 p.). 362ᵗᵗ 13ˢ

26 juin : à GÉRARD DESCHAMPS, taillandier, pour les outils du magasin qu'il a rechaussés d'acier... 47ᵗᵗ 11ˢ

4 septembre : à luy, pour trois herminettes qu'il a livrées pour les charpentiers employez à la conduite de lad. machine et d'une besigue qu'il a rechaussée. 20ᵗᵗ 10ˢ

11 décembre : au nommé CARBON, de Charleville,

ANNÉE 1689. — MACHINE DE LA RIVIÈRE DE SEINE.

pour trois sommes 1/2 de clouds qu'il a livrées à la machine pour les pistons des corps de pompe....... 30ᴧ

Somme de ce chapitre..... 15783ᴧ 1ˢ 6ᵈ

OUVRAGES DE CUIVRE.

6 mars - 16 octobre : à JOSEPH ROYER, fondeur, parfait payement de 1200ᴧ à quoy monte l'entretien par luy fait aux ouvrages de cuivre de la machine en 1688... 300ᴧ

20 mars - 7 aoust : à luy, parfait payement de 6401ᴧ 2ˢ 9ᵈ à quoy montent les cuivres qu'il a livrés par changement et augmentation au 6ᵉ équipage du grand puisard, et aux 5ᵉ, 7ᵉ et 9ᵉ sur la rivière, pendant l'année 1688 et l'année 1689 (7 p.)...... 2070ᴧ 12ˢ 9ᵈ

17 avril - 16 octobre : à luy, sur son entretien aux ouvrages de cuivre de la machine (3 p.)....... 900ᴧ

26 juin - 24 juillet : au sʳ DES VACOOINS, maître de forges, parfait payement de vingt corps de pompe de fer qu'il a livrez pour lesd. équipages et de cinq poupées de fonte pour alaiser lesd. corps de pompe (2 p.). 919ᴧ 14ˢ

Somme de ce chapitre...... 4190ᴧ 6ˢ 9ᵈ

PLOMBERIE.

11 décembre : à JAQUES LUCAS, plombier, pour les plombs et soudures qu'il a livrés à la machine pendant la présente année...................... 736ᴧ 8ˢ 9ᵈ

VITRERIE.

18 septembre : à CLAUDE COSSET, vitrier, pour réparations des vitres qu'il a fait aux bastimens de la machine en 1688 et 1689.................. 167ᴧ 15ˢ

DIVERSES DÉPENSES.

23 janvier : à PHILIPPES HAULMOIRE, parfait payement de 931ᴧ 6ˢ 9ᵈ à quoy montent la chandelle, huile et pots à brusler qu'il a livrez pour le service de lad. machine en l'année 1688................... 331ᴧ 6ˢ 9ᵈ

29 may - 30 octobre : à luy, à compte des fournitures cy-dessus en 1689 (2 p.).................. 700ᴧ

21 aoust : à JEAN-BAPTISTE FAUCONNIER, pour les peintures qu'il a fait aux portes de la tour, closture et autres endroits de la machine............ 105ᴧ 15ˢ

9 janvier : à ESTIENNE LANGLOIS, pour les seaux et cordages qu'il a livrez en 1688 pour l'entretien de lad. machine....................... 139ᴧ 13ˢ

23 janvier : à HENRY GAGNÉ, pour 689 cerceaux neufs qu'il a fournis à dix bariques de bray et 35 bariques de godron, qu'il a reliées dans le magasin de lad. machine......................... 43ᴧ 1ˢ 3ᵈ

A PIERRE VALLIÈRE, pour 75 bottes de paille longue qu'il a livrées pour dégeler le fond de la bache et conduites de plomb de la tour, les robinets des puisards, racordemens sur la rivière, et à réparer la glacière................................ 22ᴧ 10ˢ

20 février : à GUILLAUME TOURNAY, pour la voiture, de Liège à Sedan et de Sedan à Paris, de 33 cuirs forts, 7 bandes aussi de cuir fort et un panier de cloud à piston pour lad. machine................... 141ᴧ 2ˢ

A JOSSE DE LAUTRE, pour avoir nettoyé les terres provenantes des fondations sous les petits chevalets et les avoir rechargées sur l'aqueduc qui va à Montboron.... 100ᴧ

6 mars : à luy, 120ᴧ pour les trous qu'il a remplis dans les îles la Loge et Gautier, et 40ᴧ pour les terres qu'il a portées sur l'aqueduc de la Selle et autres ouvrages................................ 160ᴧ

A DANIEL COULON, pour la facture de 19 manivelles pesant 31 milliers, qu'il a receues de Liège et de Chimay depuis le mois de mars 1685, et qu'il a fait charger sur la rivière d'Oyse pour lad. machine... 46ᴧ 10ˢ

Au sʳ VILLIARD, pour un cuir tanné, en deux morceaux, qu'il a livré pour les pistons des corps de pompe de la machine............................ 30ᴧ

A CHARLES-FRANÇOIS POLLARD, pour 795 nœuds qu'il a relevez et reposez aux équipages et callotes de cuivre des puisards de lad. machine et sur la rivière pendant l'année dernière, et 2 toises de tuyaux de 4 pouces 1/2 qu'il a mis par augmentation................ 429ᴧ 10ˢ

20 mars : à ZACHARIE TUYLEAU, pour 666 ormes qu'il a armez d'épines sur les réservoirs de Louciennes, des Graissets et proche le regard du Jongleur, à 6ᴧ le cent................................ 39ᴧ 19ˢ 2ᵈ

17 avril : à JEAN THEVENET, chirurgien, pour pensemens et médicamens par luy faits et fournis aux ouvriers malades et blessez aux travaux de lad. machine en 1688............................. 90ᴧ 10ˢ

1ᵉʳ may : à RENNEQUIN SUALEM, pour deux voyages qu'il a faits en Normandie pour faire jetter en fonte des corps de pompe dont il a fait faire les modèles........ 300ᴧ

12 juin : à SILVIN PERGOT, paveur, pour le pavé de libage neuf qu'il a posé, et les réparations par lui faites sur la digue de la chaussée.............. 100ᴧ 7ˢ 6ᵈ

10 juillet : à GUILLAUME TOURNAY, maître du coche de Sedan, pour la voiture de 40 cuirs forts et d'un panier de cloud à piston venant de Liège et d'un autre petit panier de cloud venant de Charleville pour lad. machine............................ 181ᴧ 1ˢ

2 octobre : à NOËL MAILLOT, pour seaux et ballets qu'il a livrez pour lad. machine................ 15ᴧ 16ˢ 6ᵈ

13 novembre : à JEAN LONGAT, pour douze grandes

échelles, faisant ensemble 188 pieds, et six civières qu'il a livrés au magasin...................... 46ᵗᵗ 12ˢ

27 novembre : à Jean Gentil, pour six septiers et six boisseaux de bled qu'il a livrez pour l'épreuve des moulins d'acier et pour la voiture................. 69ᵗᵗ

A Gérard Deschamps, pour outils qu'il a livrez pour les besoins et utilitez de la machine........ 20ᵗᵗ 10ˢ

11 décembre : à Claude Daniel, pour deux journées de voiture qu'il a employées à voiturer des bois de charme de la forest de Saint-Germain à la machine pour les boules des pistons des corps de pompe.......... 20ᵗᵗ

Somme de ce chapitre...... 3133ᵗᵗ 4ˢ 2ᵈ

OUVRIERS À JOURNÉES.

9 janvier - 11 décembre : aux serruriers, charpentiers et autres ouvriers qui ont travaillé à la journée de S. M. à l'entretien de la machine depuis le 15 décembre 1688 jusqu'au 9 décembre 1689 (29 p.)..... .... 18111ᵗᵗ 8ˢ 1ᵈ

FONTAINEBLEAU.

MAÇONNERIE.

10 avril - 27 novembre : à Nicolas Varin et Maturin Hersant, entrepreneurs, à compte des réparations de maçonnerie qu'ils font au chasteau de Fontainebleau et dépendances (7 p.)...................... 2600ᵗᵗ

26 juin - 27 novembre : à Paully, parfait payement du puisard qu'il a fait sur l'aqueduc de la Madeleine pour détourner la source qui tombe à travers la vouste dud. aqueduc (2 p.)........................ 260ᵗᵗ

Somme de ce chapitre.......... 2860ᵗᵗ

PLANTS ET LABOURS.

23 janvier : à Nicolas Gouet et François Pauli, entrepreneurs, pour 615 trous par eux faits et 615 arbres plantez dans les parcs et jardins de Fontainebleau..... .... 107ᵗᵗ 12ˢ 6ᵈ

11 septembre - 30 octobre : à luy et consors, pour l'élaguement des routes de la forest (2 p.)......... 388ᵗᵗ

8 may - 30 octobre : à Nicolas Marchand, pour les labours, fumages et semages par luy faits dans les onze parquets de la forest de Fontainebleau (3 p.).... 916ᵗᵗ

27 février : à Simon Taillard Hauteclair, pour deux façons de labours qu'il a fait donner aux petits plants du parc du chasteau de Fontainebleau en 1688.. 261ᵗᵗ 16ˢ

27 mars : à luy, à compte du recépage, défrichage et labours qu'il fait aux jeunes plants dans l'enceinte des palis de la forest......................... 500ᵗᵗ

10 avril - 14 aoust : à luy, sur la première façon de labour qu'il a fait aux jeunes plants (6 p.).... 4100ᵗᵗ

11 septembre - 18 décembre : à luy, sur la deuxième labour auxd. jeunes plants (6 p.)......... 3942ᵗᵗ 7ˢ

26 juin : à luy, pour avoir fait donner le premier labour aux petits plants du parc, dont il y a 21 arpens 8 perches, à raison de 5ᵗᵗ 15ˢ par arpent labouré plain............................ 121ᵗᵗ 3ˢ 6ᵈ

Somme de ce chapitre...... 10336ᵗᵗ 19ˢ

ROUTES.

8 may : au nommé Gitton, parfait payement de 3030ᵗᵗ 0ˢ 9ᵈ à quoy montent 8080 toises de routtes par luy faites dans la forest de Fontainebleau.. 430ᵗᵗ 0ˢ 9ᵈ

23 janvier - 30 octobre : aux nommez Bradet et de Laistre, parfait payement des roches qu'ils ont entrepris de retondre, casser et oster à fleur de terre dans la routte de Chailly, à l'endroit du bois Bréau (6 p.) 1200ᵗᵗ

Somme de ce chapitre..... 1630ᵗᵗ 0ˢ 9ᵈ

CHARPENTERIE.

3 juillet : à Mortillon, charpentier, à compte des ouvrages de charpenterie qu'il a fait au chasteau de Fontainebleau........................ 260ᵗᵗ

9 janvier : à Marot, charpentier, parfait payement de 1080ᵗᵗ à quoy montent les poteaux par luy fournis et posez en place aux routtes de quatre pieds qui ont esté faites en plusieurs rochers dans la forest de Fontainebleau en 1687................ 680ᵗᵗ

10 avril : à Berruyer, charpentier, pour réparations de charpenterie faites à l'enceinte des palis de lad. forest pendant 1689................ 354ᵗᵗ 14ˢ 6ᵈ

2 octobre : au sʳ Labbé, pour son remboursement de ce qu'il a payé pour plusieurs planches de bateau qu'il a envoyées pour lesd. bastimens de Fontainebleau. 71ᵗᵗ 4ˢ

Somme de ce chapitre..... 1365ᵗᵗ 18ˢ 6ᵈ

COUVERTURE.

11 septembre : à Grognet, couvreur, à compte des couvertures de tuiles, remaniées à bout un grand Ferrare, à Fontainebleau.................... 150ᵗᵗ

MENUISERIE.

10 avril - 16 octobre : à Sauret, menuisier, à compte des ouvrages et réparations de menuiserie qu'il fait au chasteau et dépendances (4 p.)............. 1000ᵗᵗ

ANNÉE 1689. — FONTAINEBLEAU.

SERRURERIE.

22 may-24 juillet : à la veuve Rossignol, serrurier, à compte des ouvrages de serrurerie qu'elle fait faire au chasteau de Fontainebleau et dépendances (2 p.).................... 300ᵗᵗ

VITRERIE.

26 juin : à Tisserant, vitrier, à compte des ouvrages et réparations de vitrerie qu'il a fait au chasteau de Fontainebleau..................... 150ᵗᵗ

PAVÉ.

10 avril-14 aoust : à la veuve Duchemin, paveur, à compte des réparations qu'elle fait au pavé du bourg de Fontainebleau (3 p.)..................... 600ᵗᵗ

PEINTURE.

14 aoust : à Louis Dubois, peintre, à compte des ouvrages de dorure et peinture par luy faits au chasteau de Fontainebleau en 1688 et 1689.............. 300ᵗᵗ

DIVERSES DÉPENSES.

11 septembre : au sʳ de la Tour, concierge du chasteau de Fontainebleau, à compte des frottages de planchers dud. chasteau en 1688.............. 200ᵗᵗ

16 janvier : à Jean Padelain, ramonneur, pour 590 cheminées qu'il a ramonnées au chasteau de Fontainebleau et maisons dépendantes, à raison de 8ˢ chacune. 236ᵗᵗ

23 janvier : à Pauli, pour 23 journées qu'il a esté employé à tenir la toise pour la vériffication des ouvrages de maçonnerie, charpenterie, couverture et autres dud. chasteau, à raison de 50 sols par jour....... 57ᵗᵗ 10ˢ

8 may : aux habitans de Fontainebleau, pour les terres qu'ils ont ensemencées aux environs de Fontainebleau pendant l'année 1687, et recueillies en 1688............................ 281ᵗᵗ 17ˢ 4ᵈ

A Louis Billaudel, arpenteur, pour les journées qu'il a employées à tracer les routtes qui ont esté faites en 1688 dans lad. forest................ 264ᵗᵗ 10ˢ

18 décembre : à luy, pour journées employées en 1689 à thoiser les routtes qui ont esté pelées et à mesurer les recépages des palis................. 168ᵗᵗ 5ˢ

22 may : à Angelin de la Salle, pour le bled qu'il a fourni pour la nourriture des perdrix et des faisans des parquets des environs de Fontainebleau pendant une année........................ 547ᵗᵗ 10ˢ

23 octobre : à M. de Saint-Herem, pour remboursement de pareille somme qu'il a payée pour dépenses extraordinaires faites pour les parquets des environs de Fontainebleau en 1689................. 406ᵗᵗ 6ˢ

Somme de ce chapitre..... 2161ᵗᵗ 18ˢ 4ᵈ

ENTRETENEMENS DE FONTAINEBLEAU ET GRATIFICATIONS.

23 janvier-14 aoust : à Redouns, dit La Brie, garde des pallis de la forest de Fontainebleau, pour ses gages des six derniers mois 1688 et six premiers 1689 (2 p.)........................ 300ᵗᵗ

27 mars-16 octobre : à Gringot, ayant l'entretenement des conduites de grais de Samois et de la Magdelaine prez Fontainebleau, pour ses gages des six derniers mois 1688 et six premiers 1689 (2 p.)........... 440ᵗᵗ 14ˢ

8 may-24 juillet : à Gouet, ayant l'entretenement des pallis qui enferment les sept parquets dans les plaines des environs de Fontainebleau, idem pour ses gages (2 p.)........................ 120ᵗᵗ

30 octobre : à luy, ayant celuy des fossez dud. chasteau........................ 23ᵗᵗ 14ˢ

22 may-30 octobre : aux nommez Marchand et La Brie, ayant l'entretenement des routtes de lad. forest, pour leurs gages des six derniers mois 1688 et six premiers 1689 (2 p.)................. 800ᵗᵗ

22 may : à Angelin de la Salle, garde des sept parquets des environs de Fontainebleau, pour les gages d'un second garçon à luy accordé pendant l'année entière 1688......................... 100ᵗᵗ

10 juillet : à Nicolas Varin, ayant l'entretenement des arbres fruictiers qui sont plantez dans les jardins de Fontainebleau, allées d'ipréaux et nettoyement de tablettes du canal, en considération de l'augmentation de son entretenement pendant l'année 1688.......... 150ᵗᵗ

24 juillet : à Courtonier, fontainier, ayant l'entretenement de toutes les conduites de fer, tant au dedans qu'au dehors du parc de Fontainebleau, pour ses gages des six premiers mois 1689................. 50ᵗᵗ

23 octobre : à Pasquier Soucret, pour une année de la gratification qui lui a esté accordée par S. M. en considération du soin qu'il a eu des orangers dud. chasteau........................ 300ᵗᵗ

30 octobre : à Jamin, ayant l'entretenement de l'avant-cour, de celles des Offices, du Cheval-Blanc et autres......................... 96ᵗᵗ

Somme de ce chapitre........ 2380ᵗᵗ 8ˢ

JOURNÉES D'OUVRIERS.

9 janvier-18 décembre : aux ouvriers qui ont travaillé à la journée du Roy en divers endroits de la dépendance dud. chasteau de Fontainebleau, et pour autres

menües dépenses faites depuis le 2 décembre 1688 jusqu'au 15 décembre 1689 (20 p.)........ 5407ᵗᵗ 6ˢ
18 décembre : à la veuve Saulnier et autres, pour menües dépenses faites pour l'Orangerie de Fontainebleau............................ 126ᵗᵗ 15ˢ

Somme de ce chapitre....... 5534ᵗᵗ 1ˢ

CHAMBORD.

MAÇONNERIE.

20 février : à Mathieu Lachampe, maçon, parfait payement de 3473ᵗᵗ 12ˢ à quoy montent les réparations de maçonnerie par luy faites au chasteau de Chambord, lieux en dépendans et aux murs du parc, pendant les années 1687 et 1688....................... 193ᵗᵗ 12ˢ
10 avril - 6 novembre : à luy, sur ses ouvrages et réparations de maçonnerie aud. chasteau (5 p.)... 1400ᵗᵗ
10 avril : à luy, sur ses ouvrages à la maison des nommez Obin et Dublanc, à Chambord, pour y loger les chapelains................................. 89ᵗᵗ
10 juillet : aux nommez Habert et Jaquet, entrepreneurs, à compte des moilons et pierres de taille qu'ils font voiturer pour les bastimens de Chambord... 600ᵗᵗ

Somme de ce chapitre....... 2282ᵗᵗ 12ˢ

CHARPENTERIE.

13 février : aux nommez Besnier et veuve Raby, charpentiers, parfait payement de 1857ᵗᵗ 15ˢ 7ᵈ à quoy montent les ouvrages de charpenterie par eux faits au chasteau de Chambord et lieux en dépendans en 1688. 357ᵗᵗ 15ˢ 7ᵈ
10 avril-7 aoust : à eux, sur leurs ouvrages aud. chasteau et lieux en dépendans (4 p.).......... 1450ᵗᵗ

Somme de ce chapitre..... 1807ᵗᵗ 15ˢ 7ᵈ

COUVERTURE.

13 février : à Valentin Tesnier, couvreur, parfait payement de 70ᵗᵗ 6ˢ 9ᵈ à quoy montent les réparations de couverture par luy faites aud. chasteau et lieux en dépendans en 1688............................ 20ᵗᵗ 6ˢ 9ᵈ
6 novembre : à luy, sur ses ouvrages et réparations de couverture............................ 100ᵗᵗ

Somme de ce chapitre....... 120ᵗᵗ 6ˢ 9ᵈ

MENUISERIE.

13 février-7 aoust : à René Bonnet, menuisier, pour ouvrages et réparations de menuiserie par luy faits au chasteau de Chambord et lieux en dépendans en 1688 et 1689 (2 p.)....................... 125ᵗᵗ 9ˢ 10ᵈ

10 avril : à luy, pour menus ouvrages et réparations à la maison des nommez Obin et Dublanc, pour y loger les chapelains............................ 80ᵗᵗ

Somme de ce chapitre...... 205ᵗᵗ 9ˢ 10ᵈ

SERRURERIE.

13 février : à Clément Beaujouan, serrurier, parfait payement de 114ᵗᵗ 18ˢ 6ᵈ à quoy montent les réparations de serrurerie par luy faites au chasteau de Chambord et lieux en dépendans en 1688......... 54ᵗᵗ 18ˢ 6ᵈ
10 avril : à luy, pour ses ouvrages de serrurerie à la maison des nommez Obin et Dublanc........ 89ᵗᵗ 10ˢ
7 aoust : à luy, sur ses ouvrages et réparations de serrurerie aud. chasteau et lieux en dépendans...... 50ᵗᵗ
20-27 novembre : à François Cuvillier, serrurier, parfait payement de 7467ᵗᵗ 16ˢ 10ᵈ à quoy montent les ouvrages de serrurerie et de gros fer par luy faits aud. chasteau de Chambord pendant les années 1685, 1686 et 1687 (2 p.).................. 767ᵗᵗ 16ˢ 10ᵈ

Somme de ce chapitre....... 962ᵗᵗ 5ˢ 4ᵈ

PLOMBERIE.

30 octobre : à Louis Mazeline, plombier, parfait payement de 3026ᵗᵗ à quoy montent les ouvrages de plomberie par luy faits pour les bastimens de Chambord pendant 1684, 1685 et 1686.................. 76ᵗᵗ

VITRERIE.

13 février - 6 novembre : à Trinquard et la veuve Marchand, vitriers, pour ouvrages et réparations de vitrerie par eux faits aud. chasteau de Chambord et lieux en dépendans en 1688 et 1689 (2 p.)... 151ᵗᵗ 13ˢ 2ᵈ
10 avril : à eux, pour leurs ouvrages de vitrerie à la maison des nommez Obin et Dublanc, pour y loger les chapelains............................ 34ᵗᵗ

Somme de ce chapitre..... 185ᵗᵗ 13ˢ 2ᵈ

PEINTURE.

3 février : à Durincé, peintre, parfait payement de 60ᵗᵗ 13ˢ 4ᵈ à quoy montent les réparations des impressions de peinture faites au chasteau de Chambord en 1688............................ 5ᵗᵗ 18ˢ 4ᵈ

PAVÉ.

5 juin : à Poiremolle, paveur, sur les réparations de pavé faites au chasteau de Chambord et lieux en dépendans................................ 40ᵗᵗ

MENUES DÉPENSES ET ENTRETENEMENS DE CHAMBORD.

13 février : à Mathieu Lachant, entrepreneur, ayant

l'entretenement de la maçonnerie de Chambord, pour ses gages pendant 1688	275ᴸ
A Besnier et la veuve Raby, charpentiers, ayant celuy de la charpenterie	340ᴸ
A Valentin Tessier, couvreur, ayant celuy des couvertures	410ᴸ
A Raymond Poiremolle, paveur, ayant celuy du pavé	290ᴸ
A René Bonnet, menuisier, ayant celuy de la menuiserie	157ᴸ
A Beaujouan, serrurier, ayant celuy de la serrurerie	165ᴸ
A Nicolas Marchand et François Trinquart, vitriers, ayant l'entretenement de la vitrerie	120ᴸ
A Bellefond, concierge du chasteau, ayant celuy du frottage du parquet et nettoyement du chasteau, y compris celuy de l'horloge	250ᴸ
A Charles Chevalier, ayant celuy du nettoyement des allées de la Canardière	48ᴸ
Au sʳ Desgodets, parfait payement de 1107ᴸ 18ˢ 9ᵈ à quoy montent les menues dépenses par luy faites pour lesd. bastimens de Chambord depuis le 23 décembre 1686 jusqu'au 27 janvier 1689	145ᴸ 1ˢ 9ᵈ
6 novembre : à luy, sur les menues dépenses	150ᴸ
Somme de ce chapitre	2350ᴸ 1ˢ 9ᵈ

GRATIFICATIONS.

9 janvier : à Maisonnier, limosin qui s'est blessé en travaillant au mur de la chapelle du chasteau de Versailles, par gratification	20ᴸ
A Charles Binet, par gratification, en considération de ce que son cheval a eu la jambe rompue en travaillant à Marly	20ᴸ
A la mère de Nicolas Piot, manœuvre, qui a esté tué en travaillant à la machine	20ᴸ
30 janvier : à de la Boulaye, par gratification, en considération de ses services	150ᴸ
A Romain, qui a eu la jambe cassée en travaillant à Marly	20ᴸ
A Pierre Hainault, qui a perdu un cheval en travaillant aux terrasses de Marly	20ᴸ
A Christophle Le Brain, qui a perdu sa bourique, idem	10ᴸ
A Gaspard Bondi, qui a perdu son cheval, idem	20ᴸ
A Philipes Turet, qui a perdu son cheval, idem	20ᴸ
A François Conte, qui a perdu son cheval, idem	20ᴸ
13 février : aux nommez Fosse, Douville et Savary, calfateurs, en considération de ce qu'ils ont calfaté les couvers des baraques où sont les fleurs à la pépinière de Trianon	120ᴸ
27 février : à Lambert, pour avoir plongé quatre fois dans le réservoir de Roquancourt pour nettoyer une soupape de 8 pouces qui ne pouvoit fermer	40ᴸ
13 mars : à La Violette, en considération de la garde et du soin qu'il a des magasins du canal de Versailles, et ce pour l'année 1688	150ᴸ
A Thomas Vitry, fontainier, pour les soins qu'il prend de bien entretenir les fontaines du jardin et les couvertures de plomb des bastimens de Marly	100ᴸ
20 mars : au sʳ Loizelet, qui a le soin de changer les airs du carillon de la Samaritaine, pour 1688	150ᴸ
3 avril : au sʳ Mareille, commis des postes à Sedan, pour le soin qu'il a pris de recevoir les cuirs qui sont venus de Liège pour la machine	50ᴸ
Aux PP. Récollets de Saint-Germain, pour les messes qu'ils ont dites à la chapelle de la machine pendant l'année dernière 1688	100ᴸ
17 avril : à L'Escorcher, arpenteur, pour luy donner moyen de s'en retourner en son pays	100ᴸ
8 may : à Garnier, sculpteur, pour les soins qu'il a pris à réparer les cires que Keller jette en bronze à l'Arcenal, pendant une année	400ᴸ
8 may - 21 aoust : au sʳ Boffrand, dessinateur, pour avoir dessiné les plants et profils des bastimens de la place Royalle de l'hostel de Vendosme sous le sʳ Mansard, en 1688 (2 p.)	600ᴸ
15 may : au nommé Saint-Art, manœuvre, blessé en travaillant à la chapelle	15ᴸ
29 may : à Nicolas Chalopin, carrier, qui a eu une épaule cassée en travaillant à Sèvre	15ᴸ
5 juin : à Louis-Clément Garnier, jardinier de la pépinière du Roule, par gratification	200ᴸ
A Louis Germain, qui a inspection sur les ouvriers qui travaillent à la pépinière et aux plants d'arbres des avenues du palais des Tuileries, Boulogne, Vincennes et Saint-Germain-en-Laye	100ᴸ
A Jean Frade, qui a inspection pour la garde des cignes sur la rivière depuis Surènes jusqu'à Rouen	150ᴸ
A Pierre Le Cochois, qui a le soin desd. cignes sur la rivière depuis Corbeil jusqu'à Saint-Cloud	150ᴸ
3 juillet : aux tailleurs de pierre de la grande église des Invalides, par gratification pour la feste de l'Ascension de 1689	120ᴸ
A Léonard Chapelot, limosin, blessé en travaillant à la grande aile	20ᴸ
24 juillet : à Gilles Lambotté, pour les soins qu'il a pris des pompes de Saint-Cyr en 1688 et 1689	75ᴸ

31 juillet : à LA VIOLETTE, à compte de la gratification qui luy a esté accordée pour l'année 1688, en considération de la garde et du soin qu'il a des magasins dud. canal... 100^tt

14 aoust : à LAISNÉ, mouleur, blessé en travaillant au modèle de la statue équestre de S. M. de l'hostel de Vandosme... 20^tt

A ANDRÉ, sculpteur, en considération du voyage qu'il a fait à Carrare pour visiter et faire choix des meilleures carrières de marbre blanc pour le service de S. M. 100^tt

25 septembre : à ANDRÉ LANY, carrier, qui a esté blessé en tirant de la pierre pour les ouvrages des environs de Trappes.. 10^tt

9 octobre : à BERTIN, sculpteur, par gratification, en considération de la diligence avec laquelle il a fini et posé deux vases de marbre sur la balustrade de l'orangerie de Versailles.................................. 675^tt

30 octobre : à PIERRE MAURY, maçon, blessé en travaillant à des fondations à la Surintendance........ 25^tt

A PIERRE BOUQUET, manœuvre, blessé en travaillant dans la forest de Marly.............................. 30^tt

4 décembre : à ROBERT DE FRANCE, dit LA FRANCE, soldat invalide, par gratification, en considération de ses soins au bastiment de l'église des Invalides...... 60^tt

11 décembre : à PIERRE LE MAISTRE, entrepreneur, par gratification, en considération du soin qu'il a pris du modèle de charpenterie du dosme de l'église des Invalides... 1000^tt

11 décembre : à LAMBERT, fontainier, en considération de ce qu'il a plongé dans l'estang de Roquancourt pour chercher du bois qui empêchoit de fermer la soupape... 30^tt

25 décembre : aux palfreniers des escuries de S. M. et de Madame la Dauphine, pour les fumiers qui leur ont esté pris, pendant la présente année, pour les parquets de Fontainebleau................................... 88^tt

Somme de ce chapitre......... 5113^tt

GAGES PAR ORDONNANCES PARTICULIÈRES.

9 janvier-17 juillet : à ROGER, commis du s^r DE LA CHAPELLE, pour ses appointemens des six derniers mois 1688 et six premiers 1689 (2 p.).......... 1000^tt

9 janvier-27 novembre : aux nommez SÉBERT, LIGNIÈRES, SARRABACK, FOUQUET, GUSSIN et CHRISTOPHLE, élèves peintres, LE MOYNE, GÉRARDIN et LE LORRAIN, élèves sculpteurs, pour leur subsistance depuis le mois de novembre 1688 jusqu'au mois d'octobre 1689, à raison de 22^tt par mois pour chacun (6 p.)...... 2420^tt

9 janvier : au s^r GALLAND, pour reste et parfait payement de 2930^tt à quoy montent ses appointemens de trois années deux mois et demi, commencez le 1er septembre 1685, à raison de 50^s par jour, en considération du service qu'il a rendu à S. M. estant à Smirne. 350^tt

16 janvier-9 octobre : à ANTOINE LESCUYER, inspecteur à Marly, pour ses appointemens du dernier quartier 1688 et trois premiers 1689 (4 p.)......... 1200^tt

16 janvier : à DENIS LE ROUX, inspecteur au Trou-d'Enfer, pour ses appointemens des mois de novembre et décembre derniers....................... 60^tt

16 janvier-3 juillet : à JEAN BOURGUIGNON, inspecteur au magasin de Marly, pour ses gages du dernier quartier 1688 et du deuxième 1689 (2 p.)........ 198^tt

16 janvier-4 décembre : à LIÉNARD DESCHAMPS, dit LAFLEUR, autre, pour ses gages du mois de novembre 1688 à fin novembre 1689, à 30^tt par mois (9 p.) 390^tt

16 janvier-23 octobre : à JEAN CRÉANT, inspecteur à Saint-Germain, pour ses gages des deux derniers mois 1688 et trois premiers quartiers 1689 (4 p.)... 550^tt

16 janvier-23 octobre : à CLAUDE BEAUNIER, garde-magasin à Saint-Germain, pour ses gages des quatre derniers mois 1688 et trois premiers quartiers 1689 (4 p.)... 840^tt

ÉTAT DES INSPECTEURS.

16 janvier : au s^r GOUGEON, employé à toiser les ouvrages des bastimens, pour ses appointemens des mois de septembre et octobre 1688................. 600^tt

Au s^r DE SAINTE-CATHERINE, employé aux travaux de la plaine de Trappes, idem................. 500^tt

Au s^r DE FRANCLIEU, employé aux travaux de Buc et plaine de Saclay, idem, pour deux mois........ 400^tt

Au s^r LE GOUX, cy-devant employé à Crache et à présent à la plaine de Saclay, idem.............. 200^tt

Au s^r GUILLIN, employé à la Surintendance des bastimens de Versailles, idem, à 75^tt par mois..... 150^tt

Au s^r DESCHATEAUX, employé à l'hostel de Vandosme, à 125^tt par mois............................ 250^tt

Au s^r PICOT, employé à la plaine de Trappes.. 150^tt

Au s^r DUCHIRON, employé au magasin des plombs de Versailles, à raison de 166^tt 1^s 4^d par mois pendant lesd. deux mois........................... 333^tt 6^s 8^d

Au s^r DES LOUYT, employé au magasin des démolitions, idem............................... 200^tt

Au s^r BOURSY, employé cy-devant au pavé, et au s^r VAILLANT, employé à sa place, 110^tt pour les 14 derniers jours dud. mois de septembre et le mois d'octobre entier................................ 150^tt

ANNÉE 1689. — GAGES PAR ORDONNANCES PARTICULIÈRES.

Au s⁽ʳ⁾ Chupin, employé aux plants pour dessiner. 250ᴸᴸ
Au s⁽ʳ⁾ Joanneau, employé à l'aile, *idem*........ 200ᴸᴸ
A L'Espérance, employé à l'aile, *idem*....... 120ᴸᴸ
Au s⁽ʳ⁾ Frosne, employé à la place de l'hostel de Vandosme à Paris........................ 200ᴸᴸ
Au s⁽ʳ⁾ de la Croix, employé au chasteau de Trianon.. .... 200ᴸᴸ
Au s⁽ʳ⁾ Le Court, employé à l'église des Invalides 250ᴸᴸ
Au s⁽ʳ⁾ Jourdan, employé dans le petit parc.... 150ᴸᴸ
Au s⁽ʳ⁾ Perrot, employé à Trianon........... 200ᴸᴸ
Au s⁽ʳ⁾ Michelet l'aisné, employé à la pezée des fers.. .... 200ᴸᴸ
Au s⁽ʳ⁾ Michelet le jeune, employé, *idem*...... 150ᴸᴸ
Au s⁽ʳ⁾ Andrieu, employé aux toisez des terres, *idem*.. .... 333ᴸᴸ 6ˢ 8ᵈ
Au s⁽ʳ⁾ Andrieu le jeune, aydant à toiser led. Andrieu, *idem*................................. 61ᴸᴸ
Au s⁽ʳ⁾ de la Boulaye, employé aux vitres..... 150ᴸᴸ
Au s⁽ʳ⁾ Cocnu, employé à la machine......... 600ᴸᴸ
Au s⁽ʳ⁾ de la Broue, employé, *idem*.......... 150ᴸᴸ
Au s⁽ʳ⁾ Jumelle, employé à la machine, pour deux mois................................. 150ᴸᴸ
Au s⁽ʳ⁾ Boucault, *idem*................... 150ᴸᴸ
A Rennequin Sualem, charpentier à la machine. 300ᴸᴸ
Au s⁽ʳ⁾ de Rusé, employé à Saint-Germain et Marly... .... 600ᴸᴸ
Au s⁽ʳ⁾ de la Maison-Blanche, employé au magasin de Marly................................. 150ᴸᴸ
Au s⁽ʳ⁾ Rousselot, employé à Mousseaux, *idem*. 400ᴸᴸ
Au s⁽ʳ⁾ Labbé, employé à visiter les ouvriers à Paris... .... 300ᴸᴸ
A Albert Gaffart, employé sous feu le s⁽ʳ⁾ de la Fontaine................................. 61ᴸᴸ
A Charles Le Brun, portier de l'hostel des Inspecteurs................................. 61ᴸᴸ
A Pierre Collart, portier de l'hostel de Limoges. 61ᴸᴸ
3 avril : aux inspecteurs et employés dénommez cydessus, pour leurs appointemens des mois de novembre et décembre derniers, à l'exception du s⁽ʳ⁾ de la Broue congédié, et à la veuve du s⁽ʳ⁾ Haussecorne, pour ses appointemens de septembre et octobre précédens, cy en tout........................... 8480ᴸᴸ 13ˢ 4ᵈ
5 juin : aux inspecteurs et employés, pour leurs appointemens des mois de janvier et février derniers........ .... 7792ᴸᴸ 8ˢ 4ᵈ
7 aoust : à eux, pour leurs appointemens des mois de mars et avril derniers................ 7769ᴸᴸ 13ˢ 4ᵈ
18 septembre : à eux, pour leurs appointemens des mois de may et juin derniers........... 7769ᴸᴸ 13ˢ 4ᵈ

20 novembre : à eux, pour leurs appointemens des mois de juillet et aoust derniers........ 7772ᴸᴸ 13ˢ 4ᵈ
30 décembre : au s⁽ʳ⁾ Goujon et autres inspecteurs dénommez, à l'exception du s⁽ʳ⁾ de la Croix, pour leurs appointemens de septembre et octobre; les sieurs Joanneau et Lespérance, jusqu'au 12 décembre, et les créanciers de Colard, jusqu'au 10 dud. mois de décembre; cy en tout...................... 7833ᴸᴸ 13ˢ 4ᵈ
17 janvier-6 mars : aux s⁽ʳˢ⁾ de la Chambre, Du Trier, La Lande, Rosay et Philipes Le Maistre, dit La Barre, gardes établis pour la conservation des arbres des avenues et rigolles des environs de Versailles et du Perray, pour leurs gages des mois de novembre et décembre 1688, et janvier et février 1689, à 45ᴸᴸ par mois pour chacun (2 p.)....................... 900ᴸᴸ
8 may-27 novembre : auxdits de la Chambre à Saclay, du Trier à Trappes, La Lande au Perray et Philipes Le Maistre à l'un des pavillons de Trappes du costé d'Estancourt, pour leurs gages des mois de mars, avril, may, juin, juillet, aoust, septembre et octobre, à ladite raison de 45ᴸᴸ par mois pour chacun (4 p.) 1440ᴸᴸ
17 janvier-27 novembre : à Denis Rosée, garde à cheval au Pré-Clos, pour ses gages pendant le mesme temps (6 p.)......................... 480ᴸᴸ
A Lefebvre, dit La Violette, garde de l'estang de la Tour, pour une année de ses gages, à raison de 20ˢ par jour (6 p.)......................... 365ᴸᴸ
A Michel Martin, dit Beaucaire, garde à cheval au pavillon du Mesnil, pour ses gages des cinq derniers mois 1688 et dix premiers 1689, à 45ᴸᴸ par mois (6 p.)............................ 675ᴸᴸ
30 janvier-13 mars : à Guy Prieur, inspecteur à Saint-Germain, pour ses gages des quatre derniers mois 1688 et deux premiers 1689, à 30ᴸᴸ par mois (2 p.) 180ᴸᴸ
30 janvier-9 octobre : à François Galin, piqueur à Marly, pour ses journées depuis le 28 novembre dernier jusqu'au 8 octobre, à 30ˢ par jour (4 p.)..... 405ᴸᴸ
30 janvier : à La Broue, inspecteur à la machine, pour ses gages des mois de novembre et décembre 1688 et du présent mois de janvier............. 225ᴸᴸ
6 février-8 may : à Thomas Monget, garde du pavillon du Chenay, qui a le soin d'apporter la hauteur des eaux, pour ses gages des deux derniers mois 1688 et quatre premiers 1689 (3 p.).............. 45ᴸᴸ
20 février-6 mars : à Jean Bartells, couvreur en cuivre, Suédois, pour deux mois de ses gages (2 p.)... .... 150ᴸᴸ
20 février-2 octobre : à Toussaint Michel, menui-

23.

sier, tourneur à la machine, pour ses gages des trois derniers mois 1688 et neuf premiers 1689 (4 p.).. 720ᴸᴵ

6 mars : au sʳ Laforest, ayant l'entretenement de la pompe du Pont-Neuf, à Paris, pour ses gages des six premiers mois 1688..................... 2000ᴸᴵ

Au sʳ Seron, médecin des bastimens, pour sa pension pendant l'année dernière 1688............ 2000ᴸᴵ

6 mars : au sʳ de la Motte fils, par gratification, en considération des services qu'il a rendus en 1688. 900ᴸᴵ

Au sʳ Merien, aumosnier des bastimens, pour sa pension de lad. année 1688.................350ᴸᴵ

Aux Récoletz de Versailles, pour avoir célébré la messe à la chapelle de la Surintendance des bastimens pendant lad. année 1688................. 250ᴸᴵ

13 mars-20 novembre : au sʳ de Lessor, inspecteur à l'hostel de Vandosme, pour onze mois de ses appointemens, à 75ᴸᴵ par mois (10 p.)................ 825ᴸᴵ

13 mars : à Guillaume Le Guay et Philipes Grou, gardes morte-paye du chasteau du Louvre, pour le soin qu'ils ont pris de monter l'horloge, nettoyer les salles et faire du feu de l'Académie françoise en 1688...... 60ᴸᴵ

3 avril-25 décembre : à la veuve de Reynes, brodeuse, travaillant à Saint-Cyr aux broderies, pour une année de sa pension écheue le 12 décembre (4 p.).... .... 2000ᴸᴵ

3 avril-25 décembre : à elle, pour la nourriture et journée de deux brodeuses, travaillant à raison de 25ˢ par jour pour chacune (4 p.)........... 687ᴸᴵ 10ˢ

3 avril-25 décembre : à Jean Lherminot fils, autre brodeur, travaillant idem à Saint-Cyr, pour une année de sa pension (4 p.) 900ᴸᴵ

10 avril-23 octobre : au sʳ de Leyrat, commis des manufactures à Calais, pour neuf mois de ses appointemens (3 p.).......................... 1500ᴸᴵ

A Imbert, autre, employé à Saint-Vallery, idem (3 p.)................................ 1500ᴸᴵ

Au sʳ Revellois, autre, employé à Saint-Malo, idem (3 p.)................................ 1500ᴸᴵ

Au sʳ Ducluseau, autre, employé à Morlaix, idem (3 p.)................................ 1500ᴸᴵ

17 avril-27 novembre : au sʳ Mansard, premier architecte desd. bastimens, pour ses appointemens ordinaires et extraordinaires des trois derniers mois 1688 et six premiers 1689 (3 p.)................. 7500ᴸᴵ

17 avril-31 juillet : au sʳ Davilers, dessinateur, pour ses gages des trois premiers mois 1688 et trois premiers 1689 (2 p.)......................... 600ᴸᴵ

17 avril-27 novembre : au sʳ Cauchy, autre, pour ses gages des trois premiers mois 1688 et six premiers 1689 (3 p.)............................... 900ᴸᴵ

17 avril-27 novembre : au sʳ Le Brun, premier peintre du Roy, pour ses appointemens des trois derniers mois 1688 et dix premiers 1689.. (3 p.). 6600ᴸᴵ

17 avril : au sʳ Verdier, peintre, en considération du travail qu'il a fait aux Gobelins pendant l'année entière 1688................................ 3000ᴸᴵ

Au sʳ Clément, employé à la Bibliothèque du Roy. 1500ᴸᴵ

Au sʳ Lambert, ayant l'inspection sur toutes les conduites de tuiaux de fonte, pendant l'année entière. 4000ᴸᴵ

Au sʳ Perrault, greffier de l'Escritoire, 2400ᴸᴵ pour ses gages et 2000ᴸᴵ par gratification pour l'année 1688................................ 4400ᴸᴵ

Au sʳ Merveil'haut, en considération du soin qu'il a pris des manufactures pendant led. temps..... 1500ᴸᴵ

Au sʳ de la Chapelle Bessé, pour ses appointemens pendant l'année 1688................. 3000ᴸᴵ

Au sʳ de Beaurepaire, 3000ᴸᴵ pour ses appointemens et 600ᴸᴵ pour ceux de son commis.......... 3600ᴸᴵ

Au sʳ Villiard, préposé aux travaux des eaux bonnes à boire........................... 1200ᴸᴵ

Au sʳ Fossier, garde-magasin, 1200ᴸᴵ pour ses appointemens ordinaires pendant lad. année 1688, et 700ᴸᴵ pour gages extraordinaires à cause du soin qu'il a des Maisons Royales........................ 1900ᴸᴵ

Au sʳ Destrechy, controlleur des bastimens de Fontainebleau, pour ses appointemens des mois de novembre et décembre 1687 et lad. année 1688......... 4200ᴸᴵ

A Bailly, portier de la Savonnerie, pour ses gages des six derniers mois 1688, y compris 30ᴸᴵ pour l'entretenement de la chapelle.................. 180ᴸᴵ

A Seignelonge, portier de l'Observatoire, pour ses appointemens d'une année, échue le dernier mars dernier, y compris 30ᴸᴵ pour un just'aucorps des livrées du Roy.................................. 180ᴸᴵ

17 avril-20 novembre : aux R. Mères Capucines, pour l'entretien de leur jardin pendant les neuf premiers mois 1689 (3 p.)..................... 300ᴸᴵ

24 avril-27 novembre : à Pierre Cailleteau, dit L'Assurance, dessinateur, à compte de son travail (3 p.). 900ᴸᴵ

8 may-27 novembre : à Beaulieu, garde des estangs de Vieille-Église et de la Tour, pour ses gages (4 p.) 360ᴸᴵ

5 juin-28 aoust : à Lhuillier, inspecteur aux murs du petit parc, pour trois mois de ses gages (3 p.) 180ᴸᴵ

22 may-14 aoust : à Arnaudin, inspecteur, pour ses

ANNÉE 1689. — GAGES PAR ORDONNANCES PARTICULIÈRES.

gages des trois derniers mois 1688 et trois premiers 1689 (2 p.)........................... 270ᵗᵗ

5 juin-6 novembre : au sʳ BALLON, ayant la direction des grands et petits plants des Maisons Royales, pour ses appointemens des six derniers mois 1688 et six premiers 1689. (2 p.)........................... 1800ᵗᵗ

5 juin-6 novembre : à LOUIS GERMAIN, ayant inspection sur les ouvriers qui travaillent au jardin de la pépinière et aux plants d'arbres des avenües de Vincennes, du palais des Tuilleries, parc de Boullogne et Saint-Germain-en-Laye, pour ses appointemens pendant led. temps (2 p.)........................... 900ᵗᵗ

5 juin-6 novembre : à LOUIS-CLÉMENT GARNIER, jardinier de la pépinière du Roule, pour ses appointemens idem (2 p.)........................... 1200ᵗᵗ

5 juin-6 novembre : à PIERRE COLINOT, servant à cheval, ayant inspection sur les ouvriers qui travaillent aux plants d'arbres de Marly et de Versailles, idem (2 p.)........................... 1200ᵗᵗ

5 juin-6 novembre : à CLAUDE MATHIEU, qui a inspection sur les ouvriers qui travaillent à planter du petit plant de bois aux environs de Versailles, idem (2 p.)........................... 900ᵗᵗ

5 juin-6 novembre : au sʳ DE BEAULIEU, professeur ez mathématiques, enseignant à escrire et l'arithmétique aux garçons jardiniers de la pépinière du Roule (2 p.)........................... 300ᵗᵗ

5 juin : à JEAN LARIBU, ayant soin de garder les avenues d'arbres des Tuilleries, pour les six derniers mois 1688........................... 50ᵗᵗ

Au sʳ DORBAY, architecte, pour ses appointemens de l'année 1688........................... 2000ᵗᵗ

5 juin-6 novembre : à ROETTIERS, graveur en acier, pour sa pension des six derniers mois 1688 et six premiers 1689 (2 p.)........................... 1500ᵗᵗ

5 juin-4 décembre : à CLAUDE DOBYE, inspecteur aux nouveaux bastimens de Marly, pour huit mois de ses gages, à 30ᵗᵗ par mois (6 p.)................ 240ᵗᵗ

10 juillet-13 novembre : à MICHEL JUMEL, inspecteur à la machine, pour quatre mois de ses gages (2 p.)........................... 180ᵗᵗ

17 juillet : au sʳ DE LA FOREST, pour ses appointemens des six derniers mois 1688................ 2000ᵗᵗ

A NICOLAS LE JONGLEUR, ayant soin des eaux bonnes à boire, pour ses appointemens de l'année 1688.. 2000ᵗᵗ

18 septembre : au sʳ APARÜIT, élève peintre, pour sa subsistance pendant les mois de juillet et aoust.... 44ᵗᵗ

2 octobre : au sʳ MARTIN, employé aux marbres de Languedoc et des Pyrennées, pour ses appointemens d'une année........................... 3600ᵗᵗ

6 novembre : à JEAN DE TURGIS, garde des arbres des avenües du palais des Tuilleries................ 50ᵗᵗ

20 novembre : au sʳ DE RUZÉ, pour son remboursement d'une année des gages de son commis.... 600ᵗᵗ

18 décembre : à DROUARD, à compte de l'inspection qu'il a sur les broderies de Saint-Cyr......... 150ᵗᵗ

A LA BOULAYE, à compte de pareille inspection. 150ᵗᵗ

Somme de ce chapitre... 149603ᵗᵗ 18ˢ 4ᵈ

GAGES D'INVALIDES.

17 janvier : au nommé BAUCHERON, dit LA VIOLETTE, invalide, employé à la grande aile du chasteau de Versailles, pour ses journées pendant les mois de novembre et décembre 1688, à 20ˢ par jour............ 61ᵗᵗ

A LAGNEAU, autre, employé aux ponceaux des faisanderies de Moulineau et de Rennemoulin et dans le fonds de Villepreux, idem........................... 61ᵗᵗ

A PICHON, autre, employé dans le petit parc de Versailles, idem........................... 61ᵗᵗ

A RENÉ TESSIER, dit LA VIOLETTE, employé sous le sʳ DE SAINTE-CATHERINE, idem................ 61ᵗᵗ

A LA FLEUR, autre, pour 23 journées d'octobre qui ont esté obmises dans le précédent estat et pour 29 jours de novembre, auquel temps il est retourné à l'Hostel. 52ᵗᵗ

A ANTOINE COCHART, dit SANS-SOUCY, employé aux estangs de Saclay, pendant 20 jours seulement.... 20ᵗᵗ

A ESPRIT BÉRENGER, dit LA VIOLETTE, employé au chasteau de Saint-Germain, pour 25 jours de novembre seulement........................... 25ᵗᵗ

17 janvier-4 décembre : à LOUIS BACCARY, dit DILIGENT, employé à Marly, pour 13 mois qu'il a esté employé (8 p.)........................... 390ᵗᵗ

17 janvier : à ESTIENNE NOGARET, employé sous le sʳ DE RUZÉ, pendant les mois de novembre et décembre, idem........................... 61ᵗᵗ

17 janvier-4 décembre : à DE LAAGE, employé à Saint-Germain, pour une année, à 20ˢ par jour (8 p.)........................... 390ᵗᵗ

17 janvier : à PIERRE DE LA VAU, dit LA LIBERTÉ, pour idem........................... 61ᵗᵗ

A ADRIEN GLORON, dit DUVAL, employé, pour le mois de novembre seulement........................... 30ᵗᵗ

17 janvier-22 may : à DOMINIQUE VILLIERS, employé à la Surintendance des bastimens de Versailles, pour les deux derniers mois et 21 jours du mois de janvier (2 p.)........................... 82ᵗᵗ

17 janvier : à DANIEL PASCAU, dit FRANCŒUR, employé à l'aqueduc de Ville-d'Avray, pour lesd. deux mois. 61^{tt}

A NICOLAS NURET, employé à Trianon, pour 25 jours du mois de novembre...................... 25^{tt}

17 janvier-4 décembre : à RAMZAY, dit HUILE, employé à Monceaux, pour 13 mois, *idem* (6 p.).. 398^{tt}

17 janvier : à BRASDEFER, employé à prendre garde aux bois, pour lesd. deux mois............. 61^{tt}

A FRANÇOIS LAVADI, employé aux avenues de Versailles, *idem*........................... 61^{tt}

17 janvier-3 may : à PIERRE MORIN, dit LA PIERRE, employé aux avenues de Versailles, pour 3 mois et 12 jours................................ 104^{tt}

13 mars : au s^r IRRISSARI, officier invalide, employé à l'hostel de Vandosme, pour ses journées des mois de décembre 1688 et janvier 1689, à 2^{tt} par jour... 124^{tt}

A CLAUDE DU MAS, dit DES VAUX, soldat invalide, employé *idem*, pour ses journées pendant le mesme temps, à 20^s par jour.......................... 62^{tt}

A JEAN LE GRAND, dit SAINT-MARTIN, autre, employé aux Maisons Royales, *idem*................. 62^{tt}

A PIERRE BROUILLET, dit MONRESON, employé à Vincennes, *idem*........................... 62^{tt}

A PIERRE CHARLES, employé à Meulan, pour 18 jours de décembre............................ 18^{tt}

A ROBERT DE FRANCE, employé à l'église des Invalides, pour 22 jours de décembre et 23 de janvier..... 45^{tt}

13 mars : ausd. IRRISSARI, officier invalide, DU MAS, LE GRAND, BROUILLET et DE FRANCE, invalides, employés sous le s^r LA CHAPELLE BESSÉ, pour leurs journées pendant le mois de février dernier............... 162^{tt}

10 avril : à eux, pour leurs journées du mois de mars.................................. 193^{tt}

8 may : à eux, pour leurs journées du mois d'avril... .... 173^{tt}

5 juin : à eux, pour leurs journées du mois de may.. .... 170^{tt}

17 juillet : à eux, pour leurs journées du mois de juin................................. 166^{tt}

14 aoust : à eux, pour leurs journées du mois de juillet.............................. 174^{tt}

18 septembre : à eux, pour leurs journées du mois d'aoust.............................. 238^{tt}

9 octobre : à eux, pour leurs journées du mois de septembre............................ 212^{tt}

6 novembre : à eux, pour leurs journées du mois d'octobre............................. 174^{tt}

11 décembre : à eux, pour leurs journées du mois de novembre........................... 110^{tt}

3 avril : à JEAN ROUGERON, dit BRASDEFER, employé en qualité de garde des bois pendant janvier et février et quinze jours de mars, à 20^s par jour.......... 74^{tt}

8 may : à MATHIEU RICORS et PIERRE MENOUX, employés à Marly, pour six journées chacun du mois de may................................. 12^{tt}

8 may-20 novembre : aux nommez FRANCŒUR, TEISSIER, LAGNEAU, DESMARETS et SAINT-ESTIENNE, employez aux murs de closture du petit parc, pour leurs journées des mois d'avril, may, juin, juillet, aoust, septembre, octobre, commencement de novembre (4 p.)...... 573^{tt}

22 may : à ESTIENNE NOIRET, dit SAINT-ESTIENNE, employé aux labours de Saint-Germain, pour le mois de janvier................................. 30^{tt}

3 juillet-4 décembre : à CHARLES JULIEN, dit L'AVOCAT, pour sept jours d'avril et may jusqu'au mois de novembre, à 20^s par jour (5 p.).............. 217^{tt}

3 juillet : à PIERRE LANNEAU, dit LA LIBERTÉ, employé au Trou-d'Enfer, pour le mois de juin dernier.... 30^{tt}

31 juillet : à PACOT, dit FRANÇOIS, employé aux piliers buttans contre le Potager, pour 21 jours........ 21^{tt}

Somme de ce chapitre......... 5196^{tt}

GAGES ET ENTRETENEMENS SUIVANT L'ESTAT.

6 mars : aux cy-après nommez, pour leurs gages, à cause des entretenemens du palais des Tuilleries, Palais-Royal, Vincennes, Jardin Royal et Saint-Germain-en-Laye, pendant les mois de juillet, aoust et septembre de l'année dernière 1688.

Sçavoir :

LES TUILLERIES.

Au s^r CLINCHANT, garde du palais des Tuilleries.. 75^{tt}

A luy, concierge de la salle des Comédies dud. palais................................. 500^{tt}

A luy, ayant le soin de tenir propres toutes les chambres et cours dud. palais.................. 500^{tt}

Au s^r LE NOSTRE, ayant l'entretenement du grand parterre en face dud. palais..................... 875^{tt}

A luy, ayant celuy des parterres en gazon nouvellement plantez ensuitte des quarrez en broderie....... 625^{tt}

A luy, ayant celuy du petit jardin à fleurs.... 375^{tt}

A luy, ayant celuy des palissades de jasmins d'Espagne................................ 375^{tt}

A la veuve CARBONNET, ayant celuy de la haute allée des maronniers d'Inde et pisceas jusqu'à la moitié du fer à cheval............................ 100^{tt}

A elle, pour le loyer de la maison qu'elle occupe à cause dud. entretenement.................... 50ᴧ
Aux filles de deffunt Bouchard, ayant celuy des orangers.. 225ᴧ
A Claude Desgotz, ayant celuy de toutes les allées et plans d'arbres avec le fer à cheval............ 900ᴧ
A la veuve Masson et Claude et Élisabeth Le Juge, ses belles-sœurs, ayant celuy dud. jardin....... 512ᴧ 10ˢ
A Lamy, portier dud. jardin du costé du pont Rouge.
.... 75ᴧ
A Villeneuve, autre portier dud. jardin du costé du Manège.................................... 75ᴧ
A Duchemin, autre portier dud. jardin de la porte par où l'on fait voiturer les fumiers du costé de la rue Saint-Honoré... 75ᴧ

Total.................. 5337ᴧ 10ˢ

PALAIS-ROYAL.

A Gratian Bouticourt, concierge dud. palais......
.... 112ᴧ 10ˢ
A luy, ayant soin de netoyer les chambres et cours dud. palais....................................... 56ᴧ 5ˢ
A Clinchant, concierge de la salle des Comédies.:..
.... 56ᴧ 5ˢ
A Claude Bouticourt, ayant l'entretenement du jardin.. 375ᴧ
A Georges, portier de la basse-cour dud. palais du costé de la rue de Richelieu............. 112ᴧ 10ˢ
A Simon Le Vacher, portier de la porte de la cour des cuisines du costé de la rue des Bons-Enfans.. 37ᴧ 10ˢ

Total...................... 750ᴧ

VINCENNES.

A Michel Thibaut, jardinier, ayant l'entretenement de tous les jardins dépendans dud. chasteau....... 375ᴧ
A Chevillard, fontainier, ayant celuy des fontaines dud. chasteau.......................... 150ᴧ

Total...................... 525ᴧ

JARDIN ROYAL.

Nota : le jardinier et le portier dud. jardin sont payez de leurs gages par ordonnance particulière, cy. *Mémoire.*

SAINT-GERMAIN-EN-LAYE.

A Jean-Baptiste de Lalande, ayant l'entretenement du vieil jardin et nouvelles palissades du parc du chasteau.. 125ᴧ
A luy, ayant l'entretenement de l'orangerie.... 125ᴧ
A la veuve Jean de Lalande, ayant l'entretenement du grand parterre nouvellement planté et augmenté de trois allées autour dans le vieil jardin.......... 337ᴧ 10ˢ
A Jean de Lalande, ayant celui des allées et palissades de l'enclos du petit bois............. 84ᴧ 5ˢ
A luy, ayant celui du Potager............... 50ᴧ
A luy, ayant celui du Boulingrin............ 200ᴧ
A la veuve Bellier, ayant celui du jardin potager et des deux parterres à costé de la fontaine du chasteau neuf............................... 112ᴧ 10ˢ
A elle et à Claude Bellier, sa fille, ayant celui du nouveau jardin en gazons................ 300ᴧ
A François Lavechef, ayant celui du jardin et parterres devant les grottes du chasteau neuf....... 112ᴧ 10ˢ
A luy, ayant celuy des canaux et colines dud. chasteau.. 18ᴧ 15ˢ
A Goëren, dit La Salle, concierge du pavillon du Val....................................... 300ᴧ
A Le Coutelier, jardinier, ayant l'entretenement du jardin dud. pavillon................... 1000ᴧ
A Claude Patenostre, concierge du Chenil proche le Tripot....................................... 45ᴧ
A Pierre Bertin, concierge du chasteau neuf. 118ᴧ 15ˢ
A Gilles Richard, concierge de la petite escurie. 50ᴧ
A Soulaigne, concierge du vieil chasteau... 56ᴧ 10ˢ
A luy, ayant l'entretenement de l'horloge... 18ᴧ 15ˢ
A Goëren, portier des portes du parc...... 175ᴧ
A Clerembourst, portier des portes du grand parterre...................................... 90ᴧ
A Jean Arnaudin, concierge de la Surintendance des bastimens.................................. 50ᴧ
A Claude Lefebvre, concierge de la maison de la Religion..................................... 50ᴧ

Total.................. 3419ᴧ 10ˢ

3 juillet : à tous les cy-dessus nommez, pour leurs gages desd. entretenemens pendant le dernier quartier 1688................................. 10032ᴧ
21 aoust : à eux, pour l'entretenement du premier quartier 1689........................... 10032ᴧ
24 décembre : à eux, *idem* du deuxième quartier....
.... 10032ᴧ

Somme de ce chapitre........ 40128ᴧ 5ˢ

21 aoust : aux cy-après nommez, ayans les entretenemens du chasteau et jardins de Fontainebleau, pour leurs gages pendant les mois de janvier, février et mars 1689.

Sçavoir :

A la veuve Grognet, ayant l'entretenement de toutes

les couvertures du chasteau, pour ses gages pendant led. temps.................................. 750ᴸ
A Tisserant, ayant celuy des vitres, *idem*.... 300ᴸ
A la veuve Girard, ayant celuy des plombs.... 125ᴸ
A Dubois, peintre, ayant celuy de toutes les peintures................................... 150ᴸ
A Julien de Bray, ayant celuy de la moitié du grand parterre du jardin du Roy, petites palissades et allées en terrasse au pourtour d'iceluy............. 250ᴸ
A Madeleine et Anne Poiret, ayant l'autre moitié. 250ᴸ
A Gabriel Desbouts, ayant celuy du jardin de l'estang et du jardin des pins..................... 175ᴸ
A la veuve Louis Desbouts, ayant celuy des grandes et petites palissades........................ 500ᴸ
A Varin, ayant celuy des arbres fruitiers, allées d'ipréaux et autres..................... 206ᴸ 5ˢ
Aux Religieux de la Charité d'Avon, pour trois mois de la pension qui leur est accordée par S. M. pour la subsistance des malades................. 487ᴸ 10ˢ
A Chatillon, ayant l'entretenement des orangers du jardin de la Reyne...................... 300ᴸ
A Dorchemer, dit La Tour, ayant celuy du petit jardin de la Conciergerie.................... 11ᴸ 5ˢ
A Louis de la Tour, ayant la charge du nettoyement des cours du chasteau................... 100ᴸ
A Dubois, ayant l'entretenement du jardin de la fontaine du chasteau et jardins en dépendans.... 37ᴸ 10ˢ
A la veuve Vieux-Pont, ayant celuy du jardin potager et fruitier du jardin neuf................. 45ᴸ
A René Nivelon, ayant celui du Mail..... 27ᴸ 2ˢ 6ᵈ
A Bernard, ayant celuy du petit jardin de l'hostel d'Albret............................. 25ᴸ
A Chatillon, ayant celuy du nettoyement des canaux de l'estang........................... 50ᴸ
A Voltigeant, ayant celuy des bateaux sur le canal et sur l'estang........................... 50ᴸ
Au sʳ Pion, ayant le soin et la nouriture des carpes et cignes dudit canal et des estangs du chasteau.... 270ᴸ
A luy, en considération de l'augmentation des cignes, à 24ˢ par jour......................... 108ᴸ
A Couturier, fontainier, pour ses gages...... 250ᴸ
A Chatillon, ayant l'entretenement de l'horloge du chasteau............................ 25ᴸ
A Toulet, concierge du pavillon de la Surintendance................................ 50ᴸ
A la veuve Charles Gervais, portier du parc... 75ᴸ
A Besnard, concierge de l'hostel d'Albret..... 25ᴸ
A Petit, portier de la cour du Cheval-Blanc.... 50ᴸ
A Dorchemer, concierge du chasteau........ 75ᴸ
Somme................ 4767ᴸ 12ˢ 6ᵈ

24 décembre : aux dénommez de l'autre part, pour leurs gages à cause desd. entretenemens pendant le quartier d'avril..................... 4684ᴸ 16ˢ 6ᵈ
Somme de cet estat......... 9452ᴸ 9ˢ

ESTANGS DE TRAPPES ET D'ARCY.

MAÇONNERIE ET PAVÉ.

16 janvier : à Pierre Le Clerc, dit Pitre, entrepreneur, pour les ouvrages de pavé, tant neuf que relevé, par luy faits sur trois points, l'un près Guiancourt, l'autre prèz la Chapelle-Saint-Quentin et le troisième près d'Eslancourt........................... 782ᴸ 10ˢ
6 février - 25 septembre : à luy, sur le moilon et sable qu'il a mis en provision pour la maçonnerie qu'il doit faire aux chaussées de l'estang de Trappes (13 p.).... 23590ᴸ
23 octobre - 18 décembre : à luy, sur la maçonnerie et terrasses auxd. chaussées et mur du grand parc (3 p.)............................. 3945ᴸ
Somme de ce chapitre...... 28317ᴸ 10ˢ

TERRASSES.

16 janvier - 27 mars : à Martin Mariscal, terrassier, à compte des terres qu'il a transporté sur la chaussée de la queüe de l'estang d'Arcy, sur celle et le retour de l'estang de Trappes, sur celle des marnières dud. estang, et autres ouvrages (4 p.)................... 2630ᴸ
13 février : à luy, sur la construction d'une digue à la queüe de l'estang de Trappes............. 537ᴸ 10ˢ
10 avril - 6 novembre : à luy, parfait payement de 11951ᴸ 18ˢ 11ᵈ à quoy montent la fouille et transport des terres et conroy à la chaussée des marnières et retour de l'estang de Trappes et autres ouvrages (4 p.)..... 4584ᴸ 8ˢ 11ᵈ
16 janvier - 9 octobre : à Alexandre Godille, dit La Vallée, terrassier, pour plusieurs menus ouvrages de terrasse par luy faits tant à Crache qu'aux environs du Perray (3 p.)......................... 172ᴸ 9ˢ
27 février - 17 juillet : à luy, payement de la fouille et transport des terres, tant pour l'approfondissement d'un fossé le long de l'aqueduc de l'Artoire que pour une décharge qu'il a fait à la chaussée de l'estang d'Holande (3 p.)................................ 306ᴸ 10ˢ
Somme de ce chapitre.... 8230ᴸ 17ˢ 11ᵈ

ANNÉE 1689. — RIVIÈRE D'EURE.

MENUISERIE.

4 décembre : à Louis Chevalier, menuisier, pour ses ouvrages de menuiserie et la serrurerie qu'il a fourni pour des vanes posées à la queüe de l'estang d'Arcy, et autres menus ouvrages .... 213^{tt}

SERRURERIE.

31 avril : à George Simonnet, serrurier, pour ses réparations de serrurerie tant aux pavillons des gardes rigolles qu'à ceux des estangs des environs du Perray et de Trappes............................ 22^{tt} 15^s

23 octobre : à luy, pour une grille de fer pour poser sous le mur du grand parc où la ravine de Trappes doit passer, et autres ouvrages .... 112^{tt} 3^s

Somme de ce chapitre........ 134^{tt} 18^s

TREILLAGE.

1er-8 may : au nommé Robert, pour le treillage par luy fait pour boucher une bresche que les eaux ont faites au mur du grand parc vis-à-vis Trappes (2 p.). 238^{tt}

FASSINES.

27 mars : à la veuve Richon, pour 1600 fagots par elle livrés pour faire des fassines le long des digues de l'estang de Trappes, à raison de 8^{tt} le cent..... 128^{tt}

JOURNÉES D'OUVRIERS.

16 janvier-13 mars : aux ouvriers qui ont travaillé à la journée du Roy sous le s^r de Sainte-Catherine, tant à faire qu'à enlever des batardeaux, à mettre des fassines à la retenue de Haute-Brüere, à faciliter l'écoulement des eaux, et autres ouvrages (2 p.)....... 288^{tt} 9^s 6^d

30 janvier-18 décembre : à ceux qui ont nettoyé et approfondi des fossez, fait des bresches aux rigolles et autres menus ouvrages aux environs de Trappes et d'Arcy, depuis le 15 janvier jusqu'au 17 décembre (13 p.).... .... 2944^{tt} 15^s 3^d

Somme de ce chapitre...... 3233^{tt} 4^s 9^d

RIVIÈRE D'EURE.

MAÇONNERIE.

30 janvier-20 novembre : à Pierre Le Maistre, entrepreneur, à compte des ouvrages de maçonnerie qu'il fait pour le grand aqueduc de la rivière d'Eure dans le fonds de Maintenon (26 p.)............ 65697^{tt} 6^s

6 mars : à Alexandre Belquiame et René La Roche, entrepreneurs, parfait payement de 4089^{tt} 8^s 10^d à quoy montent les quatre puits par eux faits sur la hauteur entre les villages de Craches et Houdreville, à raison de 49^{tt} la toise............................. 43^{tt} 8^s 10^d

4 décembre : à Michel Bourains, maçon, pour les réparations de maçonnerie au pavé des aqueducs du Brosseron, Saint-Arnoult et du fonds de Berchère, rompus en partie par la chutte des eaux des ravines....... .... 708^{tt} 11^s 6^d

16 janvier-12 juin : à Pierre Le Clerc, dit Pitre, entrepreneur, à compte des ouvrages de maçonnerie et de terrasse qu'il fait pour la chaussée de Boizard, sur les lignes de la rivière d'Eure (3 p.)............ 3900^{tt}

Somme de ce chapitre.... 66162^{tt} 6^s 4^d

GRAIS.

30 janvier-25 décembre : à Claude-Louis Jurand, entrepreneur, à compte des grais qu'il fournit pour l'aqueduc de Maintenon (23 p.)......... 103431^{tt} 7^s 10^d

3 avril : à luy, pour ouvrages de grais par luy faits et fournis en divers endroits du chasteau de Maintenon et lieux en dépendans, à raison de 5^{tt} 12^s 6^d la toise courante .... 768^{tt} 17^s 7^d

Somme de ce chapitre.... 104200^{tt} 5^s 5^d

TERRASSES.

6 mars-1er may : à Josse Menard, terrassier, pour réparation des digues et nettoyement de partie de la rivière d'Eure et du canal d'Espernon (3 p.). 534^{tt} 12^s 7^d

30 janvier : à André Limonnier, terrassier, pour avoir fait le déblay et transport de 86 toises 5 pieds cubes de terre pour faire une décharge des eaux entre le sas de Maintenon et celuy de Guignonville, et autres ouvrages.. .... 156^{tt} 19^s 2^d

20 mars : à luy, pour menus ouvrages et réparation de la digue du canal de lad. rivière près et au-dessus du pont Rouge de Maintenon............ 77^{tt} 18^s 11^d

15 may : à luy et Nicolas Fénon, parfait payement de 375^{tt} 18^s 5^d à quoy montent le transport, déblay et remblay des terres pour le rétablissement des digues et nettoyemens de partie des canaux de la rivière d'Eure et du ruisseau d'Épernon, causez par les eaux de l'inondation pendant l'hyver dernier................ 305^{tt} 18^s 5^d

Somme de ce chapitre...... 1075^{tt} 9^s 1^d

CHAUX.

20 mars-3 juillet : à François Fontaine, dit La Rivière, pour 49 poinçons de chaux qu'il a livré pour la construction des puits sur la hauteur, entre le buisson

Pommeray et le village des Quatre-Vents, le lo g de l'aqueduc de terre, et autres diverses fournitures et menues dépenses (2 p.).................. 297ʰ 8ˢ 6ᵈ

CHARBON DE TERRE.

23 janvier : au sʳ CLERK, parfait payement de 410326ʰ 2ˢ à quoy montent 125882 barils 2/3 de charbon d'Angleterre qu'il a livrez à Maintenon depuis le 16 avril 1685 jusqu'au 17 novembre 1687, pour les travaux de la rivière d'Eure, à raison de 326ʰ 5ˢ le cent de barils, 7447ʰ 19ˢ pour 2486 barils de charbon par luy livrez à la machine de la rivière de Seyne en 1685, à raison de 59ˢ 11ᵈ le baril, et 255ʰ pour 4 lauriers par luy fournis à l'orangerie de Versailles......... 35171ʰ 1ˢ

DIVERSES MENUES DÉPENSES DE LA RIVIÈRE D'EURE.

20 février : à JEAN BARDIN et autres, payement des menues dépenses faites pour la construction du grand aqueduc............................ 87ʰ 12ˢ

6 mars : à FRANÇOIS FONTAINE, dit LA RIVIÈRE, pour menues dépenses.................... 55ʰ 15ˢ

20 mars : à CHARLES TRÉHOU et autres, idem. 65ʰ 4ˢ

3 avril-30 octobre : au nommé LE BLANC, pour une année du loyer d'une maison à luy appartenante, seize à Maintenon, occupée par le sʳ ROBELIN, à raison de 330ʰ par an, et 60ʰ pour une année d'un lieu attenant lad. maison, servant de bureau pour les affaires dud. aqueduc (2 p.)................................. 390ʰ

5 juin-10 juillet : à FRANÇOIS LE MÉE et autres, pour menues dépenses faites pour led. aqueduc (2 p.)......
.... 160ʰ 1ˢ 5ᵈ

18 septembre : à LOUIS OLIVIER et autres, pour menues dépenses, idem.................... 87ʰ 6ᵈ

23 octobre : à LA ROCHE et autres, idem..... 95ʰ 6ˢ

13 novembre : à FÉRON et LIMONNIER, idem. 83ʰ 10ˢ

15 may-25 décembre : au sʳ LE DUC, entrepreneur, pour son remboursement des sommes qu'il a payées aux nommez DARANGO et CHARLES, piqueurs, pour leurs appointemens de l'année 1689 (3 p.)......... 1515ʰ

26 juin : à luy, remboursement de ce qu'il a payé pour le transport des outils et équipages de la maison des Quatre-Vents dans les autres magasins qui sont le long de la ligne dud. aqueduc.................... 261ʰ

24 juillet : à luy, à compte des terres qu'il a remuées pour led. aqueduc....................... 3180ʰ

24 avril : à ROYER, fondeur, pour les crampons qu'il a fourni et qui ont esté employez aux tablettes des ponts qui sont sur le nouveau canal de la rivière d'Eure et du plomb qu'il a livré pour les sceller....... 741ʰ 17ˢ 6ᵈ

6 février-25 décembre : aux nommez HOURRY, DE LA PICARDIÈRE, DUMONT et PIGNIÈRE, employez sous le sʳ PARISOT sur les lignes de la rivière d'Eure, pour leurs appointemens du mois de janvier au mois de décembre, et autres dépenses pendant led. temps (11p.). 2314ʰ 13ˢ

6 mars : au sʳ PARISOT, ingénieur, pour son remboursement du loyer du logement qu'il a occupé à Senermont pendant l'année dernière................... 120ʰ

30 octobre : à LOUIS BOUCHER et autres, pour les bois qu'ils ont fourni pour la construction du faux radier au-dessous de l'aqueduc de la chaussée de Boizard et autres ouvrages............................. 539ʰ 10ˢ

Somme de ce chapitre...... 9696ʰ 9ˢ 5ᵈ

ROLLES D'OUVRIERS.

30 janvier-13 novembre : aux escluziers employez pour la construction du grand aqueduc de maçonnerie dans le fonds de Maintenon, pour le payement de leurs journées depuis le mois de janvier jusqu'aux neuf premiers jours de novembre (11 p.).......... 5779ʰ

19 juin : à divers particuliers, pour le loyer des logemens occupez par lesd. escluziers pendant six mois échus le dernier du mois de may................. 162ʰ

Somme de ce chapitre.......... 5941ʰ

GAGES D'EMPLOYEZ À LA RIVIÈRE D'EURE.

30 janvier : au sʳ ROBELIN, ayant la direction dud. grand aqueduc, pour ses appointemens du mois de janvier, à 6000ʰ par an..................... 500ʰ

A LA NEUVILLE, idem à 1800ʰ par an....... 150ʰ

Au sʳ DE LA GRANGE, inspecteur, à 1800ʰ..... 150ʰ

Au sʳ DE VILLENEUVE, inspecteur sur les carrières de grais................................ 100ʰ

Au sʳ BERTHON, tenant le bureau des affaires, à 900ʰ par an............................... 75ʰ

Au sʳ DUPUY, lieutenant au régiment de la Sarre, inspecteur sur les carrières d'Épernon, Gallardon et à la navigation............................. 75ʰ

6 mars : aux dénommez cy-dessus, pour leurs appointemens de février, et GUYARD pour les cinq derniers jours, cy en tout......................... 1047ʰ 10ˢ

3 avril : ausd. sʳˢ ROBELIN, DE NEUVILLE, DE LA GRANGE, DE VILLENEUVE, GUYARD, à 1080ʰ par an, BERTHON, CLAUDE ROBELIN, à 720ʰ par an, à MOUTON pour les vingt derniers jours de mars, et CHARPENTIER pour les dix-huit derniers jours, tous les autres pour leurs appointemens du mois de mars entier............ 1201ʰ.

8 may : ausd. sʳˢ ROBELIN, et autres sus-nommez, pour leurs appointemens d'avril................ 1245ʰ

5 juin : à eux, pour leurs appointemens du mois de may.................................. 1245ᴸᴸ

26 juin : à eux, pour leurs appointemens du mois de juin..................................... 1245ᴸᴸ

1 aoust : à eux, pour leurs appointemens du mois de juillet................................... 1245ᴸᴸ

4 septembre : ausd. sʳˢ Robelin, de Neuville, de la Grange, de Villeneuve, Guyard, Berthon, Claude Robelin et à Mouton, pour leurs appointemens du mois d'aoust................................ 1185ᴸᴸ

9 octobre : ausd. sʳˢ Robelin, de Neuville, de la Grange, de Villeneuve, Guyard, Berthon et Claude Robelin, pour leurs appointemens du mois de septembre.. .... 1125ᴸᴸ

30 octobre : à eux, pour leurs appointemens du mois d'octobre................................ 1125ᴸᴸ

6 février - 4 décembre : au sʳ Parisot, ingénieur, pour ses appointemens du mois de décembre 1688 au mois de novembre 1689 (6 p.)................. 1800ᴸᴸ

Somme de ce chapitre...... 13513ᴸᴸ 10ˢ

ESTAT DES GAGES DES OFFICIERS

des Bastimens du Roy, jardins, tapisseries et manufactures de S. M., et appointemens des personnes rares en l'architecture, peinture, sculpture et autres arts, qu'elle veut estre entretenus pour son service en ses chasteaux du Louvre et des Thuilleries, Palais-Royal, Saint-Germain-en-Laye, Versailles, Madrid, Vincennes et autres lieux à elle appartenant, pendant l'année dernière 1689, expédié par nous François-Michel Le Tellier, marquis de Louvois et de Courtanvaux, Conseiller du Roy en tous ses Conseils, secrétaire d'Estat et des commandemens de S. M., chancelier de ses Ordres, Surintendant et Ordonnateur général de ses bastimens et jardins, tapisseries, arts et manufactures de France, suivant le pouvoir à nous donné par S. M.

PREMIÈREMENT :

GAGES ET APPOINTEMENS DES SURINTENDANT, INTENDANS, CONTROLLEURS ET TRÉSORIERS DESD. BASTIMENS.

A Nous, en lad. qualité de Surintendant et Ordonnateur général desd. bastimens, jardins, tapisseries, arts et manufactures, pour nos gages, à cause de nostred. charge 12000ᴸᴸ

A Nous, en lad. qualité de lad. charge et pension attribuée et unie à icelle.................. 3000ᴸᴸ

A Nous, comme Surintendant et Ordonnateur général des bastimens du chasteau de Monceaux....... 2400ᴸᴸ

Au sʳ Coquart de la Motte, Conseiller du Roy en ses Conseils, intendant et ordonnateur ancien desd. bastimens, pour ses gages.................... 4500ᴸᴸ

Au sʳ Mansart, aussy Conseiller du Roy en ses Conseils, intendant et ordonnateur alternatif desd. bastimens, pour trois quartiers de ses gages................ 4665ᴸᴸ

Au sʳ de Chanlay, aussy Conseiller du Roy en ses Conseils, intendant et ordonnateur triennal desd. bastimens, pour trois quartiers de ses gages....... 4500ᴸᴸ

Au sʳ Le Nostre, controlleur général ancien desd. bastimens, pour trois quartiers de ses gages et augmentation d'iceux.................... 4080ᴸᴸ 18ˢ 9ᵈ

Au sʳ Gabriel, controlleur général alternatif desd. bastimens, pour trois quartiers de ses gages et augmentation d'iceux........................ 4125ᴸᴸ

Au sʳ Lefebvre, controlleur général triennal desd. bastimens, pour trois quartiers de ses gages et augmentation d'iceux........................ 4133ᴸᴸ

A Mᵉ Charles Le Besgue, Conseiller du Roy, trésorier général desd. bastimens, pour trois quartiers de ses gages et augmentation 2100ᴸᴸ

A Mᵉ Charles Le Besgue, Conseiller du Roy, trésorier général desd. bastimens, pour trois quartiers de ses gages 2100ᴸᴸ

A Mᵉ Charles Manessier, aussi Conseiller du Roy, trésorier général desd. bastimens, pareille somme.... .... 2100ᴸᴸ

Somme............ 49703ᴸᴸ 18ˢ 9ᵈ

OFFICIERS QUI ONT GAGES

POUR SERVIR GÉNÉRALEMENT DANS TOUTES LES MAISONS ROYALES ET BASTIMENS DE S. M.

Au sʳ Le Brun, pour ses appointemens pendant lad. année, la somme de 8800ᴸᴸ à luy ordonnée par gratification à cause de la conduite et direction des peintures des maisons royales, et aussi de celles qu'il a sous nos ordres de la manufacture des Gobelins, pour, avec 3200ᴸᴸ employez dans l'estat de la Maison du Roy, faire la somme de 12000ᴸᴸ à luy accordée par chacun an et dont il a esté payé, partant cy............. Néant.

Au sʳ de la Hire, professeur de l'académie d'architecture établie au Palais-Royal pour y tenir les conférences et y enseigner publiquement, pour ses gages... 1200ᴸᴸ

Au sʳ Mansart, architecte, pour ses gages... 1000ᴸᴸ

Au sʳ Dorbay, architecte, idem............ 1000ᴸᴸ

Au sʳ de Cotte, architecte, idem........... 2400ᴸᴸ

Au sʳ Félibien, historiographe des bastimens, idem... .... 1200ᴸᴸ

24.

A Noel Coypel, peintre, idem............. 200ʰ
A Friquet, peintre, idem................. 200ʰ
A André Félibien, ayant la garde des figures et le soin de tenir et polir les marbres des maisons royales..
.... 400ʰ
A Jaques Houzeau, sculpteur, faisant ordinairement les modèles et ornemens tant au Louvre qu'ailleurs, pour ses gages 400ʰ, dont il luy sera payé seulement. 150ʰ
A François Girardon, sculpteur, pour ses gages 200ʰ
A Thomas Regnaudin, idem................ 150ʰ
A Antoine Coisevaux, idem................ 200ʰ
A Louis Legros, idem.................... 150ʰ
A Baptiste Tuby, idem................... 200ʰ
A Pierre Mazeline, idem................. 150ʰ
A Jean Cuvillier, marbrier, idem.......... 30ʰ
A Hubert Misson, idem................... 30ʰ
A Dominico Cucci, qui fait toutes les garnitures de bronze doré des portes et croisées des maisons royales..
.... 60ʰ
A Leclerc, graveur, pour ses gages......... 100ʰ
A Israel Silvestre, graveur, pour faire les desseins d'architecture, veue et perspective des maisons royales, carrousels et autres assemblées publiques, pour ses gages
.... 400ʰ
A Goiton, imprimeur en taille-douce........ 100ʰ
A François Vildot, de Clermont, maitre des œuvres de maçonnerie des bastimens du Roy, pour ses gages anciens et augmentation d'iceux, la somme de 1200ʰ dont il sera payé de la moitié, attendu le service actuel qu'il rend à S. M........................... 600ʰ
A Phelippes Clequin, maitre des œuvres de charpenterie, pour avoir l'œil sur tous les charpentiers des maisons royales, la somme de 1200ʰ dont il ne sera payé que de la moitié............................. 600ʰ
A Jean Dorbay, maçon, pour ses gages........ 30ʰ
A Jaques Mazière, idem.................. 30ʰ
A Pierre Thévenot, idem................. 30ʰ
A Pierre Le Maistre, idem............... 30ʰ
A Jean Mallet, charpentier............... 30ʰ
A Remy, menuisier....................... 30ʰ
A Nicolas Carel, idem................... 30ʰ
A Roger, serrurier du cabinet............ 30ʰ
A André-Charles Boule, ébéniste.......... 30ʰ
A Gabriel Janson, vitrier................ 30ʰ
A Estienne Yvon, couvreur................ 30ʰ
A Philippe Vitry, plombier............... 30ʰ
A Jaques Lucas, idem.................... 30ʰ
A Louis Renouf, paveur.................. 30ʰ
A Claude Briot, miroitier................ 30ʰ

A Guillaume Desauziers, peintre et doreur..... 30ʰ
A Gosselin et Lagni, armuriers, retenus pour travailler aux instruments de mathématiques nécessaires pour l'Académie des sciences................. 200ʰ
A Thuret, horloger, retenu pour entretenir toutes les pendules de l'Académie des sciences, tant celles qui sont à l'Observatoire que dans lad. Académie....... 300ʰ
A Masselin, chaudronnier, pour ses gages..... 30ʰ
A Padelain et Varisse, ramonneurs de cheminées, pour avoir soin de tenir nettes celles des maisons royales à Paris, Saint-Germain, Fontainebleau et autres lieux, la somme de 200ʰ sur quoy leur sera payé 30ʰ à chacun, et les racomodages de cheminées leur seront payés par ordonnance particulière..................... 60ʰ
A Daniel Fossier, garde du magasin du Roy où se mettent les démolitions nécessaires pour les bastimens de S. M., pour ses gages.................... 400ʰ
A Charles Mollet, jardinier, retenu pour travailler aux desseins des parterres et des jardins de S. M. lorsqu'il luy sera commandé, pour la moitié de ses gages..
.... 500ʰ
A André Le Nostre, aussi retenu pour travailler ausd. jardins et parterres, pour ses gages......... 1200ʰ
A Francines, intendant de la conduite et mouvement des eaux et fontaines de S. M., pour trois quartiers de ses gages.................................. 2250ʰ
Aud. sʳ Francines, ayant l'entretenement des fontaines de Rungis, palais de Luxembourg, Croix du Tiroir et chasteau du Louvre, pour ses gages.......... 7000ʰ
Au sʳ Marigner, l'un de nos commis, ayant le soin de tenir le registre de la dépense desd. bastimens....
.... 2000ʰ
A ...., commis de l'intendant des bastimens en exercice............................. 600ʰ
A ...., commis du controlleur général desd. bastimens pour, en son absence, avoir l'œil à ce qui est du controlle général, pour ses appointemens. 600ʰ
Aux trois premiers commis en titre d'office des trois trésoriers généraux des bastimens, pour leurs gages, à raison de 300ʰ chacun, dont il leur sera payé seulement 200ʰ.................................. 600ʰ
A Daniel Fossier, garde des magasins de marbres pour lesd. bastimens..................... 600ʰ

Somme............... 27540ʰ

ANNÉE 1689. — GAGES DES OFFICIERS DES BÂTIMENTS.

OFFICIERS SERVANS SA MAJESTÉ
POUR L'ENTRETENEMENT DES MAISONS ET CHASTEAUX
CY-APRÈS NOMMEZ.

LOUVRE.

A René de Louvigni, concierge du chasteau du Louvre, pour tenir nettes les grandes et petites galleries, les ouvrir et fermer, pour ses gages tant anciens que nouveaux 100ᴸᴸ

COURS DE LA REYNE.

A Germain, portier de la porte du Cours de la Reyne du costé des Thuilleries, pour ses gages 150ᴸᴸ
A Jaques Dubuisson, portier de l'autre porte du côté de Chaillot, et pour garder les plants des Thuilleries... .... 150ᴸᴸ
Somme.................... 300ᴸᴸ

PALAIS-ROYAL.

A Estienne Mestivier, portier de la grande porte du Palais-Royal, pour ses gages................. 150ᴸᴸ

COLLÈGE DE FRANCE.

A Duclos, concierge dud. Collège, pour deux quartiers de ses gages pendant lad. année............. 25ᴸᴸ

MADRID.

A Jean Ricard, concierge du chasteau de Madrid, pour ses gages dont il sera payé de trois quartiers seulement 150ᴸᴸ

SAINT-GERMAIN-EN-LAYE.

A .... Francines, ayant l'entretenement des fontaines et grottes des chasteaux de Saint-Germain, pour ses gages à cause dud. entretenement pendant lad. année.................................... 800ᴸᴸ
A Henry Soulaigne, portier du vieil chasteau, pour trois quartiers de ses gages................. 75ᴸᴸ
A Louis Guillot, portier du chasteau neuf, pareils gages 75ᴸᴸ
A Claude Tailler, portier de la porte du parc de Saint-Germain au bas des descentes du chasteau, *idem* 75ᴸᴸ
A Poisson, peintre, pour ses gages pendant lad. année.................................... 30ᴸᴸ
A Jaques Barbier, maçon, pour ses gages..... 30ᴸᴸ
A Aubert, charpentier, *idem*............... 30ᴸᴸ

A François Millot, menuisier, *idem*......... 30ᴸᴸ
A Louis Piau, serrurier, *idem*.............. 30ᴸᴸ
A Charles Mercier, vitrier, *idem*........... 30ᴸᴸ
Total...................... 1205ᴸᴸ

SAINT-LÉGER.

Au sʳ de Garsault, concierge du chasteau de Saint-Léger, pour deux quartiers de ses gages de lad. année.. .... 225ᴸᴸ

POUGUES.

A Jean Adrien, garde des fontaines de Pougues, pour trois quartiers de ses gages pendant lad. année... 75ᴸᴸ

VERSAILLES.

A Duchiron, concierge de la Surintendance des bastimens de Versailles, pour ses gages pendant lad. année.. .... 200ᴸᴸ
L'entretenement ordinaire des autres concierges, jardiniers et autres officiers du chasteau de Versailles est payé par estat séparé, cy.................. Néant.

JARDIN MÉDECINAL.

Les gages des officiers et entretenemens ordinaires du jardin médecinal du faubourg Saint-Victor, montans à 21000ᴸᴸ, se payent par estat séparé, partant cy.. Néant.

HOSTEL DES AMBASSADEURS.

A Gaular, concierge dud. hostel; la somme de 400ᴸᴸ dont il luy sera payé seulement............. 100ᴸᴸ
A luy, pour l'entretenement d'un jardinier et d'un portier, pendant lad. année................. 150ᴸᴸ
Total...................... 250ᴸᴸ

CHASTEAU-THIERRY.

Ledit chasteau et domaine de Chasteau-Thierry a esté engagé à M. le duc de Bouillon, partant...... Néant.

VILLERS-COTTERETS.

Led. chasteau et domaine de Villers-Cotterets a esté baillé à Monsieur duc d'Orléans en augmentation de son appanage........................... Néant.

Somme totale du présent estat. 79923ᴸᴸ 18ˢ 9ᵈ [1]

Laquelle somme de 79923ᴸᴸ 18ˢ 9ᵈ sera payée aux denommez au présent estat par le sieur Manessier, trésorier général des Bastimens du Roy, en exercice pendant

[1] Le registre porte la somme inexacte de 80073ᴸᴸ 18ˢ 9ᵈ

l'année 1689, des deniers de sa charge, et rapportant le présent estat par nous expédié, ensemble les certifications du controlleur des bastimens et jardins de S. M. du service que les officiers sujets à aucuns entretenemens auront bien et duement faits, ainsi qu'ils sont obligez par leurs charges et employs et quittances sur ce suffisantes, lad. somme de 79923ᴸᴸ 18ˢ 9ᵈ sera passée et allouée en la dépense de son compte par Messieurs des Comptes à Paris, lesquels nous prions ainsy le faire sans difficulté.

Fait à Versailles, le 22 février 1690.

22 février 1690 : à Nous, pour la pension à nous accordée par S. M. par chacun an à cause de notre charge de Surintendant et Ordonnateur général desd. bastimens pendant l'année 1689................. 6000ᴸᴸ

22 février 1690 : à Caillet, notaire des bastimens, par gratification en considération de son travail pendant lad. année 1690........................ 400ᴸᴸ

Au sʳ Mesmin, commis de M. de Villacerf, pour ses appointemens de lad. année 1689.......... 1500ᴸᴸ

ESTAT DES GAGES DES OFFICIERS

Que le Roy veut et entend estre entretenus en son chasteau de Fontainebleau, et autres dépenses que S. M. commande y estre faites pour la conservation et entretenement d'iceluy pendant l'année 1689, expédié par nous François-Michel Le Tellier, marquis de Louvois et de Courtanvaux, Conseiller du Roy en tous ses Conseils, secrétaire d'Estat et des commandemens de S. M., chancelier de ses Ordres, Surintendant et Ordonnateur général de ses bastimens et jardins, tapisseries et manufactures de France, suivant le pouvoir à nous donné par S. M.

PREMIÈREMENT :

Au sʳ marquis de Saint-Hérem, capitaine et concierge dud. chasteau, pour ses gages la somme de 3800ᴸᴸ, outre 1200ᴸᴸ employez dans l'estat de S. M. de la maîtrise de Melun et Fontainebleau.................. 3800ᴸᴸ

A Nous, en lad. qualité de Surintendant et Ordonnateur général desd. bastimens, jardins, tapisseries et manufactures de France, la somme de 3800ᴸᴸ pour nos gages à cause de nostred. charge, outre 1200ᴸᴸ employez dans l'estat des bois de la maîtrise de Melun et Fontainebleau................................. 3800ᴸᴸ

Au sʳ Tourolle, ayant la charge de faire tendre et nettoyer les meubles dud. chasteau et veiller à la conservation d'iceux, pour ses gages pendant l'année dernière 300ᴸᴸ

A Julien de Bray, ayant l'entretenement de la moitié du grand parterre du Roy, anciennement appelé le Tibre, nouvellement refait et replanté de neuf, pour la tonture des bois des deux carrez d'iceluy du costé de la chaussée, nettoyement desd. carrez, de toutes les allées, perrons, palissades et terrasses plantées et à planter, augmentation du rondeau, allées et parterres d'allentour et de la grande allée de la chaussée qui va de la cour de l'Ovale au Chenil, suivant les devis et marché qui en ont esté faits, pour sondit entretenement pendant les six derniers mois de lad. année..................... 500ᴸᴸ

A Magdelaine et Anne Poiret, filles de défunt Nicolas Poiret, ayant celuy de l'autre moitié du grand parterre et augmentation dud. grand rondeau, suivant le devis et marché qui en ont esté faits, pour led. entretenement pendant lesd. six derniers mois.............. 500ᴸᴸ

A Gabbiel Desbouts, jardinier, ayant l'entretenement du petit jardin de l'estang et du jardin des Pins nouvellement plantez, deffrichez et remis en estat, allée Royalle, allée solitaire et allée du pourtour dud. jardin des Pins, allée des ormes, du Chenil, et allignemens des canaux qui font la séparation du parc d'avec led. Cheny, jusques commençant le long de la closture du jardin de la fontaine de la Granderie et finissant au bout de la grande allée attenant le pavillon, eu esgard à l'augmentation d'entretenement pendant lesd. six derniers mois dud. jardin des Pins, suivant le devis et marché qui en ont esté faits...................... 350ᴸᴸ

A Chatillon, jardinier, ayant l'entretenement du jardin appelé de la Reyne et des orangers de S. M., pour ses appointemens à cause dud. entretenement, la somme de 1200ᴸᴸ à la charge de fournir 200ᴸᴸ par chacun an à la veuve Bonnaventure Nivelon, vivant jardinier dud. lieu, et tondre les buys, nettoyer les quatre carrez dud. jardin, les allées et terrasses d'iceluy, ensemble d'entretenir les palissades des buis qui sont tant contre lesd. terrasses que contre les murs du chasteau, filarias et ciprès, et les sallettes du gazon en ovalle et quarrez, comme aussy de fournir les charbons nécessaires pour l'orangerie, faire racomoder toutes les caisses desd. orangers, rafraichir les terres toutes fois et quantes que besoin sera, faire sortir au printemps lesd. orangers et les faire rentrer dans lad. orangerie, et généralement faire et fournir tout ce qui sera nécessaire pour led. jardin de l'orangerie, suivant le devis et marché qui en ont esté faits, desquels il ne luy sera payé que 600ᴸᴸ, ayant reçu les six premiers mois........................ 600ᴸᴸ

A Jean Camarigeas, ayant épouzé Catherine de Sermagnac, veuve de Remy, auquel S. M. a accordé par son brevet du............ la jouissance du logement du carré qui est au milieu des palissades dud. jardin des Pins, à la charge de le faire planter d'arbres fruictiers à ses dépens sans aucuns gages............... Néant.

A Dorchemer, dit La Tour, pour l'entretien et nettoyement du jardin de la Conciergerie du chasteau, ensemble les arbres fruitiers et palissades d'iceluy, la somme de 75ᵗᵗ, de laquelle il ne sera payé que de celle de 45ᵗᵗ, desquels il a receu les six premiers mois, reste à luy payer........................... 22ᵗᵗ 10ˢ

A Jaques Besnard, ayant l'entretenement et nettoyement de l'hostel d'Albret, des plattes bandes, bordures et compartimens qui y sont plantez et des allées et palissades, la somme de 360ᵗᵗ, dont il ne sera payé que de celle de 100ᵗᵗ, et attendu qu'il a receu les six premiers mois, luy sera seulement payé............... 50ᵗᵗ

A Chatillon, à condition qu'il baillera 100ᵗᵗ à la veuve Cottard pour luy ayder à nourir et entretenir elle et ses enfans tant qu'elle vivra, et pour avoir par led. Chatillon soin de nettoyer l'estang et canaux dud. chasteau, et oster les herbes, les joncs et ordures qui s'y pourront trouver et amasser, fournir les bateaux et ustencils nécessaires à cet effet, et faire en sorte que les lieux soient toujours nets et que l'eau ne se perde, la somme de 750ᵗᵗ, dont il ne sera payé que de celle de 200ᵗᵗ, sur laquelle il reste à luy payer les six derniers mois.............................. 100ᵗᵗ

A Jean Dubois, ayant le soin et nettoyement des peintures tant à fresque qu'à l'huile, anciennes et modernes, des salles, galleries, chambres et cabinets dud. chasteau, la somme de 600ᵗᵗ pour ses gages à la charge de rétablir celles qui sont gâtées et nettoyer les bordures des tableaux, et de fournir de bois, charbon et fagots, pour brûler esd. salles, galleries, chambres et cabinets où sont lesd. tableaux pour la conservation d'iceux, dont il a esté payé de 300ᵗᵗ pour les six premiers mois, partant reste à payer pour les six derniers................. 300ᵗᵗ

A la veuve Grognet, ayant l'entretenement et rétablissement de toutes les couvertures d'ardoise et de tuile dud. chasteau, jeu de paume couvert et orangerie, galleries, hostel d'Albret, de Ferrare, des Religieux, et généralement de toutes les maisons dépendantes dud. chasteau et appartenantes à S. M., la somme de 1500ᵗᵗ pour lesd. six derniers mois........................ 1500ᵗᵗ

A Tisserant, ayant celui de toutes les vitres dud. chasteau et dépendances, pour les six derniers mois.. 600ᵗᵗ

A la veuve Vieuxpont, ayant celui du jardin potager et fruitier du jardin neuf, la somme de 90ᵗᵗ pour les six derniers mois........................... 90ᵗᵗ

A la veuve André Girard, plombier, pour l'entretenement des plomberies dud. chasteau et dépendances, et pour rétablir les plombs rompus, pour les six derniers mois.................................. 250ᵗᵗ

A René Nivelon, pour l'entretenement et nettoyement du jeu du mail et palissades d'iceluy, ensemble du berceau des meuriers entre les canaux du cheny, la somme de 150ᵗᵗ, dont il ne sera payé que 108ᵗᵗ 10ˢ par an, cy pour les six derniers mois................. 54ᵗᵗ 5ˢ

A Nicolas Varix, ayant celuy des arbres fruitiers qui sont plantez dans les quarrez du grand parterre de Fontainebleau et le long de la muraille du costé de la Coudre, des allées d'ipréaux, nettoyement des tablettes du canal, labours du pied des arbres fruitiers et des plattes bandes de l'allée des meuriers, ensemble le nettoyement des ruisseaux et fossez qui écoulent les eaux du parc, suivant le devis et marchez qui en ont esté faits, pour les six derniers mois.............. 412ᵗᵗ 10ˢ

A la veuve Louis Desnouts, jardinier, ayant celui de toutes les tontures du devant des grandes palissades, dans les cinq principales allées en toute leur hauteur, et les tontures des petites allées de traverse, à 20 pieds de haut, la tonture du derrière desd. grandes et petites palissades à 10 pieds de haut, les plattes bandes au pied de devant lesd. palissades dans les grandes et petites allées de 4 pieds de large, et les labours et deffrichemens au derrière d'icelles grandes palissades de 10 pieds de large, et au derrière des petites de 5 pieds de large; plus, les tontures des palissades de l'allée nouvelle des pins qui conduit à Avon seront faites devant et derrière, et les plattes bandes de labour comme dessus en la longueur de lad. allée, contenant 600 toises ou environ, avec le nettoyement de la grande place, en face des cascades et teste du canal; lesd. tontures, plattes bandes, labours et nettoyemens dans le meilleur estat qu'il se poura dans chacune des années desd. entretenemens; plus, faire des dégorgemens généralement quelconques au pied de toutes les palissades, la somme de 1000ᵗᵗ pour led. entretenement et augmentation pendant lesd. six derniers mois..
.... 1000ᵗᵗ

Aux Religieux de la Très Sainte-Trinité dud. Fontainebleau, tant pour l'entretenement d'une lampe d'argent garnie de ses chainons que Leurs Majestez ont donné pour brûler nuit et jour devant le Très Saint-Sacrement de l'autel, que pour la fourniture et entretenement des ornemens et paremens d'autel, linges et luminaire pour la célébration du service divin, pour l'année entière...
.... 300ᵗᵗ

Aux Religieux de l'hospital de la Charité d'Avon, pour

la pension que S. M. leur fait par chacun an pour la subsistance des malades dud. Fontainebleau, pour les six derniers mois........................... 975ᵗᵗ

A Voltigeant, ayant l'entretenement de tous les bateaux sur le canal, pour les six derniers mois.... 100ᵗᵗ

A Louis Dubois, au lieu de Martin Jamin, concierge du logis de la fontaine dud. chasteau et jardinier des jardins en dépendans, pour ses gages de concierge et jardinier, à la charge de bien et soigneusement entretenir lesd. jardins, labourer au pied des arbres, ratelor les allées, tondre les palissades et généralement tout ce qui sera nécessaire dans led. entretenement pendant les six derniers mois........................... 75ᵗᵗ

A Nicolas Thierry, ayant la garde et conciergerie du Chenil et entretenement des allées du parc d'iceluy, pour l'année entière....................... 100ᵗᵗ

Au sʳ Pion, ayant le soin et nourriture des carpes et cignes dud. canal et des estangs du chasteau, la somme de 759ᵗᵗ pour lesd. six derniers mois, et 219ᵗᵗ à cause de l'augmentation desd. cignes pendant le même temps, à raison de 24ˢ par jour..................... 759ᵗᵗ

A Couturier, fontainier, la somme de 500ᵗᵗ pour ses gages desd. six derniers mois 500ᵗᵗ

A Nicolas Dupont, gentilhomme ordinaire de la vennerie, et Nicolas Dupont, son fils, en survivance l'un de l'autre, suivant le brevet de S. M. du .... par forme de pension, à cause de l'entretenement de la volière qu'il avoit auparavant qu'elle fût convertie en orangerie, pour l'année entière................ 600ᵗᵗ

A Desplats, garde de la basse-cour des cuisines, pour l'année entière........................ 50ᵗᵗ

A Robert Jamin, ayant la charge de garde de la basse-cour du Cheval Blanc, idem.............. 37ᵗᵗ 10ˢ

A Jaques Besnard, ayant la charge et conciergerie de l'hostel d'Albret, et pour l'entretenement de la maison, cours et escuries qui en dépendent, pour les six derniers mois........................... 50ᵗᵗ

A Louis La Tour, ayant la charge du nettoyement des cours du chasteau, pour lesd. six derniers mois .. 200ᵗᵗ

A Toulet, ayant la charge de concierge de pavillon ou logement de Messieurs les Surintendans des finances, pour ses gages, à condition de bien nettoyer ledit pavillon, cour et escuries d'iceluy, pour lesd. six derniers mois........................... 100ᵗᵗ

A la veuve Charles Gervais, portier du parc, la somme de 150ᵗᵗ pour lesd. six derniers mois.... 150ᵗᵗ

A Cosme Petit, portier de la cour du Cheval Blanc, pour les six derniers mois................. 100ᵗᵗ

A Jaques Dorchemer, dit La Tour, pour avoir soin de distribuer, retirer et garder les clefs de tous les logemens dud. chasteau, pour lesd. six derniers mois. 150ᵗᵗ

A Chatillon, ayant le soin de monter et d'entretenir l'horloge, pour lesd. six derniers mois......... 50ᵗᵗ

Somme totale du présent estat. 18525ᵗᵗ 15ˢ

Laquelle somme de 18525ᵗᵗ 15ˢ sera payée aux dénommez au présent estat par le sʳ Manessier, trésorier général des bastimens du Roy en exercice pendant l'année 1689, des deniers de sa charge, et rapportant le présent estat par nous expédié, ensemble les certifications du controlleur desd. bastimens du service que les officiers sujets à aucuns entretenemens auront bien et duement faits, ainsy qu'ils sont obligez par leurs charges et emplois, et quittances sur ce suffisantes, lad. somme de 18525ᵗᵗ 15ˢ sera passée et allouée en la dépense de son compte, par MM. des Comptes à Paris, lesquels nous prions ainsy le faire sans difficulté.

Fait à Versailles, le 22ᵉ février 1690.

ANNÉE 1690.

RECEPTE.

Du 22 janvier : De Mᵉ Jean-Baptiste Brunet, garde du Trésor Royal, 1008333ᵗᵗ 6ˢ 8ᵈ pour employer au payement des dépenses que le Roy a ordonné estre faites pour ses bastimens pendant la présente année, y compris 8333ᵗᵗ 6ˢ 8ᵈ pour les taxations du trésorier, à raison de 2ᵈ pour livre............... 1008333ᵗᵗ 6ˢ 8ᵈ

1ᵉʳ febvrier : de luy, 689ᵗᵗ 19ˢ pour délivrer au curé de Marly, sçavoir : 210ᵗᵗ pour la non-jouissance de 75 arpents de pré compris dans le fonds de Marly, et 474ᵗᵗ 5ˢ pour la non-jouissance de la dixme du troupeau du Trou d'Enfer et des terres labourables de lad. cure, que S. M. a ordonnées estre plantées en bois, et ce pour l'année dernière 1689, et 5ᵗᵗ 14ˢ pour les taxations.... 689ᵗᵗ 19ˢ

7 febvrier : de luy, 6000ᵗᵗ pour délivrer au sʳ Wan

ANNÉE 1690. — RECETTE.

der Meulen, peintre flamand, pour ses appointemens de l'année dernière 1689, et 50ʰ pour les taxations. 605ʰ

14 febvrier : de luy, 600ʰ pour délivrer à André Morell, à compte des desseins de plusieurs médailles du cabinet du Roy, et 5ʰ pour les taxations....... 605ʰ

De luy, 2153ʰ pour délivrer au prieur de Choisy-aux-Bœufs, pour son indemnité des dixmes qu'il a droit de prendre sur les terres et prez dépendans de son prieuré enfermez dans les anciens et nouveaux murs du parc de Versailles, et 16ʰ 18ˢ 6ᵈ pour les taxations. 2169ʰ 18ˢ 6ᵈ

23 mars 1690 : de luy, 3000ʰ pour délivrer au sʳ Le Nostre, par gratification, en considération du service qu'il a rendu dans les Bastimens pendant l'année dernière 1689, et 25ʰ pour les taxations........ 3025ʰ

3 avril : de luy, 1200ʰ pour délivrer aux trois anciens gondoliers vénitiens, par gratification, en considération du service qu'ils ont rendu sur le canal du chasteau de Versailles, et 10ʰ pour les taxations......... 1210ʰ

23 avril : de luy, 2284 7ʰ 7ˢ 3ᵈ pour employer au remplacement des dépenses que S. M. a ordonné estre faites pour ses bastimens de Marly, depuis le 1ᵉʳ janvier dernier, et 190ʰ 7ˢ 10ᵈ pour les taxations. 2303 7ʰ 15ˢ 1ᵈ

De luy, 1021ʰ pour délivrer au sʳ de Vauvré, pour son remboursement de pareille somme qu'il a payée à Toulon, pour le parfait payement et frais d'encaissement du bas-relief d'*Alexandre et Diogène*, fait par Puget, sculpteur, et 8ʰ 10ˢ pour les taxations..... 1029ʰ 10ˢ

29 avril : de luy, 6000ʰ pour délivrer à Michel Génin, pour, avec 3000ʰ ordonnées le 9 mars 1687, faire 9000ʰ à compte du chandelier de cristal qu'il a fourni pour le service de S. M., et 50ʰ pour les taxations. 6050ʰ

De luy, pour délivrer au sʳ Petit, de Fontainebleau, pour la pension que S. M. luy a accordée pendant l'année échue au mois d'octobre 1689, et 12ʰ 10ˢ pour les taxations................... 1512ʰ 10ˢ

23 may : de luy, 3000ʰ pour délivrer aux prestres de la Mission de Fontainebleau, pour leurs subsistances et entretenement pendant les six premiers mois de la présente année..................... 3000ʰ

12 juin : de luy, 12000ʰ pour délivrer au sʳ de Ville, sçavoir : 6000ʰ par gratification, en considération du soin qu'il a pris de la machine de la rivière de Seyne pendant l'année dernière 1689, et 6000ʰ de pension extraordinaire pendant la mesme année, et 100ʰ pour les taxations..................... 12100ʰ

27 juin : de luy, 412ʰ 10ˢ pour délivrer à la veuve Lourdet, tapissier, pour six dessus de tabourets de laine, ouvrage de la Savonnerie, qu'elle a fourni au garde meuble de S. M., contenant ensemble deux aunes et demie carrées en superficie, et 3ʰ 8ˢ 9ᵈ pour les taxations............................ 415ʰ 18ˢ 9ᵈ

De luy, 845ʰ 11ˢ 5ᵈ pour délivrer au nommé Dupont, tapissier, pour trois dessus de forme et trois dessus de tabouretz de pareils ouvrages, contenant ensemble cinq aunes un douzième carrées, à 165ʰ l'aune, compris 6ʰ 16ˢ 5ᵈ pour les taxations.......... 845ʰ 11ˢ 5ᵈ

19 juillet : de luy, 1180ʰ pour délivrer aux principal, procureur et boursiers du collège de Cambray pour leur dédommagement de leurs bastimens qui ont esté démolis par ordre de S. M. pour la construction du Collège de France pendant l'année dernière 1689, et 9ʰ 16ˢ 8ᵈ pour les taxations................. 1189ʰ 16ˢ 8ᵈ

29 aoust : de luy, 770ʰ pour délivrer à Lourdet, tapissier, pour quatre dessus de forme de laine, ouvrage de la Savonnerie, qu'il a fournis au garde-meuble de S. M., contenant ensemble quatre aunes deux tiers carrées en superficie, à raison de 165ʰ l'aune, et 6ʰ 8ˢ 4ᵈ pour les taxations........................ 776ʰ 8ˢ 4ᵈ

4 septembre : de luy, 35041ʰ 19ˢ 6ᵈ pour employer au remboursement des dépenses que S. M. a ordonné estre faites pour les bastimens de Marly, depuis le 16 avril dernier, et 292ʰ 4ᵈ pour les taxations........ .... 35333ʰ 19ˢ 10ᵈ

26 septembre : de luy, 3371ʰ 10ˢ pour délivrer au sʳ Arnoux, pour trois autruches, douze demoiselles de Numidie, treize canes d'Égypte, cinquante-trois poules sultanes, deux gazelles et deux chèvres de la Thébaïde, qu'il a livrez pour le service de S. M. à la Ménagerie, de l'envoy du sʳ Monier, de Montpellier, et 28ʰ 1ˢ 11ᵈ pour les taxations.................. 3399ʰ 11ˢ 11ᵈ

De luy, 4000ʰ pour délivrer à Michel Genin, pour, avec 9000ʰ ordonnez les 9 mars 1687 et 29 may dernier, faire le parfait payement de 13000ʰ pour le prix du chandelier de cristal qu'il a fourni pour le service de S. M., et 33ʰ 6ˢ 8ᵈ pour les taxations... 4033ʰ 6ˢ 8ᵈ

17 octobre : de luy, 859ʰ 7ˢ 6ᵈ pour délivrer au nommé Dupont, tapissier, pour trois dessus de forme et trois dessus de tabouretz de laine, ouvrages de la Savonnerie, contenant cinq aunes cinq vingt-quatrièmes carrées en superficie, à raison de 165ʰ l'aune, et 7ʰ 3ˢ 2ᵈ pour les taxations.................. 866ʰ 10ˢ 8ᵈ

16 novembre : de luy, 21288ʰ 11ˢ 7ᵈ pour employer au remplacement des dépenses que S. M. a ordonné estre faites pour ses bastimens de Marly, depuis le 31 juillet dernier, et 177ʰ 8ˢ 1ᵈ pour les taxations. 21465ʰ 19ˢ 8ᵈ

5 décembre : de luy, 3000ʰ pour la subsistance et entretenement des prestres de la Mission establis à Fon-

tainebleau, pendant les six derniers mois 1690, et ce y compris les taxations.................... 3000ᴴ

24 décembre : de luy, 16000ᴴ pour délivrer à M. DE VILLACERF, en considération de l'inspection générale que S. M. luy a donnée sur ses bastimens pendant la présente année, et 133ᴴ 6ˢ 8ᵈ pour les taxations.........
.... 16133ᴴ 6ˢ 8ᵈ

27 décembre : de luy, 3000ᴴ pour délivrer au sʳ MIGNARD, peintre, par gratification, en considération du soin qu'il a pris de conduire les sculpteurs qui ont travaillé pour le service de S. M. pendant l'année dernière 1689, et 25ᴴ pour les taxations.......... 3025ᴴ

9 janvier 1691 : de luy, 16559ᴴ 4ˢ 2ᵈ pour employer aux dépenses faites à Marly depuis le dernier octobre jusqu'au dernier décembre 1690, et 137ᴴ 18ˢ 4ᵈ pour les taxations................. 16697ᴴ 2ˢ 6ᵈ

29 janvier 1691 : de Mᵉ NICOLAS DE FRÉMONT, 100918ᴴ 2ˢ 3ᵈ pour employer au remplacement des dépenses extraordinaires faites pour les bastimens pendant les six premiers mois 1690, et 840ᴴ 3ˢ pour les taxations......
.... 101758ᴴ 5ˢ 3ᵈ

21 janvier 1691 : de luy, 98853ᴴ 19ˢ 4ᵈ pour les six derniers mois 1690, et 823ᴴ 15ˢ 8ᵈ pour les taxations
.... 99677ᴴ 15ˢ

9 juillet 1691 : de luy, 2830ᴴ pour employer au payement des gratifications accordées par S. M. aux officiers des bastimens et jardins de Fontainebleau, en considération du bon état de leur entretenement pendant 1690, et 23ᴴ 11ˢ 8ᵈ pour les taxations... 2853ᴴ 11ˢ 8ᵈ

RECEPTE PARTICULIÈRE 1690.

22 décembre 1689 : du sʳ DE TURMENYES, trésorier général de l'Hostel Royal des Invalides, 100000ᴴ pour estre employées aux dépenses de l'église dud. hostel des Invalides pendant l'année prochaine 1690... 100000ᴴ

30 décembre : de la somme de 4540ᴴ 14ˢ pour la plus value des espèces d'or et d'argent qu'il avoit en caisse lors du rehaussement des monnoyes, arrivé le 12 du présent mois de décembre.................. 4540ᴴ 14ˢ

22 janvier 1690 : du nommé KELLER, fondeur, 11394ᴴ 10ˢ 7ᵈ pour le prix de la fonte et alliage de 88466 livres de métal qui luy a esté fourni du magasin du Roy à Paris pour la fonte de ses figures, dont 10605 livres ont esté fondues et alliées par les nommez NOËL, JAQUET et NAINVILLE, à raison de 13ᴴ le cent.........
.... 11394ᴴ 10ˢ 7ᵈ

Des nommez AUBRY, TAUBIN, BONVALLET et ROGER, fondeurs, 2477ᴴ 8ˢ 2ᵈ pour le prix des fonte et alliage de 19057 livres de métal qui leur a esté fourni du magasin pour la fonte de leurs figures, à 13ᴴ le cent....
.... 2477ᴴ 8ˢ 2ᵈ

De VANIN, LANGLOIS et MEUSNIER, autres, pour le prix de 9120 livres de métal, pour *idem*, dont 310 livres fondus par JAQUET, à raison de 12ᴴ le cent, et le surplus à 13ᴴ le cent par NAINVILLE............. 1194ᴴ 4ˢ

Du nommé POITEVIN, charpentier, 373ᴴ 5ˢ pour le prix de quelques démolitions de bastimens à Chambort en 1685.......................... 373ᴴ 5ˢ

Du nommé GUYARD, 19ᴴ 2ˢ 6ᵈ pour le prix de deux vieux cables pesant 170 livres, à raison de 2ˢ 3ᵈ la livre, vendus à SEMAN, voiturier par eau de Roüen. 19ᴴ 2ˢ 6ᵈ

29 janvier : du nommé ALEXANDRE, en l'acquit de PIERRE LE MAISTRE, entrepreneur de la maçonnerie du grand aqueduc de la rivière d'Eure à Maintenon, 350ᴴ pour le prix de deux cabottiers[1] appartenant aud. LE MAISTRE..................... 350ᴴ

5 febvrier : du sʳ VANDERHULST, marchand à Roüen, 2040ᴴ, en l'acquit de PIERRE LE MAISTRE, entrepreneur du grand acqueduc de Maintenon, pour le prix de 15 cabotières de l'entreprise dud. LE MAISTRE......... 2040ᴴ

12 mars : de JACQUES LUCAS, plombier, 1103ᴴ 11ˢ 6ᵈ pour le prix de 4013 livres de soudure qui lui a esté fourni depuis le mois de may 1689, à raison de 5ˢ 6ᵈ la livre........................ 1103ᴴ 11ˢ 6ᵈ

De CLAUDE DENIS, fontainier, 838ᴴ 15ˢ pour le prix de 3050 livres de soudure qui luy a esté fourni du magasin de Versailles, à 5ˢ 6ᵈ la livre.......... 838ᴴ 15ˢ

Desd. AUBRY, TAUBIN, ROGER et BONVALLET, fondeurs, 670ᴴ 16ˢ pour le prix de 1032 livres de métal allié qui leur a esté fourni dud. magasin du sʳ FOSSIER, à 13ˢ la livre........................... 670ᴴ 16ˢ

18 mars : du sʳ DE LA CLOS, 1663ᴴ 18ˢ 6ᵈ pour 112 pieds 9 pouces 6 lignes et demie cube de marbre d'Italie et des Pyrennées de différentes couleurs, et une colonne dépareillée de marbre de Sicile moderne, de 9 pieds de long sur un pied 3 pouces de diamètre, qui ont esté délivrés à FRANÇOIS DESCHAMPS, marbrier, pour employer à Meudon...................... 1663ᴴ 18ˢ 6ᵈ

2 avril : de LOUIS RENOUF, 76ᴴ pour le prix de 19 toises carrées de gros pavé vieux, à 4ᴴ la toise carrée, dont 10 toises ont esté prises auprès de l'étang de la Minière, et 9 toises sur le haut de Satory.............. 76ᴴ

30 avril : du nommé CROSNIER, en l'acquit de PIERRE

---

[1] Bateaux de cabotage. Une cabottière, dit le *Dictionnaire de Trévoux*, ne sert guère qu'au commerce de la rivière d'Eure, entre Chartres, Dreux et la Seine.

ANNÉE 1690. — RECETTE.

Le Maistre, entrepreneur de l'aqueduc de la rivière d'Eure dans le fonds de Maintenon, 1125ᴸ 12ˢ 8ᵈ provenant de la vente de plusieurs effects appartenant aud. Le Maistre........................ 1125ᴸ 12ˢ 8ᵈ

21 may : d'Antoine Tricadeau, 30ᴸ pour le prix du bois provenant du recépage de 16 arpents de bois plantez en 1682 et 1683 proche la pépinière de Roquancourt........................ 30ᴸ

3 juin : de Pierre Brouillet, dit Monredon, 70ᴸ provenans des bois morts et abattus par les vents dans le parc de Vincennes, qu'il a vendus à plusieurs particuliers au proffit de S. M.................... 70ᴸ

25 juin : du sʳ abbé Bizot, 906ᴸ 17ˢ pour le prix de six médailles d'or, pesant 2 onces 5 gros 1/2, à 55ᴸ l'once, 110 médailles d'argent, pesant 16 marcs, à raison de 40ᴸ le marc, et 180 jettons d'argent, pesant 4 marcs, à raison de 30ᴸ le marc, qui se sont trouvés doubles dans le cabinet du Roy et qui ont été vendues au proffit de S. M.................... 906ᴸ 17ˢ

9 juillet : de Claude Denis, fontainier, 612ᴸ 10ˢ pour le prix de 2300 livres de soudure qui lui a esté livrée du magasin du sʳ Duchiron, à Versailles, à raison de 5ˢ 6ᵈ la livre.................... 632ᴸ 10ˢ

16 juillet : de la somme de 34ᴸ 15ˢ, ordonnée dans l'estat du 28 may dernier au nommé Charneton, sculpteur, pour parfait payement de la sculpture par luy faite sur le baluste de menuiserie posé dans les appartemens de Madame, au Palais-Royal............ 34ᴸ 15ˢ

De celle de 10ᴸ 1ˢ 3ᵈ ordonnée à La Lande, sculpteur, pour parfait payement, idem............ 10ᴸ 1ˢ 3ᵈ

23 juillet : de François Dezanneaux, maçon, pour le prix des bois qui sont tombez l'hyver dernier dans le parc de Monceaux.................... 120ᴸ

13 aoust : de Claude Denis, fontainier, pour 3000 livres de soudure qui luy ont esté fournis du magasin de Versailles, à raison de 5ˢ 6ᵈ la livre.......... 825ᴸ

13 aoust : de Jacques Lucas, plombier, pour deux milliers de soudure qui luy a esté fournie du magasin de Versailles, à 5ˢ 6ᵈ la livre................ 550ᴸ

27 aoust : de la somme de 157983ᴸ 12ˢ 2ᵈ dont le sʳ Le Besgue est reliquataire par le finito de son estat au vray de l'année 1688....... 157983ᴸ 12ˢ 2ᵈ

27 octobre : de Dezaigres, marbrier, 901ᴸ 5ˢ pour 103 pieds cubes de marbre des Pirennées qui luy ont esté livrez du magasin de Paris.......... 901ᴸ 5ˢ

5 novembre : de Gervais, serrurier, 628ᴸ 10ˢ pour 10475 livres de vieux fer qu'il a eu au magasin de Versailles.................... 628ᴸ 10ˢ

Du nommé Godignon, 2285ᴸ 14ˢ pour 38095 livres de vieux fer qu'il a eu du magasin de Versailles.................... 2285ᴸ 14ˢ

12 novembre : de Pierre Le Maistre, entrepreneur, 946ᴸ 2ˢ 4ᵈ en déduction de ce qu'il peut devoir au Roy sur le grand aqueduc de Maintenon, et ce provenant du prix des effectz à luy appartenans qui ont été vendus à divers particuliers.................... 946ᴸ 2ˢ 4ᵈ

Du sʳ Pollard, 3000ᴸ pour le prix de 500 toises de tuyaux de fer de 5 pouces, à manchon, qui luy ont esté livrez à Versailles, à 6ᴸ la toise........ 3000ᴸ

De Denis, fontainier, 275ᴸ pour le prix d'un millier pesant de soudure qui luy a esté livrée du magasin de Versailles, à raison de 5ˢ 6ᵈ la livre.......... 275ᴸ

19 novembre : du nommé Noël, serrurier, 1655ᴸ 6ᵈ pour 19706 livres de fer qui luy ont esté livrez, sçavoir : du magasin de la machine en 1684, 1685 et 1686, 10683 livres de fer neuf, à 2ˢ la livre, et 3023 livres de vieux fer, à 18ᵈ la livre, et du magasin de Versailles, en 1690, 6000 livres, à 6ᴸ le cent pesant.................... 1655ᴸ 6ᵈ

11 novembre : du sʳ de Turmenyes, 200000ᴸ pour employer au payement des dépenses qui luy ont esté ordonnées pour le bastiment de l'église des Invalides.................... 200000ᴸ

17 novembre : de la veuve Janson, vitrier, 273ᴸ 5ˢ 8ᵈ pour le prix de 2200 livres de vieux plomb qui luy a esté fourni du magasin de Versailles pendant 1689 et 1690, à 2ˢ 6ᵈ la livre, y compris 10ᴸ 15ˢ 8ᵈ pour la valeur du vieux verre de démolitions qui luy a esté livré.................... 273ᴸ 5ˢ 8ᵈ

De Bernard Lespinouze, vitrier, 52ᴸ 5ˢ pour le prix du vieux verre de démolitions qui luy a esté laissé en 1689 et 1690.................... 52ᴸ 5ˢ

24 novembre : du nommé Godignon, serrurier, 357ᴸ pour le prix de 11900 livres pesant de vieux fer du magasin, à 30ᴸ le millier.................... 357ᴸ

7 janvier : du nommé Coignard, tailleur de pierre, 19ᴸ 11ˢ 6ᵈ pour le prix de 35 quartiers de pierre de taille dure qu'il a prise dans les carrières de S. M... .... 19ᴸ 11ˢ 6ᵈ

7 aoust 1691 : des locataires des maisons appartenantes au Roy à Paris, 3660ᴸ pour une année du loyer desd. maisons eschue le dernier décembre 1690. 3660ᴸ

DÉPENSE.

VERSAILLES.

MAÇONNERIE.

15 janvier-10 décembre : à Gérard Marcou, entrepreneur, pour réparations de maçonnerie faites au chasteau de Versailles depuis le mois de décembre 1689 jusqu'au mois de novembre dernier, y compris ses soins et équipages (13 p.)............................ 7043^{ll}

16 avril : à luy, pour pierrées faites dans le jardin au bas de la Salle du Conseil et autres socles pour porter les vases de marbre dans l'Orangerie.......... 900^{ll}

26 novembre : à luy, sur ses ouvrages dans le jardin, au réservoir de Jambette et à la Ménagerie. 6a3^{ll} 6^s

15 janvier-28 may : à Jaques Mazière et Pierre Bergeron, entrepreneurs, parfait payement de l'aqueduc qu'ils font pour l'escoulement des eaux qui restent dans les terres du jardin de Trianon (5 p.)..... 3119^{ll} 14^s

16 avril-10 décembre : à Daufresne, maçon, à compte des ouvrages qu'il a faits aux cheminées du chasteau pour empescher la fumée............... 110^{ll}

Somme de ce chapitre........ 11796^{ll}

CARREAU DE TERRE CUITTE.

15 janvier : à François Guillaume, dit Debuisson, carreleur, pour réparations de carreaux qu'il a faites dans la dépendance du chasteau de Versailles......... 49^{ll} 9^s

17 septembre : à sa veuve, pour réparations au chasteau de Trianon....................... 34^{ll} 10^s

Somme de ce chapitre........ 83^{ll} 19^s

TERRASSES.

12 mars-29 octobre : à La Rose, terrassier, pour fouilles et transports des terres pour remplir les tranchées que l'on a faites au long de la palissade au bas de la Salle du Conseil, dans l'allée d'Apollon (2 p.).... .... 917^{ll} 19^s 2^d

28 aoust-1er octobre : aux nommez Durand et Laforge, glaizeurs, pour avoir rétabli le conroy du bassin du bout du canal, du costé de la Ménagerie, et des quatre petits bassins du milieu de la Salle du Conseil (2 p.).. .... 105^{ll} 13^s 4^d

29 octobre-12 novembre : à eux, parfait payement des ouvrages de conroy derrière le mur du réservoir et Jambette que l'on a rétabli (2 p.)..... 213^{ll} 13^s 4^d

12 mars : à Janson, jardinier, pour son remboursement de ce qu'il a payé aux ouvriers qui ont travaillé à rétablir les ravines que les eaux des pluyes ont fait dans les allées au-dessus de la pièce des Suisses...... 46^{ll}

15 janvier : aux nommez du Val et des Kesnes, pour leurs labours au pied des murs de closture de Trianon pour y planter de la vigne vierge..... 66^{ll} 8^s

12 mars : à eux, pour avoir curé 13 pierrées au long du canal, qui servent à écouler les eaux qui sont dans les bois.................................. 30^{ll}

16 avril : à eux, pour avoir redressé et battu les terres des allées des jardins de Trianon où l'on a fait des pierrées et aqueducs............... 212^{ll} 5^s 4^d

28 may : à eux, pour les terres fouillées et transportées dans l'avant-cour de Trianon......... 205^{ll} 12^s

11 juin : à eux, pour régallement des terres dans tout ce qui n'est pas pavé dans la place devant Trianon .... 156^{ll} 5^s

A eux, pour plusieurs tranchées dans les bois au long du canal jusqu'à la croisée de Trianon pour faire escouler les eaux qui y croupissent............. 45^{ll} 10^s

29 octobre : à eux, pour avoir gratté, nettoyé et enlevé les herbes et terres qui estoient dans l'avant-cour du chasteau...................... 60^{ll} 13^s

12 novembre : à Charles-François Pollard, pour avoir fait fouiller et recombler la tranchée pour poser la conduite d'un pied qui passoit au long du réservoir de Jambette, qui a esté posée en dedans le jardin. 52^{ll} 16^s

Somme de ce chapitre..... 2112^{ll} 15^s 2^d

JARDINAGE.

14 may : à Dubel, jardinier, pour le gazon qu'il a fait poser dans le jardin des sources de Trianon.... .... 113^{ll} 10^s

25 juin-23 juillet : à luy, parfait payement de treillage de perche qu'il a fait pour fermer le jardin au long de la grande aile neuve (3 p.)......... 314^{ll}

Somme de ce chapitre....... 427^{ll} 10^s

FUMIERS.

23 juillet-12 novembre : à Bureau, voiturier, par-

fait payement des 157 toises de grands fumiers qu'il a voituré à la pépinière de Trianon (6 p.)... 1216ᵗᵗ 15ˢ
10 décembre : à luy, à compte des boües des rues de Versailles qu'il a livré.................. 75ᵗᵗ
24 décembre : à luy, pour 5 toises de fumier de mouton qu'il a fourni........................ 100ᵗᵗ
26 novembre : à Savet, pour le marc de vigne, fumier de pigeon et terre de saule qu'il a fourni à la pépinière de Trianon.................... 95ᵗᵗ 10ˢ

Somme de ce chapitre....... 1487ᵗᵗ 5ˢ

SABLE DE RIVIÈRE.

9 juillet-1ᵉʳ octobre : à Lagarde et Yvelin, pescheurs, pour le sable de rivière qu'ils ont tiré pour les jardins de Versailles et de Trianon (3 p.)............ 500ᵗᵗ
9 juillet-1ᵉʳ octobre : à Rinquet, pescheur, pour la voiture dud. sable de Saint-Cloud à Versailles et à Trianon (3 p.)......................... 2047ᵗᵗ 16ˢ

Somme de ce chapitre....... 2547ᵗᵗ 16ˢ

CHARPENTERIE.

15 janvier : à Jean Mallet, charpentier, parfait payement de la somme de 3800ᵗᵗ à quoy montent les ouvrages de charpenterie par luy faits pour le rétablissement du grand escalier du chasteau de Versailles.................. 334ᵗᵗ 1ˢ 8ᵈ
24 décembre : à luy, à compte des petits ouvrages de charpenterie qu'il a faits au chasteau cette année.. 600ᵗᵗ

Somme de ce chapitre....... 934ᵗᵗ 1ˢ 8ᵈ

COUVERTURE.

28 may-10 décembre : à Estienne Yvon, couvreur, à compte de plusieurs réparations de couverture qu'il a faites aux dépendances du chasteau en la présente année (2 p.)........................ 800ᵗᵗ
2 avril : à Jean Le Gendre, couvreur de chaume, pour le rétablissement de toutes les couvertures des glacières dépendantes du chasteau de Versailles.. 116ᵗᵗ 4ˢ
28 may : à luy, pour avoir rétabli la couverture du magasin des illuminations................... 80ᵗᵗ

Somme de ce chapitre........ 996ᵗᵗ 4ˢ

MENUISERIE.

15 janvier-28 may : à Antoine Rivet, menuisier, à compte de ses ouvrages de menuiserie à Trianon (2 p.). 350ᵗᵗ
12 février : à luy, sur la balustrade de menuiserie pour la chambre de Madame la Dauphine...... 160ᵗᵗ
29 janvier-17 septembre : à Nicolas Carel, menuisier, à compte de ses ouvrages de menuiserie à Trianon (4 p.)................................ 1500ᵗᵗ
2 avril : à luy, pour avoir démonté et remonté les grands chassis d'hyver de l'appartement de Madame la Dauphine et de la grande aile............... 134ᵗᵗ
6 aoust-24 décembre : à luy, sur la menuiserie qu'il fait au chasteau (7 p.).................. 1850ᵗᵗ
29 janvier-10 décembre : à Ducons, menuisier, à compte de ses ouvrages de menuiserie au chasteau de Versailles (7 p.)........................ 3400ᵗᵗ
12 février : à la veuve Dionis, menuisier, à compte de ses ouvrages de menuiserie à Trianon....... 300ᵗᵗ
29 février : à Veydeau, à compte de ses ouvrages de menuiserie à Trianon.................... 500ᵗᵗ
16 avril : à Toulouzin, menuisier, pour plusieurs menus ouvrages de menuiserie à Trianon... 25ᵗᵗ 16ˢ 8ᵈ
29 octobre : à luy, pour ouvrages et journées employées avec ses compagnons à plusieurs réparations au chasteau de Versailles................. 143ᵗᵗ 18ˢ

Somme de ce chapitre..... 8363ᵗᵗ 14ˢ 8ᵈ

SERRURERIE.

15-29 janvier : au nommé Roger, serrurier, parfait payement de 906ᵗᵗ 2ˢ pour ouvrages de serrurerie au grand escalier de Versailles (2 p.)......... 406ᵗᵗ 2ˢ
29 janvier-12 novembre : à luy, sur ses ouvrages de serrurerie à Trianon (2 p.)............. 261ᵗᵗ 11ˢ
2 avril-1ᵉʳ octobre : à luy, à compte de ses ouvrages de serrurerie au chasteau de Versailles (4 p.).. 1000ᵗᵗ
14 may : à luy, pour ouvrages de serrurerie qu'il a fourni pour porter les consolles dans les cabinets du Roy et de Monseigneur, et autres ouvrages...... 125ᵗᵗ 11ˢ
5 novembre-24 décembre : au nommé Godignon, à compte des ouvrages de serrurerie faits les années précédentes dans la dépendance du chasteau de Versailles (2 p.)............................ 2642ᵗᵗ 14ˢ
5 novembre : à Gervais, serrurier, à compte des ouvrages de serrurerie par luy faits à l'orangerie de Versailles.......................... 628ᵗᵗ 10ˢ
12 mars-24 décembre : à Thomas Vallerand, serrurier, à compte de ses ouvrages de serrurerie au chasteau et dans le jardin de Versailles (7 p.)......... 1900ᵗᵗ
6 aoust : au nommé Toulouzain, serrurier, pour ouvrages de serrurerie fournis depuis un an aux vaisseaux et barques du canal.................... 45ᵗᵗ 11ˢ
20 aoust : à Desjardins, serrurier, pour avoir mis des broches à crochets à toutes les targettes de trente-deux croisées de l'orangerie de Trianon, pour pouvoir dé-

monter les chassis à verre et à papier pour faire les réparations.................................. 40ᵗᵗ

15 janvier : à CORNEILLE, serrurier, à compte de ses ouvrages de serrurerie à Trianon............. 200ᵗᵗ

29 octobre-12 novembre : à PERCHERON[1], parfait payement des rétablissemens de tous les ouvrages de ferrure de bronze des portes et croisées des appartemens du chasteau (2 p.)..................... 540ᵗᵗ 5ˢ 6ᵈ

Somme de ce chapitre....... 7790ᵗᵗ 4ˢ 6ᵈ

VITRERIE.

29 janvier-17 décembre : à BERNARD L'ESPINOUZE, vitrier, à compte de ses ouvrages de vitrerie de Versailles (6 p.)............................. 1152ᵗᵗ 5ˢ

15-29 octobre : à luy, idem à la grande Orangerie (2 p.)................................ 600ᵗᵗ

15 janvier-14 may : à GABRIEL JANSON, vitrier, à compte de ses ouvrages de serrurerie dans la dépendance du chasteau de Versailles en 1689 (3 p.). 1700ᵗᵗ

12 mars-24 décembre : à luy, sur ses ouvrages de la présente année aud. chasteau (6 p.)..... 1423ᵗᵗ 5ˢ 8ᵈ

29 octobre-26 novembre : à luy, sur ses ouvrages à Trianon (2 p.).......................... 450ᵗᵗ

Somme de ce chapitre..... 5325ᵗᵗ 10ˢ 8ᵈ

PLOMBERIE.

12 mars-13 aoust : à JAQUES LUCAS, plombier, à compte des ouvrages de plomberie qu'il fait dans la dépendance du chasteau de Versailles (4 p.). 2853ᵗᵗ 11ˢ 6ᵈ

29 octobre-3 décembre : à luy, sur idem à Trianon (2 p.).................................. 1650ᵗᵗ

Somme de ce chapitre..... 4503ᵗᵗ 11ˢ 6ᵈ

OUVRAGES DE CUIVRE ET DE FER BLANC.

29 janvier-15 octobre : à LE MOYNE, fondeur, pour plusieurs ouvrages de fonte qu'il a fait depuis le 26 mars 1689 aux fontaines et conduittes du jardin de Versailles (2 p.)............................. 265ᵗᵗ 12ˢ

15 janvier : à DUCHEMIN, chaudronnier, pour avoir racomodé 81 arrousoirs de la pépinière de Trianon. 81ᵗᵗ

19 mars : à la veuve GACOIN, ferblannier, à compte des roseaux de cuivre qu'elle a fait pour le Marais de Versailles les années précédentes............. 150ᵗᵗ

Somme de ce chapitre........ 496ᵗᵗ 12ˢ

DORURE.

8 janvier : à GUILLAUME DESAUZIERS, peintre, à compte

[1] Au-dessus de ce nom est ajouté, comme un autre nom, celui de LOCHON, et le second article porte : Aud. LOCHON.

de la dorure de la balustrade de bois de la chambre de Madame la Dauphine au chasteau de Versailles.. 300ᵗᵗ

15 janvier : à luy, parfait payement de 2326ᵗᵗ à quoy montent les ouvrages de dorure par luy faits aux cascades de Trianon et aux balustrades et rampes de fer qui sont au bout de Trianon-sous-Bois........ 626ᵗᵗ 11ˢ

28 may : à luy, sur les ouvrages qu'il a fait au chasteau les années précédentes................ 500ᵗᵗ

12 novembre : à luy, pour les consolles et culs de lampe des cabinets du Roy et de Monseigneur qu'il a dorés................................... 355ᵗᵗ

Somme de ce chapitre...... 1781ᵗᵗ 11ˢ

PEINTURE.

12 mars-24 décembre : à ESTIENNE BOURGAULT, peintre, à compte des grosses peintures qu'il a fait au chasteau (8 p.)......................... 1600ᵗᵗ

14 may-26 novembre : à luy, à compte de celles qu'il a fait à Trianon (4 p.).................... 950ᵗᵗ

16 avril : à LE MOYNE le Parisien, peintre, parfait payement de 420ᵗᵗ pour les guillochis rehaussez d'or qu'il a fait pour le tour de la cage du grand escalier..... 220ᵗᵗ

30 avril : à PAILLET, peintre, pour la dépense qu'il a faite pour les tableaux du Roy et le temps qu'il a employé depuis le 1ᵉʳ novembre dernier jusqu'au dernier de ce mois à la conservation et nettoyement desd. tableaux du Roy................................ 720ᵗᵗ 10ˢ

25 juin : à luy, pour le nettoyement des peintures et dorures des quatre grandes pièces de l'appartement de Madame la Dauphine...................... 400ᵗᵗ

26 novembre : à luy, pour dépenses qu'il a faites pour les tableaux du Roy et le séjour qu'il a fait à Versailles depuis le 1ᵉʳ may pour avoir soin desd. tableaux.. 944ᵗᵗ

Somme de ce chapitre....... 4834ᵗᵗ 10ˢ

SCULPTURE.

2-30 avril : aux nommez JOUVENET, CHARMETON et TAUPIN, sculpteurs, parfait payement des consolles de sculpture en bois pour le cabinet des Termes (2 p.) 1262ᵗᵗ

12 mars : aux nommez AUBRY et ROCHERS, sculpteurs, pour quatre socles de bronze qu'ilz ont faits pour porter les figures de bronze et combats d'animaux pour la grille à feu de Monseigneur..................... 180ᵗᵗ

6 aoust : à BRIQUET, sculpteur, pour la sculpture qu'il a faicte aux couronnemens et soubassemens des bordures de miroir qui sont dans les lambris des trumaux des chambres de Trianon..................... 90ᵗᵗ

29 janvier : à CHARMETON, sculpteur, pour une bor-

dure dorée d'or bruny qu'il a fait pour le dessein de Monseigneur d'après l'Albane............... 150ᵗᵗ

12 février-28 may : aux nommez Briquet, Belan et Legrand, sculpteurs, pour leur sculpture sur la balustrade pour la chambre de Madame la Dauphine (2 p.).. 600ᵗᵗ

12 mars-30 avril : à eux, pour les consolles de sculptures en bois pour le cabinet du Conseil (2 p.).. 1265ᵗᵗ

29 janvier : à Bertin, sculpteur, pour trois consolles qu'il a faites pour modèles pour servir au cabinet des glaces du Roy et plusieurs autres ouvrages de sculpture 133ᵗᵗ 10ˢ

20 aoust-10 décembre : à luy, pour plusieurs rétablissemens d'ouvrages de sculpture, tant en marbre et bois que pierre et plâtre, pour des réparations (2 p.). 642ᵗᵗ

15 janvier : à Chauveau, sculpteur, pour un suport de sculpture qu'il a fait pour porter une grande pendule dans le cabinet de Monseigneur, y compris le dessein et modèle................................. 60ᵗᵗ

29 janvier : à Aubry et Roger, sculpteurs, pour quatre socles en forme de rocher et quatre petits pieds d'estaux qu'ils ont faits et jettés en bronze pour les grilles des cheminées de Monseigneur................. 245ᵗᵗ

Somme de ce chapitre....... 4627ᵗᵗ 10ˢ

MARBRERIE.

25 janvier : à Pierre Lisqui, marbrier, pour supplément du payement à luy fait pour les joints qu'il a rélargis aux tablettes de marbre sur les murs de terrasse du jardin de Versailles, au nombre de 327 joints.. 74ᵗᵗ 15ˢ

A luy, parfait payement de 725ᵗᵗ à quoy monte le rétablissement qu'il a fait de vingt-neuf pieds d'estaux de marbre dans le jardin de Versailles........... 125ᵗᵗ

2 avril : à luy, pour plusieurs rétablissemens qu'il a faits aux ouvrages de marbre qui sont dans les appartemens du chasteau et au jardin de Versailles.... 131ᵗᵗ

30 avril : à luy, pour avoir déposé et reposé les cinq marches de marbre qui traversent le milieu de l'Arc de Triomphe, les deux pieds d'estaux et partie des cordons de bassins dans les grands bosquets du jardin de Versailles............................. 100ᵗᵗ

11 juin-3 septembre : à luy, pour plusieurs faux socles de marbre blanc mis au bas des statues du jardin de Versailles (2 p.)................... 250ᵗᵗ 17ˢ 6ᵈ

6 aoust-29 octobre : à luy, pour les pleintes qu'il a mis au pied des figures du jardin et plusieurs autres petits ouvrages (2 p.)................... 338ᵗᵗ 6ˢ

Somme de ce chapitre..... 1019ᵗᵗ 18ˢ 6ᵈ

MARQUETTERIE.

15 janvier : à Boulle, ébéniste, pour deux suposts et huit culs de lampe de cuivre doré qu'il a fourni pour le cabinet de Monseigneur et pour le rétablissement de six scabellons de marquetterie............ 157ᵗᵗ 10ˢ

6 aoust : à Lauchon, pour la monture de bronze dorée qu'il a fournie autour de la glace qui est au-dessus de la cheminée du petit cabinet du Roy à Trianon et autres menus ouvrages au chasteau de Versailles.... 144ᵗᵗ 15ˢ

28 may : à Gaudron, ébéniste, pour avoir rétabli l'estrade de marquetterie de la chambre de Madame la Dauphine............................. 73ᵗᵗ

9 juillet-6 aoust : à luy, pour le rétablissement des ouvrages de marquetterie du cabinet de Monseigneur (2 p.).............................. 399ᵗᵗ 18ˢ

Somme de ce chapitre........ 775ᵗᵗ 3ˢ

PAVÉ.

29 janvier : à Louis Renouf, paveur, pour réparations de pavé qu'il a fait au chasteau de Versailles en 1689 .... 512ᵗᵗ 4ˢ

29 janvier-16 avril : à luy, pour divers ouvrages de pavé (3 p.)........................... 1200ᵗᵗ

26 novembre-24 décembre : à luy, pour plusieurs réparations de pavé (2 p.)................ 643ᵗᵗ

30 avril-23 juillet : à luy, parfait payement des ouvrages de gros pavé qu'il a fait dans la grande place au devant de Trianon (5 p.)............. 4212ᵗᵗ 17ˢ

Somme de ce chapitre....... 6567ᵗᵗ 13ˢ

SOUDURE.

12 mars-17 décembre : à Claude Denis, fontainier, parfait payement des ouvrages de soudure extraordinaire qu'il a faits dans la dépendance du chasteau de Versailles (5 p.)............................ 2838ᵗᵗ 7ˢ 6ᵈ

FIL DE FER.

12 mars : au nommé de la Croix, espinglier, pour rétablissement aux treillis de fil de fer des portes du jardin de Versailles................... 30ᵗᵗ 16ˢ

PAILLE.

29 janvier : au nommé Loiseau et autres, pour la paille qu'ils ont fournie pour les glacières de S. M. à Versailles 577ᵗᵗ 7ˢ

GLACES FAÇON DE VENIZE.

25 juin-9 juillet : au sʳ Guymond, parfait payement

des glaces façon de Venize qu'il a fourni en la présente
année pour le service de S. M. (2 p.)... 1489ᴸ 17ˢ 6ᵈ

2 avril : à Claude Briot, miroitier, pour avoir démonté
et remonté par deux fois les glaces des cabinets du Roy
et de Monseigneur et les avoir taillées pour y pouvoir
poser les fers qui portent les consolles........ 151ᴸ

29 octobre : à luy, pour divers ouvrages faits au chasteau................................. 340ᴸ 10ˢ

Somme de ce chapitre...... 1981ᴸ 7ˢ 6ᵈ

ROCAILLES.

25 juin : à Drouart, rocailleur, pour le rétablissement de la rocaille au devant des trois bassins au bas des napes de la Salle de bal et les seize napes des bassins entre les murs où l'on a mis des tablettes de marbre
.... 500ᴸ

CORDAGES.

16 avril : à Rousseau, cordier, pour les cordages qu'il a fournis pour la gallère............... 54ᴸ 6ˢ

29 octobre : à luy, pour neuf cordages pour faire des amares aux chaloupes du canal............ 212ᴸ 9ˢ

Somme de ce chapitre........ 266ᴸ 15ˢ

VUIDANGES DE FOSSES.

6 aoust-12 novembre : à Le Jeune, vuidangeur, pour les vuidanges des fosses du chasteau (3 p.)..... 947ᴸ

TAUPES.

29 janvier-15 octobre : aux nommez Liards, preneurs de taupes, pour 10420 taupes qu'ils ont pris dans les jardins de Versailles, la Ménagerie et le petit parc, pendant le dernier quartier 1689 et trois premiers 1690 (4 p.)..................................... 1593ᴸ

RAMONNAGES DE CHEMINÉES.

29 janvier-9 juillet : à Varisse, ramonneur, pour les cheminées qu'il a ramonnées et racomodées pendant le dernier quartier 1689 et les deux premiers 1690 (2 p.)
.... 433ᴸ 3ˢ

DÉPENSES EXTRAORDINAIRES DE VERSAILLES.

29 janvier : à Jacques Defé et autres, pour les pelles, manes, battes et cognées qu'ils ont fourni pour servir à tirer de la glace................. 105ᴸ 19ˢ 6ᵈ

2 avril : à Roger, linger, pour 328 aunes de treillis qu'il a fourni pour la tente et tandelet de la gallère
.... 282ᴸ 14ˢ

16 avril : à La Violette, pour remboursement de la dépense qu'il a faite pour les vaisseaux et barques du canal................................ 26ᴸ 19ˢ

30 avril : à Rinquet, voiturier, pour voitures qu'il a fourni pour transporter les deux chaloupes du canal à Marly............................... 48ᴸ 15ˢ

14 may : à Charles-François Polard, pour le masticq gras fourni pour mettre dans les fentes qui se sont faites cet hyver au-dessus de la voûte de l'Orangerie à Versailles........................... 143ᴸ 11ˢ

28 may-10 décembre : au sʳ L'Abbé, remboursement des dépenses qu'il a faites pour les vaisseaux et en dausses pour couvrir des pierrées en plusieurs endroits, et autres dépenses (2 p.)............ 1080ᴸ 6ˢ 10ᵈ

29 octobre : à Jean Guimat, pour dix-huit besches qu'il a fourni, qui ont servi à faire travailler les soldats à la Salle du Conseil..................... 27ᴸ

Somme de ce chapitre..... 1715ᴸ 5ˢ 4ᵈ

OUVRIERS À JOURNÉES.

8-15 janvier : aux ouvriers qui ont rempli les glacières de Trianon, Satori, Clagni et de la Ménagerie (4 p.)............................ 2118ᴸ 4ˢ 6ᵈ

8 janvier-24 décembre : à ceux qui ont travaillé à la pépinière de Trianon (25 p.)...... 11989ᴸ 15ˢ 10ᵈ

A ceux qui ont travaillé au jardin et chasteau de Versailles (22 p.).................. 3438ᴸ 5ˢ 6ᵈ

9 juillet : à ceux qui ont travaillé à dégorger toutes les pierrées qui sont dans l'allée basse autour de la pièce des Suisses......................... 74ᴸ 8ˢ

29 octobre : à ceux qui ont travaillé à la Salle du Conseil............................. 520ᴸ 5ˢ

Somme de ce chapitre... 18140ᴸ 18ˢ 10ᵈ

GRANDE AILE.

MAÇONNERIE.

8 janvier-19 novembre : à Pierre Le Maistre et Gérard Marcou, entrepreneurs, à compte des ouvrages de maçonnerie de la grande aile du chasteau de Versailles du costé des réservoirs (4 p.)............. 1254ᴸ

13 aoust : à eux, sur les réparations de maçonnerie aux escuries de M. Bontemps, au vieux hostel de Louvoys.............................. 200ᴸ

A eux, sur leurs ouvrages au garde-meuble, près de la chapelle........................... 500ᴸ

18 juin : à Gérard Marcou, entrepreneur, à compte des réparations qu'il a fait aux pavillons de la Chancellerie et de l'ancien hostel de Duras, à Versailles.. 200ᴸ

ANNÉE 1690. — VERSAILLES.

10 septembre-5 novembre : à lui, à compte des ouvrages de maçonnerie du magasin pour mettre les chaises de promenade au bout des réservoirs de l'aile neuve (3 p.)............................ 1100^{lt}

8 janvier-17 décembre : à Pierre Levé, entrepreneur, à compte des ouvrages de maçonnerie de la Surintendance des bastimens de Versailles (10 p.)..... 3700^{lt}

22 janvier-3 décembre : à Jacques Mazière et Pierre Bergeron, entrepreneurs, à compte des ouvrages de maçonnerie qu'ils font dans le Grand Commun (4 p.) .... 700^{lt}

8 janvier-17 décembre : à François Lespée l'aîné, entrepreneur, à compte des ouvrages et réparations de maçonnerie de la grande et petite escurie du Roy à Versailles (8 p.)......................... 1600^{lt}

9 juillet-13 aoust : à luy, sur ses ouvrages aux écuries des gardes du corps (2 p.)............. 200^{lt}

8 janvier : à Jean Bergeron le jeune, entrepreneur, pour ouvrages de maçonnerie qu'il a fait pour la réparation d'une brèche dans le mur de closture du parc de Versailles et le rétablissement de plusieurs regards .... 201^{lt}

Somme de ce chapitre......... 9655^{lt}

CARREAU DE TERRE CUITTE.

3 janvier-9 juillet : à François Guillaume, dit Dubuisson, carreleur, à compte des réparations de carreau de terre cuite qu'il fait dans le Grand Commun du Roy à Versailles (3 p.)....................... 400^{lt}

24 septembre : à Duhamel, carreleur, pour réparations de carreau au Grand Commun.............. 15^{lt} 6^s

Somme de ce chapitre......... 415^{lt} 6^s

TERRASSES.

8 janvier : à Martin Moulin et Florand Félix, terrassiers, pour avoir réparé plusieurs trous et rigolles sur les aqueducs de Saint-Cyr..................... 35^{lt}

19 mars : à eux, pour le nettoyement des aqueducs de la grande et petite escurie du Roy...... 123^{lt} 10^s

9 avril : à eux, pour les ouvrages de terrasse et de glaize, tant pour recombler les trous dessus les aqueducs que rétablissement du conroy du regard de l'aqueduc de cinq pieds dans le Parc-aux-cerfs, et nettoyement dud. aqueduc........................ 191^{lt} 10^s

7 may : à eux, pour le régallement des terres au bout de la grande aile du chasteau de Versailles..... 200^{lt}

30 juillet : à eux, pour le nettoyement des aqueducs de la grande escurie du Roy à Versailles et plusieurs rigolles pour l'écoulement des eaux le long de l'avenue de Saint-Cloud........................... 139^{lt} 5^s

13 aoust : à eux, pour avoir coupé les rozeaux et herbes du réservoir de Chèvreloup........... 32^{lt}

27 aoust : à eux, pour le nettoyement des puits des escuries des gardes du corps.............. 36^{lt} 10^s

10 septembre : à eux, pour les terres qu'ils ont vuidées à l'aqueduc sous l'hôtel de Grammont, à Versailles .... 47^{lt} 10^s

24 septembre : à eux, pour plusieurs régallemens de terre qu'ils ont fait dans les bastimens des dehors du chasteau de Versailles..................... 40^{lt} 10^s

3 décembre : à eux, pour avoir refait de la glaize au réservoir de la butte de Montboron, et rempli de sable des caves où il y a de l'eau à la grande escurie. 35^{lt} 10^s

Somme de ce chapitre........ 881^{lt} 5^s

TREILLAGES.

17 décembre : à Janson, jardinier, pour le treillage qu'il a fait pour fermer la cour du magasin des chaises de promenade........................ 61^{lt} 15^s

CHARPENTERIE.

22 janvier : à Jean Mallet, charpentier, à compte des ouvrages de charpenterie qu'il fait dans les appartemens de la grande aile.................... 500^{lt}

10 septembre-8 octobre : à luy, à compte de la charpenterie qu'il fait au magasin attenant le réservoir du bout de l'aile neuve pour mettre les chaises de promenade (3 p.)............................. 900^{lt}

17 décembre : à luy, sur ses ouvrages de charpenterie aux bastimens des dehors de Versailles......... 150^{lt}

9 avril : à François Lanneau, charpentier, pour avoir accommodé la hune de la cloche des Recolets de Versailles................................ 11^{lt}

Somme de ce chapitre......... 1561^{lt}

COUVERTURE.

8 janvier-19 novembre : à Estienne Yvon, couvreur, à compte des réparations et rétablissemens de couverture qu'il fait dans les bastimens des dehors du chasteau de Versailles (9 p.)....................... 2100^{lt}

9 avril-18 juin : à luy, sur ses ouvrages à la Surintendance des bastimens de Versailles (2 p.)..... 600^{lt}

8 octobre-17 décembre : à luy, pour la couverture d'ardoise qu'il a fait au magasin pour mettre les chaises de promenade au bout des réservoirs (2 p.).. 949^{lt} 10^s

9 avril : à Georges-Jean Bartele, couvreur suédois, payement des réparations de couverture qu'il a fait sur

la couverture de cuivre de la grande aile du chasteau de Versailles................................ 69ᴸᴸ

22 janvier-27 aoust : à Jean Le Gendre, couvreur de chaume, pour réparations de couverture par luy faites sur les escuries des gardes du corps à Versailles (2 p.) 184ᴸᴸ 2ˢ 6ᵈ

Somme de ce chapitre..... 3902ᴸᴸ 12ˢ 6ᵈ

MENUISERIE.

8 janvier-17 décembre : à Antoine Rivet, menuisier, à compte des ouvrages de menuiserie qu'il fait dans les appartemens de la grande aile (8 p.)........ 2900ᴸᴸ

8 octobre : à luy, sur les armoires et cloisons dans la garde-robe de Monseigneur le duc d'Anjou...... 500ᴸᴸ

8 janvier : à Veillet, menuisier, à compte des chassis qu'il fait pour les appartemens de la grande aile. 200ᴸᴸ

5 février : à Remy, menuisier, à compte des ouvrages de menuiserie qu'il fait pour l'appartement de Monseigneur le duc de Bourgogne dans la grande aile.. 200ᴸᴸ

8 janvier : à Nivet, menuisier, à compte des chassis qu'il fait pour les croisées des grands appartemens de la grande aile........................... 200ᴸᴸ

22 janvier : à Duchesne, menuisier, pour les ouvrages et réparations de menuiserie qu'il a fait aux croisées, coffres à avoine, lits et mangeoires des grandes et petites escuries du Roy à Versailles........... 320ᴸᴸ 19ˢ

3 décembre : à luy, pour menues réparations de menuiserie dans le Grand Commun.......... 122ᴸᴸ 10ˢ

9 avril-17 décembre : à Gaubay, menuisier, pour ouvrages de menuiserie qu'il a fait dans le pavillon de la grande aile (2 p.)....................... 264ᴸᴸ 10ˢ

8 octobre-19 novembre : à luy, sur la menuiserie qu'il fait au magasin des chaises de promenade...... 300ᴸᴸ

8 janvier-8 octobre : à Louis Chevalier, menuisier, à compte de ses menus ouvrages de menuiserie pour la grande aile (4 p.)....................... 400ᴸᴸ

5 février : à luy, payement d'une armoire qu'il a fourni pour mettre les étoffes des ornemens en broderie qui se font dans la Surintendance................ 32ᴸᴸ

18 juin : à luy, sur ses ouvrages au dehors de Versailles................................. 100ᴸᴸ

3-17 décembre : à Nicolas Carel, menuisier, à compte de la menuiserie qu'il fait dans les bastimens de la Surintendance des bastimens............. 500ᴸᴸ

9 avril-27 aoust : à Duchesse, pour menus ouvrages et réparations de menuiserie par luy faits, tant au Grand Commun du Roy à Versailles, qu'à la petite escurie et aux logemens du chenil (2 p.)............ 227ᴸᴸ 10ˢ

Somme de ce chapitre........ 6267ᴸᴸ 9ˢ

SERRURERIE.

8 janvier-17 décembre : à Thomas Vallebrand, serrurier, pour ouvrages de gros fer qu'il a livré, tant dans la grande aile que pour les bastimens des dehors du chasteau de Versailles (4 p.).............. 899ᴸᴸ 13ˢ 7ᵈ

9 avril-24 septembre : à luy, pour ouvrages de gros fer qu'il a fourni dans les bastimens (2 p.).. 428ᴸᴸ 4ˢ 4ᵈ

22 janvier-19 mars : à Louis Tavernier, serrurier, pour ouvrages de gros fer qu'il a livrez pour les changemens des appartemens des attiques, du pavillon de la grande aile et des bastimens du dehors du chasteau de Versailles (2 p.).................... 504ᴸᴸ 4ˢ 7ᵈ

13 aoust : à luy, pour des clouds, pattes et chevilles livrez au magasin................... 164ᴸᴸ 12ˢ 6ᵈ

8 octobre : à luy, pour, avec 408ᴸᴸ qui lui sont déduits pour le prix de 6800 livres de vieux fers qu'il a receus du magasin de Sa Majesté, à raison de 60ᴸᴸ le milier, faire le parfait payement de 435ᴸᴸ 17ˢ, pour 11 milliers 623 livres de vieil fer qu'il a façonné et employé à l'hostel de Limoges à Versailles............... 27ᴸᴸ 17ˢ

3 décembre : à luy, pour ouvrages de gros fer livrez dans les bastimens des dehors du chasteau de Versailles.................................. 319ᴸᴸ 6ˢ

22 janvier : à François Fordrin, pour les esquaires qu'il a fourni pour le double chassis des croisées des grands appartemens de la grande aile......... 150ᴸᴸ

18 juin : à luy, pour menus ouvrages de réparations de serrurerie qu'il a fait dans les grandes et petites escuries du Roy à Versailles............. 323ᴸᴸ 17ˢ

30 juillet : à Corneille, serrurier, pour ouvrage de serrurerie fourni pour les bastimens de la grande aile du chasteau de Versailles en 1688.......... 180ᴸᴸ 3ˢ

5 février : à Roger, serrurier, payement de la rampe de fer qu'il a fait pour le grand escalier du bastiment de la Surintendance.................... 234ᴸᴸ 16ˢ 6ᵈ

19 novembre : à luy, pour ouvrage de serrurerie dans les appartemens de la grande aile.......... 95ᴸᴸ 18ˢ

3 décembre : à luy, pour la grille de fer qu'il a fait par augmentation à la closture de la petite cour proche la chapelle du chasteau de Versailles.......... 87ᴸᴸ

5 février : à Corniquet, marchand, parfait payement de 736ᴸᴸ 17ˢ à quoy montent les ouvrages de serrurerie qu'il a livrez pour les appartemens de la grande aile du chasteau de Versailles.................. 436ᴸᴸ 17ˢ

9 avril : à luy, pour les pattes et grands clouds qu'il a livrez dans les magasins des bastimens à Versailles... .... 148ᴸᴸ 18ˢ 6ᵈ

9 juillet: à luy, pour ses ouvrages de serrurerie à la grande aile............... 501ᴧ 19ˢ

22 janvier-19 novembre: à Nicolas Desjardins, serrurier, pour menus ouvrages de serrurerie qu'il a faits tant dans la grande aile, Grand Commun et bastimens des dehors de Versailles (5 p.)......... 1091ᴧ 4ˢ 6ᵈ

9 avril-27 aoust: aux nommez Durand et Desjardins, serruriers, à compte de leurs ouvrages de serrurerie pour les appartemens de la grande aile à Versailles (3 p.)............... 600ᴧ

3 décembre: à Jean Durand, serrurier, pour menus ouvrages de serrurerie au magasin des bastimens. 48ᴧ

22 janvier: à Charles Cabaret, menuisier, pour ouvrages de serrurerie aux portes et croisées de la Surintendance des bastimens à Versailles......... 40ᴧ 10ˢ

19 mars-18 juin: à Charles Bulot, dit Manseau, serrurier, pour serrures mises en place, tant dans la grande aile que dans les bastimens des dehors du chasteau de Versailles (2 p.).................. 198ᴧ 11ˢ

22 janvier: à André Menuisier, serrurier, pour réparations de serrurerie faites à l'hostel de Limoges... .... 30ᴧ 14ˢ

22 janvier-9 juillet: au sʳ Petit, pour ferrure de six estendars qui servent de signal aux réservoirs de cuivre et du chasteau d'eau à la butte de Montboron (2 p.).. .... 15ᴧ 10ˢ

18 juin: à Saintard, marchand, pour ouvrages de serrurerie fournis dans les magasins du Roy pour la grande aile............... 272ᴧ 15ˢ

Somme de ce chapitre..... 6800ᴧ 11ˢ 6ᵈ

OUVRAGES DE CUIVRE.

10 septembre: à Le Moyne, fondeur, pour plusieurs robinets qu'il a fournis pour servir de coulant aux conduites des réservoirs du chasteau d'eau à Versailles... .... 108ᴧ 9ˢ

TUYAUX DE FONTE DE FER.

29 janvier-30 avril: au sʳ Coulon, propriettaire de forges en Champagne, parfait payement de 202 toises de tuyaux de fer de fonte de douze pouces qu'il a fournis pour la conduite des réservoirs de Marly au Trou d'Enfer (2 p.)........... 10100ᴧ

30 juillet: à François-Charles Paulard, pour le posage et déposage des tuiaux de fer dans le réservoir de la Ménagerie de Versailles............... 529ᴧ 9ˢ

10 septembre: à luy, pour les conduites de tuiaux de fer de fonte qu'il a déposé et reposé aux conduittes du chasteau d'eau et à la conduite des réservoirs de Marly à celuy du Trou d'Enfer............... 674ᴧ 15ˢ

19 novembre: à luy, pour déposage et réposage des conduites de tuiaux de fonte de fer, tant des conduites des fontaines du chasteau de Trianon que de celle de l'estang de Roquancour.............. 1726ᴧ 6ˢ

Somme de ce chapitre..... 13030ᴧ 10ˢ

VITRERIE.

8 janvier-17 décembre: à Bernard L'Espinouze, vitrier, à compte des réparations des vitres des bastimens des dehors du chasteau de Versailles (7 p.).... 950ᴧ

9 avril-8 octobre: à luy, pour ouvrages de vitrerie aux croisées et doubles chassis de la grande aile (3 p.) 500ᴧ

8 janvier-17 décembre: à Gabriel Janson, vitrier, à compte des réparations des vitres des bastimens des dehors du chasteau de Versailles (9 p.)......... 1400ᴧ

24 septembre-8 octobre: à luy, pour ses ouvrages de vitrerie aux croisées et doubles chassis de la grande aile (2 p.)............... 300ᴧ

Somme de ce chapitre......... 3150ᴧ

PLOMBERIE.

22 janvier: à Jaques Lucas, plombier, à compte de ses ouvrages de plomberie pour la couverture de la Surintendance des bastimens à Versailles......... 500ᴧ

19 mars-19 novembre: à luy, sur ses ouvrages de plomberie dans les bastimens des dehors du chasteau de Versailles (3 p.)............... 1300ᴧ

3 décembre: à luy, pour les journées de plombiers qu'il a fourni pour replacer les plombs que les vents avoient transporté sur les combles des bastimens desdits dehors............... 37ᴧ 6ˢ

Somme de ce chapitre......... 1837ᴧ 6ˢ

PEINTURE.

18 juin: à Thibaut, peintre, à compte de la peinture couleur de bronze qu'il a fait sur la ferrure des portes et croisées de la grande aile............... 100ᴧ

8 janvier-8 octobre: à Estienne Bourgault, peintre, à compte de ses ouvrages de grosse peinture dans les appartemens de la grande aile (3 p.)......... 300ᴧ

10 septembre: à luy, sur la peinture aux doubles chassis............... 100ᴧ

9 avril-17 décembre: à luy, sur ses ouvrages de grosse peinture dans les bastimens des dehors du chasteau de Versailles (5 p.)............... 500ᴧ

Somme de ce chapitre......... 1000ᴧ

PAVÉ.

8 janvier-17 décembre : à Louis Renouf, paveur, à compte des réparations de pavé qu'il fait dans les bastimens des dehors du chasteau de Versailles (4 p.). 950^{lt}

19 mars-8 octobre : à luy, sur les ouvrages de pavé qu'il a fait sur les conduites des fontaines publiques (5 p.)................................... 1276^{lt}

19 novembre : à luy, sur ses ouvrages le long de la grande aile............................ 400^{lt}

Somme de ce chapitre.......... 2626^{lt}

MARBRERIE.

9 avril : à Pierre Lisqui, marbrier, pour la voiture du magasin à Paris et posage d'une chambranle de marbre dans l'appartement de Mme de Chevreuse, dans la grande aile de Versailles, et autres menus ouvrages... .... 42^{lt} 10^{s}

3 décembre : à luy, payement de la façon d'une chambranle de marbre et foyer de la cheminée du cabinet de Mme la duchesse de Beauvilliers, dans la grande aile .... 107^{lt}

Somme de ce chapitre....... 149^{lt} 10^{s}

DIVERS.

19 mars-30 juillet : à Tribuot, facteur d'orgues, sur l'orgue de la paroisse de Versailles (3 p.)..... 1000^{lt}

18 juin-13 aoust : à Noël Le Grain, vuidangeur, pour des fosses d'aysances qu'il a vuidées et dégorgemens de tuiaux (3 p.)......................... 556^{lt} 11^{s}

30 juillet : à Padelain, ramonneur, pour les cheminées qu'il a ramonnées dans les bastimens des dehors du chasteau de Versailles pendant les six premiers mois de l'année 1690......................... 145^{lt} 6^{s}

Somme de ce chapitre....... 1701^{lt} 17^{s}

DÉPENSES EXTRAORDINAIRES.

8 janvier : au s^r Piraut, marchand, pour les toiles qu'il a fourni pour les croisées des grandes et petites escuries du Roy à Versailles............... 58^{lt} 10^{s}

A Pierre Baucheron, dit La Violette, invalide, pour ses journées, à 20^s par jour, des mois de novembre et décembre............................... 61^{lt}

9 avril : à Rinquet, charon, pour raccommodage des rateliers des escuries des gardes du corps et autres menus ouvrages........................ 33^{lt}

3 décembre : à Pierre La Croix, épinglier, pour la garniture du fil de laton qu'il a fait à l'armoire du cabinet de Monseigneur le duc de Bourgogne. 21^{lt} 7^{s} 6^{d}

Somme de ce chapitre..... 173^{lt} 17^{s} 6^{d}

OUVRIERS À JOURNÉES.

8 janvier : aux ouvriers employés à remplir de glaces les glacières du Parc-aux-cerfs......... 587^{lt} 10^{s} 6^{d}

8 janvier-17 décembre : aux ouvriers qui travaillent au magasin des démolitions (20 p.).... 3024^{lt} 6^{s} 4^{d}

8 janvier-17 décembre : à ceux du magasin des plombs (20 p.)......................... 1603^{lt} 16^{s} 10^{d}

8 janvier-17 décembre : à ceux du poids du fer (19 p.) .... 622^{lt} 11^{s} 6^{d}

19 mars-9 avril : à ceux des réparations des aqueducs de 6 pieds du Parc-aux-cerfs, et à ceux qui ont porté des vazes de Versailles à Marly (2 p.)..... 173^{lt} 15^{s}

18 juin-3 décembre : à ceux employés aux réparations du conroy de l'estang de Roquancourt et de Satory (7 p.)......................... 1807^{lt} 18^{s} 6^{d}

8 janvier-3 décembre : aux ouvriers qui ont travaillé tant à l'entretien des eaux bonnes à boire qu'aux nivellemens depuis le 5 décembre 1689 jusqu'au dernier novembre 1690 (10 p.)..................... 839^{lt}

Somme de ce chapitre..... 8657^{lt} 18^{s} 8^{d}

ENVIRONS DE VERSAILLES.

MAÇONNERIE.

19 mars : à Jaques Mazière et Pierre Bergeron, entrepreneurs, pour avoir fait une porte au mur du petit parc, proche la grille de Gallie, et 9 toises de pavé de moilon de champ................... 95^{lt} 3^{s} 9^{d}

4 juin : à Jean Bergeron, pour plusieurs réparations de maçonnerie en divers endroits du petit parc de Versailles................................. 60^{lt}

29 octobre : à luy, pour ouvrages de maçonnerie en divers endroits sur le chemin de Saint-Cyr et à la grande grille de Gallye..................... 688^{lt} 4^{s}

9 juillet : à Escasse, pour réparations de maçonnerie au chasteau et au parc du haras de Saint-Léger.. 150^{lt}

23 avril : à Lafosse, maçon, pour 14 toises de cintres par luy faits dans l'aqueduc qui conduit l'eau de la machine sur la butte de Montboron............. 130^{lt}

26 novembre : à Lefranc, pour plusieurs réparations de maçonnerie qu'il a faites aux aqueducs qui conduisent les eaux bonnes à boire à Versailles...... 130^{lt}

4 juin : à Nicolas Le Jongleur, parfait payement

de 562ʰ 17ˢ 8ᵈ pour ouvrages qu'il a faits aux aqueducs qui conduisent les eaux bonnes à boire à Versailles... 187ʰ 17ˢ 8ᵈ

A luy, pour 5 toises d'aqueducs proche Valusseau... 120ʰ

26 novembre-10 décembre : à luy, à compte des reprises qu'il fait dans l'aqueduc qui conduit l'eau de Trappes sur la butte Montboron (2 p.)....... 1100ʰ

30 juillet-1ᵉʳ octobre : au nommé LAFOSSE, maçon, à compte du rétablissement de la maçonnerie des chaussées des estangs de Saclay (5 p.)............. 1845ʰ

13 août-12 novembre : à PERRIER, sur les ponts de maçonnerie qu'il fait faire sur les rigolles de la plaine de Saclay (4 p.)........................ 1100ʰ

3-17 décembre : à luy, sur le revêtement du derrière de la chaussée de l'estang du Pré-clos et des susd. ponts (2 p.)................................. 700ʰ

3 septembre : au nommé LAMOUREUX, maçon, à compte du rétablissement du logement du garde proche le pavillon de la Boullie................ 45ʰ

7 may-19 novembre : à DOUCET, maçon, parfait payement du rétablissement des murs du grand parc de Versailles (10 p.)...................... 1469ʰ 5ˢ

7 may-24 septembre : à ROGER, chaufournier, à compte de la chaux qu'il fournit pour la maçonnerie des murs (9 p.).......................... 553ʰ

Somme de ce chapitre.... 8373ʰ 10ˢ 5ᵈ

TERRASSES.

8 janvier : à DOLOT, terrassier, pour avoir rempli des ravines et dressé le chemin qui va de la plaine de Satory à la plaine de Guyancourt............. 60ʰ

19 mars : à RIGOLLET, pour avoir fait soixante passages sur les vieilles rigolles qui sont dans les bois de Fosse-repose et avoir recomblé plusieurs éboulis sur les aqueducs de la Geuvinière.................. 120ʰ

3 septembre-25 octobre : à luy, pour 690 toises de fossez de 12 pieds de large sur 4 de profondeur, à 18ᵈ la toise, et autres ouvrages de terrasse (2 p.).... 334ʰ

10 décembre : à luy, pour 11 toises cubes de gravois qu'il a porté pour faire une chaussée près Trianon. 143ʰ

19 mars : à MARTIN MOULIN, pour avoir applani la descente des moulins de Satory et avoir fait un fossé pour empêcher les eaux sauvages de passer sur ladite descente, et autres ouvrages................. 136ʰ

23 avril : à REMY JANSON, terrassier, ayant l'entretenement des fossez du petit parc et des faisanderies de Moulineaux et de Rennemoulin, pour les trois premiers mois de 1690....................... 150ʰ

A luy, pour avoir fait soixante passages aux remises du grand parc, et autres ouvrages............. 50ʰ

4 juin : à luy, pour avoir déblayé et remblayé 60 toises cubes de terre pour découvrir une pierrée proche le pré Saint-Pierre, devant la Ménagerie. 128ʰ

3 septembre : à luy, pour l'entretien des fossez du petit parc pendant le deuxième quartier et celuy des fossez de la plaine de Chèvreloup pendant 6 mois. 175ʰ

A luy, pour avoir recomblé plusieurs trous sur la plaine de Satory et avoir recomblé les ornières de lad. plaine................................ 200ʰ

29 octobre : à luy, pour 1758 toises de fossez dont les terres ont servi à faire un chemin de Saint-Cir à la grande grille de Gallye, à 5ˢ la toise........ 462ʰ 5ˢ

A luy, pour 48 sacs de graine qu'il a livré et semé sur le susd. chemin..................... 130ʰ

A luy, pour un quartier de l'entretien des susd. fossez 125ʰ

9 juillet-10 décembre : à SIMON, terrassier, à compte des fossez qu'il fait pour écouler les eaux de la forest de Sénart (10 p.)....................... 3000ʰ

8 janvier : à POTONE, terrassier, à compte du rétablissement des rigolles de Chasteaufort et de la marnière de l'ancien estang de Saclay.................. 50ʰ

12 mars-16 avril : à luy, sur les terres pour les décharges des estangs de Saclay et du Trou-Salé, et pour les digues et rupture des rigolles de la plaine (3 p.)... .... 650ʰ

12 novembre-17 décembre : à luy, pour les terres qu'il remue pour la réparation du pont de Buc (2 p.) 201ʰ 15ˢ 2ᵈ

Somme de ce chapitre...... 6115ʰ 0ˢ 2ᵈ

CHARPENTERIE.

23 avril : à JEAN MALET, charpentier, pour 60 toises de planches de chesne de 14 pieds un tiers, de bois de charpenterie, qu'il a livré pour faire des ceintres dans l'aqueduc qui conduit l'eau de la machine sur la butte de Montboron........................ 91ʰ

9 juillet : à ABLINS, charpentier, pour réparation de charpenterie au chasteau de Saint-Léger........ 80ʰ

Somme de ce chapitre......... 171ʰ

MENUISERIE.

19 mars : à NICOLAS CABEL, menuisier, parfait payement de 559ʰ 8ˢ 4ᵈ à quoy montent ses ouvrages de menuiserie aux logemens des Suisses et des gardes de l'augmentation du petit parc et à la chapelle de Roquancourt......................... 189ʰ 8ˢ 4ᵈ

SERRURERIE.

8 janvier : au nommé Desjardins, serrurier, pour les menus ouvrages de serrurerie qu'il a fait aux portes de l'augmentation du petit parc de Versailles et aux logemens des Suisses.................... 23ᴸᴸ 5ˢ

23 avril : à David, serrurier, pour les réparations de serrurerie par luy faites à la faisanderie de Moulineaux et de Rennemoulin et aux portes du grand parc.. 27ᴸᴸ 12ˢ

29 octobre : à luy, pour avoir descellé et rescellé deux grandes grilles à la chaussée de Villepreux, et avoir fait deux portes auxd. grilles................ 209ᴸᴸ 7ˢ

3 septembre : à Tavernier, pour les ceintres de fer qu'il a fait pour mettre du fil de fer aux grilles de l'augmentation du petit parc, et pour des chesnes et cadenat qu'il a livrez pour les bateaux qui sont dans les estangs de Porchefontaine................ 90ᴸᴸ 10ˢ

Somme de ce chapitre........ 350ᴸᴸ 14ˢ

PAVÉ.

19 mars : à Louis Renouf, paveur, pour ouvrages de pavé en divers endroits du grand et petit parc de Versailles............................ 937ᴸᴸ 6ˢ 10ᵈ

3 septembre - 29 octobre : à luy, parfait payement des ouvrages de pavé qu'il a fait en plusieurs endroits du petit parc et sur les aqueducs qui conduisent les eaux bonnes à boire à Versailles (2 p.)....... 681ᴸᴸ 16ˢ 6ᵈ

Somme de ce chapitre..... 1619ᴸᴸ 3ˢ 4ᵈ

PEINTURE.

23 avril : au nommé Poisson, peintre, pour un tableau qu'il a fait pour la chapelle de sainte Genevfefve de l'église de Roquancourt.................... 66ᴸᴸ

ROUTTES ET FOSSEZ.

8 janvier : à Remi Janson, ayant l'entretenement des fossez du petit parc et des faisanderies de Moulineaux et de Rennemoulin, pour un quartier dud. entretenement, et un autre quartier de l'entretenement des fossez de la plaine de Chèvreloup.................... 150ᴸᴸ

A luy, ayant l'entretenement des petites routes du petit parc, pour l'année dernière.......... 34ᴸᴸ 16ˢ

8 janvier - 29 octobre : à Dolot, ayant l'entretenement des routtes de Saint-Léger et Montfort, pour quinze mois dud. entretenement écheus le 1ᵉʳ septembre dernier (4 p.).............................. 750ᴸᴸ

8 janvier - 10 décembre : à Rigollet, ayant celui des routtes des environs de Versailles, pour quinze mois dud. entretenement écheus le dernier novembre (5 p.). 1125ᴸᴸ

Somme de ce chapitre...... 2059ᴸᴸ 16ˢ

OUVRIERS À JOURNÉES.

29 octobre : aux ouvriers qui ont travaillé sous le sʳ Morlet dans l'aqueduc qui conduit l'eau de Trappes dans la butte Montboron depuis le 8 jusqu'au 28 octobre présent mois........................ 800ᴸᴸ 1ˢ

DÉPENSES EXTRAORDINAIRES.

8 janvier : au sʳ Chuppin, dessinateur, pour son remboursement du papier à dessiner, encre de la Chine, crayons, plumes et couleurs employez aux desseins par luy faits pour les bastimens de S. M., y compris 150ᴸᴸ par gratification.................... 200ᴸᴸ 12ˢ

Au nommé Purel, pour remboursement de ce qu'il a payé pour menues dépenses faites aux estangs des environs de Versailles...................... 119ᴸᴸ

A Blondel, pour 150 brochets qu'il a livrez pour mettre dans les réservoirs de la butte de Montboron et Parc-aux-cerfs....................... 75ᴸᴸ

8 janvier - 17 décembre : aux nommez Bourgault et Matis, arpenteurs, employez à faire les arpentages des héritages occupez par les travaux des environs de Versailles, pour leurs appointemens depuis le mois d'octobre 1689 jusqu'au mois de novembre 1690 (7 p.) 4200ᴸᴸ

19 février : à eux, pour le loyer de leur logement pendant l'année 1689..................... 180ᴸᴸ

A eux, pour le papier à dessiner, toiles pour coler des cartes et autres frais................... 130ᴸᴸ

8 janvier - 17 décembre : à eux, pour journées d'hommes qui leur ont aydé pendant led. temps (7 p.) 1573ᴸᴸ 10ˢ

22 janvier : au sʳ Fontaine, pour remboursement de ce qu'il a payé pour l'impression de 3850 tableaux des réservoirs et de douze plants de la ville de Versailles, y compris le papier................... 51ᴸᴸ 5ˢ

12 février : au sʳ Noblet, pour remboursement du port, de la Rochelle à Paris et de Paris à Versailles, d'une caisse pleine d'abricotiers et de greffes venues de Lisbonne.............................. 6ᴸᴸ 5ˢ

19 février : au nommé Cazes, tailleur d'habits, pour huit justaucorps de drap d'Usseau, garnis de la livrée du Roy, qu'il a livrez pour huit gardes des rigolles et estangs des environs de Versailles.................. 432ᴸᴸ

3 septembre : à La Croix, pour 55 pieds de fil de fer qu'il a fourni pour les grilles de l'augmentation du

petit parc et pour trois escumoirs de fil de laton pour les réservoirs........................... 28^{lt}

17 septembre : à Muguet, libraire, pour les imprimez qu'il a fait et livrez pour les Bastimens..... 731^{lt}10^s

8 janvier : au nommé Alexandre, pour 17 batteaux qu'il a livré pour mettre dans les estangs de la forest de Saint-Léger et des environs de Versailles....... 506^{lt}

19 mars : à Lefranc, pour avoir recomblé plusieurs éboulis sur les aqueducs de Roquancourt et de Bailly .... 90^{lt}

A Égasse, pour avoir empli de glace les glacières de Saint-Léger et fourni la paille............... 120^{lt}

19 mars : à Moncault, pour avoir nettoyé les aqueducs du Chesnay, Bailly et Saint-Cyr........... 60^{lt}

22 janvier : à Jean Robert, pour oziers qu'il a plantez aux taluds du pont de Buc.................. 315^{lt}

A Nicolas Breton, serrurier, pour une lanterne qu'il a faite à la soupape de Villiers, et autres menus ouvrages .... 28^{lt} 10^s

16 avril : à Amiot, pour du pavé de pierre sèche qu'il a fait à un glacis de la chaussée de l'ancien Saclay .... 107^{lt}

7 may : au nommé Lorry, orfèvre, pour un calice d'argent avec sa patène, pesant 3 marcs 1 once 3 gros, à raison de 31^{lt} 10^s le marc, y compris 39^{lt} pour la façon, dorure, couvercle et l'estuy, pour l'église de St Martin, proche Bellêmes, diocèse de Chartres.... 138^{lt} 17^s

21 may : au nommé Brochet, pour avoir arraché 14 bornes des anciennes limites du terrain que S. M. a acquis, les avoir voiturées et reposées au niveau qui luy a esté marqué........................ 22^{lt} 8^s

Somme de ce chapitre...... 9114^{lt} 17^s

ENTRETENEMENT DU JARDIN POTAGER DE VERSAILLES.

8 janvier - 3 décembre : à Nicolas Besnard, jardinier, ayant l'entretenement dud. jardin, pour ses gages du mois de décembre 1689 au mois de novembre 1690 .... 15000^{lt}

12 mars : à luy, parfait payement de 18750^{lt} à quoy monte l'entretenement dud. jardin pendant une année et quinze jours, à raison de 18000^{lt} par an.... 3:25^{lt}

Somme de ce chapitre........ 18125^{lt}

ENTRETENEMENS DES JARDINS DE VERSAILLES ET DE TRIANON.

19 février : à Henry Dupuys, jardinier, ayant l'entretenement des allées du jardin, orangerie et pourtour du canal de Versailles, pour sond. entretenement pendant les mois de juillet, aoust et septembre 1689... .... 5100^{lt}

A Olivier Fleurant, ayant celuy du jardin de Trianon, pour ses gages dud. quartier.......... 1879^{lt}

A Drouard, rocailleur, ayant celuy des rocailles dud. jardin, idem........................... 650^{lt}

A Remy Janson, jardinier, ayant celuy du Mail et des allées du pourtour de la pièce des Suisses...... 225^{lt}

A Pierre Lisqui, marbrier, ayant celuy de tous les ouvrages de marbre dud. jardin............. 375^{lt}

21 may : auxd. Dupuys, Fleurant, Drouard, Janson et Lisqui, pour les trois derniers mois 1689... 8229^{lt}

10 septembre : à eux, pour le premier quartier 1690 .... 8354^{lt}

19 novembre : à eux, pour le deuxième quartier, idem .... 8354^{lt}

10 décembre : aud. Janson, 50^{lt} pour l'entretien du jardin du cheny pendant une année, et 10^{lt} pour l'ozier et foin qu'il a fourni pour lier les arbres pendant lad. année................................. 60^{lt}

30 avril : à Nicolas Gombaut, jardinier, pour l'entretien et culture du jardin de la Chancellerie à Versailles, pour une année........................... 60^{lt}

22 janvier-8 octobre : à Bertin, sculpteur, ayant l'entretenement des figures et autres ouvrages de sculpture en marbre du jardin de Versailles, pour ses gages du dernier quartier 1689 et trois premiers 1690 (4 p.) .... 1695^{lt}

Somme de ce chapitre........ 34981^{lt}

ENTRETENEMENS DES CONDUITTES ET FONTAINES DE VERSAILLES.

12 février : à Claude Denis, fontainier, ayant l'entretenement des fontaines dud. Versailles, pour ses gages du troisième quartier 1689............... 1140^{lt}

A Gournay, compagnon fontainier, pour ses gages, idem................................. 250^{lt}

A Thomas La Cire, autre, idem............. 250^{lt}

A Vitry, autre, idem.................... 250^{lt}

A Lambert, autre, idem................. 250^{lt}

A Muzart, autre, idem................. 250^{lt}

A Moriette, autre, employé aux réservoirs du Parc-aux-cerfs, pour idem.................. 250^{lt}

A Claude Denis fils, garçon fontainier, pour idem .... 135^{lt}

A Baclet, autre, idem.................. 135^{lt}

A Godet, autre, idem.................. 135^{lt}

A Laurens, autre, idem................. 135^{lt}

A Thomas, autre, idem................. 135^{lt}

A Pinet, autre, idem.................. 135^{lt}

A Gabriel, autre, employé au petit parc.... 135^{lt}

A Tessier, autre, idem................. 135^{lt}

A André, autre, *idem*.................... 135ʰ
A Remi Denis fils, ayant l'entretenement des fontaines de Trianon, de la fontaine de la décharge du canal et des réservoirs au-dessus de Trianon..... 450ʰ
A luy, pour les gages de ses deux garçons.... 150ʰ
A Le Moyne, fondeur, ayant l'entretenement de tous les ouvrages de cuivre des fontaines de Versailles. 375ʰ
28 may : auxd. sieurs Denis et autres fontainiers, pour leurs gages du dernier quartier 1689........ 4830ʰ
17 septembre - 26 novembre : à eux, pour leurs gages du 1ᵉʳ et 2ᵉ quartier 1690 (2 p.)....... 9660ʰ
30 avril - 3 décembre : à Claude Denis fils, pour gratification extraordinaire que S. M. luy accorde pour les six derniers mois 1689 et six premiers 1690 (2 p.)
.... 460ʰ
5 février - 3 décembre : à Charles-François Polart, ayant l'entretenement de toutes les conduites de tuiaux de fer des fontaines du chasteau de Versailles et lieux en dépendans, pour ses gages des trois derniers mois 1689 et trois premiers 1690 (4 p.)............. 10000ʰ

Somme de ce chapitre........ 29780ʰ

GAGES D'OFFICIERS ET MATELOTS SERVANS SUR LE CANAL DE VERSAILLES.

15 janvier - 10 décembre : au sʳ Martin, capitaine des vaisseaux dud. canal, pour son remboursement de ce qu'il a payé aux mariniers de rame qui ont servi sur led. canal depuis le mois de décembre 1689 jusqu'au mois de novembre dernier (10 p.).......... 1809ʰ
9 juillet - 15 octobre : à luy, pour ce qu'il a payé aux soldats du piquet servant sur la galère depuis le 15 juin jusqu'au 17 septembre (4 p.)...... 2428ʰ 4ˢ
22 janvier : à luy, comme capitaine, pour ses appointemens des mois de juillet, aoust et septembre, à raison de 2400ʰ par an......................... 600ʰ
A Cristophle Le Roux, maître des matelots, pour le 3ᵉ quartier de 1689, à 1100ʰ par an....... 275ʰ
A Mathieu Suary, comite de la galère, à 1200ʰ par an............................. 300ʰ
A Jean Bourdon, sous-comite, à 840ʰ par an. 210ʰ
A Jaques Le Comte, charpentier, idem....... 210ʰ
A Nicolas Menessier, autre, idem.......... 210ʰ
A Jean Cardon, autre, idem............... 210ʰ
A Joseph Chesne, autre, idem............. 210ʰ
A Jaques Fosse, calfateur, idem........... 210ʰ
A Jaques Douville, autre, idem............ 210ʰ
A Jean Merseron, garde-magasin, idem..... 210ʰ
A Claude Germain, matelot, à 540ʰ par an... 135ʰ
A Jean Quernel, autre matelot, idem....... 135ʰ

A Noël Costé, autre, *idem*.............. 135ʰ
A André Morel, autre, *idem*............ 135ʰ
A Pierre Cordier, autre, *idem*.......... 135ʰ
A Jean Bremare, autre, *idem*........... 135ʰ
A Nicolas Granval, autre, *idem*......... 135ʰ
A Louis Mouton, autre, *idem*........... 135ʰ
A Joseph Trevan, autre, *idem*.......... 135ʰ
A Jean Mazurier, autre, *idem*.......... 135ʰ
A Jean-Baptiste Rossignol, autre, *idem*..... 135ʰ
A Barthelemi Choisy, autre, *idem*....... 135ʰ
A Michel Avienne, autre, *idem*......... 135ʰ
A François Vidotti, autre, *idem*........ 135ʰ
A Georges Renaud, autre, *idem*......... 135ʰ
A Nicolas Savari, autre, à 270ʰ par an... 67ʰ 10ˢ
A Honnorat Vidotti, autre, *idem*........ 67ʰ 10ˢ
A Jean Vidotti, autre, *idem*........... 67ʰ 10ˢ
A Jean-Baptiste Juste, autre, *idem*...... 67ʰ 10ˢ
A Jean Cadene, autre, *idem*........... 67ʰ 10ˢ
7 may : aux officiers et matelots de l'autre part, pour leurs gages des trois derniers mois de l'année 1689...
.... 5217ʰ 10ˢ
6 aoust : à eux, pour leurs gages des trois premiers mois 1690...................... 5217ʰ 10ˢ
12 novembre : à eux, pour leurs gages du deuxième trimestre....................... 5217ʰ 10ˢ
20 février : à Jaques Lorigi, ancien gondollier vénitien, pour ses gages pendant les mois de juillet, aoust et septembre 1689..................... 300ʰ
A Jean Massagati, autre, *idem*......... 300ʰ
A Palmarin Palmarini, autre, *idem*...... 300ʰ
A Joseph Sora, autre, à 120ʰ par mois..... 360ʰ
A Pierre Massagati, autre, *idem*........ 360ʰ
A Barthelemy Pancalonio, autre, à 75ʰ par mois...
.... 225ʰ
A Jean-Baptiste Sora, autre, *idem*...... 225ʰ
A Vincent Doria, autre, *idem*.......... 225ʰ
A Nicolas Vidotti, autre, *idem*......... 225ʰ
A Benoist Borelli, autre, *idem*......... 225ʰ
A Mathieu Sedea, autre, *idem*......... 225ʰ
A Nicolas Manenti, autre, *idem*........ 225ʰ
A Pierre Serda, autre, *idem*........... 225ʰ
18 juin : aux gondolliers vénitiens cy-dessus, pour leurs gages des trois derniers mois 1689...... 3420ʰ
17 septembre : à eux, pour leurs gages du premier quartier 1690....................... 3195ʰ
26 novembre : à eux, pour leurs gages du deuxième quartier 1690....................... 3195ʰ
9 juillet : à la veuve de Nicolas Vidotti, pour les cinq premiers mois 1690................. 375ʰ

15 janvier-26 novembre : à La Violette, par gratification, en considération du soin qu'il a eu des magasins du canal, pour ses gages de l'année 1689 et six premiers mois 1690 (3 p.)..................... 450tt

Somme de ce chapitre...... 39162tt 4ˢ

COMPIÈGNE.

8 janvier-29 octobre : au nommé Migasse, ayant l'entretenement des routtes et fossez de la forest de Compiègne (3 p.)....................... 1013tt 2ˢ

19 mars : à luy, pour avoir couvert de gazon tous les ponts de lad. forest, et l'avoir osté après le départ du Roy 90tt

8 janvier-29 octobre : à Jean Choiset, charpentier, ayant l'entretenement des ponts de la forest de Compiègne (3 p.)........................... 150tt

19 mars : à luy, pour les réparations de charpenterie 93tt

9 avril-30 juillet : à luy, parfait payement de ses ouvrages et réparations de charpenterie (3 p.). 1304tt 14ˢ

8 janvier-30 juillet : au sʳ Tailly, par gratification, en considération des soins qu'il prend pour faire entretenir les routes et les fossez de la forest, y compris 100tt qu'il a avancé pour du bois qu'il a achepté pour lesd. ponts (3 p.)............................. 400tt

19 mars : à Gérard Lesour, maçon, pour gros ouvrages de maçonnerie par luy faits et reparez aud. chasteau............................... 11tt 10ˢ

A Jaques Camay, maçon, pour menus ouvrages..... .... 128tt 17ˢ

9 avril-30 juillet : à Gérard Lesourd et Jaques Camay, parfait payement des ouvrages de maçonnerie qu'ils ont fait pour les réparations du chasteau (3 p.) 1167tt 8ˢ 8ᵈ

29 mars-30 juillet : à Jean et François Delaporte, menuisiers, pour ouvrages et réparations de menuiserie qu'ils ont fait au chasteau (2 p.)........... 315tt 12ˢ

19 mars-8 octobre : à Jacques Leclerc, serrurier, pour ouvrages et réparations de serrurerie et verges de vitres qu'il a fournies pour les croisées dud. chasteau de Compiègne (3 p.)....................... 249tt 2ˢ 6ᵈ

19 mars : à Chéret, vitrier, payement de ses ouvrages et réparations de vitrerie................. 150tt 3ˢ

Aux ouvriers et voituriers employés dans la dépendance dud. chasteau pour le mettre en estat de recevoir S. M.................................... 179tt

9 avril : à Esmery, concierge dud. chasteau, pour son remboursement de ce qu'il a payé pour emplir de glace les glacières du chasteau, et autres menues dépenses en 1689............................... 399tt 10ˢ

30 juillet : à Clairet [1], vitrier, pour vitres et peintures qu'il a fait et poser aud. chasteau............. 150tt

Somme de ce chapitre..... 5801tt 19ˢ 2ᵈ

FONDS LIBELLEZ.

5 février : au sʳ curé de Marly, 684tt 5ˢ, sçavoir : 210tt pour la non-jouissance de 75 arpens de pré, compris dans le fond de Marly, et 474tt 5ˢ pour la non-jouissance de la dixme des terres labourables de lad. cure, que le Roy a ordonné estre plantées en bois, y compris la dixme du troupeau du Trou d'Enfer........ 684tt 5ˢ

19 février : au sʳ Wan der Meulen, peintre flamand, pour ses appointemens de l'année dernière 1689 .... 6000tt

A André Morell, à compte des desseins qu'il a fait de diverses médailles du cabinet du Roy....... 600tt

Au sʳ Prieur de Choisy-aux-Bœufs, pour son indemnité des dixmes qu'il a droit de prendre sur les terres et prez dépendant de son prieuré, enfermez dans les anciens et nouveaux murs du parc de Versailles.. 2153tt

23 avril : au sʳ Le Nostre, par gratification, en considération du service qu'il a rendu dans les bastimens pendant l'année dernière 1689................ 3000tt

Aux trois anciens gondolliers Vénitiens, par gratification, en considération du service qu'ils ont rendu sur le canal du chasteau de Versailles.......... 1200tt

7 may : au sʳ de Vauvré, pour son remboursement de ce qu'il a payé à Toulon pour le parfait payement et frais d'encaissement du bas-relief d'*Alexandre et Diogène*, fait par Puget, sculpteur.............. 1021tt

11 juin : à Michel Gérin, à compte du chandelier de cristal qu'il a fourni pour le service de S. M.... 6000tt

Au sieur Petit, de Fontainebleau, pour la pension qui luy est accordée par S. M., pendant l'année dernière 1500tt

18 juin : aux prestres de la Mission établis à Fontainebleau, pour leur subsistance et entretenement pendant les six premiers mois de la présente année. 3000tt

1ᵉʳ juillet : au sʳ Deville, 12000tt, sçavoir : 6000tt par gratification, en considération du soin qu'il a pris de la machine de la rivière de Seyne pendant l'année der-

---

[1] Ne serait-ce pas le même vitrier que le Chéret nommé un peu plus haut ?

nière 1689, et 6000ᵗᵗ de pension extraordinaire pendant la même année.................... 12000ᵗᵗ

9 juillet : à la veuve LOURDET, pour six dessus de tabouret de laine, ouvrage de la Savonnerie, qu'elle a fourni au garde-meuble du Roy, contenant deux aunes et demie carrées en superficie, à 165ᵗᵗ l'aune...... 412ᵗᵗ 10ˢ

A DUPONT, autre, pour trois dessus de formes et trois tabourets de pareils ouvrages, contenant cinq aunes et demie carrées, à 165ᵗᵗ l'aune............... 838ᵗᵗ 15ˢ

13 aoust : aux principal, procureur et boursiers du collège de Cambray, pour le dédommagement de leurs bastimens qui ont esté démolis par ordre de S. M. pour la construction du Collège de France, pendant l'année dernière 1689........................... 1180ᵗᵗ

3 septembre : à LOURDET, tapissier, pour quatre dessus de forme de laine, ouvrage de la Savonnerie, qu'il a fourni au garde-meuble du Roy, contenant quatre aunes trois quarts carrées en superficie............ 770ᵗᵗ

8 octobre : au sʳ ARNOUX, pour trois autruches, douze demoiselles de Numidie, treize canes d'Égipte, cinquante-trois poules sultanes, deux gazelles et deux chèvres de la Thébaïde qu'il a livré pour le service de S. M. à la Ménagerie, de l'envoi du sʳ MONIER, de Montpellier.................................. 3371ᵗᵗ 10ˢ

8 octobre : à MICHEL GÉRIN, parfait payement de 13000ᵗᵗ pour le prix du chandelier de cristal qu'il a livré pour le service de S. M................ 4000ᵗᵗ

5 novembre : à DUPONT, tapissier, pour trois dessus de formes et trois dessus de tabourets de laine, ouvrage de la Savonnerie, qu'il a fourni au garde-meuble du Roy, contenant 5 aunes 5/24 carrées, à raison de 165ᵗᵗ l'aune.......................... 859ᵗᵗ 7ˢ 6ᵈ

17 décembre : aux prestres de la Mission establis à Fontainebleau, pour leur subsistance et entretenement pendant les six derniers mois 1690............ 3000ᵗᵗ

7 janvier 1691 : à M. DE VILLACERF, en considération de l'inspection générale que S. M. luy a donnée sur ses bastimens pendant l'année 1690......... 16900ᵗᵗ

7 janvier 1691 : au sʳ MIGNARD, par gratification, en considération du soin qu'il a pris de conduire les sculpteurs qui ont travaillé pour le service de S. M. pendant l'année 1689...................... 3000ᵗᵗ

Aux officiers de Fontainebleau cy-après nommez, par gratification, en considération du bon estat de leurs entretenemens pendant l'année dernière 1690, sçavoir :

A DEBRAY, ayant l'entretenement de la moitié du grand parterre.......................... 300ᵗᵗ

A GASPARD GUINTEAU, de Richemont, ayant l'autre moitié.................................. 300ᵗᵗ
A VARIN, ayant celuy des arbres fruictiers..... 300ᵗᵗ
A lui, en considération de l'augmentation de son entretenement................................ 120ᵗᵗ
A DESBOUTS, ayant celuy du jardin de l'estang.. 150ᵗᵗ
A NIVELON, ayant celuy du jardin du Mail... 100ᵗᵗ
A VOLTIGEANT, ayant celuy des batteaux...... 150ᵗᵗ
A THIERRY, concierge de la Ménagerie........ 60ᵗᵗ
A COUTURIER, ayant l'entretenement des fontaines.................................... 200ᵗᵗ
A la veuve DESBOUTS, ayant l'entretenement des palissades du parc............................ 400ᵗᵗ
A elle, pour l'augmentation dud. entretenement 100ᵗᵗ
A JAQUES-PHILIPPE BOISSEAU, dit CUATILLON, ayant celuy de l'orangerie.................... 200ᵗᵗ
A PION, ayant le soin et la nourriture des cignes et des carpes du canal et des estangs du chasteau.. 100ᵗᵗ
A BENARD, concierge de l'hostel d'Albret..... 150ᵗᵗ
A JAMIN, concierge de la cour du Cheval Blanc. 100ᵗᵗ
A TOULET, concierge de la Surintendance..... 200ᵗᵗ

Somme de ce chapitre..... 73420ᵗᵗ 7ˢ 6ᵈ

ENTRETENEMENT DES COUVERTURES
DES MAISONS ROYALES.

22 janvier-9 avril : à JACQUES CANAY et la veuve CHAMBOIS, ayant l'entretenement du chasteau de Compiègne, pour leurs gages desd. entretenemens pendant l'année 1689 (2 p.)............................ 400ᵗᵗ

22 janvier-22 octobre : à ESTIENNE YVON, ayant celuy des maisons royales de Versailles, du 1ᵉʳ avril 1689 au 31 mars 1690 (3 p.).................... 6000ᵗᵗ

19 février-8 octobre : à luy, ayant celuy du nouveau couvent des Capucines, pour les six derniers mois 1689 et les six premiers 1690 (2 p.)................. 500ᵗᵗ

14 may-22 octobre : à luy, ayant celui des maisons royales de Paris, pendant les six derniers mois 1689 et les six premiers 1690 (3 p.)................. 3520ᵗᵗ

19 février-8 octobre : à NOËL MARTIN, ayant celuy des couvertures de la maison des Gobelins, pour idem (2 p.)..................................... 250ᵗᵗ

23 avril-4 juin : à luy, ayant celuy des couvertures du chasteau de Vincennes et dépendances, pour idem (2 p.)..................................... 900ᵗᵗ

4 juin : à CLAUDE DUVAL et SIMON BEGA, couvreurs, pour l'entretenement des couvertures du chasteau de Monceaux et lieux en dépendans, pendant trois mois échus le 11 janvier 1690................ 87ᵗᵗ 10ˢ

Somme de ce chapitre..... 11657ᵗᵗ 10ˢ

INVALIDES.

MAÇONNERIE.

29 janvier-17 décembre : à Pierre Le Maistre, entrepreneur, à compte des ouvrages de maçonnerie qu'il a faits pour la construction de l'église des Invalides (20 p.)
.... 76919ᵗᵗ 9ˢ 6ᵈ

CHARPENTERIE.

22 janvier-10 septembre : à Jean Mallet, charpentier, à compte de la charpenterie du dôme de l'église des Invalides (5 p.)...................... 4o352ᵗᵗ

COUVERTURE.

22 octobre : à Estienne Yvon, couvreur, à compte du lattis de contre-latte qu'il fait dessus la charpenterie du dôme de la grande église des Invalides......... 600ᵗᵗ

MENUISERIE.

18 juin : à Antoine Rivet, menuisier, pour une calotte de bois d'assemblage de 3 pieds 1/2 de diamettre, garnie de douze courbes et de seize panneaux de bois de chesne, pour servir de modèle au sʳ Mignard de la calotte du dôme des Invalides............... 5oᵗᵗ

8 octobre : à Duvergier, menuisier, à compte des ouvrages qu'il a fait aux colonnes, pieds d'estaux, corniches et autres ouvrages de la lanterne du dôme. 150ᵗᵗ

Somme de ce chapitre.......... 200ᵗᵗ

SERRURERIE.

4 juin-22 octobre : à Roger, serrurier, à compte des gros fers qu'il a fournis pour le dôme de la grande église des Invalides (3 p.)................ 1400ᵗᵗ

PLOMBERIE.

12 novembre : à Jaques Lucas, plombier, à compte de la façon des plombs qu'il met en œuvre sur le dôme de lad. église........................ 3000ᵗᵗ

SCULPTURE.

12 novembre : à Mazeline, sculpteur, à compte de quatre figures qu'il fait en pierre pour le dessus du premier ordre du grand portail de l'église des Invalides
.... 300ᵗᵗ

12 novembre : à Vanclève, sculpteur, à compte d'une figure qu'il fait en pierre pour led. dôme...... 150ᵗᵗ

17 décembre : à luy, pour ouvrages de sculpture à deux dessus de vitraux du premier ordre des bas costez de lad. église.......................... 120ᵗᵗ

12 novembre : à Poultier, sculpteur, à compte de deux figures qu'il fait en pierre pour le dôme des Invalides.................................. 400ᵗᵗ

A Magnier, sculpteur, à compte de deux figures *idem*
.... 300ᵗᵗ

A Hurtrelle, sculpteur, à compte de deux figures en pierre *idem*......................... 400ᵗᵗ

A Cornu, sculpteur, sur six figures en pierre pour lad. église............................ 600ᵗᵗ

A Raon, sculpteur, sur deux figures *idem*.... 400ᵗᵗ

20 aoust-17 décembre : à Legros, parfait payement des ouvrages de sculpture qu'il fait aux panneaux entre les colonnes du second ordre du grand portail de l'église des Invalides (6 p.).................. 1112ᵗᵗ

17 décembre : à luy, pour ouvrage au-dessus des premiers vitraux des bas cotez................ 90ᵗᵗ

20 aoust-17 décembre : aux Mazières frères, sculpteurs, pour leurs ouvrages au-dessus des croisées du dôme de lad. église (3 p.).................. 670ᵗᵗ

A Grenier, sculpteur, payement de ses ouvrages au-dessus des croisées dud. dôme (3 p.)........ 670ᵗᵗ

23 juillet-17 décembre : à Jolly, sculpteur, pour ses ouvrages au-dessus des croisées du dôme (5 p.). 1000ᵗᵗ

9 juillet : aux nommez Jouvenet, sculpteurs, à compte de leurs ouvrages de sculpture à la grande église des Invalides.............................. 200ᵗᵗ

22 octobre : à eux, sur leurs ouvrages à douze torchères en pierre au pourtour dud. dôme....... 500ᵗᵗ

17 décembre : à eux, parfait payement de 1262ᵗᵗ à quoy montent leurs ouvrages de sculpture à douze chapiteaux pilastre à lad. église............... 690ᵗᵗ

23 juillet-17 décembre : à eux et à Dedieu et Chauveau, parfait payement de la sculpture qu'ils font aux chapiteaux et consolles du dôme de lad. église (4 p.)..
.... 4008ᵗᵗ

A Barroy, sculpteur, parfait payement de la sculpture qu'il fait au-dessus des croisées du dôme et au mellopage de lad. église (5 p.)............ 1340ᵗᵗ

23 juillet : à Coisevaux, sculpteur, à compte de la sculpture qu'il fait au fronton du grand portail de lad. église.............................. 300ᵗᵗ

23 juillet-17 décembre : à Vizier, pour la sculpture qu'il fait au-dessus du grand vitrail du portail de lad. église (3 p.)....................... 400ᵗᵗ

A Varin, Langlois et Monnier, sculpteurs, parfait payement de 2281ᵗᵗ 13ˢ 4ᵈ à quoy montent leurs ouvrages de sculpture aux grands chapiteaux du second ordre du grand portail de la corniche dud. ordre, et pour 17 mufles de lion à la corniche composite du dôme et à la cimaise (3 p.)........ 1281ᵗᵗ 13ˢ 4ᵈ

17 décembre : à eux, pour ouvrages faits à costé des croisées au dehors vers la sacristie............ 160ᵗᵗ

23 juillet - 17 décembre : à ROBERT, HERPIN et ROUSSELET, sculpteurs, pour leurs ouvrages sur les roses et modillons qu'ils font à la corniche et fronton du grand portail de lad. église (5 p.).............. 494ᵗᵗ 8ˢ

A RAYOLLE, sculpteur, pour ses ouvrages à cinquante-deux fleurs de lis faites dans la frise du dôme de lad. église (4 p.)........................... 524ᵗᵗ

23 juillet - 17 décembre : à LEFEBVRE, sculpteur, pour ses ouvrages de sculpture aux deux grands bas frontons des bas costez de lad. église (3 p.).......... 700ᵗᵗ

A VARIN le jeune, sculpteur, pour ses ouvrages de sculpture au-dessus des croisées de l'attique du dôme (3 p.)..................................... 660ᵗᵗ

20 août : à JOUVENET l'aisné, sculpteur, à compte de la sculpture des chapiteaux de l'attique des bas costez de lad. église............................... 72ᵗᵗ

17 décembre : à COUSTOU, sculpteur, sur ses ouvrages aux modèles des trois figures de lad. église.. 252ᵗᵗ 10ˢ

A HULOT, sculpteur, sur ses ouvrages à une figure de plâtre servant de modèle................. 37ᵗᵗ 10ˢ

20 aoust - 17 décembre : à l'ESPINGOLA, sculpteur, parfait payement de la sculpture qu'il fait au-dessus des deux croisées du milieu des bas costez (6 p.).... 860ᵗᵗ

17 décembre : à luy, pour ses ouvrages de sculpture à deux dessus dé vitraux du premier ordre des bas costez 90ᵗᵗ

20 septembre - 17 décembre : à FLAMAND, sculpteur, à compte de ses ouvrages au fond du sanctuaire de lad. église (5 p.)................................ 800ᵗᵗ

20 aoust - 17 décembre : à CARLIER, sculpteur, pour ses ouvrages de sculpture au-dessus des deux grands vitraux du premier ordre du grand portail (4 p.)... 480ᵗᵗ

A FRANÇOIS, sculpteur, pour ses ouvrages de sculpture au-dessus des croisées et vitraux des bas costez (3 p.).................................... 330ᵗᵗ

Somme de ce chapitre..... 20392ᵗᵗ 1ˢ 4ᵈ

HOSTEL DE VANDÔME.

MAÇONNERIE.

16 avril - 8 décembre : à MAURICE GABRIEL, entrepreneur, à compte des ouvrages de maçonnerie qu'il fait à la place royale de l'hostel de Vendôme (14 p.)....
.... 160249ᵗᵗ 12ˢ

CHARPENTERIE.

30 avril - 22 octobre : à RAOUL DE PIERRE, dit LA PORTE, charpentier, à compte de la charpenterie qu'il a fait à la fonderie de la statue équestre du Roy de l'hostel de Vandôme (7 p.)..................... 2100ᵗᵗ

28 may : au nommé BONUS, charpentier, pour avoir démoli la cage intérieure de la fonderie de la statue équestre du Roy et pour les marchandises fournies pour lad. figure........................... 152ᵗᵗ 18ˢ

Somme de ce chapitre....... 2252ᵗᵗ 18ˢ

SCULPTURE.

10 septembre - 8 octobre : à JOUVENET l'aisné, sculpteur, à compte de la sculpture qu'il a fait à trente-trois chapiteaux de pierre de Saint-Leu, d'ordre ionique, de la place Vandôme (2 p.).................... 450ᵗᵗ

22 octobre : à luy, sur trente-huit chapiteaux et trente-sept consolles (2 p.).................. 590ᵗᵗ

10 septembre - 22 octobre : à POULTIER, sculpteur, sur ses ouvrages de sculpture à quarante-cinq chapiteaux et quarante-quatre consolles (4 p.).......... 670ᵗᵗ

10 septembre - 22 octobre : à BOUTET, sculpteur, sur ses ouvrages de sculpture à cinquante-quatre chapiteaux et vingt-trois consolles (4 p.)................ 775ᵗᵗ

10 septembre - 22 octobre : à DEDIEU, sculpteur, sur quarante-six chapiteaux et trente-trois consolles (4 p.)..
.... 655ᵗᵗ

23 juillet : à CORNEILLE VANCLÈVE, sculpteur, parfait payement des 637ᵗᵗ à quoy montent les ouvrages de sculpture par luy faits au portail de l'église des Capucines de la place de Vandôme.............. 187ᵗᵗ

Somme de ce chapitre........ 3327ᵗᵗ

DIVERSES MAISONS ROYALES.

MAÇONNERIE.

13 - 20 aoust : à GÉRARD MARCOU, entrepreneur, parfait payement de ses ouvrages de maçonnerie au mur de terrasse du petit jardin du Louvre (2 p.)...... 550ᵗᵗ

27 aoust - 26 novembre : à luy, pour ses réparations au mur du Cours-la-Reyne (4 p.)...... 1896ᵗᵗ 18ˢ 8ᵈ

5 novembre - 17 décembre : à luy, pour ses réparations de maçonnerie au mur de clôture du bois de Boulogne (2 p.)............................. 518ᵗᵗ

28 may-8 octobre : à JEAN BENOIST, entrepreneur, à compte de ses ouvrages et réparations au chasteau de Vincennes et dépendances en 1690 (4 p.)..... 2000ᴧ

23 avril : à THOMAS PINARD, entrepreneur, parfait payement de 785ᴧ 7ˢ 4ᵈ à quoy montent les ouvrages et réparations de maçonnerie faits au Palais-Royal en 1687 et 1688 par feu PINARD, son frère... 85ᴧ 7ˢ 4ᵈ

4 juin : à luy, parfait payement de 226ᴧ 4ˢ à quoy montent les ouvrages de maçonnerie faits par ledit JAQUES PINARD au Louvre et maisons adjaçantes...... 26ᴧ 4ˢ

23 avril : au nommé LE PAS, entrepreneur, pour ouvrages et réparations de maçonnerie faits à la maison appartenant au Roy, occupée par le sieur DE LAUNAY, orfèvre, en 1689.................... 409ᴧ 16ˢ 5ᵈ

30 avril-10 septembre : à luy, sur ses ouvrages au Jardin royal (5 p.)....................... 1500ᴧ

23 juillet : à luy, sur ses ouvrages à la Savonnerie en 1690................................. 300ᴧ

22 octobre : à luy, *idem* à l'Observatoire..... 300ᴧ

23 avril : à NICOLAS MAIGRET, maçon, sur ses ouvrages de maçonnerie au Louvre.................. 300ᴧ

30 avril-22 octobre : à luy, sur ses ouvrages au Palais-Royal (3 p.)......................... 900ᴧ

20 aoust : à ANTHOINE PARIS, maçon, sur ses ouvrages de maçonnerie à la maison des Gobelins....... 300ᴧ

28 may-25 juin : à la veuve FOURCOY, fontainier, pour réparations aux bassins du jardin des Thuilleries (2 p.)................................. 281ᴧ 6ˢ

12 mars-4 juin : à MOREAU, carreleur, pour ouvrages de carreau neuf faits au Palais-Royal, maison des Gobelins et autres (2 p.)................... 313ᴧ

4 juin-20 aoust : à DUEZ, fontainier, pour joints qu'il a refaits à neuf en ciment sur toutes les terrasses et au-dessus du garde-meuble du chasteau de Vincennes (2 p.)................................. 239ᴧ 2ˢ

Somme de ce chapitre..... 9919ᴧ 14ˢ 5ᵈ

TERRASSE.

8 octobre : à FRANÇOIS GALLIE, terrassier, pour terres et recoupes qu'il a portées et battues sur la terrasse du petit jardin du Louvre, depuis le rétablissement du mur d'appui................................. 33ᴧ

12 novembre : à DURANT et consors, pour avoir remué et aplani les terres de la place royale de l'hostel de Vendôme, et autres menus ouvrages (2 p.)... 80ᴧ 18ˢ

Somme de ce chapitre........ 113ᴧ 18ˢ

CHARPENTERIE.

23 avril : à SANDRIÉ, charpentier, pour ouvrages et réparations de charpenterie faits à la maison du Roy occupée par le sʳ DELAUNAY, orfèvre, en 1689. 128ᴧ 5ˢ 10ᵈ

28 may : à PIERRE PATISSIER, charpentier, pour une poutre de bois de chesne qu'il a fournie au Jardin royal pour être mise par sous-œuvre à l'appartement du sʳ D'ACQUIN............................. 159ᴧ

19 février-20 aoust : à JOSEPH VINOT et NICOLAS DU MAGNI, charpentiers, sur leurs ouvrages et réparations de charpenterie faits aux escuries de la Reyne, escuries du haras et donjon au chasteau de Vincennes (2 p.) 500ᴧ

12 mars : à eux, pour avoir dressé les perches et planches qui ont servi à tendre les tapisseries devant le chasteau du Louvre et des Thuilleries aux deux festes Dieu de l'année 1689.................... 46ᴧ

28 may : à eux, à compte des ouvrages et réparations qu'ils ont faits aux maisons royales en 1690.... 300ᴧ

25 juin : à eux, pour les ouvrages de charpenterie par eux faits à deux cages et traineaux de charpenterie qui ont servi à mener de Paris à Versailles le groupe de *Sesto Mario* et la figure de *Leucothée* en marbre.. 112ᴧ

9 juillet : à eux, pour avoir dressé les poteaux et planches le long de la place des Thuilleries et le long du Louvre et garde-meuble du Roy pour tendre les tapisseries aux deux festes Dieu de la présente année. 50ᴧ

23 juillet : à eux, parfait payement de 2800ᴧ 10ˢ 8ᵈ pour divers ouvrages de charpenterie à la salle des machines, gros pavillon des Thuilleries du costé de la grande escurie et au pont de la porte d'entrée dud. jardin du costé du pont Royal, en 1687 et 1688.... 58ᴧ 10ˢ 8ᵈ

A eux, pour ouvrages et réparations de charpenterie à l'orangerie des Thuilleries............. 74ᴧ 7ˢ 6ᵈ

29 octobre : à eux, pour leurs ouvrages au Louvre et maisons adjacentes en 1687 et 1688....... 74ᴧ 1ˢ 6ᵈ

A eux, pour ouvrages à diverses maisons appartenantes au Roy en 1690..................... 300ᴧ

Somme de ce chapitre..... 1802ᴧ 5ˢ 6ᵈ

COUVERTURE.

16 avril-22 octobre : à ESTIENNE YVON, couvreur, à compte des ouvrages et réparations extraordinaires de couverture qu'il a fait, outre les entretiens, en plusieurs maisons appartenantes au Roy, en 1688 et 1689 (6 p.) 1800ᴧ

4 juin : à NOËL MARTIN, couvreur, pour ouvrages et réparations de couverture par luy faits en 1689, outre les entretiens ordinaires, à la maison des Gobelins 274ᴧ 9ˢ 9ᵈ

Somme de ce chapitre...... 2074ᴧ 9ˢ 9ᵈ

MENUISERIE.

23 avril-4 juin : au nommé TRILLE, menuisier, parfait payement de 1843ʰ 19ˢ 4ᵈ à quoy montent ses ouvrages et réparations de menuiserie à la maison des Gobelins en 1687 et 1688 (2 p.)......... 243ʰ 19ˢ 4ᵈ

10 septembre : à luy, pour ouvrages et réparations en 1689 et 1690........................... 200ʰ

9 juillet : à PAYART, menuisier, pour sept perches de sapin de 21 et 24 pieds de long sur 4 pouces de gros, qu'il a fourni pour rouler des tapis de la Savonnerie pour porter au garde-meuble en septembre 1689..... 30ʰ

16 avril-8 octobre : à PIERRE GUÉRIN, menuisier, à compte des ouvrages et réparations de menuiserie qu'il a fait à la bibliothèque du Roy, au Palais-Royal et au Jardin royal en 1688 (4 p.)............... 1300ʰ

16 avril-8 octobre : à SIMON GUILLOT, menuisier, pour ouvrages et réparations de menuiserie au chasteau de Vincennes en 1688 et 1689 (2 p.)....... 139ʰ 5ˢ

16 avril : à JAQUES PORTRAY, menuisier, sur les ouvrages de menuiserie à la pépinière du Roule en 1689 .... 76ʰ 2ˢ 6ᵈ

23 avril : à JUSTINE, menuisier, sur ses ouvrages et réparations de menuiserie à la maison appartenante au Roy, occupée par M. le Premier en 1689.... 363ʰ 10ˢ

23 avril : à VINCENT LE ROY, menuisier, pour ouvrages et réparations à une maison rue du Chantre, occupée par le nommé LEGRAND, tailleur, en 1687... 105ʰ 15ˢ

28 may : à CLAUDE DUVAL, menuisier, à compte des caisses qu'il fait pour les plantes rares du Jardin royal 50ʰ

12 mars : à ANTHOINE RIVET, menuisier, parfait payement de 643ʰ 8ˢ 1ᵈ à quoy montent les ouvrages de menuiserie à la maison occupée par M. le Premier.... .... 143ʰ 8ˢ 1ᵈ

28 may : à luy, pour la menuiserie du balustre fait dans l'appartement de Madame, au Palais-Royal. 114ʰ

23 avril : à REMY, menuisier, à compte des armoires de menuiserie qu'il a fait au Palais-Royal pour les archives de Monsieur, pendant la présente année... 300ʰ

Somme de ce chapitre.... 3065ʰ 19ˢ 11ᵈ

SERRURERIE.

2 mars : à ROBERT BOUTET, serrurier, à compte des ouvrages de serrurerie qu'il a fait à la maison occupée par M. le Premier en 1689................. 200ʰ

16 avril-10 septembre : à luy, sur ses ouvrages au Palais-Royal en 1690 (2 p.).............. 600ʰ

30 avril : à luy, sur ses ouvrages aux portes du bois de Boulogne, à la pépinière du Roule et à la Savonnerie en 1686, 1687 et 1688................. 150ʰ

22 octobre : à luy, sur ses ouvrages aux Thuilleries et autres endroits en 1689 et 1690.......... 300ʰ

16 avril-8 octobre : à NICOLAS LE ROY, serrurier, pour ouvrages et réparations de menuiserie faits au chasteau et dépendances de Vincennes en 1689 (2 p.).. 267ʰ 5ˢ

28 may-10 septembre : à JEAN BLANCHETON, serrurier, à compte des ouvrages de serrurerie qu'il a faits à la maison des Gobelins (2 p.).................. 110ʰ

12 mars-10 septembre : à FRANÇOIS LUCAS, serrurier, à compte de la façon des fers des armatures de la statue équestre du Roy de l'hostel de Vandôme (11 p.)...... .... 909ʰ 3ˢ 4ᵈ

23 juillet : à luy, pour ouvrages de serrurerie et fers qu'il a fourni pour la cage et modèle de la statue équestre, du 29 juillet 1688 jusqu'au 27 janvier 1689... 30ʰ 5ˢ

20 aoust-10 décembre : à luy, sur la façon des fers employez aux linteaux des croisées, chaisnes et tirans et pourtour de la place royalle de l'hostel de Vandôme (3 p.)................................... 213ʰ 7ˢ

10 septembre : à luy, sur les réparations de serrurerie aux petites escuries du Roy et aux escuries de Monseigneur, rue Saint-Honnoré................. 200ʰ

Somme de ce chapitre...... 2979ʰ 0ˢ 4ᵈ

VITRERIE.

16 avril : à la veuve JANSON, vitrier, à compte des ouvrages et réparations de vitrerie qu'elle a fait au Palais-Royal en 1689................... 300ʰ

28 may : à elle, sur ses ouvrages à la pépinière du Roule, à la Savonnerie et au chasteau de Madrid en 1689...................... 156ʰ 14ˢ 4ᵈ

4 juin : à elle, sur ses ouvrages en une maison appartenant au Roy, rue Saint-Vincent, et au logement du portier du Cours-la-Reyne, du costé des Thuilleries, en 1688.................................. 53ʰ 10ˢ

25 juin : à elle, sur ses ouvrages à une maison rue Saint-Vincent, occupée par M. le marquis DE CONGIS 92ʰ 4ˢ

20 aoust : à elle, pour 1200ʰ à quoy monte le marché des réparations générales des vitres du Louvre et ses dépendances.................................. 300ʰ

10 septembre : à elle, pour ouvrages et réparations aux petites escuries du Roy le long de l'eau, aux escuries de Monseigneur rue Saint-Honoré, et au Palais-Royal.............................. 190ʰ 17ˢ 1ᵈ

8 octobre : à elle, pour l'entretenement qu'elle a fait aux vitres du Palais-Royal et dépendances, orangerie

du Roulle, chasteau de Madrid, la Savonnerie, la Samaritaine et l'Observatoire pendant les six premiers mois de la présente année........................ 400ᵗᵗ

A elle, pour réparations à l'Observatoire, Samaritaine et palais Brion en 1690.................... 200ᵗᵗ

23 avril : à Jean Gombault, vitrier, pour ouvrages et réparations de vitrerie à la maison occupée par M. le Premier, aux grandes et petites escuries, orangerie des Thuilleries, maisons adjacentes et imprimerie royalle en 1689.......................... 356ᵗᵗ 16ˢ 8ᵈ

30 avril : à luy, pour les entretiens des vitres des Thuilleries pendant l'année finie le 1ᵉʳ mars dernier 200ᵗᵗ

10 aoust : à luy, pour l'entretien du nouveau couvent des Capucines pendant l'année finie le 15 juillet. 200ᵗᵗ

23 juillet : à Philippe Beal, vitrier, pour ouvrages et réparations de vitrerie à l'hostel des ambassadeurs 170ᵗᵗ 7ˢ 8ᵈ

23 avril : à Charles-François Jaquet, vitrier, pour ouvrages et réparations de vitrerie à la bibliothèque du Roy en 1688 et 1689................ 180ᵗᵗ 18ˢ 5ᵈ

9 juillet - 3 décembre : à luy, pour ouvrages et réparations de vitrerie qu'il a fait au chasteau de Vincennes en 1689 et 1690 (2 p.)......... 604ᵗᵗ 18ˢ 6ᵈ

8 octobre : à luy, pour l'entretien des vitres du chasteau de Vincennes, maison des Gobelins et Jardin royal des plantes pendant les six premiers mois 1690. 375ᵗᵗ

12 novembre : à Claude Briot, miroitier, pour cinq glaces qu'il a fournies aux Thuilleries et au petit appartement de Monsieur au Palais-Royal........ 61ᵗᵗ 18ˢ

Somme de ce chapitre..... 3843ᵗᵗ 4ˢ 8ᵈ

PAVÉ.

12 mars - 20 aoust : à Antoine Le Lièvre et Jaques Vionnet, paveurs, à compte des ouvrages et réparations de pavé qu'ils ont fait au Louvre, Thuilleries, Palais-Royal et maisons adjaçantes appartenant au Roy en 1688, 1689 et 1690 (3 p.)................. 700ᵗᵗ

PEINTURE.

8 octobre : à François Berthault, peintre, pour ouvrage de grosse peinture en plusieurs maisons royales de Paris............................. 110ᵗᵗ 6ˢ 8ᵈ

28 may : aux nommez Goudet et Chaulier, doreurs, pour avoir doré le balustre de menuiserie sculptée qui est posé dans l'appartement de Madame au Palais-Royal........................... 264ᵗᵗ 6ˢ

5 février - 15 aoust : à Coëspel père, peintre, à compte des tableaux d'arrabesques qu'il fait d'après les desseins de Raphaël pour faire en tapisserie aux Gobelins (2 p.)................................. 2000ᵗᵗ

2 avril - 13 aoust : à Cottel, peintre, à compte des tableaux qu'il fait pour le chasteau de Trianon (2 p.) 700ᵗᵗ

19 février - 20 aoust : à de Fontenay, peintre, à compte des nouveaux desseins peints en huisle qu'il fait pour les bordures de tapisserie de la gallerie de Saint-Cloud que l'on fait aux Gobelins pour le Roy (2 p.)... 400ᵗᵗ

19 février - à Houasse, peintre, à compte des tableaux qu'il a faits pour Trianon[1].................. 200ᵗᵗ

28 may - 23 juillet : à Joubert, peintre, pour douze desseins de plantes rares qu'il a peints en mignature sur veslin, pour estre insérées dans la suitte des livres de plantes de mignatures du cabinet de S. M. (2 p.)... 600ᵗᵗ

20 aoust : à Martin, peintre, à compte des tableaux qu'il fait pour Trianon.................... 200ᵗᵗ

19 février - 28 may : à Lefebvre, peintre, à compte des ouvrages de grosse peinture qu'il a fait en diverses maisons royales de Paris en 1689 (2 p.)....... 400ᵗᵗ

Somme de ce chapitre.... 4874ᵗᵗ 12ˢ 8ᵈ

SCULPTURE.

12 mars : à Bellan, sculpteur, pour ouvrages de sculpture par luy faits à l'appartement de M. de Beringan pendant 1689............................. 45ᵗᵗ

29 octobre : à Guillaume Cassegnain, mouleur, parfait payement de 4500ᵗᵗ à quoy monte le moule, qu'il a fait en plâtre, de la statue équestre du Roy de l'hostel de Vandôme, sur le modèle fait par le sʳ Girardon. 1000ᵗᵗ

19 février - 23 juillet : à luy, pour les journées employées à faire le noyau de la statue équestre du Roy de l'hostel de Vandôme, depuis le 19 janvier jusques et compris le 13 juillet (12 p.)............... 2934ᵗᵗ 11ˢ

19 février - 16 juillet : à Charmeton, sculpteur, parfait payement de la sculpture qu'il a fait en bois du balustre de Monsieur au Palais-Royal (3 p.)............ 265ᵗᵗ

12 mars - 12 novembre : à François Girardon, sculpteur, pour remboursement des journées payées aux sculpteurs qui ont réparé les cires des figures de la *Nimphe à la Coquille* et de la *Venus Honteuse* chez Vinacre, pour être fondues en bronze, depuis le 16 aoust 1689 jusqu'au 16 novembre 1690 (10 p.).. 2812ᵗᵗ 8ˢ

16 avril - 9 juillet : à luy, parfait payement de 4000ᵗᵗ de gratification qui luy est accordée pour la con-

---

[1] A la suite de cet article, on a biffé une dépense de 300ᵗᵗ pour un grand tableau représentant le Roy à cheval, donné à M. le premier président de Novion, peint par Houasse.

duite des ouvrages de sculpture et fonte de figures de bronze en 1689 (2 p.).................... 2500^tt

8 octobre-3 décembre : à luy, à compte de la gratification qui lui est accordée pour les peines et soins du modèle de la statue (2 p.)................. 3000^tt

25 juin : à LANGLOIS, mouleur, pour avoir moulé en plâtre les parties séparées de la figure de la *Nimphe à la Coquille*, pour servir à réparer les cires de la figure que VINACHE doit jetter en bronze.......... 20^tt 15^s

19 février-28 may : à LALANDE, sculpteur, parfait payement de la sculpture qu'il a fait en bois du balustre de Monsieur au Palais-Royal (3 p.)....... 148^tt 8^s 9^d

Somme de ce chapitre..... 12726^tt 2^s 9^d

FIGURES DE BRONZE.

22 janvier : aux nommez VARIN, LANGLOIS et MEUNIER, sculpteurs fondeurs, à compte des groupes d'enfans qu'ils ont fondu en bronze pour l'allée de la Pyramide de Versailles..................... 1194^tt 4^s

22 janvier-12 novembre : au nommé KELLER, fondeur, à compte des figures de bronze qu'il fond pour le jardin du chasteau de Versailles (4 p.).. 14894^tt 10^s 7^d

22 janvier-20 aoust : aux nommez AUBRY, TAUBIN, BONVALLET et ROGER, fondeurs, à compte de huit groupes d'enfans qu'ils fondent en bronze avec leurs attributs pour les grands bassins du parterre de Versailles (6 p.) .... 5148^tt 4^s 2^d

12 mars : à eux, pour l'aliage de sept cents livres de métail qu'ils ont rapporté au magasin du s^r FOSSIER, à raison de 13^tt le cent.................... 91^tt

12 mars : au nommé VINACHE, fondeur, à compte des figures du *Gladiateur mourant*, du *Faune* de la reyne de Suède, la *Venus Honteuse*, la *Nimphe à la Coquille* et de l'*Atalante* qu'il est chargé de fondre en bronze pour S. M...................................... 200^tt

12 mars-10 septembre : au nommé BERTIER, à compte du rétablissement des plans des places de France qui sont aux Thuilleries (2 p.)........ 200^tt

16 avril : à TIQUET, pour son remboursement de ce qu'il a avancé à JAQUES BULARD, potier de terre, pour les briques, carreaux et creusets qu'il a fournis pour la fonderie de la statue équestre du Roy de l'hostel de Vandôme.................................. 300^tt

16 avril : à TINON, fondeur, pour trois épreuves de terre qu'il a faites d'un secret d'attacher et incorporer l'argent avec le fer...................... 20^tt 10^s

23 juillet : à DEVAUX, fondeur, pour menues réparations aux targettes et garnitures de bronze des croisées du palais des Thuilleries................. 15^tt 10^s

4 juin : à NICOLAS NAINVILLE, fondeur, pour une cloche qu'il a fondue pour la chapelle du chasteau de Versailles........................... 111^tt 4^s

Somme de ce chapitre..... 22175^tt 2^s 9^d

MARBRERIE.

16 avril-20 aoust : à FRANÇOIS DESCHAMPS, marbrier, à compte du jeu du portique qu'il fait en marbre pour Marly (5 p.)............................ 1500^tt

28 may-20 aoust : à luy, à compte des cordons de bassin qu'il fait en marbre pour le Labirinthe de Versailles (2 p.)................................. 800^tt

4 juin : à luy, à compte d'un chambranle et attique de marbre de Sicile qu'il a fait pour la cheminée du cabinet du Roy à Trianon.................. 200^tt

17 décembre : à HUBERT MISSON, marbrier, pour ouvrages de marbre faits au chasteau de Marly en 1689 .... 30^tt

4 juin : à JAQUES BAUDIN, marbrier, pour avoir scié, restabli, remastiqué et posé sur pierre de liais huit tables d'albâtre Montahuto qu'il a conduit et posé à Trianon.............................. 279^tt

Somme de ce chapitre......... 2809^tt

MARQUETTERIE.

4 juin : à DOMINICO CUCCI, ébéniste, parfait payement de 680^tt pour huit bordures de bronze poli qu'il a fait au pourtour de huit tables d'albâtre Montahuto, posées à Trianon............................... 280^tt

TAUPES.

28 may-8 octobre : aux nommez LIARDS, taupiers, pour avoir pris 890 taupes dans le jardin du petit parc de Vincennes pendant les six derniers mois 1689 et six premiers 1690 (2 p.)................. 155^tt 15^s

RAMONNAGES DE CHEMINÉES.

23 avril : à VANISSE, ramonneur, pour les cheminées qu'il a ramonnées et racomodées au Louvre, Thuilleries, Palais-Royal et hostel des ambassadeurs en 1689 .... 60^tt 2^s

VOITURES.

12 mars : à LA ROQUIÈRE, voiturier par terre, pour avoir voituré trois tambours des colonnes de marbre de Languedoc destinées à l'église des Invalides, du bord de la rivière dessous la halle, dans l'atelier des bastimens de lad. église, à raison de 17^tt chacune......... 51^tt

20 aoust-22 octobre : à NICOLAS RICHON, voiturier,

ANNÉE 1690. — DIVERSES MAISONS ROYALES.

pour voitures qu'il a faites de plusieurs statues, figures de marbre, creux et jets de plâtre, tant à Paris des magasins à l'Arsenal, du port au magasin, que de Paris à Versailles, depuis le 22 décembre 1687 jusques et compris le dernier aoust 1690 (2 p.)............ 592^ll 10^s

Somme de ce chapitre........ 643^ll 10^s

VUIDANGES.

9 juillet: à François Duval et Christophle Lejeune, vuidangeurs, pour vuidanges et dégorgemens de lattrines, curage de puits et enlèvemens d'immondices par eux faits en plusieurs maisons appartenans à S. M.
.... 192^ll 4^s

GRAVEURS DE PLANCHES.

12 mars: à Louis Chastillon, dessinateur et graveur, pour neuf feuilles de desseins de plantes rares qu'il a faits sur papier d'après le naturel pour servir à l'histoire des plantes, à raison de 22^ll chacune......... 198^ll

A luy, pour six planches de cuivre qu'il a gravées à l'eau-forte, représentant des plantes rares, qu'il a fourni au cabinet des planches gravées de la bibliothèque du Roy............................ 528^ll

Somme de ce chapitre.......... 726^ll

BRODERIES.

12 mars: au s^r Bouret, marchand, pour plusieurs menues merceries qu'il a fournies pour les broderies des meubles du Roy qui se font à Saint-Cyr.... 109^ll 10^s

12 mars-8 octobre: à Vivien, autre marchand, pour fournitures de soye de diverses couleurs pour lesd. broderies (4 p.)...................... 122^ll 16^s

12 mars: à Mansollier, autre, pour dix aunes de taffetas aurore qu'il a fourni............... 25^ll

12 mars-8 octobre: à Laleu, autre, pour ses fournitures d'or fillé et d'or trait qu'il a livré pour lesd. broderies (6 p.).................... 2915^ll 16^s 3^d

9 avril-10 décembre: aux quatre brodeurs qui travaillent auxd. broderies, nommez Christophle et Michel Gasse, François La Roche et Alexandre Lallemant, pour leurs journées depuis le 6 mars dernier jusqu'au mois de novembre dernier (10 p.)........ 1104^ll 15^s

Somme de ce chapitre..... 4277^ll 17^s 3^d

DIVERSES DÉPENSES.

23 juillet: au s^r Fossier, garde des magasins du Roy, pour son remboursement des menues dépenses qu'il a fait pour le service de S. M. depuis le 5 mai 1689 jusqu'au dernier juin 1690............... 517^ll 8^s

A luy, pour la voiture de Paris à Versailles d'une figure de marbre représentant *Leucotée*, faite par Rayolle
.... 124^ll 10^s

15 janvier: au nommé Langlois, graveur, pour six tassaux ou marques par luy gravez pour marquer les draperies estrangères..................... 36^ll

19 février-23 juillet: au s^r Frosne, parfait payement de 1147^ll 4^s à quoy montent les menues dépenses de la fonderie de la statue équestre de l'hostel de Vendôme depuis le 2 mai 1689 jusqu'au dernier juin 1690 (4 p.)............................ 447^ll 4^s

20 aoust-12 novembre: à luy, pour menues dépenses (2 p.)............................ 200^ll

12 mars: au s^r Fourneau, pour frais d'impression et d'affiche qu'il a fait pour les places à vendre à l'hostel de Vendôme en 1688 et 1689.................. 39^ll

12 mars: à Janss, tapissier des Gobelins, pour son remboursement des dépenses par luy faites pour le port et raport, de Paris à Versailles et de Versailles à Paris, de cinq pièces de tapisseries par luy faites aux Gobelins, et pour les avoir garnies de sangles...... 117^ll 16^s 6^d

23 avril: au s^r Doussor, expert desd. bastimens, pour cent dix vacations qu'il a employées à la vérification, toisés et calcul des ouvrages faits en divers maisons du Roy et couvent des Capucines............ 947^ll 15^s

4 juin: au s^r Herlan, pour les cires, huile, thérébantines ou poix grasse qu'il a fourni pour la statue équestre du Roy de l'hostel de Vandosme (2 p.) 627^ll

9 juillet: à Chevillard, fontainier, pour réparations aux robinets des conduites du chasteau de Vincennes et enlèvement des terres du regard de Montreuil. 24^ll 17^s

12 novembre: à Jaques Fontaine, pour 283 livres de cuivre rouge qu'il a livré pour rétablir les tuyaux montans de la pompe à la Samaritaine........ 403^ll 5^s 6^d

12 novembre: à Philippes Thévenart, pour son remboursement des dépenses pour serrer les vieux bois dans le manège et rellever les fossez des taillis du bois brûlé du parc de Vincennes.................. 55^ll 5^s

24 décembre: à Houasse, peintre, pour avoir assisté au lever des scellez et inventaire qui ont esté faits des tableaux et desseins de S. M., tant au Louvre et à l'hostel de Gramont qu'aux Gobelins et à la maison du feu s^r Le Brunet à Montmorency, pendant trois mois, et avoir fait un récollement et mémoire particulier de tous les desseins de tapisserie, tableaux, toiles et ustancils servans à la peinture, restez aux Gobelins, y compris les frais de voiture.................... 342^ll

2 avril: au s^r Vander Hulst, pour remboursement de pareille somme par lui avancée pour le fret de Lisbon

à Rouen et la voiture de Rouen au pont de Sève, de 46 paniers de fleurs en terre envoyez de Lisbonne pour le Roy... 99ᴸ

Somme de ce chapitre....... 3981ᴸ 1ˢ

OUVRAGES DES GOBELINS
ET DE LA SAVONNERIE.

8 janvier-5 novembre : à JANS, pour l'ouvrage qu'il a fait sur six pièces de tapisseries haute lisse d'après les tableaux de la gallerie de S¹-Cloud, de juillet 1689 à juin 1690 (4 p.).................. 6410ᴸ 12ˢ 5ᵈ

A luy, avec la somme à quoy monte l'or filé, la soye commune, les laines cramoisy, carnation et commune et chaisne, à compte de vingt-deux pièces de tapisserie haute lisse qu'il fait, sçavoir : cinq d'après RAPHAEL, sept d'après JULES ROMAIN et dix arabesques (4 p.)............................... 24552ᴸ 7ˢ 8ᵈ

A luy, pour les six derniers mois de la première année échue au 1ᵉʳ juillet 1689, de cinq aprentifs tapissiers, sçavoir : CLAUDE-LOUIS COGNÉ, GERMAIN TEXIER, TOUSSAINT VAVAQ, AMANT VAVAQ et JEAN-BAPTISTE VAVAQ ¹, lesquels ont esté obligés aud. JANS pour apprendre le métier de tapissier...................... 250ᴸ

27 aoust : à luy, pour ses appointemens des six derniers mois de 1689...................... 75ᴸ

8 janvier-12 mars : à LEFEBVRE, tapissier, sur deux pièces de tapisserie haute lisse représentant l'une le Parnasse et l'autre l'Incendie du Bourg (2 p.) 774ᴸ 2ˢ 3ᵈ

8 janvier-5 novembre : à luy, avec la somme à quoy monte l'or filé, les soyes cramoisy et commune, les laines cramoisi, carnation et commune, à compte de dix pièces de tapisserie de haute lisse qu'il fait, sçavoir : quatre d'après JULES ROMAIN, trois d'après RAPHAEL et trois arabesques (4 p.)....................... 11093ᴸ 7ˢ 8ᵈ

8 janvier : à luy, pour la deuxième année, échue au 1ᵉʳ juillet 1689, de l'apprentissage de FRANÇOIS PASQUIER, son aprentif tapissier...................... 75ᴸ

27 aoust : à luy, pour ses appointemens des six derniers mois de 1689...................... 75ᴸ

8 janvier-5 novembre : à MOSIN, pour l'ouvrage qu'il a fait sur neuf pièces de tapisserie basse lisse, sçavoir : quatre de l'Histoire de Scipion représentant : une le Festin, une Scipion dans son trône, une l'Assaut de Carthage et une la Grande bataille; cinq pièces de la Tenture indienne, représentant une deux Taureaux, une un Combat d'animaux, une un Éléphant, une un Chasseur et une un Roy

¹ Lisez VAVOQ.

porté par deux Maures, y compris la soye commune, les laines cramoisy, carnation, commune et chaisne, qui lui ont esté fournis (4 p.)............... 12898ᴸ 8ˢ 1ᵈ

27 aoust : à luy, pour ses appointemens des six derniers mois 1689........................ 75ᴸ

8 janvier-5 novembre : à LA CROIX, pour l'ouvrage qu'il a fait sur cinq pièces de tapisserie basse lisse, sçavoir : une de l'Histoire de Scipion, représentant l'Incendie; trois de la Tenture indienne, représentant une un Cheval rayé, une les Pescheurs et une un Cheval pomelé, et une d'après les tableaux de la gallerie de S¹-Cloud, représentant le Parnasse, avec les soyes, laines cramoisy, carnation, commune et chaisne, qui luy ont esté fourni (4 p.)..................... 7877ᴸ 7ˢ 1ᵈ

27 aoust : à luy, pour ses appointemens des six derniers mois de 1689....................... 50ᴸ

8 janvier-5 novembre : à YVART, peintre, pour ses appointemens des six derniers mois de 1689 et des six premiers mois de 1690 (4 p.)............. 3000ᴸ

A luy, pour les dépenses par luy faites pour les desseins et peintures, suivant les mémoires (4 p.)........ .... 1712ᴸ 19ˢ

A TURPIN, marchand, pour les laines blanches d'Angleterre et la chaîne qu'il a fourni, à 3ᴸ la livre (4 p.)... .... 3172ᴸ 10ˢ

A DE MOUCHY, pour avoir dégraissé et reblanchi de la laine blanche d'Angleterre, à raison de 4ˢ la livre (4 p.)................................. 132ᴸ

A BRANCHI, lapidaire, pour ses appointemens des six derniers mois 1689 et six premiers 1690 (4 p.). 1920ᴸ

A luy, pour son remboursement des journées d'un homme qui a servi pendant led. temps à scier et polir les pierres qu'employe led. BRANCHI (4 p.)...... 352ᴸ 10ˢ

27 aoust : à luy, pour son remboursement de menues dépenses........................... 71ᴸ 9ˢ

8 janvier-5 novembre : à KERCHOVE, teinturier, pour ses appointemens des six derniers mois 1689 et six premiers 1690 (4 p.)...................... 1500ᴸ

A luy, pour un homme qui luy a aydé pendant led. temps à teindre les laines blanches d'Angleterre en cramoisy, en carnation et en teinte commune, et la soye en cramoisy et teinte commune (4 p.)........... 600ᴸ

A luy, pour voies de bois, sceaux, cordes à puits, coquilles de noix, avoir fait escurer la citerne de la teinturerie et accommoder le bateau sur la petite rivière (4 p.).................................. 329ᴸ

12 mars : à luy, pour la troisième année de l'apprentissage de Louis KERCHOVE, échu au dernier décembre. 50ᴸ

27 aoust : à luy, pour ses appointemens des six derniers mois 1689......................... 50ᴸ
8 janvier-5 novembre : à LUNAGOE, chirurgien, pour ses appointemens des six derniers mois 1689 et six premiers 1690 (4 p.)..................... 400ᴸ
A NIVELON, dessinateur, pour ses appointemens du même temps (4 p.)..................... 1100ᴸ
A la veuve BARREAU, portière, idem (4 p.)... 300ᴸ
A la veuve TRÉHET, jardinière, idem (4 p.)... 400ᴸ
A ROCHON, concierge, idem (4 p.)........... 1200ᴸ
A luy, pour menues dépenses faites aux Gobelins pendant led. temps (4 p.)................. 400ᴸ 17ˢ
2 avril : au sʳ PICHON, prêtre, pour avoir célébré le service divin dans la chapelle de la Savonnerie pendant les six derniers mois 1689................. 120ᴸ
12 mars-5 novembre : au sʳ ROULEAU, pour drogues de teinturerie qu'il a fournies (3 p.)..... 504ᴸ 19ˢ 6ᵈ
9 juillet : au sʳ FERRARI, pour 240 livres de soye blanche qu'il a fourni au sʳ ROCHON pour estre teinte aux Gobelins et employée aux ouvrages de tapisserie qui se font dans lad. manufacture................. 3600ᴸ
27 aoust : à DE SÈVE, peintre pour les histoires, pour ses appointemens des six derniers mois 1689.... 100ᴸ
A HOUASSE, peintre pour les histoires, pour idem 100ᴸ
A luy, pour les soins qu'il prend des tableaux qui sont dans l'hostel de Gramont................ 150ᴸ
A VERDIER, peintre pour les histoires, pour les six derniers mois de ses appointemens de 1689....... 100ᴸ
A YVART le jeune, peintre pour les histoires, idem 75ᴸ
A ANGUIER, peintre pour les ornemens, idem.. 100ᴸ
A BAPTISTE, peintre pour les fleurs, idem..... 100ᴸ
A LECLERC, dessinateur et graveur, idem...... 150ᴸ
Au sʳ BOYER, prestre ecclésiastique de Sᵗ Hypolyte qui fait le catéchisme aux Gobelins, pour idem...... 75ᴸ
Au Père ANTOINE BOLDUC, religieux flamand de Picpus, qui catéchise les ouvriers flamands travaillans aux Gobelins, pour idem..................... 50ᴸ
Au sʳ JOSEPH PICHON, prestre, pour avoir célébré le service divin dans la chapelle de la Savonnerie pendant les six premiers mois 1690................ 120ᴸ

Somme de ce chapitre..... 86242ᴸ 9ˢ 8ᵈ

JARDIN ROYAL.

8 janvier : au sʳ TOURNEFORT, parfait payement de 6492ᴸ 18ˢ à quoy monte la dépense par luy faite à la recherche de plusieurs plantes rares pour led. Jardin royal depuis le 14 septembre 1686, et 600ᴸ par gratification 1206ᴸ 8ˢ

12 février : au sʳ DAQUIN, premier médecin du Roy, surintendant des démonstrations intérieures des plantes et opérations médicinalles, pour ses appointemens pendant l'année dernière 1689................. 3000ᴸ
Au sʳ DAQUIN le jeune, docteur en médecine de la faculté de Paris, pour ses gages de démonstrateur pendant led. temps......................... 1500ᴸ
Au sʳ FAGON, docteur en médecine de la mesme faculté, pour ses gages en la mesme qualité......... 1500ᴸ
A luy, pour ses gages en qualité de sous-démonstrateur pendant led. temps..................... 1200ᴸ
Au sʳ DUVERNAY, démonstrateur aud. Jardin royal, pour ses gages pendant led. temps.............. 1500ᴸ
12 novembre : à luy, pour son remboursement des dépenses par luy faites aux démonstrations d'anatomie et chirurgie aud. jardin, pendant les six derniers mois 1689 .... 681ᴸ
12 février : à PIERRE BEAUPRÉ, garçon du laboratoire dud. Jardin royal, pour ses gages en lad. qualité pendant l'année 1689..................... 200ᴸ
A PAUL GARIGUES, autre garçon, idem....... 200ᴸ
12 février-23 juillet : à BREMAN, jardinier dud. jardin, pour ses gages des six derniers mois 1689 et six premiers 1690 (2 p.)..................... 2500ᴸ
12 février-23 juillet : à CHAILLOU, portier dud. jardin, pour ses gages pendant led. temps (2 p.)... 450ᴸ
23 avril : à BOURDELIN, apotiquaire de S. M., pour son remboursement des dépenses qu'il a faites en son laboratoire de l'Académie des sciences depuis l'année 1687. . ... 1019ᴸ 4ˢ 6ᵈ
21 may : au sʳ CLAUDE TORRENT, pour son remboursement de ce que le sʳ JACQUES BILLET, marchand à Lyon, a payé au sʳ DU PINEAU, à Lisbonne, par gratification, en considération de ses soins pour l'envoy d'oignons de fleurs et autres plantes rares pour le Roy...... 200ᴸ
20 aoust : au sʳ MARCHAND, pour remboursement de ses dépenses pour l'entretien du petit jardin des plantes servant aux exercices de l'Académie royale des sciences pendant l'année 1689..................... 89ᴸ
22 octobre : à BERNARD, sculpteur, pour avoir retouché et doré les lettres de la table de marbre et rétabli la sculpture des armes du Roy dans le fronton au-dessus de la porte de l'entrée du Jardin royal des plantes en 1690 .... 18ᴸ

Somme de ce chapitre..... 15263ᴸ 12ˢ 6ᵈ

BIBLIOTHÈQUE.

8 janvier-5 novembre : au sʳ THEVENOT, commis à la

garde de lad. bibliothèque, pour son remboursement des sommes qu'il a payées pour la dépense faite depuis le 6 novembre 1689 jusqu'au 21 octobre 1690 (12 p.).. .... 1998ʰ 0ˢ 6ᵈ

CABINET DES MÉDAILLES.

8 janvier-3 décembre : au sʳ Vincenot, pour avoir escrit l'explication des médailles antiques du cabinet de S. M. depuis le mois de décembre 1689 jusqu'au mois de novembre 1690 (12 p.)................ 1103ʰ

15 janvier : au nommé Daubancourt, gaynier, pour avoir aggrandi les trous de quinze tablettes à mettre des jettons pour led. cabinet..................... 45ʰ

12 février : au sʳ Oudinet, pour son remboursement de ce qu'il a payé pour bois, chandelles et autres menues dépenses faites aud. cabinet............ 156ʰ

12 mars : à Pary, papetier, payement du papier, plumes, encre et autres fournitures par luy faites pour le bureau desd. médailles en 1689.......... 80ʰ 16ˢ

18 juin : à la veuve Martin et Boudot, libraires, pour livres qu'ils ont fourni en 1688 et 1689 pour le bureau des médailles........................ 20ʰ

9 juillet : au sʳ abbé Bizot, pour 39 médailles d'argent qu'il a fournies pour le cabinet du Roy........ 860ʰ

Somme de ce chapitre...... 2264ʰ 16ˢ

ACADÉMIE DE PEINTURE ET DE SCULPTURE
DE ROME.

8 janvier-24 décembre : au sʳ Clerx, pour son remboursement des sommes qu'il a fait remettre à Rome en une lettre de change payable au sʳ de la Teulière, pour employer aux dépenses de lad. Académie (10 p.).. .... 21060ʰ

30 avril : à Louis Le Gros, sculpteur, pour luy donner moyen d'envoyer son fils à Rome à lad. académie. 150ʰ

Somme de ce chapitre....... 21210ʰ

GRATIFICATIONS AUX GENS DE LETTRES.

28 janvier : au sʳ Racine, à compte de 2000ʰ de gratification pendant 1689, en considération des ouvrages qu'il compose et donne au public........ 666ʰ 13ˢ 4ᵈ

Au sʳ de la Chapelle-Bessé, à compte de 1500ʰ, en considération de son application aux belles-lettres. 500ʰ

Au sʳ Charpentier, idem................ 500ʰ
Au sʳ Despréaux, idem............. 666ʰ 13ˢ 4ᵈ
Au sʳ abbé Tallemant, idem............. 500ʰ

Au sʳ abbé Galloys, idem.................. 500ʰ

Au sʳ Félibien, historiographe des bastimens de S. M., à compte de 1200ʰ de gratification, en considération du travail qu'il fait pour l'histoire des Maisons royalles 400ʰ

Au sʳ de la Hire, à compte de 1500ʰ, en considération de la cognoissance qu'il a des mathématiques, astronomie et géométrie................. 500ʰ

Au sʳ Bourdelin, idem, en considération de son travail pour l'analize des plantes................. 500ʰ

Au sʳ du Vernay, à compte de 2100ʰ, sçavoir : 1500ʰ en considération du travail qu'il fait à l'Académie des sciences, et 600ʰ pour l'entretien d'un garçon... 700ʰ

Au sʳ Dippy, interprète en langue arabe, à compte de 1200ʰ pour ses gages................. 400ʰ

Au sʳ de la Croix, interprète en langue turque, idem.................................. 400ʰ

Au sʳ Cassini, mathématicien, à compte de 9000ʰ pour ses appointemens.................. 3000ʰ

Au sʳ Dodart, à compte de 1500ʰ, en considération de la cognoissance qu'il a des mathématiques... 500ʰ

Au sʳ Marchand, à compte de 1200ʰ, en considération de l'histoire naturelle des plantes.......... 400ʰ

Au sʳ Dalesme, ingénieur, à compte de 600ʰ, en considération de plusieurs machines qu'il a inventées 200ʰ

Au sʳ Sedileau, à compte de 500ʰ, en considération de son application aux mathématiques... 166ʰ 13ˢ 4ᵈ

Au sʳ Potenot, à compte de 400ʰ, en la même considération............................. 133ʰ 6ˢ 8ᵈ

Au sʳ Duhamel, secrétaire de l'Académie des sciences, à compte de 1500ʰ, pour ses soins.......... 500ʰ

Au sʳ Couplet, concierge de l'Observatoire, commis à la garde et entretien des instrumens et machines de lad. Académie, à compte de 500ʰ.......... 166ʰ 13ˢ 4ᵈ

Au sʳ Rolle, à compte de 400ʰ, en considération de la cognoissance qu'il a de la géométrie et des nombres 133ʰ 6ˢ 8ᵈ

Au sʳ Lefebvre, à compte de 300ʰ, en considération idem................................... 100ʰ

Au sʳ de Cusset, idem, en considération de sa cognoissance de l'astronomie, géométrie et mécanique... 100ʰ

Au sʳ Mery, à compte de 600ʰ, en considération de son application à la physique, histoire des animaux et aux dissections....................... 200ʰ

Au sʳ Cuatillon, dessinateur de dissections d'animaux et de plantes, à compte de 400ʰ, en considération de son travail...................... 133ʰ 6ˢ 8ᵈ

Somme de ce chapitre..... 11966ʰ 13ˢ 4ᵈ

ANNÉE 1690. — LOYERS DE MAISONS.

ACADÉMIE DES SCIENCES ET FRANÇOISE.

19 février : à Guillaume Le Guay, Philipe Grou, gardes et mortes payes du chasteau du Louvre, pour les soins qu'ils ont pris de monter l'horloge, nettoyer les salles et faire du feu à l'Académie françoise pendant 1689............................... 60ᵗᵗ

12 mars-8 octobre : au sʳ Boyer, trésorier de l'Académie françoise, pour le bois, bougie et transcriptions de lad. Académie pendant les six derniers mois 1689 et six premiers 1690 (2 p.).................. 300ᵗᵗ

12 mars : à Gosselin, armurier, pour avoir racomodé plusieurs instrumens servans aux observations astronomiques à l'Observatoire, pendant 1687, 1688 et 1689 .... 100ᵗᵗ

23 avril-10 décembre : au sʳ Petit, pour les jettons d'argent qu'il a fourni pour distribuer à l'Académie françoise et des médailles d'argent pour les prix des estudians de l'Académie de peinture et sculpture pendant le dernier quartier 1689 et les quatre quartiers de l'année 1690 (4 p.).................. 7292ᵗᵗ 8ˢ 3ᵈ

23 avril : à Seignelonge, portier de l'Observatoire, pour ses appointemens d'une année échue le dernier mars................................. 150ᵗᵗ

A Antoine Voirie, nouveau portier, pour un justa-corps des livrées du Roy.................... 30ᵗᵗ

4 juin : au sʳ Couplet, concierge de l'Observatoire, pour son remboursement des menues dépenses qu'il a fait pour les exercices et expériences de l'Académie des sciences pendant les neuf derniers mois de l'année 1689 .... 65ᵗᵗ 17ˢ 6ᵈ

A Jaques Regnard, pour le bois, bougies et transcriptions de cahiers de l'Académie des inscriptions, pendant les six derniers mois 1688................. 100ᵗᵗ

10 septembre : au sʳ Duhamel, secrétaire de l'Académie des sciences, pour son remboursement des dépenses par luy faites pour la continuation de l'Histoire des animaux pendant les années 1688 et 1689, jusqu'au 1ᵉʳ mars 1690...................... 316ᵗᵗ 10ˢ

8 octobre : au sʳ Oudot, pour son remboursement et composition de la musique chantée le jour de la Saint-Louis à la messe de l'Académie, dans la chapelle du Louvre................................. 300ᵗᵗ

Somme de ce chapitre..... 8714ᵗᵗ 15ˢ 9ᵈ

ACADÉMIE DE PEINTURE, SCULPTURE
ET ARCHITECTURE DE PARIS.

15 janvier : au nommé Dumont, pour la provision du gros bois, cotteret, fagot, bougies et autres menues necessitez qu'il a fournis pour l'Académie d'architecture en 1689............................... 100ᵗᵗ

12 mars-12 novembre : au sʳ Beaubrun, trésorier de l'Académie de peinture et sculpture, pour l'entretien de lad. Académie pendant le dernier quartier 1689 et les trois premiers 1690 (4 p.).............. 6000ᵗᵗ

12 mars-5 novembre : aux sieurs Mansart, Bruand, Dorbay, Bullet, de la Hire, de Cotte et Félibien, architectes, pour leurs assistances aux conférences de l'Académie d'architecture depuis le dernier quartier 1689 jusqu'au 3ᵉ quartier 1690 (4 p.)........ 3348ᵗᵗ 12ˢ

5 novembre : à Tourangeau, pour provision de gros bois faite en 1690...................... 100ᵗᵗ

Somme de ce chapitre....... 9548ᵗᵗ 12ˢ

MANUFACTURES DE DENTELLES DE FIL.

29 janvier-3 septembre : au sʳ Maury, parfait payement de la dépense qu'il a faite pour les établissements de la manufacture de dentelles de fil dans les villes de Tonnerre, Laignes et Chastillon-sur-Seyne pendant la présente année (2 p.).............. 15770ᵗᵗ 10ˢ

LOYERS DE MAISONS.

8 janvier-17 décembre : au sʳ de Franclieu, pour son remboursement du loyer du logement qu'il a occupé à Buc pendant les années 1689 et 1690 (2 p.)... 330ᵗᵗ

15 janvier-17 décembre : au sʳ de Poutrincourt, pour une année du loyer de sa maison, escurie et manège, occupez par les officiers et pages de la grande escurie à Paris (2 p.)......................... 6100ᵗᵗ

29 janvier : au sʳ Parisot, pour le loyer du logement qu'il a occupé à Briconville pendant l'année dernière 1689............................... 120ᵗᵗ

2 avril : à M. le coadjuteur de Rouen, pour une année de loyer de deux maisons à luy appartenantes rue Vivien, occupées par la bibliothèque du Roy... .... 5000ᵗᵗ

23 avril : au sʳ Chevalier Houel, pour une année, échue le 31 décembre 1688, du loyer de deux maisons à luy appartenantes, scizes à la Halle-Barbier, occupées par les Mousquetaires..................... 360ᵗᵗ

23 avril-14 may : à la dame Cornuel, pour une année du loyer de neuf maisons qui lui appartiennent, scizes et occupées idem...................... 1620ᵗᵗ

7-14 may : au sʳ Lefebvre, pour le loyer, pendant

l'année 1689, d'une maison qu'il occupe à Versailles (2 p.)........................... 1200ᴸ

18 juin : aux héritiers de la dame d'Astric, pour une année du loyer de deux maisons sçizes à la Halle-Barbier et occupées par les Mousquetaires........ 500ᴸ

Aux héritiers de la veuve Perrier, pour deux maisons *idem*........................... 500ᴸ

A la veuve Massonnet, pour deux maisons *idem*... .... 360ᴸ

A la veuve Roger, pour deux maisons *idem*... 360ᴸ

Somme de ce chapitre........ 16450ᴸ

DIVERSES DÉPENSES.

29 janvier-1ᵉʳ octobre : au sʳ de Lubert, trésorier général de la marine, pour son remboursement des sommes par luy payées pour l'entretien du jardin de S. M. à Toulon et autres dépenses faites pendant les six derniers mois 1689 et six premiers 1690 (2 p.)... .... 1923ᴸ 9ˢ 6ᵈ

MONCEAUX.

MAÇONNERIE.

9 avril-23 juillet : aux nommez Desarneaux, entrepreneurs, à compte des ouvrages et réparations de maçonnerie qu'ils ont fait au chasteau et aux murs du parc dud. chasteau de Monceaux les années précédentes (2 p.) 366ᴸ

COUVERTURE.

19 février : à Jean Duval, couvreur, à compte des couvertures par luy faites aud. chasteau en 1687 et 1688 .... 500ᴸ

11 juin : à luy et Bega, pour réparations de couverture qu'il a faites aud. chasteau pendant la présente année 129ᴸ 12ˢ 7ᵈ

Somme de ce chapitre..... 629ᴸ 12ˢ 7ᵈ

VITRERIE.

9 juillet : à Nicolas Presson, vitrier, pour les réparations de vitrerie par luy faites aud. chasteau en 1690 .... 29ᴸ 13ˢ 6ᵈ

MENUISERIE.

17 septembre : à Fontvielle, menuisier, à compte des ouvrages de menuiserie par luy faits aud. chasteau en 1689........................... 16ᴸ

MENUES DÉPENSES.

17 septembre-10 décembre : aux nommez Dezanneaux, Duval et Bega, entrepreneurs, pour les réparations de maçonnerie et couverture par eux faites aud. chasteau pendant la présente année (2 p.). 652ᴸ 7ˢ 6ᵈ

JARDINS ROYAUX.

LABOURS.

12 février : à Le Voix, jardinier, pour le labour en plein par luy fait à 16 arpens et demi de bois plantez en quatre remises à gibier dans la plaine de Grenelle, avoir fourni 24 milliers de plans et autres ouvrages. 525ᴸ

10 septembre-26 novembre : à luy, sur le deuxième et troisième labours en plain à six remises à gibier (2 p.) 302ᴸ 12ˢ

10-24 décembre : à Nicolas Lancelin et Antoine Leclerc, à compte du labour qu'ils font à leur tâche, de deux fers de besche de profondeur, à un arpent de terre pour planter une pépinière, proche la porte Saint-Antoine du parc de Versailles (2 p.)............... 240ᴸ

29 janvier-28 may : à Remy Janson, jardinier, pour 7193 trous de 3 pieds de large sur 2 pieds de creux, qu'il a remplis et plantez d'épines en partie dans les bosquets des jardins de Trianon (4 p.)... 1439ᴸ 16ˢ

16 avril : à luy, parfait payement de 2547ᴸ 0ˢ 8ᵈ à quoy montent les trois labours par luy faits à 161 arpens 44 perches 3/4 aux bois nouveaux plantez dans la remise à gibier entre Rennemoulin et Villepreux.... .... 217ᴸ 0ˢ 8ᵈ

30 avril : à luy, parfait payement de 3440ᴸ 16ˢ 6ᵈ à quoy montent trois labours par luy faits à 79064 toises carrées de terre au pied des arbres des avenues des parcs de Versailles et aux arbres plantez en quinconges dans la remise à gibier entre Rennemoulin et Villepreux............................ 990ᴸ 16ˢ 6ᵈ

30 avril : à luy, pour 3628 arbres et 82 milliers 1/2 de plants de chesne qu'il a arrachez dans les pépinières de Versailles, y compris la voiture de 988 ormes..... .... 445ᴸ 16ˢ

A luy, à compte du premier labour fait à 140 arpens de bois nouveaux plantez dans la grande remise à gibier entre Rennemoulin et Villepreux............. 500ᴸ

A luy, sur le premier labour à 70 arpens de pépinière aux environs de Versailles.............. 400ᴸ

14 may : à luy, sur le premier labour à 79064 toises

carrées de terre aux arbres des avenues du parc de Versailles........................... 750ʰʰ

A luy, sur le premier labour en plein à 21 arpens 89 perches 1/4 de plants de bois dans les bosquets de l'ancien parc de Versailles et dans les remises à gibier des faizanderies de Moulineaux et Rennemoulin. 100ʰʰ

11 juin : à luy, parfait payement de 746ʰʰ 9ˢ 9ᵈ à quoy montent trois labours faits à 12411 arbres des avenues de Vincennes en 1689.......... 446ʰʰ 9ˢ 9ᵈ

16 juillet-20 aoust : à luy, à compte des premier et deuxième labours faits à 12411 toises carrées de terre au pied des arbres des avenues du chasteau de Vincennes (2 p.)......................... 200ʰʰ

23 juillet-10 septembre : à luy, pour le deuxième labour à 73 arpens de pépinière d'ormes, bois blancs et petits plans de charmille en réserve dans les parcs et aux environs de Versailles (2 p.)......... 555ʰʰ 15ˢ

23 juillet-12 novembre : à luy, sur les deuxième et troisième labours à 79064 toises carrées de terre au pied des arbres des avenues des parcs de Versailles et aux arbres plantez en quinconge entre Rennemoulin et Villepreux (2 p.).................... 1500ʰʰ

6-20 aoust : à luy, parfait payement des labours, tant à plain que vuide, à 183 arpens 34 perches de terre plantez en bois dans la grande remise à gibier de Villepreux (2 p.)........................ 615ʰʰ 14ˢ

15 octobre : à luy, sur les ouvrages qu'il a fait aux pépinières d'ormes et de bois blanc aux environs de Versailles et d'Auneau................... 300ʰʰ

29 octobre-24 décembre : à luy, sur le troisième labour à 150 arpens de bois plantez dans la grande remise (2 p.)........................ 615ʰʰ 14ˢ

26 novembre-24 décembre : à luy, sur le troisième labour à 60 arpens de pépinière plantés d'ormes, bois blanc et chicomores dans les parcs et aux environs de Versailles (2 p.)................... 548ʰʰ 12ˢ

30 avril : à CHARLES JANSON, jardinier, pour avoir mis cent perches de châtignier pour soutenir les maronniers d'Inde plantez dans le jardin du Cheni, et autres fournitures............................. 12ʰʰ 10ˢ

26 avril : à JEAN FRADE, parfait payement de 349ʰʰ 11ˢ 8ᵈ à quoy montent trois labours par luy faits aux 10345 ormes, de 5 pieds en carré, dans les avenues de Saint-Germain-en-Laye............... 49ʰʰ 11ˢ 8ᵈ

14 may-20 aoust : à luy, sur les premier et deuxième labours à 11635 toises carré de terre au pied des arbres des avenues de la plaine de Vézinet et route de Saint-Germain aux Loges (2 p.)................. 200ʰʰ

16 avril : à THOMAS DE BUONI, parfait payement de 651ʰʰ 18ˢ 3ᵈ pour trois labours par luy faits à 15398 ormes, de 6 pieds en carré, dans les avenues du palais des Thuilleries et du parc de Boulogne en 1689.................................. 201ʰʰ 18ˢ 3ᵈ

14 may-20 aoust : à luy, sur les premier et deuxième labours de l'année 1690 auxd. arbres (2 p.)... 300ʰʰ

6 aoust-1ᵉʳ octobre : à ESTIENNE HUBIN, jardinier, pour divers labours par luy faits dans les carrez du jardin de la pépinière du Roule, y compris 3ʰʰ 4ˢ pour quatre vazes de fayance qu'il a fournis pour mettre des fleurs (5 p.) 113ʰʰ 1ˢ 4ᵈ

28 may : à REMY JANSON, jardinier, pour avoir fait arracher 103 grosses souches d'arbres morts, de 5 à 6 pieds de tour, dans les anciens bosquets de Trianon 82ʰʰ 8ˢ

11 juin : à luy, pour avoir fait et relevé 445 toises de fossez pour la conservation des arbres des avenues de Vincennes........................ 105ʰʰ 19ˢ

16 juillet : à luy, parfait payement de 857ʰʰ 2ˢ pour le premier labour en plein à 69 arpens 91 perches de bois nouveaux plantez................... 257ʰʰ 2ˢ

A luy, parfait payement de 579ʰʰ 5ˢ 6ᵈ pour le premier labour à 80 arpens 19 perches de terre plantées en pépinière dans les parcs des dépendances de Versailles et à Auneau.................. 179ʰʰ 5ˢ 6ᵈ

26 novembre : à luy, pour avoir fait arracher et voiturer de la pépinière d'Auneau 840 ormes et 60 tillots pour planter dans les avenues du palais des Thuilleries, du parc de Boulogne et de Vincennes.......... 71ʰʰ

Somme de ce chapitre..... 12266ʰʰ 1ˢ 5ᵈ

PLANTS D'ARBRES.

29 janvier-2 avril : à FRANÇOIS POIRIER, pour 46 milliers de boutures de bois blanc et 32725 plants d'espine blanche qu'il a arrachés dans les parcs de Versailles pour planter dans les jardins de Versailles et de Trianon (3 p.)................................. 319ʰʰ 3ˢ

12 février-2 avril : à luy, payement des arbres qu'il a échenillez dans les allées et bosquets du jardin du chasteau de Versailles (3 p.)............... 390ʰʰ

12 mars : à luy, pour avoir échenillé les arbres des bosquets et allées du jardin de Trianon et la futaye proche les glacières en dehors dud. jardin.......... 150ʰʰ

15 janvier : à LOUIS DE LA CROIX, pour avoir araché dans la pépinière d'Auneau, proche Seaux, 200 ormes et 72 tillots d'Holande, et avoir rempli les trous, y compris la voiture de Saint-Cyr à Marly............ 37ʰʰ 6ˢ

25 juin : à luy et JEAN LANCELIN, pour 180 toises de fossez qu'ils ont fait pour faire escouler les eaux des

terres où l'on a semé de la graine d'orme et du labour à 102 perches, tant dans lad. pépinière prez Saint-Antoine que dans celle de Gallye, pour semer de la graine. 81ᵗᵗ

8 janvier : au sʳ Viand, pour 10000 pieds d'arbre et 47800 de billes d'orme qu'il a livré pour le Roy. 8738ᵗᵗ

10 décembre : à luy, pour 10200 pieds d'ormes et 91500 billes d'ormes qu'il a livrez pour le Roy. 10816ᵗᵗ

29 janvier : à Jean de Vaux et Jean Frades, pour 1335 ormes qu'ils ont fournis pour planter dans les jardins de S. M. à Marly et à Saint-Germain-en-Laye et de 4 poiriers sauvageaux pour planter dans le jardin du Val............................ 709ᵗᵗ

12 février : à Philipe Le Faucheux, pour 52 arbres fruitiers de haute tige et 97 arbres nains fournis pour planter dans le jardin du chasteau neuf de Saint-Germain-en-Laye........................... 53ᵗᵗ 13ˢ

2 avril : à Estienne Maréchal, pour 168 arbrisseaux à fleurs en boules qu'il a fournis pour planter dans les parterres du chasteau de Marly, et 30 peschers pour Fontainebleau........................ 204ᵗᵗ 18ˢ

10 décembre : à luy et Jacques Huby, pour 600 épatiques simples, 750 primeverds, 600 œillets d'Espagne et autres fleurs qu'ils ont fournis pour planter dans la Salle du Conseil du jardin de Versailles.... 475ᵗᵗ 10ˢ

24 décembre : à eux, pour 46 boisseaux de tulipes et 31 boisseaux de narcis blancs doubles qu'ils ont fournis pour Marly....................... 283ᵗᵗ 2ˢ 6ᵈ

12 novembre : à Germain Chedeville, jardinier à Vitry, pour 36 poiriers nains. greffez sur franc, et 24 peschers greffez sur prunier qu'il a fournis pour planter dans le jardin du Roy à Fontainebleau...... 15ᵗᵗ 15ˢ

24 novembre : à Beslard, pour avoir fourni 20000 de charmille de marque pour Marly.......... 260ᵗᵗ

A Michel Laforest, pour 300 juliennes violettes doubles qu'il a fourni pour Marly............ 36ᵗᵗ 15ˢ

24 novembre : à Olivier Brouillard, pour voiture, de Poissy à Versailles, de 15 septiers de gland pour mettre en réserve......................... 35ᵗᵗ 15ˢ

12 février : à Antoine Tricadeau, à compte de 200 arpens de bois nouveaux plantez dans le parc de Versailles, qu'il a coupez au pied, à 20ˢ l'arpent.... 150ᵗᵗ

12 mars : à luy, pour avoir échenillé tous les arbres et les bois nouveaux plantez dans les remises à gibier et à la ceinture au long des murs dans le grand parc de Versailles............................ 120ᵗᵗ

16 avril : à luy, parfait payement de 2384ᵗᵗ 8ˢ 6ᵈ à quoy montent trois labours par luy faits à 42100 toises carrées au pied des arbres des avenues de Versailles, etc.............................. 734ᵗᵗ 8ˢ 6ᵈ

A luy, parfait payement de 8235ᵗᵗ 8ˢ à quoy montent trois labours par luy faits aux bois nouveaux plantez dans les remises à gibier et à la ceinture au long des murs dans le grand parc et dans la remise proche de l'estang de Clagny.......................... 235ᵗᵗ 8ˢ

30 avril-16 juillet : à luy, parfait payement du premier labour qu'il a fait à 420 arpens de bois nouveaux plantez dans les remises à gibier et à la ceinture au long des murs du grand parc (4 p.).......... 2436ᵗᵗ 8ˢ

14 may-26 novembre : à luy, parfait payement des trois labours faits à 42100 toises carrées de terre au pied des arbres des avenues de Versailles, Marly et environs (3 p.)............................ 1050ᵗᵗ

16 juillet : à luy, parfait payement de 344ᵗᵗ 5ˢ pour avoir recépé au pied 344 arpens 21 perches 1/2 de bois nouveaux plantez................... 194ᵗᵗ 5ˢ

6 aoust-17 septembre : à luy, pour le deuxième labour à 500 arpens de bois nouveaux plantez (3 p.)....
.... 2058ᵗᵗ 17ˢ

29 octobre-24 décembre : à luy, pour le troisième labour à 680 arpens de bois nouveaux plantez dans les remises à gibier et à la ceinture au long des murs dans le grand parc de Versailles (3 p.)....... 2058ᵗᵗ 17ˢ

12 février : à Jerosme Droit, jardinier, pour avoir coupé au pied unze arpens de bois nouveaux plantez dans les remises à gibier de la plaine de Saint-Denis, et autres ouvrages.................... 32ᵗᵗ

14 may-24 décembre : à luy, pour les trois labours à 7 arpents de plants de bois dans trois remises à gibier, et de 8 autres arpens à deux autres remises dans ladite plaine de Saint-Denis (3 p.)............. 228ᵗᵗ 4ˢ

15 janvier-12 février : à Louis Germain, pour 428500 de charmilles de marque qu'il a fait arracher dans la forest de Lions en Normandie et fait voiturer dans les parcs et jardins de Versailles et Marly (2 p.).. 547ᵗᵗ 3ˢ

15 octobre-12 novembre : à Jean Tronson, pour 548000 de plant de charmille pour les parcs et jardins de Versailles et Marly (2 p.).......... 515ᵗᵗ 16ˢ 6ᵈ

12 novembre-10 décembre : à luy, pour 523 milliers de charmilles pour idem.............. 489ᵗᵗ 16ˢ

12 mars-30 avril : à Thomas Legnis et Jean Pellenin, pour des arbres qu'ils ont échenillés, aux avenues de Sᵗ-Cloud, aux quatre fermes de la Justice et partie de celles de l'ancien parc de Versailles (4 p.)...... 350ᵗᵗ

10 décembre : à François Poirier et Julien Foyer, à compte des boutures de bois blanc qu'ils ont fait arracher dans les avenues des parcs de Versailles........ 150ᵗᵗ

15 janvier-16 avril : à Jean Fraslon et Robert Hanequetin, pour 4463 trous, de 3 pieds de large sur 2 pieds

de creux, qu'ils ont faits dans les bosquets du jardin de Versailles pour y planter des arbres (3 p.).... 665ᴸᴸ 8ˢ

12 mars : à Nicolas Brissonnet et François Poirier, pour fourniture de perches de chateignier et de fil de fer pour rétablir la clôture de treillage autour de la pépinière d'ormes près Roquancourt et pour soutenir les maroniers d'Inde du jardin du Chenil........ 52ᴸᴸ 2ˢ

15 avril : à Jean Robert et Pierre Poteau, pour avoir fait et rellevé 494 toises de fossez dans les avenues et parcs de Versailles et autour de la pépinière du merisier pour la conservation des arbres...... 132ᴸᴸ 18ˢ

28 may-11 juin : à Robert et François Poirier, pour 616 boisseaux de grains d'orme qu'ils ont cueilli, ramassé et fourni pour semer en pépinière (2 p.) 246ᴸᴸ

16 juillet : à eux, pour avoir fourni 70 bottes de perches de chateignier pour enfermer des arbres proche la grande pièce d'eau...................... 88ᴸᴸ 14ˢ

10-24 décembre : à Louis de la Croix et François Poirier, pour avoir planté en réserve 1123 toises courantes de charmille dans une contre-allée de l'avenue de la porte Saint-Antoine au Chenay (2 p.).... 561ᴸᴸ 14ˢ

12 février-2 avril : à Jean Robert, jardinier, pour les arbres qu'il a échenillez en partie des avenues du chasteau de Vincennes (2 p.).................. 252ᴸᴸ

6 aoust-17 septembre : à luy, payement des fossez qu'il a fait et relevé le long des avenues·de Versailles et des arbres qu'il a espiné (2 p.)........... 247ᴸᴸ 1ˢ

16 juillet : à luy et Jean Lancelin, pour avoir fait et relevé des fossez le long des avenues de Versailles.....
.... 66ᴸᴸ 17ˢ

15 octobre-24 décembre : à luy et François Metay, payement des fossez qu'ils ont fait et relevé (3 p.) 564ᴸᴸ 4ˢ

16 avril-24 décembre : à Jean Lancelin, pour arbres échenillés, pieux enfoncés en terre pour la conservation des arbres et graine de charmille dans les parcs et avenues de Versailles (3 p.)............... 107ᴸᴸ 11ˢ

12 février-16 avril : à François et Simon Lesnable, jardiniers, pour avoir échenillé et émoussé des arbres dans les avenues de Versailles à Marly, de St-Antoine au Chesnay, de Versailles à Viroflay, et celles de Clagni hors le parc (3 p.)..................... 313ᴸᴸ 8ˢ 9ᵈ

12 mars : à Jean Mallet, charpentier, pour 146 pièces 1/2 de bois qui ont servi de poteaux pour mettre au pied des arbres dans les parcs de Versailles et jardins de Trianon, pour les préserver des charettes......
.... 439ᴸᴸ 10ˢ

Somme de ce chapitre..... 3769ᴸᴸ 8ˢ 3ᵈ

FLEURS.

12 février-30 avril : à Jean Diot, jardinier, pour avoir vendu et livré 381 bottes de buys nain et un millier d'espine blanche de marque pour planter dans les jardins et bosquets de Trianon et les parterres de Versailles (2 p.)......................... 174ᴸᴸ 6ˢ

30 avril : à luy et Jaques Huby, pour 424 jasintes orangères doubles, 3650 oculus Christi, 845 rozes tremières, 110 matrequaires, 50 épis d'or, 150 campanelles, 350 véroniques, 101 juliennes, 170 primeverds, 700 ancolies, 700 soleils vivasses, 1100 valériannes, 200 mufles de lion, 200 pivoines et une charge de cheval de mignardises pour Marly........ 604ᴸᴸ 16ˢ

29 octobre : aud. Huby, pour 1180 jasintes orangères doubles et 5500 oignons de narcisses non pareilles, qu'il a fourni pour le jardin de Marly......... 295ᴸᴸ

A Louis Cruchet et Estienne Maréchal, pour 103 arbrisseaux en boule, 1400 oignons de narcisses d'Angleterre, 19 boisseaux de tulipes, 25 boisseaux de narcis blancs doubles, 1710 matriquaires doubles, 150 campanelles, 1300 jacintes orangères simples, 1075 iris bulbeux et 430 coquelourdes fournis pour Marly à Jean Lancelin et Michel Laforest, pour 1100 œillets d'Espagne, 2754 juliennes violettes blanches doubles, 2200 juliennes simples, 350 coquelourdes doubles, 1708 jassées et 200 véroniques pour Marly........ 633ᴸᴸ 10ˢ

12 novembre : à Jean Diot et Lancelin, pour 417 bottes de buys de bois qu'ils ont fourni pour planter en palissade et en traits de buys dans la Salle du Conseil du jardin de Versailles................ 188ᴸᴸ 10ˢ

26 novembre : aud. Lancelin, pour 249 bottes de buis de bois, d'environ 1 pied et demi de hauteur et 3 pieds et demi de tour............... 124ᴸᴸ 10ˢ

26 novembre : ausd. Cruchet et Mareschal, pour 107650 narcisses non pareilles et d'Angleterre doubles, 144 boisseaux de tulipes, 34300 oignons de narcisses blanches doubles et 53 boisseaux 1/2 desd. narcisses blanches, 550 jacintes orangères doubles, 50 épatiques doubles qu'ils ont fourni pour planter dans le jardin de Marly.............. 2388ᴸᴸ 17ˢ 6ᵈ

29 janvier : aud. Cruchet, pour 20 lilas de Perse, 10 roziers de Gueldres, 10 seringats et 20 chèvrefeuilles qu'il a fournis pour planter à Marly........... 73ᴸᴸ

Somme de ce chapitre..... 4921ᴸᴸ 4ˢ 6ᵈ

TERRASSES, MAÇONNERIE.

12 février : à Jean Ameline, jardinier, pour deux cents

trous de 6 pieds en carré sur 2 pieds de creux, les avoir remplis de terre et planté de 200 ormes, et pour 250 toises de rigoles de 3 pieds de large et 2 pieds de creux, les avoir remplis et plantez de palissades de charme au jardin de Maintenon....................... 100ᴧ

23 juillet-10 décembre : à François Mettay, pour avoir relevé et réparé 162 toises de fossez pour conserver les arbres des avenues de Versailles, et autres ouvrages (2 p.)..................... 183ᴧ 13ˢ 6ᵈ

22 janvier-19 février : à Pierre Le Clerc, dit Pitre, parfait payement de 57744ᴧ 10ˢ 8ᵈ à quoy montent les ouvrages de maçonnerie et transport de terre par luy fait pendant les années 1688, 1689, 1690 pour la construction de la chaussée de la queue de l'estang d'Arcy, pour l'exaussement de celle de Trappes, la prolongation et exaussement de son retour et toutes les chaussées faites aux marnières dud. estang (2 p.)...... 1789ᴧ 10ˢ 8ᵈ

2 avril-17 décembre : à luy, sur ses ouvrages et pour construire la chaussée de la queue de l'estang de Trappes et du Perray (12 p.).................. 13768ᴧ 10ˢ

1ᵉʳ octobre : à luy, pour 135 poinçons 1/2 de chaux qu'il a fourni pour employer aux réparations de maçonnerie qui ont esté faites aux deux estangs d'Arcy et à celuy de Trappes...................... 769ᴧ 5ˢ

Somme de ce chapitre.... 16610ᴧ 19ˢ 2ᵈ

VOITURES DE FLEURS, FUMIERS ET AUTRES OUVRAGES.

15 janvier : à Jean Lancelin et Pierre Crosnier, voituriers, pour la voiture de plusieurs arbres des pépinières d'ormes, de bois blanc et petits plants pour planter dans les parcs de Versailles, Marly et Saint-Germain
.... 265ᴧ 14ˢ 8ᵈ

12 mars : à Antoine Rinquet et Jaques Butet, pour voitures de plants d'épines blanches et boutures de bois blancs du parc de Versailles où ils ont esté arrachés, à Saint-Germain-en-Laye et avenues des Thuilleries 39ᴧ 5ˢ

A Estienne Ferrand et Michel Caradant, pour trente-deux voitures d'arbrisseaux verds et à fleurs, d'ormes et arbres fruitiers, du jardin de la pépinière du Roule pour planter dans les parcs et jardins des maisons royales
.... 251ᴧ 5ˢ

A Lancelin et Jaques Leserchard, pour avoir écheniIlé les avenues du grand parc................ 120ᴧ

2 avril : à Dubois, pour la voiture, de Lion à Paris, de trois caisses plaines de 5000 tubéreuses, envoyées de Provence pour les jardins des maisons royales.. 33ᴧ 16ˢ

A Nicolas Ruel et Nicolas Richon, pour voiture de 39 charretées d'arbrisseaux verds et à fleurs de la pépinière du Roule et autres endroits ausd. maisons royales
.... 331ᴧ

29 octobre : à François Baudin et Nicolas Richon, pour 37 cubes de grands fumiers livrez au jardin du Roule.................................... 196ᴧ

16 avril : à Jaques Hubi, jardinier, pour 425 juliennes doubles, 365 ancolies, 425 œillets d'Espagne et autres oignons et fleurs pour Marly......... 506ᴧ 6ˢ

A Michel Baudin, pour cent giroflées doubles pour planter dans le jardin de Marly............... 100ᴧ

30 avril : à Adrien de Lus et Michel Parmentier, pour 660 iris de la petite espèce, 198 grosses mottes de pivoines, 450 jassées, 102 œillets d'Espagne, 100 juliennes et 660 coquelourdes fournis pour planter à Marly....
.... 272ᴧ 3ˢ 6ᵈ

A Antoine Colas et Pierre Cloud, pour 104 giroflées doubles qu'ils ont fourni pour planter au jardin de Trianon............................. 122ᴧ

28 may : à Charles Chrétien, Estienne Ferrand et Nicolas Richon, voituriers, pour 42 voitures de charettes chargées d'arbrisseaux et plantes qu'ils ont voiturées de la pépinière du Roule pour les maisons royales. 334ᴧ 10ˢ

17 septembre : à Dubois, pour voiture, de Lyon à Paris, de vingt-deux caisses pleines d'oignons de fleurs envoyez de Toulon pour planter, idem...... 106ᴧ 10ˢ

Au sʳ Mollet, pour 2000 oignons de lis zembacqs de la grande espèce, qu'il a fourni pour planter à Trianon, à 20ᴧ le cent..................... 400ᴧ

1ᵉʳ octobre : à Estienne Ferrand et Charles Crestien, pour avoir fourni 33 voitures de charettes pour voiturer des arbres, plantes et oignons de fleurs du jardin de la pépinière aux maisons royales........... 268ᴧ 14ˢ

15 octobre : à Louis Cruchet, pour 105 lilas de Perse en boule, 91 rosiers de Gueltes, 91 seringats en boule et 101 chèvrefeuils en boulle, le tout pour planter dans le jardin de Marly............... 278ᴧ 15ˢ

A Guerin, pour 25 chèvrefeuils en boule pour planter dans la Salle du Conseil à Versailles.......... 16ᴧ 5ˢ

29 octobre : à Estienne Ferrand et Pierre Lesguillé, voituriers, pour 38 voitures de charettes pour voiturer les arbrisseaux, plants et oignons de fleurs de la pépinière du Roule aux maisons royales....... 379ᴧ 12ˢ

A Antoine Rinquet, voiturier, pour 78 grands tombereaux de fumier consommé en terreau du jardin potager, voiturez à la Salle du Conseil du jardin de Versailles................................... 136ᴧ

A Jean Fromentin et Claude Le Cochois, pour quatre couches de fumier consommé, de 9 toises de long,

ANNÉE 1690. — JARDINS ROYAUX.

5 pieds de large et 1 pied 9 pouces de hauteur, qu'ils ont vendu et voituré pour le jardin de Marly. 139ᴴ 16ˢ

12 novembre : à Pierre Crosnier et Antoine Ringuet, voituriers, pour 38 journées de charettes qu'ils ont fournis pour mener de la charmille levée avec des mottes de terre pour planter à Marly.................. 328ᴴ 10ˢ

26 novembre : à Crosnier, pour voitures d'ormes et de l'ormille des pépinières de S. M. à Versailles et du Roulle, pour planter à Fontainebleau, à Vincennes et Marly............................ 47ᴴ 10ˢ

Ausd. Fromentin et Le Cochois, pour douze couches de fumier consommé pour les plates bandes du jardin de Marly............................ 431ᴴ 8ˢ

10 décembre : aud. Ringuet, pour avoir fait sortir et porter à la hotte, des quarrez du jardin potager de Versailles, 147 grands tombereaux de fumier consommé en terreau, et charger et voiturer pour mettre dans le jardin de Versailles.................. 242ᴴ 11ˢ

24 décembre : à Gentien Duval, pour trente-neuf muids pleins de mar de vin et vingt-quatre muids pleins de fientes de pigeon, qu'il a livrez à l'orangerie de Versailles......................... 210ᴴ 15ˢ

A Michel Cabadant, pour quatorze tombereaux de terre de fossez et une toise 1/2 cube de fumier consommé pour servir aux orangers, et vingt-sept toises de corde à puits, le tout pour le jardin de la pépinière du Roulle 70ᴴ 3ˢ 4ᵈ

12 mars : à la dˡˡᵉ Bouchard, pour quinze charretées de grand fumier, dix mines de charbon, dix tombereaux de terre franche, cinq tombereaux de crotin de mouton, dix voyes de terreaux de couche et trois voyes de mar de vin qu'elle a fourni pour servir à l'orangerie des Thuilleries......................... 79ᴴ 15ˢ

A Pierre Caillou et Jaques Bardou, pour 13 toises 1/3 cubes de fumier consommé, 5 toises cubes de terre d'égoût pour fermer les carrez du jardin de la pépinière du Roulle............................ 157ᴴ 13ˢ 4ᵈ

A eux, pour 12 toises 3/4 cubes de terre d'égoût pour idem............................... 55ᴴ 2ˢ 6ᵈ

A Claude Le Cochois et Jean Fromentin, pour 72 grands tombereaux de terreau transportés, tant par terre que par eau, du faubourg Sᵗ-Honoré au port de la Conférence et dud. port à celuy de Marly pour fumer le jardin de Marly............................ 186ᴴ 10ˢ

16 avril : aud. Le Cochois, pour 28 toises cubes de fumier pour led. jardin de Marly.......... 541ᴴ 15ˢ

30 avril : à luy et Nicolas Richon, pour achapt et voiture, tant par terre que par eau, de 72 grands tombereaux de terreau consommé pour Marly... 183ᴴ 12ˢ

A Jansion Duval, pour l'achapt et voiture de vingt charretées de mar de vin consommé pour servir aux orangers de S. M. à Versailles............ 157ᴴ 10ˢ

14 may : à Antoine Le Bouteux, pour voiture de terre d'égoûts dans le jardin de la pépinière du Roule pour remplir les trous dans les carrez d'où il a esté levé des arbrisseaux verds et à fleurs............ 49ᴴ 16ˢ

28 may : ausd. Caillou et Bardou, pour avoir labouré 165 perches 1/2 de terre à la besche dans le jardin de lad. pépinière........................ 49ᴴ 18ˢ

11 juin : à eux, pour avoir labouré 230 perches 1/2 de terre, idem.................... 80ᴴ 5ˢ 6ᵈ

A Jean Butau, pour 11 toises cubes de grand fumier fourni à Trianon.................... 88ᴴ

A Caillou et Pierre Huslin, pour avoir labouré 233 perches de terre et autres ouvrages...... 82ᴴ 14ˢ

16 juillet : à Nicolas Ruel et Nicolas Richon, pour 318 grands tombereaux pleins de fumier fournis à la pépinière du Roule..................... 95ᴴ 8ˢ

A Louis de la Croix et Jacques Vinquevet, pour 5 toises 1/2 cubes de fumier consommé qu'ils ont fait pour la pépinière le long du mur du parc de Versailles 82ᴴ 14ˢ

15 octobre : à Claude Le Cochois et Jean Fromentin, pour fumier voituré et livré au port de Marly pour le jardin de Marly..................... 345ᴴ 12ˢ

10 décembre : à la dˡˡᵉ Bouchard, pour 30 charretées de fumier neuf, 10 voitures de terreau, 4 grands tombereaux de mar de vigne et 10 muis de charbon, fournis pour l'orangerie des Tuilleries............. 52ᴴ 14ˢ

10 septembre : à François Baudin, voiturier, à compte du grand fumier qu'il a fourni au jardin de la pépinière du Roule........................... 100ᴴ

10 décembre : à Jaques Baudin et François Lormet, pour 138 grands tombereaux pleins de terreau qu'ils ont voituré au port de Marly pour led. jardin.... 350ᴴ 12ˢ

24 décembre : à Pierre Dalibon et Claude Le Cochois, pour cent vingt-six grands tombereaux pleins de terreau qu'ils ont livré au port de Marly............ 304ᴴ 2ˢ

Aud. Ringuet, pour 46 toises cubes de grand fumier pour l'orangerie de Versailles................ 253ᴴ

Somme de ce chapitre.... 8947ᴴ 12ˢ 10ᵈ

MANNEQUINS.

15 janvier : à Louis Cordelette, vannier, pour 1350 mannequins par luy fournis pour lever des arbrisseaux à la pépinière du Roulle, et autres fournitures.. .... 192ᴴ 6ˢ

2 avril : à Nicolas Hendricis, pour 200 grandes

29.

manes d'ozier et 800 mannequins pour lad. pépinière
.... 123ᴸᴸ
30 avril : à luy, pour 102 manes d'ozier de 18 à 20 pouces de diamètre............... 34ᴸᴸ 11ˢ 2ᵈ
10 septembre : à luy, pour 168 clayons qu'il a fournis pour porter des fleurs et des fruits à S. M. à Versailles
.... 49ᴸᴸ 12ˢ
15 octobre : à luy, pour 120 manes d'ozier rond et 2050 mannequins qu'il a fournis pour lever des arbrisseaux au jardin de lad. pépinière......... 161ᴸᴸ 12ˢ
16 avril : à la veuve Dousseau, pour 500 mannequins et autres fournitures pour lad. pépinière... 108ᴸᴸ 12ˢ
20 aoust : à Nicolas Malherbe, vannier, pour 51 douzaines de paniers à fraizes, 76 douzaines de paniers à anses, 2 grands paniers à cheval et 4 hottes qu'il a fourni pour porter des fruits du jardin du Roy, de Vincennes à Versailles et à Marly............. 370ᴸᴸ 16ˢ

Somme de ce chapitre...... 1040ᴸᴸ 9ˢ 2ᵈ

OUVRIERS À JOURNÉES DE LA PÉPINIÈRE DU ROULLE.

15 janvier-24 décembre : aux ouvriers qui ont travaillé à la journée depuis le 15 décembre 1689 jusqu'au 23 décembre 1690 (26 p.)......... 4368ᴸᴸ 2ˢ 10ᵈ

OUVRIERS DE DIVERS ENDROITS.

15 janvier-15 octobre : aux ouvriers qui ont travaillé à la journée du Roy à arracher des ormes et bois blancs dans les pépinières de Versailles, pour planter dans les parcs de Versailles, Marly et Saint-Germain-en-Laye (15 p.)............................... 1436ᴸᴸ 14ˢ
15 janvier-2 avril : à ceux qui ont travaillé à compter, lier, charger sur les voitures de charettes et chevaux de bâts, conduire et enterrer les petits plants d'ormilles, de chesne et de charmille qui ont esté levez dans les pépinières (3 p.)...................... 537ᴸᴸ 8ˢ
15 janvier-10 décembre : à ceux qui ont travaillé sous Tricadeau à regarnir et planter des petits plants dans les bois nouveaux plantez, dans le grand parc de Versailles et autres endroits (6 p.)...... 2929ᴸᴸ 6ˢ 4ᵈ
A ceux qui ont travaillé, sous Remy Janson, auxd. travaux dans la grande remise à gibier entre Rennemoulin et Villepreux (6 p.).......... 1153ᴸᴸ 17ˢ 8ᵈ
29 janvier-2 avril : à ceux qui ont émondé les arbres des avenues et parcs de Versailles (7 p.).. 1451ᴸᴸ 13ˢ 4ᵈ
29 janvier-12 février : à ceux qui ont travaillé à enterrer la charmille nouvellement arrivée de Normandie et à d'autres ouvrages (2 p.)............ 233ᴸᴸ 12ˢ
12 mars-11 juin : à ceux qui ont ramassé et brûlé des chenilles et autres ouvrages (4 p.)..... 442ᴸᴸ 6ˢ

16 avril-25 juin : à ceux qui ont labouré et préparé de la terre pour semer de la graine d'orme près l'estang de Roquancourt (6 p.)................. 917ᴸᴸ 2ˢ
29 octobre-24 décembre : à ceux qui ont travaillé à butter et redresser les arbres qui ont esté renversez par les vents dans les parcs et avenues de Versailles (7 p.)..
.... 925ᴸᴸ 1ˢ
12 novembre-10 décembre : à ceux qui ont levé la charmille avec des mottes de terre, qui étoit plantée en réserve dans les pépinières de Versailles, pour planter à Marly (3 p.)........................ 377ᴸᴸ 4ˢ
10 décembre : à ceux qui ont travaillé à la grande remise entre Rennemoulin et Villepreux.... 187ᴸᴸ 18ˢ

Somme de ce chapitre.... 10591ᴸᴸ 18ˢ 8ᵈ

DIVERSES DÉPENSES DU SIEUR BALLON.

15 janvier-1ᵉʳ octobre : au sʳ Ballon, pour son remboursement de ce qu'il a payé pour la nourriture et conservation des cignes qui sont sur la rivière de Seyne pendant les trois derniers mois 1689 et neuf premiers 1690 (4 p.)........................ 1372ᴸᴸ 16ˢ
15 janvier : à Jean Maheu et Claude Mathieu, pour le voyage qu'ils ont fait en Artois pour faire lever des arbres pour planter aux maisons royales, à raison de 5ᴸᴸ par jour pour chacun................. 190ᴸᴸ
29 janvier : à Michel Thibault, jardinier, pour six échelles de 15 à 20 pieds de long pour échenniler les arbres du chasteau de Vincennes et autres fournitures par lui faites pour faire des paillassons et des brisevents pour eslever et conserver les fraiziers dans led. jardin. 188ᴸᴸ 5ˢ
A Pierre Le Cochois et Jean Frades, pour avoir pris sur la rivière de Seyne 146 cignes, depuis le pont de Saint-Maur et de Villeneuve-Saint-Georges jusques à Meulan, pour les sauver des glaces, y compris les voitures pour les conduire sur l'île devant le Cours-la-Reine, et 5 septiers et demi d'avoine qui ont esté donnez à 142 cignes qui ont esté 24 jours dans la cour du chasteau de Chatou.............................. 190ᴸᴸ 17ˢ
12 mars : à Jean Robert, pour avoir arraché 31 milliers de plant de chesne dans les pépinières de Versailles pour planter à Marly...................... 9ᴸᴸ 6ˢ
A Charles Carlu, pour avoir arraché un arpent et demi de vieux plant de chesne de pépinière dans l'allée de Gallye, à Marly..................... 22ᴸᴸ 10ˢ
2 avril : à Louis Messager, fayancier, pour 100 cloches de verre qu'il a fourni pour servir à eslever et à conserver des fleurs à Trianon................... 26ᴸᴸ
25 juin : à Dominique Gillot, dit Saint-Gérin, portier

du Cours-la-Reyne, pour terres qu'il a fait voiturer au pied des arbres dud. cours pour remplir les trous que le débordement de la rivière a faits l'hiver dernier.. .... 71ᴴ 19ˢ

23 juillet : à Pierre Moreau et la veuve Germain, pour deux paires de grands ciseaux pour tondre les arbrisseaux, et autres ouvrages et fournitures............ 46ᴴ 16ˢ

Aud. Thibault, pour plusieurs outils faits pour le jardin de Vincennes..................... 270ᴴ 6ˢ

29 octobre : à Jean Frade et Pierre Le Cocnois, pour avoir pris sur la rivière, depuis Villeneuve-Saint-Georges jusqu'aux environs de la Roche-Guion, 157 jeunes cignes pour les esjointer et 76 autres cignes qui estoient descendus jusqu'aux environs de Rouen et qui ont esté voiturez à Chatou......................... 330ᴴ 2ˢ

10 décembre : à Rousseau, cordier, pour 27 toises de chable qu'il a fourni pour servir à dresser les gros arbres qui ont esté renversés par les vents..... 34ᴴ 4ˢ

A la veuve Jaques Dousseau, pour futailles, clouds et autres fournitures qu'elle a faites pour le jardin de la pépinière du Roulle................. 128ᴴ 13ˢ 2ᵈ

11 juin : à Valentin Lopin, pour avoir entretenu et rétabli une pompe et les conduites d'eau au jardin de la pépinière du Roulle...................... 71ᴴ

Somme de ce chapitre.... 2952ᴴ 14ˢ 2ᵈ

ORANGERIE DE VERSAILLES.

PEINTURE.

28 may-10 septembre : à Estienne Bourgault, parfait payement de la peinture qu'il a faite à 62 caisses d'assemblages pour l'orangerie de Versailles (2 p.)....... .... 213ᴴ 18ˢ 11ᵈ

11 juin : à luy, parfait payement de 654ᴴ 17ˢ à quoy montent les ouvrages de grosse peinture qu'il a fait sur 530 caisses pour l'orangerie de Fontainebleau. 104ᴴ 17ˢ

6 aoust : à luy, pour ouvrages à 107 caisses pour lad. orangerie........................ 52ᴴ 8ˢ 10ᵈ

Somme de ce chapitre....... 371ᴴ 4ˢ 9ᵈ

SERRURERIE.

29 janvier-6 aoust : à Robert Boutet, serrurier, parfait payement de la ferrure de 62 caisses d'assemblages pour l'orangerie de Versailles (5 p.).... 1448ᴴ 8ˢ 6ᵈ

MENUISERIE.

29 janvier-30 avril : à Pierre Guérin, menuisier, parfait payement de 23 caisses d'assemblage de différentes grandeurs qu'il a faites pour l'orangerie de Versailles (2 p.).......................... 474ᴴ 10ˢ

12 mars-23 juillet : à Veillet, menuisier, parfait payement de vingt caisses d'assemblage de différentes grandeurs par luy fournies à lad. orangerie de Versailles (3 p.)......................... 1146ᴴ

28 may : à Jaques Portrait et la veuve Barbier, menuisiers, pour cinquante caisses de 15 pouces en carré et cinquante de 12 pour l'orangerie de Fontainebleau 75ᴴ

25 juin : aud. Jaques Portrait, pour trente-six caisses de mairin de différentes grandeurs pour l'orangerie des Thuilleries........................ 78ᴴ 18ˢ

Somme de ce chapitre........ 1774ᴴ 8ˢ

SERRURERIE.

14 may : à Georges Simonnet, serrurier, payement des ouvrages de serrurerie par luy faits tant au rétablissement des grilles des estangs du Menil et de Trappes que pour réparation aux pavillons des soupapes et à ceux des grandes rigolles depuis le 24 septembre 1689 .... 71ᴴ

OUVRIERS À JOURNÉES
SOUS LE SIEUR DE SAINTE-CATHERINE.

22 janvier : aux ouvriers qui ont travaillé, à la journée du Roy, à couper et refaire la digue de derrière la chaussée de l'estang du petit Port-Royal et autres ouvrages, depuis le 17 décembre 1689 jusqu'à ce jour.. 209ᴴ 2ˢ

12 février : à ceux qui ont travaillé à couper les digues et à faire des batardeaux pour l'écoulement des eaux depuis Trappes jusqu'au Perray..... 127ᴴ 17ˢ 6ᵈ

12 mars-19 novembre : à ceux qui ont travaillé à divers menus ouvrages depuis le 12 février jusqu'au 18 novembre (6 p.)................... 1132ᴴ 16ˢ 9ᵈ

Somme de ce chapitre..... 1469ᴴ 16ˢ 3ᵈ

SAINT-GERMAIN.

MAÇONNERIE.

19 mars-24 septembre : à Jaques Barbier, maçon, à compte des réparations de maçonnerie qu'il a fait en la dépendance du chasteau de Saint-Germain (9 p.).. .... 1300ᴴ

19 novembre : à luy, pour rétablissement aux potagers, astres de cheminées et au carreau de plusieurs planchers des offices et passages du chasteau..... 15ᴴ

17 décembre : à luy, pour un ponceau qu'il a fait dans les fonds de Saint-Germain au-dessous de l'hôpital, dans le chemin qui va de Saint-Germain dans la forest de Marly............................... 60^{tt}

12 février : à Jaques Mazière et Pierre Bergeron, entrepreneurs, parfait payement de 619^{tt} 5^s 1^d à quoy montent les ouvrages et réparations de maçonnerie par eux faits dans les offices du chasteau de Saint-Germain..
.... 19^{tt} 5^s 1^d

27 aoust : à Jean de la Rue, maçon, pour ouvrages de maçonnerie qu'il a rétabli dans la geôle de Saint-Germain......................... 90^{tt} 18^s 3^d

A Paquier Laurens, tailleur de pierre, pour un puits qu'il a rétabli dans la remise enfermée de pallis de la garenne de Vezinet....................... 50^{tt}

21 may : à François Gobin, maçon, pour un fourneau de maçonnerie qu'il a fait au rez-de-chaussée dud. chasteau dans une cheminée de l'appartement de M. de la Feuillade, où loge l'apoticaire de la reine d'Angleterre
.... 15^{tt}

Somme de ce chapitre...... 1550^{tt} 3^s 4^d

CHARPENTERIE.

4 juin : à Jean-Jacques Aubert, charpentier, pour 140 poteaux, de chacun 15 pieds de longueur, qu'il a posez dans la cour des cuisines pour tendre la tapisserie le jour de la Feste-Dieu dernière............. 100^{tt}

MENUISERIE.

15 janvier : à François Milot, menuisier, pour ouvrages de menuiserie qu'il a fournis et rétablis dans les appartemens du chasteau du Val en 1689.. 158^{tt} 4^s 1^d

7 may-22 octobre : à luy, sur ses ouvrages de maçonnerie au château et dépendances en lad. année (5 p.)
.... 622^{tt} 10^s

Somme de ce chapitre...... 780^{tt} 14^s 1^d

SERRURERIE.

29 janvier-17 décembre : à Joseph Rouillé, serrurier, à compte des réparations de serrurerie qu'il a fait au chasteau et dépendances de Saint-Germain (8 p.). 950^{tt}

VITRERIE.

15 janvier-17 décembre : à Claude Cosset, vitrier, pour réparations de vitrerie qu'il a fait au chasteau et dépendances de Saint-Germain-en-Laye depuis le mois de décembre 1689 jusqu'à fin novembre 1690 (12 p.)
.... 1361^{tt} 9^s 9^d

PAVÉ.

18 juin-13 aoust : à Jaques Loizeleur, maçon, sur le pavé de champs qu'il a fait dans les aqueducs de Retz et le rétablissement desd. aqueducs (5 p.)..... 800^{tt}

9 avril : à Gilles Deriaux, paveur, pour les réparations qu'il a fait au pavé de cour du donjon dud. chasteau de Saint-Germain et autres endroits......... 121^{tt} 2^s

4 juin : à luy, pour avoir dépavé et repavé 140 trous dans la cour des cuisines de Saint-Germain au sujet des poteaux que l'on a scellez pour tendre la tapisserie le jour de la Feste-Dieu...................... 33^{tt}

A luy, à compte des ouvrages de pavé qu'il a fait sur plusieurs endroits des aqueducs de Retz........ 120^{tt}

Somme de ce chapitre........ 1074^{tt} 2^s

LABOURS.

15 janvier-12 février : aux nommez Fernand et Fonteny, à compte des labours qu'ils ont fait, sur deux pieds de profondeur, dans le petit parc de Saint-Germain (3 p.)
.... 3600^{tt}

15 janvier-3 décembre : à Guillaume Motte, laboureur, à compte des labours qu'il a faits aux plants du boulingrin du chasteau neuf et à ceux du petit parc de Saint-Germain (12 p.)..................... 1720^{tt}

19 mars-23 avril : à luy, sur les ormes qu'il a regarnis et plant qu'il a plantez dans lesdits labours (2 p.)
.... 400^{tt}

17 décembre : à luy sur le plain labour qu'il fait, sur deux pieds de profondeur, pour deffricher la dernière partie de vente du bois qui a esté coupé afin d'y planter du plant............................. 600^{tt}

15 janvier : à Jean Frades, laboureur, parfait payement de 242^{tt} 17^s 7^d à quoy montent les labours et ensemmençages de grains qu'il a fait et fourni aux trois remises à gibier de la garenne de Vezinet... 92^{tt} 17^s 7^d

7 may : à luy, sur lesd. labours et ensemmensages
.... 230^{tt}

3 décembre : à luy, pour cinquante toises courantes de fossé qu'il a fait le long des avenues de lad. garenne. 15^{tt}

Somme de ce chapitre..... 6657^{tt} 17^s 7^d

TERRASSES.

3 décembre : à Pierre Champagne et Noël Lavenet, terrassiers, à compte de la fouille et transport des terres qu'ils font dans le jardin du Val............ 400^{tt}

9 avril : à Jean Vigon, terrassier, pour 16 toises cubes de terre qu'il a transporté dans une des nouvelles allées du petit parc de Saint-Germain.......... 32^{tt}

Somme de ce chapitre.......... 432^{tt}

ANNÉE 1690. — SAINT-GERMAIN.

DÉPENSES EXTRAORDINAIRES.

15 janvier : à Prudhomme, potier de terre, pour deux cents pots de terre qu'il a livrez à l'orangerie de Saint-Germain pour replanter les arbrisseaux dans lad. orangerie........................... 30##

29 janvier : à Pierre Varisse, ramonneur de cheminées, pour les cheminées qu'il a ramonnées et visitées au chasteau de Saint-Germain pendant les quatre derniers mois 1689....................... 14## 11ˢ

19 mars - 3 décembre : à Pierre Jolly, garde des plants et palis de la forest de Saint-Germain, pour cinquante-neuf travées de palis qu'il a redressé et rétabli dans la garenne de Vezinet et joignant les Loges (3 p.).............................. 95##

19 mars : à Bonvallet, vuidangeur, pour avoir vuidé le slieux communs de l'hostel du Mayne........ 90##

23 avril : à Estienne Langlois, cordier, pour fournitures faites au magasin.................. 10## 19ˢ

A Jean Gautier, pour quarante sacs de charbon livrés au magasin............................ 40##

7 may : à Julien Loby, horloger, pour le rétablissement qu'il a fait à l'horloge du chasteau..... 39## 10ˢ

7 may - 17 décembre : à Jean Padelain, pour cheminées qu'il a ramonnées, dans le chasteau, à la Chancellerie et à la Surintendance (2 p.)........ 74## 16ˢ

4 juin : à Jean-Baptiste de la Lande, jardinier, pour les lauriers teints et plusieurs autres fleurs qu'il a livrez pour le jardin de Marly..................... 60##

16 juillet : à Estienne Jolivet, pour le loyer d'une maison pour le suisse nouvellement placé aud. Conflans à la garde d'une troisième porte faite pour la commodité des habitans......................... 45##

10 septembre : à Mathieu Lambert, fayancier, pour neuf cuvettes, façon de porcelaine, qu'il a livrées dans les cheminées de l'appartement de la Reyne pour y mettre des fleurs............................ 24##

A Claude Beaunier, pour son remboursement des menues dépenses qu'il a faites pour l'utilité des ouvrages de Saint-Germain......................... 12##

22 octobre : à Jean Gentil, pour vingt sacs de charbon livrez au magasin...................... 20##

5 novembre : à Pierre Coustillié l'aîné, jardinier du Val, pour le loyer de deux chambres qu'il a occupées dans le village de Carrière-sous-Bois pour serrer les fruits............................... 30##

3 décembre : à la veuve Ferron, pour 8 toises carrées de nattes qu'elle a livrées et posées contre le mur de l'orangerie dud. chasteau................. 12##

17 décembre : à Charles Dufay, jardinier, pour 217 arbres fruitiers qu'il a livrez dans le jardin du Val............................. 75## 9ˢ

A Jaques Delaunay, pour 634 sommes de fumier de vache qu'il a voituré et livré dans led. jardin. 241## 18ˢ

A Martin Brochard, pour 127 trous qu'il a fait dans la platte bande d'un contr'espalier dud. jardin.. 25## 8ˢ

Somme de ce chapitre........ 940## 11ˢ

ENTRETENEMENS DE SAINT-GERMAIN-EN-LAYE.

15 janvier - 8 octobre : à Pierre Jolly, garde des plants et palis de la forest de Saint-Germain, pour avoir veillé à leur conservation et réparation (2 p.).... 150##

15 janvier : à Jean-Baptiste de l'Orangerie, jardinier de l'orangerie, pour son remboursement du loyer de la maison qu'il a occupée aud. Saint-Germain en 1689 .... 150##

15 janvier - 9 juillet : à luy, pour les labours et entretenemens des palissades du petit parc de Saint-Germain pendant les six derniers mois 1689 et six premiers 1690 (2 p.)......................... 400##

15 janvier : à luy, pour remboursement du charbon qu'il a fourni pour échauffer l'orangerie de Saint-Germain et pour avoir bouché la grande porte de son entrée pendant le présent hiver................. 250##

A la veuve Bellier, jardinière du parterre aux gazons de Madame la Dauphine, pour le loyer de sa maison pendant 1689........................... 150##

29 janvier - 8 octobre : à Jaques Barbier, maçon, ayant l'entretenement de la terrasse, perron, murs de clôture et loges des suisses de la dépendance des chasteaux de Saint-Germain-en-Laye et de Marly, pour ses gages du dernier quartier 1689 et des trois premiers 1690 (4 p.)........................ 1625##

29 janvier - 8 octobre : à Simon Deschamps, couvreur, ayant l'entretien de la couverture du chasteau de Saint-Germain et maisons en dépendantes, pour les gages du dernier quartier 1689 et des trois premiers 1690 (4 p.)............................. 2000##

12 février : à luy, par gratification, en considération du dommage que les grands vents ont fait sur ses couvertures d'ardoise des chasteaux de Saint-Germain et dépendances de Marly.................. 400##

29 janvier - 8 octobre : à Louis Izabelle, garçon plombier, employé à la recherche des plombs sur la couverture dudit chasteau et maisons dépendantes d'iceluy, pour ses gages du dernier quartier 1689 et des trois premiers 1690 (4 p.).................... 825##

Somme de ce chapitre........ 6050##

OUVRIERS À JOURNÉES.

15 janvier : aux ouvriers qui ont travaillé à la journée du Roy à remplir les quatre glacières de Saint-Germain-en-Laye........................ 498ᴸ 7ˢ 6ᵈ

15 janvier-17 décembre : à ceux qui ont travaillé dans la dépendance du chasteau depuis le 14 janvier jusqu'au 16 décembre (23 p.)............ 1800ᴸ 3ˢ 11ᵈ

Somme de ce chapitre..... 2298ᴸ 11ˢ 5ᵈ

MARLY.

MAÇONNERIE.

9 avril-18 juin : à Jaques Loizeleur, maçon, à compte de ses ouvrages de maçonnerie à plusieurs endroits de la dépendance de Marly (4 p.)...... 400ᴸ

8 octobre : à luy, pour le rétablissement du mur à pierre seiche du pourtour de l'estang du Trou d'Enfer 180ᴸ

5-19 novembre : à luy, sur la maçonnerie qu'il a fait pour soutenir les terres nouvellement coupées dans la route royalle prez la croix Saint-Philippe (2 p.). 300ᴸ

3-17 décembre : à luy, pour le mur de clôture de la mazure de la Montjoye pour empescher les cerfs d'y entrer lorsqu'ils sont chassez............ 186ᴸ 15ˢ 6ᵈ

17 décembre : à luy, pour 64 toises courantes de pierrées à pierre sèche qu'il a faites au bout des quatre principales allées du jardin de Marly......... 136ᴸ

15 janvier-18 juin : à Jean Bailly et Louis Rocher, entrepreneurs, à compte des ouvrages de maçonnerie qu'ils ont faits en divers endroits de la dépendance du chasteau de Marly (10 p.)............... 4000ᴸ

9 juillet-3 décembre : à eux, sur leurs ouvrages de maçonnerie pour la construction du ponceau que l'on bâtit dans le chemin qui va de la porte de la croix Saint-Philippe au village de l'Estang pour rendre la route royalle praticable pour les carosses (12 p.)..... 4200ᴸ

29 janvier-19 mars : à François Gobin, maçon, pour ses ouvrages et réparations de maçonnerie au chasteau de Marly et dépendances depuis le mois de décembre dernier (2 p.)................ 280ᴸ 9ˢ 7ᵈ

9 avril-17 juin : à luy, pour ses ouvrages et réparations *idem* (12 p.)............... 1349ᴸ 4ˢ 7ᵈ

21 may-9 juillet : à luy, à compte des ouvrages qu'il a fait à des changemens dans le grand Commun (3 p.) 500ᴸ

19 mars-7 may : à Pierre Buret, maçon, pour les réparations faites au mur de clôture du parc de Noisy (2 p.)............................. 103ᴸ 13ˢ 4ᵈ

4 juin : à luy, pour 4 toises 5 pieds de longueur de pierrées faites pour faire communiquer l'eau de la grande rigolle qui est dans la commune de Noisy, au droit de la route qui la traverse pour aller dans la forest 33ᴸ 16ˢ 8ᵈ

30 juillet-27 aoust : à luy, pour la pierrée qu'il a faite sur le chemin de Versailles le long du mur de clôture du parc de Marly, pour dessécher la plate bande où est la vigne vierge, et autres ouvrages (3 p.)... 286ᴸ

24 septembre-19 novembre : à luy, pour aqueducs faits dans un fond de la route de la forest et dans la route des Princesses pour le passage des ravines (3 p.) 158ᴸ

Somme de ce chapitre... 12113ᴸ 19ˢ 8ᵈ

JARDINAGES.

15 janvier-4 juin : à Jaques Le Jay, jardinier, pour le gazon plat qu'il fait dans le jardin de Marly (4 p.).. .... 1061ᴸ 1ˢ

15 janvier : à luy, parfait payement de 1139ᴸ 3ˢ 1ᵈ à quoy monte le gazon plat par luy fait en divers endroits dud. jardin, et la recoupe qu'il a livrée sur le bord de partie des allées en 1689............. 19ᴸ 3ˢ 1ᵈ

23 avril-19 juillet : à luy, pour le gazon plat qu'il a rétabli le long des nouvelles chaussées du canal du Trou d'Enfer (2 p.)................ 318ᴸ 12ˢ 2ᵈ

9 juillet : à luy, pour avoir passé au croissant les routes des bois des environs de Noisy.......... 40ᴸ

16 juillet : à luy, pour rétablissement de gazonnage sur les glacis du jardin de Marly........ 46ᴸ 17ˢ 11ᵈ

9 avril-13 aoust : à luy, payement des trous faits pour plants dans les nouvelles avenues de la plaine du Trou d'Enfer (2 p.)................... 461ᴸ 9ˢ 6ᵈ

23 avril-31 juillet : à luy, pour les régallements faits aux allées du pourtour du canal et à celles qui les joignent (3 p.)..................... 622ᴸ 4ˢ

9 juillet-27 aoust : à luy, pour les souches arrachées et terres rapportées en plusieurs fonds des deux routtes joignant le parc de Noisy du côté de Bailly (2 p.).... .... 336ᴸ 19ˢ

13 aoust : à luy, pour avoir tondu les grandes et petites palissades des allées hautes du parc........ 40ᴸ

24 septembre : à luy, pour avoir coupé le bois à pied droit aux deux costez de la routte royalle, pour y former une palissade.................. 30ᴸ

3-17 décembre : à luy, sur les ormes qu'il plante dans le parc et dépendances de Marly (2 p.).... 270ᴸ

ANNÉE 1690. — MARLY.

15 janvier-30 juillet : à Charles Amelot, jardinier, à compte de la recoupe qu'il a façonnée sur les allées du jardin de Marly (12 p.)................. 2560ʰ

30 juillet : à luy, pour 16 toises cubes de recoupes qu'il a passées à la claye dans les carrières de Carrière-sous-Bois, pour employer à rétablir la recoupe que les ravines ont enlevée dans led. parc............. 48ʰ

9 juillet-17 décembre : à luy, à compte des souches qu'il arrache et des régallemens qu'il fait sur partie des routtes de la forest de Marly (11 p.).......... 1860ʰ

    Somme de ce chapitre..... 7714ʰ 6ˢ 8ᵈ

TERRASSES ET LABOURS.

15 janvier-23 avril : à Pierre Champagne et Noël Lavenet, payement de la fouille et transport de terres qu'ils font à plusieurs endroits de la dépendance de Marly pour la construction d'une glacière, des plattes bandes et du gazon que l'on fait dans le jardin de Marly (5 p.)........................ 2871ʰ 3ˢ 7ᵈ

7-21 may : à eux, à compte sur les terres qu'ils transportent pour la construction des nouveaux parterres (2 p.)......................... 1333ʰ 7ˢ

5 novembre : à eux, pour 446 toises courantes de glacis qu'ils ont chargez de terre et dressez en partie du pourtour des chaussées de l'estang du Trou d'Enfer...
.... 267ʰ 12ˢ

15-29 janvier : à eux, parfait payement de la somme de 44275ʰ 13ˢ 2ᵈ à quoy montent les transports de terre et le conroy qu'ils ont fait depuis 1687 pour la construction des nouvelles chaussées de l'estang du Trou d'Enfer (2 p.)........................ 2105ʰ 13ˢ 2ᵈ

19 mars-27 aoust : à eux, parfait payement des ouvrages pour le recoupement de la berne et le parachèvement du canal (8 p.)................ 5054ʰ 10ˢ

30 juillet : à eux, sur le transport de terre pour parachever les chaussées de l'estang du Trou d'Enfer. 350ʰ

24 septembre : à eux, pour cent trois trous par eux faits à la teste de l'estang du Trou d'Enfer..... 206ʰ

9 juillet-3 décembre : à eux, pour la fouille des terres qu'ils font des deux costez du ponceau pour rendre la route praticable aux carrosses (11 p.)... 4153ʰ 17ˢ 6ᵈ

15 janvier : à eux, pour avoir rempli de glace la grande glacière du parc de Marly............. 200ʰ

9 avril : à eux, pour avoir enlevé et sorti hors le parc les boues qui estoient sur le pavé du chemin des offices................................ 40ʰ

16 juillet : aud. Lavenet, pour terres transportées dans les fonds sur la plouze au bord de l'avenue du parc de Marly................................. 138ʰ

9 juillet-17 décembre : à eux, sur la mauvaise terre qu'ils fouillent et transportent dans la commune de Noisy et la bonne qu'ils rapportent pour planter des arbres (3 p.)............................... 1536ʰ

21 may-4 juin : à Estienne Bourguet, terrassier, pour avoir nettoyé les allées du parc de Noisy et dressé la grande allée qui est en face du château (2 p.)... 158ʰ

9-30 juillet : à luy, pour souches arrachées et régallemens faites à la nouvelle allée de Marly (2 p.).....
.... 496ʰ 11ˢ 7ᵈ

16 juillet-13 aoust : à luy, pour avoir remply les ornières et régallé les allées du parc de Noisy et autres ouvrages (4 p.)................... 324ʰ 18ˢ 10ᵈ

27 aoust : à luy, pour boues enlevées de dessus l'allée du parc de Noisy qui est en face du derrière du château................................. 202ʰ

8 octobre : à luy, pour avoir régallé et bombé la routte qui traverse la commune de Noisy, appellée la route de Marly, et autres ouvrages (2 p.)........... 201ʰ 4ˢ

22 octobre-3 décembre : à luy, pour avoir arraché les souches et régallé 246 toises courantes de la nouvelle route de Saint-Germain dans la forest, et avoir transporté 262 ormes en manequin de la pépinière pour y remplacer ceux qui estoient morts (4 p.)........... 201ʰ

4 juin-19 novembre : à Isaac Gosset, terrassier, pour les terres qu'il a enlevées en plusieurs endroits et autres travaux faits dans les jardins de Marly (7 p.). 276ʰ 1ˢ 3ᵈ

9 avril : à Claude Voirien, terrassier, pour ouvrages de terrasses faits au commencement de l'allée qui va des réservoirs du dessus de Marly à l'estang du Trou d'Enfer, du costé du chemin de Versailles........ 151ʰ 18ˢ 2ᵈ

18 juin-13 aoust : à luy, pour menus ouvrages de terrasses et autres travaux faits dans les environs de Marly (5 p.)............................. 203ʰ

13 aoust : à luy, pour fouille de terre sur l'aqueduc entre les réservoirs du dessus de Marly et l'estang du Trou d'Enfer, qu'il a transporté pour remplir une mare qui estoit dans l'allée joignant le canal dud. estang.
.... 95ʰ 6ˢ 9ᵈ

27 aoust : à luy, sur les terres qu'il transporte pour recharger deux mares qui sont dans les allées de la plaine du Trou d'Enfer........................ 150ʰ

10 septembre-17 décembre : à luy, pour les souches qu'il a arraché et terres qu'il a régallé et transporté, et autres menus ouvrages (7 p.)......... 417ʰ 13ˢ

9 avril-17 décembre : à Germain Charpentier, terrassier, pour transport de terreau sur les plattes bandes du nouveau parterre et transport de recoupes (12 p.)
.... 569ʰ 13ˢ 1ᵈ

9 juillet-17 décembre : à Thomas Marville, terrassier, pour avoir ratissé l'herbe et passé au rateau les bosquets du derrière des pavillons des deux ailes de Marly, et pour le nettoyement de l'aqueduc qui va des réservoirs du dessus de Marly à l'estang du Trou d'Enfer, et autres ouvrages (4 p.)...................... 111ᵗᵗ 4ˢ

15 janvier : à Jean Marcilly, parfait payement de 246ᵗᵗ 4ˢ 6ᵈ pour 89 toises 2 pieds 8 lignes cube de terre qu'il a enlevées au recoupement qu'il a fait à la berne de l'estang du Trou d'Enfer pour servir de modèle à la face du canal dud. estang que l'on veut élargir du côté des réservoirs...................... 96ᵗᵗ 4ˢ 6ᵈ

A Nicolas Borienne, jardinier, parfait payement de 916ᵗᵗ à quoy montent le gazon plat, les recoupes et les bonnes terres qu'il a fait enlever pour placer led. gazon sur partie des allées du jardin de Marly pour l'écoulement des eaux des ravines...................... 86ᵗᵗ

A Julien Dupont, terrassier, parfait payement de 128ᵗᵗ 16ˢ 3ᵈ à quoy montent le déblay de terre et la glaize qu'il a façonnée pour la construction du regard du canal de l'estang du Trou d'Enfer........... 68ᵗᵗ 16ˢ 3ᵈ

29 janvier : à Simon Courtin, terrassier, pour 713 trous qu'il a fait des deux côtez de l'allée au pourtour du canal dud. estang pour y planter des ormes, et autres ouvrages 190ᵗᵗ 3ˢ

18 juin : à luy, pour terres qu'il a enlevées aux plattes bandes du dessus de la pièce des quatre jets..... 30ᵗᵗ

9 juillet-13 aoust : à luy, parfait payement des ouvrages de terrasse qu'il a fait dans le jardin (4 p.).... .... 868ᵗᵗ 19ˢ 6ᵈ

9 aoust : à luy, pour 72 ormes en manequin qu'il a transporté d'auprès des glacières du parc de Marly dans la plaine du Trou d'Enfer................. 36ᵗᵗ

30 juillet : à luy, pour 16 toises cube de recoupes qu'il a voiturées des carrières de Carrière-sous-Bois sur le bord de la rivière et transportées dans le jardin de Marly, à 16ᵗᵗ 10ˢ la toise...................... 264ᵗᵗ

A luy, pour avoir enlevé toutes les mauvaises terres, gravois et immondices qui estoient dans la demi-lune.. .... 99ᵗᵗ 16ˢ

13-27 aoust : à luy, pour ouvrages de terrasse dans la forest de Marly, aux routtes, et voitures de glaize (2 p.) 111ᵗᵗ

9 avril-21 may : à René L'Armurier [1], pour six batteaux de terreault pour employer aux plattes bandes des nouveaux parterres, qu'il a déchargez au port de Marly (2 p.)...................... 45ᵗᵗ

---
[1] Ou Lormureau.

4 juin : à Bernard Lorain, pour de la glaize qu'il a fait aux deux grandes pièces d'eau et autres menus ouvrages...................... 30ᵗᵗ

A Guillaume Féron, pour vingt-cinq journées de cheval pour passer à la herse les allées au pourtour du canal de l'estang du Trou d'Enfer............... 37ᵗᵗ 10ˢ

A Pierre Boulanger, pour avoir espierré lesd. allées 31ᵗᵗ 10ˢ

13 aoust : aud. Laurain, pour avoir remanié la glaize de la moitié de la demi-lune de la grande pièce d'eau du jardin de Marly...................... 44ᵗᵗ

24 septembre : aud. Courtin, pour avoir rempli de terre un fond dans la routte Dauphine de la forest de Marly...................... 60ᵗᵗ

22 octobre : à Jean Rattier, pour avoir enlevé les buttes de terre et régalé la pelouse du nouveau belveder au bout de la routte de Saint-Germain dans la forest... .... 71ᵗᵗ 17ˢ 6ᵈ

A Nicolas Le Comte, pour 165 toises courantes de la nouvelle routte de lad. forest qu'il a régallée.... 49ᵗᵗ 10ˢ

19 novembre : à Pierre Le Clerc, pour 189 ormes en manequin qu'il a transporté au jardin de Marly, pour remplacer ceux qui y estoient morts.... 37ᵗᵗ 16ˢ

A Louis Rousseau, pour avoir enlevé une butte de terre dans la routte de la forest de Marly qui va du chesne aux chats à la taupière................ 15ᵗᵗ

3 décembre : aud. Leclerc, pour cinquante ormes en manequin qu'il a transporté dans les allées du jardin. 10ᵗᵗ

A Roland Martin, pour avoir aplani les terres au pourtour de la mazure de la Monjoye, pour empêcher les cerfs de passer par-dessus................. 30ᵗᵗ

17 décembre : à Bernard Lorain, terrassier, pour sept batteaux de terreault qu'il a déchargé au port de Marly...................... 52ᵗᵗ 10ˢ

A François Juliart, pour 47 grands tombereaux de terre qu'il a voituré dud. port dans le jardin de Marly.. .... 70ᵗᵗ 10ˢ

A Delabour, pour seize journées de voitures à quatre chevaux, tant pour voiturer du terreault dud. port dans le jardin que pour huit voyages de charmille de la forest de Montfort dans led. parc.................. 154ᵗᵗ

A Galin, remboursement de cent miliers de charmille qu'il a fait tirer dans les forests de Montfort et Saint-Léger pour led. parc...................... 395ᵗᵗ

A Louis Garnier, remboursement de la voiture de partie desd. charmilles dans led. parc.......... 64ᵗᵗ

29 janvier : à Pierre Motte, laboureur, parfait payement de 1532ᵗᵗ 12ˢ 7ᵈ à quoy montent les trois labours

par luy faits aux plants de la dépendance du château de Marly................................ 232ᴸ 12ˢ 7ᵈ

23 avril-16 juillet : à luy, sur ses labours aux plants du petit parc et aux quinconces des deux côtés dud. château (2 p.)............................. 118ᴸ

9 avril : à GUILLAUME MOTTE, laboureur, à compte des billes d'orme et autres plants qu'il a plantez dans le parc de Marly................................ 100ᴸ

7 may-17 décembre : à luy, sur les labours qu'il fait aux plants du petit parc et autres endroits (5 p.). 600ᴸ

8 octobre : à luy, sur les trous qu'il a fait dans toutes les avenues pour remplacer les ormes morts..... 200ᴸ

9 juillet-24 septembre : à luy, pour les souches qu'il a arraché et les régallemens qu'il fait en partie des routtes de la forest de Marly où l'on a coupé du bois pour les élargir (3 p.)........................ 441ᴸ 12ˢ

22 octobre-3 décembre : à luy, sur les mêmes ouvrages (2 p.)....................... 220ᴸ 10ˢ 4ᵈ

30 juillet : à LAURENS DUFAY, jardinier, pour avoir passé au croissant le bois des routtes et des chemins d'une partie de la forest de Marly............ 19ᴸ

9 juillet-13 aoust : à PIERRE BOULANGER, à compte des souches qu'il arrache et des régallemens qu'il fait en partie des routes de la forest de Marly (2 p.)... 100ᴸ

Somme de ce chapitre.... 26885ᴸ 11ˢ 7ᵈ

CHARPENTERIE.

19 mars : à JEAN ARPAILLET, charpentier, à compte de ses ouvrages de charpenterie à plusieurs endroits de la dépendance de Marly.................... 60ᴸ

12 février-17 décembre : à RAOUL DE PIERRE, dit LA PORTE, charpentier, à compte de ses ouvrages de charpenterie en plusieurs endroits de la dépendance de Marly (7 p.).................................. 1400ᴸ

23 avril : à luy, pour 26 toises 4 pieds courant de barrières qu'il a fait le long du mur de terrasse entre les offices de Marly et les communs, à 4ᴸ 13ˢ 4ᵈ la toise 124ᴸ 8ˢ 10ᵈ

21 may-19 novembre : à MICHEL MONCOUSIN, dit LE BRESSAN, charpentier, pour barrières faites dans les routtes de la forest, pieux plantés aux angles des routes pour détourner les voitures, et autres ouvrages (5 p.). 352ᴸ 5ˢ

27 aoust : à luy, pour ouvrages de charpenterie pour la construction de l'école que le Roy a fait bâtir dans le village joignant le presbitère............. 99ᴸ 7ˢ 1ᵈ

10 septembre : à luy, pour une porte de bois de charpente qu'il a taillée pour mettre à couvert le suisse, joignant la porte nouvellement faite proche la croix Saint-Philippe sur la routte royale................. 63ᴸ

4 juin : à MICHEL COÜET et MICHEL POIEL, charpentiers de batteaux, pour vingt-quatre journées employées à rétablir trois batteaux dans la dépendance de Marly.. 48ᴸ

9-16 juillet : à ADRIEN MIGNOT, bauchcron, pour les bois qu'il a abbatu dans les routes que le Roi fait percer ou eslargir dans la forest de Marly (2 p.).. 309ᴸ 2ˢ 9ᵈ

Somme de ce chapitre...... 2456ᴸ 3ˢ 8ᵈ

COUVERTURES.

9 avril-24 septembre : à SIMON DESCHAMPS, couvreur, à compte des ouvrages de couverture qu'il a fait aux nouveaux bâtimens de Marly (4 p.)............. 600ᴸ

MENUISERIE.

29 janvier : à FRANÇOIS MILOT, menuisier, parfait payement de 1588ᴸ 17ˢ 7ᵈ à quoy montent les ouvrages et réparations de menuiserie par luy faits dans la dépendance dud. château en 1689........ 788ᴸ 17ˢ 7ᵈ

7 may : à luy, sur ses ouvrages pendant le mois de mars dernier........................ 101ᴸ 5ˢ

29 janvier-12 février : à JAQUES MIREL, menuisier, parfait payement de 2338ᴸ 19ˢ 7ᵈ à quoy montent les bancs et autres ouvrages de menuiserie par luy faits et fournis dans la dépendance de Marly (2 p.) ... 1338ᴸ

19 mars-17 décembre : à luy, à compte de ses ouvrages et réparations de menuiserie (13 p.).... 2070ᴸ

23 avril : à luy, pour avoir déposé les planches où estoient les jeux de l'anneau tournant sur la terrasse dud. château......................... 30ᴸ

A luy, pour sept cents manes qu'il a acheptées et payées à Paris, à 1ˢ la pièce, et 5ᴸ pour les frais de voiture de Paris à Marly...................... 40ᴸ

Somme de ce chapitre..... 4368ᴸ 2ˢ 7ᵈ

SERRURERIE.

16 juillet-24 septembre : à ALEXIS FORDRIN, serrurier, à compte de ses ouvrages de serrurerie aux nouveaux bâtimens de Marly (4 p.)............. 1000ᴸ

13 aoust : à JEAN CHAPELAIN, serrurier, pour vingt-quatre ratissoires de faux, rivées de grosses douilles, qu'il a livrées au magasin de Marly............ 18ᴸ

15 janvier : à GASTON MARTIN, serrurier, parfait payement de 3575ᴸ 17ˢ 6ᵈ à quoy montent les ouvrages de serrurerie qu'il a fournis et rétablis au château et dépendance de Marly en 1688 et 1689... 236ᴸ 9ˢ 11ᵈ

9 avril-5 novembre : à luy, parfait payement des ouvrages de gros fers de serrurerie par luy faits et rétablis depuis le 10 décembre 1689 (11 p.)..... 1410ᴸ 11ˢ

3-17 décembre : à luy, sur ses ouvrages et réparations (2 p.).............................. 200ʰʰ

Somme de ce chapitre.... 2865ʰʰ 0ˢ 11ᵈ

VITRERIE.

15 janvier : à CLAUDE COSSET, vitrier, pour les carreaux de verre qu'il a fournis au château et dépendances de Marly pendant le mois de décembre dernier 364ʰʰ 9ˢ

12 février-17 décembre : à luy, pour ouvrages et réparations de vitrerie depuis le mois de janvier dernier jusques et compris le mois de novembre (13 p.) 1783ʰʰ 1ˢ 10ᵈ

12 février : à luy, parfait payement de 597ʰʰ 8ˢ 1ᵈ à quoy montent ses ouvrages de vitrerie pour l'église paroissiale et le presbitaire du village de Marly.. 127ʰʰ 8ˢ 1ᵈ

Somme de ce chapitre.... 2274ʰʰ 8ˢ 11ᵈ

PLOMBERIE.

30 juillet-13 aoust : à JAQUES LUCAS, plombier, à compte de la main d'œuvre du plomb qu'il a livré et posé dans la dépendance du château de Marly (2 p.) 300ʰʰ

PAVÉ.

15 janvier : à LOUIS RENOUF, paveur, parfait payement de 4581ʰʰ 5ˢ 5ᵈ à quoy montent les ouvrages de pavé neuf par luy faits, et ceux de pavé vieux qu'il a reparez dans la dépendance du château de Marly en 1689.... .... 481ʰʰ 5ˢ 5ᵈ

18 juin-17 décembre : à luy, à compte de ses ouvrages de pavé et rétablissemens dans la dépendance du château (4 p.).......................... 670ʰʰ

24 septembre : à luy, pour ouvrage de gros pavé neuf et vieux qu'il a fait dans la principale rue du village pour aller du château à la paroisse.... 924ʰʰ 1ˢ 7ᵈ

Somme de ce chapitre........ 2075ʰʰ 7ˢ

PEINTURE.

15 janvier : à LOUIS POISSON, peintre, parfait payement de 3159ʰʰ 10ˢ à quoy montent les ouvrages de peinture de marbre feint qu'il a faits aux ornemens des façades du château et pavillon de Marly pendant l'année dernière.......................... 259ʰʰ 10ˢ

12 février : à luy, sur les impressions de grosse peinture par luy faits à la menuiserie et aux cheminées du château et autres bâtiments de Marly.......... 60ʰʰ

19 mars-19 novembre : à luy, à compte de ses ouvrages de grosse peinture aud. château (7 p.).. 730ʰʰ

7 may : à BAILLY, peintre, pour avoir mis en couleur de bronze et de verni douze vazes qui sont posez dans les angles des parterres dud. château 102ʰʰ

18 juin-19 novembre : à luy, sur la peinture en bronze qu'il feit aux groupes d'enfans posez sur les pieds d'estaux des perrons dud. jardin (3 p.)....... 550ʰʰ

12 février-3 décembre : à PHILIPES MEUSNIER, peintre, à compte de ses ouvrages de peinture aux nouveaux bâtimens de Marly (13 p.)............... 2600ʰʰ

Somme de ce chapitre....... 4301ʰʰ 10ˢ

SCULPTURE.

9 avril : à SÉBASTIEN BOURLIER et PAUL BOUTET, sculpteurs, parfait payement de 365ʰʰ à quoy montent les ouvrages de sculpture en plâtre par eux faits à l'église paroissiale du village de Marly................ 65ʰʰ

16 juillet-10 septembre : à CLAUDE JACOB, sculpteur, pour les groupes d'enfans de plomb qu'il rétablit sur les piédestaux des deux angles qui sont à la teste de la grande pièce d'eau de Marly (3 p.)........... 363ʰʰ

19 mars-23 avril : à NICOLAS DUFOUR, sculpteur, parfait payement de 1000ʰʰ à quoy montent les seize groupes d'enfans et des fleurs et fruits qu'il a fait ou rétabli sur les pieds d'estaux des perrons qui sont au pourtour du château de Marly (3 p.)......... 500ʰʰ

4 juin-3 décembre : à luy, pour les groupes d'enfans qu'il rétablit sur les pieds d'estaux des quatre angles de la pièce des quatre jets d'eau de Marly (5 p.)..... .... 549ʰʰ 10ˢ

9 juillet-17 décembre : à LOUIS FRANÇOIS et JEAN FRANÇOIS, sculpteurs, parfait payement de 7237ʰʰ à quoy montent les vases de pierre qu'ils ont fait avec les ornemens sur tous les pavillons de Marly (3 p.).... .... 1037ʰʰ

19 mars : à ROBERT DE LALANDE, sculpteur, parfait payement de 184ʰʰ 10ˢ à quoy montent les ouvrages de sculpture par luy faits à l'église paroissialle du village de Marly............................ 84ʰʰ 10ˢ

Somme de ce chapitre......... 2599ʰʰ

CHAUDRONNERIE.

7 may : à DUCHEMIN, chaudronnier, pour ses ouvrages aux douze vazes qui sont posez aux angles des parterres du jardin de Marly...................... 92ʰʰ

18 juin : à GERVAIS, chaudronnier, pour réparations aux chaudières et cuvettes des bains de Marly.... 18ʰʰ

17 septembre : à CLAUDE LECOMTE, taillandier, pour

dix croissants qu'il a livrez au magasin de Marly, à raison de 10ᴴ pièce, et autres ouvrages 108ᴴ

Somme de ce chapitre 218ᴴ

HORLOGERIE.

7 may : à JULIEN LORY, horloger, pour rétablissement fait à l'horloge du château de Marly 21ᴴ

VOITURES.

19 mars-17 décembre : à la veuve DOSSY, voiturière, pour diverses voitures qu'elle a faites dans la dépendance du château de Marly depuis le 1ᵉʳ mars jusqu'au 16 décembre de la présente année (15 p.). 1476ᴴ 13ˢ 4ᵈ

DÉPENSES EXTRAORDINAIRES DE MARLY.

15 janvier : à ESTIENNE LANGLOIS, cordier, pour cordages, clouds et autres fournitures qu'il a fait au magasin de Marly 322ᴴ 4ˢ 3ᵈ

A JEAN COUVILLE, vigneron, pour 35700 plants de charmille qu'il a livrez dans les forests de Marly et de Saint-Germain, à 50ˢ le millier 89ᴴ 5ˢ

12 février : à luy, pour 40100 de charmille par lui arrachez dans les forests de Marly et de Saint-Germain et plantez dans le jardin de Marly 120ᴴ 5ˢ

15 janvier : à PIERRE VARISSE, ramoneur, pour les cheminées qu'il a visitées au château et dépendance 58ᴴ 13ˢ

29 janvier : à NICOLAS MALHERBE, vannier, pour supplément du payement de mil manes d'ozier qu'il a livrées au magasin de Marly pour planter des ormes en réserve 20ᴴ

17 décembre : à luy, pour mil manes ovales pour mettre de la charmille en pépinière 150ᴴ

29 janvier : à JEAN DESROCHES, dit BOURGUIGNON, pour remboursement du loyer du logement qu'il a occupé à Marly en 1689 .... 30ᴴ

12 février : à JEAN GENTIL, pour 386 gerbées de fer blond, pour employer à la couverture de la nouvelle glacière du parc de Marly, à raison de 10 et 12ˢ pièce 197ᴴ

12 février-8 octobre : à ANTOINE DESFOSSÉS, taupier, pour les taupes qu'il a prises dans le parc de Marly pendant les six derniers mois 1689 et les six premiers 1690 (3 p.) 195ᴴ

12 février : à DENIS MALGRANGE, épinglier, pour ses ouvrages de treillage de fil de fer pour les bâtimens de Marly 71ᴴ 9ˢ 10ᵈ

A LAURENT YVON, couvreur en paille, pour ses ouvrages de couverture à la nouvelle glacière de Marly, au nombre de 39 toises carrées, à raison de 18ˢ la toise 35ᴴ

19 mars-3 décembre : à la veuve MEILLEUR, pour 1600 manes d'ozier qu'elle a livrées au magasin pour planter des ormes en pépinière (3 p.) 386ᴴ

19 mars : à ANTOINE CAUTERIOT, pour 1189 bottes d'échalats qu'il a refendus, à 2ˢ la botte..... 118ᴴ 18ˢ

19 mars-30 juillet : à THOMAS VITRY, pour menues dépenses pour les fontaines (2 p.) 244ᴴ 7ˢ

19 mars : à JEAN LALOÜE, pour 450 bottes de paille de chaume pour couvrir les glacières, à 12ᴴ le cent, et 72 bottes de fer long, à 11ˢ la botte 105ᴴ 12ˢ

A THOMAS MARVILLE, pour 9 sachées de chenilles qu'il a ostées de partie des bois du parc de Marly...... 90ᴴ

9 avril : à MICHEL COUËT et NOEL POTEL, charpentiers, pour 42 journées employées à rétablir cinq batteaux des réservoirs du dessus de Marly et de l'estang du Trou d'Enfer 84ᴴ

A BAILLY, pour vingt-un milliers de piquets qu'il a fait de plusieurs grandeurs du reste des perches qui estoient dans le magasin 42ᴴ

23 avril : à DELAUNAY, pour 24 grands tombereaux de terreau qu'il a livré pour le jardin, à 35ˢ pièce... 42ᴴ

A LABOURS, pour 48 tombereaux de fumier qu'il a voiturez du port de Marly aud. jardin 85ᴴ

21 may-5 novembre : à JEAN PADELAIN, ramoneur, pour les cheminées qu'il a ramonnées et visitées au château et dépendances depuis le 1ᵉʳ janvier jusqu'au dernier septembre (3 p.) 207ᴴ 17ˢ

4 juin-19 novembre : à OLIVIER AYMOND[1], pour 1268 muids de sable de rivière qu'il a livrez dans les jardins de Marly pour employer à sabler la recoupe, à 16ˢ le muid (5 p.) 1106ᴴ 8ˢ

4 juin : à NOËL BUISSONNET, vigneron à Lucienne, pour cent gros chateigniers qu'il a livrez dans le parc de Marly pour remplacer ceux qui sont morts 40ᴴ

A SIMON COURTIN, pour avoir coupé et osté l'herbe de la dernière pièce d'eau de Marly et de celle des quatre jets 75ᴴ

4 juin : à LA LIBERTÉ, pour le terreau qu'il a livré au Pecq pour amender les plattes bandes des nouveaux parterres de Marly 35ᴴ

A LOUIS LESIEUR, charon, pour avoir racomodé deux herses, et autres menus ouvrages de charonnage 20ᴴ 10ˢ

18 juin : à CLAUDE LE COMTE, taillandier, pour outils qu'il a faits et fournis au magasin 67ᴴ 10ˢ

---

[1] On écrit aussi EDMONT.

9 juillet : à Guillaume Tassou, pour cinquante livres de fil de fer qu'il a livré au magasin de Marly pour rétablir les treillages, à raison de 12ˢ la livre..... 30ᴴ

16 juillet : à Martin Rouen, pour avoir rétably la glaize de la dernière faute à la grande pièce d'eau. 24ᴴ

A Nicaise Boquet, pour vingt-quatre vieux muids qu'il a livrez au magasin pour rétablir les batteaux. 30ᴴ

27 aoust : à Jaques Le Jay, pour seize grands cerceaux de cuve, de chacun 22 pieds de pourtour, pour employer à faire des modèles de ceintre pour les ormes des quinconges du jardin de Marly............ 16ᴴ

27 aoust-5 novembre : à Jean Pruthomme[1], potier de terre, pour dix-huit cents pots de terre, de 8 pouces de diamètre, qu'il a livré au magasin de Marly, pour employer à faire des marcottes d'œillets (3 p.)..... 195ᴴ

10 septembre : à Claude Garnier, pour douze septiers de graine d'herbe de bas pré et de trèfle, qu'il a livré pour semer au pourtour de la dernière pièce d'eau du jardin de Marly...................... 60ᴴ

10 septembre : à Louis La Marre, faucheur, pour avoir fauché l'herbe de l'estang du Trou d'Enfer.. 11ᴴ

A Pierre Garnont, bocheron, pour avoir passé au croissant partie des routtes de la forest de Marly......
.... 31ᴴ 10ˢ

5 novembre : à Louis Le Breton, coutelier, pour neuf serpettes qu'il a livrées au magasin de Marly, dont trois à 40ˢ et les six autres à raison de 30ˢ, et pour deux scies fermantes, à raison de 30ˢ pièce............. 18ᴴ

19 novembre : à Claude Bourdon, pour 44 gerbes d'ozier qu'il a livré pour lier des perches aux ormes du jardin pour les garantir du vent................ 26ᴴ 8ˢ

19 novembre-3 décembre : à Pierre Bourdon, pour cent trois milliers et demi de charmille qu'il a livré pour led. jardin, à 35ˢ le millier (2 p.)....... 181ᴴ 2ˢ 6ᵈ

3 décembre : à Delabour, voiturier, pour dix voyages de terreau qu'il a voituré du port de Marly dans le parc et deux voitures de charmille de marque, voiturez de la forest de Montfort...................... 52ᴴ

A François Juliart, pour seize grands tombereaux de terre qu'il a voiturez dud. port................ 24ᴴ

17 décembre : à Nicolas Hendrici, pour mil manes d'ozier qu'il a livré dans le magasin pour mettre des ormes en pépinière...................... 260ᴴ

Somme de ce chapitre.... 4927ᴴ 19ˢ 7ᵈ

ENTRETENEMENS DE MARLY.

15 janvier-8 octobre : à Thomas Vitry, fontainier, ayant l'entretenement des fontaines et recherche des plombs sur la terrasse du château et pavillon de Marly, pour ses gages du dernier quartier 1689 et des trois premiers 1690 (4 p.).................. 1600ᴴ

10 septembre : à luy, ayant l'entretenement de l'horloge, pour une année finie le 1ᵉʳ août dernier.... 40ᴴ

15 janvier-8 octobre : à Louis Garnier, jardinier du jardin de Marly, pour ses gages du dernier quartier 1689 et des trois premiers 1690 (4 p.)............ 800ᴴ

Somme de ce chapitre......... 2440ᴴ

JOURNÉES D'OUVRIERS DE MARLY.

15 janvier-17 décembre : aux ouvriers qui ont travaillé à la journée du Roy dans la dépendance du château et aux routes de la forest de Marly (37 p.).....
.... 9993ᴴ 16ˢ 8ᵈ

MACHINE DE LA RIVIÈRE DE SEYNE.

MOILONS ET MAÇONNERIE.

12 mars : à Silvain Pergot, pour la maçonnerie de moilon faite à cinq contreforts qui retiennent le mur de clôture vis-à-vis les terres qui ont esboulé pendant l'hyver au dessus du réservoir à mi-coste, au bout vers Prunay................................. 28ᴴ 10ˢ

11 juin : à luy, pour ouvrages et réparation de pavé de pierre dure et de libage qu'il a fait sur le grand perron de la machine.................... 109ᴴ 14ˢ 2ᵈ

23 juillet : à luy, pour 30 toises de rigolles maçonnées et réparées sous les grands chevalets, avec libages taillez et posez à chaux et à ciment........... 210ᴴ

17 septembre : à luy, pour moilon qu'il a encenté sur la grande digue pour le remplage des rangées de pieux augmentez au plancher de la digue en 1690. 59ᴴ 1ˢ 6ᵈ

10 octobre : à luy, pour maçonnerie de moilon à 3 éperons ou contreforts qui soutiennent le mur de clôture de la machine et au bout d'embas du costé de Sᵗ-Germain........................... 60ᴴ 15ˢ

10 décembre : à luy, pour 24 toises et demi courantes de rigolles qu'il a maçonnées sous les grands chevalets, avec libages taillés et posez à chaux et ciment. 171ᴴ 10ˢ

12 mars-24 décembre : à Michel Crosnier, pour moilon et libages qu'il a livrez pour les pierrées et contreforts ou esperons qui soutiennent les murs de la machine et pour la réparation des rigolles sous les grands chevalets (8 p.)....................... 413ᴴ 5ˢ

2 avril-1ᵉʳ octobre : à Estienne Potier, pour 600 1/2

[1] Ou Prudhomme.

ANNÉE 1690. — MACHINE DE LA RIVIÈRE DE SEINE.

de moilon qu'il a livré, à 16ᴴ le cent, y compris la voiture (2 p.)........................... 106ᴴ 15ˢ

20 aoust-26 novembre : à Antoine Hémont, pour moilon qu'il a livré pour remplir entre les rangées de pieux qu'on a augmentez au-dessous de la grande digue (3 p.).......................... 206ᴴ 17ˢ 6ᵈ

20 aoust-3 septembre : à Olivier Hémont l'aisné, pour du moilon qu'il a fourni pour *idem* (2 p.).. 270ᴴ

20 aoust-1ᵉʳ octobre : à Henry Le Vaneur, pour cailloux de vigne et de moilon qu'il a livré pour la réparation des quatres digues prez Bezons, Chatou, Croissy et des terres qu'il a remplacées devant la digue de la Morue (2 p.)........................ 450ᴴ 18ˢ 4ᵈ

20 aoust : à Barthélemy La Roue, pour 200 de moilon pour remplir la rigolle du trou à glaize pour l'écoulement des eaux....................... 40ᴴ

3 septembre : à luy, pour dix futailles de chaux et trente-quatre libages qu'il a livrez pour les réparations des rigolles sous les grands chevalets, et pour le ragrément des piles de la tour............. 56ᴴ 17ˢ 4ᵈ

17 septembre : à Nicolas Borienne, pour le moilon qu'il a enlevé derrière les pieux de la pallée haute de la brèche faite au rempiétement des terres de l'isle la Loge dans la rivière neuve, et des terres qu'il a enlevées à la fouille de deux puits qu'il a fait au bout de la terrasse du réservoir de Luciennes prez le regard du Jongleur..
.... 34ᴴ 12ˢ 6ᵈ

17 septembre-5 octobre : à Isaac Gosset, pour le moilon qu'il a enlevé et remplacé, et déblay, remblay, pavement et transport de moilon qu'il a fait dans les pallées et rempiétemens le long de l'isle la Loge dans la rivière neuve (2 p.).................. 148ᴴ 2ˢ 8ᵈ

17 septembre : à Nicolas Gautier, pour sept cent et demi huit seiziemes de moilon qu'il a livré dans la partie basse de la brèche et dans les autres endroits du rempiétement des terres de l'isle la Loge.... 230ᴴ 12ˢ 6ᵈ

Somme de ce chapitre........ 2597ᴴ 11ˢ 6ᵈ

CHAUX ET CIMENT.

2 avril : à Honoré Godart, pour 1600 de tuiles et un muid de ciment qu'il a livré pour la réparation de la couverture du moulin de Bougival, des puisards et des rigolles sous les grands chevalets............. 44ᴴ

6 aoust : à luy, pour ciment, briques et carreaux livrez pour lesd. rigolles..................... 28ᴴ

16 avril : à Barthélemy La Roue, pour 10 futailles de chaux pour les contreforts qui retiennent le mur de clôture, vis-à-vis des terres qui ont éboulé pendant l'hyver............................... 46ᴴ 13ˢ 4ᵈ

25 juin : à luy, pour huit futailles de chaux pour les réparations des rigolles sous les grands chevalets, à 28ᴴ le muid............................. 37ᴴ 6ˢ 8ᵈ

29 octobre-26 novembre : à luy, pour trente-trois futailles de chaux et trente-quatre libages qu'il a livré pour lesd. réparations (2 p.)............... 164ᴴ 4ˢ

23 juillet : à Maurice Le Cerf, pour cent trois sacs de plâtre fournis pour les réparations des puisards, magasins et autres bâtimens de la machine..... 20ᴴ 12ˢ

Somme de ce chapitre........ 340ᴴ 16ˢ

TERRASSES.

12 mars-2 avril : à Nicolas Borienne, terrassier, pour des tranchées et pierrées qu'il a fait dans la fouille des terres au-dessous du réservoir à mi-coste (2 p.)
.... 165ᴴ

23 juillet : à luy, pour les terres qu'il a enlevées à la fouille des puits au-dessous du réservoir de Louvetiennes et autres qu'il a fait pour garnir les affaissemens de la terrasse dud. réservoir et autres ouvrages.......... 104ᴴ 5ˢ

12 novembre : à Isaac Gosset, pour nettoyement qu'il a fait dans les aqueducs et puisards de la machine et des terres qu'il a transportées sur le bord de la rivière........................... 101ᴴ 17ˢ 6ᵈ

6 aoust : à Antoine Hémont, pour les terres qu'il a remplacées devant les digues de Chatou, Croissy et la Chaussée, et du sable fourni pour les réparations des rigolles sous les grands chevalets........ 97ᴴ 13ˢ 4ᵈ

24 octobre : à Olivier Hémont, pour 419 sommes de sable qu'il a livré pour *idem*............. 20ᴴ 19ˢ

Somme de ce chapitre........ 489ᴴ 14ˢ 10ᵈ

CHARPENTERIE.

8 janvier : à Raoul de Pierre, dit La Porte, charpentier, parfait payement de 11000ᴴ à quoy monte l'entretien par luy fait aux charpentes et mouvemens de lad. machine pendant l'année dernière 1689.... 500ᴴ

22 janvier : à luy, pour les bois qu'il a employez en 1689 pour la réparation des digues de Bezons et la Morue...................... 501ᴴ 12ˢ 6ᵈ

5 février : à luy, pour les bois d'augmentation qu'il a employez au corps et dépendances de la machine pendant l'année dernière 1689............ 596ᴴ 0ˢ 10ᵈ

29 février-12 novembre : à luy, à compte de l'entretien par luy fait aux charpentes et mouvemens de la machine (17 p.)..................... 10000ᴴ

6 aoust-24 décembre : à luy, parfait payement de ses ouvrages par augmentation (5 p.).... 4920ᴴ 3ˢ 4ᵈ

12 mars : à Lazurier, pour un arbre de bois d'aulne,

d'environ 30 pieds de long, qu'il a livré pour faire des tambours et corps de pompes pour le puisard des sources 25ʰ

30 avril : à François Gilliard, pour voiture des bois de charme et de chesne, de la forest de Saint-Germain à lad. machine, pour les pistons des corps de pompes. 30ʰ

14 may : à Noel de Guillot, pour deux courbes de bois de chesne, faisant dix solives un huitième, qu'il a livrées pour les rouets des roues de lad. machine.... .... 40ʰ 10ˢ

9 juillet : à Estienne Granjon, pour bois qu'il a fourni pour les pistons du corps de pompes et pour les rouets desd. roues.............................. 247ʰ

Somme de ce chapitre...... 1686oʰ 6ˢ 8ᵈ

COUVERTURE.

22 janvier : à Simon Deschamps, couvreur, parfait payement de 600ʰ à quoy montent les entretenements faits aux couvertures des bâtimens, magasins, forges et fonderies de la machine pendant l'année dernière. 150ʰ

5 février : à luy, parfait payement de 294ʰ 5ˢ 8ᵈ à quoy montent ses ouvrages de couverture d'ardoise à la petite tour au bout des piles............ 76ʰ 5ˢ 8ᵈ

14 may - 24 décembre : à luy, parfait payement de son entretien en 1689 (4 p.)................. 600ʰ

Somme de ce chapitre....... 826ʰ 5ˢ 8ᵈ

CHARBON.

8 janvier : à Jean Goutteur, pour 19 muids de charbon qu'il a livrez pour servir à réparer les ouvrages de plomberie de lad. machine................. 57ʰ

28 may - 17 septembre : à Vincent Mahieux, pour 72 muids et demi de charbon pour idem (2 p.)..... .... 217ʰ 10ˢ

25 juin : à Antoine Bruslé, pour 15 voyes de charbon de terre qu'il a livrées, y compris la voiture depuis Paris jusqu'à la machine................. 472ʰ 10ˢ

15 octobre : à Toussaint Bataille, pour 59 muids et demi de charbon....................... 178ʰ 10ˢ

Somme de ce chapitre........ 925ʰ 10ˢ

CUIRS.

8 janvier - 3 septembre : à Jacques Girard, pour 1248 livres de cuir en bande qu'il a préparé et livré pour les pistons des corps de pompe de lad. machine et une paire de bottines pour aller dans les aqueducs (6 p.).................................. 1059ʰ

22 janvier : à Carbon, de Charleville, pour un cuir fort de Mezières qu'il a livré pour lesd. pistons. 43ʰ 5ˢ

4 may - 12 septembre : à la veuve Julien Payet, pour vingt-quatre cuirs de vache pour les réparations des bâches des puisards (2 p.)................. 216ʰ

11 juin : à Jean Proust, pour son remboursement de vingt-huit cuirs forts qu'il a acheptez à Liège pour lad. machine............................. 912ʰ 18ˢ

25 juin : à Guillaume Tournay, pour la voiture, de Charleville jusqu'à Paris, de cuirs de Liège et de Mezières, clouds à pistons, et un modèle de manivelle du nommé Bourguignon, compagnon serrurier... 107ʰ 8ˢ

Somme de ce chapitre....... 2338ʰ 11ˢ

SERRURERIE.

22 janvier - 10 décembre : à Philippes Renault, serrurier, parfait payement de l'entretien qu'il a fait aux ouvrages de serrurerie et de forge de lad. machine pendant l'année commencée le 1ᵉʳ décembre 1689 et finie à pareil jour 1690 (19 p.)................ 10000ʰ

9 juillet : à luy, pour, avec 284ʰ 7ˢ qu'il a receues en ferrailles du magasin, faire 589ʰ 15ˢ pour le payement des fers d'augmentation qu'il a fourni pour la machine du 5 aoust 1689 au 7 juillet 1690......... 305ʰ 8ˢ

3 septembre - 1ᵉʳ octobre : à luy, pour les fers façonnez en boulons, rondelles, clavettes, chevilles barbues, fers de pièces et autres fers qu'il a livrez pour la réparation des digues vers Bezons et proche la machine (2 p.).................................. 866ʰ 4ˢ

10 décembre : à luy, pour le remboursement de deux cuirs forts qu'il a payez au nommé Blenet, tanneur à Liège................................. 66ʰ

19 novembre : à Noel, serrurier, à compte des réparations de serrurerie à la machine en 1684, 1685 et 1686................................. 1650ʰ 0ˢ 6ᵈ

9 juillet : à Pierre Menoist, pour cinq bottes d'acier de Hongrie qu'il a livrées en 1688 et 1689 pour alaizer les corps de pompe de fer de fonte........ 260ʰ

29 octobre : à Pierre Noiret, pour les clouds à vannes et autres marchandises pour la machine....... 129ʰ

Somme de ce chapitre.... 13276ʰ 12ˢ 6ᵈ

OUVRAGES DE CUIVRE.

22 janvier : à Joseph Royer, fondeur, parfait payement de 1200ʰ à quoy monte l'entretien par luy fait aux ouvrages de cuivre de lad. machine pendant l'année 1689............................. 300ʰ

16 avril - 15 octobre : à luy, à compte du mesme entretien (3 p.).............................. 900ʰ

25 juin : à luy, pour, avec 120ʰ 10ˢ qui lui sont diminuez pour le vieux cuivre qui luy a été délivré du ma-

ANNÉE 1690. — FONTAINEBLEAU.

gasin, faire 400ʰ 9ᵈ à quoy montent les cuivres qu'il a livrez par augmentation aux équipages du grand puisard sur la rivière et autres endroits de lad. machine.. .... 279ʰ 10ˢ 9ᵈ

1ᵉʳ octobre : à luy, pour les cuivres qu'il a livrez par augmentation au troisième équipage sur la rivière et les brides à canon et porte-clapets de plomb qu'il a façonnez pour les aspirants du puisard des Sources. 389ʰ 13ˢ

2 avril-28 may : à Charles-François Pollard, parfait payement de 1368ʰ 9ˢ à quoy montent les nœuds et calottes de cuivre qu'il a relevez et reposez aux équipages de cuivre des puisards de la machine et des tuiaux de fer de fonte qu'il a fournis par augmentation en 1689 (3 p.)............................. 1338ʰ 9ˢ

Somme de ce chapitre..... 3207ʰ 12ˢ 9ᵈ

CHANDELLES ET USTANCILS.

12 mars : à Philipes Haulmoine, parfait payement de 855ʰ 13ˢ 9ᵈ à quoy montent les huiles, chandelles, pots à brûler et autres fournitures par luy faites pour la machine en 1689................... 155ʰ 13ˢ 9ᵈ

30 avril-17 septembre : à luy, à compte de la chandelle, huile et pots à brûler pour *idem* (2 p.)... 600ʰ

Somme de ce chapitre...... 755ʰ 13ˢ 9ᵈ

PAVÉ.

8 janvier-30 avril : à Louis Renouf, paveur, pour ses ouvrages et réparations de pavé à la machine en 1689 et 1690 (2 p.)................. 364ʰ 18ˢ 4ᵈ

CORDAGES.

8 janvier : à Estienne Langlois, pour les cordages livrez pour les équipages des puisards de la machine et autres fournitures................... 239ʰ 17ˢ 6ᵈ

DIVERSES DÉPENSES.

5 février : à Robert Le Sieur, pour brouettes, baquets et civières qu'il a livrez pour les besoins et utilitez de la machine................................ 27ʰ

19 février : à Gérard Deschamps, taillandier, pour terrières, ébauchoirs et autres outils qu'il a livrez pour les ouvriers à la journée du Roy........... 53ʰ 10ˢ

12 mars : à la veuve Noel Meilleur, pour paniers d'ozier qu'elle a fourni pour les pompes aspirantes et les manes et hottes qu'elle a livrées à lad. machine. 21ʰ 6ˢ

2 avril : à François Gilliart, pour une voiture à trois chevaux qu'il a employée pendant trois jours à voiturer des courbes de la forest de Saint-Germain à la machine et les caisses pour l'envoy des moulins d'acier.... 27ʰ

28 may : à Henri Gagné, pour 19 bariques de bray et godron qu'il a reliées et fourni 285 cerceaux neufs, à 18ᵈ pièce........................ 21ʰ 7ˢ 6ᵈ

23 juillet : à Sonin, marchand, pour 6 barils de godron et 2 de bray par luy fournis dans les magasins de lad. machine........................... 244ʰ

20 aoust : à lad. veuve Meilleur, pour 50 hottes et 24 paniers d'ozier qu'elle a livré pour les corps de pompe du puisard des Sources............ 49ʰ 10ˢ

17 décembre : à Pierre d'Arragon, pour 23 aunes de coutil qu'il a livrez pour calfeutrer et réparer les baches des puisards........................ 17ʰ 6ˢ 6ᵈ

12 novembre : à Nicolas La Hogue, pour 204 livres de cordages employés à faire du calfat pour réparer lesd. baches............................ 20ʰ 8ˢ

Somme de ce chapitre........ 481ʰ 18ˢ

OUVRIERS À JOURNÉES.

8 janvier - 24 décembre : aux charpentiers, serruriers et autres ouvriers employez à la journée du Roy pour l'entretien de lad. machine, depuis le 8 décembre 1689 jusqu'au 22 décembre 1690 (27 p.). 18241ʰ 10ˢ 4ᵈ

FONTAINEBELEAU.

MAÇONNERIE.

30 avril-5 novembre : à Nicolas Varin et Mathurin Hensant, entrepreneurs, à compte des réparations de maçonnerie qu'ils font au château de Fontainebleau et dépendances (4 p.)................. 1400ʰ

MENUISERIE.

30 avril-5 novembre : à Scauret, menuisier, à compte de ses réparations de menuiserie au château de Fontainebleau et ses dépendances (3 p.)............ 750ʰ

SERRURERIE.

30 avril-9 juillet : à la veuve Rossignol, à compte de ses réparations de serrurerie aud. château (2 p.). 350ʰ

5 février : à Silvin Guillot, dit La Brie, serrurier, pour avoir rempli le paneau de fer de la balustrade de l'appartement de Mᵐᵉ de Maintenon et celle de la terrasse de l'appartement au-dessus............. 61ʰ 13ˢ 4ᵈ

Somme de ce chapitre..... 411ʰ 13ˢ 4ᵈ

PLANTS ET LABOURS.

5 février : à Nicolas Gouet, François Pauly et consorts, pour 393 trous et 393 arbres hautes tiges qu'ils

ont plantez dans lesd. trous dans le parc de Fontainebleau, à 3ˢ 6ᵈ par chaque trou et arbre planté....... .... 68ᴸ 15ˢ 6ᵈ

30 avril-4 novembre : à Nicolas Marchand, pour les labours, semages et fumages par luy faits dans les onze parquets des plaines des environs de Fontainebleau pendant 1690 (2 p.)...................... 868ᴸ

5 février-24 décembre : au sʳ Hauteclair, à compte des premier, deuxième et troisième labours par luy donnés aux jeunes plants dans l'enceinte des palis du parc et de la forest de Fontainebleau (14 p.).... 9463ᴸ 9ˢ 6ᵈ

Somme de ce chapitre....... 10400ᴸ 5ˢ

VITRERIE.

10 septembre : à Tisserant, vitrier, à compte de ses ouvrages et réparations de vitrerie aud. château et dépendances en 1689 et 1690................ 150ᴸ

PAVÉ.

9 juillet : à la veuve Duchemin, paveur, à compte de ses ouvrages et réparations de pavé aud. château et dépendances........................... 150ᴸ

CHARONNAGE.

10 septembre : à Ticé, charron, à compte de ses ouvrages aud. château et dépendances en 1689 et 1690.. .... 120ᴸ

DIVERSES DÉPENSES.

10 septembre : à Gabriel La Tour, concierge du château de Fontainebleau, à compte des frottages de planchers dud. château en 1689 et 1690......... 250ᴸ

5 février : à André Pauly, pour vingt journées qu'il a employées à tenir le thoisé pour la vérification des ouvrages de maçonnerie, charpenterie et autres en 1689 .... 50ᴸ

2 avril : aux habitans de Fontainebleau et d'Avon, pour leur payement de la quantité de 81 arpens 83 perches de terre par eux ensemencées aux environs desd. lieux pendant 1688 et recueillies en 1689, à raison de 30ˢ l'arpent............................. 122ᴸ 15ˢ

4 juin : à Angelin de la Salle, pour le bled qu'il a fourni dans les parquets de Fontainebleau pour la nourriture des perdrix et des faisans, pendant une année échue au dernier février................ 547ᴸ 10ˢ

13 aoust : à Pierre Branlard, marchand verrier, pour huit alambics avec leurs chapes pour distiler, et quatre douzaines de flacons, le tout de verre, qu'il a livrez pour l'orangerie de Fontainebleau............. 36ᴸ 1ˢ 6ᵈ

17 décembre : à M. le marquis de Sᵗ-Herent, pour remboursement de ce qu'il a payé pour dépenses extraordinaires faites pour les parquets des environs de Fontainebleau en 1690................ 242ᴸ 15ˢ 6ᵈ

Somme de ce chapitre....... 1249ᴸ 23ˢ

ENTRETENEMENS DE FONTAINEBLEAU.

5 février-6 aoust : à Rebours, dit La Brie, garde des palis de la forest de Fontainebleau, pour ses gages des six derniers mois 1689 et six premiers 1690 (2 p.). 300ᴸ

5 février-6 aoust : à Cousturier, ayant l'entretenement de toutes les conduites de fer, tant du dedans que du dehors de Fontainebleau, pour ses gages pendant le mesme temps (2 p.)..................... 100ᴸ

A Gringot, ayant celuy des conduites de grais depuis Samois jusqu'au-dessus des Basses-Loges, pour idem (2 p.)................................. 440ᴸ 14ˢ

30 avril-6 aoust : à Nicolas Gouet, ayant l'entretenement des palis des sept parquets dans les plaines des environs dud. Fontainebleau, pour idem (2 p.)... 120ᴸ

A luy, ayant l'entretenement et nettoyement des fossez dud. château, pour idem (2 p.)............. 47ᴸ 8ˢ

30 avril-5 novembre : à Marchand et La Brie, ayant l'entretenement des routtes de la forest, pour leurs gages idem (2 p.)............................ 800ᴸ

A Jamin, ayant l'entretenement et nettoyement de l'avant-cour du château, de la cour des offices, du Cheval Blanc et autres, pour idem (2 p.)......... 192ᴸ

11 juin : à Angelin de la Salle, garde des sept parquets de lad. forest, 400ᴸ pour ses gages d'une année échue le dernier avril, et 300ᴸ pour ceux de ses deux garçons................................. 700ᴸ

17 septembre : à Nicolas Varin, ayant l'entretien des arbres fruitiers qui sont plantez dans les jardins de Fontainebleau, allées d'ipréaux et nettoyement des tablettes du canal, en considération de l'augmentation de son entretenement pendant 1689¼................ 150ᴸ

5 novembre : à Pasquier Soucuet, pour une année de la gratification qui luy a esté accordée par S. M. en considération du soin qu'il a eu des orangers du château de Fontainebleau....................... 300ᴸ

Somme de ce chapitre....... 3150ᴸ 2ˢ

OUVRIERS À JOURNÉES.

8 janvier-24 décembre : aux ouvriers qui ont travaillé à la journée du Roy à remplir les glacières du château de Fontainebleau et autres ouvrages, depuis le 20 décembre 1689 jusques et compris le 21 décembre 1690 (13 p.)........................... 3595ᴸ 1ˢ 1ᵈ

CHAMBORD.

MAÇONNERIE.

5 février : à Mathieu Lachamp, maçon, parfait payement de 1507ʰ 2ˢ à quoy montent les réparations de maçonnerie par luy faites aud. château et dépendances en 1689............................ 107ʰ 2ˢ

2 avril : à luy, pour ouvrages de maçonnerie pour la construction d'une croix faite à l'angle des murs du parc joignant la porte du parc au droit de la chaussée Le Comte, à la place d'une ancienne croix qui estoit tombée en ruines........................ 90ʰ

30 avril-8 octobre : à luy, sur les réparations et entretiens de la maçonnerie au château et aux murs du parc (6 p.)............................ 687ʰ 10ˢ

6 aoust : à luy, pour ouvrages de la fouille et vuidange de trois fosses d'aysances au château de Chambord dans les tours A. D. B................ 199ʰ 18ˢ

30 avril : aux nommez Haberts et Jaquet, sur les cartiers de pierre de taille dure qu'ils font voiturer pour les bâtimens de Chambord................. 200ʰ

Somme de ce chapitre....... 1284ʰ 10ˢ

CHARPENTERIE.

5 février : aux nommez Besnier et veuve Rady, charpentiers, parfait payement de 1600ʰ 16ˢ 8ᵈ à quoy montent les réparations de charpenterie par eux faits au château de Chambord et dépendances....... 150ʰ 16ˢ 8ᵈ

30 avril-10 décembre : à eux, sur les ouvrages et réparations de charpenterie qu'ils font aux ponts sur la rivière dans le parc de Chambord (7 p.)...... 2000ʰ

9 juillet-8 octobre : à eux, sur les entretiens de la charpenterie et des palis des faisanderies et remises dans led. parc (2 p.)........................ 170ʰ

19 février-10 décembre : à Poitevin, charpentier, à compte des ouvrages et réparations de charpenterie par luy faits aud. château les années précédentes et en 1690 (2 p.)............................ 473ʰ 5ˢ

6 aoust-8 octobre : à Bouray, charpentier, pour la démolition et transport des cintres de charpenterie de la chapelle dud. château de Chambord (2 p.)...... 180ʰ

Somme de ce chapitre....... 2974ʰ 1ˢ 8ᵈ

COUVERTURE.

5 février : à Valentin Tesnier, couvreur, parfait payement de 127ʰ 19ˢ à quoy montent les réparations de couverture par luy faites aud. château et lieux en dépendans en 1689........................ 27ʰ 19ˢ

9 juillet-8 octobre : à luy, sur les entretiens des couvertures dud. château et dépendances (2 p.).... 205ʰ

Somme de ce chapitre....... 232ʰ 19ˢ

MENUISERIE.

5 février : à René Bonnet, menuisier, parfait payement de 92ʰ 12ˢ 10ᵈ à quoy montent les réparations de menuiserie par luy faites au château de Chambord et lieux en dépendans en 1689.......... 42ʰ 12ˢ 10ᵈ

4 juillet-8 octobre : à luy, sur ses entretenemens de menuiserie (2 p.).................... 78ʰ 10ˢ

Somme de ce chapitre..... 121ʰ 2ˢ 10ᵈ

SERRURERIE.

5 février : à Clément Beaujouan, serrurier, parfait payement de 91ʰ 18ˢ 7ᵈ à quoy montent les ouvrages de serrurerie par luy faits et réparés aud. château de Chambord............................... 41ʰ 18ˢ 7ᵈ

9 juillet-5 novembre : à luy, à compte des ouvrages de serrurerie et gros fers qu'il fournit pour les réparations du château et dépendances (2 p.)............ 100ʰ

9 juillet-8 octobre : à luy, sur les entretenemens de la serrurerie du château (2 p.)................ 82ʰ 10ˢ

Somme de ce chapitre....... 224ʰ 8ˢ 7ᵈ

VITRERIE.

5 février : aux nommez Thinquart et veuve Le Marchand, vitriers, parfait payement de 121ʰ 7ˢ 1ᵈ à quoy montent les réparations de vitrerie faites aud. château et dépendances en 1689................... 21ʰ 7ˢ 1ᵈ

9 juillet-8 octobre : à eux, sur les entretiens des vitres dud. château (2 p.)....................... 63ʰ

Somme de ce chapitre....... 84ʰ 7ˢ 1ᵈ

PEINTURE.

5 février : au nommé Dubincé, peintre, pour impressions de peinture par luy faites aud. château et lieux en dépendans........................ 10ʰ 5ˢ 6ᵈ

PAVÉ.

5 février : à Poiremolle, paveur, parfait payement de 42ʰ 14ˢ à quoy montent les réparations de pavé par luy faites aud. château et lieux en dépendans en 1689.. 2ʰ 14ˢ

9 juillet-8 octobre : à luy, sur les entretiens du pavé de 1690 (2 p.)........................... 145ʰ

Somme de ce chapitre........ 147ʰ 14ˢ

MENUES DÉPENSES ET ENTRETENEMENS DE CHAMBORD.

8 janvier-7 may : à Louis Loyau, vuidangeur à Blois, à compte des vuidanges des fosses d'aysances qui sont dans la tour C et ailleurs aud. château (2 p.). . 155㶚 7ˢ 9ᵈ

15 janvier : à Mathieu Lachant, entrepreneur, ayant l'entretenement de la maçonnerie dud. château, pour ses gages de l'année 1689 à cause dud. entretenement. 275㶚

A Besnier et la veuve Raby, charpentiers, ayant celuy de la charpenterie, pour *idem* 340㶚

A Valentin Tesnier, couvreur, ayant celuy des couvertures, *idem*............................. 410㶚

A Raymond Poiremolle, paveur, ayant celuy du pavé, *idem*................................. 290㶚

A René Bonnet, menuisier, ayant celuy de la menuiserie, *idem*............................ 157㶚

A Beaujouan, serrurier, ayant celuy de la serrurerie, *idem*.................................. 165㶚

A la veuve Nicolas Marchand et François Trinquard, vitriers, ayant celuy des vitres............... 126㶚

15 janvier-8 octobre : à Bellefond, concierge du château, ayant celuy du frotage du parquet et nettoyement dud. château, y compris celuy de l'horloge (3 p.) . 375㶚

5 février : à Descodetz, parfait payement de 156㶚 2ᵈ à quoy montent les menues dépenses par luy faites pour les bâtimens de Chambord en 1689........ 6㶚 0ˢ 2ᵈ

30 avril-10 décembre : à luy, à compte des menues dépenses en 1690 (2 p.).................. 300㶚

15 janvier-8 octobre : à Charles Chevalier, ayant le nettoyement des allées de la Canardière, pour ses gages (3 p.)....................................... 72㶚

Somme de ce chapitre.... 2671㶚 7ˢ 11ᵈ

RIVIÈRE D'EURE
ET GRAND AQUEDUC DE MAINTENON.

MAÇONNERIE.

2 avril-5 novembre : à Pierre Le Maistre, entrepreneur, à compte des ouvrages de maçonnerie qu'il fait au grand aqueduc de Maintenon (12 p.)..... 15907㶚

GRAIS.

2 avril-5 novembre : à Claude-Louis Jurany, entrepreneur, à compte des grais qu'il fournit pour le grand aqueduc de la rivière d'Eure, dans le fonds de Maintenon (12 p.)........................... 6857㶚

TERRASSES.

2-30 avril : aux nommez Féron et André Limonnier, entrepreneurs, pour les terres qu'ils ont enlevé des bassins des écluses sur la rivière d'Eure, ruisseau d'Épernon et des digues à rétablir (2 p.).... 317㶚 18ˢ 8ᵈ

ÉCLUSIERS.

16 avril : aux éclusiers employez pour la construction du grand aqueduc de maçonnerie dans le fonds de Maintenon, pour leur logement depuis le 1ᵉʳ juin 1689. 49㶚 16ˢ

16 avril-24 septembre : à Pierre Merlin et Jean Sauvin, éclusiers aux sas de Robefoin et Bourée, pour leurs journées du mois de novembre (8 p.)..... 828㶚

3 décembre : à Guillaume Moreau, éclusier au sas de Maintenon, pour ses journées d'octobre et novembre. 61㶚

Somme de ce chapitre........ 938㶚 16ˢ

DIVERSES DÉPENSES.

16 avril-3 septembre : au sʳ Le Blanc, pour le loyer d'une maison à luy appartenante scize à Maintenon, occupée par le sʳ Robelin, et un autre lieu attenant servant de bureau (2 p.)........................ 360㶚

13 aoust : à la veuve François Colas et autres, pour menues dépenses faites pour la construction du grand aqueduc de Maintenon................. 31㶚 11ˢ 6ᵈ

5 novembre : à Nicolas Féron, terrassier, pour menues dépenses faites aux digues de la rivière, dans le fonds de Maintenon 51㶚

30 avril-3 septembre : au sʳ Le Duc, entrepreneur, pour remboursement de ce qu'il a payé aux nommez Darengot et Liégeois, piqueurs, pour leurs appointemens des huit premiers mois 1690 (2 p.)...... 1010㶚 8ˢ

4 juin-9 juillet : à luy, à compte des terres qu'il fait porter sur la voûte de Bois Richeu, entre Berchère et Maintenon (2 p.)......................... 500㶚

5 février-3 décembre : au sʳ Houry et autres, pour leurs appointemens et menues dépenses faites sur les lignes de la rivière d'Eure sous le sʳ Parisot, du mois de janvier au mois de novembre dernier (9 p.). 2026㶚 17ˢ

Somme de ce chapitre..... 3979㶚 16ˢ 6ᵈ

PEINTURE.

12 mars : à Guillaume Desauziers, peintre et doreur, à compte des ouvrages de peinture et dorure par luy faits au château de Maintenon les années précédentes. 1000㶚

GAGES DES EMPLOYÉS À LA RIVIÈRE D'EURE.

19 février-3 décembre : au sʳ Parisot, ingénieur, employé sur les lignes de lad. rivière d'Eure, pour ses appointemens du mois de décembre 1689 au mois de novembre 1690 (7 p.)...................... 1800㶚

ANNÉE 1690. — GAGES PAR ORDONNANCES.

19 février : au sr DE VILLENEUVE, inspecteur sur les carrières de grais, pour quatre mois de ses appointemens, de novembre 1689 à février 1690............ 400ᵗᵗ

2 avril-3 décembre : au sr ROBELIN, ayant la direction du grand aqueduc de Maintenon, pour ses appointemens du mois de novembre 1689 au mois de novembre 1690 (9 p.)............................ 6500ᵗᵗ

2 avril-3 décembre : au nommé DE LAGRANGE, maître maçon, pour ses appointemens pendant le mesme temps (9 p.)............................ 1950ᵗᵗ

2 avril : au sr GUIARD, toiseur, pour deux mois et demi de ses appointemens................. 180ᵗᵗ

A GUILLAUME MOREAU, esclusier au sas de Maintenon, pour cinq mois de ses appointemens.......... 150ᵗᵗ

30 avril : au sr BERTHON, tenant le bureau, pour un mois, idem............................. 75ᵗᵗ

Somme de ce chapitre........ 11055ᵗᵗ

GAGES PAR ORDONNANCES PARTICULIÈRES.

8 janvier-8 octobre : au sr DE LEYRAT, commis des manufactures à Calais, pour une année de ses appointemens du 1er septembre 1689 au 31 août 1690 (4 p.) 2000ᵗᵗ

Au sr IMBERT, commis à Saint-Valery, pour idem. 2000ᵗᵗ

Au sr REVELOIS, commis à Saint-Malo, pour idem. 2000ᵗᵗ

Au sr DUCLUZEAU, commis à Morlaix, pour idem. 2000ᵗᵗ

8 janvier-24 décembre : à TOUSSAINT MICHEL, menuisier tourneur de la machine, pour ses appointements d'octobre 1689 à fin décembre 1690 (5 p.)....... 900ᵗᵗ

8 janvier-5 novembre : à LHUILLIER[1], inspecteur sur les ponts faits dans la faisanderie de Gallye, pour huit mois de ses appointemens (4 p.)........... 480ᵗᵗ

15 janvier-27 aoust : à CLAUDE BEAUNIER, garde du magasin de Saint-Germain, pour onze mois de ses gages (4 p.)............................. 660ᵗᵗ

15 janvier-27 aoust : à LIÉNARD DESCHAMPS, dit LAFLEUR, inspecteur aux aqueducs de Retz, pour neuf mois de ses gages (5 p.)............................ 270ᵗᵗ

15 janvier-5 novembre : à CLAUDE DAUBYE[2], inspecteur à Marly, pour treize mois de ses gages (6 p.). 390ᵗᵗ

15 janvier-8 octobre : à ANTOINE LESCUYER, inspecteur à Marly, pour une année de ses appointements (4 p.) 1200ᵗᵗ

15 janvier-9 juillet : à JEAN BOURGUIGNON, inspecteur au magasin de Marly, pour six mois de ses gages (2 p.) 198ᵗᵗ

15 janvier-8 octobre : à FRANÇOIS GALLIN, piqueur à Marly, pour onze mois de ses gages (4 p.).. 550ᵗᵗ 10ˢ

22 janvier-19 novembre : aux nommez SEBERT, LIGNIERES, SARBADACK, FOUQUET, GUSSIN, CHRISTOPHLE et APARUIT, élèves peintres, et LE MOYNE, GERARDIN et LE LORAIN[1], élèves sculpteurs, pour leur subsistance pendant novembre et décembre 1689 et les neuf premiers mois 1690, à raison de 22ᵗᵗ par mois pour chacun (7 p.) 2376ᵗᵗ

22 janvier-26 novembre : à LA CHAMBRE, garde à cheval à Saclay, pour une année de ses gages (6 p.).. 540ᵗᵗ

A BEAULIEU, garde aux estangs de Vieille Église, idem (6 p.)............................. 540ᵗᵗ

A DU TRIEN, garde aux estangs de Trappes, idem (6 p.)............................. 540ᵗᵗ

A DE LA LANDE, garde au Perray, idem (6 p.).. 540ᵗᵗ

A DENIS ROSAY, garde au Pré-Clos, idem (6 p.). 540ᵗᵗ

A LE MAISTRE, garde à un des pavillons de Trappes, idem (6 p.)........................... 540ᵗᵗ

A MARTIN, garde au Mesnil, idem (6 p.)..... 540ᵗᵗ

A LEFEBVRE, garde à Buc, à 20ˢ par jour, pour une année (6 p.)......................... 365ᵗᵗ

22 janvier : au sr FOSSIER fils, à compte de ses journées depuis le 13 décembre 1683, employées à la conduite des tables et vases de porphire et d'albâtre oriental, des figures de marbre et de bronze, et des vases, bassins et colonades de marbre, de Paris et autres endroits à Versailles et Trianon..................... 300ᵗᵗ

Aux Récolets de Saint-Germain-en-Laye, pour avoir célébré la messe à la chapelle de la machine pendant l'année dernière 1689.................. 100ᵗᵗ

25 janvier-5 novembre : à GUILLAUME CRÉANT, inspecteur à Sᵗ-Germain, pour ses appointemens des trois derniers mois 1689 et dix premiers 1690 (5 p.). 650ᵗᵗ

12 février : à FRANÇOIS MESTIVIER, piqueur aux labours de Marly, pour ses gages du mois d'octobre dernier 30ᵗᵗ

12 mars-23 juillet : à la veuve BAILLY, portière à la Savonnerie, pour ses gages des six derniers mois 1689 et six premiers 1690, y compris 30ᵗᵗ pour les soings de la chapelle (2 p.)..................... 330ᵗᵗ

12 mars-22 octobre : aux Révérends Capucins, pour l'entretien de leur jardin pendant le dernier quartier 1689 et les trois premiers 1690 (4 p.)...... 400ᵗᵗ

---

[1] Ou LULIER.
[2] Ou DOBYE.

---

[1] Le 5 novembre, il n'est plus fait mention de SARBABAT ni de LEMOINE; mais nous voyons paraître les noms de PAILLET, LEGROS, ROUSSELET et TIGER.

2 avril : à la veuve DE REYNE, brodeuse, travaillant à Saint-Cyr aux broderies des meubles de S. M., pour deux mois et seize journées de sa pension...... 421ᴸ

A elle, pour la nourriture et les journées de deux brodeuses travaillans aux susd. broderies, à raison de 25ˢ par jour pour chacune.............. 147ᴸ 10ˢ

A JEAN L'HERMINOT fils, autre brodeur, travaillant aux susd. broderies, pour les mesmes deux mois et seize jours de sa pension, à raison de 900ᴸ par an..... 189ᴸ 9ˢ

Au s* SENON, médecin des bâtimens, pour sa pension pendant l'année 1689................... 2000ᴸ

Au s* MERIEN, ausmonier desd. bâtimens, pour sa pension de lad. année 1689.............. 350ᴸ

Aux Récolets de Versailles, pour avoir célébré la messe à la chapelle de la Surintendance des bâtimens en 1689........................... 250ᴸ

Estat des inspections de novembre et décembre 1689 :

9 avril : au s* GOUJON, employé à toiser les ouvrages des bâtimens, à raison de 3600ᴸ par an, pour lesd. deux mois................................... 600ᴸ

Au s* DE SAINTE-CATHERINE, employé aux travaux de la plaine de Trappe, à 3000ᴸ............. 500ᴸ

Au s* DE FRANCLIEU, employé à ceux de Buc et plaine de Saclay, à 2400ᴸ.................... 400ᴸ

Au s* LE GOUX, employé à la plaine de Saclay, à 1200ᴸ..................................... 200ᴸ

Au s* GUILLIN, employé à la Surintendance des bâtimens, à 900ᴸ.......................... 150ᴸ

Au s* DUCHIRON, employé au magasin des plombs, à 2000ᴸ............................ 333ᴸ 6ˢ 8ᵈ

Au s* DESLOUIT, employé au magasin des démolitions, à 1200ᴸ................................. 200ᴸ

Au s* CHUPIN, employé aux plans pour dessiner, à 1500ᴸ.................................... 250ᴸ

Au s* FROSNE, employé à la place Vendôme, à 1200ᴸ.................................... 200ᴸ

Au s* JOURDAN, employé dans le petit parc, à 900ᴸ.................................... 150ᴸ

Au s* PERROT, employé à Trianon, à 1200ᴸ... 200ᴸ

Au s* MICHELET l'ainé, employé à la pesée des fers, à 1200ᴸ.................................. 200ᴸ

Au s* MICHELET le jeune, employé aux menus ouvrages de serrurerie, à 900ᴸ.................. 150ᴸ

Au s* ANDRIEU, employé au toisé des terres, à 2000ᴸ par an........................... 333ᴸ 6ˢ 8ᵈ

Au s* ANDRIEU le jeune, aydant à toiser avec led. ANDRIEU, à 20ˢ par jour................. 61ᴸ

Au s* BERTAULT, employé à visiter les bois de charpente, à 900ᴸ.................................. 150ᴸ

Au s* LE COURT, employé à l'église des Invalides, à 1500ᴸ.................................. 250ᴸ

Au s* LA BOULAYE, employé à prendre garde aux vitres, à 900ᴸ.............................. 150ᴸ

Au s* COCHU, employé à la machine, à 3600ᴸ. 600ᴸ

Au s* JUMELLE, employé idem, à 900ᴸ...... 150ᴸ

Au s* BOUCAULT, employé idem, à 900ᴸ..... 150ᴸ

Au s* RENNEQUIN SUALEM, charpentier à la machine, à 1800ᴸ................................. 300ᴸ

Au s* DE RUZÉ, employé à Saint-Germain et à Marly, à 3600ᴸ (2 p.)......................... 1200ᴸ

Au s* DE LA MAISON BLANCHE, employé au magazin de Marly, à 900ᴸ............................ 150ᴸ

Au s* ROUSSELOT, employé à Monceaux, à 2400ᴸ.... .... 400ᴸ

Au s* L'ABBÉ, employé à visiter les ouvriers à Paris, à 1800ᴸ.................................. 300ᴸ

A CHARLES LE BRUN, portier de l'hostel des Inspecteurs, à 20ˢ par jour........................ 61ᴸ

Au s* FRANÇOIS LE BLED, portier de l'hôtel de Limoges, pour les vingt derniers jours du mois de décembre 1689, à 20ˢ par jour............................ 20ᴸ

21 may : aux inspecteurs cy-dessus nommez, pour leurs appointemens des mois de janvier et de février 1690......................... 7243ᴸ 13ˢ 4ᵈ

20 aoust : à eux, pour leurs appointemens des mois de mars et avril........................ 7249ᴸ 13ˢ 4ᵈ

29 octobre : à eux, pour les mois de may et juin.... .... 7249ᴸ 13ˢ 4ᵈ

23 avril-3 décembre : au s* MANSART, premier architecte du Roy, pour ses appointemens ordinaires et extraordinaires des six derniers mois 1689 et six premiers 1690 (4 p.)....................... 10000ᴸ

23 avril-3 décembre : au s* CAUCHY, dessinateur, pour idem pendant le même temps (4 p.)......... 1200ᴸ

23 avril-3 décembre : au s* CAILLETEAU, dit L'ASSURANCE, autre, idem (4 p.)................. 1200ᴸ

23 avril : au s* CLÉMENT, employé à la bibliothèque du Roy, pour ses appointemens de l'année 1689. 1500ᴸ

23 avril-11 juin : au s* LEMBERT, ayant l'inspection sur toutes les conduites de tuiaux de fer de fonte, pour ses appointemens de l'année 1689 (3 p.)..... 4000ᴸ

23 avril-11 juin : au s* D'ESTRECUY, contrôleur des bâtimens de Fontainebleau, pour ses appointemens de 1689 (3 p.)............................ 3600ᴸ

30 avril-11 juin : au s* PERRAULT, greffier des Bâ-

timents, pour ses appointements de 1689 (3 p.)..... .... 4400ᴛᴛ

30 avril - 14 may : au sʳ Merveilliaud, pour les soins qu'il a pris des manufactures (2 p.)............. 1500ᴛᴛ

30 avril - 14 may : au sʳ de la Chapelle-Bessé, pour ses appointements de 1689 (2 p.).......... 3000ᴛᴛ

30 avril - 14 may : au sʳ de Beaurepaire, pour *idem* (2 p.)................................ 3000ᴛᴛ

30 avril - 14 may : à luy, pour les appointements de son commis (2 p.)....................... 600ᴛᴛ

30 avril - 4 juin : à Nicolas Le Jongleur, ayant soin des eaux bonnes à boire, pour ses appointements de 1689 (3 p.)........................... 2000ᴛᴛ

30 avril - 4 juin : au sʳ Degodets, contrôleur à Chambord, pour *idem* (3 p.)................... 1800ᴛᴛ

30 avril - 17 septembre : au sʳ de la Forest, ayant l'entretenement de la pompe du Pont-Neuf et de la Samaritaine, pour *idem* (4 p.)............... 4000ᴛᴛ

7 may - 11 juin : au sʳ Lefebvre, contrôleur, pour ses appointements de 1689, en considération du séjour qu'il fait à Versailles (3 p.).................... 3000ᴛᴛ

7 may - 11 juin : au sʳ Fossier, garde-magasin, pour ses appointements de 1689 (3 p.).......... 1900ᴛᴛ

7 may - 11 juin : au sʳ Villiard, préposé aux eaux bonnes à boire, pour *idem* (3 p.)............ 1200ᴛᴛ

7 - 14 may : au sʳ de la Motte fils, gratification accordée pour l'année 1689 (2 p.)............ 900ᴛᴛ

14 may - 11 juin : au sʳ Dorbay, architecte, pour ses appointements de l'année 1689 (2 p.)....... 2000ᴛᴛ

14 may - 11 juin : au sʳ Rogen, commis du sʳ de la Chapelle-Bessé, pour *idem* (2 p.)........... 1000ᴛᴛ

4 juin - 24 décembre : au sʳ Ballon, ayant la direction des grands et petits plans des maisons royales, pour ses appointements des six derniers mois 1689 et six premiers 1690 (3 p.).................. 1800ᴛᴛ

4 juin - 24 décembre : à Estienne-Clément Garnier, jardinier de la pépinière du Roule, pour *idem* (3 p.).. .... 1200ᴛᴛ

4 juin - 24 décembre : à Louis Germain, ayant inspection sur les ouvriers qui travaillent au jardin de lad. pépinière, pour *idem* (3 p.)............... 900ᴛᴛ

4 juin - 24 décembre : à Pierre Collinot, servant à cheval, ayant inspection sur les ouvriers qui travaillent aux plants d'arbres de Marly et de Versailles, pour *idem* (3 p.)................................... 1200ᴛᴛ

4 juin - 24 décembre : à Claude Mathieu, qui a inspection sur les ouvriers qui travaillent à planter du petit plant de bois aux environs de Versailles, pour *idem* (3 p.)................................... 900ᴛᴛ

4 juin - 24 décembre : au sʳ de Beaulieu, professeur en mathématiques, enseignant à écrire et l'arithmétique aux garçons jardiniers de la pépinière du Roule, pour *idem* (3 p.)......................... 300ᴛᴛ

4 juin - 24 décembre : au sʳ Jean Larieu, ayant soin de garder les avenues d'arbres du palais des Thuilleries, pour *idem* (3 p.)......................... 100ᴛᴛ

6 aoust : à Drouard, ayant inspection sur les broderies.................................... 300ᴛᴛ

A La Boulaye, sur la mesme inspection...... 200ᴛᴛ

10 septembre : à Jean Le Jeune, pour avoir écrit les mémoires des ouvrages des châteaux de Saint-Germain et de Marly en juillet et aoust derniers......... 60ᴛᴛ

17 septembre : à L'Espérance, pour dix-huit jours qu'il a été employé à la grande aile............ 36ᴛᴛ

24 septembre - 3 décembre : au sʳ Mignard, premier peintre du Roy, pour ses appointements des six premiers mois 1690 (2 p.)....................... 4400ᴛᴛ

Somme de ce chapitre.... 117085ᴛᴛ 2ˢ 4ᵈ

GRATIFICATIONS.

8 janvier - 10 décembre : au nommé Dulu, en considération des soins qu'il a pris des arbres qui ont esté envoyés pour les jardins du Roy en 1688, 1689 et 1690 (2 p.)................................. 400ᴛᴛ

29 janvier : à François Lauros, qui a esté blessé à la teste en travaillant dans le parc de Marly......... 20ᴛᴛ

19 février : à Vitry, fontainier plombier à Marly, pour avoir travaillé au changement de la bâche de la tour de la machine et avoir aydé au plombier de la machine plusieurs fois pendant 1689................ 60ᴛᴛ

A la veuve Carbon, commise à la poste de Charleville, pour avoir reçu toutes les manivelles, cuivre, clouds et chaisnes, venus de Liège par Charleville, et les avoir envoyées.................................... 50ᴛᴛ

9 avril : à Louis Garnier, jardinier, pour plusieurs voyages qu'il a faits au jardin du Roule pour le service de S. M................................... 2ˢᴛᴛ

16 avril : à Jean Boucher, autre jardinier, pour un voyage qu'il a fait à Fontainebleau où il a séjourné trois jours pour régler le travail qu'il y a fait faire pour l'élaguement du derrière des pavillons de la grande allée du parc................................... 60ᴛᴛ

30 avril : à Grenier, sculpteur, pour les soins qu'il a pris à réparer les cires des figures que le sʳ Keller jette en bronze à l'Arcenal......................... 400ᴛᴛ

Au sʳ Boffrand, dessinateur, en considération de ce qu'il a dessiné les plants et profils des bâtiments de la place Royale, de l'hôtel de Vandôme, sous le s' Mansart, pendant les six premiers mois 1689.......... 300ᴸ

28 may : à Jean Proust, commis des postes de Dinan, pour les soins qu'il prend d'achepter des cuirs et autres marchandises de Liège pour la machine, et ce pour l'année dernière 1689........................ 200ᴸ

4 juin : à la veuve Mollière, en considération de ce que son cheval s'est tué en travaillant dans le parc de Marly................................ 25ᴸ

4 juin-24 décembre : à Estienne-Clément Garnier, jardinier du Roule, par gratification pour l'année 1689 et les six premiers mois 1690 (3 p.)........ 300ᴸ

4 juin-24 décembre : à Louis Germain, qui a inspection sur les ouvriers qui travaillent à lad. pépinière et aux plans d'arbres des avenues du palais des Thuilleries, Boulogne, Vincennes et Saint-Germain-en-Laye, par gratification pour le même temps (3 p.)........ 150ᴸ

4 juin-24 décembre : à Jean Frade, qui a inspection pour la garde des cignes sur la rivière depuis Surenne jusqu'à Rouen, par gratification pour le même temps (3 p.)................................ 225ᴸ

4 juin-24 décembre : à Pierre Le Cochois, qui a soin desd. cygnes depuis Corbeil jusqu'à Saint-Cloud, pour *idem* (3 p.)...................... 225ᴸ

30 juillet : à Jaques Milleret, garçon charpentier, en considération de ce qu'il s'est blessé à la main en déchargeant une pièce de bois pour le dôme de l'église des Invalides.......................... 20ᴸ

8 octobre : aux nommez La Valette, dit Bagnolet, et La Croix, compagnons charpentiers, blessés en travaillant à la charpente du dôme de la grande église des Invalides............................. 100ᴸ

5 novembre : à Jaques Chapé, serrurier, blessé en travaillant à la machine.................... 50ᴸ

A René Simon, compagnon charpentier, blessé en travaillant à l'église des Invalides............. 30ᴸ

A Deauville, godronnier, qui a travaillé pendant quarante jours à réparer les bâches des puisards de la machine............................... 30ᴸ

5 novembre : à Choisy, qui a travaillé pendant le même temps auxd. bâches................ 30ᴸ

26 novembre : à Marie Destienne, par gratification, en considération d'un avis qu'elle a donné concernant les manufactures........................ 200ᴸ

3 décembre : aux palfermiers des écuries de S. M., pour les fumiers qui leur ont esté pris pendant la présente année pour les parquets de Fontainebleau, de la grande et petite escurie et de la vennerie........ 77ᴸ

10 décembre : à Sarda, charpentier, qui s'est blessé en travaillant au dôme des Invalides........... 20ᴸ

A Claude Mathieu, Jean Maheu et Pierre Billardière, pour les voyages qu'ils ont faits en Artois pour faire arracher des ormes pour les maisons royales..... 285ᴸ

A Jean Maheu, en considération du cheval qu'il a perdu en faisant led. voyage................. 30ᴸ

A Jaques Belloire, manœuvre, employé au jardin du Val, qui a esté blessé en travaillant......... 15ᴸ

Somme de ce chapitre......... 3324ᴸ

GAGES D'INVALIDES.

15 janvier-27 aoust : à Charles Julien, dit L'Avocat, invalide employé aux labours du petit parc de Saint-Germain, pour ses journées depuis le mois de décembre 1689 au mois d'août 1690 (5 p.)............ 270ᴸ

15 janvier-27 aoust : à Charles Deliège, dit La Marche, autre employé, pour ses journées pendant led. temps (5 p.)............................ 270ᴸ

15 janvier-5 novembre : à Louis Bacary, dit Dilligent, employé à Marly, depuis le mois de décembre 1689 jusqu'au mois d'octobre dernier (6 p.)....... 330ᴸ

5 février-10 décembre : à Guillaume Ramsay, dit L'Écossois, employé au château de Monceaux, depuis le mois de décembre 1689 au mois de novembre 1690 (6 p.)................................ 365ᴸ

12 mars-10 décembre : à Jean Legrand, dit Saint-Martin, employé à l'inspection des ouvrages de la statue équestre du Roy à l'hôtel de Vendôme, du mois de décembre 1689 au mois de novembre dernier (9 p.)..... 335ᴸ

12 mars-10 décembre : à Pierre Brouillet, dit Monredon, employé à Vincennes pendant le mesme temps (9 p.)............................... 335ᴸ

4 juin-12 novembre : à Irrisari, officier invalide employé à la place Vendôme depuis le mois d'avril jusqu'au 16 octobre, à 2ᴸ par jour (7 p.)......... 404ᴸ

4 juin : à Jean Pasquier, dit La Montagne, employé à la place Vendôme pendant les mois d'avril et de may (2 p.)................................. 52ᴸ

4 juin-12 novembre : à Robert de France, dit La France, employé à l'église des Invalides du mois d'avril au mois d'octobre (7 p.).................... 167ᴸ

4 juin-12 novembre : à Pierre Mersant, dit L'Aliance, autre employé pendant le mesme temps, *idem* (7 p.)................................. 161ᴸ

4 juin-24 décembre : à Montplaisin, employé à Fontainebleau du mois de may au mois de décembre (6 p.)................................ 245ᴸ

ANNÉE 1690. — GAGES SUIVANT L'ÉTAT.

23 juillet - 12 novembre : à L'Église, soldat employé à Marly depuis le mois de juin jusqu'au 16 octobre (5 p.) .... 138"
23 juillet - 12 novembre : à Esprit Barangé[1], employé au Cours-la-Reyne depuis le 11 juin à fin août (3 p.) .... 81"
20 aoust : à François Laurent, dit Duclos, sergent invalide au Jardin royal, pour neuf jours de juin, 25 de juillet et 5 d'aoust .... 39"
30 aoust : à Jean Billaudel, dit Saint-Jean, autre, employé aud. Jardin royal pendant le même temps. 39"
12 novembre : à Jean Creste, dit L'Orange, employé à l'église des Invalides, pour vingt jours d'octobre .... 20"

Somme de ce chapitre .... 3251"

GAGES SUIVANT L'ESTAT.

LES THUILLERIES.

6 mars : au s^r Clinchant, garde du palais des Thuilleries, pour ses gages pendant les mois de juillet, aoust et septembre 1689 .... 75"
A luy, concierge de la Salle des comédies dud. palais, idem .... 500"
A luy, ayant le soin de nettoyer et tenir propres toutes les chambres et cours dud. palais, idem .... 500"
Au s^r Le Nostre, ayant l'entretenement du grand parterre en face dud. palais, idem .... 875"
A luy, ayant celuy des parterres en gazon nouvellement plantez en suitte des quarrez en broderie, pour ses gages, idem .... 625"
A luy, ayant celuy du petit jardin à fleurs, idem. 375"
A luy, ayant celuy des palissades de jassemins d'Espagne dud. jardin des Thuilleries, idem .... 375"
A la veuve Carbonnet, ayant celuy de la haute allée des maronniers d'Inde et pisceas jusqu'à la moitié du fer à cheval, idem .... 100"
A elle, pour le loyer du logement qu'elle occupe à cause dud. entretenement, idem .... 50"
Aux filles de deffunt Bouchart, ayant l'entretenement des orangers, idem .... 225"
A Claude Desgots, ayant celuy de toutes les allées et plants d'arbres avec le fer à cheval, idem ...... 900"
A la veuve Masson, Claude et Élizabeth Le Juge, ses belles-sœurs, ayant celui du jardin, idem.... 512" 10^s

[1] Ou Berenger.

A Lamy, portier dud. jardin du costé du pont Royal, idem .... 75"
A Villeneuve, autre portier dud. jardin du costé du manège, idem .... 75"
A Duchemin, autre portier dud. jardin de la porte par où l'on fait voiturer les fumiers du costé de la rue Saint-Honoré, idem .... 75"
Total .... 5337" 10^s

PALAIS-ROYAL.

A Gratian Bouticourt, concierge dud. palais, pour ses gages du troisième quartier 1689 .... 112" 10^s
A luy, ayant soin de nettoyer les chambres et cours dud. palais, idem .... 56" 5^s
A Clinchant, concierge de la Salle des comédies, idem .... 56" 5^s
A Claude Bouticourt, ayant l'entretenement du jardin dud. palais, idem .... 375"
A Georges, portier de la basse-cour du côté de la rue de Richelieu, idem .... 112" 10^s
A Simon Le Vacher, portier de la porte des cuisines du côté de la rue des Bons-Enfans, idem ... 37" 10^s
Total .... 750"

VINCENNES.

A Michel Thibault, jardinier, ayant l'entretenement de tous les jardins dépendans dud. château, pour les gages dud. quartier .... 375"
A Chevillard, fontainier, ayant celuy des fontaines dud. jardin, idem .... 150"
Total .... 525"

JARDIN ROYAL.

Nota : Le jardinier et le portier dud. jardin sont payez de leurs gages par ordonnance particulière, cy. Mémoire.

SAINT-GERMAIN-EN-LAYE.

A Jean-Baptiste de la Lande, ayant l'entretenement du vieil jardin et nouvelle palissade du parc du château, pour ses gages dud. quartier .... 125"
A luy, ayant l'entretenement de l'orangerie, idem.. .... 125"
A la veuve Jean de la Lande, ayant l'entretenement du grand parterre nouvellement planté et augmenté de trois allées autour dans le vieil jardin, idem.. 337" 10^s
A Jean de la Lande, ayant celuy des allées et palissades de l'enclos du petit bois, idem ...... 84" 5^s
A luy, ayant celuy du potager, idem .... 50"
A luy, ayant celuy du boulingrin, idem ...... 200"

32

À la veuve Bellier, ayant celuy dud. jardin potager et des deux parterres à costé de la fontaine du château neuf, *idem*........................... 112ʰ 10ˢ

À lad. veuve Bellier et à Claude Bellier, sa fille, ayant celuy du nouveau jardin en gazons, *idem*.... 300ʰ

À François Lavechef, ayant celui du jardin et parterres devant les grottes du château neuf, *idem*.. 112ʰ 10ˢ

À luy, ayant celuy des canaux et colines dud. château, *idem*............................. 18ʰ 15ˢ

À Goëren, dit Lasalle, concierge du pavillon du Val, *idem*............................... 300ʰ

À Le Coutelier, jardinier, ayant l'entretenement du jardin dud. pavillon, *idem*................ 1000ʰ

À Claude Patenotre, concierge du Chenil proche le Tripot, *idem*........................... 45ʰ

À Bertin, concierge du château neuf, *idem*. 118ʰ 15ˢ

À Gilles Richard, concierge de la petite escurie, *idem*................................. 50ʰ

À Soulaigre, concierge du vieil château, *idem*...
.... 56ʰ 10ˢ

À luy, ayant l'entretenement de l'horloge, *idem*...
.... 18ʰ 15ˢ

À Goëren, portier des portes du parc, *idem*... 175ʰ

À Clerembourt, portier des portes du grand parterre, *idem*................................ 90ʰ

À Jean Arnaudin, concierge de la Surintendance des bâtimens aud. Saint-Germain, *idem*.... 50ʰ

À Claude Lefèvre, concierge de la maison de la Religion, pour ses gages dud. troisième quartier 1689, *idem*................................. 50ʰ

Total................... 3419ʰ 10ˢ

20 aoust : aux cy-devant nommez, pour lesd. entretenemens pendant les trois derniers mois de l'année 1689........................... 1003½ʰ

3 décembre : à eux, pour les trois premiers mois 1690........................... 1003½ʰ

Somme de ce chapitre......... 30096ʰ

ESTAT DE FONTAINEBLEAU.

3 décembre : à la veuve Gaognet, couvreur, ayant l'entretenement de toutes les couvertures du château, pour ses gages pendant les trois premiers mois 1690..
.... 750ʰ

À Tisserant, ayant celui des vitres, *idem*...... 300ʰ

À la veuve Giraud, ayant celui des plombs, *idem*. 125ʰ

À Dubois, ayant celui de toutes les peintures, *idem*
.... 150ʰ

À Julien Darbay, ayant celui de la moitié du grand parterre du jardin du Roy, petites palissades et allées en terrasse au pourtour d'iceluy, *idem*........... 250ʰ

À Gaspard Guinteau, de Richemont, mari de Madeleine Pairet, ayant l'autre moitié, *idem*....... 250ʰ

À Gabriel Desbouts, ayant l'entretenement du jardin de l'estang et du jardin des Pins, *idem*...... 175ʰ

À la veuve Louis Desbouts, ayant celui des grandes et petites palissades..................... 500ʰ

À Varin, ayant celui des arbres fruitiers, allées d'ipréaux et autres, *idem*................ 206ʰ 5ˢ

Aux Religieux de la Charité d'Avon, pour trois mois de la pension qui leur est accordée par S. M. pour la subsistance des malades................. 487ʰ 10ˢ

À Chatillon, ayant l'entretien des orangers du jardin de la Reyne, pour trois mois de gages........ 300ʰ

À Dorchemer, ayant celui du petit jardin de la Conciergerie, *idem*......................... 11ʰ 5ˢ

À Louis Delatour, ayant le nettoyement des cours dud. château, *idem*..................... 100ʰ

À Dubois, ayant l'entretenement du jardin de la fontaine du château et jardins en dépendans, *idem*..
.... 37ʰ 10ˢ

À la veuve Vieux-Pont, ayant celui du jardin potager et fruitier du jardin neuf, *idem*............. 45ʰ

À René Nivelon, ayant celui du Mail, *idem*. 27ʰ 2ˢ 6ᵈ

À Bernard, ayant celui du petit jardin de l'hôtel d'Albret, *idem*............................ 25ʰ

À Chatillon, ayant celui du nettoyement des canaux de l'estang, *idem*....................... 50ʰ

À Voltigeant, ayant celui des batteaux sur le canal et sur l'estang, *idem*........................ 50ʰ

Au sʳ Pion, ayant le soin et la nourriture des carpes et cignes dud. canal et des estangs dud. château, *idem*
.... 270ʰ

À luy, en considération de la nouvelle augmentation des cignes et carpes.................... 219ʰ

À Couturier, fontainier, pour ses gages, *idem*.. 50ʰ

À Chatillon, ayant l'entretenement de l'horloge du château, *idem*........................... 25ʰ

À Toulet, concierge du pavillon de la Surintendance, *idem*................................. 50ʰ

À la veuve Charles Gervais, portier du parc, *idem*
.... 75ʰ

À Besnard, concierge de l'hôtel d'Albret, *idem*.. 25ʰ

À Petit, portier de la cour du Cheval Blanc, *idem*. 50ʰ

À Dorchemer, concierge du château, *idem*.... 75ʰ

Total.............. 4878ʰ 12ˢ 6ᵈ

21 janvier : aux officiers des bâtimens du château de

ANNÉE 1690. — GAGES DES OFFICIERS DES BÂTIMENTS.

Fontainebleau, pour leurs gages des mois d'avril, may, et, juin 1690 mentionnez de l'autre part. 4821ᴸᴸ 12ˢ 6ᵈ

Somme de ce chapitre........ 9700ᴸᴸ 1ˢ

ESTAT DES GAGES

des Officiers des Bâtiments du Roy, jardins, tapisseries, et manufactures de S. M., et appointements des personnes rares en l'architecture, peinture, sculpture, et autres arts qu'elle veut estre entretenus pour son service en ses châteaux du Louvre et des Thuilleries, Palais-Royal, Saint-Germain-en-Laye, Versailles, Madrid, Vincennes, et autres lieux à elle appartenans, pendant l'année dernière 1690, expédié par Nous François-Michel Le Tellier, marquis de Louvois et de Courtanvaux, Conseiller du Roy en tous ses Conseils, Secrétaire d'État et des commandements de S. M., Chancelier de ses Ordres, Surintendant et Ordonnateur général de ses bâtimens et jardins, tapisseries, arts et manufactures de France, suivant le pouvoir à Nous donné par S. M.

PREMIÈREMENT :
GAGES ET APPOINTEMENS DES SURINTENDANT, INTENDANS, CONTROLLEURS ET TRÉSORIERS DESD. BÂTIMENTS.

A Nous, en lad. qualité de Surintendant et Ordonnateur général desd. bâtiments, jardins, tapisseries, arts et manufactures...................... 12000ᴸᴸ

A Nous, en lad. qualité de lad. charge et pension attribuée et unie à icelle................. 3000ᴸᴸ

A Nous, comme Surintendant et Ordonnateur général des bâtimens du château de Monceaux........ 2400ᴸᴸ

Au sʳ Coquart de la Motte, Conseiller du Roy en ses Conseils, intendant et ordonnateur ancien desd. bâtiments................................. 4500ᴸᴸ

Au sʳ Mansart, aussi Conseiller du Roy en ses Conseils, intendant et ordonnateur alternatif desd. bâtiments.... .... 4665ᴸᴸ

Au sʳ de Chanlay, aussi Conseiller du Roy en ses Conseils, intendant et ordonnateur triennal desd. bâtiments 4500ᴸᴸ

Au sʳ Le Nostre, controlleur général ancien desd. bâtiments, pour trois quartiers de ses gages et augmentation d'iceux.................... 4080ᴸᴸ 18ˢ 9ᵈ

Au sʳ Gabriel, controlleur général alternatif desd. bâtiments, pour trois quartiers de ses gages et augmentation d'iceux.......................... 4125ᴸᴸ

Au sʳ Lefebvre, controlleur général triennal desd. bâtiments............................ 4133ᴸᴸ

A Mᵉ Charles Le Bescue, Conseiller du Roy, trésorier général desd. bâtiments.................. 2100ᴸᴸ

A Mᵉ Charles Le Bescue, Conseiller du Roy, trésorier général desd. bâtiments.................. 2100ᴸᴸ

A Mᵉ Charles Manessier, aussi Conseiller du Roy, trésorier général desd. bâtiments............ 2100ᴸᴸ

Somme............,....... 49703ᴸᴸ 18ˢ 9ᵈ

OFFICIERS QUI ONT GAGES
POUR SERVIR GÉNÉRALEMENT DANS TOUTES LES MAISONS ROYALES ET BASTIMENTS DE SA MAJESTÉ.

Au sʳ Mignard, pour ses appointements pendant lad. année, la somme de 8800ᴸᴸ à luy ordonnée par gratification à cause de la conduite et direction des peintres des maisons royales et aussi de celles qu'il a sous nos ordres de la manufacture des Gobelins, pour, avec 3200ᴸᴸ employé dans l'estat de la Maison du Roy, faire la somme de 12000ᴸᴸ à luy accordée par chacun an et dont il a esté payé, partant cy.......................... Néant.

Au sʳ de Lahire, professeur de l'académie d'architecture establie au Palais-Royal, pour y tenir les conférences et y enseigner publiquement, pour ses gages.. .... 1200ᴸᴸ

Au sʳ Mansart, architecte, idem........... 1000ᴸᴸ
Au sʳ Dorbay, autre architecte, idem....... 1000ᴸᴸ
Au sʳ de Cotte, architecte, idem.......... 2400ᴸᴸ
Au sʳ Félibien, historiographe desd. bâtiments, idem 1200ᴸᴸ

A Noël Coypel, peintre, pour ses gages...... 200ᴸᴸ
A Friquet, peintre, idem................ 200ᴸᴸ
A André Félibien, ayant la garde des figures et le soin de tenir et polir les marbres des maisons royales. 400ᴸᴸ

A Jaques Houzeau, sculpteur, faisant ordinairement les modèles et ornemens tant au Louvre qu'ailleurs, pour ses gages 400ᴸᴸ, dont il luy sera payé seulement.. 150ᴸᴸ

A François Girardon, autre sculpteur, pour ses gages 200ᴸᴸ

A Thomas Regnaudin, autre, idem........... 150ᴸᴸ
A Anthoine Coisevaux, autre, idem.......... 200ᴸᴸ
A Louis Le Gros, autre, idem.............. 150ᴸᴸ
A Baptiste Tuby, autre, idem.............. 200ᴸᴸ
A Pierre Mazeline, autre, idem............. 150ᴸᴸ
A Jean Cuvillier, marbrier, idem........... 30ᴸᴸ
A Hubert Misson, autre, idem.............. 30ᴸᴸ
A Dominico Cuccy, qui fait toutes les garnitures de bronze doré des portes et croisées des maisons royales 60ᴸᴸ

A Leclerc, graveur..................... 100ᴸᴸ

32.

A Israël Silvestre, autre graveur, pour faire les desseins d'architecture, veüe et perspectives des maisons royales, carrousels et autres assemblées publiques. 400ᴛᴛ

A Goiton, imprimeur en taille-douce....... 100ᴛᴛ

A François Vildot, de Clermont, maître des œuvres de maçonnerie des bâtiments du Roy, la somme de 1200ᴛᴛ, dont il sera payé de la moitié......... 600ᴛᴛ

A Philippes Cléquin, maître des œuvres de charpenterie, pour avoir l'œil sur tous les charpentiers des maisons royales......................... 600ᴛᴛ

A Jean Dorbay, maçon.................. 30ᴛᴛ
A Jaques Mazière, autre................. 30ᴛᴛ
A Pierre Thevenot, autre................ 30ᴛᴛ
A Pierre Le Maistre, autre.............. 30ᴛᴛ
A Jean Malet, charpentier............... 30ᴛᴛ
A Remy, menuisier..................... 30ᴛᴛ
A Nicolas Carel, menuisier.............. 30ᴛᴛ
A Roger, serrurier du cabinet........... 30ᴛᴛ
A André-Charles Boule, ébéniste......... 30ᴛᴛ
A Gabriel Janson, vitrier............... 30ᴛᴛ
A Estienne Yvon, couvreur.............. 30ᴛᴛ
A Philipes Vitry, plombier.............. 30ᴛᴛ
A Jaques Lucas, autre.................. 30ᴛᴛ
A Louis Renouf, paveur................ 30ᴛᴛ
A Claude Briot, miroitier............... 30ᴛᴛ
A Guillaume Desauziers, peintre et doreur.... 30ᴛᴛ

A Gosselin et Lagny, armuriers, retenus pour travailler aux instruments de mathématiques nécessaires pour l'Académie des sciences..................... 200ᴛᴛ

A Thuret, horloger, retenu pour entretenir toutes les pendules de l'Académie des sciences, tant celles qui sont à l'Observatoire que dans lad. Académie....... 300ᴛᴛ

A Masselin, chaudronnier................ 30ᴛᴛ

A Padelain et Varisse, ramonneurs de cheminées, pour avoir soin de tenir nettes celles des maisons royales à Paris, Saint-Germain, Fontainebleau et autres lieux 60ᴛᴛ

A Daniel Fossier, garde du magasin du Roy où se mettent les démolitions nécessaires pour les bâtiments de S. M............................. 400ᴛᴛ

A Charles Mollet, jardinier, retenu pour travailler aux desseins des parterres et des jardins de S. M. lorsqu'il luy sera commandé, pour moitié de ses gages. 500ᴛᴛ

A André Le Nostre, aussi retenu pour travailler ausd. jardins et parterres, pour ses gages entiers...... 1200ᴛᴛ

Au sʳ Francines, intendant de la conduite et mouvement des eaux et fontaines de S. M., sçavoir : 1800ᴛᴛ d'anciens gages et 1200ᴛᴛ d'augmentation, dont il sera payé de trois quartiers.................. 2250ᴛᴛ

Aud. sʳ Francines, ayant l'entretenement des fontaines de Rungis, palais du Luxembourg, Croix-du-Tiroir et château du Louvre...................... 7,000ᴛᴛ

Au sʳ Marigner, l'un de nos commis, ayant le soin de tenir le registre de la dépense desd. bâtiments... 2000ᴛᴛ

A........., commis de l'intendant desd. bâtiments en exercice............................ 600ᴛᴛ

A........., commis du controlleur général desd. bâtiments, pour en son absence avoir l'œil à ce qui est du contrôle général...................... 600ᴛᴛ

A trois premiers commis en titre d'office des trois trésoriers généraux desd. bâtiments, à raison de 300ᴛᴛ pour chacun, dont il leur sera payé seulement 200ᴛᴛ. 600ᴛᴛ

A Daniel Fossier, garde des magasins des marbres pour lesd. bâtiments..................... 600ᴛᴛ

Somme de ce chapitre........ 27540ᴛᴛ

OFFICIERS SERVANS SA MAJESTÉ
POUR L'ENTRETENEMENT DES MAISONS ET CHÂTEAUX
CY-APRÈS NOMMEZ.

LOUVRE.

A René de Louvigny, concierge du château du Louvre, pour tenir nettes les grandes et les petites galleries, les ouvrir et fermer, pour ses gages tant anciens que nouveaux........................... 100ᴛᴛ

COURS DE LA REYNE.

A Germain, portier de la porte du Cours de la Reyne du costé des Thuilleries.................. 150ᴛᴛ

A Jaques Dubuisson, portier de l'autre porte du costé de Chaillot et pour garder les plants des Thuilleries. 150ᴛᴛ

Total..................... 300ᴛᴛ

PALAIS-ROYAL.

A Estienne Mestivier, portier de la grande porte du Palais-Royal............................ 150ᴛᴛ

COLLÈGE DE FRANCE.

A Duclos, concierge dud. Collège de France, pour deux quartiers de ses gages................. 25ᴛᴛ

MADRID.

A Jean Ricard, concierge du château de Madrid, pour trois quartiers de ses gages................ 150ᴛᴛ

SAINT-GERMAIN-EN-LAYE.

Au sʳ Francines, ayant l'entretenement des fontaines

et grottes des châteaux de Saint-Germain, pour ses gages.................................. 800ʰ

A Henry Soulaigre, portier du vieil château, pour trois quartiers de ses gages.................. 75ʰ

A Louis Guillot, portier du château neuf, pour pareils gages.............................. 75ʰ

A Claude Tailler, portier de la porte du parc de Saint-Germain au bas des descentes du château, idem 75ʰ

A Louis Poisson, peintre, pour ses gages pendant lad. année................................... 30ʰ

A Jaques Barbier, maçon, idem............ 30ʰ

A Aubert, charpentier, idem.............. 30ʰ

A François Millot, menuisier, idem......... 30ʰ

A Louis Piau, serrurier, idem.............. 30ʰ

A Charles Mercier, vitrier, idem............ 30ʰ

Total...................... 1205ʰ

SAINT-LÉGER.

Au sʳ de Gausault, concierge du château de Saint-Léger, pour deux quartiers de ses gages....... 225ʰ

POUGUES.

A Jean Adrien, garde des fontaines de Pougues, pour trois quartiers de ses gages................... 75ʰ

VERSAILLES.

A Duchiron, concierge de la Surintendance des bâtimens de Versailles, pour ses gages de lad. année. 200ʰ

L'entretenement ordinaire des autres concierges, jardiniers et autres officiers du château de Versailles est payé par estat séparé, partant.............. Néant.

JARDIN MÉDÉCINAL.

Les gages des officiers et entretenemens ordinaires du jardin médecinal du fauxbourg Saint-Victor sera payé par estat séparé, partant........... .... Néant.

HÔTEL DES AMBASSADEURS.

A Gaular, concierge dud. hostel, pour deux quartiers de ses gages......................... 100ʰ

A luy, pour l'entretenement d'un jardinier et d'un portier pendant lad. année................ 150ʰ

Total...................... 250ʰ

CHÂTEAU-THIERRY.

Led. château et domaine de Château-Thierry a esté engagé à M. le duc de Bouillon, partant...... Néant.

VILLERS-COTTERESTS.

Led. château et domaine de Villers-Cotterets a esté baillé à Monsieur, duc d'Orléans, en augmentation de son appanage, partant cy................ Néant.

Somme total du présent estat.... 79923ʰ 18ˢ 9ᵈ

Laquelle somme de 79923ʰ 18ˢ 9ᵈ sera payée aux dénommez au présent estat par le sʳ Le Besgue de Majainville, trésorier général des Bâtimens du Roy en exercice pendant l'année 1690, des deniers de sa charge, et, rapportant le présent estat par Nous expédié, ensemble les certifications du contrôleur des bâtimens et jardins de S. M. du service que les officiers sujets à aucuns entretenemens auront bien et duement faits, ainsy qu'ils sont obligez par leurs charges et employs, et quittances sur ce suffisantes, ladite somme de 79923ʰ 18ˢ 9ᵈ sera passée et allouée en la dépense de son compte par Messieurs des Comptes à Paris, lesquels Nous prions ainsy le faire sans difficulté.

Fait à Versailles, le 20ᵉ jour de février 1691.

20 février 1691 : à Nous, pour la pension à nous accordée par S. M. par chacun an à cause de nostre charge de Surintendant et Ordonnateur général desd. bâtimens pendant l'année 1690............ 6000ʰ

A Caillet, notaire des Bâtimens, par gratification, en considération de son travail.............. 400ʰ

Au sʳ Mesmyn, commis de M. de Villacerf, pour ses appointemens pendant lad. année........ 1500ʰ

ESTAT DES GAGES DES OFFICIERS

que le Roy veut et entend estre entretenus en son chasteau de Fontainebleau, et autres dépenses que S. M. commande y estre faites pour la conservation et entretenement d'iceluy pendant l'année 1690, expédié par Nous François-Michel Le Tellier, marquis de Louvois et de Courtanvaux, Conseiller du Roy en tous ses Conseils, Secrétaire d'Estat et des commandemens de S. M., Chancelier de ses Ordres, Surintendant et Ordonnateur général de ses bâtimens et jardins, tapisseries et manufactures de France, suivant le pouvoir à Nous donné par S. M.

PREMIÈREMENT.

Au sʳ marquis de Saint-Hérem, capitaine et concierge dud. château, 3800ʰ pour ses gages, outre 1200ʰ employez dans l'estat de S. M. de la maîtrise de Melun et Fontainebleau......................... 3800ᵗᵗ

A Nous, en lad. qualité de Surintendant et Ordonnateur général desd. bâtiments, jardins, tapisseries et manufactures, pour nos gages à cause de notred. charge, outre 1200ᵗᵗ employez dans l'estat des bois de la maîtrise de Melun et Fontainebleau............ 3800ᵗᵗ

Au sʳ Tourolle, ayant la charge de faire tendre et nettoyer les meubles dud. château et veiller à la conservation d'iceux, pour ses gages pendant lad. année dernière................................. 300ᵗᵗ

A Julien Debray, ayant l'entretenement de la moitié du grand parterre du Roy, anciennement appelé le Tibre, nouvellement refait et replanté de neuf, pour la tonture des bois des deux carrez d'iceluy du costé de la chaussée, nettoyement desd. carrez, de toutes les allées, perrons, palissades et terrasses plantées et à planter, augmentation du rondeau, allée et parterre d'allentour et de la grande allée de la chaussée qui va de la cour de l'Ovale au Chenil, pour les six derniers mois de lad. année....................................... 500ᵗᵗ

A Gaspard Guinteau, de Richemont, ayant épousé Madelaine Poiret, fille de deffunct Nicolas Poiret, ayant celui de l'autre moitié du grand parterre et augmentation dud. grand rondeau, pendant lesd. six derniers mois................................... 500ᵗᵗ

A Gabriel Desbouts, jardinier, ayant l'entretenement du petit jardin de l'estang et du jardin des Pins, nouvellement plantez, deffrichez et remis en état, allée Royalle, allée solitaire et allée du pourtour dud. jardin des Pins, allée des ormes, du chenil, jusque commençant le long de la clôture de la fontaine de la Granderie, et finissant au bout de la grande allée attenant le pavillon, eu égard à l'augmentation d'entretenement pendant lesd. six derniers mois dud. jardin des Pins........ 350ᵗᵗ

A Chatillon, jardinier, ayant l'entretenement du jardin appelé de la Reyne et des orangers de S. M., 1200ᵗᵗ pour ses appointements, à la charge de fournir 200ᵗᵗ pour chacun an à la veuve Bonnaventure Nivelon, vivant jardinier dud. lieu, et tondre les buys, nettoyer les quatre carrez dud. jardin, les allées et terrasses d'iceluy, ensemble d'entretenir les palissades de buys qui sont tant contre lesd. terrasses que contre les murs dud. château, filarias et cyprès et les sallettes du gazon en ovalle et carrez, comme aussi de fournir les charbons nécessaires à l'orangerie, raccommoder toutes les caisses, etc.; dont il ne luy sera payé que de la moitié, ayant reçu les six premiers mois............. 600ᵗᵗ

A Jean Camarigeas, ayant épousé Catherine de Sermagnac, veuve de Remy, auquel S. M. a accordé par son brevet du........... la jouissance du logement du carré qui est au milieu des palissades dud. jardin des Pins, à la charge de le faire planter d'arbres fruitiers à ses dépens sans aucuns gages.............. Néant.

A Dorchemen, dit La Tour, pour l'entretenement et nettoyement du jardin de la conciergerie du château, ensemble les arbres fruitiers et palissades d'iceluy, pour les six derniers mois......................... 22ᵗᵗ 10ˢ

A Jaques Besnard, ayant l'entretenement et nettoyement de l'hostel d'Albret, des plattes bandes, bordures et compartiments qui sont plantez, et des allées et palissades, pour les six derniers mois.......... 50ᵗᵗ

A Chatillon, à condition qu'il baillera 100ᵗᵗ à la veuve Cottard pour luy ayder à nourir et entretenir elle et ses enfants tant qu'elle vivra, et pour avoir par led. Chatillon soin de nettoyer l'estang et canaux dud. château, et oster les herbes, les joncs et ordures qui s'y pourront trouver et amasser, fournir les batteaux et ustancils nécessaires, pour les six derniers mois.... 100ᵗᵗ

A Jean Dubois, ayant le soin et nettoyement des peintures tant à fresque qu'à huile, anciennes et modernes, des salles, galeries, chambres et cabinets dud. château, à la charge de rétablir celles qui sont gâtées, etc., pour les six derniers mois..................... 300ᵗᵗ

A la veuve Grognet, ayant l'entretenement et rétablissement de toutes les couvertures d'ardoise et de tuile dud. château, jeu de paume couvert et orangerie, galleries, hôtel d'Albret, de Ferrare, des religieux, et généralement de toutes les maisons dépendantes dud. château, idem........................ 1500ᵗᵗ

A Tisserant, ayant celuy de toutes les vitres dud. château et dépendances, idem............... 600ᵗᵗ

A la veuve Vieuxpont, ayant celuy du jardin potager et fruitier du jardin neuf, idem............... 90ᵗᵗ

A la veuve André Girard, plombier, pour l'entretenement de plomberie dud. château et dépendances et pour rétablir les plombs rompus, idem........ 250ᵗᵗ

A René Nivelon, pour l'entretenement et nettoyement du jeu de Mail et des palissades d'iceluy, ensemble du berceau des meuriers entre les canaux du cheny, idem.. .... 54ᵗᵗ 5ˢ

A Nicolas Varin, ayant celuy des arbres fruitiers qui sont plantez dans les carrez du grand parterre de Fontainebleau et le long de la muraille du costé de la Coudre, des allées d'ipréaux, nettoyement des tablettes du canal, labours des arbres fruitiers et des plattes bandes de l'allée des meuriers, ensemble le nettoyement des ruis-

ANNÉE 1690. — GAGES DES OFFICIERS DES BÂTIMENTS.

seaux et fossez qui escoulent les eaux du parc, *idem*... .... 412ʰ 10ˢ

A la veuve Louis Desbouts, jardinier, ayant celuy de toutes les tontures du devant des grandes palissades dans les cinq principales allées en toute leur hauteur, etc., *idem*................................ 1000ʰ

Aux Religieux de la Très Sainte Trinité dud. Fontainebleau, tant pour l'entretenement d'une lampe d'argent garnie de ses chainons que leurs Majestez ont donné pour brûler nuit et jour devant le Très Saint Sacrement de l'autel, que pour la fourniture et entretenement des ornemens et parements d'autel, linges et luminaire pour la célébration du service divin, pour l'année entière... .... 300ʰ

Aux Religieux de l'hôpital de la Charité d'Avon, pour la pension que S. M. leur fait par chacun an pour la subsistance des malades dud. Fontainebleau, pour lesd. six derniers mois....................... 975ʰ

A Voltigeant, ayant l'entretenement de tous les batteaux sur le canal, *idem*.................. 100ʰ

A Louis Dubois, au lieu de Martin Jamin, concierge du logis de la fontaine dud. chateau et jardinier des jardins en dependans, à la charge de bien et soigneusement entretenir lesd. jardins, labourer aux pieds des arbres, rateler les allées, tondre les palissades, et généralement tout ce qui sera nécessaire dans led. entretenement, *idem*........................... 75ʰ

A Nicolas Thierry, ayant la garde et conciergerie du Chenil et entretenement des allées du parc d'icelluy, *idem*................................. 100ʰ

Au sʳ Pion, ayant le soin et la nouriture des corpes et cygnes dud. canal des estangs dud. château, *idem* 868ʰ 10ˢ

A Couturier, fontainier, pour ses gages pendant lesd. six derniers mois....................... 500ʰ

A Nicolas Dupont, gentilhomme ordinaire de la vennerie, et Nicolas Dupont, son fils, en survivance l'un de l'autre, suivant le brevet de S. M. du..... par forme de pension à cause de l'entretenement de la volière qu'il avait auparavant qu'elle fût convertie en orangerie, pour l'année entière................ 600ʰ

A Desplats, garde de la basse-cour des cuisines, pour l'année entière..................... 50ʰ

A Robert Jamin, ayant la charge de garde de la basse-cour du Cheval Blanc, pour l'année entière... .... 37ʰ 10ˢ

A Jaques Besnard, ayant la charge et conciergerie de l'hôtel d'Albret, pour l'entretenement de la maison, cours et escuries qui en dépendent, et ce pour les six derniers mois........................ 50ʰ

A Louis La Tour, ayant la charge du nettoyement des cours dud. château, pour les six derniers mois.. 200ʰ

A Toulet, ayant la charge de concierge du pavillon ou logement de messieurs les Surintendants des finances, pour ses gages, à condition de bien nettoyer led. pavillon, cour et escuries dicelluy, pour lesd. six derniers mois 100ʰ

A la veuve Charles Gervais, portier du parc. 150ʰ

A Cosme Petit, portier de la cour du Cheval Blanc, pour lesd. six derniers mois................ 100ʰ

A Jacques Dorchemer, dit La Tour, pour avoir soin de distribuer, retirer et garder les clefs de tous les logemens dud. château, *idem*................ 150ʰ

A Chatillon, ayant le soin de monter et d'entretenir l'horloge, *idem*......................... 50ʰ

Somme totale du présent estat. 18635ʰ 5ˢ

Laquelle somme de 18635ʰ 5ˢ sera payée aux dénommez au présent estat par le sʳ Le Besgue, trésorier général desd. bâtiments du Roy en exercice pendant lad. année 1690, des deniers de sa charge, et, rapportant le présent estat par Nous expédié, ensemble les certifications du contrôleur desd. batiments du service que les officiers sujets à aucuns entretenemens auront bien et duement fait, ainsy qu'ils sont obligez par leurs charges et emplois, et quittances sur ce suffisantes, ladite somme de 18635ʰ 5ˢ sera passée et allouée en la dépense de son compte par Messieurs des Comptes à Paris, lesquels Nous prions ainsy le faire sans difficulté.

Fait à Versailles, le 20ᵉ février 1691.

PÉPINIÈRES DE MEURIERS[1].

15 janvier : au sʳ Silvestre de Sainte-Catherine, parfait payement de 2000ʰ à quoy monte l'établissement par luy fait aux pépinières de meuriers en France et ez environs de la rivière d'Armençon............ 1000ʰ

30 avril-5 novembre : à luy, pour led. établissement en 1690 (4 p.)........................... 2000ʰ

Somme de ce chapitre.......... 3000ʰ

---

[1] Cette dépense est rejetée tout à la fin du registre. Nous lui conservons ici sa place. Au dernier registre de 1690 se trouve joint un cahier détaché contenant une table alphabétique des noms cités dans les comptes des bâtiments de 1690. Cette table n'offre plus aucun intérêt aujourd'hui.

ANNÉE 1691.

RECEPTE.

3 janvier : de M° Nicolas de Frémont, garde du trésor royal, la somme de 1936#, sçavoir : 1920# pour délivrer aux s˚˚ de Villiers, pour la non-jouissance pendant les années 1689 et 1690 des moulins de Villiers et de Fervaches, et de 5 arpens de pré scituez proche Bouré sur la rivière d'Eure à eux appartenans, et 16# pour les taxations du trésorier, à raison de 2ᵈ pour livre.... .... 1936#

9 janvier : de luy, 1000000# pour employer au payement des dépenses que S. M. a ordonné estre faites pour ses bâtimens pendant la présente année, et 8333# 6ˢ 8ᵈ pour les taxations................... 1008333# 6ˢ 8ᵈ

De luy, 770# pour délivrer à la veuve Lourdet, tapissier, pour son payement de quatre dessus de forme de laine, ouvrage de la Savonnerie, qu'elle a fournis au garde-meuble du Roy, contenans ensemble 4 aunes 2/3 carrées en superficie, à raison de 165# l'aune, et 6# 8ˢ 4ᵈ pour les taxations................. 776# 8ˢ 4ᵈ

15 janvier : de luy, 3000# pour délivrer au s˚ Le Nostre par gratification, en considération du service qu'il a rendu dans les bâtimens de S. M. pendant l'année dernière 1690, et 25# pour les taxations..... 3025#

23 janvier : de luy, 2000# pour délivrer à la veuve Nicolas Besnard, vivant jardinier du potager de Versailles, et à Philbert et Marie Besnard, ses enfans, par gratification, et 16# 13ˢ 4ᵈ pour les taxations.... .... 2016# 13ˢ 4ᵈ

De luy, 400# pour délivrer au nommé Chatillon, jardinier de l'orangerie de Fontainebleau, par gratification, en considération du soin qu'il a eu des orangers pendant 1689, et 3# 6ˢ 8ᵈ de taxations... 403# 6ˢ 8ᵈ

De luy, 20000# pour délivrer au s˚ Dubois et Compagnie, à compte des marbres de Languedoc et des Pirennées qu'ils ont fourni pour le Roy, et 166# 13ˢ 4ᵈ pour les taxations.................. 20166# 13ˢ 4ᵈ

13 février : de luy, 684# 5ˢ pour délivrer au s˚ curé de Marly, sçavoir : 210# pour la non-jouissance de 75 arpens de pré compris dans le fonds de Marly, et 474# 5ˢ pour la non-jouissance de la dixme des terres labourables de lad. cure, que S. M. a ordonné estre plantées en bois, y compris la dixme du troupeau du Trou d'Enfer, pendant l'année dernière 1690, et 5# 14ˢ pour les taxations..................... 689# 19ˢ

De luy, 2153# pour délivrer au prieur de Choisy-aux-Bœufs pour son indemnité des dixmes qu'il a droit de prendre sur les terres et prez dépendans de son prieuré, enfermez dans les anciens et nouveaux murs du parc de Versailles, et ce pendant l'année dernière 1690, et 16# 18ˢ 6ᵈ pour les taxations......... 2169# 18ˢ 6ᵈ

21 février : de luy, 9598# 10ˢ 4ᵈ pour délivrer à M. l'évesque de Chartres, tant pour les droits d'indemnité de quints, de lots et ventes à luy deus pour les domaines que S. M. a acquis dans la seigneurie et mouvance dud. évêché, et pour les fonds et propriété des héritages appartenans en propre aud. évêché, que les non-jouissances deues à cause desd. acquisitions autres que ceux mentionnez dans l'estat du mois de septembre 1689, en ce non compris le fond et propriété de l'estang de Boisard et des trois moulins de la baronnie de Pontgoin, et 79# 19ˢ 9ᵈ pour les taxations... 9678# 10ˢ 1ᵈ

11 mars : de luy, 859# 7ˢ 6ᵈ pour délivrer au nommé Dupont, tapissier, pour trois dessus de formes et trois dessus de tabourets de laine, ouvrage de la Savonnerie, qu'il a fournis au garde-meuble du Roy, contenans ensemble 5 aunes 5/24 carrées en superficie, à raison de 165# l'aune, et 7# 3ˢ 4ᵈ de taxations.... 866# 10ˢ 8ᵈ

13 mars : de luy, 8619# pour délivrer au nommé Bailly, entrepreneur, pour le parfait payement des ouvrages de maçonnerie par luy faits, tant pour la construction de l'église paroissialle du village de Marly que pour le bâtiment du corps de garde du château de Marly, et 71# 16ˢ 6ᵈ pour les taxations. 8690# 16ˢ 6ᵈ

22 avril : de luy, 1200# pour délivrer aux trois anciens gondolliers vénitiens, par gratification, en considération du service qu'ils ont rendu sur le canal du château de Versailles pendant l'année 1690, et 10# pour les taxations.......................... 1210#

25 avril : de luy, 1800# pour délivrer au s˚ Collart de Mairy, inspecteur des toiles en Bretagne, pour ses appointemens pendant 1690, et 15# pour les taxations .... 1815#

De luy, 1800# pour délivrer au s˚ Havart, inspecteur

des toiles en Normandie, pour ses appointemens pendant l'année dernière 1690, et 15ᴧᴧ pour les taxations 1815ᴧᴧ

20 may : de luy, 85000ᴧᴧ pour délivrer au sʳ Phelippeaux et la dame son épouze, pour leur payement du prix principal de l'hôtel de Pontchartrain, sçiz à Paris, rue Saint-Thomas du Louvre, acquis au nom de S. M. par contrat passé devant Caillet et son collègue, notaires au Châtelet de Paris, et 708ᴧᴧ 6ˢ 8ᵈ pour les taxations 85708ᴧᴧ 6ˢ 8ᵈ

De luy, 3500ᴧᴧ pour employer au payement de la nouvelle écluse que S. M. a ordonné estre faite à la chaussée de l'estang de Boisard pour empêcher l'inondation des prez dépendans de l'évêché de Chartres, et 29ᴧᴧ 3ˢ 4ᵈ pour les taxations............ 3529ᴧᴧ 3ˢ 4ᵈ

29 may : de luy, 3589ᴧᴧ au nommé Bertin, sculpteur, pour parfait payement de 19892ᴧᴧ 6ˢ pour la dépense de quatorze vazes de marbre blanc qu'il a fait pour le service du Roy, y compris 700ᴧᴧ par gratification, et 29ᴧᴧ 16ˢ 8ᵈ pour les taxations.............. 3618ᴧᴧ 16ˢ 8ᵈ

30 may : de luy, 1500ᴧᴧ pour délivrer à Antoine Trumel, jardinier, pour la pension que S. M. lui a accordée pendant l'année 1690, et 12ᴧᴧ 10ˢ pour les taxations... .... 1512ᴧᴧ 10ˢ

4 juin : de luy, pour délivrer à la veuve Lourdet, tapissière, pour quatre dessus de forme de laine, ouvrage de la Savonnerie, qu'elle a fourni au garde-meuble du Roy, contenant ensemble 4 aunes 3/8 carrées en superficie, à raison de 165ᴧᴧ l'aune, et 6ᴧᴧ 3ᵈ pour les taxations............................. 727ᴧᴧ 17ˢ 9ᵈ

5 juin : de luy, 22036ᴧᴧ 15ˢ 7ᵈ pour délivrer à M. Daligre, maître des requestes, pour le prix principal des terres, prez et bois dépendans de la terre de la Rivière à luy appartenante, sçize près l'Ontgoin, occupez par les travaux de la rivière d'Eure, des non-jouissances et dédommagemens qui luy sont deus pour les années 1686 à 1691, et à ses fermiers, tant du chômage du moulin de Boisard pour le temps qu'il n'a point moulu, des prez enfermez dans le parc, des prez dépendans de la ferme des Vallées et de celle de Ligneries et de la Rousselière, que pour son remboursement de la dépense qu'il a faite pour faire curer l'écluse et rivière dud. moulin de Boisard et les canaux qui sont autour du parterre et dans le parc du château ; ensemble le dédommagement deu au fermier de la ferme des Vallées pour la perte qu'il a soufferte par l'inondation arrivée au mois de janvier 1690, en ce non compris le fonds et proprietté des terres, prez, bois, jardins et bâtimens de

lad. ferme des Vallées, et 183ᴧᴧ 12ˢ 9ᵈ pour les taxations........................... 22220ᴧᴧ 8ˢ 4ᵈ

18 juin : de luy, 12000ᴧᴧ pour délivrer au sʳ Deville, sçavoir : 6000ᴧᴧ par gratification en considération du soin qu'il a pris de la machine pendant l'année 1690, et 6000ᴧᴧ de pension extraordinaire que S. M. luy a accordée pendant la même année, et 100ᴧᴧ pour les taxations................................. 12100ᴧᴧ

19 juin : de luy, 39861ᴧᴧ 13ˢ 9ᵈ pour employer au payement des droits de quint, d'indemnité et usufruits deüs à M. le duc de Chevreuse, à cause des acquisitions que S. M. a faites dans l'étendue du duché et seigneurie de Chevreuse pour l'augmentation des parcs du château de Versailles et qui sont occupées par les travaux des environs, y compris le péage de la petite Normandie et Val de Galye, et 3321ᴧᴧ 16ˢ 5ᵈ pour les taxations..... .... 401940ᴧᴧ 10ˢ 2ᵈ

20 juin : de luy, 302ᴧᴧ 10ˢ pour délivrer à Pierre Lamoureux pour le prix principal et non-jouissances d'un demi-arpent de bois taillis occupez par les routes et rigolles que S. M. a ordonné estre faites aux environs de Buc, y compris la non-jouissance pendant quatre années de deux arpens 1/2 de terre ensemencée en bled qui ont esté inondez par les eaux de l'estang de Saint-Quentin, et 2ᴧᴧ 10ˢ pour les taxations.......... 302ᴧᴧ 10ˢ

15 may : de luy, 3000ᴧᴧ pour délivrer aux prestres de la Mission de Fontainebleau pour leur subsistance et entretenement pendant les six premiers mois 1691, y compris les taxations..................... 3000ᴧᴧ

26 juin : de luy, 2238ᴧᴧ 10ˢ pour délivrer au sʳ Arnoux pour quarante-cinq canards d'Égipte, cinq arquelans[1], dix-sept oyttes grises, onze poules sultanes et une poule pintade qu'il a livrez pour le service de S. M. à la Ménagerie, de l'envoi du sʳ Mosnier, de Montpellier, et 18ᴧᴧ 13ˢ 1ᵈ pour les taxations........ 2257ᴧᴧ 3ˢ 1ᵈ

16 aoust : de luy, 14161ᴧᴧ 6ˢ 2ᵈ pour employer au payement du prix principal et non-jouissances des terres, prez, vignes, jardins et bois apartenans à divers particuliers, occupez par les tuiaux qui conduisent l'eau de la machine, à l'aqueduc au-dessus de la butte de Marly et par l'emplacement des piles dud. aqueduc et du che-

---

[1] Les mots arquelans, écrit plus loin arquelons, et oyttes ne se rencontrent dans aucun des glossaires que nous avons consultés. Ils désignent évidemment des animaux exotiques, probablement des oiseaux. Cependant on envoyait les années précédentes des gazelles et des chèvres; or, ici, à part les arquelans et les oyttes, il n'est question que de volatiles. Les oyttes ne seraient-elles pas des ouettes, ou des oies de petite taille ?

min qui conduit de Versailles à S¹-Germain-en-Laie, à commencer vis-à-vis la principalle entrée du château de Marly, et 118ᵗᵗ 6ˢ 2ᵈ pour les taxations. 14279ᵗᵗ 12ˢ 4ᵈ

De luy, 2025ᵗᵗ pour délivrer à Jaques Catel pour le prix principal et non-jouissances d'une maison, escurie, cour et jardin à luy apartenans et qui ont esté abatus par ordre de S. M. en 1684 et occupez par les travaux de la butte de Montboron, et 16ᵗᵗ 17ˢ 6ᵈ pour les taxations.......................... 2041ᵗᵗ 17ˢ 6ᵈ

16 aoust 1691 : de luy, 859ᵗᵗ 7ˢ 6ᵈ pour délivrer au nommé Dupont, tapissier, pour trois dessus de forme et trois dessus de tabouret de laine, ouvrage de la Savonnerie, qu'il a fournis au garde-meuble de S. M., contenans ensemble 5 aunes 5/24 carrées, à raison de 165ᵗᵗ l'aune carrée, et 7ᵗᵗ 1ˢ 2ᵈ de taxations.... 866ᵗᵗ 8ˢ 8ᵈ

25 aoust : de luy, 30000ᵗᵗ à compte de la dépense du nouveau bâtiment que S. M. a ordonné estre fait à Trianon, et 250ᵗᵗ pour les taxations........ 30250ᵗᵗ

15 septembre : de luy, 1512ᵗᵗ 10ˢ pour délivrer au s^r Petit, de Fontainebleau, pour la pension que S. M. luy a accordée pendant l'année écheue au mois d'octobre 1690, et 12ᵗᵗ 10ˢ pour les taxations........ 1512ᵗᵗ 10ˢ

11 novembre : de luy, 8910ᵗᵗ pour délivrer au s^r Arnoux, pour vingt-sept autruches qu'il a livrées pour le service de S. M. à la Ménagerie, de l'envoi du s^r Mosnier, de Montpellier, à raison de 330ᵗᵗ à pièce, et 74ᵗᵗ 5ˢ pour les taxations....................... 8984ᵗᵗ 5ˢ

De luy, 859ᵗᵗ 7ˢ 6ᵈ pour délivrer à Dupont, tapissier, pour trois dessus de formes et trois dessus de tabourets de laine, ouvrage de la Savonnerie, qu'il a fournis et livrez au garde-meuble de S. M., contenans ensemble 5 aunes 5/24 carrées en superficie, à raison de 165ᵗᵗ l'aune, et 7ᵗᵗ 1ˢ 2ᵈ pour les taxations..... 866ᵗᵗ 9ˢ 2ᵈ

3 décembre : de luy, 10000ᵗᵗ pour délivrer à Jaques Mazière, entrepreneur, à compte des ouvrages de maçonnerie qu'il a faits les années précédentes pour le service de S. M., et 83ᵗᵗ 6ˢ 8ᵈ de taxations. 10083ᵗᵗ 6ˢ 8ᵈ

14 décembre : de luy, 8666ᵗᵗ 13ˢ 4ᵈ pour délivrer à M. le marquis de Villacerf, en considération de l'inspection générale que S. M. luy a donnée sur les bâtimens pendant six mois et demi, et 72ᵗᵗ 2ˢ 3ᵈ pour les taxations......................... 8738ᵗᵗ 15ˢ 7ᵈ

De luy, 4583ᵗᵗ 6ˢ 8ᵈ pour délivrer au s^r Mansard, en considération de l'inspection générale que S. M. lui a donnée sur ses bâtimens pendant cinq mois et demi qui écheront le dernier du présent mois de décembre, et 38ᵗᵗ 3ˢ 10ᵈ pour les taxations......... 4621ᵗᵗ 10ˢ 6ᵈ

De luy, 20000ᵗᵗ pour employer à compte des dépenses du nouveau bâtiment que S. M. a ordonné estre fait à Trianon, et 166ᵗᵗ 13ˢ 4ᵈ pour les taxations..... .... 20166ᵗᵗ 13ˢ 4ᵈ

17 décembre : de luy, 1475ᵗᵗ pour délivrer au s^r prieur curé de Croissy-la-Garenne pour, avec 400ᵗᵗ qu'il a receus en 1689, faire le parfait payement de 1875ᵗᵗ pour la non-jouissance des dixmes des terres acquises au nom de S. M. dans la dépendance dud. prieuré cure pendant cinq années, à raison de 375ᵗᵗ par an, et 12ᵗᵗ 5ˢ 10ᵈ pour les taxations.................. 1487ᵗᵗ 5ˢ 10ᵈ

22 décembre : de luy, 3000ᵗᵗ pour délivrer au s^r Le Nostre par gratification, en considération du service qu'il a rendu dans lesd. bâtimens pendant la présente année, et 25ᵗᵗ pour les taxations.......... 3025ᵗᵗ

16 avril 1692 : de Me Jean-Baptiste Brunet, 2830ᵗᵗ pour employer au payement des gratifications accordées par S. M. aux officiers des bâtimens et jardins de Fontainebleau, en considération du bon estat de leurs entretenemens pendant 1691, et 23ᵗᵗ 11ˢ 8ᵈ pour les taxations................. 2853ᵗᵗ 11ˢ 8ᵈ

18 novembre 1692 : de luy, 1180ᵗᵗ pour délivrer aux principal, procureur et boursiers du Collège de Cambray pour le dédommagement de leurs bâtimens qui ont esté démolis par ordre de S. M. pour la construction du Collège de France pendant l'année dernière 1691, et 9ᵗᵗ 16ˢ 8ᵈ pour les taxations........ 1189ᵗᵗ 16ˢ 8ᵈ

RECEPTE PARTICULIÈRE (1691).

6 janvier 1691 : de Jaques Baudin, marbrier, pour 4 pieds 5 pouces 4 lignes 1/2 cubes de marbre vert de Campan qui luy a esté délivré au magasin. 37ᵗᵗ 6ˢ 2ᵈ

De Pierre Brouillet, dit Monredon, invalide à Vincennes, pour la vente des bois morts abattus par les vents dans le parc de Vincennes............... 133ᵗᵗ 10ˢ

4 febvrier : du s^r abbé Bizot, pour le prix de unze médailles d'or antiques des doubles du cabinet du Roy qui luy ont esté vendues................ 137ᵗᵗ 15ˢ

De la veuve Janson, vitrière, pour le prix de 3171 pieds de verre, à raison de 2ˢ le pied, et de 3738 pieds de verges, à raison de 9ᵈ le pied, le tout provenant de la démolition de l'ancien couvent des Capucins et des bâtimens de l'hôtel de Vendosme......... 457ᵗᵗ 5ˢ 6ᵈ

11 febvrier : de Gilles Le Moyne, fondeur, pour le prix de 1170 livres pesant de mitraille de potin qui luy ont esté livrez du magasin de Versailles, à 10ˢ la livre 585ᵗᵗ

8 avril : du s^r Mathieu, pour le prix des fagots pro-

ANNÉE 1691. — RECETTE.

venans des bois coupés dans les avenues de Neuilly, garenne de Vézinet et parc de Saint-Germain.. 631ᴴ 11ˢ

29 avril : de Claude Henry et Claude Colignon, pour le prix des bois provenans des émondes des arbres du Cours-la-Reyne et de dix vieux arbres morts sur pied aud. cours............................ 660ᴴ

13 may : de Jaques Lucas, plombier, pour le prix de deux milliers pesant de soudure qui luy a esté livrée du magasin, à 5ˢ 6ᵈ la livre................ 550ᴴ

De Claude Denis, fontainier, pour un mil pesant de soudure qui luy a esté livrée dud. magasin au même prix............................. 275ᴴ

De M. de Turmenyes, pour estre employez aux dépenses de l'église de l'hostel royal des Invalides pendant la présente année................ 200000ᴴ

10 juin : de Jaques Lucas, plombier, pour 2000 livres pesant de soudure qui luy a esté fournie du magasin, à 5ˢ 6ᵈ la livre........................ 550ᴴ

De Pierre Le Maistre et Gerard Marcou, pour le prix de 147 toises 1/2 39 pieds 10 pouces 6 lignes cubes provenant de la démolition des vieux murs de clôture qui séparent le jardin de l'hôtel du Luxembourg d'avec le terrain qui est derrière le mur de la bibliothèque que l'on bâtit pour le service de S. M., à raison de 14ᴴ la toise cube................... 2067ᴴ 11ˢ 8ᵈ

17 juin : de Le Moyne, fondeur, pour 104 livres de potin qu'il a reçeu du magasin de Versailles, à raison de 10ˢ la livre........................ 52ᴴ

8 juillet : de Claude Denis, fontainier, pour le prix d'un millier pesant de soudure qui lui a esté livrée du magasin de Versailles, à raison de 5ˢ 6ᵈ la livre.. 275ᴴ

31 juillet : de M. de Turmenyes, pour, avec 200000ᴴ qu'il a cy-devant reçeu, faire 361511ᴴ pour estre employées aux dépenses de l'église de l'hôtel royal des Invalides............................ 161511ᴴ

De la somme de 583719ᴴ à quoy monte le reliquat du compte de l'année 1689......... 583719ᴴ

26 aoust : de la somme de 700ᴴ reçeue du nommé Royer, fondeur à la machine, pour le prix de 1400 livres pesant de cuivre qu'il a reçeu du magasin de lad. machine le 18 de ce mois, à raison de 10ˢ la livre. 700ᴴ

Du sʳ de Franclieu, pour le prix du poisson de l'ancien estang de Saclé qui a esté vendu au profit de S. M............................... 640ᴴ

2 septembre : de plusieurs particuliers, en l'acquit de Pierre Le Maistre, entrepreneur du grand aqueduc de la rivière d'Eure dans le fonds de Maintenon, lequel demeurera d'autant quitte vers S. M. sur ce qu'il peut devoir de son entreprise............ 1470ᴴ 7ˢ 6ᵈ

6 septembre : de Charles-François Pollard, pour le prix de 232 toises de tuiaux de fer de fonte qui luy ont esté vendus au profit de S. M., à raison de 20ᴴ la toise............................... 4640ᴴ

9 septembre : de Claude Denis, fontainier, pour le prix de 1500 livres pesant de soudure, à 5ˢ 6ᵈ la livre............................... 412ᴴ 10ˢ

21 octobre : de luy, pour 500 livres de soudure du magasin de Versailles, à 5ˢ 6ᵈ la livre..... 137ᴴ 10ˢ

28 octobre : de Jean-Philippe Royer, pour le prix de la vente de tout le poisson qui est dans l'estang de Hollande et pour le bois coupé dans l'estang du petit Port-Royal......................... 1300ᴴ

Du sʳ de Sainte-Catherine, pour le prix de la vente du poisson pesché dans l'estang du petit Port-Royal... 306ᴴ 5ˢ

4 novembre : de Jaques Mazière, entrepreneur, pour le prix des matériaux provenans de la démolition de la maçonnerie de partie des offices de Trianon. 769ᴴ 8ˢ

De Pierre Lisqui, marbrier, pour le prix de 39 pieds 11 pouces 10 lignes 1/3 cube de marbre d'Italie et des Pyrennées qui luy a esté livré du magasin de Paris... 529ᴴ 7ˢ

2 décembre : dud. Mazière, pour le prix des matériaux provenans de la démolition de la maçonnerie de partie des offices de Trianon............. 373ᴴ 16ˢ

De Louis Regnolf, paveur, pour le prix de la démolition de pavé de grais aud. Trianon... 1593ᴴ 19ˢ 2ᵈ

Du sʳ Babaut, de Rouen, en l'acquit de Pierre Le Maistre, entrepreneur du grand aqueduc de Maintenon, pour le prix de 36 cabotières qui luy ont esté vendues à Maintenon, à 100ˢ chacune............ 3600ᴴ

De plusieurs particuliers, en deniers provenans de la vente des effects dud. Le Maistre et pour demeurer par luy d'autant quitte envers S. M. sur son entreprise... 1089ᴴ 17ˢ 2ᵈ

16 décembre : de Claude Denis, fontainier, 275ᴴ qu'il a reçeus suivant l'estat du 13 may dernier, à compte des ouvrages de soudure extraordinaire qu'il fait dans le parc, outre ses entretiens et qu'il a rendus, attendu qu'il a esté payé desd. ouvrages par ordre particulier... 275ᴴ

De Jean Mallet, charpentier, pour le prix de 789 pièces 2/3 de bois provenans des démolitions de bois de charpenterie, faites tant dans les appartemens du château que dans ceux des dehors de Versailles pendant 1690, et de la démolition à cause des changemens faits à Trianon pendant cette année, le tout à raison de 250ᴴ le cent... 1974ᴴ 3ˢ 4ᵈ

1ᵉʳ juin 1692 : de 600ᴴ revenans bon au Roy d'une ordonnance de 1000ᴴ du 23 septembre 1685 expédié auxd. sʳˢ Carel et Fontvielle, à compte des ouvrages de menuiserie, sur laquelle ils n'ont reçeu que 400ᴴ..
.... 600ᴴ
18 août : de plusieurs locataires des maisons appartenantes au Roy à Paris, pour les loyers de l'année 1691
.... 3660ᴴ

20 janvier 1692 : au sʳ Le Besgue de Majainville, trésorier général des bâtiments en exercice en 1692, restant du fonds de 1691, destiné par S. M. pour estre employé aux dépenses des nouveaux bâtimens de Trianon.................................. 21883ᴴ 4ˢ
27 janvier 1692 : à luy, restant du fond de l'église des Invalides, 1691.............. 11622ᴴ 10ˢ 4ᵈ

DÉPENSE.

VERSAILLES ET TRIANON.

MAÇONNERIE.

7 janvier 1691-6 janvier 1692 : à Gérard Margou, entrepreneur, pour ses ouvrages et réparations de maçonnerie dans la dépendance du château de Versailles depuis le mois de décembre 1690 au même mois 1691, y compris ses soins et équipages (13 p.)..... 6332ᴴ 3ˢ
13 may-10 juin : à lui, sur ses ouvrages de maçonnerie au jardin depuis le mois de novembre dernier (2 p.)................................ 1100ᴴ
7 aoust : à luy, sur ses ouvrages à la Ménagerie..
.... 943ᴴ
9 septembre-23 décembre : à Jaques Mazière, entrepreneur, à compte de la maçonnerie des changemens nouveaux qui se font à Trianon (11 p.).... 17743ᴴ 4ˢ
25 novembre : à luy, pour 98 pieux qu'il a fournis pour armer les ormes autour de l'attelier de Trianon
.... 19ᴴ 12ˢ
4 mars : à Daufresne, maçon, à compte de ses ouvrages pour empêcher la fumée dans les cheminées du château de Versailles............... 50ᴴ
24 juin : à Collinet et Revérend, manouvriers, pour avoir transporté toutes les pierres de taille qui estoient au long du mur du jardin de Versailles, du costé de Trianon, derrière le mur circulaire en terrasse au bout de la pièce de Neptune................. 120ᴴ
28 octobre-9 décembre : à Nicolas Le Jongleur, à compte de l'aire de ciment qu'il fait au-dessus des voûtes des caves des offices de Trianon (2 p.)........ 1300ᴴ
Somme de ce chapitre...... 27607ᴴ 19ˢ

TERRASSES.

6 janvier : à Royer, terrassier, pour les bonnes terres qu'il a transportées pour mettre au pied des palissades du jardin de Trianon et avoir transporté les mauvaises terres qui y estoient............... 310ᴴ 15ˢ
2 septembre : à Mathurin Achard et autres, pour les trenchées qu'ils ont faites pour deffendre les ormes aux environs du travail des offices que l'on fait à Trianon
.... 30ᴴ 18ˢ
13 may : à Durand, pour ouvrage de conroy de glaize qu'il a fait dans le réservoir sous terre de Latonne et au pourtour des réservoirs du bout de l'aile et autres lieux.............................. 282ᴴ
10 juin : à luy, pour trous et trenchées faits autour du réservoir du Saint-Cyr, pour voir s'il perdoit l'eau. 35ᴴ
2 septembre : à luy, pour le conroy de glaize qu'il fait pour le rétablissement du couroy au pourtour des murs du réservoir de Saint-Cyr........ 274ᴴ 13ˢ 4ᵈ
7 août : à Duval et Deskesnes, terrassiers, pour le nettoyement de 171 toises de long des aqueducs sous terre au long du château, du côté de la Pyramide. 132ᴴ
6 janvier 1692 : à eux, pour avoir nettoyé les herbes de l'avant-cour du château, la mettre en estat de l'entretenir nette............................. 70ᴴ
Somme de ce chapitre....... 1135ᴴ 6ˢ 4ᵈ

OUVRAGES DE MASTICQ.

13 may : à la veuve Fourcroy, fontainier, pour le masticq à feu qu'elle a fourni pour rétablir les fautes au-dessus de la voûte de l'Orangerie et du bray qu'elle a livré pour le rétablissement des gondolles.. 188ᴴ 5ˢ 4ᵈ

GAZON ET TREILLAGES.

15 avril : à Durel, jardinier, pour ouvrages de gazon aux sources, à Trianon................. 119ᴴ 5ˢ
7-11 aoust : à luy, payement des treillages d'échalats qu'il a faits aux costières des portes de fer des entrées des bosquets du jardin de Versailles (3 p.). 576ᴴ 18ˢ 4ᵈ
Somme de ce chapitre....... 696ᴴ 3ˢ 4ᵈ

ANNÉE 1691. — VERSAILLES ET TRIANON.

SABLE DE RIVIÈRE.

7 aoust-11 novembre : à Lagarde et Yvelin, pescheurs, pour avoir tiré de la rivière de Seine 2571 muids de sable pour les jardins de S. M., à 4' 6ᵈ le muid (4 p.).......................... 580ᵗᵗ 4'

A Ringuet, voiturier, pour la voiture desd. 2571 muids de sable, du port de Saint-Cloud dans les jardins du château de Versailles et de Trianon (4 p.)...... 2629ᵗᵗ 4'

Somme de ce chapitre........ 3209ᵗᵗ 8'

FUMIER ET TERRAUX.

23 décembre : au sʳ Ringuet, pour les grands fumiers qu'il a livrez à l'orangerie de Versailles..... 170ᵗᵗ 10'

18 février : à Tréau, pour les boues des rues de Versailles qu'il a fourni pour la pépinière de Trianon .... 351ᵗᵗ 10'

4 février : à Bourguignon, dit Buteau, voiturier, à compte des terraux qu'il fournit à la pépinière de Trianon 100ᵗᵗ

18 février-18 mars : à luy, sur les fumiers de vache qu'il a fourni pour *idem*.................. 300ᵗᵗ

15 avril-17 juin : à luy, parfait payement de 342ᵗᵗ 13' 4ᵈ pour les terraux, boues des rues et fumiers chauds qu'il a fournis pour la pépinière de Trianon (2 p.)............................ 167ᵗᵗ 13' 4ᵈ

29 avril : à luy, pour transport de terraut qui estoit devant la rampe du jardin de Trianon devant le canal dans la pépinière....................... 48ᵗᵗ

2 septembre-23 décembre : à luy, à compte des boues des rues et grands fumiers qu'il voiture à la pépinière de Trianon (6 p.)....................... 1200ᵗᵗ

Somme de ce chapitre..... 2337ᵗᵗ 13' 4ᵈ

CHARPENTERIE.

11 avril-16 décembre : à Jean Mallet, charpentier, à compte de ses ouvrages au château de Versailles (2 p.) .... 905ᵗᵗ 8' 4ᵈ

9-16 décembre : à luy, à compte de ses ouvrages à Trianon aux nouveaux apartemens (2 p.)... 2568ᵗᵗ 15'

13 may : à luy, pour le bois de charpente qu'il a fourni pour la construction de la barque que l'on fait pour Marly au canal de Versailles............. 191ᵗᵗ 7'

25 novembre : à luy, pour le rétablissement du heu[1] et de la gallère................... 587ᵗᵗ 12' 6ᵈ

[1] Le *heu* était un vaisseau de 300 tonneaux environ, tirant peu d'eau parce qu'il était plat, dont on se servait surtout dans les ports de Flandre, de Hollande et d'Angleterre. (Voir *Dict. de Trévoux*.)

11 novembre : à Rochelois, charpentier, pour ses ouvrages de charpenterie aux combles des offices de Trianon pour le passage des tuiaux de cheminées et autres ouvrages............................. 75ᵗᵗ

11 aoust : à Le Clerc, scieur de long, pour le bois qu'il a scié pour les bâtiments du canal..... 16ᵗᵗ 13'

11 novembre-9 décembre : à luy et son compagnon, pour 413 toises et demi de planches réduites sur un pied de large, qu'ils ont scié pour la gallère et pour le heu (2 p.)............................. 123ᵗᵗ 15'

Somme de ce chapitre.... 4468ᵗᵗ 10' 10ᵈ

COUVERTURE.

15 avril : à Estienne Yvon, couvreur, à compte des ouvrages de couverture d'ardoise qu'il a fait sur les combles du château de Trianon et à la Ménagerie... .... 500ᵗᵗ

28 octobre : à luy, pour les réparations de couverture d'ardoise qu'il a fait au château de Versailles. 400ᵗᵗ

9-23 décembre : à luy, sur ses ouvrages de couverture d'ardoise à Trianon (2 p.)............... 550ᵗᵗ

18 février : à André Haras, couvreur de chaume, pour avoir rétabli toutes les couvertures de paille des glacières.............................. 78ᵗᵗ 2'

15 avril : à luy, pour *idem* aux glacières et magasin des illuminations.................... 120ᵗᵗ 3' 4ᵈ

Somme de ce chapitre..... 1648ᵗᵗ 5' 4ᵈ

MENUISERIE.

7-19 aoust : à Nivet, menuisier, pour ses ouvrages de menuiserie pour l'appartement de Madame la duchesse de Ventadour (2 p.)............ 914ᵗᵗ 8' 4ᵈ

14 octobre 1691-6 janvier 1692 : à Antoine Rivet, menuisier, à compte de ses ouvrages pour le nouvel appartement du château et pour les offices de Trianon (5 p.)................................ 3500ᵗᵗ

25 novembre : à luy, pour ses ouvrages de menuiserie dans la chambre de mademoiselle Chouin, en l'apartement de madame la princesse de Conti au château... .... 330ᵗᵗ

7 janvier-1ᵉʳ avril : à Nicolas Carel, menuisier, à compte de ses ouvrages de menuiserie au château de Versailles (4 p.)....................... 1000ᵗᵗ

24 juin-16 septembre : à luy, parfait payement de ses ouvrages de menuiserie à Trianon (3 p.). 781ᵗᵗ 7' 3ᵈ

4 mars : à luy, pour avoir fait déposer et reposer les chassis d'hyver de la grande aile et de l'appartement de Madame la Dauphine l'année dernière...... 116ᵗᵗ

11 novembre : à luy, sur ses ouvrages aux croisées

des appartemens du Roy et des Princesses en 1691... .... 184^{tt}

18 février : à Ducons, menuisier, à compte de ses ouvrages de menuiserie au château de Versailles. 300^{tt}

11 aoust : à luy, pour le parquet qu'il a fait poser dans les trois pièces du petit appartement au derrière de la salle des gardes à Trianon............ 512^{tt} 12^s

30 septembre-23 décembre : à luy, sur ses ouvrages au château depuis le mois de juillet dernier (4 p.).... .... 1800^{tt}

21 juillet-28 octobre : à Toulouzain, menuisier, pour menus ouvrages de menuiserie au château et à la grande orangerie (3 p.)............. 102^{tt} 10^s

1er-29 avril : à luy, pour la cloison de sapin qu'il a faite dans l'appartement de Mme la duchesse de Guise (3 p.).. 99^{tt} 1^s

10 juin : à luy, sur ses ouvrages à l'appartement de M. de Pontchartrain.................. 45^{tt} 18^s

14 octobre : à Berichon et Monet, parqueteurs, pour avoir relevé et reposé le parquet de l'antichambre du grand appartement du Roy.................. 72^{tt}

Somme de ce chapitre..... 9775^{tt} 16^s 7^d

SERRURERIE.

21 janvier-11 novembre : à Pierre Roger, serrurier, à compte de ses ouvrages de serrurerie au château de Versailles (5 p.)....................... 1050^{tt}

25 février : à luy, pour la ferrure des deux bureaux du cabinet de S. M. à Versailles en 1685...... 350^{tt}

21 janvier : à Durand, serrurier, pour cent crocs qu'il a fourni pour serrer la glace............ 59^{tt}

11 aoust : à luy, pour huit verouils sur platine et deux verouils à ressort pour les portes neuves que l'on a fait d'augmentation au petit appartement au derrière de la salle des gardes à Trianon.............. 26^{tt} 15^s

27 may : à Larieu, dit Toulouzin, serrurier, pour ouvrages de serrurerie aux portes des glacières. 19^{tt} 10^s

11 aoust : à luy, pour ouvrage qu'il a fait aux barques du canal............................... 14^{tt} 15^s

11 novembre : à luy, pour une bataiolle[1] qu'il a fait pour la galère et pour en avoir accommodé et resoudé quatre autres........................... 26^{tt} 5^s

18 février-25 novembre : à Thomas Vallerand, serrurier, à compte de ses ouvrages de serrurerie au château pendant la présente année (7 p.)........... 2150^{tt}

---

[1] Dans son *Glossaire nautique*, Jal dit que les batailloles ou batayolles, après avoir eu divers sens, ont servi en dernier lieu à désigner les supports des bastingages ou des parapets. C'est sans doute dans cette acception que ce mot est pris ici.

11 novembre-9 décembre : à luy, à compte des gros ouvrages de serrurerie qu'il a fourni aux offices de Trianon (3 p.)............................ 750^{tt}

25 mars : à François de Vert, serrurier, pour vis et crochets qu'il a livrez à Trianon en 1683.... 65^{tt} 14^s

15 avril : à Lauchon, dit Percheron, serrurier, pour réparations de toutes les ferrures de cuivre qu'il a fait au château et des ouvrages neufs qu'il a fournis. 154^{tt} 19^s

15 avril : à Desjardins, serrurier, pour trois sonnettes qu'il a posé dans l'appartement de mademoiselle de Blois....................................... 30^{tt}

9 décembre : à luy, pour ouvrages de serrurerie fournis à la grande aile neuve du château depuis le 14 septembre.................................. 189^{tt} 10^s

25 novembre 1691-6 janvier 1692 : à Tavernier, serrurier, à compte des ouvrages de serrurerie qu'il fait aux offices de Trianon (3 p.)................. 950^{tt}

23 décembre : à La Croix, épinglier, pour 270 pieds de fil de fer qu'il a fait aux chassis de fer devant les croisées des offices de Trianon............. 84^{tt}

7 aoust : à Le Roy, épinglier, pour plusieurs réparations de fil de fer aux croisées du magasin du canal, à la grille de la cour des autruches, et autres endroits.. .... 21^{tt}

Somme de ce chapitre........ 5941^{tt} 8^s

VITRERIE.

21 janvier-9 décembre : à Bernard L'Espinouze, vitrier, à compte de ses ouvrages de vitrerie au château et à l'orangerie de Versailles (7 p.)........... 2000^{tt}

7 janvier-23 décembre : à Gabriel Janson, vitrier, à compte de ses ouvrages de vitrerie au château de Versailles (8 p.).................................. 1770^{tt}

4 février : à luy, à compte de ses ouvrages faits les années précédentes....................... 228^{tt}

7 aoust-14 octobre : à luy, à compte de ses ouvrages de vitrerie au château et à Trianon (3 p.)...... 850^{tt}

16 septembre : à luy, sur ses ouvrages tant à l'orangerie de Trianon qu'aux baraques de la pépinière du château................................... 150^{tt}

Somme de ce chapitre.......... 4998^{tt}

PLOMBERIE.

29 avril-9 décembre : à Jaques Lucas, plombier, à compte de ses ouvrages de plomberie au château depuis le 1er janvier dernier (5 p.)............... 3000^{tt}

13 may : à luy, pour journées de compagnons et manœuvres plombiers qui ont rétabli les plombs que les

vents avoient emportez sur les combles du château de Versailles........................... 57ᵗᵗ 10ˢ

Somme de ce chapitre....... 3057ᵗᵗ 10ˢ

OUVRAGES DE CUIVRE.

4 mars : à LE MOYNE, fondeur, pour ouvrages qu'il a fournis pour les fontaines l'année dernière et des adjustemens de robinet qu'il a rétablis............. 86ᵗᵗ

2 septembre : à luy, pour plusieurs ouvrages de cuivre qu'il a faits pour les fontaines depuis le 10 avril 189ᵗᵗ

13 may : à DUCHEMIN, chaudronnier, pour ouvrages de chaudronnerie qu'il a fait pour les fontaines du jardin de Versailles et pour Trianon.......... 168ᵗᵗ 15ˢ

2 septembre : à DHUEST, ferblanier, pour avoir rétabli et réparé tous les ajutages de la grotte de la Ménagerie.................................. 15ᵗᵗ 10ˢ

Somme de ce chapitre........ 459ᵗᵗ 5ˢ

PEINTURE.

21 janvier-9 décembre : à ESTIENNE BOURGAULT, peintre, à compte de ses ouvrages de grosse peinture au château et à la Ménagerie (8 p.)............ 1850ᵗᵗ

7-19 aoust : à luy, pour les peintures en vert sur les treillages d'échalats aux côtez des grilles des entrées des bosquets du jardin (2 p.).................... 404ᵗᵗ

30 septembre : à luy, pour grosses peintures et vernis à Trianon, dans l'appartement de Mᵐᵉ DE MAINTENON et autres endroits...................... 207ᵗᵗ 13ˢ 9ᵈ

28 octobre : à luy, pour la dorure de la corniche de l'antichambre où le Roy mange.............. 36ᵗᵗ 17ˢ

10 juin-28 octobre : à PAILLET, peintre, pour sa dépense pour les tableaux du Roy, et pour avoir été à Versailles depuis le 13 novembre 1690 jusqu'au 1ᵉʳ octobre dernier (2 p.)......................... 1203ᵗᵗ

23 décembre : à GUILLAUME DESAUZIERS, peintre et doreur, pour la dorure des consoles et culs-de-lampes du cabinet de Monseigneur.............. 156ᵗᵗ 18ˢ

Somme de ce chapitre...... 3858ᵗᵗ 8ˢ 9ᵈ

SCULPTURE.

7 janvier : à PINEAU, sculpteur, pour quatre consoles qu'il a fait pour l'appartement de M. DE PONTCHARTRAIN 37ᵗᵗ 10ˢ

9-23 décembre : à BRIQUET et CHARMETON, sculpteurs, à compte de la sculpture qu'ils font à Trianon (2 p.) 450ᵗᵗ

9 décembre : à LEGRAND et BELAND, sculpteurs, à compte de la sculpture qu'ils font pour l'antichambre du nouvel appartement de Trianon............. 400ᵗᵗ

18 mars : à CHAUVEAU, sculpteur, pour payement tant de la menuiserie que de la sculpture de neuf consolles qu'il a fait dans le cabinet de Monseigneur, au milieu de trois grands pans de lambris dud. cabinet...... 225ᵗᵗ

30 septembre-28 octobre : à luy, pour vingt-deux consolles de sculpture qu'il a fait pour le cabinet des bijous de Monseigneur (2 p.)................ 440ᵗᵗ

9-23 décembre : à luy et LALANDE, à compte de la sculpture de la chambre du nouvel appartement de Trianon (2 p.)............................ 650ᵗᵗ

13 may : à BERTIN, sculpteur, pour ses ouvrages de sculpture qu'il a fait au château et dans le jardin de Versailles depuis le 19 décembre dernier....... 186ᵗᵗ 10ˢ

7 aoust : à luy, pour six lézards et les grenouilles qu'il a fait pour Latonne et autres ouvrages de sculpture... .... 552ᵗᵗ 13ˢ 4ᵈ

28 octobre : à luy, pour avoir restauré deux figures de marbre que l'on a envoyées à Marly........ 65ᵗᵗ 4ˢ

Somme de ce chapitre..... 3006ᵗᵗ 17ˢ 4ᵈ

MARBRERIE.

21 février-2 septembre : à PIERRE LISQUI, marbrier, pour plusieurs petits ouvrages de marbrerie en plusieurs endroits du château de Versailles (4 p.).... 533ᵗᵗ 10ˢ

7 aoust-11 novembre : à luy, parfait payement de la sculpture des pieds d'estaux et socles de marbre pour le jardin de Versailles (4 p.)................ 1823ᵗᵗ

13 janvier 1692 : à HUBERT MISSON, marbrier, pour ouvrages de marbre faits à l'appartement de M. le marquis DE BARBEZIEUX, à l'aile droite du château de Versailles............................... 98ᵗᵗ 15ˢ

Somme de ce chapitre........ 2455ᵗᵗ 5ˢ

PAVÉ.

29 avril-6 janvier : à LOUIS RENOUF, paveur, pour ouvrages et réparations de pavé faits au château depuis le 1ᵉʳ janvier 1691 (2 p.)............... 870ᵗᵗ 7ˢ 4ᵈ

11 aoust-16 septembre : à luy, sur ses ouvrages et réparations de pavé dans la dépendance du château depuis le 28 avril dernier (3 p.)......... 764ᵗᵗ 17ˢ 4ᵈ

25 novembre-2 décembre : à luy, sur ses ouvrages de pavé à Trianon (2 p.)............. 2398ᵗᵗ 19ˢ 2ᵈ

Somme de ce chapitre..... 4029ᵗᵗ 3ˢ 10ᵈ

MARQUETTERIE ET BRONZE DORÉ.

7 aoust : à PERCHERON, dit LOUION, ébéniste, pour réparations de marquetterie des deux petits cabinets qui

précèdent la petite gallerie du Roy et autres ouvrages 131ʰ

28 octobre-11 novembre : à luy, pour réparations et fournitures d'ouvrages de bronze doré qu'il a fait à toutes les portes et croisées des appartemens du Roy (2 p.)............................. 294ʰ 8ˢ

19 aoust-9 décembre : à Dominico Cucci, fondeur, à compte des ouvrages de bronze et autres qu'il a fait pour le service de S. M. les années précédentes (2 p.) 500ʰ

Somme de ce chapitre........ 925ʰ 8ˢ

SOUDURE.

13 may-9 décembre : à Claude Denis, fontainier, à compte des ouvrages de soudure extraordinaire qu'il fait dans le parc de Versailles, outre ses entretiens (2 p.) 414ʰ 5ˢ

1ᵉʳ juillet : à luy, pour 20 tables de plomb sur futaine qu'il a fourni et qui ont esté emploiez au-dessus du grand escalier du château de Versailles en 1685.... 140ʰ 2ˢ

Somme de ce chapitre........ 554ʰ 7ˢ

GLACES.

27 may : à Bon Briot, miroitier, pour ouvrages et nettoyement de glaces dans les appartemens du château depuis le 19 novembre 1690 jusqu'au 24 mars 1691 .... 142ʰ 10ˢ

11 novembre : à luy, sur ses ouvrages aux appartemens du Roy et de Monseigneur, sur ceux des bains, des appartements de M. de Chartres et de Mᵐᵉ la princesse de Conti.............................. 130ʰ

Somme de ce chapitre........ 272ʰ 10ˢ

DÉPENSES EXTRAORDINAIRES DE VERSAILLES.

7 aoust : à Drouart, rocailleur, pour la rocaille qu'il a fait aux costières des murs de rempes des cascades de la Salle du bal......................... 300ʰ

27 may-11 aoust : à Rousseau, cordier, pour cordages qu'il a fourni pour les machines des ponts de la Salle du conseil, et autres pour le service de S. M. (2 p.) 70ʰ 11ˢ

14-28 octobre : à Le Jeune, vuidangeur, pour vuidange des fosses du château (2 p.)......... 506ʰ

7 janvier : aux nommés Liards, taupiers, pour 2387 taupes qu'ils ont pris dans les jardins de Versailles, de la Ménagerie et dans le petit parc, pendant les trois derniers mois 1690, à 3ˢ chacune............ 358ʰ 1ˢ

15 avril 1691-6 janvier 1692 : à eux, pour 6404 taupes qu'ils ont pris pendant l'année entière 1691 (4 p.) 968ʰ 7ˢ

4 février : à Padelain, ramonneur, pour les cheminées qu'il a ramonnées au château de Versailles pendant les six derniers mois 1690................. 265ʰ 4ˢ

29 avril-7 aoust : à Varisse, autre, pour les cheminées ramonnées aud. château, pendant les six premiers mois 1691 (2 p.)...................... 341ʰ 16ˢ

13 may-23 décembre : au sʳ Labbé, pour plusieurs dépenses qu'il a faites à Paris pour les bâtimens (2 p.) 1139ʰ 4ˢ 6ᵈ

13 may : à Branlard, faïancier, pour cloches de verre et carreaux d'Holande qu'il a fourni pour la pépinière de Trianon et pour le rétablissement des cascades dud. lieu................................ 482ʰ 15ˢ

A Duclos, corroyeur, pour une grande peau de cuir de bœuf qu'il a fourni au magasin de cuivres pour faire des rondelles aux adjutages des gerbes des fontaines. 25ʰ

10 juin : au sʳ Vanderhulst, pour du bray et goudron qu'il a envoïé de Rouen pour les vaisseaux du canal................................... 261ʰ

A Sorin, marchand, pour suif, arcanson et fleur de soufre qu'il a fourni..................... 421ʰ 18ˢ

A Leclere, scieur de long, pour bois qu'il a scié pour la barque plate que l'on fait pour Marly...... 67ʰ 10ˢ

24 juin : à Jean Merceron, garde-magasin du canal, pour plusieurs dépenses qu'il a faites depuis quinze mois pour les bâtimens du canal................ 35ʰ 17ˢ

7 aoust : à Vincent, taillandier, pour trois cromeilliers[1] qu'il a fourni pour la bouche des princes au château... .... 18ʰ

Au sʳ Perrot, remboursement des sommes qu'il a païé aux ouvriers qui ont travaillé les nuits à Trianon. 45ʰ

11 aoust : à Lambert, fontainier, pour avoir plongé deux fois dans le réservoir de Saint-Cir......... 10ʰ

2 décembre : à la veuve Jacquin, charon, pour chariots et équipages qu'elle a fourni pour terrer et sortir les orangers de l'Orangerie................ 115ʰ

Somme de ce chapitre..... 5431ʰ 3ˢ 6ᵈ

OUVRIERS À JOURNÉES.

7 janvier 1691-13 janvier 1692 : aux ouvriers qui ont travaillé à remplir les glacières de Satory et dans le jardin de Versailles (3 p.)............. 1770ʰ 11ˢ 6ᵈ

21 janvier 1691-13 janvier 1693 : à ceux qui ont rempli celles de Trianon (2 p.)........ 897ʰ 10ˢ 5ᵈ

---

[1] Ce mot ne se trouve ni dans les glossaires anciens ni dans les modernes.

A ceux qui ont rempli celles de Clagny (3 p.)...... .... 4401ᴴ 18ˢ 10ᵈ
A ceux qui ont rempli celles de la Ménagerie (2 p.) 1041ᴴ 10ˢ
21 janvier 1691-6 janvier 1692 : à ceux qui ont travaillé à la pépinière de Trianon, depuis le 6 janvier jusqu'au 22 décembre de la présente année (27 p.) 9975ᴴ 3ˢ 8ᵈ
A ceux qui ont travaillé au château et jardin de Versailles pendant le même temps (25 p.). 3247ᴴ 18ˢ 8ᵈ
21 janvier-18 mars : à ceux qui ont fourni de la paille longue pour les glacières de Clagny, Trianon, Satory et la Ménagerie (2 p.)............. 688ᴴ 15ˢ
21 janvier : à ceux qui ont fourni des seaux, pelles, masses, haches et autres outils et ustancilles pour serrer la glace............................ 192ᴴ 10ˢ
13 may : à ceux qui ont voituré des fleurs de Trianon à Marly................................ 112ᴴ
10 juin : à ceux qui ont nettoyé et gratté les herbes de l'avant-cour du château de Versailles..... 134ᴴ 8ˢ
25 novembre-23 décembre : à ceux des offices et nouveaux bâtimens de Trianon (3 p.)...... 306ᴴ 11ˢ

Somme de ce chapitre... 22768ᴴ 17ˢ 1ᵈ

GRANDE AILE ET DEHORS DE VERSAILLES.

MAÇONNERIE.

28 janvier : à Gérard Marcou, entrepreneur, à compte de ses réparations de maçonnerie dans les bâtimens des dehors du château de Versailles...... 200ᴴ

25 février-30 décembre : à luy, pour menus ouvrages de maçonnerie par luy faits dans la grande aile du château de Versailles du costé des réservoirs, du mois de janvier au mois de septembre de la présente année, y compris ses soins et équipages (9 p.). 3626ᴴ 11ˢ 3ᵈ

7 octobre 1691-13 janvier 1692 : à luy, parfait payement de ses ouvrages de maçonnerie aux bâtimens dans la cour au derrière des petites escuries du Roy (5 p.)................................... 2968ᴴ 14ˢ

11 février 1691-13 janvier 1692 : à Pierre Levé, entrepreneur, à compte de ses ouvrages de maçonnerie dans la Surintendance des bâtimens de Versailles (12 p.) 2760ᴴ

26 aoust : à luy, sur ses ouvrages de maçonnerie où loge M. de Pomponne à présent................ 100ᴴ

25 mars 1691-13 janvier 1692 : à Jaques Mazière et Pierre Bergeron, entrepreneurs, parfait payement de 1622ᴴ 19ˢ à quoy montent leurs ouvrages et réparations de maçonnerie dans le grand Commun et au potager du Roy à Versailles (3 p.)............. 922ᴴ 19ˢ

14 janvier 1691-13 janvier 1692 : à François Lesperée l'aisné, entrepreneur, à compte de ses ouvrages de maçonnerie à la grande et petite escurie du Roy à Versailles (12 p.)...................... 2350ᴴ

8 avril-9 septembre : à luy, pour ses ouvrages de maçonnerie au magasin du poids du fer (2 p.). 534ᴴ 2ˢ

20 may : à luy, sur ses ouvrages aux pierrées pour l'écoulement des eaux des décharges des bassins du jardin de l'hôtel de Conti dans l'avenue du Parc-aux-Cerfs 120ᴴ

6 may : à Bergeron, entrepreneur, pour avoir rétabli le regard de l'aqueduc de la rue de l'Orangerie. 15ᴴ 10ˢ

25 février : à Duhamel, carreleur, pour réparation de carreau de terre cuite qu'il fait dans le grand Commun du Roy et dans le couvent des Récolets à Versailles............................... 87ᴴ 14ˢ

Somme de ce chapitre.... 11685ᴴ 10ˢ 3ᵈ

TERRASSES.

11 février-18 novembre : à Martin Moulin et Florent Félix, terrassiers, pour ouvrages de terrasse qu'ils ont faits en plusieurs endroits des bâtimens hors le château (4 p.)............................ 253ᴴ 5ˢ

6 may : à eux, pour de la glaise qu'ils ont employée autour du regard de l'aqueduc de la rue de l'Orangerie et au potager......................... 25ᴴ

17 juin : à eux, pour des recoupes qu'ils ont transportées dans une vanne le long de la grande écurie du Roy à Versailles........................... 37ᴴ 10ˢ

7 aoust : à eux, pour ouvrages de terrasse tant au potager que dans le manège de la petite écurie. 23ᴴ 12ˢ

A eux, sur les transports des terres pour remplir des ravines en plusieurs endroits des environs de Versailles 100ᴴ

4 novembre : à eux, pour plusieurs trous et tranchées aux petites escuries et autres ouvrages......... 19ᴴ

16 décembre : à eux, pour trous remplis sur la chaussée de Clagny....................... 24ᴴ

11 février : à Antoine Ruby, dit La Jeunesse, terrassier, pour avoir voituré au potager trente-huit tombereaux de charée[1] pour fumer les arbres............. 38ᴴ

20 may-17 juin : à luy, pour ouvrages de terre et transport de gravois et recoupes qu'il a fait dans l'avenue

---

[1] Charrée, cendre qui reste sur le cuvier quand on a coulé la lessive (*Dict. de Trévoux*).

du Parc-aux-Cerfs pour l'écoulement des eaux des décharges des bassins de l'hôtel de Conti (2 p.). 67ᴸ 10ˢ

8 avril : à Janson, terrassier, pour avoir defriché et labouré de trois pieds de profondeur une pièce de terre au derrière du jardin potager de Versailles.. 438ᴸ 15ˢ

17 juin : à luy, pour les treillages et fossez qu'il a fait au pourtour du carré d'asperges au derrière du Potager............................ 405ᴸ 15ˢ

Somme de ce chapitre........ 1432ᴸ 7ˢ

CHARPENTERIE.

15 février-30 décembre : à Jean Mallet, charpentier, à compte de ses ouvrages de charpenterie dans les bâtimens des dehors du château de Versailles (7 p.)............................ 1650ᴸ

8 avril-17 juin : à luy, pour le rétablissement du magasin du poids de fer (2 p.)............ 600ᴸ

22 avril-6 may : à luy, sur ses ouvrages à la grande escurie (2 p.)........................ 350ᴸ

13 aoust-23 septembre : à luy, sur ses ouvrages à la Surintendance des bâtimens (2 p.).......... 450ᴸ

7-21 octobre : à luy, sur ses ouvrages au bâtiment dans la cour au derrière des petites escuries (2 p.).... .... 500ᴸ

Somme de ce chapitre........ 3550ᴸ

COUVERTURE.

25 mars-30 décembre : à Estienne Yvon, couvreur, à compte des réparations et rétablissemens de couverture des bâtimens des dehors du château de Versailles (5 p.)........................... 1000ᴸ

8 avril : à luy, sur ses ouvrages au magasin du poids du fer.................................. 200ᴸ

22 avril-4 novembre : à luy, sur ses ouvrages aux grandes et petites escuries (5 p.).......... 900ᴸ

21 octobre-2 décembre : à luy, sur ses ouvrages aux bâtimens dans la cour au derrière de la petite escurie (2 p.)............................... 663ᴸ

25 mars : à Rolland Pichot, couvreur de chaume, pour la réparation de la couverture des glacières et hangard du Parc-aux-Cerfs.................... 22ᴸ

Somme de ce chapitre........ 2785ᴸ .

MENUISERIE.

14 janvier-6 may : à Antoine Rivet, menuisier, à compte de ses ouvrages de menuiserie à la grande aile du château de Versailles du costé des réservoirs et à l'aile neuve (5 p.)...................... 1700ᴸ

25 février : à Duchesne, menuisier, pour réparations de menuiserie qu'il a faites aux grandes et petites escuries du Roy à Versailles................ 162ᴸ

20 may-1ᵉʳ juillet : à luy, sur ses ouvrages aux dehors du château de Versailles (2 p.)....... 265ᴸ 10ˢ

26 aoust : à luy, sur divers ouvrages........ 102ᴸ

25 février-8 avril : à Gaubay, menuisier, à compte de ses ouvrages à la grande aile du château de Versailles (3 p.)............................... 400ᴸ

20 may : à luy, sur ses ouvrages au dehors dud. château................................... 100ᴸ

26 aoust : à luy, sur ses ouvrages tant à la grande aile qu'au vieux hôtel de Dunas et au Cheny. 237ᴸ 10ˢ

23 septembre-4 novembre : à luy, pour les tablettes qu'il a fait à la fruiterie du Potager (2 p.).. 526ᴸ 2ˢ

7 octobre 1691-13 janvier 1692 : à luy, sur ses ouvrages de menuiserie à la Surintendance (4 p.). 950ᴸ

14 janvier-25 février : à Louis Chevalier, menuisier, pour réparations des chassis des couches du potager de Versailles (2 p.)........................ 229ᴸ

7 octobre 1691-13 janvier 1692 : à luy, sur ses réparations de menuiserie aux grandes et petites escuries du Roy à Versailles (4 p.)............... 695ᴸ 6ˢ

11 février-13 aoust : à Nicolas Cabel, menuisier, à compte des ouvrages de menuiserie qu'il a faits dans la Surintendance des bâtimens de Versailles (3 p.)... .... 700ᴸ

1ᵉʳ juillet : à luy, pour avoir démonté et remonté les chassis d'hyver de la grande aile neuve du château... .... 44ᴸ

26 aoust 1691-13 janvier 1692 : à luy, sur ses ouvrages de menuiserie où loge M. de Pomponne (10 p.).. .... 3900ᴸ

9 septembre : à du Cons, menuisier, pour ouvrages de menuiserie dans la Surintendance des bâtimens.... .... 114ᴸ 12ˢ 6ᵈ

Somme de ce chapitre.... 10156ᴸ 0ˢ 6ᵈ

SERRURERIE.

28 janvier-25 février : à Thomas Vallerand, serrurier, pour menus ouvrages de serrurerie qu'il fait dans les bâtimens des dehors du château de Versailles (2 p.) 322ᴸ 1ˢ

25 mars 1691-13 janvier 1692 : à luy, sur ses ouvrages de gros fer en divers endroits, depuis le mois de décembre 1690 jusqu'au mois de décembre 1691 (6 p.)................................ 737ᴸ 2ˢ 11ᵈ

7 aoust : à luy, pour réparations aux équipages des soupapes des réservoirs d'eau des fontaines du château

de Versailles et pour avoir fait trois guichets de fer aux vitraux des Récollets.................... 106ᴴ 3ˢ

26 aoust : à luy, pour réparation à la grande porte de fer du cheny et crochets qu'il a livrez pour le chéneau de la petite escurie et brides de fer pour des racordemens sur les conduites de tuiaux de fer... 142ᴴ 17ˢ

23 septembre-30 décembre : à luy, pour ouvrages de serrurerie par luy faits à la Surintendance (3 p.).. .... 582ᴴ 3ˢ

14 janvier : à Louis Tavernier, serrurier, pour clouds, chevilles et pattes qu'il a fourni dans le magasin du poids du fer, et pour les crocqs qu'il a pareillement fournis pour tirer la glace pour remplir les glacières.. 362ᴴ 1ˢ

25 mars 1691-13 janvier 1692 : à luy, pour ouvrages de gros fer, clouds et chevilles qu'il a livrez dans le magasin jusqu'au mois de décembre dernier (5 p.).. .... 1173ᴴ 15ˢ 3ᵈ

28 janvier-26 aoust : à François Fordrin, serrurier, pour réparations et menus ouvrages de serrurerie dans les grandes et petites escuries du Roy à Versailles (2 p.) 482ᴴ 16ˢ

9 septembre : à luy, parfait payement de 763ᴴ 10ˢ à quoy montent ses ouvrages de serrurerie pour les appartements de la grande aile................ 63ᴴ 10ˢ

11 février : à Pierre Choquart, serrurier, à compte des équipages des soupapes des réservoirs des fontaines du château de Versailles.................... 100ᴴ

13 janvier : à Roger, serrurier, pour ouvrages et réparations de serrurerie faits en plusieurs endroits des dehors du château de Versailles............ 45ᴴ 8ˢ

11 février-9 septembre : à Durand et Desjardins, serruriers, parfait payement de 5829ᴴ à quoy montent les ouvrages de serrurerie par eux faits dans les appartements de la grande aile du château (2 p.)...... 379ᴴ

14 janvier : à Nicolas Desjardins, serrurier, parfait payement de 609ᴴ 8ˢ à quoy montent ses ouvrages de serrurerie pour la garde-robe de Monseigneur le duc d'Anjou à la grande aile................ 359ᴴ 8ˢ

25 février-8 avril : à luy, pour ses ouvrages et réparations de serrurerie dans les bâtiments de la Surintendance (3 p.)........................ 657ᴴ 11ˢ

20 may-16 décembre : à luy, pour les réparations de serrurerie dans les bâtiments en dehors du château de Versailles (3 p.)...................... 610ᴴ 2ˢ 4ᵈ

7 aoust : à luy, pour réparation de serrurerie au potager du Roy à Versailles................ 220ᴴ 16ˢ

13 aoust-2 décembre : à luy, pour ses ouvrages de serrurerie à la Surintendance et où loge M. de Pomponne (4 p.)........................ 746ᴴ 10ˢ

26 aoust : à Charles Bulot, serrurier, pour réparations et ouvrages de serrurerie aux regards des fontaines publiques de Versailles................... 14ᴴ 15ˢ

9 septembre : à André Menuisier, serrurier, pour réparations de serrurerie à l'hôtel de Limoges.... 17ᴴ 5ˢ

Somme de ce chapitre...... 7123ᴴ 4ˢ 6ᵈ

OUVRAGES DE CUIVRE.

9 septembre : à Duchemin, chaudronnier, à compte des journées qu'il a employé sur le comble de la grande aile pour les réparations qui estoient à faire aux soudures de cuivre........................ 200ᴴ

28 janvier : à Gilles Le Moyne, pour ferrures de croisées qu'il a livrées pour la Surintendance des bâtimens................................ 95ᴴ 18ˢ

11-25 février : à luy, parfait payement des ouvrages de cuivre par luy faits, tant pour les fontaines de Versailles et conduites des cuvettes du jardin potager du Roy à Versailles qu'autres endroits, sous la conduite du sʳ Lambert (2 p.).................... 616ᴴ 16ˢ 3ᵈ

17 juin : à luy, pour robinet, soupapes et ajustages qu'il a fait tant pour les fontaines publiques et du potager de Versailles que pour celles de Fontainebleau.... .... 394ᴴ 0ˢ 6ᵈ

17 juin-septembre : à luy, pour les robinets et ouvrages de cuivre qu'il a faits tant pour les fontaines publiques et potager de Versailles, que pour celles du potager du château de Vincennes (2 p.).... 238ᴴ 12ˢ 9ᵈ

18 novembre : à luy, pour robinets de cuivre pour les fontaines de Versailles.............. 107ᴴ 6ˢ 6ᵈ

Somme de ce chapitre........ 1652ᴴ 14ˢ

TUIAUX DE FONTE DE FER.

25 février : à Charles-François Pollard, pour le posage des conduites de tuiaux de fonte de fer de 8 pouces de diamettre qu'il a posez dans le jardin de l'hôtel de Conti à Versailles.................... 588ᴴ 1ˢ 9ᵈ

7 aoust : à luy, pour le posage des conduites de fer de 8 pouces, tant au regard des aqueducs du Parc-aux-Cerfs qu'à l'aqueduc du gros mur.......... 67ᴴ 10ˢ

Somme de ce chapitre...... 655ᴴ 11ˢ 9ᵈ

VITRERIE.

14 janvier-30 octobre : à Bernard L'Espinouze, vitrier, à compte des réparations des vitres des bâtimens des dehors du château de Versailles (10 p.)..... 1300ᴴ

7 aoust : à luy, sur les réparations de vitre à la grande escurie.............................. 100ᴴ

14 janvier-30 octobre : à Gabriel Janson, vitrier, à

34.

compte de ses ouvrages de vitrerie dans les bâtimens des dehors du château de Versailles (11 p.)....... 1300ˡⁱ

25 mars - 7 aoust : à luy, pour les toiles qu'il a fourni et attaché aux guichets d'embas des croisées du manège de la grande et petite escurie (2 p.)......... 66ˡⁱ 10ˢ

7 aoust : à luy, sur ses ouvrages de vitrerie à la petite escurie............................ 100ˡⁱ

13 aoust 1691 - 13 janvier 1692 : à luy, sur ses ouvrages de vitrerie à la Surintendance des bâtimens (4 p.) 500ˡⁱ

26 aoust : à luy, sur ses ouvrages de vitrerie où loge M. DE POMPONNE..................... 100ˡⁱ

2 décembre : à FERRAND, vitrier, pour réparations des vitres des chassis des couches du potager du Roy, à Versailles............................. 194ˡⁱ 19ˢ

25 mars : à GODART, vitrier, pour ouvrages de vitrerie qu'il a faits dans les bâtimens de l'abbaye royale de Saint-Louis, à Saint-Cyr............. 317ˡⁱ 1ˢ 9ᵈ

Somme de ce chapitre......... 3978ˡⁱ 10ˢ 9ᵈ

PLOMBERIE.

28 janvier - 16 décembre : à JAQUES LUCAS, plombier, à compte de ses ouvrages de plomberie dans les bâtimens des dehors du château de Versailles et sur les conduites des réservoirs (6 p.)..................... 1950ˡⁱ

17 juin : à luy, sur ses ouvrages dans les bâtimens et conduites des fontaines du château........... 300ˡⁱ

7 aoust - 18 novembre : à luy, sur ses ouvrages sur le comble de la petite escurie (2 p.)............ 500ˡⁱ

Somme de ce chapitre......... 2750ˡⁱ

PEINTURE.

28 janvier : à THIBAULT, peintre, parfait payement de 824ˡⁱ à quoy monte la couleur de bronze qu'il a posée sur les ferrures des portes et croisées de la grande aile du côté des Réservoirs..................... 224ˡⁱ

28 janvier 1691 - 13 janvier 1692 : à ESTIENNE BOURGAULT, peintre, à compte des grosses peintures qu'il fait dans la Surintendance des bâtimens de Versailles (10 p.)............................. 1200ˡⁱ

11 mars - 7 aoust : à luy, sur ses ouvrages de grosse peinture à la grande aile et au dehors dud. château (4 p.).................................. 400ˡⁱ

26 aoust : à luy, sur ses ouvrages où loge M. DE POMPONNE..................... 100ˡⁱ

Somme de ce chapitre......... 1924ˡⁱ

SCULPTURE.

2 décembre : à LEGRAND et LA LANDE, sculpteurs, pour leurs ouvrages de sculpture en bois et dorures pour les cheminées des appartemens de la Surintendance des bâtimens à Versailles.................... 295ˡⁱ 5ˢ

A BERTIN, sculpteur, pour ses ouvrages de sculpture à la corniche du grand cabinet de l'appartement du rez-de-chaussée de la Surintendance de Versailles... 130ˡⁱ

Somme de ce chapitre......... 425ˡⁱ 5ˢ

PAVÉ.

25 mars - 2 décembre : à LOUIS RENOUF, paveur, à compte des réparations de pavé qu'il fait dans les bâtimens des dehors du château de Versailles (10 p.)... .... 3300ˡⁱ

13 aoust : à luy, sur les réparations de pavé qu'il fait dans les cours et offices de la Surintendance..... 400ˡⁱ

30 décembre : à luy, sur ses ouvrages de pavé aux conduites des fontaines et réservoirs............ 150ˡⁱ

Somme de ce chapitre......... 3850ˡⁱ

OUVRAGES DE BRONZE.

18 novembre : à DOMINICO CUCCI, fondeur, pour les petites bordures de bronze doré qu'il a faites pour les cheminées des appartemens de la Surintendance des bâtimens de Versailles..................... 54ˡⁱ

DÉPENSES EXTRAORDINAIRES.

17 juin : à NOËL LEGRAIN, vuidangeur, pour dégorgemens des tuiaux et fosses d'aysances des bâtimens des dehors du château de Versailles............. 60ˡⁱ

18 novembre : à luy, pour ses ouvrages de vuidanges, tant à la Chancellerie que petite escurie du Roy.. 428ˡⁱ

A LIARD, preneur de taupes, pour taupes qu'il a prises dans le potager du Roy à Versailles depuis le 1ᵉʳ janvier jusqu'au dernier octobre........ 26ˡⁱ 12ˢ

16 décembre : au sʳ TRIBUOT, facteur d'orgues, parfait payement de 5500ˡⁱ à quoy monte l'orgue de la paroisse de Versailles.......................... 400ˡⁱ

28 janvier : à JEAN PADELAIN, ramonneur, pour cheminées qu'il a ramonnées dans les bâtimens des dehors du château pendant les six derniers mois 1690 .. 313ˡⁱ 16ˢ

A MEUNIER, boulanger du Roy, pour ce qu'il a payé pour les réparations du four de la boullangerie de S. M. dans le vieil hostel DE LA FEUILLADE............ 60ˡⁱ

25 mars 1691 - 13 janvier 1692 : à LA CROIX, épinglier, pour le treillis de fil de laton qu'il a fait à la volière du cabinet de Monseigneur le duc D'ANJOU, aux portes de la bibliothèque de Monseigneur le duc DE BOURGOGNE et à deux croisées de l'appartement du sʳ MESMY, à l'hôtel des inspecteurs (3 p.)...................... 47ˡⁱ 3ˢ

ANNÉE 1691. — DIVERS BÂTIMENTS ROYAUX.

8 avril : à Delaunay, voiturier, pour voiture, de Versailles à Fontainebleau, de tuiaux de fer de 8 pouces de diamettre, d'un robinet, d'une soupape et de plusieurs tuiaux de plomb...................... 248ᴴ 3ˢ 9ᵈ

7 aoust 1691-13 janvier 1692 : à Dominique Varisse, ramonneur de cheminées, pour avoir ramonné les cheminées des dehors du château pendant l'année 1691 (2 p.).............................. 435ᴴ 17ˢ

13 aoust : à Duchemin, chaudronnier, pour dix paires d'arosoirs qu'il a faits pour le potager de Versailles et quatorze paires qu'il a raccomodez.......... 229ᴴ 5ˢ

30 décembre : à Beaupré, marchand fayancier, pour des carreaux de fayence qu'il a livrez pour les cheminées des appartemens de la Surintendance......... 195ᴴ

A Branlard, autre, pour *idem*............. 50ᴴ

Somme de ce chapitre..... 2693ᴴ 16ˢ 9ᵈ

OUVRIERS À JOURNÉES.

14 janvier 1691-13 janvier 1692 : aux ouvriers qui ont travaillé, à la journée du Roy, à remplir de glace les glacières et angard du Parc-aux-Cerfs, recouvert de paille lesd. glacières, et pour le payement de lad. paille (3 p.)................................. 1834ᴴ 13ˢ

A ceux qui ont travaillé aux magasins des démolitions depuis le 15 décembre 1690 jusqu'au 12 janvier 1692 (27 p.)............................... 2670ᴴ 17ˢ 6ᵈ

A ceux qui ont travaillé au magasin des plombs pendant le même temps (27 p.)........... 1008ᴴ 3ˢ 8ᵈ

A ceux qui ont travaillé au magasin du poids du fer pendant le même temps (26 p.)............ 455ᴴ 15ˢ

25 février : à ceux qui ont jetté les neiges par dessus les combles de la grande aile............... 110ᴴ 1ˢ

25 mars-18 novembre : aux ouvriers plombiers qui ont réparé les plombs des couvertures et les tuiaux de descente de la grande et petite escurie du Roy à Versailles (4 p.)............................... 295ᴴ

8 avril : aux ouvriers qui ont réparé les murs d'un réservoir du Parc-aux-Cerfs............. 271ᴴ 13ˢ

9 septembre-7 octobre : à ceux qui ont esté employez aux réparations de ciment de l'aqueduc de 6 pieds depuis la Gueriniere jusqu'au Parc-aux-Cerfs (2 p.)....
.... 263ᴴ 18ˢ

7 janvier 1691-6 janvier 1692 : aux ouvriers qui ont travaillé sous le sʳ Villiard, tant à l'entretien des eaux bonnes à boire qu'aux nivellements, depuis le 1ᵉʳ janvier jusqu'au 31 décembre 1691 (13 p.)....... 782ᴴ 9ˢ

Somme de ce chapitre... 7692ᴴ 10ˢ 20ᵈ

DIVERS BÂTIMENS ROYAUX.

MAÇONNERIE.

8 avril : à Égasse, maçon, pour ouvrages et réparations de maçonnerie et autres qu'il a fait faire aux escuries du haras de Sᵗ-Léger................. 390ᴴ

7 janvier : à Nicolas Le Jongleur, parfait payement de 2220ᴴ à quoy montent les reprises qu'il a faites dans l'aqueduc qui conduit l'eau de Trappes sur la butte de Montboron......................... 1120ᴴ

11 février : à luy, pour ses ouvrages de ciment dans led. aqueduc.......................... 846ᴴ 18ˢ

7 aoust-14 octobre : à luy, parfait payement des réparations à l'aqueduc de la plaine de Satory (4 p.)...
.... 1005ᴴ

20 may-1ᵉʳ juillet : à Jean Bergeron, entrepreneur, parfait payement de ses réparations de maçonnerie à la ferme de Gallie et à la maison de Satory (4 p.). 667ᴴ 6ˢ 4ᵈ

14 octobre : à Gérard Marcou, pour ouvrages et réparations aux murs du grand et petit parc de Versailles, y compris 12ᴴ pour ses soins et équipages........ 101ᴴ

7 janvier : à Lefranc, maçon, pour 10 toises de moilon qu'il a fourni pour faire les reprises de l'aqueduc de Trappes sur la butte de Montboron........ 140ᴴ

18 mars : à Le Rochelois, maçon, pour avoir fait et posé 9 toises de ceintre dans l'aqueduc qui conduit l'eau de la machine sur la butte de Montboron....... 50ᴴ

24 juin : à Perrier, maçon, parfait payement de 2064ᴴ 3ˢ 2ᵈ à quoy montent les ouvrages de maçonnerie des ponts qu'il a construits sur les rigolles de la plaine de Saclay et le revêtement de pierre sèche de la chaussée du Préclos.................... 264ᴴ 3ˢ 2ᵈ

17 juin : à La Paille, maçon, pour une petite arcade qu'il a faite pour l'écoulement des eaux à la porte de la Mignière du petit parc de Versailles........... 35ᴴ

7 aoust-16 septembre : à Thevenot, maçon, parfait payement des réparations des murs du grand parc entre le pavillon de Saint-Philippe et celuy de Saint-Nom (5 p.)............................ 1094ᴴ 18ˢ

20 may-16 septembre : à Léonard et Joseph Doucet, maçons, parfait payement des réparations qu'ils ont faits aux murs du grand parc de Versailles, entre Château-fort et Voisins (9 p.).................... 2939ᴴ

Somme de ce chapitre...... 8653ᴴ 5ˢ 6ᵈ

CHARPENTERIE.

18 mars : à Jean Mallet, charpentier, pour les bois

qu'il a fourni pour faire des ceintres dans l'aqueduc de Trappes et dans l'aqueduc de la butte Montboron..... .... 104ᴸᴵ 12ˢ

3 juin-1ᵉʳ juillet : à luy, pour ouvrages de charpenterie à la ferme de Galye et à la maison de Satory (2 p.)... .... 352ᴸᴵ 16ˢ 6ᵈ

Somme de ce chapitre...... 457ᴸᴵ 8ˢ 6ᵈ

TERRASSES ET TREILLAGES.

21 janvier-2 septembre : à Simon, entrepreneur, parfait payement de 8236ᴸᴵ 17ˢ à quoy montent les fossez qu'il a fait pour escouler les eaux de la forest de Sénart (11 p.)......................... 5236ᴸᴵ 17ˢ

20 may-1ᵉʳ juillet : à Remy Janson, terrassier, parfait payement du treillage qu'il a fait pour fermer les remises du grand parc (4 p.)................... 2050ᴸᴵ

A luy, parfait payement des fossez qu'il a recomblés, le long des avenues du grand parc, au nombre de 1456 2 toises, à 2ˢ la toise (4 p.).............. 1456ᴸᴵ 4ˢ

19 aoust : à luy, pour avoir racomodé le chemin qui conduit à la plaine de Satory et pour avoir recomblé plusieurs éboulis qui estoient sur l'aqueduc proche le Mail.................................. 60ᴸᴵ

2 décembre : à luy, pour avoir recomblé plusieurs éboulis sur l'aqueduc qui conduit l'eau de Saint-Cyr à la Ménagerie............................. 24ᴸᴵ

18 mars : à Rigollet, terrassier, pour avoir recomblé les puits de l'aqueduc de l'estang de Vaucresson et pour avoir rempli de bonnes terres des ravines qui estoient au pavé de la descente de Choisy.......... 151ᴸᴵ 10ˢ

25 novembre : à Potone, terrassier, pour des terres qu'il a transportées pour des réparations et autres ouvrages de la plaine de Saclay............ 79ᴸᴵ 16ˢ 6ᵈ

Somme de ce chapitre...... 9058ᴸᴵ 7ˢ 6ᵈ

COUVERTURE.

20 may-7 aoust : à Estienne Yvon, couvreur, parfait payement des ouvrages de couverture qu'il a fait à la ferme de Gallye et à la maison de Satory (4 p.) 835ᴸᴵ 3ˢ 6ᵈ

PAVÉ.

1ᵉʳ juillet : à Louis Renouf, paveur, pour plusieurs petits ouvrages de pavé qu'il a fait dans le grand et petit parc de Versailles..................... 114ᴸᴵ 11ˢ 2ᵈ

7 aoust : à luy, pour le pavé qu'il a relevé au port de Buc et les terres qu'il a fait transporter pour les rehausser............................ 410ᴸᴵ 8ˢ 4ᵈ

Somme de ce chapitre...... 524ᴸᴵ 19ˢ 6ᵈ

ENTRETENEMENTS DES ROUTTES ET FOSSEZ.

7 janvier-14 octobre : à Remi Janson, jardinier, ayant l'entretenement des fossez du petit parc de Versailles, des faisanderies de Moulineaux et de Renne-Moulin, pour le dernier quartier 1690 et les trois premiers 1691 (4 p.)..................... 500ᴸᴵ

18 mars : à luy, pour l'entretenement des fossez de la plaine de Chèvreloup, pour six mois échus le 1ᵉʳ mars 83ᴸᴵ

7 janvier-14 octobre : à Dolot, ayant celuy des routtes de la forêt de Montfort, pour une année de l'entretenement échue le 1ᵉʳ septembre dernier (4 p.) . 600ᴸᴵ

18 mars-19 août : à Rigollet, ayant celuy des routtes des environs de Versailles, pour trois quartiers échus le 1ᵉʳ août dernier (3 p.)................... 675ᴸᴵ

Somme de ce chapitre......... 1858ᴸᴵ

DIVERSES DÉPENSES.

29 avril : aux ouvriers qui ont travaillé, à la journée du Roy, aux réparations de ciment de l'aqueduc de la butte de Picardie et au petit aqueduc du Parc-aux-Cerfs, pour leurs journées et fournitures de matériaux 468ᴸᴵ 16ˢ

7 janvier : à Purel, pour plusieurs menues dépenses qu'il a fait pour vuider les eaux des batteaux qui sont dans les estangs de Saint-Léger et des environs.. 108ᴸᴵ

11 février : à Écasse, pour avoir rempli de glace la glacière de Saint-Léger.................... 160ᴸᴵ

18 mars : à Durand, pour avoir osté les glaces qui estoient le long du gros mur de la montagne de Picardie à la butte Montboron...................... 140ᴸᴵ

7 aoust : à La Croix, épinglier, pour 106 pieds 1/2 en carré de fil de fer par luy fait aux grilles du petit parc et fil de fer par luy fourni pour rattacher lesd. grilles................................. 39ᴸᴵ 2ˢ

7 aoust : à Musard, fontainier, pour avoir fait ôter l'eau sur le gros mur par six diverses fois pour racomoder des fautes qui estoient au plomb.......... 60ᴸᴵ

2 décembre : à luy, pour avoir fait ôter l'eau à cause de la gelée une fois....................... 12ᴸᴵ

7 janvier-2 décembre : au sʳ Chuppin, dessinateur, pour son remboursement du papier à dessiner, encre de la Chine, crayons, plumes et couleurs employées aux desseins qu'il a faits pendant les années 1690 et 1691, y compris ses voyages à Paris (2 p.)............ 132ᴸᴵ 9ˢ

2 décembre : à luy, pour remboursement d'autres dépenses qu'il a faites pour les planches de cuivre des bâtimens du Roy, y compris six voyages à Paris..... 99ᴸᴵ

14 janvier : au sʳ de Beaurepaire, pour son rembour-

sement de pareille somme payée pour quatre chevaux qu'il a acheptez pour les gardes-rigolles et estangs des environs de Versailles 378ᴸᴸ

4 février-2 décembre : à BOURGAULT et MATIS, arpenteurs, pour leurs appointemens du mois de décembre 1690 au mois de novembre 1691 (6 p.)...... 3600ᴸᴸ

A eux, pour les journées d'hommes qui leur ont aydé pendant led. temps (6 p.) 1318ᴸᴸ 10ˢ

4 février : à eux, pour le loyer de leur logement pendant l'année 1690................... 180ᴸᴸ

A eux, pour papier à dessiner, toile pour coler des cartes, chandelles et autres fournitures extraordinaires pendant lad. année...................... 150ᴸᴸ

18 février-16 décembre : à JAILLOT, géographe du Roy, pour plusieurs menues dépenses de graveures et impressions des tables pour la hauteur des eaux de Versailles (2 p.)................................. 94ᴸᴸ 1ˢ

8 avril : à CLAUDE DUREAUX et son fils, pour six journées qu'ils ont esté employez à couper les oziers au talus des terrasses de l'aqueduc de Buc............ 8ᴸᴸ 8ˢ

22 avril : aux ouvriers qui ont travaillé, à la journée du Roy, aux réparations de ciment et ceintres aux aqueducs du Trou-Salé et de la Geurinière.... 494ᴸᴸ 5ˢ 8ᵈ

13 may : à eux, sur leur travail aux aqueducs de la plaine de Saclay...................... 19ᴸᴸ 17ˢ

17 juin : à SIMONNET, serrurier, pour une grille de fer ouvrante qu'il a livrée pour poser à une nouvelle arcade faite pour l'écoulement des eaux proche la porte de la Mignière, au petit parc de Versailles......... 74ᴸᴸ 8ˢ 6ᵈ

29 avril-2 septembre : à LAMBERT, fontainier, pour avoir plongé plusieurs fois dans les réservoirs de la butte de Montboron et de Roquancourt, pour racomoder les soupapes (3 p.)......................... 82ᴸᴸ

10 juin : à MUGUET, imprimeur, pour les imprimez qu'il a livrez pour les bâtimens et manufactures, du 24 décembre 1689 jusqu'au 29 novembre 1690... .... 770ᴸᴸ 10ˢ

2 septembre : à CAZES, tailleur d'habits, pour huit justaucorps des livrées du Roy qu'il a faites et fournies pour les huit gardes des rigolles et estangs des environs de Versailles........................ 319ᴸᴸ 17ˢ 4ᵈ

2 décembre : au sʳ MESMYN, pour menues dépenses qu'il a faites pour le bureau de la Surintendance des bâtimens pendant les cinq derniers mois 1691. 215ᴸᴸ 17ˢ 6ᵈ

Somme de ce chapitre........ 8925ᴸᴸ 2ˢ

COMPIÈGNE.

11 février : au sʳ ESMERY, concierge du château, pour son payement et remboursement de ce qu'il a payé, tant pour l'emplissage de la glacière du château que pour menues dépenses pour les entretiens des terrasses et cours pendant 1690....................... 412ᴸᴸ 10ˢ

6 may : à GÉRARD LE SOURD, maçon, pour 7 toises carrées d'ouvrage de maçonnerie à la terrasse du château de Compiègne.......................... 35ᴸᴸ

20 may-19 aoust : à MIGASSE, pour trois quartiers des entretenemens des routes et des fossez de la forest de Compiègne escheus le 1ᵉʳ juillet (2 p.)........ 475ᴸᴸ

20 may : à CHERET, vitrier, pour réparations de vitres faites aud. château au dernier voyage du Roy.. 18ᴸᴸ 17ˢ

A JAQUES LECLERC, serrurier, pour ouvrages de serrurerie aud. château..................... 7ᴸᴸ 17ˢ

3 juin-2 décembre : à JEAN CROISET, charpentier, pour l'entretenement des ponts de la forest de Compiègne pendant une année écheue le 1ᵉʳ octobre (2 p.) 100ᴸᴸ

6 janvier 1692 : au sʳ TAILLY, pour remboursement de ce qu'il a payé pour du bois qu'il a acheptez pour racomoder les ponts de la forest de Compiègne... 81ᴸᴸ 15ˢ

Somme de ce chapitre....... 1130ᴸᴸ 19ˢ

FONDS LIBELLEZ.

14 janvier : aux sieurs VILLERS, pour la non-jouissance pendant les années 1689 et 1690 des moulins de Villiers et de Fervaches et de 5 arpens de pré scituez proche Douré sur la rivière d'Eure, à eux appartenans. 1920ᴸᴸ

21 janvier : à la veuve LOURDET, tapissier, pour quatre dessus de formes de laine, ouvrage de la Savonnerie, qu'elle a fourni au garde-meuble du Roy, contenans ensemble 4 aunes 2/3 carrés en superficie, à raison de 165ᴸᴸ l'aune........................... 776ᴸᴸ 8ˢ 4ᵈ

Au sʳ LE NOSTRE, par gratification, en considération du service qu'il a rendu dans les bâtimens de S. M. en l'année dernière 1690.................... 3000ᴸᴸ

4 février : à la veuve NICOLAS BESNARD, jardinier du potager de Versailles, et à PHILBERT et ANNE BESNARD, ses enfans, par gratification................. 2000ᴸᴸ

A CHATILLON, jardinier de l'orangerie de Fontainebleau, par gratification, en considération du soin qu'il a eu des orangers pendant l'année 1689........ 400ᴸᴸ

4 février : au sʳ DUBOIS et Compagnie, à compte des marbres de Languedoc et des Pyrennées qu'ils ont fourni pour le Roy............................. 20000ᴸᴸ

18 février : au sʳ curé de Marly, pour la non-jouissance des prez compris dans le fonds de Marly et de la dixme des terres labourables de lad. cure que S. M. a

ordonné estre plantées en bois, y compris la dixme du troupeau du Trou d'Enfer pendant l'année dernière 1690 .... 684ᵗᵗ 5ˢ

Au sʳ prieur de Choisy-aux-Bœufs, pour son indemnité des dixmes qu'il a droit de prendre sur les terres et prez dépendans de son prieuré, enfermez dans les anciens et nouveaux murs du parc de Versailles, et ce pendant l'année dernière 1690.................. 2153ᵗᵗ

25 février : à M. l'évesque de Chartres, pour les droits d'indemnité de quints et de lots et ventes exprimez en l'ordonnance de fonds expédiée......... 9598ᵗᵗ 10ˢ 4ᵈ

15 avril : à Dupont, tapissier, pour trois dessus de formes et trois dessus de tabourets de laine, ouvrage de la Savonnerie, qu'il a fournis au garde-meuble de S. M. 859ᵗᵗ 7ˢ 6ᵈ

22 avril : aux trois gondoliers vénitiens, par gratification, en considération du service qu'ils ont rendu sur le canal du château de Versailles pendant l'année dernière 1690......................... 1200ᵗᵗ

6 may : au sʳ Havant, inspecteur des toiles en Normandie, pour ses appointements de 1690..... 1800ᵗᵗ

6 may : au sʳ Collart de Mairy, inspecteur des toiles en Bretagne, pour ses appointements de 1690. 1800ᵗᵗ

A Mʳ Puelippeaux et Mᵐᵉ son épouse, pour le prix principal de la maison sçize rue Sᵗ-Thomas du Louvre, acquise au nom de S. M. par contract passé devant Caillet et son collègue, notaires au Châtelet de Paris.. 85000ᵗᵗ

27 may : à Jean Bailly et Louis Rocher, entrepreneurs, parfait payement de 8909ᵗᵗ à quoy montent les ouvrages de maçonnerie qu'ils ont faits tant pour la construction de l'église paroissialle du village que des corps de garde du château de Marly................... 8619ᵗᵗ

3 juin : à Antoine Trunel, jardinier, pour la pension que S. M. luy a accordée pendant l'année 1690.. 1500ᵗᵗ

A Bertin, sculpteur, pour le parfait remboursement de 19892ᵗᵗ 6ˢ à quoy montent la façon de quatorze vazes de marbre blanc qu'il a livrez et posez en divers endroits du jardin de Versailles, et 700ᵗᵗ par gratification. 3589ᵗᵗ

17 juin : à la veuve Lourdet, tapissier, pour quatre dessus de forme de laine, ouvrage de la Savonnerie, qu'elle a fournis au garde-meuble du Roy, contenant 4 aunes 3/8 carrées en superficie, à raison de 165ᵗᵗ l'aune. 721ᵗᵗ 17ˢ 6ᵈ

10 juin : à M. Daligre, maître des requêtes, pour le prix principal des terres, prez et bois dépendans de la terre de la Rivière à luy appartenante, sçize près Pontgoin, occupez par les travaux de la rivière d'Eure..... .... 22036ᵗᵗ 15ˢ 7ᵈ

24 juin : au sʳ Deville, sçavoir : 6000ᵗᵗ par gratification, en considération du soin qu'il a pris de la machine de la rivière de Seine pendant l'année dernière 1690, et 6000ᵗᵗ de pension extraordinaire que S. M. luy a accordée............................. 12000ᵗᵗ

A Pierre Lamoureux [1], pour le prix principal et non-jouissances de demi-arpent de bois taillis occupé par les routtes et rigolles que le Roy a ordonné estre faites aux environs de Buc, y compris la non-jouissance, pendant quatre années, de deux arpens 1/2 de terre ensemencée en bled qui ont esté inondez par les eaux de l'étang de Saint-Quentin......................... 300ᵗᵗ

17 juin : aux prêtres de la Mission de Fontainebleau, pour leur subsistance et entretenement pendant les six premiers mois de la présente année......... 3000ᵗᵗ

30 juin : au sʳ Arnoux, pour quarante-cinq canards d'Égypte, cinq arquelons [2], dix-sept oyttes grises, dix-sept aygrettes, onze poules sultanes et une poule pintade qu'il a livrez pour le service de S. M. à la Ménagerie, de l'envoi du sʳ Monier, de Montpellier.......... 2238ᵗᵗ 10ˢ

26 aoust : à divers particuliers, pour le payement du prix principal et non-jouissances des terres, prez, vignes, jardins et bois, occupez pour l'emplacement des piles de l'acqueduc prez Marly......... 14161ᵗᵗ 6ˢ 2ᵈ

A Jaques Catel, pour le prix principal et non-jouissances d'une maison, écurie, cour et jardin à luy appartenants et qui ont esté abatus en 1684....... 2025ᵗᵗ

A Dupont, pour trois dessus de formes et trois dessus de tabouret de laine, ouvrage de la Savonnerie, qu'il a fournis au garde-meuble du Roy......... 859ᵗᵗ 7ˢ 6ᵈ

7 octobre : au sʳ Petit, de Fontainebleau, pour la pension que S. M. luy a accordée pendant l'année écheue au mois d'octobre 1690................. 1500ᵗᵗ

9 décembre : au sʳ Arnoux, pour vingt-sept austruches qu'il a livrez pour le service de S. M. à la Ménagerie, de l'envoy du sʳ Monier, de Montpellier...... 8910ᵗᵗ

A Dupont, tapissier, pour trois dessus de forme et trois dessus de tabouret de laine, ouvrage de la Savonnerie, qu'il a fournis au garde-meuble.... 859ᵗᵗ 7ˢ 6ᵈ

A Jaques Mazière, entrepreneur, à compte des ouvrages de maçonnerie qu'il a fait les années précédentes pour le service de S. M................ 10000ᵗᵗ

A Nous, en considération de l'inspection générale que S. M. nous a donnée sur ses bâtiments pendant 6 mois 1/2, finis le 15 juillet dernier........... 8666ᵗᵗ 13ˢ 4ᵈ

---

[1] Avant cet article était portée une somme de 398618ᵗᵗ payée au duc de Chevreuse à cause des augmentations du parc de Versailles; mais cet article a été biffé.

[2] Voir ce qui a été dit ci-dessus sur les mots arquelons et oyttes, col. 514.

A M. Mansart, en considération de lad. inspection générale pendant les 5 mois 1/2 restans de lad. année, à raison de 10000ʰ par an............. 4583ʰ 6ˢ 8ᵈ

23 décembre : à René d'Aubert de Vertot, prieur curé de Croissy-la-Garenne, parfait payement de 1875ʰ pour la non-jouissance des dixmes des terres dépendantes dud. prieuré cure, acquises au nom de S. M., pendant cinq années qui écheront le dernier du présent mois de décembre, à raison de 375ʰ par an.......... 1475ʰ

23 décembre : au sʳ Le Nostre, par gratification, en considération du service qu'il a rendu dans lesd. bâtiments pendant la présente année................. 3000ʰ

4 may 1692 : aux officiers de Fontainebleau cy-après nommez, par gratification, en considération du bon estat de leurs entretenements pendant l'année dernière 1691, suivant l'ordonnance de fonds expédiée, sçavoir :

A de Bray, ayant l'entretenement du grand parterre 300ʰ
A Gaspard Guinteau de Richemont, ayant l'autre moitié............................... 300ʰ
A Vabin, ayant celui des arbres fruitiers..... 200ʰ
A luy, en considération de l'augmentation de son entretenement......................... 120ʰ
A Dessouts, ayant celui du jardin de l'estang.. 150ʰ
A Nivelon, ayant celui du jardin du Mail.... 100ʰ
A Voltigrant, ayant celui des batteaux...... 150ʰ
A Thiery, concierge de la Ménagerie......... 60ʰ
A Cousturier, ayant l'entretenement des fontaines 200ʰ
Aux héritiers de la veuve Dessouts, ayant celui des palissades du parc...................... 400ʰ
A eux, en considération de l'augmentation dud. entretien............................. 100ʰ
A Jaques-Philipes Boisseau, dit Châtillon, ayant celui de l'orangerie.................. 200ʰ
A Pion, ayant le soin de la nourriture des carpes et des cignes du canal et des estangs du château... 100ʰ
A Besnard, concierge de l'hôtel d'Albret..... 150ʰ
A Jamin, concierge de la cour du Cheval Blanc. 100ʰ
A Toulet, concierge de la Surintendance.... 200ʰ

23 novembre : aux principal, procureur et boursiers du collège de Cambray, pour le dédommagement de leurs bâtiments qui ont esté démolis par ordre de S. M. pour la construction du Collège de France pendant 1691. 1180ʰ

Somme de ce chapitre... 245246ʰ 15ˢ 5ᵈ

PARCS DE VERSAILLES ET DE TRIANON.

CHAUX.

20 may-19 aoust : à Roger, chaufournier, parfait payement de deux cent quatorze poinçons de chaux qu'il a livré pour les réparations que l'on a fait aux murs du grand parc de Versailles (7 p.).......... 1761ʰ 10ˢ

2 septembre : à luy, pour douze poinçons de chaux qu'il a fourni pour rétablir les brèches desd. murs proche Voisins................................. 48ʰ

7-19 aoust : à La Roue, chaufournier, parfait payemens de 127 futailles de chaux qu'il a livrées pour les réparations des murs du grand parc entre le pavillon de Saint-Philipes et celuy de Voisins (2 p.)........ 508ʰ

Somme de ce chapitre...... 2317ʰ 10ˢ

GRAIS.

7 aoust : à Brocher, piqueur et fendeur de grais, parfait payement de 5230ʰ à quoy montent les bornes de grais qu'il a taillées et livrées pour planter dans la séparation des terres acquises par S. M. aux environs de Versailles................................ 38,ʰ

ENTRETENEMENT DU JARDIN POTAGER DE VERSAILLES.

7 janvier : à Nicolas Besnard, jardinier, ayant l'entretenement dud. jardin, à compte dud. entretenement pendant le mois de décembre dernier....... 1250ʰ

11 mars : à la veuve dud. Besnard, Philbert et Anne Besnard, ses enfans, parfait payement de 20000ʰ à quoy monte l'entretenement dud. potager pendant treize mois dix jours, finis le 10ᵉ dud. mois de janvier dernier, à raison de 18000ʰ par an................ 3750ʰ

11 février 1691-13 janvier 1692 : à François Le Normand, jardinier, parfait payement de l'entretenement dud. jardin potager pendant une année commencée le 10ᵉ janvier 1691 qu'il est entré en la place dud. Besnard décédé (14 p.)......................... 18000ʰ

3 juin : à luy, pour la despense qu'il a été obligé de faire pour planter des asperges dans un carré de terre hors led. potager, y compris les fumiers qu'il a fait voiturer................................. 257ʰ 10ˢ

Somme de ce chapitre..... 23257ʰ 10ˢ

ENTRETENEMENTS DES JARDINS DE VERSAILLES, TRIANON ET AUTRES.

4 mars-18 novembre : à Henry Dupuys, jardinier, ayant l'entretenement des allées du jardin, orangerie et

35

pourtour du canal de Versailles, pour les mois de juillet, août et septembre 1690, y compris l'augmentation de 2000ᴸ à luy faite par S. M. (4 p.) 20400ᴸ

4 mars-18 novembre : à OLLIVIER FLEURANT, ayant celuy du jardin de Trianon, 1879ᴸ pour, avec 371ᴸ faisant le quart de 1484ᴸ qui lui sont diminuez pour la dépense qui a esté faite en 1690 à fournir, voiturer et oster dud. jardin le grand fumier nécessaire à couvrir 106 toises de baraque qui ont servi à la couverture des orangers plantez en palissades dans led. jardin, faire le parfait payement de 9000ᴸ pour ses gages des six derniers mois 1690 et six premiers 1691 (4 p.) 7516ᴸ

4 mars-18 novembre : à DROUARD, rocailleur, ayant celuy des rocailles dud. jardin de Versailles, pour ses gages pendant le même temps (4 p.) 2600ᴸ

11 mars-18 novembre : à REMY JANSON, jardinier, ayant celuy du Mail et des allées du pourtour de la pièce des Suisses, pour ses gages pendant le même temps (4 p.) 900ᴸ

4 mars-18 novembre : à PIERRE LISQUI, marbrier, ayant celuy de tous les ouvrages de marbre dud. jardin, pour ses gages pendant le même temps (4 p.) 2000ᴸ

8 avril : à NICOLAS GOMBAULT, pour l'entretenement et culture du jardin de la Chancellerie de Versailles pendant une année écheue le dernier mars 1691 .... 60ᴸ

2 décembre : à CHARLES JANSON, jardinier, 50ᴸ pour l'entretien du jardin du Cheny pendant une année, et 10ᴸ pour l'ozier et foin qu'il a fourni pour lier les arbres pendant lad. année 60ᴸ

Somme de ce chapitre 33536ᴸ

SCULPTURE.

7 janvier-16 décembre : à BERTIN, sculpteur, ayant l'entretenement des figures et autres ouvrages de sculpture en marbre du jardin de Versailles, pour ses gages du dernier quartier 1690 et des trois premiers de 1691 (4 p.) 1695ᴸ

ENTRETENEMENS DES CONDUITES ET FONTAINES DE VERSAILLES.

25 février : à CLAUDE DENIS, fontainier, ayant l'entretenement des fontaines dud. Versailles, pour ses gages du troisième quartier 1690 .... 1140ᴸ

A GOURNAY, compagnon fontainier, idem 250ᴸ
A THOMAS LA CIRE, autre, idem 250ᴸ
A VITRY, autre, idem 250ᴸ
A LAMBERT, autre, idem 250ᴸ
A MUZART, autre, idem 250ᴸ
A MORIETTE, autre, employé au réservoir du Parc-aux-Cerfs, idem 250ᴸ

A CLAUDE DENIS, garçon fontainier, pour idem.. 135ᴸ
A BACLET, autre, idem 135ᴸ
A GODET, autre, idem 135ᴸ
A LAURENS, autre, idem 135ᴸ
A THOMAS, autre, idem 135ᴸ
A PINET, autre, idem 135ᴸ
A GABRIEL, autre, employé au petit parc, idem. 135ᴸ
A TESSIER, autre, idem 135ᴸ
A ANDRÉ, autre, idem 135ᴸ
A REMI DENIS fils, ayant l'entretenement des fontaines de Trianon, la fontaine de la décharge du canal et des réservoirs au-dessus de Trianon, idem 450ᴸ

A luy, pour les gages de ses deux garçons, idem. 150ᴸ
A LE MOYNE, fondeur, ayant l'entretenement de tous les ouvrages de cuivre des fontaines de Versailles, idem 375ᴸ

29 avril : aux fontainiers cy-dessus nommez, pour leurs gages du dernier quartier 1690 .... 4830ᴸ

11 aoust : à eux, pour leurs gages du premier quartier 1691 .... 4830ᴸ

18 novembre : à eux, pour leurs gages du deuxième quartier 1691 .... 4830ᴸ

29 avril-18 novembre : à CLAUDE DENIS fils, pour la gratification que S. M. luy accorde par chacun an (2 p.) 460ᴸ

11 mars 1691-13 janvier 1692 : à CHARLES-FRANÇOIS POLARD, ayant l'entretenement de toutes les conduites de tuiaux de fer des fontaines du château de Versailles et lieux en dépendans, pour ses gages du dernier quartier 1690 et des trois premiers 1691 (4 p.) 10000ᴸ

Somme de ce chapitre 29780ᴸ

GAGES DES OFFICIERS ET MATELOTS SERVANS SUR LE CANAL DE VERSAILLES.

11 février : à JOSEPH SORA, ancien gondollier vénitien, pour ses gages des six derniers mois 1690 et du mois de janvier dernier, à raison de 1440ᴸ par an, ayant esté congédié 840ᴸ

A JEAN-BAPTISTE SORA, autre, pour sept mois, idem à raison de 900ᴸ par an, congédié 525ᴸ
A MATHIEU SÉDÉA, autre, pour idem, congédié. 525ᴸ
A NICOLAS MANENTI, autre, pour idem, congédié 525ᴸ
A CLAUDE GERMAIN, matelot, congédié, pour idem, à 540ᴸ par an 315ᴸ
A PIERRE CORDIER, autre, pour lesd. sept mois. 315ᴸ
A JEAN BREMARE, autre, idem 315ᴸ
A JEAN-BAPTISTE ROSSIGNOL, autre, idem 315ᴸ

ANNÉE 1691. — PARCS DE VERSAILLES ET DE TRIANON.

7 janvier 1691-6 janvier 1692 : au sʳ Martin, capitaine des vaisseaux du canal, pour son remboursement de ce qu'il a payé aux mariniers de rame qui ont servi sur le canal du mois de décembre 1690 au mois de décembre 1691 (13 p.)................. 1729ᴴ 10ˢ

18 février : à luy, pour ses appointements du troisième quartier 1690..................... 600ᴴ

A Christophe Le Roux, maître des matelots, pour le troisième quartier de 1690................. 275ᴴ
A Mathieu Suart, comite de la galère, idem .. 300ᴴ
A Jean Bourdon, sous-comite de la galère, idem. 210ᴴ
A Jaques Le Comte, charpentier, idem....... 210ᴴ
A Nicolas Menessier, autre, idem.......... 210ᴴ
A Jean Candon, autre, idem............. 210ᴴ
A Joseph Chesne, autre, idem............ 210ᴴ
A Jaques Fosse, calfateur, idem........... 210ᴴ
A Jaques Douville, autre, idem........... 210ᴴ
A Jean Merseron, garde-magasin, idem...... 210ᴴ
A Jean Guernet, matelot, à 540ᴴ par an, idem. 135ᴴ
A Noël Coste, autre, idem 135ᴴ
A André Morel, autre, idem............. 135ᴴ
A Nicolas Granval, autre, idem.......... 135ᴴ
A Louis Mouton, autre, idem........... 135ᴴ
A Joseph Trevan, autre, idem........... 135ᴴ
A Jean Masurier, autre, idem............ 135ᴴ
A Barthelemy Choisy, autre, idem......... 135ᴴ
A Michel Avienne, autre, idem........... 135ᴴ
A François Vidotti, autre, idem.......... 135ᴴ
A Georges Renault, autre, idem.......... 135ᴴ
A Nicolas Savary, autre, à 270ᴴ par an.... 67ᴴ 10ˢ
A Honnorat Vidotti, autre, idem......... 67ᴴ 10ˢ
A Jean Vidotti, autre, idem............ 67ᴴ 10ˢ
A Jean-Baptiste Juste, autre, idem....... 67ᴴ 10ˢ
A Jean Cadenne, autre, idem........... 67ᴴ 10ˢ

7 may : aux officiers cy-dessus, pour leurs appointemens du dernier quartier 1690.......... 4677ᴴ 10ˢ

19 aoust : à eux, pour leurs appointemens du premier quartier 1691..................... 4677ᴴ 10ˢ

11 novembre : à eux, pour le deuxième quartier 1691............................ 4677ᴴ 10ˢ

25 février : à Jacques Lomch, ancien gondollier vénitien, pour ses gages du troisième quartier 1690. 300ᴴ
A Jean Massagati, autre, idem............ 300ᴴ
A Palmarin Palmarin, autre, idem........ 300ᴴ
A Pierre Massagati, autre, à raison de 120ᴴ par mois, idem........................... 360ᴴ
A Barthelemi Pancalonio, autre, à raison de 75ᴴ par mois, idem........................... 225ᴴ
A Vincent Doria, autre, idem............ 225ᴴ

A Benoist Borelli, autre, idem............ 225ᴴ
A Pierre Sodea, autre, idem............. 225ᴴ

7 aoust : aux gondolliers cy-dessus, pour leurs appointements du dernier quartier 1690.......... 2160ᴴ

2 septembre : à eux, pour leurs appointements du premier quartier 1691.................... 2160ᴴ

11 novembre : à eux, pour leurs appointements du deuxième quartier 1691.................. 2160ᴴ

27 may-16 septembre : à La Violette, garde des magasins du canal, par gratification, en considération du soin qu'il a eu desd. magasins pendant les six derniers mois 1690 et six premiers 1691 (2 p.)... 300ᴴ

10 juin-16 septembre : aux soldats des galiottes qui ont servi sur la galère et barques du canal depuis le 14 may jusqu'au 12 septembre (4 p.)..... 3023ᴴ 19ˢ

Somme de ce chapitre...... 36078ᴴ 9ˢ

ENTRETENEMENTS DES COUVERTURES DES MAISONS ROYALLES.

7 janvier 1691-13 janvier 1692 : à Claude Duval et Simon Béga, couvreurs, ayant l'entretenement des couvertures du château de Monceaux et lieux en dépendans, pour leurs gages à cause dud. entretenement depuis le 11 mars 1690 jusqu'au 11 novembre 1691 (3 p.)................................ 612ᴴ 10ˢ

11 février 1691-13 janvier 1692 : à Jean Camay et veuve Chambois, ayant l'entretenement des couvertures du château de Compiègne, pour leurs gages de l'année 1690 et des six premiers mois 1691 (2 p.).... 600ᴴ

18 février-23 décembre : à Estienne Yvon, couvreur, ayant l'entretenement des couvertures des maisons royalles de Versailles, pour ses gages des trois derniers quartiers 1690 et trois premiers 1691 (6 p.)..... 9000ᴴ

18 février-7 aoust : à luy, ayant l'entretenement des couvertures du nouveau couvent des Capucines pendant les six derniers mois 1690 et six premiers 1691 (2 p.) 500ᴴ

15 avril-23 décembre : à luy, pour l'entretien des couvertures des maisons royalles de Paris, pendant les deux derniers quartiers 1690 et trois premiers 1691 (5 p.)............................... 4400ᴴ

18 janvier-13 aoust : à Noël Martin, ayant celuy des couvertures de la maison des Gobelins, pendant les six derniers mois 1690 et six premiers 1691 (2 p.)... 250ᴴ

18 février 1690-13 janvier 1691 : à luy, ayant celuy des couvertures du château de Vincennes pendant l'année 1690 et les trois premiers quartiers 1691 (3 p.).. 1575ᴴ

Somme de ce chapitre...... 16937ᴴ 10ˢ

EGLISE DES INVALIDES.

MAÇONNERIE.

7 janvier-2 décembre : à Pierre Le Maistre, entrepreneur, à compte des ouvrages de maçonnerie qu'il fait à lad. eglise des Invalides (24 p.)..... 80887ᴸ 15ˢ 3ᵈ

CHARPENTERIE ET MENUISERIE.

7 janvier-16 décembre : à Jean Mallet, charpentier, parfait payement de 55602ᴸ 10ˢ à quoy montent les ouvrages de charpenterie qu'il a fait au dôme et pour la menuiserie de la lanterne et esguille dud. dôme, et 1200ᴸ de gratification en considération de son ouvrage qui est bien fait (10 p.).............. 14450ᴸ 10ˢ

10 mars : à du Verger, menuisier, parfait payement de 160ᴸ pour ouvrages de menuiserie aux colonnes, pieds d'estaux, corniches et autres modèles de la lanterne du dôme de lad. eglise des Invalides....... 10ᴸ

10 juin-23 septembre : à luy, parfait payement des journées et bois qu'il a employés au modèle du grand autel de lad. eglise (2 p.)................ 412ᴸ 8ˢ

Somme de ce chapitre...... 14872ᴸ 18ˢ

COUVERTURE.

7 janvier-18 mars : à Estienne Yvon, couvreur, parfait payement de 5314ᴸ 13ˢ à quoy montent les ouvrages de lattis de contre-latte qu'il a fait dessus la charpenterie du dôme et dessus celle du sanctuaire de la grande eglise des Invalides (5 p.).............. 4714ᴸ 13ˢ

OUVRAGES DE CUIVRE.

27 may-7 aoust : à Masselin, chaudronnier, parfait payement des ouvrages par luy faits à la croix, boze, boule, clavettes et plaques de cuivre rouge posez au hault du dôme de lad. eglise des Invalides, déduction faite de 168ᴸ pour le prix de 168 livres de cuivre qui luy ont esté délivrez des magasins du Roy (3 p.).. 1452ᴸ

MENUISERIE.

11 mars : à du Verger, menuisier, parfait payement de 160ᴸ pour ouvrages de menuiserie aux colonnes, pieds d'estaux, corniches et autres modèles de la lanterne du dôme de l'eglise des Invalides 10ᴸ

10 juin-23 septembre : à luy, parfait payement des journées et bois qu'il a employés au modèle du grand autel de lad. eglise des Invalides (2 p.)...... 412ᴸ 8ˢ

Somme de ce chapitre......... 422ᴸ 8ˢ

SERRURERIE.

7 janvier-17 juin : à Roger, serrurier, parfait payement de 4616ᴸ 10ˢ à quoy montent les ouvrages de gros fers et boulons qu'il a fournis pour le dôme de la grande eglise de l'hôtel royal des Invalides (5 p.).. 3216ᴸ 10ˢ

7 aoust-18 novembre : à luy, parfait payement des gros fers, chevilles et crochets qu'il a fourni pour la charpenterie de la lanterne et piramide au-dessus dud. dôme (3 p.)..................... 1521ᴸ 17ˢ 6ᵈ

25 février-7 aoust : à Roger et Vallerand, serruriers, à compte des vitraux de lad. eglise (5 p.).....
.... 10200ᴸ

Somme de ce chapitre..... 14938ᴸ 7ˢ 6ᵈ

PEINTURE ET DORURE.

23 septembre : à Le Moyne le Lorrain, peintre, à compte de desseins qu'il fait des bordures que l'on doit peindre aux vitraux de lad. eglise des Invalides.. 100ᴸ

6 may-7 aoust : à Dubois, doreur, pour la dorure de la boule et de la croix posez au haut de l'eguille du dôme de lad. eglise, y compris 50ᴸ de gratification et 20ᴸ à son compagnon (4 p.).............. 598ᴸ 17ˢ 6ᵈ

19 aoust : à Thomas Petit, peintre, pour avoir fourni, tendu et imprimé la toile de la trompe où seront sculptez les Evangelistes au dedans de lad. eglise, pour dessiner les grandeurs desd. figures.............. 61ᴸ

21 janvier-9 septembre : à Guillaume Desauziers, doreur, à compte de l'or dont il fait provision pour la dorure du dôme de lad. eglise (12 p.)...... 30200ᴸ

7 aoust : à luy, pour l'or qu'il a fourni pour la dorure de la boule et de la croix du dôme de lad. eglise
.... 782ᴸ 3ˢ 9ᵈ

2 décembre : à Louis Perrain, peintre, pour toiles qu'il a fournies, tendues et imprimées à l'eglize des Invalides pour dessigner les ornemens de la grande voûte du dôme et pour le platfonds du modèle du grand autel................................. 90ᴸ

18 novembre : aux sʳˢ Francard, Leclerc et Micheu, peintres sur verre, à compte des ornemens des bordures de vitraux qu'ils peignent sur verre pour lad. eglise................................ 100ᴸ

Somme de ce chapitre 31932ᴸ 1ˢ 3ᵈ

PLOMBERIE.

7 janvier-25 mars : à Jaques Lucas, plombier, à compte de la façon du plomb qu'il a mis en œuvre sur le dôme et sanctuaire de l'église des Invalides (4 p.)...
.... 10000ᴸ

ANNÉE 1691. — ÉGLISE DES INVALIDES.

SCULPTURE.

4 novembre : à Noël Jouvenet, sculpteur, pour journées employées à dessiner des oves et feuillages à un arc derrière le modèle du grand autel et à une corniche d'une des chapelles, depuis le 18 aoust jusqu'au 8 septembre........................ 53^{tt} 5^s 10^d

18 mars : à luy, pour les modelles qu'il a fait d'un chapiteau d'ordre composite, une consolle, un modillon et deux vazes du dedans du dôme et un tiers d'un arc doubleau de l'eglise des Invalides............. 146^{tt}

A luy, pour le modèle qu'il a fait des grandes torchères au-dessus de la corniche de l'attique du dôme de l'eglise......................... 119^{tt} 10^s

7 aoust : à luy, sur les modèles d'ornemens des corniches du dedans de l'eglise et des chapelles des Invalides.................................. 200^{tt}

13 aoust : à luy, sur huit chapiteaux colonnes et pilastres d'ordre composite d'une des chapelles de lad. eglise................................. 80^{tt}

9 septembre : à luy, pour sa conduite et ses soins au modèle de l'autel de lad. eglise, depuis le 30 avril jusqu'au 25 juillet......................... 240^{tt}

23 septembre-2 décembre : à luy, sur huit chapiteaux colonnes et pilastres corinthiens, comptés pour six chapiteaux entiers, qu'il a fait en pierre dure dans l'une des chapelles de lad. eglise (2 p.)............... 150^{tt}

13 janvier 1692 : à luy, sur les modelles qu'il a fait à des ornemens des corniches du dedans de l'eglise et des chapelles........................... 200^{tt}

7 janvier-27 may : à luy et Legros, parfait payement des ouvrages par eux faits aux modèles des ornemens de plomb du dôme de l'eglise des Invalides (6 p.). 1860^{tt}

27 mai : à eux, pour ouvrages par eux faits aux modèles des ornemens que l'on doit jetter en plomb pour la baze de la piramide et lanterne du dôme de lad. eglise................................. 124^{tt}

18 mars : à luy et Louis Legros, pour les modèles qu'ils ont fait en plâtre sur led. dôme des ornemens qui y doivent être faits en plomb.............. 215^{tt} 4^s

8 avril-18 novembre : à luy et Varin, Langlois et Monier, sculpteurs, à compte des ouvrages de sculpture en pierre qu'ils font à lad. eglise (7 p.)...... 3760^{tt}

27 may : à luy et à Cornu, pour ouvrages de sculpture par eux faits aux modèles de plastre des arcs doubleaux du dedans de lad. eglise......... 192^{tt} 14^s

18 mars : à luy et Pierre Mazeline, pour quatre modelles de plâtre de quatre Evangélistes des angles du dôme et deux consolles de la corniche de lad. eglise, par eux faits pour servir à régler les bossages de pierre .... 255^{tt}

20 may-9 septembre : à luy et Lespingola, parfait payement de la sculpture qu'ils ont faite au modelle du grand autel de lad. eglise des Invalides (6 p.). 1945^{tt} 3^s 6^d

27 may : à eux, pour ouvrages de sculpture par eux faits au pied d'estal de la piramide du dôme de lad. eglise................................. 143^{tt}

9 septembre : au s^r Mazelines, pour la sculpture qu'il a faite au modèle d'un petit autel dans la croisée de lad. eglize................................ 200^{tt}

9 septembre : au s^r Lespingola, pour sa conduite et pour les soins qu'il a pris dud. modèle, du 3 avril au 6 juin.............................. 200^{tt}

7 aoust-4 novembre : à Lefebvre, sculpteur, à compte de la sculpture qu'il fait en pierre à lad. eglise (2 p.) .... 300^{tt}

9 septembre : à Jolly, sculpteur, à compte de ses ouvrages de sculpture..................... 100^{tt}

19 aoust : à luy, sur ses ouvrages aux modèles de terre et de cire...................... 65^{tt}

4 novembre : à Jaquin, sculpteur, sur la sculpture en pierre aux chifres de la grande frise au pourtour du dedans de l'eglise du premier ordre............ 180^{tt}

17 juin-7 aoust : à Doisy, sculpteur, sur sa sculpture en pierre pour lad. eglise (2 p.)............. 300^{tt}

18 mars-19 aoust : à Coisevaux, sculpteur, parfait payement de 2400^{tt} pour sa sculpture en pierre au fronton et aux quatre figures de dessus et cotez dud. fronton au grand portail de lad. eglise (2 p.)...... 2100^{tt}

19 aoust : à luy, payement des modèles de terre et de cire et des moules de plâtre qu'il a fait des ouvrages de lad. eglise.............................. 101^{tt}

7 aoust-4 novembre : à Prou, sculpteur, sur la sculpture en pierre qu'il a fait à lad. eglise (3 p.).... 400^{tt}

19 aoust : à luy, payement des modèles de terre et de cire qu'il a fait pour idem................. 78^{tt}

8 avril-18 novembre : à Baptiste Tuby, sculpteur, pour deux figures en pierre pour poser au-dessus du second ordre, aux deux costez du fronton du grand portail (2 p.)............................ 700^{tt}

19 aoust : à luy, pour les modèles de terre et de cire qu'il a fait pour lad. eglise................ 111^{tt}

10 juin-13 aoust : à Maubouge, Hanard, La Lande et Taupin, sur leur sculpture en pierre à lad. eglise (3 p.)................................. 400^{tt}

4 février-16 décembre : à Varin, Langlois et Monier, sculpteurs, à compte des ornemens qu'ils font en plomb pour le dôme de lad. eglise (5 p.).......... 7600^{tt}

8 avril-7 août : à eux, sur les chapiteaux qu'ils font en plomb pour les colonnes de la lanterne dud. dôme (5 p.)............................ 2700ʰ

17 juin-21 octobre : à eux, sur la sculpture des ornemens en plomb aux entre-deux des côtez dud. dôme (3 p.)........................... 3600ʰ

26 aoust : à eux, sur vingt-quatre grandes consolles, quatre testes de chérubin, soixante-dix-sept fleurs de lis et huit festons qu'ils ont fait en plomb pour la lanterne dud. dôme........................ 500ʰ

18 novembre : à eux, sur les ornements, chûtes de trophées et fleurons fondus et posés entre les costés dud. dôme............................. 600ʰ

A eux, pour modèles en grand de dix fleurons et une campane pour le dessus dud. dôme.......... 225ʰ

18 mars-27 may : à Ravolle, sculpteur, sur la sculpture qu'il fait en pierre aux huit vazes des bas-côtez de lad. eglise (2 p.)...................... 480ʰ

25 mars : à luy, pour deux modelles faits en plâtre en grand desd. deux vazes............... 100ʰ 16ˢ

23 septembre : à luy, sur la sculpture en pierre d'une figure d'un Père de l'Eglise, deux dessus de portes dans l'une des chapelles, et deux dessus de vitraux de la croisée de lad. eglise.................... 200ʰ

19 aoust : à luy, parfait payement de 350ʰ pour une figure qu'il a faite en pierre et posée autour du hault du dôme de lad. eglise.................... 150ʰ

20 may-9 septembre : à Lespros, sculpteur, sur les ouvrages de sculpture en pierre qu'il fait à lad. eglise (6 p.)............................. 950ʰ

7 octobre : à luy, sur un des quatre Evangelistes des angles du dôme, une figure d'un Père de l'Eglise, un bas-relief de l'histoire de saint Louis et la moitié de trois dessus de passage des chapelles sous les tribunes, qu'il fait en pierre......................... 450ʰ

19 aoust : à luy, sur les modèles de terre et de cire et les moules de plâtre qu'il a fait à des ouvrages de sculpture de l'eglise..................... 90ʰ

2 décembre 1691-13 janvier 1692 : à luy et L'Espingola, sur la sculpture en pierre à trois dessus de portes des chapelles sous les tribunes au dedans de lad. eglise (2 p.)........................ 350ʰ

20 may : à L'Espingola, sculpteur, sur ses ouvrages de sculpture en pierre à lad. eglise............ 150ʰ

18 mars : à luy, pour le modèle d'une piramide avec ornemens sur le carré du second ordre de lad. eglize...
.... 88ʰ 16ˢ

27 may-9 septembre : à luy, pour plusieurs desseins qu'il a fait en grand sur les bossages de pierre des bas-reliefs (4 p.)....................... 555ʰ

23 septembre : à luy, pour journées employées, avec un tailleur de pierre, à dessiner les panneaux d'ornemens et d'architecture du dedans de la grande voûte du dôme
.... 122ʰ 3ˢ 2ᵈ

7 octobre : à luy, pour les journées qu'il a employées à dessiner plusieurs figures dans la première chapelle en entrant et autres endroits de l'eglise........ 53ʰ 6ˢ 8ᵈ

21 octobre : à luy, pour ses desseins dans la grande voûte du dôme et au modèle du grand autel. 49ʰ 6ˢ 8ᵈ

18 novembre : à luy, pour journées employées à dessiner plusieurs ornements aux arcs doubleaux et modèle du grand autel......................... 84ʰ

A luy, pour six desseins en grand sur papier gris pour servir aux marbriers qui font le pavé de marbre à compartiments et de marquetterie des quatre chapelles de lad. eglise.............................. 40ʰ

2 décembre 1691-13 janvier 1692 : à luy, pour vingt journées et demie et un tiers qu'il a employées à dessiner (3 p.)............................. 125ʰ

4 novembre 1691-13 janvier 1692 : à luy, pour la sculpture qu'il fait en pierre à un bas-relief de l'histoire de saint Louis (3 p.)..................... 400ʰ

19 aoust : à luy, pour les modèles de terre, de cire et les moules de plâtre qu'il a fait pour les ouvrages de sculpture............................ 126ʰ

26 aoust : à luy, pour ses desseins du pavé de marbre à compartiment et de marquetterie pour lad. eglize. 60ʰ

A luy, pour journées employées à dessiner un panneau d'une des voûtes des chapelles, deux Prophètes, deux consoles, un ange et deux arcs doubleaux derrière le maître autel........................ 76ʰ 8ˢ 4ᵈ

21 janvier : à Flamen, sculpteur, pour une teste de chérubin par luy faite au dessus de la corniche où doit estre posée la statue de saint Charlemagne, entre les colonnes de l'ordre dorique du grand portail de lad. eglise............................. 40ʰ

20 may-9 septembre : à luy, sur ses ouvrages de sculpture en pierre à lad. eglise (2 p.).......... 300ʰ

7 aoust-9 septembre : à luy, pour la figure en plomb qu'il a fait pour le dessus de la lanterne du dôme (2 p.)
.... 450ʰ

19 aoust : à luy, pour modèles de terre et de cire et moules de plâtre pour les sculptures de lad. eglise. 95ʰ

23 septembre-4 novembre : à luy, à compte de trois dessus de croisées des chapelles qu'il fait en pierre (3 p.)
.... 400ʰ

17 juin-7 aoust : à Bonvallet, Sainte-Marie et Varin

ANNÉE 1691. — ÉGLISE DES INVALIDES.

le jeune, sculpteurs, sur leur sculpture en pierre (2 p.)
.... 250ᵗᵗ

25 mars-19 aoust : à Pierre Mazeline, sculpteur, parfait payement de 1660ᵗᵗ à quoy montent quatre figures qu'il fait en pierre, posées au-dessus du premier ordre du grand portail de lad. eglise (2 p.)........ 1360ᵗᵗ

20 may-7 aoust : à luy, sur ses ouvrages de sculpture en pierre à lad. eglise (3 p.)................ 450ᵗᵗ

4 novembre : à luy, sur la sculpture à deux dessus d'un vitrail dans le sanctuaire............... 200ᵗᵗ

7 aoust-30 décembre : à luy, parfait payement de la sculpture qu'il a fait au modèle du grand autel de lad. eglise des Invalides (12 p.)............ 2536ᵗᵗ 12ˢ 1ᵈ

17 juin : à de Goy et Doisy, sculpteurs, sur la sculpture de pierre qu'ils font à lad. eglise......... 300ᵗᵗ

9 septembre-16 décembre : à eux, sur la sculpture qu'ils font aux armes du Roy au-dessus de la porte d'entrée au dedans (2 p.)......................... 400ᵗᵗ

25 mars-27 may : à Cornu, sculpteur, parfait payement de 2100ᵗᵗ pour six figures qu'il a fait en pierre pour le dehors et pourtour du dôme de lad. eglise (2 p.). 1500ᵗᵗ

20 may : à Hurtrelle, sculpteur, sur ses ouvrages de sculpture en pierre....................... 150ᵗᵗ

13 janvier 1692 : à luy, sur ses ouvrages à un bas-relief de l'histoire de saint Louis au-dessus des passages des chapelles de lad. eglise................ 150ᵗᵗ

19 aoust : à luy, parfait payement de 700ᵗᵗ pour la sculpture de deux figures................. 300ᵗᵗ

A luy, pour les modèles et moules qu'il a fait en plâtre et en cire des ouvrages de sculpture du dedans de lad. eglise................................... 158ᵗᵗ

17 juin-4 novembre : à Bourderelle, sculpteur, sur sa sculpture en pierre à lad. eglise (3 p.)...... 250ᵗᵗ

25 mars-10 juin : à Magnier, sculpteur, parfait payement de 700ᵗᵗ à quoy monte la sculpture de deux figures qu'il a fait en pierre pour le dehors et pourtour du dôme des Invalides (2 p.)...................... 400ᵗᵗ

20 may 1691-13 janvier 1692 : à luy, sur la figure d'un des quatre Evangélistes des angles du dôme et deux bas-reliefs de l'histoire de saint Louis qu'il fait en pierre à lad. eglise (4 p.)..................... 650ᵗᵗ

7 aoust-9 septembre : à luy, sur ses ouvrages de sculpture en pierre à lad. eglise (3 p.)........... 650ᵗᵗ

19 aoust : à luy, pour les modèles de terre et de cire et les moules de plâtre qu'il a fait des ouvrages de sculpture de lad. eglise..................... 126ᵗᵗ

20 may-7 aoust : à Vancleve, sculpteur, à compte de ses ouvrages de sculpture en pierre (2 p.)...... 500ᵗᵗ

18 mars : à luy, pour les modelles faits en plâtre des anges et attributs au dessus de la grande porte de l'entrée de l'église, et de la figure de saint Louis dans une des niches dud. portail..................... 252ᵗᵗ 12ˢ

13 aoust-4 novembre : à luy, sur la sculpture à deux bas-reliefs de l'histoire de saint Louis (3 p.).... 700ᵗᵗ

19 aoust : à luy, pour modèles de terre et de cire....
.... 125ᵗᵗ

A luy, parfait payement de 350ᵗᵗ pour une figure en pierre posée au haut du dôme............. 200ᵗᵗ

2 décembre : à luy, sur la sculpture qu'il fait en pierre à trois dessus de croisées des chapelles......... 200ᵗᵗ

7 aoust : à Rousselet, sculpteur, sur ses ouvrages de sculpture en pierre (2 p.)................... 250ᵗᵗ

4 novembre : à luy, sur la sculpture à trois dessus des niches des chapelles....................... 100ᵗᵗ

8 avril-27 may : à Vizier, sculpteur, pour la sculpture en pierre qu'il fait à lad. eglise et au cul-de-four dessus le grand vitrail du second ordre du portail (3 p.). 500ᵗᵗ

7 aoust-9 septembre : à Coustou, sculpteur, pour la figure en plomb qu'il a fait pour le dessus de la lanterne dud. dôme (3 p.)................ 448ᵗᵗ 4ˢ

19 aoust : à luy, pour modèles et moules de terre et de cire qu'il a fait pour les ouvrages de sculpture. 130ᵗᵗ

9 septembre 1691-13 janvier 1692 : à luy, sur la sculpture en pierre qu'il fait à trois dessus de croisées des chapelles de lad. eglise (4 p.)............. 700ᵗᵗ

29 avril : à Herpin, sculpteur, à compte des ouvrages de sculpture qu'il fait en pierre............ 250ᵗᵗ

13 aoust : à luy, à compte de 96 roses feuilles d'eau de la corniche au-dessus des vitres, en dedans du dôme de lad. eglise................................ 100ᵗᵗ

20 may-4 novembre : à luy et Massou, Belan, Dupré, Robert, François le jeune, Lange et Le Maire, à compte de leurs ouvrages de sculpture (5 p.)........ 1750ᵗᵗ

10 juin-23 septembre : à Regnaud, sculpteur, à compte de la sculpture qu'il fait en pierre à deux dessus des niches des chapelles de lad. eglise (5 p.)...... 550ᵗᵗ

10 juin : à Raon, sculpteur, parfait payement de 700ᵗᵗ pour deux figures de pierre pour idem........ 300ᵗᵗ

23 septembre-16 décembre : à luy, à compte de trois dessus de croisées et trois dessus de portes qu'il a fait en pierre dans l'une des chapelles de lad. eglise (2 p.)...
.... 350ᵗᵗ

19 aoust : à luy, pour modèles et moules de terre et de cire qu'il a fait pour les ouvrages de sculpture. 126ᵗᵗ

7-13 aoust : à Briquet, Legrand, Chauveau et Goupy, sculpteurs, sur leurs ouvrages de sculpture en pierre (2 p.)................................... 400ᵗᵗ

18 mars : à Jouvenet le jeune, pour les modelles qu'il

a fait et moules en plâtre d'un chapiteau d'ordre composite, d'un chapiteau attique, des ornemens des pilliers buttans du dehors de lad. eglise et d'un chapiteau colonne joint au pilastre du dedans des chapelles de lad. eglise .... 320^{tt}

26 aoust-7 octobre : à luy, parfait payement de quarante-huit fleurs de lis de pierre de Saint-Leu qu'il a sculptées dans la frise de l'ordre composite dud. dôme (2 p.)............................ 240^{tt}

10 juin-21 octobre : à Dedieu, Boutet et Dufour, sculpteurs, parfait payement de la sculpture de vingt-quatre chapiteaux pilastres d'ordre composite en pierre tendre au dedans et pourtour dud. dôme, à 55^{tt} chacun (4 p.)............................ 1320^{tt}

19 aoust : aud. Dedieu, pour ses modèles de terre et de cire pour les ouvrages de sculpture de lad. eglise.. .... 93^{tt}

13 aoust-16 décembre : à luy, à compte de huit chapiteaux colonnes et pilastres d'ordre composite, en pierre, d'une des chapelles (3 p.)................ 320^{tt}

7 janvier-4 février : aud. Boutet, parfait payement de 850^{tt} pour vingt-huit chapiteaux et cinquante-une consolles par luy faits pour lad. eglise (2 p.)...... 265^{tt}

9 septembre : à luy, sur divers ouvrages de sculpture pour lad. eglise........................ 150^{tt}

13 janvier 1692 : à luy, sur la sculpture de huit chapiteaux colonnes et pilastres, comptez pour six, qu'il fait dans l'une des chapelles de lad. eglise......... 100^{tt}

20 may-7 aoust : à Slodtz, sculpteur, sur ses ouvrages de sculpture en pierre à lad. eglise (2 p.)...... 300^{tt}

23 septembre-4 novembre : à luy, sur ses ouvrages de sculpture à l'un des bas-reliefs de l'histoire de saint Louis à lad. eglise (2 p.)................. 400^{tt}

10 juin-23 septembre : à Poultier, sculpteur, à compte de la sculpture qu'il fait en pierre d'une figure d'un Père de l'Eglise, deux dessus de croisées et deux dessus de portes dans l'une des chapelles de lad. eglise (4 p.) .... 400^{tt}

10 juin : à luy, parfait payement de 700^{tt} pour deux figures de pierre posées autour dud. dôme...... 300^{tt}

7 janvier-4 février : à luy, parfait payement de 714^{tt} à quoy montent vingt-trois chapiteaux et quarante-quatre consolles pour lad. eglise (2 p.)............. 134^{tt}

10 juin : à luy et autres,.pour avoir ragréé la sculpture desd. chapiteaux des murs de face........... 60^{tt}

7 aoust-9 septembre : à Granier, sculpteur, pour la figure en plomb qu'il a fait pour le dessus de la lanterne (2 p.)................................ 452^{tt}

7 octobre-16 décembre : à luy, à compte de la figure d'un Père de l'Eglise et d'un dessus de passage des chapelles qu'il fait en pierre (2 p.)............ 250^{tt}

19 aoust : à luy, pour les modèles de terre et de cire qu'il a fait des ouvrages de sculpture.......... 100^{tt}

7 aoust-9 septembre : à Boundy, sculpteur, parfait payement de lad. figure en plomb qu'il a fait pour lad. eglise (2 p.)............................ 452^{tt}

7 aoust : aux Mazières frères et Guyot, sculpteurs, sur leur sculpture en pierre pour lad. eglise... 150^{tt}

16 décembre : à eux, sur la sculpture à quarante-huit consolles de la grande corniche, au-dessus des Evangélistes du dôme....................... 100^{tt}

19 aoust : à Mazière, sculpteur, pour les modèles de terre et de cire et les moules de plâtre qu'il a fait des ouvrages de sculpture.................... 82^{tt}

A Drouilly, sculpteur, pour les mêmes ouvrages. 167^{tt}

13 aoust-7 octobre : à luy, à compte de huit chapiteaux colonnes et pilastres d'ordre composite d'une des chapelles de lad. eglise (2 p.)................. 180^{tt}

13 aoust 1691-13 janvier 1692 : à Robert, Taupin, Boutet, Guiot, Massou, Adam, Maubouge, François le jeune et les deux Legrand, sculpteurs, à compte de la sculpture qu'ils font en pierre aux arcs doubleaux de l'eglise des Invalides (4 p.)................. 1500^{tt}

9 septembre-4 novembre : à André et Carlier, sculpteurs, à compte de la sculpture qu'ils font (2 p.).. .... 400^{tt}

19 aoust : à Barrois, sculpteur, pour les modèles de terre et de cire et les moules de plâtre qu'il a fait des ouvrages de sculpture de lad. eglise........... 85^{tt}

Aux s^{rs} François, Boutet et Robert, sculpteurs, pour les journées qu'ils ont employées sous la conduite du s^r Girardon à la réforme et changement de la sculpture du modèle des ornemens des arcs doubleaux de lad. eglise................................ 136^{tt} 4^s 2^d

23 septembre : à Legen et Poultier, sculpteurs, pour les journées qu'ils ont employées aux modèles des arcs doubleaux de lad. eglise.............. 133^{tt} 1^s 4^d

Somme de ce chapitre.... 62647^{tt} 19^s 5^d

MARBRERIE.

6 may-30 décembre : à Hubert Misson et François Deschamps, marbriers, sur le pavé à compartiment qu'ils font en marbre pour l'eglise des Invalides (6 p.). 5600^{tt}

6 may-26 aoust : à Jaques Baudin, marbrier, à compte du pavé pour l'une des premières chapelles de lad. eglise (5 p.)............................ 1200^{tt}

6 may-30 décembre : à Jaques Engot. marbrier, à

compte du pavé pour l'une des premières chapelles en entrant (6 p.)............................ 1800ᴧ

6 may-26 aoust : à JEAN CUVILLIER, marbrier, à compte du pavé pour l'une des chapelles, proche le sanctuaire (5 p.)............................... 1200ᴧ

A PIERRE LISQUI et CLAUDE CARLET, autres, sur le pavé pour l'une des chapelles, proche le sanctuaire (5 p.)...
.... 1000ᴧ

Somme de ce chapitre......... 10800ᴧ

PLACE ROYALLE DE L'HOSTEL DE VANDOME.

MAÇONNERIE.

7 janvier-23 septembre : à MAURICE GABRIEL, entrepreneur, à compte de la maçonnerie de la place royalle de l'hôtel de Vandôme (11 p.).......... 18612ᴧ 5ˢ

23 septembre-21 octobre : à luy, sur la maçonnerie à la fonderie de la statue équestre de l'hôtel de Vandôme (3 p.)............................. 2797ᴧ 3ˢ

6 may-7 aoust : à PIERRE LE MAISTRE et GÉRARD MARCOT, entrepreneurs, à compte des ouvrages de maçonnerie qu'ils font à la bibliothèque du Roy à la place royalle de l'hôtel de Vandôme (9 p.)........... 82958ᴧ 13ˢ

2-9 septembre : à eux, parfait payement de 2989ᴧ pour leurs ouvrages de maçonnerie sur le mur de clôture qui renferme le terrain donné en échange à M. DE LUXEMBOURG pour celuy occupé par le jardin des bâtimens de la bibliothèque (2 p.)............ 2989ᴧ

Somme de ce chapitre...... 107357ᴧ 1ˢ

CHARPENTERIE.

7 janvier : à RAOUL DE PIERRE, dit LA PORTE, charpentier, parfait payement de 1540ᴧ 3ˢ 3ᵈ à quoy montent les ouvrages de charpenterie par luy faits à la fonderie de la statue équestre du Roy de l'hôtel de Vandôme...
.... 340ᴧ 3ˢ 3ᵈ

9 septembre : à luy et AUBERT, pour la gratification que le Roy leur a accordée pour les indemniser du bois qu'ils ont fait venir pour le bâtiment de la bibliothèque et des maisons joignant, que Sa Majesté a fait cesser...
.... 6000ᴧ

Somme de ce chapitre...... 6340ᴧ 3ˢ 3ᵈ

VITRERIE.

4 février : à la veuve JANSON, vitrière, pour ses ouvrages et réparations de vitrerie au logement neuf des Frères Capucins dans le nouveau couvent des Capucines de la place royalle de l'hostel de Vandôme, et aux logemens occupez par les inspecteurs dud. bâtiment depuis l'année 1686 jusques et compris 1690.... 229ᴧ 7ˢ 6ᵈ

PAVÉ.

10 juin : à LOUIS RENOUF, paveur, pour ouvrages et réparations de pavé au nouveau couvent des Capucines de l'hostel de Vandôme en 1689 et 1690... 308ᴧ 17ˢ 8ᵈ

21 octobre : à luy, pour ouvrages de pavé posé à chaux et ciment au fond des fosses d'aysances des bâtimens et ciment au fond de la biliothèque du Roy et à lad. place de Vandôme
.... 179ᴧ 1ˢ 8ᵈ

Somme de ce chapitre...... 487ᴧ 19ˢ 4ᵈ

FONDEURS.

10 juin-30 décembre : à KELLER, pour les journées employées à poser les pottées sur la statue équestre de l'hostel de Vandôme, depuis le 17 may jusqu'au 25 décembre (17 p.)....................... 2662ᴧ 12ˢ

PLOMBERIE.

4 février : à JAQUES LUCAS, plombier, pour ouvrages et réparations au nouveau couvent des Capucines de l'hostel de Vandôme en 1690............... 22ᴧ 6ˢ

SERRURERIE.

4 février : à FRANÇOIS LUCAS, serrurier, parfait payement de 4392ᴧ 3ˢ à quoy montent les ouvrages et façons de fers qu'il a employez à la statue équestre du Roy et aux linteaux de croisées, chaines et tirans au pourtour de la place royalle de l'hostel de Vandôme pendant les années 1689 et 1690................ 829ᴧ 8ˢ 2ᵈ

13 août-30 décembre : à luy, pour les fers qu'il a façonnez pour lad. fonderie et pour le bâtiment de la bibliothèque du Roy de lad. place royalle (3 p.) 406ᴧ 7ˢ

Somme de ce chapitre..... 1235ᴧ 15ˢ 2ᵈ

SCULPTURE.

7 janvier-4 février : à NOËL JOUVENET, sculpteur, parfait payement de 1198ᴧ à quoy montent la sculpture qu'il a fait en pierre à 38 chapiteaux et 65 consoles de la place royalle de l'hostel de Vandôme (2 p.) 448ᴧ

7 janvier-4 février : à DEDIEU, sculpteur, parfait payement de 741ᴧ pour la sculpture en pierre qu'il a fait à 24 chapiteaux et demi et 44 consolles, idem (2 p.)
.... 246ᴧ

Somme de ce chapitre.......... 694ᴧ

DIVERSES DÉPENSES.

7 janvier-7 aoust : à DURANT et autres, pour avoir

applani les terres de la place royale de l'hostel de Vandôme et pour plusieurs fournitures et ouvrages faits au nouveau couvent des Capucines, fonderie de la statue équestre du Roy et transport des matériaux des magasins de la place (7 p.)...................... 559ʰ 3ˢ

7 janvier : à Pierre Cloud et autres, pour la fourniture des fumiers, rétablissement de la cage intérieure de la statue équestre du Roy de lad. place royale... .... 366ʰ 3ˢ

21 janvier : à Languedoc et autres, pour avoir aplani les terres de lad. place et travaillé à la fonderie de lad. statue équestre...................... 43ʰ 19ˢ

18 mars : à Jean Tarnot et autres, pour plusieurs menues réparations faites au nouveau couvent des Capucines, fournitures et autres ouvrages à la fonderie. 85ʰ

25 mars : à eux, pour avoir démoli la cage intérieure de charpente de lad. statue équestre........ 67ʰ 10ˢ

2 décembre : à La Porte et Aubert, charpentiers, pour journées de compagnons charpentiers employez au modèle de la grande église des Invalides et autres ouvrages et fournitures par eux faites.......... 107ʰ

30 décembre : à Jourdain, marchand de bois, pour vingt voyes de bois qu'il a fournies et fait voiturer à la fonderie de la statue équestre de l'hostel de Vandôme pour entretenir le feu des poiles de lad. fonderie. 245ʰ

18 novembre-30 décembre : à Terrenat et consors, pour rétablissement de la cage intérieure qu'ils élèvent au pourtour de la statue équestre du Roy (3 p.)... .... 416ʰ 19ˢ

Somme de ce chapitre...... 1860ʰ 14ˢ

VINCENNES.

MAÇONNERIE.

7 janvier-2 décembre : à Jean Benoist, entrepreneur, à compte des ouvrages et réparations de maçonnerie qu'il a fait au donjon et autres lieux dépendans du château de Vincennes (4 p.).............. 1600ʰ

8 avril-6 may : à luy, sur ses ouvrages au sérail et murs du parc dud. château (2 p.)............ 600ʰ

2 décembre : à luy, pour les mardelles et fermetures du regard sur la conduite de grais du jardin dud. château................................ 173ʰ 10ˢ

Somme de ce chapitre...... 2373ʰ 10ˢ

CHARPENTERIE.

10 juin-2 décembre : à Joseph Virot et Nicolas du Magni, charpentiers, à compte de leurs ouvrages de charpenterie au château de Vincennes et dépendances (3 p.)............................ 500ʰ

4 novembre : à Paul, scieur de long, pour 150 toises de trait de scie pour débiter de vieilles poutres pour estre employées à la nouvelle tribune et cabinet attenant la capitainerie du château de Vincennes........ 45ʰ

Somme de ce chapitre........ 545ʰ

CIMENT.

7 janvier-7 octobre : à Duez, fontainier, pour ses ouvrages en ciment et mastiq aux dalles du dessus des tourelles du donjon du château de Vincennes (3 p.).. .... 763ʰ 1ˢ

11 mars : à luy, pour réparations qu'il a fait en ciment à l'estang de la ménagerie dud. château pour empêcher les eaux de se décharger dans le petit parc et fossez dud. château.................... 297ʰ 12ˢ

Somme de ce chapitre...... 1060ʰ 13ˢ

COUVERTURE.

7 janvier-10 juin : à Noël Martin, couvreur, à compte des ouvrages et réparations de couverture qu'il a fait, outre ses entretiens ordinaires, au château de Vincennes et dépendances (2 p.)............... 800ʰ

MENUISERIE.

7 aoust-30 décembre : à Simon Guillot, menuisier, pour ouvrages et réparations de menuiserie aud. château de Vincennes et dépendances (2 p.)...... 130ʰ 13ˢ

16 décembre : à Remy, menuisier, sur ses ouvrages à la tribune proche la capitainerie dud. château.... 200ʰ

Somme de ce chapitre........ 330ʰ 13ˢ

SERRURERIE.

4 février-30 décembre : à Nicolas Le Roy, serrurier, pour ouvrages et réparations de serrurerie aud. château de Vincennes et dépendances depuis le 23 septembre jusqu'au dernier novembre 1691 (3 p.).... 241ʰ 17ˢ 2ᵈ

30 décembre : à luy, pour ses ouvrages de serrurerie à la tribune proche la capitainerie............ 37ʰ 2ˢ

Somme de ce chapitre...... 278ʰ 19ˢ 2ᵈ

VITRERIE.

23 septembre : à Charles-François Jaquet, vitrier, pour ouvrages et réparations de vitrerie aux appartemens occupez par les prisonniers de guerre aud. château, outre les entretenemens.................... 36ʰ 15ˢ

13 janvier 1692 : à luy, pour led. entretien des vitres de Vincennes du troisième quartier... 187ʰ 10ˢ

Somme de ce chapitre........ 224ʰ 5ˢ

ANNÉE 1691. — DIVERSES MAISONS ROYALES DE PARIS.

PAVÉ.

25 mars-7 aoust : à ANTOINE LE LIÈVRE et JAQUES VIONNET, paveurs, pour leurs ouvrages et réparations de pavé au château de Vincennes en 1689 (2 p.). 306ᴸ 18ˢ

DIVERSES MAISONS ROYALLES DE PARIS.

MAÇONNERIE.

18 novembre : à JEAN BENOIST, entrepreneur, à compte des ouvrages et réparations de maçonnerie qu'il a fait en plusieurs maisons royales et maisons apartenantes au Roy à Paris, en 1691. 500ᴸ

7 janvier - 7 aoust : à LE PAS, entrepreneur, à compte des ouvrages et réparations de maçonnerie qu'il a fait aux maisons appartenantes au Roy et rue Saint-Vincent, à Paris (7 p.). 2700ᴸ

18 février-18 mars : à luy, parfait payement de 790ᴸ 10ˢ 6ᵈ à quoy montent les ouvrages et réparations de maçonnerie qu'il a fait à la Savonnerie en 1690 (2 p.). 490ᴸ 0ˢ 6ᵈ

11 mars : à luy, pour ouvrages et réparations de maçonnerie à l'hostel des ambassadeurs extraordinaires en 1690. 99ᴸ 8ˢ 3ᵈ

A luy, parfait payement de 1812ᴸ 4ˢ 3ᵈ à quoy montent les ouvrages et réparations de maçonnerie par luy faits au Jardin royal en 1690. 312ᴸ 4ˢ 3ᵈ

18 février : à THOMAS PINARD, entrepreneur, parfait payement de 1914ᴸ 5ˢ 10ᵈ à quoy montent les ouvrages et réparations de maçonnerie faits par luy et led. deffunt JACQUES PINARD au Jardin royal des plantes en 1688 et 1689. 214ᴸ 5ˢ 10ᵈ

7 janvier : à NICOLAS MAIGURT, entrepreneur, à compte des ouvrages et réparations de maçonnerie qu'il a fait au Palais-Royal (3 p.). 900ᴸ

7 janvier-8 avril : à luy, sur ses ouvrages à la maison occupée par M. le Premier et aux galleries du Louvre (2 p.). 600ᴸ

7 janvier-7 octobre : à ANTHOINE PARIS, maçon, à compte des ouvrages et réparations de maçonnerie qu'il a faits à la maison des Gobelins en 1690 et 1691 (3 p.). 900ᴸ

25 mars-20 may : à luy, sur la maçonnerie qu'il fait à la clôture des couches du Jardin royal (2 p.). 400ᴸ

Somme de ce chapitre.... 7115ᴸ 18ˢ 10ᵈ

CARREAU DE TERRE CUITTE.

4 février - 10 juin : à MOREAU, carreleur, à compte des ouvrages de carreau de terre cuitte qu'il a fait en plusieurs maisons royales et maisons appartenans au Roy à Paris, en 1689 et 1690 (2 p.). 350ᴸ

CIMENT.

4 février : à la veuve FOURCOY, fontainier, pour le mastiq, poix noire et targne[1] qu'elle a fourni et fait employer à poisser l'arbre de la roüe de la Samaritaine à Paris, en septembre 1690. 37ᴸ 6ˢ 5ᵈ

29 avril : à elle, pour l'entretien des bassins du jardin des Thuilleries, année finie le dernier mars. 200ᴸ

Somme de ce chapitre. 237ᴸ 6ˢ 5ᵈ

TERRASSES.

7 août : à LOUIS COUTELLIER et JEAN MICHEL, pour avoir décomblé les fossez devant le fer à cheval du jardin des Thuilleries pour empêcher de monter dans led. jardin. 25ᴸ 10ˢ

TREILLAGES.

23 septembre : à JUBIN, jardinier, pour le treillage d'échalats de cœur de chesne qu'il a fait et fourni dans le jardin du Palais-Royal, atenant l'appartement occupé par Madame la princesse DE MONTAUBAN. 62ᴸ 6ˢ 10ᵈ

CHARPENTERIE.

7 janvier : à RAOUL DE PIERRE, dit LA PORTE, charpentier, à compte des ouvrages de charpenterie faits de neuf à la roüe et parc de la Samaritaine à Paris en 1690 (2 p.). 600ᴸ

10 juin : à luy, pour ouvrages et réparations de charpenterie au Palais-Royal. 78ᴸ 10ˢ

2 décembre : à NICOLAS GAUTHOT, charron, pour ses ouvrages et réparations aux roües et corps des grands et petits binards du Roy. 238ᴸ 15ˢ

7 janvier - 6 may : à JOSEPH VINOT et NICOLAS DU MAGNI, charpentiers, à compte des ouvrages de charpenterie qu'ils ont fait en plusieurs maisons royales et maisons appartenantes au Roy à Paris en 1690 (2 p.). 600ᴸ

7 janvier : à eux, pour avoir chargé et déchargé plusieurs figures de marbre des atteliers des sculpteurs sur des charettes pour estre menées à Marly. 18ᴸ

18 février : à eux, parfait payement de 627ᴸ 13ˢ à quoy montent les ouvrages et réparations de charpenterie

---

[1] Le mot targne, qui ne se rencontre pas dans les lexiques, désignait probablement une sorte de poix ou de résine. Voir FOURQUOY à la table du tome III.

par eux faits aux grandes escuries du Roy, aux maisons occupées par M. d'Armagnac et Mlle de la Vallière, à Paris, depuis 1686 jusques et compris 1688. 227^ll 13^s

18 mars : à eux, pour ouvrages et réparations de charpenterie faits à la maison occupée par M. le Premier, à la petite escurie du Roy, aux balanciers des médailles et à l'Imprimerie royale....... 238^ll 18^s 10^d

8 avril : à eux, parfait payement de 510^ll 5^s 1^d à quoy montent les ouvrages et réparations de charpenterie par eux faits au Palais-Royal en 1687, 1688 et 1689.... .... 210^ll 5^s 1^d

21 octobre : à eux, pour avoir dressé les poteaux et planches le long de la place des Thuilleries, vis-à-vis le péristile du Louvre et garde-meuble de la Couronne, aux deux festes de Dieu de la présente année....... 50^ll

25 mars : à Roch Le Roy, charpentier, pour ouvrages et réparations de charpenterie faits à la maison occupée par M^rs les escuiers de la petite escurie du Roy, et logement de Granier, sculpteur, pendant 1689. 106^ll 17^s

Somme de ce chapitre.... 2368^ll 18^s 11^d

COUVERTURE.

8 avril-18 novembre : à Noël Martin, couvreur, à compte des ouvrages et réparations de couverture qu'il a fait, outre ses entretiens ordinaires, à la maison des Gobelins, en 1690 et 1691 (3 p.).......... 900^ll

7 janvier-2 décembre : à Estienne Yvon, couvreur, à compte des ouvrages et réparations de couverture qu'il a fait, outre les entretiens ordinaires, en plusieurs maisons royales et maisons appartenant au Roy en 1689 et 1690 (7 p.)....................... 3100^ll

27 may : à luy, pour ouvrage de couverture sur le comble de la salle de l'Opéra au Palais-Royal en 1690. 724^ll 5^s

Somme de ce chapitre........ 4724^ll 5^s

MENUISERIE.

7 janvier-30 décembre : à Trille, menuisier, à compte des ouvrages de menuiserie qu'il a fait à la maison des Gobelins en 1689, 1690 et 1691 (3 p.).. .... 600^ll

7 janvier : à Payant, menuisier, pour ouvrages et réparations qu'il a fait à la charpenterie du comble de la salle de l'Opéra au Palais-Royal, lorsqu'il a esté recouvert d'ardoise à neuf en 1690............. 160^ll

7 janvier : à Pierre Guérin, menuisier, à compte des ouvrages de menuiserie qu'il a fait à la bibliothèque du Roy en 1689......................... 300^ll

18 février-6 may : à luy, sur ses ouvrages et réparations de menuiserie au Louvre et maisons adjaçantes pendant 1690 (2 p.)...................... 700^ll

8 avril : à luy, sur ses ouvrages au Palais-Royal en 1690................................. 300^ll

7 aoust-18 novembre : à luy, sur ses ouvrages en plusieurs maisons royales et maisons appartenant au Roy en 1691 (2 p.)........................ 600^ll

10 juin : à Gabriel Rozier, menuisier, pour ouvrages et réparations de menuiserie à l'Observatoire en 1690 et 1691............................. 96^ll 10^s

7 janvier-18 novembre : à Justine, menuisier, pour ouvrages et réparations de menuiserie à la petite escurie du Roy le long de l'eau, aux escuries de Monseigneur, rue Saint-Honnoré, et à la maison occupée par M. le Premier en 1689 et 1690 (3 p.)....... 854^ll 18^s 9^d

21 janvier : à Remy, menuisier, parfait payement de 536^ll 18^s à quoy montent les armoires et autres ouvrages de menuiserie qu'il a fait pour les archives de Monsieur au Palais-Royal............................. 236^ll 10^s

11 mars : à Blomet, menuisier, à compte des ouvrages et réparations de menuiserie qu'il a fait au château de Limours............................. 50^ll

18 mars : à Claude Duval, menuisier, parfait payement de 90^ll à quoy montent 150 caisses par luy faites et fournies pour les plantes rares du Jardin royal à Paris............................. 40^ll

Somme de ce chapitre..... 3937^ll 18^s 9^d

SERRURERIE.

7 janvier-7 aoust : à Renaud, serrurier, pour les fers qu'il a fournis pour le rétablissement de la roüe de la pompe de la Samaritaine (3 p.)........... 897^ll 11^s 6^d

7 janvier-8 avril : à Robert Boutet, serrurier, à compte de ses ouvrages et réparations de serrurerie au Palais-Royal en 1689 et 1690 (2 p.)........ 800^ll

25 mars : à luy, sur ses ouvrages et réparations au Louvre, Thuilleries et maisons adjaçantes........ 300^ll

7 aoust-18 novembre : à luy, sur ses ouvrages en plusieurs maisons royales et maisons appartenantes au Roy en 1691 (2 p.)........................ 600^ll

11 mars-4 novembre : à Jean Blancheton, serrurier, à compte de ses ouvrages et réparations de serrurerie à la maison des Gobelins et à l'Observatoire en 1690 (3 p.) .... 290^ll

11 mars : à Nicolas Fournier, serrurier, à compte de ses ouvrages et réparations de serrurerie au château de Limours............................. 100^ll

Somme de ce chapitre..... 2987^ll 11^s 6^d

VITRERIE.

21 janvier : à JEAN GOMBAUT, vitrier, ayant l'entretenement des vitres des grandes et petites escuries du Roy, escuries de Monseigneur, des maisons occupées par M. le Premier et les officiers desd. escuries, l'orangerie des Thuilleries, maisons adjaçantes, loges des portiers dud. jardin, maison occupée par le s^r LE NOSTRE, l'Imprimerie royalle et la bibliothèque du Roy, pour l'entretien pendant l'année finie le 1er novembre 1690. 200^{lt}

18 mars : à luy, pour ouvrages de vitrerie faits, outre ses entretiens ordinaires, aux Thuilleries, aux maisons occupées par Monsieur le Premier, le s^r DE LAUNAY, orphèvre, et à la maison des cignes, pendant 1690.. .... 74^{lt} 3^s 3^d

8 avril : à luy, pour les entretiens des vitres du château des Thuilleries, pendant l'année finie le 1er mars 1691................................ 200^{lt}

13 aoust : à luy, pour l'entretien de celles du nouveau couvent des Capucines pendant l'année finie le 15 juillet dernier............................. 200^{lt}

18 novembre : à luy, pour l'entretien des grandes et petites escuries, etc., année finie le 1er novembre. 200^{lt}

7 janvier : à la veuve JANSON, vitrière, pour les réparations de vitrerie qu'elle a fait à l'Observatoire, Samaritaine et palais Brion pendant 1690......... 200^{lt}

A elle, à compte de ses réparations de vitrerie au Palais-Royal pendant 1688 et 1689.......... 300^{lt}

18 février : à elle, sur ses réparations au magasin du Roy et logement du s^r FOSSIER, à l'hostel de Longueville, pendant 1689................ 51^{lt} 13^s 10^d

11 mars-7 octobre : à elle, sur ses entretiens de vitrerie au Louvre et ses dépendances, en 1690 et six premiers mois 1691 (2 p.)................. 300^{lt}

18 mars : à elle, sur ses entretiens au Palais-Royal et ses dépendances, orangerie du Roule, château de Madrid, la Savonnerie, la Samaritaine et l'Observatoire pendant les six derniers mois 1690...... 400^{lt}

25 mars : à elle, sur ses ouvrages et réparations de vitrerie aux ateliers des nommez MAZIÈRE et GRANIER, sculpteurs, à l'appartement occupé par le s^r DESNOTS, à la grande escurie du Roy, au château de Madrid et aux portes du bois de Boulogne pendant 1687. 111^{lt} 10^s 3^d

8 avril : à elle, sur ses ouvrages et réparations au garde-meubles de la Couronne pendant 1689. 66^{lt} 1^s 5^d

20 may : à elle, parfait payement de 1200^{lt} à quoy montent les réparations qu'elle a faites aux vitres des lieux habitez dans le Louvre et dépendances, pour mettre lesd. lieux en estat d'en continuer l'entretien, suivant les devis et marché arresté.................... 400^{lt}

7 aoust 1691-13 janvier 1692 : à elle, pour led. entretien pendant les trois premiers quartiers 1691 (2 p.)................................ 600^{lt}

7 janvier-11 mars : à CHARLES-FRANÇOIS JAQUET, vitrier, parfait payement de 566^{lt} à quoy montent les réparations de vitrerie qu'il a fait à la maison des Gobelins en 1688 et 1689 (2 p.)............... 366^{lt}

18 février : à luy, sur ses réparations de vitres au Jardin royal en 1689................ 141^{lt} 7^s 9^d

8 avril-7 aoust : à luy, pour les entretiens des vitres du château de Vincennes et ses dépendances, maison des Gobelins et le Jardin royal des plantes pendant les six derniers mois 1690 et six premiers 1691 (2 p.).... 750^{lt}

30 décembre : à luy, pour augmentation au Jardin royal et Gobelins en 1690............. 63^{lt} 6^s 3^d

Somme de ce chapitre...... 4624^{lt} 2^s 9^d

PAVÉ.

7 janvier-18 novembre : à ANTOINE LE LIÈVRE et JAQUES VIONNET, paveurs, à compte des ouvrages de pavé qu'ils ont fait en plusieurs maisons royales et maisons appartenans au Roy pendant 1690 (4 p.)..... 1000^{lt}

10 juin : à LOUIS RENOUF, paveur, pour ouvrages et réparations de pavé aux tranchées de fontaines de thuiaux de conduite de la Samaritaine aux Thuilleries .... 199^{lt} 15^s

Somme de ce chapitre...... 1199^{lt} 15^s

PEINTURE.

7 octobre : au s^r MARTIN, peintre, à compte des tableaux des veues de Versailles qu'il fait pour Trianon .... 200^{lt}

7 janvier-9 septembre : à COËSPEL père, peintre, à compte de huit grands tableaux des arabesques de RAPHAEL qu'il peint pour faire en tapisserie aux Gobelins (3 p.)........................ 3000^{lt}

7 aoust : à COTELLE, peintre, sur les tableaux des fontaines du château de Versailles qu'il a fait pour le château de Trianon................... 350^{lt}

21 janvier-2 décembre : à PARENT, peintre, parfait payement de 2336^{lt} à quoy monte la peinture des bordures de tapisserie qu'il a peint pour la tenture de la gallerie de Saint-Cloud que l'on fait aux Gobelins (2 p.)............................ 1116^{lt}

7 janvier-4 novembre : à JOUBERT, peintre, pour trente-six desseins de plantes rares qu'il a peints en mignature sur vellin pour estre inserez dans la suite des

livres des plantes de mignature du cabinet du Roy (3 p.).................................. 900ᵗᵗ

29 avril : à DE FONTENAY, peintre, à compte des bordures de tapisserie qu'il peint pour faire en tapisserie aux Gobelins.............................. 100ᵗᵗ

10 juin : à LEFÈVRE, peintre, à compte des ouvrages de peinture qu'il fait en plusieurs maisons royales. 200ᵗᵗ

2 décembre : à SIMON, peintre, à compte de la copie du tableau de *Darius*, de M. MIGNARD, qu'il fait sur l'original qui est à Meudon................... 300ᵗᵗ

Somme de ce chapitre........ 6166ᵗᵗ

SCULPTURE.

13 janvier : au sʳ BONNET, sculpteur et peintre en marbre, à compte des ouvrages de marbre artificiel qu'il a fait aux chiffres du jeu de portique de marbre blanc pour Marly............................ 150ᵗᵗ

25 mars : à GRANIER, sculpteur, pour les ouvrages de sculpture qu'il a fait à la cheminée du petit appartement de Monsieur au Palais-Royal, et à deux chapiteaux de la grande gallerie qui avoient esté gatez.......... 30ᵗᵗ

7 janvier-20 may : à FRANÇOIS GIRARDON, sculpteur, pour son remboursement des journées de sculpture qui ont esté employez à réparer les cires de la statue équestre du Roy de l'hôtel de Vandôme, depuis le 1ᵉʳ novembre 1690 jusqu'au 17 may 1691 (12 p.)...... 1688ᵗᵗ 9ˢ

25 mars-10 juin : à luy, parfait payement de 4000ᵗᵗ pour la gratification qui luy est accordée pour la conduite des ouvrages de sculpture et fonte de figures de bronze, pendant 1690 (2 p.).................... 2600ᵗᵗ

26 aoust-18 novembre : à luy, à compte de lad. gratification pour les six premiers mois de l'année 1691 (2 p.)................................. 2000ᵗᵗ

9 septembre : au sʳ BRIQUET, sculpteur, parfait payement de 985ᵗᵗ 10ˢ à quoy montent six bordures de bois, sculptées et dorées, qu'il a fait et fournies pour les tableaux que le feu sʳ WANDER MEULEN étoit chargé de faire pour Marly....................... 185ᵗᵗ 10ˢ

A LA LANDE, sculpteur, parfait payement de 995ᵗᵗ 1ˢ 3ᵈ à quoy montent six bordures pour *idem*.... 195ᵗᵗ 1ˢ 3ᵈ

A LEGRAND, autre, parfait payement de 992ᵗᵗ 16ˢ 3ᵈ à quoy montent six bordures pour *idem*..... 192ᵗᵗ 16ˢ 3ᵈ

7 janvier : à LANGLOIS, mouleur, pour avoir renficelé, assemblé et rangé plusieurs creux et moules dans les magasins du Roy au Louvre et à l'Arsenal pendant l'année 1690............................ 119ᵗᵗ

18 février : à luy et ROBERT, pour avoir assemblé et rangé dans la salle des Suisses au Louvre vingt-un creux de Tritons enfans et poissons du bassin de Vénus au parterre de Versailles..................... 30ᵗᵗ 15ˢ

7 janvier-20 may : à BERTIER, sculpteur, parfait payement de 1000ᵗᵗ pour réparations de cent cinq plants en relief des places de guerre, qui sont aux Thuilleries (3 p.)................................. 800ᵗᵗ

25 mars : à luy, pour neuf voyes de charbon qu'il a fournies et pris soin de faire brûler pour la conservation desd. plants....................... 23ᵗᵗ 3ˢ 6ᵈ

Somme de ce chapitre...... 7414ᵗᵗ 15ˢ

OUVRAGES DE CUIVRE ET DE BRONZE.

20 may : à KELLER, fondeur, à compte des figures de bronze qu'il fond pour le jardin du château de Versailles................................... 1000ᵗᵗ

21 janvier : à NICOLAS DE NAINVILLE, fondeur, pour avoir fondu huit tampons et deux brides qui sont attachées aux corps de pompes et tuiaux montant de la Samaritaine et autres ouvrages............ 107ᵗᵗ 18ˢ

8 avril : à BOULE, ébéniste, pour tringles ou moulures de cuivre, dorées et non dorées, qu'il a fournis et posez en place à la cheminée du petit appartement de Monsieur au Palais-Royal.................. 23ᵗᵗ 17ˢ 6ᵈ

Somme de ce chapitre.... 1131ᵗᵗ 15ˢ 6ᵈ

MARBRERIE.

7 janvier : à JAQUES BAUDIN, marbrier, pour avoir retably, remastiqué et posé sur pierre de liais plusieurs tables de marbre et d'albâtre, vazes et navicelles de porphire et serpentin, venus de Rome et menés à Versailles pour le Roy..................... 419ᵗᵗ 12ˢ

18 novembre : à luy, pour ouvrages et réparations de marbrerie au Palais-Royal en 1689........ 158ᵗᵗ 14ˢ

7 janvier-13 aoust : à FRANÇOIS DESCHAMPS, marbrier, à compte du jeu de portique qu'il fait en marbre pour Marly (5 p.)............................ 1800ᵗᵗ

7 janvier : à FRANÇOIS CUVILLIER, marbrier, pour une tranche de marbre noir, contenant 8 pieds 8 pouces de long, 3 pieds de large, sur 6 pouces d'épaisseur, faisant 13 pieds cubes qu'il a livré au magasin du Roy à Paris, à 10ᵗᵗ le pied........................... 130ᵗᵗ

21 janvier : à HUBERT MISSON, marbrier, pour quatre socles de marbre blanc qu'il a faits et posez sous les vazes de la Salle du Conseil dans le jardin de Versailles................................. 180ᵗᵗ

21 octobre-2 décembre : à luy et FRANÇOIS DESCHAMPS, payement des attiques, chambranles et foyers qu'ils ont fait en marbre pour la surintendance des bâtiments à Versailles (2 p.)........... 628ᵗᵗ 12ˢ 6ᵈ

ANNÉE 1691. — DIVERSES MAISONS ROYALES DE PARIS.

7 octobre : à eux, à compte des attiques, chambranles et foyers qu'ils font en marbre pour Trianon.... 300ᴸ

Somme de ce chapitre.... 3616ᴸ 18ˢ 6ᵈ

DIVERSES DÉPENSES.

25 mars-7 octobre : au sʳ Fossier, garde des magasins du Roy, pour son remboursement des menues dépenses qu'il a faites pour le service de S. M. depuis le 1ᵉʳ juillet 1690 jusqu'au dernier aoust 1691 (2 p.)
.... 694ᴸ 0ˢ 6ᵈ

7 janvier : à François Perloins et Pierre Marinier, pour la soudure et posage de tuyaux de cuivre enfourchés aux tuiaux montant de la pompe à la Samaritaine en 1690............................ 135ᴸ

A Houasse, peintre, pour une grande ormoire qu'il a payée pour renfermer les desseins appartenant au Roy qui sont sous sa garde à l'hostel de Grammont, à Paris
.... 61ᴸ

A Berthier, commissaire des pauvres de la paroisse Sᵗ-Roch, à Paris, pour la taxe de l'hostel de Vandôme, des escuries de Monseigneur et des logemens des escuyers de la grande escurie du Roy, pendant 1689..... 78ᴸ

7 janvier-18 mars : au sʳ Goitton, imprimeur, pour avoir nettoyé les carrez et poinçons des médailles du Roy, les poinçons des lettres orientales et avoir tiré des épreuves des planches qui sont à l'Imprimerie royalle (2 p.)............................. 300ᴸ

21 janvier-6 may : à Herlan, pour les cires, térébantines, poix grasses et huile qu'il a fourni pour la statue équestre du Roy de l'hôtel de Vandôme, depuis septembre 1690 jusqu'au 3 may 1691 (2 p.)....... 271ᴸ 1ˢ 6ᵈ

4 février : au sʳ Doussor, expert des bâtimens, pour cent cinq vacations et deux journées qu'il a employées aux vériffications, toisez et calculs des ouvrages faits en plusieurs maisons royales et maisons appartenans au Roy et couvent des Capucines à Paris pendant l'année 1690, et onze rolles d'expédition qu'il a fait et fourni des ouvrages et démolitions de vitrerie faits par la veuve Janson aud. couvent des Capucines................ 670ᴸ 5ˢ

7 avril : à luy, pour quatre-vingt-dix-huit vacations et une journée employées à la vérification des toisez et calcul des ouvrages faits en diverses maisons royales et maisons appartenans au Roy pendant les six premiers mois 1691........................... 604ᴸ

18 mars-31 octobre : à la veuve Julin, pour le loyer des baliveaux et planches de sapin qui ont servi à tendre les tapisseries dans la place des Thuilleries, devant le Louvre et garde-meuble du Roy aux deux festes Dieu des années 1687, 1688, 1689, 1690 et 1691 (2 p.)
.... 166ᴸ 7ˢ

25 mars : à Mauvieux, correcteur de l'Imprimerie royalle, payement des journées qu'il a esté occupé à la garde de lad. imprimerie depuis le 11 aoust 1690 jusqu'au 22 février 1691.................... 150ᴸ

6 may-7 aoust : à Chevillard, fontainier, pour les fournitures de soudure et des charbons, et journées qu'il a employées aux réparations des tuiaux de conduites du château de Vincennes, et avoir vuidé les eaux des fossez dud. château (2 p.)................. 79ᴸ 10ˢ 6ᵈ

7 janvier-4 novembre : à François Duval et Christophle Lejeune, vuidangeurs, pour les ouvrages de vuidange et enlèvements d'immondices par eux faits au Palais-Royal et maisons appartenans au Roy à Paris, depuis le 1ᵉʳ juillet 1690 jusques et compris le mois d'aoust de la présente année (2 p.)................. 302ᴸ

25 mars : aud. Le Jeune et à la veuve dud. Duval, pour avoir vuidé et dégorgé des fosses d'aysances du magasin du Roy au Palais-Royal, de la maison occupée par le sʳ de Clinchant, et l'aqueduc de la grande escurie pendant la présente année................. 226ᴸ

6 may 1690-13 janvier 1691 : aux nommez Le Liards, taupiers, pour 998 taupes qu'ils ont pris dans le jardin du petit parc de Vincennes pendant les trois derniers mois 1690 et la présente année 1691 (3 p.)
.... 169ᴸ 19ˢ

11 mars : à Jean Padelain, ramonneur, pour avoir ramonné et rétabli 83 cheminées en plusieurs maisons royalles de Paris pendant 1690............ 30ᴸ 4ˢ

7 aoust : à Dominique Vanisse, ramonneur, pour avoir ramonné 115 cheminées au Louvre et Palais-Royal pendant le deuxième quartier 1691............ 56ᴸ 5ˢ

21 janvier-6 may : au sʳ Frosne, à compte des dépenses imprévues qu'il a fait à la fonderie de la statue équestre du Roy de l'hôtel de Vandôme (4 p.). 308ᴸ 7ˢ

4 février : à Ticquet, parfait payement de 1609ᴸ 2ˢ à quoy montent les sommes qu'il a avancées à Jaques Bulard, pottier de terre, pour les briques, carreaux et creusets qu'il a fournis pour la fonderie de la statue équestre du Roy de l'hôtel de Vandôme..... 209ᴸ 2ˢ

Somme de ce chapitre...... 4511ᴸ 1ˢ 6ᵈ

BRODERIES.

7 janvier 1691-13 janvier 1692 : au nommé Lalet, tireur d'or, pour 50 marcs 24 onces 3 gros d'or filé qu'il a fourni pour les broderies des meubles du Roy que l'on fait à Versailles, depuis le 14 novembre 1690 jusqu'au 11 décembre 1691 (13 p.)... 2632ᴸ 19ˢ 6ᵈ

7 janvier 1691-13 janvier 1692 : au s' Vivien, pour neuf bottes de soye grenadine, aurore et chamois, qu'il a fourni pour lesd. broderies (5 p.)....... 146ᴴ 10ˢ

7 janvier : aux quatre brodeurs qui ont travaillé auxd. broderies, pour leurs journées pendant le mois de décembre, à raison de 30ˢ par jour.......... 99ᴴ

11 février 1691-6 janvier 1692 : aux huit brodeurs qui ont travaillé auxd. broderies pendant l'année 1691 (12 p.)............................ 2907ᴴ 15ˢ

7 aoust 1691-13 janvier 1692 : à Bouret, pour menues merceries fournies pour lesd. broderies (3 p.).... .... 99ᴴ 10ˢ

13 aoust 1691-13 janvier 1692 : au s' Marsollier, pour vingt aunes de taffetas aurore qu'il a fourni pour idem (2 p.)........................... 50ᴴ

Somme de ce chapitre..... 5935ᴴ 14ˢ 6ᵈ

GRAVEURES.

7 janvier : à Louis Chatillon, dessinateur et graveur, pour six planches de cuivre qu'il a gravées à l'eau-forte, représentant des plantes rares qu'il a fournies au cabinet des planches gravées de la bibliothèque du Roy.. 528ᴴ

20 may : à luy, pour une planche qu'il a gravée sur cuivre à l'eau-forte, représentant la ville d'Utreck, pour servir à l'histoire des conquestes du Roy........ 300ᴴ

4 février : à Sébastien Le Clerc, dessinateur et graveur, pour six desseins de jettons de deux traits sur les carrez et quatre desseins d'estandarts qu'il a fait pour le service de S. M............................ 230ᴴ

Somme de ce chapitre.......... 1058ᴴ

OUVRAGES DES GOBELINS
ET DE LA SAVONNERIE.

7 janvier-19 aoust : à Janss, pour l'ouvrage qu'il a fait sur six pièces de tapisserie haute lisse, d'après les tableaux de la gallerie de Saint-Cloud, pendant les six derniers mois 1691 et trois premiers 1691, à 260ᴴ l'aune carrée (3 p.)....................... 6019ᴴ 8ˢ 1ᵈ

7 janvier : à luy, pour, avec 783ᴴ 19ˢ 9ᵈ à quoy montent la soye commune, les laines cramoisy, carnation et commune et chaine qui luy ont esté fournis pendant le troisième quartier 1690, faire 7600ᴴ à compte de vingt-cinq pièces de tapisseries haute lisse qu'il fait, sçavoir : cinq d'après Raphael, huit d'après Jules Romain, dont quatre de la première tenture et quatre pour la seconde, et douze arrabesques, dont six de la première tenture et six pour la seconde, dont les prix ne sont point réglez.... .... 6816ᴴ 3ˢ

15 avril : à luy, pour, avec 1629ᴴ 18ˢ 5ᵈ à quoy monte l'or filé, les soyes, laine et chaine qui luy ont esté fournis pendant les trois derniers mois 1690, faire 8232ᴴ 6ˢ 10ᵈ à compte de vingt-huit pièces de tapisserie de haute lisse qu'il fait, dont huit d'après Raphael (la suite comme à l'article précédent)................... 6602ᴴ 8ˢ 5ˢ

19 aoust : à luy, pour, avec 1520ᴴ 2ˢ 8ᵈ à quoy monte l'or filé, les soyes cramoisy et commune, les laines cramoisy, carnation et commune et chaine qui luy ont esté fournies pendant le premier quartier, faire 6685ᴴ 12ˢ 6ᵈ à compte de vingt-huit pièces de tapisserie de haute lisse qu'il fait, sçavoir : huit pièces d'après Raphael, dont cinq de la première tenture et trois de la seconde, huit d'après Jules Romain, dont quatre de la première tenture et quatre de la seconde, et douze arrabesques, dont six de la première tenture et six de la seconde, dont les prix ne sont point réglez......... 5165ᴴ 9ˢ 10ᵈ

4 novembre : à luy, pour, avec 1904ᴴ 4ˢ 9ᵈ à quoy monte l'or filé, les soyes et laines qui luy ont esté fournies pendant le deuxième quartier, faire 10153ᴴ 2ˢ 6ᵈ à compte de trente pièces de la tapisserie de haute lisse faite pendant led. quartier, dont les prix ne sont point réglez............................ 8248ᴴ 17ˢ 9ᵈ

30 décembre : à luy, pour, avec 911ᴴ 9ˢ 6ᵈ pour l'or filé et autres fournitures, faire 9161ᴴ 12ˢ 3ᵈ à compte des trente pièces de tapisserie qu'il a fait pendant le troisième quartier 1691............... 8250ᴴ 2ˢ 9ᵈ

7 janvier : à luy, pour la deuxième année échéue au 1ᵉʳ juillet 1690 de cinq aprentifs tapissiers, sçavoir : Claude-Louis Cogné, Germain Texier, Toussaint Vavaq¹ et Jean-Baptiste Vavaq, lesquels ont esté obligez aud. Jans pour apprendre le métier de la tapisserie... 375ᴴ

30 décembre : à luy, pour la troisième année d'apprentissage desd. cinq aprentifs............. 250ᴴ

7 janvier-19 aoust : à luy, pour ses appointemens de l'année 1690 (2 p.)...................... 150ᴴ

7 janvier : à Lefebvre, tapissier de haute lisse, pour, avec 424ᴴ 13ˢ 2ᵈ à quoy montent les soyes cramoisy, carnation et commune et chaine qui luy ont esté fournis pendant le troisième quartier 1690, faire 3423ᴴ 15ˢ à compte de onze pièces de tapisserie de haute lisse qu'il fait, sçavoir : trois d'après Raphael, cinq d'après Jules Romain, dont quatre pièces de la première tenture et une pour la deuxième, et trois arrabesques. dont deux de la première tenture et une de la seconde, dont les prix ne sont point réglez................. 2999ᴴ 1ˢ 10ᵈ

15 avril : à luy, pour, avec 601ᴴ 18ˢ 2ᵈ à quoy mon-

---
¹ Il faut lire Vavoq.

ANNÉE 1691. — OUVRAGES DES GOBELINS.

tent les soyes, laine et chaine à luy fournies pendant les trois derniers mois 1690, faire 3599^H 1^s 3^d à compte de treize pièces de tapisserie de haute lisse, dont six d'après Jules Romain, quatre d'après Raphael et trois arrabesques (la suite comme dessus).......... 2997^H 3^s 1^d

19 aoust : à luy, pour, avec 306^H 1^s 1^d à quoy montent les soyes, laine et chaine à luy fournis pendant le premier quartier 1691, faire 3341^H 5^s à compte de treize pièces de la tapisserie de haute lisse, sçavoir : six d'après Jules Romain, dont quatre de la première tenture et deux de la seconde, quatre d'après Raphael, dont trois de la première tenture et une de la seconde, dont les prix ne sont point réglez.......... 3035^H 3^s 1^d

4 novembre : à luy, pour, avec 626^H 7^s 5^d pour l'or filé, etc., faire 3630^H à compte de quatorze pièces de tapisserie de haute lisse faites pendant le deuxième quartier 1691 (la suite comme à l'article précédent)... .... 3003^H 12^s 7^d

30 décembre : à luy, pour, avec 582^H 1^s 11^d pour l'or filé et autres fournitures, faire 3573^H 5^s 7^d à compte des quatorze pièces de tapisserie qu'il a faites pendant le troisième quartier 1691................ 2991^H 3^s 7^d

7 janvier : à luy, pour la troisième année, écheue au 1er juillet 1690, de l'aprentissage de François Pasquier, son aprentif tapissier................... 50^H

7 janvier - 19 aoust : à luy, pour ses appointemens de l'année 1690 (2 p.)..................... 150^H

7 janvier : à Mosin, pour, avec 419^H 19^s 4^d à quoy montent les soyes cramoisy et commune, les laines cramoisy, carnation et commune et chaisne qui luy ont esté fournis pendant le troisième quartier 1690, faire celle de 3667^H 2^s 1^d pour l'ouvrage qu'il a fait sur douze pièces de tapisserie de basse lisse, sçavoir : une pièce de l'*Histoire de Scipion*, représentant la *Grande bataille*, une pièce d'après les tableaux de la gallerie de St Cloud, représentant le *Printemps*, et dix pièces pour des portières, dont six représentent la *Renommée*, trois le *Char de Triomphe* et une *Mars*............. 3247^H 2^s 9^d

15 avril : à luy, pour, avec 318^H 12^s 3^d à quoy montent les soye, laine et chaine à luy fournis, faire 3237^H 13^s 1^d sur treize pièces de basse lisse, dont deux d'après la gallerie de St Cloud et onze pour les portières............................ 2919^H 10^s

19 aoust : à luy, pour, avec 503^H 2^d à quoy montent l'or filé, les soye, laine et chaine à luy fournis pendant les trois premiers mois 1691, faire 2359^H 3^s 6^d pour l'ouvrage qu'il a fait sur sept pièces de tapisserie de basse lisse, sçavoir : trois pièces de portière représentant

la *Renommée* et une représentant le *Printemps* de la gallerie de St Cloud.................... 1856^H 3^s 4^d

4 novembre : à luy, pour, avec 869^H 3^s 7^d à quoy montent l'or filé, les soye, laine et chaine à luy fournis pendant le deuxième quartier 1691, faire 4003^H 2^s 6^d à quoy montent dix pièces de tapisserie de basse lisse .. .. 3133^H 18^s 11^d

30 décembre : à luy, pour, avec 796^H 14^s 9^d pour l'or filé, les soye, laine et chaine à luy fournis pendant le troisième quartier 1691, faire 3728^H 2^s 6^d pour ouvrage fait sur treize pièces de tapisserie de basse lisse...... .... 2931^H 7^s 9^d

7 janvier - 15 aoust : à luy, pour ses appointemens de l'année 1690 (2 p.)..................... 150^H

7 janvier : à Lacroix, tapissier, pour, avec 725^H 3^s 8^d à quoy montent les soye, laine et chaine qui lui ont esté fournis pendant le troisième quartier 1690, faire 2507^H 16^s 3^d pour l'ouvrage qu'il a fait sur sept pièces de tapisserie de basse lisse, sçavoir : une pièce d'après les tableaux de la gallerie de St Cloud représentant le *Parnasse*, une pièce de l'*Histoire de Scipion* représentant l'*Incendie*, et cinq pièces pour des portières, dont une représente la *Renommée*, deux *Mars*, et deux le *Char de Triomphe*.......................... 1782^H 12^s 7^d

15 avril : à luy, pour, avec 286^H 9^s 11^d à quoy montent les soye, etc., faire 2281^H 11^s 3^d, sur neuf pièces de tapisserie de basse lisse, dont deux de la gallerie de St Cloud et sept des portières......... 1995^H 1^s 4^d

19 aoust : à luy, pour, avec 342^H 8^s 7^d à quoy montent les soye, etc., faire 2185^H 18^s 2^d, sur dix pièces de tapisserie de basse lisse pendant le premier quartier 1691, dont trois pièces de portière représentant la *Renommée* et deux de la gallerie de St Cloud, dont l'une représente le *Parnasse* et l'autre l'*Automne*........ 1843^H 10^s 2^d

4 novembre : à luy, pour, avec 764^H 2^s 11^d pour l'or filé, les soye, etc., faire 2899^H 16^s 10^d à compte de huit pièces de tapisserie de basse lisse qu'il a fait pendant le deuxième quartier 1691........ 2135^H 13^s 11^d

30 décembre : à luy, pour, avec 369^H 18^s 9^d pour l'or filé, les soye, etc., faire 2379^H 1^s 3^d à compte de dix pièces de tapisserie de basse lisse pendant le troisième quartier 1691..................... 2009^H 2^s 6^d

7 janvier - 15 aoust : à luy, pour ses appointemens de l'année 1690 (2 p.)..................... 150^H

7 janvier - 30 décembre : à Yvart fils, peintre, pour ses appointemens de l'année 1690 et trois premiers quartiers 1691, à raison de 1500^H par an (5 p.). 2625^H

7 janvier - 30 décembre : à luy, pour la dépense qu'il a faite pendant led. temps pour les desseins et peintures,

suivant les mémoires arrestez, et pour faire porter des tableaux et bordures des Gobelins à Versailles et de Montmorency[1] aux Gobelins (6 p.)............ 1255ʰ

7 janvier-30 décembre : à Branchy, lapidaire, pour ses appointemens des deux derniers quartiers 1690 et trois premiers 1691 (5 p.)................. 2400ʰ

A luy, pour trois cent quarante-sept journées d'un homme qui luy a aydé pendant ledit temps à scier et polir les pierres qu'il a employé, à 25 sols par jour (5 p.)
.... 433ʰ 15ˢ

7 janvier-15 avril : à luy, pour 570 livres et demie d'esmery, à 40ʰ le cent, et 20ʰ pour vingt journées d'hommes qui ont travaillé pendant ledit temps à polir une table, qui est achevée, pour ledit Branchy (2 p.)..
.... 214ʰ 4ˢ

7 janvier-30 décembre : à Kerchove, teinturier, pour ses appointemens des deux derniers quartiers 1690 et trois premiers 1691 (5 p.)................... 1875ʰ

A luy, pour trente-deux voyes de bois, une corde à puits, deux seaux, deux livres de son, coquilles de noix et autres fournitures pour la teinturerie pendant led. temps (5 p.)........................ 432ʰ

A luy, pour un homme qui luy a aydé pendant led. temps à teindre des laines blanches en carnation, en cramoisy et en teinte commune, et idem de soye blanche en teinte commune (5 p.)................... 750ʰ

19 aoust-30 décembre : à luy, pour ses gages des six derniers mois 1690................... 50ʰ

7 janvier-30 décembre : à Turpin, marchand, pour son payement de 829 livres et demie de laine blanche d'Angleterre et 508 livres de chaine de même laine, à 3ˡ la livre, qu'il a fourni pendant les deux derniers quartiers 1690 et les trois premiers 1691 (5 p.). 4012ʰ 10ˢ

Au sʳ Mouchy, pour avoir dégraissé et reblanchy 770 livres de laine blanche d'Angleterre, à 20ˢ la livre (5 p.)
.... 154ʰ

A Lunague, chirurgien, pour ses appointemens des deux derniers quartiers 1690 et trois premiers 1691 (5 p.)............................... 500ʰ

A Nivelon, dessinateur, pour ses appointemens pendant led. temps (5 p.)..................... 1375ʰ

7 janvier-4 novembre : à la veuve Barreau, portière, et à ses héritiers, pour ses appointemens des six derniers mois 1690, plus les quatre premiers et huit jours de l'année 1691 (4 p.)..................... 256ʰ 12ˢ

7 janvier-30 décembre : à la veuve Trebet, jardi-

[1] Le Brun avait sa maison de campagne à Montmorency.

nière, pour ses appointemens des deux derniers quartiers 1690 et des trois premiers 1691 (5 p.).... 500ʰ

7 janvier-15 avril : à Rochon, concierge, pour ses appointemens des six derniers mois 1690 (2 p.). 600ʰ

A luy, pour remboursement des menues dépenses faites pendant led. temps (2 p.)................. 246ʰ 4ˢ

7 janvier-30 décembre : à de Sève, peintre pour les histoires, pour ses appointemens pendant l'année 1690 et six premiers mois 1691 (3 p.)............ 300ʰ

A Houasse, peintre pour les histoires, idem pendant led. temps (3 p.)...................... 300ʰ

7 janvier-19 aoust : à luy, pour le soin qu'il prend des tableaux qui sont au cabinet du Roy à l'hostel de Gramont, pendant les six derniers mois 1690 et six premiers 1691 (2 p.)...................... 300ʰ

A Anguier, peintre pour les ornemens, idem pour ses appointemens pendant led. temps (2 p.)....... 200ʰ

A Verdier, peintre pour l'histoire, idem (2 p.). 200ʰ

A Yvart, peintre pour les histoires, idem (2 p.)..
.... 150ʰ

7 janvier : à Baptiste, peintre pour les fleurs, pour deux quartiers de ses appointemens.......... 100ʰ

7 janvier-19 aoust : à Leclerc, dessinateur et graveur, pour ses appointemens de l'année 1690 et six premiers mois 1691 (2 p.)...................... 300ʰ

Au sʳ Gobron, prestre eclésiastique de la parroisse Saint Hyppolite, qui fait le cathéchisme aux jeunes enfans de la maison des Gobelins, pour ses appointemens pendant led. temps (2 p.)................. 150ʰ

Au Père Antoine Bolduc, Religieux de Picpus, Flamand, qui presche les ouvriers flamands travaillans aux Gobelins, pour ses appointemens pendant led. temps (2 p.)
.... 100ʰ

21 janvier 1691-13 janvier 1692 : au sʳ Joseph Pichon, prestre, pour avoir célébré le service divin dans la chapelle de la Savonnerie pendant les six derniers mois 1690 et l'année entière 1691 (3 p.)...... 300ʰ

15 avril-30 décembre : au sʳ Rouleau, marchand, pour drogues de teinturerie par luy fournies pendant les six derniers mois 1690 et trois premiers quartiers 1691 (3 p.)............................ 1197ʰ 6ᵈ

22 avril-21 octobre : au sʳ Ferrant, banquier à Lion, pour 88 marcs d'or, à 49ʰ et 43ʰ le marc, et 234 livres de soye blanche, à 15ʰ la livre, livrez au sʳ Cozette, concierge de la maison des Gobelins, pour estre employez aux tapisseries qui s'y font pour le Roy (5 p.). 7570ʰ

19 aoust-30 décembre : à Café, peintre, pour ses appointemens des trois premiers quartiers 1691 (3 p.)
.... 1125ʰ

A Cozette, concierge, pour ses appointemens pendant le mesme temps (3 p.)..................... 900ᵗᵗ

A luy, pour son remboursement de menues dépenses faites pendant led. temps (3 p.)............ 417ᵗᵗ 18ˢ

17 juin : à Philippe Billeheu, marchand, pour 25 livres de cochenille qu'il a livrées pour les tentures de soye et laine qui se font aux Gobelins....... 500ᵗᵗ

4 novembre : à Charon, marchand, pour cent cinquante et une aunes un quart de frise aurore qu'il a fourni pour conserver les tapisseries sur les métiers, à raison de 28ˢ l'aune.................... 211ᵗᵗ 15ˢ

4 novembre - 3 décembre : à Saint-Léger, nouveau portier [1], pour ses appointemens depuis le 9 may (2 p.)............................. 118ᵗᵗ 8ˢ

30 décembre : aux ouvriers et autres cy-devant nommez, pour leurs appointemens des six premiers mois 1691, y compris 150ᵗᵗ aux sʳˢ Tuby, Coisevox et Leclerc, pour le soin et la conduite qu'ils ont de l'Académie des Gobelins, poser le modèle et instruire les élèves de lad. Académie, à raison de 300ᵗᵗ par an.......... 1375ᵗᵗ

Somme de ce chapitre.. 11481ᵗᵗ 14ˢ 8ᵈ

JARDIN ROYAL.

7 janvier : à Simon Bolduc, apoticaire, 1380ᵗᵗ 12ˢ par gratification, en considération de son travail au cours de chimie qu'il a enseigné au laboratoire du Jardin royal des plantes pendant 1690 et des drogues provenans dud. cours, dont il a délivré une partie pour estre distribuée aux charitez des paroisses des environs de Paris et l'autre partie aux religieuses Capucines.......... 1380ᵗᵗ 12ˢ

13 janvier 1692 : à luy, 1433ᵗᵗ 7ˢ, y compris 500ᵗᵗ de gratification, pour la dépense de son cours de chimie aud. laboratoire en 1691................ 1433ᵗᵗ 7ˢ

7 janvier 1691 : à André-Guillaume Gérard, coustellier, pour raccommodage de plusieurs ouvrages de coustellerie, servant au sʳ Duverney à disséquer, et ce depuis le mois de novembre 1689............... 17ᵗᵗ 10ˢ

21 janvier 1691 - 13 janvier 1692 : à Brément, jardinier dud. jardin, pour ses appointemens des six derniers mois 1690 et de l'année 1691 (3 p.).... 3750ᵗᵗ

A Cuaillou, portier dud. Jardin royal, pour ses appointemens pendant le même temps (3 p.)..... 675ᵗᵗ

11 février : à Daquin, premier médecin du Roy, surintendant des démonstrations intérieures des plantes et opérations médicinalles au Jardin royal, pour ses appointemens en lad. qualité pendant l'année 1690... 3000ᵗᵗ

[1]. A la place de la veuve Barbeau, morte dans le courant de l'année.

Au sʳ Daquin le jeune, docteur en médecine de la Faculté de Paris, pour ses gages de démonstrateur aud. Jardin royal pendant l'année 1690......... 1500ᵗᵗ

Au sʳ Fagon, docteur en médecine de la mesme Faculté, pour ses gages en la mesme qualité de démonstrateur............................. 1500ᵗᵗ

A luy, pour ses gages en qualité de sous-démonstrateur pendant le même temps............. 1200ᵗᵗ

Au sʳ du Vernay, démonstrateur aud. Jardin royal, pour ses gages, idem en lad. qualité.......... 1500ᵗᵗ

6 may : à luy, pour dépenses par luy faites aux démonstrations d'anatomie et de chirurgie aud. Jardin royal des plantes pendant les six premiers mois de 1690. 662ᵗᵗ

11 février : à Pierre Beaupré, garçon de laboratoire dud. jardin, pour ses gages en lad. qualité...... 200ᵗᵗ

A Paul Guarigues, autre garçon dud. laboratoire, pour ses gages en lad. qualité 200ᵗᵗ

8 avril : à Antoine Amelin, tuteur des enfans de deffunt Robillard, plombier, pour ouvrages et réparations de plomberie faits par led. Robillard au rétablissement d'un bassin du Jardin royal et autres endroits, en 1688 et 1689......................... 80ᵗᵗ 4ˢ 10ᵈ

6 may : au sʳ Colson, à compte des squelettes qu'il a fait et qu'il entretient dans la salle des squelettes dud. Jardin royal............................ 200ᵗᵗ

Somme de ce chapitre.. 17298ᵗᵗ 13ˢ 10ᵈ

BIBLIOTHÈQUE.

7 janvier - 7 aoust : au sʳ Thévenot, commis à la garde de la bibliothèque du Roy, pour son remboursement des sommes qu'il a payées pour la dépense faite pour lad. bibliothèque depuis le 22 octobre 1690 jusqu'au 23 juin 1691 (3 p.)................... 1059ᵗᵗ 9ˢ 6ᵈ

CABINET DES MÉDAILLES.

7 janvier - 7 aoust : au sʳ Vincenot, pour avoir écrit l'explication des médailles antiques du cabinet de S. M. du mois de décembre 1690 au mois de juillet 1691 (8 p.)............................. 729ᵗᵗ

21 janvier : au sʳ Oudinet, pour remboursement de la dépense du bureau dud. cabinet pendant l'année 1690 .... 193ᵗᵗ

4 février : à luy, pour deux médailles d'or et deux médailles de grand bronze qu'il a acheptées pour led. cabinet............................... 140ᵗᵗ

Au s⁰ abbé Bizot, pour une médaille d'argent du Roy en buste qu'il a vendue pour le cabinet de S. M.. 40ᴧ
13 may : au sʳ Pary, papetier, pour le papier, plumes, encre et autres fournitures par luy faites pour led. cabinet pendant 1690................... 49ᴧ 11ˢ
10 juin : à Louis Daubancourt, pour cinq tablettes qu'il a livrées pour led. cabinet........... 57ᴧ 10ˢ

Somme de ce chapitre...... 1209ᴧ 1ˢ

ACADÉMIE DE PEINTURE,
SCULPTURE ET ARCHITECTURE DE PARIS.

21 janvier-7 octobre : au sʳ Beaubrun, trésorier de l'Académie de peinture et sculpture, pour l'entretien de lad. Académie pendant le dernier quartier 1690 et les trois premiers 1691 (4 p.)................ 6000ᴧ

13 janvier 1692 : au sʳ Houasse, pour les trois derniers mois 1691..................... 1500ᴧ

28 janvier-4 novembre : aux sʳˢ Mansart, Bruand, Dorbay, Bullet, de la Hire, de Cotte et Félibien, architectes, pour leur assistance aux conférences de l'Académie d'architecture pendant les trois derniers mois 1690 et neuf premiers 1691 (4 p.).............. 3487ᴧ

7 octobre : au sʳ Petit, pour trois médailles d'argent qu'il a fournies pour estre distribuées aux estudians de l'Académie de peinture et sculpture pendant le deuxième quartier 1691, pesant 1 marc 3 onces 5 gros, à 46ᴧ 10ˢ le marc......................... 69ᴧ 1ˢ 4ᵈ

4 novembre : à Godin, pour la provision de gros bois, cotteretz, fagots, bougies et autres menues nécessitez qu'il a fournis pour l'Académie d'architecture en 1691 .... 100ᴧ

Somme de ce chapitre..... 11156ᴧ 1ˢ 4ᵈ

ACADÉMIE DES SCIENCES ET FRANÇOISE.

21 janvier : au sʳ Boyer, trésorier de l'Académie françoise, pour le bois, bougie et transcriptions de cahiers de lad. Académie, pour les six derniers 1690.. .... 150ᴧ

A Jaques Regnard, pour le bois, bougie et transcriptions de cahiers de l'Académie des inscriptions pendant les six premiers mois 1689................ 100ᴧ

18 février : au sʳ Petit, pour 1560 jettons d'argent qu'il a fournis pour distribuer à l'Académie françoise pendant les trois premiers mois de la présente année, pesant 48 marcs 6 onces 6 gros, à 35ᴧ 10ˢ le marc, et trois médailles d'argent fournies pour les prix de l'Académie de peinture et sculpture pendant les trois derniers mois 1690, pesant 1 marc 4 onces 12 gros, à 40ᴧ 10ˢ le marc, y compris 30ˢ pour la tourneure desd. médailles....................... 1805ᴧ 11ˢ 6ᵈ

6 may : aud. sʳ Petit, pour 1560 jettons d'argent pour le deuxième quartier 1691, pesant 47 marcs 5 onces 3 gros 1/2, à 35ᴧ le marc, une médaille d'argent pour le cabinet du Roy, pesant 1 marc 3 gros 1/2, à raison de 46ᴧ le marc, et trois médailles d'argent pour le prix des estudians de l'Académie de peinture et sculpture des trois premiers mois de la présente année, pesant 1 marc 5 onces 4 gros, à raison de 46ᴧ le marc, y compris 40ˢ pour la tourneure desd. médailles... 1796ᴧ 13ˢ 2ᵈ

11 mars : au sʳ Couplet, concierge de l'Observatoire, pour menues dépenses qu'il a faits pour l'entretenement des lieux et pour les exercices et expériences de l'Académie des sciences pendant 1690....... 180ᴧ 9ˢ

A Guillaume Le Gay et Philipes Grou, gardes et morte-payes du château du Louvre, pour les soins qu'ils ont pris de monter l'horloge, nettoyer les salles et faire du feu à l'Académie françoise pendant 1690...... 60ᴧ

8 avril 1691-13 janvier 1692 : à Antoine Voirie, portier de l'Observatoire, pour une année et neuf mois de ses appointemens, à 150ᴧ par an, et 60ᴧ pour deux justes au corps des livrées du Roy (3 p.)... 322ᴧ 10ˢ

29 avril : à Bourdelin, apoticaire, pour remboursement des dépenses par luy faites en son laboratoire pour les expériences et exercices de l'Académie des sciences pendant 1690...................... 240ᴧ 7ˢ

6 may : au sʳ Marchand, pour remboursement des dépenses faites pour l'entretien du petit jardin des plantes servant aux exercices de l'Académie des sciences pendant 1690....................... 63ᴧ 4ˢ

Somme de ce chapitre..... 4718ᴧ 14ˢ 8ᵈ

ACADÉMIE DE PEINTURE,
SCULPTURE ET ARCHITECTURE DE ROME.

4 février-4 novembre : au sʳ Clerk, pour son remboursement des sommes qu'il a fait remettre à Rome en sept lettres de change, payables au sʳ de la Teulière, pour employer aux dépenses de lad. Académie, tirées sur le sʳ de Stembier, y compris le change à raison de quatre pour cent (7 p.)............. 14745ᴧ 4ˢ 8ᵈ

MANUFACTURES DE DENTELLES DE FIL.

4 février : au sʳ Maury, à compte de la dépense qu'il fait pour les établissemens de la manufacture de dentelles de fil dans les villes de Tonnerre, Laigues et Chatillon sur Seyne............................ 7100ᴧ

LOYERS DE MAISONS.

7 janvier-2 décembre : au s⁺ DE SAINTE-CATHERINE, pour le loyer du logement qu'il a occupé à Trappes pendant les années 1690 et 1691 (2 p.)...... 460ᵗᵗ

14 janvier 1691-6 avril 1692 : au s⁺ DE POUTRINCOURT, pour le loyer de sa maison, escurie et manège occupez par les officiers et pages de la grande escurie à Paris, pour les six derniers mois 1689, l'année 1690 et les six premiers mois 1691 (4 p.).......... 12200ᵗᵗ

25 février-2 décembre : au s⁺ PARISOT, pour le loyer du logement qu'il a occupé à Briconville pendant les années 1690 et 1691 (2 p.)............... 240ᵗᵗ

25 mars : au s⁺ DELILLE, chargé de la recepte de la terre de Seaux, pour la non-jouissance de la pépinière d'Auneau pendant les années 1688, 1689 et 1690, à raison de 146ᵗᵗ 17ˢ par an, laquelle est abandonnée du 1ᵉʳ janvier dernier................... 440ᵗᵗ 11ˢ

22 avril : à la dame CORNUEL, pour une année du loyer échue le dernier décembre 1690, de neuf maisons qui luy appartiennent sçizes à la Halle-Barbier à Paris, occupées par les mousquetaires............. 1620ᵗᵗ

6 may 1691-6 avril 1692 : au chevalier HOÜEL, pour le loyer de deux maisons sçizes à la Halle-Barbier, occupées de même pendant les années 1689, 1690 et 1691, à 360ᵗᵗ par an (3 p.).................. 1080ᵗᵗ

3 juin : à M. l'archevesque de Rouen, pour une année, écheue fin décembre 1690, du loyer de deux maisons à luy appartenantes rue Vivien, occupées par la Bibliothèque du Roy...................... 5000ᵗᵗ

17 juin 1691-2 mars 1692 : au s⁺ LEFEBVRE, contrôleur, pour le loyer de la maison qu'il a occupée à Versailles pendant les années 1690 et 1691 (2 p.)... .... 2400ᵗᵗ

16 septembre 1691-6 avril 1692 : aux héritiers de la dame DASTRIC, pour le loyer de deux maisons qui leur appartiennent, sçizes à la Halle-Barbier à Paris, occupées par les mousquetaires pendant les années 1689, 1690 et 1691 (3 p.).................... 1500ᵗᵗ

Aux héritiers de la veuve PERRIER, pour le loyer pendant le même temps de deux maisons sçizes au même endroit (3 p.)......................... 1500ᵗᵗ

A la veuve MASSONNET, idem, pour le loyer de deux maisons (3 p.)......................... 1080ᵗᵗ

A la veuve ROGER, idem, pour le loyer de deux maisons (3 p.).............................. 1080ᵗᵗ

11 décembre : à la dame CLÉMENT, pour deux années du loyer d'un arpent de terre à elle appartenant, occupé par le magasin des marbres au Cours-la-Reyne... 120ᵗᵗ

2 décembre : au s⁺ DE FRANCLIEU, pour le loyer du logement qu'il a occupé à Buc pendant l'année 1691.. .... 165ᵗᵗ

Somme de ce chapitre..... 28885ᵗᵗ 11ˢ

DÉPENSES DE TOULON, MARSEILLE, ETC.

4 février 1691-24 février 1692 : au s⁺ DE LUBERT, trésorier général de la marine, pour son remboursement de ce qu'il a payé pour achapt de bois et cordages, envoyez du Havre de Grâce à Versailles pour les vaisseaux, gallères et barques dud. canal (2 p.).... 1475ᵗᵗ 3ˢ 5ᵈ

25 février : à luy, pour ce qu'il a payé, tant pour l'entretien du jardin de S. M. à Toulon que pour achapt et port de divers oignons de fleurs pour les jardins des maisons royales pendant les six derniers mois 1690... .... 1192ᵗᵗ 3ˢ

Somme de ce chapitre..... 2667ᵗᵗ 6ˢ 5ᵈ

MONCEAUX.

MAÇONNERIE.

26 aoust-28 octobre : à FRANÇOIS DESARNAUX, pour la réparation en pierre de taille qu'il fait aux deux grandes portes des pavillons par lesquelles on communique dans le parterre (2 p.).......... 550ᵗᵗ 4ˢ 7ᵈ

A HENRI DUDIN, maçon, pour ouvrages et réparations de carrelage aud. château (2 p.)......... 701ᵗᵗ 15ˢ 1ᵈ

28 octobre : à luy, pour des aires en plâtre sur les planchers dud. château............... 162ᵗᵗ 16ˢ 9ᵈ

Somme de ce chapitre.... 1414ᵗᵗ 16ˢ 5ᵈ

MENUES DÉPENSES.

28 octobre : à PIERRE LAVEAU et autres, pour menues dépenses faites au château de Monceau en la présente année..........................: 156ᵗᵗ 13ˢ

A NICOLAS GAVEL, serrurier, pour l'entretien des serrures dud. château pendant lad. année.......... 50ᵗᵗ

Somme de ce chapitre....... 206ᵗᵗ 13ˢ

JARDINAGES,
LABOURS ET ÉCHENILLAGES.

20 may : à LE VOIN, pour le premier labour par luy fait à 16 arpens 1/2 de bois planté dans les remises à gibier des plaines de Grenelle et de Montrouge. 99ᵗᵗ 15ˢ

14 janvier-7 aoust : à Remy Janson, jardinier, sur les labours par luy faits à 12411 toises chrrées de terre, au pied des arbres des avenues du château de Vincennes et de l'Arc de Triomphe (3 p.).............. 300^{tt}

11 février-11 mars : à luy, parfait payement des arbres qu'il a fait écheniller dans les bosquets et remises à gibier des parcs de Versailles (3 p.)..... 2038^{tt} 10^{s}

11-25 février : à luy, pour les grands et petits plants d'arbre arrachés dans les pépinières de S. M. pour planter dans les parcs et autres maisons royales (2 p.)... .... 609^{tt} 17^{s}

8 avril-6 may : à luy, pour avoir fait écheniller les grands bois du costeau de Satory, et dans les bois aux environs de la ménagerie du désert dans le parc de Versailles (2 p.)...................... 578^{tt} 10^{s}

22 avril-20 may : à luy, pour les ormes et autres plants d'arbres qu'il a fait arracher et voiturer pour planter dans les parcs et jardins des maisons royales (2 p.)................................ 1037^{tt} 9^{s}

6 may : à luy, parfait payement de 3510^{tt} 3^{s} à quoy montent trois labours à 80152 toises carrées de terre au pied des arbres dans les avenues de Versailles, et autres ouvrages...................... 1260^{tt} 3^{s}

6 may-7 août : à luy, sur le premier et deuxième labour à 60 arpents de pépinières à Versailles (2 p.) .... 600^{tt}

6 may-9 septembre : à luy, pour le premier, deuxième et troisième labours, tant plein que vuide, qu'il a fait à 12 arpens de nouveaux bois plantez dans la remise à gibier entre Rennemoulin et Vilpreux, et dans les bosquets de l'ancien parc de Versailles (3 p.)..... 1000^{tt}

20 may : à luy, parfait payement de 482^{tt} 14^{s} à quoy montent les ouvrages qu'il a fait aux pépinières d'ormes et de bois blanc des environs de Versailles et d'Aunceau .... 182^{tt} 14^{s}

20 may-4 novembre : à luy, pour les trois labours au pied des arbres des avenues des parcs de Versailles et autres arbres plantez en quinconge dans la grande remise à gibier entre Rennemoulin et Vilpreux (4 p.) .... 1799^{tt} 6^{s}

3 juin : à luy, pour avoir fait 378 trous et planté des arbres en iceux dans le jardin de S. M. à Trianon. .... 104^{tt} 16^{s}

17 juin : à luy, parfait payement de 634^{tt} 5^{d} à quoy montent trois labours qu'il a faits à 12411 toises quarrées de terre au pied des arbres des avenues de Vincennes et autres ouvrages........... 334^{tt} 0^{s} 5^{d}

A luy, parfait payement de 631^{tt} 7^{s} pour le premier labour à 87 arpens 5 perches 1/4 de pépinière d'ormes,

bois blanc, plant de chêne et charmille plantée en réserve dans les parcs de Versailles................ 331^{tt} 7^{s}

13 aoust : à luy, pour le deuxième labour en plein à 81 arpens 21 perches 1/4 de pépinière d'ormes, bois blanc, chesne et charmille dans les parcs et aux environs de Versailles...................... 263^{tt}

13 aoust-9 septembre : à luy, pour le faux bois qu'il a coupé et les arbres qu'il a redressé à 60 arpens de pépinière (2 p.).................. 431^{tt} 17^{s}

21 octobre-4 novembre : à luy, pour le troisième labour à 143 arpens 6 perches 1/2 de terre plantée en bois dans la grande remise à gibier entre Rennemoulin et Vilpreux (2 p.)............... 446^{tt} 8^{s} 8^{d}

4-18 novembre : à luy, sur le troisième labour à 57140 toises carrées de terre au pied des arbres dans les avenues du parc de Versailles (2 p.)...... 632^{tt} 7^{s}

2-16 décembre : à luy, à compte des arbres qu'il a fait arracher dans les pépinières de Versailles (2 p.)... .... 900^{tt}

30 décembre : à luy, à compte des trous qu'il a faits et remplis et plantez d'arbres dans les avenues des parcs de Versailles...................... 150^{tt}

6 may-17 juin : à Anthoine Tricadeau, jardinier, pour les labours faits à 399 arpens 34 perches 1/4 de terre plantée en bois dans les remises à gibier et à la ceinture le long des murs dans le grand parc (3 p.)... .... 1198^{tt} 0^{s} 9^{d}

6 may : à luy, parfait payement de 1412^{tt} 12^{s} 8^{d} à quoy montent trois labours à 42100 toises carrées de terre au pied des arbres dans les avenues hors le parc et remises à gibier, et autres ouvrages... 362^{tt} 12^{s} 8^{d}

17 juin-13 août : à luy, à compte des premier et deuxième labours aux arbres des avenues de Versailles, du côté de Paris, Clagni, Glatigny et Marli (2 p.)... .... 600^{tt}

7 aoust-4 novembre : à luy, pour les deuxième et troisième labours à 260 arpens de bois plantez dans les remises à gibier et à la ceinture le long des murs dans le grand parc de Versailles (4 p.)....... 2434^{tt} 4^{s} 4^{d}

18 novembre : à luy, à compte du troisième labour fait à 13704 toises carrées de terre au pied des arbres des avenues en dehors des parcs de Versailles du costé de Paris, Marly, Clagny et Glatigny............ 60^{tt}

16 décembre : à luy, à compte du petit plant d'ormille qu'il a planté dans les remises à gibier du grand parc de Versailles........................ 250^{tt}

14 janvier-22 avril : à Jean Frade, jardinier, parfait payement du troisième labour fait à 11635 toises car-

ANNÉE 1691. — JARDINAGES ET LABOURS.

rées de terre au pied des arbres des avenues de la plaine de Vézinet et route des Loges (2 p.)..... 153ʰ 2ˢ 4ᵈ

20 may-7 aoust : à luy, sur le premier et deuxième labour (2 p.)............................. 200ʰ

14 janvier-22 avril : à Thomas de Bugny, jardinier, parfait payement de 538ʰ 8ˢ 11ᵈ à quoy monte le troisième labour par luy fait à 15398 toises carrées de terre au pied des arbres des avenues du palais des Thuilleries et du parc de Boulogne (2 p.).......... 238ʰ 8ˢ 11ᵈ

20 may-7 aoust : à luy, sur les premier et deuxième labours cy-dessus (2 p.)................... 300ʰ

3 juin : à luy et Voisin, pour 52 toises de fossez par eux faits pour conserver les arbres des avenues du parc de Boulogne et autres endroits.......... 59ʰ 12ˢ 6ᵈ

28 janvier 1691-13 janvier 1692 : à Estienne Hubin et Pierre Caillou, jardiniers, pour la terre d'égout qu'ils ont porté dans les carrez du jardin de la pépinière du Roulle (2 p.)................ 104ʰ 11ˢ 10ᵈ

22 avril : aud. Hubin et Jean Regempied, pour avoir labouré d'un fer de bêche 75 perches 5/6 de terre dans les carrez d'ifs du jardin de la pépinière du Roulle... .... 19ʰ 14ˢ 2ᵈ

3 juin-21 octobre : aud. Hubin, pour avoir labouré dans les carrez dud. jardin de la pépinière du Roulle (5 p.)............................. 154ʰ 13ˢ

20 may : à Jerosme Droit, jardinier, pour le labour de 15 arpens de bois dans les remises à gibier de la plaine de Saint-Denis................... 78ʰ 15ˢ

7 aoust : à luy, pour le deuxième labour en plain à 16 arpens 1/2 de plant de bois dans la plaine de Grenelle et de Montrouge................. 112ʰ 4ˢ

7 aoust-2 décembre : à luy, pour les deuxième et troisième labours aux 15 arpens de bois dans les remises à gibier de la plaine de Saint-Denis (2 p.). 150ʰ

11 mars-20 may : à Antoine Le Clerc et Nicolas Lancelin, parfait payement de 459ʰ 15ˢ pour les labours qu'ils ont fait pour planter une pépinière proche la porte Saint-Anthoine du parc de Versailles (3 p.).. .... 219ʰ 15ˢ

Somme de ce chapitre... 19795ʰ 14ˢ 7ᵈ

BUYS ET PLANTS D'ARBRES.

22 avril : à Jean Diot, jardinier, pour 208 bottes de buys nain, de 3 pieds de tour, qu'il a fourni pour planter dans le jardin de Trianon, à 25ˢ le cent........ 52ʰ

A luy, pour cent bottes, de 3 pieds 1/2 de tour, pour regarnir les parterres du jardin de Versailles, à 6ˢ la botte................................. 30ʰ

3 juin : à Jean Lancelin et Jaques Buret, pour avoir cueilly, amassé et voituré 492 boisseaux de graines d'ormes pour semer en pépinière, le long du mur du parc de Versailles, proche de Roquancourt........ 243ʰ 6ˢ

23 septembre : aud. Lancelin, pour avoir enfoncé en terre de deux pieds de creux au pied des arbres des avenues du parc de Versailles, du côté de Trianon, 207 pièces de charpenterie pour les conserver des voitures de charettes..................... 34ʰ 4ˢ

7 octobre : à luy et François Mettay, pour 531 toises 1/2 de fossez par eux faits, et pour avoir enfoncé en terre 152 pièces de charpenterie pour la conservation des arbres des avenues et parc de Versailles... 149ʰ 6ˢ 6ᵈ

16 décembre : à Robert Frade, pour 637 ormes, de 7 à 8 pouces de grosseur, qu'il a fait arracher dans la pépinière de Vézinet et voiturer pour planter dans les routtes de Saint-Germain, prez la porte de Poissy, en novembre dernier................... 50ʰ 5ˢ

30 décembre : à Charles Le Comte et Pierre Taupin, voituriers, pour 300 ormes qu'ils ont voiturez des pépinières de Versailles pour planter dans les jardins de Maintenon et de Grugnolle............. 51ʰ 8ˢ

13 janvier 1692 : à Nicolas Richon et Pierre L'Écuillier, pour les ormes, bois blanc et autres arbres qu'ils ont voiturez pour planter dans les jardins, parcs et avenues des maisons royales............. 203ʰ 10ˢ 6ᵈ

Au sʳ Mallet, pour achapt de maronniers d'Inde pour planter dans le jardin du Roy à Marly....... 41ʰ 15ˢ

21 décembre-2 décembre : à Louis Germain, pour 88700 de grosses charmilles de marque qu'il a fait arracher dans la forest de Montfort et dans celle de Senonche pour planter à Marly (2 p.)..... 467ʰ 10ˢ 6ᵈ

21 octobre-18 novembre : à Jean Tronçon, pour 393 milliers 1/2 de charmille qu'il a fait arracher dans la forest de Lions pour planter à Marly et à Fontainebleau (2 p.)........................ 364ʰ 5ˢ

Au sʳ Ballon, pour 2088 ormes qu'il a acheptez dans le pays d'Artois et fait voiturer au jardin de S. M. à Marly (2 p.)....................... 1429ʰ 14ˢ 6ᵈ

Somme de ce chapitre........ 3117ʰ 5ˢ

OIGNONS DE FLEURS.

14 janvier : à Gilles Pillet, jardinier, pour 4 boisseaux d'oignons de tulipes qu'il a fourni pour Marly, et 100 oreilles d'ours pour la Salle du Conseil à Versailles 20ʰ 15ˢ

A Estienne Ferrand et Pierre Lesguillé, pour avoir voituré 36 charettes chargées d'arbrisseaux, oignons et plantes de fleurs pris aux environs de Paris et à la pépinière du Roulle pour planter dans les jardins des maisons royales........................ 252ᵗᵗ 15ˢ

8 avril : à Estienne Maréchal et Jaques Huby, pour 400 touffes de véronique double, 300 oculus cristi, 200 œillets d'Espagne, 200 matriquaires doubles, 500 coquelourdes, 600 mufles de lion et 300 géroflées jaune simple, le tout fourni pour le jardin de Marly... .... 148ᵗᵗ 5ˢ

22 avril : à Louis de la Voye et Jean Fromentin, jardiniers, pour 150 géroflées doubles qu'ils ont fourni pour planter dans led. jardin de Marly..... 152ᵗᵗ 10ˢ

A Pierre de la Voye, pour 100 géroflées doubles qu'il a fourni pour planter dans la Salle du bal du jardin de Versailles...................... 101ᵗᵗ 10ˢ

A Michel Laforest et Jean Lancelin, pour 2150 juliennes blanches doubles, 250 véroniques doubles, 300 pieds d'œillets doubles de plusieurs espèces, pour lad. Salle du bal..................... 248ᵗᵗ

6 may : à Antoine des Cruchets, jardinier, pour 80 treffles en arbre en boule, 309 juliennes doubles, 25 géroflées et 355 coquelourdes qu'il a fourni pour planter dans le jardin du Roy à Marly..... 110ᵗᵗ 11ˢ

20 may : aud. Cruchet et à Estienne Maréchal, pour 1000 pieds de véroniques doubles de la grande et petite espèce, 1000 primeverds, 700 œillets d'Espagne, 500 marguerites, 65 cressons d'Inde, 250 pensées jaune et 5 pensées moitié jaunes et violettes qu'ils ont fourni pour Marly........................ 218ᵗᵗ 13ˢ

17 juin : aud. des Cruchets, pour 1400 pieds de belzamines, 30 pots de juliennes doubles pour Marly 44ᵗᵗ 5ˢ

23 septembre : à Jaques Huby et Estienne Maréchal, jardiniers, pour oignons de fleurs de plusieurs espèces qu'ils ont fourni pour planter à Marly..... 723ᵗᵗ 7ˢ 6ᵈ

7 octobre : à auxd. Maréchal et Antoine Descruchet, pour 94 boisseaux 1/2 de gros oignons de tulipes, 68 boisseaux de narcis blancs doubles et autres qu'ils ont fourni pour Marly..................... 935ᵗᵗ 5ˢ

21 octobre : à Estienne Ferrand et Pierre L'Éguillier, voituriers, pour voiture d'arbre et d'arbrisseaux, oignons et plantes de fleurs, faites de la pépinière du Roy au Roule aux maisons royales............. 285ᵗᵗ 1ˢ

18 novembre : aud. Huby, pour 65 boisseaux d'oignons de fleurs qu'il a fourni pour Marly... 210ᵗᵗ 5ˢ

16 décembre : aud. Estienne Maréchal, pour 10 boisseaux 1/4 d'oignons de fleurs de tulipes et de narcis et 230 oignons de narcis nompareilles qu'il a fourni pour Marly.. 38ᵗᵗ 8ˢ 6ᵈ

Somme de ce chapitre....... 3489ᵗᵗ 11ˢ

FUMIERS ET TERRAUX.

14 janvier : à François Lormet et Claude Le Cochois, pour 136 grands tombereaux plains de terraux qu'ils ont fourni et voiturez par terre jusqu'au port de Marly, pour le jardin de Marly.................. 366ᵗᵗ 4ˢ

11 février-30 décembre : à Estienne Hubin et Pierre Caillou, pour 7 toises 1/2 cubes de fumiers des rues de Paris, consommez en terraux, qu'ils ont livré pour fumer les carrez du jardin de la pépinière du Roule, et pour les chenilles qu'ils ont ostées sur les arbres dud. jardin (3 p.)..................... 208ᵗᵗ 0ˢ 4ᵈ

11 mars : à eux, pour fouille et transport de 19 toises cube de terre pour rehausser un mur de clôture du jardin de lad. pépinière, et pour les chenilles qu'ils ont ostées sur les arbres des avenues des Tuilleries... 106ᵗᵗ

25 mars : à eux, pour 109 toises courantes de rigolles pour planter des ifs en palissade, en avoir osté les méchantes terres de 2 pieds 1/2 de profondeur et les avoir remplies de 45 toises 5/12 cubes de bonne terre, le tout à la pépinière du Roule..... 90ᵗᵗ 16ˢ 8ᵈ

6 may : à eux, pour avoir labouré à la besche 2 arpens 98 perches dans plusieurs carrez de lad. pépinière............................... 74ᵗᵗ 9ˢ 2ᵈ

20 may : à Hubin et Jean Regempied, pour avoir labouré à la tâche et à la besche, dans led. jardin, 290 perches 3/4 de terre.................... 72ᵗᵗ 13ˢ 9ᵈ

17 juin : aud. Hubin, pour avoir labouré 29 perches de terre dans led. jardin.................. 17ᵗᵗ 18ˢ

1ᵉʳ juillet : à luy et à Guillaume Auvray, pour avoir labouré 55 perches 3/4 de terre idem...... 69ᵗᵗ 5ˢ 5ᵈ

7 août : à luy et à Jean Prud'homme, pour 1000 pots de terre de 8 à 9 pouces de diamettre qu'ils ont fourni pour planter des géroflées doubles pour les conserver pendant l'hyver, et avoir labouré 62 perches de terre dans les carrez dud. jardin de la pépinière. 112ᵗᵗ 18ˢ 2ᵈ

9 septembre : à Jaques Baudin et Claude Le Cochois, pour terraux et fumier qu'ils ont fourni et voituré jusqu'au port de Marly pour led. jardin..... 283ᵗᵗ 1ˢ 6ᵈ

7 octobre : à Le Cochois et Jean Fromentin, pour 101 charrettées de grands tombereaux de terrault qu'ils ont fournis pour led. jardin de Marly...... 285ᵗᵗ 12ˢ

18 novembre : à Noël Houiste, pour 247 tombereaux de bonne terre qu'il a prise sur le bord de l'égout et mise pour fumer les carrez dud. jardin..... 43ᵗᵗ 4ˢ 6ᵈ

2 décembre : à Pierre Caillou et Estienne Hubin, pour avoir fouillé et porté à la hotte 18 toises 1/3 de fumier de rue consommé en terraut et 8 toises 1/12 de

ANNÉE 1691. — JARDINAGES ET LABOURS.

terre d'égout pour fumer et remplir plusieurs carrez plantez d'ifs........................ 66ᴴ 0ˢ 10ᵈ

16-30 décembre : à eux, pour 32 toises cubes de bonne terre qu'ils ont fouillées et transportées à la hotte dans les carrez dud. jardin (2 p.)............ 120ᴴ

7 août-23 septembre : à François Baudin, voiturier, pour 30 toises cube de grand fumier qu'il a fourni pour faire des couches et des terraux au jardin de la pépinière, à 8ᴴ la toise cube (2 p.)............ 240ᴴ

13 janvier 1692 : à la demoiselle Bouchard, pour trente charretées de grand fumier, six tombereaux de terraux et dix mines de charbon qu'elle a acheptez pour le jardin de l'orangerie du palais des Thuilleries..... .... 54ᴴ 10ˢ

Somme de ce chapitre..... 2210ᴴ 14ˢ 4ᵈ

VOITURES.

25 mars-13 août : au sʳ Lions, voiturier, pour voiture de Lion à Paris de 21 caisses plaines d'oignons de tubéreuses, envoyées de Toulon pour planter dans les jardins des maisons royales, pesant 2115 livres poids de marcq, à raison de 7ᴴ 10ˢ pour chacun cent, de ladite ville de Lion jusqu'au Roulle, y compris les frais de la doüane de Lyon (2 p.)............... 179ᴴ 7ˢ 6ᵈ

22 avril : à Charles Chrestien et Pierre Leguillé, voituriers, pour vingt-cinq voitures de charettes à trois chevaux, qu'ils ont fourni pour voiturer des arbrisseaux, oignons et plantes de fleurs pour planter aux maisons royales............................ 183ᴴ 5ˢ

2 décembre : à Jean Maheu, pour voiture de plant d'ormille arrachées dans les pépinières de Versailles pour planter aux maisons royales............... 75ᴴ 15ˢ

25 mars : à Robert Gromet et Gentien Duval, pour la fourniture et voiture, des environs de Surenne au jardin de l'orangerie de Versailles, de dix-huit charretées de marc de vin consommé pour servir aux orangers de S. M............................. 154ᴴ

22 avril : à Pierre Crosnier, voiturier, pour avoir voituré 400 ormes et bois blancs, des pépinières du Roy à Versailles à la pépinière du Roule, pour planter aux maisons royales........................ 46ᴴ 7ˢ 6ᵈ

Somme de ce chapitre........ 639ᴴ 3ˢ 6ᵈ

FOSSEZ ET TERRASSES.

11 février-8 avril : à François Mettay et Jean Lancelin, terrassiers, payement de 1549 toises de fossez de différentes grandeurs qu'ils ont fait et relevez pour la conservation des arbres des avenues des parcs de Versailles (2 p.).................... 344ᴴ 8ˢ

20 may : à eux, pour avoir fait et relevé 614 toises de fossez pour la conservation *idem*...... 127ᴴ 16ˢ 6ᵈ

17 juin-13 août : aud. Mettay, pour 2189 toises de fossez pour l'écoulement des eaux des avenues de Versailles (3 p.)....................... 354ᴴ 5ˢ 6ᵈ

9 septembre : à luy, pour 465 toises de fossez plats qu'il a fait pour écouler les eaux dans les avenues, proche le réservoir d'eau de Choisy et de la Faisanderie dans l'ancien parc de Versailles............ 63ᴴ 15ˢ

23 septembre : à luy, pour fouille et transport de 65 toises 3/4 cube de terre pour rétablir les ravines et les trous qui ont esté faits par les eaux dans l'allée, sur la hauteur de Satory, qui a veüe à la porte Saint-Antoine dans l'ancien parc de Versailles..... 119ᴴ 12ˢ 6ᵈ

2-16 décembre : aud. Mettay et à François Poirier, à compte du labour et plant de charmille qu'ils ont fait dans les pépinières de Versailles proche Saint-Antoine (2 p.)............................. 100ᴴ

13 janvier 1692 : aud. Poirier et à Robert Labbé, pour vingt milliers de plants d'aunettes qu'ils ont arraché dans les parcs de Versailles pour planter dans les lieux humides des nouveaux plants dud. parc de Versailles............................. 68ᴴ 6ˢ

14 janvier-22 avril : à Jean Fraslon, jardinier, pour 7710 trous de différentes grandeurs qu'il a fait remplir de terre, et plants d'épines blanches de marque et de maronniers d'Inde (3 p.)................. 443ᴴ

14 janvier : à Jean Lancelin et Jean Robert, jardiniers, payement de 487ᴴ 17ˢ 6ᵈ à quoy montent 2272 toises courantes de fossez qu'ils ont fait et relevez dans les avenues du parc de Versailles...... 187ᴴ 17ˢ 6ᵈ

26 aoust : à Pierre Poteau, pour 283 toises de fossez plats pour écouler les eaux dans l'allée de l'ancienne ceinture du parc....................... 140ᴴ 11ˢ

26 aoust : à Jean Malloin, jardinier, à compte des fossez qu'il a fait et rétabli pour conserver les arbres dans l'avenue de Versailles à Saint-Cloud, du côté de la butte de Picardie........................ 60ᴴ

16 décembre : à luy, pour voiture de plant d'ormilles et de charmilles pour planter à Marly et Saint-Germain-en-Laye............................. 74ᴴ

23 septembre : à luy et à Guillaume Lievin, parfait payement de 106ᴴ 6ˢ à quoy montent 742 toises courantes de fossez qu'ils ont fait et relevé dans les avenues de Versailles........................ 46ᴴ 6ˢ

4 novembre : à luy et Julien Foyer, pour avoir fait et relevé 175 toises courantes de fossez dans les avenues en face du château, du côté de Paris, pour conserver les arbres........................... 69ᴴ 13ˢ

3-17 juin : à Pierre Baudeu, terrassier, pour 25 toises cubes de terre qu'il a fouillées et voiturées pour rehausser un mur de clôture du jardin de la pépinière du Roule (2 p.)........................... 145ʰ 15ˢ

Somme de ce chapitre....... 2345ʰ 6ˢ

ÉCHENILLAGE D'ARBRES.

25 mars-8 avril : à Jean Garnier, jardinier, pour le travail qu'il a fait pour émonder les arbres du Cours-la-Reyne (2 p.).............................. 300ʰ

25 février : à Jean et François Lesnables, pour les chenilles qu'ils ont ostées sur des arbres des avenues du cours de Vincennes et de l'Arc de Triomphe..... 150ʰ

14 février : à François Poirier, pour les arbres qu'il a échenillés dans les quinze bosquets en futayes et allées du jardin de Versailles.................. 445ʰ

6 may : à luy, à compte du rétablissement qu'il a fait à 350 toises de treillages de perches de châtaignier autour des pépinières de Versailles.......... 300ʰ

7 octobre : à luy, pour 89 perches de terre qu'il a labourées dans les sentiers des planches d'ormilles, semées de deux ans............................ 137ʰ 18ˢ

25 février : à luy et à Julien Foyer, pour avoir échenillé tous les arbres en futaye et allées du château de Trianon............................. 115ʰ

25 février-8 avril : à eux, payement des arbres qu'ils ont fait écheniller dans les allées des parcs et avenues de Versailles (4 p.)....................... 192ʰ

22 avril : à eux, parfait payement de 340ʰ à quoy montent les boutures de bois blancs qu'ils ont fait arracher dans les avenues des parcs de Versailles... 190ʰ

6 may-3 juin : à eux, parfait payement de 517 toises 1/2 de treillages par eux fait et rétabli pour clore les pépinières de Versailles, y compris les fournitures de perches, échalats et fil de fer (2 p.)............. 714ʰ 13ˢ

Somme de ce chapitre....... 4284ʰ 11ˢ

MANEQUINS.

25 mars : à Nicolas Hendrecies, vannier, pour six douzaines de grands paniers à anses, à 4ʰ la douzaine, et trente douzaines de corbeilles carrées d'ozier, à 40ˢ la douzaine, qu'il a fourni pour servir à porter des fruits du jardin de Vincennes à S. M........... 84ʰ

28 avril-2 décembre : à luy, pour 1200 manes d'ozier qu'il a fourni pour lever les arbrisseaux du jardin de la pépinière du Roulle (2 p.)............ 294ʰ

26 aoust : à luy, pour seize douzaines de clayes et corbeilles pour porter des fruits.......... 45ʰ 12ˢ

A luy et à Nicolas Malherbe, pour soixante douzaines de paniers à fraizes, quatre-vingt-quatorze douzaines de corbeilles de différentes grandeurs pour mettre des fruits, trente-six douzaines de panniers à ances et cinquante-trois hottes d'ozier, le tout fourni pour porter des fruits du jardin de Vincennes aux maisons royales. 464ʰ 18ˢ

8 avril-2 décembre : à Louis Cordelette, pour 4400 manequins pour lever les arbres verds au jardin de la pépinière du Roule (2 p.)................... 284ʰ

Somme de ce chapitre....... 1170ʰ 10ˢ

OUVRIERS À JOURNÉES DE LA PÉPINIÈRE DU ROULE.

14 janvier 1691-13 janvier 1692 : aux ouvriers qui ont travaillé à la journée depuis le 25 décembre 1690 jusqu'au 12 janvier 1692. (27 p.)...... 4296ʰ 4ˢ 8ᵈ

OUVRIERS À JOURNÉES DE DIVERS ENDROITS.

14 janvier-8 avril : aux ouvriers qui ont travaillé, sous Jean Maheu et François Metay, à esmonder les arbres des avenues des anciens et nouveaux parcs de Versailles, Marly et autres endroits (10 p.). 2198ʰ 0ˢ 8ᵈ

28 janvier-25 mars : à ceux qui ont ramassé et brûlé les chenilles qui ont esté ostées dans quatre bosquets et demi des arbres du jardin de Versailles, des allées du pourtour de l'estang du bois d'Arcy, de Saint-Cir, de Fontenay et autres endroits (5 p.)........ 306ʰ 13ˢ

25 mars-8 avril : à ceux qui ont travaillé, sous Tricadeau, à regarnir de plant d'ormille et bois blanc, en petits plants de bois, des remises à gibier et à la ceinture le long des murs dans le grand parc (2 p.). 957ʰ 10ˢ

25 mars-23 septembre : à ceux qui ont travaillé, sous Janson, à regarnir de plant d'ormille des plants de bois de la grande remise à gibier entre Rennemoulin et Villepreux, dans le grand parc (4 p.)....... 418ʰ 7ˢ 4ᵈ

25 mars 1691-13 janvier 1692 : à ceux qui ont travaillé en divers endroits des parcs et avenues de Versailles (25 p.)....................... 2098ʰ 6ˢ 4ᵈ

25 mars-8 avril : à ceux qui ont retiré le gland de la fosse ou il avoit esté ensablé pour le conserver pendant l'hyver, le cribler et le semer en pépinière dans la terre qui a esté préparée le long du mur du parc de Versailles, entre Saint-Antoine et Roquancourt (2 p.) 325ʰ 4ˢ

8 avril : à Jerosme Le Maistre, pour 21 journées qu'il a employées pour ramasser et brûler les chenilles ostées aux arbres des avenues du cours de Vincennes, de l'Arc de Triomphe et de l'allée de Picpus........ 16ʰ 16ˢ

A Jean Bouché, pour 33 journées employées à marquer les branches qu'il estoit nécessaire d'oster pour émonder les arbres du Cours-la-Reyne......... 99ʰ

ANNÉE 1691. — JARDINAGES ET LABOURS.

22 avril-17 juin : à ceux qui ont labouré et préparé la terre pour semer de la graine d'orme en pépinière le long du mur du parc de Versailles, entre Saint-Antoine et Roquancourt (6 p.)................ 733ʰ 17ˢ 8ᵈ

Somme de ce chapitre....... 7153ʰ 15ˢ

DIVERSES DÉPENSES.

14 janvier-30 décembre : au sʳ Ballon, pour son remboursement de ce qu'il a payé pour la nouriture et conservation des cignes sur la rivière de Seyne depuis Villeneuve-Saint-Georges jusqu'à Saint-Cloud, y compris la nouriture de 70 cignes qui sont enfermez dans une clôture à Carrière-Saint-Denis, pendant les trois derniers mois 1690 et trois premiers quartiers 1691 (4 p.)............................ 1627ʰ 7ˢ

11 février-21 octobre : à Jean Frade et Pierre Le Cochois, pour avoir pris avec des batteaux et des fillets, sur la rivière de Seyne depuis Villeneuve-Saint-Georges jusqu'à Vernon, 710 cignes qui estoient mêlés parmi les glaces, les avoir fait voiturer dans des clôtures sur l'isle devant le Cours-la-Reyne et à Carrière-Saint-Denis, proche Chatou, et pour avoir pris de jeunes cignes pour les éjointer d'une aile (3 p.)......... 581ʰ 8ˢ

8 avril : à eux, pour la nouriture et conservation des cignes qui sont sur la rivière de Seyne depuis Corbeil jusqu'aux environs de la Roche-Guion, pendant les trois premiers mois 1691................ 503ʰ 19ˢ

6 may : aud. Le Cochois, pour six pontons qu'il a faits pour mettre des nids de cignes qui se sont trouvez dans des scituations basses où les eaux les auroient pu perdre........................... 44ʰ

11 février : à Jean Ameline, pour avoir fait 150 trous de 6 pieds en carré sur 2 pieds de creux, les avoir rempli de terre et planté de 150 ormes autour des réservoirs d'eau et dans le jardin du château de Maintenon........................... 37ʰ 10ˢ

25 février : à Louis Le Roy et Nicolas Huguet, pour avoir fourni douze petites coignées à main pour couper des branches aux arbres du Cours-la-Reyne et autres fournitures........................... 73ʰ 15ˢ

11 mars-7 août : à Eustache Thibault, jardinier de Vincennes, pour remboursement de 92 bottes de paille longue, cerceaux, perches et ozier, acheptez pour faire des paillassons et pour conserver les arbres et plants dud. jardin, et pour deux brouettes (2 p.)... 254ʰ 6ˢ

25 mars : à Louis d'Amonville, tourneur, pour sept échelles de différentes longueurs qu'il a fournies pour couper les branches aux arbres du Cours-la-Reyne.... .... 23ʰ 14ˢ

6 may : à Claude L'Escarcelle, pour rétablissements par luy faits aux caisses de la pépinière du Roulle... .... 54ʰ 5ˢ

20 may : à Juy et à la veuve Dousseau, pour lesd. rétablissemens et autres ouvrages......... 66ʰ 17ˢ

7 août : à Jaques Le Cochard, pour avoir enfoncé en terre, de deux pieds de creux, 165 pieux de charpente, au pied des arbres des avenues des parcs de Vincennes pour les préserver des voitures de charettes... 63ʰ 15ˢ

7 août : à Claude Tabourreur, maçon, pour les réparations de maçonnerie qu'il a fait à la Muette du bois de Boulogne......................... 109ʰ

21 octobre : à Pierre Billardière, Jean Maheu, Julien Foyer et Nicolas Touroude, pour appointemens et voyages faits à Versailles............... 46ʰ 10ˢ

18 novembre : à Jean Maheu, pour le voyage qu'il a fait à cheval en Artois, pendant 18 jours, pour faire arracher et voiturer 2088 ormes pour le jardin de Marly, à 5ʰ par jour........................... 90ʰ

Au sʳ Ballon fils, pour son payement de pareil voyage, pour idem........................... 60ʰ

9 septembre : au sʳ de Sainte-Catherine, pour son remboursement d'un cheval qu'il a acheté pour le garde-rigolle du Perray................ 76ʰ

4 janvier-11 aoust : aux ouvriers qui ont travaillé à journées sous le sʳ de Sainte-Catherine, y compris l'invalide, du 18 novembre 1690 au 4 aoust 1691 (3 p.) 538ʰ 11ˢ 6ᵈ

11 novembre : à Michel Roger, chaufournier, pour quinze poinçons de chaux qu'il a fourni pour les réparations qui ont esté faites tant à la chaussée de la queue de l'estang d'Arcy qu'à celle de l'estang du petit Port-Royal et autres endroits, à raison de 4ʰ le poinçon. 60ʰ

A Lucas Paris, voiturier, pour avoir esté chercher les guides des soupapes de l'estang du petit Port-Royal, les avoir menez à Versailles et reportez aud. estang... 42ʰ

A Pierre Gola, maréchal, pour menues réparations qu'il a fait auxd. estangs du Perray et du petit Port-Royal............................ 20ʰ 16ˢ

2 décembre : à Gilles Le Moyne, fondeur, pour le temps que luy et son garçon ont employé à rétablir les soupapes des estangs du petit Port-Royal........ 30ʰ

9 septembre : aux nommez Bauvrin, serrurier, et Jean Naurissart, paveur, pour avoir relevé et rétabli 39 toises de gros pavé, proche les deux portes du Cours-la-Reyne, et autres ouvrages, y compris le fer, le plomb et la maçonnerie nécessaires pour rétablir lesd. portes du cours............................ 141ʰ 11ˢ

9 septembre : à Nicolas Le Jongleur, entrepreneur, pour fouille de terre et posage de 285 toises de tuiaux de grais, de 2 pouces à 2 pouces 1/2, à chaux et ciment, pour servir à la conduite des eaux de Vincennes. 1338ᴸ

Somme de ce chapitre...... 5885ᴸ 4ˢ 6ᵈ

ÉTANGS DE TRAPPES.

MAÇONNERIE ET TERRASSE.

7 janvier 1691-13 janvier 1692 : à Pierre Le Clerc, dit Pitre, entrepreneur, à compte des ouvrages de maçonnerie et de terrasse qu'il fait dans la plaine de Trappes (8 p.)......................... 6610ᴸ 4ˢ

11 novembre 1691-13 janvier 1692 : à Anne Binot, maçon, pour ouvrages et réparations de maçonnerie qu'il a fait à la chaussée de la queue de l'estang d'Arcy et autres endroits (2 p.)............... 506ᴸ 16ˢ 9ᵈ

7 janvier : à Florent Escouffier, dit Lionnois, pour avoir enlevé les décombres de moilon et de terre qui estoient devant les soupapes tant de la grande chaussée que du retour de l'estang de Trappes........... 100ᴸ

7 janvier-17 juin : à luy, parfait payement du déblay qu'il a fait pour le rétablissement du petit aqueduc du Perray (3 p.)............................ 850ᴸ

11 novembre : à luy, pour menus ouvrages de terrasses par luy faits à l'estang du petit Port-Royal et autres endroits............................ 27ᴸ

A Jean Flabé, terrassier, pour menus ouvrages de terrasse par loi faits, tant à l'estang du petit Port-Royal qu'autres endroits....................... 57ᴸ

Somme de ce chapitre........ 8151ᴸ 9ᵈ

CHARPENTERIE ET CHARONAGE.

18 février : à Sébastien Esloy, charpentier, pour la fourniture d'une petite vanne et pour la réparation des grandes vannes de l'estang de Trappes.......... 76ᴸ

11 aoust : à Roger Guillaume, pour le transport des bois qui ont esté employez à la réparation du petit aqueduc du Perray, pris à la forest de Gazeran....... 36ᴸ

A Guérin, pour 112 toises courantes de bois de sciage, de 4 à 5 pouces de gros, qu'il a fourni pour lad. réparation............................. 75ᴸ 12ˢ

11 novembre : à Mathieu Fontaine, charon, pour menues réparations aux soupapes des estangs de Perray et du petit Port-Royal.................... 51ᴸ

Somme de ce chapitre........ 238ᴸ 12ˢ

SERRURERIE.

18 février : à Georges Simonnet, serrurier, pour ouvrages et réparations de serrurerie par luy faits à l'estang de Trappes et autres endroits.......... 167ᴸ 1ˢ

2 décembre : à Thomas Vallerand, serrurier, pour ouvrages de serrurerie qu'il a faits pour le rétablissement des soupapes de l'estang du petit Port-Royal.. 65ᴸ 17ˢ

Somme de ce chapitre........ 232ᴸ 18ˢ

SAINT-GERMAIN-EN-LAYE.

MAÇONNERIE.

7 janvier-9 décembre : à Jaques Barbier, maçon, à compte des ouvrages de maçonnerie qu'il a fait et réparez dans la dépendance des châteaux de Saint-Germain (15 p.)............................ 2170ᴸ

21 janvier : à Jaques Mazières, entrepreneur, pour 81 toises 4 pieds carrés de maçonnerie qu'il a fait au nouveau bâtiment de la Capitainerie de Saint-Germain-en-Laye........................... 245ᴸ

11 aoust-2 septembre : à Jaques Loizeleur, maçon, parfait payement de 991ᴸ à quoy montent le pavé de champ qu'il a posé au fond de partie des aqueducs de Retz et les réparations qu'il a fait ausdits aqueducs (2 p.)................................. 161ᴸ

Somme de ce chapitre......,..... 2606ᴸ

CHARPENTERIE.

21 janvier : à Jean-Jaques Aubert, charpentier, pour 52 toises courantes de planches de sapin qu'il a livrées et employées aux réparations du jeu de paume de Saint-Germain-en-Laye......................... 34ᴸ

24 juin : à luy, pour des poteaux qu'il a posez depuis l'église parroissialle de Saint-Germain jusqu'à l'ancien abreuvoir pour tendre la tapisserie du jour de la Feste-Dieu............................. 120ᴸ

21 janvier : à Fiacre Le Merle, charpentier, pour un appentis de bois de charpente qu'il a fait, joignant le magasin de Saint-Germain................. 31ᴸ

18 mars : à Michel Bressan, autre, pour avoir étrezillonné partie des aqueducs des fonds de Retz... 34ᴸ 10ˢ

Somme de ce chapitre....... 219ᴸ 10ˢ

MENUISERIE.

7 janvier-14 octobre : à François Milot, menuisier, à compte des ouvrages de menuiserie qu'il a faits et rétablis dans la dépendance du château de Saint-Germain (5 p.)................................ 690ᴸ

SERRURERIE.

7 janvier-29 avril : à Joseph Rouillier, serrurier,

ANNÉE 1691. — SAINT-GERMAIN-EN-LAYE.

parfait payement de 4031ᴸ 5ˢ 2ᵈ à quoy montent ses ouvrages et réparations de serrurerie dans la dépendance du château de Saint-Germain, depuis le 5 may 1684 jusqu'au dernier décembre 1690 (4 p.).. 1031ᴸ 5ˢ 2ᵈ

13 may-23 décembre : à luy, à compte de ses ouvrages de serrurerie (8 p.)........................ 950ᴸ

Somme de ce chapitre...... 1981ᴸ 5ˢ 2ᵈ

VITRERIE.

21 janvier-23 décembre : à CLAUDE COSSET, vitrier, pour réparations de vitrerie dans la dépendance du château de Saint-Germain, depuis le mois de décembre 1690 jusqu'au mois de décembre dernier (10 p.)...
.... 1259ᴸ 9ˢ 8ᵈ

PLOMBERIE.

21 janvier : à JAQUES LUCAS, plombier, parfait payement de 482ᴸ 17ˢ 2ᵈ à quoy monte la façon du plomb, en tables et tuyaux, qu'il a livré au magasin de Saint-Germain et la soudure qu'il a fournie en 1689 et 1690
.... 381ᴸ 2ᵈ

PAVÉ.

2 septembre : à GILLES DERIAUX, paveur, sur les ouvrages de pavé neuf qu'il a fait et qu'il a réparez en plusieurs endroits de la dépendance dud. Sᵗ Germain. 100ᴸ

DORURE.

21 janvier : à GUILLAUME DESAUZIERS, doreur, pour une porte de l'appartement de Monseigneur qu'il a dorée au château de Saint-Germain.............. 60ᴸ 0ˢ 8ᵈ

LABOURS.

7 janvier-24 juin : à PIERRE MOTTE, laboureur, parfait payement de 5281ᴸ à quoy monte le plain labour qu'il a fait sur deux pieds de profondeur dans le petit parc de Saint-Germain, pour deffricher la dernière partie de la vente de bois qui a esté coupée afin d'y planter de nouveau plant (6 p.)................ 4681ᴸ 5ˢ 9ᵈ

18 mars-29 avril : à luy, parfait payement de 3715ᴸ 12ˢ 3ᵈ à quoy montent les labours et plants par luy faits dans le petit parc et dans le boulingrin de Saint-Germain (2 p.)..................... 345ᴸ 12ˢ 3ᵈ

27 may-28 octobre : à luy, parfait payement du 1ᵉʳ et 2ᵉ labours aux plants du petit parc (6 p.) 1694ᴸ 14ˢ 8ᵈ

28 octobre-25 novembre : à luy, sur les trous qu'il fait pour regarnir les ormes morts dans le petit parc (2 p.)..................................... 700ᴸ

11 novembre-9 décembre : à luy, à compte du dernier labour qu'il fait aux plants du petit parc (2 p.).. 400ᴸ

2 mars : aux nommez FERRAND et FONTENY, parfait payement de 3790ᴸ à quoy montent les labours qu'ils ont fait dans le petit parc de Saint-Germain en 1688, 1689 et 1690...................... 215ᴸ

13 may : à JEAN PICOU, jardinier, pour avoir dressé les plattes bandes et rétabli les allées du jardin du Val
.... 22ᴸ

4 février-4 mars : à PIERRE CHAMPAGNE et NOËL LAVENET, parfait payement de 802ᴸ 2ˢ 6ᵈ à quoy montent les labours qu'ils ont fait dans le jardin du Val dans les trenchées pour renouveller partie des arbres fruitiers qui estoient sur leur retour (2 p.)........... 402ᴸ 2ˢ 6ᵈ

7 janvier : à AUBIN PIGNON, terrassier, pour une routte qu'il a régalée et bombée dans le petit parc de Saint-Germain.................... 36ᴸ

18 février : à JEAN FRADE, laboureur, parfait payement de 265ᴸ 16ˢ 5ᵈ à quoy montent les labours et ensemensages par luy faits dans les trois remises à gibier de la garenne de Vézinet en 1690......... 35ᴸ 16ˢ 5ᵈ

4 mars : à luy, pour huit miliers de plant de chesne qu'il a planté dans deux remises............ 18ᴸ

10 juin-25 novembre : à luy, sur le labour et ensemensage de grains qu'il a fait dans lesd. trois remises à gibier de la garenne de Vézinet......... 233ᴸ 10ˢ 9ᵈ

4 mars : à JEAN MONTAUDOIN, pour avoir rempli d'un lit de terre et d'un lit de fumier, par 9 pouces de hauteur, 214 toises courantes de trenchées le long du grand espalier du jardin du Val................. 32ᴸ 3ˢ

Somme de ce chapitre..... 8816ᴸ 5ˢ 4ᵈ

DÉPENSES EXTRAORDINAIRES.

7 janvier : à PIERRE DARAGON, marchand de toile, pour le treillis et fil de Bretagne qu'il a fourni pour le jeu de paume du château de Saint-Germain.. 287ᴸ 5ˢ

21 janvier : à GERMAIN CHARPENTIER, pour avoir osté les neiges de dessus les principales terrasses du château neuf dud. Saint-Germain.................... 12ᴸ

A la veuve MICHEL FÉRON, nattier, pour 20 toises de nattes qu'elle a faites et livrées aud. jeu de paume, à 30ˢ la toise carrée....................... 30ᴸ

4 février : à ESTIENNE LEFEBVRE, pour 40 toises courantes de dosses de batteaux qu'il a livrez pour estre employez à étrezillonner les aqueducs de Rets.... 18ᴸ

A ANTOINE LA RUE, dessinateur, pour le papier à dessiner, crayons, couleurs et autres ustancils qu'il a acheptez pour faire deux cartes de la forest de Marly...... 44ᴸ

18 février-18 mars : à JEAN PICOU, jardinier, pour

les treillages des espalliers et contrespaliers du jardin du Val qu'il a rétablis (2 p.)................. 55ʰ

4 mars-14 octobre : à RENÉ LAFLÈCHE, tourneur, pour douze échelles de différentes grandeurs et six brouettes qu'il a livrées au magasin pour les jardiniers (3 p.).. 74ʰ 10ˢ

4 mars : à JULIEN LORRY, horloger, pour ouvrages fournis et rétablis à l'horloge du château........ 49ʰ

A MATHIEU LAMBERT, verrier, pour deux cents cloches de verre fournies au jardin du château neuf...... 66ʰ

1ᵉʳ avril : à JEAN-BAPTISTE LA LANDE, jardinier, pour la terre qu'il a préparée pour mettre aux orangers qui luy ont esté envoyés de Versailles, et pour 33 milliers de plant de chesne qu'il a livrez dans le parc de Marly pendant 1685............................. 126ʰ

A PIERRE JOLLY, garde des plants et palis de la forest de Saint-Germain, pour dix-sept travées de palis que les dernières tempestes avoient jettées bas aux palis qui enferment les remises joignant les Loges, qu'il a relevées..................................... 15ʰ

15 avril : à JAQUES VALLÉE, pour 488 sommes de fumier qu'il a livré au jardin du Val......... 192ʰ 18ˢ

A CHARLES DUFAY, jardinier, pour poiriers, peschers et autres arbres fruitiers qu'il a livrez au jardin du château neuf................................... 46ʰ 12ˢ

A GUILLAUME TANSARD, pour 44 livres de fil de fer qu'il a livré au magasin de Saint-Germain.... 24ʰ 4ˢ

29 avril : à DOMINIQUE VARISSE, ramoneur, pour 97 cheminées qu'il a ramonnées dans les appartements dud. château..................................... 38ʰ 16ˢ

13 may : à DENIS MALGRANGE, épinglier, pour cent livres de fil de fer qu'il a livré au magasin de Saint-Germain pour rétablir les treillages du Val......... 50ʰ

27 may : à JEAN COUVILLE, pour avoir bombé de 9 pouces par le millieu et régallé partie de la grande allée du petit parc de Saint-Germain........ 67ʰ 11ˢ

24 juin : à DUPARC, jardinier, pour les bonnes terres qu'il a transportées au parterre du château neuf et autres ouvrages de jardinage................... 110ʰ

A JEAN BELISSAN, terrassier, pour 139 toises courantes de routes qu'il a régallées et bombées dans le petit parc de Saint-Germain........................ 27ʰ

7 aoust : à luy, pour le nettoyement des ordures qui estoient dans le fossé du château........... 15ʰ 10ˢ

A ESTIENNE JOLIVET, pour le loyer du logement du suisse nouvellement placé à Conflans-Saint-Honnorine, pendant une année.......................... 45ʰ

19 aoust : à GERVAIS, chaudronnier, pour une paire d'arouzoirs de cuivre jaune qu'il a livrée au jardinier du boulingrin du château neuf................... 20ʰ

A MATHIEU LAMBERT, fayancier, pour un milier de phioles de verre et un cent de cloches qu'il a livrez au jardinier du Val pour prendre des mulots et autres bestes qui mangent les fruits le long des espalliers. 67ʰ 10ˢ

2 septembre : à JEAN GAUTIER, charbonnier, pour vingt sacs de charbon qu'il a livrez au magasin de Saint-Germain................................ 20ʰ

28 octobre : à FRANÇOIS MASSELOT, battelier, pour 70 toises courantes de dosses de bateau qu'il a livrées aud. magasin du Roy.................... 32ʰ

25 novembre : à FRANÇOIS GAUTHIER, pour avoir curé deux puits à l'hôtel du Mayne et un autre au manège. 21ʰ

Somme de ce chapitre...... 1554ʰ 6ˢ

ENTRETENEMENS DE SAINT-GERMAIN-EN-LAYE.

7 janvier-14 octobre : à JAQUES BARBIER, maçon, ayant l'entretenement de la terrasse, perrons, murs de clôture et loge des suisses de la dépendance des châteaux de Saint-Germain-en-Laye et de Marly, pendant les trois derniers mois 1690 et les trois premiers quartiers 1691 (4 p.)........................ 1500ʰ

A SIMON DESCHAMPS, couvreur, ayant celuy de la couverture de la dépendance desd. châteaux de Saint-Germain et de Marly, pour ses gages pendant le même temps (4 p.)................................. 2000ʰ

7 janvier 1691-6 janvier 1692 : à LOUIS IZABELLE, garçon plombier, ayant la recherche des plombs sur la couverture du château et autres maisons de la dépendance de Saint-Germain, pour ses gages pendant les trois derniers mois 1690 et l'année 1691 (4 p.)...... 750ʰ

A PIERRE JOLY, garde des nouveaux plants et palis de la forest de Saint-Germain, pour la conservation des nouveaux plants et réparations des palis de la forest joignant les Loges pendant 1690 et 1691 (2 p.)... 300ʰ

14 octobre : à luy, pour l'entretien des cages qui conservent les ormes dans la grande route des Loges en face du château................................ 100ʰ

7 janvier 1691-6 janvier 1692 : à JEAN-BAPTISTE LA LANDE, jardinier de l'orangerie de Saint-Germain, pour le charbon qu'il a fourni pour le chauffage de lad. orangerie pendant l'hyver 1690 et l'hyver 1691 (2 p.). 500ʰ

A luy, pour les labours et entretenemens des palissades du petit parc de Saint-Germain pendant les six derniers mois 1690 et l'année 1691 (3 p.)..... 600ʰ

A luy, pour le loyer de la maison qu'il a occupée à Saint-Germain en 1690 et 1691 (2 p.)........ 300ʰ

ANNÉE 1691. — MARLY.

A la veuve Bellier, jardinière du parterre en gazon, pour son loyer de l'année 1690-1691 (2 p.)... 300ᴸᵗ

Somme de ce chapitre.......... 6350ᴸᵗ

OUVRIERS À JOURNÉES.

7 janvier 1691-6 janvier 1692 : aux ouvriers qui ont travaillé à la journée du Roy à serrer de la glace dans les glacières de Saint-Germain (2 p.)..... 1027ᴸᵗ 8ˢ 4ᵈ

21 janvier-23 décembre : à ceux qui ont esté employés à divers ouvrages aud. château (25 p.)... 1716ᴸᵗ 5ˢ 9ᵈ

Somme de ce chapitre..... 2743ᴸᵗ 14ˢ 1ᵈ

MARLY.

MAÇONNERIE.

4-18 février : à Jaques Loizeleur, maçon, à compte des ouvrages de maçonnerie qu'il a fait en plusieurs endroits de la dépendance de Marly (2 p.)....... 250ᴸᵗ

1ᵉʳ avril-1ᵉʳ juillet : à luy, parfait payement de la pierrée au milieu de l'allée au-dessus du grand mur de terrasse au devant du château de Marly pour y recevoir les eaux des ravines et autres ouvrages dans la dépendance dud. château (5 p.).............. 1441ᴸᵗ 10ˢ

27 may-19 aoust : à luy, parfait payement de 605ᴸᵗ 10ˢ 9ᵈ pour ses ouvrages de maçonnerie avec moilon et mortier de terre pour le revêtissement de la hauteur de terre de la route royale de la forest de Marly (3 p.).................. 305ᴸᵗ 10ˢ 9ᵈ

19 aoust-23 décembre : à Jean Bailly et Louis Rocher, entrepreneurs, à compte des ouvrages de maçonnerie qu'ils font pour la construction des perrons sur les glacis du jardin de Marly (8 p.)............. 2300ᴸᵗ

25 novembre : à Denis Anceau, maçon, pour un mur qu'il a fait au bout de la première ligne des aqueducs de Roquancourt, pour soutenir les terres............ 60ᴸᵗ

7 janvier-24 juin : à François Gobin, maçon, à compte des ouvrages et réparations de maçonnerie qu'il a fait dans la dépendance du château de Marly (12 p.)..... 1450ᴸᵗ

11 aoust : à luy, pour les journées d'ouvriers et les matéreaux qu'il a fournis pour la construction du modelle des trois perrons nouvellement faits sur le glacis du jardin de Marly...................... 293ᴸᵗ 2ˢ 6ᵈ

23 décembre : à luy et à Pierre Buret, sur les réparations de maçonnerie aud. château............ 130ᴸᵗ

19 aoust-9 décembre : à Michel Gobin et Pierre Buret, maçons, à compte des rétablissemens de maçonnerie qu'ils font aud. château et aux murs de limosinerie et à pierre sèche qu'ils rétablissent à l'estang du Trou d'Enfer (4 p.)............................. 750ᴸᵗ

7 aoust : à eux, sur les aqueducs et pierrées qu'ils font sur les rigolles de l'allée du parc de Marly... 300ᴸᵗ

11 aoust : à eux, sur les aqueducs et pierrées, ponceaux et regards qu'ils font dans le parc où l'on a fait une ramasse............................ 250ᴸᵗ

19 aoust-16 septembre : à eux, pour le mur qu'ils ont fait pour soutenir les terres de la contre-allée que l'on élargit dans le bosquet de Marly du côté du village (3 p.)............................ 782ᴸᵗ 3ˢ 4ᵈ

14 octobre-25 novembre : à eux, parfait payement de 1241ᴸᵗ 16ˢ 11ᵈ pour les aqueducs et pierrées qu'ils ont fait sur les rigolles de l'allée du parc de Marly (2 p.) 691ᴸᵗ 16ˢ 11ᵈ

7 janvier : aud. Pierre Buret, maçon, pour ouvrages de maçonnerie qu'il a fait dans la dépendance dud. château................................ 172ᴸᵗ 7ˢ 6ᵈ

29 avril : à luy, pour une pierrée qu'il a fait au travers du chemin qui monte du chemin de Versailles au village de Marly, pour l'écoulement des eaux tant des ravines que de la décharge du lavoir.......... 158ᴸᵗ

27 may-7 aoust : à luy, sur ses ouvrages de maçonnerie en plusieurs endroits dud. château (3 p.)... 309ᴸᵗ 6ˢ 9ᵈ

15 avril : aud. François Gobin, pour diverses menues réparations de carreaux de plâtre et autres, par luy faites au château et bâtimens en dépendans. 100ᴸᵗ 3ˢ 5ᵈ

18 mars : à Pierre Champagne, pour 6 toises 1/2 de pierre de molière qu'il a livré, joignant l'estang du Trou d'Enfer......................... 71ᴸᵗ 10ˢ

Somme de ce chapitre..... 9815ᴸᵗ 11ˢ 2ᵈ

JARDINAGES ET TERRASSES.

7 janvier : à Jaques Le Jay, jardinier, pour une loge de paille qu'il a fait au derrière du château de Marly 30ᴸᵗ

7 janvier-1ᵉʳ avril : à luy, à compte des ormes qu'il a planté dans le parc et dépendance de Marly (3 p.) . 320ᴸᵗ

1ᵉʳ avril : à luy, pour ouvrages de gazonnage qu'il a fait et rétabli en plusieurs endroits de la dépendance de Marly............................. 41ᴸᵗ 14ˢ 1ᵈ

15 avril-13 may : à luy, pour les cages qu'il a fait pour enfermer les ormes des deux avenues de la commune de Noisy (3 p.).................. 233ᴸᵗ 16ˢ

13 may : à luy, pour 228 ormes en manequin qu'il a transporté dans la commune de Noisy pour garnir l'allée de Marly qui va dans la forest............ 136ᴸᵗ 16ˢ

10 juin-16 septembre : à luy, parfait payement du grand et moyen treillage qu'il a fait pour clore les deux

bosquets au derrière des pavillons des deux ailes (7 p.) 1657ᴵᴵ 5ˢ 4ᵈ

15 avril-25 novembre : à luy, sur le gazon qu'il fait pour le rétablissement des bords du canal du Trou d'Enfer (2 p.)........................ 260ᴵᴵ 5ˢ 10ᵈ

24 juin : à luy, pour les perches qu'il a coupées dans les bois proche Noisy et voiturées au magasin de Marly 36ᴵᴵ

16 septembre : à luy, pour les mauvaises terres qu'il a ôtées et les bonnes qu'il a raportées aux deux principales allées du bosquet de Marly du costé du village 81ᴵᴵ 12ˢ

30 septembre-25 novembre : à luy, pour le gazon qu'il a rétabli dans les jardins de Marly (5 p.). 457ᴵᴵ 9ˢ 3ᵈ

30 septembre-28 octobre : à luy, pour les régallemens et bonnes terres qu'il a mis sur toutes les allées du bosquet du jardin de Marly (3 p.)............ 540ᴵᴵ

11 novembre : à luy, pour un modèle de gazon qu'il a fait, joignant la tablette du réservoir au bout du bosquet dud. jardin...................... 22ᴵᴵ 10ˢ

9 décembre 1691-6 janvier 1692 : à luy, sur le nouveau treillage qu'il a fait dans le jardin de Marly (4 p.) 577ᴵᴵ

7 janvier-18 février : à Charles Amelot, jardinier, parfait payement de 2254ᴵᴵ 18ˢ 6ᵈ à quoy montent les souches qu'il a arrachées et les régallemens qu'il a faits sur partie des routes de la forest de Marly (3 p.) 394ᴵᴵ 18ˢ 6ᵈ

1ᵉʳ avril : à luy, pour mille arbres qu'il a plantez sur le bord de la route de Marly qui va à la forest... 105ᴵᴵ

15 avril-11 aoust : à luy, à compte de la recoupe qu'il a façonnée et qu'il a rebattue sur les allées du jardin de Marly (7 p.)......................... 1573ᴵᴵ

15 avril : à luy, pour 997 châtaigniers qu'il a habillez et plantez sur le bord de la route de Marly qui va dans la forest............................ 49ᴵᴵ 17ˢ

7 aoust : à luy, pour avoir coupé le bois de la route de Marly et avoir dressé la nouvelle allée depuis le bosquet du côté du village jusqu'au derrière du dernier pavillon de l'aile du même côté (2 p.)................. 262ᴵᴵ

19 aoust-2 septembre : à luy, pour terres enlevées, ravines recomblées, souches arrachées pour poser la ramasse, et autres travaux à Marly (4 p.)..... 190ᴵᴵ 10ˢ

16 septembre : à luy, pour 78 journées d'ouvriers qu'il a fournis pour arracher des oignons de fleurs sur partie des plattes-bandes du jardin de Marly pour y remplacer ceux qui avoient manqué............ 58ᴵᴵ 10ˢ

28 octobre : à luy, pour avoir transporté du sable et sablé les allées du bosquet de Marly du costé du village et autres ouvrages.......................... 204ᴵᴵ

11-25 novembre : à luy, pour les trous qu'il a fait dans les plants de la dépendance de Marly pour y regarnir les ormes morts (2 p.).................. 470ᴵᴵ

11-25 novembre : à luy, pour avoir levé de gros charmes en manequin qui étoient dans la forest de Marly et avoir passé au croissant une partie des routes et chemins de lad. forest (2 p.)............ 100ᴵᴵ 16ˢ

25 novembre 1691-6 janvier 1692 : à luy, sur les gros charmes qu'il arrache en motte dans lad. forest et les spées [cépées] d'autres bois qu'il lève aussi en motte dans la plaine du Trou d'Enfer pour garnir les places vuides du bosquet de Marly du côté du village (4 p.).. .... 1020ᴵᴵ

6 janvier 1692 : à luy, pour le bois qu'il a coupé des routes où il a arraché les souches et qu'il a régallées et bombées dans lad. forest au bout de la route Dauphine................................. 88ᴵᴵ

7 janvier-13 may : à Pierre Champagne et Noël Lavenet, terrassiers, parfait payement de 2746ᴵᴵ 6ˢ 8ᵈ pour la mauvaise terre qu'ils ont fouillée dans la commune de Noisy au pourtour du Trou d'Enfer et la bonne terre qu'ils y rapportent pour y planter des avenues d'ormes (7 p.)............................ 1476ᴵᴵ 6ˢ 8ᵈ

11 novembre 1691-6 janvier 1692 : à eux, sur la fouille des mauvaises terres qu'ils font à plusieurs endroits du jardin de Marly qu'ils transportent hors le parc et les bonnes terres qu'ils raportent dans le jardin pour y planter du plan (5 p.).............. 1800ᴵᴵ

7 aoust : à Noël Lavenet, pour le sable qu'il a raporté sur les allées et mauvaises terres qu'il fouille pour faire des trenchées pour faire un bosquet (2 p.)...... 265ᴵᴵ

7 aoust-30 septembre : à luy, sur les fouilles et transports de terre qu'il a fait en divers endroits hors du parc de Marly et la bonne terre qu'il a raportée dans le parc (2 p.)....................... 1057ᴵᴵ 11ˢ 8ᵈ

19 aoust-16 septembre : à luy, pour les mauvaises terres qu'il a enlevé pour construire une contre-allée dans le bosquet de Marly du côté du village et une tranchée qu'il fouille et qu'il remplit de bonne terre pour y planter des ormes et une palissade (3 p.). 695ᴵᴵ 13ˢ 9ᵈ

7 aoust-25 novembre : à luy, parfait payement de la fouille et transport de terres dans la route du parc de Marly où l'on a fait la roulette (2 p.).... 413ᴵᴵ 15ˢ 8ᵈ

15 avril : à Pierre Champagne, pour 30 toises cubes de terre qu'il a transporté sur l'allée des réservoirs du dessus de Marly........................ 120ᴵᴵ

14 octobre : à luy, pour le conroy qu'il a façonné dans le plat-fonds de l'estang du Trou d'Enfer... 337ᴴ 6ˢ 1ᵈ

28 octobre : à luy, pour avoir rempli de terre le second puits de la deuxième ligne des aqueducs de Roquancourt du côté du canal de l'estang du Trou d'Enfer. 34ᴴ

21 janvier-13 may : à Estienne Bourguet, terrassier, pour le plain labour qu'il a fait, sur un pied et demi de profondeur, à costé de la route de Marly que l'on a nouvellement percée dans le bois de Noisy pour aller dans la forest, afin d'y planter une épaisseur de bois où il en manque (2 p.).................. 263ᴴ 10ˢ

7 aoust : à Nicolas Borienne, terrassier, pour les trenchées qu'il a fouillées des deux côtez de la nouvelle allée dans le bosquet de Marly du côté du village. 104ᴴ

23 décembre : à Seraphin Hamel, jardinier, pour 150 spées de charmes qu'il a levées en motte dans la forest de Saint-Germain-en-Laye............. 34ᴴ

7 janvier : à Claude Voerien, terrassier, pour avoir arraché les spées de bois et de genets dans un carré de la plaine du Trou d'Enfer.................. 17ᴴ

18 février-16 septembre : à Thomas Marville, terrassier, pour divers travaux de terrasse et pour souches arrachées dans les jardin et forest de Marly (8 p.)....... .... 288ᴴ 4ˢ 6ᵈ

7 aoust-9 décembre : à luy, parfait payement des terres qu'il transporte dans le canal du Trou d'Enfer (5 p.)... .... 813ᴴ 18ˢ 5ᵈ

28 octobre-23 décembre : à luy, pour le conroy qu'il a rétabli dans le fond dud. canal et autres ouvrages de terrasse (2 p.).................. 174ᴴ 14ˢ

15 avril-7 aoust : à Germain Charpentier, terrassier, pour transport de terre et ouvrages de terrasse aud. château de Marly (3 p.).................. 214ᴴ 18ˢ

29 avril-2 septembre : à luy, sur les recoupes et sable de rivière qu'il a transporté pour sabler les allées du jardin de Marly (8 p.).................. 522ᴴ

15 septembre-11 novembre : à luy, pour le terrault qu'il a transporté à la hotte sur les plattes bandes des allées des deux côtez du château de Marly (5 p.). 314ᴴ 7ˢ

25 novembre-23 décembre : à luy, pour les spées de charmes qu'il a déchargées de dessus des charrettes, transportées et plantées dans plusieurs bosquets du jardin de Marly (3 p.)................... 263ᴴ 15ˢ

15 avril-24 juin : à Jean Vigor, terrassier, pour immondices et transports de terres enlevées au derrière des deux ailes dud. château, et pour remplir un fond d'une route dans la plaine du Trou d'Enfer (4 p.). 177ᴴ 5ˢ 5ᵈ

27 may : à luy, pour 20 toises 1 pied courant de pierrée qu'il a fait dans un fond proche de Chevaudot et autres endroits pour l'écoulement des eaux... 60ᴴ 10ˢ

24 juin-28 octobre : à luy, pour la recoupe qu'il a repassée et voiturée des carrières de Carrière-sous-Bois dans le parc de Marly pour rétablir les ravines (4 p.) 1036ᴴ 15ˢ

7 aoust : à luy, pour l'enlèvement des terres pour la construction de l'escarpoulette de Marly........ 335ᴴ

A luy, pour quatre toises cubes de pierre de molière qu'il a livrées sur le puits des aqueducs de Roquancourt pour construire les murs qui soutiennent les sables du bout des branches desd. aqueducs............ 60ᴴ

23 décembre : à luy, pour les bonnes terres qu'il a rapportées de dehors le parc dans les trous des carrez au pourtour du lavoir de Marly où l'on a planté des spées de charme................... 75ᴴ

30 septembre-25 novembre : à Jaques Rouan, terrassier, pour avoir dressé, labouré les terres des plattes bandes nouvellement faites et les mauvaises terres qu'il a ôtées sur le glacis au bout du bosquet de Marly (2 p.) 98ᴴ

7 janvier-1ᵉʳ avril : à Noël Lavenet, pour un chemin qu'il a accomodé pour adoucir la descente de Marly et pour un fond qu'il a rempli de terre à costé de lad. route (2 p.).................. 105ᴴ

11 aoust-2 septembre : à luy, parfait payement de 1392ᴴ 3ˢ 1ᵈ à quoy montent les fouilles et transport de terre sur la chaussée du réservoir du bosquet de Marly du costé du village (2 p.).............. 442ᴴ 3ˢ 1ᵈ

2 septembre : à luy, pour le transport des terres dans la route roïale qui va dans la forest de Marly vis-à-vis la porte de la croix Saint-Philippe.............. 36ᴴ

14-28 octobre : à luy, pour les mauvaises terres qu'il a enlevées hors le parc de Marly, tant autour de l'escarpolette où l'on doit planter des maronniers d'Inde et autres endroits (2 p.).................. 689ᴴ 14ˢ 7ᵈ

21 janvier-29 avril : à Guillaume Motte, laboureur, parfait payement de 2134ᴴ 13ˢ 8ᵈ à quoy montent les labours qu'il a faits aux plants de la dépendance du château de Marly (6 p.).................. 1015ᴴ 13ˢ 8ᵈ

10 juin-28 octobre : à luy, à compte du plain labour qu'il fait aux plants du petit parc et à ceux du derrière de la chaussée de l'étang du Trou d'Enfer (4 p.). 800ᴴ

2 septembre : à Pierre Motte, pour le labour des bosquets de Marly qui sont au pourtour des bassins au-dessous du grand mur de terrasse et les quinconges qui sont au bout des pavillons des deux ailes de Marly. 32ᴴ

18 février : à Pierre Boulanger, terrassier, parfait

payement de 139ᵗᵗ pour les souches qu'il a arrachées en 1690................................... 39ᵗᵗ

1ᵉʳ avril-30 septembre : à luy, pour ouvrages de terrasse, labour et transport de terre qu'il a fait dans les divers endroits du jardin de Marly (10 p.).... 427ᵗᵗ 4ᵈ

Somme de ce chapitre..... 23548ᵗᵗ 17ˢ 4ᵈ

MENUS OUVRAGES DE TERRASSE.

7 janvier : au nommé DE LABOUR, voiturier, pour 33 grands tombereaux de terreau qu'il a voituré du port de Marly dans le jardin pour mettre dans les plattes bandes.................................. 58ᵗᵗ 10ˢ

4 février : à HENRY LAMABRE, jardinier, pour avoir osté les neiges de dessus les allées entre le château de Marly et les offices...................... 14ᵗᵗ

4 février-10 juin : à BERNARD LORAIN, pour divers travaux de terrasse et jardinages aud. château (6 p.)... .... 157ᵗᵗ

16 septembre : à luy, pour les terres qu'il a fouillées et transportées pour la construction des tranchées faites et remplies de bonnes terres au derrière des berceaux de Marly du côté des offices............. 125ᵗᵗ 11ˢ 4ᵈ

4 février-2 septembre : à CHARLES HONSLAVILLE, terrassier, pour fouille et transport de terre et autres ouvrages aud. château (8 p.)............ 414ᵗᵗ 2ˢ 9ᵈ

18 février-27 may : à FRANÇOIS CORBET, terrassier, pour la pierrée qu'il a faite et souches qu'il a arrachées dans la forest de Marly (5 p.)................. 296ᵗᵗ

18 février : à THOMAS MARVILLE, pour les chenilles qu'il a ostées de dessus les arbres et plants du parc et environs de Marly........................... 30ᵗᵗ

4 mars : à JEAN VIGOR, pour avoir enlevé les boues sur le pavé depuis la porte de l'entrée du parc de Marly du costé du village jusqu'aux offices............ 18ᵗᵗ

29 avril-10 juin : à NICOLAS LECOMTE, pour ornières remplies et régalement de plusieurs routes dans lad. forest de Marly (2 p.)............................ 119ᵗᵗ

29 avril : à PIERRE LEFEBVRE, sur ses ouvrages de régallement à la route des Princesses............ 30ᵗᵗ

29 avril-10 juin : à JEAN RATTIER, sur ses ouvrages à la route Royalle et au pourtour de la Monjoye de la forest de Marly (3 p.)....................... 185ᵗᵗ

27 may : à HENRY CHAPELAIN, pour avoir labouré les deux quinconges au-dessous des pavillons des deux ailes dud. jardin............................ 37ᵗᵗ

A GILLES FOUCAULT, pour avoir coupé et osté les herbes dans la grande et petite pièce d'eau dud. jardin.. 75ᵗᵗ

10 juin-30 septembre : à NICOLAS CACHELIÈVRE, pour avoir dressé les plattes bandes des deux nouvelles avenues qui traversent la commune de Choisy et pour les routtes qu'il a tondues dans la forest (2 p.).......... 122ᵗᵗ

7 aoust : à MARTIN ROUEN, pour dix-neuf journées d'ouvriers qu'il a fourni pour employer à tirer les cordes de l'escarpoulete du château pendant le séjour que S. M. a fait à Marly pendant cette semaine......... 38ᵗᵗ

25 novembre : à NICOLAS MAZURIER, pour le conroy qu'il a façonné au plat-fond du canal de l'étang du Trou d'Enfer................................ 85ᵗᵗ

Somme de ce chapitre...... 1804ᵗᵗ 4ˢ 1ᵈ

CHARPENTERIE.

15 avril-23 décembre : à RAOUL DE PIERRE, dit LA PORTE, parfait payement de 4254ᵗᵗ 10ˢ 11ᵈ à quoy montent les ouvrages de charpenterie qu'il a fait en divers endroits de la dépendance de Marly (5 p.). 1854ᵗᵗ 10ˢ 11ᵈ

24 juin : à luy, pour ouvrages de charpenterie qu'il a fournis et façonnez dans le réservoir de Marly du côté du village............................. 178ᵗᵗ 13ˢ

16 septembre : à luy, pour 164 livres de clouds à plancher qu'il a livrez au magasin de Marly pour attacher les planches de la ramasse dans une des allées du parc................................ 37ᵗᵗ 10ˢ

7 aoust-30 septembre : à luy, parfait payement de la construction de lad. ramasse (4 p.).... 3955ᵗᵗ 14ˢ 10ᵈ

7 janvier : à MICHEL LE BRESSAN, charpentier, pour plusieurs ouvrages de charpenterie dans le parc et dépendance de Marly......................... 48ᵗᵗ

15 avril-13 may : à luy, pour huit barrières qu'il a fait dans la dépendance dud. château et autres ouvrages (2 p.)................................... 88ᵗᵗ

30 septembre-11 novembre : à luy, pour la construction d'un hangard où l'on doit mettre le chariot de la roulette de Marly (2 p.)............... 102ᵗᵗ 2ˢ 6ᵈ

30 septembre : à luy, pour les plattes formes qu'il a posées sur le terrain de la fondation du deuxième escalier fait sur le glacis au-dessous des pavillons de l'aile du jardin de Marly du costé de Louveciennes...... 20ᵗᵗ

11 aoust : à JEAN BELISSAN, pour deux ponts qu'il a fait sur la rigolle qui va aux deux bouts de la ramasse 35ᵗᵗ

16 septembre : à luy, pour le rétablissement des barrières de la forest qui estoient rompues et de celle de la plaine du Trou d'Enfer.................... 20ᵗᵗ

2 septembre : à NICOLAS PROUVAY, charpentier, pour cinquante journées de charpentiers qu'il a fournis, pendant les deux derniers séjours que le Roy a fait à Marly, pour arrester le chariot de la ramasse........... 75ᵗᵗ

Somme de ce chapitre..... 6414ᵗᵗ 11ˢ 3ᵈ

ANNÉE 1691. — MARLY.

MENUISERIE.

7 aoust : à François Milot, menuisier, pour deux bancs cintrés en plain cintre qu'il a faits et posez à la salle du jardin de Marly prez l'escarpoulette 366ᴴ

16 septembre : à luy, pour un modèle de bois de sapin qu'il a fait pour pouvoir remonter le chariot de la ramasse nouvellement faite dans une des routes du parc de Marly............................... 36ᴴ

30 septembre - 14 octobre . à luy, sur les bancs qu'il fait pour mettre dans les niches et renfousemens des nouveaux bosquets de Marly (2 p.) 800ᴴ

28 octobre : à luy, pour rétablissement d'ouvrages au vieux chariot de la ramasse............ 152ᴴ 5ˢ 8ᵈ

7 janvier - 29 avril : à Jaques Mirel, menuisier, parfait payement de 2650ᴴ 16ˢ 6ᵈ à quoy montent les ouvrages et réparations de menuiserie et de parquet qu'il a fait dans la dépendance du château de Marly pendant l'année 1690 (4 p.)................. 787ᴴ 16ˢ 6ᵈ

10 juin - 23 décembre : à luy, à compte de ses ouvrages et réparations de menuiserie aud. château (5 p.) 550ᴴ

16 septembre : à luy, pour deux modèles de menuiserie qu'il a fait pour la ramasse dud. jardin de Marly . . 45ᴴ

11 novembre : à luy, pour un plancher de dosses de batteau qu'il a fait avec des lambourdes qu'il a posées dessous, depuis la machine où tourne le chariot de la roulette jusques et compris le plancher du hangard où l'on met led. chariot à couvert............... 101ᴴ

Somme de ce chapitre...... 2838ᴴ 2ˢ 2ᵈ

SERRURERIE.

14 octobre - 25 novembre : à Nicolas Cucu, serrurier, pour la ferrure qu'il a fait pour le chariot de la ramasse de Marly que l'on rétablit (3 p.) 228ᴴ

4 février - 23 décembre : à Gaston Martin, à compte des ouvrages de serrurerie qu'il fait et fournit au château et dépendances de Marly (19 p.) 2920ᴴ

30 septembre : à luy, pour 2634 vis qu'il a livrez pour la roulette, à 2ˢ 6ᵈ pièce 329ᴴ 5ˢ

15 février : à Joseph Rouiller, serrurier, pour les jeux de passe de fer qu'il a livrez sur la terrasse d'un des côtez du château de Marly en 1689 : 126ᴴ 5ˢ

2 - 16 septembre : à luy, pour la construction des machines au bout de la ramasse pour faire tourner le chariot (2 p.)........................ 247ᴴ 1ˢ

16 septembre : à Jean Chapelain, serrurier, pour les ouvrages de serrurerie pour le rétablissement du chariot qui a esté amené de la Ménagerie à Marly pour servir à lad. ramasse...................... 57ᴴ 2ˢ

25 novembre : à luy, pour vingt-quatre rateaux à dents de fer, tous garnis, qu'il a livrez au magasin du château......... .... 28ᴴ 16ˢ

Somme de ce chapitre....... 3936ᴴ 9ˢ

VITRERIE.

7 janvier 1691 - 6 janvier 1692 : à Claude Cosset, vitrier, pour ouvrages et réparations de vitrerie par luy faits dans la dépendance du château de Marly depuis le mois de décembre 1690 jusqu'au mois de décembre 1691 (14 p.)..................... 1821ᴴ 5ˢ 9ᵈ

PLOMBERIE.

21 janvier : à Jaques Lucas, plombier, parfait payement de 950ᴴ 8ˢ 4ᵈ à quoy montent la main-d'œuvre du plomb en tables et tuiaux qu'il a livré en la dépendance du château de Marly et la soudure qu'il a fourni en 1689 et 1690........................ 650ᴴ 8ˢ 4ᵈ

OUVRAGES DE CUIVRE.

21 janvier : à Gilles Le Moyne, fondeur, pour un colet de cuivre, d'un pied de diamettre sur 18 pouces de longueur, qu'il a livré au magasin de Marly pour employer au racordement de la conduite du grand jet du derrière du château........................ 103ᴴ 10ˢ

24 juin : à luy, pour ouvrages de cuivre livrez au magasin........................... 140ᴴ 8ˢ

16 septembre : à Joseph Royer, fondeur, pour ouvrages de cuivre fournis et livrez au magasin de Marly pour employer aux deux machines que l'on a faites au bout de la ramasse....................... 158ᴴ 15ˢ

9 décembre : à luy, pour douze roulettes de cuivre qu'il a livrées, pesant 195 livres, à 17ˢ la livre. 165ᴴ 15ˢ

Somme de ce chapitre........ 567ᴴ 15ˢ

PAVÉ.

21 janvier : à Louis Renouf, paveur, parfait payement de 1469ᴴ 18ˢ 9ᵈ à quoy montent ses ouvrages et réparations de pavé dans la dépendance du château de Marly en 1690....................... 799ᴴ 18ˢ 9ᵈ

28 octobre : à luy, sur ses ouvrages et réparations de serrurerie sud. château.................. 200ᴴ

Somme de ce chapitre..... 999ᴴ 18ˢ 9ᵈ

PEINTURE.

4 février - 23 décembre : à Louis Poisson, peintre, à compte des ouvrages de grosse peinture qu'il fait à la

menuiserie, à l'escarpolette, aux treillages et nouveaux treillages et autres endroits de la dépendance de Marly (15 p.).............................. 2600tt

15 avril : à luy, pour 123 journées d'hommes employez à laver les lambris du château et autres bâtiments de Marly............................... 123tt

9 septembre-23 décembre : à BAILLY, peintre, parfait payement de 1158tt à quoy monte la peinture en bronze par luy faite à vingt-quatre groupes d'enfans sur les pieds d'estaux du jardin de Marly (3 p.)..... 608tt

1er avril-23 décembre : à PHILIPPES MEUSNIER, peintre, à compte de ses ouvrages de peinture aux nouveaux bâtimens de Marly (5 p.)..................... 900tt

27 may : à luy, pour ouvrages à douze portes qu'il a peintes à huile au derrière des pavillons des deux ailes de Marly pour raccorder aud. pavillons et autres ouvrages 280tt

Somme de ce chapitre........ 4511tt

SCULPTURE.

7 janvier : à CLAUDE JACOB, sculpteur, pour deux dessus de cassolettes qu'il a faites et posées pour remplacer celles qui avoient manqué au-dessus du château de Marly.................................. 27tt

7 aoust-25 novembre : à luy, pour les ouvrages de sculpture qu'il a rétablis aux ornemens du dessus du château (3 p.)........................... 208tt

16 septembre : à NICOLAS DUFOUR, sculpteur, pour avoir démonté et remis en place les deux groupes qui sont à la teste de la grande pièce d'eau du jardin de Marly et autres ouvrages.................... 40tt

Somme de ce chapitre......... 275tt

TUIAUX.

24 juin : à CHARLES POLARD, pour remboursement de ce qu'il a payé aux ouvriers qui ont posé la moitié de la conduite du bassin du grand jet au réservoir qui est dans le bosquet du côté du village de Marly..... 33tt

7 aoust-16 septembre : à luy, pour les conduites de 8 pouces qu'il a posées dans le jardin de Marly depuis le bassin du grand jet jusqu'au réservoir du bosquet du costé du village pour y faire deux fontaines (2 p.).... .... 943tt 12ˢ 6ᵈ

Somme de ce chapitre...... 976tt 12ˢ 6ᵈ

MARBRERIE.

15 avril : à PIERRE LISQUI, marbrier, pour réparation de tous les ouvrages de marbre du château et autres bâtiments de Marly........................ 66tt

VOITURES.

7 janvier 1691-6 janvier 1692 : à la veuve DOSSY, voiturière, pour voitures par elle faites dans la dépendance du château de Marly du 15 décembre 1690 au 5 janvier 1692 (16 p.).................. 1150tt

27 may : à ANTOINE DUVAL, voiturier, pour du bois qu'il a voituré des fonds de Noisy dans la commune dud. Noisy pour y construire les cages qui sont faites au pourtour des ormes des avenues de lad. commune..... 30tt

27 may-7 aoust : à GUILLAUME FÉRON, pour six journées de quatre chevaux qu'il a fourni avec des herses pour herser partie des routes de lad. forest de Marly et autres ouvrages (2 p.).......................... 72tt

23 décembre 1691-6 janvier 1692 : à luy, pour voitures de spées (2 p.)................... 172tt 5ˢ

25 novembre : à JACQUES VALLÉE, pour vingt-cinq voitures et deux sommes de fumiers qu'il a livrez dans le parc de Marly....................... 75tt 10ˢ

9 décembre 1691-6 janvier 1692 : à luy, pour journées de voitures à voiturer des spées de charmes dans le parc de Marly (3 p.)...................... 266tt 10ˢ

23 décembre : à JAQUES MERCIER, pour deux journées et demie de voiture qu'il a fait dans la dépendance dud. château................................. 20tt

23 décembre : à PIERRE MARIEUX, pour voiture de spées de charme qu'il a fait idem.............. 52tt

A NICOLAS REDEAU, pour dix-huit journées de voitures pour idem................... 117tt

Somme de ce chapitre........ 1955tt 5ˢ

DÉPENSES EXTRAORDINAIRES DE MARLY.

7-21 janvier : à THOMAS MABVILLE, vigneron, pour 17 sachés un tiers de touffes de chenilles qu'il a échenillées de dessus les arbres et plants du parc de Marly (2 p.)......................... 188tt 6ˢ 8ᵈ

7 janvier-9 décembre : à PIERRE BOURDON, vigneron, pour 275800 de charmille qu'il a livré dans le parc de Marly pour planter en pépinière (5 p.)...... 322tt 3ˢ

7 janvier 1691-6 janvier 1692 : à FRANÇOIS CHABOT, taupier, pour les taupes qu'il a prises dans le parc de Marly, pendant les trois derniers mois 1690 et l'année 1691 (5 p.)........................... 125tt

21 janvier-25 novembre : à la veuve MEILLEUR, vannière, pour 1500 manes d'ozier de différentes grandeurs qu'elle a livrées au magasin de Marly pour employer à planter des ormes (7 p.)................. 424tt

4 février : à PIERRE COCHARD, pour deux sachés de chenilles qu'il a échenillées dans led. parc...... 20tt

ANNÉE 1691. — MARLY.

4 février-2 septembre : à Estienne Langlois, cordier, pour cordages, seaux, hottes et autres outils qu'il a livrez au magasin de Marly pendant 1690 (2 p.)............................ 442ᵗᵗ 5ˢ 11ᵈ

4 février : à Jean Padelain, pour les cheminées qu'il a visitées et racomodées avec du plâtre aud. château et dépendances......................... 38ᵗᵗ 14ˢ

4 février-19 aoust : à Thomas Vitry, fontainier, pour remboursement d'outils, charbon et de plusieurs autres choses qu'il a acheptées pour l'entretien des terrasses et des fontaines des bâtimens et jardins dud. château (2 p.)............................... 143ᵗᵗ 14ˢ

2 septembre : à luy, pour l'entretien de l'horloge de Marly pendant l'année finie le 1ᵉʳ aoust......... 40ᵗᵗ

4 mars : à Julien Lorry, horloger, pour ouvrages et réparations de l'horloge dud. château en 1690... 30ᵗᵗ

18 mars : à Jean Bourguignon, pour le loyer du logement qu'il a occupé à Marly en 1690......... 30ᵗᵗ

1ᵉʳ avril-11 novembre : à Claude Garnier, pour 45 septiers de graine d'herbe de bas prez qu'il a livrez au magasin de Marly, à 5ᵗᵗ le septier (6 p.)..... 237ᵗᵗ

1ᵉʳ avril-27 may : à Jean Prud'homme, potier de terre, pour 1350 pots de terre qu'il a livrez aud. magasin (5 p.)............................... 135ᵗᵗ

14 octobre : à luy, pour 1290 petits pots de terre pour idem................................. 48ᵗᵗ

1ᵉʳ-15 avril : à Laurens Yvon, pour 542 châtaigniers qu'il a livrez pour garnir les bords de la route de Marly qui va dans la forest (2 p.)............... 140ᵗᵗ 18ˢ

1ᵉʳ avril : à Toussaint Thuyau, pour deux cents châtaigniers qu'il a livrez pour idem................ 60ᵗᵗ

15 avril : à Martin Rouen, pour la coupe de cinq quartiers de bois dans la coste de Noisy....... 15ᵗᵗ

A Pierre Thuyau, pour 336 châtaigniers qu'il a livrez dans la route de Marly qui va à la forest...... 67ᵗᵗ 4ˢ

A Jean Thuyau, pour 153 châtaigniers idem. 30ᵗᵗ 12ˢ

A Anthoine Dagencourt, pour 191 châtaigniers 38ᵗᵗ 4ˢ

A Noël Buissonnet, pour 100 châtaigniers.... 20ᵗᵗ

29 avril : à Jean Couville, pour le belvédère et autres endroits par luy régallés dans la forest de Marly 57ᵗᵗ 7ˢ

23 décembre : à luy, pour dix-neuf milliers de charmille de marque qu'il a arraché dans les forests de Saint-Germain et de Marly pour y regarnir les nouvelles palissades que l'on a plantées dans led. jardin de Marly..... .... 23ᵗᵗ 15ˢ

29 avril : à François Le Vasseur, pour cent pieds d'œillet de Flandre qu'il a livrez pour planter dans le parterre du jardin de Marly.................. 16ᵗᵗ

A Dominique Varisse, pour visite et racommodage des cheminées dans la dépendance du château de Marly pendant les huit premiers mois de 1691...... 107ᵗᵗ 18ˢ

13 may : à Charles Delaistre, jardinier, pour 300 touffes d'œillets qu'il a fourni dans led. jardin.... 45ᵗᵗ

27 may : à la veuve Lalande, jardinière, pour 400 pieds d'œillets, idem.................. 60ᵗᵗ

10 juin-11 aoust : à Olivier Aymond, battelier, pour 1066 muids de sable de rivière qu'il a livrez dans led. jardin de Marly (3 p.).................. 799ᵗᵗ 10ˢ

14 octobre : à luy, pour un batteau neuf qu'il a livré dans le réservoir dud. jardin.............. 60ᵗᵗ

10 juin : à François Gautier, vuidangeur, pour vuidange des fosses d'aisances au derrière des offices de Marly................................. 36ᵗᵗ

A Claude Lecomte, taillandier, pour quatre houlettes pour lever les fleurs et cinq cerfouëttes livrées au magasin de Marly............................ 18ᵗᵗ

24 juin : à Duchemin, chaudronnier, pour huit paires d'arousoirs de cuivre jaune qu'il a livrez idem... 192ᵗᵗ

A Benard, jardinier, pour 340 plantes de blaucoirsins qu'il a livrées dans led. jardin............. 34ᵗᵗ

A Pierre Darracon, marchand de toile, pour 15 aunes de toile pour employer à lever des ormes en motte dans led. jardin de Marly.................. 13ᵗᵗ 10ˢ

2 septembre : à Nicolas Cachelièvre, jardinier, pour vingt journées d'ouvriers qu'il a fournies pour tondre partie des routes de lad. forest................. 17ᵗᵗ

16 septembre : à Marcorel La Mare, pour fournitures de chandelles, ballets, savon et huile qu'il a fait aud. magasin de Marly.................. 15ᵗᵗ 19ˢ 6ᵈ

A Pasquier Laurent, pour avoir curé le puits de la ferme du Trou d'Enfer.................. 45ᵗᵗ

28 octobre : à Robert Le Sieur, charon, pour un branquard qu'il a fait pour porter le chariot de la ramasse à la ferme du Trou d'Enfer.............. 46ᵗᵗ

11 novembre : à Duparc, pour quinze grands chèvrefeuils et cinq boisseaux d'oignons de tulipes qu'il a livrez pour planter dans le jardin de Marly...... 60ᵗᵗ

A Lehault, pour sept boisseaux d'oignons de tulipes et cinq grands chèvrefeuils pour idem.......... 36ᵗᵗ

11-25 novembre : à Nicolas Hesdrecy, vannier, pour un millier de manes d'ozier qu'il a livrez au magasin (2 p.)................................. 240ᵗᵗ

1ᵉʳ novembre : à Pierre La Rivierre et Jean Couville, pour 72 milliers de charmille qu'ils ont arrachez

dans la forest de Saint-Germain pour planter dans le parc de Marly............................ 72#
25 novembre : à Paul Lruissier, pour 200 manes d'ozier qu'il a livrées..................... 30#
A Antoine Richard, pour 67 milles de charmilles qu'il a arrachées et livrées *idem*............. 67#
25 novembre : à Jean Chesnay, pour 108 bottes de paille longue qu'il a livrées dans le jardin de Marly pour couvrir les lauriers teints [thyms] qui sont dans les parterres dud. jardin...................... 37# 16ˢ
9 décembre : à René Gaignon, pour un trou perdu qu'il a fait dans la cave du suisse de la porte des réservoirs du dessus de Marly, contenant 13 pieds de profondeur sur 6 de diamètre..................... 18#
A Nicolas Malherbe, vannier, pour un millier de manes d'ozier qu'il a livrées au magasin....... 240#
9-23 décembre : à Eustache Pannier, vannier, pour 286 manes d'ozier de différentes grandeurs qu'il a livrées *idem* (2 p.)........................ 97#
6 janvier 1692 : à Louis Le Marre, faucheur, pour avoir fauché les allées et glacis au pourtour des réservoir du dessus de Marly et à l'estang du Trou d'Enfer .... 16#

Somme de ce chapitre...... 5097# 7ˢ 1ᵈ

ENTRETENEMENS DE MARLY.

7 janvier 1691-6 janvier 1692 : à Thomas Vitry, fontainier, ayant l'entretenement des fontaines et recherche des plombs sur la terrasse du château et pavillons de Marly, pour ses gages à cause dud. entretenement et recherche pendant les trois derniers mois 1690 et l'année 1691 (5 p.)................... 2000#
7 janvier 1691-6 janvier 1692 : à Louis Garnier, jardinier du jardin de Marly, pour ses gages pendant le mesme temps (5 p.)..................... 1000#

Somme de ce chapitre......... 3000#

OUVRIERS À JOURNÉES DE MARLY.

7 janvier 1691-6 janvier 1692 : aux ouvriers qui ont travaillé à la journée du Roy à tirer de la glace dans les bassins et réservoir du jardin (3 p.).... 1850# 12ˢ 6ᵈ
7 janvier-23 décembre : aux ouvriers qui ont travaillé dans la dépendance du château (25 p.)... 10198# 16ˢ
4 février : à ceux qui ont transporté de la terre et du fumier sur le chemin des environs du château où il y avoit de la glace, pour le passage du Roy pendant le séjour que S. M. a fait à Marly......... 249# 11ˢ 6ᵈ
13 may-28 octobre : à ceux qui ont curé les aqueducs de Roquancourt (10 p.)........... 2058# 0ˢ 2ᵈ

24 juin-30 septembre : à ceux qui ont curé partie des aqueducs de la plaine du Trou d'Enfer du côté de l'étang (3 p.).......................... 872# 12ˢ 9ᵈ
14 octobre : à ceux qui ont rétabli les ouvrages de maçonnerie et menuiserie dans la dépendance du château............................. 305# 4ˢ

Somme de ce chapitre... 13734# 16ˢ 11ᵈ

MACHINE DE LA RIVIÈRE DE SEYNE.

MAÇONNERIE ET TERRASSES.

8 avril : à Guillaume La Comble, pour cinq toises et quart cubes de caillou qu'il a livré pour rétablir les paremens des regards des aqueducs prez le grand puisard .... 84#
3 juin : à Nicolas Borienne, pour le nettoyement qu'il a fait des aqueducs qui conduisent les eaux de la Selle et de Bougival à la machine et de trois toises cubes de caillou qu'il a fourni pour les paremens des puisards des pompes aspirantes prez le grand puisard. 138#
13 aoust : à luy, pour trous et bassins à chaux qu'il a remplis des terres provenant de la fouille des contreforts qui soutiennent le mur de l'aqueduc qui conduit les eaux de la Selle à la machine........... 52# 6ˢ 8ᵈ
9 septembre : à luy, pour deux toises trois huitièmes de caillou qu'il a livrez et qui ont esté employez à réparer les aqueducs des puisards................. 38#
4 novembre : à luy, pour le moilon qu'il a déblayé derrière la première coursière de la machine pour battre les pieux qui soutiennent les terres....... 63# 17ˢ 6ᵈ
17 juin : à François Périgord, pour 52 pieds cubes de pierre dure des carrières des Panloups qu'il a livrée pour la réparation de la grande digue...... 15# 12ˢ
A Pierre Bullé, pour 422 pieds cubes de pierre dure de Nanterre qu'il a livrée pour la réparation de lad. digue.................................. 211#
1ᵉʳ juillet : à Silvain Pergot, pour 9 toises onze douzièmes quarrées de pierre dure neuve de Nanterre, de Panloups et de vergelée, et de 11 toises cinq sixièmes de vieille pierre qu'il a taillées et mis en place pour les réparations de la grande digue............. 160# 5ˢ
16 décembre : à luy, pour divers ouvrages de maçonnerie à la digue...................... 124# 1ˢ 8ᵈ
13 aoust : à Antoine Hemond, pescheur, pour 779 pieds cubes de pierre, qu'il a passé du chemin de la chaussée de la grande digue, et trois journées et demi

qu'il a esté employé à passer d'autre pierre, et un cintre de roue qu'il a péché 43ᵗᵗ 19ˢ

Au sʳ HERLAUT, pour 26 tonneaux cinq septièmes cubes de pierre de vergelé qu'il a livrez pour la réparation de la grande digue de la machine 80ᵗᵗ 2ˢ 6ᵈ

23 septembre-4 novembre : à HENRY LE VANNEUR, pour le caillou de vigne qu'il a employé pour le remplissage du prolongement de la digue de Bezons (2 p.) 369ᵗᵗ 5ˢ

16 décembre : à luy, pour le moilon qu'il a livré et employé pour remplir le revêtement des terres vis-à-vis de la digue de Bezons et le caillou de vigne qu'il a fourni de provision pour le corps de la machine 260ᵗᵗ 16ˢ 8ᵈ

7-13 aoust : à LOUIS COMMUNAULT, pour la maçonnerie qu'il a fait pour la construction de cinq contreforts pour soutenir le mur de l'aqueduc qui conduit les eaux de la Selle à la machine (2 p.) 237ᵗᵗ 6ˢ 8ᵈ

22 avril : à GILLES JÜEL, pour 23 septiers 6 boisseaux de plâtre qu'il a livrez pour les réparations du grand puisard et autres bâtimens de la machine. 23ᵗᵗ 10ˢ

20 may-17 juin : à BARTHÉLEMY DE LA ROUE, pour 33 futailles de chaux qu'il a livrées pour les réparations des aqueducs prez le grand puisard (2 p.) 154ᵗᵗ

4 novembre : à luy, pour 15 futailles de chaux pour les réparations de l'aqueduc et réservoir des sources à mi-coste 70ᵗᵗ

3 juin : à HONORÉ GODARD, pour un muid neuf septier et neuf boisseaux de ciment qu'il a livré pour led. puisard des pompes aspirantes, à 24ᵗᵗ le muid, et 4 septiers 6 boisseaux d'autre ciment passé au sas pour led. aqueduc 57ᵗᵗ

16 décembre : à la veuve AUGUSTIN LARCHER, pour 20 septiers et demi de plâtre qu'elle a livrez pour les réparations des bâtimens de la machine 20ᵗᵗ 10ˢ

23 mars : à ROBERT DE COTTE, entrepreneur, à compte des ouvrages de maçonnerie qu'il a fait à la grande tour de la machine en 1685 .... 750ᵗᵗ

28 janvier : à JEAN LE DUC, pour 107 toises courantes de rigolle qu'il a fait pour la décharge des eaux de Prunay 30ᵗᵗ

7-26 aoust : à HENRY LE VANNEUR, terrassier, pour les terres qu'il enlève aux atterissemens et motteaux qui sont dans le bras de la rivière de la machine (2 p.) 154ᵗᵗ 2ˢ 6ᵈ

Somme de ce chapitre 3137ᵗᵗ 15ˢ 2ᵈ

CHARPENTERIE.

14 janvier : à RAOUL DE PIERRE, dit LA PORTE, charpentier, parfait payement de 11000ᵗᵗ à quoy montent l'entretien par luy fait aux charpentes et mouvemens de lad. machine en 1690 .... 1000ᵗᵗ

28 janvier : à luy, pour les bois d'augmentation qu'il a fournis et employez au corps de la machine, aux bâtimens qui en dépendent et au moulin de Bougival où on a lézé les corps de pompe en 1690 ...... 232ᵗᵗ 18ˢ 4ᵈ

11 février 1691-13 janvier 1692 : à luy, parfait payement de l'entretien qu'il a fait aux charpentes et mouvemens de la machine pendant l'année 1691 (22 p.) 11000ᵗᵗ

7 aoust-30 décembre : à luy, parfait payement des bois qu'il emploie au prolongement de la digue de Bezons (6 p.) 2650ᵗᵗ

14 janvier : à JAQUES GUESNARD, pour une pièce de bois de chesne faisant dix solives qui ont esté débitées en courbes pour les roues de la machine 40ᵗᵗ

11 février-21 octobre : à HONORÉ GODARD, pour 109 toises courantes de bois de charme qu'il a livrez pour faire des boules de piston pour les corps de pompe de la machine (3 p.) 136ᵗᵗ 5ˢ

14 février : à VIVANT MERLIN, pour une journée de deux voitures, de chacune quatre chevaux, employée à voiturer led. bois de charme à lad. machine 16ᵗᵗ

11 février-1ᵉʳ juillet : à FRANÇOIS GILLIARD, pour neuf journées de voiture à quatre chevaux qu'il a employées à voiturer des bois de charme et courbes de chesne de Montesson et de la forest de Sᵗ Germain et des pierres de vergelé et des Punloups pour les réparations de la grande digue (2 p.) 80ᵗᵗ

26 aoust : à HERLAUT, pour vingt-huit courbes de bois de chesne, faisant 143 solives un sixième, qu'il a livrées pour la provision des roües de la machine .. 501ᵗᵗ 1ˢ 8ᵈ

9 septembre : à BENOIST LE ROY, pour 154 toises courantes de courbes pour les provisions des roües de lad. machine 28ᵗᵗ 17ˢ 6ᵈ

A GILLES MAROLLE, pour 99 toises courantes de courbe, pour idem 18ᵗᵗ 11ˢ 3ᵈ

Somme de ce chapitre 15703ᵗᵗ 13ˢ 9ᵈ

COUVERTURE.

22 avril-21 octobre : à SIMON DESCHAMPS, couvreur, à compte de l'entretien qu'il fait aux couvertures d'ardoise et de tuile des puisards et megasins de la machine (3 p.) 450ᵗᵗ

2 décembre : à luy, parfait payement de 142ᵗᵗ 15ˢ à quoy montent les ouvrages de couverture de tuile qu'il a fait par augmentation aud. puisard 117ᵗᵗ 6ˢ 9ᵈ

Somme de ce chapitre 567ᵗᵗ 6ˢ 9ᵈ

MANIVELLES.

11 mars-17 juin : au s' Coulon, maître de forge en Champagne, parfait payement d'une manivelle qu'il a livrée à la machine de la rivière de Seyne (2 p.).....
.... 568" 15'

9 septembre 1691-13 janvier 1692 : à luy, parfait payement d'une autre manivelle pour lad. machine (2 p.)............................ 737" 4'

Somme de ce chapitre....... 1305" 19'

CUIRS.

11 février : à la veuve Carbon, pour clouds et cuir qu'elle a acheptez à Mezières pour les pistons des corps de pompes de lad. machine................ 83" 1'

25 février-13 aoust : à Vuillesme, pour quatre cuirs forts qu'il a livré pour les clapets et pistons de pompe (3 p.)................................. 180"

11 mars-9 septembre : au s' Clerx, pour vingt-huit cuirs forts qu'il a payez à Guillaume Blenet, de Liège, des droits de sortie, change de l'argent et autres frais (4 p.)................................. 991" 12'

7 aoust : à Pigal, corroyeur, pour deux cuirs forts tannez qu'il a livrez pour les clapets et pistons de la machine................................... 65"

7 aoust-18 novembre : à luy, pour huit cuirs forts qu'il a livrez pour *idem*, dont quatre à raison de 40" pièce et quatre à 25" (2 p.)................ 260"

26 aoust : à Guillaume Tournay, pour la voiture des cuirs et clouds, pour lad. machine, depuis Sedan, Mezières et Charleville jusqu'à Paris............ 80" 14'

2 décembre : à la veuve Julien Pays, pour deux douzaines de cuirs de vache qu'elle a livrez pour la réparation des baches des puisards en 1691......... 216"

Somme de ce chapitre........ 1876" 7'

SERRURERIE.

11 février-16 décembre : à Philippe Renault, serrurier, parfait payement de l'entretien qu'il fait aux ouvrages de forge et de serrurerie de lad. machine (20 p.)................................ 10000"

8 avril 1691-13 janvier 1692 : à luy, parfait payement de 1032" 15' 6ᵈ pour les fournitures des fers qu'il a livrez par augmentation tant à lad. machine qu'aux rétablissemens des digues (2 p.)....... 1018" 1' 6ᵈ

20 may : à luy, pour une manivelle qu'il a faite de neuf, pesant 1136 livres, pour lad. machine... 490"

11 mars : au s' Sandra, de Charleville, pour trois sommes de clouds à piston et d'un cuir fort qu'il a achepté pour la machine................ 72" 3'

20 may : à Poncelet Journel, pour cent livres de cloud à piston qu'il a livrez pour *idem*...... 30" 15'

2 décembre : à Pierre Noiret, marchand de fer, pour clouds et autres marchandises qu'il a fournies pour la machine............................ 349" 16'

13 janvier 1692 : à Charles-François Pollard, pour cinq sommes de clouds à piston pour la machine, y compris 50" de gratification................ 98"

Somme de ce chapitre.... 12058" 15' 6ᵈ

PEINTURE.

28 janvier-7 aoust : à Jean-Baptiste Fauconnier, peintre, pour les peintures jaunes qu'il a faites aux portes et croisées des bâtimens, puisards et portes de clôture de la machine en 1690 et la présente année (2 p.)............................ 106" 0' 10ᵈ

PLOMBERIE.

28 janvier-1ᵉʳ juillet : à Jaques Lucas, plombier, pour plombs et soudures qu'il a livrez pour les ouvrages de la machine en 1690 et six premiers mois 1691 (2 p.) .... 624" 15' 11ᵈ

VITRERIE.

25 mars : à Claude Cossette, vitrier, pour ouvrages et réparations de vitrerie qu'il a fait aux bâtimens de la machine en 1690 .... 127" 10'

OUVRAGES DE CUIVRE.

14 janvier : à Joseph Royer, fondeur, parfait payement de 1200" à quoy monte l'entretien des ouvrages de cuivre de lad. machine pendant l'année 1690. 300"

25 février : à luy, pour les brides à canon garnies de leurs portes-clapets de plomb qu'il a façonnez pour les aspirans du puisard des sources et des cuivres qu'il a livrez d'augmentation................ 308" 14'

22 avril 1691-13 janvier 1692 : à luy, pour l'entretien qu'il fait aux équipages et racordemens de cuivre des puisards pendant l'année 1691 (4 p.)..... 1200"

26 aoust : à luy, à compte de ses ouvrages des années précédentes................... 700"

30 décembre : à luy, parfait payement de 509" 17' 9ᵈ à quoy montent les cuivres d'augmentation qu'il a employez par changement aux équipages du grand puisard et des rouleaux de fer fondu qu'il a livrez sur la rivière pendant 1691.................... 48" 12' 9ᵈ

Somme de ce chapitre...... 2557" 6' 9ᵈ

ANNÉE 1691. — FONTAINEBLEAU.

DIVERSES DÉPENSES.

22 avril-20 may : au sʳ Vanderhulst, marchand à Rouen, pour quarante barils de godron et douze barils de bray qu'il a livrez pour la machine (3 p.).. 1724ʰ 17ˢ

14 janvier : à Philippe Haulmoire, parfait payement de 950ʰ 7ˢ 10ᵈ à quoy montent la chandelle, huile, pots à brûler et autres fournitures par luy faites pour la machine pendant l'année 1690......... 350ʰ 7ˢ 10ᵈ

7 may-16 décembre : à luy, parfait payement des mêmes fournitures pendant 1691 (3 p.).. 804ʰ 14ˢ 5ᵈ

2 décembre : à Jean Gautier, pour 29 muids de charbon qu'il a fournis pour la provision des ouvrages de plomberie de lad. machine................. 87ʰ

30 décembre : à Louis Renouf, paveur, pour ouvrages et réparations de pavé faits à la machine en 1691. 214ʰ

28 janvier-30 décembre : à Estienne Langlois, pour cordages, seaux, clouds et ballets fournis pour les équipages des puisards de la machine (2 p.).... 824ʰ 14ˢ

9 septembre-30 décembre : à Nicolas La Hogue, pour 372 livres de vieux cordages goudronnez qu'il a livrez pour faire du calfas pour la réparation des baches des puisards (2 p.)....................... 37ʰ 4ˢ

28 janvier-30 décembre : à Gilles Lambotté, charpentier liégeois, pour avoir esté à Saint-Cyr racomoder les pompes, et autres voyages par luy faits pour le service de S. M. en 1689 et 1690, y compris 75ʰ de gratification pour lesd. voyages (2 p.).............. 150ʰ

8 avril-9 septembre : à François Gangné[1], pour 248 cerceaux neufs qu'il a fournis à douze barils de bray et 40 barils de godron qu'il a reliez au magasin (2 p.)................................. 30ʰ 12ˢ

20 may : à la veuve Noël Le Meilleur, pour cinquante paniers d'ozier à feu qu'elle a livrez pour les besoins et utilitez de lad. machine................... 45ʰ

1ᵉʳ juillet : à Jean Thevenet, chirurgien à Louvetienne, pour pensement et médicaments qu'il a fait aux ouvriers qui ont esté légèrement blessez aux travaux de lad. machine................................ 41ʰ

18 novembre : à Jean Binet, pour cinquante bottes de paille qu'il a livrées pour employer à la glacière et à dégeler les robinets des conduites de lad. machine....

.... 17ʰ 10ˢ

2 décembre : à François Gilliard, pour la voiture, du port de Marly au canal de Versailles, des bois envoyez du Havre pour les vaisseaux du canal............. 44ʰ

2 décembre : à luy, pour quatre journées de voiture, du port de Marly à la machine, de la pierre de vergelé qui a esté posée sur le retour de la grande digue.. 32ʰ

11 décembre : à Philipes Laurent, pour la voiture, de Rouen au port de Marly, de 169 pièces de bois et de plusieurs cordages envoyez du Havre pour les vaisseaux du canal de Versailles...................... 150ʰ

30 décembre : au sʳ Marcille, de Sedan, pour ce qu'il a payé au sʳ Fabry, pour la voiture et droits de dixhuit cuirs forts de Liège à Sedan, et 100ʰ de gratification en considération des soins qu'il a pris pour la réception desd. cuirs pendant l'année 1691.... 155ʰ 1ˢ

Aux Religieux des Pères Récollets du couvent de Saint-Germain, pour les messes qu'ils ont dittes à la chapelle de la machine pendant 1691................ 100ʰ

Somme de ce chapitre...... 4808ʰ 0ˢ 3ᵈ.

OUVRIERS À JOURNÉES.

14 janvier 1691-13 janvier 1692 : aux charpentiers, serruriers et autres ouvriers employez à la journée du Roy pour l'entretien de lad. machine depuis le 25 décembre 1690 jusqu'au 11 janvier 1692 (27 p.)......

.... 17794ʰ 17ˢ 2ᵈ

14 janvier-30 décembre : à ceux qui ont tiré et porté de la glace dans la glacière de la machine (2 p.)......

.... 157ʰ 7ˢ 2ᵈ

3 juin-16 décembre : à ceux qui ont travaillé aux réparations de maçonnerie aux puisards des pompes aspirantes (2 p.)........................... 287ʰ

Somme de ce chapitre..... 18239ʰ 4ˢ 4ᵈ

FONTAINEBLEAU.

MAÇONNERIE.

28 janvier : à Nicolas Varin et Mathurin Hersant, entrepreneurs, à compte des ouvrages et réparations de maçonnerie par eux faits au château de Fontainebleau pendant les années 1688, 1689 et 1690..... 1500ʰ

8 avril-14 octobre : aud. Hersant, pour idem (5 p.)

.... 3000ʰ

Somme de ce chapitre......... 4500ʰ

LABOURS.

3 juin-2 décembre : à Marchand, pour les labours, fumages et semages par luy faits dans les onze parquets des plaines des environs de Fontainebleau (2 p.). 986ʰ

28 janvier-2 décembre : à Simon Taillard Hauteclair, à compte des premier et deuxième labours par

---

[1] Ou Gagné.

luy faits aux jeunes plants dans l'enceinte des palis de la forest de Fontainebleau (9 p.)............ 8700ᵗᵗ

16 may 1691-13 janvier 1692 : à luy, pour les trois labours qu'il a donnez aux jeunes plants dans le parc de Fontainebleau...................... 360ᵗᵗ 12ˢ

Somme de ce chapitre....... 10046ᵗᵗ 12ˢ

CHARPENTERIE.

28 janvier : à MORTILLON, charpentier, pour ouvrages de charpenterie faits aud. château et dépendances de Fontainebleau en 1690............... 117ᵗᵗ 12ˢ

COUVERTURE.

29 aoust : à GROGNET, couvreur, à compte des couvertures de thuilles remaniées à bout, qu'il fait tant au grand Ferrare qu'aux écuries de la Reyne, à la gcole et autres endroits de Fontainebleau............. 250ᵗᵗ

MENUISERIE.

28 janvier : à SAURET, menuisier, à compte des ouvrages et réparations de menuiserie par luy faits aud. château en 1688, 1689 et 1690........... 1200ᵗᵗ

6 may-15 octobre : à luy, à compte de ses ouvrages et réparations de menuiserie (3 p.)......... 1200ᵗᵗ

7 aoust : à luy, parfait payement de 480ᵗᵗ à quoy montent soixante-quatre poteaux qu'il a fournis pour marquer les routes de quatre pieds faites dans lad. forest................................ 330ᵗᵗ

Somme de ce chapitre.......... 2730ᵗᵗ

SERRURERIE.

28 janvier-2 décembre : à la veuve ROSSIGNOL, serrurier, à compte des ouvrages et réparation de serrurerie par elle faites aud. château en 1688, 1689, 1690 et 1691 (3 p.)................................ 1450ᵗᵗ

VITRERIE.

7 aoust : à TISSERANT, vitrier, à compte des ouvrages de vitrerie par luy faits auxd. château et dépendances de Fontainebleau...................... 200ᵗᵗ

PAVÉ.

28 janvier-30 décembre : à la veuve DUCHEMIN, paveur, à compte des ouvrages et réparations de pavé par elle faits aud. château, de 1688 à 1691 (2 p.).. 750ᵗᵗ

CHARONNAGE.

28 janvier : à TIGER, charron, à compte des ouvrages de charonnage par luy faits aud. château, de 1688 à 1690............................. 250ᵗᵗ

ENTRETENEMENS DE FONTAINEBLEAU.

19 aoust : au sʳ LA TOUR, à compte des frottages des planchers dud. château................... 200ᵗᵗ

28 janvier 1691-13 janvier 1692 : à REBOURS, dit LABRIE, garde des palis de la forest de Fontainebleau, pour ses gages des six derniers mois 1690 et l'année 1691 (3 p.)........................ 450ᵗᵗ

A COUSTURIER, ayant l'entretenement de toutes les conduites de fer tant du dedans que dehors le parc de Fontainebleau, pour ses gages idem (3 p.)..... 150ᵗᵗ

A GRINGOT, ayant l'entretenement des conduites de grais de Samois et de la Madelaine à Fontainebleau, pour ses gages idem (3 p.)............... 66ᵗᵗ 1ˢ

A GOUET et consors, ayant l'entretenement des pallis des sept parquets des plaines des environs de Fontainebleau, pour leurs gages (3 p.)............. 180ᵗᵗ

6 may-4 novembre : aud. GOUET, pour une année de ses gages à cause de l'entretenement et nettoyement qu'il fait des fossez du pourtour dud. château (2 p.).. 47ᵗᵗ 8ˢ

A JAMIN, pour l'entretenement et nettoyement des cours des offices du Cheval Blanc et autres du château idem (2 p.)......................... 192ᵗᵗ

A MARCHAND et LABRIE, ayant l'entretenement des routes de la forest, pour une année de leurs gages (2 p.)............................. 800ᵗᵗ

6 may : à ANGELIN DE LA SALLE, garde des sept parquets de Fontainebleau, 400ᵗᵗ pour ses gages d'une année et 300ᵗᵗ pour ceux de ses deux garçons..... 700ᵗᵗ

2 décembre : à NICOLAS VARIN, ayant l'entretenement des arbres fruitiers qui sont plantez dans les jardins de Fontainebleau, allées d'ipreaux et nettoyement des tablettes du canal, en considération de l'augmentation de son entretenement pendant 1690............ 150ᵗᵗ

9 décembre : à PASQUIER SOUCHET, pour une année de la gratification qui luy a estée accordée par S. M. en considération du soin qu'il a eu des orangers dud. château.................................. 300ᵗᵗ

Somme de ce chapitre........ 3830ᵗᵗ 9ˢ

DIVERSES DÉPENSES.

6 may : aux habitans de Fontainebleau, pour leur payement de la quantité de 113 arpens 5 perches de terre par eux ensemencées aux environs de Fontainebleau en 1689 et par eux recueillies en 1690. 169ᵗᵗ 11ˢ 6ᵈ

A ANGELIN DE LASSALLE, pour le bled qu'il a fourni dans les parquets des environs de Fontainebleau pour la nourriture des perdrix et des faisands pendant une année........................... 547ᴴ 10ˢ

19 aoust : à COUTURIER, pour 106 toises de tuiaux de fonte de fer qu'il a fait poser aux cascades du jardin de Fontainebleau..................... 237ᴴ 15ˢ

21 octobre : à M. le marquis DE SAINT-HÉREM, sçavoir : 212ᴴ 10ˢ pour dépenses extraordinaires faites pour les parquets des environs de Fontainebleau pendant la présente année 1691, et 20ᴴ au tomteleur (sic), par gratification, en considération des perdrix qu'il a prises et qui ont esté mises dans lesd. parquets......... 232ᴴ 10ˢ

Somme de ce chapitre...... 1187ᴴ 6ˢ 6ᵈ

OUVRIERS À JOURNÉES.

28 janvier 1691-13 janvier 1692 : aux ouvriers qui ont travaillé à remplir les six glacières du château de Fontainebleau (2 p.)................ 1128ᴴ 13ˢ 6ᵈ

28 janvier-30 décembre : à ceux qui ont travaillé dans la dépendance dud. château depuis le 20 décembre 1690 à la fin du même mois 1691 (9 p.). 2759ᴴ 9ˢ 7ˢ

30 décembre : à ceux qui ont travaillé à l'orangerie et pour les menues dépenses d'icelle...... 211ᴴ 3ˢ 2ᵈ

Somme de ce chapitre...... 4099ᴴ 6ˢ 3ᵈ

CHAMBORD.

MAÇONNERIE.

7 janvier-11 février : à MATHIEU LACHANT, maçon, parfait payement de 733ᴴ 8ˢ 10ᵈ à quoy montent les ouvrages et réparations de maçonnerie qu'il a faits au château et dépendances de Chambord en 1690 (2 p.)..... .... 183ᴴ 8ˢ 10ᵈ

7 janvier-8 avril : à luy, parfait payement de 275ᴴ à quoy montent les entretiens de maçonnerie pendant 1690 (2 p.)........................ 137ᴴ 10ˢ

8 avril-11 novembre : à luy, à compte des ouvrages et réparations de maçonnerie au château et murs du parc dud. Chambord (4 p.)................ 550ᴴ

7 aoust 1691-6 janvier 1692 : à luy, sur les entretiens de la maçonnerie dud. château et dépendances pendant les trois premiers quartiers 1691 (3 p.)..... .... 206ᴴ 5ˢ

Somme de ce chapitre..... 1077ᴴ 3ˢ 10ᵈ

CHARPENTERIE.

7 janvier-11 février : à BESNIER et la veuve RABY, charpentiers, parfait payement de 2301ᴴ 18ˢ 3ᵈ à quoy montent les ouvrages et réparations de charpenterie qu'ils ont fait au château et dépendances de Chambord en 1690 (2 p.)...................... 301ᴴ 18ˢ 3ᵈ

7 janvier-8 avril : à eux, parfait payement de 340ᴴ pour l'entretien de la charpenterie des palis des faisanderies et remises dans le parc de Chambord (2 p.)... .... 170ᴴ

8 avril 1691-6 janvier 1692 : à eux, à compte des réparations du château et des palis, faisanderies et remises dans le parc de Chambord (2 p.)....... 455ᴴ

4 février : à ANTOINE POITEVIN, charpentier, parfait payement de 8803ᴴ 3ˢ 11ᵈ à quoy montent les ouvrages et réparations de charpenterie, couverture et autres par luy faits au château de Chambord pendant les années 1685 et 1686.................. 164ᴴ 18ˢ 11ᵈ

11 février : à luy, parfait payement de 134ᴴ 10ᵈ à quoy montent les réparations de charpenterie par luy fait aud. château en 1689 et 1690....... 34ᴴ 0ˢ 10ᵈ

9 septembre-7 octobre : à luy, sur ses réparations de charpenterie au château et dépendances (2 p.)... 125ᴴ

13 aoust : à JAQUES BOUNAY, pour avoir démonté tous les bois de charpenterie des deux vieilles glacières de Chambord et les avoir voiturez et rangez dans le petit chantier au bout des bâtiments de l'avant-cour du côté de la petite écurie...................... 30ᴴ

Somme de ce chapitre....... 1280ᴴ 18ˢ

COUVERTURE.

7 janvier-8 avril : à VALENTIN TESNIER, couvreur, parfait payement de 410ᴴ pour l'entretien des couvertures du château et dépendances de Chambord en 1690 (2 p.)................................ 205ᴴ

11 février-9 septembre : à luy, pour réparations de couverture (2 p.)................... 179ᴴ 18ˢ 9ᵈ

7 aoust 1691-6 janvier 1692 : à luy, pour l'entretien des couvertures du château et dépendances de Chambord en 1691 (3 p.)................... 307ᴴ 10ˢ

Somme de ce chapitre...... 692ᴴ 7ˢ 9ᵈ

MENUISERIE.

7 janvier-8 avril : à RENÉ BONNET, menuisier, parfait payement de 157ᴴ pour l'entretien de la menuiserie qu'il a fait au château et dépendances de Chambord pendant 1690 (3 p.)................... 78ᴴ 10ˢ

11 février : à luy, sur ses réparations de menuiserie..................... 64ᴴ 15ˢ

7 aoust 1691-6 janvier 1692 : à luy, pour entretien de menuiserie pendant les trois premiers quartiers 1691 (3 p.)............................. 117ᴴ 15ˢ

1ᵉʳ juin 1692 : aux nommez CAREL et FONTVIELLE, me-

40.

nuisiers, parfait payement de 5900ᵗᵗ 19ˢ 1ᵈ à quoy montent les ouvrages de menuiserie faits au château de Chambord en 1685......................... 19ˢ 1ᵈ

Somme de ce chapitre..... 261ᵗᵗ 19ˢ 1ᵈ

SERRURERIE.

7 janvier-8 avril : à CLÉMENT BEAUJOUAN, serrurier, parfait payement de 165ᵗᵗ à quoy monte l'entretien de la serrurerie du château et dépendances de Chambord en 1690 (2 p.)........................ 82ᵗᵗ 10ˢ

11 février : à luy, parfait payement de 127ᵗᵗ 10ˢ 5ᵈ à quoy montent les ouvrages de serrurerie par luy faits aud. château en 1690..................... 27ᵗᵗ 12ˢ 5ᵈ

10 juin-11 novembre : à luy, sur les réparations de serrurerie qu'il a faites au château et dépendances de Chambord (2 p.)......................... 100ᵗᵗ

7 aoust 1691-6 janvier 1692 : à luy, pour entretiens pendant les trois premiers quartiers de l'année 1691 (3 p.).............................. 123ᵗᵗ 15ˢ

Somme de ce chapitre...... 333ᵗᵗ 17ˢ 5ᵈ

VITRERIE.

7 janvier-8 avril : à TRINQUARD et veuve LE MARCHAND, vitriers, parfait payement de 126ᵗᵗ pour l'entretien des vitres du château et dépendances de Chambord (2 p.).. .... 63ᵗᵗ

11 février : à luy, pour réparation de vitrerie aud. château............................ 24ᵗᵗ 7ˢ 8ᵈ

7 aoust 1691-6 janvier 1692 : à luy, pour l'entretien des vitres pendant les trois premiers quartiers 1691 (3 p.).............................. 94ᵗᵗ 10ˢ

Somme de ce chapitre...... 181ᵗᵗ 17ˢ 8ᵈ

PEINTURE.

11 février : à DURINCÉ, peintre, pour impressions de peinture par luy faites aud. château....... 14ᵗᵗ 15ˢ 7ᵈ

SCULPTURE.

14 janvier : à RINBAUT, sculpteur, pour une console qu'il a fait pour mettre sous la poutre de la chambre du bout de l'appartement de Monsieur, aud. château de Chambord............................ 40ᵗᵗ

PAVÉ.

7 janvier-8 avril : à RAYMOND POIREMOLLE, paveur, parfait payement de 290ᵗᵗ pour l'entretien du pavé du château et dépendances de Chambord en 1690 (2 p.).. .... 145ᵗᵗ

11 février : à luy, pour réparations de pavé. 17ᵗᵗ 15ˢ

7 aoust 1691-6 janvier 1692 : à luy, sur l'entretien des pavés dud. château pour les trois premiers quartiers (3 p.)............................. 217ᵗᵗ 10ˢ

23 septembre : à luy, pour fouille et transport de terre qu'il a fait pour recombler les trous des anciennes glacières de Chambord qui ont esté démolies parcequ'elles ne pouvoient conserver la glace......... 20ᵗᵗ

Somme de ce chapitre......... 400ᵗᵗ 5ˢ

MENUES DÉPENSES ET ENTRETENEMENTS DE CHAMBORD.

7 janvier-avril : à DE BELLEFOND, parfait payement de 250ᵗᵗ pour les nettoyements et frottages de parquet et entretien de l'horloge du château (2 p.)....... 125ᵗᵗ

7 aoust 1691-6 janvier 1692 : à luy, sur lesd. entretiens et frottages pendant les trois premiers quartiers de 1691 (3 p.)........................ 187ᵗᵗ 10ˢ

7 janvier-8 avril : à CHARLES CHEVALIER, parfait payement de 48ᵗᵗ pour le nettoyement des allées de la Canardière (2 p.)....................... 24ᵗᵗ

7 aoust 1691-6 janvier 1692 : à luy, pour lesd. nettoyements pendant les trois premiers quartiers 1691 (3 p.).............................. 36ᵗᵗ

14 janvier : aux ouvriers qui ont travaillé à remplir de glace les deux glacières de Chambord.... 126ᵗᵗ 16ˢ

Somme de ce chapitre......... 499ᵗᵗ 6ˢ

RIVIÈRE D'EURE.

MAÇONNERIE.

29 avril-28 octobre : à PIERRE LE MAISTRE, entrepreneur, à compte de la maçonnerie du grand aqueduc de Maintenon (8 p.).................. 11190ᵗᵗ

GRAIS ET PIERRE.

29 avril-30 septembre : à CLAUDE-LOUIS JUDANT, entrepreneur, à compte des grais qu'il fournit pour la construction de l'aqueduc de la rivière d'Eure dans le fond de Maintenon (7 p.).................. 10211ᵗᵗ

24 juin-4 novembre : à MICHAEL BOURAINE, payement de la pierre qu'il a fournie pour la nouvelle écluse de la chaussée de l'étang de Boisard (3 p.)....... 749ᵗᵗ 9ˢ

Somme de ce chapitre...... 10960ᵗᵗ 9ˢ

ESCLUSIERS.

29 avril-2 septembre : aux esclusiers employez à la journée du Roy pour la construction du grand aqueduc de Maintenon, pour leurs journées du mois de décembre 1690 au mois d'aoust 1691 (5 p.).......... 798ᵗᵗ

ANNÉE 1691. — RIVIÈRE D'EURE.

30 septembre : à eux, pour leurs logemens et autres menües dépenses pendant la présente année..... 60ᵗᵗ
30 septembre-30 décembre : à Guillaume Moreau, éclusier, pour ses journées pendant les quatre derniers mois (4 p.)............................: 122ᵗᵗ
Somme de ce chapitre.......... 980ᵗᵗ

DIVERSES DÉPENSES DE LA RIVIÈRE D'EURE.

29 avril-2 septembre : au sʳ Le Blanc, pour le loyer d'une maison sçize à Maintenon, occupée par le sʳ Robelin, pendant une année (2 p.).............. 330ᵗᵗ
29 avril : à Martin Colin et autres, pour menues dépenses faites pour la construction du grand aqueduc de Maintenon pendant les deux derniers mois 1690 et les quatre premiers 1691.................. 564ᵗᵗ 7ˢ
27 may : à Marin Legrand et autres, pour menues dépenses faites pendant le mois de may........ 357ᵗᵗ 1ˢ
17 juin : à Michel Souger et autres, pour menus ouvrages faits à la chaussée de Boizard pour la construction de la nouvelle écluse.................... 152ᵗᵗ
24 juin-25 novembre : à La Vigne et autres, pour menus ouvrages et dépenses du mois de juin au mois de novembre de la présente année (11 p.).... 3276ᵗᵗ 17ˢ 6ᵈ
30 septembre : à Champenois et autres, pour menues dépenses faites à la réparation du batardeau de charpente au bout de la pièce d'eau du château de Maintenon et aux écluses sur le ruisseau d'Épernon pendant le mois de juin........................... 72ᵗᵗ 3ˢ
28 octobre : à Pierre Cognart et autres, pour menües dépenses faites à la réparation des écluses sur lad. rivière................................. 34ᵗᵗ 16ˢ
30 décembre : à Jean Cajard et autres, pour la réparation d'une des digues du ruisseau de Gallardon. 10ᵗᵗ 4ˢ
14 janvier-30 décembre : au sʳ Houry et autres, pour appointemens et menues dépenses faites, sous le sʳ Parisot, sur les lignes de la rivière d'Eure de décembre 1690 à décembre 1691 (9 p.)................ 1692ᵗᵗ 10ˢ
Somme de ce chapitre.... 6489ᵗᵗ 18ˢ 6ᵈ

TERRASSE.

16 janvier : au sʳ Le Duc, entrepreneur, à compte des terres qu'il a fait transporter sur la route du bois Richeu, entre Maintenon et Berchère......... 200ᵗᵗ
14 janvier : à luy, pour son remboursement de ce qu'il a payé aux nommez Darangot et Liégeois, piqueurs, pour leurs appointemens des quatre derniers mois 1690. 500ᵗᵗ
6 may : à luy, pour ce qu'il a payé aux nommez La Chaussée et La Haye, pour les quatre premiers mois 1691............................... 500ᵗᵗ

9 septembre-10 décembre : à luy, pour les huit derniers mois, y compris 21ᵗᵗ pour menues dépenses faites au magasins des Quatre-Vents (2 p.)........ 1021ᵗᵗ 15ˢ
Somme de ce chapitre...... 2221ᵗᵗ 15ˢ

GAGES DES EMPLOYÉS DE LA RIVIÈRE D'EURE.

25 février-30 décembre : au sʳ Parisot, ingénieur employé sur les lignes de la rivière d'Eure, pour ses appointemens du mois de décembre 1690 au mois de décembre 1691 (7 p.)..................... 1950ᵗᵗ
29 avril-30 décembre : au sʳ Robelin, ayant la direction du grand aqueduc dans le fondz de Maintenon, pour les appointemens du mois de décembre 1690 au mois de décembre 1691 (9 p.).................... 6500ᵗᵗ
29 avril-30 décembre : au nommé Lagrange, maître maçon employé aud. aqueduc, pour ses appointemens pendant le même temps (10 p.)............. 1950ᵗᵗ
Somme de ce chapitre......... 10400ᵗᵗ

GRATIFICATIONS.

7 janvier : à Thomas Fossard, dit Milhomme, ouvrier travaillant à louver[1] les pierres de l'église des Invalides, par gratification, en considération de ce qu'il a esté blessé en travaillant...................... 50ᵗᵗ
14 janvier : à la veuve Carbon, commis à la poste de Charleville, par gratification, en considération des soins qu'elle a pris d'achepter des cuirs et faire faire des clous à Mezières pour la machine en l'année 1690.... 50ᵗᵗ
21 janvier-2 décembre : à Robert de France, dit La France, soldat invalide, par gratification, en considération de ses soins au bâtiment de l'église des Invalides pendant 1690 et 1691 (2 p.)..................... 120ᵗᵗ
4 février : à Boffrand, dessinateur, par gratification, en considération de ce qu'il a dessiné les plants et profils des bâtimens de la place Royalle de l'hôtel de Vendôme............................... 150ᵗᵗ
A Daniel, compagnon charpentier, qui s'est blessé en travaillant au dôme de l'église des Invalides...... 30ᵗᵗ
A Robert Mullotin, compagnon serrurier, qui s'est blessé en travaillant, par gratification.......... 40ᵗᵗ
25 mars : à Heudiard, ouvrier employé à échenillier les arbres du parc de Versailles, qui s'est blessé à la main par un croissant en travaillant, gratification...... 20ᵗᵗ
29 avril : à Berthault, inspecteur sur les bois, par gratification, en considération de plusieurs voyages qu'il a fait de Versailles à Paris pour visiter les bois du dôme

---

[1] *Louver*, faire un trou dans une pierre pour y faire entrer la *louve*, afin de l'élever (*Dictionnaire de Trévoux*).

des Invalides et de ceux qu'il fait actuellement à Saint-Germain pour visiter ceux des nouveaux bâtimens que l'on fait aux Invalides........................ 150¹¹

6 may : à Granier, sculpteur, par gratification, en considération de ses soins à réparer les cires de la statue équestre que le s' Keller jette en bronze pour le service du Roy................................. 400¹¹

27 may : à Marchand, compagnon sculpteur, qui s'est blessé en travaillant au modèle du maître-autel de l'église des Invalides........................... 30¹¹

3 juin : à Remi Janson, ayant l'entretien des labours des pépinières, idem par gratification........... 400¹¹

10 juin : aux tailleurs de pierre de l'église et bâtimens des Invalides et à ceux de la place Royalle de l'hôtel de Vandôme, par gratification pour le May de l'Ascension. 50¹¹

24 juin : à Duchateau, compagnon charpentier, qui s'est blessé en travaillant à la place Roïalle....... 20¹¹

A Charles Emery, compagnon sculpteur, qui s'est blessé en travaillant à l'église des Invalides........... 20¹¹

A Pierre Chartrelle, autre, blessé en travaillant à lad. église.................................... 20¹¹

7 aoust-2 décembre : à Louis-Clément Garnier, jardinier du Roule, par gratification des six derniers mois 1690 et six premiers 1691 (2 p.)................ 200¹¹

7 aoust-2 décembre : à Louis Germain, qui a inspection sur les ouvriers qui travaillent aux plants d'arbres des avenues du palais des Thuilleries, parc de Boulogne, Vincennes et Saint-Germain-en-Laye, gratification pour les six derniers mois 1690 et les six premiers 1691 (2 p.)..................................... 100¹¹

7 aoust-2 décembre : à Jean Frade, qui a inspection pour la garde des cignes sur la rivière depuis Surenne jusqu'à Rouen, idem (2 p.).................... 150¹¹

7 aoust-2 décembre : à Pierre Le Cochois, qui a soin desd. cignes depuis Corbeil jusqu'à S¹ Cloud (2 p.), 150¹¹

7 aoust : à Daniel, Charles Flamand, Bascon, Baptiste, Le Lorrain, tous cinq compagnons charpentiers, Rouillier et le petit Lorain, tous deux compagnons serruriers, pour récompense d'avoir posé la boule et la croix des Invalides en place, à raison de 15¹¹ pour chacun. 105¹¹

29 aoust : à François Marey, compagnon charpentier, qui s'est blessé en travaillant à la machine........ 40¹¹

25 novembre : à Le Comte, Gandon, Mènessier et Joseph Chesne, charpentiers du canal de Versailles, par gratification, en considération de la barque qu'ils ont faite pour Marly........................... 100¹¹

2 décembre : à René Simon, charpentier, qui s'est blessé en travaillant au bâtiment nouveau de l'hôtel royal des Invalides............................... 20¹¹

2 décembre : à Antoine Meusnier, contre-poseur, qui s'est blessé en travaillant à la grande église des Invalides..................................... 20¹¹

Aux palfreniers des écuries de S. M., pour les fumiers qui leur ont esté pris pendant la présente année pour les parquets de Fontainebleau................ 77¹¹

A Pierre Mersant, dit L'Alliance, par gratification, en considération de ses soins au bâtiment de l'église des Invalides..................................... 60¹¹

6 janvier 1692 : au s' Imfray, commis à la poste de Versailles, par gratification, en considération du soin qu'il a pris des lettres et paquets concernans les bâtimens pendant 1691.............................. 100¹¹

13 janvier : à Rosay, garde du Pré-Clos, par gratification, en considération de ses services extraordinaires. 20¹¹

Somme de ce chapitre......... 2692¹¹

GAGES PAR ORDONNANCES PARTICULIÈRES.

7 janvier : au s' Goujon, employé à toiser les ouvrages, pour ses appointemens des mois de juillet et aoust 1690 .... 600¹¹

Au s' de Sainte-Catherine, employé aux travaux de la plaine de Trappe, idem..................... 500¹¹

Au s' de Franclieu, employé aux travaux de Buc et à la plaine de Saclay, idem................. 400¹¹

Au s' Le Goux, employé à la plaine de Saclay, idem 200¹¹

Au s' Guillin, employé à la Surintendance des bâtiments, idem........................... 150¹¹

Au s' Duchiron, employé au magasin des plombs, idem........................... 333¹¹ 6ˢ 8ᵈ

Au s' de Louit, employé au magasin des démolitions, idem........................... 200¹¹

Au s' Chepin, employé aux plants pour dessigner 250¹¹

Au s' Frosne, employé à la place de l'hôtel de Vendôme, idem........................... 200¹¹

Au s' Jourdan, employé dans le petit parc, idem. 150¹¹

Au s' Perrot, employé à Trianon, idem....... 200¹¹

Au s' Michelet l'aisné, employé à la pesée des fers, idem........................... 200¹¹

Au s' Michelet le jeune, employé aux menus ouvrages, idem........................... 150¹¹

Au s' Andrieu, employé au toisé des terres, idem 333¹¹ 6ˢ 8ᵈ

Au s' Andrieu le jeune, adjoint à toiser avec led. Andrieu, idem........................... 62¹¹

Au s' Bertault, employé à visiter les bois de charpente 150¹¹

ANNÉE 1691. — GAGES PAR ORDONNANCES PARTICULIÈRES.

Au s' Le Court, employé à l'église des Invalides, idem................................ 250ᵗᵗ

Au s' La Boulaye, employé à prendre garde aux vitres, idem................................ 150ᵗᵗ

Au s' Cochu, employé à la machine, idem.... 600ᵗᵗ

Au s' Jumelle, employé à la machine, idem... 150ᵗᵗ

Au s' Boucault, employé, idem............ 150ᵗᵗ

Au s' Rennequin Sualem, charpentier de lad. machine, idem................................ 300ᵗᵗ

Au s' de Ruzé, employé à Saint-Germain et à Marly, idem................................ 600ᵗᵗ

Au s' de la Maison Blanche, employé au magasin de Marly, idem........................... 150ᵗᵗ

Au s' Rousselot, employé à Monceaux, idem.. 400ᵗᵗ

Au s' L'Abbé, employé à visiter les ouvriers à Paris, idem................................ 300ᵗᵗ

A Charles Le Brun, portier de l'hôtel des Inspecteurs, idem................................ 62ᵗᵗ

A François Le Bled, portier de l'hôtel de Limoges, idem................................ 62ᵗᵗ

11 mars : aux inspecteurs dénommez ci-dessus, pour leurs appointemens des mois de septembre et octobre 7249ᵗᵗ 13ˢ 4ᵈ

22 avril : à eux, à l'exception du s' Rousselot, pour leurs appointemens des mois de novembre et décembre 6849ᵗᵗ 13ˢ 4ᵈ

27 may : à eux, pour leurs appointemens des mois de janvier et février................ 6849ᵗᵗ 13ˢ 4ᵈ

7 aoust : à eux, pour leurs appointemens des mois de mars et avril....................... 7049ᵗᵗ 13ˢ 4ᵈ

9 septembre : à eux, pour leurs appointemens des mois de may et juin............... 7249ᵗᵗ 13ˢ 4ᵈ

11 novembre : à eux, pour leurs appointemens des mois de juillet et aoust............ 7102ᵗᵗ 13ˢ 4ᵈ

16 décembre : à eux, pour leurs appointemens des mois de septembre et octobre........ 7099ᵗᵗ 13ˢ 4ᵈ

24 février : à eux, pour leurs appointemens des mois de novembre et décembre, y compris le s' Lhuillier, pour les trois derniers mois 1691, à 720ᵗᵗ par an. 6529ᵗᵗ 13ˢ 4ᵈ

7 janvier 1691-6 janvier 1692 : à La Chambre, garde à cheval à Saclay, pour ses gages des mois de novembre et décembre 1690 et l'année entière 1691 (7 p.).. 630ᵗᵗ

A Beaulieu, autre, aux estangs de Vieille-Église, pour idem (7 p.)..................... 630ᵗᵗ

A du Trier, autre, à l'estang de Trappes, pour idem (7 p.).............................. 630ᵗᵗ

A de la Lande, autre, au Perray, pour idem (7 p.) 630ᵗᵗ

A Denis Rosay, autre, au Pré-Clos, pour idem (7 p.) 630ᵗᵗ

A Le Maistre, autre, à un des pavillons de Trappes, idem (7 p.)....................... 630ᵗᵗ

A Martin, autre, au Mesnil, pour idem (7 p.). 630ᵗᵗ

A Lefebvre, autre, à Buc, à 20ˢ par jour (7 p.). 426ᵗᵗ

7 janvier-27 may : à Drouard, à compte de l'inspection qu'il a sur les broderies des meubles du Roy (2 p.). 500ᵗᵗ

A Laboulaye, ayant la même inspection (2 p.). 250ᵗᵗ

7 janvier-4 novembre : à Lhuillier, inspecteur à Versailles, pour ses appointemens des six derniers mois 1690 et neuf premiers 1691 (5 p.)........... 975ᵗᵗ

7 janvier 1691-6 janvier 1692 : à Guillaume Créan, inspecteur à Saint-Germain, pour ses appointemens des deux derniers mois 1690 et l'année 1691 (7 p.). 700ᵗᵗ

7 janvier 1691-6 janvier 1692 : à Jean Bourguignon, inspecteur à Marly, pour les trois derniers mois 1690 et les deuxième et troisième quartiers 1691, à 33ᵗᵗ par mois (3 p.)................................ 297ᵗᵗ

7 janvier 1691-6 janvier 1692 : à Antoine L'Escuyer, inspecteur à Marly, pour ses appointemens des trois derniers mois 1690 et l'année entière 1691 (5 p.). 1500ᵗᵗ

A Claude Dobye, autre, pour les mêmes appointemens (5 p.)........................... 504ᵗᵗ

A François Gallin, piqueur à Marly, pour ses appointemens des trois derniers mois 1690 et l'année 1691 (6 p.)................................ 750ᵗᵗ

14 janvier : aux Récolets de Saint-Germain-en-Laye, pour avoir célébré la messe à la chapelle de la machine pendant l'année dernière 1690............ 100ᵗᵗ

14 janvier-22 avril : au s' de Leyrat, commis des manufactures à Calais, pour six mois de ses appointemens (2 p.)............................. 1000ᵗᵗ

Au s' Imbert, autre, commis à Saint-Vallery, idem (2 p.)................................ 1000ᵗᵗ

Au s' Revelois, autre, commis à Saint-Malo, idem (2 p.)................................ 1000ᵗᵗ

Au s' Ducluzeau, autre, commis à Morlaix, idem (2 p.)................................ 1000ᵗᵗ

21 janvier 1691-13 janvier 1692 : à la veuve Bailly, portière de la Savonnerie, pour ses appointemens des six derniers mois 1690 et l'année 1691, y compris 60ᵗᵗ pour le blanchissage et entretien de la chapelle (3 p.) 510ᵗᵗ

21 janvier 1691-23 janvier 1692 : aux relligieuses Capucines, pour l'entretien de leur jardin pendant le dernier quartier 1690 et l'année entière 1691 (5 p.).. 500ᵗᵗ

21 janvier-21 octobre : aux nommez Sebert, Gussin,

Fouquet, Le Lorrain, Lignière, Aparuit, Paillet, Le Gros, Rousselet et Tiger, élèves peintres et sculpteurs, pour leur subsistance pendant le dernier quartier 1690 et les trois premiers 1691, à raison de 22ᵗᵗ par mois pour chacun (4 p.).................... 2640ᵗᵗ

4 février- 9 décembre : à Estienne La Rue, inspecteur aux aqueducs de Retz, pour les appointements des mois de janvier à novembre 1691 (6 p.)....... 330ᵗᵗ

4 mars 1691-6 janvier 1692 : à Jaques Montreuil, inspecteur au château de Marly, pour ses appointements de l'année 1691 (6 p.)..................... 720ᵗᵗ

11 mars 1691-2 mars 1692 : au sʳ Sebon, médecin des bâtimens, pour sa pension des années 1690 et 1691 (3 p.)......................... 4000ᵗᵗ

11 mars : au sʳ Merien, aumosnier desd. bâtiments, pour sa pension de l'année 1690............. 350ᵗᵗ

11 mars-2 décembre : aux Récolets de Versailles, pour avoir célébré la messe à la chapelle de la Surintendance des bâtimens pendant les années 1690 et 1691 (2 p.)........................... 500ᵗᵗ

11 mars : au sʳ Clément, employé à la bibliothèque du Roy, pour ses appointements de 1690..... 1500ᵗᵗ

25 mars 1691-13 janvier 1692 : au sʳ Mansart, pour ses appointemens ordinaires et extraordinaires des deux derniers quartiers 1690 et trois premiers 1691 (5 p.)......................... 12500ᵗᵗ

Au sʳ Cauchy, dessinateur, pour les mêmes appointements (5 p.).......................... 1500ᵗᵗ

Au sʳ Cailleteau, dit L'Assurance, idem (5 p.). 1500ᵗᵗ

1ᵉʳ avril : au sʳ Rousselot, employé à Monceaux, pour ses appointements de novembre et décembre 1690 et trois premiers mois 1691................. 1000ᵗᵗ

8 avril 1691-13 janvier 1692 : au sʳ Mignard, premier peintre du Roy, pour ses appointements des deux derniers quartiers 1690 et des trois premiers 1691 (5 p.) 11000ᵗᵗ

8 avril-21 octobre : à Toussaint Michel, menuisier, tourneur à la machine, pour ses appointements des trois premiers quartiers 1691 (3 p.)............... 540ᵗᵗ

22 avril 1691-2 mars 1692 : au sʳ Lambert, ayant l'inspection sur toutes les conduites de tuiaux de fer de fonte, pour ses appointements des années 1690 et 1691 (3 p.)............................. 800ᵗᵗ

Au sʳ d'Etreca, contrôleur des bâtimens de Fontainebleau, pour les mesmes appointemens 1690 et 1691 (3 p.).............................. 7200ᵗᵗ

29 avril-26 aoust : au sʳ Roger, commis du sʳ de la Chapelle-Bessé, pour ses appointemens des six derniers mois 1690 et six premiers 1691 (2 p.)...... 1000ᵗᵗ

3 juin 1691-27 aoust 1692 : au sʳ Merveilhaud, en considération du soin qu'il a eu des manufactures pendant l'année 1690 et les six premiers mois 1691 (2 p.)................................ 2250ᵗᵗ

10 juin 1691-2 mars 1692 : au sʳ Perrault, greffier des bâtimens, pour ses gages des années 1690 et 1691 (3 p.).................................. 8800ᵗᵗ

Au sʳ de la Chapelle-Bessé, idem pour 1690 et 1691 .... 6000ᵗᵗ

10 juin : au sʳ de Beaurepaire, idem pour ses appointements de l'année 1690............... 3000ᵗᵗ

A luy, pour ceux de son commis........... 600ᵗᵗ

17 juin 1691-2 mars 1692 : au sʳ Le Jongleur, ayant soin des eaux bonnes à boire, pour ses appointemens de 1690 et 1691 (3 p.)............. 4000ᵗᵗ

A Desgodets, contrôleur à Chambord, pour ses appointements desd. années 1690 et 1691 (3 p.).. 3600ᵗᵗ

Au sʳ de la Forest, ayant l'entretenement de la pompe du Pont Neuf, pour ses appointements de l'année 1690 et six premiers mois 1691 (2 p.).......... 6000ᵗᵗ

Au sʳ Le Febvre, contrôleur des bâtimens, en considération du séjour qu'il fait à Versailles et du service actuel qu'il a rendu dans lesd. bâtimens pendant les années 1690 et 1691, y compris 2000ᵗᵗ pour supplément d'appointements (3 p.)............... 8000ᵗᵗ

24 juin 1691-2 mars 1691 : au sʳ Villiard, préposé aux eaux bonnes à boire, pour ses appointements des années 1690 et 1691 (3 p.)............... 2400ᵗᵗ

1ᵉʳ juillet-2 décembre : au sʳ Ballon, ayant la direction des grands et petits plants des maisons royales, pour ses appointements des six derniers mois 1690 et six premiers 1691 (3 p.).................... 1800ᵗᵗ

A Louis-Clément Garnier, jardinier de la pépinière du Roule, pour les mêmes appointements (3 p.).. 1200ᵗᵗ

A Louis Germain, ayant l'inspection sur les ouvriers qui travaillent au jardin de la pépinière et aux plants d'arbres des avenues de Vincennes, pour idem (3 p.) 900ᵗᵗ

A Pierre Collinot, servant à cheval, ayant inspection sur les ouvriers qui travaillent aux plants d'arbres de Marly et de Versailles, pour idem (3 p.)........ 1200ᵗᵗ

1ᵉʳ juillet 1691-6 janvier 1692 : à Claude Mathieu, qui a inspection sur les ouvriers qui travaillent à planter du petit plant de bois aux environs de Versailles, pour ses appointements des six derniers mois 1690 et l'année 1691 (4 p.).......................... 1350ᵗᵗ

Au sʳ de Beaulieu, professeur en mathématique, enseignant à écrire et l'arithmétique aux garçons jardiniers de la pépinière de Roule, pour ses appointements des six derniers mois 1690 et l'année 1691 (4 p.).. 450ᵗᵗ

1ᵉʳ juillet - 2 décembre : à Jean Larieu, aiant soin de garder les avenues d'arbres du palais des Thuilleries, pour ses appointements des six derniers mois 1690 et six premiers 1691 (3 p.).................... 100ᴛᵗ

7 aoust 1691 - 2 mars 1692 : à Dorbay, architecte des bâtiments, pour ses appointements 1690 et 1691 (3 p.)............................. 4000ᵗᵗ

Au sʳ Fossier, garde-magasin, pour ses appointements ordinaires et extraordinaires des années 1690 et 1691 (3 p.)....................... 3800ᵗᵗ

Au sʳ de la Motte fils, par gratification, pour les années 1690 et 1691 (2 p.)............... 1800ᵗᵗ

28 octobre : au sʳ Joubert, pour avoir écrit au bureau des bâtiments pendant 108 journées, à 40ˢ par jour.. .... 216ᵗᵗ

11 novembre : au sʳ de Rusé, pour une année des gages de son commis au 1ᵉʳ novembre......... 600ᵗᵗ

9 décembre 1691 - 27 janvier 1692 : au sʳ Mesmyn, pour ses appointements de l'année 1691 (2 p.). 3000ᵗᵗ

9 décembre : au sʳ Marigner, pour l'augmentation des appointements à luy accordés par S. M. pendant la présente année...................... 2000ᵗᵗ

23 décembre : au sʳ Verdier, peintre, à cause de la pension qui luy est accordée............... 1500ᵗᵗ

30 décembre : au sʳ Morlet, inspecteur, pour ses appointements des six derniers mois 1691...... 1200ᵗᵗ

Au sʳ Jolly, commis à la Surintendance des bâtimens, pour une année de ses appointemens.... 1000ᵗᵗ

Au sʳ Chuppin, pour six mois de ses appointements 750ᵗᵗ

Au sʳ Frosne, pour six mois de ses appointemens en qualité d'inspecteur à la place de Vendôme.... 1000ᵗᵗ

Au sʳ Marchand, commis au bureau de la Surintendance, pour avoir l'œil aud. bureau, pour les cinq dernières semaines 1691.................. 100ᵗᵗ

Au sʳ Joubert, garde-magasin de la place Vandôme, pour ses appointemens des deux derniers mois 1691... .... 150ᵗᵗ

6 janvier 1692 : à Michelet le jeune, idem... 150ᵗᵗ

A Bertault, employé à visiter les bois de charpente.. .... 150ᵗᵗ

13 janvier : à Maçon, employé à écrire des copies d'estats concernant le remboursement d'héritages pendant les deux derniers mois 1691............ 78ᵗᵗ

27 janvier : au sʳ Sainfray, pour ses appointements pendant l'année 1691.................. 2000ᵗᵗ

27 janvier 1692 : au sʳ Noblet, pour les voyages qu'il a fait pour les bâtimens pendant les six derniers mois 1691.......................... 500ᵗᵗ

4 may : au sʳ Masson, aumosnier des bâtimens, pour ses appointemens pendant l'année 1691........ 350ᵗᵗ

Somme de ce chapitre........ 209529ᵗᵗ

GAGES D'INVALIDES.

7 janvier 1691 - 6 janvier 1692 : à Louis Baccary, dit Dilligent, invalide employé à Marly, pour ses journées, du mois de novembre 1690 au mois de décembre 1691 (7 p.)............................. 420ᵗᵗ

A Jean Legrand, dit Saint-Martin, employé à l'inspection du modèle de la statue équestre du Roy de l'hôtel de Vandôme, pour ses journées pendant le même temps (12 p.)...................... 426ᵗᵗ

A Pierre Brouillet, dit Monredon, employé à Vincennes, autre invalide, pour ses journées pendant le même temps (12 p.)...................... 426ᵗᵗ

A Robert de France, dit La France, autre, employé à l'église des Invalides, pour ses journées pendant le même temps (12 p.)...................... 333ᵗᵗ

A Pierre Mersant, dit L'Alliance, autre, employé à lad. église, idem pour le même temps (12 p.)... 333ᵗᵗ

7 janvier - 18 février : à Jean Creste, dit L'Orange, autre, employé à lad. église, pour ses journées des mois de novembre et décembre 1690 et janvier 1691 (2 p.) 70ᵗᵗ

28 janvier - 30 décembre : à Monplaisir, autre, employé à Fontainebleau, pour ses journées pendant l'année 1691 (10 p.)...................... 365ᵗᵗ

4 février - 9 décembre : à Isaac Heuzet, autre, employé aux labours du petit parc Saint-Germain, du mois de décembre 1690 au mois de novembre 1691 (6 p.) 360ᵗᵗ

11 février 1691 - 6 janvier 1692 : à Guillaume Ramzay, autre, employé à Monceaux, pour ses journées depuis le mois de décembre 1690 et l'année 1691 (6 p.). 396ᵗᵗ

18 mars 1691 - 13 janvier 1692 : à Louis Nicolas, dit La Violette, pour ses journées du mois de février au mois de décembre 1691 (13 p.)............ 382ᵗᵗ

6 may - 9 septembre : à Pierre L'Église, dit La Rose, autre invalide, employé à la nouvelle boucherie des Invalides, pour ses journées (3 p.)............... 63ᵗᵗ

10 juin - 4 novembre : au sʳ Irrizary, officier invalide, employé à l'inspection des ouvrages de la bibliothèque du Roi que l'on fait à la place roïalle de l'hôtel de Vandôme, pour ses journées, à 2ᵗᵗ par jour (5 p.) 362ᵗᵗ

13 aoust : à Robert Le Blanc, dit Le Picard, employé à empescher le désordre pendant la démonstration

aux écoles de pharmacie du Jardin royal, pour trente-cinq journées............................. 35ᶧᶧ
A Jean Billaudel, dit Saint-Jean, idem, employé pendant le même temps.................. 35ᶧᶧ
  Somme de ce chapitre......... 4004ᶧᶧ

GAGES SUIVANT L'ESTAT.

LES THUILLERIES.

21 janvier : au sʳ Clinchant, garde du palais des Thuilleries, pour ses gages du deuxième quartier 1690 .... 75ᶧᶧ
A luy, concierge de la salle des comédies dud. palais, pour idem........................... 500ᶧᶧ
A luy, ayant le soin de nettoyer et tenir propres toutes les chambres et cours dud. palais, pour idem... 500ᶧᶧ
Au sʳ Le Nostre, ayant l'entretenement du grand parterre en face dud. palais............... 875ᶧᶧ
A luy, ayant celuy des parterres en gazon nouvellement plantez en suitte des quarrez en broderie, pour ses gages.................................. 625ᶧᶧ
A luy, ayant celuy du petit jardin à fleurs.... 375ᶧᶧ
A luy, ayant celuy des palissades de jassemins d'Espagne dud. jardin...................... 375ᶧᶧ
A la veuve Carbonnet, ayant celuy de la haute allée des maronniers d'Inde et pisceas jusqu'à la moitié du fer à cheval............................... 100ᶧᶧ
A elle, pour le loyer de la maison qu'elle occupe à cause dud. entretenement................. 50ᶧᶧ
Aux filles de deffunt Bouchard, ayant l'entretenement des orangers, pour leurs gages............. 225ᶧᶧ
A Claude Descots, ayant l'entretenement de toutes les allées et plants d'arbres, avec le fer à cheval, pour idem.................................. 900ᶧᶧ
A la veuve Masson, Claude et Élisabeth Le Juge, ses belles-sœurs, ayant celuy du jardin........ 512ᶧᶧ 10ˢ
A Lami, portier dud. jardin du côté du Pont Royal 75ᶧᶧ
A Villeneuve, autre portier dud. jardin du côté du Manège................................ 75ᶧᶧ
A Duchemin, autre portier dud. jardin de la porte, par où l'on fait voiturer les fumiers, du costé de la rue Saint-Honoré........................... 75ᶧᶧ
  Total................. 5337ᶧᶧ 10ˢ

PALAIS-ROYAL.

A Gratian Bouticourt, concierge dud. palais, pour ses gages.................................. 112ᶧᶧ 10ˢ
A luy, ayant le soin de nettoyer les chambres et cours dud. palais............................. 56ᶧᶧ 5ˢ
A Clinchant, concierge de la Salle des comédies.. .... 56ᶧᶧ 5ˢ
A Claude Bouticourt, ayant l'entretenement du jardin dud. Palais-Royal....................... 375ᶧᶧ
A Christophle de Mézière, portier de la basse-cour dud. palais du costé de la rue de Richelieu.. 112ᶧᶧ 10ˢ
A Simon Le Vacher, portier de celle des cuisines du costé de la rue des Bons-Enfans........... 37ᶧᶧ 10ˢ
  Total................... 750ᶧᶧ

VINCENNES.

A Michel Thibaut, jardinier, ayant l'entretenement de tous les jardins dépendans dud. château, pour ses gages du deuxième quartier 1690............... 375ᶧᶧ
A Chevillard, fontainier, ayant celuy des fontaines dud. jardin........................... 150ᶧᶧ
  Total................... 525ᶧᶧ

JARDIN ROYAL.

Nota. Le jardinier et le portier dud. jardin sont payez de leurs gages par ordonnance particulière. Cy, pour .... Mémoire.

SAINT-GERMAIN-EN-LAYE.

A Jean-Baptiste La Lande, ayant l'entretenement du vieil jardin et nouvelles palissades du parc du château, pour ses gages dud. deuxième quartier 1690.... 125ᶧᶧ
A luy, ayant l'entretenement de l'orangerie... 125ᶧᶧ
A la veuve Jean de la Lande, ayant l'entretenement du grand parterre nouvellement planté et augmenté de trois allées autour dans le vieil jardin...... 337ᶧᶧ 10ˢ
A Louis de la Lande, ayant l'entretenement des allées et palissades de l'enclos du petit bois......... 84ᶧᶧ 5ˢ
A luy, ayant celuy du potager............. 50ᶧᶧ
A luy, ayant celuy du Boulingrin........... 200ᶧᶧ
A la veuve Bellier, ayant celuy du jardin potager et des deux parterres à costé de la fontaine du château neuf................................ 112ᶧᶧ 10ˢ
A elle et à Claude Bellier, sa fille, ayant celuy du nouveau jardin en gazons................. 300ᶧᶧ
A François Lavechef, ayant celuy du jardin et parterres devant les grottes du château neuf.... 112ᶧᶧ 10ˢ
A luy, ayant celuy des canaux et colines dud. château, pour ses gages dud. deuxième quartier 1690.. 18ᶧᶧ 15ˢ
A Goëren, dit La Salle, concierge du pavillon du Val.................................. 300ᶧᶧ

ANNÉE 1691. — GAGES SUIVANT L'ÉTAT.

A Le Coutellier, jardinier, ayant l'entretenement du jardin dud. pavillon................ 1000ᴴ
A Claude Patenostre, concierge du Chenil proche le Tripot.................................. 45ᴴ
A Bertin, concierge du château neuf..... 118ᴴ 15ˢ
A Richard, concierge de la petite escurie..... 50ᴴ
A Soulaigre, concierge du vieil château.... 56ᴴ 10ˢ
A luy, ayant l'entretenement de l'horloge... 18ᴴ 15ˢ
A Goëren, portier des portes du parc....... 175ᴴ
A Cleremboust, portier des portes du grand parterre................................ 90ᴴ
A Jean Arnaudin, concierge de la Surintendance des bâtiments aud. Saint-Germain............... 50ᴴ
A Claude Lefebvre, concierge de la maison de la Religion................................. 50ᴴ

Total.............. 3419ᴴ 10ˢ

Somme de ce chapitre...... 10032ᴴ

1ᵉʳ avril : aux dénommez de l'autre part, pour lesd. entretenements pendant le troisième quartier 1690...
.... 10032ᴴ
7 aoust : à eux, pour le quatrième quartier 1690..
.... 10032ᴴ
2 septembre : à eux, pour le premier quartier 1691
.... 10032ᴴ
24 décembre : à eux, pour le deuxième quartier 1691
.... 10032ᴴ
27 janvier 1692 : à Guillaume Lefebvre, portier de la basse-cour du Palais-Royal du costé de la rue de Richelieu, pour ses gages des six derniers mois 1691
.... 225ᴴ
1ᵉʳ juin : à Gratian Bouticourt, concierge dud. Palais-Royal, pour les six derniers mois 1691......... 225ᴴ
A luy, ayant le soin de nettoyer les chambres et cours dud. Palais-Royal, pour idem............. 112ᴴ 10ˢ
A Clinchant, concierge de la Salle des comédies, idem
.... 112ᴴ 10ˢ
A Claude Bouticourt, ayant l'entretenement du jardin dud. Palais-Royal........................ 750ᴴ
A Le Vacher, portier de la cour des cuisines dud. palais du costé de la rue des Bons-Enfans....... 75ᴴ

Somme totale.............. 51660ᴴ

ESTAT DE FONTAINEBLEAU.

2 septembre : à la veuve Grognet, couvreur, ayant l'entretenement de toutes les couvertures du château de Fontainebleau, pour ses gages du premier quartier 1691................................ 750ᴴ

A Tisserant, ayant celuy des vitres, idem ... 300ᴴ
A la veuve Girard, plombier, ayant celuy des plombs
.... 125ᴴ
A Dubois, peintre, ayant celui de toutes les peintures................................ 150ᴴ
A Julien Debray, ayant celui de la moitié du grand parterre du jardin du Roy, petites palissades et allées en terrasse au pourtour d'iceluy............ 250ᴴ
A Gaspard Guinteau de Richemont, mary de Madelaine Poiret, ayant l'autre moitié........... 250ᴴ
A Gabriel Desbouts, ayant l'entretenement du jardin de l'estang et de celuy des pins............. 175ᴴ
A la veuve Louis Desbouts, ayant celuy des grandes et petites palissades...................... 500ᴴ
A Varin, ayant celuy des arbres fruitiers, allées d'ipreaux et autres................... 206ᴴ 5ˢ
Aux Religieux de la Charité d'Avon, pour trois mois de la pension qui leur est accordée par S. M. pour la subsistance des malades................. 487ᴴ 10ˢ
A Chatillon, ayant l'entretenement des orangers du jardin de la Reyne, pour ses gages du premier quartier 1691............................. 300ᴴ
A Dorchemer, dit La Tour, ayant celui du petit jardin de la Conciergerie................. 11ᴴ 5ˢ
A Louis de la Tour, ayant celui du nettoyement des cours dud. château..................... 100ᴴ
A Dubois, ayant l'entretenement du jardin de la fontaine du château et jardins en dépendans..... 37ᴴ 10ˢ
A la veuve Vieuxpont, ayant celuy du jardin potager et fruitier du jardin neuf.................. 45ᴴ
A René Nivelon, ayant celui du Mail..... 27ᴴ 2ˢ 6ᵈ
A Bernard, ayant celui du petit jardin de l'hôtel d'Albret................................ 25ᴴ
A Chatillon, ayant celuy du nettoyement des canaux de l'estang........................... 50ᴴ
A Voltigrant, ayant celui des batteaux sur le canal et sur l'estang............................. 50ᴴ
Au sʳ Pion, aiant le soin et la nouriture des carpes et cignes dud. canal et des estangs dud. château... 270ᴴ
A luy, pour l'ancienne et nouvelle augmentation desd. cignes et carpes pendant led. premier quartier... 162ᴴ
A Costurier, fontainier, pour les gages dud. quartier................................. 250ᴴ
A Chatillon, ayant l'entretenement de l'horloge dud. château................................ 25ᴴ
A Toulet, concierge du pavillon de la Surintendance, idem................................. 50ᴴ
A la veuve Charles Gervais, portière du parc... 75ᴴ
A Besnard, concierge de l'hôtel d'Albret...... 25ᴴ

41.

A Petit, portier de la cour du Cheval Blanc... 50ᵗᵗ
A Dorchemer, concierge du château......... 75ᵗᵗ
23 décembre : aux dénommez cy dessus, pour leurs gages du deuxième quartier 1691...... 4821ᵗᵗ 12ˢ 6ᵈ
Somme totale:............ 9643ᵗᵗ 5ˢ

ESTATS DES GAGES

Des Officiers des bâtiments du Roy, jardins, tapisseries, arts et manufactures de S. M. et apointements des personnes rares en l'architecture, peinture, sculpture, et autres arts qu'Elle veut estre entretenus pour son service en ses châteaux du Louvre et des Thuilleries, Palais-Royal, Sᵗ Germain-en-Laye, Versailles, Madrid, Vincennes et autres lieux à Elle appartenans, pendant l'année 1691, expédié par Nous Edouard Colbert, Chevalier, Marquis de Villacerf et de Payens, seigneur de Sᵗ Mesmyn et de Courlanges, la Cour, Sᵗ Phal, Fontaines-lez-Sᵗ Georges et autres lieux, Conseiller d'Estat, Premier maître d'hostel de la feue Reyne, Surintendant et Ordonnateur général des bâtimens, jardins, tapisseries et manufactures, suivant le pouvoir à nous donné par S. M.

PREMIÈREMENT :
GAGES ET APPOINTEMENS
DES SURINTENDANT, INTENDANS, CONTRÔLEURS ET TRÉSORIERS DESDITS BÂTIMENS.

A Nous, en lad. qualité de Surintendant et Ordonnateur général desd. bâtimens, jardins, tapisseries et manufactures, la somme de 5500ᵗᵗ pour nos gages, à cause de nostred. charge pendant les six derniers mois moins quinze jours de lad. année, à raison de 12000ᵗᵗ par an
.... 5500ᵗᵗ
A Nous, en lad. qualité de lad. charge et pension attribuée et unie à icelle, la somme de 1375ᵗᵗ pour le même temps, à raison de 3000ᵗᵗ par an........ 1375ᵗᵗ
A Nous, en lad. qualité de lad. charge et autre pension attribuée et unie à icelle, la somme de 2750ᵗᵗ pour le même temps, à raison de 6000ᵗᵗ par an.... 2750ᵗᵗ
A Nous, comme Surintendant et Ordonnateur général des bâtiments du château de Monceaux, la somme de 1100ᵗᵗ, à raison de 2400ᵗᵗ par an.......... 1100ᵗᵗ
A la veuve et héritiers de feu M. de Louvois, en lad. qualité de Surintendant et Ordonnateur général desd. bâtimens, jardins, tapisseries et manufactures, la somme de 6500ᵗᵗ pour ses gages à cause de lad. charge pendant six mois et quinze jours de lad. année, à raison de 12000ᵗᵗ par an...................... 6500ᵗᵗ

A eux, en lad. qualité de lad. charge et pension attribuée et unie à icelle, pour le même temps.. 1625ᵗᵗ
A eux, en lad. qualité de lad. charge et autre pension attribuée et unie à icelle, pour le même temps. 3250ᵗᵗ
A eux, pour le même temps à cause de ladite charge de Surintendant et Ordonnateur général des bâtimens de Monceaux, à raison de 2400ᵗᵗ par an........ 1300ᵗᵗ
Au sʳ Coquart de la Motte, conseiller du Roy en ses Conseils, intendant et ordonnateur ancien des bâtimens, jardins, tapisseries, arts et manufactures, pour trois quartiers de ses gages.................. 4500ᵗᵗ
Au sʳ Mansart, aussy conseiller du Roy en ses Conseils, intendant et ordonnateur alternatif desd. bâtimens, jardins, tapisseries et manufactures, pour trois quartiers de ses gages.................. 4665ᵗᵗ
Au sʳ de Chanlay, aussy conseiller du Roy en ses Conseils, intendant et ordonnateur triennal desd. bâtimens, jardins, tapisseries et manufactures, pour trois quartiers de ses gages.................. 4500ᵗᵗ
Au sʳ Le Nostre, contrôleur général ancien desd. bâtimens, jardins, tapisseries et manufactures, pour trois quartiers de ses gages et augmentation d'iceux........
.... 4080ᵗᵗ 18ˢ 9ᵈ
Au sʳ Gabriel, contrôleur général alternatif desd. bâtiments, jardins, tapisseries et manufactures, pour trois quartiers de ses gages et augmentation d'iceux. 4125ᵗᵗ
Au sʳ Lefebvre, contrôleur général triennal desd. bâtimens, jardins, tapisseries et manufactures, pour trois quartiers de ses gages et augmentation d'iceux. 4133ᵗᵗ
A Mᵉ Charles Le Bescue, conseiller du Roy, trésorier général desd. bâtiments, jardins, tapisseries et manufactures, pour trois quartiers de ses gages à cause de lad. charge et augmentation d'iceux....... 2100ᵗᵗ
A Mᵉ Charles Le Bescue, aussy trésorier général alternatif desd. bâtiments, jardins, tapisseries et manufactures, pareille somme pour trois quartiers de ses gages et augmentation d'iceux................. 2100ᵗᵗ
A M. Charles Manessier, aussy conseiller du Roy, trésorier général triennal desd. bâtiments, jardins, tapisseries et manufactures, pour trois quartiers de ses gages et augmentation d'iceux............ 2100ᵗᵗ
Total............... 55703ᵗᵗ 18ˢ 9ᵈ

OFFICIERS QUI ONT GAGES
POUR SERVIR GÉNÉRALLEMENT DANS TOUTES LES MAISONS ROYALES ET BÂTIMENS DE SA MAJESTÉ.

Au sʳ Mignard, pour ses appointemens pendant lad. année, la somme de 8800ᵗᵗ, à luy ordonnée par gratifica-

ANNÉE 1691. — GAGES DES OFFICIERS DES BÂTIMENTS.

tion à cause de la conduite et direction des peintures des maisons royalles et aussy de celles qu'il a sous nos ordres de la manufacture des Gobelins, pour, avec 3200ᵗᵗ employez dans l'estat de la Maison du Roy, faire la somme de 12000ᵗᵗ à luy accordée par chacun an et dont il a esté payé, partant cy....................... Néant.

Au s⁽ʳ⁾ DE LA HIRE, professeur de l'Académie d'architecture établie au Palais-Royal pour y tenir les conférences et y enseigner publiquement, pour ses gages.... 1200ᵗᵗ

Au s⁽ʳ⁾ MANSART, architecte, pour ses gages pendant lad. année........................ 1000ᵗᵗ

Au s⁽ʳ⁾ DORBAY, autre architecte, idem....... 1000ᵗᵗ

Au s⁽ʳ⁾ DE COTTE, autre architecte, idem...... 2400ᵗᵗ

Au s⁽ʳ⁾ FÉLIBIEN, historiographe desd. bâtiments, idem 1200ᵗᵗ

A NOËL COYPEL, peintre, idem............. 200ᵗᵗ

A BAILLY, peintre en mignature, idem....... 200ᵗᵗ

A FRIQUET, autre peintre, idem............ 200ᵗᵗ

A ANDRÉ FÉLIBIEN, ayant la garde des figures et le soin de tenir nets et polir les marbres des maisons royales, pour ses gages, idem................. 400ᵗᵗ

A FRANÇOIS GIRARDON, sculpteur, idem....... 200ᵗᵗ

A DESJARDINS, autre sculpteur, idem......... 200ᵗᵗ

A THOMAS REGNAUDIN, autre, idem........... 150ᵗᵗ

A ANTOINE COISEVAUX, autre sculpteur, idem... 200ᵗᵗ

A LOUIS LEGROS, autre, idem................ 150ᵗᵗ

A BAPTISTE TUBY, autre, idem............... 200ᵗᵗ

A PIERRE MAZELINE, autre, idem............ 150ᵗᵗ

A FRANÇOIS CUVILLIER, marbrier, idem....... 30ᵗᵗ

A HUBERT MISSON, autre, idem.............. 30ᵗᵗ

A DOMINICO CUCCI, qui fait toutes les garnitures de bronze doré des portes et croisées des maisons royales, idem.. 60ᵗᵗ

A LE CLERC, graveur, idem................ 100ᵗᵗ

A GOYTON, imprimeur en taille-douce, idem.... 100ᵗᵗ

A FRANÇOIS VILDOT de Clermont, maître des œuvres de maçonnerie des bâtiments du Roy, tant pour ses gages anciens qu'augmentation d'iceux, la somme de 1200ᵗᵗ, dont il sera payé de la moitié attendu le service actuel qu'il rend à S. M................................ 600ᵗᵗ

A PHILIPES CLIQUIN, maître des œuvres de charpenterie, pour avoir l'œil sur tous les charpentiers des maisons royales, la somme de 1200ᵗᵗ, dont il ne sera payé que de la moitié........................ 600ᵗᵗ

A JEAN DORBAY, maçon.................... 30ᵗᵗ

A JAQUES MAZIÈRE, autre................ 30ᵗᵗ

A PIERRE THEVENOT, autre.............. 30ᵗᵗ

A PIERRE LE MAISTRE, autre maçon........ 30ᵗᵗ

A GIRARD MARCOU, autre................. 30ᵗᵗ

A JEAN MALLET, charpentier.............. 30ᵗᵗ

A MICHEL REMY, menuisier............... 30ᵗᵗ

A NICOLAS CAREL, autre................. 30ᵗᵗ

A ANTOINE RIVET, autre................. 30ᵗᵗ

A PIERRE ROGER, serrurier.............. 30ᵗᵗ

A ANDRÉ-CHARLES BOULE, ébéniste......... 30ᵗᵗ

A JEAN OPENOR, autre ébéniste.......... 30ᵗᵗ

A GABRIEL JANSON, vitrier.............. 30ᵗᵗ

A ESTIENNE YVON, couvreur.............. 30ᵗᵗ

A PHILIPPES VITRY, plombier............ 30ᵗᵗ

A JAQUES LUCAS, autre.................. 30ᵗᵗ

A LOUIS REGNOUF, paveur................ 30ᵗᵗ

A BON BRIOT, miroitier................. 30ᵗᵗ

A GUILLAUME DEZAUZIERS, peintre doreur... 30ᵗᵗ

A GOSSELIN et LAGNY, armuriers, retenus pour travailler aux instruments de mathématiques nécessaires pour l'Académie des sciences................. 200ᵗᵗ

A THURET, horloger, retenu pour entretenir toutes les pendules de l'Académie des sciences, tant celles qui sont à l'Observatoire que dans lad. Académie.... 300ᵗᵗ

A MASSELIN, chaudronnier, pour ses gages..... 30ᵗᵗ

A PADELAIN et VARISSE, ramonneurs de cheminées, pour avoir soin de tenir nettes toutes celles des maisons royales à Paris, Saint-Germain, Fontainebleau et autres lieux, la somme de 200ᵗᵗ, sur quoy leur sera payé 30ᵗᵗ à chacun, et les racomodages des cheminées leur seront payez par ordonnance particulière, partant cy.... 60ᵗᵗ

A DANIEL FOSSIER, garde du magasin du Roy où se mettent les démolitions nécessaires pour les bâtiments de S. M................................... 400ᵗᵗ

A CHARLES MOLLET, jardinier, retenu pour travailler aux desseins des parterres et des jardins de S. M. lors qu'il luy sera commandé, pour ses gages la somme de 1000ᵗᵗ, dont il ne luy sera payé que la moitié......... .... 500ᵗᵗ

A ANDRÉ LE NOSTRE, aussi retenu pour travailler ausd. jardins et parterres, pour ses gages entiers.... 1200ᵗᵗ

Au s⁽ʳ⁾ FRANÇOIS FRANCINES, intendant de la conduite et mouvemens des eaux et fontaines de S. M., la somme de 3000ᵗᵗ, scavoir : 1800ᵗᵗ d'anciens gages et 1200ᵗᵗ d'augmentation, dont il sera payé de trois quartiers.... 2250ᵗᵗ

Aud. FRANCINES, ayant l'entretenement des fontaines de Rungis, palais de Luxembourg, Croix du Tiroir et château du Louvre, pour ses gages à cause dud. entretenement........................... 7000ᵗᵗ

Au s⁽ʳ⁾ MARIGNER, l'un de nos commis, ayant le soin de

tenir le registre de la dépense des bâtimens, pour ses appointemens.......................... 2000ᵗᵗ

A ...., commis de l'intendant desd. bâtimens en exercice............................ 600ᵗᵗ

A ...., commis du contrôleur général desd. bâtimens, pour en son absence avoir l'œil à ce qui est du contrôle général, pour ses appointemens....... 600ᵗᵗ

A trois premiers commis en tiltre d'office des trois trésoriers généraux desd. bâtimens, pour leurs gages, à raison de 300ᵗᵗ chacun, dont il leur sera payé seulement 200ᵗᵗ................................ 600ᵗᵗ

A Daniel Fossier, garde des magasins des marbres pour lesd. bâtiments, pour ses gages pendant lad. année................................ 600ᵗᵗ

Total..................... 27480ᵗᵗ

OFFICIERS SERVANS SA MAJESTÉ
POUR L'ENTRETENEMENT DES MAISONS ET CHÂTEAUX CY APRÈS NOMMEZ.

LOUVRE.

A René de Louvigny, concierge du château du Louvre, pour tenir nettes les grandes et petites galleries, les ouvrir et fermer, pour ses gages tant anciens que nouveaux................................ 100ᵗᵗ

COURS DE LA REYNE.

A Germain, portier de la porte du Cours la Reyne du costé des Thuilleries, pour ses gages de lad. année... .... 150ᵗᵗ

A Jaques Dubuisson, portier de l'autre porte du costé de Chaillot et pour garder les plants des Thuilleries, pour ses gages, idem..................... 150ᵗᵗ

Total..................... 300ᵗᵗ

PALAIS-ROYAL.

A Estienne Mestivier, portier de la grande porte du Palais-Royal, pour ses gages................. 150ᵗᵗ

COLLÈGE DE FRANCE.

A Duclos, concierge du Collège de France, pour deux quartiers de ses gages pendant lad. année... 25ᵗᵗ

MADRID.

A Jean Ricard, concierge du château de Madrid, pour ses gages, dont il sera payé de trois quartiers 150ᵗᵗ

SAINT-GERMAIN-EN-LAYE.

Au sʳ François Francines, ayant l'entretenement des fontaines et grottes des châteaux de Saint-Germain, pour ses gages pendant lad. année............... 800ᵗᵗ

A Henry Soulaigre, portier du vieil château, pour trois quartiers de ses gages.................. 75ᵗᵗ

A Guillot, portier du château neuf, idem..... 75ᵗᵗ

A Claude Thailler, portier de la porte du parc de Saint-Germain, au bas des descentes dud. château, pour pareils gages...................... 75ᵗᵗ

A Louis Poisson, peintre, pour ses gages pendant lad. année............................. 30ᵗᵗ

A Jaques Barbier, maçon, idem............. 30ᵗᵗ

A Aubert, charpentier, idem................ 30ᵗᵗ

A François Millot, menuisier, idem......... 30ᵗᵗ

A Louis Piau, serrurier, idem.............. 30ᵗᵗ

A Charles Mercier, vitrier, idem........... 30ᵗᵗ

Total....................... 1205ᵗᵗ

SAINT-LÉGER.

Au sʳ de Garsault, concierge du château de Saint-Léger, pour deux quartiers de ses gages........ 225ᵗᵗ

POUGUES.

A André Bourgeon, garde des fontaines de Pougues, pour trois quartiers de ses gages............. 75ᵗᵗ

VERSAILLES.

A Duchiron, concierge de la Surintendance des bâtimens de Versailles, pour ses gages pendant les six premiers mois de la présente année............. 100ᵗᵗ

A la dame Desjardins, concierge de lad. Surintendance, pour ses gages pendant les six derniers mois de lad. année................................ 100ᵗᵗ

L'entretenement ordinaire des autres concierges, jardiniers et autres officiers du château de Versailles est payé par estat séparé, partant cy.......... Néant.

Total....................... 200ᵗᵗ

JARDIN MÉDECINAL.

Les gages des officiers et entretenemens ordinaires du jardin médecinal du fauxbourg Saint-Victor, montant à 21000ᵗᵗ, se payent par estat séparé, partant... Néant.

HÔTEL DES AMBASSADEURS.

A Gaular, concierge dud. hostel, la somme de 400ᵗᵗ, dont il lui sera payé seulement............. 100ᵗᵗ

A luy, pour l'entretenement d'un jardinier et d'un portier pendant lad. année.................. 150ᵗᵗ

Somme..................... 250ᵗᵗ

CHÂTEAU-THIERY.

Ledit château et domaine de Château-Thiery est engagé à M. le duc DE BOUILLON, partant cy..... Néant.

VILLERS-COTTERESTS.

Led. château et domaine de Villers-Cotterests a esté baillé à Monsieur duc D'ORLÉANS, en augmentation de son appanage, partant cy.................. Néant.

Somme totale du présent estat... 85863ᵗᵗ 18ˢ 9ᵈ

Laquelle somme de 85863ᵗᵗ 18ˢ 9ᵈ sera payée aux dénommez au présent estat par le sʳ MANESSIER, trésorier général des bâtimens du Roy en exercice pendant l'année 1691, des deniers de sa charge, et, rapportant le présent estat par nous arresté, ensemble les certifications du contrôleur des bâtimens et jardins de S. M., du service que les officiers sujets à aucuns entretenemens auront bien et duement fait, ainsy qu'ils sont obligez par leurs charges et employs, et quittances sur ce suffisantes, lad. somme de 85863ᵗᵗ 18ˢ 9ᵈ sera passée et allouée en la dépense de son compte par Messieurs des Comptes à Paris, lesquels nous prions ainsy le faire sans difficulté. Fait à Versailles, le 27ᵉ jour de janvier 1692.

13 janvier 1692 : au sʳ CAILLET, notaire des bâtimens, par gratification, en considération de son travail pendant l'année 1691.......................... 400ᵗᵗ

A la dame DESJARDINS, pour supplément de ses gages pendant les six derniers mois de 1691......... 100ᵗᵗ

ESTAT DES GAGES DES OFFICIERS

que le Roy veut et entend estre entretenus en son château de Fontainebleau, et autres dépenses que S. M. commande y estre faites pour la conservation et entretenement d'iceluy pendant l'année 1691, expédié par Nous EDOUARD COLBERT, Chevalier, Marquis DE VILLACERF et DE PAYENS, seigneur de Saint-Mesmyn, de Courlanges, la Cour Saint-Phal, Fontaines-lès-Saint-Georges et autres lieux, Conseiller d'Estat, Premier maître d'hostel de la feue Reyne, Surintendant et Ordonnateur général des bâtimens, etc., suivant le pouvoir à Nous donné par S. M.

PREMIÈREMENT :

Au sʳ marquis DE SAINT-HÉRENT, capitaine et concierge dud. château, pour ses gages 3800ᵗᵗ, outre 1200ᵗᵗ employez dans l'estat de S. M. de la maîtrise de Melun et de Fontainebleau...................... 3800ᵗᵗ

A Nous, en lad. qualité de Surintendant et Ordonnateur général desd. bâtimens, jardins, tapisseries et manufactures de S. M., la somme de 1741ᵗᵗ 13ˢ 4ᵈ pour nos gages à cause de nostredite charge pendant les six derniers mois moins quinze jours de lad. année, à raison de 3800ᵗᵗ par an, outre 550ᵗᵗ employez dans l'estat des bois de la maîtrise de Melun et Fontainebleau, à raison de 1200ᵗᵗ par an.................... 1741ᵗᵗ 13ˢ 4ᵈ

A la veuve et héritiers de feu M. DE LOUVOIS, en lad. qualité de Surintendant et Ordonnateur général desd. bâtimens, la somme de 2508ᵗᵗ 6ˢ 8ᵈ pour ses gages à cause de lad. charge pendant six mois quinze jours de lad. année 1691, à raison de 3800ᵗᵗ par an, outre 650ᵗᵗ employez dans l'estat des bois de la maîtrise de Melun et Fontainebleau, à raison de 1200ᵗᵗ par an.......
.... 2058ᵗᵗ 6ˢ 8ᵈ

Au sʳ TOUROLLE, garde-meuble du Roy, ayant la charge de faire tendre et nettoyer les meubles dud. château et veiller à la conservation d'iceux, pour ses gages pendant lad. année dernière..................... 300ᵗᵗ

A JULIEN DE BRAY, ayant l'entretenement de la moitié du grand parterre du Roy, anciennement appellé le Tibre, nouvellement refait et replanté de neuf, pour la tonture des buis de deux carrez d'iceluy du côté de la chaussée, nettoyement desd. carrez, de toutes les allées, perrons, terrasses et palissades, plantées et à planter, augmentation du rondeau, allées et parterre d'alentour et de la grande allée de la chaussée qui va de la cour de l'Ovalle au Chenil, suivant le devis et marché qui en ont esté faits, pour les six derniers mois de lad. année
.... 500ᵗᵗ

A GASPARD GUINTEAU DE RICHEMONT, ayant épousé MADELEINE POIRET, fille de feu NICOLAS POIRET, ayant celuy de l'autre moitié dud. grand parterre et augmentation dud. grand rondeau, suivant le devis et marché qui en ont esté faits, pour lesd. six derniers mois...... 500ᵗᵗ

A GABRIEL DESBOUTS, jardinier, ayant l'entretenement du petit jardin des Pins nouvellement deffrichez et remis en estat, allée royalle, allée solitaire et allée du pourtour dud. jardin, allée des ormes, du chenil, et allignement des canaux qui font la séparation du parc d'avec led. chenil, jusques et commenceant le long de la tonture du jardin de la fontaine de la Grauderie et finissant au bout de la grande allée attenant le pavillon, eu égard à l'augmentation d'entretenement dud. jardin des Pins, suivant le devis et marché qui en ont esté faits, pour lesd. six derniers mois................... 350ᵗᵗ

A Chatillon, jardinier, ayant l'entretenement du jardin appellé de la Reyne et des orangers de S. M., pour ses appointemens à cause dud. entretenement, la somme de 1200ᵗᵗ, à la charge de fournir 200ᵗᵗ par chacun an à la veuve de Bonnaventure Nivelon, vivant jardinier dud. lieu, et tondre les buis, nettoyer les quatre carrez dud. jardin, les allées en terrasses d'icelui, ensemble d'entretenir les palissades des buys qui sont tant contre lesd. terrasses que contre les murs dud. château, filarias et cyprès, et les salettes du gazon en ovales et carrez, comme aussy de fournir les charbons nécessaires pour l'orangerie, faire racomoder toutes les caisses desd. orangers, rafraichir les terres toutes et quantes fois que besoin sera, faire sortir au printemps lesd. orangers dans le jardin et les faire rentrer dans lad. orangerie, et généralement faire et fournir tout ce qui sera nécessaire pour led. jardin de l'Orangerie, suivant le devis et marché qui en ont esté faits, pour lesd. six derniers mois................................. 600ᵗᵗ

A Jean Camarigeas, ayant épousé Catuerine de Sermagnac, veuve de Remy Le Roux, auquel S. M. a accordé, par son brevet du ...., la jouissance du logement et du carré qui est au milieu des palissades dud. jardin des Pins, à la charge de le faire planter d'arbres fruitiers à ses dépens sans aucuns gages....... Néant.

A Donchemer, dit La Tour, pour l'entretenement et nettoyement du jardin de la Conciergerie dud. château, ensemble des arbres fruitiers, allées et palissades d'iceluy, la somme de 75ᵗᵗ, de laquelle il ne sera payé que de celle de 45ᵗᵗ, desquels, ayant reçu les six premiers mois, reste à luy payer...................... 22ᵗᵗ 10ˢ

A Jaques Besnard, ayant l'entretenement et nettoyement de l'hôtel d'Albret, des plates bandes, bordures et compartimens qui y sont plantez et des allées et palissades, la somme de 360ᵗᵗ, dont il ne sera payé que de celle de 100ᵗᵗ, et, attendu qu'il a reçu les six premiers mois, luy sera seulement payé............... 50ᵗᵗ

A Chatillon, à condition qu'il donnera à la veuve Cottard 100ᵗᵗ pour luy ayder à nourir et entretenir elle et ses enfans tant qu'elle vivra, et pour avoir par led. Chatillon soin de nettoier l'estang et canaux dud. château et oster les herbes, les joncs et les ordures qui s'y pourront amasser, fournir les batteaux et ustencils à cet effect, et faire en sorte que les lieux soient toujours nets et que l'eau ne se perde point, la somme de 750ᵗᵗ, dont il ne sera payé que de celle de 200ᵗᵗ, sur laquelle il reste à luy payer les six derniers mois......... 100ᵗᵗ

A Jean Dudois, peintre, ayant le soin et nettoiement des peintures tant à fresque qu'à huile, anciennes et modernes, des salles, galleries, chambres et cabinets dud. château, la somme de 600ᵗᵗ par an pour ses appointemens, à la charge de rétablir celles qui seront gâtées, et nettoier les bordures des tableaux et de fournir de bois, charbon et fagots pour brûler esd. salles, galleries, chambres et cabinets où sont lesd. tableaux pour la conservation d'iceux, pour lesd. six derniers mois.. 300ᵗᵗ

A la veuve Grognet, ayant l'entretenement et rétablissement de toutes les couvertures d'ardoise et de tuile dud. château, jeu de paume couvert, orangerie, galleries, hôtel d'Albret, du Ferrare, des Religieux et généralement de toutes les maisons dépendantes dud. château et appartenantes à S. M., pour les six derniers mois................................. 1500ᵗᵗ

A Tisserant, ayant celuy de toutes les vitres dud. château et dépendances, pour lesd. six derniers mois. 600ᵗᵗ

A la veuve Vieuxpont, ayant celuy du jardin potager et fruitier et du jardin neuf, idem pour lesd. six derniers mois................................. 90ᵗᵗ

A la veuve André Girard, plombière, pour le rétablissement et entretenement des plomberies dud. château et lieux qui en dépendent et rétablir les plombs rompus, pour les six derniers mois........... 250ᵗᵗ

A Zabulon Nivelon, pour le nettoiement et entretenement du jeu du Mail et des palissades d'iceluy, ensemble des arbres set palissades plantez nouvellement entre les canaux du chenil, la somme de 150ᵗᵗ, dont il ne sera payé que de celle de 108ᵗᵗ 10ˢ par an, cy pour les six derniers mois..................... 54ᵗᵗ 5ˢ

A Nicolas Varin, ayant celui des arbres fruitiers des espaliers, depuis le carré des glacières jusqu'à la porte des champs, des allées d'ipréaux, nettoiement des tablettes du canal, de l'allée des marronniers, ensemble le nettoiement des ruisseaux et fossez qui écoulent les eaux du parc, suivant le devis et marché qui en ont esté faits pour lesd. six derniers mois............... 412ᵗᵗ 10ˢ

A la veuve Louis Desdouiz, jardinière, ayant l'entretenement de toutes les tontures des deux côtez des grandes palissades, dans les cinq premières allées de traverse au nombre de huit, avec le tour du parc, des plattes bandes au pied desd. palissades, plus l'entretien des allées nouvelles de la garenne, plantées d'orme et d'un trait de charmille, avec le nettoiement de la grande place en face des cascades et teste du canal, lesd. tontures et plattes bandes, labours et nettoyemens dans le meilleur estat qu'il se poura dans chacune desd. années desd. entretenemens, plus de faire les dégorgemens généralement quelconques au pied de toutes les palissades, pour lesd. six derniers mois..................... 100ᵗᵗ

ANNÉE 1691. — GAGES DES OFFICIERS DES BÂTIMENTS.

Aux Religieux de la Très Sainte Trinité du couvent fondé aud. Fontainebleau, tant pour l'entretien d'une lampe d'argent garnie de ses chaînes, que Leurs Majestez ont donné pour brûler nuit et jour devant le Très Saint Sacrement de l'autel, que pour la fermeture et entretenement des ornemens et paremens d'autel, linge et. luminaire pour la célébration du service divin, pour l'année entière............................ 300ᴴ

Aux Religieux de l'hôpital de la Charité d'Avon, pour la pension que S. M. leur fait par chacun an pour la subsistance des malades dud. Fontainebleau, pour lesd. six derniers mois...................... 975ᴴ

A Voltigeant, ayant l'entretenement de tous les batteaux appartenans à S. M. sur le canal, pour les six derniers mois............................ 100ᴴ

A Louis Dubois au lieu de Martin Jamin, concierge du logis de la fontaine du château et jardinier des jardins en dépendans, la somme de 150ᴴ pour ses gages de concierge et jardinier, à la charge de bien et soigneusement entretenir lesd. jardins, labourer au pied des arbres, rateler les allées, tondre les palissades et généralement tout ce qui leur sera nécessaire dans led. entretenement pendant lesd. six derniers mois.... 75ᴴ

A Nicolas Thiery, ayant la garde et conciergerie du chenil neuf et du vieux, qui est à présent à la petite escurie, et entretenement des allées faites dans le parc d'iceluy, pour l'année entière................. 100ᴴ

Au sʳ Pion, ayant le soin et la nouriture des carpes et cignes dud. canal et des estangs dud. château, la somme de 868ᴴ 10ˢ, sçavoir : 540ᴴ pour lesd. six derniers mois et 328ᴴ 10ˢ à cause de l'ancienne et nouvelle augmentation desd. cignes pendant le mesme temps... .... 868ᴴ 10ˢ

A Couturier, fontainier, ayant le soin et entretien des fontaines, pendant lesd. six derniers mois... 500ᴴ

A Nicolas Dupont, gentilhomme ordinaire de la vennerie du Roy, et Nicolas Dupont, son fils, en survivance l'un de l'autre, suivant le brevet de S. M. du..... par forme de pension, à cause de l'entretenement de la volière, qu'il avoit auparavant, avant qu'elle ne fût convertie en orangerie, pour l'année entière....... 600ᴴ

A Desplats, ayant la charge de garde de la basse cour des cuisines, pour l'année entière............ 50ᴴ

A Robert Jamin, ayant la charge de garde de la basse cour du Cheval Blanc, idem pour l'année entière. 37ᴴ 10ˢ

A Jaques Besnard, ayant la garde et la conciergerie de l'hôtel d'Albret, pour l'entretien de lad. maison, cour et écurie qui en dépendent, pour lesd. six derniers mois. 50ᴴ

A Louis La Tour, ayant la charge du nettoiement des cours du château, pour lesd. six derniers mois... 200ᴴ

A Toulet, concierge du pavillon où logent Messieurs les surintendans et intendans des finances, pour ses gages, à condition de nettoier led. pavillon, cour et écurie d'icelluy, pour les six derniers mois........ 100ᴴ

A La Salle, concierge de la surintendance desd. bâtimens, pour ses gages des six derniers mois... 100ᴴ

A la veuve Charles Gervais, portière du parc, pour ses gages des six derniers mois............ 150ᴴ

A Cosme Petit, portier de la cour du Cheval Blanc, pour les six derniers mois.................. 100ᴴ

A Jaques Dorchemer, dit La Tour, pour avoir soin de distribuer, retirer et garder les clefs de tous les logemens dud. château, pour ses gages des six derniers mois..................................... 150ᴴ

A Chatillon, ayant le soin de monter et d'entretenir l'horloge, pour ses gages des six derniers mois... 50ᴴ

Somme totale du présent estat. 18735ᴴ 5ˢ

Laquelle somme de 18735ᴴ 5ˢ sera payée aux dénommez au présent estat par le sʳ Manessier, trésorier général des bâtimens du Roy en exercice pendant lad. année 1691, des deniers de sa charge, et, rapportant le présent estat par Nous expédié, ensemble les certifications du contrôleur desd. bâtimens du service que les officiers sujets à aucuns entretenemens auront bien et duement faits, ainsy qu'ils sont obligez par leurs charges et emplois, et quittances sur ce suffisantes, lad. somme de 18735ᴴ 5ˢ sera passée et allouée en la dépense de son compte par Messieurs des Comptes à Paris, lesquels Nous prions ainsy le faire sans difficulté.

Fait à Versailles, le 27ᵉ jour de janvier 1692.

PÉPINIÈRES DE MEURIERS.

Au sʳ Silvestre de Sainte-Catherine, à compte de l'établissement qu'il fait des pépinières de meuriers en France et ez environs de la rivière d'Armançon.. 1000ᴴ

ANNÉE 1692.

RECETTE.

Du 5 janvier : de M° JEAN-BAPTISTE BRUNET, garde du Trésor royal, la somme de un million de livres pour employer au payement des dépenses que S. M. a ordonné estre faites pour ses bâtimens pendant la présente année, et 8333ᵗᵗ 6ˢ 8ᵈ pour les taxations du trésorier, à raison de 2ᵈ pour livre............ 1008333ᵗᵗ 6ˢ 8ᵈ

De luy, 2153ᵗᵗ pour délivrer au prieur de Choisy-aux-Bœufs pour son indemnité des dixmes qu'il a droit de prendre sur les terres et prez dépendans de son prieuré, enfermez dans les anciens et nouveaux murs du parc du château de Versailles, et ce pendant l'année dernière 1691, et 16ᵗᵗ 18ˢ 6ᵈ pour les taxations.. 2169ᵗᵗ 18ˢ 6ᵈ

5 février : de luy, 12000ᵗᵗ pour délivrer au sʳ DEVILLE, sçavoir : 6000ᵗᵗ par gratification en considération du soin qu'il a pris de la machine de la rivière de Seine pendant l'année dernière 1691, et 6000ᵗᵗ de pension extraordinaire que S. M. luy a accordée pendant la même année, et 100ᵗᵗ pour les taxations.... 12100ᵗᵗ

De luy, 1180ᵗᵗ pour délivrer aux principal, procureur et boursiers du collège de Cambray, pour le dédommagement de leurs bâtimens qui ont esté démolis par ordre de S. M. pour la construction du Collège de France pendant l'année 1690, et 9ᵗᵗ 16ˢ 8ᵈ pour les taxations dud. trésorier..................... 1189ᵗᵗ 16ˢ 8ᵈ

De luy, 4444ᵗᵗ pour délivrer au sʳ ARNOUX, pour son paiement d'une autruche, soixante-quatre demoiselles de Numidie, huit canards d'Égipte, cinq poules pintades, six poules sultanes et deux pallées qu'il a livrez pour le service de S. M. à la Ménagerie, de l'envoy du sʳ MOSNIER de Montpellier, et 37ᵗᵗ 8ᵈ pour les taxations.... 4481ᵗᵗ 8ᵈ

De luy, 684ᵗᵗ 5ˢ pour délivrer au sʳ curé de Marly, sçavoir : 210ᵗᵗ pour la non jouissance de 75 arpens de pré compris dans le fonds de Marly, et 474ᵗᵗ 5ˢ pour la non jouissance de la dixme des terres labourables de lad. cure, que S. M. a ordonné estre plantées en bois, y compris la dixme du troupeau du Trou d'Enfer, pendant l'année dernière 1691, et 5ᵗᵗ 14ˢ pour les taxations dud. trésorier...................... 689ᵗᵗ 19ˢ

De luy, 960ᵗᵗ pour délivrer aux sʳˢ DE VILLIERS, pour la non jouissance des moulins de Villiers et de Fervaches et de cinq arpens de pré à eux appartenans, scituez proche Bouré sur la rivière d'Eure, et ce pendant l'année dernière 1691, et 8ᵗᵗ pour les taxations........ 968ᵗᵗ

12 février : de luy, 5000ᵗᵗ pour délivrer à Mᵍʳ l'archevêque de Rouen, pour son payement d'une année, écheue le dernier décembre 1691, du loyer de deux maisons à luy appartenantes, rue Vivien à Paris, occupées par la bibliothèque de S. M., et 41ᵗᵗ 13ˢ 4ᵈ pour les taxations...................... 5041ᵗᵗ 13ˢ 4ᵈ

1ᵉʳ avril : de luy, 11976ᵗᵗ 6ˢ 8ᵈ pour délivrer au nommé DESCHAMPS, marbrier, pour, avec 80600ᵗᵗ qu'il a ci-devant reçues, faire le parfait payement de 92576ᵗᵗ 6ˢ 8ᵈ à quoy montent les ouvrages de marbrerie qu'il a faits pour le service de S. M., tant à Trianon, aux sources, aux perrons et marches, tablettes et socles, pieds d'estaux et cordons de bassins du parterre du midy et du jardin des orangers du château de Versailles, aux pieds d'estaux de l'allée royalle, du bosquet de la Colonnade, au Labirinthe, sous le groupe de la Victoire fait par DOMINIQUE GUIDY, et sous la figure équestre du cavalier BERNIN, qu'à huit colonnes de marbre vert de Campan destinées pour le sallon d'en haut de la grande aile, joignant la chapelle, et qui ont esté remises aux magasins de S. M., n'ayant point esté placées aud. lieu ny achevées entièrement, à la réserve d'une qui a esté posée à Trianon à la place d'une autre qui avoit esté cassée, et 99ᵗᵗ 16ˢ pour les taxations.... 12076ᵗᵗ 2ˢ 8ᵈ

16 avril : de luy, 859ᵗᵗ 7ˢ 6ᵈ pour délivrer à DUPONT, tapissier, pour trois dessus de formes de tabourets de laine à fonds jaune, ouvrage de la Savonnerie, qu'il a fournis au garde-meuble, contenans ensemble 5 aunes cinq vingt-quatrièmes carrés en superficie, à raison de 165ᵗᵗ l'aune, et 7ᵗᵗ 3ˢ 2ᵈ pour les taxations. 866ᵗᵗ 10ˢ 8ᵈ

De luy, 721ᵗᵗ 17ˢ 6ᵈ pour délivrer au nommé LOURDET, tapissier, pour quatre dessus de formes de laine à fonds jaune, ouvrage de la Savonnerie, qu'il a fournis au garde-meuble, contenans ensemble 4 aunes trois huitièmes carrés en superficie, à raison de 165ᵗᵗ l'aune, et 6ᵗᵗ 4ᵈ pour les taxations............. 727ᵗᵗ 17ˢ 10ᵈ

De luy, 1200ᵗᵗ pour délivrer aux trois anciens gon-

ANNÉE 1692. — RECETTE.

dolliers vénitiens, par gratification, en considération du service qu'ils ont rendu à S. M. sur le canal de Versailles pendant 1691, et 10ᵗᵗ pour les taxations. 1210ᵗᵗ

De luy, 1600ᵗᵗ pour délivrer à M. l'évesque de Chartres, sçavoir : 1350ᵗᵗ pour la non jouissance de 40 arpens de pré sçituez dans l'estang de Boisard, et 250ᵗᵗ pour la non jouissance du moulin de Pontgoin, le tout dépendant dudit évêché de Chartres, et ce pendant l'année dernière 1691, et 13ᵗᵗ 6ˢ 8ᵈ pour les taxations. 1613ᵗᵗ 6ˢ 8ᵈ

De luy, 9109ᵗᵗ 11ᵈ pour délivrer à Gabriel Janson, vitrier, pour, avec 51973ᵗᵗ 16ˢ 2ᵈ qu'il a ci-devant receues, faire le parfait payement de 61082ᵗᵗ 17ˢ 1ᵈ à quoy montent les ouvrages et réparations de vitrerie qu'il a fait au château de Versailles, Trianon et autres lieux en dépendans, depuis le mois de novembre 1683 jusqu'au dernier décembre 1691, et 75ᵗᵗ 18ˢ 2ᵈ pour les taxations.................... 9184ᵗᵗ 19ˢ 1ᵈ

De luy, 9910ᵗᵗ 17ˢ 9ᵈ pour délivrer à Bernard Lespinouze, vitrier, pour, avec 32807ᵗᵗ 13ˢ 1ᵈ qu'il a ci-devant reçeus, faire le parfait payement de 42718ᵗᵗ 10ˢ 10ᵈ à quoy montent les ouvrages et réparations de vitrerie qu'il a fait aux châteaux de Versailles et Trianon et autres lieux en dépendans, depuis le mois de novembre 1683 jusqu'au dernier décembre 1691, et 82ᵗᵗ 11ˢ 8ᵈ pour les taxations.................. 9993ᵗᵗ 9ˢ 5ᵈ

6 may : de luy, 10000ᵗᵗ pour employer à compte des dépenses du nouveau bâtiment que S. M. a ordonné estre fait à Trianon, et 83ᵗᵗ 6ˢ 8ᵈ pour les taxations................................ 10083ᵗᵗ 6ˢ 8ᵈ

De luy, 10000ᵗᵗ pour employer à compte du nouveau bâtiment que S. M. a ordonné estre fait pour son appartement à Versailles, et 83ᵗᵗ 6ˢ 8ᵈ pour les taxations............................... 10083ᵗᵗ 6ˢ 8ᵈ

De luy, 6411ᵗᵗ 3ˢ 9ᵈ pour délivrer au nommé Aulange, maçon, pour, avec 16800ᵗᵗ qu'il a ci-devant reçeus, faire le parfait payement de 23211ᵗᵗ 3ˢ 9ᵈ à quoy montent les ouvrages de maçonnerie par luy faits les années précédentes tant aux bassins des Couronnes et de Saturne et autres endroits du petit parc du chasteau de Versailles qu'aux aqueducs le long dudit chasteau, et 53ᵗᵗ 8ˢ 6ᵈ pour les taxations......... 6464ᵗᵗ 12ˢ 3ᵈ

De luy, 3000ᵗᵗ pour délivrer aux prestres de la Mission de Fontainebleau, pour leur subsistance et entretenemens pendant les six premiers mois de la présente année................................... 3000ᵗᵗ

15 juin : de luy, 400ᵗᵗ pour délivrer au nommé Châtillon, jardinier de l'Orangerie de Fontainebleau, par gratification, en considération du soin qu'il a eu des orangers pendant l'année 1690, et 3ᵗᵗ 6ˢ 8ᵈ pour les taxations....................... 403ᵗᵗ 6ˢ 8ᵈ

De luy, 4750ᵗᵗ pour délivrer à la veuve du sʳ Wander Meulen, peintre flamand, pour les appointemens dud. Wander Meulen pendant 9 mois 15 jours, échus le 15 octobre 1690, et 39ᵗᵗ 11ˢ 8ᵈ pour les taxations.................................. 4789ᵗᵗ 11ˢ 8ᵈ

26 juillet : de luy, 10000ᵗᵗ pour employer à la continuation des dépenses du nouveau bâtiment que S. M. a ordonné estre fait dans son appartement à Versailles, et 83ᵗᵗ 6ˢ 8ᵈ pour les taxations......... 10083ᵗᵗ 6ˢ 8ᵈ

28 juillet : de luy, 859ᵗᵗ 7ˢ 6ᵈ pour délivrer au nommé Dupont, tapissier, pour trois dessus de forme et trois dessus de tabouret de laine, fonds jaune, ouvrages de la Savonnerie, qu'il a fournis au garde-meuble de S. M., contenans ensemble 5 aunes cinq vingt-quatrièmes carrés en superficie, à raison de 165ᵗᵗ l'aune, et 7ᵗᵗ 3ˢ 2ᵈ pour les taxations.................... 866ᵗᵗ 10ˢ 8ᵈ

De luy, 721ᵗᵗ 17ˢ 6ᵈ pour délivrer au nommé Lourdet, tapissier, pour quatre dessus de formes, fonds jaune, ouvrages de la Savonnerie, qu'il a fournis aud. garde-meuble, contenant ensemble 4 aunes cinq huitièmes carrés en superficie, à raison de 165ᵗᵗ l'aune, et 6ᵗᵗ 4ᵈ pour les taxations.................. 727ᵗᵗ 17ˢ 10ᵈ

6 septembre : de luy, 10000ᵗᵗ pour employer à compte de la continuation des dépenses du nouveau bâtiment que S. M. a ordonné estre fait son appartement à Versailles, et 83ᵗᵗ 6ˢ 8ᵈ pour les taxations................................ 10083ᵗᵗ 6ˢ 8ᵈ

De luy, 1500ᵗᵗ pour délivrer au sʳ Petit, de Fontainebleau, pour la pension que S. M. luy a accordée pendant l'année écheue au mois d'octobre 1691, et 12ᵗᵗ 11ˢ 10ˢ pour les taxations.................. 1512ᵗᵗ 11ˢ 10ᵈ

24 septembre : de luy, 434ᵗᵗ 16ˢ pour délivrer au procureur des missionnaires des Invalides, pour l'entier et parfait payement des deux grands derniers antiphonaires que S. M. a ordonné estre faits pour la chapelle de son château de Versailles, et 3ᵗᵗ 12ˢ 6ᵈ pour les taxations............................... 438ᵗᵗ 8ˢ 6ᵈ

12 octobre : de luy, 859ᵗᵗ 7ˢ 6ᵈ pour délivrer au nommé Dupont, tapissier, pour trois dessus de formes et trois dessus de tabourets de laine, ouvrages de la Savonnerie, qu'il a fournis au garde-meuble de S. M., contenans ensemble 5 aunes 5 vingt-quatrièmes carrés en superficie, à raison de 165ᵗᵗ l'aune carrée, et 7ᵗᵗ 3ˢ 2ᵈ pour les taxations............. 866ᵗᵗ 10ˢ 8ᵈ

De luy, 770ᵗᵗ pour délivrer au nommé Lourdet, tapissier, pour quatre dessus de forme de laine, ouvrages de la Savonnerie, qu'il a fournis au garde-meuble de S. M., contenans ensemble 4 aunes deux tiers carrés en superficie, à raison de 165ᴸ l'aune, et 6ˢ 8ᵈ 4ᵈ pour les taxations........................ 776ᴸ 8ˢ 4ᵈ

12 novembre : de luy, 3000ᴸ pour délivrer au sʳ Ballon, par gratification pendant la présente année, et 25ᴸ pour les taxations................ 3025ᴸ

14 novembre : de luy, 10000ᴸ pour employer à compte de la continuation des dépenses que S. M. a ordonné estre faites dans son appartement à Versailles, et 83ᴸ 6ˢ 8ᵈ pour les taxations......... 10083ᴸ 6ˢ 8ᵈ

27 novembre : de luy, 1800ᴸ pour délivrer au sʳ Boisseau pour le prix de deux vazes de marbre blanc qui estoient à Meudon, par luy vendus pour estre posez à Marly, à raison de 900ᴸ chacun, et 15ᴸ pour les taxations................................ 1815ᴸ

3 décembre : de luy, 1351ᴸ 8ˢ 6ᵈ pour délivrer à François Jaulin, laboureur à Neauphle-le-Vieil, tant pour le payement de ses terres qui ont esté prises par ordre de S. M. pour l'augmentation de l'étang de Trappes que pour la non-jouissance et pertes de fruits desd. terres pendant plusieurs années, et 10ᴸ 8ˢ 6ᵈ pour les taxations...................... 1361ᴸ 17ˢ

De luy, 2134ᴸ 8ˢ pour délivrer à Pierre Dauviliers, fermier de la ferme de Chartrainvilliers, apartenante à Madame de Maintenon, pour son remboursement des dégats et de la perte des fruits qu'il a souffert sur les terres dépendantes de lad. ferme, pendant les années 1686 et 1687, à cause des campemens des troupes lorsque l'on travailloit à l'aqueduc de terre de la rivière d'Eure, et 17ᴸ 15ˢ 8ᵈ pour les taxations... 2152ᴸ 3ˢ 8ᵈ

De luy, 4419ᴸ 14ˢ pour délivrer à Gilles Picuard, fermier de Grogneuil et de la Folie apartenant à Madame de Maintenon, pour son remboursement des pertes et dégats qu'il a soufferts, pendant les années 1685, 1686 et 1687, à cause de campement des troupes lorsque l'on travailloit à l'aqueduc de terre de la rivière d'Eure, et 36ᴸ 16ˢ 8ᵈ pour les taxations... 4456ᴸ 10ˢ 8ᵈ

De luy, 600ᴸ pour délivrer à quatre particuliers, proprietaires de quatre maisons scizes au village du Perray qui se trouvent innondées lorsque l'étang du Perray est plain, et 5ᴸ pour les taxations............ 605ᴸ

De luy, 2200ᴸ pour délivrer au sʳ Puget, sculpteur à Marseille, pour le parfait payement de sept blots de marbre blanc et d'un chambranle, de marbre de Porto Venere, qu'il a fournis dans les magasins du Roy à Paris, et pour les dépenses qu'il a faites à Marseille pour le débarquement et la conduite à son atelier des blots de marbre employez au groupe de *Milon* et au bas-relief d'*Alexandre et Diogène*, et 18ᴸ 6ˢ 8ᵈ pour les taxations 2218ᴸ 6ˢ 8ᵈ

De luy, 2000ᴸ pour délivrer aux héritiers de la dame Dastric, pour les loyers, pendant les années 1680, 1681, 1682 et 1683, de deux maisons scizes à la Halle-Barbier appartenantes à la feue dite dame, occupées par les Mousquetaires, et 16ᴸ 13ˢ 4ᵈ pour les taxations........................ 2016ᴸ 13ˢ 4ᵈ

3 décembre : de luy, 1200ᴸ pour délivrer au sʳ Soulaigne, concierge du vieux château de Saint-Germain-en-Laye, que S. M. luy a accordé pour le remboursement des dépenses qu'il a faites pour faire nettoyer dans les appartemens et cours dud. château, depuis trois ans que le Roy et la Royne y sont logez, à raison de 400ᴸ par an, et 10ᴸ pour les taxations........... 1210ᴸ

De luy, 3375ᴸ pour délivrer au sʳ Arnoux, pour son payement de dix autruches et vingt-cinq perdrix rouges qu'il y a fourny pour le service de S. M. à la Ménagerie, de l'envoy du sʳ Mosnier de Montpellier, et 28ᴸ 2ˢ 6ᵈ pour les taxations.................. 3403ᴸ 2ˢ 6ᵈ

9 décembre : de luy, 3000ᴸ pour délivrer aux prestres de la Mission de Fontainebleau, pour leur subsistance et entretenement pendant les six derniers mois de la présente année............................... 3000ᴸ

De luy, 15174ᴸ 6ˢ pour délivrer à André-Charles Boule, ébéniste, pour, avec 79250ᴸ qu'il a cy-devant reçues, faire le parfait payement de 94424ᴸ 5ˢ à quoy montent tous les ouvrages de marqueterie qu'il a faits dans le cabinet des bijoux de Monseigneur le Dauphin, pendant 1682, 1683 et 1684, et les quatre fauteuils et quatre plians qu'il a livrez pour led. cabinet en 1686, et 126ᴸ 9ˢ pour les taxations........... 15300ᴸ 15ˢ

De luy, 1800ᴸ pour délivrer au sʳ Joubert, peintre, pour, avec 700ᴸ qu'il a cy-devant reçues, faire le parfait payement de 2500ᴸ à quoy montent les ouvrages de peinture en mignature qu'il a faits sur le clavessin qui est dans le cabinet du Conseil de S. M., au château de Versailles, et 15ᴸ pour les taxations........... 1815ᴸ

De luy, 21833ᴸ 19ˢ 10ᵈ pour délivrer à Charles-François Pollard, pour, avec 38100ᴸ qu'il a cy-devant reçues, faire le parfait payement de 59933ᴸ 19ˢ 10ᵈ à quoy montent tous les déposages et reposages des conduites de tuiaux de fer, tant d'un pied de diamettre, 8, 6, 5 et demie, 4 et demie, que de 3 pouces, par luy faits à Versailles et ez environs, Marly-la-Machine et Fontainebleau, depuis le 1ᵉʳ janvier 1686 jusqu'au dernier décembre 1691, et 181ᴸ 19ˢ pour les taxations............................... 22015ᴸ 18ˢ 10ᵈ

De luy, 6544ᴸ 8ˢ 2ᵈ pour délivrer à la veuve Dionis, pour, avec 44480ᴸ qu'elle a cy-devant reçues, faire le parfait payement de 51024ᴸ 8ˢ 2ᵈ pour tous les ouvrages de menuiserie qu'elle a fait faire au château de Versailles, à Trianon et aux Capucines de Paris, depuis l'année 1683 jusques et compris 1688, et 54ᴴ 10ˢ pour les taxations dud. trésorier.................. 6598ᴴ 18ˢ 2ᵈ

De luy, 36643ᴴ 13ˢ 1ᵈ pour délivrer à Jaques Lucas, plombier, pour, avec 405352ᴴ 14ˢ 1ᵈ qu'il a cy-devant reçeus, faire le parfait payement de 441996ᴴ 7ˢ 2ᵈ à quoy montent tous les ouvrages de plomberie que led. Lucas a faits pour les bâtimens du Roy depuis 1684 jusques et compris l'année 1691, et 305ᴴ 6ˢ 8ᵈ pour les taxations...................... 36948ᴴ 19ˢ 9ᵈ

26 décembre : de luy, 10000ᴴ pour délivrer au sʳ Mansart en considération de l'inspection générale que S. M. luy a donnée sur les bâtimens pendant la présente année, et 83ᴴ 6ˢ 8ᵈ pour les taxations... 10083ᴴ 6ˢ 8ᵈ

De luy, 3000ᴴ pour délivrer au sʳ Le Nostre, par gratification, en considération du service qu'il a rendu dans les bâtimens pendant la présente année, et 25ᴴ pour les taxations.......................... 3025ᴴ

De luy, 1500ᴴ pour délivrer à Antoine Trumel, jardinier, pour la pension que S. M. luy a accordée pendant l'année 1691, et 12ᴴ 10ˢ pour les taxations........................... 1512ᴴ 10ˢ

29 décembre : de luy, 2133ᴴ 4ˢ pour délivrer à Dominico Cucci, ébéniste, pour, avec 92818ᴴ 4ˢ 6ᵈ qu'il a reçeus les années précédentes, faire le parfait payement de 114150ᴴ 8ˢ 5ᵈ à quoy montent généralement tous les ouvrages et réparations de son métier qu'il a fait pour le service de S. M. depuis le mois de novembre 1683 jusqu'à ce jour, outre ceux des payements luy ont esté cy devant faits, y compris 57553ᴴ 12ˢ 4ᵈ, d'une part, pour les ouvrages d'écaille dorée, de lapis, de menuiserie, ornemens de bronze, modèles et autres qu'il a fait pour la gallerie du petit appartement du château de Versailles, en l'estat qu'ils sont, suivant le toisé qui en a esté fait par ordre de S. M., et 14899ᴴ 13ˢ 4ᵈ d'autre part pour ceux de menuiserie, marqueterie et bronze, qu'il a fait sur deux cabinets d'orgues en l'état qu'ils sont, suivant le toisé qui en a esté aussi fait, le tout livré par led. Cucci et mis au palais des Thuilleries, et 177ᴴ 15ˢ 4ᵈ pour les taxations........ 21509ᴴ 19ˢ 4ᵈ

De luy, 800ᴴ pour délivrer à Chatillon, jardinier de l'Orangerie de Fontainebleau, par gratification, en considération du soin qu'il a eu des orangers pendant 1691 et 1692, et 6ᴴ 13ˢ 4ᵈ pour les taxations... 806ᴴ 13ˢ 4ᵈ

RECETTE PARTICULIÈRE 1692.

20 janvier 1692 : de Mᵉ Charles Manessier, trésorier général des bâtimens, pour restans en ses mains du fonds de son exercice 1691, destiné par le Roy pour estre employé à compte des dépenses des nouveaux bâtimens de Trianon......................... 21883ᴴ 4ˢ

27 janvier : de luy, restant du fonds de l'église des Invalides 1691................... 11622ᴴ 10ˢ 4ᵈ

3 février : de Louis Regnouf, paveur, pour 9 toises trois quarts de petit pavé qu'il a reçeu provenant des quatre cotez du manège couvert des petites écuries du Roy à Versailles, à 3ᴴ la toise............ 29ᴴ 5ˢ

24 février : de Nicolas Richon, pour le prix de 16346 fagots, à 5ᴴ le cent, et de 27 cordes et demie de bois, à 18ᴴ la corde, le tout provenant des arbres qui ont esté émondez dans les avenues du palais des Thuilleries depuis le fauxbourg Saint-Honoré jusqu'à l'égout............................ 1312ᴴ 6ˢ

De Pierre Brouillet, invalide à Vincennes, pour le prix des bois morts abatus par les vents dans le parc du château de Vincennes pendant 1691............ 76ᴴ

2 mars : du sʳ Landry, pour deux manivelles pesant 806 livres, qui luy ont estez livrez du magasin des démolitions de Versailles.................. 40ᴴ 6ˢ

De Jean Mallet, charpentier, pour le prix de 44 pièces et demi un quart de bois de charpenterie de démolition faite à Trianon, à raison de 250ˢ le cent.......................... 113ᴴ 10ˢ 10ᵈ

De M. de Turmenyes, trésorier général de l'hôtel royal des Invalides, 100000ᴴ que S. M. a ordonné estre employée aux dépenses du bâtiment de l'église des Invalides pendant la présente année............. 100000ᴴ

16 mars : de Gilles Le Moyne, fondeur, pour le prix de 800 livres pesant de potin, qui luy a esté délivré du magasin de Versailles, à raison de 10ˢ la livre... 400ᴴ

23 mars : de Pierre et Claude Chauvin, pour le prix de 28225 fagots, à 5ᴴ le cent, 40 cordes de gros bois, à 18ᴴ la corde, et de plusieurs branches qui n'ont point esté fagottées, le tout provenant des arbres émondez dans les avenues de Vincennes.......... 2164ᴴ 15ˢ

De Pierre Lisqui, marbrier, pour 5 pieds 8 pouces 5 lignes et demie cube de marbre blanc d'Italie qui luy a esté délivré du magasin............... 63ᴴ 6ˢ

De plusieurs particuliers, pour le loyer des digues des canaux de la rivière d'Eure, d'Espernon et Gallardon, pendant l'année dernière................ 149ᴴ 14ˢ

30 mars : de Julien Fouqueret, pour le prix des vieux palis qui enfermoient la première remise à gibier de la garenne de Vézinet, lesquels luy ont esté vendus............................ 300ᴴ

20 avril : de Jean Mallet, charpentier, pour le prix de

36 pièces deux tiers de bois de charpenterie, provenant de démolition faite à l'aile neuve à l'appartement de M. le duc du Maine, et au changement des lieux communs au corps de logis double joignant la gallerie, à 250ᴛᴛ le cent...................... 91ᴛᴛ 13ˢ 4ᵈ

4 may : de divers particuliers, pour les herbages dont ils ont jouy sur les lignes de la rivière d'Eure, dans le département du sʳ Parisot, depuis l'année 1691 jusqu'au 29 avril dernier.................. 172ᴛᴛ 8ˢ

8 may : de la somme de 267820ᴛᴛ 9ˢ 7ᵈ à quoy monte le reliquat du compte de l'année 1690. 267820ᴛᴛ 9ˢ 7ᵈ

Du sʳ Drouard, pour le prix de 8 marcs d'argent brûlé, provenant des pièces inutiles qui sont restées de la broderie du meuble du Roy, à raison de 28ᴛᴛ le marc................................ 224ᴛᴛ

Du sʳ Laboulaye, pour le prix de cent livres de chandelles restées dans les atteliers des brodeurs dud. meuble du Roy, à raison de 7ˢ la livre.............. 35ᴛᴛ

De Jean Mallet, charpentier, pour 50 pièces et demi un tiers de vieux bois qui luy a esté donné en compte, provenant de démolition de charpenterie, faite aux petites écuries du Roy, du comble sur le travail du maréchal............................ 127ᴛᴛ 1ˢ 8ᵈ

25 mai : de du Cors, menuisier, pour le prix des ouvrages de démolitions de menuiserie provenans de plusieurs appartemens de la grande aile neuve du château de Versailles.................... 438ᴛᴛ 8ˢ 7ᵈ

8 juin : de Le Moyne, fondeur, pour 1600 livres pesant de potin qu'il a reçus du magasin, à 10ˢ la livre..................................... 800ᴛᴛ

De luy, pour 1500 livres de vieux potin, *idem*. 750ᴛᴛ

De Nicolas Cabel, pour la démolition de menuiserie d'un bureau chez M. de Barbezieux....... 88ᴛᴛ 9ˢ 9ᵈ

De Gérard Marcou, pour la démolition de maçonnerie qui luy a esté donné en compte, provenant de plusieurs endroits du château de Versailles...... 340ᴛᴛ 5ˢ

De Malet, pour la démolition de charpenterie qui luy a esté donnée...................... 519ᴛᴛ 11ˢ 8ᵈ

De Estienne Yvon, couvreur, pour la démolition de couverture provenant de plusieurs endroits des dedans et dehors du château de Versailles.......... 120ᴛᴛ 10ˢ

De François Desouches, pour une brèche qui a esté faite aux murs du parc de Chambord par la chute d'un arbre coupé dans les ventes de la forest dud. Chambord qui luy appartenoit.................. 12ᴛᴛ 3ˢ

8 juin : de Claude Denis, fontainier du Roy à Versailles, pour 234 livres pesant de soudure qui luy a esté livrée du magasin des plombs aud. Versailles pendant les six premiers mois 1692.............. 58ᴛᴛ 10ˢ

10 août : de Jean Benoist, entrepreneur, pour la démolition du pied d'estal de pierre de taille dure d'Arcueil, qui servoit à porter le cheval de bronze qui étoit dans la cour du palais Brion et de la maçonnerie de celuy qui portoit la figure équestre de Marc-Aurelle...... 150ᴛᴛ

De du Cors, pour la menuiserie démolie à un escalier prèz le cabinet de M. de Barbezieux..... 23ᴛᴛ 12ˢ 6ᵈ

De Jean Malet, charpentier, pour la démolition de charpenterie faite au château de Versailles pour le changement de l'appartement du précepteur de M. le comte de Toulouze.................... 144ᴛᴛ 11ˢ 8ᵈ

24 août : de Claude Denis, fontainier, pour 346 livres et demi pesant de soudure qui luy a esté délivrée du magasin des plombs à Versailles, à 5ˢ la livre...... .... 86ᴛᴛ 12ˢ 6ᵈ

7 septembre : de Le Moyne, fondeur, pour cent livres pesant de soudure qui luy a esté fournie du magasin de Versailles.............................. 25ᴛᴛ

14 septembre : de Vidal, Condom et autres, pour les rognures de cuivre et de vieilles ferrailles du magasin de la machine, vendues au profit du Roy...... 197ᴛᴛ 12ˢ

21 septembre : de Jean Malet, pour 69 pièces un tiers de démolitions de charpenterie faites à Noisy et autres endroits...................... 173ᴛᴛ 6ˢ 8ᵈ

De Estienne Yvon, pour 19 toises 11 pieds trois quarts de démolition de couverture de tuile faite au château de Noisy, à raison de 50ˢ la toise......... 48ᴛᴛ 6ˢ 8ᵈ

De Nicolas Cabel, pour 9 toises 13 pieds trois quarts de démolition de menuiserie de suspente et cloisons de sapin au château de Versailles, à l'appartement de M. le duc de Foix............................... 46ᴛᴛ 17ˢ

2 novembre : du sʳ de Turmenyes, comptant, pour avec 100000ᴛᴛ payez par ordre du 25 février dernier, faire 150000ᴛᴛ que S. M. a ordonné estre employées aux dépenses du bâtiment de l'église des Invalides.......... 50000ᴛᴛ

9 novembre : dud. Le Moyne, fondeur, pour 600 livres pesant de potin qui luy a esté livré aud. magasin de Versailles, à raison de 10ˢ la livre............ 300ᴛᴛ

Dud. Malet, pour 20 pièces et demi un tiers de bois de charpenterie provenant de démolitions faites en plusieurs bâtimens du Roy à Versailles........ 52ᴛᴛ 1ˢ 8ᵈ

De du Cors, menuisier, pour démolitions de menuiserie contenant 23 toises 3 pieds, à 5ᴛᴛ la toise... .... 115ᴛᴛ 8ˢ 4ᵈ

Du sʳ prévost des bâtimens, pour la récolte des terres que plusieurs particuliers des villages de la Bretèche Saint-Nom, Vaumartin et Villepreux ont semé de toutes sortes de grains pendant la présente année sur les dix toises appartenantes au Roy, le long des murs du parc

ANNÉE 1692. — VERSAILLES ET TRIANON.

en dehors, depuis la croix Saint-Philipes jusqu'à Villepreux............................... 74ʰ 2ˢ 6ᵈ

Du sʳ de Sainte-Catherine, 1500ʰ pour six mois, payables au jour Sᵗ-Martin, du prix de la ferme qu'il a pris des terres, étangs, préz, bois, oziers et pâtures appartenans au Roy hors du grand parc, pour six années commencées le 1ᵉʳ janvier 1692, moyennant 3000ʰ par an. 1500ʰ

7 décembre : de Jaques Lucas, plombier, pour un millier pesant de soudure du magasin, à 5ˢ la livre. 250ʰ

De Gilles Le Moyne, fondeur, pour 300 livres pesant de potin qui luy a esté livré, à 10ˢ la livre..... 150ʰ

De plusieurs particuliers, pour les jouissances qu'ils ont eu des foins, herbes et pêche sur les digues de la rivière d'Eure, depuis le 10 febvrier jusqu'au 2 décembre............................... 123ʰ 14ˢ

D'autres particuliers, fermiers des digues de lad. rivière et de celles des canaux d'Epernon et de Gallardon, pour une année du prix de leurs baux, échue au jour de Saint-Martin d'hyver...................... 389ʰ 12ˢ

D'autres particuliers qui ont affermé les herbes et pesches de la nouvelle rivière d'Eure depuis Pontgoin jusqu'au fondz de Berchère la Maingotte, pour une année de leurs baux échue au jour Saint-Martin dernier..... .... 301ʰ 10ˢ

De Jean Genou, pour une année du prix de la ferme des deux étangs de Saclay et de celuy d'Orsiguier, et dont led. sʳ Le Goux est caution................. 500ʰ

21 décembre : de plusieurs particuliers, pour la vente des effects de la succession du nommé Monnard, entrepreneur des bâtimens du Roy, qui demeurera d'autant quitte envers S. M. sur ce qu'elle doit de l'entreprise dud. Monnard........................... 499ʰ 13ˢ 5ᵈ

15 février : de Mᵉ Nicolas de Frémont, pour employer au payement des gratifications accordées par S. M. aux officiers des bâtimens de Fontainebleau en considération du bon état de leurs entretenemens pendant 1692, et 23ʰ 11ˢ 8ᵈ pour les taxations.......... 2853ʰ 11ˢ 8ᵈ

8 juillet 1693 : de luy, pour délivrer à Antoine Trumel, jardinier, pour la pension qui luy a esté accordée par S. M. pendant 1689, et 12ʰ 10ˢ pour les taxations......................... 1512ʰ 10ˢ

14 mars 1694 : des particuliers locataires des maisons appartenantes au Roy à Paris, pour les loyers de l'année 1692.............................. 2985ʰ

DÉPENSE.

VERSAILLES ET TRIANON.

MAÇONNERIE.

3 février-7 décembre : à Gérard Marcou, entrepreneur, pour ses ouvrages et réparations de maçonnerie par luy faits au château de Versailles depuis le mois de janvier jusqu'au mois de novembre dernier, y compris ses soins et équipages (10 p.).......... 5213ʰ 2ˢ 4ᵈ

3-17 aoust : à luy, pour la réparation qu'il a fait aux marches de Trianon, y compris 112ʰ pour ses soins et équipages (2 p.).................... 1238ʰ 18ˢ

8 juin : à luy, pour ouvrages par luy faits dans le jardin, tant au rétablissement des marches au pourtour de la petite terrasse au pied du château qu'au rétablissement des bassins des Lézards, et la pierrée dans le grand bosquet du costé de la Cérès, y compris 93ʰ pour ses soins et équipages............................ 1024ʰ 13ˢ

22 juin-7 décembre : à luy, parfait payement des ouvrages de maçonnerie qu'il a fait au nouveau bâtiment dans la cour des Bains (9 p.)....... 6715ʰ 19ˢ 10ᵈ

20 juillet : à luy, sur ses ouvrages de maçonnerie dans le jardin, du 24 may au 14 juin.......... 1023ʰ

4 janvier 1693 : à luy, payement des pierrées qu'il a fait dans le jardin de Trianon autour du bassin de pierre.......................... 172ʰ 2ˢ

20 janvier-8 juin : à Jaques Mazière, entrepreneur, parfait payement de 26934ʰ 5ˢ 2ᵈ à quoy montent ses ouvrages de maçonnerie à Trianon en 1691 et 1692 (8 p.).......................... 9191ʰ 1ˢ 2ᵈ

30 mars : à luy, pour ouvrages de maçonnerie qu'il a fait à l'appartement de M. Mansart......... 208ʰ

20 janvier 1692-4 janvier 1693 : à Nicolas Dufresne, maçon, parfait payement de 449ʰ à quoy montent les machines qu'il a posées au-dessus des cheminées pour empêcher la fumée (2 p.)................. 189ʰ

3 aoust : à Lamoureux, pour petits ouvrages de maçonnerie qu'il a fait au château de Trianon..... 18ʰ 2ˢ

27 avril : à Nicolas Le Jongleur, entrepreneur, parfait payement de 1771ʰ 6ˢ à quoy montent les ouvrages de ciment qu'il a fait au-dessus des offices de Trianon.. .... 471ʰ 6ˢ

20 juillet-31 aoust : à luy, pour l'aire de ciment qu'il a faite au-dessus de la voûte du corps de garde des Français (2 p.).................. 953ᴴ 6ˢ 8ᵈ

12 octobre-9 novembre : à luy, pour le ciment qu'il a fait ficher dans les lits et les joints des marches des deux rampes de l'Orangerie de Versailles (2 p.).. 861ᴴ

26 octobre : à luy, pour avoir fait rétablir la maçonnerie du réservoir du regard de Chèvreloup... 24ᴴ 10ˢ

Somme de ce chapitre....... 27304ᴴ 1ˢ

18 janvier 1693 [1] : au sʳ Manessien, trésorier général des bâtimens en exercice en 1693, restant du fonds de 1692 destinée pour S. M., pour estre employé aux dépenses du bâtiment de l'église de l'hôtel royal des Invalides...
.... 34745ᴴ 14ˢ

A luy, restant du fond du nouveau bâtiment du petit appartement du Roy au château de Versailles.......
.... 7976ᴴ 7ˢ 8ᵈ

TERRASSES.

4 janvier : à Hanetin, terrassier, à compte des bonnes terres qu'il transporte dans les tranchées au pied de quelques palissades dans le jardin de Trianon, et de l'enlèvement des méchantes terres.............. 200ᴴ

11 may : à Duval et des Kesnes, terrassiers, pour la recoupe qu'ils ont rétablie au-dessus de la pierrée glaisée dans le jardin de Versailles.............. 29ᴴ 14ˢ

22 juin : à eux, pour les recoupes qu'ils ont posées et battues au-dessus de la tranchée que l'on a fait pour changer une conduite de fer dans l'allée Royale.....
.... 72ᴴ 8ˢ 6ᵈ

3 aoust : à eux, pour le nettoyement des herbes de l'avant-cour du château pendant les six premiers mois 1692.................. 100ᴴ

17 aoust : à eux, pour les recoupes qu'ils ont relevé pour rétablir les fautes qui étoient à l'aire de ciment du dessus de l'Orangerie et l'avoir reposée et rebattue.....
.... 63ᴴ 15ˢ 9ᵈ

26 octobre : à eux, pour avoir rétabli le conroy du bassin de pierre du jardin de Trianon.......... 44ᴴ

23 novembre-7 décembre : à eux, pour le remaniement et rétablissement du conroy du pourtour du réservoir de Saint-Cyr (2 p.)................ 130ᴴ 6ᵈ

[1] Les deux articles suivants se trouvent au milieu des dépenses de la maçonnerie de Versailles, avant l'article Lamoureux. Si c'est un reliquat, on ne peut compter ces sommes parmi les dépenses. Toutefois nous avons cru devoir conserver l'indication comme elle est portée au registre, sauf à ne pas confondre ces sommes avec la maçonnerie de Versailles.

23 novembre : à eux, pour les terres qu'ils ont transportées dans le jardin de Trianon pour planter des ormes, à la place de ceux qui estoient morts, que l'on a relevez
.... 53ᴴ 1ˢ

25 may-22 juin : aux nommez Durand et Laforge, glaizeurs, pour ouvrages de conroy qu'ils font au rétablissement des bassins des Lézards dans le jardin de Versailles et autour des murs du réservoir de celui de Jambette (2 p.)................ 241ᴴ 11ˢ

Somme de ce chapitre....... 934ᴴ 10ˢ 9ᵈ

JARDINAGES ET FUMIERS.

20 janvier-2 mars : à Buteau, terrassier, parfait payement de 1536ᴴ 16ˢ pour les grands fumiers et boues de rue qu'il a fournis à Trianon en 1691 et 1692 (2 p.)
.... 336ᴴ 16ˢ

30 mars-8 juin : à luy, payement des fumiers chaux, fumiers de cour et crotin de mouton qu'il a fourni aud. lieu (4 p.).................. 723ᴴ

3 aoust : à luy, pour 21 toises et demie cubes de bonnes terres qu'il a voiturées à la pépinière de Trianon.. 86ᴴ

14 septembre-7 décembre : aud. Buteau, dit Bourguignon, pour les grands fumiers qu'il a fournis à la pépinière de Trianon pour couvrir les fleurs cet hiver (3 p.)
.... 980ᴴ

26 octobre : à luy, pour 26 toises et demie de bonnes terres qu'il a voiturées à Trianon pour remplir des trous où l'on a levé des ormes morts autour du bassin de pierre
.... 26ᴴ

4 janvier 1693 : à luy, sur les fumiers consommez et les boues de rue qu'il fournit.............. 150ᴴ

20 janvier : à Durel, jardinier, pour rétablissements par luy faits aux treillages d'échalats au derrière du mur des offices de Trianon et autres endroits...... 48ᴴ 7ˢ

8 juin : à luy, pour les gazons qu'il a posez dans le jardin des Sources à Trianon............ 114ᴴ 2ˢ

9-23 novembre : à luy, pour quatre cents paillassons qu'il a fait pour recouvrir les fleurs dans la pépinière de Trianon (2 p.)................ 500ᴴ

23 novembre : à luy, pour 549 toises et demie de recoupes qu'il a rétabli dans le parterre du Nord, qui avoient esté emportées par l'eau qui s'est perdue par un robinet d'un pied qui est dans l'aqueduc sous l'escalier de marbre
.... 164ᴴ 17ˢ

8 juin : à Janson, jardinier, pour la graine d'herbe qu'il a semée dans le champ où estoit l'astellier pour les offices de Trianon.................. 60ᴴ

6 juillet : à Savau, voiturier, pour du marc de vigne,

crotin de mouton et terre de saule qu'il a fourni à la pépinière de Trianon........................ 60ᴧ

Somme de ce chapitre........ 3249ᴧ 2ˢ

SABLE DE RIVIÈRE.

17-31 aoust : à Jaques Lagarde, pêcheur à Saint-Cloud, pour 384 muids de sable de rivière qu'il a pêché et livré sur le port de Saint-Cloud pour les jardins de Versailles et de Trianon, à 4ˢ 6ᵈ le muid (2 p.)...... .... 119ᴧ 14ˢ

12 octobre 1692-4 janvier 1693 : à luy et à la veuve Simon Yvelin, pour avoir tiré du sable de rivière pour lesd. jardins, à raison de 4ˢ 6ᵈ le muid (3 p.). 277ᴧ 4ˢ

17 aoust 1692-4 janvier 1693 : à Rinquet, voiturier, pour avoir voituré lesd. sables du pont de Saint-Cloud auxd. jardins de Versailles et de Trianon (5 p.)...... .... 1801ᴧ 14ˢ

Somme de ce chapitre........ 2198ᴧ 12ˢ

CHARPENTERIE.

20 janvier-13 avril : à Jean Mallet, charpentier, parfait payement de 4544ᴧ 3ˢ 6ᵈ à quoy montent les ouvrages de charpenterie qu'il a fait à Trianon en 1691 et 1692 (4 p.).. 1975ᴧ 9ˢ 4ᵈ

6 juillet-14 septembre : à luy, parfait payement de ses ouvrages au nouveau bâtiment du château de Versailles (6 p.).. 2670ᴧ 19ˢ 5ᵈ

2 mars-23 novembre : à luy, sur ses ouvrages et réparations de charpenterie au château et dans la dépendance de Versailles, du mois de janvier au mois d'octobre dernier (11 p.)....................... 2349ᴧ 11ˢ 6ᵈ

16 mars : à luy, pour trois pièces de bois qu'il a fourni pour le rétablissement du heu[1] au canal de Versailles.. .... 179ᴧ 10ˢ 6ᵈ

27 avril-20 juillet : à Le Clerc, scieur de long, pour les bois qu'il a scié pour le jak et le petit bateau de Trianon, et pour avoir rétabli les bordages de la gallère du canal (2 p.)............................... 73ᴧ 10ˢ

14 septembre : à Gilles Boitel, pour dosses de batteau qu'il a livré pour les couvertures des regards et pour couvrir des pierrées dans le jardin de Versailles... .... 232ᴧ 10ˢ

Somme de ce chapitre..... 7481ᴧ 10ˢ 9ᵈ

[1] Le heu, comme le jak cité dans l'article suivant et qui a donné le mot yacht, est un terme de marine désignant un bâtiment d'une forme particulière. Le heu, surtout usité en Flandre et en Hollande, était presque plat et portait peu de voile. Le Dictionnaire de Trévoux en donne une définition détaillée.

COUVERTURE.

6 juillet-3 aoust : à Estienne Yvon, couvreur, parfait payement de la couverture du nouveau bâtiment de l'appartement du Roy au château de Versailles (2 p.).... .... 651ᴧ 12ˢ 6ᵈ

3 aoust : à luy, pour ouvrages de couverture qu'il a fait au château depuis le 1ᵉʳ janvier..... 132ᴧ 6ˢ 3ᵈ

A luy, parfait payement de 608ᴧ 2ˢ 6ᵈ à quoy montent les ouvrages de couverture d'ardoise qu'il a fait à Trianon depuis le mois d'octobre dernier.......... 58ᴧ 2ˢ 6ᵈ

16 mars : à Verdier, couvreur de chaume, pour plusieurs réparations par luy faites aux couvertures des glacières de Versailles et Trianon............. 64ᴧ 16ˢ

11 may : à Barquet, autre, pour avoir rétabli les couvertures des glacières de Clagny............ 27ᴧ

23 novembre : à Picnot, pour avoir couvert de rozeau la baraque d'un des fontainiers à Trianon....... 30ᴧ

Aux couvreurs qui ont jetté les neiges par plusieurs fois de dessus la couverture de cuivre de l'aile neuve du château, pendant le mois de février 1692. .. 138ᴧ 15ˢ

Somme de ce chapitre.... 1102ᴧ 12ˢ 3ᵈ

MENUISERIE.

20 janvier-8 juin : à Antoine Rivet, menuisier, parfait payement de 10165ᴧ 7ˢ 2ᵈ à quoy montent les ouvrages de menuiserie qu'il a fait à Trianon en 1691 et 1692 (7 p.)............................. 6665ᴧ 7ˢ 2ᵈ

14 décembre : à luy, pour l'indemniser de quelques erreurs à son préjudice dans le parfait payement cy-dessus... 108ᴧ

16 mars : à luy, pour du parquet de deux pouces, qu'il a posé dans la pièce octogone de l'appartement des bains... 883ᴧ 4ˢ

10 janvier-25 may : à Nicolas Carel, menuisier, parfait payement des ouvrages de menuiserie aux nouveaux appartements de Trianon (3 p.)...... 899ᴧ 8ˢ

13 avril-6 juillet : à luy, parfait payement des ouvrages de menuiserie qu'il a fait au château depuis le mois de janvier dernier (4 p.)...................... 970ᴧ 3ˢ 8ᵈ

21 septembre-21 décembre : à luy, parfait payement de ses ouvrages de menuiserie au château, et à la menuiserie dans la salle des gardes du Roy et dans la garde-robe de Monseigneur, depuis le mois de juillet jusqu'au mois d'octobre dernier (4 p.)............ 1006ᴧ 1ˢ 7ᵈ

9 novembre : à luy, pour une grande armoire qu'il a fait pour Trianon, servant à serrer des matelats et des couvertures...................................... 224ᴧ 4ˢ

7 décembre : à luy, pour avoir démonté au printemps

tous les chassis dormans des chassis d'hyver du château, les avoir fait porter et raporter du magasin et les avoir reposez en place pendant le mois d'octobre... 179ʰ 5ˢ

16 mars-8 juin : à BARTHÉLEMY DU CORS, menuisier, parfait payement de ses ouvrages de menuiserie au château de Versailles pendant les trois premiers mois 1692 (6 p.)........................ 2563ʰ 5ˢ 3ᵈ

6 juillet : à luy, pour ses ouvrages à la Ménagerie depuis le mois de juillet 1691............. 359ʰ 3ˢ

20 juillet-7 décembre : à luy, parfait payement des ouvrages de menuiserie qu'il a fait au château depuis le mois d'avril jusqu'au mois d'octobre dernier (7 p.)...
.... 3007ʰ 19ˢ 2ᵈ

17 février-20 juillet : à TOULOUZAIN, menuisier, pour plusieurs ouvrages de menuiserie par luy faits au jardin et au château de Versailles (2 p.)............ 85ʰ 16ˢ

27 avril-6 juillet : à luy, pour ouvrages et réparations de menuiserie aux lambris des appartemens de Trianon (2 p.)............................. 81ʰ 10ˢ

9 novembre : à luy, pour le travail qu'il a fait à faire ouvrir et fermer les croisées de la grande Orangerie et les chassis doubles du château........... 45ʰ 17ˢ

4 janvier 1693 : à luy, à compte de soixante petites caisses qu'il a fait pour planter des arbustes pour mettre sur les terrasses du jardin de Trianon...... 100ʰ

6 juillet-9 novembre : à VEYDEAU, sur la menuiserie du petit bâtiment du château (7 p.)......... 6000ʰ

20 juillet : aux nommez FAVIER et MONET, parqueteurs, pour avoir posé 10 toises 1/3 de parquet dans la chambre de madame d'UDICOUR..................... 25ʰ 16ˢ

12 octobre : aud. FAVIER et BERICHON, pour avoir relevé et reposé du vieux parquet dans plusieurs appartemens de la dépendance du château......... 46ʰ 6ˢ

Somme de ce chapitre... 23251ʰ 5ˢ 10ᵈ

SERRURERIE.

20 janvier-21 décembre : à PIERRE ROGER, serrurier, pour ses ouvrages de serrurerie au château de Versailles depuis le mois de janvier jusqu'au mois d'octobre dernier (11 p.)............................ 1914ʰ

30 mars-23 novembre : à luy, pour ouvrages et réparations de serrurerie qu'il a fait au château et aux nouvelles Offices de Trianon pendant les quatre derniers mois 1691 et jusqu'au mois de septembre dernier (4 p.)................................. 1058ʰ 18ˢ

8 juin : à LARIEUX, dit TOULOUZAIN, serrurier, pour ouvrages de serrurerie fournis pour les bâtiments du canal de Versailles........................... 108ʰ

3 février : à LALLIER, serrurier, pour 348 livres de cloud qu'il a fourni pour le rétablissement du lieu du canal de Versailles.................... 104ʰ 19ˢ

20 janvier-17 février : à THOMAS VALLERAND, serrurier, parfait payement de 980ʰ pour les ouvrages de serrurerie qu'il a fait au château de Trianon (2 p.)....... 230ʰ

17 février-16 mars : à luy, parfait payement de 2789ʰ 9ˢ 6ᵈ à quoy montent les ouvrages et réparations de serrurerie qu'il a fait au château de Versailles en 1691 (2 p.)............................. 639ʰ 9ˢ 6ᵈ

17 février-7 décembre : à luy, à compte de ses ouvrages et réparations de menuiserie au château et jardin de Versailles, depuis le mois de janvier jusqu'au mois de novembre dernier (10 p.)......... 1585ʰ 10ˢ 9ᵈ

20 janvier-6 juillet : à CORNEILLE, serrurier, parfait payement de la ferrure des portes des appartemens de Trianon (3 p.)......................... 403ʰ 1ˢ

26 octobre-23 novembre : à luy et FORDRIN, parfait payement des trois balcons de fer qu'ils ont fait pour les trois croisées du petit bâtiment neuf du château de Versailles (3 p.)......................... 900ʰ

28 septembre : à GODIGNON, serrurier, à compte des ouvrages de serrurerie qu'il a fait les années précédentes dans la dépendance du château de Versailles.... 150ʰ

17 février-9 novembre : à DESJARDINS, serrurier, pour ouvrages de serrurerie qu'il a fait au château de Versailles depuis le mois de décembre 1691 jusqu'au mois d'octobre dernier (6 p.).......... 1149ʰ 3ˢ 9ᵈ

11 may-8 juin : à luy, parfait payement des ouvrages de serrurerie qu'il a fait aux nouveaux appartemens de Trianon (2 p.).......................... 553ʰ 18ˢ 6ᵈ

17 février-21 décembre : à TAVERNIER, pour ouvrages de serrurerie au château pendant les trois derniers mois 1691 jusqu'au mois de novembre dernier (9 p.).....
.... 1373ʰ 4ˢ

17 février : à luy, parfait payement de 1103ʰ 14ˢ à quoy montent ses ouvrages à Trianon depuis le mois d'octobre 1691 jusqu'au mois de février 1692. 153ʰ 14ˢ

Somme de ce chapitre.... 10323ʰ 18ˢ 6ᵈ

VITRERIE.

17 février-21 décembre : à GABRIEL JANSON, vitrier, pour ouvrages et réparations de vitrerie qu'il a fait au château de Versailles depuis le mois de janvier jusqu'au mois de novembre dernier (11 p.)...... 1414ʰ 8ˢ 5ᵈ

17 février-17 aoust : à luy, pour ouvrages et réparations de vitrerie qu'il a fait à Trianon depuis le mois de janvier jusqu'au mois de juillet dernier (5 p.).......
.... 64ʰ 13ˢ 8ᵈ

23 novembre-7 décembre : à la veuve JANSON, paye-

ANNÉE 1692. — VERSAILLES ET TRIANON.

ment des ouvrages de vitrerie qu'elle a fait au château (2 p.)............................ 945ᴸ 10ˢ 3ᵈ

9 novembre : audit JANSON, pour ses ouvrages à l'orangerie de Trianon, aux baraques de la pépinière et aud. château........................ 433ᴸ 2ˢ 6ᵈ

17 février-21 décembre : à BERNARD LESPINOUZE, vitrier, pour ouvrages et réparations de vitrerie qu'il a fait aud. château depuis le mois de janvier jusqu'au mois de novembre dernier (10 p.)............ 2090ᴸ 6ˢ 7ᵈ

12 octobre-9 novembre : à luy, payement de ses ouvrages aux croisées de la grande Orangerie (2 p.)....
.... 807ᴸ 17ˢ

13 avril : à luy, sur ses ouvrages de vitrerie à Trianon................................ 43ᴸ 3ˢ

Somme de ce chapitre..... 6428ᴸ 13ˢ 5ᵈ

PLOMBERIE.

27 avril : à JAQUES LUCAS, plombier, pour ses ouvrages de plomberie à Trianon pendant les trois premiers mois 1692............................ 476ᴸ 17ˢ 6ᵈ

3 aoust 1692-4 janvier 1693 : à luy, pour la soudure qu'il a employée à la couverture des combles de Trianon pendant lad. année (3 p.)............... 555ᴸ 3ˢ

31 aoust 1692-4 janvier 1693 : à luy, pour journées des compagnons et manœuvres plombiers qui ont travaillé à dessouder les chevauchures[1] des tables de plomb et autres ouvrages (2 p.).................. 220ᴸ 5ˢ 8ᵈ

3 aoust 1692-4 janvier 1693 : à luy, pour ouvrages de plomberie qu'il a fait au nouveau bâtiment du château de Versailles (3 p.)................... 1557ᴸ 15ˢ

9 novembre : à luy, pour ouvrages de plomberie qu'il a démolis et rétablis au-dessus des combles du petit bâtiment neuf du château.............. 68ᴸ 6ˢ 8ᵈ

Somme de ce chapitre.... 2878ᴸ 7ˢ 10ᵈ

OUVRAGES DE CUIVRE ET DE FIL DE LATTON.

17 février : à GILLES LE MOYNE, fondeur, pour ouvrages de cuivre de fonte qu'il a fourni depuis le 4 septembre 1691 jusqu'au 1ᵉʳ février 1692....... 62ᴸ 7ˢ

8-22 juin : à luy, parfait payement de ses ouvrages dans les jardins de Versailles, tels que crampons et agraphes de cuivre, qu'il a fourni pour poser les cordons de marbre des bassins devant le château (5 p.) · 2009ᴸ 11ˢ

2 mars-7 décembre : à LA CROIX, épinglier, pour treillis de fil de laiton qu'il a posé aux deux gardes-feus

[1] Le mot de chevauchure s'explique de lui-même; il désigne ici les parties des tables de plomb recouvrant les parties voisines.

des cheminées de Monseigneur le duc DE BOURGOGNE et à ceux de Monseigneur le duc DE BERRY (2 p.).. 53ᴸ 4ˢ

30 mars : à luy, pour treillis de fil de fer qu'il a posé aux soupiraux saillans dans la cour des Offices de Trianon............................ 21ᴸ 9ˢ

31 aoust : à luy, pour avoir rétabli le treillis de fil de fer à toutes les grilles au pourtour du jardin de Versailles.............................. 44ᴸ 19ˢ

25 may : à DUCHEMIN, chaudronnier, pour plusieurs ouvrages de chaudronnerie qu'il a fourni pour les fontaines de Versailles en 1691............... 58ᴸ

25 may-21 décembre : à luy, pour 49 paires d'arrosoirs qu'il a racomodés pour Trianon (2 p.).....
.... 73ᴸ 10ˢ

31 aoust : à luy, pour les resnes de cuivre qu'il a faites pour les chevaux du groupe d'Apollon dans le jardin............................... 133ᴸ

Somme de ce chapitre........ 2456ᴸ

DORURE.

6 juillet : à DESAUZIERS, doreur, pour ouvrages de dorure, tant aux consolles du cabinet de Monseigneur qu'aux cadres des miroirs du cabinet de Monsieur, frère du Roy............................ 89ᴸ 4ˢ

12 octobre 1691-4 janvier 1692 : à luy, sur ses ouvrages au nouveau bâtiment du château (3 p.).. 1500ᴸ

Somme de ce chapitre........ 1589ᴸ 4ˢ

GROSSE PEINTURE.

17 février-21 décembre : à ESTIENNE BOURGAULT, peintre, payement des grosses peintures qu'il a fait au château depuis le mois de janvier jusqu'au mois de novembre dernier (8 p.)...................... 2448ᴸ 8ˢ 3ᵈ

25 may-22 juin : à luy, pour ses ouvrages de grosse peinture aux nouveaux appartemens de Trianon et aux nouvelles Offices (2 p.)............. 436ᴸ 8ˢ 6ᵈ

17 février : à DUTEL, peintre, pour 26 pieds de corniches avec quatre ornemens qu'il a peints en détrempe au haut de la cloison que l'on a fait dans la grande chambre de Madame DE MAINTENON.......... 60ᴸ

20 juillet : à BAILLY, peintre, pour vernis de bronze qu'il a fait aux ferrures des portes et croisées du nouvel appartement du Roy à Trianon......... 126ᴸ 11ˢ 3ᵈ

17 février-26 octobre : à PAILLET, peintre, pour le soin et nettoyement des tableaux et la résidence qu'il a faite à Versailles pendant les trois derniers mois 1691 et les six premiers 1692 (3 p.)............ 1079ᴸ

23 novembre : à luy, pour la dépense qu'il a faite pour les tableaux du Roy, et avoir nettoyé la dorure des

ouvrages de stuc de la chambre du Trône du grand appartement.......................... 250ʰ

11 may : à Baco, peintre, pour avoir peint en détrempe sur toile la corniche de la chambre de Madame d'O, dans l'appartement des Bains............. 60ʰ

Somme de ce chapitre....... 4460ʰ 8ˢ

SCULPTURE.

27 avril : à Briquet et Charmeton, parfait payement de 808ʰ 5ˢ à quoy monte la sculpture en bois par eux faite à la salle de la chapelle à Trianon...... 358ʰ 5ˢ

6 juillet-21 décembre : à eux et à Legrand, Bellan, Goupy et Taupin, parfait payement de la sculpture en bois par eux faite aux appartemens neufs du château (6 p.)........................... 4602ʰ 13ˢ 8ᵈ

20 avril : à la veuve de Godequin, sculpteur, parfait payement de 986ʰ 9ˢ à quoy montent les ouvrages de sculpture par elle faits dans l'appartement de Mᵐᵉ la princesse de Conty, dans le cabinet de M. le duc de Beauvilliers et à la Surintendance à Versailles en 1681............................... 286ʰ 9ˢ

20 juillet : à Dufour, sculpteur, pour deux vases et deux consoles de pierre qu'il a fait au petit bâtiment neuf du château de Versailles............... 40ʰ 10ˢ

27 avril-11 may : à Legrand et Beland, sculpteurs, payement des ouvrages de sculpture en bois qu'ils ont fait dans la chambre du nouvel appartement de Trianon (2 p.)................................. 619ʰ 12ˢ

23 novembre : aud. Legrand, pour quatre bordures de tableaux qu'il a fourni pour la petite gallerie du Roy................................... 93ʰ

27 avril : à Goupil, sculpteur, pour deux bordures de miroirs et deux couronnemens de miroirs de l'antichambre du nouvel appartement de Trianon.... 222ʰ

A Taupin, sculpteur, pour deux bordures de miroirs et un couronnement dans la chambre du Roy à Trianon................................. 198ʰ

25 may : à Bertin, sculpteur, pour sept vazes de pierre de Saint-Leu qu'il a livrez et posez sur la balustrade du bâtiment de Trianon................. 350ʰ

A luy, pour plusieurs ouvrages et réparations qu'il a fait au château et dans les jardins de Versailles depuis le 17 décembre 1691 (2 p.)................ 487ʰ

25 may : à luy, pour avoir rétably les ouvrages de sculpture que le tonnerre avoit cassez au trophée de pierre au-dessus de la balustrade du bout de l'aile neuve.................................. 74ʰ

2 mars-11 may : à Chauveau, sculpteur, pour deux grandes consoles de sculpture en bois qu'il a fait et livrées pour le cabinet doré de Monseigneur (2 p.). 115ʰ

11 may : à luy et Lalande, parfait payement de 1239ʰ 4ˢ à quoy montent les ouvrages de sculpture par eux faits à la chambre du nouvel appartement de Trianon................................. 589ʰ 4ˢ

26 octobre : à Noel Jouvenet, sculpteur, pour la corniche de stuc et de plâtre qu'il a fait au bâtiment neuf du château........................... 149ʰ 6ˢ 8ᵈ

20 janvier-11 may : à luy, parfait payement de 839ʰ à quoy montent les corniches de sculpture en plastre qu'il a fait à Trianon (4 p.)............... 989ʰ

25 may : aux sculpteurs qui ont travaillé à dessiner en grand les pilastres et autres ornemens que le Roy vouloit faire faire dans la gallerie peinte par le sʳ Mignard..................................... 60ʰ

Somme de ce chapitre........ 9234ʰ 0ˢ 4ᵈ

MARBRERIE.

20 janvier : à Pierre Lisqui, marbrier, pour ouvrages de marbre faits au château de Versailles depuis le mois d'octobre 1691 jusques au 19 de ce mois...... 156ʰ

8 juin-6 juillet : à luy, parfait payement du rétablissement des cordons de marbre des deux grands bassins devant le château (4 p.)............... 1276ʰ

20 juillet : à luy, pour avoir rétabli le carreau de marbre de la cour du château et les marbres des bassins des deux cabinets de Vénus et du Point du jour.

A luy, pour avoir rétabli les pavés de marbre du péristil, du sallon rond et de la salle des seigneurs, à Trianon..................................... 150ʰ 6ˢ

31 aoust-26 octobre : à luy, pour plusieurs ouvrages de marbre qu'il a fait au château de Versailles depuis le 3 avril jusqu'au 20 octobre (2 p.)......... 179ʰ 10ˢ

Somme de ce chapitre....... 1931ʰ 16ˢ

PAVÉ.

20 janvier-16 mars : à Louis Regnouf, paveur, parfait payement de 3087ʰ 18ˢ 3ᵈ à quoy montent les ouvrages de pavé par luy faits dans la cour et les Offices de Trianon (2 p.).................... 692ʰ 19ˢ 1ᵈ

8 juin-9 novembre : à luy, pour ouvrages de pavé faits dans la dépendance et au nouveau bâtiment du château de Versailles depuis le 1ᵉʳ janvier jusqu'au mois d'octobre dernier (5 p.)................ 1474ʰ 8ˢ

Somme de ce chapitre....... 2168ʰ 7ˢ 1ᵈ

MARQUETTERIE.

20 janvier : à Percheron, dit Lochon, ébéniste, pour

la réparation qu'il a fait au parquet de marqueterie à fleurs du cabinet de Monseigneur............ 41ᴸ

17 février : à luy, pour plusieurs réparations qu'il a fait au parquet de marqueterie de l'estrade de la chambre de Madame la Dauphine et du cabinet de Monsieur.................................. 51ᴸ

13 avril-22 juin : à luy, parfait payement des moulleures de cuivre doré et de la ferrure de bronze de l'enfilade du cabinet des glaces à Trianon (2 p.).. 589ᴸ 8ˢ

3 aoust : à luy, pour avoir rétabli le pavé de marqueterie du cabinet de Monseigneur et les ferrures de bronze des portes et croisées du château de Versailles........................ 212ᴸ 10ˢ

31 aoust : à luy, pour avoir mis en couleur de bronze plusieurs ouvrages de serrurerie et avoir racomodé les ajustages des bufets du Marais.............. 40ᴸ

A luy, sur les moulures de cuivre doré qu'il a fourni pour tenir les glaces du platfonds de la porte qui entre de la chambre du Roy, à Trianon, dans le cabinet des glaces................................. 118ᴸ 8ˢ

12 octobre-7 décembre : à luy, pour les ouvrages de cuivre et dorure qu'il fait pour les ferrures des portes et croisées du nouveau bâtiment du château (3 p.). 651ᴸ 17ˢ

4 janvier 1693 : à luy, pour les moulures de cuivre doré qu'il a fourni pour entourer les glaces de la cheminée de Monsieur le Premier............ 46ᴸ 11ˢ

Somme de ce chapitre....... 1750ᴸ 14ˢ

OUVRAGES DE SOUDURE.

20 juillet-24 aoust : à CLAUDE DENIS, fontainier, pour ouvrages de soudure qu'il a fait dans le petit parc de Versailles (3 p.).................. 203ᴸ 12ˢ 6ᵈ

22 juin : à CHARLES-FRANÇOIS POLART, pour le masticq gras qu'il a fourni pour mettre dans les crevasses au-dessus de la voûte de l'Orangerie........... 45ᴸ

Somme de ce chapitre...... 248ᴸ 12ˢ 6ᵈ

GLACES.

3 mars : au sʳ GUIMONT, pour les glaces qu'il a fourni dans la dépendance du château de Versailles depuis le 1ᵉʳ juillet 1690 jusqu'au 15 du présent mois de mars 776ᴸ

8 juin-12 octobre : à BON BRIOT, miroitier, pour avoir mis au tein trente grandes glaces et pour les journées qu'il a employées avec ses compagnons au nettoyement des glaces du château de Trianon (2 p.). 743ᴸ 10ˢ

Somme de ce chapitre........ 1519ᴸ 10ˢ

DIVERSES DÉPENSES.

22 juin : à DROUARD, rocailleur, pour avoir rétabli la rocaille des deux cascades entre le bassin du Pavillon et le bassin octogone des Trois fontaines...... 365ᴸ 10ˢ

12 octobre-9 novembre : à LE JEUNE, vuidangeur, pour la vuidange qu'il a fait des fosses d'aysances du château de Versailles (2 p.)............ 431ᴸ 10ˢ

25 may : à ROUSSEAU, cordier, pour les cordages qu'il a fourni pour la gallère du canal.......... 89ᴸ 14ˢ

4 janvier 1693 : à luy, pour les cordages qu'il a fourni pour élever et poser les figures et vazes dans le jardin de Versailles...................... 35ᴸ 5ˢ

20 janvier-31 aoust : à DOMINIQUE VARISSE, ramonneur, pour les cheminées qu'il a ramonnées et rétablies au château et dépendances pendant les six derniers mois 1692 et six premiers 1693 (3 p.)........ 718ᴸ 16ˢ

3 février : au sʳ BRANLARD, fayancier, pour quatre cents carraux de Lizieux qu'il a fourni au magasin de Versailles.............................. 91ᴸ

11 may : à REZIRA, linger, pour la toile jaune qu'il a fourni pour la tente de la gallère et pour peindre une corniche............................. 21ᴸ 17ˢ

8 juin : à LE ROY, tourneur, pour les bastons et toulets[1] qu'il a fourni pour les vaisseaux du canal, et les échelles qu'il a livrées pour les fontaines du jardin 26ᴸ 9ˢ

22 juin : à LEFRANC, pour avoir dégorgé et rétabli la conduite de grais qui conduit l'eau de la fontaine Saint-Pierre à la Ménagerie.................. 21ᴸ 2ˢ

17 aoust : au sʳ L'ABBÉ, remboursement de la dépense qu'il a faite à Paris pour les bâtiments de Versailles................................. 57ᴸ 3ˢ

31 aoust-12 octobre : à FRANÇOIS SORIN, pour mastic, goudron, vieux oin, bray, arcanson, et autres fournitures par luy faites pour l'Orangerie et pour les vaisseaux du canal de Versailles (2 p.)................ 811ᴸ 17ˢ

31 aoust : à MERCERON, dit LA VIOLETTE, pour remboursement de la dépense qu'il a faite pour le service du canal........................... 51ᴸ 10ˢ 6ᵈ

12 octobre : à BOITEL, pour les planches de bateau qu'il a fourni pour couvrir les regards des fontaines du jardin de Versailles...................... 123ᴸ

---

[1] Les toulets, d'après le *Dictionnaire de Trévoux*, étaient les chevilles de bois entre lesquelles le rameur appuyait la rame. On disait aussi *tolet*. Quelquefois un seul tolet suffisait; dans ce cas, la rame portait un anneau de fer qui était engagé dans le tolet.

7 décembre : à SAUVAGE, vannier, pour deux cents manes qu'il a fourni à la pépinière de Trianon, pour planter des ormes en pépinière............... 60ᴴ

Somme de ce chapitre..... 2904ᴴ 13ˢ 6ᵈ

OUVRIERS À JOURNÉES.

20 janvier 1692 - 4 janvier 1693 : aux ouvriers qui ont travaillé aux glacières du château de Clagny, Satory et de Trianon (4 p.)................. 1142ᴴ 2ˢ 2ᵈ

Aux chartiers et fermiers qui ont fourni la paille longue et autres fournitures pour les glacières cy-dessus (3 p.)............................ 945ᴴ 14ˢ 5ᵈ

Aux ouvriers qui ont travaillé à la pépinière de Trianon depuis le 6 janvier 1692 jusqu'au 2 janvier 1693 (26 p.).......................... 9736ᴴ 6ˢ 8ᵈ

20 janvier : aux compagnons menuisiers qui ont travaillé au château de Trianon................. 49ᴴ

20 janvier 1692 - 4 janvier 1693 : aux ouvriers qui ont travaillé dans la dépendance du château de Versailles (24 p.).................... 2859ᴴ 12ˢ 3ᵈ

17 février : à ceux qui ont osté les neiges de dessus les combles de Trianon................. 82ᴴ 15ˢ

30 mars : à ceux qui ont travaillé à démastiquer les joins des bassins de Latonne et autres ouvrages.... .... 95ᴴ 17ˢ 4ᵈ

Aux compagnons plombiers qui ont rétabli les plombs sur les combles de Trianon où l'on a posé de nouvelles cheminées........................... 26ᴴ 5ˢ

25 may : à ceux qui ont transporté le fumier de cour consommé, du bois proche le canal dans le parterre des rampes de Trianon................. 104ᴴ 13ˢ

31 aoust : à ceux qui ont travaillé à démolir le viel ciment qui estoit au-dessus de la voûte du corps de garde des François, et qui ont couvert l'aire de terre.. .... 125ᴴ 6ˢ

14 septembre : à ceux qui ont travaillé à descendre, transporter et voiturer de l'Orangerie de Versailles à Marly les dix vazes de marbre qui estoient au-dessus de la balustrade du haut de lad. Orangerie...... 101ᴴ 11ˢ

7 décembre : à ceux qui ont transporté deux vazes de marbre de Meudon à Marly............ .... 38ᴴ 10ˢ

Somme de ce chapitre... 15307ᴴ 12ˢ 10ᵈ

DEHORS DE VERSAILLES.

MAÇONNERIE.

10 février 1691 - 11 janvier 1692 : à GÉRARD MARCOU, entrepreneur, pour ouvrages et réparations de maçonnerie qu'il a fait dans les bâtiments des dehors du château de Versailles pendant l'année entière 1692, y compris ses soins et équipages (12 p.).............. 4932ᴴ 15ˢ 1ᵈ

10 février 1692 - 11 janvier 1693 : à PIERRE LEVÉ, entrepreneur, à compte des ouvrages de maçonnerie qu'il fait à la Surintendance des bâtiments du Roy à Versailles (8 p.)...................... 955ᴴ

3 aoust : à ANDRÉ MAZIÈRE DE SENCY, entrepreneur, à compte des ouvrages de maçonnerie qu'il a fait aux petites escuries du Roy à Versailles et à l'hôtel DE LA FEUILLADE.............................. 200ᴴ

10 février : à FRANÇOIS L'ÉPÉE, parfait payement de 2918ᴴ 8ˢ à quoy montent les ouvrages de maçonnerie qu'il a fait dans les grandes et petites escuries du Roy à Versailles pendant l'année 1691........... 448ᴴ 8ˢ

20 avril : à luy, pour ouvrages faits pour la forge du maréchal au Chesny.................. 192ᴴ 12ˢ

10 février : à DUHAMEL, carreleur, pour réparations de carreaux de terre cuitte qu'il a fait au grand Commun du Roy à Versailles................... 152ᴴ 2ˢ 6ᵈ

9 novembre : à LAMOUREUX, pour réparations de maçonnerie dans le grand et petit parc de Versailles. 91ᴴ 1ˢ

22 juin - 10 aoust : à ROBERT AUMONT, parfait payement des ouvrages de maçonnerie aux logemens des Suisses du grand parc de Versailles (4 p.)........ 680ᴴ 3ˢ 10ᵈ

10 aoust : à luy, pour la maçonnerie en plâtre qu'il a fait au château et haras de Saint-Léger..... 110ᴴ 7ˢ

14 septembre : à ROGER, chaufournier, pour 9 poinçons et demi de chaux qu'il a fourni pour crépir les murs du grand parc de Versailles en 1691........... 42ᴴ 5ˢ

A LA ROÜE, autre, pour 18 futailles de chaux qu'il a fourni pour le même endroit................... 72ᴴ

6 avril : à GÉRARD MARCOU, pour ouvrages de maçonnerie qu'il a fait aux ponceaux sur le fossé de la plaine de Chèvreloup.................... 130ᴴ 18ˢ

6 juillet : à NICOLAS LE JONGLEUR, pour ouvrages de maçonnerie à l'aqueduc de Fontenay qui conduit les eaux bonnes à boire au réservoir de la Ménagerie... 85ᴴ 5ˢ

20 avril : à luy, pour la réparation de ciment à l'aqueduc derrière la chaussée du Trou Sallé..... 113ᴴ

25 may - 10 aoust : à DOUCET, maçon, parfait payement du crépis de mortier de chaux et sable qu'il fait aux murs du grand parc (6 p.).............. 4043ᴴ 6ˢ

9 novembre : à luy, pour la maçonnerie d'un pont qu'il a fait proche Vildavray............... 63ᴴ 1ˢ

25 may - 6 juillet : à LEFRANC, parfait payement des reprises de voûtes qu'il a fait dans l'aqueduc qui conduit l'eau de la machine sur la butte de Montboron (4 p.)............................ 522ᴴ

10 aoust-9 novembre : à luy, parfait payement des trois ponceaux qu'il fait dans le petit parc de Versailles (3 p.)........................... 337ʰ 8ˢ

6 juillet : à Dupeyrat, tailleur de pierre, pour seize tampons de pierre de taille qu'il a posez sur les puits de l'aqueduc de Fontenay qui conduit les eaux bonnes à boire au réservoir de la Ménagerie............ 75ʰ

Somme de ce chapitre..... 13246ʰ 5ˢ 1ᵈ

JARDINAGES ET TERRASSES.

6-20 avril : à Durel, terrassier, pour les terres qu'il a transportées et le treillage qu'il a fait dans le jardin de la Surintendance de Versailles (2 p.)....... 450ʰ

27 janvier : à Martin Moulin et Florent Félix, terrassiers, pour menus ouvrages de terrasses dans les bâtiments des dehors du château de Versailles.... 22ʰ

6 avril : à eux, pour les terres qu'ils ont transportées sur la chaussée de l'estang de Clagny....... 37ʰ 10ˢ

1ᵉʳ juin : à eux, pour réparations de glaise qu'ils ont fait au convoy des réservoirs de la butte de Montboron................................ 24ʰ

24 aoust-21 septembre : à eux, parfait payement de 1204ʰ à quoy montent les ouvrages de terrasses qu'ils ont fait pour les régallements de terre au pourtour des réservoirs du Parc-aux-Cerfs (3 p.)........... 404ʰ

A eux, payement des régallements de terre qu'ils ont faits, tant vis-à-vis le corps de garde des Suisses que le long des réservoirs du bout de l'aile (3 p.). 288ʰ 6ˢ 3ᵈ

19 octobre : à eux, pour le nettoyement du bassin rond des réservoirs de la butte Montboron....... 70ʰ

2 novembre : à eux, pour avoir nettoyé l'acqueduc sous le grand Commun du Roy à Versailles, et autres menus ouvrages..................... 213ʰ

9 novembre : à eux, pour 697 toises de routtes qu'ils ont fait dans les bois proche Vildavray........ 174ʰ 5ˢ

11 janvier 1693 : à eux, pour ouvrages de terrasses et nettoyements qu'ils ont faits en plusieurs endroits des dehors du château de Versailles............... 45ʰ

10 aoust : aud. Martin Moulin, pour avoir nettoyé un aqueduc dans le grand Commun du Roy à Versailles.

25 may-22 juin : à Remy Janson, payement des ouvrages qu'il a fait pour fermer avec des échalats les remises à gibier du grand parc de Versailles pour empêcher que les lièvres n'y entrent (3 p.)......... 450ʰ

6 juillet : à luy, pour 873 toises de fossez qu'il a fait le long de l'aqueduc de Fontenay qui conduit les eaux bonnes à boire à la Ménagerie, à raison de 3ˢ 6ᵈ la toise 152ʰ 15ˢ

31 aoust : à luy, pour 293 toises de fossez qu'il a fait dans le petit parc de Versailles près Gallye... 150ʰ 10ˢ

25 may-6 juillet : à luy, pour le nettoyement qu'il a fait des aqueducs de Fontenay qui conduisent les eaux bonnes à boire dans le réservoir de la Ménagerie (3 p.). 400ʰ

29 mars : à Grégoire Cintier, terrassier, pour les terres qu'il a portées au pont du Buc pour en relever le bord................................. 26ʰ 10ˢ

10 aoust-14 septembre : à Jaques Potone, terrassier, parfait payement de la fouille, transport de terre et réparations faites tant aux chaussées que rigolles de la plaine de Saclay, réparation de la rigolle de Favreuse et pour l'exaussement de la chaussée de la retenue de Villiers (5 p.)............................ 900ʰ 12ˢ 3ᵈ

Somme de ce chapitre...... 3823ʰ 8ˢ 6ᵈ

CHARPENTERIE.

14 février-14 décembre : à Jean Mallet, charpentier, pour ouvrages de charpenterie qu'il a fait dans les bâtiments des dehors de Versailles depuis le mois de janvier jusqu'au mois de novembre dernier (9 p.). 1767ʰ 17ˢ 7ᵈ

18 may : à luy, pour ouvrages de charpenterie par luy faits dans lesd. bâtiments en 1691....... 127ʰ 1ˢ 8ᵈ

20 avril : à Thomas Petitbon, pour ouvrages de charpenterie qu'il a fait pour la forge du maréchal au Cheny 59ʰ 8ˢ

10 aoust : à Rocbelois, charpentier, pour journées qu'il a employées au magasin des démonstrations à Versailles................................ 32ʰ 15ˢ

20 avril : à Dubuisson, charron, pour les roullons qu'il a faits pour les ratteliers des écuries des Gardes du corps 14ʰ 10ˢ

6 avril : aud. Mallet, pour les bois qu'il a employez aux ponts sur le fossé de la plaine de Chèvreloup.. .... 142ʰ 5ˢ

6 juillet : à luy, pour les bois qu'il a livrez pour attacher les batteaux dans les étangs des environs de Versailles et pour faire des linteaux aux croisées que l'on bouche au pavillon du grand parc........... 23ʰ 8ˢ

9 novembre : à luy, pour bois qu'il a fourni pour employer dans le petit parc de Versailles..... 40ʰ 6ˢ

31 aoust : à Ablains, charpentier, pour ouvrages et réparations de charpenterie par luy faits au château et haras de Saint-Léger.................... 101ʰ 12ˢ

3 février : à Langevin, charpentier, pour 17 toises un tiers courantes de petits cintres de bois de chêne qu'il a fait dans l'aqueduc qui conduit les eaux de Saclay à Versailles entre l'estang du Trou Salé et l'aqueduc de

Buc pour la conservation de sa voûte, à 8ᴴ la toise... .... 138ᴴ 13ˢ 4ᵈ

Somme de ce chapitre..... 2447ᴴ 16ˢ 7ᵈ

COUVERTURE.

20 avril : à Estienne Yvon, couvreur, pour ouvrages de couverture qu'il a fait pour la forge du maréchal au château............................ 90ᴴ 15ˢ

10 aoust - 21 septembre : à luy, pour les rétablissemens de couverture qu'il a fait dans les bâtimens des dehors du château de Versailles (2 p.).... 390ᴴ 2ˢ 3ᵈ

31 aoust - 7 décembre : à luy, parfait payement des réparations de couverture qu'il a fait aux pavillons et logemens des Suisses du grand et petit parc de Versailles (4 p.)............................ 1890ᴴ 15ˢ 4ᵈ

10-31 aoust : à Poiret, couvreur, pour réparations de couverture faites au château et haras de Saint-Léger (2 p.)........................ 235ᴴ 4ˢ

2 novembre : à Jean Verdier, couvreur, pour réparations à la couverture des écuries des Gardes du corps 98ᴴ

Somme de ce chapitre..... 2704ᴴ 16ˢ 7ᵈ

MENUISERIE.

6 avril : à Millot, menuisier, pour ouvrages de menuiserie qu'il a fait à la Surintendance des bâtimens à Versailles............................ 80ᴴ

27 janvier - 4 may : à Gaunay, menuisier, parfait payement de 2454ᴴ 15ˢ 6ᵈ à quoy montent les ouvrages de menuiserie qu'il a faits dans la Surintendance et dans les bâtimens des dehors du château depuis le mois d'aoust 1691 jusqu'au mois de février 1692 (5 p.)... 1504ᴴ 15ˢ 6ᵈ

18 may 1692 - 11 janvier 1693 : à luy, sur ses ouvrages de menuiserie dans les bâtimens des dehors de Versailles depuis le 1ᵉʳ mars 1692 (9 p.)... 2832ᴴ 8ˢ

20 avril : à luy, pour ouvrages de menuiserie qu'il a faits à la forge du Chenil.................. 16ᴴ

27 janvier 1692 - 11 janvier 1693 : à Nicolas Carel, menuisier, sur sa menuiserie qu'il a fait à la Surintendance des bâtimens (14 p.)............... 4650ᴴ

18 may : à luy, pour les caisses de bois de sapin qu'il a fait pour serrer les ornemens de broderie tant de l'église de Strasbourg que du meuble du Roy. 95ᴴ 12ˢ 8ᵈ

25 may : à René Pernier, menuisier, parfait payement de 347ᴴ 11ˢ à quoy montent les modèles de la fontaine du Mont de Parnasse et autres qu'il a faits dans le Potager de Versailles, et autres ouvrages par luy faits à Saint-Cir, suivant trois mémoires........ 137ᴴ 11ˢ

31 aoust : à Jean Tarnault, menuisier, pour ouvrages et réparations de menuiserie au château et haras de Saint-Léger................................ 42ᴴ

6 juillet : à Babin, menuisier, pour ouvrages de menuiserie aux faisanderies de Moulineau et de Rennemoulin.............................. 59ᴴ 15ˢ

Somme de ce chapitre...... 9418ᴴ 2ˢ 2ᵈ

SERRURERIE.

6 avril 1692 - 11 janvier 1693 : à Thomas Vallerand, serrurier, pour ouvrages de serrurerie et gros fer qu'il a fait et fourni pendant l'année 1692 (5 p.). 678ᴴ 18ˢ 8ᵈ

20 avril : à luy, pour ouvrages de serrurerie à la forge du maréchal au Cheny.................. 31ᴴ 12ˢ 6ᵈ

10 février 1692 - 11 janvier 1693 : à Louis Tavernier, serrurier, pour ouvrages de gros fer et pour les chevilles, pattes, crochets et clouds qu'il a livrez au magasin du poids du fer pendant l'année 1692 (7 p.). 1554ᴴ 11ˢ 7ᵈ

22 juin : à Charles Bufat, dit Le Manseau, serrurier, pour ouvrages de serrurerie qu'il a fait pour les réservoirs et fontaines des eaux bonnes à boire des dehors du château........................... 20ᴴ 8ˢ

30 novembre : à Pierre Roger, serrurier, pour ouvrages de serrurerie faits dans les bâtimens des dehors du château........................... 72ᴴ 6ˢ 6ᵈ

27 janvier : à Desjardins, serrurier, sur ses ouvrages de serrurerie dans la Surintendance des bâtimens de Versailles............................ 200ᴴ

10 février 1692 - 11 janvier 1693 : à luy, pour ouvrages de serrurerie faits dans les bâtimens des dehors du château de Versailles, du mois de décembre 1692 au même mois 1693 (9 p.)................. 2216ᴴ 8ˢ

10 février : à Durand, serrurier, pour les coignées et haches qu'il a livré pour couper la glace pour l'emplissage des glacières...................... 32ᴴ

Somme de ce chapitre...... 4806ᴴ 5ˢ 3ᵈ

OUVRAGES DE CUIVRE.

13 mars : à Gilles Le Moyne, fondeur, pour ouvrages de cuivre qu'il a fait tant pour les fontaines des dehors du château que pour Fontainebleau, depuis le 26 novembre 1691 jusqu'au présent mois de mars.... .... 97ᴴ 3ˢ 6ᵈ

4 may : à luy, pour les robinets de cuivre qu'il a livrez pour les conduites du jardin potager du Roy à Versailles, et pour les conduites des réservoirs. 111ᴴ 6ᵈ

7 septembre : à luy, pour robinets de cuivre qu'il a fourni pour le potager, et une soupape d'un pied de diamètre pour l'estang de la Tour.......... 120ᴴ 2ˢ

24 aoust - 21 septembre : à Duchemin, chaudronnier,

pour ouvrages de chaudronnerie et soudure qu'il a fait sur le comble de la grande aile et du côté des réservoirs (3 p.)............................ 307ᴴ 10ˢ

11 janvier 1693 : à Dominico Cucci, ébéniste, pour des moulures de bronze ciselées et dorées pour une cheminée de la Surintendance des bâtimens à Versailles.. .... 33ᴴ 5ˢ

Somme de ce chapitre....... 787ᴴ 12ˢ

TUIAUX DE FER.

1ᵉʳ juin-10 aoust : à Charles-François Pollard, pour le déposage des conduites de tuiaux de fer d'un pied de diamètre depuis le bassin de Latone jusqu'au bassin d'Apollon dans le jardin de Versailles et de la conduite de l'estang de Roquancourt (2 p.)........... 1079ᴴ

VITRERIE.

10 février 1692-11 janvier 1693 : à Gabriel Janson, vitrier, pour ouvrages et réparations de vitrerie faits dans les bâtimens des dehors du château de Versailles pendant la présente année 1692 (11 p.)...... 1696ᴴ 18ˢ 6ᵈ

7 septembre : à luy, pour les ouvrages de vitrerie qu'il a fait aux vingt-deux pavillons du tour du grand parc............................. 208ᴴ 15ˢ 4ᵈ

10 février 1692-11 janvier 1693 : à Bernard Lespinouze, vitrier, pour ouvrages et réparations de vitrerie qu'il a fait dans les bâtimens des dehors du château de Versailles pendant la présente année 1692 (10 p.).... .... 1229ᴴ 18ˢ 5ᵈ

10-31 aoust : à la veuve Janson, pour ouvrages et réparations de vitrerie qu'elle a fait aux logemens des Suisses du grand et petit parc de Versailles (2 p.) 120ᴴ

Somme de ce chapitre..... 3255ᴴ 12ˢ 3ᵈ

PLOMBERIE.

6 avril-2 novembre : à Jaques Lucas, plombier, pour ses ouvrages et réparations de plomberie dans les bâtimens des dehors du château de Versailles, depuis le 1ᵉʳ janvier jusqu'au mois de septembre dernier (3 p.).. .... 984ᴴ 18ˢ 3ᵈ

PEINTURE.

17 janvier-14 décembre : à Estienne Bourgault, pour ses ouvrages de grosse peinture à la Surintendance et aux bâtimens des dehors du château de Versailles, depuis le 1ᵉʳ janvier jusqu'au mois de novembre dernier (9 p.).............................. 1171ᴴ 12ˢ 2ᵈ

11 janvier : au sʳ Bailly, peintre, pour deux copies du dessein coloré du parquet en marqueterie de la petite gallerie du Roy à Versailles, qu'il a fait pour le service de S. M................................ 40ᴴ

Somme de ce chapitre..... 1211ᴴ 12ˢ 2ᵈ

SCULPTURE.

23 mars : à Lalande, sculpteur, pour cadres qu'il a fait pour des dessus de cheminées de la Surintendance des bâtimens....................... 93ᴴ 7ˢ 6ᵈ

23 mars-28 décembre : à Bertin, sculpteur, ayant l'entretenement des figures et autres ouvrages de sculpture en marbre du jardin de Versailles, pour ses gages du dernier quartier 1691 et trois premiers 1692 (4 p.) 1695ᴴ

4 may : à luy, sur les ouvrages de sculpture qu'il a fait à la Surintendance des bâtimens de Versailles. 150ᴴ

Somme de ce chapitre..... 1938ᴴ 7ˢ 6ᵈ

PAVÉ.

3 février 1692-11 janvier 1693 : à Louis Regnour, paveur, pour les ouvrages et réparations de pavé qu'il a fait dans les dehors du château de Versailles pendant la présente année 1692 (8 p.).......... 1896ᴴ 14ˢ 10ᵈ

6 juillet : à luy, pour réparations de pavé aux portes des pavillons du grand parc de Versailles et pour trois cassis[1] à ciment qu'il a fait pour passer les eaux sauvages sur les aqueducs de Fontenay qui conduisent les eaux bonnes à boire dans le réservoir de la Ménagerie..... .... 127ᴴ 17ˢ

31 aoust : à luy, pour 4 toises 1/2 5 pieds 1/2 de pavé à ciment qu'il a fait sur l'aqueduc du réservoir de la Ménagerie........................ 48ᴴ 6ˢ 9ᵈ

9 novembre : à luy, pour réparations de pavé dans plusieurs endroits du grand et petit parc....... 34ᴴ 4ˢ

Somme de ce chapitre....... 2107ᴴ 2ˢ 7ᵈ

DIVERSES DÉPENSES.

13 avril : à Roussel, jardinier, pour 37 arbres fruitiers qu'il a fournis pour le jardin de la Surintendance des bâtimens de Versailles............... 18ᴴ 10ˢ

20 avril : à Renault, vuidangeur, pour la fosse d'aysance qu'il a vuidée dans les écuries de la Reyne. 108ᴴ

20 avril : à Pierre La Croix, épinglier, pour ouvrages de treillage de fil de fer qu'il a fait pour lad. Surintendance........................... 7ᴴ 13ˢ

18 may-10 aoust : à Jean Padelain, ramoneur, pour les cheminées qu'il a ramonées dans les bâtimens des

---

[1] Le cassis est une rigole pratiquée en travers d'une route pour l'écoulement des eaux (Littré).

dehors du château de Versailles pendant les six premiers mois 1692 (2 p.)................ 142ᴴ 8ˢ

27 juillet-9 novembre : à FOURNIER, pour les planches qu'il a mis en couleur et frottez à la Surintendance des bâtimens de Versailles (2 p.)................ 61ᴴ

10 aoust : à LEGOIX, balancier, pour avoir ajusté le poids des balances du magasin des plombs à Versailles 21ᴴ

19 octobre-2 novembre : à MATHURIN, vuidangeur, pour les fosses d'aysances qu'il a vuidées, tant à la grande et petite escurie du Roy, au grand Commun à Versailles et au vieil hôtel DE LA FEUILLADE......... 442ᴴ 10ˢ

16 novembre : à CHARLES-FRANÇOIS POLARD, pour 48 contre-cœurs de cheminées de fonte de fer qu'il a livrez au magasin du poids du fer, pesant 6460 livres, à 15ᵈ la livre......................... 391ᴴ 5ˢ

3 février : à EGASSE, pour avoir emply de glace la glacière de Saint-Léger et fourni la paille nécessaire pour emplir lad. glacière et racomoder la couverture.. 160ᴴ

25 may : à PIERRE LE BRUN, pour six batteaux qu'il a fournis et livrez, sçavoir : quatre dans les estangs de Porchefontaine, un dans le réservoir de Chèvreloup et un dans l'estang de Saclay, à raison de 29ᴴ 10ˢ pour chacun, y compris la voiture depuis Sève jusques dans lesd. étangs......................... 177ᴴ

28 décembre : à DOLOT, pour avoir emply de glace la glacière de Saint-Léger et pour avoir recouvert lad. glacière.. 160ᴴ

A MUSARD, pour avoir fait oster l'eau et la glace sur le gros mur qui conduit l'eau de la machine sur la butte de Montboron........................... 23ᴴ

3 février 1692-4 janvier 1693 : aux sʳˢ BOURGAULT et MATIS, arpenteurs, pour leurs appointemens du mois de décembre 1691 et de l'année 1692, à raison de 150ᴴ par mois pour chacun (7 p.).............. 3900ᴴ

A eux, pour le loyer de leur logement des années 1691 et 1692, à 182ᴴ par an (2 p.)........ 364ᴴ

A eux, pour le papier à dessiner, toiles et autres frais extraordinaires pendant lesdites années 1691 et 1692 (2 p.).................................. 260ᴴ

A eux, pour les journées d'hommes qui leur ont aydé à faire les arpentages pendant le même temps (3 p.).. .... 1311ᴴ

17 février : au sʳ MUGUET, pour les imprimez qu'il a fait pour les bâtimens depuis le mois de décembre 1690 jusqu'au dernier janvier 1692..... 126ᴴ 2ˢ 6ᵈ

13 avril-17 aoust : au sʳ MESMYN, pour son remboursement des dépenses qu'il a faites pour les bureaux de la Surintendance (2 p.).................... 826ᴴ

26 juin : à CARLIER, remboursement de ce qu'il a payé pour les desseins qui ont esté copiés d'après les mignatures des Conquestes du Roy, et pour les planches, graveures et impressions des cartes pour les eaux de Versailles.................................. 164ᴴ 12ˢ

17 aoust : à luy, pour avoir travaillé 67 jours 1/2 à faire la copie de deux cartes de Mons et environs, sçavoir : une où les attaques sont marquées, et l'autre comme elle doit estre suivant les projets de M. DE VAUBAN, le tout pour le Roy............................ 168ᴴ 15ˢ

18 aoust : au sʳ MORLET, pour, avec 375ᴴ qu'il devoit pour le quartier de janvier, d'une maison appartenante à S. M., seize rue Sᵗ Thomas du Louvre, qu'il avoit louée pour six ans, faire la somme de 653ᴴ que S. M. luy a accordée tant pour l'indemniser des dépenses utiles qu'il avoit faites dans lad. maison qu'en considération de celles qu'il a fait, parce qu'il a esté obligé d'en sortir promptement à cause que S. M. y a logé M. le comte DE GRAMMONT............................. 278ᴴ

28 septembre : au sʳ DELAUNAY, tailleur d'habits, pour huit just à corps des livrées du Roy, qu'il a fait et fourni pour les huit gardes des rigolles et estangs des environs de Versailles........................ 522ᴴ 7ˢ 11ᵈ

28 décembre : à JAQUES LE ROUX, preneur de taupes, pour les taupes qu'il a prises dans les jardins dépendans du château de Versailles pendant 1692........ 200ᴴ

11 janvier 1693 : au sʳ CHUPIN, pour les dépenses qu'il a faites pour le service de S. M. dans le bureau des plants desd. bâtimens pendant l'année 1692. 159ᴴ 1ˢ 6ᵈ

27 janvier 1692 : à LE MAISTRE, vitrier, pour réparations de vitrerie par luy faites aux pavillons des gardes-rigolles de Saclay, du Trou Salé et de l'aqueduc de Buc.. 25ᴴ

23 mars : à POTONE, pour les journées qu'il a employées aux rigolles de la plaine de Saclay pendant la fonte des neiges............................ 90ᴴ

11 avril : à luy, pour un batardeau et le rétablissement de berge par luy fait à la rigolle de Favreuse. 11ᴴ

Somme de ce chapitre.... 10118ᴴ 4ˢ 11ᵈ

OUVRIERS À JOURNÉES.

27 janvier 1692-11 janvier 1693 : aux ouvriers du magasin des démolitions de Versailles, pour leurs journées depuis le 10 janvier 1692 jusqu'au 10 janvier 1693 (24 p.)...................... 2324ᴴ 18ˢ

A ceux du magasin des plombs, pour leurs journées pendant le même temps (24 p.)........ 813ᴴ 11ˢ 6ᵈ

A ceux du magasin du poids du fer, pour leurs journées pendant le même temps (24 p.)...... 502ᴴ 16ˢ

ANNÉE 1692. — DEHORS DE VERSAILLES.

6 avril : à ceux du bout de l'aqueduc de la butte Montboron qui ont rétabli le ciment du dalot[1]...... 18ʰ 7ˢ

4 may-19 octobre : aux ouvriers qui ont esté employez à la réparation du ciment du grand aqueduc du Parc-aux-Cerfs (3 p.)........................ 402ʰ 5ˢ

11 janvier 1693 : aux ouvriers qui ont remply de glace les glacières du Parc-aux-Cerfs, du 8 au 13 décembre dernier.................... 237ʰ 3ˢ 6ᵈ

3 février 1692-4 janvier 1693 : aux ouvriers qui ont travaillé à la journée, sous le sʳ Villiard, tant à l'entretien des eaux bonnes à boire qu'aux nivellemens pendant lad. année 1692 (12 p.)............... 544ʰ 11ˢ

6 avril : aux ouvriers qui ont travaillé à oster du bois dans l'aqueduc qui conduit l'eau de la machine sur la butte Montboron................... 20ʰ 9ˢ

6 juillet : à ceux qui ont coulé du ciment dans les joints des pierres sur le gros mur et scellé des pattes aux plombs et racomodé un éboulis dans l'aqueduc qui conduit l'eau de Trapes sur la butte Montboron... 18ʰ 13ˢ

Somme de ce chapitre....... 4882ʰ 14ˢ

ENTRETENEMENS DES ROUTTES DU PETIT PARC DE VERSAILLES ET AUTRES.

20 janvier : aux ouvriers qui ont entretenu les routtes du petit parc et les rigolles des environs de Versailles pendant 1691.......................... 123ʰ

16 may-9 novembre : à Dolot, ayant l'entretenement des routtes de la forest de Monfort, pour led. entretenement des quatre derniers mois 1691 et neuf premiers 1692 (4 p.)....................... 425ʰ

6 avril : à Rigollet, pour l'entretenement des routtes des environs de Versailles pendant les cinq derniers mois 1691............................... 375ʰ

6 avril-9 novembre : à Remi Janson, jardinier, pour l'entretenement des fossez du petit parc de Versailles et de ceux des faisanderies des Moulineaux et de Rennemoulin pendant les trois derniers mois 1691 et neuf premiers 1692 (3 p.)..................... 425ʰ

6 avril : à luy, pour l'entretien des fossez de la plaine de Chèvreloup pendant les trois derniers mois 1691.. .... 82ʰ 13ˢ

25 may-9 novembre : à Martin Moulin et Fleurant Félix, pour l'entretien des routtes des environs de Versailles pendant le dernier quartier 1691 et l'année 1692 (3 p.)................................ 300ʰ

9 novembre : à eux, pour 697 toises de routtes faites dans les bois proche de Vil d'Avray......... 174ʰ 5ˢ

[1] Conduite servant à l'écoulement des eaux (Littré).

27 may-9 novembre : à Simon, pour l'entretien des routtes et des fossez de la forest de Senart, pendant le dernier quartier 1691, les deuxième et troisième quartiers 1692 (3 p.)...................... 450ʰ

Somme de ce chapitre....... 2354ʰ 18ˢ

JARDIN POTAGER À VERSAILLES.

3 février 1692-4 janvier 1693 : à François Le Normand, jardinier ayant l'entretien du jardin potager de Versailles, pour led. entretien pendant la présente année (12 p.)........................... 15000ʰ

ENTRETENEMENT DES JARDINS DE VERSAILLES ET DE TRIANON.

2 mars 1692-1ᵉʳ mars 1693 : à Henry Dupuis, jardinier ayant l'entretenement des allées du jardin, orangerie et pourtour du canal de Versailles, pour sond. entretenement pendant les deux derniers quartiers 1691 et trois premiers 1692, y compris l'augmentation de 2000ʰ à luy faite par S. M. (5 p.)............... 25500ʰ

2 mars 1692 : à la veuve et héritiers d'Ollivier Fleurant, ayant celuy du jardin de Trianon, 1879ʰ, pour, avec 371ʰ faisant le quart de 1484ʰ qui luy sont diminuez pour la dépense qui a esté faite en 1691 à fournir, voiturer et oster dud. jardin le grand fumier nécessaire à couvrir 106 toises de baraques qui ont servi à la couverture des orangers plantez en palissades dans led. jardin, faire ses gages des six derniers mois 1691 (2 p.)................................ 3758ʰ

27 juillet 1692-1ᵉʳ mars 1693 : à Pierre Collinot, en la place dud. Ollivier Fleurant, pour led. entretenement pendant l'année entière 1692 (4 p.)... 7516ʰ

2 mars 1692-1ᵉʳ mars 1693 : à Drouard, rocailleur, ayant celuy des rocailles dud. jardin de Versailles, pour ses gages des deux derniers quartiers 1691 et trois premiers 1693 (5 p.)....................... 3250ʰ

A Remy Janson, jardinier, ayant celuy du Mail et des allées du pourtour de la Pièce des Suisses, pour ses gages des deux derniers quartiers 1691 et trois premiers 1692 (5 p.)......................... 1125ʰ

A Pierre Lisqui, marbrier, ayant celuy de tous les ouvrages de marbre dud. jardin, pour ses gages pendant le même temps (5 p.)...................... 2500ʰ

20 avril : à Nicolas Gombault, jardinier, pour l'entretien du jardin de la Chancellerie à Versailles pendant une année finie le 2 mars dernier............. 60ʰ

7 décembre : à Charles Janson, jardinier, pour l'entretien du jardin du Cheny pendant une année, y compris 10ʰ pour l'ozier et foin qu'il a fourni pour lier les arbres, et 10ʰ pour avoir labouré et regarni les arbres

qui sont plantez dans les cours du Chenil pendant lad. année............................... 70ᴴ

Somme de ce chapitre........ 43779ᴴ

ENTRETENEMENS DES CONDUITES ET FONTAINES DE VERSAILLES ET DE TRIANON.

24 février : à Claude Denis, fontainier, ayant l'entretenement des fontaines, pour ses gages du troisième quartier 1691.............................. 1140ᴴ
A Gournay, compagnon fontainier, pour ses gages, idem................................. 250ᴴ
A Thomas La Cire, autre, idem........... 250ᴴ
A Vitry, autre, idem.................... 250ᴴ
A Lambert, autre, idem.................. 250ᴴ
A Musart, autre, employé à la butte Monboron, idem 250ᴴ
A Mariette, autre, employé au réservoir du Parc-aux-Cerfs, idem............................. 250ᴴ
A Claude Denis fils, garçon fontainier, idem... 135ᴴ
A Baclet, autre garçon, idem............. 135ᴴ
A Godet, autre, idem.................... 135ᴴ
A Laurens, autre, idem.................. 135ᴴ
A Thomas, autre, idem................... 135ᴴ
A Pivet, autre, idem.................... 135ᴴ
A Gabriel, autre, idem.................. 135ᴴ
A Tessier, autre, idem.................. 135ᴴ
A André, autre, idem.................... 135ᴴ
A Remy Denis fils, ayant l'entretenement des fontaines de Trianon, de la fontaine de la décharge du Canal et des réservoirs au-dessus de Trianon, pour ses gages, idem.. .... 450ᴴ
A luy, pour les gages de ses deux garçons, idem 150ᴴ
A Le Moyne, fondeur, ayant l'entretenement de tous les ouvrages de cuivre desd. fontaines, pour ses gages, idem................................... 375ᴴ
4 may : aux fontainiers cy-dessus nommez, pour lesd. entretenemens des trois derniers mois 1691, y compris 230ᴴ pour six mois de la gratification de 460ᴴ accordée par S. M. à Claude Denis fils, et 50ᴴ accordez à chacun des deux garçons de Remy Denis fils, fontainier de Trianon, pour suplément de leurs gages pendant les six derniers mois 1691, à raison de 400ᴴ par an pour chacun..................... 5160ᴴ
27 juillet : auxd. fontainiers, pour les trois premiers mois 1692, non compris la susd. gratification de Claude Denis fils........................... 4880ᴴ
9 novembre : à eux, pour leurs gages du deuxième quartier 1692.......................... 4880ᴴ

1ᵉʳ mars 1693 : à eux, pour leurs gages du troisième quartier 1692, excepté Gabriel qui est décédé. 4745ᴴ
9 novembre : aud. Claude Denis fils, pour six mois, écheus le dernier juin, de la gratification de 460ᴴ à luy accordée par S. M...................... 230ᴴ
20 avril-28 décembre : à Charles-François Pollard, ayant l'entretenement de toutes les conduites de tuiaux de fonte de fer du château de Versailles, Trianon et la Ménagerie et celles de la Machine de la rivière de Seine, pour ses gages du dernier quartier 1691 et trois premiers 1692 (4 p.)............... 10000ᴴ

Somme de ce chapitre........ 34725ᴴ

GAGES DES OFFICIERS ET MATELOTS SERVANS SUR LE CANAL DE VERSAILLES.

17 février 1692-4 janvier 1693 : aux mariniers de rame qui ont servi sur la gallère dud. canal pendant lad. année 1692 (12 p.).................. 1530ᴴ
2 mars : au sʳ Martin, capitaine des vaisseaux dud. canal, pour ses appointemens du troisième quartier 1692, à 2400ᴴ par an................. 600ᴴ
A Cristophle Le Roux, maître des matelots, idem 275ᴴ
A Mathieu Suart, comite de la galère, idem.. 300ᴴ
A Jean Bourdon, sous-comite de la galère, idem 210ᴴ
A Jaques Le Comte, charpentier, idem....... 210ᴴ
A Nicolas Menessier, autre, idem.......... 210ᴴ
A Jean Caudon, autre, idem............... 210ᴴ
A Joseph Chesne, autre, idem............. 210ᴴ
A Jaques Fosse, calfateur, autre, idem... ... 210ᴴ
A Jaques Douville, autre, idem........... 210ᴴ
A Jean Merseron, garde-magasin, idem..... 210ᴴ
A Jean Quennel, matelot, idem............ 135ᴴ
A Noël Coste, autre, idem................ 135ᴴ
A André Morel, autre, idem............... 135ᴴ
A Nicolas Granval, autre, idem........... 135ᴴ
A Louis Mouton, autre, idem.............. 135ᴴ
A Joseph Trevan, autre, idem............. 135ᴴ
A Jean Masurier, autre, idem............. 135ᴴ
A Barthelemy Choisy, autre, idem......... 135ᴴ
A Michel Avienne, autre, idem............ 135ᴴ
A François Vidotti, autre, idem.......... 135ᴴ
A Georges Renault, autre, idem........... 135ᴴ
A Nicolas Savary, autre, idem............ 67ᴴ 10ˢ
A Honorat Vidotti, autre, idem........... 67ᴴ 10ˢ
A Jean-Baptiste Juste, autre, idem....... 67ᴴ 10ˢ
A Jean Cadène, autre, idem............... 67ᴴ 10ˢ
A Jean Vidotti, autre, idem.............. 67ᴴ 10ˢ

4 may : aux officiers et matelots cy-dessus nommez, pour leurs appointements du dernier quartier 1691...................... 4677ᵗᵗ 10ˢ

3 aoust : auxd. officiers et matelots, pour leurs appointements du premier quartier 1692.... 4677ᵗᵗ 10ˢ

16 novembre : à eux, pour leurs appointements du deuxième quartier 1692.................. 4610ᵗᵗ

1ᵉʳ mars 1693 : à eux, pour leurs appointements du troisième quartier........................ 4610ᵗᵗ

9 mars : à JEAN MASSAGATI, gondollier vénitien, pour ses gages du troisième quartier 1691.......... 300ᵗᵗ

A PALMARIN PALMARIN, autre gondollier, *idem*.. 300ᵗᵗ

A PIERRE MASSAGATI, autre, *idem*........... 360ᵗᵗ

A BARTHELEMY PANCALONIO, autre, *idem*...... 225ᵗᵗ

A VINCENT DORIA, autre, *idem*.............. 225ᵗᵗ

A BENOIST BORELLI, autre, *idem*............ 225ᵗᵗ

A PIERRE SEODEA, autre, *idem*.............. 225ᵗᵗ

4 may : aux gondolliers cy-dessus, pour leurs appointements du dernier quartier 1691............ 1860ᵗᵗ

3 aoust : à eux, pour leurs appointements du premier quartier 1692........................ 1860ᵗᵗ

16 novembre : à eux, pour leurs appointements du deuxième quartier 1692.................. 2085ᵗᵗ

1ᵉʳ mars 1693 : à eux, pour leurs appointements du troisième quartier 1692.................. 2085ᵗᵗ

9 mars : à JEAN MASSAGATI et PALMARIN, pour faire remettre à Venise, à la veuve de JAQUES LORICH, ancien gondollier, décédé le 29 février dernier, pour huit mois de ses gages............................ 800ᵗᵗ

16 mars-14 septembre : à LA VIOLETTE, garde-magasin du Canal, par gratification en considération du soin qu'il a eu desd. magasins pendant les six derniers mois 1691 et six premiers 1692 (2 p.)........... 300ᵗᵗ

7 septembre : à CADÈNE, matelot congédié, pour deux quartiers de ses gages................... 135ᵗᵗ

23 novembre : à HONNORAT VIDOITY, matelot, pour ses appointements du quartier de juillet....... 135ᵗᵗ

Somme de ce chapitre...... 35902ᵗᵗ 10ˢ

CHÂTEAU DE COMPIÈGNE.

10 février : au sʳ ESMERY, concierge dud. château, pour son remboursement des sommes qu'il a payées à divers particuliers, tant pour l'emplissage de la glacière que pour l'entretien des jardins et terrasses dud. château pendant l'année 1691.................... 353ᵗᵗ

9 mars-18 may : à JAQUES CAMAY, maçon, pour ses ouvrages et réparations de maçonnerie aud. château (2 p.)............................ 239ᵗᵗ 19ˢ 2ᵈ

27 juillet : aud. CAMAY et à CHAMBOIS, pour l'entretien des couvertures dud. château pendant les six premiers mois 1692............................ 200ᵗᵗ

9 mars-27 juillet : à LAURENT DANVIN, charpentier, pour ouvrages et réparations de charpenterie qu'il a fait aux ponts de la forest de Compiègne (2 p.)... 47ᵗᵗ 10ˢ

9 mars-18 may : à JEAN-FRANÇOIS DE LA PORTE, menuisier, pour ouvrages et réparations de menuiserie aud. château (2 p.).......................... 384ᵗᵗ 9ˢ

9 mars-18 may : à JAQUES LECLERC, serrurier, pour ouvrages et réparations de serrurerie aud. château (2 p.).............................. 97ᵗᵗ 3ˢ

9 mars : à CHERET, vitrier, pour réparations de vitres aud. château.......................... 79ᵗᵗ 4ˢ

23 mars-27 juillet : à luy, pour l'entretien des vitres dud. château pendant les six derniers mois 1691 et six premiers 1692 (2 p.)...................... 100ᵗᵗ

18 may-31 aoust : à luy, pour avoir repeint l'écriture sur 62 bras des poteaux de la forest de Compiègne qui enseignent les chemins de lad. forest et autres ouvrages de peinture (2 p.).................... 45ᵗᵗ

9 mars : à MIGASSE, pour le gazon qu'il a fait mettre sur les ponts de lad. forest.................. 64ᵗᵗ

9 mars-10 aoust : à luy, pour l'entretien des routtes et des fossez de lad. forest pendant les six derniers mois 1691 et six premiers 1692 (3 p.)............. 700ᵗᵗ

9 mars : à DUFEU et PICARD, pour huit sommes et demie de bois qu'ils ont livré pour faire des sommiers et des sablières auxd. ponts.................. 68ᵗᵗ

9 mars : aux ouvriers qui ont travaillé dans les dépendances du château du 16 febvrier au 8 mars.. 199ᵗᵗ 6ˢ

16 mars : à JEAN CROISET, charpentier, pour l'entretien des routtes de lad. forest................ 50ᵗᵗ

16 mars : à TAILLY, par gratification, en considération des soins qu'il prend pour faire entretenir les routtes et fossez de lad. forest.................... 150ᵗᵗ

9 novembre : à luy, pour la dépense faite pour rétablir les susd. routtes et les mettre en état depuis la mort de MIGASSE qui en avoit l'entretien, pour le troisième quartier 1692........................ 175ᵗᵗ

Somme de ce chapitre...... 2753ᵗᵗ 5ˢ 2ᵈ

ENTRETENEMENS DES COUVERTURES DES MAISONS ROYALLES.

10 février 1692-11 janvier 1693 : à ESTIENNE YVON, couvreur, ayant l'entretenement des couvertures du nouveau couvent des Capucines, pour ses gages des deux derniers quartiers 1691 et trois premiers quartiers 1692 (5 p.)............................ 625ᵗᵗ

6 avril-28 décembre : à luy, ayant celuy des couver-

vertures du château de Madrid, la Muette et portes de Boulogne, l'Orangerie du Roulle, Savonnerie, la maison des cignes, Louvre, Thuilleries, Samaritaine, Jardin royal des Plantes, Observatoire et maisons appartenantes au Roy à Paris, pour ses gages du dernier quartier 1691 et trois premiers quartiers 1692 (4 p.)....... 3135^{tt}

4 may-28 décembre : à luy, pour l'entretenement des maisons royalles de Versailles pendant le dernier quartier 1691 et trois premiers 1692 (4 p.)...... 6375^{tt}

10 février 1692-11 janvier 1693 : à Noël Martin, couvreur, pour l'entretenement des couvertures de la maison des Gobelins pendant les deux derniers quartiers 1691 et trois premiers 1692 (5 p.)....... 312^{tt} 10^s

20 avril 1692-11 janvier 1693 : à luy, pour l'entretenement des couvertures du château de Vincennes et ses dépendances pendant le dernier quartier 1691 et les trois premiers 1692 (5 p.)................ 900^{tt}

23 mars : à Camay et la veuve Chambois, pour l'entretenement du château de Compiègne pendant les six derniers mois 1691..................... 200^{tt}

24 aoust : à Claude Duval et Simon Béga, pour l'entretenement du château de Monceaux depuis le 11 novembre 1691 jusqu'au 1er juillet 1692 (2 p.)... 223^{tt}

Somme de ce chapitre...... 11770^{tt} 10^s

ÉGLISE DES INVALIDES.

MAÇONNERIE.

23 mars-28 décembre : à Pierre Le Maistre, entrepreneur, à compte des ouvrages de maçonnerie qu'il a fait à la grande église des Invalides (12 p.)..... .... 41653^{tt} 18^s 10^d

CHARPENTERIE.

24 aoust-30 novembre : à Jean Mallet, charpentier, à compte des ouvrages de charpenterie qu'il a fait aux petits escaliers au dedans du dôme de lad. église des Invalides (2 p.).................... 551^{tt} 1^s 6^d

MENUISERIE.

1er juin : à Jaques Chevalier, menuisier, pour trente-six traquets[1] qu'il a fait pour servir à échafauder le doreur sur le dôme de lad. église............ 126^{tt}

18 mars : à du Verger, menuisier, pour trois modelles de menuiserie des deux grandes voûtes du dôme, une tribune et une des chapelles de lad. église... 300^{tt}

20 avril : à luy, pour les modelles et calibres des balustres, chandellier, croix et chassis du grand autel et un profil et serce de la campane[a] du dessus du dôme de lad. église............................. 35^{tt}

7 septembre : à luy, pour un modèle de bois en grand des ornemens des costés du dedans de la grande voûte dud. dôme........................... 60^{tt}

Somme de ce chapitre.......... 521^{tt}

SERRURERIE.

10 février : à Pierre Roger, serrurier, pour ouvrages de serrurerie et fers qu'il a fournis au bâtiment et modèles du grand autel de l'église des Invalides pendant les quatre derniers mois 1691............... 222^{tt} 16^s

17 février-14 décembre : à luy et Thomas Vallerand, sur les vitraux de fer qu'ils font pour lad. église (4 p.). .... 4800^{tt}

27 juillet-30 novembre : audit Thomas Vallerand, parfait payement de la balustrade de fer qu'il a fait pour la lanterne du dôme des Invalides (4 p.)..... 1407^{tt}

Somme de ce chapitre....... 6429^{tt} 16^s

PLOMBERIE.

29 juin : à Jaques Lucas, plombier, parfait payement de 13618^{tt} 8^s à quoy montent les façons des plombs qu'il a mis en œuvre sur le dôme, lanterne et sanctuaire de l'église des Invalides............. 618^{tt} 8^s

10 aoust-2 novembre : à luy, pour la façon de 6000 livres de plomb et fourniture de 1593 livres de soudure qu'il a livré aux sieurs Varin, Langlois et Monier, sculpteurs, qui les ont mis en œuvre sur le dome de lad. église (2 p.)................... 946^{tt} 10^s

Somme de ce chapitre........ 1564^{tt} 18^s

VITRERIE.

27 janvier-6 avril : à Jean Gombault, vitrier, sur ses ouvrages de vitrerie pour lad. église (3 p.).... 1300^{tt}

DORURE.

24 aoust 1692-11 janvier 1693 : à Guillaume des Oziers, doreur, parfait payement de 39609^{tt} 10^s 6^d à quoy montent ses ouvrages de dorure sur le dôme, lanterne, pyramide et ornemens de lad. église, et les fournitures d'or battu en feuille qu'il a fait pour le service

---

[1] *Taquet*, poulie à taquet, poulie dont la caisse est garnie d'un renfort, dit *taquet*, qui empêche la partie de se courber (Littré).

[a] Cercle du campanile ou plutôt du lanternon.

de S. M. pendant les années 1691 et 1692 (4 p.)
.... 9409ᵗᵗ 10ˢ 6ᵈ

SCULPTURE.

27 janvier : à Pierre Mazelines, sculpteur, parfait payement de 1600ᵗᵗ pour les ouvrages de sculpture en pierre faits à deux dessus de vitraux aux deux côtez du sanctuaire de lad. église................... 950ᵗᵗ

18 may-16 novembre : à luy, sur ses ouvrages de sculpture à deux dessus des grands vitraux de la croisée de lad. église (6 p.)..................... 1250ᵗᵗ

1ᵉʳ juin : à luy, pour les modelles qu'il a fait pour la calotte du dôme, aux panaches d'embas et aux voûtes des chapelles de lad. église................ 200ᵗᵗ

24 aoust : à luy, pour dix-sept journées un tiers de luy et dix-neuf journées d'un compagnon, qui ont esté employées au modèle de la balustrade sur une des tribunes de lad. église.................... 224ᵗᵗ

20 avril-19 octobre : à Granier, sculpteur, à compte de la sculpture en pierre à un dessus de passage des chapelles sous les tribunes de lad. église (4 p.).. 500ᵗᵗ

10 février : à Noël Jouvenet, sculpteur, à compte de la sculpture qu'il fait, en pierre dure, à huit chapiteaux, colonnes et pilastres des chapelles de lad. église, comptées pour six............................. 200ᵗᵗ

6 avril : à luy, pour le soin qu'il a pris pour la conduite des ouvriers qui ont fait les corniches de lad. église............................... 150ᵗᵗ

10 aoust : à luy, pour les modelles de terre et moules de plâtre qu'il a faits et réparez pour servir aux sculpteurs en bois qui sont chargez de faire l'architrave, frizes et corniche du salon ovale du nouvel appartement du Roy à Versailles........................ 110ᵗᵗ

24 aoust : à luy, sur les modelles qu'il a fait des ornemens des corniches du dedans de l'église et des chapelles, et du soin qu'il a pris pour la conduite des ouvriers................................. 200ᵗᵗ

7 septembre : à luy et Jaquin, sur la sculpture à quatre calottes des passages des chapelles....... 400ᵗᵗ

19 octobre 1692-11 janvier 1693 : à luy, son frère et Jaquin, sur leurs ouvrages de sculpture à quatre calottes des passages des chapelles de ladite église (3 p.)................................. 1000ᵗᵗ

23 mars-10 aoust : à Bourderelle, sculpteur, à compte de la sculpture qu'il fait en pierre au-dessus des niches des chapelles de lad. église (2 p.)....... 150ᵗᵗ

10 février : à de Dieu, sculpteur, à compte de la sculpture qu'il a fait, en pierre dure, à huit chapiteaux, colonnes et pilastres des chapelles de lad. église, comptés pour six................................. 110ᵗᵗ

11 janvier 1693 : à luy, Jouvenet l'aisné, Varin, Langlois, Maubouge, Masson, Lange et Rousseau, sculpteurs, à compte de la sculpture qu'ils font en pierre aux roses et ornemens des cadres des panneaux de la grande voûte de lad. église................. 400ᵗᵗ

20 avril-7 septembre : auxd. Varin, Langlois et Monier, sculpteurs et fondeurs, parfait payement de 13702ᵗᵗ à quoy montent les ouvrages de sculpture en plomb qu'ils ont fondus et posez entre les costes du dôme des Invalides, y compris 1000ᵗᵗ par gratification en considération de la difficulté de l'ouvrage (4 p.)...
.... 1902ᵗᵗ

4-18 may : à eux, parfait payement de 3823ᵗᵗ à quoy montent les ouvrages de sculpture en plomb qu'ils ont fait et posez à la lanterne dudit dôme (2 p.). 823ᵗᵗ

1ᵉʳ juin : à eux, parfait payement de 308ᵗᵗ pour douze chapiteaux qu'ils ont fait en plomb pour les colonnes de lad. lanterne........................ 108ᵗᵗ

10 février-23 mars : à Drouilly, sculpteur, à compte de la sculpture qu'il fait, en pierre dure, à huit chapiteaux, colonnes et pilastres des chapelles de lad. église, comptez pour six (2 p.)................... 250ᵗᵗ

24 aoust : à Herpin, sculpteur, parfait payement de 168ᵗᵗ pour la sculpture en pierre qu'il a fait à 96 rozes, feuilles d'eau de la corniche au-dessus des vitraux, en dedans du dôme de lad. église............... 68ᵗᵗ

20 avril-30 novembre : aux sʳˢ Herpin, Masson, Bellan, Dupré, Robert, François le jeune, Lange et Le Maire, sculpteurs, à compte de la sculpture qu'ils font en pierre à 109 toises courantes de corniches, 263 rozes et 287 modillons au pourtour de lad. église (3 p.). 700ᵗᵗ

10 février-16 novembre : à Hurtrelle, sculpteur, à compte de la sculpture qu'il fait en pierre à un bas-relief de l'histoire de saint Louis au-dessus des passages des chapelles de lad. église (5 p.)............ 800ᵗᵗ

18 may-19 octobre : à Coustou, sculpteur, à compte de la sculpture qu'il fait en pierre à trois dessus de croisées d'une des chapelles de lad. église (5 p.). 800ᵗᵗ

1ᵉʳ juin : à luy, pour les modelles d'ornemens de sculpture et d'architecture qu'il a fait pour le dedans de la grande voûte du dôme et des chapelles de lad. église
.... 20ᵗᵗ

10 février-20 avril : à Flaman, sculpteur, à compte de la sculpture qu'il fait en pierre à trois dessus de croisées des chapelles de lad. église (2 p.)........ 300ᵗᵗ

24 février : à luy, pour le modèle de plâtre qu'il a fait

en grand de la figure de saint *Charlemagne* dans une des niches du grand portail de lad. église......... 150"

7 septembre-19 octobre : à Le Comte, sculpteur, à compte de la sculpture qu'il fait en pierre aux panneaux des chapelles de lad. église (2 p.)............ 350"

30 novembre 1692-11 janvier 1693 : à luy, Barrois, Granier et Mazières l'aisné, sur leurs ouvrages de sculpture aux panneaux d'une des chapelles de lad. église (2 p.)............................. 1000"

10 février : à André et Carlier, sculpteurs, à compte de la sculpture qu'ils font en pierre à huit dessous de plafonds des clefs pendantes, en forme de cul de lampe, aux passages des chapelles de lad. église....... 200"

7 septembre 1692-11 janvier 1693 : aud. Carlier, à compte de la sculpture qu'il fait en pierre à deux calottes des passages des chapelles de lad. église (4 p.) .... 900"

29 juin : à Jaquin et Guillaudzeau, sculpteurs, parfait payement de 324" pour la sculpture qu'ils ont fait, en pierre, à cinquante-quatre chiffres dans la frize au pourtour du dedans de lad. église, à raison de 6" pour chacun .... 144"

10 février-15 juin : à Proust, sculpteur, à compte de la sculpture qu'il fait en pierre à deux dessus de niches des chapelles de lad. église (3 p.) .... 350"

7 septembre 1692-11 janvier 1693 : à Guyot, sculpteur, à compte de la sculpture qu'il fait en pierre à une des calottes des passages des chapelles de lad. église (4 p.)................................ 400"

19 octobre : à luy et Mazières frères, sur leurs ouvrages de sculpture à quarante-huit consoles de la grande église au-dessus des Évangélistes, dans le dôme.. 100"

10 février-16 novembre : à Poultier, sculpteur, à compte de la sculpture qu'il fait en pierre à deux dessus de portes et deux dessus de croisées des chapelles de lad. église (6 p.)......................... 1050"

10 aoust : à luy, pour les modelles et desseins qu'il a fait pour les bas-reliefs des dessus de portes des chapelles de lad. église.................... 140"

10 février-10 aoust : à Martin, sculpteur, à compte de la sculpture qu'il fait en pierre à deux dessus de croisées des chapelles de lad. église (5 p.) .... 700"

7 septembre-19 octobre : à Barrois, sculpteur, à compte de la sculpture qu'il fait en pierre aux panneaux des chapelles de lad. église (2 p.).............. 500"

10 février-14 décembre : à Raon, sculpteur, à compte de la sculpture en pierre à trois dessus de portes et deux dessus de croisées des chapelles de lad. église (7 p.).. .... 1200"

23 mars : à luy, pour des modelles, moulles et desseins qu'il a fait pour les bas-reliefs des dessus de portes en dedans des chapelles................... 140"

24 février-10 aoust : à Slodtz, à compte des ouvrages de sculpture qu'il fait en pierre à un bas-relief de l'histoire de saint Louis à lad. église (3 p.)....... 350"

23 mars 1692-11 janvier 1693 : à Boutet, sculpteur, à compte des ouvrages de sculpture, en pierre dure, à huit chapiteaux, colonnes et pilastres, comptés pour six, dans l'une des chapelles de lad. église (4 p.)........ 530"

7 septembre : à luy, sur ses ouvrages de sculpture à une des calottes des passages des chapelles de lad. église............................... 150"

24 février : à Corneille Vanclève, sculpteur, parfait payement de 800" pour la sculpture en pierre dure aux deux figures d'anges, consoles, festons et attributs au-dessus de la grande porte d'entrée de lad. église. 100"

13 juillet 1692-11 janvier 1693 : à luy, à compte de la sculpture qu'il fait en pierre à deux bas-reliefs de l'histoire de saint Louis sur les portes des chapelles de lad. église (7 p.)....................... 1400"

19 octobre-16 novembre : à Poirier, Coustou, Hardy et Poultier, sculpteurs, à compte des ouvrages de sculpture qu'ils font à lad. église et aux panneaux d'une des voûtes des chapelles (2 p.)................. 1200"

23 mars-13 juillet : à Regnard, sculpteur, à compte de la sculpture qu'il fait en pierre à deux dessus de niches des chapelles (2 p.)...................... 250"

14 décembre 1692-11 janvier 1693 : à luy, à compte de la sculpture qu'il fait en pierre à quatre dessus de niches desd. chapelles (2 p.)................. 350"

15 juin-10 aoust : à luy et Bourdereule, à compte de leurs ouvrages à un dessus de niche dans l'une desd. chapelles (2 p.)........................ 300"

30 novembre : à François Girardon, sculpteur, pour son remboursement de la dépense par luy faite à faire mouler des figures d'enfans de plâtre servans de modelles aux sculpteurs qui travaillent aux niches des chapelles de lad. église et à deux figures de marbre envoyées à Marly............................... 122" 9'

23 mars-10 aoust : aux s" Robert, Taupin, Boutet, Guiot, Masson, Adam, Maubouge, François le jeune et les deux Legrand, sculpteurs, à compte de la sculpture qu'ils font en pierre aux dix arcs doubleaux de lad. église des Invalides (2 p.)................ 800"

15 juin-14 décembre : à s' Vision, sculpteur, sur la sculpture qu'il fait en pierre à deux dessus de portes dans l'une des chapelles de lad. église (5 p.)... 500"

29 juin : à luy, sur les modelles, moules et desseins

qu'il a fait pour les bas-reliefs des dessus des portes d'une des chapelles de lad. église................ 140ᵗᵗ

23 mars - 16 novembre : à MAGNIÈRE, sculpteur, à compte de la sculpture qu'il fait en pierre à deux bas-reliefs de l'histoire de saint Louis, sur l'une des portes de lad. église (4 p.)...................... 700ᵗᵗ

7 septembre - 16 novembre : à JOUVENET, VARIN, LANGLOIS, MOSNIER, MASSON, LANGE et SLODIZ, sculpteurs, à compte de la sculpture en pierre aux ornemens du gros cordon et corniche du dôme de lad. église (3 p.)............................. 1800ᵗᵗ

23 mars 1692 - 11 janvier 1693 : à LEGROS et L'ESPINGOLA, à compte de la sculpture en pierre à trois dessus de passages des chapelles sous les tribunes dans lad. église (8 p.)........................ 1300ᵗᵗ

11 janvier 1693 : à LEGROS, VANCLÈVE et REGNARD, sculpteurs, à compte de la sculpture qu'ils font en pierre aux panneaux d'une des chapelles de lad. église. 400ᵗᵗ

4 may 1692 - 11 janvier 1693 : aud. LESPINGOLA, pour quarante-trois journées et demie qu'il a employées à dessiner plusieurs ornemens et figures dans la grande voûte du dôme de lad. église (4 p.).......... 267ᵗᵗ

10 aoust 1692 - 11 janvier 1693 : à luy, sur la sculture en pierre à un bas-relief de l'histoire de saint Louis au-dessus d'un des passages des chapelles de lad. église (2 p.)............................. 250ᵗᵗ

30 novembre : à luy, pour plusieurs desseins, qu'il a fait en grand, des ornemens et figures de la calotte du grand dôme et des chapelles de lad. église...... 150ᵗᵗ

Somme de ce chapitre....... 29998ᵗᵗ 9ˢ

PEINTURE.

27 janvier - 28 décembre : aux sʳˢ FRANCART, LE CLERC et MICHET, peintres sur verre, à compte des ornemens des bordures des vitraux de l'église des Invalides qu'ils peignent sur verre (5 p.)................ 1200ᵗᵗ

23 mars - 30 novembre : au sʳ LE MOINE le Lorrain, peintre, à compte des desseins des ornements et bordures du pourtour des vitraux de lad. église (2 p.)...
.... 300ᵗᵗ

Somme de ce chapitre.......... 1500ᵗᵗ

MARBRERIE.

23 mars : à JAQUES ERGOT, marbrier, à compte du pavé de compartiment de marquetterie qu'il fait en marbre à l'une des premières chapelles en entrant dans lad. église............................. 200ᵗᵗ

20 avril : à HUBERT MISSON et FRANÇOIS DESCHAMPS, marbriers, à compte du pavé à compartiment et de marquetterie qu'ils font en marbre pour lad. église. 1000ᵗᵗ

24 aoust - 16 novembre : à JEAN CUVILLIER, marbrier, à compte des ouvrages de pavé à compartiment et de marquetterie qu'il a fait en marbre pour l'une des chapelles, proche le sanctuaire de lad. église (2 p.). 300ᵗᵗ

Somme de ce chapitre.......... 1500ᵗᵗ

DIVERSES DÉPENSES.

13 juillet : à LA PELLEME, tailleur de pierre, pour cinq journées qu'il a employées à tracer des panneaux dans la grande voûte du dôme de lad. église... 7ᵗᵗ 10ˢ

11 janvier 1693 : au sʳ OUDIN, par gratification, en considération de ce qu'il a monté plusieurs fois sur le dôme de lad. église pour ayder à toiser les ornemens de plomb et la dorure dud. dôme............... 300ᵗᵗ

Somme de ce chapitre....... 307ᵗᵗ 10ˢ

STATUE ÉQUESTRE DE LA PLACE ROYALE.

MAÇONNERIE.

4 may - 18 décembre : à MAURICE GABRIEL, entrepreneur, à compte des ouvrages de maçonnerie qu'il a fait à la fonderie de la statue équestre du Roy de l'hôtel de Vandôme (13 p.)....................... 4861ᵗᵗ 8ˢ

21 septembre : à ROBERT AUMONT, maçon, pour les ouvrages de maçonnerie qu'il a fait à un puisard, en manière de cave voûtée, dans le jardin du nouveau couvent des Capucines de l'hôtel de Vandôme, pour l'écoulement des eaux de leur cuisine et lavoir.......... 260ᵗᵗ 6ˢ

Somme de ce chapitre...... 5121ᵗᵗ 14ˢ

PAVÉ.

29 juin : à LOUIS RENOUF, paveur, parfait payement de 6004ᵗᵗ à quoy montent les ouvrages de pavé qu'il a fait au nouveau couvent des Capucines de la place de Vandôme en 1688 et 1689............. 359ᵗᵗ 8ˢ 4ᵈ

5 octobre : à luy, sur lesd. ouvrages de pavé qu'il a fourni pour la fonderie de la statue équestre du Roy de l'hôtel de Vandôme pendant la présente année........
.... 115ᵗᵗ 7ˢ 2ᵈ

Somme de ce chapitre...... 474ᵗᵗ 15ˢ 6ᵈ

FONDERIE.

27 janvier - 14 décembre : au sʳ KELLER, fondeur, pour journées employées à poser les pottées et terres, égouts des cires et autres ouvrages pour lad. statue

équestre, depuis le 26 décembre 1691 jusqu'au 11 décembre dernier (23 p.)................ 4065ᴸ 1ˢ
13 mars-14 décembre : à luy, à compte des soins et conduite qu'il prend du modèle de lad. statue (3 p.)................................. 3000ᴸ
13 juillet : à luy, pour le loyer de deux poesles de cuivre pendant trois années, la façon d'un troisième poesle qui a été cassé, et 27 tonneaux de pottée fine préparée, qu'il a fournie pour lad. statue...... 786ᴸ
28 décembre : à luy, pour les journées qui ont esté employées à charger les lingots dans le fourneau, à enterrer le moule et autres ouvrages de la fonderie de lad. statue, depuis le 11 jusqu'au 25 décembre... 828ᴸ 6ˢ
11 janvier 1693 : à luy, pour journées employées à enterrer le moule et à la fonte depuis le 25 décembre dernier jusqu'au 8 du présent mois de janvier. 550ᴸ 17ˢ
21 septembre-19 octobre : au sʳ Fossier, parfait payement de 8700 livres de cuivre rouge qu'il a achepté pour la fonte de lad. statue (2 p.).......... 6467ᴸ
5 octobre-14 décembre : à Nicolas de Nainville, fondeur, à compte des alliages qu'il a fait des bronzes pour employer à la fonte de lad. statue équestre (4 p.). 5000ᴸ
Somme de ce chapitre....... 20697ᴸ 4ˢ

BOIS À BRÛLER.

27 janvier-10 février : à Jourdain, marchand de bois, pour vingt voyes de bois qu'il a fournies et fait voiturer à la fonderie de lad. statue équestre (2 p.)..... 245ᴸ
24 février : à Bailly, autre, pour dix voyes de bois 122ᴸ 10ˢ
20 avril : à Michel Bouboet, pour cinquante voyes de bois de comte¹ qu'il a fourni et fait voiturer pour la fonte de lad. statue..................... 725ᴸ
Somme de ce chapitre....... 1092ᴸ 10ˢ

FERS.

4 may-24 aoust : à François Lucas, serrurier, pour la façon des fers des bandages du moule de lad. statue (9 p.)................................. 1281ᴸ
2 novembre-28 décembre : à luy, sur la façon des fers employés à la construction de la fosse et du fourneau de lad. fonderie, depuis le 21 aoust jusques la fin du présent mois de décembre (4 p.)......... 380ᴸ
4 may-15 juin : à Mittonneau, marchand de fer, pour les fers doux de Berry qu'il a fournis pour les bandages du moule de lad. statue (2 p.)........ 224ᴸ 3ˢ

¹ Sur la différence qui distingue le bois de compte du bois de moule et du bois de corde, voir le *Dictionnaire de Trévoux* au mot *Bois*.

15 juin-24 aoust : au sʳ Boiletot, marchand de fer, pour les gros fers doux de Berry, fers en botte et toule qu'il a fourniz pour les bandages de lad. statue (5 p.) 275ᴸ 17ˢ
Somme de ce chapitre......... 2161ᴸ

GROSSE PEINTURE.

30 novembre : à Jean-Marin Boydot, peintre, pour avoir point de blanc de céruse, à colle de Gand de deux couches, la voûte de la nouvelle église et chœur intérieur du nouveau couvent des Capucines de l'hôtel de Vandôme pendant 1688.................. 135ᴸ 7ˢ 6ᵈ

MENUES DÉPENSES DE LA STATUE ÉQUESTRE.

13 juillet : au sʳ de Frosne, pour les dépenses faites les six premiers mois 1692............ 32ᴸ 12ˢ
5 octobre-30 novembre : à luy, à compte des provisions de bois, charbon et autres dépenses imprévues faites pour lad. fonderie (2 p.)............ 1300ᴸ
Somme de ce chapitre....... 1332ᴸ 12ˢ

FONDS LIBELLEZ.

13 janvier : au sʳ Prieur de Choisy-aux-Bœufs, pour son indemnité qu'il a droit de prendre sur les terres et prez dépendants de son prieuré enfermez dans les anciens et nouveaux murs du parc du château de Versailles, et ce pour l'année 1692................... 2153ᴸ
10 février : au sʳ Deville, 12000ᴸ, sçavoir : 6000ᴸ par gratification en considération du soin qu'il a pris de la machine de la rivière de Seyne pendant l'année dernière 1691, et 6000ᴸ de pension extraordinaire que S. M. luy a accordée pendant la même année. 12000ᴸ
Aux Principal, Procureur et Boursiers du collège de Cambray, pour le dédommagement de leurs bâtimens qui ont esté démolis par ordre de S. M. pour la construction du Collège de France pendant l'année dernière 1690................................ 1180ᴸ
Au sʳ Arnoux, pour une autruche, soixante-quatre demoiselles de Numidie, huit canards d'Egipte, cinq poules pintades, six poules sultanes et deux palles² qu'il a livrez à la Ménagerie, de l'envoy du sʳ Mosnier de Montpellier......................... 444ᴸ
Au sʳ curé de Marly, sçavoir : 210ᴸ pour la non jouissance de 75 arpens de pré compris dans les fonds de Marly, et 474ᴸ 5ˢ pour la non jouissance de la dixme des terres labourables de lad. cure que S. M. a ordonné estre

² La palle est un oiseau de mer plus petit qu'une oie.

plantées en bois, y compris la dixme du troupeau du Trou d'Enfer pendant l'année dernière 1691. 684ᴸ 5ˢ

Aux sʳˢ ᴅᴇ Vɪʟʟɪᴇʀs, pour la non jouissance des moulins de Villiers et de Fervaches et de cinq arpens de pré à eux appartenans, sçituez proche Bouré sur la rivière d'Eure, et ce pendant l'année dernière 1691... 960ᴸ

A M. l'archevesque de Roüen, pour une année, échue le dernier décembre 1691, du loyer de deux maisons à luy appartenantes rue Vivien, occupées par la bibliothèque de S. M.. 5000ᴸ

6 avril : à Fʀᴀɴçᴏɪs Dᴇsᴄʜᴀᴍᴘs, marbrier, parfait payement de 92576ᴸ 6ˢ 8ᵈ à quoy montent les ouvrages de marbrerie par luy faits dans la dépendance du château de Versailles et de Trianon de 1687 à 1690... .... 11976ᴸ 6ˢ 8ᵈ

20 avril : à M. l'évesque de Chartres, sçavoir : 1350ᴸ pour la non jouissance de 40 arpens de pré sçituez dans l'estang de Boisard, et 250ᴸ pour la non jouissance du moulin de Pontgoin, le tout dépendant dud. évêché de Chartres, et ce pendant l'année dernière 1691... .... 1600ᴸ

4 may : aux trois anciens gondolliers Vénitiens, par gratification, en considération du service qu'ils ont rendu à S. M. sur le canal de Versailles pendant 1691. 1200ᴸ

Au sʳ Dᴜᴘᴏɴᴛ, tapissier, pour trois dessus de formes et trois dessus de tabouret de laine à fonds jaune, ouvrages de laine de la Savonnerie, qu'il a fournis au garde-meuble du Roy, contenant ensemble 5 aunes 5/24 carrées en superficie, à raison de 165ᴸ l'aune carrée... .... 859ᴸ 7ˢ 6ᵈ

Au sʳ Lᴏᴜʀᴅᴇᴛ, tapissier, pour quatre dessus de formes de laine à fonds jaune, ouvrages de la Savonnerie, qu'il a fournis au garde-meuble de S. M., contenans ensemble 4 aunes 3/8 carrées en superficie, à raison de 165ᴸ l'aune carrée.. 721ᴸ 17ˢ 6ᵈ

A Gᴀʙʀɪᴇʟ Jᴀɴsᴏɴ, vitrier, parfait payement de 61131ᴸ 9ˢ 7ᵈ à quoy montent les ouvrages et réparations de vitrerie qu'il a fait aux châteaux de Versailles, Trianon et autres lieux en dépendans, depuis le mois de novembre 1683 jusqu'au dernier décembre 1691..... .... 9107ᴸ 13ˢ 5ᵈ

A Bᴇʀɴᴀʀᴅ L'Esᴘɪɴᴏᴜᴢᴇ, vitrier, parfait payement de 42718ᴸ 10ˢ 10ᵈ à quoy montent les ouvrages et réparations de vitrerie par luy fait aux châteaux de Versailles, de Trianon et autres lieux en dépendans, depuis le mois de novembre 1683 jusqu'au dernier décembre 1691... .... 9910ᴸ 17ˢ 9ᵈ

A Aᴜʟᴀɴɢᴇ, maçon, parfait payement de 23211ᴸ 3ˢ 9ᵈ à quoy montent les ouvrages de maçonnerie par luy faits les années précédentes, tant aux bassins des Couronnes et de Saturne et autres endroits du petit parc de Versailles qu'aux aqueducs le long du château........ .... 6411ᴸ 3ˢ 9ᵈ

18 may : aux prestres de la Mission, établis à Fontainebleau, pour leur subsistance et entretenement pendant les six premiers mois 1692............ 3000ᴸ

6 juillet : à Cʜᴀᴛɪʟʟᴏɴ, jardinier de l'Orangerie du château de Fontainebleau, par gratification, en considération du soin qu'il a eu des orangers pendant 1690.. .... 400ᴸ

A la veuve du sʳ Wᴀɴ ᴅᴇʀ Mᴇᴜʟᴇɴ, peintre flamand, pour les appointemens dud. Wᴀɴ ᴅᴇʀ Mᴇᴜʟᴇɴ pendant 9 mois et 15 jours écheus le 15 octobre 1690. 4750ᴸ

Au sʳ Dᴜᴘᴏɴᴛ, tapissier, pour trois formes et trois dessus de tabourets de laine, ouvrages de la Savonnerie, qu'il a fourni au garde-meuble de S. M., contenans 5 aunes 5/24 carrées en superficie, à 165ᴸ l'aune.... .... 859ᴸ 7ˢ 6ᵈ

3 aoust : au sʳ Lᴏᴜʀᴅᴇᴛ, pour quatre dessus de formes des mêmes ouvrages, contenans quatre aunes 3/8 carrées en superficie, au mesme prix...... 721ᴸ 17ˢ 6ᵈ

21 septembre : au sʳ Pᴇᴛɪᴛ, de Fontainebleau, pour la pension que S. M. luy a accordée l'année 1691. 1500ᴸ

18 septembre : au Procureur des Missionnaires des Invalides, pour l'entier et parfait payement de deux grands derniers antiphônaires que S. M. a ordonné estre faits pour la chapelle de son château de Versailles... .... 434ᴸ 16ˢ

19 octobre : au sʳ Dᴜᴘᴏɴ tapissier, pour trois dessus de formes et trois dessus de tabourets pareils à ceux ci-dessus.. 859ᴸ 7ˢ 6ᵈ

Au sʳ Lᴏᴜʀᴅᴇᴛ, pour quatre dessus de forme de laine, contenant quatre aunes 2/3 carrées en superficie. 770ᴸ

16 novembre : au sʳ Bᴀʟʟᴏɴ, par gratification qui luy est accordée par S. M. pendant la présente année. 3000ᴸ

30 novembre : au sʳ Bᴏɪssᴇᴀᴜ, pour le prix de deux vases de marbre blanc qui estoient à Meudon, qu'il a vendu à raison de 900ᴸ chacun, pour estre posez à Marly.. 1800ᴸ

7 décembre : aux héritiers de la dame Dᴀsᴛʀɪᴄ, pour les loyers, pendant les années 1680, 81, 82 et 83, de deux maisons sçizes à la Halle-Barbier, apartenans à lad. feue dame, occupées par les Mousquetaires du Roy 2000ᴸ

Au sʳ Sᴏᴜʟᴀɪɢʀᴇ, concierge du vieux château de Saint-Germain-en-Laye, pour le remboursement des dépenses qu'il a faites pour faire nettoyer dans les appartemens et cour dud. château depuis trois ans que le Roy

45.

et la Reyne d'Angleterre y sont logez, à 400ᵗᵗ par an 1200ᵗᵗ

Au sʳ Arnoux, pour dix autruches et vingt-cinq perdrix rouges qu'il a livrées pour le service de S. M. à la Ménagerie, de l'envoy du sʳ Mosnier de Montpellier.. .... 3375ᵗᵗ

10 décembre : aux prestres de la Mission de Fontainebleau, pour leurs subsistance et entretenemens pendant les six derniers mois de la présente année. 3000ᵗᵗ

Au sʳ Puget, sculpteur à Marseille, 2200ᵗᵗ pour, avec 4000ᵗᵗ qu'il a cy-devant reçeus par les mains de M. de Vauvré, intendant à Toulon, faire le parfait payement de 6200ᵗᵗ à quoy montent sept blots de marbre blanc, un chambranle de marbre de Porto Venere, qu'il a fournis dans les magasins de S. M. à Paris, et la dépense qu'il a faite à Marseille pour le débarquement et la conduite à son atelier des blots de marbre employez au groupe du *Millon* et au bas-relief d'*Alexandre et de Diogène*.................................. 2200ᵗᵗ

21 décembre : à François Jaullen, laboureur à Néauphle-le-Vieil, tant pour le payement de ses terres qui ont esté prises par ordre de S. M. pour l'augmentation de l'étang de Trappe, que pour la non jouissance et pertes de fruits desd. terres pendant plusieurs années... .... 1351ᵗᵗ

25 décembre : à Joubert, peintre, parfait payement de 2500ᵗᵗ à quoy monte la peinture en mignature qu'il a faite à un clavessin posé dans le cabinet du Conseil de S. M.................................. 1800ᵗᵗ

A Boule, ébéniste, parfait payement de 9442⁴ᵗᵗ 5ˢ, tant pour les ouvrages de marquetterie par luy faits dans le cabinet des bijoux de Monseigneur pendant 1682, 1683 et 1684, que pour quatre fauteuils et quatre plians, qu'il a faits et délivrez pour led. cabinet en 1686. 15174ᵗᵗ 5ˢ

25 décembre : à la veuve Dionis, menuisier, parfait payement de 51024ᵗᵗ 8ˢ 2ᵈ à quoy montent tous les ouvrages de menuiserie qu'elle a fait faire au château de Versailles, à Trianon et aux Capucins de Paris depuis 1683 jusques et y compris 1688........ 6544ᵗᵗ 8ˢ 2ᵈ

A Charles-François Pollard, parfait payement de 5933ᵗᵗ 19ˢ 10ᵈ à quoy montent tous les déposages et reposages de conduites de tuyaux de fer, tant d'un pied de diamettre, 8, 6, 5 et demi, 4 et demi, que de trois pouces, par luy faits à Versailles et ès environs, Marly, la Machine et Fontainebleau, depuis le 1ᵉʳ janvier 1686 jusqu'au dernier décembre 1691..... 21833ᵗᵗ 19ˢ 10ᵈ

30 décembre : au sʳ Mansart, en considération de l'inspection générale que S. M. luy a donnée sur ses bâtimens pendant la présente année......... 10000ᵗᵗ

Au sʳ Le Nostre, en considération du service qu'il a rendu dans lesd. bâtimens pendant la présente année.. .... 3000ᵗᵗ

A Antoine Trumel, jardinier, pour la pension que S. M. luy a accordée pendant l'année dernière 1691... .... 1500ᵗᵗ

A Chatillon, jardinier de l'Orangerie du chasteau de Fontainebleau, 800ᵗᵗ qui luy ont esté accordées par S. M. par gratification en considération du soin qu'il a eu des orangers pendant les années 1691 et 1692..... 800ᵗᵗ

25 décembre : à Jaques Lucas, plombier, parfait payement de 441995ᵗᵗ 8ˢ 2ᵈ, déduction faite de 12580ᵗᵗ pour la valeur en argent, à raison de 40ᵗᵗ par millier, de l'employ de 314502 livres pesant de plomb neuf en retailles qui a esté rendu aud. Lucas, depuis le 1ᵉʳ janvier 1684 jusqu'au dernier décembre 1691, pour ses ouvrages de plomberie pendant led. temps..... 36643ᵗᵗ 13ˢ 1ᵈ

4 janvier 1693 : à Dominico Cucci, ébéniste, parfait payement de 114150ᵗᵗ 8ˢ 5ᵈ à quoy montent généralement tous les ouvrages et réparations de son métier par luy faits pour le service de S. M., tant au château de Versailles qu'autres endroits, depuis le mois de novembre 1683 jusqu'à ce jour, outre ceux dont les parfaits payements luy ont esté cy devant faits, y compris 56553ᵗᵗ 12ˢ 4ᵈ, avec 1000ᵗᵗ de gratification, d'une part, pour les ouvrages d'écaille dorée, de lapis, de menuiserie, ornemens de bronze, modèles et autres qu'il a faits pour la gallerie du petit appartement de S. M. au château de Versailles en l'estat qu'ils sont, suivant le toisé que nous en avons fait faire par ordre de S. M., et 14899ᵗᵗ 13ˢ 4ᵈ, d'autre part, pour autres ouvrages de menuiserie, marquetterie et bronze par luy faits sur deux cabinets d'orgues pour le Roy en l'estat qu'ils sont, suivant le toisé que nous en avons pareillement fait faire, le tout livré par led. Cucci dans le palais des Thuilleries, suivant vingt-sept mémoires arrestez.................................. 21332ᵗᵗ 3ˢ 11ᵈ

21 janvier 1693 : à Pierre Dauvillier et Gilles Pichard, fermiers des fermes de Chartrainvilliers, de Grogneuil et de la Folie, appartenantes à madame la marquise de Maintenon, pour leur dédommagement des non jouissances, dégats et pertes de fruits par eux soufferts sur les terres dépendantes desd. fermes, à cause des campemens de troupes et reveues faites par S. M. pendant les années 1685, 1686 et 1687, et des fours à briques qui y ont esté construits pour servir au grand aqueduc de Maintenon....................... 5842ᵗᵗ 15ˢ

11 février 1693 : à M. de Bullion, pour la non jouissance pendant 1689, 1690, 1691 et 1692, du moulin de Baillau et celuy de Gallardon, scituez sur la rivière de

Galardon, à luy appartenant, à raison de 625ᴸ par an pour celuy de Baillau et 562ᴸ pour celuy de Galardon.................................... 4748ᴸ

A M. le Chevalier DE NOGENT et à Mᵐᵉ DE SAINT-MARTIN, sçavoir : à M. le Chevalier DE NOGENT pour cinq sixièmes et à Mᵐᵉ DE SAINT-MARTIN pour un sixième de la non jouissance du moulin de Saint-Martin sçitué sur la rivière d'Epernon, à eux appartenant, pendant les années 1689, 1690, 1691 et 1692................... 1056ᴸ

Aux sʳˢ DE VILLIERS, pour la non jouissance, pendant l'année dernière 1692, du moulin de Fervaches et de celuy de Villiers, sçituez sur la rivière d'Epernon, et de cinq arpens de pré qui ont esté inondés à cause du transport des matéreaux pour l'aqueduc de Maintenon, le tout à eux appartenant, à raison de 180ᴸ pour le moulin de Fervaches, 630ᴸ pour celuy de Villiers, et 150ᴸ pour lesd. cinq arpens de pré..................... 960ᴸ

18 février 1693 : aux Officiers de Fontainebleau cy après nommez, par gratification, en considération du bon état de leurs entretenemens pendant 1692, sçavoir :

A DE BRAY, ayant l'entretenement de la moitié du grand parterre........................ 300ᴸ

A GASPARD QUINTEAU DE RICHEMONT, ayant l'autre moitié................................... 300ᴸ

A VARIN, ayant celui des arbres fruitiers..... 200ᴸ

A luy, en considération de l'augmentation de son entretien................................. 120ᴸ

A GABRIEL DESBOUTS, ayant celui du jardin de l'estang 150ᴸ

A NIVELON, ayant celui du jardin du Mail.... 100ᴸ

A VOLTIGEANT, ayant celuy des batteaux...... 150ᴸ

A COUTURIER, fontainier, ayant celuy des fontaines... .... 200ᴸ

A BESNARD, concierge de l'hôtel d'Albret...... 150ᴸ

A THIERRY, concierge de la Ménagerie........ 60ᴸ

A JAMIN, concierge de la cour du Cheval Blanc. 100ᴸ

A TOULET, concierge de la Surintendance des finances 200ᴸ

A LA SALLE, concierge de la Surintendance des bâtimens.. 100ᴸ

A LOUIS DESBOUTS, ayant l'entretien de la plus grande partie du parc........................... 400ᴸ

A PION, ayant le soin de la nourriture des cignes et des carpes du canal et étangs................ 100ᴸ

8 juillet 1693 : à ANTOINE TRUMEL, ancien jardinier à Trianon, 1500ᴸ, à luy accordées par S. M. pour sa pension de l'année 1689, suivant l'ordonnance particulière de feu M. DE LOUVOIS, du 3 juin 1691, expédiée en conséquence de celle de fonds du 30 may précédent. 1500ᴸ

15 novembre : à NICOLAS DU PERCHE et à NICOLAS FRICAULT, tuteur d'ALEXANDRE FRICAULT, son fils, et de sa première femme, pour le prix de deux maisons et deux jardins sçiz au Perray, acquis au nom du Roy par contract de ce jour, à 200ᴸ la pièce................. 400ᴸ

Somme de ce chapitre.... 235195ᴸ 5ˢ 1ᵈ

DIVERSES MAISONS ROYALLES.

MAÇONNERIE.

27 janvier-30 novembre : à JEAN BENOIST, entrepreneur, sur les ouvrages de maçonnerie par luy faits à la nouvelle tribune proche la Capitainerie du château de Vincennes, à l'appartement occupé par M. DE BERNAVILLE, au sérail des bêtes et aux dépendances dud. château de Vincennes (5 p.)............... 1256ᴸ 10ˢ 1ᵈ

18 may 1692-11 janvier 1693 : à luy, sur ses ouvrages et réparations de maçonnerie en plusieurs maisons royalles et maisons appartenantes au Roy pendant l'année 1692 (8 p.)....................... 2812ᴸ 8ᵈ

13 juillet-21 septembre : à luy, sur ses ouvrages et réparations de maçonnerie à la maison occupée par M. le comte DE GRAMMONT (2 p.)...... 1138ᴸ 15ˢ 1ᵈ

10-24 aoust : à luy, pour ouvrages de maçonnerie faits au Jardin royal en 1692 (2 p.)....... 1271ᴸ 6ˢ 9ᵈ

10 aoust-21 septembre : à luy, payement de la maçonnerie qu'il a fait au nouvel appartement du portier de l'Académie de peinture et de sculpture (2 p.)..... .... 1092ᴸ 2ˢ 8ᵈ

2 novembre : à luy, sur ses ouvrages aux Gobelins, Jardin royal des Plantes et Observatoire. 253ᴸ 19ˢ 11ᵈ

11 janvier 1693 : à luy, pour ses ouvrages de maçonnerie à la maison occupée par le sʳ FOSSIER en 1692.... .... 239ᴸ 6ˢ 6ᵈ

30 novembre : à luy, pour ouvrages et réparations au château de Madrid, au mur du parc de Boulogne et à la Muette en 1692................... 173ᴸ 15ˢ 4ᵈ

7 septembre-16 novembre : au nommé MARTIN LE PAS, parfait payement de 3428ᴸ 5ˢ 8ᵈ à quoy montent les ouvrages et réparations de maçonnerie qu'il a faits à plusieurs maisons appartenantes au Roy à Paris pendant les années 1690 et 1691 (4 p.).............. 428ᴸ 5ˢ 8ᵈ

27 janvier 1692 : à ANTOINE PARIS, entrepreneur, parfait payement de 667ᴸ 1ˢ 8ᵈ à quoy montent ses ouvrages de maçonnerie au Jardin royal en lad. année.... .... 267ᴸ 1ˢ 8ᵈ

10 février-13 juillet : à luy, parfait payement de 2777ᴸ 1ˢ 9ᵈ à quoy montent ses ouvrages et réparations

de maçonnerie à la maison des Gobelins en 1690 et 1691 (6 p.).......................... 1577ᴸ 1ˢ 9ᵈ
13 juillet : à luy, sur ses ouvrages en février dernier..
.... 68ᴸ 15ˢ 10ᵈ
16 novembre : à Guillaume de Lure, entrepreneur, pour ses ouvrages de maçonnerie, charpenterie, menuiserie, serrurerie et plomberie à l'appartement occupé par le sʳ Berrain sous la grande gallerie du Louvre, pendant 1692...................... 142ᴸ 14ˢ 3ᵈ
20 avril 1692-11 janvier 1693 : à la veuve Fourcroy, fontainier, pour l'entretien des bassins du jardin des Thuilleries pendant l'année 1691 et six mois de 1692 (2 p.)................................. 300ᴸ

Somme de ce chapitre...... 1102ᴸ 17ˢ

TERRASSES.

10 aoust : à Pierre Martin, terrassier, pour avoir régallé et dressé les terres de la cour des cuisines au Louvre, au dedans et environs des cours de l'Académie de peinture et sculpture pendant 1692............... 55ᴸ
16 novembre : à Martin Roger, terrassier, pour avoir aplani et déblayé les terres au devant des Académies françoise et de peinture et sculpture dans l'enclos et cour des cuisines du Louvre...................... 40ᴸ

Somme de ce chapitre........... 95ᴸ

CHARPENTERIE.

27 janvier : à Joseph Vinot et Nicolas du Magni, charpentiers, parfait payement de 241ᴸ 3ˢ 9ᵈ à quoy montent leurs ouvrages de charpenterie à la nouvelle tribune proche la Capitainerie du château de Vincennes 91ᴸ 3ˢ 9ᵈ
10 février : à eux, parfait payement de 252ᴸ 10ˢ 10ᵈ à quoy montent leurs ouvrages et réparations de charpenterie à la Ménagerie du château de Vincennes en 1691 .... 102ᴸ 10ˢ 10ᵈ
18 may : à eux, pour ouvrages et réparations de charpenterie à la maison des Gobelins en 1691. 81ᴸ 17ˢ 2ᵈ
18 may 1692-11 janvier 1693 : à eux, pour ouvrages et réparations de charpenterie à plusieurs maisons royalles et maisons appartenantes au Roy à Paris, pendant l'année 1692 (4 p.).................. 770ᴸ 6ˢ
13 juillet-7 septembre : à eux, pour ouvrages de charpenterie au logement du portier de l'Académie de peinture et sculpture au Louvre (2 p.)..... 627ᴸ 2ˢ 8ᵈ
24 aoust : à eux, pour avoir dressé les potteaux et planchers le long de la place des Thuilleries, devant le péristil du Louvre et Garde-Meuble du Roy, la présente année, aux deux Festes-Dieu............... 50ᴸ

11 janvier 1693 : à eux, pour leurs ouvrages à la maison occupée par le sʳ Fossier pendant 1692......
.... 90ᴸ 11ˢ 10ᵈ
23 mars-15 juin : à Raoul de Pierre, dit La Porte, charpentier, parfait payement de 2344ᴸ 19ˢ 4ᵈ à quoy montent ses ouvrages de charpenterie à la roue, payé, vanne et poutre de la Samaritaine à Paris en 1690 et 1691 (4 p.)....................... 844ᴸ 19ˢ 4ᵈ
23 mars : à Le Dru, charpentier de batteaux, pour le rétablissement qu'il a fait au batteau servant à la teinturerie des laines et soyes de la manufacture des Gobelins................................. 25ᴸ
19 octobre : à la veuve Jullin, pour 340 toises courantes de dosses de batteau de bois de chesne qu'il a fourni pour faire des tables dans la fruicterie du château de Vincennes........................ 173ᴸ 5ˢ

Somme de ce chapitre..... 2856ᴸ 16ˢ 7ᵈ

COUVERTURES.

27 janvier : à Noël Martin, couvreur, pour ouvrages de couverture à la nouvelle tribune proche la Capitainerie du château de Vincennes pendant 1691.... 171ᴸ 8ˢ 9ᵈ
5 octobre : à luy, pour ses ouvrages et réparations de couverture à la maison des Gobelins en la présente année, outre son entretien................. 144ᴸ 10ˢ 1ᵈ
16 novembre : à Jaques Lefebvre, couvreur, pour avoir fait la couverture de paille d'un petit apenty du parc, proche le sérail des bestes du château de Vincennes. 12ᴸ
14 décembre : à Estienne Yvon, couvreur, pour ouvrages et réparations de couverture, outre ses entretiens ordinaires, en plusieurs maisons royales et maisons appartenantes au Roy à Paris pendant les six premiers mois 1692........................... 371ᴸ 10ˢ 3ᵈ
11 janvier 1693 : à luy, pour, outre ses ouvrages faits, entretenemens à la maison occupée par le sʳ Fossier en 1692............................ 151ᴸ 5ˢ 7ᵈ

Somme de ce chapitre..... 850ᴸ 14ˢ 8ᵈ

MENUISERIE.

15 juin-13 juillet : à Trille, menuisier, pour ouvrages de menuiserie faits à la nouvelle clôture et pavillon des couches des plantes rares et logement du portier du Jardin royal pendant l'année 1691 (2 p.)........ 135ᴸ 15ˢ
24 aoust : à luy, sur ses ouvrages de menuiserie à la maison des Gobelins en 1692........... 480ᴸ 9ˢ 4ᵈ
21 septembre : à luy, parfait payement de 587ᴸ 9ˢ 4ᵈ à quoy montent ses ouvrages et réparations de menuiserie à lad. maison des Gobelins en 1691.... 387ᴸ 9ˢ 4ᵈ
7 septembre : à luy, sur ses ouvrages de menuiserie à

ANNÉE 1692. — DIVERSES MAISONS ROYALES.

l'appartement occupé par le s^r Cozette, concierge de lad. maison.................................... 85^{tt} 10^s

23 mars : à Urbain Payant, menuisier, pour les journées, cordes, cloud et autres ouvrages qu'il a faits pour le déménagement et emménagement des tableaux du cabinet du Roy et de l'Académie de peinture et de sculpture du Palais-Royal au Louvre......... 170^{tt} 12^s 6^d

21 septembre : à Pierre Guérin, menuisier, pour ouvrages et réparations de menuiserie en plusieurs maisons royales et maisons appartenantes au Roy pendant 1692... 117^{tt} 1^s

21 septembre : à luy, sur ses ouvrages de menuiserie à la maison occupée par Mme La Vallière... 115^{tt} 10^s

29 juin-16 novembre : à Simon Gillot, menuisier, pour ouvrages et réparations de menuiserie et journées par luy employées et fourniture de bois et cloud à la fruicterie et autres endroits du château de Vincennes, depuis le 25 décembre 1691 jusqu'au dernier octobre 1692 (2 p.)...................................... 218^{tt} 6^s

18 may-13 juillet : à Justine, menuisier, parfait payement de 794^{tt} 16^s 8^d à quoy montent ses ouvrages et réparations de menuiserie aux petites escuries du Roy, escuries de Monseigneur rue Saint-Honoré et à la maison occupée par M. le Premier et MM. les escuiers de la petite escurie pendant 1690 et 1691 (3 p.)........ 394^{tt} 16^s 8^d

5 octobre : à luy, sur ses mêmes ouvrages pendant la présente année 1692............................... 148^{tt} 8^s 8^d

27 janvier : à Remy, menuisier, parfait payement de 606^{tt} 1^d à quoy montent ses ouvrages de menuiserie à la nouvelle tribune proche la Capitainerie du château de Vincennes.. 406^{tt} 1^d

16 novembre : à luy, pour ouvrages de menuiserie pour augmenter la saillie de lad. tribune.... 265^{tt} 18^s

6 avril-15 juin : à Laurens Rochebois, menuisier, pour les ouvrages et réparations de menuiserie qu'il a faits en plusieurs maisons royales et à l'Académie de peinture et de sculpture (2 p.)................... 429^{tt} 18^s 6^d

13 juillet : à luy, sur ses ouvrages de menuiserie à la maison occupée par M. le comte de Grammont. 380^{tt} 10^s

10 aoust : à luy, sur ses ouvrages à la maison occupée par Mme Hardouin, à la remise de carosse et écuries de M. Félix, au Louvre........................ 72^{tt} 7

7 septembre : à luy, sur ses ouvrages au nouveau logement du portier de l'Académie de peinture et de sculpture... 341^{tt} 7^s 9^d

19 octobre : à luy, sur ses ouvrages à l'hôtel Phelipeaux, à la maison occupée au Louvre par M. Seguin, à l'Académie de peinture et de sculpture, à l'ancien hôtel de Grammont, et au vieux Louvre......... 402^{tt} 19^s 3^d

30 novembre : à luy, sur ses ouvrages au Louvre, garde-meuble de la Couronne, Jardin royal des plantes et à l'hôtel des Ambassadeurs, rue de Tournon....... .... 317^{tt} 2^s 4^d

11 janvier 1693 : à luy, sur ses ouvrages au Louvre, à la maison occupée par M. Seguin et à l'Observatoire.. .... 187^{tt} 19^s 3^d

6 avril : à Brugol, dit Languedoc, menuisier, pour les ouvrages et réparations et journées employées à l'emménagement de l'Académie de peinture et sculpture de Paris.. 151^{tt} 12^s

Somme de ce chapitre...... 5209^{tt} 3^s 6^d

SERRURERIE.

13 juillet : à Robert Boutet, serrurier, pour ses ouvrages et réparations de serrurerie à la maison occupée par M. le comte de Gramond............. 57^{tt} 10^s

13 juillet 1692-11 janvier 1693 : à luy, sur ses ouvrages de serrurerie en plusieurs maisons royales et maisons appartenantes au Roy pendant l'année 1692 (3 p.).. 746^{tt} 14^s 5^d

21 septembre : à luy, sur ses ouvrages au nouveau logement du portier de l'Académie de peinture et sculpture au Louvre pendant la présente année........ 275^{tt} 5^s

6 avril-29 juin : à Nicolas Le Roy, serrurier, pour ses ouvrages et réparations de serrurerie à la tribune proche la Capitainerie du château de Vincennes et autres endroits dud. lieu, depuis le 28 novembre 1691 et pendant la présente année 1692 (4 p.)........ 162^{tt} 9^d

23 mars-13 juillet : à Jean Blancheton, serrurier, parfait payement de 549^{tt} 4^s 7^d à quoy montent ses ouvrages de serrurerie aux Gobelins en 1691 (2 p.).... .... 149^{tt} 4^s 7^d

24 aoust : à luy, sur ses mêmes ouvrages à lad. maison des Gobelins pendant la présente année. 153^{tt} 14^s 2^d

5 octobre : à François Lucas, serrurier, pour ouvrages et réparations de serrurerie en plusieurs maisons royalles et maisons appartenantes au Roy à Paris en 1691 et 1692... 307^{tt} 2^s 3^d

2 novembre : à Jean Lefebvre, serrurier, pour ouvrages de serrurerie et fers qu'il a fourni au Jardin royal.... .... 69^{tt} 5^s 3^d

Somme de ce chapitre.... 1920^{tt} 16^s 5^d

VITRERIE.

23 mars 1692-11 janvier 1693 : à Jean Gombaut, vitrier, pour l'entretien des vitres du château des Thuilleries pendant l'année 1691 et six mois de l'année 1692 (2 p.).. 300^{tt}

6 avril : à luy, sur ses ouvrages de vitrerie, outre ses entretiens ordinaires, en plusieurs maisons royalles et maisons appartenantes au Roy à Paris, en 1691... 130ᴸ 4ˢ 3ᵈ

20 avril-19 octobre : à luy, sur ses entretiens de vitres au nouveau couvent des Capucines pendant les six derniers mois 1691 et six premiers 1692 (2 p.)... 200ᴸ

7 septembre : à luy, sur entretien de vitres aux grandes et petites escuries du Roy, écuries de Monseigneur, maisons occupées par M. le Premier et les officiers desd. écuries, l'Orangerie des Thuilleries, loges des portiers dud. jardin et maisons adjaçantes, l'Imprimerie royale et la Bibliothèque, pendant six mois... 100ᴸ

10 février-5 octobre : à la veuve Janson, vitrier, pour ses entretenemens de vitrerie au Louvre et ses dépendances pendant les six derniers mois 1691 et six premiers mois 1692 (4 p.)... 229ᴸ 14ˢ 10ᵈ

24 février 1692-11 janvier 1693 : à elle, sur ses entretiens de vitrerie au Palais-Royal et ses dépendances, Orangerie du Roule, château de Madrid, la Savonnerie, la Samaritaine et l'Observatoire, pendant le dernier quartier 1691 et les trois premiers 1692 (4 p.)... 500ᴸ

1ᵉʳ juin : à elle, sur ses entretiens en plusieurs maisons royales et maisons appartenantes au Roy à Paris, en 1690 et 1691... 101ᴸ 10ˢ 6ᵈ

10 aoust : à elle, pour ouvrages et réparations de vitrerie à la maison occupée par M. le comte de Gramont pendant le mois de juin dernier... 83ᴸ 13ˢ 9ᵈ

11 janvier 1693 : à elle, pour ses ouvrages, outre ses entretiens ordinaires, à l'Académie de peinture et de sculpture et à lad. maison occupée par M. le comte de Gramond, pendant 1692... 59ᴸ 7ˢ

10 février : à Charles-François Jaquet, vitrier, pour ses ouvrages de vitrerie à la nouvelle tribune proche la Capitainerie du château de Vincennes, en 1691. 50ᴸ 10ˢ

20 avril 1692-11 janvier 1693 : à luy, sur ses entretiens au d. château de Vincennes et dépendances pendant le dernier quartier 1691 et les trois premiers 1692, y compris la maison des Gobelins et le Jardin royal (4 p.)
...... 750ᴸ

11 janvier 1693 : à luy, pour ouvrages et réparations, outre ses entretiens ordinaires, à la maison des Gobelins et au Jardin royal des plantes pendant 1691 et 1692..
...... 116ᴸ 5ˢ 8ᵈ

27 juillet : à Philipe Beal, vitrier, pour ouvrages et réparations de vitrerie à l'hostel des Ambassadeurs extraordinaires, rue de Tournon, en 1691.. 14ᴸ 14ˢ

Somme de ce chapitre........ 2636ᴸ

PLOMBERIE.

20 avril-2 novembre : à Jaques Lucas, plombier, pour la façon de 4199 livres de plomb et pour la fourniture de 265 livres de soudure et 4 livres et demie de mastic, qu'il a mis en œuvre en plusieurs maisons royales et maisons appartenantes au Roy pendant les trois premiers quartiers 1692 (3 p.)........ 317ᴸ 14ˢ 8ᵈ

PAVÉ.

20 avril-18 may : à Antoine Le Lièvre et Jaques Vionnet, paveurs, pour ouvrages et réparations de pavé au château de Vincennes en 1690 (2 p.). 326ᴸ 0ˢ 11ᵈ

5 octobre : à Louis Regnouf, paveur, pour ouvrages et réparations de pavé en plusieurs maisons royales et maisons appartenantes au Roy à Paris pendant 1692...
...... 251ᴸ 19ˢ 4ᵈ

Somme de ce chapitre...... 578ᴸ 0ˢ 3ᵈ

PEINTURE.

1ᵉʳ juin : aux sʳˢ Martin et Le Comte, peintres, à compte de ce qui leur sera accordé pour le voyage qu'ils vont faire d'icy au camp du Roy devant Namur et du séjour qu'ils y feront........ 400ᴸ

16 novembre : aud. Martin, à compte d'un tableau qu'il fait, représentant la prise de Namur..... 200ᴸ

Aud. Le Comte, à compte d'un tableau qu'il fait, représentant la prise de Mons................. 200ᴸ

10 février-27 juillet : à Coëspel, peintre, à compte des tableaux d'arrabesque d'après Raphael, qu'il peint pour faire en tapisserie aux Gobelins (2 p.).... 2000ᴸ

10 février-21 septembre : au sʳ Joubert, peintre, pour trente-deux desseins de plantes rares qu'il a peints en mignatures sur vélin pour estre insérez dans la suite des livres de plantes de mignatures du Cabinet de S. M. (3 p.).. 800ᴸ

14 décembre : à Louis Denis, facteur des instrumens de la Musique du Roy, parfait payement de 600ᴸ pour un corps de clavessin qui a esté peint en mignature par le sʳ Joubert et posé dans le cabinet du Conseil de S. M., à Versailles, le 28 juin 1690........ 200ᴸ

23 mars : au sʳ de Fontenay, peintre, parfait payement de 1080ᴸ à quoy montent six desseins peints à l'huile qu'il a fait pour les bordures de tapisserie de la gallerie de Saint-Cloud, que l'on fait en basse lisse aux Gobelins...................................... 380ᴸ

30 novembre : à luy, à compte du travail qu'il fait à repeindre les fruits et fleurs des tableaux de la tenture Indienne, pour faire en haute lisse........... 200ᴸ

10 février : à Lefebvre, peintre, parfait payement de 1097ʰ 11ˢ 6ᵈ à quoy montent les ouvrages de grosse peinture et dorure qu'il a fait en plusieurs maisons royales et maisons appartenantes au Roy pendant les années 1689, 1690 et trois premiers mois de 1691... .... 67ʰ 11ˢ 6ᵈ

29 juin 1692-11 janvier 1693 : à luy, pour ouvrages de grosse peinture par luy faits au Louvre, Palais-Royal et autres maisons appartenantes au Roy pendant 1691 et 1692 (2 p.).................. 442ʰ 10ˢ 10ᵈ

13 juillet : à luy, sur ses ouvrages de grosse peinture à la maison occupée par M. le comte de Gramond pendant le mois de may dernier............ 122ʰ 8ˢ 8ᵈ

30 novembre : au sʳ Desportes, peintre, à compte du travail qu'il fait à repeindre les animaux des tableaux de la tenture Indienne pour faire en haute lisse aux Gobelins.................................. 200ʰ

2 novembre : au sʳ Houasse, peintre, à compte du travail qu'il a fait à repeindre les tableaux de la tenture Indienne pour les faire en haute lisse aux Gobelins................................... 200ʰ

16 novembre-28 décembre : à luy, parfait payement de 600ʰ pour la peinture d'un grand tableau du portrait du Roy à cheval, que S. M. a donné à M. le premier président de Novion (2 p.)............ 300ʰ

16-30 novembre : à Yvart, peintre, parfait payement de la dépense qu'il a faite à rentoiler et coller les tableaux des Indes, que l'on fait en tapisserie de haute lisse aux Gobelins (2 p.)................ 462ʰ

Somme de ce chapitre....... 6204ʰ 11ˢ

SCULPTURE.

27 janvier 1692-11 janvier 1693 : au sʳ Bonnet, sculpteur et peintre en marbre, à compte des ouvrages de marbre artificiel qu'il fait aux chiffres du jeu de portique de marbre blanc pour Marly (7 p.)..... 1500ʰ

3 février-20 avril : à François Girardon, parfait payement de 4000ʰ, montant de la gratification qui luy est accordée pour la conduite des ouvrages de sculpture de la figure de bronze pendant 1691 (2 p.)... 2000ʰ

13 juillet 1692-11 janvier 1693 : à luy, à compte de la gratification pour les trois premiers quartiers 1692 (3 p.)............................... 3000ʰ

24 aoust-28 décembre : à Legros, sculpteur, à compte d'un grand vaze en marbre pour l'allée royale de Versailles (3 p.)............................. 500ʰ

16 novembre-14 décembre : au sʳ La Lande, sculpteur, à compte de la menuiserie et sculpture qu'il fait à deux bordures pour les tableaux de Namur et de Mons, que font les sʳˢ Martin et Le Comte aux Gobelins (2 p.)................................ 300ʰ

4 may-1ᵉʳ juin : à Cassegrain, sculpteur, parfait payement de 1537ʰ à quoy montent les figures qu'il a coulées en plâtre dans les moules de S. M., d'après l'antique, et les réparations faites à quelques-uns desd. moules (2 p.)............................. 937ʰ

Somme de ce chapitre......... 8237ʰ

FONTE.

13 juillet : à Nicolas de Nainville, fondeur, pour avoir fondu et fait à neuf le mortier du laboratoire du Jardin royal des plantes, en 1692........... 71ʰ 8ˢ

ÉBÉNISTERIE.

20 janvier : à Dominico Cucci, ébéniste, pour la dépense qu'il a faite et les journées qu'il a employées à transporter et replacer des Gobelins au château des Tuilleries, dans la gallerie des Ambassadeurs, le lambris de lapis et d'écaille de tortue de la gallerie des bijoux du petit appartement du Roy à Versailles... 197ʰ 10ˢ

GLACES.

4 may : au sʳ Guymont, pour une glace de 37 pouces qu'il a fournie et fait poser à l'attique de la cheminée de madame la princesse de Montauban, au Palais-Royal, au mois de mars 1691................ 52ʰ 17ˢ 6ᵈ

MARBRERIE.

1ᵉʳ juin : à Hubert Misson et François Deschamps, marbriers, parfait payement de 795ʰ 16ˢ à quoy montent les attiques, chambranles et foyers de marbre par eux faits au château de Trianon en lad. année... 495ʰ 16ˢ

5 octobre : aud. Misson, pour les chambranles, tablettes et foyers qu'il a fait en marbre au nouvel appartement du Roy à Versailles en la présente année..... .... 293ʰ 6ˢ 3ᵈ

Somme de ce chapitre..... 789ʰ 2ˢ 3ᵈ

DIVERSES DÉPENSES.

2 mars-1ᵉʳ juin : au sʳ Fossier, garde des magasins, parfait payement des dépenses qu'il a faites pour le déménagement et remménagement des Académies de peinture, sculpture et architecture et gallerie des antiques du Palais-Royal au Louvre (2 p.)..... 2231ʰ 11ˢ 6ᵈ

1ᵉʳ juin : à luy, pour les dépenses faites pour mener de Versailles à Saint-Cloud deux bassins de pierre, que le Roy a donnez à S. A. R. Monsieur.......... 107ʰ

7 septembre : à luy, pour avoir fait dessendre et con-

duire dans le magasin du Roy à Paris le cheval de bronze qui étoit dans la cour du palais Brion. 269ᴸ 13ˢ

21 septembre : à luy, pour menues dépenses qu'il a fait depuis le 1ᵉʳ septembre 1691 jusqu'au dernier juillet 1692........................ 327ᴸ 3ˢ

A luy, pour la dépense qu'il a faite pour dessendre de son pied d'estal et transporter au magasin du Roy un groupe de figures de marbre qui estoit dans le jardin des Tuilleries, deux figures de marbre de l'attelier du sʳ Legros dans celuy du sʳ Rayol au Louvre, et le jeu de portique de marbre à Marly............. 222ᴸ

10 février : à Geuslin, peintre, pour la dépense qu'il a fait pour aller à Ronsières pour le service de S. M... .... 40ᴸ

24 février-16 novembre : à Chevillard, fontainier, pour réparations aux robinets et soupapes, et avoir scellé des crampons et grilles en plomb aux bassins et offices du château de Vincennes (2 p.).......... 58ᴸ 10ˢ

24 février : à Julien Lory, horloger, pour ouvrages et réparations qu'il a fait à la grande horloge de la maison des Gobelins au mois de janvier............. 22ᴸ

24 février-7 septembre : au sʳ Couplet, concierge de l'Observatoire, pour son remboursement des menues dépenses qu'il a fait pour les réparations dud. Observatoire pendant l'année 1691 et les six premiers mois 1692 (2 p.)...................... 220ᴸ 13ˢ

4 may : au sʳ Mabille, commissaire des pauvres de la parroisse Saint-Roch à Paris, pour la taxe de l'hôtel de Vandôme, des escuries de Monseigneur et des logemens des escuyers de la grande escurie du Roy pour l'année 1691...................... 78ᴸ

15 juin-14 décembre : au sʳ Doussot, expert, pour 184 vacations et 6 journées qu'il a employées à la vériffication des toisez et calculs des ouvrages faits en diverses maisons royales et maisons appartenantes au Roy, à Paris, pendant les six derniers mois 1691 et six premiers 1692 (2 p.)..................... 1181ᴸ

24 aoust : à la veuve Jullin, pour le loyer des ballivaux et planches de sapin qui ont servi à tendre les tapisseries le long de la place des Thuilleries, devant le péristile du Louvre et garde-meuble du Roy, aux deux Festes-Dieu dernières................. 36ᴸ

4 septembre : à la veuve du sʳ Wan der Meulen, peintre flamand, pour deux cents épreuves d'une planche représentant la ville et château de Dinan, qu'elle a fournies pour la suite de l'Histoire du Roy¹........ 200ᴸ

30 novembre : au sʳ de Chantalou, toiseur, pour avoir toisé et gravé 30 blots et 500 trenches de marbre d'Italie et des Pyrennées, de différentes couleurs, depuis le 6 septembre 1689 jusqu'au 26 novembre 1692.... .... 62ᴸ 7ˢ 11ᵈ

23 mars : à François Duval et Christophle Le Jeune, vuidangeurs, pour avoir vuidé et dégorgé plusieurs fosses d'aysances au Palais-Royal, château de Vincennes, et avoir écuré un puis dans une maison appartenante au Roy, rue du Chantre, depuis le 1ᵉʳ octobre 1691 jusqu'au dernier février de la présente année. 255ᴸ 3ˢ 4ᵈ

10 février : à Pierre Varisse, ramonneur de cheminées, pour avoir ramonné quarante cheminées aux maisons royales de Paris et avoir rétabli une autre cheminée au garde-meuble du Roy pendant 1691........ 15ᴸ

30 novembre : à luy, pour avoir ramonné 99 cheminées en plusieurs maisons royales de Paris en 1692... .... 29ᴸ 14ˢ

Somme de ce chapitre..... 5355ᴸ 15ˢ 9ᵈ

BRODERIES.

3 février : aux huit brodeurs qui ont travaillé pendant le mois de janvier aux broderies des meubles du Roy que l'on fait à Versailles................ 249ᴸ

2 mars : aux six brodeurs qui ont travaillé auxd. broderies pendant le mois de février.......... 117ᴸ 15ˢ

10 février-23 mars : au sʳ Laleu, tireur d'or, pour 15 marcs 4 onces d'or fillé qu'il a livré pour lesd. broderies (2 p.).................... 756ᴸ 10ˢ

23 mars : au sʳ Vivien, pour une botte de soye grenadine aurore qu'il a fourni............... 17ᴸ

11 may : au sʳ Drouard, pour la dépense faite pour couvrir les broderies du Roy, qui sont à présent à la Surintendance des bâtimens................ 6ᴸ

Somme de ce chapitre....... 1146ᴸ 5ˢ

GRAVEURE.

6 avril : à Tomassin, graveur, pour deux fers qu'il a gravez, servant à marquer les livres et portefeuilles à la Surintendance des bâtimens................ 80ᴸ

28 décembre : à Louis Chatillon, dessinateur et graveur, à compte d'une planche qu'il a gravée sur cuivre à l'eau-forte, représentant la ville d'Utreck, pour la suite des Conquestes du Roy²................ 150ᴸ

Somme de ce chapitre......... 230ᴸ

---

¹ La planche à la chalcographie du Louvre, n° 429.

² Chalcographie du Louvre, n° 2643.

ANNÉE 1692. — GOBELINS ET LA SAVONNERIE.

OUVRAGES DES GOBELINS
ET DE LA SAVONNERIE.

27 janvier-10 aoust : au s' César Fernaly, banquier, pour 83 marcs d'or filé et 217 livres de soye my-grenade, à 15ᴸᴵ la livre, qu'il a fourni au s' Cozette pour estre employez aux tapisseries qui se font aux Gobelins (4 p.).................................. 7106ᴸᴵ

30 mars : à Jans, tapissier de haute lisse, pour, avec 2329ᴸᴵ 3ˢ 1ᵈ à quoy montent l'or filé, les soyes cramoisy et commune, les laines cramoisy, carnation, commune et chaine, qui luy ont esté fourni pendant le dernier quartier 1691, faire 11210ᴸᴵ à compte de trente pièces de tapisserie de haute lisse, sçavoir : huit, d'après les desseins de Jules Romain, dont quatre de la première tenture et quatre de la seconde, dix d'après les desseins de Raphael, dont cinq de la première tenture et cinq de la seconde, et douze arabesques, dont six de la première tenture et six de la seconde, dont les prix ne sont pas réglez........................... 8880ᴸᴵ 16ˢ 11ᵈ

29 juin : à luy, pour, avec 1696ᴸᴵ 16ˢ 8ᵈ à quoy montent l'or filé et autres fournitures, faire 4925ᴸᴵ 3ˢ à compte desd. trente pièces, pendant le 1ᵉʳ quartier 1692........................... 3228ᴸᴵ 6ˢ 4ᵈ

28 septembre : à luy, pour, avec 1129ᴸᴵ 4ˢ 10ᵈ à quoy montent l'or filé et autres fournitures, faire 6296ᴸᴵ 14ˢ 5ᵈ à compte desd. trente pièces pendant le deuxième quartier 1692..................... 5167ᴸᴵ 9ˢ 7ᵈ

21 décembre : à luy, pour, avec 1578ᴸᴵ 13ˢ 7ᵈ à quoy montent l'or filé et autres fournitures, faire 5135ᴸᴵ 18ˢ 9ᵈ à compte desd. trente pièces de tapisserie pendant le 3ᵉ quartier 1692............... 3557ᴸᴵ 5ˢ 2ᵈ

29 juin : à luy, sur l'ouvrage fait sur quatre pièces de haute lisse de la *Gallerie de Saint-Cloud*, à raison de 260ᴸᴵ l'aune carrée, pendant le 1ᵉʳ trimestre de l'année 1692........................... 4692ᴸᴵ 4ˢ

28 septembre : à luy, pour l'ouvrage auxd. quatre pièces pendant le deuxième trimestre 1692.. 2781ᴸᴵ 16ˢ

21 décembre : à luy, pour l'ouvrage sur lesd. quatre pièces pendant le troisième trimestre..... 4692ᴸᴵ 3ˢ 9ᵈ

23 mars : à luy, pour remboursement de ses dépenses pour faire porter de Paris à Versailles et faire raporter de Versailles à Paris huit pièces de tapisseries des tentures de Raphael, Jules Romain, et de la *Gallerie de Saint-Cloud* pour faire voir au Roy.......... 133ᴸᴵ 5ˢ

29 juin-21 décembre : à luy, pour ses appointemens des six derniers mois de 1691 et six premiers de 1692 (2 p.)................................... 150ᴸᴵ

30 mars : à Lefebvre, tapissier de haute lisse, pour, avec 483ᴸᴵ 6ˢ 10ᵈ à quoy montent l'or filé et autres fournitures de soye et laine, faire 3465ᴸᴵ à compte de quatorze pièces de tapisserie haute lisse, sçavoir : sept d'après les desseins de Jules Romain, dont quatre de la première tenture et trois de la seconde, quatre d'après les desseins de Raphaël, dont trois de la première tenture et une de la seconde, et trois arabesques de Raphaël, dont deux de la première tenture et une de la seconde..................... 2981ᴸᴵ 13ˢ 2ᵈ

29 juin : à luy, pour, avec 603ᴸᴵ 17ˢ 6ᵈ pour l'or filé et autres fournitures, faire 3320ᴸᴵ 12ˢ 6ᵈ à compte desd. quatorze pièces de tapisserie pendant le premier quartier 1692..................... 2716ᴸᴵ 15ˢ

28 septembre : à luy, pour, avec 630ᴸᴵ 0ˢ 3ᵈ pour l'or filé et autres fournitures, faire 3498ᴸᴵ 10ˢ 3ᵈ à compte desd. quatorze pièces de tapisserie pendant le deuxième quartier 1692..................... 2868ᴸᴵ 10ˢ

21 décembre : à luy, pour, avec 514ᴸᴵ 15ˢ 1ᵈ pour l'or filé et autres fournitures, faire 3378ᴸᴵ 7ˢ 7ᵈ à compte desd. quatorze pièces de tapisserie pendant le troisième quartier 1692............... 2863ᴸᴵ 12ˢ 6ᵈ

29 juin : à luy, sur deux pièces de tapisserie de haute lisse de la *Gallerie de Saint-Cloud*........ 284ᴸᴵ 7ˢ 6ᵈ

28 septembre : à luy, sur lesd. deux pièces de tapisserie................................. 134ᴸᴵ 1ˢ 4ᵈ

21 décembre : à luy, sur lesd. deux pièces. 134ᴸᴵ 1ˢ 4ᵈ

28 septembre : à luy, pour la première année d'aprentissage de Josse Bacord, aprenty tapissier, écheue le 25 juin dernier........................ 100ᴸᴵ

27 juin-21 décembre : à luy, pour ses appointemens des six derniers mois 1691 et six premiers 1692 (2 p.) 150ᴸᴵ

30 mars : à Mosin, tapissier de basse lisse, pour, avec 767ᴸᴵ 9ˢ 8ᵈ à quoy monte l'or filé et autres fournitures, faire 4006ᴸᴵ 5ˢ pour l'ouvrage fait sur deux pièces de tapisserie de basse lisse de la *Gallerie de Saint-Cloud*, représentant l'*Esté* et l'*Hiver*, et huit portières représentant la *Renommée*.................. 3238ᴸᴵ 15ˢ 4ᵈ

29 juin : à luy, pour, avec 925ᴸᴵ 4ˢ 8ᵈ pour l'or filé et autres fournitures, faire 4184ᴸᴵ 11ˢ 7ᵈ pour ouvrage fait sur deux pièces de tapisserie de basse lisse de la *Gallerie de Saint-Cloud*, trois pièces des *Belles chasses de Guise* représentant *Février*, *Mars* et *Octobre*, et six portières représentant la *Renommée*....... 3258ᴸᴵ 16ˢ 11ᵈ

28 septembre : à luy, pour, avec 922ᴸᴵ 1ˢ 3ᵈ pour l'or filé et autres fournitures, faire 4175ᴸᴵ 6ˢ 8ᵈ pour ouvrages faits sur onze pièces de tapisserie de basse lisse, sçavoir :

46.

deux de la *Gallerie de Saint-Cloud*, six des *Belles chasses* et trois portières représentant *la Renommée*. 3253ᴸᴸ 5ˢ 5ᵈ

21 décembre : à luy, pour, avec 759ᴸᴸ 9ˢ 5ᵈ pour l'or filé et autres fournitures, faire 4012ᴸᴸ 8ˢ 9ᵈ pour l'ouvrage fait sur neuf pièces de tapisserie de basse lisse, sçavoir : deux pièces de la *Gallerie de Saint-Cloud* représentant l'*Esté* et l'*Hyver*, et sept pièces des *Belles chasses de Guise* représentant les mois de *Février, Mars, Juin, Juillet, Septembre, Octobre* et *Décembre*.. 3252ᴸᴸ 19ˢ 4ᵈ

27 juin-21 décembre : à luy, pour ses appointemens des six derniers mois de 1691 et six premiers de 1692 (2 p.)................................. 150ᴸᴸ

30 mars : à LA CROIX, tapissier de basse lisse, pour, avec 774ᴸᴸ 11ˢ 11ᵈ à quoy monte l'or filé et autres fournitures, faire 2771ᴸᴸ 11ˢ 3ᵈ pour l'ouvrage fait sur une pièce de tapisserie de basse lisse de la *Gallerie de Saint-Cloud* représentant l'*Automne*, quatre portières représentant le *Char de Triomphe* et quatre autres portières représentant *Mars*...................... 1996ᴸᴸ 19ˢ 4ᵈ

29 juin : à luy, pour, avec 623ᴸᴸ 9ˢ 2ᵈ pour l'or filé et autres fournitures, faire 2619ᴸᴸ 2ˢ 1ᵈ sur neuf pièces de basse lisse, dont deux de la gallerie de Saint-Cloud représentant l'*Automne* et *Latone*, deux pièces des *Belles chasses de Guise* représentant *Janvier* et *Octobre*, quatre portières représentant *Mars* et une représentant le *Char de Triomphe*.................... 1995ᴸᴸ 12ˢ 11ᵈ

28 septembre : à luy, pour, avec 724ᴸᴸ 13ˢ 10ᵈ à quoy montent l'or filé et autres fournitures, faire 2723ᴸᴸ 4ˢ 9ᵈ pour ses ouvrages sur huit pièces de tapisserie de basse lisse, dont deux de la *Gallerie de Saint-Cloud*, quatre des *Belles chasses* et deux portières représentant *Mars*.... .... 1998ᴸᴸ 10ˢ 11ᵈ

21 décembre : à luy, pour, avec 650ᴸᴸ 15ˢ 6ᵈ à quoy montent l'or filé et autres fournitures, faire 2645ᴸᴸ 7ˢ 11ᵈ pour l'ouvrage fait sur sept pièces de tapisserie de basse lisse, sçavoir : deux pièces de la *Gallerie de Saint-Cloud* représentant l'*Automne* et *Latone* et cinq pièces des *Belles chasses de Guise* représentant les mois de *Janvier, Avril, May, Aoust* et *Novembre*............ 1994ᴸᴸ 12ˢ 5ᵈ

29 juin-21 décembre : à luy, pour ses appointemens des six derniers mois 1691 et des six premiers 1692 (2 p.)................................. 100ᴸᴸ

30 mars-21 décembre : à YVART, peintre pour les histoires et dessinateur, pour ses appointemens du dernier quartier 1691 et des trois premiers 1692 (4 p.).. .... 1500ᴸᴸ

30 mars-21 décembre : à luy, pour son remboursement des avances qu'il a fait pendant le mesme temps pour les desseins et peintures (4 p.)...... 1553ᴸᴸ 13ˢ

27 juin-21 décembre : à luy, pour ses gages des six derniers mois 1691 et six premiers 1692 (2 p.). 150ᴸᴸ

30 mars-21 décembre : à CARÉ[1], peintre, pour ses appointemens du dernier quartier 1691 et des trois premiers 1692 (4 p.)................... 1500ᴸᴸ

30 mars-21 décembre : à TURPIN, pour 703 livres de laine blanche d'Angleterre et 565 livres 1/2 de chaine, le tout à un écu la livre (4 p.)........... 3805ᴸᴸ 10ˢ

30 mars-21 décembre : à DE MOUCHY, pour avoir dégraissé et reblanchy 655 livres 8 onces de laine blanche d'Angleterre, à raison de 4ˢ la livre.. 131ᴸᴸ 2ˢ

30 mars-21 décembre : à BRANCHY, lapidaire, pour ses appointemens du dernier quartier 1691 et trois premiers 1692 (4 p.)................... 1920ᴸᴸ

30 mars-21 décembre : à luy, pour ce qu'il a payé pour journées, à raison de 25ˢ par jour, à un homme qui luy a aydé à scier et polir les pierres qu'il a employé pendant led. temps (4 p.)................ 356ᴸᴸ 5ˢ

30 mars : à luy, pour pareille somme avancée pour du cuivre, du fil de fer, de l'arcanson et de la cire jaune pendant led. temps................... 89ᴸᴸ 4ˢ

30 mars-21 décembre : aux héritiers de KERCHOVE, teinturier, mort le 9 janvier dernier, pour appointemens du dernier quartier de 1691 et trois premiers de 1692 (4 p.)........................... 1500ᴸᴸ

30 mars-21 décembre : à eux, pour ce qu'ils ont avancé à un homme qui leur a aydé, pendant led. temps, à teindre les soyes et les laines (4 p.)......... 600ᴸᴸ

30 mars-21 décembre : à eux, pour les dépenses qui ont été faites, pendant led. temps, pour le bois, fagots, cordes à puits, seaux, bâtons et autres ustencils pour lad. teinturerie (4 p.)...................... 366ᴸᴸ 9ˢ

27 juin-21 décembre : à eux, pour les gages dud. KERCHOVE des six derniers mois 1691 et six premiers 1692 (2 p.)........................... 100ᴸᴸ

28 décembre : à eux, pour vingt livres de cochenille, qu'il a payée au sʳ DUHAL pour estre employée aux teintures des soyes et laines que l'on teint pour les tapisseries de S. M............................. 560ᴸᴸ

30 mars-21 décembre : à LUNAC[2], chirurgien, pour ses appointemens du dernier quartier 1691 et des trois premiers 1692 (4 p.)...................... 400ᴸᴸ

A NIVELON, dessinateur, pour ses appointemens pendant le même temps (4 p.)................ 1100ᴸᴸ

A SAINT-LÉGER, portier, pour ses appointemens pendant led. temps (4 p.)....................... 300ᴸᴸ

---

[1] Ou CARRÉ.
[2] Ou LUNAQUE.

A la veuve GASPARD TREUET, jardinier, pour ses appointemens pendant led. temps (4 p.)......... 400ᵗᵗ

A COZETTE, concierge, pour ses appointements pendant led. temps (4 p.)................. 1800ᵗᵗ

A luy, pour remboursement de pareille somme qu'il a avancée pour menues dépenses pendant led. temps (4 p.)........................... 732ᵗᵗ 3ˢ

30 novembre : à luy, pour la dépense qu'il a faite au jardin de la maison des Gobelins.......... 82ᵗᵗ 16ˢ

29 juin-21 décembre : à ROULEAU, marchand, pour drogues de teinturerie qu'il a fournies pendant les trois premiers quartiers 1692 (3 p.).......... 305ᵗᵗ 15ˢ

29 juin-21 décembre : à DE SÈVE, peintre pour les histoires, pour ses appointemens des six derniers mois 1691 et six premiers 1692 (2 p.)........... 200ᵗᵗ

A HOUASSE, autre peintre, pour ses appointemens pendant led. temps (2 p.).................... 200ᵗᵗ

A luy, pour le soin qu'il prend des tableaux qui sont à l'hôtel de Grammont (2 p.).............. 300ᵗᵗ

A VERDIER, autre peintre pour les histoires, pour ses appointemens pendant le même temps (2 p.)... 200ᵗᵗ

A ANGUIER, peintre pour les ornemens, idem (2 p.) 200ᵗᵗ

A LE CLERC, dessinateur et graveur, idem (2 p.). 300ᵗᵗ

Aux sʳˢ TUBY, COISEVAUX, LE CLERC et VERDIER, pour le soin et conduite qu'ils ont de l'académie des Gobelins, poser le modèle et instruire les étudians de lad. académie, pour leurs appointemens pendant led. temps (2 p.)........................... 300ᵗᵗ

Au sʳ GOBERON, prêtre ecclésiastique de la parroisse Saint-Hipolitte, qui cathéchise les enfans de la maison des Gobelins, pour ses appointemens pendant led. temps (2 p.)................................ 150ᵗᵗ

Au Père ANTOINE BOLDUC, religieux flamand de Picpus, qui prêche les ouvriers flamands de lad. maison des Gobelins, idem (2 p.).............. 100ᵗᵗ

24 aoust : au sʳ BILLEHEU, pour 10 livres de cochenille qu'il a fournies au sʳ KERCHOVE, pour estre employées aux teintures de soye et laine pour lesd. tapisseries des Gobelins....................... 270ᵗᵗ

Somme de ce chapitre... 95326ᵗᵗ 17ˢ 2ᵈ

JARDIN ROYAL.

17 février : au sʳ DAQUIN, premier médecin du Roy, surintendant des démonstrations intérieures des plantes et opérations médécinales aud. Jardin royal, pour ses appointemens pendant l'année dernière 1691.. 3000ᵗᵗ

A luy, somme qui luy a esté accordée par S. M.

par augmentation d'appointemens en lad. qualité pendant les six derniers mois de lad. année, à raison de 3000ᵗᵗ par an...................... 1500ᵗᵗ

Au sʳ DAQUIN le jeune, docteur en médecine de la Faculté de Paris, pour ses gages de démonstrateur aud. Jardin royal pendant lad. année dernière...... 1500ᵗᵗ

Au sʳ FAGON, docteur en médecine de la mesme Faculté, pour ses gages en la mesme qualité de démonstrateur pendant lad. année................ 1500ᵗᵗ

A luy, pour ses gages en qualité de sous-démonstrateur aud. Jardin royal pendant lad. année dernière 1200ᵗᵗ

Au sʳ DUVERNAY, démonstrateur aud. Jardin royal, pour ses gages en lad. qualité............. 1500ᵗᵗ

10 février-21 septembre : à luy, parfait payement de 400ᵗᵗ qui luy ont esté accordez par S. M. pour l'indemniser de la dépense qu'il a faite à la construction d'un petit bâtiment au bout dud. Jardin royal, pour faire les dissections anatomiques de démonstrations dud. jardin (2 p.)................................. 400ᵗᵗ

1ᵉʳ juin : à luy, pour dépenses par luy faites aux démonstrations d'anatomie et de chirurgie du Jardin royal des plantes pendant 1691................ 500ᵗᵗ

17 février : à PIERRE BEAUPRÉ, garçon du laboratoire dud. Jardin royal, pour ses gages en lad. qualité pendant lad. année dernière 1691............. 200ᵗᵗ

A PAUL GUARIGUES, autre garçon dud. laboratoire, pour ses gages en lad. qualité............... 200ᵗᵗ

23 mars : au sʳ COLONDRE, pottier de terre, pour un millier de pots de terre cuitte qu'il a fournis à BRÉMENT, jardinier, pour les plantes dud. jardin........ 232ᵗᵗ

20 avril : au sʳ MARCHAND, pour dépenses par luy faites pour la culture du petit jardin des plantes servant aux exercices de l'Académie royalle des sciences pendant l'année 1691................ 105ᵗᵗ 10ˢ

21 décembre : à luy, pour avoir fait balayer les lieux où se font lesd. démonstrations aud. jardin et le long de la terrasse et bâtiment d'iceluy, le jour de la Feste-Dieu pendant l'année 1691...................... 15ᵗᵗ

13 juillet : à JEAN BRÉMENT, jardinier dud. Jardin royal, pour les dépenses qu'il a faites à la recherche des plantes des environs de Paris pour garnir les écholes des démonstrations dud. jardin 1691. 122ᵗᵗ 17ˢ

12 juillet 1692-11 janvier 1393 : à luy, pour ses appointemens de l'année entière 1692 (2 p.)... 2500ᵗᵗ

13 juillet 1692-11 janvier 1693 : à CHAILLOU, portier dud. jardin, pour ses appointemens de l'année entière 1692 (2 p.)...................... 450ᵗᵗ

5 octobre : à ANDRÉ TRAPLIN, terrassier, pour journées

employées à transporter et aplanir les terres provenans du rétablissement des voûtes des remises de carosse de Mrs Daquin et Fagon aud. Jardin royal dans la demi lune sur la terrasse du jardin............. 12^{lt} 12^s

30 novembre : à Simon Boulduc, apothicaire, pour son travail au cours de chimie qu'il a enseigné au laboratoire dud. jardin pendant 1692, et des drogues provenant dud. cours..................... 800^{lt}

Somme de ce chapitre...... 15737^{lt} 19^s

ACADÉMIE DE PEINTURE,
SCULPTURE ET ARCHITECTURE DE PARIS.

27 janvier-9 novembre : aux s^{rs} Bruand, Dorbay, Bullet, Delahire, de Cotte et Félibien, architectes, pour leurs assistances aux Conférences de l'Académie d'architecture pendant les trois derniers mois 1691 et trois premiers 1692 (4 p.)................ 3344^{lt}

27 janvier : au s^r Mansart, premier architecte desd. bâtiments, pour avoir assisté auxd. Conférences pendant huit jours du dernier quartier 1691............ 88^{lt}

23 mars : au s^r Petit, pour six médailles d'argent qu'il a fournies pour distribuer aux étudians de l'Académie de peinture et sculpture pendant les six derniers mois 1691, pesant 3 marcs 3 onces 1 gros, à 46^{lt} 10^s le marc................................ 160^{lt} 13^s 3^d

6 avril 1692-11 janvier 1693 : au s^r Houasse, trésorier de l'Académie de peinture et de sculpture, pour l'entretien d'icelle pendant l'année 1692 (4 p.). 6000^{lt}

6 avril : à luy, pour remboursement des dépenses qu'il a faites aux menus ouvrages de maçonnerie faits pour le déménagement de lad. Académie.... 79^{lt} 12^s

A Lignières, élève peintre, pour le voyage qu'il va faire à Rome pour étudier dans l'Académie royale de France établie dans lad. ville................. 200^{lt}

A Le Lorrain, élève sculpteur, *idem* pour son voyage à Rome................................. 200^{lt}

20 juillet-28 décembre : à Guillaume Lefebvre, portier de lad. Académie, pour ses gages de l'année entière 1692 (2 p.)........................ 450^{lt}

9 novembre : à Valentin Poclet, pour la provision de gros bois, cotterets, fagots, bougies et autres menues dépenses de l'Académie d'architecture pendant l'année 1692................................. 100^{lt}

Somme de ce chapitre..... 10622^{lt} 5^s 3^d

ACADÉMIE DE PEINTURE,
SCULPTURE ET ARCHITECTURE DE ROME.

3 février 1692-4 janvier 1693 : au s^r Clerx, pour son remboursement de pareilles sommes qu'il a fait remettre à Rome en huit lettres de changes, payables au s^r de la Teullière, pour employer aux dépenses de lad. Académie, y compris le change et les frais de commission (8 p.)......................... 17790^{lt} 8^s

LOYERS DE MAISONS ET HÉRITAGES.

20 janvier : à Jean Bourguignon, inspecteur à Marly, pour le loyer de la maison qu'il a occupée dans le village dud. Marly pendant l'année dernière 1691...... 30^{lt}

3 février-28 décembre : à la dame Cornuel, pour les loyers de neuf maisons qui lui appartiennent, scizes à la Halle-Barbier à Paris, occupées par les Mousquetaires pendant les années 1691 et 1692 (2 p.)...... 3240^{lt}

24 avril : au s^r de la Croix, locataire d'une maison appartenante au Roy, rue Saint-Vincent, pour l'indemniser des frais qu'il a été obligé de faire pour sortir avant l'expiration de son bail de lad. maison dans laquelle l'on fait loger le s^r Félibien, architecte du Roy...... 40^{lt}

6 juillet : à Estienne Jollivet, habitant du village de Conflans Sainte-Honnorine, pour le loyer d'une maison qu'il a aud. lieu, occupée par le Suisse de la nouvelle porte dud. Conflans, pendant une année finie le dernier juin........................... 45^{lt}

12 octobre : au s^r de Pontrincourt, pour les six derniers mois 1691 du loyer de sa maison, escurie et manège occupez par les Officiers et Pages de la grande escurie à Paris....................... 3050^{lt}

16 novembre : à Moreau, employé à faire travailler les ouvriers aux réparations et ouvrages que l'on fait dans les dedans du château de Versailles, pour le loyer de son logement à Versailles pendant la présente année.. 100^{lt}

14 décembre : au s^r de Roquancourt, pour le loyer de trois arpens de terre plantée en pépinières d'ormes, bois blancs et oziers, scituez le long des murs de son jardin, et ce pendant deux années échéues le 1er octobre dernier............................ 75^{lt}

Au s^r de Sainte-Catherine, pour le loyer du logement qu'il a occupé à Trappes pendant 1692... 30^{lt}

Au s^r Marchand, pour le loyer de sa maison pendant lad. année 1692........................ 200^{lt}

4 janvier 1693 : à Louis Baccari, dit Dilligent, invalide à Marly, pour le loyer de son logement pendant 1692.................................. 30^{lt}

22 février : aux héritiers de la dame Dastric, pour une année, écheue le dernier décembre 1692, du loyer de deux maisons qui leur appartiennent, scizes à la Halle-Barbier à Paris, occupées par les Mousquetaires.. 500^{lt}

ANNÉE 1692. — LABOURS, FUMIERS ET JARDINAGES.

Aux héritiers de la veuve Perrier, pour une année du loyer de deux maisons occupées par lesd. Mousquetaires, sçizes au même lieu...... 500ʰʰ

Au sʳ Rebours, tuteur de Marguerite Rebours, sa fille, héritière de la veuve Massonnet, pour deux maisons sçizes et occupées de même...... 360ʰʰ

A la veuve Roger, pour le loyer de deux maisons sçizes et occupées de même...... 360ʰʰ

Au sʳ chevalier Houel, pour le loyer de deux maisons sçizes et occupées de même...... 360ʰʰ

Au sʳ Lefebvre, contrôleur, pour le loyer de la maison qu'il a occupée à Versailles en 1692...... 1200ʰʰ

Au sʳ Parisot, pour le loyer de son logement à Briconville en 1692...... 120ʰʰ

Somme de ce chapitre...... 10440ʰʰ

DÉPENSES DE TOULON ET DE MARSEILLE.

23 mars : au sʳ de Lubert, trésorier général de la marine, pour son remboursement de pareille somme qu'il a payée à Toulon pour l'achapt de partie des oignons de fleurs envoyés pour les jardins des maisons royales, transport desd. oignons de Toulon à Lyon, et pour l'entretien du jardin du Roy, scitué au terroir de lad. ville, servant à peupler lesd. oignons, pendant l'année 1691...... 2244ʰʰ 18ˢ

MONCEAUX.

MAÇONNERIE.

26 octobre : à François Desarneaux, pour réparations de maçonnerie par luy faites au château de Monceaux pendant la présente année...... 72ʰʰ 5ˢ

14 décembre : à luy, à compte de ses ouvrages de maçonnerie en 1688...... 100ʰʰ

A luy et autres, sur ses ouvrages de maçonnerie, y compris les rigolles faites au pourtour desd. bâtimens de l'avant-cour et les réparations des vitres pendant la présente année...... 173ʰʰ 10ˢ 6ᵈ

Somme de ce chapitre...... 345ʰʰ 15ˢ 6ᵈ

SERRURERIE.

2 novembre : à Nicolas Gavel, serrurier, ayant l'entretien des serrures du château de Monceaux, pour led. entretien pendant une année écheue le 1ᵉʳ septembre dernier...... 50ʰʰ

LABOURS, FUMIERS ET JARDINAGES.

9 mars : à Hierosme Drouet, pour trois labours par luy faits aux remises à gibier des plaines de Grenelle et de Montrouge, contenans 16 arpens et demi, avoir planté 18 milliers de plants et recépé ceux qui estoient nécessaires pour les faire fortifier...... 145ʰʰ 10ˢ

27 juillet - 21 septembre : à luy, pour les premier et deuxième labours desd. 16 arpens et demi faits pendant les mois de juin et septembre (2 p.)...... 198ʰʰ

20 avril : à Martin Nicolle et Jean Diot, jardiniers, pour avoir fourni 859 bottes de buys de plusieurs espèces à Trianon et Versailles, y compris les voitures. 247ʰʰ 7ˢ

4 may : aud. Nicole, pour 97 bottes de buys de bois, de 3 pieds et demi de tour, qu'il a fourni pour planter à Trianon, y compris cent touffes d'oculi Christy et 200 mufles de lyon pour planter à Marly...... 37ʰʰ 17ˢ

2 novembre : à Claude Guyot, jardinier, pour 130 bottes de buys de bois nain qu'il a fournis pour planter dans le jardin du R. P. de la Chaise, confesseur du Roy, au jardin Mont-Louis, au fauxbourg Saint-Antoine. 49ʰʰ 10ˢ

1ᵉʳ juin : à Pierre Michel et Claude Le Cochois, pour 92 grands tombereaux pleins de fumier en terrault, qu'ils ont vendu et fait voiturer jusqu'au port des Invalides, et de là à celuy de Marly...... 168ʰʰ

15 juin : à Jaques de la Marre et Nicolas Richon, pour 308 grands tombereaux, pleins de boues des rues de Paris, qu'ils ont fournis et voiturez pour fumer le jardin de la pépinière du Roulle, à 7ˢ le tombereau. 114ʰʰ 16ˢ

10 aoust - 21 septembre : à François Baudin et Nicolas Richon, jardiniers, pour le grand fumier qu'ils ont fourni pour couvrir pendant l'hyver les oignons et plantes de fleurs dud. jardin (2 p.)...... 251ʰʰ 6ˢ 8ᵈ

7 septembre : à Jean Le Dru et Claude Le Cochois, batteliers, pour dix batteaux de terrault, de 12 à 13 toises de longueur, qu'ils doivent voiturer par eau depuis le port de la Conférence à Paris jusqu'au port de Marly, à 45ʰʰ par batteau...... 300ʰʰ

5 octobre : à Jean Fromentin, Nicolas Richon et Jean Ledru, parfait payement de 919ʰʰ 3ˢ 4ᵈ à quoy montent 380 grands tombereaux de terrault qu'ils ont fourni et voituré par eau jusqu'au port de Marly.... 619ʰʰ 3ˢ 4ᵈ

20 avril : à Julien Foyer et Jaques Butet, pour 109 toises courantes de treillage qu'ils ont fourni pour renfermer la pépinière réservée prez de Roquancourt, et autres fournitures par eux faites...... 63ʰʰ 10ˢ

21 septembre : aud. Butet, pour avoir sarclé l'herbe et labouré les sentiers à 123 perches trois quarts de plant d'ormille d'un an, et 42 perches de celle de deux ans, dans le parc de Versailles...... 66ʰʰ 6ˢ

11 janvier 1693 : à luy, pour avoir rétably de perches le treillage qui enferme le petit plant d'ormille, semé

en 1691 le long du mur du parc de Versailles, entre Saint-Antoine et Roquancourt............ 54ᴴ 5ˢ

5-19 octobre : à luy et Michel Bray, pour avoir labouré deux arpens 62 perches et demi de terre en friche, de 12 à 14 pouces de profondeur, pour planter la charmille en pépinière et semer du gland et des marons d'Inde le long du mur du parc de Versailles en dedans, entre Saint-Antoine et Roquancourt (2 p.)........ 99ᴴ 15ˢ

2 novembre : à eux, pour 500 trous de deux pieds de large sur un pied de profondeur, pour planter des ifs et regarnir les grands bois de Trianon....... 37ᴴ 11ˢ

A eux, pour le labour d'un fer de bêche par eux fait à un arpent 75 perches de terre, derrière les jardins de Saint-Antoine à Versailles, pour faire planter des marcottes de bois blanc et petits ormes pour mettre en pépinière................................. 43ᴴ 15ˢ

30 novembre : à eux, pour avoir fourni 27 milliers de plant de boutures de bois blanc pour regarnir dans les petits plants de bois le long de la ceinture du parc, à 50ˢ le millier...................... 97ᴴ

16-30 novembre : à eux et Germain Paris, pour avoir planté en pépinière 11613 toises courantes de charmille, venant de la forest de Lyons, le long du mur du parc de Versailles, proche Roquancourt (2 p.). 482ᴴ 1ˢ

16 novembre : à eux, pour avoir planté dans les manes 200 ormes venus cette année de Flandres pour mettre en réserve, et planté 25 toises de grosse charmille en motte au jardin de S. M. à Trianon...... 66ᴴ 10ˢ

28 décembre : à eux, Butet et Paris, pour avoir fait 24 toises de fossez neufs et relevé 119 toises de vieux fossez dans l'allée de Marly................ 20ᴴ 17ˢ

27 janvier-18 may : à Remy Janson, jardinier, pour le plant d'ormille dont il a regarni 120 arpens de bois nouveaux plantez dans la grande remise à gibier entre Rennemoulin et Vilpreux et prez la grille de Gallye, et recepé au pied 79 arpens 16 perches un quart de bois nouveaux plantez pour les abandonner de labour dans lesd. remises (2 p.).................. 236ᴴ 18ˢ 2ᵈ

20 avril : à luy, parfait payement de 574ᴴ 16ˢ 3ᵈ à quoy montent trois labours par luy faits aux plants d'arbres des avenues du château de Vincennes et autour de l'Arc de triomphe pendant 1691...... 374ᴴ 16ˢ 3ᵈ

4 may : à luy, parfait payement de 2845ᴴ 8ˢ 7ᵈ à quoy montent trois labours par luy faits aux plants d'arbres des avenues de l'ancien et nouveau parc de Versailles et autres ouvrages de jardinages pendant 1691. 795ᴴ 8ˢ 7ᵈ

18 may : à luy, parfait payement de 1681ᴴ 18ˢ qui luy sont deûs pour avoir fait arracher dans les pépinières de S. M. 420 milliers de plant d'ormille, 10500 plants de chesne, 16303 ormes, bois blancs et tillots, et pour avoir fait voiturer 12017 desd. arbres pour planter dans les jardins, parcs et avenues des maisons royalles...
.... 781ᴴ 18ˢ

A luy, pour avoir fait 665 trous de trois pieds en carré sur deux pieds de profondeur, arraché les racines nécessaires, remply les trous de terre et planté des arbres dans les bois du jardin de Trianon......... 166ᴴ 1ˢ

10 aoust-16 novembre : à luy, pour les premier et deuxième labours par luy faits à 108 arpens 22 perches trois quarts de terre plantée en nouveaux bois dans la grande remise à gibier entre Rennemoulin et Villepreux et le long du mur du petit parc depuis la grille de Gallye jusqu'à la porte du bois d'Arcy (2 p.)... 677ᴴ 10ˢ 3ᵈ

10 aoust : à luy, pour le premier labour aux plants des pépinières d'ormes, bois blancs, chicomores, maroniers d'Inde et petits plants de chesne et charmille en réserve dans le parc de Versailles, montant à 61 arpents 66 perches trois quarts de pépinière, à raison de 7ᴴ l'arpent
.... 431ᴴ 12ˢ 8ᵈ

7 septembre-14 décembre : à luy, sur le 1ᵉʳ et 2ᵉ labours qu'il a fait à 25086 arbres, de 10 pouces de grosseur et au-dessous, dans les avenues des grands et petits parcs de Versailles, à 20ˢ le cent desd. arbres, y compris 80ᴴ pour avoir arraché les ronces et épines qui estoient entre les arbres plantez en confusion à la teste de la grande pièce d'eau prez le Mail et dans l'allée du réservoir de Satory (2 p.)............... 563ᴴ 5ˢ

7 décembre : à luy, pour le labour de 6 pieds en carré à 4269 arbres de 10 pouces de grosseur et au-dessous, dans les avenues du château de Vincennes et au pourtour de l'Arc de triomphe........... 42ᴴ 13ˢ 10ᵈ

A luy, pour avoir coupé le faux bois et redressé les arbres à 33 arpens 29 perches de pépinière d'ormes, bois blanc, tillots et maroniers d'Inde dans les parcs et aux environs de Versailles............ 216ᴴ 7ˢ 3ᵈ

21 septembre : à luy, pour avoir sâclé l'herbe et labouré les sentiers à 93 perches de plant d'ormille de deux ans, dans le parc de Versailles........ 67ᴴ 15ˢ

5 octobre : à luy, pour le deuxième labour à 48 arpents 40 perches et demi de pépinières plantées d'ormes, bois blanc, chicomores et maroniers d'Inde, chesne et charmille, dans le parc et aux environs de Versailles....................... 338ᴴ 16ˢ 9ᵈ

14 décembre : à luy, pour le deuxième labour à 2864 arbres, de la grosseur de 10 pouces et au-dessous, dans les avenues du grand Cours, dans les longs champs et au pourtour de l'Arc de triomphe hors le parc de Vincennes, et à 1405 autres arbres de pareille grosseur

ANNÉE 1692. — LABOURS, FUMIERS ET JARDINAGES.

dans les allées de la petite garenne et celle des Pins, dans le parc dud. Vincennes, et autres ouvrages. 156ʰ 14ˢ 4ᵈ

28 décembre 1692-11 janvier 1693 : à luy, parfait payement des dépenses qu'il a faites pour arracher 87 milliers de plant d'ormilles, 11 milliers de plant de chesne, 12951 ormes, bois blancs, chicomores et maronniers d'Inde, et pour avoir fait voiturer 8269 desd. arbres, à raison d'un sol la pièce (2 p.).... 1108ʰ 12ˢ

11 janvier 1693 : à luy, pour avoir remply de bonne terre 334 trous d'arbres, de 6 pieds en carré, sur 2 pieds de profondeur, dans l'allée des Pins et de la petite garenne dans le parc de Vincennes........ 162ʰ 8ˢ 10ᵈ

A luy, pour avoir ébourgeonné 48000 arbres dans les avenues du parc de Versailles qui ne sont point comprises dans son entretien, à raison de 40ˢ le millier.... 96ʰ

4 may : à Antoine Tricadeau, jardinier, parfait payement de 941ʰ 16ˢ 5ᵈ à quoy montent trois labours par luy faits aux plants d'arbres des avenues du château de Versailles hors les parcs, du costé de Paris, Marly, Clagny et Glatigny, et autres ouvrages, le tout pendant 1691................ 281ʰ 16ˢ 3ᵈ

18 may : à luy, pour avoir regarny 229 arpens 74 perches et demi dans les remises et la ceinture du parc nouveau planté en bois, et recepé au pied 120 arpens 16 perches et demi, dans lesd. remises, pour les abandonner de labour............... 464ʰ 15ˢ 6ᵈ

10 aoust : à luy, parfait payement de 689ʰ 4ˢ 2ᵈ à quoy montent le premier labour par luy fait à 229 arpens 73 perches trois quarts de terre plantée en nouveaux bois dans les remises à gibier et à la ceinture au long des murs dans le parc de Versailles......... 439ʰ 4ˢ 2ᵈ

19 octobre : à luy, pour le deuxième labour auxd. 229 arpens...................... 689ʰ 4ˢ 2ᵈ

7 septembre-14 décembre : à luy, pour le premier et deuxième labours à 6132 arbres de 10 pouces de grosseur et au-dessous, dans les avenues de Versailles du costé de Paris, de Marly, Clagny et Glatigny (2 p.)... .... 121ʰ 14ˢ 5ᵈ

12 janvier 1693 : à luy, pour avoir ébourgeonné dans les avenues de Versailles hors le parc, du costé de Paris, Clagny et Marly, 11054 arbres hors son entretien................. 22ʰ 2ˢ 2ᵈ

27 janvier : à Jean Frade, jardinier, parfait payement de 302ʰ 13ˢ 3ᵈ à quoi montent les labours par luy faits aux plants des avenues de Saint-Germain-en-Laye, pendant l'année dernière............ 102ʰ 13ˢ 3ᵈ

7 septembre-2 novembre : à luy, pour le premier et deuxième labour à 5625 arbres de 10 pouces de grosseur et au-dessous, dans les avenues de la garenne de Vézinet et routte des Loges près Saint-Germain (2 p.) 111ʰ 19ˢ

23 mars : à luy et Jaques Huby, pour 38 amandiers de tige et 20 pruniers aussi de tige qu'ils ont fourni pour planter dans les jardins du château de Vincennes et de la pépinière du Route.............. 26ʰ 7ˢ

6 avril : à Thomas de Bugni, jardinier, pour le troisième labour par luy fait aux arbres des avenues du palais des Thuilleries et du parc de Boulogne, y compris les regarnissemens des arbres qui ont esté faits dans lesd. avenues et dans le vieil Cours-la-Reyne... 184ʰ 2ˢ

7 septembre 1692-11 janvier 1693 : à luy, pour le premier et deuxième labour, de 6 pieds en carré, à 3251 arbres de 10 pouces de grosseur et au-dessous, auxd. endroits cy dessus (2 p.).......... 56ʰ 10ˢ 2ᵈ

23 mars-6 avril : à Germain Paris et Jean Robert, pour avoir labouré, de deux fers de besche de profondeur, deux arpens de terre pour planter une pépinière d'ormes et de bois blancs proche Saint-Antoine, hors le parc (2 p.)........................ 163ʰ 10ˢ

20 avril : aud. Paris, pour avoir fait et relevé 276 toises de fossez pour la conservation des arbres des avenues de Versailles.................. 64ʰ 15ˢ

9 mars : à François Mettay, jardinier, pour la dépense qu'il a faite pour avoir émondé les arbres et fait 16346 fagots et 27 cordes et demi de bois qui ont esté vendus au proffit de S. M. dans les avenues du palais des Thuilleries proche le Cours-la-Reyne...... 940ʰ 5ˢ

23 mars : à luy, pour la dépense qu'il a faite pour émonder les arbres des avenues du château de Vincennes, dont le bois coupé a esté débitté et vendu au proffit de S. M...................... 1528ʰ 18ˢ 4ᵈ

A luy et François Poirier, parfait payement de 250ʰ 4ˢ 8ᵈ pour les rigolles par eux faites et remplies, et plantées de petites charmilles en réserve autour de deux pépinières dans le parc de Versailles et le long du mur entre Saint-Anthoine et Roquancourt...... 150ʰ 4ˢ 8ᵈ

19 octobre : à Jaques Le Roy, pour 261 toises courantes de fossez, de deux pieds et demi de large sur un pied de profondeur, qu'il a fait pour l'écoulement des eaux de l'allée des tillots et avoir régalé les terres des deux cotez, à raison de 2ˢ 3ᵈ la toise......... 29ʰ 7ˢ

2 novembre : à luy, pour avoir enfoncé en terre 168 pieux de perche pour la conservation des arbres du parc de Versailles, y compris la voiture d'un cheval pour les distribuer..................... 31ʰ 4ˢ

29 juin : à Jean Lancelin, jardinier, pour avoir rétably, relevé et fait de neuf 264 toises de fossez dans les avenues de Marly et de Saint-Cir, y compris la dépense

faite pour avoir relevé de terre 30 pieux de bois en des endroits où ils n'estoient plus nécessaires pour les replanter où il a esté de besoin............ 51ᴸ 10ˢ

Somme de ce chapitre..... 14840ᴸ 0ˢ 2ᵈ

OIGNONS DE FLEURS ET PLANTS D'ARBRES.

6-20 avril : à MICHEL DE LAFOREST, jardinier, pour 3640 juliennes, 1000 matriquaires, 2692 véroniques doubles et 2010 œillets d'Espagne, qu'il a fourni pour planter dans le jardin de Marly (2 p.).... 464ᴸ 13ˢ 7ᵈ

4 may : à luy, pour 1000 matriquaires, 600 jassées, 100 coquelourdes, 1370 œillets d'Espagne, 500 véroniques et 2100 juliennes doubles, qu'il a fourni pour Trianon....................... 297ᴸ 2ˢ

A luy, pour 1590 coquelourdes pour planter dans le jardin de Marly, à 4ᴸ le cent................ 63ᴸ 12ˢ

19 octobre : à luy, pour les œillets d'Espagne et les plantes d'oculus Christi qu'il a fourni pour planter dans led. jardin de Marly................ 112ᴸ 11ˢ 3ᵈ

1ᵉʳ juin : à MICHEL BAUDIN, pour 150 geroflées doubles qu'il a livrées pour led. jardin de Marly.... 165ᴸ

6 octobre-2 novembre : à ESTIENNE MARÉCHAL et JAQUES HUBY, jardiniers, parfait payement des oignons et plantes de fleurs par eux fournis pour planter dans led. jardin de Marly (2 p.)....................... 1135ᴸ 15ˢ

14 décembre : à eux, pour avoir fourni des oignons de fleurs pour les jardins de S. M. à Marly, la pépinière du Roule et autres endroits................ 52ᴸ 5ˢ

19 octobre : aud. HUBY, pour les oignons de fleurs qu'il a fourni pour la Salle du Conseil et jardin de la Surintendance des bâtimens.............. 86ᴸ 15ˢ

A NICOLAS HAINAULT, jardinier, pour les oignons de fleurs qu'il a fourni pour le jardin de la pépinière du Roulle,...................... 58ᴸ 5ˢ

A JAQUES JULIENNE, jardinier, pour les oignons de fleurs qu'il a fourni pour l'orangerie de S. M. à Fontainebleau........................ 30ᴸ 5ˢ

11 janvier 1693 : à VERNIER, jardinier, pour 100 livres d'annemônes, à 10ˢ la livre, et 50 bottes de buys nain, à 5ˢ la botte, pour planter dans le jardin du Roy à Trianon....................... 64ᴸ 12ˢ

4 mars : à JULIEN FOYER et FRANÇOIS POIRIER, jardiniers, pour avoir arraché et voituré 9300 brins de boutures de bois blancs pour planter dans les pépinières, 8200 plants d'épine blanche pour les bosquetz du petit parc de Versailles, et autres ouvrages....... 91ᴸ 7ˢ

6 avril-4 may : à PIERRE LEGUILLIER et NICOLAS RICHON, pour avoir voituré des arbres, arbrisseaux et plants de fleurs pour planter aux maisons royales (2 p.)
.... 506ᴸ 10ˢ

6 avril : à CRUCHET et MARÉCHAL, jardiniers, pour les arbrisseaux et plants de fleurs qu'ils ont fourni pour planter dans les jardins desd. maisons royales. 108ᴸ 16ˢ

20 avril : à eux, pour 250 hiacintes orangères doubles, 9 rosiers en boule et 100 touffes d'oculy Christi qu'ils ont fourni pour planter à Marly...... 55ᴸ 12ˢ

A JAQUES PHILIPES et ANTOINE DUVAL, pour dix milliers de gros plant de bois blanc de la bonne espèce, qu'ils ont livré dans la pépinière de Saint-Antoine, et trois milliers de grosses épines blanches pour planter à Trianon............................ 48ᴸ 2ˢ

5 octobre-30 novembre : ausd. LEGUILLIER et ESTIENNE FERRAND, pour avoir voituré des arbrisseaux, plants, oignons de fleurs, du jardin de la pépinière du Roulle et dans celle de Versailles pour planter dans les maisons royales (2 p.)......................... 399ᴸ 5ˢ

16 novembre : à GERMAIN CURDEVILLE, jardinier à Vitry-sur-Seine, pour 38 pêchers de haute tige qu'il a fourni pour le jardin de S. M. à Vincennes, à raison de 10ˢ pièce, et 331 autres arbres fruitiers greffez de bonne espèce, à 6ˢ pièce................. 101ᴸ 15ˢ

21 septembre-16 novembre : à LOUIS GERMAIN, parfait payement des 1155 milliers de plant de charmille qu'il a fait arracher dans la forest de Lions et les avoir fait voiturer à Versailles pour planter dans les jardins des maisons royales, y compris les frais de voyage dud. GERMAIN (3 p.)....................... 982ᴸ 10ˢ

16 novembre : au sʳ BALLON, pour avoir fait lever dans le pays d'Artois 1400 ormes et 1000 bois blancs pour le service de S. M., y compris la voiture depuis le bourg de Frevent en Artois jusqu'au jardin de S. M. à Marly, Trianon et la pépinière du Roulle, à raison de 6ˢ pour l'achapt de chacun desd. ormes, de 5ˢ pour chacun bois blanc et de 35ᴸ pour la voiture de chacun cent desd. arbres...................... 1596ᴸ 15ˢ

Somme de ce chapitre..... 6421ᴸ 7ˢ 10ᵈ

TERRASSES ET VOITURES.

27 janvier : à PIERRE CAILLOU et ESTIENNE HUBIN, terrassiers, pour 18 toises un tiers cubes de bonne terre qu'ils ont fouillée et portée à la hotte dans plusieurs carrez du jardin de la pépinière du Roy au Roulle pour fumer, et à 120 toises de portée commune, à raison de 50ˢ la toise................. 45ᴸ 16ˢ 8ᵈ

10 février : à eux, pour 13 toises un quart cubes et autres ouvrages.................. 79ᴸ 11ˢ 6ᵈ

24 février-9 mars : à eux, pour 13 toises trois quarts

ANNÉE 1692. — LABOURS, FUMIERS ET JARDINAGES.

cubes de terre pour rehausser le mur de clôture du jardin de lad. pépinière du Roule (2 p.)..... 161ᵗᵗ 6ᵈ

23 mars : à eux, pour 117 perches de terre de deux pieds de creux, à 8ˢ la perche, et 13 perches trois quarts de terre labourée d'un fer de bêche, et autres ouvrages 66ᵗᵗ 1ˢ

4 may : à eux, pour le labour à 80 perches de terre à la bêche, 71 toises d'aix de batteau et autres ouvrages, et fourniture faite à lad. pépinière.......... 152ᵗᵗ 6ˢ

28 décembre : à eux, pour avoir porté à la tâche et à la hotte 13 toises trois quarts cubes de fumier de rue, à 90 toises de portée commune à lad. pépinière du Roule........................... 30ᵗᵗ 18ˢ 9ᵈ

11 janvier 1693 : à eux, pour 20 toises et demi de fumier de rues qu'ils ont transporté dans plusieurs carrez du jardin de lad. pépinière............ 72ᵗᵗ 17ˢ 6ᵈ

18 may-27 juillet : à Estienne Hubin, sur ses labours, autres ouvrages et fournitures par luy faits dans led. jardin depuis le 5 may jusqu'à la fin du présent mois de juillet (5 p.)...................... 246ᵗᵗ 8ˢ 2ᵈ

24 aoust : à Le Roy, pour la voiture, depuis Lyon jusqu'à Paris, de vingt mil oignons de fleurs qui ont esté levez dans la pépinière du Roy à Toulon pour planter dans les jardins des maisons royales......... 76ᵗᵗ 9ˢ

Somme de ce chapitre....... 931ᵗᵗ 9ˢ 1ᵈ

DIVERSES DÉPENSES DES JARDINS.

18 may : à Eustache Thibault, jardinier du château de Vincennes, pour cinquante bottes d'échalats qu'il a fourni pour soutenir les muscats et chasselats, cinquante toises de cordes à puits et autres fournitures par luy faites pour led. jardin...................... 99ᵗᵗ

POTS DE TERRE.

14 décembre : à Jean Prud'homme, pottier de terre, pour 355 pots de terre de 8 pouces de diamettre, à raison de 7ᵗᵗ 10ˢ le cent, qu'il a fourni pour empoter et conserver des gérofflées doubles et simples pendant l'hyver dans le jardin de la pépinière du Roy au Roulle, y compris la voiture.................... 28ᵗᵗ 2ˢ 6ᵈ

23 mars : à Cordelette, marchand de marée, pour 500 grands manequins à marée, à 7ᵗᵗ 10ˢ le cent, 400 moyens, à 4ᵗᵗ 10ˢ le cent, et 500 petits, à 3ᵗᵗ le cent, qu'il a fourni pendant le mois de mars pour lever des arbrisseaux dans le jardin de la pépinière du Roule.... 75ᵗᵗ

20 avril : à luy, pour 1600 manequins qu'il a fourni pour idem............................. 84ᵗᵗ

20 avril : à Nicolas Hendrecy, vannier, pour 700 mannes d'ozier rond de différentes grandeurs qu'il a fourni pour lever des gros arbrisseaux au jardin du Roule pour voiturer aux maisons royalles......... 143ᵗᵗ 9ˢ

28 décembre : à luy, pour plusieurs corbeilles et paniers d'ozier de différentes grandeurs qu'il a fourni pour porter des fraises et des fruits d'esté et d'hyver du jardin du château de Vincennes à S. M. à Versailles, pendant la présente année, y compris 24ᵗᵗ pour quatre poësles de fer et quatre sacs de charbon qui ont esté donnez au jardinier dud. Vincennes pour dessécher la nouvelle serre pendant l'hyver...................... 155ᵗᵗ 16ˢ

5-19 octobre : à luy et à Cordelette, pour des manequins et des mannes par eux fournis pour transporter des arbrisseaux levez en mottes aud. jardin du Roulle (2 p.).............................. 208ᵗᵗ 10ˢ

30 novembre : à Nicolas Malherbe, vanier, pour 250 mannes d'ozier de 18 pouces de diamètre qu'il a fourni, pendant le mois de novembre 1692, pour planter des bois blancs de Flandres en réserve dans le parc de Versailles, à raison de 23ᵗᵗ le cent........ 57ᵗᵗ 10ˢ

Somme de ce chapitre....... 851ᵗᵗ 7ˢ 6ᵈ

OUVRIERS À JOURNÉES DE LA PÉPINIÈRE DU ROULE.

27 janvier 1692-11 janvier 1693 : aux ouvriers qui ont travaillé à la journée du Roy dans lad. pépinière du Roule depuis le 10 janvier 1692 jusqu'au 10 janvier 1693 (26 p.)............................. 4406ᵗᵗ 8ˢ 2ᵈ

OUVRIERS À JOURNÉES DES PÉPINIÈRES DES ENVIRONS DE VERSAILLES.

27 janvier-14 décembre : aux inspecteurs et ouvriers qui ont travaillé aux plants dans le parc de Versailles (11 p.).............................. 649ᵗᵗ 10ˢ 1ᵈ

6 avril 1692-11 janvier 1693 : à ceux qui ont émondé et élagué les arbres des avenues et dans le nouvel accroissement du petit parc et le tour du Mail de Versailles (2 p.)................................ 105ᵗᵗ 13ˢ 4ᵈ

6 avril 1692-11 janvier 1693 : à ceux qui ont levé de la charmille pour regarnir les pallissades et veillé à la conservation desd. plants (5 p.)...... 409ᵗᵗ 1ˢ 4ᵈ

6 avril : à ceux qui ont voituré des plants de fleurs des environs de Versailles pour planter dans les jardins de Marly et de Trianon................. 30ᵗᵗ 10ˢ

20 avril-1ᵉʳ juin : à ceux qui ont travaillé à faire des trous et à planter des ifs dans les allées et carrez du bois du jardin de Trianon, et à planter du buys dans lesd. jardins (4 p.)......................... 482ᵗᵗ 18ˢ

20 avril-6 juillet : à ceux de la pépinière près Saint-Antoine (6 p.)...................... 442ᵗᵗ 7ˢ 8ᵈ

20 avril : à ceux qui ont conduit et fait voiturer des

47.

plantes de fleurs qui ont esté levées chez Michel Laforest, à Montreuil, pour planter dans le jardin de Marly. 37ᴸ 10ˢ
30 novembre : à ceux qui ont travaillé à lever, habiller et planter 11400 marcottes d'ormes de Flandres en pépinière derrière les jardins de Saint-Antoine. 105ᴸ 12ᵈ
A ceux qui ont travaillé à lever 255 ormes dans la pépinière de Vézinet, prez Saint-Germain, pour planter dans l'avenue de Poissy...................... 19ᴸ
14 décembre-1692-11 janvier 1693 : à ceux qui ont travaillé à lever, habiller et planter des marcottes d'ormes de Flandres en pépinière derrière les jardins de Saint-Antoine, à Versailles (4 p.)............... 481ᴸ 6ˢ

Somme de ce chapitre..... 2763ᴸ 8ˢ 5ᵈ

DIVERSES DÉPENSES SOUS LE SIEUR BALLON.

1ᵉʳ février : à Jean Frade, pour avoir pris 180 cignes sur la rivière de Seine, depuis Suresne jusqu'à Vernon, pour les sauver du déblacment des glaces, les avoir nourris et fait voiturer jusqu'à Chatou et à Saint-Cloud, du 28 décembre au 4 janvier........... 206ᴸ 19ˢ
A Claude Le Cochois, pour avoir pris 190 cignes depuis Villeneuve Saint-Georges jusqu'à Saint-Cloud, pour les sauver des glaces et les avoir fait voiturer dans l'isle des Cignes devant le Cours-la-Reyne... 110ᴸ 10ˢ
19 octobre : auxdits Jean Frade et Claude Le Cochois, gardes cignes, pour avoir éjointé 99 jeunes cignes sur la rivière depuis Melun jusqu'à Saint-Leu.... 141ᴸ 2ˢ 6ᵈ
24 février : au sʳ Blanchard, pour 86 muids de futailles pour faire et rétablir des caisses pour l'orangerie de la pépinière....................... 68ᴸ 16ˢ
9 mars : au nommez Andrezy et Romain Saulnier, pour avoir fourni 26 bottes de cerceau, 16 bottes de perches du cinquantin, 20 bottes d'ozier doré et 90 bottes de paille longue, le tout pour faire des paillassons pour élever et conserver des fraisières dans le jardin du château de Vincennes, y compris la voiture........... 100ᴸ 17ˢ
6 avril : à Estienne Hubin et Claude L'Escarcelle, pour 200 caisses d'un pied qu'ils ont faites et fournies pour mettre des arbrisseaux de l'orangerie de la pépinière du Roulle et autres ouvrages......... 45ᴸ 15ˢ
Au sʳ Le Vouin, garde chasse de la garenne du Louvre, pour avoir entretenu les clôtures de perches et d'échalats de deux remises à gibier dans la plaine de Grenelle, plantez en nouveaux bois en 1688, 1689 et 1691. 100ᴸ
6 avril 1692-11 janvier 1693 : au sʳ Ballon, pour son remboursement de ce qu'il a payé pour la nourriture et conservation des cignes sur la rivière de Seine depuis Villeneuve Saint-Georges jusqu'aux environs de Vernon, pendant l'année 1692 (4 p.)......... 1741ᴸ 17ˢ 9ᵈ

20 avril : à luy, pour son remboursement de la voiture de neuf caisses pleines d'oignons de tubéreuses, depuis Lion jusqu'à Paris, y compris le port de deux mannequins pleins d'oignons de tubéreuses de Paris à Fontainebleau......................... 58ᴸ 7ˢ
28 décembre : à luy, pour menues dépenses faites pour le service de S. M. au Roule et à la porte du Cours-la-Reyne, pendant les mois de novembre et décembre derniers............................... 46ᴸ 9ˢ
24 aoust : à Claude Marlin et Guillaume Colignon, pour les réparations de ressoudure par eux faites aux pompes des puits de la pépinière du Roulle et autres ouvrages et fournitures................... 45ᴸ 6ˢ
24 aoust-7 septembre : à Jean Mabeu et François de Baye, inspecteurs, pour avoir veillé sur les plants des pépinières et avenues de Versailles, y compris un voyage fait de Versailles à la pépinière du Roulle pour y porter des greffes d'orangers (2 p.)............. 99ᴸ 10ˢ
16 novembre : audit Jean Mabeu, pour les frais du voyage qu'il a fait à cheval, de Versailles en Artois, pour ayder à faire lever 1400 ormes et 1000 bois blancs pour les jardins de S. M., et pour son retour, le tout pendant dix-sept jours............................... 100ᴸ
A la veuve Dubuisson, portière de la porte du Cours-la-Reyne du costé de Chaillot, pour quelques ajustemens qu'elle avoit fait dans le logement qu'elle occupoit et qu'elle a laissés en sortant d'iceluy............. 30ᴸ
18 may : à Joseph Royer, fondeur, pour ouvrages de cuivre par luy faits pour le rétablissement de deux pompes dans le jardin de la pépinière du Roulle... .... 158ᴸ 17ˢ 9ᵈ
11 janvier 1693 : à la demoiselle Bouchard, pour la dépense qu'elle a faite pour la conservation des orangers du palais des Thuilleries pendant le présent hyver. 77ᴸ

Somme de ce chapitre........ 3131ᴸ 7ˢ

PÉPINIÈRE DU ROULLE.

MAÇONNERIE.

15 juin : à Honoré Duez, maçon, pour le rétablissement des bassins en ciment des jardins de lad. pépinière, y compris 15ᴸ 3ˢ qu'il a payez à Estienne Hubin pour avoir labouré à la besche 75 perches 3/4 de terre dans les carrez du jardin de lad. pépinière....... 78ᴸ 14ˢ

MENUISERIE.

1ᵉʳ juin-27 septembre : à Claude L'Escarcelle, pour 232 caisses de différentes grandeurs pour l'orangerie de

ANNÉE 1692. — ÉTANGS DE TRAPPES, ETC.

la pépinière du Roule et autres ouvrages (2 p.)...
.... 219^{lt} 12ˢ 4^d

11 janvier 1693 : à luy, pour avoir posé des lambourdes et parqueté une chambre basse dans la maison de la pépinière du Roule........................ 27^{lt}

10 aoust : à MARC BOUVRAIN, serrurier, et JACQUES PORTRAIT, menuisier, pour menus ouvrages et réparations de serrurerie et menuiserie par eux faits dans la maison de la pépinière du Roule et lieux en dépendans. 34^{lt} 19ˢ

Somme de ce chapitre..... 181^{lt} 11ˢ 4^d

SERRURERIE.

1ᵉʳ juin : à PHILIPE RENAULT, serrurier, pour 189 livres pesant de fer corroyé et 112 livres de fer commun qu'il a fourni pour rétablir les deux pompes du jardin de lad. pépinière du Roule..................... 64^{lt} 1ˢ

JARDINAGES.

13 mars : à JEAN AMELINE, jardinier, pour avoir fait 300 trous, de 6 pieds en carré sur 2 pieds de profondeur, les avoir planté d'ormes et remply de terre, à raison de 6ˢ pièce, et avoir fait 340 toises de rigolles, de 3 pieds de largeur sur deux pieds de profondeur, et y avoir planté de la charmille en palissade, à 3ˢ la toise, le tout dans le jardin du château de Maintenon................ 141^{lt}

ÉTANGS DE TRAPPES, ETC.

MAÇONNERIE ET CHAUX.

20 juillet-2 novembre : à ROGER, chauffournier, pour 75 poinçons 1/2 de chaux qu'il a fourni pour les réparations faites au revêtement des marnières et aux chaussées du Pré-Clos, Trou-Salé, Trappes et étang de la Tour (2 p.)................................... 382^{lt}

17 février : à ANNE BINOT, maçon, pour la démolition et rétablissement de la maçonnerie à pierre sèche qui a esté gâtée à la chaussée de la queue de l'estang de Trappes, laquelle il a fallu doubler à cause des affaiblissemens des terres........................ 370^{lt}

18 may-30 novembre : à luy, à compte de la maçonnerie à pierre sèche et transport des terres qu'il a fait pour poser une soupape à la chaussée de l'estang de la Tour (6 p.)............................ 1600^{lt}

Somme de ce chapitre.......... 2352^{lt}

TERRASSES.

18 may : à JEAN FLABÉ, terrassier, pour fouille et transport des terres qu'il a fait pour la décharge de l'estang de la Villeneuve..................... 85^{lt} 12ˢ 6^d

20 juillet : à luy, pour le remblay qu'il a fait sur deux esboulis du grand aqueduc du Perray, montant à 35 toises cube, à raison de 20ˢ la toise................ 35^{lt}

6 juillet : à MARTIN MARISCAL, terrassier, pour la fouille et transport des terres qu'il a fait pour la réparation des rigolles, tant aux environs de Trappes que du Perray........................ 633^{lt} 2ˢ 6^d

31 aoust-14 décembre : à luy, parfait payement des ouvrages de terrasses et conroy par luy faits, tant aux étangs qu'aux rigolles depuis Trappes jusqu'à Vieille-Église (5 p.)........................ 2744^{lt} 5ˢ

Somme de ce chapitre.......... 3498^{lt}

SERRURERIE.

2 novembre : GEORGES SIMONNET, serrurier, pour les ouvrages qu'il a fait, tant pour l'équipage d'une soupape posée à l'estang de la Tour que pour menus ouvrages par luy faits en d'autres endroits................. 59^{lt} 4ˢ

OUVRIERS À JOURNÉES SOUS LE SIEUR DE SAINTE-CATHERINE.

17 février-2 novembre : aux ouvriers qui ont travaillé à divers menus ouvrages aux étangs de Trappes et d'Arsy (6 p.)........................ 924^{lt} 1ˢ 6^d

23 mars : à ceux qui ont esté employez tant à vuider les neiges des rigoles qu'à faire couler les glaces le long des ouvrages, depuis Guyencourt jusqu'à Vieille-Église .... 431^{lt} 13ˢ

2 novembre : à ceux qui ont travaillé à la réparation de la maçonnerie de l'étang de Trappes..... 168^{lt} 16ˢ

2-30 novembre : à ceux qui ont travaillé aux aqueducs du Perray, au nettoyement de celui de l'Artoire et autres menus ouvrages (2 p.)................. 528^{lt} 8ˢ

A ceux qui ont travaillé aux réparations de la plaine de Saclay, tant en maçonnerie qu'autres ouvrages (2 p.) .... 231^{lt} 17ˢ

3 novembre : au sʳ de SAINTE-CATERINE, pour remboursement de huit manteaux des livrées du Roy donnez aux huit gardes de rigolles des plaines de Saclay, Trappes et le Perray, à raison de 22^{lt} la pièce........ 176^{lt}

Somme de ce chapitre.... 2460^{lt} 15ˢ 6^d

DIVERSES DÉPENSES.

4 may : à CHARLES-FRANÇOIS PAULART, pour journées d'ouvriers et pour fournitures qu'il a faites pour poser 8 toises de conduites derrière la chaussée de l'estang du petit Port-Royal..................... 31^{lt} 13ˢ 6^d

SAINT-GERMAIN.

MAÇONNERIE.

13 avril-25 may : à Jaques Barbier, maçon, parfait payement de 4214^{lt} 14^s 11^d à quoy montent les ouvrages et réparations de maçonnerie par luy faits dans la dépendance des châteaux de Saint-Germain, depuis le 15 aoust de l'année 1685 jusqu'au 1er aoust 1691 (3 p.).......................... 494^{lt} 14^s 11^d

11 may : à luy, pour ouvrages et réparations de maçonnerie au jeu de paume de Saint-Germain en 1691 .... 231^{lt}

8 juin-7 décembre : à luy, sur les ouvrages et réparations qu'il a fait audit château depuis le 15 aoust 1691 (3 p.)..................... 599^{lt} 17^s 8^d

22 juin : à luy, pour le rétablissement et augmentation des murs et pilliers boutans de la clôture de la forest de Saint-Germain aux endroits où ils étoient tombez du côté de la vente Saint-Léger......... 593^{lt} 3^s 4^d

3 aoust : à luy, pour 140 poteaux qu'il a scellés depuis l'église de Saint-Germain, passant dans la cour des cuisines jusqu'auprès l'ancien abreuvoir, pour y tendre la tapisserie le jour de la Feste-Dieu dernière... 155^{lt}

28 septembre : à luy, sur ses ouvrages à l'augmentation du petit bâtiment que l'on a fait joignant la Capitainerie de Saint-Germain pour Mr de Monchevreuil .... 150^{lt}

26 octobre : à luy, pour deux pieds d'estaux qu'il a relevez sur le hault dud. château pour revêtir de plomb deux larmiers de pierre qui servent à l'égoût de la terrasse, et autres ouvrages.................. 88^{lt} 4^s

Somme de ce chapitre.... 2311^{lt} 19^s 11^d

CHARPENTERIE.

3 février : à Raoul de Pierre, dit La Porte, charpentier, pour ouvrages de charpenterie faits pour le posage de la cloche au haut du petit pavillon de Saint-Germain au bout de la chapelle................. 26^{lt}

20 avril 1692-8 mars 1693 : à Jean-Jaques Aubert, charpentier, à compte des ouvrages de charpenterie des nouveaux bâtiments de la cour des cuisines de Saint-Germain (2 p.)..................... 2500^{lt}

6 juillet : à luy, pour les poteaux qu'il a posez pour tendre la tapisserie le jour de la Feste-Dieu...... 130^{lt}

30 mars : à Julien Fouqueret, charpentier, pour 384 travées de pallis qu'il a démolis dans la forest de Saint-Germain et qu'il a redressés, chevillez et clouez au pourtour de la première remise à gibier de la garenne de Vézinet pour en faire la clôture........... 300^{lt} 15^s

11 may : à luy, pour 48 travées de pallis qu'il a rassemblées et lovées joignant le pavillon de la garenne de Vézinet pour condemner le chemin que les passants faisoient pour aller et venir au travers du bois...... 47^{lt}

Somme de ce chapitre...... 3003^{lt} 15^s

MENUISERIE.

27 avril-23 novembre : à François Millot, menuisier, parfait payement de 3709^{lt} 1^s 7^d à quoy montent les ouvrages et réparations de menuiserie par luy faits et fournis au château et dépendances de Saint-Germain (6 p.)...................... 949^{lt} 1^s 7^d

22 juin : à luy, pour la main d'œuvre, clouds et déchet des bois qu'il a fournis pour la construction des deux loges qu'il a fait sur la terrasse dud. château de Saint-Germain...................... 126^{lt} 18^s

Somme de ce chapitre..... 1075^{lt} 19^s 7^d

SERRURERIE.

3 février-21 décembre : à Joseph Rouillier, serrurier, parfait payement de 2018^{lt} 11^d à quoy montent les ouvrages de serrurerie qu'il a faits et réparez au château et autres bâtiments de Saint-Germain, y compris 56^{lt} qui luy sont déduits pour 800 livres de vieux fer qu'il a receus du magasin, à 7^{lt} le cent (6 p.).... 1012^{lt} 11^d

3 février : à Louis Piau, serrurier, pour ouvrages et réparations de serrurerie aud. château de Saint-Germain et dépendances........................ 21^{lt} 17^s

Somme de ce chapitre.... 1033^{lt} 17^s 11^d

VITRERIE.

20 janvier 1692-4 janvier 1693 : à Claude Cosset, vitrier, pour ses ouvrages et réparations de vitrerie aud. château de Saint-Germain en Laye et ses dépendances, du mois de décembre 1691 au mois de décembre 1692 (13 p.)........................ 1387^{lt} 7^s 9^d

PEINTURE.

28 septembre : à Louis Poisson, peintre, pour avoir repassé de blanc à huile l'appartement où loge la Princesse Vildegrave (sic) aud. château de Saint-Germain [1] .... 40^{lt}

---

[1] Sur la lecture de ce mot, point d'hésitation. Si l'on se rappelle que le château de Saint-Germain était habité en 1692 par le roi fugitif d'Angleterre, Jacques II, on arrive à cette conclusion que le nom propre, si étrangement dénaturé dans le texte, doit désigner une princesse anglaise de la suite de la Reine, femme de Jacques II.

ANNÉE 1692. — SAINT-GERMAIN.

PAVÉ.

25 may-9 novembre : à GILLES DERIAUX, paveur, pour ses réparations de pavé à plusieurs endroits de la dépendance des châteaux de Saint-Germain (2 p.)............................ 236ʰ 11' 7ᵈ

28 septembre : à luy, parfait payement de 183ʰ 10' à quoy montent les ouvrages de gros pavé neuf qu'il a fait au-dessus des aqueducs de Retz en lad. année............................ 63ʰ 10'

A luy, parfait payement de 287ʰ 3' 1ᵈ à quoy montent les ouvrages de pavé qu'il a déposez et reposez à chaux et sable, et à chaux et ciment, en plusieurs endroits de la dépendance du château de Saint-Germain. 187ʰ 3' 1ᵈ

Somme de ce chapitre..... 487ʰ 4' 8ᵈ

TERRASSES ET LABOURS.

30 mars : à PIERRE LE VASSEUR, terrassier, pour les terres et fumiers qu'il a fourni et transporté dans le jardin du Val, pour y planter des arbres fruictiers de plusieurs espèces...................... 298ʰ 7'

23 novembre-7 décembre : à luy, pour les fouilles qu'il a faites dans le verger du jardin du Val et des bonnes terres qu'il y raporte dans les trous pour regarnir les arbres fruictiers qui sont morts, et autres ouvrages et fournitures qu'il fait (2 p.)....... 617ʰ 10'

13 avril : à PIERRE MOTTE, laboureur, parfait payement de 1169ʰ 18' : à quoy montent le labour qu'il a fait aux plants du petit parc de Saint-Germain et à ceux du boulingrin du château neuf............... 69ʰ 18'

28 septembre-12 octobre : à luy, pour le plain labour qu'il fait aux plants du petit parc et à ceux dud. boulingrin (2 p.)........................... 592ʰ 3'

26 octobre-23 novembre : à luy, pour les trous qu'il fait dans le petit parc de Saint-Germain pour y regarnir les ormes qui y sont morts (2 p.)............ 300ʰ

6 juillet : à luy et à GUILLAUME MOTTE, pour le plain labour qu'ils ont fait aux nouveaux plants du boulingrin................................ 576ʰ 18'

21 décembre : à PIERRE CHAMPAGNE, terrassier, pour plusieurs tas de terre qu'il a enlevez dans le manège de l'hôtel du Mayne et pour avoir raporté 4 pouces de hauteur de sable en toute la superficie dud. manège, où il a entré 10 toises cubes..................... 50ʰ

31 aoust 1692-4 janvier 1693 : à JAQUES ROUAN, terrassier, pour les terres qu'il a enlevé à la seconde chaussée des estangs de Retz pour le persement d'icelle afin d'y faire un passage pour les eaux des ravines (5 p.) .... 274ʰ 11' 10ᵈ

30 mars-11 may : à ADRIEN BIENVENU, voiturier, pour les travées des palis qu'il a voituré de la forest de Saint-Germain-en-Laye dans la garenne du Vézinet, pour clorre la première remise à gibier de lad. garenne (3 p.) 435ʰ

11 may : à JEAN FRADE, laboureur, à compte du labour et ensemençage de grains qu'il a fait aux trois remises à gibier de la garenne de Vézinet pour la conservation du gibier de lad. garenne............. 200ʰ

17 février : à CHARLES FONTAINES, terrassier, pour avoir osté les neiges sur les voûtes du château neuf.... 44ʰ

23 novembre : à luy, pour avoir curé l'abbreuvoir du château de Saint-Germain dans lequel il s'est trouvé 37 toises cubes de boue qu'il a transportée dans le boulingrin du château neuf, pour y faire du terraut.. 60ʰ

Somme de ce chapitre.... 3518ʰ 7' 10ᵈ

DÉPENSES EXTRAORDINAIRES.

27 janvier : à NICOLAS DE NAINVILLE, fondeur, pour la main d'œuvre et fonte par luy faite d'une cloche et de deux paillers pour le château de Saint-Germain. 112ʰ 12'

3 février : à ESTIENNE LANGLOIS, cordier, pour plusieurs cordages, clouds, seaux, pelles, pics, et hottes qu'il a livrez au magasin............... 101ʰ 10'

A DOMINIQUE VARISSE, ramonneur de cheminées des bâtimens, pour 210 cheminées qu'il a ramonnées dans la dépendance dud. château en 1691, à 8' chacune 84ʰ

17 février : à FRANÇOIS GAUTIER, vuidangeur, pour avoir dégorgé les tuyaux des fosses d'aysances de la Chancellerie dud. Saint-Germain........... 15ʰ 10'

13 avril : à PIERRE COUSTILLIÉ l'aisné, jardinier du Val, pour le loyer des deux chambres qu'il a occupées dans le village de Carrière-sous-bois pour serrer les fruits d'hyver et les raisins dud. jardin............. 30ʰ

8 juin : à luy, pour les pierres et immondices qu'il a transportées de devant la Capitainerie de Saint-Germain pour y faire une place convenable au tournant des carrosses................................. 36ʰ

13 avril-21 décembre : à JEAN PADELAIN, ramoneur, pour cheminées qu'il a ramonnées en plusieurs appartemens du château de Saint-Germain pendant la présente année 1692, à 8' pièce (2 p.).......... 109ʰ 10'

11 may-23 novembre : à JEAN GAUTIER, charbonnier, pour 28 muids de charbon qu'il a livrez au magasin de Saint-Germain, pour employer aux réparations des plombs de la couverture du château, à 20' le sac (3 p.)... 84ʰ

11 may : à JULIEN LOBY, horloger, pour les ouvrages

qu'il a fournis et rétablis à l'horloge du château neuf de Saint-Germain pendant l'année dernière.... 49ʰ 10ˢ

25 may : à du Parc, jardinier du château neuf, pour une tranchée qu'il a fait faire dans son potager et pour 36 arbres fruitiers qu'il a acheptez pour planter dans son entretien........................ 30ʰ

Au sʳ Vanderuulst, pour son remboursement de cinquante seaux d'ozier, brayez en dedans, avec chacun une ance goudronnée, qu'il a livrez au port de Marly pour rester au magasin de Saint-Germain et y servir en cas d'accident de feu, à raison de 20 sols chacun, et 6ʰ 15ˢ pour la voiture d'iceux depuis Rouen jusqu'aud. port de Marly........................ 56ʰ 15ˢ

8 juin : à Noël Maillot, pour 52 toises courantes de tuiaux de grais, d'un pouce 1/2 de diamètre, qu'il a livrez au magasin de Saint-Germain pour poser à la conduite que l'on doit faire à la Charité de Saint-Germain pour conduire un filet d'eau, à 15 sols la toise courante... 40ʰ

6 juillet : à Claude Fontaine, pour avoir mis en couleur et frotté le parquet de huit pièces dans les appartemens de Monseigneur et de Madame la Dauphine. 30ʰ

3 aoust : à François Michel, pour les routtes et tous les nouveaux plants du petit parc où il a coupé les chardons.................... 18ʰ

17 aoust : à la veuve Louis Izabelle, pour 650 livres de mastic qu'elle a livré au magasin de Saint-Germain pendant les six premiers mois 1692, à 8ˢ le cent. 52ʰ

28 septembre : à Estienne Grandjean, pour un cent de bottes d'échalats, de 4 pieds 1/2 de longueur chacune et de 40 brins, qu'il a livrées au jardin du Val pour rétablir tous les treillages, tant le long des murs que des contre palliers, à raison de 12ˢ la botte...... 60ʰ

28 septembre : à René Laflèche, pour 24 barres de bois d'aune, de chacune huit pieds de longueur, et 32 roulons de bois de chesne qu'il a fournis aux escuries du manège de Saint-Germain............. 30ʰ

12 octobre 1692-4 janvier 1693 : à Jean Deroche, pour le mastic qu'il a achepté pour faire les réparations nécessaires aux terrasses du château de Saint-Germain (2 p.)........................ 58ʰ

23 novembre : aux Coustiliers, jardiniers du Val, pour la dépense qu'ils ont faite pour porter du fruit au Roy à Fontainebleau.................. 75ʰ

21 décembre : à du Parc, jardinier du château neuf de Saint-Germain, pour le fumier qu'il a achepté et les ouvrages de terrasse qu'il a fait faire à son entretien pendant la présente année 1692......... 142ʰ 12ˢ

Somme de ce chapitre...... 1214ʰ 19ˢ

ENTRETENEMENS DE SAINT-GERMAIN-EN-LAYE.

13 avril 1692-4 janvier 1693 : à Jaques Barbier, maçon, ayant l'entretenement de la terrasse, perrons, murs de clôture et loges des Suisses de la dépendance des châteaux de Saint-Germain en Laye et de Marly, pour ses gages à cause dud. entretien pendant le dernier quartier 1691 et les trois premiers 1692 (4 p.)... 1725ʰ

A Simon Deschamps, couvreur, ayant celuy de la couverture de la dépendance desd. châteaux de Saint-Germain et de Marly, pour ses gages pendant le même temps (4 p.)........................ 2429ʰ

27 avril-6 juillet : à Louis Izabelle, garçon plombier, ayant la recherche des plombs sur la couverture dud. château et autres maisons royales dépendantes, pour ses gages des six premiers mois 1692 (2 p.). 300ʰ

8 juin : à Pierre Joly, pour avoir entretenu les cages qui conservent les ormes plantez dans la grande route des Loges, en face du château.............. 25ʰ

6 juillet 1692-4 janvier 1693 : à Jean-Baptiste Lalande, jardinier de l'orangerie de Saint-Germain, pour les labours et entretiens des palissades du petit parc dud. Saint-Germain, pendant l'année 1692 (2 p.)... 400ʰ

4 janvier 1693 : à luy, pour le charbon qu'il a fourni pour le chauffage de lad. orangerie en 1692..... 250ʰ

A luy, pour le loyer de son logement pendant lad. année 1692........................ 150ʰ

2 octobre 1692-4 janvier 1693 : à Deroche, garçon plombier, pour ses gages des six derniers mois 1692 (2 p.)........................ 300ʰ

4 janvier 1693 : à la veuve Bellier et Louis Coustillier, son gendre, jardinier du parterre aux gazons de Saint-Germain, pour le remboursement de leur logement en 1692........................ 150ʰ

A Pierre et François Coustillier, jardiniers, pour leur logement.................... 200ʰ

Somme de ce chapitre........ 5929ʰ

OUVRIERS À JOURNÉES.

10 janvier 1692-4 janvier 1693 : aux ouvriers qui ont travaillé à la journée du Roy en la dépendance du château de Saint-Germain depuis le 4 janvier 1692 jusqu'au 2 du même mois 1693 (27 p.)... 1433ʰ 11ˢ 4ᵈ

31 aoust : à ceux qui ont travaillé au rétablissement des aqueducs des ponts de Retz, depuis le 29 mars jusques fin aoust.................. 229ʰ 10ˢ

23 novembre : à ceux qui ont esté employez à faire le rétablissement des murs de l'hôtel du Mayne de Saint-

Germain depuis le 27 octobre jusqu'au 22 novembre............................ 234ᵗᵗ 13ˢ

Somme de ce chapitre..... 1897ᵗᵗ 14ˢ 4ᵈ

MARLY.

MAÇONNERIE.

17 février : à JAQUES LOIZELEUR, maçon, parfait payement de 3138ᵗᵗ 7ˢ 11ᵈ à quoy montent les ouvrages de maçonnerie par luy faits en plusieurs endroits de la dépendance du château de Marly, tant pour la construction du corps de garde qui a esté fait prez la porte de l'entrée du parc du costé du village que de toutes les pierrées faites au pourtour des deux bassins ronds et de la dernière pièce d'eau du bas du jardin de Marly en 1689 et 1690................... 338ᵗᵗ 7ˢ 11ᵈ

20 janvier : à JEAN BAILLY et LOUIS ROCHER, entrepreneurs, parfait payement de 2404ᵗᵗ 1ˢ 1ᵈ à quoy montent les ouvrages de maçonnerie par eux faits dans le jardin de Marly pour la construction de six escaliers de pierre sur les glacis des deux côtez dud. jardin... 104ᵗᵗ 1ˢ 1ᵈ

8 juin : à eux, pour deux pieds d'estaux par eux faits dans le bosquet de Marly du costé du village pour y mettre deux figures...................... 155ᵗᵗ

12 octobre 1692 - 4 janvier 1693 : à luy, à compte de la maçonnerie du nouveau bâtiment joignant le magasin (7 p.)......................... 10200ᵗᵗ

20 janvier-13 avril : à FRANÇOIS GOBIN et PIERRE BURET, maçons, parfait payement de 3477ᵗᵗ 15ˢ 11ᵈ à quoy montent les ouvrages et réparations de maçonnerie par eux faits dans la dépendance du château de Marly en 1690 et 1691 (2 p.)........ 197ᵗᵗ 15ˢ 11ᵈ

30 mars-25 may : à eux, pour les murs de clôture de limosinerie qu'ils ont fait pour la construction du commencement de la nouvelle avenue qui est faite à la sortie du parc du costé du village de Marly (2 p.)... .... 798ᵗᵗ 2ˢ 4ᵈ

27 avril : à eux, pour avoir scellé 321 chevilles dans le mur du bout du jardin de Marly pour y attacher un treillage propre à tenir une palissade de charmille nouvellement plantée au devant dud. mur........ 54ᵗᵗ 7ˢ 9ᵈ

25 may-9 novembre : à eux, pour ouvrages de maçonnerie qu'ils ont faits pour les réparations du château et autres bâtimens de Marly, depuis le mois de janvier jusqu'au mois d'octobre dernier (4 p.)... 617ᵗᵗ 9ˢ 11ᵈ

26 octobre : à eux, pour 25 pierres de taille qu'ils ont posées au dessous des tuyaux de descente des pavillons de Marly, contenant chacune 2 pieds de long sur 1 pied 1/2 de large, avec un massif au dessous, à raison de 40ˢ la pièce........................ 50ᵗᵗ

22 juin : à eux, pour la construction de deux cheminées dans deux entresolles des offices de Marly où logent les garçons du château........... 103ᵗᵗ 16ˢ 11ᵈ

22 juin-30 juillet : à eux, pour ouvrages de gobetage et rétablissement qu'ils font aux murs du pourtour du grand réservoir du dessus de Marly (3 p.)..... 595ᵗᵗ

6 juillet : à eux, pour réparations aux murs de douves de la dernière pièce d'eau du jardin de Marly..... 140ᵗᵗ

3 février : à PIERRE BURET, maçon, et aux héritiers de MICHEL GOBIN, son associé, parfait payement de 880ᵗᵗ 13ˢ 4ᵈ à quoy montent les ouvrages par eux faits à l'estang du Trou d'Enfer.............. 230ᵗᵗ 13ˢ 4ᵈ

16 mars : aud. BURET, pour ouvrage de maçonnerie qu'il a fait et rétabli dans la dépendance du château de Marly, déduction faite de 150ᵗᵗ ordonné le 7 aoust... .... 30ᵗᵗ 15ˢ 4ᵈ

14 septembre : à luy, pour une partie du mur de l'estang du Trou d'Enfer qu'il a rétabli.......... 54ᵗᵗ

7 décembre : à PASQUIER LAURENT, maçon, pour avoir pavé avec du grand pavé de grais le fonds du puis de la ferme de l'estang du Trou d'Enfer.............. 36ᵗᵗ

Somme de ce chapitre..... 13705ᵗᵗ 3ˢ 6ᵈ

TERRASSES ET JARDINAGES.

3 février : à JAQUES LE JAY, jardinier, pour 200 toises courantes de petite charmille qu'il a plantée en pépinière dans le terrain qui est entre le réservoir du dessus de Marly et les corps de garde............... 150ᵗᵗ

17 février : à luy, pour avoir transporté 122 ormes en mannequin dans les bosquets de Marly....... 34ᵗᵗ

30 mars : à luy, pour 187 trous qu'il a faits dans la nouvelle avenue depuis la porte de la sortie du parc du côté du village jusqu'au chemin de Versailles à Saint-Germain, à raison de 8ˢ pièce................ 97ᵗᵗ

13 avril : à luy, parfait payement de 562ᵗᵗ 3ˢ à quoy monte la reconpe qu'il a façonnée et rebattue sur les allées du jardin de Marly pendant 1688...... 12ᵗᵗ 3ˢ

A luy, parfait payement de 665ᵗᵗ 17ˢ 6ᵈ à quoy montent 443 toises 5 pieds 6 pouces courantes de moyen treillage qu'il a fait dans le jardin de Marly en 1691... .... 165ᵗᵗ 17ˢ 6ᵈ

28 avril : à luy, pour avoir redressé et rebattu de deux vollées les salles et allées du réservoir qui est au bout du bosquet de Marly du côté du village........ 77ᵗᵗ 5ˢ

25 may : à luy, pour 21 toises carrées de gazon à queue par luy fait au bord du canal de l'estang du Trou

d'Enfer, à 3ᵗᵗ la toise, et pour le remblay de terre qu'il fait au derrière dud. gazon................. 75ᵗᵗ

20 juillet : à luy, parfait payement de 618ᵗᵗ 7ˢ à quoy montent les ormes qu'il a regarnis en la place de ceux qui estoient morts dans les plants de la dépendance du château.............................. 28ᵗᵗ 7ˢ

A luy, pour le gros treillage et plusieurs autres ouvrages qu'il a faits en la dépendance du château... .... 61ᵗᵗ 16ˢ 8ᵈ

A luy, pour transport de terres dans les allées du bosquet de Marly, du costé du village, pour rétablir les ravines qui s'y estoient faites, et autres ouvrages.... 94ᵗᵗ

17 aoust : à luy, pour 322 toises de gros treillages qu'il a fait dans le parc de Marly.......... 80ᵗᵗ 10ˢ

26 octobre : à luy, pour le gazonnage plat qu'il a fait à plusieurs endroits de la dépendance du jardin de Marly............................. 127ᵗᵗ 19ˢ 7ᵈ

23 novembre : à luy, pour la main-d'œuvre de dix-huit grandes calottes qu'il a faites avec du cerceau, recouvertes de paille, pour couvrir les lauriers teints des parterres du jardin, à 40ˢ la pièce........... 36ᵗᵗ

7 décembre : à luy, pour du gazon plat et à queue qu'il a fait dans le jardin de Marly pour la construction des quatre bassins nouvellement faits dans les quinconces du bas jardin de Marly............. 216ᵗᵗ 1ˢ 5ᵈ

20 janvier–8 juin : à CHARLES AMELOT, jardinier, parfait payement de 876ᵗᵗ 1ˢ pour les trous qu'il a faits dans les plants et avenues de la dépendance de Marly pour regarnir les ormes et bois blancs (2 p.)....... 406ᵗᵗ 1ˢ

20 janvier : à luy, pour 670 gros charmes en brins qu'il a plantez dans le parc de Noisy.......... 134ᵗᵗ

3 février–8 juin : à luy, parfait payement de 1535ᵗᵗ 13ˢ pour les spées de charme, d'épine et de bourceau qu'il a levées en motte dans les plants de la plaine du Trou d'Enfer et dans la forest de Marly, pour planter à plusieurs endroits vuides des bosquets du jardin de Marly (4 p.)............................. 515ᵗᵗ 13ˢ

16 mars–25 may : à luy, parfait payement de 8204ᵗᵗ 9ˢ 10ᵈ à quoy montent les ouvrages de recoupes par luy dressées et battues sur les allées dud. jardin de Marly depuis 1689 (5 p.).......... 1439ᵗᵗ 9ˢ 10ᵈ

3 aoust : à luy, pour avoir coupé le bois du bout de la route Dauphine de la forest de Marly........ 40ᵗᵗ

A luy, pour avoir transporté la recoupe, sable de rivière et rétabli les ravines dud. jardin...... 178ᵗᵗ 12ˢ

3–17 aoust : à luy, sur les 1ᵉʳ et 2ᵉ labour aux plants du parc de Marly et dépendances (2 p.)... 581ᵗᵗ 16ˢ 6ᵈ

17 aoust : à luy, pour avoir repassé au croissant toutes les routes de la forest de Marly qui sont depuis la route Dauphine jusqu'à la Bretêche et à la plaine Davinière 130ᵗᵗ

17 aoust–12 octobre : à luy, pour avoir ratissé l'herbe, rempli plusieurs ornières, tiré au rateau et repassé au croissant partie des routes de lad. forest, et autres ouvrages (6 p.)......................... 373ᵗᵗ 5ˢ

26 octobre : à luy, pour avoir rebattu de deux vollées les allées de quinconces que l'on a nouvellement accommodées au bas du jardin du costé de Lucienne. 129ᵗᵗ 15ˢ

9 novembre : à luy, pour le plain labour qu'il a fait aux plants du jardin de Marly et à ceux des bosquets qui sont au derrière des pavillons des deux ailes. 68ᵗᵗ 5ˢ

23 novembre : à luy, pour un millier d'ormes venus de Flandres qu'il a enterrez en mannequin dans le parc de Marly, proche les glacières............... 75ᵗᵗ

23 novembre–7 décembre : à luy, pour 5975 spées de charme qu'il a levées en motte en plusieurs endroits de la forest de Marly, et pour les avoir sorties des quarrez de bois dans les routes de lad. forest et chargées dans les voitures (2 p.)................. 896ᵗᵗ 5ˢ

7 décembre : à luy, pour avoir planté plusieurs branches de bois de charme et d'autres bois dans la forest de Marly pour garnir plusieurs places vuides dans ladite forest....................... 148ᵗᵗ

21 décembre 1692–4 janvier 1693 : à luy, à compte du dernier labour qu'il a fait aux plants du petit parc de Marly et des trous qu'il a fait en la dépendance dud. parc pour y regarnir les ormes qui y sont morts (2 p.) 650ᵗᵗ

3 février : à PIERRE CHAMPAGNE et NOEL LAVENET, terrassiers, parfait payement de 2151ᵗᵗ 8ˢ 3ᵈ pour les mauvaises terres qu'ils ont enlevées hors le parc de Marly et les bonnes qu'ils ont raportées dans led. parc..... .... 351ᵗᵗ 8ˢ 3ᵈ

17 février–13 avril : à eux, pour la fouille et transport de terre qu'ils ont fait pour la construction de la nouvelle avenue que l'on fait depuis le chemin de Saint-Germain à Versailles jusqu'à la porte de l'entrée du parc de Marly, pour aller aux offices (4 p.).... 818ᵗᵗ 17ˢ 6ᵈ

31 aoust–12 octobre : à eux, pour 26 toises cubes de recoupes qu'ils ont repassé à la claye dans les carrières et voituré pour le rétablissement des ravines (4 p.)............................. 958ᵗᵗ

28 septembre–7 décembre : à eux, pour la fouille et transport de terre qu'ils font pour la construction des bassins des deux nouvelles fontaines de Marly (4 p.) 1006ᵗᵗ 2ˢ 11ᵈ

7 décembre : à eux, pour du bois qu'ils ont coupé

ANNÉE 1692. — MARLY.

et les souches qu'ils ont arrachées dans le bosquet de Marly du costé de Luciennes................ 56ᴧ

5 janvier 1693 : à eux, pour les terres qu'ils ont enlevées en plusieurs endroits du parc..... 63ᴧ 16ˢ 10ᵈ

27 février : à Noël Lavenet, terrassier, pour les terres qu'il a fouillées et transportées en plusieurs endroits du parc de Marly...................... 225ᴧ 15ˢ 6ᵈ

2 mars-3 aoust : à luy, sur le transport des bonnes et mauvaises terres en plusieurs ravines dans les routtes de la forest, et autres ouvrages (3 p.)........ 176ᴧ

17 février : à Thomas Marville, terrassier, pour 840 spées de charme et de chesne qu'il a levées en motte dans le bois qui est au derrière de la chaussée de l'estang du Trou d'Enfer, en décembre dernier.. 168ᴧ

27 avril : à luy, pour trois milliers de perches qu'il a coupées dans le bois joignant la forest de Marly et voiturées dans le parc pour faire de nouveaux treillages 52ᴧ

25 may : à luy, pour un plain labour qu'il a fait et un binage qu'il a donné aux nouveaux plants du jardin de Marly............................ 86ᴧ 7ˢ

8 juin : à luy, pour avoir coupé et ôté l'herbe qui est au pourtour de l'étang du Trou d'Enfer et avoir déchargé deux batteaux de terreau.............. 57ᴧ

3 aoust : à luy, pour transport des terres dans les allées du bosquet de Marly du côté du village..... 99ᴧ

31 aoust : à luy, pour le sable qu'il a voituré dans les allées dud. bosquet..................... 46ᴧ

14 septembre 1692-4 janvier 1693 : à luy, pour 10 toises cubes et 2048 sommes de fumier de cheval qu'il a livrées dans le parc de Marly, tant pour la pépinière des fleurs que pour fumer le terrain des ormes que l'on a mis en manequin (8 p.)............. 726ᴧ 8ˢ

14 septembre : à luy, pour avoir rétabli les ravines que les dernières pluyes avoient faites.......... 20ᴧ

28 septembre : à luy, pour avoir arraché tous les genests, épines et autres plantes qui estoient dans la plaine du Trou d'Enfer..................... 80ᴧ

26 octobre : à luy, pour avoir régallé deux buttes de terre qui estoient demeurées dans la plaine du Trou d'Enfer............................ 48ᴧ 15ˢ

9 novembre : à luy, pour quatre cents perches qu'il a coupées dans les Vaux de Crouy et qu'il a voiturées dans le jardin de Marly...................... 30ᴧ

23 novembre-21 décembre : à luy, pour le terreau qu'il a transporté sur partie des plattes bandes dud. jardin où sont les oignons de fleurs (2 p.)........ 327ᴧ

23 novembre : à luy, pour une tranchée qu'il a faite dans le glacis du réservoir de Marly du côté du village

pour y trouver une conduite d'attente qui est aud. réservoir............................... 38ᴧ

21 décembre : à luy, pour les terres transportées en plusieurs endroits dud. jardin............... 150ᴧ

30 mars : à Pierre Charpentier, terrassier, pour avoir empli les ornières des routtes du parc de Marly depuis le devant du bâtiment du magasin jusqu'à la sortie du parc du côté du regard.................... 22ᴧ

20 janvier : à Germain Charpentier, terrassier, pour les mauvaises terres qu'il a enlevées dans le carré entre le lavoir de Marly et le mur de clôture.......... 64ᴧ

3 février : à luy, pour les bonnes terres qu'il a transportées en plusieurs trous qui ont esté faits d'augmentation entre l'escarpolette et le premier Commun de Marly 82ᴧ

16 mars-25 may : à luy, pour plusieurs trous qui n'estoient fouillés et remplis de bonne terre que sur deux pieds de large, qu'il a augmenté jusqu'à quatre pieds en carré, et pour plusieurs immondices qu'il a enlevé du jardin et autres ouvrages (3 p.).......... 122ᴧ

20 juillet : à luy, pour avoir transporté la recoupe sur les allées du jardin pour rétablir les ravines qui s'y estoient faites et avoir transporté du sable de rivière sur toute la recoupe dud. jardin............ 60ᴧ 16ˢ

31 aoust-28 septembre : à luy, sur les recoupes et sable de rivière qu'il a transporté pour rétablir lesd. ravines (2 p.).......................... 104ᴧ

12 octobre-9 novembre : à luy, pour le terrau qu'il a transporté à la hotte sur partie des plattes bandes dud. jardin (3 p.)...................... 266ᴧ 15ˢ

4 janvier 1693 : à luy, sur les trous qu'il fait dans le glacis du réservoir du bosquet de Marly du costé du village............................... 100ᴧ

20 janvier-3 février : à Jean Vigor, terrassier, pour les bonnes terres qu'il a raportées dans le parc de Marly, joignant le premier Commun (2 p.)............ 229ᴧ

17 février : à luy, pour avoir nettoyé le chemin depuis les offices de Marly jusqu'à la porte de la sortie du parc du costé du village, et autres ouvrages de terrasse. 64ᴧ

27 avril-20 juillet : à luy, pour les terres qu'il a transportées dans la routte royale de la forest de Marly prez de la porte de la croix Sᵗ Philipes (2 p.). 234ᴧ 19ˢ

22 juin : à luy, pour avoir rempli les ornières dans les routtes royales et de Chevaud'oſ............ 50ᴧ

14 septembre-21 décembre : à luy, pour le sable de rivière qu'il a amené sur les deux allées du devant des pavillons des deux ailes du jardin et autres endroits (3 p.)............................. 137ᴧ

12 octobre : à luy, pour dix batteaux de terraux qu'il a déchargez au port de Marly.................. 55ᴸ

27 avril : à Jaques Rouen, terrassier, pour un fossé qu'il a fait des deux costez du devant des ormes de la nouvelle avenue, depuis le chemin de Saint-Germain à Versailles jusqu'à la porte de l'entrée du parc pour aller aux offices......................... 81ᴸ 18ˢ

25 may : à luy, pour avoir défoncé de deux pieds de profondeur le restant du terrain de la pépinière que l'on fait dans le jardin de Marly à costé de la grande conduite qui est au derrière du château.......... 41ᴸ

17 aoust : à luy, pour 18 toises cubes de terre qu'il a enlevée dans la nouvelle pépinière dud. château et avoir rapporté pareille quantité de bonne terre..... .... 73ᴸ 12ˢ

3 février-16 mars : à Guillaume Motte, laboureur, parfait payement de 1299ᴸ 1ˢ 3ᵈ à quoy montent les trois labours par luy faits pendant l'année dernière (2 p.)........................ 499ᴸ 1ˢ 3ᵈ

7 décembre : à Pierre Motte, laboureur, pour 377 spées de charme qu'il a plantées dans les places vuides joignant le bois qui est derrière le château de Marly, et avoir fait les trous................. 47ᴸ

2 mars : à Vigor Lecointre, pour 100 spées d'épine blanche qu'il a levées en motte dans les bois prez de l'Auberderie pour planter dans les nouveaux plants du jardin de Marly............................. 26ᴸ

16 mars : à Charles Horslaville, pour 24 toises courantes de trenchées, de 4 pieds de large sur 2 pieds de profondeur, par luy faites et remplies de bonnes terres pour planter de la charmille au côté de la petite allée au devant du magasin de Marly.................. 22ᴸ

13 avril : à luy, pour avoir nettoyé le petit réservoir du dessus de Marly du côté du grand chemin..... 43ᴸ

11 may : à luy, pour avoir défoncé de deux pieds de profondeur partie du terrain au derrière du château de Marly, pour y faire une pépinière de plant de fleurs 85ᴸ

25 may : à luy, pour avoir nettoyé l'herbe et la boue du premier réservoir du dessus de Marly, qu'il a jettée au pied du grand mur de terrasse qui est sur le chemin de Versailles........................ 59ᴸ 15ˢ

20 juillet : à luy, pour le nettoyement de la grande pièce d'eau du jardin de Marly et du réservoir du bosquet du côté du village.................. 50ᴸ 8ˢ

3 février : à Jean Cabanets, pour 106 trous de quatre pieds de largeur en carré, sur deux pieds de profondeur, qu'il a fait dans la partie des terres entre l'escarpolette et le premier Commun de Marly........... 15ᴸ 18ˢ

13 avril : à Jean Couville, vigneron, demeurant à l'Étang, pour 20 milliers de charmille qu'il a arrachée dans les forests de Saint-Germain et de Marly, et qu'il a livrée dans les jardins dud. Marly............. 20ᴸ

9-23 novembre : à Pierre Larivière, autre, pour 320 milliers de charmille qu'il a livrez dans les jardins de Marly pour employer à planter en pépinière (2 p.) 320ᴸ

23 novembre : à Nicolas Redeau, pour 3699 spées de charmes, voiturées de la forest de Marly dans le jardin dud. lieu........................ 1109ᴸ 14ˢ

27 avril : à Claude Garnier, pour neuf septiers de graine d'herbe de bas pré qu'il a livrez au magasin de Marly, à 5ᴸ le septier.................... 45ᴸ

20 juillet : à Louis Garnier, pour trois septiers de lad. graine qu'il a livrez au magasin........... 15ᴸ

14 septembre : à Jaques Garnier, pour 6 septiers, idem................................. 30ᴸ

Somme de ce chapitre..... 16782ᴸ 9ˢ 9ᵈ

CHARPENTERIE.

13 avril : à Raoul de Pierre, dit La Porte, charpentier, pour es ouvrages de charpenterie pour la construction de l'escarpolette de Marly....... 500ᴸ 4ˢ 8ᵈ

27 avril : à luy, pour ouvrages de charpenterie fournis et posez pour le rétablissement des offices du château de Marly........................ 716ᴸ 1ˢ

6 juillet : à luy, pour ouvrages de charpenterie qu'il a fait dans la dépendance dud. château... 291ᴸ 11ˢ 9ᵈ

17 aoust-28 septembre : à Jean-Jaques Aubert, charpentier, pour les chevrons qu'il a fourni dans le jardin de Marly pour employer à faire des berceaux aux ormes des contr'allées des deux principales allées dud. jardin (4 p.)........................ 1857ᴸ 6ˢ 8ᵈ

12 octobre 1692-4 janvier 1693 : à luy, sur ses ouvrages pour le nouveau bâtiment joignant le magasin de Marly (7 p.)...................... 1550ᴸ

4 janvier 1693 : à luy, pour 36 toises 5 pieds courant de barrières de bois de chesne qu'il a fournies et posées au prolongement de l'ancienne barrière du derrière du château pour border le bois du petit chemin par où le Roy passe pour aller à la chasse.............. 165ᴸ 15ˢ

20 janvier : à Michel Le Bressan, charpentier, pour un chassis de porte qu'il a fait et fourni au treillage joignant le petit Commun de Marly, et autres ouvrages. 24ᴸ

30 may-8 juin : à luy, pour avoir transporté plusieurs bois du devant du magasin au derrière d'iceluy, et pour la main d'œuvre de charpenterie qu'il a fait dans la dépendance de Marly (2 p.)............... 83ᴸ

21 juin-26 octobre : à luy, pour 372 toises et demi de dosses de batteau qu'il a livré et mis en œuvre dans la dernière pièce d'eau du jardin de Marly pour remplacer celles qui avoient manqué au dessous des conduites de lad. pièce et pour servir de platte forme aux plombs de la terrasse que l'on a nouvellement changée au dessus du garde-meuble de Marly pour donner plus de pente à l'égoût des eaux (3 p.) .... 291# 10°

20 juillet : à luy, pour deux échafauds qu'il a fait en deux vestibules du château de Marly pour servir aux peintres qui repeignent les platfonds desd. vestibules .... 23#

12 octobre : à luy, pour les pieux et dosses de batteau qu'il a fourni pour construire deux bassins dans le quinconge au bas du jardin de Marly du costé de Luciennes............................... 195#

7 décembre : à luy, pour ouvrages de charpenterie de pieux et de planches qu'il a fourni et mis en œuvre au pourtour des quatre bassins nouvellement faits .... 518# 19ˢ 6ᵈ

Somme de ce chapitre ..... 6216# 8ˢ 7ᵈ

COUVERTURE.

9 novembre 1692-4 janvier 1693 : à SIMON DESCHAMPS, couvreur, à compte de la couverture d'ardoise qu'il fait aux nouveaux bâtimens de Marly (4 p.). 700#

MENUISERIE.

16 mars : à FRANÇOIS MILLOT, menuisier, pour ses ouvrages de menuiserie dans les cuisines et offices du bâtiment du magasin de Marly en 1691... 147# 13ˢ 4ᵈ

11-25 may : à luy, pour 101 caisses de bois de chesne qu'il a livrées au magasin de Marly, à raison de 48 sols pour chacune (2 p.).............. 242# 8ˢ

6 juillet : à luy, parfait payement de 1242# 5ˢ 5ᵈ à quoy montent les bancs de menuiserie qu'il a faits et fournis au jardin de Marly............. 442# 5ˢ 5ᵈ

14 septembre : à luy, pour deux bancs cintrez qu'il a fait et posez dans deux culs-de-fours des berceaux des deux ailes du jardin de Marly.......... 151# 13ˢ 4ᵈ

26 octobre 1692-4 janvier 1693 : à luy, sur ses ouvrages aux bâtimens de Marly (6 p.)......... 1230#

20 janvier-3 février : à JAQUES MIREL, menuisier, parfait payement de 868# 3ˢ à quoy montent les ouvrages de menuiserie qu'il a faits et réparez dans la dépendance du château de Marly pendant 1691 (2 p.)... 318# 3ˢ

27 avril 1692-4 janvier 1693 : à luy, pour ouvrages de menuiserie qu'il a fait et réparez aud. château et dépendances depuis le 2 décembre 1691 jusqu'au présent mois de janvier 1693 (6 p.)........... 813# 16ˢ 1ᵈ

6 juillet-28 septembre : à luy, pour un modèle du chariot de la ramasse qu'il a fait de bois de sapin sous les hangards des chevaux des gardes, et les journées d'ouvriers qu'il a fournis pour retenir led. chariot et pour servir à tourner la machine de lad. ramasse (4 p.) .... 220# 16ˢ

28 septembre : à luy, pour les planches et échelles qu'il a fait et fourni dans led. jardin........ 160# 2ˢ

9 novembre : à luy, pour journées employées à regratter la peinture sur le quarré des croisées du château et pavillons de Marly................... 124# 5ˢ

7 décembre : à luy, pour un modèle de globe de marbre, qui est à Versailles, contenant dix pieds de longueur en quarré, composé de trois gradins contenans ensemble deux pieds de hauteur garni d'une boule par le haut de trois pieds de diamettre, avec sa base de 16 pouces de hauteur......................... 78#

Somme de ce chapitre...... 3949# 1ˢ 5ᵈ

SERRURERIE.

9 novembre : à NICOLAS CUCU, serrurier, pour ouvrages et rétablissement de serrurerie qu'il a fait au chariot de la ramasse .... 52# 13ˢ

3 février-13 avril : à GASTON MARTIN, serrurier, parfait payement de 4337# 3ˢ 11ᵈ, déduction faite de 240# pour quatre milliers de vieux fers qui luy ont esté livrez au magasin, à 6# le cent, pour ouvrages de serrurerie par luy faits et réparez dans la dépendance du château de Marly pendant les années 1690 et 1691 (4 p.).... .... 977# 3ˢ 11ᵈ

11 may-21 décembre : à luy, pour ouvrages et réparations de serrurerie dans la dépendance du château de Marly pendant la présente année 1692 (8 p.)........ .... 1418# 17ˢ 8ᵈ

20 juillet-28 septembre : à luy, pour 110 livres de fil de fer qu'il a livrez au magasin de Marly pour employer à attacher les cerceaux que l'on a posez pour faire les portiques des deux principalles allées dud. jardin (2 p.)................................ 66#

3 février : à JEAN CHAPELAIN, serrurier, pour ouvrages de serrurerie faits pour la construction de l'école que S. M. a fait bâtir dans le village de Marly pendant 1689............................ 21# 3ˢ

20 juillet : à luy, pour trente-six ratissoires qu'il a livrées au magasin de Marly, pour servir au jardin. 27#

23 novembre : à luy, pour douze cerfouettes, à

20 sols, et douze ratissoires, à 15 sols, qu'il a livrées aud. magasin............................... 21ʰ

11 may : à ALEXIS FORDRIN, à compte de ses ouvrages de serrurerie dans la dépendance du château de Marly pendant les années précédentes............. 60ʰ

Somme de ce chapitre..... 2643ʰ 17ˢ 7ᵈ

VITRERIE.

3 février 1692-4 janvier 1693 : à JEAN DESORMEAU, vitrier, pour réparations de vitrerie dans la dépendance du château de Marly pendant la présente année 1692 (12 p.)....................... 1338ʰ 13ˢ 1ᵈ

17 février-2 mars : à CLAUDE COSSET, vitrier, pour ouvrages de vitrerie aux nouveaux bâtiments de Marly pendant l'année 1689 (2 p.).......... 335ʰ 15ˢ 5ᵈ

Somme de ce chapitre..... 1674ʰ 8ˢ 6ᵈ

PLOMBERIE.

20 janvier-3 février : à JAQUES LUCAS, plombier, pour ouvrages de plomberie qu'il a mis en œuvre dans la dépendance du château de Marly en 1691 (2 p.)...... .... 565ʰ 6ˢ 4ᵈ

3 aoust : à luy, pour la main d'œuvre du plomb qu'il a livré et mis en œuvre aud. château et dépendances, depuis le 5 mars jusqu'au dernier juillet..... 511ʰ 9ᵈ

12 octobre 1692-4 janvier 1693 : à luy, sur la main d'œuvre du plomb qu'il a livré dans le jardin de Marly pour la construction des nouvelles fontaines dans le quinconce du bas du jardin de Marly du côté de Luciennes (8 p.)............................... 2450ʰ

Somme de ce chapitre..... 3526ʰ 7ˢ 1ᵈ

OUVRAGES DE CUIVRE.

16-30 mars : à GILLES LE MOYNE, fondeur, pour trois raccordemens de cuivre pour les fontaines de Marly (2 p.)................................ 623ʰ 2ˢ

26 octobre-7 décembre : à luy, sur ses ouvrages de cuivre au magasin pour la construction des deux nouvelles fontaines de Marly (5 p.)............. 850ʰ

9 novembre : à JOSEPH ROYER, fondeur, pour trois roulettes de cuivre qu'il a fondues du vieux métal de celles qui avoient manqué au chariot de la ramasse, pesant 67 livres, à raison de 7 sols la livre......... 23ʰ 9ˢ

Somme de ce chapitre....... 1496ʰ 11ˢ

PAVÉ.

17 février-16 mars : à LOUIS REGNOUF, paveur, pour ses ouvrages et réparations de pavé dans la dépendance du château de Marly en 1691 (3 p.)..... 253ʰ 15ˢ 1ᵈ

7 décembre : à luy, à compte de ses ouvrages.. 150ʰ

Somme de ce chapitre...... 403ʰ 15ˢ 1ᵈ

PEINTURE.

27 avril-6 juillet : à LOUIS POISSON, peintre, parfait payement de 2602ʰ 19ˢ 7ᵈ à quoy montent les grosses impressions de peinture faites dans la dépendance de Marly, depuis le mois de juillet 1691 jusqu'au 21 juin dernier (2 p.)...................... 602ʰ 19ˢ 7ᵈ

3 aoust : à luy, pour avoir reblanchy plusieurs taches aux plafonds des vestibules du château et de la chapelle... 30ʰ

28 septembre 1692-4 janvier 1693 : à luy, sur ses ouvrages de grosse peinture depuis le mois de juillet jusqu'au mois de décembre dernier et pour avoir peint en verd 40 bancs, à 20 sols la toise (4 p.)..... 449ʰ 10ˢ

20 janvier-6 juillet : à PHILIPES MEUSNIER, peintre, parfait payement de 2405oʰ à quoy montent les ouvrages de peinture qu'il a faits aux nouveaux bâtimens de Marly depuis l'année 1687 (13 p.)............... 1700ʰ

Somme de ce chapitre...... 2782ʰ 9ˢ 7ᵈ

SCULPTURE.

18 février-17 aoust : à CLAUDE JACOB, sculpteur, pour le rétablissement qu'il a fait à la sculpture des ornemens des douze pavillons de Marly (5 p.).......... 310ʰ

21 décembre : à luy, pour ouvrages de sculpture de pierre qu'il a rétablis aux ornemens du dessus du château et des pavillons de Marly, en septembre et octobre. 104ʰ

4 janvier 1693 : à BERTIN, sculpteur, pour ouvrages et rétablissement de sculpture faits dans la dépendance du château de Marly et autres endroits, du 6 septembre au 4 décembre 1692..................... 324ʰ

Somme de ce chapitre.......... 738ʰ

NOUVEAUX BERCEAUX DES CONTR'ALLÉES DU JARDIN DU CHÂTEAU DE MARLY.

17 aoust : à JAQUES LANGLOIS, pour 816 cerceaux à cuve, de 18 à 21 pieds de longueur, qu'il a livrez dans le parc de Marly, pour employer à faire les cintres desd. berceaux, à 10ˢ la pièce...................... 408ʰ

17 aoust-28 septembre : à NICOLAS VIMARE, pour 2106 cerceaux de 18 à 24 pieds, qu'il a livrez pour lesd. berceaux (3 p.)........................... 1053ʰ

17 aoust : à MILARD, pour 122 cerceaux de 20 à 24 pieds, à raison de 15ˢ la pièce, pour lesd. 91ʰ 10ˢ

A GASPARD CAILLÉ, pour 475 perches de bois de chesne et de châtaignier de 18 à 20 pieds de long,

ANNÉE 1692. — MARLY.

livrez au magasin de Marly pour faire des modelles de berceaux aux ormes desd. contr'allées, à 5ˢ la pièce 118ᶠᵗ 15ˢ

28 septembre : à luy, pour soixante fagots de peluve de châteigniers, de chacun 6 à 7 pieds de longueur et de 3 pieds de pourtour, livrez dans led. jardin pour attacher les branches d'ormes ausd. pieux, à 15ˢ la botte 45ᶠᵗ

14 septembre : à SAVASTE, pour 108 grands cerceaux à cuve, livrez pour faire les cintres des portiques des deux principalles allées dud. jardin 40ᶠᵗ 4ˢ

14 septembre : à FRANÇOIS GALLIN, pour 44 douzaines et demi de grands cerceaux pour lesd. berceaux. 223ᶠᵗ 5ˢ

Somme de ce chapitre....... 1979ᶠᵗ 14ˢ

OUVRAGES DE MARBRE.

4 janvier 1693 : à PIERRE LISQUI, marbrier, pour les journées des marbriers qu'il a fait employer et travailler dans le parterre de Marly pour faire les plaintes des douze figures de marbre qui y sont, compris celle du Sanglier, et petites réparations dans led. château de Marly depuis le 12 novembre jusqu'au 24 décembre 1692, y compris 100ᶠᵗ pour ses peines et soins....... 294ᶠᵗ

CONDUITES DE FER.

12 octobre-9 novembre : à CHARLES-FRANÇOIS POLARD, pour les conduites de fer de huit pouces qu'il pose dans le jardin de Marly pour les nouvelles fontaines du bas du jardin du costé de Lucienne (2 p.)... 456ᶠᵗ 10ˢ

7-21 décembre : à luy, pour les conduites de fer qu'il a voiturées de Versailles à Marly, devissées et posées en divers endroits de Marly (2 p.)........... 574ᶠᵗ 15ˢ

Somme de ce chapitre........ 1031ᶠᵗ 5ˢ

VOITURES.

20 janvier-30 février : à la veuve Dossy, voiturière, pour diverses voitures par elle faites dans la dépendance du château de Marly (2 p.)................. 168ᶠᵗ

22 juin-26 octobre : à elle, pour 203 grands tombereaux de fumier terraut qu'elle a voiturés du port de Marly dans le parc, et autres voitures et menu travail par elle fait depuis le 1ᵉʳ juin jusqu'au 24 octobre dernier (4 p.)............................ 333ᶠᵗ

12 octobre-9 novembre : à LOUIS COCHIN, pour 83 grands tombereaux de terraut qu'il a voituré du port dans le parc de Marly, à raison de 30 sols le tombereau (2 p.)................................. 124ᶠᵗ 10ˢ

3 février-22 juin : à GUILLAUME FÉRON, voiturier, pour voitures de spées de charmes de la forest de Marly, où elles ont été levées en motte, dans le jardin dud. Marly et autres ouvrages, et avoir passé à la herse les routtes de lad. forest (2 p.)....................... 66ᶠᵗ

3 février : à JAQUES VALLÉE, voiturier, pour voitures de spées de charmes de la forest de Saint-Germain, où elles ont été levées en motte, dans le jardin de Marly. 37ᶠᵗ 10ˢ

26 avril : à luy, pour 214 sommes de fumier qu'il a livré et voituré dans le parc de Marly sur le terrain où l'on fait une pépinière de plants de fleurs..... 64ᶠᵗ 4ˢ

30 mars-6 juillet : à MATURIN MERCIER, voiturier, pour 465 sommes de fumier de cheval livrées dans le parc de Marly et dans la nouvelle pépinière à fleur du jardin (3 p.)................................. 140ᶠᵗ

20 janvier : à NICOLAS REDEAU, voiturier, pour des spées de chaumes qu'il a voiturées de la forest de Marly dans le parc de Marly où elles ont esté plantées pour regarnir les deux bords de la route nouvellement percée dans led. parc............................ 96ᶠᵗ

16 mars : à luy, pour des spées de chaumes qu'il a voituré dans le jardin de Marly pour planter aux places vuides des bosquets...................... 66ᶠᵗ

30 mars : à luy, pour vingt-cinq voyages qu'il a fait avec ses voitures pendant deux semaines........ 75ᶠᵗ

7 décembre : à luy, pour 2276 spées de charmes qu'il a voituré de la forest de Marly dans le parc.. 682ᶠᵗ 16ˢ

21 décembre : à luy, pour douze journées de voitures à quatre chevaux de spées qu'il a voiturées...... 84ᶠᵗ

12 octobre : à ESTIENNE FAUCHEUX, voiturier, pour 34 grands tombereaux de terrau qu'il a voiturez du port de Marly, à 30ˢ le tombereau.................. 51ᶠᵗ

Somme de ce chapitre........... 1988ᶠᵗ

POTS DE TERRE.

27 avril-23 novembre : à JEAN PRUD'HOMME, pottier de terre, pour 400 pots de terre qu'il a livrez au magasin de Marly, à raison de 10ᶠᵗ le cent (2 p.)..... 40ᶠᵗ

14 septembre-12 octobre : à luy, pour quatre milliers de pots de terre cuite, de 4 à 5 pouces de hauteur, qu'il a livrez aud. magasin, à 4ᶠᵗ le cent (2 p.)...... 160ᶠᵗ

Somme de ce chapitre.......... 200ᶠᵗ

CORDAGES.

31 janvier : à ESTIENNE LANGLOIS, cordier, parfait payement de 364ᶠᵗ 6ˢ 4ᵈ à quoy montent les cordages et autres fournitures qu'il a livrées au magasin de Marly.. .... 164ᶠᵗ 6ˢ 4ᵈ

23 novembre-21 décembre : à luy, pour cordages,

clouds, hottes et pelles qu'il a livrez aud. magasin (2 p.)
.... 53ª⁺⁺ 17ˢ 9ᵈ
Somme de ce chapitre....... 697⁺⁺ 4ˢ 1ᵈ

MANES.

23 novembre-7 décembre : à Michel Manchon, vannier, pour 300 manes d'ozier qu'il a livrées au magasin de Marly (2 p.)........................... 70⁺⁺
20 janvier : à Eustache Pavie, vannier, pour 200 grandes manes d'ozier qu'il a livrez aud. magasin, à 40⁺⁺ le cent................................. 80⁺⁺
23 novembre : à Nicolas Malherbe, vannier, pour mil manes d'ozier qu'il a livré aud. magasin..... 220⁺⁺
17 février : à la veuve Meilleur, vannière, pour un cent de grandes manes d'ozier de 20 pouces de large par le haut qu'elle a livrées au magasin pour employer à ôter les neiges de dessus les bâtimens............ 40⁺⁺
2 mars-21 décembre : à elle, pour 750 manes d'ozier livrées aud. magasin, à 24⁺⁺ le cent (3 p.).. 180⁺⁺
4 janvier 1693 : à Noël Maillot, vannier, pour 300 manes d'ozier pour employer à mettre des epées de charmes en mottes en pépinière, à 24⁺⁺ le cent... 72⁺⁺
Somme de ce chapitre......... 662⁺⁺

SABLE DE RIVIÈRE.

17 aoust-26 octobre : à Ollivier Aymond, batelier, pour 1213 muids de sable de rivière, mesurez comble, qu'il a livrez dans le parc de Marly au devant du bâtiment rond joignant la salle des gardes pour le jardin de Marly (4 p.)......................... 970⁺⁺ 8ˢ

DÉPENSES EXTRAORDINAIRES.

20 janvier : à Dominique Varisse, ramonneur, pour les cheminées qu'il a visitées et raccommodées avec du plâtre dans la dépendance du château de Marly, depuis le mois d'avril jusqu'au dernier décembre 1691...... 146⁺⁺ 7ˢ
A Maturin Mercier, pour 200 sommes de fumier de vache qu'il a livrées dans le jardin dud. Marly pour mettre sur les plattes bandes................. 60⁺⁺
3 février : à Louis Le Maire, pour la cire, huile de noix, poix de Bourgogne et autres fournitures par luy faites au magasin de Marly................... 36⁺⁺ 10ˢ
A Julien Lory, horloger, pour réparations faites à l'horloge de la chapelle du château en 1691... 42⁺⁺ 17ˢ 6ᵈ
A Thomas Vitry, fontainier, pour fournitures de charbon et d'outils pour l'entretien des fontaines et terrasses de Marly en 1691..................... 34⁺⁺ 5ˢ
A Vigor Le Cointre, pour 100 ormes en motte qu'il a levez dans les carrez du parc de Marly et apportez dans les jardins d'iceluy en la place de ceux qui estoient de mauvaises espèces....................... 50⁺⁺
A Louis Garnier, jardinier, pour dix serpettes qu'il a livrées au magasin de Marly................. 15⁺⁺
2 mars : à Jean-Baptiste La Lande, jardinier, pour un cent de maronniers d'Inde qu'il a livrez pour planter dans le jardin de Marly.................. 30⁺⁺
30 mars : à Michel Laforest, pour mil juliennes doubles qu'il a livrées dans led. jardin......... 70⁺⁺
A Jean Gautier, pour 35 sacs de charbon qu'il a livrez au magasin de Marly.................. 35⁺⁺
13 avril 1692-4 janvier 1693 : à François Chabot, taupier, pour les taupes qu'il a prises dans le parc de Marly pendant l'année 1692 (4 p.).......... 100⁺⁺
27 avril-21 décembre : à Jean Padelain, ramonneur pour cheminées qu'il a visitées et racommodées avec du plâtre au château de Marly pendant les trois premiers quartiers 1692 (2 p.).................... 95⁺⁺ 13ˢ
A Louis de la Lande, jardinier, pour 80 maronniers d'Inde qu'il a livrez dans le jardin de Marly...... 24⁺⁺
A Marcorel La Marre, pour plusieurs outils, graisse, cordage et chandelles qu'il a livrez au magasin de Marly................................. 29⁺⁺ 14ˢ
8 juin : à Mathieu Lambert, fayancier, pour 42 grands pots de fayance à mettre des fleurs qu'il a livrez aud. magasin............................. 105⁺⁺
20 juillet : à Claude Le Comte, taillandier, pour deux paires de cizeaux neufs qu'il a fournis aud. magasin.. .... 21⁺⁺ 8ˢ
3 aoust : à Nicolas Savaste, marchand de bois, pour 600 cerceaux livrez aud. magasin, dont 264 de 18 pieds de long, à 7ˢ pièce, et 336 de 21 pieds, à 8ˢ. 226⁺⁺ 16ˢ
A Geoffroy Godepain, charon, pour un chariot qu'il a fait et livré au magasin de Marly pour servir au jardin.................................. 55⁺⁺
A Collet, maréchal, pour quatre roues qu'il a embattües aud. chariot................... 28⁺⁺
31 aoust : à Jaques Lefevre, pour un petit batteau qu'il a livré au Pecq pour mettre sur le grand réservoir du dessus de Marly.................... 72⁺⁺
14 septembre : à Thomas Vitry, pour 200 livres de mastic, à 8⁺⁺ le cent, y compris la voiture et autres ustenciles................................. 24⁺⁺
Au sʳ Rivière, pour un tas de fumier, contenant 6 toises de long sur 6 toises de large et 2 pieds de hauteur, pour employer au jardin de Marly........ 65⁺⁺
14 septembre : à Pierre Baudoin, habitant de Carrière sous le bois de Laye, pour son dédommagement de 3/4 de pré qui luy ont esté gatez sur le bord de la Seine

pour le transport des recoupes que l'on a voiturées au jardin de Marly, et ce pendant 1690, 1691 et 1692. 36ʰ

28 septembre : à Marc-Aurel La Marre, pour cloud, cordages, balets, vieux oing, huiles et chandelle qu'il a livrez aud. magasin............... 32ʰ 10ˢ 6ᵈ

A Louis Cochon, pour 69 grands tombereaux de terraux qu'il a voituré du port dans le jardin dud. Marly.. .... 103ʰ 10ˢ

A Nicaise Boquet, cabaretier du village de Marly, pour 45 bouteilles de vin et du pain qu'il a livrez aux ouvriers qui travaillent à la journée du Roy pendant les trois derniers séjours que S. M. y a faits......... 27ʰ 5ˢ

A Nicolas Le Haut, pour le fumier de cheval qu'il a livré au port de Marly................... 30ʰ

12 octobre : à François Gautuier, vuidangeur, pour vuidanges de fosses d'aysances dans la dépendance dud. château de Marly............... 173ʰ 6ˢ 8ᵈ

26 octobre : à Holande, tapissier au château de Marly, pour des fournitures qu'il a faites pour faire une housse en forme de tente au portique du jardin de marbre du Marly, pour le mettre à couvert de la pluie...... 60ʰ

23 novembre-7 décembre : à François Marquan, vigneron, pour 2258 toises courantes de charmille qu'il a plantées en pépinière dans le terrain qui est au derrière des écuries des gardes du corps....... 112ʰ 18ˢ

21 décembre 1692-4 janvier 1693 : à luy, pour 531 sommes de fumier de vache qu'il a livré sur les plattesbandes des berceaux des jardins de Marly (2 p.).... .... 159ʰ 6ˢ

23 novembre : à Jean Gautier, pour 14 muids 1/2 de charbon qu'il a livrez aud. magasin de Marly. 43ʰ 10ˢ

21 décembre : au sʳ François, curé de Noisy, pour 160 bottes de paille de sègle qu'il a livrées dans le parc de Marly pour employer à faire les calottes avec quoy l'on couvre les lauriers teints des parterres pendant la gellée, à 25ʰ le cent.......................... 40ʰ

A Marc-Aurel La Marre, mercier à Marly, pour plusieurs fournitures qu'il a fait aud. magasin de Marly.. .... 34ʰ 8ˢ 6ᵈ

4 janvier 1693 : à la veuve Fénon, pour 11 toises quarrées de nattes livrées aud. magasin..... 16ʰ 10ˢ

A Thomas Vitry, fontainier, pour plusieurs outils qu'il a acheptez pour l'utilité des fontaines du jardin de Marly 42ʰ 3ˢ 6ᵈ

Somme de ce chapitre.... 2277ʰ 18ˢ 8ᵈ

ENTRETENEMENS DE MARLY.

11 may 1692-4 janvier 1693 : à Thomas Vitry, fontainier, ayant l'entretien des fontaines et recherche des plombs sur la terrasse du château et pavillons de Marly, pour ses gages à cause dud. entretien et recherche, pendant la présente année 1692, à raison de 1200ʰ par an et 400ʰ pour son garçon (4 p.)............ 1600ʰ

14 septembre : à luy, pour avoir entretenu l'horloge de Marly pendant une année finie le 1ᵉʳ aoust dernier.. .... 40ʰ

11 may-6 juillet : à Louis Gabnier, jardinier à Marly, pour ses gages des six premiers mois 1692, y compris 100ʰ pour ceux de son garçon (2 p.)........ 400ʰ

12 octobre 1692-4 janvier 1693 : à luy, pour ses gages des six derniers mois 1692, y compris 100ʰ pour ceux de son garçon (2 p.)................. 600ʰ

Somme de ce chapitre......... 2640ʰ

JOURNÉES D'OUVRIERS DE MARLY.

20 janvier 1692-4 janvier 1693 : aux ouvriers qui ont travaillé à la journée du Roy en la dépendance du château de Marly depuis le 4 janvier 1692 jusqu'au 2 janvier 1693 (32 p.)................. 1089ʰ 13ˢ

2 mars : à ceux qui ont travaillé à faire un modèle du bosquet de Marly au derrière des pavillons du costé de Lucienne...................... 92ʰ 13ˢ 6ᵈ

11-25 may : à ceux qui ont travaillé aux murs du bout des deux branches de l'aqueduc du derrière dud. château qui donne l'eau bonne à boire dans les offices (2 p.)......................... 115ʰ 15ˢ 4ᵈ

12 juin : à ceux qui ont travaillé à rétablir les fautes qui sont arrivées à la glaise du platfond de la dernière pièce d'eau du jardin de Marly......... 105ʰ 3ˢ 10ᵈ

6 juillet : à ceux qui ont nettoyé la pièce des quatre jets et les quatre bassins ronds dud. jardin. 125ʰ 14ˢ 11ᵈ

21 décembre : à ceux qui ont rempli de glace partie des glacières du parc de Marly......... 283ʰ 11ˢ 9ᵈ

Somme de ce chapitre.... 1161ʰ 12ˢ 4ᵈ

MACHINE DE LA RIVIÈRE DE SEINE.

MAÇONNERIE.

10 aoust : à Antoine Simonnet, pour trois toises cubes de caillou qu'il a livré pour la réparation de l'aqueduc de décharge du grand puisard et pour la rigolle au-dessus du puisard des petits chevalets à my-coste...... 48ʰ

26 octobre : à Guillaume Lacomble, pour quatre toises cubes de caillou qu'il a livrées et qui ont esté employées aux réparations de la rigolle au-dessus du puisard des petits chevalets à mi-coste.................. 64ʰ

30 novembre : à Noël Bissonnet, pour quatre jour-

nées employées à voiturer les pierres de démolition des regards des Gressets pour la réparation de lad. rigolle.. .... 42ᵗᵗ

A Jean Frade, pour caillou de vigne et moilon qu'il a employé à remplir les trous que les grandes eaues ont fait aux digues vers Bezons.............. 63ᵗᵗ 3ˢ 4ᵈ

5 octobre : à Jean Fay, pour 84 pieds cubes de pierre dure qu'il a livré pour la construction de la rigolle sous les grands chevalets au-dessus du grand puisard à mi-coste.. 42ᵗᵗ

15 juin-27 juillet : à Silvain Pergot, maçon, pour sa maçonnerie aux rigolles sous les grands chevalets entre la croupe de la montagne à mi-coste de la machine (3 p.)............................. 309ᵗᵗ 6ˢ 8ᵈ

24 aoust-16 novembre : à Jean La Nièce, pour la maçonnerie qu'il a faite aux rigolles dans la montagne au-dessus des petits chevalets (3 p.)......... 227ᵗᵗ 10ˢ

Somme de ce chapitre........... 779ᵗᵗ

CHAUX, CIMENT ET PLÂTRE.

1ᵉʳ juin-30 novembre : à Barthélemy La Roüe, pour 47 futailles et demie de chaux et 5 muids 44 septiers et 6 boisseaux de ciment qui ont esté employez au massif et réparation de la rigolle au-dessus du puisard (6 p.).
.... 400ᵗᵗ 8ˢ 4ᵈ

1ᵉʳ juin-16 novembre : à la veuve Augustin Larcher, pour 116 septiers de plâtre qu'elle a livrez pour les réparations du mur de clôture et des puisards de la machine (4 p.)... 116ᵗᵗ

1ᵉʳ juin : à Honoré Godard, pour 13 septiers et trois boisseaux de ciment qu'il a livrez pour les réparations des susd. rigolles............................. 24ᵗᵗ 5ˢ 10ᵈ

29 juin-30 novembre : à Pierre Marié¹, pour 31 futailles 3/4 de chaux de la chaussée qu'il a livrées pour les réparations desd. rigolles (3 p.)...... 148ᵗᵗ 3ˢ 4ᵈ

2 novembre : à la veuve René Davely, pour 24 septiers et 7 boisseaux de ciment qu'elle a livrez pour les réparations de la rigolle au-dessus des puisards des petits chevalets.......................... 45ᵗᵗ 1ˢ 4ᵈ

Somme de ce chapitre..... 733ᵗᵗ 18ˢ 10ᵈ

TERRASSES.

20 avril : à Nicolas Borienne, terrassier, pour le déblay et remblay des terres qu'il a faits à quatre trous par luy fouillés au pourtour de la pièce d'eau de Louveciennes pour sonder les glaces............... 32ᵗᵗ

24 aoust : à Antoine Hément, pour 400 sommes de sable qu'il a livrées pour les rigolles dans la montagne au-dessus des petits chevalets, et deux journées qu'il a employées à voiturer led. sable et à passer de la pierre dure sur la grande digue................. 22ᵗᵗ 5ˢ

Somme de ce chapitre.......... 54ᵗᵗ 5ˢ

CHARPENTERIE.

27 janvier-10 février : à Raoul de Pierre, dit La Porte, charpentier, pour les bois de charpente qu'il a employez d'augmentation au corps de la machine de la rivière de Seyne pendant l'année dernière (2 p.)..... .... 1325ᵗᵗ 18ˢ 8ᵈ

24 février 1692-11 janvier 1693 : à luy, pour l'entretien des charpentes et mouvements de la machine pendant la présente année (22 p.)............. 11000ᵗᵗ

16 novembre-28 décembre : à luy, sur les bois d'augmentation qu'il a employez pendant la présente année (2 p.)... 1000ᵗᵗ

14 décembre : à Pierre Ferrière, pour 525 toises 1/2 courantes de courbes, courbillons, chevrons et planches qu'il a sciées pour la provision des roües et pour les ouvrages de la menuiserie de la machine.... 91ᵗᵗ 19ˢ 3ᵈ

28 décembre : à Gaudais du Pont, pour 50 toises courantes de bois de chesne qu'il a livrées pour faire des boules de piston pour les corps de pompes...... 100ᵗᵗ

Somme de ce chapitre... 13517ᵗᵗ 17ˢ 11ᵈ

COUVERTURE.

27 janvier : à Simon Deschamps, couvreur, parfait payement de 600ᵗᵗ à quoy monte l'entretien de toutes les couvertures d'ardoises et de tuile des magasins, puisards, forges et fonderies de lad. machine pendant l'année 1691.. 150ᵗᵗ

15 juin-30 novembre : à luy, sur son entretien des couvertures pendant l'année 1692 (3 p.)...... 450ᵗᵗ

Somme de ce chapitre........... 600ᵗᵗ

CUIRS.

27 janvier-24 février : à sr Clerx, pour 21 cuirs forts qu'il a acheptez à Liège pour la machine (2 p.)... .... 664ᵗᵗ 16ˢ 9ᵈ

15 juin : à luy, pour 6 cuirs forts qu'il a payez à Guillaume Bleret, tanneur à Liège, des droits de sortie, droits d'Espagne, et de la voiture desd. cuirs depuis Liège jusqu'à Sedan, puis de la voiture de dix autres, et autres frais............................ 255ᵗᵗ 18ˢ

2 novembre : à luy, pour 21 cuirs forts qu'il a payez aud. Bleret, y compris les droits de sortie et autres frais............................ 676ᵗᵗ 17ˢ 11ᵈ

---

¹ Ou Le Marté.

ANNÉE 1692. — MACHINE DE LA RIVIÈRE DE SEINE.

16 novembre : à luy, pour 14 dos et 6 trenches de cuir qu'il a payez *idem*. 554ᵗᵗ 1ˢ 4ᵈ

28 décembre : à luy, pour 48ᵗᵗ qu'il a payé à la veuve Gaspard Ronfard, pour les droits de 60 pancartes, vinage et voiture de 35 dos et 6 trenches de cuir qu'elle a voiturés de Liège à Sedan et Charleville, et 3ᵗᵗ 12ˢ 7ᵈ pour le change de l'argent et autres frais... 51ᵗᵗ 12ˢ 7ᵈ

23 mars-21 septembre : à Pigalle, pour 17 cuirs forts et 6 cuirs de vache qu'il a livrez pour les clapets et pistons des corps de pompes de lad. machine (4 p.) 584ᵗᵗ

24 aoust : à Gabriel Mauni, pour deux courpons[1] de cuir tanné qu'il a livré pour *idem*............ 45ᵗᵗ

11 janvier 1693 : à luy, pour trois cuirs tannez en six pièces pour les clapets et boules de piston des corps de pompe de lad. machine................ 135ᵗᵗ

14 décembre : à Mancille, de Sedan, pour la voiture de 27 dos de cuir qu'il a payé de Liège à Sedan, et les droits d'entrée à Bouillon............... 154ᵗᵗ 16ˢ

A Guillaume Tournay, pour la voiture de 62 dos et 6 trenches de cuir de Liège, et 195 livres pesant de clou, qu'il a voituré de Sedan et Charleville à Paris....... .... 152ᵗᵗ 9ˢ 7ᵈ

28 décembre : à la veuve Julien Pays, pour 12 cuirs de vache qu'elle a livrez et 92 pour réparer les joins des baches des puisards.................. 108ᵗᵗ

A Coulon, de Charleville, pour les droits d'entrée en France et autres frais qu'il a payés à Dinan pour 21 dos de cuir de Liège...................... 61ᵗᵗ 16ˢ

A Jaques Papeleu, pour deux paires de bottes de cuir préparé qu'il a livrez pour aller et faire la visite dans les aqueducs et courcières de lad. machine...... 40ᵗᵗ

Somme de ce chapitre..... 3484ᵗᵗ 8ˢ 2ᵈ

DIVERSES DÉPENSES.

27 juillet : au sʳ Landry, pour dix voyes de charbon de terre provenant des charbonniers de Desize, qu'il a livrées pour les serruriers de la forge à la journée du Roy..................................... 300ᵗᵗ

28 décembre : à Pierre Noiret, pour des clouds à vanne à calfeutrer et autres marchandises qu'il a fournies pour la machine en 1692............. 211ᵗᵗ 6ˢ

6 avril : au sʳ Van der Hulst, pour clouds à piston, à vannes et autres clouds qu'il a livrez pour la machine en la présente année...................... 68ᵗᵗ

24 aoust : à luy, pour six barils de bray et deux cents

[1] Le mot courpon n'est donné par aucun lexique. Faut-il lire coupon ? En tout cas, le sens n'est pas douteux.

livres de cloud, et pour la voiture par eau et autres frais de Rouen à lad. machine............ 332ᵗᵗ 11ˢ

4 may-28 décembre : à Philipes Haulmoine, pour la chandelle, huile et pots à brûler qu'il a livrez pour éclairer les ouvriers à la journée du Roy à lad. machine (3 p.)............................ 939ᵗᵗ 3ˢ 3ᵈ

14 décembre : à Estienne Langlois, cordier, pour les cables et autres cordages qu'il a livrez pour les équipages et puisards, les sceaux, balais et autres fournitures faites pendant la présente année......... 312ᵗᵗ 12ˢ 6ᵈ

A Nicolas La Hogue, pour 226 livres de vieux cordage godronné, employé à faire du calfas pour la réparation des baches des puisards.............. 22ᵗᵗ 12ˢ

15 juin-10 aoust : à Noël Bissonnet, pour 16 journées d'une voiture qu'il a employée à voiturer des pierres de démolition des regards des Gressets, pour les réparations des rigolles, sous les grands chevalets, entre la croupe de la montagne et mi-coste (3 p.)...... 102ᵗᵗ

16 novembre : à Vincent Allen, pour 220 livres d'étain d'Angleterre qu'il a livrez pour employer à faire de la soudure pour les ouvrages de plomberie de la machine........................... 198ᵗᵗ 10ˢ

Somme de ce chapitre..... 2486ᵗᵗ 14ˢ 9ᵈ

SERRURERIE.

27 janvier-14 décembre : à Philipes Renault, serrurier, parfait payement de l'entretien des ouvrages de forge et de serrurerie de la machine pendant l'année 1692 finie le dernier novembre (20 p.)..... 10000ᵗᵗ

15 juin : à luy, pour trois manivelles qu'il a raccommodées depuis le commencement de la présente année jusqu'à ce jour, sçavoir : une à laquelle a esté fait et soudé de neuf un tourillon, et l'autre rechargée, et à la troisième a soudé le bras................... 265ᵗᵗ

16 novembre : à luy, pour des fers d'augmentation qu'il a livrez pendant la présente année, tant à la machine que pour le rétablissement des digues des isles... .... 130ᵗᵗ 14ˢ

Somme de ce chapitre...... 10395ᵗᵗ 14ˢ

PLOMBERIE.

11 janvier 1693 : à Jaques Lucas, plombier, pour des plombs qu'il a livrez pendant la présente année 1692, lesquels ont esté employez aux raccordemens des conduites, à calfeutrer les baches des puisards et des équipages des pompes sur lad. rivière...... 177ᵗᵗ 16ˢ 9ᵈ

VITRERIE.

10 février : à Claude Cossette, vitrier, pour les répa-

49.

rations qu'il a fait aux vitres des croisées des bâtiments de la machine pendant l'année dernière... 130# 10s 1d

11 janvier 1693 : à luy, pour les réparations aux vitres des croisées des bâtimens de la machine pendant 1692............................. 47# 12s 5d

Somme de ce chapitre....... 178# 2s 6d

OUVRAGES DE CUIVRE.

20 avril 1692-11 janvier 1693 : à Joseph Royer, fondeur, pour l'entretien qu'il a fait aux ouvrages de cuivre des puisards de la machine sur lad. rivière de Seyne (4 p.)........................... 1200#

7 septembre : à luy, pour des racordemens de cuivre d'augmentation qu'il a livrez aux conduites à feu et à la neuvième bache sur lad. rivière......... 194# 4s 6d

Somme de ce chapitre,..... 1394# 4s 6d

PAVÉ.

2 novembre : à Louis Regnouf, paveur, pour ouvrages et réparations de pavé qu'il a fait sur les grands et petits chevalets, sous les tuyaux au-dessus du puisard desd. petits chevalets et autres endroits de lad. machine pendant la présente année............... 478# 12s 6d

OUVRIERS À JOURNÉES.

27 janvier 1692-11 janvier 1693 : aux charpentiers, serruriers et autres ouvriers employez à la journée du Roy pour l'entretien de la machine, depuis le 10 janvier 1692 jusqu'au 9 janvier 1693 (26 p.). 16886# 1s 8d

5 octobre : à ceux qui ont travaillé aux réparations des aqueducs entre le regard du Jongleur et le puits de l'angle.............................. 33# 5s

Somme de ce chapitre..... 16919# 6s 8d

FONTAINEBLEAU.

MAÇONNERIE.

30 mars-25 may : à Mathurin Hersant, entrepreneur, à compte des ouvrages et réparations de maçonnerie qu'il a fait au château et dépendances de Fontainebleau pendant l'année 1691 (3 p.)................. 1000#

22 juin-14 septembre : à luy, sur ses ouvrages et réparations pendant l'année 1692 (2 p.)....... 1000#

3 aoust : à luy, pour les murs à couverture de thuile qu'il a faits aux escuries du chenil..... 1614# 10s 2d

2 novembre : à luy, sur ses ouvrages aux escuries de Monseigneur, dans le bourg de Fontainebleau...... .... 291# 10s 6d

Somme de ce chapitre..... 3906# 0s 8d

TREILLAGES.

14 septembre : à Nicolas Goulet, dit Bataille, pour les treillages en bois et autres ouvrages par luy faits au jardin de l'hostel de la Chancellerie de Fontainebleau, et pour les réparations faites aux treillages d'apuy du parterre et de l'espalier du parc de Fontainebleau pendant 1692......................... 136# 2s 3d

LABOURS.

2 mars-25 may : à Simon Taillard Hauteclair, parfait payement de 8473# à quoy montent les labours, tant à plain qu'en rayons, par luy faits aux jeunes plants des palis de la forest de Fontainebleau pendant l'année 1691 (2 p.)................... 773# 1s

13 avril-31 aoust : à luy, pour la première façon de labour, tant à plain que par rayons, par luy faits auxd. jeunes plants en la saison du printemps dernier et les recépages faits auxd. plants (4 p.)..... 3150# 17s 9d

11 may : à luy, pour avoir fait donner la première façon de labour à 19 arpens 83 perches de jeunes plants dans le parc du château de Fontainebleau...... 114#

2-30 novembre : à luy, sur le deuxième labour qu'il fait donner aux jeunes plants (2 p.)......... 1600#

8 juin-16 novembre : à Marchand, pour les labours, semages et fumages qu'il a fait aux onze parquets des plaines des environs de Fontainebleau (2 p.)... 916#

Somme de ce chapitre... 6553# 18s 9d

CHARPENTERIE.

20 avril : à Mortillon, charpentier, pour ses ouvrages au château et dépendances de Fontainebleau en 1691. .... 351#

14 décembre : à luy, pour *idem* en 1692... 404# 8s

14 septembre : à Berruyer, charpentier, pour réparation de charpenterie à l'enceinte des palis de lad. forest pendant la présente année............... 140# 6s

Somme de ce chapitre....... 895# 14s

COUVERTURE.

31 aoust 1692 : à Jaques Grognet, couvreur, parfait payement de 401# 15s à quoy montent ses ouvrages et réparations de couverture de tuile aux maisons dépendantes du château de Fontainebleau en 1691, au delà de l'entretien dont il est tenu.............. 151# 15s

14 décembre : à luy, pour ouvrages et réparations extraordinaires de couvertures, tant en thuile qu'en ardoise aud. château et dépendances....... 566# 7s 6d

Somme de ce chapitre. ..... 718# 2s 6d

ANNÉE 1692. — FONTAINEBLEAU.

MENUISERIE.

30 mars-4 may : à Siunet, menuisier, sur ses ouvrages et réparations de menuiserie aud. château de Fontainebleau et dépendances en 1691 (2 p.)... 600ᵗᵗ
25 may-14 décembre : à luy, pour *idem* en 1692 (4 p.)................................. 3307ᵗᵗ 0ˢ 8ᵈ
30 mars : à Nivelon, menuisier, pour ouvrages à la garde-robe de Monseigneur le duc de Bourgogne en 1691................................. 88ᵗᵗ
A Pinguet, autre, pour ouvrages de menuiserie à la garde-robe de Monseigneur le duc d'Anjou.... 53ᵗᵗ 3ˢ
A Barrois, autre, sur ses ouvrages aux dépendances de Fontainebleau..................... 32ᵗᵗ 10ˢ
Somme de ce chapitre..... 4080ᵗᵗ 13ˢ 8ᵈ

SERRURERIE.

30 mars : à Benoist, serrurier, pour ouvrages de serrurerie aux dépendances de Fontainebleau en 1691... .... 221ᵗᵗ 13ˢ 6ᵈ
A La Brie, serrurier, pour ouvrages de serrurerie en divers-endroits dud. château pendant le séjour de S. M. 127ᵗᵗ
22 juin-14 décembre : à la veuve Rossignol, serrurier, pour ses ouvrages et réparations de serrurerie au château et dépendances de Fontainebleau pendant la présente année 1692 (2 p.)............ 998ᵗᵗ 6ˢ 9ᵈ
31 aoust-2 novembre : à elle, parfait payement de 821ᵗᵗ à quoy montent ses ouvrages et réparations en 1691 (2 p.)............................ 371ᵗᵗ
Somme de ce chapitre..... 1518ᵗᵗ 0ˢ 3ᵈ

VITRERIE.

31 aoust : à Tisserand, vitrier, parfait payement de 270ᵗᵗ 12ˢ 2ᵈ à quoy montent ses ouvrages et réparations de vitrerie au château de Fontainebleau en 1691..... .... 70ᵗᵗ 12ˢ 2ᵈ

PLOMBERIE.

27 avril : à Jaques Lucas, plombier, pour ses ouvrages de plomberie au château et dépendances en 1690 et 1691............................... 90ᵗᵗ 14ˢ 8ᵈ

PAVÉ.

31 aoust : à la veuve Duchemin, paveur, pour parfait payement de 245ᵗᵗ à quoy montent ses ouvrages et réparations de pavé à Fontainebleau en 1691...... 95ᵗᵗ
14 septembre : à elle et à Étienne Marchand, sur leurs ouvrages et réparations en 1692.......... 185ᵗᵗ 8ˢ
Somme de ce chapitre........ 280ᵗᵗ 8ˢ

PEINTURE.

3 septembre-16 novembre : à Corneille l'aîné, peintre, pour un tableau d'autel pour une des chapelles dud. château, représentant la *Famille de la Vierge* (2 p.)... .... 330ᵗᵗ
31 aoust : au s' Dubois, pour ouvrages de dorure, peinture et impression par luy faits aud. château en 1690 et 1691..................... 183ᵗᵗ 1ˢ
Somme de ce chapitre........ 513ᵗᵗ 1ˢ

CHARONNAGE.

7 septembre : à Tiger, charon, pour ouvrages de charonnage par luy faits aud. Fontainebleau pendant 1690 et 1691............................. 118ᵗᵗ 2ˢ 8ᵈ

DIVERSES DÉPENSES.

31 aoust : au s' La Tour, parfait payement de 265ᵗᵗ 8ˢ à quoy montent les frottages des planchers du château de Fontainebleau pendant 1691............ 65ᵗᵗ 6ᵈ
13 avril : aux habitans de Fontainebleau et d'Avon, pour 139 arpens 16 perches de terre, par eux ensemencées aux environs desd. lieux en 1690 et par eux recueillies en 1691, à raison de 30 sols par arpent.... .... 208ᵗᵗ 15ˢ
27 avril : à Nicolas Gouet, dit Bataille, pour des regarnissemens qu'il a fait tant à la charmille qu'aux arbres d'haute tige du parc du château de Fontainebleau en 1692..................... 76ᵗᵗ 8ˢ 6ᵈ
11 may : à Angelin de la Salle, pour le bled qu'il a fourni pour la nouriture des perdrix et des faisans dans les parquets des environs de Fontainebleau... 547ᵗᵗ 10ˢ
16 novembre : à M. le marquis de Saint-Herem, pour ce qu'il a payé pour les dépenses extraordinaires par luy faites pour les parquets des environs de Fontainebleau en 1692......................... 270ᵗᵗ 1ˢ
Au s' Langlois, notaire à Fontainebleau, pour dix minutes et trente expéditions par luy faites des marchés d'entretien aud. lieu.................. 100ᵗᵗ
Somme de ce chapitre..... 1268ᵗᵗ 0ˢ 6ᵈ

ENTRETENEMENS DE FONTAINEBLEAU.

11 may : à Angelin de la Salle, garde des sept parquets de Fontainebleau, 400ᵗᵗ pour ses gages d'une année et 300ᵗᵗ pour ceux de ses deux garçons...... 700ᵗᵗ
11 may-30 novembre : à Marchand et La Brie, ayant l'entretien des routes de la forest de Fontainebleau, pour leurs gages pendant une année écheue le dernier septembre (2 p.)........................... 800ᵗᵗ
11 may-30 novembre : à Jamin, ayant l'entretien et

le nettoyement des cours des offices du Cheval Blanc, des hérounières et autres endroits du château de Fontainebleau, pour une année de ses gages écheue aud. dernier septembre 1692 (2 p.).................... 192ᵗᵗ

11 may-30 novembre : à Nicolas Gouët, dit Bataille, ayant le nettoyement des fossez du pourtour dud. château, pour une année de ses gages écheue de même (2 p.)
.... 47ᵗᵗ 8ˢ

3 aoust : à luy, ayant l'entretenement des palis des sept parquets des plaines des environs de Fontainebleau, pour ses gages pendant les six premiers mois 1692. 60ᵗᵗ

A Rebours, dit La Brie, garde des palis de Fontainebleau, pour ses gages des six premiers mois 1692..
.... 150ᵗᵗ

A Couturier, ayant l'entretenement de toutes les conduites de fer tant du dedans qu'au dehors le parc, pour ses gages pendant les six premiers mois 1692.... 50ᵗᵗ

3 aoust : à Grisgot, ayant l'entretenement des conduites de grais depuis Samois jusqu'au haut du pavé des Basses-Loges, pour ses gages pendant les six premiers mois 1692........................ 220ᵗᵗ 7ˢ

30 novembre : à Pasquier Souchet, pour une année de la gratification qui luy a esté accordée par S. M., écheue le dernier septembre dernier, en considération du soin qu'il a eü des orangers dud. château......... 300ᵗᵗ

Somme de ce chapitre...... 2519ᵗᵗ 15ˢ

OUVRIERS À JOURNÉES.

24 février-14 décembre : aux ouvriers qui ont travaillé à la journée du Roy dans la dépendance du château de Fontainebleau depuis le mois de janvier jusqu'au 10 du présent mois de décembre (8 p.)...... 1646ᵗᵗ 6ˢ 8ᵈ

2 novembre : à ceux qui ont travaillé à élargir les croisées des routtes dans plusieurs endroits de lad. forest de Fontainebleau pendant le mois d'octobre... 143ᵗᵗ 2ˢ

Somme de ce chapitre..... 1789ᵗᵗ 8ˢ 8ᵈ

CHAMBORD.

MAÇONNERIE.

20 janvier : à Mathieu Lachant, maçon, parfait payement de 618ᵗᵗ 10ˢ 10ᵈ à quoy montent les réparations de maçonnerie qu'il a fait en 1691 au château de Chambord et ses dépendances......... 68ᵗᵗ 10ˢ 10ᵈ

6 avril : à luy, parfait payement de 275ᵗᵗ à quoy monte l'entretenement de maçonnerie dud. château en 1691..
.... 68ᵗᵗ 15ˢ

11 may-14 décembre : à luy, pour ses ouvrages et réparations aud. château en 1692 (4 p.)...... 750ᵗᵗ

6 juillet 1692-11 janvier 1693 : à luy, sur ses entretenemens de maçonnerie pendant les trois premiers quartiers 1692 (3 p.)...................... 206ᵗᵗ 5ˢ

5 octobre : à luy, pour des nettoyemens et transports de terre et gravois faits au pourtour dud. château de Chambord en la présente année (3 p.)......... 81ᵗᵗ

Somme de ce chapitre..... 1174ᵗᵗ 10ˢ 10ᵈ

CHARPENTERIE.

20 janvier : à Benier et veuve Raby, charpentiers, parfait payement de 247ᵗᵗ 5ᵈ à quoy montent les réparations de charpenterie des palis des faisanderies et remises faites dans le parc de Chambord........... 47ᵗᵗ 5ᵈ

6 avril : à eux, parfait payement de 340ᵗᵗ pour l'entretien de la charpenterie et des palis des faisanderies et remises dans le parc de Chambord en 1691..... 85ᵗᵗ

6 juillet 1692-11 janvier 1693 : à eux, sur l'entretien de la charpenterie pendant les trois premiers quartiers 1692 (3 p.)........................ 255ᵗᵗ

10 aoust-7 septembre : à eux, sur les réparations de charpenterie qu'ils font aux palis desd. faisanderies et remises (2 p.)........................ 180ᵗᵗ

20 janvier : à Antoine Poitevin, charpentier, parfait payement de 234ᵗᵗ 11ˢ 10ᵈ à quoy montent les réparations de charpenterie par luy faites au château de Chambord en lad. année................. 109ᵗᵗ 11ˢ 10ᵈ

22 juin-14 décembre : à Jaques Bouray, charpentier, pour ouvrages et réparations faits dans la dépendance dud. château en la présente année (3 p.).. 215ᵗᵗ 9ˢ 9ᵈ

Somme de ce chapitre........ 892ᵗᵗ 2ˢ

COUVERTURE.

20 janvier : à Valentin Tesnier, couvreur, parfait payement de 134ᵗᵗ 3ˢ 4ᵈ à quoy montent ses réparations de couverture aud. château de Chambord et dépendances
.... 34ᵗᵗ 3ˢ 4ᵈ

6 avril : à luy, parfait payement de 410ᵗᵗ à quoy montent les entretiens de couvertures dud. château et dépendances en 1691................. 102ᵗᵗ 10ˢ

6 juillet 1692-11 janvier 1693 : à luy, pour lesd. entretiens pendant les trois premiers quartiers 1692 (3 p.)........................... 307ᵗᵗ 10ˢ

14 décembre : à luy, sur ses ouvrages et réparations de couverture en 1692.................... 60ᵗᵗ

Somme de ce chapitre...... 504ᵗᵗ 3ˢ 4ᵈ

MENUISERIE.

20 janvier-5 octobre : à René Bonnet, menuisier, pour

réparations de menuiserie au château de Chambord et dépendances en 1691 et 1692 (2 p.)......... 55ᴧ 7ˢ
6 avril : à luy, parfait payement de 157ᴧ à quoy montent l'entretien de la menuiserie aud. château et dépendances en 1691............................. 39ᴧ 5ˢ
6 juillet 1692-11 janvier 1693 : à luy, pour lesd. entretiens pendant les trois premiers quartiers 1692... .... 117ᴧ 15ˢ

Somme de ce chapitre........ 212ᴧ 7ˢ

SERRURERIE.

10 janvier : à CLÉMENT BEAUJOUAN, serrurier, parfait payement de 150ᴧ 6ˢ 5ᵈ à quoy montent ses réparations de serrurerie aud. château de Chambord et dépendances en l'année 1691..................... 50ᴧ 6ˢ 5ᵈ
10 aoust-14 novembre : à luy, sur ses ouvrages et réparations en 1692 (2 p.)................. 150ᴧ
6 avril : à luy, parfait payement de 165ᴧ à quoy monte l'entretien des ouvrages de serrurerie dud. château et dépendances en 1691.............. 41ᴧ 5ˢ
6 juillet 1692-11 janvier 1693 : à luy, sur lesd. entretiens pendant les trois premiers quartiers 1692 (3 p.) 123ᴧ 15ˢ

Somme de ce chapitre...... 365ᴧ 6ˢ 5ᵈ

VITRERIE.

20 janvier : à TRINQUARD, vitrier, pour réparations de vitrerie par luy faites au château de Chambord et dépendances en 1691................... 41ᴧ 5ˢ 1ᵈ
14 décembre : à luy, sur lesd. réparations en 1692 .... 40ᴧ
6 avril : à luy, parfait payement de 126ᴧ à quoy montent les entretiens de vitrerie. dud. château et dépendances en 1691..................... 31ᴧ 10ˢ
6 juillet 1692-11 janvier 1693 : à luy, sur lesd. entretiens pendant les trois premiers quartiers 1692 (3 p.) 94ᴧ 10ˢ

Somme de ce chapitre...... 207ᴧ 5ˢ 1ᵈ

PAVÉ.

20 janvier : à RAYMOND POIREMOLLE, paveur, pour réparations de pavé dans la dépendance du château de Chambord en 1691.................. 5ᴧ 5ˢ
5 octobre : à luy, sur ses réparations de pavé en 1692 .... 100ᴧ
6 avril : à luy, parfait payement de 290ᴧ pour les entretiens du pavé dud. château et dépendances en 1691 .... 72ᴧ 10ˢ
6 juillet 1692-11 janvier 1693 : à luy, sur sesd. entretiens pendant les trois premiers quartiers 1692 (3 p.) 217ᴧ 10ˢ
14 aoust : à AUBRY, parfait payement de 1067ᴧ 10ˢ à quoy montent les ouvrages de pavé par luy faits dans la dépendance dud. château en 1685........ 7ᴧ 10ˢ

Somme de ce chapitre....... 402ᴧ 15ˢ

PEINTURE ET SCULPTURE.

16 mars : à IMBERT, sculpteur et peintre, pour un crucifix de bois, dont le Christ a trois pieds de hault, qu'il a fait pour mettre au-dessus de la porte du chœur de l'église parochiale de Chambord, et qu'il a peint en couleur de chair à huisle et la draperie blanche avec un filet d'or sur les extrémitez.................. 40ᴧ
24 aoust : à CHARPENTIER, sculpteur, parfait payement de 510ᴧ à quoy montent les ouvrages de sculpture par luy faits dans la dépendance dud. château en 1685 10ᴧ

Somme de ce chapitre.......... 50ᴧ

MENUES DÉPENSES ET ENTRETÉNEMENS DE CHAMBORD.

6 avril : à BELLEFOND, concierge dud. château, parfait payement de 250ᴧ à quoy montent les nettoyemens et frottages du parquet et entretien de l'horloge pendant 1691............................. 62ᴧ 10ˢ
6 juillet 1692-11 janvier 1693 : à luy, sur lesd. entretenements pendant les trois premiers quartiers 1692 (3 p.) 187ᴧ 10ˢ
6 avril : à CHARLES CHEVALIER, parfait payement de 48ᴧ pour le nettoyement des allées de la canardière de Chambord pendant l'année 1691............. 12ᴧ
6 juillet 1692-11 janvier 1693 : à luy, sur led. nettoyement pendant les trois premiers quartiers 1692 (3 p.) 36ᴧ

Somme de ce chapitre.......... 298ᴧ

RIVIÈRE D'EURE.

MAÇONNERIE.

6 avril-9 novembre : à PIERRE LE MAISTRE, entrepreneur, à compte de la maçonnerie du grand aqueduc de Maintenon (9 p.).................. 11383ᴧ
27 avril-29 juin : à MARTIN COLIN, entrepreneur, pour les ouvrages de terre par luy faits aux réparations des brèches et ruptures que les grandes eaux de l'hyver dernier avoient fait aux digues de la rivière d'Eure et du ruisseau d'Épernon (3 p.)............... 1450ᴧ

Somme de ce chapitre...... 12833ᴧ

GRAIS.

6 avril-21 décembre : à Louis Jurant, entrepreneur, à compte des grais qu'il fournit pour la construction de l'aqueduc de la rivière d'Eure dans le fond de Maintenon (12 p.)........................ 5942ᵗᵗ 15ˢ

ÉCLUSIERS.

9 mars-9 novembre : à Guillaume Moreau, éclusier à Maintenon, chargé de la visite de toutes les autres écluses, pour ses journées, à raison de 20 sols par jour (5 p.)............................ 182ᵗᵗ

27 avril : à Pierre Cognart, serrurier, pour l'entretien des criqs des écluses sur lad. rivière d'Eure et ruisseau d'Épernon, pour ses journées, à 20ˢ par jour.... 30ᵗᵗ

3 juin-31 aoust : aux éclusiers employez à ouvrir et fermer les écluses servant à la navigation des matériaux pour la construction de l'aqueduc de Maintenon et à un serrurier pour l'entretien des criqs, depuis le mois de may au mois d'aoust dernier (4 p.).............. 634ᵗᵗ

Somme de ce chapitre........... 846ᵗᵗ

DIVERSES DÉPENSES DE LA RIVIÈRE D'EURE.

27 avril-26 octobre : au sʳ Le Blanc, pour une année échue le dernier août du loyer d'une maison à luy appartenante, scize à Maintenon, occupée par le sʳ Robelin (2 p.)............................. 330ᵗᵗ

25 may-20 juillet : à Colin et autres, pour menues dépenses faites pour la construction du grand aqueduc de Maintenon sous les sʳˢ Robelin, depuis le 1ᵉʳ avril jusqu'au 18 juillet (2 p.)..................... 430ᵗᵗ 11ˢ

8 juin : à Cognart et autres, pour menues dépenses depuis le 16 may jusqu'au 1ᵉʳ juin......... 44ᵗᵗ 19ˢ

31 aoust : à Guillaume Moreau et autres, pour menues dépenses depuis le 18 juillet jusqu'au 29 aoust. 39ᵗᵗ 10ˢ

26 octobre : à Mathieu Batiment, pour idem, depuis le 31 aoust jusqu'au 18 octobre........... 43ᵗᵗ 10ˢ

18 may 1692-4 janvier 1693 : au sʳ Le Duc, entrepreneur, pour remboursement des sommes par luy payées aux nommez La Chaussée et La Haye, piqueurs, qui ont soin des magasins où sont les outils servans aux ouvrages du grand aqueduc de terre entre Maintenon et Berchère, 1500ᵗᵗ pour leurs appointements de l'année 1692 et 33ᵗᵗ 4ˢ 6ᵈ pour menues réparations faites auxd. magasins 1533ᵗᵗ 4ˢ 6ᵈ

2 mars-30 novembre : au sʳ Hourry et autres, pour appointemens et menües dépenses faites sur les lignes de la rivière d'Eure, depuis le mois de janvier jusqu'au mois de novembre dernier, sous le sʳ Parisot (7 p.) 1074ᵗᵗ 16ˢ

Somme de ce chapitre.... 3496ᵗᵗ 10ˢ 6ᵈ

GAGES DES EMPLOYEZ DE LA RIVIÈRE D'EURE.

2 mars 1692-4 janvier 1693 : au sʳ Parisot, ingénieur, employé sur les lignes de la rivière d'Eure, pour ses appointemens de l'année entière 1692 (10 p.). 1800ᵗᵗ

9 mars-9 novembre : au sʳ Robelin, ayant la direction des travaux de l'aqueduc de Maintenon, pour ses appointemens des mois de janvier au mois d'octobre de lad. année 1692 (9 p.)..................... 5000ᵗᵗ

Au sʳ Lagrange, maître maçon aud. aqueduc, pour ses appointemens pendant le même temps (9 p.) 1500ᵗᵗ

Somme de ce chapitre......... 8300ᵗᵗ

GAGES PAR ORDONNANCES PARTICULIÈRES.

27 janvier-27 juillet : à André Roger, commis du sʳ Lachapelle Bessé, pour ses appointemens des six derniers mois 1691 et six premiers 1692 (2 p.). 1000ᵗᵗ

27 janvier : à Toussaint Michel, menuisier tourneur de la machine, pour ses appointements des trois derniers mois 1691.......................... 180ᵗᵗ

3 février-7 décembre : à Estienne La Rue, inspecteur aux aqueducs de Retz, pour ses appointemens du mois de décembre 1691 au mois de novembre 1692 (6 p.)............................. 360ᵗᵗ

10 février : à Masson, pour avoir copié à la Chambre des comptes, à Paris, les états de remboursement d'héritages, du mois de janvier au mois d'aoust dernier. 35ᵗᵗ

10 février 1692-22 février 1693 : au sʳ Ballon, ayant la direction des grands et petits plants des maisons royales, pour ses gages des six derniers mois 1691 et de toute l'année 1692 (3 p.)............ 2700ᵗᵗ

10 février 1692-22 février 1693 : à Louis-Clément Garnier, jardinier de la pépinière du Roule, pour ses gages pendant le même temps (3 p.)......... 1800ᵗᵗ

10 février 1692-22 février 1693 : à Louis Germain, servant à cheval, ayant l'inspection sur les ouvriers qui travaillent au jardin de lad. pépinière et aux plants d'arbres des avenues de Vincennes, pour ses gages pendant led. temps (3 p.)................... 1650ᵗᵗ

10 février : à Pierre Collinot, servant à cheval, ayant inspection sur les ouvriers qui travaillent aux plants d'arbres de Marly et de Versailles, pour les six derniers mois 1691...................... 600ᵗᵗ

10 février 1692-22 février 1693 : à Pierre Vallois, ayant soin de garder les avenues du palais des Thuille-

ries, pour ses appointements des six derniers mois 1691 et de l'année entière 1692 (3 p.)......... 150tt

10 février-30 novembre : aux nommez Seberт, Gussin, Fouquet, Le Lorrain, Lignière [1], Aparuit, Paillet, Legros, Rousselet, Tiger, élèves peintres et sculpteurs, pour leur subsistance du dernier quartier 1691 et trois premiers 1692 (4 p.)......... 2640tt

11 février : à la veuve de Jaques Houzeau, faisant ordinairement les modèles et ornemens tant au Louvre qu'ailleurs, pour sa pension des six premiers mois 1691 .... 75tt

2 mars 1692 - 4 janvier 1693 : à Guillaume Créant, inspecteur à Saint-Germain, pour ses gages de l'année 1692 (6 p.)........................... 600tt

A François Gallin, piqueur à Marly, pour idem (6 p.) 600tt

A Jaques Montreuil, inspecteur à Marly, pour idem (6 p.)........................... 900tt

A Claude Dobie, autre, pour idem (6 p.)... 432tt

A La Chambre, garde à cheval à Saclay, pour idem (6 p.).......................... 540tt

A Beaulieu, garde à cheval à l'étang de Vieille-Eglise, idem (6 p.)........................... 540tt

A Dutrier, autre, à l'étang de Trappes, idem (6 p.) 540tt

A de la Lande, autre, au Perray, idem (6 p.). 540tt

A Le Maistre, autre, à un des pavillons de Trappes, idem (6 p.).......................... 540tt

A Martin, autre, au Mesnil, idem (6 p.).... 540tt

A Denis Rosay, autre, au Pré-clos, idem (6 p.) 540tt

A Lefebvre, autre, à Buc, idem (6 p.)...... 366tt

23 mars 1692-15 février 1693 : au s[r] Mansart, pour ses appointements ordinaires et extraordinaires du dernier quartier 1691 et de l'année entière 1692 (5 p.) 12500tt

Au s[r] Cauchy, dessinateur, pour ses appointements pendant le même temps (5 p.).......... 1500tt

Au s[r] Cailleteau, dit L'Assurance, pour idem (5 p.) 1500tt

Au s[r] Mignard, premier peintre du Roy, pour ses appointements pendant le même temps (5 p.)... 11000tt

6 avril 1692 - 11 février 1693 : aux religieuses Capucines de Paris, pour l'entretien de leur jardin pendant l'année 1692 (4 p.)..................... 400tt

20 avril : au s[r] Rousselot, employé à Monceaux, pour ses appointemens des quatre premiers mois 1692 .... 800tt

Au s[r] de Franclieu, employé aux travaux de Buc, pour les mêmes appointemens............. 800tt

27 avril : au s[r] Goujon, employé à toiser les ouvrages, pour ses appointemens du premier quartier 1692. 900tt

Au s[r] de Sainte-Catherine, employé aux travaux de la plaine de Trappes, pour idem............ 750tt

A Legoux, employé à la plaine de Saclay, pour idem 300tt

A Duchiron, employé au magasin des plombs, pour idem............................... 500tt

A Deslouit, employé au magasin des démolitions, pour idem............................ 300tt

A Philipe, employé au magasin de la place Vendôme, pour idem............................ 225tt

A Perrot, employé à Trianon, pour idem.... 300tt

A Jourdan, employé dans le petit parc de Versailles, pour idem............................ 225tt

A Michelet, employé à la pesée des fers, pour idem.. .... 300tt

A Andrieu, employé au toisé des terres, pour idem 500tt

A Andrieu le jeune, aydant à toiser avec led. Andrieu, pour idem............................ 91tt

A Le Court, employé à l'église des Invalides, pour idem............................... 375tt

A La Boulaye, employé aux vitres, pour idem.. 225tt

A Cochu, employé à la machine, pour idem... 900tt

Au s[r] Jumelle, employé à la machine, pour idem. 225tt

A Boucault, employé à la machine, pour idem. 225tt

A Rennekin Sualem, charpentier, employé à lad. machine, pour idem......................... 450tt

A Toussaint Michel, menuisier tourneur, à lad. machine, pour idem......................... 180tt

A de Ruzé, employé à Saint-Germain et à Marly, pour idem............................ 900tt

23 novembre : à luy, pour une année des gages de son commis, pour idem.................. 600tt

A de la Maison Blanche, employé au magasin de Saint-Germain, pour idem................ 225tt

27 avril : à Lhuillier, employé à Versailles, pour idem............................... 225tt

A Labbé, employé à visiter les ouvriers à Paris, pour idem............................... 450tt

A Charles Le Brun, portier de l'hostel des Inspecteurs, pour idem............................ 91tt

A François Le Bled, portier de l'hostel de Limoges, pour idem............................ 91tt

---

[1] Le 27 juillet, Brodon et Massou remplacent Le Lorrain et Lignière; voir ci-dessus, col. 731.

13 juillet : aux inspecteurs dénommez cy-dessus, pour leurs appointemens du deuxième quartier 1692, y compris le s⁺ Rousselot pour may et juin.. .. 9353ᴴ

5 octobre : à eux, pour leurs appointemens du troisième quartier........................ 9556ᴴ

11 may : au s⁺ Drouard, pour l'inspection qu'il a eu sur la broderie d'un meuble pour le Roy...... 500ᴴ

11 may : au s⁺ La Boulaye, pour le soin qu'il a eu des bordures dud. meuble................. 300ᴴ

11 may 1692 - 4 janvier 1693 : à L'Escurier, dessinateur à Saint-Germain et Marly, pour ses appointemens de l'année 1692 (4 p.)................. 1200ᴴ

6 juillet : à Bourguignon, employé au magasin de Marly, pour ses appointemens du deuxième quartier 99ᴴ

8 juin - 31 aoust : au s⁺ Masson, inspecteur, employé à voir crépir les murs du grand parc, à 25ˢ par jour (3 p.) 188ᴴ 15ˢ

13 juillet 1692 - 11 janvier 1693 : au s⁺ Joseph Pichon, prestre, pour avoir célébré le service divin dans la chapelle de la Savonnerie pendant l'année 1692 (2 p.) 240ᴴ

A la veuve Bailly, portière de la Savonnerie, pour ses appointemens de lad. année, et 30ᴴ pour le blanchissage du linge de la chapelle et avoir soin de faire dire les messes (2 p.)..................... 330ᴴ

A Antoine Voirie, portier de l'Observatoire, pour ses appointemens de l'année 1692, y compris 30ᴴ pour un juste-au-corps des livrées du Roy (2 p.)...... 230ᴴ

20 février - 14 décembre : au s⁺ Mesmin, pour ses appointemens de l'année 1692 (2 p.)......... 4000ᴴ

20 juillet - 14 décembre : au s⁺ Frosne, pour ses appointemens de l'année 1692 (3 p.)......... 3000ᴴ

14 décembre : à luy, pour les appointemens de son commis................................ 600ᴴ

14 juillet - 14 décembre : au s⁺ Chuppin, pour ses appointemens de l'année 1692 (2 p.).......... 2000ᴴ

Au s⁺ Jolly, idem.................... 1500ᴴ

Au s⁺ Marchand, idem (2 p.)............. 1000ᴴ

20 juillet : au s⁺ Marigner, à compte de ses appointemens................................ 2000ᴴ

14 décembre : à luy, pour les appointemens de son commis pendant 1692.................... 600ᴴ

20 juillet : à la veuve Desjardins, concierge de la Surintendance des bâtimens à Versailles, à compte de ses appointemens......................... 200ᴴ

3 aoust 1692 - 22 février 1693 : au s⁺ de la Forest, pour l'entretien de la pompe du Pont-Neuf, pour ses appointemens des six derniers mois 1691 et six premiers 1692 (2 p.)....................... 4000ᴴ

10 aoust 1692 - 22 février 1693 : au s⁺ Lefebvre, contrôleur, en considération du séjour qu'il fait à Versailles et du service actuel qu'il a rendu dans lesd. bâtiments pendant lad. année 1692 (2 p.)........ 5000ᴴ

Au s⁺ de la Chapelle-Bessé, pour ses appointemens de lad. année 1692 (2 p.)................. 3000ᴴ

10 aoust : au s⁺ Verdier, peintre, à compte de la pension de 3000ᴴ qui luy est accordée par S. M... 1500ᴴ

10 aoust - 14 décembre : au s⁺ de Sainfray, pour ses appointemens de lad. année 1692 (2 p.).... 3000ᴴ

10 aoust : au s⁺ Lambert, pour les six premiers mois de 1692............................... 2000ᴴ

10 aoust 1692 - 22 février 1693 : au s⁺ Perrault, pour ses gages et par gratification pour lad. année 1692 (2 p.)................................ 4400ᴴ

17 aoust 1692 - 22 février 1693 : au s⁺ d'Etrechy, contrôleur à Fontainebleau, pour ses appointemens de 1692 (2 p.)........................ 3600ᴴ

Au s⁺ Desgodets, contrôleur à Chambord, pour ses appointemens de lad. année 1692 (2 p.)..... 1800ᴴ

Au s⁺ Villiard, préposé aux eaux bonnes à boire, pour ses appointemens de l'année 1692 (2 p.).. 1200ᴴ

Au s⁺ Fossier, garde-magasin, idem (2 p.).. 1900ᴴ

Au s⁺ Dorbay, architecte, idem (2 p.)...... 4400ᴴ

Au s⁺ Ballon fils, ayant l'inspection sur les ouvriers qui travaillent au jardin de la pépinière du Roule et aux plants d'arbres des avenues de Vincennes, pour ses appointemens de lad. année 1692 (2 p.)........ 900ᴴ

Au s⁺ Morlet, inspecteur, pour ses appointemens de lad. année 1692 (2 p.).................... 2400ᴴ

24 aoust 1692 - 22 février 1693 : au s⁺ de la Motte fils, par gratification pour lad. année 1692 (2 p.).. .... 900ᴴ

Au s⁺ Le Jongleur, ayant la recherche des eaux, pour ses appointemens pendant lad. année 1692 (2 p.).. .... 2000ᴴ

31 aoust : au s⁺ des Bergeries de Franclieu, lieutenant du Roy au gouvernement de Condé, pour un mois et dix jours du s⁺ de Franclieu, son fils, ingénieur à Buc, à 4000ᴴ par an............... 266ᴴ 13ˢ 4ᵈ

Aux héritiers du s⁺ Senon, médecin des Bâtimens, pour sa pension pendant les trois premiers mois 1692. 500ᴴ

21 septembre : au s⁺ Gendron qui transcript quelques anciens comptes des Bâtimens à la Chambre des comptes depuis le 1ᵉʳ juillet dernier, à compte de son travail 200ᴴ

9 novembre : à Pierre Thomas, garçon fontainier à

ANNÉE 1692. — GRATIFICATIONS.

Marly, à compte de ses appointemens de la présente année............................. 100ʰ

16 novembre : au s' Patenostre, pour avoir transcript à la Chambre des comptes pendant deux mois quelques anciens comptes des Bâtimens........ 150ʰ

7 décembre : à L'Éveillé, garde de la maîtrise à Saint-Germain, pour avoir fait lever des spées de charmes dans la forest de Marly pendant trente jours.......... 30ʰ

28 décembre : à André Olivier Florent fils, jardinier à Trianon, pour la pension qui luy a esté accordée par S. M. pour 1692...................... 300ʰ

Aux Récollets de Versailles, pour avoir célébré la messe à la chapelle de la Surintendance des bâtimens pendant la présente année.................. 250ʰ

4 janvier 1693 : au s' Morel, aumosnier desd. Bâtimens, pour ses appointemens de l'année 1692... 350ʰ

11 janvier 1693 : au s' de Bourges, médecin des Bâtimens, pour sa pension pendant les neuf derniers mois 1692............,....................... 1500ʰ

22 février 1693 : au s' Lambert, contrôleur, pour ses appointemens des six derniers mois 1692..... 2000ʰ

Au s' Caillet, notaire des Bâtimens, pour sa pension de l'année 1692...................... 400ʰ

Somme de ce chapitre.... 138464ʰ 8ˢ 4ᵈ

GRATIFICATIONS.

20 janvier : à Louis Baccary, dit Dilligent, invalide employé dans les bâtimens de Marly, par gratification, en considération du service qu'il rend actuellement dans lesd. bâtimens........................ 50ʰ

17 février 1692-22 février 1693 : à Louis-Clément Garnier, jardinier du Roulle, par gratification des six derniers mois 1691 et pour l'année 1692 (3 p.).... 300ʰ

A Jean Frade, qui a inspection pour la garde des cignes sur la rivière de Seine depuis Surenne jusqu'à Rouen, gratification pour les six derniers mois 1691 et l'année 1692 (3 p.)..................... 225ʰ

A Pierre Le Cochois, qui a soin desd. cignes depuis Corbeil jusqu'à Saint-Cloud, *idem* (3 p.)....... 225ʰ

17 février : à Louis Germain, qui a inspection sur les ouvriers qui travaillent aux plants d'arbres des avenues du palais des Thuilleries, parc de Boulogne, Vincennes et Saint-Germain-en-Laye, par gratification...... 50ʰ

A la veuve La France, portière de l'atelier du Louvre du costé de Saint-Germain de l'Auxerrois, par gratification................................ 50ʰ

A Deskesnes, terrassier, en considération de ce qu'il a été blessé en travaillant.................. 50ʰ

23 mars : à Jean Madeu, inspecteur des plants, par gratification, en considération de plusieurs voyages et dépenses extraordinaires qu'il a fait pour le service de S. M................................ 50ʰ

30 mars : à Taconnoit, compagnon menuisier du s' Rivet, qui s'est blessé en posant la frize au-dessus de la grande porte de la chapelle de Trianon....... 30ʰ

4 may : à Granier, sculpteur, par gratification, en considération de ses soins à réparer les cires de la statue équestre du Roy de la place de Vendôme....... 400ʰ

6 juillet : à Maugé, par gratification, en considération de ce qu'il a visité l'aqueduc qui conduit l'eau de la machine sur la butte de Montboron, pendant l'année 1691 et les six premiers mois 1692................ 24ʰ

10 aoust : à Desjardins, pour les voyages qu'il a fait par ordre de S. M. concernant les bâtimens pendant les six premiers mois de la présente année........ 500ʰ

A Fossier fils, par gratification, en considération du service extraordinaire qu'il a rendu pendant 1690, 1691 et 1692 pour le transport des figures de marbre et de bronze, vases et tables de Paris à Marly, Versailles et Trianon.............................. 500ʰ

A la veuve de Louis Isabelle, garçon plombier à Saint-Germain-en-Laye, par gratification....... 150ʰ

17 aoust 1692-22 février 1693 : au s' Ballon fils, à la place de Louis Germain, par gratification, pour l'année 1692 (2 p.)...................... 100ʰ

7 septembre : à Barthelemy Jolly, sculpteur, qui est tombé de 40 pieds de hault dans l'église des Invalides, gratification........................... 40ʰ

9 novembre : à François Gallin, piqueur à Marly, pour avoir esté faire venir les cerceaux que l'on a posé aux ormes des deux principalles allées du jardin de Marly................................ 30ʰ

7 décembre : à Jaques Lucas, plombier, pour remboursement de ce qu'il a payé aux plombiers et aux garçons poseurs de tuyaux de fer, par gratification de la diligence qu'ils ont faite à poser les tuyaux de plomb et de fer des huit dernières fontaines du bas jardin de Marly................................ 30ʰ

14 décembre : aux palfreniers des écuries de S. M., pour les fumiers qui leur ont esté pris pendant la présente année pour les parquets de Fontainebleau.. 77ʰ

28 décembre : à Robert de France, dit La France, invalide, par gratification, en considération de ses soins au bâtiment de la grande église de l'hôtel royal des Invalides............................... 60ʰ

A Desjardins, pour les voyages en poste qu'il a fait

pour le service du Roy dans les bâtimens pendant les six derniers mois 1692...................... 700ᵗᵗ

4 janvier 1693 : à DUTRIER, garde de l'étang de Trappes, pour son remboursement de ce que luy a coûté son logement à Versailles et sa nourriture avec une garde, pendant quarante jours qu'il a séjourné pour se faire traiter d'une fistule qu'il avoit au fondement... 115ᵗᵗ

Au s' POITIERS, chirurgien, pour avoir pensé pendant quarante jours led. DUTRIER et lui avoir fait l'opération................................ 150ᵗᵗ

Au s' IMFNAY, commis à la poste de Versailles, pour le soin qu'il a pris des lettres et paquets concernant les bâtimens pendant 1692................ 100ᵗᵗ

A la dame DESJARDINS, concierge de la Surintendance des bâtimens, par gratification............ 100ᵗᵗ

Au s' VILLIARD, pour l'inspection qu'il a sur les ouvrages de pavé........................ 300ᵗᵗ

Au s' MICHELET, pour le soin qu'il prend de la menue serrurerie dans les dehors de Versailles, dans le château et à celuy de Trianon.................... 300ᵗᵗ

Aux Religieux Récollets de Saint-Germain, pour les messes qu'ils ont dites à la chapelle de la machine pendant 1692............................. 100ᵗᵗ

Au s' MARCILLE, de Sedan, pour les soins qu'il a pris en 1692 à la réception des cuirs de Liège pour la machine et de l'envoi qu'il en a fait............ 100ᵗᵗ

A GILLES LAMBOTTÉ, charpentier, pour plusieurs voyages qu'il a fait pour le service du Roy pendant 1692 .... 75ᵗᵗ

Au s' CHUPIN, pour un voyage qu'il a fait en poste à Fontainebleau et un à Meulan pour le service du Roy, où il a resté plusieurs jours pour lever des plants et les designer................................ 500ᵗᵗ

Somme de ce chapitre......... 5481ᵗᵗ

GAGES D'INVALIDES.

3 février : à ISAAC HEUZET, invalide employé dans le jardin de Marly, pour ses journées pendant le mois de décembre 1691 et janvier 1692............. 60ᵗᵗ

3 février 1692 - 4 janvier 1693 : à LA VIOLETTE, invalide employé aux appartemens de Trianon, pour ses journées pendant lad. année 1692 (12 p.)...... 366ᵗᵗ

A JEAN LEGRAND, dit SAINT-MARTIN, autre, employé à l'inspection des ouvrages de la statue équestre du Roy de l'hôtel de Vandôme, pendant le même temps (12 p.) 366ᵗᵗ

A PIERRE BROUILLET, dit MONREDON, autre, employé à l'inspection des ouvrages et réparations du château de Vincennes, pendant le même temps (12 p.).... 366ᵗᵗ

A ROBERT DE FRANCE, dit LA FRANCE, autre, employé à la grande église des Invalides, pendant le même temps (12 p.).............................. 290ᵗᵗ

10 février - 6 avril : à PIERRE MERSANT, dit L'ALLIANCE, autre, pour ses journées des trois premiers mois 1692 (3 p.)............................... 74ᵗᵗ

10 février 1692 - 11 janvier 1693 : à LOUIS NICOLAS, dit LA VIOLETTE, autre, employé à lad. église des Invalides, pour ses journées pendant neuf mois de lad. année 1692 (9 p.)........................ 208ᵗᵗ

24 février - 14 décembre : à MONPLAISIR, soldat invalide employé à Fontainebleau, pour ses journées des onze premiers mois de lad. année 1692 (8 p.).. 333ᵗᵗ

2 mars 1692 - 4 janvier 1693 : à LOUIS BACCARI, dit DILLIGENT, autre, employé à Marly, pour ses journées pendant lad. année 1692 (6 p.).............. 360ᵗᵗ

A GUILLAUME RAMSAY, dit HUILE, autre, employé au château de Monceaux pendant le même temps (6 p.) 365ᵗᵗ

4 may - 14 décembre : à PIERRE L'ÉGLISE, dit LA ROSE, autre, pour ses journées (3 p.)............... 60ᵗᵗ

7 septembre : à ROBERT LE BLANC, dit LE PICARD, employé aux Écoles des plantes et de pharmacie du Jardin royal, pour empêcher le désordre des écoliers pendant 37 jours du troisième quartier 1692........... 37ᵗᵗ

A GUILLAUME FORGEOT, dit LE PICARD, invalide, employé idem...................... 37ᵗᵗ

Somme de ce chapitre......... 2924ᵗᵗ

GAGES SUIVANT L'ESTAT.

LES THUILLERIES.

6 avril : au s' CLINCHANT, garde du palais des Thuilleries, pour ses gages du troisième quartier 1691.. 75ᵗᵗ

A luy, concierge de la Salle des comédies dud. palais, idem............................... 500ᵗᵗ

A luy, ayant le soin de nettoyer et tenir propres toutes les chambres et cours dud. palais, pendant led. quartier................................ 500ᵗᵗ

Au s' LE NOSTRE, ayant l'entretenement du grand parterre en face dud. palais, idem........... 875ᵗᵗ

A luy, ayant celuy des parterres en gazon nouvellement plantez en suite des quarrez en broderie, idem 625ᵗᵗ

A luy, ayant celuy du petit jardin à fleurs, idem. 375ᵗᵗ

ANNÉE 1692. — GAGES SUIVANT L'ÉTAT.

A luy, ayant celuy des palissades des jassemins d'Espagne dud. jardin........................ 375ᵗᵗ
A la veuve Carbonnet, ayant celuy de la haute allée des maronniers d'Inde et pisceas jusqu'à la moitié du fer à cheval, *idem*.......................... 100ᵗᵗ
A elle, pour le loyer de la maison qu'elle occupe, à cause dud. entretennement pendant le troisième quartier 1691...................................... 50ᵗᵗ
Aux filles de deffunt Bouchard, ayant l'entretien des orangers, *idem*........................... 225ᵗᵗ
A Claude Descots, ayant l'entretennement de toutes les allées et plants d'arbres avec le fer à cheval, *idem* 900ᵗᵗ
A la veuve Masson, Claude et Élizabeth Le Juge, ses belles-sœurs, ayant l'entretenement dud. jardin, *idem* 512ᵗᵗ 10ˢ
A Lamy, portier dud. jardin du costé du pont Royal, *idem*....................................... 75ᵗᵗ
A Villeneuve, portier dud. jardin du costé du Manège, *idem*.. 75ᵗᵗ
A Duchemin, autre portier dud. jardin, de la porte par où l'on fait voiturer les fumiers du côté de la rue Saint-Honnoré, *idem*......................... 75ᵗᵗ
Somme.................. 5337ᵗᵗ 10ˢ

VINCENNES.

A Michel Tuibault, jardinier, ayant l'entretenement de tous les jardins dépendans dud. château, pour ses gages dud. quartier......................... 375ᵗᵗ
A Chevillard, fontainier, ayant celuy des fontaines dud. jardin................................. 150ᵗᵗ
Somme...................... 525ᵗᵗ

SAINT-GERMAIN-EN-LAYE.

A Jean-Baptiste La Lande, ayant l'entretenement du vieil jardin et nouvelles palissades du parc, pour ses gages dud. quartier........................ 125ᵗᵗ
Aud. de la Lande, ayant l'entretenement de l'orangerie, pour *idem*.......................... 125ᵗᵗ
A la veuve Jean de la Lande, ayant celuy du grand parterre nouvellement planté et augmenté de trois allées autour dans le vieil jardin, pour ses gages dud. troisième quartier....................... 337ᵗᵗ 10ˢ
A Louis de la Lande, ayant l'entretenement des allées en palissades de l'enclos du petit bois, *idem*... 84ᵗᵗ 5ˢ
A luy, ayant celuy du potager, *idem*.......... 50ᵗᵗ
A luy, ayant celui du Boulingrin, *idem*....... 200ᵗᵗ
A la veuve Bellier, ayant celuy du jardin potager et des deux parterres à costé de la fontaine du château neuf, *idem*...................................... 112ᵗᵗ 10ˢ

A elle et à Claude Bellier, sa fille, ayant celuy du nouveau jardin en gazons, *idem*............. 300ᵗᵗ
A François Lavechef, ayant celuy du jardin et parterres devant les grottes du château neuf......... 112ᵗᵗ 10ˢ
A luy, ayant celuy des canaux et colines dud. château neuf................................. 18ᵗᵗ 15ˢ
A Goëren, dit La Salle, concierge du pavillon du Val 300ᵗᵗ
A Le Coustellier, jardinier, ayant l'entretenement du jardin dud. pavillon du Val................. 1000ᵗᵗ
A Claude Patenostre, concierge du Chenil, proche le Tripot, *idem*............................... 45ᵗᵗ
A Bertin, concierge du château neuf, *idem*. 118ᵗᵗ 15ˢ
A Gilles Richard, concierge de la petite escurie, *idem* 50ᵗᵗ
A Soulaigre, concierge du vieil château, *idem*.... .... 56ᵗᵗ 10ˢ
A luy, ayant l'entretenement de l'horloge, *idem*..... .... 18ᵗᵗ 15ˢ
A Goëren, portier dud. parc, *idem*......... 175ᵗᵗ
A Clerembourst, portier des portes du grand parc, *idem*.. 90ᵗᵗ
A Estienne Tréheux, concierge de la Surintendance des bâtiments aud. Saint-Germain, *idem*....... 50ᵗᵗ
A Claude Lefebvre, concierge de la maison de la Religion aud. Saint-Germain, *idem*.......... 50ᵗᵗ
Somme.................. 3419ᵗᵗ 10ˢ

6 juillet : aux dénommez de l'autre part ayant l'entretenement du palais des Thuilleries, Vincennes, Saint-Germain-en-Laye, pour leurs appointemens des trois derniers mois 1691.......................... 9282ᵗᵗ
24 aoust : à eux, pour leurs appointements du premier quartier 1692............................. 9282ᵗᵗ
7 décembre : à eux, pour les appointemens du deuxième quartier 1692..................... 9282ᵗᵗ
Total.................... 37128ᵗᵗ

FONTAINEBLEAU.

27 juillet : à la veuve Grognet, couvreur, ayant l'entretenement de toutes les couvertures du château de Fontainebleau, pour ses gages du 1ᵉʳ quartier 1692. 750ᵗᵗ
A Tissenard, ayant celuy des vitres......... 300ᵗᵗ
A la veuve Girard, plombier, ayant celuy des plombs 125ᵗᵗ
A Dubois, peintre, ayant celuy de toutes les peintures 150ᵗᵗ
A Julien de Bray, ayant celuy de la moitié du grand parterre du jardin du Roy, petites palissades et allées en terrasse au pourtour d'iceluy................ 250ᵗᵗ

A Gaspard Guineau de Richemont, mary de Magdelaine Poiret, aiant l'autre moitié............ 250ʰ
A Gabriel Desbouts, ayant celuy du jardin de l'Estang et du jardin des Pins.................. 175ʰ
A Louis Desbouts, ayant celuy des grandes et petites palissades............................ 500ʰ
A Varin, ayant celuy des arbres fruitiers, allées d'ypréaux et autres......................... 206ʰ 5ˢ
Aux Religieux de la Charité d'Avon, pour trois mois de la pension qui lui est accordée par S. M. pour la subsistance des malades................ 487ʰ 10ˢ
A Chastillon, ayant l'entretenement des orangers du jardin de la Reyne....................... 300ʰ
A Dorchemer, dit La Tour, ayant celuy du petit jardin de la Conciergerie....................... 11ʰ 5ˢ
A Louis de la Tour, ayant le nettoyement des cours dud. château........................... 100ʰ
A Dubois, ayant l'entretenement du jardin de la fontaine du chasteau et jardins en dependans.... 37ʰ 10ˢ
A la veuve Vieuxpont, ayant celuy du jardin potager et fruitier du jardin neuf.................... 45ʰ
A René Nivelon, ayant celuy du Mail..... 27ʰ 2ˢ 6ᵈ
A Bernard, ayant celui du petit jardin de l'hôtel d'Albret............................... 25ʰ
A Chastillon, ayant celuy du netoyement des canaux de l'estang............................. 50ʰ
A Voltigeant, ayant celuy des batteaux sur l'estang et sur le canal............................. 50ʰ
A Pion, aiant le soin et la nourriture des carpes et cignes dudit canal et des estangs dud. château.... 270ʰ
A luy, la somme de 163ʰ 16ˢ qui luy ont esté accordez pour l'ancienne et nouvelle augmentation desd. cignes et carpes pendant les trois premiers mois 1692, à raison de 36 sols par jour................ 163ʰ 16ˢ
A Cousturier, fontainier, pour ses gages pendant led. premier quartier........................ 250ʰ
A Chastillon, ayant l'entretenement de l'horloge. 25ʰ
A Thoullet, concierge du pavillon de la Surintendance............................... 50ʰ
A la veuve Charles Gervais, portier du parc... 75ʰ
A Bernard, concierge de l'hostel d'Albret...... 25ʰ
A Petit, portier de la cour du Cheval Blanc... 50ʰ
A Dorchemer, concierge dud. château........ 75ʰ
Somme.................... 4823ʰ 8ˢ 6ᵈ
7 décembre aux dénommez cy-dessus, employez à Fontainebleau, pour leurs gages du deuxième quartier 1692........................ 5418ʰ 17ˢ 6ᵈ
Somme de ce chapitre....... 47370ʰ 6ˢ

ÉTAT DES GAGES DES OFFICIERS

des Bâtimens du Roy, jardins, tapisseries et manufactures de S. M. et appointemens des personnes rares en l'architecture, peinture, sculpture, et autres arts qu'elle veut estre entretenus pour son service en ses châteaux du Louvre et des Thuilleries, Saint-Germain-en-Laye, Versailles, Madrid, Vincennes et autres lieux à Elle appartenans pendant l'année 1692; expédié par nous Édouard Colbert, chevalier, marquis de Villacerf et de Payens, seigneur de Saint-Mesmyn et de Courlanges, La Cour, Saint-Phal, Fontaines lès Saint-Georges et autres lieux, Conseiller d'État, premier maître d'hostel de la feue Reyne, Surintendant et Ordonnateur général des bâtimens, jardins, tapisseries, arts et manufactures, suivant le pouvoir à nous donné par S. M.

PREMIÈREMENT :

GAGES ET APPOINTEMENS DES SURINTENDANS, INTENDANS, CONTROLEURS ET TRÉSORIERS DESDITS BÂTIMENTS.

A Nous, en lad. qualité de Surintendant et Ordonnateur général desd. bâtiments, jardins, tapisseries, arts et manufactures, pour nos gages à cause de notre charge........................... 12000ʰ
A Nous, en lad. qualité de lad. charge et pension attribuée et unie à icelle................... 3000ʰ
A Nous, en lad. qualité de lad. charge et autre pension attribuée et unie à icelle................. 6000ʰ
A Nous, comme Surintendant et Ordonnateur général des bâtimens du château de Monceaux....... 2400ʰ
Au sʳ Coquant de la Motte, Conseiller du Roy en ses Conseils, intendant et ordonnateur ancien desd. bâtimens, etc., pour trois quartiers de ses gages........ 4500ʰ
Au sʳ Mansart, aussy Conseiller du Roy en ses Conseils, intendant et ordonnateur alternatif desd. bâtimens, idem............................ 4665ʰ
Au sʳ Hessin, aussi Conseiller du Roy en ses Conseils, intendant et ordonnateur triennal desd. bâtimens, idem.............................. 4500ʰ
Au sʳ Le Nostre, contrôleur général ancien desd. bâtimens, pour trois quartiers de ses gages et augmentation d'iceux, idem.................. 4080ʰ 18ˢ 9ᵈ
A Gabriel, contrôleur général alternatif desd. bâtimens, pour trois quartiers de ses gages et augmentation d'iceux, idem......................... 4125ʰ
Au sʳ Lefebvre, contrôleur général triennal desd. bâtimens, idem........................ 4133ʰ

ANNÉE 1692. — GAGES DES OFFICIERS DES BÂTIMENTS.

A Mᵉ Charles Le Besgue, Conseiller du Roy, trésorier général ancien desd. bâtimens, *idem*......... 2100ᵗᵗ

A Mᵉ Charles Le Besgue, Conseiller du Roy, trésorier général alternatif desd. bâtimens, *idem*...... 2100ᵗᵗ

A Mᵉ Charles Makessier, aussy Conseiller du Roy, trésorier général triennal, *idem*............. 2100ᵗᵗ

Somme.............. 55703ᵗᵗ 18ˢ 9ᵈ

OFFICIERS QUI ONT GAGES POUR SERVIR GÉNÉRALEMENT DANS TOUTES LES MAISONS ROYALES ET BÂTIMENS DE SA MAJESTÉ.

Au sʳ Mignard, pour ses apointemens pendant lad. année la somme de 8800ᵗᵗ à luy ordonnée par gratification à cause de la conduite et direction des peintures des maisons royalles, et aussy de celle qu'il a sous nos ordres de la manufacture des Gobelins, pour, avec 3200ᵗᵗ employez dans l'état de la Maison du Roy, faire la somme de 12000ᵗᵗ à luy accordée par chacun an et dont il a esté payé, portant cy....................... Néant.

Au sʳ de la Hire, professeur de l'Académie d'architecture établie à Paris au Louvre, pour y réunir les conférences et y enseigner publiquement, pour ses gages 1200ᵗᵗ

Au sʳ Mansart, architecte, pour ses gages... 1000ᵗᵗ

Au sʳ Dorbay, autre, *idem*............... 1000ᵗᵗ

Au sʳ de Cotte, autre architecte, *idem*...... 2400ᵗᵗ

Au sʳ Félibien, historiographe desd. bâtimens, *idem* 1200ᵗᵗ

Au sʳ Coypel, peintre................... 200ᵗᵗ

Au sʳ Bailly, peintre en miniature.......... 200ᵗᵗ

Au sʳ Friquet, autre peintre.............. 200ᵗᵗ

Au sʳ André Félibien, ayant la garde des figures et le soin de tenir nets et polir les marbres des maisons royales, pour ses gages......................... 400ᵗᵗ

A François Girardon, sculpteur............ 200ᵗᵗ

A Desjardins, autre sculpteur............. 200ᵗᵗ

A Thomas Regnaudin, autre sculpteur....... 150ᵗᵗ

A Antoine Coisevaux, autre sculpteur...... 200ᵗᵗ

A Louis Legros, autre sculpteur........... 150ᵗᵗ

A Baptiste Tuby, autre sculpteur........... 200ᵗᵗ

A Pierre Mazeline, autre sculpteur......... 150ᵗᵗ

A François Cuvillier, marbrier............ 30ᵗᵗ

A Hubert Misson, autre marbrier.......... 30ᵗᵗ

A Dominico Cucci, qui fait toutes les garnitures de bronze doré des portes et croisées des maisons royales 60ᵗᵗ

A Le Clerc, graveur..................... 100ᵗᵗ

A Goiton, imprimeur en taille-douce........ 100ᵗᵗ

A François Vildot de Clermont, maître des œuvres de maçonnerie des bâtimens du Roy, tant pour ses gages anciens qu'augmentation d'iceux, la somme de 1200ᵗᵗ, dont il sera payé de la moitié, attendu le service actuel qu'il rend à S. M........................ 600ᵗᵗ

A Paul-Mathieu Poisson, maître des œuvres de charpenterie, pour avoir l'œil sur tous les charpentiers des maisons royales, la somme de 1200ᵗᵗ, dont il ne sera payé que de la moitié, cy........................ 600ᵗᵗ

A Jean Dorbay, maçon................... 30ᵗᵗ

A Jaques Mazières, maçon................ 30ᵗᵗ

A Pierre Thévenot, autre................ 30ᵗᵗ

A Pierre Le Maistre, autre............... 30ᵗᵗ

A Gérard Marcou, autre................. 30ᵗᵗ

A Jean Malet, charpentier................ 30ᵗᵗ

A Miguel Remy, menuisier............... 30ᵗᵗ

A Nicolas Carel, autre menuisier.......... 30ᵗᵗ

A Antoine Rivet, autre menuisier.......... 30ᵗᵗ

A Pierre Roger, serrurier................ 30ᵗᵗ

A André-Charles Boule, ébéniste.......... 30ᵗᵗ

A Jean Openon, autre ébéniste............ 30ᵗᵗ

A Gabriel Janson, vitrier................ 30ᵗᵗ

A Estienne Yvon, couvreur............... 30ᵗᵗ

A Philippe Vitry, plombier............... 30ᵗᵗ

A Jaques Lucas, autre................... 30ᵗᵗ

A Louis Regnouf, paveur................. 30ᵗᵗ

A Bon Briot, miroitier................... 30ᵗᵗ

A Guillaume Desluziers, peintre doreur..... 30ᵗᵗ

A Gosselin et Lagny, armuriers, retenus pour travailler aux instrumens de mathématiques nécessaires pour l'Académie des sciences....................... 200ᵗᵗ

A Thuret, horloger, retenu pour entretenir toutes les pendules de l'Académie des sciences, tant celles qui sont à l'Observatoire que dans lad. Académie........ 300ᵗᵗ

A Masselin, chaudronnier, pour ses gages..... 30ᵗᵗ

A Padelin et Vanisse, ramonneurs de cheminées, pour avoir soin de tenir nettes toutes celles des maisons royales à Paris, Saint-Germain, Fontainebleau et autres lieux, la somme de 200ᵗᵗ, sur quoi leur sera payé 30ᵗᵗ à chacun, et les racomodages des cheminées leur seront payez par ordonnances particulières.......... 60ᵗᵗ

A Daniel Fossier, garde du magasin du Roy où se mettent les démolitions nécessaires pour les bâtimens de S. M.................................... 400ᵗᵗ

A Charles Mollet, jardinier, retenu pour travailler aux desseins des parterres et des jardins de S. M. lorsqu'il luy sera commandé, la somme de 1000ᵗᵗ pour ses gages, dont il ne luy sera payé que la moitié.... 500ᵗᵗ

A André Le Nostre, aussy retenu pour travailler auxd. jardins et parterres, pour ses gages en entier. 1200ᵗᵗ

Au sʳ François Francines, intendant de la conduite et

mouvement des eaux et fontaines de S. M., la somme de 3000ᵗᵗ, sçavoir 1800ᵗᵗ d'anciens gages et 1200ᵗᵗ d'augmentation, dont il sera payé de trois quartiers. 2250ᵗᵗ

Aud. s' Francines, ayant l'entretenement des fontaines de Rungis, palais de Luxembourg, croix du Tiroir et château du Louvre, pour ses gages.......... 7000ᵗᵗ

Au s' Marigner, l'un de nos commis, ayant le soin de tenir le registre de la dépense des bâtimens, la somme de 2000ᵗᵗ pour, avec pareille somme de 2000ᵗᵗ que nous luy avons ordounée le 20 juillet dernier, faire le parfait payement de 4000ᵗᵗ tant pour ses appointemens que pour son logement et frais de son bureau......... 2000ᵗᵗ

A.........., commis de l'intendant des bâtimens en exercice........................ 600ᵗᵗ

A.........., commis du contrôleur général desd. bâtimens, pour en son absence avoir l'œil à ce qui est du contrôle général..................... 600ᵗᵗ

A trois premiers commis en tiltre d'office des trois trésoriers généraux desd. bâtimens, pour leurs gages, à raison de 300ᵗᵗ à chacun, dont il leur sera payé seulement 200ᵗᵗ, cy..................... 600ᵗᵗ

A Daniel Fossier, garde des magasins des marbres pour lesd. bâtimens, pour ses appointemens..... 600ᵗᵗ

Somme................ 27480ᵗᵗ

OFFICIERS SERVANS SA MAJESTÉ
POUR L'ENTRETENEMENT DES MAISONS ET CHÂTEAUX CY-APRÈS NOMMEZ.

LOUVRE.

A René de Louvigny, concierge du château du Louvre, pour tenir nettes les grandes et petites galleries, les ouvrir et fermer, pour ses gages, tant anciens que nouveaux................................... 100ᵗᵗ

COURS-LA-REYNE.

A Germain, portier de la porte du Cours de la Reyne du costé des Thuilleries, pour ses gages....... 150ᵗᵗ

A la veuve Jaques Dubuisson, portier de l'autre porte du costé de Chaillot & pour garder les plants des Thuilleries, pour ses gages jusqu'au dernier octobre que led. Dubuisson est mort................... 125ᵗᵗ

A Bacouël, autre portier à la place dud. feu Dubuisson, pour les mois de novembre et décembre....... 25ᵗᵗ

Total.................... 300ᵗᵗ

PALAIS-ROYAL.

Led. Palais-Royal a esté baillé à Monsieur, duc d'Orléans, partant cy..................... Néant.

COLLÈGE DE FRANCE.

A Duclos, concierge du Collège de France, pour deux quartiers de ses gages..................... 25ᵗᵗ

MADRID.

A Jean Ricard, concierge du château de Madrid, pour trois quartiers de ses gages................. 150ᵗᵗ

SAINT-GERMAIN-EN-LAYE.

Au s' François Francines, ayant l'entretenement des fontaines et grottes des châteaux de Saint-Germain, pour ses gages pendant lad. année............... 800ᵗᵗ

A Henry Soulaigre, portier du vieil château, pour trois quartiers de ses gages..................... 75ᵗᵗ

A Jaques Binet, portier du château neuf, pour pareils gages.. 75ᵗᵗ

A Claude Thuillier, portier de la porte du parc de Saint-Germain au bas des descentes du château... 75ᵗᵗ

A Louis Poisson, peintre, pour ses gages...... 30ᵗᵗ
A Jaques Barbier, maçon, idem............. 30ᵗᵗ
A Jean-Jacques Aubert, charpentier, idem..... 30ᵗᵗ
A François Millot, menuisier, idem.......... 30ᵗᵗ
A Louis Piau, serrurier, idem.............. 30ᵗᵗ
A Charles Mercier, vitrier, idem............ 30ᵗᵗ

Somme................ 1205ᵗᵗ

SAINT-LÉGER.

Au s' de Garsault, concierge du château de Saint-Léger, pour deux quartiers de ses gages....... 225ᵗᵗ

POUGUES.

A Avé Bourgeon, garde des fontaines de Pougues, pour trois quartiers de ses gages............... 75ᵗᵗ

VERSAILLES.

A la veuve Desjardins, concierge de la Surintendance des bâtiments à Versailles, pour complément de 400ᵗᵗ de gages.. 200ᵗᵗ

L'entretenement ordinaire des autres concierges, jardiniers et autres officiers du château de Versailles est payé par état séparé, partant cy............. Néant.

JARDIN MÉDÉCINAL.

Les gages des officiers et entretenemens ordinaires du jardin médécinal du fauxbourg Saint-Victor, montant à 21000ᵗᵗ, se paye par estat séparé, partant cy.. Néant.

HÔTEL DES AMBASSADEURS.

A Gaular, concierge dud. hostel, la somme de 300ᵗᵗ dont il sera payé seulement de............. 100ᵗᵗ

A luy, pour l'entretenement d'un jardinier et d'un portier pendant lad. année.................. 150tt

Total...................... 250tt

CHÂTEAU-THIERRY.

Le château et domaine de Château-Thierry est engagé à M. le duc DE BOUILLON, partant cy......... Néant.

VILLERS-COTTERESTS.

Le château et domaine de Villers-Cotterests a esté baillé à M. le duc D'ORLÉANS en augmentation de son apanage, partant cy.................... Néant.

Somme totalle du présent estat. 85713tt 18' 10ᵈ [1].

Laquelle somme de 85713tt 18' 10ᵈ sera payée aux dénommez au présent estat par le sʳ LE BESGUE, trésorier général des bâtimens du Roy en exercice pendant la présente année 1692, des deniers de sa charge, etc.

Fait à Versailles, le 14ᵉ jour de décembre 1692.

ESTAT DES GAGES DES OFFICIERS

que le Roy veut et entend estre entretenus en son chateau de Fontainebleau, et autres dépenses que S. M. commande y estre faites pour la conservation et entretenement d'iceluy, pendant la présente année 1692, expédié par nous Édouard COLBERT, Chevalier, marquis DE VILLACERF et DE PAYENS, seigneur de Saint-Mesmyn, de Courlanges, La Cour, Saint-Phal, Fontaines lès-Saint-Georges, et autres lieux, Conseiller d'estat, premier maître d'hostel de la feue Reyne, Surintendant et Ordonnateur général des bâtimens, jardins, tapisseries et manufactures, suivant le pouvoir à nous donné par S. M.

PREMIÈREMENT :

Au sʳ marquis DE SAINT-HÉREM, capitaine et concierge du château, pour ses gages la somme de 3800tt outre 1200tt employez dans l'estat de S. M. de la maîtrise de Melun et Fontainebleau, et dont il a esté payé, partant cy... Néant.

A Nous, en lad. qualité de Surintendant et Ordonnateur général des bâtimens, jardins, arts et manufactures de S. M., la somme de 3800tt, outre 1200tt employez dans l'estat des bois de la maîtrise de Melun et Fontainebleau.. 3800tt

A TUBOLA, garde-meuble du Roy, ayant la charge de faire tendre et nettoyer les meubles dud. château et veiller à la conservation d'iceux, pour ses gages... 300tt

A JULIEN DE BRAY, ayant l'entretien de la moitié du grand parterre du Tibre, suivant le marché qui luy en a esté passé, pour son entretien pendant les six derniers mois de lad. année....................... 500tt

A GASPARD GUINTEAU DE RICHEMONT, ayant épousé MADELAINE POIRET, fille de feu NICOLAS POIRET, jardinier, ayant l'entretenement de l'autre moitié du grand parterre suivant le marché qui luy en a esté passé, pour ses gages des six derniers mois................. 500tt

A GABRIEL DESBOUTS, ayant l'entretien du jardin des Pins, et de celui de l'Estang, pour ses gages des six derniers mois........................... 350tt

A CHATILLON, ayant l'entretien du jardin de la Reyne aud. Fontainebleau et des orangers qui y sont, pour ses appointemens à cause dud. entretien, suivant le marché qui en a esté passé, la somme de 2000tt; y compris 400tt que S. M. lui fait payer par chacune année, par gratification en considération du soin qu'il a dud. jardin; partant ne sera tiré icy hors ligne que 1600tt, desquelles il ne luy sera payé que 800tt, ayant reçu les six premiers mois................................. 800tt

A GABRIEL DONCHEMER, dit LA TOUR, pour l'entretien du jardin de la Conciergerie dud. château, pour ses gages des six derniers mois 1692........... 22tt 10ˢ

A JAQUES BESNARD, ayant l'entretien du jardin de l'hôtel d'Albret, idem, pour pareils gages........ 50tt

A CHATILLON, pour avoir soin de nettoyer l'étang et les canaux du jardin des Pins et ceux du jardin de la Fontaine, oster les herbes, les joncs et les ordures qui s'y pourront amasser et faire en sorte qu'ils soient toujours nets et que l'eau ne se perde point, idem...... 100tt

A JEAN DUBOIS, peintre, ayant le soin et nettoyement des peintures tant à fresque qu'à huile, anciennes et modernes, des salles, galleries, chambres et cabinets dud. château, la somme de 600tt pour ses appointemens à la charge de rétablir celles qui seront gâtées, et nettoyer les bordures des tableaux, et fournir de bois, charbon et fagots pour brûler esd. salles, galleries, chambres et cabinets où sont lesd. tableaux pour leur conservation, pour les six derniers mois 1692................. 300tt

A la veuve GROGNET et JEAN GROGNET, son fils, couvreur, ayant l'entretien et rétablissement de toutes les couvertures d'ardoises et de tuile dud. château et généralement de toutes les maisons qui en dépendent apartenans à S. M., à condition qu'ils feront cent toises de couverture d'ardoise neuve par an, pour leurs gages des six derniers mois............................. 1570tt

---

[1] À un denier près, le total cette fois est exact. L'addition donne en effet 85713tt 18' 9ᵈ.

A Tisserand, ayant l'entretien de toutes les vitres dud. château et maisons qui en dépendent, pour ses gages des six derniers mois...................... 750ᴸ

A la veuve Vieuxpont, ayant l'entretien du jardin potager et fruitier et du jardin neuf, *idem*........ 90ᴸ

A André Girard, plombier, ayant l'entretien et rétablissement de tous les plombs des couvertures du château et maisons qui en dépendent, *idem*.......... 300ᴸ

A Zabulon Nivelon, pour le nettoyement du jeu du Mail, l'entretien des palissades d'iceluy, ensemble des arbres et palissades plantées nouvellement entre les canaux du chenil, *idem*.................. 54ᴸ 5ˢ

A Nicolas Varin, ayant l'entretien des espalliers du parc, des deux contr'allées, de la grande allée d'ypréaux, de l'allée des maronniers d'Inde, de la demi lune qui est à la teste de la prairie, et de la platte bande qui est le long et au dessus du talus de la prairie, des plattes bandes du pourtour du canal, nettoyement des tablettes et graisserie dud. canal et nettoyement des fossez qui sont dans led. parc, *idem*.............. 487ᴸ 10ˢ

A Louis Desboutis, jardinier, ayant l'entretien dans le parc des deux grandes allées de l'Étoile et leurs contr'allées, de l'allée au pourtour du parc avec des contr'allées, du pourtour du quarré des glacières, des deux grandes allées d'arbres avec leurs contr'allées qui sont des deux costez du canal, de toutes les allées de la garenne et les contr'allées d'icelles, des deux grands glacis aux deux côtez des cascades, de la tonture par dessus et par les deux côtez, de toutes les palissades, à la réserve de celle du pourtour de la demie lune, *idem*......... 1050ᴸ

Aux Religieux de la Très Sainte Trinité du couvent fondé aud. Fontainebleau, tant pour l'entretien d'une lampe garnie de ses chainons que S. M. a donnée pour brûler nuit et jour devant le Très Saint Sacrement de l'autel, que pour la fourniture et entretien des ornemens et paremens d'autel, linge et luminaire pour la célébration du service divin................. 300ᴸ

Aux Religieux de l'hôpital de la Charité d'Avon, pour la pension que S. M. leur a accordée par chacun an pour la subsistance des malades dud. Fontainebleau, pour les six derniers mois 1692........................ 975ᴸ

A Voltigeant, ayant l'entretien de tous les batteaux apartenans à S. M. sur le canal, *idem*........ 100ᴸ

A Louis Dubois, concierge du logis de la fontaine Belle-eau et des écuries de la Reyne, autrefois l'hostel de Roquelaure, et jardinier des jardins en dépendans, pour ses gages de concierge et jardinier pendant lesd. six derniers mois......................... 75ᴸ

A Nicolas Thierry, ayant la garde et conciergerie du chenil neuf et du vieux, qui est à présent la petite escurie, pour l'année entière................... 100ᴸ

A Pion, ayant le soin et nourriture des carpes et cignes dud. canal et des estangs dud. château, la somme de 1080ᴸ, pour, avec 657ᴸ d'augmentation à cause de 24ˢ pour la nourriture des carpes et 12ˢ pour celle des cignes par jour, faire celle de 1737ᴸ par an, et pour les six derniers mois 1692..................... 868ᴸ 10ˢ

A Couturier, fontainier, ayant le soin et l'entretien des fontaines, *idem*..................... 500ᴸ

A Nicolas Dupont, gentilhomme ordinaire de la vennerie du Roy, et à Nicolas Dupont, son fils, en survivance l'un de l'autre, par forme de pension à cause de l'entretien de la vollière, qu'il avoit auparavant qu'elle fût convertie en orangerie, pour l'année entière...... 600ᴸ

A Desplats, ayant la charge de la basse cour des cuisines, pour l'année entière................ 50ᴸ

A Robert Jamin, ayant la charge de garde de la basse cour du Cheval Blanc, *idem*............... 37ᴸ 10ˢ

A Jaques Besnard, ayant la charge et conciergerie de l'hostel d'Albret, pour les six derniers mois...... 50ᴸ

A Louis Dorchemen, dit La Tour, ayant la charge du nettoyement de la cour des fontaines, de celle de l'Ovalle, de celle de la Conciergerie et les deux petites cours à costé du fer à cheval, avec toutes les terrasses du château, pour les derniers six mois 1692......... 200ᴸ

A Toulet, concierge du pavillon où loge Monsieur le Surintendant des finances, pour ses gages, à condition de nettoyer led. pavillon, court et escurie, pour les six derniers mois........................ 100ᴸ

A La Salle, concierge de la Surintendance desd. bâtimens, pour l'année entière................ 200ᴸ

A la veuve Charles Gervais, portière du parc, pour lesd. six derniers mois 1692................ 150ᴸ

A Cosme Petit, portier de la cour du Cheval Blanc, *idem*........................... 100ᴸ

A Gabriel Dorchemer, dit La Tour, pour avoir soin de distribuer, retirer et garder les clefs de tous les logemens dud. château, *idem*................. 150ᴸ

A Chatillon, ayant soin de monter et d'entretenir l'horloge, *idem*....................... 50ᴸ

Somme totale du présent estat. 15630ᴸ 5ˢ

Laquelle somme de 15630ᴸ 5ˢ sera payée aux dénommez au présent estat par le sʳ Le Besgue, trésorier général des bâtimens du Roy en exercice pendant la présente année 1692, des deniers de sa charge, etc.

Fait à Versailles, le 14ᵉ jour de décembre 1692.

ANNÉE 1693.

RECEPTE.

5 janvier : de M° Nicolas de Frémont, garde du trésor royal, la somme de 1000000 de livres pour employer au payement des dépenses que S. M. a ordonné estre faites pour ses bâtimens pendant la présente année, et 8333ᵗᵗ 6ˢ 8ᵈ pour les taxations du trésorier, à raison de 2ᵈ pour livre 1008333ᵗᵗ 6ˢ 8ᵈ

15 janvier : de luy, 684ᵗᵗ 5ˢ pour délivrer au curé de Marly, sçavoir : 210ᵗᵗ pour la non jouissance de 75 arpens de pré compris dans le fonds de Marly, et 474ᵗᵗ 5ˢ pour la non jouissance de la dixme des terres labourables de lad. cure, que S. M. a ordonné estre plantées en bois, y compris la dixme du troupeau de Trou d'Enfer, pendant l'année dernière 1692, et 5ᵗᵗ 14ˢ pour les taxations............................ 689ᵗᵗ 19ˢ

De luy, 375ᵗᵗ pour délivrer au sʳ prieur curé de Croissy-la-Garenne, pour la non jouissance pendant l'année dernière 1692 des dixmes des terres acquises au nom de S. M. dans la dépendance dud. prieuré cure, et 3ᵗᵗ 1ˢ 3ᵈ pour les taxations............. 378ᵗᵗ 1ˢ 3ᵈ

De luy, 400ᵗᵗ pour délivrer au sʳ curé de la Selle, à compte de la non jouissance des dixmes des terres acquises au nom de S. M. dans la dépendance de lad. cure, et 3ᵗᵗ 6ˢ 8ᵈ pour les taxations....... 403ᵗᵗ 6ˢ 8ᵈ

23 janvier : de luy, 12000ᵗᵗ pour délivrer au sʳ Deville, sçavoir : 6000ᵗᵗ par gratification, en considération du soin qu'il a pris de la machine de la rivière de Seine pendant l'année 1692, et 6000ᵗᵗ de pension extraordinaire qui luy a esté accordée par S. M. pendant la mesme année, et 100ᵗᵗ pour les taxations.... 12100ᵗᵗ

De luy, 2169ᵗᵗ 18ˢ 6ᵈ pour délivrer aux abbé et religieux de Sainte-Geneviefve-au-Mont de Paris et au supérieur du séminaire du grand Beaulieu, établi à Chartres, chacun par moitié, au lieu du feu prieur de Choisy-aux-Bœufs, suivant le concordat fait entre eux le 9 juin 1686, aprouvé et confirmé par le décret du sʳ evesque de Chartres du 27 juin 1687, lesd. concordat et décret confirmez par lettres-patentes du mois de juin 1690, pour la non jouissance pendant l'année dernière 1692 des terres et prez appartenans aud. prieuré et l'indemnité des dixmes que led. prieuré avoit droit de prendre sur les terres et prez enfermez dans les anciens et nouveaux murs du parc du château de Versailles, dont 16ᵗᵗ 18ˢ 6ᵈ pour les taxations......... 2169ᵗᵗ 18ˢ 6ᵈ

De luy, 1490ᵗᵗ pour délivrer au sʳ evesque de Chartres, sçavoir : 1240ᵗᵗ pour, avec 110ᵗᵗ que la dépouille de quarante arpens de pré scituez dans l'étang de Boisard a esté vendue l'année dernière, faire la somme de 1350ᵗᵗ pour la non jouissance desdits 40 arpens de pré, et 250ᵗᵗ pour la non jouissance, pendant la mesme année, du moulin de Pontgoin, le tout dépendant de l'evesché de Chartres, et 12ᵗᵗ 8ˢ 4ᵈ pour les taxations......... 1502ᵗᵗ 8ˢ 4ᵈ

De luy, 8756ᵗᵗ 9ˢ 6ᵈ pour délivrer au sʳ Daniel Solaro, génois, fils et unique héritier de feu Charles Solaro, pour le prix de 17 blots de marbre d'Italie que led. feu Solaro a livrez dans le magasin du Roy à Paris le 4ᵉ mars 1683, toisans 764 pieds cubes, dont 150 pieds 6 pouces cubes à raison de 11ᵗᵗ 2ˢ le pied, et 613 pieds 6 pouces cubes à raison de 11ᵗᵗ 1ˢ le pied, et 73ᵗᵗ 19ˢ 6ᵈ pour les taxations............................ 8829ᵗᵗ 8ˢ 11ᵈ

De luy, 5000ᵗᵗ pour délivrer au sʳ archevesque de Rouen, pour une année, écheue le dernier décembre 1692, du loyer de deux maisons à luy appartenantes rue Vivien à Paris, occupées par la bibliothèque de S. M., et 41ᵗᵗ 12ˢ 4ᵈ pour les taxations......... 5041ᵗᵗ 12ˢ 4ᵈ

De luy, 800ᵗᵗ pour délivrer à Jean Massagatti et Palmarin Palmarin, anciens gondolliers vénitiens, par gratification, en considération du service qu'ils ont rendu sur le canal de Versailles pendant 1692, et 6ᵗᵗ 13ˢ 4ᵈ pour les taxations....................... 806ᵗᵗ 13ˢ 4

6 février : de luy, 2617ᵗᵗ 11ˢ 8ᵈ pour délivrer à Michel Hasté l'aîné, serrurier, pour, avec 20300ᵗᵗ qu'il a cy-devant receus, faire le parfait payement de 22917ᵗᵗ 11ˢ 8ᵈ à quoy montent les ouvrages de serrurerie par luy faits tant au cheny et à l'église parroissialle de Versailles qu'à la pompe du puits du château de Noisy pendant les années 1684, 1685 et 1686, et 21ᵗᵗ 16ˢ 3ᵈ pour les taxations 2639ᵗᵗ 7ˢ 11ᵈ

8 février : de luy, 859ᵗᵗ 7ˢ 6ᵈ pour délivrer au nommé Dupont, tapissier, pour trois dessus de formes et trois dessus de tabourets de laine, ouvrages de la Savonnerie,

qu'il a fournis au garde-meuble de S. M., contenans ensemble 5 aunes 5/24 carrées en superficie, à raison de 165ᴸᴸ l'aune carrée, et 7ᴸᴸ 3ˢ 2ᵈ pour les taxations............................ 866ᴸᴸ 10ˢ 8ᵈ

De luy, 818ᴸᴸ 5ˢ 3ᵈ pour délivrer au nommé LOURDET pour douze dessus de tabourets de laine, ouvrages de la Savonnerie fournis au garde-meuble, contenans ensemble 4 aunes 47/49 carrées en superficie, à raison de 165ᴸᴸ l'aune, et 6ᴸᴸ 15ˢ pour les taxations...... 825ᴸᴸ 0ˢ 3ᵈ

2 mars : de luy, 4600ᴸᴸ pour employer au rétablissement du clocher de l'église parroissialle de Fontainebleau qui menace une ruyne prochaine, et 38ᴸᴸ 6ˢ 8ᵈ pour les taxations 4638ᴸᴸ 6ˢ 8ᵈ

De luy, 1288ᴸᴸ pour délivrer au sʳ DE BENIZIT, cy devant capitaine de cavalerie, pour son remboursement de 8 arpens 17 perches de terre, bois et prez occupez par l'augmentation du petit parc du château de Versailles, par le grand chemin pavé qui conduit de Buc aud. Versailles et par l'aqueduc du Trou-Salé, et 10ᴸᴸ 14ˢ 8ᵈ pour les taxations..................... 1298ᴸᴸ 14ˢ 8ᵈ

De luy, 35307ᴸᴸ 3ˢ 9ᵈ pour délivrer à JEAN MALLET, charpentier, pour, avec 239797ᴸᴸ 18ˢ 8ᵈ qu'il a cy-devant reçeues, faire le parfait payement de 275095ᴸᴸ 2ˢ 5ᵈ à quoy montent tous les ouvrages de charpenterie par luy faits tant au château de Versailles et autres bâtimens des dehors d'icelny qu'à Trianon, depuis le commencement de mars 1687 jusqu'à présent, et 294ᴸᴸ 4ˢ 6ᵈ pour les taxations................. 35601ᴸᴸ 8ˢ 3ᵈ

De luy, 6800ᴸᴸ pour délivrer au nommé BUIRETTE, sculpteur, pour, avec 2000ᴸᴸ qu'il a cy-devant reçeu, faire le parfait payement de 8800ᴸᴸ pour un vase et une figure représentant une *Amazone*, le tout de marbre blanc, qu'il a faits et livrez dans le jardin du château de Versailles, et 56ᴸᴸ 13ˢ 4ᵈ pour les taxations........ 6856ᴸᴸ 13ˢ 4ᵈ

30 mars : de luy, 3000ᴸᴸ pour délivrer au sʳ LE BOSSU, de Charenton, l'un des maîtres d'hostel de S. M., à compte de son remboursement des terres dépendantes de sa seigneurie de Charenton, qui ont esté comprises dans le parc du château de Vincennes, et 25ᴸᴸ pour les taxations............................... 3025ᴸᴸ

21 avril : de luy, 852ᴸᴸ 1ˢ pour délivrer au nommé DUPONT, tapissier, pour trois dessus de formes et trois dessus de tabourets de laine, ouvrages de la Savonnerie, qu'il a fournis au garde-meuble, contenant ensemble 5 aunes 1/6 carré, à 165ᴸᴸ l'aune, et 7ᴸᴸ 11ˢ 1ᵈ pour les taxations.................. 859ᴸᴸ 12ˢ 1ᵈ

23 mars : de luy, 9399ᴸᴸ 3ˢ 1ᵈ pour délivrer au nommé GODIGNON, serrurier, pour, avec 45142ᴸᴸ 14ˢ qu'il a cy-devant reçeus, faire le parfait payement de 54542ᴸᴸ 17ˢ 1ᵈ

à quoy montent les ouvrages de serrurerie qu'il a faits depuis 1683 jusques à présent, et 78ᴸᴸ 6ˢ 6ᵈ pour les taxations.................. 9477ᴸᴸ 9ˢ 7ᵈ

26 avril : de luy, 35632ᴸᴸ 8ˢ 5ᵈ pour délivrer à JEAN JANS, tapissier en haute lisse de la manufacture des Gobelins, pour, avec 177792ᴸᴸ 10ˢ qu'il a reçeu les années précédentes, faire l'entier et parfait payement de 213424ᴸᴸ 18ˢ 6ᵈ pour 561 aunes 10 batons 5/16 d'ouvrages de tapisserie par luy faits pour le service de S. M. depuis le 1ᵉʳ avril 1686 jusqu'au 1ᵉʳ du présent mois d'avril, à raison de 380ᴸᴸ l'aune carrée, sur 33 pièces de tentures, d'après les tableaux peints sur les desseins de RAPHAEL et de JULES ROMAIN, et 296ᴸᴸ 18ˢ 9ᵈ pour les taxations. 35929ᴸᴸ 7ˢ 2ᵈ

De luy, 3031ᴸᴸ 3ˢ 3ᵈ pour délivrer au sʳ GUYTTARD, trésorier de France au Bureau des finances de Bourges, pour, avec 3349ᴸᴸ 15ˢ 9ᵈ qui luy ont esté payé au trésor royal en vertu de l'arrest du Conseil d'Estat du 17 mars dernier, faire la somme de 6380ᴸᴸ 19ˢ pour le parfait et entier payement des lots et ventes et droits d'indemnité qui luy sont dus à cause des terres que S. M. a acquises à Marly, lesquelles estoient dans la censive de Marly-le-Bourg appartenant aud. sʳ GUYTTAND, et 25ᴸᴸ 5ˢ 2ᵈ de taxations........................ 3056ᴸᴸ 8ˢ 5ᵈ

26 avril : de luy, 500ᴸᴸ pour délivrer au sʳ TURGIS, chevau-léger de la garde du Roy, à compte du remboursement des terres qui luy appartiennent, comprises dans la plaine de Vézinet, et 4ᴸᴸ 3ˢ 4ᵈ pour les taxations.................. 504ᴸᴸ 3ˢ 4ᵈ

3 may : de luy, 5539ᴸᴸ 19ˢ 3ᵈ pour délivrer à PIERRE MARIE, serrurier, pour, avec 17784ᴸᴸ 9ˢ 9ᵈ qu'il a cy-devant reçeus, faire le parfait payement de 23324ᴸᴸ 9ˢ à quoy montent tous les ouvrages de gros fer et de serrurerie qu'il a faits et fournis tant au château de Versailles et bâtimens des dehors d'icelui qu'autres endroits, depuis et compris l'année 1683 jusqu'à présent, outre ceux dont les parfaits payements luy ont esté cy-devant faits, et 46ᴸᴸ 3ˢ 4ᵈ pour les taxations..... 5586ᴸᴸ 2ˢ 7ᵈ

8 may : de luy, 2632ᴸᴸ pour délivrer au nommé COTTEL, peintre, pour, avec 10968ᴸᴸ qu'il a cy-devant reçeus, faire le parfait payement de 13600ᴸᴸ pour vingt-un grands tableaux peints à l'huile et vingt petits peints en mignature et un dessein à la plume des *Bains d'Apollon*, le tout représentant diverses veues des fontaines et ornemens des jardins du château de Versailles, qu'il a faits et posez à Trianon, et 21ᴸᴸ 18ˢ 8ᵈ pour les taxations.......................... 2653ᴸᴸ 18ˢ 8ᵈ

De luy, 5680ᴸᴸ 0ˢ 6ᵈ pour délivrer au nommé ROGER, fondeur, pour, avec 92611ᴸᴸ 12ˢ qu'il a cy-devant reçeu, faire le parfait payement de 98291ᴸᴸ 12ˢ 6ᵈ pour les cuivres, métaux et plombs moulez qu'il a livrez pour les racordemeus des corps de pompes des puisards de la machine de la rivière de Seine pendant les années 1685 et 1686, et 47ᴴ 6ˢ 8ᵈ pour les taxations.. 5727ᴴ 7ˢ 2ᵈ

De luy, 2550ᴴ pour délivrer au nommé Lespingola, sculpteur, pour, avec 6900ᴴ qu'il a cy-devant reçeu, faire le parfait payement de 9450ᴴ, sçavoir : 7650ᴴ pour le groupe de *Sesto Mario* qu'il a fait en marbre et posé dans les jardins du château de Versailles, y compris 150ᴴ pour un modèle ébauché de plâtre du terme de l'*Hyver*, et 1800ᴴ pour deux vazes, deux coquilles et deux masques de plomb qu'il a fondus, réparez et posez en place dans lesd. jardins, à la pièce d'eau au-dessous du Dragon, et 21ᴴ 5ˢ pour les taxations. 2571ᴴ 5ˢ

De luy, 2300ᴴ pour délivrer aux nommez Buirette et Lespingola, sculpteurs, pour, avec 2000ᴴ qu'ils ont cy-devant reçeus, faire le parfait payement de 4300ᴴ, sçavoir : 1000ᴴ pour un modèle, qu'ils ont fait de terre et cires réparées, d'un groupe d'enfans jetté en bronze et posé au bord des bassins du parterre en face du château de Versailles, et 3300ᴴ pour six grands modèles de terre représentans des trophées et chuttes d'armes, par eux faits pour estre fondus en bronze et posez dans la grande gallerie dud. château de Versailles, et 19ᴴ 3ˢ 4ᵈ pour les taxations..................... 2319ᴴ 3ˢ 4ᵈ

5 juin : de luy, 3000ᴴ pour délivrer aux prestres de la Mission establis à Fontainebleau, pour leur subsistance et entretenement pendant les six premiers mois de la présente année 1693, y compris les taxations dud. trésorier........................... 3000ᴴ

16 juin : de luy, 852ᴴ 10ˢ pour délivrer au nommé Dupont, tapissier, pour trois dessus de formes et trois dessus de tabourets de laine, ouvrage de la Savonnerie, qu'il a fourni au garde-meuble de S. M., contenans ensemble 5 aunes 1/6 carrées en superficie, à raison de 165ᴴ, et 7ᴴ 2ˢ.1ᵈ pour les taxations..... 859ᴴ 12ˢ 1ᵈ

De luy, 7455ᴴ 16ˢ 8ᵈ pour délivrer aux enfans d'Estienne Lehongre, sculpteur, pour, avec 11630ᴴ qu'il a cy-devant reçeus, faire le parfait payement de 19085ᴴ 16ˢ 8ᵈ à quoy montent tous les ouvrages de sculpture faits par led. feu Lehongre depuis l'année 1682 jusqu'à présent, outre ceux dont les parfaits payements luy ont esté cy-devant faits, et 62ᴴ 2ˢ 8ᵈ pour les taxations............................. 7517ᴴ 19ˢ 4ᵈ

27 aoust : de luy, 15757ᴴ 17ˢ 6ᵈ pour délivrer au nommé Le Jongleur, pour, avec 10500ᴴ qu'il a cy-devant reçeus, faire le parfait payement de 26257ᴴ 17ˢ 6ᵈ à quoy montent les aqueducs, regards et tuyaux de grais qu'il a faits et posez en 1687 pour conduire les eaux bonnes à boire du Chenay et de Glatigny aux fontaines publiques de Versailles, et la conduite de tuyaux de grais de 4 pouces qu'il a posée pour faire le racordement des eaux de Rets à la conduite de Chamboursy, en l'année 1688, et 131ᴴ 6ˢ 4ᵈ pour les taxations........ 15889ᴴ 3ˢ 10ᵈ

De luy, 830ᴴ 4ᵈ pour délivrer au nommé Dupont, tapissier, pour trois dessus de formes et trois dessus de tabourets de laine, ouvrage de la Savonnerie, qu'il a fourni au garde-meuble de S. M., contenans ensemble 5 aunes 1/30 carrées en superficie, à raison de 165ᴴ l'aune, et 6ᴴ 18ˢ pour les taxations..... 836ᴴ 18ˢ 4ᵈ

30 aoust : de luy, 7650ᴴ pour délivrer au nommé Mazière l'aîné, sculpteur, pour, avec 10500ᴴ qu'il a cy-devant reçeus, faire le parfait payement de 18150ᴴ à quoy montent tous les ouvrages de sculpture qu'il a faits pour le service du Roy depuis l'année 1683 jusqu'à présent, et qu'il a posez dans les jardins de Versailles, et 63ᴴ 15ˢ pour les taxations 7713ᴴ 15ˢ

13 septembre : de luy, 1815ᴴ, sçavoir : 1800ᴴ pour délivrer au sʳ Le Clerc, graveur, pour six planches de cuivre qu'il a gravées à l'eau-forte, représentant les *Conquestes du Roy*, pour servir à la suitte de l'*Histoire de S. M.*, et 15ᴴ pour les taxations........... 1815ᴴ

15 septembre : de luy, 6777ᴴ 18ˢ 10ᵈ pour délivrer à la veuve et aux héritiers de Jean Mosin, tapissier en basse-lisse de la manufacture des Gobelins, pour, avec 576ᴴ 9ˢ 6ᵈ à quoy montent les étoffes fournies aud. feu Mosin du magasin de S. M., faire le parfait payement de 7354ᴴ 8ˢ 4ᵈ pour 49 aunes 14 batons 14/16 d'ouvrages de tapisserie par luy faits à ses frais et dépens depuis l'année 1691 jusqu'au jour de son décèds arrivé le 29 juin dernier, outre et pardessus ce qui luy en a esté payé par les estats des Gobelins, dont 32 aunes 10 batons 14/16 à raison de 161ᴴ 14ˢ l'aune carrée, et 17 aunes 4 batons à raison de 120ᴴ l'aune carrée, et 56ᴴ 9ˢ 8ᵈ pour les taxations....................... 6834ᴴ 8ˢ 6ᵈ

20 octobre : de luy, 1500ᴴ pour délivrer au sʳ Petit de Fontainebleau, pour la pension que S. M. luy a accordée pendant l'année écheüe au mois d'octobre 1692, et 12ᴴ 10ˢ pour les taxations..................... 1512ᴴ 10ˢ

8 novembre : de luy, 1180ᴴ pour délivrer aux Principal, procureur et boursiers du collège de Cambray, pour le dédommagement, pendant 1692, de leurs bâtimens qui ont esté démolis par ordre de S. M. pour la construction du Collège de France, et 9ᴴ 16ˢ 8ᵈ pour les taxations........................... 1189ᴴ 16ˢ 8ᵈ

De luy, 30000ᴴ pour délivrer au sʳ Dufresnoy, trésorier de l'Ordre militaire de Saint-Louis, et la dame son épouse, pour le payement du prix principal d'une maison sçize à Versailles, acquise au nom de S. M. par contrat passé devant Caillet et son collègue, noitaires au Châtelet de Paris, et 250ᴴ pour les taxations.... 3025oᴴ

25 novembre : de luy, 2684ᴴ pour délivrer au sʳ Arnoux, pour quatre autruches, sept chèvres de la Thébaïde, trente-une poules sultanes et huit canards d'Égipte qu'il a livrez pour le service de S. M. à la Ménagerie, de l'envoi du sʳ Mosnier de Montpellier, et 22ᴴ 6ˢ 8ᵈ pour les taxations.......... 2706ᴴ 6ˢ 8ᵈ

6 décembre : de luy, 1536ᴴ 10ˢ 6ᵈ pour délivrer à Catherine Cadelan, âgée de 21 ans, fille émancipée et héritière du feu sʳ Cadelan, pour 4 blocs de marbre blanc que led. feu Cadelan a livrez pour le service de S. M., toisans 136 pieds 4 pouces 2 lignes, dont 90 pieds 6 lignes 1/2 à raison de 11ᴴ 2ˢ le pied cube, et le surplus à 11ᴴ 12ˢ le pied, et 12ᴴ 16ˢ 1ᵈ pour les taxations.. 1549ᴴ 6ˢ 7ᵈ

16 décembre : de luy, 3109ᴴ 8ˢ pour employer au payement du prix principal de trois maisons et deux arpens de terre, prez et jardins inondez par les eaux retenues derrière la chaussée de l'étang de Roquancourt, appartenant à Guillaume Descourt, y compris 888ᴴ 8ˢ pour l'intérest au denier vingt pendant huit années qui écherront le dernier du présent mois de décembre de la somme de 2231ᴴ, à laquelle le prix desd. trois maisons, prez et jardin, a esté fixé, et 25ᴴ 18ˢ 2ᵈ pour les taxations................................. 3135ᴴ 6ˢ 2ᵈ

5 janvier 1694 : de Mᵉ Jean-Baptiste Brunet, garde du Trésor royal, 10000ᴴ pour délivrer au sʳ Mansart, en considération de l'inspection générale que S. M. luy a donnée sur ses bâtimens pendant 1693, et 83ᴴ 6ˢ 8ᵈ pour les taxations....................... 10083ᴴ 6ˢ 8ᵈ

De luy, 3000ᴴ pour délivrer au sʳ Le Nostre, par gratification, en considération du service qu'il a rendu dans les bâtimens pendant 1693, et 25ᴴ pour les taxations. 3025ᴴ

De luy, 2166ᴴ 13ˢ 4ᵈ, sçavoir : 1750ᴴ pour délivrer à la veuve et héritiers du sʳ Ballon, pour sept mois, échus le 31 juillet 1693, de la gratification de 3000ᴴ par an que S. M. a accordée aud. feu Ballon, en considération du soin qu'il a pris des plants d'arbres de ses jardins et avenues, et 416ᴴ 13ˢ 4ᵈ au sʳ Ballon fils pour les cinq derniers mois 1693 de la pension de 1000ᴴ par an que S. M. luy a accordée en considération des services de feu son père, et 18ᴴ 1ˢ 2ᵈ pour les taxations.................................. 2184ᴴ 14ˢ 6ᵈ

16 janvier 1693 : de luy, 833ᴴ 6ˢ 8ᵈ pour délivrer au sʳ Morlet pour les cinq derniers mois 1693 de la gratification de 2000ᴴ par an que S. M. luy a accordée en considération du soin qu'il prend des plants d'arbres

des jardins et avenues des maisons royalles, et 6ᴴ 18ˢ 4ᵈ pour les taxations..................... 840ᴴ 5ˢ

22 décembre 1693 : dud. sʳ de Fremont, 3000ᴴ pour délivrer aux prestres de la Mission de Fontainebleau pour leurs subsistance et entretenemens pendant les six derniers mois de l'année 1693, y compris les taxations¹................................. 3000ᴴ

RECETTE PARTICULIÈRE 1693.

18 janvier 1693 : de Mᵉ Charles Le Bescue, trésorier général des bâtiments, 34745ᴴ 14ˢ restans en ses mains du fonds de son exercice 1692, destiné par le Roy pour estre employé à compte des dépenses du bâtiment de l'église de l'Hôtel royal des Invalides... 34745ᴴ 14ˢ

De luy, 7976ᴴ 7ˢ 8ᵈ restans du fonds destiné pour les nouveaux bâtimens du petit apartement de S. M. au château de Versailles.................. 7976ᴴ 7ˢ 8ᵈ

25 janvier : de Gilles Le Moyne, fondeur, pour le prix de 200 livres pesant de potin qui luy a esté livré du magasin de Versailles, à 10ˢ la livre.......... 100ᴴ

8 février : de Pierre Lisqui, marbrier, pour deux tranches de marbre de Languedoc qu'il a eues du magasin, contenans 11 pouces 2 tiers de ligne, à 8ᴴ 11ˢ le pied cube.............................. 7ᴴ 17ˢ 6ᵈ

22 février : dud. Le Moyne, pour 600 livres pesant de potin qu'il a reçeu du magasin, à 10ˢ la livre. 300ᴴ

25 février : de Pierre Brouillet, invalide, pour la vente des bois morts abattus par les vents dans le parc de Vincennes............................... 176ᴴ

2 mars : de M. de Turmentes, trésorier général de l'Hôtel royal des Invalides, 100000ᴴ à compte de 200000ᴴ que S. M. a ordonné estre pris sur le fonds dud. hostel pour estre employez aux dépenses du bâtiment de l'église dud. hôtel................ 100000ᴴ

8 mars : de Claude Denis, fontainier, pour le prix de

---

¹ A la fin de la recette se trouve cette note de comptabilité :

En exécution de l'arrest du Conseil d'Estat du 22 may 1694, le sʳ Coquinot, procureur au Parlement, a remis les billets et papiers cy après déclarez es mains du sʳ de Majainville, trésorier, pour en faire le recouvrement, à la décharge de la succession de M. Manessier, sçavoir :

Un exécutoire de la Chambre des comptes de 3000ᴴ dûs par les sʳˢ Le Maistre et Trévenot, en date du 27 avril 1693................................. 3000ᴴ
Un billet du sʳ Goret, du 5 juillet 1685, de..... 400ᴴ
Un billet du sʳ Verneil, du 13 novembre 1686, de..... .... 1559ᴴ 11ˢ 4ᵈ

Total.................. 8138ᴴ 11ˢ 4ᵈ

35 livres et demi de soudure du magasin de Versailles, à 5' la livre........................ 8ʰ 17' 6ᵈ

De Louis Germain, pour le prix de 8089 fagots provenans des émondes des arbres des avenues du château hors le parc de Versailles, déduction faite de 120ʰ 19' pour la façon desd. fagots............. 302ʰ 14' 5ᵈ

15 mars : de Jaques Lucas, plombier, pour un millier pesant de soudure qui luy a esté livrée du magasin, à raison de 5' la livre...................... 250ʰ

De la somme de 31951 2ʰ 9' 11ᵈ à quoy monte le reliquat du compte de 1691........ 31951 2ʰ 9' 11ᵈ

22 mars : de Mathieu Godignon, serrurier, pour le prix de 800 livres pesant de vieux fer qu'il a reçeu du magasin, à 6ʰ le cent..................... 48ʰ

De François de Baye, pour le prix des fagots provenans de la coupe de deux remises à gibier dans la plaine de Saint-Denis....................... 111ʰ 6ᵈ

5 avril : de Gilles Le Moyne, fondeur, pour 400 livres pesant de potin qui luy a esté fourni du magasin de Versailles, à raison de 10' la livre......... 200ʰ

De Jean Mallet, charpentier, pour 17 pièces 1 tiers 1 quart de démolitions de charpenterie, pendant les trois premiers mois 1693, à 250ʰ le cent...... 43ʰ 19' 2ᵈ

Du sʳ Behagle, tapissier à Beauvais, pour le prix de 1983 livres pesant de laines des Gobelins, cramoisy, carnation et commune, qui luy a esté vendue, à raison de 40 sols la livre........................ 3966ʰ

10 may : de Hubert Misson, marbrier, pour trois blots et six trenches de marbre blanc du magasin, toisant 86 pieds 9 pouces 11 lignes 3/8, à 11ʰ 7' le pied cube .... 985ʰ 10' 2ᵈ

De luy, pour trois trenches de marbre du magasin, dont une de brocatelle d'Espagne, une de marbre groiotte et une de brèche violette, toisant 3 pieds 3 pouces 7 lignes 3 quarts, à 18ʰ le pied cube....... .... 59ʰ 9' 4ᵈ

De Pierre Lisqui, pour un bloc de marbre blanc toisant 75 pieds 7 pouces 6 lignes cube, à 13ʰ 14' le pied cube................................ 1036ʰ 1' 3ᵈ

De François Deschamps, autre marbrier, pour cinq blots de marbre blanc du magasin, sçavoir : quatre blocs toisant 69 pieds 5 pouces 2 lignes 1/3, à 11ʰ 7' le pied cube, et un bloc toisant 45 pieds 4 pouces 11 lignes 1/2, à 11ʰ 16' le pied cube...... 1323ʰ 18' 9ᵈ

De luy, 143ʰ 9' 3ᵈ pour une trenche de verd de mer de 4 pieds 8 pouces 3 lignes, à 23ʰ le pied cube, et 35ʰ 13' pour 5 pieds 7 pouces serancolin, à 6ʰ 7' le pied, le tout montant à................ 143ʰ 9' 3ᵈ

De Dezaignes, pour un blot de marbre verd de Campan, toisant 22 pieds 11 pouces 3 lignes 2/3, à 8ʰ 15' le pied cube, et pour un autre bloc de marbre serancolin toisant 14 pieds 4 pouces 1 ligne 5/8, à 6ʰ 7' le pied cube.......................... 291ʰ 16' 9ᵈ

Du sʳ Keller, fondeur, 13394ʰ 10' 8ᵈ pour, avec 94500ʰ à quoy monte la fonte par luy faite à l'Arsenal de Paris de plusieurs figures et autres ouvrages pour le service de S. M. depuis le mois d'aoust 1685 jusqu'au mois de may 1691, demeurer quitte et déchargé envers S. M. de la somme de 107894ʰ 10' 8ᵈ qui luy a esté ordonnée à compte des susd. ouvrages depuis le 7 décembre 1683 jusques et compris le 20 may 1691.... .... 13394ʰ 10' 8ᵈ

Nota. — Outre ce que dessus, ledit sʳ Keller est reliquataire envers S. M. de la quantité de 2208 livres 1/2 de bronze, ce cy pour servir de......... Mémoire.

17 may : de Gilles Le Moyne, fondeur, pour 200 livres pesant de potin du magasin de Versailles, à 10' la livre.................................. 100ʰ

14 juin : de Raoul de Pierre, dit La Porte, charpentier, pour 630 pièces 1/4 de bois de démolitions provenans du reste de comble et plancher du jeu de paume, qui estoit dans la cour du Louvre, à raison de 160ʰ le cent............................... 1008ʰ 8'

D'Hubert Misson, marbrier, pour deux trenches de marbre qui luy ont esté fournies du magasin, sçavoir : une de verd d'Égypte, toisant 9 pieds 4 pouces 11 lignes cubes, à raison de 23ʰ 5' le pied cube, et l'autre de serancolin, toisant 6 pieds 9 pouces 7 lignes cubes, à 6ʰ 7' le pied cube...................... 192ʰ 4ᵈ

De Dezaignes, marbrier, pour une trenche de marbre serancolin qui luy a esté fournie dud. magasin, toisant 2 pieds 7 pouces 3 lignes, à 6ʰ 7' le pied.. 16ʰ 10' 9ᵈ

Du sʳ Lemaistre le neveu, entrepreneur, pour 7 muids de chaux, à 30ʰ le muid.................. 210ʰ

21 juin : de Pierre Lisqui, marbrier, pour 10 lignes 11/12 cube de marbre brèche violette en trois tranches qui luy ont esté livrées du magasin du Roy, à raison de 18ʰ le pied cube...................... 10ʰ 7'

28 juin : dud. Deschamps, marbrier, pour une trenche de marbre verd de Campan qui luy a esté fournie dud. magasin, toisant 6 pieds 8 lignes 4/9 cubes, à 8ʰ 15' le pied cube............................ 53ʰ

De luy, pour une trenche de marbre, toisant 19 pieds 10 pouces 11 lignes 1/2, à raison de 15ʰ 12' le pied cube, et d'un bloc du mesme marbre, toisant 33 pieds 11 pouces 1 ligne 5/6, à 11ʰ 7' le pied cube, qui luy ont esté livrez dud. magasin.................. 695ʰ

De Gilles Le Moyne, fondeur, pour 400 livres pesant de potin dud. magasin, à 10ˢ la livre.......... 200ᴸ

5 juillet : de luy, pour 200 livres de potin au même prix................................... 100ᴸ

12 juillet : de Jean Mallet, charpentier, pour les démolitions de charpenterie contenues au toisé montant à 88 pièces, à 250ᴸ le cent................ 220ᴸ

D'Estienne Yvon, couvreur, pour 8 toises de démolition de couverture prise sur le coridor qui conduisoit à la sacristie dans le cimetière de la paroisse de Versailles, à 3ᴸ la toise.................... 24ᴸ

De Thoulouzin, menuisier, pour les démolitions de menuiserie qui luy ont esté données en compte........
.... 54ᴸ 3ˢ 3ᵈ

19 juillet : du sʳ Legrand, tailleur d'habits, pour le loyer pendant six mois de deux maisons appartenantes au Roy, rue du Chantre, l'une à 330ᴸ et l'autre à 650ᴸ par an.............................. 490ᴸ

Dud. Yvon, couvreur, pour 45 toises 1/2 de couverture de tuile, à raison de 50ˢ la toise, à quoy ont esté réduits 6500 de tuile provenans de la démolition de la couverture du jeu de paume du Louvre, qui luy ont esté livrez sur le pied de 7 toises par millier.... 113ᴸ 15ˢ

26 juillet : de Gilles Le Moyne, fondeur, pour 2400 livres pesant de potin, à 10ˢ la livre ... 1200ᴸ

9 aoust : de Jaques Lucas, plombier, pour deux milliers de soudure dud. magasin, à 5ˢ la livre..... 500ᴸ

De Deschamps, marbrier, pour une tranche de marbre blanc qui luy a esté donnée du magasin, toisant 4 pieds 9 pouces 2 lignes 2/3, à 11ᴸ 7ˢ le pied cube. 54ᴸ 2ˢ 6ᵈ

30 aoust : de Charles Amelot, pour le buys qu'il a achepté provenant du parterre à gauche du château de Noisy............................. 50ᴸ

31 aoust : du sʳ Vallée, en l'acquit du sʳ Le Duc, entrepreneur du grand aqueduc de terre à la rivière d'Eure entre Maintenon et Berchère, pour la vente de partie des outils et équipages dud. Le Duc, qui demeure d'autant quitte envers S. M. sur le trop reçeu de son entreprise, et ce suivant les billets dud. sʳ Vallée remis à M. de Majainville................. 3334ᴸ 13ˢ

6 septembre : dud. Le Moyne, pour 500 livres pesant de potin venant du magasin, à 10ˢ la livre..... 250ᴸ

4 octobre : de la veuve et héritiers de feu M. Manessier, 24700ᴸ provenant des deniers de son exercice
.... 24700ᴸ

6 septembre : de Jaques Lucas, plombier, pour un millier de soudure qu'il a eu du magasin de Versailles, à 5ˢ la livre........................... 250ᴸ

De Dezaigres, marbrier, pour un bloc de marbre verd de Campan, toisant 12 pieds 1 pouce 11 lignes 1/6, à raison de 8ᴸ 15ˢ le pied cube, une tranche de marbre serancolin, toisant 7 pieds 5 pouces 10 lignes, à 6ᴸ 7ˢ le pied cube, et une tranche de verd d'Égypte, toisant 4 pieds 6 pouces 5 lignes 14/24, à 23ᴸ 5ˢ le pied cube
.... 259ᴸ 13ˢ

Du nommé Ergot, pour une tranche de marbre verd de Campan, toisant 2 pieds 10 pouces 8 lignes 2/3, à raison de 8ᴸ 15ˢ le pied cube, et un morceau de marbre de Languedoc, toisant 3 pieds 6 pouces 2 lignes, à 8ᴸ 16ˢ le pied cube.................. 56ᴸ 5ˢ 2ᵈ

13 septembre : du sʳ de Turmenyes, 10000ᴸ pour, avec 10000ᴸ remis par ordre du 2 mars dernier, faire 110000ᴸ à compte de 220000ᴸ que S. M. a ordonné estre prises sur le fonds dud. hostel des Invalides pour estre employée aux dépenses du bâtiment de l'église des Invalides........................... 10000ᴸ

Des sʳˢ Girardon et Desjardins, sculpteurs, pour trois blocs de marbre blanc, toisant 209 pieds 3 pouces 10 lignes 1/2 cube, à 12ᴸ 6ˢ le pied, et d'un bloc de marbre verd d'Égypte, toisant 19 pieds 3 pouces 1 ligne 1/2, à 23ᴸ 5ˢ le pied cube, le tout à eux livré des magasins du Roy...................... 3012ᴸ

De Pierre de la Croix, procureur fiscal de Gallardon, 340ᴸ qu'il doit à cause d'une maison et ses dépendances, scize à Gallardon, appartenante à Dazou, Descavaux et Alexandre, sous-entrepreneurs du sʳ Le Maistre, entrepreneur de l'aqueduc de Maintenon, et pour demeurer par led. sʳ Le Maistre d'autant quitte et déchargé envers S. M. sur le trop reçeu de son entreprise
.... 340ᴸ

Du sʳ Frosne, pour le prix de la vente faite au sʳ Anger, marchand cirier à Paris, de la quantité de 2663 livres pesant de cire composée, provenant de la fonte de la statue équestre du Roy de l'hôtel de Vendôme, à 15ˢ la livre............................. 1997ᴸ 5ᵈ

11 octobre : de Gilles Le Moyne, fondeur, pour 300 livres de potin qu'il a reçu du magasin, à 10ˢ la livre.............................. 150ᴸ

De Faussard, pour les arbres fruitiers et pins abatus dans le nouveau potager de Noisy et buys arraché dans le parterre à droite dud. château de Noisy...... 130ᴸ

8 novembre : de plusieurs particuliers, en l'acquit de Pierre Le Maistre, entrepreneur de l'aqueduc de Maintenon, provenant de quelques effets vendus. 2032ᴸ 10ˢ 6ᵈ

De Jean Bailly, entrepreneur, pour 93 toises 11 pieds 1/2 de moilon, provenant de la démolition des murs de clôture de Noisy, à 10ˢ la toise, et de 3 toises de moilon dans la cour de la ferme de Noisy, à 12ᴵᴵ la toise............................. 974ᴵᴵ 8ˢ 9ᵈ

De Jean Mallet, pour 200 pièces 1/4 de bois de démolition de charpenterie de plusieurs endroits des bâtiments de Versailles, à 250ᴵᴵ le cent..... 500ᴵᴵ 12ˢ 6ᵈ

De Ducors, menuisier, pour les démolitions de menuiserie.......................... 56ᴵᴵ 12ˢ 6ᵈ

De Toulouzin, autre, pour démolition de menuiserie............................. 20ᴵᴵ 2ˢ 6ᵈ

De plusieurs particuliers, en l'acquit de Pierre Le Maistre, entrepreneur de l'aqueduc de Maintenon, provenant de quelques effets vendus.......... 324ᴵᴵ 13ˢ

6 décembre : de Claude Denis, pour 81 livres 1/4 pesant de soudure qui luy a esté fournie du magasin, à raison de 5ˢ la livre.................. 20ᴵᴵ 6ˢ 3ᵈ

De plusieurs particuliers, provenant des loyers des maisons de Paris appartenant au Roy........ 1870ᴵᴵ

20 décembre : de Jean Mallet, pour le prix de 57 pièces 1/2 1/3 de bois de charpenterie de démolitions, à 250ᴵᴵ le cent..................... 144ᴵᴵ 11ˢ 8ᵈ

3 janvier 1694 : de Guillaume Ramzay, dit Huile, invalide à Monceaux, pour le prix du bois mort qui est tombé du parc de Monceaux en 1693.......... 60ᴵᴵ

Revenant bon de l'article de 504ᴵᴵ 10ˢ, ordonné sur l'état du 13 décembre dernier à Jean Le Roy et Estienne Ferrand, pour plusieurs voitures d'arbres.. 105ᴵᴵ

Du sʳ Brasine, pour mil vieilles cages de bois de chasteignier qui étoient au pourtour des ormes de la routte des Loges, acheptées en 1691, à 2ˢ la pièce. 100ᴵᴵ

4 janvier 1694 : de M. le comte d'Auvergne, par les mains de M. de la Perouze, pour employer aux réparations de ses escuries joignant le pavillon prez le chenil de Fontainebleau........................ 413ᴵᴵ

24 janvier 1694 : de plusieurs particuliers qui ont affermé les terres, prez, bois, osiers et pâtures apartenantes à S. M. aux environs de Versailles, pour le prix de leurs baux........................ 4196ᴵᴵ

D'autres particuliers qui ont affermé les herbes et pesches de la nouvelle rivière de l'Eure, depuis Pontgoin jusqu'au fond de Berchère, la Maingotte, pour une année du prix de leurs baux................. 270ᴵᴵ

Du sʳ Vallée, en l'acquit de Louis Jurant, entrepreneur des grais de l'aqueduc de Maintenon, provenant de la vente des grais qu'il a livrez à Mᵐᵉ de Maintenon. 169ᴵᴵ

13 may 1694 : du sʳ Becès (?), commissaire ordinaire des guerres à Amiens, porteur de procuration du sʳ Sinfray, commis par arrest du 5 janvier dernier pour la vente des meubles trouvez après le décèds du sʳ Manessier dans sa maison et seigneurie d'Yaucourt, lesquels ont esté vendus à Abbeville 804ᴵᴵ 3ˢ, faisant partie de celle de 1123ᴵᴵ 17ˢ à quoy monte lad. vente faite au proffit du Roy, le surplus ayant esté employé aux frais de lad. vente ; de laquelle somme de 804ᴵᴵ 3ˢ la succession dud. sʳ Manessier demeurera d'autant quitte envers S. M., ... 804ᴵᴵ 3ˢ

DÉPENSE.

VERSAILLES.

MAÇONNERIE.

20 janvier 1693 - 10 janvier 1694 : à Girard Marcou, entrepreneur, pour ses ouvrages de maçonnerie dans la dépendance du château de Versailles du mois de décembre 1692 au mois de novembre 1693, y compris ses soins et équipages (16 p.)........ 5077ᴵᴵ 5ˢ 9ᵈ

21 juin : à luy, sur ses ouvrages de maçonnerie à Trianon depuis le 18 may jusqu'au 10 juin... 493ᴵᴵ 9ˢ

5 juillet : à luy, pour dosses qu'il a fournis pour le réservoir de la Ménagerie et pierrées qu'il a faites dans le jardin........................ 96ᴵᴵ 13ˢ 4ᵈ

5 juillet - 23 aoust : à luy, parfait payement des ouvrages de maçonnerie qu'il a fait aux murs du réservoir de la Ménagerie ou de Saint-Cyr, y compris ses frais et équipages (3 p.)..................... 1501ᴵᴵ 8ˢ 8ᵈ

23 aoust : à luy, pour des fondations et des noyaux de pierre de taille qu'il a fourni pour les pieds d'estaux de marbre que l'on a posez dans le jardin....... 284ᴵᴵ

A luy, pour la pierrée qu'il a fait pour décharger les eaux de l'aqueduc de Saint-Cyr............ 209ᴵᴵ 5ˢ

13 septembre - 20 décembre : à luy, à compte du rétablissement qu'il a fait du mur qui sépare l'Orangerie du jardin de M. le duc de Beauvilliers (2 p.)..... 600ᴵᴵ

6 décembre 1693 - 10 janvier 1694 : à luy, sur ses ouvrages de maçonnerie à l'appartement nouveau de Monseigneur (3 p.)..................... 1500ᴵᴵ

8 novembre : à Gilles Jouel, plâtrier de Marly, pour trois muids six sacs de plastre que l'on a employé à sec

pour remplir les auges entre les lambourdes dans tout le nouvel appartement de Monseigneur........ 50ᵗᵗ 10ˢ

8 novembre : à Nicolas Le Jongleur, pour avoir dégorgé et rétabli la conduite de tuyaux de grais depuis la fontaine de Saint-Pierre jusques dans la Ménagerie de Versailles............................ 77ᵗᵗ 16ˢ

26 may-11 octobre : à la veuve La Rotière, carrière à Saint-Cloud, à compte de la pierre qu'elle fournit pour la coquille de l'Isle Royale du jardin de Versailles (2 p.)............................. 400ᵗᵗ

Somme de ce chapitre..... 10290ᵗᵗ 7ˢ 9ᵈ

TERRASSE ET JARDINAGES.

24 may-19 juillet : à Durand, parfait payement des ouvrages de conroy de glaise qu'il a establi au réservoir de la Ménagerie ou de Saint-Cyr (5 p.)...... 606ᵗᵗ 9ˢ

11 octobre : à luy, pour le conroy qu'il a fait autour de l'abreuvoir de la cour de la Ménagerie.. 29ᵗᵗ 13ˢ 4ᵈ

25 octobre : à luy et Laforce, pour journées qu'ils ont employées à réparer le conroy de glaize du bout de l'aqueduc de Saint-Cyr................. 56ᵗᵗ 11ˢ

1ᵉʳ février-19 juillet : aux nommés Duval et Deskesnes, terrassiers, pour le nettoyement de l'avant-cour du château de Versailles pendant les six derniers mois 1692 et six premiers 1693 (2 p.)........... 200ᵗᵗ

5 juillet : à eux, pour avoir fauché l'herbe qui estoit dans la pièce d'eau des Suisses, l'avoir voituré derrière le potager et à costé du jeu du Mail......... 168ᵗᵗ

13 septembre : à eux, pour avoir transporté et régallé les terres que les ravins d'eau avoient emporté dans les allées autour de Trianon.................. 20ᵗᵗ 10ˢ

A eux, pour avoir dégorgé et écuré 446 toises de pierrées et rigolles autour de la pièce des Suisses. 106ᵗᵗ 10ˢ

5 juillet : aud. Duval, pour le rétablissement de la recouppe sur l'Orangerie aux endroits où il a esté fait une recherche au ciment................ 38ᵗᵗ 0ˢ 6ᵈ

Somme de ce chapitre.... 1225ᵗᵗ 13ˢ 10ᵈ

FUMIERS, ETC.

18 janvier : à Botteau, dit Bourguignon, terrassier, pour 25 toises de grand fumier qu'il a fourni à l'orangerie de Versailles........................ 125ᵗᵗ

15 février-19 juillet : à luy, parfait payement de 694ᵗᵗ à quoy montent les boues des rues, fumiers consommez et fumiers chaux qu'il a fournis à la pépinière de Trianon (6 p.)...................... 544ᵗᵗ

1ᵉʳ-15 mars : à luy, pour le mar de vigne et fumier de pigeon qu'il a fourni à la pépinière de Trianon et orangerie de Versailles (2 p.)........... 460ᵗᵗ 10ˢ

26 avril : à luy, pour 30 toises 1/2 de fumiers chauds qu'il a fourni à la pépinière de Trianon..... 213ᵗᵗ 10ˢ

2 aoust-20 décembre : à luy, pour les fumiers de vache et de mouton qu'il a fourni pour lad. pépinière (3 p.)............................ 420ᵗᵗ 8ˢ 4ᵈ

23 aoust-8 novembre : à luy, parfait payement de 122 toises cubes de grand fumier qu'il a fourni à lad. pépinière (3 p.)......................... 854ᵗᵗ

10 janvier 1694 : à luy, pour 8 toises cubes de fumier pour l'orangerie de Versailles, à 5ᵗᵗ la toise.. 40ᵗᵗ

10 may-21 juin : aux nommez Durel et Janson, jardiniers, à compte des treillages de perche de châtaignier qu'ils font pour enfermer le Labirinthe dans le jardin de Versailles (4 p.)....................... 600ᵗᵗ

21 juin-5 juillet : à eux, pour 92 toises carrées de recoupe par eux faite à la Gallerie d'eau, à 35ˢ la toise (2 p.)............................... 161ᵗᵗ

24 may : aud. Durel, pour ouvrages de gazon neuf qu'il a fait aux sources à Trianon........ 128ᵗᵗ 1ˢ 6ᵈ

10 janvier 1694 : aud. Janson, pour 16 toises cubes de bonnes terres qu'il a fait transporter dans les triangles au hault du glacis de la pièce des Suisses pour planter des marroniers d'Inde................. 125ᵗᵗ

1ᵉʳ-15 février : à Hanequin, terrassier, pour les bonnes terres qu'il fait transporter au pied des palissades de charme dans les allées du jardin de Versailles (2 p.)... .... 528ᵗᵗ 15ˢ

23 aoust : à Nicolas Soye, terrassier, pour avoir fait et recomblé les trenchées pour faire la pierrée qui sort de l'aqueduc de Saint-Cyr.................. 52ᵗᵗ

Somme de ce chapitre..... 4252ᵗᵗ 4ˢ 10ᵈ

SABLE DE RIVIÈRE.

19 juillet-22 novembre : à Lagarde et la veuve d'Yvelin, pescheurs, pour 2437 muids 1/2 de sable de rivière qu'ils ont tiré pour les jardins de Versailles et de Trianon (5 p.)......................... 609ᵗᵗ

19 juillet-20 décembre : à Peby, voiturier, pour la voiture desd. 2437 muids 1/2 de sable de rivière, à raison de 25 sols chacun muid (7 p.)......... 3048ᵗᵗ

Somme de ce chapitre......... 3657ᵗᵗ

CHARPENTERIE.

12 avril-20 décembre : à Jean Malet, charpentier, pour ouvrages de charpente faits au château pendant la présente année (4 p.)................ 937ᵗᵗ 13ˢ 4ᵈ

8 novembre 1693-10 janvier 1694 : à luy, sur ses ouvrages de charpenterie au nouvel appartement de Monseigneur (3 p.)..................... 1300ᵗᵗ

22 novembre : à Boitel, pour dausses de batteau qu'il a fourni pour couvrir la pierrée que l'on a fait au bout de l'aqueduc de Saint-Cyr............... 208ʰ 10ˢ

1ᵉʳ février : à la veuve Jaquin, charon, pour ouvrages de charonnage qu'elle a fait pour l'orangerie de Versailles pendant 1692.................... 158ʰ 5ˢ

30 aoust : à Ringuet, charon, pour des chariots qu'il a fait pour serrer et sortir les orangers, et les échelles qu'il a fourni pour cueillir des fleurs d'orangers..... .... 459ʰ 10ˢ

Somme de ce chapitre..... 3063ʰ 18ˢ 4ᵈ

COUVERTURE.

15 mars : à Estienne Yvon, couvreur, pour ouvrages de couverture qu'il a faits pendant les six derniers mois 1692 dans la dépendance du château, outre son entretien........................... 237ʰ

15 février : aux nommez Brichot et Briquet, couvreurs de chaume, pour couvertures de paille longue aux glacières de Clagny, Satory, Trianon et la Ménagerie............................. 170ʰ 6ˢ

21 juin : aud. Brichot, pour avoir réparé les couvertures des glacières de Versailles........... 67ʰ 16ˢ

Somme de ce chapitre......... 475ʰ 2ˢ

MENUISERIE.

23 aoust : à Remy, menuisier, pour ouvrages de menuiserie à Trianon.................... 108ʰ 3ˢ

25 octobre : à luy, pour avoir démonté et remonté au printemps et au mois d'octobre de la présente année tous les chassis d'hyver de la grande aile du château.. .... 180ʰ

18 janvier - 26 avril : à Pierre Veydeau, menuisier, parfait payement de 6986ʰ 9ˢ 3ᵈ à quoy montent tant ses ouvrages de menuiserie au petit bâtiment neuf de l'appartement de S. M. au château de Versailles, que les 37 caisses de bois de chesne de différentes grandeurs qu'il a fait pour l'Orangerie (3 p.)...... 986ʰ 9ˢ 3ᵈ

25 octobre 1693 - 10 janvier 1694 : à luy, à compte des ouvrages qu'il fait dans l'appartement nouveau de Monseigneur (3 p.).................... 1700ʰ

8 novembre : à luy, sur ses ouvrages........ 600ʰ

18 janvier - 29 mars : à François Millet, menuisier, parfait payement de 37 caisses de bois de chesne de différentes grandeurs pour l'orangerie de Versailles (3 p.)................................ 921ʰ 10ˢ

1ᵉʳ février 1693 - 10 janvier 1694 : à Barthelemi du Cons, menuisier, pour ses ouvrages de menuiserie au château de Versailles depuis le mois de novembre 1692 et pendant la présente année 1693 (12 p.) 5469ʰ 6ˢ 9ᵈ

22 novembre : à Chevalier, menuisier, pour ses ouvrages de menuiserie dans le cabinet de M. Bontemps aud. château.................... 96ʰ 6ˢ 3ᵈ

10 janvier 1694 : à luy, pour ses ouvrages à l'appartement de Monseigneur en décembre...... 286ʰ 15ˢ

15 mars : à Toulouzain, menuisier, parfait payement de 225ʰ à quoy montent soixante caisses qu'il a livrées pour mettre des arbustes sur les terrasses de Trianon, à raison de 3ʰ 15ˢ la pièce.............. 125ʰ

7 juin - 19 juillet : à luy, pour ouvrages et réparations de menuiserie pendant les mois de may et juin dernier (2 p.)............................. 305ʰ 3ˢ

27 septembre : à luy, pour avoir rétabli les bancs circulaires de menuiserie qui sont à l'Ancelade.. 61ʰ 10ˢ

25 octobre 1693 - 10 janvier 1694 : à luy, pour ouvrages et réparations de menuiserie au château pendant les mois de septembre, octobre et novembre dernier (4 p.)............................. 487ʰ 19ˢ

Somme de ce chapitre.... 11328ʰ 2ˢ 3ᵈ.

SERRURERIE.

1ᵉʳ février 1693 - 10 janvier 1694 : à Pierre Roger, serrurier, pour ses ouvrages de serrurerie au château de Versailles du mois de décembre 1692 au mois d'octobre dernier (10 p.).............. 1506ʰ 5ˢ

15 février : à luy, sur ses ouvrages à Trianon pendant les trois derniers mois 1692............. 103ʰ 12ˢ

12 - 26 avril : à luy, parfait payement de 4158 livres de fer qu'il a livré pour la ferrure de 37 caisses pour l'orangerie de Versailles, à 3ˢ 3ᵈ la livre (2 p.). 675ʰ 13ˢ 6ᵈ

18 janvier 1693 - 10 janvier 1694 : à Thomas Valleband, serrurier, pour ouvrages et réparations de serrurerie faits au château du mois de décembre 1692 au mois de décembre 1693 (14 p.)..... 2233ʰ 10ˢ 10ᵈ

18 janvier : à Pierre Roger, serrurier, pour ouvrages de serrurerie par luy faits dans la dépendance du château de Versailles pendant le mois de novembre dernier.. .... 85ʰ 5ˢ

18 janvier 1693 - 10 janvier 1694 : à Nicolas Desjardins, serrurier, pour ouvrages et réparations de serrurerie faits dans la dépendance du château de Versailles du mois de novembre 1692 au mois de décembre 1693 (9 p.)...................... 1365ʰ 16ˢ

15 février - 26 avril : à Gaudignon, serrurier, parfait payement de 4304 livres de fer pour la ferrure de

37 caisses neuves pour l'orangerie de Versailles et de Trianon (3 p.)........................ 699ᴸ 8ˢ

1ᵉʳ mars-10 may : à TAVERNIER, serrurier, pour divers ouvrages de serrurerie au château depuis le mois de décembre 1692 au mois de mars dernier (4 p.) 180ᴸ 2ˢ

Somme de ce chapitre..... 6849ᴸ 12ˢ 4ᵈ

VITRERIE.

18 janvier 1693-10 janvier 1694 : à GABRIEL JANSON, vitrier, pour ouvrages de vitrerie faits et fournis dans la dépendance du château depuis le mois de décembre 1692 jusqu'au mois de novembre 1693 (14 p.) 2478ᴸ 3ˢ 3ᵈ

A BERNARD LESPINOUZE, vitrier, pour ouvrages de vitrerie faits aud. château depuis le mois de décembre 1692 jusqu'au mois d'octobre 1693 (13 p.) 2166ᴸ 1ˢ 4ᵈ

Somme de ce chapitre..... 4644ᴸ 4ˢ 7ᵈ

PLOMBERIE.

18 janvier : à JAQUES LUCAS, plombier, parfait payement de 1609ᴸ 1ˢ à quoy montent ses ouvrages de plomberie dans la dépendance du château de Versailles depuis le 1ᵉʳ octobre 1692............... 569ᴸ 1ˢ

26 avril-8 novembre : à luy, sur lesd. ouvrages de plomberie aud. château depuis le 1ᵉʳ janvier jusqu'au mois de septembre dernier (4 p.)......... 1780ᴸ 9ˢ

15 mars : à CLAUDE DENIS, fontainier, parfait payement de 191ᴸ à quoy montent ses ouvrages de soudure pendant les six derniers mois de 1692 et le mois de février dernier..................... 104ᴸ 7ˢ 6ᵈ

Somme de ce chapitre..... 2453ᴸ 17ˢ 6ᵈ

OUVRAGES DE CUIVRE ET FIL DE LATTON.

13 septembre : à GILLES LE MOYNE, fondeur, pour ouvrages de cuivre de fonte qu'il a fait pour les fontaines et pour les agraffes des pieds d'estaux de marbre pendant 1692....................... 194ᴸ 15ˢ

1ᵉʳ février-20 décembre : à DUCHEMIN, chaudronnier, pour ouvrages de chaudronnerie faits pour le service de S. M. aux fontaines des jardins de Versailles depuis le mois de mars 1692 (2 p.)............... 138ᴸ 15ˢ

6 décembre : à luy, pour avoir rétabli et racomodé 28 paires d'arrosoirs et autres ouvrages pour Trianon.. .... 84ᴸ 12ˢ

10 janvier 1694 : à luy, pour les journées qu'il a employé avec ses compagnons à resouder les fautes sur les combles de cuivre du château depuis le 8 juin 1693 .... 113ᴸ

10 may : à GIBON, épinglier, pour des treillis de fil de fer et de laton qu'il a mis aux cinq guichets de l'armoire en bibliothèque de Monseigneur le duc DE BOURGOGNE............................ 67ᴸ 12ˢ

20 novembre : à LACROIX, autre, pour les mêmes ouvrages à l'armoire en bibliothèque de Monsieur le duc DE BERRY......................... 28ᴸ 10ˢ

Somme de ce chapitre........ 627ᴸ 4ˢ

DORURE.

18 janvier : à GUILLAUME DESAUZIERS, doreur, parfait payement de 4371ᴸ 17ˢ 3ᵈ à quoy montent les ouvrages de dorure par luy faits au nouvel appartement de S. M. au château de Versailles pendant l'année dernière, y compris 1696ᴸ qui luy sont déduits pour le prix de 32 milliers de grand or qui luy ont esté livrez, à raison de 53ᴸ le millier, par le sʳ L'ABBÉ, employé à Paris, pour le service des Bâtimens de S. M....... 1175ᴸ 17ˢ 3ᵈ

A luy, pour avoir doré d'or bruni vingt-trois culs-de-lampe qui sont posez au-dessus des pilastres du lambry dans le cabinet qui précède le salon ovalle dud. nouvel appartement..................... 128ᴸ 2ˢ 6ᵈ

7 juin : à luy, pour avec 121ᴸ qui luy sont déduits pour le prix de deux milliers de grand or, à 53ᴸ le millier, et de 500 de petit or, à 30ᴸ, faire le parfait payement de 387ᴸ 7ˢ 6ᵈ pour les ouvrages de dorure qu'il a fait aux pieds d'estaux pour porter les groupes de bronze du salon ovale du petit appartement du Roy à Versailles...................... 266ᴸ 7ˢ 6ᵈ

6 décembre : à luy, pour ouvrages de dorure faits au château pendant les mois de juin et juillet.... 79ᴸ 12ˢ

Somme de ce chapitre..... 1649ᴸ 19ˢ 3ᵈ

PEINTURE.

15 février 1693-10 janvier 1694 : à ESTIENNE BOURGAULT, peintre, pour les grosses peintures qu'il a fait au château depuis le mois de décembre 1692 jusqu'au mois de décembre 1693 (8 p.)............... 1629ᴸ 9ˢ 1ᵈ

6 décembre : à BERTIN, peintre, à compte des figures, termes, vases de marbre et de bronze qu'il a dessinez dans le jardin de Versailles................. 200ᴸ

18 janvier-11 octobre : à PAILLET, peintre, pour le nettoyement et le soin qu'il a eu pour la conservation des tableaux du Roy au château et à Trianon pendant les six derniers mois 1692 et six premiers 1693 (4 p.)... .... 1405ᴸ

10 may-19 juillet : à BACO, peintre, pour sa peinture à soixante petites caisses pour mettre des arbustes, dans le jardin de Trianon, à 3ᴸ 10ˢ (3 p.)..... 210ᴸ

11 octobre : à luy, pour avoir peint et orné de feuilles

de refend et fleurs de lis d'or saly les deux tuyaux de descente du comble du château dans les angles de la petite cour de marbre d'iceluy............. 88ᴸ 6ˢ 8ᵈ

Somme de ce chapitre..... 3532ᴸ 15ˢ 9ᵈ

SCULPTURE.

15 février : à Noël Jouvenet, sculpteur, pour la sculpture en bois aux quatre coquilles qui sont dans les niches du salon ovale du petit appartement du Roy au château de Versailles......................... 130ᴸ

1ᵉʳ mars : à luy, pour plusieurs modèles de sculpture pour led. château........................ 85ᴸ

15 février : aux nommez Briquet, Taupin, Legrand, Belan, Goupil, La Lande, Chauveau, Hulot et Annard, sculpteurs, pour ouvrages de sculpture faits à 26 culs-de-lampe qui sont dorés d'or bruni dans le grand cabinet qui précède le salon ovale du petit appartement du Roy au château........................ 520ᴸ

7-21 juin : auxd. Briquet, Mazeline, Legrand et Charmeton, pour la sculpture de cinq escabelons qui ont esté posez dans le petit salon ovale dud. petit appartement (2 p.)......................... 926ᴸ

19 juillet : à Chauveau, sculpteur, pour huit consolles de sculpture en bois qu'il a fourni pour le cabinet de Monsigneur............................ 56ᴸ

22 aoust : à Bertin, sculpteur, parfait payement de 1659ᴸ à quoy montent ses ouvrages de sculpture à quatre chambres de Trianon-sous-Bois en 1688.. 159ᴸ

8 novembre : à luy, pour la corniche de sculpture qu'il a fait dans le grand cabinet de Monsigneur....... .... 229ᴸ 6ˢ 8ᵈ

10 janvier 1694 : à luy, à compte de la sculpture qu'il a fait aux deux coquilles de pierre de Saint-Cloud que l'on a posées à la chaussée de l'Isle Royalle à la place de celles qui estoient cassées................. 150ᴸ

Somme de ce chapitre...... 2255ᴸ 6ˢ 8ᵈ

MARBRERIE.

15 février-6 décembre : à Pierre Lisqui, marbrier, pour ouvrages de marbre au château pendant les mois de novembre et décembre 1692 et jusqu'au mois de décembre 1693 (3 p.).................... 385ᴸ 10ˢ

7 juin : à François Deschamps, marbrier, à compte de deux pieds d'estaux et d'une table de marbre qu'il fait pour le service de S. M................ 200ᴸ

Somme de ce chapitre........ 585ᴸ 10ˢ

PAVÉ.

19 juillet 1693-10 janvier 1694 : à Louis Regnouf, paveur, pour ouvrages de pavé faits au château pendant la présente année 1693 (3 p.)........ 660ᴸ 15ˢ 11ᵈ

OUVRAGES DE BRONZE.

19 juillet-8 novembre : à Percheron, dit Lauchon, ébéniste, pour réparations aux ferrures de bronze des portes et croisées du château depuis le mois de mars dernier (2 p.)......................... 195ᴸ 5ˢ

20 décembre 1693-10 janvier 1694 : à luy, à compte de la dorure d'or moulu qu'il a fait aux ferrures des portes et croisées de l'appartement nouveau de Monsigneur (2 p.)..................... 400ᴸ

Somme de ce chapitre........ 595ᴸ 5ˢ

GLACES.

1ᵉʳ mars : à Brior, miroitier, pour plusieurs ouvrages qu'il a fait à des glaces de miroir qu'il a pris au magasin et employez en plusieurs endroits du château depuis le 19 octobre dernier................. 250ᴸ

22 novembre : à luy, pour avoir démonté toutes les glaces du cabinet de Monsigneur, les avoir marquées par numéros et avoir nettoyé toutes les glaces du château depuis le 5 mars dernier.............. 115ᴸ

Somme de ce chapitre.......... 365ᴸ

RAMONNAGES DE CHEMINÉES.

1ᵉʳ février : à Jean Padelain, ramonneur de cheminées, pour les cheminées ramonnées et rétablies au château pendant les six derniers mois de 1692. 270ᴸ 16ˢ

26 avril 1693-10 janvier 1694 : à Varisse, autre, pour les cheminées qu'il a ramonnées aud. château pendant la présente année (3 p.).......... 594ᴸ 12ˢ

Somme de ce chapitre........ 865ᴸ 8ˢ

DIVERSES DÉPENSES.

18 janvier-25 octobre : à Brankand, marchand verrier, pour les carreaux de Hollande et de Lizieux fournis en 1692 et 1693 (2 p.)............. 537ᴸ 5ˢ

1ᵉʳ mars : au sʳ Brion, marchand à Paris, pour du treillys de Brie qu'il a fourni pour faire la tente de la galère du canal de Versailles.............. 210ᴸ 6ˢ

15 mars : au sʳ Bezira, pour 58 aunes de toile qu'il a fourni pour les pavillons du vaisseau du canal de Versailles, à raison de 21 sols l'aune, et 3ᴸ pour la façon 63ᴸ 16ˢ

24 may-25 octobre : au sʳ Labbé, pour remboursement des dépenses faites pour le Roy en 1692 et 1693 (2 p.)......................... 146ᴸ 15ˢ

29 may : à Danet, pour 102 bottes de paille four-

-nies pour rétablir la couverture des glacières proche la fonderie, à 7˙ 3ᵈ la botte.................. 36ᴴ 19ˢ 6ᵈ

A Nolent, corroyeur, pour deux cuirs forts en suif, à 27ᴴ pièce, et quatre vaches en suif qu'il a fournis pour servir aux soupapes et clapets des fontaines du jardin de Versailles............................ 98ᴴ

7 juin : à Maturin Arnoult, vuidangeur, pour avoir vuidé les fosses d'aizances sous l'appartement de madame la maréchale de la Mothe................ 54ᴴ

21 juin : à Pierre Duval, pour avoir fauché l'herbe dans les pièces d'eau de l'Isle royale, de Neptune et d'Apollon........................... 44ᴴ

8 juillet : à Jean Monin le jeune, voiturier par eau, pour la voiture de Rouen jusqu'au pont de Sève de quatre tonneaux remplis de cordages, rouets de poulies [1], chevilles et racles, envoyés du Havre de Grace pour les vaisseaux du canal.................... 49ᴴ

12 juillet : à Merceron, dit La Violette, garde-magasin du canal, pour son remboursement de ce qu'il a payé pour la décharge et voiture, du port de Sève à Versailles, desd. quatre tonneaux.............. 31ᴴ

19 juillet 1693 - 10 janvier 1694 : à Le Roy, tourneur, pour avoir tourné treize balustres de pierre de Tonnerre et plusieurs chevilles pour porter les armes des gardes du corps et pour manches d'outils (2 p.)..... 41ᴴ 14ˢ

23 aoust - 27 septembre : à Jacques Le Roux, preneur de taupes, pour les taupes qu'il a prises dans les jardins de Versailles pendant les trois premiers quartiers 1693 (2 p.)............................ 150ᴴ

25 octobre : à Sorin, pour le mastic à feu qu'il a fourni pour rejointer les marbres du bassin de Latone........................... 70ᴴ 8ˢ

A Le Jeune, vuidangeur, pour la vuidange des fosses d'aysances du château de Versailles.......... 572ᴴ

20 décembre : à Bras d'or, taillandier, pour les ciseaux, serpes et maillet qu'il a fourni pour tailler les ormes de Trianon.................... 19ᴴ 10ˢ

Somme de ce chapitre.... 2124ᴴ 13ˢ 6ᵈ

JOURNÉES D'OUVRIERS.

10 janvier 1693 - 10 janvier 1694 : aux ouvriers qui ont travaillé à la journée au château et jardin de Versailles du 5 janvier 1693 au 5 janvier 1694 (26 p.)..
.... 3966ᴴ 3ˢ 3ᵈ

[1] Le rouet de poulie était une poulie de fer ou de cuivre placée à l'avant ou à l'arrière de la chaloupe et servant à lever l'ancre.

A ceux qui ont travaillé à la pépinière de Trianon pendant le même temps (22 p.)........ 7965ᴴ 9ˢ 2ᵈ

1ᵉʳ février - 20 décembre : à ceux qui ont achevé de remplir de glace les glacières de l'étang de Clagny, Ménagerie, Trianon et le trou de Satory (5 p.) 1990ᴴ 11ˢ

15 février : à ceux qui ont fourni de la paille longue, tant pour mettre dans les glacières que l'on a achevé de remplir que pour les couvrir........... 283ᴴ 10ˢ

15 mars : aux voituriers qui ont voituré deux chaloupes du Trou d'Enfer au canal de Versailles.... 96ᴴ

Somme de ce chapitre... 14301ᴴ 13ˢ 5ᵈ

ENVIRONS DE VERSAILLES.

MAÇONNERIE.

8 février 1693 - 17 janvier 1694 : à Gérard Marcou, entrepreneur, pour ses réparations de maçonnerie dans les bâtimens des dehors de Versailles pendant la présente année, y compris ses soins et équipages (15 p.)..
.... 5451ᴴ 18ˢ 5ᵈ

26 avril : à luy, sur ses ouvrages au dôme du manège de la petite escurie à Versailles..... 320ᴴ 13ˢ 4ᵈ

23 aoust - 6 septembre : à luy, sur ses ouvrages de maçonnerie au mur du jardin potager de Versailles (2 p.)........................ 450ᴴ 13ˢ 4ᵈ

8 février 1693 - 17 janvier 1694 : à Pierre Levé, entrepreneur, à compte des ouvrages de maçonnerie qu'il fait à la Surintendance des bâtimens à Versailles (8 p.)
.... 1090ᴴ

Somme de ce chapitre...... 7313ᴴ 5ˢ 1ᵈ

TERRASSES.

8 mars 1693 - 3 janvier 1694 : à Martin Moulin et Florent Félix, terrassiers, pour leurs ouvrages de terrasses dans les bâtimens des dehors du château de Versailles pendant la présente année (8 p.)..... 426ᴴ 15ˢ

19 avril - 12 juillet : à eux, pour du sable qu'ils ont voituré aux réservoirs de la butte de Montboron et avoir aplani le manège de la petite escurie du Roy à Versailles (3 p.)......................... 184ᴴ 5ˢ

9 aoust : à eux, sur leurs ouvrages de terrasses dans l'avenue de Saint-Cloud................ 150ᴴ

23 aoust : à eux, pour ouvrages de terrasse et transport de fumier du Potager dans l'Orangerie... 154ᴴ 6ˢ

Somme de ce chapitre......... 915ᴴ 6ˢ

CHARPENTERIE.

19 avril : à Jean Mallet, charpentier, pour répara-

tion de charpenterie au dôme du manège de la petite escurie........................ 469ᴴ 4ˢ

19 avril-29 novembre : à luy, pour réparations de charpenterie dans les bâtimens des dehors du château de Versailles depuis le mois de janvier jusqu'au mois d'octobre dernier (6 p.)............. 1523ᴴ 13ˢ 2ᵈ

3 may : à Caillet, charpentier, pour ouvrages de charpenterie au logement du sʳ Tourolle, au grand Commun................................ 74ᴴ 9ˢ

Somme de ce chapitre..... 2067ᴴ 6ˢ 2ᵈ

COUVERTURE.

25 janvier : à Estienne Yvon, couvreur, parfait payement de 645ᴴ 17ˢ 6ᵈ à quoy montent les ouvrages et rétablissement de couvertures par lui faits dans les bâtimens des dehors du château de Versailles pendant les six derniers mois 1692............. 597ᴴ 10ˢ 10ᵈ

19 avril : à luy, pour ouvrages de couverture faits sur le dôme du manège de la petite écurie du Roy à Versailles et plusieurs rétablissemens sur les combles d'icelle pendant le premier quartier 1693.... 765ᴴ 4ˢ 7ᵈ

26 juillet : à luy, sur ses ouvrages auxd. dehors pendant le deuxième quartier 1693............ 248ᴴ 9ˢ

Somme de ce chapitre...... 1611ᴴ 4ˢ 5ᵈ

MENUISERIE.

25 janvier : à Gaubay, menuisier, parfait payement de 1016ᴴ 8ˢ 8ᵈ à quoy montent ses ouvrages de menuiserie dans les bâtimens des dehors du château de Versailles pendant novembre et décembre derniers.... 516ᴴ 8ˢ 8ᵈ

8 mars : à luy, pour ouvrages de menuiserie faits à la Chancellerie de Versailles en 1692........... 66ᴴ 10ˢ

22 mars 1693-3 janvier 1694 : à luy, sur les ouvrages de menuiserie faits aux dehors du château pendant la présente année (11 p.).......... 1971ᴴ 8ˢ 6ᵈ

19 avril 1693-3 janvier 1694 : à Remy, menuisier, pour ses ouvrages de menuiserie faits dans les bâtimens des dehors de Versailles depuis le mois de mars dernier (12 p.)........................ 2558ᴴ 13ˢ 2ᵈ

25 janvier-4 février : à Nicolas Cadel, menuisier, à compte de sa menuiserie à la Surintendance des bâtimens à Versailles (2 p.)........................ 300ᴴ

Somme de ce chapitre...... 5413ᴴ 0ˢ 4ᵈ

SERRURERIE.

8 février : à Nicolas Langlois, serrurier, pour ouvrages de serrurerie faits pour les réparations de la pompe du vieux hôtel de la Feuillade................ 24ᴴ

8 mars-19 avril : à L'Alemand, pour une ormoire de fer qu'il a livrée pour la cuisine de la Maison royalle de Sᵗ Louis, à Saint-Cyr (4 p.)............... 400ᴴ

8 mars-5 avril : à Thomas Vallerand, serrurier, pour ouvrages de serrurerie et de gros fer faits dans les bâtimens des dehors du château de Versailles pendant les trois premiers mois 1693 (2 p.)..... 338ᴴ 3ˢ 3ᵈ

22 février : à François Fordrin, serrurier, pour ouvrages de serrurerie aux grandes et petites escuries à Versailles en 1691..................... 66ᴴ 3ˢ

5 avril 1693-17 janvier 1694 : à Tavernier, serrurier, pour les ouvrages de gros fer faits et fournis pour les bâtimens des dehors du château de Versailles et clouds et pattes qu'il a livrez au magasin du poids du fer pendant la présente année 1693 (8 p.).... 1163ᴴ 19ˢ

22 février-13 décembre : à Nicolas Desjardins, serrurier, pour ouvrages de serrurerie faits dans les bâtimens des dehors de Versailles depuis le mois de janvier jusqu'au mois de novembre dernier (10 p.). 1961ᴴ 16ˢ

Somme de ce chapitre...... 3954ᴴ 1ˢ 3ᵈ

OUVRAGES DE CUIVRE.

3 may : à Gilles Le Moyne, fondeur, pour deux soupapes de cuivre qu'il a livrées pour l'acqueduc de six pieds du Parc-aux-Cerfs, au mois de mars dernier, pesant 101 livres et demie, à raison de 18ˢ la livre. 90ᴴ 19ˢ

12 juillet : à luy, pour robinets de cuivre qu'il a livré pour les fontaines du potager du Roy à Versailles, suivant le mémoire.................... 161ᴴ 18ˢ 6ᵈ

17 janvier 1694 : à luy, pour les ouvrages de serrurerie qu'il a fournis pour les Bâtimens en 1690 et 1691 .... 63ᴴ 16ˢ

A luy, pour ouvrages des robinets de cuivre qu'il a fournis pour les fontaines des dehors du château depuis le mois de juillet 1693 jusqu'au 12 du présent mois de janvier................... 67ᴴ 5ˢ 6ᵈ

5 avril : à Duchemin, chaudronnier, pour ouvrages de cuivre faits pour les fonds des mangeoires des escuries du Roy en 1688.................... 55ᴴ 6ˢ 3ᵈ

Somme de ce chapitre........ 439ᴴ 5ˢ 3ᵈ

VITRERIE.

22 février 1693-17 janvier 1694 : à Gabriel Janson, vitrier, pour ouvrages de vitrerie qu'il a faits dans les bâtimens des dehors du château de Versailles pendant la présente année (13 p.)......... 1431ᴴ 12ˢ 5ᵈ

A Bernard Lespinouee, vitrier, pour ouvrages et réparations de vitrerie faits dans les bâtimens des dehors du château de Versailles pendant la présente année (11 p.)......................... 1284ʰ 9ˢ 10ᵈ

Somme de ce chapitre...... 2716ʰ 2ˢ 3ᵈ

PLOMBERIE.

25 janvier : à Jaques Lucas, plombier, pour ouvrages de plomberie faits pendant les trois derniers mois 1692 dans les bâtimens des dehors du château de Versailles, déduction faite des retailles qui lui ont esté rendues.........................., 10ʰ 14ˢ 4ᵈ

5 avril-1ᵉʳ novembre : à luy, sur ses ouvrages de plomberie pendant les trois premiers quartiers 1693 (3 p.)............................ 569ʰ 18ˢ 2ᵈ

Somme de ce chapitre...... 580ʰ 12ˢ 6ᵈ

PEINTURE.

22 février-15 novembre : à Estienne Bourgault, peintre, pour ouvrages de grosse peinture faits dans lesd. bâtimens depuis le mois de décembre 1692 jusqu'au mois d'octobre dernier (5 p.)............. 557ʰ 8ˢ 2ᵈ

PAVÉ.

5 avril 1693-17 janvier 1694 : à Louis Regnouf, paveur, pour ouvrages et réparations de pavé de grais faits dans les bâtimens des dehors du château pendant la présente année 1693 (11 p.)........ 2166ʰ 17ˢ 7ᵈ

14 juin-12 juillet : à luy, pour ouvrages de pavé faits à la chaussée de la place d'armes du château (2 p.) 936ʰ 7ˢ 3ᵈ

9 aoust-20 septembre : à luy, pour les réparations et changemens de pavé de la chaussée de l'avenue de Saint-Cloud et autres ouvrages (4 p.).... 776ʰ 18ˢ 3ᵈ

Somme de ce chapitre..... 3880ʰ 3ˢ 1ᵈ

MARBRERIE.

23 aoust : à Pierre Lisqui, marbrier, pour ouvrages de marbre faits à la Surintendance des bâtimens et Chancellerie à Versailles.................... 41ʰ

RAMONNAGES DE CHEMINÉES.

8 février : à Jean Padelain, ramonneur, pour avoir ramonné les cheminées des bâtimens des dehors du château pendant les six derniers mois 1692.... 204ʰ

17 may : à luy, sur ses ouvrages pendant les trois premiers mois 1693..................... 100ʰ

12 juillet-13 décembre : à Pierre Varisse, pour les ramonnages de cheminées depuis le mois d'avril jusqu'au mois de novembre dernier (2 p.).......... 268ʰ 4ˢ

Somme de ce chapitre........ 572ʰ 4ˢ

DÉPENSES EXTRAORDINAIRES.

22 mars : à Mathurin Arnault, vuidangeur, pour une fosse d'aisance qu'il a vuidée dans la petite écurie du Roy à Versailles et pour avoir dégorgé quatre tuyaux d'aisance dans le grand Commun............ 138ʰ

2-17 janvier 1694 : à luy, pour la vuidange d'une fosse d'aisance du grand Commun et d'une autre de l'hostel des Inspecteurs (2 p.)............... 342ʰ

8 février : à François Le Gois, balancier, pour avoir ajusté les poids du magasin du poids du fer... 19ʰ 15ˢ

22 mars : à Durand, pour la toile, ruban et clouds qu'il a fourni pour les croisées des écuries au derrière des manèges de la grande et petite écurie du Roy à Versailles et écuries de feu la Reyne et Cheny..... 56ʰ 1ˢ

15 novembre : à Branlard, pour cent carreaux de fayance qu'il a fourni pour la Surintendance..... 26ʰ

Somme de ce chapitre........ 581ʰ 16ˢ

OUVRIERS À JOURNÉES.

25 janvier 1693-17 janvier 1694 : aux ouvriers qui ont travaillé à la journée du Roy au magasin des démolitions depuis le 6 janvier 1693 jusqu'au 16 janvier 1694 (25 p.).............................. 2525ʰ 15ˢ 8ᵈ

A ceux qui ont travaillé au magasin des plombs pendant led. temps (23 p.)................ 385ʰ 13ˢ 6ᵈ

A ceux qui ont travaillé au magasin du poids du fer (24 p.)............................... 553ʰ 10ˢ

8 février : à ceux qui ont réparé les plombs dans les dehors du château............................ 21ʰ

8 février 1693-17 janvier 1694 : à ceux qui ont rempli de glace les glacières du Parc-aux-Cerfs (2 p.).. .... 970ʰ 4ˢ

5 avril : à ceux qui ont reposé les vieux plombs du dôme de la petite écurie du Roy à Versailles...... 35ʰ

A ceux qui ont travaillé aux conduites pour la décharge des eaux de l'aqueduc de six pieds qui conduit les eaux de Trapes à Versailles................ 272ʰ 2ˢ

1ᵉʳ février 1693-2 janvier 1694 : aux ouvriers qui ont travaillé à la journée du Roy sous le sʳ Villiard, tant aux nivellemens qu'à l'entretien des eaux bonnes à boire pendant la présente année (12 p.)..... 536ʰ 11ˢ

17 janvier 1694 : à ceux qui ont travaillé à reprendre 30 toises de pieds droits des aqueducs des eaux bonnes à boire du Chenay, pour paver lesd. 30 toises d'aqueduc, et à faire un batardeau pour empêcher la communication de lad. eau avec celle de l'étang sous Roquancourt..... .... 83ʰ 4ˢ

Somme de ce chapitre........ 5382ʰ 2ᵈ

PARCS DE VERSAILLES.

MAÇONNERIE.

25 janvier - 1ᵉʳ mars : à LAMOUREUX, pour plusieurs réparations de maçonnerie qu'il a faites dans le grand et petit parc de Versailles, du mois de novembre 1692 au mois de février 1693 (2 p.)............ 411ʰ 11ˢ 1ᵈ

31 may - 28 juin : à luy, sur ses ouvrages de maçonnerie à la ferme de Gallye (3 p.)............ 530ʰ

4 octobre - 1ᵉʳ novembre : à luy, sur ses ouvrages en plusieurs endroits du petit parc (2 p.)..... 176ʰ 12ˢ

3 janvier 1694 : à luy, sur ses ouvrages de maçonnerie aux logemens des Suisses et gardes-chasses du grand parc pendant les trois derniers mois de l'année 1693............................. 49ʰ 10ˢ

17 may - 6 septembre : à THÉVENOT, parfait payement de la maçonnerie qu'il a fait pour crespir de mortier de chaux et sable les murs du grand parc de Versailles (9 p.)................................ 4170ʰ 15ˢ

20 septembre : à luy, pour réparations de maçonnerie au château et haras de Saint-Léger........ 258ʰ

1ᵉʳ mars - 5 avril : à LEFRANC, maçon, pour les sous-voûtes qu'il fait dans l'aqueduc qui conduit l'eau de la machine sur la butte Montboron (2 p.)........ 234ʰ

14 juin : à luy, pour 7 toises 1 pied d'aqueduc qu'il a fait pour conduire la décharge de la pièce de Neptune et de l'étang de Clagny dans l'aqueduc qui est de niveau au canal....................... 149ʰ 16ˢ 4ᵈ

12 juillet : à luy, pour plusieurs massifs de limosinerie qu'il a fait sur l'aqueduc de Saint-Cyr qui conduit l'eau au réservoir de la Ménagerie....... 164ʰ 6ˢ 8ᵈ

9 - 23 aoust : à GÉRARD MARCOU, entrepreneur, à compte des ouvrages de maçonnerie qu'il fait à l'aqueduc qui passe dans le bois de Fosse-Repose, et pour rétablir le pont sur le chemin de Saint-Cloud (2 p.)... .... 230ʰ

Somme de ce chapitre..... 6374ʰ 11ˢ 1ᵈ

MENUISERIE.

20 septembre : à BRAY, menuisier, pour réparations de menuiserie au château et haras de Saint-Léger. 85ʰ

5 avril : à NICOLAS CAREL, menuisier, pour ouvrages de menuiserie par luy faits en divers endroits du grand et petit parc de Versailles................... 47ʰ

Somme de ce chapitre.......... 132ʰ

TERRASSES.

31 may : à MARTIN MOULIN et FLEURANT FÉLIX, pour les terres qu'ils ont transportées pour élargir la chaussée de Villepreux, parallèle au mur du grand parc de Versailles............................. 98ʰ

12 juillet : à eux, pour avoir recomblé plusieurs trous sur l'aqueduc qui est dans le bois de Fosse-Repose et à la porte de Saint-Cir et les chemins de la plaine de Satory................................ 40ʰ

23 aoust : à eux, pour plusieurs ravines et ornières qu'ils ont recomblées dans le grand et petit parc de Versailles............................. 41ʰ

17 janvier 1694 : à FLORENT FÉLIX et PIERRE VINCENT, pour la dépense qu'ils ont faite à charger, voiturer et décharger deux batteaux qui ont esté mis, l'un dans l'étang du bois Beranger et l'autre dans celuy de Fosse-Repose........................... 40ʰ

Somme de ce chapitre.......... 219ʰ

COUVERTURE.

1ᵉʳ mars : à ESTIENNE YVON, couvreur, pour plusieurs réparations de couverture dans le grand parc de Versailles pendant les six derniers mois 1692.. 87ʰ 16ˢ 7ᵈ

SERRURERIE.

5 avril : à THOMAS VALLERAND, serrurier, pour réparations faites à la porte de fer de la grande grille de Gallie............................... 27ʰ 13ˢ

28 juin : à TAVERNIER, pour ouvrages de gros fer qu'il a livrez en plusieurs endroits du grand et petit parc de Versailles pendant les six premiers mois 1693 .... 80ʰ 15ˢ 2ᵈ

17 janvier 1694 : à luy, pour ouvrages de serrurerie et autres dépenses par luy faites pour deux batteaux qui ont esté mis dans les étangs du bois Beranger et de Fosse-Repose........................ 36ʰ

28 juin - 4 octobre : à DESJARDINS, serrurier, pour ouvrages de menue serrurerie faits dans le grand et petit parc de Versailles pendant les trois premiers quartiers de 1693 (2 p.).................. 103ʰ 7ˢ

3 janvier 1694 : à luy, sur ses ouvrages aux pavillons des Suisses et gardes-chasses du grand et petit parc de Versailles pendant les quatre derniers mois de 1693... .... 19ʰ 18ˢ

Somme de ce chapitre..... 267ʰ 13ˢ 2ᵈ

VITRERIE.

25 janvier : à BERNARD LESPINOUZE, vitrier, pour ses ouvrages de vitrerie aux logemens des gardes-chasses et

à ceux des Suisses du grand et petit parc de Versailles pendant les trois derniers mois de 1692... 48ᴴ 18ˢ 4ᵈ

PAVÉ.

23 aoust : à Regnouf, paveur, pour plusieurs réparations de pavé faites en plusieurs endroits du grand et petit parc de Versailles en 1692 et 1693.. 105ᴴ 7ˢ 4ᵈ

3 janvier 1694 : à luy, sur ses ouvrages aux vingt-deux portes des pavillons du grand parc sur l'aqueduc qui conduit les eaux bonnes à boire à la Ménagerie passant par Saint-Cyr................. 154ᴴ 0ˢ 3ᵈ

Somme de ce chapitre...... 259ᴴ 7ˢ 7ᵈ

ROUTTES.

25 janvier : aux ouvriers qui ont entretenu les petites routtes du petit parc de Versailles, vuidé l'eau des batteaux des étangs de Porche-Fontaine et dégorgé les grilles du grand parc par où passent les eaux pour aller aux étangs de Saclay, pendant 1692.......... 111ᴴ

25 janvier - 1ᵉʳ novembre : à Martin Moulin et Fleurant Félix, ayant l'entretenement des routtes des environs de Versailles pendant le dernier quartier de 1692 et les trois premiers de 1693 (4 p.)......... 400ᴴ

A Simon, ayant celui des routtes et fossez de la forest de Senart, pour son entretien pendant le même temps (4 p.)................. 600ᴴ

A Janson le jeune, ayant celuy des fossez et pierrées du petit parc, ceux des Faisanderie, des Moulineaux et de Bennemoulin, pour trois quartiers (3 p.)... 300ᴴ

A Dolot, pour celuy des routes de la forest de Montfort, pour le dernier quartier de 1692 et trois premiers de 1693 (4 p.)....................... 300ᴴ

25 janvier : à luy, pour les derniers cinq mois de l'entretien des fermetures d'eschalats des dix remises dans le grand parc du côté de Villepreux........... 104ᴴ 4ˢ

17 may - 1ᵉʳ novembre : à luy, pour les trois premiers quartiers de l'entretien de lad. fermeture en 1693 (3 p.).................. 187ᴴ 15ˢ

25 janvier - 1ᵉʳ novembre : à Thomas Poidet, pour l'entretien des couvertures du château et haras de Saint-Léger pendant les cinq derniers mois de 1692 et deux quartiers de 1693 (3 p.)............ 366ᴴ 13ˢ 4ᵈ

25 janvier - 29 novembre : à Bulot, pour celuy des routes et fossez de la forest de Compiègne pendant le dernier quartier de 1692 et les trois premiers de 1693 (4 p.).................. 700ᴴ

26 avril : à Denis Anceau, ayant l'entretien des aqueducs et conduites des eaux bonnes à boire à Versailles, pour les neuf derniers mois de 1692......... 450ᴴ

1ᵉʳ novembre : à Jaques Hilaire, pour avoir dégorgé et racommodé 72 toises de pierrées au parc d'en haut du haras de Saint-Léger..................... 60ᴴ

Somme de ce chapitre..... 3579ᴴ 12ˢ 4ᵈ

DIVERSES DÉPENSES.

25 janvier : au sʳ Oudinet, pour ce qu'il a payé pour deux tablettes faites pour les agathes de S. M. 93ᴴ 10ˢ

8 février - 6 décembre : au sʳ Mesmyn, pour son remboursement des dépenses faites pendant les cinq derniers mois de 1692 et la présente année pour les bureaux de la Surintendance (3 p.).......... 1589ᴴ 9ˢ 6ᵈ

5 avril - 8 décembre : aux sʳˢ Bourgault et Matis, arpenteurs, pour leurs appointemens des trois premiers quartiers de 1693, qu'ils ont esté employez à faire les arpentages des bois et des héritages occupez par les travaux de S. M. des environs de Versailles, à raison de 150ᴴ par mois pour chacun (3 p.).......... 2700ᴴ

A eux, pour les journées d'hommes qui les ont aydé pendant led. temps (3 p.)............ 932ᴴ 10ˢ

10 janvier 1694 : à eux, à compte de leurs appointemens des trois derniers mois de 1693........ 750ᴴ

11 octobre : au sʳ Marchand, pour plusieurs voyages et voitures pour le port et le raport de plusieurs comptes des Bâtimens, de la Chambre des comptes à Versailles et de Versailles à lad. Chambre................ 79ᴴ 8ˢ

1ᵉʳ novembre : au sʳ Tricot, procureur au Châtelet, pour les frais du décret fait d'une maison sçize à Versailles, acquise pour le Roy de M. et Mᵐᵉ Dufresnoy................. 276ᴴ 14ˢ

15 novembre : au sʳ Varnin, savoir : 182ᴴ pour les frais faits tant pour faire chercher à la Chambre des comptes, que pour faire transcrire plusieurs états de remboursement depuis l'année 1663 jusques en 1683, et 100ᴴ pour ses peines et soins............ 282ᴴ 11ˢ

13 décembre : au sʳ Chuppin, pour la dépense qu'il a faite dans le bureau des plans des bâtimens pendant la présente année................. 126ᴴ 13ˢ 6ᵈ

16 décembre : à Chaillot, pour deux batteaux qu'il a fourni pour les étangs de Beranger et de Fosse-Repose 27ᴴ

Somme de ce chapitre...... 6857ᴴ 16ˢ

ÉTANGS DES ENVIRONS DE VERSAILLES.

MAÇONNERIE.

22 février : à Anne Bizot, maçon, parfait payement de 1687ᴴ 18ˢ 4ᵈ à quoy montent les ouvrages de ma-

çonnerie et de terrasse par luy faits en 1692, tant pour une soupape qui a esté posée à l'étang de la Tour que pour avoir revêtu à pierre sèche le derrière de la chaussée dud. étang et avoir rehaussé et élargi lad. chaussée 87ʰ 18ˢ 4ᵈ

14 juin-9 aoust : à luy, à compte du ciment qu'il pose dans l'aqueduc de l'Artoire et des provisions de matériaux qu'il a fait (5 p.).................. 5800ʰ

9 aoust-1ᵉʳ novembre : à luy, pour les réparations qu'il a fait dans led. aqueduc de l'Artoire (3 p.). 750ʰ

28 juin : à MICHEL ROGER, chaufournier, pour 41 poinçons 1/2 de chaux qu'il a fourni pour la réparation de la maçonnerie des deux chaussées d'Arsy, pour celle d'un pont au mesme endroit et pour celle des gallets qui sont sur l'aqueduc qui conduit les eaux de l'estang de Trappe à Versailles, à raison de 4ʰ le poinçon. 166ʰ

Somme de ce chapitre.... 6803ʰ 18ˢ 4ᵈ

TERRASSES.

17 may-14 juin : à LIONNOIS, terrassier, pour menues réparations de terrasses aux environs de Trappes (2 p.) 135ʰ 4ˢ

16 avril-9 aoust : à MARTIN MARISCAL, terrassier, parfait payement des terres qu'il a fait transporter, tant dans la chaussée du bois d'Arcy que dans les rigolles qui servent pour faire venir des eaux à Versailles, et pour le pavé à pierre sèche qu'il a posé sur lad. chaussée dans la longueur de 206 toises courantes, et le pavé de moilon posé pour faire plusieurs cassis dans lesd. rigolles, et autres menues dépenses (5 p.). 3461ʰ 12ˢ 6ᵈ

23 aoust-11 octobre : à luy, pour la maçonnerie qu'il a fait pour rehausser la chaussée du Pré-Clos et autres ouvrages (3 p.).................. 1331ʰ 10ˢ

28 juin-3 décembre : à luy, pour la fouille et transport de terre qu'il a fait pour la prolongation de la rigolle de Guyancourt (4 p.)............ 1034ʰ 5ˢ 6ᵈ

Somme de ce chapitre....... 5964ʰ 12ˢ

CHARPENTERIE.

8 février : à SÉBASTIEN ESLOY, charpentier, pour ouvrages de charpenterie faits aux étangs d'Arsy et du Mesnil en la présente année................. 60ʰ

6 septembre : à luy, pour quatre traineaux qu'il a faits pour nettoyer les neiges des rigolles....... 100ʰ

Somme de ce chapitre........... 160ʰ

OUVRIERS À JOURNÉES.

18 janvier 1693-3 janvier 1694 : aux ouvriers qui ont travaillé en divers endroits des étangs de Trappes,

du Perray, plaine de Saclay et à divers menus ouvrages de terrasse depuis le 29 novembre 1692 jusqu'au 2 janvier 1694 (7 p.)....................... 2125ʰ 5ˢ

5 avril : à eux, pour ouvrages et matériaux employez à faire une palissade de planches et de fagots de bois de bruière, de 6 pieds de hault, sur la chaussée de l'étang du petit Port-Royal pour la conservation de lad. chaussée, à cause du peu de mur qui reste au-dessus de l'eau et des grosses vagues qui passoient sur lad. chaussée, du 7 mars au 4 avril................. 393ʰ 6ˢ 3ᵈ

17 may-14 juin : à ceux qui ont été employez aux réparations de la maçonnerie des deux chaussées des étangs d'Arcy (2 p.).................... 384ʰ 10ˢ

28 juin : à eux, sur leurs ouvrages à un pont au mesme endroit et aux gallets qui sont sur l'aqueduc qui conduit les eaux de l'estang de Trappes à Versailles 195ʰ 6ˢ

6 septembre : à ceux qui ont travaillé au rétablissement de la chaussée de l'étang du Perray, à une vanne prez la Boissière, à baisser la décharge de l'étang de Trappes, et autres menus ouvrages........ 478ʰ 13ˢ

Somme de ce chapitre 3577ʰ 3ᵈ

ENTRETENEMENT DU JARDIN POTAGER DE VERSAILLES.

8 février : à FRANÇOIS LE NORMAND, jardinier, ayant l'entretien dud. jardin, parfait payement de 1800ʰ à quoy monte l'entretien dud. potager pendant l'année 1692.................................. 3000ʰ

1ᵉʳ mars-10 janvier 1694 : à luy, à compte dud. entretien pendant l'année 1693 (12 p.)....... 15000ʰ

Somme de ce chapitre 18000ʰ

ENTRETENEMENS DES JARDINS
DE VERSAILLES ET DE TRIANON.

12 avril-13 décembre : à BERTIN, sculpteur, ayant l'entretien des figures et autres ouvrages de sculpture en marbre du jardin de Versailles, pour ses gages des des trois derniers mois 1692 et six premiers 1693 (3 p.).............................. 1271ʰ 5ˢ

19 avril 1693-17 janvier 1694 : à DUPUYS le fils, pour le soin qu'il a eü du jardin de la Surintendance des bâtimens de Versailles pendant les années 1692 et 1693 (2 p.).............................. 300ʰ

19 avril : à NICOLAS GOMBAULT, jardinier, pour l'entretien de celuy de la Chancellerie de Versailles pendant l'année 1692.......................... 60ʰ

14 juin-20 septembre : à HENRY DUPUYS, jardinier,

ayant l'entretenement des allées du jardin, orangerie et pourtour du canal de Versailles, pour ses gages du dernier quartier 1692 et du premier 1693 (2 p.). 10200ʰ

A Drouard, rocailleur, ayant celuy des rocailles dud. jardin, pour ses gages pendant le même temps (2 p.) 1300ʰ

A Remy Janson, jardinier, ayant celuy du Mail et des allées du pourtour de la pièce des Suisses, des piscéas plantez au bout du canal, des palissades de chaînes autour des clôtures des trois faisanderies et près la grille de fer servant de porte pour entrer à la Ménagerie, pour ses gages pendant led. temps (2 p.) 475ʰ

A Pierre Lisqui, marbrier, ayant celuy de tous les ouvrages de marbre dud. jardin, pour ses gages pendant led. temps (2 p.) 1000ʰ

A Pierre Collinot, jardinier, ayant l'entretien du jardin de Trianon, pour ses gages des deux premiers quartiers 1693 (2 p.) 3758ʰ

13 décembre : à Charles Janson, jardinier, savoir : 50ʰ pour l'entretien du jardin du Cheny pendant une année, 10ʰ pour l'osier et foin qu'il a fourni pour lier les arbres, et 10ʰ pour avoir labouré et regarni les arbres qui sont plantez dans les cours du Cheny pendant lad. année 70ʰ

Somme de ce chapitre....... 18434ʰ 5ˢ

ENTRETENEMENS DES CONDUITES ET FONTAINES DE VERSAILLES ET DE TRIANON.

8 février : à Claude Denis, fontainier, ayant l'entretien des fontaines de Versailles, pour les six derniers mois 1692 et le mois de janvier dernier des gages deubs à feu Gabriel Bondy, garçon fontainier à Versailles, laquelle somme led. Denis s'est offert de conserver aux deux enfans orphelins en bas âge dud. Gabriel Bondy.. .... 315ʰ

29 mars-4 octobre : à Maisonneuve, garçon fontainier à Trianon, pour ses gages des mois de février et mars et des deuxième et troisième quartiers 1693 (3 p.)........................... 266ʰ 13ˢ 4ᵈ

5 avril-29 novembre : à Charles-François Pollard, ayant l'entretien de toutes les conduites de tuyaux de fonte de fer des fontaines du château de Versailles, Trianon, la Ménagerie et celle de la rivière de Seyne, pour ses gages des trois derniers mois 1692 et six premiers 1693 (3 p.)......................... 7500ʰ

État du quartier d'octobre 1692 :

14 juin : audit Claude Denis, fontainier, ayant l'entretien des fontaines, pour ses gages 1140ʰ

A Claude Denis fils, compagnon fontainier, 250ʰ pour ses gages dud. quartier, et 115ʰ pour le supplément de ceux du quartier de juillet, pendant qu'il n'a esté payé que de 135ʰ au lieu de 250ʰ qui lui sont deues.. 365ʰ

A Gournay, compagnon fontainier.......... 250ʰ
A Thomas La Cire, autre.................. 250ʰ
A Vitry, autre......................... 250ʰ
A Lambert, autre...................... 250ʰ
A Musard, employé à la butte de Montboron.. 250ʰ
A Mariette, employé aux réservoirs du Parc-aux-Cerfs............................... 250ʰ
A Baclet, garçon fontainier.............. 135ʰ
A Godet, autre........................ 135ʰ
A Laurens, autre...................... 135ʰ
A Thomas, autre....................... 135ʰ
A Pinet, autre......................... 135ʰ
A Tessien, autre....................... 135ʰ
A André, autre........................ 135ʰ

A Remy Denis fils, ayant l'entretien des fontaines de Trianon, de la fontaine de la décharge du canal et des réservoirs au dessus de Trianon............... 450ʰ

A Blaize Réglet, garçon fontainier......... 100ʰ
A Louis Bayolet, autre.................. 100ʰ

A Le Moyne, fondeur, pour l'entretien par luy fait de tous les ouvrages de cuivre des fontaines de Versailles, pour ledit quartier de 1692................. 375ʰ

4 octobre : aux fontainiers cy-dessus, pour leurs gages des trois premiers mois 1693......... 4895ʰ

Somme de ce chapitre.... 17951ʰ 13ˢ 4ᵈ

GAGES D'OFFICIERS ET MATELOTS
SERVANS SUR LE CANAL.

1ᵉʳ février 1693-10 janvier 1694 : aux mariniers de rame qui ont servi sur le canal de Versailles pendant la présente année (12 p.)..................... 1500ʰ

12 avril-27 septembre : à La Violette, garde-magasin du canal, par gratification, en considération du soin qu'il a eu desd. magasins pendant les six derniers mois 1692 et six premiers 1693 (2 p.)....... 300ʰ

10 may : à luy, pour chandelle, balais et peaux d'agneaux qu'il a acheptez pour led. canal, y compris trois voyages à Marly....................... 30ʰ

État des trois derniers mois 1692 :

14 juin : au sʳ Martin, capitaine, pour ses gages.. .... 600ʰ

A Cristophle Le Roux, maître des matelots... 275ʰ

ANNÉE 1693. — CHÂTEAU DE COMPIÈGNE.

A Mathieu Suart, comite de la galère....... 300^tt
A Jean Bourdon, sous-comite.............. 210^tt
A Jaques Le Comte, charpentier........... 210^tt
A Nicolas Menessier, charpentier.......... 210^tt
A Jean Candon, autre.................... 210^tt
A Joseph Chesne, autre.................. 210^tt
A Jaques Fosse, calfateur................ 210^tt
A Jaques Douville, autre................. 210^tt
A Jean Merseron, garde-magasin.......... 210^tt
A Jean Quernel, matelot................. 135^tt
A Noël Coste, autre..................... 135^tt
A André Morel, autre.................... 135^tt
A Nicolas Granval, autre................. 135^tt
A Louis Mouton, autre................... 135^tt
A Joseph Trevan, autre.................. 135^tt
A Jean Masurier, autre.................. 135^tt
A Barthélemy Choisy, autre.............. 135^tt
A Michel Avienne, autre................. 135^tt
A François Vidotti, autre................ 135^tt
A Georges Renault, autre................ 135^tt
A Jean-Baptiste Juste, autre............. 135^tt
A Honorat Vidotti, autre................ 135^tt
A Nicolas Savary, autre................. 67^tt 10^s
A Jean Vidotti, autre................... 67^tt 10^s

27 septembre : aux officiers et matelots cy-dessus, pour leurs appointemens des trois premiers mois 1693
.... 4745^tt

Estat des trois derniers mois 1692 :

14 juin : à Jean Massagati, ancien gondollier vénitien... 300^tt
A Palmarin Palmarini, autre.............. 300^tt
A Pierre Massagatti, autre............... 360^tt
A Barthélemy Pancalonio, autre.......... 225^tt
A Vincent Doria, autre.................. 225^tt
A Benoit Borelli, autre.................. 225^tt
A Pierre Sbodra, autre.................. 225^tt
A Jean Palmarin, autre.................. 225^tt

27 septembre : aux gondolliers cy-dessus, pour leurs appointemens des trois premiers mois 1693... 2085^tt

27 septembre : à Pierre Falel, marinier de rame, qui s'est blessé à la jambe en servant sur le canal.. 20^tt

Somme de ce chapitre........ 15510^tt

ENTRETENEMENS DES COUVERTURES
DES MAISONS ROYALLES.

25 janvier : à Claude Duval et Simon Bega, ayans l'entretien des couvertures du château de Monceaux, pour led. entretenement pendant les six derniers mois 1692, à 350^tt par an......................... 175^tt

5 avril-1er novembre : à Estienne Yvon, couvreur, pour l'entretien des couvertures du château de Madrid, la Meutte et portes de Boulogne, l'orangerie du Roule, Savonnerie, la maison des cygnes, Louvre, Thuilleries, Samaritaine, Jardin royal des plantes, Observatoire et maisons appartenantes au Roy à Paris, pendant les trois derniers mois 1692 et six premiers 1693 (3 p.)...
.... 2190^tt

A luy, pour l'entretien des couvertures du nouveau couvent des Capucins pendant le même temps (3 p.)..
.... 375^tt

12 avril-26 juillet : à luy, ayant l'entretien des maisons royalles de Versailles, pendant les trois derniers mois 1692 et trois premiers 1693 (2 p.).... 3750^tt

5 avril 1693-17 janvier 1694 : à Noël Martin, ayant l'entretien des couvertures du château de Vincennes, pour ses gages du dernier quartier 1692 et trois premiers 1693 (4 p.)......................... 900^tt

A luy, ayant celuy des Gobelins, pendant led. temps (4 p.).. 250^tt

Somme de ce chapitre......... 7640^tt

CHATEAU DE COMPIÈGNE.

8 février : au s^r Tailly, par gratification, en considération des soins qu'il prend pour faire entretenir les routes et fossez de la forest de Compiègne...... 150^tt

Au s^r Emery, concierge dud. château, pour les entretiens et réparations des jardins, cours et terrasses, et emplissage de la glacière pendant 1692.......... 400^tt

31 may : à luy, pour menues réparations pendant le mois de may 1693.......................... 24^tt 10^s

8 février 1693-17 janvier 1694 : à Camay et la veuve Chamboy, pour l'entretien des couvertures et de la maçonnerie dud. château pendant les six derniers mois 1692 et la présente année 1693 (5 p.)... 685^tt 1^s 1^d

8 février-26 juillet : à Cheret, vitrier, pour l'entretien et réparations des vitres dud. château pendant les six derniers mois 1692 et six premiers mois 1693 (3 p.)
.... 107^tt 16^s

A Laurens Dauvin, charpentier, pour entretien et réparations des ponts de la forest pendant le même temps (2 p.).. 170^tt

31 may : à Le Clerc, serrurier, pour ouvrages et réparations de serrurerie aud. château.......... 12^tt

31 may : à Jean Delaporte, menuisier, pour ouvrages

de menuiserie qu'il a fait pendant le mois de may aud. château............................... 18ʰ

Somme de ce chapitre...... 1567ʰ 7ˢ 1ᵈ

HOSTEL ROYAL DES INVALIDES.

MAÇONNERIE.

8 février-29 novembre : à PIERRE LE MAISTRE, entrepreneur, à compte des ouvrages de maçonnerie qu'il fait à l'église royalle des Invalides (8 p.)... 16485ʰ 14ˢ 2ᵈ

SERRURERIE.

5 avril : à PIERRE ROGER et THOMAS VALERAND, serruriers, à compte des vitraux de fer qu'ils ont faits à la grande église de l'hostel royal des Invalides..... 500ʰ

PLOMBERIE.

25 janvier : à JACQUES LUCAS, plombier, pour la façon de 81 livres de plomb et fourniture de 48 livres de soudure qu'il a mis en œuvre sur le dôme et lanterne de l'église des Invalides pendant les trois derniers mois de 1692....................... 27ʰ 4ˢ 10ᵈ

VITRERIE.

8 mars-28 juin : à JEAN GOMBAULT, vitrier, à compte de ses ouvrages de vitrerie pour lad. église des Invalides (2 p.)......................... 1100ʰ

PEINTURE.

25 janvier-23 aoust : aux sʳˢ FRANCARD, LECLERC et MICHET, peintres sur verre, à compte des ornemens des bordures qu'ils peignent sur verre pour les vitraux de l'église des Invalides (3 p.)............. 700ʰ

SCULPTURE.

22 février : à CORNEILLE VANCLÈVE, sculpteur, à compte de la sculpture qu'il fait en pierre à deux bas-reliefs de l'histoire de saint Louis, sur les passages des chapelles de l'église des Invalides............... 200ʰ

12-26 juillet : à luy, à compte d'une figure qu'il fait en pierre dans l'un des paneaux de la voûte du grand dôme de lad. église (2 p.)............ 500ʰ

6 septembre : aux sʳˢ ANDRÉ et CARLIER, sculpteurs, parfait payement de 720ʰ pour ouvrages de sculpture en pierre à huit dessous de plafonds des clefs pendantes des passages des chapelles de lad. église....... 120ʰ

8 février-12 juillet : aux sʳˢ COIZEVAUX, TUBY, JOLLY et MELO, sculpteurs, à compte de la sculpture en pierre aux quatre panneaux d'une des voûtes des chapelles de l'église des Invalides (3 p.).................. 1000ʰ

6 septembre : au sʳ DROUILLY, à compte de la sculpture en pierre à huit chapiteaux, comptez pour six entiers, des colonnes et pilastres des chapelles de lad. église 250ʰ

17 may : à JOUVENET, sculpteur, parfait payement de 885ʰ 10ˢ à quoy montent les modèles, moules et jets de plâtre qu'il a fait des ornemens de sculpture des corniches du dedans du dôme et chapelle de lad. église, des soins qu'il a pris pour la conduite desd. ouvrages, et pour le payement d'une cloison de sapin qu'il a fait construire dans la salle des Suisses au Louvre... 135ʰ 10ˢ

8 février-14 juin : à luy et à VARIN, LANGLOIS, MONIER, MASSON, LANGE et SLODTZ, sculpteurs, à compte de la sculpture qu'ils font en pierre aux ornemens du gros cordon à la corniche du grand dôme et aux cadres des voûtes des chapelles de lad. église (4 p.)... .... 900ʰ

8 février-19 avril : auxdits JOUVENET, VARIN, LANGLOIS, MONNIER, et à DEDIEU, CHAUVEAU, MALBOUGE, MASSON, LANGE et ROUSSEAU, sculpteurs, à compte de la sculpture en pierre aux roses, ornemens des cadres et bordures des panneaux du grand dôme de lad. église (4 p.)............................ 2200ʰ

8 février-28 juin : aux sʳˢ JOUVENET frères et JACQUIN, sculpteurs, à compte de la sculpture en pierre à quatre calottes des passages des chapelles de lad. église (3 p.)............................. 840ʰ

12 juillet-6 septembre : à DEDIEU, sculpteur, à compte d'une figure en pierre dans l'un des panneaux de la voûte du grand dôme de lad. église (3 p.). 550ʰ

6 septembre : à luy, à compte de huit chapiteaux, comptez pour six entiers, des colonnes et pilastres des chapelles de lad. église.................. 150ʰ

8 février-6 septembre : à RAON, sculpteur, à compte de la sculpture en pierre à deux dessus de portes et trois dessus de croisées des chapelles de lad. église (5 p.)................................. 750ʰ

12 juillet-6 septembre : au sʳ LEGROS, sculpteur, à compte d'une figure en pierre dans l'un des panneaux de la voûte du grand dôme de lad. église (3 p.). 600ʰ

22 février-6 septembre : aud. LEGROS et à VANCLÈVE, REGNARD, MARTIN et LA PIERRE, sculpteurs, à compte de la sculpture en pierre aux panneaux d'une des voûtes des chapelles de lad. église (4 p.).......... 1400ʰ

22 février-19 avril : à LEGROS et LESPINGOLA, sculpteurs, à compte de la sculpture en pierre à trois dessus

ANNÉE 1693. — HÔTEL DES INVALIDES.

de passages des chapelles sous les tribunes de lad. église (3 p.).. 450ᴴ

6 septembre : à Lespingola, à compte d'une figure en pierre dans un des panneaux de la voûte du grand dôme de lad. église.. 200ᴴ

22 février : à Robert, Taupin, Boutet, Guyot, Masson, Adam, Maubeuge, François le jeune et les deux Legrand, sculpteurs, à compte de la sculpture en pierre aux dix arcs doubleaux de lad. église................ 500ᴴ

12 juillet : aud. Boutet, à compte de la sculpture en pierre à une des calottes des passages des chapelles de lad. église.. 60ᴴ

6 septembre : à luy, sur huit chapiteaux, comptez pour six, des colonnes et pilastres des chapelles de lad. église.. 50ᴴ

12 juillet-6 septembre : au sʳ Hurtrelle, à compte d'une figure en pierre dans l'un des panneaux de la voûte du grand dôme de lad. église (3 p.)..... 300ᴴ

22 février-17 may : à Le Comte, sculpteur, à compte de la sculpture en pierre à deux dessus de portes des chapelles de lad. église (2 p.)................ 250ᴴ

12 juillet-6 septembre : à luy, à compte d'une figure en pierre dans l'un des panneaux de la voûte du grand dôme de lad. église (3 p.)................... 700ᴴ

19 avril-14 juin : à luy, Barrois, Granier et Mazière l'aisné, sculpteurs, à compte de la sculpture en pierre aux panneaux d'une des voûtes des chapelles de lad. église (3 p.)....................................... 800ᴴ

21 mars : aux sʳˢ Jolly et Coustou, sculpteurs, à compte de la sculpture en pierre à trois dessus de croisées des chapelles de lad. église............... 200ᴴ

12-26 juillet : au sʳ Regnard, sculpteur, à compte d'une figure en pierre dans l'un des panneaux de la voûte du grand dôme de lad. église (2 p.)..... 500ᴴ

12 juillet-6 septembre : aux sʳˢ Garnier et Slodtz, autres, à compte d'une figure qu'ils font en pierre dans l'un des panneaux de lad. voûte (3 p.)......... 500ᴴ

Aux sʳˢ Martin et La Pierre, autres, à compte d'une figure en pierre dans l'un des panneaux de lad. voûte (3 p.).. 500ᴴ

22 mars : aux sʳˢ Poirier, Coustou, Hardy et Poultier, autres, à compte de la sculpture en pierre aux panneaux d'une des voûtes des chapelles de lad. église.. 500ᴴ

26 juillet-6 septembre : au sʳ Coustou, autre, à compte d'une figure en pierre dans l'un des panneaux de la voûte du grand dôme de lad. église (2 p.).. 400ᴴ

Au sʳ Flaman, autre, à compte d'une figure en pierre dans l'un des panneaux de la voûte du grand dôme de lad. église (2 p.)........................ 400ᴴ

8 février-6 septembre : à Visier, sculpteur, à compte de la sculpture en pierre à deux dessus de portes dans l'une des chapelles de lad. église (2 p.)....... 300ᴴ

26 juillet-6 septembre : à Melo, sculpteur, à compte d'une figure en pierre dans l'un des panneaux de la voûte du grand dôme de lad. église (2 p.)..... 400ᴴ

12 mars-12 juillet : au sʳ Carlier, sculpteur, à compte de la sculpture qu'il fait en pierre à deux calottes des passages des chapelles de lad. église (2 p.)... .... 220ᴴ

22 mars-12 juillet : au sʳ Guyon, autre, à compte de la sculpture en pierre à une des calottes des passages des chapelles de lad. église (2 p.).......... 160ᴴ

17 may : à luy et Mazières frères, sur la sculpture à 48 consolles de la grande corniche au-dessus des Évangélistes.. 100ᴴ

22 mars : au sʳ Magnier, autre, à compte de la sculpture en pierre à deux bas-reliefs de l'histoire de saint Louis à lad. église................... 200ᴴ

19 avril-6 septembre : à luy, sur la sculpture à deux dessus de portes du dedans des chapelles (5 p.).. .... 800ᴴ

5 avril-12 juillet : au sʳ Poultier, sculpteur, à compte de la sculpture en pierre à deux dessus de portes et deux dessus de croisées des chapelles de lad. église (3 p.)... 450ᴴ

19 avril : aux sʳˢ Maubouge, Hanard, La Lande et Taupin, sculpteurs, à compte de la sculpture en pierre aux vases, modillons et ornemens des corniches des deux chapelles de lad. église................... 300ᴴ

19 avril : aux sʳˢ Briquet, Legrand, Chauveau et Goupy, sculpteurs, à compte de la sculpture en pierre aux roses, modillons et ornemens des corniches des deux chapelles.. 300ᴴ

14 juin-26 juillet : au sʳ Barrois, sculpteur, à compte de la sculpture en pierre à seize dessus de vitreaux des chapelles de lad. église (2 p.)....... 500ᴴ

Somme de ce chapitre...... 19635ᴴ 10ˢ

MARBRERIE.

3 may : à Pierre Lisqui et Claude Tarlet, marbriers, à compte du pavé à compartimens et de marquetterie qu'ils font à l'une des chapelles proche le sanctuaire de l'église des Invalides................................. 200ᴴ

STATUE ÉQUESTRE DU ROY
DE L'HÔTEL DE VENDÔME.

25 janvier : au s' KELLER, fondeur, pour journées d'ouvriers employez à démolir le moule et bandage, et déterrer la statue équestre du Roy, du 1ᵉʳ au 22 janvier 174ᴸ 12ˢ

8 février : à luy, pour avoir dépouillé lad. statue, du 22 janvier au 5 février................ 216ᴸ 15ˢ

22 février : à luy, pour les journées d'ouvriers qui ont travaillé à la fonderie jusqu'au 19 février.... 109ᴸ

8-22 mars : à luy, pour journées qui ont esté employées à couper les jets de lad. statue, du 19 février au 5 mars (2 p.)................... 580ᴸ 13ˢ

5-19 avril : à luy, pour journées employées à décrasser lad. statue, du 19 mars au 16 avril (2 p.).....
.... 341ᴸ 18ˢ

3 may-13 décembre : à luy, pour journées d'ouvriers employez à décrasser lad. statue (13 p.)... 1351ᴸ 12ˢ

28 juin : à luy, pour achever et boucher les trous des fers de lad. statue, du 11 au 28 juin...... 274ᴸ 14ˢ

25 janvier : au s' FOSSIER, pour son remboursement de 3500 livres pesant de mitraille rouge qu'il a acheptée pour estre employée à la fonte de lad. statue équestre..
.... 2767ᴸ 10ˢ

25 janvier-22 juin : à FRANÇOIS LUCAS, serrurier, parfait payement de 2188ᴸ 7ˢ à quoy montent les façons de fer des bandages du moule, employez à la fosse, fourneau et statue équestre (2 p.)........... 406ᴸ 2ˢ

25 janvier-29 novembre : au s' FROSNE, parfait payement de 1816ᴸ 13ˢ pour menues dépenses faites à la fonderie de lad. statue équestre (4 p.).... 516ᴸ 13ˢ

Somme de ce chapitre........ 6739ᴸ 9ˢ

MAISONS ROYALLES.

MAÇONNERIE.

8 mars 1693-17 janvier 1694 : à JEAN BENOIST, entrepreneur, à compte de ses ouvrages et réparations de maçonnerie en plusieurs maisons royales et maisons apartenantes au Roy à Paris, depuis le mois de novembre 1692 jusqu'au mois de novembre 1693 (10 p.)......
.... 3841ᴸ 17ˢ 3ᵈ

15 juin : à luy, sur ses ouvrages et réparations de maçonnerie au château de Vincennes..... 198ᴸ 14ˢ 4ᵈ

12 juillet : à luy, pour les dépenses faites à lever le plan des conduites des eaux de Montreuil au château de Vincennes........................... 200ᴸ

8 février : à MORIN, maçon, pour ses ouvrages de maçonnerie à l'appartement de M. le maréchal DE BELLEFOND au château de Vincennes en 1692.. 34ᴸ 14ˢ 8ᵈ

23 aoust : à ANTOINE PARIS, entrepreneur, pour ouvrages et réparations de maçonnerie à la maison des Gobelins pendant l'année 1692........... 117ᴸ 2ˢ

Somme de ce chapitre..... 4397ᴸ 8ˢ 3ᵈ

TERRASSES.

5 avril : à EUSTACHE MILCENT, pour journées employées à voiturer des recoupes à la chaussée de l'étang de Vincennes, et ayder au s' VANCLÈVE, sculpteur, pour dessigner toutes les statues qui sont autour dud. château, pendant 1692....................... 12ᴸ 3ˢ

1ᵉʳ novembre : à JEAN FRANÇOIS, terrassier, pour avoir écuré le bras de la rivière de Bièvre en l'étendue du pré et du jardin enclos de la maison des Gobelins..
.... 213ᴸ 15ˢ

5 avril 1693-17 janvier 1694 : à la veuve FOURCOY, fontainier, pour l'entretien des bassins du jardin des Thuilleries pendant le dernier quartier de 1692 et les trois premiers de 1693 (4 p.)............... 200ᴸ

14 juin : à elle, pour avoir rétabli un bassin de ciment dans le jardin des fleurs au Jardin royal des plantes, pour faire une décharge de grais dud. bassin dans un puits et avoir rétably la décharge du grand bassin pendant le mois de may............ 40ᴸ

Somme de ce chapitre........ 465ᴸ 18ˢ

CHARPENTERIE.

14 juin : à JOSEPH VIROT et NICOLAS DU MAGNI, charpentiers, pour ouvrages et réparations de charpenterie au château de Vincennes et ses dépendances pendant la présente année.................. 61ᴸ 17ˢ 4ᵈ

A eux, pour la démolition des bois de partie du comble et plancher du Jeu de paume du Louvre pendant la présente année....................... 160ᴸ

8-22 mars : à LOUIS LE COMTE, charron, pour quatre grosses roües neuves et autres réparations faites aux grands binards du Roy (2 p.)........... 446ᴸ 10ˢ

Somme de ce chapitre...... 668ᴸ 7ˢ 4ᵈ

COUVERTURE.

3 mars : à ESTIENNE YVON, couvreur, pour ouvrages et réparations de couverture, outre son entretien, en plu-

ANNÉE 1693. — MAISONS ROYALES.

sieurs maisons royales de Paris et maisons apartenantes au Roy pendant les six derniers mois de 1692....... .... 457ᴴ 10ˢ 11ᵈ

13 décembre 1693-3 janvier 1694 : à luy, pour les six premiers mois de 1693 (2 p.)......... 540ᴴ 13ˢ

13 décembre 1693-17 janvier 1694 : à Noel Martin, couvreur, pour ouvrages et réparations de couverture, outre ses entretiens ordinaires, à la maison des Gobelins et dépendances pendant la présente année 1693 (2 p.).............................. 286ᴴ 10ˢ

Somme de ce chapitre... 1284ᴴ 13ˢ 11ᵈ

MENUISERIE.

31 may 1693-3 janvier 1694 : à Laurens Rochebois, menuisier, pour ouvrages et réparations de menuiserie en plusieurs maisons royales et maisons appartenantes au Roy en la présente année (3 p.). 181ᴴ 17ˢ 6ᵈ

19 avril : à la veuve Trille, menuisier, pour ouvrages et réparations de menuiserie que son défunt mary a fait au Jardin royal et en plusieurs endroits de la maison des Gobelins pendant 1692....... 228ᴴ 8ˢ

4 juin : à elle, parfait payement de 635ᴴ 4ˢ 9ᵈ à quoy montent ses ouvrages et réparations de menuiserie à la maison des Gobelins en 1689 et 1690. 35ᴴ 13ˢ 9ᵈ

28 juin : à L'Échaudelle, menuisier, pour ses réparations à lad. maison des Gobelins et au Jardin royal des plantes en 1692.................. 121ᴴ 9ˢ 4ᵈ

25 janvier-26 juillet : à Pierre Guérin, menuisier, pour ouvrages et réparations de menuiserie en plusieurs maisons royales et maisons appartenantes au Roy pendant les quatre derniers mois de 1692 et les six premiers de 1693 (2 p.).................... 224ᴴ 5ˢ

3 janvier 1694 : à luy, sur ses ouvrages aux Thuilleries, à l'hôtel d'Armagnac, à la maison occupée par M. le comte de Lionne et à la maison des cignes, pendant les quatre derniers mois de 1693........... 101ᴴ 10ˢ

5 avril-23 aoust : à Simon Gillot, menuisier, pour réparations de menuiserie au château de Vincennes et ses dépendances en 1692 et 1693 (2 p.).... 160ᴴ 2ˢ

26 juillet : à Justine, menuisier, pour ouvrages et réparations de menuiserie qu'il a faites à la maison occupée par M. le Premier, aux écuries du Roy le long de l'eau, et aux écuries de Monseigneur rue Saint-Honoré 412ᴴ 14ˢ 8ᵈ

Somme de ce chapitre...... 1466ᴴ 0ˢ 3ᵈ

SERRURERIE.

4 octobre : à Fontaine, serrurier, pour ouvrages et réparations de serrurerie à la maison des Gobelins en 1693............................. 55ᴴ 10ˢ 8ᵈ

22 mars 1693-3 janvier 1694 : à Robert Bouiet, serrurier, pour ouvrages et réparations de serrurerie en plusieurs maisons royales et maisons apartenantes au Roy à Paris pendant la présente année 1693 (5 p.)... .... 438ᴴ 17ˢ 10ᵈ

25 janvier-13 décembre : à Nicolas Le Roy, serrurier, pour ouvrages et réparations de serrurerie faits dans la dépendance du château de Vincennes en 1692 et 1693 (3 p.).................... 250ᴴ 6ˢ 11ᵈ

8 février : à luy, sur ses ouvrages de serrurerie aux apuis de la tribune et cheminée attenante la Capitainerie dud. château de Vincennes........... 8ᴴ 15ˢ

25 janvier 1693-17 janvier 1694 : à François Lucas, serrurier, pour ouvrages et réparations de serrurerie faites en plusieurs maisons royales et maisons apartenantes au Roy à Paris pendant les six derniers mois de 1692 et six derniers de 1693 (2 p.)......... .... 290ᴴ 11ˢ 10ᵈ

17 janvier 1694 : à luy, pour avoir façonné, voituré et posé une grille de fer à une des arcades du mur du clos de la maison des Gobelins, vis-à-vis de la maison du sʳ Payen, en 1693................. 36ᴴ 13ˢ 9ᵈ

Somme de ce chapitre....... 1086ᴴ 16ˢ

VITRERIE.

8 février-29 novembre : à Jean Gombault, vitrier, pour les entretiens des vitres des grandes et petites escuries du Roy, escurie de Monseigneur, maisons occupées par M. le Premier, les officiers desd. escuries, M. de Congis, M. Le Nostre, l'orangerie des Thuilleries, loges des portiers dud. jardin, l'imprimerie royale et la bibliothèque du Roy, pendant les huit derniers mois de 1692 et huit premiers de 1693 (5 p.)...... 281ᴴ 17ˢ 10ᵈ

22 février-18 octobre : à luy, pour l'entretien des vitres du nouveau couvent des Capucines pendant les six derniers mois de 1692 et six premiers de 1693 (4 p.)................................ 200ᴴ

8 mars 1693-17 janvier 1694 : à luy, pour l'entretien des vitres du château des Thuilleries pendant le dernier quartier de 1692 et les trois premiers de 1693 (4 p.)................................ 200ᴴ

5 avril 1693-17 janvier 1694 : à Charles-François Jaquet, vitrier, pour l'entretien des vitres du château de Vincennes et ses dépendances, de la maison des Gobelins et du Jardin royal des plantes pendant le dernier quartiers de 1692 et les trois premiers de l'année 1693 (4 p.)................................ 750ᴴ

26 juillet : à luy, pour ouvrages et réparations, outre ses entretiens, au château de Vincennes et ses dépendances depuis le 1ᵉʳ mars 1691 jusqu'au dernier may 1693............................... 71ᴸ 16ˢ 4ᵈ

22 février 1693-17 janvier 1694 : à la veuve Janson, vitrier, pour l'entretien qu'elle a fait aux vitres du château du Louvre et ses dépendances pendant les deux derniers quartiers de 1692 et trois premiers de 1693 (5 p.)................................ 250ᴸ

5 avril 1693-17 janvier 1694 : à elle, pour son entretien au château de Madrid, la Savonnerie, l'orangerie du Roule, la maison des cignes, les maisons occupées par M. le comte de Gramond et M. Félibien, la Samaritaine et l'Observatoire, pendant le dernier quartier 1692 et les trois premiers 1693 (8 p.)..... 400ᴸ

14 juin : à elle, pour ouvrages et réparations, outre ses entretiens, aux maisons royales et maisons apartenantes au Roy à Paris depuis le mois de novembre 1692 jusqu'au dernier avril 1693................. 68ᴸ 8ᵈ

3 janvier 1694 : à Philippe Béal, vitrier, pour les ouvrages et réparations de vitrerie qu'il a fait à l'hôtel des Ambassadeurs pendant l'année 1692...... 12ᴸ 9ˢ

Somme de ce chapitre..... 2234ᴸ 3ˢ 10ᵈ

PLOMBERIE.

25 janvier-1ᵉʳ novembre : à Jaques Lucas, plombier, pour la façon de 1367 livres de plomb et fourniture de 318 livres de soudure qu'il a mis en œuvre en plusieurs maisons royales et maisons apartenantes au Roy à Paris pendant le dernier quartier de 1692 et trois premiers de 1693 (4 p.)........................ 246ᴸ 4ˢ

17 janvier 1694 : à luy, pour la façon de 597 livres pesant de plomb, et fourniture de 87 livres de soudure qu'il a mis en œuvre au nouveau couvent des Capucines pendant le mois de novembre 1693.......... 97ᴸ 7ˢ

Somme de ce chapitre........ 313ᴸ 11ˢ

PAVÉ.

8 mars-26 juillet : à Louis Regnouf, paveur, pour ouvrages et réparations de pavé faits en plusieurs endroits des maisons royales pendant les six derniers mois 1692 et six premiers 1693 (2 p.)....... 536ᴸ 15ˢ 2ᵈ

17 janvier 1694 : à luy, pour ses ouvrages et réparations de pavé au nouveau couvent des Capucines pendant octobre 1693...................... 98ᴸ 15ˢ 8ᵈ

Somme de ce chapitre..... 635ᴸ 10ˢ 10ᵈ

PEINTURE.

8 février-1ᵉʳ novembre : au sʳ Le Comte, peintre, parfait payement de 1000ᴸ pour le tableau représentant la *Prise de Mons* (5 p.).................... 800ᴸ

8 février 1693-17 janvier 1694 : au sʳ Martin, peintre, parfait payement de 1000ᴸ pour le tableau représentant la *Prise de Namur* (6 p.)............ 800ᴸ

6 septembre-18 octobre : à luy, parfait payement de 1600ᴸ pour trois tableaux des *Voues de Versailles*, posez à Trianon (2 p.)....................... 350ᴸ

22 mars-18 octobre : à Coëspel père, peintre, à compte de son travail aux tableaux d'*Arrabesques* qu'il a peint d'après les dessins de Raphaël pour faire en tapisserie aux Gobelins (2 p.)................ 1500ᴸ

13 septembre : à Cottel, peintre, à compte d'un tableau, représentant Marly, pour Trianon..... 200ᴸ

22 mars-28 juin : à Joubert, peintre en migniature, pour seize desseins de plantes rares qu'il a peint en mignature sur vellin pour estre incérées dans la suitte des livres de plantes de mignature du cabinet de S. M., à raison de 25ᴸ par chacun (2 p.)........... 400ᴸ

1ᵉʳ novembre-13 décembre : à luy, pour quatorze desseins qu'il a peints *idem* (2 p.)........... 350ᴸ

26 juillet-18 octobre : à Simon, peintre, à compte de la copie qu'il fait du tableau de la *Famille de Darius*, d'après M. Mignard, qui est à Meudon (3 p.)... 500ᴸ

25 janvier 1693-3 janvier 1694 : au sʳ de Fontenay, peintre, parfait payement de 1200ᴸ à quoy monte le travail qu'il a fait à repeindre les fleurs et fruits des tableaux de la tenture indienne pour faire en tapisserie d'haute lisse aux Gobelins (6 p.)........... 1000ᴸ

20 septembre : à Le Moyne le Lorrain, peintre, à compte des dessins des ornemens des bordures du pourtour des vitreaux de l'église des Invalides...... 200ᴸ

8 février : à Lefebvre, peintre, pour les ouvrages de peinture et verny qu'il a fait à la tribune et apartement de M. le maréchal de Bellefond, à Vincennes... .... 82ᴸ

6 septembre : à luy, pour ses ouvrages de peinture à la maison occupée par Mʳ le Premier, à celle occupée par Mʳ de Congis et au Jardin royal des plantes en 1693.................................... 106ᴸ

25 juin-18 octobre : à Allegrain, peintre, à compte de cinq tableaux représentans les *Fontaines de Versailles*, qu'il a fait et posez à Trianon (2 p.)......... 300ᴸ

25 janvier-13 décembre : au sʳ Houasse, peintre, parfait payement de 650ᴸ pour le travail qu'il a fait à repeindre les figures des tableaux de la tenture indienne pour faire en tapisserie de haute lisse aux Gobelins (3 p.)............................ 450ᴸ

12 juillet : à luy, à compte de dix-neuf tableaux pour Trianon............................ 200ᴸ

25 janvier 1693-3 janvier 1694 : au sʳ ᴅᴇs Pᴏʀᴛᴇs, peintre, parfait payement de 1200ᴸ pour le travail qu'il a fait à repeindre les animaux dans les tableaux de la tenture indienne pour faire en tapisserie de haute lisse aux Gobelins (5 p.)................. 1000ᴸ

Somme de ce chapitre......... 8238ᴸ

SCULPTURE.

8-22 mars : à Bᴏɴɴᴇᴛ, sculpteur, parfait payement de 2042ᴸ 10ˢ à quoy montent les ouvrages de marbre artificiel qu'il a fait aux chiffres du jeu de portique de marbre blanc qui est posé à Marly (2 p.)... 392ᴸ 10ˢ

12 juillet-18 octobre : à Rᴀᴏɴ, sculpteur, à compte d'un Terme qu'il fait en marbre, représentant *Bachus* (3 p.)................................. 500ᴸ

22 février-31 may : au sʳ Lᴀʟᴀɴᴅᴇ, sculpteur, à compte de la menuiserie, sculpture et dorure qu'il fait aux bordures pour les tableaux représentans la *Ville de Namur* (3 p.)......................... 550ᴸ

5 avril-1ᵉʳ novembre : à Fʀᴀɴçᴏɪs Gɪʀᴀʀᴅᴏɴ, sculpteur, par gratification, en considération de ses soins à conduire les ouvrages de sculpture et fonte des figures de bronze que l'on a faites pour le Roy pendant les trois derniers mois 1692 et les six premiers de 1693 (3 p.) 3000ᴸ

6 septembre-15 novembre : à Bᴀʀʀᴏɪs, sculpteur, à compte de deux Termes qu'il fait en marbre blanc représentans *Vertumne* et *Pomone* (3 p.)........ 400ᴸ

8 mars-3 may : au sʳ Lᴇɢʀᴏs, sculpteur, à compte d'un grand vase en marbre blanc pour l'allée royalle de Versailles et d'un autre qu'il a posé à l'Orangerie (2 p.) 300ᴸ

14 juin-15 novembre : à luy, sur la figure en marbre représentant la *Vénus* de Richelieu (3 p.)... 400ᴸ

13 septembre : à Cᴏʀɴᴇɪʟʟᴇ Vᴀɴᴄʟᴇ̀ᴠᴇ, sculpteur, à compte de toutes les figures de marbre qui sont à Vincennes, de celles qui sont au magasin des Antiques et de celles qui sont dans le magasin du sʳ Fᴏssɪᴇʀ, qu'il a dessignées........................ 200ᴸ

25 janvier-18 octobre : à ᴅᴇ Dɪᴇᴜ, sculpteur, à compte d'un Terme en marbre, représentant le philosophe *Lisias*, du dessein de Mʳ Mɪɢɴᴀʀᴅ (3 p.).. 400ᴸ

3 may 1693-3 janvier 1694 : à Gʀᴀɴɪᴇʀ, sculpteur, à compte du groupe qu'il fait en marbre, représentant *Ino et Mélicerte* (8 p.).................. 800ᴸ

A Sʟᴏᴅᴛᴢ, sculpteur, à compte du groupe en marbre représentant *Prothée et Aristée* (8 p.)........ 800ᴸ

28 juin-18 octobre : au sʳ Fʟᴀᴍᴀɴᴅ, sculpteur, à compte d'un Terme en marbre représentant *Jupiter* (4 p.).............................. 700ᴸ

3 may : au sʳ Vɪᴢɪᴇʀ, sculpteur, parfait payement de 1200ᴸ pour ses ouvrages de sculpture à un grand vase de marbre blanc, de 6 pieds 3 pouces de hault sur 4 pieds 6 pouces de diamettre, posé dans les jardins de Versailles, y compris les voitures des marbres du magasin à l'attelier dud. sculpteur et dud. vase de Paris à Versailles, et tous frais de charpentiers........ 100ᴸ

14 juin-18 octobre : à luy, sur la figure qu'il fait en marbre, représentant la *Reconnoissance d'Achiles* (3 p.)................................. 300ᴸ

14 juin : à la veuve de Mɪᴄʜᴇʟ Lᴀ Pᴇʀᴅʀɪx, sculpteur, parfait payement de 3050ᴸ à quoy monte la figure de marbre représentant le *Mélancolique*, que led. feu Lᴀ Pᴇʀᴅʀɪx a faite et posée dans le jardin de Versailles. 50ᴸ

Somme de ce chapitre...... 8892ᴸ 10ˢ

BRONZE.

25 janvier : à Nɪᴄᴏʟᴀs ᴅᴇ Nᴀɪɴᴠɪʟʟᴇ, fondeur, parfait payement de 5790ᴸ 19ˢ à quoy monte l'alliage de 47958 livres pesant de bronze qu'il a fait pour la fonte de la statue équestre du Roy de l'hôtel de Vandôme... .... 790ᴸ 19ˢ

13 décembre 1693-3 janvier 1694 : à Rᴏɢᴇʀ, fondeur, pour un pied d'estal et plinte qu'il a fondu en bronze et posé sous le groupe de l'*Enlèvement de Proserpine*, moulé sur le modèle fait par le sʳ Gɪʀᴀʀᴅᴏɴ (2 p.)................................. 175ᴸ

17 may : au sʳ Kᴇʟʟᴇʀ, fondeur, à compte des figures, vases et cuvettes qu'il a mis en estat d'estre fondues à l'Arcenal, depuis le mois de may 1691 jusqu'à ce jourd'huy........................ 13394ᴸ 10ˢ 8ᵈ

Somme de ce chapitre.... 14360ᴸ 9ˢ 8ᵈ

MARBRERIE.

25 janvier : à Hᴜʙᴇʀᴛ Mɪssᴏɴ, marbrier, pour ouvrages de marbre qu'il a fait aux cheminées de la Surintendance et à l'appartement occupé par Mʳ le Premier à Versailles, pendant 1692............ 459ᴸ 12ˢ 2ᵈ

1ᵉʳ novembre : à luy, pour trois fausses gorges de cheminées de marbre de couleur du petit appartement du Roy, et un pied d'estal de marbre blanc pour porter le bronze représentant l'*Enlèvement de Proserpine*, fait par le sʳ Gɪʀᴀʀᴅᴏɴ, sculpteur, qu'il a fait et posez à Versailles pendant la présente année... 1409ᴸ 13ˢ 11ᵈ

A Pɪᴇʀʀᴇ Lɪsǫᴜɪ, marbrier, pour quatre socles de marbre blanc qu'il a fait, fournis et posez sous les

Termes qui sont au pourtour des Bains d'Apollon dans les jardins de Versailles.............. 1318# 1ˢ 3ᵈ

20 septembre 1693-3 janvier 1694 : à François Deschamps, marbrier, parfait payement de 2515# 18ˢ 10ᵈ à quoy montent les pieds d'estaux et la table et son pied de marbre blanc, qu'il a fait et fourni dans le jardin de Marly pendant la présente année (2 p.). 2315# 18ˢ 10ᵈ

13 décembre : à luy, parfait payement de 3100# à quoy monte le jeu de portique de marbre blanc qu'il a fait, fourni et posé dans le jardin de Marly..... 100#

Somme de ce chapitre...... 5603# 6ˢ 2ᵈ

DIVERSES DÉPENSES.

8 février : au sʳ Fossier, pour remboursement de menues dépenses qu'il a faites pour les voitures, de Versailles à Paris, de douze Termes, douzes socles, huit figures et huit pieds d'estaux de pierre que le Roy a donnez à Monsieur (2 p.)............. 657# 12ˢ 6ᵈ

14 juin : à luy, pour dépenses pour faire décombrer les immondices, vieux bois, fers et carreau du jeu de paume du Louvre pendant cette année........ 129#

25 janvier : à Langlois, mouleur, pour avoir démonté et remonté les creux et plâtre des figures du *Point du Jour* et de la *Vénus* de Richelieu, qu'il a fait transporter de l'attelier du sʳ Legros à l'attelier du sʳ Rayolle, au Louvre, et les creux et plâtre du groupe de *Castor et Pollux* et de la *Vénus honteuse*, qu'il a fait transporter de l'attelier du sʳ Vinache à celui du sʳ Flaman................... 53# 10ˢ

15 novembre : à luy, pour avoir démonté et remonté les creux et plastre des figures de la *Nimphe à la Coquille* et de la *petite Attalante*, qu'il a chargées et déchargées des charrettes et voitures qui les ont transportées de l'attelier du sʳ Vinache à la salle des Antiques au Louvre et des crampons de fers et plastre qu'il a fournis pour remonter lesd. figures............ 25#

22 février : au sʳ Doussot, greffier de l'Écritoire, pour 84 vacations 1/2 qu'il a employées à la vérification des toisez et calculs des ouvrages faits en plusieurs maisons royales et maisons apartenantes au Roy à Paris, pendant les six derniers mois 1692........... 507#

29 mars : à Bouticourt, concierge du Palais-Royal, pour pareille somme payée pendant les trois premiers mois 1693 pour avoir fait enlever plusieurs démolitions qui estoient en divers endroits dud. palais ... 60# 10ˢ

19 avril : au sʳ Couplet, concierge de l'Observatoire, pour menues réparations à l'Observatoire en 1692 et 1693........................... 74# 15ˢ

26 avril : au sʳ Dobbay, pour dépenses qu'il a été obligé de faire pour lever les plants de plusieurs maisons royales et des jardins qu'il a eu ordre de faire pour le service de S. M.......................... 600#

17 may : au sʳ de Jouy, commissaire des pauvres de la paroisse Saint-Roch, pour la taxe de l'hôtel de Vandôme, les écuries de Monseigneur et l'Académie royale, où logent les escuyers de la grande écurie du Roy, pour l'année 1692............................ 78#

24 may : au sʳ Beauvais, notaire, pour les expéditions de six contracts de remboursement faits par le Roy de 1679 à 1684, à raison de cent sols pour chacune.. .... 30#

28 juin : à Nicolas Richon, voiturier par terre, pour les voitures de plusieurs statues de marbre et de bronze, creux, jets de plastre et autres ouvrages, tant à Paris de l'Arcenal aux magasins du Roy, rue de Paris à Versailles, Marly et Choisy, depuis le 1ᵉʳ mars 1691 jusqu'au 1ᵉʳ juin 1693....................... 323# 10ˢ

A luy, pour avoir voituré plusieurs tranches de marbre de différentes couleurs des atteliers des marbriers dans les magasins du Roy à Paris, en 1692 et 1693................................... 94#

20 septembre : à Jans, pour les dépenses qu'il a faites pour faire porter des Gobelins à Versailles et raporter de Versailles aux Gobelins six pièces de tapisserie de la tenture des *Arrabesques* de Raphaël.... 29#

4 octobre : au sʳ Bigault, libraire, pour l'impression de cent exemplaires, qu'il a fournis de l'ordonnance du Roy, portant deffenses aux gens de livrée d'entrer dans le jardin des Thuilleries.................... 10#

Aux sʳˢ de Villers, orphévres, pour une lampe de latton battu qu'ils ont faite pour servir à l'Académie de la maison des Gobelins, pendant la présente année. 80#

29 novembre : au sʳ de Chantalou, toiseur, pour avoir toisé et gravé 363 tranches de marbre d'Italie et des Pyrennées, de différentes couleurs, qui ont esté remises aux magasins du Roy................ 49# 17ˢ 11ᵈ

3 janvier 1694 : au sʳ de la Voisière, garde de la Prévosté, pour ce qu'il a payé aux soldats qui ont aydé à éteindre le feu au petit pavillon de la porte des Thuilleries... 25#

1ᵉʳ avril : au sʳ Sinfray, à compte des frais qu'il fait pour la liquidation des effets de la succession du feu sʳ Manessier, trésorier général des Bâtimens.... 600#

25 janvier 1693-3 janvier 1694 : à la veuve Duval et Christophle le jeune, vuidangeurs, pour la vuidange des fosses d'aysances par eux faite en plusieurs

maisons royales à Paris, du 1ᵉʳ may au 22 décembre (2 p.)............................ 220ᵗᵗ 10ˢ

Somme de ce chapitre..... 3647ᵗᵗ 5ˢ 5ᵈ

GRAVEURES.

22 février : à Louis Châtillon, dessinateur et graveur, pour parfait payement de 300ᵗᵗ pour une planche gravée sur cuivre à l'eau-forte, représentant la ville d'Utreck pour servir à l'*Histoire des conquestes du Roy* 150ᵗᵗ

15 novembre : à luy, à compte d'une planche gravée à l'eau-forte, représentant *Salins*............. 150ᵗᵗ

Somme de ce chapitre.......... 300ᵗᵗ

OUVRAGES DES GOBELINS.

8 février 1693-7 février 1694 : au sʳ César Fernany, banquier, pour 35 marcs d'or fillé, à 52ᵗᵗ le marc; 52 marcs 5 gros, à 49ᵗᵗ le marc; 3 marcs, à 45ᵗᵗ; 34 marcs 3 gros, à 43ᵗᵗ, et 104 livres de soye, à 15ᵗᵗ la livre; qu'il a fournis au sʳ Cozette, pour estre employés aux ouvrages de la tapisserie que l'on fait aux Gobelins (4 p.).......................... 6632ᵗᵗ

22 mars-5 juillet : à Baptiste, peintre pour les fleurs, pour les appointemens des six derniers mois 1690 et des années 1691 et 1692, à raison de 200ᵗᵗ par an (3 p.)................................. 500ᵗᵗ

5 avril : à Jans, tapissier de haute lisse, pour, avec 1501ᵗᵗ 2ˢ à quoy montent l'or filé, les soye commune, laine cramoisy, carnation, commune et chaisne qui luy ont esté fournis pendant le dernier quartier 1692, faire 7706ᵗᵗ 17ˢ 6ᵈ pour vingt aunes quatre batons 8/16 d'ouvrages faits sur trente-une pièces de tapisserie de haute lisse, sçavoir : huit d'après les desseins de Jules Romain, dont quatre de la première tenture et quatre de la seconde; dix d'après les desseins de Raphaël, dont cinq de la première tenture et cinq de la seconde; et treize *Arrabesques* de Raphaël, dont six de la première tenture et sept de la seconde, à raison de 380ᵗᵗ l'aune carrée par estimation, les prix n'en estant pas bien réglez............................ 6105ᵗᵗ 15ˢ 6ᵈ

28 juin : à luy, pour, avec 1657ᵗᵗ 16ˢ 11ᵈ à quoy montent l'or filé et autres fournitures faites pendant le premier quartier 1693, faire 5261ᵗᵗ 18ˢ 11ᵈ pour vingt aunes trois batons 13/16 d'ouvrages faits sur quatre pièces de haute lisse de la gallerie de Saint-Cloud, représentant le *Printemps*, l'*Hyver*, l'*Automne* et *Latone*, à raison de 260ᵗᵗ l'aune en carré......... 3604ᵗᵗ 2ˢ

13 septembre : à luy, pour, avec 1546ᵗᵗ 10ˢ 6ᵈ à quoy monte l'or filé, etc., faire, pour le deuxième quartier 1693, 9796ᵗᵗ 10ˢ 6ᵈ pour 31 aunes 15 batons 1/16 d'ouvrages faits sur dix-huit pièces de tapisserie de haute lisse...................... 8250ᵗᵗ

27 décembre : à luy, pour, avec 1817ᵗᵗ 15ˢ à quoy montent l'or filé, etc., faire 10070ᵗᵗ 2ˢ 10ᵈ pour 31 aunes 5 batons 4/16 d'ouvrages faits sur seize pièces de tapisserie de haute lisse pendant le troisième quartier 1693...................... 8252ᵗᵗ 7ˢ 9ᵈ

5 avril : à luy, pour neuf aunes huit batons en carré d'ouvrages faits sur trois pièces de tapisserie d'haute lisse de la Tenture Indienne, représentant *Deux taureaux*, un *Combat d'animaux* et un *More à cheval*, à 225ᵗᵗ l'aune carrée................... 2137ᵗᵗ 10ˢ

28 juin : à luy, pour six aunes douze batons sur lesd. trois pièces...................... 1518ᵗᵗ 15ˢ

5 avril : à luy, pour la quatrième et dernière année d'aprentissage de cinq aprentifs tapissiers, sçavoir : Claude-Louis Cogné, Germain Texier, Toussaint Vavacq, Amand Vavacq et Jean-Baptiste Vavacq........ 125ᵗᵗ

28 juin : à luy, pour ses gages des six derniers mois 1692............................. 75ᵗᵗ

5 avril : à Lefebvre, pour, avec 829ᵗᵗ 18ˢ 4ᵈ à quoy montent les laines, soyes et chaisne, etc., faire 3694ᵗᵗ 9ˢ pour 11 aunes 3 batons 2/16 d'ouvrage fait sur quatorze pièces de tapisserie d'hautelisse, savoir : sept d'après les desseins de Jules Romain, dont quatre de la première tenture et trois de la seconde; quatre d'après les desseins de Raphael, dont deux de la première tenture et une de la seconde, et trois *Arrabesques* de Raphael, dont deux de la première tenture et une de la seconde, à raison de 330ᵗᵗ l'aune carrée par estimation, les prix n'en étant pas réglez; lesd. ouvrages faits pendant le dernier quartier 1692............ 2864ᵗᵗ 10ˢ 8ᵈ

28 juin : à luy, pour, avec 7586ᵗᵗ 18ˢ 8ᵈ qui luy ont esté ordonnez les années précédentes, faire l'entier et parfait payement de 81294ᵗᵗ 14ˢ 4ᵈ pour 246 aunes 5 batons 9/16 d'ouvrages de tapisserie qu'il a fait depuis le 1ᵉʳ avril 1686 jusqu'au 1ᵉʳ avril 1693, à raison de 330ᵗᵗ l'aune carrée, savoir : 188 aunes 2 batons 5/16 sur dix pièces achevées et livrées au garde-meuble des Gobelins des tentures d'après les tableaux peints sur les desseins de Raphael et de Jules Romain, et 58 aunes 3 batons 4/16 sur six pièces des mêmes tentures montées actuellement sur les métiers dud. Lefebvre aux Gobelins...................... 5429ᵗᵗ 15ˢ 8ᵈ

13 septembre : à luy, pour, avec 904ᵗᵗ 5ˢ à quoy se montent les étoffes qui luy ont esté fournies pendant le

deuxième quartier 1693, faire 3903ᵗᵗ 15ˢ pour 10 aunes 13 batons 8/16 d'ouvrages faits sur huit pièces de tapisserie de haute lisse.................. 2999ᵗᵗ 10ˢ

27 décembre : à luy, pour, avec 654ᵗᵗ 18ˢ 4ᵈ à quoy monte l'or filé, etc., faire 3654ᵗᵗ 16ˢ 10ᵈ pour 10 aunes 2 batons 7/16 d'ouvrages faits sur sept pièces de tapisserie de haute lisse pendant le troisième quartier 1693.....
.... 2999ᵗᵗ 18ᵗᵗ 6ᵈ

3 avril : à luy, pour 8 batons 1/16 en carré d'ouvrages faits sur une pièce de tapisserie d'haute lisse de la gallerie de Saint-Cloud, représentant *le Parnasse*, à raison de 260ᵗᵗ l'aune carrée............ 134ᵗᵗ 1ˢ 3ᵈ

28 juin : à luy, pour, avec 1039ᵗᵗ 6ˢ 7ᵈ à quoy monte l'or filé, etc., pour 4 aunes 10 batons d'ouvrages sur deux pièces de haute lisse de la gallerie de Saint-Cloud, représentant *l'Esté* et *le Parnasse*, à 260ᵗᵗ l'aune................. 163ᵗᵗ 3ˢ 5ᵈ

13 septembre : à luy, pour la première des quatre années d'aprentissage, escheue au dernier jour dud. quartier...................... 200ᵗᵗ

28 juin : à luy, pour ses gages des six derniers mois 1692................................. 75ᵗᵗ

5 avril : à Mosin, pour, avec 559ᵗᵗ 19ˢ 9ᵈ à quoy montent les étoffes dud. magasin qui luy ont esté fournies pendant le dernier quartier 1692, faire la somme de 3798ᵗᵗ 17ˢ 8ᵈ pour 23 aunes 14 batons 14/16 en carré d'ouvrages faits sur neuf pièces de tapisserie de basse lisse, sçavoir : 3 aunes 4 batons sur deux pièces de la gallerie de Saint-Cloud, représentant *l'Esté* et *l'Hyver*, à raison de 140ᵗᵗ l'aune en carré, et 20 aunes 10 batons 14/16 sur sept pièces des *Belles chasses de Guise*, représentant les mois de *Février, Mars, Juin, Juillet, Septembre, Octobre* et *Décembre*............. 3238ᵗᵗ 17ˢ 11ᵈ

28 juin : à luy, pour, avec 753ᵗᵗ 16ˢ 10ᵈ à quoy montent les soyes, etc., faire 4004ᵗᵗ 5ˢ 4ᵈ pour 26 aunes 3 batons et 10/16 d'ouvrages sur onze pièces de basse lisse, dont 13 batons sur une pièce de la gallerie de Saint-Cloud, représentant l'*Esté*, à raison de 140ᵗᵗ l'aune carrée ; 20 aunes 2 batons 10/16 sur six paires des *Belles chasses de Guise*, représentant les mois de *Février, Mars, Juin, Juillet, Septembre* et *Décembre*, à raison de 161ᵗᵗ 14ˢ l'aune carrée, et 5 autres batons représentant le *Char de Triomphe*, à raison de 120ᵗᵗ l'aune.... 3250ᵗᵗ 8ˢ 6ᵈ

28 juin : à luy, pour ses gages des six derniers mois 1692................................ 75ᵗᵗ

5 avril : à LA Croix[1], pour, avec 689ᵗᵗ 13ˢ 11ᵈ à quoy montent les étoffes dud. magasin qui lui ont esté fournies,

[1] Ou de Lacroix.

consistant en 10 onces 7 gros de soye, etc., faire 2688ᵗᵗ 16ˢ 3ᵈ pour 16 aunes 11 batons 12/16 en carré d'ouvrages faits sur 7 pièces de tapisserie de basse lisse pendant le dernier quartier 1692, savoir : 13 batons sur deux pièces de la gallerie de Saint-Cloud, représentant *l'Automne* et *Latone*, à raison de 140ᵗᵗ l'aune en carré, et 15 aunes 14 batons 12/16 sur cinq pièces des *Belles chasses de Guise*, représentant les mois de *Janvier, Avril, May, Aoust* et *Novembre*................. 1998ᵗᵗ 12ˢ 4ᵈ

28 janvier : à luy, pour, avec 560ᵗᵗ 9ˢ 10ᵈ à quoy montent l'or filé, etc., faire 2560ᵗᵗ 10ˢ 3ᵈ pour 16 aunes 10 batons d'ouvrage en carré sur huit pièces basse lisse, sçavoir : sur deux pièces de la gallerie de Saint-Cloud, représentant *l'Automne* et *Latone*, 4 aunes 4 batons 4/16, à 160ᵗᵗ l'aune ; 11 aunes 8 batons 4/16 sur trois pièces des *Belles chasses de Guise*, représentant les mois d'*Avril, May* et *Aoust*, à raison de 161ᵗᵗ 14ˢ l'aune carré ; 13 batons 8/16 sur trois portières représentant *Mars*, à raison de 120ᵗᵗ l'aune..................... 2000ᵗᵗ 0ˢ 5ᵈ

13 septembre : à luy, pour, avec 608ᵗᵗ 13ˢ pour les étoffes qui luy ont esté fournies, faire 2609ᵗᵗ 5ˢ 11ᵈ pour 16 aunes 2 batons 3/16 d'ouvrage fait sur deux pièces des *Belles chasses de Guise*, représentant *Avril* et *May*, à 161ᵗᵗ l'aune carrée........... 2000ᵗᵗ 12ˢ 11ᵈ

27 décembre : à luy, pour, avec 567ᵗᵗ 13ˢ 11ᵈ à quoy montent l'or filé, etc., faire 2567ᵗᵗ 10ᵈ pour 19 aunes 14 batons 8/16 d'ouvrages faits sur cinq pièces de basse lisse pendant le troisième quartier 1693... 1999ᵗᵗ 16ˢ 1ᵈ

28 juin : à luy, pour ses gages des six derniers mois 1692................................. 50ᵗᵗ

5 avril–27 décembre : à Yvart, peintre, pour ses appointemens du dernier quartier 1692 et trois premiers 1693 (4 p.)....................... 1500ᵗᵗ

A luy, pour ce qu'il a avancé pendant led. temps pour les desseins et peintures (4 p.)............ 1644ᵗᵗ 17ˢ

A Carré, autre peintre, pour ses appointemens pendant led. temps (4 p.)................... 1500ᵗᵗ

A Turpin, pour 712 livres 1/2 de laine blanche d'Angleterre et 528 livres de chaine, à 3ᵗᵗ et 3ᵗᵗ 5ˢ la livre (4 p.)........................... 3850ᵗᵗ 5ˢ

A de Mouchy, pour avoir dégraissé et reblanchy 712 livres 1/2 de laine blanche, à 4ˢ la livre (4 p.). 142ᵗᵗ 10ˢ

A Branchy, lapidaire, pour ses appointemens du dernier quartier de 1692 et des trois premiers de 1693 (4 p.)............................. 1920ᵗᵗ

5 avril : à luy, pour ce qu'il a avancé pour un bloc de pierre, cinq pierres fines, une table de cuivre rouge à scier les pierres fines, et diverses autres menuës dépenses.............................. 80ᵗᵗ 9ˢ

ANNÉE 1693. — OUVRAGES DES GOBELINS.

18 juin : à luy, pour 24 journées d'un homme qui luy a aydé à polir une table de pierre de rapport qui est achevée 30ᴸᴸ

13 septembre : à luy, pour trois morceaux de lapis pesant 5 livres 3/4 pour les tables que l'on fait pour le Roy 66ᴸᴸ

27 décembre : à luy, pour 10 onces de corail, à 35ˢ l'once, et 5 livres de fil de fer d'Allemagne, à 25 sols la livre 23ᴸᴸ 15ˢ

5 avril-27 décembre : à luy, pour remboursement des journées qu'il a payé à un homme qui luy ayde à scier et polir lesd. pierres pendant le dernier quartier 1692 et les trois premiers 1693 (4 p.) 352ᴸᴸ 10ˢ

A Kerchove, teinturier, pour ses appointemens du dernier quartier 1692 et des trois premiers 1693 (4 p.) 1500ᴸᴸ

A luy, pour ce qu'il a payé, à raison de 600ᴸᴸ par an, à un homme qui luy a aydé à teindre les laines pendant led. temps (4 p.) 600ᴸᴸ

A luy, pour ce qu'il a payé pour le bois, fagots, son, cordes à puits et autres ustencils pendant led. temps (4 p.) 388ᴸᴸ 10ˢ

27 juin : à luy, pour ses gages des six derniers mois 1692 .... 50ᴸᴸ

27 décembre : à luy, pour le remboursement des drogues de teinturerie qu'il a acheptez 218ᴸᴸ 10ˢ

A luy, pour la première des cinq années d'apprentissage de Pierre Cozette, teinturier, écheue le 26 juillet 1693 .... 100ᴸᴸ

28 juin-27 décembre : à Louis Kerchove, teinturier, en considération de ce qu'il a aydé à la teinturerie des Gobelins, pour ses appointemens des trois premiers quartiers 1693 (4 p.) 225ᴸᴸ

5 avril-13 septembre : à Rouleau, marchand, pour drogues de teinturerie qu'il a fourni pendant le dernier quartier de 1692 et les deux premiers de 1693 (3 p.) 907ᴸᴸ 9ˢ

5 avril-27 décembre : à Lunac, chirurgien, pour ses appointemens du dernier quartier 1692 et des trois premiers 1693 (4 p.) 400ᴸᴸ

A Nivelon, dessinateur, pour ses appointemens pendant le même temps (4 p.) 1100ᴸᴸ

A Saint-Léger, portier, pour ses appointemens pendant led. temps (4 p.) 300ᴸᴸ

5 avril : à la veuve Gaspard Tréuet, jardinière, pour appointemens pendant le dernier quartier 1692. 100ᴸᴸ

25 avril-27 décembre : à Cozette, concierge, pour ses appointemens du dernier quartier 1692 et des trois premiers 1693 (4 p.) 1800ᴸᴸ

A luy, pour menues dépenses qu'il a avancées pendant led. temps (4 p.) 1020ᴸᴸ 18ˢ

28 juin-27 décembre : à Louis Galliot, jardinier, pour ses appointemens pendant les trois premiers quartiers 1693 (3 p.) 300ᴸᴸ

28 juin : au sʳ de Sève, peintre pour les histoires, pour ses gages des six derniers mois 1692 ...... 100ᴸᴸ

Au sʳ Houasse, peintre pour les histoires, idem. 100ᴸᴸ

A luy, pour le soin qu'il prend des tableaux du Cabinet du Roy, pour lesd. six derniers mois 1690. 150ᴸᴸ

Au sʳ Verdier, peintre pour les histoires, idem. 100ᴸᴸ

Au sʳ Yvart, peintre pour les histoires, idem... 75ᴸᴸ

Au sʳ Anguier, peintre pour les ornemens, idem. 100ᴸᴸ

Aux sʳˢ Coizevox, Tuby, Leclerc et Verdier, pour le soin qu'ils prennent à poser le modèle et conduire les étudians dans la maison des Gobelins, idem.... 150ᴸᴸ

Au sʳ Leclerc, dessinateur et graveur, pour ses gages des six derniers mois 1692 .... 150ᴸᴸ

28 juin-12 juillet : au sʳ Godivel, éclésiastique de la paroisse de Saint-Hypolite qui catéchise les enfans des ouvriers des Gobelins, pour les six derniers mois 1692 et six premiers 1693 (2 p.) 150ᴸᴸ

Au Père Antoine Bolduc, religieux flamand qui prêche les ouvriers flamands qui travaillent à la maison des Gobelins, pour le même temps 100ᴸᴸ

27 décembre : aux ouvriers et autres employez cy-devant nommez qui travaillent aux Gobelins, pour leurs appointemens des six premiers mois 1693 ...... 1350ᴸᴸ

A La Croix le fils, pour, avec 814ᴸᴸ 10ˢ à quoy montent les soyes, laines, etc., faire 2566ᴸᴸ 15ˢ 9ᵈ pour 19 aunes 8 batons d'ouvrages faits sur dix pièces de tapisserie 1752ᴸᴸ 3ˢ 11ᵈ

A Souet et La Fraye, pour, avec 336ᴸᴸ 13ˢ 3ᵈ à quoy montent les soyes, laines, etc., faire 1833ᴸᴸ 15ˢ pour 15 aunes 4 batons et 8/16 d'ouvrages faits sur six portières du *Char de Triomphe*, à 120ᴸᴸ l'aune en carré..... .... 1497ᴸᴸ 1ˢ 9ᵈ

A Mathurin Nived, chapelain de la maison des Gobelins, pour ses appointemens du quartier de juillet 1693 .... 125ᴸᴸ

17 janvier 1694 : au sʳ Meriel, pour 15 livres pesant de cochenille qu'il a livrée au sʳ Kerchove pour employer aux teintures des étoffes des tapisseries des Gobelins, à 25ᴸᴸ la livre 375ᴸᴸ

Somme de ce chapitre.... 9307ᴸᴸ 16ˢ 7ᵈ

JARDIN ROYAL.

22 février : au s' Daquin, premier médecin du Roy, surintendant des démonstrations intérieures des plantes et opérations médécinales aud. Jardin royal, pour ses appointemens en lad. qualité pendant l'année dernière 1692........................... 3000ᴸᴸ

A luy, par augmentation d'apointemens qui luy a esté accordée par S. M. pendant lad. année....... 3000ᴸᴸ

Au s' Daquin le jeune, docteur en médecine de la Faculté de Paris, pour ses gages de démonstrateur aud. Jardin royal pendant led. temps............ 1500ᴸᴸ

Au s' Fagon, docteur en médecine de lad. Faculté, pour ses gages en la mesme qualité......... 1500ᴸᴸ

A luy, pour ses gages en qualité de sous-démonstrateur aud. Jardin royal....................... 1200ᴸᴸ

Au s' du Vernay, démonstrateur aud. Jardin royal, *idem* pour ses gages................. 1500ᴸᴸ

28 juin : à luy, pour dépenses faites aux démonstrations d'anatomie et de chirurgie aud. Jardin royal des plantes en 1692...................... 500ᴸᴸ

22 février : à Pierre Beaupré, garçon du laboratoire dud. Jardin royal, pour ses gages en lad. qualité pendant l'année 1692.................... 200ᴸᴸ

A Paul Guarigues, autre garçon dud. laboratoire, pour *idem*.................................. 200ᴸᴸ

8 février : au s' Simon Bolduc, apothicaire, parfait payement de 1324ᴸᴸ 18ˢ pour la gratification qui luy est accordée en considération du travail au cours de chimie qu'il a enseigné au laboratoire dud. jardin pendant 1692, et des drogues provenant dud. cours dont il a délivré une partie pour être distribuée aux charitez des paroisses des environs de Paris et l'autre partie aux religieuses Capucines..................... 524ᴸᴸ 18ˢ

3 janvier 1694 : à luy, à compte de son travail au cours de chimie qu'il a enseigné aud. laboratoire en 1693.................................... 300ᴸᴸ

4 juin-20 septembre : au s' Marchand, pour les dépenses qu'il a faites pour l'entretien du petit jardin des plantes servant aux exercices de l'Académie des sciences, et pour avoir fait balayer les lieux où se font lesd. démonstrations aud. Jardin royal et le long de la terrasse et bâtiment d'iceluy le jour de la Feste Dieu (2 p.)...................................... 115ᴸᴸ

12 juillet 1693-17 janvier 1694 : à Jean Brement, jardinier dud. Jardin royal des plantes, pour ses appointemens de la présente année 1693 (2 p.)..... 2500ᴸᴸ

A Chaillou, portier dud. jardin, pour ses gages de l'année 1693 (2 p.)...................... 450ᴸᴸ

Somme de ce chapitre..... 16489ᴸᴸ 18ˢ

ACADÉMIE DE PEINTURE, SCULPTURE
ET ARCHITECTURE DE PARIS.

25 janvier-15 novembre : aux s'ˢ Bruand, Dorbay, Bullet, de la Hire, de Cotte et Félibien, architectes, pour leur assistance aux Conférences de l'Académie d'architecture pendant le dernier quartier de 1692 et les premier et troisième quartiers de 1693 (3 p.).. 2552ᴸᴸ

26 juillet : aux s'ˢ Dorbay, de Cotte et Félibien, pour leur assistance pendant le deuxième quartier de 1693.............................. 429ᴸᴸ

25 juillet : au s' Mansart, premier architecte, pour son assistance auxd. Conférences pendant trente et un jours de l'année 1692...................... 341ᴸᴸ

5 avril-15 novembre : au s' Houasse, trésorier de l'Académie de peinture et sculpture, pour l'entretien de lad. Académie pendant les trois premiers quartiers de 1693 (3 p.)......................... 6000ᴸᴸ

3 may : au s' Petit, pour douze médailles d'argent qu'il a fournies à l'Académie de peinture et sculpture pour les étudians, pendant l'année 1692..... 281ᴸᴸ 9ˢ

19 juillet-29 novembre : à Guillaume Lefebvre, portier de lad. Académie, pour ses appointemens de l'année 1693 (2 p.)............................. 450ᴸᴸ

15 novembre : au nommé de la Vilette, pour la provision de gros bois, coterests, fagots, bougies et autres menus besoins nécessaires de l'Académie d'architecture pendant 1693................... 100ᴸᴸ

Somme de ce chapitre....... 10153ᴸᴸ 9ˢ

ACADÉMIE DE PEINTURE, SCULPTURE
ET ARCHITECTURE DE ROME.

1ᵉʳ mars-5 juillet : au s' Clerx, pour son remboursement des sommes qu'il a fait remettre à Rome en quatre lettres de change, payables au s' de la Teulière, pour employer aux dépenses de lad. Académie, tirée sur le s' de Steinbier, y compris le change et les frais de commission (4 p.).................... 8745ᴸᴸ 4ˢ

20 septembre-1ᵉʳ novembre : au s' Aubry, intendant de M. de la Rochefoucault, pour son remboursement des sommes qu'il a fait remettre à Rome au s' de la Teulière pour l'entretien de lad. Académie.... 4000ᴸᴸ

Somme de ce chapitre....... 12745ᴸᴸ 4ˢ

LOYERS DE MAISONS.

18 janvier : au sʳ La Lande, garde à cheval au Perray, pour le loyer du logement qu'il a occupé au Perray pendant deux années finies le dernier décembre 1692............ 80ᵗᵗ

A Jean Deroche, garçon plombier à Marly, pour le loyer du logement qu'il a occupé dans le village de Marly pendant les six premiers mois de 1692......... 30ᵗᵗ

25 janvier-12 juillet : au sʳ de Poutrincourt, pour une année de loyer de sa maison, écurie et manège, occupez par les officiers et pages de la grande écurie à Paris (2 p.)........................ 6100ᵗᵗ

5 juillet : à Estienne Jolivet, habitant de Conflans-Sainte-Honorine, pour le loyer de la maison où loge le Suisse qui garde une troisième porte qui a esté faite pour la commodité des habitans dud. lieu, et ce pendant une année............................ 45ᵗᵗ

13 décembre : au sʳ Marchand, pour le loyer de son logement pendant l'année 1693.............. 200ᵗᵗ

A Martin, garde dans la plaine du Perray, pour une année du loyer de son logement.............. 40ᵗᵗ

17 janvier 1694 : au sʳ Moreau, inspecteur aux ouvrages du château, pour le loyer de son logement pendant 1693........................... 100ᵗᵗ

Somme de ce chapitre......... 6595ᵗᵗ

DÉPENSES DE TOULON ET DE MARSEILLE.

8 février : au sʳ de la Ravoye, trésorier général de la marine, pour ce qu'il a payé à Toulon pour l'entretien du jardin du Roy scitué au terroir de lad. ville, servant à peupler les oignons de fleurs pour les jardins des maisons royales, et ce pendant l'année 1692, y compris 314ᵗᵗ 5ˢ pour achapt et voiture de Toulon à Lyon, de partie des oignons de fleurs envoyez.... 1733ᵗᵗ 16ˢ

12 juillet : au sʳ de Lubert, pour ce qu'il a payé au Havre pour les cordages, rouets et racles envoyez pour les vaisseaux du canal de Versailles........ 1385ᵗᵗ 12ˢ

Somme de ce chapitre........ 3119ᵗᵗ 8ˢ

DÉPENSES DU CHÂTEAU DE MONCEAUX.

29 mars-20 décembre : à Henry Dudin[1] et autres, maçons, pour menues réparations faites aud. château en la présente année (2 p.).................. 79ᵗᵗ 1ˢ

[1] Ou Dudain.

29 mars-28 juin : à Nicolas Gavel, serrurier, ayant l'entretien des serrures dud. château, pour ses gages à cause dud. entretenement des trois derniers mois 1692 et six premiers 1693, et pour avoir dérouillé les targettes, locteaux, fiches à vase et verouils à ressort de la chapelle du Roy (2 p.)................ 86ᵗᵗ 13ˢ 4ᵈ

20 décembre : à luy, pour menus ouvrages de serrurerie aud. château.................... 55ᵗᵗ 5ˢ 9ᵈ

28 juin-20 décembre : à Simon Bega et Claude Duval, couvreurs, pour l'entretien des couvertures dud. château pendant les six premiers mois 1693, et autres ouvrages et réparations de couverture (2 p.)... 198ᵗᵗ 16ˢ

13 juillet-20 décembre : à Dezarneaux, maçon, pour ses ouvrages et réparations de maçonnerie aud. château en 1693 (4 p.)................ 762ᵗᵗ 12ˢ 4ᵈ

20 décembre : à La Brie et autres, pour menues dépenses et ouvrages aud. château pendant les neuf derniers mois 1693...................... 216ᵗᵗ 1ˢ 2ᵈ

Somme de ce chapitre..... 1398ᵗᵗ 9ˢ 7ᵈ

FONDS LIBELLEZ.

18 janvier : au sʳ curé de Marly, savoir : 210ᵗᵗ pour la non jouissance de 76 arpens de pré compris dans le fonds de Marly, et 474ᵗᵗ 5ˢ pour la non jouissance des terres labourables de lad. cure que S. M. a ordonné estre plantées en bois, y compris la dixme du troupeau du Trou d'Enfer pendant l'année dernière 1692...... .... 684ᵗᵗ 5ˢ

Au sʳ prieur curé de Croissy-la-Garenne, pour la non jouissance, pendant lad. année 1692, des dixmes des terres acquises au nom de S. M............. 375ᵗᵗ

Au sʳ curé de la Selle, à compte de la non jouissance des dixmes des terres acquises au nom de S. M. dans la dépendance de lad. cure.................. 400ᵗᵗ

25 janvier : au sʳ Deville, 6000ᵗᵗ par gratification, en considération du soin qu'il a pris de la machine de la rivière de Seyne pendant 1692, et 6000ᵗᵗ de pension extraordinaire qui luy a esté accordée par S. M. pendant la même année........................ 12000ᵗᵗ

Aux abbé et religieux de Sainte-Geneviefve-au-Mont de Paris et au supérieur et séminaire du Grand-Beaulieu establi à Chartres, 2153ᵗᵗ, chacun par moitié, au lieu du feu prieur de Choisy-aux-Bœufs, pour la non jouissance pendant 1692 des terres et prez appartenans aud. prieur, et l'indemnité des dixmes que led. prieur avoit droit de prendre sur les terres et prez enfermez dans les anciens et nouveaux murs du parc de Versailles...... 2153ᵗᵗ

A M. l'évesque de Chartres, pour la non jouissance, pendant 1692, de 90 arpens de pré scituez dans l'étang de Boisard et du moulin de Pontgoin........ 1490ᵗᵗ

Au sʳ Daniel Solaro, Génois, pour 17 blots de marbre blanc d'Italie, livrez au magasin à Paris le 4 mars 1683, toisans 764 pieds cubes.......... 8756ᵗᵗ 9ˢ 6ᵈ

A M. l'archevesque de Rouen, pour une année, échue le dernier décembre 1692, des loyers de deux maisons à lui apartenantes rue Vivien, à Paris, occupées par la bibliothèque du Roy...................... 5000ᵗᵗ

1ᵉʳ février : à Jean Massagatti et Palmarin Palmarini, anciens gondolliers Vénitiens, par gratification, en considération du service qu'ils ont rendu sur le canal du château de Versailles pendant 1692............. 800ᵗᵗ

3 février : à Michel Hasté l'aîné, serrurier, parfait payement de 22917ᵗᵗ 11ˢ 8ᵈ à quoi montent ses ouvrages de serrurerie tant au Cheny, aux Récolets, à la paroisse de Versailles, qu'à la pompe du puits du château de Noisy, en 1684, 1685 et 1686................ 2617ᵗᵗ 11ˢ 8ᵈ

15 février : au sʳ Dupont, tapissier, pour trois dessus de forme et trois dessus de tabourets de laine, ouvrages de la Savonnerie, qu'il a fournis au garde-meuble de S. M., contenans ensemble 5 aunes 5/24ᵉ carré en superficie, à raison de 165ᵗᵗ l'aune........ 859ᵗᵗ 7ˢ 6ᵈ

A Lourdet, tapissier, pour douze dessus de tabourets de laine, ouvrages de la Savonnerie, qu'il a fourni, contenant 4 aunes 47/49ᵉ, à la susd. raison.... 818ᵗᵗ 5ˢ 3ᵈ

8 mars : à Jean Malet, charpentier, parfait payement de 275125ᵗᵗ 9ˢ 5ᵈ à quoy montent tous les ouvrages de charpenterie par luy faits, tant au château de Versailles et au debors d'iceluy qu'à Trianon et autres endroits, pour le service de S. M., depuis le commencement de l'année 1687 jusques à présent, suivant seize mémoires 35210ᵗᵗ 9ˢ 1ᵈ

Au sʳ Buirette, sculpteur, parfait payement de 8800ᵗᵗ à quoy montent l'Amazone et le vase de marbre blanc qu'il a faits et livrez au jardin de Versailles..... 6800ᵗᵗ

26 mars : au sʳ de Benizit, pour son remboursement de 8 arpens 17 perches de terre, bois et prez occupez, par l'augmentation du petit parc du château de Versailles, par le grand chemin pavé qui conduit de Buc aud. Versailles et par l'aqueduc du Trou-Salé. 1287ᵗᵗ 12ˢ

29 mars : à Mathieu Godignon, serrurier, parfait payement de 54541ᵗᵗ 17ˢ 1ᵈ à quoy montent tous les ouvrages de serrurerie et de gros fer par luy faits et fournis pour le service de S. M. tant au château de Versailles et bâtimens des dehors d'iceluy qu'autres endroits, depuis le commencement de 1683 jusqu'à présent. 9399ᵗᵗ 3ˢ 1ᵈ

7 avril : au sʳ Le Bossu, de Charenton, maître d'hostel du Roy, à compte de son remboursement des terres dépendantes de sa seigneurie de Charenton, comprises dans le parc du château de Vincennes........ 3000ᵗᵗ

26 avril : au sʳ Dupont, tapissier, pour trois dessus de formes et trois dessus de tabourets de laine, ouvrage de la Savonnerie, qu'il a fourni au garde-meuble de S. M., contenans ensemble 5 aunes 1/6ᵉ carrés en superficie, à raison de 165ᵉ l'aune......... 852ᵗᵗ 10ˢ

A Jean Jans, tapissier en haute lisse de la manufacture des Gobelins, parfait payement de 213424ᵗᵗ 18ˢ 5ᵈ pour 561 aunes 10 batons 5/16ᵉ d'ouvrages de tapisserie par luy faits depuis le 1ᵉʳ avril 1686 jusqu'au premier du présent mois, à raison de 380ᵗᵗ l'aune carrée, sur trente-trois pièces de tentures d'après les tableaux peints sur les desseins de Raphaël et de Jules Romain.. .... 35632ᵗᵗ 8ˢ 5ᵈ

Au sʳ Guyttard, trésorier de France au bureau des finances de Bourges, parfait payement de 6380ᵗᵗ 19ˢ pour les lots et ventes et droits d'indemnité qui luy sont deus à cause de la somme de 22521ᵗᵗ à quoy se sont monté les terres que S. M. a acquises à Marly, lesquelles estoient dans la censive de Marly-le-Bourg, apartenantes aud. sʳ Guyttard, à raison du douzième denier pour les lots et ventes, et du cinquième denier pour les droits d'indemnité.................. 3031ᵗᵗ 3ˢ 3ᵈ

Au sʳ Turgis, chevau-léger de la garde du Roy, à compte du remboursement des terres qui luy appartiennent dans la plaine de Vézinet................. 500ᵗᵗ

10 may : à Pierre Marie, serrurier, parfait payement de 23324ᵗᵗ 9ˢ à quoy montent tous les ouvrages de gros fer et de serrurerie qu'il a faits et fournis pour le service de S. M. tant au chasteau de Versailles et bâtimens des dehors d'iceluy qu'autres endroits, depuis et compris 1683 jusqu'à présent, outre ceux dont les parfaits payemens luy ont esté cy-devant faits....... 5539ᵗᵗ 19ˢ 3ᵈ

Au sʳ Cottel, parfait payement de 13600ᵗᵗ pour vingt et un grands tableaux à l'huile et vingt petits en mignature, et un dessin à la plume des Bains d'Apollon, le tout représentant diverses veues des fontaines de Versailles, posez à Trianon....................... 2632ᵗᵗ

15 may : à Joseph Royer, fondeur, parfait payement de 98291ᵗᵗ 12ˢ 6ᵈ à quoy montent les cuivres, métaux et plombs moulez qu'il a livrez pour les racordements des corps de pompes des puisards de la machine de la rivière de Seyne pendant les années 1685 et 1686.... .... 5680ᵗᵗ 6ᵈ

17 may : au sʳ Lespingola, parfait payement de 9450ᵗᵗ, sçavoir : 7650ᵗᵗ pour le groupe de Sesto Mario, qu'il a fait en marbre et posé dans les jardins de Versailles, y

ANNÉE 1693. — FONDS LIBELLÉS.

compris 150ᴴ pour un modèle ébauché de plâtre du terme de *l'Hyver*, et 1800ᴴ pour deux vases, deux coquilles et deux masques de plomb qu'il a fondus, réparez et posez en place à la pièce au-dessous du Dragon.. .... 2550ᴴ

Aux sʳˢ Buirette et Lespingola, parfait payement de 4300ᴴ, sçavoir : 1000ᴴ pour un modèle par eux fait de terres et cires réparées d'un groupe d'enfans, jetté en bronze et posé au bord des bassins du parterre en face du château, et 3300ᴴ pour six grands modèles de terre représentans des trophées et chuttes d'armes, par eux faits pour estre fondus en bronze et posez dans la grande gallerie du château 2300ᴴ

17 may : aux prestres de la Mission établis à Fontainebleau, pour leur subsistance et entretenement pendant les six premiers mois de l'année 1693 ... 3000ᴴ

21 juin : à Dupont, tapissier, pour trois dessus de formes et trois dessus de tabourets de laine, ouvrages de la Savonnerie, qu'il a livrez au garde-meuble de S. M., contenans 5 aunes 1/6ᵉ en superficie, à raison de 165ᴴ l'aune carrée. 852ᴴ 10ˢ

12 juillet : aux enfans d'Estienne Le Hongre, sculpteur, parfait payement de 19086ᴴ 16ˢ 8ᵈ à quoy montent tous les ouvrages de sculpture faits par led. feu Le Hongre tant au château de Marly qu'à celuy de Versailles et dépendances, depuis l'année 1682 jusqu'à présent............................. 7455ᴴ 16ˢ 8ᵈ

30 aoust : au sʳ Dupont, tapissier, pour trois dessus de formes et trois dessus de tabourets de laine, ouvrage de la Savonnerie, qu'il a fournis au garde-meuble de S. M., contenans ensemble 5 aunes 1/30ᵉ carrés en superficie, à raison de 165ᴴ l'aune. 830ᴴ

A Nicolas Le Jongleur, fontainier, parfait payement de 26257ᴴ 17ˢ 6ᵈ à quoy montent les aqueducs, regards et tuyaux de grais qu'il a faits et posez en 1687 pour conduire les eaux bonnes à boire du Chesnay et de Glatigni aux fontaines publiques de Versailles, et la conduite de tuyaux de grais de quatre pouces qu'il a posée pour faire le racordement des eaux de Retz à la conduite de Chamboursy en l'année 1688...... 15757ᴴ 17ˢ 6ᵈ

6 septembre : au sʳ Mazière l'aîné, sculpteur, parfait payement de 18150ᴴ à quoy montent tous les ouvrages de sculpture, tant en plomb et marbre qu'autres, par luy faits et posez pour le service de S. M. dans le jardin du château de Versailles pendant les années 1681 à 1688.............................. 7650ᴴ

15 septembre : au sʳ Le Clerc, graveur, pour six planches de cuivre qu'il a gravées à l'eau-forte, représentant les *Conquestes du Roy*, pour servir à la suitte de l'Histoire de S. M.................. 1800ᴴ

A la veuve et aux héritiers de Jean Mosin, tapissier en basse lisse aud. Gobelins, 6777ᴴ 18ˢ 10ᵈ, pour, avec 576ᴴ 9ˢ 6ᵈ à quoy montent les étoffes fournies aud. feu Mosin du magasin de S. M., faire le parfait payement de 7354ᴴ 8ˢ 4ᵈ pour 49 aunes 14 batons 14/16ᵉ d'ouvrages de tapisserie par luy faits à ses frais et dépens, depuis l'année 1691 jusqu'au jour de son décéds arrivé le 29 juin dernier................ 6777ᴴ 18ˢ 10ᵈ

9 novembre : au sʳ Petit, de Fontainebleau, pour la pension qui luy a esté accordée par S. M. pendant l'année écheue au mois d'octobre 1692.......... 1500ᴴ

Aux principal, procureur et boursiers du collège de Cambray, pour le dédommagement pendant 1692 de leurs bâtimens qui ont esté démolis par ordre de S. M. pour la construction du Collège de France..... 1180ᴴ

A M. Dufresnoy et Mᵐᵉ son épouse, pour le prix principal de leur maison sçize à Versailles, acquise au nom de S. M. par contract passé devant Caillet et son collègue, nottaires au Châtelet de Paris........ 30000ᴴ

Au sʳ Arnoux, pour quatre autruches, sept chèvres de la Thébaïde, trente une poules sultanes et huit canards d'Égipte qu'il a livrez à la Ménagerie, de l'envoi du sʳ Mosnier de Montpellier.................. 2684ᴴ

8 décembre : à Catherine Cadelan, âgée de vingt et un ans, fille émancipée et héritière du feu sʳ Cadelan, banquier, pour quatre blocs de marbre blanc que led. feu Cadelan a livrez pour le service de S. M., toisons 136 pieds 4 pouces 2 lignes, dont 90 pieds 6 lignes 1/2 à raison de 11ᴴ le pied cube, et le surplus à 11ᴴ 12ˢ le pied cube..................... 1536ᴴ 10ˢ 6ᵈ

20 décembre : à Guillaume Descourt, pour le prix principal et intérest pendant huit années qui écherront le dernier de ce mois, à raison du denier vingt, de trois maisons et deux arpens de terre, pré et jardins inondez par les eaux retenues derrière la chaussée de l'estang de Roquancourt.................. 2933ᴴ 8ˢ

A M. Sanguin, seigneur de Roquancourt, pour le prix principal de demi-arpent de terre en deux pièces faisant partie des deux arpens cy-dessus appartenans à Guillaume Descourt, auquel led. sʳ Sanguin a vendu led. demi-arpent par bail de 8ᴴ de rente, racheptable de 160ᴴ, y compris 16ᴴ pour deux années d'intérest de lad. somme, à raison du denier vingt........... 176ᴴ

24 janvier 1694 : au sʳ Mansart, 10000ᴴ qui luy ont esté accordez par S. M. en considération de l'inspection générale qu'elle luy a donnée sur ses bâtimens pendant l'année dernière 1693................ 10000ᴴ

55.

Au s^r Le Nostre, par gratification, en considération du service qu'il a rendu dans les Bâtimens pendant lad. année 1693............................ 300^{tt}

A la veuve et héritiers du s^r Ballon, pour sept mois, finis le dernier juillet 1693, de la gratification de 3000^{tt} par an que le Roy avoit accordée audit feu s^r Ballon, en considération du soin qu'il a pris des plants d'arbres des jardins et avenues des maisons royalles...... 1750^{tt}

Au s^r Ballon fils, pour les cinq derniers mois 1693 de la gratification de 1000^{tt} par an que S. M. luy a accordée en considération des services de feu son père... .... 416^{tt} 13^s 4^d

Au s^r Morlet, pour les cinq derniers mois 1693 de la gratification de 2000^{tt} par an que S. M. luy a accordée en considération du soin qu'il prend des plants d'arbres des jardins et avenues des maisons royales...... .... 833^{tt} 6^s 8^d

4 mars 1694 : aux prestres de la Mission établis à Fontainebleau, pour leur subsistance et entretenement pendant les derniers mois 1693............ 3000^{tt}

Somme de ce chapitre..... 253503^{tt} 6^s

LABOURS ET JARDINAGES.

8 mars : à Hierosme Drouet, laboureur, pour le labour par luy fait à onze arpens de terre dans les cinq nouvelles remises à gibier de la plaine de Saint-Denis. 83^{tt} 5^s

17 may : à luy, pour avoir donné le premier labour en plein aux six remises à gibier de la plaine de Grenelle et de Montrouge, contenant 16 arpens 1/2, à 6^{tt} l'arpent .... 99^{tt} 15^s

15 novembre : à Martin Moulin et Fleurant Félix, pour avoir recomblé plusieurs trous dans l'allée au-dessus des estangs de Porchefontaine vis-à-vis le château de Versailles............................ 50^{tt}

3 janvier 1694 : à eux, pour avoir racomodé cinq batteaux dans les étangs de Porchefontaine...... 20^{tt}

25 janvier : à Étienne Hubin et Pierre Caillou, pour avoir fouillé et porté, à la hotte et à leur tâche, dans les carrez de la pépinière du Roulle 19 toises 1/2 cubes de terre d'égoût, à 160 toises de portée commune, à 45 sols la toise cube, et 4 toises et demie cubes de terrault, à 170 toises de portée............. 52^{tt} 17^s 6^d

8 février : à eux, pour avoir fouillé et porté, à la hotte et à la tâche, 25 toises 1/3 cubes de terre d'égout, idem................................. 57^{tt}

22 février : à eux, pour avoir labouré d'un fer de bêche 252 perches de terre dans lad. pépinière du Roulle, à raison de 4 sols la perche, et pour avoir porté à la hotte 6 toises 1/3 cubes de terre, à 70 toises de portée............................ 56^{tt} 13^s

8 mars : à eux, pour le labour de 312 perches 3/4 de terre d'un fer de besche, à 4^s la perche, et 18 perches 1/2 de deux fers de besche de profondeur, à 8^s la perche............................ 70^{tt}

22 mars : à Pierre Caillou et Claude Regempied, pour le labour de 200 perches de terre en plusieurs carrez, plates-bandes et ados dud. jardin...... 40^{tt}

5 avril : aud. Regempied et Philippe Billard, jardiniers, pour le labour de 23 perches de terre, d'un fer de bêche de profondeur, dans led. jardin.. 10^{tt} 18^s 6^d

18 octobre : à Richon et Lamare, pour 200 tombereaux de boues de Paris qu'ils ont voiturez à la pépinière du Roulle, à 7^s le tombereau................ 70^{tt}

17 janvier 1694 : à Jean David, pour 23 toises 1/2 des boues des rues de Paris, qu'il a voituré à raison de 45^s la toise...................... 52^{tt} 17^s 6^d

4 - 18 octobre : à Laurens Dollot et Germain Paris, pour deux arpens de terre qu'ils ont défoncé, à 50^{tt} l'arpent, y compris 297 toises de fossez qu'ils ont fait pour l'écoulement des eaux à la chutte d'une grille, le long du mur du petit parc (2 p.)........ 202^{tt} 7^s 1^d

15 novembre 1693-3 janvier 1694 : à eux et Guillaume Doloy, pour 11913 toises de jeunes charmilles qu'ils ont planté en réserve proche Saint-Antoine, et autres ouvrages (4 p.)................ 518^{tt} 14^s

8 février : à Remy Janson, jardinier, pour avoir planté 2000 ormes de Flandres et 300 maronniers d'Inde dans les bosquets du jardin de Trianou........ 182^{tt} 15^s

22 mars : à luy, pour avoir recépé au pied 29 arpens 6 perches 1/2 de petit plant de bois dans la grande remise entre Renne-Moulin et Villepreux...... 29^{tt} 1^s 4^d

17 may : à luy, pour le premier labour, tant plein que vuide, qu'il a fait à 58 arpens 2 perches 3/4 de petit plant de bois dans la grande remise à gibier entre Renne-Moulin et Villepreux, à 3^{tt} l'arpent. 174^{tt} 1^s 8^d

14 juin : à luy, pour avoir labouré 58 arpens 40 perches 3/10 de terre aux plants et pépinières d'ormes, bois blancs, chicomores, maronniers d'Inde, petits plants de chesne et charmille en réserve dans les parcs et aux environs de Versailles................. 408^{tt} 16^s 7^d

28 juin : à luy, pour le premier labour à 4200 pieds d'arbres de 10 pouces de grosseur et au-dessous dans les avenues du château de Vincennes.......... 158^{tt}

A luy, pour le premier labour à 24670 toises carrées au pied des arbres des avenues des grands et petits parcs de Versailles, à 20^s le cent............. 246^{tt} 14^s 1^d

9 aoust : à luy, pour avoir coupé le faux bois et re-

ANNÉE 1693. — JARDINAGES ET LABOURS.

dressé les arbres à 7 arpens 61 perches 1/2 de pépinières d'ormes, bois blancs et chicomores, près Saint-Antoine et Roquencourt, à 6ᵗᵗ 10ˢ l'arpent... 49ᵗᵗ 10ˢ

A luy, pour avoir ébourgeonné 48600 arbres abandonnez de labour dans les avenues des grands et petits parcs de Versailles, à 3ᵗᵗ le millier........ 145ᵗᵗ 16ˢ

6 septembre : à luy, pour les labours qu'il a faits aux plants et pépinières d'ormes, chicomores, bois blancs et charmilles en réserve dans le parc et aux environs de Versailles.......................... 245ᵗᵗ 7ˢ 9ᵈ

15 novembre : à luy, pour avoir labouré à la cerfoüette et nettoyé les herbes de 4 arpens de charmilles, jeunes d'un et de deux ans, le long du mur dans le petit parc entre Saint-Antoine et Roquencourt....... 200ᵗᵗ

29 novembre 1693 - 17 janvier 1694 : à luy, pour 9336 arbres de petits plans d'ormilles qu'il a levés dans les pépinières de Versailles pour planter dans les jardins des maisons royalles (3 p.)............. 933ᵗᵗ 11ˢ

13 décembre : à luy, pour avoir labouré 27916 toises carrées de terre au pied des arbres des avenues de Versailles et de Vincennes et pourtour de l'Arc de triomphe, à raison de 20ˢ le cent de toises........ 279ᵗᵗ 3ˢ 3ᵈ

17 janvier 1694 : à luy, à compte des labours qu'il fait aux pepinières d'ormes et bois blancs en dedans et dehors le petit parc de Versailles et au bois planté dans la grande remise de Rennemoulin............. 200ᵗᵗ

21 mars : à Antoine Tricadeau, jardinier, pour avoir regarni, le long de la ceinture du parc de Versailles et dans les remises de Moulineaux et de Villepreux, 46 arpens 61 perches 1/2 de plant, à 30 sols l'arpent, et pour y avoir recepé au pied 97 arpens 26 perches 1/2, à 20ˢ l'arpent....................... 167ᵗᵗ 5ˢ 9ᵈ

3 may : à luy, pour avoir fait le premier labour à 159 arpens 82 perches de terre dans lesd. remises et le long de la ceinture en dedans du grand parc........
.... 479ᵗᵗ 9ˢ 3ᵈ

14 juin : à luy, pour le premier labour qu'il a fait à 6132 arbres dans les avenues du château de Versailles hors le parc, du côté de Marly, Paris, Clagni et Glatigni, à raison de 20ˢ le cent............. 61ᵗᵗ 6ˢ 5ᵈ

9 aoust : à luy, pour avoir ébourgeonné 11054 arbres abandonnez de labours dans les avenues en dehors le parc de Versailles, à raison de 3ᵗᵗ le millier....
.... 33ᵗᵗ 2ˢ 4ᵈ

13 décembre : à luy, pour le deuxième labour fait à 2812 toises carrées de terre au pied des arbres, au-dessous de 10 pouces de grosseur, dans les avenues du château de Versailles hors le parc du costé de Paris, et autres ouvrages.......................... 61ᵗᵗ 6ˢ 6ᵈ

3 - 17 janvier 1694 : à luy, pour le deuxième labour qu'il a fait à 160 arpens 82 perches de terre plantées en nouveau bois dans les remises à gibier et dans la ceinture le long du mur du grand parc, à 3ᵗᵗ l'arpent (2 p.)............................ 482ᵗᵗ 9ˢ 3ᵈ

14 juin : à Jean Frade, jardinier, pour le premier labour donné à 5425 arbres dans les avenues de la garenne de Vézinet et routte des Loges qui va à Saint-Germain-en-Laye, à 20ˢ le cent............... 54ᵗᵗ 5ˢ

13 décembre : à luy, pour 5005 toises carrées de terre au pied desd. arbres, et pour avoir fait 25 trous de 6 pieds en carré sur 2 pieds de creux, à 6ᵈ pour chacun
.... 57ᵗᵗ 11ˢ

22 mars : à Thomas Debugny, jardinier, pour 45 journées d'ouvriers, à 18ˢ par jour, qui ont ébourgeonné les arbres du grand Cours la Reyne et des avenues du palais des Thuilleries et parc de Boulogne, et 6ᵗᵗ pour la voiture de 380 arbres qui ont regarni cette année lesd. avenues......................... 46ᵗᵗ 10ˢ

14 juin : à luy, pour le premier labour qu'il a donné à 2900 arbres de 10 pouces de grosseur et au-dessous dans les avenues du parc de Boulogne, à 20ˢ le cent
.... 29ᵗᵗ

20 septembre 1693 - 17 janvier 1694 : à luy, pour avoir ébourgeonné les arbres et pour le deuxième labour qu'il a fait aux pieds desd. arbres au-dessous de 10 pouces de grosseur, dans les avenues du palais des Thuilleries et parc de Boulogne (2 p.)...... 226ᵗᵗ 4ˢ

22 février : à Jaques Buttet, pour 190 toises de fossez tant vieux que neufs qu'il a fait dans les avenues de Versailles en face du château, et autres ouvrages....
.... 59ᵗᵗ 13ˢ 8ᵈ

3 may : à luy, pour avoir fait à neuf 135 toises de treillages de perches d'échalats qui entourent le petit plant d'ormille de trois ans planté le long du mur en dehors, entre Saint-Antoine et Roquencourt, et autour la pépinière du Merizier dans le grand parc de Versailles........................... 106ᵗᵗ 12ˢ

14 juin : à luy, pour avoir sarclé et nettoyé d'herbes 220 perches de plant d'ormille de 2 à 3 ans dans le parc et aux environs de Versailles, à 8ˢ la perche.. 88ᵗᵗ

28 juin : à luy, pour achapt de seaux, arrousoirs de bois et tonneaux pour mouiller la graine d'orme semée au mois de may dernier le long du mur du parc de Versailles devant les fontaines Saint-Antoine.... 24ᵗᵗ 12ˢ

26 juillet : à luy, pour achapt et voiture de 18 grosses perches de chesne qui ont servi à faire 52 pieux enfoncez au pied de quelques arbres en divers endroits dans

les avenues du château de Versailles, pour les préserver des voitures........................ 22ᴸ 7ˢ 6ᵈ

3 janvier 1694 : à luy, pour avoir armé d'épines 779 arbres dans les allées autour des étangs de Porchefontaine et dans l'allée en face du château de Versailles, pour les garentir des bestes fauves....... 46ᴸ 14ˢ 10ᵈ

3 may : à MICHEL BRAY et GERMAIN PARIS, jardiniers, pour avoir fouillé 228 toises courantes de fossez plats, de 4 pieds de large sur un pied de profondeur, pour faire écouler les eaux qui inondoient un carré de maronniers d'Inde, le long du mur dans le parc de Versailles, entre Saint-Antoine et Roquencourt... 28ᴸ 10ˢ

17 may : à eux, pour avoir fait tant de neuf que relevé 345 toises de fossez pour la conservation des avenues de la face du château de Versailles et celles de Marly et des pépinières de Saint-Antoine.... 54ᴸ 15ˢ

31 may - 14 juin : à eux, pour 188 boisseaux de graines d'orme qu'ils ont fourni pour semer en pépinière le long du mur du parc de Versailles prez Saint-Antoine, à raison de 8ˢ le boisseau (2 p.)..... 75ᴸ 4ˢ

22 mars : à EUSTACHE THIBAULT, pour la dépense qu'il a faite pour fourniture de cerceau, paille longue, perches et oziers, pour faire des paillassons pour la conservation des fraiziers et autres arbres fruitiers du jardin du Roy à Vincennes.................. 100ᴸ 17ˢ

28 juin : à luy, pour 36 chartées de fumier consommé qu'il a employé pour la conservation des fraiziers, et 75 bottes d'échalats pour redresser les pieds de vignes de muscats et chasselas dudit jardin....... 104ᴸ 17ˢ

17 janvier 1694 : à lui, à compte des charmilles qu'il raproche dans le parc de Vincennes.......... 100ᴸ

14 juin - 18 octobre : à JAQUES BAUDIN, pour 20 toises cubes de grand fumier qu'il a fourni pour le jardin de la pépinière du Roy au Roulle (2 p.)......... 168ᴸ

15 décembre : à luy, pour 30 voyes de grand fumier qu'il a livré pour l'orangerie des Thuilleries..... 30ᴸ

Somme de ce chapitre.... 7345ᴸ 17ˢ 7ᵈ

FLEURS ET PLANTS D'ARBRES.

19 avril : à JAQUES HUBY, jardinier, pour 78 bottes de buys nain qu'il a fourni pour regarnir le parterre du jardin de Trianon et autres menus frais faits à ce sujet 24ᴸ 9ˢ

23 aoust - 1ᵉʳ novembre : à luy, parfait payement de 35 boisseaux 1/2 d'oignons de tulipes, à 3ᴸ le boisseau ; 29 boisseaux de narcisses blancs doubles, à 3ᴸ le boisseau ; 29610 hiacintes, à 10ᴸ le milier ; 17490 nompareilles, à 30ᴸ le millier ; 96300 narcisses printannières, à 7ᴸ 10ˢ le milier ; 200 couronnes impérialles, à 6ᴸ le cent, et 400 lis jaunes, à 5ᴸ le cent, y compris 12ᴸ pour la voiture de tous lesd. oignons à la pépinière du Roulle (5 p.)............................. 1778ᴸ 12ˢ

4 octobre : à VERNIER, jardinier fleuriste, pour 30000 oignons de tulipes curieuses qu'il a livrées à la pépinière du Roy au Roulle............... 312ᴸ

1ᵉʳ novembre : à CHEVALIER, autre, pour 68 boisseaux 1/2 d'oignons de tulippes, à raison de 3ᴸ le boisseau, et 620 nompareilles, à 3ᴸ le cent, qu'il a livré pour planter dans les jardins des maisons royalles.. 224ᴸ 2ˢ

15 novembre : à BOSQUET, autre, pour 272 bottes de buys nain qu'il a livré pour planter dans les parterres des jardins des maisons royalles, à 6ˢ la botte. 81ᴸ 12ˢ

22 mars : à MICHEL LAFOREST, jardinier, pour 600 pieds de coquelourdes doubles et 515 pieds d'œillets d'Espagne, à 4ᴸ 15ˢ le cent, et 500 juliennes blanches doubles, à 7ᴸ le cent, le tout pour le jardin du Roy à Marly................................ 89ᴸ 3ˢ

5 avril : à luy, pour 700 véroniques doubles de la grande espèce, 427 coquelourdes doubles, à 4ᴸ 15ˢ le cent, et 1000 juliennes simples, à 6ᴸ 10ˢ le cent, le tout pour Marly, et 150 pieds d'œillets d'Espagne, à 4ᴸ 15ˢ le cent, et 100 juliennes doubles, à 7ᴸ, qui ont esté envoyées à la pépinière du Roulle.... 132ᴸ 13ˢ 2ᵈ

19 avril : à luy, pour 560 coquelourdes doubles, 200 véroniques de la grande espèce, 150 œillets d'Espagne, à 4ᴸ 15ˢ le cent, et 80 touffes de juliennes blanches doubles, à 3ˢ le pied, qu'il a fourni pour le jardin de Marly................................ 55ᴸ 4ˢ 6ᵈ

5 avril : à NICOLAS GARANIER, pour 473 œillets d'Espagne et 200 coquelourdes doubles, à 4ᴸ 15ˢ le cent, et 500 juliennes blanches doubles, à 7ᴸ, pour le jardin de Marly................................ 66ᴸ 19ˢ 4ᵈ

5 avril - 28 juillet : à THOMAS DE BUGNI, jardinier, pour 765 touffes d'œillets de poëte pour led. jardin de Marly, à 3ᴸ 10ˢ le cent, et pour avoir ébourgeonné les arbres du Cours la Reyne (2 p.)............. 44ᴸ 6ˢ

3 may : à LOUIS LA VOYE, jardinier, pour 301 géroflées doubles en pots, pour led. jardin de Marly... .... 239ᴸ 5ˢ

1ᵉʳ novembre : aud. THOMAS DE BUGNY, pour 35 boisseaux 1/2 de tulippes, à 3ᴸ le boisseau, 11500 narcisses printannières, à 7ᴸ 10ˢ le millier, et un cent de tulippes bosuelles, livrées en 1692, à 4ᴸ 10ˢ le cent.. 196ᴸ 5ˢ

25 janvier : à GUÉRIN, jardinier, pour six maronniers de 7 à 8 pouces de tour pour planter dans le jardin du Roy à Marly, à 30ˢ pièce.................. 11ᴸ

29 novembre : au sʳ CLERX, pour 379 gros maron-

ANNÉE 1693. — JARDINAGES ET LABOURS.

niers qu'il a livrez pour planter dans les jardins des maisons royales, à raison de 25° par chacun. 473ᴴ 15ˢ

13 décembre : à luy, pour cent-cinq maronniers d'Inde de moyenne grosseur, à 18ˢ pièce, pour *idem*... .... 97ᴴ 4ˢ

2 janvier 1694 : à luy, pour cinquante petits maronniers à 15ˢ, pour planter à Trianon......... 37ᴴ 10ˢ

29 novembre : au sʳ Collinot, pour deux cent cinquante maronniers, à 18ˢ pièce.............. 225ᴴ

23 aoust-1ᵉʳ novembre : à Mareschal, pour 52 boisseaux 1/4 de tulippes, à 3ᴴ le boisseau ; 72 boisseaux de narcisses blancs doubles, à 3ᴴ le boisseau ; 24000 hiacinthes, à 10ᴴ le millier ; 17600 narcisses printanières, à 7ᴴ 10ˢ le millier ; 16750 narcisses nompareilles, à 30ᴴ le millier ; 1000 hiacintes d'Angleterre, à 10ᴴ le millier, et mil tulippes bosuelles, à 4ᴴ 10ˢ le cent, y compris 7ᴴ 10ˢ pour la voiture de tous lesd. oignons à la pépinière du Roulle (5 p.)................. 1308ᴴ 15ˢ

29 novembre 1693-17 janvier 1694 : à luy et à Jaques Huby, sur les fleurs et plantes vivasses qu'ils livrent pour planter dans les jardins des maisons royalles (3 p.)......................... 700ᴴ

22 mars : à Pierre Crosnier, pour avoir voituré cent bois blancs des pépinières de Versailles au château de Maintenon et 10 milliers de plant de charmille à Marly pendant le présent mois.................. 35ᴴ 15ˢ

8 mars-18 octobre : à Pierre L'Éguiller et Étienne Ferrand, pour avoir voituré des arbres et arbrisseaux, oignons de fleurs, arbustes et arbres verds du jardin de la pépinière du Roulle et des pépinières de Versailles pour les maisons royalles en 1692 et 1693 (4 p.)... .... 596ᴴ 5ˢ

13 décembre : à Jean Le Roy et Estienne Ferrand, pour 67 voitures pour les maisons royalles.. 504ᴴ 10ˢ

8 mars : à Jaques Le Mercier, pour avoir arraché et voituré 4500 plants de charmille de l'allée du Chenay pour planter à Marly et 10 milliers de plants d'ormille pour Saint-Cir et pour regarnir les nouvelles remises à gibier de la plaine de Saint-Denis..... 14ᴴ 9ˢ

4 octobre-1ᵉʳ novembre : à Louis Germain, pour onze cens milliers de charmille qu'il a levez dans la forest de Lions en Normandie pour planter en réserve pour les jardins des maisons royalles, à raison de 17ˢ 4ᵈ pour chacun millier (2 p.)............... 953ᴴ 7ˢ

1ᵉʳ novembre : à luy, pour avoir esté à lad. forest faire lever lad. charmille, et pour tous les autres voyages qu'il a faits concernant les plants jusqu'à ce jour.... 150ᴴ

Somme de ce chapitre....... 8352ᴴ 1ˢ

MANNEQUINS.

22 mars : à Louis Cordelette, pour 500 moyens mannequins d'osier plat, à 6ᴴ le cent, et 1100 petits, à 4ᴴ le cent, pour lever en mottes, dans le jardin de la pépinière du Roy au Roulle, des ifs, piséas et autres arbrisseaux verts et à fleurs pour les maisons royalles, y compris 5ᴴ pour les avoir fait voiturer à lad. pépinière 80ᴴ 15ˢ

19 avril : à luy, pour 800 moyens mannequins d'osier, à 6ᴴ le cent, pour lad. pépinière, y compris la voiture............................... 51ᴴ 15ˢ

29 novembre : à luy, pour 1600 mannequins qu'il a livrez pour porter des arbres dans lesd. jardins, sçavoir : 500 à 7ᴴ 10ˢ le cent, 800 moyens à 4ᴴ 10ˢ, et 300 petits à 3ᴴ le cent............... 82ᴴ 10ˢ

26 juillet : à Nicolas Henrecy, vanier, pour 18 douzaines de petits paniers à fraises pour servir à porter les fraises du jardin de Vincennes à S. M......... 18ᴴ

13 décembre : à luy, à compte des manes qu'il a livrées à la pépinière du Roule................ 100ᴴ

Somme de ce chapitre......... 333ᴴ

POTS DE TERRE.

25 janvier-8 mars : à Dominique Marcelin, pottier de terre au fauxbourg Saint-Antoine à Paris, pour 5900 pots de terre de 8 pouces de diamètre pour le jardin de Trianon (2 p.)................... 442ᴴ 10ˢ

OUVRIERS À JOURNÉES DE LA PÉPINIÈRE DU ROULLE.

25 janvier 1693-18 janvier 1694 : aux ouvriers qui ont travaillé à la journée à la pépinière du Roulle, depuis le 16 janvier 1693 jusqu'au 16 janvier 1694 (2 p.) 4957ᴴ 18ˢ 6ᵈ

OUVRIERS À JOURNÉES DES PÉPINIÈRES DES ENVIRONS DE VERSAILLES.

25 janvier-29 novembre : à ceux qui ont travaillé à lever des grosses spées de charmille en motte pour regarnir les brèches des palissades du jardin de Versailles (4 p.)........................... 196ᴴ 14ˢ 8ᵈ

25 janvier 1693-17 janvier 1694 : à ceux qui ont veillé à la conservation des plants d'arbres des avenues, pépinières et parc de Versailles, depuis le 10 janvier 1693 jusqu'au 16 janvier 1694 (26 p.).. 2187ᴴ 1ˢ 8ᵈ

25 janvier-22 mars : à ceux qui ont élagué les arbres des avenues dans le nouvel accroissement du petit parc de Versailles, ceux du tour de la grande pièce d'eau et du Dragon, avenues de Bailly et Noisy, grand

parc et autour du réservoir d'eau de Chèvreloup (5 p.)
.... 653" 8' 8ᵈ

19 avril : à ceux qui ont travaillé à planter 15 à 1600 marcottes d'ormes de Flandres et 4 milliers de boutures de bois blanc de la bonne espèce et à préparer de la terre pour semer de la graine d'orme derrière les jardins de Saint-Antoine................. 82" 16'

3 may-28 juin : à ceux qui ont travaillé à préparer de la terre pour semer de la graine d'orme devant les fontaines de Saint-Antoine et à labourer un carré de grands ifs plantez en réserve derrière le logement des matelots de Versailles (4 p.)............. 160" 18'

12 juillet-9 aoust : à ceux qui ont arrousé la graine d'orme nouvellement semée (3 p.)........ 165" 11'

15 novembre : à ceux qui ont arraché 215 gros maronniers à Vanvre et qui les ont voiturez à Marly.....
.... 178" 16'

29 novembre : à ceux qui ont voituré des maronniers et autres arbres en plusieurs maisons royales.... 354"

13 décembre : à ceux qui ont travaillé à lever 15 milliers de grande charmille pour planter à Marly, levé et voituré 30 arbres en motte dans le jardin de Versailles pour planter dans les bosquets de l'Arc de triomphe et des Trois fontaines, et levé 108 maronniers d'Inde à Vanvre, et avoir compté 4600 rachées de bois blanc à la petite feuille dans la pépinière de Chèvreloup.. 125" 7'

A ceux qui ont voituré de la grande charmille de Versailles à Marly et 108 maronniers d'Inde de Vanvre à Trianon................................ 90"

30 janvier 1694 : à ceux qui ont levé 27 gros ormes dans les carrez des bois derrière le jardin de Trianon, 526 grosses rachées de charmille en motte pour regarnir les allées et palissades dud. jardin, et ont chargé et voituré 438 arbres à l'allée de l'Arc de triomphe et au parc de Vincennes (2 p.)...... 387" 18' 7ᵈ

3 janvier 1694 : à ceux qui ont voituré des ormes et des rachées de charmille en motte pour planter à Trianon, 80 milliers de charmille et 300 chicomores à Choisy, et du plan de bouleau et d'aunettes pour regarnir les remises à gibier dans le grand parc............ 178" 10'

Aux pescheurs qui ont eu soin des nids de jeunes cignes depuis Saint-Cloud jusqu'à Rouen........ 72"

17 janvier 1694 : à ceux qui ont arraché 330 gros noyers et chicomores dans la pépinière qui est au bout du pont du Pecq.......................... 63" 8'

Somme de ce chapitre..... 4896" 9' 7ᵈ

DIVERSES DÉPENSES.

25 janvier : à CLAUDE MARLIN, maréchal, et GUIL-LAUME COLIGNON, charon au Roule, pour avoir raccomodé toutes les grandes et petites brouettes de la pépinière du Roule et autres ouvrages........... 97" 9'

8 février : à PIERRE BACUEL et DOMINIQUE SAINT-GERMAIN, portier du cours de la Reyne à Paris, pour avoir conduit, fait décharger et régalé 527 tombereaux de gravois dans les allées dud. Cours pour les redresser, à 2 sols par chacun tombereau, y compris huit jours qu'ils ont employé à répandre lesd. gravois, à 16' par jour...
.... 69" 15' 6ᵈ

A JAQUES LUCAS, plombier, pour avoir fait plusieurs recherches et resoudures aux conduites de plomb des bassins de la pépinière du Roule en 1692... 13" 2' 6ᵈ

5 avril-12 juillet : au sʳ BALLON, pour ce qu'il a payé pour la nourriture et conservation des cignes de S. M. qui sont sur la rivière de Seyne depuis Charenton jusqu'à Saint-Cloud pendant les six premiers mois 1693 (2 p.).......................... 833" 19'

5 avril : à luy, pour ce qu'il a payé pour le port, depuis Lyon jusqu'à Paris, de trois caisses pleines de 3000 oignons de tubéreuses qui ont esté envoyées de la pépinière du Roy à Toulon pour les jardins des maisons royales.......................... 32" 15'

3 may : au sʳ GARÇON, imprimeur, pour 200 exemplaires d'ordonnances de S. M. concernant la conservation des cignes qui sont sur la rivière de Seyne, y compris l'achapt de 200 jasmins d'Espagne pour planter à la pépinière.......................... 30" 15'

17 may : à CLAUDE MARLIN, maréchal, pour avoir resoudé et racomodé plusieurs outils de fer, avoir entretenu les grands seaux et la chaine de fer du grand puys à roue de lad. pépinière........... 19" 11' 6ᵈ

A NICOLAS GOMBAULT, jardinier, pour 35 tombereaux de sable de rivière qu'il a employé et répandu dans les allées du jardin de la Chancellerie à Versailles. 14" 12'

31 may : à la veuve AMELINE, jardinière, pour avoir planté 40 toises de charmille et 300 ormes en bois blanc dans le jardin du château de Maintenon.... 83"

26 juillet : aud. LUCAS, pour réparations qu'il a fait aux bassins de ciment et aux conduites de plomb de la pépinière du Roulle.................. 39" 12'

1ᵉʳ novembre : à COCHOIS, pour avoir esjointé 69 jeunes cignes sur la rivière de Seyne depuis le pont de Saint-Cloud jusqu'au-dessus de celui de Melun. 71" 12'

A luy, pour avoir fait un filet de 8 toises de long et un espervier pour prendre les jeunes cignes pour les éjointer.............................. 29"

1ᵉʳ novembre : à luy, pour ses appointemens du quartier de juillet dernier............... 91" 10'

Au s⁽ʳ⁾ Denis, pour six septiers d'avoine qu'il a livrez pour la nourriture desd. cignes depuis Saint-Cloud jusqu'au pont Royal, dont cinq septiers à 20ᴴ le septier, deux autres à 23ᴴ, et les deux autres à 25ᴴ.... 136ᴴ

29 novembre : à Frade, 80ᴴ pour avoir vacqué pendant 16 jours pour esjointer quarante et un jeunes cygnes sur la rivière de Seyne jusqu'à Rouen et sur les rivières d'Oise, d'Eppe et d'Eure, à 5ᴴ par jour, 10ᴴ 13ˢ pour un filet avec lequel on a pris huit vieux cignes proche Rouen et amenez à l'isle des Cignes proche le Cours la Reyne, 20ᴴ 15ˢ pour la nourriture desd. huit vieux cignes, et 28ᴴ 3ˢ pour les pescheurs qui luy ont aydé à prendre les jeunes cignes pour les esjointer... 138ᴴ 1ˢ

3 janvier 1694 : à Portrait, menuisier, pour avoir fait une porte cochère avec de vieilles planches de chesne pour fermer la baze du mur de clôture des plants des avenues des Thuilleries........................ 42ᴴ

A Robert Aumont, pour les réparations de maçonnerie qu'il a faites aux orangeries et à la maison de la pépinière du Roulle et au logement du portier du Cours la Reyne qui est du costé de Chaillot................. 100ᴴ

9 aoust : à Marc Bouvrain, serrurier, pour ouvrages et réparations de serrurerie qu'il a fait pour le Roy tant à la maison qu'au jardin de la pépinière du Roulle.... .... 7ᴴ 18ˢ

Somme de ce chapitre.... 1850ᴴ 12ˢ 6ᵈ

SAINT-GERMAIN-EN-LAYE.

MAÇONNERIE.

1⁽ᵉʳ⁾ février-22 novembre : à Jaques Barrier, maçon, à compte de sa maçonnerie dans la dépendance du château de Saint-Germain (3 p.)............... 500ᴴ

15 mars-16 avril : à luy, sur le rétablissement des murs de clôture du grand parc (3 p.)........ 375ᴴ

15 mars : à luy, pour avoir scellé plusieurs crampons de fer pour tenir des barreaux de bois sous les arcades du pont de Poissy et pour avoir rétably la pierre à plusieurs endroits desd. arcades................ 30ᴴ

21 juin : à luy, pour avoir scellé 140 poteaux pour tendre la tapisserie le jour de la Feste-Dieu dernière, depuis l'église de Saint-Germain, passant dans la cour des cuisines, jusques et joignant l'ancien abreuvoir... .... 155ᴴ

5 juillet : à luy, pour une reprise de maçonnerie qu'il a faite sous-œuvre au mur de face d'une maison appartenante à la veuve Jeanne Leclerc, scitué au village de la Frette, joignant les murs de clôture de la forest de Saint-Germain que lesd. murs avaient endommagés. 90ᴴ

30 aoust : à luy, pour réparation au mur de refend qui est dans le passage du pavillon de Madame la Dauphine pour aller aux offices au château de Saint-Germain.................................. 60ᴴ

13 septembre : à luy, pour 15 toises carrées de murs qu'il a rétablis à la clôture du petit parc de Saint-Germain-en-Laye........................... 45ᴴ

27 septembre : à luy, pour le mur de clôture qu'il a fait entre le nouveau bâtiment de la capitainerie de Saint-Germain jusqu'au bord du fossé du château, contenant 70 toises 4 pieds carré, à 45ˢ la toise... 157ᴴ 15ˢ

Somme de ce chapitre....... 1412ᴴ 15ˢ

CHARPENTERIE.

15 février : à Jean-Jacques Aubert, charpentier, pour dix travées de pallis qu'il a démolis dans la forest de Saint-Germain-en-Laye, proche de la Muette, et qu'il a transportez et rétablis proche de Formainville pour y boucher une brèche...................... 18ᴴ

29 mars : à luy, pour réparations de charpenterie aux arches sous la chaussée du bout du pont de Poissy, et à celles de la fin d'Oise, tant du costé de Morcourt que de Conflans............................... 88ᴴ

21 juin : à luy, pour poteaux posez à Saint-Germain pour la procession de la Feste-Dieu dernière..... 130ᴴ

Somme de ce chapitre.......... 236ᴴ

MENUISERIE.

15 mars-27 septembre : à François Millot, menuisier, pour ouvrages de menuiserie fournis et réparez au château de Saint-Germain et dépendances, depuis le mois de février 1691 jusqu'au dernier décembre 1692 (3 p.)......................... 500ᴴ 16ˢ 10ᵈ

6 décembre 1693-10 janvier 1694 : à luy, sur ses ouvrages de menuiserie en la présente année 1693 (2 p.)............................ 598ᴴ 8ˢ 9ᵈ

Somme de ce chapitre...... 1099ᴴ 5ˢ 7ᵈ

SERRURERIE.

18 janvier 1693-10 janvier 1694 : à Joseph Rouillier, serrurier, pour ses ouvrages de serrurerie et gros fer au château et dépendances de Saint-Germain depuis le mois de novembre 1692 jusqu'au mois de décembre dernier (7 p.)...................... 1152ᴴ 17ˢ 10ᵈ

29 mars : à luy, pour ouvrages de serrurerie et gros

fer fournis aux barrières de bois qui sont sous les arches du pont de Poissy. 35ᴸ 11ˢ 9ᵈ
Somme de ce chapitre. . . . 1188ᴸ 9ˢ 7ᵈ

PLOMBERIE.

19 mars : à Jaques Lucas, plombier, pour du plomb en table qu'il a livré au magasin de Saint-Germain-en-Laye, employé pour réparer les couvertures dud. château et maisons en dépendant depuis le mois d'aoust jusqu'au dernier décembre 1692. . . . . 64ᴸ 2ˢ 5ᵈ

SERRURERIE.

15 février 1693-10 janvier 1694 : à Claude Cosset, vitrier, pour ouvrages et réparations de vitrerie au château et autres bâtiments de Saint-Germain pendant la présente année (12 p.). 1237ᴸ 11ˢ

PEINTURE.

13 aoust : à Louis Poisson, pour ouvrages de grosse peinture à l'augmentation du logement de la Capitainerie de Saint-Germain en 1692 et 1693. 148ᴸ 11ˢ 9ᵈ

PAVÉ.

18 janvier-26 avril : à Gilles Deriaux, paveur, pour ouvrages de pavé dans la dépendance de Saint-Germain pendant novembre et décembre 1692 et les trois premiers mois 1693 (2 p.). 370ᴸ 14ˢ 5ᵈ
21 juin : à luy, pour ses ouvrages de pavé au sujet des tapisseries de la dernière Feste-Dieu. 57ᴸ
Somme de ce chapitre. 427ᴸ 14ˢ 5ᵈ

LABOURS.

18 janvier : à Pierre Motte, laboureur, parfait payement de 504ᴸ 11ˢ à quoy montent les grands et moyens trous qu'il a faits dans le petit parc de Saint-Germain pour y regarnir les ormes morts et autres ouvrages. . . .
. . . . 204ᴸ 11ˢ
26 avril-24 may : à luy et Guillaume Motte, pour le plain labour par eux fait aux plants du petit parc de Saint-Germain et à ceux du boulingrin du château neuf (2 p.). 581ᴸ 10ˢ
19 juillet-30 aoust : à eux, sur le deuxième labour en plain qu'ils ont fait auxd. endroits (3 p.). . 581ᴸ 10ˢ
11 octobre-22 novembre : à eux, pour le troisième labour (3 p.). 581ᴸ 10ˢ
6 décembre 1693-10 janvier 1694 : à eux, pour les trous qu'ils ont fait et les ormes qu'ils ont plantez (3 p.)
. . . . 327ᴸ 14ˢ
18 janvier : à Jean Frade, laboureur, parfait payement de 255ᴸ 11ᵈ à quoy montent les labours et ensemençage qu'il a fait aux trois remises à gibier de la garenne de Vézinet pour la conservation du gibier en 1692
. . . . 55ᴸ 11ᵈ
29 mars-20 décembre : à luy, pour le labour et fourniture de grains qu'il a fait pour ensemencer partie des trois remises à gibier de la garenne de Vézinet (2 p.).
. . . . 265ᴸ 3ˢ 5ᵈ
22 novembre-6 décembre : à Pierre Baronnet, terrassier, pour la terre qu'il a transportée dans le jardin du Val pour le changement des plates bandes où les arbres fruitiers sont morts et du fumier qu'il a fourni pour amender la terre (2 p.). 299ᴸ 12ˢ
1ᵉʳ février : à Charles Fontaine, terrassier, pour les trous qu'il a faits dans le fonds du fossé du château de Saint-Germain et pour y avoir mis toutes les ordures et les pierres que les Anglois y avoient jettées. 20ᴸ
15 mars : à luy, pour avoir relevé les éboulis qui s'estoient fait aux escarpemens qui font partie de la closture du grand parc dud. Saint-Germain, entre Lafrette et Conflans. 92ᴸ
29 mars-26 avril : à eux, pour les éboulis qu'ils ont relevé aux escarpemens qui font partie de la closture de la forest de Saint-Germain, entre Andrezy et Carrière-sous-Poissy (3 p.). 101ᴸ
Somme de ce chapitre. . . . 3109ᴸ 11ˢ 4ᵈ

DÉPENSES EXTRAORDINAIRES.

18 janvier 1693-10 janvier 1694 : à Estienne Langlois, cordier, pour cordages, pelles, seaux, ballots, clouds et autres fournitures par luy faites au magasin de Saint-Germain en 1692 et 1693 (2 p.). 115ᴸ 4ˢ
15 mars-6 décembre : à Jean-Prud'homme, pottier de terre, pour 300 pots de terre cuitte, à 8ᴸ le cent, et 300, à 10ᴸ le cent, pour y mettre des fraisiers livrez au jardin du boulingrin du château neuf (2 p.). 54ᴸ
15 mars : à Louis de la Lande, jardinier dud. jardin, pour plusieurs dépenses faites aud. jardin pendant la fin de l'année 1683 et 1684. . . . . 243ᴸ
15 mars-7 juin : à Matuieu Lambert, fayancier, pour cinq cents cloches de serre qu'il a livrées aux jardiniers de Saint-Germain, à 23ᴸ le cent. 165ᴸ
26 avril : à Pierre Coustillié, jardinier, pour cinquante bottes d'échalats qu'il a acheptez pour soutenir les muscats du jardin du Val. 30ᴸ
26 avril 1693-10 janvier 1694 : à Pierre Varisse, pour les cheminées qu'il a ramonnées et raccommodées avec du plâtre au château et autres bâtiments de Saint-Germain (2 p.). 154ᴸ 4ˢ

ANNÉE 1693. — MARLY.

7 juin : à CLAUDE FONTAINE, pour avoir mis en couleur et frotté le parquet de neuf chambres des appartemens de Monsieur et Madame DE MONTCHEVREUIL, au château neuf de Saint-Germain.................... 33ʰ
21 juin : à JEAN GAUTIER, charbonnier, pour dix muids de charbon livrez au magasin, à raison de 3ʰ 5ˢ le muid 32ʰ 10ˢ
8 novembre : à JEAN DEROCHE, garçon plombier, pour 800 de mastic qu'il a acheptez et livrez aud. magasin de Saint-Germain........................... 64ʰ
Somme de ce chapitre......... 890ʰ 18ˢ

OUVRIERS À JOURNÉES.

18 janvier 1693-10 janvier 1694 : aux ouvriers qui ont travaillé dans la dépendance dud. château de Saint-Germain depuis le 5 janvier 1693 jusqu'au 9 janvier 1694 (27 p.)...................... 1875ʰ 9ˢ 9ᵈ
1ᵉʳ février : à ceux qui ont rempli de glace une des glacières de Saint-Germain-en-Laye..... 390ʰ 10ˢ 4ᵈ
Somme de ce chapitre..... 2266ʰ 0ˢ 1ᵈ

ENTRETENEMENS DE SAINT-GERMAIN.

12 avril-11 octobre : à JACQUES BARBIER, maçon, ayant l'entretenement de la terrasse, perrons, murs de clôture et loges des Suisses de la dépendance des châteaux de Saint-Germain et de Marly, pour ses gages du dernier quartier de 1692 et des deux premiers de 1693 (3 p.)................................. 1350ʰ
12 avril-11 octobre : à JEAN DEROCHE, garçon plombier, ayant la recherche des plombs sur la couverture du château et autres maisons dépendantes d'icelui, pour ses gages, *idem* (3 p.)...................... 450ʰ
12 avril-11 octobre : à SIMON DESCHAMPS, couvreur, ayant l'entretien de la couverture de la dépendance desd. châteaux, pour *idem* (3 p.)............... 1929ʰ
5 juillet : à JEAN-BAPTISTE LALANDE, jardinier de l'orangerie de Saint-Germain, pour ses labours et entretenemens des palissades du petit parc de Saint-Germain pendant les six premiers mois de 1693........ 200ʰ
Somme de ce chapitre......... 3929ʰ

MARLY.

MAÇONNERIE.

18 janvier-15 mars : à JEAN BAILLY et LOUIS ROCHER, entrepreneurs, à compte de leurs ouvrages de maçonnerie en plusieurs endroits du parc de Marly (5 p.).... .... 2000ʰ
29 mars 1693-10 janvier 1694 : à eux, sur leurs ouvrages de maçonnerie et amas de matériaux pour les cascades de Marly (19 p.)................ 16900ʰ
21 juin-30 aoust : à eux, pour le changement et augmentation du réservoir qui est au derrière des pavillons de l'aile de Marly du costé de Luciennes (6 p.).. .... 3600ʰ
21 juin-2 aoust : à eux, sur leurs ouvrages de maçonnerie pour les nouveaux bâtimens (4 p.)... 1800ʰ
13 septembre : à BAILLY, pour huit modèles de bassins de plastre qu'il a fait sur les huit pieds d'estaux desd. cascades......................... 264ʰ
15 février-22 novembre : à FRANÇOIS GOBIN et PIERRE BURET, maçons, pour ouvrages de maçonnerie par eux faits dans la dépendance du château de Marly depuis le mois de novembre 1692 jusqu'au mois d'octobre 1693 (10 p.)...................... 1978ʰ 12ˢ 11ᵈ
15 mars-26 avril : à eux, pour les ouvrages qu'ils ont faits pour la construction de deux conduites que l'on a posées joignant le petit réservoir (3 p.).. 1406ʰ 9ˢ 9ᵈ
10 may : à eux, pour 108 toises 1/2 courantes de pierrées qu'ils ont faites dans le terrain du dessus du réservoir du bosquet de Marly, au derrière des pavillons du côté de Luciennes, dont 22 toises 1/2 couvertes de dalles de pierre, à raison de 7ʰ la toise courante, et 86 toises recouvertes de dosses de batteau, à 4ʰ 10ˢ la toise 544ʰ 10ˢ
19 juillet-13 septembre : à eux, pour le revêtement des terres de la route royalle de la forest de Marly près la porte de la croix Saint-Philippe, et autres ouvrages (5 p.)......................... 1608ʰ 4ˢ 8ᵈ
23 aoust : à eux, pour 21 toises courantes de pierrées qu'ils ont fait en quatre branches dans le glacis qui est à la teste du réservoir du bosquet du couchant pour dessécher les sources qui sont dans lesd. glacis... 126ʰ
6 décembre : à eux, pour la fermeture de trois travées des hangards des gardes du corps, où l'on veut faire un magasin, qui d'une cloison qui sépare le bucher du grand Commun de Marly d'avec le marchand de vin. 169ʰ 19ˢ 2ᵈ
6 décembre : à eux, pour ouvrages dans le bosquet du costé de Luciennes et autres ouvrages........ 206ʰ
25 octobre : aud. BURET, pour une pierrée à pierre sèche et autres menus ouvrages qu'il a faits dans le jardin..................................... 45ʰ
23 aoust : à GASPARD BRISSET, carrier, pour 300 de moilon qu'il a livré sur le bord du réservoir du bosquet de Marly du costé du couchant, à 24ʰ le cent... 72ʰ
6 décembre : à PHILIPPE VILETTE, tailleur de pierre,

pour 48 journées qu'il a travaillé à faire des feuillures à la pierre de taille des regards des cascades du bas du jardin de Marly où sont les décharges desd. cascades pour les recouvrir de planches............. 60ᴴ

Somme de ce chapitre.... 30780ᴴ 6ˢ 6ᵈ

LABOURS ET JARDINAGES.

15 février : à JAQUES LEJAY, jardinier, pour 6 toises 1/3 quarré de gazons à queue qu'il a fait au pied du glacis de la petite glacière du parc de Marly pendant le mois de décembre 1692, à 3ᴴ la toise quarrée... 19ᴴ

15 mars : à luy, pour 143 toises 4 pieds 6 pouces carrez de gazon plat qu'il a relevé et reposé le long du bosquet qui est au derrière des pavillons de l'aile du costé de Lucienne, à cause du changement de la première allée dud. bosquet................ 71ᴴ 17ˢ 6ᵈ

29 mars-22 novembre : à luy, pour ouvrages de gazonnage à queue et plat qu'il a faits de neuf et rétablis au derrière des trois derniers pavillons de l'aile de Marly du côté de Loucienne et dans les jardins et bosquets dud. Marly, depuis le 14 mars (6 p.).... 948ᴴ 15ˢ 9ᵈ

23 aoust : à luy, pour 72 bottes d'échalats livrez au magasin, à 20ˢ la botte.................. 72ᴴ

9 décembre : à luy, pour avoir couvert de paille 18 grandes calottes dans le jardin de Marly, pour servir à couvrir les lauriers teints, qui sont dans les plattes bandes des parterres.................. 30ᴴ

6 décembre 1692-10 janvier 1694 : à luy, sur le gazon à queue et gazon plat qu'il a voituré et posé dans le bosquet du costé de Loucienne (2 p.)... 76ᴴ 15ˢ 5ᵈ

10 janvier 1694 : à luy, pour le gros treillage qu'il a fait dans les lignes de la charmille nouvellement plantée dans le bosquet qui est au derrière des pavillons de l'aile de Marly du costé de Loucienne....... 48ᴴ 16ˢ

2 aoust : à NICOLAS BONJENNE, jardinier, pour 292 toises carrées de gason plat qu'il a fait et fourni pour le remplissage des allées au pourtour des fontaines en gazon du bas du jardin de Marly.............. 219ᴴ

11 octobre-22 novembre : à luy, pour le gazon plat qu'il a fait et rétabli dans led. jardin (4 p.).. 510ᴴ 1ˢ 4ᵈ

10 janvier 1694 : à luy, pour avoir regalé et dressé les deux contr'allées de la dernière pièce d'eau du jardin de Marly qui avoient esté gâtées par les voitures et chevaux en faisant les cascades............ 20ᴴ

18 janvier-1ᵉʳ février : à THOMAS MARVILLE, terrassier, pour 584 sommes de fumier de vache qu'il a livrées dans le jardin de Marly, à 6 et 7 sols la somme (2 p.)....
.... 198ᴴ 2ˢ

1ᵉʳ février : à luy, pour 2316 chesnes qu'il a levez en motte, dans les bois de Roquancourt et dans ceux derrière l'étang du Trou d'Enfer, et voituré pour planter et regarnir les nouveaux bosquets du jardin de Marly
.... 347ᴴ 8ˢ

15 février : à luy, pour 105 journées d'ouvriers qu'il a fourni pour couper des perches dans les bois de la vallée du Gros Houx pour voiturer dans le parc de Marly et lever des chesnes en motte dans les bois de Roquancourt........................ 70ᴴ

A luy, pour 10 toises cube de terre qu'il a apportées de dehors le parc de Marly pour porter dans les trous faits dans les glacis pour y planter des spées de bois en motte........................ 30ᴴ

A luy, parfait payement de 202ᴴ 4ˢ 7ᵈ à quoy montent les terres qu'il a fouillées et transportées en plusieurs endroits du parc................ 52ᴴ 4ˢ 7ᵈ

1ᵉʳ-15 mars : à luy, pour des perches qu'il a coupées et voiturées de la vallée du Gros Houx dans le parc de Marly pour faire le treillage au-dessus des ormes du bosquet qui est au pourtour du bassin, à gauche du grand perron du jardin de Marly (2 p.).... 157ᴴ 15ˢ

29 mars-10 may : à luy, pour les terres qu'il a enlevées en plusieurs endroits du parc de Marly, et avoir rempli et recouvert de sable le conroy que l'on a fait dans le fond du canal de l'étang du Trou d'Enfer, et autres ouvrages dans la dépendance de Marly (4 p.)...
.... 438ᴴ 2ˢ 11ᵈ

12 avril-7 juin : à luy, pour 1329 sommes de fumier de cheval qu'il a livré dans le parc de Marly (5 p.)...
.... 428ᴴ 7ˢ

5 juillet : à luy, pour avoir démoli les murs de terrasse et de douve du réservoir qui est dans le bosquet du derrière des pavillons du costé de Loucienne où l'on a fait des changemens.................... 214ᴴ

19 juillet : à luy, pour les oignons de fleurs qu'il a relevez dans les plattes bandes qui sont des deux costez et au pourtour à droite et à gauche de la charmille des allées du jardin de Marly................ 88ᴴ 4ˢ

19 juillet 1693-10 janvier 1694 : à luy, pour les perches qu'il a coupées et voiturées des bois de la vallée du Gros Houx dans le parc de Marly (6 p.).. 470ᴴ 7ˢ

16 juillet-2 aoust : à luy, pour ce qu'il a payé aux palfreniers des écuries du Roy pour le fumier que leurs chevaux ont fait (2 p.)................ 160ᴴ 10ˢ

13 septembre 1693-10 janvier 1694 : à luy, pour 462 sommes de fumier de cheval qu'il a fourni sur les regards du jardin de Marly à cause de la gelée (2 p.)
.... 138ᴴ 12ˢ

27 septembre-25 octobre : à luy, pour le fumier qu'il a voituré de la cour du s' Rivié au port de Marly, au derrière des pavillons (3 p.).............. 434ᴴ

13 septembre : à luy, pour 13 toises 4 pieds 6 pouces cubes de terrau qu'il a voituré dans led. parc de Marly 61ᴴ 17ˢ 6ᵈ

10 janvier 1694 : à luy, pour cinquante ormes qu'il a levez en motte dans les quarrez du dessus de Marly et qu'il a portez et plantez dans le bosquet du côté du village, à raison de 20 sols la pièce............ 50ᴴ

18 janvier 1694 : à Germain Charpentier, terrassier, pour le fumier de vache qu'il a transporté à la hotte dans les bosquets du jardin de Marly.......... 99ᴴ

1ᵉʳ mars : à luy, parfait payement de 153ᴴ pour 1020 trous qu'il a fouillés sur le glacis du réservoir du bout du bosquet de Marly, du costé du village, pour y planter des spées de bois en motte, et de la bonne terre qu'il a rapportée dans lesd. trous au lieu de la mauvaise terre qu'il a enlevée.......................... 53ᴴ

15 mars : à luy, pour avoir levé la charmille en motte des deux côtés de la principale allée du bosquet de Marly du côté de Loucienne................. 97ᴴ

7 juin : à luy, pour avoir labouré les plants des bosquets qui sont au derrière des pavillons des deux ailes de Marly, ceux qui sont des deux côtez du château et au pourtour du lavoir........................ 54ᴴ

21 juin : à luy, pour un trou de 15 pieds de profondeur qu'il a rempli de terre et battu sur l'allée du devant des pavillons de Marly du costé de Loucienne.. 50ᴴ 10ˢ

19 juillet-2 aoust : à Pierre Motte, laboureur, pour avoir labouré toutes les plattes bandes des berceaux du jardin de Marly et celles le long des murs de clôture du bas dud. jardin (2 p.).................... 127ᴴ

10 janvier 1694 : à luy, pour la charmille qu'il a planté en pépinière dans le terrain qui est entre les escuries des gardes du corps et le réservoir du dessus de Marly................................ 50ᴴ

18 janvier-15 mars : à François Marcan, pour 586 sommes de fumier de vache qu'il a livré dans le jardin de Marly pour employer à fumer partie des bosquets dud. jardin (3 p.)..................... 178ᴴ 16ˢ

18 janvier : à luy, pour 736 toises courantes de charmille qu'il a plantée en pépinière dans le terrain au derrière des escuries des gardes du corps..... 36ᴴ 16ˢ

19 juillet-2 aoust : au s' Rivié, pour 17 toises 3 pieds 10 pouces cubes de fumier de cheval qu'il a livré dans le parc de Marly (2 p.).............. 211ᴴ 12ˢ 9ᵈ

27 septembre : à Michel Feuillet, pour 121 toises courantes de rigolle qu'il a faites, au bout des aqueducs nouvellement faits dans la route qui va du village de Marly dans la forest dud. Marly, pour l'écoulement des eaux sauvages......................... 30ᴴ 5ˢ

27 septembre : à Estienne Deschaux, jardinier, pour 1500 juliennes blanches doubles qu'il a livrées dans le jardin de Marly........................ 105ᴴ

Somme de ce chapitre.... 6448ᴴ 15ˢ 9ᵈ

PLANTS D'ARBRES.

18 janvier : à Charles Amelot, jardinier, pour les ormes en mannequin qu'il a transporté au pourtour des réservoirs du dessus de Marly, en la place de ceux qui y estoient morts, et autres ouvrages........... 71ᴴ 5ˢ

1ᵉʳ février 1693-10 janvier 1694 : à luy, pour 8952 spées de charmes qu'il a levées en motte dans la forest de Marly et chargées dans les voitures pour planter dans les nouveaux bosquets du jardin de Marly, y compris 36ᴴ pour les trous qu'ils ont remplis de spées dans le bois de Roquancourt (6 p.)............. 1196ᴴ 5ˢ

15 février : à luy, pour avoir transporté dans des mannequins et enterré 500 spées de charmes dans le terrain joignant les glacières du parc de Marly... 30ᴴ

1ᵉʳ mars : à luy, pour 2000 spées de plant de chesne qu'il a levées en motte dans les bois de Roquancourt et qu'il a voiturées et livrées dans le parc de Marly pour planter sur les glacis des glacières et autres endroits, à 4ˢ pièce............................ 400ᴴ

15 mars-20 décembre : à luy, pour le bois qu'il a coupé, les souches qu'il a arrachées et les routtes qu'il a régalées dans les fonds de Lauberderie pour faire une communication du village de Marly dans la forest dud. lieu (3 p.)............................ 350ᴴ 13ˢ

29 mars : à luy, pour avoir planté de la charmille dans le terrain qui est entre les corps de garde et le petit réservoir du dessus de Marly, où elle a esté mise en pépinière, pour faire le passage de la nouvelle conduite, joignant led. réservoir............... 30ᴴ

12 avril : à luy, parfait payement de 804ᴴ 11ˢ 9ᵈ à quoy montent les trous qu'il a faits dans le parc et dépendances de Marly pour remplacer les ormes et bois blancs qui y sont morts, et pour les ormes qu'il a habillez et plantez dans lesd. trous, et le plain labour qu'il a donné aux plants et à tous les ormes et bois blancs dud. parc.............................. 154ᴴ 11ˢ 9ᵈ

12 avril-24 may : à luy, pour 19332 toises 1/2 quarrées de recoupes qu'il a mouillées et rebattues de deux vollées sur toutes les allées (4 p.)... 966ᴴ 12ˢ 6

26 avril : à luy, pour avoir rebattu de deux vollées toutes les allées du bosquet de Marly qui est au derrière

des pavillons du costé du village, et autres ouvrages... .... 146ᴸ 5ˢ
10 may : à luy, pour avoir rétabli les ravines et repassé au rabot les allées du devant des pavillons.. 62ᴸ 10ˢ
24 may-7 juin : à luy, pour avoir rétabli la recoupe gâtée par les ravines aux deux costez et derrière le château à commencer du grand mur de terrasse qui est en face dud. château jusqu'au bas dud. jardin (2 p.) 245ᴸ
21 juin-5 juillet : à luy, pour la recoupe qu'il a repassée à la claye, qu'il a redressée et rebattue sur les allées et toutes les ravines dud. jardin (2 p.).. 295ᴸ 5ˢ
21 juin-8 novembre : à luy, pour le régallement des routtes de la forest de Marly en toute la longueur de la route royale, et de toutes les allées gâtées par les ravines (11 p.) 1604ᴸ 12ˢ
19 juillet : à luy, pour 134 poteaux qu'il a plantez dans les routtes de lad. forest 37ᴸ 5ˢ
23 aoust-22 novembre : à luy, pour avoir rempli les ornières des routtes de Cheveau d'oɫ et d'Ardouin, et journées d'hommes qui ont travaillé auxd. routtes (4 p.) 309ᴸ 12ˢ
13 septembre : à luy, pour avoir façonné la recoupe au-dessus des deux nouvelles cascades du bas jardin de Marly, et autres ouvrages 84ᴸ 12ˢ
27 septembre : à luy, pour avoir repassé au croissant partie des routtes de la forest de Marly 116ᴸ 9ˢ
11 octobre-6 décembre : à luy, pour les trois labours en plain qu'il a fait aux plans et plattes bandes du jardin, parc de Marly et avenue de Noisy (5 p.) 834ᴸ 3ˢ 3ᵈ
6 décembre : à luy, pour avoir labouré et dressé toutes les plattes bandes au bosquet du costé de Lucienne... 52ᴸ
18 janvier-20 décembre : à Pierre La Rivière, vigneron à Saint-Germain pour 168100 de charmille qu'il a arrachée dans la forest dud. Saint-Germain pour regarnir les palissades de charmille du jardin de Marly, à 20ˢ le millier (4 p.).................... 186ᴸ 2ˢ
29 mars-8 novembre : à Claude Garnier, pour 21 septiers de graine d'herbe de bas pré qu'il a livrez au magasin de Marly (4 p.) 108ᴸ

Somme de ce chapitre...... 7281ᴸ 2ˢ 6ᵈ

OUVRAGES DE TERRASSES.

18 janvier-13 septembre : à Pierre Champagne et Noël Lavenet, terrassiers, pour la fouille et transport des mauvaises terres qu'ils font dans le bosquet de Marly du côté de Loucienne (18 p.) 10087ᴸ 17ˢ 6ᵈ
18 janvier-5 juillet : à eux, pour ouvrages de terrasse qu'ils ont faits en plusieurs endroits du parc de Marly (3 p.)............................. 369ᴸ 10ˢ 3ᵈ
10 may : à eux, pour plusieurs menus ouvrages de terrasses qu'ils ont enlevez en plusieurs endroits de la dépendance de Marly 93ᴸ 18ˢ 2ᵈ
19 juillet-2 aoust : à eux, pour le sable de rivière qu'ils ont transporté sur les allées du jardin (2 p.).. .... 217ᴸ
19 juillet : à eux, pour 45 toises 2 pieds cubes de terres qu'ils ont enlevées pour adoucir la pente de la nouvelle route qui vient de la forest du côté du village 90ᴸ 13ˢ 3ᵈ
2 aoust-13 septembre : à eux, pour les transports de terre à la route royale, joignant la porte de la croix Saint-Philippe (3 p.).................... 408ᴸ
23 aoust : à eux, pour les bonnes terres qu'ils ont transportées sur l'allée du parc de Marly........ 75ᴸ
30 aoust : à eux, pour avoir accomodé un chemin dans la forest joignant la Maison Rouge........ 120ᴸ
A eux, pour ouvrages de recoupe et de conroy dans le jardin de Marly......................... 108ᴸ
13 septembre-25 octobre : à eux, pour les glaises qu'ils ont rapportées et façonnées dans le réservoir du derrière des pavillons de Marly du costé de Loucienne (4 p.)........................ 798ᴸ 16ˢ 1ᵈ
27 septembre : à eux, pour fouille et transport de terre par eux faits en plusieurs endroits dud. jardin.... .... 218ᴸ 2ˢ 7ᵈ
25 octobre : à eux, pour avoir ôté du réservoir du côté de Loucienne le sable et la boue que les ravines y avoient entrainez et les avoir transporté hors du parc de Marly.. 70ᴸ
25 octobre-8 novembre : à eux, pour les terres qu'ils ont fouillées et transportées dans le jardin et autres endroits de Marly (2 p.)..................... 171ᴸ 6ˢ 4ᵈ
8 novembre : à eux, pour les terres qu'ils ont transportées dans la route royale au-dessus de la porte de la croix Saint-Philippe pour remplir plusieurs ravines et des régallemens dans la nouvelle routte qui vient de lad. forest dans le village de Marly........ 165ᴸ 15ˢ
8 novembre-6 décembre : à eux, pour les terres qu'ils ont fouillées et transportées après coup dans le bosquet de Marly du costé de Lucienne au sujet des changemens que l'on y fait (3 p.).......... 599ᴸ 10ˢ
22 novembre : à eux, pour les terres qu'ils ont rapportées pour l'élargissement de l'allée du réservoir du côté du village................................ 114ᴸ 15ˢ
6 décembre 1693-10 janvier 1694 : à eux, pour

les bonnes et mauvaises terres qu'ils ont sorties hors le parc et rapportées dans iceluy (3 p.)..... 632ᴴ 18ˢ 9ᵈ

15 mars : à JEAN VIGON, terrassier, pour 96 toises de rigolles qu'il a fait dans la forest de Marly pour empêcher les voitures dans lesd. routtes 42ᴴ

7 juin : à luy, pour la recoupe qu'il a transportée de dessus le chemin de Versailles, où elle est en provision, au derrière des pavillons des deux ailes pour rétablir les ravines que les dernières pluyes avoient faites... .... 52ᴴ 10ˢ

30 aoust : à luy, pour une rigolle qu'il a fait pour le milieu du canal de l'estang du Trou d'Enfer 47ᴴ

13 septembre - 11 octobre : à luy, pour du sable qu'il a raporté dans les allées du bosquet au derrière des pavillons du costé de Loucienne (2 p.)....... 355ᴴ 10ˢ

30 octobre : à luy, pour 65 toises cubes de terre qu'il a enlevées pour découvrir la carrière à glaize qui est joignant le parc de Marly............ 107ᴴ 10ˢ

22 novembre : à luy, pour 22 toises 1/2 cubes de terre qu'il a transportée du village dans la demie lune de l'entrée du parc du costé des offices......... 45ᴴ

1ᵉʳ mars : à JAQUES ROUAN, terrassier, pour les gravois et immondices qu'il a enlevez du bord du bois de Marly au-dessus du glacis....................... 60ᴴ

21 juin : à luy, pour avoir élargi et régallé en 437 toises de longueur le chemin de la vallée du Gros Houx au-dessous des châteigniers de Marly........... 98ᴴ

5 juillet : à luy, pour les herbes de la grande pièce d'eau du jardin de Marly qu'il a coupées et mises hors de lad. pièce d'eau et qu'il a transportées hors du parc.. .... 45ᴴ

Somme de ce chapitre... 15193ᴴ 12ˢ 11ᵈ

CHARPENTERIE.

18 janvier : à RAOUL DE PIERRE, dit LA PORTE, charpentier, pour ouvrages de charpenterie faits et fournis pour la construction du plancher d'un petit magasin au derrière de celuy de Marly............ 104ᴴ 15ˢ 10ᵈ

22 février : à luy, sur l'entretenement des charpentes de la machine......................... 500ᴴ

1ᵉʳ mars : à MICHEL LE BRESSAN, charpentier, parfait payement de 190ᴴ 14ˢ 2ᵈ à quoy montent ses ouvrages de charpenterie dans la dépendance de Marly pendant les sept derniers mois 1692........... 130ᴴ 14ˢ 2ᵈ

1ᵉʳ mars - 22 novembre : à luy, sur ses ouvrages pendant la présente année (7 p.)............ 1112ᴴ 5ˢ

5 juillet : à luy, pour des dosses de batteau qu'il a fournies et plusieurs autres ouvrages de charpenterie faits en plusieurs endroits du jardin.......... 236ᴴ

19 juillet : à luy, pour les tretteaux qu'il a déposez et reposez dans le réservoir qui est dans le bosquet de Marly du côté de Loucienne au sujet de l'augmentation des deux jets d'eau dud. réservoir......... 109ᴴ 17ˢ

25 octobre : à luy, pour 40 toises courantes de dosses de batteau qu'il a livrées et mises en œuvre pour recouvrir deux pierrées que l'on a écurées sur l'allée du devant des pavillons de l'aile de Marly du côté du village............................... 24ᴴ

8 novembre : à luy, pour les coings qu'il a fait pour redresser les pieux des portiques et pour avoir transporté quatre vases de bronze au bout du jardin de Marly. 30ᴴ

18 janvier - 12 avril : à JEAN-JACQUES AUBERT, charpentier, parfait payement de 4453ᴴ 19ˢ 3ᵈ à quoy montent les ouvrages de charpenterie qu'il a fournis et posez pour la construction des nouveaux bâtimens de Marly (7 p.)............................. 2903ᴴ 19ˢ 3ᵈ

1ᵉʳ mars : à luy, pour vingt-quatre barrières qu'il a posées au derrière des douze pavillons des deux ailes de Marly, contenans ensemble 34 toises de longueur, à 4ᴴ 10ˢ la toise....................... 153ᴴ

29 mars : à luy, pour ouvrages et réparations de charpenterie dans les escuries dud. château. 108ᴴ 4ˢ 2ᵈ

10 may : à luy, pour 8 toises courantes de barrières cintrées qu'il a livrées et posées au derrière des pavillons de la chapelle et salle des gardes............. 52ᴴ

19 juillet - 25 octobre : à luy, pour ouvrages de charpenterie dans la dépendance dud. château (5 p.).. .... 1186ᴴ 17ˢ 3ᵈ

2 aoust : à luy, pour cent trente poteaux, de chacun 16 pieds de long sur 3 pieds de gros, qu'il a livrez dans le jardin de Marly, à 26ˢ 8ᵈ pièce, et pour deux poteaux qu'il a livrés aux escuries du Roy, à 4ᴴ pièce 181ᴴ 6ˢ 8ᵈ

Somme de ce chapitre..... 6832ᴴ 19ˢ 4ᵈ

COUVERTURE.

19 juillet : à SIMON DESCHAMPS, couvreur, sur les ouvrages de couverture d'ardoise et de thuile aux nouveaux bâtimens de Marly..................... 150ᴴ

MENUISERIE.

18 janvier - 2 aoust : à FRANÇOIS MILLOT, menuisier, à compte de ses ouvrages de menuiserie aux nouveaux bâtimens de Marly (9 p.)................ 2800ᴴ

1ᵉʳ février : à luy, pour ses ouvrages de menuiserie tant dans le nouvel apartement de Monseigneur le Dauphin qu'au rétablissement de l'armoire et de la balustrade de CAFFÉ[1] (sic).................. 137ᴸ 7ˢ 6ᵈ

15 février : à luy, pour ouvrages de menuiserie faits aud. château de Marly................. 296ᴸ 13ˢ 8ᵈ

22 novembre : à luy, pour trois bancs qu'il a livrez dans le jardin, dont deux sans dossier, au-dessus des fontaines en gazon du bas dud. jardin...... 59ᴸ 15ˢ

18 janvier 1693-10 janvier 1694 : à JAQUES MIREL, menuisier, pour ses ouvrages et réparations de menuiserie dans la dépendance dud. château depuis le 1ᵉʳ octobre 1692 jusque fin septembre 1693 (14 p.)......
.... 2716ᴸ 3ˢ 5ᵈ

1ᵉʳ février : à luy, pour le second modèle du globe qui se devoit mettre dans le jardin de Marly, et autres menus ouvrages de menuiserie........... 72ᴸ 8ˢ 8ᵈ

A luy, pour ouvrages faits pour la garde-robe du nouvel apartement de Monseigneur le Dauphin.......
.... 251ᴸ 8ˢ 11ᵈ

15 février : à luy, sur ses ouvrages de menuiserie à l'apartement de Mᵐᵉ DE MAINTENON....... 555ᴸ 0ˢ 3ᵈ

Somme de ce chapitre..... 6888ᴸ 17ˢ 5ᵈ

SERRURERIE.

18 janvier-6 décembre : à GASTON MARTIN, parfait payement de 4708ᴸ 6ˢ 5ᵈ à quoy montent ses ouvrages de serrurerie au château et autres bâtimens de Marly pendant les cinq derniers mois 1692 et les neuf premiers 1693, déduction faite de 216ᴸ pour 3600 livres de vieux fer provenant de démolitions qui luy a esté rendu (17 p.)....................... 3572ᴸ 6ˢ 5ᵈ

20 décembre 1693-10 janvier 1694 : à luy, à compte desd. ouvrages depuis le 1ᵉʳ octobre dernier (2 p.)............................. 400ᴸ

19 juillet-6 aoust : à JEAN CHAPELAIN, pour trois douzaines de cerfouettes, trois douzaines de rateaux à dents de fer et trois douzaines de ratissoires livrez au magasin de Marly, et autres menus ouvrages (2 p.)...... 105ᴸ

29 mars : à JOSEPH ROUILLER, pour ouvrages de serrurerie pour le Roy au château de Marly... 114ᴸ 18ˢ

Somme de ce chapitre...... 4192ᴸ 4ˢ 5ᵈ

VITRERIE.

1ᵉʳ février 1693-10 janvier 1694 : à JEAN DESORMEAU, vitrier, pour ses ouvrages et réparations de vitre-

Est-ce CAFFIERI ?

rie aud. château et dépendances de Marly pendant la présente année 1693 (14 p.)......... 1287ᴸ 13ˢ 1ᵈ

PLOMBERIE.

18 janvier-15 mars : à JAQUES LUCAS, plombier, parfait payement de 4792ᴸ 3ˢ 11ᵈ à quoy montent la main d'œuvre du plomb en table, en tuiaux, en soudure pour plomb, et de la soudure pour réparations, qu'il a faits et livrez dans la dépendance dud. château depuis le 5 septembre 1692 jusqu'au dernier décembre ensuivant (5 p.)............................ 2342ᴸ 3ˢ 11ᵈ

10 may-6 décembre : à luy, à compte desd. ouvrages pendant la présente année (10 p.)......... 2750ᴸ

Somme de ce chapitre.... 5092ᴸ 3ˢ 11ᵈ

OUVRAGES DE CUIVRE.

1ᵉʳ février : à GILLES LE MOYNE, fondeur, à compte des ouvrages de cuivre qu'il a livrez dans le parc de Marly pour la construction des nouvelles fontaines. 200ᴸ

21 juin 1693-7 février 1694 : à luy, parfait payement de 4659ᴸ 18ˢ à quoy montent ses ouvrages de cuivre, soupapes, robinets et adjoutages (6 p.)....
.... 3609ᴸ 18ˢ

Somme de ce chapitre....... 3809ᴸ 18ˢ

PAVÉ.

21 juin-20 décembre : à LOUIS REGNOUF, paveur, à compte de ses ouvrages de pavé en plusieurs endroits du parc de Marly (3 p.)..................... 500ᴸ

21 juin : à GILLES DERIAUX, paveur, pour ouvrages de gros pavé faits à l'entrée de la cour des écuries des gardes du corps à Marly................. 30ᴸ 13ˢ 4ᵈ

8 novembre : à luy, pour neuf toises et demie de gros pavé qu'il a fait payement joignant la porte de la croix Saint-Philippe............................. 66ᴸ 10ˢ

Somme de ce chapitre...... 597ᴸ 3ˢ 4ᵈ

PEINTURE.

18 janvier-20 décembre : à LOUIS POISSON, peintre, pour ouvrages de peinture faits dans la dépendance du château de Marly depuis le mois de décembre 1692 jusqu'au mois de décembre 1693 (7 p.)....... 807ᴸ 7ˢ

15 mars : à luy, pour la grosse peinture en vert en huile aux barrières nouvellement faites dans le parc de Marly......................... 74ᴸ 18ˢ 11ᵈ

21 juin : à luy, pour avoir peint tout le treillage que l'on a rétably aux berceaux de Marly.......... 36ᴸ

25 octobre : à luy, pour avoir reblanchy le plafond de la chapelle de Marly................. 51ᴸ

Somme de ce chapitre..... 969ᴸ 5ˢ 11ᵈ

ANNÉE 1693. — MARLY.

SCULPTURE.

7 juin : à Claude Jacob, sculpteur, pour avoir regratté la peinture du buffet à caffé, qui est dans le château de Marly, afin du le redorer.................... 44ᴧ

8 novembre-20 décembre : à Noël Jouvenet, sculpteur, à compte de la sculpture aux nouvelles cascades de Marly (4 p.)............................. 800ᴧ

1ᵉʳ mars : à Bertin, sculpteur, pour ouvrages de sculpture dans la dépendance du château de Marly. 93ᴧ

Somme de ce chapitre......... 937ᴧ

MARBRERIE.

15 février : à Pierre Lisqui, marbrier, pour plusieurs menues réparations de marbre au château de Marly....
.... 33ᴧ 10ˢ

15 mars : à luy, pour avoir déposé et reposé le chambranle et l'attique de la cheminée de l'antichambre de l'appartement du Roy..................... 36ᴧ

Somme de ce chapitre........ 69ᴧ 10ˢ

CONDUITES DE FER.

29 mars-27 septembre : à Charles-François Pollard, à compte de la conduite de fer de 8 pouces qu'il pose depuis le réservoir du bosquet de Marly qui est du costé de Lucienne jusques au petit réservoir du dessus de Marly (8 p.)........................... 2700ᴧ

29 mars : à Joseph Royer, fondeur, pour le rétablissement d'une des pompes de Noisy à laquelle il a fourni un porte clapet et 2 petites brides à canon pour souder au tuyau aspirant, pesant 20 livres 3/4..... 17ᴧ 12ˢ 9ᵈ

Somme de ce chapitre..... 2717ᴧ 12ˢ 9ᵈ

VOITURES.

15 février-6 décembre : à la veuve Dossy, voiturière, pour les voitures qu'elle a fait faire dans la dépendance du château de Marly, pour amener des lauriers teints dud. jardin à l'orangerie du Roule (2 p.)...... 118ᴧ

6 décembre 1693-10 janvier 1694 : à Emanuel Fossard, voiturier, pour 6512 spécs de charmes qu'il a voiturées de la forest de Marly, où elles ont esté levées en motte, dans le jardin dud. Marly, pour y planter en palissades (3 p.)........................... 1953ᴧ 12ˢ

2 aoust-11 octobre : à Nicolas La Hogue, battelier, pour la recoupe qu'il a repassée et voiturée par terre et par eau depuis Carrière-sous-Bois jusqu'auprès du parc de Marly où elles sont en provision, pour le rétablissement de la recoupe des allées du jardin de Marly (3 p.)
.... 929ᴧ 10ˢ

1ᵉʳ février : à Nicolas Redeau, pour 1885 spécs de charmes qui ont esté levées en motte dans la forest, qu'il a voiturées de lad. forest dans le jardin dud. Marly....
.... 501ᴧ 5ˢ

Somme de ce chapitre....... 3502ᴧ 7ˢ

DIVERSES DÉPENSES.

10 janvier 1694 : à Estienne Langlois, cordier, à compte des clouds, cordages, sceaux, pelles, hottes et autres ustencils qu'il a fourni et livrez au magasin de Marly................................. 200ᴧ

29 avril : à Jean Prudhomme, pottier de terre, pour 600 pots de terre cuitte qu'il a livré dans le jardin de Marly, à raison de 10ᴧ le cent................ 60ᴧ

25 octobre-8 novembre : à luy, pour 3700 pots de terre de 3, 4 à 5 pouces de diamètre, qu'il a livrez, à 4ᴧ le cent (3 p.)........................... 148ᴧ

20 décembre : à la veuve Meilleur, vannière, pour 337 grandes manes d'osier qu'elle a livrées au magasin de Marly pour mettre des spécs, à 20ᴧ le cent.. 67ᴧ 8ˢ

6-20 décembre : à Nicolas Maillot, vannier, pour 500 grandes mannes d'osier livrées au magasin de Marly pour y mettre des spées, à 20ᴧ le cent (2 p.)...
.... 100ᴧ

A Nicolas Malherbe, vannier, pour 500 grandes mannes pour led. magasin, au même prix (2 p.). 120ᴧ

10 may-23 aoust : à Charles Mezillier, vannier, pour 200 grandes mannes d'osier, idem (2 p.)... 59ᴧ

21 juin : à Ollivier Aymond, battelier, pour un bateau garni d'avirons qu'il a livré au-dessus de la machine pour mettre dans le réservoir du bosquet de Marly du costé de Loucienne........................ 60ᴧ

2 aoust-22 novembre : à luy, pour 1574 muids de sable de rivière, mesure comble, qu'il a livrez au-devant du bâtiment rond joignant le derrière du pavillon de la salle des gardes (7 p.)................. 1259ᴧ 4ˢ

18 janvier : à Jean Padelain, ramonneur, pour les cheminées qu'il a visitées, racomodées et ramonées aud. château pendant les trois derniers mois 1692.. 37ᴧ 9ˢ

15 février : à Jaques Jaquet, pour 45 gerbes d'osier, qu'il a livré au magasin de Marly pour palissader la charmille en spécs le long des bureaux du jardin. 45ᴧ

1ᵉʳ mars : à François Le Goix, balancier, pour avoir racomodé tous les poids du magasin de Marly..... 25ᴧ

15 mars : au sʳ Rivié, pour 14 toises cubes de fumier de cheval qu'il a voituré du port dans le parc dud. Marly
.... 84ᴧ

A Mathieu Lambert, fayancier, pour 200 cloches de

verre qu'il a livrées au magasin de Marly pour couvrir les couches de la pépinière du jardin........... 66ʰ

29 mars : à Gabriel Guillery, pour douze gerbes d'osier et dix bottes de foin qu'il a livré au magasin dud. Marly à raison de 4ˢ chaque botte de foin....... 14ʰ

A Philippe Valée, jardinier, pour 800 1/2 juliennes blanches doubles qu'il a livrées dans le jardin de Marly, à raison de 7ʰ le cent................. 59ʰ 10ˢ

16 avril : à Nicolas Vimabe, pour 108 grands cerceaux à cuve, de bois de fresne, de 21 à 24 pieds de longueur, qu'il a livrez au magasin, à 15ˢ la pièce... 81ʰ

26 avril : à Pierre Cochard, jardinier, pour 1800 gros pieds de fraiziers qu'il a livrez et posez en motte sur les plattes bandes du jardin de Marly....... 40ʰ

26 avril - 13 septembre : à Pierre Varisse, pour les cheminées qu'il a visitées et ramonnées au château et dans la dépendance de Marly, depuis le 1ᵉʳ janvier jusqu'au 18 août 1693 (2 p.)................ 205ʰ 19ˢ

10 may : à Julien Lory, horloger, pour les réparations faites à l'horloge du château de Marly pendant l'année 1692......................... 42ʰ 15ˢ

24 may - 11 octobre : à Jean Gautier, charbonnier, pour 56 muids de charbon livrez au magasin de Marly, à 3ʰ 5ˢ le muid (2 p.)..................... 182ʰ

21 juin : à Jaques Le Doux, bocheron à Montaigu, pour le bois qu'il a coupé et les souches qu'il a arrachées pour la construction de la route qu'il a régallée dans le bois de Mᵐᵉ de Montespan, depuis la porte de Marly joignant le mur de clôture du parc de Versailles au-dessus du village, jusqu'aux châtaigniers de Marly...... 45ʰ

5 juillet : à Claude Le Cointe, taillandier, pour six paires de ciseaux pour servir à tondre les palissades, qu'il a livrez au magasin de Marly, à 8ʰ pièce, et autres ouvrages........................... 50ʰ

5 juillet : à François Chabot, taupier, pour des taupes qu'il a prises dans le parc de Marly pendant le deuxième quartier...................... 25ʰ

2 aoust : à Pierre Thomas, garçon plombier, pour avoir aydé aux fontainiers à faire les réparations aux conduites de plomb et aux terrasses de la dépendance de Marly pendant le quartier d'avril, à raison de 300ʰ par an pour la moitié de ses gages, l'autre moitié devant estre payée par celuy qui a l'entretien des conduites de fer............................ 150ʰ

A François Galin, piqueur, pour 19 douzièmes 1/2 de grands carreaux de 18 à 28 pieds de pourtour, et de 6 douzaines de moyens de 16 à 17 pieds, le tout livré au magasin de Marly................. 125ʰ 10ˢ

23 aoust : à Marc-Aurèle La Mare, pour plusieurs fournitures faites au magasin du château.... 28ʰ 2ˢ 6ᵈ

A Claude Le Comte, pour les croissants qu'il a livrez au magasin et les outils qu'il a racomodés..... 55ʰ 1ˢ

30 aoust : à luy, pour douze houlettes qu'il a livrées, à 30ˢ la pièce................... 18ʰ

A Pasquier Laurent, pour avoir retiré les seaux qui estoient tombés dans le puits de la ferme du Trou-d'Enfer................................ 15ʰ

17 septembre : à Jaques Moreau, pour avoir refait le mastic du dessus des corps de garde du dessus du château................................ 33ʰ

A Vitry, pour mastic et autres ustencils qu'il a livrés au magasin........................ 56ʰ 5ˢ 3ᵈ

11 octobre : à luy et Philippe Valée, jardinier, pour un millier de plantes d'œillets d'Espagne, qu'il a livrez dans le jardin de Marly, à 4ʰ le cent........... 40ʰ

25 octobre : à Le Comte, pour six croissants et six serpes qu'il a livrez au magasin de Marly, à 5ʰ pour chacun croissant et 25ˢ pour chaque serpe.... 37ʰ 10ˢ

A Jaques Marville, charon, pour deux grands chariots qu'il a fait et livrez au jardin de Marly..... 50ʰ

6 décembre : à Vigor Guillet, habitant de Marly, pour 24 gerbes d'osier livrées au magasin...... 24ʰ

Au sʳ Delaunay, pour 106 bottes de paille longue qu'il a livrée dans le parc de Marly pour employer aux calottes qui couvrent les lauriers teints des parterres, à 35ʰ le cent........................ 37ʰ 2ˢ

A Thomas Mercier, pour 68 bottes de paille longue qu'il a livrée pour idem................. 20ʰ 8ˢ

10 janvier 1694 : à Denis Malgrange, épinglier, pour ouvrages de treillis de fil de fer qu'il a fait dans la dépendance du château de Marly......... 118ʰ 0ˢ 10ᵈ

Somme de ce chapitre..... 3884ʰ 4ˢ 7ᵈ

ENTRETENEMENS DE MARLY.

12 avril - 11 octobre : à Thomas Vitry, fontainier, ayant l'entretien des fontaines et recherche des plombs sur la terrasse du château et pavillons de Marly, 1200ʰ, sçavoir : 900ʰ pour ses gages à cause dud. entretenement et recherche pendant les trois premiers quartiers 1693, à raison de 1200ʰ par an, et 300ʰ pour ceux de son garçon, à raison de 400ʰ par an pendant led. temps (3 p.)............................ 1200ʰ

30 aoust : à luy, pour une année, finie le 1ᵉʳ aoust, de l'entretenement de l'horloge de Marly......... 40ʰ

A Louis Garnier, jardinier à Marly, sçavoir : 750ʰ pour ses gages pendant trois quartiers, à raison de 1000ʰ par an, et 150ʰ pour ceux de son garçon, à 200ʰ par an (3 p.)............................ 900ʰ

12 avril 1693-10 janvier 1694 : à François Chabot, pour les taupes qu'il a prises pendant lad. année (3 p.)........................... 75ᴧ

20 décembre : à Jaques Montreuil, inspecteur à Marly, pour son remboursement d'une somme qu'il a payée pour le loyer de la maison qu'il a occupée dans le village de Marly pendant les six derniers mois 1692 et six premiers 1693...................... 150ᴧ

10 janvier 1694 : à Pierre Thomas, garçon plombier, pour avoir aydé aux fontainiers à faire les réparations nécessaires aux conduites de plomb et aux terrasses du château et autres bâtimens de Marly, pourquoy il luy est réglé 300ᴧ pour la moitié de ses gages, l'autre moitié devant estre payée par celuy qui a l'entretien des conduites de fer........................... 150ᴧ

A luy, pour le loyer de son logement à Marly pendant l'année 1693....................... 30ᴧ

Somme de ce chapitre......... 2545ᴧ

OUVRIERS À JOURNÉES.

18 janvier 1693-10 janvier 1694 : aux ouvriers qui ont travaillé à la journée du Roy dans la dépendance du château de Marly du 5 janvier 1693 au 9 janvier 1694 (25 p.)......................... 12989ᴧ 17ˢ 6ᵈ

18 janvier : aux doreurs et peintres qui ont travaillé sous le sʳ Desauziers à rétablir la dorure et la peinture de la balustrade et de l'ormoire nouvellement posée dans la chambre de Monseigneur............. 184ᴧ 6ᵈ

Aux sculpteurs qui ont travaillé sous le sʳ Legrand pour rétablir la sculpture de lad. ormoire.... 94ᴧ 16ˢ

1ᵉʳ février : aux maçons, charpentiers, menuisiers, serruriers, peintres et vitriers qui ont travaillé à la journée du Roy en divers endroits du château. 594ᴧ 2ˢ

1ᵉʳ février 1693-10 janvier 1694 : à ceux qui ont ramassé de la glace pour remplir partie des trois glacières qui sont dans le parc et le jardin de Marly (2 p.)
.... 873ᴧ 11ˢ 6ᵈ

1ᵉʳ février : à ceux qui ont fait des trous dans les bosquets pour y planter des spées de charmes et de chesnes
.... 327ᴧ 15ˢ

26 avril-11 septembre : à ceux qui ont travaillé aux modèles de plâtre que l'on a fait sur les pieds d'estaux des cascades du bas du jardin de Marly (3 p.)......
.... 284ᴧ 2ˢ 2ᵈ

17 avril : à ceux qui ont travaillé à refaire le conroy dans la tranchée qui a esté faite joignant le petit réservoir du dessus de Marly où l'on a posé deux soupapes et deux nouvelles conduites................ 84ᴧ 5ˢ 10ᵈ

2 aoust : à ceux qui ont relevé les terres, transporté et façonné la glaise aux quatre bassins des fontaines en gazon que l'on a alongées au bas du jardin de Marly ..
.... 182ᴧ 9ˢ 6ᵈ

30 aoust-27 septembre : à ceux qui ont rempli de pierre sèche une partie des aqueducs de Roquancourt à la deuxième branche desd. aqueducs joignant la grande ligne d'iceux (2 p.).................. 648ᴧ 15ˢ

Somme de ce chapitre....... 16263ᴧ 15ˢ

MACHINE DE LA RIVIÈRE DE SEINE.

TERRASSES ET MAÇONNERIE.

14 juin : à Nicolas Borienne, pour 8 toises cubes de terres qu'il a enlevées pour remplir les rigolles que les eaux ont faites à la teste de l'estang des Graissets et pour faire une digue pour détourner les eaux, et pour 2 toises 1/2 cube de caillou qu'il a livré pour estre employé à la réparation des murs de l'entrée du regard de l'aqueduc du fond de Loucienne, qui conduit les eaux de la Selle à la machine................... 64ᴧ

28 juin : à luy, pour des rigolles, fouilles et vuidanges de terres qu'il a fait pour l'écoulement des eaux croupies sur l'aqueduc de la butte................ 61ᴧ 14ˢ

12 juillet : à luy, pour le nettoyement des immondices qu'il a tirées des aqueducs qui conduisent les eaux de la Selle et de Bougival à la machine............. 75ᴧ

6 septembre : à luy, pour 20 toises 5/6 cube de moilon qu'il a déblayé et remblayé et pavé dans les pallées des pieux qui soutiennent les terres de l'isle La Loge dans la vieille rivière et de l'isle Gautier dans lad. rivière neuve...................... 62ᴧ 10ˢ

29 novembre : à luy, pour la fouille de moilons qu'il a fait dans les pallées de pieux qui soutiennent le revêtement des terres de l'isle Gautier, du côté de la rivière neuve, pour mettre des vannes neuves et redresser lesd. pieux............................. 98ᴧ 5ˢ

1ᵉʳ novembre : à Antoine Hémont, pour 200 1/4 1/8 cube de moilon qu'il a livré et mis à la main dans les rempiètements au-dessus de la machine, à raison de 30ᴧ le cent, et de 13 toises 1/3 cube de terre qu'il a fouillées sur le bord de la rivière et transportées par batteau devant le prolongement de la digue de Croissy, où il les a régallées et paitries au pied, à raison de 4ᴧ la toise............................. 124ᴧ 1ˢ 8ᵈ

28 juin : à Denis Anseau, pour le rétablissement qu'il a fait à la partie de l'aqueduc de la butte qui estoit tombée entre le Trou d'Enfer et le puits de Langle
.... 100ᴧ

23 aoust : à luy, pour les enduits de ciment qu'il a fait dans l'aqueduc qui conduit les eaux de la Selle à la machine............................ 92ᴸ 10ˢ

6 septembre-15 novembre : à JEAN FRADE, pour 700 1/8 de moilon employé au prolongement de la digue et aux revêtements qui soutiennent les terres de l'isle de Croissy du costé de la rivière neuve, à 30ᴸ le cent; 83 toises 1/2 de caillou de vigne employé, à 9ᴸ 10ˢ la toise, et 2 toises 1/4 d'autres cailloux de vigne qu'il a voituré et régalé sur la grande digue de la machine (5 p.)................................. 1031ᴸ 15ˢ

8 mars : à LOUIS LA VIGNE, maçon, pour un four neuf fait au logement du regard du JONGLEUR.... 20ᴸ

9 aoust : à DENIS ANSEAU, pour la maçonnerie et la fouille des terres qu'il a fait pour la construction de six contreforts qui soutiennent l'aqueduc qui conduit les eaux de la Selle à la machine.......... 378ᴸ 10ˢ

6 septembre : à BARTHÉLEMY LA ROUÉ, pour la chaux et ciment qu'il a livrez pour rétablir des joints des tablettes et babus au-dessus du grand aqueduc. 40ᴸ 11ˢ 4ᵈ

A la veuve AUGUSTIN LARCHER, pour un septier de plâtre qu'elle a fourni pour les réparations des pavillons, magasins et puisards de la machine....... 21ᴸ

Somme de ce chapitre........ 2170ᴸ 7ˢ

CHARPENTERIE.

25 janvier : à RAOUL DE PIERRE, dit LA PORTE, charpentier, parfait payement de 1531ᴸ 8ˢ 2ᵈ à quoy montent les bois d'augmentation qu'il a employez dans les mouvemens, aux chevalets et dans les puisards de la machine pendant 1692............. 531ᴸ 8ˢ 2ᵈ

8 février : à luy, pour les bois qu'il a employez tant au rétablissement des charpentes du deuxième éperon, en descendant de la digue de Croissy dans la rivière neuve, qu'aux réparations des digues des isles de Bezons.................... 509ᴸ 4ˢ 7ᵈ

22 février 1693-3 janvier 1694 : à luy, à compte de l'entretien des charpentes et mouvemens de la machine (20 p.)............................. 10000ᴸ

20 septembre 1693-17 janvier 1694 : à luy, sur les pieux de bois de charpente qu'il employe au prolongement de la digue et aux rempiétemens qui soutiennent les terres de l'isle de Croissy, du côté de la rivière neuve (7 p.)................................ 3500ᴸ

5 avril : à PIERRE FERRIÈRE, pour 103 toises 2/3 de bois de scinge qu'il a debitez en embrazures pour les roües et en chevrons pour le comble de la couverture du magasin au godron 18ᴸ 2ˢ 10ᵈ

31 may : au sʳ HERLAUT, pour 34 courbes de bois de chesne, faisant 110 solives 5/6, qu'il a livrées pour la provision des roües de lad. machine, et 33 pieds 3/4 cubes de pierre de vergelé qu'il a fourni pour réparer la grande digue................... 450ᴸ 11ˢ

15 novembre : à Mᵐᵉ GAUDAIS, pour 26 toises courantes de bois de brin de charme qu'elle a livré pour faire des boules pour les pistons de la machine... 52ᴸ

Somme de ce chapitre...... 15061ᴸ 6ˢ 7ᵈ

COUVERTURE.

23 janvier : à SIMON DESCHAMPS, couvreur, parfait payement de 600ᴸ à quoy monte l'entretenement de toutes les couvertures d'ardoise et de tuile des magasins, forge et fonderie de la machine pendant 1692.. 150ᴸ

22 février : à luy, pour ouvrages de couverture de tuile qu'il a fait au logement de la grande forge au bas de lad. machine en 1692................ 72ᴸ 10ˢ

3 may-15 novembre : à luy, à compte de l'entretien qu'il fait aux couvertures des bâtiments de la machine (3 p.).................................. 450ᴸ

22 mars : à JEAN LAINÉ, pour 24 toises 5/6 quarré de couverture de paille au magasin à godron et pour la réparation de la couverture de la glacière de lad. machine................................. 27ᴸ 15ˢ

Somme de ce chapitre 700ᴸ 5ˢ

CHARBON.

22 février : à JEAN GAUTIER, pour 41 muids de charbon qu'il a livré pour les provisions des ouvrages de plomberie de lad. machine, à 3ᴸ le millier.. 123ᴸ

14 juin : à ANTOINE BRUSLÉ, pour 10 voyes de charbon de terre venant des charbonniers de Desize, et la voiture de dix voyes, depuis Charenton jusqu'à la machine, et d'autres dix voyes qui ont esté livrées... 330ᴸ

3 janvier 1694 : à CHARLES BARRÉ, pour 8 muids de charbon de provision qu'il a livrez, à raison de 3ᴸ 10ˢ le muid........................... 28ᴸ

Somme de ce chapitre........... 481ᴸ

CUIRS.

8 février-13 décembre : à PHILIPPE-CLAUDE PIGALLE, pour quatorze cuirs forts tannez du pays et six cuirs de vache qu'il a livrez pour les clapets et pistons des corps de pompe, et pour réparer les joints des baches des puisards, à raison de 30ᴸ pour chacun cuir tanné et de 9ᴸ pour chacun cuir de vache (3 p.).... 474ᴸ

5 avril-23 aoust : à la veuve JULIEN PAYS, pour 19 cullées de cuir fort tanné et une bande qu'elle a livrées

pour les clapets et pistons des corps de pompe de la machine (3 p.).......................... 445ᵗᵗ

17 janvier 1694 : au sʳ Marcille, de Sedan, sçavoir : 59ᵗᵗ 1ˢ pour son remboursement des droits des traites et pancartes qu'il a payez à Charleville-Mézières et portage au coche, pour la quantité de 18 cuirs de Liège arrivez à la machine au mois de novembre dernier, et 100ᵗᵗ par gratification pour les soins qu'il a pris pendant lad. année à la réception desd. cuirs et envoy d'iceux à la machine.................... 159ᵗᵗ 1ˢ

Somme de ce chapitre......... 1078ᵗᵗ 1ˢ

SERRURERIE.

25 janvier 1693-3 janvier 1694 : à Philippe Renault, serrurier, pour l'entretien des ouvrages de forge et de serrurerie de la machine pendant la présente année (2 p.)............................... 9500ᵗᵗ

22 février-28 juin : à luy, pour une grosse manivelle cassée à laquelle il a soudé un bras à la place de celuy qui estoit cassé, des outils qu'il a livrez de neuf et des vieux qu'il a racomodés pour les charpentiers à la journée du Roy (2 p.)................ 360ᵗᵗ 11ˢ

4 octobre-1ᵉʳ novembre : à luy, pour les fers d'augmentation qu'il a livrez pendant la présente année pour le corps de la machine pour les charpentes des rempiétements de l'isle de Croissy (2 p.)......... 544ᵗᵗ 3ˢ

Somme de ce chapitre..... 10404ᵗᵗ 14ˢ

CLOUDS.

8 mars : au sʳ Vanderhulst, pour six cents livres pesant de clouds à piston qu'il a livré pour lad. machine 189ᵗᵗ

22 mars : à luy, pour vingt-deux baris de godron livrez suivant l'envoy du 17 février, et pour la voiture par eau depuis Rouen jusqu'à la machine....... 582ᵗᵗ 3ˢ

31 may : à luy, pour huit barils de bray, y compris la voiture par eau depuis Rouen jusqu'au pont du Pecq, et autres frais.......................... 343ᵗᵗ 2ˢ

3 janvier 1694 : à Pierre Noiret, marchand de fer, pour clouds, scies et cadenas qu'il a fournis pendant 1693 pour lad. machine.................. 243ᵗᵗ

Somme de ce chapitre........ 1357ᵗᵗ 5ˢ

PAVÉ.

15 novembre : à Claude Tardieu, pour réparations de pavé neuf de pierre dure et de libage sur la grande digue de la machine.................... 59ᵗᵗ.10ˢ

13 décembre : à Louis Regnouf, paveur, pour ouvrages et réparations de pavé devant les roües, sous les grands chevalets, dans les puisards et autres endroits de la machine pendant la présente année...... 124ᵗᵗ 10ˢ

Somme de ce chapitre.......... 184ᵗᵗ

VITRERIE.

4 octobre : à Claude Cossette, vitrier, pour réparations de vitres aux bâtimens de la machine pendant la présente année........................ 75ᵗᵗ 15ˢ

PEINTURE.

23 aoust : à Louis Poisson, peintre, parfait payement de 222ᵗᵗ 18ˢ 4ᵈ à quoy montent ses ouvrages de grosse peinture au pavillon de la machine en 1683 et 1684.. .... 72ᵗᵗ 18ˢ 4ᵈ

OUVRAGES DE CUIVRE.

5 avril 1693-17 janvier 1694 : à Joseph Royer, fondeur, parfait payement de l'entretien qu'il a fait aux équipages et racordemens de cuivre dans les puisards et sur la rivière de Seyne (4 p.)................ 1200ᵗᵗ

28 juin : à luy, pour trois racordemens de cuivre d'augmentation qu'il a livrez pour les conduites à feu de la machine......................... 241ᵗᵗ 8ˢ

20 septembre : à luy, pour un racordement de cuivre d'augmentation, pesant 128 livres et demie, qu'il a livré et posé au troisième équipage sur la rivière à la place d'un autre racordement de plomb, à raison de 17 sols la livre..................... 109ᵗᵗ 4ˢ 6ᵈ

Somme de ce chapitre..... 1550ᵗᵗ 12ˢ 6ᵈ

DIVERSES DÉPENSES.

19 avril-1ᵉʳ novembre : à Philippe Haulmoire, pour la chandelle, huisle et pots à brûler qu'il a fourni pour éclairer les ouvriers à la journée du Roy qui travaillent à lad. machine (3 p.)................... 664ᵗᵗ 14ˢ 9ᵈ

22 mars : à Estienne Aubry, pour 351 livres de vieux cordages godronnez qu'il a livrez pour faire du calfas de provision pour la réparation des baches des puisards de la machine......................... 35ᵗᵗ 2ˢ

17 may : à la veuve Fournoy, pour deux barils de bray qu'elle a livré pour estre employez à brayer les bois de charpente de lad. machine............ 70ᵗᵗ

A Jean Hémont, pour deux années du loyer du moulin de Bougival occupé par l'alèzement des corps de pompe de la machine...................... 40ᵗᵗ

12 juillet : à Nicolas La Hogue, pour une barque, fortifiée de son bord et garnie de ses deux avirons, qu'il a livrée pour mettre dans la pièce d'eau de Lucienne... .... 55ᵗᵗ

9 aoust : à luy, pour deux batteaux qu'il a racomodez pour lad. machine.................... 79ᴸ 5ˢ

6 septembre : à Thomas Monget, pour la dépense qu'il a fait pour avoir conduit par ordre du Roy la femme d'un bourgeois de Bruxelles avec sa petite-fille de Versailles à Condé, tant pour la nouriture que pour la voiture du coche, et pour onze jours que led. Monget a employez tant à aller aud. Condé qu'à revenir, à raison de 40ˢ par jour...................... 94ᴸ

29 novembre : à Charles Jumel, pour ce qu'il a payé à Anselme Adam, forgeron, demeurant à Watigny, proche la ville d'Aubenton, qui luy a esté accordé pour le voyage qu'il a fait à la machine et son retour chez luy, pour aller quérir ses équipages pour travailler à la machine............................ 100ᴸ

Somme de ce chapitre...... 1138ᴸ 1ˢ 9ᵈ

OUVRIERS À JOURNÉES.

25 janvier 1693-17 janvier 1694 : aux charpentiers, serruriers et autres ouvriers employez à la journée du Roy pour l'entretien de la machine depuis le 10 janvier 1693 jusqu'au 15 janvier 1694 (26 p.)...
.... 16925ᴸ 13ˢ 1ᵈ

25 janvier : à ceux qui ont cassé et porté la glace dans la glacière de la machine............ 34ᴸ 12ˢ

23 aoust : à ceux qui ont rétabli les joints des tablettes et babus du grand aqueduc de la Tour. 36ᴸ 6ˢ 8ᵈ

Somme de ce chapitre... 16995ᴸ 11ˢ 9ᵈ

FONTAINEBLEAU.

MAÇONNERIE.

15 février-15 mars : à Mathurin Harsant, entrepreneur, parfait payement de 2083ᴸ 2ˢ 6ᵈ à quoy montent ses ouvrages et réparations de maçonnerie au château de Fontainebleau en 1692 (3 p.)....... 1083ᴸ 2ˢ 6ᵈ

15 mars : à luy, parfait payement de 4159ᴸ 13ˢ 9ᵈ à quoy montent ses ouvrages et réparations de maçonnerie au château et dépendances de Fontainebleau pendant l'année 1691................. 159ᴸ 13ˢ 9ᵈ

28 juin 1693-17 janvier 1694 : à luy, sur ses ouvrages et réparations pendant la présente année (5 p.)
.... 2135ᴸ 16ˢ 6ᵈ

23 aoust : à luy, pour ses ouvrages de maçonnerie et lambris faits pour la réparation de la voûte de l'église de la paroisse de Fontainebleau........... 414ᴸ 5ˢ

28 juin : à Delaistre, carreyeur, pour avoir persé deux routtes, de 12 pieds de large sur 15 à 20 toises de long, l'une au travers du rocher Fournan, et l'autre à la Gorge-au-loup, près Fontainebleau........ 300ᴸ

Somme de ce chapitre..... 4092ᴸ 17ˢ 9ᵈ

LABOURS.

25 janvier-1ᵉʳ mars : à Simon Taillard Hauteclair, parfait payement de 3082ᴸ 5ˢ à quoy montent la seconde façon de labour, tant à plain que par rayons, qu'il a fait donner aux jeunes plants dans l'enceinte des palis de la forest de Fontainebleau pendant 1692 (3 p.)............................. 1482ᴸ 5ˢ

3 may-18 novembre : à luy, pour le premier labour qu'il a fait donner aux jeunes plants de lad. forest pendant la présente année (3 p.).... 1419ᴸ 15ˢ

22 novembre : à luy, à compte du deuxième labour, idem................................ 600ᴸ

3 may-1ᵉʳ novembre : à Nicolas Mauchand, pour les labours, semages et fumages par luy faits dans les onze parquets des plaines des environs de Fontainebleau (3 p.)............................. 916ᴸ

Somme de ce chapitre.......... 4418ᴸ

COUVERTURE.

23 aoust : à Jaques Groonet, couvreur, pour ouvrages de couverture d'ardoise sur le clocher et sur l'église de la paroisse de Fontainebleau............. 564ᴸ 9ˢ

CHARPENTERIE.

13 décembre : à Bonnaventure Montillon, charpentier, pour ses ouvrages de charpenterie dans les dépendances du château de Fontainebleau en 1693. 152ᴸ 11ˢ

29 novembre : à Boitel, pour 196 toises de planches fortes de batteau, de deux pouces et demi d'épaisseur, qu'il a fourni pour l'orangerie de Fontainebleau, à raison de 19ˢ la toise courante, y compris 57ᴸ qu'il a payées pour le port desd. planches de Paris au pont de Valmy............................ 243ᴸ 4ˢ

28 juin : à Jean Mallet, charpentier, à compte de ses ouvrages de charpenterie au clocher de la paroisse de Fontainebleau........................ 650ᴸ

15 février : à Tiger, charon, pour ses ouvrages de charonnage au château et dépendances..... 82ᴸ 5ˢ 4ᵈ

Somme de ce chapitre...... 1128ᴸ 0ˢ 4ᵈ

MENUISERIE.

15 mars : à Thomas Sauret, menuisier, parfait payement de 1858ᴸ 17ˢ 4ᵈ à quoy montent ses ouvrages et réparations de menuiserie au château de Fontainebleau et dépendances pendant l'année 1691..... 58ᴸ 17ˢ 4ᵈ

28 juin 1693-3 janvier 1694 : à luy, sur ses ouvrages de menuiserie pendant la présente année 1693 (4 p.)........................... 1722ᵗᵗ 13ˢ

Somme de ce chapitre 1781ᵗᵗ 10ˢ 4ᵈ

SERRURERIE.

28 juin 1693-3 janvier 1694 : à la veuve Rossignol, serrurier, pour ouvrages de serrurerie qu'elle a fait faire au château de Fontainebleau et dépendances pendant la présente année 1693 (3 p.).. 534ᵗᵗ 17ˢ 10ᵈ
23 aoust : à elle, pour ouvrages de serrurerie pour la réparation du clocher de Fontainebleau.. 160ᵗᵗ 7ˢ 6ᵈ
15 février : à LA BRIE, serrurier, pour ouvrages de serrurerie faits en divers endroits dud. château pendant le séjour de la Cour de l'année 1692 .... 52ᵗᵗ 14ˢ
15 mars : à luy, pour ouvrages de serrurerie pendant l'année 1688...................... 96ᵗᵗ 4ˢ 3ᵈ
A BENOIST, serrurier, pour ouvrages de serrurerie aux maisons dépendantes dud. château pendant 1688... .... 67ᵗᵗ 9ˢ

Somme de ce chapitre...... 911ᵗᵗ 12ˢ 7ᵈ

VITRERIE.

15 février-1ᵉʳ mars : à TISSERAND, vitrier, pour ses ouvrages de vitrerie au château et dépendances de Fontainebleau en 1692 (2 p.)................ 223ᵗᵗ 1ˢ
29 novembre : à luy, pour ses ouvrages de vitrerie aud. château en 1693..................... 114ᵗᵗ 8ˢ

Somme de ce chapitre......... 337ᵗᵗ 9ˢ

PEINTURE.

15 février-1ᵉʳ mars : à DUBOIS, peintre, pour ses ouvrages de peinture, dorure et impression au château et dépendances de Fontainebleau en 1692 (2 p.)... .... 353ᵗᵗ 4ˢ 8ᵈ
23 aoust-13 décembre : aux sʳˢ NIVELON, DUBOIS et GUINEBAULT, peintres, pour ouvrages de peinture qu'ils ont fait à la voûte de l'église de la parroisse (3 p.) 582ᵗᵗ
6 septembre : à ESTIENNE BOURGAULT, peintre, pour avoir verni de trois couches, une de colle et deux de verni, un petit cabinet boisé à la Surintendance des bâtimens à Fontainebleau, contenant 22 toises carrées, à 2ᵗᵗ 10ˢ la toise........................ 55ᵗᵗ

Somme de ce chapitre 990ᵗᵗ 4ˢ 8ᵈ

PLOMBERIE.

15 novembre-13 décembre : à JAQUES LUCAS, plombier, pour ses ouvrages de plomberie au clocher de la parroisse Sᵗ Louis de Fontainebleau (3 p.)... 920ᵗᵗ 14ˢ

PAVÉ.

15 février : à la veuve DUCHEMIN, paveur, pour ouvrages et réparations de pavé qu'elle a fait faire au château et dépendances de Fontainebleau pendant les six derniers mois 1692 .... 75ᵗᵗ 11ˢ 9ᵈ
20 septembre-29 novembre : à elle, sur ses ouvrages de pavé pendant l'année 1693 (2 p.)...... 279ᵗᵗ 7ˢ
28 juin-24 juillet : à LANGUINEUX, pour ses ouvrages de pavé au jeu de paume de Fontainebleau (3 p.)... .... 662ᵗᵗ 16ˢ 3ᵈ
19 avril : à HUBERT MISSON, marbrier, pour 300 carreaux de pierre de Caen blanche qu'il a fourni pour le jeu de paume de Fontainebleau, à raison de 30ᵗᵗ le cent, et pour la voiture desd. carreaux..... 148ᵗᵗ 10ˢ

Somme de ce chapitre........ 1166ᵗᵗ 5ˢ

DIVERSES DÉPENSES.

15 février-1ᵉʳ mars : au sʳ LA TOUR, pour les frottages qu'il a fait faire aux planchers du château pendant 1692 (2 p.)................... 298ᵗᵗ 13ˢ 6ᵈ
20 septembre-13 décembre : à luy, pour idem pendant l'année 1693 (2 p.).............. 291ᵗᵗ 1ˢ 6ᵈ
15 mars : aux habitans de Fontainebleau et d'Avon, pour 183 arpens 51 perches de terre par eux ensemensées aux environs desd. lieux en 1691, et par eux recueillies en 1692, à raison de 30ᵗᵗ pour la garde de chacun arpent...................... 275ᵗᵗ 5ˢ 4ᵈ
1ᵉʳ novembre : à M. le marquis DE SAINT-HÉREM, pour ses dépenses extraordinaires pour les parquets des environs de Fontainebleau pendant la présente année... .... 435ᵗᵗ 8ˢ
Au sʳ BRANLARD, marchand fayancier, pour trois douzaines de bouteilles qu'il a fournies pour l'orangerie de Fontainebleau pendant 1693............... 16ᵗᵗ 8ˢ

Somme de ce chapitre 1316ᵗᵗ 16ˢ 4ᵈ

ENTRETENEMENS DE FONTAINEBLEAU.

25 janvier 1693-3 janvier 1694 : à REBOURS, dit LABRIE, garde des palis de la forest de Fontainebleau, pour ses gages des six derniers mois 1692 et la présente année 1693 (3 p.)................... 450ᵗᵗ
A COUSTURIER, ayant l'entretenement des conduites de fer tant dedans que dehors le parc de Fontainebleau et celle de grais depuis Samois jusqu'au-dessus des basses Loges, pour led. entretien pendant les six derniers mois 1692 et la présente année 1693 (3 p.).... .... 600ᵗᵗ
A NICOLAS GOUBT, ayant celuy des palis des sept par-

quets des plaines des environs de Fontainebleau, *idem* pour led. temps (3 p.)........................ 180ᴴ

3 may-1ᵉʳ novembre : aud. Gouet, pour le nettoyement qu'il fait aux fosses du pourtour du château pour une année dud. entretenement (2 p.)....... 47ᴴ 8ˢ

A Jamin, pour l'entretien et nettoyement pendant une année des cours des Offices, du Cheval Blanc, des héronnières et autres endroits du château (2 p.)..... 192ᴴ

3 may : à Angelin de la Salle, garde de onze parquets, pour le bled qu'il a fourni pour la nourriture des perdrix et des faisans............... 547ᴴ 10ˢ

17 may : à luy, 266ᴴ 13ˢ 4ᵈ pour ses gages de huit mois, finis le dernier décembre 1692, à raison de 400ᴴ par an, et 200ᴴ pour ceux de son garçon pendant le même temps, à raison de 300ᴴ par an... 466ᴴ 13ˢ 4ᵈ

26 juillet 1693-3 janvier 1694 : à luy, pour lesd. gages pendant la présente année 1693 (2 p.)... 700ᴴ

10 janvier 1694 : à Pasquier Souchet, pour une année de la gratification qui luy a esté accordée par S. M. en considération du soin qu'il a eu des orangers dud. château........................ 300ᴴ

3 may 1693-3 janvier 1694 : à Marchand et La Brie, ayant l'entretenement des routtes de la forest de Fontainebleau, pour leurs gages des trois derniers mois 1692 et des trois premiers quartiers 1693 (4 p.). 800ᴴ

Somme de ce chapitre..... 4283ᴴ 11ˢ 4ᵈ

OUVRIERS À JOURNÉES.

25 janvier 1693-17 janvier 1694 : aux ouvriers qui ont travaillé à la journée du Roy dans la dépendance du château de Fontainebleau du mois de décembre 1692 à fin décembre 1693 (13 p.).......... 3230ᴴ 13ˢ 1ᵈ

1ᵉʳ février 1693-17 janvier 1694 : à ceux qui ont travaillé à remplir les glacières du parc de Fontainebleau en 1692, 1693 et 1694 (2 p.)........ 1196ᴴ 5ˢ 6ᵈ

28 juin : à la dame Tirant et autres, pour menues dépenses faites pour le jeu de paulme de Fontainebleau 226ᴴ 11ˢ

Somme de ce chapitre..... 4653ᴴ 9ˢ 7ᵈ

CHÂTEAU DE CHAMBORD.

MAÇONNERIE ET TERRASSES.

15 février : à Mathieu Lachant, maçon, parfait payement de 815ᴴ 10ˢ 8ᵈ à quoy montent ses ouvrages et réparations de maçonnerie dans la dépendance du château de Chambord en lad. année 1692.... 65ᴴ 10ˢ 8ᵈ

5 avril 1693-10 janvier 1694 : à luy, pour les entretiens de la maçonnerie dud. château et de ses dépendances pendant le dernier quartier 1692 et les trois premiers quartiers 1693 (4 p.)................ 275ᴴ

19 avril-21 juin : à luy, pour ses ouvrages et réparations de maçonnerie à la maison de M. le curé de Chambord (2 p.)........................ 289ᴴ

28 juin-6 décembre : à luy, à compte de ses ouvrages et réparations de maçonnerie aux murs du parc et autres endroits de la dépendance dud. château (4 p.) 600ᴴ

6 septembre : aux nommez Guitteau, Trouvé et Michou, terrassiers, à compte des terres qu'ils ont transportées sur les chaussées des ponts de Ripercher et du Pinet dans le parc de Chambord............. 84ᴴ

Somme de ce chapitre..... 1313ᴴ 10ˢ 8ᵈ

CHARPENTERIE.

15 février : à Besnier et veuve Raby, charpentiers, parfait payement de 201ᴴ 5ˢ 6ᵈ à quoy montent leurs ouvrages et réparations de charpenterie aux palis des faisanderies et remises à gibier dans le parc de Chambord en 1692................... 21ᴴ 5ˢ 6ᵈ

5 avril 1693-10 janvier 1694 : à eux, pour l'entretien de la charpenterie et des palis des faisanderies et remises dans le parc de Chambord pendant le dernier quartier 1692 et les trois premiers 1693 (4 p.). 340ᴴ

5 avril-4 octobre : à eux, à compte des ouvrages et réparations des palis des faisanderies et remises à gibier (2 p.)....................................... 100ᴴ

8 février-5 avril : à Bornoy, charpentier, pour le remaniement des bois de charpente qui sont en provision à Chambord (2 p.)........................ 150ᴴ

15 février : à luy, parfait payement de 145ᴴ 9ˢ 3ᵈ à quoy montent les ouvrages et réparations de charpenterie faits dans la dépendance du château en 1692. 25ᴴ 9ˢ 3ᵈ

19 avril-21 juin : à luy, pour ses ouvrages et réparations de charpenterie à la maison de M. le curé de Chambord (2 p.)........................ 104ᴴ

1ᵉʳ novembre : à luy, sur ses ouvrages de charpenterie à la chapelle de Maurepas, dans le parc de Chambord... 115ᴴ

6 décembre : à luy, sur ses ouvrages dans la dépendance du château de Chambord et aux ponts du Pinet 200ᴴ

Somme de ce chapitre..... 1055ᴴ 14ˢ 9ᵈ

COUVERTURE.

15 février : à Valentin Tesnier, couvreur, parfait payement de 79ᴴ 19ˢ 2ᵈ à quoy montent les ouvrages

ANNÉE 1693. — RIVIÈRE D'EURE.

et réparations de couvertures et plomberie faits dans la dépendance du château de Chambord en 1692....... .... 19ᴴ 19ˢ 2ᵈ

5 avril 1693-10 janvier 1694 : à luy, pour les entretiens de couverture du château et dépendances dud. Chambord pendant le dernier quartier 1692 et les trois premiers 1693 (4 p.).................... 410ᴴ

9 avril-21 juin : à luy, sur les ouvrages de couverture qu'il a fait à la maison de M. le curé de Chambord (2 p.)............................ 106ᴴ

Somme de ce chapitre...... 535ᴴ 19ˢ 2ᵈ

MENUISERIE.

15 février : à TASSIN, menuisier, pour ouvrages et réparations de menuiserie dans la dépendance du château de Chambord en 1692.................. 27ᴴ 7ˢ

21 juin : à luy, pour ses ouvrages en la maison de M. le curé de Chambord en 1693 .... 38ᴴ

5 avril 1693-10 janvier 1694 : à la veuve BONNET, menuisier, pour les entretiens de la menuiserie dud. château et dépendances pendant le dernier quartier 1692 et les trois premiers 1693 (4 p.)........ 157ᴴ

Somme de ce chapitre......... 222ᴴ 7ˢ

SERRURERIE.

15 février : à CLÉMENT BEAUJOUAN, serrurier, parfait payement de 179ᴴ 3ˢ 1ᵈ à quoy montent ses ouvrages et réparations de serrurerie dans la dépendance du château de Chambord en 1692.................. 29ᴴ 3ˢ 1ᵈ

5 avril 1693-10 janvier 1694 : à luy, pour l'entretien de la serrurerie du château et dépendances pendant le dernier quartier de 1692 et les trois premiers de 1693 (4 p.)................................. 165ᴴ

21 juin : à luy, pour ses ouvrages de serrurerie à la maison de M. le curé de Chambord 58ᴴ 12ˢ

4 octobre : à luy, pour réparations de serrurerie et gros fer.................................. 40ᴴ

Somme de ce chapitre..... 292ᴴ 15ˢ 1ᵈ

VITRERIE.

15 février : à TRINQUARD, vitrier, parfait payement de 53ᴴ 7ˢ 6ᵈ à quoy montent ses ouvrages et réparations de vitrerie dans la dépendance dud. château de Chambord en 1692............................... 12ᴴ 7ˢ 6ᵈ

5 avril 1693-10 janvier 1694 : à luy, pour l'entretien des vitres dud. château et dépendances pendant le dernier quartier 1692 et les trois premiers 1693 (4 p.) 126ᴴ

6 septembre : à luy, pour les vitres qu'il a mises à la maison de M. le curé de Chambord...... 26ᴴ 12ˢ 8ᵈ

Somme de ce chapitre...... 165ᴴ 0ˢ 2ᵈ

PAVÉ.

15 février : à RAYMOND POIREMOLLE, paveur, parfait payement de 120ᴴ 14ˢ 10ᵈ à quoy montent les ouvrages et réparations de pavé faits en la dépendance du château de Chambord en 1692............... 20ᴴ 14ˢ 10ᵈ

5 avril 1693-10 janvier 1694 : à luy, pour les entretiens du pavé dud. château et dépendances pendant le dernier quartier 1692 et les trois premiers 1693 (4 p.)................................. 290ᴴ

Somme de ce chapitre..... 310ᴴ 14ˢ 10ᵈ

DIVERSES MENUES DÉPENSES DE CHAMBORD.

1ᵉʳ février 1693-17 janvier 1694 : aux ouvriers qui ont travaillé à serrer de la glace dans les glacières de Chambord (2 p.)..................... 155ᴴ 4ˢ

15 février : à DESGODETZ, parfait payement de 327ᴴ 18ˢ 3ᵈ à quoy montent les menues dépenses qu'il a fait pour les bâtiments de la dépendance dud. château pendant les années 1690, 1691 et 1692... 22ᴴ 7ˢ 3ᵈ

22 juillet : à luy, à compte des menues dépenses qu'il a fait pour les bâtiments de la dépendance dud. château pendant 1693..................... 100ᴴ

5 avril-15 novembre : au sʳ DE BELLEFOND, concierge du château, pour nettoyement, frottage de parquet et entretien de l'horloge du château pendant le dernier quartier 1692 et les deux premiers 1693 (3 p.)... 187ᴴ 10ˢ

5 avril 1693-10 janvier 1694 : à CHARLES CHEVALIER, pour avoir nettoyé les allées de la Canardière de Chambord pendant le dernier quartier 1692 et les trois premiers 1693 (4 p.)...................... 48ᴴ

Somme de ce chapitre 513ᴴ 1ˢ 2ᵈ

RIVIÈRE D'EURE.

MAÇONNERIE.

5 avril 1693-3 janvier 1694 : à PIERRE LE MAISTRE, entrepreneur, à compte de la maçonnerie du grand aqueduc de la rivière d'Eure dans le fonds de Maintenon (12 p.).............................. 9210ᴴ

GRAIS.

22 février 1693-3 janvier 1694 : à CLAUDE-LOUIS JURANT, entrepreneur, à compte des grais qu'il a fourni pour la construction de l'aqueduc de Maintenon (14 p.)................................. 12249ᴴ

ÉCLUSIERS.

5 avril : à Moreau, éclusier à Maintenon, chargé de la visite, pendant l'hyver, de toutes les écluses sur la rivière d'Eure et ruisseau d'Épernon, pour, avec 15^{tt} qui lui seront déduitz pour les jours qu'il a manqué, faire le parfait payement de 151^{tt} pour ses appointemens des mois de novembre et décembre 1692 et les trois premiers mois 1693, à 20^s par jour............. 136^{tt}

1er novembre 1693 - 17 janvier 1694 : à luy, pour ses appointemens des trois derniers mois de l'année 1693 (3 p.)................................. 92^{tt}

3 may - 27 septembre : aux éclusiers employez auxd. écluses, pour leurs appointemens (6 p.)....... 879^{tt}

Somme de ce chapitre.......... 1107^{tt}

DIVERSES DÉPENSES.

5 avril - 27 septembre : au s^r Le Blanc, pour une année du loyer d'une maison, à luy appartenante, seize à Maintenon, occupée par le s^r Robelin (2 p.).. 330^{tt}

5 avril : à Pierre Oudart et autres, pour menue dépense faite pour la construction du grand aqueduc de Maintenon depuis le 6 décembre 1692 jusqu'au 2 avril 1693............................... 63^{tt} 7^s

31 may : à Laurens Chaumet et autres, idem.. 73^{tt} 2^s

28 juin : à Jean Richard et autres, idem... 54^{tt} 10^s

2 aoust : à Martin Cardinal et autres, pour idem .... 88^{tt} 6^s 6^d

30 aoust : à Jean Connois et autres, idem.. 207^{tt} 8^s

27 septembre 1693 - 3 janvier 1694 : à Maximilien Racine et autres, pour menues dépenses depuis le 28 aoust jusqu'au 26 décembre dernier (3 p.).... 697^{tt} 19^s 6^d

29 novembre : à Trousson et autres, pour menues dépenses............................. 133^{tt}

3 may : au s^r Le Duc, entrepreneur de l'aqueduc de terre entre Maintenon et Berchère, pour ce qu'il a payé aux nommez La Chaussée et La Haye, ses deux piqueurs, qui ont soin des magasins où sont les outils servant auxd. ouvrages, pour leurs appointemens des quatre premiers mois 1693, y compris 36 sols pour menues dépenses..................... 501^{tt} 16^s

22 février - 3 may : au s^r Hourry et autres, pour apointemens et menües dépenses faites sur les lignes de la rivière d'Eure depuis le mois de décembre 1692 jusqu'au mois d'avril dernier (3 p.).......... 394^{tt}

Somme de ce chapitre....... 2543^{tt} 9^s

GAGES DES EMPLOYEZ DE LA RIVIÈRE D'EURE.

15 mars 1693 - 17 janvier 1694 : au s^r Parisot, ingénieur, employé sur les lignes de lad. rivière, pour neuf mois de ses appointemens, à raison de 1800^{tt} par an (8 p.)............................. 1350^{tt}

5 avril 1693 - 17 janvier 1694 : au s^r Robelin, ayant la direction des travaux de l'aqueduc de Maintenon, pour ses appointemens des deux derniers mois 1692 et neuf premiers mois de l'année 1693, à raison de 6000^{tt} par an (7 p.)............................. 5500^{tt}

2 aoust 1693 - 17 janvier 1694 : au s^r Hourry, employé sur lad. rivière d'Eure, pour sept mois de ses appointemens (6 p.)....................... 525^{tt}

3 aoust 1693 - 17 janvier 1694 : au s^r de la Grange, maître maçon, pour cinq mois de ses appointemens (5 p.).................................. 750^{tt}

Somme de ce chapitre.......... 8125^{tt}

GAGES PAR ORDONNANCES PARTICULIÈRES.

18 janvier : à Pierre Thomas, garçon plombier et fontainier, employé dans le jardin de Marly, parfait payement de 150^{tt} pour ses appointemens des trois derniers mois 1692, à raison de 300^{tt} pour six mois, les autres six mois luy devant estre payez par celuy qui a l'entretien des conduites de fer............... 50^{tt}

25 janvier - 26 juillet : à André Roger, commis du s^r de la Chapelle-Bessé, pour ses appointemens des six derniers mois 1692 et des six premiers de 1693 (2 p.) .... 1000^{tt}

25 janvier : à Gendron, parfait payement de 459^{tt} à quoy montent les écritures de quelques anciens comptes qu'il a transcript pour le bureau des Bâtimens pendant 153 jours des six derniers mois de l'année 1692, à 3^{tt} par jour............................. 259^{tt}

17 may - 5 juillet : à luy, pour 156 jours de la présente année qu'il a travaillé auxd. anciens comptes, y compris 29^{tt} pour plusieurs voitures pour aller de Versailles à la Chambre des comptes et son retour aud. Versailles (2 p.)........................... 497^{tt}

1er février : aux nommez Sebert, Gussin, Foucquet, Apparuit, Paillet, Legros, Rousselet, Tiger, Brodon et Massou, élèves peintres et élèves sculpteurs, pour leur subsistance pendant les trois derniers mois 1692, à raison de 22^{tt} par mois pour chacun........... 660^{tt}

19 avril : aux nommez Apparuit, Paillet, Legros, Rousselet, Tiger, Brodon, Massou, Coffre, Fremin et Lobelle, élèves peintres et sculpteurs, pour leur subsistance pendant le premier quartier 1693....... 660^{tt}

23 aoust : aux dix élèves peintres et sculpteurs ci-

dessus, pour leur subsistance du deuxième quartier 1693 .... 660#

29 novembre : aux s″ Apparuit, Legros, Tiger, Brodon, Massou, Coffre, Frémin et Lobelle, pour leur subsistance du troisième quartier 1693 .... 528#

Aux s″ Paillet et Rousselet, autres élèves, pour deux mois et demi dud. quartier................. 110#

1ᵉʳ février - 6 décembre : à Estienne La Rue[1], inspecteur aux aqueducs du fonds de Retz, pour ses appointemens du dernier mois 1692 et des onze premiers 1693 (6 p.)....................................... 360#

8 février : au s′ Goujon, employé à toiser les ouvrages, pour ses appointemens du dernier quartier 1692 .... 900#

Au s′ de Sainte-Catherine, employé aux travaux de Buc et des plaines de Saclay et de Trapes, *idem*.. 750#

Au s′ Le Goux, employé à lad. plaine de Saclay, *idem* .... 300#

Au s′ Duchiron, employé au magasin des plombs, *idem*.. 500#

Au s′ Deslouit, employé au magasin des démolitions, *idem*....................................... 300#

Au s′ Phelipe, employé au magasin de la place de Vandôme, *idem*........................... 225#

Au s′ Michelet, employé à la pesée des fers, *idem*.. .... 300#

Au s′ Andrieu, employé au toisé des terres, *idem* ... . 500#

Au s′ Andrieu le jeune, aydant à toiser avec led. Andrieu, *idem* .... 92#

Au s′ Le Court, employé à l'église des Invalides, *idem*.. 375#

Au s′ La Boulaye, employé aux vitres, *idem* .. 225#
Au s′ Cochu, employé à la machine, *idem*..... 900#
Au s′ Jumelle, autre, *idem*................ 225#
Au s′ Boucault, autre, *idem*.............. 225#
Au s′ Rennekin Sualem, charpentier liégeois, autre, *idem*....................................... 450#
Au s′ Pernot, employé à Trianon, *idem*...... 300#
Au s′ Jourdan, employé dans le petit parc de Versailles, *idem*................................. 225#
A Toussaint Michel, menuisier tourneur, employé à lad. machine, *idem*............................ 180#
Au s′ de Ruzé, employé à Saint-Germain et Marly, *idem*....................................... 900#
Au s′ de la Maison Blanche, employé au magasin de Saint-Germain, *idem*....................... 225#

[1] Ou de la Rue.

Au s′ Lhuillier, employé à Versailles, *idem*... 225#
Au s′ Labbé, employé à visiter les ouvriers à Paris *idem*... 450#
Au s′ Rousselot, employé à Monceaux, *idem* .. 600#
A Charles Le Brun, portier de l'hôtel des Inspecteurs, *idem*................................. 92#
A François Le Bled, portier de l'hôtel de Limoges *idem*....................................... 92#

26 avril : aux inspecteurs cy-devant nommez, à l'exception du s′ Rousselot, payé, et du s′ Maison-Blanche mort, pour leurs appointemens du premier quartier 1693................................... 8725#

12 juillet : à eux, pour leurs appointemens du deuxième quartier, y compris l'augmentation du s′ Lhuillier, employé à Choisy à 1200# par an au lieu de 900# .... 8803#

1ᵉʳ novembre : à eux, pour leurs appointemens du troisième quartier..................... 8581#

1ᵉʳ mars - 8 novembre : à Guillaume Créan, inspecteur à Saint-Germain, pour ses appointemens des dix premiers mois 1693 (5 p.)................. 500#

A Jaques Montreuil, employé à Marly, pour ses appointemens pendant le même temps (5 p.)..... 750#

1ᵉʳ mars 1693 - 10 janvier 1694 : à François Gallin, piqueur à Marly, pour ses appointemens de la présente année (6 p.)................................ 600#

A Claude Dobte, inspecteur à Marly, pour ses appointemens *idem* (6 p.)..................... 432#

15 mars 1693 - 10 janvier 1694 : à Lachambre, garde à cheval à Saclay, pour ses appointemens de lad. année (6 p.)....................................... 540#

A Beaulieu, autre, employé à l'étang de Vieille-Église, *idem* (6 p.)........................... 540#

A Dutrier, autre, employé à l'étang de Trappes, *idem* (6 p.)... 540#

A de Lalande, autre, employé au Perray, *idem* (6 p.) .... 540#

A Le Maistre, autre, employé à un des pavillons de Troppes, *idem* (6 p.)....................... 540#

A Martin, autre, employé au Ménil (6 p.)... 540#
A Denis Rosay, autre, employé au Pré-Clos, *idem* (6 p.)....................................... 540#

A Lefebvre, autre, employé à Buc (6 p.)..... 365#

15 mars - 12 juillet : au s′ de Boffrant, à compte du travail qu'il a fait à Fontainebleau et Choisy, par ordre du Roy, pour la levée du plan du château et de tous les jardins (2 p.)............................ 500#

29 mars - 13 septembre : à Verdier, peintre, à

compte de la pension de 3000ʰ qui luy a esté accordée par S. M. (2 p.)........................ 1500ʰ

5 avril 1693-17 janvier 1694 : aux dames religieuses Capucines, pour l'entretien de leur jardin pendant les trois premiers trimestres de l'année 1693 (3 p.).. 300ʰ

12 avril-13 décembre : au s⁻ Frosne, pour ses appointemens de l'année 1693 (4 p.).......... 3000ʰ

13 décembre : à luy, pour les appointemens de son commis pendant lad. année.................. 600ʰ

22 avril-11 octobre : à Antoine Lescuyer, dessinateur, pour ses appointemens des trois premiers quartiers 1693 (3 p.)........................... 900ʰ

15 avril : au s⁻ Rousselot, employé à Monceaux, pour ses gages du premier quartier 1693.......... 600ʰ

26 avril : à Nicolas Augnou, fontainier de feu Mademoiselle de Montpensier, à Choisy, ayant ordre de se retirer, pour la pension viagère que S. M. luy a accordée pendant la présente année.................. 200ʰ

10 may : à la veuve et aux enfans du s⁻ de Maison-Blanche, employé au magasin de Saint-Germain, pour les trois premiers mois 1693............... 225ʰ

17 may-13 décembre : au s⁻ Marchand, commis au bureau de la Surintendance, pour ses gages de la présente année 1693 (4 p.)................ 1000ʰ

24 may-13 décembre : au s⁻ Cressent¹, contrôleur à Monceaux, pour ses appointemens de l'année 1693 (4 p.)................................. 1500ʰ

24 may-22 novembre : au s⁻ Mignard, premier peintre du Roy, pour ses appointemens des six premiers mois 1693 (4 p.)....................... 4400ʰ

24 may-22 novembre : au s⁻ Mansart, pour ses appointemens, tant ordinaires qu'extraordinaires, des trois premiers quartiers 1693 (3 p.)........... 7500ʰ

Au s⁻ Cauchy, dessinateur, pour ses appointemens des trois premiers quartiers 1693 (3 p.)........... 900ʰ

A Cailleteau, dit L'Assurance, autre, pour idem (3 p.)
.... 900ʰ

31 may 1693-3 janvier 1694 : au s⁻ Masson, employé sur les ouvrages des murs du grand parc depuis le mois de may jusqu'au 15 novembre, à raison de 40ˢ par jour (6 p.)........................... 336ʰ

12 juillet-13 décembre : au s⁻ Sinfray², pour ses appointemens de la présente année (2 p.)..... 3000ʰ

Au s⁻ Chuppin, pour ses appointemens de l'année 1693 (2 p.).................................... 2000ʰ

Au s⁻ Jolly, idem (2 p.)................. 1500ʰ

¹ Ou de Crescent.
² Ou de Sainfray.

Au s⁻ Mesnys, idem (3 p.)............... 4000ʰ

12 juillet : au s⁻ Marigner, à compte de ses appointemens............................. 2000ʰ

13 décembre : à luy, pour les appointemens de son commis pendant l'année 1693................ 600ʰ

12 juillet : à la veuve Desjardins, concierge de la Surintendance des bâtimens à Versailles, à compte de ses appointemens en 1693................. 200ʰ

12 juillet-13 décembre : au s⁻ Vaillant, garde-magasin à Saint-Germain, à compte de ses appointemens (3 p.)................................. 600ʰ

Au s⁻ Joseph Pichon, prestre, pour avoir célébré le service divin dans la chapelle de la maison de la Savonnerie pendant les six premiers mois 1693...... 120ʰ

12 juillet 1693-17 janvier 1794 : à la veuve Bailly, portière de la Savonnerie, pour ses gages de l'année 1693, et 30ʰ pour le blanchissage du linge de la chapelle et avoir soin de faire servir les messes (2 p.)..
.... 330ʰ

A Antoine Voirie, portier de l'Observatoire, pour ses gages de lad. année 1693, et 30ʰ pour un just'à corps des livrées de S. M. (2 p.)................ 230ʰ

19 juillet-13 décembre : au s⁻ de Bourges, médecin des Bâtimens, pour ses appointemens de l'année 1693 (2 p.)................................. 2000ʰ

Au s⁻ Desjardins, pour les voyages qui ont esté fait pour le service du Roy pendant la présente année 1693 (2 p.)................................. 1200ʰ

9 aoust-13 décembre : au s⁻ Lefebvre, contrôleur, en considération du séjour qu'il fait à Versailles et du service actuel qu'il a rendu dans les Bâtimens pendant la présente année (3 p.)................... 3500ʰ

4 octobre : au s⁻ de la Chapelle-Bessé, pour ses appointemens pendant les six premiers mois 1693. 1500ʰ

Au s⁻ Lambert, idem................... 2000ʰ

Au s⁻ Perrault, pour gages et gratifications pendant lesd. six premiers mois.................. 2200ʰ

23 may : au s⁻ Morlet, employé aux environs de Versailles, pour les sept premiers mois de ses appointemens de l'année 1693.................. 1400ʰ

8 novembre : à la veuve et aux héritiers du s⁻ Ballon, ayant la direction des grands et petits plants des maisons royales, pour sept mois de ses appointemens. 1050ʰ

Au s⁻ Ballon fils, pour sept mois comme inspecteur sur les ouvriers du jardin de la pépinière du Roule et aux plants d'arbres des avenues de Vincennes.... 525ʰ

23 aoust : à Louis-Clément Garnier, jardinier de lad. pépinière, pour ses appointemens des six premiers mois 1693................................. 600ʰ

ANNÉE 1693. — CHÂTEAU DE CHOISY.

A Louis Germain, servant à cheval, ayant inspection sur les hommes qui travaillent aux plants d'arbres de Marly et de Versailles, pour appointemens idem. 600ᵗᵗ

8 novembre : à Pierre Vallois, ayant soin de garder les avenues du palais des Thuilleries, pour idem.. 50ᵗᵗ

30 novembre : au sʳ d'Estrecuy, contrôleur à Fontainebleau, pour lesd. six premiers mois 1693... 1800ᵗᵗ

Au sʳ Descodetz, contrôleur à Chambord, pour lesd. six premiers mois........................ 900ᵗᵗ

29 novembre : au sʳ Villiard, préposé aux eaux bonnes à boire à Versailles, pour lesd. six mois..... 600ᵗᵗ

Au sʳ Fossien, garde-magasin à Paris, pour lesd. six mois................................. 950ᵗᵗ

13 septembre : au sʳ Dorbay, architecte, pour lesd. six mois................................. 1000ᵗᵗ

13 septembre 1693-17 janvier 1694 : à Carlier, dessinateur, pour 74 journées qu'il a travaillé à copier des plans au bureau des plans des Bâtimens, à raison de 50 sols par jour (3 p.).................. 184ᵗᵗ 15ˢ

4 octobre : au sʳ Masson, aumônier des Bâtimens, pour ses appointemens de l'année 1693............. 350ᵗᵗ

1ᵉʳ novembre 1693-3 janvier 1694 : au sʳ Philippes, ayant inspection sur les ouvriers qui travaillent au jardin de la pépinière du Roule et aux plants d'arbres des avenues de Vincennes, pour ses appointemens dès six derniers mois 1693 (2 p.)................ 450ᵗᵗ

1ᵉʳ novembre : au sʳ Bonnefonds, employé au magasin de la place de Vendôme, pour ses appointemens des mois d'aoust et septembre................... 150ᵗᵗ

22 novembre : au sʳ de Rusé, pour une année de gages de son commis, finie le 1ᵉʳ novembre 1693. 600ᵗᵗ

13 décembre : aux Récolets de Versailles, pour avoir célébré la messe à la chapelle de la Surintendance des bâtimens pendant la présente année........... 250ᵗᵗ

Somme de ce chapitre... 109676ᵗᵗ 15ˢ

CHÂTEAU DE CHOISY.

DIVERSES DÉPENSES.

26 avril-9 aoust : à Jaques Mirel, menuisier, à compte d'un jeu de menuiserie qu'il a fait pour Monseigneur le Dauphin (3 p.).................. 420ᵗᵗ

10 may-1ᵉʳ novembre : aux ouvriers et voituriers qui ont travaillé à transporter des terres et de la recoupe autour du jeu de l'anneau tournant dans le jardin dud. château, et autres ouvrages (7 p.)...... 1822ᵗᵗ 3ˢ 6ᵈ

17 may 1693-17 janvier 1694 : à ceux qui ont travaillé dans le jardin dud. château (10 p.). 1033ᵗᵗ 15ˢ 8ᵈ

26 juillet-9 aoust : à ceux qui ont travaillé dans la dépendance dud. château (2 p.)......... 353ᵗᵗ 17ˢ 6ᵈ

6 septembre : à ceux qui ont travaillé à tirer et charier du sable de rivière pour sabler les allées du jardin dud. château (2 p.)................. 930ᵗᵗ 6ˢ 10ᵈ

17 may : à Jean Menou, couvreur en paille, pour avoir découvert la glacière de Choisy.......... 36ᵗᵗ

17 may : à Crété, vitrier, pour ouvrages et réparations de vitrerie au château de Choisy....... 25ᵗᵗ 10ˢ

31 may : à Corneille, serrurier, pour les clouds, pattes et autres ouvrages de serrurerie qu'il a fourni au magasin de Versailles pour Choisy.......... 270ᵗᵗ 4ˢ

3 juin : à Candon, charpentier du canal de Versailles, par gratification, à cause du travail qu'il a fait à la chaloupe du canal de Choisy................. 15ᵗᵗ

A Douville, calfateur aud. canal de Versailles, pour pareille somme........................ 15ᵗᵗ

3 juin 1693-17 janvier 1694 : à Chevillard, fontainier à Choisy, à compte de ses gages et pour les trois derniers quartiers 1693 du loyer de son logement (5 p.). 540ᵗᵗ

3 juin 1693-3 janvier 1694 : à Renard, jardinier, pour ses gages et entretien des jardins de Choisy pendant les neuf derniers mois 1693, à raison de 2400ᵗᵗ par an pour ses entretiens et 750ᵗᵗ par an pour ses gages (8 p.)............................. 2362ᵗᵗ 10ˢ

9 aoust : à luy, pour ce qu'il a payé pour labourer le grand bois du château................. 95ᵗᵗ 7ˢ

29 novembre : à luy, pour les dépenses qu'il a faites pour la sortie de la serre et la rentrée des orangers de Choisy, à cause de l'embrasement arrivé au comble de l'orangerie le 21 novembre 1693........ 111ᵗᵗ 15ˢ

14 juin 1693-17 janvier 1694 : à Pierre Le Maistre, entrepreneur, à compte de la maçonnerie qu'il a fait aud. château de Choisy (13 p.)........... 6900ᵗᵗ

A Jean Malet, entrepreneur, à compte de ses ouvrages de charpenterie (5 p.)................... 1200ᵗᵗ

A Veydeau, à compte des ouvrages de menuiserie qu'il fait aud. château (13 p.)................ 2800ᵗᵗ

A Roger, à compte des ouvrages de serrurerie qu'il fait aud. château (12 p.)................. 3400ᵗᵗ

14 juin : à Lochon, ébéniste, pour 22 pieds 3/4 de moulures de bronze, à 3ᵗᵗ 5ˢ le pied...... 73ᵗᵗ 18ˢ 9ᵈ

20 septembre-15 novembre : à luy, pour les croissans de fer doré qu'il fait pour tenir ouvert les rideaux des croisées dud. château (2 p.)............ 186ᵗᵗ

3 janvier 1694 : à luy, sur les moulures de bronze doré qu'il fait pour les glaces de la gallerie de Choisy 100ᵗᵗ

14 juin-23 aoust : à Martin Moulin et Félix, parfait payement de la fouille et transport des terres qu'ils ont fait pour remplir trois bassins dans le jardin, et autres ouvrages (6 p.)................. 857# 10ˢ 6ᵈ

14 juin : au sʳ Labbé, pour plusieurs menues dépenses qu'il a faites pour led. château........ 93# 8ˢ

28 juin-23 aoust : à Vallerand, payement de deux grilles de fer qu'il a fait et posé aux deux bouts d'une allée de 5 toises du jardin de Choisy (3 p.)... 759# 14ˢ 9ᵈ

28 juin-4 octobre : à Misson, marbrier, pour pavés noirs et blancs posés aud. château (5 p.)... 760# 12ˢ 7ᵈ

28 juin : à Milot, menuisier, pour trois bancs de menuiserie qu'il a fait et posez au jardin dud. château .... 152# 16ˢ 8ᵈ

A Touset, autre, pour un banc de menuiserie.. 42#

12 juillet : à Jean Ledru, batelier, pour achapt et voitures par eau et par terre de 34 toises 1/2 cube de terrault et de 10 toises 1/2 cube de grand fumier depuis le Port au plâtre à Paris jusqu'à Choisy, pour répandre sur les plattes bandes des parterres et dans le potager du jardin dud. château................ 604#

A Pierre Bonnefond, pour trois croisées de menuiserie garnies de verre, serrurerie et volets, qu'il a fourni pour les bâtimens de la basse-cour dud. château.. 75#

12 juillet 1693-3 janvier 1694 : à Jacques-Pierre Deschamps, preneur de taupes, pour ses gages de trois quartiers de lad. année 1693 (3 p.)............ 75#

26 juillet-29 novembre : à Estienne Yvon, couvreur, pour les ouvrages de couverture qu'il a fait aux bâtimens des basses cours dud. château pendant la présente année (2 p.)........................ 522# 17ˢ 2ᵈ

26 juillet-9 aoust : à Pougeois, vitrier, pour ouvrages et réparations de vitrerie (2 p.).......... 446# 12ˢ 8ᵈ

20 septembre-18 octobre : à luy, sur ses ouvrages et réparations de vitres aud. château (3 p.). 506# 8ˢ 6ᵈ

9 aoust 1693-3 janvier 1694 : à Bourgault, peintre, sur les ouvrages de grosse peinture qu'il a fait aud. château (5 p.)........................... 600#

23 aoust-17 janvier 1694 : à Louis Regnouf, paveur, sur ses ouvrages de pavé qu'il a déposé et reposé à chaux et ciment et à mortier, chaux et sable, en la dépendance et château de Choisy pendant la présente année (5 p.)................................ 650#

5 septembre 1693-3 janvier 1694 : à la mère Besnard, pour avoir arraché les herbes qui croissent journellement dans les joints de pavé de grais des cours et avant-cour du château pendant les sept derniers mois 1693 (2 p.)........................... 117#

4 octobre : à Jaques Faussard, pour menues dépenses qu'il a faites aud. château............... 25# 15ˢ

A François Seigneur, pour 74 cheminées qu'il a ramonnées aud. château.................... 18# 10ˢ

18 octobre : à Barthélémy Bontemps et Antoine Aliez, pour avoir défriché la grande allée et les deux contr'allées du parc de Choisy qui aboutissent à l'allée de l'anneau tournant..................... 30#

A Pierre Boulanger, pour avoir fourni 34 toises de madriers qui ont servi à faire les ponts pour passer le sable qui a esté transporté pour sabler les allées du parc .... 30# 12ˢ

25 octobre : à Claude Lecomte, pour six croissants et six serpes qu'il a livrés à Marly pour Choisy... 37# 10ˢ

1ᵉʳ novembre : à Maubois, tourneur, pour cinq vases de bronze qu'il a fait tourner au tour de fuits pour le service du Roy à la balustrade du salon octogone dud. jardin..................................... 15#

Au sʳ Dessanceaux, pour la fourniture du bois employé aux quatre consolles de sculpture qui portent des statues de bronze dans les angles de la grande gallerie .... 30#

A Jean Moineau, charon, pour un tombereau qu'il a fourni pour voiturer le sable dans les allées du jardin.. .... 27#

15 novembre : aux sʳˢ Briquet, Legrand, Lemaire et Belan, sculpteurs, 180# pour quatre consolles de sculpture qu'ils ont fait pour Choisy, à raison de 45# pour chacune, et 9# audit Belan, pour avoir esté à Choisy faire le modèle desd. consolles............... 189#

29 novembre : à Terrenot, pour les dépenses qu'il a faites pour ld. château.................. 277# 3ˢ

13 décembre 1693-8 janvier 1694 : à Janson, pour les arbres et ormilles qu'il a plantez au jardin de Choisy (2 p.)................................. 350#

17 janvier 1694 : à luy, pour l'ouvrage qu'il a fait pour remplir de glace les glacières de Choisy.... 600#

13 décembre : à Jean Diot et Bosquet, pour 350 bottes de buys qu'ils ont livré pour le jardin.... 105#

A Maréchal, à compte des fleurs et plantes vivasses qu'il a fournis pour planter aud. jardin........ 200#

A Le Moyne, palfrenier des escuries de Monseigneur à Choisy, et à ses camarades, pour les fumiers qui leur ont esté pris pendant la présente année......... 50#

A Germain Balu, couvreur en chaume, pour avoir couvert quinze travées du comble de l'orangerie de Choisy.................................. 165#

17 janvier 1694 : à luy, pour 52 toises de superficie

de couverture de chaume qu'il a fait sur les combles aux deux glacières de Choisy.................... 52ᴸᵗ

13 décembre : au sʳ Baron, pour les perches d'ormes, cercles et oziers qui ont esté employez à la couverture de chaume de l'orangerie dud. château, à raison de 43ᴸᵗ le cent de perches de 18 à 20 pieds de hault, de 20ˢ la botte de cercle, et 25ˢ la botte d'osier..... 174ᴸᵗ 5ˢ

A Barrié, pour du chaume qu'il a fourni pour les portes et croisées de lad. orangerie, au nombre de 1400 bottes............................... 84ᴸᵗ

13 décembre : à Besche, pour 3600 bottes de paille, à raison de 15ᴸᵗ le cent, pour la couverture de l'orangerie de Choisy 540ᴸᵗ

3 janvier 1694 : à Nivet, menuisier, à compte des aisses qu'il fait pour l'orangerie de Choisy..... 200ᴸᵗ

17 janvier 1694 : à Malgrange, épinglier, sur ses ouvrages de fil de fer aux grilles de Choisy..... 100ᴸᵗ

A Langlois, pour 650 bottes de paille longue qu'il a fournies pour les combles desd. deux glacières... 195ᴸᵗ

A Bertrand Motard, marinier pescheur, pour avoir pris soin de la gondolle de Monseigneur pendant les neuf derniers mois de 1693................ 37ᴸᵗ 10ˢ

A Lucas, serrurier, pour menus ouvrages de serrurerie aud. château.................... 33ᴸᵗ 10ˢ

A Briquet, sculpteur, sur ses ouvrages de sculpture en bois à la cheminée du salon au bout de la gallerie dud. château....................... 50ᴸᵗ

Somme de ce chapitre.... 32217ᴸᵗ 6ˢ 7ᵈ

CHÂTEAU DE NOISY.

MAÇONNERIE.

11 octobre-20 décembre : à Jean Bailly, maçon, sur les murs de clôture du nouveau potager de Noisy (6 p.) 4500ᴸᵗ

A luy, sur ses ouvrages à la basse-cour de Noisy pour la construction du nouveau cheny (4 p.).. 2400ᴸᵗ

Somme de ce chapitre......... 6900ᴸᵗ

CHARPENTERIE.

11 octobre-6 décembre : à Jean-Jacques Aubert, charpentier, sur ses ouvrages au nouveau cheny de la basse-cour du château de Noisy (5 p.). 1738ᴸᵗ 16ˢ 4ᵈ

COUVERTURE.

22 novembre-6 décembre : à Estienne Yvon, couvreur, à compte des ouvrages de couverture de thuiles qu'il a rétablies pour le racordement des cheminées que l'on fait à lad. basse cour (2 p.)............ 320ᴸᵗ

MENUISERIE.

19 juillet-13 septembre : à François Millot et Jaques Mirel, menuisiers, parfait payement de leurs ouvrages de menuiserie au château de Noisy (3 p.)... 985ᴸᵗ 3ˢ 8ᵈ

6 décembre : à eux, sur leurs ouvrages pour les logemens et nouveau cheny de la basse-cour..... 300ᴸᵗ

Somme de ce chapitre...... 1285ᴸᵗ 3ˢ 8ᵈ

SERRURERIE.

19 juillet-13 septembre : à Gaston Martin, serrurier, sur ses ouvrages et réparations de serrurerie aud. château de Choisy (2 p.).............. 279ᴸᵗ 12ˢ 3ᵈ

20 décembre : à luy, pour le gros fer qu'il a fourni.. .... 78ᴸᵗ 4ˢ 6ᵈ

8 novembre-20 décembre : à Joseph Rouiller, serrurier, pour le gros fer et ouvrages de serrurerie qu'il a fourni et posé pour la construction des escuries et nouveau cheny de Noisy.................. 240ᴸᵗ

Somme de ce chapitre...... 597ᴸᵗ 16ˢ 9ᵈ

VITRERIE.

19 juillet-2 aoust : à Jean Desormeau, vitrier, pour ses ouvrages et réparations de vitrerie aud. château (2 p.) 414ᴸᵗ 3ˢ 6ᵈ

JARDINAGES ET TERRASSES.

23-30 aoust : à Charles Amelot, jardinier, pour le bois qu'il a arraché dans le parterre à gauche de Noisy pour y planter des fleurs (2 p.)............. 160ᴸᵗ

27 septembre : à luy, pour avoir arraché le buys du parterre à droite du château de Noisy et avoir arraché les arbres du potager que l'on fait aud. Noisy... 200ᴸᵗ

20 décembre 1693-10 janvier 1694 : à Pierre Champagne et Noël Lavenet, terrassiers, à compte de la fouille et transport des terres qu'ils font dans le potager de Noisy (2 p.)....................... 300ᴸᵗ

Somme de ce chapitre.......... 660ᴸᵗ

PAVÉ.

13 septembre-22 novembre : à Louis Regnouf, paveur, à compte de ses ouvrages de pavé dans les escuries et chenil de Noisy (2 p.)............... 654ᴸᵗ 10ˢ

DÉPENSES DIVERSES.

19 juillet : aux maçons, menuisiers, serruriers et peintres qui ont travaillé à la journée du Roy aud. châ-

teau, pour leurs journées pendant deux semaines finies le 18 juillet........................ 651ᵗᵗ 13ˢ 1ᵈ

19 juillet : à Claude Fontaine, pour avoir mis en couleur onze chambres dans led. château........ 40ᵗᵗ

A Pasquier Laurens, tailleur de pierre, pour avoir escuré deux puits......................... 30ᵗᵗ

A Jean Vigon, pour avoir écuré l'abbreuvoir joignant la fontaine couverte..................... 30ᵗᵗ

6 décembre : à luy, pour les terres qu'il a enlevées dans la cour du nouveau cheny de Choisy........ 30ᵗᵗ

2 aoust : aux ouvriers qui ont travaillé dans la dépendance dud. château pendant deux semaines.. 172ᵗᵗ 9ˢ 2ᵈ

2 aoust - 27 septembre : à Louis Poisson, peintre, pour ouvrages de grosses impressions de peinture qu'il a fait et rétabli sur la menuiserie à l'appartement de M. le duc de Bourgogne et à celuy de M. de Beauvilliers (2 p.)............................. 35ᵗᵗ

23 aoust : à Joseph Royer, fondeur, pour un porteclapet et deux brides à canon qu'il a fourni pour souder aux tuyaux aspirans d'une des pompes de Noisy, le tout pesant 28 livres...................... 23ᵗᵗ 16ˢ

25 octobre : à François Michel, pour avoir arraché les épines, les horties et régallé les terres dans le fossé du pourtour dud. château................. 45ᵗᵗ

8 novembre - 20 décembre : aux ouvriers qui ont ratissé l'herbe sur le pavé des deux cours du château pendant six semaines finies le 19 décembre (3 p.). 51ᵗᵗ 0ˢ 10ᵈ

22 novembre : à François Gobin et Pierre Buret, maçons, pour avoir démoli et abattu les murs des lieux dans le fossé de Noisy, et autres ouvrages................. 50ᵗᵗ

A Pierre Champagne, terrassier, pour les terres qu'il a transportées dans le nouveau cheny et dans les nouvelles escuries de la basse-cour de Noisy pour en relever le rez-de-chaussée................. 89ᵗᵗ 12ˢ 3ᵈ

Somme de ce chapitre..... 1250ᵗᵗ 11ˢ 4ᵈ

GRATIFICATIONS.

25 janvier : à la veuve Lafrance, portière de l'atelier du Louvre, du costé de Saint-Germain de l'Auxerrois, par gratification...................... 50ᵗᵗ

A Saint-Martin, invalide, employé à la figure équestre du Roy, par gratification................. 50ᵗᵗ

1ᵉʳ février : à Mouton, matelot, qui s'est blessé en serrant la glace, idem..................... 20ᵗᵗ

22 février : au sʳ La Boulaye, employé aux vitres, par gratification, en considération du soin qu'il a du sable de rivière et du ramonnage des cheminées. 300ᵗᵗ

5 avril : à François Le Sueur, sculpteur, en considération de ce qu'il a été blessé en travaillant à la statuë équestre du Roy de la place de Vendôme..... 50ᵗᵗ

19 juillet : au sʳ Duparc, jardinier, par gratification, en considération des fruits nouveaux qu'il a donnez au Roy................................. 150ᵗᵗ

23 aoust : à Louis-Clément Garnier, jardinier du Roule, gratification des six premiers mois 1693. 100ᵗᵗ

Au sʳ Ballon fils, idem.................... 50ᵗᵗ

A Jean Frade, qui a inspection pour la garde des cignes sur la rivière de Seyne depuis Suresne jusqu'à Rouen, par gratification.................... 75ᵗᵗ

A Pierre Le Cocnois, qui a soin desd. cignes depuis Corbeil jusqu'à Saint-Cloud, idem............. 75ᵗᵗ

15 novembre : à Roussel, jardinier, en considération du soin qu'il a pris de lever des oignons de tulippes à Marly................................. 100ᵗᵗ

A Remy Denis, fontainier de Trianon, en considération du rétablissement du carreau de Hollande qu'il a fait aux cascades de Trianon.................... 100ᵗᵗ

29 novembre : aux palfreniers des écuries de S. M., pour les fumiers qui leur ont esté pris pendant la présente année pour les parquets de Fontainebleau... 77ᵗᵗ

23 décembre : à la veuve Desjardins, concierge de la Surintendance des bâtimens à Versailles, par gratification............................. 100ᵗᵗ

3 janvier 1694 : au sʳ Philippes, au lieu du sʳ Ballon cy-dessus, pour les six derniers mois 1693...... 50ᵗᵗ

Au sʳ Impray, commis à la poste de Versailles, en considération du soin qu'il a pris de lettres et paquets concernans les Bâtimens pendant 1693........... 100ᵗᵗ

A Guillaume Ramsay, dit Huile, invalide à Monceaux, en considération de la maladie que luy et sa femme ont eue depuis trois mois..................... 60ᵗᵗ

10 janvier 1694 : à Godet et ses camarades, garçons fontainiers à Versailles, pour gratification, pour les ayder à faire bâtir un four en commun......... 40ᵗᵗ

17 janvier 1694 : à Remy Janson, jardinier, en considération du soin qu'il a pris de faire planter vingtsept grands ormes à Trianon et de faire arracher les ronces au-dessus de la pièce des Suisses et au pourtour du réservoir de Satory..................... 50ᵗᵗ

A Gilles Lambotté, par gratification, en considération de ses voyages pour le rétablissement des pompes de Saint-Cir et autres endroits, pendant 1693... 75ᵗᵗ

Au sʳ Chuppin, idem, pour les voyages qu'il a fait pour le service de S. M. en 1693................. 150ᵗᵗ

Somme de ce chapitre.......... 1852ᵗᵗ

GAGES D'INVALIDES.

25 janvier 1693-3 janvier 1694 : à Monplaisir, soldat invalide, employé à Fontainebleau depuis le mois de décembre 1692 à fin décembre 1693, à raison de 20 sols par jour (10 p.).................... 396ᵗᵗ

8 février 1693-17 janvier 1694 : à Jean Legrand, dit Saint-Martin, autre, employé à l'inspection des ouvrages de la statue équestre du Roy de l'hôtel de Vaudôme pendant la présente année (11 p.)............ 334ᵗᵗ

A Brouillet, dit Monredon, autre, employé à l'inspection des ouvrages de l'église des Invalides, idem (11 p.)....................................... 334ᵗᵗ

A Robert de France, dit La France, employé à l'inspection des ouvrages de l'église des Invalides, idem (11 p.)....................................... 261ᵗᵗ

8 février-4 octobre : à Louis Nicolas, dit La Violette, autre, employé jusqu'au 8 septembre (9 p.).... .... 204ᵗᵗ

8 février 1693-10 janvier 1694 : à La Violette, autre, employé dans le jardin du Roy à Versailles, pour ses journées pendant lad. année (4 p.)......... 335ᵗᵗ

1ᵉʳ mars 1693-10 janvier 1694 : à Louis Bacary, dit Diligent, autre, employé à Marly, idem (6 p.)... 360ᵗᵗ

8 mars 1693-3 janvier 1694 : à Guillaume Ramsay, dit Huile, autre, employé à Monceaux, pour ses journées pendant lad. année 1693 (6 p.)............. 365ᵗᵗ

6 septembre : à Robert Le Blanc, dit Le Picard, autre, employé aux démonstrations du Jardin royal des plantes pour empêcher le désordre des écoliers, pendant 37 jours.................................... 37ᵗᵗ

A Pierre L'Église, dit La Roze, autre, employé pendant le même temps........................ 37ᵗᵗ

Somme de ce chapitre.......... 2663ᵗᵗ

GAGES SUIVANT L'ESTAT.

LES THUILLERIES.

5 avril : au sʳ Clinchant, garde du palais des Thuilleries, pour ses gages pendant le troisième quartier 1692 .... 75ᵗᵗ

A luy, concierge de la Salle des Comédies dud. palais, pour ses gages pendant led. quartier...... 500ᵗᵗ

A luy, ayant le soin de nettoyer et tenir propres toutes les chambres et cours dud. palais, idem... 500ᵗᵗ

Au sʳ Le Nostre, ayant l'entretenement du grand parterre, en face dud. palais, idem.............. 875ᵗᵗ

A luy, ayant celuy des parterres en gazon nouvellement plantez en suite des quarrez en broderie, idem... .... 625ᵗᵗ

A luy, ayant celuy du petit jardin à fleurs, idem... 375ᵗᵗ

A luy, ayant celuy des palissades de jassemins d'Espagne dud. jardin des Thuilleries, idem........ 375ᵗᵗ

A la veuve Carbonnet, ayant celuy de la haute allée des maronniers d'Inde et de pisceas jusqu'à la moitié du fer à cheval, idem......................... 100ᵗᵗ

A elle, pour le loyer de la maison qu'elle occupe à cause dud. entretenement.................... 50ᵗᵗ

Aux filles de deffunt Bouchard, ayant l'entretenement des orangers, idem...................... 225ᵗᵗ

A Claude Desgots, ayant l'entretenement de toutes les allées et plants d'arbres avec le fer à cheval... 900ᵗᵗ

A la veuve Masson, Claude et Élizabeth Le Juge, ses belles-sœurs, ayant l'entretenement du reste du jardin des Thuilleries.......................... 512ᵗᵗ 10ˢ

A Lamy, portier dud. jardin du costé du Pont Royal 75ᵗᵗ

A Villeneuve, autre portier dud. jardin du costé du Manège.................................. 75ᵗᵗ

A Duchemin, autre portier dud. jardin de la porte par où l'on voiture les fumiers du costé de la rue Saint-Honoré..................................... 75ᵗᵗ

Somme................. 5337ᵗᵗ 10ˢ

VINCENNES.

A Michel Thibaut, jardinier, ayant l'entretien de tous les jardins dépendans dud. château, pour ses gages du troisième quartier 1692................ 375ᵗᵗ

A Chevillard, fontainier, ayant celuy des fontaines dud. jardin, idem........................... 150ᵗᵗ

Somme.................... 525ᵗᵗ

SAINT-GERMAIN-EN-LAYE.

5 avril : à Jean-Baptiste de Lalande, ayant l'entretien du vieil jardin et nouvelles palissades du parc, pour ses gages du troisième quartier 1692...... 125ᵗᵗ

A luy, ayant l'entretien de l'orangerie, idem... 125ᵗᵗ

A la veuve Jean de Lalande, ayant l'entretien du grand parterre nouvellement planté et augmenté de trois allées autour dans le vieil jardin, idem..... 337ᵗᵗ 10ˢ

A Louis de Lalande, ayant l'entretenement des allées et palissades de l'enclos du petit bois, idem... 84ᵗᵗ 5ˢ

A luy, ayant l'entretenement du potager, idem.. 50ᵗᵗ

A luy, ayant celuy du Boulingrin, idem...... 200ᵗᵗ

A la veuve Bellier, ayant l'entretenement de la moitié du jardin potager et des deux parterres à costé de la fontaine du château neuf, idem........ 62ᴴ 10ˢ

A elle, ayant celuy de la moitié du nouveau jardin en gazons, idem............................. 150ᴴ

A Louis Le Coustillié, ayant épousé Claude Bellier, fille de lad. veuve Bellier, pour ses gages pendant led. quartier à cause de l'entretien qu'ils ont de l'autre moitié dud. jardin potager, parterre et nouveau jardin en gazons............................... 200ᴴ

A François Laveceuf, ayant celuy du jardin et parterres devant les grottes du château neuf.... 112ᴴ 10ˢ

A luy, ayant celuy des canaux et colines dud. château neuf............................... 18ᴴ 15ˢ

A Goëren, dit La Salle, concierge du pavillon du Val....................................... 300ᴴ

A Le Coustillier, ayant l'entretien du jardin dud. pavillon du Val........................... 1000ᴴ

A la veuve Pierre Patenostre, concierge du Chenil proche le Tripot........................... 45ᴴ

A Gilles Richard, ayant épousé Charlotte Fanchon, concierge de la petite escurie................. 50ᴴ

A Soulaigre, concierge du viel château.... 56ᴴ 10ˢ

A luy, ayant l'entretien de l'horloge........ 18ᴴ 15ˢ

A Goëren, portier dud. parc................ 175ᴴ

A Cléremboust, portier des portes du grand parterre..................................... 90ᴴ

A Étienne Treheux, concierge de la Surintendance aud. Saint-Germain........................... 50ᴴ

A Claude Lefebvre, concierge de la maison de la Religion..................................... 50ᴴ

Somme................ 3300ᴴ 15ˢ

Somme totale.............. 9163ᴴ 5ˢ

5 juillet : à tous les cy-dessus nommez ayans les entretenemens des Thuilleries, Vincennes et Saint-Germain-en-Laye, pour leurs gages du dernier quartier 1692............................. 9163ᴴ 5ˢ

11 octobre : à eux, pour leurs gages du premier quartier 1693....................... 9163ᴴ 5ˢ

5 avril : à Bendin, concierge du château neuf de Saint-Germain-en-Laye, pour ses gages du troisième quartier 1692...................... 118ᴴ 15ˢ

10 janvier 1694 : à M. Seguin, 100ᴴ pour estre par luy distribuée à Henry de Lionne et François Parmentier, pour le soin qu'ils ont eu pendant 1693 de monter l'horloge du Louvre, de ballayer, nettoyer, allumer et éteindre le feu dans les salles d'Académies d'architecture, peinture et sculpture, et autres petits services qu'ils ont rendus auxd. Académies................ 100ᴴ

5 juillet : aux Religieux de la Charité d'Avon, pour le quartier de la pension qui leur est accordée par S. M. pour la subsistance des malades........... 487ᴴ 10ˢ

Somme de ce chapitre......... 28196ᴴ

ÉTAT DES GAGES DES OFFICIERS DES BÂTIMENS
DU ROY,

jardins, tapisseries et manufactures de S. M., et apointemens de personnes rares en l'architecture, peinture, sculpture et autres arts, qu'elle veut estre entretenus pour son service en ses châteaux du Louvre et des Thuilleries, Saint-Germain-en-Laye, Versailles, Madrid, Vincennes et autres lieux à Elle appartenans pendant l'année 1693, expédié par nous Édouard Colbert, chevalier, marquis de Villacerf et de Payens, seigneur de Saint-Mesmyn et de Courlanges, La Cour, Saint-Phal, Fontaines-lez-Saint-Georges et autres lieux, Conseiller d'Estat, premier maitre d'hostel de la feue Reyne, Surintendant et Ordonnateur Général des Bâtimens, jardins, tapisseries, arts et manufactures, suivant le pouvoir à nous donné par S. M.

PREMIÈREMENT :

GAGES ET APPOINTEMENS DES SURINTENDANT, INTENDANS,
CONTRÔLEURS ET TRÉSORIERS DESD. BÂTIMENS.

A Nous, en la qualité de Surintendant et Ordonnateur Général desd. bâtimens, jardins, tapisseries, arts et manufactures, la somme de 1600ᴴ, pour, avec 13400ᴴ que nous avons cy-devant reçus, faire 15000ᴴ, sçavoir : 12000ᴴ pour nos gages à cause de nostred. charge, et 3000ᴴ pour la pension attribuée et unie à icelle. 1600ᴴ

A Nous, en lad. qualité de lad. charge et autre pension attribuée et unie à icelle.............. 6000ᴴ

A Nous, comme Surintendant et Ordonnateur Général des bâtimens du château de Monceaux........ 2400ᴴ

A la veuve et héritiers du sʳ Coquart de la Motte, Conseiller du Roy en ses Conseils, intendant et ordonnateur ancien des bâtimens, pour trois quartiers de ses gages..................... 4500ᴴ

Au sʳ Mansart, aussy Conseiller du Roy en ses Conseils, intendant et ordonnateur alternatif desd. bâtimens, pour trois quartiers de ses gages....... 4665ᴴ

Au sʳ Hessin, aussy Conseiller du Roy en ses Conseils, intendant et ordonnateur triennal desd. bâtimens, pour trois quartiers de ses gages.............. 4500ᴴ

Au sʳ Le Nostre, contrôleur général ancien desd. bâ-

ANNÉE 1693. — GAGES DES OFFICIERS DES BÂTIMENTS.

timens, pour trois quartiers de ses gages et augmentation d'iceux.................... 4080ʰ 18ˢ 9ᵈ
Au s⁺ Gabriel, contrôleur général alternatif desd. bâtimens, pour trois quartiers de ses gages et augmentation d'iceux.......................... 4125ʰ
Au s⁺ Lefebvre, contrôleur général triennal desd. bâtimens, pour trois quartiers de ses gages et augmentation d'iceux............................ 4133ʰ
A Mᵉ Charles Le Bescue, Conseiller du Roy, trésorier général ancien desd. bâtimens, pour trois quartiers de ses gages et augmentation d'iceux........... 2100ʰ
A Mᵉ Charles Le Bescue, Conseiller du Roy, trésorier général alternatif desd. bâtiments, 2100ʰ pour trois quartiers de ses gages et augmentation d'iceux, dont il ne sera payé que de 1050ʰ, attendu qu'il n'a que la moitié de lad. charge, l'autre moitié appartenant à la succession de feu Mᵉ Charles Manessier, trésorier général desd. bâtimens, à laquelle il ne sera icy payé aucuns gages, attendu qu'il est redevable à S. M..... 1050ʰ
A la veuve et aux enfans de Mʳ Charles Manessier, aussy Conseiller du Roy, trésorier général triennal desd. bâtimens, 2100ʰ pour trois quartiers de ses gages et augmentation d'iceux, dont lad. veuve et enfans ne seront pas payez, attendu qu'ils sont reliquataires envers S. M.................................... Néant.

Somme.............. 39153ʰ 18ˢ 9ᵈ

OFFICIERS QUI ONT GAGES
POUR SERVIR GÉNÉRALEMENT DANS TOUTES LES MAISONS ROYALLES ET BÂTIMENS DE SA MAJESTÉ.

Au s⁺ Mignard, pour ses gages pendant lad. année, la somme de 8800ʰ, à luy ordonnée par gratification à cause de la conduite et direction des peintures des maisons royalles, et aussy celle qu'il a sous nos ordres de la manufacture des Gobelins, pour, avec 3200ʰ employez dans l'estat de la Maison du Roy, faire la somme de 12000ʰ à luy accordée par chacun an et dont il a esté payé, partant cy....................... Néant.
Au s⁺ de la Hire, professeur de l'Académie d'architecture établie à Paris au Louvre pour y tenir les conférences et y enseigner publiquement, pour ses gages... 1200ʰ
Au s⁺ Mansart, architecte, idem. pour ses gages... 1000ʰ
Au s⁺ Dorbay, autre, idem................. 1000ʰ
Au s⁺ de Cotte, autre, idem................ 2400ʰ
Au s⁺ Félibien, historiographe desd. Bâtimens, idem 1200ʰ

Au s⁺ Coypel, peintre, idem............... 200ʰ
Au s⁺ Bailly, peintre en mignature, idem.... 200ʰ
Au s⁺ Friquet, autre, idem................ 200ʰ
A André Félibien, ayant la garde des figures et le soin de tenir nets et polir les marbres des maisons royalles, pour ses gages.................... 400ʰ
A François Girardon, sculpteur, idem....... 200ʰ
A Desjardins, autre sculpteur, idem......... 200ʰ
A Thomas Regnaudin, autre, idem.......... 150ʰ
A Antoine Coisevaux, autre, idem.......... 200ʰ
A Louis Le Gros, autre, idem.............. 150ʰ
A Baptiste Tuby, autre, idem.............. 200ʰ
A Pierre Mazeline, autre, idem............ 150ʰ
A François Cuvillier, marbrier, idem........ 30ʰ
A Hubert Misson, autre marbrier, idem..... 30ʰ
A Dominico Cucci, qui fait toutes les garnitures de bronze doré des portes et croisées des maisons royales 60ʰ
A Le Clerc, graveur, pour ses gages........ 100ʰ
A Goitton, imprimeur en taille-douce....... 100ʰ
A Claude Tricot, maître des œuvres de maçonnerie des bâtimens du Roy, tant pour ses gages anciens qu'augmentation d'iceux, la somme de 1200ʰ dont il sera payé de la moitié, attendu le service actuel qu'il rend à S. M................................... 600ʰ
A Paul-Mathieu Poisson, maître des œuvres de charpenterie, pour avoir l'œil sur tous les charpentiers des maisons royales, la somme de 1200ʰ dont il ne sera payé que de la moitié..................... 600ʰ
A Jean Dorbay, maçon................... 30ʰ
A Jaques Mazière, autre................. 30ʰ
A Pierre Thévenot, autre................ 30ʰ
A Pierre Le Maistre, autre................ 30ʰ
A Gérard Marcou, autre................. 30ʰ
A Jean Malet, charpentier................ 30ʰ
A Michel Remy, menuisier............... 30ʰ
A Nicolas Carel, autre menuisier........... 30ʰ
A Antoine Rivet, autre.................. 30ʰ
A Pierre Roger, serrurier................ 30ʰ
A André-Charles Boule, ébéniste.......... 30ʰ
A Jean Openor, autre ébéniste............ 30ʰ
A Gabriel Janson, vitrier................. 30ʰ
A Estienne Yvon, couvreur............... 30ʰ
A Philippe Vitry, plombier............... 30ʰ
A Jaques Lucas, autre plombier........... 30ʰ
A Louis Regnouf, paveur................ 30ʰ
A Bon Briot, miroitier................... 30ʰ
A Guillaume Desauziers, peintre.......... 30ʰ
A Gosselin et Lagny, armuriers, retenus pour tra-

vailler aux instrumens de mathématiques nécessaires pour l'Académie des sciences................ 200ᵗᵗ

A Thuret, horloger, retenu pour entretenir toutes les pendules de l'Académie des sciences, tant celles qui sont à l'Observatoire que dans lad. Académie... 300ᵗᵗ

A Masselin, chaudronnier, pour ses gages.... 30ᵗᵗ

A Padelain et Varisse, ramoneurs de cheminées, pour avoir soin de tenir nettes toutes celles des maisons royalles à Paris, Saint-Germain, Fontainebleau et autres lieux, la somme de 200ᵗᵗ, sur quoy leur sera payé 30ᵗᵗ à chacun, et les raccommodages des cheminées leur seront payez par ordonnances particulières......... 60ᵗᵗ

A Daniel Fossier, garde magasin du Roy où se mettent les démolitions nécessaires pour les bâtimens de S. M. 400ᵗᵗ

A Charles Mollet, jardinier, retenu pour travailler aux desseins des parterres et des jardins de S. M. lorsqu'il luy sera commandé, pour la moitié de ses gages 500ᵗᵗ

A André Le Nostre, aussy retenu pour travailler auxd. jardins et parterres, pour ses gages..... 1200ᵗᵗ

Au sʳ François Francines, intendant de la conduite et mouvement des eaux et fontaines de S. M., pour trois quartiers de ses gages.................. 2250ᵗᵗ

A luy, ayant l'entretenement des fontaines de Rungis, palais du Luxembourg, Croix du Tiroir et château du Louvre, pour ses gages................... 7000ᵗᵗ

Au sʳ Marigner, l'un de nos commis, ayant le soin de tenir le registre de la dépense des bâtimens, la somme de 2000ᵗᵗ pour, avec pareille somme de 2000ᵗᵗ que nous luy avons ordonnée, faire le parfait payement de 4000ᵗᵗ tant pour ses appointemens que pour son logement et frais de son bureau pendant lad. année....... 2000ᵗᵗ

A........., commis de l'intendant desd. bâtimens, en exercice............................. 600ᵗᵗ

A........., commis du contrôleur général desd. bâtimens, pour, en son absence, avoir l'œil à ce qui est du controlle général..................... 600ᵗᵗ

A trois premiers commis en tiltre d'office des trois trésoriers généraux desd. bâtimens, pour leurs gages, à raison de 300ᵗᵗ chacun, dont il leur sera payé seulement 200ᵗᵗ, et, attendu que la succession du sʳ Manessier, l'un desd. trésoriers, a moitié dans lesd. offices, et qu'elle est reliquataire de S. M., il ne sera icy payé que l'autre moitié................................. 300ᵗᵗ

A Daniel Fossier, garde des magasins des marbres pour lesd. bâtimens, pour ses gages.......... 600ᵗᵗ

   Total 27180ᵗᵗ

OFFICIERS SERVANS SA MAJESTÉ
POUR L'ENTRETENEMENT DES MAISONS ET CHÂTEAUX CY APREZ NOMMEZ.

LOUVRE.

A René de Louvigny, concierge du château du Louvre, pour tenir nettes les grandes et petites galleries, les ouvrir et fermer, pour ses gages tant anciens que nouveaux............................. 100ᵗᵗ

COURS DE LA REYNE.

A Germain, portier de la porte du Cours de la Reyne, du costé des Thuilleries, pour ses gages de lad. année 150ᵗᵗ

A Bacouel, portier de l'autre porte du costé de Chaillot et pour garder les plants des Thuilleries. 150ᵗᵗ

   Total..................... 300ᵗᵗ

PALAIS-ROYAL.

Led. Palais-Royal a esté baillé à Monsieur le duc d'Orléans, partant cy................... Néant.

COLLÈGE DE FRANCE.

A Duclos, concierge dud. Collège de France, pour deux quartiers de ses gages................ 25ᵗᵗ

MADRID.

A Jean Ricard, concierge du château de Madrid, pour trois quartiers de ses gages................ 150ᵗᵗ

SAINT-GERMAIN-EN-LAYE.

Au sʳ François Francines, ayant l'entretenement des fontaines et grottes des châteaux de Saint-Germain, pour ses gages pendant lad. année............ 800ᵗᵗ

A Henry Soulaigre, portier du vieil château, pour trois quartiers de ses gages................. 75ᵗᵗ

A Jaques Binet, portier du château neuf, idem.. 75ᵗᵗ

A Claude Thuillier, portier de la porte du parc au bas des descentes du château, idem............ 75ᵗᵗ

A Louis Poisson, peintre, pour ses gages de trois quartiers.................................. 30ᵗᵗ

A Jaques Barbier, maçon, idem. 30ᵗᵗ

A Jean-Jaques Aubert, charpentier, idem...... 30ᵗᵗ

A François Millot, menuisier, idem........... 30ᵗᵗ

A Louis Piau, serrurier, idem.............. 30ᵗᵗ

A Charles Mercier, vitrier, idem............ 30ᵗᵗ

   Total..................... 1205ᵗᵗ

SAINT-LÉGER.

Au s' de Garsault, concierge du château de Saint-Léger, pour deux quartiers de ses gages 225ᴸᵗ

POUGUES.

A Avé Bourgeon, garde des fontaines de Pougues, pour trois quartiers de ses gages 75ᴸᵗ

VERSAILLES.

A la veuve Desjardins, concierge de la Surintendance des bâtimens de Versailles, pour deux quartiers de ses gages 200ᴸᵗ

L'entretenement ordinaire des autres concierges, jardiniers et autres officiers du château de Versailles est payé par estat séparé, partant cy .... Néant.

JARDIN MÉDECINAL.

Les gages des officiers et entretenemens ordinaires du jardin médecinal du fauxbourg Saint-Victor, montant à 21000ᴸᵗ, se paye par estat séparé, partant cy... Néant.

HÔTEL DES AMBASSADEURS.

A Gaulae, concierge dud. hostel, la somme de 300ᴸᵗ dont il ne sera payé que de 100ᴸᵗ

A luy, pour l'entretenement d'un jardinier et d'un portier pendant lad. année 150ᴸᵗ

Total 250ᴸᵗ

CHASTEAU-THIERY.

Led. chasteau et domaine de Chasteau-Thierri est engagé à Mʳ le duc de Bouillon, partant cy..... Néant.

VILLERS-COTTERESTS.

Led. château et domaine de Villers-Cotterests a esté baillé à M. le duc d'Orléans en augmentation de son appanage, partant cy .... Néant.

Somme totale du présent estat. 68863ᴸᵗ 18ˢ 9ᵈ

Laquelle somme de 68863ᴸᵗ 18ˢ 9ᵈ sera payée aux dénommez au présent estat par le sʳ Le Besgue de Majanville, trésorier général des bâtimens du Roy, commis par arrest du Conseil d'Estat du 20ᵉ aoust dernier pour continuer la fonction de l'office de trésorier général desd. bâtimens, dont estoit pourveu et en exercice deffunct Mᵉ Charles Manessier, des deniers de lad. charge, et, rapportant le présent estat par nous expédié, ensemble les certiffications du sʳ controlleur des bâtimens et jardins de S. M. du service que les officiers sujets à aucuns entretenemens auront bien, duement fait et ainsy qu'ils sont obligez par leurs charges et emplois, et quittances sur ce suffisantes, lad. somme de 68863ᴸᵗ 18ˢ 9ᵈ sera passée et allouée en la dépense de son compte par Messieurs des Comptes à Paris, lesquels nous prions ainsy le faire sans difficulté.

Fait à Versailles, le 13ᵉ jour de décembre 1693.

FONTAINEBLEAU.

27 janvier : au sʳ marquis de Saint-Hérem, capitaine et concierge du château de Fontainebleau, pour ses gages pendant la présente année, outre 1200ᴸᵗ employez dans l'estat de S. M. de la maîtrise de Melun et Fontainebleau 3800ᴸᵗ

12 juillet : à Nous, en lad. qualité de Surintendant et Ordonnateur général des bâtiments, jardins, tapisseries, arts et manufactures de S. M., à compte de nos gages et pension attribuée et unie à notre charge pendant 1693 .... 13400ᴸᵗ

ESTAT DES GAGES DES OFFICIERS

que le Roy veut et entend estre entretenus en son château de Fontainebleau, et autres dépenses que S. M. commande y estre faites pour la conservation et entretenement d'iceluy, pendant la présente année 1692, expédié par nous Édouard Colbert, Chevalier, marquis de Villacerf et de Payens, seigneur de Saint-Mesmyn, de Courlanges, La Cour, Saint-Phal, Fontaines-lès-Saint-Georges, et autres lieux, Conseiller d'État, premier maître d'hostel de la feue Reyne, Surintendant et Ordonnateur général des bâtimens, jardins, tapisseries et manufactures, suivant le pouvoir à nous donné par S. M.

PREMIÈREMENT :

Au sʳ marquis de Saint-Hérem, capitaine et concierge du château, pour ses gages la somme de 3800ᴸᵗ, outre 1200ᴸᵗ employez dans l'estat de S. M. de la maîtrise de Melun et Fontainebleau, et dont il a esté payé, partant cy .... Néant.

A Nous, en lad. qualité de Surintendant et Ordonnateur général des bâtimens, jardins, arts et manufactures de S. M., la somme de 3800ᴸᵗ, outre 1200ᴸᵗ employez dans l'estat des bois de la maîtrise de Melun et Fontainebleau 3800ᴸᵗ

A Tudola, garde-meuble du Roy, ayant la charge de faire tendre et nettoyer les meubles dud. château et veiller à la conservation d'iceux, pour ses gages 300ᴸᵗ

A Julien de Bray, ayant l'entretien de la moitié du

grand parterre du Tibre, suivant le marché qui luy en a esté passé le 26 septembre 1692, pour son entretien pendant les six derniers mois de lad. année..... 500ᴸ

A Gaspard Guinteau de Richemont, ayant épousé Madelaine Poiret, fille de feu Nicolas Poiret, jardinier, ayant l'entretenement de l'autre moitié du grand parterre, suivant le marché qui luy en a esté passé led. 26 septembre, pour ses gages des six derniers mois.... 500ᴸ

A Gabriel Desbouts, ayant l'entretien du jardin des Pins et de celuy de l'Estang, suivant le marché passé led. 26 septembre, pour ses gages des six derniers mois.... .... 350ᴸ

A Chatillon, ayant l'entretien du jardin de la Reyne aud. Fontainebleau et des orangers qui y sont, pour ses appointemens à cause dud. entretien, suivant le marché qui en a esté passé, la somme de 2000ᴸ, y compris 400ᴸ que S. M. luy fait payer par chacune année, par gratification, en considération du soin qu'il a dud. jardin; partant ne sera tiré icy hors ligne que 1600ᴸ, desquelles il ne luy sera payé que 800ᴸ, ayant reçu les six premiers mois... 800ᴸ

A Gabriel Dorchemer, dit La Tour, pour l'entretien du jardin de la Conciergerie dud. château, pour ses gages des six derniers mois..................... 22ᴸ 10ˢ

A Jaques Besnard, ayant l'entretien du jardin de l'hôtel d'Albret, idem, pour pareils gages........ 50ᴸ

A Chatillon, pour avoir soin de nettoyer l'étang et les canaux du jardin des Pins et ceux du jardin de la Fontaine, oster les herbes, les joncs et les ordures qui s'y pourront amasser et faire en sorte qu'ils soient toujours nets et que l'eau ne se perde point, idem....... 100ᴸ

A Jean Dubois, peintre, ayant le soin et nettoyement des peintures, tant à fresque qu'à huile, anciennes et modernes, des salles, galleries, chambres et cabinets dud. château, la somme de 600ᴸ pour ses appointemens, à la charge de rétablir celles qui seront gâtées, et nettoyer les bordures des tableaux, et fournir de bois, charbon et fagots pour brûler esd. salles, galleries, chambres et cabinets où sont lesd. tableaux, pour leur conservation, pour les six derniers mois 1693................. 300ᴸ

A la veuve Grognet et Jean Grognet, son fils, couvreur, ayant l'entretien et rétablissement de toutes les couvertures d'ardoise et de thuile dud. château et généralement de toutes les maisons qui en dépendent apartenans à S. M., à condition qu'ils feront cent toises de couverture d'ardoise neuve par an, pour leurs gages des six derniers mois....................... 1570ᴸ

A Tisserant, ayant l'entretien de toutes les vitres dud. château et maisons qui en dépendent, pour ses gages des six derniers mois..................... 750ᴸ

A la veuve Vieuxpont, ayant l'entretien du jardin potager et fruitier et du jardin neuf, idem.......... 90ᴸ

A André Gidard, plombier, ayant l'entretien et rétablissement de tous les plombs des couvertures du château et maisons qui en dépendent, idem.......... 300ᴸ

A Zabulon Nivelon, pour le nettoyement du jeu du Mail, l'entretien des palissades d'iceluy, ensemble des arbres et palissades plantées nouvellement entre les canaux du chenil, idem................... 54ᴸ 5ˢ

A Nicolas Varin, ayant l'entretien des espalliers du parc, des deux contr'allées, de la grande allée d'ipréaux, de l'allée des maronniers d'Inde, de la demie lune qui est à la teste de la prairie, et de la platte bande qui est le long et au-dessus du talus de la prairie, des plattes bandes du pourtour du canal, nettoyement des tablettes de gresserie dud. canal et nettoyement des fossez qui sont dans led. parc, pour ses gages des six derniers mois................................. 487ᴸ 10ˢ

A Louis Desbouts, jardinier, ayant l'entretien dans le parc des deux grandes allées de l'Étoile et leurs contr'allées, de l'allée au pourtour du parc avec ses contr'allées, du pourtour du quarré des glacières, des deux grandes allées d'arbres avec leurs contr'allées qui sont des deux costez du canal, de toutes les allées de la garenne et les contr'allées d'icelles, des deux grands glacis aux deux côtez des cascades, de la tonture par dessus et par les deux côtez de toutes les palissades, à la réserve de celle du pourtour de la demie lune, idem... 1050ᴸ

Aux Religieux de la Très Sainte Trinité du couvent fondé aud. Fontainebleau, tant pour l'entretien d'une lampe garnie de ses chainons que S. M. a donnée pour brûler nuit et jour devant le Très Saint Sacrement de l'autel, que pour la fourniture et entretien des ornemens et paremens d'autel, linge et luminaire pour la célébration du service divin................. 300ᴸ

Aux Religieux de l'hôpital de la Charité d'Avon, pour la pension que S. M. leur a accordée par chacun an pour la subsistance des malades dud. Fontainebleau, pour les six derniers mois.................. 975ᴸ

A Voltigeant, ayant l'entretien de tous les batteaux apartenans à S. M. sur le canal, idem......... 100ᴸ

A Louis Dubois, concierge du logis de la fontaine Belle-eau et des écuries de la Reyne, autrefois l'hostel de Roquelaure, et jardinier des jardins en dépendans, pour ses gages de concierge et de jardinier pendant lesd. six derniers mois...................... 75ᴸ

A Nicolas Thierry, ayant la garde et conciergerie du chenil neuf et du vieux, qui est à présent la petite escurie, pour l'année entière................. 100ᶫᶫ

A Pion, ayant le soin et nourriture des carpes et cignes du canal et des estangs dud. château, la somme de 1080ᶫᶫ, pour, avec 657ᶫᶫ d'augmentation à cause de 24ˢ pour la nouriture des carpes et 12ˢ pour celle des cignes, par jour, faire celle de 1737ᶫᶫ par an, dont il luy sera payé pour les six derniers mois..... 868ᶫᶫ 10ˢ

A Cousturier, fontainier, ayant le soin et l'entretien des fontaines, *idem*..................... 500ᶫᶫ

A Nicolas Dupont, gentilhomme ordinaire de la vennerie du Roy, et à Nicolas Dupont, son fils, en survivance l'un de l'autre, par forme de pension à cause de l'entretien de la vollière, qu'il avoit auparavant qu'elle fût convertie en orangerie, pour l'année entière.... 600ᶫᶫ

A Desplats, ayant la charge de la basse cour des cuisines, pour l'année entière................. 50ᶫᶫ

A Robert Jamin, ayant la charge de garde de la basse cour du Cheval Blanc, *idem*.............. 37ᶫᶫ 10ˢ

A Jaques Besnard, ayant la charge et conciergerie de l'hostel d'Albret, pour les six derniers mois..... 50ᶫᶫ

A Louis Donchemer, dit La Tour, ayant la charge du nettoyement de la cour des Fontaines, de celle de l'Ovalle, de celle de la Conciergerie et les deux petites cours à costé du fer à cheval, avec toutes les terrasses du château, pour les derniers six mois 1693............ 200ᶫᶫ

A Toulet, concierge du pavillon où loge Monsieur le Surintendant des finances, pour ses gages, à condition de nettoyer led. pavillon, cour et escurie, pour lesd. six derniers mois......................... 100ᶫᶫ

A La Salle, concierge de la Surintendance desd. bâtimens, pour lesd. six derniers mois......... 100ᶫᶫ

A la veuve Charles Gervais, portière du parc, pour lesd. six derniers mois 1692............... 150ᶫᶫ

A Cosme Petit, portier de la cour du Cheval Blanc, *idem*............................... 100ᶫᶫ

A Gabriel Dorchemer, dit La Tour, pour avoir soin de distribuer, retirer et garder les clefs de tous les logemens dud. château, *idem*.................. 150ᶫᶫ

A Chatillon, ayant soin de monter et d'entretenir l'horloge, *idem*.......................... 50ᶫᶫ

Somme totale du présent estat. 15530ᶫᶫ 5ˢ

Laquelle somme de 15530ᶫᶫ 5ˢ sera payée aux dénommez au présent estat par le sʳ Le Besgue de Majainville, trésorier général des bâtiments du Roy, commis par arrest du Conseil d'Estat du 20 aoust dernier pour continuer la fonction de l'office de trésorier général desd. bâtimens dont estoit pourveu Mᵉ Charles Makessien, en exercice pendant la présente année 1693, des deniers de lad. charge, et raportant le présent estat par nous expédié, ensemble les certifications du contrôleur desd. bâtimens du service que les officiers sujets à aucuns entretenemens auront bien et duement fait, ainsy qu'ils y sont obligez par leurs charges et emplois, et quittances sur ce suffisantes, lad. somme de 15530ᶫᶫ 5ˢ sera passée et allouée en la dépense de son compte par Messieurs des Comptes à Paris, lesquels nous prions ainsy le faire sans difficulté.

Fait à Versailles, le 13ᵉ jour de décembre 1693.

ANNÉE 1694.

RECEPTE.

5 janvier : de Mᵉ Jean-Baptiste Brunet, garde du Trésor royal, la somme de un million de livres pour employer au payement des dépenses que S. M. a ordonné estre faites pour ses bâtimens pendant la présente année, et 8333ᶫᶫ 6ˢ 8ᵈ pour les taxations du trésorier, à raison de 2ᵈ par livre............ 1008333ᶫᶫ 6ˢ 8ᵈ

16 janvier : de luy, pour délivrer au sʳ Deville, sçavoir : 6000ᶫᶫ par gratification, en considération du soin qu'il a pris de la machine de la rivière de Seyne pendant 1693, et 6000ᶫᶫ de pension ordinaire que S. M. luy a accordée pendant la mesme année, et 100ᶫᶫ pour la taxation..................... 12100ᶫᶫ

De luy, pour délivrer à Chatillon, jardinier de l'orangerie de Fontainebleau, par gratification, en considération du soin qu'il a eu des orangers de lad. orangerie pendant 1693, et 3ᶫᶫ 6ˢ 8ᵈ de taxations.... 403ᶫᶫ 6ˢ 8ᵈ

De luy, 949ᶫᶫ pour délivrer à M. l'evesque de Chartres pour, avec 401ᶫᶫ qu'ont esté louez pendant 1693 quarante arpens de prez scituez dans l'étang de Boisard, faire 1350ᴴ à quoy montent la non jouissance pendant lad. année 1693 desd. 40 arpens de prez dépendans de l'evesché de Chartres, et 7ᴴ 18ˢ 2ᵈ pour les taxations.. .... 956ᴴ 18ˢ 2ᵈ

De luy, 684ᴴ 6ˢ pour délivrer au curé de Marly, sçavoir : 210ᴴ pour la non jouissance, pendant l'année dernière 1693, de 75 arpens de pré compris dans le fonds de Marly, et 474ᴴ 6ˢ pour la non jouissance pendant la mesme année de la dixme des terres labourables de lad. cure, que S. M. a ordonné estre plantées en bois, y compris la dixme du troupeau du Trou d'Enfer, et 6ᴴ 8ˢ pour les taxations.................. 689ᴴ 19ˢ

30 janvier : de luy, 375ᴴ pour délivrer au sʳ RENÉ D'AUBERT DE VERTOT et ESTIENNE RICHOMME, pour leur indemnité de la non jouissance des dixmes pendant l'année 1693 sur les terres acquises au nom de S. M. dans la parroisse de Croissy-la-Garenne prez Saint-Germain-en-Laye, sçavoir : 250ᴴ au sʳ DE VERTOT, qui a esté prieur curé dud. lieu pendant les huit premiers mois, et 125ᴴ au sʳ DE RICHOMME, pour le reste de lad. année, et 3ᴴ 1ˢ 8ᵈ pour les taxations....... 378ᴴ 1ˢ 8ᵈ

De luy, 500ᴴ pour délivrer au sʳ TURGIS, chevau-léger de la garde de S. M., pour, avec 500ᴴ qu'il a cy-devant receus, faire la somme de 1000ᴴ, à compte du remboursement des terres qui luy appartiennent, comprises dans la plaine de Vézinet, et 4ᴴ 3ˢ 4ᵈ pour les taxations 504ᴴ 3ˢ 4ᵈ

6 février : de luy, 800ᴴ pour délivrer à JEAN MASSAGATI et PALMARIN PALMARINI, anciens gondolliers vénitiens, par gratification, en considération du service qu'ils ont rendu sur le canal de Versailles pendant 1693, et 6ᴴ 13ˢ 4ᵈ pour les taxations 806ᴴ 13ˢ 4ᵈ

13 février : de luy, 800ᴴ pour délivrer au sʳ SOULAIGRE, concierge du vieux chasteau de Saint-Germain-en-Laye, qui luy ont esté accordez par S. M. pour le remboursement des dépenses qu'il a faites pour faire nettoyer dans les appartemens et cours dud. château pendant les années 1692 et 1693, à raison de 400ᴴ par an, et 6ᴴ 13ˢ 4ᵈ pour les taxations............. 806ᴴ 13ˢ 4ᵈ

2 mars : de luy, 5851ᴴ 8ˢ 9ᵈ pour délivrer au nommé LE MOYNE le Lorrain, peintre[1], pour, avec 7200ᴴ qu'il a cy-devant receus, faire le parfait payement de 13050ᴴ 8ˢ 9ᵈ, tant pour les ouvrages de peinture et dorure qu'il a faits à la chapelle du château de Saint-Germain-en-Laye et à Marly que pour les desseins qu'il a

fournis à la Savonnerie pour faire des formes et des tabourets, et les desseins de bordure qu'il a livrez pour les tapisseries des Gobelins, le tout depuis l'année 1684 jusqu'à présent, et 48ᴴ 15ˢ 2ᵈ pour les taxations dud. trésorier................., ... 5900ᴴ

De luy, 4884ᴴ 4ˢ 4ᵈ pour délivrer à JEAN DE LACROIX, tapissier en basse lisse aux Gobelins[2], pour son payement de trente-trois aunes trois batons en carré d'ouvrages de tapisserie par luy faits à ses frais et dépens depuis 1691 jusqu'au 20 novembre 1693, sçavoir : vingt et une aunes dix batons, à raison de 161ᴴ 14ˢ l'aune carrée, et onze aunes neuf batons, à raison de 120ᴴ, le tout outre et pardessus ce qui luy a cy-devant esté payé par les estats des Gobelins, et 40ᴴ 14ˢ pour les taxations.......................... 4924ᴴ 18ˢ 4ᵈ

6 mars : de luy, 16259ᴴ 9ˢ 3ᵈ pour délivrer aux nommez BAILLY et ROCHER[3], pour, avec 39300ᴴ qu'ils ont cy-devant receu, faire le parfait payement de 55559ᴴ 11ˢ 3ᵈ à quoy montent les ouvrages de maçonnerie qu'ils ont faits depuis l'année 1692 jusques et compris l'année dernière 1693, aux nouveaux bastimens, cascades, pieds d'estaux et autres endroits de la dépendance du chasteau de Marly, et 135ᴴ 9ˢ 11ᵈ pour les taxations dud. trésorier...................... 16395ᴴ 1ˢ 2ᵈ

De luy, 1000ᴴ pour délivrer au nommé REGNARD, jardinier de Choisy, pour gratification, en considération des dépenses extraordinaires qu'il a faites pour l'entretien du jardin dud. lieu et pour l'indemniser de ses meubles et outils qui ont esté brulez lorsque le comble de l'orangerie de Choisy a esté brulé, et 8ᴴ 6ˢ 8ᵈ pour les taxations...................... 1008ᴴ 6ˢ 8ᵈ

De luy, 4217ᴴ pour délivrer à divers particuliers pour leur payement de la non jouissance d'onze moulins à eux appartenans, scituez dans les rivières d'Espernon et de Gallardon, qui ont chaumé pendant l'année dernière 1693, à cause des canaux faits pour le transport des matériaux servans à la construction du grand aqueduc de la rivière d'Eure dans le fonds de Maintenon, et 35ᴴ 2ˢ 10ᵈ pour les taxations......... 4252ᴴ 2ˢ 10ᵈ

De luy, 2830ᴴ pour employer au payement des gratifications que S. M. a ordonné estre payées aux officiers des bâtimens et jardins de Fontainebleau en considération du bon estat de leurs entretenemens pendant l'année dernière 1693, et 23ᴴ 11ˢ 8ᵈ pour les taxations dud. trésorier........................ 2853ᴴ 11ˢ 8ᵈ

De luy, 5000ᴴ pour délivrer à M. l'archevesque de

---

[1] Note en marge : «En augmentations de gages en doublent.»

[2] En marge : «En augmentations de gages sans doubler.»

[3] En marge : «En augmentations de gages sans doubler.»

ANNÉE 1694. — RECETTE.

Rouen, pour une année, écheue le dernier décembre 1693, du loyer de deux maisons à luy apartenantes rue Vivien à Paris, occupées par la bibliothèque de S. M., et 41ᴸ 13ˢ 4ᵈ pour les taxations........ 5041ᴸ 13ˢ 4ᵈ

10 avril : de luy, 3000ᴸ pour délivrer à ANTOINE TRUMEL, jardinier, pour la pension que S. M. luy a accordée pendant les années 1692 et 1693, et 25ᴸ pour les taxations........................... 3025ᴸ

15 may : de luy, 5290ᴸ 7ˢ 11ᵈ pour délivrer à THOMAS VALLERAND, serrurier[1], pour, avec 62081ᴸ 1ˢ 6ᵈ qu'il a cy-devant receu, faire le parfait payement de 67371ᴸ 9ˢ 4ᵈ à quoy montent les ouvrages de serrurerie et de gros fer qu'il a faits et livrez tant au château de Versailles et bâtimens des dehors d'iceluy qu'à Trianon et autres endroits, depuis 1682 jusqu'en 1691, et 44ᴸ 1ˢ 8ᵈ pour les taxations....................... 5334ᴸ 9ˢ 7ᵈ

1ᵉʳ juin : de luy, 4860ᴸ pour délivrer au nommé RAYOLLE, sculpteur[2], pour, avec 26100ᴸ qu'il a cy-devant receus, faire le parfait payement de 30960ᴸ à quoy montent les figures et vaze de marbre et autres ouvrages de sculpture qu'il a faits et livrez pour Versailles depuis 1685 jusques en 1690, et 40ᴸ 10ˢ pour les taxations................... 4900ᴸ 10ˢ

5 juin : de luy, 3600ᴸ pour délivrer au sʳ CORNU, sculpteur[3], pour, avec 9500ᴸ qu'il a cy-devant receus, faire le parfait payement de 13100ᴸ à quoy montent deux figures de marbre, l'une représentant l'*Afrique* et l'autre l'*Hercule* de Farnèse, et deux vases, deux coquilles et deux masques de plomb qu'il a faits et posez dans le jardin de Versailles, et 30ᴸ pour les taxations.. .... 3630ᴸ

8 juin : de luy, 800ᴸ pour délivrer au sʳ JACQUES BERTHOU, curé de la Selle, pour, avec 1300ᴸ qu'il a cy-devant receus, faire le parfait payement de 2100ᴸ à quoy montent les non-jouissances qui luy sont deues pour sa part de la dixme qu'il levoit, conjointement avec les Religieux de Saint-Germain-des-Prez, sur les héritages occupez par les travaux que S. M. a ordonné estre faits en l'estendue de lad. cure de la Selle, depuis et compris 1677 jusques et compris l'année dernière 1693, à raison de 123ᴸ 10ˢ 7ᵈ par chacun an, et 6ᴸ 13ˢ 4ᵈ pour les taxations................... 806ᴸ 13ˢ 4ᵈ

De luy, 18016ᴸ 8ˢ 2ᵈ pour délivrer au nommé TAVERNIER, serrurier[4], pour, avec 17803ᴸ 4ˢ qu'il a cy-devant receus, faire le parfait payement de 35819ᴸ 12ˢ 2ᵈ à quoy montent les ouvrages de serrurerie et de gros fer qu'il a faits et livrez tant au château de Versailles et bâtimens des dehors d'iceluy qu'à Trianon et autres endroits, depuis l'année 1683 jusqu'en 1693, et 150ᴸ 8ˢ 4ᵈ pour les taxations................. 18166ᴸ 11ˢ 6ᵈ

De luy, 3553ᴸ 5ˢ 11ᵈ pour délivrer au nommé GUÉRIN, menuisier[5], pour, avec 10600ᴸ qu'il a cy devant receus, faire le parfait payement de 14153ᴸ 6ˢ 11ᵈ à quoy montent les ouvrages et réparations de menuiserie qu'il a fait, tant au château du Louvre, au Palais-Royal et autres endroits qu'aux maisons apartenantes au Roy à Paris, pendant les années 1688, 1689, 1690 et 1691, et 29ᴸ 12ˢ 2ᵈ pour les taxations......... 3582ᴸ 18ˢ 1ᵈ

4 may : de luy, 3000ᴸ pour délivrer aux prestres de la Mission establis à Fontainebleau, pour leur subsistance et entretenement pendant les six premiers mois 1694, y compris les taxations du trésorier........... 3000ᴸ

10 juillet : de luy, 4900ᴸ pour délivrer à CORNEILLE VANCLÈVE, sculpteur[6], pour, avec 6000ᴸ qu'il a cy-devant receus, faire le parfait payement de 10900ᴸ pour une figure de *Cléopâtre*, un Terme de *Mercure*, le tout de marbre blanc, et deux vazes, deux coquilles et deux masques de plomb qu'il a faits et posez dans le jardin du château de Versailles, et 40ᴸ 16ˢ 8ᵈ pour les taxations.. .... 4940ᴸ 16ˢ 8ᵈ

13 juillet : de luy, 6674ᴸ 19ˢ 3ᵈ pour délivrer au nommé BAILLY, entrepreneur[7], pour, avec 10950ᴸ qu'il a cy devant receus, faire le parfait payement de 17624ᴸ 19ˢ 3ᵈ à quoy montent les ouvrages de maçonnerie qu'il a faits pour la construction des murs du potager, de la garenne et cheny du château de Noisy pendant l'année dernière 1693 et la présente, et 55ᴸ 12ˢ 6ᵈ pour les taxations................. 6730ᴸ 11ˢ 9ᵈ

17 juillet : de luy, 18033ᴸ 10ˢ 5ᵈ pour délivrer au nommé L'ÉPÉE, entrepreneur[8], pour, avec 89500ᴸ qu'il a cy-devant receus, faire le parfait payement de 107533ᴸ 10ˢ 5ᵈ à quoy montent les ouvrages de menuiserie qu'il a faits pour le service de S. M., tant dans la dépendance du château de Versailles, avant cour et dehors d'iceluy, qu'à Trianon et à Glatigny, depuis l'année 1677 jusqu'à présent, non compris la maçonnerie des deux moulins de Clagny qu'il a faits en société avec les nommez BAILLY et VIGNEUX, entrepreneurs, et 150ᴸ 5ˢ 7ᵈ pour les taxations.......... 18183ᴸ 16ˢ

De luy, 1546ᴸ 19ˢ 7ᵈ pour délivrer à FRANÇOIS

---

[1] En marge : «En augmentations de gages en doublant.»
[2] En marge : «En rentes viagères à fonds perdu.»
[3] En marge : «En rentes viagères à fonds perdu.»
[4] En marge : «En augmentations de gages en doublant.»
[5] En marge : «En augmentations de gages en doublant.»
[6] En marge : «En rentes viagères à fonds perdu.»
[7] En marge : «En rentes sans doubler.»
[8] En marge : «En augmentations de gages en doublant.»

L'Épée, frère et héritier de Louis L'Épée le jeune[1], entrepreneur, pour, avec 9000ᵗᵗ qu'il a cy-devant receus, faire le parfait payement de 10546ᵗᵗ 19ˢ 7ᵈ à quoy montent ses ouvrages de maçonnerie pour le service du Roy dans le jardin de Clagny, en 1685, et 12ᵗᵗ 16ˢ 11ᵈ pour les taxations........................ 1559ᵗᵗ 14ˢ 6ᵈ

De luy, 14939ᵗᵗ 15ˢ pour délivrer à la veuve Gacoin[2], ferblanier, pour, avec 12150ᵗᵗ qu'elle a cy devant receus, faire le parfait payement de 27089ᵗᵗ 15ˢ à quoy montent les roseaux de cuivre qu'elle a fourny en 1683 tant pour le Marais qu'autour de Latonne dans le jardin de Versailles, et 124ᵗᵗ 10ˢ de taxations.... 15064ᵗᵗ 5ˢ

28 juillet : de luy, 6095ᵗᵗ 8ˢ 6ᵈ pour délivrer au nommé Aubert, charpentier[3], pour, avec 23100ᵗᵗ qu'il a cy-devant receus, faire le parfait payement de 29195ᵗᵗ 8ˢ 6ᵈ à quoy montent ses ouvrages de charpenterie faits pour le service de S. M. à Marly et à Noisy, en 1692 et 1693, et 50ᵗᵗ 15ˢ 10ᵈ pour les taxations du trésorier......................... 6146ᵗᵗ 4ˢ 4ᵈ

6 aoust : de luy, 4500ᵗᵗ pour délivrer au sʳ Granier, sculpteur[4], pour, avec 8700ᵗᵗ qu'il a cy-devant receus, faire le parfait payement de 13200ᵗᵗ à quoy montent deux figures et un Terme représentant le Poème pastoral, Bacchus et Isocrate qu'il a fait en marbre et posez dans le jardin de Versailles, et deux bas-reliefs qu'il a fait à la Colonnade, aussy en marbre, et ce depuis 1675 jusqu'à présent, et 37ᵗᵗ 10ˢ pour les taxations du trésorier........................... 4537ᵗᵗ 10ˢ

8 aoust : de luy, 1500ᵗᵗ pour délivrer à Antoine Trumel, jardinier, pour la pension qui luy a esté accordée par S. M. pendant 1691, et 12ᵗᵗ 10ˢ pour les taxations........................... 1512ᵗᵗ 10ˢ

27 aoust : de luy, 8962ᵗᵗ pour délivrer au nommé Raon, sculpteur[5], pour, avec 8900ᵗᵗ qu'il a cy-devant receus, faire le parfait payement de 17862ᵗᵗ à quoy montent deux figures, l'une représentant la Nuit, l'autre la Flore antique, un vase, le tout de marbre blanc, deux cuvettes, quatre coquilles et deux masques de plomb, qu'il a faits et posez dans le jardin de Versailles, et autres ouvrages de sculpture par luy faits pour le service de S. M. depuis 1674 jusqu'à présent, et 74ᵗᵗ 13ˢ 8ᵈ pour les taxations.................. 9036ᵗᵗ 13ˢ 8ᵈ

De luy, 13700ᵗᵗ pour délivrer au nommé Flamen, sculpteur[6], pour, avec 11500ᵗᵗ qu'il a cy-devant receus, faire le parfait payement de 25200ᵗᵗ à quoy montent le groupe représentant Orithie enlevée par Borée, la figure de Cyparisse groupée avec un cerf, la figure en grand du Faune antique de la Reyne de Suède, le tout de marbre blanc, deux cuvettes, quatre coquilles et deux masques de plomb qu'il a faits et posez dans les jardins du chasteau de Versailles, et autres ouvrages par luy faits pour le service de S. M. depuis l'année 1682 jusqu'à présent, et 114ᵗᵗ 3ˢ 4ᵈ pour les taxations. 1381ᵗᵗ 4ˢ 3ˢ 4ᵈ

27 aoust : de luy, 6350ᵗᵗ pour délivrer au nommé Carlier, sculpteur[7], pour, avec 14300ᵗᵗ qu'il a cy-devant receus, faire le parfait payement de 20650ᵗᵗ à quoy montent le groupe représentant la Paix des Grecs et des Romains, la figure de la Vénus coppiée d'après la Vénus antique de Médicis, et l'autre représentant la Muse Uranie, le tout de marbre blanc, huit vases, six coquilles et huit masques de plomb qu'il a faits et posez dans les jardins du château de Versailles, depuis l'année 1682 jusqu'à présent, et 52ᵗᵗ 18ˢ 4ᵈ pour les taxations du trésorier.......................... 6402ᵗᵗ 18ˢ 4ᵈ

De luy, 5213ᵗᵗ 18ˢ 10ᵈ pour délivrer au nommé Goujon, dit La Baronnière[8] le père, doreur, pour, avec 23500ᵗᵗ qu'il a cy-devant receus, faire le parfait payement de 28713ᵗᵗ 18ˢ 10ᵈ à quoy montent les ouvrages de dorure et impressions de peinture qu'il a faits pour le service de S. M. tant à la gallerie d'Apollon au Louvre qu'en plusieurs autres endroits du château de Versailles, depuis l'année 1666 jusques et compris l'année 1683, et 43ᵗᵗ 8ˢ 4ᵈ pour les taxations.......... 5257ᵗᵗ 7ˢ 2ᵈ

De luy, 10500ᵗᵗ pour délivrer au nommé Girardon, sculpteur[9], pour, avec 10000ᵗᵗ qu'il a cy-devant reçeu, faire le parfait payement de 20500ᵗᵗ à quoy montent la figure de marbre représentant l'Hyver, qu'il a fait et posée dans le jardin de Versailles, et le groupe de trois figures représentant l'Enlèvement de Proserpine par Pluton qu'il a fait en marbre pour le service de S. M., et 87ᵗᵗ 10ˢ pour les taxations............ 10587ᵗᵗ 10ˢ

28 aoust : de luy, 5296ᵗᵗ 9ˢ pour délivrer au sʳ Guymond, directeur de la manufacture des glaces[10], pour, avec 35200ᵗᵗ qu'il a cy-devant receus, faire le parfait payement de 40496ᵗᵗ à quoy montent les glaces et miroirs qu'il a fournis pour le service de S. M. depuis l'année

---

[1] En marge : «En augmentations de gages en doublant.»
[2] Même note qu'à l'article précédent.
[3] En marge : «En augmentations de gages sans doubler.»
[4] «En augmentations de gages en doublant.»
[5] «En rentes viagères à fonds perdu.»
[6] Même note qu'à l'article précédent.
[7] Même note qu'aux articles précédents.
[8] Même note qu'aux articles précédents.
[9] En marge : «En rentes sur la Ville en doublant.»
[10] En marge : «En augmentations de gages en doublant.»

ANNÉE 1694. — RECETTE.

1682 jusques à présent, et 44ᴴ 2ˢ 8ᵈ pour les taxations 5340ᴴ 11ˢ 8ᵈ

4 septembre : de luy, 17237ᴴ 10ˢ 9ᵈ pour délivrer au nommé Aubert, charpentier[1], pour, avec 20050ᴴ qu'il a cy-devant receus, faire le parfait payement de 37287ᴴ 10ˢ 9ᵈ à quoy montent les bois qu'il a fournis en 1681 pour la construction de la digue de Croissy, d'une contre-digue près Chatou et de batardeaux vis-à-vis ledit Chatou, et des ouvrages de charpenterie par luy faits pour le service de S. M., joignant le moulin de Palfour, pour la construction de la machine du chevalier Morland en 1683 et 1684, et 143ᴴ 12ˢ 10ᵈ pour les taxations........................ 17381ᴴ 3ˢ 7ᵈ

De luy, 5074ᴴ 17ˢ 4ᵈ pour délivrer aux nommez Tannevot et Mauger, menuisiers[2], pour, avec 13000ᴴ qu'ils ont cy-devant receus, faire le parfait payement de 18074ᴴ 17ˢ 4ᵈ à quoy montent les ouvrages de menuiserie qu'ils ont faits pour le Roy, tant au Louvre, à la bibliothèque de S. M. et à l'Observatoire qu'aux châteaux de Vincennes et de Chambord, pendant 1682 et 1683, et 42ᴴ 5ˢ 8ᵈ pour les taxations............ 5117ᴴ 3ˢ

De luy, 3200ᴴ pour délivrer au nommé Robert, sculpteur[3], pour, avec 3000ᴴ qu'il a cy-devant receus, faire le parfait payement de 6200ᴴ à quoy montent deux grands vases de 6 pieds 3 pouces de hault qu'il a faits en marbre et posez dans les jardins de Versailles depuis l'année 1684 jusqu'à présent, et 26ᴴ 13ˢ 4ᵈ pour les taxations........................ 3226ᴴ 13ˢ 4ᵈ

11 septembre : de luy, 14400ᴴ pour délivrer au nommé Le Maistre, entrepreneur[4], à compte des ouvrages de maçonnerie qu'il a faits pour la construction de la grande église de l'hostel royal des Invalides, et 120ᴴ pour les taxations 14520ᴴ

De luy, 2000ᴴ pour délivrer à la veuve du nommé Massou, sculpteur[5], pour, avec 2500ᴴ qu'il a cy-devant reçeus, faire le parfait payement de 4500ᴴ à quoy monte la figure, représentant la Terre, qu'il a fait en marbre et posée dans les jardins du château de Versailles, et 16ᴴ 13ˢ 4ᵈ pour les taxations.. 2016ᴴ 13ˢ 4ᵈ

De luy, 4171ᴴ 10ˢ pour délivrer aux nommez Legros et veuve Massou, sculpteurs[6], pour, avec 5500ᴴ qu'ils ont cy-devant receus, faire le parfait payement de 9671ᴴ 10ˢ à quoy montent les ouvrages de sculpture par

---

[1] En marge : «En augmentations de gages en doublant.»
[2] Même note en marge qu'à l'article précédent.
[3] En marge : «En rentes viageres à fonds perdu.»
[4] En marge : «En augmentations de gages en doublant.»
[5] Même note qu'à l'article précédent.
[6] En marge : «En rentes viageres à fonds perdu.»

eux faits pendant 1682, 1683 et 1684, tant dans la dépendance du château de Marly, que ceux de métail qu'ils ont livrez et posez dans le grand sallon du bout de la grande gallerie de Versailles du costé de l'Orangerie, et 34ᴴ 15ˢ 3ᵈ pour les taxations.... 4206ᴴ 5ˢ 3ᵈ

De luy, 5200ᴴ pour délivrer au nommé Legros, sculpteur[7], pour, avec 15100ᴴ qu'il a cy-devant receus, faire le parfait payement de 20300ᴴ à quoy montent deux figures, l'une représentant l'Eau, l'autre l'Antinoüs, un Terme représentant Pandore, un grand vase, le tout de marbre blanc, un vase, deux coquilles et deux masques de plomb, qu'il a faits et posez dans les jardins du château de Versailles, et deux groupes de figures de pierre de Saint-Leu qu'il a sculptez au-dessus des deux gros piliers d'une des portes de l'Orangerie, l'un représentant l'Aurore qui enlève Céphale, et l'autre Vertumne et Pomone, lesd. ouvrages faits depuis 1675 jusqu'à présent, et 43ᴴ 6ˢ 8ᵈ pour les taxations... 5243ᴴ 6ˢ 8ᵈ

18 septembre : de luy, 1500ᴴ pour délivrer au sʳ Petit de Fontainebleau, pour la pension que S. M. luy a accordée pendant l'année écheue au mois d'octobre 1693, et 12ᴴ 10ˢ pour les taxations 1512ᴴ 10ˢ

De luy, 13706ᴴ pour délivrer au sʳ Arnoul, pour son payement de 33 autruches, 108 poules sultanes, 5 poules pintades et 5 chèvres de la Thébaïde qu'il a livrez pour le service du Roy à la Ménagerie, de l'envoy du sʳ Mosnier de Montpellier, et 114ᴴ 4ˢ 4ᵈ pour les taxations........................ 13820ᴴ 4ˢ 4ᵈ

20 novembre : de luy, 2153ᴴ pour délivrer aux abbé et religieux de Sainte-Geneviefve-au-mont de Paris, et au supérieur et séminaire du grand Beaulieu, établi à Chartres, chacun par moitié, au lieu du feu prieur de Choisy-aux-Bœufs, suivant le concordat fait entr'eux le 9 juin 1686, aprouvé et confirmé par le décret du sʳ evesque de Chartres du 27 juin 1687, lesd. concordat et décret confirmez par lettres-patentes du mois de juin 1690, pour la non jouissance pendant l'année dernière 1693 des terres et prez apartenans aud. prieuré et l'indemnité des dixmes que led. prieur avoit droit de prendre sur les terres et prez enfermez dans les anciens et nouveaux murs du parc du château de Versailles, et 16ᴴ 18ˢ 6ᵈ pour les taxations......... 2169ᴴ 18ˢ 6ᵈ

20 novembre : de luy, 3344ᴴ pour délivrer au sʳ Bertin, sculpteur[8], pour deux figures de marbre blanc, représentant Aristhée et Euridice, qu'il a faites et posées

---

[7] En marge : «En rentes viageres à fonds perdu.»
[8] En marge : «En augmentations de gages sans doubler.»

60.

dans le jardin de Marly au printemps dernier, et 27ᴸ 17ˢ 4ᵈ pour les taxations.......... 3371ᴸ 17ˢ 4ᵈ

De luy, 2850ᴸ pour délivrer au nommé FLAMAND, sculpteur¹, pour un groupe de marbre blanc représentant *Diane*, qu'il a fait et posé dans le jardin de Marly au printemps dernier, et 23ᴸ 15ˢ pour les taxations du trésorier........................ 2873ᴸ 15ˢ

De ldy, 4315ᴸ 12ˢ 2ᵈ pour délivrer au sʳ VASSÉ, pour, avec 34000ᴸ qu'il a cy-devant reçeus, faire le parfait payement de 38315ᴸ 12ˢ 2ᵈ à quoy montent les fournitures de plomb et estain qu'il a faites en 1683 pour les vazes, cuvettes, coquilles et masques de la pièce d'eau sous le Dragon dans le jardin de Versailles, et 35ᴸ 19ˢ 2ᵈ pour les taxations....... 4351ᴸ 11ˢ 4ᵈ

De luy, 10300ᴸ pour délivrer au sʳ RENAUDIN, sculpteur, pour, avec 12100ᴸ qu'il a cy-devant reçeus, faire le parfait payement de 22400ᴸ à quoy montent deux figures, l'une de *Bachus*, représentant l'*Automne*, l'autre la *Cérès* d'après l'antique, le groupe de l'*Enlèvement de Cibelle*, le tout de marbre blanc, deux vases, deux coquilles et deux masques de plomb qu'il a faits et posez dans les jardins de Versailles depuis 1674 jusqu'à présent, et 85ᴸ 18ˢ 4ᵈ pour les taxations.. 10385ᴸ 18ˢ 4ᵈ

27 novembre : de luy, 175ᴸ pour délivrer à JAQUES NOËL, receveur et fermier de la terre et seigneurie de Trappes, apartenante à l'abbaye de Saint-Denis en France, jointe à la communauté de Saint-Louis établie à Saint-Cyr, pour la perte des labours et semences et le loyer de 3 arpens 1/2 de terre de lad. seigneurie, qui estoit ensemencez en bled, lequel a esté entièrement gasté par le débordement des eaux de l'estang de Trappes en l'année dernière 1693, et 28ᴸ 4ᵈ pour les taxations......................... 176ᴸ 8ˢ 4ᵈ

De luy, 67201ᴸ 12ˢ 1ᵈ pour délivrer à Louis REGNOUF, paveur², tant en son nom que comme héritier de GEORGES MARCHAND, son oncle, pour, avec 344592ᴸ 15ˢ qu'ils ont cy-devant reçeu, faire le parfait payement de 411794ᴸ 12ˢ 1ᵈ à quoy montent tous les ouvrages de pavé qu'ils ont faits pour le service de S. M. tant au château de Versailles qu'autres endroits depuis l'année 1682 jusqu'à présent, et 560ᴸ 3ᵈ pour les taxations du trésorier....................... 67761ᴸ 12ˢ 4ᵈ

6 décembre : de luy, 16607ᴸ 15ˢ pour délivrer au sʳ COISVOX, sculpteur³, pour, avec 22640ᴸ qu'il a cy-devant reçeus, faire le parfait payement de 39247ᴸ 15ˢ à quoy montent les ouvrages de sculpture qu'il a faits pour le service de S. M. et posez dans les jardins de Versailles depuis l'année 1682 jusqu'à présent, et 138ᴸ 7ˢ 11ᵈ pour les taxations....... 16746ᴸ 2ˢ 11ᵈ

De luy, 5300ᴸ pour délivrer au nommé MAGNIER fils, sculpteur⁴, pour, avec 6000ᴸ qu'il a cy-devant reçeus, faire le parfait payement de 11300ᴸ pour le groupe représentant les *Lutteurs* et le Terme représentant *Ulisse*, de marbre blanc, deux vases, deux coquilles et deux masques de plomb, le tout fait et posé dans les jardins du château de Versailles depuis 1682 jusqu'à présent, et 44ᴸ 3ˢ 4ᵈ pour les taxations.......... 5344ᴸ 3ˢ 4ᵈ

11 décembre : de luy, 3600ᴸ pour délivrer au nommé MAGNIÈRE père, sculpteur⁵, pour, avec 4200ᴸ qu'il a cy-devant reçeus, faire le parfait payement de 7800ᴸ à quoy monte une figure représentant le *Printemps* et un Terme représentant *Circé*, le tout de marbre blanc, qu'il a faits et posez dans les jardins de Versailles, et 30ᴸ pour les taxations.................. 3630ᴸ

De luy, 3150ᴸ pour délivrer à la veuve du sʳ BRIÈRE, procureur au Châtelet, fille et unique heritière du nommé LESPAGNANDELLE, sculpteur⁶, pour, avec 8500ᴸ qu'il a cy-devant reçeus, faire le parfait payement de 11650ᴸ à quoy montent une figure représentant le *Phlegmatique*, un des *Roys esclaves*, un marbre représentant *Diogène*, le tout en marbre blanc, deux vases, deux coquilles et deux masques de plomb, que led. feu LESPAGNANDELLE a faits et posez dans les jardins du chasteau de Versailles depuis l'année 1675 jusqu'à présent, et 26ᴸ 5ˢ pour les taxations............... 3176ᴸ 5ˢ

De luy, 1626ᴸ 19ˢ 6ᵈ pour délivrer à JEAN TAVERNIER, serrurier⁷, pour, avec 600ᴸ qu'il a cy-devant reçeus, faire le parfait payement de 2226ᴸ 19ˢ à quoy montent les ouvrages de serrurerie qu'il a faits tant au chasteau de Versailles qu'aux bâtimens des dehors d'iceluy depuis 1684 jusqu'à présent, et 13ᴸ 11ˢ 2ᵈ pour les taxations......................... 1640ᴸ 10ˢ 7ᵈ

De luy, 23789ᴸ 8ˢ pour délivrer à la veuve NENNET et héritiers DOUBLER, charpentiers⁸, pour, avec 183600ᴸ qu'ils ont cy-devant reçeus, faire le parfait payement de 207390ᴸ à quoy montent les ouvrages de charpenterie par eux faits tant au château de Versailles qu'au Louvre et aux Thuilleries pendant 1681, 1682 et 1683, et 198ᴸ 4ˢ 11ᵈ de taxations........ 23987ᴸ 12ˢ 11ᵈ

24 décembre : de luy, 5942ᴸ pour délivrer au sʳ DE

¹ En marge : «En augmentations de gages sans doubler.»
² En note : «En rentes sur la Ville en payant xxᵐᵉ livres.»
³ En marge : «En augmentations de gages sans doubler.»
⁴ En marge : «En rentes viagères à fonds perdu.»
⁵ Même note qu'au précédent article.
⁶ Même note qu'à l'article précédent.
⁷ En marge : «En rentes sur la Ville en doublant.»
⁸ En marge : «En rentes viagères à fonds perdu.»

Launay, orfèvre[1], sçavoir : 2422ᴸ pour son remboursement des dépenses qu'il a faites en 1682 dans la maison où il loge, apartenant au Roy, et 3520ᴸ pour la façon de deux grands vases d'argent, dont les corps estoient cizelés de bas-reliefs d'enfans et des armes de S. M., et de deux miroirs aussi cizelés des armes du Roy, le tout pesant 352 marcs, qui luy avoient esté ordonnez pour le service de S. M. en 1677, dont le prix estoit réglé pour la façon, estant entièrement finis, à raison de 15ᴸ le marc, et qui a esté réduite à 10ᴸ le marc, à proportion de l'estat où lad. façon estoit lorsque lesd. ouvrages ont été fondus en 1690, et 49ᴸ 10ˢ 4ᵈ pour les taxations 5991ᴸ 10ˢ 4ᵈ

De luy, 4061ᴸ pour délivrer au sʳ Daquin, cy-devant premier médecin[2], pour son remboursement du fonds, non-jouissance, lots, ventes et indemnité des héritages qui luy apartiennent en propre, et autres estans en sa directe et censive, occupez par les travaux de S. M. dans l'estendue de la seigneurie de Jouy et des Loges, et 33ᴸ 16ˢ 8ᵈ pour les taxations......... 4094ᴸ 16ˢ 8ᵈ

De luy, 11489ᴸ 8ˢ pour délivrer au nommé Vitry, plombier[3], pour, avec 42438ᴸ 8ˢ qu'il a cy-devant reçeus, faire le parfait payement de 53927ᴸ 16ˢ à quoy montent les ouvrages de plomberie qu'il a faits pour le service du Roy tant au château de Versailles qu'ailleurs en 1682 et 1683, et 95ᴸ 15ˢ pour les taxations du trésorier............................ 11585ᴸ 3ˢ

De luy, 2560ᴸ 9ˢ 10ᵈ pour délivrer au nommé Benoist, entrepreneur[4], pour, avec 20400ᴸ qu'il a cy-devant reçeus, faire le parfait payement de 22960ᴸ 9ˢ 10ᵈ à quoy montent ses ouvrages de maçonnerie pour le Roy à Vincennes et à Limours depuis 1685 jusques en 1693, et 21ᴸ 6ˢ 9ᵈ pour les taxations........ 2581ᴸ 16ˢ 7ᵈ

De luy, 8140ᴸ 13ˢ 4ᵈ pour délivrer au nommé Le Comte, sculpteur[5], pour, avec 18850ᴸ qu'il a cy-devant reçeus, faire le parfait payement de 26990ᴸ 13ˢ 4ᵈ à quoy montent les ouvrages de sculpture qu'il a faits et posez dans les jardins de Versailles et à Marly depuis 1682 jusqu'à présent, et 67ᴸ 16ˢ 9ᵈ pour les taxations 8208ᴸ 10ˢ 1ᵈ

14 décembre : de luy, 3000ᴸ pour délivrer aux prestres de la Mission établie à Fontainebleau, pour leur subsistance et entretenement pendant les six derniers mois 1694.......................... 3000ᴸ

31 décembre : de luy, 5000ᴸ pour délivrer à M. l'archevesque de Rouen pour une année, écheue le 31 décembre dernier, du loyer de deux maisons à luy appartenantes rue Vivien, occupées par la bibliothèque du Roy, et 41ᴸ 13ˢ 4ᵈ pour les taxations.... 5041ᴸ 13ˢ 4ᵈ

19 février 1695 : de Mᵉ Pierre Gruyn, garde du trésor royal, 3000ᴸ pour délivrer au sʳ Le Nostre, par gratification, en considération du service qu'il a rendu dans les bâtimens pendant l'année dernière 1694, et 25ᴸ pour les taxations.................. 3025ᴸ

26 février 1695 : de luy, 684ᴸ 5ˢ pour délivrer au curé de Marly, comme cy-devant[6], et ce pour 1694, et 5ˢ 14ᵈ pour les taxations............... 689ᴸ 19ˢ

De luy, pour délivrer à Jean Massagati et Palmarini Palmarini, anciens gondolliers Vénitiens, 800ᴸ pour leur gratification de 1694, et 6ᴸ 13ˢ 4ᵈ pour les taxations... .... 806ᴸ 13ˢ 4ᵈ

De luy, 400ᴸ pour délivrer au sʳ Soulaigre, comme cy-dessus[7], et ce pour 1694, et 3ᴸ 6ˢ 8ᵈ pour les taxations............................ 403ᴸ 6ˢ 8ᵈ

De luy, 400ᴸ pour délivrer au sʳ Chatillon, de Fontainebleau[8], par gratification pour 1694, et 3ᴸ 6ˢ 8ᵈ pour les taxations..................... 403ᴸ 6ˢ 8ᵈ

De luy, 2000ᴸ pour délivrer au sʳ Morlet, par gratification, en considération du soin qu'il a pris des plants d'arbres des jardins et avenues des maisons royales pendant 1694, et 16ᴸ 13ˢ 4ᵈ pour taxations. 2016ᴸ 13ˢ 4ᵈ

De luy, 1000ᴸ pour délivrer au sʳ Ballon fils, par gratification, en considération des services que son feu père a rendus dans les plants d'arbres des jardins et avenues des maisons royales pendant l'année 1694, et 8ᴸ 6ˢ 8ᵈ pour les taxations............. 1008ᴸ 6ˢ 8ᵈ

De luy, 135990ᴸ 4ˢ pour délivrer au sʳ Le Bossu[9], abbé de l'abbaye de Saint-Georges-du-Bois, seul héritier par bénéfice d'inventaire du feu sʳ Le Bossu, son père, vivant l'un des maîtres d'hôtel de S. M., pour, avec 3000ᴸ qui luy ont esté ordonnez le 7 avril 1693, faire 138990ᴸ 4ˢ pour son remboursement du fonds et non-jouissance de 115 arpens de terre à luy apartenans, droits de lots et ventes, et indemnité d'iceux, sur 246 arpens de terre que S. M. a acquis de plusieurs particuliers qui luy estoient censuelles; et droits de dixmes, avec l'indemnité d'icelles, sur 416 arpens de terre, compris ceux ci-dessus, le tout enfermé dans la nouvelle en-

---

[1] En marge : «En rentes sur la Ville en doublant.»
[2] En marge : «En rentes sans doubler.»
[3] En marge : «En rentes viagères à fonds perdu.»
[4] En marge : «En rentes sur la Ville en doublant.»
[5] En marge : «En rentes viagères à fonds perdu.»
[6] Cf. 16 janvier 1694, col. 939.
[7] Cf. l'article du 13 février 1694, col. 939.
[8] Cf. ci-dessus le troisième article de la recette, col. 938.
[9] En marge : «En rentes sur la Ville au denier 18.»

ceinte du parc de Vincennes depuis l'année 1658, et 1133ᴸ 5ˢ pour les taxations............ 137123ᴸ 9ˢ

5 mars 1695 : de luy, 2830ᴸ pour employer au payement des gratifications que S. M. a ordonné estre payées aux officiers de ses bâtimens et jardins de Fontainebleau, en considération du bon estat de leurs entretenemens pendant l'année dernière 1694, et 23ᴸ 11ˢ 8ᵈ pour les taxations.................. 2853ᴸ 11ˢ 8ᵈ

26 mars 1695 : de luy, 13314ᴸ 19ˢ 9ᵈ pour délivrer au nommé Scauret, menuisier[1], pour, avec 29700ᴸ qu'il a cy-devant reçeus, faire le parfait payement de 43014ᴸ 19ˢ 9ᵈ à quoy montent les ouvrages de menuiserie par luy faits dans la dépendance du château de Fontainebleau pendant les années 1684, 1685, 1686, 1687, 1688, 1689, 1690, les trois derniers mois 1693 et l'année entière 1694, et 110ᴸ 9ˢ 2ᵈ pour les taxations........................ 13425ᴸ 18ˢ 11ᵈ

25 janvier : de luy, 2624ᴸ 3ˢ 4ᵈ pour délivrer au sʳ ᴅᴇ Lᴏᴜᴠɪɢɴʏ ᴅ'Oʀɢᴇᴍᴏɴᴛ[2], pour, avec 2500ᴸ qu'il a cy-devant reçeu, faire le parfait payement de 5124ᴸ 3ˢ 4ᵈ pour 93 toises un pied de tuiaux de fer de fonte, d'un pied de diamettre, qu'il a fournis pour le service de S. M., à raison de 55ᴸ la toise, et 21ᴸ 17ˢ 4ᵈ pour les taxations........................... 2646ᴸ 8ᵈ

De luy, 375ᴸ pour délivrer au sʳ Eꜱᴛɪᴇɴɴᴇ Rɪᴄʜᴏᴍᴍᴇ, prieur curé de Croissy-la-Garenne près de Saint-Germain-en-Laye, pour son indemnité pendant 1694 de la non-jouissance des dixmes sur les terres que S. M. a acquises dans lad. parroisse de Croissy-la-Garenne, et 3ᴸ 2ˢ 6ᵈ pour les taxations............. 378ᴸ 2ˢ 6ᵈ

RECETTE PARTICULIÈRE 1694.

24 janvier : de Tʜᴏᴍᴀꜱ Vᴀʟʟᴇʀᴀɴᴅ, serrurier, pour le prix de dix milliers de vieux fer qui luy a esté livré du magasin de Versailles, à raison de 40ᴸ le millier. 400ᴸ

De Lᴏᴜɪꜱ Tᴀᴠᴇʀɴɪᴇʀ, serrurier, pour dix milliers de vieux fer, idem....................... 400ᴸ

De Nɪᴄᴏʟᴀꜱ Dᴇꜱᴊᴀʀᴅɪɴꜱ, serrurier, pour quatre milliers de vieux fer livrez aud. prix................ 160ᴸ

Du sʳ Dᴇꜱʟᴏᴜɪᴛ, pour quatre milliers, idem... 160ᴸ

31 janvier : de Jᴇᴀɴ Bᴀɪʟʟʏ, pour le prix de 53 toises cubes de démolition de moilon faite au château de Noisy, à 10ᴸ la toise.................... 530ᴸ

De Fʀᴀɴçᴏɪꜱ Dᴇꜱᴄʜᴀᴍᴘꜱ, marbrier, pour 8 tranches de marbre de Languedoc et de Campan, qui luy ont esté données du magasin du Roy pour faire des cham-

---
[1] En marge : « En rentes viagères à fonds perdu. »
[2] En marge : « En rentes viagères. »

branles, tablettes et foyer de la cheminée du grand cabinet de Monseigneur, toisant 11 pieds 6 pouces 5 lignes 35/48, à raison de 18ᴸ le pied cube..... 207ᴸ 14ˢ 4ᵈ

7 février : de Dᴇɴɪꜱ Aɴᴄᴇᴀᴜ, pour les matériaux provenans de la démolition de deux maisons acquises par S. M. de Gᴜɪʟʟᴀᴜᴍᴇ Dᴇꜱᴄᴏᴜʀᴛ, proche l'estang de Roquancourt............................. 220ᴸ

Dud. Dᴇꜱᴄᴏᴜʀᴛ, pour la tuile provenant d'une des maisons cy dessus vendues au proffit de S. M. 54ᴸ

14 février : du sʳ Gᴇʀᴍᴀɪɴ, pour 4858 fagots provenans des émondes des arbres des avenues de Versailles du côté de Paris, sçavoir : 3410 à 6ᴸ le cent, et 1448 à 5ᴸ 10ˢ............................ 274ᴸ 7ˢ 1ᵈ

Du nommé Aɴᴄᴇᴀᴜ, pour la coupe des bois au-dessus de Roquancourt, à luy vendus au proffit du Roy.. .... 180ᴸ

9 mars : du sʳ Vᴀʟʟéᴇ, commis du trésorier des bâtimens à Maintenon, pour les outils et équipages des magasins du sʳ Lᴇ Dᴜᴄ, entrepreneur du grand aqueduc de terre de la rivière d'Eure entre Maintenon et Berchère, et en son acquit pour demeurer d'autant quitte envers S. M. sur ce qu'il a trop reçeu sur son entreprise....................... 1246ᴸ 12ˢ 6ᵈ

Nota. Par arrest du Conseil d'Estat du 8 juillet 1673, il est ordonné qu'en payant comptant par le sʳ Pɪᴛᴀɴ. ez mains du trésorier des bâtimens, la somme de 10000ᴸ, il demeurera déchargé de la restitution de celle de 20000ᴸ qu'il a reçeu du Roy en 1670, pour et au nom du nommé Pʀᴇᴠᴏꜱᴛ, qui devoit establir à Paris une manufacture de camelots, façon de Bruxelles, ce qui n'a point esté exécuté à cause de la mort du sʳ Pʀᴇᴠᴏꜱᴛ, cy pour................................ Mémoire.

14 mars : dud. Vᴀʟʟéᴇ, en l'acquit de Pɪᴇʀʀᴇ Lᴇ Mᴀɪꜱᴛʀᴇ, entrepreneur de la maçonnerie du grand aqueduc de la rivière d'Eure dans le fonds de Maintenon, lad. somme provenant de la vente de quelques effects dud. Lᴇ Mᴀɪꜱᴛʀᴇ, au proffit de S. M............ 530ᴸ 4ˢ

De Jᴇᴀɴ Cʜʀᴇꜱᴛɪᴇɴ, pour le prix du bois recepé dans les cinq remises à gibier de la plaine de Saint-Denis pendant le mois de février dernier........... 150ᴸ

21 mars : de la somme de 242082ᴸ 19ˢ 7ᵈ à quoy monte le reliquat du compte de 1692. 242082ᴸ 19ˢ 7ᵈ

11 avril : du sʳ Lᴏᴜɪꜱ Tʀᴀʟʟᴀʀᴛ ᴅᴇ ʟᴀ Mᴏᴛʜᴇ, en l'acquit de Pɪᴇʀʀᴇ Lᴇ Mᴀɪꜱᴛʀᴇ, entrepreneur de l'aqueduc de Maintenon, 800ᴸ provenant du prix d'une maison et dépendances appellée la Ménagerie, sçituée au-dessous du château du parc terroir de Maintenon, acquise du nommé Lᴇ Rᴏᴜx et ses associez, sous-entrepreneurs dud. Lᴇ Mᴀɪꜱᴛʀᴇ des carrières et navigation dud. aqueduc

par contract du 2° du présent mois d'avril..... 800ᴸ

Du s' Denis, fontainier, pour 600 livres de soudure qu'il a eue du magasin de Versailles, à 5' la livre. 150ᴸ

9 may : du s' Lucas, plombier, pour 2000 livres pesant de soudure qu'il a reçeue du magasin, à 5' la livre 500ᴸ

Du s' Kerchove, teinturier aux Gobelins, pour ce qui luy est resté de drogues propres à teindre après que les Gobelins ont cessé..................... 375ᴸ

De Deschamps, marbrier, pour 3 pieds cubes de marbre verd de Campan qui luy a esté livré du magasin du Roy pour faire une cheminée à M' le marquis de Castries.............................. 26ᴸ 5ˢ

De Girardon, sculpteur, pour un bloc de marbre verd de Campan des magasins du Roy, toisant 18 pieds 9 pouces cubes, à 8ᴸ 15ˢ le pied cube, pour le tombeau de feu M' de Louvois................. 164ᴸ 1ˢ 8ᵈ

30 may : du s' Briot, miroitier, pour le prix de 2641 glaces de différentes grandeurs qui luy ont esté livrées des magasins du Roy à Versailles et à Saint-Germain, suivant le marché qui lui en a esté passé par devant Caillet et son compagnon, notaires, le 11 du présent mois de may...................... 9000ᴸ

6 juin : de Thomas Valleband, serrurier, pour 1200 livres pesant de vieux fer du magasin qui lui a esté livré, à raison de 6ᴸ le cent................. 72ᴸ

De Tavernier, serrurier, pour 1200 livres de vieux fer idem.................................. 72ᴸ

De Claude Denis, fontainier, pour 750 livres pesant de soudure qu'il a reçeue du magasin, à raison de 5 sols la livre................................ 187ᴸ 10ˢ

De Desjardins, serrurier, pour un millier de vieux fer qui luy a esté fourni du magasin, à raison de 6ᴸ le cent................................. 60ᴸ

De Gilles Le Moyne, fondeur, pour 150 livres pesant de potin du magasin, à 10ˢ la livre........... 75ᴸ

Du s' de la Chevalleraye, concierge du château de Madrid, pour le prix du vieux bois provenant de la démolition du vieil pont de l'entrée du château lorsqu'il a esté rétably............................... 16ᴸ

Dud. Le Moyne, pour 450 livres de potin du magasin, à 10ˢ la livre...................... 225ᴸ

De Mᵉ Louis Baranjon, huissier ez Conseils de S. M., 73ᴸ 19ˢ faisans partie des 90ᴸ à quoy monte la vente qu'il a faite au proffit du Roy, suivant l'arrest du Conseil d'Estat du 12 du présent mois de juin, de six cuillers, six fourchettes, deux petites salières et un encrier d'argent, provenant de la succession de deffunt M' Charles Manessier, vivant trésorier général desd. Bâtimens, qui se sont retrouvez depuis l'inventaire fait, le surplus montant à 16ᴸ 7ˢ ayant esté employé aux frais de lad. vente, de laquelle somme la succession dud. feu Manessier demeurera d'autant quitte envers S. M...... 73ᴸ 19ˢ

27 juin : dud. s' Baranjon, 5320ᴸ faisant partie de 9746ᴸ 16ˢ à quoy monte la vente faite des meubles, vaisselle d'argent, linge et autres choses estans de la susd. succession, trouvez après le décéds dud. feu Manessier, dans ses maisons de Paris et de Puteaux; le surplus montant à 4426ᴸ 16ˢ ayant esté employé au payement des frais de justice, frais funéraires et autres dépenses et debtes privilégiées suivant l'arrest du Conseil du 15 du présent mois de juin, de laquelle somme la succession dud. feu Manessier demeurera d'autant quitte envers S. M. sur ce qu'elle lui doit.......... 5320ᴸ

4 juillet : de Claude Denis, fontainier, pour 43 livres pesant de soudure du magasin, à 5ˢ la livre.. 10ᴸ 15ˢ

Du s' de Crescent, pour le prix des bois provenans des palissades élaguées au château de Monceaux en 1694 .... 227ᴸ

25 juillet : de Marin Le Grand, maréchal, demeurant à Saint-Piat, pour 4320 livres de vieux fer qui luy a esté vendu des magasins de S. M. à Maintenon, à 6ᴸ 5ˢ le cent................................. 270ᴸ

1ᵉʳ aoust : de M' le duc d'Estrée, la somme de 2000ᴸ contenue en son billet du 7 may 1692 au proffit dud. feu Manessier, dont sa succession demeurera d'autant quitte envers S. M., en vertu de l'arrest du Conseil d'Estat du 22 may 1694................. 2000ᴸ

8 aoust : de Gilles Le Moyne, fondeur, pour 150 livres pesant de potin du magasin, à 10ˢ la livre.. 75ᴸ

3 aoust : du s' Martin, receveur particulier des tailles de l'élection de Moulins, 3477ᴸ 9ˢ 1ᵈ dont il est resté reliquataire à la succession du feu s' Manessier par le finito du compte par luy rendu à sa veuve le 9 juillet dernier, dont il demeurera déchargé envers la succession et icelle d'autant quitte envers S. M. sur ce qu'elle luy doit suivant l'arrest du Conseil du 21 du présent mois et an.............................. 3477ᴸ 9ˢ 1ᵈ

Du s' Guymond, directeur de la manufacture des glaces façon de Venise, somme restante à payer de 37000ᴸ qui auroit esté avancée par S. M. aux intéressez en lad. manufacture lors de l'établissement d'icelle.. .... 20600ᴸ

De Pierre Lisqui, marbrier, pour 40 pieds cube de marbre de serancolin, Campan, Languedoc, blanc, blanc veyné, et de Dinan blanc et noir, et Rance, qui luy ont esté donnez du magasin de Versailles, en plusieurs morceaux, à raison de 8ᴸ le pied cube.......... 320ᴸ

15 septembre : du s⁴ Martin, receveur des tailles de l'élection de Moulin, en l'acquit de la succession de feu M⁴ Manessier, somme dont led. s⁴ Martin est redevable à lad. succession.................. 400ᴸᴸ 10ˢ

Du s⁴ Girardon, sculpteur, pour 20 pieds 7 pouces 5 lignes 1/2 cube de marbre blanc qui luy ont esté délivrez des magasins du Roy par le s⁴ Fossier pour le tombeau de feu M⁴ de Louvois, outre et par dessus celuy qui lui a déjà esté donné, à raison de 12ᴸᴸ 5ˢ le pied cube........................ 252ᴸᴸ 11ˢ 11ᵈ

7 novembre : de luy, pour 2 blots de marbre verd d'Egipte, qui luy ont esté délivrez pour le tombeau cy-dessus, toisant 29 pieds 1 pouce 9 lignes 2/3, à raison de 23ᴸᴸ 5ˢ le pied cube............. 677ᴸᴸ 14ˢ 7ᵈ

14 novembre : de Louis Regnouf, paveur, pour 1399 toises de petit pavé, à 3ᴸᴸ la toise, et 634 toises de gros pavé, à 4ᴸᴸ la toise, le tout provenant des démolitions 6733ᴸᴸ

De Pierre Brouillet, dit Monredon, soldat invalide employé à Vincennes, pour le prix du bois mort abatu par les vents à Vincennes pendant la présente année, qu'il a vendu au proffit du Roy............. 13ᴸᴸ

5 décembre : de Mᵉ Louis Baranjon, huissier ez Conseil de S. M., 129ᴸᴸ 5ˢ 7ᵈ en l'acquit de la succession du feu s⁴ Manessier, sçavoir : 50ᴸᴸ 15ˢ revenant de bon sur les gages du nommé Thoré, jardinier dud. deffunt en sa maison de Puteaux, et qui ont esté employez de trop dans l'arrest du Conseil du 15 juin dernier, d'une part, et 78ᴸᴸ 18ˢ 7ᵈ d'autre part, restans de la somme de 532ᴸᴸ 15ˢ 3ᵈ à quoy se sont trouvez monter les prix des ventes des meubles et hardes dud. deffunt, saisiz et vendus, tant à l'hôtel de la Trésorerie des Bâtimens, à Versailles, qu'en la maison du s⁴ Soyer, rue Montorgueil, à Paris, en exécution des arrests du Conseil d'Estat des 5 janvier et 6 mars de la présente année; le surplus desd. 532ᴸᴸ 15ˢ 3ᵈ ayant esté employé en frais de ventes, frais de commissaire et garde des scellez, suivant le procès-verbal d'apposition fait par le commissaire Mesnier le 16 octobre 1693 et jours suivans.. 129ᴸᴸ 5ˢ 7ᵈ

De M⁴ Mansart, 5000ᴸᴸ qu'il doit à la succession dud. feu Manessier, et dont lad. succession sera d'autant plus déchargée envers le Roy................. 5000ᴸᴸ

Du s⁴ Girardon, pour un blot de marbre verd de Campan, toisant 26 pieds 8 pouces 3/8 cubes, à 8ᴸᴸ 15ˢ le pied, et d'une tranche de marbre blanc veiné, toisant 15 pieds 6 pouces 6 lignes 1/2, à 11ᴸᴸ 2ˢ le pied, qui luy ont esté délivrez du magasin du Roy pour le tombeau de feu M⁴ de Louvois................. 406ᴸᴸ 3ˢ 2ᵈ

De plusieurs particuliers qui ont affermé les terres, prez, bois, oziers et pastures apartenans à S. M. aux environs de Versailles, pour le prix de leurs baux pendant 1694.................................... 4196ᴸᴸ

30 janvier 1695 : du s⁴ Girardon, pour une tranche de marbre blanc veiné qui luy a esté donnée du magasin du Roy pour le tombeau de M⁴ de Louvois, toisant 3 pieds 8 pouces 4 lignes.............. 412ᴸᴸ 2ᵈ

6 février 1695 : d'Antoine de la Haye, 312ᴸᴸ 10ˢ en l'acquit de Pierre Le Maistre, entrepreneur de l'aqueduc de Maintenon, pour le prix d'une pile de planches de peuplier apartenantc aud. Le Maistre et à luy déduire sur ce qu'il doibt à S. M..... 312ᴸᴸ 10ˢ

13 février 1695 : de Pierre Le Maistre, entrepreneur de la maçonnerie de l'aqueduc de Maintenon, 998ᴸᴸ 2ˢ 10ᵈ provenans de la vente de partie de ses équipages qui estoient en la garde du s⁴ de la Grange et inutiles aud. Le Maistre...................... 998ᴸᴸ 2ˢ 10ᵈ

13 mars 1695 : de Jaques Lucas, plombier, pour 600 livres pesant de soudure du magasin, à 5ˢ la livre.... .... 150ᴸᴸ

20 mars 1695 : du s⁴ Masson, pour le vieux bois mort qui est tombé dans le bois du parc de Vincennes 56ᴸᴸ 8ˢ

27 mars 1695 : du nommé Mauny, de Saint-Germain, pour 400 livres pesant de rognures de cuir provenant du magasin de S. M., à 4ˢ la livre........... 80ᴸᴸ

Du s⁴ Danmaste Manessier, à compte de ce qu'il doit à la succession du feu s⁴ Manessier, trésorier des Bâtimens, en vertu de l'arrest du Conseil du 21 décembre dernier...................... 4017ᴸᴸ

2 octobre 1695 : du s⁴ Denville, commis dud. feu s⁴ Manessier, 849ᴸᴸ restant à payer de la somme de 1179ᴸᴸ contenue en deux billets dud. Denville au proffit du feu s⁴ Manessier, des 17 janvier 1684 et 16 janvier 1688, déduction faite de 330ᴸᴸ contenue en un reçeu dud. feu Manessier, du 18 juin 1693, dont led. Denville demeure quitte envers la succession dud. Manessier, et lad. succession d'autant déchargée envers S. M. sur ce qu'elle luy doit........................... 849ᴸᴸ

31 mars 1696 : de divers particuliers pour les loyers des maisons apartenantes au Roy pendant 1694...... .... 2272ᴸᴸ 10ˢ

Au s⁴ de Majainville, 10642ᴸᴸ 8ˢ 9ᵈ qu'il retiendra par ses mains pour estre par luy employé au payement des dépenses des Bâtimens des quatre derniers mois 1693 suivant sa commission, de laquelle somme il fera recepte dans l'estat au vray desd. quatre derniers mois 1693....................... 10642ᴸᴸ 8ˢ 9ᵈ

ANNÉE 1694. — VERSAILLES.

DÉPENSE.

VERSAILLES.

MAÇONNERIE.

24 janvier : à Gérard Marcou, entrepreneur, parfait payement de 824ᴸ 5ˢ à quoy montent les ouvrages de maçonnerie du mur qui sépare le passage du logement du jardinier de l'orangerie, et le jardin et basse-court de l'hostel de Beauvilliers................ 224ᴸ 5ˢ

24 janvier-7 février : à luy, parfait payement de 2269ᴸ 15ˢ à quoy montent ses ouvrages de maçonnerie à l'appartement nouveau de Monseigneur, au château de Versailles (2 p.)..................... 769ᴸ 15ˢ

7 février 1694-13 mars 1695 : à luy, sur les ouvrages et réparations de maçonnerie qu'il a fait au château, y compris ses soins et équipages, et dausses qu'il a fournies depuis le mois de décembre 1693 jusqu'au mois de janvier 1694 (20 p.).......... 3513ᴸ 7ˢ 2ᵈ

21 février-30 may : à luy, parfait payement des ouvrages de maçonnerie qu'il a fait à l'appartement de Mʳ Fagon, premier médecin du Roy, en novembre 1693 (3 p.)............................... 870ᴸ

2-16 may : à luy, sur les pierrées qu'il a fait dans les allées du jardin pour écouler les eaux qui y croupissent (2 p.).......................... 416ᴸ 2ˢ

31 octobre-14 novembre : à luy, sur les pierrées qu'il a fait au long du chemin de Saint-Cyr et au-dessous du réservoir du jeu de longue paume (2 p.)..... 199ᴸ 18ˢ

13-27 mars 1695 : à luy, sur ses ouvrages du corps de garde et du bâtiment qu'il fait dans la cour des cuisines à Trianon (2 p.)..................... 3000ᴸ

2 février : à Daufresne, maçon, à compte des machines pour la fumée qu'il a posées sur plusieurs cheminées du château de Versailles............... 60ᴸ

7 février : à la veuve de feu Rotier, carrier de Saint-Cloud, parfait payement de 600ᴸ à quoy montent les pierres qu'elle a fourni pour les deux dernières coquilles neuves que l'on a posées à la chaussée de l'Isle royale............................... 200ᴸ

Somme de ce chapitre..... 9253ᴸ 7ˢ 2ᵈ

TERRASSES ET OUVRAGES DE CONROY.

12 décembre 1694-27 février 1695 : à Pierre Le Clerc, dit Pitre, terrassier, à compte des terres qu'il porte dans le nouveau jardin de Trianon (6 p.). 13000ᴸ

24 janvier 1694-2 janvier 1695 : au nommé Duval, pour avoir entretenu et nettoyé l'avant-court du château de Versailles pendant les six derniers mois 1693 et l'année 1694 (3 p.)............... 300ᴸ

2 octobre : à luy, pour les petits fossez et rigolles qu'il a faits pour écouler les eaux au long du chemin de Saint-Cyr....................... 19ᴸ 9ˢ

28 novembre 1694-2 janvier 1695 : à luy et Félix, à compte des bonnes terres qu'ils font transporter dans le jardin de Trianon, et des mauvaises terres qu'ils transportent en dehors dud. jardin (3 p.)...... 700ᴸ

13 mars : à eux, pour avoir fait transporter les terres provenans de la fouille des trous que l'on a fait à Trianon pour planter des ormes............. 60ᴸ 19ˢ

11-18 avril : à Durand, glaiseur, pour les ouvrages de conroy qu'il a fait au regard du bout de l'aqueduc de Saint-Cyr (2 p.)...................... 162ᴸ 9ˢ 8ᵈ

3-31 octobre : à luy, pour le rétablissement qu'il a fait au conroy du pourtour du réservoir de Saint-Cyr (3 p.)............................. 384ᴸ

12 décembre : à luy, pour avoir rétabli le conroy du lavoir de la Ménagerie.................. 26ᴸ 1ˢ

Somme de ce chapitre.... 14652ᴸ 18ˢ 8ᵈ

FUMIERS.

7-24 février : à Butteau, dit Bourguignon, parfait payement des 30 toises de fumier consommé qu'il fournit à la pépinière de Trianon, à 10ᴸ la toise (2 p.)... 220ᴸ

21 mars : à luy, pour 30 muids de marc de vigne qu'il a fourni pour l'orangerie de Versailles...... 75ᴸ

27 mars : à luy, pour les grands fumiers et fumiers consommés qu'il a fournis pour l'orangerie de Versailles.................................... 190ᴸ

Somme de ce chapitre.......... 485ᴸ

SABLE DE RIVIÈRE.

17 octobre-14 novembre : à Jaques Dumoutié, voiturier, pour avoir voituré, du port de Saint-Cloud dans les jardins de Versailles, 176 muids de sable de rivière (2 p.)............................. 264ᴸ

14 novembre : à LAGARDE, pescheur à Saint-Cloud, pour avoir livré sur led. port les 176 muids..... 44ᴛ

Somme de ce chapitre........... 308ᴛ

TREILLAGES.

7 février-2 may : à REMY JANSON et DUBEL, jardiniers, parfait payement de 1972ᴛ 14ˢ à quoy montent les treillages de perches de châtaigniers qu'il font autour des bosquets du Labirinte (6 p.)......,.... 1372ᴛ 14ˢ

GLACIÈRES.

2 janvier-27 mars 1695 : à REMY JANSON, à compte du travail qu'il fait pour remplir de glace les glacières de Clagny, de Satory, de Trianon et de la Ménagerie (7 p.)................................ 2900ᴛ

CHARPENTERIE.

7-21 février : à JEAN MALLET, charpentier, parfait payement de 1963ᴛ 17ˢ 4ᵈ à quoy montent ses ouvrages de charpenterie à l'appartement nouveau de Monseigneur (2 p.).................... 563ᴛ 17ˢ 4ᵈ
13 mars 1695 : à luy, sur ses ouvrages de charpenterie au château en 1694................ 98ᴛ 12ˢ

Somme de ce chapitre....... 662ᴛ 9ˢ 4ᵈ

COUVERTURE.

7 février 1694-13 mars 1695 : à ESTIENNE YVON, couvreur, pour ouvrages de couverture au dessus des combles du château de Versailles pendant les six derniers mois 1693 et l'année 1694 (3 p.)...... 317ᴛ 17ˢ 6ᵈ
13 mars 1695 : à luy, pour les ouvriers qui ont jetté les neiges par plusieurs fois de dessus les combles de cuivre de l'aile neuve du château........... 76ᴛ 16ˢ
21 février : à ROLLAND PICHOT, couvreur de chaume, pour avoir recouvert et rétably les couvertures de paille longue des glacières de Clagny, de Satory, Trianon et la Ménagerie......................... 110ᴛ 10ˢ

Somme de ce chapitre....... 505ᴛ 3ˢ 6ᵈ

MENUISERIE.

24 janvier-7 mars : à PIERRE VEDEAU, menuisier, à compte de ses ouvrages de menuiserie au nouvel appartement de Monseigneur (4 p.)............. 1600ᴛ
17 octobre 1694-27 février 1695 : à luy, sur ses ouvrages aux cintres des croisées du château de Trianon (6 p.)................................. 1300ᴛ
24 janvier : à BARTHÉLEMY DUCONS, menuisier, parfait payement de 2898ᴛ 11ˢ 1ᵈ à quoy montent les ouvrages de menuiserie par luy faits dans la dépendance du château de Versailles pendant les mois d'aoust, septembre et octobre dernier............. 298ᴛ 11ˢ 1ᵈ
21 février 1694-13 mars 1695 : à luy, parfait payement de ses ouvrages de menuiserie dans la dépendance des châteaux de Versailles et de Trianon pendant les mois de novembre et décembre 1693 et l'année entière 1694 (20 p.)................ 3724ᴛ 17ˢ 5ᵈ
13 juin : à REMY, menuisier, pour menus ouvrages de menuiserie faits au château au mois d'octobre 1693... .... 13ᴛ 10ˢ
22 février : à PHILIPPE, parqueteur, pour avoir rétably, escary, replané et posé 5 toises 1/3 de vieil parquet dans l'appartement de Madame DE MONCHEVREUIL. 18ᴛ 13ˢ 4ᵈ
2 may-13 juin : à DENIS BARBIER, tonnelier, à compte de 150 seaux qu'il fait pour planter en terre des arbustes à Trianon (2 p.)................... 150ᴛ
24 janvier 1694-27 mars 1695 : à TOULOUZIN, menuisier, pour les ouvrages faits dans la dépendance de Versailles depuis le mois de novembre 1693 jusqu'au mois de février 1695 (7 p.)............. 745ᴛ 2ˢ
7 mars-16 may : à luy, pour 90 caisses de chesne qu'il a fait pour mettre des arbustes à Trianon, à 3ᴛ 15ˢ pièce (4 p.)......................... 337ᴛ 10ˢ
27 juin : à luy, pour ouvrages et fourniture de bois qu'il a fait à Trianon................... 54ᴛ 18ˢ
19-31 octobre : à luy, pour le posage, reposage et transport de tous les chassis d'hyver du château et de la grande aile (2 p.)..................... 166ᴛ
12 décembre : à luy, pour réparations de menuiserie à la Ménagerie de Versailles............. 48ᴛ 0ˢ 10ᵈ

Somme de ce chapitre..... 8457ᴛ 2ˢ 8ᵈ

SERRURERIE.

24 janvier : à PIERRE ROGER, serrurier, parfait payement de 348ᴛ 17ˢ à quoy montent ses ouvrages de serrurerie au château de Versailles pendant le mois d'octobre dernier......................... 98ᴛ 17ˢ
24 janvier 1694-13 mars 1695 : à luy, sur ses ouvrages de serrurerie au château en novembre et décembre et pendant l'année 1694 (7 p.)..... 617ᴛ 11ˢ
30 may 1694-16 janvier 1695 : à luy, parfait payement de la balustrade de fer qu'il a fait pour la terrasse du bout de l'aile de Trianon-sous-bois (5 p.) 731ᴛ 10ˢ
11 juillet-8 aoust : à luy, sur ses ouvrages de serrurerie à Trianon pendant les six derniers mois 1693 et les cinq premiers 1694 (2 p.).......... 168ᴛ 7ˢ 6ᵈ
7 février 1694-27 février 1695 : à THOMAS VALLERAND, serrurier, pour ses ouvrages de serrurerie au châ-

teau pendant l'année 1694 et le mois de janvier 1695 (13 p.).......................... 1059^{lt} 6ˢ 3ᵈ

25 juillet : à CHESNEAU, serrurier, pour ouvrages faits à la galière sur le canal en avril 1693.......... 30^{lt}

24 janvier : à NICOLAS DESJARDINS, serrurier, parfait payement de 314^{lt} 9ˢ à quoy montent ses ouvrages de serrurerie au château de Versailles pendant le mois de décembre 1693....................... 114^{lt} 9ˢ

21 février 1694-27 mars 1695 : à luy, sur ses ouvrages au château et à Trianon pendant l'année 1694 et les mois de janvier et février 1695 (14 p.). 1824^{lt} 15ˢ

Somme de ce chapitre..... 4644^{lt} 15ˢ 9ᵈ

VITRERIE.

24 janvier 1694-27 mars 1695 : à BERNARD LESPINOUZE, vitrier, pour ses ouvrages de vitrerie au château depuis le mois de novembre 1693 jusqu'au mois de février 1695 (16 p.).................. 1940^{lt} 15ˢ 8ᵈ

19 septembre : à luy, sur le rétablissement qu'il a fait à la grande orangerie de Versailles et pour ses fournitures............................... 200^{lt}

24 janvier-21 février : à GABRIEL JANSON, vitrier, parfait payement de ses ouvrages de vitrerie à Trianon en 1693 (4 p.)........................ 435^{lt} 5ˢ 10ᵈ

24 janvier 1694-27 mars 1695 : à luy, pour ses ouvrages de vitrerie au château et à Trianon depuis le mois de décembre 1693 jusqu'au mois de février 1695 (16 p.)........................... 1907^{lt} 1ˢ 7ᵈ

3-31 octobre : à luy, pour les ouvrages qu'il a fait au château, à l'orangerie et aux baraques qui servent à mettre à couvert des fleurs à Trianon (2 p.). 376^{lt} 6ˢ 7ᵈ

17 novembre 1694-16 janvier 1695 : à luy, sur ses ouvrages de vitrerie aux doubles chassis de la grande aile et à la Surintendance (5 p.).......... 971^{lt} 11ˢ 3ᵈ

Somme de ce chapitre..... 5831^{lt} 0ˢ 11ᵈ

PLOMBERIE.

24 janvier 1694-27 janvier 1695 : à JAQUES LUCAS, plombier, pour réparations et ouvrages de plomberie et soudure faits tant au château qu'à Trianon pendant les trois derniers mois 1693 et l'année 1694 (4 p.)......
.... 763^{lt} 12ˢ 6ᵈ

8 aoust : à CLAUDE DENIS, fontainier, pour la soudure qu'il a employée aux ouvrages extraordinaires des fontaines du jardin de Versailles, outre son entretien, pendant 1693........................ 40^{lt} 12ˢ

Somme de ce chapitre....... 804^{lt} 4ˢ 6ˢ

DORURE.

7-21 février : à GUILLAUME DESAUZIERS, doreur, pour la dorure qu'il a fait à l'apartement de Madame la princesse DE CONTY (2 p.)............. 247^{lt} 12ˢ 8ᵈ

13-27 mars 1695 : à luy, à compte des bordures de tableaux qu'il dore d'or bruny pour l'apartement du Roy à Trianon (2 p.)................... 400^{lt}

Somme de ce chapitre...... 647^{lt} 12ˢ 8ᵈ

PEINTURE.

16 may : à BACO, peintre, à compte des trente caisses qu'il a peint, des 90 que l'on a fait faire pour Trianon................................ 60^{lt}

13 juin : à luy, parfait payement de 102^{lt} pour peinture aux paysages et perspectives de bleu et blanc à huile, et les costez d'une petite cheminée chez Madame la duchesse DU MAINE..................... 42^{lt}

7 février-28 novembre : à ESTIENNE BOURGAULT, peintre, pour ses ouvrages de grosse peinture tant au château qu'à Trianon, depuis le 1ᵉʳ novembre 1693 jusqu'au mois d'octobre dernier (8 p.).... 1279^{lt} 12ˢ 6ᵈ

16 may-11 juillet : à luy, pour 60 caisses qu'il a peint pour Trianon (2 p.)................ 180^{lt}

14 février : à BERTIN, peintre, parfait payement de 364^{lt} 10ˢ à quoy montent 243 desseins de figures, grouppes, Termes, et vases de marbre et bronze du jardin de Versailles, faits et livrez pour le service de S. M., à raison de 30ˢ pièce................... 164^{lt} 10ˢ

7 mars-14 novembre : à PAILLET, peintre, pour le soin qu'il a eu du nettoyement et conservation des tableaux du Roy pendant les six derniers mois 1693 et les trois premiers 1694 (3 p.)............. 1060^{lt}

Somme de ce chapitre...... 2786^{lt} 2ˢ 6ᵈ

SCULPTURE.

31 octobre-12 décembre : à BRIQUET et GOUPIL, sculpteurs, pour leurs ouvrages de sculpture sur les chambranles et cintres des croisées de Trianon (4 p.)
.... 951^{lt}

13-27 mars 1695 : à GOUPIL, à compte de la recherche qu'il a fait sur les blancs de la sculpture des bordures de tableaux de l'apartement du Roy de Trianon, pour les dorer d'or bruny (2 p.)........ 300^{lt}

24 janvier : à BERTIN, sculpteur, parfait payement de 300^{lt} à quoy montent ses ouvrages de sculpture à deux coquilles de pierre dure pour mettre à la place de deux autres qui estoient cassées à l'Île royale........ 150^{lt}

30 may : à luy, pour journées de compagnons qui

ont travaillé à réparer les figures et animaux de plomb tant au Labirinte qu'à l'Arc de Triomphe..... 53ᴸ 12ˢ

22 aoust : à luy, pour avoir racomodé les figures de marbre nommées *le petit Sénateur*, *l'Attalante* et *Faustine la jeune*, toutes trois tirées du magasin de Versailles, et les avoir esté poser à Marly......... 153ᴸ

14 novembre : à luy, pour le rétablissement qu'il a fait aux corniches des croisées où l'on a mis des chambranles cintrées au château de Trianon........ 160ᴸ

27 février : à luy, pour ouvrages à la corniche de la garde-robe au derrière de la chambre du Roy à Trianon...................................... 165ᴸ 17ˢ

Somme de ce chapitre...... 1933ᴸ 9ˢ

MARBRERIE.

22 aoust : à PIERRE LISQUI, marbrier, pour ses ouvrages de marbre dans la dépendance du château de Versailles, depuis le 1ᵉʳ janvier dernier..... 51ᴸ 6ˢ

13-27 février 1695 : à luy, sur ses ouvrages dans les cabinets de Monsieur le comte DE TOULOUSE et de Madame la duchesse DE CHARTRES (2 p.)... 190ᴸ 3ˢ 4ᵈ

7 mars : à HUBERT MISSON, marbrier, à compte de ses ouvrages, en 1686, au grand bassin de la Pyramide à Versailles.............................. 300ᴸ

Somme de ce chapitre...... 541ᴸ 9ˢ 4ᵈ

PAVÉ.

24 janvier : à LOUIS REGNOUF, paveur, parfait payement de 317ᴸ 6ˢ 6ᵈ à quoy montent ses ouvrages de pavé dans la dépendance du château de Versailles pendant les six derniers mois 1693......... 117ᴸ 6ˢ 6ᵈ

21 mars : à luy, sur les ouvrages de pavé à la chaussée qui prend à la grille de l'angle du jardin et va se racorder à la chaussée de l'avenue de Trianon.... 200ᴸ

25 juillet 1694-16 janvier 1695 : à luy, sur ses ouvrages de pavé dans les dedans du château pendant la présente année 1694 (2 p.)............... 231ᴸ 3ˢ 1ᵈ

31 octobre-14 novembre : à luy, pour les ouvrages de pavé qu'il a fait sur le chemin de Saint-Cyr, tant vers le Mail que le réservoir de Saint-Cyr (2 p.).. 413ᴸ 12ˢ

14 novembre : à luy, à compte de ses ouvrages des années précédentes...................... 6733ᴸ

Somme de ce chapitre...... 7695ᴸ 1ˢ 7ᵈ

OUVRAGES DE CUIVRE ET DE BRONZE.

22 aoust : à GILLES LE MOYNE, fondeur, pour ouvrages qu'il a fait aux ajustages des fontaines de Trianon................................. 86ᴸ

27 mars 1695 : à DUCHEMIN, chaudronnier, pour ouvrages aux fontaines de Versailles et de Trianon, et sur la couverture de cuivre de la grande aîle neuve. 107ᴸ 5ˢ

24 janvier : à LOCHON, dit PERCHERON, ébéniste et fondeur, parfait payement de 580ᴸ à quoy montent les ouvrages d'or moulu qu'il a fait aux ferrures des portes et croisées de l'appartement nouveau de Monseigneur, au château de Versailles................... 180ᴸ

16 may-19 septembre : à luy, pour plusieurs menus ouvrages qu'il a fait, tant de dorure que de bronze, pour Versailles et Trianon (3 p.)............. 75ᴸ 15ˢ 8ᵈ

31 octobre : à luy, pour plusieurs ouvrages de cuivre qu'il a fait et fourni aux ferrures de bronze des portes et croisées des apartemens de Versailles...... 93ᴸ 5ˢ

30 janvier 1695 : à luy, pour ouvrages de cuivre et bronze doré qu'il a fait pour le cabinet de Monseigneur et celuy de Madame la duchesse DE CHARTRES. 62ᴸ 10ˢ

27 mars : à luy, pour ses ouvrages aux ferrures de cuivre et de fer du château................ 58ᴸ 3ˢ

Somme de ce chapitre...... 662ᴸ 18ˢ 8ᵈ

GLACES DE MIROIR.

12 septembre : au sʳ BAIOT, miroitier, pour 120 glaces, de 15 pouces sur 12, qu'il a fournis dans le magasin du Roy à Versailles pour les apartemens de S. M., à raison de 3ᴸ pièce..................... 360ᴸ

14 novembre : à luy, pour le nettoyement des miroirs qui sont dans tous les apartemens du Roy, de Monseigneur, de Madame la princesse DE CONTI, et à Trianon............................... 180ᴸ

23 aoust : au sʳ GUIMOND, directeur de la manufacture des glaces façon de Venise, à compte des glaces et miroirs qu'il a livrez pour le Roy depuis 1682 jusqu'à présent......................... 20600ᴸ

Somme de ce chapitre........ 21140ᴸ

CORDAGES.

7 mars 1694-17 mars 1695 : à ROUSSEAU, cordier, pour le cordage qu'il a fourni pour tirer de la glace et l'aprocher des bords des pièces d'eau d'où l'on la tire (2 p.)............................. 60ᴸ 11ˢ

VUIDANGES.

25 juillet : à MATURIN ARNAULT, vuidangeur, pour avoir vuidé la fosse qui est derrière l'encognure du grand escalier, du côté de l'apartement des bains. 69ᴸ 5ˢ

3 octobre-28 novembre : à luy, pour la vuidange qu'il a fait aux fosses d'aysance (4 p.)......... 779ᴸ 10ˢ

Somme de ce chapitre........ 848ᴸ 15ˢ

RAMONAGES DE CHEMINÉES.

24 janvier : à Pierre Varisse, ramonneur, parfait payement de 409ᴸ 2ˢ à quoy montent les cheminées qu'il a ramonnées au château pendant les six derniers mois 1693, à 8ˢ la pièce.............. 209ᴸ 2ˢ

2 may 1694-16 janvier 1695 : à Padelain, pour les cheminées qu'il a ramonnées aud. château pendant l'année 1694, à raison de 5ˢ la pièce (3 p.). 336ᴸ 10

Somme de ce chapitre....... 545ᴸ 12ˢ

CHARONNAGE.

8 aoust-14 novembre : à Rinquet, charon, pour le rétablissement des équipages qui servent à serrer les orangers de l'orangerie de Versailles (2 p.). 118ᴸ 14ˢ

3 octobre : à Loiseilleur, marchand de bois, pour 100 toises de dausses de batteau qu'il a fourni pour couvrir les pierrées qui se font proche le réservoir de Saint-Cyr et des regards dans le jardin......... 75ᴸ

27 janvier 1695 : à luy, pour 48 perches de croc qu'il a fourni pour servir à redresser les arbres de Trianon.. .... 38ᴸ 8ˢ

Somme de ce chapitre........ 232ᴸ 2ˢ

DIVERSES DÉPENSES.

18 avril : à La Croix, espinglier, pour le treillis de fil de fer qu'il a fait pour mettre devant le bas des croisées de la grande salle des gardes et des deux pièces qui suivent jusqu'au grand escalier du bout de l'aile..... .... 43ᴸ 11ˢ

24 juillet-11 octobre : à Le Roux, taupier, pour les taupes qu'il a prises dans les jardins de Versailles pendant les trois derniers mois 1693 et six premiers mois 1694 (3 p.)............................. 150ᴸ

3 octobre 1694-16 janvier 1695 : à Cristophle Liard, taupier, pour les taupes qu'il a prises dans les jardins de Versailles pendant les six derniers mois 1694 (2 p.) 100ᴸ

2 janvier 1695 : au sʳ Labbé, pour les dépenses qu'il a faites à Paris pour les bâtimens de Versailles. 32ᴸ 12ˢ

23 janvier 1695 : à Lescuyer, designateur, pour ce qu'il a payé pour faire faire le modèle en plâtre du jardin nouveau de Trianon..................... 36ᴸ 5ˢ

27 février-13 mars 1695 : à Branlard, fayancier, payement des carreaux de Lizieux qu'il a fourni pour plusieurs cheminées (2 p.).................... 331ᴸ 18ˢ

Somme de ce chapitre........ 694ᴸ 6ˢ

OUVRIERS À JOURNÉES.

24 janvier 1694-27 mars 1695 : aux ouvriers qui ont travaillé à la journée du Roi au château et au jardin de Versailles (30 p.)............... 2888ᴸ 18ˢ 3ᵈ

24 janvier : à ceux qui ont serré de la glace dans les glacières de Clagny, Satory, Trianon et la Ménagerie (4 p.)............................ 2717ᴸ

7 février : à ceux qui ont fourni de la paille longue et des outils pour lesd. glacières........... 570ᴸ 12ˢ

Au sʳ Godinot, pour ce qu'il a payé aux soldats Suisses des compagnies de Messieurs de Stoup, d'Heblac et de Busseval qui ont travaillé aux glaces........ 52ᴸ 10ˢ

7 mars 1694-27 mars 1695 : à ceux qui ont transporté la terre, les arbrisseaux et plants de la pépinière qui ont servi à augmenter le jardin de Trianon, et autres ouvrages aud. jardin (14 p.)...... 1633ᴸ 7ˢ 1ᵈ

2 may : à ceux qui ont conduit et voituré à Marly quatre figures de marbre et qui les ont élevées sur leurs pieds d'estaux....................... 48ᴸ 17ˢ

26 janvier-13 février 1695 : à ceux qui ont osté les neiges sur les combles de Trianon, rampes et voûtes de la grande orangerie (3 p.)............ 199ᴸ 15ˢ 6ᵈ

Somme de ce chapitre... 8110ᴸ 19ˢ 10ᵈ

DEHORS DE VERSAILLES.

MAÇONNERIE.

31 janvier : à Gérard Marcou, entrepreneur, parfait payement de 533ᴸ 2ˢ 6ᵈ à quoy montent les ouvrages de maçonnerie qu'il a faits dans les bâtimens des dehors du château de Versailles, y compris 48ᴸ pour ses soins et équipages................... 233ᴸ 2ˢ 6ᵈ

14 février 1694-6 mars 1695 : à luy, pour ses ouvrages de maçonnerie dans les bâtimens des dehors de Versailles pendant l'année 1694 et le mois de janvier 1695, y compris ses soins et équipages (20 p.)... .... 3521ᴸ 15ˢ 1ᵈ

9 décembre : à Pierre Levé, entrepreneur, à compte de ses ouvrages de maçonnerie au bâtiment de la Surintendance des bâtimens à Versailles.......... 400ᴸ

18 juillet : à Denis Anceau, maçon, pour ouvrages de maçonnerie, ciment, terre et glaise qu'il a faits aux regards de l'étang de Roquancourt pendant le mois de juin............................ 63ᴸ 15ˢ

Somme de ce chapitre..... 4218ᴸ 12ˢ 7ᵈ

TERRASSES.

11 avril-18 juillet : à Florent Félix, terrassier, pour menus ouvrages de terrasse qu'il a faits dans les dehors du château, dégorgemens d'aqueducs, tant dans le

Grand Commun du Roy à Versailles que dans le jardin potager, depuis le mois de mars jusqu'au mois de juillet dernier (3 p.).................... 75ʰ 10ˢ
15 aoust : à luy, pour nettoyement de deux puits au Chenil et autres ouvrages.................. 16ʰ
12 septembre : à luy, pour ouvrages de terrasses à la queue de l'étang de Clagny en aoust dernier. 55ʰ 8ˢ
19 décembre : à luy, sur ses ouvrages dans les dehors du château de Versailles pendant septembre... 78ʰ 8ˢ
6 mars 1695 : à luy, pour ses ouvrages tant à retourner le manège de la grande écurie qu'à nettoyer la rue du Potager, et autres menus ouvrages....... 59ʰ
Somme de ce chapitre........ 284ʰ 6ˢ

TUYAUX.

14 mars : à NICOLAS LE JONGLEUR, pour tuyaux de grais qu'il a fourny pour les décharges de l'aqueduc qui conduit les eaux de Trapes sur la butte de Montboron en mars 1693......................... 133ʰ

GLACIÈRES.

9-23 janvier : à REMY JANSON, pour le travail qu'il a fait pour remplir de glace les glacières du Parc-aux-Cerfs (2 p.)................................ 692ʰ

CHARPENTERIE.

14 février-18 juillet : à JEAN MALET, charpentier, pour ses ouvrages de charpenterie dans les bâtimens des dehors du château de Versailles pendant le dernier quartier 1693 et le deuxième quartier 1694 (2 p.)...... .... 280ʰ 3ˢ 8ᵈ
11 avril : à luy, pour ses ouvrages dans les petites escuries du Roy à Versailles et à l'apartement de Monsieur DE VALENTINE, au mois de may 1693.... 50ʰ 15ˢ
9-23 janvier : à DUBUISSON, charron, pour maillets de bois, manches de crocs et coignées fournis au magasin pour servir aux glacières (2 p.)................ 129ʰ
Somme de ce chapitre..... 459ʰ 18ˢ 8ᵈ

COUVERTURE.

14 février-29 aoust : à ESTIENNE YVON, couvreur, pour rétablissemens de couverture qu'il a faits dans les bâtimens des dehors du château de Versailles pendant les six derniers mois 1693 et six premiers 1694 (3 p.)....................... 418ʰ 6ˢ

MENUISERIE.

31 janvier-14 février : à GAURAY, menuisier, parfait payement de ses ouvrages de menuiserie dans les bâtimens des dehors du château de Versailles depuis le mois d'aoust 1693 (2 p.)................ 566ʰ 16ˢ 8ᵈ
28 février 1694-6 février 1695 : à luy, sur lesd. ouvrages pendant 1694 (8 p.)......... 1326ʰ 12ˢ 11ᵈ
31 janvier : à REMY, menuisier, parfait payement de 689ʰ 4ˢ 4ᵈ à quoy montent les ouvrages faits dans les bâtimens des dehors du château de Versailles pendant les deux derniers mois 1693............ 189ʰ 4ˢ 4ᵈ
25 avril-19 décembre : à luy, sur lesd. ouvrages faits depuis le mois de janvier jusqu'au mois de novembre dernier (5 p.)....................... 487ʰ 8ˢ
Somme de ce chapitre.... 2570ʰ 1ˢ 11ᵈ

SERRURERIE.

31 juin 1694-20 février 1695 : à THOMAS VALLERAND, serrurier, pour menus ouvrages et gros fer qu'il a fait et fourni dans les bâtimens des dehors du château de Versailles (6 p.)............... 411ʰ 11ˢ 3ᵈ
14 février : à luy, pour les ouvrages qu'il a fait aux équipages des soupapes des réservoirs de la butte de Montboron et autres...................... 64ʰ 4ˢ
28 février-5 décembre : à Louis TAVERNIER, serrurier, pour ouvrages de serrurerie par luy faits dans les bâtimens des dehors du château de Versailles depuis le mois de janvier jusqu'au mois d'octobre dernier (4 p.)..... .... 519ʰ 14ˢ 1ᵈ
31 janvier-19 décembre : à NICOLAS DESJARDINS, serrurier, pour ouvrages de serrurerie faits dans les bâtimens des dehors du château de Versailles depuis le mois de novembre 1693 jusqu'au mois de novembre 1694 (9 p.)......................... 1361ʰ 18ˢ 6ᵈ
Somme de ce chapitre.... 2357ʰ 7ˢ 10ᵈ

VITRERIE.

31 janvier : à BERNARD L'ESPINOUZE, vitrier, parfait payement de 333ʰ 19ˢ 2ᵈ à quoy montent les ouvrages de vitrerie qu'il a faits dans les bâtimens des dehors du château pendant le mois de décembre 1693. 233ʰ 19ˢ 2ᵈ
14 février 1694-6 mars 1695 : à luy, sur lesd. ouvrages de vitrerie pendant la présente année 1694 et les mois de janvier et février 1695 (10 p.)... 812ʰ 10ˢ 5ᵈ
31 janvier : à GABRIEL JANSON, vitrier, parfait payement de 233ʰ 7ˢ 9ᵈ à quoy montent les ouvrages de vitrerie dans les bâtimens des dehors du château pendant le mois de décembre 1693............ 133ʰ 7ˢ 9ᵈ
14 février 1694-6 mars 1695 : à luy, sur lesd. ouvrages de vitrerie pendant la présente année 1694 (11 p.) 834ʰ 19ˢ 8ᵈ
Somme de ce chapitre....... 2014ʰ 17ˢ

ANNÉE 1694. — DEHORS DE VERSAILLES.

PLOMBERIE.

14 février : à Jaques Lucas, plombier, pour ses ouvrages de plomberie dans les bâtimens des dehors du château de Versailles pendant les trois derniers mois 1693............................... 53ᴴ 5ˢ 2ᵈ

25 avril-9 may : à luy, pour le plomb et la soudure qu'il a fourni dans les dehors du château et principallement dans le réservoir de cuivre pendant les trois premiers mois 1694 (2 p.).............. 870ᴴ 15ˢ 6ᵈ

18 juillet 1694-23 janvier 1695 : à luy, pour ses ouvrages de vitrerie dans les dehors du château pendant les neuf derniers mois 1694 (3 p.)...... 441ᴴ 16ˢ 6ᵈ

Somme de ce chapitre..... 1365ᴴ 17ˢ 2ᵈ

GROSSE PEINTURE.

14 février-5 décembre : à Estienne Bourgault, peintre, pour ses ouvrages de grosses peintures dans les bâtimens des dehors du château depuis le mois de novembre 1693 jusqu'au mois d'octobre 1694 (4 p.)... .... 248ᴴ 7ˢ 6ᵈ

PAVÉ.

28 février : à Louis Regnouf, paveur, à compte du revers du pavé qu'il fait le long du mur du potager à Versailles............................... 500ᴴ

4 juillet 1694-9 janvier 1695 : à luy, pour ouvrages et réparations de pavé de grais qu'il a fait dans les bâtimens des dehors du château de Versailles pendant l'année 1694 (2 p.).................. 275ᴴ 10ˢ 8ᵈ

Somme de ce chapitre...... 775ᴴ 10ˢ 8ᵈ

BRONZE.

23 may : à Locbon, dit Percueron, ébéniste, pour ses ouvrages de bronze doré pour la Surintendance des bâtimens à Versailles....................... 39ᴴ

MARBRERIE.

11 avril : à François Deschamps, marbrier, pour la façon et posage de plusieurs fausses gorges de marbre aux cheminées de la Surintendance des bâtimens à Versailles, pendant janvier 1694................ 99ᴴ

29 aoust : à Pierre Lisqui, marbrier, pour la main d'œuvre d'une cheminée qu'il a faite à la Surintendance des bâtimens à Versailles, au mois de février de l'année 1694............................. 340ᴴ 12ˢ 6ᵈ

Somme de ce chapitre..... 439ᴴ 12ˢ 6ᵈ

VUIDANGES.

14-28 février : à Mathurin Arnault, vuidangeur, pour une fosse d'aysance qu'il a vuidée dans le grand Commun du Roy à Versailles, et plusieurs dégorgemens (2 p.).................................. 731ᴴ 10ˢ

23 may 1694-6 mars 1695 : à luy, pour plusieurs dégorgemens de tuyaux et vuidanges de fosses d'aysances, dans les bâtimens des dehors du château de Versailles, depuis le mois d'avril 1694 jusqu'au mois de février 1695 (5 p.)..................... 156ᴴ 18ˢ 4ᵈ

Somme de ce chapitre....... 888ᴴ 8ˢ 4ᵈ

RAMONNAGES.

31 janvier 1694-9 janvier 1695 : à Pierre Varisse, ramonneur, pour avoir ramonné les cheminées des bâtimens des dehors du château de Versailles, pendant les six derniers mois 1693 et les six derniers mois 1694 (2 p.)................................ 199ᴴ 15ˢ

1ᵉʳ août : à Jean Padelain, autre, pour les six premiers mois de 1694..................... 82ᴴ 5ˢ

Somme de ce chapitre.......... 282ᴴ

CONDUITES DE FER.

21 novembre : à Charles-François Paulard, parfait payement de 231ᴴ 10ˢ à quoy monte le posage de plusieurs tuyaux de fonte de fer, à Versailles, Trianon et Vincennes pendant la présente année...... 131ᴴ 10ˢ

OUVRIERS À JOURNÉES SOUS LE SIEUR LAMBERT.

31 janvier 1694-6 mars 1695 : aux ouvriers qui ont travaillé à la journée du Roy au magasin des démolitions de Versailles, depuis le 15 janvier 1693 jusqu'au 5 mars 1695 (28 p.)...................... 2506ᴴ 10ˢ

A ceux qui ont travaillé au magasin des plombs pendant le même temps (29 p.).......... 362ᴴ 18ˢ 4ᵈ

A ceux qui ont travaillé au magasin du poids du fer pendant le même temps (28 p.).......... 379ᴴ 12ˢ

14 février : à ceux qui ont fourni de la paille et couvert le hangard et les glacières du Parc-aux-Cerfs. 78ᴴ 4ˢ

25 avril : à ceux qui ont régalé les terres de la Place d'armes du château..................... 24ᴴ 14ˢ

Somme de ce chapitre..... 3351ᴴ 18ˢ 4ᵈ

OUVRIERS À JOURNÉES SOUS LE SIEUR VILLIARD.

7 février 1694-6 mars 1695 : aux ouvriers qui ont travaillé à la journée du Roy, tant à l'entretenement des eaux bonnes à boire qu'aux nivellements, depuis le mois de janvier 1694 jusqu'au mois de février 1695 (14 p.) 630ᴴ 4ˢ

PARCS ET ENVIRONS DE VERSAILLES.

MAÇONNERIE.

19 décembre : à Lamoureux, maçon, pour ouvrages et réparations de maçonnerie en plâtre aux pavillons des portes du grand parc de Versailles, en septembre et octobre.......................... 52ʰ 13ˢ

13 mars 1695 : à luy, à compte de ses ouvrages et réparations de maçonnerie au château et dépendances de Saint-Léger............................ 80ʰ

28 février : à Pierre Le Clerc, dit Pitre, entrepreneur, à compte des ouvrages de maçonnerie et de terre qu'il a fait à la chaussée de l'estang de Trappes et à celle du Perray, et autres lieux aux environs pendant 1690 et 1691............................ 600ʰ

6 mars 1695 : à Fourneau, maçon, pour réparation qu'il a fait à la maçonnerie à pierre sèche de l'ancien étang d'Arcy............................ 55ʰ

28 février - 21 mars : à Anne Binot, maçon, pour réparations de maçonnerie à la chaussée de l'étang du petit Port-Royal (2 p.)....................... 480ʰ

28 février - 6 juin : à luy, pour déblay qu'il a fait pour poser une soupape à l'estang de Hollande et pour la maçonnerie, terre et conroy, pour poser lad. soupape (4 p.).................. 809ʰ 6ˢ 8ᵈ

4 juillet - 1ᵉʳ aoust : à luy, pour réparation, tant de maçonnerie à pierre sèche que de terrasse, à la contredigue de la retenue de Haute-Bruère (2 p.).. 501ʰ 12ˢ

26 septembre 1694 - 6 février 1695 : à luy, pour réparations dans les aqueducs de l'Artoire et du petit Perray (6 p.)........................ 1268ʰ 6ˢ 8ᵈ

Somme de ce chapitre..... 3846ʰ 18ˢ 4ᵈ

CHARPENTERIE.

13 février : à Pierre Ginou, charpentier, pour les ouvrages de charpenterie par luy faits aux escuries du Roy du château de Saint-Léger.......... 89ʰ 0ˢ 4ᵈ

21 janvier : à Sébastien Eslot, charpentier, pour ses ouvrages et réparations, sous le sʳ de Sainte-Catherine, à la chaussée de l'estang du Mesnil et autres endroits............................ 118ʰ

Somme de ce chapitre..... 207ʰ 0ˢ 4ᵈ

COUVERTURE.

12 septembre 1694 - 20 mars 1695 : à Estienne Yvon, couvreur, pour ouvrages de couverture à plusieurs pavillons du grand parc, causez par la gresle (3 p.).. .... 320ʰ 5ˢ

MENUISERIE.

20 février : à Remy, menuisier, pour ouvrages et réparations de menuiserie aux pavillons du grand parc.. .... 29ʰ 10ˢ

SERRURERIE.

5 décembre : à Tavernier, serrurier, pour réparations de serrurerie dans le grand parc de Versailles pendant avril et may derniers.................. 31ʰ 18ˢ

7 novembre : à Thomas Vallenand, serrurier, pour réparations de serrurerie aux pavillons du grand et petit parc, pendant le 3ᵉ quartier 1694........ 53ʰ 8ˢ 7ᵈ

13 mars 1695 : à luy, pour ses ouvrages aux environs de Versailles, pendant novembre et décembre 1694.. .... 20ʰ 12ˢ 2ᵈ

6 juin : à Nicolas Desjardins, pour ouvrages de serrurerie faits et fournis pour les barrières des estangs de Trapes et Bois d'Arcy.................... 76ʰ 9ˢ

5 décembre : à luy, pour ouvrages de serrurerie autour du grand parc de Versailles en 1693 et 1694.. .... 24ʰ 2ˢ

20 février - 6 mars 1695 : à luy, pour les ouvrages qu'il a fait aux barrières de l'estang de Trappes, grilles et traineaux (2 p.).................. 269ʰ 7ˢ

31 janvier : à Jean Sauvage, serrurier, pour ouvrages de serrurerie à la soupape de l'estang de Villiers et autres endroits en 1693................ 84ʰ 15ˢ

6 juin : à Gilles Le Moyne, fondeur, pour une soupape de fonte pesant 3 livres, à 17 sols la livre, qu'il a fourni et qui a esté posée à l'estang de Hollande. 94ʰ 7ˢ

6 février 1695 : à Nicolas Breton, pour ses ouvrages de serrurerie aux équipages des soupapes de la chaussée du nouveau Saclay, et autres endroits..... 118ʰ 3ˢ 6ᵈ

Somme de ce chapitre........ 773ʰ 2ˢ 3ᵈ

VITRERIE.

12 septembre : à Bernard L'Espinouze, vitrier, pour ouvrages et réparations de vitrerie aux pavillons du grand et petit parc en l'année dernière 1693.... 45ʰ 18ˢ 3ᵈ

ENTRETENEMENS DES ROUTTES ET FOSSEZ.

14 février : à Denis Anceau, ayant l'entretien des aqueducs et conduites des eaux bonnes à boire à Versailles, pour led. entretenement pendant 1693.. 600ʰ

Aux trois Suisses des portes de Voisins, de Marantais et de Toussu, qui ont eu soin de dégorger les grilles du

ANNÉE 1694. — PARCS ET ENVIRONS DE VERSAILLES.

grand parc de Versailles par où passent les eaux sauvages pour aller dans les étangs de Saclay; à Janson, pour l'entretien des routes du petit parc, et à ceux qui ont entretenu les cinq batteaux qui sont dans les étangs, le tout pendant 1693.................... 114ᵗᵗ

9 janvier 1695 : aux Suisses cy-dessus nommez et à Janson, pendant l'année 1694............ 114ᵗᵗ

28 février 1694-20 février 1695 : à Charles Janson le jeune, ayant l'entretenement des fossez et pierrées du petit parc, ceux des faisanderies, des Moulineaux et de Renne-Moulin, pendant le dernier quartier 1693 et les trois premiers 1694 (4 p.)................. 400ᵗᵗ

27 février 1694-30 mars 1695 : à Simon, ayant celuy des routtes et des fossez de la forest de Sénart, pour son entretenement du dernier quartier 1693 et trois premiers 1694 (4 p.).................... 600ᵗᵗ

28 février-15 aoust : à Dolor, ayant celuy des routes de Montfort, pour le dernier quartier 1693 et le premier 1694 (2 p.)........................... 150ᵗᵗ

28 février 1694-13 mars 1695 : à Thomas Poinet, ayant celuy des couvertures du château et haras de Saint-Léger, pendant le dernier quartier 1693 et les trois premiers 1694 (4 p.).................... 400ᵗᵗ

28 février 1694-20 mars 1695 : à Florent Félix, ayant celuy des routtes des environs de Versailles, pendant le dernier quartier 1693 et les trois premiers 1694 (4 p.).................................. 400ᵗᵗ

Somme de ce chapitre......... 2778ᵗᵗ

TERRASSES.

29 aoust 1694-6 février 1695 : à Lionnois, terrassier, parfait payement de la fouille et transport des terres pour le déblay et remblay de plusieurs trous de marnières qui sont le long de l'estang de Trappe (6 p.) 752ᵗᵗ 2ˢ

26 septembre-21 novembre : à Potonnu, terrassier, à compte de la fouille et transport des terres pour les menues réparations des rigolles de la plaine de Saclay (4 p.)................................. 180ᵗᵗ

Somme de ce chapitre........ 932ᵗᵗ 2ˢ

OUVRIERS À JOURNÉES SOUS LE SIEUR DE SAINTE-CATHERINE.

14 février 1694 : aux ouvriers qui ont travaillé à la journée du Roy en divers endroits des plaines de Saclay, de Trappes et du Perray pendant quatre semaines 179ᵗᵗ

4-18 juillet : à ceux de l'aqueduc de l'Artoire et du Perray, idem pendant quatre semaines (2 p.) 138ᵗᵗ 10ˢ

12 septembre 1694-9 janvier 1695 : à ceux qui ont travaillé pour la réparation de la maçonnerie du nouveau Saclay, depuis le 1ᵉʳ septembre 1694 jusqu'au 8 janvier 1695 (6 p.).................. 717ᵗᵗ 9ˢ

6 mars 1695 : à ceux qui ont esté employez tant à nettoyer les neiges des rigolles qu'à casser les glaces et faire des batardeaux pour rétablir les digues rompues 548ᵗᵗ 14ˢ

Somme de ce chapitre...... 1583ᵗᵗ 13ˢ

DIVERSES DÉPENSES.

24 janvier : aux sʳˢ Bourgault et Matis, arpenteurs, parfait payement de 1525ᵗᵗ, sçavoir : 900ᵗᵗ pour leurs appointemens des mois d'octobre, novembre et décembre 1693, qu'ils ont esté employez à faire les arpentages des bois et héritages occupez par les travaux de S. M. des environs de Versailles, à raison de 150ᵗᵗ par mois pour chacun ; 180ᵗᵗ pour le loyer de leur logement pendant 1693 ; 130ᵗᵗ pour du papier à dessiner, toilles pour coller des cartes, chandelle et autres frais extraordinaires par eux faits pendant lad. année, et le surplus pour journées d'hommes qui leur ont aydé pendant lesd. derniers mois 1693 .... 775ᵗᵗ

23 may 1694-13 mars 1696 : à eux, pour leurs appointemens pendant l'année 1694 (5 p.)..... 2100ᵗᵗ

4 avril 1694-3 mars 1695 : aux hommes qui ont aydé auxd. sʳˢ Bourgault et Matis à faire les arpentages cy-dessus, pour leurs journées de la présente année 1694 et les mois de janvier et de février 1695 (8 p.) 1440ᵗᵗ

4 avril 1694-9 janvier 1695 : au sʳ Cheppin, pour ce qu'il a payé pour faire relier des livres d'estampes venus de Rome pour le service de S. M., et faire tirer des épreuves des cartes des eaux de Versailles et autres dépenses pendant 1694 (3 p.)............. 295ᵗᵗ 8ˢ

25 avril 1694-9 janvier 1695 : au sʳ Mesmyn, pour son remboursement des dépenses qu'il a faites pour les bureaux de la Surintendance, depuis le 8 décembre 1693 jusqu'à la fin de 1694 (4 p.)..... 1232ᵗᵗ 0ˢ 4ᵈ

27 juin : au sʳ Wabin, pour les frais qu'il a faits pour la recherche, à la Chambre des comptes, de plusieurs mémoires et états concernant les Bâtimens, et les avoir fait coppier, le tout pendant les six premiers mois 1694 .... 100ᵗᵗ

Au sʳ Frosne, pour les dépenses qu'il a faites pour le bureau des remboursements pendant 1692, 1693 et les six premiers mois 1694.................. 76ᵗᵗ

11 juillet : au sʳ Muguet, imprimeur, pour imprimez

fournis depuis le 1er janvier 1692 jusqu'à présent..... .... 255ᵗᵗ 10ˢ

30 juillet : au sʳ Coquino, Procureur au Parlement, pour ce qu'il a esté convenu avec luy pour les frais qu'il a fait à la requête de Mᵉ Charles Manessier contre divers particuliers redevables envers la succession dud. feu sʳ Manessier..................... 90ᵗᵗ

20 février 1695 : au sʳ Launay, tailleur, pour huit justacorps des livrées du Roy, qu'il a faits et fournis pour les huit gardes-rigolles de S. M.......... 512ᵗᵗ 17ˢ

Somme de ce chapitre..... 6876ᵗᵗ 15ˢ 4ᵈ

ENTRETIEN DU JARDIN POTAGER DE VERSAILLES.

14 février 1694-27 février 1695 : à François Le Normand, jardinier, ayant l'entretien dudit jardin, pour led. entretien pendant la présente année 1694 (9 p.).. .... 10000ᵗᵗ

ENTRETENEMENT DES JARDINS DE VERSAILLES ET DE TRIANON.

7 février-31 octobre : à Henry Dupuys, jardinier, ayant l'entretenement des allées du jardin, orangerie et pourtour du canal de Versailles, à compte dud. entretien pendant les trois derniers quartiers 1693 (5 p.).. .... 12700ᵗᵗ

7 février-15 aoust : à Pierre Collinot, ayant celuy du jardin de Trianon, pour ledit entretien pendant les trois derniers quartiers 1693 (7 p.).......... 4758ᵗᵗ

21 février-22 aoust : à Drouard, rocailleur, ayant l'entretien des rocailles dud. jardin de Versailles, pour ses gages des 2ᵉ et 3ᵉ quartiers 1693 (3 p.)... 1300ᵗᵗ

A Pierre Lisqui, marbrier, ayant celuy de tous les ouvrages de marbre dud. jardin, pour ses gages des 2ᵉ et 3ᵉ quartiers 1693 (3 p.)............. 1000ᵗᵗ

A Remy Janson, jardinier, ayant celuy des allées, plattes bandes et gazons de la pièce des Suisses, du Mail, des pisceas plantez au bout du canal, des palissades de charmes autour des clôtures des trois faisanderies et près la grille de fer servant de porte pour entrer à la Ménagerie, pour ses gages des deuxième et troisième quartiers 1693 (3 p.)..................... 500ᵗᵗ

11 avril 1693-20 mars 1694 : à Nicolas Gombault, jardinier, pour l'entretien du jardin de la Chancellerie, pour ses gages des années 1693 et 1694 (2 p.). 120ᵗᵗ

16 may-5 septembre : à Bertin, sculpteur, ayant l'entretien des figures et autres ouvrages de sculpture en marbre du jardin de Versailles, pour ses gages des six derniers mois 1693 (2 p.)............... 847ᵗᵗ 10ˢ

28 novembre : à André Dupuis fils, ayant l'entretien des jardin et pépinière de Trianon, parfait payement de 2579ᵗᵗ, pour led. entretien du dernier quartier 1694 .... 2402ᵗᵗ 17ˢ

12 décembre : à luy, pour l'indemniser des gens de journées qui ont travaillé à planter des spées devant le Roy au jardin de Trianon................... 100ᵗᵗ

13-27 mars 1695 : à luy, à compte dud. entretien pendant le premier quartier 1695 (2 p.)...... 1000ᵗᵗ

12 décembre : à Charles Janson, jardinier, 50ᵗᵗ pour l'entretien du jardin du Cheni pendant une année, 10ᵗᵗ pour l'ozier et foin qu'il a fourni pour lier les arbres, et 10ᵗᵗ pour avoir labouré et regarni les arbres qui sont plantez dans les cours du Cheni pendant lad. année 70ᵗᵗ

12 décembre : au sʳ Collinot, tuteur des enfans mineurs de Pierre Collinot, à compte de ce qui est deu aud. feu Collinot à cause dud. entretien du jardin et pépinière de Trianon pendant les neuf premiers mois 1694 .... 1037ᵗᵗ

Somme de ce chapitre...... 25835ᵗᵗ 7ˢ

ENTRETENEMENS DES FONTAINES DE VERSAILLES ET DE TRIANON.

24 janvier-22 aoust : à Claude Denis, fontainier, ayant l'entretenement des fontaines, pour ses gages des deuxième et troisième quartiers de l'année 1693 (3 p.) 2280ᵗᵗ

A Claude Denis, compagnon fontainier, pour ses gages pendant led. temps (3 p.)............... 500ᵗᵗ

A Gournay, autre, idem (3 p.)................. 500ᵗᵗ

A Thomas La Cire, autre, idem (3 p.)....... 500ᵗᵗ

A Vitry, autre, idem (3 p.)................. 500ᵗᵗ

A Lambert, autre, idem (3 p.)............. 500ᵗᵗ

A Musart, autre, employé à la butte de Montboron, idem (3 p.)............................... 500ᵗᵗ

A Mariette, autre, employé au réservoir du Parc-aux-Cerfs, idem (3 p.)..................... 500ᵗᵗ

A Baclet, garçon fontainier, idem (3 p.)..... 270ᵗᵗ

A Godet, autre, idem (3 p.)............... 270ᵗᵗ

A Laurens, autre, idem (3 p.)............. 270ᵗᵗ

A Thomas, autre, idem (3 p.).............. 270ᵗᵗ

A Pinet, autre, idem (3 p.)............... 270ᵗᵗ

A Blaise Reglet, autre, idem (3 p.)........ 270ᵗᵗ

A Tessier, autre, idem (3 p.).............. 270ᵗᵗ

A André, autre, idem (3 p.)............... 270ᵗᵗ

A Remy Denis fils, ayant l'entretenement des fontaines de Trianon, de la fontaine de la décharge du canal et des réservoirs au-dessus de Trianon, idem (3 p.).............................. 900ᵗᵗ

A Louis Bazolet, garçon fontainier, idem (3 p.).. .... 200ᵗᵗ

ANNÉE 1694. — PARCS ET ENVIRONS DE VERSAILLES.

24 janvier-22 aoust : à LE MOYNE, fondeur, pour l'entretien de tous les ouvrages de cuivre des fontaines de Versailles, pour ses gages desd. deuxième et troisième quartiers 1693 (2 p.)................... 750##

17 octobre 1694-16 janvier 1695 : aux dénommez cy dessus, pour leurs gages du dernier quartier 1693 (2 p.)............................ 3912## 10ˢ

23 janvier 1694-16 janvier 1695 : à MAISONNEUVE, garçon fontainier à Trianon, pour ses gages du dernier quartier 1693 et des deux premiers 1694 (5 p.). 300##

26 mars : à CHARLES-FRANÇOIS POLARD, ayant l'entretenement de toutes les conduites de tuyaux de fonte de fer des fontaines du château de Versailles, Trianon, la Ménagerie et de celles de la machine de la rivière de Seyne, pour le quartier de juillet (2 p.)..... 2500##

22 aoust : à luy, à compte du quartier d'octobre.. .... 1250##

Somme de ce chapitre..... 17752## 10ˢ

GAGES DES OFFICIERS, GONDOLLIERS ET MATELOTS SERVANS SUR LE CANAL DE VERSAILLES.

État du quartier d'avril :

31 janvier : au sʳ MARTIN, capitaine, pour ses apointemens...................................... 600##
A CHRISTOPHLE LE ROUX, maître des matelots.. 275##
A MATHIEU SUART, comite de la galère........ 300##
A JEAN BOURDON, sous-comite de la galère.... 210##
A JAQUES LE COMTE, charpentier............. 210##
A NICOLAS MANESSIER, autre................. 210##
A JEAN CANDON, autre...................... 210##
A JOSEPH CHESNE, autre.................... 210##
A JAQUES FOSSE, calfateur.................. 210##
A JAQUES DOUVILLE, autre.................. 210##
A JEAN MERSERON, garde-magasin............ 210##
A JEAN GUERNEL, matelot................... 135##
A NOËL COSTE, autre....................... 135##
A CLAUDE MOREL, autre..................... 135##
A NICOLAS GRANVAL, autre.................. 135##
A LOUIS MOUTON, autre..................... 135##
A JOSEPH TREVAN, autre.................... 135##
A JEAN MASURIER, autre.................... 135##
A BARTHELEMY CHOISY, autre................ 135##
A MICHEL AVIENNE, autre................... 135##
A FRANÇOIS VIDOTTI, autre................. 135##
A GEORGES RENAULT, autre.................. 135##
A HONNORAT VIDOTTI, autre................. 135##
A JEAN-BAPTISTE JUSTE, autre.............. 135##
A NICOLAS SAVARI, autre................... 67## 10ˢ

A JEAN VIDOTTI, autre..................... 67## 10ˢ

30 may-18 juillet : aux officiers et matelots dénommez ci-dessus, pour leurs apointemens du quartier de juillet (3 p.)........................... 4077## 10ˢ

17 octobre 1694-16 janvier 1695 : à eux, pour leurs apointemens du quartier d'octobre (2 p.)..... .... 3807## 10ˢ

État des gondoliers pour le quartier d'avril :

31 janvier 1694 : à JEAN MASSAGATI, ancien gondollier Vénitien, pour ses gages............... 300##
A PALMARIN PALMARINI, autre, idem......... 300##
A PIERRE MASSAGATI, autre, idem........... 360##
A BARTHELEMY PANCALONIO, autre, idem...... 225##
A VINCENT DORIA, autre, idem.............. 225##
A BENOIST BONELLI, autre, idem............ 225##
A PIERRE SERDEA, idem..................... 225##
A JEAN PALMARIN, idem..................... 225##

30 may-18 juillet : aux gondoliers cy-dessus nommez, pour leurs gages du quartier de juillet (2 p.).... .... 2085##

31 octobre 1694-16 janvier 1695 : à eux, pour leurs apointemens du quartier d'octobre (2 p.). 2085##

7 février 1694-13 mars 1695 : aux mariniers de rame qui ont servi sur le canal de Versailles depuis le mois de janvier 1694 jusqu'au mois de février 1695 (14 p.)................................... 1695##

7 février : à JEAN VIDOTTI, matelot congédié, pour les six derniers mois 1693 et deux premiers 1694. 180##

7 mars 1694-27 mars 1695 : à MERCERON, dit LA VIOLETTE, garde des magasins du canal, par gratification, en considération du soin qu'il a eu desd. magasins pendant les six derniers mois 1693 et la présente année 1694 (3 p.)............................ 450##

21 novembre-17 décembre : à la veuve de LOUIS MOUTON, matelot, pour ses gages depuis le 15 novembre 1693 jusqu'au 17 octobre 1694, jour de son décès (2 p.)..................................... 498##

19 décembre : à BARTHELEMY CHOISY, matelot, pour ses gages des six derniers mois 1693 et le quartier de janvier 1694................................ 202## 10ˢ

23 janvier 1695 : à HONNORAT VIDOTTI et JEAN MASURIER, matelots, parfait payement de 270## pour leurs appointemens du quartier d'octobre........... 135##

Somme de ce chapitre...... 22045## 10ˢ

ENTRETENEMENS DES COUVERTURES DES MAISONS ROYALES.

14 février-17 juin : à ESTIENNE YVON, couvreur, ayant l'entretenement des couvertures du château de

Madrid, la Meutte et portes de Boulogne, l'orangerie du Roule, Savonnerie, la maison des Cignes, Louvre, Thuilleries, Samaritaine, Jardin royal des plantes, Observatoire et maisons apartenantes au Roy à Paris, pour led. entretien pendant les quartiers de juillet et d'octobre 1693 (2 p.)...................... 1460ᶫᶫ

A luy, pour celuy des couvertures du nouveau couvent des Capucines, pendant lesd. deux quartiers (2 p.) 250ᶫᶫ

7 mars-19 décembre : à luy, ayant celui des maisons royales de Versailles, pour les trois derniers quartiers 1693 (5 p.)........................... 4950ᶫᶫ

11 avril-7 novembre : à Noel Martin, couvreur, ayant l'entretien des couvertures du château de Vincennes et dépendances, pendant le dernier quartier 1693 et les deux premiers 1694 (3 p.)....... 675ᶫᶫ

11 avril 1694-20 février 1695 : à luy, ayant celuy des couvertures de la maison des Gobelins, pendant le dernier quartier 1693 et les trois premiers 1694 (4 p.).. 250ᶫᶫ

Somme de ce chapitre............ 7585ᶫᶫ

CHÂTEAU DE COMPIÈGNE.

31 janvier 1694-23 janvier 1695 : à Chéret, vitrier, pour l'entretenement des vitres du château de Compiègne pendant les six derniers mois 1693 et la présente année 1694 (3 p.)................................... 150ᶫᶫ

11 avril : à luy, pour réparations de vitrerie qu'il a faites idem.......................... 68ᶫᶫ 7ˢ 6ᵈ

28 février : au sʳ Esmery, concierge dud. château, pour l'entretenement et réparations des jardins, cours et terrasses, et emplissage de la glacière pendant l'année 1693.. 400ᶫᶫ

11 avril : à luy, pour menues dépenses faites en mars 1694.................................. 40ᶫᶫ 13ˢ

28 février : à Bulot, ayant l'entretien des routes et fossez de la forest de Compiègne, pour led. entretien pendant les trois derniers mois 1693............... 175ᶫᶫ

28 février 1694-13 mars 1695 : à Laurens Dauvin, charpentier, pour l'entretien et réparations des ponts de la forest de Compiègne, pendant les six derniers mois 1693 et les neuf premiers 1694 (3 p.).... 212ᶫᶫ 10ˢ

11 avril : à luy, pour ouvrages faits aud. château pendant le séjour que le Roy y a fait pendant le mois de mars dernier....................... 9ᶫᶫ 2ˢ

A Jean Laporte, menuisier, pour ouvrages de menuiserie aud. château pendant le mois de mars.. 65ᶫᶫ 10ˢ

A Leclerc, serrurier, pour ouvrages de serrurerie aud. château pendant led. temps. 54ᶫᶫ 18ˢ

A Jaques Camay et la veuve Chambois, pour ouvrages de maçonnerie faits aud. château pendant led. temps.. .... 75ᶫᶫ 10ˢ

1ᵉʳ aoust 1694-9 janvier 1695 : à eux, pour l'entretenement des couvertures dud. château pendant les trois premiers quartiers 1694 (3 p.).............. 300ᶫᶫ

12 septembre : aud. Camay, pour 4 toises d'entablement qu'il a fait à un mur de face dud. château... 16ᶫᶫ

9 may : au sʳ Tailly, pour ce qu'il a payé aux ouvriers qui ont esté employez à couvrir de gazon tous les ponts de la forest de Compiègne................. 49ᶫᶫ 16ˢ

25 juillet 1694-20 mars 1695 : au sʳ Bulot, pour son entretien pendant les trois premiers quartiers 1694 (3 p.).. 525ᶫᶫ

Somme de ce chapitre..... 2142ᶫᶫ 6ˢ 6ᵈ

ÉGLISE DES INVALIDES.

SERRURERIE.

14 février : à Pierre Roger, serrurier, pour ouvrages de serrurerie faits et fournis pour le dôme de l'église des Invalides, depuis le 3 mars 1692 jusqu'au 20 may 1693................................. 75ᶫᶫ 10ˢ

PEINTURE SUR VERRE.

9 janvier : au sʳ Le Clerc, vitrier peintre sur verre, à compte des verres qu'il a peint pour les bordures de trois vitraux de la grande église des Invalides en 1691.................................... 50ᶫᶫ

PLACE ROYALLE.

MAÇONNERIE.

20 juin : à Pierre Le Maistre le neveu, pour ouvrages de maçonnerie qu'il a fait pour moitié au mur mitoyen séparant les places à bâtir de l'ancien couvent des Capucines et le logis de Madame de Mekelbourg, en 1692......................... 49ᶫᶫ 4ˢ 9ᵈ

VITRERIE.

20 juin : à Jean Gombault, vitrier, pour réparations de vitrerie qu'il a faites aux logements restant de l'ancien couvent des Capucines, et à la fonderie de la statue équestre, pendant 1690, 1691, 1692 et 1694....... 39ᶫᶫ 14ˢ

SCULPTURE ET FONDERIE.

7 novembre - 5 décembre : à François Girardon, sculpteur, à compte de la dépense qu'il a faite pour réparer le bronze de la statue équestre du Roy de l'hôtel de Vendôme (2 p.) 1000ᴸ

20 juin : à Lucas et autres, pour menues dépenses et ouvrages faits à la fonderie de la statue équestre et aux logemens de la place de Vandôme, pendant les trois derniers mois 1693 et les trois premiers 1694...... 74ᴸ

24 octobre : à luy, pour ouvrages de serrurerie auxd. fonderie et logement, pendant septembre et octobre derniers.................................. 24ᴸ 10ˢ

Somme de ce chapitre 1098ᴸ 10ˢ

DIVERSES DÉPENSES.

28 février : aux ouvriers qui ont travaillé à plusieurs ouvrages de maçonnerie, terres, serrurerie et menuiserie pour fermer les bâtimens de la bibliothèque du Roy qui sont demeurez imparfaits derrière lad. place de Vendôme et qui servoient de retraite aux voleurs. 84ᴸ 7ˢ 8ᵈ

26 septembre 1694 - 6 février 1695 : à ceux qui ont travaillé aux réparations des logemens dépendans de la place de Vandôme et à la fonderie de la statue équestre du Roy de lad. place (2 p.) 133ᴸ 6ˢ

Somme de ce chapitre...... 217ᴸ 13ˢ 8ᵈ

DIVERSES MAISONS ROYALES DE PARIS.

MAÇONNERIE.

31 janvier : à Jean Benoist, entrepreneur, parfait payement de 1010ᴸ 12ˢ à quoy montent les ouvrages et réparations de maçonnerie par luy faits en plusieurs maisons royales et maisons apartenantes au Roy à Paris, pendant octobre et novembre dernier...... 310ᴸ 12ˢ

28 mars 1694 - 20 mars 1695 : à luy, sur ses ouvrages et réparations de maçonnerie auxd. maisons pendant l'année 1694 (8 p.) 1508ᴸ 6ˢ 5ᵈ

23 may - 21 novembre : à luy, sur ses ouvrages et réparations de maçonnerie au château de Vincennes pendant lad. année 1694 (3 p.)............ 385ᴸ 17ˢ 9ᵈ

6 juin : à luy, sur les ouvrages qu'il a faits au Louvre en janvier..................... 49ᴸ 18ˢ 10ᵈ

12 septembre : à luy, sur ses ouvrages à une maison apartenante au Roy, rue du Chantre......... 177ᴸ 0ˢ 8ᵈ

10 octobre : à luy, sur ses ouvrages aux portes et murs du bois de Boulogne................ 179ᴸ 6ˢ 6ᵈ

7 novembre : à luy, sur ses ouvrages et réparations à la maison des Gobelins et au Jardin royal des plantes 195ᴸ 19ˢ

15 aoust : à Paris, maçon, pour ouvrages et réparations de maçonnerie à la maison des Gobelins en 1693 .... 77ᴸ 19ˢ 2ᵈ

11 avril 1694 - 23 janvier 1695 : à la veuve Forcoy, fontainier, pour les entretiens qu'elle a fait aux bassins et conduite de décharge au jardin des Thuilleries, pendant le dernier quartier 1693 et les trois premiers 1694 (4 p.)............................... 200ᴸ

6 juin : à elle, pour une aire de mastic et carreau qu'elle a fait faire à la Samaritaine, et vantouzes faites à la conduite de décharge du grand bassin rond du jardin des Thuilleries 63ᴸ

Somme de ce chapitre 3148ᴸ 0ˢ 4ᵈ

CHARPENTERIE.

28 mars - 19 décembre : à Raoul de Pierre, dit La Ponte, charpentier, pour ouvrages et réparations de charpenterie en plusieurs maisons royales et maisons apartenantes au Roy à Paris, depuis 1693 jusqu'au 8 may dernier (5 p.)...................... 1011ᴸ 5ˢ 9ᵈ

1ᵉʳ aoust : à luy, pour les baliveaux et traverses qu'il a fournis et posez pour tendre les tapisseries aux deux Festes Dieu de la présente année, au devant de la place du palais des Thuilleries et à celle du péristil du Louvre 115ᴸ

20 février 1695 : à luy, à compte de ses ouvrages à la Samaritaine 150ᴸ

14 février 1695 : à Joseph Vinot et Nicolas de Magny, charpentiers, pour avoir dessendu, levé, chargé et mis en chantier plusieurs figures de marbre dans les attelliers des sculpteurs et magasins des marbres pour estre voiturés à Marly............................. 97ᴸ

Somme de ce chapitre...... 1373ᴸ 5ˢ 9ᵈ

COUVERTURE.

20 juin - 4 juillet : à Noel Martin, couvreur, pour les ouvrages et réparations de couverture qu'il a faits au château de Vincennes au delà de son entretien ordinaire (2 p.).............................. 138ᴸ 3ˢ 9ᵈ

29 aoust - 19 décembre : à Estienne Yvon, couvreur, pour ses ouvrages de couverture au delà de son entretien aux palais des Thuilleries, Louvre et autres maisons royales à Paris, pendant les six derniers mois 1693 et le mois de janvier 1694 (5 p.)......... 598ᴸ 5ˢ 2ᵈ

Somme de ce chapitre...... 736ᴸ 8ˢ 11ᵈ

MENUISERIE.

28 mars - 7 novembre : à Leschandelle, menuisier,

sur ses ouvrages et réparations de menuiserie à la maison des Gobelins et au Jardin royal, en 1693 et 1694 (5 p.).............................. 296ʰ 2ˢ

28 mars 1694-6 mars 1695 : à Laurens Rochebois, menuisier, pour ouvrages et réparations de menuiserie faits en plusieurs maisons royales et maisons apartenantes au Roy à Paris, pendant la présente année (5 p.)
.... 557ʰ 19ˢ

4 juillet : à luy, sur ses ouvrages à une maison apartenante au Roy, rue du Chantre, à l'enseigne du Louis d'or............................... 75ʰ 5ˢ

29 aoust : à luy, sur ses ouvrages à la Samaritaine...
.... 130ʰ 17ˢ

12 septembre : à luy, sur ses ouvrages au château de Madrid et au garde-meuble de la Couronne..... 44ʰ

25 octobre : à luy, sur ses ouvrages au château de Vincennes........................... 143ʰ 13ˢ

18 juillet : à Pierre Guérin, menuisier, pour ouvrages de menuiserie aux maisons royales, pendant les six premiers mois 1694................. 64ʰ 8ˢ

14 février-5 décembre : à Simon Gillot, menuisier, pour ouvrages et réparations de menuiserie au château de Vincennes et ses dépendances en 1693 et 1694 (2 p.) 119ʰ 1ˢ

14 février : à Justine, menuisier, pour ouvrages de menuiserie à la maison occupée par M. le Premier à Paris, en 1693.................. 203ʰ 18ˢ 9ᵈ

20 juin : à luy, pour ouvrages et réparations de menuiserie à la grande et petite écurie et aux écuries de Monseigneur à Paris.................. 74ʰ 11ˢ

Somme de ce chapitre.... 1709ʰ 14ˢ 9ᵈ

SERRURERIE.

25 avril : à Jean Blancheton, serrurier, pour ouvrages et réparations de serrurerie faits à la maison des Gobelins en 1692................. 41ʰ 18ˢ 6ᵈ

25 avril : à Fontaine, serrurier, sur ses ouvrages à lad. maison des Gobelins et au Jardin royal des plantes en 1693........................ 57ʰ 19ˢ 3ᵈ

28 mars 1694-9 janvier 1695 : à Robert Boutet, serrurier, pour ses ouvrages et réparations de serrurerie en plusieurs maisons royales, maisons apartenantes au Roy, au Louvre et à la Samaritaine, pendant 1693 et 1694 (7 p.)........................ 511ʰ 14ˢ 9ᵈ

9 may 1694-20 mars 1695 : à Nicolas Le Roy, serrurier, pour ouvrages de serrurerie faits au château de Vincennes, depuis le mois de décembre 1693 jusqu'au dernier février 1695 (3 p.)............ 124ʰ 8ˢ 6ᵈ

9 may-7 novembre : à Jean Vavasseur, serrurier,

pour ouvrages de serrurerie aux Gobelins pendant la présente année (2 p.)................ 60ʰ 12ˢ

31 janvier : à François Lucas, serrurier, pour les ouvrages de serrurerie qu'il a fait à la maison occupée par Monsieur le Premier pendant octobre et novembre 1693
.... 13ʰ 14ˢ

25 avril : à luy, pour une grille qu'il a façonnée et posée à la deuxième arcade du mur du clos de la maison des Gobelins, vis-à-vis la maison de M. Payen.....
.... 44ʰ 13ˢ 9ᵈ

20 juin : à luy, pour ouvrages et réparations de serrurerie au palais des Thuilleries, à la grande et petite escurie, et aux escuries de Monseigneur à Paris, pendant les trois premiers mois 1694........... 38ʰ 18ˢ 9ᵈ

10 octobre : à luy, sur ses ouvrages au château de Madrid et aux portes du bois de Boulogne.... 114ʰ 7ˢ

7 novembre : à luy, sur ses ouvrages à l'hôtel d'Armagnac............................. 19ʰ 19ˢ 3ᵈ

Somme de ce chapitre...... 1028ʰ 5ˢ 9ᵈ

VITRERIE.

11 avril 1694-20 février 1695 : à la veuve Janson, vitrière, pour les entretenemens de vitrerie qu'elle a faits au château de Madrid, la Savonnerie, l'orangerie du Roulle, la maison des cignes, les maisons occupées par M. le comte de Gramond et Félibien, la Samaritaine et l'Observatoire, pendant les trois derniers mois 1693 et les six premiers 1694 (3 p.)............ 300ʰ

11 avril 1694-20 février 1695 : à elle, pour ses entretenemens de vitrerie au Louvre et au garde-meuble de la Couronne pendant les trois derniers mois 1693 et les neuf premiers 1694 (4 p.)............ 200ʰ

29 aoust 1694-20 mars 1695 : à elle, pour ses ouvrages de vitrerie faits, au delà de ses entretiens, aux maisons royales et maisons apartenantes au Roy pendant les six derniers mois de 1693 et la présente année 1694 (2 p.)........................... 124ʰ 4ˢ 4ᵈ

11 avril-7 novembre : à Charles-François Jaquet, vitrier, pour les entretenemens de vitrerie faits au château de Vincennes et dépendances pendant les trois derniers mois de 1693 et les six premiers mois de 1694 (4 p.)......................... 562ʰ 10ˢ

18 juillet : à luy, pour ouvrages faits, outre ses entretiens, à Vincennes, Gobelins et Jardin royal, pendant 1693............................. 42ʰ 9ˢ 10ᵈ

31 janvier 1694-20 mars 1695 : à Jean Gombault, vitrier, pour ouvrages de vitrerie faits aux vitres des grandes et petites escuries du Roy, des escuries de Monseigneur, de celles des maisons occupées par M. le Pre-

mier et les officiers desd. escuries, de celle occupée par M. DE CONGIS, par les s" LE NOSTRE et DESGOTZ, l'orangerie des Thuilleries, les loges des portiers dud. jardin, l'Imprimerie royalle et la Bibliothèque du Roy, depuis le mois d'aoust 1693 et pendant les neuf premiers mois 1694, y compris le surplus de ses entretiens (8 p.).... .... 375^{lt} 12^s 7^d

31 janvier 1694-20 février 1695 : à luy, pour l'entretien des vitres du nouveau couvent des Capucines depuis le 15 juillet 1693 jusqu'au 15 juillet 1694 (5 p.) .... 241^{lt} 13^s 4^d

11 avril 1694-23 janvier 1695 : à luy, pour les entretiens de vitrerie qu'il a faits au château des Thuilleries pendant le dernier quartier 1693 et les trois premiers 1694 (4 p.)................. 216^{lt} 13^s 4^d

Somme de ce chapitre..... 2063^{lt} 3^s 5^d

PLOMBERIE.

31 janvier : à JAQUES LUCAS, plombier, pour la façon de 53 livres pesant de plomb et la fourniture de 98 livres 1/2 pesant de soudure qu'il a mis en œuvre en plusieurs maisons royales à Paris, au château de Choisy et autres endroits pendant les trois derniers mois 1693............................. 55^{lt} 7^s 5^d

18 juillet-29 aoust : à luy, sur ses ouvrages pendant les six premiers mois de 1694 (3 p.)...... 187^{lt} 12^s

Somme de ce chapitre...... 242^{lt} 19^s 5^d

PAVÉ.

1er aoust : à LOUIS REGNOUF, paveur, pour ouvrages de pavé faits aux maisons royales de Paris pendant les six derniers mois 1693................. 120^{lt} 16^s

10 octobre : à luy, sur ses ouvrages pour les maisons royales et trenchées faites pour les réparations de la conduite des eaux de la Samaritaine aux Thuilleries, en 1694............................. 145^{lt} 3^s 8^d

Somme de ce chapitre...... 265^{lt} 19^s 8^d

PEINTURE.

12 septembre 1694-6 mars 1695 : au s^r COIPEL père, peintre, à compte du travail qu'il fait aux tableaux d'*Arabesques*[1] qu'il peint d'après les desseins de RAPHAEL pour faire en tapisserie aux Gobelins (8 p.).... 1200^{lt}

18 juillet-29 aoust : à SIMON, peintre, parfait payement de 1000^{lt} pour le tableau qu'il a peint d'après M. MIGNARD[2], représentant la *Famille de Darius*, pour faire en tapisserie aux Gobelins (2 p.)........ 200^{lt}

11 avril : au s^r JOUBERT, peintre, pour dix desseins de plantes rares, qu'il a peints en mignature sur vélin, pour estre insérés dans la suitte des livres de plantes de mignature du Cabinet du Roy, à raison de 25^{lt} chacun .... 250^{lt}

21 novembre : au s^r DE FONTENAY, peintre, pour les fleurs qu'il a fait sur le tableau de la *Famille de Darius* de M. MIGNARD........................ 50^{lt}

31 janvier 1694-9 janvier 1695 : au s^r LEFEBVRE, peintre, pour ouvrages de grosse peinture par luy faits à la maison occupée par M. le Premier, à la maison rue du Chantre, au château de Vincennes et autres maisons apartenantes au Roy, en 1693 et 1694 (5 p.). 222^{lt} 7^s 9^d

19 décembre : à la veuve du s^r WAN DER MEULEN, peintre flamand, pour 200 estampes de la veüe de la ville de Luxembourg, qu'elle a livrées pour la bibliothèque du Roy en la présente année.......... 200^{lt}

Somme de ce chapitre...... 2122^{lt} 7^s 1^d

SCULPTURE.

29 aoust : à LA LANDE, sculpteur, à compte de la menuiserie, sculpture et dorure de quatre bordures qu'il a faites pour les tableaux des *Prises de Mons* et *de Namur* pour le château de Marly, et ce pour remplacer l'article de l'estat du 9 aoust 1693, où pareille somme avoit esté ordonnancée sur M. MANESSIER, trésorier en exercice, qui est mort sans y avoir satisfait .... 150^{lt}

5-19 décembre : à luy, pour une bordure qu'il a faite pour un tableau du portrait du Roy par le s^r MIGNARD (2 p.)......................... 160^{lt} 16^s 8^d

6 mars : à JOLLY, sculpteur, parfait payement de 1200^{lt} pour un grand vase de marbre blanc, de 6 pieds 3 pouces de hault sur 4 pieds 6 pouces de diamettre, qu'il a fait et posé dans les jardins de Versailles.. 100^{lt}

14 février : au s^r GRANIER, sculpteur, à compte d'un groupe qu'il fait en marbre, représentant *Ino et Mélicerte*............................ 100^{lt}

31 janvier 1694-9 janvier 1695 : au s^r DEDIEU, sculpteur, à compte d'un Terme qu'il fait en marbre, représentant le philosophe *Lisias*, du dessein dud. MIGNARD (4 p.)........................ 360^{lt}

---

[1] Sous le titre d'*Arabesques*, on désignait alors la tenture que nous appelons les *Triomphes des dieux* et que COIPEL exécuta à l'imitation des trois tapisseries de Bruxelles que possède encore le Mobilier national et dont le dessin est attribué à MANTEGNA. Cf. *Ouvrages des Gobelins*, col. 993 et 994.

[2] MIGNARD a fait pour LOUVOIS, en un tableau de quinze pieds de long, dont M. DE VILLEROY a hérité, *Alexandre visitant la famille de Darius*, évidemment pour reprendre le sujet traité par LE BRUN. (L'abbé de Monville, *Vie de Mignard*, p. 146-148.) Il est probable que la tapisserie d'après cette composition n'a jamais été commencée.

14 février-18 juillet : au s' SLODTZ, sculpteur, à compte d'un groupe qu'il fait en marbre, représentant *Prothée et Aristée* (2 p.).................. 200ᵗᵗ

14 février : au s' VIGIER, sculpteur, à compte d'une figure qu'il fait en marbre, représentant la *Reconnoissance d'Achiles*..................... 100ᵗᵗ

10 octobre : au s' MARCELIN, sculpteur, pour les marques et numéros qu'il a gravez sur les trenches de marbre restées en nature des ouvrages de pavé de marbre pour la grande église des Invalides... 63ᵗᵗ 19ˢ

Somme de ce chapitre..... 1234ᵗᵗ 15ˢ 8ᵈ

OUVRAGES DE FONTE.

25 avril-23 may : à NICOLAS DE NAINVILLE, fondeur, pour une cloche et deux pailliers, qu'il a fondus et livrez pour l'église des Recolets de Versailles (2 p.)... 195ᵗᵗ

4 juillet : à luy, pour ouvrages par luy faits en 1693 pour allaiter les robinets des fontaines du Jardin royal des plantes et ceux des fontaines du château de Vincennes.......................... 22ᵗᵗ

Somme de ce chapitre........... 217ᵗᵗ

MARBRERIE.

14 février : à FRANÇOIS DESCHAMPS, marbrier, pour un chambranle, tablette, foyer et revêtement de cheminée, qu'il a faits, fournis et posez dans le grand cabinet de Monseigneur à Versailles........... 411ᵗᵗ 7ˢ

RAMONNAGES DE CHEMINÉES.

19 janvier : à PIERRE VARISSE, ramonneur, pour avoir ramonné cent quarante-sept cheminées et en avoir rétably trois autres aux maisons royales de Paris et au château de Vincennes en 1693......... 54ᵗᵗ 9ˢ

6 mars 1695 : à PADELAIN, ramonneur, pour cheminées qu'il a ramonnées en 1694........... 46ᵗᵗ 8ˢ

Somme de ce chapitre....... 100ᵗᵗ 17ˢ

GRAVEURES.

31 janvier : à Louis CHATILLON, dessinateur et graveur, parfait payement de 300ᵗᵗ pour une planche qu'il a gravé à l'eau-forte, représentant la *Ville de Salins*, pour servir à l'*Histoire des Conquêtes du Roy*........ 150ᵗᵗ

14 février-1695-20 janvier 1695 : à SÉBASTIEN LECLERC, dessinateur et graveur, pour deux planches qu'il a gravées à l'eau-forte, l'une représentant la *Ville de Nimègue*, l'autre une bordure en passe-partout pour les planches de la suitte des *Conquestes du Roy*, deux desseins et une esquisse qu'il a faite pour les jettons des Bâtiments en 1692 et 1693 (2 p.)........... 550ᵗᵗ

Somme de ce chapitre.......... 700ᵗᵗ

MOULES.

14 février-25 avril : à LANGLOIS, mouleur, pour les jets et creux de plastre, demontés, chargez et voiturez de l'Arcenal au Louvre, et remontés et rassemblés dans la salle des antiques aud. Louvre (3 p.)....... 250ᵗᵗ

DIVERSES DÉPENSES.

6 février-13 mars : au s' FOSSIER, pour menues dépenses qu'il a faites pour le service de S. M., depuis le 15 janvier de l'année 1693 jusqu'au 14 mars 1694 (52 p.).......................... 353ᵗᵗ 12ˢ

14 mars 1694-9 janvier 1695 : à DOUSSOR, expert ordinaire des bâtimens, pour les vacations qu'il a employées à la vérification des toisez et calculs des ouvrages faits en plusieurs maisons royalles et maisons apartenantes au Roy à Paris, en 1693 et 1694 (2 p.).................................. 447ᵗᵗ

28 mars 1694-20 février 1695 : au s' RAVINET, commissaire des pauvres de la paroisse Saint-Roch, pour la taxe desd. pauvres de l'hôtel de Vandôme, les escuries de Monseigneur, l'Académie Royalle, ou logement des escuyers de la grande escurie du Roy, pendant 1693 et 1694 (2 p.)................... 156ᵗᵗ

25 avril : à la veuve BOUILLENOT, pour l'impression, fourniture de papier et avoir fait afficher cent exemplaires portant avertissement au public que la grande porte de la rue Saint-Vincent sera fermée pour les carosses, n'ayant entrée que pour les gens de pied.. 5ᵗᵗ

2 may : à LEGRAND, tailleur, pour ce qu'il a dépensé tant en ajustement qu'en autres réparations dans une maison appartenante au Roy, rue du Chantre à Paris, qui luy estoit louée pour plusieurs années, et de laquelle S. M. l'a obligé de sortir pour y loger le s' DESGODETS, contrôleur............................. 133ᵗᵗ 3ˢ

9 may : au s' COUPLET, concierge de l'Observatoire, pour menues dépenses qu'il a faites pour l'entretien de lad. maison royalle en 1693............. 73ᵗᵗ 14ˢ

30 may : au s' LOUVET, pour ce qu'il a payé, pour le port de Nantes à Paris, d'une caisse pleine de graines et d'arbrisseaux, qui a esté envoyée de la Guadeloupe pour le Roy.................................. 11ᵗᵗ

6 juin : à luy, pour une autre caisse de graines, venue de la Rochelle, envoyée de la Guadeloupe par M. LIGNON, pour le jardin du Roy à Paris........... 8ᵗᵗ

1ᵉʳ aoust : à LORY, horlogeur, pour le rétablissement qu'il a fait à l'horloge du palais des Thuilleries pendant le mois de juin dernier................. 20ᵗᵗ 10ˢ

27 février-20 mars : à Louis LAIN, chartier, à compte

des marbres qu'il a voituré au magasin du Roy, de ceux qui restent chez les marbriers du pavé de marbre qu'il fait pour la grande église des Invalides (2 p.)... 350ᵗᵗ

Somme de ce chapitre....... 1557ᵗᵗ 19ˢ

OUVRAGES DES GOBELINS.

7 may : à JANS, maître tapissier haute-lissier, à compte des ouvrages de tapisserie qu'il a faits pendant le quartier d'octobre...................... 3688ᵗᵗ 16ˢ 10ᵈ

9 may : à luy, pour, avec 3688ᵗᵗ 16ˢ 10ᵈ cy dessus et 3127ᵗᵗ 7ˢ 4ᵈ à quoy se monte la valeur des étoffes du magasin, faire la somme de 26616ᵗᵗ 4ˢ 2ᵈ pour le payement de 82 aunes 11 batons 14/16ᵉ 1/2 en carré d'ouvrage fait sur 22 pièces de tapisserie haute lisse, sçavoir : 18 aunes 11 batons 6/16ᵉ sur six pièces des deux tentures d'après les desseins de RAPHAEL, dont deux de la deuxième, représentant l'*Enlèvement d'Hélène* et le *Mariage d'Alexandre et Roxane*, et quatre de la troisième, représentant la *Danse à droite*, la *Danse à gauche*, *Vénus dans son char* et l'*Enlèvement d'Hélène*; 9 aunes 4 batons 12/16ᵉ sur trois pièces, d'après les desseins de JULES ROMAIN, de la troisième tenture représentant le *Bain de Psiché*, la *Danse à droite*, *Flore*; vingt-deux aunes 2/16ᵉ 1/2 sur cinq pièces des deux tentures des *Arabesques* de RAPHAËL, dont une de la première, représentant le *Triomphe de Vénus*, et quatre de la seconde, représentant le *Triomphe d'Apollon*, celuy d'*Hercules*, celui de *Minerve* et celui de *Mars*, le tout à raison de 380ᵗᵗ l'aune en carré; 6 aunes 15 batons 6/16ᵉ sur deux pièces de la seconde tenture de la galerie de Saint-Cloud, à raison de 260ᵗᵗ l'aune en carré, et 25 aunes 12 batons sur cinq pièces de la *Tenture Indienne*, représentant le *Combat des animaux*, le *More à cheval*, les *deux taureaux*, l'*Éléphant* et le *Cheval rayé*, à raison de 225ᵗᵗ l'aune en carré........................ 19800ᵗᵗ

5 septembre : à luy, pour ses gages des six derniers mois 1693.......................... 75ᵗᵗ

6 may : à LEFEBVRE, maître tapissier haute lissier, à compte de ses ouvrages pendant le dernier quartier de 1693.......................... 1734ᵗᵗ 15ˢ 1ᵈ

9 may : à luy, pour, avec ce que dessus et 1344ᵗᵗ 4ˢ 8ᵈ à quoy monte la valeur des étoffes qui lui ont esté livrées du magasin, faire la somme de 12078ᵗᵗ 19ˢ 9ᵈ pour le payement de 38 aunes 8 batons 1/16ᵉ 1/2 en carré d'ouvrages faits sur douze pièces de tapisserie haute lisse, sçavoir : 12 aunes 11 batons 2/16ᵉ sur quatre pièces des deux tentures d'après les desseins de RAPHAËL, dont deux de la seconde, représentant le *Jugement de Paris* et

Vénus et Adonis, et deux de la troisième, représentant le *Mariage de l'Amour avec Psiché* et le *Mariage d'Alexandre et Roxane*; 9 aunes 2 batons 10/16 sur quatre pièces des deux tentures d'après les desseins de JULES ROMAIN, dont deux de la seconde, représentant la *Danse à droite* et *Flore*, et deux de la troisième, représentant le *Festin de Psiché à droite* et le mesme *Festin à gauche*; une aune 2 batons 13/16ᵉ 1/2 sur la pièce de la deuxième tenture des *Arabesques* de RAPHAËL, représentant le *Triomphe de la Religion*, le tout à raison de 360ᵗᵗ l'aune en carré; 8 aunes 11 batons 8/16ᵉ sur deux pièces de la deuxième tenture de la gallerie de Saint-Cloud, représentant l'*Esté* et le *Parnasse*, à raison de 260ᵗᵗ l'aune en carré, et 6 aunes 12 batons sur la pièce de la *Tenture Indienne*, représentant les *Pescheurs*, à raison de 225ᵗᵗ l'aune en carré........................ 9000ᵗᵗ

5 septembre : à luy, pour ses gages des six derniers mois 1693.......................... 75ᶠ

28 février : à JEAN LA CROIX le père, maître tapissier basse lissier, 1200ᵗᵗ à compte de l'ouvrage qu'il a fait extraordinairement, depuis 1691 jusqu'au 20 novembre 1693, sur deux pièces de la tenture des *Belles Chasses de Guise*, représentans les mois d'*Avril*, d'*Aoust* et sur trois *Portières de Mars*............. 1200ᵗᵗ

7 may : à luy, à compte de ses ouvrages pendant le dernier quartier 1693............... 1252ᵗᵗ 17ˢ 6ᵈ

9 may : à luy, pour, avec les 1252ᵗᵗ 17ˢ 6ᵈ cy-dessus et 754ᵗᵗ 14ˢ à quoy montent les étoffes qu'il a eues du magasin du Roy, faire la somme de 4707ᵗᵗ 11ˢ 6ᵈ pour le payement de 38 aunes 8 batons 13/16ᵉ en carré d'ouvrage fait sur unze pièces de tapisserie de basse lisse, sçavoir : 4 aunes 1 baton sur une pièce de la gallerie de Saint-Cloud, représentant la *Latone*, à raison de 160ᵗᵗ l'aune en carré, et 34 aunes 7 batons 13/16ᵉ 1/2 sur dix portières de *Mars* et du *Char*, à raison de 120ᵗᵗ l'aune en carré.................. 2700ᵗᵗ

5 septembre : à luy, pour ses gages des six derniers mois 1693.......................... 75ᵗᵗ

7 may : à LA CROIX le fils, à compte de ses ouvrages 759ᵗᵗ 11ˢ 1ᵈ

9 may : à luy, pour, avec les 759ᵗᵗ 11ˢ 1ᵈ cy dessus et 852ᵗᵗ 0ˢ 3ᵈ à quoy monte la valeur des étoffes qui lui ont esté livrées du magasin du Roy, faire la somme de 4311ᵗᵗ 11ˢ 4ᵈ pour le payement de 35 aunes 14 batons 14/16ᵉ en carré d'ouvrage fait sur dix portières de *Mars* et du *Char*, à raison de 120ᵗᵗ l'aune en carré.. 2700ᵗᵗ

5 septembre : à luy, pour ses gages des six derniers mois 1693.......................... 50ᵗᵗ

7 may : à LAFRAYE et SOÜET, tapissiers en basse lisse,

à compte de leurs ouvrages pendant le dernier quartier 1693............................ 1174ᴸ 15ˢ 5ᵈ

9 may : à eux, pour, avec les 1174ᴸ 15ˢ 5ᵈ cy-dessus et 1180ᴸ 18ˢ 7ᵈ à quoy se monte la valeur des étoffes qui leur ont esté livrées du magasin du Roy, faire la somme de 4155ᴸ 14ˢ 0ᵈ pour le payement de 34 aunes 10 batons 1/16ᵉ 1/2 en carré d'ouvrage fait sur douze portières, dont six du *Char* et six aux *Armes de France et de Navarre*, à raison de 120ᴸ l'aune en carré.. 1800ᴸ

7 may-5 septembre : au sʳ Yvart, peintre pour les histoires, pour les appointemens du dernier quartier 1693 et du premier 1694 (2 p.)............ 750ᴸ

7 may 1694-13 mars 1695 : à luy, pour son remboursement des sommes qu'il a avancées pour les desseins et peinture pendant le dernier quartier 1693 et les trois premiers 1694 (4 p.)........... 1011ᴸ 14ˢ

5 septembre : à luy, pour ses gages des six derniers mois 1693........................ 75ᴸ

7 may 1694-3 juillet 1695 : à Caré, peintre, pour ses appointemens du dernier quartier de 1693 et de l'année 1694 (3 p.)................... 1875ᴸ

7 may-25 juillet : à Demoucuy, pour avoir dégraissé et reblanchy 359 livres de laine blanche d'Angleterre, à 4ᴸ la livre (2 p.)..................... 71ᴸ 16ˢ

7 may 1694-13 mars 1695 : à Branky, lapidaire, pour ses appointemens du dernier quartier 1693 et des trois premiers 1694 (4 p.).............. 1920ᴸ

A luy, pour achapt d'emery servant à polir et scier les pierres employées pour les tables qui se font pour le Roy (2 p.).......................... 74ᴸ 5ˢ

A luy, pour ce qu'il a payé à l'homme qui luy a aidé à scier et polir les pierres pendant lesd. quatre quartiers (4 p.)............................ 348ᴸ 15ˢ

A Kerchove, teinturier, pour ses appointemens du dernier quartier 1693 et des deux premiers 1694 (4 p.).. .... 1275ᴸ

7-13 may : à luy, pour ce qu'il a payé à un homme qui luy a aydé pendant led. temps à teindre les laines et les soyes (2 p.)....................... 300ᴸ

A luy, pour son remboursement de ce qu'il a payé pour voies de bois, drogues et autres fournitures (3 p.) 379ᴸ 12ˢ 7ᵈ

5 septembre : à luy, pour ses gages des six derniers mois 1693........................ 50ᴸ

7 may 1694-13 may 1695 : à Lunac[1], chirurgien, pour ses appointemens du dernier quartier 1693 et des trois premiers 1694 (4 p.)............ 400ᴸ

[1] Ou Lunagde.

7 may-5 septembre : à Nivelon, dessinateur, pour ses appointemens du dernier quartier 1693 et du premier 1694 (2 p.)........................ 550ᴸ

7 may 1694-13 mars 1695 : au sʳ Mathurin Nivart, chapelain, pour ses appointemens du dernier quartier 1693 et des trois premiers 1694 (4 p.)....... 500ᴸ

A Saint-Leger, portier, pour ses appointemens pendant le même temps (4 p.)................ 300ᴸ

A Louis Galliot, jardinier, *idem* (4 p.)....... 400ᴸ

A Cozette, concierge, pour ses appointemens du dernier quartier de 1693 et des trois premiers de 1694 (5 p.)............................. 1962ᴸ 10ˢ

A luy, pour remboursement de menues dépenses faites pendant led. temps (3 p.)........... 513ᴸ 8ˢ

25 juillet : à luy, pour 4 livres de soye crüe, du poids de 15 onces la livre, qui n'a produit que 3 livres net après avoir esté cuitte et préparée pour teindre. 39ᴸ

25 juillet : à Langlois, marchand, pour drogues de teinturerie fournies au sʳ Kerchove........ 286ᴸ 16ˢ

1ᵉʳ aoust 1694-20 février 1695 : au sʳ Joseph Pichon, prestre, pour avoir célébré le service divin dans la chapelle de la Savonnerie pendant les six derniers mois 1693 et les six premiers 1694 (2 p.)......... 240ᴸ

5 septembre : à de Sève, peintre pour les histoires, pour ses appointemens des dix derniers mois de l'année 1693............................ 100ᴸ

A Houasse, peintre pour les histoires, *idem*.... 100ᴸ

A luy, pour le soin qu'il prend des tableaux qui sont à l'hôtel de Gramont................... 150ᴸ

Au sʳ Verdier, peintre pour les histoires, pour ses appointemens des six derniers mois 1693...... 100ᴸ

Au sʳ Anguier, peintre pour les ornemens, *idem*. 100ᴸ

A Baptiste, peintre pour les fleurs, *idem*..... 100ᴸ

A Leclerc, dessinateur-graveur, *idem*...... 150ᴸ

Aux sʳˢ Tuby, Coizevox, Leclerc et Verdier, pour les soins et conduite qu'ils ont pris de l'Académie des Gobelins, poser le modèle et instruire les étudians de lad. Académie........................... 150ᴸ

20 mars 1695 : au sʳ Pierre Michel, marchand de laine, pour 641 livres pesant de laine blanche d'Angleterre, à 3ᴸ 5ˢ la livre, dont 359 livres d'enflure, et 282 livres de chaine, fourni pour la manufacture des Gobelins pendant le quartier d'octobre 1693 et janvier 1694............................ 2083ᴸ 5ˢ

Somme de ce chapitre.... 62441ᴸ 17ˢ 6ᵈ

JARDIN ROYAL.

14 février 1694-23 janvier 1695 : au sʳ Simon

BOULDUC, apoticaire, parfait payement de 1280ᴸᴸ 18ˢ pour son travail au cours de chimie qu'il a enseigné au laboratoire du Jardin royal des plantes pendant l'année 1693 (3 p.)...................... 980ᴸᴸ 18ˢ

11 avril 1694-23 janvier 1695 : au sʳ MARCHANT, pour ce qu'il a payé pour l'entretien et culture du petit jardin des plantes servant aux exercices de l'Académie royalle des sciences pendant 1693, et pour l'entretenement de l'amphithéâtre et le long de la terrasse aud. jardin pendant 1694 (3 p.)............ 171ᴸᴸ 10ˢ

11 avril 1694-23 janvier 1695 : à JEAN BREMENT, jardinier du Jardin royal des plantes, pour ses appointemens des trois premiers quartiers 1694 (3 p.). 1875ᴸᴸ

11 avril 1694-23 janvier 1695 : à PHILBERT CHAILLOU, portier dud. jardin, pour ses gages pendant le même temps (3 p.)........................ 337ᴸᴸ 10ˢ

23 may-5 aoust : au sʳ DUVERNAY, démonstrateur aud. jardin, à compte de la dépense qu'il a faite pour les démonstrations d'anatomie et de chirurgie, pendant 1693 et 1694 (2 p.).................... 500ᴸᴸ

21 novembre : à la veuve du sʳ GUARRIGUES, garçon du laboratoire dud. Jardin royal, pour ses gages en lad. qualité pendant l'année 1693.............. 200ᴸᴸ

30 janvier 1695 : au sʳ BEAUPRÉ, autre garçon du laboratoire, pour ses gages de 1693........... 200ᴸᴸ

23 février 1695 : au sʳ FAGON, premier médecin du Roy, comme démonstrateur au Jardin royal des plantes, pour ses gages pendant l'année 1693........ 1500ᴸᴸ

Somme de ce chapitre....... 5764ᴸᴸ 18ˢ

ACADÉMIE DE PEINTURE, SCULPTURE
ET ARCHITECTURE DE PARIS.

14 février 1694-6 février 1695 : au sʳ HOUASSE, trésorier de l'Académie de peinture et sculpture, pour l'entretien de lad. Académie pendant le dernier quartier 1693 et l'année 1694 (4 p.).............. 3500ᴸᴸ

22 juillet 1694-16 janvier 1695 : à GUILLAUME LEFEBVRE, portier de l'Académie de peinture et sculpture establie au Louvre, pour ses appointemens des six derniers mois 1693 et six premiers 1694 (2 p.)....... 450ᴸᴸ

29 aoust : au sʳ PETIT, pour six médailles d'argent pesant 2 marcs 7 onces 1 gros 1/2, à raison de 47ᴸᴸ le marc, et 3ᴸᴸ pour les avoir fait tourner, pour distribuer les prix aux étudians de lad. Académie. 139ᴸᴸ 4ˢ 6ᵈ

21 novembre : au sʳ FLEURY, pour la provision de bois, bougies, et autres menües dépenses pour l'Académie d'architecture pendant le présent hyver... 100ᴸᴸ

Somme de ce chapitre...... 4189ᴸᴸ 4ˢ 6ᵈ

ACADÉMIE DE PEINTURE, SCULPTURE
ET ARCHITECTURE DE ROME.

6 mars : à M. DE LA VIENNE, premier vallet de chambre du Roy, pour son remboursement de ce qu'il a payé au sʳ DE LA TEULIÈRE, à Rome, pour employer aux dépenses de l'Académie, y compris le change... 2900ᴸᴸ

14 mars : aux sʳˢ GIRARD père et fils, pour remboursement de pareille somme payée idem, y compris le change........................... 709ᴸᴸ 10ˢ

21 mars 1694-6 mars 1695 : au sʳ CLERY, pour son remboursement des sommes remises aud. sʳ DE LA TEULIÈRE, y compris le change (7 p.)........ 15100ᴸᴸ

Somme de ce chapitre...... 18709ᴸᴸ 10ˢ

LOYERS DE MAISONS.

24 janvier : au sʳ PARISOT, ingénieur, employé sur les lignes de la rivière d'Eure, pour le loyer de son logement à Briconville pendant 1693............ 120ᴸᴸ

7 février 1694-20 février 1695 : au sʳ LHUILLIER, inspecteur à Choisy, pour le loyer de son logement à Choisy, pendant 1693 et 1694 (2 p.)......... 350ᴸᴸ

21 février : à PIERRE et FRANÇOIS COUSTILLIER, jardiniers du Val, pour le loyer de leur logement dans le village de Carrière-sous-bois pendant 1693...... 200ᴸᴸ

A JEAN-BAPTISTE LALANDE, jardinier de l'orangerie de Saint-Germain, pour le loyer de son logement à Saint-Germain pendant 1693.............. 150ᴸᴸ

A la veuve BELLIER, jardinière du parterre aux gazons du château de Saint-Germain, idem pour son loyer pendant 1693..................... 75ᴸᴸ

A la veuve LOUIS COUSTILLIER, fille de lad. veuve, jardinière idem, pour son loyer................ 75ᴸᴸ

7-28 février : au sʳ DE POUTRINCOURT, pour les six premiers mois de l'année 1693 du loyer de sa maison, écurie et manège, occupez par les officiers et pages de la grande écurie à Paris (2 p.)............. 3050ᴸᴸ

14 février 1694-23 janvier 1695 : au sʳ DE SAINTE-CATHERINE, pour le loyer du logement qu'il a occupé à Trappes pendant 1693 et 1694 (2 p.)........ 460ᴸᴸ

21 mars : à M. DE ROQUANCOURT, pour le loyer de trois arpens de terre plantez en pépinière d'orme et bois blancs prez Roquancourt................. 37ᴸᴸ 10ˢ

22 aoust-31 octobre : au sʳ LEFEBVRE, contrôleur, pour le loyer de son logement à Versailles pendant l'année 1693 (2 p.)................... 1200ᴸᴸ

11 juillet 1694-2 janvier 1695 : au s⁰ Marchand, pour le loyer de son logement à Versailles pendant l'année 1694 (2 p.)........................ 200ᴴ

22 aoust : aux héritiers de la dame Corkuel, pour six mois du loyer de neuf maisons qui leur appartiennent, scizes à la Halle Barbier, occupées par les mousquetaires............................... 810ᴴ

28 novembre : à Ballet, fermier des 10 toises hors le parc de Versailles, pour l'indemniser de la perte qu'il a souffert par la gresle au mois de juin dernier... 50ᴴ

12 décembre : à la dame Clément, pour le loyer de trois années d'un arpent de terre à elle appartenant, occupé par le magasin des marbres du Cours-la-Reyne.. 180ᴴ

2 janvier 1695 : au s⁰ Moreau, pour son logement pendant 1694.......................... 100ᴴ

20 février 1695 : à Martin, garde au Perray, pour le loyer du logement qu'il a occupé au Perray pendant l'année 1694........................ 40ᴴ

Somme de ce chapitre...... 7097ᴴ 10ˢ

CHÂTEAU DE MONCEAUX.

24 janvier-26 mars : aux ouvriers qui ont travaillé à la journée du Roy aux palissades du château de Monceaux (4 p.)............................ 167ᴴ 15ˢ

24 janvier 1694-9 janvier 1695 : à Claude Duval et Simon Béga, couvreurs, ayant l'entretien des couvertures dud. château, pour led. entretien pendant les six derniers mois 1693 et l'année 1694 (3 p.)..... 525ᴴ

22 aoust : à eux, pour réparations de couverture sur le comble de la Capitainerie dud. château.... 102ᴴ 6ˢ

24 janvier 1694-9 janvier 1695 : à Nicolas Gavel, serrurier, pour l'entretien des serrures dud. château pendant les six derniers mois 1693 et l'année 1694 (3 p.)............................. 180ᴴ

14 février : aux ouvriers qui ont fondu et coulé du plomb dans les joins des pierres qui servent de pavé sur une terrasse dud. château................. 42ᴴ

22 aoust : à François Desarneaux, maçon, pour réparations de maçonnerie aux murs du parc d'embas dud. château........................... 38ᴴ 8ˢ 4ᵈ

10 octobre : à Nicolas Personne, vitrier, pour réparations de vitrerie aud. château........... 9ᴴ 12ˢ 2ᵈ

A Rolland et Nicolas Guillard, maîtres paveurs, pour ouvrages et réparations de pavé faits au pont de l'avantcour en face dud. château............ 60ᴴ 13ˢ 4ᵈ

Somme de ce chapitre.... 1125ᴴ 14ˢ 10ᵈ

FONDS LIBELLEZ.

24 janvier : au s⁰ Deville, 12000ᴴ qui luy ont esté accordez par S. M., sçavoir : 6000ᴴ par gratification en considération du soin qu'il a pris de la machine de la rivière de Seyne pendant l'année 1693, et 6000ᴴ de pension ordinaire pendant la même année.. 12000ᴴ

Au s⁰ Chatillon, jardinier de l'orangerie de Fontainebleau, 400ᴴ qui luy ont esté accordez par S. M. par gratification en considération du soin qu'il a eu des orangers de lad. orangerie pendant 1693.......... 400ᴴ

A M. l'évesque de Chartres, 949ᴴ pour, avec 401ᴴ qu'ont esté loüez pendant 1693 40 arpens de pré scituez dans l'estang de Boisard, faire 1350ᴴ à quoy monte la non-jouissance pendant lad. année desd. arpens de pré dépendans de l'evêché de Chartres.. 949ᴴ

31 janvier : au s⁰ curé de Marly, 684ᴴ 5ˢ, sçavoir : 210ᴴ pour la non-jouissance pendant l'année dernière 1693 de 75 arpens de pré compris dans le fonds de Marly, et 474ᴴ 5ˢ pour la non-jouissance pendant la mesme année de la dixme des terres labourables de lad. cure que S. M. a ordonné estre plantées en bois, y compris la dixme du troupeau du Trou-d'Enfer. 684ᴴ 5ˢ

5 février : aux s⁰ˢ René d'Aubert de Vertot et Estienne Richomme, 375ᴴ pour leur indemnité de la non jouissance des dixmes pendant l'année 1693 sur les terres acquises au nom de S. M. dans la paroisse de Croissy-la-Garenne, prez Saint-Germain-en-Laye, sçavoir : 250ᴴ aud. s⁰ de Vertot qui a esté prieur curé dud. lieu pendant les huit premiers mois, et 125ᴴ aud. s⁰ Richomme pour le reste de lad. année................. 375ᴴ

5 février : au s⁰ Turgis, chevau-léger de la garde de S. M., parfait payement de 1000ᴴ à compte du remboursement des terres qui luy appartiennent, comprises dans la plaine de Vézinet.................. 500ᴴ

14 février : à Jean Massagati et Palmarin Palmarini, anciens gondolliers Vénitiens, par gratification en considération du service qu'ils ont rendu sur le canal du château de Versailles pendant 1693............ 800ᴴ

Au s⁰ Soulaigre, concierge du vieux château de Saint-Germain-en-Laye, 800ᴴ qui luy ont esté accordez par S. M. pour son remboursement des dépenses qu'il a faites pour faire nettoyer dans les appartemens et cours dud. château pendant 1692 et 1693, à raison de 400ᴴ par an............................ 800ᴴ

7 mars : à Le Moyne le Lorrain, peintre, parfait payement de 13050ᴴ 8ˢ 9ᵈ, tant pour la peinture et dorure qu'il a faite à la chapelle du château de Saint-

Germain-en-Laye et à Marly, que pour les desseins qu'il a fournis à la Savonnerie pour y faire des formes et des tabourets, et les desseins de bordures qu'il a livrés pour les tapisseries des Gobelins, depuis l'année 1684 jusqu'à présent........................... 5851ᵗᵗ 8ˢ 9ᵈ

7 mars : à Jean La Croix, tapissier en basse lisse de la manufacture des Gobelins, parfait payement de 6084ᵗᵗ 4ˢ 4ᵈ pour 43 aunes 3 batons en carré d'ouvrages de tapisserie qu'il a faits à ses frais et dépens depuis l'année 1691 jusques au 20 novembre dernier, outre et par dessus ce qui luy a esté payé par les estats des Gobelins, sçavoir : 21 aunes 10 batons sur deux pièces des *Belles chasses de Guise*, représentans les mois d'*Avril* et d'*Aoust*, à raison de 161ᵗᵗ 14ˢ l'aune carrée, et 21 aunes 9 batons sur trois *Portières de Mars*, à raison de 120ᵗᵗ l'aune, le tout livré au sʳ Cozette, concierge desd. Gobelins........................... 4884ᵗᵗ 4ˢ 4ᵈ

9 mars : à Jean Bailly et Louis Rocher, entrepreneurs, parfait payement de 55559ᵗᵗ 11ˢ 4ᵈ à quoy montent les ouvrages de maçonnerie par eux faits, depuis 1690 jusques et compris 1693, aux nouveaux bâtimens, cascades, pieds d'estaux et autres endroits de la dépendance du château de Marly.......... 16259ᵗᵗ 11ˢ 4ᵈ

14 mars : au sʳ Renard, jardinier de Choisy, pour la dépense extraordinaire qu'il a faite pour l'entretien dud. jardin de Choisy pendant 1693 et pour l'indemniser de ses meubles et outils qui ont esté brûlez lors de l'incendie du comble de l'orangerie de Choisy, arrivé en ladite année................................ 1000ᵗᵗ

Aux sʳˢ de Villiers, pour la non-jouissance, pendant l'année dernière 1693, du moulin de Fervaches et de celuy de Villiers, situez sur la rivière d'Epernon, et de cinq arpens de pré qui ont esté inondez à cause du transport des matériaux pour l'aqueduc de Maintenon, le tout à eux appartenant.................. 960ᵗᵗ

A M. l'archevêque de Rouen, pour le loyer, pendant 1693, de deux maisons à luy apartenantes rue Vivien à Paris, occupées par la Bibliothèque de S. M.... 5000ᵗᵗ

A M. Le Pelletier, intendant des finances, pour la non jouissance, pendant l'année dernière 1693, du moulin Crochet à luy apartenant, situé sur la rivière d'Epernon........................... 200ᵗᵗ

A Mᵐᵉ de Saint-Martin, pour 5/6ᵉ, et Mᵐᵉ de Bréval, pour 1/6ᵉ, pour la non jouissance, pendant l'année 1693, du moulin de Nigelles, à elles appartenant, scitué sur la rivière d'Epernon................. 150ᵗᵗ

A M. le chevalier de Nogent et à Mᵐᵉ de Saint-Martin, 264ᵗᵗ, savoir : à M. le chevalier de Nogent, pour 5/6ᵉ et à Mᵐᵉ de Saint-Martin pour 1/6ᵉ pour la non jouissance, pendant 1693, du moulin de Saint-Martin, à eux apartenant, scitué sur la rivière d'Espernon............................. 264ᵗᵗ

A M. de Bullion, pour la non-jouissance, pendant 1693, du moulin de Baillau et de celuy de Galiardon à luy appartenants...................... 1187ᵗᵗ

A M. Cheré, maître des comptes, pour la non jouissance, pendant 1693, des moulins de Savonnière, Vinerville et Hanches, scituez sur la rivière d'Epernon, à luy appartenans.................... 1076ᵗᵗ 10ˢ

Aux officiers de Fontainebleau cy après nommez, par gratification, en considération du bon estat de leurs entretiens pendant 1693, sçavoir :

A Debray, ayant l'entretien de la moitié du grand parterre............................ 300ᵗᵗ

A Gaspard Quinteau de Richemont, ayant l'autre moitié............................... 300ᵗᵗ

A Vanix, ayant celuy des arbres fruitiers..... 200ᵗᵗ

A luy, en considération de l'augmentation de son entretien............................. 120ᵗᵗ

A Gabriel Desbouts, ayant l'entretien du jardin de l'étang.............................. 150ᵗᵗ

A Nivelon, ayant celuy du jardin du Mail.... 100ᵗᵗ

A Voltigeant, ayant celuy des bateaux....... 150ᵗᵗ

A Cousturier, fontainier, ayant celuy des fontaines.................................. 200ᵗᵗ

A Bernard, concierge de l'hostel d'Albret..... 150ᵗᵗ

A Thierry, concierge de la Ménagerie....... 60ᵗᵗ

A Jamin, concierge de la cour du Cheval blanc. 100ᵗᵗ

A Toulet, concierge de la Surintendance des finances.................................. 200ᵗᵗ

A La Salle, concierge de la Surintendance des bâtimens............................. 100ᵗᵗ

A Louis Desbouts, ayant celuy de la plus grande partie du parc........................ 400ᵗᵗ

A Pion, ayant celuy de la nourriture des cygnes et carpes du canal et estang................. 100ᵗᵗ

Total..................... 2630ᵗᵗ

18 aoust : à Antoine Trumel, jardinier, pour sa pension pendant les années 1692 et 1693........ 3000ᵗᵗ

23 may : à Thomas Vallerand, parfait payement de 6737₁ᵗᵗ 9ˢ 4ᵈ à quoy montent les ouvrages de serrurerie et gros fer qu'il a fait et fourni tant au château de Versailles et dehors d'iceluy, qu'à Trianon et autres endroits, depuis 1682 jusqu'en 1691.......... 5290ᵗᵗ 7ˢ 11ᵈ

3 juin : au sʳ Rayolle, sculpteur, parfait payement

de 30960ᴸ à quoy montent les figures et vaze de marbre et autres ouvrages de sculpture qu'il a faits et livrez pour le service de S. M. depuis 1685 jusqu'en 1690............................... 4860ᴸ

6 juin : au sʳ Cornu, sculpteur, parfait payement de 13100ᴸ à quoy montent deux figures de marbre blanc, l'une commencée par Sibraique, qui a reçu 3400ᴸ, et finie par led. Cornu, représentant l'*Afrique*, et l'autre l'*Hercule de Farnèse*, et deux vases, deux coquilles et deux masques de plomb, le tout fait et posé dans le jardin de Versailles..................... 3600ᴸ

13 juin : au sʳ Jaques Berthon, curé de la Selle, parfait payement de 2100ᴸ à quoy montent les non jouissances qui luy sont dues pour sa part de la dixme qu'il levoit, conjointement avec les religieux de Saint-Germain des Prez, sur les héritages occupez par les travaux du Roy en l'estendue de lad. cure, depuis et compris 1677 jusque et compris 1693, à raison de 123ᴸ 10ˢ 7ᵈ par an....................... 700ᴸ

A Louis Tavernier l'aîné, parfait payement de 35819ᴸ 12ˢ 2ᵈ à quoy montent les ouvrages de serrurerie et de gros fer qu'il a faits et livrez pour le service de S. M. tant au château de Versailles et bâtiments des dehors d'iceluy, qu'à Trianon et autres endroits, depuis l'année 1683 jusqu'en l'année 1693.... 18016ᴸ 8ˢ 2ᵈ

20 juin : à Pierre Guérin, menuisier, parfait payement de 14153ᴸ 5ˢ 11ᵈ pour ouvrages de menuiserie faits, depuis l'année 1688 jusqu'en l'année 1693, au Louvre, Palais-Royal et autres maisons royales appartenantes au Roy à Paris............. 3553ᴸ 5ˢ 11ᵈ

4 juillet : aux prestres de la Mission de Fontainebleau, pour leur subsistance et entretenemens pendant les six premiers mois de la présente année 1694. 3000ᴸ

11 juillet : à Corneille Van Clève, sculpteur, pour, avec ce qu'il a reçu de 1682 à 1688, faire le parfait payement de 10900ᴸ pour la figure de *Cléopâtre*, un Terme de *Mercure*, le tout de marbre blanc, et deux vazes, deux coquilles et deux masques de plomb, qu'il a faits et posez pour le service de S. M. dans le jardin du château de Versailles................. 4900ᴸ

18 juillet : à Jean Bailly, entrepreneur, parfait payement de 17624ᴸ 19ˢ 3ᵈ à quoy montent les ouvrages de maçonnerie qu'il a faits aux murs du potager, au cheny et à la garenne du château de Noisy pendant l'année dernière et la présente........ 6674ᴸ 19ˢ 3ᵈ

A François L'Epée l'aîné, entrepreneur, parfait payement de 107583ᴸ 10ˢ à quoy montent ses ouvrages de maçonnerie tant dans la dépendance du château de Versailles, avant-court et dehors, qu'à Trianon et Glatigny, depuis 1677 jusqu'à présent, non compris les deux moulins de Clagny qu'il a faits en société avec Bailly et Vigneux....................... 18033ᴸ 10ˢ 5ᵈ

A François L'Epée, frère et héritier de Louis L'Epée le jeune, entrepreneur, parfait payement de la somme de 10546ᴸ 19ˢ 7ᵈ à quoy montent ses ouvrages de maçonnerie dans le jardin de Clagny en 1685. 1546ᴸ 19ˢ 7ᵈ

28 juillet : à la veuve Gacoin, ferblantier, parfait payement de 27089ᴸ 15ˢ à quoy montent les roseaux de cuivre qu'elle a fourni pour le Marais et Latone, en 1683, dans le jardin de Versailles...... 14939ᴸ 15ˢ

1ᵉʳ aoust : à Jean-Jacques Aubert, charpentier, parfait payement de 29195ᴸ 8ˢ 6ᵈ à quoy montent ses ouvrages de charpenterie dans la dépendance de Saint-Germain-en-Laye et aux bâtiments de la basse cour du cheny de Noisy........................ 6095ᴸ 8ˢ 6ᵈ

8 aoust : à Pierre Granier, sculpteur, parfait payement de 13200ᴸ à quoy montent deux figures et un Terme, représentans le *Poème Pastoral* commencé par feu Érard, sculpteur, *Baccus et Isocrate*, qu'il a faits en marbre et posez dans le jardin de Versailles, et deux bas-reliefs qu'il a fait en marbre à la Colonnade, le tout depuis 1675......................... 4500ᴸ

A Antoine Trumel, ancien jardinier à Trianon, pour sa pension de l'année 1691, en conséquence de celle de fonds du 26ᵉ dud. mois de décembre 1692. 1500ᴸ

29 aoust : à Carlier, sculpteur, parfait payement de 1765ᴸ à quoy montent le groupe représentant la *Paix des Grecs et des Romains*, la figure de la *Vénus* d'après la *Vénus* antique de *Médicis*, la figure représentant la *Muse Uranie*, le tout de marbre blanc, quatre vazes, quatre coquilles et quatre masques de plomb, qu'il a faits et posez dans le jardin de Versailles depuis l'année 1682......................... 635ᴸ

30 aoust : à Raon, sculpteur, parfait payement de 17862ᴸ à quoy montent deux figures, l'une représentant la *Nuit*, l'autre la *Flore Antique*, un vaze, le tout de marbre blanc, deux cuvettes, quatre coquilles et deux masques de plomb, qu'il a faits et posez dans le jardin du château de Versailles depuis 1674.... 8962ᴸ

A Flamen, sculpteur, parfait payement de 25200ᴸ à quoy montent le groupe représentant *Orithie enlevée par Borée*, la figure de *Cyparisse* groupée avec un cerf, la figure en grand du *Faune antique* de la Reyne de Suède, le tout de marbre blanc, deux cuvettes, quatre coquilles, et deux masques de plomb qu'il a faits et posez dans le jardin dud. château depuis l'année 1682..... 13700ᴸ

A François Girardon, sculpteur, parfait payement de 20500ᴸ à quoy montent la figure en marbre représentant l'*Hyver*, qu'il a faite et posée dans le jardin du château de Versailles, et le groupe de trois figures représentant l'*Enlèvement de Proserpine par Pluton*, qu'il a fait en marbre pour idem..................... 10500ʰ

A Paul Goujon, dit La Baronnière le père, doreur, parfait payement de 28713ʰ 18ˢ 10ᵈ à quoy montent les ouvrages de dorure et impression de peinture qu'il a fait tant à la gallerie d'Apollon au Louvre qu'en plusieurs endroits du château de Versailles...... 5213ʰ 18ˢ 10ᵈ

Au sʳ Guimont, directeur de la manufacture des glaces façon de Venize, parfait payement de 40496ʰ à quoy montent les glaces et miroirs qu'il a fournis pour le service de S. M. depuis 1682 .... 5296ʰ 9ˢ

A Jean-Jaques Aubert, charpentier, parfait payement de 37287ʰ 10ˢ 9ᵈ à quoy montent les bois qu'il a fournis en 1681 pour la construction de la digue de Croissy, d'une contre-digue prez Chatou et de batardeaux vis-à-vis led. Chatou, et des ouvrages de charpenterie par luy faits pour le service de S. M. joignant le moulin de l'alfour pour la construction de la machine du chevalier Morland en 1683 et 1684.......... 17237ʰ 10ˢ 9ᵈ

A Claude Tannevot et Jean Mauger, menuisiers, parfait payement de 18074ʰ 17ˢ 4ᵈ à quoy montent les ouvrages de menuiserie par eux faits tant au château du Louvre, à la Bibliothèque du Roy, à l'Observatoire, qu'à Vincennes et Chambord pendant les années 1682 et 1683......................... 5074ʰ 17ˢ 4ᵈ

5 septembre : au sʳ Robert, sculpteur, parfait payement de 6200ʰ à quoy montent deux grands vazes de 6 pieds 3 pouces de hault qu'il a faits en marbre et posez dans les jardins du château de Versailles depuis 1684 jusqu'à présent, y compris 200ʰ par gratification en considération de ce qu'il a donné le premier le moyen de scier avec une scie tournante le desdans desd. vazes et d'en conserver et épargner le marbre au Roy.. .... 3200ʰ

A Pierre Le Maistre, entrepreneur, à compte de la maçonnerie de l'église de l'hôtel royal des Invalides... .... 14400ʰ

A la veuve de Benoist Massou, sculpteur, parfait payement de 4500ʰ à quoi monte la figure représentant la *Terre* que led. feu Massou a faite en marbre et posée dans les jardins du château de Versailles......... 2000ʰ

A Pierre Le Gros et à lad. veuve, parfait payement de 9671ʰ 10ˢ à quoy montent les ouvrages de sculpture par eux faits tant dans la dépendance du château de Marly que les bas-reliefs de métal qu'ils ont livrez et posez dans le sallon du bout de la grande gallerie du château de Versailles du côté de l'orangerie. 4171ʰ 10ˢ

12 septembre : à Pierre Legros, sculpteur, parfait payement de 20300ʰ à quoy montent deux figures, l'une représentant l'*Eau*, l'autre l'*Antinoüs*, un Terme représentant *Pandore*, un grand vase, le tout de marbre blanc, un vase, deux coquilles et deux masques de plomb, qu'il a faits et posez dans les jardins du Roy à Versailles, et deux groupes de figures de pierre de Saint-Leu qu'il a sculptez au-dessus des deux gros pilliers d'une des portes de l'Orangerie, l'un représentant l'*Aurore qui enlève Céphale* et l'autre *Vertunne et Pomone*, tous lesd. ouvrages faits depuis 1675 jusqu'à présent.. .... 5200ʰ

19 septembre : au sʳ Arnoul, pour 33 autruches, 108 poules sultanes, 5 poules pintades et 5 chèvres de la Thébaïde, qu'il a livrez à la Ménagerie, de l'envoy du sʳ Mosnier de Montpellier................ 13706ʰ

Au sʳ Petit, de Fontainebleau, pour la pension que S. M. luy a accordée pendant l'année 1693.... 1500ʰ

21 novembre : aux abbé et religieux de Sainte-Geneviefve-au-Mont de Paris, et au supérieur et séminaire du grand Beaulieu étably à Chartres, chacun par moitié, au lieu du feu prieur de Choisy-aux-Bœufs, pour la non jouissance pendant 1693 des terres et prez apartenans aud. prieuré....................... 2153ʰ

Au sʳ Bertin, sculpteur, pour deux figures de marbre blanc représentant *Aristhée* et *Euridice*, qu'il a faites et posées dans le jardin de Marly............ 3344ʰ

Au sʳ Flamand, sculpteur, pour un groupe de marbre blanc, représentant *Diane*, qu'il a fait et posé dans le jardin de Marly...................... 2850ʰ

28 novembre : à Jaques Noël, fermier de la terre et seigneurie de Trappes appartenantes à l'abbaye de Saint-Denis en France, jointes à la communauté de Saint-Louis, établie à Saint-Cyr, pour le dédommagement de la perte des labours et semences et loyer de trois arpens 1/2 de terres de lad. seigneurie qui estoient ensemencez en bled qui a esté gasté par le débordement des eaux de l'étang de Trappes en l'année dernière 1693............................. 175ʰ

Au sʳ Vasse, parfait payement de 38315ʰ 12ˢ 2ᵈ à quoy montent 203769 livres de plomb, à raison de 91ʰ le millier, et 28656 livres d'étain, à raison de 69ʰ le cent, le tout fourni en 1683 pour faire les vazes, cuvettes, coquilles et masques de la pièce de Neptune dans les jardins de Versailles............ 4315ʰ 12ˢ

Au sʳ Renaudin, sculpteur, parfait payement de 22400ʰ à quoy montent deux figures, l'une de *Bachus* représentant l'*Automne*, l'autre la *Cérès* d'après l'antique, le groupe de l'*Enlèvement de Cibelle*, le tout de marbre blanc, deux vazes, deux coquilles et deux masques de plomb, qu'il a faits et posez dans les jardins du château de Versailles depuis 1674............... 10300ᵗᵗ

5 décembre : à Louis Regnouf, paveur, tant en son nom que comme héritier de Georges Marchand, son oncle, parfait payement de 41179⁴ᵗᵗ 12ˢ 1ᵈ à quoy montent tous les ouvrages de pavé qu'ils ont faits pour le Roy, tant à Versailles qu'ailleurs depuis 1682..... 67201ᵗᵗ 12ˢ 1ᵈ

Au sʳ Coisvox, sculpteur, parfait payement de 39247ᵗᵗ 15ˢ à quoy montent les ouvrages de sculpture qu'il a faits pour le Roy et posez dans les jardins de Versailles depuis 1682 jusqu'à présent.......... 16607ᵗᵗ 15ˢ

12 décembre : au sʳ Magnière le père, sculpteur, parfait payement de 7800ᵗᵗ à quoy montent une figure représentant le *Printemps* et un Terme représentant *Circé*, le tout de marbre blanc, qu'il a fait et posé dans les jardins de Versailles de 1675 à 1688..... 3600ᵗᵗ

Au sʳ Magnière le fils, sculpteur, parfait payement de 11300ᵗᵗ à quoy montent le groupe représentant les *Lutteurs* et le Terme représentant *Ulisse*, le tout de marbre blanc, deux vases, deux coquilles et deux masques de plomb qu'il a faits et posez dans les jardins de Versailles depuis 1682 jusqu'à présent....... 5300ᵗᵗ

A la veuve du sʳ Brière, procureur au Châtelet, fille et unique héritière du feu sʳ Lespagnandelle, sculpteur, pour le parfait payement de 11650ᵗᵗ à quoy montent une figure représentant le *Phlegmatique*, un des *Roys esclaves* et un Terme représentant *Diogène*, le tout de marbre blanc, deux vazes, deux coquilles et deux masques de plomb, qu'il a faits et posez dans les jardins de Versailles depuis l'année 1675 jusqu'au 28 mars 1688.. .... 3150ᵗᵗ

A Jean Tavernier, serrurier, parfait payement de 2226ᵗᵗ 19ˢ 5ᵈ à quoy montent les ouvrages de serrurerie par luy faits tant au château de Versailles qu'aux bâtiments des dehors d'iceluy depuis l'année 1684 jusqu'à présent...................... 1626ᵗᵗ 19ˢ 5ᵈ

15 décembre : à la veuve Louis Nennet et aux héritiers Claude Doublet, charpentiers, parfait payement de 207390ᵗᵗ à quoy montent les ouvrages de charpenterie qu'ils ont faits tant au château de Versailles et au Louvre qu'au palais des Thuilleries, pendant les années 1661, 1662 et 1663..................... 23789ᵗᵗ 8ˢ

26 décembre : au sʳ Le Conte, sculpteur, parfait payement de 26490ᵗᵗ à quoy montent les ouvrages de sculpture qu'il a faits et posez dans les jardins de Versailles et à Marly depuis 1682 jusqu'à présent, et 500ᵗᵗ pour quelques modèles par luy faits..... 8140ᵗᵗ 13ˢ 4ᵈ

Au sʳ Benoist, entrepreneur, parfait payement de 22690ᵗᵗ 9ˢ 10ᵈ à quoy montent les ouvrages de maçonnerie qu'il a faits, tant au château de Vincennes qu'à celuy de Limours, depuis 1685 jusqu'à la fin de 1693....................... 2560ᵗᵗ 9ˢ 10ᵈ

Au sʳ Vitry, plombier, parfait payement de 50551ᵗᵗ 9ˢ à quoy montent les ouvrages de plomberie qu'il a faits tant au château de Versailles qu'autres endroits pendant 1682 et 1683..................... 11429ᵗᵗ 8ˢ

Au sʳ de Launay, orfèvre, pour les causes expliquées en l'ordonnance des fonds cy-devant enregistrée en recepte........................... 5942ᵗᵗ

Au sʳ Daquin, cy devant premier médecin du Roy, pour son remboursement du fonds et non jouissances des héritages occupez par les travaux du Roy dans l'étendue de la seigneurie de Jouy et des Loges........ 4061ᵗᵗ

30 janvier 1695 : aux Prestres de la Mission de Fontainebleau, pour leur subsistance et entretenement pendant les six derniers mois 1694......... 3000ᵗᵗ

2 février 1695 : à M. l'archevêque de Rouen, pour le loyer de deux maisons à luy appartenant rue Vivien, à Paris, occupées par la Bibliothèque du Roy pendant une année écheüe le 31 décembre 1694...... 5000ᵗᵗ

20 février 1695 : au sʳ Le Nostre, par gratification, en considération du service qu'il a rendu dans les Bâtimens pendant l'année dernière 1694......... 3000ᵗᵗ

27 février 1695 : au sʳ curé de Marly, pour la non-jouissance pendant l'année 1694, comme ci-dessus (voir même chapitre, 31 janvier, col. 996)...... 684ᵗᵗ 5ˢ

A Jean Massagati et Palmarin Palmarini, anciens gondolliers Vénitiens, par gratification pendant l'année 1694.............................. 800ᵗᵗ

Au sʳ Chatillon, idem par gratification pour l'année 1694............................... 400ᵗᵗ

Au sʳ Soulaigne, idem................. 400ᵗᵗ

Au sʳ Morlet, par gratification pour le soin qu'il a pris des plants d'arbres des jardins et avenues des maisons royales pendant 1694............... 2000ᵗᵗ

Au sʳ Ballon fils, par gratification pour les services que feu son père a rendus dans lesd. plants, et ce pour l'année 1694........................ 1000ᵗᵗ

Au sʳ Jean Lebossu, abbé de l'abbaye Saint-Georges du bois, seul héritier par bénéfice d'inventaire du feu sʳ Lebossu, son père, vivant Conseiller maître d'hôtel de S. M., pour, avec 3000ᵗᵗ qu'il a reçeu, faire la somme de 138990ᵗᵗ 4ˢ pour son remboursement du prix principal et non-jouissance des terres, sainfoin et vignes à luy appartenans, enfermez dans la nouvelle enceinte de Vincennes depuis 1658................. 135990ᵗᵗ 4ˢ

6 mars 1695 : aux officiers de Fontainebleau cy devant nommez, en considération du bon estat de leurs entretiens pendant 1694.................. 2630ᵗᵗ

A Thomas Sçauret, menuisier, parfait payement de 43014ᵗᵗ 19ˢ 9ᵈ à quoy montent les ouvrages de menuiserie par luy faits dans la dépendance du chasteau de Fontainebleau depuis 1683.......... 13314ᵗᵗ 19ˢ 9ᵈ

30 janvier 1695 : au sʳ ᴅᴇ Loᴜᴠɪɢɴʏ ᴅ'Oʀɢᴇᴍᴏɴᴛ, parfait payement de 5124ᵗᵗ 3ˢ 4ᵈ pour 93 toises un pied de tuiaux de fer de fonte d'un pied de diamettre qu'il a fourni pour le service de S. M., à 55ᵗᵗ la toise, dont 67 toises 4 pieds posez à la conduite du deuxième réservoir hors le petit parc de Versailles, au bassin d'Apollon, et 25 toises 1/2 à celle des cascades de Trianon. 2624ᵗᵗ 3ˢ 4ᵈ

Au sʳ Eᴛɪᴇɴɴᴇ Rɪᴄʜᴏᴍᴍᴇ, prieur curé de Croissy-la-Garenne, prez Saint-Germain-en-Laye, pour son indemnité de la non jouissance des dixmes pendant 1694 sur les terres que S. M. a acquises dans la paroisse de Croissy-la-Garenne....................... 375ᵗᵗ

Somme de ce chapitre... 620459ᵗᵗ 9ˢ 10ᵈ

PARTIES PAYÉES EN RENTES SUR LA VILLE
EN DÉDUCTION DU FONDS D'UN MILLION.

28 novembre : au sʳ Mɪɢɴᴀʀᴅ, premier peintre du Roy, pour ses appointemens des trois derniers mois 1693 et de l'année entière 1694................ 11000ᵗᵗ

Au sʳ Gɪʀᴀʀᴅᴏɴ, premier sculpteur, par gratification des six derniers mois 1693 et l'année 1694... 6000ᵗᵗ

A Henry Dᴜᴘᴜɪs, ayant l'entretien des allées du jardin, orangerie et pourtour du canal de Versailles, parfait payement de 25500ᵗᵗ pour led. entretien pendant les trois derniers mois 1693 et l'année 1694.... 23000ᵗᵗ

A Charles-François Pᴏʟᴀʀᴅ, ayant l'entretien de toutes les conduites de tuyaux de fonte de fer des fontaines de Versailles, parfait payement de 12500ᵗᵗ pour led. entretien pendant les trois derniers mois 1693 et l'année 1694..................... 11250ᵗᵗ

A luy, parfait payement de 4530ᵗᵗ pour les conduites de fonte de fer de 8 pouces qu'il a posées en divers endroits du jardin de Marly en 1693.......... 1330ᵗᵗ

Au sʳ Dʀᴏᴜᴀʀᴅ, ayant l'entretien des rocailles du jardin de Versailles, pour led. entretien du dernier quartier 1693 et l'année 1694............. 3250ᵗᵗ

A Pɪᴇʀʀᴇ Lɪsǫᴜɪ, marbrier, pour l'entretien des marbres du jardin de Versailles en 1694...... 2500ᵗᵗ

A Yᴠᴏɴ, couvreur, pour l'entretien des couvertures des maisons royalles de Versailles, de celles des maisons royalles de Paris et du nouveau couvent des Capucines pendant 1694......................... 10920ᵗᵗ

A Bᴇʀᴛɪɴ, sculpteur, pour l'entretien des figures et autres ouvrages de sculpture en marbre du jardin de Versailles pendant 1694.................. 1695ᵗᵗ

Au sʳ Goᴜᴊᴏɴ, employé à toiser les ouvrages, pour ses appointemens des trois derniers mois 1693 et de l'année 1694, à raison de 300ᵗᵗ par mois.......... 4500ᵗᵗ

Au sʳ Mᴀʀᴛɪɴ, capitaine des vaisseaux du Canal, pour ses appointemens des six derniers mois 1693 et de la présente année....................... 3600ᵗᵗ

Au sʳ Cʟɪɴᴄʜᴀɴᴛ, garde du palais des Thuilleries, pour ses gages des six derniers mois 1693 et de l'année 1694.................................. 450ᵗᵗ

A luy, pour ses gages pendant led. temps comme concierge de la salle des Comédies.......... 3000ᵗᵗ

A luy, à cause du soin qu'il a de nettoyer et tenir propres toutes les chambres et cours dud. palais pendant idem................................... 3000ᵗᵗ

Au sʳ Lᴇ Nᴏsᴛʀᴇ, pour l'entretien du grand parterre en face du palais des Thuilleries, pendant idem. 5250ᵗᵗ

Aud. sʳ Lᴇ Nᴏsᴛʀᴇ, pour l'entretien des parterres en gazon nouvellement plantez en suite des quarrez en broderie, pour les six derniers mois 1693 et l'année 1694.. 3750ᵗᵗ

A luy, pour l'entretien du petit jardin à fleurs et celuy des palissades de jassemins d'Espagne dud. jardin des Thuilleries pendant idem............... 4500ᵗᵗ

A Cʟᴀᴜᴅᴇ Dᴇsɢᴏᴛᴢ, pour l'entretien de toutes les allées et plants d'arbres avec le fer à cheval, pour les six derniers mois 1693 et l'année 1694......... 5400ᵗᵗ

A la veuve Mᴀssᴏɴ, Cʟᴀᴜᴅᴇ et Éʟɪᴢᴀʙᴇᴛʜ Lᴇ Jᴜɢᴇ, ses belles-sœurs, ayant celui du reste du jardin des Thuilleries, pour leurs gages pendant idem.... 3075ᵗᵗ

A Jᴀᴄǫᴜᴇs Lᴜᴄᴀs, plombier, parfait payement de 6382ᵗᵗ pour les ouvrages de plomberie par luy faits en l'année dernière tant à Marly qu'à l'église parroissiale de Maintenon......................... 2932ᵗᵗ

A Lᴇ Nᴏʀᴍᴀɴᴅ, jardinier du potager de Versailles, parfait paiement de 34750ᵗᵗ pour led. entretien pendant l'année 1693 et les onze premiers mois de la présente année, à raison de 18000ᵗᵗ par an......... 11000ᵗᵗ

23 décembre : au sʳ Cᴏʟʟɪɴᴏᴛ, tuteur des enfans mineurs de Pɪᴇʀʀᴇ Cᴏʟʟɪɴᴏᴛ, jardinier, ayant l'entretien du jardin et pépinière de Trianon, parfait paiement de 8637ᵗᵗ pour led. entretien pendant les neuf premiers mois 1694, à raison de 11516ᵗᵗ par an........ 7600ᵗᵗ

A Claude Denis, fontainier, ayant celuy des fontaines de Versailles, parfait payement de 5700ᴸ pour ses gages à cause dud. entretien pendant le quartier d'octobre 1693 et l'année 1694, à 4560ᴸ par an...... 5130ᴸ

A Remy Denis fils, ayant celui des fontaines de Trianon, de la fontaine de la décharge du canal et des réservoirs au dessus de Trianon, parfait payement de 2250ᴸ pour *idem* pendant lesd. quinze mois, à 1800ᴸ par an........................... 2025ᴸ

A Gilles Lemoyne, fondeur, ayant l'entretien de tous les ouvrages de cuivre des fontaines de Versailles, parfait payement de 1875ᴸ pour lesd. quinze mois, à 1500ᴸ par an..................... 1687ᴸ 10ˢ

A Remy Janson, jardinier, ayant celuy du mail, etc., pour ses gages à cause dud. entretien pendant lesd. quinze mois........................ 1250ᴸ

Au sʳ de Poutrincourt, 9150ᴸ pour une année et demie, finissant le dernier décembre 1694, du loyer de sa maison, écurie et manège, occupez par les officiers et pages de la grande écurie à Paris, à raison de 6100ᴸ par an................................ 9150ᴸ

A la veuve du sʳ Fossier, garde-magasin, parfait payement de 1950ᴸ pour les gages dud. deffunt pendant 1693................................. 1350ᴸ

Aux sʳˢ Bourgault et Matis, arpenteurs, parfait payement de 9765ᴸ à quoy montent leurs appointemens pendant 1682 et 1683 et le mois de janvier 1684, à 120ᴸ par mois pour chacun, y compris 3805ᴸ pour journées de quatre hommes qui leur ont aidé à faire la carte des environs de Versailles, à 25ˢ par jour pour chacun, et 200ᴸ pour leurs frais extraordinaires et loyers de leur logement pendant led. temps.... 1115ᴸ

A eux, 2170ᴸ, sçavoir : 1800ᴸ pour leurs appointemens pendant les six derniers mois 1694, à 150ᴸ par mois pour chacun, 240ᴸ pour le loyer de leurs logemens pendant *idem*, et 130ᴸ pour leurs frais extraordinaires................................... 2170ᴸ

Au sʳ Daquin, cy devant premier médecin du Roy, surintendant des démonstrations intérieures des plantes et opérations médicinales au Jardin royal, pour ses appointemens en lad. qualité pendant les dix premiers mois 1693, à 6000ᴸ par an............... 5000ᴸ

Au sʳ Fagon, premier médecin de S. M., 7000ᴸ pour les deux derniers mois 1693 et 1694........ 7000ᴸ

Au sʳ Daquin le jeune, docteur en médecine à la Faculté de Paris, démonstrateur aud. Jardin royal, pour ses appointemens en lad. qualité pendant les années 1693 et 1694...................... 3000ᴸ

Au sʳ Duvernay, autre démonstrateur, pour ses apointemens pendant *idem*.................. 3000ᴸ

Aux filles de deffunt Bouchard, ayant l'entretenement des orangers du jardin des Thuilleries, 1350ᴸ pour leurs gages à cause dud. entretien pendant les six derniers mois 1693 et 1694, à raison de 900ᴸ par an.. 1350ᴸ

A Simon Descuamps, couvreur, ayant celuy des couvertures des châteaux de Saint-Germain-en-Laye et de Marly, pour les neuf derniers mois 1694, à 2572ᴸ par an................................. 1929ᴸ

A Jacques Barbier, maçon, ayant l'entretien de la terrasse, perrons, murs de clôture et loges des Suisses de la dépendance des châteaux de Saint-Germain-en-Laye et de Marly, pour les neuf derniers mois 1694, à 1800ᴸ par an........................... 1350ᴸ

A luy, parfait payement de 1790ᴸ 12ˢ 4ᵈ à quoy montent les ouvrages et réparations de maçonnerie qu'il a faits aud. château de Saint-Germain-en-Laye pendant 1692 et 1693...................... 690ᴸ 12ˢ 4ᵈ

Au sʳ Robelin, ayant eu cy-devant la direction des ouvrages de l'aqueduc de Maintenon, pour ses apointemens de mai, juin et juillet 1693, à 6000ᴸ par an... 1500ᴸ

Au sʳ Delagrange, maître maçon employé aud. aqueduc, pour ses appointemens pendant novembre et décembre 1692 et les sept premiers mois 1693, à 1800ᴸ par an............................. 1350ᴸ

Total................ 179049ᴸ 2ˢ 4ᵈ

PÉPINIÈRE DU ROULE
ET JARDINS DES MAISONS ROYALES.

JARDINAGES ET FUMIERS.

14 février - 11 avril : à Pierre Caillou et Estienne Hubin, pour les terres d'égout qu'ils portent dans les carrez de la pépinière du Roule (4 p.)...... 106ᴸ 15ˢ

9 may : audit Caillou, pour six grands tombereaux de terre d'égout prise derrière le Calvaire, au Marais, et portées au Jardin royal, à 40ˢ le tombereau, et six grands tombereaux de terre franche pour *idem*, prise vers la Salpétrière, à 15ˢ chacun, et huit tombereaux de terrau de fond de couche, à 25ˢ chacun, et sept tombereaux à 45ˢ..................... 40ᴸ 15ˢ

7 novembre : au sʳ Lamarre, pour deux cents tombereaux des boues de Paris qu'il a livrées et voiturées à la pépinière du Roule, à 6ˢ le tombereau....... 60ᴸ

14 février - 28 mars : à Jean David et Regempied,

pour les terrault et les terres d'égout qu'ils ont porté dans les carrez de la pépinière du Roule (3 p.) 68ᴸ 4ˢ

20 mars 1695 : audit Regenpied, à compte de la terre d'égout qu'il porte dans les carrez de ladite pépinière 24ᴸ

14 février : à Noël Barry et Rollain Guillaume, pour 8 toises cube de terraux qu'ils ont transporté, à 3ᴸ 7ˢ la toise........................ 26ᴸ 16ˢ

29 mars : à Tréau, voiturier, à compte des boues de rue qu'il a fourni pour la pépinière d'ormes de Versailles................................ 40ᴸ

23 janvier-6 mars : à Jean Bailly et Majan, pour les boues de rue et terres d'égout qu'ils ont portées dans les carrez de la pépinière du Roule (4 p.).... 97ᴸ 10ˢ

12 septembre-21 novembre : à Jaques Baudin, voiturier, pour 28 toises 1/2 de grand fumier qu'il a voituré à la pépinière du Roule (3 p.).......... 228ᴸ

23 janvier 1695 : à luy, pour 30 voitures de grand fumier qu'il a livré à l'orangerie des Thuilleries.. 30ᴸ

Somme de ce chapitre.......... 722ᴸ

FLEURS ET PLANTS D'ARBRES.

31 janvier : aux nommez Mareschal et Huby, jardiniers, parfait payement de 1093ᴸ 14ˢ à quoy montent les fleurs et plantes vivasses qu'ils ont livré pour le jardin de Choisy................................. 193ᴸ 10ˢ

11 avril-9 may : à eux, pour les fleurs et plantes vivasses qu'ils livrent idem (2 p.)......... 183ᴸ 15ˢ

6-20 juin : à eux, pour 314 giroflées, à 20ˢ chacune, 700 œillets d'Espagne, à 6ᴸ le cent, et 100 pensées jaunes, à 15ᴸ le cent, qu'ils ont livré pour le jardin de Marly (3 p.)................... 371ᴸ

26 septembre-19 décembre : à eux, pour les oignons de fleurs qu'ils ont livré aud. jardin de Marly (4 p.)............................... 734ᴸ 10ˢ 9ᵈ

9 janvier 1695 : à eux, par gratification, en considération du soin qu'ils ont pris pour chercher des fleurs et des plantes pour le Roy.................. 78ᴸ

5 décembre : à La Croix, pour ce qu'il a payé au sʳ Coste, pour 1500 narcisses non pareilles qu'il a livrées à la pépinière du Roule............... 300ᴸ

20 mars 1695 : à luy, pour 9 maronniers qu'il a livrez et plantez au jardin des Thuilleries, y compris les trous de 6 pieds en quarré et la voiture de 18 grands tombereaux de bonne terre qu'il a pris proche le Cours de la Reyne.............................. 53ᴸ 15ˢ

18 février : à Deveaux, pour 120 maronniers d'Inde qu'il a livré pour planter dans les jardins de Trianon.. .... 90ᴸ

11 avril : à luy, pour six grands pisceas qu'il a livrez pour le jardin de Choisy, y compris la voiture de six autres grands qui ont esté pris à la Muette dans le bois de Boulogne........................ 32ᴸ 15ˢ

11 avril : à Chedeville, pour 151 pieds d'arbres fruitiers qu'il a livrez pour Vincennes........ 76ᴸ 2ˢ

19 décembre 1694-9 janvier 1695 : à luy, pour les arbres fruitiers qu'il a fournis pour les jardins des maisons royalles (2 p.)................. 343ᴸ 9ˢ

20 mars 1695 : à luy, pour 220 maronniers qu'il a livrez pour planter à Marly (2 p.)............. 248ᴸ

9 may : à Ferrand et Jean Le Roy, voituriers, pour avoir voituré 300 giroflées du faubourg Saint-Antoine à Marly en huit voitures, à 10ᴸ chacune......... 80ᴸ

24 octobre : au sʳ Gauré, pour avoir voituré du port de Saint-Paul à celuy de Valvin 48 arbres verds pour le jardin de Fontainebleau......................... 38ᴸ

6 février : à Jean Diot, pour 135 bottes de buys nain qu'il a fourni pour planter dans les jardins des maisons royalles...................... 58ᴸ 10ˢ

Somme de ce chapitre..... 2881ᴸ 6ˢ 9ᵈ

LABOURS, TERRASSES ET FOSSEZ.

14 février-6 mars : à Dolot, pour l'entretien, pendant le dernier quartier 1693 et les trois premiers 1694, de la fermeture d'échalats des dix remises à gibier du grand parc de Versailles du costé de Vilpreux (4 p.).. .... 250ᴸ

28 février : à luy, pour 386 toises de fossez qu'il a fait dans plusieurs endroits du petit parc et dans les avenues du costé de Paris pour l'écoulement des eaux et pour garentir les arbres des avenues......... 49ᴸ 8ˢ 6ᵈ

19 décembre 1694-9 janvier 1695 : à luy et à Germain Paris, pour 1018 rachées de charmille qu'ils ont levées en motte et voiturées au jardin de Trianon (2 p.) 101ᴸ 16ˢ

23 janvier 1695 : à eux, pour 20 toises cubes de boue de rues de Versailles qu'ils ont transporté dans les pépinières proche Saint-Antoine, à 30ˢ la toise.. 30ᴸ

20 mars : à eux, pour 686 rachées de chesne et de charmes qu'ils ont levées en motte dans les remises des Moulins et voiturées à Trianon, à 2ˢ la rachée....... .... 68ᴸ 12ˢ

28 février : à Remy Janson, jardinier, parfait payement de 323ᴸ 11ˢ à quoy monte le labour qu'il a fait aux pépinières d'ormes et bois blancs en dedans et dehors le petit parc de Versailles, et au bois planté dans la grande remise à gibier entre Rennemoulin et Vil-

64.

preux, pendant les quatre derniers mois de l'année 1693 .... 224♯ 11ˢ 4ᵈ

9 may - 1ᵉʳ aoust : à luy, pour le premier labour qu'il a fait auxd. pépinières (4 p.)........... 769♯ 2ˢ 8ᵈ

15 août - 10 octobre : à luy, pour le deuxième labour (3 p.)........................ 607♯ 8ˢ 10ᵈ

24 octobre - 5 décembre : à luy, pour le troisième labour (4 p.)..................... 860♯ 10ˢ 7ᵈ

28 février : à luy, pour 915 trous qu'il a fait dans les avenues du parc de Versailles et du château de Vincennes pour remplacer les arbres morts..... 262♯ 10ˢ

11 avril - 6 juin : à luy, pour 7098 bois blancs qu'il a levez à la pépinière de Roquancourt et qu'il a voiturez et plantez à la pépinière de Gaillye, à 2ˢ pour chacun (3 p.)............................... 709♯ 8ˢ

4 juillet : à luy, pour avoir levé 1697 ormes et bois blancs et 89 milliers d'ormilles pour planter dans les avenues des maisons royales............. 171♯ 12ˢ

29 aoust : à luy, pour avoir ébourgeonné 74598 arbres, outre ceux qu'il entretient de labour, tant dans le grand et petit parc et avenues de Versailles qu'aux avenues de Vincennes, à 3♯ le millier...... 223♯ 15ˢ 10ᵈ

7 novembre : à luy, pour avoir coupé le faux bois et redressé les arbres dans les pépinières de Versailles.... .... 140♯ 11ˢ 1ᵈ

19 décembre 1694 - 20 mars 1695 : à luy, à compte des plants d'arbre et ormille qu'il lève pour planter dans les jardins des maisons royales (3 p.)..... 550♯

28 février : à ANTOINE TRICADEAU, pour 377 trous de six pieds en carré qu'il a fait dans les avenues du château de Versailles du côté de Paris, Chagny, Saint-Cloud, pour remplacer les arbres morts...... 113♯ 2ˢ

9 may : à luy, pour avoir regarny dans le grand parc de Versailles 94 arpens 1/2 de bois dans les remises à gibier, à raison de 30ˢ l'arpent.............. 141♯ 15ˢ 9ᵈ

31 janvier : à THOMAS DE BRUGNY, jardinier, parfait payement de 341♯ 18ˢ à quoy monte le deuxième labour qu'il a fait au pied des arbres au-dessous de 10 pouces de grosseur, dans les avenues du palais des Thuilleries et parc de Boulogne.................... 141♯ 18ˢ

15 août : à luy, pour le premier labour à 2935 arbres, à 20ˢ pour chacun cent, et autres ouvrages..... .... 77♯ 3ˢ 5ᵈ

28 février - 26 septembre : à EUSTACHE THIBAULT, jardinier à Vincennes, pour les ouvrages qu'il a faits pour raprocher les palissades dud. jardin (2 p.)... 181♯ 5ˢ

Somme de ce chapitre..... 5674♯ 11ˢ 8ᵈ

MANNEQUINS.

11 avril - 9 may : à CORDELETTE, vannier, pour 3150 mannequins qu'il a livrez à la pépinière du Roulle pour porter des arbres verds dans les jardins des maisons royalles (2 p.)....................... 178♯ 10ˢ

19 décembre : à luy, pour 2000 mannequins qu'il a livrez à lad. pépinière..................... 134♯

29 aoust : à NICOLAS HENDRECY, vannier, parfait payement de 122♯ 9ˢ à quoy montent plusieurs manes et clayes de différentes grandeurs qu'il a livrées à la pépinière du Roule........................... 22♯ 9ˢ

11 décembre : à luy, pour les manes qu'il a livrées à lad. pépinière pour porter de grands arbres verds dans les jardins des maisons royalles............ 100♯ 6ˢ

Somme de ce chapitre .... 435♯ 5ˢ

DIVERSES DÉPENSES.

31 janvier - 28 février : à COCUOIS, pour la dépense qu'il a faite pour prendre 55 cignes dans les glaces depuis le pont de Saint-Cloud jusqu'à Saint-Maure et Corbeil, et les avoir conduits dans l'Isle des cignes, proche le Cours la Reyne (2 p.)................... 179♯ 18ˢ

28 février 1694 - 6 février 1695 : à luy, pour ses appointemens des trois derniers mois 1693 et des neuf premiers 1694 (4 p.)...................... 366♯

24 octobre : à luy, pour avoir esjointé 40 jeunes cignes depuis le pont de Corbeil jusqu'au pont de Saint-Cloud, et en avoir ramené 32 vieux à l'isle proche le Cours la Reyne........................... 76♯

7 novembre : à luy, pour avoir voituré par eau, du port de la Tournelle au pont du Pecq, 1032 maronniers.................................. 40♯

23 janvier - 6 février 1695 : à luy, pour la dépense qu'il a faite pour prendre dans les glaces 79 cignes et les avoir voiturez à l'Isle des cignes (2 p.)........ 132♯

10 octobre : à MARCELIN, pour 600 pots de terre qu'il a livrez à la pépinière du Roulle.............. 48♯

31 janvier - 28 février 1695 : à FRADE, pour la dépense qu'il a faite pour prendre 85 cignes depuis le pont de Saint-Cloud jusqu'à Mantes, et en avoir nourri 48 depuis Mantes jusqu'à Rouen (2 p.)........ 307♯ 19ˢ 6ᵈ

12 septembre : à luy, pour les soins qu'il a pris des nids des cignes pendant le quartier d'avril 1694.. 50♯

24 octobre : à luy, pour avoir vaqué pendant six jours pour esjointer 15 jeunes cignes sur les rivières de Seyne, d'Oise et d'Eure........................ 39♯

9 janvier 1695 : à luy, pour 208 gros noyers qu'il a

levez et voiturez pour planter dans les jardins des maisons royales, à 8ˢ pour chacun............ 83ᴸᴸ 4ˢ

6 février-6 mars 1695 : à luy, pour la dépense qu'il a faite pour prendre 75 cignes dans les glaces depuis le pont de Saint-Cloud en descendant Rouen, et les avoir voiturés à l'Isle des cignes (2 p.)............ 145ᴸᴸ

28 février 1694-20 février 1695 : à la veuve Denis, à compte de l'avance qu'elle a fournie pour la nourriture des cignes (2 p.).......................... 450ᴸᴸ

28 février-21 novembre : à Guillaume Collignon, pour les ouvrages et réparations de charronnage qu'il a faits à la pépinière du Roulle (2 p.)......... 39ᴸᴸ 5ˢ

28 février : à Marc Bourniet, serrurier, pour menues serrureries qu'il a faites à lad. pépinière...... 24ᴸᴸ 10ˢ

21 mars : à Claude Merlins, maréchal, pour les ouvrages qu'il a faits à lad. pépinière......... 10ᴸᴸ 17ˢ

28 mars : à Jean Le Dau, pour un bateau neuf qu'il a livré pour l'Ile des cignes............... 75ᴸᴸ

25 avril : au sʳ Le Roy, maître de la Croix-Blanche, rue Saint-Denis, pour avoir voituré, de Lion à Paris, trois caisses de tubéreuses, livrées à la pépinière du Roulle.. .... 27ᴸᴸ 10ˢ 3ᵈ

9 may : au sʳ Polard, pour 40 livres de mastic gras qu'il a livré pour racomoder quatre bassins de la pépinière du Roulle qui ne tiennent pas l'eau..... 24ᴸᴸ 15ˢ

6 juin : à Ratteau, pour avoir écuré un puits à lad. pépinière............................. 8ᴸᴸ 15ˢ

29 août : à La Croix, pour la voiture de cinq caisses d'oignons de fleurs qui ont esté envoyées de Lion à lad. pépinière................................ 48ᴸᴸ 14ˢ 6ᵈ

7 novembre : à Pierre Cellier, pour les soins qu'il a pris aux réparations des doubles voûtes de l'aqueduc qui conduit les eaux de la machine sur la butte Montboron, et avoir cherché une soupape dans l'aqueduc de Saint-Cyr qui conduit les eaux bonnes à boire à la Ménagerie. 30ᴸᴸ

A Laurens Chupin, pour avoir vuydé la fosse d'aysance de la pépinière du Roulle................ 28ᴸᴸ

Somme de ce chapitre...... 2234ᴸᴸ 8ˢ 3ᵈ

OUVRIERS DE LA PÉPINIÈRE DU ROULE.

31 janvier 1694-20 mars 1695 : aux ouvriers qui ont travaillé à la journée à lad. pépinière du Roule, depuis le 15 janvier 1694 jusqu'au 19 mars 1695 (30 p.) 4593ᴸᴸ 11ˢ 2ᵈ

7 novembre : aux menuisiers qui ont travaillé à lad. pépinière............................... 42ᴸᴸ

Aux ouvriers qui ont arraché des maronniers d'Inde au Jardin royal....................... 159ᴸᴸ 13ˢ

Somme de ce chapitre...... 4795ᴸᴸ 4ˢ 2ᵈ

OUVRIERS DES PÉPINIÈRES DES ENVIRONS DE VERSAILLES.

31 janvier 1694-20 mars 1695 : aux ouvriers qui ont travaillé à eslaguer les arbres des avenues, des jardins et parcs des environs de Versailles (6 p.)... 1050ᴸᴸ 7ˢ 2ᵈ

31 janvier 1694-20 mars 1695 : à ceux qui ont veillé à la conservation des plants d'arbres des avenues, pépinières et parcs de Versailles (30 p.)... 1506ᴸᴸ 14ˢ

28 février 1694-6 février 1695 : à ceux qui ont levé en motte plusieurs arbres dans les allées du jardin de Trianon et qui ont voituré des arbres dans les jardins des maisons royales (9 p.)....... 731ᴸᴸ 3ˢ 8ᵈ

21 mars : à ceux qui ont travaillé à redresser 20 arbres dans l'avenue qui va à Saint-Cloud, à marcotter les billes de bois blanc de la bonne espèce dans la pépinière de Chèvreloup, et à regarnir les billes d'ormes de Flandre proche Saint-Antoine............ 197ᴸᴸ 6ˢ 8ᵈ

11 avril : à ceux des pépinières de Versailles proche Saint-Antoine............................ 44ᴸᴸ

25 avril-19 décembre : à ceux qui ont voituré des arbres verds et à fleurs, ormes, bois blancs, tillots et grosse charmille dans les jardins des maisons royales (4 p.)............................. 806ᴸᴸ

9 mai 1694-20 février 1695 : à ceux qui ont travaillé à divers ouvrages dans lesdites pépinières (13 p.) 539ᴸᴸ 3ˢ 10ᵈ

19 décembre : à ceux qui ont fait des fossez et armé d'épines les arbres des avenues des environs de Trianon et autres ouvrages................... 146ᴸᴸ 18ˢ 3ᵈ

20 mars 1695 : à ceux qui ont défriché et aydé à planter 686 rachées de chesne et charmille sous les pins devant Trianon................... 111ᴸᴸ 18ˢ 8ᵈ

Somme de ce chapitre.... 5133ᴸᴸ 12ˢ 3ᵈ

MAÇONNERIE.

14 février-10 octobre : à Robert Aumont, maçon, pour les réparations de maçonnerie qu'il a faites aux orangeries et logemens de la pépinière et à ceux des portiers du Cours la Reyne (4 p.)............ 401ᴸᴸ

23 may-29 aoust : à Lefranc, maçon, pour les doubles voûtes qu'il a faites dans l'aqueduc qui conduit l'eau de la machine sur la butte de Monboron (6 p.)... .... 1057ᴸᴸ 10ˢ

Somme de ce chapitre...... 1458ᴸᴸ 10ˢ

COUVERTURE.

14 février : à Etienne Yvon, couvreur, pour avoir couvert de thuile à claire voye un apenty au logement du portier du Cours du costé de Chaillot..... 59ᴸᴸ 7ˢ 2ᵈ

MENUISERIE.

21 mars : à Jaques Portrait, menuisier, pour 34 caisses qu'il a fournies pour l'orangerie des Thuilleries............................... 119ᴸ

23 janvier 1695 : à luy, pour 6 toises 1/2 de lambry qu'il a fait dans une petite salle au logement de la pépinière, à raison de 7ᴸ la toise.......... 45ᴸ 10ˢ

4 juillet-7 novembre : à Nivet, menuisier, pour 50 caisses qu'il a faites, et autres ouvrages de menuiserie à l'orangerie du Jardin royal (4 p.)............ 404ᴸ

Somme de ce chapitre........ 568ᴸ 10ˢ

SERRURERIE.

23 may 1694-6 février 1695 : à Marc Bourins, serrurier, pour réparation de serrurerie au Jardin royal et à la pépinière du Roulle (3 p.)............ 69ᴸ 8ˢ 6ᵈ

PLOMBERIE.

23 may : à Jaques Lucas, plombier, pour réparations qu'il a faites aux conduites des bassins de la pépinière du Roule............................ 23ᴸ

SAINT-GERMAIN-EN-LAYE.

MAÇONNERIE.

24 janvier-19 septembre : à Jaques Bardier, maçon, pour les ouvrages de maçonnerie qu'il a faits en plusieurs endroits de la dépendance du château de Saint-Germain-en-Laye (6 p.)............... 878ᴸ 10ˢ 5ᵈ

16-30 may : à luy, pour le rétablissement de la voûte du passage du château neuf et autres menues réparations aud. château neuf (2 p.)...... 224ᴸ 13ˢ 7ᵈ

11 juillet : à luy, pour son travail aux escuries de Saint-Germain, à un apartement du château et à un pavillon de la garenne de Vézinet............ 57ᴸ 18ˢ

28 novembre : à luy, pour une porte charetière qu'il a fait sur la chaussée du pont de Poissy, pour aller à la rivière joindre le bac dans le temps qu'on travaille à racomoder led. pont..................... 112ᴸ

Somme de ce chapitre........ 1273ᴸ 2ˢ

CHARPENTERIE.

27 juin : à Jean-Jaques Aubert, charpentier, pour 140 poteaux qu'il a fournis et posés dans la cour des cuisines du château de Saint-Germain, depuis l'église jusqu'à la rue de l'ancien abbreuvoir, avec des entretoises de planches de bois de sapin assemblées par le haut, pour tendre la tapisserie à la feste Dieu dernière................................... 250ᴸ

19 septembre : à luy, pour les ouvrages qu'il a fournis pour les garde-fous du pont-levis de la nouvelle entrée du château de Saint-Germain et sur un balcon de l'appartement de Mʳ de la Feuillade...... 69ᴸ 3ˢ 6ᵈ

À luy, pour réparations au pressoir du Pecq en septembre............................... 60ᴸ

Somme de ce chapitre....... 379ᴸ 3ˢ 6ᵈ

MENUISERIE.

21 février 1694-2 janvier 1695 : à François Milot, menuisier, pour ouvrages et réparations de menuiserie au château et dépendances de Saint-Germain-en-Laye, pendant les trois derniers mois 1693 et l'année 1694 (4 p.)................................. 262ᴸ 15ˢ

SERRURERIE.

21 mars 1694-13 mars 1695 : à Joseph Rouillier, serrurier, pour ouvrages de gros fer et ouvrages de serrurerie qu'il a faits dans la dépendance du château de Saint-Germain-en-Laye, pendant l'année 1694 et les mois de janvier et février 1695 (8 p.)...... 663ᴸ 12ˢ 9ᵈ

11 juillet : à luy, pour la girouette et la verge qu'il a faites et posées au-dessus du dôme de l'horloge du château de Saint-Germain en juin dernier...... 100ᴸ

Somme de ce chapitre..... 763ᴸ 12ˢ 9ᵈ

PLOMBERIE.

24 janvier 1694-16 janvier 1695 : à Jaques Lucas, plombier, pour la main d'œuvre du plomb qu'il a livré au magasin de Saint-Germain, en 1693 et 1694, à raison de 40ᴸ le millier (2 p.)................ 79ᴸ 19ˢ 2ᵈ

VITRERIE.

7 février 1694-13 mars 1695 : à Claude Cosset, vitrier, pour les réparations de vitrerie qu'il a fait au château de Saint-Germain-en-Laye, pendant l'année 1694 et en janvier et février 1695 (14 p.).... 843ᴸ 11ˢ 7ᵈ

12 décembre : à Jean-Baptiste Fauconnier, vitrier, pour carreaux de verre et réparations de vitres qu'il a fait en novembre.................... 30ᴸ 15ˢ 8ᵈ

Somme de ce chapitre....... 874ᴸ 7ˢ 3ᵈ

PEINTURE.

11 juillet : à Louis Poisson, peintre, pour grosse peinture et ouvrage de dorure qu'il a fait au château de Saint-Germain-en-Laye............... 44ᴸ 12ˢ 5ᵈ

ANNÉE 1694. — SAINT-GERMAIN-EN-LAYE.

PAVÉ.

2-16 may : à Gilles Deniaux, paveur, pour réparations de pavé en la dépendance du château de Saint-Germain, depuis le mois de juillet 1693 jusqu'à la fin d'avril 1694 (2 p.)................. 222ᴴ 6ˢ 9ᵈ

30 may : à luy, pour réparations de pavé à la Chancellerie dud. Saint-Germain............. 58ᴴ 8ˢ 6ᵈ

11 juillet : à luy, sur ses ouvrages de pavé aux escuries du manège........................... 44ᴴ

12 décembre : à luy, sur les ouvrages de gros pavé qu'il a fait au-dessus et au-dessous de la porte nouvellement faite pour le passage des voitures qui passent au bac de Poissy....................... 60ᴴ 5ˢ 6ᵈ

13 mars : à luy, pour ses réparations de pavé en 1694.............................. 53ᴴ 8ˢ 4ᵈ

Somme de ce chapitre....... 438ᴴ 9ˢ 1ᵈ

LABOURS.

16 may-12 décembre : à Jean Frade, laboureur, pour labour et ensemensage de grains qu'il a fait aux trois remises à gibier de la garenne de Vézinet (2 p.)................................ 160ᴴ 14ˢ 2ᵈ

2 may-13 juin : à Pierre et Guillaume Motte, laboureurs, pour le plain labour aux nouveaux plants du Boulingrin du château neuf de Saint-Germain et à ceux du petit parc dud. lieu (4 p.)............ 581ᴴ 10ˢ

25 juillet-5 septembre : à eux, pour le deuxième labour (4 p.)........................ 581ᴴ 10ˢ

14 novembre 1694-2 janvier 1695 : à eux, pour le troisième labour (4 p.)................. 800ᴴ 4ˢ

13 mars : à César Le Vasseur, terrassier, pour 22 trous qu'il a fouillés et remplis de terre neuve le long du mur du grand espallier du jardin du Val, pour y remplacer les peschers qui y estoient morts, à 50ˢ pièce, y compris trois sommes de fumier et un pescher qu'il a fourni....................... 55ᴴ

Somme de ce chapitre.... 2178ᴴ 18ˢ 2ᵈ

DIVERSES DÉPENSES.

11 juillet : à Estienne Langlois, cordier, pour les cordages, clouds, seaux, pelles et balets qu'il a livrez au magasin de Saint-Germain............. 30ᴴ 2ˢ 6ᵈ

16 may 1694-16 janvier 1695 : à Jean Padelain, ramonneur de cheminées, pour les cheminées qu'il a ramonnées dans le vieux château, château neuf, à la Chancellerie, à la Surintendance et au magasin de Saint-Germain (2 p.)....................... 82ᴴ 2ˢ

16-30 janvier : à Pierre Champagne et Noel Lavenet, pour le travail qu'ils ont fait pour nettoyer et remplir de glace les deux glacières de Saint-Germain (2 p.)
.... 628ᴴ

7 février : à François Gautier, vuidangeur, pour la vuidange des fosses d'aysances de l'hostel du Mayne, à raison de 30ᴴ la toise................... 75ᴴ

A Julien Lory, horloger, pour réparations à l'horloge de Saint-Germain-en-Laye, en septembre 1693.. 43ᴴ

21 février-31 octobre : à Jean Gautier, pour 23 muids de charbon qu'il a livré au magasin, à 3ᴴ 6ˢ le muid (2 p.)..................... 78ᴴ 14ˢ

31 octobre : à Jean Derocue, garçon plombier, pour son remboursement de plusieurs marchandises de mastic, de chandelles et ballets, qu'il a acheptées et livrées au magasin........................... 63ᴴ 3ˢ 6ᵈ

16 janvier 1695 : à Mᵉ Jean Philipes Jouault, greffier de la première chambre des Enquestes du Parlement de Paris, comme estant au lieu et place d'Estienne Jollivet, laboureur du village de Conflans-Sainte-Honorine, pour le loyer d'une maison à luy apartenante aud. lieu, où loge le Suisse nouvellement placé à la garde d'une troisième porte..................... 45ᴴ

Somme de ce chapitre....... 1045ᴴ 10ˢ

ENTRETENEMENS DU CHÂTEAU DE SAINT-GERMAIN-EN-LAYE.

21 février-29 aoust : à Jaques Barbier, maçon, ayant l'entretenement de la terrasse, perrons, murs de clôture et loges des Suisses de la dépendance des châteaux de Saint-Germain-en-Laye et de Marly, pour led. entretien pendant les six derniers mois 1693 et les trois premiers 1694 (3 p.).................. 1350ᴴ

A Simon Deschamps, ayant celuy de la couverture de la dépendance desd. châteaux de Saint-Germain et de Marly, pour ses gages pendant le même temps (3 p.)..
.... 1929ᴴ

11 février 1694-2 janvier 1695 : à Jean Derocue, garçon plombier, ayant la recherche des plombs sur la couverture du château et autres maisons dépendantes d'iceluy, pour led. entretien pendant les trois derniers mois 1693 et les neuf premiers 1694 (4 p.).... 600ᴴ

21 février-31 octobre : à Jean-Baptiste Lalande, jardinier de l'orangerie de Saint-Germain, pour les labours et entretenemens des palissades du petit parc de Saint-Germain pendant les six derniers mois 1693 et les six premiers 1694 (2 p.)............ 400ᴴ

21 février : à luy, pour le chauffage de lad. orangerie pendant le présent hyver 1694............. 250ᴴ

Somme de ce chapitre......... 4529ᴴ

JOURNÉES D'OUVRIERS.

24 janvier 1694-27 mars 1695 : aux ouvriers qui ont travaillé à la journée du Roy, dans la dépendance dud. château, à tirer de la glace et à en remplir les deux glacières et autres ouvrages, depuis le 8 janvier 1694 jusqu'au 26 février 1695 (31 p.).......... 1502^{tt} 4^s

MARLY.

MAÇONNERIE.

7 février : à Jean Bailly et Louis Rocher, maçons, à compte de la maçonnerie des deux cascades qu'ils ont fait au bas du jardin....................... 600^{tt}

16 may-12 décembre : aud. Bailly, pour les pieds d'estaux qu'il a fait pour poser des vases et des figures dans le bosquet du côté de Lucienne (2 p.).. 528^{tt} 10^s

13 février-27 mars 1695 : à luy, sur ses ouvrages pour les changemens de l'appartement de Madame de Maintenon aud. château (4 p.)............. 800^{tt}

27 mars 1695 : à luy, sur le rétablissement du bassin de la Gerbe à Marly..................... 150^{tt}

7 février 1694-30 janvier 1695 : à François Gobin et Pierre Buret, maçons, pour leurs ouvrages de maçonnerie dans la dépendance du château de Marly, pendant les deux derniers mois 1693 et la présente année 1694 (8 p.)............................ 677^{tt} 11^s 4^d

4 avril : à eux, pour 18 toises 1/2 courantes de pierrées qu'ils ont faites sur le glacis du bout des cascades du bas du jardin de Marly pour l'enlèvement de l'eau que le vent fait sortir des bassins hauts desd. cascades. 111^{tt}

5 septembre : à eux, pour la construction d'une cheminée au bout du grand bâtiment de Marly qui est sur le chemin de Versailles................... 34^{tt} 8^d

27 juin : aud. Buret, pour une pierrée de 6 toises de longueur qu'il a démolie et rétablie à chaux et à ciment à côté d'une des cascades du bas du jardin de Marly, et autres menus ouvrages .... 40^{tt}

12 décembre : aud. Gobin, pour réparations aux murs de la teste de l'étang du Trou d'Enfer et à ceux à pierre sèche au restant du pourtour dud. estang........ 65^{tt}

11 juillet : à Antoine Boquet, tailleur de pierre, pour 30 toises 1/2 courantes de nerveures qu'il a fait à la pierre de taille du dessus des napes de partie des deux cascades du bas du jardin de Marly........ 30^{tt} 2^s 6^d

Somme de ce chapitre.... 3036^{tt} 4^s 6^d

JARDINAGES ET FUMIERS.

21 février-21 mars : à Jaques Le Jay, jardinier, pour ses journées et celles de ses ouvriers employés à accomoder des perches et à faire un gros treillage aux charmilles nouvellement plantées dans les deux bosquets derrière les pavillons des deux ailes de Marly (3 p.)... : .... 159^{tt} 12^s 6^d

18 avril : à luy, pour le gazon plat qu'il a déposé et reposé et fait de neuf entre les deux escaliers qui sont au-dessus du réservoir du bosquet de Marly du côté de Louciennes..................... 37^{tt} 10^s 6^d

16 may : à luy, pour 192 grands cerceaux qu'il a livrez dans le jardin de Marly pour employer à rétablir ceux qui ont manqué aux ormes des deux allées en portique dud. jardin..................... 96^{tt}

12 décembre 1694-2 janvier 1695 : à luy, pour grands cerceaux, échalats et paille qu'il a livrez au magasin de Marly, pour faire des calottes aux lauriers teints (2 p.)......................... 157^{tt} 2^s

13-27 mars : à luy, pour le gros treillage qu'il a fait dans le bosquet de Marly, du côté du village, pour attacher la charmille nouvellement plantée au dos du mur de terrasse et au pourtour du bassin de la Gerbe (2 p.) .... 60^{tt} 10^s

13-27 février : à Adrien Dubois et Jean Le Loup, jardiniers, à compte du palissage qu'ils font des tilleux, sur les berceaux du jardin de Marly (2 p.). 178^{tt} 3^s 6^d

7 mars-31 octobre : à Nicolas Borienne, gazonneur, pour ouvrages de gazon qu'il a faits et rétablis dans led. jardin de Marly joignant le bassin en gazon près les cascades, et autres ouvrages (7 p.)....... 355^{tt} 17^s 11^d

Somme de ce chapitre .... 1044^{tt} 16^s 5^d

PLANTS D'ARBRES ET FLEURS.

24 janvier : à Charles Amelot, jardinier, pour 5453 spées de chesne qu'il a levées en motte dans les bois de Roquancourt et qu'il a voiturées dans le bosquet de Marly, derrière les pavillons du costé de Louciennes, y compris 200 spées de châteignier qu'il a aussi levées en motte dans le bois des Vaux d'Écrouy et qu'il a voiturées, à 3^s pièce..................... 817^{tt} 16^s

A luy, pour 320 ormes qu'il a mis en manequin avec de bonne terre et qu'il a mis en pépinière près les glacières du parc de Marly.................. 16^{tt}

A luy, pour 519 grandes spées de charmes qu'il a levées en motte dans la forest de Marly et voiturées dans led. jardin........................ 64^{tt} 17^s 6^d

7 février : à luy, pour 1320 spées de chesne en

ANNÉE 1694. — MARLY.

motte qu'il a levées dans les bois de Roquancourt et voiturées dans le bosquet de Marly du côté de Louciennes 198ʰ

A luy, pour 2058 grandes spées de charmes qu'il a levées en motte dans la forest de Marly et voiturées dans le parc, à 2ˢ 6ᵈ pièce 257ʰ 5ˢ

21 février : à luy, pour plusieurs spées qu'il a plantées 57ʰ 8ˢ

A luy, pour 200 grandes spées de châtaigniers qu'il a levées en motte dans les bois des fonds de Crouy, et voiturées dans le parc de Marly, *idem* 60ʰ

A luy, pour 357 grandes spées de charme qu'il a levées en motte dans la forest de Marly et voiturées, *idem* 44ʰ 12ˢ 6ᵈ

21 février-25 juillet : à luy, à compte des trous qu'il a faits et des ormes qu'il a regarnis dans les carrez du dessus de Marly et dans la plaine du Trou d'Enfer (4 p.) 645ʰ 11ˢ 11ᵈ

7 mars : à luy, pour 2977 spées de chesne qu'il a levées en motte dans le bois de Roquancourt et voiturées *idem*.............................. 446ʰ 11ˢ

A luy, pour 200 grandes spées de châtaiguier.. 60ʰ

21 mars-4 avril : à luy, pour 3685 spées de charme qu'il a levées en motte pour led. jardin (3 p.)....... .... 310ʰ 12ˢ 6ᵈ

18 avril-13 juin : à luy, pour la recoupe qu'il a mouillée et battue de deux vollées dans le jardin de Marly (5 p.)....................... 1004ʰ 2ˢ 6ᵈ

16 may : à luy, pour avoir ratissé l'herbe, rebattu et sablé les allées du bosquet du côté du village et mouillé la charmille nouvellement plantée en palissade... 50ʰ

13-27 juin : à luy, pour les régallemens et remplissages d'ornières dans les routes de la forest de Marly (2 p.)................................ 126ʰ

13 juin : à luy, pour les genets qu'il a arrachez dans les allées du parc de Marly.................. 60ʰ

11 juillet : à luy, pour le sable qu'il a transporté sur toute la recoupe du jardin de Marly en la place de celuy que les ravines ont entraîné............... 79ʰ 4ˢ

A luy, pour avoir tondu au croissant les routtes des ventes d'Arblay, du 15 juin au 10 juillet..... 73ʰ 12ˢ

25 juillet : à luy, pour avoir ratissé l'herbe de dessus la recoupe de tous les jardins 102ʰ

8-22 aoust : à luy, pour le second labour qu'il a donné en partie des plants du petit parc et autres endroits de Marly (2 p.).................. 263ʰ 11ᵈ

31 octobre 1694-27 février 1695 : à luy, pour le troisième labour qu'il a fait auxd. endroits (3 p.)..... .... 718ʰ 8ˢ 2ᵈ

22 aoust-5 septembre : à luy, pour les deux allées du bosquet du côté de Louciennes, qu'il a mouillées, battues de trois vollées et sablées de sable de rivière (2 p.)............................. 215ʰ 15ˢ

5 septembre-17 octobre : à luy, sur les mêmes ouvrages (2 p.)........................... 150ʰ 10ˢ

14 novembre : à luy, pour trois charretées de spées de charme qu'il a levées en motte dans la forest de Marly pour planter autour des ormes en portique du jardin de Marly...................... 25ʰ 10ˢ

28 novembre 1694-27 mars 1695 : à luy, pour 1800 spées de charme qu'il a levées en motte dans la forest de Marly et chargées dans les voitures pour led. jardin (5 p.)......................... 6ʰ 6ˢ

12 décembre 1694-2 janvier 1695 : à Jean Couville, pour 151 milliers de petite charmille de graine qu'il a arrachée dans la forest de Saint-Germain et livrée dans le jardin de Marly (2 p.)........... 151ʰ

24 janvier-7 mars : à André Sellier, greffier au village de Marly, pour 600 spées de châtaigniers en motte qui ont esté levées dans un bois qui luy apartient dans le fond des Vaux en Crouy, pour planter dans le bosquet du jardin de Marly du costé de Luciennes, à 30ᵈ le cent (3 p.).............................. 180ʰ

14 novembre : à Nicolas Redeau, fermier du Vaucheron, pour trois journées d'une voiture attelée de 4 chevaux, qu'il a fourni pour voiturer des spées de charme de la forest de Marly dans le jardin dud. Marly 30ʰ

28 novembre 1694-30 janvier 1695 : à luy, pour 16159 grands brins de charme qu'il a voiturez de la forest de Marly dans le jardin dud. Marly (3 p.)....... .... 1759ʰ 10ˢ

24 janvier-4 avril : à Emanuel Fossard, voiturier, pour 4619 grandes spées de charmes qu'il a voiturées de la forest de Marly dans le jardin dud. Marly (5 p.).. .... 1385ʰ 14ˢ

4 avril : à Louis Cocuin, voiturier, pour quatre journées d'une voiture attelée de quatre chevaux qu'il a fournie à Marly pour transporter des ormes et autres arbustes de Saint-Germain aud. Marly................. 40ʰ

27 juin-8 aoust : à luy, pour 130 journées d'ouvriers qui ont coupé des perches et des gaules qu'il a voiturés de la forest dans le jardin de Marly (2 p.)... .... 240ʰ

19 septembre : à luy, pour la voiture, de Marly à Fontainebleau, d'un jeu de l'anneau tournant, fait de menuiserie d'assemblage..................... 50ʰ

13 mars 1695 : à luy, pour 781 grandes spées de

charme en motte qu'il a voiturées de la forest dans le jardin de Marly...................... 156ᴸ 4ˢ

26 mars 1695 : à François Robine, voiturier, pour 1160 grandes spées de charme qu'il a voiturées de la forest de Marly dans le jardin dud. Marly...... 232ᴸ

31 octobre : à Claude Garnier, marchand grainetier, pour 3 septiers de graine d'herbe de bas pré qu'il a livré au magasin de Marly................... 15ᴸ

4 avril-14 novembre : à Philippe Vallée, pour 2050 juliennes blanches doubles qu'il a livrées dans le jardin de Marly pour regarnir partie des parterres dud. jardin (3 p.)........................ 147ᴸ 14ˢ

4 avril : à Estienne Déchaux, jardinier à Fontenay, pour 400 juliennes blanches qu'il a livrées, *idem*.. 28ᴸ

5 septembre : à Mathias Daumain, jardinier, pour 108 boisseaux d'oignons de tulippes, de narcisses et de jacintes qu'il a levez dans les plattes bandes du jardin de Marly.............................. 54ᴸ

Somme de ce chapitre...... 11270ᴸ 16ˢ

TERRASSES.

7 février-30 may : à Pierre Champagne et Noël Lavenet, terrassiers, pour ouvrages de terrasses qu'ils ont fouillées et sorties hors le parc, et bonnes terres qu'ils ont rapportées dans led. jardin de Marly (3 p.).. 353ᴸ 1ˢ

21 février : à eux, parfait payement de 687ᴸ 6ˢ à quoy montent les ouvrages de terrasse qu'ils ont faits pendant le mois de décembre 1693.............. 187ᴸ 6ˢ

4 avril : à eux, pour transport de terre et terraut qu'ils ont fait aud. Marly............ 55ᴸ 10ˢ 9ᵈ

13 juin-8 aoust : à eux, parfait payement des mauvaises terres qu'ils ont enlevées sur 6 pouces de hauteur sur les allées du bosquet du côté de Lucienne, et de la bonne terre que l'on y raporte (5 p.)..... 891ᴸ 6ˢ 7ᵈ

25 juillet : à eux, pour les immondices qu'ils ont enlevés au derrière des pavillons des deux ailes de Marly 72ᴸ

2-30 janvier 1695 : à eux, pour 76 toises cubes de glace, dont ils ont remply les trois glacières de Marly, y compris la paille (3 p.)................. 760ᴸ

2 janvier 1695 : à eux, pour la fouille et transport des terres qu'ils font pour la construction du lavoir que l'on fait dans le clos de la maison seigneurialle de Marly.. .... 70ᴸ

27 mars 1695 : à eux, pour ouvrages de terrasse qu'ils ont fait dans le parc de Marly........ 160ᴸ 10ˢ

18 avril-16 may : aud. Champagne, pour avoir remply et régallé les ornières de l'allée de la ceinture du parc de Marly et d'une routte du parc de Noisy (2 p.) 150ᴸ

8 aoust : à luy, pour la terre, tant bonne que mauvaise, qu'il a enlevée et rapportée au pourtour du réservoir de Marly, du côté du village............. 21ᴸ

18 avril 1694-2 janvier 1695 : aud. Lavenet, pour le fumier de cheval qu'il a voituré dans la pépinière qui est au derrière du château et des terres, gravois et immondices qu'il a enlevés au-dessus du bois des offices et autres menus ouvrages aud. château de Marly (4 p.).. .... 193ᴸ 15ˢ

27 mars : à luy, pour 22 toises courantes de pierrées qu'il a fait dans le clos de la maison seigneurialle de Marly pour la décharge du fonds du lavoir que l'on fait dans led. clos........................... 88ᴸ

24 janvier : à Thomas Marville, terrassier, pour des grandes ormes qu'il a levez en motte et plantez aux endroits du jardin de Marly où il y en avoit de mauvaise venue.............................. 123ᴸ

24 janvier 1694-30 janvier 1695 : à luy, pour 2016 sommes de fumier de cheval et de vache, et 2 sommes de grande paille longue qu'il a livré en plusieurs endroits du jardin de Marly (4 p.)............... 699ᴸ 16ˢ

24 janvier 1694-13 mars 1695 : à luy, pour 10400 de grosses et moyennes perches qu'il a voiturées d'un bois du fonds des Vaux en Crouy, pour faire un gros treillage à la charmille nouvellement plantée dans les bosquets du jardin de Marly et au pied des ormes pour les redresser (3 p.).................... 136ᴸ 10ˢ

21 mars : à luy, pour 632 grandes spées de chesne en motte qu'il a levées dans les bois de Roquancourt et voiturées dans le bosquet de Marly du côté de Louciennes............................ 126ᴸ 8ˢ

27 mars 1695 : à luy, pour plusieurs ouvrages qu'il a fait dans led. jardin de Marly......... 103ᴸ 5ˢ

27 mars : à Jaques Rouan, terrassier, pour avoir ôté la boue qui estoit dans l'abreuvoir du bas de Marly, à costé du chemin de Saint-Germain et dans celuy des écuries du Roy...................... 21ᴸ

11 juillet : à luy, pour avoir osté la boue des écuries des gardes du corps et l'herbe qui estoit sur la dernière pièce d'eau du bas du jardin et autres endroits... 30ᴸ

24 janvier : à Jean Vigon, terrassier, pour 12 toises courantes de pierrées qu'il a faits dans le terrain qui est au derrière du château de Marly pour l'écoulement des eaux............................. 54ᴸ

21 mars : à luy, pour avoir porté des terres dans les ornières et régallé l'allée de la ceinture du parc, depuis la porte cochère du bas du jardin du côté de Louciennes

ANNÉE 1694. — MARLY.

jusqu'à la grille de la porte de l'entrée des écuries du Roy.. 69ᴸᴸ

18 avril - 2 may : à luy, pour 349 journées d'hommes et de chevaux qui ont porté du sable commun dans le jardin de Marly (2 p.)................ 270ᴸᴸ 11ˢ

22 aoust : à luy, pour gravois qu'il a enlevez derrière les pavillons des deux ailes et autres menus ouvrages de jardinage............................ 18ᴸᴸ

30 janvier 1695 : à luy, pour le sable qu'il a transporté depuis la grille de l'entrée du parc de Marly jusqu'à la grille qui est au-dessus des pavillons et de la chapelle, salle des gardes et autres endroits..... 70ᴸᴸ

13 mars 1695 : à luy, pour avoir transplanté de la glaise dans le parc de Marly et l'avoir façonnée au pourtour de l'ancien lavoir.................. 131ᴸᴸ 11ˢ

7 février : à CLAUDE VOIRIEN, terrassier, parfait payement de 225ᴸᴸ pour avoir rempli de terre deux mares dans l'allée de la plaine du Trou d'Enfer, qui va de la grille au chesne Fouquet................... 15ᴸᴸ

24 janvier : à MICHEL HONAIS, laboureur à Marly, pour avoir deffoncé la gelée du terrain au grand quarré du bosquet de Marly derrière les pavillons de l'aile du costé de Loucienne, joignant le réservoir, et pour avoir ôté une butte et régallé un fond dans led. quarré pour y planter des spées de chesne en motte............ 101ᴸᴸ

7 mars : à FRANÇOIS MARCAN, jardinier, pour 90 sommes de fumier qu'il a livré dans le jardin de Marly, à 6ˢ la somme............................. 27ᴸᴸ

Somme de ce chapitre..... 4998ᴸᴸ 10ˢ 4ᵈ

CHARPENTERIE.

13 février : à JEAN-JACQUES AUBERT, charpentier, pour 50 poteaux qu'il a livrez dans le magasin de Marly, de chacun 16 pieds de longueur sur 3 pieds de gros, pour employer à remplacer ceux des ormes en portique qui sont cassez, à 26ˢ 8ᵈ pièce............ 66ᴸᴸ 13ˢ 4ᵈ

27 février - 27 mars : à luy, à compte des ouvrages de charpenterie qu'il a faits et posez au château de Marly pour les changemens et augmentations de l'appartement de Madame DE MAINTENON (3 p.).... 450ᴸᴸ

7 février : à JEAN ARPAILLET, charpentier, parfait payement de 75ᴸᴸ pour un hangard servant de bûcher qu'il a fait du vieux bois du magasin au derrière des corps de garde au-dessus des communs de Marly, pendant 1690........................... 15ᴸᴸ

24 janvier 1694 - 13 mars 1695 : à MICHEL LE BRESSAN, charpentier, pour plusieurs petits ouvrages de charpenterie faits et fournis en plusieurs endroits du parc de Marly, et pour changemens des appartemens du premier étage et autour du bassin qui servoit de lavoir (5 p.)................................ 370ᴸᴸ 10ˢ 9ᵈ

Somme de ce chapitre...... 902ᴸᴸ 4ˢ 1ᵈ

COUVERTURE.

7 février : à GEORGES YVON, couvreur en chaume, pour avoir rétabli la couverture de paille de chaume des trois glacières du parc de Marly.............. 60ᴸᴸ

MENUISERIE.

24 janvier 1694 - 12 janvier 1695 : à JAQUES MIREL, menuisier, pour les ouvrages de menuiserie qu'il a faits et fournis dans la dépendance du château de Marly, pendant les trois derniers mois 1693 et la présente année 1694 (10 p.).................. 1480ᴸᴸ 7ˢ 4ᵈ

12 aoust : à luy, pour ouvrages, faits et fournis en partie, de l'appartement verd du rez-de-chaussée du château de Marly..................... 116ᴸᴸ 12ˢ 5ᵈ

7 février : à FRANÇOIS MILLOT, menuisier, pour ouvrages de menuiserie faits dans la dépendance du château de Marly pendant les trois derniers mois 1693... .... 147ᴸᴸ 5ˢ

2 - 16 mai : à luy, pour deux bancs de bois de chesne cintrez qu'il a faits et livrez dans le bosquet derrière les pavillons de l'aile du costé de Luciennes (2 p.) 205ᴸᴸ 13ˢ 6ᵈ

13 juin : à luy, pour six bancs qu'il a livrez dans le jardin, contenant chacun 7 pieds de longueur ... 60ᴸᴸ

22 aoust : à luy, pour ouvrages et réparations à partie de l'appartement verd du rez-de-chaussée du château................................ 128ᴸᴸ 15ˢ 5ᵈ

27 février - 27 mars 1695 : à luy et JAQUES MIREL, à compte de leurs ouvrages de menuiserie au château de Marly, pour les changemens et augmentations de l'appartement de Madame DE MAINTENON (3 p.).... 1400ᴸᴸ

Somme de ce chapitre.... 3538ᴸᴸ 13ˢ 8ᵈ

SERRURERIE.

24 janvier : à JOSEPH ROUILLER, serrurier, pour ses ouvrages de serrurerie en plusieurs endroits du parc de Marly................................ 184ᴸᴸ 11ˢ

13 février 1695 : à luy, pour deux modelles de fer estiré, faits et livrez au magasin............... 18ᴸᴸ

21 février : à GASTON MARTIN, serrurier, parfait payement de 683ᴸᴸ 10ˢ 10ᵈ à quoy montent ses ouvrages de serrurerie dans la dépendance du château de Marly, pendant les trois derniers mois 1693...... 283ᴸᴸ 10ˢ 10ᵈ

16 may 1694 - 13 février 1695 : à luy, sur ses ou-

vrages de serrurerie pendant la présente année 1694 (7 p.) 999ᴸ 9ˢ 9ᵈ
3 octobre 1694-27 mars 1695 : à luy, sur ses ouvrages de serrurerie au château de Marly pour les changemens et augmentations de l'appartement de Madame DE MAINTENON (5 p.) 639ᴸ 4ˢ 5ᵈ

Somme de ce chapitre...... 2124ᴸ 16ˢ

VITRERIE.

7 février 1694-13 mars 1695 : à Jean Desormeau, vitrier, pour les réparations de vitrerie faites au château de Marly pendant l'année 1694 et les mois de janvier et février 1695 (15 p.) 1088ᴸ 1ˢ 11ᵈ

PLOMBERIE.

7 mars : à Jaques Lucas, plombier, à compte de ses ouvrages de plomberie dans la dépendance du château de Marly.............................. 500ᴸ
25 juillet : à luy, pour journées de compagnons plombiers et manœuvres qu'il a fournis aux cascades de Marly................................. 138ᴸ
8 aoust-5 septembre : à luy, pour la main d'œuvre du plomb en table, tuyaux, soudure pour plomb et de la soudure pour réparations, qu'il a livré dans le jardin de Marly (3 p.)...................... 485ᴸ 16ˢ 9ᵈ

Somme de ce chapitre 1123ᴸ 16ˢ 9ᵈ

OUVRAGES DE CUIVRE.

21 mars : à Gilles Le Moyne, fondeur, pour 102 livres de fil de fer qu'il a livré au magasin de Marly pour employer à faire les gros treillages du jardin, à 10ˢ la livre................................. 51ᴸ
22 aoust : à luy, pour journées de compagnons et ouvrages qu'il a faits dans la dépendance dud. château... .... 101ᴸ 12ˢ
12 décembre : à luy, pour les ajutages et robinets de cuivre qu'il a livrez au magasin de Marly, et autres ouvrages par luy faits..................... 109ᴸ 1ˢ
7 mars : à Charles-François Pollard, à compte des conduites de 8 pouces qu'il a posées en divers endroits du jardin de Marly...................... 500ᴸ

Somme de ce chapitre........ 761ᴸ 13ˢ

PEINTURE ET DORURE.

7 mars-22 aoust : à Guillaume Desauziers, peintre doreur, pour ses ouvrages de dorure au buffet qui sert pour le caffé dans le château de Marly, déduction faite de 136ᴸ pour 2 milliers de grand or, à 53ᴸ le millier, et un millier de petit or, à 30ᴸ, qui luy ont esté livrez par le sʳ Labbé de l'or qu'il a en provision appartenant au Roy (2 p.)................................. 355ᴸ 18ˢ
7 février 1694-13 mars 1695 : à Louis Poisson, peintre, pour ouvrages de grosse peinture au château de Marly pendant l'année 1694 et les mois de janvier et février 1695 (5 p.).................... 398ᴸ 7ˢ 5ᵈ
19 septembre : à luy, pour ouvrages de peinture faits sur deux jeux de l'anneau tournant qui ont esté portez de Marly, l'un au château de Fontainebleau et l'autre à Choisy................................ 53ᴸ 9ˢ
17 octobre : à luy, pour avoir peint de trois couches de blanc à détrempe les corniches et les platfonds de l'appartement verd dud. château............ 30ᴸ

Somme de ce chapitre...... 837ᴸ 14ˢ 5ᵈ

SCULPTURE.

27 février-13 mars : à François Mazeline, sculpteur, à compte de la sculpture à la corniche de plastre et à la menuiserie que l'on fait pour les changemens et augmentations de l'appartement de Madame DE Maintenon (2 p.)........................... 300ᴸ
17 mars : à Hanard, sculpteur, pour avoir réparé la sculpture de trois cadres qu'il avoit faits pour Marly, après avoir esté imprimez de blanc pour les dorer.. 25ᴸ

Somme de ce chapitre.......... 325ᴸ

MARBRERIE.

27 mars : à Deschamps, marbrier, à compte de la cheminée et de l'attique de marbre qu'il a fait dans la chambre à coucher de l'appartement de Madame DE Maintenon, à Marly......................... 150ᴸ

CORDAGES.

21 février : à Estienne Langlois, cordier, parfait payement de 413ᴸ 16ˢ 6ᵈ à quoy montent les marchandises de cloux, cordages, seaux, pelles et autres ustencils qu'il a fourni au magasin de Marly pendant l'année 1693............................. 213ᴸ 16ˢ 6ᵈ
11 juillet 1694-16 janvier 1695 : à luy, pour les marchandises qu'il a fournies pendant l'année 1694 (2 p.)............................... 109ᴸ 8ˢ

Somme de ce chapitre...... 323ᴸ 4ˢ 6ᵈ

MANES D'OSIER.

7 février : à Nicolas Maluerbe, vannier, pour 430 grandes manes d'osier qu'il a livrées au magasin de Marly, à 20ᴸ le cent..................... 86ᴸ
24 janvier : à Noel Maillot, vannier, pour 400 manes d'osier en ovalle, à 12ᴸ le cent, et 20 paires de grands

paniers d'osier, à 18° pièce, qu'il a livrez aud. magasin pour porter de la glace.......................... 66ᴸᴸ

4 avril : à luy, pour 550 manes d'osier, dont 150 grandes, à raison de 20ᴸᴸ le cent, et 400 moyennes, à 12ᴸᴸ le cent............................... 78ᴸᴸ

7 février : à CHARLES MEZILLIER, vannier, pour 678 grandes mannes d'osier qu'il a livrées au magasin, à 20ᴸᴸ le cent............................ 135ᴸᴸ 12ˢ

11 juillet-8 aoust : à luy, pour 50 grosses bottes d'osier franc qu'il a livrées aud. magasin (2 p.)... 50ᴸᴸ

21 février-21 mars : à JAQUES JAQUET, pour 80 bottes d'osier franc qu'il a livrées, idem.............. 80ᴸᴸ

12 décembre : à GUILLET, pour 30 bottes, idem. 30ᴸᴸ

2 janvier 1695 : à GABRIEL GUILLERY, pour 30 bottes, idem.................................. 30ᴸᴸ

Somme de ce chapitre........ 555ᴸᴸ 12ˢ

DIVERSES DÉPENSES.

24 janvier : à PIERRE VARISSE, ramoneur, pour les cheminées qu'il a visitées et ramonnées dans la dépendance du château de Marly............... 51ᴸᴸ 11ˢ

16 may 1694-13 janvier 1695 : à JEAN PADELAIN, autre, pour les cheminées qu'il a visitées et racomodées pendant le séjour de S. M. aud. château de Marly (2 p.) 71ᴸᴸ 19ˢ

19 septembre-14 novembre : à OLLIVIER AYMOND, batelier, pour 91 muids de sable de rivière qu'il a livrez dans le jardin de Marly (2 p.)........ 72ᴸᴸ 16ˢ

24 janvier 1694-30 janvier 1695 : à ANTOINE L'ESCUYER, dessinateur, pour le loyer de la chambre qu'il a occupée dans le village de Marly pendant 1693 et 1694, lorsque le Roy y a séjourné (2 p.)....... 60ᴸᴸ

24 janvier 1694-30 janvier 1695 : à LOUIS BACCARY, dit DILLIGENT, invalide, pour le loyer du logement qu'il a occupé dans led. village pendant les années 1693 et 1694 (2 p.)........................... 60ᴸᴸ

7 février : à JULIEN LORY, horlogeur, pour réparations à l'horloge de Marly..................... 26ᴸᴸ

7 février : à MARIÉ, pour ce qu'il a payé aux ouvriers qui ont osté plusieurs pierres de taille qui bouchoient le chemin des carrières de la Chaussée, et empêchoient la sortie des pierres de taille que l'on a tirées pour les nouvelles cascades de Marly..................... 22ᴸᴸ

21 février 1694-27 février 1695 : à JEAN GAUTIER, pour 62 muids 1/3 de charbon qu'il a livrez au magasin de Marly pendant les trois derniers mois 1693, les années 1694 et 1695 (3 p.).................. 213ᴸᴸ 6ˢ

7 mars : à MARC-AURÈLE LA MARRE, pour plusieurs fournitures de chandelle, huile et balets qu'il a faits au magasin de Marly.......................... 20ᴸᴸ 5ˢ

21 mars : à RENÉ L'ÉVEILLÉ, garde de la maîtrise de Saint-Germain, pour soixante jours qu'il a esté occupé par les officiers de la maîtrise à empêcher que l'on ne lève des spées de charme que bien à propos dans la forest pour n'y faire aucun domage............. 60ᴸᴸ

31 octobre : à THOMAS VITRY, fontainier, pour 200 de mastic qu'il a acheptez et livrez au magasin de Marly, et autres fournitures...................... 23ᴸᴸ 17ˢ

2 janvier 1695 : à PIERRE THOMAS, garçon plombier, pour le loyer de son logement en 1694......... 30ᴸᴸ

Somme de ce chapitre........ 711ᴸᴸ 14ˢ

ENTRETENEMENS DE MARLY.

7 février 1694-2 janvier 1695 : à THOMAS VITRY, fontainier, ayant l'entretien des fontaines et recherche des plombs sur la terrasse du château et pavillons de Marly, sçavoir : 1200ᴸᴸ par an pour ses gages à cause dud. entretien, et 400ᴸᴸ pour ceux de son garçon, pour les derniers quartiers 1693 et les trois premiers 1694 (4 p.)................................ 1600ᴸᴸ

8 aoust : à luy, pour avoir entretenu et monté l'horloge de Marly pendant une année............. 40ᴸᴸ

7 février 1694-2 janvier 1695 : à LOUIS GARNIER, jardinier, pour ses gages pendant le même temps, à raison de 1000ᴸᴸ par an, et 200ᴸᴸ pour ceux de son garçon (4 p.) 1200ᴸᴸ

18 avril 1694-2 janvier 1695 : à FRANÇOIS CHABOT, pour les taupes qu'il a prises dans le parc de Marly pendant led. temps (4 p.)................. 100ᴸᴸ

11 juillet 1694-2 janvier 1695 : à PIERRE THOMAS, garçon plombier, aydant aux fontainiers à réparer les conduites de plomb et les terrasses du château et autres bâtimens, pour ses gages réglez par moitié, l'autre devant estre payée par celuy qui a les conduites de fer, pendant les trois derniers quartiers 1694 (3 p.).... 300ᴸᴸ

Somme de ce chapitre........ 3240ᴸᴸ

OUVRIERS À JOURNÉES.

24 janvier 1694-27 mars 1695 : aux ouvriers qui ont travaillé à la journée du Roy dans la dépendance du château de Marly depuis le 8 janvier 1694 jusques fin mars 1695 (32 p.)............. 10850ᴸᴸ 11ˢ 10ᵈ

24 janvier : à ceux qui ont achevé de remplir les trois glacières du parc de Marly............. 296ᴸᴸ 12ˢ 6ᵈ

4 avril-2 may : à ceux qui ont réparé le gazon qui est dans le jardin et aux pieds d'estaux et escaliers du costé de Loucienne (3 p.)............. 172ᴸᴸ 15ˢ 6ᵈ

16 may-13 juin : à ceux qui ont travaillé au modèle que S. M. a fait faire aux cascades (3 p.).... 428ᴸ 3ᵈ

8 aoust : à ceux qui ont travaillé à retenir le chariot de la ramasse et à le tourner, les 17, 28 juillet et le 2 aoust, que la reyne d'Angleterre, les princesses et le prince de Galles y ont esté. 23ᴸ 5ˢ 6ᵈ

22 aoust : à ceux qui ont travaillé à faire des changemens dans l'appartement verd........ 92ᴸ 14ˢ 10ᵈ

3-31 octobre : aux maçons, menuisiers et manœuvres qui ont travaillé aux réparations du château (3 p.) 194ᴸ 3ˢ 1ᵈ

13 février 1695 : aux ouvriers qui ont démoli la menuiserie des deux pièces de l'apartement verd de Madame DE MAINTENON, pour y faire des changemens pendant deux semaines.............. 118ᴸ 14ˢ 4ᵈ

A ceux qui ont ôté les neiges de dessus les terrasses du château et autres ouvrages............. 29ᴸ 17ˢ

27 février 1695 : à ceux qui ont esserpillé de la charmille nouvellement plantée, et ôté les neiges sur les terrasses et au pourtour dud. château....... 19ᴸ 10ˢ 8ᵈ

Somme de ce chapitre...... 12226ᴸ 5ˢ 6ᵈ

CHÂTEAU DE NOISY.

MAÇONNERIE.

24 janvier-16 may : à JEAN BAILLY, entrepreneur, à compte de sa maçonnerie pour la construction des murs de clôture du potager et de la garenne forcée de Noisy (8 p.). 3150ᴸ

21 février-7 mars : à luy, sur le changement et augmentation des logemens de la basse-cour du nouveau cheny de Noisy (2 p.)................... 900ᴸ

31 may-31 octobre : à luy, sur ses ouvrages de maçonnerie à la loge du garennier de Noisy (2 p.)....... .... 290ᴸ 11ˢ 10ᵈ

27 juin 1694-30 janvier 1695 : à luy, pour le crépis aux murs du dedans du potager (3 p.)... 55ᴸ 10ˢ 7ᵈ

22 février : à FRANÇOIS GOBIN et PIERRE BURET, maçons, pour 7 bresches qu'ils ont relevées aux murs de clôture du parc de Noisy et autres ouvrages...... 60ᴸ

14 juin-25 juillet : à eux, pour un apentis qu'ils ont fait dans la cour du cheny pour le logement du sellier et du maréchal de la vennerie (3 p.)..... 369ᴸ 16ˢ 10ᵈ

28 novembre : à eux, pour réparations de maçonnerie en plusieurs endroits dud. château...... 108ᴸ 1ˢ

25 juillet : aud. GOBIN, pour plusieurs brèches qu'il a relevées aux murs de clôture de la ceinture du parc de Noisy................................ 30ᴸ

Somme de ce chapitre..... 5461ᴸ 0ˢ 3ᵈ

TERRASSES ET JARDINS.

21 février-27 juin : à PIERRE CHAMPAGNE et NOËL LAVENET, terrassiers, parfait payement de 1094ᴸ 5ˢ 8ᵈ pour la fouille et transport de terres qu'ils ont fait dans le potager de Noisy (6 p.).............. 794ᴸ 5ˢ 8ᵈ

5-19 septembre : à eux, pour les mauvaises terres qu'ils ont régallées dans l'allée en terrasse du potager et des bonnes terres qu'ils ont rapportées dans les tranchées où l'on doit planter des arbres fruitiers (2 p.)... 200ᴸ

13 juin : aud. CHAMPAGNE, pour avoir régallé et approprié les allées du parc.................. 55ᴸ

17-31 octobre : aud. LAVENET, pour avoir osté les pierres des allées de partie du potager de Noisy, et autres ouvrages de terrasse (2 p.)............... 97ᴸ

31 octobre : à luy, pour 202 sommes de fumier qu'il a livré aud. potager..................... 80ᴸ 16ˢ

19 septembre-17 octobre : à JACQUES LE JAY, jardinier, sur le treillage qu'il a fait et fourni le long des murs du potager (3 p.).................. 500ᴸ

Somme de ce chapitre........ 1727ᴸ 1ˢ 8ᵈ

CHARPENTERIE.

7 février-7 mars : à JEAN-JAQUES AUBERT, charpentier, sur ses ouvrages de charpenterie aux nouveaux bâtimens de la basse-cour du cheny de Noisy (3 p.). 450ᴸ

5-9 septembre : à luy, pour la construction de l'appenti nouvellement fait dans la basse-cour du cheny de Noisy pour le logement du maréchal et du sellier de la vennerie.......................... 186ᴸ 8ˢ 5ᵈ

Somme de ce chapitre....... 636ᴸ 8ˢ 5ᵈ

COUVERTURE.

7 février-5 septembre : à ESTIENNE YVON, couvreur, pour les ouvrages de couverture de tuile qu'il a rétablis pour la construction des nouveaux logemens de la basse-cour du cheny de Noisy (5 p.)......... 700ᴸ 13ˢ 2ᵈ

5 septembre-3 octobre : à luy, pour les ouvrages qu'il a faits à la loge du garennier et au-dessus des portes de la garenne et du potager (3 p.).. 362ᴸ 2ˢ 6ᵈ

Somme de ce chapitre.... 1062ᴸ 15ˢ 8ᵈ

MENUISERIE.

4 avril-22 aoust : à FRANÇOIS MILOT et JAQUES MIREL, menuisiers, parfait payement de 1622ᴸ à quoy montent

leurs ouvrages de menuiserie aux nouveaux bâtimens du cheny de Noisy (8 p.).............. 1322ᴸ 6ˢ 2ᵈ

3 octobre : aud. Mirel, pour ses ouvrages de menuiserie pour la construction du logement du garennier de Noisy et de l'appenty fait dans la basse-cour du cheny pour le logement du maréchal et du sellier de la vennerie, et autres ouvrages............. 138ᴸ 16ˢ 6ᵈ

Somme de ce chapitre..... 1461ᴸ 2ˢ 8ᵈ

SERRURERIE.

21 février-11 juillet : à Joseph Rouiller, serrurier, parfait payement de 1339ᴸ 5ˢ 3ᵈ pour le gros fer et ouvrages de serrurerie fournis aux bâtimens du cheny de Noisy (8 p.)....................... 1099ᴸ 5ˢ 3ᵈ

19 septembre : à luy, sur ses ouvrages aux nouveaux bâtimens de Noisy.................. 136ᴸ 13ˢ 6ᵈ

Somme de ce chapitre..... 1235ᴸ 18ˢ 9ᵈ

VITRERIE.

4 avril 1694-2 janvier 1695 : à Jean Desormeau, vitrier, pour ses réparations de vitrerie au château de Noisy en 1693 et 1694 (2 p.).......... 60ᴸ 1ˢ 8ᵈ

18 avril : à luy, pour ouvrages de vitrerie et panneaux de toile qu'il a fournis de neuf aux nouveaux logemens de la basse-cour du cheny de Noisy...... 139ᴸ 12ˢ 3ᵈ

Somme de ce chapitre.... 199ᴸ 13ˢ 11ᵈ

PEINTURE.

18 avril-22 aoust : à Louis Poisson, peintre, pour ses ouvrages de grosse peinture à la menuiserie des nouveaux bâtimens et cheny de Noisy (2 p.)... 113ᴸ 13ˢ 9ᵈ

31 octobre-28 novembre : à luy, sur ses ouvrages de grosse peinture aux treillages posez au-devant des murs du potager de Noisy (2 p.).................. 300ᴸ

Somme de ce chapitre...... 413ᴸ 13ˢ 9ᵈ

PAVÉ.

21 février-17 octobre : à Louis Regnouf, paveur, pour les ouvrages de pavé qu'il a faits dans le nouveau cheny et dans les écuries de Noisy (6 p.)..... 753ᴸ 6ˢ

DIVERSES MENUES DÉPENSES.

7 mars-17 octobre : à Jean Vigor, terrassier, pour avoir remply les ornières du chemin depuis la chapelle de Bonrepos près Noisy jusqu'à Bailly, et pour fournitures de fumier qu'il a livré dans le potager pour employer à fumer partie des plattes bandes dud. potager (4 p.)..................................... 289ᴸ 16ˢ

18 avril : à Charles Amelot, pour avoir arraché le bois et régallé trois routtes dans la garenne forcée de Noisy, et autres menus ouvrages.............. 51ᴸ

2 may-12 décembre : à Pasquier Laurens, pour avoir curé le puits de la basse-cour du cheny, celuy de la ferme du Trou d'Enfer, et autres ouvrages (2 p.).
.... 54ᴸ

2 may : à Noel Lavenet, pour 244 sommes de fumier de vache qu'il a livré au potager............. 73ᴸ 4ˢ

26 may : à Étienne Langlois, pour cordages qu'il a livré pour les puits et autres endroits du cheny de Noisy................................. 32ᴸ 6ˢ 6ᵈ

A Pierre Laflèche, pour 1300 œilletons d'artichaux, à 40ˢ le cent............................. 26ᴸ

A Pierre des Loriers, terrassier, pour 168 toises courantes d'allées qu'il a dressées et bombées dans le potager................................... 19ᴸ 4ˢ

11 juillet : à Philippe Perrier, pour 1500 crochets qu'il a livrez à Noisy pour sceller au mur du potager où l'on doit faire un treillage pour des espaliers, à 50ˢ le cent, y compris 2ᴸ 10ˢ pour la voiture......... 40ᴸ

28 novembre : à Mathieu Roussel, jardinier, pour 440 arbres fruitiers qu'il a livrez pour le jardin potager de Noisy, à 6ˢ pièce..................... 132ᴸ

12 décembre : à Charles Dufays, jardinier, pour 36 peschers à haute tige et 20 poiriers en buisson, qu'il a livrez au jardin de Noisy................ 22ᴸ 16ˢ

Somme de ce chapitre....... 740ᴸ 6ˢ 6ᵈ

JOURNÉES D'OUVRIERS.

21 février 1694-27 mars 1695 : aux ouvriers qui ont travaillé à la journée du Roy dans la dépendance du château de Noisy, pour leurs journées depuis le 5 février 1694 jusqu'au 26 mars 1695 (24 p.).... 937ᴸ 9ˢ 11ᵈ

MACHINE DE LA RIVIÈRE DE SEYNE.

MAÇONNERIE.

9 may : à Silvain Pergot, maçon, pour la maçonnerie qu'il a fait pour rétablir le mur de clôture qui porte les bâtimens de la basse-cour du sʳ Deville, et autres réparations.................................. 36ᴸ

6 juin : à luy, pour 23 toises 1/2 carrées de maçonnerie qu'il a fait pour le rétablissement du mur qui soutient les terres à costé des petits chevalets au-dessous du puisard, à 30ˢ la toise...................... 35ᴸ 5ˢ

7 novembre : à luy, pour les pavemens neufs de pierre dure de Nanterre et autres réparations qu'il a fait sur la grande digue.................... 49ᴸ 10ˢ

28 mars-6 juin : à BARTHÉLEMY LAROUE, pour 26 futailles de chaux qu'il a fourni pour la réparation du mur qui soutient les terres à costé des petits chevalets au-dessus du puisard des sources, et pour le rétablissement de l'aqueduc de Prunay (2 p.).......... 121ʰ 6ˢ 8ᵈ

6 juin : à ANTOINE HÉMONT, pour un cent de moilon et 187 sommes de sable qu'il a livrées pour la réparation du mur qui soutient les terres à costé des petits chevalets............................... 41ʰ 7ˢ

18 juillet : à DENIS ANCEAU, pour ouvrages de maçonnerie à chaux, ciment et sable et deux contreforts au puits qu'il a fait à l'aqueduc qui conduit les eaux de la Selle à la machine à la partie vis-à-vis de Bougival, pendant le mois d'avril................. 319ʰ 2ˢ 6ᵈ

26 septembre : à HIEROSME LAMAYE, pour 198 pieds 1/2 cubes de pierre dure de Nanterre pour la réparation de la grande digue....................... 99ʰ 5ˢ

4 juillet-29 aoust : à GILLES JUEL, pour 6 muids 2 septiers 6 boisseaux de plâtre (2 p.).... 77ʰ 12ˢ 1ᵈ

Somme de ce chapitre...... 779ʰ 8ˢ 3ᵈ

CAILLOUX DE VIGNES.

15 aoust-7 novembre : à JEAN FRADE, pour les cailloux de vigne qu'il fournit pour la réparation et prolongement de la digue de Bezons, et autres ouvrages (4 p.)........................... 463ʰ 6ˢ 8ᵈ

OUVRAGES DE TERRASSE.

25 avril : à NICOLAS BOURIENNE, pour fouille et vuidanges de terre qu'il a fait dans les rigolles qui sont sur l'aqueduc de la butte depuis Béchevet jusqu'au puits de Langle, et autres ouvrages.............. 25ʰ

20 mars 1695 : à luy, pour 9 toises 1/2 cubes de moilon qu'il a déblayé et remblayé dans la grande pallée de pieux qui rempiettent les terres de l'isle Gautier, du côté de la rivière neuve, et autres ouvrages..... 30ʰ

12 septembre : à ANTHOINE HÉMONT, pour les méchantes herbes qu'il a coupées et nettoyées dans le canal de la machine, depuis la digue de Bezons jusqu'au port de Marly, et autres ouvrages.............. 64ʰ 18ˢ 6ᵈ

Somme de ce chapitre...... 119ʰ 18ˢ 6ᵈ

CHARPENTERIE.

31 janvier-14 février : à RAOUL DE PIERRE, dit LA PORTE, charpentier, parfait payement de 4385ʰ 9ˢ 2ᵈ pour les pieux et autres bois de charpente qu'il a employez au prolongement de la digue et aux rempiètemens qui soutiennent les terres de l'isle de Croissy (2 p.)................................. 885ʰ 9ˢ 2ᵈ

28 février : à luy, parfait payement de 11000ʰ à quoy monte l'entretien qu'il a fait, pendant 1693, à toutes les charpentes et mouvemens de la machine. 500ʰ

28 mars 1694-20 mars 1695 : à luy, parfait payement de son entretien pendant l'année 1694 (26 p.).. .... 12750ʰ

30 janvier 1695 : à luy, pour les bois d'augmentation qu'il a fourni en 1693 et 1694 et remboursement des droits des bois qui ont passé à Paris venant de Champagne, et pour une ordonnance de 500ʰ qui luy a esté ordonnancée sur l'entretien de la machine le 9 aoust 1692, laquelle il n'a pas receue. 6139ʰ 15ˢ 3ᵈ

21 mars-19 décembre : à JAQUES DESPOIX, pour 75 toises 1/2 1/6 de bois de charme, qu'il a livrées pour employer à faire des boules de piston pour les corps de pompe (2 p.)..................... 159ʰ 6ˢ 8ᵈ

23 may : à PIERRE FERRIÈRE, scieur de long, pour le sciage de 280 toises courantes 5/6 de bois, qu'il a débitez en courbe et courbillons pour la provision des roues de la machine...................... 49ʰ 2ˢ 11ᵈ

Somme de ce chapitre...... 20483ʰ 14ˢ

COUVERTURE.

14 février : à SIMON DESCHAMPS, couvreur, parfait payement de 600ʰ à quoy monte l'entretien de toutes les couvertures d'ardoise et de tuile des magasins, forge et fonderie de la machine de la rivière de Seyne pendant 1693................................ 150ʰ

29 aoust 1694-20 mars 1695 : à luy, sur ses entretiens pendant l'année 1694 (3 p.)............ 450ʰ

Somme de ce chapitre.......... 600ʰ

CUIRS.

25 avril-29 aoust : à CLAUDE PIGALLE, marchand corroyeur à Paris, pour 8 forts cuirs tanez qu'il a livrez pour employer aux clapets et pistons des corps de pompe de la machine (2 p.)..................... 240ʰ

27 juin : au sʳ HERINX, pour pareille somme payée à Liège au sʳ BLÉRET pour cuirs de vache fournis pour la machine............................ 655ʰ

15 aoust 1694-9 janvier 1695 : à CLAUDE ROBIN, pour 30 cuirs de vache qu'il a livrez pour la réparation des coursières (2 p.).................... 288ʰ

12 septembre : à GUILLAUME TOURNAY, pour la voiture qu'il a fait de 28 cuirs de Liège et de deux douzaines d'escoupes, depuis Charleville et Sedan jusqu'à Paris... .... 93ʰ 16ˢ

10 octobre : à NICOLAS NOLLANT, pour deux croupons

de cuir tanné qu'il a livrez pour employer aux clapets et pistons des corps de pompe.................. 32ᴴ

21 novembre 1694-20 février 1695 : à RAOUL DE PIERRE, dit LA PORTE, pour quatre cuirs forts tannez qu'il a acheptez de DATTE, corroyeur à Paris, et de JAQUES BOUILLEROT, tanneur (2 p.)............ 121ᴴ

5 décembre 1694-6 février 1695 : à DATTE, corroyeur, pour quatre cuirs forts tanez (2 p.)..... 120ᴴ

20 février 1695 : au sʳ MARCILLE, de Sedan, 75ᴴ 2ˢ pour la voiture de dix dos de cuir fort, qu'il a payée depuis Liège jusqu'à Sedan, des droits d'entrée desd. cuirs qu'il a payés à Bouillon, et de deux douzaines d'escoupes qu'il a acheptées et envoyées pour les besoins de la machine, et 100ᴴ par gratification pour les soins qu'il a pris, pendant 1694, à recevoir les cuirs qui viennent de Liège pour la machine et de l'envoy qu'il en a fait..... .... 175ᴴ 2ˢ

6 février 1695 : à PIERRE NOLLANT, pour deux cuirs forts tannez........................... 60ᴴ

6 mars : au sʳ CLERX, pour dix dos de cuir pour la machine et les droits de sortie qu'il a payez à GUILLAUME BLERET, tanneur à Liège, y compris 26ᴴ 16ˢ 4ᵈ pour le change, à 8ᴴ pour cent................. 362ᴴ 1ˢ 4ᵈ

20 mars : à PIERRE PROUVAIS, pour un cuir fort tanné qu'il a achepté de JAQUES BOUILLEROT le jeune, maître tanneur à Paris.......................... 45ᴴ

Somme de ce chapitre..... 2191ᴴ 19ˢ 4ᵈ

SERRURERIE.

31 janvier-19 décembre : à PHILIPPE RENAULT, serrurier, parfait payement de l'entretien qu'il a fait aux ouvrages de forge et de serrurerie de la machine pendant la dernière année de son bail, fini le dernier novembre dernier (23 p.).................. 10000ᴴ

5 décembre 1694-9 janvier 1695 : à luy, pour, avec 700ᴴ qui luy seront déduits pour 1500 livres de vieux fer du magasin, faire 556ᴴ 5ˢ 6ᵈ à quoy montent les frais d'augmentation qu'il a livrez pour les équipages des puisards dans le fonds des coursières, aux réparations des digues, rempiétements des isles et pour la Samaritaine de Paris, pendant 1694ᵗ....... 306ᴴ 5ˢ 6ᵈ

6 février-20 mars 1695 : à luy, à compte de l'entretien de la machine (4 p.)................ 1750ᴴ

14 janvier : à PIERRE NOIRET, pour les clouds à vannes qu'il a livrez pour les rempiétemens des isles Gautier et de Croissy, les clouds à calfeutrer, la réparation des baches, et autres fournitures qu'il a faites au magasin de la machine en 1693.................. 243ᴴ

5 décembre : à luy, pour les clouds qu'il a fournis pour les digues de Bezons, digues de la Morue et rempiétemens des isles pendant 1694............ 308ᴴ

4 juillet-19 décembre : à ANSELME ADAM, forgeron, demeurant à Wattigni, prez la ville d'Aubenton, pour les manivelles rompues de la machine qu'il a racomodées (5 p.)............................ 1400ᴴ

19 décembre : à CHARLES-FRANÇOIS POLLARD, pour les tuiaux d'augmentation qu'il a livrez aux conduites montantes de la tour de la machine et sur la rivière, les tuiaux posez au réservoir des Sources, etc.... 62ᴴ 13ˢ

Somme de ce chapitre... 14069ᴴ 18ˢ 6ᵈ

PLOMBERIE.

14 février : à JAQUES LUCAS, plombier, pour les plombs en tuyaux et tables qu'il a livrez et qui ont esté employez à la tour, aux réparations des baches des puisards, aux fourreaux et racordemens des conduites sur la rivière pendant 1693............. 177ᴴ 19ˢ 2ᵈ

1ᵉʳ aoust 1694-23 janvier 1695 : à luy, pour ses ouvrages pendant 1694 (2 p.)......... 397ᴴ 18ˢ 4ᵈ

Somme de ce chapitre..... 575ᴴ 17ˢ 6ᵈ

OUVRAGES DE CUIVRE.

20 janvier 1694-23 janvier 1695 : à JOSEPH ROYER, fondeur, pour l'entretien qu'il fait aux ouvrages de cuivre des équipages des puisards de la machine et sur la rivière de Seyne, en 1694 (4 p.)......... 1200ᴴ

18 juillet : à luy, pour trois racordemens de cuivre d'augmentation qu'il a livrez pour les conduites à feu sur lad. rivière................. 275ᴴ 16ˢ 6ᵈ

Somme de ce chapitre.... 1475ᴴ 16ˢ 6ᵈ

VITRERIE.

9 janvier : à CLAUDE COSETTE, vitrier, pour les réparations des vitres qu'il a faites aux croisées des bâtimens de la machine, en 1694................. 29ᴴ 4ˢ 3ᵈ

DIVERSES DÉPENSES.

28 février : au sʳ VANDERBULST, marchand à Rouen, pour deux barils d'huile de rabette qu'il a livrez pour éclairer les ouvriers à la journée du Roy, y compris les frais de voiture par eau qu'il a fait dud. Rouen au port du Pec..................... 141ᴴ

25 avril : à luy, pour dix barils de bray, à 28ᴴ le baril, quatre barils de godron, à 20ᴴ le baril, et un baril de cloud à piston, pesant 492 livres, à 7ˢ la livre, y compris les frais de voiture par eau de Rouen au Pecq 584ᴴ 9ˢ

15 aoust : au sʳ CUSSON, pour cinq voyes de charbon

de terre d'Auvergne qu'il a fourni pour la forge de la journée du Roy, la voiture comprise........ 162ᶫᶫ 1ˢ

31 janvier-18 juillet : à Philippe Haulmoire, pour huile, chandelles et pots à brûler qu'il a livrez pour éclairer les ouvriers du Roy à la machine depuis le 1ᵉʳ novembre 1693 jusqu'au 7 juillet 1694 (4 p.).... .... 682ᶫᶫ 15ˢ 4ᵈ

6-20 février 1695 : à Jean Gentil, pour mêmes fournitures (2 p.)...................... 539ᶫᶫ 6ˢ 2ᵈ

21 novembre : à Louis Regnouf, paveur, pour ouvrages et réparations de pavé faits devant le pavillon dans la basse-cour du sʳ Deville, et à l'estang des Graissets en 1694......................... 68ᶫᶫ

14 février 1694-9 janvier 1695 : à Estienne Langlois, pour les cables et autres cordages qu'il a livrez pour les équipages des puisards, et les seaux, balais et autres fournitures pour la machine, pendant 1693 et 1694 (2 p.)...................... 524ᶫᶫ 1ˢ 6ᵈ

14 février : à Nicolas Lahogue, pour 311 livres pesant de vieux cordages godronnez qu'il a livrez en 1693 pour faire des calfats pour la réparation des joins des baches des puisards de la machine....... 31ᶫᶫ 2ˢ

6 février 1695 : à la veuve dud. Lahogue, pour 423 livres pesant de vieux cordages godronnez qu'elle a livrez............................ 42ᶫᶫ 6ˢ

19 décembre : à Nicolas Bertin, pour 500 livres pesant de vieux cordages................. 31ᶫᶫ 5ˢ

30 janvier : à Pierre Menoit et Pierre Noiret, pour le loyer, pendant 1693, du bâtiment et forge attenante, occupez par Philippe Renault, serrurier de la machine 100ᶫᶫ

20 février 1695 : aud. Noiret, pour ledit loyer pendant l'année 1694...................... 100ᶫᶫ

31 janvier 1694-20 février 1695 : à Tuevenet, chirurgien à Loucienne, pour les pensemens et médicamens qu'il a employez pour les ouvriers blessez et malades de la machine, en 1691 et 1694 (2 p.).... 105ᶫᶫ 4ˢ

30 janvier : aux Récollets de Saint-Germain, pour avoir dit la messe à la chapelle de la machine pendant 1693............................ 100ᶫᶫ

14 février : à Noel Maillot, vannier, pour les hottes et mannes qu'il a livrées pour la machine et les paniers qu'il a fournis pour les pompes aspirantes du puisard des Sources et pour le grand puisard.... 39ᶫᶫ 18ˢ

23 may : à Florent Dubois, voiturier par eau, pour la voiture de sept manivelles rompues, depuis la machine jusqu'à Pontavert...................... 90ᶫᶫ

6 juin : au sʳ Dalausson, chirurgien à Marly, pour les pensemens et médicamens qu'il a employez à deux ouvriers malades à la machine............... 30ᶫᶫ

20 juin : au sʳ Dillery, commis à la recepte des droits établis au port de Marly, pour les droits de 95 voyes de charbon de terre, faisant 380 muids, qui ont passé depuis un an au port du Pecq pour les ouvrages de la machine.................... 19ᶫᶫ

21 novembre : à Louis Fremault, pour la voiture de sept manivelles, par la rivière d'Oise et de Seyne, depuis Pontavert jusqu'à la machine............. 100ᶫᶫ

20 mars : à Jean Hemont, pour le loyer du moulin de Bougival, occupé par l'alèzement des corps de pompe de la machine........................ 40ᶫᶫ

Somme de ce chapitre....... 3530ᶫᶫ 8ˢ

JOURNÉES D'OUVRIERS.

31 janvier 1694-20 mars 1695 : aux charpentiers, serruriers et autres ouvriers employez à la journée du Roy pour l'entretien de la machine, pour leurs journées depuis le 15 janvier 1694 jusqu'au 18 mars 1695 (30 p.)........................ 19016ᶫᶫ 17ˢ 4ᵈ

FONTAINEBLEAU.

MAÇONNERIE.

28 février : à Mathurin Harsant, parfait payement de 2071ᶫᶫ 9ˢ 8ᵈ à quoy montent les ouvrages et réparations de maçonnerie par luy faits dans la dépendance du château de Fontainebleau pendant les six derniers mois 1693, et aux écuries de M. le comte d'Auvergne pendant lad. année................ 671ᶫᶫ 9ˢ 8ᵈ

4 juillet 1694-20 mars 1695 : à luy, à compte des ouvrages et réparations de maçonnerie qu'il a faits au château de Fontainebleau en 1694 (5 p.)..... 1200ᶫᶫ

Somme de ce chapitre...... 1871ᶫᶫ 9ˢ 8ᵈ

LABOURS.

11 avril : à Simon-Taillard Hauteclair, parfait payement de 959ᶫᶫ 14ˢ à quoy montent le deuxième labour qu'il a fait donner aux plants dans l'enceinte des palis de la forest de Fontainebleau en 1693. 359ᶫᶫ 14ˢ

16 may-15 aoust : à luy, pour le premier labour qu'il fait donner auxd. plants (4 p.)...... 1066ᶫᶫ 19ˢ

21 novembre 1694-20 février 1695 : à luy, pour le deuxième labour.................... 1066ᶫᶫ 19ˢ

16 may-28 novembre : à Nicolas Marchand, pour les labours, fumages et semages qu'il a faits pendant

1694 aux onze parquets des plaines des environs de Fontainebleau (4 p.)........................ 916ᴸᴸ
Somme de ce chapitre....... 3409ᴸᴸ 12ˢ

CHARPENTERIE.

7 février-20 juin : à JEAN MALLET, charpentier, parfait payement de 1588ᴸᴸ 1ˢ 4ᵈ pour ses ouvrages de charpenterie au clocher de la parroisse de Fontainebleau en 1693 (3 p.)........................ 938ᴸᴸ 1ˢ 4ᵈ

23 janvier 1695 : à BONNAVENTURE MONTILLON, charpentier, pour ses ouvrages de charpenterie au château en 1694............................ 32ᴸᴸ 10ˢ

20 mars 1695 : à BERRUYER, charpentier, à compte des réparations de charpenterie qu'il a faites à l'enceinte des palis de la forest de Fontainebleau......... 150ᴸᴸ

Somme de ce chapitre.... 1120ᴸᴸ 11ˢ 4ᵈ

MENUISERIE.

7 février : à THOMAS SAURET, menuisier, parfait payement de 1478ᴸᴸ 16ˢ 10ᵈ à quoy montent les ouvrages de menuiserie qu'il a faits au château de Fontainebleau pendant les six derniers mois 1693....... 478ᴸᴸ 16ˢ 10ᵈ

4 juillet 1694-20 mars 1695 : à luy, à compte de ses ouvrages de menuiserie en 1694 (5 p.) ... 1100ᴸᴸ

12 septembre : à JAQUES MIREL, menuisier, parfait payement de 382ᴸᴸ 18ˢ à quoy monte un jeu de l'anneau tournant qu'il a fourny, livré et posé à Fontainebleau, et pour 38 toises de chevron pour servir de lambourdes 82ᴸᴸ 18ˢ

7 février : aux nommez CHASTENEZ, CUSSIN et PINGUET, menuisiers, pour leurs ouvrages de menuiserie dans la dépendance du château de Fontainebleau en 1693............................ 218ᴸᴸ 10ˢ 6ᵈ

Somme de ce chapitre.... 1880ᴸᴸ 5ˢ 4ᵈ

SERRURERIE.

4 juillet 1694-6 mars 1695 : à la veuve ROSSIGNOL, pour ses ouvrages de serrurerie dans la dépendance du château de Fontainebleau pendant l'année 1694 (5 p.) 573ᴸᴸ 7ˢ 3ᵈ

PEINTURE.

14 mars : à DUBOIS, peintre, pour ses ouvrages de peinture, dorure et impressions dans la dépendance du château de Fontainebleau en 1693...... 230ᴸᴸ 18ˢ 2ᵈ

PLOMBERIE.

7 février : à JAQUES LUCAS, plombier, pour ouvrages de plomberie dans la dépendance du château de Fontainebleau en 1692 et 1693............... 54ᴸᴸ 7ˢ 3ᵈ

PAVÉ.

6 mars 1695 : à MARCHAND, paveur, pour ouvrages de pavé dans la dépendance du château de Fontainebleau en 1694...................... 192ᴸᴸ 9ˢ 4ᵈ

16 may-6 juin : à DESIAUX, pour les roches qu'il a cassées dans toute la longueur de la route de Bilbaux de la forest de Fontainebleau (2 p.)............ 150ᴸᴸ

Somme de ce chapitre....... 342ᴸᴸ 9ˢ 4ᵈ

CHARONNAGE.

7 février 1694-6 mars 1695 : à TIGER, charron, pour ses ouvrages de charonnage dans les dépendances du château de Fontainebleau en 1693 et 1694 (2 p.).. .... 77ᴸᴸ 2ˢ 8ᵈ

DIVERSES DÉPENSES.

19 septembre : à LATOUR, à compte du frottage des planchers du château de Fontainebleau pendant la présente année........................ 150ᴸᴸ

18 avril : aux habitans de Fontainebleau et d'Avon, pour le payement de 245 arpens 91 perches de terre par eux ensemencées aux environs desd. lieux en 1692, et par eux recueillies en 1693, à raison de 30 sols pour la garde de chacun arpent............ 368ᴸᴸ 17ˢ 3ᵈ

7 novembre : à NICOLAS GOUET, dit BATAILLE, pour réparations par luy faites aux treillages qui sont tant au-devant des patissades du grand parterre qu'au-devant de l'espallier du parc de Fontainebleau, montant à 75 toises courantes................................ 45ᴸᴸ

21 novembre : à M. DE SAINT-HEREM, pour les dépenses extraordinaires par luy faites pour les parquets des environs de Fontainebleau pendant la présente année... 480ˢ

A la veuve LA SALLE, pour avoir fourni 132 boisseaux de bled metail pour ensemencer 22 arpens de terre dans les onze parquets des plaines des environs de Fontainebleau................................ 286ᴸᴸ

Somme de ce chapitre..... 1330ᴸᴸ 5ˢ 3ᵈ

ENTRETENEMENS DE FONTAINEBLEAU.

16 may 1694-24 novembre 1695 : aux nommez MARCHAND et LABRIE, ayant l'entretien des routtes de la forest, pour leurs gages des trois derniers mois 1693 et six premiers 1694 (3 p.)................. 600ᴸᴸ

16 may 1694-24 novembre 1695 : à JAMIN et à ses héritiers, ayant l'entretien et nettoyement des cours des

offices, du Cheval blanc, des heronnières et autres endroits du château, pour ses gages des trois derniers mois 1693 et neuf premiers 1694 (3 p.)...... 192"

16 may - 7 novembre : à Nicolas Gouet, dit Bataille, ayant l'entretien des fossez du pourtour dud. château, pour ses gages des trois derniers mois 1693 et neuf premiers 1694 (2 p.).................... 47" 8'

1ᵉʳ aoust 1694 - 23 janvier 1695 : à luy, ayant l'entretien des palis des sept parquets des plaines, pour led. entretien pendant l'année 1694 (2 p.)........ 120"

16 may - 6 juin : à Angelin de la Salle, pour le bled qu'il a fourni pour la nourriture des perdrix et des faisans des parquets des environs de Fontainebleau (2 p.) .... 547" 10'

1ᵉʳ aoust 1694 - 23 janvier 1695 : à luy et à sa veuve, pour ses gages de garde desd. parquets pendant les trois premiers quartiers 1694 (3 p.)...... 525"

1ᵉʳ aoust 1694 - 6 février 1695 : à Couturier, ayant l'entretien de toutes les conduites de fer, tant au dedans qu'au dehors du parc de Fontainebleau, et de celles de grais depuis Samois jusqu'au haut du pavé des Bassesloges, pour ses gages de la présente année 1694 (3 p.) .... 400"

1ᵉʳ aoust 1694 - 6 mars 1695 : à Rebours, dit La Brie, garde des palis de la forest, pour ses gages de l'année 1694 (3 p.)................... 300"

6 mars 1695 : à luy, comme garde des parquets pendant les trois derniers mois 1694........... 175"

13 février 1695 : à Paquier Souchet, pour une année de la gratification qui luy a esté accordée par S. M. en considération du soin qu'il a eu des orangers dud. château............................... 300"

Somme de ce chapitre...... 3206" 18'

OUVRIERS À JOURNÉES.

28 mars 1694 - 23 janvier 1695 : aux ouvriers qui ont travaillé dans la dépendance du château de Fontainebleau depuis le mois de mars jusqu'au 31. décembre 1694 (14 p.)................... 1876" 8'

23 janvier 1695 : à ceux qui ont rempli de glace les six glacières du château de Fontainebleau... 730" 18'

Somme de ce chapitre...... 2607" 6'

CHAMBORD.

MAÇONNERIE.

14 février : à Mathieu Lachant, parfait payement de 658" 7' 4ᵈ à quoy montent ses ouvrages et réparations de maçonnerie dans la dépendance du château de Chambord en 1693...................... 58" 7' 4ᵈ

11 avril : à luy, pour les entretiens de la maçonnerie dud. château pendant les trois derniers mois de l'année 1693............................ 68" 15'

20 juin 1694 - 23 janvier 1695 : à Cuistelin, maçon, pour les ouvrages et réparations de maçonnerie des murs du parc de Chambord, à la teste du grand pont du Pinet, murs de clôture et à la gallerie de Montfreau (3 p.)............................ 637" 15'

18 juillet 1694 - 20 février 1695 : à luy, sur les entretiens de la maçonnerie dud. château pendant les trois premiers quartiers 1694 (3 p.).......... 187" 10'

Somme de ce chapitre...... 952" 7' 4ᵈ

TERRASSES.

21 mars : aux nommez Gitteau, Micuou et Trouvé, terrassiers, parfait payement de 303" 7' 2ᵈ pour la fouille et transport de terre qu'ils ont fait sur les chaussées de Riporcher et du Pinet dans le parc de Chambord .... 219" 7' 2ᵈ

CHARPENTERIE.

14 février : à Besnier et la veuve Raby, charpentiers, parfait payement de 186" 12' 5ᵈ à quoy montent les ouvrages et réparations de charpenterie des palis, des faisanderies et remises à gibier dans le parc de Chambord .... 86" 12' 5ᵈ

11 avril : à eux, pour l'entretien de la charpenterie desd. palis pendant les trois derniers mois 1693.. 85"

1ᵉʳ août : à Bardon, charpentier de batteau, pour avoir rétably un batteau qui estoit dans la rivière du Cosson dans le parc de Chambord.............. 12"

14 février : à Bouray, charpentier, parfait payement de 351" 4' 5ᵈ à quoy montent ses ouvrages de charpenterie dans la dépendance du château de Chambord et aux ponts du Pinet..................... 151" 4' 5ᵈ

18 juillet 1694 - 20 février 1695 : à luy, pour l'entretien de la charpenterie dud. château et dépendances et des palis des faisanderies et remises à gibier dans le parc de Chambord dans les trois premiers quartiers 1694 (3 p.)............................ 240"

24 octobre 1694 - 23 janvier 1695 : à luy, pour ses ouvrages au château, faisanderie, remises et dépendances (2 p.)............................ 217" 2'

12 décembre : à luy, pour avoir tiré hors du fossé le long de la grande place au-devant de l'avant-cour tous les bois de charpente que les grandes eaux y avoient em-

mené, les avoir arrangez et mis sur des chantiers et avoir arrangé et remanié tous les autres bois...... 20ᴧ

Somme de ce chapitre..... 811ᴧ 18ˢ 10ᵈ

COUVERTURE.

14 février : à Valentin Tesnier, couvreur, pour les ouvrages et réparations de couverture et plomberie qu'il a faits dans la dépendance du château de Chambord en 1693......................... 8ᴧ 16ˢ 10ᵈ

11 avril - 7 novembre : à luy et à ses héritiers, pour les entretiens de couverture dud. château pendant les trois derniers mois 1693 et les six premiers 1694 (3 p.)................................... 302ᴧ 10ˢ

20 juin - 12 décembre : à luy et à ses héritiers, pour ses ouvrages aud. château pendant la présente année, déduction faite de 10 toises de couverture d'ardoise neuve qu'il est tenu de faire suivant son marché (2 p.)...... .... 168ᴧ 17ˢ 8ᵈ

20 février 1695 : à Lhoste et Tesnier, pour l'entretien du troisième quartier 1694.............. 100ᴧ

Somme de ce chapitre....... 580ᴧ 4ˢ 6ᵈ

MENUISERIE.

14 février : à Estienne Tassin, menuisier, pour ouvrages et réparations de menuiserie au château de Chambord en 1693........................ 20ᴧ 17ˢ

11 avril 1694 - 20 février 1695 : à la veuve Bonnet, menuisier, pour les entretiens qu'elle a fait faire de la menuiserie du château et dépendances pendant le dernier quartier 1693 et les trois premiers 1694 (4 p.).... 144ᴧ 5ˢ

23 janvier 1695 : à Le Rond, menuisier, pour ouvrages et réparations de menuiserie dans la dépendance du château pendant 1694............. 20ᴧ 12ˢ 6ᵈ

Somme de ce chapitre...... 185ᴧ 14ˢ 6ᵈ

SERRURERIE.

14 février : à Clément Beaujouan, serrurier, parfait payement de 72ᴧ 6ˢ 1ᵈ pour ouvrages et réparations de serrurerie qu'il a faits dans la dépendance du château de Chambord en 1693................... 32ᴧ 6ˢ 1ᵈ

11 avril 1694 - 20 février 1695 : à luy, pour l'entretien de la serrurerie dud. château et dépendances pendant le dernier quartier 1693 et les trois premiers 1694 (4 p.)............................... 165ᴧ

24 octobre 1694 - 23 janvier 1695 : à luy, pour ses ouvrages et réparations de serrurerie aud. château en la présente année (2 p.).................. 74ᴧ 18ˢ 4ᵈ

Somme de ce chapitre...... 272ᴧ 4ˢ 5ᵈ

VITRERIE.

14 février 1694 - 23 janvier 1695 : à François Trinquard, pour ses ouvrages et réparations de vitrerie dans la dépendance du château de Chambord pendant 1693 et 1694 (2 p.)..................... 27ᴧ 13ˢ 8ᵈ

11 avril 1694 - 20 février 1695 : à luy, pour l'entretien des vitres dud. château et dépendances pendant le dernier quartier de 1693 et les trois premiers de 1694 (4 p.)............................. 99ᴧ

Somme de ce chapitre...... 126ᴧ 13ˢ 8ᵈ

PAVÉ.

14 février : à Raymond Poiremolle, paveur, pour ses ouvrages et réparations de pavé dans la dépendance du château de Chambord en 1693............ 19ᴧ 7ˢ 6ᵈ

11 avril : à luy, pour les entretiens de pavé dud. château et dépendances pendant les trois derniers mois 1693 .... 72ᴧ 10ˢ

18 juillet 1694 - 20 février 1695 : à Chastelin, paveur, pour les entretiens de pavé dud. château pendant les trois premiers quartiers 1694 (3 p.)........ 210ᴧ

23 janvier 1695 : à luy, pour les ouvrages et réparations de pavé qu'il a faits dans la dépendance dud. château pendant 1694.................. 36ᴧ 13ˢ 4ᵈ

Somme de ce chapitre..... 338ᴧ 10ˢ 10ᵈ

DIVERSES DÉPENSES.

11 avril : au sʳ Desgodets, parfait payement de 108ᴧ 15ˢ 8ᵈ à quoy montent ses menues dépenses pour les bâtiments de la dépendance dud. château en 1693 et 1694................................. 2ᴧ 12ˢ 8ᵈ

11 avril 1694 - 20 février 1695 : au sʳ de Bellefond, concierge du château, pour le nettoyement, frotage de parquet et entretien de l'horloge dud. château, pour les deux derniers quartiers 1693 et les trois premiers 1694 (3 p.)................... 312ᴧ 10ˢ

11 avril - 7 novembre : à Charles Chevalier, pour le nettoyement des allées de la canardière de Chambord, pendant les trois derniers mois 1693 et les six premiers 1694 (3 p.)............................. 36ᴧ

16 janvier 1695 : aux ouvriers qui ont travaillé à la journée du Roy pour remplir de glace une des glacières de Chambord....................... 82ᴧ 6ˢ 6ᵈ

Somme de ce chapitre...... 433ᴧ 9ˢ 2ᵈ

RIVIÈRE D'EURE.

APOINTEMENS D'ÉCLUSIERS DE LA RIVIÈRE D'EURE.

4 avril - 1ᵉʳ aoust : au nommé Devin, éclusier, chargé

de toutes les écluses sur la rivière d'Eure et canal d'Épernon, depuis le mois de mars jusqu'au mois de juin dernier, à raison de 20ˢ par jour (4 p.)... 122ᴸᵗ

12 septembre : à sa veuve et héritiers, pour les mois de juillet et d'aoust...................... 62ᴸᵗ

7 novembre 1694-6 mars 1695 : à LEGRAIN, éclusier, pour les mois de septembre 1694 au mois de janvier 1695 (5 p.)..................... 153ᴸᵗ

    Somme de ce chapitre.......... 337ᴸᵗ

MENUES DÉPENSES À MAINTENON.

28 février : à MOREAU et autres, pour menues dépenses faites pour la construction de l'aqueduc sur la rivière d'Eure, sous la direction du sʳ ROBELIN 152ᴸᵗ 11ˢ 6ᵈ

4 avril-5 septembre : au sʳ LE BLANC, pour une année du loyer d'une maison à luy apartenante scize à Maintenon, occupée par le sʳ ROBELIN (2 p.).... 330ᴸᵗ

4 avril 1694-6 février 1695 : à MAXIMILIEN RACINE et autres, pour menues dépenses faites pour la construction dud. aqueduc (2 p.)................. 28ᴸᵗ 12ˢ

9 may : à FRANÇOIS LIMOSIN et autres, pour menues dépenses............................... 62ᴸᵗ 9ˢ 6ᵈ

6 juin : au sʳ GUIARD et autres, *idem*...... 175ᴸᵗ 8ˢ

4 juillet : à THOMAS, JEAN LE COCQ et autres, *idem*... .... 287ᴸᵗ 2ˢ 10ᵈ

1ᵉʳ aoust : à THOMAS, MARC MALDOIT et autres, *idem* 156ᴸᵗ 5ˢ

12 septembre : à THOMAS, JEAN ROUSSEAU et autres, *idem*................................. 117ᴸᵗ 17ˢ

7 novembre : à CHEVREUIL et autres, *idem*... 78ᴸᵗ 9ˢ

5 décembre 1694-6 février 1695 : au sʳ PRELLE et autres, *idem* (2 p.)................. 154ᴸᵗ 17ˢ 6ᵈ

    Somme de ce chapitre........ 1543ᴸᵗ 3ˢ

CHÂTEAU DE CHOISY.

MAÇONNERIE.

31 janvier 1694-30 janvier 1695 : à PIERRE LE MAISTRE le neveu, entrepreneur, parfait payement de 10496ᴸᵗ pour les ouvrages de maçonnerie aud. château et dépendances pendant 1693 (14 p.)....... 3596ᴸᵗ

30 janvier 1695 : à luy, à compte de ses ouvrages en 1694.............................. 2004ᴸᵗ

    Somme de ce chapitre.......... 5600ᴸᵗ

GLACIÈRES.

9 janvier-6 février 1695 : au sʳ BLONDEAU, habitant de Choisy, pour 52 toises 1/2 11 pieds 1 pouce 1/2 cube de glace dont il a remply les deux glacières de Choisy (3 p.)............................ 633ᴸᵗ 14ˢ

PLANTS D'ARBRES.

21 mars 1694-9 janvier 1695 : à REMY JANSON, jardinier, parfait payement de 1203ᴸᵗ 4ˢ à quoy montent les plants d'arbres qu'il a faits au jardin de Choisy (3 p.) 853ᴸᵗ 4ˢ

18 juillet-1ᵉʳ aoust : à luy, pour la fouille des rigolles qu'il a faites pour mettre de la bonne terre au pied de la charmille du jardin de Choisy (2 p.)...... 192ᴸᵗ 15ˢ

15 aoust-21 novembre : à luy, pour 4603 toises 1/2 11 pieds de superficie de sable qu'il a répandu dans les allées de Boulingrin et la salle des maronniers de Choisy (5 p.)................................ 690ᴸᵗ 11ˢ 5ᵈ

    Somme de ce chapitre..... 1736ᴸᵗ 10ˢ 5ᵈ

CHARPENTERIE ET CHARRONNAGE.

31 janvier 1694-20 mars 1695 : à JEAN MALET, charpentier, parfait payement de 2819ᴸᵗ 19ˢ 9ᵈ à quoy montent ses ouvrages de charpenterie dans la dépendance du château de Noisy (8 p.)....... 1619ᴸᵗ 19ˢ 9ᵈ

31 janvier : à NICOLAS TELLIER, charron, pour deux chariots qu'il a faits et fournis pour transporter les orangers et remplacer ceux qui ont esté brûlez.... 31ᴸᵗ 10ˢ

A JEAN MONNEAU, charron, pour un petit chariot servant à transporter les orangers à la place d'un qui a aussy esté brûlé........................... 15ᴸᵗ

    Somme de ce chapitre.... 1666ᴸᵗ 9ˢ 9ᵈ

COUVERTURE.

31 janvier-25 avril : à ESTIENNE YVON, couvreur, pour ses ouvrages de couverture au château de Choisy en 1693 (2 p.)................................... 380ᴸᵗ 7ˢ 6ᵈ

6 juin-24 octobre : à luy, pour l'entretien des couvertures desd. bâtiments de Choisy pendant les six derniers mois 1693 et six premiers 1694 (3 p.).... 500ᴸᵗ

21 novembre : à GERMAIN BALLU, couvreur en chaume, pour les réparations qu'il a faites aux couvertures de chaume de la terre des orangers et des deux glacières de Choisy................................. 25ᴸᵗ 4ˢ

    Somme de ce chapitre...... 905ᴸᵗ 11ˢ 6ᵈ

MENUISERIE.

31 janvier-1ᵉʳ aoust : à PIERRE VEDEAU, menuisier, parfait payement de ses ouvrages de menuiserie au château de Choisy en 1693 (5 p.)......... 981ᴸᵗ 18ˢ 5ᵈ

29 aoust 1694-mars 1695 : à luy, à compte de ses

ouvrages de menuiserie aud. château en 1694 (8 p.).. .... 1400ᴸ

31 janvier-23 mars : à Nivet, menuisier, parfait payement de 920ᴸ pour 80 caisses pour les orangers de Choisy (5 p.)........................... 720ᴸ

9 janvier 1695 : au sʳ Dessanteaux, menuisier, pour mesures de bois de fresne de différentes longueurs et une grande équaire de bois de chesne d'assemble qu'il se démonte, qu'il a fourni pour régler la hauteur des arbres des jardins de Choisy............... 17ᴸ 5ˢ

14 février : à Touset, menuisier, pour un prie-Dieu de menuiserie qu'il a fait pour la chapelle de Monseigneur à Choisy............................ 16ᴸ

28 février : à Bacouel, autre, pour 27 caisses de menuiserie pour les orangers de Choisy.......... 235ᴸ

A la veuve Barbier, pour 73 caisses de mairin et douves qu'elle a livrées aud. jardin......... 80ᴸ 15ˢ

Somme de ce chapitre..... 3450ᴸ 18ˢ 5ᵈ

SERRURERIE.

31 janvier-20 mars 1695 : à Pierre Roger, serrurier, à compte de la serrurerie qu'il a faite au château de Choisy (11 p.)........................... 1950ᴸ

19 décembre : à Thomas Vallerand, pour neuf réchaux de fer, pesant 273 livres, qu'il a livrez pour Choisy, à 17ᴸ le cent....................... 46ᴸ 8ˢ 2ᵈ

6 juin : à luy, pour la ferrure de la moitié de 107 caisses pour les orangers de Choisy......... 557ᴸ 11ˢ

A Tavernier, serrurier, pour la ferrure de moitié des 107 caisses........................... 562ᴸ 10ˢ

6 juin 1694-20 février 1695 : à Jaques Lambert, serrurier, à compte de ses ouvrages de serrurerie au delà de son marché d'entretien pendant 1694 (2 p.). 150ᴸ

18 juillet 1694-9 janvier 1695 : à luy, pour l'entretien des ferrures de Choisy depuis le mois de mars jusqu'à fin de décembre (3 p.)............... 333ᴸ 7ˢ

Somme de ce chapitre..... 3599ᴸ 16ˢ 2ᵈ

VITRERIE.

28 février-6 juin : à Pougeois, vitrier, pour ses ouvrages de vitrerie dans la dépendance du château de Choisy pendant les trois derniers mois 1693 et les quatre premiers 1694 (5 p.)............. 534ᴸ 8ˢ 2ᵈ

24 octobre 1694-20 février 1695 : à luy, pour ses ouvrages depuis le mois de may (4 p.)...... 542ᴸ 8ˢ 5ᵈ

Somme de ce chapitre..... 1076ᴸ 16ˢ 7ᵈ

PLOMBERIE.

17 aoust : à Jaques Lucas, plombier, pour les tuyaux de plomb, soudure pour plomb et soudure pour réparations qu'il a fourni pendant les six premiers mois 1691 .... 130ᴸ 7ˢ

PAVÉ.

28 mars : à Louis Regnouf, paveur, sur ses ouvrages de pavé dans la dépendance du château de Choisy pendant 1693............................ 100ᴸ

OUVRAGES DE CUIVRE.

20 juin : à Gilles Le Moyne, fondeur, pour robinets de cuivre et autres ouvrages pour les fontaines du château de Choisy.................... 303ᴸ 10ˢ 6ᵈ

OUVRAGES DE CUIVRE DORÉ.

14 mars-15 aoust : à Percheron, dit Locnon, ébéniste, pour les ouvrages de cuivre doré qu'il a fait pour les appartements de Monseigneur à Choisy, et pour les glaces de la grande gallerie et de l'antichambre (6 p.) 915ᴸ 10ˢ 10ᵈ

PEINTURE.

11 avril-21 novembre : à Estienne Bourgault, peintre, sur les grosses peintures qu'il fait aud. château de Choisy (4 p.)........................... 400ᴸ

DORURE.

26 septembre : au sʳ Choulier, doreur, pour ouvrages et réparations de dorure aux corniches, bordures de tableaux, testes de chérubins et autres ouvrages d'architecture et de sculpture de la chapelle de Choisy...... .... 144ᴸ 7ˢ 2ᵈ

SCULPTURE.

31 janvier : à Briquet, sculpteur, parfait payement de 110ᴸ pour la sculpture en bois par luy faite à la cheminée du salon au bout de la gallerie de Choisy.. 60ᴸ

Au sʳ Belan, sculpteur, pour la sculpture en bois qu'il a fait à la cheminée de la salle à manger de l'appartement du Roy.................... 25ᴸ 10ˢ

Somme de ce chapitre......... 85ᴸ 10ˢ

DIVERSES DÉPENSES.

20 mars 1695 : à Julien Lorry, horlogeur, à compte de l'horloge qu'il a fait pour Choisy.......... 200ᴸ

31 janvier-14 février : à Remy Janson, jardinier, parfait payement de 888ᴸ 7ˢ 6ᵈ à quoy montent ses ouvrages pour remplir de glace les deux glacières de Choisy (2 p.)........................... 288ᴸ 7ˢ 6ᵈ

28 février : à DEREAUX, pour quinze gros marouniers qu'il a livrez et voiturez au jardin de Choisy, à 25ᵉ pour chacun.................................. 27ᴴ 15ˢ

21 mars-24 octobre : à TABENOT, pour l'achapt de 300 perches de chesne et autres dépenses qu'il a faites pour le jardin de Choisy (3 p.)............ 331ᴴ 5ˢ

11 avril : à DENIS MALGRANGE, épinglier, parfait payement de 216ᴴ 13ˢ 6ᵈ pour le treillis de gros fil de fer qu'il a fait et fourni à quatre grilles de fer des jardins de Choisy...................... 116ᴴ 13ˢ 6ᵈ

11 avril 1694-9 janvier 1695 : à la mère BESNARD, pour avoir nettoyé les cours du château, arraché et nettoyé les herbes pendant les six premiers mois 1694 (2 p.)...................................... 100ᴴ

25 avril 1694-23 janvier 1695 : à PIERRE DESCHAMPS, preneur de taupes, pour ses gages de la présente année 1694 (4 p.)................... 100ᴴ

23 may : à NICOLAS HENDRECY, pour les manes qu'il a livrées pour le jardin de Choisy............ 27ᴴ 15ˢ

18 juillet 1694-23 janvier 1695 : à NICOLAS ANGNOU, dit POULET, ancien fontainier de Mademoiselle à Choisy, pour sa pension des trois premiers quartiers 1694 (3 p.)....................................... 150ᴴ

26 septembre : au sʳ BESCUE, pour 250 perches d'ormes qu'il a fourni, à 10ᴴ le cent........... 25ᴴ

26 septembre : à AUMONT, pour dépenses faites au château de Choisy..................... 59ᴴ 5ˢ

5 décembre : à JEAN PALU, fermier des bois de Messieurs de Saint-Victor dans la forest de Sénart, pour le dégât qui a esté fait dans lad. forest pour trois milliers de plants de charme qui y ont esté levez........ 45ᴴ

23 janvier 1695 : au sʳ LHUILLIER, pour dépenses faites pour faire remonter la chaloupe de Monseigneur, que les glaces avaient amenée à Maisons, proche Charenton...................................... 118ᴴ

6 mars : à BERTRAND MOTTARD, pescheur à Choisy, pour les soins qu'il a pris de la chaloupe de Monseigneur à Choisy.................................. 50ᴴ

Somme de ce chapitre........ 1639ᴴ 1ˢ

OUVRIERS À JOURNÉES.

31 janvier 1694-20 mars 1695 : aux ouvriers qui ont travaillé à la journée du Roy depuis le 15 janvier 1694 jusqu'au 19 mars dernier (31 p.). 1909ᴴ 19ˢ 8ᵈ

GAGES DES EMPLOYEZ À CHOISY.

14 février 1694-6 février 1695 : à RENAND, jardinier à Choisy, parfait payement des trois premiers quartiers des entretiens des jardins de Choisy pendant 1694 (21 p.)................................ 6000ᴴ

6-20 mars 1695 : à luy, à compte du dernier quartier des entretiens dud. jardin (2 p.)......... 600ᴴ

1ᵉʳ mars-23 may 1694 : à luy, pour ouvrages extraordinaires faits outre son entretien (2 p.).... 194ᴴ 4ˢ

7 novembre : à luy, pour ouvrages de gazon qu'il a faits au pourtour du jeu du bouloy de Monseigneur dans le rond d'érable...................... 132ᴴ 19ˢ

5 décembre : à luy, pour six milliers de plants de charme, de 8 à 9 pieds de hauteur, provenant de la forest de Sénart, qu'il a fourni à Choisy......... 216ᴴ

9 may 1694-6 février 1695 : à CHEVILLARD, fontainier, pour ses gages de la présente année 1694 (4 p.)...................................... 600ᴴ

6 mars 1695 : à luy, pour le loyer de son logement pendant lad. année...................... 120ᴴ

18 juillet-10 octobre : à la mère BESNARD, pour le nettoyement des cours dud. château pendant les deuxième et troisième quartier 1694 (2 p.)............ 100ᴴ

Somme de ce chapitre........ 7963ᴴ 3ˢ

GAGES PAYEZ PAR ORDONNANCES.

31 janvier-28 novembre : à ANDRÉ ROGER, commis du sʳ DE LA CHAPELLE-BESSÉ, pour ses appointemens des six derniers mois 1693, des trois premiers 1694, et 250ᴴ par gratification, en considération du travail qu'il fait pour vériffier les comptes en marbres des marbriers (2 p.)....................................... 1000ᴴ

31 janvier-14 novembre : au sʳ MORLET, ayant la direction des grands et petits plants d'arbres des avenues des maisons royalles, pour ses appointemens des cinq derniers mois 1693 et des trois premiers 1694 (2 p.)..................................... 1200ᴴ

31 janvier-23 janvier 1695 : à LOUIS-CLÉMENT GARNIER, jardinier de la pépinière du Roulle, pour ses appointemens des six derniers mois 1693 et neuf premiers 1694 (4 p.)...................... 1500ᴴ

A LOUIS GERMAIN, servant à cheval, ayant l'inspection sur les ouvriers qui travaillent aux plants d'arbres de Marly et de Versailles, pour ses appointemens des six derniers mois de l'année 1693 et neuf premiers 1694 (4 p.)..................................... 1500ᴴ

31 janvier 1694-23 janvier 1695 : à BACOUEL, portier du cours là la Reyne du côté de Chaillot, et pour garder les plants d'arbres des avenues du palais des Thuilleries, pour ses gages des six derniers mois 1693 et de la présente année 1694 (4 p.)............. 300ᴴ

ANNÉE 1694. — GAGES PAYÉS PAR ORDONNANCES.

7 février 1694-16 janvier 1695 : à ANTOINE L'ÉCUYER, dessinateur à Marly, pour ses gages du dernier quartier de l'année 1693 et des trois premiers de 1694 (4 p.)............................... 1200ʰ

7 février 1694-16 janvier 1695 : à JAQUES MONTREUIL, inspecteur à Marly, pour ses gages des deux derniers mois 1693 et neuf premiers 1694 (4 p.)....... 825ʰ

7 février 1694-16 janvier 1695 : à GUILLAUME CRÉAN, inspecteur à Saint-Germain, pour ses gages des deux derniers mois 1693 et des neuf premiers 1694 (4 p.)................................. 550ʰ

7 février : au s' BOFFRANT, dessinateur, à compte des plants des maisons royalles qu'il a levez pour le service du Roy............................... 200ʰ

7 février 1694-16 janvier 1695 : à ESTIENNE LARUE, inspecteur aux aqueducs du fonds de Retz, pour ses gages du mois de décembre 1693 et de la présente année 1694 (6 p.)............................ 390ʰ

14 février : aux nommez PAILLET, LEGROS, ROUSSELET, TIGER, BRODON, MASSOU, COFFRE, FREMIN, LOBELLE et VLEUGHELS, élèves peintres et sculpteurs, pour leurs subsistances pendant les trois derniers mois de 1693, à raison de 22ʰ par mois pour chacun................ 660ʰ

21 février 1694-13 mars 1695 : au s' D'ESTRECHY, contrôleur à Fontainebleau, pour ses gages des six derniers mois 1693 et des six premiers 1694 (3 p.).....
.... 3600ʰ

7 mars 1694-20 mars 1695 : à LA CHAMBRE, garde à cheval à Saclay, pour ses gages de l'année 1694 et des mois de janvier et février 1695 (7 p.)........ 630ʰ

A BEAULIEU, garde à l'étang de Vieille-Église, idem (7 p.)............................... 630ʰ

A DU THIER, garde à l'étang de Trappes, idem (7 p.)
.... 630ʰ

A LE MAISTRE, autre, à un des pavillons de Trappes, idem (7 p.).............................. 630ʰ

A MARTIN, autre, au Perray, idem (7 p.)..... 630ʰ

A DENIS ROSAY, autre, au Préclos, idem (7 p.).. 630ʰ

A BERNARD, autre, au Ménil, pour ses gages du 15 février 1694 à fin février 1695 (7 p.)....... 562ʰ 10ˢ

7 mars 1694-20 mars 1695 : à LEFEBVRE, garde à cheval à Buc, pour ses gages de la présente année 1694 et des mois de janvier et février 1695 (7 p.).... 424ʰ

7 mars-20 may : à ROBELIN, ayant la direction des ouvrages de l'aqueduc de Maintenon, pour ses appointemens des quatre premiers mois 1694 (3 p.)... 2000ʰ

7 mars 1694-6 mars 1695 : au s' PARISOT, ingénieur, pour ses appointemens pendant la présente année 1694 et le mois de janvier 1695 (12 p.)..... 1950ʰ

Au s' DELACHANGE, maître maçon, pour ses appointemens pendant le même temps (12 p.)......... 875ʰ

Au s' HOURRY, inspecteur, pour idem (12 p.).. 975ʰ

7 mars-4 avril : à CROSNIER, chargé de la garde des matériaux et équipages du s' LE MAISTRE, entrepreneur de la maçonnerie de l'aqueduc de Maintenon, pour les trois premiers mois 1694 (2 p.)............... 150ʰ

7 mars 1694-6 mars 1695 : à LABONTÉ, chargé de la garde des matériaux du s' JURANT, entrepreneur de la pierre de taille dud. aqueduc, pour ses appointemens 1694 et le mois de janvier 1695 (12 p.)...... 650ʰ

7 mars 1694-23 janvier 1695 : au s' DESGODET, contrôleur à Chambord, pour ses appointemens des six derniers mois de 1694 et des neuf premiers 1694 (7 p.)..
.... 2850ʰ

21 novembre 1694-13 mars 1695 : à luy, pour les appointemens de son commis des deuxième et troisième quartiers 1694 (2 p.)..................... 500ʰ

4 avril : à GUIARD, toiseur, pour ses appointemens de trois jours du mois de février et du mois de mars dernier................................ 99ʰ

4 avril 1694-16 janvier 1695 : à CLAUDE DOBTE, inspecteur à Marly, pour ses appointemens de l'année 1694 (4 p.)............................ 432ʰ

4 avril-26 septembre : à FRANÇOIS GALIN, piqueur à Marly, pour ses appointemens des trois premiers quartiers 1694 (4 p.)........................ 450ʰ

4 avril 1694-16 janvier 1695 : au s' VAILLANT, garde-magasin de Saint-Germain, pour ses appointemens de l'année 1694 (4 p.).................. 600ʰ

4 avril 1694-13 mars 1695 : à CHARLES JUMEL, garde-magasin de la Machine, pour ses appointemens des trois derniers mois 1693 et des neuf premiers 1694 (4 p.)............................ 900ʰ

11 avril 1694-27 mars 1695 : au s' MESMYN, pour ses appointemens de la présente année 1694 et les trois premiers mois 1695 (5 p.)................. 5000ʰ

Au s' SINFRAY, idem (5 p.)............... 3750ʰ

Au s' FROSNE, idem, y compris les appointemens de son commis (5 p.)......................... 4500ʰ

Au s' CHUPPIN, idem (5 p.).............. 2500ʰ

Au s' JOLLY, idem (5 p.)................ 2500ʰ

Au s' MARCHANT, idem (5 p.)............ 1250ʰ

Au s' LEFEBVRE, pour l'entretien de la Samaritaine, idem (6 p.)............................... 3600ʰ

Au s' DE BOURGES, médecin des bâtimens, idem (5 p.)
.... 2500ʰ

11 avril 1694-13 février 1695 : au s' DE CRESCENT,

contrôleur à Monceaux, pour ses appointemens de l'année 1694 (4 p.)............................ 2300"

11 avril 1694-27 mars 1695 : au s' Marigner, pour ses appointemens de l'année 1694 et les trois premiers mois 1695, y compris son logement et les frais de son bureau (5 p.)............................. 5000"

2 janvier 1695 : à luy, pour les appointemens de son commis pendant 1694........................ 600"

11 avril 1694-2 janvier 1695 : à la veuve Desjardins, concierge de la Surintendance des bâtimens à Versailles, pous ses appointemens de l'année 1694 (4 p.)..
.... 400"

11 avril 1694-16 janvier 1695 : au s' Bonnefonds, employé au magasin de la place de Vendôme, pour ses appointemens des trois derniers mois 1693 et de l'année 1694 (5 p.)....................................... 1125"

11 avril-14 novembre : au s' Boucault, employé à la Machine, pour ses appointemens des trois derniers mois 1693 et six premiers 1694 (3 p.)............ 675"

11 avril 1694-27 mars 1695 : au s' Jourdan, employé dans le petit parc de Versailles, pour ses appointemens du dernier quartier 1693 et des trois premiers 1694 (4 p.)............................... 900"

11 avril-14 novembre : à Toussaint Michel, menuisier, employé à la Machine, pour ses appointemens du dernier quartier 1693 et des deux premiers 1694 (3 p.)
.... 540"

Au s' Lhuillier, inspecteur à Choisy, pour ses appointemens pendant le même temps (3 p.)........ 900"

23 may 1694-13 février 1695 : au s' Lefèvre, contrôleur général, en considération du séjour qu'il a fait à Versailles et du service qu'il a rendu dans les bâtimens pendant les six derniers mois 1693 et six premiers 1694 (4 p.)........................... 5000"

4 juin-14 novembre : au s' Lambert, contrôleur, pour ses appointemens des six derniers mois 1693 et trois premiers 1694 (3 p.)...................... 3000"

30 may 1694-13 février 1695 : au s' Perrault, pour ses gages et gratification pendant les six derniers mois 1693 et trois premiers 1694 (2 p.).......... 3300"

4 juin-5 décembre : au s' Villiard, pour ses appointemens des six derniers mois 1693 et trois premiers 1694 (3 p.).. 900"

12 septembre : au s' Mignard, pour ses appointemens du quartier de juillet 1694............. 2200"

9 may 1694-13 mars 1695 : au s' Mansart, pour ses appointemens des trois derniers mois 1693 et des neuf premiers 1694 (6 p.)................. 8750"

A Cauchi, dessinateur, idem (6 p.)......... 1050"

A Cailluteau, dit Lassurance, idem (6 p.).. 1050"

13 juin 1694-13 février 1695 : à Dorbay, architecte, pour ses appointemens des six derniers mois 1693 (2 p.).. 1000"

19 septembre : au s' de la Motte, à compte de la gratification qui luy est accordée pour l'année 1694...
.... 450"

13 septembre 1694-6 février 1695 : à la veuve du s' Fossier, et à son fils Henry Fossier, pour ses appointemens de l'année 1693 et des six premiers mois 1694 (4 p.)....................................... 2500"

4 juin-5 décembre : au s' Le Goux, employé à la plaine de Saclay, appointemens des trois derniers mois 1693 et des six premiers 1694 (3 p.)....... 900"

Au s' Duchiron, garde des magasins des plombs, idem (3 p.)...................................... 1500"

Au s' Deslouit, employé au magasin de démolitions, idem (3 p.)....................................... 900"

Au s' Michelet, employé au poids du fer, idem (4 p.)
.... 900"

Au s' Andrieu, employé à toiser les terres, idem (3 p.)
.... 1500"

Au s' Andrieu le jeune, aydant aud. Andrieu, idem (3 p.).. 274"

A Le Court, employé à l'église des Invalides, idem (3 p.).. 1125"

Au s' de la Boullaye, employé aux vitres de Versailles, idem (3 p.)............................... 675"

Au s' Cochu, employé à la Machine, idem (3 p.)...
.... 2700"

Au s' Perrot, employé à Trianon, idem (3 p.).. 900"

Au s' L'Abbé, employé à visiter les ouvriers à Paris, idem (3 p.)....................................... 1350"

A François Lebled, portier de l'hôtel de Limoges, idem (2 p.)...................................... 274"

A Charles Lebrun, portier de l'hôtel des Inspecteurs, idem (2 p.)...................................... 274"

4 juin 1694-27 mars 1695 : au s' de Rusé, employé à Saint-Germain et à Marly, pour ses appointemens pendant le même temps (3 p.)................. 3300"

30 may : à Caillet, notaire des Bâtimens, pour sa pension de l'année 1693................. 400"

5 juin-12 décembre : à Rennequin Sualem, charpentier liégeois, employé à la Machine, pour ses appointemens des trois derniers mois 1693 et des six premiers 1694 (3 p.).............................. 1350"

20 juin-19 décembre : au s' Desjardins, pour les voyages qui ont esté faits pour le service de S. M. pendant l'année 1694 (2 p.)................. 1200"

20 juin : à Olivier Fleurant, jardinier à Trianon, à compte de la pension de 300ᴸᵗ qui luy est accordée par S. M. pendant l'année 1693.............. 150ᴸᵗ

20 juin 1694-6 février 1695 : à Michel Fossier, toiseur des marbres du Roy, pour ses appointemens de l'année 1694 (3 p.)................. 600ᴸᵗ

A Jean-Daniel Fossier, garde des magasins des marbres, *idem* (3 p.)................. 800ᴸᵗ

4 juillet 1694-16 janvier 1695 : aux Religieuses Capucines, pour l'entretien de leur jardin pendant les trois premiers quartiers 1694 (3 p.)............ 300ᴸᵗ

11 juillet : au sʳ Masson, aumosnier des Bâtimens, pour sa pension de l'année 1694............ 350ᴸᵗ

18 juillet 1694-20 mars 1695 : à la veuve Bailly, portière de la Savonnerie, pour ses gages de l'année 1694, et 30ᴸᵗ pour le blanchissage du linge de la chapelle (4 p.)........................ 330ᴸᵗ

18 juillet 1694-6 mars 1695 : à Voirie, portier de l'Observatoire, pour ses gages de l'année 1694 (4 p.) 200ᴸᵗ

22 septembre 1694-23 janvier 1695 : au sʳ Philippes, inspecteur à la pépinière, pour ses appointemens des trois premiers quartiers 1694 (3 p.)........ 675ᴸᵗ

26 aoust : à Nicolas Vallée, pour distribuer aux créanciers de feu Lalande, garde à l'étang du Ménil... .... 67ᴸᵗ 10ˢ

26 septembre : au sʳ Verdier, peintre, sur la pension de 3000ᴸᵗ à luy accordée par S. M. pendant 1692.... .... 500ᴸᵗ

A Pierre Thomas, garçon plombier à Marly, pour le quartier de juillet.................. 100ᴸᵗ

12 décembre : au sʳ de Sainte-Catherine, employé à Buc, aux plaines de Saclay et à Trappes, pour les trois derniers mois 1693 et neuf premiers 1694.... 3000ᴸᵗ

16 janvier 1695 : aux Récolets de Versailles, pour avoir célébré la messe à la chapelle de la Surintendance des Bâtimens pendant 1694.............. 250ᴸᵗ

16 janvier-27 mars 1695 : à Tannevot le fils, pour les journées qu'il a esté employé à prendre garde au transport des terres à Trianon (3 p.)......... 92ᴸᵗ

9 janvier-6 mars 1695 : au sʳ Masson, inspecteur au château de Vincennes, pour les journées qu'il a esté employé (3 p.)..................... 120ᴸᵗ

9 janvier 1695 : aux Récolets de Saint-Germain, pour avoir célébré la messe à la Machine pendant 1694.... .... 100ᴸᵗ

27 février 1695 : au sʳ Gabriel, contrôleur à Chambord, à compte de ses appointemens 1694...... 500ᴸᵗ

6 mars 1695 : au sʳ Varin, pour les peines et soins qu'il a pris de relever plusieurs papiers à la Chambre des Comptes, y compris ses déboursés............. 75ᴸᵗ

20 mars 1695 : à Germain, portier du Cours la Reyne, de la porte du côté des Thuilleries, pour ses gages de l'année 1694.................... 150ᴸᵗ

25 septembre 1695 : à la veuve et héritiers du sʳ de la Chapelle-Bessé, pour ses appointemens des six derniers mois 1693 jusqu'au jour de sa mort.... 1950ᴸᵗ

Somme de ce chapitre........ 126744ᴸᵗ

GRATIFICATIONS.

24 janvier 1694-16 janvier 1695 : à la veuve La France, portière de l'atelier du Louvre, du costé de Saint-Germain de l'Auxerrois, par gratification (2 p.).. .... 100ᴸᵗ

24 janvier : à Lacroix, jardinier de Trianon, qui a esté blessé en travaillant à porter de la glace dans les glacières, par gratification................. 15ᴸᵗ

31 janvier 1694-20 février 1695 : à Louis-Clément Garnier, pour les six derniers mois de l'année 1693 et l'année 1694 (2 p.)..................... 300ᴸᵗ

31 janvier : à Jean Frade, qui a inspection pour la garde des cignes sur la rivière de Seyne depuis Surenne jusqu'à Rouen........................ 75ᴸᵗ

A Pierre Le Cochois, qui a soin desd. cignes depuis Corbeil jusqu'à Saint-Cloud................. 75ᴸᵗ

7 février : au sʳ Lhuillier, inspecteur à Choisy, pour plusieurs voyages qu'il a esté obligé de faire pour le service de Monseigneur, tant à Paris qu'à Versailles, pendant 1693........................... 125ᴸᵗ

Au sʳ Oudin, en considération de ce qu'il a aydé à toiser les ouvrages des bâtimens pendant 1693.. 300ᴸᵗ

14 février : au sʳ La Boulaye, employé aux vitres, en considération du soin qu'il a eu du sable de rivière et du ramonnage de cheminées pendant 1693........ 300ᴸᵗ

Au sʳ Villiard, en considération de l'inspection qu'il a eu sur les ouvrages de pavé pendant 1693... 300ᴸᵗ

Au sʳ Michelet, en considération du soin qu'il a pris de la menue serrurerie dans les dehors de Versailles, dans le château et à Trianon................ 300ᴸᵗ

Au sʳ Tailly, en considération des soins qu'il prend pour faire entretenir les routtes et fossez de la forest de Compiègne, et ce pour 1693............... 150ᴸᵗ

20 juin : au sʳ de la Chevalleraye, concierge du château de Madrid, par gratification........... 16ᴸᵗ

4 juillet : au sʳ Lescuyer, dessinateur à Marly, en

considération du service extraordinaire qu'il rend à Marly................................... 150ʰ

22 aoust : au s' Lignon, en considération des plantes rares qu'il a apportées de l'Amérique dans le Jardin royal................................... 300ʰ

29 aoust : au s' du Parc, jardinier, en considération de fruits nouveaux qu'il a donnez au Roy...... 160ʰ

2 janvier 1695 : au s' Infray, commis à la poste de Versailles, en considération du soin qu'il a pris de lettres et paquets concernant les Bâtimens pendant 1694.
.... 100ʰ

A la veuve Desjardins, par gratification, pour l'année 1694................................... 100ʰ

Au s' Pernot, inspecteur à Trianon, en considération des dépenses extraordinaires qu'il a esté obligé de faire pour le service de S. M................... 200ʰ

9 janvier 1695 : au s' Varin, en considération des dépenses qu'il a faites à la Chambre des Comptes, pendant l'année 1694, pour la recherche des comptes des Bâtimens depuis l'année 1630................. 150ʰ

16 janvier 1695 : au s' Chuppin, en considération de plusieurs voyages qu'il est obligé de faire pour lever et désigner des plants.................... 150ʰ

23 janvier 1695 : à Gilles Lambotte, charpentier employé à la Machine, en considération des soins qu'il a pris d'aller chercher des bois et autres voyages qu'il a faits pour les besoins de lad. Machine pendant 1694..
.... 75ʰ

Aux palefreniers des écuries de S. M., pour les fumiers qui leur ont esté pris pendant 1694 pour les parquets de Fontainebleau................... 77ʰ

6 février 1695 : au s' Tannevot, pour le voyage qu'il a fait sur la Marne, l'Oise et la Vesle pour visiter les tuyaux de fer qui y estoient, et pour papier et crayons à dessigner................................ 100ʰ

20 février 1695 : au s' Philippe, inspecteur à la pépinière du Roule, par gratification........... 100ʰ

A la veuve du nommé Saint-Martin, soldat invalide, vivant employé à la fonderie de la statue équestre du Roy de la place Vendôme, par gratification...... 30ʰ

20 mars 1695 : à Léonard Minpon, dit La Roche, garçon fontainier à Marly, par gratification en considération du travail qu'il a fait pendant les douze derniers jours de décembre 1694................... 20ʰ

27 mars 1695 : à Charles Jumel, garde-magasin de la Machine, par gratification................. 40ʰ

Au s' Boucault, autre garde-magasin, idem..... 40ʰ

A Louis Baccary, dit Dilligent, invalide à Marly, par gratification en considération du travail extraordinaire qu'il a fait........................... 50ʰ

Somme de ce chapitre.......... 3888ʰ

GAGES D'INVALIDES.

31 janvier 1694-27 février 1695 : à La Violette, soldat invalide employé dans les jardins de Versailles, pour ses apointemens de l'année 1694 et des deux premiers mois 1695 (14 p.).................. 424ʰ

14 février 1694-6 février 1695 : à Jean Legrand, dit Saint-Martin, autre, employé à l'inspection des ouvrages de la fonderie et statue équestre du Roy de l'hôtel de Vandôme, pour ses apointemens de l'année 1694 et du mois de février 1695 (13 p.)............... 396ʰ

14 février-19 décembre : à Pierre Brouillet, dit Monredon, autre, employé à l'inspection des ouvrages et réparations du château de Vincennes, pour ses apointemens de l'année 1694 jusqu'au 11 décembre dernier (10 p.)........................... 342ʰ

14 février 1694-6 mars 1695 : à Robert de France, dit La France, autre, employé à l'inspection des ouvrages de l'église des Invalides, pour les journées qu'il a été employé depuis le mois de janvier 1694 jusqu'au mois de février 1695 (13 p.)............... 328ʰ

28 février 1694-6 mars 1695 : à Guillaume Ramsay, dit Huile, autre, employé à Monceaux, pour ses apointemens de l'année 1694 et les deux premiers mois de 1695 (7 p.)......................... 424ʰ

28 février 1694-23 janvier 1695 : à Monplaisir, autre, employé à Fontainebleau, pour ses apointemens de l'année 1694 (10 p.)..................... 365ʰ

4 avril 1694-2 janvier 1695 : à Louis Baccary, dit Dilligent, autre, employé à Noisy, pour ses apointemens de l'année 1694 (4 p.)..................... 360ʰ

12 septembre : à Jean Bernard, dit La Finesse, et Pierre Léglise, dit La Rose, employés à la garde de la pharmacie et des démonstrations faites au Jardin royal, pour leurs apointemens pendant 39 journées, à 20 sols par jour pour chacun.................. 78ʰ

6 mars 1695 : à La Rue, employé à la statue équestre du Roy de l'hôtel de Vandôme, pour ses apointemens du mois de février dernier.................. 28ʰ

Somme de ce chapitre.......... 2745ʰ

GAGES SUIVANT L'ESTAT.

SAINT-GERMAIN-EN-LAYE.

24 janvier : à Bertin, concierge du château neuf de

Saint-Germain-en-Laye, pour ses gages des trois derniers mois 1692 et des trois premiers 1693.. 237ᴸ 10ˢ

7 mars : à Jean-Baptiste de la Lande, ayant l'entretenement du vieil jardin et nouvelles palissades du parc de Saint-Germain-en-Laye, pour ses gages du 2ᵉ quartier 1693............................. 125ᴸ

A luy, ayant l'entretien de l'orangerie, idem... 125ᴸ

A la veuve Jean de la Lande, ayant l'entretenement du grand parterre nouvellement planté et augmenté de trois allées autour dans le vieil jardin....... 337ᴸ 10ˢ

A Louis de la Lande, ayant l'entretenement des allées et palissades de l'enclos du petit bois, pour idem. 84ᴸ 5ˢ

Aud. de la Lande, ayant celuy du potager, idem. 50ᴸ

A luy, ayant celuy du Boulingrin, pour idem.. 200ᴸ

A la veuve Bellier, ayant l'entretenement de la moitié du jardin potager et des deux parterres à costé de la fontaine du château neuf, idem............. 62ᴸ 10ˢ

A elle, ayant celuy de la moitié du nouveau jardin en gazons, idem...................... 150ᴸ

A la veuve Le Coustillier, sa fille, ayant l'entretenement de l'autre moitié desd. jardins, potager, parterres et nouveau jardin en gazons, pour ses gages, idem.. .... 200ᴸ

A François Lavecuef, ayant celuy du jardin et parterres devant les grottes du château neuf, idem. 112ᴸ 10ˢ

A luy, ayant celuy des canaux et collines dud. château neuf............................... 18ᴸ 15ˢ

A Bertin, concierge dud. château neuf, idem. 118ᴸ 15ˢ

A Goeren, dit La Salle, concierge du pavillon du Val, idem............................... 300ᴸ

A Pierre et François Coustilliers, jardiniers, ayant l'entretenement du jardin dud. pavillon du Val, idem.. .... 1000ᴸ

A la veuve Pierre Patenostre, concierge du chenil proche le Tripot......................... 45ᴸ

A Gilles Richard, ayant épousé Charlotte Fanchon, concierge de la petite escurie............... 50ᴸ

A Soulaigre, concierge du vieux château, idem... .... 56ᴸ 10ˢ

A luy, ayant l'entretien de l'horloge, idem... 18ᴸ 15ˢ

A Goeren, portier du parc, idem............ 175ᴸ

A Cleremboust, portier des portes du grand parterre, idem................................. 90ᴸ

A Estienne Theneux, concierge de la Surintendance, idem.................................. 50ᴸ

A Claude Lefebvre, concierge de la maison de la Religion, idem........................... 50ᴸ

18 juillet : aux cy dessus nommez, ayant les entretenemens dud. Saint-Germain-en-Laye et dépendances, pour leurs gages du 3ᵉ quartier 1693......... 3419ᴸ 10ˢ

10 octobre : à eux, pour leurs gages du 4ᵉ quartier 1693.............................. 3419ᴸ 10ˢ

Somme de ce chapitre........ 10496ᴸ

VINCENNES.

21 mars-3 octobre : à Eustache Tribault, jardinier, ayant l'entretenement de tous les jardins dépendans du château de Vincennes[1], pour ses gages du dernier quartier 1693 et des deux premiers 1694 (3 p.)... 1125ᴸ

21 mars 1694-20 février 1695 : à Chevillard, fontainier, ayant celuy des fontaines dud. jardin, pour ses gages des trois derniers quartiers 1693, et le premier quartier 1694 (4 p.)................... 600ᴸ

30 janvier 1695 : à Pierre Thomas, jardinier de Vincennes, à compte de l'entretien dud. jardin depuis le 1ᵉʳ du présent mois................. 300ᴸ

Somme de ce chapitre......... 2025ᴸ

LES THUILLERIES.

20 juin : au sʳ Clinchant, concierge de la salle des comédies du palais des Thuileries, à compte de ses gages du quartier d'avril de l'année 1693......... 250ᴸ

A luy, ayant le soin de nettoyer et tenir propre toutes les chambres et cours dud. palais, idem........ 250ᴸ

Au sʳ Le Nostre, ayant l'entretenement du grand parterre en face dud. palais, idem........... 437ᴸ 10ˢ

A luy, ayant celuy de parterres en gazon nouvellement plantez en suite des quarrez en broderie, idem..... .... 312ᴸ 10ˢ

A luy, ayant celui du petit jardin à fleurs,. 187ᴸ 10ˢ

A luy, ayant celuy des palissades de jasmins d'Espagne dud. jardin......................... 187ᴸ 10ˢ

A la veuve Carbonnet, ayant celuy de la haute allée des maronniers d'Inde et picéas jusqu'à la moitié du fer à cheval, idem......................... 100ᴸ

A elle, pour le loyer de la maison qu'elle occupe à cause dud. entretenement................. 50ᴸ

Aux filles de deffunt Bouchard, ayant l'entretenement des orangers...................... 225ᴸ

A Claude Desgots, ayant celuy de toutes les allées et plantz d'arbres avec le fer à cheval, idem...... 600ᴸ

A la veuve Masson, Claude et Élisabeth Lejuge, ses belles-sœurs, ayant celuy du jardin des Thuilleries, à compte de leurs gages pendant led. quartier.... 300ᴸ

---

[1] En marge, on lit : «Eustache mort; Pierre Thomas est à sa place, à commencer du 1ᵉʳ janvier 1695.»

A Lamy, portier dud. jardin du côté du pont Royal.. .... 75ᵗᵗ

A Villeneuve, autre portier dud. jardin du côté du manège............................... 75ᵗᵗ

A Duchemin, autre portier dud. jardin de la porte par où l'on fait voiturer les fumiers.............. 75ᵗᵗ

3 octobre : auxd. sʳˢ Clinchant, Le Nostre, Desgots et veuve Masson, parfait payement de leurs gages du quartier d'avril 1693.................. 2212ᵗᵗ 10ˢ

31 octobre 1694 - 6 février 1695 : aud. Lamy, portier dud. jardin des Thuilleries, pour ses gages des six derniers mois 1693 et six premiers 1694 (2 p.).... 300ᵗᵗ

Aud. Villeneuve, autre, idem pendant le même temps (2 p.)............................... 300ᵗᵗ

Aud. Duchemin, autre, idem pendant le même temps (2 p.)............................... 300ᵗᵗ

16 janvier - 6 février 1695 : à lad. veuve Carbonnet, pour le loyer de son logement pendant les six derniers mois 1693 et les six premiers 1694 (2 p.)..... 200ᵗᵗ

A elle, pour ses gages à cause de son entretenement pendant led. temps (2 p.).................. 400ᵗᵗ

Somme de ce chapitre....... 6837ᵗᵗ 10ˢ

FONTAINEBLEAU.

5 juin : à Julien de Bray, ayant l'entretien de la moitié du grand parterre du Tibre, suivant le marché qui luy en a esté passé, pour ses gages du premier quartier 1694............................... 250ᵗᵗ

A Gaspard Quinteau de Richemont, ayant épousé Madeleine Poiret, fille de feu Nicolas Poiret, jardinier, ayant l'entretien de l'autre moitié dud. grand parterre du Tibre, pour ses gages dud. quartier........ 250ᵗᵗ

A Gabriel Desboutz, ayant celuy du jardin des Pins et de celuy de l'Étang, idem,........... 175ᵗᵗ

A Chatillon, ayant celuy du jardin de la Reyne aud. Fontainebleau et des orangers qui y sont, idem.. 400ᵗᵗ

A Gabriel Douchemer, dit La Tour, ayant celuy du petit jardin de la conciergerie du château.... 11ᵗᵗ 15ˢ

A Jacques Besnard, ayant celuy du jardin de l'hôtel d'Albret, idem.......................... 25ᵗᵗ

A Chatillon, pour avoir soin de nettoyer l'étang et les canaux du jardin des Pins et ceux de la fontaine, ôter les herbes, les joncs et les ordures qui s'y pourront amasser, et faire en sorte qu'ils soient toujours nets et que l'eau ne se perde point................. 50ᵗᵗ

A la veuve et enfans Jean Dubois, peintre, ayant le soin et nettoyement de toutes les peintures, pour ses gages............................... 150ᵗᵗ

A la veuve Grognet et Jacques Grognet, son fils, couvreurs, ayant celuy de toutes les couvertures d'ardoise et de tuile dud. château, et généralement de toutes les maisons qui en dépendent, apartenant à S. M., à condition qu'ils feront cent toises de couverture d'ardoise neuve par an, suivant le marché qui leur en a esté passé........................... 785ᵗᵗ

A Tisserand, ayant celuy de toutes les vitres, pour ses gages idem............................ 375ᵗᵗ

A la veuve Vieuxpont, ayant celuy du jardin potager et fruitier, et du jardin neuf, idem........... 45ᵗᵗ

A André Girard, plombier, ayant l'entretien et rétablissement de tous les plombs des couvertures dud. château et maisons qui en dépendent, idem..... 150ᵗᵗ

A Zabulon Nivelon, pour le nettoyement du jeu du mail, l'entretien des palissades d'iceluy, ensemble des arbres et palissades plantées nouvellement entre les canaux du chenil, idem................. 27ᵗᵗ 2ˢ 6ᵈ

A Varin, ayant l'entretenement des espaliers du parc, des deux contr'allées, de la grande allée des maronniers d'Inde, de la demie lune qui est à la teste de la prairie, de la plate bande qui est le long et au-dessus du talus de la prairie, des plattes bandes du pourtour du canal, nettoyement des tablettes de graisserie dud. canal, et le nettoyement des fossez qui sont dans led. parc, pour ses gages idem....................... 243ᵗᵗ 15ˢ

A Louis Desbouts, jardinier, ayant l'entretenement, dans le parc, des deux grandes allées de l'Étoile et leurs contr'allées, des six allées de traverse, avec leurs contr'allées, de l'allée au pourtour du parc avec ses contr'allées, du pourtour du quarré des glacières, des deux grandes allées d'arbres avec leurs contr'allées qui sont des deux côtez du canal, et de toutes les allées de la garenne et les contr'allées d'icelles, des deux grands glacis aux deux costez des cascades, de la tonture par dessus et par les deux costez de toutes les palissades, à la réserve de celle du pourtour de la demie lune, pour ses gages idem 525ᵗᵗ

Aux Religieux de la Charité d'Avon, pour le premier quartier de la pension qui leur est accordée par S. M. pour la subsistance des malades.......... 487ᵗᵗ 10ˢ

A Voltigeant, ayant l'entretien de tous les batteaux appartenans à S. M. sur led. canal, idem...... 50ᵗᵗ

A Louis Dubois, concierge du logis de la fontaine Belleau et des écuries de la Reyne, autrefois l'hostel de Roquelaure, et jardinier des jardins en dépendans, pour ses gages de concierge et jardinier.......... 37ᵗᵗ 10ˢ

A Pion, ayant le soin et nourriture des carpes et cignes du canal et des étangs, y compris l'augmentation de 24 solz par jour pour la nourriture des carpes et 12ˢ pour celle des cignes, à raison de 1737ᵗᵗ par an.... .... 434ᵗᵗ 5ˢ

A Costurier, fontainier, ayant le soin et l'entretien des fontaines, *idem* pour ses gages............ 250ᵗᵗ

A Jaques Besnard, ayant la charge et conciergerie de l'hôtel d'Albret, *idem*................... 25ᵗᵗ

A Louis Dorchemer, dit Latour, ayant la charge du nettoyement de la cour des Fontaines et de celle de l'Ovalle, celle de la Conciergerie et les deux petites cours à côté du Fer à cheval, avec toutes les terrasses du château, pour ses gages...................... 100ᵗᵗ

A Toulet, concierge du pavillon où loge M. le Surintendant des finances, pour ses gages à condition de nettoyer ledit pavillon, cours et écuries........... 50ᵗᵗ

A La Salle, concierge de la Surintendance des bâtimens, *idem* pour ses gages................... 50ᵗᵗ

A la veuve Charles Gervais, portière du parc, *idem*. 75ᵗᵗ

A Cosme Petit, portier de la cour du Cheval blanc, *idem*... 50ᵗᵗ

A Gabriel Dorchemer, concierge du château, pour avoir soin de distribuer, retirer et garder les clefs de tous les logemens dud. château.................. 75ᵗᵗ

A Châtillon, ayant soin de monter et entretenir l'horloge, pour ses gages..................... 25ᵗᵗ

29 aoust : aux cy-dessus nommez, pour leurs gages du 2ᵉ quartier 1694..................... 5171ᵗᵗ 7ˢ 6ᵈ

27 février 1695 : à eux, pour leurs gages du 3ᵉ quartier................................. 5171ᵗᵗ 7ˢ 6ᵈ

21 mars 1694 : au sʳ marquis de Saint-Hérem, capitaine et concierge du château de Fontainebleau, 3800ᵗᵗ pour ses gages pendant la présente année, outre 1200ᵗᵗ employez dans l'estat de S. M. de la maîtrise de Melun et de Fontainebleau..................... 3800ᵗᵗ

13 juin : à Nous, à compte de nos gages à cause de nostre charge de Surintendant et Ordonnateur Général des bâtimens, jardins, arts et manufactures de S. M., et pensions attribuées et unies à icelle pendant la présente année 1694............................. 9000ᵗᵗ

31 octobre : à Nous, à compte, *idem*....... 9000ᵗᵗ

5 janvier 1695 : à Nous, pour, avec 18000ᵗᵗ cy-dessus, faire le parfait payement de 27200ᵗᵗ..... 9200ᵗᵗ

17 septembre 1695 : au sʳ Le Besgue de Majainville, pour ce qu'il a avancé pour le payement de l'année et prest de la moitié de la charge de trésorier général ancien des bâtimens pendant l'année 1694, qui apartenoit à feu M. Manessier.................. 1333ᵗᵗ 6ˢ 8ᵈ

Somme de ce chapitre... 47847ᵗᵗ 19ˢ 2ᵈ

13 mars 1695 : à M. Seguin, pour être distribuer par luy à Henry de Lionne, et François Parmentier, pour le soin qu'ils ont eu, pendant 1694, de monter l'horloge du Louvre, de ballayer, nettoyer, allumer et éteindre le feu dans les salles des Académies d'architecture, peinture, sculpture, et autres petits services qu'ils ont rendus ausdites Académies......................... 100ᵗᵗ

ÉTAT DES GAGES DES OFFICIERS

que le Roy veut et entend estre entretenus en son château de Fontainebleau, et autres dépenses que S. M. commande y estre faites pour la conservation et entretenement d'iceluy pendant l'année dernière 1694, expédié par Nous Édouard Colbert, chevalier, marquis de Villacerf et de Payens, seigneur de Saint-Mesmyn, de Courlanges, la Cour Saint-Phal, Fontaines-lès-Saint-Georges et autres lieux, Conseiller d'État, premier maître d'hostel de la feue Reyne, Surintendant et Ordonnateur Général des bâtiments, jardins, tapisseries et manufactures, suivant le pouvoir à Nous donné par S. M.

PREMIÈREMENT :

Au sʳ marquis de Saint-Hérem, capitaine et concierge dud. château, pour ses gages, la somme de 3800ᵗᵗ, oultre 1200ᵗᵗ employez dans l'estat de S. M. de la maîtrise de Melun et de Fontainebleau, et dont il a esté payé, partant cy..................... Néant.

A Nous, en lad. qualité de Surintendant et Ordonnateur Général des bâtimens, jardins, arts et manufactures de S. M., la somme de 3800ᵗᵗ pour nos gages, outre 1250ᵗᵗ employez dans l'estat des bois de la maîtrise de Melun et de Fontainebleau et dont Nous avons esté payé, partant cy................................. Néant.

A Tunola, garde meuble de S. M., ayant la charge de faire tendre et nettoyer les meubles dud. château, et veiller à la conservation d'iceux, pour ses gages.. 300ᵗᵗ

A Julien de Bray, ayant l'entretien de la moitié du grand parterre du Tibre, suivant le marché qui luy en a esté passé, pour sond. entretien pendant les trois derniers mois 1694.......................... 250ᵗᵗ

A Gaspard Guinteau de Richemont, ayant épousé Madelaine Poiret, fille de feu Nicolas Poiret, jardinier, ayant l'entretien de l'autre moitié du grand parterre, suivant le marché qui luy en a esté passé, *idem* pour ses gages pendant lesd. trois mois............ 250ᵗᵗ

A Gabriel Desbouts, ayant l'entretien du jardin des Pins et de celuy de l'Etang, *idem* pour ses gages. 175ᵗᵗ

A Châtillon, ayant celuy du jardin de la Reyne aud. Fontainebleau et des orangers qui y sont, pour ses gages à cause dud. entretien, la somme de 2000ᵗᵗ, y compris 400ᵗᵗ que S. M. luy fait payer par chacune année par ordonnance libellée, par gratification, en considération du soin qu'il a dud. jardin; partant ne sera icy tiré hors ligne que 1600ᵗᵗ, desquels il ne luy sera payé que 400ᵗᵗ, ayant reçu les neuf premiers mois............ 400ᵗᵗ

A Gabriel Dorchemer, dit La Tour, pour l'entretien du jardin de la Conciergerie dud. château, *idem* pour ses gages des trois derniers mois............. 11ᵗᵗ 5ˢ

A Jaques Besnard, ayant l'entretien du jardin de l'hôtel d'Albret, *idem*................... 25ᵗᵗ

A Châtillon, pour avoir soin de nettoyer l'étang et les canaux du jardin des Pins et ceux du jardin de la Fontaine, oster les herbes, les joncs et les ordures qui s'y pourront amasser, faire en sorte qu'ils soient toujours netz et que l'eau ne s'y perde point, pour les trois derniers mois............................ 50ᵗᵗ

A la veuve et enfans de Jean Dubois, ayant le soin et le nettoyement des peintures, tant à fresque qu'à huile, anciennes et modernes, des salles, galeries, chambres et cabinets dud. château, la somme de 600ᵗᵗ à la charge de faire rétablir celles qui seront gâtées, nettoyer les bordures des tableaux, et fournir de bois, de charbon et fagots pour brûler esd. salles, galleries, chambres et cabinets où sont lesd. tableaux, pour leur conservation, pour lesd. trois derniers mois.............. 150ᵗᵗ

A Jaques Grognet, couvreur, ayant l'entretien et rétablissement de toutes les couvertures d'ardoise et de tuile dud. château de Fontainebleau, et généralement de toutes les maisons qui en dépendent, apartenans à S. M., à condition qu'il fera cent toises de couverture d'ardoise neuve par an, pour lesd. trois derniers mois de ses gages............................... 785ᵗᵗ

A la veuve Tisserant, ayant l'entretien de toutes les vitres dud. château et maisons qui en dépendent, suivant le marché qui en a esté passé, pour lesd. trois derniers mois............................ 375ᵗᵗ

A la veuve Vieuxpont, ayant l'entretien du jardin potager et fruitier du jardin neuf, *idem*........... 45ᵗᵗ

A Claude Girard, plombier, ayant l'entretien et rétablissement de tous les plombs des couvertures dud. château et maisons qui en dépendent, *idem*..... 150ᵗᵗ

A Zabulon Nivelon, pour le nettoyement du jeu du Mail, l'entretien des palissades plantées nouvellement entre les canaux du chenil, *idem*.......... 27ᵗᵗ 2ˢ 6ᵈ

A Nicolas Varin, ayant l'entretien des espalliers du parc, des deux contr'allées, de la grande allée d'ipréaux, de l'allée des maronniers d'Inde, de la demie lune qui est à la teste de la prairie, de la platte bande qui est le long et au-dessus du talus de la prairie, des plattes bandes du pourtour du canal, nettoyement des tablettes de graisserie dud. canal et nettoyement des fossez qui sont dans led. parc, pour ses gages........ 243ᵗᵗ 15ˢ

A Louis Desbouiz, jardinier, ayant l'entretien, dans le parc, des deux grandes allées de l'étoile et leurs contr'-allées, de l'allée au pourtour du parc avec ses contr'allées, du pourtour du quarré des glacières, des deux grandes allées d'arbres, avec leurs contr'allées, qui sont des deux costez du canal, de toutes les allées de la garenne, et les contr'allées d'icelle, des deux grands glacis aux deux costez des cascades, de la tonture par dessus et par les deux côtez de toutes les palissades, à la réserve de celle du pourtour de la demie lune, pour ses gages desd. trois derniers mois..................... 525ᵗᵗ

Aux Religieux de la très sainte Trinité du couvent fondé audit Fontainebleau, tant pour l'entretien d'une lampe d'argent garnie de ses chainons, que S. M. a donnée pour brûler jour et nuit devant le très saint sacrement de l'autel, que pour la fourniture et entretien des ornemens et parcmens d'autel, linge et luminaire pour la célébration du service divin................... 300ᵗᵗ

Aux Religieux de l'hôpital de la Charité d'Avon, pour la pension que S. M. leur a accordée par chacun an pour la subsistance des malades dud. Fontainebleau, pour lesd. trois derniers mois, à raison de 1950ᵗᵗ par année.............................. 487ᵗᵗ 10ˢ

A Voltigeant, ayant l'entretien de tous les batteaux apartenans à S. M. sur le canal, pour lesd. trois derniers mois, à raison de 200ᵗᵗ par an............... 50ᵗᵗ

A Louis Dubois, concierge du logis de la fontaine Belleau et des écuries de la Reyne, autrefois l'hôtel de Roquelaure, et jardinier des jardins en dépendans, pour ses gages de concierge et de jardinier pendant lesd. trois derniers mois, à raison de 150ᵗᵗ par an...... 37ᵗᵗ 10ˢ

A Nicolas Thierry, ayant la garde et conciergerie du chenil neuf et du vieux, qui est à présent la petite écurie, pour l'année entière..................... 100ᵗᵗ

A Pion, ayant le soin et nourriture des carpes et cignes du canal et des étangs du château, la somme de 1080ᵗᵗ pour, avec 657ᵗᵗ d'augmentation, à cause de 24ˢ pour la nourriture des carpes et 12ˢ pour celle des cignes par

ANNÉE 1694. — GAGES DES OFFICIERS DES BÂTIMENTS, ETC.

jour, faire celle de 1737ᴸ par an, dont il luy sera payé pour les trois derniers mois à la susd. raison.. 434ᴸ 5ˢ

A Cousturier, fontainier, ayant le soin et l'entretien des fontaines, pour ses gages pendant lesd. trois derniers mois, à raison de 1000ᴸ par an............. 250ᴸ

A Nicolas Dupont, gentilhomme ordinaire de la vennerie du Roy, et à Nicolas Dupont, son fils, en survivance l'un de l'autre, suivant le brevet de S. M. du... par forme de pension, à cause de l'entretien de la vollière qu'il avoit auparavant qu'elle fût convertie en orangerie, pour l'année entière...................... 600ᴸ

A Desplats, ayant la charge de garde de la basse cour des cuisines, pour l'année entière............. 50ᴸ

A Charles Picault, de Dernault, ayant la charge de garde de la basse cour du Cheval blanc, pour l'année entière............................... 37ᴸ 10ˢ

A Jaques Besnard, ayant la charge et conciergerie de l'hôtel d'Albret, pour lesd. trois derniers mois, à raison de 100ᴸ par an........................... 25ᴸ

A Louis Dorchemer, dit La Tour, ayant la charge du nettoyement de la cour des Fontaines, de celle de la Conciergerie, et les deux petites cours à costé du Fer à cheval, avec toutes les terrasses du château, pour lesd. trois derniers mois.......................... 100ᴸ

A Toulet, concierge du pavillon où loge Monsieur le Surintendant des finances, pour ses gages à condition de nettoyer led. pavillon, cour et escurie, pour lesd. trois derniers mois....................... 50ᴸ

A la veuve La Salle, concierge de la Surintendance desd. bâtimens, pour ses gages pendant lesd. trois derniers mois............................. 50ᴸ

A la veuve Charles Gervais, portière du parc, pour ses gages pendant lesd. trois derniers mois...... 75ᴸ

A Cosme Petit, portier de la cour du Cheval blanc, pour ses gages pendant lesd. trois derniers mois......... 50ᴸ

A Gabriel Dorchemer, dit La Tour, pour avoir soin de distribuer, retirer et garder les clefs de tous les logemens dud. château, pour ses gages pendant lesd. trois derniers mois................................. 75ᴸ

A Châtillon, ayant le soin de monter et d'entretenir l'horloge, pour ses gages pendant lesd. trois derniers mois................................. 25ᴸ

Somme de ce chapitre..... 6558ᴸ 17ˢ 6ᵈ

Laquelle somme de 6558ᴸ 17ˢ 6ᵈ sera payée aux denommez au présent état par le sʳ Le Bescue de Majainville, trésorier général des bâtimens du Roy en exercice pendant l'année dernière 1694, des deniers de lad. charge, et rapportant le présent état par Nous expedié,

COMPTES DES BÂTIMENTS. — III.

ensemble les certifications du sʳ contrôleur desd. bâtimens du service que les officiers sujets à aucuns entretennemens auront bien et duement fait, ainsy qu'ils y sont obligez par leurs charges et emplois, et quittances sur ce suffisantes, la somme de 6558ᴸ 17ˢ 6ᵈ sera passée et allouée en la dépense de son compte par Messieurs des Comptes à Paris, lesquels nous prions ainsy le faire sans difficulté. Fait à Versailles, le 22 may 1695.

GAGES DES OFFICIERS DES BÂTIMENTS

payez en une assignation sur la recepte générale d'Alençon de l'année 1695, à compte du million ordonné pour les dépenses des Bâtimens 1694.

ORDONNANCES PARTICULIÈRES.

18 septembre 1695: au sʳ Coquart de la Motte, Conseiller du Roy en ses Conseils, intendant et ordonnateur ancien desd. bâtimens, pour trois quartiers de ses gages à cause de sad. charge.............. 4500ᴸ

Au sʳ Mansart, Conseiller du Roy en ses Conseils, intendant et ordonnateur alternatif, pour *idem*... 4665ᴸ

Au sʳ Fssains, Conseiller du Roy en ses Conseils, intendant et ordonnateur triennal, pour *idem*.... 4500ᴸ

Au sʳ Le Nostre, contrôleur général ancien desd. bâtimens, pour *idem*................ 4080ᴸ 18ˢ 9ᵈ

Au sʳ Gabriel, contrôleur général alternatif desd. bâtimens, pour *idem*..................... 4125ᴸ

Au sʳ Lefebvre, contrôleur général triennal, pour *idem*.................................. 4133ᴸ

Au sʳ Le Bescue, trésorier général, sçavoir: 3150ᴸ pour trois quartiers de ses gages de trésorier général alternatif, et de la moitié de ceux de trésorier général ancien, et 300ᴸ pour ceux de ses premiers commis. 3450ᴸ

Au sʳ François Francines, intendant de la conduite et mouvement des eaux et fontaines de S. M., 2250ᴸ pour trois quartiers de ses gages et augmentations d'iceux en lad. qualité, 7000ᴸ à cause de l'entretien des fontaines de Rungis, palais du Luxembourg, Croix-du-Tiroir et château du Louvre, et 800ᴸ pour l'entretien des fontaines et grottes des châteaux de Saint-Germain-en-Laye pendant lad. année..................... 10050ᴸ

État particulier:

Au sʳ de la Hyre, professeur de l'Académie d'architecture établie au Loûvre, pour y tenir les conférences et y enseigner publiquement, pour ses gages.... 1200ᴸ

Au sʳ Mansart, architecte, pour *idem*...... 1000ᴸ

Au sʳ Dorbay, autre architecte, pour *idem*... 1000ᴸ

Au sʳ de Cotte, autre architecte, pour *idem*. 2400ᴧ
A la veuve et héritiers du sʳ Félibien, historiographe desd. bâtimens, pour *idem*............... 1200ᴧ
A Noel Coëpel, peintre................... 200ᴧ
A Bailly, peintre en miniature........... 200ᴧ
A Friquet, autre peintre................ 200ᴧ
A André Félibien, ayant la garde des figures qui sont dans le magasin des antiques placé au Louvre, pour ses gages................................. 400ᴧ
A François Girardon, sculpteur, pour *idem*... 200ᴧ
A Corneille Vanclève, autre sculpteur....... 150ᴧ
A Thomas Regnaudin, autre sculpteur....... 150ᴧ
A Antoine Coisvox, autre sculpteur........ 200ᴧ
A Pierre Legros, autre sculpteur.......... 150ᴧ
A Baptiste Tuby, autre sculpteur.......... 200ᴧ
A Pierre Mazeline, autre sculpteur........ 150ᴧ
A François Cuvillier, marbrier............ 30ᴧ
A Hubert Misson, autre................. 30ᴧ
A Dominico Cucci, qui fait toutes les garnitures de bronze doré des portes et croisées des maisons royalles..
.... 60ᴧ
A Le Clerc, graveur.................... 100ᴧ
A Goiton, imprimeur en taille-douce....... 100ᴧ
A Claude Tricot, maître des œuvres de maçonnerie des bâtimens du Roy, tant pour ses gages anciens qu'augmentation d'iceux........................ 600ᴧ
A Paul-Mathieu Poisson, maître des œuvres de charpenterie, pour avoir l'œil sur tous les charpentiers. 600ᴧ
A Jean Dorday, maçon.................. 30ᴧ
A Jacques Mazière, autre................ 30ᴧ
A Pierre Thévenot, autre................ 30ᴧ
A Pierre Le Maistre, autre............... 30ᴧ
A Girard Marcou, autre................ 30ᴧ
A Jean Mallet, charpentier.............. 30ᴧ
A Michel Remy, menuisier.............. 30ᴧ
A Pierre Veydeau, autre................ 30ᴧ
A Antoine Rivet, autre................. 30ᴧ
A Pierre Roger, serrurier............... 30ᴧ
A André-Charles Boule, ébéniste.......... 30ᴧ
A Jean Oppenordt, autre ébéniste......... 30ᴧ
A Gabriel Janson, vitrier............... 30ᴧ
A Bernard Lespinouze, autre............. 30ᴧ
A Estienne Yvon, couvreur.............. 30ᴧ
A Jacques Lucas, plombier.............. 30ᴧ

A Louis Regnouf, paveur................. 30ᴧ
A Bon Briot, miroitier................. 30ᴧ
A Guillaume Desoziers, peintre et doreur..... 30ᴧ
A Thuret, horlogeur, retenu pour entretenir toutes les pendules de l'Académie des sciences, tant celles qui sont à l'Observatoire que dans lad. Académie.... 300ᴧ
A Masselin, chaudronnier................ 30ᴧ
A Padelain et Varisse, ramonneurs de cheminées, à 30ᴧ chacun............................ 60ᴧ
A Armand-Claude Mollet, jardinier, retenu pour travailler aux desseins des parterres et des jardins de S. M. lorsqu'il sera commandé................... 500ᴧ
A André Le Nostre, retenu pour travailler auxd. desseins des jardins et parterres.............. 1200ᴧ
Au commis du sʳ Mansart, intendant des bâtimens en exercice............................ 600ᴧ
Au commis du sʳ Le Nostre, contrôleur général desd. bâtimens............................. 600ᴧ
A René de Louvigny, concierge du château du Louvre, pour tenir nettes toutes les grandes et petites galleries, les ouvrir et fermer, pour ses gages tant anciens que nouveaux............................. 100ᴧ
A Duclos, concierge du Collège de France, pour deux quartiers de ses gages.................... 25ᴧ
A Jean Ricard, concierge du château de Madrid, pour trois quartiers de ses gages................ 150ᴧ
A Henry Soulaigre, portier du vieux château de Saint-Germain-en-Laye, pour trois quartiers de ses gages. 75ᴧ
A Louis Poisson, peintre................ 30ᴧ
A Jacques Barbier, maçon................ 30ᴧ
A Jean-Jacques Aubert, charpentier......... 30ᴧ
A Raoul de Pierre, dit La Porte, autre...... 30ᴧ
A François Millot, menuisier............. 30ᴧ
A Louis Piot, serrurier................. 30ᴧ
Au sʳ de Garsault, concierge du château de Saint-Léger, pour deux quartiers de ses gages....... 225ᴧ
Au sʳ Avé Bourgeon, gardes des fontaines de Pougues, pour trois quartiers de ses gages............ 75ᴧ
A Gaulard, concierge de l'hôtel des Ambassadeurs, pour ses gages......................... 100ᴧ
A luy, pour l'entretennement d'un jardinier et d'un portier............................... 150ᴧ

Somme de ce chapitre.... 54963ᴧ 18ˢ 9ᵈ

ANNÉE 1695[1].

RECETTE.

25 janvier : de M⁰ Pierre Gruyn, garde du trésor royal, 2677ᵗᵗ 16ˢ 10ᵈ pour délivrer au nommé Fay, entrepreneur, pour, avec 33400ᵗᵗ qu'il a cy-devant receus, faire le parfait payement de 36077ᵗᵗ 16ˢ 10ᵈ à quoy montent les ouvrages de maçonnerie qu'il a faits pour le service de S. M. à la Machine, pendant les années 1685, 1686 et 1687, et 22ᵗᵗ 6ˢ 3ᵈ pour les taxations du trésorier, à raison de 2ᵈ pour livre[2]..... 2700ᵗᵗ 3ˢ 1ᵈ

29 mars : de luy, un million de livres pour employer au payement des dépenses que S. M. a ordonné estre faites pour ses bâtiments pendant la présente année 1695, et 8333ᵗᵗ 6ˢ 8ᵈ pour les taxations.... 1008333ᵗᵗ 6ˢ 8ᵈ

De luy, 12000ᵗᵗ pour délivrer au sʳ Deville, sçavoir : 6000ᵗᵗ par gratification, en considération du soin qu'il a pris de la machine de la rivière de Seyne pendant l'année dernière 1694, et 6000ᵗᵗ de pension extraordinaire que S. M. luy a accordée pendant la même année, et 100ᵗᵗ pour les taxations.......... 12100ᵗᵗ

De luy, 10000ᵗᵗ pour délivrer au sʳ Mansart en considération de l'inspection générale que S. M. luy a donnée sur ses bâtimens pendant l'année dernière 1694, et 83ᵗᵗ 6ˢ 8ᵈ pour les taxations........ 10083ᵗᵗ 6ˢ 8ᵈ

5 avril : de luy, 11875ᵗᵗ pour délivrer au sʳ marquis de Bullion, sçavoir : 11250ᵗᵗ pour son remboursement du moulin de Baillau, à luy appartenant, situé sur la rivière de Gallardon, auquel l'on a ôté l'eau lors de la navigation de lad. rivière pour les travaux que S. M. a ordonné estre faits à Maintenon, et qu'il a été impossible de luy rendre depuis que lesd. travaux ont cessé, et 625ᵗᵗ pour la non jouissance dud. moulin pendant l'année dernière 1694, et 98ᵗᵗ 19ˢ 2ᵈ pour les taxations 11973ᵗᵗ 19ˢ 2ᵈ

De luy, 566ᵗᵗ 14ˢ pour délivrer au sʳ de Turgis, l'un des anciens chevau-légers de la garde de S. M., pour, avec 1000ᵗᵗ qu'il a cy-devant receus, faire 1566ᵗᵗ 14ˢ pour son remboursement du fonds et intérests pendant 28 années de 8 arpens 16 perches de terre labourable scituez dans la garnne de Vézinet, à luy appartenans, occupez par les remises et les allées que S. M. a fait planter, à raison de 80ᵗᵗ l'arpent pour le fonds, et 4ᵗᵗ 14ˢ 6ᵈ pour les taxations............. 571ᵗᵗ 8ˢ 6ᵈ

12 avril : de luy, 4094ᵗᵗ 7ˢ pour délivrer aux prestres de la Mission de la maison de Saint-Lazare-lès-Paris pour leur remboursement tant du fonds que de l'intérest et de l'indemnité des terres à eux appartenantes, occupées par les travaux que S. M. a ordonné estre faits tant dedans que dehors le grand parc de Versailles, et 34ᵗᵗ 2ˢ 6ᵈ pour les taxations........... 4128ᵗᵗ 9ˢ 5ᵈ

23 avril : de luy, 16947ᵗᵗ 6ˢ 1ᵈ pour délivrer aux nommez Fordrin et Boutet, serruriers, pour, avec 136010ᵗᵗ 8ˢ 1ᵈ qu'ils ont cy-devant receu, faire le parfait payement de 152957ᵗᵗ 14ˢ 2ᵈ à quoy montent les ouvrages de serrurerie et de gros fer qu'ils ont fait pour le service de S. M., tant au Louvre et autres endroits qu'à Versailles, Trianon, Marly, Saint-Germain-en-Laye et à la Machine, depuis et compris 1680 jusques et compris les six premiers mois de 1694, et 141ᵗᵗ 4ˢ 6ᵈ pour les taxations[3] 17088ᵗᵗ 10ˢ 7ᵈ

De luy, 19283ᵗᵗ 1ˢ 6ᵈ pour délivrer au nommé Delamaye, plombier, pour, avec 35822ᵗᵗ 18ˢ 9ᵈ qu'il a cy-devant receu, faire le parfait payement de 55106ᵗᵗ 2ᵈ à quoy montent les ouvrages de plomberie et soudure qu'il a faits et livrez à la Machine pour le service de S. M., pendant les années 1682 et 1683, et 160ᵗᵗ 13ˢ 10ᵈ pour les taxations[4] 19443ᵗᵗ 15ˢ 3ᵈ

De luy, 300ᵗᵗ pour délivrer au sʳ Pellerin, trompette des gens d'armes de la garde de S. M., à compte de son remboursement des bonnes terres que l'on a prises dans ses héritages pour estre transportées dans le jardin de Marly, et 2ᵗᵗ 10ˢ pour les taxations.......... 302ᵗᵗ 10ˢ

---

[1] En tête du registre se trouve cette note : «M. de Mainville, commis à l'exercice de l'office de trésorier général des bâtiments, vacant par la mort de feu M. Charles Manessier.»

[2] En marge : «En rentes sur la Ville au denier 18 en doublant.»

[3] En marge : «En rentes sur la Ville, en payant 6000ᵗᵗ au Trésor royal.»

[4] En marge : «En rentes sur la Ville au denier 18, en payant 8000ᵗᵗ.»

68.

17 may : de luy, 1800ʰ pour délivrer à la veuve Gournay, compagnon fontainier, sçavoir : 1250ʰ pour les gages dud. deffunt pendant l'année 1694 et les trois premiers mois 1695, 550ʰ que S. M. a accordez à lad. veuve par gratification, et 15ʰ pour les taxations [1] 1815ʰ

De luy, 284ʰ 3ˢ 4ᵈ pour délivrer au nommé Dupont, tapissier, pour son payement d'un dessus de forme et un dessus de tabouret de laine, ouvrage de la Savonnerie, qu'il a fournis au Garde-meuble de la Couronne pour le service de S. M., contenans ensemble une aune 13/18 carrée en superficie, à raison de 165ʰ l'aune, et 2ʰ 7ˢ 4ᵈ pour les taxations..................... 286ʰ 10ˢ 8ᵈ

De luy, 20497ʰ 5ˢ 11ᵈ pour délivrer aux nommez Varin et Hersant, maçons, pour, avec 36700ʰ qu'ils ont cy-devant reçeus, faire le parfait payement de 57197ʰ 5ˢ 11ᵈ à quoy montent les ouvrages et réparations de maçonnerie qu'ils ont faits dans la dépendance du château de Fontainebleau depuis et compris l'année 1684 jusques et compris l'année 1690, et 170ʰ 16ˢ 2ᵈ pour les taxations[2].............. 20668ʰ 2ˢ 1ᵈ

De luy, 2700ʰ pour délivrer au nommé Melo, sculpteur, pour, avec 6400ʰ qu'il a cy-devant reçeus, faire le parfait payement de 8100ʰ à quoy montent la figure du Mercure de Farnèse coppiée d'après l'antique, un grand vase orné de branches de lierre, de palmettes, reinseaux et autres ornemens, et un Terme représentant Pittacus, l'un des sept Sages de la Grèce, le tout de marbre blanc, et autres ouvrages qu'il a faits et posez dans les jardins de Versailles depuis l'année 1684 jusques et compris l'année 1688, et 22ʰ 10ˢ pour les taxations[3]...................... 2722ʰ 10ˢ

21 may : de luy, 13000ʰ pour délivrer au sʳ Verdier, peintre, travaillant aux Gobelins, pour, avec 5000ʰ qu'il a cy-devant reçeus, faire le parfait payement de 18000ʰ pour la pension de 3000ʰ par an que S. M. luy a accordée pendant les années 1689, 1690, 1691, 1692, 1693 et 1694, et 108ʰ 6ˢ 8ᵈ pour les taxations[4]..... .... 13108ʰ 6ˢ 8ᵈ

4 juin : de luy, 4254ʰ 18ˢ 3ᵈ pour délivrer aux nommez Fonviel, Veillet, Morel et Cellier, menuisiers, pour, avec 11976ʰ qu'ils ont cy-devant reçeu, faire le parfait payement de 16230ʰ 18ˢ 3ᵈ à quoy montent les ouvrages qu'ils ont faits en 1685 au château de Monceaux, et 33ʰ 15ˢ 10ᵈ de taxations[5]. 4288ʰ 15ˢ 1ᵈ

De luy, 3682ʰ 10ˢ pour délivrer au nommé Drouilly, sculpteur, pour, avec 8018ʰ qu'il a cy-devant reçeu, faire le parfait payement de 11700ʰ 10ˢ à quoy montent la figure représentant le Poëme héroïque, et deux grands vases, le tout de marbre blanc, un vase de marbre rouge et blanc de Languedoc, deux vases, deux coquilles et deux masques, le tout de plomb, et autres ouvrages de sculpture par luy faits et posez dans les jardins et autres endroits du château de Versailles depuis 1675 jusqu'à présent, et 30ʰ 13ˢ 9ᵈ de taxations[6]. 3713ʰ 3ˢ 9ᵈ

De luy, 1904ʰ 5ˢ pour délivrer au nommé Prou, sculpteur, pour, avec 3000ʰ qu'il a cy-devant reçeus, faire le parfait payement de 4904ʰ 5ˢ à quoy montent un grand vase de marbre blanc, deux vases, deux coquilles et deux masques, le tout de plomb, et autres ouvrages de sculpture qu'il a faits et posez dans les jardins du château de Versailles depuis 1682 jusqu'à présent, et 15ʰ 17ˢ 4ᵈ pour les taxations[7].... 1920ʰ 2ˢ 4ᵈ

24 may : de luy, 3000ʰ pour délivrer aux prestres de de la Mission establie à Fontainebleau, pour leur subsistance et entretennement pendant les six premiers mois de la présente année 1695................. 3000ʰ

7 juin : de luy, 1655ʰ 18ˢ 10ᵈ pour délivrer au sʳ Leblond, graveur, pour, avec 2000ʰ qu'il a cy-devant reçeus, faire le parfait payement de 3655ʰ 18ˢ 10ᵈ à quoy monte la dépense de la graveure des planches de cuivre, lettres, impressions, cuivre, papier et autres fournitures qu'il a faites pour le service de S. M. en l'année 1685, et 13ʰ 16ˢ pour les taxations[8]...... .... 1669ʰ 14ˢ 10ᵈ

21 juin : de luy, 3400ʰ pour délivrer au nommé Vigier, sculpteur, pour, avec 1400ʰ qu'il a cy-devant reçeus, faire le parfait payement de 4800ʰ pour la figure représentant la Reconnoissance d'Achilles qu'il a faite en marbre blanc pour le service de S. M., et 28ʰ 6ˢ 8ᵈ pour les taxations[9]..................... 3428ʰ 6ˢ 8ᵈ

25 juin : de luy, 250ʰ pour délivrer aux prestres de la Mission de la maison de Saint-Lazare lez Paris, pour leur remboursement tant du fonds que de l'intérest et de l'indemnité d'un arpent de terre à eux appartenant, occupé par les travaux que S. M. a ordonné estre faits tant dedans que dehors le grand parc de Versailles, qui a

---

[1] En marge : «En rentes sur la Ville au denier 18.»
[2] En marge : «En rentes viagères.»
[3] Idem.
[4] Idem.
[5] En marge : «En rentes viagères.»
[6] Idem.
[7] Idem.
[8] En marge : «En rentes au denier 18 en doublant.»
[9] Idem.

esté omis dans l'estat des terres dont S. M. leur a ordonné le remboursement le 12° avril dernier, et 2ᴴ 1ˢ 8ᵈ pour les taxations.................... 257ᴴ 1ˢ 8ᵈ

De luy, 15076ᴴ 15ˢ 1ᵈ pour délivrer à Corneille, serrurier, pour, avec 53000ᴴ qu'il a cy-devant reçeus, faire le parfait payement de 68076ᴴ 15ˢ 1ᵈ à quoy montent les ouvrages qu'il a faits au château de Versailles et dépendances et à celui de Saint-Germain-en-Laye en 1684, 1685, 1686, 1687 et 1688, et 125ᴴ 12ˢ 10ᵈ pour les taxations[1].............. 5202ᴴ 7ˢ 11ᵈ

2 juillet : de luy, 4072ᴴ 17ˢ 3ᵈ pour délivrer aux nommez Desarneaux et Gaudy, entrepreneurs, pour, avec 11950ᴴ qu'ils ont cy-devant reçeus, faire le parfait payement de 16022ᴴ 17ˢ 3ᵈ à quoy montent les ouvrages de maçonnerie par eux faits au château de Monceaux en 1688, et 33ᴴ 18ˢ 9ᵈ de taxations[2]. 4106ᴴ 16ˢ

12 juillet : de luy, 284ᴴ 3ˢ 4ᵈ pour délivrer au nommé Dupont, tapissier, pour son payement d'un dessus de forme et d'un dessus de tabouret de laine, ouvrages de la Savonnerie, qu'il a fournis au Garde-meuble du Roy, contenans ensemble une aune 13/18 carrée en superficie, à raison de 165ᴴ l'aune carrée, et 2ᴴ 7ˢ 4ᵈ pour les taxations..................... 286ᴴ 10ˢ 8ᵈ

26 juillet : de luy, 59114ᴴ pour délivrer à Mᵐᵉ de Louvois, pour, avec 20901ᴴ à quoy se montent les orangers, les glaces et une chaloupe qui ont resté à Choisy, faire la somme de 80015ᴴ pour le payement des tableaux, vases, bustes, glaces, orangers et autres choses qui luy apartenoient à Meudon et que S. M. a acheptez pour son service, et 492ᴴ 12ˢ 4ᵈ pour les taxations[3]....................... 59606ᴴ 12ˢ 4ᵈ

De luy, 12000ᴴ pour délivrer à Mᵐᵉ de Louvois, pour son remboursement de pareille somme à laquelle se montera la dépense du rétablissement du comble de l'orangerie de Choisy, tant en maçonnerie, charpente, couverture, que plomberie, lequel a esté brulé en 1693, et 100ᴴ pour les taxations[4]....... 12100ᴴ

De luy, 2000ᴴ pour délivrer au sʳ Fhosne, par gratification, en considération des dépenses qu'il a esté obligé de faire pour les voyages de Choisy et pour le remboursement des héritages occupez par les travaux du Roy des environs de Versailles, et 16ᴴ 13ˢ 4ᵈ pour les taxations...................... 2016ᴴ 13ˢ 4ᵈ

De luy, 1772ᴴ 10ˢ 8ᵈ pour délivrer à la veuve Rossignol, serrurier, pour, avec 6300ᴴ qu'elle a cy-devant reçeus, faire le parfait payement de 8072ᴴ 10ˢ 8ᵈ à quoy montent les ouvrages de serrurerie qu'elle a faits dans la dépendance du château de Fontainebleau pendant les années 1686, 1687, 1688, 1689, 1690 et les six derniers mois de l'année 1693, et 14ᴴ 15ˢ 6ᵈ pour les taxations[5].................. 1787ᴴ 6ˢ 1ᵈ

De luy, 2273ᴴ 4ˢ 6ᵈ pour délivrer au nommé Morel, serrurier, pour, avec 76381ᴴ 11ˢ 6ᵈ qu'il a cy-devant reçeus, faire le parfait payement de 78654ᴴ 15ˢ 10ᵈ à quoy montent les ouvrages de serrurerie qu'il a faits et fournis, tant pour la digue de Croissy et pour la machine de la rivière de Seyne, que pour les équipages qu'il a faits aux soupapes de la butte Montboron pendant les années 1681, 1682, 1683, 1684 et 1685, et 18ᴴ 18ˢ 10ᵈ pour les taxations[6]................. 2292ᴴ 3ˢ 3ᵈ

De luy, 8395ᴴ 1ˢ 10ᵈ pour délivrer au nommé Prenot, entrepreneur, pour, avec 10700ᴴ qu'il a cy-devant reçeus, faire le parfait payement de 19095ᴴ 1ˢ 10ᵈ à quoy montent les ouvrages de maçonnerie par luy faits tant au palais des Thuilleries et aux grandes écuries du Roy qu'à la pépinière du Roulle et autres endroits pendant les années 1681, 1682, 1683 et 1685, et 69ᴴ 19ˢ 2ᵈ pour les taxations[7]............ 8465ᴴ 1ˢ

De luy, 6100ᴴ pour délivrer au nommé Poultier, sculpteur, pour, avec 3400ᴴ qu'il a cy-devant reçeus, faire le parfait payement de 9500ᴴ à quoy monte la figure représentant Didon, un Terme représentant Cerés et un grand vase, le tout de marbre blanc, par luy faits et posez dans les jardins du château de Versailles pendant 1687, 1688 et 1689, et 50ᴴ 16ˢ 8ᵈ pour les taxations[8]................... 6050ᴴ 16ˢ 8ᵈ

De luy, 4574ᴴ 15ˢ 10ᵈ pour délivrer au nommé Hurtrelle, sculpteur, pour, avec 5400ᴴ qu'il a cy-devant reçeus, fait le parfait payement de 9974ᴴ 15ˢ 10ᵈ à quoy monte la figure de marbre du Faune de Borghèse, un vase de marbre verd de mer, un Terme de marbre représentant le philosophe Théophraste, deux vases, deux coquilles et deux masques de plomb, qu'il a faits et posez dans le jardin de Versailles depuis 1682 jusqu'en 1685, et les ouvrages de sculpture en bois qu'il a faits à la paroisse de Versailles en 1686, et 38ᴴ 2ˢ 5ᵈ pour les taxations[9].................. 4613ᴴ 18ˢ 3ˢ

---

[1] En marge : «En rentes au denier 18 en y ajoutant 7500ᴴ.»
[2] En marge : «En rentes viagères.»
[3] En marge : «En rentes sur la Ville au denier 14.»
[4] En marge : «Comptant.»
[5] En marge : «En rentes viagères.»
[6] Idem.
[7] Idem.
[8] Idem.
[9] Idem.

De luy, 2870ᴸᴸ 18ˢ pour délivrer au nommé Petit, charpentier, pour, avec 9500ᴸᴸ qu'il a cy-devant receus, faire le parfait payement de 12370ᴸᴸ 18ˢ à quoy montent les ouvrages de charpenterie qu'il a faits au couvent de l'Annonciade de Meulan depuis 1682 jusqu'en 1685, et 23ᴸᴸ 18ˢ 6ᵈ pour les taxations[1]....... 2894ᴸᴸ 16ˢ 6ᵈ

29 juillet : de luy, 2360ᴸᴸ pour délivrer aux principal, procureur et boursiers du collège de Cambray pour le dédommagement, pendant les années 1693 et 1694, de leurs bâtimens qui ont esté démolis par ordre du Roy pour la construction du Collège de France, à raison de 1180ᴸᴸ par an, et 19ᴸᴸ 13ˢ 4ᵈ de taxations[2]. 2379ᴸᴸ 13ˢ 4ᵈ

30 juillet : de luy, 1875ᴸᴸ pour délivrer aux héritiers Thibault, jardinier à Vincennes, pour ses gages pendant quinze mois finis le dernier décembre 1694, à raison de 1500ᴸᴸ par an, et 15ᴸᴸ 12ˢ 6ᵈ de taxations[2]. 1890ᴸᴸ 12ˢ 6ᵈ

13 aoust : de luy, 1250ᴸᴸ pour délivrer au nommé Allegrain, peintre, pour, avec 2050ᴸᴸ qu'il a cy-devant receus, faire le parfait payement de 3300ᴸᴸ pour huit tableaux représentant des *Veues de Versailles* et des paysages, qu'il a faits et posez pour le service du Roy à Trianon, et 10ᴸᴸ 8ˢ 4ᵈ pour les taxations[3]. 1260ᴸᴸ 8ˢ 4ᵈ

26 aoust : de luy, 4460ᴸᴸ 16ˢ 8ᵈ pour délivrer à la veuve et héritiers Duval, couvreur, sçavoir : 1660ᴸᴸ 16ˢ 8ᵈ pour, avec 1400ᴸᴸ qu'il a cy-devant receus, faire le parfait payement de 3060ᴸᴸ 16ˢ 8ᵈ à quoy montent les ouvrages de couverture qu'il a faits au couvent de l'Annonciade de Meulan en 1683 et 1684, et 2800ᴸᴸ pour avoir entretenu les couvertures du château de Vincennes pendant les années 1682 et 1683, et 37ᴸᴸ 3ˢ 5ᵈ pour les taxations[4]........................ 4498ᴸᴸ 1ᵈ

De luy, 4653ᴸᴸ pour délivrer au nommé Clérion, sculpteur, pour, avec 7500ᴸᴸ qu'il a cy-devant receus, faire le parfait payement de 12153ᴸᴸ pour deux Termes représentans Junon, une figure représentant la Vénus Callipige, le tout de marbre blanc, deux vases, deux masques et deux coquilles de plomb, qu'il a faits et posez dans les jardins de Versailles, et autres ouvrages de sculpture en pierre, par luy faits au Grand Commun depuis l'année 1682 jusqu'à présent, et 38ᴸᴸ 15ˢ pour les taxations[5].................. 4691ᴸᴸ 15ˢ 6ᵈ

De luy, 1855ᴸᴸ 3ˢ pour délivrer aux nommez Briquet et Legrand, sculpteurs, pour, avec 4300ᴸᴸ qu'ils ont cy-devant receus, faire le parfait payement de 6155ᴸᴸ 3ˢ à quoy montent les ouvrages de sculpture en bois par eux faits tant au château de Versailles et dépendances, qu'à Saint-Cyr en 1684, 1685 et 1686, et 15ᴸᴸ 9ˢ 2ᵈ pour les taxations[6]................ 1870ᴸᴸ 12ˢ 2ᵈ

De luy, 800ᴸᴸ pour délivrer au nommé Hardy, sculpteur, pour, avec 2500ᴸᴸ qu'il a cy-devant receus, faire le parfait payement de 3300ᴸᴸ pour deux vases de marbre blanc qu'il a faits et posez dans les jardins de Versailles en 1684 et 1687, et 6ᴸᴸ 13ˢ 4ᵈ pour les taxations[7]..... .... 806ᴸᴸ 13ˢ 4ᵈ

De luy, 4100ᴸᴸ pour délivrer au sʳ abbé Colot, tant pour le payement du fonds de 2 arpens 1/2 de pré, à luy apartenans, que S. M. luy a pris au port de Marly pour la décharge des matériaux de ses bâtimens, que pour la non jouissance pendant quinze années, eschues le 30 juillet 1695, desd. deux arpens et demy, et un autre arpent de pré encore à luy apartenant, qui luy est resté, et 34ᴸᴸ 3ˢ 4ᵈ pour les taxations[8].......... 4134ᴸᴸ 3ˢ 4ᵈ

30 aoust : de luy, 46046ᴸᴸ 17ˢ 5ᵈ pour délivrer au nommé Leclerc, dit Pitre, terrassier, pour, avec 810382ᴸᴸ 14ˢ qu'il a cy-devant receus, faire le parfait payement de 856429ᴸᴸ 11ˢ 5ᵈ à quoy montent les ouvrages de terrasse qu'il a faits pour le service du Roy, tant pour la construction du nouveau canal de la rivière d'Eure, commençeant au parc de la rivière jusqu'à Berchère, à la chaussée de Boizard et aux environs de Crache[9], rasement de la butte Monthoron, réservoirs sur icelle, et entretien de lad. butte depuis la Saint-Jean 1687 jusqu'à la Saint-Jean dernière, qu'autres ouvrages par luy faits dans la dépendance du château de Versailles et au nouveau jardin de Trianon depuis l'année 1683 jusqu'à présent, et 383ᴸᴸ 14ˢ 6ᵈ pour les taxations[10]. 46430ᴸᴸ 11ˢ 11ᵈ

1ᵉʳ septembre : de luy, 8501ᴸᴸ 19ˢ 11ᵈ pour délivrer au nommé Veillet, menuisier, pour, avec 29650ᴸᴸ qu'il a cy-devant receus, faire le parfait payement de 38151ᴸᴸ 19ˢ 11ᵈ à quoy montent les ouvrages de menuiserie par luy faits aux châteaux de Saint-Germain-en-Laye et de Versailles et leurs dépendances depuis l'année 1682 jusqu'à présent, et 70ᴸᴸ 17ˢ pour les taxations[11]......................... 8572ᴸᴸ 16ˢ 11ᵈ

De luy, 2109ᴸᴸ 4ˢ 8ᵈ pour délivrer au nommé Larivière, terrassier, pour, avec 5350ᴸᴸ qu'il a cy-devant receus, faire le parfait payement de 7459ᴸᴸ 4ˢ 8ᵈ à quoy

---

[1] En marge : «En rentes viagères.»
[2] En marge : «En augmentations de gages sans doubler.»
[3] *Idem.*
[4] En marge : «En augmentations de gages en doublant.»
[5] En marge : «En rentes viagères.»
[6] En marge : «En rentes viagères.»
[7] *Idem.*
[8] Lisez : Garches.
[9] *(not present)*
[10] En marge : «En augmentations de gages sans doubler.»
[11] En marge : «En rentes viagères.»

ANNÉE 1695. — RECETTE.

montent les renfoncemens et élargissemens qu'il a faits en 1683 de la rigolle du Trou-sallé tendant à Buc, et 17ᵗᵗ 11ˢ 6ᵈ pour les taxations[1] 2126ᵗᵗ 16ˢ 2ᵈ

De luy, 3700ᵗᵗ pour délivrer au nommé Raon, sculpteur, pour, avec 2800ᵗᵗ qu'il a cy-devant reçeus, faire le parfait payement de 6500ᵗᵗ pour une figure représentant Arion et un Terme de l'*Automne*, le tout de marbre blanc, qu'il a faits et posez dans les jardins de Versailles en la présente année, et 30ᵗᵗ 16ˢ 8ᵈ pour les taxations[2] 3730ᵗᵗ 16ˢ 8ᵈ

4 septembre : de luy, 5618ᵗᵗ 12ˢ 6ᵈ pour délivrer aux nommez Millot et Mirel, menuisiers, pour, avec 20753ᵗᵗ 10ᵈ qu'ils ont cy-devant reçeus, faire le parfait payement de 26371ᵗᵗ 13ˢ 4ᵈ à quoy montent les ouvrages de menuiserie qu'ils ont faits au château de Marly pendant l'année dernière et la présente, et 46ᵗᵗ 16ˢ 5ᵈ pour les taxations[3] 5665ᵗᵗ 8ˢ 11ᵈ

12 septembre : de luy, 5162ᵗᵗ 15ˢ pour délivrer aux chanoines et chapitre de Saint-Nicolas de Maintenon, pour le payement des fonds et de la non-jouissance des dixmes qui leur sont deus à cause des terres qui ont esté occupées par l'aqueduc de pierre du fonds de Maintenon et par l'aqueduc de terre du buisson Pommeret, et 43ᵗᵗ 6ᵈ pour les taxations 5205ᵗᵗ 15ˢ 6ᵈ

17 septembre : de luy, 2402ᵗᵗ 6ᵈ pour délivrer au nommé Tricot, maçon, pour, avec 8250ᵗᵗ qu'il a cy-devant reçeus, faire le parfait payement de 10652ᵗᵗ 6ᵈ à quoy montent les ouvrages de maçonnerie qu'il a faits aux maisons royalles et autres maisons apartenantes au Roy à Paris, depuis 1686 jusqu'en 1690, et 20ᵗᵗ 4ᵈ pour les taxations[4] 2422ᵗᵗ 10ᵈ

De luy, 9787ᵗᵗ 7ˢ 9ᵈ pour délivrer au nommé Vedeau, menuisier, pour, avec 38500ᵗᵗ qu'il a cy-devant reçeus, faire le parfait payement de 48287ᵗᵗ à quoy montent les ouvrages de menuiserie qu'il a fait tant aux châteaux de Versailles et Saint-Germain-en-Laye, qu'à Choisy, depuis 1684 jusqu'à présent, et 81ᵗᵗ 11ˢ 2ᵈ pour les taxations[5] 9868ᵗᵗ 18ˢ 11ᵈ

De luy, 3152ᵗᵗ 2ˢ 11ᵈ pour délivrer au nommé Maigret, maçon, pour, avec 6800ᵗᵗ qu'il a cy-devant reçeus, faire le parfait payement de 9952ᵗᵗ 2ˢ 11ᵈ à quoy montent les ouvrages de maçonnerie qu'il a faits aux maisons royalles et autres maisons apartenant au Roy à Paris,

depuis 1686 jusqu'à présent, et 26ᵗᵗ 5ˢ 4ᵈ pour les taxations[6] 3178ᵗᵗ 8ˢ 3ᵈ

De luy, 7100ᵗᵗ pour délivrer à la veuve et au fils du sʳ Desjardins, sculpteur, pour, avec 3400ᵗᵗ qu'il a cy-devant reçeus, faire le parfait payement de 10500ᵗᵗ à quoy montent deux figures de marbre blanc, l'une représentant Diane et l'autre Artemise, qu'il a faites et posées dans le jardin de Versailles, et 59ᵗᵗ 3ˢ 4ᵈ pour les taxations[7] 7159ᵗᵗ 3ˢ 4ᵈ

De luy, 2993ᵗᵗ 15ˢ 2ᵈ pour délivrer au nommé Girardin, charpentier, pour, avec 2510ᵗᵗ qu'il a cy-devant reçeus, faire le parfait payement de 5503ᵗᵗ 15ˢ 2ᵈ à quoy montent les ouvrages de charpenterie qu'il a faits tant aux grandes écuries de Versailles qu'à Clagny, depuis 1682 jusqu'en 1685, et 24ᵗᵗ 18ˢ 11ᵈ pour les taxations 3018ᵗᵗ 14ˢ 1ᵈ

De luy, 117718ᵗᵗ 12ˢ 3ᵈ pour délivrer aux nommez Bailly, L'Épée et héritiers Rocuer, entrepreneurs, pour, avec 1350742ᵗᵗ qu'ils ont cy-devant reçeus, faire le parfait payement de 1468460ᵗᵗ 14ˢ 3ᵈ à quoy montent les ouvrages de maçonnerie qu'ils ont faits pour le service du Roy tant au château de Marly et lieux en dépendans, que pour la construction du grand aqueduc de Lucienne, depuis l'année 1679 jusqu'à présent, et 980ᵗᵗ 19ˢ 9ᵈ pour les taxations[8] 118699ᵗᵗ 12ˢ

25 septembre : de luy, 32795ᵗᵗ 17ˢ 6ᵈ pour délivrer aux nommez Mazeline et Jouvenet, sculpteurs, pour, avec 64600ᵗᵗ qu'ils ont cy-devant reçeus, faire le parfait payement de 97395ᵗᵗ 17ˢ 6ᵈ à quoy montent les ouvrages de sculpture qu'ils ont faits pour le service du Roy tant aux châteaux de Saint-Germain-en-Laye, Marly, Trianon et Versailles et lieux en dépendans, qu'à Saint-Cyr et à la parroisse de Versailles, depuis 1675 jusqu'à présent, et 273ᵗᵗ 6ˢ pour les taxations du trésorier[9] 33069ᵗᵗ 3ˢ 6ᵈ

De luy, 284ᵗᵗ 3ˢ 4ᵈ pour délivrer au nommé Dupont, tapissier, pour son payement d'un dessus de forme et un dessus de tabouret de laine, ouvrages de la Savonnerie, qu'il a fournis au Garde-meuble de la Couronne, contenans ensemble une aune 13/18 carrée en superficie, à raison de 165ᵗᵗ l'aune, et 2ᵗᵗ 7ˢ 4ᵈ pour les taxations 286ᵗᵗ 10ˢ 8ᵈ

2 octobre : de luy, 1500ᵗᵗ pour délivrer au sʳ Petit, de Fontainebleau, pour la pension que S. M. luy a ac-

---

[1] En marge : «En rentes viagères.»
[2] Idem.
[3] En marge : «En augmentations de gages sans doubler.»
[4] En marge : «En augmentations de gages en payant 1200ᵗᵗ.»
[5] En marge : «En rentes viagères.»
[6] En marge : «En rentes viagères.»
[7] Idem.
[8] En marge : «En augmentations de gages sans doubler.»
[9] En marge : «En rentes viagères.»

cordée pendant l'année eschuë au mois d'octobre 1694, et 12ᴸ 10ˢ pour les taxations............ 1512ᴸ 10ˢ

13 novembre : de luy, 31047ᴸ pour délivrer au nommé Le Maistre, entrepreneur, à compte des ouvrages de maçonnerie qu'il a faits à la grande église des Invalides, et 258ᴸ 14ˢ 6ᵈ pour les taxations[1]....... .... 31305ᴸ 14ˢ 6ᵈ

14 novembre : de luy, 143ᴸ 19ˢ pour délivrer au sʳ Viette, prieur du prieuré de Notre-Dame de Maintenon, pour les fonds et non-jouissance des dixmes apartenans aud. prieuré sur les héritages occupez par le canal de la rivière d'Eure, de Maintenon à Nogent, et 23ˢ 6ᵈ pour les taxations............ 145ᴸ 2ˢ 6ᵈ

21 novembre : de luy, 4800ᴸ pour délivrer aux héritiers de Gaspard Marsy, sculpteur, pour, avec 4700ᴸ qu'il a cy-devant reçeus, faire le parfait payement de 9500ᴸ pour deux figures de marbre blanc qu'il a faites et posées dans les jardins de Versailles, l'une représentant le *Point du jour*, et l'autre *Vénus et l'Amour*, et 40ᴸ pour les taxations[2]................. 4840ᴸ

De luy, 2371ᴸ 7ˢ 9ᵈ, sçavoir : 2351ᴸ 15ˢ 10ᵈ pour délivrer aux nommez Bonvallet, Aubry, Roger, Scabol et Taubin, sculpteurs, pour, avec 17648ᴸ 4ˢ 2ᵈ qu'ils ont cy-devant reçeus, faire le parfait payement de 20000ᴸ pour les huit groupes d'enfans avec leurs attributs, qu'ils ont fondus en bronze, réparez et posez en place sur les bords des deux grands bassins du parterre d'eau du château de Versailles, et 19ᴸ 11ˢ 11ᵈ pour les taxations[3] 2371ᴸ 7ˢ 9ᵈ

De luy, 1500ᴸ pour délivrer au nommé de Montagne, peintre, pour son payement des ouvrages de peinture et dorure qu'il a faits au Palais-Royal en 1683 et 1684, et 12ᴸ 10ˢ pour les taxations[4]........... 1512ᴸ 10ˢ

25 novembre : de luy, 9882ᴸ pour délivrer au sʳ marquis de Bullion, pour son remboursement des lods et ventes et indemnité d'iceux, qui luy sont dus à cause de plusieurs héritages occupez par les travaux du canal de Gallardon qui ont esté remboursez à divers particuliers, lesquels se sont trouvez censuels aud. sʳ de Bullion à cause de sa terre et seigneurie de Gallardon, et 82ᴸ 7ˢ pour les taxations................... 9964ᴸ 7ˢ

De luy, 19875ᴸ 11ˢ pour délivrer au nommé La Porte,

charpentier, pour, avec 109695ᴸ qu'il a cy-devant receus, faire le parfait payement de 129570ᴸ 11ˢ à quoy montent les ouvrages de charpenterie qu'il a faits au château de Marly depuis 1679 jusqu'en 1684, et 165ᴸ 12ˢ 7ᵈ pour les taxations[5]....... 20041ᴸ 3ˢ 7ᵈ

27 novembre : de luy, 4752ᴸ pour délivrer au sʳ Chevalier de Nogent et à la dame de Saint-Martin, tant pour le remboursement du fonds du moulin de Saint-Martin, situé sur la rivière d'Épernon, à eux appartenant, auquel on n'a pu rendre l'eau lorsque les travaux du grand aqueduc de Maintenon ont cessé, que de la non jouissance d'iceluy pendant l'année dernière 1694 et la présente, et 3ᴸ 12ˢ pour les taxations..... 4792ᴸ 12ˢ

4 décembre : de luy, 7144ᴸ 11ˢ 6ᵈ pour délivrer au nommé Charlot, plombier, pour, avec 45492ᴸ qu'il a cy-devant reçeus, faire le parfait payement de 52636ᴸ 11ˢ 6ᵈ à quoy montent les ouvrages de plomberie qu'il a faits tant à la grande écurie de Versailles, à Clagny, qu'à Marly, depuis 1679 jusqu'en 1683, et 59ᴸ 10ˢ 9ᵈ pour les taxations[6]........ 7204ᴸ 2ˢ 3ᵈ

De luy, 1800ᴸ pour délivrer à Marie et Françoise Buisten, filles et héritières du sʳ Buisten, sculpteur, pour, avec 3200ᴸ qu'il a reçeus, faire le parfait payement de 5000ᴸ pour la figure de marbre du *Poëme satirique*, qu'il a faite et posée en 1682 dans les jardins de Versailles, et 15ᴸ pour les taxations[7]...... 1815ᴸ

De luy, 5608ᴸ 6ˢ 8ᵈ pour délivrer aux nommez Varin, Langlois et Meusnier, sculpteurs-fondeurs, pour, avec 42921ᴸ 3ˢ 4ᵈ qu'ils ont reçeus, faire le parfait payement de 48530ᴸ à quoy montent les ouvrages de marbre et de bronze qu'ils ont faits depuis 1684 jusqu'en 1690, à Versailles et ailleurs, et 46ᴸ 14ˢ 8ᵈ pour les taxations[8] 5655ᴸ 1ˢ 4ᵈ

10 décembre : de luy, 11521ᴸ 8ˢ 6ᵈ pour délivrer aux nommez Remy et Vedeau, menuisiers, pour, avec 82800ᴸ qu'ils ont cy-devant reçeus, faire le parfait payement de 94321ᴸ 8ˢ 6ᵈ à quoy montent les ouvrages de menuiserie qu'ils ont faits pour le Roy, tant au château de Versailles et bâtimens de dehors d'iceluy, à la Parroisse et aux logemens des Missionnaires, qu'aux Récolets et au nouveau couvent des Capucines, depuis 1684

---

[1] En marge : «En augmentations de gages en fournissant au Roy 15528ᴸ 10ˢ.»
[2] En marge : «En augmentations de gages en donnant 4200ᴸ.»
[3] En marge : «En rentes viagères.»
[4] *Idem*.
[5] En marge : «En augmentations de gages en donnant 6000ᴸ.»
[6] En marge : «En augmentations de gages en donnant 3600ᴸ.»
[7] En marge : «En rentes viagères.»
[8] *Idem*.

ANNÉE 1695. — RECETTE.

jusqu'en 1693, et 96ʰ 3ᵈ pour les taxations dud. trésorier[1]........................ 11617ʰ 8ˢ 9ᵈ

De luy, 11422ʰ 11ˢ pour délivrer à la veuve BRICARD, entrepreneur, pour, avec 148400ʰ qu'il a cy-devant reçeus, faire le parfait payement de 159822ʰ 11ˢ à quoy montent les ouvrages de maçonnerie par luy faits tant aux aqueducs et aux travaux de la plaine de Saclay qu'aux étangs des Graissets, pendant 1682 et 1683, et 95ʰ 3ˢ 9ᵈ pour les taxations[2]......... 11517ʰ 14ˢ 9ᵈ

De luy, 1774ʰ 19ˢ pour délivrer au nommé BAILLY, peintre, sçavoir : 1074ʰ 19ˢ pour, avec 800ʰ qu'il a cy-devant reçeus, faire le parfait payement de 1874ʰ 19ˢ à quoy montent les ouvrages de peinture couleur de bronze, façon de pourcelaine, et autres, qu'il a faits pour le Roy à Trianon et autres endroits, en 1684 et 1685, et 700ʰ pour avoir entretenu les peintures des fontaines du jardin de Versailles pendant 1684, et 14ʰ 15ˢ 10ᵈ pour les taxations[3]..................... 1789ʰ 14ˢ 10ᵈ

18 décembre : de luy, 2504ʰ 16ˢ 4ᵈ pour délivrer aux héritiers MORTILLON, charpentier, pour, avec 25525ʰ qu'ils ont reçeus, faire le parfait payement de 28029ʰ 16ˢ 4ᵈ à quoy montent les ouvrages de charpenterie qu'il a faits à Fontainebleau depuis 1684 jusqu'en 1689, et 20ʰ 17ˢ 6ᵈ de taxations[4]. 2525ʰ 13ˢ 10ᵈ

De luy, 3419ʰ 11ˢ 3ᵈ pour délivrer aux héritiers du nommé JAQUET, vitrier, pour, avec 2450ʰ qu'il a cy-devant reçeus, faire le parfait payement de 5869ʰ 11ˢ 3ᵈ à quoy montent les ouvrages de vitrerie qu'il a faits tant au château de Vincennes, à la Bibliothèque et aux Gobelins, qu'à Ciagny et Glatigni, depuis 1678 jusqu'en 1683, et 28ʰ 10ˢ 1ᵈ pour les taxations du trésorier[5].............................. 3448ʰ 1ˢ 4ᵈ

19 décembre : de luy, 10035ʰ 10ˢ pour délivrer aux nommez REMY, VEDEAU et veuve DIONIS, menuisiers, pour, avec 32150ʰ qu'ils ont cy-devant reçeus, faire le parfait payement de 41046ʰ 15ˢ à quoy montent les ouvrages de menuiserie qu'ils ont faits à Saint-Cyr pendant 1685 et 1686, et 83ʰ 12ˢ 6ᵈ pour les taxations[6] 10118ʰ 13ˢ 4ᵈ

20 décembre : de luy, 3000ʰ pour délivrer aux prestres de la Mission de Fontainebleau pour leur subsistance et entretennement pendant les six derniers mois 1695, y compris les taxations............... 3000ʰ

18 janvier 1696 : de M' JEAN-BAPTISTE BRUNET, 12000ʰ pour délivrer au s' DEVILLE, sçavoir : 6000ʰ par gratification en considération du soin qu'il a pris à la Machine pendant 1695, et 6000ʰ de pension extraordinaire que S. M. lui a accordée pendant la même année, et 100ʰ pour les taxations..................... 12100ʰ

De luy, 10000ʰ pour délivrer au s' MANSART en considération de l'inspection générale que S. M. luy a donnée sur ses bâtimens pendant 1695, et 83ʰ 6ˢ 8ᵈ pour les taxations................... 10083ʰ 6ˢ 8ᵈ

De luy, 3000ʰ pour délivrer au s' LE NOSTRE, par gratification, en considération du service qu'il a rendu dans les bâtimens pendant 1695, et 25ʰ pour les taxations............................... 3025ʰ

28 janvier 1696 : de luy, 2300ʰ pour délivrer aux héritiers du nommé GUÉRIN, sculpteur, pour, avec 2700ʰ qu'il a cy-devant reçeus, faire le parfait payement de 5000ʰ pour la figure de marbre représentant l'Amérique, qu'il a faite et posée dans les jardins de Versailles, et 19ʰ 3ˢ 4ᵈ pour les taxations[7]... 2319ʰ 3ˢ 4ᵈ

De luy, 2920ʰ pour délivrer à la veuve HOUZEAU, sculpteur, pour, avec 7340ʰ qu'il a cy-devant reçeus, faire le parfait payement de 10260ʰ pour une figure représentant le Colérique, un Terme représentant SILÈNE, le tout de marbre, deux cuvettes, deux coquilles et deux masques de plomb et étain qu'il a faits et posez dans les jardins de Versailles depuis 1675 jusqu'en 1688, et 24ʰ 6ˢ 8ᵈ pour les taxations[8]......... 2944ʰ 6ˢ 8ᵈ

De luy, 2373ʰ 6ˢ 7ᵈ pour délivrer à la veuve PINEAU, sculpteur, pour, avec 300ʰ qu'il a cy-devant reçeus, faire le parfait payement de 2673ʰ 6ˢ 7ᵈ à quoy montent les ouvrages de sculpture en bois qu'il a faits, tant aux châteaux de Saint-Germain-en-Laye et de Versailles qu'à la Chancellerie dud. Versailles, depuis 1682 jusqu'en 1686, et 19ʰ 15ˢ pour les taxations[9]. 2394ʰ 1ˢ 7ᵈ

De luy, 4932ʰ 10ˢ 2ᵈ pour délivrer au nommé DELAPORTE, doreur, pour son payement des ouvrages de dorure qu'il a faits, tant au Louvre et au Palais-Royal qu'à l'Arc de triomphe du jardin de Versailles, depuis 1680 jusqu'en 1684, et 41ʰ 2ˢ 1ᵈ pour les taxations[10]. 4973ʰ 12ˢ 3ᵈ

De luy, 1892ʰ 17ˢ pour délivrer à la veuve DUCHEMIN,

---

[1] En marge : «En augmentations de gages en donnant 2230ʰ.»
[2] Idem, en donnant 6000ʰ.
[3] Idem, en donnant 1000ʰ.
[4] En marge : «En augmentations de gages sans doubler.»
[5] En marge : «En rentes viagères.»
[6] En marge : «En augmentations de gages en donnant 4000ʰ.»

[7] En marge : «En rentes viagères.»
[8] Idem.
[9] Idem.
[10] Idem.

paveur, pour, avec 13400ʰ qu'elle a cy-devant reçeus, faire le parfait payement de 15292ʰ 17ˢ à quoy montent les ouvrages de pavé qu'elle a fait faire en la dépendance du château de Fontainebleau depuis l'année 1685 jusqu'en 1691, et 15ʰ 15ˢ 6ᵈ pour les taxations[1] 1908ʰ 12ˢ 6ᵈ

De luy, 400ʰ pour délivrer au sʳ Soulaigne, concierge du vieux château de Saint-Germain-en-Laye, que S. M. luy a accordez pour le remboursement des dépenses qu'il a faites pour faire nettoyer dans les apartemens et cours dud. château pendant l'année dernière 1695 que le Roy et la Reyne d'Angleterre y ont logé, et 3ʰ 6ˢ 8ᵈ pour les taxations................... 403ʰ 6ˢ 8ᵈ

12 février 1696 : de luy, 5000ʰ pour délivrer à M. l'archevesque de Roüen, pour une année, eschüe le 31 décembre 1695, du loyer de deux maisons à luy apartenans rüe Vivien, à Paris, occupées par la Bibliothèque du Roy, et 41ʰ 13ˢ 4ᵈ pour les taxations. 5041ʰ 13ˢ 4ᵈ

De luy, 800ʰ pour délivrer à Jean Massagati et Palmarin Palmarini, anciens gondolliers Vénitiens, par gratification, en considération du service qu'ils ont rendu sur le canal de Versailles pendant 1695, et 6ʰ 13ˢ 4ᵈ pour les taxations.................. 806ʰ 13ˢ 4ᵈ

De luy, 684ʰ 5ˢ pour délivrer au curé de Marly, sçavoir : 210ʰ pour la non-jouissance, pendant 1695, de 75 arpens de pré compris dans le fonds de Marly, et 474ʰ 5ˢ pour la non-jouissance pendant led. tems de la dixme des terres labourables de lad. cure que le Roy a fait planter en bois, y compris la dixme du troupeau du Trou d'enfer, et 5ʰ 14ˢ pour les taxations.... 689ʰ 19ˢ

De luy, 400ʰ pour délivrer à Chatillon, jardinier de l'orangerie du château de Fontainebleau, par gratification, à cause du soin qu'il a eu des orangers pendant 1695, et 3ʰ 6ˢ 8ᵈ pour les taxations...... 403ʰ 6ˢ 8ᵈ

De luy, 375ʰ pour délivrer au sʳ Étienne Richomme, prieur curé de Croissy-la-Garenne, près Saint-Germain-en-Laye, pour son indemnité, pendant 1695, de la non jouissance des dixmes sur les terres acquises par le Roy dans lad. parroisse, et 3ʰ 2ˢ 6ᵈ pour les taxations...... .... 378ʰ 2ˢ 6ᵈ

26 février 1696 : de luy, 2000ʰ pour délivrer au sʳ Mollet, par gratification, en considération du soin qu'il a pris des plants d'arbres des jardins et avenues des maisons royales pendant 1695, et 16ʰ 13ˢ 4ᵈ pour les taxations 2016ʰ 13ˢ 4ᵈ

De luy, 1000ʰ pour délivrer au sʳ Ballon fils, par gratification pour 1695, en considération des services que feu son père a rendus dans lesd. plants, et 8ʰ 6ˢ 8ᵈ pour les taxations........... 1008ʰ 6ˢ 8ᵈ

De luy, 6084ʰ 15ˢ pour délivrer au sʳ Arnoul Rose, pour son payement de 3477 pieds de pierre de liais qu'il a fournis et voiturées dans le magasin du Louvre en 1683, et 50ʰ 14ˢ 2ᵈ pour les taxations[2]. 6135ʰ 9ˢ 2ᵈ

De luy, 1115ʰ 2ˢ 8ᵈ pour délivrer aux nommez Leroy et Belleval, entrepreneurs, pour, avec 12837ʰ qu'ils ont cy-devant reçeus, faire le parfait payement de 13952ʰ 2ˢ 8ᵈ à quoy montent les ouvrages de maçonnerie qu'ils ont faits pour la construction des murs de clôture du Parc-aux-cerfs, en 1685 et 1686, et 9ʰ 5ˢ 10ᵈ pour les taxations................... 1124ʰ 8ˢ 6ᵈ

De luy, 2153ʰ pour délivrer aux abbé et Religieux de Sainte-Geneviève-au-mont de Paris, pour la non jouissance, pendant 1694, des terres et prez et indemnité des dixmes apartenant au prieuré de Choisy-aux-bœufs, enfermez dans les anciens et nouveaux murs du parc de Versailles, et 16ʰ 18ˢ 6ᵈ pour les taxations du trésorier 2169ʰ 18ˢ 6ᵈ

4 mars 1696 : de luy, 1900ʰ pour délivrer au nommé Herpin, sculpteur, pour, avec 2700ʰ qu'il a cy-devant reçeus, faire le parfait payement de 4600ʰ à quoy montent deux vases de marbre blanc qu'il a faits et posez dans les jardins de Versailles en 1688, et 15ʰ 16ˢ 8ᵈ pour les taxations[3].................. 1915ʰ 16ˢ 8ᵈ

De luy, 2830ʰ pour employer au payement des gratifications que le Roy a ordonné estre payées aux officiers des bâtimens et jardins de Fontainebleau en considération du bon état de leurs entretenemens pendant 1695, et 23ʰ 11ˢ 8ᵈ pour les taxations.......... 2853ʰ 11ˢ 8ᵈ

10 mars 1696 : de luy, 1800ʰ pour délivrer au sʳ de Beaurepaire, cy-devant commis de feu M. de Louvois, pour ses appointemens et ceux de son commis pendant les six premiers mois de 1691, et 15ʰ pour les taxations 1815ʰ

17 mars 1696 : de luy, 300ʰ pour délivrer au sʳ Pellerin, trompette des gens d'armes de la garde de S. M., à compte de son remboursement des bonnes terres que l'on a prises dans ses héritages pour estre transportées dans le jardin de Marly, et 2ʰ 10ˢ pour les taxations.. .... 302ʰ 10ˢ

De luy, 3000ʰ pour délivrer à Antoine Trumel, jardinier, pour sa pension des années 1694 et 1695, et 25ʰ pour les taxations.................. 3025ʰ

De luy, 2840ʰ pour délivrer au nommé de Dill,

---

[1] En marge : «En rentes viagères.»

[2] En marge : «En rentes viagères.»
[3] Idem.

ANNÉE 1695. — RECETTE.

sculpteur, pour, avec 4160ᴸ qu'il a cy-devant reçeus, faire le parfait payement de 7000ᴸ pour deux Termes de marbre blanc, dont l'un représente une *Bachante* et l'autre le philosophe Lisias, qu'il a faits et posez dans le jardin de Versailles en 1687 et 1695, et 23ᴸ 12ˢ 4ᵈ pour les taxations[1]........ 2863ᴸ 13ˢ 4ᵈ

De luy, 662ᴸ pour délivrer à la veuve et héritiers du nommé Fontelle, sculpteur, et à Mazière, autre, pour, avec 200ᴸ qu'ils ont cy-devant reçeus, faire le parfait payement de 862ᴸ pour le modèle en plastre qu'ils ont fait en 1683 à la pièce d'eau au dessous du Dragon, dans le jardin de Versailles, et 5ᴸ 10ˢ 4ᵈ pour les taxations[2] 667ᴸ 10ˢ 4ᵈ

18 mars 1696 : de luy, 2510ᴸ pour délivrer aux sʳˢ Mazeline, Jouvenet et Hurtrel, sculpteurs, pour, avec 4600ᴸ qu'ils ont cy-devant reçeus, faire le parfait payement de 7110ᴸ à quoy montent les modelles de terre du *Triomphe de Thétis* qui devoit estre posé au milieu d'un des grands bassins du parterre en face du château de Versailles, qu'ils ont faits en 1685, et 20ᴸ 18ˢ 4ᵈ pour les taxations[3] 2530ᴸ 18ˢ 4ᵈ

De luy, 1587ᴸ 10ˢ pour délivrer aux nommez Van Clève, Magnier et Legrand, sculpteurs, pour, avec 4900ᴸ qu'ils ont cy-devant reçeus, faire le parfait payement de 6487ᴸ 10ˢ à quoy montent les ouvrages de sculpture de stuc qu'ils ont faits en 1688 aux corniches des appartemens de l'aile neuve du château de Versailles, et 13ᴸ 4ˢ 7ᵈ pour les taxations[4]. 1600ᴸ 14ˢ 7ᵈ

De luy, 5261ᴸ 6ˢ 8ᵈ pour délivrer au nommé Mazeline, sculpteur, pour, avec 14520ᴸ qu'il a cy-devant reçeus, faire le parfait payement de 19781ᴸ 6ˢ 8ᵈ pour une figure représentant *l'Europe*, et une copie de l'Apollon antique du Belveder, le tout en marbre blanc, un vase et deux coquilles de plomb et étain, qu'il a faits et posez dans le jardin de Versailles, et les ouvrages de sculpture de stuc et plâtre qu'il a faits dans le grand sallon de Marly, le tout depuis 1675 jusqu'à présent, et 43ᴸ 16ˢ 10ᵈ pour les taxations[5] 5305ᴸ 3ˢ 6ᵈ

22 mars : de luy, 7156ᴸ 16ˢ 2ᵈ pour délivrer au sʳ Caffiery, sculpteur, pour, avec 19000ᴸ qu'il a cy-devant reçeus, faire le parfait payement de 26156ᴸ 16ˢ 2ᵈ à quoy montent les ouvrages de sculpture en bois et autres qu'il a faits aux châteaux de Versailles et de Marly, depuis 1681 jusqu'en 1687, et 59ᴸ 12ˢ 10ᵈ pour les taxations[6] 7216ᴸ 9ˢ

5 avril : de luy, 12320ᴸ pour délivrer aux nommez Le Moyne de Paris, Monier, Nocret, Anguier, Ricard, Francard, et veuve Bonnemer, peintres, pour, avec 18250ᴸ qu'ils ont cy-devant reçeus, faire le parfait payement de 30570ᴸ à quoy montent les ouvrages de peinture à fresque qu'ils ont faits en 1683 au gros pavillon du château de Marly et à trois des petits pavillons qui en dépendent, et 106ᴸ 13ˢ 4ᵈ pour les taxations[7] 12426ᴸ 13ˢ 4ᵈ

De luy, 1815ᴸ pour délivrer à la veuve de Bonnemer, peintre, pour son payement des journées qu'il a employées à peindre sur moëre de soye la suitte de la tenture du *Passage du Rhin*, en 1682, 1683 et 1684, et 15ᴸ 2ˢ 6ᵈ pour les taxations[8] 1830ᴸ 2ˢ 6ˢ

De luy, 1800ᴸ pour délivrer au sʳ Petit, contrôleur des bâtimens de Saint-Germain et de Marly, pour ses appointemens pendant les six derniers mois 1683, et 15ᴸ pour les taxations.................... 1815ᴸ

De luy, 750ᴸ pour délivrer à M. le marquis de Villaine, pour son dédommagement de 2 arpens 1/2 de bois à luy apartenans, dans lesquels il a esté tiré du moilon pour le château de Versailles, et 6ᴸ 6ˢ pour les taxations......................... 756ᴸ 6ˢ

De luy, 345ᴸ pour délivrer au sʳ Ducast, porte-manteau du Roy, sçavoir : 197ᴸ pour le fonds de 109 perches 2/3 de terre à lui apartenant, qui luy ont esté prises en 1680, comprises dans l'avenue de Versailles à Villepreux, à raison de 180ᴸ l'arpent, et 148ᴸ pour les interests de lad. somme pendant 15 années, et 2ᴸ 18ˢ pour les taxations...................... 347ᴸ 18ˢ

7 avril : de luy, 2599ᴸ 18ˢ 7ᵈ pour délivrer au nommé Bourgault et aux héritiers Tiercelin, peintre, pour, avec 40740ᴸ qu'ils ont cy-devant reçeus, faire le parfait payement de 43339ᴸ 18ˢ 7ᵈ à quoy montent les ouvrages de grosse peinture et dorure qu'ils ont faits tant au château de Versailles et bâtimens des dehors d'iceluy, qu'à Clagny et Noisy, depuis 1676 jusqu'en 1692, et 21ᴸ 13ˢ 4ᵈ pour les taxations[9] 2621ᴸ 11ˢ 11ᵈ

De luy, 1611ᴸ 2ˢ 6ᵈ pour délivrer à la veuve Vinor et à Nicolas Dumagny, charpentiers, pour, avec 2000ᴸ qu'ils ont cy-devant reçeus, faire le parfait payement de 3611ᴸ 2ˢ 6ᵈ à quoy montent les ouvrages et réparations

---

[1] En marge : «En rentes viagères.»
[2] Idem.
[3] Idem.
[4] Idem.
[5] Idem.
[6] En marge : «En rentes viagères.»
[7] Idem.
[8] Idem.
[9] Idem.

de charpenterie qu'ils ont faits tant à Vincennes qu'aux maisons royalles depuis 1686 jusqu'en 1693, et 13ᴸ 8ˢ 6ᵈ pour les taxations[1]................ 1624ᴸ 11ˢ

8 avril : de luy, 1410ᴸ 9ˢ 3ᵈ pour délivrer à la veuve Rochette, sculpteur, pour, avec 5900ᴸ qu'il a cy-devant reçeus, faire le parfait payement de 7310ᴸ 9ˢ 3ᵈ à quoy montent les ouvrages de sculpture qu'il a faits au château de Monceaux depuis 1685 jusqu'en 1688, et 11ᴸ 15ˢ 1ᵈ pour les taxations[2]......... 1422ᴸ 4ˢ 4ᵈ

De luy, 101113ᴸ pour employer au payement des gages des officiers des bâtimens pendant l'année 1695, et 842ᴸ 10ˢ 6ᵈ pour les taxations[3].... 101955ᴸ 10ˢ 6ᵈ

RECETTE PARTICULIÈRE 1695.

3 avril : du sʳ Cousinet, orfèvre, 8067ᴸ 18ˢ 1ᵈ, dont 4000ᴸ seront payez comptant, 2000ᴸ dans le mois d'août prochain, et le reste en décembre ensuivant, laquelle somme il redoit au Roy pour avoir trop reçeu sur ses ouvrages, conformément au Mémoire remis au trésorier...................... 8067ᴸ 18ˢ 1ᵈ

17 avril : du sʳ Germain, 815ᴸ 8ˢ pour le prix de six cordes de bois, à raison de 15ᴸ la corde, 1356 fagots, à 5ᴸ 5ˢ le cent, et d'un petit lot de bois vendu 13ᴸ 8ˢ, le tout provenant des émondes des arbres des avenues du palais des Thuilleries depuis Chaillot jusqu'au pont de Neuilly, y compris les allées de traverse du côté des vignes dud. Chaillot et de la plaine Saint-Denis. 815ᴸ 8ˢ

De Jacques Lucas, plombier, 100ᴸ pour 400 livres de soudure du magasin, à 5ˢ la livre............ 100ᴸ

De Gilles Le Moyne, fondeur, 100ᴸ pour 200 livres de potin qui luy a esté livré du magasin, à 10ˢ la livre 100ᴸ

24 avril : de la somme de 180000ᴸ pour le prix de la charge de feu Mʳ Manessier, trésorier général des bâtimens, payable en trois payemens égaux de chacun 60000ᴸ.......................... 180000ᴸ

De plusieurs particuliers, 386ᴸ 19ˢ provenant de la vente de quelques équipages du sʳ Le Maistre, entrepreneur de l'aqueduc de Maintenon, apartenans à S. M., attendu qu'ils sont passez aud. sʳ Le Maistre dans le compte que M. Robelin a fait avec luy. 386ᴸ 19ˢ

8 may : du nommé Desanceaux, menuisier, 400ᴸ pour le prix de la vente faite au profit du Roy du reste de la menuiserie provenue des démolitions de l'hôtel de Vendôme et de l'ancien couvent des Capucines de Paris.. 400ᴸ

15 may : du sʳ Girardon, 254ᴸ pour le prix d'un blot de marbre blanc, toisant 19 pieds 8 pouces 3 lignes, à 11ᴸ 2ˢ le pied, et pour un blot de verd de Campan, toisant 4 pieds 3 pouces 3 lignes, à 8ᴸ 15ˢ le pied, qui luy ont esté [fournis] du magasin du Roy pour le tombeau de Mʳ de Louvois....................... 254ᴸ

Du sʳ Denis père, fontainier, 11ᴸ 10ˢ pour le prix de 46 livres pesant de soudure du magasin du Roy, qu'il a reçeue dans le mois d'avril dernier, à raison de 5ˢ la livre................................ 11ᴸ 10ˢ

12 juin : de luy, 148ᴸ 2ˢ 6ᵈ pour 592 livres 1/2 pesant de soudure du magasin qui luy a esté livrée en may dernier, à 5ˢ la livre................... 148ᴸ 2ˢ 6ᵈ

De Gilles Le Moyne, fondeur, 250ᴸ pour le prix de 500 livres pesant de potin du magasin qui luy a esté livré en may dernier, à 10ˢ la livre........... 250ᴸ

De Jacques Mazière et Pierre Bergeron, entrepreneurs, 1455ᴸ 7ˢ en l'acquit des nommez Leonard Aumasson, dit Lafontaine, sur ce qu'il redoit au Roy de son entreprise du gros mur de Montreuil, et ce pour le prix des équipages apartenans aud. Lafontaine........ 1455ᴸ 7ˢ

26 juin : du sʳ Ergot, marbrier, 64ᴸ 9ˢ 4ᵈ pour le prix de deux tranches de marbre verd de Campan qui luy ont été livrées du magasin du Roy, toisant ensemble 7 pieds 7 pouces 1/2 ligne, à raison de 8ᴸ 10ˢ le pied cube............................. 64ᴸ 9ˢ 2ᵈ

De Louis Regnouf, paveur, 123ᴸ 1ˢ 8ᵈ pour le prix de 35 toises 6 pieds de petit pavé sortant de la cour des cuisines de Trianon pour la construction du nouveau bâtiment, à 3ᴸ 10ˢ la toise.............. 123ᴸ 1ˢ 8ᵈ

3 juillet : de la veuve messire Charles Manessier, vivant trésorier des bâtimens, 1000ᴸ, dont la succession dud. sʳ Manessier sera d'autant quitte sur ce qu'elle doit au Roy........................... 1000ᴸ

Du sʳ Denis, 649ᴸ, pour 1996 livres de soudure, à 5ˢ la livre, et un millier pesant de plomb de 150ᴸ, le tout du magasin........................ 649ᴸ

24 juillet : de Pierre Le Maistre le neveu, 1080ᴸ pour le prix de 60 toises cubes de matériaux provenant de la démolition du mur de clôture du bout du jardin de Choisy, qui luy ont esté donnez en compte, à raison de 18ᴸ la toise cube..................... 1080ᴸ

31 juillet : d'Hubert Misson, marbrier, 33ᴸ 3ˢ 6ᵈ pour le prix d'une tranche de marbre verd de Campan; qui luy a esté livrée du magasin du Roy pour la cheminée du cabinet de Monseigneur à Meudon, toisant 3 pieds 9 pouces 6 lignes, à 8ᴸ 15ˢ le pied.. 33ᴸ 3ˢ 6ᵈ

---

[1] En marge : «En rentes viagères.»
[2] Idem.
[3] En marge : «Sur la capitation de Franche-Comté.»

ANNÉE 1695. — RECETTE.

Du s' Delagrange, 478ᴸ 12' provenant de la vente de quelques équipages du s' Le Maistre, entrepreneur de l'aqueduc de Maintenon, apartenans à S. M., attendu qu'ils sont passez aud. Le Maistre dans le compte que M. Robelin a fait avec luy............... 478ᴸ 12'

7 aoust : du s' Mazière, sculpteur, 701ᴸ 2' 4ᵈ pour une tranche de marbre blanc qui luy a esté livrée du magasin du Roy pour faire deux vases, toisant 59 pieds 5 pouces, à 11ᴸ 16' le pied cube........ 701ᴸ 2' 4ᵈ

Du s' Masson, 20ᴸ 6' provenant du prix du bois vendu dans le parc de Vincennes au profit du Roy. 20ᴸ 6'

4 septembre : de luy, 36ᴸ 12' provenant des bois vendus depuis le 12 mars dernier.......... 36ᴸ 12'

11 septembre : de Jean Bailly et des héritiers Louis Rocher, entrepreneurs, 3400ᴸ pour le prix de 340 toises cubes de moilon provenant de la démolition des murs des deux côtez de la principale avenue du château de Marly en 1686, à 10ᴸ la toise, déduction faite du cinquième............................ 3400ᴸ

De Claude Denis père, fontainier à Versailles, 31ᴸ 7' 6ᵈ pour le prix de 125 livres 1/2 de soudure qui luy a esté livrée du magasin, à raison de 5' la livre....
.... 31ᴸ 7' 6ᵈ

25 septembre : de plusieurs particuliers qui ont jouy des herbes de la rivière d'Eure depuis Pontgoin jusqu'à Berchère pendant 1694, et des habitans de Villiers-le-Morhier, pour les matériaux provenant de la démolition de deux petits ponts.............. 3ᴸ 3ᵈ

De Monsieur et Madame de Surville, héritiers par bénéfice d'inventaire de deffunt Monsieur le mareschal d'Humières, par les mains de Monsieur Cornet, 100ᴸ à compte des arrérages de la rente de pareille somme par chacun an, due à la succession du s' Manessier, cy-devant trésorier général des bâtimens, par feu Monsieur le mareschal d'Humières, et ce suivant les arrests du Conseil du 21 décembre dernier et 13 du présent mois, dont lad. succession demeurera d'autant quitte envers S. M. sur ce qu'elle luy redoit................. 100ᴸ

2 octobre : du s' Mazière, sculpteur, 120ᴸ 19' 5ᵈ pour le prix de 10 pieds 8 pouces 3 lignes 1/16 de marbre qui luy ont esté fournis des magasins du Roy, à raison de 11ᴸ 7' le pied cube........ 120ᴸ 19' 5ᵈ

De Hubert Misson, marbrier, 937ᴸ 8' 4ᵈ pour le prix de 78 pieds 1 pouce 5 lignes cubes de marbre blanc veiné qui luy a esté fourni des magasins, à raison de 11ᴸ 7' le pied cube.................. 937ᴸ 8' 4ᵈ

De Gaston Martin, serrurier, 312ᴸ pour le prix de

5200 livres pesant de vieux fer du magasin de la place Vendôme, qui luy a esté livré le 5 juillet dernier, à 6ᴸ le cent, déduction faite des quatre au cent.... 312ᴸ

9 octobre : de François Deschamps, marbrier, 134ᴸ 19', sçavoir : 129ᴸ 17' 3ᵈ pour 8 pieds 6 pouces 2 lignes 1/4 de marbre brèche violette, à raison de 15ᴸ 5' le pied cube, et 5ᴸ 1' 9ᵈ pour 2 pouces 7 lignes 2/3 de marbre verd de mer, à raison de 23ᴸ 5' le pied cube, qui luy ont esté fournis du magasin pour faire une cheminée de marbre dans l'appartement de Monseigueur à Versailles.............. 134ᴸ 19'

Du s' Lourson, 120ᴸ pour le prix des ormes qu'il a acheptez à Noisy, apartenans au Roy........ 120ᴸ

16 octobre : de Gilles Lemoyne, fondeur, 250ᴸ pour le prix de 500 livres pesant de potin qui luy a esté livré du magasin, à raison de 10' la livre........ 250ᴸ

Du s' Denis le père, 11ᴸ 15' pour 47 livres pesant de soudure, à 5' la livre.................. 11ᴸ 15'

27 novembre : de plusieurs particuliers qui ont affermé les terres, prez, bois, oziers et pâtures apartenans à S. M. aux environs de Versailles, 3746ᴸ pour le prix de leurs baux pendant 1695........ 3746ᴸ

Du s' Misson, marbrier, 244ᴸ pour le prix de 6100 petits carreaux bizet provenant de la démolition des cours de l'ancien bâtiment de Trianon, à raison de 4ᴸ le cent........................ 244ᴸ

Du s' Girardon, sculpteur, 116ᴸ 9' 7ᵈ pour le prix d'un bloc de marbre verd de Campan qui luy a esté donné des magasins du Roy pour Madame de Louvois, toisant 13 pieds 3 pouces 10 lignes 7/12, à raison de 8ᴸ 15' le pied cube................ 116ᴸ 9' 7ᵈ

4 décembre : de Jaques Lucas, 579ᴸ 8' 9ᵈ pour 2317 livres 3/4 de soudure du magasin, à 5' la livre..
.... 579ᴸ 8' 9ᵈ

18 décembre : du s' Le Butteux, administrateur de la terre d'Vaucour, 1035ᴸ 3' 9ᵈ faisant partie du reliquat du compte que led. Le Butteux a rendu de son administration du revenu de lad. terre pendant 1693 et 1694, dont il demeure quitte envers la succession du feu s' Manessier, et icelle d'autant envers S. M. sur les sommes qu'elle lui doit............... 1035ᴸ 3' 9ᵈ

20 janvier 1696 : des particuliers, locataires des maisons apartenant au Roy à Paris, 1960ᴸ pour le prix de leurs baux pendant l'année 1695............ 1960ᴸ

Du s' Doysel, 33ᴸ pour souches vendues à Fontainebleau............................ 33ᴸ

DÉPENSE.

VERSAILLES.

MAÇONNERIE.

10 avril-10 novembre : à Gérard Marcou, entrepreneur, pour ouvrages et réparations de maçonnerie faits au château de Versailles depuis le mois de février jusqu'au mois d'octobre dernier (13 p.).... 3679^{tt} 4^s

10 avril-31 juillet : à luy, à compte des corps de garde et du bâtiment de la cour des Offices de Trianon (9 p.)................................. 6500^{tt}

22 may-11 septembre : à luy, pour les menus ouvrages de maçonnerie qu'il a faits à Trianon pendant les mois de mars, avril et may dernier (6 p.)..... 1113^{tt} 14^s

10 avril : à Daufresne, maçon, parfait payement de 111^{tt} pour les machines de tolle pour la fumée, qu'il a posées sur plusieurs cheminées du château de Versailles................................. 51^{tt}

12 juin : à Jaques Mazière et Pierre Bergeron, entrepreneurs, à compte des ouvrages de maçonnerie qu'ils ont faits au château de Trianon les années précédentes .... 1455^{tt} 7^s

Somme de ce chapitre...... 12799^{tt} 5^s

TERRASSES.

10-24 avril : à Pierre Le Clerc, dit Pitre, entrepreneur, à compte des terres qu'il remue au jardin de Trianon (2 p.)............................ 2100^{tt}

10 avril : aux nommez Duval et Félix, terrassiers, à compte des bonnes terres qu'ils font transporter dans le jardin de Trianon.................... 150^{tt}

18 décembre : à eux, pour le remuement de terre qu'ils ont fait pour les deux petites salles des deux bosquets que l'on fait au nouveau jardin de Trianon.....
.... 258^{tt} 16^s

22 may : aud. Duval, pour les terres qu'il a transportées pour rehausser le grand corps de garde de Trianon............................. 54^{tt} 15^s

31 juillet : à luy, pour avoir nettoyé l'avant-cour du château pendant les six premiers mois 1695.... 100^{tt}

22 may : à Durand, glaiseur, pour avoir rétabli la faute au conroy de la pièce de Neptune...... 33^{tt} 10^s

3-17 juillet : à luy, à compte des ouvrages de conroy des trois bassins du nouveau jardin de Trianon (2 p.)............................... 400^{tt}

31 juillet-4 décembre : à luy et Laforge, parfait payement de 1503^{tt} 6^s 8^d pour leurs ouvrages (5 p.)..
.... 1103^{tt} 6^s 8^d

4 décembre : à Brocant, pour les trous et rigolles qu'il a fait pour planter des marronniers et charmilles dans le nouveau jardin de Trianon........ 48^{tt} 19^s

Somme de ce chapitre...... 4249^{tt} 6^s 8^d

FUMIERS.

8 may : à Butteau, dit Bourguignon, pour 30 muids de mar de vigne, et 20 muids de fiante de pigeon, qu'il a fournis à l'orangerie de Versailles, à raison de 50^s le muid de mar de vigne et 3^{tt} celui de pigeon... 135^{tt}

SABLE DE RIVIÈRE.

3 juillet-6 novembre : à Pierre Lagarde, pescheur à Saint-Cloud, pour le sable qu'il a tiré de la rivière et livré sur le port de Saint-Cloud (4 p.).... 400^{tt} 3^s 3^d

3 juillet : à Leguay, voiturier à Saint-Cloud, pour avoir voituré du sable de rivière du port de Saint-Cloud à Versailles et Trianon.................. 267^{tt} 10^s

14-28 aoust : à Jaques Dumoutié, pour 622 muids de sable de rivière qu'il a voituré dud. port à Versailles (2 p.)................................ 876^{tt} 19^s

6-novembre : à luy, pour la voiture de 402 muids idem (2 p.)............................... 594^{tt} 10^s

25 septembre-23 octobre : à Robert Guillaume, pour 576 muids de sable qu'il a voituré à Versailles et Trianon (3 p.)............................ 806^{tt} 8^s

Somme de ce chapitre.... 2945^{tt} 15^s 3^d

TREILLAGES.

20 avril : à Durel, jardinier, pour 67 toises courantes sur 4 pieds de treillages de perches de châteignier, qu'il a fait pour fermer l'entrée dans le nouveau plant que l'on fait attenant le bosquet du devant de Trianon, à raison de 32^s la toise, et pour 8 bottes de carelle qu'il a fourni pour le nouveau jardin de Trianon................................... 111^{tt} 4^s

17 juillet-28 aoust : à luy, pour le treillage d'éschalats qu'il a fait à la Montagne d'eau (4 p.)... 617^{tt} 3^s

14 aoust : à luy, pour les changemens faits auxd. treillages................................ 63^{tt} 3^s

Somme de ce chapitre........ 791^{tt} 10^s

GLACIÈRES.

24 avril : à REMY JANSON, jardinier, parfait payement de 3137ᴸ 10ˢ à quoy monte le remplissage des glacières de Clagny, Satory, Trianon et la Ménagerie. 237ᴸ 10ˢ

8 may : à luy, pour 292 bottes de paille longue qu'il a fourni, à 8ˢ la botte, et 75 fagots, à 8ᴸ le cent, y compris une perche pour servir de chevron, le tout pour rétablir les couvertures desd. glacières...... 123ᴸ 16ˢ

Somme de ce chapitre......... 361ᴸ 6ˢ

CHARPENTERIE.

8 may-3 juillet : à JEAN MALLET, charpentier, à compte des ouvrages de charpenterie qu'il a fournis aux nouveaux bâtimens de Trianon (5 p.)....... 2300ᴸ

5 juin-6 novembre : à luy, pour les ouvrages de charpenterie qu'il a faits au château de Versailles depuis le mois de novembre 1694 jusqu'au mois d'octobre 1695 (4 p.)........................... 954ᴸ 18ˢ 4ᵈ

11 septembre : à luy, pour les pièces de bois qu'il a fourni pour le canal et pour Meudon, depuis le 10 septembre 1692 jusqu'à présent........... 162ᴸ 15ˢ

23 octobre : à luy, à compte des barrières qu'il a fait poser au pourtour de la pièce de Neptune..... 200ᴸ

8 may : à LAGARDE, scieur de long, pour avoir scié 95 toises de bois, réduit à 1 pied de large, pour les vaisseaux du canal..................... 28ᴸ 10ˢ

6 novembre : à BOITEL, marchand de bois, pour 328 toises courantes de dausses de batteau qu'il a fourni pour couvrir les pierrées que l'on fait en plusieurs endroits du jardin de Versailles en 1694........ 311ᴸ

20 novembre : à LOISELEUR, pour 63 toises de dausses de batteau qu'il a fourni en 1695.......... 53ᴸ 11ˢ

Somme de ce chapitre..... 4010ᴸ 14ˢ 4ᵈ

COUVERTURE.

8 may-31 juillet : à ESTIENNE YVON, couvreur, sur les ouvrages de couverture qu'il fait aux nouveaux bâtimens de Trianon (7 p.)................. 2900ᴸ

10 avril : à PICHOT, couvreur de chaume, pour avoir rétabli les couvertures de paille des glacières de Clagny, Satory, Trianon et la Ménagerie, en janvier et février derniers............................. 110ᴸ

17 juillet : à JEAN BARQUET, autre, pour avoir rétabli les couvertures desd. glacières en may........ 20ᴸ 7ˢ

Somme de ce chapitre........ 3030ᴸ 7ˢ

MENUISERIE.

10-24 avril : à PIERRE VEDEAU, menuisier, à compte des ouvrages de menuiserie qu'il a faits à Trianon (2 p.)
.... 400ᴸ

22 may-17 juillet : à luy, parfait payement de 4539ᴸ 14ˢ 1ᵈ pour les ouvrages qu'il a faits à l'apartement de Monseigneur au château de Versailles en 1693 (3 p.)........................... 639ᴸ 14ˢ 1ᵈ

6 novembre : à luy, pour ouvrages faits au château dans l'appartement de M. le duc DE LA ROCHEFOUCAULT.
.... 144ᴸ 9ˢ

10 avril-20 novembre : à BARTHÉLEMY DUCONS, menuisier, pour les ouvrages de menuiserie qu'il a faits au château depuis le mois de janvier jusqu'au mois de juin (9 p.)............................. 2272ᴸ 3ˢ

10 avril-28 aoust : à DUCONS et NIVET, menuisiers, à compte de la menuiserie qu'ils ont faite pour les corps de garde et logemens d'officiers qui se font à Trianon (8 p.)............................. 2650ᴸ

10 avril-11 septembre : à REMY, menuisier, pour les ouvrages de menuiserie qu'il a faits pour le petit bâtiment de la cour des Offices de Trianon (9 p.). 2089ᴸ 14ˢ

14 aoust-6 novembre : à luy, sur ses ouvrages à l'appartement de Monseigneur au château (5 p.).. 1600ᴸ

5 juin : à TOULOUZIN, menuisier, pour ses ouvrages au château pendant avril et may derniers..... 82ᴸ 4ᵈ

25 septembre-23 octobre : à luy, pour les chassis d'hyver qu'il a déposés au printemps et qu'il pose présentement (2 p.)........................ 170ᴸ

20 novembre : à luy, pour avoir rétabli une baraque de charpente et menuiserie, servant à serrer l'hyver des fleurs dans la pépinière haute de Trianon....... 80ᴸ

8 may-5 juin : à LOYSELEUR, pour les seaux de marin, de 9 à 10 lignes, qu'il a fourni pour la pépinière de Trianon, et les dausses de batteau qu'il a livrez pour rétablir les gradins des jardins et fontaines de Versailles (3 p.)............................. 606ᴸ 19ˢ

17 juillet : à luy, pour les dausses de batteau qu'il a fournies pour couvrir des pierrées et des regards dans le jardin de Versailles................. 46ᴸ 10ˢ

31 juillet : à luy, pour 91 planches de chesne, d'un pouce 1/2, qu'il a fourni pour couvrir les pierrées que l'on a fait à la fontaine de la Montagne, à 17ˢ. 77ᴸ 7ˢ

Somme de ce chapitre... 10808ᴸ 16ˢ 5ᵈ

SERRURERIE.

22 may : à PIERRE ROGER, serrurier, pour plusieurs ferrures d'armoire qu'il a faites pour les cabinets du Roy à Trianon............................. 90ᴸ

19 juin : à luy, pour *idem*, au château, depuis le mois de juin 1694, jusqu'en mars dernier..... 47ᴸ 12ˢ 6ᵈ

24 avril-4 décembre : à Thomas Vallerand, serrurier, pour les ouvrages de serrurerie fournis au château de Versailles depuis le mois de février jusqu'au mois d'octobre (9 p.)............................ 1492ᴧ 15ˢ 4ᵈ

24 avril-19 juin : à luy, pour la ferrure de 100 seaux pour mettre des orangers et arbustes pour la pépinière de Trianon (4 p.)......................... 450ᴧ

22 may-14 aoust : à luy, pour la serrurerie du nouveau bâtiment de la cour des Offices et du corps de garde suisse à Trianon (6 p.)............ 836ᴧ 19ˢ

14 aoust-11 septembre : à luy, pour ses journées et celles de ses garçons qui ont travaillé à la Montagne dans le jardin de Versailles (3 p.).......... 329ᴧ 5ˢ

23 octobre-20 novembre : à luy, pour la grille de fer carillon qu'il a faite dans la petite cour devant la chambre de Monseigneur (2 p.).......... 407ᴧ 14ˢ

24 avril-18 décembre : à Nicolas Desjardins, serrurier, pour ses ouvrages de serrurerie à Trianon depuis le mois de janvier jusqu'au mois d'octobre dernier (6 p.)........................ 1041ᴧ 17ˢ 2ᵈ

3 may-3 juillet : à luy, pour la serrurerie du grand corps de garde de Trianon (5 p.)......... 856ᴧ 15ˢ

8 may-3 juillet : à luy, pour la ferrure de 99 seaux pour mettre des arbustes à Trianon (4 p.).... 445ᴧ

5 juin-4 décembre : à luy, sur ses ouvrages au château de Versailles depuis le mois de mars jusqu'au mois d'octobre (9 p.)........................ 1797ᴧ 6ˢ 11ᵈ

14 aoust-11 septembre : à luy, sur les journées de compagnons serruriers qui ont travaillé aux fers des treillages de la Montagne et les fournitures de fer qu'il y a faites (3 p.)...................... 411ᴧ 1ˢ 4ᵈ

18 décembre : à Tavernier, serrurier, pour avoir ferré les deux grandes croisées du cabinet qui sert de garde-robe au Roy à Trianon............... 61ᴧ 5ˢ

Somme de ce chapitre.... 8265ᴧ 11ˢ 3ᵈ

VITRERIE.

22 may-31 juillet : à Bernard Lespinouze, vitrier, pour ouvrages de vitrerie au château de Versailles depuis le mois de mars jusqu'en juin (2 p.)...... 221ᴧ 10ˢ 5ᵈ

9 octobre-18 décembre : à luy, sur ses ouvrages à la grande orangerie (3 p.).................. 800ᴧ

24 avril-18 décembre : à Gabriel Janson, vitrier, pour ses ouvrages de vitrerie dans la dépendance du château de Versailles et à Trianon depuis le mois de mars jusqu'au mois d'octobre (13 p.)..... 2359ᴧ 19ˢ

Somme de ce chapitre..... 3381ᴧ 9ˢ 5ᵈ

PLOMBERIE.

24 avril-4 décembre : à Jaques Lucas, plombier, pour ses ouvrages au château de Versailles et à Trianon (14 p.)......................... 3956ᴧ 17ˢ 9ᵈ

3 juillet-11 décembre : à Claude Denis, fontainier, pour les soudures qu'il a employées aux ouvrages extraordinaires et qui ne sont pas de son entretenement (4 p.)........................ 1151ᴧ 15ˢ

Somme de ce chapitre..... 5108ᴧ 12ˢ 9ᵈ

CHAUDRONNERIE.

11 septembre : à Duchemin, chaudronnier, pour les ajustages qu'il a faits pour les fontaines de la Montagne et pour les journées de réparations de ses compagnons sur les couvertures de cuivre de l'aile neuve......................... 124ᴧ 10ˢ

31 juillet-16 octobre : à Gilles Le Moyne, fondeur, pour ses ouvrages de cuivre pour les fontaines du jardin de Versailles (2 p.).................. 408ᴧ 9ˢ

20 novembre : à luy, pour, avec 218ᴧ qui luy sont déduits pour le prix de 350ᴧ que pèse la vieille cloche de la chapelle qui lui a esté donnée à compte, à raison de 12ˢ la livre, faire le parfait payement de 329ᴧ 15ˢ 3ᵈ à quoy monte la nouvelle cloche qu'il a fondue pour la chapelle du château, pesant 356 livres 1/2, à raison de 18ˢ 6ᵈ la livre...................... 119ᴧ 15ˢ 3ᵈ

Somme de ce chapitre..... 652ᴧ 14ˢ 3ᵈ

OUVRAGES DE DORURE.

8 may : à Guillaume Dezauziers, peintre et doreur, pour la dorure qu'il a faite au château de Versailles dans l'appartement de M. le comte de Toulouze.. 177ᴧ 10ˢ

22 may : à luy, à compte de la dorure d'or bruni qu'il a faite sur les bordures des tableaux de Trianon.. 200ᴧ

11 septembre : à luy, parfait payement de 1383ᴧ 10ˢ pour ouvrages de dorure faits à Trianon et Marly pendant la présente année, y compris 583ᴧ qui luy sont déduits pour 11 milliers (sic) de grand or qu'il a receu, à 53ᴧ le millier.................. 200ᴧ 10ˢ

Somme de ce chapitre.......... 578ᴧ

PEINTURE.

10 avril-18 décembre : à Estienne Bourgault, peintre, pour les grosses peintures qu'il a faites au château et à Trianon, depuis le mois de décembre 1694 jusqu'au dernier octobre 1695 (11 p.)............ 1719ᴧ 7ˢ 3ᵈ

28 aoust-23 octobre : à luy, sur ses ouvrages aux treillages de la Montagne (2 p.)............. 300ᴧ

ANNÉE 1695. — VERSAILLES.

16 octobre-20 novembre : à luy, sur ses ouvrages à l'apartement du Roy à Trianon (3 p.).......... 600^{tt}

5 juin-6 novembre : au s^r PAILLET, pour la dépense qu'il a faite pour les tableaux du Roy et pour ses voyages, depuis le 7 février jusqu'au mois de septembre dernier (2 p.)................................. 460^{tt}

17 juillet : à luy, pour la garde et entretien des tableaux du Roy à Versailles et à Trianon, pendant le quartier d'avril 1694........................ 345^{tt}

1er may-7 aoust : au s^r SPAZEMANT, peintre, pour deux tableaux de paysage qu'il a fait pour Trianon, l'un de 3 pieds 11 pouces de haut sur 2 pieds 11 pouces de large, l'autre de 3 pieds 3 pouces de haut sur 2 pieds 8 pouces de large (3 p.).................... 300^{tt}

Somme de ce chapitre...... 3724^{tt} 7^s 3^d

SCULPTURE.

10 avril-5 juin : à GOUPIL, sculpteur, parfait payement de 778^{tt} 18^s pour la recherche qu'il a faite sur le blanc de la sculpture des bordures de tableaux de l'apartement du Roy à Trianon (4 p.)............ 478^{tt} 18^s

1er may-11 décembre : à la veuve GODQUIN, sculpteur, pour ses ouvrages de sculpture en bois dans la dépendance du château de Versailles et la Surintendance, depuis 1682 (3 p.).................... 305^{tt} 11^s

28 aoust : à BERTIN, sculpteur, pour ses journées et celles de ses compagnons sculpteurs qui ont travaillé à la corniche de sculpture de la chambre de Monseigneur .... 120^{tt} 18^s

Somme de ce chapitre......... 905^{tt} 7^s

MARBRERIE.

3 juillet : à PIERRE LISQUI, marbrier, pour ouvrages de marbre dans l'appartement de M. le duc DE LA ROCHEFOUCAULT, et dans celuy de Mme la duchesse DE LUDE, au château de Versailles................. 94^{tt} 7^s 6^d

31 juillet : à luy, pour ses ouvrages au château et à Trianon, pendant les mois de juin et de juillet.. 230^{tt}

4 septembre : à HUBERT MISSON, marbrier, parfait payement de 779^{tt} 10^s à quoy montent ses ouvrages au bassin de marbre blanc veiné de la Piramide, à Versailles............................... 279^{tt} 10^s

2 octobre-27 novembre : à luy, pour quatre socles de Termes qu'il a faits pour le jardin de Versailles (2 p.).. .... 1142^{tt} 5^s 4^d

Somme de ce chapitre..... 1746^{tt} 2^s 10^d

PAVÉ.

22 may-23 octobre : à LOUIS REGNOUF, paveur, sur ses ouvrages de pavé aux trois bassins du nouveau jardin et aux nouveaux bâtiments de Trianon (5 p.).... 1300^{tt}

3-7 juillet : à luy, pour ses ouvrages de pavé au château de Versailles pendant les six premiers mois 1695 (2 p.)................................. 448^{tt} 6^s

Somme de ce chapitre........ 1748^{tt} 6^d

OUVRAGES DE BRONZE.

22 may-5 juin : à LOCHON, dit PERCHERON, ébéniste et fondeur, pour une bordure de cuivre doré qu'il a fait pour une table du Roy et autres ouvrages (2 p.)..... .... 283^{tt} 2^s

23 octobre : à luy, pour réparations aux portes et croisées qui sont ferrées de bronze dans tous les appartemens, et des fenestres qu'il y a faites..... 107^{tt} 11^s

9 octobre : à DOMINICO CUCCY, ébéniste et fondeur, pour 23 pieds 9 pouces de moulure de cuivre doré qu'il a fourni et posé autour des glaces de la cheminée de la petite chambre de Monseigneur.............. 95^{tt}

Somme de ce chapitre........ 485^{tt} 13^s

ROCAILLES.

28 aoust-4 décembre : au s^r DNOUARD, rocailleur, pour ses ouvrages de rocaille aux bassins de la Montagne, au jardin de Versailles (2 p.).... 449^{tt} 19^s 4^d

DIVERSES DÉPENSES.

Aux nommez LE BRUN et D'HUEST, épingliers, pour le trillis de fil de fer qu'ils ont fourni pour mettre devant la décharge de la cascade haute de Trianon, et pour avoir rétabli les adjutages des jeux d'eau de la grotte de la Ménagerie........................... 28^{tt} 6^s 6^d

9 octobre-20 novembre : à MATHURIN ARNAUD, vuidangeur, pour la vuidange des lieux communs du château (4 p.)................................. 907^{tt}

17 juillet-18 décembre : à RIBOUET, charon, pour ouvrages aux chariots et échelles de l'orangerie de Versailles (2 p.)............................ 185^{tt}

24 avril-31 juillet : à JEAN VARISSE, ramonneur, pour les cheminées qu'il a ramonnées au château pendant les six premiers mois de l'année 1695 (2 p.).... .... 213^{tt} 5^s

6 novembre : à CHARLES-FRANÇOIS POLLARD, à compte du mastic gras qu'il fournit pour les joins des escaliers de l'Orangerie....................... 150^{tt}

10 avril-9 octobre : au nommé LIARD, taupier, pour les taupes qu'il a prises dans le jardin de Versailles pendant les trois premiers quartiers (3 p.)........ 150^{tt}

22 may : à DORLOT, tonnelier, pour avoir travaillé

16 jours à rétablir et referrer les vieux seaux de la pépinière de Trianon........................ 32ʰ

19 juin : au sʳ Serin, pour 300 livres de mastic qu'il a fourni pour remplir les crevasses qui se sont faites à l'aire de ciment au-dessus de l'Orangerie........ 30ʰ

3-17 juillet : à luy, pour les graisses et fournitures qu'il a fourni pour les vaisseaux du canal de Versailles (2 p.)............................. 437ʰ 0ˢ 9ᵈ

28 aoust : à Noilan, corroyeur, pour deux cuirs de vache qu'il a fourni pour mettre aux ajustages des fontaines de Versailles et Trianon.............. 56ʰ

25 septembre : au sʳ Brion, pour 284 aunes de trillis qu'il a livré en 1694 pour couvrir les gondolles du canal........................... 214ʰ 12ˢ

Somme de ce chapitre...... 2403ʰ 4ˢ 3ᵈ

OUVRIERS À JOURNÉES.

10 avril - 18 décembre : aux ouvriers qui ont travaillé à la journée du Roy dans la dépendance du jardin et château de Versailles, depuis le 25 mars jusqu'au 16 décembre (19 p.)........................ 3356ʰ 2ˢ 2ᵈ

5 juin-4 décembre : à ceux qui ont travaillé à Trianon, depuis le 23 may jusqu'au 3 décembre (10 p.) 1111ʰ 9ˢ

31 juillet : à ceux qui ont travaillé à remplir les trous et les ornières depuis Trianon jusqu'au bon pré.....
.... 63ʰ 12ˢ 6ᵈ

23 octobre : à ceux qui ont travaillé au rétablissement du conroy de la décharge de la pièce des Suisses. 41ʰ 5ˢ

Somme de ce chapitre..... 4572ʰ 8ˢ 8ᵈ

ENVIRONS DE VERSAILLES.

MAÇONNERIE.

17 avril - 27 novembre : à Gérard Marcou, entrepreneur, pour ses ouvrages de maçonnerie dans les bâtimens des dehors du château de Versailles, depuis le mois de février jusqu'au mois d'octobre dernier (14 p.)....
.... 2683ʰ 19ˢ 6ᵈ

17 avril - 18 décembre : à Pierre Levé, entrepreneur, à compte de ses ouvrages de maçonnerie à la Surintendance des bâtimens de Versailles (3 p.)....... 600ʰ

16 octobre - 13 novembre : à Denis Anceau, pour ses ouvrages de maçonnerie dans l'aqueduc de six pieds de Satory (3 p.)....................... 793ʰ 7ˢ 4ᵈ

Somme de ce chapitre... 4077ʰ 6ˢ 10ᵈ

TERRASSES

3 avril - 30 octobre : à Florent Félix, terrassier, pour ouvrages de terrasse faits pour remplir des trous sur les aqueducs et autres endroits des environs de Versailles et nettoyement d'aqueducs, depuis le mois de mars jusqu'au mois d'octobre (3 p.)............ 196ʰ 18ˢ

CHARPENTERIE.

17 avril - 29 may : à Jean Mallet, charpentier, pour ses ouvrages de charpenterie dans les bâtimens des dehors de Versailles, pendant les six derniers mois 1694 (2 p.).............................. 344ʰ 6ˢ

7 aoust - 18 septembre : à luy, sur ses ouvrages pendant les six premiers mois 1695 (4 p.)... 623ʰ 4ˢ 10ᵈ

16 - 30 octobre : à luy, sur ses ouvrages aux grandes et petites écuries (2 p.).................... 600ʰ

Somme de ce chapitre.... 1567ʰ 10ˢ 10ᵈ

COUVERTURE.

7 août - 4 septembre : à Estienne Yvon, couvreur, pour ses ouvrages de couverture dans les bâtimens des dehors du château de Versailles (3 p.).... 549ʰ 9ˢ 6ᵈ

MENUISERIE.

20 may - 30 octobre : à Gaubay, menuisier, à compte de la menuiserie faite dans les dehors du château pendant la présente année (4 p.)............. 564ʰ 8ˢ

17 avril - 2 octobre : à Pierre Remy, menuisier, à compte de ses ouvrages de menuiserie dans lesd. bâtimens des dehors du château (2 p.)............ 311ʰ

Somme de ce chapitre......... 875ʰ 8ˢ

SERRURERIE.

4 - 18 septembre : à Tavernier, serrurier, pour des chevilles, pattes et clouds qu'il a fourni dans le magasin du poids du fer pendant les six premiers mois 1695 (2 p.)............................. 340ʰ 4ˢ 6ᵈ

3 avril - 11 décembre : à Thomas Vallerand, serrurier, pour ses ouvrages de serrurerie dans les bâtimens des dehors du château, depuis le mois de février jusqu'au mois de novembre dernier (8 p.)...... 1000ʰ 18ˢ 9ᵈ

21 aoust : à Pierre Roger, serrurier, pour ouvrages de serrurerie faits dans les bâtimens des dehors du château de Versailles, depuis le 5 aoust 1689 jusqu'au 27 septembre 1694................. 105ʰ 5ˢ 6ᵈ

3 avril - 27 novembre : à Nicolas Desjardins, serrurier, pour ses ouvrages de serrurerie dans lesd. bâtimens pendant l'année 1695 (5 p.)............. 597ʰ 9ᵈ

Somme de ce chapitre...... 2043ʰ 9ˢ 6ᵈ

ANNÉE 1695. — ENVIRONS DE VERSAILLES.

VITRERIE.

12 juin-24 juillet : à BERNARD L'ESPINOUZE, vitrier, pour ses ouvrages de vitrerie dans les bâtimens des dehors de Versailles, depuis le mois de mars jusqu'au mois de juin dernier (2 p.)............ 107# 18ˢ 3ᵈ

17 avril-27 novembre : à GABRIEL JANSON, vitrier, pour ouvrages de vitrerie faits dans lesd. bâtimens, depuis le mois de février jusqu'au mois d'octobre dernier (8 p.)........................... 667# 0ˢ 9ᵈ

Somme de ce chapitre........ 774# 19ˢ

PLOMBERIE.

10 juillet : à JAQUES LUCAS, plombier, pour ouvrages de plomberie faits dans les dehors du château de Versailles pendant les six premiers mois 1695. 228# 11ˢ 6ᵈ

GROSSE PEINTURE.

10 juillet-2 octobre : à ESTIENNE BOURGAULT, peintre, pour les ouvrages de grosse peinture dans les bâtimens des dehors du château depuis le mois de novembre 1694 jusqu'au mois de juillet dernier (2 p.)... 164# 13ˢ 2ᵈ

PAVÉ.

29 may-4 septembre : à LOUIS REGNOUF, paveur, pour le pavé qu'il a fait dans les bâtimens des dehors du château de Versailles et sur les conduites des fontaines, depuis le 1ᵉʳ janvier (4 p.)...... 671# 10ˢ 3ᵈ

OUVRAGES DE CUIVRE.

7 aoust : à GILLES LE MOYNE, fondeur, pour ouvrages de cuivre et robinets faits pour les fontaines des dehors et dépendances du château de Versailles, depuis le 1ᵉʳ janvier 1694 jusqu'au mois de juin dernier... 87#

SCULPTURE.

11 décembre : au sʳ LE MAIRE, sculpteur, pour ses ouvrages de sculpture en bois pour l'apartement de Madame la duchesse DE BEAUVILLIERS, à la grande aile, en 1690.................................. 45#

CONDUITES DE FER DE FONTE.

17 avril-30 octobre : à CHARLES-FRANÇOIS POLARD, à compte de la conduite de fer d'un pied qu'il pose à Marly et à Versailles (5 p.)................ 2200#

31 juillet-7 aoust : à luy, sur la voiture des tuiaux de fer qu'il fait venir de Maintenon pour Marly et Trianon (2 p.)....................................... 1100#

4-18 septembre : à luy, pour les contre-cœurs de cheminées qu'il a livrées pour Versailles et Meudon (2 p.)............................ 552# 10ˢ

2 octobre : à luy, sur le posage et fourniture de tuiaux de fonte de fer de plusieurs diamettres pour les fontaines du jardin de Marly................ 500#

Somme de ce chapitre....... 4352# 10ˢ

DIVERSES DÉPENSES.

26 juin : à MATHURIN ARNAULT, vuidangeur, pour vuidanges de fosses d'aysances et dégorgemens de tuiaux dans la petite écurie du Roy à Versailles....... 189#

16 octobre : à luy, pour une fosse d'aysance qu'il a vuidée et plusieurs dégorgemens de tuiaux qu'il a faits dans les bâtimens des dehors du château..... 43# 10ˢ

17 avril-24 juillet : à JEAN VARISSE, ramonneur, pour les cheminées qu'il a ramonnées dans les bâtimens des dehors du château de Versailles, pendant les six premiers mois 1695 (2 p.).................... 110#

Somme de ce chapitre........ 342# 10ˢ

OUVRIERS À JOURNÉES.

3 avril-11 décembre : aux ouvriers qui ont travaillé à la journée du Roy au magasin des démolitions des bâtimens du Roy à Versailles, depuis le 1ᵉʳ mars jusqu'au 10 décembre (18 p.)................. 1701# 16ˢ

A ceux du magasin des plombs, pendant le même temps (18 p.)...................... 428# 14ˢ 2ᵈ

A ceux du poids du fer, pendant le même temps (18 p.)........................... 297# 11ˢ

4 septembre : à ceux qui ont travaillé à transporter les matériaux des salles de l'hôtel de Limoges et autres ouvrages des dehors du château........... 79# 12ˢ

3 avril-4 décembre : à ceux qui ont travaillé à la journée du Roy, tant à l'entretien des fontaines des eaux bonnes à boire qu'au nivellement, depuis le mois de mars jusqu'au mois de novembre (9 p.)......... 407# 19ˢ

Somme de ce chapitre..... 2915# 12ˢ 2ᵈ

CHATEAU DE COMPIÈGNE.

3 avril-26 juin : au sʳ ESMERY, concierge dud. château, pour l'entretien des terrasses et jardins et remplissage des glacières, pendant l'année 1694 (2 p.)..... 400#

3 avril-11 décembre : à JACQUES CAMAY et la veuve CHAMBOIS, maçons, pour leurs ouvrages de maçonnerie aud. château pendant la présente année 1695 (7 p.).. 1273#

24 juillet-27 novembre : à eux, pour l'entretien des

couvertures dud. château pendant les trois derniers mois 1694 et les six premiers 1695 (3 p.)........ 300"

3 avril-11 décembre : à LAURENS DAUVIN, charpentier, pour ses ouvrages de charpenterie aud. château pendant la présente année (5 p.)................. 404" 10'

29 may-13 novembre : à luy, pour l'entretien des ponts de la forest de Compiègne pendant les trois derniers mois 1694 et les six premiers 1695 (3 p.)..... .... 127" 10'

27 novembre : à luy, pour avoir déplanté et replanté huit grands poteaux au Puits du Roy de lad. forest, et remis deux bras à deux poteaux........... 15" 10'

3 avril-11 décembre : à JEAN DELAPORTE et FRANÇOIS CASTELOT, menuisiers, pour les ouvrages de menuiserie faits aud. château pendant l'année 1695 (7 p.).. .... 1165" 5'

15 may : à JAQUES LECLERC, serrurier, pour ses ouvrages pendant le mois d'avril............. 86" 3'

15 may-11 décembre : à CHÉNET, vitrier, pour ouvrages de vitrerie, peinture, frottage de planchers et autres ouvrages aud. château (3 p.)...... 240" 0' 6d

29 may-13 novembre : à BULOT, pour l'entretien des routtes et fossez de lad. forest, pendant les trois derniers mois 1694 et les six premiers 1695 (3 p.)..... 525"

Somme de ce chapitre..... 4536" 18' 6d

PARCS DE VERSAILLES
ET CHÂTEAU DE SAINT-LÉGER.

MAÇONNERIE.

3 avril-27 novembre : à LAMOUREUX, maçon, pour ses ouvrages de maçonnerie aux grand et petit parc de Versailles (3 p.)................. 375" 19' 2d

10 juillet : à luy, parfait payement de 95" 1' 10d pour ouvrages de maçonnerie au château et haras de Saint-Léger........................... 15" 1' 10d

24 juillet : à POISSELOT, maçon, pour plusieurs trous qu'il a bouchez aux murs du grand parc en 1694.. 10"

11 septembre : à ANNE BINOT, maçon, à compte des ouvrages de ciment faits à l'aqueduc de l'Artoire en 1694............................... 200"

Somme de ce chapitre........ 601" 1'

CHARPENTERIE.

11 septembre-20 novembre : à ANTOINE MAGNOT, charpentier, parfait payement de 351" 15' à quoy montent les ouvrages tant à Moulineau, près Versailles, qu'à démolir les moulins de Clagny et Satori, en 1685 (2 p.) .... 105" 15'

10 juillet : à LANCELIN, charpentier, pour l'ouvrage qu'il a fait dans les aqueducs qui conduisent les eaux du Trou-Sallé au pont de Buc, et dud. pont à la Gourinière................................ 50"

Somme de ce chapitre...... 155" 15'

SERRURERIE.

12 juin-27 novembre : à THOMAS VALLERAND, serrurier, pour ouvrages de serrurerie aux grand et petit parc de Versailles et aux portes des Suisses dud. parc (2 p.)... .... 94" 5'

MENUISERIE.

17 avril : à DE BRAY, menuisier, pour ouvrages et réparations de menuiserie aux écuries du château de Saint-Léger............................ 121" 10'

13 novembre : à RÉMY, pour ouvrages de menuiserie à plusieurs portes des Suisses du parc de Versailles.. .... 38"

Somme de ce chapitre........ 159" 10'

VITRERIE.

21 aoust : à BERNARD LESPINOUSE, vitrier, pour ses ouvrages aux pavillons des portiers du parc de Versailles, en 1695.......................... 48" 2' 7d

21 aoust : à la veuve JANSON, vitrier, pour ses ouvrages en 1694 et 1695 (2 p.)................ 89" 5'

Somme de ce chapitre........ 137" 7' 7d

PAVÉ.

12 juin : à LOUIS REGNOUF, paveur, pour ses ouvrages de pavé à Saint-Léger en 1694.......... 34" 10'

TERRASSES.

10 juillet : à JANSON, terrassier, pour les trous qu'il a remplis dans le parc de Versailles............ 55"

1er may : à PIERRE POTONE, terrassier, parfait payement de 237" 19' 4d à quoy montent la fouille et transport des terres qu'il a faits pour les menues réparations des rigolles de la plaine de Saclay. 57" 19' 4d

11 décembre : à luy, pour avoir rempli deux ravines au pont de Buc, nettoyé les soupapes des étangs du Pré-Clos, Trou-Salé et d'Orsigny, et autres menus ouvrages............................... 102"

10 juillet-11 décembre : à LIONNOIS, terrassier, à compte des réparations qu'il a fait aux ouvrages depuis Trappes jusqu'à Vieille-Église (7 p.)......... 1150"

Somme de ce chapitre..... 1364" 19' 4d

ENTRETIENS DES ROUTTES ET FOSSEZ.

1ᵉʳ may-30 octobre : à Janson le jeune, pour l'entretien des rigolles et pierrées du petit parc de Versailles pendant les trois derniers mois 1694 et les six premiers 1695 (3 p.)............................ 300ᵗᵗ

A Florent Félix, pour l'entretien des routtes des environs de Versailles pendant le même temps (3 p.)...
.... 300ᵗᵗ

A Poiret, couvreur, pour l'entretien des couvertures du château de Saint-Léger pendant led. temps (3 p.)..
.... 300ᵗᵗ

22 may-20 novembre : à Anceau, ayant l'entretien des aqueducs et conduites de tuyaux des eaux bonnes à boire, à compte dud. entretien pendant 1694 et 1695 (3 p.).. 900ᵗᵗ

29 may-13 novembre : à Simon, ayant l'entretien des routtes et fossez de la forest de Senart, pendant les trois derniers mois 1694 et six premiers 1695 (3 p.)...... 450ᵗᵗ

Somme de ce chapitre........ 2250ᵗᵗ

DIVERSES DÉPENSES.

12 juin : à Florent Félix, pour avoir racomodé sept batteaux qui sont dans les estangs proche Versailles, pour la chasse............................... 21ᵗᵗ 10ˢ

22 may-6 novembre : aux hommes qui ont aydé aux sʳˢ Bourgault et Matis à faire les arpentages des bois et des héritages occupez par les travaux du Roy des environs de Versailles depuis le mois de mars jusqu'au mois d'octobre (4 p.)..................... 750ᵗᵗ

5 juin-11 juillet : aux sʳˢ Bourgault et Matis, arpenteurs, parfait payement de 900ᵗᵗ pour leurs appointemens du quartier de janvier 1695 (2 p.)..... 600ᵗᵗ

28 aoust-30 octobre : à eux, pour leurs appointemens des 2ᵉ et 3ᵉ quartiers 1695 (2 p.)..... 1200ᵗᵗ

19 juin-18 décembre : au sʳ Mesmyn, pour son remboursement des dépenses qu'il a faites pour les bureaux de la Surintendance pendant 1695 (3 p.).........
.... 1198ᵗᵗ 15ˢ

17 juillet : à Rozay, garde à l'étang du Pré-Clos, pour, avec 40ᵗᵗ qu'il a touché de la vente de son vieux cheval, faire 150ᵗᵗ qu'il employera à un cheval neuf.... 110ᵗᵗ

17 juillet : à La Barre, autre à l'aqueduc de la Boissière, pour, avec 50ᵗᵗ qu'il a receus de la vente de son vieux cheval, faire 150ᵗᵗ pour en avoir un autre.. 100ᵗᵗ

A Bernard, autre au Ménil, pour, avec 100ᵗᵗ qu'il a receu de la vente de son vieux cheval, faire 150ᵗᵗ qu'il employera pour en avoir un autre............. 50ᵗᵗ

A Beaulieu, autre à Vieille-Église, pour achepter un cheval................................ 150ᵗᵗ

Au sʳ Chuppin, pour son remboursement de la dépense du bureau des plans des bâtimens pendant les six premiers mois 1695..................... 119ᵗᵗ 12ˢ

21 aoust : à du Trier, garde à l'étang des Trappes, pour, avec 100ᵗᵗ qu'il a touchés de la vente de son vieux cheval, faire 150ᵗᵗ pour avoir un cheval neuf..... 40ᵗᵗ

A Martin, garde au Perray, pour, avec 70ᵗᵗ qu'il a touché de la vente de son vieux cheval, faire 150ᵗᵗ pour avoir un cheval neuf..................... 80ᵗᵗ

11 septembre : au sʳ Carlier, dessinateur, 100ᵗᵗ pour quarante journées qu'il a travaillé au bureau des plans des bâtimens, et 4ᵗᵗ 1ˢ pour quatre journées qu'il a payées à un manœuvre qui lui a aydé à Meudon lorsqu'il y a été vérifier des plans du jardin, à 18ˢ par journée............................... 104ᵗᵗ 1ˢ

18 septembre-6 novembre : au sʳ Drouard, à compte du voyage qu'il va faire à Bayeux pour faire trier la roche de Bayeux et la faire transporter par mer à Rouen, et de Rouen au port de Marly, pour la cascade du Roy (3 p.).................................. 1200ᵗᵗ

Somme de ce chapitre........ 5723ᵗᵗ 18ˢ

OUVRIERS À JOURNÉES.

1ᵉʳ may : aux ouvriers qui ont travaillé à la journée du Roy en divers endroits des plaines de Saclay, de Trappes et de Perray..................... 27ᵗᵗ 9ˢ

2 octobre-27 novembre : à ceux qui ont travaillé à la réparation de la maçonnerie de la chaussée de l'étang de Trappes et autres endroits (5 p.).......... 942ᵗᵗ 10ˢ

Somme de ce chapitre........ 969ᵗᵗ 19ˢ

ENTRETIEN DU JARDIN POTAGER DE VERSAILLES.

1ᵉʳ may-27 novembre : à François Le Normand, jardinier, ayant l'entretien dud. jardin, à compte dud. entretien depuis le mois de janvier jusqu'au mois de juillet dernier (16 p.).......................... 9600ᵗᵗ

ENTRETENEMENS DES JARDINS DE VERSAILLES ET DE TRIANON.

3 avril : à André Dupuis fils, jardinier, pour l'entretien du jardin de la Surintendance des bâtimens à Versailles pendant 1694................... 150ᵗᵗ

13 avril-4 décembre : à luy, ayant l'entretien de la pépinière de Trianon, à compte dud. entretien pendant 1695, à raison de 1151ᵗᵗ 6ˢ par an (17 p.).... 8500ᵗᵗ

5 juin-20 novembre : à Henry Dupuis, jardinier, ayant l'entretien des allées du jardin, orangerie et pour-

tour du canal, à compte dud. entretien (12 p.)...................................... 8500ʰ

26 juin : à DROUARD, pour l'entretien des rocailles dud. jardin, pendant les trois premiers mois de l'année 1695.............................. 650ʰ

A PIERRE LISQUI, pour celui de tous les ouvrages de marbre, idem......................... 500ʰ

26 juin-4 décembre : à BERTIN, sculpteur, pour celui de toutes les figures et autres ouvrages de sculpture en marbre dud. jardin, pour les six premiers mois 1695 (2 p.)... 847ʰ 10ˢ

26 juin : à REMY JANSON, jardinier, pour celuy des allées, plattes bandes et gazons de la pièce des Suisses, du Mail, des pisceas plantez au bout du canal, des palissades de charmes autour des clôtures des trois faisanderies et près la grille de fer servant de porte pour entrer à la Ménagerie, pour les trois premiers mois de 1695..................................... 250ʰ

Somme de ce chapitre...... 19397ʰ 10ˢ

ENTRETENEMENS DES FONTAINES DE VERSAILLES ET DE TRIANON.

10 avril- 6 novembre : à CLAUDE DENIS, compagnon fontainier, pour ses gages des trois premiers quartiers (3 p.)... 750ʰ

A THOMAS LACIRE, autre, idem (3 p.)........ 750ʰ
A VITRY, autre, idem (3 p.)............. 750ʰ
A LAMBERT, autre, idem (3 p.)........... 750ʰ
A MUSART, autre, à la butte de Montboron, idem (3 p.)................................... 750ʰ
A MARIETTE, autre, au réservoir du Parc-aux-Cerfs, idem (3 p.).................................... 750ʰ
A BACLET, garçon fontainier, idem (3 p.)..... 405ʰ
A GODET, autre, idem (3 p.)............... 405ʰ
A LAURENS, autre, idem (3 p.)............ 405ʰ
A THOMAS, autre, idem (3 p.)............ 405ʰ
A PINET, autre, idem (3 p.).............. 405ʰ
A BLAISE RÉGLET, autre, idem (3 p.)........ 405ʰ
A TESSIER, autre, idem (3 p.)............ 405ʰ
A ANDRÉ, autre, idem (3 p.)............. 405ʰ
A LOUIS BAZOLET, autre, à Trianon, idem (3 p.)................................ 300ʰ

10 avril-6 novembre : à MAISONNEUVE, autre garçon employé à Trianon, pour les gages des deux derniers quartiers 1694 et des trois premiers 1695 (4 p.)............................... 500ʰ

24 avril-6 novembre : à DESJARDINS, autre à Trianon à la place de BAZOLET, à compte de ses gages de l'année 1695 (4 p.).......................... 400ʰ

29 may-21 aoust : à CHARLES-FRANÇOIS POLLARD, ayant l'entretien de toutes les conduites de tuiaux de fonte de fer des fontaines du château de Versailles, Trianon et la Ménagerie et de celles de la machine de Seyne, pour le premier quartier 1695 (4 p.).............. 2500ʰ

12 juin-11 septembre : à REMY DENIS fils, ayant l'entretenement des fontaines de Trianon, de la fontaine de la décharge du canal et des réservoirs au-dessus de Trianon, pour les gages des six premiers mois 1695 (2 p.).. 900ʰ

19 juin-10 juillet : à CLAUDE DENIS père, ayant celui des fontaines de Versailles, pour le premier quartier 1695 (2 p.)..................................... 1140ʰ

26 juin-11 décembre : à LE MOYNE, fondeur, ayant celui de tous les ouvrages de cuivre des fontaines, pour ses gages des trois premiers quartiers de l'année 1695 (3 p.).. 1125ʰ

Somme de ce chapitre........ 14605ʰ

GAGES DES OFFICIERS, MATELOTS
ET GONDOLLIERS DU CANAL DE VERSAILLES.

24 avril-4 décembre : aux mariniers de rame qui ont servi sur le canal de Versailles depuis le mois de mars jusqu'au mois de novembre (9 p.)............... 945ʰ

A CRISTOPHLE LE ROUX, maître des matelots, pour ses appointemens des trois premiers quartiers 1694 (3 p.).. 825ʰ

A MATHIEU SUART, comite de la galère, idem (3 p.)................................ 900ʰ
A JEAN BOURDON, sous-comite, idem (3 p.)... 630ʰ
A JAQUES LE COMTE, charpentier, idem....... 630ʰ
A NICOLAS MENESSIER, autre, idem........... 630ʰ
A JEAN CAUDON, autre, idem................ 630ʰ
A JOSEPH CHESNE, autre, idem.............. 630ʰ
A JAQUES FOSSE, calfateur, idem............ 630ʰ
A JAQUES DOUVILLE, autre, idem............. 630ʰ
A JEAN MERSERON, garde-magasin, idem...... 630ʰ
A JEAN GUERNEL, matelot, idem............. 405ʰ
A NOEL COSTÉ, autre, idem................. 405ʰ
A ANDRÉ MOREL, autre, idem................ 405ʰ
A NICOLAS GRANVAL, autre, idem............ 405ʰ
A JOSEPH TREVAN, autre, idem.............. 405ʰ
A JEAN MASURIER, autre, idem.............. 405ʰ
A MICHEL AVIENNE, autre, idem............. 405ʰ
A FRANÇOIS VIDOTTI, autre, idem........... 405ʰ
A GEORGES RENAULT, autre, idem............ 405ʰ
A HONORAT VIDOTTI, autre, idem............ 405ʰ
A JEAN-BAPTISTE JUSTE, autre, idem........ 405ʰ
A NICOLAS SAVARY, autre, idem............. 202ʰ 10ˢ

24 avril-27 novembre : à JEAN MASSAGATI, ancien

gondollier vénitien, pour ses gages des trois premiers quartiers 1694........................... 900ᴴ
A Palmarin Palmarin, autre, *idem*......... 900ᴴ
A Pierre Massagati, autre, *idem*........... 1080ᴴ
A Barthelemi Pancalonio, autre, *idem*..... 675ᴴ
A Vincent Doria, autre, *idem*............. 675ᴴ
A Benoist Borelli, autre, *idem*........... 675ᴴ
A Pierre Serdea, autre, *idem*............. 675ᴴ
A Jean Palmarin, autre, *idem*............. 675ᴴ

17 avril-20 novembre : à Isaac Buzigny, matelot, pour ses appointemens depuis le 15 décembre 1694 jusqu'au 1ᵉʳ octobre 1695 (3 p.).............. 427ᴴ

11 septembre-9 octobre : à Choisy, matelot congédié, pour ses appointemens depuis le 1ᵉʳ avril jusqu'au 15 décembre 1694 (2 p.)................... 382ᴴ 10ˢ

11 septembre : à Merceron, dit La Violette, garde des magasins du canal, par gratification en considération du soin qu'il a eu desd. magasins pendant les six premiers mois 1695......................... 150ᴴ

Somme de ce chapitre......... 19582ᴴ

DIVERSES MAISONS ROYALES.

MAÇONNERIE.

17 avril-15 may : à Jean Benoist, entrepreneur, pour les ouvrages de maçonnerie qu'il a fait aux maisons royales et maisons apartenantes au Roy à Paris pendant les six derniers mois 1694 (2 p.)....... 267ᴴ 11ˢ 2ᵈ

21 aoust-13 novembre : à luy, sur lesd. ouvrages de maçonnerie pendant les huit premiers mois 1695 (6 p.) 1059ᴴ 3ˢ 10ᵈ

12 juin : à luy, pour ses ouvrages de maçonnerie aux Gobelins pendant juillet et aoust 1694..... 43ᴴ 1ˢ 3ᵈ

26 juin : à luy, pour ses ouvrages dans la dépendance du château de Madrid pendant le mois de décembre 1694............................... 73ᴴ 6ˢ 8ᵈ

10 juillet-11 décembre : à luy, sur ses ouvrages au château de Vincennes en 1694 et 1695 (3 p.)...... .... 373ᴴ 14ˢ 7ᵈ

7 aoust-11 décembre : à Marot, à compte de ses ouvrages de maçonnerie au caveau de la chapelle de la Reyne, au Val-de-Grâce (7 p.)............ 2100ᴴ

18 septembre-11 décembre : à la veuve Paris, maçon, à compte des ouvrages de maçonnerie qu'il a faits à la maison des Gobelins en 1693 (4 p.)....... 400ᴴ

1ᵉʳ may-16 octobre : à la veuve Foncoy, fontainier, pour l'entretien qu'elle a fait aux bassins et conduites de décharge au jardin des Thuilleries pendant le dernier quartier 1694 et les deux premiers 1695 (3 p.). 150ᴴ

13 novembre : à elle, pour ouvrages de ciment aux bassins du jardin de Vincennes et du Jardin royal des plantes............................. 46ᴴ 2ˢ 6ᵈ

Somme de ce chapitre......... 4513ᴴ

PLOMBERIE.

15 may : à Chevillard, fontainier au château de Vincennes, pour réparations de soudure qu'il a faits aux conduites des fontaines dud. château pendant 1693 et 1694............................. 27ᴴ 7ˢ

4 septembre : à Ballot, plombier, pour ouvrages de plomberie aux conduites des fontaines du jardin des Thuilleries........................... 16ᴴ 18ˢ

Somme de ce chapitre......... 44ᴴ 5ˢ

CHARPENTERIE.

15 may-12 juin : à Raoul de Pierre, dit Laporte, charpentier, parfait payement de 456ᴴ 2ˢ 6ᵈ pour ses ouvrages à la pompe de la Samaritaine du Pont-Neuf, en 1694 (2 p.)............................ 306ᴴ 2ˢ 6ᵈ

2 octobre-13 novembre : à luy, sur lesd. ouvrages en 1695 (2 p.)...................... 431ᴴ 15ˢ 2ᵈ

10 juillet-21 aoust : à luy, sur ses ouvrages aux maisons royales et maisons apartenantes au Roy en 1694 et 1695 (2 p.)......................... 383ᴴ 3ˢ 1ᵈ

24 juillet-2 octobre : à du Magny, charpentier, pour ses ouvrages pour descendre dix-sept figures du château de Vincennes, pour les mener à Marly (2 p.)... 270ᴴ

Somme de ce chapitre...... 1391ᴴ 0ˢ 9ᵈ

MENUISERIE.

3 avril : à Leschaudelle, menuisier, pour ouvrages faits aux Gobelins en septembre 1694........ 55ᴴ 12ˢ

17 avril : à Pierre Guerin, menuisier, pour ouvrages faits au palais des Thuilleries pendant les six derniers mois 1694............................. 57ᴴ 15ˢ

18 septembre : à luy, pour 17 bancs de menuiserie fournis au jardin des Thuilleries............. 119ᴴ

27 novembre : à luy, sur ses ouvrages à l'apartement de M. Duchesne, dans l'hôtel occupé par M. le Premier, à Paris............................. 100ᴴ

3 avril : à Laurens Rochebois, menuisier, pour ouvrages faits à la Samaritaine en 1694....... 40ᴴ 14ˢ

29 may-21 aoust : à luy, pour ouvrages de menuiserie aux maisons royales en 1695 (2 p.).... 257ᴴ 3ˢ

7 aoust : à Rosein, menuisier, pour ouvrages faits à l'Observatoire en 1694.................. 6ᴴ 15ˢ

15 may : à Simon Gillot, menuisier, pour ouvrages au château de Vincennes en 1694 et 1695.. 34# 16'

21 aoust : à Dessanceaux, menuisier, pour ouvrages faits à la pompe de la Samaritaine en 1695. 117# 14'

17 avril-27 novembre : à Justine, menuisier, pour ouvrages faits à la petite escurie et aux escuries de Monseigneur en 1694 et 1695 (2 p.)....... 252# 18' 8ᵈ

Somme de ce chapitre...... 1042# 7' 8ᵈ

SERRURERIE.

3 avril-27 novembre : à Robert Boutet, serrurier, pour ouvrages de serrurerie faits au vieux Louvre, à la Samaritaine, aux maisons royalles, pendant les années 1694 et 1695 (5 p.)................ 405# 10' 4ᵈ

10 juillet : à Nicolas Le Roy, serrurier, pour ses ouvrages au château de Vincennes en 1695..... 61# 14'

3 avril-11 décembre : à François Lucas, serrurier, pour ouvrages aux maisons royalles de Paris, en 1694 et 1695 (3 p.)......................,.... 188# 5'

7 aoust-10 octobre : à luy, sur les ouvrages qu'il a faits à la chapelle de la Reyne, au Val-de-Grâce (6 p.) ....,,,,,,................. 575#

27 novembre : à luy, pour ses ouvrages à l'apartement de M. Duchesne, chez M. le Premier...... 16# 18'

Somme de ce chapitre...... 1247# 7' 4ᵈ

VITRERIE.

3 avril-16 octobre : à Charles-François Jaquet, vitrier, pour l'entretien des vitres du château de Vincennes et ses dépendances, de la maison des Gobelins et du Jardin royal des plantes pendant les six derniers mois de l'année 1694 et les six premiers de 1695 (5 p.) .... 786# 16' 3ᵈ

3 avril-16 octobre : à la veuve Janson, vitrier, pour l'entretien des vitres du château de Madrid, la Savonnerie, l'orangerie du Roulle, la maison des cignes, les maisons occupées par M. le comte de Grammont et M. Félibien, la Samaritaine et l'Observatoire, pendant les six derniers mois de 1694 et les six premiers 1695 (4 p.).................................... 400#

1ᵉʳ may-30 octobre : à elle, pour l'entretien des vitres du château du Louvre, Garde-meuble de la Couronne, hôtel de Gramont et magasin du sʳ Fossier, pendant les trois derniers mois de 1694 et les six premiers de 1695 (3 p.)...................................... 150#

1ᵉʳ may-16 octobre : à Gombault, vitrier, pour l'entretien des vitres du palais des Thuilleries pendant les trois derniers mois de 1694 et les six premiers de 1695 (3 p.)...................................... 150#

29 may-30 octobre : à luy, pour l'entretien des vitres aux grandes et petites écuries, écuries de Monseigneur et leurs dépendances, aux maisons occupées par MM. de Concy et Le Nostre, à l'orangerie des Thuilleries et ses dépendances, à l'Imprimerie royalle, aux galleries du Louvre et à la Bibliothèque du Roy, rue Vivien, pendant les trois derniers mois 1694 et six premiers 1695 (3 p.)...................................... 150#

12 juin-13 novembre : à luy, pour l'entretien des vitres du nouveau couvent des Capucines pendant led. temps (3 p.).......................... 150#

4 septembre : à luy, pour ses ouvrages de vitrerie aux maisons royalles et maisons apartenantes au Roy au delà de son entretien..................... 57# 9' 3ᵈ

Somme de ce chapitre...... 1844# 5' 6ᵈ

PAVÉ.

12 juin-4 septembre : à Louis Regnouf, paveur, pour ses ouvrages de pavé aux maisons royalles et maisons apartenantes au Roy à Paris, pendant les six derniers mois 1694 et six premiers 1695 (2 p.)... 161# 12' 11ᵈ

COUVERTURE.

3 avril-30 octobre : à Noël Martin, couvreur, pour l'entretien qu'il fait aux couvertures du château de Vincennes et dépendances pendant les six derniers mois 1694 et les six premiers 1695 (4 p.)........ 900#

1ᵉʳ may-21 aoust : à luy, pour l'entretien des couvertures de la maison des Gobelins pendant les trois derniers mois 1694 et les trois premiers 1695 (2 p.).. .... 125#

1ᵉʳ may : à Estienne Yvon, couvreur, ayant l'entretien des couvertures des maisons royalles de Versailles, parfait payement de 1875# pour led. entretien pendant les trois derniers mois de 1693, à raison de 7500# par an .... 675#

12 juin : à luy, pour les ouvrages de couverture aux maisons royalles par luy faits au delà de son entretien pendant 1694.................... 258# 5' 11ᵈ

31 juillet : à luy, pour l'entretien des couvertures du nouveau couvent des Capucines pendant les trois premiers mois 1695..................... 125#

31 juillet : à luy, à compte de l'entretien des maisons royalles de Paris, idem.................... 730#

4 septembre-10 décembre : à luy, sur celuy des maisons royalles de Versailles pendant 1695.... 2875#

Somme de ce chapitre...... 5688# 5' 11ᵈ

ANNÉE 1695. — DIVERSES MAISONS ROYALES.

PEINTURE SUR VERRE.

15 may - 11 décembre : à Philipes Le Clère, peintre sur verre, pour les bordures et panneaux de trois vitraux des chapelles de la grande église des Invalides, qu'il a peint sur verre (3 p.).................... 280㏗

PEINTURE.

17 avril : au s⁽ʳ⁾ Allegrain, peintre, à compte des tableaux de paysages qu'il fait pour le château de Trianon................................ 150㏗

3 avril : à Coypel, peintre, pour, avec 23800㏗ qui luy ont esté ordonnez, sçavoir : 1700㏗ en 1684, 600㏗ en 1685, 2000㏗ en 1686, 3800㏗ en 1687, 1900㏗ en 1688, 4100㏗ en 1689, 2000㏗ en 1690, 3000㏗ en 1691, 2000㏗ en 1692, 1500㏗ en 1693, 900㏗ en 1694, 150㏗ le 3 janvier dernier, et 150㏗ le 6 mars ensuivant, faire le parfait payement de 24000㏗ à quoy montent les huit tableaux d'*Arrabesques* qu'il a peints d'après Raphaël pour faire en tapisserie aux Gobelins... 200㏗

6 novembre : à luy, à compte des tableaux qu'il fait pour une tapisserie de Trianon............ 500㏗

17 avril - 7 aoust : au s⁽ʳ⁾ Houasse, peintre, pour les quatre tableaux de paysages qu'il a fait pour le château de Trianon (3 p.)...................... 475㏗

17 avril - 7 aoust : au s⁽ʳ⁾ Martin, peintre, pour les tableaux de paysages qu'il a fait pour le château de Trianon (3 p.)........................ 500㏗

3 avril : au s⁽ʳ⁾ Lefebvre, peintre, pour ouvrages et réparations de grosse peinture qu'il a fait en la maison de la Samaritaine du Pont-Neuf en 1694..... 53㏗ 2ˢ

29 may : à luy, pour ses ouvrages de peinture au château de Vincennes en 1692............ 62㏗ 15ˢ

17 avril : au s⁽ʳ⁾ François Rappe, pour un tableau de Claude Lorain, représentant un *Port de mer et architecture*, de 4 pieds 7 pouces de large sur 3 pieds 1/2 de hault, qu'il a vendu et livré pour le service du Roy.... .... 1000㏗

Somme de ce chapitre...... 2940㏗ 17ˢ

SCULPTURE.

7 aoust : au s⁽ʳ⁾ de Dieu, sculpteur, à compte du Terme en marbre représentant Lizias......... 100㏗

17 avril : au s⁽ʳ⁾ Slodtz, sculpteur, à compte du groupe de Protée et Aristée, qu'il fait en marbre..... 150㏗

4 septembre : à luy, pour ouvrages faits aux consolles pour les tables du caveau de la chapelle de la Reine, au Val-de-Grâce........................... 72㏗

27 novembre : au nommé Marcellin, graveur de numéros en marbre, pour les marques et numéros qu'il a gravés sur les pièces des ouvrages de marbre, faits pour la grande église des Invalides, qui ont esté retirés des ateliers des marbriers et remis dans les magasins du Roi................................. 32㏗ 5ˢ

Somme de ce chapitre......... 354㏗ 5ˢ

OUVRAGES DE BRONZE.

17 avril - 29 may : au s⁽ʳ⁾ de Nainville, fondeur, pour les trois cloches qu'il a fait pour l'horloge du château de Choisy (2 p.)...................... 225㏗ 12ˢ

4 septembre : à luy, sur ses ouvrages aux robinets des fontaines des maisons royales de Paris..... 15㏗ 8ˢ 9ᵈ

7 aoust : au s⁽ʳ⁾ Drouart, fondeur, à compte du groupe de Protée et Aristée qu'il a fondu en bronze. .... 100㏗

4 septembre : à luy, parfait payement de 200㏗ pour les modelles du s⁽ʳ⁾ Slodtz................. 100㏗

Somme de ce chapitre......... 441㏗ 0ˢ 9ᵈ

MARBRERIE.

17 avril : à François Deschamps, marbrier, parfait payement de 284㏗ à quoy monte la cheminée et l'attique de marbre qu'il a fait dans la chambre à coucher de l'apartement de Madame de Maintenon...... 134㏗

9 octobre - 27 novembre : à luy, pour la cheminée de marbre qu'il a fait dans la petite chambre de l'apartement de Monseigneur, à Versailles (2 p.)... 369㏗ 12ˢ

13 novembre : à luy, sur les revêtemens de marbre qu'il a faits à l'armoire du caveau de la chapelle de la Reyne, au Val-de-Grâce.................. 150㏗

Somme de ce chapitre......... 653㏗ 12ˢ

RAMONAGE DE CHEMINÉES.

27 novembre : à Pierre Varisse, ramonneur, pour les cheminées qu'il a ramonnées aux maisons royales de Paris en 1694.......................... 63㏗ 8ˢ

DIVERSES DÉPENSES.

24 juillet : au s⁽ʳ⁾ Fossier, garde des magasins des bâtimens de Paris, pour dépenses faites depuis le mois de mars jusqu'au 17 juillet.............. 238㏗ 7ˢ 8ᵈ

3 avril : à Guillaume Gault, horlogeur, pour réparations aux mouvemens de l'horloge et cadran de la Samaritaine, au mois d'août 1694............. 86㏗

Au nommé Voirie, portier de l'Observatoire, pour son justaucorps des livrées du Roy pendant 1694.... 30㏗

17 avril - 2 octobre : à Louis Lair, chartier, à compte des marbres qu'il voiture de chez les marbriers

au magasin du Roy, des ouvrages de pavé qu'ils ont faits pour l'église des Invalides et des figures voiturées de Paris à Versailles et de Vincennes à Marly (3 p.).. 735ʰ

4 septembre : au sʳ Antoine, imprimeur en taille-douce, pour l'impression des épreuves de *Salins* et de *Nimègue*.......................... 17ʰ 19ˢ

6 septembre : au sʳ Sinfray, sur les frais de la liquidation des effects de la succession de feu M. Manessier, trésorier général des bâtimens............. 400ʰ

18 septembre - 13 novembre : au sʳ Doussot, expert des bâtimens, pour ses vacations à toiser et vérifier les ouvrages des bâtimens pendant les six premiers mois 1693 (3 p.)........................... 573ʰ

27 novembre : au sʳ Gastelier, commis du sʳ Desgodet, pour menues dépenses faites pour les bâtimens en 1694 et 1695.................... 82ʰ 12ˢ

Somme de ce chapitre..... 2162ʰ 18ˢ 8ᵈ

STATUE ÉQUESTRE DE LA PLACE VENDÔME.

12 juin : à Robert Aumont, maçon, pour ouvrages de maçonnerie faits à la fonderie de la statue équestre du Roy de la place Vendôme, au logement du sʳ Bonnefond et au pavillon de Mᵐᵉ de Grammond, dans l'ancienne cour des Capucines, en 1695............. 111ʰ 5ˢ

2 octobre : à luy, pour avoir gardé la statue équestre pendant dix-huit jours du mois de septembre.... 18ʰ

24 juillet : à François Lucas, serrurier, pour ouvrages de serrurerie à la fonderie de la statue équestre de la place de Vendôme et aux logemens de lad. place pendant avril et may derniers.............. 20ʰ 13ˢ 6ᵈ

15 may : à François Girardon, sculpteur, à compte de la réparation du bronze de la statue équestre du Roi 250ʰ

29 may - 16 octobre : à plusieurs ouvriers qui ont travaillé à plusieurs réparations de charpenterie et couverture à la fonderie de la statue équestre et aux logemens restez sur pied de l'hôtel de Vendôme et de l'ancien couvent des Capucines, pour leurs journées (2 p.)... 95ʰ

Somme de ce chapitre....... 494ʰ 18ˢ 6ᵈ

GOBELINS.

24 avril - 22 may : à Kerchove, teinturier, pour ses appointemens du 3ᵉ quartier 1694 (2 p.)...... 375ʰ

11 septembre : à luy, pour ses gages des six premiers mois 1694............................... 50ʰ

22 may : à Yvart, peintre, travaillant aux Gobelins, pour ses appointemens du quartier d'avril 1694. 200ʰ

19 juin - 18 décembre : à luy, pour les menues dépenses qu'il a faites pour les desseins et peintures pendant le dernier quartier 1694 et les deux premiers 1695 (4 p.)........................... 639ʰ 1ˢ

14 aoust : à luy, pour ses gages des six premiers mois 1694... 75ʰ

22 may - 18 décembre : au sʳ Cozette, concierge, pour ses appointemens du dernier quartier 1694 et des deux premiers 1695 (6 p.)................... 1800ʰ

9 juin : à luy, pour ce qu'il a payé au sʳ Guanit, receveur de l'hôpital des Incurables, pour la pension de six mois par avance du sʳ de Sève, peintre, qui a esté mis par ordre du Roy aud. hôpital.......... 150ʰ

19 juin - 20 novembre : à luy, pour son remboursement des menues dépenses qu'il a faites (3 p.)....... .... 441ʰ 16ᵈ

22 may - 18 décembre : au sʳ Lunague, chirurgien, pour ses appointemens du dernier quartier 1694 et deux premiers 1695 (2 p.)..................... 300ʰ

22 may - 2 octobre : à Jans, tapissier haute lissier, pour sa pension de 1694 et ses gages (3 p.).... 525ʰ

A Lefebvre père, autre, pour sa pension pendant led. temps et ses gages (3 p.)................. 525ʰ

A Lefebvre fils, tapissier en basse lisse, pour sa pension et ses gages (3 p.).................... 425ʰ

A La Croix père, autre, pour sa pension et ses gages (3 p.)... 450ʰ

A La Croix fils, autre, pour sa pension (2 p.).... 225ʰ

A Lafraye, autre, pour sa pension (2 p.)..... 225ʰ

A Souet, autre, pour sa pension (2 p.)...... 225ʰ

12 juin - 18 décembre : à Branky, lapidaire, pour ses appointemens du dernier quartier 1694 et des deux premiers 1695 (3 p.)........................ 1440ʰ

A luy, pour les journées d'un homme qui luy a aydé à scier et polir les pierres, à raison de 25 sous par jour (3 p.)................................... 256ʰ 5ˢ

A Mathurin Nivard, chapelain de la maison des Gobelins, pour ses appointemens du dernier quartier 1694 et des deux premiers 1695 (3 p.)......... 375ʰ

A Saint-Léger, portier, pour *idem* (3 p.)..... 225ʰ

A Louis Galliot, jardinier, pour *idem* (3 p.). 300ʰ

14 aoust : au sʳ Le Clerc, dessinateur et graveur, pour appointemens des six premiers mois 1694.. 150ʰ

Au sˢ Thuby, Coizevox, Le Clerc et Verdier, pour leur conduite de l'académie des Gobelins pendant les six premiers mois 1694, pour poser le modèle et instruire les étudians........................... 150ʰ

Au s⁺ Nivelon, dessinateur, à compte de ses apointemens du deuxième quartier 1694............ 150ᴴ

21 aoust : au s⁺ Houasse, peintre pour l'histoire, pour ses apointemens des six premiers mois 1694.... 100ᴴ

A luy, pour le soin qu'il prend des tableaux du Roy, estans à l'ancien hôtel de Grammont.......... 150ᴴ

Au s⁺ Verdier, peintre pour l'histoire, pour ses apointemens des six premiers mois 1694....... 100ᴴ

4 septembre : au s⁺ Pichon, pour avoir célébré le service divin dans la chapelle de la Savonnerie pendant les six derniers mois 1694.................. 120ᴴ

11 septembre : au s⁺ Anguier, peintre d'ornemens, pour ses appointemens des six premiers mois 1694...
.... 100ᴴ

Au s⁺ Baptiste, peintre fleuriste, pour lesd. six premiers mois........................... 100ᴴ

Somme de ce chapitre.... 10347ᴴ 4ˢ 6ᵈ

JARDIN ROYAL.

17 avril-16 octobre : à Jean Brement, jardinier du Jardin royal des plantes, pour ses apointemens des trois derniers mois de 1694 et des six premiers 1695 (3 p.)............................. 1875ᴴ

17 avril-16 octobre : à Philbert Chaillou, portier dud. jardin, pour ses apointemens pendant le même temps (3 p.)......................... 337ᴴ 10ˢ

14 aoust : à M. Fagon, premier médecin du Roy, pour ses gages de 1693, en qualité de sous-démonstrateur des plantes aud. Jardin royal............. 1300ᴴ

30 octobre : à luy, pour ses gages en qualité de démonstrateur pendant l'année 1694.......... 1500ᴴ

28 aoust : à Simon Boudin, garçon du laboratoire dud. jardin, pour ses gages en lad. qualité en 1694.. 200ᴴ

11 septembre-30 octobre : au s⁺ Duvernay, démonstrateur aud. jardin, parfait payement de 1000ᴴ, pour la dépense qu'il a faite pour les démonstrations d'anatomie et de chirurgie pendant 1693 et 1694 (3 p.)
.... 500ᴴ

Somme de ce chapitre....... 5612ᴴ 10ˢ

ACADÉMIE DE PEINTURE,
SCULPTURE ET ARCHITECTURE DE PARIS.

15 may-30 octobre : au s⁺ Houasse, trésorier de l'Académie de peinture et sculpture de Paris, pour l'entretien de lad. Académie pendant les trois premiers quartiers 1695 (3 p.)......................... 1500ᴴ

17 juillet-18 décembre : à Guillaume Lefebvre, portier de lad. Académie, pour ses apointemens de l'année 1695 (2 p.)......................... 450ᴴ

24 juillet-21 aoust : au s⁺ Petit, directeur du balancier du Roy, pour douze médailles d'argent qu'il a livrées pour estre distribuées aux étudians de l'Académie de peinture et sculpture pendant les six derniers mois 1694 et six premiers 1695 (2 p.)...... 261ᴴ 3ˢ 11ᵈ

13 novembre : à Alexandre Liot, pour la provision de gros bois, coterets, fagots, bougies et autres menues dépenses qu'il a faites en 1695 pour les Conférences de l'Académie d'architecture.................. 100ᴴ

Somme de ce chapitre..... 2311ᴴ 3ˢ 11ᵈ

ACADÉMIE DE PEINTURE,
SCULPTURE ET ARCHITECTURE DE ROME.

22 may-11 décembre : au s⁺ Clerx, pour son remboursement des sommes qu'il a fait remettre à Rome, en quatre lettres de change payables au s⁺ de la Teulière, pour employer aux dépenses de lad. académie, tirées sur le s⁺ de Stembier, y compris le change (4 p.)
.... 8990ᴴ

LOYERS DE MAISONS.

19 juin : à Pierre et François Coustilliez, jardiniers du Val, pour le loyer de leur logement dans le village de Carrière-sous-bois en 1694.......... 200ᴴ

A la veuve Bellier, jardinier du parterre aux gazons de Saint-Germain-en-Laye, pour les loyers des logemens occupez tant par elle que par sa défunte fille pendant 1694........................ 150ᴴ

3 juillet : à la veuve Jean-Baptiste Lalande, jardinier de l'orangerie de Saint-Germain, pour le loyer de son logement en 1694.................... 150ᴴ

21 juillet-18 décembre : au s⁺ Marchand, pour le loyer de son logement à Versailles pendant l'année 1695 (2 p.)......................... 200ᴴ

25 septembre : au s⁺ Lefebvre, contrôleur, pour le loyer de son logement à Versailles pendant les six premiers mois 1694...................... 600ᴴ

4 décembre : au s⁺ Jolly, à compte du loyer de sa maison à Versailles.................... 100ᴴ

11 décembre : au s⁺ de Saint-Catherine, pour le loyer de son logement de Trapes en 1695...... 230ᴴ

Au s⁺ Martin, garde au Perray, pour le loyer de son logement pendant 1695.................. 40ᴴ

Somme de ce chapitre......... 1670ᴴ

CHÂTEAU DE MONCEAUX.

17 juillet : à Simon Duval et Claude Bega, couvreurs, pour l'entretien des couvertures dud. château pendant les six premiers mois 1695.................. 175^{tt}

A Nicolas Gavelle, serrurier, pour l'entretien de la serrurerie pendant le même temps............ 60^{tt}

A Jacques Guillont, dit La Poussière, maçon, pour réparations de maçonnerie qu'il a faites dans la dépendance dud. château en 1695............ 175^{tt} 1^s 8^d

Somme de ce chapitre....... 410^{tt} 1^s 8^d

FONDS LIBELLEZ.

30 janvier : à Jean Fay, entrepreneur, 2677^{tt} 16^s 10^d pour, avec 33400^{tt}, faire le parfait payement de 36077^{tt} 16^s 10^d à quoy montent les ouvrages de maçonnerie qu'il a faits à la Machine pendant les années 1685 à 1689.................. 2677^{tt} 16^s 10^d

3 avril : au s^r Deville, 12000^{tt}, sçavoir : 6000^{tt} pour gratification, en considération du soin qu'il a pris à la machine de la rivière de Seyne pendant l'année dernière 1694, et 6000^{tt} de pension extraordinaire que S. M. luy a accordée pendant la même année....... 12000^{tt}

Au s^r Mansart, 10000^{tt}, en considération de l'inspection générale que S. M. luy a donnée sur ses bâtimens pendant 1694.................. 10000^{tt}

10 avril : à M. de Bullion, 11875^{tt}, sçavoir : 11250^{tt} pour son remboursement du moulin de Baillau à luy apartenant, scitué sur la rivière de Gallardon, et 625^{tt} pour la non jouissance dud. moulin pendant l'année dernière 1694.......................... 11875^{tt}

Au s^r de Turgis, l'un des anciens chevau-légers de la garde de S. M., 566^{tt} 14^s pour, avec 1000^{tt} à luy ordonnez, faire 1566^{tt} 14^s pour son remboursement du prix principal et non jouissance des terres labourables à luy apartenant et scituées dans la garenne de Vézinet............................ 566^{tt} 14^s

24 avril : aux prestres de la Mission de la maison de Saint-Lazare-lez-Paris, 4094^{tt} 7^s pour leur remboursement tant du fonds que de l'intérêt et de l'indemnité des terres à eux apartenant, occupées par les travaux que S. M. a ordonné estre faits tant dedans que dehors le grand parc de Versailles............ 4094^{tt} 7^s

A Alexis Fordrin, serrurier, 1700^{tt} 9^s 11^d pour, avec 19732^{tt} qu'il a reçeus, faire le parfait payement de 21432^{tt} 9^s 11^d à quoy montent les ouvrages de serrurerie et de gros fer qu'il a faits pour le service de S. M. pendant les années 1687 à 1691, y compris 468^{tt} pour vieux fer du magasin du Roy..... 1700^{tt} 9^s 11^d

A Robert Boutet, serrurier, 725^{tt} 7^s 2^d pour, avec 10150^{tt} à luy ordonnez de 1687 à 1691, faire le parfait payement de 10875^{tt} 7^s 2^d à quoy montent les ouvrages de serrurerie par luy faits aux maisons royales ou maisons apartenans au Roy à Paris, depuis et y compris 1686 jusque et compris les six premiers mois 1694. .... 725^{tt} 7^s 2^d

Auxd. Fordrin et Boutet, 14521^{tt} 9^s pour, avec 106128^{tt} 8^s 1^d qu'ils ont reçeus, faire le parfait payement de 120694^{tt} 17^s 1^d pour ouvrages de serrurerie et gros fer par eux faits à Versailles, Saint-Germain, Marly et la Machine depuis 1680 jusqu'en 1686, y compris 1008^{tt} 5^s 4^d en fer neuf du magasin, et 1270^{tt} 2^s 9^d en vieux fer......................... 14521^{tt} 9^s

25 avril : à Robert Delahaye, plombier, 19283^{tt} 1^s 5^d, pour, avec 35822^{tt} 18^s 9^d qui luy ont esté ordonnez, faire le parfait payement de 55106^{tt} 2^d pour les ouvrages de plomberie et soudure qu'il a faits et livrez à la Machine pendant les années 1682 à 1684, y compris 2822^{tt} 18^s 9^d pour 31666 livres pesant de vieux plomb du magasin.................. 19283^{tt} 1^s 5^d

25 avril : au s^r Pellerin, 300^{tt} à compte du remboursement des bonnes terres que l'on a prises dans ses héritages pour estre portées dans le jardin du château de Marly............................ 300^{tt}

22 may : à la veuve Gournay, compagnon fontainier, 1800^{tt}, sçavoir : 1250^{tt} pour les gages dud. feu Gournay pendant l'année 1694 et les trois premiers mois 1695, et 550^{tt} que S. M. a accordée à lad. veuve par gratification..................... 1800^{tt}

Au s^r Dupont, tapissier, 284^{tt} 3^s 4^d pour son payement d'un dessus de forme et un dessus de tabouret de laine, ouvrage de la Savonnerie, qu'il a fourni au Garde-meuble de la Couronne, contenant une aune 13/18 carrée en superficie, à raison de 165^{tt} l'aune........ .... 284^{tt} 3^s 4^d

A Nicolas Varin et Maturin Hersant, maçons, 20497^{tt} 5^s 11^d pour, avec 36700^{tt} qui leur ont été ordonnez, faire le parfait payement de 57197^{tt} 5^s 11^d à quoy montent les ouvrages et réparations de maçonnerie qu'ils ont faits au château de Fontainebleau pendant les années 1684 à 1691................... 20497^{tt} 5^s 11^d

22 may : au s^r Melo, sculpteur, 2700^{tt} pour, avec 5400^{tt}, faire le parfait payement de 8100^{tt} pour la figure du Mercure de Farneze, un grand vase et un Terme représentant Pittacus, le tout de marbre, et autres ou-

vrages qu'il a faits et posez dans les jardins de Versailles pendant les années 1684 à 1688............ 2700ᴴ

5 juin : aux nommez Fonviel, Veillet, Morel et Cellier, menuisiers, 4254ᴴ 18ˢ 3ᵈ pour, avec 11976ᴴ ordonnez, faire le parfait payement de 16230ᴴ 18ˢ 3ᵈ à quoy montent leurs ouvrages de menuiserie en 1685 au château de Monceaux............... 4254ᴴ 18ˢ 3ᵈ

Au sʳ Drouilly, sculpteur, 3682ᴴ 10ˢ pour, avec 7550ᴴ ordonnez ci-dessus, faire le parfait payement de 11700ᴴ 10ˢ à quoy montent trois guillochies de marbre faits pour servir d'apuy aux croisées des grands apartemens du Roy et de la Reyne au château de Versailles, la figure représentant le *Poëme héroïque*, et deux grands vases, le tout de marbre blanc, un vase de marbre rouge et blanc de Languedoc, deux vases, deux coquilles et deux masques, le tout de plomb, et autres ouvrages de sculpture faits et posez à Versailles depuis 1675 jusqu'à présent, y compris 468ᴴ qui luy sont déduits pour le prix de 26 pieds de marbre blanc qui luy ont esté livrez du magasin du Roy, cy............... 3682ᴴ 10ˢ

5 juin : au sʳ Prou, sculpteur, 1904ᴴ 5ˢ pour, avec 3000ᴴ déjà reçeus, faire le parfait payement de 4904ᴴ 5ˢ à quoy montent un grand vase de marbre blanc, deux vases, deux coquilles et deux masques, le tout de plomb, et autres ouvrages de sculpture qu'il a faits et posez dans les jardins de Versailles depuis 1682 jusqu'à présent................ 1904ᴴ 5ˢ

Aux prestres de la Mission establis à Fontainebleau, 3000ᴴ pour leur subsistance et entretennement pendant les six premiers mois de la présente année 1695. 3000ᴴ

12 juin : au sʳ Leblond, graveur, 1655ᴴ 18ˢ 10ᵈ pour, avec 2000ᴴ déjà reçeus, faire le parfait payement de 3655ᴴ 18ˢ 10ᵈ à quoy monte la dépense de la gravure des planches de cuivre, lettres, impressions, cuivre et autres fournitures qu'il a faites pour le service de S. M. en 1685...................... 1655ᴴ 18ˢ 10ᵈ

26 juin : au sʳ Vigier, sculpteur, 3400ᴴ pour, avec 1400ᴴ qu'il a reçeus, faire le parfait payement de 4800ᴴ pour la figure de marbre blanc représentant la *Reconnoissance d'Achiles*, qu'il a fait pour le service de S. M. pendant les années 1687 à 1694....... 3400ᴴ

Aux prestres de la Mission de Saint-Lazare-lès-Paris, 255ᴴ pour leur remboursement tant du fonds que de l'interest et de l'indemnité d'un arpent de terre à eux apartenant, occupé par les travaux que S. M. a fait faire tant dedans que dehors le grand parc de Versailles, qui a esté obmis à l'article 249 de l'estat des remboursemens expédié le 24 avril dernier................ 255ᴴ

22 may : au sʳ Verdier, peintre, travaillant aux Gobelins, 13000ᴴ pour, avec 5000ᴴ qui luy ont esté ordonnez, faire le parfait payement de 18000ᴴ pour la pension de 3000ᴴ par an que S. M. luy a accordée pendant les années 1689 à 1694............. 13000ᴴ

26 juin : à Pierre Corneille, serrurier, 15076ᴴ 15ˢ 1ᵈ pour, avec 53000ᴴ qui luy ont esté ordonnez tant en son particulier qu'en société avec Luchet, serrurier, faire le parfait payement de 68076ᴴ 15ˢ 1ᵈ à quoy montent les ouvrages de serrurerie qu'ils ont faits tant au château de Versailles et aux bâtimens des dehors d'iceluy, à Trianon et à l'église parroissialle de Versailles, qu'au château de Saint-Germain-en-Laye, de 1684 à 1690.. .... 15076ᴴ 15ˢ 1ᵈ

3 juillet : aux nommez Desarneaux et Gaudy, entrepreneurs, 4072ᴴ 17ˢ 3ᵈ pour, avec 11950ᴴ qui leur ont esté ordonnez, faire le parfait payement de 16022ᴴ 17ˢ 3ᵈ à quoy montent les ouvrages de maçonnerie par eux faits au château de Monceaux en 1688..... 4072ᴴ 17ˢ 3ᵈ

17 juillet : au sʳ Dupont, tapissier, 284ᴴ 3ˢ 4ᵈ pour un dessus de forme et un dessus de tabouret de laine, ouvrage de la Savonnerie, qu'il a fournis au Garde-meuble de la Couronne pour le service du Roy, contenans ensemble une aune 13/18 carrée en superficie, à raison de 165ᴴ l'aune...................... 284ᴴ 3ˢ 4ᵈ

27 juillet : au sʳ Frosne, 2000ᴴ par gratification, en considération des dépenses extraordinaires qu'il a esté obligé de faire pour les voyages de Choisy et pour le remboursement des héritages occupez par les travaux des environs de Versailles................... 2000ᴴ

31 juillet : à Mᵐᵉ la marquise de Louvois, 591ᴴ 4ᴴ pour, avec 2090ᴴ à quoy se montent les orangers, les glaces et une chaloupe qui ont resté à Choisy, faire la somme de 80015ᴴ pour son payement des tableaux, vases, bustes, et autres choses qui luy apartenoient à Meudon, et que S. M. a acheptez pour son service.... .... 591ᴴ 4ᴴ

A lad. dame, 12000ᴴ pour son remboursement de pareille somme à laquelle se montera la dépense du rétablissement du comble de l'orangerie de Choisy, tant en maçonnerie, charpenterie et couverture que plomberie, lequel a esté brûlé en 1693.............. 12000ᴴ

A la veuve Rossignol, serrurier, 1772ᴴ 10ˢ 8ᵈ pour, avec 6300ᴴ qui luy ont esté ordonnez, faire le parfait payement de 8072ᴴ 10ˢ 8ᵈ à quoy montent les ouvrages de serrurerie qu'elle a fait faire dans la dépendance du château de Fontainebleau de 1686 à 1690, les six derniers mois 1693................. 1772ᴴ 10ˢ 8ᵈ

A Vincent Morel, serrurier, 2273ᴴ 4ˢ 5ᵈ pour, avec 71950ᴴ déjà ordonnez, faire le parfait payement de

78654ʰ 15ˢ 11ᵈ à quoy montent les ouvrages de serrurerie qu'il a faits tant à la digue de Croissy et à la machine de la rivière de Seyne qu'aux équipages des soupapes de la butte Montboron pendant les années 1681 à 1689, y compris 4431ʰ 11ˢ 6ᵈ qui luy sont déduits pour les fers et clouds de Liège qui luy ont esté fournis du magasin......................... 2278ʰ 4ˢ 5ᵈ

Au sʳ Predot, entrepreneur, 8395ʰ 1ˢ 10ᵈ pour, avec 10700ʰ qui luy ont esté ordonnez, faire le parfait payement de 19095ʰ 1ˢ 10ᵈ à quoy montent les ouvrages de maçonnerie par luy faits au Palais-Royal, aux grandes écuries et à la pépinière du Roulle pendant 1682, 1683 et 1685................... 8395ʰ 1ˢ 10ᵈ

Au sʳ Poultier, sculpteur, 6100ʰ pour, avec 3400ʰ déjà ordonnez, faire le parfait payement de 9500ʰ à quoy montent la figure représentant Didon, un Terme représentant Cérès, et un grand vase, le tout de marbre blanc, qu'il a faits et posez dans les jardins de Versailles pendant les années 1687, 1688 et 1689...... 6100ʰ

Au sʳ Hurtrelle, sculpteur, 4574ʰ 15ˢ 10ᵈ pour, avec 5400ʰ déjà ordonnez, faire le parfait payement de 9974ʰ 15ˢ 10ᵈ à quoy montent la figure de marbre du *Faune de Borghèse*, un vase de marbre verd de mer, le Terme représentant Théophraste, deux vases, deux coquilles et deux masques de plomb, qu'il a faits et posez dans les jardins de Versailles, et la sculpture en bois qu'il a faite à la paroisse de Versailles pendant les années 1682 à 1688................ 4574ʰ 15ˢ 10ᵈ

A Antoine Petit, charpentier, 2870ʰ 18ˢ pour, avec 9500ʰ ordonnez, faire le parfait payement de 12370ʰ 18ˢ à quoy montent les ouvrages de charpenterie qu'il a faits pendant les années 1682 à 1685 au couvent de l'Annonciade de Meulan, y compris 800ʰ qui luy sont déduites pour de mauvais bois............. 2870ʰ 18ˢ

Aux Principal, procureur et boursiers du collège de Cambray, 2360ʰ pour le dédomagement, pendant 1693 et 1694, de leurs bâtimens qui ont esté démolis par ordre du Roy pour la construction du Collège de France, à raison de 1180ʰ par an................. 2360ʰ

Aux héritiers de Michel et Eustache Thibault, jardiniers à Vincennes, 1875ʰ, sçavoir : 1125ʰ aux héritiers de Michel, pour ses gages à cause de ses entretiens pendant les trois derniers mois 1692 et les six premiers 1693, et 750ʰ aux héritiers d'Eustache Thibault, pour ses gages pendant les six derniers mois 1694, à raison de 1500ʰ par an..................... 1875ʰ

14 aoust : à Estienne Allegrain, peintre, 1250ʰ pour, avec 2050ʰ à luy ordonnez, faire le parfait payement de 3300ʰ pour huit tableaux représentans des *Veues de Versailles* et des paysages qu'il a faits et posez à Trianon de 1688 à 1695................ 1250ʰ

28 aoust : à la veuve et héritiers de Nicolas Duval, couvreur, 4460ʰ 16ˢ 8ᵈ, sçavoir : 1660ʰ 16ˢ 8ᵈ pour, avec 1000ʰ qui luy ont esté ordonnez le 18 avril 1683, et 400ʰ qui luy sont déduits pour malfaçons, faire le parfait payement de 3060ʰ 16ˢ 8ᵈ à quoy montent les ouvrages de couverture faits au couvent de l'Annonciade de Meulan en 1683 et 1684, et 2800ʰ pour avoir entretenu les couvertures du château de Vincennes pendant 1682 et 1683................. 4460ʰ 16ˢ 8ᵈ

Au sʳ Clerion, sculpteur, 4653ʰ pour, avec 7500ʰ ordonnées, faire le parfait payement de 12153ʰ pour deux Termes de Jupiter et Junon, la Vénus *Callipigie*, le tout de marbre blanc, deux vases, deux masques, deux coquilles de plomb, faits et posez dans les jardins de Versailles, et autres ouvrages qu'il a faits depuis 1682 jusqu'à présent......................... 4653ʰ

Aux nommez Briquet et Legrand, sculpteurs, 1855ʰ 3ˢ pour, avec 4300ʰ qui leur ont esté ordonnez, faire le parfait payement de 6155ʰ 3ˢ à quoy montent les ouvrages de sculpture en bois qu'ils ont faits tant au château de Versailles et dépendances d'iceluy, qu'à Saint-Cyr, pendant 1684, 1685 et 1686........ 1855ʰ 3ˢ

Au nommé Hardy, sculpteur, 800ʰ pour, avec 2500ʰ ordonnez, faire le parfait payement de 3300ʰ, pour deux vases de marbre blanc qu'il a faits et posez dans les jardins du château de Versailles en 1684 et 1687.. .... 800ʰ

4ᵉ septembre : à Pierre Leclerc, dit Pitre, terrassier, 46046ʰ 17ˢ 5ᵈ pour, avec 810382ʰ qui luy ont esté ordonnez, faire le parfait payement de 856429ʰ 11ˢ 6ᵈ à quoy montent les ouvrages de terrasse qu'il a faits pour le Roy depuis 1683 jusqu'en 1695.... 46046ʰ 17ˢ 5ᵈ

Au sʳ Raon, sculpteur, 3700ʰ pour, avec 2800ʰ déjà ordonnées, faire le parfait payement de 6500ʰ pour une figure d'Arion et un terme de l'*Automne*, le tout de marbre blanc, qu'il a faits et posez dans les jardins de Versailles en la présente année............ 3700ʰ

A Jaques Veillet, menuisier, 8501ʰ 19ˢ 11ᵈ pour, avec 29650ʰ déjà ordonnez, faire le parfait payement de 38151ʰ 19ˢ 11ᵈ à quoy montent les ouvrages qu'il a faits aux châteaux de Saint-Germain et Versailles et dépendances de 1682 à 1690............ 8501ʰ 19ˢ 11ᵈ

Au nommé Larivière, terrassier, 2109ʰ 4ˢ 8ᵈ pour, avec 5350ʰ ordonnées en 1683, faire le parfait payement de 7459ʰ 4ˢ 8ᵈ pour les renfoncemens et élargissemens qu'il a faits à la rigolle du Trou-Sallé tendant à Buc, en 1683..................... 2109ʰ 4ˢ 8ᵈ

6 septembre : à François Milot, menuisier, 3749ʰ 3ˢ 6ᵈ pour, avec 13130ʰ déjà ordonnées, faire le parfait payement de 16879ʰ 3ˢ 6ᵈ à quoy montent les ouvrages de menuiserie par luy faits aux châteaux de Saint-Germain-en-Laye, Marly et aux bâtimens de la Machine pendant les années 1684 à 1695. 3749ʰ 3ˢ 6ᵈ

A luy et Jaques Mirel, 1869ʰ 9ˢ pour, avec 7623ʰ 10ᵈ déjà ordonnez, faire le parfait payement de 9492ʰ 9ˢ 10ᵈ à quoy montent les ouvrages de menuiserie faits au château de Marly et dépendances en 1695..... 1869ʰ 9ˢ

4 septembre : au sʳ abbé Coulau, docteur de Sorbonne, 4100ʰ tant pour son remboursement du prix principal de deux arpens 1/2 de pré à luy apartenans, que S. M. luy a pris au port de Marly pour la décharge des matéreaux de ses bâtimens, que pour la non jouissance pendant quinze années, escheue le 30 juillet dernier, desd. deux arpens 1/2 de pré et d'un autre arpent de pré encore à luy apartenant qui luy est resté, ainsi qu'il est plus au long expliqué et désigné à l'état, au pied duquel est l'ordonnance de décharge..... 4100ʰ

18 septembre : à Pierre Vedeau, menuisier, 9787ʰ 7ˢ 9ᵈ pour, avec 38500ʰ déjà ordonnez, faire le parfait payement de 48287ʰ 7ˢ 9ᵈ à quoy montent ses ouvrages de menuiserie aux châteaux de Versailles et Saint-Germain-en-Laye et à Choisy de 1684 à 1694.
.... 9787ʰ 7ˢ 9ᵈ

A Claude Tricot, entrepreneur, 2402ʰ 6ᵈ pour, avec 8250ʰ déjà ordonnées, faire le parfait payement de 10652ʰ 6ᵈ à quoy montent les ouvrages de maçonnerie par luy faits aux maisons royales et maisons apartenans au Roy à Paris pendant les années 1687 à 1689.....
.... 2402ʰ 6ᵈ

A Félix Girardin, dit le Bourguignon, charpentier, 2993ʰ 15ˢ 2ᵈ pour, avec 2510ʰ ordonnées, faire le parfait payement de 5503ʰ 15ˢ 2ᵈ pour ouvrages de charpenterie qu'il a faits aux grandes écuries de Versailles et à celle du Manège et à Clagny pendant 1682 et 1683..
.... 2993ʰ 15ˢ 2ᵈ

A la veuve et au fils du sʳ Desjardins, sculpteurs, 7100ʰ pour, avec 3400ʰ qui luy ont esté ordonnez pendant les années 1675 à 1688, faire le parfait payement de 10500ʰ pour deux figures de marbre blanc représentans Diane et Artémise, commencées par le sʳ Lefebvre, et finies et posées par lesd. Desjardins dans le jardin de Versailles.................... 7100ʰ

Au nommé Maigret, entrepreneur, 3152ʰ 2ˢ 11ᵈ pour ouvrages de maçonnerie aux maisons royales et maisons apartenans au Roy à Versailles, déduction faite de 6800ʰ ordonnées de 1687 à 1691... 3152ʰ 2ˢ 11ᵈ

2 octobre : à Jean Bailly, autre, 5581ʰ 8ˢ 3ᵈ pour, avec 5400ʰ ordonnées, faire le parfait payement de 11031ʰ 8ˢ 3ᵈ à quoy montent les ouvrages de maçonnerie qu'il a faits en la dépendance du château de Marly en la présente année.................. 5581ʰ 8ˢ 3ᵈ

A luy et aux héritiers de Louis Rocher, entrepreneur, 50565ʰ 19ˢ 8ᵈ pour, avec 587442ʰ 2ˢ qui leur ont esté ordonnez de 1685 à 1688, faire le parfait payement de 638008ʰ 1ˢ 8ᵈ à quoy montent les ouvrages de maçonnerie qu'ils ont faits à Marly, à la chaussée de l'étang du Trou d'Enfer et pour la construction du grand aqueduc de Lucienne............. 50565ʰ 19ˢ 8ᵈ

Auxd. héritiers Rocher, 31153ʰ 5ˢ 11ᵈ pour, avec 301400ʰ ordonnées de 1679 à 1683, faire le parfait payement de 332553ʰ 5ˢ 11ᵈ à quoy montent ses ouvrages de maçonnerie à Marly........ 31153ʰ 5ˢ 11ᵈ

A Jean Bailly et François L'Épée, entrepreneurs, 30417ʰ 19ˢ 5ᵈ pour, avec 456450ʰ ordonnées de 1679 à 1683, faire le parfait payement de 486867ʰ 19ˢ 5ᵈ à quoy monte la maçonnerie qu'ils ont faite au gros pavillon de Marly..................... 30417ʰ 19ˢ 5ᵈ

25 septembre : aux Chapitre et Chanoines de Saint-Nicolas de Maintenon, 4425ʰ 17ˢ, au sʳ Boucher 401ʰ 18ˢ, et sʳ Boutet 275ʰ, faisant ensemble 5162ʰ 15ˢ¹, pour leur remboursement du fonds et non jouissance des dixmes à eux apartenans sur les terres occupées par les travaux que S. M. a fait construire à Maintenon pour la conduite de la rivière d'Eure à Versailles........................ 5162ʰ 15ˢ

26 septembre : à Pierre Mazeline et Noel Jouvenet, sculpteurs, 18249ʰ 14ˢ 6ᵈ pour, avec 48300ʰ ordonnées de 1682 à 1689, faire le parfait payement de 66549ʰ 14ˢ 6ᵈ à quoy montent les ouvrages de sculpture par eux faits tant aux châteaux de Saint-Germain-en-Laye, Monceaux, Marly, Trianon et Versailles et autres lieux en dépendans, qu'à Saint-Cyr, aux Récolets et à l'église paroissialle de Versailles depuis l'année 1680 jusqu'à présent............ 18249ʰ 14ˢ 6ᵈ

Aud. Jouvenet, 14546ʰ 3ˢ pour, avec 16300ʰ ordonnées de 1675 à 1693, faire le parfait payement de 30846ʰ 3ˢ à quoy montent deux figures de marbre blanc, l'une du Sanguin et l'autre d'Hercule Commode, qu'il a faites et posées dans les jardins de Versailles, et autres ouvrages de sculpture en plomb et en étain, en bois et en pierre, qu'il a faits tant à Saint-Germain-en-Laye, Monceaux, Marly, Trianon et Versailles, qu'à

¹ Le total des trois sommes ne monte qu'à 5102ʰ 15ˢ.

Saint-Cyr, aux Récolets et à la paroisse de Versailles depuis 1675 jusqu'à présent............ 14546ᴸ 3ˢ

26 septembre : au sʳ Dupont, tapissier, pour un dessus de forme et un dessus de tabouret de laine, ouvrage de la Savonnerie, qu'il a fourni au Garde-meuble de la Couronne, contenant une aune 13/18 carrée, à raison de 165ᴸ l'aune................ 284ᴸ 3ˢ 4ᵈ

3 octobre : au sʳ Petit, de Fontainebleau, pour la pension que S. M. luy a accordée pendant l'année escheue au mois d'octobre 1694................ 1500ᴸ

14 novembre : à Pierre Le Maistre, entrepreneur, à compte des ouvrages de maçonnerie qu'il a faits à la grande église de l'hôtel royal des Invalides... 31047ᴸ

27 novembre : aux héritiers de Gaspard Marsy, sculpteur, 4800ᴸ, parfait payement de 9500ᴸ pour deux figures de marbre blanc qu'il a faites et posées dans les jardins de Versailles, l'une du *Poinct du jour*, et l'autre de *Vénus et l'Amour*, déduction faite de 4700ᴸ ordonnées de 1674 à 1680................ 4800ᴸ

Aux sʳˢ Bonvallet, Aubry, Roger Scabol et Taubin, sculpteurs, 2351ᴸ 15ˢ 10ᵈ pour, avec 17648ᴸ 4ˢ 2ᵈ, faire le parfait payement de 20000ᴸ pour les huit groupes d'enfans avec leurs attributs qu'ils ont fondus en bronze, reparez et posez en place sur les bords des deux grands bassins du parterre du château de Versailles........................ 2351ᴸ 15ˢ 10ᵈ

Au sʳ de Montagne, peintre, pour ouvrages de peinture et dorure faits à l'apartement de Madame au Palais-Royal en 1684................. 1500ᴸ

Au sʳ Viette, prieur du prieuré de Notre-Dame de Maintenon, pour le fonds et non jouissance des dixmes apartenans aud. prieuré sur les héritages occupez par le canal de la rivière d'Eure à Maintenon.... 143ᴸ 19ˢ

Au sʳ marquis de Bullion, Conseiller du Roi en ses Conseils, prevost de Paris, pour son remboursement des lots et ventes et indemnité d'iceux qui luy sont deus sur les héritages occupez par le canal de Gallardon, qui ont esté remboursez aux particuliers qui sont en sa censive à cause de la terre de Gallardon......... 9882ᴸ

A Raoul de Pierre, dit Laporte, charpentier, 19875ᴸ 11ˢ pour, avec 109695ᴸ qui luy ont esté ordonnez de 1679 à 1683, faire le parfait payement de 129570ᴸ 11ˢ à quoy montent les ouvrages de charpenterie qu'il a faits au château de Marly.... 19875ᴸ 11ˢ

4 décembre : au sʳ chevalier de Nogent et à la dame de Saint-Martin, pour le remboursement du fonds et de la non jouissance du moulin de Saint-Martin ou de Ponteau à eux apartenans, scitué sur la rivière d'Epernon, auquel on n'a pu rendre l'eau lorsque les travaux du grand aqueduc de Maintenon sont cessez....
.... 4752ᴸ

11 décembre : à Adam Charlot, plombier, 7144ᴸ 11ˢ 6ᵈ pour, avec 43450ᴸ à luy ordonnez de 1679 à 1683, faire le parfait payement de 52636ᴸ 11ˢ 6ᵈ à quoy montent les ouvrages de plomberie qu'il a faits pendant led. temps tant à la grande écurie de Versailles et à Clagny qu'au château de Marly, y compris 2042ᴸ qui luy sont déduits pour 20420 livres de vieux plomb qui luy ont esté vendus, à raison de 100ᴸ le millier.. 7144ᴸ 11ˢ 6ᵈ

Aux sʳˢ Vahin, Langlois et Meusnier, sculpteurs fondeurs, 5608ᴸ 6ˢ 8ᵈ pour, avec 38494ᴸ 4ˢ ordonnez de 1684 à 1689, faire le parfait payement de 48530ᴸ pour ouvrages de marbre et de bronze, y compris 4496ᴸ 19ˢ 4ᵈ qui leur seront déduits, sçavoir : 1526ᴸ 13ˢ 4ᵈ pour 152 pieds 8 pouces cubes de marbre qu'ils ont eu du magasin du Roy, à 10ᴸ le pied cube, et 2900ᴸ 6ˢ pour 4462 livres pesant de bronze, à 13ˢ la livre, dont ils sont redevables à S. M.................. 5608ᴸ 6ˢ 8ᵈ

A Marie et Françoise Buister, filles et héritières de Buister, sculpteur, 1800ᴸ avec 3200ᴸ ordonnées de 1674 à 1680, faire le parfait payement de 5000ᴸ pour une figure de marbre blanc représentant le *Poëme satirique*, qu'il a faite et posée dans le jardin de Versailles en 1681................. 1800ᴸ

A la veuve Bricard, entrepreneur, 11422ᴸ 11ˢ pour, avec 148400ᴸ ordonnées en 1682 et 1683, faire le parfait payement de 159822ᴸ 11ˢ à quoy montent les ouvrages de maçonnerie faits par led. deffunct tant aux aqueducs et aux travaux de la plaine de Saclay qu'aux étangs des Graissets en 1682 et 1683.... 11422ᴸ 11ˢ

A Michel Remy, menuisier, 6161ᴸ 7ˢ 3ᵈ pour, avec 46900ᴸ ordonnées de 1684 à 1694, faire le parfait payement de 53161ᴸ 13ˢ 8ᵈ pour ouvrages de menuiserie tant au château de Versailles et aux bâtimens des dehors d'iceluy qu'au nouveau couvent des Capucines...
.... 6161ᴸ 7ˢ 3ᵈ

Aud. Remy et Pierre Vedeau, menuisiers, 5360ᴸ 1ˢ 3ᵈ pour, avec 35800ᴸ ordonnées de 1685 à 1687, faire le parfait payement de 41160ᴸ 1ˢ 3ᵈ à quoy montent leurs ouvrages de menuiserie tant à la paroisse et au logement des Missionnaires que dans le gros pavillon double de la grande aile................. 5360ᴸ 1ˢ 3ᵈ

Au sʳ Bailly, peintre, parfait payement de ses ouvrages de peinture et dorure faits à Trianon et autres endroits pendant les années 1684 et 1685, y compris 700ᴸ pour son payement de l'entretien des fontaines du jardin de Versailles pendant 1684........ 1774ᴸ 19ˢ

19 décembre : aux héritiers Mortillon, charpentier,

parfait payement de 28029ᵗᵗ 16ˢ 4ᵈ à quoy montent les ouvrages de charpenterie qu'il a faits à Fontainebleau depuis 1684 jusqu'en 1689, y compris 615ᵗᵗ qui leur sont diminuez pour 615 pièces de bois de démolitions qu'il a receus.................. 2504ᵗᵗ 16ˢ 4ᵈ

Aux héritiers Jaquet, vitrier, pour le parfait payement de 5879ᵗᵗ 11ˢ 3ᵈ à quoy montent ses ouvrages de vitrerie tant au château de Vincennes, à la Bibliothèque du Roy et aux Gobelins, qu'à Clagni et Glatigni, depuis 1678 jusqu'en 1683................ 3419ᵗᵗ 11ˢ 3ᵈ

20 décembre : aux sʳˢ Remy, Vedeau et veuve Dionis, menuisiers, parfait payement de 42185ᵗᵗ 10ᵈ à quoy montent leurs ouvrages de menuiserie à Saint-Cyr, en 1685 et 1686....................... 10035ᵗᵗ 10ᵈ

31 décembre : aux prestres de la Mission de Fontainebleau, pour leur subsistance et entretenement pendant les six derniers mois de l'année 1695.. 3000ᵗᵗ

20 janvier 1696 : au sʳ Deville, 12000ᵗᵗ, sçavoir : 6000ᵗᵗ par gratification, en considération du soin qu'il a pris de la machine de la rivière de Seyne pendant 1695, et 6000ᵗᵗ de pension extraordinaire à luy accordée par S. M. pendant la même année 1695........ 12000ᵗᵗ

A M. Mansart, 10000ᵗᵗ à luy accordez par S. M., en considération de l'inspection générale qu'elle luy a donnée sur ses bâtimens pendant 1695.......... 10000ᵗᵗ

Au sʳ Le Nostre, controleur général, 3000ᵗᵗ par gratification, en considération du service qu'il a rendu dans les bâtimens pendant l'année 1695.......... 3000ᵗᵗ

29 janvier : au sʳ Soulaigne, concierge du vieux château de Saint-Germain-en-Laye, pour son remboursement des dépenses qu'il a faites pour faire nettoyer dans les cours et apartemans dud. château pendant 1695............................ 400ᵗᵗ

A la veuve Jaques Houzeau, sculpteur, parfait payement de 10260ᵗᵗ pour une figure représentant le Colérique, un terme représentant Silène, le tout de marbre, deux cuvettes, deux coquilles et deux masques de plomb et étain qu'il a faits et posez au jardin de Versailles de 1675 à 1687, y compris 690ᵗᵗ pour le prix de 3500 livres de plomb, à 90ᵗᵗ le millier, et 500 livres d'étain, à 75ᵗᵗ le cent, qui luy sont restez pour deux coquilles qu'il n'a point fondues............ 2920ᵗᵗ

A la veuve Pineau, parfait payement de 2673ᵗᵗ 6ˢ 7ᵉ à quoy montent les ouvrages de sculpture en bois qu'il a faits tant au château et à la Chancellerie de Versailles, qu'au château de Saint-Germain-en-Laye et dépendances depuis 1682 jusqu'en 1686........... 2373ᵗᵗ 6ˢ 7ᵉ

Aux héritiers de feu Gilles Guérin, sculpteur, parfait payement de 5000ᵗᵗ pour une figure de marbre représentant l'*Amérique*, qu'il a faite et posée dans le jardin de Versailles............................ 2300ᵗᵗ

A la veuve Duchemin, paveur, parfait payement de 15292ᵗᵗ 17ˢ à quoy montent les ouvrages de pavé qu'elle a faits au château de Fontainebleau et dépendances de 1685 à 1691..................... 1892ᵗᵗ 17ˢ

Au sʳ Delaporte, doreur, 4932ᵗᵗ 10ˢ 2ᵈ pour ouvrages de dorure par luy faits au Louvre, au Palais-Royal et à l'Arc-de-triomphe du jardin de Versailles depuis 1680 jusqu'en 1684........... 4932ᵗᵗ 10ˢ 2ᵈ

13 février 1696 : à M. l'archevesque de Rouen, 5000ᵗᵗ pour une année, escheue le dernier décembre 1695, du loyer de deux maisons à luy apartenans rue Vivien à Paris, occupées par la Bibliothèque du Roy.................................. 5041ᵗᵗ 13ˢ 4ᵈ

A Jean Massagati et Palmarin Palmarini, anciens gondolliers Vénitiens, par gratification, en considération des services qu'ils ont rendus sur le canal de Versailles pendant l'année 1695.................. 800ᵗᵗ

De la somme de 684ᵗᵗ 5ˢ pour délivrer au curé de Marly, sçavoir : 200ᵗᵗ pour la non jouissance pendant 1695 de 75 arpens de pré compris dans le fonds de Marly, et 474ᵗᵗ 5ˢ pour la non jouissance pendant la même année de la dixme des terres labourables de lad. cure, que S. M. a ordonné estre plantées en bois, y compris la dixme du troupeau du Trou d'Enfer... 684ᵗᵗ 5ˢ

De la somme de 400ᵗᵗ pour délivrer au nommé Chatillon, jardinier de l'orangerie du château de Fontainebleau, par gratification, en considération du soin qu'il a eu des orangers de S. M. pendant l'année 1695... 400ᵗᵗ

Au sʳ Estienne Richomme, prieur curé de Croissy-la-Garenne, près Saint-Germain-en-Laye, 375ᵗᵗ pour son indemnité, pendant 1695, de la non jouissance des dixmes sur les terres acquises par S. M. dans lad. parroisse.... .... 375ᵗᵗ

27 février 1696 : au sʳ Morlet, 2000ᵗᵗ par gratification, en considération du soin qu'il a pris des plants d'arbres des jardins et avenuees des maisons royales en 1695.. 2000ᵗᵗ

Au sʳ Ballon fils, par gratification en considération des services que son père a rendus dans les plants, et ce pour 1695............................ 1000ᵗᵗ

Au sʳ Arnoul Rose, pour son payement de 3477 pieds de pierre de liais qu'il a fourni et voituré dans les magasins du Louvre en 1683............. 6084ᵗᵗ 5ˢ

Aux nommez Leroy et Belleval, entrepreneurs, 1115ᵗᵗ 2ˢ 8ᵈ pour le parfait payement de 13952ᵗᵗ 2ˢ 8ᵈ pour les murs de clôture du Parc-aux-Cerfs faits en

1685 et 1686, y compris 237ᴸ pour 39 toises 1/2 cubes de moilon, à 5ᴸ la toise.............. 1115ᴸ 2ˢ 8ᵈ

Aux abbé et religieux de Sainte-Geneviève-au-Mont de Paris et au supérieur et séminaire du grand Beaulieu étably à Chartres, chacun par moitié, au lieu du feu prieur de Choisy-aux-Bœufs, pour la non jouissance pendant 1694 des terres et prez apartenans aud. prieuré................................ 2153ᴸ

7 mars 1696 : aux officiers de Fontainebleau cy après nommez, par gratification, en considération du bon état de leurs entretenemens pendant 1695, sçavoir :

A DE BRAY, ayant l'entretien de la moitié du grand parterre................................ 300ᴸ
A GASPARD QUINTEAU DE RICHEMONT, ayant l'autre moitié................................ 300ᴸ
A VARIN, ayant celuy des arbres fruitiers..... 200ᴸ
A luy, en considération de l'augmentation de son entretien................................ 120ᴸ
A GABRIEL DESBOUTS, ayant l'entretien du jardin de l'Étang................................ 150ᴸ
A NIVELON, ayant celuy du jardin du Mail... 100ᴸ
A VOLTIGEANT, ayant celuy des bateaux 150ᴸ
A COUSTURIER, fontainier, ayant celuy des fontaines 200ᴸ
A BESNARD, concierge de l'hôtel d'Albret..... 150ᴸ
A THIERRY, concierge de la Ménagerie....... 60ᴸ
A DERNAUX, concierge de la cour du Cheval blanc.. ....
A TOULET, concierge de la Surintendance des finances 200ᴸ
A la veuve LA SALLE, concierge de la Surintendance des bâtimens........................ 200ᴸ
A LOUIS DESBOUTS, ayant celuy de la plus grande partie du parc........................ 400ᴸ
A PION, ayant celuy de la nourriture des cignes et carpes du canal et des étangs............... 100ᴸ
Total.................. 2730ᴸ

A ANTOINE TRUMEL, ancien jardinier, pour la pension que S. M. luy a accordée pendant les années 1694 et 1695, à raison de 1500ᴸ par an............ 3000ᴸ

Au sʳ HERPIN, sculpteur, parfait payement de 4600ᴸ à quoy montent deux vases de marbre blanc de 6 pieds 3 pouces de haut et 4 pieds 1/2 de diamètre, qu'il a faits et posez dans le jardin de Versailles en 1688..... .... 1900ᴸ

12 mars 1696 : au sʳ DE BEAUREPAIRE, 1800ᴸ pour ses apointemens des six premiers mois 1691, à 3000ᴸ par an, y compris 300ᴸ pour ceux de son commis pendant le même temps, à 600ᴸ par an........ 1800ᴸ

18 mars 1696 : au sʳ PELLERIN, 300ᴸ à compte de son remboursement des bonnes terres que l'on a prises dans ses héritages pour estre transportées dans le jardin de Marly..................... 300ᴸ

Au sʳ DE DIEU, parfait payement de 7000ᴸ pour deux Termes de marbre blanc, l'un représentant une *Bacchante* et l'autre le philosophe *Lisias*, qu'il a faits et posez dans le jardin de Versailles en 1687 et 1695... .... 2840ᴸ

A la veuve et héritiers FONTELLE et au sʳ MAZIÈRE, sculpteurs, parfait payement de 862ᴸ pour le modèle en plâtre qu'ils ont fait à la grande pièce d'eau au-dessous du Dragon dans le jardin de Versailles....... 862ᴸ

19 mars 1696 : à PIERRE MAZELINE, NOEL JOUVENET et SIMON HURTREL, sculpteurs, parfait payement de 7110ᴸ pour les modelles de terre du *Triomphe de Thétis*, qu'ils ont faits en 1685, qui devoit estre posé au milieu d'un des grands bassins en face du château de Versailles..................... 2510ᴸ

A CORNEILLE VAN CLÈVE, PHILIPPES MAGNIÈRE, JAQUES et ESLOY LEGRAND, sculpteurs, parfait payement de 6487ᴸ 10ˢ à quoy montent les ouvrages de sculpture de stuc qu'ils ont faits aux corniches des apartemans de l'aîle neuve du château de Versailles en 1688... 1587ᴸ 10ˢ

A PIERRE MAZELINES, sculpteur, parfait payement de 19781ᴸ 6ˢ 8ᵈ à quoy montent une figure représentant l'*Europe* et une coppie de l'*Apollon* antique du Belvedère, le tout de marbre, un vase et deux coquilles de pierre, faits et posez au jardin de Versailles, et les ouvrages de sculpture faits à Marly de 1674 à 1686... 5261ᴸ 6ˢ 8ᵈ

25 mars 1696 : à PHILIPE CAFFIERI, sculpteur, parfait payement de 26156ᴸ 16ˢ 2ᵈ à quoy montent les ouvrages de sculpture en bois et autres, qu'il a faits de 1681 à 1687 aux châteaux de Versailles et de Marly.. .... 7156ᴸ 16ˢ 2ᵈ

8 avril : aux sʳˢ LE MOYNE, de Paris, MONIER, NOCRET, ANGUIER, RICARD, FRANCARD et veuve BONNEMER, peintres, parfait payement de 30570ᴸ à quoy montent les ouvrages de peinture à fraisque qu'ils ont faits, de 1683 à 1686, au gros pavillon de Marly et à trois petits pavillons dépendans d'iceluy.................. 12320ᴸ

A la veuve BONNEMER, peintre, pour journées employées à peindre sur moëre de soye la suitte de la tenture du *Passage du Rhin* en 1682, 1683 et 1684... .... 1815ᴸ

Au sʳ PETIT, cy-devant contrôleur à Saint-Germain

et Marly, pour ses apointemens pendant les six derniers mois de l'année 1683.................... 1800ᴧ

A M. le marquis DE VILLAINE, lieutenant des gardes du corps, 750ᴧ pour son dédommagement de deux arpens de bois à luy apartenans dans lesquels il a esté tiré du moilon pour le château de Versailles....... 750ᴧ

Au sʳ DUGAST, porte-manteau du Roy, 345ᴧ, sçavoir : 197ᴧ pour le fonds de 109 perches 2/3 de terre à luy apartenans, qui luy ont esté prises en 1680, o mprises dans l'avenue de Versailles à Villepreux, à raison de 180ᴧ l'arpent, et 148ᴧ pour les interests de lad. somme pendant quinze années................... 345ᴧ

A ESTIENNE BOURGAULT et aux héritiers TIERCELIN, parfait payement de 43339ᴧ 18ˢ 7ᵈ à quoy montent les ouvrages de dorure et de grosse peinture qu'ils ont faits tant au château de Versailles et bâtimens des dehors d'iceluy, qu'à ceux de Clagny et Noisy de 1676 à 1691 .... 2599ᴧ 18ˢ 2ᵈ

A la veuve de JOSEPH VIROT et à NICOLAS DU MAGNY, charpentiers, parfait payement de 3611ᴧ 2ˢ 6ᵈ à quoy montent les ouvrages et réparations de charpenterie qu'ils ont faits au château de Vincennes et aux maisons royales et autres maisons du Roy à Paris de 1687 à 1691 et les six premiers mois 1693..... 1611ᴧ 2ˢ 6ᵈ

A la veuve ROCHETTE, sculpteur, parfait payement de 7310ᴧ 9ˢ 3ᵈ pour les ouvrages de sculpture qu'il a faits au château de Monceaux pendant les années 1685 à 1688........................... 1410ᴧ 9ˢ 3ᵈ

Somme de ce chapitre... 767585ᴧ 12ˢ 1ᵈ

PARTIES PAYÉES
EN AUGMENTATIONS DE GAGES, EN DÉDUCTION
DU FONDS D'UN MILLION.

28 aoust 1695 : à la veuve JEAN-BAPTISTE DE LA LANDE, jardinier, ayant l'entretennement de l'orangerie de Saint-Germain-en-Laye, pour ses gages à cause dud. entretien pendant l'année 1694............. 500ᴧ

A elle, pour son payement de l'entretien du vieil jardin et nouvelle palissade du parc de Saint-Germain-en-Laye pendant 1694.................... 500ᴧ

A elle, 250ᴧ pour son payement du chauffage de l'orangerie pendant l'hyver dernier........... 250ᴧ

A elle, pour son payement des labours et entretennemens des palissades du petit parc de Saint-Germain-en-Laye pendant les six derniers mois 1695. .. 200ᴧ

A la veuve JEAN DE LA LANDE, pour l'entretien du grand parterre en broderie en face du château et des allées qui le composent, y compris la terrasse joignant le mur d'appuy du fossé, pendant les six derniers mois de 1694 et les six premiers de 1695........ 1350ᴧ

A la veuve BELLIER, jardinière du nouveau jardin en gazon dud. Saint-Germain, 1650ᴧ, sçavoir : 850ᴧ pour l'entretien de la moitié dud. jardin pendant les six derniers mois de 1694 et les six premiers mois de 1695, et 800ᴧ pour led. entretien pendant le même temps de l'autre moitié du jardin qu'avoit la veuve COUSTILLIÉ, sa fille, à la charge de nourrir et élever quatre enfants qu'elle a laissez..................... 1650ᴧ

A LOUIS DE LA LANDE, pour celuy du boulingrin de Saint-Germain-en-Laye pendant les six derniers mois 1694 et les six premiers 1695............. 1337ᴧ

A PIERRE et FRANÇOIS LE COUSTILLIÉ, pour celuy du jardin du pavillon du Val pendant le même temps.... .... 4000ᴧ

A GOEREN, dit LA SALLE, concierge du pavillon du Val, pour ses gages pendant le même temps....... 1200ᴧ

A luy, comme portier du petit parc de Saint-Germain, pour ses gages pendant le même temps........ 700ᴧ

Aux héritiers de la dame CORNUEL, pour deux années 1/2, qui finirent le dernier décembre prochain, du loyer de neuf maisons qui leur apartiennent, sçizes à la Halle-Barbier, à Paris, occupées par les Mousquetaires, à raison de 1620ᴧ par an................ 4050ᴧ

Aux héritiers de la dame D'ASTRUC, pour trois années, qui finiront le dernier décembre prochain, du loyer de deux maisons sçizes et occupées idem........ 1500ᴧ

Aux héritiers de la veuve MASSONNET, pour trois années, qui finiront le dernier décembre prochain, du loyer de deux maisons qui leur apartiennent, sçizes idem.............................. 1080ᴧ

Aux héritiers de la veuve PERRIER, pour trois années de loyer de deux maisons, sçizes idem........ 1500ᴧ

A la veuve ROGER, pour trois années de loyer de deux maisons, idem....................... 1080ᴧ

Au sʳ chevalier HOUEL, pour trois années de loyer de deux maisons, idem..................... 1080ᴧ

A RENARD, jardinier de Choisy, parfait payement de 4000ᴧ pour l'entretien du jardin de Choisy pendant les six premiers mois 1695............... 2400ᴧ

A GÉRARD MARCOU, 7439ᴧ 1ˢ 9ᵈ pour, avec 9500ᴧ qu'il a cy-devant receus, faire le parfait payement de 16939ᴧ 1ˢ 9ᵈ pour ouvrages de maçonnerie faits en 1695 aux nouveaux bâtimens de Trianon et réparations faites aux bâtimens des dehors du château de Versailles pendant le mois de février 1694........ 7439ᴧ 1ˢ 9ᵈ

Aud. MARCOU, 1561ᴧ à compte des ouvrages qu'il a

faits à l'apartement de Monseigneur aud. château de Versailles et des bassins de Trianon.......... 1561^{tt}

A Jean Mallet, charpentier, pour parfait payement de 6181^{tt} 13^s à quoy montent les ouvrages de charpenterie par luy faits en la présente année aux nouveaux bâtimens de Trianon et ceux qu'il a faits au dehors du château de Versailles pendant les trois premiers mois 1694.......................... 3881^{tt} 13^s

A luy, à compte de ceux qu'il a fait à l'apartement de Monseigneur, à Meudon, et autres ouvrages au château de Versailles.................. 1119^{tt}

Au s^r Simon Boulduc, apoticaire, pour son payement du cours de chimie qu'il a enseigné au laboratoire du Jardin royal des plantes pendant l'année dernière 1694............................. 1271^{tt} 14^s

A Jean-Jaques Aubert, charpentier, parfait payement de 5509^{tt} 7^d pour les ouvrages de charpenterie qu'il a faits en 1695 dans la dépendance du château de Marly.............................. 3459^{tt} 7^d

A luy, pour ouvrages à Saint-Germain-en-Laye en 1695........................... 217^{tt} 3^s 10^d

4 septembre : à Millot et Mirel, menuisiers, à compte de leurs ouvrages au château de Marly et dépendances en 1695.................. 1323^{tt} 10^d

11 décembre : à François Le Normand, jardinier, parfait payement de 19500^{tt} pour l'entretien du Potager pendant décembre 1694 et l'année 1695, à 18000^{tt} par an.............................. 8650^{tt}

A Henry Dupuis, autre, parfait payement de 20400^{tt} pour l'entretien du jardin et orangerie de Versailles pendant 1695...................... 11900^{tt}

Au s^r Drouard, parfait payement de 2600^{tt} pour celuy des rocailles dud. jardin en 1695...... 1950^{tt}

A Lisqui, parfait payement de 2000^{tt} pour celuy des marbres pendant 1695................. 1500^{tt}

A Bertin, sculpteur, parfait payement de 1695^{tt} pour l'entretien des figures................. 847^{tt} 10^s

Au s^r Pollard, parfait payement de 10000^{tt} pour l'entretien de toutes les conduites de fer pendant 1695................................ 7500^{tt}

A Claude Denis le père, fontainier, parfait payement de 4560^{tt} pour l'entretien des fontaines pendant 1695................................ 3420^{tt}

A Claude Denis fils, compagnon fontainier, pour ses gages des trois derniers mois 1694 et l'année 1695... .... 1250^{tt}

A Lambert, autre, idem.............. 1250^{tt}
A Vitry, autre, idem............... 1250^{tt}
A Lacire, autre, idem.............. 1250^{tt}
A Musart, autre, idem.............. 1250^{tt}
A Moriette, autre, idem............ 1250^{tt}
A André Defert, cy-devant garçon, pour ses gages .... 1055^{tt} 3^s
A Baclet et Thomas, garçons fontainiers, pour 15 mois de gages......................... 1350^{tt}
A Pinet et Tessier, autres, idem........ 1350^{tt}
A Laurens et Reglet, autres, idem...... 1350^{tt}
A Godet et Bazollet, autres, idem...... 1350^{tt}
A Remy Denis fils, ayant l'entretien des fontaines de Trianon, pour led. entretien pendant les six derniers mois 1695........................... 900^{tt}
Au s^r Martin, capitaine du Canal, 2400^{tt} pour ses apointemens pendant 1695........... 2400^{tt}
Au s^r Le Roux, maître des matelots, pour ses apointemens pendant les trois derniers mois 1694 et 1695 .... 1375^{tt}
A Mathieu Suart, comite, idem........ 1500^{tt}
A Bourdon, sous-comite, pour 15 mois, à 840^{tt} par an................................. 1050^{tt}
A Le Comte, charpentier du canal, idem.... 1050^{tt}
A Joseph Chesne, autre, idem......... 1050^{tt}
A Menessier, autre, idem............ 1050^{tt}
A Candon, autre, idem.............. 1050^{tt}
A Fosse, calfateur, idem............. 1050^{tt}
A Douville, autre, idem............. 1050^{tt}
A Merseron, garde magasin, pour ses gages, y compris six mois de gratification............. 1200^{tt}
A Jean Massagati, ancien gondolier Vénitien, pour quinze mois de ses apointemens, à 1200^{tt} par an. 1500^{tt}
A Palmarin, autre, idem............ 1500^{tt}
A Pierre Massagati, autre, à 1440^{tt} par an.. 1800^{tt}
A Pancalonio, autre, à 900^{tt} par an...... 1125^{tt}
A Doria, autre, idem............... 1125^{tt}
A Bonelly, autre, idem.............. 1125^{tt}
A Serdea, autre, idem.............. 1125^{tt}
A Jean Palmarin, autre, idem......... 1125^{tt}
Au s^r Clinchant, garde du palais des Thuilleries, pour ses apointemens des neuf derniers mois 1695, à 300^{tt} par an............................... 225^{tt}
A luy, concierge de la Salle des comédies, pour ses apointemens, à 2000^{tt} par an............ 1500^{tt}
A luy, pour tenir propres les chambres et cours dud. palais, pour idem........................ 1500^{tt}
Au s^r Le Nostre, pour l'entretien du grand parterre des Thuilleries, pendant les neuf derniers mois 1695, à 3500^{tt} par an........................ 2625^{tt}
A luy, pour celuy des parterres en gazon pendant neuf mois, à raison de 2500^{tt} par an....... 1875^{tt}

ANNÉE 1695. — PARTIES PAYÉES, ETC.

A luy, pour celuy du petit jardin à fleurs pendant neuf mois, à raison de 1500ᵗᵗ par an........ 1125ᵗᵗ

A luy, pour celuy des palissades de jasmins d'Espagne pendant neuf mois, à 1500ᵗᵗ par an.......... 1125ᵗᵗ

A Desgots, pour celuy des allées plantées d'arbres et du fer à cheval pendant neuf mois.......... 2700ᵗᵗ

A la veuve Masson et ses belles-sœurs, pour *idem*, à partie dud. jardin................. 1537ᵗᵗ 10ˢ

A Barbier, pour celuy de la terrasse, perrons et logemens des Suisses de Saint-Germain-en-Laye et de Marly, pendant les six derniers mois 1695.......... 900ᵗᵗ

A Deschamps, pour l'entretien des couvertures desd. châteaux pendant 1695................. 2572ᵗᵗ

Au sʳ de Poutrincourt, pour le loyer, pendant 1695, de sa maison, écuries et manège occupez par les officiers de la grande escurie................... 6100ᵗᵗ

A M. Fagon, premier médecin du Roy, apointemens de 1695 comme surintendant des démonstrations intérieures des plantes au Jardin royal.......... 6000ᵗᵗ

Au sʳ Daquin le jeune, démonstrateur aud. jardin pendant 1695......................... 1500ᵗᵗ

Au sʳ Duvernay, autre démonstrateur aud. jardin royal, pour ses apointemens de 1695........ 1500ᵗᵗ

A Nivelon, dessinateur aux Gobelins, parfait payement de 1925ᵗᵗ pour vingt et un mois de ses apointemens, à raison de 1100ᵗᵗ par an............ 1775ᵗᵗ

Au sʳ Yvart, peintre, parfait payement de 2425ᵗᵗ pour *idem*, à 1500ᵗᵗ par an, et pour 18 mois de sa pension à 150ᵗᵗ............................ 2650ᵗᵗ

Au sʳ Kerchove, pour 15 mois de ses apointemens à 1500ᵗᵗ et 18 mois de sa pension à 100ᵗᵗ....... 2025ᵗᵗ

Au sʳ Girardon, sculpteur, pour sa gratification pendant l'année 1695..................... 4000ᵗᵗ

Au sʳ Verdier, peintre aux Gobelins, pour ses apointements pendant 1695................. 3000ᵗᵗ

Au sʳ Goujon, employé à toiser les ouvrages, pour ses apointements pendant 1695............... 3600ᵗᵗ

Au sʳ Cochu, 9000ᵗᵗ, sçavoir : 3600ᵗᵗ pour ses apointemens de 1694, et 5400ᵗᵗ que S. M. luy a accordez tant pour l'indemniser de la dépense qu'il a faite pour planter des oziers dans l'isle au devant de la Machine, que par gratification en consideration des services qu'il a rendus à la Machine depuis 1683 jusqu'à présent.. .... 9000ᵗᵗ

Au sʳ Dorbay, architecte, pour ses apointemens des neuf derniers mois 1694 et de 1695, à 2000ᵗᵗ par an.. .... 3500ᵗᵗ

Au sʳ Parisot, ingénieur, 1800ᵗᵗ, sçavoir : 450ᵗᵗ pour ses apointemens de may, juin et juillet 1695, et 450ᵗᵗ pour les trois derniers mois de 1695, à raison de 1800ᵗᵗ par an, et 900ᵗᵗ par gratification........... 1800ᵗᵗ

Au sʳ Lescuier, dessinateur à Marly, 1800ᵗᵗ dont 1500ᵗᵗ pour ses apointemens depuis le 18 juillet 1683 jusqu'au 4 juin 1684, qu'il a esté employé à donner les niveaux et alignemens à Marly, Saint-Germain et à la Machine, que par gratification à cause de plusieurs voyages et dépenses extraordinaires qu'il a faits pour le service de S. M., et 300ᵗᵗ pour ses apointemens des trois derniers mois de 1695................. 1800ᵗᵗ

Au sʳˢ Bourgault et Matis, 2100ᵗᵗ, sçavoir : 1500ᵗᵗ, parfait payement de 2700ᵗᵗ pour leurs apointemens des neuf derniers mois de 1695, et 600ᵗᵗ en considération du travail extraordinaire et des dépenses qu'ils ont faits pour la carte générale des travaux de Meudon, Chaville et des plaines de Vlizy et Villacouplay, et pour les arpentages de tous les dédomagemens à faire aux particuliers propriétaires sur lesquels passoient lesd. travaux.................................. 2100ᵗᵗ

Au sʳ Labbé, inspecteur, pour ses apointemens de 1695.................................. 1800ᵗᵗ

Au sʳ La Boulaye, pour ses apointemens pendant 1695, y compris 300ᵗᵗ par gratification....... 1200ᵗᵗ

Au sʳ Andrieu, toiseur, pour ses apointemens pendant l'année 1695........................... 2000ᵗᵗ

A Andrieu le jeune, aydant à toiser, pour ses apointemens, à 20ˢ par jour.................... 365ᵗᵗ

Au sʳ Michelet, employé à la pesée des fers, pour ses apointemens de 1695..................... 1200ᵗᵗ

Au sʳ Paillet, pour nettoyement et conservation des tableaux du Roy pendant quinze mois, y compris les frais extraordinaires.................... 1910ᵗᵗ 5ˢ

A la veuve Pallas, concierge du serrail de Vincennes, sur ses apointemens de 1695 et 1696......... 900ᵗᵗ

Au sʳ Yvon, couvreur, parfait payement de 7500ᵗᵗ pour l'entretien des couvertures de Versailles en 1695 .... 4625ᵗᵗ

A luy, pour celuy des couvertures de Paris pendant les neuf derniers mois de l'année 1695, à 2920ᵗᵗ par an................................... 2190ᵗᵗ

A luy, pour les couvertures du nouveau couvent des Capucines pendant les neuf derniers mois de 1695. ... 375ᵗᵗ

A luy, pour l'entretien à Choisy pendant les six premiers mois 1695....................... 250ᵗᵗ

A luy, 293ᵗᵗ 17ˢ 11ᵈ, parfait payement de 1715ᵗᵗ 7ˢ 11ᵈ pour ouvrages de couverture à Choisy pendant l'année 1693................................ 293ᵗᵗ 17ˢ 11ᵈ

A luy, parfait payement de 3925ᵗᵗ 1ˢ 6ᵈ pour ouvrages

de couverture en 1695 aux nouveaux bâtimens de Trianon, à Choisy et ailleurs, déduction faite de 2900ᶧᶧ ordonnez ci-dessus.................... 1025ᶧᶧ 1ˢ 6ᵈ

A Martin, 450ᶧᶧ pour l'entretien des couvertures de Vincennes pendant les six derniers mois de 1695.... .... 450ᶧᶧ

A luy, pour celuy des couvertures des Gobelins pendant les neuf derniers mois 1695......... 187ᶧᶧ 10ˢ

A luy, 509ᶧᶧ 17ˢ 6ᵈ pour ouvrages extraordinaires pendant 1692 et les six premiers mois de l'année 1693 .... 509ᶧᶧ 17ˢ 6ᵈ

Au sʳ Duchiron, garde magasin des plombs, pour ses appointemens des neuf derniers mois 1695.... 1500ᶧᶧ

Aux Coustillié, jardiniers du Val, pour l'entretien des six derniers mois 1695................ 2000ᶧᶧ

A Goeren, concierge dud. pavillon du Val, pour ses apointemens des six derniers mois 1695....... 600ᶧᶧ

A luy, portier du petit parc de Saint-Germain, pour ses apointemens des six derniers mois 1695..... 350ᶧᶧ

Au sʳ Deslouit, garde magasin des démolitions, pour ses apointemens de l'année 1695............ 1200ᶧᶧ

Au sʳ Villiard, employé aux eaux bonnes à boire, pour idem................................ 1200ᶧᶧ

Au sʳ Perrault, greffier des Bâtimens, pour ses apointemens et gratification pendant 1695........ 4400ᶧᶧ

Au sʳ Lambert, contrôleur, 4000ᶧᶧ pour ses apointemens de 1695.......................... 4000ᶧᶧ

Au sʳ de la Motte, intendant, gratification des six derniers mois 1694 et de 1695............ 1350ᶧᶧ

A Julien de Bray, pour l'entretien de la moitié du grand parterre du Tibre à Fontainebleau, quartier de janvier 1693, et les neuf derniers mois 1695. 1000ᶧᶧ

A Gaspard Guisteau de Richemont, pour l'autre moitié dud. parterre pendant 1695.............. 1000ᶧᶧ

A Chatillon, ayant celuy du jardin de la Reine et des orangers pendant 1695.................. 1600ᶧᶧ

A luy, pour le soin de nettoyer l'étang et les canaux des jardins des Pins et de la fontaine Belleau pendant 1695.................................. 200ᶧᶧ

A luy, pour le soin de monter et entretenir l'horloge pendant 1695........................... 100ᶧᶧ

A la veuve Jean Dubois, peintre, pour l'entretien de toutes les peintures pendant 1695......... 600ᶧᶧ

A Jaques Grognet, pour celuy des couvertures pendant l'année 1695............................ 340ᶧᶧ

A la veuve Tisserand, pour l'entretien des vitres pendant l'année 1695........................ 1500ᶧᶧ

A Varin, pour l'entretien des espaliers et de partie des allées du parc pendant 1695............ 975ᶧᶧ

A Louis Desbouts, pour celuy des allées dud. parc pendant 1695............................ 2100ᶧᶧ

Au sʳ Pion, pour la nouriture des carpes et cignes pendant 1695............................ 1737ᶧᶧ

A Cousturier, pour l'entretien des fontaines en 1695 .... 1000ᶧᶧ

A luy, pour celuy des conduites de fer et de grais pendant les six derniers mois 1695, à 400ᶧᶧ par an. 200ᶧᶧ

Aux Religieux de la Charité d'Avon, pour les neuf derniers mois 1695 de la pension qui leur est accordée par S. M. pour la subsistance des malades, à raison de 1950ᶧᶧ par an.................... 1462ᶧᶧ 10ˢ

Au sʳ Dupont et à Jéronime Dupont, sa fille ainée, receuë en survivance suivant le brevet de S. M. du 7 mars 1695, par forme de pension à cause de l'entretien de la vollière qu'il avoit avant qu'elle fût convertie en orangerie, pendant 1695.................. 600ᶧᶧ

A la veuve Jean Dubois, peintre, 383ᶧᶧ 3ˢ 2ᵈ pour son payement des ouvrages de peinture qu'il a faits au château de Fontainebleau pendant 1693 et 1695..... .... 383ᶧᶧ 3ˢ 2ᵈ

Au sʳ Legoux, employé à Saclay et à Trappe, 900ᶧᶧ pour ses apointemens des neuf derniers mois de l'année 1695.................................. 900ᶧᶧ

Aud. Yvon, 353ᶧᶧ 19ˢ 2ᵈ pour ouvrages de couverture aux maisons royales de Paris pendant les huit premiers mois de 1695...................... 353ᶧᶧ 19ˢ 2ᵈ

Au sʳ Perrot, inspecteur à Trianon, 900ᶧᶧ pour ses apointemens des neuf derniers mois 1695..... 900ᶧᶧ

A Quernel et Renault, matelots, pour les trois derniers mois 1694 et l'année 1695................ 1350ᶧᶧ

A Trevan et Morel, autres, pour idem..... 1350ᶧᶧ

A Masurier et Juste, autres, pour idem... 1350ᶧᶧ

A François et Honnoré Vidotti frères, autres, pour idem................................. 1350ᶧᶧ

A Grandval et Costé, autres, pour idem.... 1350ᶧᶧ

A Lavienne et Savary, 1282ᶧᶧ 10ˢ pour idem; led. Savary, demie paye des trois derniers mois 1694, et à 540ᶧᶧ pour 1695.................... 1282ᶧᶧ 10ˢ

A Marcou, 6133ᶧᶧ 19ˢ 10ᵈ pour le parfait payement de 9144ᶧᶧ 19ˢ 10ᵈ pour les ouvrages de maçonnerie qu'il a faits au château de Versailles et dehors d'iceluy, à la Montagne et à Trianon jusqu'au dernier octobre dernier 6133ᶧᶧ 19ˢ 10ᵈ

A Michel Remy, menuisier, parfait payement de 3064ᶧᶧ 3ˢ 8ᵈ pour ouvrages de menuiserie au château de Versailles et dehors d'iceluy jusqu'au premier novembre dernier........................ 1314ᶧᶧ 3ˢ 8ᵈ

A Aubert, charpentier, parfait payement de 1883ᶧᶧ

3ˡ 10ᵈ à quoy montent ses ouvrages de charpenterie aux cascades de Marly............... 1583ᴴ 6ˢ 10ᵈ

A Lisqui, marbrier, pour journées d'ouvriers qui ont fait les pleintes des figures de marbre qui sont à Marly jusqu'au 12 novembre dernier............. 469ᴴ

Au sʳ Girardon, parfait payement de 3937ᴴ 9ˢ 2ᵈ pour avoir réparé la statue équestre de l'hôtel de Vendôme et restauré plusieurs figures de marbre antiques portées de Vincennes à Marly................ 2687ᴴ 9ˢ 2ᵈ

A Charles-François Paulard, parfait payement de 12569ᴴ 16ˢ 8ᵈ pour les tuiaux de fer de fonte qu'il a fournis et ceux qu'il a déposez et reposez aux maisons royales, et le mastic gras qu'il a fourni pour l'escalier de l'orangerie de Versailles en 1695...... 8619ᴴ 16ˢ 8ᵈ

Au sʳ Verdier, peintre, travaillant aux Gobelins, pour sa petite pension des six derniers mois 1694 et de l'année 1695, à 200ᴴ par an.................... 300ᴴ

A Claude Denis père, fontainier, 2000ᴴ tant par gratification que pour lui donner moyen de rétablir les fautes et faire les nœuds des huit conduites de plomb d'un pied de diamettre qui portent l'eau depuis le château d'eau jusque dans le parterre du jardin de Versailles, desquelles il a l'entretien, afin de les mettre en estat de servir......................... 2000ᴴ

A luy, parfait payement de 1339ᴴ à quoy monte la soudure extraordinaire qu'il a fournie, outre son entretien, pendant l'année 1695............... 187ᴴ 5ˢ

Au sʳ Carré, peintre, travaillant aux Gobelins, pour ses apointemens de 1695.................. 1500ᴴ

A Remy Janson, pour l'entretien des allées du Mail et autres endroits, pendant les neuf derniers mois 1695, à raison de 1000ᴴ par an................... 750ᴴ

A Louis Regnouf, paveur, parfait payement de 4050ᴴ 7ˢ 11ᵈ à quoy montent ses ouvrages de pavé au château de Versailles et dehors d'iceluy et à Trianon, depuis le 1ᵉʳ may jusqu'au 12 novembre dernier.. 2550ᴴ 7ˢ 11ᵈ

A Nivet et Ducors, menuisiers, parfait payement de 4160ᴴ 17ˢ 2ᵈ pour les ouvrages de menuiserie qu'ils ont faits pour les corps de garde de Trianon en la présente année 1695................. 1560ᴴ 17ˢ 2ᵈ

A Ducors, parfait payement de 2384ᴴ 16ˢ pour ouvrages de menuiserie au château depuis le 1ᵉʳ mars jusqu'au dernier aoust 1695............. 684ᴴ 16ˢ

A luy, sur les ouvrages qu'il a faits depuis le premier septembre dernier jusqu'à présent........ 1500ᴴ

A Pierre Le Maistre le neveu, entrepreneur, parfait payement de 9886ᴴ 5ˢ 6ᵈ à quoy montent les ouvrages de maçonnerie par luy faits au château de Choisy en l'année dernière et la présente............... 3502ᴴ 5ˢ 6ᵈ

A Jaques Lucas, plombier, parfait payement de 17465ᴴ 17ˢ 6ᵈ à quoy montent les ouvrages de plomberie qu'il a faits en 1683 à la machine de Palfour, et à Versailles, Trianon, Marly et Meudon en 1695....... .... 7814ᴴ 11ˢ 7ᵈ

A Jean Mallet, charpentier, parfait payement de 6434ᴴ 10ˢ 2ᵈ à quoy montent ses ouvrages tant au château et jardin de Versailles et bâtimens des dehors d'iceluy, qu'au château de Choisy, le tout pendant la présente année......................... 4015ᴴ 10ˢ 2ᵈ

A Mancou, pour ouvrages de maçonnerie faits au château de Versailles et dépendances pendant octobre et novembre derniers.................. 933ᴴ 16ˢ 3ᵈ

A Bourgault, peintre, sur la peinture en verd des treillages de la Montagne dans le jardin de Versailles... .... 900ᴴ

A Girard, plombier, à compte de l'entretien des plombs du château de Fontainebleau et maisons qui en dépendent........................ 900ᴴ

A Gabriel Desbouts, à compte de l'entretien du jardin des Pins et de celuy de l'Étang, à Fontainebleau.. 900ᴴ

A Remy Janson, jardinier, à compte des arbres qu'il plante et autres ouvrages de jardinage qu'il a faits dans les parcs des maisons royales............... 1800ᴴ

20 décembre : à Louis Regnouf, pour ouvrages de pavé à Marly, la Machine et Meudon en 1695....... .... 2255ᴴ 16ˢ 11ᵈ

Au sʳ Coespel le père, peintre du Roy, pour la pension que le Roy luy a accordée pendant les six derniers mois de 1695, à raison de 3000ᴴ par an..... 1500ᴴ

A André Dupuis le fils, jardinier, ayant l'entretien du jardin et pépinière de Trianon, parfait payement de 1151ᴴ 6ˢ pour led. entretien en 1695........... 2016ᴴ

Aux filles de deffunt Bouchard, jardinier, ayant l'entretien des orangers du jardin des Thuilleries, à compte de leur entretien depuis le 1ᵉʳ avril dernier.... 900ᴴ

A Louis de la Lande, ayant celuy de l'orangerie, de toutes les palissades du parterre en broderie de Saint-Germain-en-Laye, sur led. entretien depuis le 1ᵉʳ juillet dernier......................... 900ᴴ

A luy, jardinier du boulingrin, sur idem..... 900ᴴ

A la veuve Bellier, ayant celuy du nouveau jardin en gazon, sur led. entretien depuis le 1ᵉʳ juillet. 900ᴴ

A la veuve Jean de la Lande, ayant celuy du grand parterre en broderie de Saint-Germain-en-Laye et allées qui le composent, sur led. entretien........ 900ᴴ

A Roger, serrurier, à compte des ouvrages de serrurerie qu'il a faits à Meudon............... 2700ᴴ

A Jean Bailly, entrepreneur, sur sa maçonnerie à Marly.............................. 2700ᵗᵗ

A Le Maistre le neveu, sur la maçonnerie qu'il a faite à Meudon................... 9000ᵗᵗ

A Thomas Saubet, sur la menuiserie qu'il a faite à Fontainebleau.................. 900ᵗᵗ

A Mathurin Hersant, sur ses ouvrages de maçonnerie au château de Fontainebleau en 1695......... 900ᵗᵗ

A Etienne Bourgault, peintre, sur les ouvrages de grosse peinture qu'il a faits à Meudon......... 900ᵗᵗ

A Jean Mallet, sur ses ouvrages de charpenterie au château de Meudon..................... 5000ᵗᵗ

A Estienne Bourgault, peintre, parfait payement de 1175ᵗᵗ pour ouvrages de peinture en blanc dans les apartemens du château de Versailles pendant septembre et octobre derniers............................ 775ᵗᵗ

Au sʳ Ducons, menuisier, parfait payement de 2085ᵗᵗ pour ouvrages de menuiserie au château de Versailles pendant septembre, octobre et novembre derniers. 585ᵗᵗ

A Thomas Vitry, pour l'entretien des fontaines et recherche des plombs sur la terrasse du château et pavillons de Marly, pendant les six derniers mois de l'année 1695...................................... 1000ᵗᵗ

A Pierre Cailleteau, dit L'Assurance, dessinateur, parfait payement de 5300ᵗᵗ pour ses appointemens depuis y compris le 1ᵉʳ novembre 1685 jusques et compris le dernier mars 1689, à 1200ᵗᵗ par an, pendant lequel temps il a esté employé à l'église des Invalides. 2100ᵗᵗ

A luy, pour ses apointemens en qualité de dessinateur pendant les neuf derniers mois 1695, à raison de 2900ᵗᵗ par an........................ 900ᵗᵗ

21 décembre 1695 : à Mathurin Hersant, parfait payement de 2727ᵗᵗ 17ˢ 6ᵈ à quoy montent ses ouvrages et réparations de maçonnerie dans la dépendance du château de Fontainebleau en 1695............... 977ᵗᵗ 17ˢ 6ᵈ

A Thomas Scaubet, parfait payement de 1774ᵗᵗ 8ˢ à quoy montent ses ouvrages de menuiserie au château de Fontainebleau en 1695.................. 74ᵗᵗ 8ˢ

Au sʳ Cauchy, dessinateur, pour ses appointemens des neuf derniers mois 1695.................... 900ᵗᵗ

Au sʳ Bourgault, sur les grosses peintures qu'il a faites aux dehors du château de Versailles depuis le 1ᵉʳ août dernier........................ 200ᵗᵗ

A Barthelemy Ducons, parfait payement de 3508ᵗᵗ 4ˢ 2ᵈ à quoy montent ses ouvrages de menuiserie au château de Versailles pendant les six derniers mois de l'année 1691.................... 1708ᵗᵗ 4ˢ 2ᵈ

A la veuve Hanuche, marbrier, parfait payement de 1378ᵗᵗ à quoy montent les marbres bruts et ouvrages qu'elle a livrez au magasin des marbres........ 678ᵗᵗ

Au sʳ Jourdan, inspecteur, pour ses apointemens des quartiers d'avril et juillet 1695, à raison de 900ᵗᵗ par an................................. 450ᵗᵗ

A Lapointe, charpentier, pour les bois qu'il a employez aux réparations des digues et rempiétemens des isles de la Machine, et ceux d'augmentation qu'il a fournis au corps de lad. machine, le tout pendant 1695 .... 2508ᵗᵗ 13ˢ 4ᵈ

A Gaston Martin, serrurier, parfait payement de 3807ᵗᵗ 14ˢ 7ᵈ à quoy montent les ouvrages de serrurerie qu'il a faits pour partie des cascades du jardin de Marly............................. 1095ᵗᵗ 14ˢ 7ᵈ

20 janvier 1696 : au nommé Nivet, menuisier, 5443ᵗᵗ 2ˢ 7ᵈ à compte de la menuiserie qu'il a faite à Meudon en 1695.................... 5443ᵗᵗ 2ˢ 7ᵈ

22 janvier 1696 : au sʳ de la Ravoye, trésorier général de la marine, pour son remboursement de pareille somme qu'il a payée à Toulon pour l'entretien du jardin du Roy scitué au terroir de lad. ville, servant à peupler les oignons de fleurs pour les jardins des maisons royales, et ce pendant l'année 1694.. 1385ᵗᵗ 3ˢ

Au sʳ de Lubert, autre trésorier général de la marine, pour pareil remboursement d'entretien du mesme jardin pendant 1693 et 1695............. 4468ᵗᵗ 4ˢ 6ᵈ

29 janvier 1696 : à Pierre Renard, jardinier, ayant l'entretien du parterre en face du château de Meudon, du Gladiateur, de la grotte et de l'orangerie dud. château, parfait payement de 1900ᵗᵗ pour led. entretien pendant les six derniers mois 1695, à raison de 3800ᵗᵗ par an........................ 700ᵗᵗ

11 mars 1696 : à luy, à compte dud. entretien pendant les trois premiers mois de 1696......... 600ᵗᵗ

A Simon Boulduc, apoticaire, pour la dépense du cours de chimie qu'il a enseigné au laboratoire du Jardin royal en 1695........................ 900ᵗᵗ

8 avril 1696 : au sʳ Deslouvt, pour le loyer de sa maison rue de l'Orangerie, qui a esté occupée par les inspecteurs des bâtimens pendant les six premiers mois 1686, à raison de 1800ᵗᵗ par an......... 900ᵗᵗ

9 avril 1696 : au sʳ Lambert, contrôleur des bâtimens, par gratification, en considération de plusieurs voyages qu'il a faits à Compiègne depuis l'année 1691 pour le service du Roy dans les bâtimens............. 2000ᵗᵗ

Au sʳ Perrault, toiseur, par gratification, en considération du toisé de l'église des Invalides et de plusieurs voyages qu'il a esté obligé de faire à Marly, Choisy et

ANNÉE 1695. — PLANTS D'ARBRES ET FLEURS.

Meudon pour toiser les ouvrages des bâtimens du Roy et de Monseigneur.......................... 2000ᵗᵗ

Au sʳ Mesmyn, par gratification, en considération du travail extraordinaire qu'il a fait pour la vérification des comptes et mémoires d'ouvriers pour leurs anciennes debtes depuis 1691...................... 2000ᵗᵗ

Au sʳ Marignen, par gratification, en considération du travail extraordinaire qu'il a fait pour la vérification des comptes et mémoires d'ouvriers pour leurs anciennes debtes depuis 1691...................... 2000ᵗᵗ

22 avril 1696 : au sʳ Morlet, 1800ᵗᵗ pour apointemens de directeur des plants d'arbres des avenues des maisons royales, pour les neuf derniers mois 1695 et trois premiers 1696................. 1800ᵗᵗ

10 juin 1696 : à Pierre Le Maistre le neveu, entrepreneur, à compte de ses ouvrages de maçonnerie à Meudon jusqu'au 15 avril dernier.......... 2700ᵗᵗ

20 juin 1696 : au sʳ Jolly, commis des bâtimens, 900ᵗᵗ que le Roy luy a accordé par gratification, en considération du service actuel et assidu qu'il rend.. 900ᵗᵗ

8 juillet 1696 : à Jean Bailly, entrepreneur, à compte des ouvrages de maçonnerie qu'il a faits en divers endroits du château de Marly....... 3692ᵗᵗ 13ˢ

20 janvier 1696 : au sʳ de Vieuxcour, 1333ᵗᵗ 6ˢ 8ᵈ qu'il a payées au sʳ de Majainville, son collègue, pour son remboursement de pareille somme qu'il avoit avancée dès l'année 1694 pour la moitié du payement du prest et droit annuel de l'office de trésorier général ancien des bâtimens pour l'année 1695, et ce attendu qu'il n'appartient que moitié dud. office aud. sʳ de Majainville et que l'autre moitié apartenoit à Sa Majesté en lad. année 1694, à qui elle a esté conservée au moyen dud. payement, en déduction des sommes qui luy estoient deues par la succession du feu sʳ Manessier, trésorier général desd. bâtimens, pourveu de lad. moitié d'office ......
.... 1333ᵗᵗ 6ˢ 8ᵈ

Somme de ce chapitre.. 382876ᵗᵗ 11ˢ 3ᵈ

PLANTS D'ARBRES ET FLEURS.

27 novembre-11 décembre : à Beslard le père, pour 410 chèvrefeuilles et 38 lilas de Perse qu'il a livrés pour planter dans les jardins des maisons royales (2 p.)
.... 227ᵗᵗ 6ˢ

16-30 octobre : à Jean Diot, pour les oignons de fleurs qu'il a fournis pour les jardins des maisons royales (2 p.)............................. 104ᵗᵗ 10ˢ

A Desnots, pour les oignons de fleurs idem (2 p.)..
.... 198ᵗᵗ

12 juin : au sʳ Clery, pour 112 maronniers qu'il a livré pour planter dans le jardin de Marly...... 140ᵗᵗ

27 novembre : à la dame Deschauchets, pour 379 rosiers de plusieurs espèces, et 70 altea flulox, qu'elle a livrés pour planter dans les jardins des maisons royales..
.... 172ᵗᵗ 12ˢ

17 avril-1ᵉʳ may : au nommé Huby et veuve Maréchal, pour les plantes vivasses qu'ils ont livré pour les jardins de Choisy (2 p.)............... 341ᵗᵗ 12ˢ

28 septembre-13 novembre : à lad. veuve Maréchal, pour les oignons qu'elle a fournis pour planter dans les jardins des maisons royales (5 p.)......... 938ᵗᵗ 10ˢ

18 septembre-30 octobre : à Vernier, à compte des oignons de fleurs qu'il fournit pour planter dans les jardins des maisons royales (4 p.).......... 332ᵗᵗ 16ˢ 6ᵈ

1ᵉʳ may : à Laforest, pour 1200 œillets d'Espagne, à 6ᵗᵗ le cent, et 1200 jassées, à 5ᵗᵗ le cent, pour planter au jardin de Marly...................... 132ᵗᵗ

27 novembre-11 décembre : à Germain Paris, à compte de la charmille qu'il lève en motte et qu'il voiture au nouveau jardin de Trianon (2 p.).... 1100ᵗᵗ

3 avril : à Dolot et Germain Paris, pour avoir labouré de 18 pouces de profondeur 1 arpent 33 perches de terre proche la porte Saint-Antoine, à Versailles, à 50ᵗᵗ l'arpent..................... 66ᵗᵗ 13ˢ 4ᵈ

17 avril : à eux, pour avoir eslagué les avenues du palais des Thuilleries, depuis Chaillot jusqu'au pont de Neuilly, avec les allées de traverse du côté des vignes de Chaillot et de la plaine Saint-Denis....... 543ᵗᵗ 6ˢ 8ᵈ

3-17 avril : aud. Dolot, pour 1350 juliennes doubles qu'il a livrées pour le jardin de Choisy, à raison de 8ᵗᵗ le cent (2 p.)....................... 108ᵗᵗ

12 juin-13 novembre : à luy, pour avoir entretenu la fermeture d'échalats des remises à cheval du grand parc de Versailles du côté de Vilpreux, pendant les trois derniers mois 1694 et les six premiers 1695 (3 p.)..
.... 187ᵗᵗ 10ˢ

18 septembre-30 octobre : à luy, pour les oignons de fleurs qu'il a fournis pour planter dans les jardins des maisons royales (4 p.)................ 337ᵗᵗ 8ˢ 3ᵈ

27 novembre-11 décembre : à luy, à compte du buis de bois qu'il lève dans la forest de Marly pour planter dans les jardins des maisons royales (2 p.)....
.... 300ᵗᵗ

11 décembre : au sʳ Fossant, à compte des perches de châtaignier qu'il fournit pour palisser les charmilles du nouveau jardin de Trianon............... 100ᵗᵗ

13 novembre : à Chédeville, à compte des arbres

fruitiers qu'il fournit pour planter dans les jardins des maisons royales......................... 60ᴸ

27 novembre : à luy, pour 130 maronniers d'Inde qu'il a livré pour planter dans les jardins des maisons royales............................... 117ᴸ

Somme de ce chapitre...... 5507ᴸ 4ˢ 9ᵈ

FUMIERS ET VOITURES.

3 avril : à REGEMPIED, parfait payement de 55ᴸ pour 20 toises cubes de terre d'égoût qu'il a portées dans les carrés de la pépinière du Roule.............. 31ᴸ

27 novembre : à GABRIEL LANGE, pour 43 tombereaux de crotin de mouton qu'il a livrés pour les orangers de Meudon et de la pépinière du Roule, à raison de 4ᴸ le tombereau............................ 172ᴸ

24 juillet-18 septembre : à LENÈQUE, pour le grand fumier qu'il a livré à la pépinière du Roule (3 p.).... .... 181ᴸ 10ˢ

11 décembre : à luy, pour 30 voyes de grand fumier qu'il a livré à l'orangerie des Thuilleries........ 30ᴸ

18 septembre-27 novembre : à VIENNÉE, pour le terrault, crotin de mouton et marc de vigne qu'il a voituré du port des Moulineaux et des pressoirs de Meudon aux parterres des jardins de Meudon et à l'Orangerie (8 p.).............................. 799ᴸ 15ˢ

28 septembre-27 novembre : à FORTAINS, pour 33 couches de terrault qu'il a fournies et voiturées dans les batteaux sur le port de la Grenouillière, pour mener au port des Moulineaux (4 p.)............ 462ᴸ

13 novembre : à THOMAS, jardinier de Vincennes, à compte du fumier et du terrault qu'il faut pour planter des arbres fruictiers dans le jardin de Vincennes. 150ᴸ

Somme de ce chapitre........ 1826ᴸ 5ˢ

LABOURS ET JARDINAGES.

12 juin-10 juillet : à THOMAS BUGNY, pour le dernier labour qu'il a fait aux arbres des avenues du palais des Thuilleries et parc de Boulogne en 1694, et pour 462 arbres qu'il a plantés pour regarnir lesd. avenues pendant mars dernier (2 p.)............ 178ᴸ 12ˢ

21 aoust : à luy, sur le premier labour desd. arbres en may et juin 1695.................. 65ᴸ 16ˢ

17 avril : à DENIS LEVASSEUR, pour avoir labouré à la charrue 1 arpent 33 perches de terre entre l'avenue du Chesnay et celle de la porte Saint-Antoine, et l'avoir fumée de 30 charretées de fumier pour planter de l'ormille en pépinière, en décembre 1694......... 81ᴸ

3 avril-1ᵉʳ may : à MAJAN, pour 484 perches de terre qu'il a labourée dans les carrés de la pépinière du Roulle (3 p.)....................... 108ᴸ 8ˢ

3 avril-29 may : à REMY JANSON, jardinier, parfait payement de 1211ᴸ 3ˢ à quoy montent les plants d'orme et d'ormille qu'il a levés et voiturés pour estre plantés dans les jardins des maisons royales (4 p.).... .... 661ᴸ 3ˢ

12 juin-7 aoust : à luy, pour le premier labour qu'il a fait aux pépinières d'ormes, charmilles et bois blancs dans les pépinières de Versailles (5 p.).. 1147ᴸ 11ˢ 1ᵈ

21 aoust-13 novembre : à luy, sur le deuxième labour auxd. pépinières (6 p.).......... 836ᴸ 11ˢ 2ᵈ

27 novembre-11 décembre : à luy, à compte du troisième labour (2 p.).................... 400ᴸ

26 juin-13 novembre : à luy, parfait payement des labours qu'il a fait de 3 arpents 66 perches de terre dans le nouveau jardin de Trianon (7 p.)..... 1466ᴸ

27 novembre-11 décembre : à luy, à compte des arbres qu'il plante dans les parcs des maisons royales (2 p.).............................. 350ᴸ

Somme de ce chapitre..... 5295ᴸ 1ˢ 3ᵈ

DIVERSES DÉPENSES.

29 may : au sʳ COUDELETTE, pour 1800 manequins qu'il a livré à la pépinière du Roulle pour porter des arbres verds dans les jardins des maisons royales.. 117ᴸ

31 octobre : à luy, à compte des mannequins qu'il a fournis à lad. pépinière..................... 60ᴸ

Au sʳ HANDRECY, à compte des maunes qu'il a fourni à lad. pépinière........................ 60ᴸ

16 octobre : à MANCELIN, pour 500 pots de terre qu'il a livrez à la pépinière du Roulle............ 40ᴸ

15 may-13 novembre : à PIERRE COCHOIS, garde cignes, pour ses appointemens des trois derniers mois 1694 et six premiers 1695 (3 p.)........ 274ᴸ 10ˢ

27 novembre : à luy, pour avoir voituré par eau deux batteaux de terreau et un de crotin de mouton du port de la Grenouillière à celuy des Moulineaux, pour l'orangerie de Meudon............................ 92ᴸ

18 septembre-2 octobre : à luy et LEDUC, pour la voiture de dix batteaux de terrault du port de la Grenouillière au port des Moulineaux (2 p.)....... 280ᴸ

10 juillet : à FRADE, pour avoir ébourgeonné les arbres dans les avenues de la plaine de Vézinet, prez Saint-Germain, à 3ᴸ le millier.................... 30ᴸ

4 décembre : à luy, pour les voyages extraordinaires qu'il a faits dans les six premiers mois 1695 pour veiller à la conservation des nids de cignes, depuis le pont de Saint-Cloud jusqu'à Rouen................ 45ᴸ

ANNÉE 1695. — SAINT-GERMAIN.

1ᵉʳ may : au sʳ Pollard, pour 70 livres de mastic gras qu'il a livré pour racomoder les bassins de la pépinière du Roulle........................ 43ᴴ

1ᵉʳ may-21 aoust : à La Croix, pour la voiture de 9 caisses de tubéreuses et d'oignons de fleurs de Provence qui ont esté voiturées de Lyon à la pépinière du Roulle (2 p.)...................... 94ᴴ 10ˢ

26 juin : à luy, pour cent giroflées doubles pour Marly, à 30ˢ pièce....................... 150ᴴ

1ᵉʳ-15 may : à la veuve Denis, parfait payement de 481ᴴ pour 26 septiers d'avoine qu'elle a fournis pour la nourriture des cignes, y compris la voiture (2 p.) 281ᴴ

15 may : à Fenouillet, chaudronnier, pour avoir racomodé 22 arosoirs à la pépinière du Roulle..... 15ᴴ

26 juin : à Chevalier, pour avoir vaqué quatre jours à estimer les orangers de Choisy et vériffier ceux de Meudon............................. 40ᴴ

11 décembre : à Germain, pour 60 maronniers d'Inde qu'il a livrés pour planter dans le jardin de Trianon, à 25ˢ pièce............................ 75ᴴ

Somme de ce chapitre.......... 1697ᴴ

OUVRIERS DE LA PÉPINIÈRE DU ROULE.

3 avril-11 décembre : aux ouvriers qui ont travaillé à la journée du Roy, au jardin de la pépinière du Roulle, depuis le mois d'avril jusqu'au 10 décembre dernier (19 p.)...................... 3352ᴴ 3ˢ 10ᵈ

OUVRIERS DES PÉPINIÈRES.

3 avril : aux ouvriers qui ont travaillé à planter des petits maroniers en pépinière au bout du pont du Pec.. .... 62ᴴ

3 avril-11 décembre : à ceux qui ont veillé à la conservation des plants d'arbres des avenues, pépinières et parcs pendant led. temps (19 p.)........... 931ᴴ

17 avril-11 décembre : à ceux qui ont levé et planté des marcottes de bois blancs et autres arbustes en divers endroits des pépinières (8 p.)................ 2125ᴴ 2ˢ 10ᵈ

17 avril-11 décembre : à ceux qui ont voituré des arbres des pépinières de Versailles pour planter dans les parcs et avenues des maisons royales (4 p.).... 1292ᴴ

1ᵉʳ may-30 octobre : à ceux qui ont travaillé en divers endroits des pépinières de Versailles (13 p.)..... .... 482ᴴ 1ˢ 1ᵈ

15 may : à ceux qui ont labouré le jeune plant d'ormille prèz Saint-Antoine et autres ouvrages..... 70ᴴ 7ˢ

A ceux qui ont fourni des outils pour le jardin de Vincennes............................. 53ᴴ 7ˢ

10 juillet : à ceux qui ont arrosé et mené du fumier de vache au pied des gros arbres, pour Trianon...... .... 112ᴴ 18ˢ 6ᵈ

4 septembre-16 octobre : à ceux qui ont eu soin des nids et éjointé les jeunes cignes sur les rivières de Seyne, Marne, d'Oise et d'Eure (2 p.)..... 259ᴴ 19ˢ

Somme de ce chapitre..... 5388ᴴ 15ˢ 5ᵈ

MAÇONNERIE.

17 avril-11 décembre : à Pierre Cellier, maçon, à compte de ses ouvrages à l'aqueduc qui conduit l'eau de la Machine à la butte de Montboron (11 p.)... 2150ᴴ

3 avril-21 aoust : à Robert Aumont, pour les réparations de maçonnerie qu'il a faites au mur de clôture de la pépinière du Roule (6 p.)............. 359ᴴ 18ˢ

11 décembre : à luy, sur ses ouvrages au Roulle et à la maison du garde-cigne de l'isle des Cignes, proche le Cours la Reyne........................ 50ᴴ

Somme de ce chapitre........ 2559ᴴ 18ˢ

CHARPENTERIE.

12 juin : à Regnault, charpentier, pour une grande chèvre qu'il a fait pour lever les gros orangers de la pépinière du Roulle pour les renquaisser........... 34ᴴ

2 octobre : à luy, pour 18 chevrons de sapin qu'il a livrez pour faire un hangard pour mettre les giroflées à couvert pendant l'hyver.................. 48ᴴ 10ˢ

21 aoust : à Jean Mallet, charpentier, pour les pieux qu'il a livrez pour mettre au pied des arbres des avenues des environs de Trianon.................. 181ᴴ 5ˢ

11 décembre : à Portrait, menuisier, à compte des caisses qu'il a fait pour l'orangerie des Thuilleries et des bancs qu'il a livrez pour poser dans la pépinière du Roule............................... 50ᴴ

Somme de ce chapitre......... 314ᴴ 15ˢ

SERRURERIE.

21 aoust : à Marc Bouvrain, serrurier, pour les réparations de serrurerie qu'il a faites à la pépinière du Roulle............................... 21ᴴ 10ˢ 6ᵈ

SAINT-GERMAIN.

MAÇONNERIE.

22 may-18 décembre : à Jaques Barbier, maçon, pour les réparations qu'il a faites dans la dépendance des châteaux de Saint-Germain, depuis le mois de mars jusqu'au 3 décembre dernier (7 p.)......... 728ᴴ 4ˢ 6ᵈ

31 juillet : à luy, sur les réparations de maçonnerie à la basse-cour du château du Val......... 62ʰ 3ˢ 4ᵈ

Somme de ce chapitre...... 790ʰ 7ˢ 10ᵈ

CHARPENTERIE.

3 juillet : à JEAN-JAQUES AUBERT, charpentier, pour les poteaux qu'il a fournis et posez dans la cour des cuisines et autres de Saint-Germain-en-Laye pour tendre la tapisserie aux deux Festes Dieu de la présente année... .... 250ʰ

11 septembre : à luy, pour deux linteaux qu'il a posez à une porte nouvellement faite sur le pont de Poissy........................ 39ʰ 18ˢ 6ᵈ

18 décembre : à luy, pour *idem* à Saint-Germain... .... 39ʰ 14ˢ 8ᵈ

Somme de ce chapitre...... 329ʰ 13ˢ 2ᵈ

MENUISERIE.

24 avril - 4 décembre : à FRANÇOIS MILLOT, menuisier, à compte des ouvrages et réparations qu'il a fait dans la dépendance des châteaux de Saint-Germain-en-Laye (3 p.)............................ 420ʰ 9ˢ 6ᵈ

SERRURERIE.

8 may - 11 septembre : à JOSEPH ROUILLER, serrurier, pour ouvrages de gros fer et réparations de serrurerie au château et dépendances de Saint-Germain-en-Laye (4 p.)........................... 430ʰ 12ˢ 7ᵈ

PLOMBERIE.

18 décembre : à JAQUES LUCAS, plombier, pour la main d'œuvre du plomb qu'il a livré à Saint-Germain pendant la présente année............... 70ʰ 3ˢ 2ᵈ

VITRERIE.

10 avril - 4 décembre : à CLAUDE COSSET, vitrier, pour réparations de vitrerie au château de Saint-Germain, du mois de mars au mois de novembre dernier (10 p.) 748ʰ 18ˢ 2ᵈ

23 octobre - 6 novembre : à luy, pour les calfeutremens qu'il a faits aux vitres des principaux appartemens (2 p.)........................ 245ʰ 17ˢ 11ᵈ

Somme de ce chapitre...... 994ʰ 16ˢ 1ᵈ

PEINTURE.

5 juin : à LOUIS POISSON, peintre, pour ouvrages de grosse peinture de blanc à détrempe à la menuiserie du cabinet de Monseigneur le Dauphin qu'occupe le Roy d'Angleterre au château de Saint-Germain-en-Laye. 60ʰ

PAVÉ.

11 septembre : à GILLES DERIAUX, paveur, pour réparations de pavé en la dépendance du château de Saint-Germain........................ 61ʰ 14ˢ 2ᵈ

25 septembre : à luy, à compte du pavé qu'il a fait sur plusieurs endroits du dessus des aqueducs de Retz où il passe des ravines........................ 50ʰ

Somme de ce chapitre..... 111ʰ 14ˢ 2ᵈ

LABOURS.

5 juin - 17 juillet : à PIERRE et GUILLAUME MOTTE, pour le premier labour qu'ils ont donné à plain aux nouveaux plants de boulingrin du château neuf, et à ceux du petit parc de Saint-Germain (4 p.)........ 581ʰ 10ˢ

25 septembre - 4 décembre : à eux, sur le deuxième labour qu'ils ont donné auxd. plants (3 p.).... 600ʰ

Somme de ce chapitre....... 1181ʰ 10ˢ

DIVERSES DÉPENSES.

22 may - 18 décembre : à JEAN VARISSE, ramonneur de cheminées, pour les cheminées qu'il a ramonnées et racomodées avec du plâtre au château de Saint-Germain depuis le mois de mars jusqu'au mois de décembre (2 p.)............................. 131ʰ 6ˢ

22 may : à FRANÇOIS BRANCHE, pour des couleurs, de la cire et du frottage qu'il a fait à trois chambres, à une antichambre et autres apartemens de la Surintendance de Saint-Germain........................ 30ʰ

29 may : au sʳ CUYER, pour l'indemniser de la voiture, droits d'entrée à Paris et autres frais, qu'il a faits pour remettre dans son chantier mil toises de planche de chesne d'entrevoux qu'il a fait transporter pour servir à Marly et Saint-Germain, et lesquelles n'ont pu servir à cause du changement de dessein............ 200ʰ

14 aoust - 18 décembre : à JEAN GAUTIER, charbonnier, pour 18 muids de charbon qu'il a livrez (2 p.).... 63ʰ

25 septembre : à JEAN DE ROCHE, pour le mastic, suif, chandelle, huille, coutil et gratoires qu'il a acheptez et livrez au magasin de Saint-Germain pendant la présente année.......................... 57ʰ 8ˢ 9ᵈ

Somme de ce chapitre...... 481ʰ 14ˢ 9ᵈ

ENTRETENEMENS DE SAINT-GERMAIN.

8 may - 25 septembre : à JEAN DE ROCHE, garçon plombier, ayant la recherche des plombs sur la couverture du château et autres maisons dépendantes d'iceluy, pendant les 3 derniers mois 1694 et les 6 premiers 1695 (3 p.)............................. 450ʰ

ANNÉE 1695. — MARLY.

19 juin-4 décembre : à JAQUES BARBIER, maçon, ayant l'entretenement de la terrasse, perrons, murs de clôture et loges des Suisses de la dépendance du château de Saint-Germain, pendant les six premiers mois 1695 (2 p.)............................. 900ᵗᵗ

Somme de ce chapitre.......... 1350ᵗᵗ

JOURNÉES D'OUVRIERS.

10 avril-28 décembre : aux ouvriers qui ont travaillé à la journée du Roy, dans la dépendance du château de Saint-Germain, depuis le mois d'avril jusqu'au 17 décembre dernier (19 p.)............... 605ᵗᵗ 1ˢ 7ᵈ

MARLY.

MAÇONNERIE.

10 avril-17 juillet : à JEAN BAILLY, maçon, sur ses ouvrages aux offices de Marly et à l'augmentation de cinq apartemens dans lesd. offices (7 p.)...... 4500ᵗᵗ

19 juin-9 octobre : à luy, pour la construction des cascades du bas du jardin de Marly, et des escaliers joignant lesd. cascades (7 p.)................ 2500ᵗᵗ

17-31 juillet : à luy, sur ses ouvrages en plusieurs endroits du jardin (2 p.).................... 800ᵗᵗ

11 septembre : à luy et aux héritiers de LOUIS ROCHER, entrepreneurs, à compte des ouvrages de maçonnerie qu'ils ont fait au château de Marly les années précédentes................................ 3400ᵗᵗ

22 may-4 décembre : à FRANÇOIS GOBIN et PIERRE BURET, maçons, pour réparations de maçonnerie dans la dépendance du château de Marly depuis le mois de février jusqu'au mois de décembre (5 p.).... 763ᵗᵗ 19ˢ 8ᵈ

18 décembre : aud. GOBIN, pour un trou perdu qu'il a fait joignant l'aqueduc d'entre les réservoirs du dessus de Marly et l'étang du Trou d'Enfer........... 75ᵗᵗ

5 juin : à JEAN CABANESTS, limosin, pour la main d'œuvre du mur de douve du réservoir qui est au derrière des pavillons de Marly du costé du village... 22ᵗᵗ

6 novembre-4 décembre : à luy, pour avoir démoli et rétabli le mur de douve de la grande pièce d'eau du jardin de Marly, à l'endroit d'une faute qui étoit à lad. pièce (2 p.)................................ 146ᵗᵗ

Somme de ce chapitre.... 12206ᵗᵗ 19ˢ 8ᵈ

JARDINAGE ET TERRASSES.

8 may-11 décembre : à JAQUES LE JAY, jardinier, sur les ouvrages, cerceaux et échalats qu'il a fournis dans le jardin de Marly pour remplacer ceux qui sont rompus aux ormes des allées et portiques dud. jardin (5 p.)...
.... 220ᵗᵗ 2ˢ

8 may-5 juin : à luy, pour le gazon qu'il a rétabli dans le bosquet derrière les pavillons de l'aile, du costé de Luciennes et autres endroits dud. jardin (2 p.). 80ᵗᵗ

5-19 juin : à luy, pour 184 toises courantes de treillage qu'il a fait dans le clos de la maison seigneuriale de Marly et dans le jardin dud. Marly (2 p.)....
.... 174ᵗᵗ 8ˢ

24 avril : à GUILLAUME MOTTE, terrassier, pour 155 toises courantes de tranchées qu'il a fait au dessous des grands réservoirs du parc de Marly et de pareille quantité de tuyaux de plomb, d'un pouce 1/2 de diamètre, qu'il a relevé....................... 62ᵗᵗ 15ˢ

31 juillet : à luy, pour 143 toises courantes de petite charmille qu'il a plantée en pépinière au derrière des écuries des gardes du corps de Marly........... 17ᵗᵗ

28 aoust : à NICOLAS BONIENNE, terrassier, pour les ouvrages de gazon qu'il a fait à l'amphitéâtre qui est nouvellement fait au bout de l'allée du milieu du bosquet du couchant.................. 103ᵗᵗ 11ˢ 6ᵈ

11 septembre-18 décembre : à luy, pour ouvrages de gazons plat et à queüe qu'il a fait de neuf et réparé, aud. jardin de Marly pendant l'année 1695 (3 p.)...
.... 424ᵗᵗ

10 avril : à CHARLES AMELOT, jardinier, pour avoir dressé, mouillé et battu de deux vollées l'allée au-dessus et au pourtour du nouveau bassin de la Gerbe, au jardin de Marly........................ 90ᵗᵗ

24 avril : à luy, pour avoir labouré les bois des quarrez au pourtour et joignant ledit. bassin, et avoir rebattu et retiré au rateau les allées du bosquet du costé de Luciennes, et approprié celles du costé du village.. 154ᵗᵗ

8 may-28 aoust : à luy, pour le rebattage qu'il a fait de deux mouillures et de deux vollées à la recoupe du jardin de Marly (4 p.).................. 1004ᵗᵗ 2ˢ 6ᵈ

5 juin : à luy, pour avoir dressé les terres, au pourtour des bassins à droite et à gauche du grand escalier du jardin de Marly..................... 189ᵗᵗ 12ˢ

19 juin-20 novembre : à luy, pour ses ouvrages de jardinage, en divers endroits du jardin de Marly (6 p.)
.... 729ᵗᵗ 9ˢ

3 juillet : à luy, pour avoir regallé les ornières de la routte Royalle depuis la grille du parc de Marly, qui est sur la plaine du Trou d'Enfer, jusqu'au parc Saint-Jame
.... 116ᵗᵗ

17 juillet : à luy, pour avoir rempli les ornières du

chemin du Chevaudor, de la routte Hardoin et de celle des Princesses dans la forest de Marly.......... 66ᵗᵗ

14 aoust-23 octobre : à luy, pour les deux premiers labours qu'il a donné aux plants de la dépendance de Marly (3 p.)........................ 478ᵗᵗ 8ˢ

14 aoust-6 novembre : à luy, pour le rétablissement des ravines dud. jardin (6 p.)............ 646ᵗᵗ 12ˢ

25 septembre-18 décembre : à luy, pour oignons de tulippes et de narcisses, autres fleurs et spées de charme et de châtaignier livrez aud. jardin (6 p.). 521ᵗᵗ 17ˢ 6ᵈ

25 septembre-6 novembre : à luy, sur la recoupe qu'il a dressée, mouillée et battue dans les allées et bosquets dud. jardin (5 p.)................. 489ᵗᵗ 2ˢ

20 novembre-4 décembre : à luy, pour journées d'ouvriers employés à transporter des spées de grands charmes en divers endroits du jardin de Marly (2 p.) 254ᵗᵗ 15ˢ

4-18 décembre : à luy, sur le plein labour qu'il donne à partie des plants de Marly (2 p.).......... 350ᵗᵗ

10 avril-5 juin : à Pierre Champagne et Noel Lavenet, terrassiers, pour les terres et gravois enlevez de dedans au dehors le parc de Marly (5 p.). 621ᵗᵗ 2ˢ 9ᵈ

24 avril : à eux, parfait payement de 117ᵗᵗ 12ˢ 5ᵈ à quoy montent les ouvrages de terrasse pour la construction du nouveau lavoir de l'enclos de la maison seigneurialle de Marly.................. 47ᵗᵗ 12ˢ 5ᵈ

5 juin-6 novembre : à eux, pour divers ouvrages de terrasse qu'ils ont fait aud. jardin de Marly (8 p.).... .... 917ᵗᵗ 13ˢ 8ᵈ

17-31 juillet : à eux, pour la glaise qu'ils ont rapportée et façonnée pour la construction du nouveau bassin du Palmier, et autres ouvrages (2 p.). 226ᵗᵗ 12ˢ 1ᵈ

14 aoust-18 décembre : à eux, sur les terres qu'ils remuent pour la construction de l'amphitéâtre au bout du bosquet du jardin à droite (4 p.)...... 2382ᵗᵗ 5ˢ

28 aoust-4 décembre : à eux, sur les terres qu'ils enlèvent sur 6 pouces de hauteur dans les allées du bosquet du couchant et sur la recoupe qu'ils raportent dans lesd. allées (8 p.)............. 3259ᵗᵗ 5ˢ 6ᵈ

4-18 décembre : à eux, sur leurs ouvrages de terrasse en plusieurs endroits du jardin (2 p.). 446ᵗᵗ 8ˢ 4ᵈ

24 avril-14 aoust : aud. Lavenet, pour ouvrages de terrasse par luy faits au derrière de l'alée au bout des bâtimeuts de la Surintendance et autres ouvrages (4 p.). 212ᵗᵗ 10ˢ

8 may : aud. Champagne, pour une tranchée et un faux conroy qu'il a fait au bout du canal de l'étang du Trou d'Enfer............................ 52ᵗᵗ

10 avril-18 décembre : à Thomas Mauville, terrassier, pour le terreau qu'il a livré dans le jardin de Marly (4 p.)........................ 317ᵗᵗ 2ˢ

24 avril-17 juillet : à luy, pour les perches qu'il a coupées dans les bois de Noisy et voiturées dans le jardin de Marly (4 p.)................... 162ᵗᵗ 13ˢ

24 avril-8 may : à luy, pour 171 journées de chevaux de somme qui ont voituré du terreau du port de Marly dans le jardin (2 p.)............. 191ᵗᵗ 7ˢ 8ᵈ

8 may-9 octobre : à luy, pour les gravois qu'il a enlevez au derrière des pavillons de Marly et les journées d'hommes et de chevaux qu'il a fourni pour le transport des spées de charmille que le Roy a fait planter dans le bosquet du costé de Louciennes (5 p.)... 442ᵗᵗ 14ˢ 9ᵈ

19 juin-18 décembre : à luy, sur divers ouvrages de terrasse qu'il a fait dans le jardin de Marly et autres endroits (8 p.)..................... 879ᵗᵗ 11ˢ 7ᵈ

17 juillet : à luy, pour avoir élargi et creusé plusieurs rigolles au derrière de la chaussée de l'étang du Trou d'Enfer, pour mettre l'eau dud. étang et du canal aux Graissets et dans l'aqueduc qui va à Montboron, et pour avoir voituré à la pépinière du fumier des écuries des gardes du corps........................... 54ᵗᵗ 5ˢ

25 septembre : à luy, pour les bonnes et mauvaises terres qu'il a transportées pour la construction de la terrasse nouvellement faite au dessus de la Gerbe du jardin de Marly........................... 83ᵗᵗ 4ˢ

A luy, pour 400 boisseaux d'oignons de tulipes, de narcisses et de jacintes, qu'il a levez en partie des plattes bandes du jardin de Marly................. 160ᵗᵗ

4 décembre : à luy, pour la glaise qu'il a enlevée entre le mur de douve et de terrasse de partie du pourtour de la grande pièce d'eau, pour trouver une 4ᵉ faute à lad. pièce, et pour avoir transporté et façonné la glaise en lad. partie........................ 140ᵗᵗ

18 décembre : à luy, pour les épines et les genets qu'il a arrachez dans la plaine du Trou d'Enfer.. 100ᵗᵗ

19 juin : à Jean Vigon, terrassier, pour ouvrages de terrasse faits pour la construction du bassin du Parasol, et pour avoir sablé les deux allées au devant des pavillons des deux ailes de Marly................. 110ᵗᵗ

31 juillet : à luy, pour une pierrée qu'il a fait à pierre sèche joignant le trou à glaise........ 120ᵗᵗ

6 novembre : à luy, pour 4 toises cubes de glaise qu'il a tirées et voiturées, joignant la grande pièce d'eau dud. jardin, pour rétablir une faute qui s'estoit faite au fond d'icelle pièce....................... 72ᵗᵗ

Somme de ce chapitre.... 17170ᵗᵗ 5ˢ 3ᵈ

ANNÉE 1695. — MARLY.

VOITURES, PLANTS D'ARBRES ET FLEURS.

4-18 décembre : à CLAUDE FOSSARD, pour la voiture de 2044 grandes spées de charmes qu'il a voiturées de la forest de Marly, où elles ont été levées en motte, dans le jardin de Marly, pour planter devant le Roy à une nouvelle palissade dans le bosquet au derrière des pavillons, du costé de Luciennes (2 p.).................. 511^{tt}

18 décembre : à luy, pour 885 grandes spées de charmes et de châtaigniers qu'il a voiturez de la forest pour *idem*........................... 100^{tt}

20 novembre : à PIERRE LARIVIÈRE, laboureur, pour 162 milliers de charmille de grenne qu'il a arrachées dans la forest de Saint-Germain et livrées dans le parc de Marly pour regarnir le pied de la grande charmille que l'on a nouvellement plantée dans les bosquets dud. jardin.................... 129^{tt} 12^s

20 novembre : à NICOLAS REDEAU, fermier de Vaucheron, pour la voiture de 1032 grandes spées de charme de Marly, où elles ont été levées en motte, dans le jardin de Marly, pour planter devant le Roy à une nouvelle palissade dans le bosquet, du costé du village....... 258^{tt}

18 décembre : à luy, pour 631 grandes perches de fresne qu'il a voiturées au devant du magasin pour faire du cerceau..................... 189^{tt} 6^s

10 avril : à NICOLAS GARANIER, pour 1373 plants de juliennes blanches doubles qu'il a livrées pour le jardin de Marly, à 7^{tt} 10^s le cent........... 102^{tt} 19^s 6^d

18 décembre : à MATHURIN HURON, pour 600 juliennes blanches doubles qu'il a livrées au magasin de Marly.. .... 42^{tt}

23 octobre : à DUPARC, jardinier, en considération de 18 grands chèvrefeuils romains en boule qu'il a élevez dans le jardin du château neuf de Saint-Germain et qu'il a fait voiturer à ses frais dans le jardin de Marly.. 45^{tt}

Somme de ce chapitre..... 1377^{tt} 17^s 6^d

CHARPENTERIE.

10 avril-22 may : à JEAN-JACQUES AUBERT, charpentier, sur la charpenterie qu'il a fait pour l'augmentation de quatre apartemens dans les offices de Marly (4 p.)... .... 800^{tt}

17-31 juillet : à luy, sur deux escaliers nouvellement posez, joignant le mur de terrasse de Marly, prez les appartemens verds (2 p.).................... 500^{tt}

14 aoust-23 octobre : à luy, à compte des madriers qu'il a fournis et posez pour servir de plattes formes aux cascades de Marly (2 p.).................. 600^{tt}

11 septembre-4 décembre : à luy, pour 141 poteaux, de chacun 16 pieds de longueur sur 3 pouces de grosseur, qu'il a fournis pour remplacer ceux qui ont manqué au pied des ormes des allées en portique du jardin de Marly (2 p.).................... 188^{tt}

22 may-18 décembre : à MICHEL LE BRESSAN, charpentier, pour les ouvrages qu'il a faits dans les offices et autres bâtimens de Marly pendant la présente année (7 p.)........................... 719^{tt} 9^s 3^d

19 juin : à luy, pour les huit bassins de pierre qu'il a transportés des anciennes cascades du bas jardin de Marly, à costé des grands charmes, prez le dernier pavillon de l'aile du costé du village............ 80^{tt}

4 décembre : à luy, pour avoir levé en motte et avoir fait des caisses à quatre grands maronniers d'Inde, et les avoir fait transporter du jardin de Saint-Antoine des fonds de Saint-Germain dans le jardin de Marly.. 51^{tt}

31 juillet : à JEAN BOURGEOIS, charpentier, pour huit journées qu'il a employées à rétablir quatre batteaux dans les pièces d'eau du jardin, à 50^s par jour... 20^{tt}

11 septembre : à luy, pour un batteau qu'il a fait et livré dans la grande pièce d'eau du jardin de Marly, contenant 18 pieds de longueur sur 5 pieds de large .... 60^{tt}

Somme de ce chapitre..... 3018^{tt} 9^s 3^d

COUVERTURE.

8 may : à SIMON DESCHAMPS, couvreur, à compte des ouvrages de couverture d'ardoise qu'il a rétablis aux bâtimens de Marly, au sujet des cheminées que l'on a posées dans les combles.................. 200^{tt}

17 juillet : à luy, sur les ouvrages de couverture au château et dépendances.................... 150^{tt}

Somme de ce chapitre.......... 350^{tt}

MENUISERIE.

22 may : à JACQUES MIREL, menuisier, pour 22 journées de compagnons menuisiers qu'il a fournis pour diverses menues réparations au château de Marly. 38^{tt} 10^s

17-31 juillet : à luy, pour les réparations de menuiserie qu'il a faites pendant les six premiers mois 1695 (2 p.)........................... 25^{tt} 3^s

9 octobre-4 décembre : à luy, sur ses ouvrages jusqu'au 15 septembre (4 p.)............ 742^{tt} 1^s 6^d

10 avril-14 aoust : à FRANÇOIS MILLOT et JACQUES MIREL, menuisiers, à compte des ouvrages de menuiserie qu'ils ont faits au château de Marly (10 p.)........ 4900^{tt}

23 octobre : aud. MILLOT, pour ouvrages faits au jardin de Marly pendant le mois de septembre. 232^{tt} 5^s

4-18 décembre : à luy, pour ses ouvrages au château et dépendances pendant octobre et novembre (2 p.)... .... 239ʰ 15ˢ 3ᵈ

Somme de ce chapitre.... 6403ʰ 14ˢ 9ᵈ

SERRURERIE.

31 juillet-28 aoust : à Joseph Rouiller, serrurier, pour les rampes de fer qu'il a fait, joignant les deux nouveaux escaliers du jardin de Marly (3 p.).. 469ʰ 8ˢ

25 septembre-18 décembre : à luy, à compte du fer plat qu'il pose pour les cascades de Marly (7 p.).... .... 1700ʰ

3 juillet : à Jean Chapelain, serrurier, pour ses ouvrages de serrurerie à Marly............. 61ʰ 17ˢ

10 avril-11 septembre : à Gaston Martin, serrurier, sur ses ouvrages de serrurerie tant aux changemens de l'appartement de Madame de Maintenon qu'à ceux du 1ᵉʳ étage du château à Marly (11 p.)...... 2600ʰ

17 juillet : à luy, parfait payement de 585ʰ 8ˢ 5ᵈ pour ouvrages faits dans la dépendance du château en 1694 .... 285ʰ 10ˢ 5ᵈ

25 septembre-18 décembre : à luy, sur les consolles de gros fer qu'il a fourni pour les cascades (8 p.).... .... 2412ʰ

Somme de ce chapitre..... 7528ʰ 15ˢ 5ᵈ

VITRERIE.

10 avril-9 octobre : à Jean Desormeau, vitrier, pour les réparations de vitrerie qu'il a faites dans la dépendance du château de Marly depuis le mois de mars jusqu'au mois de septembre dernier (9 p.).. 988ʰ 10ˢ 3ᵈ

23 octobre-18 décembre : à luy, sur les calfeutremens qu'il a faits aud. château (5 p.)....... 1000ʰ

Somme de ce chapitre..... 1988ʰ 10ˢ 3ᵈ

PLOMBERIE.

5 juin-20 novembre : à Jaques Lucas, plombier, à compte de la main d'œuvre du plomb qu'il a fourni et qu'il pose en la dépendance du château de Marly (13 p.) 4300ʰ

OUVRAGES DE CUIVRE.

22 may : à Gilles Le Moyne, fondeur, à compte des ouvrages de cuivre qu'il a faits pour les fontaines du jardin de Marly......................... 200ʰ

31 juillet-20 novembre : à luy, sur les ouvrages de cuivre qu'il a livrez au magasin (6 p.)....... 1050ʰ

Somme de ce chapitre........ 1250ʰ

PAVÉ.

22 may : à Gilles Deriaux, paveur, pour ses ouvrages de pavé dans la dépendance du château de Marly 83ʰ 5ˢ 4ᵈ

31 juillet : à Louis Regnouf, paveur, pour réparations de pavé aud. château en 1694............ 97ʰ 2ˢ 6ᵈ

Somme de ce chapitre...... 170ʰ 7ˢ 10ᵈ

PEINTURE.

10 avril : à Louis Poisson, peintre, pour ouvrages de grosse peinture en blanc à détrempe qu'il a fait aux appartemens du 1ᵉʳ étage du château de Marly..... 60ʰ

22 mai-11 septembre : à luy, pour les ouvrages de grosse peinture qu'il a fait aux nouveaux appartemens des offices de Marly (7 p.)................. 719ʰ 2ˢ 7ᵈ

19 juin : à luy, pour la peinture faite en verd aux treillages du jardin..................... 90ʰ

20 novembre-18 décembre : à luy, sur ses ouvrages de grosse peinture (2 p.)................. 200ʰ

Somme de ce chapitre...... 1069ʰ 2ˢ 7ᵈ

DIVERSES DÉPENSES.

6 novembre : à Estienne Langlois, à compte des cordages, clouds, pelles, seaux et hottes qu'il a livrées au magasin de Marly...................... 200ʰ

18 décembre : à Pierre Bara, cercellier, à compte du grand cerceau qu'il fait de bois de fresne pour réparer ceux qui manquent aux ormes en portique des deux principales allées du jardin de Marly....... 40ʰ

9 octobre-20 novembre : à Noel Maillot, vannier, pour 600 grandes manes d'ozier, de 15 pouces de large par le haut et de pareille hauteur, qu'il a livrées au magasin de Marly (2 p.)................... 136ʰ

20 novembre : à Nicolas Malherbe, pour un cent de grandes manes d'ozier, de 20 pouces de diametre par le haut, qu'il a livrées au magasin de Marly pour mettre en pépinière des epées de charmes............. 24ʰ

21 may : à Claude Garnier, pour six septiers de graine d'herbe de bas pré qu'il a livrez au magasin de Marly............................. 30ʰ

31 juillet-14 aoust : à Charles Mézillier, pour 58 bottes d'osier qu'il a livrées au magasin de Marly (2 p.) 58ʰ

22 may-18 décembre : à Jean Gautier, charbonnier, pour 67 muids 1/2 de charbon qu'il a livré au magasin de Marly, à 3ʰ 10ˢ le muid (3 p.)...... 236ʰ 5ˢ

24 avril : à Denis Malgrance, épinglier, pour un treillis de fil de fer qu'il a fait et posé à une croisée

nouvellement faite au bout des offices de Marly, au nouveau garde-manger.................... 22ᴸ 17ˢ

3 juillet - 18 décembre : à Pierre Molière, pour chandelles, clouds, balets et autres fournitures qu'il a livrées au magasin de Marly (2 p.)............. 66ᴸ 5ˢ 7ᵈ

17 juillet : à Léveillé, garde de la forest de Marly, pour 40 journées qu'il a esté employé à veiller sur les ouvriers qui ont levé de la charmille en motte dans la forest.................................. 40ᴸ

31 juillet : à Claude Le Comte, taillandier, pour quatre paires de ciseaux qu'il a livrez au magasin de Marly, à 8ᴸ la paire, et autres ouvrages............. 34ᴸ

27 septembre : à luy, pour 6 forts croissants, à 7ᴸ pièce, et 3 vieux qu'il a remoulus, à 5ˢ pièce. 42ᴸ 15ˢ

7 aoust : à Drouard, rocailleur, pour la rocaille qu'il a faite à la fontaine de la Diane dans le jardin de Marly 323ᴸ

18 décembre : à luy, pour les matéreaux de rocaille qu'il a fournis pour revêtir les deux bassins de la fontaine des Coquilles, qui est à la teste du bosquet de Marly du costé de Lucienne, et pour les journées de luy et de ses ouvriers........................... 321ᴸ 16ˢ

28 aoust : à Julien Lorry, horlogeur, pour réparations d'ouvrages d'horlogerie qu'il a fait à l'horloge de la chapelle en 1694......................... 31ᴸ 10ˢ

Somme de ce chapitre...... 1606ᴸ 8ˢ 7ᵈ

SCULPTURE.

5 juin - 31 juillet : à Claude Jacob, sculpteur, pour les ouvrages de sculpture qu'il a rétablis aux ornemens de pierre qui sont au dessus du château et des pavillons de Marly (2 p.)........................... 190ᴸ

23 octobre : à luy, pour ses ouvrages de sculpture au dessus des pavillons..................... 72ᴸ

4 décembre : à luy, pour ses ouvrages de sculpture en bois pour la chapelle qui devoit estre posée dans le château de Marly pendant 1689............... 47ᴸ 10ˢ

3 - 17 juillet : à Pierre Mazeline, sculpteur, parfait payement de 619ᴸ 5ˢ pour la sculpture qu'il a fait à la corniche de plastre et à la menuiserie que l'on a faite pour les changemens et augmentations de l'apartement de Madame de Maintenon (2 p.).......... 319ᴸ 5ˢ

14 aoust : à luy, pour la dépense qu'il a faite, y compris ses soins pour le modèle de la cascade de Marly et ceux des fontaines de la Diane et du Palmier.... 150ᴸ

31 juillet : à Bertin, sculpteur, pour avoir posé et restauré plusieurs figures de marbre dans le jardin de Marly...................................... 24ᴸ

Somme de ce chapitre........ 802ᴸ 15ˢ

COMPTES DES BÂTIMENTS. — III.

SABLE DE RIVIÈRE.

5 juin - 25 septembre : à Jacques Aymond, battelier, pour 20 muids 1/2 de sable de rivière qu'il a fournis dans le parc de Marly, à 18ˢ le muid (7 p.)... 918ᴸ 9ˢ

MARBRERIE.

28 aoust : à Pierre Lisqui, marbrier, pour la main d'œuvre des foyers de marbre qu'il a posez aux nouveaux appartemens des offices de Marly....... 81ᴸ 5ˢ

ENTRETÈNEMENS DE MARLY.

24 avril - 25 septembre : à Thomas Vitry, fontainier, ayant l'entretien des fontaines et recherches des plombs sur la terrasse du château et pavillon de Marly, pour ses gages des trois derniers mois 1694 et six premiers 1695, à raison de 1200ᴸ par an, et 400ᴸ pour ceux de son garçon (3 p.).................... 1200ᴸ

28 aoust : à luy, pour l'entretien de l'horloge de Marly pendant une année.................. 40ᴸ

24 avril - 25 septembre : à Louis Garnier, jardinier, pour ses gages des trois derniers mois 1694 et des six premiers 1695, à raison de 1000ᴸ par an, et 200ᴸ pour ceux de son garçon (3 p.)................... 900ᴸ

8 may : à François Chabot, pour les taupes qu'il a prises dans le parc de Marly pendant les trois premiers mois 1695........................ 25ᴸ

17 juillet : à Liénard Minfon, dit Laroche, garçon plombier, pour avoir aidé aux fontainiers à faire les réparations des conduites de plomb et des terrasses du château et dépendances pendant le quartier d'avril dernier, à raison de 300ᴸ pour six mois, le surplus devant estre payé par celuy qui entretient les conduites de fer. 150ᴸ

31 juillet - 9 octobre : à Guillaume Dunet, taupier, pour les taupes qu'il a prises dans le parc de Marly pendant le 2ᵉ et 3ᵉ quartier 1695 (2 p.).......... 50ᴸ

Somme de ce chapitre.......... 2365ᴸ

JOURNÉES D'OUVRIERS.

10 avril - 18 décembre : aux ouvriers qui ont travaillé à la journée du Roy dans la dépendance du jardin et château de Marly depuis le 25 mars jusqu'au 17 septembre (19 p.).................... 7726ᴸ 15ˢ 4ᵈ

10 - 24 avril : à ceux qui ont travaillé aux changemens dans les apartemens du premier étage du château de Marly (2 p.)..................... 1179ᴸ 7ˢ 4ᵈ

5 - 19 juin : à ceux qui ont travaillé à démonter quatre grands bassins de pierre de dessus les pieds d'es-

74

IMPRIMERIE NATIONALE.

taux des cascades de Marly et à raporter des vazes et des groupes d'enfans au dessus desd. pieds d'estaux (2 p.) 278ᴸ 3ˢ 9ᵈ

3 juillet - 14 aoust : à ceux qui ont transporté plusieurs figures de marbre et qui ont graissé les chariots de la ramasse et servi à les retenir............ 258ᴸ 1ˢ 3ᵈ

25 septembre : à ceux qui ont servi à la ramasse pendant le 10 aoust et le 11 septembre, que Monseigneur et les Princesses y ont esté 15ᴸ 3ˢ

4 - 18 décembre : à ceux qui ont travaillé dans la forest de Marly à abattre des perches de fresne pour faire des grands cerceaux et à les charger dans les voitures (2 p.)............................. 97ᴸ 1ˢ

Somme de ce chapitre..... 9554ᴸ 11ˢ 8ᵈ

CHÂTEAU DE NOISY.

MAÇONNERIE.

22 may : à FRANÇOIS GOBIN et PIERRE BURET, maçons, pour les brèches qu'ils ont relevées aux murs du pourtour de la garenne de Noisy et à ceux de la clôture du parc............................ 138ᴸ 7ˢ 3ᵈ

TERRASSES.

24 avril : à PIERRE CHAMPAGNE, pour 203 sommes de fumier qu'il a livrez dans le potager de Noisy.. 60ᴸ 18ˢ

A luy, pour les bonnes terres qu'il a rapportées sur l'allée ou terrasse du potager de Noisy pour recharger les plattes bandes.................... 46ᴸ 10ˢ

17 juillet : à luy, pour avoir transporté du sable blanc et sablé toutes les allées................... 45ᴸ

5 juin : à NOEL LAVENET, pour 106 sommes de fumier de cheval qu'il a transporté dans le potager.. .... 31ᴸ 16ˢ

19 juin : à eux, pour les terres qu'ils ont raportées sur les allées dud. potager................. 130ᴸ

31 juillet - 28 aoust : à CHARLES AMELOT, jardinier, pour avoir mouillé et battu de deux vollées les allées du jardin potager de Noisy, et avoir approprié les allées dud. parc (2 p.)............................ 136ᴸ 5ˢ

9 octobre : à THOMAS MARVILLE, pour les terres qu'il a régalées des deux cotez du dôme qui couvre la grotte du château pour éloigner l'eau de la pluie du mur de terrasse qui est au devant et au dessus de lad. grotte. 30ᴸ

Somme de ce chapitre......... 480ᴸ 9ˢ

GROSSE PEINTURE.

24 avril - 23 octobre : à LOUIS POISSON, peintre, parfait payement de 512ᴸ 11ˢ 7ᵈ à quoy montent les impressions de grosse peinture en verd qu'il a fait aux treillages du jardin potager de Noisy (2 p.)...... .... 212ᴸ 11ˢ 7ᵈ

DIVERSES DÉPENSES.

19 juin : à NICOLAS REDEAU, fermier du Vaucheron, pour six charretées de grand fumier qu'il a livrées dans le potager de Noisy....................... 30ᴸ

JOURNÉES D'OUVRIERS.

10 avril - 18 décembre : aux ouvriers qui ont travaillé dans la dépendance du château et au potager depuis le 25 mars jusqu'au 17 décembre dernier (19 p.)...... .... 576ᴸ 19ˢ

MACHINE DE LA RIVIÈRE DE SEINE.

MAÇONNERIE.

10 juillet : à ANTHOINE HÉMONT, pour du caillou et du moilon qu'il a employé à la réparation de la digue du château et des terres qu'il a enlevées pour garnir devant lad. digue........................ 180ᴸ 5ˢ

21 aoust : à SILVAIN PERGOT, pour 6 toises 1/4 cubes de maçonnerie qu'il a faites et rétablies au mur qui soutient les terres du regard du fonds de Lucienne du côté de la rivière et pour la démolition du vieux mur..... .... 43ᴸ 15ˢ

2 octobre : à luy, pour la maçonnerie qu'il a faite au mur qui soutient les terres à la croupe de la montagne le long des grands chevalets du costé de Prunay et du rétablissement de pavé de pierre dure qu'il fait sur la grande digue..................... 52ᴸ 18ˢ 4ᵈ

16 octobre - 27 novembre : à luy, pour la main d'œuvre de la maçonnerie du regard qu'il fait pour prendre les eaux de sources au dessous du village de Lucienne (3 p.) 316ᴸ 6ˢ 6ᵈ

Somme de ce chapitre..... 593ᴸ 4ˢ 10ᵈ

MOILONS ET CAILLOUX.

21 aoust : à HIEROSME DE LA HAYE, pour 128 pieds 3/4 cubes de pierre dure de Nanterre qu'il a livrez pour employer à la réparation de la grande digue de la Machine 64ᴸ 7ˢ 6ᵈ

4 septembre : à NICOLAS BORIENNE, pour 4 toises 1/2 de caillou de meulière qu'il a livré pour la construction du mur qui rempiète les terres le long des grands chevalets du costé de Prunay................. 76ᴸ 10ˢ

16 octobre : à luy, pour ouvrages de terrasses au rétablissement du mur du regard au dessus du village de Lucienne.................................. 73ʰ 1ˢ 8ᵈ

30 octobre : à François Delacroix, pour le sciage de 238 pieds de pierre dure de démolition qu'il a débitez en tablettes pour la couverture dud. regard... 47ʰ 12ˢ

A Jean Crosnier, pour 4 toises 1/2 cube de caillou de meulière qu'il a livré pour la construction dud. regard. 72ʰ

13 novembre : à Jacques Despoix, pour la voiture des pierres dures de démolition des regards et aqueducs de Bechevet pour la construction du regard qui a esté fait pour recevoir les eaux de sources au dessous de Lucienne 160ʰ

A Jaques Valière, pour la voiture par eau de 23 tombereaux de cailloux depuis le village de Vernonet, prez de Vernon, jusqu'au port de Marly.......... 115ʰ

16 octobre : à Jaques Hémont, pour le sable de rivière qu'il a livré pour led. regard et le rétablissement du mur du regard dans le fonds de Lucienne...... 44ʰ 9ˢ

Somme de ce chapitre...... 653ʰ 0ˢ 2ᵈ

CHAUX ET PLÂTRE.

24 may-16 octobre : à Barthelemy Delaroue, pour 49 futailles de chaux qu'il a livrées pour rétablir le mur du grand puisard à my-coste et les murs de terrasses du regard de l'aqueduc, dans le fond de Lucienne (3 p.) 245ʰ

11 décembre : à luy, pour le ciment qu'il a fourni pour le regard au dessous de Lucienne, les libages, carreaux et briques qu'il a livrez pour la réparation desd. puisards et autres endroits, et le moilon qu'il a livré pour le mur à costé des grands chevalets à mi coste 74ʰ 2ˢ 8ᵈ

A Gilles Juel, pour 44 septiers 1/2 de plâtre qu'il a livrez pour la réparation des apartemens du pavillon prez le grand puisard, des apartemens des ouvriers dans les puisards et autres bâtimens de la Machine... 48ʰ 4ˢ 2ᵈ

Somme de ce chapitre...... 367ʰ 6ˢ 10ᵈ

TERRASSES.

4 septembre : à Henry Le Vaneur, pour un atterrissement de terre qu'il a enlevé dans la rivière, vis-à-vis la digue vers Bezons.......................... 50ʰ

CHARPENTERIE.

4 avril-11 décembre : à Raoul de Pierre, dit La Porte, charpentier, à compte de l'entretien qu'il fait aux charpentes et mouvemens de la Machine (19 p.)... 9250ʰ

21 aoust : à René Sualem, dit Rennequin, pour 3 pièces de bois courbes de chesne qu'il a acheptées pour les besoins des roues de la Machine............. 102ʰ

2 octobre : à la veuve Guillaume Dossy, pour une paire de roues et un essieu de bois qu'elle a fourni pour voiturer les bois, pierres et ferrailles de démolition, et deux brouettes qu'elle a livrées au magasin...... 22ʰ

13 novembre : au sʳ Thaunier, pour 50 toises courantes de bois de charme qu'il a livré pour faire des boules de piston pour les corps de pompe de la Machine 100ʰ

Somme de ce chapitre......... 9474ʰ

CUIRS.

3 avril : à Claude Robin, corroyeur, pour 12 cuirs de vache qu'il a fourni pour réparer les joints des baches des puisards et une cullée de cuir fort tanné qui a esté employé aux pistons des corps de pompes de la Machine.................................... 132ʰ

1ᵉʳ may-11 décembre : à Pierre Nollant, pour 3 cuirs forts tannez qu'il a livrez pour employer aux clapets et pistons des corps de pompe de la Machine (7 p.). 904ʰ

12 juin-21 aoust : à Datte, corroyeur, pour 3 cuirs forts tannez qu'il a livrez pour idem (2 p.)...... 90ʰ

Somme de ce chapitre......... 1126ʰ

COUVERTURE.

10 juillet : à Simon Deschamps, couvreur, parfait payement de 600ʰ à quoy monte l'entretien de toutes les couvertures d'ardoises et de thuile des magasins, forges et fonderie de la machine de la rivière de Seyne pendant 1694.................................... 150ʰ

18 septembre : à Estienne Yvon, couvreur, à compte dud. entretien........................... 250ʰ

Somme de ce chapitre.......... 400ʰ

SERRURERIE.

3 avril-11 décembre : à Philipes Renault, serrurier, à compte de l'entretien qu'il fait aux ouvrages de forge et de serrurerie de la Machine (19 p.)...... 9250ʰ

29 may : au sʳ Coulon de Pontavert, pour les frais et dépenses qu'il a fait pour le raccommodage d'une grosse manivelle rompue, le loyer d'une maison occupée par le forgeron qui a raccommodé sept autres manivelles, et des matériaux qui ont esté employés à la construction d'une forge.................................. 450ʰ

11 décembre : à Pierre Noiret, pour les clouds à

74.

calfeutrer, cloux à vannes et autres marchandises qu'il a livrées en 1695...................... 218ᵗᵗ 9ˢ

Somme de ce chapitre....... 9918ᵗᵗ 9ˢ

PEINTURE.

2 octobre : à JEAN-BAPTISTE FAUCONNIER, peintre, pour ses ouvrages de peinture jaune à huile et de blanc à détrempe, pendant la présente année, aux portes de la tour, portes de clôture, aux croisées des bâtiments des puisards, et à l'appartement du sʳ DEVILLE.. 68ᵗᵗ 15ˢ 4ᵈ

CONDUITTES DE FER ET AUTRES.

2 octobre-27 novembre : à DENIS ANSEAU, sur une conduitte de tuiaux de grais qu'il pose pour prendre les eaux de sources au dessous du village de Lucienne pour les conduire dans l'aqueduc qui amène les eaux de la Selle à lad. Machine (3 p.)................ 900ᵗᵗ

OUVRAGES DE CUIVRE.

17 avril-30 octobre : à JOSEPH ROYER, fondeur, à compte de l'entretien qu'il fait aux équipages de cuivre des puisards et sur la rivière (3 p.).......... 1500ᵗᵗ

26 juin : à luy, pour deux raccordemens de cuivre d'augmentation pour les conduites à feu et trois crapaudines de fer fondu qu'il a livrez pour les pivots des croix horizontales sur la rivière............... 246ᵗᵗ 19ˢ

Somme de ce chapitre...... 1746ᵗᵗ 19ˢ

VITRERIE.

26 juin : à PAUL COSSETTE, vitrier, pour ouvrages et réparations de vitrerie aux bâtimens de la Machine depuis le mois d'octobre 1694............. 39ᵗᵗ 9ˢ 9ᵈ

DIVERSES DÉPENSES.

1ᵉʳ-15 may : au sʳ VANDERHULST, pour 7 barils de bray, à 22ᵗᵗ le baril, 22 barils de godron, à 16ᵗᵗ le baril, 2 barils d'huile de rabette, à 54ᵗᵗ le baril, et 300 livres pesant de clous à piston, à 8ˢ la livre, y compris 89ᵗᵗ 15ˢ pour la commission, voiture et autres frais (2 p.) 823ᵗᵗ 15ˢ

7 aoust : au sʳ BROSLÉ, pour 11 voyes 2/3 de charbon de terre qu'il a livrées pour la provision de la forge à la journée du Roy de la Machine, à 28ᵗᵗ la voye...... .... 326ᵗᵗ 13ˢ 4ᵈ

Au nommé GERMAIN, charbonnier, pour 7 muids 1/2 de charbon de bois qu'il a livré au magasin.. 24ᵗᵗ 7ˢ 6ᵈ

4 septembre : à JEAN GAUTIER, pour 22 muids 1/2 de charbon de bois qu'il a livré pour employer aux réparations des ouvrages de plomberie de la Machine. 78ᵗᵗ 15ˢ

12 juin-30 octobre : à JEAN GENTIL, pour la chandelle et pots à brûler qu'il a fourni pour éclairer les ouvriers de la Machine (2 p.)................. 500ᵗᵗ

26 juin : à GENEVIÈVE DANTIER, veuve de NICOLAS DELAHOGUE, pour 780 livres de vieux cordages godronnez qu'elle a livrez pour faire du calfat de provision pour les joins des baches des puisards............... 78ᵗᵗ

12 juin : à GUILLAUME BIET, herboriste à Saint-Germain-en-Laye, pour avoir pensé, médicamenté et guéry d'une hydropisie la femme du nommé BRÉMARD, godronneur à lad. Machine................... 20ᵗᵗ

7 aoust : à HENRY LE VANEUR, pour avoir coupé et nettoyé les méchantes herbes qui estoient dans le canal de la Machine depuis Bezons jusqu'au port de Marly. 60ᵗᵗ

18 septembre : à LOUIS FRÉMAULT, pour la voiture par eau d'une grande manivelle depuis Pontavert jusqu'à la Machine, et le loyer d'une forge et planches qu'il avoit fournies et qu'il a retirées.................. 60ᵗᵗ

2 octobre : à ANTOINE HÉMONT, pour les méchantes herbes qu'il a coupées dans le fonds de la rivière de l'ancien canal depuis la digue de Croissy jusqu'à la Machine, et un voyage qu'il a fait en Picardie pour chercher des cailloux................................. 35ᵗᵗ 10ˢ

13 novembre : au sʳ PINAULT, pour les frais qu'il a fait pour 243 sommes de cailloux de rocaille, faisant 23 tombereaux, qu'il a fait ramasser au village de Vernonet près Vernon pour employer aux grottes et cascades de Marly................................ 40ᵗᵗ

27 novembre : à VIVANT MERLIN, pour six journées de sa voiture qu'il a employées à charger au port de Marly des cailloux de rocaille qu'il a voiturez au château de Marly, à 10ᵗᵗ par jour, y compris 6ᵗᵗ pour la paille et litière qu'il a fournie pour empailler lesd. cailloux... .... 66ᵗᵗ

Somme de ce chapitre...... 2113ᵗᵗ 10ᵈ

JOURNÉES D'OUVRIERS À LA MACHINE.

3 avril-11 décembre : aux charpentiers, serruriers et autres ouvriers employez à la journée du Roy pour l'entretien de la Machine, depuis le 16 mars jusqu'au 9 décembre (19 p.).................... 12253ᵗᵗ 2ˢ 9ᵈ

FONTAINEBLEAU.

MAÇONNERIE.

1ᵉʳ may : à MATHURIN HERSANT, entrepreneur, parfait payement de 1451ᵗᵗ 10ˢ 9ᵈ à quoy montent les ouvrages

et réparations de maçonnerie par luy faits au château de Fontainebleau en 1694............... 251^{tt} 10^s 9^d
12 juin-4 septembre : à luy, sur les réparations de maçonnerie aud. château en 1695 (3 p.)...... 900^{tt}
    Somme de ce chapitre.... 1151^{tt} 10^s 9^d

ROUTTES.

24 avril-26 juin : à JEAN FRICHET, GUILLAUME FRICHET, PHILIPES PETIT et consors, pour les routtes qu'ils ont entrepris de faire sur la butte de Monceaux dans la forest de Fontainebleau (2 p.).................. 356^{tt}

LABOURS.

15 may-11 décembre : à THILLARD HAUTECLAIRE, à compte du premier labour qu'il fait donner aux jeunes plans des palis de la forest de Fontainebleau (3 p.)....
.... 980^{tt}
12 juin-13 novembre : à MARCHAND, pour les labours, semages et fumages qu'il fait en 1695 aux onze parquets des plaines des environs de Fontainebleau (3 p.). 916^{tt}
    Somme de ce chapitre.......... 1896^{tt}

CHARPENTERIE.

1er may : à BERRURIER, charpentier, parfait payement de 355^{tt} 18^s 8^d à quoy montent les réparations de charpenterie par luy faites à l'enceinte des palis de la forest de Fontainebleau en 1694............ 205^{tt} 18^s 8^d
4 septembre : à luy, sur ses ouvrages et réparations à deux parquets que le vent a renversez......... 120^{tt}
    Somme de ce chapitre...... 325^{tt} 18^s 8^d

MENUISERIE.

12 juin-4 septembre : à SAUBET, menuisier, sur les réparations de menuiserie qu'il a fait au château de Fontainebleau en la présente année (3 p.)...... 800^{tt}

SERRURERIE.

10 juillet-4 septembre : à la veuve ROSSIGNOL, sur les ouvrages et réparations de serrurerie qu'elle a fait au château de Fontainebleau en 1695 (2 p.)...... 350^{tt}
22 may : à MICHEL BENOIST, serrurier, parfait payement de 585^{tt} 8^s 2^d pour ouvrages aud. château pendant les années 1684, 1685, 1686 et 1687..... 85^{tt} 8^s 2^d
    Somme de ce chapitre...... 435^{tt} 8^s 2^d

VITRERIE.

1er may : à la veuve TISSERAND, vitrier, pour ouvrages extraordinaires de vitrerie qu'elle a fait faire au château de Fontainebleau pendant l'année dernière 1694.....
.... 149^{tt} 12^s 6^d

ENTRETENEMENS DE FONTAINEBLEAU.

1er may : au s^r LATOUR, parfait payement de 269^{tt} 14^s 8^d à quoy montent les frottages de planchers qu'il a fait faire au château de Fontainebleau pendant l'année dernière 1694....................... 119^{tt} 14^s 8^d
18 septembre : à luy, sur lesd. frottages...... 150^{tt}
17 avril-26 juin : aux nommez MARCHAND et LA BRIE, ayant l'entretien des routtes de la forêt de Fontainebleau, pour leurs gages des six derniers mois 1694 (2 p.)...
.... 400^{tt}
7 aoust-13 novembre : audit REBOURS, dit LA BRIE, pour le susd. entretien pendant les six premiers mois 1695 (2 p.)........................ 400^{tt}
7 aoust-2 octobre : à luy, ayant l'entretien des palis de lad. forêt, pour ses gages des six premiers mois 1695 (2 p.)............................ 150^{tt}
A luy, comme garde des parquets des plaines des environs de Fontainebleau, pour ses gages des six premiers mois 1695 (2 p.)...................... 350^{tt}
15 may-13 novembre : à NICOLAS MARTIN, ayant le nettoyement des fossez du pourtour du château de Fontainebleau, pour une année de gages échue le dernier septembre (2 p.)...................... 50^{tt}
29 may-13 novembre : au s^r DERUAUX, pour l'entretien et nettoyement qu'il fait aux cours des offices du Cheval blanc, des Héronnières et autres endroits du château, pour une année de ses gages (2 p.)...... 192^{tt}
7 aoust : à COUTURIER, pour l'entretien et conduites de fer de Fontainebleau et de celles de grais, depuis Samois jusqu'au haut des Basses-Loges, pour ses gages des six premiers mois 1695................... 200^{tt}
A SIMON, ayant l'entretien des palis des sept parquets des plaines des environs de Fontainebleau, idem pour les six premiers mois 1695............... 60^{tt}
    Somme de ce chapitre..... 2071^{tt} 14^s 8^d

DIVERSES DÉPENSES.

24 avril : au s^r MORLON, marchand, pour 132 boisseaux d'avoine, à 16^s le boisseau, qu'il a fourni au mois de mars pour ensemencer les onze parquets des plaines des environs de Fontainebleau............ 105^{tt} 12^s
15-29 may : aux habitans de Fontainebleau et d'Avon, pour les bleds ensemencez aux environs de Fontainebleau et d'Avon en 1693 et recueillis en 1694 (2 p.).......
.... 335^{tt} 2^s 8^d
15 may-26 juin : à la veuve LASALLE et au s^r LABRIE, à présent garde des parquets, pour le bled qu'ils ont

fourni pour la nourriture des perdrix et faisans desd. parquets pendant une année (2 p.)........ 547ʰ 10ˢ

30 octobre : à lad. veuve, pour 132 boisseaux de bled qu'elle a fourni pour ensemencer 22 arpens de terre dans les onze parquets des plaines, à 20ˢ le boisseau.. .... 132ʰ

13 novembre : à M. le marquis de Saint-Hérem, pour les dépenses extraordinaires qu'il a faites pour les parquets des environs de Fontainebleau en 1695...... 299ʰ 8ˢ

Somme de ce chapitre..... 1419ʰ 12ˢ 8ᵈ

OUVRIERS À JOURNÉES.

24 avril-11 décembre : aux ouvriers qui ont travaillé à la journée du Roy dans la dépendance du château de Fontainebleau, pour leurs journées et autres dépenses faites depuis le 1ᵉʳ janvier jusqu'au 7 décembre (10 p.) 1859ʰ 4ˢ 6ᵈ

CHAMBORD.

MAÇONNERIE.

26 juin-30 octobre : à Chastelin, maçon, pour les entretiens de la maçonnerie du château de Chambord pendant les trois derniers mois 1694 et les six premiers mois 1695 (3 p.).................... 187ʰ 10ˢ

10 juillet-16 octobre : à luy, sur les réparations des murs du parc (3 p.)....................... 550ʰ

Somme de ce chapitre....... 737ʰ 10ˢ

CHARPENTERIE.

26 juin-30 octobre : à Bounet, charpentier, pour l'entretien de la charpenterie du château de Chambord et dépendances, et des palis des faisanderies et remises à gibier dans le parc de Chambord pendant les trois derniers mois 1694 et les six premiers 1695 (3 p.)... .... 240ʰ

16 octobre : à luy, sur ses réparations de charpenterie aud. château............................. 50ʰ

Somme de ce chapitre......... 290ʰ

COUVERTURE.

26 juin-30 octobre : aux nommez Tesnier et Lhoste, couvreurs, pour l'entretien des couvertures du château et dépendances de Chambord pendant les trois derniers mois 1694 et les six premiers 1695 (3 p.).... 300ʰ

21 aoust : à eux, sur les réparations de couverture qu'ils font aud. château...................... 50ʰ

Somme de ce chapitre............ 350ʰ

MENUISERIE.

26 juin-30 octobre : à la veuve Bonnet, menuisier, pour l'entretien des ouvrages de menuiserie du château de Chambord et dépendances pendant les trois derniers mois 1694 et les six premiers 1695 (3 p.)..... 105ʰ

SERRURERIE.

26 juin-30 octobre : à Beaujouan, serrurier, pour son entretien de la serrurerie du château de Chambord et dépendances pendant les trois derniers mois 1694 et les six premiers 1695 (3 p.)................. 123ʰ 15ˢ

21 aoust : à luy, pour les réparations de serrurerie aud. château............................. 20ʰ

Somme de ce chapitre........ 143ʰ 15ˢ

VITRERIE.

26 juin-30 octobre : à Trinquard, vitrier, pour l'entretien des vitres du château de Chambord et dépendances pendant les trois derniers mois 1694 et les six premiers 1695 (3 p.)................... 67ʰ 10ˢ

PAVÉ.

26 juin-16 octobre : à Chastelin, pour l'entretien du pavé dud. château et dépendances pendant les trois derniers mois 1694 et les six premiers 1695 (3 p.).. 210ʰ

16 octobre : à luy, sur les réparations de pavé qu'il fait aud. château............................ 50ʰ

Somme de ce chapitre.......... 260ʰ

DIVERSES DÉPENSES.

26 juin-30 octobre : au sʳ de Bellefonds, concierge dud. château de Chambord, pour l'entretien et frottage des planchers et parquets dud. château, et entretien de l'horloge pendant les trois derniers mois 1694 et les six premiers 1695 (3 p.)................. 187ʰ 10ˢ

10 juillet : au nommé Huet, pour les hayes qu'il a fait tant aux brèches qui sont tombées l'hiver dernier aux murs du parc de Chambord, qu'au pourtour du chantier des petits bois de charpente près l'avant-cour..... .... 22ʰ 8ˢ

Somme de ce chapitre........ 209ʰ 18ˢ

RIVIÈRE D'EURE.

MENUES DÉPENSES.

8 may : au sʳ Delacroix et autres, pour menues dé-

penses faites pour construire l'aqueduc sur la rivière
d'Eure............................... 118ᴴ
5 juin-10 juillet : à Maximilien Racine et autres,
pour leurs menues dépenses (2 p.)......... 79ᴴ 15ˢ
31 juillet : à Jolly et autres, pour *idem*...... 140ᴴ
4 septembre : à Champenois et autres, pour *idem*. 31ᴴ
13 novembre : à Estienne Renard et autres, pour le
chômage des moulins sur le canal d'Épernon, causé par
le passage des batteaux qui portent des grais d'Épernon
au pont de Cerizy prez Dreux que l'on construit par
ordre du Roy...................... 295ᴴ 10ˢ
Somme de ce chapitre.........664ᴴ 5ˢ

APPOINTEMENS D'EMPLOIEZ DE LA RIVIÈRE D'EURE.

17 avril - 13 novembre : au sʳ Parisot, ayant la direction des ouvrages de l'aqueduc de lad. rivière, pour ses appointemens du mois de février au mois de septembre, à 1800ᴴ par an (8 p.).................. 1200ᴴ
17 avril - 11 décembre : au sʳ Houry, inspecteur sur lad. rivière, pour ses appointemens des mois de février au mois d'octobre, à 900ᴴ par an (9 p.)....... 675ᴴ
17 avril - 11 décembre : au sʳ Delagrange, chargé de la garde des matéreaux et équipages du sʳ Le Maistre, entrepreneur de la maçonnerie de l'aqueduc de Maintenon, pour ses appointemens des mois de février au mois d'octobre, à 600ᴴ par an (9 p.)............ 450ᴴ
17 avril - 4 septembre : au sʳ Labonté, chargé de la garde des matéreaux du sʳ Junan, entrepreneur de la pierre de taille dud. aqueduc, pour ses appointemens des mois de février au mois de juillet (6 p.).... 300ᴴ
9 octobre - 11 décembre : au sʳ Busserolle, chargé de lad. garde, pour les mois d'aoust, septembre et octobre, à 600ᴴ par an (3 p.)............ 150ᴴ
17 avril - 11 décembre : à Legrain, éclusier, chargé du soin des écluses sur lad. rivière et canal d'Épernon, *idem* du mois de février au mois d'octobre, à 20ˢ par jour (9 p.)......................... 273ᴴ
Somme de ce chapitre......... 3048ᴴ

CHOISY ET MEUDON.

MAÇONNERIE.

17 avril - 7 aoust : à Pierre Le Maistre le neveu, entrepreneur, à compte des ouvrages de maçonnerie qu'il a fait à Choisy (10 p.)................ 4380ᴴ
21 aoust - 11 décembre : à luy, à compte des ouvrages de maçonnerie qu'il fait à Meudon (9 p.)..... 4700ᴴ
2 octobre - 27 novembre : à Jean Fracnolet, maçon, pour les ouvrages de maçonnerie de moilon posé à sec qu'il a démoli et rétabli aux murs de la chaussée de l'étang de Villacouplet (5 p.)............ 612ᴴ 11ˢ
Somme de ce chapitre....... 9692ᴴ 11ˢ

TERRASSES.

17 avril - 13 novembre : à Eugène Blondeau, terrassier, pour la fouille et transport des terres pour la première partie du prolongement du fossé proche la grande grille du bout du parc de Choisy, du costé de Villeneuve-le-Roy (2 p.)....................... 322ᴴ 10ˢ
11 décembre : à luy, pour avoir vuidé et curé la mare et la cisterne de la ferme de Vilbon, dans le parc de Meudon............................. 100ᴴ
1ᵉʳ may - 27 novembre : à luy et à Remy Janson, sur le prolongement du fossé au bout du jardin, du costé de Villeneuve-le-Roy (7 p.)................. 1250ᴴ
16 - 30 octobre : à Janson le jeune, pour la fouille et transport de terres qu'il a fait à la rampe à costé de l'orangerie et pour la recoupe du jeu d'anneau tournant (2 p.)............................... 280ᴴ
4 septembre - 13 novembre : à Pierre Le Clerc, dit Pitre, terrassier, sur les ouvrages de terre, gazon et conroy qu'il fait à Meudon (6 p.).......... 2100ᴴ
27 novembre - 11 décembre : à luy, sur le déblay et remblay de la faute de l'étang des Foncoaux (2 p.).... 500ᴴ
16 - 30 octobre : à Estienne Verre, pour la fouille et transport des terres de la rampe proche la Grotte (2 p.) 72ᴴ 15ˢ
13 novembre : à luy, pour 10 toises courantes de rigolles qu'il a faites et fouillées et remplies de bonne terre pour planter de la grande charmille au bout du parterre du *Gladiateur* de Meudon, à 35ˢ la toise..... .... 17ᴴ 10ˢ
30 octobre : à Antoine Chevallier et Pierre Renard, jardiniers, pour les ouvrages qu'ils ont fait en commun au-delà de leur entretien dans les jardins de Meudon.. .... 167ᴴ 13ˢ
27 novembre : aud. Renard, pour les bonnes terres pour les picéas et spécs de grande charmille qu'il a fourni pour les jardins de Meudon............ 60ᴴ
30 octobre : à Durand, pour le transport des bonnes terres et sables des communications..... 53ᴴ 7ˢ
13 - 27 novembre : à François La Tronce, pour la glaise qu'il a remaniée au conroy des bassins et autres ouvrages par luy faits à Meudon (2 p.)...... 160ᴴ 5ˢ
Somme de ce chapitre......... 5084ᴴ

TUIAUX DE FER ET DE GRAIS.

4 septembre-30 octobre : à François Pollard, pour le nettoyement et curage des rigolles de Meudon qu'il a rétablis (2 p.)..................... 412^{tt} 10^s

2 octobre-11 décembre : à luy, sur ses entretiens des tuiaux de fer, plomb et grais des fontaines de Meudon (3 p.)........................... 900^{tt}

Somme de ce chapitre....... 1312^{tt} 10^s

JARDINAGES.

15 may : au nommé Chedeville, jardinier, pour les arbres fruitiers et sauvageons qu'il a fournis pour le jardin potager de Choisy en 1693............ 39^{tt} 10^s

CHARPENTERIE.

3 avril : à Jean Malet, charpentier, à compte de ses ouvrages de charpenterie au château de Choisy.. 200^{tt}

7 aoust-27 novembre : à luy, sur ses ouvrages à Meudon (8 p.)....................... 1750^{tt}

Somme de ce chapitre.......... 1950^{tt}

COUVERTURE.

4 septembre : à Estienne Yvon, couvreur, ayant l'entretien des couvertures de Choisy, pour les six derniers mois de l'année 1694.................... 250^{tt}

16 octobre : à Jaques Le Long, couvreur, pour les réparations qu'il a fait aux maisons appartenantes à la veuve Puteaux, où logent les employez aux bâtiments de Meudon.............................. 200^{tt}

13 novembre-11 décembre : à luy, à compte des ouvrages de couverture qu'il a fait au-delà de son entretien des couvertures de Meudon (2 p.)........... 400^{tt}

Somme de ce chapitre........... 850^{tt}

MENUISERIE.

3 avril-12 juin : à Pierre Vedeau, menuisier, à compte des ouvrages de menuiserie qu'il a faits à Choisy. 480^{tt}

A Nardin, menuisier, pour les réparations de menuiserie et chassis qu'il a faits à plusieurs tableaux du magasin de Versailles....................... 21^{tt} 10^s

30 octobre : au s^r Tarrenot, menuisier, pour ouvrages de menuiserie et fer de tôle qu'il a faits et fournis pour le rétablissement de la porte cochère de menuiserie du parc de Meudon, nommée Porte Dauphine...... 24^{tt}

10 juillet-11 décembre : à Nivet, menuisier, sur ses ouvrages de menuiserie à Meudon (11 p.)..... 3600^{tt}

Somme de ce chapitre....... 4045^{tt} 10^s

SERRURERIE.

17 avril-21 aoust : à Jaques Lambert, serrurier, ayant l'entretien de la serrurerie du château de Noisy et dépendances, pour led. entretien pendant les six premiers mois 1695 (2 p.)....................... 200^{tt}

27 novembre : à Fordrin, serrurier, sur ses ouvrages à Meudon............................. 100^{tt}

3 avril : à Pierre Roger, serrurier, parfait payement de 5576^{tt} 10^s à quoy montent les ouvrages par luy faits dans la dépendance du château de Choisy pendant 1693, 1694 et les trois premiers mois 1695...... 176^{tt} 10^s

1er may : à luy, par gratification en considération des voyages qu'il a été obligé de faire de Paris et de Versailles à Choisy, pour les ouvrages de sujettion qui luy ont esté ordonnez par Monseigneur.................. 60^{tt}

10 juillet : à luy, sur les ouvrages faits aud. château de Choisy pendant les mois d'avril et may derniers.... .... 95^{tt} 17^s 6^d

24 juillet-11 décembre : à luy, sur ses ouvrages à Meudon (10 p.)....................... 1900^{tt}

11 décembre : à Lucas, serrurier, pour les frises de fer qu'il a faites et fournies pour le jeu d'onneau tournant du jardin haut de Meudon.................. 18^{tt}

Somme de ce chapitre....... 2550^{tt} 7^s 6^d

VITRERIE.

29 may-7 aoust : à Pougeois, vitrier, pour les ouvrages de vitrerie qu'il a faits dans la dépendance du château de Choisy (2 p.)....................... 282^{tt} 9^s 10^d

21 aoust-11 décembre : à luy, pour ses ouvrages à Meudon (6 p.)......................... 1050^{tt}

Somme de ce chapitre..... 1332^{tt} 9^s 10^d

SOUDURE ET PLOMBERIE.

17 juillet-4 septembre : à Valentin Lopin, pour les plombs, soudures et autres fournitures qu'il a fait au magasin de Meudon (2 p.)................. 301^{tt} 5^s

21 aoust-13 novembre : à luy, pour ses gages et entretien des fontaines (3 p.).................. 600^{tt}

13 novembre : à Jaques Lucas, plombier, sur ses ouvrages de plomberie à Meudon............... 200^{tt}

Somme de ce chapitre........ 1101^{tt} 5^s

PAVÉ.

7 aoust : à Louis Regnouf, paveur, parfait payement de 950^{tt} 14^s pour ses ouvrages de pavé au château de Choisy pendant qu'il a appartenu à Monseigneur... 200^{tt} 14^s

ANNÉE 1695. — CHOISY ET MEUDON.

DIVERSES DÉPENSES.

1ᵉʳ may-4 septembre : au sʳ Sorin, marchand, pour le mastic et chanvre qu'il a fourni pour goudronner la chaloupe de Monseigneur et pour souder les tuyaux de grais des fontaines et autres fournitures (2 p.). 135ᴸ 5ˢ

12 juin-16 octobre : à Julien Lorry, horlogeur, parfait payement de 550ᴸ pour l'horloge qu'il a faite et posée sur le colombier de la basse cour de Choisy (2 p.) 350ᴸ

26 juin-16 octobre : à Robert Aumont, pour dépenses faites pour plusieurs voyages pour le service du Roy, de Choisy à Versailles et à Paris (2 p.) 76ᴸ 10ˢ

26 juin : à Chevillard, fontainier, pour la demie année du loyer de son logement de Choisy 60ᴸ

10 juillet : au sʳ Pallu, pour deux milliers de grande charmille qu'il a fournie de la forest de Sénart, pour les palissades des jardins 72ᴸ

24 juillet : à Dufresne, pour menues dépenses qu'il a faites pour Choisy pendant les six premiers mois 1695. .... 12ᴸ

7 juillet : à Bertrand Mottard, marinier, pour avoir pris soin de la chaloupe de Monseigneur, à Choisy, pendant les six premiers mois 1695 .... 25ᴸ

21 aoust : à Nicolas Angrou, pour avoir déposé 16 toises 1/3 de tuiaux de grais à travers le nouveau fossé, au bout du jardin du costé de Villeneuve-le-Roy, à 3ᴸ la toise, y compris la chaux et ciment 50ᴸ

Au sʳ Lhuillier, pour le loyer de son logement de Choisy pendant les six premiers mois 1695, à 175ᴸ par an 87ᴸ 10ˢ

A Renard, pour les dépenses qu'il a faites pour le charbon employé l'hyver dernier pour échauffer l'orangerie de Choisy 73ᴸ 4ˢ

A luy, pour les dépenses qu'il a faites à Meudon pour le transport des orangers de l'orangerie basse au parterre de la Grotte à Meudon, et pour avoir fait lever tous les oignons des parterres et pépinières 188ᴸ

Au sʳ Labbé, pour 12 grosses courbes de bois de chesne, 155 livres pesant de cloud, pour racomoder les barques qui sont à Meudon 78ᴸ 17ˢ

A Nollan, corroyeur, pour deux cuirs de vache forte qu'il a fourni pour les rondelles et pistons des tuiaux des eaux de Meudon 20ᴸ

4 septembre : à la mère Besnard, pour dépenses extraordinaires qu'elle a faites pour nettoyer les cours du château de Choisy, au dernier voyage du Roy, et pour avoir mis en état d'entretien les cours du château de Meudon 30ᴸ

11 septembre : au sʳ Le Roux, pour les dépenses qu'il a faites pour les chaloupes de Monseigneur à Meudon, et 100ᴸ pour plusieurs voyages qu'il a fait à Choisy et à Meudon pour le service de Monseigneur 177ᴸ

13 novembre : à Jean Varisse, ramonneur de cheminées, pour les cheminées qu'il a visitées, réparées et ramonnées à Meudon 41ᴸ 10ˢ

30 octobre : à Dominico Cuccy, ébéniste et fondeur, pour 12 pieds courants de moulure de cuivre doré d'or moulu, qu'il a fourni pour la glace de la cheminée du cabinet à la capucine de Monseigneur 36ᴸ

13 novembre : au sʳ Locnon, ébéniste, pour ouvrages faits à Choisy en 1695 .... 87ᴸ

Somme de ce chapitre 1599ᴸ 16ˢ

PEINTURE ET DORURE.

10 juillet : à Ancelin, peintre, pour ouvrages de peinture aux deux cadrans de l'horloge de Choisy, y compris la voiture 78ᴸ

Au sʳ Choulier, doreur, pour dorure et blanc à huile à la croisée feinte du pavillon octogone proche la rivière 28ᴸ

17 avril-13 novembre : à Estienne Bourgault, peintre, parfait payement de 1546ᴸ 10ˢ 8ᵈ pour les ouvrages de grosse peinture qu'il a faits au château de Choisy en 1693, 1694 et partie de 1695 (7 p.) 646ᴸ 10ˢ 8ᵈ

27 novembre : à luy, sur ses ouvrages de grosse peinture à Meudon 100ᴸ

26 juin : au sʳ Paillet, peintre, pour les avances qu'il a faites pour faire voiturer des tableaux du magasin de Versailles à Choisy, de là à Versailles et à Paris, ensuite à Choisy, et de Choisy à Meudon, pendant avril, may et juin 1695 .... 113ᴸ

13 novembre : à Ciron, peintre, sur le verny d'esprit de vin qu'il a fait au cabinet à la capucine, escaliers et garderobe de Monseigneur, à Meudon 100ᴸ

Somme de ce chapitre 1065ᴸ 10ˢ 8ᵈ

SCULPTURE.

10 juillet : au sʳ Bertin, sculpteur, pour les dépenses qu'il a faites pour le transport des bustes, escabellons et tables de marbre, de Choisy à Meudon 88ᴸ 10ˢ

11 septembre : à luy, pour la dépense qu'il a faite et le temps qu'il a employé pour mener et poser à Meudon le *Gladiateur* de bronze et plusieurs autres figures et vases de marbre qu'il a restauré 90ᴸ

13 novembre : à Pierre Mazeline, sculpteur, pour ce qu'il a payé à quatre sculpteurs qui ont travaillé aux or-

nemens de sculpture en plastre de la cheminée de l'antichambre de Madame de Maintenon............ 75ʰ

27 novembre : au sʳ Dufour, autre, pour ouvrages de sculpture en bois, par luy faits à la chaloupe de Meudon qui est sur l'étang de Bel-Air............ 63ʰ 10ˢ

11 décembre : à Belan, autre, pour ouvrages de sculpture en bois à quatre consolles qui portent les bijoux du cabinet de Monseigneur, à Meudon............ 104ʰ

Au sʳ André Goupil, pour quatre autres consolles, idem........................ 96ʰ

Au sʳ Briquet, pour deux autres consolles, idem. 40ʰ

Au sʳ Matié, autre, pour deux consolles, idem. 40ʰ

Au sʳ Le Maire, autre, pour quatre consolles, idem............................ 85ʰ

Au sʳ Havard, pour quatre consolles, idem..... 88ʰ

Au sʳ Lalande, autre, pour six autres consolles, idem............................ 130ʰ

Au sʳ Taupin, autre, pour cinq autres consolles, idem............................ 110ʰ

Somme de ce chapitre........ 1010ʰ

MARBRERIE.

31 juillet : à Hubert Misson, marbrier, à compte de la cheminée de marbre qu'il fait dans le cabinet de Monseigneur, à Meudon................ 33ʰ 3ˢ 6ᵈ

13-27 novembre : à luy, sur les ouvrages de marbre qu'il a fait à Choisy en 1694 et 1695 (2 p.). 224ʰ 8ˢ

Somme de ce chapitre..... 257ʰ 11ˢ 6ᵈ

ENTRETENEMENS.

3 avril-29 may : à Pierre Renard, jardinier, ayant l'entretien du château de Choisy, parfait payement de 2000ʰ pour les gages du dernier quartier 1694 (5 p.)............................ 1400ʰ

12 juin-24 juillet : à luy, à compte dud. entretien en 1695 (4 p.)................ 1600ʰ

7 aoust-11 décembre : à luy, à compte de l'entretien du parterre en face du château de Meudon, du *Gladiateur*, de la Grotte et de l'Orangerie, à raison de 3800ʰ par an (4 p.)...................... 1200ʰ

1ᵉʳ may-2 octobre : à la mère Bénard, pour avoir arraché l'herbe des cours du château de Choisy et de Meudon (3 p.)........................ 175ʰ

1ᵉʳ may-24 juillet : à Louis Deschamps, pour avoir pris des taupes pendant les six premiers mois 1695 (2 p.)............................ 50ʰ

15 may-23 novembre : à Nicolas Agnou, dit Poulet, ancien fontainier de Choisy, pour sa pension des trois derniers mois 1694 et des six premiers 1695 (3 p.)........................ 150ʰ

15 may-2 octobre : à Julien Chevillard, fontainier, ayant l'entretien des fontaines de Choisy et de Meudon, pour ses gages pendant la présente année (5 p.). 690ʰ

17 juillet-18 septembre : à Musard, garçon fontainier de Meudon, à compte de ses gages (2 p.).. 100ʰ

7 aoust-27 novembre : à Simon Loing, garçon jardinier, sur l'entretien de tous les parterres hauts, pour ses gages des trois derniers quartiers 1695 (4 p.). 750ʰ

21 aoust-27 novembre : à Anthoine Chevallier, garçon jardinier, sur l'entretien de tous les parterres bas, idem (4 p.)...................... 800ʰ

A Eustache Ragon, autre, sur l'entretien des maronniers, des ifs, de l'avant cour et de vingt-une routes dans les petits bois, à raison de 1000ʰ par an (4 p.). 400ʰ

4 septembre-30 octobre : à François Ragon, autre, ayant l'entretien du potager de Meudon (3 p.). 900ʰ

18 septembre : à Haute Campagne, autre garçon fontainier, pour ses gages du quartier de juillet.. 100ʰ

2 octobre : à Pierre Prevost, preneur de taupes, pour ses appointemens du quartier de juillet..... 75ʰ

Somme de ce chapitre........ 8390ʰ

OUVRIERS À JOURNÉES DE CHOISY.

3 avril-11 décembre : aux ouvriers qui ont travaillé à la journée du Roy au château et dépendances dud. Choisy depuis le 15 mars jusqu'au 10 décembre (19 p.).......................... 2366ʰ 19ˢ 10ᵈ

GAGES PAR ORDONNANCES.

3 avril-11 décembre : au sʳ Masson, inspecteur au château de Vincennes, pour ses appointemens depuis le mois de mars jusqu'au mois de novembre, à 30ˢ par jour (9 p.)............................ 412ʰ 10ˢ

8 may-25 septembre : à Guillaume Créan, inspecteur à Saint-Germain-en-Laye, pour ses appointemens des trois derniers mois 1694 et des six premiers 1695 (3 p.)............................ 450ʰ

10 avril-25 septembre : à Estienne Larue, inspecteur aux aqueducs du fonds de Rets, pour ses appointemens des trois premiers quartiers 1695 (3 p.).. 270ʰ

8 may-18 décembre : à Jaques Montreuil, inspecteur à Marly, pour le dernier quartier 1694 et les trois premiers 1695 (4 p.)...................... 900ʰ

8 may-4 décembre : à Antoine Lescuyer, dessinateur à Marly, pour le dernier quartier 1694 et les trois premiers 1695 (4 p.)...................... 1200ʰ

24 avril-25 septembre : à François Gallin, piqueur à Marly, pour le dernier quartier 1694 et les deux premiers 1695 (3 p.).................... 450ᵗᵗ

10 avril-6 novembre : à Rennekin Sualem, charpentier Liégois à la Machine, pour les deux derniers quartiers 1694 et le premier 1695 (3 p.)......... 1350ᵗᵗ

10 avril-16 octobre : à Boucault, garde-magasin, pour les deux derniers quartiers 1694 et le premier 1695 (3 p.)........................... 675ᵗᵗ

A Toussaint Michel, menuisier Liégeois à lad. Machine, pour les deux derniers quartiers 1694 et le premier 1695 (3 p.)...................... 540ᵗᵗ

10 avril-11 décembre : à Vaillant, garde-magasin à Saint-Germain, pour ses appointemens de 1695 (4 p.). 600ᵗᵗ

A Tannevot fils, inspecteur sur les terres du nouveau jardin de Trianon, pour ses appointemens du mois de mars au mois de novembre 1695 (9 p.).... 343ᵗᵗ 15ˢ

10 avril-18 septembre : à la veuve Desjardins, concierge de la Surintendance des bâtimens de Versailles, pour ses appointemens de l'année 1695 (4 p.).. 400ᵗᵗ

17 avril-16 octobre : aux Religieuses Capucines, pour l'entretien de leur jardin pendant le dernier quartier 1694 et les deux premiers 1695 (3 p.)........ 300ᵗᵗ

24 avril-11 décembre : au sʳ Desgodetz, contrôleur à Paris, pour ses appointemens du dernier quartier 1694 et des deux premiers 1695 (3 p.)........... 2250ᵗᵗ

26 juin-16 octobre : à luy, pour les appointemens de son commis du dernier quartier 1694 et premier 1695 (2 p.).................................. 500ᵗᵗ

1ᵉʳ may-2 novembre : au sʳ Lefebvre, pour l'entretien de la Samaritaine pendant l'année 1695 (6 p.). 3000ᵗᵗ

1ᵉʳ may-16 octobre : au sʳ Bonnefonds, garde-magasin de l'hôtel de Vandôme, pour les trois premiers quartiers 1695 (3 p.)........................... 675ᵗᵗ

1ᵉʳ may-30 octobre : au sʳ Villiard, employé aux eaux bonnes à boire et au pavé, pour les trois derniers quartiers de l'année 1694 (3 p.).................. 900ᵗᵗ

1ᵉʳ may-27 novembre : à Ollivier Fleurant, fils de feu Ollivier Fleurant, jardinier à Trianon, pour la pension que S. M. lui a accordée, pour les six derniers mois 1693 et l'année 1694 (3 p.)............. 450ᵗᵗ

1ᵉʳ may-4 décembre : à Le Court, controlleur à Monceaux, pour les deux derniers quartiers 1694 et le premier 1695 (3 p.)........................ 1125ᵗᵗ

Au sʳ Le Goux, employé à Saclay, pour idem (3 p.).. .... 900ᵗᵗ

Au sʳ Duchiron, employé au magasin des plombs, idem (3 p.)....................................... 1500ᵗᵗ

1ᵉʳ may-7 aoust : au sʳ de Louit, employé au magasin des démolitions à Versailles, pour les deux derniers quartiers 1694 (2 p.).................... 600ᵗᵗ

Au sʳ Michelet, employé à la pesée du fer, idem (2 p.) 600ᵗᵗ

Au sʳ Andrieu, toiseur, idem (2 p.)........ 1000ᵗᵗ

Au sʳ Andrieu le jeune, idem (2 p.)........ 184ᵗᵗ

Au sʳ La Boulaye, employé aux vitres à Versailles, idem (2 p.).................................. 450ᵗᵗ

Au sʳ Labbé, employé à visiter les ouvriers à Paris, idem (2 p.).................................. 900ᵗᵗ

Au sʳ Pernot, employé à Trianon, pour les deux derniers quartiers 1694 et le premier 1695 (3 p.).. 900ᵗᵗ

Au sʳ Luouillier, inspecteur à Choisy, pour les deux derniers quartiers 1694 et le premier 1695 (3 p.). 900ᵗᵗ

1ᵉʳ may-4 décembre : à François Le Bled, portier de l'hôtel de Limoges, idem (3 p.)............. 274ᵗᵗ

A Charles Le Brun, portier de l'hôtel des inspecteurs, pour idem (3 p.)...................... 274ᵗᵗ

8 may-15 septembre : à Claude Dobye, inspecteur à Marly, pour les trois premiers quartiers 1695 (3 p.).. .... 324ᵗᵗ

8 may-4 décembre : au sʳ Mansart, premier architecte, pour parfait payement de ses appointemens tant ordinaires qu'extraordinaires des deux derniers quartiers 1694 et du premier 1695 (5 p.).......... 6250ᵗᵗ

8 may-4 décembre : à Caucay, dessinateur, parfait payement des deux derniers quartiers 1694 et du premier 1695 (5 p.).......................... 750ᵗᵗ

A Cailleteau, dit L'Assurance, autre dessinateur, idem (5 p.).. 750ᵗᵗ

15 may-11 décembre : à Louis-Clément Garnier, jardinier du Roulle, pour ses appointemens du dernier quartier 1694 et des premiers 1695 (2 p.). 600ᵗᵗ

Au sʳ Philippe, inspecteur à lad. pépinière, pour idem (3 p.).. 675ᵗᵗ

Au sʳ Germain, inspecteur à cheval sur les plants et pépinière, pour idem (3 p.).................. 900ᵗᵗ

15 may-6 novembre : à Lachambre, garde à cheval à Saclay, qui a soin des rigolles de Meudon, pour ses appointemens du mois de mars au mois d'octobre (4 p.) 460ᵗᵗ

A Beaulieu, autre, à l'étang de Vieille-Église (4 p.) 360ᵗᵗ

A du Trier, autre, à Trappes (4 p.)......... 360ᵗᵗ

A Bernard, autre, au Ménil (4 p.)......... 360ᵗᵗ

A Le Maistre, à Trappes, vis-à-vis des pavillons (4 p.) 360ᵗᵗ

A Martin, autre, au Perray (4 p.).......... 360ᵗᵗ

A Denis Rosay, autre, au Pré-Clos (4 p.).... 360ᵗᵗ
A Lefebvre, garde à Buc, pour le même temps, à
20ᵗ par jour (4 p.)...................... 245ᵗᵗ
29 may-16 octobre : au sʳ Lambert, pour ses appointemens des trois derniers quartiers 1694 (3 p.). 3000ᵗᵗ
29 may-30 octobre : au sʳ Morley, pour *idem* (3 p.)
.... 1350ᵗᵗ
29 may-14 aoust : au sʳ Gabriel, contrôleur à Chambord, parfait payement de 1350ᵗᵗ en considération du
séjour qu'il a fait à Chambord et du service actuel qu'il
a rendu dans les bâtimens pendant les neuf derniers
mois 1694 (2 p.)...................... 850ᵗᵗ
5 juin-4 décembre : au sʳ Lefebvre, contrôleur général, en considération du séjour qu'il a fait à Versailles
et du service actuel qu'il a rendu dans lesd. bâtimens
pendant les deux derniers quartiers 1694 et le premier
1695 (3 p.)......................... 3750ᵗᵗ
12 juin-23 octobre : au sʳ Crescent, contrôleur, pour
ses appointemens des trois premiers quartiers 1695
(3 p.).............................. 1800ᵗᵗ
12 juin-20 novembre : au sʳ Perrault, greffier des
Bâtimens, pour ses gages et par gratiffication des trois
derniers quartiers 1694 (3 p.)............ 3300ᵗᵗ
12 juin : au sʳ de la Motte, intendant des Bâtimens,
par gratification des six derniers mois 1693..... 450ᵗᵗ
19 juin : à Donbay, architecte, pour ses appointemens
du quartier de janvier 1694................ 500ᵗᵗ
19 juin-31 juillet : au sʳ Carlier, dessinateur, pour
54 journées qu'il a travaillé au bureau à dessiner
(2 p.)................................ 135ᵗᵗ
19 juin : à Durel, pour avoir conduit les ouvriers du
jardin pendant trois semaines............ 45ᵗᵗ
3 juillet-18 décembre : au sʳ de Bourges, médecin
des Bâtimens, pour sa pension des trois derniers quartiers 1695 (3 p.)..................... 1500ᵗᵗ
Au sʳ Marchand, pour les trois derniers quartiers
1695 (3 p.)........................ 750ᵗᵗ
Au sʳ Jolly, pour *idem* (3 p.).......... 1500ᵗᵗ
Au sʳ Chuppin, dessinateur, pour *idem* (3 p.). 1500ᵗᵗ
Au sʳ Frosne, pour *idem*, y compris 450ᵗᵗ pour les gages
de son commis pendant led. temps (3 p.).... 2700ᵗᵗ
Au sʳ Sinfray, pour lesd. trois derniers quartiers
(3 p.)............................. 2250ᵗᵗ
Au sʳ Mesmyn, pour *idem* (3 p.)......... 3000ᵗᵗ
Au sʳ Marigner, pour *idem*, y compris son logement
et les frais de son bureau (3 p.).......... 3000ᵗᵗ
18 décembre : à luy, pour les appointemens de son
commis pendant l'année 1695............ 600ᵗᵗ
10 juillet-16 octobre : à la veuve Bailly, portière de

la Savonnerie, pour ses gages des deux premiers quartiers 1695 (2 p.)...................... 150ᵗᵗ
10 juillet-13 novembre : à Contat, portier de l'Observatoire (2 p.)....................... 120ᵗᵗ
10 juillet-12 décembre : à Lebeau, pour les voyages
qu'il a faits en poste pendant l'année 1695 (2 p.)....
.... 1200ᵗᵗ
10 juillet-11 décembre : à Henry Fossier, garde-
magasin des démolitions des bâtimens de Paris, pour les
deux premiers quartiers 1695 (2 p.)........ 750ᵗᵗ
A Michel Fossier, toiseur des marbres du Roy dans
le magasin des marbres, pour *idem* (2 p.).... 300ᵗᵗ
A Jean-Daniel Fossier, garde-magasin des marbres,
pour *idem* (2 p.).................... 400ᵗᵗ
17 juillet-20 novembre : à Jourdan, inspecteur dans
le jardin de Versailles, pour le dernier quartier 1694 et
le premier 1695 (2 p.)................. 450ᵗᵗ
17 juillet-20 novembre : au sʳ Jumelle, pour le dernier quartier 1694 et le premier 1695 (2 p.)... 450ᵗᵗ
24 juillet : à la veuve Voirie, portier de l'Observatoire,
pour ses appointemens depuis le 1ᵉʳ janvier jusqu'au
25 may dernier, à 200ᵗᵗ, et 10ᵗᵗ pour des ajustemens qu'il
a fait faire à lad. porte................ 90ᵗᵗ
31 juillet-26 septembre : au sʳ Cochu, contrôleur à
la Machine, pour les 3ᵉ et 4ᵉ quartiers 1694 (2 p.)..
.... 1800ᵗᵗ
Au sʳ de Rusé, contrôleur à Saint-Germain et Marly,
pour les 3ᵉ et 4ᵉ quartiers (2 p.).......... 1800ᵗᵗ
6 novembre : à luy, pour une année des gages de son
commis, finie le 1ᵉʳ novembre............ 600ᵗᵗ
7 aoust-18 septembre : au sʳ d'Estrechy, pour les
3ᵉ et 4ᵉ quartiers 1694 (2 p.)............ 1800ᵗᵗ
14 aoust : au sʳ Roger, cy-devant commis du sʳ La
Chapelle-Bessé, parfait payement de 500ᵗᵗ par gratiffication, en considération du travail qu'il a fait pour vérifier les comptes en marbre des marbriers..... 250ᵗᵗ
21 aoust : au sʳ Louis Patenostre, aumosnier des Bâtimens, pour sa pension de l'année 1695...... 350ᵗᵗ
28 aoust 1695-26 février 1696 : au sʳ Caillet, notaire des Bâtimens, pour sa pension des années 1694 et
1695 (2 p.)........................ 800ᵗᵗ
11 septembre : au sʳ Coquart de la Motte, intendant
des Bâtimens, par gratification des six premiers mois
1694............................. 450ᵗᵗ
6 novembre : à Michel Jumel, dessinateur, pour avoir
esté employé à dessiner pour les bâtimens..... 75ᵗᵗ
27 novembre : au sʳ de Sainte-Catherine, employé à
Buc, aux plaines de Saclay et à Trappes, pour ses ap-

pointemens des trois derniers mois 1694 et des neuf premiers 1695....................... 3000ᵗᵗ
4 décembre : à PERROT, employé à Trianon, pour le premier quartier de 1695................. 300ᵗᵗ
18 décembre : à BACOUEL, portier du Cours-la-Reyne du costé de Chaillot, à compte de ses appointemens 1695................................... 95ᵗᵗ
A luy, comme garde des Thuilleries, *idem*.... 100ᵗᵗ
A GERMAIN, autre portier du Cours du costé des Thuilleries, à-compte........................ 75ᵗᵗ

Somme de ce chapitre...... 8577ᵗᵗ 5ˢ

GAGES D'INVALIDES.

3 avril-11 décembre : à ROBERT DE FRANCE, dit LA FRANCE, soldat invalide, employé à l'inspection des ouvrages de la grande église des Invalides, pour ses gages depuis le mois de mars jusqu'au mois de décembre (9 p.)............................... 213ᵗᵗ 10ˢ
A LARUE, employé à l'inspection et garde de la statue équestre de l'hôtel de Vendôme, du mois de mars au mois de novembre (8 p.)................. 275ᵗᵗ
3 avril-1ᵉʳ may : à LA VIOLLETE, autre invalide, employé dans le jardin de Versailles pendant les mois de mars et d'avril (2 p.)..................... 61ᵗᵗ
10 avril-9 octobre : à LOUIS BACCANI, dit DILLIGENT, invalide, employé à Marly, pour ses gages des trois premiers quartiers 1695 (3 p.)................. 270ᵗᵗ
24 avril-11 décembre : à MONPLAISIR, autre, employé à Fontainebleau, pour ses gages du mois de janvier au mois de novembre (8 p.).................. 334ᵗᵗ
8 may-8 novembre : à GUILLAUME RAMSAY, dit HUILE, autre invalide, employé à Monceaux, pour ses gages des mois de mars au mois d'octobre (4 p.)........ 245ᵗᵗ
21 aoust : à LAURENT LOISEAU, dit CHAMPIGNI, et JEAN BERNARD, dit LA FINESSE, soldats invalides, employez à la garde de la pharmacie et des démonstrations du Jardin royal des plantes, pour leurs appointemens, chacun pendant 39 jours......................... 78ᵗᵗ
30 octobre : à ROBERT AUMONT, autre, employé à la statue équestre, pendant 27 jours d'octobre...... 27ᵗᵗ

Somme de ce chapitre...... 1503ᵗᵗ 10ˢ

GRATIFICATIONS.

17 avril : à MAHEU, par gratification, en considération du soin qu'il a eu de faire élaguer les arbres des avenues des Maisons royales...................... 50ᵗᵗ
26 avril : à PEROU, concierge de l'Académie de peinture, sculpture, par gratification pour les services qu'il rend à lad. Académie..................... 100ᵗᵗ
15 may-7 aoust : à JEAN FRADE, qui a inspection pour la garde des cignes sur la rivière de Seyne, de Surenne à Rouen, gratification pour l'année 1694 (2 p.) 150ᵗᵗ
15 may-7 aoust : à PIERRE COCHOIS, ayant la même inspection de Corbeil à Saint-Cloud (2 p.)..... 150ᵗᵗ
5 juin : au sʳ MARCHAND, par gratification, en considération de ses services..................... 100ᵗᵗ
5 juin : au sʳ TAILLY, par gratification, en considération du soin qu'il a pris pour faire entretenir les routtes et fossez de la forest de Compiègne pendant 1694.... .... 150ᵗᵗ
12 juin : au sʳ LA BOULAYE, employé aux vitres, en considération du soin qu'il a eu du sable de rivière et du ramonnage des cheminées pendant 1694.... 300ᵗᵗ
26 juin : au sʳ VILLIARD, en considération de l'inspection qu'il a sur les ouvrages de pavé.......... 300ᵗᵗ
3 juillet : au sʳ MICHELET, en considération du soin qu'il a pris de la menue serrurerie dans les dehors de Versailles et dans le château de Trianon........ 300ᵗᵗ
10 juillet : à PINAULT, garde de la Prévosté de l'Hostel, en considération d'une rupture qu'il s'est faite à la jambe dans le temps des glaces, allant pour les affaires du Roy.............................. 50ᵗᵗ
28 aoust : au sʳ DU PARC, jardinier du château neuf de Saint-Germain, en considération des fruits nouveaux qu'il a donnez au Roy..................... 150ᵗᵗ
9 octobre : au sʳ L'ESCUYER, dessinateur à Marly, en considération du service extraordinaire qu'il a rendu à Marly................................. 150ᵗᵗ
16 octobre : à PIERRE DIFFIN, dit LAPIERRE, garde des estangs de la Machine, en considération de la perte qu'il a faite d'un cheval qui luy a esté pris et des dépenses extraordinaires qu'il a faites pour le service de S. M... .... 100ᵗᵗ
Au sʳ LARUE, employé à la statue équestre de l'hôtel de Vendôme, par gratification................ 100ᵗᵗ
6 novembre : à CLAUDE DOBIE, inspecteur à Marly, idem................................... 50ᵗᵗ
13 novembre : au sʳ FOSSIER, garde-magasin des bâtimens du Roy à Paris, par gratification en considération de tous les Termes, figures, escabelons, vases et tables de marbre, qu'il a conduits à Versailles et autres Maisons royales, depuis 1692 jusqu'à présent.......... 400ᵗᵗ
20 novembre : à CANDON, charpentier du canal, par gratification............................. 30ᵗᵗ

Aux trois garçons du magasin des démolitions de Versailles, par gratification...................... 60ᵗᵗ
20 novembre : à Lafosse et Douville, calfateurs du canal, en considération de ce qu'ils ont calfeutré les croisées de Trianon, les baraques de la Pépinière et celle des Suisses........................... 40ᵗᵗ
27 novembre : à Nicolas Prouvais, charpentier de la Machine, à cause des services qu'il rend actuellement pour le service de S. M.................... 100ᵗᵗ
Aux nommez Lecomte, Menessier, Candon et Cuesne, charpentiers, Lafosse et Douville, calfateurs du canal, par gratification à cause du service extraordinaire qu'ils ont rendu à Meudon pour racomoder les barques de Monseigneur......................... 90ᵗᵗ
27 novembre : aux palfreniers des escuries de S. M., pour les fumiers qui leur ont esté pris pour les parquets de Fontainebleau pendant 1695............. 77ᵗᵗ
11 décembre : à Pierre Langouette, serrurier, en considération des services qu'il rend à la Machine.... 60ᵗᵗ
18 décembre : à la veuve Desjardins, concierge de la Surintendance, par gratification............ 100ᵗᵗ

Somme de ce chapitre......... 3157ᵗᵗ

GAGES SUIVANT L'ESTAT.

SAINT-GERMAIN-EN-LAYE.

3 avril : à la veuve Jean de Lalande, ayant l'entretenement du grand parterre en broderie en face du château et des allées qui le composent, y compris la terrasse joignant le mur d'apuy du fossé, pour ses gages pendant le premier quartier de 1695......... 337ᵗᵗ 10ˢ
A Louis de Lalande, ayant celuy du Boulingrin, pour idem......................... 334ᵗᵗ 5ˢ
A la veuve Bellier, ayant celuy de la moitié du nouveau jardin en gazon, pour idem......... 212ᵗᵗ 10ˢ
A elle, pour l'entretien de l'autre moitié qu'avoit la veuve Coustillié, sa fille, à la charge de nourir et élever quatre enfans qu'elle a laissez............... 200ᵗᵗ
A François Lavechef, ayant celuy du jardin et parterre devant les grottos du château neuf......... 112ᵗᵗ 10ˢ
A luy, ayant celuy des canaux et colines dud. château neuf......................... 18ᵗᵗ 15ˢ
A Pierre-François Le Coustillié, ayant celuy du jardin du pavillon du Val.................. 1000ᵗᵗ
A Goeren, dit La Salle, concierge dud. pavillon......................... 300ᵗᵗ
A Claude Marais, veuve de Pierre Patenostre, concierge du Chenil proche le Tripot............ 45ᵗᵗ

A Pierre Bertin, concierge du château neuf........................... 118ᵗᵗ 15ˢ
A Gilles Richard, concierge de la petite écurie. 50ᵗᵗ
A Soulaigne, concierge du vieil château... 56ᵗᵗ 10ˢ
A luy, ayant l'entretenement de l'horloge... 18ᵗᵗ 15ˢ
A Goeren, portier du parc................. 170ᵗᵗ
A Clerambourt, portier des portes du grand parterre........................... 90ᵗᵗ
A Estienne Treheux, concierge de la Surintendance aud. Saint-Germain................... 50ᵗᵗ
A Claude Lefebvre, concierge de la Maison de la Religion à Saint-Germain.................. 50ᵗᵗ
3 avril : à Louis de Lalande, ayant l'entretien de toutes les palissades du parterre en broderie, du bosquet auprès, et de celles qui règnent le long du parterre en gazon nouvellement fait, avec l'entretien des allées où sont lesd. pallissades, à raison de 500ᵗᵗ par an, pour ses gages pendant le quartier de janvier 1695...... 125ᵗᵗ
A luy, ayant celuy de l'Orangerie, pour idem.. 125ᵗᵗ
A luy, pour les labours et tontures des palissades et l'entretien des kinconges d'ormes qui sont le long de la grande terrasse du parc.................... 100ᵗᵗ
31 juillet : à luy, pour lesd. entretiens du deuxième quartier 1695........................ 350ᵗᵗ
24 juillet : à Claude Thuillier, portier de la porte du parc au bas des descentes du château neuf de Saint-Germain, pour ses gages de l'année 1694. 75ᵗᵗ
28 aoust : à Pierre Binet, portier du château neuf de Saint-Germain, pour ses gages de l'année 1694. 75ᵗᵗ
31 juillet : aux cy-dessus nommez ayans lesdits entretiens, pour le deuxième quartier 1694.... 369ᵗᵗ 10ˢ
4 décembre : aud. Lavechef, pour son entretien du troisième quartier 1694.................. 112ᵗᵗ 10ˢ
A luy, pour celuy des canaux et colines, idem........................... 18ᵗᵗ 15ˢ
4 décembre : à Claude Marais, veuve Patenostre, concierge du Chenil, idem.................. 45ᵗᵗ
A Bertin, concierge du château neuf, idem. 118ᵗᵗ 15ˢ
A Gilles Richard, concierge de la petite écurie, idem........................... 50ᵗᵗ
A Soulaigne, concierge du vieux château, idem........................... 75ᵗᵗ 5ˢ
A Clerambout, portier du grand parterre, idem. 90ᵗᵗ
A Treheux, concierge de la Surintendance, idem........................... 50ᵗᵗ
A Lefebvre, concierge de la Maison de la Religion, idem........................... 50ᵗᵗ

Somme de ce chapitre......... 7799ᵗᵗ 5ˢ

VINCENNES.

10 avril-13 novembre : à PIERRE THOMAS, jardinier à Vincennes, à compte de l'entretien dud. jardin depuis le 1er janvier 1695 (3 p.)................. 800ʰ

22 may-13 novembre : à CHEVILLARD, fontainier à Vincennes, pour ses gages des neuf derniers mois 1694 et des six premiers 1695 (3 p.)............. 750ʰ

Somme de ce chapitre.......... 1550ʰ

THUILLERIES.

31 juillet : au sʳ CLINCHANT, concierge de la salle des Comédies du palais des Thuilleries, à compte de ses gages du premier quartier 1695............. 250ʰ

A luy, ayant le soin de nettoyer et tenir propres toutes les chambres et cours dud. palais, *idem*........ 250ʰ

Au sʳ LE NOSTRE, ayant l'entretenement du grand parterre en face dud. palais, *idem* à compte. 437ʰ 10ˢ

A luy, ayant celuy des parterres en gazon nouvellement plantez en suitte des carrez en broderie, *idem*....
.... 312ʰ 10ˢ

A luy, ayant celuy du petit jardin à fleurs, *idem*.....
.... 187ʰ 10ˢ

A luy, ayant celuy des palissades des jasmins d'Espagne, *idem*.................... 187ʰ 10ˢ

22 may-31 juillet : à la veuve CARBONNET, ayant celuy de la haute allée des maronniers d'Inde et picéas jusqu'à la moitié du fer à cheval, pour les six derniers mois 1694 et le premier quartier 1695 (2 p.).. 300ʰ

A elle, pour le loyer de la maison qu'elle occupe à cause dud. entretien, *idem* (2 p.)............. 150ʰ

31 juillet : à CLAUDE DESGOTS, ayant celuy de toutes les allées et plants d'arbres avec le fer à cheval, pour le premier quartier de 1695.................. 450ʰ

Aux filles de deffunt BOUCHARD, ayant celuy des orangers, pour *idem*............................. 225ʰ

A la veuve MASSON, CLAUDE et ÉLISABETH LEJUGE, ses belles-sœurs, ayant celuy du petit jardin des Thuilleries, pour leurs gages du premier quartier 1695..... 300ʰ

22 may-31 juillet : à LAMY, portier dud. jardin, du costé du Pont-Royal, pour les six derniers mois 1694 et le premier quartier 1695 (2 p.)............. 225ʰ

A VILLENEUVE, autre portier dud. jardin du costé du Manège, pour *idem* (2 p.)................... 225ʰ

A DUCHEMIN, portier de la porte par où l'on fait voiturer les fumiers, *idem* (2 p.)............. 225ʰ

28 octobre : auxd. sʳˢ CLINCHANT, LE NOSTRE, DESGOTS et veuve MASSON, etc., pour parfait payement de leurs gages du premier quartier 1695......... 2362ʰ 10ˢ

Somme de ce chapitre....... 6087ʰ 10ˢ

FONTAINEBLEAU.

28 aoust : à JULIEN DE BRAY, ayant l'entretien de la moitié du grand parterre du Tibre, pour ses gages du premier quartier 1695.................... 250ʰ

A GASPARD GUINTEAU DE RICHEMONT, ayant épousé MADELEINE POIRET, fille de feu NICOLAS POIRET, jardinier, ayant l'entretien de l'autre moitié dud. parterre du Tibre, pour ses gages *idem*..................... 250ʰ

A GABRIEL DESBOUTS, ayant celuy du jardin des Pins et de celuy de l'Étang, pour *idem*............ 175ʰ

A CHATILLON, ayant celuy du jardin de la Reyne et des orangers qui y sont, pour *idem*.............. 400ʰ

A GABRIEL DORCHEMER, dit LATOUR, ayant celui du petit jardin de la conciergerie du château, pour *idem*. 11ʰ 5ˢ

A JAQUES BESNARD, ayant celui du jardin de l'hôtel d'Albret, pour *idem*.................... 25ʰ

A CHATILLON, pour avoir soin de nettoyer l'étang et les canaux du jardin des Pins et ceux du jardin de la Fontaine, ôter les herbes, les joncs et les ordures qui s'y pourroient amasser, et faire en sorte qu'ils soient toujours nets et que l'eau ne se perde point, pour *idem*....................................... 50ʰ

A la veuve et aux enfans de JEAN DUBOIS, peintre, ayant l'entretien de toutes les peintures, pour *idem*...
.... 150ʰ

A JAQUES GROGNET, couvreur, ayant l'entretien de toutes les couvertures d'ardoise et de tuile dud. château, et généralement de toutes les maisons qui en dépendent appartenans à S. M., à condition qu'il fera 100 toises de couverture d'ardoise neuve par an, pour *idem*. 585ʰ

A la veuve TISSERAND, ayant celui de toutes les vitres, pour *idem*................................. 375ʰ

A la veuve VIEUXPONT, ayant celuy du jardin potager et fruitier et du jardin neuf................. 45ʰ

A ANDRÉ GIRARD, plombier, ayant l'entretien et rétablissement de tous les plombs des couvertures dud. château et maisons qui en dépendent, pour *idem*...... 150ʰ

A ZABULON NIVELON, pour le nettoyement du jeu du mail, l'entretien des palissades d'iceluy, ensemble les arbres et palissades plantées nouvellement entre les canaux du Chenil, pour *idem*............... 27ʰ 2ˢ 6ᵈ

A VAHIN, ayant l'entretien des espaliers du parc, des deux contr'allées, de la grande allée d'ipréaux, de l'allée des maronniers d'Inde, de la demie lune qui est à la tête de la prairie, de la platte bande qui est le long et au dessus du talus de la prairie, des plattes bandes du pourtour du canal, nettoyement des tablettes de graisserie dud. canal et le nettoyement des fossez qui sont dans led. parc, pour *idem*.............. 243ᵗᵗ 15ˢ

A Louis Desbouts, ayant l'entretien dans le parc des deux grandes allées de l'étoile et leurs contr'allées, des six allées de traverse, avec leurs contr'allées, de l'allée au pourtour du parc avec ses contr'allées, du pourtour du quarré des glacières, des deux grandes allées d'arbres avec leurs contr'allées qui sont des deux côtés du canal, et de toutes les allées de la garenne et les contr'allées d'icelles, des deux grands glacis aux deux côtez des cascades, de la tonture par dessus et par les deux côtez de toutes les palissades, à la réserve de celle du pourtour de la demi-lune, pour *idem*............. 525ᵗᵗ

Aux Religieux de la Charité d'Avon, pour le quartier de la pension qui leur est accordée par S. M. pour la subsistance des malades................ 487ᵗᵗ 10ˢ

A Voltigeant, ayant l'entretien de tous les batteaux apartenans à S. M. sur led. canal, pour ses gages. 50ᵗᵗ

A Louis Dubois, concierge du logis de la fontaine Belleau et des écuries de la Reyne, autresfois l'hôtel DE Roquelaure, et jardinier des jardins en dépendans, pour ses gages de concierge et de jardinier, pour *idem*..... .... 37ᵗᵗ 10ˢ

A Pion, ayant le soin et nouriture des carpes et cignes du canal et des étangs dud. château, pour ses gages dud. quartier, y compris l'augmentation de 24ˢ par jour pour la nourriture des carpes, et 12ˢ par jour pour celle des cignes, pour *idem*..................... 434ᵗᵗ 5ˢ

A Courturier, fontainier, ayant le soin et l'entretien des fontaines, pour *idem*................... 250ᵗᵗ

A Jaques Bénard, ayant la charge et conciergerie de l'hôtel d'Albret, pour *idem*................... 25ᵗᵗ

A Louis Dorchemer, dit Latour, ayant la charge du nettoyement de la cour des Fontaines et de celle de l'Ovalle, celle de la Conciergerie et les deux petites cours à côté du Fer-à-cheval, avec toutes les terrasses du château.. .... 100ᵗᵗ

A Toulet, concierge du pavillon où loge Monsieur le Surintendant des finances, pour ses gages, à condition de nettoyer ledit pavillon, cour et écurie, pour *idem*... .... 50ᵗᵗ

A la veuve La Salle, concierge de la Surintendance des bâtimens, pour *idem*..................... 50ᵗᵗ

A la veuve Charles Gervais [1], portière du parc, pour *idem*............................ 75ᵗᵗ

[1] Note en marge du registre: «C'est Antoine Gervais, son fils, qui est reçu en survivance et qui jouit de son brevet du

A Cosme Petit, portier de la cour du Cheval blanc, pour *idem*............................ 50ᵗᵗ

A Gabriel Dorchemer, concierge du château, pour avoir soin de distribuer, retirer et garder les clefs de tous les logemens dud. château.................. 75ᵗᵗ

A Chatillon, ayant soin de monter et entretenir l'horloge, pour *idem*......................... 25ᵗᵗ

Somme................ 4971ᵗᵗ 7ˢ 6ᵈ

15 may: à Nous, à compte de nos gages à cause de nostre charge de Surintendant et Ordonnateur Général desd. bâtimens, jardins, arts et manufactures de S. M., et pensions attribuées et unies à icelle pendant la présente année 1695....................... 9000ᵗᵗ

21 aoust-18 décembre: à Nous, pour parfait payement de nos gages (2 p.)..................... 18200ᵗᵗ

10 juillet: au sʳ marquis de Saint-Hérem, capitaine et concierge du château de Fontainebleau, pour ses gages de l'année 1695 (2 p.)................. 3800ᵗᵗ

Somme................ 31000ᵗᵗ

Somme totale des gages suivant l'état.. 51408ᵗᵗ 2ˢ 6ᵈ

GAGES DES OFFICIERS DES BÂTIMENS
PAYEZ EN UNE ASSIGNATION SUR LA CAPITATION DE LA FRANCHE-COMTÉ DE L'ANNÉE 1695.

ORDONNANCES PARTICULIÈRES.

14 octobre 1696: au sʳ Coquant de la Motte, Conseiller du Roy en ses Conseils, intendant et ordonnateur ancien desd. bâtimens, pour trois quartiers de ses gages à cause de sa charge pendant lad. année 1695.. .... 4500ᵗᵗ

Au sʳ Mansart, Conseiller du Roy en ses Conseils, intendant et ordonnateur alternatif, pour *idem*... 4665ᵗᵗ

Au sʳ Essains, Conseiller du Roy en ses Conseils, intendant et ordonnateur triennal, pour *idem*.... 4500ᵗᵗ

Au sʳ Le Nostre, contrôleur général ancien desd. bâtimens, pour *idem*..................... 4080ᵗᵗ 18ˢ 9ᵈ

Au sʳ Gabriel, contrôleur général alternatif des bâtimens, pour *idem*....................... 4125ᵗᵗ

Au sʳ Lefebvre, contrôleur général triennal, pour *idem*................................ 4133ᵗᵗ

Au sʳ Le Besgue, trésorier général, 3150ᵗᵗ pour trois quartiers de ses gages de la charge de trésorier général

5 novembre 1682, visé par M. le marquis de Villacerf le 16 décembre 1691.»

ANNÉE 1695. — GAGES SUIVANT L'ÉTAT.

alternatif et de la moitié de celle de trésorier général ancien, et 300ᵗᵗ pour ceux de ses premiers commis... .... 3450ᵗᵗ

Au sʳ Dubey, trésorier général, 3150ᵗᵗ pour trois quartiers de ses gages de la charge de trésorier général triennal et de la moitié de celle de trésorier général ancien, et 300ᵗᵗ pour ceux de ses premiers commis.... .... 3450ᵗᵗ

Au sʳ François Francines, intendant de la conduite et mouvement des eaux et fontaines de S. M., 10050ᵗᵗ, sçavoir: 2250ᵗᵗ pour trois quartiers de ses gages et augmentation d'iceux en lad. qualité; 7000ᵗᵗ à cause de l'entretien des fontaines de Rungis, palais du Luxembourg, Croix-du-tiroir et château du Louvre, et 800ᵗᵗ pour l'entretien des fontaines et grottes des châteaux de Saint-Germain-en-Laye................ 10050ᵗᵗ

ÉTAT PARTICULIER.

Au sʳ de la Hyre, professeur de l'Académie d'architecture établie au Louvre, pour y tenir les Conférences et y enseigner publiquement, pour ses gages de lad. année 1200ᵗᵗ
Au sʳ Mansart, architecte, pour *idem*...... 1000ᵗᵗ
Au sʳ Dorbay, autre architecte, pour *idem*... 1000ᵗᵗ
A sʳ de Cotte, autre architecte, *idem*...... 2400ᵗᵗ
A la veuve et héritiers du sʳ Félibien, historiographe des bâtimens, *idem*...................... 1200ᵗᵗ
A Noël Coypel, peintre................... 200ᵗᵗ
A Bailly, peintre en mignature............. 200ᵗᵗ
A Friquet, autre peintre.................. 200ᵗᵗ
A André Félibien, ayant la charge des figures qui sont dans le magasin des antiques placé au Louvre... 400ᵗᵗ
A François Girardon, sculpteur............ 200ᵗᵗ
A Corneille Vanclève, autre sculpteur....... 150ᵗᵗ
A Thomas Renaudin, autre sculpteur........ 150ᵗᵗ
A Antoine Coisvox, autre sculpteur......... 200ᵗᵗ
A Pierre Legros, autre sculpteur........... 150ᵗᵗ
A Baptiste Tuby, autre sculpteur........... 200ᵗᵗ
A Pierre Mazeline, autre sculpteur......... 150ᵗᵗ
A Jean Cuvillier, marbrier................ 30ᵗᵗ
A Hubert Misson, autre marbrier........... 30ᵗᵗ
A Dominico Cucci, qui fait toutes les garnitures de bronze doré des portes et croisées des Maisons Royalles. 60ᵗᵗ
A Le Clerc, graveur..................... 100ᵗᵗ
A Goiton, imprimeur en taille-douce........ 100ᵗᵗ
A Claude Tricot, maître des œuvres de maçonnerie des bâtimens du Roy, tant pour ses gages anciens qu'augmentation d'iceux..................... 600ᵗᵗ

COMPTES DES BÂTIMENS. — III.

A Paul-Mathieu Poisson, maître des œuvres de charpenterie, pour avoir l'œil sur tous les charpentiers des Maisons Royalles, pour ses gages........... 600ᵗᵗ
A Jean Dorbay, maçon................... 30ᵗᵗ
A Jaques Masière, autre................. 30ᵗᵗ
A Pierre Thévenot, autre................. 30ᵗᵗ
A Pierre Le Maistre, autre................ 30ᵗᵗ
A Gérard Marcou, autre.................. 30ᵗᵗ
A Jean Mallet, charpentier............... 30ᵗᵗ
A Michel Remy, menuisier................ 30ᵗᵗ
A Pierre Veydeau, autre................. 30ᵗᵗ
A Antoine Rivet, autre................... 30ᵗᵗ
A Pierre Roger, serrurier................. 30ᵗᵗ
A André-Charles Boule, ébéniste........... 30ᵗᵗ
A Jean Oppenordt, autre................. 30ᵗᵗ
A Gabriel Janson, vitrier................. 30ᵗᵗ
A Bernard Lespinouze, autre.............. 30ᵗᵗ
A Jaques Lucas, plombier................ 30ᵗᵗ
A Louis Regnoup, paveur................. 30ᵗᵗ
A Bon Briot, miroitier................... 30ᵗᵗ
A Guillaume Desoziers, peintre et doreur.... 30ᵗᵗ
A Jaques Thuret, horlogeur, retenu pour entretenir toutes les pendules des bâtimens tant à Paris qu'à Versailles................................ 300ᵗᵗ
A Masselin, chaudronnier................ 30ᵗᵗ
A Padelain et Vanisse, ramonneurs de cheminées, à chacun 30ᵗᵗ......................... 60ᵗᵗ
A Armand-Claude Mollet, jardinier, retenu pour travailler aux desseins des parterres et des jardins de S. M. lorsqu'il sera commandé................. 500ᵗᵗ
A André Le Nostre, retenu pour travailler auxd. desseins des jardins et parterres............. 1200ᵗᵗ
Au commis du sʳ Coquart de la Motte, intendant des bâtimens en exercice..................... 600ᵗᵗ
Au commis du sʳ Lefebvre, contrôleur général des bâtimens en exercice..................... 600ᵗᵗ
A René de Louvigni, concierge du château du Louvre, pour tenir nettes les grandes et petites galleries, les ouvrir et fermer, pour ses gages tant anciens que nouveaux 100ᵗᵗ
A Duclos [1], concierge du Collège de France, pour deux quartiers de ses gages................ 25ᵗᵗ
Aux héritiers de Jean Ricand, concierge du château de Madrid, pour trois quartiers de ses gages.... 150ᵗᵗ
A Henry Soulaigre, portier du vieux château de Saint-Germain, *idem*......................... 75ᵗᵗ

[1] En marge on lit cette mention: «Louis Duclos, mort le 18 février 1698. Jean-Alexandre Duclos, son fils, âgé de 36 ans, à sa place.»

A Louis Poisson, peintre, pour ses gages, *idem*. 30ʰ
A Jaques Barbier, maçon, *idem*............. 30ʰ
A Jean-Jaques Aubert, charpentier, *idem*...... 30ʰ
A Raoul de Pierre, dit Laporte, autre, *idem*... 30ʰ
A François Millot, menuisier, *idem*......... 30ʰ
A Louis Piot, serrurier, *idem*.............. 30ʰ
Au s' de Garsault, concierge du château de Saint-Léger, pour deux quartiers de ses gages....... 225ʰ

Au s' Avé Bourgeon, garde des fontaines de Pougues, pour trois quartiers...................... 75ʰ
A Gaulard, concierge de l'hôtel des Ambassadeurs extraordinaires, *idem*...................... 100ʰ
A lui, pour l'entretenement d'un jardinier et d'un portier............................. 150ʰ
A la veuve d'Estienne Yvon, couvreur, pour ses gages 30ʰ

Somme de ce chapitre.... 58413ʰ 18ˢ 9ᵈ

RÉCAPITULATION

DES

SOMMES DÉPENSÉES DANS LES BÂTIMENTS DU ROI

DE 1688 À 1695.

CHÂTEA[U]

ANNÉES.	MAÇONNERIE.	CHARPENTERIE, CHARRONNAGE.	COUVERTURE.	MENUISERIE.	SERRURERIE.	VITRERIE.	PLOMBER[IE]
1688	192203ʰ 16ˢ 4ᵈ	33037ʰ 17ˢ	10673ʰ 0ˢ 4ᵈ	64349ʰ 17ˢ 6ᵈ	59305ʰ 11ˢ 6ᵈ	9150ʰ	39882ʰ 1
1689	7707ʰ 4ˢ 6ᵈ	5075ʰ 4ˢ 4ᵈ	2955ʰ 12ˢ 6ᵈ	20050ʰ 1ˢ 4ᵈ	19545ʰ 5ˢ 9ᵈ	6807ʰ 18ˢ 7ᵈ	1183ʰ
1690	11796ʰ	934ʰ 1ˢ 8ᵈ	996ʰ 4ˢ	8363ʰ 14ˢ 8ᵈ	7790ʰ 4ˢ 6ᵈ	5325ʰ 10ˢ 8ᵈ	4503ʰ
1691	27607ʰ 19ˢ	4468ʰ 10ˢ 10ᵈ	1648ʰ 5ˢ 4ᵈ	9775ʰ 16ˢ 7ᵈ	5941ʰ 8ˢ	4998ʰ	3057ʰ
1692	27304ʰ 1ˢ	7481ʰ 10ˢ 9ᵈ	1102ʰ 12ˢ 3ᵈ	23251ʰ 5ˢ 10ᵈ	10323ʰ 18ˢ 6ᵈ	6428ʰ 13ˢ 5ᵈ	2878ʰ
1693	10290ʰ 7ˢ 9ᵈ	3063ʰ 18ˢ 4ᵈ	475ʰ 2ˢ	11328ʰ 2ˢ 3ᵈ	6849ʰ 12ˢ 4ᵈ	4644ʰ 4ˢ 7ᵈ	2453ʰ
1694	9253ʰ 7ˢ 2ᵈ	662ʰ 9ˢ 4ᵈ	505ʰ 3ˢ 6ᵈ	8457ʰ 2ˢ 8ᵈ	4644ʰ 15ˢ 9ᵈ	5831ʰ 0ˢ 11ᵈ	804ʰ
1695	12799ʰ 5ˢ	4010ʰ 14ˢ 4ᵈ	3030ʰ 7ˢ	10808ʰ 16ˢ 7ᵈ	8265ʰ 11ˢ 3ᵈ	3381ʰ 9ˢ 5ᵈ	5108ʰ
Total par chapitre.	298962ʰ 0ˢ 9ᵈ	58734ʰ 6ˢ 7ᵈ	21386ʰ 6ˢ 11ᵈ	156384ʰ 17ˢ 3ᵈ	122666ʰ 7ˢ 7ᵈ	46566ʰ 17ˢ 7ᵈ	59871ʰ 1

GRANDE AILE

ANNÉES.	MAÇONNERIE.	CHARPENTERIE.	COUVERTURE.	MENUISERIE.	SERRURERIE.	VITRERIE.	PLOMBER[IE]
1688	317973ʰ 4ˢ 11ᵈ	78133ʰ 10ˢ 8ᵈ	16845ʰ 12ˢ	82386ʰ 4ˢ	13144ʰ 8ˢ 9ᵈ	4843ʰ 18ˢ 6ᵈ	13650ʰ 12
1689	80939ʰ 14ˢ 6ᵈ	16569ʰ 5ˢ 4ᵈ	3250ʰ 14ˢ	15653ʰ 13ˢ	17547ʰ 3ˢ	2676ʰ	3000ʰ
1690	9655ʰ	1561ʰ	3902ʰ 12ˢ 6ᵈ	6267ʰ 9ˢ	6800ʰ 11ˢ 6ᵈ	3150ʰ	1837ʰ 6
1691	11685ʰ 10ˢ 3ᵈ	3550ʰ	2785ʰ	10156ʰ 0ˢ 6ᵈ	7123ʰ 4ˢ 6ᵈ	3978ʰ 10ˢ 9ᵈ	2750ʰ
1692	13246ʰ 5ˢ 1ᵈ	2447ʰ 16ˢ 7ᵈ	2704ʰ 16ˢ 7ᵈ	9418ʰ 2ˢ 2ᵈ	4806ʰ 5ˢ 3ᵈ	3255ʰ 12ˢ 3ᵈ	984ʰ 18
1693	6374ʰ 11ˢ 1ᵈ	"	87ʰ 16ˢ 7ᵈ	132ʰ	267ʰ 13ˢ 2ᵈ	48ʰ 18ˢ 4ᵈ	"
1694	4218ʰ 12ˢ 7ᵈ	459ʰ 18ˢ 8ᵈ	418ʰ 6ˢ	2570ʰ 1ˢ 11ᵈ	2357ʰ 7ˢ 10ᵈ	2014ʰ 17ˢ	1365ʰ 17
1695	4077ʰ 6ˢ 10ᵈ	1567ʰ 10ˢ 10ᵈ	549ʰ 9ˢ 6ᵈ	875ʰ 8ˢ	2043ʰ 9ˢ 6ᵈ	774ʰ 19ˢ	228ʰ 11
Total par chapitre.	448170ʰ 5ˢ 3ᵈ	104289ʰ 2ˢ 1ᵈ	30544ʰ 7ˢ 2ᵈ	127460ʰ 18ˢ 7ᵈ	54090ʰ 3ˢ 6ᵈ	20742ʰ 15ˢ 10ᵈ	23817ʰ 5

RÉCAPITULATION DES DÉPENSES.

LLES.

AGES VRE, DORÉS.	PEINTURE.	SCULPTURE, MARBRERIE, MARQUETERIE.	PAVÉ.	CONDUITES, GLACES ET DIVERS.	OUVRIERS À JOURNÉES.	TERRASSES, JARDINAGES, SABLE DE RIVIÈRE, FUMIERS.	TOTAL PAR ANNÉE.
13ˢ	18983ᴴ 10ˢ	57018ᴴ 3ˢ	13740ᴴ 16ˢ	8,319ᴴ 8ˢ 3ᵈ	40134ᴴ 2ˢ 5ᵈ	45193ᴴ 8ˢ 4ᵈ	760325ᴴ 15ˢ 5ᵈ
18ˢ 3ᵈ	3647ᴴ 10ˢ	14477ᴴ 2ˢ	5731ᴴ 6ˢ	32389ᴴ 10ˢ 10ᵈ	27579ᴴ 19ˢ 10ᵈ	9775ᴴ 17ˢ 10ᵈ	172436ᴴ 11ˢ 9ᵈ
3ˢ	4834ᴴ 10ˢ	6422ᴴ 11ˢ 6ᵈ	6567ᴴ 13ˢ	10883ᴴ 1ˢ 4ᵈ	18140ᴴ 18ˢ 10ᵈ	6659ᴴ 5ˢ 2ᵈ	95495ᴴ 9ˢ 10ᵈ
13ˢ	3858ᴴ 8ˢ 9ᵈ	5593ᴴ 2ˢ 4ᵈ	4029ᴴ 3ˢ 10ᵈ	6258ᴴ 0ˢ 6ᵈ	22768ᴴ 17ˢ 1ᵈ	7566ᴴ 16ˢ 4ᵈ	108825ᴴ 11ˢ 7ᵈ
4ˢ	4460ᴴ 8ˢ	12916ᴴ 10ˢ 4ᵈ	2168ᴴ 7ˢ 1ᵈ	4672ᴴ 16ˢ	15307ᴴ 12ˢ 10ᵈ	6382ᴴ 4ˢ 9ᵈ	128723ᴴ 12ˢ 7ᵈ
4ˢ 3ᵈ	3532ᴴ 15ˢ 9ᵈ	2840ᴴ 16ˢ 8ᵈ	660ᴴ 15ˢ 11ᵈ	3355ᴴ 1ˢ 6ᵈ	14301ᴴ 13ˢ 5ᵈ	9134ᴴ 18ˢ 8ᵈ	75803ᴴ 10ˢ 11ᵈ
12ˢ 8ᵈ	2786ᴴ 2ˢ 6ᵈ	541ᴴ 9ˢ 4ᵈ	7695ᴴ 1ˢ 7ᵈ	24184ᴴ 4ˢ 8ᵈ	8110ᴴ 19ˢ 10ᵈ	19718ᴴ 12ˢ 8ᵈ	93842ᴴ 7ˢ 1ᵈ
7ˢ 3ᵈ	3724ᴴ 7ˢ 3ᵈ	2651ᴴ 9ˢ 10ᵈ	1748ᴴ 6ˢ	2853ᴴ 3ˢ 7ᵈ	4572ᴴ 8ˢ 8ᵈ	8482ᴴ 17ˢ 11ᵈ	73153ᴴ 16ˢ 8ᵈ
15ˢ 5ᵈ	45827ᴴ 12ˢ 3ᵈ	102461ᴴ 5ˢ	42341ᴴ 9ˢ 5ᵈ	165945ᴴ 6ˢ 8ᵈ	150916ᴴ 12ˢ 11ᵈ	112914ᴴ 1ˢ 8ᵈ	1508606ᴴ 15ˢ 10ᵈ

RS DE VERSAILLES.

TURE.	SCULPTURE, DORURE ET MARBRERIE.	PAVÉ, CARRELAGE.	TERRASSES, TUYAUX, ETC.	OUVRAGES DE CUIVRE ET DE FONTE.	DIVERS. DÉPENSES EXTRAORDINAIRES.	OUVRIERS À JOURNÉES.	TOTAL PAR ANNÉE.
8ᴴ 4ˢ	27548ᴴ 10ˢ	33200ᴴ	23452ᴴ 0ˢ 9ᵈ	40976ᴴ 0ˢ 7ᵈ	9605ᴴ 15ˢ 10ᵈ	9903ᴴ 13ˢ 8ᵈ	104483ᴴ 16ˢ 5ᵈ
15ᴴ 17ˢ 6ᵈ	2367ᴴ 11ˢ	6108ᴴ 15ˢ	27163ᴴ 13ˢ 6ᵈ	33269ᴴ 1ˢ	3567ᴴ 11ˢ	8021ᴴ 5ˢ 6ᵈ	61980ᴴ 7ˢ 2ᵈ
00ᴴ	149ᴴ 10ˢ	2626ᴴ	1358ᴴ 6ˢ	13138ᴴ 19ˢ	1875ᴴ 14ˢ 6ᵈ	8657ᴴ 18ˢ 8ᵈ	62408ᴴ 10ˢ 8ᵈ
24ᴴ	425ᴴ 5ˢ	3850ᴴ	1432ᴴ 7ˢ	2308ᴴ 5ˢ 9ᵈ	2747ᴴ 16ˢ 9ᵈ	7692ᴴ 10ˢ 2ᵈ	62811ᴴ 17ˢ 10ᵈ
11ᴴ 12ˢ 2ᵈ	1938ᴴ 7ˢ 6ᵈ	"	2107ᴴ 2ˢ 7ᵈ	3823ᴴ 8ˢ 6ᵈ	.1866ᴴ 12ˢ	10118ᴴ 4ˢ 11ᵈ	4882ᴴ 14ˢ	17826ᴴ 15ˢ 1ᵈ
"	"	"	259ᴴ 7ˢ 7ᵈ	3798ᴴ 12ˢ 4ᵈ	"	6857ᴴ 16ˢ	"	20603ᴴ
48ᴴ 7ˢ 6ᵈ	478ᴴ 12ˢ 6ᵈ	"	775ᴴ 10ˢ 8ᵈ	411ᴴ 7ˢ 6ᵈ	131ᴴ 10ˢ	1170ᴴ 8ˢ 4ᵈ	3982ᴴ 2ˢ 4ᵈ	18892ᴴ 8ˢ 9ᵈ
64ᴴ 13ˢ 2ᵈ	132ᴴ	"	671ᴴ 10ˢ 3ᵈ	196ᴴ 18ˢ	4352ᴴ 10ˢ	342ᴴ 10ˢ	2915ᴴ 12ˢ 2ᵈ	
82ᴴ 14ˢ 4ᵈ	33039ᴴ 16ˢ	49598ᴴ 5ˢ 1ᵈ	61636ᴴ 13ˢ 7ᵈ	464742ᴴ 19ˢ 4ᵈ	36285ᴴ 17ˢ 4ᵈ	46055ᴴ 16ˢ 6ᵈ	1511557ᴴ 1ˢ 3ᵈ

COMPTES DES BÂTIMENTS DU ROI.

VERSAILLES ET TRIANON. — JARD[INS]

ANNÉES.	MAÇONNERIE.	CHARPENTERIE.	MENUISERIE.	SERRURERIE.	PAVÉ.	COUVERTURE.	PEINTURE ET SCULPT.
1688	2135ʰʰ 4ˢ	2910ʰʰ 15ˢ 5ᵈ	//	815ʰʰ 4ˢ 4ᵈ	433ʰʰ 9ˢ	1800ʰʰ	//
1689	4959ʰʰ 11ˢ 5ᵈ	1583ʰʰ 1ˢ 2ᵈ	401ʰʰ 16ˢ	1438ʰʰ 17ˢ 10ᵈ	2211ʰʰ 19ˢ 6ᵈ	1320ʰʰ 8ˢ 7ᵈ	//
1690	8373ʰʰ 10ˢ 5ᵈ	171ʰʰ	189ʰʰ 8ˢ 4ᵈ	354ʰʰ 14ˢ	1619ʰʰ 3ˢ 4ᵈ	//	66ʰʰ
1691	2698ʰʰ 10ˢ	//	//	//	//	//	1695ʰʰ
1692	//	//	//	//	//	//	//
1693	6803ʰʰ 18ˢ 4ᵈ	160ʰʰ	//	//	//	//	//
1694	3846ʰʰ 18ˢ 4ᵈ	207ʰʰ 0ˢ 4ᵈ	29ʰʰ 10ˢ	773ʰʰ 2ˢ 3ᵈ	//	320ʰʰ 5ˢ	//
1695	601ʰʰ 1ˢ	155ʰʰ 15ˢ	159ʰʰ 10ˢ	94ʰʰ 5ˢ	34ʰʰ 10ˢ	//	137ʰʰ 7
Total par chapitre.	48633ʰʰ 13ˢ 6ᵈ	5187ʰʰ 11ˢ 11ᵈ	780ʰʰ 4ˢ 4ᵈ	3476ʰʰ 3ˢ 5ᵈ	4299ʰʰ 1ˢ 10ᵈ	3440ʰʰ 13ˢ 7ᵈ	1898ʰʰ 7

CHÂTEA[U]

ANNÉES.	MAÇONNERIE.	CHARPENTERIE.	COUVERTURE.	MENUISERIE.	SERRURERIE.	VITRERIE.	PLOMBE[RIE]
1688	76275ʰʰ 14ˢ	18190ʰʰ 5ˢ 6ᵈ	5300ʰʰ	2657ʰʰ 6ˢ 8ᵈ	6735ʰʰ 7ˢ 2ᵈ	402ʰʰ 3ˢ 3ᵈ	2306ʰʰ 13
1689	3392ʰʰ 7ˢ 7ᵈ	300ʰʰ	//	4606ʰʰ 3ˢ 11ᵈ	3328ʰʰ	2120ʰʰ 15ˢ 10ᵈ	633ʰʰ 14
1690	1550ʰʰ 3ˢ 4ᵈ	100ʰʰ	//	780ʰʰ 14ˢ 1ᵈ	950ʰʰ	1361ʰʰ 9ˢ 9ᵈ	//
1691	2606ʰʰ	219ʰʰ 10ˢ	//	690ʰʰ	1981ʰʰ 5ˢ 2ᵈ	1259ʰʰ 9ˢ 8ᵈ	381ʰʰ 0
1692	2311ʰʰ 19ˢ 11ᵈ	3003ʰʰ 15ˢ	//	1075ʰʰ 19ˢ 7ᵈ	1033ʰʰ 17ˢ 11ᵈ	1387ʰʰ 7ˢ 9ᵈ	//
1693	1412ʰʰ 15ˢ	236ʰʰ	//	1099ʰʰ 5ˢ 7ᵈ	1188ʰʰ 9ˢ 7ᵈ	1237ʰʰ 11ˢ	64ʰʰ 2
1694	1273ʰʰ 2ˢ	379ʰʰ 3ˢ 6ᵈ	//	262ʰʰ 15ˢ	763ʰʰ 12ˢ 9ᵈ	874ʰʰ 7ˢ 3ᵈ	79ʰʰ 19
1695	790ʰʰ 7ˢ 10ᵈ	329ʰʰ 13ˢ 2ᵈ	//	420ʰʰ 9ˢ 6ᵈ	430ʰʰ 12ˢ 7ᵈ	994ʰʰ 16ˢ 1ᵈ	70ʰʰ 3
Total par chapitre.	89612ʰʰ 9ˢ 8ᵈ	22758ʰʰ 7ˢ 2ᵈ	5300ʰʰ	11592ʰʰ 14ˢ 4ᵈ	16411ʰʰ 5ˢ 2ᵈ	9638ʰʰ 0ˢ 7ᵈ	3535ʰʰ 12

RÉCAPITULATION DES DÉPENSES.

R, CONDUITES, CANAL.

SES ES.	JARDIN POTAGER.	JARDINS DE TRIANON ET DE VERSAILLES.	MOULINS DE SATORY.	MATELOTS DU CANAL.	CONDUITES DES FONTAINES.	DIVERS. DÉPENSES EXTRAORDINAIRES.	TOTAL PAR ANNÉE.
7' 9^d	23593^{tt} 6' 8^d	34158^{tt}	1650^{tt}	46637^{tt} 16'	"	16749^{tt} 0' 10^d	170485^{tt} 4'
9' 9^d	51510^{tt} 5'	"	"	39270^{tt} 9'	29705^{tt}	9555^{tt} 3'	152319^{tt} 1' 3^d
16' 2^d	34981^{tt}	5134^{tt} 17' 6^d	"	39162^{tt} 4'	29780^{tt}	9914^{tt} 18'	137921^{tt} 11' 9^d
	23257^{tt} 10'	33536^{tt}	"	36078^{tt} 9'	29780^{tt}	"	127045^{tt} 9'
18'	15000^{tt}	43779^{tt}	"	35902^{tt} 10'	34725^{tt}	"	131761^{tt} 8'
	18000^{tt}	18434^{tt} 5'	"	15510^{tt}	17951^{tt} 13' 4^d	3577^{tt} 0' 3^d	80436^{tt} 16' 11^d
0' 3^d	10000^{tt}	25835^{tt} 7'	"	22045^{tt} 10'	17752^{tt} 10'	8460^{tt} 8' 4^d	93026^{tt} 11' 6^d
19' 4^d	19397^{tt} 10'	"	"	19582^{tt}	14605^{tt}	6693^{tt} 17'	65075^{tt} 14' 11^d
11' 3^d	195739^{tt} 11' 8^d	160877^{tt} 9' 6^d	1650^{tt}	254188^{tt} 18'	174299^{tt} 3' 4^d	54950^{tt} 7' 5^d	958971^{tt} 17' 4^d

ERMAIN.

VÉ.	PEINTURE ET SCULPTURE.	TERRASSES.	DÉPENSES EXTRAORDINAIRES.	ENTRETENEMENTS.	OUVRIERS À JOURNÉES.	TOTAL PAR ANNÉE.
^{tt}	93^{tt} 12'	16127^{tt} 19' 1^d	3400^{tt} 6'	5840^{tt}	9800^{tt} 0' 9^d	147779^{tt} 8'
4^{tt} 8' 4^d	100^{tt}	4728^{tt} 10' 1^d	6100^{tt}	"	4040^{tt} 12' 6^d	29934^{tt} 12' 8^d
4^{tt} 2'	"	7089^{tt} 17' 7^d	940^{tt} 11'	6050^{tt}	2298^{tt} 11' 5^d	22195^{tt} 9' 2^d
0^{tt}	"	8816^{tt} 5' 4^d	1614^{tt} 6' 8^d	635o^{tt}	2743^{tt} 14' 1^d	26761^{tt} 11' 1^d
7^{tt} 4' 8^d	40^{tt}	3518^{tt} 7' 10^d	1214^{tt} 19'	5929^{tt}	1897^{tt} 14' 4^d	21900^{tt} 6'
7^{tt} 14' 2^d	148^{tt} 11' 9^d	3109^{tt} 11' 4^d	890^{tt} 18'	3929^{tt}	2266^{tt} 0' 1^d	16009^{tt} 18' 11^d
8^{tt} 9' 1^d	44^{tt} 12' 5^d	2178^{tt} 18' 2^d	1045^{tt} 10'	4529^{tt}	1502^{tt} 4'	13371^{tt} 13' 4^d
1^{tt} 14' 2^d	60^{tt}	1181^{tt} 10'	481^{tt} 14' 9^d	1350^{tt}	605^{tt} 1' 7^d	6826^{tt} 2' 10^d
3^{tt} 12' 5^d	486^{tt} 16' 2^d	46750^{tt} 19' 5^d	15688^{tt} 5' 5^d	33977^{tt}	25153^{tt} 18' 9^d	284779^{tt} 2' 0^d

CH[A

ANNÉES.	MAÇONNERIE.	ROUTES ET TERRASSES.	CHARPENTERIE.	COUVERTURE.	PLOMBERIE.	SERRURERIE.	MENUIS
1688.......	54780ʰ 3ˢ 4ᵈ	116973ʰ 6ˢ	15019ʰ 9ˢ 9ᵈ	6841ʰ 4ˢ 10ᵈ	5325ʰ 7ˢ 7ᵈ	8136ʰ 8ˢ 3ᵈ	7925ʰ
1689.......	55036ʰ 13ˢ 3ᵈ	65332ʰ 4ˢ 4ᵈ	15456ʰ 12ˢ	5950ʰ	3994ʰ 1ˢ 9ᵈ	15004ʰ 11ˢ 8ᵈ	15216ʰ
1690.......	12113ʰ 19ˢ 8ᵈ	34599ʰ 18ˢ 3ᵈ	2456ʰ 3ˢ 8ᵈ	600ʰ	300ʰ	2865ʰ 0ˢ 11ᵈ	4368ʰ
1691.......	9815ʰ 11ˢ 2ᵈ	25353ʰ 1ˢ 5ᵈ	6414ʰ 11ˢ 3ᵈ	"	650ʰ 8ˢ 4ᵈ	3936ʰ 9ˢ	2838ʰ
1692.......	13705ʰ 3ˢ 6ᵈ	16782ʰ 9ˢ 9ᵈ	6216ʰ 8ˢ 7ᵈ	700ʰ	5022ʰ 18ˢ 1ᵈ	2643ʰ 17ˢ 7ᵈ	3949ʰ
1693.......	30780ʰ 6ˢ 6ᵈ	28923ʰ 10ˢ 2ᵈ	6832ʰ 19ˢ 4ᵈ	150ʰ	5092ʰ 3ˢ 11ᵈ	4192ʰ 4ˢ 5ᵈ	6888ʰ
1694.......	3036ʰ 4ˢ 6ᵈ	17314ʰ 2ˢ 9ᵈ	902ʰ 4ˢ 1ᵈ	60ʰ	1123ʰ 16ˢ 9ᵈ	2124ʰ 16ˢ	3538ʰ
1695.......	12206ʰ 19ˢ 8ᵈ	18548ʰ 2ˢ 9ᵈ	3018ʰ 9ˢ 3ᵈ	350ʰ	4300ʰ	7528ʰ 15ˢ 5ᵈ	6403ʰ
Total par chapitre.	191475ʰ 1ˢ 7ᵈ	323826ʰ 15ˢ 5ᵈ	56316ʰ 17ˢ 11ᵈ	14651ʰ 4ˢ 10ᵈ	25808ʰ 16ˢ 5ᵈ	46432ʰ 3ˢ 3ᵈ	51128ʰ

CHÂTE[A

ANNÉES.	MAÇONNERIE.	ROUTES ET TERRASSES.	CHARPENTERIE.	COUVERTURE.	PLOMBERIE.	SERRURERIE.	MENUIS
1688.......	26303ʰ 8ˢ 6ᵈ	17440ʰ 10ˢ 10ᵈ	6045ʰ 11ˢ 2ᵈ	600ʰ	160ʰ	3750ʰ	5773ʰ
1689.......	2860ʰ	11966ʰ 19ˢ 9ᵈ	1365ʰ 18ˢ 6ᵈ	150ʰ	"	300ʰ	1000ʰ
1690.......	1400ʰ	10400ʰ 5ˢ	"	"	"	411ʰ 13ˢ 4ᵈ	750ʰ
1691.......	4500ʰ	10046ʰ 12ˢ	117ʰ 12ˢ	250ʰ	"	1450ʰ	2730ʰ
1692.......	3906ʰ 0ˢ 8ᵈ	6690ʰ 1ˢ	895ʰ 14ˢ	718ʰ 2ˢ 6ᵈ	90ʰ 14ˢ 8ᵈ	1518ʰ 0ˢ 3ᵈ	4080ʰ
1693.......	4092ʰ 17ˢ 9ᵈ	4418ʰ	1128ʰ 0ˢ 4ᵈ	564ʰ 9ˢ	920ʰ 14ˢ	911ʰ 12ˢ 7ᵈ	1781ʰ
1694.......	1871ʰ 9ˢ 8ᵈ	3409ʰ 12ˢ	1120ʰ 11ˢ 4ᵈ	"	54ʰ 7ˢ 3ᵈ	573ʰ 7ˢ 3ᵈ	1880ʰ
1695.......	1151ʰ 10ˢ 9ᵈ	2252ʰ	325ʰ 18ˢ 8ᵈ	"	"	435ʰ 8ˢ 2ᵈ	800ʰ
Total par chapitre.	46085ʰ 7ˢ 4ᵈ	66624ʰ 0ˢ 7ᵈ	10999ʰ 6ˢ	2282ʰ 11ˢ 6ᵈ	1225ʰ 15ˢ 11ᵈ	9350ʰ 1ˢ 7ᵈ	18795ʰ

RÉCAPITULATION DES DÉPENSES.

MARLY.

VITRERIE.	PAVÉ.	PEINTURE.	SCULPTURE, MARBRERIE.	ENTRETENEMENTS ET DIVERS.	OUVRIERS À JOURNÉES.	TOTAL PAR ANNÉE.
586ʰ 12ˢ 2ᵈ	12768ʰ 18ˢ 2ᵈ	4481ʰ 1ˢ 6ᵈ	18354ʰ 18ˢ 11ᵈ	13737ʰ 8ˢ 10ᵈ	16481ʰ 18ˢ 10ᵈ	283412ʰ 12ˢ 2ᵈ
294ʰ 15ˢ	6087ʰ 8ˢ 2ᵈ	8900ʰ	10988ʰ 9ˢ	6255ʰ 10ˢ	13607ʰ 11ˢ 6ᵈ	223124ʰ 7ˢ 6ᵈ
274ʰ 8ˢ 11ᵈ	2075ʰ 7ˢ	4301ʰ 10ˢ	2599ʰ	9083ʰ 12ˢ 1ᵈ	9993ʰ 16ˢ 8ᵈ	87630ʰ 19ˢ 9ᵈ
821ʰ 5ˢ 9ᵈ	999ʰ 18ˢ 9ᵈ	4511ʰ	341ʰ	11596ʰ 19ˢ 7ᵈ	13734ʰ 16ˢ 11ᵈ	82013ʰ 4ˢ 4ᵈ
674ʰ 8ˢ 6ᵈ	403ʰ 15ˢ 1ᵈ	2782ʰ 9ˢ 7ᵈ	1032ʰ	12446ʰ 9ˢ 9ᵈ	11619ʰ 12ˢ 4ᵈ	78978ʰ 14ˢ 2ᵈ
287ʰ 13ˢ 1ᵈ	597ʰ 3ˢ 4ᵈ	969ʰ 5ˢ 11ᵈ	1006ʰ 10ˢ	16459ʰ 2ˢ 4ᵈ	16263ʰ 15ˢ	119443ʰ 11ˢ 5ᵈ
088ʰ 1ˢ 11ᵈ	"	837ʰ 14ˢ 5ᵈ	475ʰ	5592ʰ 3ˢ 6ᵈ	12226ʰ 5ˢ 6ᵈ	48319ʰ 3ˢ 1ᵈ
988ʰ 10ˢ 3ᵈ	170ʰ 7ˢ 10ᵈ	1069ʰ 2ˢ 7ᵈ	2134ʰ	4889ʰ 17ˢ 7ᵈ	9354ʰ 11ˢ 8ᵈ	72162ʰ 11ˢ 9ᵈ
215ʰ 15ˢ 7ᵈ	23102ʰ 18ˢ 4ᵈ	27852ʰ 4ˢ 0ᵈ	36930ʰ 17ˢ 11ᵈ	80061ʰ 3ˢ 8ᵈ	103482ʰ 8ˢ 5ᵈ	995085ʰ 4ˢ 2ᵈ

FONTAINEBLEAU.

VITRERIE.	PAVÉ.	PEINTURE.	SCULPTURE.	ENTRETENEMENTS ET DIVERS.	OUVRIERS À JOURNÉES.	TOTAL PAR ANNÉE.
700ʰ	2000ʰ	2200ʰ	1258ʰ	5391ʰ 11ˢ 6ᵈ	6219ʰ 4ˢ 10ᵈ	77841ʰ 10ˢ 7ᵈ
150ʰ	600ʰ	300ʰ	"	2380ʰ 8ˢ	5534ʰ 1ˢ	26607ʰ 7ˢ 3ᵈ
150ʰ	150ʰ	"	"	4520ʰ 2ˢ	3595ʰ 1ˢ 1ᵈ	21377ʰ 1ˢ 5ᵈ
100ʰ	750ʰ	"	"	5267ʰ 15ˢ 6ᵈ	4099ʰ 6ˢ 3ᵈ	29411ʰ 5ˢ 9ᵈ
70ʰ 12ˢ 2ᵈ	280ʰ 8ˢ	513ʰ 1ˢ	"	3905ʰ 18ˢ 2ᵈ	1789ʰ 8ˢ 8ᵈ	24458ʰ 14ˢ 9ᵈ
337ʰ 9ˢ	1166ʰ 5ˢ	990ʰ 4ˢ 8ᵈ	"	5600ʰ 7ˢ 8ᵈ	4653ʰ 9ˢ 7ᵈ	26564ʰ 19ˢ 11ᵈ
"	342ʰ 9ˢ 4ᵈ	230ʰ 18ˢ 2ᵈ	"	4614ʰ 5ˢ 11ᵈ	2607ʰ 6ˢ	16704ʰ 12ˢ 3ᵈ
149ʰ 12ˢ 6ᵈ	"	"	"	3491ʰ 7ˢ 4ᵈ	1859ʰ 4ˢ 6ᵈ	10465ʰ 1ˢ 11ᵈ
757ʰ 13ˢ 8ᵈ	5289ʰ 2ˢ 4ᵈ	4234ʰ 3ˢ 10ᵈ	1258ʰ	35171ʰ 16ˢ 1ᵈ	30357ʰ 1ˢ 11ᵈ	233430ʰ 13ˢ 10ᵈ

COMPTES DES BÂTIMENTS. — III.

COMPTES DES BÂTIMENTS DU ROI.

MACHINE DE LA RIVIÈ[RE]

ANNÉES.	MAÇONNERIE.	CHARPENTERIE.	COUVERTURE.	MENUISERIE.	SERRURERIE.	PLOMBERIE ET CUIVRES.	VITRERIE.
1688.....	3604^{lt} 18^s 8^d	50676^{lt} 7^s 8^d	3373^{lt} 18^s 8^d	1064^{lt} 5^s	31624^{lt} 1^s 3^d	6257^{lt} 16^s 4^d	84^{lt} 3^s
1689.....	3275^{lt} 4^s 2^d	14370^{lt} 1^s 9^d	627^{lt}	»	15783^{lt} 1^s 6^d	"	167^{lt} 15^s
1690.....	2937^{lt} 7^s 6^d	16860^{lt} 6^s 8^d	826^{lt} 5^s 8^d	"	13276^{lt} 12^s 6^d	3207^{lt} 12^s 9^d	"
1691.....	3137^{lt} 15^s 2^d	15703^{lt} 13^s 9^d	567^{lt} 6^s 9^d	"	12058^{lt} 15^s 6^d	318^{lt} 2^s 8^d	127^{lt} 10^s
1692.....	1512^{lt} 18^s 10^d	13517^{lt} 17^s 11^d	600^{lt}	»	10395^{lt} 14^s	1572^{lt} 1^s 3^d	178^{lt} 2^s 6
1693.....	2170^{lt} 7^s	15061^{lt} 6^s 7^d	700^{lt} 5^s	"	10404^{lt} 14^s	1550^{lt} 12^s 6^d	75^{lt} 15^s
1694.....	1242^{lt} 14^s 11^d	20483^{lt} 14^s	600^{lt}	"	14069^{lt} 18^s 6^d	2051^{lt} 14^s	29^{lt} 4^s 3
1695.....	1613^{lt} 11^s 10^d	9474^{lt}	400^{lt}	"	9918^{lt} 9^s	2646^{lt} 19^s	39^{lt} 9^s 9
Total par chapitre.	51932^{lt} 18^s 1^d	156147^{lt} 8^s 4^d	7694^{lt} 16^s 1^d	1064^{lt} 5^s	117531^{lt} 6^s 3^d	20468^{lt} 18^s 6^d	701^{lt} 19^s 6

RIVIÈRE D'EU

ANNÉES.	MAÇONNERIE.	TERRASSES.	CHARPENTERIE.	MENUISERIE.	SERRURERIE, TUYAUX.	VITRERIE.	PAVÉ.
1688.....	858943^{lt} 1^s 5^d	655890^{lt} 19^s 1^d	92^{lt} 5^s	4150^{lt}	253708^{lt} 10^s 11^d	12^{lt}	1221^{lt} 9^s
1689.....	689946^{lt} 16^s 4^d	113506^{lt} 12^s 5^d	"	213^{lt}	134^{lt} 18^s	"	"
1690.....	22764^{lt}	317^{lt} 18^s 8^d	»	"	"	"	»
1691.....	30301^{lt} 9^s 9^d	2221^{lt} 15^s	238^{lt} 12^s	"	232^{lt} 18^s	"	"
1692.....	21127^{lt} 15^s	3498^{lt}	»	"	59^{lt} 4^s	"	"
1693.....	21459^{lt}	"	"	"	"	"	"
1694.....	"	"	"	"	"	"	"
1695.....	"	"	"	"	"	"	"
Total par chapitre.	1644542^{lt} 2^s 6^d	775435^{lt} 5^s 2^d	330^{lt} 17^s	4363^{lt}	254135^{lt} 10^s 11^d	12^{lt}	1221^{lt} 9^s

RÉCAPITULATION DES DÉPENSES.

E SEINE OU DE MARLY.

PAVÉ.	PEINTURE ET SCULPTURE.	CUIRS ET CHARBONS.	TERRASSES.	DIVERS.	OUVRIERS À JOURNÉES.	TOTAL PAR ANNÉE.
1100ʰ	334ʰ 7ˢ 10ᵈ	3384ʰ 10ˢ 8ᵈ	11355ʰ 2ˢ 3ᵈ	1972ʰ 1ˢ 3ᵈ	19472ʰ 7ˢ 4ᵈ	166741ʰ 19ˢ 11ᵈ
//	//	4868ʰ	5118ʰ 11ˢ 8ᵈ	7323ʰ 10ˢ 11ᵈ	18111ʰ 8ˢ 1ᵈ	69644ʰ 13ˢ 1ᵈ
364ʰ 18ˢ 4ᵈ	//	3264ʰ 1ˢ	489ʰ 14ˢ 10ᵈ	1477ʰ 9ˢ 3ᵈ	18241ʰ 10ˢ 4ᵈ	60945ʰ 18ˢ 10ᵈ
//	106ʰ 0ˢ 10ᵈ	3182ʰ 6ˢ	(avec la maçonnerie.)	4808ʰ 0ˢ 3ᵈ	18239ʰ 4ˢ 4ᵈ	61112ʰ 15ˢ 3ᵈ
478ʰ 12ˢ 6ᵈ	//	3484ʰ 8ˢ 2ᵈ	54ʰ 5ˢ	2486ʰ 14ˢ 9ᵈ	16919ʰ 6ˢ 8ᵈ	51200ʰ 1ˢ 7ᵈ
184ʰ	72ʰ 18ˢ 4ᵈ	1559ʰ 1ˢ	//	2495ʰ 6ˢ 9ᵈ	16995ʰ 11ˢ 9ᵈ	51269ʰ 17ˢ 11ᵈ
//	//	2191ʰ 19ˢ 4ᵈ	119ʰ 18ˢ 6ᵈ	3530ʰ 8ˢ	19016ʰ 17ˢ 4ᵈ	63336ʰ 8ˢ 10ᵈ
//	68ʰ 15ˢ 4ᵈ	1126ʰ	50ʰ	2113ʰ 0ˢ 10ᵈ	12253ʰ 2ˢ 9ᵈ	39703ʰ 8ˢ 6ᵈ
2127ʰ 10ˢ 10ᵈ	582ʰ 2ˢ 4ᵈ	23060ʰ 6ˢ 2ᵈ	17187ʰ 12ˢ 3ᵈ	26206ʰ 12ˢ 0ᵈ	139249ʰ 8ˢ 7ᵈ	563955ʰ 3ˢ 11ᵈ

F AQUEDUCS.

PEINTURE ET DORURE.	PLOMBERIE.	GAGES D'OUVRIERS.	INVALIDES.	GAGES D'EMPLOYÉS.	DIVERSES DÉPENSES.	TOTAL PAR ANNÉE.
1000ʰ	31406ʰ 10ˢ 6ᵈ	14019ʰ	2637ʰ	41019ʰ 17ˢ 8ᵈ	68275ʰ 9ˢ 3ᵈ	193237ʰ 3ˢ
//	//	5941ʰ	2944ʰ 15ˢ 3ᵈ	13513ʰ 10ˢ	45530ʰ 18ˢ 11ᵈ	87173ʰ 10ˢ 11ᵈ
1000ʰ	//	//	//	11055ʰ	4918ʰ 12ˢ 6ᵈ	40055ʰ 11ˢ 2ᵈ
//	//	//	//	10400ʰ	7469ʰ 18ˢ 6ᵈ	50864ʰ 13ˢ 3ᵈ
//	//	2460ʰ 15ˢ 6ᵈ	//	8300ʰ	4374ʰ 4ˢ	39819ʰ 18ˢ 6ᵈ
//	//	//	//	1107ʰ	8125ʰ	30691ʰ
//	//	//	//	327ʰ	1543ʰ 3ˢ	1880ʰ 3ˢ
//	//	//	//	3048ʰ	664ʰ 5ˢ	3712ʰ 5ˢ
2000ʰ	31406ʰ 10ˢ 6ᵈ	22420ʰ 15ˢ 6ᵈ	5581ʰ 15ˢ 3ᵈ	88780ʰ 7ˢ 8ᵈ	140901ʰ 11ˢ 2ᵈ	297131ʰ 4ˢ 10ᵈ

COMPTES DES BÂTIMENTS DU ROI.

HÔTEL ET ÉGLISE DES INVALID[ES]

ANNÉES.	MAÇONNERIE.	TERRASSES.	CHARPENTERIE.	COUVERTURE.	MENUISERIE.	SERRURERIE.	VITRERIE.
1688......	37174^H 5^s 6^d	6561^H 10^s	2188^H 13^s	8305^H 6^s 10^d	40350^H	9232^H 9^s 5^d	3000^H
1689......	208998^H 3^s 2^d	658^H	5126^H 8^s 4^d	330^H 15^s 10^d	2675^H 13^s	4754^H 0^s 9^d	583^H 3^s 8
1690......	237169^H 1^s 6^d	"	42604^H 18^s	600^H	200^H	1400^H	"
1691......	188244^H 16^s 3^d	"	21213^H 1^s 3^d	47,14^H 13^s	422^H 8^s	16174^H 2^s 8^d	229^H 7^s 6
1692......	46775^H 12^s 10^d	"	551^H 1^s 6^d	"	521^H	6429^H 16^s	1300^H
1693......	16485^H 14^s 2^d	"	"	"	"	500^H	1100^H
1694......	49^H 4^s 9^d	"	"	"	"	75^H 10^s	"
1695......	"	"	"	"	"	"	"
Total par chapitre.	1069469^H 18^s 2^d	7219^H 10^s	71684^H 2^s 1^d	13950^H 15^s 8^d	44169^H 1^s	38565^H 18^s 10^d	6212^H 11^s 2^d

DIVERSES MA[ISONS]

ANNÉES.	PALAIS-ROYAL, TUILERIES.	VINCENNES.	COMPIÈGNE, SAINT-LÉGER.	MONCEAUX.	CHAMBORD.	ANNONCIADE DE MEULAN.	JARDIN ROYAL.
1688......	(Voir diverses maisons.)	5158^H 11^s 1^d	2390^H 12^s	49644^H 5^s	7999^H 4^s 4^d	6967^H 12^s 3^d	21549^H 17^s 1
1689......	49780^H 14^s 7^d	"	1528^H 4^s 6^d	5075^H 0^s 9^d	8036^H 2^s 9^d	500^H	16950^H 18^s
1690......	38963^H 14^s 6^d	"	5801^H 19^s 2^d	1693^H 13^s 7^d	7750^H 16^s 7^d	"	15263^H 12^s 6
1691......	62457^H 2^s	5919^H 18^s 2^d	1130^H 19^s	162^H 9^s 5^d	4782^H 10^s 4^d	"	17298^H 13^s 10
1692......	31163^H 14^s 4^d	"	2753^H 5^s 2^d	395^H 15^s 6^d	4106^H 9^s 8^d	Noisy, Choisy, Meudon:	15737^H 19^s
1693......	16199^H 14^s 10^d	"	1567^H 7^s 1^d	1398^H 9^s 7^d	4409^H 2^s 10^d	46038^H 7^s 9^d	16489^H 18^s
1694......	12443^H 14^s	"	2142^H 6^s 6^d	1125^H 14^s 10^d	3920^H 10^s 5^d	46890^H 3^s 6^d	5764^H 18^s
1695......	22828^H 6^s 6^d	"	4536^H 18^s 6^d	410^H 1^s 8^d	2163^H 13^s	44287^H 2^s 2^d	5612^H 10^s
Total par chapitre.	233887^H 0^s 9^d	11078^H 9^s 3^d	21851^H 11^s 11^d	61364^H 10^s 4^d	43168^H 9^s 11^d	144683^H 5^s 8^d	114668^H 6^s 5

RÉCAPITULATION DES DÉPENSES.

...ENT DES CAPUCINES, PLACE VENDÔME.

...MBERIE.	PAVÉ.	PEINTURE, DORURE.	SCULPTURE, MARBRERIE.	PLACE VENDÔME, STATUE ÉQUESTRE.	DIVERSES DÉPENSES.	TOTAL PAR ANNÉE.
57ʰ 11ˢ 9ᵈ	1444ʰ 11ˢ 8ᵈ	3656ʰ 13ˢ	1139ʰ	340208ʰ 15ˢ	4086ʰ 10ˢ	796178ʰ 6ˢ 2ᵈ
68ʰ 10ˢ	2000ʰ	2128ʰ 3ˢ 5ᵈ	250ʰ	"	2349ʰ 19ˢ 8ᵈ	229922ʰ 17ˢ 10ᵈ
00ʰ	"	"	23719ʰ 1ˢ 4ᵈ	"	"	308693ʰ 0ˢ 10ᵈ
74ʰ 6ˢ	487ʰ 19ˢ 4ᵈ	3,932ʰ 1ˢ 3ᵈ	74141ʰ 19ˢ 5ᵈ	"	4523ʰ 6ˢ	353558ʰ 0ˢ 8ᵈ
64ʰ 18ˢ	474ʰ 15ˢ 6ᵈ	11044ʰ 18ˢ	31498ʰ 9ˢ	23950ʰ 14ˢ	1640ʰ 2ˢ	125751ʰ 6ˢ 10ᵈ
27ʰ 4ˢ 10ᵈ	"	700ʰ	19835ʰ 10ˢ	6739ʰ 9ˢ	"	45387ʰ 18ˢ
"	"	89ʰ 14ˢ	1098ʰ 10ˢ	"	217ʰ 13ˢ 8ᵈ	1530ʰ 12ˢ 5ᵈ
"	"	"	"	494ʰ 18ˢ 6ᵈ	"	494ʰ 18ˢ 6ᵈ
392ʰ 10ˢ 7ᵈ	4407ʰ 6ˢ 6ᵈ	49551ʰ 19ˢ 8ᵈ	151682ʰ 9ˢ 9ᵈ	371393ʰ 16ˢ 6ᵈ	12817ʰ 11ˢ 4ᵈ	1861517ʰ 1ˢ 3ᵈ

...S ROYALES.

...LIOTHÈQUE.	GOBELINS et LA SAVONNERIE.	TOULON, MÛRIERS.	PÉPINIÈRE DU ROULE, ARBRES ET FLEURS.	PEINTURE, SCULPTURE, BRONZE, MARBRE.	DIVERSES MAISONS, COUVERTURES.	TOTAL PAR ANNÉE.
10596ʰ 14ˢ 7ᵈ	2755ʰ 9ˢ 4ᵈ	4803ʰ 12ˢ 11ᵈ	16557ʰ 0ˢ 11ᵈ	257171ʰ 6ˢ 3ᵈ	100801ʰ 0ˢ 1ᵈ	635408ʰ 18ˢ 10ᵈ
1943ʰ 11ˢ 6ᵈ	123ʰ 18ˢ	"	82525ʰ 7ˢ 11ᵈ	67566ʰ 14ˢ 8ᵈ	10076ʰ 7ˢ	244106ʰ 19ˢ 8ᵈ
1998ʰ 0ˢ 6ᵈ	"	3000ʰ	99393ʰ 11ˢ	37710ʰ 5ˢ 6ᵈ	11657ʰ 10ˢ	223233ʰ 3ˢ 4ᵈ
1059ʰ 9ˢ 6ᵈ	"	3667ʰ 6ˢ 5ᵈ	54387ʰ 19ˢ 7ᵈ	18329ʰ 9ˢ	16937ʰ 10ˢ	187592ʰ 7ˢ 3ᵈ
"	"	2244ʰ 18ˢ	33909ʰ 14ˢ 4ᵈ	15230ʰ 13ˢ 3ᵈ	11770ʰ 10ˢ	117312ʰ 19ˢ 3ᵈ
"	"	3119ʰ 8ˢ	28178ʰ 9ˢ 2ᵈ	37094ʰ 5ˢ 10ᵈ	7640ʰ	162135ʰ 3ˢ 1ᵈ
"	"	"	24055ʰ 3ˢ 9ᵈ	4018ʰ 9ˢ 9ᵈ	7585ʰ	107946ʰ 0ˢ 9ᵈ
"	"	"	25962ʰ 13ˢ 9ᵈ	"	"	105801ʰ 5ˢ 7ᵈ
...15597ʰ 16ˢ 1ᵈ	2879ʰ 0ˢ 4ᵈ	16835ʰ 5ˢ 4ᵈ	513984ʰ 0ˢ 5ᵈ	437121ʰ 4ˢ 3ᵈ	166467ʰ 17ˢ 1ᵈ	1783536ʰ 17ˢ 9ᵈ

1216 COMPTES DES BÂTIMENTS DU ROI.

ACADÉMIES, GOBELINS, GRAV...

ANNÉES.	ACADÉMIES DES SCIENCES ET FRANÇAISE.	ACADÉMIES DE PEINTURE ET D'ARCHITECTURE.	ACADÉMIE DE ROME.	OUVRAGES DES GOBELINS.	MÉDAILLES, GRAVURES.	GRATIFICATIONS aux GENS DE LETTRES.	MANUFACTU... MARBRES
1688......	11635ᴸ 12ˢ 4ᵈ	8946ᴸ 5ˢ	30659ᴸ 4ˢ	9846ᴸ 4ˢ 9ᵈ	45205ᴸ 4ˢ 7ᵈ	"	"
1689......	9308ᴸ 15ˢ 5ᵈ	3975ᴸ	19000ᴸ	137411ᴸ 6ˢ 1ᵈ	12561ᴸ 8ˢ 11ᵈ	44900ᴸ	71400ᴸ
1690......	8714ᴸ 15ˢ 9ᵈ	9548ᴸ 12ˢ	21210ᴸ	86242ᴸ 9ˢ 8ᵈ	2990ᴸ 16ˢ	39399ᴸ 19ˢ 8ᵈ	24295ᴸ 10
1691......	4718ᴸ 14ˢ 8ᵈ	11156ᴸ 1ˢ 4ᵈ	14745ᴸ 4ˢ 8ᵈ	114811ᴸ 14ˢ 8ᵈ	2267ᴸ 1ˢ	11966ᴸ 13ˢ 4ᵈ	15770ᴸ 10
1692......	"	10622ᴸ 5ˢ 3ᵈ	17790ᴸ 8ˢ	95326ᴸ 17ˢ 2ᵈ	230ᴸ	"	13035ᴸ 14
1693......	"	10153ᴸ 9ˢ	12745ᴸ 4ˢ	93074ᴸ 16ˢ 7ᵈ	300ᴸ	"	1146ᴸ 5
1694......	"	4289ᴸ 4ˢ 6ᵈ	18709ᴸ 10ˢ	62441ᴸ 17ˢ 6ᵈ	700ᴸ	"	"
1695......	"	2311ᴸ 3ˢ 11ᵈ	8990ᴸ	10347ᴸ 4ˢ 6ᵈ	"	"	"
TOTAL par chapitre.	34377ᴸ 18ˢ 2ᵈ	61002ᴸ 1ˢ 0ᵈ	143850ᴸ 10ˢ 8ᵈ	698117ᴸ 10ˢ 11ᵈ	64254ᴸ 10ˢ 6ᵈ	96266ᴸ 13ˢ 0ᵈ	125648ᴸ 5

RÉCAPITULATION PAR ANNÉE DE LA DÉPEN...

ANNÉES.	CHÂTEAU DE VERSAILLES.	GRANDE AILE et DEHORS DE VERSAILLES.	JARDINS. POTAGER, CONDUITES, CANAL.	CHÂTEAU de SAINT-GERMAIN.	CHÂTEAU DE MARLY.
1688......	760325ᴸ 15ˢ 5ᵈ	104483ᴸ 16ˢ 5ᵈ	170485ᴸ 4ˢ	147779ᴸ 8ˢ	283412ᴸ 12ˢ 2ˢ
1689......	172436ᴸ 11ˢ 9ᵈ	222203ᴸ 5ˢ 4ᵈ	152319ᴸ 1ˢ 3ᵈ	29934ᴸ 12ˢ 8ᵈ	223124ᴸ 7ˢ 6
1690......	95495ᴸ 9ˢ 10ᵈ	61980ᴸ 7ˢ 2ᵈ	137921ᴸ 11ˢ 9ᵈ	22195ᴸ 9ˢ 2ᵈ	87630ᴸ 19ˢ 9
1691......	108825ᴸ 11ˢ 7ᵈ	62408ᴸ 10ˢ 8ᵈ	127045ᴸ 9ˢ	26761ᴸ 11ˢ 1ᵈ	82013ᴸ 4ˢ 4
1692......	128723ᴸ 12ˢ 7ᵈ	62811ᴸ 17ˢ 10ᵈ	131761ᴸ 8ˢ	21900ᴸ 6ˢ	78978ᴸ 14ˢ 2
1693......	75803ᴸ 10ˢ 11ᵈ	17826ᴸ 15ˢ 1ᵈ	80436ᴸ 16ˢ 11ᵈ	16009ᴸ 18ˢ 11ᵈ	119443ᴸ 11ˢ 5
1694......	93842ᴸ 7ˢ 1ᵈ	20603ᴸ	93026ᴸ 11ˢ 6ᵈ	13371ᴸ 13ˢ 4ᵈ	48319ᴸ 8ˢ 1
1695......	73153ᴸ 16ˢ 8ᵈ	18892ᴸ 8ˢ 9ᵈ	65075ᴸ 14ˢ 11ᵈ	6826ᴸ 2ˢ 10ᵈ	72162ᴸ 11ˢ 9
TOTAL par chapitre.........	1508606ᴸ 15ˢ 10ᵈ	1511557ᴸ 1ˢ 3ᵈ	958071ᴸ 17ˢ 4ᵈ	284779ᴸ 2ˢ	995085ᴸ 4ˢ 2

RÉCAPITULATION DES DÉPENSES.

GES D'OFFICIERS, FONDS LIBELLÉS.

LOYERS DE MAISONS.	DIVERSES DÉPENSES, GRATIFICATIONS.	INSPECTEURS et INVALIDES.	GAGES D'OFFICIERS.	GAGES D'OFFICIERS de FONTAINEBLEAU.	FONDS LIBELLÉS, PARFAITS PAYEMENTS.	TOTAL PAR ANNÉE.
16305ʰ 11ˢ	8631ʰ	163202ʰ 11ˢ 8ᵈ	110309ʰ 8ˢ 9ᵈ	28931ʰ 8ˢ	735406ʰ 13ˢ 11ᵈ	1373994ʰ 4ˢ
14015ʰ	5113ʰ	154799ʰ 18ˢ 4ᵈ	127952ʰ 3ˢ 9ᵈ	27978ʰ 4ˢ	753711ʰ 11ˢ 8ᵈ	1329522ʰ 3ˢ 10ᵈ
18873ʰ 9ˢ 6ᵈ	3324ʰ	120336ʰ 2ˢ 4ᵈ	110019ʰ 18ˢ 9ᵈ	28335ʰ 6ˢ	73420ʰ 7ˢ 6ᵈ	510253ʰ 0ˢ 10ᵈ
28885ʰ 11ˢ	2692ʰ	213533ʰ	137523ʰ 18ˢ 9ᵈ	28378ʰ 10ˢ	245246ʰ 15ˢ 5ᵈ	816994ʰ 6ˢ
10440ʰ	5481ʰ	141388ʰ 8ˢ 4ᵈ	122841ʰ 18ˢ 9ᵈ	24872ʰ 11ˢ	235195ʰ 5ˢ 1ᵈ	665334ʰ 18ˢ 7ᵈ
6595ʰ	1852ʰ	112339ʰ 15ˢ	97934ʰ 18ˢ 9ᵈ	32730ʰ	253503ʰ 6ˢ	621228ʰ 9ˢ 4ᵈ
7097ʰ 10ˢ	3888ʰ	129489ʰ	74322ʰ 8ˢ 9ᵈ	54406ʰ 16ˢ 8ᵈ	799508ʰ 12ˢ 2ᵈ	1154852ʰ 19ˢ 7ᵈ
1670ʰ	3157ʰ	87275ʰ 15ˢ	101050ʰ 13ˢ 9ᵈ	8771ʰ 7ˢ 6ᵈ	1150462ʰ 3ˢ 4ᵈ	1374035ʰ 8ˢ
103382ʰ 1ˢ 6ᵈ	34138ʰ	1122364ʰ 10ˢ 8ᵈ	881955ʰ 10ˢ 0ᵈ	234404ʰ 3ˢ 2ᵈ	4246454ʰ 15ˢ 1ᵈ	7846215ʰ 10ˢ 2ᵈ

S BÂTIMENTS DU ROI DE 1688 À 1695.

CHÂTEAU FONTAINEBLEAU.	MACHINE DE MARLY.	RIVIÈRE D'EURE.	INVALIDES.	DIVERSES MAISONS ROYALES.	ACADÉMIES, GAGES, ETC.	TOTAL GÉNÉRAL PAR ANNÉE.
77841ʰ 10ˢ 7ᵈ	166741ʰ 19ˢ 11ᵈ	193237ʰ 3ˢ	796178ʰ 6ˢ 2ᵈ	635408ʰ 18ˢ 10ᵈ	1373994ʰ 4ˢ	7389375ʰ 18ˢ 6ᵈ
26607ʰ 7ˢ 3ᵈ	69644ʰ 13ˢ 1ᵈ	87173ʰ 10ˢ 11ᵈ	229922ʰ 17ˢ 10ᵈ	244106ʰ 19ˢ 8ᵈ	1329522ʰ 3ˢ 10ᵈ	3571552ʰ 11ˢ 1ᵈ
21377ʰ 1ˢ 5ᵈ	60945ʰ 18ˢ 10ᵈ	40055ʰ 11ˢ 2ᵈ	308693ʰ 0ˢ 10ᵈ	223233ʰ 3ˢ 4ᵈ	510253ʰ 0ˢ 10ᵈ	1569781ʰ 14ˢ 1ᵈ
29411ʰ 5ˢ 9ᵈ	61112ʰ 15ˢ 3ᵈ	50864ʰ 13ˢ 3ᵈ	353558ʰ 0ˢ 8ᵈ	187592ʰ 7ˢ 3ᵈ	816994ʰ 6ˢ	1906587ʰ 14ˢ 10ᵈ
24458ʰ 14ˢ 9ᵈ	51200ʰ 1ˢ 7ᵈ	39819ʰ 18ˢ 6ᵈ	125751ʰ 6ˢ 10ᵈ	117312ʰ 19ˢ 3ᵈ	665334ʰ 18ˢ 7ᵈ	1448053ʰ 18ˢ 1ᵈ
26564ʰ 19ˢ 11ᵈ	51269ʰ 17ˢ 11ᵈ	30691ʰ	45387ʰ 18ˢ	162135ʰ 3ˢ 1ᵈ	621228ʰ 9ˢ 4ᵈ	1246798ʰ 1ˢ 6ᵈ
16704ʰ 12ˢ 3ᵈ	63336ʰ 8ˢ 10ᵈ	1880ʰ 3ˢ	1530ʰ 12ˢ 5ᵈ	107946ʰ 0ˢ 9ᵈ	1154852ʰ 19ˢ 7ᵈ	1615413ʰ 11ˢ 10ᵈ
10465ʰ 1ˢ 11ᵈ	39703ʰ 8ˢ 6ᵈ	3712ʰ 5ˢ	494ʰ 18ˢ 6ᵈ	105801ʰ 5ˢ 7ᵈ	1374035ʰ 8ˢ	1770323ʰ 2ˢ 5ᵈ
233430ʰ 13ˢ 10ᵈ	563955ʰ 3ˢ 11ᵈ	297113ʰ 4ˢ 10ᵈ	1861517ʰ 1ˢ 3ᵈ	1783536ʰ 17ˢ 9ᵈ	7846215ʰ 10ˢ 2ᵈ	20517886ʰ 12ˢ 4ᵈ

LISTE

DES ARTISTES, LITTÉRATEURS ET SAVANTS

NOMMÉS DANS LES COMPTES DES BÂTIMENTS

DE 1688 À 1695.

ARCHITECTES.

BOFFRAND (Germain).
BRUANT (Sébastien).
BULLET (Pierre).
DE COTTE (Robert).
DORBAY (François).
LE NOSTRE (André).
MANSART (Jules HARDOUIN).

ARMURIERS ET FABRICANTS D'INSTRUMENTS DE MATHÉMATIQUES.

FENEL (Jean).
GOSSELIN (Georges).
GRUCHÉ.
LAGNY.

BRODEURS.

DE REYNES (La veuve).
GASSE (Christophe-Michel).
LALLEMANT (Alexandre).
LAROCHE (François).
LHERMINOT fils.

DESSINATEURS.

BERAIN (Jean).
CARLIER.
CAUCHY.
CHASTILLON (Louis).
CHUPIN.
DAVILER (Augustin-Charles).
DELARUE (Antoine).
GOURDIN.
JUMEL (Michel).
LASSURANCE (Pierre CAILLETEAU, dit).

LESCUYER (Antoine).
NIVELON.

ÉBÉNISTES.

BOULLE (André-Charles).
DENIS (Louis).
LOCHON (PERCHERON, dit).
OPENORD (Jean).

ÉMAILLEUR.

HUBIN.

GRAVEURS EN MÉDAILLES.

AURY (Augustin).
BERNARD (Thomas).
CHÉRON (Charles-François).
DELARAYE.
DESPORTES.
HURPIERRE.
LANGLOIS.
LEBRETON (Hercule).
MAUGER (Jean).
MOLART (Michel).
NILIS (Jacques).
REGNARD.
REVOIR (Jean).
ROETTIERS (Joseph).
ROUSSEL (H.).

GRAVEURS EN TAILLE-DOUCE.

AUDRAN (Girard).
CARON (Louis).
LEBLOND.
LECLERC (Sébastien).
LE PAUTRE (Jacques).

NOLIN.
SILVESTRE (Israel).
SIMONNEAU le jeune.
THOMASSIN.

LITTÉRATEURS ET SAVANTS.

BIZOT (L'abbé Pierre), numismate.
BOILEAU DESPRÉAUX, poète.
BORELLI, physicien.
BOURDELIN (Claude), naturaliste.
CASSINI (Jean-Dominique), astronome.
CHARPENTIER (François), érudit.
DE BEAULIEU, mathématicien.
DE CUSSET, astronome.
DE LA CHAPELLE-BESSÉ.
DE LA CROIX, orientaliste.
DE LA HIRE, mathématicien.
DIPPY (Pierre), interprète en langue arabe.
DODART, mathématicien.
DU CANGE (Charles DU FRESNE), érudit.
DUHAMEL (Jean-Baptiste), secrétaire de l'Académie des sciences.
DU VERNAY (Joseph-Guichard), anatomiste.
FÉLIBIEN (André), historien et architecte.
GALLAND (Antoine), orientaliste.
GALLOIS (L'abbé Jean), écrivain.
JAILLOT, géographe.
LEFEBVRE, mathématicien.
MARCHAND, botaniste.
MERY, anatomiste.
MOREL (André), antiquaire.
POTENOT, mathématicien.
QUINAULT (Philippe), poète.
RACINE (Jean), poète.
RAINSSANT (Pierre), numismate.

ROLLE (Michel), mathématicien.
SEDILEAU, mathématicien.
TALLEMANT (L'abbé François), écrivain.
TOURNEFORT (Joseph PITTON DE), botaniste.

MÉDECINS, CHIRURGIENS.

CLÉMENT (Jacques), chirurgien.
DACQUIN (Antoine).
DACQUIN jeune.
DALAUSSON, chirurgien.
DE BOURGES.
FAGON (Guy-Crescence).
LIMAGNE.
POITIERS.
TRÉVENET (Jean).

MOULEURS.

BESSON (François), sculpteur mouleur.
CASSEGRAIN (Guillaume).
LAISNÉ.
LANGLOIS.

ORFÈVRES, JOAILLIERS, LAPIDAIRES.

BELLE (Josias).
BOSC (Silvestre).
BRANCHI, graveur sur pierres.
COUSINET (René).
DE LAUNAY (Nicolas).
DE VILLERS (Les).
GERIN (Michel).
LOIR (Alexis).
LORRY.
RICHARD, graveur sur pierres fines.

PEINTRES.

ALBANE (François).
ALLEGRAIN (Étienne).
ANGELIN.
ANGUIER (Guillaume).
APARUIT.
BACO.
BAILLY (Jacques).
BAPTISTE. — Voy. MONNOYER.
BEAUBRUN (Charles DE).
BELIN DE FONTENAY (Louis).
BERTHAULT (François).
BERTIN (Nicolas).
BLANCHARD (Gabriel).

BONNEMER (François).
BOULLOGNE (Bon).
BOULLOGNE (Louis).
BOURGAULT (Étienne).
CAMO.
CARRÉ.
CHRISTOPHE (Jean).
CORNEILLE l'aîné (Michel).
COTELLE (Jean).
COYPEL (Antoine).
COYPEL (Noël).
DE LA FOSSE (Charles).
DE MONTAGNE. — Voy. MONTAGNE.
DE SÈVE l'aîné (Pierre).
DESOZIERS, peintre et doreur.
DESPORTES (Claude-François).
DOMINIQUIN (Le).
DUBOIS (Jean).
DUBOIS (Louis).
FONTENAY (Louis BELIN DE). — Voy. BELIN.
FOUQUET.
FRANCARD, peintre sur verre.
FRÉMINET (Martin).
FRIQUET DE VAUROZE (Jacques-Claude).
GOY (Claude).
GUINEBAULT.
GUSSIN.
HÉRAULT (Charles).
HOUASSE (René-Antoine).
JAMAULT (Jean).
JOUBERT (Jean).
JOUVENET (Jean).
LALLEMENT (Philippe).
LANGE (François).
LE BRUN (Charles).
LE CLERC (Philippe), peintre sur verre.
LECOMTE.
LEFEBVRE.
LE MOYNE (Jean) le Lorrain.
LE MOYNE le Troyen.
LE MOYNE de Paris.
LIGNIÈRES.
LOBELLE.
LORRAIN (Claude).
MARTIN (Jean-Baptiste).
MEUSNIER (Philippe).
MICHEU, peintre sur verre.
MIGNARD (Nicolas).
MONNOYER (Jean-Baptiste), dit BAPTISTE.
MONTAGNE (Mathieu VAN PLATTENBERG ou DE PLATTE-).
MUSSEY (Firmin).
NIVELON (Claude).
NOCRET (Jean).

PAILLET (Antoine).
PAILLET jeune.
PARENT.
PARROCEL.
PERRAIN (Louis).
PETIT (Thomas).
POISSON (Louis).
RAPHAEL.
RICARD.
RINBAUT.
ROBERT.
ROMAIN (Jules).
SARRABAT (Daniel).
SÉBERT.
SÉVIN (Pierre).
SIMON.
SPAZEMANT.
THIBAULT.
TITIEN.
VAN DER MEULEN (Adam-François).
VERDIER (François).
VLEUGHELS (Nicolas).
VOIRIOT (Nicolas).
YVART (Baudrin).
YVART fils.

SCULPTEURS.

ADAM (Zéphirin).
ANDRÉ (Antoine).
ANNARD. — Voy. HAVARD.
ARCIS (Marc D').
AUBRY.
BARROIS (François).
BEAUSSIEUX.
BELAN.
BERNARD.
BERNIN (Le Cavalier).
BERTIER.
BERTIN (Claude).
BONNET.
BONTEMPS.
BONVALET.
BOURDERELLE.
BOURDY ou BOURDICT (Pierre).
BOURLIER (Sébastien).
BOUZET (Paul).
BRIQUET (Noël).
BRODON.
BUIRETTE (Jacques).
BUISTER (Philippe).
CAFFIERI (Philippe).
CARLIER.
CAZENOVE (Pierre-David DE).

LISTE DES ARTISTES, LITTÉRATEURS ET SAVANTS.

Charmeton.
Charpentier.
Chartrelle (Pierre).
Chauveau.
Clérion (Jean-Jacques).
Coffre.
Coisevaux (Antoine).
Cornu (Jean).
Coustou (Nicolas).
Cucci (Dominique).
Dauphin de Sainte-Marie.
Dedieu (Jean).
De Lalande (Robert).
Desgoullon ou Dogoullon.
Desjardins (Martin).
Devaux.
Deville.
Doisy (Robert).
Drouilly (Jean).
Dufour (Nicolas).
Dupré.
Émery (Charles).
Ébard.
Esloy.
Flamand ou Flamen (Anselme).
Fontelle (François).
François (Jean).
François (Louis).
François le jeune.
Frémin (René).
Garnier.
Gautier.
Girardon (François).
Godequin.
Goupy (André).
Goy.
Granier (Pierre).
Grouard (Guillaume).
Guérin (Gilles).
Guidi (Domenico).
Guillauzeau.
Guyot ou Guyon.
Hardy.
Havard.
Herpin.
Houzeau (Jacques).
Hulot.
Hubtrelle (Simon).
Imbert.
Jacob (Claude).
Jacquin.

Jolly (Barthélemy).
Jouvenet (Noël).
Jouvenet jeune.
Jumelle.
La Cour.
Lalande (Robert).
Lange.
La Perdrix (Michel).
La Pierre.
Le Comte (Louis).
Lefebvre (Armand).
Léger.
Legeret (Jean).
Legrand (Éloi).
Legrand (Henri).
Legrand (Jacques).
Legros (Louis).
Legros (Pierre).
Le Guay.
Le Hongre (Étienne).
Le Lorrain (Robert).
Le Maire.
Le Moyne.
Lespagnandel (Mathieu).
Lespingola (François).
Lesueur (François).
Magnier (Laurent).
Magnier (Philippe).
Marcelin.
Marchand.
Marsy (Gaspard).
Martin.
Massou (Benoît).
Massou fils.
Mathée.
Maubouge.
Mazeline (François).
Mazeline (Pierre).
Mazière (Simon).
Mazière jeune.
Mélo.
Meusnier (Jean).
Monnier.
Montant.
Pasquier.
Pineau (Baptiste).
Poirier.
Poultier (Jean).
Prou (Jacques).
Puget (Pierre).
Raon (Jean).

Rayolle.
Regnard.
Regnaudin (Thomas).
Régnier.
Rinbaut.
Robert.
Rochette.
Roger (Joseph).
Rousseau.
Roussel.
Rousselet.
Rousselet jeune.
Sainte-Marie.
Sarrasin.
Scabol (Roger).
Sibraique.
Slodtz (Sébastien).
Taubin.
Taupin.
Tiger.
Tuby (Jean-Baptiste).
Vaillant.
Van Clève (Corneille).
Varin.
Vassé.
Vigier.
Vilaine.
Vizier.

TAPISSIERS.

Bacord (Josse).
Beragle (Philippe).
Berteuille.
Cogné (Claude-Louis).
Delacroix (Jean).
Delacroix fils.
Dupont (Louis).
Holande.
Jans (Jean).
Lafraye.
Le Febvre (Jean).
Lefebvre fils (Jean).
Lourdet.
Mosin (Jean).
Pasquier (François).
Souet (Jean).
Texier (Germain).
Vavoq (Amant).
Vavoq (Jean-Baptiste).
Vavoq (Toussaint).

TABLE ALPHABÉTIQUE

DES COMPTES DES BÂTIMENTS DE 1688 À 1695.

EXPLICATION DES ABRÉVIATIONS.

arch............	architecte.	prop............	propriétaire.
charp...........	charpentier.	sc.............	sculpteur.
couv............	couvreur.	ser............	serrurier.
gr..............	graveur.	stat...........	statue.
jard............	jardinier.	tab............	tableau.
maç.............	maçon.	tap............	tapissier.
mat.............	matelot.	ter............	terrassier.
méd.............	médaille.	vitr...........	vitrier.
men.............	menuisier.	voit...........	voiturier.
p...............	peintre.	voy............	voyez.

Les noms de personnes sont imprimés en petites capitales; les noms de lieux, les noms de vaisseaux et les titres d'ouvrages en italiques.

A

Abbeville, vente du mobilier du s' MA-NESSIER, 818.

ABLAINS, charp., 266, 410, 686.

Abricotiers, 145.

—— envoyés de Lisbonne, 412.

Académie d'architecture, 127, 218, 307, 374, 442, 502, 583, 649, 722, 731, 797, 864, 931, 933, 997, 1070, 1074, 1126, 1201. — Voy. Conférences de l'Académie d'architecture.

—— française, 124, 125, 304, 441, 583, 715.

—— française (Horloge de l'), 124, 359, 441, 584, 931.

—— française (Jetons d'argent de l'), 441, 583.

—— française (Messe en musique pour la Saint-Louis à l'), 125, 305, 441.

—— française (Transcription des cahiers de l'), 124, 305, 441, 583.

—— des Gobelins (Élèves de l'), 581, 729, 856, 862, 996, 1124.

—— des inscriptions, 90.

—— des inscriptions (Transcription des cahiers de l'), 125, 305, 441, 583.

Académies de peinture de Paris et de Rome, 127, 305, 307, 439, 441, 583, 584, 715, 717, 719, 731, 732, 864, 931, 997, 998, 1070, 1125, 1126, 1193.

—— de peinture et sculpture (Emménagement de l'), 717, 718, 722, 731.

—— de peinture (Médailles décernées aux étudiants de l'), 305, 441, 583, 731, 864, 997, 1126.

—— de peinture (Nouvel appartement du portier de l'), 714, 715, 717, 718.

—— de peinture (Tableaux de l'), 717.

—— des sciences, 124, 125. 126, 219, 304, 306, 440, 441.

—— des sciences (Dissections de l'), 303.

—— des sciences (Instruments de mathématiques pour l'), 376, 440, 503, 650, 798, 935.

—— des sciences (Jardin royal affecté aux exercices de l'), 120, 438, 584, 730, 997.

Académie des sciences (Laboratoire et expériences de l'), 304, 305, 438, 441, 584, 863.

—— des sciences (Pendules de l'), 376, 503, 650, 798, 935, 1076.

—— royale d'équitation, 856, 992.

ACCAULT, marchand de marbres, 3, 10, 12, 17, 66, 232, 233, 273.

ACHARD (Mathurin), ter., 520.

Achères (Plaine d'), 154.

ACHILLE, stat., 102.

Acier (Carrés de médailles en), 86, 109, 110, 111, 312, 297.

—— (Fourniture d'), 86, 176.

—— (Gravure sur), 109, 110, 111, 112.

—— (Moulins d'), 347, 481.

—— de carme, 239, 285.

—— de Hongrie, 480.

—— doré et damasquiné (Garniture de clavecin en), 294.

ACREMENT (Léger), Suisse, 157.

ADAM (Anselme), forgeron à Watigny, près d'Aubenton, 907, 1042.

Adam (Zéphirin), sc., 560, 704, 845.
Adenay (Didier), dit Saint-Jean, soldat blessé, 196.
Adenet, maç., 44.
Adrien (Jean), garde des fontaines de Pougues, 221, 378, 505.
Affichage de placards, 992.
Afrique, stat., 945, 1003.
Agates, 4, 11, 67, 122, 123, 303, 304, 836.
—— orientales, 123.
Agosta (*Bataille d'*), méd., 112.
Agrafes de cuivre, 677, 823.
Aigrettes pour la Ménagerie, 14, 68, 544.
Aiguille ou flèche dorée du dôme des Invalides, 551, 552.
Aire (*Prise d'*), planche gravée, 296.
—— (*Prise d'*), méd., 112, 297.
Aires en plâtre, 586.
Aix, 121.
Ajustage de balances, 691.
Ajustages des fontaines, 525, 528, 534, 681, 896, 967, 1031, 1104, 1106, 1107.
Alambics (Fourniture d'), 483.
Albane (François), p., 397.
Albâtre (Tables d'), 293, 572.
—— moutabuto (Blocs et tables d'), 293, 432.
—— oriental (Colonnes et vases d'), 101, 198, 490.
—— rustique (Blocs d'), 108.
Alençon (Recette générale d'), 1074.
Alésage de corps de pompes, 906, 1044.
Alexandre, agate, 304.
—— et Diogène, bas-relief, 385, 418, 663, 711.
—— sous-entrepreneur, 1, 388, 413, 816.
Aliez (Antoine), ter., 924.
Aligre (D'), maître des requêtes, 513, 543.
Allegrain (Étienne), p., 88, 286, 852, 1083, 1121, 1131.
Allemagne (Fil de fer d'), 861.
Allen (Vincent), marchand de plomb et de fer, 59, 279, 774.
Alliage de bronzes, 707, 854.
—— du fer et de l'argent (Procédé pour l'), 431.
Alluets (Routes de la forêt des), 156.
Alozer des bois, 210.
Alphabets de poinçons, 111.

Alsace (*Dix villes d'*), méd., 111.
Alléants frutex, plantes, 134, 1154.
Amandiers de tige, 738.
Amant (Charles), maç., 80.
Amazone, stat., 92, 807, 867.
Ambassadeurs (Hôtel des), à Paris. — Voy. Hôtel.
Amelin (Antoine), tuteur des enfants du s' Robillard, 582.
Ameline (Jean), jard., 450, 597, 745.
—— (La veuve de Jean), 880.
Amelot (Charles), jard., 153, 159, 338, 465, 607, 755, 815, 890, 926, 1024, 1037, 1162, 1163, 1171.
—— ambassadeur en Portugal, 113.
Amérique (Plantes et graines venant d'), 303, 1063.
—— stat., 1090, 1138.
Amiot, paveur, 418.
Amsterdam, 109, 120.
Analyse des plantes, 126, 306, 440. — Voy. Bourdelin.
Ananas (Envoi d'), 109, 120.
Anatomie (Démonstrations d') au Jardin royal, 120, 302, 438, 581, 582, 729, 730, 803, 997, 1011, 1125. — Voy. Dissections anatomiques.
Anceau (Denis), maç., 605, 835, 956, 970, 976, 1039, 1107, 1113.
—— ouvrier en ciment, 241.
Angelin, p., 1186.
Ancolies, fleurs, 450, 452.
Ancres de fer, 278.
André (Antoine), sc., 91, 355, 560, 703, 843.
—— garçon fontainier, 72, 275, 415, 548, 695, 840, 980, 1115.
Andrecis (Nicolas), vannier. — Voy. Hendrecis.
Andrezy, 884.
Andrieux (Jean), arpenteur, 190, 357, 491, 636, 786, 917, 1060, 1146, 1190.
—— le jeune, arpenteur, 190, 357, 491, 636, 786, 917, 1060, 1146, 1190.
Anémones doubles, 134, 135.
—— simples, 136, 311, 739.
Anger, marchand cirier à Paris, 816.
Anges sculptés, 80, 556, 557, 704.
Angleterre (Charbon d'), 175, 208, 236, 240, 344, 371.
—— (Étain d'), 774.
—— (Jacinthes d'), 877.

Angleterre (Laines d'), 117, 118, 299, 300, 436, 728, 860, 995, 996.
—— (Narcisses d'), 135, 450.
—— (Plomb d'), 41, 67, 209.
—— (Roi d'), 123, 748.
—— (Séjour du roi et de la reine d') à Saint-Germain, 322, 459, 711, 884, 1035, 1091, 1159.
—— (Séjour du roi d') à Marly, 1035.
Angnou (Nicolas), dit Poulet, fontainier, 1055, 1185, 1187.
Anguier (Guillaume), p. d'ornements, 119, 300, 437, 580, 729, 862, 996, 1094, 1125, 1140.
Aniel (Simon), paveur, 88.
Animaux achetés dans le Levant. — Voy. Levant.
Annard ou Havard, sc. sur bois. — Voy. Havard.
Anneau tournant, jeu, 245, 247, 251, 334, 338, 470, 921, 1026, 1032, 1045, 1182, 1184.
Annibal, stat., 102.
Anseau (Denis), ter., 902, 903, 1175.
Antinoüs, stat., 950, 1006.
Antiphonaires, 662, 710.
Antique (Moulages en plâtre d'après l'), 722.
—— (Statues d'après l'), 92, 103, 104, 948, 951, 1004, 1006, 1079, 1093, 1140.
Antiques (Galerie des), transportée du Palais-Royal au Louvre, 722, 855, 992, 1075.
—— (Magasin des), 853, 1075.
—— (Restauration de statues de marbre), 1149.
—— (Statues), 99.
—— (Torse et figures), 289.
Antoine, imprimeur en taille-douce, 1123.
—— dit Quatrevents, invalide, 199.
Août, pièce de la tenture des *Belles Chasses* de Guise, 727, 860, 994, 1001.
Apollon (Bains d'). — Voy. Bains.
—— du Belvédère (Copie de l'), stat., 1093, 1140.
—— (Groupe d'), 678.
Apparuit, élève peintre, 361, 490, 639, 785, 916, 917.
Appentis de charpente, 600, 1035, 1036, 1037.

TABLE ALPHABÉTIQUE.

Apprentis des Gobelins, 119, 297, 301, 435, 576, 577, 726, 858, 859, 861.
Arabesques ou rabesques (Tableaux d'), d'après RAPHAËL, exécutés en tapisserie, 89, 115, 116, 287, 297, 298, 429, 435, 570, 575, 576, 577, 720, 725, 726, 852, 856, 857, 858, 989, 993, 994, 1121.
ARASSE (Jean), maç., 129, 308.
Arbres (Mesurage de la hauteur des), 1053.
—— (Redressement d'), 588, 736, 873, 969, 1015, 1018, 1028.
—— (Regarnissements d'), 737, 738, 749, 755, 839, 873, 874, 883, 980, 1015.
—— (Transport d'), 817, 1018.
—— abattus par les vents, 389, 456, 457, 516.
—— à hautes tiges, 482, 778.
—— de Judée, 136.
—— dénudés par le débordement de la Seine, 457.
—— et arbrisseaux verts, 162, 310, 451, 454, 596, 877, 878, 1014, 1016, 1018, 1156.
—— figurés, 325.
—— fruitiers, 46, 69, 80, 133, 134, 136, 184, 223, 224, 273, 311, 350, 381, 382, 420, 447, 451, 462, 484, 500, 508, 545, 602, 603, 628, 646, 655, 690, 713, 738, 740, 749, 751, 795, 875, 1002, 1014, 1036, 1038, 1139, 1154, 1155.
—— fruitiers arrachés et replantés à Noisy, 816, 926, 1038.
—— fruitiers morts, 884.
—— fruitiers plantés ou réserve, 145.
—— nains, 447.
—— plantés en confusion, 736.
Arbrisseaux et d'arbres (Fourniture et voiture d'), 133, 134, 135, 136, 137, 145, 208, 310, 311, 312, 313, 317, 446, 447, 450, 451, 452, 590, 591, 593, 595, 739, 740, 877, 970.
—— et arbustes (Caisses et seaux pour), 318, 319, 427, 568, 598, 675, 743, 964, 1103.
—— (Empotage d'), 144, 461.
—— (Mannes et mannequins pour lever des), 741, 742, 878.
—— (Treillis en forme d'éventail pour garantir les), 250.

Arbrisseaux à fleurs en boules, 447, 450, 451, 454, 878, 1018.
—— envoyés de la Guadeloupe, 992.
Arc de triomphe de Paris, 235, 314, 736.
—— (Avenues de l'), 587, 595, 596, 735, 736, 873. — Voy. *Versailles* (Arc de triomphe).
Arcanson (Fourniture d'), 251, 300, 528, 682, 728.
Architrave en bois sculpté, 701.
Archives de MONSIEUR au Palais-Royal, 427, 568.
ARCIS (Marc D'), sc., 91.
Arcs d'ogive, 321.
—— doubleaux de l'église des Invalides, 553, 556, 560, 704.
Arcueil (Aqueduc d'), 83.
—— (Pierre dure d'), 185, 608.
Ardoise (Couvertures d'), 128, 131, 164, 175, 224, 236, 237, 255, 333, 381, 402, 462, 479, 508, 522, 567, 622, 656, 674, 761, 772, 776, 802, 894, 904, 908, 939, 1040, 1049, 1068, 1071, 1166, 1174.
Argent (Lampe d'), 225, 382, 509, 657, 803, 940, 1072.
—— brûlé provenant de broderies, 607.
—— ciselé (Vases d'), 953.
Argenterie (Vente judiciaire d'), 957, 958.
ARION, stat., 102, 1085, 1132.
ARISTÉE, stat., 950, 1006.
—— et PROTÉE, groupe, 102, 853, 991, 1121, 1122.
Arithmétique (Cours d') aux garçons jardiniers de la pépinière du Roule, 192, 361, 494, 640.
ARMAGNAC (Hôtel d'), près des Tuileries, 284, 567, 849, 988.
Armançon (Rivière d'), 65, 321, 510, 658.
Armatures de la statue équestre du Roi, 280, 428.
Armée navale de Scipion (L'), tapisserie, 116, 298.
Armes de France et de Navarre (Les), portière de tapisserie, 995.
Armoire du caveau de la chapelle de la Reine au Val-de-Grâce, 1122.
—— en bois sculpté et doré, 895, 901.
—— en fer pour cuisine, 830.
—— pour renfermer des desseins, 573.

Armoire pour serrer des matelas et couvertures, 674.
Armoires (Fourniture d'), 322, 403, 568.
—— en bibliothèque, 824.
—— pour archives, 427, 568.
ARNAUDIN (Gaston), inspecteur à Marly, 191, 360.
—— (Jean), concierge de la Surintendance à Saint-Germain, 202, 366, 499, 645.
ARNAULT ou ARNAUD (Mathurin), vidangeur, 262, 827, 832, 968, 973, 1106, 1110.
ARNOUX (Joseph), 289, 278, 386, 419, 514, 515, 544, 659, 664, 708, 711, 811, 870, 950, 1006.
ARPAILLET (Jean), charp., 333, 469, 1029.
Arpentages, 59, 80, 185, 193, 268, 349, 412, 541, 691, 836, 978, 1011, 1113, 1146.
Arquelans, animaux exotiques, 514, 544.
Arrosoirs (Fourniture et réparation d'), 156, 247, 258, 313, 395, 537, 604, 618, 678, 823, 1157.
—— de bois, 874.
Arsenal (Fonte de statues à l'), 95, 106, 289, 290, 354, 494, 571, 814, 854, 856, 992.
Art (L'), tab., 89.
ARTEMANT (Nicolas), voit., 80.
ARTÉMISE, stat., 98, 1086, 1133.
Artichauts, 80.
—— (Œilletons d'), 1038.
Artillerie (Amas d'), méd., 111.
Artoires (Aqueduc de l'), 205, 368, 746, 837, 975, 977, 1111.
Artois, 133, 213.
—— (Arbres envoyés de l'), 456, 496, 590, 598, 740, 744.
—— (Bois d'), 312.
Arts (Les), méd., 111.
Asperges (Plant d'), 80, 531, 546.
Assaut de Carthage, tapisserie, 116, 298, 435.
Assomption de la Vierge, tab., 54.
ATALANTE, stat., 95, 99, 104, 292, 431, 967.
—— (Petite), stat., 855.
Atelier de modèles et d'ornements au Louvre, 502, 785.
—— des Invalides, 278.

Ateliers des brodeurs du meuble du Roi, 667.
—— de marbriers, 856.
—— de sculpteurs, 569, 723, 789, 855, 986.
Atterrissements du bras de la Seine, 621, 1173.
ATTILA, tapisserie, 114, 115, 297.
Attiques de cheminées, 57, 105, 106, 432, 572, 573, 722, 897, 1032, 1122.
Attributs sculptés, 558.
AUBARÈDE (Compagnie d'), du régiment de la Sarre, 213.
Aubenton, 907, 1042.
AUBERT (Jean-Jacques), charp., 12, 149, 174, 220, 321, 333, 377, 459, 505, 561, 563, 600, 652, 747, 760, 800, 882, 894, 925, 936, 947, 949, 1004, 1005, 1019, 1029, 1036, 1076, 1143, 1148, 1159, 1165, 1203.
AUBIN (Barthélemy), secrétaire de M. ABELOT, 113.
AUBOUIN, libraire, 122.
AUBRY (Étienne), cordier, 906.
—— intendant de M. DE LA ROCHEFOUCAULD, 864.

AUBRY, paveur, 782.
—— sc. et fondeur, 103, 292, 387, 388, 396, 397, 431, 1087, 1135.
Audience des placets (L'), méd., 111.
AUDRAN (Girard), gr., 109, 296.
AUGROU (Nicolas), fontainier de Mlle DE MONTPENSIER, à Choisy, 919.
AUGUSTIN (Nicolas), Religieux Capucin, 81.
AULANGE, maç., 661, 709.
Aulneau (Pépinière d'), 133, 141, 313, 445, 446, 585, 587.
AUMASSON (Léonard), dit LAFONTAINE, maç., 1096.
AUMONT (Robert), maç., 684, 706, 881, 1018, 1055, 1123, 1158, 1185.
—— (Robert), invalide employé à la statue équestre du Roi, 1193.
—— (Jardin du duc d'). — Voy. Saint-Germain.
Aune (Barres de bois d'), 751.
—— (Fourniture de bois d') pour les tambours et corps de pompe de la machine de Marly, 478.
Aunes et aunettes (Plant d'), 133, 181, 185, 594, 879.

Aurore, stat., 99.
—— (L') qui enlève Céphale, stat., 950, 1006.
AURY (Augustin), gr. en méd., 109.
Autels de marbre, 106.
Automne, stat., 951, 1006.
—— pièce de la tenture de la Galerie de Saint-Cloud, 578, 727, 857, 860.
—— Terme de marbre, 1085, 1132.
Autruches pour la Ménagerie, 14, 68, 386, 419, 515, 544, 659, 664, 708, 711, 811, 870, 950, 1006.
AUVERGNE (Le comte D'), 818.
Auvergne (Charbon de terre d'), 1043.
AUVRAY (Guillaume), jard. et ter., 592.
AVIENNE (Michel), mat., 74, 276, 416, 549, 696, 841, 981, 1126.
Avon (Habitants d'), 483, 778, 910, 1046, 1178. — Voy. Fontainebleau.
AVRIL (Le Père), jésuite, 125.
Avril, pièce de la tenture des Belles Chasses de Guise, 727, 860, 994, 1001.
AYMOND (Jacques), batelier, 1170.
—— (Olivier), voit. et batelier, 474, 618, 767, 898, 1033.

B

BABAUT, de Rouen, 518.
BABIN, men., 256, 668.
BACCART (Louis), dit LE DILLIGENT, invalide, 198, 199, 862, 496, 649, 732, 789, 792, 929, 1033, 1063, 1064, 1193.
Bacchante, Terme de marbre, 1093, 1140.
BACCHUS, stat., 947, 1004.
—— Terme, 101, 853.
—— torse antique, 289.
—— et CÉRÈS, groupe, 101, 951, 1006.
Bâches (Fourniture et réparation de), 176, 346, 480, 482, 904.
BACLET, garçon fontainier, 72, 275, 414, 548, 695, 840, 980, 1115, 1144.
BACO, p., 679, 824, 966.
BACOAD (Josse), apprenti tapissier, 726.
BACOUEL (Pierre), portier du Cours-la-Reine, 799, 880, 936, 1056, 1193.
—— men., 1053.
Bailleau (Moulin de), 712, 713, 1002, 1077, 1127.
—— l'Évêque (Bois de), 231, 272.

BAILLY, marchand de bois, 474, 707.
—— (Jacques), p. en miniature, 34, 54, 167, 248, 286, 472, 649, 678, 689, 797, 934, 1075, 1089, 1136, 1201.
—— (Jean), maç., 11, 158, 172, 327, 463, 512, 543, 605, 753, 816, 885, 886, 925, 944, 946, 955, 1001, 1003, 1004, 1023, 1035, 1086, 1097, 1134, 1151, 1153, 1161.
—— (Jean), ter., 1013.
—— et sa veuve, portiers de la Savonnerie, 189, 301, 360, 490, 638, 787, 920, 1061, 1191.
Bailly (Aqueduc de), 10, 63, 64, 413.
—— (Avenue de), 9, 62, 464, 878.
—— (Chemin de Noisy à), 1037.
Bain de Psyché, tapisserie, 993.
Bains d'Apollon, dessin à la plume, 808.
—— planche gravée, 110.
Balais (Fourniture de), 324, 346, 618, 625, 769, 774, 840, 884, 1021, 1022, 1034, 1043, 1169.
Balances (Ajustage de), 691.

Balancier des médailles du Louvre, 84, 86, 94, 99, 109, 285, 292, 296, 567.
Balcons de fer, 676.
Baliveaux pour tendre les tapisseries de la Fête-Dieu, 573, 723, 986.
BALLET, fermier des dix toises hors le parc de Versailles, 999.
BALLON (Gilles), directeur des plants des parcs et avenues, 82, 146, 192, 319, 361, 456, 463, 590, 597, 640, 663, 710, 740, 743, 784, 880, 954, 1008, 1092, 1138.
—— (La veuve et les héritiers de), 811, 871, 920.
—— fils, 598, 788, 790, 811, 871, 920, 928, 954, 1008, 1091, 1138.
BALLOT, plombier, 1118.
BALLU (Germain), couv. en chaume, 924, 1052.
Balustrades de bois doré, 393, 396, 397, 895, 901.
—— de fer, 246, 396, 482, 700, 964.
—— de menuiserie sculptée, 427, 429, 430, 431, 700.

TABLE ALPHABÉTIQUE. 1227

Balustrades du salon octogone de Choisy, 924.
—— sculptée d'une tribune de l'église des Invalides, 701.
Balustres de bronze, 251.
—— de pierre de Tonnerre, 827.
Bancs (Fourniture et peinture de), 333, 334, 470, 613, 761, 764, 895, 923, 1030, 1118, 1158.
—— cintrés en plein cintre, 613, 761, 1030.
—— circulaires de menuiserie, 822.
Bandages du moule de la statue équestre de Louis XIV, 707, 708, 847.
Bandes de cuir, 346.
Bannes de toile, 42.
Bannettes pour porter les fleurs au Roi, 317.
Banquettes de tapisserie de la Savonnerie, 287.
Baptiste, compagnon charpentier, 635.
—— p. de fleurs. — Voy. Monnoyer.
Baquets (Fourniture de), 481.
Barangé (Esprit), invalide. — Voy. Bérenger.
Baranjon (Louis), huissier aux Conseils, 957, 958, 959.
Baraques pour couvrir des orangers et serrer des fleurs, 274, 547, 694, 965, 1052, 1102.
Barbier (Denis), tonnelier, 964.
—— (Jacques), maç., 149, 157, 220, 321, 326, 377, 458, 462, 505, 600, 604, 652, 747, 752, 800, 881, 885, 936, 1012, 1019, 1022, 1076, 1145, 1158, 1161, 1203.
—— (Pierre), jard., 147, 319.
—— (La veuve), jard., 147, 458, 1053.
Bardin (Jean), employé à la rivière d'Eure, 210.
—— (Jean), ser.. 1, 70, 209, 371.
Bardon, charp. de bateau, 1048.
Bardou (Jacques), jard., 143, 317, 453, 454.
Barial, marchand de planches, 334.
Baromètres, 124, 125.
Baron, marchand de bois, 925.
Baronnet (Pierre), ter., 884.
Barque (Fourniture de), 906.
Barques plates, 521, 528.
Banquet (Jean), couv. de chaume, 674, 1101.
Barra (Jean), ter., 163.
Barra (Mathurin), jard., 134.

Barrast (Joseph), invalide, 198.
Barré (Charles), charbonnier, 904.
Barreau (La veuve), portière des Gobelins, 118, 300, 437, 579.
Barreaux de bois, 881.
Barres de balancier, 86.
—— de bois d'aune, 751.
—— d'écurie, 333.
—— de fer pour tenir des vases, 338.
Barrié, marchand de paille, 925.
Barrières de charpente, 612, 760, 883, 894, 976, 1101.
Barrois (François), sc., 35, 55, 91, 167, 248, 260, 336, 422, 560, 703, 845, 846, 853.
—— men., 183, 777.
Barry (Noël), ter., 1013.
Bartelles ou Barthels (Georges-Jean), Suédois, couv. en cuivre, 52, 194, 243, 258, 358, 402.
Bartillay (Estienne Jehannot, sieur de), garde du Trésor royal, 1-19.
Bascules (Fourniture de), 243.
Bas-reliefs de bois sculpté, 97, 290.
—— de bronze, 103.
—— d'enfants ciselés sur des vases d'argent, 953.
—— de marbre, 105, 292, 385, 418, 663, 711, 947, 1004.
—— de métal, 1005.
—— en pierre de l'histoire de saint Louis, 555, 556, 557, 558, 559, 702, 703, 704, 705, 843.
Bascon, compagnon charpentier, 635.
Basses-Loges (Les), près Fontainebleau, 180, 184, 484, 779, 910, 1047, 1178.
Bassins à chaux, 620.
—— de ciment, 848.
—— de marbre, 12, 30, 38, 92, 95, 96, 98, 100, 103, 104, 105, 106, 193, 197, 242, 249, 397, 399, 432, 490, 677, 680, 1105.
—— de pierre, 83, 670, 671, 722.
—— transportés à Versailles et à Saint-Cloud, 84, 106, 722.
Bataille (Toussaint), marchand de charbon, 479.
Bataille d'Arbelles, tapisserie, 115, 298.
Bataille de Scipion, tapisserie, 117, 298, 299, 435, 577.
Bataillolles, supports des bastingages, 525.
Batardeau de charpente, 633, 949.

Batardeau pour séparer l'aqueduc du Chesnay de l'étang de Roquancourt, 832.
Batardeaux (Enlèvement de), 369.
—— pour l'écoulement des eaux, 458, 692.
—— pour le rétablissement de digues rompues, 978, 1005.
Bateau pour servir aux teintures des Gobelins, 85, 436, 716.
Bateaux (Fourniture et réparation de), 171, 340, 411, 413, 470, 618, 686, 691, 768, 907, 1017, 1048.
—— (Planches de), 61, 134, 147, 348, 682, 716, 741, 908.
—— pour la conservation des cygnes, 319.
—— pour le service des étangs et réservoirs, 834, 835, 836, 871, 898, 906, 977, 1113.
—— pour le transport du terreau, 1155, 1156.
Batiment (Mathieu), 783.
Bâtons pour les vaisseaux du canal, 682.
—— pour teinturerie, 728.
Battes (Fourniture de), 399.
Baucheron, dit La Violette, invalide, 198, 199.
Baudeu (Pierre), ter., 595.
Baudin (François), voit., 144, 317, 452, 454, 734.
—— (Jacques), marbrier, 106, 293, 294, 432, 546, 560, 572.
—— (Jacques), voit., 454, 592, 593, 875, 1013.
—— (Michel), jard., 452, 739.
Baudon (Pierre), habitant de Carrière-sous-Bois, 768.
Baudon, ter., 184.
Bauvain, ser., 598.
Bayeux (Roche de), pour la cascade de Marly, 1114.
Batolet ou Bazolet (Louis), garçon fontainier, 840, 980, 1115, 1144.
Béal ou Béalle (Philippe), vitr., 429, 719, 851.
Beaubrun (Charles de), p. — Voy. de Beaubrun.
Beaucaire, garde du pavillon de l'étang du Mesnil Saint-Denis, 269.
Beaudouin, voit., 58.
Beaujouan (Clément), ser., 182, 187, 188, 352, 353, 486, 487, 631, 781, 913, 1049, 1180.

Beaulieu, garde des étangs de Vieille-Église et de la Tour, 360, 490, 637, 785, 918, 1057, 1114, 1190.
Beaunier (Claude), de Saint-Germain, garde-magasin, 155, 188, 356, 461, 489.
Beaupré (Pierre), garçon de laboratoire, 121, 302, 438, 582, 730, 863, 997.
—— faïencier, 537.
Beausseron ou **Beaucheron** (Pierre), dit La Violette, invalide employé à la Surintendance, 262, 363.
Beaussieux, sc., 92.
Beauvais (Le baron de), 59.
—— notaire, 856.
Beauvilliers (Le duc de), 234.
Beauvollier (Le Père), jésuite, 125.
Becès, commissaire ordinaire des Guerres, 818.
Bêches (Fourniture de), 170, 400.
Béchevet (Aqueduc de), 1039, 1173.
Becman, ter., 22.
Béga (Robert), voit., 294.
—— (Simon), couv., 128, 277, 420, 443, 444, 550, 699, 841, 866, 999, 1127.
Bedagle (Philippe), tapissier à Beauvais, 813.
Bel-Air (Étang du). — Voy. *Meudon*.
Belan, sc., 37, 55, 92, 261, 288, 397, 430, 525, 558, 679, 702, 825, 924, 1054, 1187.
Belard (Jean), jard., 312.
Belguienne (Alexandre), sous-entrepreneur de maçonnerie, 12, 207, 369.
Belin de Fontenay (Louis), p. — Voy. de Fontenay.
Belissan (Jean), ter., 603, 612.
Belle (Josias), orfèvre-joaillier, 4, 11, 67, 303.
Bellefond (Le s^r de), concierge du château de Chambord, 188, 353, 487, 632, 782, 914, 1050, 1180.
Belleroste (Berthélemy), ter., 152.
Belles Chasses de Guise (Les), tenture de tapisserie, 726, 727, 859, 860, 994, 1001.
Bellesme (Église de Saint-Martin, proche), 418.
Belleval, maç., 1092, 1138.
Bellier (D^{lle} Claude), jard., 202, 366, 499, 644, 794, 931, 1126.
—— (La veuve), jard., 132, 202, 326, 366, 462, 499, 605, 644, 752, 793,

931, 998, 1065, 1126, 1142, 1150, 1195.
Belloire (Jacques), manœuvre blessé, 496.
Belot (Jean), dit L'Espérance, invalide, 198.
Belzamines, fleurs, 591.
Benard, jard., 618.
Bénitiers de marbre, 79.
Benizit (De), ancien capitaine de cavalerie, 807, 867.
Benoist (Jean), maç., 81, 82, 282, 425, 563, 565, 668, 714, 847, 953, 985, 1008, 1117.
Benoît (Jean), paveur, 63.
—— (Michel), ser., 182, 777, 909, 1177.
Berain (Jean), dessinateur, 9, 67.
Berchère-la-Maingotte, 312, 488, 633, 669, 818.
—— (Aqueduc entre Maintenon et), 9, 68, 208, 211, 212, 370, 783, 815, 915, 956, 1097.
—— (Nouveau canal de la rivière d'Eure aboutissant à), 1084.
—— (Puits de), 209.
Bérenger (Esprit), dit La Violette, invalide employé au château de Saint-Germain, 199, 362, 497.
Bergeron le jeune (Jean), maç., 44, 253, 263, 401, 408, 538.
—— (Pierre), entrepreneur de maçonnerie, 8, 9, 11, 13, 18, 21, 43, 60, 149, 235, 238, 253, 264, 321, 391, 401, 408, 459, 529, 530, 1096, 1099.
Berichon, parqueteur, 523, 675.
Beringhen (Maison occupée par M. de), 283, 430.
Bernabé (Le Père), missionnaire jésuite, 124.
Bernard (Jean), ouvrier, 281.
—— (Jean), dit La Finesse, invalide, 1064, 1193.
—— (Thomas), gr., 110, 296.
—— garde du pavillon de l'étang au Mesnil, 1057, 1113, 1190.
—— jard. à Fontainebleau. — Voy. *Besnard*.
—— sc., 438.
Bernin (Le Cavalier). sc., 94, 103, 104, 660.
Berrurier ou **Berruyer** (Henri), charp., 182, 848, 776, 1045, 1177.

Berry (Ver doux de), 707, 708.
Bersaucourt (La veuve), épinglier, 39, 63, 250.
Berson (Pierre), maç., 186.
Bertault (Louis), manœuvre blessé, 196.
Berteuille, tapissier, 269.
Berthaumé (Jacques), dit La Brie, invalide, 212.
Berthier, commissaire des pauvres de la paroisse de Saint-Roch, 573.
Berthon, employé à la rivière d'Eure, 213, 214, 372, 373, 489.
Berthou (Jacques), curé de la Selle, 945, 1003.
Bertier, sc. fondeur, 431, 572.
Bertin (Claude), sc., 37, 71, 249, 274, 337, 355, 397, 414, 513, 526, 536, 543, 547, 679, 690, 764, 825, 838, 897, 950, 979, 1006, 1010, 1105, 1115, 1143, 1186.
—— (François), ter., 62, 153.
—— (Nicolas), cordier, 1043.
—— (Nicolas), p., 824, 966.
—— (Pierre), concierge du château neuf de Saint-Germain, 202, 366, 499, 645, 794, 931, 1064, 1065, 1196.
Bertuault (François), p., 88, 429.
—— inspecteur des bois de charpente, 492, 634, 636, 641.
Besançon (*Prise de*), méd., 111.
—— (Statue de Jupiter trouvée à), 94.
Besche, marchand de paille, 925, 1055.
Besigue ou besaiguë (Réparation d'une), 344.
Beslard (Jean), jard., 133, 134, 447, 1153.
Besnard (Jacques), concierge de l'hôtel d'Albret, 69, 203, 224, 226, 273, 367, 381, 383, 420, 500, 508, 509, 545, 646, 655, 658, 713, 795, 802, 804, 939, 941, 1002, 1067, 1069, 1073, 1139, 1198, 1199.
—— (Nicolas), jard., 71, 203, 274, 413, 546.
—— (La veuve de Nicolas), 511, 542, 546.
—— (Philibert et Marie, enfants de Nicolas), 511, 542, 546.
—— (La mère), journalière, 923, 1055, 1056, 1185, 1187.
Besnier, charp., 180, 187, 351, 353, 485, 487, 629, 780, 912, 1048.
Besson (François), sculpteur-mouleur, 91, 99.

TABLE ALPHABÉTIQUE.

Bêtes fauves (Arbres garantis des), 319, 875.
Bezira, linger, marchand de toile, 41, 682, 826.
Bezons (Digue de), 173, 174, 477, 478, 480, 621, 622, 771, 903, 1039, 1042, 1173, 1176.
Bibliothèque (Construction d'une nouvelle), 517, 561, 642, 985.
—— du Roi, 90, 109, 110, 121, 122, 126, 127, 132, 296, 303, 309, 360, 427, 429, 433, 438, 442, 492, 561, 562, 567, 569, 575, 582, 585, 639, 660, 709, 719, 806, 850, 867, 945, 949, 954, 989, 990, 1001, 1005, 1008, 1089, 1091, 1120, 1137, 1138.
Bidois (René), ter., 63, 265.
Bienvenu (Adrien), voit., 750.
Bierry, employé aux travaux de la rivière d'Eure, 212.
Biet (Guillaume), herboriste, 1176.
Bièvre (Curage de la) dans l'enclos des Gobelins, 848.
Bigelois, men., 49.
Bigot (Nicolas), jard., 154, 319.
Billard (Philippe), 143, 872.
Billaudel (Jean), dit Saint-Jean, invalide employé au Jardin royal, 497, 643.
—— (Louis), arpenteur, 185, 349.
Billeheu (Philippe), marchand, 581, 729.
Billet (Jacques), marchand à Lyon, 438.
Billiardière (Pierre), laboureur, 195, 197, 496, 598.
Binarts, 84, 85, 107, 319, 566, 848.
Binet (Charles), voit., 353.
—— (Jacques), portier du château neuf de Saint-Germain, 800, 936.
—— (Jean), voit., 625.
—— (Pierre), concierge de Saint-Germain, 1196.
Binot (Anne), maç., 204, 599, 745, 836, 975, 1111.
Bissonnet (Noël), voit., 770, 774.
Bizot (L'abbé Pierre), numismate, 389, 439, 516, 583.
Blains, charp., 61.
Blainville (M. de), 59.
Blanc de céruse, 151, 708.
Blancairsins, plantes, 618.
Blanchard (Gabriel), p., 88.
—— marchand de futailles, 743.

Blancheton (Jean), ser., 120, 302, 428, 568, 718, 987.
Blanchiment de laines, 118, 300, 436, 579, 728, 860.
Blavet, voit., 146.
Blé méteil, 1046.
—— pour la nourriture des perdrix et faisans, 184, 347, 349, 483, 628, 778, 911, 1047, 1179.
—— pour semence, 1178, 1179.
Bléret (Guillaume), tanneur à Liège, 480, 623, 772, 1040, 1041.
Blocs de marbre, 11, 17, 106, 113, 238, 293, 294, 295, 663, 711, 724, 806, 811, 813, 814, 815, 816, 867, 870, 1096, 1097, 1098.
Blomet, men., 284, 568.
Blondeau (Eusèbe), ter., 1051, 1182.
Blondel, pêcheur, 412.
Bloquerre (Michel), jard., 133.
Blot, chaufournier, 242.
Blouin (Jacques), voit., 169.
Boccone (Le Père), Sicilien, 293.
Boiffrand ou de Beaufrand (Germain), dessinateur et arch., 195, 354, 494, 634, 918, 1057.
Boileau (Jean-Baptiste), maître de forges, 176, 344.
—— Despréaux (Nicolas), poète, 125, 305, 439.
Boilletot, marchand de fer, 280, 708.
Bois (Abatage de), 469, 470, 518, 608, 617, 666, 738. 755, 756, 890, 899, 926, 1038.
—— (Achat de), 208, 300, 381, 417, 436, 439, 579, 728, 861, 864.
—— (Coupe de faux), 588, 736, 872, 1015.
—— (Terres de labour converties en), 418, 445, 511, 543, 588, 659, 709, 736. 805, 866, 943, 1000, 1091, 1138.
—— affermés, 669, 818, 960, 1098.
—— blanc (Pépinières et boutures de), 316, 319, 445, 446, 448, 451, 455, 587, 590, 595, 596, 732, 735, 736, 737, 738, 739, 744, 755, 872, 873, 877, 879, 890, 998, 1014, 1015, 1018, 1156, 1157.
—— blanc à la petite feuille, 879.
—— blanc de l'Artois, 740, 744.
—— blanc de Flandre, 742.
—— blanc (Billes de), 1018.
—— blanc (Gros plant de), 740.

Bois converti en carrière, 1094, 1141.
—— de charpente, 338, 372, 478, 521, 542, 599, 600, 622, 634, 635, 668, 673, 686, 698, 772, 813, 815, 817, 903, 906, 912, 949, 1005, 1039, 1040, 1048, 1063. 1101.
—— de chauffage, 124, 125, 127, 305, 441, 442, 583, 731, 802, 939, 995, 997, 1071, 1126.
—— de compte, 707.
—— de construction, 616, 964.
—— de construction pour les vaisseaux du Canal, 586, 625, 626.
—— de courbe ou crochus, pour vaisseaux, 43, 243, 343.
—— de démolition, 295, 321, 434, 518, 666, 667, 813, 814, 815, 817, 848, 855, 957, 1095, 1137.
—— de sciage, 599, 772, 903, 1101.
—— morts des parcs, 389, 466, 468, 469, 516, 517, 666, 812, 817, 959, 960, 1015, 1097.
—— nouveaux (Plantation de), 444, 446, 447, 448, 455, 460, 586, 587, 588, 589, 609, 735, 736, 737, 743, 873, 874, 1014.
—— occupés par les travaux, 836, 978, 1113.
—— pour alimenter les poêles de la fonderie de l'hôtel de Vendôme, 707, 708.
—— pour les roues de la Machine de Seine. — Voy. Seine.
—— provenant de l'émondage des arbres, 738, 813, 1095.
—— provenant de palissades élaguées, 958.
—— venant de Champagne (Droits payés pour les), 1040.
Bois-Béranger (Étang du), 834, 836.
Bois d'Arcy (Ancien étang de), 975, 976.
—— (Aqueducs de), 204, 259, 269.
—— (Chaussée de la queue de l'étang de), 368, 451, 598, 599, 837, 838.
—— (Étang de), 204, 205, 206, 259, 368, 369, 451, 596, 746, 837.
—— (Pont de), 837, 838.
—— (Porte de), 736.
—— (Transports de terre pour l'étang et l'aqueduc de), 204, 205, 368, 451, 837.
Bois-Richeux (Chemin de) à Chartrainvilliers, 211.
—— (Route de) à Berchère, 488, 633.

79.

1230 COMPTES DES BÂTIMENTS DU ROI.

Bois-Robert (Étang de), 206.
Boisseau (Jacques-Philippe), dit Chastillon, jard. à Fontainebleau. — Voy. Chastillon.
Boisseau (La veuve de Jean), p., 151.
—— l'aîné, procureur au Parlement, 76.
—— (Le s'), 663, 710.
Boitel (Gilles) ou Boitille, marchand de bois, 26, 269, 673, 682, 821, 908, 1101.
Boivin (La veuve), 339.
Bézard (Chaussée de l'étang de), 193, 207, 212, 370, 372, 513, 682, 633, 1084.
—— (Écluse et rivière du moulin de), 513, 632, 633.
—— (Étang de), 512, 661, 709, 806, 867, 943, 1000.
—— (Moulin de), 513.
Bolduc (Le Père Antoine), religieux flamand, 119, 301, 437, 580, 729, 862.
—— (Simon), apothicaire, 120, 303, 581, 731, 863, 997, 1143, 1152.
Bondi (Gaspard), 363.
Bondy (Gabriel), garçon fontainier, 839.
Bonnefond (Pierre), men., 923.
Bonnefonds, employé au magasin de la place Vendôme, 921, 1059, 1128, 1189.
Bonnegent (Pierre), jard., 133.
Bonnemer (François), p., 89, 119, 301.
—— (La veuve de), p., 1094, 1140.
Bonnet (René), men., 186, 187, 351, 353, 486, 487, 630, 780.
—— (La veuve de), 913, 1049, 1180.
—— marchand de médailles, 122.
—— sc. et p. en marbre, 571, 721, 853.
Bonneville (Noël), 839.
Bonpré (Pont de), 43, 57.
Bonrepos (Chapelle de), à Noisy, 1037.
Bontemps (Barthélemy), ter., 924.
—— sc., 289.
—— (Le s'), 17, 164, 400.
Bonus, charp., 279, 424.
Bonvalet (Pierre), vidangeur, 156, 171, 324, 340, 461.
—— sc. et fondeur, 103, 292, 387, 388, 431, 556, 1087, 1135.
Boquet (Antoine), tailleur de pierre, 1023.
—— (Nicaise), cabaretier du village de Marly, 475, 769.

Bordages de galère, 678.
Borde (Jean), 210.
Bondier (Nicolas), jard., 312.
Bordure en passe-partout, 991.
Bordures de bronze doré, 293, 432, 1106.
—— de miroirs, 396, 679.
—— d'or émaillé, 4, 11, 67, 303.
—— dorées d'or bruni, 897, 966, 1104.
—— d'ouvrages de laine de la Savonnerie, 272.
—— de tableaux, 86, 90, 92, 93, 99, 102, 238, 248, 288, 290, 291, 381, 571, 656, 679, 721, 802, 853, 939, 990, 1054, 1071, 1104, 1105.
—— de tapisserie, 287, 430, 570, 571, 579, 720, 944, 1001.
—— de vitraux peints, 552, 705, 843, 852, 984, 1121.
Borelli (Benoît), gondolier vénitien, 73, 277, 416, 550, 697, 841, 982, 1117, 1144.
—— physicien, 120, 126, 305, 306.
—— (La veuve de s'), 306, 307.
Borghèse (Faune de), 1004, 1082, 1131.
Borienne ou Bourienne (Nicolas), ter., 162, 173, 331, 467, 477, 478, 609, 620, 771, 887, 902, 1024, 1039, 1162, 1172, 1178.
Bornes (Plantation de), 270, 413, 546.
—— de grès, 269, 270.
Bosc (Silvestre), marchand joaillier, 124.
Bosquet, jard., 876, 924.
Bossages de pierre, 554, 556.
Bottes de cuir préparé, 773.
Boucault, charp. employé à la machine de la Seine, 190, 357, 492, 637, 786, 917, 1059, 1063, 1189.
Bouchard (Françoise et Anne), jard. des Tuileries, 200, 365, 453, 454, 497, 593, 643, 744, 793, 930, 1012, 1066, 1150, 1197.
Bouche (Pierre), dit Toulouzain, 49.
Boucher (Jean), jard., 494, 596.
—— (Louis), 372, 1134.
—— plâtrier, 14, 83.
Boudeville (Compagnie de), du régiment de Feuquières, 213, 214.
Boudin (Nicolas), prop. à Ville-d'Avray, 268.
—— (Simon), garçon du laboratoire du Jardin royal, 1125.
Boudor, libraire, 439.
Boue convertie en terreau, 750.

Boues (Enlèvement et transport de), 325, 393, 465, 466, 611, 750, 759, 892, 1028.
—— des rues pour les pépinières, 521, 672, 734, 819, 872, 1012, 1013, 1014.
Bougies (Fourniture de) aux Académies, 124, 125, 127, 305, 441, 442, 583, 731, 864, 997, 1126.
Bougival (Aqueduc de la machine de Seine à), 620, 902, 1039.
—— (Moulin de), 477, 622, 906, 1044.
Bouillerot (Jacques), tanneur, 1041.
—— le jeune (Jacques), tanneur à Paris, 1041.
—— (La veuve de), imprimeur, 992.
Bouillon (Le duc de), 221, 378, 505, 801, 937.
Bouillon (Droits perçus à) pour l'entrée des cuirs, 773, 1041.
Boulan, voit., 269.
Boulanger (Jacques), ter., 153, 162.
—— (Marin), voit., 338.
—— (Pierre), ter., 468, 469, 610, 924.
Boule dorée du dôme de l'église des Invalides, 551, 552, 635.
Boules (Buis en forme de), 133.
Boules de pistons, 343, 347, 772, 773, 904, 1040.
—— pour jeu d'anneau tournant, 251.
Boulie (Pavillon de la), 409.
—— (Village de la), 263.
Boullard, prop., 134.
Boulle (André-Charles), ébéniste, 219, 375, 398, 503, 572, 650, 664, 711, 798, 934, 1075, 1202.
Boullogne l'aîné (Bon), p., 89, 286.
—— le jeune (Louis), p., 89.
Boulogne (Bois de), château de la Muette, 133, 598, 699, 714, 842, 983, 1014.
—— logement du portier, 83, 286.
—— maison des cygnes, 284, 699, 842, 849, 851, 983, 988, 1119.
—— murs de clôture, 59, 424, 714, 985.
—— (Portes du bois de), 83, 86, 108, 284, 285, 427, 569, 699, 842, 983, 985, 988.
—— (Parc de), 136, 140, 141, 192, 236, 313, 316, 318, 354, 361, 446, 495, 589, 635, 738, 789, 874, 1015, 1155.

TABLE ALPHABÉTIQUE. 1231

Boulogne (Croix de Mortemart dans le parc de), 141.
—— (Pépinières du parc de), 312.
Boulons, 176, 480, 552.
Bouquet (Pierre), manœuvre blessé, 355.
Bouraine (Michel), maç., 207, 370, 632.
Bouratz, maç., 186.
Bouray (Jacques), charp., 180, 485, 630, 780, 1048.
Bourdelin (Claude), naturaliste, 126, 306, 438, 440, 584.
Bourderelle, sc., 557, 701, 704.
Bourdin (François), ter., 163.
Bourdon (Claude), 475.
—— (Jean), sous-comite de la galère, 74, 276, 415, 549, 696, 841, 981, 1116, 1144.
—— (Pierre), vigneron, 475, 616.
Bourdonnières de cuivre, 258.
Bourdy ou Bourdict (Pierre), sc., 560.
Bouré (Ecluses de), 208, 488.
—— (Prés de), 511, 542, 660, 709.
Boureau (Gabriel), charp., 254.
Bouret (Samuel), marchand de soies, 108, 295, 433, 575.
—— charp., 1179.
Bourgault (Étienne), p., 34, 55, 131, 248, 260, 269, 320, 396, 406, 457, 525, 535, 678, 689, 824, 831, 909, 923, 966, 973, 1054, 1094, 1104, 1109, 1141, 1150, 1151, 1186.
—— arpenteur, 59, 210, 268, 412, 541, 691, 836, 978, 1011, 1113, 1146.
Bourgeois (Jean), charp., 1166.
Bourgeon (André ou Avé), garde des fontaines de Pougues, 652, 800, 937, 1076, 1204.
Bourget (Michel), marchand de bois, 707.
—— (Demoiselle), fabricante de dentelles, 4, 66.
Bourgogne (Établissement de manufacture de serges en), 194.
—— (Poix de), 767.
Bourgoin (Étienne), ter., 154, 160, 324, 329, 332, 466, 609.
Bourguignon (Jean), employé au magasin de Marly, 169, 193, 356, 473, 489, 617, 638, 732, 787.
—— (Jean), ser., 30, 480.
—— voit., 242.
Bourins. — Voy. Bouvrain.

Bourlier (Sébastien), sc., 92, 167, 336, 472.
Bournay, vitr., 206.
Bourniet (Marc), ser., 1017.
Bouroy, charp., 912.
Bourrées (Achat de), 236.
Boursault (Cépées de), 755.
—— (Plant de), 146.
Boursi, inspecteur des graveurs, 189, 216, 356.
Bouteilles (Fourniture de), 910.
Boutet (François), ser., 148, 246.
—— (Paul), sc., 92, 167, 336, 424, 472, 559, 560, 704, 845.
—— (Robert), ser., 31, 86, 165, 176, 285, 320, 427, 457, 568, 718, 850, 987, 1078, 1119, 1128.
—— prop. à Maintenon, 1134.
Bouticourt (Claude), jard. du Palais-Royal, 201, 365, 498, 644, 645.
—— (Gratien), concierge du Palais-Royal, 201, 365, 498, 643, 645, 855.
Boutures de bois blanc, 448, 451, 735, 739, 879.
Bouvier, scieur de pierre blessé, 196.
Bouviers (Hôpital des), 44.
Bouvrain (Marc), ser., 745, 881, 1019, 1158.
Boyer, copiste et trésorier de l'Académie française, 124, 305, 441, 583.
—— inspecteur à la rivière d'Eure, 214.
—— prêtre de la paroisse de Saint-Hippolyte, 437.
Bradet, carrier, 181, 348.
Bradon (Jean), taillandier, 246.
Brancard pour le chariot de la ramasse de Marly, 618.
Brancards et cages pour mener des figures et tableaux, 85.
Branche (François), frotteur, 1160.
—— (Nicolas), 325.
Branchy ou Braney, lapidaire, 117, 299, 436, 579, 728, 860, 995, 1124.
Branlard (Pierre), faïencier verrier, 23, 171, 483, 528, 537, 682, 826, 832, 910, 969.
Bras de fer. — Voy. Roucibrand.
Bras d'Or, taillandier, 827.
Brasière, 817.
Bray (Michel), jard., 735, 875.
—— men., 833, 1112.
Bray ou goudron, 251, 345, 482, 520, 528, 625, 682, 773, 905, 906, 1042, 1175.

Brayers, cuirs portant le battant d'une cloche, 338.
Bréau, marchand de toile, 262.
Brèche grise de Sauveterre, marbre, 238.
—— violette, marbre, 238, 813, 814.
Brèches à une digue, 208, 771, 782.
—— aux murs de la forêt de Saint-Germain, 882.
—— aux murs du parc de Noisy, 1035.
—— aux murs du parc de Versailles, 263, 264, 369, 546, 1111.
—— aux palissades, 872.
Brémant (Jean), jard., 121, 302, 438, 581, 730, 997, 1125.
Brémart (Jean), mal., 74, 276, 416, 548, 863, 1176.
Bressan (Michel), charp., 600.
Brest (Le port de), méd., 111.
Bretagne (Fil de), 602.
—— (Inspecteur des toiles en), 512, 543.
Breton (Nicolas), ser., 63, 413, 976.
Bréval (Mme de), 1001.
Bréviaires (Paroisse des), 270.
Bricard (La veuve de), maç., 1089, 1136.
Brichot, couvreur de chaume, 821.
Bricoles (Fourniture de), 313.
Briconville (Logement du s^r Parisot à), 442, 585, 783, 998.
Brides à canon, 481, 624, 897, 927.
Brière (La veuve), fille du sculpteur Lespagnandel, 952, 1007.
Brion, marchand linger, 42, 826, 1107.
Brion (Le palais), 87, 99, 284, 286, 290, 429, 569.
—— (Appartement du comte de Gramont au palais), 89, 286, 293.
—— (Cheval de bronze dans la cour du palais), 669, 723.
Briot (Bon), miroitier, 527, 650, 681, 798, 826, 934, 957, 968, 1076, 1202.
—— (Claude), miroitier, 40, 219, 250, 375, 399, 429, 503.
Briques (Fourniture de), 114, 207, 297, 431, 477, 574, 575.
—— (Fours à), 712.
Briquet, couv. de chaume, 821.
—— (Noël), sc., 56, 79, 86, 92, 261, 288, 396, 397, 525, 558, 571, 679, 825, 846, 924, 925, 966, 1054, 1083, 1132, 1187.
Brise-vents, paillassons, 146, 312, 456.
Brisset (Gaspard), carrier, 886.

BRISSONNET (Nicolas), jard. et ter., 142, 449.
BROCANT, ter., 1100.
BROCARD (Joseph), carrier, 173.
Brocarts (Fourniture de), 4, 8, 12, 16, 66, 232, 233, 273.
Brocatelle d'Espagne, marbre, 813.
BROCHARD (Martin), jard., 462.
Broches à crochets, 394.
—— de buis, 295.
BROCHET (Pierre), piqueur de grès, 61, 269, 413.
Brochets (Pêche de), 64.
—— fournis pour les réservoirs, 412.
Broderie (Ornements en), 403, 687.
Broderies (Argent brûlé provenant de), 667.
—— de l'église de Strasbourg, 687.
—— des meubles du Roi (Fabrication des), 108, 295, 359, 362, 433, 491, 494, 574, 575, 638, 667, 687, 724, 787. — Voy. Saint-Cyr.
BRODON, élève sc., 785, 916, 917, 1057.
Bronze (Balancier des médailles en), 292.
—— (Balustres et bases d'escalier de), 251.
—— (Cheval de) dans la cour du palais Brion, 668, 723.
—— (Couleur et vernis de), 260, 406, 472, 535, 678, 681.
—— (Cuvettes de), 854.
—— (Ferrures de), 34, 681, 826, 968.
—— (Figures et groupes de), 93, 95, 99, 100, 103, 104, 106, 193, 286, 289, 290, 292, 396, 430, 431, 490, 571, 572, 635, 790, 809, 814, 824, 853, 854, 856, 869, 924, 966, 1087, 1088, 1135, 1136.
—— (Mentonnets de), 104.
—— (Médailles de grand), 582.
—— (Moulures de), 922.
—— (Piédestaux de), 397, 854.
—— (Plinthes de), 854.
—— (Réparation de la statue équestre de Louis XIV en), 985, 1123.
—— (Socles de), 396.
—— (Vases de), 824, 854, 924.
—— doré (Bordures de), 293, 432, 536.
—— doré (Moulures de) pour les glaces, 398, 689, 922, 1106.
—— doré (Garnitures et ouvrages de), 33, 34, 218, 375, 395, 502, 527,

649, 665, 712, 797, 973, 1075, 1106.
Bronze doré (Targettes et garnitures de croisées en), 431, 681, 934, 1106.
Bronzes (Alliage de), 707.
Broquettes, 308.
BROQUEVILLE, dit ROCHEFORT, invalide, 198.
Brosseron (Aqueduc de), 370.
Brosses (Fourniture de), 324.
Brouettes (Fourniture et réparation de), 329, 481, 597, 603, 880, 1174.
BROUILLARD (Olivier), laboureur, 140, 447.
BROUILLET (Pierre), dit MONREDON, invalide employé à Vincennes, 198, 368, 389, 496, 516, 642, 666, 791, 812, 929, 959, 1064.
BRUAND (Sébastien), arch., 127, 307, 442, 583, 731, 864.
BRUNELET, entrepreneur, 180.
Brunet (Jean-Baptiste), garde du Trésor royal, 233, 383, 516, 659, 811, 941, 1090.
BRUEUIL, dit LANGUEDOC, men., 718.
BRUSLÉ (Antoine), marchand de charbon, 479, 904, 1175.
BRUTIN fils, garde de l'étang du Mesnil, 190.
Bruxelles (Bourgeoise de) reconduite à Condé, 907.
—— (Manufacture de camelots, façon de), 956.
Buc (Aqueduc de), 60.
—— (Garde-rigoles de), 628, 692, 785, 1057, 1191, 1192.
—— (Grand aqueduc de), 188, 264.
—— (Grand chemin pavé de Versailles à), 207.
—— (Logement du s' DE FRANCLIEU à), 189, 309, 442, 586.
—— (Pont de), 62, 63, 132, 265, 410, 413, 686, 1112.
—— (Port de), 53g.
—— (Routes et rigoles de), 514, 544, 1085, 1132.
—— (Terrasses de l'aqueduc de), 541.
—— (Travaux de), 356, 491, 636, 786, 917, 1061, 1133.
—— (Voûte de l'aqueduc de), 687.
Buffet doré pour le café, 897, 1031.
BUIRETTE (Jacques), sc., 92, 103, 294, 807, 809, 867, 869.
Buis (Achat, plantation et tonte de), 42,

133, 242, 311, 312, 380, 450, 734, 739, 742, 815, 924.
Buis (Arrachage de), 816, 926.
—— (Broches de), 295.
—— (Levés de), 338.
—— d'Artois, 312.
—— de bois, 1154.
—— en palissade, 223, 380, 450, 507, 655.
—— nain, 133, 137, 450, 589, 734, 739, 875, 876, 1014.
—— tondus, 223, 380, 507, 654, 655.
BUISSON ou DUBUISSON, voit., 241, 242.
BUISSONNET (Noël), vigneron à Luciennes, 474, 617.
BUISTER (Philippe), sc., 1088.
—— (Marie et Françoise, filles de Philippe), 1088, 1136.
BULARD (Jacques), potier de terre, 114, 207, 431, 574.
BULAT (Charles), dit LE MANSEAU, ser., 688.
BULLÉ (Pierre), carrier, 620.
BULLET (Pierre), arch., 127, 307, 342, 442, 583, 731, 864.
BULLION (Le marquis DE), prévôt de Paris, 712, 1002, 1077, 1087, 1127, 1135.
BULOT (Claude ou Charles), dit MANSEAU, ser., 258, 405, 534.
—— ter., 835, 983, 984, 1111.
BUNON (Simon), mat., 73.
Bureau des plans des Bâtiments, 836, 921, 1114.
—— des remboursements, 978.
BURET (Pierre), maç., 463, 605, 606, 753, 754, 886, 927, 1028, 1035, 1161, 1171.
Burick (Prise de la ville de), planche gravée, 298.
BUSSEROLLE, garde des matériaux du s' JUBANT, 1181.
BUSSEVAL ou BUZENVAL (DE), commandant des Suisses, 970.
Buste de Louis XIV en bronze, 103.
Bustes appartenant à M. DE LOUVOIS, acquis par Louis XIV, 1081, 1130.
—— de bronze, 286.
—— et figures de marbre, 19, 27, 37, 70, 91, 93, 94, 97, 98, 99, 101, 102, 106, 107, 109, 1186.
BUTEAU ou BUTTEAU (Jean BOURGUIGNON, dit), voit., 241, 242, 392, 454, 521, 672, 819, 962, 1100.

TABLE ALPHABÉTIQUE. 1233

Butet (Jacques), jard., 319, 451, 589, 734, 735, 874.

Buton (Louis), dit La Coste, invalide, 212.

Buziont (Isaac), mat., 1117.

C

Cabanets (Jean), ter., 759, 1161.
Cabaret (Charles), ser., 258, 405.
Cabinet des médailles. — Voy. *Versailles, cabinet des médailles.*
—— des planches gravées, 433, 575.
Cabinets d'orgues, 106.
Câbles, 308, 457, 774, 1043.
Cabottières, bateaux de cabotage, 388, 518.
Cachelièvre (Nicolas), jard., 611, 618.
Cachets d'or pour le Roi, 11, 67.
Cadelan, banquier, marchand de marbres, 811, 870.
—— (Catherine), sa fille, 811, 870.
Cadenas (Fourniture de), 411, 905.
Cadène (Jean), mat., 74, 276, 416, 549, 696, 697.
Cadres de cheminées sculptés, 690.
—— sculptés et dorés, 1032.
Caen (Carreaux en pierre de), 910.
—— (Généralité de), 213.
Caffé (Balustrade de), à Marly, 895.
Caffieri (Philippe), sc., 1093, 1140.
Cages en charpente pour la statue équestre du Roi, 79, 279, 281, 283, 294, 424, 426, 428, 563.
—— pour préserver les ormes, 156, 326, 604, 606, 616, 752, 817.
Cagni (Michel), 18.
Caillé (Gaspard), 764.
Caillet (François), charp., 81, 283, 829.
—— notaire au Châtelet de Paris, 76, 222, 379, 506, 513, 543, 653, 789, 811, 870, 957, 1060, 1092.
Cailleteau (Pierre). — Voy. Lassurance.
Caillou (Pierre), jard., 143, 144, 317, 453, 454, 589, 592, 740, 871, 872, 1012.
Cailloux (Transport et fourniture de), 173, 174, 341, 620, 770, 902, 1172, 1176.
—— de vigne (Fourniture de), 477, 621, 771, 903, 1039.
Caisses d'arbustes ou de plantes, 318, 319, 427, 568, 598, 675, 743, 822, 824, 964, 992.
—— d'assemblage, 147, 148, 320, 457, 458.

Caisses de bois de chêne, 761, 964.
—— de bois d'entrevoux, 147, 320.
—— de marronniers, 1166.
—— d'orangers, 147, 148, 223, 320, 380, 457, 458, 507, 655, 743, 744, 821, 822, 823, 925, 966, 1019, 1053, 1158.
—— de merrain pour arbustes, 147, 458, 1053.
—— de sapin pour serrer des broderies, 687.
Cajard (Jean), ter., 633.
Calais, manufactures, 191, 359, 489, 638.
Calfatage ou calfeutrage, 353, 482, 625, 906, 1043, 1159, 1176.
Calfeutrements, 1167.
Calibres, 700.
Calice d'argent, 413.
Calotte de bois pour modèle de celle du dôme des Invalides, 421.
Calottes de cerceaux pour couvrir les lauriers thyms, 755, 887, 900, 1024.
—— de cuivre, 346, 481.
Camarigeas (Jean), jard., 223, 380, 507, 655.
Camay (Jacques), couv., 65, 75, 277, 417, 420, 697, 698, 699, 842, 984, 1110.
—— (Jean), couv., 550.
Cambrai (*La ville de*), méd., 111.
Cambray (Antoine), invalide, 212.
Camelots, façon de Bruxelles, 956.
Camo, p., 89, 90, 286.
Campan (Marbre vert de), 107, 235, 292, 516, 660, 814, 816, 955, 957, 958, 959, 1096, 1098.
Campane pour le dessus du dôme des Invalides, 555.
Campanelles, fleurs, 136, 450.
Canada (Carrières de marbre et de porphyre du), 14, 69.
Candon ou Caudon (Jean), charp., 74, 276, 415, 549, 635, 696, 841, 922, 981, 1116, 1144, 1194, 1195.
Canes d'Égypte, 14, 68, 386, 419, 514, 544, 659, 708, 811, 870.
—— d'Égypte tannées, 14, 68.

Canon (Cuivre de), métal, 240.
—— (Pièces de métal de), 103.
Cap-Breton, au Canada, 14, 69.
Capucines (Ancien couvent des) de la rue Saint-Honoré, 9, 15, 16, 17, 68, 76, 78, 79, 80, 234, 236, 516, 984, 1096, 1123.
—— (Église et nouveau couvent des) de la rue Saint-Honoré, 13, 76, 77, 78, 79, 80, 197, 198, 236, 278, 279, 280, 281, 294, 420, 424, 429, 434, 550, 561, 562, 563, 569, 573, 638, 665, 698, 706, 708, 719, 842, 850, 851, 983, 989, 1010, 1088, 1120, 1136, 1146, 1189.
—— (Nouveau couvent des), chœur intérieur, 708.
—— citerne ancienne et nouvelle, 76.
—— clocher de l'horloge, 77.
—— horloge, 281.
—— inhumation des Religieuses, 78.
—— jardin du préau, 76, 638.
—— jardins, 76, 80, 133, 145, 360, 490, 706, 785, 919, 1061, 1189.
—— logement neuf des frères Capucins, 561.
—— pavillon de la citerne, 77.
—— pavillon de Mme de Grammont dans l'ancienne cour, 1127.
—— plans et profils des bâtiments, 195.
—— pompes, 81.
—— puisard voûté pour l'écoulement des eaux de cuisine, 706.
—— Religieuses, 581, 863.
—— sculptures du portail de la nouvelle église, 281.
Capucins (Couvent des), 711.
—— (Réservoir des), 77.
Carabara (Marc), gondolier vénitien, 277.
Caradant (Michel), voit., 317, 451, 453.
Caradon (Michel), vannier, 240.
Carbon (La veuve), commise à la poste de Charleville, 494, 623, 634.
—— voit., 344, 479.
Carbonnet (La veuve), jard. des Tuileries, 200, 497, 643, 793, 930, 1066, 1067, 1197.

Carcassonne, 309.
CARDINAL (Martin), 915.
Cardinales (Achat de), 133.
CAREL (Étienne), men., 13, 28, 244.
—— (Nicolas), men., 28, 48, 219, 244, 255, 266, 375, 393, 403, 410, 503, 519, 522, 532, 630, 650, 667, 668, 674, 687, 798, 829, 833, 934.
Carelle (Bottes de), 1100.
Carillon de la Samaritaine, 354.
CARLIER, dessinateur, 921, 1114, 1191.
—— ou CARRELIER, sc., 93, 423, 560, 692, 703, 843, 846, 948, 1004.
CARLU (Charles), jard., 456.
CARON (Louis), gr., 210, 267.
—— marchand de fer, 280.
CARPENTIER (Louis), marchand, 123.
Carpes (Nourriture des). — Voy. *Fontainebleau*.
Carrare (Marbres de), 91, 355.
CARRÉ (Marcel), voit., 185.
—— p., 580, 728, 860, 995, 1149.
Carreaux bisel (Petits), 1098.
—— de faïence de Hollande, 23, 167, 168, 171, 250, 251, 528, 537, 826, 882, 928.
—— de Lisieux, 682, 826, 969.
—— de marbre, 680.
—— de pierre de Caen blanche, 910.
—— de plâtre, 606.
—— de terre cuite, 23, 241, 253, 391, 401, 425, 431, 477, 530, 565, 566, 574, 586, 684, 855, 899, 986, 1178.
—— de verre, 1020.
CARREL (Nicolas), men. — Voy. CAREL.
Carrés de médailles et de jetons, 86, 109, 112, 122, 124, 240, 285, 296, 297, 573, 575.
Carrière à glaise de Marly, 893.
Carrières, 173, 213, 214, 372, 373, 390, 489.
—— de Carrières-sous-Bois, 332, 610.
—— de Chevaudeau, 269.
—— d'Épernon, 372.
—— de Gallardon, 213, 372.
—— de la Chaussée, 1033.
—— de Lartoire, 269.
—— de Laubarderie, 269.
—— des Panloups, 620.
—— de Saint-Aubin, 186.
—— de Saint-Non, 193.
Carrières-Saint-Denis (Cygnes enfermés dans une clôture à), 597.

Carrières-sous-Bois, 156, 157, 325, 461, 897.
—— (Carrières de), 332, 465, 467, 610.
—— (Chambres pour resserre de fruits à), 750.
—— (Logement des jardiniers du Val-Saint-Germain à), 998, 1126.
Carrières-sous-Poissy, 884.
Carrousels en dessin et en gravure, 218, 375, 503.
Carte des environs de Versailles, 1011.
—— des travaux de Meudon et de Chaville, 1146.
Cartes des eaux de Versailles, 692, 978.
—— de la forêt de Marly, 602.
—— des fortifications de Mons, 692.
CARTON (François), maç., 83.
CASSEGRAIN (Guillaume), mouleur, 93, 288, 430, 722.
Cassel (Bataille de), méd., 112.
CASSINI (Jean-Dominique), astronome, 126, 306, 440.
Cassis ou rigoles à ciment, 690, 837.
Cassolettes à tête de bélier, 249.
—— de pierre, 35, 36, 37, 248, 337, 338, 615.
—— de sculpture pour Marly, 167.
CASTEL (Joseph), sergent au régiment de Bourbonnais, 193.
CASTELOT (François), men., 1111.
CASTELOTTE (La veuve), marchande de planches, 334.
CASTON et POLLUX, groupe de marbre, 93, 290, 855.
CASTRES (Le marquis DE), 957.
Catéchisme fait aux ouvriers des Gobelins, 119, 301, 437, 580, 729, 862.
CATEL (Jacques), 515, 544.
CAUCHY, dessinateur, 192, 359, 492, 639, 785, 919, 1059, 1151, 1190.
CAUDON. — Voy. CANDON.
CAULTFOU, 196.
Caunes (Marbre de), 106. — Voy. *Cosne*.
CAUTERIOT (Antoine), 474.
CAUVIN (Louis), mat., 74, 276.
Caves envahies par l'eau, 402.
CAZENOVE (Pierre-David DE), sc., 17, 69.
CAZES, tailleur d'habits, 59, 268, 412, 541.
Cintres ou cintres de charpente, 408, 410, 485, 538, 539, 541, 686.
—— de berceaux et portiques, 764, 765.
—— de croisées, 963, 966.

Cintres de fer, 411.
CELLIER (Nicolas), maç., 129, 1158.
—— (Pierre), men., 1017, 1079, 1129.
Cépées de bois et de genêts (Arrachage de), 609.
—— de bois levées en motte, 608, 609, 755, 756, 757, 759, 766, 767, 888, 889, 890, 898, 1024, 1025, 1026.
—— de charme (Surveillance exercée pour la levée des), 1034.
—— de charme (Transport et plantation de), 610, 616, 755, 756, 757, 759, 760, 765, 766, 767, 789, 878, 890, 897, 898, 901, 1024, 1025, 1026, 1027.
—— de châtaignier, 1024, 1025, 1026.
—— de chêne, 757, 890, 901, 1024, 1025, 1028, 1029.
—— d'épine blanche, 759.
—— d'épine et de boursault, 755.
—— plantées à Trianon devant Louis XIV, 980.
Cerceaux, 146, 312, 345, 482, 597, 625, 743, 762, 768, 790, 875, 1024, 1161, 1168, 1171.
—— (Calottes de), 755.
—— de cuve (Fourniture de), 475, 764, 765, 899.
Cercles (Fourniture de), 925.
Cercueils de plomb, 78.
CÉRÈS, stat. d'après l'antique, 951, 1006.
—— Terme de marbre, 101, 1082, 1131.
Cerfouettes, 618, 762, 873, 895.
Cerfs à Marly (Chasse des), 463, 468.
—— pris dans les toiles, 157.
Cerisiers, 145.
Cerizy (Pont de), près Dreux, 1181.
CÉRON, médecin des Bâtiments, 189, 359, 491, 639, 788.
CHABOT (François), taupier, 616, 768, 899, 901, 1034, 1170.
Chaillot, 220, 377, 504, 651, 836, 1095.
—— (Allées de traverse du côté des vignes à), 1095, 1154.
CHAILLOU (Philbert), portier du Jardin royal, 121, 302, 438, 581, 730, 864, 997, 1125.
Chailly, près Fontainebleau, 181, 183.
—— (Chemin de) à Fontainebleau, 181.
Chaîne de fer au pourtour du dôme des Invalides, 278.

TABLE ALPHABÉTIQUE. 1235

Chaînes de balanciers et des chevalets de la machine de Seine, 176.
— de fer (Fourniture de), 334, 340, 344, 411, 428, 494, 562, 880.
Chaises à porteur, 80.
CHALOPIN (Nicolas), carrier, 354.
Chaloupe du canal de Choisy, 922, 1081, 1130.
CHAMBOIS (La veuve de Valeran), couv., 75, 277, 420, 550, 698, 699, 842, 984, 1110.
Chambord (Château de), 186-188, 351-353, 485-487, 493, 629-632, 779-782, 911, 949, 1005, 1047-1050, 1179-1180, 1191.
— (Allées de la Canardière à), 188, 353, 487, 632, 782, 914, 1050.
— appartements, 187.
— appartement de Monsieur, 631.
— avant-cour, 1180.
— chapelle, 485.
— chapelle de Maurepas, 912.
— chaussée Le Comte, 485.
— chaussées des ponts de Ripercher et du Pinet, 912, 1048.
— couverture d'ardoise neuve, 1049.
— croix ancienne à l'angle des murs du parc (Reconstruction d'une), 485.
— démolition de bâtiments, 388, 485, 630.
— écurie (Avant-cour de la petite), 630.
— église paroissiale (Crucifix en bois sculpté et peint pour l'), 782.
— faisanderies et remises à gibier, 186, 485, 630, 780, 912-914, 1048, 1179.
— forêt (Ventes de la), 667.
— fosses d'aisances des tours, 485, 487.
— fossés du château, 1048.
— galerie de Montfreau, 1048.
— glacières, 632, 914, 1050.
— glacières (Démolition des deux anciennes), 630, 632.
— grand pont du Pinet, 1048.
— horloge, 188, 353, 487, 632, 782, 914, 1050, 1180.
— logement des chapelains, 351, 352.
— parc (Réparations aux murs du), 186, 351, 485, 629, 667, 912, 1048, 1179, 1180.
— pavillons à côté des portes du parc, 186.

COMPTES DES BÂTIMENTS. — III.

Chambord, place au-devant de l'avant-cour, 1048.
— ponts sur la rivière, 485.
— porte du parc, 485.
— presbytère, 912, 913, 914.
— rivière du Cosson, 1048.
— tour C, 487.
— tours A, D, B, 485.
Chamboursy (Conduites de), 810, 869.
Chambranles cintrés de pierre, 967.
— de marbre, 37, 57, 105, 106, 261, 292, 293, 407, 432, 572, 573, 663, 711, 722, 897, 955, 991.
— de pierre, 37, 966.
Chambre des Comptes de Paris, 222, 226, 379, 384, 506, 510, 653, 658, 784, 788, 789, 812, 836, 916, 938, 942, 978, 1062, 1063, 1074.
— du Conseil des Bâtiments, 59.
Chameau dromadaire, planche gravée, 109.
CHAMPAGNE (Pierre), ter., 152, 160, 170, 329, 460, 465, 602, 606, 608, 749, 756, 891, 926, 927, 1021, 1027, 1036, 1163, 1171.
— poseur à Trianon, blessé, 196.
Champagne (Bois venant de), 1040.
— (Forges en), 52, 53, 216, 259, 405, 623.
CHAMPENOIS, 633, 1181.
Chandelier de cristal, 385, 386, 418, 419.
— du grand autel de l'église des Invalides, 700.
Chandelles (Fourniture de), 178, 345, 439, 481, 541, 618, 625, 667, 768, 769, 774, 840, 906, 978, 1022, 1034, 1060, 1169, 1176.
Change d'argent, 623, 773, 864, 998, 1041, 1126.
CHANLAY (M. DE), intendant et ordonnateur des Bâtiments, 217, 374, 501, 648.
CHANTALOU (DE). — Voy. DE CHANTALOU.
CHANTEAU (Nicolas), charp., 13, 14, 77, 236, 278.
Chantiers de charpente, 186.
Chanvre (Fourniture de), 1185.
CHAPÉ (Jacques), ser. blessé, 495.
CHAPELAIN (Henri), ter., 611.
— (Jean), ser., 470, 613, 762, 895, 1167.

CHAPELOT (Léonard), limousin blessé, 354.
Chapiteau attique, 559.
Chapiteaux-colonnes de l'église des Invalides, 553, 559, 560, 701, 844, 845.
— de marbre, 91, 103, 114, 289.
— de pierre, 562.
— de pierre de Saint-Leu, 424.
— de plomb de la lanterne du dôme des Invalides, 655, 702.
— d'ordre composite des Invalides, 553.
— et pilastres de pierre dure, 553, 701, 702, 704.
— pilastres du dôme des Invalides, 422, 553.
— pilastres d'ordre composite, 553, 559, 560, 701, 844, 845.
Char de triomphe (Le), portière de tapisserie, 577, 578, 727, 859, 862, 994, 995.
Charbon de terre ou de bois (Fournitures de), 1, 156, 169, 175, 223, 224, 236, 325, 326, 339, 343, 380, 381, 453, 454, 461, 462, 479, 507, 572, 574, 593, 604, 617, 625, 655, 656, 708, 742, 750, 752, 767, 768, 769, 802, 885, 899, 904, 939, 1022, 1033, 1044, 1071, 1160, 1168, 1175, 1185.
— de terre d'Angleterre, 175, 208, 236, 240, 344, 371, 479.
— de terre d'Auvergne, 1042, 1043.
— de terre de Desize, 773, 904.
Chardons (Coupe de), 751.
Charenton, 319, 880, 904, 1055.
— (Seigneurie de), 807, 868.
Chariot à deux roues (Fourniture de), 171.
Chariots (Fourniture de), 340, 768, 900.
— de la roulette et de la ramasse à Marly, 612, 613, 618.
— pour sortir les orangers, 528, 821, 1052, 1106.
Charités des paroisses des environs de Paris, 303, 581, 863.
CHARLES (Pierre), dit SAINT-JEAN, invalide, 198, 363.
— préposé aux Bâtiments, 370.
Charleville, 344, 346, 479, 480, 494, 623, 634, 773, 905, 1040.
CHARLIER (Marcelin), marchand de soies, 4, 8, 12, 16, 66, 108, 232, 273.

80

CHARLOT (Adam), plombier, 1088, 1136.
—— marchand de bois, 182.
Charme (Bois de brin de), pour boules de pistons, 904.
—— (Cépées de), 609, 610, 616, 755, 756, 757, 759, 760, 765, 766, 767, 789, 878, 890, 897, 898, 901, 1024, 1025, 1026, 1027, 1084, 1163, 1164, 1165, 1168, 1182.
—— (Fourniture de bois de), 174, 175, 343, 347, 479, 622, 1040, 1174.
—— (Transport de) en mannequin, 608, 890.
Chormes en brins (Plantation de), 755, 1026.
CHARMETON, sc., 86, 93, 248, 288, 389, 396, 430, 525, 679, 825.
Charmille (Arrachage de), 760, 877, 891.
—— (Esserpillage de), 1035.
—— (Graine de), 449, 1026.
—— (Plants de), 133, 135, 138, 139, 141, 311, 318, 445, 448, 449, 453, 455, 456, 468, 473, 475, 588, 590, 594, 616, 618, 619, 656, 736, 738, 740, 742, 756, 759, 760, 872, 873, 875, 877, 879, 880, 887, 889, 890, 1018, 1024, 1028, 1035, 1052, 1055, 1056, 1100, 1168, 1182, 1185.
—— de marque (Plants de), 340, 447, 448, 475, 590, 617.
—— en motte (Plants de), 318, 453, 456, 608, 735, 767, 878, 889, 890, 897, 898, 1014, 1154.
—— en palissade, 241, 451, 617, 742, 745, 753, 820, 891, 897, 898, 979, 1025, 1115.
—— en pépinière, 473, 616, 619, 735, 754, 760, 769, 873, 877, 889, 890, 1156.
—— envoyée de Normandie, 448, 455, 468, 475, 735, 740, 877.
CHARON, marchand, 581.
CHARPENTIER (François), érudit, 125, 305, 439.
—— (Germain ou Gérin), ter., 152, 324, 330, 466, 602, 609, 758, 889.
—— (Pierre), ter., 152, 758.
—— (Robert), 175.
—— inspecteur des travaux de la rivière d'Eure, 214, 372.
—— sc., 782.
Charrée, cendre de lessive pour fumer les arbres, 530.

Charbuinvilliers (Chemin de Bois-Richeux à), 211.
—— (Ferme de Mme DE MAINTENON à), 663, 712.
CHARTRELLE (Pierre), compagnon sculpteur blessé, 635.
Chartres, 135.
—— (Évêché de), 231, 413, 512, 513, 661, 709, 806, 948, 1000.
—— (Évêque de), 231, 272, 512, 543, 661, 709, 805, 806, 867, 942, 950, 1000.
—— (Séminaire du Grand-Beaulieu à), 805, 866, 950, 1006, 1189.
Chasse (Bateaux des étangs pour la), 1113.
Chasselas du jardin de Vincennes, 741, 875.
Chasseur indien, tapisserie, 116, 435.
Châssis à verre et à papier, 395.
—— de couches pour primeurs, 256, 532, 535.
—— de fer, 524.
—— d'hiver pour les appartements de Versailles, 28, 29, 244, 394, 403, 404, 406, 522, 532, 675, 821, 964, 965, 1102.
—— de porte, 760.
—— du maître-autel de l'église des Invalides, 700.
—— pour tableaux, 290.
CHASTELIN, maç. et paveur, 1048, 1050, 1179, 1180.
CHASTENEZ, men., 1045.
CHASTILLON (Jacques-Philippe BOISSEAU, dit), jard. à Fontainebleau, 69, 70, 203, 223, 224, 226, 273, 367, 380, 381, 384, 420, 500, 507, 508, 510, 511, 542, 545, 646, 655, 658, 661, 665, 710, 712, 795, 802, 804, 939, 942, 954, 1000, 1008, 1067, 1069, 1071, 1073, 1091, 1138, 1147, 1198, 1200.
Châtaignier (Cages pour ormes en bois de), 817.
—— (Cépées de), 1024, 1025, 1026, 1163, 1165.
—— (Fagots de pelure de), 765.
Châtaigniers (Perches et plant de), 133, 142, 169, 170, 237, 241, 316, 445, 449, 474, 595, 607, 617, 764, 820, 963, 1154.
—— de Marly, 893, 899.
—— morts (Remplacement de), 474.

Châteaufort, 588.
—— (Rigoles de), 63, 410.
Château-Thierry (Château et domaine de) engagés au duc DE BOUILLON, 221, 378, 505, 653, 801, 937.
CHÂTILLON (Louis), dessinateur et gr., 109, 126, 296, 306, 433, 440, 675, 724, 857, 991.
Châtillon-sur-Seine (Manufacture de dentelles à), 132, 310, 442, 584.
Chatou, 146, 457, 597, 743.
—— (Contre-digue de), 949.
—— (Cour du château de), 456.
—— (Digue de), 173, 174, 342, 343, 477, 478.
Châtres ou Arpajon, 184.
Chaudières (Fourniture de), 168, 472.
CHAULIER, doreur, 429.
Chaume (Couvertures en), 259, 343, 393, 403, 474, 522, 531, 674, 924, 925, 1030, 1052, 1101.
CHAUMET (Laurent), 915.
CHAUMOREL (Guillaume), procureur au Parlement, 76.
Chaussée (Carrières de la), 1033.
—— (Digue de l'île de la), 342, 478.
CHAUVEAU, sc., 288, 397, 424, 526, 558, 679, 825, 844, 846.
CHAUVIN (Pierre et Claude), 666.
Chaux (Fourniture de), 130, 173, 204, 205, 242, 342, 370, 409, 451, 476, 477, 478, 546, 598, 599, 621, 684, 745, 771, 814, 837, 903, 1039, 1173, 1185.
—— de Garencière, 173.
—— de la Chaussée, 771.
—— de Triel, 173.
CHAVANNE (Charles), jard., 316.
Châville (Carte des travaux de), 1146.
CHÉDEVILLE (Germain), jard., 136, 447, 740, 1014, 1154, 1173.
Cheminées avec moulures de bronze ciselées et dorées, 689.
—— de marbre, 854, 957, 973, 991, 1032, 1096, 1098, 1122.
—— en bois sculpté et doré, 536, 925, 1054.
Chêne (Arrachage de vieux plant de), 456.
—— (Bancs cintrés de bois de), 1030.
—— (Barrières de bois de), 760.
—— (Boulons de bois de), 751.
—— (Caisses de bois de), 701, 821, 964.

TABLE ALPHABÉTIQUE.

Chêne (Cépées de), 757, 890, 901, 1028, 1029.
—— (Cintres de bois de), 686.
—— (Courbes de bois de), 421, 622, 903, 1186.
—— (Dosses de bateaux en bois de), 716.
—— (Équerre démontable en bois de), 1053.
—— (Fourniture et vente de bois de), 174, 179, 237, 410, 479, 622, 772, 1174.
—— (Perches de bois de), 764, 874, 1055.
—— (Planches de), 1102, 1160.
—— (Plant de), 135, 137, 140, 146, 181, 311, 312, 318, 320, 323, 444, 455, 456, 588, 602, 603, 736, 787, 872, 1018.
—— (Treillage d'éebalas en cœur de), 1566.
—— (Vieilles planches de), 881.
Chênes levés en motte (Cépées de), 888, 1014, 1024, 1025.
Chenilles (Destruction de), 455, 474.
Chéré, maître des comptes, 1002.
Chéret (Jean), vitr., 65, 417, 418, 542, 698, 842, 983, 1111.
Chéron (Charles-François), gr. en médailles, 110.
—— voit., 136, 137.
Chesnay (Jean), laboureur, 619.
Chesnay (Le), 142.
—— (Aqueduc du) pour amener les eaux bonnes à boire à Versailles, 46, 60, 413, 810, 832, 869.
—— (Avenues du), 310, 449, 877, 1165.
—— (Pavillon du), 194, 358.
—— (Réservoirs du), 53.
Chesne (Joseph), charp., 74, 276, 445, 549, 635, 696, 841, 981, 1116, 1144, 1195.
Chesneau, ser., 965.
Cheval de bronze dans la cour du palais Brion, 668, 728.
Cheval pommelé, tapisserie, 116, 436.
—— rayé, tapisserie, 116, 117, 299, 436, 993.
Chevalier (Charles), jard., 358, 487, 632, 782, 914, 1050.
—— (Claude), jard., 134, 876, 1157.
—— (Jacques), men., 699.
—— (Louis), men., 48, 206, 255, 369, 403, 532, 822.

Chevalier (Antoine), jard., 1182, 1188.
—— ser., 285.
Chevauchures des tables de plomb, 677.
Chevaudeau (Carrières de), 269.
Chevaudor, 610.
Chevaux (Achat de), 268, 541, 1113, 1114.
—— (Indemnité pour perte de), 353.
—— (Remplacement de vieux), 1113, 1114.
Chevillard (Jean), fontainier, 113, 201, 295, 365, 434, 498, 574, 644, 723, 793, 922, 930, 1056, 1066, 1118, 1185, 1197.
—— (Julien), fontainier, 1188.
Cheville (Guillaume), ter., 154.
Chevilles de fer, 49, 87, 176, 256, 257, 404, 538, 552, 688, 753, 827, 1108.
—— barbues, 480.
—— pour porter les armes des Gardes du corps, 827.
Chèvre pour lever des orangers, 1158.
Chèvrefeuilles (Achat de), 136, 450, 452, 618, 1153.
—— romains en boule, 1165.
Chèvreloup (Démolition du village de), 235, 236, 237, 264, 265.
—— (Maisons du Roi à), 235.
—— (Pépinière de), 142, 319, 879, 1018.
—— (Plaine de), 410, 411, 540, 684, 686, 693.
—— (Réservoir de), 9, 38, 43, 44, 45, 49, 402, 671, 691, 878.
Chèvres de la Thébaïde pour la Ménagerie, 14, 68, 386, 419, 841, 870, 950, 1006.
Chevreuil, 1051.
Chevreuse (Le duc de), 514.
Chevrier, inspecteur, 59.
Chevrons (Fourniture de), 283, 760, 772, 903, 1045, 1101, 1158.
—— de fer, 176, 197, 344.
Chicomores ou sycomores, arbres, 134, 136, 140, 311, 445, 736, 737, 872, 878, 879.
Chiffres sculptés dans une frise, 703.
Chimay, 346.
Chimie (Cours de), 120, 303, 583, 781, 863, 997, 1143, 1152.
Chine, 124, 125.
—— (Encre de), 90, 412, 540.
Chiquet (Jean), chaufournier, 178.

Chirurgie (Démonstrations de) au Jardin royal, 120, 302, 438, 581, 582, 729, 730, 863, 997, 1011, 1125.
Chocart ou Choquart (Louis), ser., 30, 50, 257, 533.
Chocolatière d'or pour le Roi, 10, 68.
Choisy (Barthélemy), mat., 74, 276, 416, 495, 549, 696, 841, 981, 982, 1117.
Choisy (Allée de l'anneau tournant à), 924.
—— allée grande, 924.
—— allées du boulingrin, 1052.
—— allées du jardin, 62, 922, 923, 924.
—— antichambre, 1054.
—— appartement du Roi : salle à manger, 1054.
—— appartements de Monseigneur, 1054.
—— avenues nouvelles, 612.
—— basse-cour (Bâtiments de la), 923.
—— bassins du jardin, 923.
—— bois du château, 922.
—— chaloupe du canal, 922, 1055, 1081, 1130, 1185.
—— chapelle, 1053, 1054.
—— château, 921-923, 989, 1051-1056, 1085, 1133, 1146, 1147, 1149, 1150, 1181-1188.
—— chenil, 1003.
—— chenil (Basse-cour du), 1004.
—— cimetière, 61, 868.
—— cloches, 1122.
—— cours et avant-cour, 923, 1055, 1056, 1185, 1187.
—— (Descente de), 539.
—— écuries, 924.
—— église, 268.
—— fontaines, 1054, 1188.
—— (Le fontainier de Mlle de Montpensier à), 919, 1055.
—— gages des employés, 1055, 1187, 1188, 1190.
—— galerie (Glaces de la grande), 922, 1054, 1130.
—— galerie (Grande) : statues de bronze, 924.
—— glacières, 922, 924, 925, 1052, 1054.
—— gondole ou chaloupe du Dauphin, 925, 1055.
—— grilles des jardins, 925, 1055, 1182.

80.

1238 COMPTES DES BÂTIMENTS DU ROI.

Choisy, horloge, 1054, 1122, 1185, 1186.
— jardin du château, 921-924, 944, 1001, 1013, 1014, 1052, 1053, 1055, 1056, 1142, 1154, 1183.
— jardin : démolition du mur de clôture, 1096.
— jeu d'anneau tournant, 921, 1182.
— jeu du bouloy, 1056.
— logement de l'inspecteur, 998.
— logement du fontainier, 1056.
— orangerie, 1052, 1053, 1081, 1130, 1157, 1185.
— orangerie (Couverture de l'), 924, 925.
— orangerie (Incendie de l'), 922, 944, 1001, 1052, 1081, 1130.
— parterres, 923.
— pavillon octogone proche la rivière. 1186.
— (Plan levé à), 918.
— plants de charmille, 1056.
— plants de chicomores, 879.
— plants d'ormille, 924.
— potager du jardin, 923, 1003, 1183.
— réservoir, 594.
— rond d'érables, 1056.
— salle des marronniers, 1052.
— salon au bout de la galerie, 925, 1054.
— salon octogone du jardin, 924.
— transport de statues de marbre, 856.
— (Village de), 62, 144, 265.
— (Voyages faits à) par le s' Fnosne, 1081, 1130.
— (Voyages faits à) par le s' Perrault, 1152.
Choisy-aux-Bœufs, près de Versailles (Le prieuré de), 3, 9, 66, 228, 271, 385, 418, 512, 543, 659, 708, 805, 866, 950, 1006, 1092, 1139.
Crotard, sergent au régiment de Guiche, 194.
Choulier, doreur, 1054, 1186.
Chrestien (Charles), voit. 137, 250, 310, 452, 593.
— (Jean), 956.
Christ de bois sculpté et peint couleur de chair, 782.
Christophe (Jean), élève peintre, 188, 355, 490.
— le jeune, vidangeur, 856.

Chronicon Paschale, 122.
Chupin (Laurent), vidangeur, 1017.
— dessinateur employé aux plans, 64, 189, 196, 357, 412, 491, 540, 636, 641, 692, 787, 791, 836, 919, 928, 978, 1058, 1063, 1114, 1191.
Chutes d'armes en bronze, 809, 869.
Cigogne pour la Ménagerie, 14, 68.
Ciment (Bassins de), 848, 880.
— (Cassis à), 690.
— (Ouvrages et fourniture de), 22, 60, 83, 125, 210, 241, 242, 252, 282, 425, 476, 477, 519, 537, 538, 540, 541, 564, 566, 599, 621, 670, 671, 683, 684, 693, 744, 771, 819, 837, 903, 970, 1039, 1111, 1118, 1173, 1185.
— passé au sas, 621.
— (Pavé de), 690, 759.
Cintier (Grégoire), ter., 686.
Circé, Terme de marbre, 99, 952, 1007.
Cire (Fourniture de), 117, 294, 300, 324, 434, 573, 728, 767, 1160.
— composée provenant de la fonte de la statue équestre de Louis XIV, 816.
Cires de médailles, 110, 111, 112, 296, 297.
— de statues, 99, 288-290, 354, 706.
— de statues (Réparation de), 92, 95, 100, 289, 354, 430, 431, 494, 571, 635, 790, 809, 869.
Ciron, p., 1186.
Ciseaux (Fourniture de), 320, 768, 827, 1169.
— pour tondre les arbrisseaux, 457, 899.
Citronniers et limes douces (Fourniture de), 134, 135.
Civières (Fourniture de), 347, 481.
Civita-Vecchia, 108, 293.
Clagny (Avenue et chaussée de), 139, 313, 449, 530, 685, 1015.
— château, 50, 1086, 1088, 1089, 1094, 1133, 1136, 1137, 1141.
— étang, 46, 64, 254, 315, 833, 971.
— glacières, 25, 28, 43, 244, 252, 400, 529, 674, 683, 821, 828, 963, 970, 1101.
— moulins, 946, 1004, 1112.
— mur du jardin, 44, 53, 947, 1004.

Clagny, remise proche l'étang, 139, 315, 448.
Claie (Recoupes passées à la). 465, 756, 891.
Clairet, vitr. — Voy. Chlret.
Clapets et porte-clapets, 623, 624, 773, 827, 904, 905, 927, 1040, 1041, 1174.
Clavecin orné de miniatures par Joubert, 90, 287, 294, 295, 664, 711, 720.
Clavettes, 338, 480, 551.
Clayonnage ou clionnage, 331, 334.
Clayons et clayes, 145, 146, 317, 455, 595, 1016.
Clefs de voûte sculptées en forme de cul-de-lampe, 703, 843.
Clément, employé à la Bibliothèque, 191, 324, 492, 639.
— (Jacques), chirurgien, 118.
— (La dame), prop., 585, 999.
Cléopâtre, stat. d'après l'antique, 102, 946, 1003.
Cléquin. — Voy. Cliquin.
Clerambourt, portier de la porte du grand parterre à Saint-Germain, 202, 366, 499, 645, 794, 931, 1065, 1196.
Clergé, voit. et ter., 26, 242, 243.
Clérion (Jean-Jacques), sc., 93, 1083, 1132.
Clerx, banquier, 127, 307, 371, 439, 584, 623, 731, 772, 864, 876, 998, 1041, 1126, 1154.
Clevilliers, 208.
Clinchant (Pierre), concierge de la salle des Comédies au Palais-Royal, 201, 498, 574, 644, 645.
— garde-clefs du palais des Tuileries, concierge de la salle des Comédies, 200, 364, 365, 497, 643, 792, 929, 1010, 1066, 1067, 1144, 1197.
Cliquin (Philippe), charp., 218, 375, 503, 649.
Cloaque (Curage de), 295.
Cloches, 170, 172, 338.
— (Fonte de), 104, 155, 269, 439, 750, 991, 1104, 1122.
— de serre, 884.
— de verre, 121, 325, 456, 598, 603, 898.
— de verre pour prendre les mulots, 604.
Cloud (Pierre), jard., 76, 283, 452, 563.

TABLE ALPHABÉTIQUE. 1239

Clous (Fourniture de), 6, 33, 49, 79, 87, 109, 143, 147, 168, 256, 257, 318, 319, 320, 325, 339, 344, 345, 404, 457, 473, 494, 533, 625, 676, 688, 717, 748, 750, 767, 769, 773, 774, 830, 832, 884, 898, 905, 922, 1021, 1032, 1041, 1108, 1168, 1169.
—— à calfeutrer, 1041, 1175.
—— à pistons, 175, 176, 178, 195, 344, 346, 480, 623, 624, 634, 773, 905, 1042, 1175.
—— à plancher, 612.
—— de bateaux, 78.
—— de Liège, 1131.
—— de vannes, 176, 480, 773, 1041, 1175.
—— dorés, 167, 337.
—— polis pour fixer des carreaux de faïence, 171.
Cochard (Pierre), jardinier vigneron, 899.
Cocuart (Antoine). — Voy. Sans-Souci.
Cochenille (Fourniture de), 301, 581, 728, 729, 862.
Cocrin (Louis), jard., 142, 765, 1026.
Cochois (Pierre), inspecteur des cygnes, 1194.
Cochon (Louis), voit., 769.
Cocnu, préposé aux ouvrages de la Machine de Seine, 190, 357, 492, 637, 786, 917, 1060, 1145, 1192.
Coffre, élève peintre ou sculpteur, 916, 917, 1057.
Coffres à avoine, 403.
Cognart (Pierre), ser., 633, 783.
Cogné (Claude-Louis), apprenti tapissier, 297, 435, 576, 858.
Cognées pour la glace, 243, 399, 688, 971.
—— pour tailler les arbres, 597.
Cognières (Paroisse de), 270.
Coignard, tailleur de pierre, 390.
Coignassiers (Fourniture de), 311.
Coillard (Antoine), terr.. 155.
Coins de bois, 894.
Coisevaux ou Coysevox (Antoine), sc., 93, 218, 238, 375, 422, 502, 554, 581, 649, 729, 797, 843, 862, 934, 951, 996, 1007, 1075, 1124, 1201.
Colas (Antoine), jard., 452.
—— (La veuve François), 488.
Colbert (Édouard), marquis de Villacerf, Surintendant et Ordonnateur Général des Bâtiments, 19, 70, 194,
233, 278, 379, 387, 419, 506, 615, 547, 653, 796, 801, 932, 938, 1070, 1200.
Colbert (Les héritiers de), 133.
Colérique (Le), stat., 1090, 1137.
Colignon (Claude), 517.
—— (Guillaume), charron, 744, 880, 1017.
Colix (Gilles), taillandier, 170.
—— (Martin), maç., 633, 782, 783.
Collart (Pierre), portier de l'hôtel de Limoges, 190, 357, 358.
Collart de Maiby, inspecteur des toiles en Bretagne, 512, 543.
Colle de Gand (Peinture à la), 708.
Collège royal de France, 3, 66, 87, 220, 228, 271, 377, 386, 419, 504, 516, 545, 651, 659, 708, 800, 810, 870, 936, 1076, 1083, 1131, 1202.
Collet, maréchal, 768.
Collet de cuivre, 614.
Collinet, employé aux manufactures, 114, 210.
—— manouvrier, 22, 519.
Collinot (Pierre), jard., 695, 839, 877.
—— (Pierre), servant à cheval, inspecteur des ouvriers, 192, 361, 493, 640, 784, 979, 980, 1010.
—— (Le tuteur des enfants mineurs de Pierre), 980, 1010.
Collot, tailleur de pierre, 204.
Colondre, potier, 730.
Colonnes, 43.
—— d'albâtre oriental, 101.
—— de la lanterne du dôme des Invalides, 421, 551, 555.
—— de marbre vert de Campan, 107, 292.
—— de marbre de Caunes et des Pyrénées, 106.
—— de marbre de Languedoc, 107, 432.
—— de marbre de Rance, 105.
—— de marbre de Sicile, 388.
—— d'ordre dorique du portail des Invalides, 556.
Colot (L'abbé), 1084.
Colson, préparateur de squelettes, 582.
Combat d'animaux, tapisserie, 116, 298, 299, 435, 858, 993.
—— sujet d'une grille à feu, 396.
Commeraf, terr., 125.
Communault (Louis), maç., 621.

Compiègne, château, 64, 65, 75, 270, 277, 417, 418, 420, 542, 560, 697, 698, 699, 842, 843, 983, 984, 1110, 1111.
—— cours, 542, 842, 983.
—— fossés de la forêt, 270, 417, 542, 698, 983, 1062, 1111, 1194.
—— glacières, 60, 61, 64, 65, 270, 418, 542, 697, 983, 1110.
—— jardins et terrasses, 270, 542, 697, 842, 983, 1110.
—— murs de clôture, 270.
—— ponts de la forêt, 65, 270, 417, 542, 698, 842, 983, 984, 1111.
—— poteaux indicateurs dans la forêt, 698, 1111.
—— puits du Roi dans la forêt, 1111.
—— routes et fossés de la forêt, 65, 270, 417, 542, 698, 835, 842 983, 1062, 1111.
—— (Séjour de Louis XIV à), 983.
—— (Voyages du sr Lambert à), 1162.
Comptes des Bâtiments (Recherche et transcription d'anciens), 788, 789, 916, 978, 1063.
—— des Bâtiments (Transport de), 836.
—— des marbriers (Vérification des), 1056.
—— et mémoires d'ouvriers (Vérification de), 1153.
Condé (Voyage de Versailles à), 907.
Condom, marchand de ferrailles, 668.
Conduites de plomb ou de fer. — Voy. Tuyaux.
Conférence de Scipion et d'Annibal, tapisserie, 117, 299.
Conférences de l'Académie d'architecture, 127, 218, 307, 374, 442, 502, 583, 649, 731, 797, 864, 933, 1074, 1126, 1201.
Conflans (Porte nouvelle de), 461, 732, 1022.
Conflans-Sainte-Honorine, 171, 882, 884.
—— (Logement du Suisse à), 325, 461, 603, 732, 865, 1022.
Congis (Logement du marquis de), 428, 850, 852, 989, 1120.
Connois (Jean), 915.
Conseil d'État, 808, 812, 937, 942, 956, 957, 958, 959, 960, 1097.
Consoles de bois sculpté, 396, 397, 526, 680, 825, 924.
—— de bronze, 103.

Consoles de gros fer, 1167.
—— de pierre, 248, 422, 424, 553, 556, 559, 560, 562, 631, 679, 703, 704, 1121.
—— de plomb, 555.
—— dorées, 394, 396, 399, 525, 678.
Constantinople (Narcisses de), 133, 137, 146.
Contain (Plaine de), 114.
Contat, portier de l'Observatoire, 1192.
Conté (François), 363.
Contre-cœurs de cheminées, 54, 58, 259, 262, 691, 1110.
Contre-digues, 975.
Contreforts de soutènement d'aqueduc, 903.
Contrevents, 187.
Convers, maç., 83.
Coquart de la Motte, intendant et ordonnateur des Bâtiments, 217, 374, 501, 648, 796, 932, 1074, 1192, 1200, 1202.
Coquelourdes, 450, 452, 591, 739.
—— doubles, 410, 876.
Coquilles de bois sculpté, 825.
—— de noix pour la teinturerie des Gobelins, 436, 579.
—— de plomb, 809, 869, 945, 946, 947, 948, 950, 951, 1003, 1004, 1006, 1007, 1080, 1082, 1088, 1090, 1093, 1129, 1131, 1132, 1187, 1140.
—— sculptées de pierre dure, 966.
—— sculptées de pierre de Saint-Cloud, 825.
Coquinot, procureur au Parlement, 812, 979.
Corail (Achat de), 861.
Corbeil (Pont de), 146, 196, 319, 354, 495, 597, 635, 789, 928, 1016, 1062, 1194.
Corbeilles à fruits, 742.
—— d'osier (Fourniture de), 318, 595, 596.
—— de pierre et plomb, 35, 36.
—— de plâtre, 37.
Corbet (François), ter., 611.
Cordages et cordes, 40, 80, 118, 144, 170, 179, 210, 251, 300, 310, 318, 325, 339, 345, 399, 436, 453, 473, 481, 482, 527, 579, 586, 617, 625, 626, 682, 717, 728, 741, 750, 766, 768, 769, 774, 827, 861, 865, 884,

898, 1021, 1032, 1038, 1043, 1168.
Cordages et cordes goudronnés (Vieux) pour calfater, 625, 774, 906, 1043, 1176.
—— pour l'extraction de la glace, 968.
Cordelette (Louis), vannier, 144, 317, 318, 454, 596, 878, 1016, 1156.
—— marchand de marée, 741, 742.
Cordes pour escarpolette, 612.
Cordier (Pierre), mat., 1, 416, 548.
Cordon de sculpture dans l'église des Invalides, 705.
Cordons de bassins en marbre, 38, 103, 104, 292, 432, 660, 677, 680.
Cormier (Fourniture de), 343.
Cornalines, 303.
Corneille l'aîné (Michel), p., 54, 89, 183, 286, 778.
—— (Pierre), scr., 30, 51, 78, 246, 256, 395, 404, 676, 922, 1081, 1130.
Cornet, 1097.
Corniche de l'attique du dôme de l'église des Invalides, 553.
Corniches avec ornements peints en détrempe, 678, 679, 682, 1032.
—— composites du dôme des Invalides, 421, 423, 551.
—— de bois sculpté, 701, 825, 1054, 1105.
—— de pierre, 967.
—— de stuc et de plâtre, 680, 1032, 1093, 1140.
—— des chapelles et de l'église des Invalides, 553, 701, 702, 844, 846.
Corniquet (Jean), scr., marchand de fer, 31, 50, 77, 267, 279, 308, 404.
Cornu (Jean), sc., 35, 55, 85, 93, 248, 422, 553, 557, 945, 1003.
Cornuel (La dame), prop., 132, 309, 442, 585, 782, 999, 1142.
Corvé (Claude), ter., 152.
Cosette (Claude). — Voy. Cosset.
Cosne (Marbres de), 230, 231, 271. — Voy. Caunes.
Cosset (Claude), vitr., 151, 165, 178, 322, 335, 345, 459, 471, 601, 614, 624, 748, 763, 774, 863, 906, 1020, 1042, 1159.
Cosette (Paul), vitr., 1175.
Cosson, men., 124.
Cosson, rivière dans le parc de Chambord, 1048.

Coste (Noël), mat., 74, 276, 416, 549, 696, 841, 981, 1116, 1148.
Costé (Louis), fleuriste, 121, 134, 1013.
Costière de fer, 246.
Cotelle (Jean), p., 89, 287, 430, 570, 808, 852, 868.
Cotrets (Fourniture de), 127, 442, 583, 781, 864, 1126.
Cottard (La veuve), 224, 381, 508, 655.
Cottin, curé de Marly, 271.
Cottel. — Voy. Cotelle.
Cotterrau, jard., 24, 237.
Coudre (Aqueduc de la), 180.
Couët (Michel), charp. de bateau, 470, 474.
Coulau (L'abbé), docteur de Sorbonne, 1133.
Couleur de chair à huile, 782.
Couleurs (Fourniture de), 412, 540, 602, 1160.
Coulon (Daniel), propriétaire de forges en Champagne, 52, 216, 269, 346, 405, 623, 773.
—— de Pontavert, 1174.
Coupe-Gorge (Rigole de), 205.
Couplet, concierge de l'Observatoire, commis à la garde des instruments, 124, 126, 304, 306, 440, 441, 584, 723, 855, 992.
Couplier (François), ter., 154.
Courbes de bois de chêne, 421, 622, 903.
—— de vaisseaux, 27.
—— et courbillons de la Machine de Seine, 174, 179, 343, 479, 481, 772, 1040.
Courlanges (Édouard Colbert, marquis de Villaceuf, seigneur de). — Voy. Colbert.
Couronne de bronze, 103.
Couronnes impériales, fleurs (Achat de), 135, 875.
Cours-la-Reine, 319, 424, 497, 517, 738, 1013, 1193.
—— allées, 319, 874, 876, 880.
—— arbres, 595, 596, 597, 738.
—— (Dégâts causés par le débordement de la Seine au), 457.
—— (Île des Cygnes devant le), 146, 456, 597, 743, 881, 1016, 1017, 1158.
—— logement des portiers, 428, 744, 881, 1018.

TABLE ALPHABÉTIQUE. 1241

Cours-la-Reine, magasin des marbres, 586, 999.
—— (Port du), 106, 113, 295.
—— porte du côté de Chaillot, 744, 799, 881, 936, 1018, 1056.
—— porte du côté des Tuileries, 936, 1062.
—— (Portes du), 83, 220, 284, 377, 504, 598, 651, 744, 799.
—— (Le vieux), 738.
Courtin (Simon), ter., 329, 332, 467, 468, 474.
Courtois (Antoine), glaiseur, 76.
—— (Nicolas), cordier, 80.
Cousinet (René), orfèvre, 1096.
Coustillié (Pierre), jard., 156, 325, 461, 750, 752, 884, 998, 1065, 1126, 1142.
—— (La veuve de), jard., 1195.
Coustillier (François), jard., 752, 998, 1065, 1126, 1142, 1195.
—— (Louis) ou Le Coustellier, jard., 202, 325, 366, 499, 566, 645, 752, 794, 931.
—— (La veuve de), 998, 1065, 1142.
—— (Les), jard., 325, 751, 752, 1147.
Coustou (Nicolas), sc., 85, 93, 97, 248, 423, 558, 702, 704, 845.
Cousturier, charp., 84.
Coutellerie pour dissections, 125, 303, 581.
Coutil (Fourniture de), 482, 1160.
Couturier (Henri), ter., 142.
—— fontainier, 69, 184, 204, 225, 273, 350, 367, 383, 420, 484, 500, 509, 545, 628, 629, 646, 657, 713, 779, 795, 804, 910, 941, 1002, 1047, 1069, 1073, 1139, 1148, 1178, 1199.
Couvenon (Louis), dit Le Lorrain, invalide, 212.
Couville (Jean), vigneron, 340, 473, 603, 617, 618, 760, 1026.
Coypel (Antoine), p., 89, 287.
—— (Noël), p., 89, 218, 287, 375, 429, 502, 570, 649, 720, 797, 852, 934, 989, 1075, 1121, 1150, 1201.
Cozette (Pierre), apprenti teinturier, 861.
—— concierge des Gobelins, 580, 581, 717, 725, 729, 857, 861, 996, 1001, 1194.
Crache (Canal de la rivière d'Eure à), 205, 356, 368, 876, 1084.

Cramoisy (La veuve de Mabre), imprimeur, 7, 122, 233, 234.
Crampons de bronze, 292.
—— de cuivre, 32, 104, 677.
—— de fer, 149, 308, 322, 371, 855, 881.
—— de plomb, 723.
Crapaudines de cuivre, 258.
—— de fer fondu, 1175.
Crayons de dessin (Fourniture de), 412, 540, 602, 1063.
Créant (Jean et Guillaume), inspecteurs à Saint-Germain et à Marly, 189, 356, 490, 638, 785, 918, 1057, 1188.
Crépis de mortier, 684, 833, 1035.
Crépissage de murs, 787, 833.
Crespin, ser., 131.
Cressent ou Crescent, contrôleur à Monceaux, 919, 958, 1058, 1191.
Cresson d'Inde, plante, 591.
Creste (Jean), dit l'Orange, invalide, employé à l'église des Invalides, 497, 642.
Créré, vitrier, 922.
Creusets (Fourniture de), 431, 574.
Creussé, invalide, 199.
Creux de statues, 99, 433, 571, 855, 856, 992.
Cries, 788.
Criquet (Pierre), voit., 325.
Cristal de roche, 112.
Crochet (Le moulin) sur la rivière d'Épernon, 1001.
Crochets (Fourniture de), 313, 524, 533, 552, 688, 1038.
Crocodile (Planche gravée représentant un), 296.
Crocs pour la glace, 243, 523, 539, 971.
Croiset (Jean), charp., 65, 270, 417, 542, 698.
Croissants de fer doré pour rideaux, 922.
—— pour ébourgeonner les arbres, 464, 469, 473, 475, 608, 634, 900, 924, 1169.
Croissy (Digue de), 477, 478, 902, 903, 949, 1005, 1082, 1131, 1176.
—— (Île de), 903, 905, 1039, 1041.
Croissy-la-Garenne (Paroisse de), 955, 1000, 1009, 1138.
—— (Prieur curé de), 516, 545, 805, 866, 943, 955, 1000, 1009, 1091, 1188.

Croix dorée du dôme de l'église des Invalides, 551, 552.
—— du maître-autel de l'église des Invalides, 700.
Croix-du-Tiroir (Fontaine de la), 376, 504, 650, 799, 935, 1074, 1201.
Cromeilliers ou crémaillères, 528.
Crosnier (Jean), marchand de caillou, 1173.
—— (Michel), carrier, 342, 388, 476.
—— (Pierre), voit., 451, 453, 593, 877.
—— chargé de la garde des équipages du sieur Le Maistre, 1058.
Crotin de mouton, 453, 672, 673, 1155, 1156.
—— de pigeon, 24, 453.
Croupons de cuir tanné, 1040.
Crouy (Bois des fonds de). — Voy. *Vaux d'Écrouy*.
Croze, marchand, 41.
Crucuet (Louis), jard., 134, 450, 452, 740.
Crucifix de bois sculpté et peint pour l'église de Chambord, 782.
Cruze ou *Cruye* (Bois sis en), 66.
Cucci (Dominique), sc. et fondeur, 33, 34, 106, 218, 293, 375, 432, 502, 527, 536, 649, 665, 689, 712, 722, 797, 984, 1075, 1106, 1186, 1201.
Cucu (Nicolas), ser., 176, 613, 762.
Cuir (Rognures de), 960.
—— préparé (Bottes de), 773.
Cuirs de bœuf pour rondelles aux gerbes des fontaines, 528.
—— de vache (Fourniture de), 175, 176, 178, 195, 343, 346, 354, 480, 495, 623, 773, 827, 904, 1040, 1107, 1174, 1186.
—— en bande, 479, 773.
—— forts, 344, 346, 479, 480, 623, 624, 626, 634, 772, 773, 791, 827, 904, 1040, 1041.
—— tannés, 346, 773, 904, 1040, 1041, 1174.
Cuivre (Agrafes de), 677, 823.
—— (Arrosoirs de), 258, 604, 618, 678.
—— (Brides de), 572.
—— (Collet de), 614.
—— (Crampons de), 32, 104, 677.
—— (Crapaudines et bourdouniéres de), 258.

1242   COMPTES DES BÂTIMENTS DU ROI.

Cuivre (Gravure sur), 109-111, 540, 575, 857, 869, 1080, 1129.
—— (Ouvrages de), 247, 251, 258, 337, 345, 395, 405, 480, 525, 534, 548, 614, 624, 677, 681, 688, 695, 728, 768, 775, 823, 830, 840, 868, 896, 906, 967, 981, 1011, 1031, 1042, 1054, 1104, 1109, 1116.
—— (Pavé de marqueterie de), 681.
—— (Poêles de), 707.
—— (Pompes de), 744.
—— (Rênes de) pour les chevaux du groupe d'Apollon, 678.
—— (Réservoirs de), 258, 405, 973.
—— (Robinets de), 32, 52, 113, 258, 346, 405, 525, 534, 688, 830, 896, 1031, 1054, 1109.
—— (Rognures de), 668.
—— (Roseaux de), 947, 1004.
—— (Roulettes de), 614, 763.
—— (Soupapes de), 830.
—— (Toitures de), 28, 244, 258, 674, 963, 968, 1104.
—— (Tuyaux de), 171, 346, 534, 572, 573, 1031.
—— doré (Moulures et ouvrages de), 33, 572, 681, 1054, 1106.
—— jaune (Jeu d'anneau tournant en), 247.
—— pour la Machine de Seine, 176, 177, 480, 481, 494, 517, 809, 1042.

Cuivre rouge (Ouvrages de), 551.
—— rouge de Suède, 6, 33, 60, 109, 237, 238, 239, 240, 434, 707.
—— rouge en vieux godet, 237.
—— rouge (Table de) pour sciage de pierres fines, 860.
Cul-de-lampe (Clefs de voûte sculptées en forme de), 703.
Cullées de cuir tanné, 904, 1174.
Culs-de-lampe de cuivre doré, 396, 398, 525.
—— dorés d'or bruni, 824, 825.
Curage de la Bièvre, 848.
CURAULT ou CUROT, ser., 130.
CUSSIN, men., 1045.
CUSSON, marchand de charbon, 1042.
Cuves (Fourniture de), 148.
Cuvettes de bronze, 854.
—— d'étain pour l'Observatoire, 124.
—— de plomb, 947, 948, 951, 1004, 1006, 1090, 1137.
—— de porcelaine pour fleurs, 461.
—— pour les bains de Marly, 167, 171, 472.
CUVILLIER (François), marbrier, 572, 649, 797, 934, 1075.
—— (François), ser., 352.
—— (Jean), marbrier, 57, 105, 106, 249, 293, 294, 375, 502, 561, 706.
CUVYER, marchand de planches, 1160.

CYBÈLE (Enlèvement de), groupe. — Voy. Enlèvement.
Cyclamens d'automne, 134.
Cygne (Procès intenté pour la destruction d'un), 319.
Cygnes de la rivière de Seine, 146, 195, 196, 319, 354, 456, 495, 597, 635, 743, 789, 880, 928, 1016, 1062, 1194.
—— (Capture et éjointement de jeunes), 457, 597, 743, 880, 881, 1016, 1158.
—— (Garde-), 743, 1062, 1158.
—— (Nids de) protégés par des pontons, 597.
—— (Nids de) protégés par les pêcheurs, 879, 1016, 1156, 1158.
—— (Nourriture et conservation des), 743, 881, 1017, 1157.
—— (Ordonnances pour la conservation des), 880.
—— de Fontainebleau. — Voy. Fontainebleau (Carpes et cygnes).
—— échappés vers Mantes et Rouen, 457, 881, 1016, 1017.
—— enfermés dans une clôture, 597.
—— recueillis pour les sauver de la débâcle des glaces, 456, 597, 743, 1016, 1017.
CYPARISSE groupée avec un cerf, stat., 94, 948, 1004.
Cyprès, arbres, 223, 380, 507, 655.

D

DABBADY, maç., 21.
DACQUIN (Antoine), premier médecin du Roi, 120, 302, 438, 581, 729, 731, 863, 953, 1008, 1011.
—— le jeune, docteur de la Faculté de Paris, 120, 302, 438, 582, 730, 863, 1011, 1145.
DAGENCOURT (Antoine), jard., 617.
D'AIGREBELLE (Charles), jard., 133.
DAILLY (Pierre), 325.
DALADSSON, chirurgien à Marly, 1043.
DALESME (André), ingénieur, 126, 306, 440.
DALIBON (Pierre), voit., 454.
DALLENCÉ, marchand de curiosités, 109, 120, 122, 124.
Dalles de pierre, 886.
Dalot, conduite d'écoulement des eaux, 693.

DAMONVILLE (Louis), tourneur, 597.
DANDRIEUX (François), ter., 153.
DANET, marchand de paille, 826.
DANIEL (Claude), 347.
—— compagnon charpentier blessé, 634, 635.
Danse à droite, tapisserie, 993, 994.
—— à gauche, tapisserie, 993.
DANJEN (Geneviève), veuve de DELAHOGUE, cordier, 1176.
DANVIN ou DAUVIN (Laurent), charp., 698, 842, 988, 1111.
DARAGON (Pierre), marchand de toile, 482, 602, 618.
DARANGOT, piqueur des travaux à Maintenon, 371, 488, 633.
DARIUS, tabl. de MIGNARD, 571.
DASTRIC ou DASTRY (La dame), 132, 309, 443, 585, 664, 710, 732, 1142.

DATTE, corroyeur à Paris, 1041, 1174.
DAUBANCOURT (Louis), gainier, 123, 304, 439, 583.
DAUBERA, inspecteur à Maintenon, 215.
D'AUBERT DE VERTOT (René), prieur curé de Croissy-la-Garenne, 545, 943, 1000.
DAUCHIN, 17.
DAUDIÉ, ser., 51, 256.
DAUFRESNE (Nicolas), maç., 241, 391, 519, 670, 961, 1099.
DAUGECOURT, employé, 238.
DAUMAIN (Mathias), jard., 1027.
Dauphin (Portraits du), de la Dauphine et de leurs enfants, 65.
DAUPHIN DE SAINTE-MARIE, sc., 36, 55.
Dauphiné (Fleurs des montagnes du), 311.
DAUREAUX, inspecteur à Maintenon, 215.

TABLE ALPHABÉTIQUE.

Dauvilliers (Pierre), fermier de la ferme de Chartrainvilliers, 663, 712.
Dauvin. — Voy. Danvin.
Davely (La veuve René), 771.
David (Jean), voit., 872, 1012.
David (Pierre), scr., 63, 131, 258, 266, 411.
Davignon (Denis), men., 49, 131, 148, 256.
Daviler (Augustin-Charles), dessinat., 198, 359.
Davinière, près Marly, 756.
Davou, ter., 265.
Deauville, godronnier, 495.
De Baye (François), inspecteur, 744, 813.
De Beaubrun (Charles), p., trésorier de l'Académie de peinture, 127, 307, 442, 583.
De Beaufrand. — Voy. Boffrand.
De Beaulieu, professeur de mathématiques, 192, 361, 494, 640.
De Beaurepaire, employé aux Bâtiments, 59, 191, 360, 493, 540, 640, 1092, 1139.
De Bernapré, 156.
De Bise (La veuve de Nicolas), meunier, 3, 66.
De Blancourt (Haudiquer), marchand de marbres, 3, 4, 10, 12, 17, 66.
Débordement de l'étang de Trappes, 951.
Débordements des grandes eaux, 342, 370, 457.
De Bourges, médecin des Bâtiments, 789, 920, 1058, 1191.
Debray (Julien), jard., 69, 203, 222, 273, 367, 380, 419, 499, 507, 545, 646, 654, 713, 794, 801, 938, 1002, 1067, 1070, 1139, 1147, 1198.
De Bugni ou De Brugny (Thomas), jard., 140, 316, 445, 589, 738, 874, 876, 1015, 1155.
Decastille, marchand de marbres, 4, 66.
Decaux (Jean), chaufournier, 173.
Décembre, pièce de la tenture des *Belles Chasses de Guise*, 727, 859.
De Chantalou, toiseur, 294, 723, 856.
De Chantemerle, marchand de marbres, 11, 14, 68, 132, 229, 230, 231, 271, 309.
De Chatillon (Le s'), 18.
Déchaux (Étienne), jard., 1027.

Dechope (Henry), sergent au régiment de Bourbonnais, 193.
Décombres (Enlèvement de), 599.
De Cotte (Robert), maç., 44, 252, 374, 442, 661.
——— (Robert), arch., 218, 307, 502, 583, 649, 731, 797, 864, 933, 1075, 1201.
Décrassement de statue, 847.
De Cusset, mathématicien et astronome, 125, 126, 306, 440.
Dedan (La veuve), 18.
Dedieu (Jean), sc., 94, 422, 424, 559, 562, 701, 844, 853, 990, 1092, 1121, 1140.
Defé (Jacques), taillandier, 399.
Defert (André), garçon fontainier, 1144.
Deflandre, men., 29.
De Fontenay, p., 88, 287, 430, 571, 720, 852, 990.
Defontent (Louis Guillon), marchand de bois, 27, 174, 343.
Defontent, ter., 155, 323, 460, 602.
De France (Robert), dit La France, invalide, 195, 197, 198, 355, 363, 496, 634, 642, 790, 792, 929, 1064, 1193.
De Frémont (Nicolas), gardien du trésor royal, 227, 229, 230, 232, 387, 511, 670, 805, 812.
Défrichements, 138, 139, 315, 328, 330, 332, 347, 380, 382, 460, 507, 531, 601, 1018.
De Garsault, concierge du château de Saint-Léger, 221, 378, 505, 652, 800, 937, 1076, 1203.
Dégâts causés par des campements de troupes, 663, 712.
——— causés par les inondations, 771, 782, 951, 1006.
——— dans la forêt de Sénart, 1055.
Dégraissage de laines, 118, 300, 436, 579, 728, 860, 995.
De Granville, manufacturier, 195.
De Guillot (Noël), charp., 479.
De Jouy, commissaire des pauvres de la paroisse de Saint-Roch, 856.
Dejoye, copiste, 123.
Dekesnes ou Deskesnes, ter., 25, 242, 392, 520, 671, 789, 819.
Delaage (Charles), dit La Marche, invalide employé à Trianon, 199, 362, 496.

De la Boiselle, inspecteur à Maintenon, 215.
De la Boulaye, employé aux vitres, 190, 197, 353, 357, 1060.
Delabour, voit., 468, 475, 611.
De la Brûle, employé à la Machine, 190, 357, 358.
De la Chambre, garde des rigoles, 188, 358, 490, 637, 785, 918, 1057, 1190.
De la Chapelle-Bessé, employé aux Bâtiments, 125, 188, 191, 198, 305, 355, 360, 363, 439, 493, 639, 640, 784, 788, 916, 920, 1056, 1192.
——— (La veuve de), 1062.
De la Chevallenaye, concierge du château de Madrid, 957, 1062.
De la Clos, marchand de marbre, 238, 301, 388.
Delacroix (François), scieur de pierres, 1173, 1180.
——— (Jean), tap., 116, 119, 299, 436, 578, 727, 859, 944, 994, 1001, 1124.
——— fils, tap., 862, 994, 1124.
——— père (Jean Paitis), interprète en langue turque, 126, 306, 440.
——— (Louis), jard., 135, 146, 446, 449, 454, 1018, 1017, 1062, 1157.
——— (Pierre), ferblantier, 59.
——— (Pierre), procureur fiscal de Gallardon, 816.
——— inspecteur à Trianon, 42, 190, 195, 197, 357, 358.
De la Daudenne, inspecteur à Maintenon, 215.
De la Fontaine. — Voy. La Fontaine (Henri Loefs, dit).
De la Forest. — Voy. Laforest.
Delafosse (Charles), p., 89, 287.
Delagrange, inspecteur à la rivière d'Eure, 214, 215, 372, 373, 489, 634, 784, 916, 960, 1012, 1058, 1097, 1181.
Delahaye (Antoine), 960.
——— (Hierosme), carrier, 1172.
——— (Robert), plomb., 1078, 1128.
——— gr. en médailles, 110.
De la Hire (Philippe), mathématicien, professeur à l'Académie d'architecture, 114, 125, 127, 218, 305, 307, 374, 440, 442, 502, 583, 649, 731, 797, 864, 933, 1074, 1201.
Delahogue (Nicolas), cordier, 1176.

DELAISTRE (Charles), jard., 618.
— carrier, 381, 348, 907.
— marchand de marbres, 3, 10, 12, 17, 66, 282, 233, 273.
— marchand de tuiles, 131.
DE LA LANDE (Jean), jard., 202, 365, 366, 498.
— (La veuve de Jean), jard., 202, 498, 618, 644, 793, 618, 644, 930, 1065, 1141, 1150, 1195.
— (Jean-Baptiste), jard., 132, 156, 202, 326, 365, 461, 462, 498, 603, 604, 644, 752, 768, 793, 885, 930, 998, 1022, 1065.
— (La veuve de Jean-Baptiste), 1126, 1141.
— (Louis), jard., 644, 768, 884, 930, 1065, 1142, 1150, 1195, 1196.
— (Robert), sc. — Voy. LALANDE.
— garde des rigoles, 188, 490, 637, 785, 918.
DE LA LONDE, employé aux vérifications des toisés, 189.
DE LA MAISON-BLANCHE, employé au magasin de Marly, 190, 357, 492, 637, 786, 917, 918, 919.
DE LA MARRE (Jacques), voit., 734.
DE LA MOTTE fils, intendant des Bâtiments, 191, 359, 493, 641, 788, 1060, 1147, 1191.
DE LA PÉROUZE, 818.
DE LA PICARDIÈRE, inspecteur des travaux de la rivière d'Eure, 212, 372.
DE LA PIERRE (Guillaume), jard., 133.
DE LA PLANCHE (Sébastien-François), trésorier des Bâtiments, 5.
DELAPORTE (Jean-François), men., 417, 698, 842, 983, 1111.
— doreur, 1090, 1138.
DE LA POTERIE, maître de forges, 53, 216.
DE LA QUINTINIE, directeur des potagers, 70.
— (La veuve de), 274.
DE LA RAVOYE, trésorier général de la Marine, 865, 1152.
DE LA RIVIÈRE (La veuve de), épinglier, 39.
DE LA ROCHE (Jean), ter., 137.
DE LA ROCE, carrier. — Voy. LA ROUE.
DE LA RUE (Antoine), dessinateur, 171, 602.
— (Jean), maç., 149, 172, 321, 459.

DE LA SALLE (Angelin), garde des parquets de la forêt de Fontainebleau, 184, 349, 350, 483, 484, 628, 778, 911, 1047.
— (La veuve de), 1046, 1047.
DE LA SAUSSAYE, 186.
DE LA TOUR (Louis), concierge à Fontainebleau. — Voy. LA TOUR.
— lieutenant au régiment de Normandie, inspecteur à Épernon, 213, 214.
DELAUNAY (Charles), voit., 170, 537.
— (Jacques), jard., 462, 474, 900.
— (Marin), ter., 63, 265.
— (Nicolas), orfèvre, 10, 11, 68, 425, 426, 569, 953, 1008.
— (Thomas), 39.
— invalide, 198.
— tailleur d'habits, 692, 979.
— (Le s'), 12.
DE LAUNEY, jard., 251.
DE LAUTRE (Josse), ter., 346.
DE LA VAUX (Pierre), dit LA MARCHE, charp., 128, 307.
DE LA VIENNE, premier valet de chambre du Roi, 998.
DE LA VILLETTE, portier de l'Académie d'architecture, 864.
DE LA VOISIÈRE, garde de la Prévôté, 856.
DE LA VOYE ou LA VOYE (Louis), jard., 591, 876.
— (Pierre), jard., 591.
DELBERT (Mathieu), fondeur, 170.
DE L'ESCOLLE, consul de France à Lisbonne, 303.
— docteur de Sorbonne, 303.
DE LESCOR, p. et concierge de l'hôtel de Vendôme, 188, 359.
DE LEYRAT, commis des manufactures à Calais, 191, 359, 489, 638.
DE L'HOSPITAL, inspecteur à Maintenon, 215.
DELILLE, receveur de la terre de Sceaux, 585.
DE LIONNE (Henry), garde morte-paye du Louvre, 931, 1070.
DE L'ISLE, voit., 251.
— (Le s'), 133.
DE L'ISLE-LOIGNON, charp., 283.
DE LONGCHAMPS (Claude), marchand de bois, 84.
DELORME, marchand de la Rochelle, 14, 68.
DE LOUVIGNY D'ORGEMONT, 1009.

DE LUBERT, trésorier général de la Marine, 131, 308, 443, 586, 733, 865, 1152.
DE LURE (Guillaume), entrepreneur, 715.
DE LUS (Adrien), jard., 452.
DE MACKY (Nicolas), charp., 986.
DE MAUROY, procureur des Invalides. — Voy. MIROIR.
DE MÉZIÈRE (Christophe), portier du Palais-Royal, 644.
Demoiselles de Numidie pour la Ménagerie, 386, 419, 659, 708.
Démolition des Temples (La), méd., 112.
Démonstrations intérieures des plantes et démonstrations anatomiques, 120, 302, 438, 581, 582, 729, 780, 997.
— Voy. DACQUIN, FAGON.
DE MONTAGNE, p., 1087, 1135.
DE MOUCHY, dégraisseur, 218, 300, 436, 579, 728, 860, 995.
DE NANTEUIL (Le s'), commissaire des pauvres de la paroisse de Saint-Roch, 113.
DE NEUVILLE (François), locataire d'un jardin à Ville-d'Avray, 268.
— maç., 213, 214, 372, 373.
DENIS (Claude), fontainier, 4, 16, 38, 69, 71, 235, 238, 246, 274, 309, 388, 389, 390, 398, 414, 517, 518, 527, 547, 607, 608, 681, 695, 812, 817, 823, 839, 957, 958, 965, 980, 1011, 1096, 1097, 1098, 1104, 1116, 1143, 1149.
— fils (Claude), garçon fontainier, 72, 275, 414, 415, 547, 548, 695, 696, 840, 980, 1115, 1143.
— (Louis), ébéniste, 287, 295.
— (Louis), facteur des instruments de musique du Roi, 720.
— fils (Rémy), fontainier de Trianon, 39, 72, 275, 309, 415, 548, 695, 840, 928, 980, 1011, 1116, 1144.
— marchand d'avoine, 881.
— sa veuve, 1157.
Denonval, 157.
DENONVILLE (Marquis DE), gouverneur de Québec, 14, 68.
Dentelles de fil (Manufacture de), 4, 19, 67, 132, 310, 442, 584.
DE PIERRE (Raoul), dit LA PORTE, charp. — Voy. LA PORTE.
DE PITI, inspecteur à Maintenon, 215.
DERBAIS ou D'HERBAIS, marbrier, 79.

TABLE ALPHABÉTIQUE.

Dereaux, jard., 1055.
De Reynes (La veuve), brodeuse à Saint-Cyr, 192, 359, 491.
Deriaux (Gilles), paveur. 151, 323, 336, 460, 601, 749, 883, 896, 1021, 1160, 1168.
De Rieux ou Delrieux (Le s'), caution de Samson, entrepreneur, 12, 15, 19, 20, 235.
Dernault. — Voy. Picault.
Deroche (Jean), garçon plombier, 751, 752, 865, 885, 1022, 1160.
De Roux, sous-entrepreneur de maç., 12.
Deruaux, employé à Fontainebleau, 1178.
De Ruzé, contrôleur des bâtiments de Saint-Germain et de Marly, 190, 194, 357, 362, 492, 637, 641, 786, 917, 921, 1060, 1192.
Derville, commis du s' Manessier, 960.
De Sainte-Catherine (Silvestre), chargé de l'établissement de pépinières de mûriers, 65, 320, 510, 658.
—— employé aux travaux de la plaine de Trappes, 189, 206, 309, 356, 362, 369, 458, 491, 518, 585, 598, 636, 669, 732, 746, 786, 917, 975, 977, 998, 1061, 1126, 1192.
Desanceaux, men., 1095.
Desarneaux (François), maç., 127, 308, 389, 443, 444, 586, 733, 866, 999, 1081, 1130.
Desauziers ou Desoziers (Guillaume), p. dor., 34, 209, 219, 248, 376, 395, 488, 503, 525, 552, 601, 650, 678, 700, 798, 824, 901, 934, 966, 1031, 1076, 1104, 1202.
Desertes (Pierre), compagnon ser. blessé, 197.
Desnouts (Gabriel), jard. à Fontainebleau, 69, 203, 223, 273, 367, 380, 420, 500, 507, 545, 646, 654, 713, 795, 802, 939, 1002, 1067, 1071, 1139, 1150, 1198.
—— (Louis), jard., 1199.
—— (La veuve de Louis), jard. à Fontainebleau, 69, 70, 203, 225, 273, 367, 382, 420, 500, 509, 545, 646, 713, 795, 803, 940, 1002, 1068, 1072, 1139, 1148.
Descavaux, sous-entrepreneur, 816.
Deschamps (François), marbrier, 7, 38, 104, 292, 294, 388, 432, 572, 660, 656, 705, 709, 722, 813, 814, 815,
825, 855, 955, 957, 973, 991, 1032, 1098, 1122.
Deschamps (Gérard), taillandier, 165, 344, 346, 481.
—— (Jacques-Pierre), taupier, 923, 1055.
—— (Joseph), jard., 137.
—— (Léonard), dit Lafleur, inspecteur, 188, 356, 489.
—— (Simon), couv., 150, 156, 164, 175, 326, 333, 343, 462, 470, 479, 604, 622, 752, 761, 772, 885, 894, 904, 1012, 1022, 1040, 1145, 1166, 1174.
Deschans (Claude), ter., 154.
Deschateaux, préposé aux moulins de l'hôtel de Vendôme, 189, 856.
Deschaux (Étienne), 890.
Descostés (Antoine), ter., 108.
Descourt (Guillaume), prop., 811, 870, 956.
Descrineaux, vitr., 260.
Descruchets (Antoine), jard., 134, 450, 452, 740.
—— (La dame), jard., 1154.
De Sève l'aîné (Pierre), p., 89, 119, 287, 300, 437, 580, 729, 862, 996, 1124.
Descussés (Antoine), taupier, 338, 339, 473.
Descodetz, contrôleur à Chambord, puis à Paris, 186, 189, 194, 353, 487, 493, 640, 788, 914, 921, 992, 1050, 1058, 1123, 1189.
Descots (Claude), jard. des Tuileries, 365, 497, 643, 793, 930, 1010, 1066, 1067, 1145, 1197.
—— (Pierre), jard. des Tuileries, 200, 989.
Desgoullon (La veuve de), sc., 95, 96.
Descruchet (Antoine), jard., 591.
Deshayes (Jean), ter., 154.
Desiaux, carrier, 1046.
Desize (Charbon de terre de), 773, 904.
Desjardins (Jean), ser., 31, 51, 78, 257, 394, 524, 533, 676, 688.
—— (Martin), sc., 649, 797, 816, 934.
—— (La veuve de Martin), 1086, 1133.
—— (Nicolas), ser., 405, 411, 533, 822, 830, 884, 955, 957, 965, 972, 976, 1103, 1108.
—— employé du service des Bâtiments, 790, 920, 1060.

Desjardins, garçon fontainier, 1115.
—— soldat blessé, 197.
—— (La veuve), concierge de la Surintendance de Versailles, 652, 653, 787, 791, 800, 920, 928, 937, 1059, 1063, 1189, 1195.
Deslobiers (Pierre), ter., 1038.
Deslouit, commis aux démolitions, 189, 238, 356, 491, 636, 786, 917, 955, 1060, 1147, 1152, 1190.
Desmarets, invalide, 199, 364.
Desnots, jard., 1153.
—— ou D'Esnault (Appartement du sieur) à la grande écurie du Roi, 569.
Desormeau (Jean), vitr., 763, 895, 926, 1031, 1037, 1167.
Desouches (François), 667.
Desoziers (Guillaume), p. et doreur. — Voy. Desauziers.
Desplatz, garde de la basse-cour des cuisines à Fontainebleau, 226, 383, 509, 657, 804, 941, 1073.
Despoix (Jacques), charp., 1040, 1173.
—— (Pierre), vigneron, 169.
Desportes (François), p., 721, 853.
—— gr. en médailles, 111.
Desnoches (Jean), dit Bourguignon. — Voy. Bourguignon (Jean).
Dessanceaux ou Dessanteaux, men., 924, 1053, 1119.
Dessault, tailleur de pierre, 195.
Dessin à la plume, 808.
—— colorié de parquet en marqueterie, 689.
—— de la grande galerie de Versailles, 194.
—— des Bains d'Apollon, 868.
—— fait par le Dauphin pour le Roi, 248.
—— fait par le Dauphin d'après l'Albane, 397.
—— représentant le philosophe Lisias, par Mignard, 853.
Dessins, 9, 67, 540.
—— (Scellés et inventaires de), 434.
—— à l'huile pour bordures de tapisseries, 430, 720, 944, 1001.
—— coloriés pour les tapisseries de la Savonnerie, 287, 943, 1001.
—— conservés à l'hôtel de Grammont, 573.
—— copiés d'après les miniatures des *Conquêtes du Roi*, 692.

81.

Dessins d'architecture, 218, 375, 503, 556.
—— de bas-reliefs, 703, 704.
—— des bâtiments de la place royale et du couvent des Capucines, 195, 354, 494.
—— des bâtiments du Roi, 412, 791, 1063.
—— de bordures pour les vitraux de l'église des Invalides, 552, 705, 852.
—— de devises de jetons et médailles, 90.
—— de dissections d'animaux, 440.
—— d'étendards, 575.
—— de grandeur naturelle sur bossages de pierre, 556.
—— de jetons, 575, 991.
—— de Jules Romain pour les tapisseries des Gobelins, 725, 726, 808, 857, 858, 868, 993.
—— de médailles, 110, 304, 385, 418.
—— de panneaux d'ornements et de figures dans l'église des Invalides, 556.
—— des parterres et jardins du Roi, 219, 376, 503, 650, 798, 935, 1076.
—— de pilastres, 680.
—— de plantes rares en miniature, 90, 109, 110, 287, 430, 433, 570, 720, 852, 990.
—— de Raphaël, servant aux tapisseries des Gobelins, 287, 430, 725, 726, 808, 852, 857, 858, 868, 989, 993.
—— de statues, par Vanclève, 848, 853.
—— des statues et Termes du jardin de Versailles, 824, 966.
—— de tabourets et formes de la Savonnerie, 301, 944, 1001.
—— de tapisseries, 117, 119, 299, 430, 434, 436, 720, 725, 726, 808, 852, 857, 858, 868, 944, 989, 993, 1001.
—— en détrempe sur papier, 90.
—— peints à l'huile, 287, 720.
—— sur papier gris pour modèles de pavé de marbre à compartiments, 556.
—— sur toile des Évangélistes, à sculpter dans l'église des Invalides, 552.
—— sur toile des ornements de la grande voûte des Invalides, 552, 556, 705.

De Stembier, banquier, 584, 864, 1126.
Destienne (Marie), 495.
Destrechy, contrôleur des Bâtiments à Fontainebleau, 360, 492, 788, 921, 1057, 1192.
De Suzemont, maître de forges, 54, 259.
Desvaucoins, propriétaire de forges en Normandie, 53, 216, 345.
D'Etreca, contrôleur des bâtiments de Fontainebleau, 639.
De Turcis (Jean), garde des avenues du palais des Tuileries, 362.
De Turmenyes, trésorier général de l'Extraordinaire des guerres et receveur de l'hôtel des Invalides, 15, 20, 133, 206, 207, 236, 239, 240, 287, 390, 517, 666, 668, 812, 816.
De Vaigne, inspecteur à Maintenon, 215.
De Valence, maître de forges en Normandie, 216.
De Vartabrun, 235.
De Vaux (Jean), jard., 134, 447, 1013.
—— sc., fondeur et doreur, 94, 104, 431.
Devred (Blaise), ser., 148.
Devert (François), ser., 524.
De Vieuxcour, trésorier général des Bâtiments, 1153.
Deville, sc. en bois, 94, 288.
—— ingénieur liégeois, 2, 65, 227, 271, 385, 418, 514, 543, 659, 708, 805, 866, 941, 1038, 1043, 1077, 1090, 1127, 1137, 1175.
De Villers (Les s¹˙), orfèvres, 856.
—— (Les s¹˙), prop., 511, 659, 709, 713, 1001.
—— invalide, 199.
Devin, éclusier, 1050.
Dezaignes, marbrier, 234, 240, 389, 814, 815.
Dezeustres (François), ser., 258.
—— (Nicolas), ser., 176, 320.
Dezou, sous-entrepreneur, 816.
D'Haubret, inspecteur à Maintenon, 215.
Dhuest, ferblantier, 525, 1106.
Diane, stat., 951, 1006, 1086, 1133.
Didon avec ses attributs, stat., 291, 1082, 1131.
Diptin (Pierre), dit La Pierre, garde des étangs de la Machine, 1194.
Digue de Bezons, 173, 174, 477, 478, 480, 621, 622, 771, 903, 1039, 1042.

Digue de Chatou, 173, 174, 342, 343, 477, 478, 1005, 1172.
—— de Croissy, 477, 478, 902, 903, 949, 1005, 1039, 1082, 1131.
—— de l'Île de la Chaussée, 342, 478.
Digues de la Morue au-dessus de Chatou, 173, 342, 477, 478, 1042.
—— du canal d'Épernon, 666, 669, 782.
—— du canal de Maintenon, 208, 370.
—— de l'étang de Trappes, 206, 369, 458.
—— des Marnières, 204.
—— de la plaine de Saclay, 410.
—— de la rivière d'Eure, 370, 488, 666, 669, 782.
—— du ruisseau de Gallardon, 633, 666, 669.
—— de la Seine pour la Machine de Marly, 172, 173, 174, 177, 341, 342, 346, 476, 477, 478, 623, 626, 772, 774, 902, 904, 905, 1038, 1039, 1041, 1152.
—— pour détourner les eaux, 902.
—— rompues par les glaces, 978.
Dillery, commis à la recette des droits au port de Marly, 1044.
Dinan, 495.
—— (Entrée des cuirs par), 773.
—— (Marbre blanc et noir de), 958.
—— (Ville et château de), planche gravée, 109, 723.
Diocèse, Terme en marbre, 99, 952, 1007.
Dionis (La veuve de Pierre), men., 13, 14, 77, 394, 664, 711, 1089, 1137.
Dionnet, scieur de long, 81.
Diot (Claude), jard., 134, 136, 312, 924.
—— (Jean), jard., 137, 450, 589, 734, 1014, 1153.
Dippy (Pierre), interprète en langue arabe, 126, 306, 440.
Dissections anatomiques, 120, 125, 126, 303, 306, 440, 581, 720.
Distiller (Fourniture d'alambics pour), 483.
Dixeniers (Denis), ter., 155.
Doby (Dominique), ter., 67, 208.
Dobye (Claude), inspecteur aux nouveaux bâtiments de Marly, 361, 489, 638, 785, 918, 1058, 1190, 1194.
Dodart, mathématicien, 126, 306, 440.

Doesbourg (*La prise de*), planche gravée, 109.
Doisy (Robert), sc., 554, 557.
Doillot (Guillaume), ter., 872.
Dollot ou Dolot (Laurent), ter., 64, 235, 265, 409, 411, 540, 691, 693, 835, 872, 977, 1014, 1154.
Dominiquin (Le), p., 102.
Donné l'aîné (Étienne), employé à la rivière d'Eure, 210.
Dorbay (François), arch., 127, 193, 218, 307, 361, 374, 442, 493, 502, 583, 641, 649, 731, 788, 797, 856, 864, 921, 933, 1060, 1074, 1145, 1191, 1201.
—— (Jean), maç., 3, 4, 6, 8, 10, 11, 17, 219, 375, 503, 649, 798, 934, 1075, 1102.
Dorchemer (Gabriel), dit La Tour, concierge à Fontainebleau, 802, 804, 939, 942, 1067, 1069, 1071, 1073, 1198, 1200.
—— (Jacques), dit La Tour, concierge à Fontainebleau, 203, 204, 223, 226, 367, 368, 381, 384, 500, 508, 510, 646, 647, 655, 658, 795.
—— (Louis), dit La Tour, employé à Fontainebleau, 804, 941, 1069, 1073, 1199.
Doré (Michel), jard., 134.
Doria (Vincent), gondolier vénitien, 73, 277, 416, 549, 697, 841, 982, 1117, 1144.
Dorlot, tonnelier, 1106.
Dornieux, inspecteur à Maintenon, 215.
Dorure au feu (Ouvrages de), 55, 167, 247, 337.
—— du dôme des Invalides, 552, 699, 700, 706.
—— de porte, 601.
Dosses de bateaux, 27, 42, 334, 339, 400, 602, 604, 613, 673, 716, 761, 817, 821, 886, 893, 894, 961, 969, 1101, 1102.
Dossi (Antoine), ter., 154.
Dossy (La veuve de Guillaume), voit., 155, 169, 170, 338, 473, 616, 765, 897, 1174.
Doublet (Claude), charp., 959, 1007.
—— tap., 281.
Doucet (Léonard et Joseph), maç., 130, 264, 409, 538, 684.
Doussseau (La veuve de Jacques), tonnelier, 319, 455, 457, 598.

Doussot, greffier de l'Écritoire, expert des Bâtiments, 112, 294, 434, 573, 723, 855, 992, 1123.
Douves de tonneaux, 148, 1053.
Douville (Jacques), calfat, 74, 276, 353, 415, 549, 696, 841, 922, 981, 1116, 1144, 1195.
Doysel, 1098.
Draperies ajoutées aux statues de Versailles, 249.
Dreux (Simon), ter., 153.
—— manufacturier, 195.
Droux, 1181.
Drogues de chimie, 303, 581, 731, 863.
—— de teinturerie, 118, 300, 437, 579, 580, 729, 861, 957, 995, 996.
Droit (Jérôme), ter., 141, 316, 448, 589.
Droits sur le charbon de terre, 1044.
Drou (Louis), tonnelier, 58.
Drouard (Jean), ter., 152.
—— chargé de l'inspection sur les broderies de Saint-Cyr, 362, 494, 638, 667, 724.
Drouart (Nicolas), rocailleur, 23, 71, 168, 250, 274, 399, 414, 527, 547, 682, 694, 839, 979, 1009, 1106, 1114, 1115, 1143, 1169.
—— fondeur, 1122.
Drouet (Hiérôme), lab., 733, 871.
Drouillet, ter., 11.
Drouilly (Jean), sc., 36, 93, 288, 337, 560, 702, 844, 1080, 1129.
—— fondeur, 32.
Dubin, marchand tabletier, 338.
Dublanc (Maison du s'), à Chambord, 251, 252.
Dubois (Adrien), jard., 1024.
—— (Florent), voit., 1043.
—— (François), chaufournier, 130.
—— (Jean), p., 224, 381, 508, 646, 655, 778, 794, 802, 909, 939, 1045.
—— (La veuve de Jean), 1067, 1071, 1147, 1148, 1198.
—— (Louis), concierge du logis de la Fontaine à Fontainebleau, 225, 383, 500, 509, 646, 657, 795, 803, 1068, 1072, 1199.
—— (Louis), concierge et jard. à Fontainebleau, 203, 367, 940, 1068.
—— (Louis), p., 183, 203, 349, 367, 409.
—— doreur, 552.

Dubois, inspecteur à Maintenon, 215.
—— marchand de marbre, 14, 17, 69, 228, 229, 230, 231, 271, 511, 542.
—— voit., 127, 451, 452.
Dubray (Robert), maç., 149.
Dubreuil (Antoine), ter., 76.
—— lieutenant au régiment de la marine, 213, 214.
Dubuisson (François Guillaume, dit), carreleur, 23, 45, 130, 241, 253, 391, 401.
—— (Jean-Jacques), portier du Cours-la-Reine, 220, 377, 504, 651, 744.
—— (La veuve de), 799.
—— charron, 686, 971.
—— (La veuve), jard. hollandaise, 135, 311.
Du Cange (Charles du Fresne, s'), historien et érudit, 122, 126.
Du Cartier, inspecteur à Maintenon, 215.
Duchard (Nicolas), garde morte-paye du Louvre, 124.
Duchâteau, compagnon charpentier blessé, 635.
Duchâtel, manœuvre, 58.
Duchemin (Jean), chaudronnier, 40, 52, 171, 175, 247, 258, 395, 472, 525, 534, 537, 618, 678, 688, 823, 830, 967, 1104.
—— portier du jardin des Tuileries, 200, 365, 498, 643, 793, 930, 1067, 1197.
—— (La veuve), paveur, 183, 349, 483, 627, 777, 910, 1090, 1138.
Duchesne, men., 48, 255, 403, 531.
—— (Appartement du s') dans l'hôtel de M. le Premier, 1118, 1119.
Duchiron (François), concierge de la Surintendance de Versailles, 221, 378, 505, 636, 652.
—— garde-magasin des plombs, 60, 189, 238, 268, 356, 389, 491, 780, 917, 1060, 1147, 1189.
Duclos (Louis), concierge du Collège de France, 220, 377, 504, 651, 800, 936, 1076, 1202.
—— fils (Jean-Alexandre), concierge du Collège de France, 1202.
—— corroyeur, 528.
Duclusseau, commis des manufactures à Morlaix, 194, 359, 489, 638.
Ducorps (Barthélemy), men., 28, 944,

394, 675, 821, 963, 1102, 1149, 1151.
Ducors (Nicolas), men., 245, 523, 532, 667, 668, 817.
Dudain (Jacques), maç., 128, 307.
Dudin (Henri), maç., 586, 865.
Duez (Honoré), ouvrier en ciment, 83, 125, 282, 425, 564, 744.
Dufay (Charles), jard., 462, 603, 1038.
—— (Laurent), jard., 469.
Dufeu, charp., 698.
Dufour (Nicolas), sc., 37, 94, 337, 472, 559, 615, 679, 1187.
Dufresne, employé à Choisy, 1185.
Dufresnoy, trésorier de l'Ordre militaire de Saint-Louis, 810, 870.
Dugast, portemanteau du Roi, 1094, 1141.
Dugué, marchand de bois, 283.
Duhal, marchand de cochenille, 728.
Duhamel (François), ter., 62.
—— (Jean-Baptiste), secrétaire de l'Académie des sciences, 126, 306, 440, 441.
—— carreleur, 401, 530, 684.
Dulu, 494.
Du Magni (Nicolas), charp., 84, 283, 426, 563, 566, 715, 848, 1094, 1118, 1141.
Dumas (Claude), dit Desvaux, invalide, 198, 363.
Dumaine, voit., 80.
Du Metz (Gédéon), garde du Trésor royal, 20, 227.
Dumont (Jean), charp., 70.
—— (Jean), inspecteur à Maintenon, 215, 372.
—— (Nicolas), ter., 208.
—— concierge de l'Académie d'architecture, 441.
Dumoustier, manœuvre blessé, 197.

Dumoutié (Jacques), voit., 962, 1100.
Dunet (Guillaume), taupier, 1170.
Duparc, jard., 603, 618, 751, 928, 1063, 1165, 1194.
—— officier des invalides, 197.
Duperat, inspecteur des travaux de la rivière d'Eure, 213, 214.
Dupenche (Nicolas), 714.
Dupeyrat, tailleur de pierre, 685.
Dupineau, marchand de fleurs, 113, 267, 269, 303, 438.
Dupont (Jean-Siane), charp., 174.
—— (Jeronime), fille de Nicolas, 1148.
—— (Julien), ter., 162, 332, 467.
—— (Louis), tap. à la Savonnerie, 4, 19, 66, 229, 230, 271, 272, 301, 386, 419, 512, 515, 543, 544, 660, 662, 709, 710, 806, 807, 809, 810, 867, 868, 869, 1079, 1081, 1086, 1128, 1130, 1135.
—— (Nicolas), gentilhomme ordinaire de la Vénerie du Roi, 225, 383, 509, 657, 804, 941, 1073, 1148.
—— fils (Nicolas), 225, 383, 509, 657, 804, 941, 1073.
—— (Pierre), ter., 331.
—— employé à l'hôtel de Vendôme, 80, 112, 294.
Dupré, avocat, 230, 272.
—— sc., 558, 702.
Dupuy, lieutenant au régiment de la Sarre, 213, 214, 372.
Dupuys fils (André), jard., 838, 979, 1114, 1150.
—— (Henri), jard., 25, 71, 274, 413, 414, 546, 694, 838, 979, 1009, 1114, 1143.
Dural, employé, 197, 1190.
—— jard. treillageur, 24, 241, 392, 520, 672, 685, 820, 963, 1100.
Durand (Jean), ser., 31, 51, 148, 237,

257, 258, 267, 320, 405, 523, 533, 688.
Durand, marchand, 832.
—— ter. glaiseur, 22, 242, 243, 391, 425, 520, 540, 562, 672, 819, 962, 1099, 1182.
Dureaux (Claude), garde de bateaux, 541.
Duret, trésorier des Bâtiments, 1201.
Durincé ou Durinsé, 187, 352, 486, 631.
Duru, concierge du château de Fontainebleau, 113.
Dutartre, voit., 310, 319.
Dutel, p., 678.
Dutrier, garde des rigoles, 188, 358, 490, 637, 785, 791, 918, 1057, 1114, 1190.
Duval (Antoine), voit., 169, 616, 740.
—— (Claude), couv., 128, 277, 420, 443, 444, 550, 699, 841, 866, 999, 1127.
—— (La veuve de Claude), couv., 1083, 1132.
—— (Claude), men., 120, 285, 427, 568.
—— (François), vidangeur, 108, 295, 433, 574, 724.
—— (La veuve de François), 574, 856.
—— (Gentien), voit., 453, 454, 593.
—— (Nicolas), ter., 25, 152, 242, 392, 520, 671, 819, 962, 1099.
—— (Pierre), ter., 827.
—— (Thomas), ser., 335.
Duverger, men., 278, 421, 551.
Du Vernay (Joseph-Guichard), anatomiste, 120, 125, 126, 302, 303, 306, 438, 440, 581, 582, 730, 863, 997, 1012, 1125, 1145.
Duvivier, potier de terre, 144.

E

Eau (L'), stat., 950, 1006.
Eau de Legacao, 267.
—— enlevée à cause de la gelée, 540.
—— supprimée à un moulin, 1077, 1088, 1135.
Eau-forte (Gravures à l'), 109, 110, 296, 433, 575, 810, 857, 869, 991.
Eaux (Arcade pour l'écoulement des), 538, 541.

Eaux (Bois de charpente entraînés par les), 1048.
—— (Dégâts causés par les grandes), 771, 782.
—— (Fuites d'), 672.
—— (Tables de la hauteur des), 541.
—— croupissantes (Écoulement des), 392, 902, 961.
—— des bateaux (Épuisement des), 540.

Eaux de cuisine (Puisard pour l'écoulement des), 706.
—— de décharge de bassins, 530, 531.
—— de pluie (Comblement des ravines produites par les), 392, 594.
—— de pluie (Observations des), 124, 125.
—— des ravines (Fossés d'écoulement des), 316, 327, 369, 370, 382, 391,

TABLE ALPHABÉTIQUE.

392, 410, 446, 467, 539, 593, 605, 606, 610, 656, 749, 819, 875, 962, 1014, 1028.
Eaux de source, 1172, 1173.
—— sauvages, 208, 409, 690, 890, 977.
Ébauchoirs (Fourniture d'), 481.
Éboulis (Comblement d'), 269, 409, 413, 476, 539, 693, 746, 884.
—— de terre pendant l'hiver, 476, 477.
Ébourgeonnage d'arbres, 737, 873, 874, 876, 1015, 1156.
Écaille de tortue (Lambris d'), 722.
—— dorée (Ouvrages d'), 665, 712.
Échalas (Fourniture d'), 24, 25, 142, 143, 156, 316, 474, 595, 887, 1024.
—— (Treillages d'), 236, 520, 525, 566, 672, 685, 743, 751, 835, 874, 1014, 1100, 1154, 1161.
—— pour soutenir des muscats et chasselas, 741, 875, 884.
Échantignoles, 176.
Échelles (Fourniture d'), 41, 147, 325, 347, 456, 597, 603, 682, 762, 821, 1106.
—— de fer (Fourniture d'), 50, 320.
Échenillage d'arbres, 143, 146, 312, 313, 318, 320, 446, 447, 448, 449, 451, 456, 586, 587, 592, 595, 596, 611, 616, 634.
Échenilloirs, 320.
Écluses, 130, 131, 208, 211, 370, 488, 518, 632, 633, 783, 915, 1051.
—— des sas, 211.
Éclusiers de Maintenon, 372, 488, 489, 632, 633, 783, 915, 1050, 1051.
École d'Athènes (L'), tapisserie, 114, 115, 297.
Écriture (Cours d') aux garçons jardiniers de la pépinière du Roule, 192, 361, 494, 640.
Écrous, 196, 296.
Écumoirs de fil de laiton pour les réservoirs, 413.
Écurie du Roi (Grande), rue Saint-Honoré, 82, 85, 87, 88, 113, 132, 281, 282, 283, 284, 286, 429, 495, 567, 569, 719, 850, 987, 988, 1089, 1120, 1131.
—— (Aqueduc de la grande), 574.
—— (Logement et manège des pages et écuyers de la grande), 281, 310,

442, 567, 573, 585, 723, 732, 850, 856, 865, 989, 992, 998, 1011, 1145.
Écurie du Roi (Petite), rue Saint-Honoré, 82, 86, 87, 88, 113, 284, 286, 428, 429, 495, 567, 569, 717, 719, 850, 987, 988, 1119, 1120.
—— du Roi (Logement des écuyers de la petite), 567, 569, 717, 719.
—— du Roi (Petite), le long de la Seine, 428, 568, 849.
Écuries de Monseigneur, rue Saint-Honoré, 82, 86, 88, 113, 283, 284, 285, 428, 568, 569, 573, 717, 723, 849, 850, 856, 987, 988, 1119, 1120.
Écuries du Roi (Façade d'une des che gravée, 296.
Écosse, entrepreneur, 60, 263, 408, 413, 538, 540, 691.
Églantiers doubles, 136.
Égypte (Cancs d') pour la Ménagerie, 14, 68, 386, 419, 514, 544, 659, 708, 811, 870.
—— (Marbre vert d'), 814, 816, 959.
Élagage d'arbres des routes et avenues, 347, 494, 742, 878, 1018, 1193.
Éléphant (L'), tapisserie, 116, 298, 435, 993.
—— (Squelette d'), planche gravée, 109.
Embrasures de roues, 175, 903.
Émeri (Fourniture d'), 300, 579, 995.
Émery (Charles), compagnon sculpteur blessé, 635.
Émondages d'arbres, 136, 146, 235, 318, 449, 455, 517, 595, 596, 666, 738, 742, 813, 956, 1095.
Émoussage des arbres, 449.
Encre (Fourniture d'), 439, 583.
—— de Chine. — Voy. Chine.
Encrier d'argent, 956.
Enfilure, terme de lainage, 996.
Enfouy (Pierre), jard., 137.
Enlèvement de Cybèle (L'), groupe, 101, 951, 1007.
—— d'Hélène (L'), tapisserie, 993.
—— de Proserpine par Pluton (L'), groupe de bronze et de marbre, 854, 948, 1005.
Enseigne du Louis d'or (Maison à l'), 987.
Entrée de la Reine à Paris, méd., 111.
Entretoises (Fourniture d'), 321, 1019.

Entrevoux (Caisses de bois d'), 147, 320.
—— (Planches de chêne d'), 1160.
Épatiques doubles, 450.
—— simples, 447.
Épernon (Canal d'), 370, 1181.
—— (Carrières d'), 372.
—— (Digues du canal d'), 666, 669, 782.
—— (Écluses d'), 633, 915, 1051.
—— (Grès d'), 1181.
—— (Moulins sur la rivière d'), 15, 68, 713, 944, 1001, 1002, 1088, 1135, 1181.
—— (Ruisseau d'), 213, 370, 488.
Éperons de digues, 178, 174, 903.
Épervier pour prendre les jeunes cygnes, 880.
Épine (Cepées d'), 755, 759.
—— blanche (Plant d'), 133, 446, 450, 451, 594, 739, 740.
Épines (Arrachage d'), 264, 736, 757, 927, 1164.
—— (Plantation d'), 444.
—— garnissant les fossés, 153.
—— pour armer les arbres, 140, 143, 158, 312, 314, 346, 449, 875, 1018.
Épinville (Hauteurs d'), 207.
Épis d'or, fleurs, 450.
Épitaphes de l'ancienne église des Capucines, 79.
Eppe ou Epte (Rivière d'), 881.
Épreuves de cartes (Tirage d'), 978.
—— de terre, 431.
Équerre démontable de bois de chêne, 1053.
Équerres (Fourniture d'), 404.
—— (Fourniture d') pour horloge, 170.
Équipages (Fourniture et vente d'outils et), 816, 961, 970, 1095, 1096, 1097.
—— de la Machine de Seine, 177, 344, 345, 346, 481, 906, 1041, 1042, 1043, 1082.
—— des soupapes des réservoirs, 532, 533, 972, 976, 1131.
—— pour sortir les orangers, 528, 969.
Érable (Plant d'), 133.
Érard, sc., 1004.
Erben, Suédois, employé à la Monnaie des médailles, 195.

Ergo (Jacques), marbrier, 39, 57, 79, 105, 106, 238, 293, 294, 560, 705, 816, 1096.
Erreurs de calcul, 5, 6, 21, 674.
Escabellons, 1186.
Escarpolette à Marly (Construction d'une), 610.
Escouffier (Florent), dit Lyonnois, mac., 599.
Escoupes (Fourniture d'), 1040, 1041.
Eslancour (Rigole d'), 205, 358, 368.
Esloy (Sébastien), charp., 205, 599, 837, 975.
—— sc., 37, 55, 94, 260, 289.
Esmert, concierge du château de Compiègne, 64, 270, 417, 541, 697, 842, 983, 1110.
Esnemones. — Voy. Anémones.
Espagne (Brocatelle d'), marbre, 813.
—— (Droits d') à la sortie des cuirs, 772.
—— (Jasmins d'), 147, 200.
—— (Œillets d'), 136.
Espaliers, 602, 603, 656.
Esquisses, 110, 991.
Essains, intendant et ordonnateur triennal des Bâtiments, 1074, 1200.
Esserts (Paroisse des), 270.
Esserpillage de charmille, 1035.
Essertages, 156, 1035.
Estampes (Achat d'), 90.
—— de la vue de Luxembourg, 990.
Estang (Village de l'), 463.
Estrades de marqueterie, 398, 681.
Estrée (Le duc d'), 958.

Établissement de Saint-Cyr, méd., 110, 297.
—— de l'hôpital général, méd., 110.
Étain (Fourniture d'), 951, 1006.
—— d'Angleterre, 774.
Étangs effermés, 669.
États de remboursement d'héritages, 641, 784, 836.
Été (L'), pièce de la tenture de la Galerie de Saint-Cloud, 726, 727, 859, 994.
Étendards servant de signal aux réservoirs de la butte de Montboron, 405.
Étiage de la Seine, 193, 194, 195, 358, 541.
Étoffes brochées d'or, 6, 8, 12, 16, 66, 228, 232, 233, 271.
—— d'hiver, 600, 602.
Étudiants de l'académie des Gobelins, 581, 729, 862, 996, 1124.
—— de l'Académie de peinture et sculpture, 305, 441, 583, 584, 731, 864, 997, 1126.
Eure (Aqueduc pour amener les eaux de la rivière d') à Versailles, 1, 3, 9, 12, 13, 15, 52, 68, 207, 208, 210, 211, 212, 235, 236, 237, 369, 370, 371, 388, 389, 487, 517, 632, 663, 782, 783, 815, 914, 944, 956, 1051, 1134.
—— (Aqueduc sur la rivière d'), 1181.
—— (Canal de la rivière d'), 205, 370, 371, 1084, 1135.
—— (Canal de Maintenon à Nogent, sur l'), 1087.

Eure (Chaussée de la rivière d'). 208.
—— (Conduites de la rivière d'), 209, 212, 216.
—— (Cygnes pris sur la rivière d'), 881, 1016, 1157.
—— (Dépenses et travaux de la rivière d'), 1, 3, 15, 52, 68, 69, 205, 206-216, 231, 369-373, 487-489, 513, 543, 632-634, 663, 782-784, 914-916, 1180, 1181.
—— (Digues de la rivière d'), 370, 488, 666, 669, 782.
—— (Écluses sur la rivière d'), 208, 370, 488, 632, 783, 915, 1050, 1051, 1181.
—— (Gages des employés à la rivière d'), 213-216, 372, 373, 488, 489, 634, 784, 1181.
—— (Ligues de la rivière d'), 370, 488, 633, 667, 783, 784, 915, 998.
—— (Nouveau lit de la rivière d'), 231, 818.
—— (Parcs de la rivière d'), 1084.
—— (Ponts du nouveau canal de la rivière d'), 371.
—— (Pré sur la rivière d'), 511, 542, 660, 709, 1097.
—— (Talus de la rivière d'), 312.
Europe (L'), stat., 1093, 1140.
Eurydice, stat., 950, 1006.
Évangélistes (Statues des quatre), aux angles du dôme de l'église des Invalides, 552, 553, 555, 557, 560, 703.

F

Fabry, voit., 626.
Façon (Guy-Crescence), premier médecin du Roi, démonstrateur au Jardin royal, 121, 302, 438, 582, 730, 731, 863, 961, 997, 1011, 1125, 1145.
Fagots (Fourniture et achat de), 127, 224, 236, 270, 369, 381, 442, 516, 583, 655, 666, 728, 731, 738, 765, 802, 813, 861, 864, 939, 956, 1071, 1095, 1101, 1126.
Faïence (Fourniture de pots de), 325, 446, 768.
—— de Hollande (Carreaux de), 23, 168, 171, 250, 251, 528, 537.
Faisanderies, 63, 141, 256, 258, 263,

264, 267, 269, 315, 409, 485, 489, 540, 630, 688, 780, 835, 912, 977, 979, 1048, 1115.
Faisans (Blé pour la nourriture des), 184, 349, 483, 628, 778, 911, 1047, 1179.
Falel (Pierre), marinier de rame, 841.
Famille de Darius (La), tab., 238, 290, 852, 990.
—— de la Vierge (La), tab., 778.
Familles Byzantines (Les), livre, 132.
Fanchon (Charlotte), concierge de la petite écurie de Saint-Germain, 931, 1065.
Fascines, 169, 170, 206, 210, 211, 235, 266, 269, 369.

Faucheux (Étienne), ter., 152, 766.
Fauconnier (Jean-Baptiste), p. et vitr., 178, 345, 624, 1020, 1175.
Faubeur (Louis), voit., 282.
Faune (Le petit) antique de la reine de Suède, stat., 95, 104, 292, 431, 948.
—— antique de la reine de Suède, ou Faune de Borghèse, de grandeur naturelle, stat., 948, 1004, 1082, 1181.
Faustine la jeune, stat., 967.
Fauteuils en marqueterie, 664, 711.
Favier, parqueteur, 675.
Favreuse (Rigole de), 686, 692.
Fay (Jean), entrepreneur, 9, 172, 341, 771, 1077, 1127.
Félibien (André), historiographe, ar-

TABLE ALPHABÉTIQUE. 1251

chitecte et garde des antiques, 125, 127, 218, 305, 307, 374, 375, 440, 442, 502, 583, 649, 731, 797, 864, 933, 934, 1075, 1201.

Félibien (La veuve d'André), 1075, 1201.
—— (André), son logement rue Saint-Vincent, 732, 851, 988, 1119.
Félix (Florant), ter., 253, 401, 539, 685, 693, 828, 834, 835, 871, 923, 962, 970, 977, 1099, 1107, 1113.
—— (Écuries et remises du s') au Louvre, 84, 85, 717.
Fenel (Jean), armurier, 31.
Fenouillet, chaudronnier, 1157.
Fequiet (Thomas), ter., 151.
Fer (Balcons de), 676.
—— (Balustrades de), 246, 396, 481, 700, 964.
—— (Chaînes de), 334, 340, 344, 411, 428, 494, 562, 880.
—— (Crampons de), 149, 308, 322, 371, 855, 881.
—— (Conduites de), 17, 44, 49, 50, 53, 72, 168, 259, 275, 350, 390, 405, 406, 415, 481, 484, 533, 534, 537, 548, 628, 629, 639, 664, 671, 689, 696, 711, 765, 779, 790, 839, 897, 899, 910, 916, 955, 974, 981, 1009, 1034, 1047, 1063, 1109, 1116, 1143, 1148, 1149.
—— (Grilles de), 30, 31, 50, 63, 171, 266, 267, 335, 369, 404, 411, 412, 541, 839, 850, 923, 979, 988, 1115.
—— (Guichets de), 533.
—— (Outils de), 881.
—— (Ouvrages de gros), 688, 808, 830, 834, 867, 868, 882, 913, 926, 945, 946, 972, 1002, 1003, 1020, 1037, 1078, 1127, 1128, 1159.
—— (Poêles de), 742.
—— (Portes de), 29, 30, 31, 206, 246, 257, 520, 533, 834.
—— (Réchauds de), 1053.
—— (Treillages de), 1103.
—— (Vitraux de), 700, 843.
—— blond (Gerbées de), 473.
—— carillon (Grille de), 1103.
—— commun, 745.
—— corroyé, 745.
—— doré (Croissants de), 922.
—— étiré (Modèles de), 1030.
—— long (Fourniture de), 474.
Féron (Guillaume), ter., 468, 487, 616, 765.

Féron (Nicolas), ter., 488.
—— (La veuve), 769.
Ferrand (Étienne), voit., 27, 137, 310, 317, 451, 452, 590, 591, 740, 817, 877, 1014.
—— (Pierre), dit La Chaisne, invalide, 212.
—— ter., 155, 323, 460, 602.
—— vitr., 535.
Ferrary (César), banquier, marchand de soies, 129, 301, 437, 580, 725, 857.
Ferret ou Ferré, prêtre de la paroisse de Saint-Hippolyte, 119, 301.
Ferrière (Pierre), charp., 772, 923, 1040.
Féron ou Férox (La veuve de Michel)  nattier, 461, 602.
—— (Nicolas), employé à la d'Eure, 210, 370, 371.
Ferrures de bronze, 34, 681, 826, 968, 1106.
—— de cuivre, 524, 534, 968.
Fers (Fourniture et vente de vieux), 212, 235-239, 281, 335, 390, 404, 480, 668, 748, 762, 813, 855, 895, 955, 957, 958, 1041, 1098, 1128.
—— à marquer les livres et portefeuilles, 724.
—— à picux, 176.
—— de charrue (Fourniture de), 165.
—— de la roue de la Samaritaine, 568, 1041.
—— de Liège, 1131.
—— doux de Berry, 707, 708.
—— en botte, 708.
—— et ferrures, 150, 165, 176, 177, 209, 248, 256-258, 260, 278, 280, 307, 308, 319, 320, 322, 335, 344, 354, 390, 404, 421, 428, 457, 470, 480, 486, 532, 533, 535, 552, 613, 623, 678, 681, 700, 707, 718, 774, 822, 830, 905, 968, 1053, 1102, 1103, 1128.
—— façonnés, 480, 562, 847.
Ferrachos (Moulins de), 511, 542, 659, 709, 713, 1001.
Festin de Psyché (Le), à droite et à gauche, tap., 994.
—— de Scipion (Le), tap., 298, 435.
Fête-Dieu, 730.
—— (Poteaux et planches pour la), 567, 573, 600, 715, 723, 747, 986, 1019, 1159.

Fête-Dieu (Tapisseries tendues pour la). — Voy. Tapisseries.
Feuillages en sculpture, 553, 558-560, 702.
Feuilles de refend peintes sur des tuyaux de descente, 824.
—— de vigne pour les statues de Versailles, 249.
Feuillet ou Feillet (Claude), jard., 162, 329, 331.
—— (Michel), jard., 889.
Feuillures à des pierres de taille 887.
Feucquières (Régiment de), 213.
Feux d'artifice, 41.
Février, pièce de la tenture des Belles Chasses de Guise, 726, 727, 859.
Fiches à vases, 31, 51, 866.
—— de brisure et à doubles nœuds pour croisées, 78.
—— dorées, 247.
Fiente de pigeon, 1100.
Figuiers (Plantation de), 136.
Fil aurore (Fourniture de), 295.
—— de Bretagne, 602.
—— de fer (Ouvrages et fourniture de), 39, 63, 117, 148, 250, 261, 320, 411, 412, 449, 476, 524, 540, 595, 603, 728, 762, 925, 1031.
—— de fer (Treillis de), 171, 250, 398, 473, 475, 678, 690, 900, 969, 1031, 1055, 1106.
—— de fer d'Allemagne, 861.
—— de laiton, 39, 170, 408.
—— de laiton (Treillis de), 536, 677, 813.
Filéries, arbres, 223, 380, 507, 655.
Filet pour prendre les cygnes, 880, 881.
Fillette (Claude), jard., 153.
Filly ou Filley, ingénieur, 9, 68, 210, 212, 215.
Fioles de verre, 325.
—— de verre pour prendre des mulots, 604.
Fladé (Jean), ter., 599, 745.
Flacons de verre (Fourniture de), 483.
Flamand ou Flamen (Anselme), sc., 85, 94, 423, 556, 702, 846, 854, 855, 947, 951, 1004, 1006.
—— (Charles), compagnon charp., 635.
Flamands (Ouvriers) des Gobelins, 119, 301, 437.
Flandre (Œillets de), 618.

82

1252 COMPTES DES BÂTIMENTS DU ROI.

Flandre (Ormes de), 197, 735, 743, 756, 872, 879. 1018.
Fleurant (Félix), ter., 46.
—— (Olivier), jard., 23, 71, 274, 414, 547, 1061, 1189.
—— (La veuve d'Olivier), 694.
—— fils (Olivier), jard., 1189.
Fleurons en plomb du dôme des Invalides, 555, 702.
Fleurs (Achat et transport de) pour les Maisons royales, 59, 109, 133, 134-137, 237, 310, 311, 447, 450-452, 461, 590, 591, 593, 739, 740, 742, 743. 875-877, 924, 926, 1013, 1014, 1153, 1154.
—— (Cloches pour la conservation des), 456.
—— (Cuvettes en porcelaine pour les), 461.
—— (Fumier pour couvrir les), 672, 734.
—— (Paillassons pour couvrir les), 672.
—— (Pots de faïence pour les), 764.
—— des montagnes du Dauphiné et du Piémont, 311.
—— envoyées de Lisbonne, 435, 438.
—— envoyées de Provence, 451, 452.
—— mises en pots pour l'hiver, 741.
—— portées au Roi, 317, 455.
—— pour l'appartement de la reine d'Angleterre à Saint-Germain, 325.
—— de lis découpées dans une plaque de cuivre, 171.
—— de lis d'or sali, peintes sur des tuyaux de descente, 825.
—— de lis en plomb, 555.
—— de lis sculptées, en pierre de liais, 289, 336, 423.
—— de lis sculptées, en pierre de Saint-Leu, 559.
—— et fruits en sculpture, 337, 472.
Fleury (Michel), ter., 11.
—— concierge de l'Académie d'architecture, 997.
Flore, tapisserie, 993, 994.
—— stat. de marbre, 107, 947, 1004.
—— Terme en plâtre, 91.
Foin (Fourniture de), 311, 899.
—— (Graine de), 62, 64.
—— pour liens d'arbres (Fourniture de), 414, 547, 694, 839, 980.
Foins de la rivière d'Eure, 669.

Fonceaux (Étang des), près Meudon, 1182.
Fonderie de la statue équestre de l'hôtel de Vendôme, 424, 431, 434, 561, 562, 563, 574, 706, 707, 708, 847, 984, 985, 1053, 1064, 1123.
Fontaine (Claude), frotteur, 751, 885, 927.
—— (François), entrepreneur, 67, 271, 370, 371.
—— (Jacques), marchand de cuivre, 434.
—— (Mathieu), charron, 27. 599.
—— employé, 412.
—— ser., 849, 987.
—— [FONTE]NE-LÈZ-SAINT-GEORGES (Édouard Colbert DE VILLACERF, seigneur de). — Voy. COLBERT.
Fontainebleau, 145, 245, 312. 376, 503, 650, 935, 1098.
—— allée attenant le pavillon, 223, 380, 507, 654.
—— allée au pourtour du parc, 803, 940, 1068, 1072.
—— allée du chenil, 223. 380, 383, 507, 654, 657.
—— allée d'ypréaux, 184, 203, 224, 350, 367, 382, 484, 500, 508, 628, 646, 656, 795, 803, 940, 1072, 1198.
—— allée des marronniers d'Inde, 656, 803, 940, 1068. 1072, 1198.
—— allée des mûriers, 224, 382, 508.
—— allée des ormes, 223, 380, 507. 654.
—— allée du pourtour du jardin des pins, 223, 380, 507, 654.
—— allée nouvelle des pins conduisant à Avon, 382.
—— allée royale et allée solitaire, 223, 380, 507, 654.
—— allées et palissades, 69, 203, 222, 223, 224, 225, 273, 367, 380, 381, 382, 383, 420, 500, 507, 508, 509, 545, 646, 654-657, 794, 795, 803, 940, 1068, 1072, 1147, 1148, 1199.
—— allées des deux côtés du canal, 803, 940, 1068, 1072.
—— allées de l'Étoile, 803, 940, 1068, 1072, 1199.
—— allées de traverse, 656, 1068.
—— allées en terrasse du jardin de la Reine et du Roi, 655, 794.

Fontainebleau, allées nouvelles de la garenne, 656, 803, 940, 1068, 1072.
—— appartement de Mme DE MAINTENON, 182.
—— appartement de la Reine Mère, 185.
—— aqueduc (Ancien), 180.
—— aqueduc de la Coudre, 18. 68, 180.
—— aqueduc de la Madeleine, 18, 180, 347, 350. 628.
—— arpentages, 193, 349.
—— avant-cour du château, 181, 350, 484.
—— basse-cour du Cheval blanc, 223, 383, 509, 658, 804, 941, 1073.
—— basse-cour des cuisines, 226. 383, 509, 657, 804, 941, 1073.
—— bateaux, 69, 203, 224, 225, 273, 367, 381, 383, 420, 500, 508, 509, 545, 646, 655, 657, 713, 795, 803, 940, 1002, 1068, 1072, 1139.
—— berceau de mûriers, 224, 382, 508.
—— bois Bréau, 348.
—— butte de Monceaux, 1177.
—— cabinet de Monsieur (Petit), 195.
—— cabinet du Roi (Grand), 91.
—— canal (Grand), 181, 203, 225, 350, 382, 484, 500, 508, 628, 656, 657, 803, 940, 1199.
—— canal (Tablettes de graisserie du), 940, 1068, 1072.
—— canaux et étangs, 70, 184, 203, 223-225, 273, 367, 380-383, 420, 500, 508, 545, 646, 654, 655, 795, 802, 804, 939, 1002, 1067, 1071, 1139, 1147.
—— carpes et cygnes, 70, 203, 225, 273, 274, 367, 383, 420, 500, 509, 545, 646, 657, 713, 795, 804, 941, 1002, 1069, 1072, 1139, 1148, 1199.
—— carpes et cygnes (Augmentation du nombre des), 274, 383, 500, 646, 657, 795, 804, 941, 1069, 1072.
—— cascades, 382, 629, 656, 803, 940.
—— chambre de la princesse DE CONTI, 195.
—— chambre de la Reine Mère, 185.
—— chambres et cabinets, 656, 802, 939, 1071.
—— chancellerie, 183.

TABLE ALPHABÉTIQUE. 1253

Fontainebleau, chapelle de Fréminet, 179, 182.
—— chapelles (Tableau d'autel pour l'une des), 778.
—— Charité (Réservoir de la), 180, 181.
—— Charité d'Avon (Religieux de l'hôpital de la), 180, 203, 225, 367, 382, 383, 500, 509, 646, 657, 795, 803, 932, 940, 1068, 1072, 1148, 1199.
—— (Château de), 17, 181-185, 202, 203, 204, 222, 224, 286, 347-350, 366, 367, 379, 381, 382, 482, 483, 499, 626-629, 653, 656, 775-777, 794, 801, 907-911, 955, 1009, 1044-1047, 1079, 1082, 1089, 1095, 1128, 1130, 1138, 1151, 1200.
—— chaussée de la cour de l'Ovale ou chenil, 223, 507, 654.
—— chemin de Chailly, 181, 183, 343.
—— chenil, 223-225, 380, 388, 507, 509, 654, 657, 804, 941, 1072, 1198.
—— chenil (Canaux du), 380, 382, 508, 654, 656, 803, 940, 1068, 1072.
—— chenil (Vieux) converti en petite écurie, 657, 804, 941, 1072.
—— conduites, 484, 628, 664, 711, 779, 910, 1047, 1148.
—— contre-allées, 803, 1068, 1072, 1199.
—— corps de garde suisse, 180.
—— cours du château, 203, 226, 367, 384, 500, 510, 628, 646, 658, 795.
—— cour du Cheval blanc, 69, 204, 226, 273, 350, 367, 384, 420, 484, 500, 510, 545, 628, 647, 658, 713, 779, 795, 804, 911, 942, 1047, 1069, 1073, 1139, 1178, 1200.
—— cour de la Conciergerie, 804, 941, 1069, 1073, 1199.
—— cour des fontaines, 804, 941, 1069, 1073, 1199.
—— cour des Offices, 350, 484, 628, 779, 911, 1047, 1178.
—— cour de l'Ovale, 223, 380, 507, 654, 804, 941, 1069, 1199.
—— cour de la Surintendance, 658, 804, 941, 1069, 1073.
—— cours à côté du Fer à cheval, 804, 941, 1069, 1073, 1199.
—— couvertures d'ardoise neuve, 802, 908, 939, 1068, 1071.

Fontainebleau, couvertures de plomb, 1068, 1071, 1150.
—— demi-lune, 803, 940, 1068, 1072, 1198.
—— dépenses du château, 179-185, 347-351, 482-484, 626-629, 907-911, 1044-1047, 1137, 1176-1179.
—— eaux, 225, 382, 484.
—— écurie (Petite), 657, 804, 941, 1072.
—— écuries du comte d'Auvergne, 818, 1044.
—— écuries du chenil, 775.
—— écuries de l'hôtel d'Albret, 381, 510, 658.
—— écuries de Monseigneur dans le bourg, 775.
—— écuries de la Reine, 627, 803, 940, 1068, 1072, 1199.
—— écuries de la Surintendance, 381, 510, 658, 804, 941, 1069, 1073.
—— église paroissiale, 907, 909.
—— (Reconstruction du clocher de l'), 807, 908, 909, 1045.
—— escaliers du château, 6, 179, 181, 182.
—— espaliers du parc, 656, 776, 803, 940, 1046, 1068, 1072, 1147, 1198.
—— faisans mis dans les parquets, 911.
—— fontaine de l'Étoile, 101.
—— fontaines, 69, 268, 273, 420, 534, 545, 657, 688, 713, 804, 941, 1002, 1069, 1073, 1139, 1143, 1199.
—— forêt, 18, 312, 483, 1177.
—— fossés du château, 185, 350, 484, 628, 779, 911, 1047, 1178.
—— fossés du parc, 803, 1068, 1072.
—— (Fruits de Saint-Germain portés au Roi à), 751.
—— gages des officiers, 184, 185, 203, 204, 222-226, 379-384, 500, 501, 506-510, 628, 645, 646, 653, 938, 1002, 1009, 1070-1073, 1147-1148, 1193.
—— galerie de François Ier, 91, 179, 182.
—— garde-robe du duc d'Anjou, 777.
—— garde-robe du duc de Bourgogne, 777.
—— garenne d'Avon, 180.
—— geôle, 627.

Fontainebleau, glacières du parc, 185, 484, 629, 911, 940, 1047, 1199.
—— glacières (Carré des), 656, 803, 940, 1068, 1072.
—— glacis aux côtés des cascades, 803, 940, 1068, 1072.
—— Gorge-au-Loup (Percement de route à la), 908.
—— gratifications aux officiers, 17, 69, 184, 233, 272, 350, 387, 419, 484, 516, 542, 545, 670, 713, 779, 944, 955, 1002, 1047, 1091, 1092, 1138, 1139.
—— (Habitants de), 185, 349, 483, 628, 778, 910, 1046.
—— héronnières, 779, 911, 1047, 1178.
—— horloge, 203, 226, 367, 384, 500, 510, 646, 658, 804, 942, 1069, 1073, 1147, 1200.
—— hôtel d'Albret, 69, 203, 224, 226, 273, 367, 381, 384, 420, 500, 508, 510, 545, 655, 656, 658, 713, 795, 804, 941, 1002, 1069, 1073, 1139, 1199.
—— hôtel de Ferrare ou le Grand-Ferrare, 224, 348, 381, 508, 627, 656.
—— hôtel de Roquelaure, 803, 940, 1068, 1072, 1199.
—— hôtel des Religieux, 224, 381, 508, 656.
—— jardin de la Conciergerie, 203, 223, 367, 381, 500, 508, 646, 655, 802, 939, 1067, 1071, 1198.
—— jardin de l'étang, 69, 203, 223, 273, 367, 380, 420, 500, 507, 545, 646, 713, 795, 802, 939, 1002, 1067, 1071, 1139, 1150, 1198.
—— jardin de la fontaine Belle-Eau, 1147.
—— jardin de la fontaine du château, 203, 225, 367, 383, 500, 509, 646, 657, 795, 802, 939, 1071, 1198.
—— jardin de la fontaine de la Granderie, 223, 360, 507, 654.
—— jardin de l'hôtel d'Albret, 203, 224, 367, 281, 500, 646, 655, 795, 802, 939, 1067, 1071, 1198.
—— jardin de l'Hermite de la Madeleine, 180.
—— jardin de l'hôtel de la Chancellerie, 776.
—— jardin de l'hôtel de Roquelaure, 940, 1068, 1072.

82.

Fontainebleau, jardin du Mail, 69, 203, 273, 367, 420, 500, 545, 646, 713, 795, 1002, 1139.
—— jardin de l'Orangerie, 223, 380, 500, 655.
—— jardin des Pins, 185, 203, 223, 367, 380, 381, 500, 507, 508, 646, 654, 655, 795, 802, 939, 1067, 1071, 1147, 1150, 1198.
—— jardin de la Reine, 203, 223, 367, 380, 500, 507, 646, 655, 795, 802, 929, 1067, 1071, 1147, 1198.
—— jardin du Roi, 203, 447, 500.
—— jardin neuf, 203, 367, 381, 500, 646, 656, 803, 940, 1068, 1071.
—— jardin potager et fruitier, 203, 223, 224, 311, 350, 367, 381, 420, 447, 484, 500, 508, 545, 646, 656, 713, 795, 803, 940, 1002, 1068, 1071, 1139, 1198.
—— jardins, 136, 184, 202, 203, 204, 347, 366, 628, 1014.
—— jeu d'anneau tournant transporté de Marly, 1026, 1032, 1045.
—— jeu du mail, 382, 508, 656, 803, 940, 1068, 1071, 1198.
—— jeu de paume couvert, 224, 381, 508, 656, 910, 911.
—— la Coudre, 180, 224, 382, 508.
—— lieu dit les Plus, 180.
—— logement du carré du jardin des Pins, 223, 381, 508, 655.
—— logements du château, 658, 804, 942, 1069, 1073.
—— logis de la fontaine Belle-Eau, 225, 383, 509, 803, 940, 1068, 1072, 1199.
—— mail, 224.
—— maisons dépendantes du château, 776, 777, 802, 803, 909, 939, 940, 1068, 1071, 1150.
—— maîtrise des eaux et forêts, 222, 379, 507, 654, 801, 938, 1069, 1070.
—— ménagerie, 69, 273, 420, 545, 713, 1139.
—— mobilier du château, 222, 379, 507, 654, 802, 1070.
—— oignons de tubéreuses (Envoi de Paris d'), 744.
—— orangerie et orangers, 2, 18, 34, 65, 70, 147, 148, 184, 185, 203, 223, 224, 225, 227, 270, 273, 320, 350, 351, 367, 380, 381, 383, 420,
457, 458, 483, 484, 500, 507-509, 511, 542, 545, 628, 629, 655-657, 661, 665, 710, 712, 739, 779, 795, 802, 908, 910, 911, 939, 942, 1000, 1047, 1067, 1078, 1091, 1138, 1147, 1198.
Fontainebleau, orangerie (Volière convertie en), 225, 383, 509, 657, 804, 941, 1073, 1148.
—— palis de la Forêt, 181, 184, 318, 348, 350, 483, 484, 627, 628, 776, 779, 908, 910, 1044, 1045, 1047, 1177, 1178.
—— parc, 18, 69, 180, 181, 185, 203, 223, 225, 226, 347, 348, 350, 380, 382, 384, 483, 500, 509, 627, 654, 656, 658, 713, 776, 778, 779, 795, 803, 804, 910, 942, 1002, 1047, 1068, 1069, 1072, 1073, 1139, 1199.
—— parquets de la Forêt (Les onze), 180, 184, 185, 194, 347, 349, 350, 355, 483, 484, 495, 626, 628, 629, 636, 776, 778, 779, 790, 908, 910, 911, 928, 1045-1047, 1063, 1177-1179, 1195.
—— parterre du Roi appelé le Tibre, ou grand parterre, 69, 222-224, 273, 367, 380, 382, 419, 420, 500, 507, 508, 545, 646, 654, 713, 776, 794, 795, 802, 939, 1002, 1046, 1067, 1070, 1139, 1147, 1198.
—— pavé du bourg, 183, 349.
—— pavillon des surintendants, 658, 804, 941, 1069, 1073.
—— pavillon près du chenil, 818.
—— pavillons de la grande allée du parc, 494.
—— peinture à fresque et à huile, 203, 224, 381, 499, 508, 655, 794, 802, 939, 1068, 1071. — Voy. DUBOIS (Jean).
—— perdrix mises dans les parquets, 629, 911.
—— Pères de la Mission, 11, 19, 68, 229, 272, 385, 386, 418, 419, 514, 544, 661, 664, 710, 711, 809, 812, 869, 871, 946, 953, 1003, 1008, 1080, 1089, 1129, 1137.
—— plans du château et des jardins, 791, 918.
—— plants d'arbres, 453, 482, 483, 590, 627, 656, 776, 778, 908, 1044.

Fontainebleau, pont et port de Valvin, 908, 1014.
—— porte des champs, 656.
—— réservoir d'Avon ou de la Charité. — Voy. ci-dessus : Charité (Réservoir de la).
—— rocher Fournau ou Fournau (Route percée à travers le), 908.
—— rocher de Franchard, 181.
—— rochers de la Forêt, 181, 183, 348, 1046.
—— rondeau ou grand rondeau, 223, 380, 507, 654.
—— route de Bilbaux, 1046.
—— route de Chailly. — Voy. ci-dessus : chemin de Chailly.
—— routes de chasse et autres de la forêt, 18, 181, 184, 185, 347-349, 350, 484, 627, 628, 778, 779, 911, 1046, 1177, 1178.
—— routes (Percement de), 907, 908.
—— ruisseaux et fossés du parc, 382, 509, 940.
—— salles et galeries, 224, 381, 508, 656, 802, 939, 1071.
—— séjours de Louis XIV, 251, 777, 909.
—— surintendance des Bâtiments, 11, 69, 180-183, 203, 226, 278, 367, 384, 420, 500, 510, 545, 646, 658, 713, 795, 804, 909, 942, 1002, 1069, 1073, 1139, 1199.
—— surintendance des finances, 713, 804, 941, 1002, 1069, 1073, 1139, 1199.
—— tableaux (Conservation des), 381, 508, 656, 1071.
—— terrasses, 213, 380, 482, 507, 646, 654, 655, 804, 941, 1069, 1073, 1199.
—— transport de tuyaux, 537.
—— Trinité (Religieux de la), 225, 382, 509, 657, 803, 940, 1072.
—— volière, 225, 383, 509, 657, 804, 941, 1073.
FONTAINES (Charles), ter., 750, 884.
FONTAYNE (François), dit LA RIVIÈRE, maç., 1, 210, 236, 237, 239.
Fonte (Contre-cœurs de cheminées en), 54, 58, 259, 262, 691, 1110.
—— (Robinet de), 168.
—— (Soupapes de), 976.
—— de cloches, 104, 155, 269, 432, 750, 991, 1104, 1122.

TABLE ALPHABÉTIQUE. 1255

Fonte et alliage de mitraille de cuivre, 292, 386, 387, 707, 847, 854.
—— de statues, 92, 95, 99, 100, 103, 104, 114, 279, 281, 289-292, 294, 297, 354, 387. 388, 430, 431, 494, 571, 572, 635, 707, 809, 814, 816, 853, 854, 869, 1122, 1135.
—— de vases d'argent en 1690, 953.
Fontelle (François), sc., 36, 1093, 1140.
Fontenay-le-Fleuri (Aqueduc de). 684, 686.
—— (Avenue de), 9, 596.
—— (Puits de l'aqueduc de), 685.
Fonteny. — Voy. Defonteny.
Fontvielle (Pierre), men., 28, 128, 308, 443, 519, 630, 1079, 1129.
Foncoy ou Foncroy (La veuve), fontainier, 235, 251, 253, 282, 520, 715, 848, 906, 986, 1117.
Forbdin (Alexis), scr., 30, 165, 176, 236, 246, 335, 470, 676, 763, 1078, 1127, 1128, 1184.
—— (François), scr., 50, 256, 285, 404, 533, 830.
Forges en Champagne, 52, 53, 216, 259, 405, 623.
—— en Normandie, 53, 216.
Forgeot (Guillaume), dit Le Picard, invalide, 792.
Formainville, 882.
Formes en tapisserie, 10, 66, 301, 386, 419, 511, 512, 513, 515, 542, 543, 544, 660, 662, 709, 710, 806, 807, 809, 810, 867, 868, 869, 944, 1001, 1079, 1081, 1086, 1128, 1130, 1135.
Formont (Roger), ter., 282.
Fortains, voit., 1155.
Fossard (Claude), voit., 1165.
—— (Emmanuel), voit., 897, 1026.
—— ou Faussard (Jacques), marchand de paille, 338, 816, 924, 1154.
—— (Thomas), dit Miluomme, ouvrier blessé, 634.
Fosse (Jacques), calfat, 74, 276, 353, 415, 549, 696, 841, 981, 1116, 1144.
—— sse pour le moule de la statue équestre du Roi, 707, 847.
Fosses d'aisances, 40, 57, 108, 156, 171, 251, 261, 262, 295, 324, 340, 399, 407, 433, 461, 485, 487, 527,

536, 562, 574, 618, 682, 690, 691, 724, 750, 769, 827, 832, 856, 968, 974, 1017, 1022, 1106, 1110.
Fosses-Reposes (Bois des), 409, 833.
—— (Étang de), 834, 836.
Fossés (Curage et entretien de), 369, 484, 509, 566, 574, 603, 628, 656, 693, 1113.
—— plats pour l'écoulement des eaux, 594, 656, 738, 872, 875, 962, 977, 1014.
—— pour la conservation des arbres, 138, 141, 142, 446, 449, 451, 589, 590, 593, 594, 738, 759, 875, 1014, 1018.
—— pour la culture des asperges, 531.
Fossé, inspecteur à Maintenon, 215.
Fossier (Daniel), garde du magasin des marbres et des démolitions, 7, 107, 191, 219, 220, 235, 237, 360, 376, 388, 433, 493, 503, 504, 569, 573, 641, 650, 651, 707, 714, 716, 722, 798, 799, 847, 853, 921, 935, 959, 992, 1119, 1122.
—— (La veuve de Daniel), 1011, 1060.
—— (Henry), garde-magasin des démolitions des bâtiments, 1060, 1192.
—— (Jean-Daniel), garde des magasins des marbres, 1061, 1192, 1194.
—— (Michel), toiseur des marbres du Roi, 1061, 1192.
—— fils, employé à conduire les figures de marbre, 193, 293, 431, 490, 788, 790, 855.
Foubert (Jacques), 236.
Foucault (Gilles), ter., 611.
Fouilles et transports de terres, 25, 26, 45, 46, 61-63, 76, 80, 139, 140, 151-154, 158-161, 173, 174, 181, 185, 204, 205, 208, 253, 254, 265-279, 328-332, 342, 368, 370, 371, 391, 392, 401, 402, 409, 410, 425, 434, 451, 457, 460, 464-468, 477, 478, 488, 530, 539, 592-595, 599, 607-611, 619-621, 632, 633, 671, 672, 685, 686, 715, 731, 740, 741, 745, 746, 749, 755-759, 780, 819, 834, 837, 871, 875, 884, 888, 891-893, 901-903, 912, 921, 923, 926, 927, 962, 970, 977, 1027, 1028, 1036, 1039, 1048, 1052, 1061, 1099, 1112, 1128, 1140.
Fouquenet (Julien), charp., 666, 747.

Focquet, élève peintre, 188, 355, 490, 639, 785, 916.
Four commun (Construction de), 928.
Fourches (Fourniture de), 246.
Fourchoy (La veuve). — Voy. Fouquoy.
Fournau ou *Fournau* (Le rocher) dans la forêt de Fontainebleau, 908.
Fourneau, imprimeur, 434.
—— maç., 975.
Fourneau de la fonderie de la statue équestre du Roi, 707, 847.
Fournié (Jean), marchand de paille, 39.
Fournier (Nicolas), scr., 285, 568.
—— entrepreneur, 180.
—— frotteur, 691.
Fouquoy (La veuve), 12, 15, 19, 60, 251, 425, 566.
Fourreaux de conduites de plomb, 1042.
Fours à briques, 712.
—— à chaux, 9.
Foyer (Julien), jard., 448, 594, 595, 598, 734, 739.
Foyers de marbre, 37, 57, 105, 106, 293, 407, 572, 573, 722, 956, 991, 1170.
Frade (Jean), jard. et laboureur, 140, 152, 163, 173, 195, 196, 316, 318, 324, 354, 445, 447, 456, 457, 460, 495, 588, 597, 602, 635, 737, 743, 750, 771, 874, 881, 883, 903, 928, 1016, 1021, 1039, 1062, 1156, 1194.
Frade (Robert), jard. et ter., 135, 590, 789.
Fragnolet (Jean), maç., 1181.
Fraises portées au Roi, 145, 455, 596, 742, 878.
Fraisiers, 312.
—— (Culture des), 456, 743, 875, 884, 899.
Fraissenet, men., 86.
Franbeuf, ter., 265.
Francard, peintre sur verre, 552, 705, 843, 1094, 1140.
Franche-Comté (Capitation de la), 1095.
—— (*Prise de la*), planche gravée, 110.
Francines (François), intendant de la conduite des eaux et fontaines, 226, 376, 377, 503, 504, 650, 652, 798-800, 935, 936, 1074, 1201.
Francileu, ingénieur employé aux travaux de Buc, 132, 189, 309, 356, 442, 491, 586, 636, 786, 788.

1256 COMPTES DES BÂTIMENTS DU ROI.

Franclieu (Le s' des Bergeries de), lieutenant du Roi au gouvernement de Condé, 788.
Francœur, invalide, 364.
—— soldat, 210.
François (Jean), ter., 848.
—— (Jean), sc., 37, 94, 167, 337, 472.
—— (Louis), sc., 94, 167, 337, 423, 472, 560.
—— le jeune, sc., 558, 560, 702, 704, 845.
—— (Louis), ter., 62, 63, 265.
—— (Pierre), marchand de fer, 239, 285.
—— curé de Noisy, 789.
Frislon (Jean), jard. et ter., 136, 14., 319, 448, 594.
Frémault (Louis), marinier, 176, 1044, 1176.
Frémin (René), sc., 916, 917, 1057.
—— marchand, 171.
Frémynet (Chapelle dite de), au chât. au de Fontainebleau, 179, 182.
Frêne (Cerceaux de cuves en bois de), 899, 1168, 1171.
—— (Mesures en bois de), 1053.
Fresneau (Michel), couv., 131.
Fresque (Peinture à), 224, 248, 558, 655, 802, 1094, 1140.
Frette (Village de la), 882, 884.
Frevent, en Artois (Transport d'arbres de), 740.
Fricault (Alexandre et Nicolas), prop., 714.
Frichet (Jean et Guillaume), entrepreneurs de routes, 1177.
Friquet de Vauroze (Jacques-Claude),

p., 218, 375, 502, 649, 797, 934, 1075, 1201.
Frise aurore (Fourniture de), 581.
—— (Grande) au pourtour de l'égl. se des Invalides, 554.
—— de bois sculpté, 701.
—— d'ordre composite du dôme des Invalides, 559.
Frises d'assemblage, 244.
Fromant (Jacques), dit Bourguignon, ser., 49.
Fromatin (Étienne), jard., 312.
Fromentin (Jean), jard., 452-454, 591, 592, 734.
Frosne, Fraune ou Fresne, employé à la Place de l'hôtel de Vendôme, 190, 196, 294, 357, 434, 491, 574, 636, 641, 708, 787, 816, 847. 919, 978, 1058, 1081, 1130, 1191.
Frottage de parquets, 114, 163, 294, 324, 325, 326, 349, 353, 483, 487, 628, 632. 691, 751, 778, 782, 887, 910, 914, 927, 1046, 1050, 1111, 1160.
Fruits (Chambres louées pour resserrer de), 461, 750.
—— (Paniers et clayons à), 145, 146, 317, 455, 595, 596, 742.
—— dévorés par les mulots, 604.
—— en sculpture, 337, 472.
—— nouveaux portés au Roi, 136, 317, 325, 595, 596, 742, 751, 928, 1063.
—— offerts à la reine d'Angleterre, 325.
Fumier (Achat, fourniture et transport de), 26, 71, 143, 144, 180, 194, 200, 241, 242, 283, 316, 317, 324,

338, 355, 365, 392, 451-454, 474, 483, 495, 498, 546, 563, 592, 602, 603, 616, 619, 626, 636, 643, 733, 749, 751, 766, 768, 790, 793, 820, 828, 884, 888, 889, 924, 928, 930, 1021, 1029, 1036, 1037, 1044, 1063, 1067, 1100, 1155, 1164, 1171, 1193.
Fumier (Charrée, cendre employée comme), 530.
—— (Grand), 144, 241, 274, 317, 393, 452, 453, 454, 521, 547, 593, 672, 694, 734, 819, 820, 875, 923, 962, 1013, 1155, 1172.
—— consommé, 143, 317, 452-454, 592, 672, 819, 875, 962.
—— de cheval, 757, 766, 769, 888, 889, 898, 1028, 1171.
—— de cour consommé, 672, 683.
—— de mouton, 143, 242, 393, 453, 672, 820.
—— de pigeon, 316, 393, 453, 819, 1100.
—— de vache, 143, 242, 462, 521, 767, 769, 820, 887, 889, 1028, 1038, 1158.
—— neuf, 454.
—— terreau, 734, 765.
Fumiers chauds (Fourniture de), 521, 672, 819, 820.
—— des rues de Paris, 592, 734, 741.
Furstenberg (Le prince de), 15, 69, 227, 230, 231, 233, 270, 272.
Futaie (Bosquets en), 595.
Futailles, 144, 147, 148, 313, 319, 457, 743, 1173.

G

Gabriel (La veuve et les héritiers de Jacques), entrepreneur de maçonnerie, 5, 6.
—— (Maurice), entrepreneur de maçonnerie, 6, 12, 15, 17, 76, 279, 423, 561, 706.
—— contrôleur général des Bâtiments, 217, 374, 501, 648, 796, 933, 1051, 1074, 1191, 1200.
—— garçon fontainier employé au petit parc, 275, 414, 548, 695, 696.

Gacoin ou Gascoin (La veuve), ferblantier, 247, 395, 947. 1004.
Gaffard (Albert), sous-inspecteur des bois de charpente, 190, 357.
Gages d'employés à la rivière d'Eure, 213-216, 372, 373, 488-489, 634, 915.
—— d'officiers, 72-74, 188-194, 216-226, 373-379, 501-510, 647-648, 790-799, 932-936, 1095, 1195-1204.
—— des officiers, matelots et gondo-

liers du canal de Versailles, 73, 275, 415, 416, 548, 549, 696, 697, 840, 841, 981, 982, 1116, 1117.
Gages d'invalides, 197-200, 212, 362-364, 496-497, 642, 791-792, 929, 1064, 1193.
—— par ordonnances particulières, 355, 489, 636, 916, 1056, 1188-1193.
Gagné ou Gasgné (François), 625.
—— (Henri), 345, 482.
Gaignon (René), 619.

TABLE ALPHABÉTIQUE. 1257

Galerie d'eau (La), tableau. 90.
—— *de Saint-Cloud* (La), tenture en tapisserie, 287, 301, 570, 575, 577, 578, 720, 725-727, 857, 859, 860, 993, 994.
Galets, 837, 838.
GALIN ou GALLIN (François), piqueur à Marly, 193, 339, 358, 468, 490, 638, 765, 785, 899, 918, 1058, 1189.
GALLAND (Antoine), orientaliste, 124, 228, 271, 356.
Gallardon (Canal de), 15, 69, 211, 1087, 1135.
—— (Carrières de), 213, 372.
—— (Digues du ruisseau de), 633, 669.
—— (Maison à), 816.
—— (Moulin sur la rivière de), 15, 68, 712, 713, 944, 1002, 1077, 1127.
—— (Terre et seigneurie de), 1087, 1135.
GALLES (Le prince de), 123, 1035.
GALLIE (François), ter., 282, 435.
GALLIOT (Louis), jard., 862, 996, 1124.
GALLOYS (L'abbé Jean), écrivain, 125, 305, 440.
—— notaire au Châtelet, 7, 76, 234.
Gallye (Avenues de), 316.
—— (Faisanderie de), 263, 264, 489.
—— (Ferme de), 263, 265, 538, 539, 833.
—— (Grille de), 146, 408, 410, 735, 736, 834.
—— (Pépinière de), 447, 1015.
—— (Pont de), 62.
—— (Porte de), 155.
—— (Terre de), 9, 56.
—— (Val de), 514, 686.
Gand (Peinture à la colle de), 708.
GARANIER (Nicolas), jard., 876, 1165.
GARANT (Claude), charp., 338.
Garçon, imprimeur, 880.
Garde-fous de pont-levis, 1020.
Garde-meuble de la Couronne, 4, 18, 82, 84, 86, 87, 88, 229, 271, 281, 285, 286, 296, 301, 385, 386, 419, 426, 427, 511, 512, 513, 515, 542, 543, 544, 567, 569, 573, 660, 662, 709, 710, 715, 718, 723, 724, 807, 809, 810, 867, 868, 869, 987, 988, 1079, 1081, 1086, 1119, 1128, 1130, 1135.

Gardes-feux de cheminées, 677.
GAREAU, manœuvre, 58.
Garonnière (Chaux de), 173.
GARNIER (Benoît), dit DESCHAMPS, invalide, 212.
—— (Claude), marchand grainetier, 339, 475, 617, 760, 891, 1027, 1168.
—— (Jacques), ter., 144, 339, 468, 760.
—— (Jean), jard., 595.
—— (Louis), de Marly, jard., 171, 340, 476, 619, 760, 768, 770, 900, 1034, 1170.
—— (Louis, Clément et Étienne), jard. de la pépinière du Roule, 192, 195, 354, 361, 493, 494, 495, 640, 784, 789, 920, 928, 1056, 1062, 1190.
—— sc., 354.
GARNON (Nicolas), ter., 141.
GARNOT (Pierre), bocheron, 475.
GARRIAU ou GARROT (Pierre), charp., 47, 196.
GASCOIS, couv., 259. — Voy. GACOIN.
GASSE (Christophe et Michel), brodeurs, 433.
GASTELIER, commis du sieur DESGODETZ, 1123.
GAUDAIS DU PONT, charp., 772, 904.
GAUDIGNON ou GODIGNON, ser., 29, 390, 394, 822.
GAUDON, jard., 24, 242.
GAUDRON, ébéniste, 398.
GAUDY, maç., 1081, 1130.
GAUFLAND, concierge de l'hôtel des Ambassadeurs, 221, 378, 505, 652, 800, 937, 1076, 1204.
Gaules (Fourniture de), 210, 211, 1026.
GAULT (Guillaume), horloger, 1122.
GAURAY, men., 48, 255, 403, 532, 687, 829, 971, 1108.
GAURÉ, voit., 1014.
Gauthier (Île), 9, 173, 174, 346, 902, 1039, 1041.
GAUTIER (François), vidangeur, 604, 618, 750, 769, 1022.
—— marchand d'étoffes, 6, 67, 228, 271.
GAUTIER (Jean), charbonnier, 461, 604, 625, 750, 768, 769, 885, 899, 904, 1022, 1033, 1160, 1168, 1175.
—— (Nicolas), ter., 342, 477.
—— sc., 95, 289.

GAUTROT (Nicolas), charron, 84, 566.
GAVELLE (Nicolas), ser., 128, 307, 586, 733, 866, 999, 1127.
CAYOT, marchand de soies, 118.
Cazelles pour la Ménagerie, 386, 419.
GAZERAN (Forêt de), 399.
Cazon (Modèle de), 607.
—— à queue, 159, 328, 754, 755, 887, 1162.
—— en ovale et en carré (Sallettes de), 223, 380, 507, 655.
—— neuf, 820.
—— plat, 328, 464, 467, 755, 887, 1024, 1162.
Cazonnage (Travaux de), 63, 119, 170, 181, 193, 241, 265, 328, 331, 380, 392, 417, 464, 465, 467, 520, 606, 607, 672, 698, 979, 984, 1024, 1034, 1056, 1115.
GENDRON, copiste, 788, 916.
Gênes, 5.
—— (Velours de), 123.
Genêts (Arrachage de cépées de), 609, 757, 1023, 1164.
CENOU (Jean), fermier des étangs de Saclay, 670.
Gens de livrée exclus du jardin des Tuileries, 856.
GENTIL (Jean), chandelier, 347, 461, 473, 1043.
GEORGES, portier de la basse-cour du Palais-Royal, 201, 365, 498.
GEORGET (Mathurin), employé à la rivière d'Eure, 210.
GÉRARD (André-Guillaume), coutelier, 125, 303, 581.
GÉRARDIS, élève sculpteur, 188, 355, 490.
Gère (Rivière de), 15, 69.
GÉRIN (Michel), joaillier, 385, 386, 418, 419.
GERMAIN (Claude), mat., 74, 276, 415, 548.
—— (Louis), jard., 135, 192, 195, 311, 354, 361, 448, 493, 495, 590, 635, 640, 740, 784, 789, 790, 813, 877, 921, 956, 1056, 1157.
—— charbonnier, 1175.
—— inspecteur à cheval des plants, 1190.
—— portier du Cours-la-Reine, 220, 377, 504, 651, 799, 936, 1062, 1095, 1193.
—— (La veuve), 457.

GERVAIS (Antoine), portier du parc de Fontainebleau, 1199.
—— (Charles), portier du parc de Fontainebleau, 203.
—— (La veuve de Charles), 226, 367, 384, 500, 510, 646, 658, 795, 804, 942, 1069, 1073, 1199.
—— (La veuve de Jean-Baptiste), artificier, 41.
—— chaudronnier, 156, 171, 472, 603.
—— dit TOURANGEAU, manœuvre blessé, 197.
—— ser., 389, 394.
GERZOLLE (Christophe), couvreur suédois, 52.
GESLIN, 10, 68, 86, 723.
GHIERT (La veuve de Jean), marbrier, 168.
Gibier (Conservation du), 750.
GIBON, épinglier, 823.
GIBOREAU (Jean), employé à la rivière d'Eure, 210.
GICAT, de Stockholm, 6, 33.
GILLET, employé aux écritures, 213, 214, 216.
GILLIARD (François), voit., 479, 481, 622, 625.
GILLOT (Dominique), dit SAINT-GÉRIN, portier du Cours-la-Reine, 319, 456.
—— (Dominique), voit., 147.
—— (Simon), men., 81, 717, 849, 987, 1119.
GIOT (Simon), dit LA VIOLETTE, invalide employé aux Capucines, 198.
GIRARD (La veuve André), plombier, 182, 203, 224, 367, 382, 499, 508, 646, 656, 794, 803, 940, 1068, 1198.
—— (Claude), plombier, 1071, 1150.
—— (Jacques), marchand de cuir, 479.
—— père et fils, 998.
GIRARDIN (Félix), dit LE BOURGUIGNON, charp., 1086, 1133.
GIRARDON (François), sc., 93-96, 196, 218, 288-290, 375, 430, 502, 560, 571, 649, 704, 721, 797, 816, 853, 854, 934, 948, 957, 959, 960, 985, 1004, 1009, 1075, 1096, 1098, 1123, 1145, 1149, 1201.
Giroflées (Hangar pour abriter les), 1158.
—— doubles, 136, 311, 452, 591,
592, 739, 741, 876, 1013, 1014, 1167.
Giroflées jaunes simples, 591, 741.
GINOU (Pierre), charp., 975.
Girouette (Pose de), 1020.
GIROUX (Nicolas), marchand de paille, 39.
GITTEAU, ter., 1048.
GITTON (Jean), entrepreneur, 181, 348.
Glaces (Chaloupe du Dauphin emmenée par les), 1055.
—— (Cygnes recueillis dans les), 456, 597, 743, 1016, 1017.
—— (Écoulement des), 746, 978.
—— (Extraction de), 49, 58, 252, 262, 263, 326, 399, 408, 413, 417, 465, 529, 533, 537, 540, 605, 619, 626, 632, 688, 691, 693, 770, 828, 832, 885, 901, 907, 911, 914, 924, 963, 968, 970, 971, 1022, 1023, 1027, 1034, 1047, 1050, 1052, 1054, 1062.
—— (Sondage de), 771.
Glaces de miroir (Fournitures et manufactures de), 39, 40, 185, 250, 429, 527, 681, 722, 826, 948, 957, 968, 1005, 1054, 1081.
—— (Démontage de), 399.
—— (Moulures de bronze doré pour), 922, 1106.
—— (Nettoyage de), 681.
—— (Plafond de), 681.
—— façon de Venise, 39, 250, 398, 399, 938, 968, 1005.
—— passées au tain, 681.
Glacières, 25, 26, 28, 39, 42, 43, 58, 64, 65, 107, 206, 252, 262, 263, 270, 293, 326, 398, 400, 408, 413, 418, 463, 465, 473, 474, 484, 522, 528, 533, 537, 540, 542, 605, 625, 626, 674, 688, 688, 691, 693, 697, 911, 914, 924, 925, 963, 970, 971, 974, 1022-1024, 1027, 1030, 1034, 1047, 1050, 1052, 1054, 1062, 1101, 1110.
—— démolies comme impropres à conserver la glace, 632.
Glaçons en sculpture, 337, 341.
Gladiateur mourant, stat., 95, 99, 104, 292, 431, 1159, 1186, 1187.
Glaise (Ouvrages de), 46, 76, 131, 242, 254, 342, 391, 401, 402, 467, 468, 475, 477, 520, 530, 672, 685, 819,

892, 893, 902, 970, 1029, 1099, 1163, 1164, 1182.
Gland (Semis de), 141, 146, 311, 312, 447, 596, 735.
—— ensablé pour le conserver pendant l'hiver, 596.
Glatigny, avenues, 139, 313.
—— (Conduites des eaux bonnes à boire de) à Versailles, 53, 810, 869.
—— (Travaux à), 946, 1003, 1089, 1137.
Globe de bois du jardin de Marly, 895.
—— de marbre, 762.
—— terrestre (Horloge en forme de), 11, 68.
GLORON (Adrien), dit DUVAL, invalide, 199, 362.
GLUC, teinturier, 118.
Gobelets d'or, 113.
Gobelins (Manufacture et ouvrages des), 88, 89, 108, 114-120, 188, 217, 277, 282, 284, 286, 287, 295, 297-302, 360, 374, 420, 425-430, 434-437, 502, 530, 565-568, 570, 571, 575-581, 649, 699, 714-721, 725-729, 797, 808, 810, 842, 848-850, 852, 853, 856, 857-862, 944, 983, 986-989, 993-996, 1001, 1079, 1089, 1117-1121, 1123, 1129, 1137, 1145, 1147, 1149.
—— académie (Élèves de l'), 581, 729, 856, 862, 996, 1124.
—— appartement du sr COZETTE, concierge, 717.
—— apprenti teinturier, 861.
—— apprentis tapissiers, 119, 297, 301, 435, 576, 577, 726, 858, 859.
—— cessation des travaux, 957.
—— citerne de la teinturerie, 436.
—— curage du bras de la Bièvre, 848.
—— dessins et peintures (Avances pour les), 727, 860, 995, 1124.
—— garde-meuble, 858.
—— horloge (Grande), 723.
—— jardin, 729.
—— magasin des étoffes, 870, 993, 994, 995, 996.
—— maison du sr PAYEN en face du clos, 850, 988.
—— (Ouvriers flamands des), 119, 301, 437, 580, 729, 862.
—— peintres mis sous la direction du sr MIGNARD, 649, 933.
—— teintures, 85, 118, 300, 301,

TABLE ALPHABÉTIQUE.

436, 437, 579, 581, 716, 728, 729, 861, 862, 957, 995, 996.

Gobelins, transport de tapisseries à Versailles, 725, 856.

—— transport d'un lambris de lapis et d'écaille de tortue aux Tuileries, 722.

GOBERON ou GOBRON, prêtre de la paroisse de Saint-Hippolyte, 580, 729.

Gobetages, 149, 206, 263, 342, 754.

GOBIN (François), maç., 158, 327, 459, 463, 605, 606, 753, 886, 927, 1023, 1035, 1161, 1171.

—— (Michel), maç., 605.

—— (Les héritiers de Michel), 754.

GODARD (Henri), ter., 152, 254.

—— (Honoré), tuilier, 477, 621, 622, 771.

GODART (Gabriel), employé à la rivière d'Eure, 210, 211.

—— vitr., 535.

GODEPAIN (Geoffroy), charron, 768.

GODEQUIN (La veuve), sc., 679, 1105.

GODET, garçon fontainier, 72, 275, 414, 548, 695, 840, 928, 980, 1115, 1144.

Godets de moulins, 263.

GODIGNON (Mathieu), scr., 676, 807, 813, 867.

GODILLE (Alexandre), dit LA VALLÉE, ter., 265, 368.

GODIN, concierge de l'Académie d'architecture, 583.

GODINOT, 970.

GODIVEL, prêtre de la paroisse de Saint-Hippolyte, 862.

GOEREN (Pierre), dit LA SALLE, concierge du pavillon du Val, 202, 366, 499, 644, 645, 794, 931, 1065, 1142, 1147, 1195, 1196.

GOITTON, imprimeur en taille-douce, 122, 218, 375, 503, 573, 649, 797, 934, 1075, 1201.

GOLA (Pierre), maréchal, 598.

GOMBAULT (Jean), vitr., 87, 280, 286, 429, 569, 700, 718, 843, 850, 984, 988, 1119.

—— (Nicolas), jard., 146, 319, 414, 547, 694, 838, 880, 979.

Gondole du Dauphin à Choisy, 925.

Gondoliers vénitiens de Versailles, 2, 65, 73, 227, 270, 275-277, 385, 416, 418, 512, 543, 548-550, 661, 697, 709, 806, 841, 867, 943, 954, 982, 1000, 1008, 1091, 1144.

GORET (Le sieur), 812.

—— jard., 142.

Gorge-aux-loups (La), près Fontainebleau, 908.

Gorges de cheminées (Fausses), 854, 973.

Gosse (Nicolas), marbrier blessé, 197.

GOSSELIN (Georges), armurier, 219, 376, 441, 503, 650, 798, 934.

—— inspecteur pour recevoir le fer ou le plomb, 213, 214.

Gosset (Isaac), ter., 161, 330, 342, 466, 477, 478.

GOUDET, doreur, 429.

Goudron (Magasin à), 903, 904.

Goudrons et goudronnages, 41, 107, 178, 251, 345, 482, 520, 528, 625, 682, 905, 1042, 1175.

GOUET (Nicolas), dit BATAILLE, ter., 184, 185, 347, 350, 482, 484, 628, 776, 778, 779, 910, 911, 1046, 1047.

GOUJON (Paul), dit LA BARONNIÈRE, doreur, 948, 1005.

—— ou GOUGEON, employé aux toisés, 189, 356, 358, 491, 636, 786, 917, 1010, 1145.

Goujons de cuivre, 104.

GOULLIÉ ou GOULLIER (Joseph), ter., 153, 330.

GOULLON. — Voy. DESGOULLON.

GOUPY ou GOUPIL (André), sc., 558, 679, 825, 846, 966, 1105, 1187.

GOURDIN, dessinateur, 213, 214.

GOURNAY, compagnon fontainier, 72, 274, 414, 547, 695, 840, 980.

—— (La veuve de), 1079, 1128.

GOUTEUR (Jean), marchand de charbon, 479.

GOY (Claude), p., 218.

—— maç., 21.

—— ou DE GOY, sc., 95, 557.

GRAINDORGE, ouvrier estropié, 212.

Graines d'herbe, 162, 242, 339, 410, 475, 672, 891.

—— d'ormes, 316, 317, 447, 449, 456, 590, 874, 875, 879.

—— de plantes rares envoyées d'Italie, 293.

—— envoyées des îles de l'Amérique, 303, 992.

—— envoyées de Portugal, 267, 269.

Grains (Ensemençage de), 185, 324, 460, 483, 514, 544, 602, 626, 628,

668, 750, 778, 910, 951, 1006, 1021, 1046.

Graisse (Fourniture de), 768, 1107.

Graisses et chevilles pour les moulins, 72.

Graissets (Étangs et conduites des), 346, 771, 774, 902, 1043, 1089, 1136, 1164.

GRAMMONT (Pavillon de Mme DE), dans la cour des Capucines, 1123.

—— (Ancien hôtel de), 717, 1119.

—— (Dessins de l'hôtel de), 573.

—— (La maréchale duchessse DE), 9, 68.

—— (Maison occupée par le comte DE), 286, 293, 692, 714, 717, 718, 719, 721, 851, 988, 1119.

—— (Tableaux de l'hôtel de), 119, 301, 434, 437, 580, 729, 996, 1195.

GRANDERIE, marchand de fer, 78, 79, 87.

GRANDJEAN (Étienne), 751.

GRANIER (Pierre), sc., 84, 95, 294, 522, 494, 559, 567, 569, 571, 635, 701, 703, 790, 845, 853, 947, 990, 1004.

GRANJON (Étienne), charp., 479.

GRANVAL (Nicolas), mat., 74, 276, 416, 549, 696, 841, 981, 1116, 1148.

GRANVELLE (Le cardinal DE), 94.

Gratification à Dominique Cucci, ébéniste, 712.

—— aux charpentiers du canal de Versailles, 635.

—— aux tailleurs de pierre pour le May de l'Ascension, 635.

—— pour la fonte et pose des fleurons et trophées du dôme des Invalides, 702.

—— pour la pose de la boule et de la croix des Invalides, 635.

—— pour le toisé de la dorure du dôme des Invalides, 706.

Gratifications aux employés de Fontainebleau, 17, 69, 184, 233, 273, 350, 387, 419, 484, 516, 542, 545, 670, 713, 944, 955, 1002, 1047, 1091, 1092, 1138, 1139.

—— aux fontainiers, 695, 696, 928, 1063.

—— aux gens de lettres, 125, 126, 305-307, 439, 440.

—— aux gondoliers de Versailles, 2, 65, 227, 385, 418, 512, 543, 661, 709, 806, 867, 943, 954, 1000, 1008, 1091, 1138, 1144.

Gratifications à des manufacturiers, 194, 195.
—— à des ouvriers blessés, 194-197, 216, 353, 494-496, 634, 635, 789, 790, 927, 928, 1062.
—— pour invention de machines, 126, 306, 440.
—— pour la direction de la Machine de Marly, 65, 227, 271, 385, 418, 514, 543, 659, 708, 805, 866, 941, 1000, 1077, 1090, 1127, 1137, 1145.
—— pour voyages, 194-197, 494, 496, 634, 790, 791, 928, 1062, 1081, 1130, 1146, 1152.
Grattoirs (Fourniture de), 1160.
Graveur de numéros en marbre, 1121.
Gravois (Transport de), 264, 265, 279, 319, 325, 409, 467, 530, 780, 880, 893, 1028, 1029.
Gravure à l'eau-forte, 109, 110, 296, 433, 724, 991.
—— des cartes des eaux de Versailles, 692.
—— de fers à marquer les livres, 724.
—— de marques pour les draperies étrangères, 434.
—— de médailles, 109-112, 122, 123, 297.
—— de planches, 109-111, 296, 433, 575, 692, 724, 1080, 1129.
—— de tables, 541.
—— sur cuivre, 109, 111, 296, 433, 724, 1080.
—— sur pierres fines, 122.
Greffes envoyées de Portugal, 267, 412.
Grêle (Dégâts causés par la), 976, 999.
Grenadiers (Achat de) à fleurs doubles et panachés, 136.
Grenelle (Remises à gibier de la plaine de), 141, 444, 586, 589, 734, 743, 871.
Grenier, charp., 84.
—— sc. — Voy. Granier (Pierre).
Grenouillère (Port de la), 1155, 1156.
Grenouilles en sculpture, 526.
Grès (Blocs de), 279, 281.
—— (Bornes de), 269, 270, 546.
—— (Carrières de), 213, 214, 372, 373, 489.

Grès (Conduites de), 45, 149, 172, 180, 184, 235, 282, 341, 350, 484, 487, 563, 599, 628, 682, 751, 779, 809, 810, 819, 860, 910, 971, 1047, 1148.
—— (Décharges de), 848.
—— (Fourniture de), 205, 207, 239, 370, 632, 783, 914.
—— (Grand pavé de), 754, 831, 923, 973.
—— (Roches artificielles de), 250.
—— (Vente de) à Mme de Maintenon, 818.
Grouard (Guillaume), sc., 167, 336.
Groupe d'Apollon, 678. — Voy. Bains d'Apollon.
—— du Milon, 99, 663, 711.
Groupes de bronze, 35, 95, 103, 291, 292, 337, 341, 431, 472, 615, 809, 869, 1087, 1135.
—— d'enfants, 92, 95, 103, 104, 106, 292, 431, 615, 809, 824, 854, 1087.
—— et figures de marbre, 19, 70, 85, 91-94, 96, 97, 99, 101, 102, 106, 107, 193, 291, 293, 443, 490, 526, 566, 660, 663, 704, 711, 723, 765, 791, 807, 809, 838, 853, 945-952, 986, 990, 991, 1003-1007, 1010, 1079, 1080, 1082, 1083, 1085-1088, 1090, 1093, 1121, 1128, 1129, 1131-1136, 1140, 1143, 1149, 1171.
—— et figures en pierre, 35, 36, 337, 843, 844, 845.
Grille de fer carillon, 1103.
Grilles de cheminées avec figures de bronze, 396, 397.
—— de fer, 30, 31, 50, 63, 171, 266, 267, 335, 369, 404, 411, 412, 541, 839, 850, 923, 925, 976, 979, 988, 1115.
—— de soupapes, 205, 458, 723.
Grincot (Christophe), ter., 180, 184, 350, 484, 628, 779.
Grogney (Jean), couv., 776, 802, 908, 939, 1068, 1071, 1147, 1198.
—— (La veuve de Jean), couv., 182, 203, 224, 348, 366, 381, 499, 508, 627, 645, 656, 794, 802, 939, 1068.
Grogneuil, ferme de Mme de Maintenon, 663, 712.
—— (Fontaine de), 272.

Grogneuil (Terre de), 227, 230-233, 270, 272.
Gromet (Robert), voit., 593.
Gros-Houx (Bois et chemin de la vallée du), 888, 893.
Grou (Philippe), garde morte-paye du château du Louvre, 359, 441, 584.
—— ser., 51, 257.
Grucné, arquebusier, 294.
Grues fournies pour la Ménagerie, 14, 68.
Grugnolls (Jardin de), 590.
Gruyn (Pierre), garde du Trésor royal, 934, 1077.
Guadeloupe (Envoi d'une caisse de graines et d'arbrisseaux de la), 992.
Guairt, receveur de l'hôpital des Incurables, 1124.
Guarrigues (Paul), garçon de laboratoire, 121, 302, 438, 582, 730, 863.
—— (La veuve de Paul), 997.
Gueldre (Rosiers de), 136, 450, 452.
Guéridons de fontaines, 291.
Guérier (Jean), vidangeur, 295.
Guérin (Les héritiers de Gilles), sc., 1090, 1137.
—— (Jean), vidangeur, 108.
—— (Pierre), men., 85, 147, 284, 303, 320, 427, 457, 567, 599, 717, 849, 946, 987, 1003, 1118.
—— jard., 152, 176.
Guérinière (Aqueduc et réservoir de la), 45, 60, 62, 265, 409, 537, 541, 1112.
—— (Porte de la), 50.
Guérinot (Adrien), marchand de bois, 84.
Guérite pour le Suisse de Marly, 469.
Guernel ou Guernet (Jean), mat., 74, 549, 981, 1116.
Guerrier (Léon), voit., 311.
Guesdron, concierge de l'Académie d'architecture, 127.
Guesnard (Jacques), charp., 622.
Guiancourt (Plaine de), 409, 746.
—— (Rigole de), 368, 837.
Guiard ou Guyard (Jean), toiseur, 213, 214, 372, 373, 388, 489, 1051, 1058.
Guichets de fer, 533.
Guidi (Dominico), sc. romain, 19, 70, 94, 104, 107, 660.
Guignonville (Sas ou écluse de), 370.

TABLE ALPHABÉTIQUE. 1261

GUILLARD (Roland et Nicolas), paveurs, 999.
GUILLAU (Nicolas), ter., 152.
GUILLAUME (Robert), voit., 1100.
— (Roger), charp., 599.
— (Rollain), ter., 1013.
GUILLAUZEAU, sc., 703.
GUILLEBON, marchand, 210.
GUILLEMET (Louis), jard., 181.
GUILLERY (Gabriel), vannier, 899, 1033.
GUILLET (Victor), habitant de Marly, 900, 1033.
GUILLIN, employé à la butte de Montboron, 189, 356, 491, 636.
Guillochis de marbre, 1129.
— rehaussé d'or, 248, 396.
GUILLOIS (Thomas), jard., 316, 317.
GUILLON (Jacques), dit LA POUSSIÈRE, maç., 1127.
— manœuvre, 325.
GUILLOT (Léger), invalide, 199.
— (Louis), portier du château neuf de Saint-Germain, 220, 377, 505, 652.
— (Silvain), dit LA BRIE, ser., 182, 482.
— (Simon), men., 427, 564.
GUILMIN (Michel), ter., 154.
Guimaroins (Prunes confites de), 267.
GUIMAT (Jean), 400.
GUINEBAULT, p., 909.
GUINTEAU ou QUINTEAU DE RICHEMONT (Gaspard), jard., 420, 500, 507, 545,

646, 654, 713, 795, 802, 939, 1002, 1067, 1070, 1139, 1147, 1198.
GUITTEAU, ter., 912.
GUOBET, jard., 241.
GUSSIN, élève peintre, 188, 355, 490, 638, 785, 916.
Guyencourt. — Voy. Guiancourt.
GUYMONT (Le sieur DE), directeur de la manufacture des glaces, 39, 185, 250, 398, 681, 722, 948, 958, 968, 1005.
GUYOT (Claude), jard., 734.
— ou GUYON, sc., 95, 167, 289, 560, 703, 704, 845, 846.
— nattier, 185.
GUYTTARD, trésorier de France à Bourges, 808, 868.

H

HABERT (Jacques), entrepreneur, 186, 351, 485.
Haches (Fourniture de), 529.
— pour couper la glace, 688.
HAINAULT (Nicolas), jard., 324, 739.
— (Pierre), ter., 353.
Halle-Barbier (Maisons sises à la), 132, 309, 442, 443, 585, 664, 710, 732, 733, 999, 1142.
HAMARD, jard., 133, 310.
Hambourg (Levée du siège de), méd., 122.
HAMON (Pierre), jard., 181, 184.
HAMOND (Jacques), jard., 141, 313.
HAMUEL ou HAMEL (Séraphin), ter., 153, 162, 609.
HANAP (Ouin), voit., 143.
HAVARD, sc. — Voy. HAVARD.
Hanches (Moulin de), 1002.
HANEQUETIN (Robert), jard. et ter., 448.
HANEQUIN, ter., 820.
HANETIN, ter., 671.
Hangar pour abriter les giroflées, 1158.
HANUCHE (La veuve), marbrier, 1151.
HARAS (André), couvreur de chaume, 522.
HARDOUIN (La veuve du s'), contrôleur général des Bâtiments, 192, 717.
— (La veuve de Michel), maç., 7.
HARDY (Jacques), laboureur, 331.
— sc., 96, 294, 704, 845, 1084, 1132.

HAREL (Pierre), voit., 143, 264.
HARLAN (Charles), marchand, 301.
HARTSOEKER, ingénieur hollandais, 124.
HASTÉ l'aîné (Michel), ser., 31. 806, 867.
HAUBÉ, ter., 59.
HAULMOINE (Philippe), chandelier, 178, 345, 481, 625, 774, 906, 1043.
HAUSSECORNE, employé dans le petit parc, 190, 357.
Hautesbrières (Retenue et fossé des), 369, 975.
HAUTE-CAMPAGNE, garçon fontainier, 188.
HAUTECLAIR (Simon TAILLARD), ter., 483, 626, 1177.
Hauteur des arbres des jardins (Mesurage de la), 1053.
HAVARD, sc., 96, 261, 289, 554, 825, 846, 1032, 1187.
HAVART, inspecteur des toiles en Normandie, 512, 543.
HAVET (Claude), voit., 293.
— (Jean), voit., 1, 67.
Havre (Le), 5, 59, 108, 109, 131, 293, 586, 625, 626, 827, 865.
Haye (La), 122, 123.
HÉLÈNE (Enlèvement d'). — Voy. Enlèvement.
HÉMONT (Antoine), ter., 9, 173, 342, 477, 478, 620, 771, 902, 1039, 1172, 1176.
— (Jacques), marchand de sable, 1173.

HÉMONT (Jean), prop., 906, 1044.
— l'aîné (Olivier), ter., 477, 478.
HENDRECIS (Nicolas), vannier, 145, 317, 454, 475, 595, 618, 741, 743, 878, 1016, 1055, 1156.
HENRY (Claude), 517.
HÉRAULT (Charles), p., 90.
Herbages (Location d'), 667, 669, 818, 1097.
Herbe de bas prés (Graine d'), 617, 760, 891, 1027, 1168.
Herbes (Arrachage et enlèvement de mauvaises), 185, 474, 508, 520, 529, 619, 655, 671, 757, 759, 802, 819, 893, 923, 939, 1028, 1039, 1055, 1067, 1071.
— (Fauchage et sarclage d'), 474, 475, 611, 734, 736, 756, 827, 873, 874, 927.
Herborisations, 121, 302.
HERCULE, stat., 107.
— COMMODE, stat., 1134.
— de Farnèse, stat., 93, 945, 1003.
HERINX, 1040.
HERLAC (M. D') ou ERLACH, commandant des Suisses, 970.
HERLANT, marchand, 80, 294, 434, 573.
HERLAUT, charp., 621, 622, 903.
Herminettes (Fourniture d'), 344.
Héronnières de Fontainebleau, 779, 911, 1047.
HERPIN, sc., 36, 423, 558, 702, 1092, 1139.

83.

COMPTES DES BÂTIMENTS DU ROI.

Hersage de routes, 616.
Hersant (Mathurin), maç., 6, 11, 179, 347, 482, 626, 775, 907, 1044, 1079, 1128, 1151, 1176, 1177.
Herses (Réparation de), 474.
Hessin, intendant et ordonnateur triennal des Bâtiments, 796, 932.
Heu, bateau plat du canal de Versailles, 521, 522, 673, 676.
Heudiard, ouvrier jardinier blessé, 634.
Heures du Roi, 121, 232, 272, 273.
Heuzet (Isaac), invalide employé au petit parc de Saint-Germain, 642. 791.
Hilaire (Jacques), ter., 836.
Histoire byzantine, 122.
——— des animaux, planches et texte, 109, 296, 441.
——— des Conquêtes du Roi, planches gravées, 109, 110, 296, 575, 692, 724, 810, 857, 870, 991.
——— de la France métallique, 110.
——— des maisons royales. — Voy. Félibien (André).
——— des plantes, planches gravées, 110, 126, 296, 433, 440.
——— du Roi (Planches de l'), 723.
——— du Roi, en médailles, 110.
——— de saint Louis, bas-reliefs en pierre, 555-559, 702, 704, 705, 843, 846.
——— de Scipion, tenture de tapisserie, 117, 298, 299, 435, 436, 577, 578.
Hiver (L'), stat., 948, 1005.
——— (L'), pièce de la tenture de la Galerie de Saint-Cloud, 726, 727, 857, 859.
——— (L'), Terme, 809, 869.
Hollande, tap., 769.
Hollandais (Abandonnement de l'Issel par les), méd., 112.

Hollande, 109.
——— (Étang de), 368, 518, 975, 976.
——— (Carreaux de faïence de), 23, 167, 168, 171, 250, 251, 528, 537, 826, 928.
Hongrie (Acier de), 480.
Horais (Michel), lab., 1029.
Horloge de fer du couvent des Capucines, 281.
——— des Gobelins (Grande), 723.
——— en forme de globe terrestre, 11, 68.
——— et cadran de la Samaritaine, 1122.
Horlogerie (Mouvement d') pour la sonnerie de l'horloge de Marly, 168.
Horloges, 79, 104, 119, 168, 170, 338, 340.
Horslaville (Charles), ter., 611, 759.
Hôtel des Ambassadeurs extraordinaires à Paris, 85, 221, 282-285, 296, 378, 429, 432, 505, 565, 652, 718, 719, 800, 851, 937, 1076, 1204.
——— des inspecteurs, 1190.
Hotte (Portage de terre à la), 871, 872.
Hottes (Fourniture de), 481, 482, 596, 617, 750, 767, 898, 1043, 1168.
——— à étages pour porter des fruits au Roi, 317, 455.
Houasse (René-Antoine), p., trésorier de l'Académie de peinture, 55, 89, 119, 287, 301, 430, 434, 437, 573, 580, 583, 721, 729, 731, 852, 862, 864, 996, 997, 1121, 1125.
Houdard, inspecteur à Maintenon, 215.
Houdreville (Hauteurs de), 207, 209, 370.
Houel (Le chevalier), prop., 132, 309, 442, 585, 733, 1142.
Houilles (Remises à gibier de la plaine de), 235.

Houiste (Noël), voit., 592.
Houlettes, 27, 246, 320, 618, 900.
Houry, employé à la rivière d'Eure, contrôleur de la brique, 212, 371, 488, 633, 723, 915, 916, 1058, 1181.
Housse sous forme de tente pour un portique de marbre, 769.
Housset (Pierre), ter., 323.
Houzeau (Jacques), sc., 218, 375, 502.
——— (La veuve de Jacques), 785, 1090, 1187.
Hubin (Étienne), jard., 446, 589, 592, 740, 741, 743, 744, 871, 1012.
——— émailleur, 125.
Huby (Jacques), jard., 136, 208, 311, 447, 450, 452, 591, 738, 739, 875, 877, 1013, 1154.
Huet, employé à Chambord, 1180.
Hucot, inspecteur à Maintenon, 215.
Huguet (Nicolas), jard., 597.
Huile à brûler (Fourniture d'), 178, 345, 434, 481, 573, 618, 625, 769, 774, 906, 1034, 1043, 1160.
——— de noix, 767.
——— d'olive (Fourniture d'), 294.
——— de rabette, 1042, 1175.
Hulet, invalide, 212.
Hull (Plomb de), 59, 209, 237.
Hulot, sc., 96, 423, 825.
Humières (Le maréchal d'), 1097.
Hunes pour les cloches, 402.
Hureau (Claude), charp., 182.
Hurlin (Pierre), dit La Croix, invalide, 212.
Huron (Mathurin), jard., 1165.
Hurpierre, gr. en médailles, 112.
Hurteille (Simon), sc., 96, 422, 557, 702, 845, 1082, 1093, 1131, 1140.
Huslin (Pierre), jard., 454.
Huzé (Isaac), dit Le Normand, invalide, 212.
Hysope, plante, 80.

I

Ifs (Plantation d'), 137, 138, 159, 160, 161, 317, 319, 328, 329, 330, 339, 589, 592, 735, 742, 878, 879, 1188.
Imbert, commis des manufactures à Saint-Valery, 191, 359, 489, 638.
——— sc. et p., 782.

Impray, commis à la poste de Versailles, 636, 791, 928, 1063.
Immondices (Enlèvement d'), 433, 467, 574, 603, 609, 655, 750, 758, 802, 855, 893, 902, 939, 1027, 1028.
——— jetées par les Anglais dans les

fossés du château de Saint-Germain, 884.
Imprimerie royale, 87, 429, 567, 569, 573, 574, 719, 850, 989, 1120.
Imprimés pour les Bâtiments, 413, 541, 691, 978, 992.

TABLE ALPHABÉTIQUE. 1263

Incendie (Sceaux d'osier brayé pour), 751.
—— (Ustensiles pour extinction d'), 293.
—— de l'orangerie de Choisy, 922.
—— du petit pavillon de la porte des Tuileries, 856.
Incendie du Bourg (L'), tapisserie, 115, 298, 435, 436, 578.
Incrustations de marbre, 104.
Incurables (Peintre des Gobelins mis à l'hôpital des), 1124.
Inde (Marronniers d'). — Voy. Marronniers.
Indes (Animaux et plantes des), modèles de tapisserie pour la Tenture des Indes. — Voy. Tenture indienne.
Ino et Mélicerte, groupe de marbre, 96, 853, 990.
Inondation causée par les eaux de l'étang de Saint-Quentin, 514, 544.
—— de 1688, 370.
—— de janvier 1690, 513.
Inondations (Construction d'écluse pour empêcher les), 513.
—— causées par les eaux de l'étang de Roquancourt, 811, 870.
—— causées par le transport de matériaux, 713, 1001.
—— causées par le trop-plein de l'étang du Perray, 663.
—— de l'étang de Trappes, 951, 1006.
—— d'un carré de marronniers, 875.
Instruments de chirurgie, 125.
—— de mathématiques, 125, 219, 376, 503, 650, 798, 935.
Invalide chargé de la transcription des Heures du Roi, 273.
Invalides (Gages d'), 197-200, 212, 362-364, 496-497, 642, 791-792, 929, 1064.
—— (Église des), 3, 8, 15, 76, 107, 195-198, 236, 278, 354-356, 387, 390, 421, 432, 492, 495-497, 517, 520, 551, 634-637, 642, 666, 668, 671, 699-706, 786, 790, 792, 812, 816, 843-846, 917, 929, 949, 984, 1005, 1060, 1064, 1087, 1122, 1135, 1151.
—— arcs-doubleaux, 553, 556, 560, 704, 845.
—— ateliers des bâtiments, 432.
—— ateliers des marbriers, 1122.
—— boule et croix du dôme, 635.

Invalides, chapelle à l'entrée (Première), 556.
—— chapelles, 553, 555-561, 700-704.
—— chapelles (Bas-reliefs au-dessus des portes des), 703-705, 844-846. — Voy. ci-dessous : portes.
—— chapelles (Calottes des passages des), 701, 703-705, 843-846.
—— chapelles (Niches des), 701, 703, 704.
—— chapelles (Panneaux sculptés des voûtes des), 556, 701-705, 843, 844.
—— chapelles (Pavé de marbre des), 560, 561, 705, 706, 846, 991, 993, 1123.
—— chapelles (Statues des), 558.
—— corniches sculptées, 701, 702, 844, 846.
—— dôme, 278, 291, 355, 421-423, 495, 496, 551-557, 634, 635, 700, 843, 984.
—— dôme (Balustrade de fer de la lanterne du), 700.
—— dôme (Campane du dessus du), 700.
—— dôme (Consoles sculptées du), 703, 846.
—— dôme (Corniche intérieure du), ornée de roses feuilles d'eau, 558, 560, 702, 705, 844, 846.
—— dôme (Échafaudages pour dorer le), 699.
—— dôme (Fleurons et chutes de trophées en plomb du), 555, 702.
—— dôme (Frise d'ordre composite du), 559.
—— dôme (Lanterne et aiguille du), 411, 551-556, 558, 559, 700, 702, 843.
—— dôme (Ornements et figures de la grande voûte du), 552, 553, 556, 558, 700, 702, 705, 843, 844, 845.
—— dôme (Ornements et statues de plomb du), 553-556, 559, 700, 702, 706.
—— dôme (Panneaux de la grande voûte du), 706, 843, 844, 845, 846.
—— dôme (Petits escaliers à l'intérieur du), 699.
—— dôme (Statues du), 421, 422, 553-555, 557-560, 843-846.

Invalides, frise du pourtour (Grande), 554, 703.
—— halle au bord de la Seine, 432.
—— inspection des ouvrages de la grande église, 1193.
—— maître-autel (Modèle du), 551-554, 563, 635, 700.
—— modèles de plâtre pour les sculpteurs des niches des chapelles, 704, 844.
—— ouvriers charpentiers et serruriers chargés de la pose de la croix et des fleurons du dôme (Gratification aux), 635, 702.
—— piliers butants, 559.
—— portail (Statues de pierre du fronton du grand), 554, 557, 558, 703.
—— portail (Grand vitrail du second ordre du), 558.
—— portail principal, 290, 291, 421, 422, 556.
—— porte d'entrée (Anges et attributs au-dessus de la grande), 558, 704.
—— porte d'entrée (Armes du Roi au-dessus de la), 557.
—— portes : bas-reliefs de l'histoire de saint Louis, 555-559, 702, 704, 705, 843, 846.
—— pyramide, 700.
—— sanctuaire, 552, 557, 561, 700, 701, 706.
—— sculpteur tombé de quarante pieds de haut, 790.
—— statue de Charlemagne du grand portail, 703.
—— statue de saint Louis, 558.
—— statues des Évangélistes aux angles du dôme, 552, 553, 555, 557, 560, 703.
—— tribune (Modèle en menuiserie de), 700.
—— tribunes, 701, 705.
—— tribunes (Modèle de balustrade sculptée d'une des), 701.
—— trompe avec figures sculptées des Évangélistes, 552, 703.
—— vases des bas-côtés, 555.
—— vitraux, 552, 555, 700, 701, 705, 843, 846, 852, 984, 1121.
—— voûte (Panneaux sculptés de la grande), 702.

Invalides (Hôtel des), 75, 232, 240, 272, 816, 843.
—— (Missionnaires des), 662, 710.
—— (Port des), 734.
—— (Nouvelle boucherie des), 642.
Ipréaux ou ypréaux, arbres. — Voy. *Fontainebleau* (Allée d'ipréaux).
Iris (Oignons d'), 136.
—— bulbeux, 135, 450.
—— de la petite espèce, 452.

Iris de Perse, 133.
Irlande, 240.
—— (Monnaie d'), 285, 292.
Irbasaby ou Irbisaby (Pierre), officier des Invalides, 197, 198, 363, 496, 642.
Isabelle (Louis), plombier et fontainier, 32, 156, 326, 462, 604.
—— (La veuve de Louis), 751.
—— (Louis), garçon plombier et fontainier, 752, 790.

Isocrate, stat., 96, 947, 1004.
Isvel (Abandonnement de l') par les Hollandais, méd., 112, 297.
Italie, 134, 293.
—— (Marbres d'), 3, 4, 5, 10, 12, 17, 66, 113, 232-234, 238, 273, 294, 388, 518, 666, 724, 806, 856, 867.
Ivelines (Forêt d'), 210.

J

Jacinthes (Achat de), 137, 311, 875, 877, 1027, 1164.
—— bleu turquin, 134, 135.
—— bremaies hâtives, 134.
—— d'Angleterre, 877.
—— doubles orangées, 135, 450, 740.
—— jonquilles, 146.
—— romaines, 133.
—— simples orangées, 450.
Jacob (Claude), sc., 337, 472, 615, 764, 897, 1169.
Jacquet. — Voy. Jaquet.
Jacquin, sc., 97, 290, 554, 701, 703, 844.
Jaillot, géographe du Roi, 541.
Jamault (Jean), p., 129, 308.
Jamin (Martin), concierge du logis de la Fontaine, à Fontainebleau, 225, 383, 509, 657.
—— (Robert), concierge de la cour du Cheval Blanc, à Fontainebleau, 69, 226, 273, 350, 383, 420, 484, 509, 545, 628, 658, 713, 778, 804, 911, 941, 1002, 1046.
—— invalide, 212.
Jans (Jean), tap., 114, 116, 297, 434, 435, 575, 576, 725, 808, 856, 857, 868, 993, 1124.
Janson (Charles), vitr., 32, 54, 87, 219, 234, 246, 259, 286.
—— (La veuve de Charles), vitr., 390, 428, 516, 561, 569, 573, 676, 689, 719, 851, 988, 1112, 1119.
—— (Charles), jard., 62, 311, 445, 531, 547, 672, 694, 820, 839, 980, 1112.
—— le jeune (Charles), ter., 71, 835, 977, 1113, 1182.
—— (Gabriel), vitr., 375, 395, 406,

503, 524, 534, 650, 661, 676, 677, 689, 709, 798, 823, 830, 934, 965, 972, 1075, 1103, 1109, 1209.
Janson (Jean), jard., 311.
—— (Rémy), jard., 24, 43, 71, 138, 241, 254, 264, 274, 314, 392, 402, 409, 411, 414, 444, 446, 455, 539, 540, 547, 587, 596, 635, 685, 693, 694, 735, 839, 879, 924, 928, 963, 971, 977, 979, 1011, 1014, 1052, 1054, 1101, 1115, 1149, 1150, 1155, 1182.
Janss (Le s'), 121.
Janvier, pièce de la tenture des *Belles Chasses de Guise*, 727, 860.
Jaquet (Charles-François), vitr., 82, 87, 121, 286, 429, 564, 570, 719, 850, 988, 1119.
—— (Les héritiers de Charles), 1089, 1137.
—— (François), maç., 186, 351, 485.
—— (Jacques), vannier, 898, 1033.
—— fondeur, 387, 388.
Jaquin, sc. — Voy. Jacquin.
—— (La veuve), charron, 27, 528, 821.
Jardin (Jean), ter., 268.
Jardin médicinal du faubourg Saint-Victor, 221, 378, 505, 652, 800, 937.
Jardin royal, 87, 110, 120, 121, 200, 201, 282, 385, 286, 293, 302, 303, 364, 365, 425, 426, 427, 429, 437, 497, 498, 565, 570, 581, 582, 699, 714, 718, 719, 729, 730, 842, 849, 850, 852, 863, 983, 986, 987, 988, 992, 996, 1012, 1019, 1119, 1125, 1193.
—— royal, amphithéâtre, 997.
—— royal (Apothicairerie du), 121, 303, 581, 1193.

Jardin royal (Appartement de Dacques et autres au), 426.
—— royal (Appointements des démonstrateurs du), 120, 121, 302, 438, 581, 582, 729, 730, 863, 997, 1011, 1012, 1125, 1145.
—— royal (Bassin rétabli au), 582.
—— royal (Clôture des couches du), 565, 716.
—— royal (Cours de chimie au), 120, 303, 581, 731, 863, 997, 1143, 1152.
—— royal, démonstrations aux écoles de pharmacie, 643, 929, 1064.
—— royal, démonstrations intérieures des plantes et démonstrations anatomiques, 120, 302, 438, 581, 582, 729, 730, 863, 997, 1011, 1125, 1145.
—— royal, dissections anatomiques, 120, 303, 581, 730.
—— royal, écoles des démonstrations, 730.
—— royal, écoles de pharmacie, 643, 729, 929, 1064.
—— royal, fontaines, 991.
—— royal, grand bassin, 848, 1118.
—— royal, jardin des fleurs, 848.
—— royal, laboratoire, 120, 121, 438, 581, 722, 731, 863, 997, 1143, 1152.
—— royal, logement du portier, 716.
—— royal, marronniers d'Inde, 1017.
—— royal, orangerie, 1019.
—— royal, pavillon des couches des plantes rares, 716.
—— royal (Petit jardin des plantes du), 120, 121, 303, 584, 730, 863, 997.
—— royal (Plantes rares du), 427, 568.

TABLE ALPHABÉTIQUE.

Jardin royal (Plantes rares dessinées en miniature du), 287, 430, 571, 990.
— royal (Porte d'entrée du), 438.
— royal (Recherche de plantes rares pour le), 437, 438, 730, 1063.
— royal, remises des carrosses de MM. Daquin et Fagon, 731.
— royal, salle des squelettes, 582.
— royal, terrasse du jardin, 730, 731, 863, 997.
Jasmins communs, 136.
— d'Espagne, 147, 200, 364, 497, 643, 793, 880, 930, 1010, 1066, 1145, 1197.
— jonquilles, 136.
Jassées, fleurs, 136, 450, 452, 739, 1154.
— doubles, 311.
Jaugeages, 114.
Jaulin (François), laboureur à Neauphle-le-Vieil, 663, 711.
Jésus-Christ en croix, tab., 53.
Jetons (Dessins de devises de), 90.
— de l'Académie française, 441.
— d'argent, 17, 67, 124, 305, 389, 583, 584.
— des Bâtiments, 991.
Jeu d'anneau tournant, 245, 247, 251, 334, 338, 470, 921, 1026, 1032, 1045, 1182, 1184.
— du houloy, 1056.
— de menuiserie pour le Dauphin, 921.
— de portique en marbre blanc, 432, 571, 572, 721, 723, 853, 855.
Jeu de trou-madame, 334.
Jeune homme tenant des fruits et deux lapins, figure antique, 289.
Joineau, carrier, 181.
Jolicœur (Jean), maç., 210.
Jollivet (Étienne), prop., 171, 325, 461, 603, 732, 865, 1022.
Jolly (Barthélemy), sc., 35, 97, 248, 422, 554, 790, 843, 845, 990.
— (Pierre), garde des plants et palis de la forêt de Saint-Germain, 156, 324, 326, 461, 462, 603, 604, 752.

Jolly, commis à la Surintendance des Bâtiments, 641, 787, 919, 1058, 1126, 1153, 1191.
— voit., 135.
Joly (Jacques), jard., 185.
Jones (Enlèvement de), 939, 1067, 1071.
Jonction des mers, méd., 111.
Joncleur (Nicolas), entrepreneur de maçonnerie, 263.
— (Regard du), 173, 177, 346, 477, 775, 903.
Jonquilles (Achat de), 137.
Jouanneau ou Joanneau, employé à l'aile de Versailles, 189, 357, 358.
Jouault (Jean-Philippe), greffier du Parlement de Paris, 1022.
Joubert (Jean), p. en miniature, 90, 287, 295, 430, 570, 664, 711, 720, 852, 990.
— écrivain, 641.
— garde-magasin de la place Vendôme, 641.
Jouel (Gilles), plâtrier, 818.
Jourdain (Antoine), jard., 188.
— maç., 180.
— marchand de bois, 27, 262, 563, 797.
Jourdan, employé dans le petit parc, 190, 357, 491, 636, 786, 917, 1059, 1152, 1192.
Jourdin (Michel), maç., 241.
Journel (Poncelet), marchand de fer, 624.
Jouvenet (Isaac), 96, 97.
— (Jean), p., 89.
— (Noël), sc., 79, 96, 167, 248, 289, 334, 336, 396, 423, 424, 553, 562, 680, 701, 702, 705, 825, 844, 897, 1086, 1093, 1134, 1140.
— le jeune, sc., 558, 701.
— frères, sc., 35, 36, 56, 96, 422, 844.
Jouy (Rivière de), 15, 69.
— (Seigneurie de), 953, 1008.
Joyenval (Aqueduc de), 151.
Juoin, jard., 560.
Judée (Arbres de), 136.

Judet (Jacques), dit Du Mesnil, carrier, 205.
Juel (Gilles), maç., 621, 1039, 1178.
Jugement de Pâris (Le), tapisserie, 993.
Juillet, pièce de la tenture des Belles Chasses de Guise, 727, 859.
Juin, pièce de la tenture des Belles Chasses de Guise, 727, 859.
Juliart (François), voit., 468, 475.
Julien (Charles), dit L'Avocat, invalide, 109, 364, 496.
— (Mathieu), jard., 311.
— (La veuve), marchande de bois, 27.
Julienne (Henry), jard., 184, 310.
— (Jacques), jard., 80, 739.
Juliennes blanches doubles, 876, 890, 899, 1027, 1165.
— doubles, 136, 311, 447, 452, 591, 739, 768, 876, 1154.
— simples, 450, 452, 739, 876.
— violettes blanches doubles, 450.
Jullin (La veuve de Pierre), 147, 573, 716, 723.
Jumel (Michel), dessinateur, 1192.
Jumelle (Michel et Charles), employés à la Machine, 190, 357, 361, 492, 637, 786, 907, 917, 1058, 1063, 1192.
— sc., 97.
Junon, buste, 93, 97.
— Terme, 1083, 1132.
Jupiter, Terme de marbre, 854, 1132.
— de Besançon, Terme, 94.
— et Junon, Termes de marbre, 93.
Jurand (Claude-Louis), entrepreneur de maç., 12, 13, 20, 207, 235, 289, 370, 487, 632, 783, 818, 914, 1058, 1181.
Justaucorps pour les gardes des étangs, 268, 412, 541, 692, 979.
— pour le portier de l'Observatoire, 441, 584, 787, 920, 1122.
Juste (Jean-Baptiste), mat., 74, 276, 416, 549, 696, 841, 981, 1116, 1148.
Justice (Fermes de la), 448.
Justine, men., 86, 284, 427, 568, 717, 849, 987, 1119.

K

Keller, fondeur, 16, 95, 96, 103, 292, 354, 387, 431, 494, 562, 572, 635, 706, 814, 846, 854.

Kerchove (Josse), teinturier, 117, 118, 300, 436, 579, 728, 729.
— (Héritiers de Josse), 728, 861, 862.

Kerchove (Louis), apprenti teinturier, 118, 300, 436, 861, 957, 995, 996, 1123, 1145.

L

La Baronnière. — Voy. Goujon, doreur.
La Barre, garde de l'aqueduc de la Boissière, 1113.
Labbé (Robert), jard., 141, 594.
—— employé au canal, 41, 42, 61, 251, 348, 400, 826, 1185.
—— inspecteur des ouvriers à Paris, 190, 357, 492, 528, 637, 682, 786, 824, 918, 923, 969, 1031, 1060, 1146, 1190.
La Boissière (Aqueduc et étang de), 205, 838, 1113.
Laborté, gardien des matériaux du s' Jurart, 1058, 1181.
La Boulaye, employé préposé aux vitres, 637, 786, 917, 927, 1062, 1146, 1190.
—— chargé de l'inspection sur les broderies de Saint-Cyr, 362, 492, 494, 638, 667, 787, 1194.
Labours, fossés et terrassements, 137-142, 151-154, 158-163, 180, 181, 204, 205, 264, 265, 313-317, 323, 324, 328-331, 347, 348, 382, 383, 391, 392, 409-411, 444-449, 451, 454, 456, 460, 462, 465, 468, 469, 482, 483, 508, 509, 531, 586-589, 592, 594, 595, 597, 601, 602, 604, 609-611, 626, 627, 635, 642, 656, 657, 694, 733-738, 741, 744, 749, 750, 752, 755-757, 759, 776, 839, 871-874, 883-885, 887, 889-891, 908, 922, 980, 1006, 1014, 1015, 1021, 1022, 1025, 1044, 1141, 1154-1157, 1160.
Labours, voit., 474.
La Bretèche (Village de), 668, 756.
La Brie (Rebours, dit), garde des palis de la forêt de Fontainebleau, 184, 350, 484, 628, 778, 779, 910, 911, 1046, 1047, 1178.
La Brie (Silvain Guillot, dit), ser., 182, 483, 777, 909.
—— employé au château de Monceaux, 866.
—— jard., 63, 265.
La Chaise (Le jardin du Père), 133, 734.
La Chambre. — Voy. De la Chambre.
Lachant ou Lachampe (Mathieu), maç.,

186, 187, 351, 352, 485, 487, 629, 779, 911, 1047.
La Chapelle-Saint-Martin (Rigole de), 368.
La Chaussée, piqueur des travaux de Maintenon, 633, 783, 915.
Lachenaye, ter., 61.
Laciré (Thomas), compagnon fontainier, 72, 274, 414, 547, 695, 840, 980, 1115, 1143.
Lacombe (Guillaume), ter., 620, 770.
Lacoste (Denis), maître de forges en Champagne, 53, 259.
Lacour (Édouard Colbert de Villacerf, seigneur de). — Voy. Colbert.
—— sc., 289.
Lacroix (Jean), tap. — Voy. Delacroix.
—— (Pierre), épinglier, 58, 250, 261, 398, 407, 412, 524, 536, 540, 677, 690, 824, 969.
—— compagnon charp. blessé, 495.
—— jard. — Voy. Delacroix.
—— men., 7.
Laflèche (Pierre), jard., 1038.
—— (René), tourneur, 325, 603, 751.
Lafleur (François), maç. et ter., 130.
—— invalide, 362.
—— poseur blessé, 195.
La Folie, ferme de Mme de Maintenon, 663, 712.
Lafontaine (Charles), ter., 60, 268.
—— (Henri Loers, dit), inspecteur des bois de charpente, 190, 194, 196, 357.
Laforest (Michel), jard., 447, 450, 591, 739, 743, 768, 876, 1154.
—— chargé de la pompe du Pont-Neuf, 189, 193, 359, 361, 493, 640, 787.
La Forge, ter. glaiseur, 22, 242, 391, 672, 819, 1100.
Lafosse, calfateur, 1195.
—— maç., 61, 264, 408, 409.
La France (La veuve), portière de l'atelier du Louvre, 789, 927, 1062.
La Franchise, maç., 20, 60.
La Fraye, tap., 862, 994, 1124.
Lagarde (Jacques), pêcheur, 26, 243, 393, 521, 673, 820, 963, 1100.

Lagarde, scieur de long, 1101.
Lagneau, invalide, 198-200, 362, 364.
Lagny, armurier, 219, 376, 503, 650, 798, 934.
Lagrange. — Voy. De la Grange.
Lahaye (Jérôme), carrier, 1039.
—— piqueur des travaux de Maintenon, 633, 783, 915.
La Hogue (Nicolas), cordier et batelier, 482, 625, 774, 897, 906, 1043.
Laignes, manufacture de dentelles, 132, 310, 442, 584.
Lainé (Jean), couv., 904.
Laine blanche d'Angleterre, 117, 118, 299, 300, 436, 579, 728, 860, 995, 996.
—— commune, 297-299, 435, 436, 575-579, 725, 813, 857.
Laines carnation, 297-299, 435, 436, 575-579, 725, 813, 857.
—— cramoisi, 297-299, 435, 436, 575-579, 725, 813, 857.
Laflèche (Louis), charretier, 992, 1122.
Laire (Guillaume), terrassier, 173, 342.
Laisné, invalide, 212.
—— mouleur, 345.
Laiton (Ouvrages de fil de), 39, 259.
—— battu (Lampe de), 856.
La Lande, garde des rigoles au Perray, 358, 865, 1061.
—— (Robert de), sc., 56, 79-99, 238, 261, 290, 336, 389, 431, 472, 526, 535, 554, 571, 680, 690, 721, 825, 846, 853, 990, 1187.
Lalemand, ser., 830.
La Liberté (Pierre Lanneau, dit), invalide, 364.
—— jard. ou ter., 474.
Lalleman (Philippe), p., 35.
Lallemant (Alexandre), brodeur, 433.
Lalleu ou De Laleu, tireur d'or, 108, 295, 433, 574, 724.
Lallier, ser., 675.
La Loge (Île), 9.
Laloue (Jean), couvreur en paille, 474.
La Marche. — Voy. Delavaux (Pierre).

TABLE ALPHABÉTIQUE. 1267

La Marre (Henri), jard., 611, 872, 1012.
—— (Louis), faucheur, 475, 619.
—— (Marc-Aurèle), marchand, 618, 768, 769, 899, 1033.
Lambert (Antoine et Michel), jard., 80.
—— (Jacques), ser., 1053, 1184.
—— (Mathieu), verrier faïencier, 325, 461, 603, 604, 768, 884, 898.
—— compagnon fontainier, 59, 64, 72, 275, 354, 355, 414, 528, 534, 541, 547, 695, 840, 980, 1115, 1143.
—— contrôleur des Bâtiments, 189, 262, 788, 789, 920, 974, 1039, 1147, 1152.
—— inspecteur des conduites de fer, 191, 360, 639, 1191.
Lambotté (Gilles), charp. liégeois, 195, 354, 625, 791, 928, 1063.
Lambourdes, 613, 745, 819, 1045.
Lambris, 675, 1019.
—— de lapis et d'écaille de tortue, 722.
La Montagne, maç., 241.
Lamoureux (Pierre), prop., 514, 544.
—— maç., 130, 264, 409, 670, 671, 684, 833, 975, 1111.
Lampe d'argent, 225, 382, 509, 657, 803, 940, 1072.
—— de laiton battu, 856.
Lamy, portier du jardin des Tuileries, 200, 365, 498, 643, 793, 930, 1067, 1197.
Lancelin (Jean), jard., 310, 446, 449, 450, 451, 589, 590, 591, 593, 594, 738.
—— (Nicolas), jard., 444, 589.
—— charp., 1112.
Landry, marchand de fer, 236, 666, 773.
La Neuville, maç. — Voy. De Neuville.
Lange (Gabriel), voit., 1155.
—— sc., 99, 290, 558, 702, 705, 844.
—— (La veuve de), p., 78, 113.
Langelin, boisselier, 38.
Langevin (Jean), dit La Douceur, charp. blessé, 197, 686.
Langlois (Étienne), cordier, 170, 179, 325, 339, 345, 461, 473, 481, 617, 625, 750, 766, 774, 884, 898, 1021, 1032, 1038, 1043, 1168.
—— (Henri), ter., 283.

Langlois (Jacques), 764.
—— (Nicolas), ser., 829.
—— gr., 434.
—— marchand de drogues de teinturerie, 996.
—— mouleur, 98, 100, 103, 290, 291, 388, 422, 431, 553, 554, 571, 700, 702, 705, 844, 855, 992, 1088, 1136.
—— notaire à Fontainebleau, 778.
Languedoc, ser., 258, 563.
Languedoc (Marbres de), 11, 14, 17, 68, 69, 103, 107, 132, 193, 228, 229, 271, 278, 309, 361, 432, 511, 542, 812, 816, 955, 958, 1080, 1129.
Languettes de cheminées, 108.
Languineux, paveur, 910.
La Nièce (Jean), maç., 771.
Lanneau (François), charp., 402.
—— (Pierre). — Voy. La Liberté.
Lanterne de soupape d'étang, 413.
Lanternes de fer, 206.
Lantin, stat., 98.
Lany (André), carrier blessé, 355.
Laocoon et ses enfants, groupe de marbre, 92.
La Paille, maç., 538.
La Pellème, tailleur de pierre, 706.
La Perdrix (Michel), sc., 854.
La Pierre, marbrier blessé, 196.
—— sc., 844, 845.
Lapins; leurs ravages dans le parc de Boulogne, 236.
Lapis (Lambris de), 722.
—— (Ouvrages de), 34, 300, 665, 712.
—— (Tables de), 861.
La Plante, appareilleur, 22.
La Porte (Raoul de Pierre, dit), charp., 12, 15, 47, 83, 163, 174, 234, 279, 333, 342, 424, 469, 478, 561, 563, 566, 612, 621, 716, 747, 760, 772, 814, 893, 903, 986, 1039, 1041, 1076, 1087, 1118, 1135, 1152, 1173, 1203.
—— mon. — Voy. Delaporte.
Larcher (La veuve Augustin), 621, 771, 903.
—— (Charles), jard., 339.
Lardin (Noël), 113.
Larguette (Pierre), ser., 1195.
Larieux (Jean), garde des avenues des Tuileries, 192, 361, 494, 641.

La Rivière (Pierre), jard., 618, 760, 891, 1084, 1132, 1165.
Larmiers de pierre revêtus de plomb, 747.
Larmurier (René) ou Lormureau, ter., 467.
La Roche (François), brodeur, 433.
La Roche (René), entrepreneur, 207, 369, 371.
La Rochelle, 114, 267, 269, 303, 412, 992.
La Roquière, voit. par terre, 432.
La Rose, ter., 391.
La Rovière (Edme), voit., 106, 278.
—— (La veuve de), 819.
La Roue (Barthélemy), carrier, 477, 546, 621, 684, 771, 903, 1039, 1173.
La Roze, scieur de long, 243.
L'Artoire (Carrières de), 269.
La Rue (Étienne), inspecteur aux aqueducs de Retz, 639, 784, 917, 1057, 1188.
—— invalide employé à la statue équestre de l'hôtel de Vendôme, 1064, 1193, 1194.
Larue, dessinateur. — Voy. De la Rue.
La Salle, concierge de la Surintendance des bâtiments à Fontainebleau, 713, 804, 942, 1002, 1069, 1073, 1199.
—— (La veuve de), 1178, 1179, 1199.
La Selle (Aqueducs de), près Versailles, 341.
Lasseret (Louis), dit La Montagne, invalide, 212.
Lassurance (Pierre Cailleteau, dit), dessinateur, 193, 360, 492, 639, 785, 919, 1060, 1151, 1190.
La Teulière (M. de), directeur de l'Académie de France à Rome, 107, 127, 307, 439, 584, 732, 864, 998, 1126.
Latone, pièce de la tenture de la Galerie de Saint-Cloud, 727, 857, 860, 994.
La Tour (Gabriel), frotteur, 183, 483, 628, 778, 910, 1178.
—— l'aîné (Louis), concierge à Fontainebleau, 203, 226, 349, 367, 384, 500, 510, 646, 658, 795, 1046, 1069.
La Tour (Étang de), 188, 206, 358, 360, 688, 745, 746, 837.
Latrines (Dégorgement de), 433.
La Tronce (François), ter., 162, 332, 1182.

84

Lattis de contre-latte, ouvrage de charpenterie, 421, 551.
Laubardorie (Bois près de), 759, 890.
—— (Carrières de), 269.
LAUCHON, dit PERCHERON, ser., 524.
—— ébéniste, 398.
LAUNAY, tailleur. — Voy. DELAUNAY.
LAURENS (Guillaume), ter., 152.
—— (Jean), tailleur de pierre, 338.
—— (Paquier), tailleur de pierre, 459, 618, 754, 900, 927, 1038.
—— charp., 243.
—— garçon fontainier, 72, 275, 414, 548, 695, 840, 980, 1115, 1144.
LAURENT (François), dit DUCLOS, sergent invalide au Palais-Royal, 497.
—— (Philippe), voit., 626.
Lauriers (Fourniture de), 371.
—— cerise, 136.
—— francs, 136.
—— thyms, 136, 461, 619, 887, 897.
—— thyms (Calottes de cerceaux et de paille pour couvrir les), 755, 769, 1024.
LAURON (François), ouvrier blessé, 494.
LAVADIS (François), dit LA BAUCHE, invalide, 199, 363.
LA VALETTE, dit BAGNOLET, compagnon charpentier blessé, 495.
LA VALLÉE, ingénieur, 213, 214, 216.
LA VALLIÈRE (Maison occupée par Mlle DE), à Paris, 567, 717.
Lavande, 80.
LAVAU (Pierre), dit LA LIBERTÉ, invalide, 199, 362.
LAVEAU (Pierre), 586.
LAVECHEF (François), jard., 156, 202, 366, 499, 644, 794, 931, 1065, 1195, 1196.
Lave-main de cuivre, 52.
LAVENEY (Noël), ter., 152, 160, 170, 235, 329, 460, 465, 602, 608, 610, 756, 757, 891, 926, 1021, 1027, 1028, 1036, 1038, 1163, 1171.
LA VERDURE, ter., 282.
LAVIENNE, mat., 1148.
—— voit., 26.
LAVIER (Élisabeth BERTON, veuve de), men., 150, 175, 322.
LAVIEUX ou LARIEUX (Hiérosme), dit TOULOUZAIN, ser., 30, 58, 245, 257, 394, 523, 675.
LA VIGNE (Charles NICOLAS, dit), ter., 45.

LA VIGNE (Louis), maç., 903.
—— (Mathieu), ter., 170, 633.
La Villeneuve (Étang de), 746.
LA VIOLETTE (MERCERON, dit), garde des magasins du Canal, 195, 354, 355, 399, 417, 550, 682, 697, 827, 840, 982, 1117.
—— (Pierre BEAUSSERON, dit), invalide, 262, 362, 407, 791, 929, 1064, 1193.
—— (René TESSIER, dit), invalide. 362, 363, 364.
L'AVOCAT (Charles JULIEN, dit), invalide, 199, 364.
LA VOIE (Louis), jard. — Voy. DE LA VOYE.
LAY, marchand de fer, 280.
LAZURIER, charp., 478.
LE BAS, opticien, 125.
LE BEAU (André), charp., 70.
—— employé aux Bâtiments, 1192.
LE BESGUE DE MAJANVILLE (Charles), trésorier des Bâtiments, 1, 6, 207, 217, 221, 226, 374, 389, 502, 506, 510, 520, 648, 797, 801, 804, 811, 812, 815, 933, 937, 942, 960, 1069, 1073, 1074, 1077, 1153, 1200.
LE BLANC (Robert), dit LE PICARD, invalide chargé d'empêcher le désordre aux écoles de pharmacie du Jardin royal, 642, 792, 929.
LEBLANC DE LA GOUSSE, inspecteur à Maintenon, 210, 371, 488, 633, 783, 915, 1051.
LE BLED (François), portier de l'hôtel de Limoges, 492, 637, 786, 918, 1060, 1190.
LE BLON (Pierre), employé à la rivière d'Eure, 211.
LEBLOND, gr., 1080, 1129.
LEBOSSU (Jean), abbé de l'abbaye Saint-Georges-aux-Bois, 954, 1008.
—— maître d'hôtel du Roi, seigneur de Charenton, 807, 867, 954, 1008.
LEBOUTEUX (Antoine et Jean), voit., 144, 454.
—— (Michel), jard., 2, 65, 76, 227, 270.
LE BRAIN (Christophe), 353.
LE BRESSAN (Michel), charp., 612, 760, 893, 1029, 1166.
LE BRETON (Hercule), gr. en médailles, 112.
—— (Louis), coutelier, 475.

LE BRUN (Charles), premier peintre du Roi, 110, 192, 217, 360, 374, 434, 579.
—— (Charles), portier de l'hôtel des Inspecteurs, 190, 357, 492, 637, 786, 918, 1060, 1190.
—— (Pierre), 691.
—— épinglier, 1106.
LE BUTTEUX, administrateur de la terre d'Yaucourt, 1098.
LE CERF (Jacques), ter. et voit., 153, 323.
—— (Maurice), voit., 179, 478.
L'ÉCHAUDELLE, men., 849.
LECLERC (Antoine), jard., 444, 589.
—— (Charles), charp., 182.
—— (Jacques), ser., 417, 542, 698, 842, 984, 1111.
—— (Jean), carrier, 130.
—— (La veuve Jeanne), prop., 881.
—— ou LE CLÈRE (Philippe), p. sur verre, 552, 705, 843, 984.
—— (Pierre), inspecteur au Boulingrin de Saint-Germain, 192.
—— (Pierre), ter. — Voy. PITRE.
—— (Sébastien), dessinateur et gr., 110, 119, 218, 301, 375, 437, 502, 575, 580, 581, 649, 729, 797, 810, 862, 869, 934, 991, 996, 1075, 1134, 1201.
—— scieur de long, 522, 598, 673.
LE CLÈRE. — Voy. LE CLERC (Philippe).
LE COCHARD (Jacques), 598.
LE COCHOIS (Claude), jard., 452-454, 592, 734, 743, 880.
—— (Pierre), marinier, 196, 319, 354, 456, 495, 597, 635, 789, 928, 1016, 1062, 1156.
LE COCQ (Jean), 1051.
LE COINTE (Claude). — Voy. LECOMTE.
LECOINTRE (Vigor), ter., 759, 767.
LE COMTE (Charles), voit., 130, 236, 310-312, 590.
—— (Claude), taillandier, 472, 474, 618, 768, 899, 900, 924, 1169.
—— (Jacques), charp., 27, 74, 276, 415, 549, 635, 696, 841, 981, 1116, 1144, 1195.
—— (Laurent), ter., 131.
—— (Louis), charron, 848.
—— (Louis), garde morte-paye du Louvre, 124.
—— (Louis), sc., 35, 97, 248, 703, 845, 953, 1007.

TABLE ALPHABÉTIQUE. 1269

Le Comte (Nicolas), ter., 468, 611.
—— p., 720, 722, 851. 852.
Le Coq, greffier de la Maîtrise des eaux et forêts, 319.
Le Cordier (Pierre), mat., 74, 276.
Le Court, contrôleur à Monceaux, 1189.
—— employé à l'église des Invalides, 190, 357, 492, 636, 786, 917. 1060.
Le Couteux (Les), banquiers, 303.
Le Doigt (Jacques), bûcheron à Montaigu, 899.
Le Dru (Jean), charp. de boteaux, 85, 319, 716, 734, 1017.
—— (Jean Asseline, dit), voit. par eau, 144, 312, 923, 1156.
Leduc (Jean), entrepreneur, 14, 208, 211, 236, 371, 488, 621, 633, 783, 815, 915, 956.
Le Faucheux (Philippe), pépiniériste, 447.
Lefebvre (Armand), sc., 98, 423, 554, 1133.
—— (Claude), concierge de la maison de la Religion, à Saint-Germain, 202, 366, 499, 645, 794, 931, 1065, 1196.
—— (Étienne), 602.
—— (Guillaume), portier du Palais-Royal, 645.
—— portier de l'Académie de peinture, 731, 864, 997, 1125.
—— (Jacques), couv., 716.
—— (Jean), ser., 718.
—— (Jean), tap., 115, 116, 298, 435, 576, 726, 858, 993, 1124.
—— fils (Jean), tap., 1124.
—— (Nicolas), men., 147, 320.
—— (Pierre), carrier, 173, 342, 611.
—— commis, 42, 114, 267.
—— contrôleur triennal des Bâtiments, 132, 194, 217, 309, 374, 442, 493, 501, 585, 640, 648, 733, 788, 796, 920, 933, 998, 1058, 1059, 1074, 1126, 1189, 1200, 1202.
—— dit La Violette, garde de l'étang de la Tour, 188, 358, 490, 638, 785, 918, 1057, 1191.
—— mathématicien, 126, 306, 440.
—— p., 90, 121, 287, 430, 571, 721, 852, 990, 1121.
—— prévôt des Invalides, 170.
Lefèvre (Jacques), batelier, 171, 340, 768.
Lefranc, maç., 538, 833, 1018.

Le Franc, ter., 264, 408, 413, 682, 684.
Legacas (Eau de), 267.
Le Gendre (Jean), couv. de chaume, 28, 47, 244, 259, 393, 403.
Léger (Jean), mat., 74.
—— sc., 560.
Legeret (Jean), sc., 98, 290.
L'Église (Pierre), dit La Rose, employé à la boucherie des Invalides, 642, 792, 929, 1064.
—— invalide employé à Marly, 497.
Legoix (François), balancier, 691, 832, 898.
Le Goux, inspecteur des travaux à Buc, 75, 189, 356, 491, 670, 786, 917, 1060, 1148, 1189.
Legrain (Noël), vidangeur, 57, 261, 407, 536.
—— éclusier, 1051, 1181.
Legrais (Julien), ouvrier blessé, 216.
Legrand (Henri), sc., 36, 56, 100, 248, 261, 291, 397, 525, 535, 553, 571, 679, 825. 846, 901, 1033, 1093, 1132.
—— (Jacques et Esloy), sc., 98, 560, 704, 845, 924, 1140.
—— (Jean), 209.
—— (Jean), dit Saint-Martin, invalide, 198, 363, 496, 642, 791, 927, 929, 1064.
—— (La veuve de Jean), 1063.
—— (Marin), maréchal, 638, 958.
—— tailleur, 82, 427, 815, 992.
—— (La veuve), lingère, 118.
Legras, nattier, 42.
Legris (Thomas), jard., 448.
Legros (Louis), sc., 36, 98, 167, 218, 336, 375, 422, 439, 502, 553, 555, 649, 705, 721, 723, 797, 853, 855, 934, 949, 950.
—— (Pierre), sc., et sa veuve, 1005, 1006, 1075, 1201.
—— élève sculpteur, 639, 785, 916, 917, 1057.
—— maç., 60.
Le Guay (Guillaume), garde morte-paye du château du Louvre, 359, 441, 584.
—— sc., 98, 290.
—— voit., 1100.
Le Gué, carrier, 76.
L'Éguillier. — Voy. Lesguillé.
Légumes (Indemnité pour perte de), 268.
Lehault, jard., 618.

Le Haut (Nicolas), voit., 769.
Lebèque, voit., 1155.
Le Hongre (Étienne), sc., 91, 98, 218, 238.
—— (Les enfants d'Étienne), 809, 869.
Le Jay (Jacques), jard., 158, 328, 464, 475, 606, 754, 887, 1024, 1036, 1161, 1162.
Lejeune (Christophe), vidangeur, 40, 108, 251, 295, 399. 433, 527, 574, 682, 724, 827.
—— (Jean), copiste, 494.
—— couv. en chaume, 279.
Le Jongleur (Nicolas), fontainier, 22, 45, 60, 61, 149, 172, 193, 235, 268, 341, 361, 408, 493, 519, 538, 599, 640, 670, 684, 788, 809, 819, 869, 971.
Le Juge (Claude et Élisabeth), jard., 200, 365, 497, 643, 793, 936, 1010, 1066, 1197.
Le Lièvre (Antoine), paveur, 286, 429. 565, 570, 720.
Le Lionnois, scieur de long, 27.
Lelong (Jacques), couv., 128, 1183.
Le Lorrain, charp., 283, 635.
—— (Robert), élève sculpteur, 188, 355, 490, 639, 731, 785.
Le Loco (Jacques), fondeur, 32, 52, 234, 247.
—— (Jean), jard., 1024.
Le Maire (Louis), 767.
—— (Philippe), maître de forges en Champagne, 53.
—— (La veuve de Philippe), fondeur, 32, 234, 247.
—— faïencier, 251.
—— sc., 37, 56, 98, 261, 290, 558, 702, 924, 1109, 1187.
Le Maistre (Jérôme), laboureur, 596.
—— (Nicolas), marchand de planches. 334.
—— (Philippe), dit La Barre, garde des avenues et rigoles, 188, 358, 490, 638, 785, 918, 1057, 1190.
—— (Pierre), maç., 1, 8, 12, 13, 19, 20, 43, 75, 207, 219, 236, 239, 240, 252, 278, 355, 369, 375, 388, 389, 390, 400, 421, 487, 503, 517, 518, 551, 561, 632, 649, 699, 782, 798, 816, 817, 843, 914, 922, 934, 949, 956, 960, 1005, 1058, 1075, 1087, 1095, 1097, 1135, 1181, 1202.
—— neveu (Pierre), entrepreneur,

84.

814, 984, 1051, 1096, 1149, 1151, 1153, 1181.
Le Maistre, vitr., 692.
—— (Le s'), 812.
Le Marre. — Voy. La Marre.
Lember, fontainier, 42, 492.
Le Mée (François), 371.
Le Ménestrel (Antoine), trésorier des Bâtiments, 5.
Le Mercier (Charles), vitr., 220.
—— (Jacques), voit., 877.
Le Meule (Fiacre), charp., 600.
Le Moyne (Gilles), fondeur, 3, 7, 13, 14, 17, 32, 52, 72, 168, 235, 247, 258, 275, 337, 395, 405, 415, 516, 517, 525, 534, 548, 598, 614, 666-669, 677, 688, 695, 763, 812-816, 823, 830, 840, 896, 957, 958, 967, 976, 981, 1011, 1031, 1054, 1095, 1096, 1098, 1104, 1109, 1116, 1167.
—— élève sculpteur, 188, 355, 490.
—— de Paris, p., 167, 248, 396, 1094, 1140.
—— le Lorrain, p., 552, 705, 852, 943, 1000.
—— le Troyen, p., 34, 90, 287.
—— dit Dutailly, invalide, 198.
—— palefrenier, 924.
Lemy (Dominique), 302.
Le Normand (François), jard., 546, 694, 838, 979, 1010, 1114, 1143.
Le Nostre (André), arch. dessinateur de jardins, 2, 65, 87, 200, 217, 219, 227, 270, 364, 374, 376, 385, 418, 497, 501, 503, 511, 516, 542, 545, 643, 648, 650, 665, 712, 792, 796, 798, 811, 850, 871, 929, 932, 935, 954, 989, 1008, 1010, 1066, 1067, 1074, 1076, 1090, 1120, 1137, 1144, 1197, 1200, 1202.
Le Pas (Martin), maç., 425, 565, 714.
Le Pautre (Jacques), gr., 296.
L'Épée l'aîné (François), maç., 44, 253, 401, 530, 946, 947, 1003, 1004, 1086, 1134.
—— le jeune (Louis), maç., 947, 1004.
Le Pelletier, intendant des finances, 1001.
Le Rochelois, maç., 538.
Le Rond, men., 1049.
Le Roux (Christophe), maître des matelots du canal, 73, 276, 415, 549, 696, 840, 981, 1116, 1144.
Le Roux (Denis), inspecteur des gazonnages, 193, 356.
—— (Jacques), taupier, 692, 827, 969.
—— Catherine de Sermagnac, veuve de Remy), 223, 380, 507, 655.
—— employé à Choisy, 1186.
—— sous-entrepreneur de l'aqueduc de Maintenon, 956.
Le Roy (Benoît), 343, 622.
—— (Gervais), ter., 138.
—— (Hubert), men., 82.
—— (Jacques), jard., 141, 738.
—— (Jean), voit., 137, 741, 817, 877, 1014.
—— (Louis), jard., 316, 597.
—— (Louis), dit La Verdure, invalide, 212.
—— (Louis), marchand de charbon, 343.
—— (Nicolas), ser., 30, 82, 285, 428, 564, 718, 850, 987, 1119.
—— (Roch), charp., 567.
—— (Vincent), 427.
—— épinglier, 524.
—— maç., 1092, 1138.
—— maître de la Croix-Blanche, rue Saint-Denis, 1017.
—— tourneur, 41, 682, 827.
Lescarelle (Claude), men., 317, 318, 598, 743, 744.
Leschandelle, men., 986, 1118.
Lesconché, arpenteur, 193, 354.
Lescouflé (Pierre), jard., 332.
Lescuyer (Antoine), dessinateur et inspecteur à Marly, 191, 356, 489, 638, 787, 919, 969, 1033, 1057, 1062, 1146, 1188, 1194.
Leserchand (Jacques), jard., 451.
Lesguillé ou l'Éguillier (Pierre), voit., 452, 590, 591, 593, 739, 740, 877.
—— (Sébastien), marchand de paille, 39, 250.
Lesieur (Louis), charron, 474.
—— (Robert), charron, 171, 481, 618.
Lesmond, jard., 143.
Lesnables (Jean et François), jard., 312, 449, 595.
Le Sourd (Gérard), maç., 60, 417, 542.
Lespagnandel (Mathieu), sc., 99, 218, 952, 1007.
L'Espée (François). — Voy. L'Épée.
L'Espérance, employé à l'aile de Versailles, 189, 196, 357, 358, 494.
Lespingola (François), sc., 10, 36, 92, 97, 103, 290, 423, 554, 555, 705, 809, 844, 845, 868, 869.
Lespinouze (Bernard), vitr., 31, 54, 234, 246, 259, 390, 395, 406, 524, 534, 661, 677, 689, 709, 823, 830, 834, 963, 972, 976, 1075, 1103, 1109, 1112, 1202.
Le Sueur (François), sc. blessé, 927.
—— (Louis), charron, 338.
—— (Robert), charron, 360.
Le Tanneur (Louis), ter., 154.
Le Tellier (Charles), maç., 82.
Le Tessier (René), dit La Violette, invalide, 199.
Lettres de change, 303, 307, 439, 584, 732, 864, 1126.
—— et paquets concernant les Bâtiments, 1063.
Leucothée, stat., 101, 426, 434.
Le Vacher (Simon), portier du Palais-Royal, 201, 365, 498, 644, 645.
Le Vanneur (Henry), ter. batelier, 163, 169, 173, 341, 477, 621, 1173, 1176.
Levant (Animaux et oiseaux achetés dans le), 239, 275.
—— (Maroquin du), 122.
Le Vasseur (César), ter., 1021.
—— (Denis), ter., 1153.
—— (François), jard., 617.
—— (Jean), calfateur, 107, 178.
—— (Pierre), ter., 749.
Levé (Julien), meunier, 72.
—— (Pierre), entrepreneur, 44, 253, 401, 529, 684, 828, 970, 1107.
L'Éveillé (René), garde de la Maîtrise de Saint-Germain, 789, 1034, 1169.
Levés de buis pour jeu d'anneau tournant, 251, 338.
Levesque (Pierre), dit Desvieux, invalide, 212.
—— (Silvain), contre-poseur blessé, 197.
Le Vionnet (Jacques), paveur, 286.
Le Voin (Jean), jard., 141, 144, 444, 586.
Le Vouin, garde-chasse de la garenne du Louvre, 743.
Lévy (Paroisse de), 270.
Leyde, 122, 123.

TABLE ALPHABÉTIQUE. 1271

Lézards en sculpture, 526.
LHERMINOT fils (Jean), brodeur, 192, 359, 491.
LHOSTE, couv., 1049, 1179.
LHUILLIER, inspecteur aux murs du petit parc et à Choisy, 360, 489, 637, 638, 786, 918, 998, 1059, 1062, 1185, 1190.
LHUISLIER, ser., 258.
LHUISSIER (Paul), vannier, 619.
Linis (Pierre de), 117, 290, 432, 572, 1092, 1138.
LIARD (Christophe), taupier, 969, 1106.
—— (Pierre), 281.
—— (Les), taupiers, 40, 58, 107, 251, 262, 295, 399, 432, 527, 536, 574.
Libage (Pavé de), 173, 342, 346, 476-478, 905, 1173.
Liége (Clous, cuirs et manivelles de), 175, 176, 178, 195, 344, 346, 354, 480, 494, 495, 623, 626, 772, 773, 791, 905, 1040, 1041, 1131.
LIÉGEOIS, piqueur des travaux à Maintenon, 488, 633.
Lierre (Vase de marbre orné de branches de), 1079.
LIÉVIN (Guillaume), jard., 594.
Lièvres (Clôtures pour empêcher l'entrée des), 143, 685.
Lignories (Ferme de), 513.
LIGNIÈRES, élève peintre, 188, 355, 490, 639, 731, 785.
LIGNON, explorateur, 992, 1063.
LIGOT (Lambert), ter., 342.
Lilas (Achat de), 136.
—— de Perse, 136, 450, 452, 1153.
LIMAGNE, chirurgien des Gobelins, 300.
LIMOGES (Hôtel de), 1190.
LIMONNIER (André), ter., 370, 371, 487.
LIMOSIN (François), 1151.
Limosinerie (Murs de), limosinage, 605, 753, 833.
Limours (Château de), 82, 84, 85, 283-285, 568, 953, 1008.
Limousins, maçons, 216.
Linge damassé (Manufacture de) à Menin, 235.
LION (Nicolas), ter., 154.
—— marchand de bois, 283.
LIONNE (Maison occupée par Mme DE), à Paris, 284, 849.
LIONNOIS, scieur de long, 243.
—— ter., 837, 977, 1112.

LIONS, voit., 593.
LIOT (Alexandre), concierge de l'Académie d'architecture, 1126.
LIQUOT (Lambert), jard., 332.
L's asphodèles, 136.
—— jaunes, 876.
—— zembacqs (Oignons de), 452.
Lisbonne, 109, 113, 114, 267, 293, 295, 303, 412, 434, 435, 438.
LISIAS (Le philosophe), Terme de marbre, 853, 990, 1093, 1121, 1140.
Lisieux (Carreaux de), 682, 826, 969.
LISQUI (Pierre), marbrier, 37, 57, 71, 105, 106, 238, 249, 261, 274, 293, 294, 397, 407, 414, 518, 526, 547, 561, 615, 666, 680, 694, 765, 812-814, 825, 831, 839, 846, 854, 897, 918, 967, 973, 979, 1009, 1105, 1113, 1143, 1149, 1170.
Livourne, 109.
Livres (Achat de) pour le Roi, 109, 439.
—— de chant, 232, 272, 273.
—— d'estampes venant de Rome, 978.
—— de plantes en miniature du Cabinet du Roi, 90, 430, 720, 990.
LOBELLE, élève peintre ou sculpteur, 916, 917, 1057.
LOCHON (PERCHERON, dit), ébéniste, 526, 680, 825, 922, 968, 973, 1054, 1106, 1186.
LOEILLET (Charles), marchand de paille, 39.
Loge (Île de la), 173, 342, 346, 477, 902.
Loges (Les), près Saint-Germain, 140, 153, 156, 316, 323, 326, 445, 461, 589, 603, 604, 738, 752, 818, 874, 953, 1008.
LOING (Simon), garçon jard., 1188.
LOIR (Alexis), orfèvre, 113.
LOISEAU (Laurent), dit CHAMPIGNI, invalide employé au Jardin royal, 1193.
—— marchand de paille, 398.
LOISELEUR, marchand de bois, 969, 1101, 1102.
LOISTRON (Hiérosme), ter., 46.
LOIZELET, horloger à la Samaritaine, 354.
LOIZELEUR (Jacques), maç., 157, 321, 327, 460, 463, 600, 605, 753.
LOLIVEREL, charron, 85.
Londres (Serge façon de), 194.
—— (Tour de), 123.
LONGUET (Jean), marchand d'outils, 346.
LONGUEVILLE (Hôtel de), 569.

LOPIN (Valentin), plomb., men. et tonnelier, 29, 147, 148, 251, 457, 1184.
LOQUET, men., 334.
Loqueteaux, 866.
LORAIN (Bernard), ter., 468, 611.
—— (Le petit), compagnon serrurier, 635.
LORGES (Le maréchal DE), 240.
LORICK (Jacques), gondolier vénitien, 73, 276, 416, 549.
—— (La veuve de Jacques), 697.
LORMET (François), voit., 454, 592.
LORRAIN (Claude), p., 1121.
LORRY (Julien), horloger, 79, 119, 168, 170, 281, 302, 324, 338, 461, 473, 603, 617, 723, 750, 767, 899, 992, 1033, 1054, 1109, 1185.
—— orfèvre, 413.
Lotus albus, fleur, 137.
L$_{\jmath}$:an, 83.
LOUBEN (Liénard), limousin blessé, 197.
LOUIS XIV (Don de Termes et de statues à Monsieur, par), 855.
—— (Médaille d'argent avec buste de), 583.
—— (Médailles de), 111, 112.
—— (Médaillon en marbre de), 17, 69, 94.
—— (Plantation à Trianon et à Marly en présence de), 980, 1165.
—— (Portrait équestre de), 430, 721.
—— (Portrait de), par MIGNARD, 990.
Loup (Chasse du), 59.
LOURDET, tap., 660, 662, 709, 710, 807, 867.
—— (Jeanne HAFFREY, veuve de), tap., 5, 16, 18, 67, 119, 230, 272, 301, 385, 386, 419, 511, 513, 542, 543.
LOURSON, 1098.
LOUSTE, inspecteur des Bâtiments, 213, 214.
Louver les pierres, 634.
LOUVET, 992.
LOUVIER, invalide, 212.
LOUVIGNY (René DE), concierge du château du Louvre, 220, 377, 504, 651, 799, 936, 1076, 1202.
LOUVIGNY D'ORGEMONT (Le s^r), 955.
LOUVOIS (François-Michel LE TELLIER, marquis DE) et de COURTANVAUX, Surintendant et Ordonnateur Général des Bâtiments, 216, 217, 222, 373, 379, 501, 506, 647, 654, 713, 1092.
—— (Mme DE), 1081, 1098, 1130.

1272   COMPTES DES BÂTIMENTS DU ROI.

Louvois (Tombeau de M. de), par Girardon, 957, 959, 960, 1096, 1098.
Louvre (Palais du), 83-87, 108, 216, 218, 220, 281, 284-286, 296, 373, 375, 425, 426, 428, 429, 432, 434, 501, 502, 568, 569, 573, 574, 617, 699, 718, 719, 721, 796, 842, 851, 932, 935, 946, 949, 952, 983, 985-988, 1003, 1005, 1007, 1078, 1090, 1119, 1138, 1201, 1202.
—— appartement du s' Berain sous la grande galerie, 715.
—— appartements de la Reine, 87.
—— appartements du Roi, 87.
—— appartements du maréchal de Vivonne, 87.
—— ateliers de Mazière et de Granier, sc., 569.
—— atelier de modèles et ornements, 502, 785.
—— atelier de Bavolle, sc., 723, 855.
—— atelier du côté de Saint-Germain-de-l'Auxerrois, 789, 927, 1062.
—— balancier des médailles, 84, 86, 94, 99, 109, 285, 567.
—— cabinet des tableaux, 87, 717.
—— chapelle, 125, 305, 441.
—— (Conférences de l'Académie d'architecture au), 781, 797, 864, 933, 1074.
—— cour, 85.
—— cour des cuisines, 281, 282, 715.
—— grande écurie, 88, 569.
—— petite écurie, 285.
—— fontaines, 376, 504, 650, 799, 1074, 1202.
—— galerie des antiques du Palais-Royal y transportée, 722, 855, 992, 1075.
—— galerie d'Apollon, 87, 948, 1005.
—— galeries (Grandes et petites), 220, 285, 377, 504, 565, 651, 799, 936, 1076, 1120.

Louvre (Gardes mortes-payes du), 124, 359, 441, 584.
—— guichet des galeries, 88.
—— horloge, 931, 1070.
—— jeu de paume (Démolition du), 814, 815, 848, 855.
—— logement de M. le comte de Lyonne aux grandes écuries, 87.
—— magasin des antiques, magasin du Roi, 569, 571, 1092, 1138, 1201.
—— magasin de la Reine, 99.
—— maison occupée par M. Seguin, 717, 718.
—— péristyle, 567, 715, 723, 986.
—— remise et écuries de M. Félix, 717.
—— salle des Suisses, 571, 844.
—— terrasse du petit jardin, 283, 424, 425.
—— tour de la volière, 88.
—— transport des tableaux du Palais-Royal, 717.
—— (Vieux), 717, 1119.
Loyau (Louis), vidangeur, 487.
Loyer de baliveaux et planches, 723.
—— de digues, 666.
Loyers de maisons et héritages, 20, 132, 133, 309, 326, 339, 365, 390, 442, 461, 462, 473, 488, 519, 584, 603, 604, 605, 617, 643, 660, 664, 670, 691, 709, 710, 732, 733, 750, 752, 783, 793, 806, 815, 817, 818, 865, 867, 901, 906, 915, 922, 930, 945, 951, 954, 960, 978, 992, 998, 999, 1001, 1006, 1008, 1011, 1022, 1033, 1034, 1043, 1044, 1051, 1056, 1066, 1067, 1091, 1098, 1126, 1138, 1142, 1145, 1152, 1174.
Lucas (François), marchand de bois, 266.
—— (François), ser., 30, 50, 77, 86, 238, 246, 280, 281, 285, 428, 562, 707, 718, 847, 850, 925, 985, 988, 1119, 1123, 1184.
—— (Jacques), plombier, 8, 13, 32, 54, 78, 129, 151, 166, 177, 209,

219, 246, 260, 272, 280, 323, 335, 345, 375, 388, 389, 395, 406, 421, 471, 503, 517, 523, 535, 552, 562, 601, 614, 624, 650, 665, 669, 677, 689, 700, 712, 720, 763, 774, 777, 790, 798, 813, 815, 823, 831, 843, 851, 880, 883, 896, 909, 934, 957, 960, 965, 973, 989, 1010, 1020, 1031, 1042, 1045, 1053, 1075, 1095, 1098, 1104, 1109, 1150, 1159, 1167, 1184, 1202.
Lucas, charp., 61.
Lucas (Les Mois de), tapisseries, 116, 117, 119, 298, 299.
Lucet (Pierre), dit La Francoise, invalide, 212.
Lucuut (Jean-Gabriel), ser., 51, 58, 308, 1130.
Luciennes ou Louveciennes, 162, 163, 330, 332, 756, 757, 761, 763, 765, 1162, 1173.
—— (Aqueduc de), 160, 341, 902, 1086, 1134.
—— (Fonds de), 341, 1172, 1173.
—— (Pièce d'eau de), 771, 906.
—— (Réservoir de), 172, 173, 179, 341, 342, 346, 477, 478.
Lunac ou Lunague, chirurgien, 119, 437, 579, 728, 861, 995, 1124.
Lunette d'approche, 124.
Lunettes (Verres de), 124, 125.
Lussien, ferreur, 78.
Lustre de cristal de roche, 112.
Lutteurs (Les), groupe, 99, 952, 1007.
Luxembourg (Fontaines du palais du), 376, 504, 650, 799, 925, 1074, 1201.
—— (Jardin de l'hôtel du), 517.
—— (Vue de la ville de), estampe, 990.
Lyon, 137, 146, 311, 319, 451, 452, 593, 733, 744, 865, 880, 1017, 1157.
Lyonne (Maison occupée par M. de), 87.
Lyons (Forêt de), 135, 311, 448, 590, 735, 740, 877.

M

Mabille, commissaire des pauvres de la paroisse Saint-Roch, 723.
—— (Jean), men., 129.
Macé (Jean), dit La Rose, invalide, 198.

Machine de la rivière de Seine. — Voy. Seine.
—— de Suède. — Voy. Suède (Balancier de).

Machine élévatoire du chevalier Morland, 949, 1005.
—— pour couper les herbes, 81.
—— pour le transport des orangers, 251.

TABLE ALPHABÉTIQUE. 1273

Machines pour empêcher les cheminées de fumer, 28, 165, 241, 244, 670, 961, 1099.
—— à chaleur, 31.
—— nouvelles, 126, 306, 440.
—— des ponts de la salle du Conseil, à Versailles, 527.
—— pour faire tourner le chariot de la ramasse, à Marly, 613, 614, 762.
Maçons, écrivain, 641.
Madeleine (Eaux de la) conduites à Fontainebleau, 180, 347, 350.
Madrid (Château de), 7, 86, 216, 220, 284, 373, 377, 428, 429, 501, 504, 569, 647, 651, 699, 714, 719, 796, 800, 842, 851, 932, 936, 957, 983, 987, 988, 1062, 1076, 1117, 1119, 1202.
Madriers (Fourniture de), 924.
Maestricht (*L'ouvrage à corne de*), planche gravée, 109.
Magasin des marbres. — Voy. Marbres.
Magasins (*Les*), méd., 111.
Magnan, jard., 42, 241.
Magnier père (Laurent), sc., 36, 55, 422, 557, 705, 846, 952, 1007, 1093, *rado*.
—— fils (Philippe), sc. 99 952, 1007, 1148.
Magniot (Antoine), meunier, 73.
—— charp., 1111.
Maheu (Jean), jard., 140, 195, 197, 235, 265, 316, 456, 496, 593, 596, 598, 744, 790, 1193.
Maheux (Pierre), voit., 616.
—— (Vincent), marchand de charbon, 479.
Mai, pièce de la tenture des *Belles Chasses de Guise*, 727, 860.
Maigret (Nicolas), maç., 83, 282, 425, 565, 1085, 1133.
Maillets (Saussaie des), 83.
Maillets (Fourniture de), 827, 971.
Mailleux (Vincent), 343.
Maillot (Noël-Nicolas), vannier, 9, 179, 346, 751, 767, 898, 1032, 1043, 1168.
Maintenon (Fermes de Mme de), 663, 712. — Voy. *Fontainebleau*, *Marly*, *Meudon*, *Versailles* (Appartement de Mme DE MAINTENON).
Maintenon, 208, 209, 216, 371, 488, 518, 633.
—— (Aqueduc de), 1, 2, 9, 12, 13, 20, 32, 68, 207-211, 213, 231, 235, 237, 239, 240, 369-372, 388, 389, 390, 487-489, 518, 632-634, 712, 713, 782-784, 815, 816, 914, 915, 944, 956, 960, 1001, 1012, 1051, 1057, 1058, 1077, 1085, 1088, 1095, 1097, 1134, 1136, 1181.
Maintenon (Bureau pour les écritures ou affaires de l'aqueduc à), 211, 215, 216, 371, 372, 488, 489.
—— (Canal de la rivière d'Eure de) à Nogent, 1087, 1135.
—— carrières et navigation de l'aqueduc, 956.
—— chapitre de Saint-Nicolas, 1085, 1134.
—— (Château de), 1, 5, 7, 17, 67, 70, 207, 209, 213, 229, 272, 370, 488, 877, 956.
—— digue du canal, 208, 370, 488.
—— éclusiers, 372, 488, 489, 632, 633, 783, 915, 1051.
—— église paroissiale, 1010.
—— (Fonds de), 207, 369, 372, 487, 488, 517, 634, 783, 914, 956, 1085.
—— (Fours à briques à), 712.
—— (Glacières de), 211.
—— (Jardin de), 208, 310, 312, 451, 590, 597, 745, 880.
—— (Logement du dessinateur à), 210.
—— (Logement des éclusiers à), 488, 633.
—— (Magasins de), 14, 210, 211, 236, 371, 783, 915, 956, 958.
—— maison dite *la Ménagerie*, 956.
—— maison occupée par le s^r Robelin, 209, 210, 371, 488, 633, 783, 915, 1051.
—— pièce d'eau du château, 633.
—— (Pont rouge de), 370.
—— (Port de), 240.
—— (Prieuré de Notre-Dame à), 1087, 1135.
—— (Réservoirs de), 597.
—— (Sas ou écluse de), 370, 488, 783.
—— transport de tuyaux de fer, 1109.
Maisonneuve, garçon fontainier, 839, 981, 1115.
Maisonnier, limousin blessé, 353.
Maisons (Chaloupe du Dauphin entraînée à) par les glaces, 1055.
Maisons et héritages acquis pour le Roi ou lui appartenant, 20, 69, 87, 240, 281, 283-286, 293-295, 381, 390, 425-430, 433, 434, 513, 519, 542, 565-568, 570, 571, 573, 574, 656, 670, 692, 699, 714-721, 723, 782, 811, 815, 818, 836, 842, 847, 849, 850, 851, 855, 868, 879, 946, 953-956, 983, 985-988, 990, 992, 1003, 1085, 1098, 1117, 1118, 1120, 1128, 1133, 1141.
Majan, voit., 1013, 1155.
Majanville (DE). — Voy. Le Besgue.
Majorité du Roi (*La*), méd.. 111.
Malbort (Marc), 1051.
Malfaçons (Déduction de sommes pour), 1132.
Malgrange (Denis), épinglier, 170, 250, 473, 603, 900, 925, 1055, 1168.
Malherbe (Nicolas), vannier, 145, 317, 340, 455, 473, 595, 619, 742, 767, 898, 1032, 1168.
Mallet (Jean), charp., 12, 15, 26, 46, 61, 219, 229, 234, 237, 239, 243, 254, 266, 271, 278, 333, 375, 393, 402, 410, 421, 449, 503, 521, 531, 538, 551, 650, 666, 667, 608, 673, 686, 699, 798, 807, 813, 815, 817, 820, 828, 867, 908, 922, 934, 963, 971, 1045, 1052, 1075, 1108, 1143, 1150, 1151, 1158, 1183, 1202.
—— (Le s^r), 590.
Malloin (Jean), jard., 594.
Manchon (Michel), vannier, 767.
Manenti (Nicolas), gondolier vénitien, 73, 277, 416, 548.
Manessier (Charles), trésorier des Bâtiments, 3, 6, 217, 234, 374, 378, 384, 502, 648, 653, 658, 665, 671, 797, 812, 815, 818, 856, 933, 935, 937, 942, 957-960, 979, 990, 1070, 1077, 1095, 1096, 1097, 1098, 1123, 1153.
—— (La veuve de Charles), 1096.
—— (Danmaste), 960.
—— (Nicolas), charp., 981.
Mangon, marchand de laines, 300.
Mangeoires, 403, 830.
Manivelles, 175, 176, 195, 343, 623, 666, 774, 905, 1042, 1044, 1176.
—— de Liège, 343 344, 346, 480, 494.
Mannequin (Ormes enterrés en), 756, 757.

Mannequin (Transport d'arbres ou), 466-468, 606, 608, 754, 1024.
Mannequins d'oignons de tubéreuses, 744.
—— en osier pour arbrisseaux, 137, 144, 145, 147, 317, 318, 454, 455, 595, 596, 741, 742, 878, 1016, 1156.
Mannes (Ormes plantés dans des), 735.
—— d'osier, 145, 179, 317, 328, 338, 340, 455, 470, 473-475, 481, 595, 616, 618, 619, 683, 741, 742, 767, 878, 898, 1016, 1032, 1033, 1043, 1055, 1156, 1168.
—— ovales, 473, 1032.
—— pour cépées de charmes en motte, 767.
—— pour l'enlèvement des neiges, 767.
—— pour tirer la glace, 243, 399.
Mansart (Jules Hardouin), arch., 191, 195, 217, 218, 307, 354, 359, 374, 442, 492, 495, 501, 502, 515, 543, 583, 639, 648, 649, 665, 711, 731, 785, 796, 797, 811, 864, 870, 919, 932, 933, 959, 1059, 1074, 1076, 1077, 1090, 1127, 1137, 1190, 1200, 1201..
Manseau (Pierre), ser., 258, 267.
Mansier ou Menessier (Nicolas), charp., 74, 276, 415, 549, 635, 696, 841, 1116, 1144, 1195.
Manteaux à livrée pour les garde-rigoles, 746, 979.
Mantes, 1016.
Mantonnets de bronze, 104.
Manufacture de camelots façon de Bruxelles, 956.
—— de dentelles de fil, 4, 19, 67, 182, 310, 442, 584.
—— de glaces façon de Venise, 39, 250, 398, 899, 958, 968, 1005.
—— de linge damassé, 235.
—— de serge façon de Londres, 194.
Manufactures, 196, 359, 360, 489, 493, 495, 501, 638, 640.
Marais (Dame), veuve Patenostre, concierge du Chenil. — Voy. Patenostre.
—— (Jacques), ter., 155.
Marbre (Attiques des), 57, 105, 106, 432, 572, 573, 722, 897, 1032, 1122.

Marbre (Autels de), 106.
—— (Bas-reliefs de), 947.
—— (Bassins de), 30, 38, 92, 95, 96, 98, 100, 103, 104, 106, 193, 197, 242, 249, 397, 399, 432, 490, 677, 680, 1105.
—— (Bénitiers de), 79.
—— (Blocs de), 11, 17, 106, 113, 238, 293-295, 663, 711, 724, 806, 811, 813, 814, 816, 867, 870, 1096-1098.
—— (Carreaux de), 680.
—— (Chambranles de), 37, 57, 105, 106, 261, 292, 293, 407, 432, 572, 573, 663, 711, 722, 955, 991.
—— (Chapiteaux de), 91-103, 124, 289.
—— (Cheminées de), 854, 957, 973, 991, 1032, 1096, 1098, 1122.
—— (Colonnes de), 105-107, 193, 289, 292, 294, 388, 432, 490, 660.
—— (Foyers de), 37, 57, 105, 106, 293, 407, 572, 573, 722, 956, 991.
—— (Globe de), 762.
—— (Groupes et figures de), 19, 70, 85, 91-94, 96, 97, 99, 101, 102, 106, 107, 193, 291, 293, 433, 490, 526, 566, 690, 704, 711, 723, 765, 790, 807, 809, 838, 853, 856, 867, 868, 945-952, 966, 986, 990, 991, 1003-1007, 1010, 1079, 1080, 1082, 1083, 1085-1088, 1090, 1093, 1121, 1129, 1131-1136, 1140, 1143, 1149.
—— (Guillochis de), 1129.
—— (Jeu de portique en), 571, 721, 723, 853, 855.
—— (Pavé de), 37, 105, 106, 168, 249, 293, 560, 561, 680, 705, 706, 923, 993.
—— (Pavé de) à compartiments, 556.
—— (Perrons de), 660.
—— (Piédestaux de), 397, 526, 660, 723, 818, 823, 825, 854, 855.
—— (Plinthes de), 765, 1149.
—— (Portique en), 432, 721, 723, 769, 853.
—— (Revêtements de), 1122.
—— (Scabellons de), 106, 107.
—— (Sculpteur et peintre en), 571, 721.
—— (Socles de), 526, 572, 660, 854.
—— (Tables et tablettes de), 106, 107,

249, 293, 438, 572, 660, 790, 825, 853, 956, 991.
Marbre (Tambours de), 107, 278, 279, 294, 432.
—— (Termes de), 91, 93, 94, 96-101, 853-855, 869, 946, 947, 950, 966, 990, 1003, 1004, 1006, 1007, 1082, 1083, 1085, 1090, 1093, 1121, 1128, 1131, 1132, 1137, 1140.
—— (Tranches de), 293, 294, 572, 724, 812-816, 856, 991, 1097.
—— (Vases de), 37, 91, 92, 94, 96, 100-102, 107, 114, 193, 249, 288, 291, 355, 490, 513, 543, 572, 663, 683, 721, 790, 807, 809, 824, 853, 854, 867, 945, 947, 949, 950, 966, 990, 1003, 1082, 1084, 1092, 1097, 1128, 1131, 1139.
—— artificiel (Ouvrages de), 571, 721, 853.
—— blanc et noir de Dinan, 958.
—— blanc veiné, 958-960, 1097, 1105.
—— brèche violette, 238, 813, 814, 1098.
—— griotte, 813.
—— oriental, 37.
—— portor, 17, 66, 238.
—— rouge et blanc de Languedoc, 1080, 1129.
—— serancolin, 238, 240, 813, 814, 816, 958.
—— de Sicile, 308, 432.
—— vert de Campan, 107, 235, 292, 516, 660, 814, 816, 955, 957-959, 1096, 1098.
—— vert d'Égypte, 814, 816, 959.
—— vert de mer, 813, 1082, 1098, 1131.
Marbres (Magasin des), au Cours-la-Reine, 586, 999, 1192.
—— (Magasin des) du Roi au Louvre, 113, 234, 238, 240, 261, 292-294, 376, 389, 407, 433, 516, 518, 571, 572, 663, 666, 711, 723, 806, 812-816, 853, 856, 867, 934, 955, 957, 959, 960, 986, 993, 1061, 1096-1098, 1122, 1123, 1129, 1136, 1152, 1192.
—— bruts, 1152.
—— du Canada, 14, 69.
—— de Carrare, 91, 355.
—— de Caunes ou de Cosne, 106, 230, 231, 271.

TABLE ALPHABÉTIQUE.

Marbres d'Espagne, 813.
— d'Italie, 3, 4, 5, 10, 12, 17, 66, 113, 232, 233, 234, 238, 273, 294, 388, 518, 666, 724, 806, 856, 867.
— de Languedoc, 11, 14, 17, 68, 69, 103, 107, 132, 193, 228, 229, 271, 278, 309, 361, 432, 511, 542, 812, 816, 955, 958, 1080, 1129.
— de Porto-Venere, 663.
— des Pyrénées, 11, 14, 17, 68, 69, 106, 113, 132, 193, 228-231, 234, 271, 294, 309, 362, 388, 389, 511, 518, 542, 724, 856.
— de Rance, 79, 105, 958.
Marc de vigne, 24, 316, 393, 453, 454, 593, 672, 819, 962, 1100, 1155.
Marcan. — Voy. Marquan.
Marc-Aurèle, stat. équestre, 668.
Marcelin (Dominique), potier de terre, 878, 1016, 1156.
— sc., 991.
— voit., 113, 295.
Marcellin, gr. de numéros en marbre, 1121.
Marchand (Étienne), paveur, 777.
— (Georges), paveur, 951, 1007, 1046.
— (Nicolas), ter. et voit., 17, 180, 184, 347, 350, 483, 484, 626, 628, 776, 778, 908, 911, 1044, 1046, 1177.
— (Nicolas), vitr., 188, 353.
— (La veuve de Nicolas), vitr., 187, 352, 486, 487, 631.
— botaniste, 120, 126, 302, 306, 438, 440, 584, 730, 863, 997.
— commis au bureau de la Surintendance, 641, 732, 787, 836, 865, 919, 999, 1058, 1126, 1191, 1194.
— compagnon sculpteur blessé, 635.
— scr., 31, 246.
Marchés d'entretien pour Fontainebleau, 778, 802, 1067, 1068, 1070, 1071.
Marcille ou Mareille, commis des postes à Sedan, 195, 354, 626, 773, 791, 904, 1041.
Marcilly (Jean), ter., 331, 467.
Marcottage, 136, 145, 475, 735, 743, 879, 1018, 1157.
Marcou (Gérard), entrepreneur, 19, 21, 43, 44, 239, 252, 391, 400, 424, 517, 519, 529, 538, 561, 650, 667, 669, 683, 798, 817, 828, 833, 965.

961, 970, 1075, 1099, 1107, 1142, 1148, 1150, 1202.
Mardelles, 563.
Maréchal (Étienne), jard., 134, 135, 447, 450, 591, 739, 740, 877, 924, 1013.
— (La veuve d'Étienne), 1154.
Mares (Comblement de), 466, 1029.
Mareschal, 211.
Marest (Gilles), charp., 179.
Marey (François), compagnon charpentier blessé, 635.
Marguerites (Achat de), 136, 591.
Mariage d'Alexandre et de Roxane (Le), tapisserie, 993, 994.
Mariage de l'Amour et de Psyché (Le), tapisserie, 994.
Mariage du Roi (Le), méd., 110.
Marie (Antoine), charp., 60.
— (Pierre), ser., 49, 808, 868.
Marié ou Le Marié (Pierre), carrier, 771, 1033.
Marie-Thérèse (Médaille de), 112.
Mariette, employé au réservoir du Parc-aux-Cerfs, 695, 840, 980, 1115.
Marigner, commis des Bâtiments, 219, 376, 504, 641, 650, 787, 799, 920, 935, 1059, 1153, 1191.
Marinier (Pierre), chaudronnier, 573.
Mariscal (Martin), ter., 204, 368, 746, 837.
Marlin (Claude), maréchal, 744, 879, 880.
— (Vivant), ter., 196.
Marly, 3, 133, 157, 196-198, 247, 267, 338, 353, 357, 400, 408, 446, 466, 496, 497, 947, 1010, 1078, 1104, 1146, 1150.
— (Curé de), 4, 66, 228, 384, 418, 511, 542, 659, 708, 805, 866, 943, 954, 1000, 1008, 1091, 1138.
— (Fonds de), 66, 228, 271, 384, 418, 511, 542, 659, 708, 805, 866, 943, 1000, 1091, 1138.
— château et jardins : abreuvoir des écuries du Roi, 1028.
— abreuvoir du bas, 1028.
— abreuvoirs, 158, 351.
— allée au bout des bâtiments de la Surintendance, 1163.
— allée au-dessus et au pourtour du nouveau bassin de la Gerbe, 1162.
— allée au devant du magasin, 759.

Marly, allée de la ceinture du parc, 1027, 1028.
— allée du devant des pavillons du côté de Luciennes, 889, 891, 893, 894.
— allée du parc, 892.
— allée des réservoirs, 608, 754, 892.
— allée nouvelle, 466, 607, 609.
— allées, 158, 159, 162, 163, 327-332, 339, 463-467, 605-609, 611, 612, 619, 754-756, 758, 760, 765, 888, 890-892, 897, 1025, 1026, 1162, 1163.
— allées au pourtour des fontaines, 887.
— allées du devant des pavillons des deux ailes, 758, 1164.
— allées d'ormes en portique, 790, 1024, 1026, 1029, 1162, 1166, 1168.
— amphithéâtre au bout de l'allée du milieu du bosquet du couchant, 1162, 1163.
— appartement du Dauphin (Nouvel), 894, 901.
— appartement du Dauphin : garde-robe, 895.
— appartement du Roi : antichambre, 897.
— appartement vert du rez-de-chaussée de Mme de Maintenon, 1035, 1165.
— appartements du premier étage, 1029, 1167, 1168, 1170.
— appartements de Mme de Maintenon, 164, 165, 895, 1023, 1029-1032, 1167, 1169.
— aqueduc au-dessus de la butte, 514, 1161.
— aqueducs, 158, 160, 327, 464, 466, 467, 544, 606, 770.
— aqueducs nouveaux dans la route du village à la forêt, 889.
— attiques des pavillons et du château, 163, 166, 167.
— avenue de Saint-Antoine, 313.
— avenue nouvelle à la sortie du parc, 753, 754, 756, 759.
— avenue principale, 1097.
— avenues de Choisy (Nouvelles), 612.
— avenues ou allées de Gallye, 316, 456.
— avenues du parc, 465, 469, 596, 755.

Marly, bains (Chambre des), 165, 167, 168, 171, 337, 472.
—— bains (Pavillon des), 167.
—— bancs, 333, 334, 470.
—— barque plate du canal de Versailles, 521, 528, 635.
—— barrière du derrière du château (Ancienne), 760.
—— barrières (Nouvelles), 166, 469, 612, 894, 896.
—— bassin de derrière du château, 168.
—— bassin de la Gerbe, 1023, 1024, 1162.
—— bassin du Grand jet, 168, 337, 614, 615.
—— bassin du Palmier (Nouveau), 1163, 1169.
—— bassin du Parasol, 1164.
—— bassin en gazon près les cascades, 1024.
—— bassin servant de lavoir, 1030.
—— bassins, 619. — Voy. Fontaines.
—— bassins à droite et à gauche du grand escalier du jardin, 1162.
—— bassins au-dessous du grand mur de terrasse, 610.
—— bassins dans le quinconce du jardin (Construction de), 761.
—— bassins des deux nouvelles fontaines, 756.
—— bassins (Les huit) de pierre, 1166, 1170.
—— bassins hauts des cascades, 1023.
—— bassins ronds du jardin bas, 332, 334, 753, 755, 770, 902.
—— bateaux ou chaloupes, 470, 474, 475, 1166. — Voy. ci-dessus : barque.
—— bâtiment sur le chemin de Versailles (Grand), 1023.
—— bâtiments, 385, 386, 473, 615.
—— bâtiments (Nouveaux), 470, 615, 761, 763, 764, 886, 894, 944, 1061.
—— belvédère (Nouveau), 468, 617.
—— berceaux, 611, 889, 896, 898, 1024.
—— berceaux des contre-allées (Nouveaux), 764, 765.
—— berceaux des deux ailes (Culs-de-four des), 761.
—— bois au-dessus du glacis, 893.
—— bois de Mme de Montespan, 899.

Marly, bois derrière le château, 759.
—— bosquet (Allées du), 755, 757, 889, 890, 1027.
—— bosquet (Contre-allée du), 606, 608.
—— bosquet au pourtour du bassin (Ormes du), 888.
—— bosquet du côté de Luciennes, 886-889, 891-893, 1023-1030, 1164, 1165, 1169.
—— bosquet du côté du village, 889, 890, 1024, 1025, 1162.
—— bosquet du couchant, 1162, 1163.
—— bosquets, 159, 161, 330, 332, 339, 467, 606-610, 615, 753-758, 766, 770, 887, 889, 901, 1028, 1163, 1165.
—— bosquets (Nouveaux), 332-334, 888, 890.
—— bosquets (Niches des nouveaux), 613.
—— bosquets au pourtour du lavoir, 889.
—— bosquets derrière les pavillons des deux ailes, 889, 1024.
—— bosquets des deux côtés du château, 889.
—— bûcher des officiers, 163.
—— bûcher du vieux bois, 1029.
—— buffet qui sert pour le café, 897, 1031.
—— cabinet du Roi, 171.
—— carrés du dessus, 1025.
—— carrière à glaise, 893.
—— cascades du bas du jardin, 886, 887, 891, 897, 901, 944, 1001, 1023, 1031, 1033, 1035, 1114, 1149, 1152, 1161, 1165-1167, 1169, 1171, 1176.
—— cassolettes de sculpture, 615.
—— chapelle, 159, 168, 764, 896, 1029, 1169.
—— chapelle (Dôme de la), 163, 166, 328, 333-336, 338, 339.
—— chapelle (Cloches de la), 170, 172.
—— chapelle (Horloge de la), 338, 767.
—— chapelle (Lanterne de la), 172.
—— chapelle (Pavillon de la), 163, 167, 328, 333, 334.
—— chariot de la ramasse, 612-614, 18, 762, 763, 1035, 1171.
—— chariot de la roulette, 612, 613.

Marly, charmille (Grande) nouvellement plantée, 1165.
—— château, 86, 156, 158, 159, 160-172, 327, 328, 329, 333-341, 432, 462, 470-474, 476, 604-606, 609, 611-616, 619, 620, 752, 753, 760-765, 767, 768, 869, 885, 886, 894-901, 950, 1012, 1022, 1023, 1029-1031, 1034, 1035, 1085, 1086, 1088, 1094, 1133-1136, 1140, 1143, 1151, 1153, 1161, 1166, 1167-1170, 1176.
—— châtaigniers, 893, 899.
—— chaussée du réservoir du bosquet, 610.
—— chemin (Grand), 759.
—— chemin (Petit) suivi par le Roi allant à la chasse, 760.
—— chemin de Saint-Cyr, 62.
—— chemin de Saint-Germain, 1028.
—— chemin de Versailles, 173, 464, 466, 606, 754, 756, 759, 893.
—— chêne Fouquet, 1029.
—— chevaux d'eau, 162.
—— clos de la maison seigneuriale, 1027, 1028, 1162.
—— commun (Grand), 463, 886.
—— commun (Petit), 760.
—— commun (Premier), 758, 759.
—— communs, 163, 166, 336, 469, 1029.
—— communs (Murs des), peints en paysage, 166.
—— conduite (Grande), derrière le château, 759.
—— conduite de la bonne eau, 160, 711, 899, 901, 1109.
—— conduite du petit réservoir, 886, 890.
—— conduite de la dernière pièce d'eau, 761.
—— corps de garde, 159, 161, 512, 543, 753, 754, 890, 900, 1029.
—— couverture d'ardoise, 761, 894, 1166.
—— couverture de plomb, 354.
—— couverture de tuiles, 894.
—— culture des fraisiers, 899.
—— demi-lune de l'entrée du château et du parc, 159, 163, 467, 893.
—— demi-lune de la grande pièce d'eau, 468.
—— démolition du dôme de la chapelle, 339.

TABLE ALPHABÉTIQUE.

Marly (Dépenses de), 157-172. 191, 193, 229, 231, 327-341, 387, 463-476, 605-619, 753-770, 885-902, 953, 1023-1035, 1128. 1161-1171.
—— (Descente de), 160, 163, 170, 610.
—— école du village (Construction de l'), 469, 762.
—— écuries, 164, 331, 888, 894.
—— écuries des gardes du corps, 331, 769, 889, 896, 1028, 1162, 1164.
—— écuries du Roi, 331, 333. 314, 1029.
—— écuries du Roi (Forges des), 334.
—— église paroissiale, 158, 161, 163-165, 169, 327. 333-336, 338, 471, 472, 512, 543.
—— église (Cloches de l'), 197. 333.
—— église (Construction d'une nouvelle), 330, 334, 335, 336, 512.
—— église (Horloge de la nouvelle), 338.
—— égout des eaux, 761.
—— entrée principale du château, 515.
—— escalier (Grand) du jardin, 1162.
—— escaliers au-dessus du réservoir, 1024.
—— escaliers du côté de Luciennes, 1034.
—— escaliers (Nouveaux) joignant le mur de terrasse, 1165, 1167.
—— escaliers sur les glacis (Construction d'). 612, 753.
—— escarpolette (Construction d'une), 610, 612, 613, 615, 758-760.
—— figures de marbre, 526, 790, 1169, 1171.
—— fontaine des coquilles, 1169.
—— fontaine de Diane, 1169.
—— fontaines, 170, 171, 259, 340, 354, 474, 476, 615, 617, 619. 763, 767, 769, 900, 1034, 1110, 1167.
—— fontaines du bas jardin (Les huit dernières), 790.
—— fontaines du parc (Nouvelles), 756, 763, 765, 896.
—— fontaines en gazon, 895, 902.
—— forêt, 11, 153, 161-163, 169, 170, 328, 330-332, 335, 459, 467, 468, 473, 606-609, 611, 612, 617, 755, 760, 765, 766, 789, 890, 891, 893, 897, 898, 1024-1027, 1154, 1163, 1165, 1171.
—— forêt (Barrières de la). 612.

Marly, forêt (Bois joignant la), 757.
—— forêt (Cartes de la), 602.
—— forêt (Chemin joignant la maison rouge de la), 892.
—— forêt (Routes de la), 160-162, 169, 171, 328, 464-470, 475, 476, 605, 607, 608, 616-618, 755, 756, 766, 890, 891, 893, 1025.
—— fosses d'aisances des offices, 171, 340, 618.
—— gages d'officiers, 169, 193, 355, 361, 476, 489, 490, 637-639, 1057, 1058, 1188-1190, 1192-1194.
—— garde-meuble, 761.
—— glacière dans le village, 339, 340.
—— glacières du parc, 172, 340, 465, 467, 473, 756, 770, 887, 890, 901, 1024, 1027, 1030, 1034.
—— glacis du château et du jardin, 328, 329, 331, 339, 464, 605, 610, 612, 619, 753, 887, 888, 893, 1023.
—— glacis des glacières, 890.
—— glacis du réservoir, 757, 758, 886, 889.
—— globe du jardin, 895.
—— grilles du parc, 171, 335, 1029.
—— grottes, 1176.
—— hangar pour le chariot de la roulette, 612, 613, 762.
—— hangar servant de bûcher, 1029.
—— hangars des chevaux des gardes du corps, 762, 886.
—— horloge de la chapelle, 338, 767, 1169.
—— horloge du château, 104, 168, 170, 340, 473, 476, 617, 770, 899, 900, 1033, 1034, 1170.
—— jardin (Groupes d'enfants du), 472, 615.
—— jardin (Nouvelles palissades du), 617.
—— jardin (Quinconces du), 330-332, 469, 475, 610, 611. 755, 756, 761, 763.
—— jardin (Salle près de l'escarpolette du), 613.
—— jardin (Statues du), 337, 615, 753, 765, 951, 1006, 1007, 1023, 328-331, 337, 339, 340, 447, 448, 450, 452-454, 461, 464-468, 471, 473-475, 590-592, 607-609, 611,

617-619, 739, 740, 742, 743, 753, 755-761, 763-770, 791, 855, 876, 887, 889-895, 897, 898, 900, 916, 1009, 1013, 1014, 1025-1031, 1033, 1078, 1092, 1128, 1140, 1154, 1157, 1161, 1162, 1164-1166, 1169, 1170.
Marly, jeu d'anneau tournant, 334, 338, 470, 1026, 1032.
—— jeu de passe de fer, 613.
—— jeu de portique en marbre blanc, 432, 571, 572, 721, 723, 853, 855.
—— jeu de trou-madame, 334.
—— lavoir, 606, 610, 758, 1027-1029.
—— lavoir (Nouveau) de l'enclos de la maison seigneuriale, 1163.
—— loge de paille derrière le château, 606.
—— logement de M. Bontemps, 164.
—— logement du sr Bourguignon, 732.
—— logement des garçons du château, 754.
—— logement des Suisses, 171, 326, 1145.
—— machine pour faire tourner le chariot de la roulette, 613, 762.
—— magasin, 165, 167, 169-171, 236, 329, 334, 335, 338-340, 357, 470, 473-475, 490, 492, 607, 612, 614, 616-619, 637, 758, 760-763, 765-769, 887, 891, 895, 898-900, 1024, 1027, 1029, 1030-1034, 1165, 1167-1169.
—— magasin (Construction d'un petit), 893.
—— magasin (Nouveau bâtiment joignant le), 753, 760, 761.
—— magasin des démolitions, 164.
—— masure de la Montjoye, 463, 468, 611.
—— mémoires de travaux, 494.
—— (Montagne de), 170, 254.
—— mur de terrasse en face du château (Grand), 891.
—— murs de clôture du jardin, 753, 889.
—— murs de clôture et de terrasse du parc, 329, 332, 463, 464, 469, 605, 610, 758, 759, 899.
—— murs de douve de la dernière pièce d'eau, 754.
—— murs du pourtour du grand réservoir, 754, 888.

85.

Marly, offices, 161, 167, 327, 328, 336, 469, 611, 760, 761, 893, 1166, 1169.
—— offices (Appartements des), 1161, 1165, 1168, 1170.
—— offices (Bois des), 1128.
—— offices (Chemin des), 465, 756, 758, 759.
—— offices (Distribution d'eau potable aux), 770.
—— offices (Entresols des), 754.
—— offices (Pavillon des), 164.
—— palissades de charmille, 891, 897-899, 1025.
—— parc, 158-160, 162, 163, 166, 168-171, 310, 311, 329-331, 333, 336, 338-340, 451, 455, 464, 465, 468, 469, 478-475, 494, 495, 603, 606, 608, 610-613, 616, 619, 755-758, 764-768, 885, 888-893, 896-900, 1025, 1027, 1029, 1030, 1034, 1163, 1170.
—— parc (Allées hautes du), 464, 1025.
—— parc (Construction d'une ramasse dans le), 606, 607, 612, 613.
—— parc (Grille d'entrée du), 1029.
—— parc (Nouveaux treillages du), 757.
—— parc (Roulette ou ramasse du), 606-608, 612-614, 762.
—— parc (Route nouvelle du), 766.
—— parc (Routes du), 758.
—— parc (Sortie du) du côté du regard, 758.
—— parterres (Lauriers thyms des), 769, 887, 897, 900.
—— parterres (Nouveaux), 465-467, 474.
—— parterres du château, 447, 472, 618, 619, 765.
—— parterres du jardin, 755, 1027.
—— pavillon (Dernier), 332, 607.
—— pavillon (Gros), 1094, 1134, 1140.
—— pavillon de l'aile (Cinquième), 158.
—— pavillon de l'aile (Premier), 166, 328.
—— pavillon des bains, 160.
—— pavillon de la salle des gardes, 164, 166, 167, 337, 894.
—— pavillon incendié, 172.
—— pavillons, 335-338, 340, 471, 476, 619, 753, 762, 770, 889, 900,
1029, 1034, 1094, 1140, 1151, 1164.
Marly, pavillons (Les douze petits), 160, 162, 163, 165, 167, 171, 327, 337, 764, 894, 1169, 1170.
—— pavillons (Les quatre nouveaux), 164, 327.
—— pavillons de fer de derrière le château, 163, 166.
—— pavillons de l'aile du côté de Louveciennes, 330, 332, 612, 770, 886, 887, 889.
—— pavillons des deux ailes, 327, 467, 607, 609-611, 615, 756, 758, 893, 1027, 1029.
—— pavillons du côté du village, 332, 1166.
—— peintures en manière de paysage, 166.
—— pépinière (Nouvelle), 759.
—— pépinière de charmilles, 616, 619, 754, 760, 767, 877, 889, 890, 1024, 1028, 1164.
—— pépinière derrière le château, 1028.
—— pépinière des fleurs, 757, 759, 766.
—— pépinière du jardin (Couches de la), 899.
—— pépinière d'ormes, 161, 331, 466, 475, 598, 606, 608, 755, 757, 1024.
—— perron (Grand), 159, 326, 337, 888.
—— perron (Les deux bassins au-dessus du grand), 329, 332.
—— perrons des côtés du bassin du Grand jet, 337, 472.
—— perrons nouveaux sur le glacis du jardin, 605.
—— pièce d'eau (Dernière), 474, 475, 753, 754, 761, 770, 887, 1028.
—— pièce d'eau (Grande), 468, 472, 475, 611, 759, 893, 1161, 1164, 1166.
—— pièce d'eau (Groupes en tête de la grande), 615.
—— pièce d'eau (Petite), 611.
—— pièce des quatre jets, 467, 472, 474, 770.
—— plants d'arbres, 158-162, 170, 192, 193, 328-331, 339, 361, 447, 453, 455, 456, 464, 466-469, 473, 474, 493, 590, 594, 598, 603, 607-
611, 616, 619, 640, 754-757, 759, 766, 784, 879, 887-891, 921, 1024, 1025, 1056, 1154, 1163.
Marly, ponceau (Construction de), 463, 465.
—— (Port de), 60, 109, 168-170, 310, 332, 453, 454, 467, 468, 474, 475, 592, 611, 625, 626, 734, 751, 759, 765, 766, 769, 889, 898, 1039, 1044, 1084, 1114, 1133, 1164, 1173, 1176.
—— porte cochère du bas du jardin du côté de Luciennes, 1028.
—— porte cochère du parc, 336, 611.
—— porte d'entrée du parc du côté du village, 753, 756, 758, 759.
—— porte (Troisième), ou porte de Conflans-Sainte-Honorine, 171, 461.
—— porte de la Croix-Saint-Philippe, 160, 463, 469, 610, 758, 886, 892, 896.
—— porte des réservoirs, 619.
—— portique de marbre, 769.
—— portiques des allées, 762, 765, 894, 1162.
—— ramasse du parc. — Voy. ci-dessus : parc (Roulette du).
—— réservoir du bosquet derrière les pavillons du côté de Luciennes, 886, 887, 888, 892, 894, 897, 898, 1024.
—— réservoir du bosquet du côté du couchant, 886.
—— réservoir du bosquet du côté du village, 610, 612, 615, 754, 757, 759, 886, 889, 1028, 1161.
—— réservoirs, 160, 161, 168, 172, 327, 328, 339, 405, 466, 467, 607, 608, 618, 619, 886, 1161, 1162.
—— réservoirs du dessus (Grands et petits), 754, 759, 768, 886, 889, 890, 897, 901.
—— restauration des statues du jardin, 337.
—— rigoles, 158, 159, 464, 606, 612, 889, 893.
—— (Route de), 142, 466, 607, 609, 617.
—— route d'Ardouin, 891, 1163.
—— route du Chêne-aux-Chats à la Taupière, 468.
—— route de Chevau-d'Or, 758, 891, 1163.

Marly, route Dauphine, 468, 608, 755, 756.
—— route des Princesses, 464, 611, 1163.
—— route de Saint-Germain dans la forêt, 466, 468.
—— route des ventes d'Arblay, 1025.
—— route du village à la forêt, 890, 892.
—— route Royale, vis-à-vis la porte de la Croix-Saint-Philippe, 463-465, 469, 605, 610, 611, 758, 886, 891, 892, 1162.
—— rue conduisant du château à la paroisse, 471.
—— salle des gardes, 767, 894, 898, 1029.
—— salon (Grand), 1093.
—— sculpture des frontons, 167, 336, 337, 615.
—— sculpture sur bois pour les appartements, 1094.
—— séjours du Roi, 612, 619, 769, 1033.
—— tableaux des cheminées, 90.
—— tableaux pour la nouvelle église, 336.
—— tableaux de Van der Meulen et autres, 89, 92, 93, 99, 288, 290, 571, 990.
—— terrain derrière le château, 1028.
—— terrasse, 171, 196, 334, 340, 353, 470, 476, 613, 617, 619, 761, 767, 770, 899, 900, 901, 1034, 1035, 1145, 1151, 1170.
—— terrasse nouvellement faite au-dessus de la gerbe du jardin, 1164.
—— torse antique représentant Bacchus, 289.
—— transport de charmilles de la forêt de Lyons, 448.
—— transport de charmilles de Montfort et de Saint-Léger, 468, 475, 590.
—— transport de charmilles de Versailles, 879.
—— transport et entretien de conduites de fer, 765, 899.
—— transport de fleurs de Trianon, 529.
—— transport de fumier, 592, 765, 766, 769.
—— transport de fruits, 455.
—— transport de jeux d'anneau tournant, 1032.

Marly, transport de figures et vases de marbre, 566, 683, 704, 790, 967, 970, 986, 1118, 1123, 1149.
—— transport de marronniers de Vanves, 879.
—— transport de planches, 1160.
—— treillages nouveaux, 606, 607, 615, 1031.
—— vases de bronze, 894.
—— vases de marbre blanc, 663, 683, 710, 1171.
—— vases des parterres, 472.
—— vases de pierre des pavillons, 472.
Marly, village, 161, 170, 332, 333, 336, 469, 471, 606-612, 615, 732, 753-755, 757, 758, 762, 893, 899, 901, 1161.
—— grange servant d'église, 333.
—— horloge (Ancienne), 338.
—— logement du dessinateur, 1033.
—— logement du garçon plombier, 865, 901, 1034.
—— logement de l'inspecteur, 901.
—— logement d'invalide, 1033.
—— presbytère, 469, 471.
—— visite de la reine d'Angleterre et du prince de Galles, 1035.
—— voyages du sr Perrault, 1152.
Marly-le-Bourg (Censive de), 868.
Marne (Cygnes de la rivière de), 1158.
—— (Inspection de tuyaux de fer sur la), 1063.
Marnières (Digues des), 204.
Marnières, 205, 410, 745, 977.
Marolle (Gilles), 622.
Maroquin du Levant, 122.
Marot, charp., 348.
—— maç., 1117.
Marouflage, 113.
Marquin ou *Marcan* (François), vigneron, 769, 889, 1029.
Marquant (Robert), voit., 178.
Marques pour les draperies étrangères (Gravure de), 434.
—— sur des ouvrages de marbre, 1122.
Marquet, men., 334.
Marqueterie (Cabinets d'orgues en), 106, 526, 665, 712.
—— (Estrades de), 398, 681.
—— (Meubles en), 664, 711.
—— (Ouvrages de), 34, 106, 293, 398, 432, 526, 664, 680, 681, 711.

Marqueterie (Parquet de) à fleurs, 681.
—— (Pavé de), 249.
—— (Pavé de cuivre de), 681.
—— (Pavé de marbre de), 556, 705, 706.
Marronniers, 876, 877, 879, 1013, 1014, 1016, 1052, 1055, 1100, 1154, 1157.
—— d'Inde (Plantation de), 133-135, 147, 200, 310-312, 445, 449, 590, 594, 610, 736, 737, 768, 820, 872, 875-877, 879, 1013, 1155, 1157, 1166, 1188.
Marrons d'Inde (Semis de), 735.
Mars, buste, 101.
—— portière de tapisserie, 577, 578, 727.
Mars (Mois de), pièce de la tenture des *Belles Chasses de Guise*, 726, 727, 859, 860, 994, 1001.
Marseille, 131, 308, 586, 663, 711, 783.
Marsollier, marchand de soies, 433, 575.
Marsy (Les héritiers de Gaspard), sc., 1087, 1135.
Martin (Gaston), ser., 165, 322, 335, 470, 613, 762, 895, 926, 1030, 1097, 1152, 1167.
—— (Jean-Baptiste), p., 89, 287, 430, 570, 720, 722, 852, 1121.
—— (Michel), dit Beaucaire, garde au pavillon du Mesnil, 358, 490, 638, 785, 918.
—— (Nicolas), ter., 1178.
—— (Noël), couv., 75, 81, 120, 128, 277, 284, 420, 426, 550, 564, 567, 699, 716, 842, 849, 983, 986, 1120, 1147.
—— (Pierre), ter., 715.
—— (Roland), ter., 468.
—— (Vincent), voit., 170.
—— (Vivant), voit., 339.
—— capitaine des vaisseaux du canal, 73, 275, 276, 415, 549, 696, 840, 981, 1010, 1144.
—— employé aux marbres, 132, 193, 309, 361.
—— garde dans la plaine du Perray, 865, 999, 1057, 1114, 1126, 1190.
—— (La veuve), libraire, 489.
—— receveur particulier des tailles de l'élection de Moulins, 958, 959.
—— sc., 196, 703, 844, 845.

Martin, tailleur de pierre, 204.
Marville (Jacques), charron, 900.
—— (Thomas), jard., 332, 467, 474, 609, 611, 616, 757, 887, 1028, 1164, 1171.
Mary (François), 281.
Masques de plomb, 171, 809, 869, 947-948, 951, 952, 1003, 1004, 1006, 1007, 1080, 1082, 1083, 1090, 1129, 1131, 1132, 1137.
Massagati (Jean), gondolier vénitien, 73, 277, 416, 549, 697, 806, 841, 867, 943, 954, 982, 1008, 1091, 1116, 1138, 1144.
—— (Pierre), gondolier vénitien, 73, 277, 416, 549, 641, 697, 841, 982, 1000, 1117, 1144.
Masselin (Martin), chaudronnier, 52, 219, 237, 258, 337, 376, 503, 551, 650, 798, 935, 1076, 1202.
Masselot (François), batelier, 604.
Masses pour la glace, 243, 529.
Masson, écrivain, 784.
—— aumônier des Bâtiments, 641, 921, 1061.
—— inspecteur du crépissage des murs du grand parc de Versailles, 787, 919, 960.
—— inspecteur à Vincennes, 1061, 1097, 1188.
—— (La veuve), jard., 200, 365, 497, 643, 793, 930, 1010, 1066, 1067, 1145, 1197, 1198.
Massonnet (La veuve), prop., 132, 309, 443, 585, 733, 1142.
Massou ou Masson (Benoît), sc., 558, 560, 702, 704, 705, 844, 845.
—— (La veuve), 949, 1005.
—— élève sculpteur, 785, 916, 917, 1057.
Mastic (Aire de), 986.
—— (Fourniture de), 39, 400, 564, 666, 682, 720, 751, 768, 885, 900, 1022, 1034, 1107, 1160, 1185.
—— à feu (Fourniture de), 520, 827.
—— gros, 681, 1017, 1106, 1149, 1157.
Masurier ou Mazurier (Jean), mat., 74, 276, 416, 549, 696, 841, 981, 982, 1116, 1148.
Matelots (Les), méd., 110.
Matrau (La veuve), marbrier, 106.
Mathée, sc., 100, 291, 1187.
Mathieu (Charles), voit., 169.

Mathieu (Claude), inspecteur des ouvriers, 192, 195-197, 361, 456, 493, 496, 516, 640.
Mathurin, vidangeur, 691.
Matis, arpenteur, 59, 268, 412, 541, 691, 836, 978, 1011, 1113, 1146.
Matrequaires, fleurs, 136, 450, 739.
—— doubles, 450, 591.
Maubois, tourneur, 109, 296, 924.
Maurouge, sc., 554, 560, 702, 721, 844-846.
Maugar ou Mauger, marchand de laines, 117.
Mauger (Jean), huissier à Rouen, 263.
—— (Jean), men., 949, 1005.
—— (Jean), gr. en méd., 111, 297.
—— ou Mavas (Nicolas), jard., 133, 155, 170, 193, 195, 269, 790.
Maugis (Antoine), invalide employé à Trianon, 199.
—— de Fontainebleau, 17.
Maumi (Gabriel), tanneur, 773, 960.
Maupin, fondeur, 33.
Maury (Jean), employé aux manufactures de dentelles, 132, 310, 442, 584.
—— (Pierre), maç. blessé, 355.
Mauvieux, correcteur de l'Imprimerie royale, 574.
May de l'Ascension, 635.
Mazarin (Le cardinal); son tombeau dans le collège des Quatre-Nations, 238.
Mazeline (François), sc., 1032.
—— (Louis), plombier chaudronnier, 168, 352.
—— (Pierre), sc., 35, 100, 167, 218, 248, 336, 375, 421, 502, 553, 554, 557, 649, 700, 797, 825, 934, 1075, 1086, 1093, 1134, 1140, 1169, 1186, 1201.
Mazière (Jacques), entrepreneur de maçonnerie, 8, 9, 13, 18, 21, 43, 149, 219, 235, 238, 253, 264, 321, 375, 391, 401, 408, 459, 503, 515, 518, 519, 529, 544, 600, 649, 670, 798, 934, 1075, 1096, 1099, 1202.
—— (Simon), sc., 84, 97, 100, 291, 294, 422, 560, 569, 703, 810, 845, 846, 869, 1093, 1097, 1140.
—— le jeune, sc., 100, 422.
—— frères, sc., 560, 703.
—— de Sergy (André), entrepreneur, 684.

Mazurier (Nicolas), ter., 612.
Médaille d'argent de Louis XIV en buste, 583.
Médailles (Dessins de devises de), 90, 385, 418.
—— (Explication des), 439, 582.
—— (Gravure de), 109-112, 122, 297.
—— antiques (Achat et vente de), 122, 123, 304, 516.
—— consulaires, 304.
—— d'argent (Achat de), 584.
—— d'argent décernées aux étudiants de l'Académie de peinture, 305, 441, 583, 584, 781, 864, 997, 1126.
—— de grand bronze (Achat de), 582.
—— d'or (Achat de), 582.
—— du Roi (Monnayage des), 195.
—— en double (Vente de), 389, 516.
—— faites ou achetées pour le Roi, 6-8, 10-14, 16, 18, 67, 86, 109-112, 122-124, 237, 296, 297, 304, 439, 582, 583.
—— grecques, 304.
—— impériales, 304.
—— moulées, 123.
—— portées à la Bastille, 267, 304.
Médaillon de Louis XIV en marbre, 17, 69, 94.
Médicaments fournis aux ouvriers blessés, 346, 625, 1043, 1044.
Meilleur (Noël), vannier, et sa veuve, 338, 474, 481, 482, 616, 625, 767, 898.
Mekelbourg (Logement de M. de), 984.
Mélancolique (Le), stat., 854.
Melle (Charles), 42.
Melo, sc., 100, 294, 843, 846, 1079, 1128.
Melun, 743.
—— (Maîtrise des eaux et forêts de), 222, 379, 507, 654, 801, 938, 1069, 1070.
—— (Pont de), 880.
Mémoires de travaux (Copie de), 494.
Menant (Pierre), huissier à Rouen, 268.
Menard (Josse), ter. employé à la rivière d'Eure, 210, 370.
Menessier (Nicolas), charp. — Voy. Mansier.
Menin (Ville de), 235.
Menoit ou Menon (Pierre), marchand de fer, 176, 344, 480, 1043.
Menou (Jean), couv. en paille, 922.
Menoux (Pierre), invalide, 364.

TABLE ALPHABÉTIQUE. 1281

Menuiserie d'assemblage (Jeu d'anneau tournant en), 1026.
Menuisier (André), ser., 405, 534.
Mercier (Charles), vitr., 378, 505, 652, 800, 936.
—— (Jacques), voit., 169, 616.
—— (Mathurin), voit., 766, 767.
—— (Pierre), ter., 181.
—— (Thomas), jard., 900.
Mercure, Terme de marbre, 946, 1003.
—— de Farnèse, stat. d'après l'antique, 1079, 1128.
Merentes ou Merentais (Rigole de), 266.
Meriel, marchand, 862.
Merien, aumônier des Bâtiments, 191, 359, 491, 639.
Merlin (Claude), maréchal, 318, 1017.
—— (Pierre), éclusier à Maintenon, 488.
—— (Vivant), voit., 179, 339, 340, 622, 1176.
Merot (Guillaume et Jean), voit., 61, 269.
Merrain (Caisses de), 147, 458, 1053.
—— (Seaux de), 1102.
Mersant (Pierre), dit l'Alliance, invalide, 198, 496, 636, 642, 792.
Mersenon (Jean), garde-magasin, 74, 276, 415, 528, 549, 696, 841, 981, 1116, 1117, 1144.
Merveilliaud, commis aux manufactures, 191, 360, 493, 639.
Mery, anatomiste, 126, 306, 440.
Mesmyn, commis de M. de Villacerf, 194, 304, 379, 506, 541, 641, 691, 787, 836, 920, 978, 1058, 1113, 1153, 1191.
Mesnard (Pierre), marbrier, 218.
Mesnier, commissaire au Châtelet, 959.
Mesnil-Saint-Denis (Chaussée de l'étang du), 205, 975.
—— (Étang du), 206, 268, 458, 837.
—— (Garde du pavillon de l'étang du), 269, 358, 490, 638, 785, 1057, 1061, 1113, 1190.
Messager (Louis), faïencier, 456.
Mestivier (François), inspecteur à Marly, 193, 490.
Mesures de bois de frêne, 1053.
Métaux (Livraison de), 809, 868.
Metay (Jacques), 338.
Métiers pour les Gobelins, 118.
—— pour la Savonnerie, 120.

Métivier (Étienne), portier du Palais-Royal, 220, 377, 504, 651.
Métopage (Travaux de), 422.
Mettay (François), jard., 142, 449, 451, 590, 593, 594, 596, 738.
Meuble garni de broderies pour le Roi, 787.
Meudon, antichambre de Mme de Maintenon, 1187.
—— appartement et cabinet de Monseigneur, 1096, 1143, 1153, 1187.
—— barques, 1185, 1195.
—— bassins, 1182, 1183.
—— cabinet à la capucine de Monseigneur, 1186.
—— cabinet des bijoux de Monseigneur, 1187.
—— carte des travaux, 1146.
—— chaloupes de Monseigneur, 1185-1187.
—— cours et avant-cour du château, 1185, 1187, 1188.
—— étang du Bel-Air, 1187.
—— fontaines et rigoles, 1183, 1184, 1185, 1188, 1190.
—— Gladiateur mourant (Le), bronze, 1152, 1186, 1187.
—— grotte, 1152, 1182, 1187.
—— jardin haut, 1184.
—— jardins, 1182.
—— jeu de l'anneau tournant, 1182, 1184.
—— magasin, 1184.
—— orangerie et orangers, 1081, 1152, 1155-1157, 1182, 1185, 1187.
—— parc, 1182, 1183.
—— parterre du Gladiateur, 1182.
—— parterre de la Grotte, 1185.
—— parterre en face du château, 1152, 1155, 1187.
—— parterres hauts et bas, 1188.
—— plans du jardin (Vérification des), 1114.
—— porte Dauphine, 1183.
—— potager, 1188.
—— pressoirs, 1155.
—— routes des bois, 1188.
—— (Tableau de Mignard), 571, 852.
—— (Tableaux appartenant à M. de Louvois à), 1081, 1130.
—— toisé des travaux, 1153.
—— travaux du château, 388, 1101, 1110, 1150-1153, 1181-1188.

Meudon, vases de marbre blanc, 663, 683, 710, 1186.
—— (Vases et bustes de M. de Louvois à), 1081.
Meulan, 319, 436.
—— (Cloître de l'Annonciade de), 129.
—— (Couvent de l'Annonciade de), 129, 130, 808, 1083, 1131, 1132.
—— (Église de l'Annonciade de), 106, 198.
—— (Levé de plans à), 791.
Meunier, boulanger du Roi, 536.
Meusnier (Antoine), contre-poseur blessé, 636.
—— le jeune (Jean), sc., 339, 1088, 1136.
—— (Philippe), p., 167, 336, 472, 615, 764.
Mézières (Cuirs forts de), 479, 480, 623, 634, 905.
Mézillier (Charles), vannier, 898, 1033, 1168.
Michault (Jean), compagnon charpentier blessé, 196.
Michel (François), jard., 927.
—— (François), taillandier, 179, 751.
—— (Jean), jard., 566.
—— (Pierre), jard., 734, 996.
—— (Toussaint), men. tourneur à la Machine, 188, 358, 489, 639, 784, 786, 917, 1059, 1189.
Michelet l'aîné, employé à la pesée des fers, 75, 190, 357, 491, 636, 786, 791, 917, 1060, 1062, 1146, 1190, 1194.
—— le jeune, préposé à la pesée des fers, 190, 197, 357, 491, 636, 641.
Michels, marchand de Beauvais, 194.
Michel ou Michet, p. sur verre, 552, 705, 843.
Michou, ter., 912, 1048.
Microscope, 124.
Micasse (Laurent), ter., 65, 270, 417, 542, 698.
Mignard (Pierre), p., 2, 3, 65, 109, 227, 238, 248, 270, 290, 296, 387, 419, 494, 502, 571, 639, 648, 680, 785, 797, 852, 853, 919, 933, 990, 1009, 1069.
Mignardises, petits œillets, 450.
Mignot (Adrien), bûcheron, 470.
—— charp., 131.
Milan, 112.

Milard, 764.
Milcent (Eustache), ter., 848.
Milhomme. — Voy. Fossard (Thomas).
Milleret (Jacques), garçon charpentier blessé, 495.
Millot (François), men., 150, 164, 220, 322, 333, 378, 459, 470, 505, 600, 613, 652, 687, 748, 761, 800, 821, 882, 894, 923, 926, 936, 1020, 1030, 1036, 1076, 1085, 1133, 1143, 1159, 1166, 1203.
Milon, groupe de marbre, 99, 663, 711.
Mine (Jean), ter., 163, 332.
Mine d'Orge (Robert), ter., 155, 323.
Miniature (Dessins de plantes en), 90, 287, 430, 570, 720, 852, 990.
—— (Tableaux peints en), 808, 868.
Miniatures (Clavecin orné de), 90, 287, 294, 295, 664, 711, 720.
—— des Conquêtes du Roi, 692.
Minière (Étang de la), 388.
Minpon (Léonard), dit La Roche, garçon fontainier à Marly, 1063, 1170.
Miramion (Mme de), 303.
Mirel (Jacques), men., 164, 245, 333, 334, 470, 613, 761, 895, 921, 926, 1030, 1036, 1037, 1045, 1085, 1133, 1143, 1166.
Miroin, procureur des Invalides, 121, 272.
Miroirs, 678, 679, 968.
—— ardents, 124.
—— d'argent ciselés, aux armes de Louis XIV, 953.
Misson (Hubert), marbrier, 37, 57, 105, 218, 294, 375, 432, 502, 526, 572, 649, 705, 722, 797, 813, 814, 854, 910, 923, 934, 967, 1075, 1096, 1097, 1098, 1105, 1187, 1201.
Mitraille de cuivre ou potin, 263, 292, 516, 847.
Mittonneau, marchand de fer, 707.
Modèle (Pose du) à l'Académie des Gobelins, 581, 729, 862, 996, 1124.
—— de balustrade sculptée d'une des tribunes de l'église des Invalides, 701.
—— de bois de sapin pour le chariot de la ramasse à Marly, 613, 762.
—— du bosquet de Marly, 770.
—— des cascades de Marly, 1035.
—— de la fontaine du Mont-de-Parnasse, 687.
—— de gazon, 607.
—— de globe de bois, 895.

Modèle de globe de marbre, 762.
—— de manivelle pour la Machine de Marly, 480.
—— du nouveau jardin de Trianon, 969.
—— de perrons pour Marly, 605.
—— d'un petit autel dans l'église des Invalides, 554.
—— de pyramide, 555.
—— de la statue équestre du Roi par Girardon, 288, 289, 355, 428, 430, 431, 642, 707, 854.
—— de torchères dans l'église des Invalides, 553.
—— en bois du maître-autel de l'église des Invalides, 551, 552, 554-556, 557, 563, 635, 700.
—— en bois des ornements de la grande voûte du dôme des Invalides, 700.
—— en charpente du dôme des Invalides, 355, 421, 551.
—— en plâtre de la pièce d'eau au-dessous du Dragon, 1093, 1140.
—— en plâtre de la statue de saint Charlemagne, 702.
Modèles, 24, 36, 37, 91-95, 97, 98, 101-103, 106, 110-112, 167, 172, 196, 255, 262, 278, 279, 288-290, 294, 296, 337, 375, 397, 423, 502, 785.
—— d'anges et d'attributs en plâtre, 558.
—— d'arcs-doubleaux de l'église des Invalides, 560.
—— d'attiques peints sur toile, 163, 166, 167.
—— de bas-reliefs, 703, 704.
—— de bassins en plâtre, 886.
—— de berceaux, 765.
—— de la calotte du dôme des Invalides, en sculpture, 701.
—— de chapiteaux et modillons, 553.
—— de cheminées, 164.
—— de cintres pour les ormes, 475.
—— de consoles, 924.
—— d'ébénisterie, 712.
—— d'enfants en plâtre, 704.
—— de fer étiré, 1030.
—— de fleurons, 555.
—— du groupe de Protée et Aristée, 1122.
—— d'ornements de corniches, 553, 701, 844.

Modèles d'ornements de plomb du dôme des Invalides, 553.
—— d'ornements de sculpture et d'architecture, 702, 825.
—— d'ouvrages de bronze, 665.
—— de piédestaux, 901.
—— de pompes, 346.
—— des quatre Évangélistes sculptés aux angles du dôme des Invalides, 553.
—— de la ramasse du jardin de Marly, en menuiserie, 613.
—— de Termes en plâtre, 809, 869.
—— de terre et de cire, 554-560, 701, 869.
—— de terre du *Triomphe de Thétis*, 1093, 1140.
—— de torchères et cassolettes, 338.
—— de trophées et chutes d'armes en terre, 809, 869.
—— de vases en plâtre, 555.
—— des voûtes du dôme des Invalides, en menuiserie, 700.
Modillons de sculpture, 423, 553, 702, 846.
Moellons (Fourniture, toisage et transport de), 131, 178, 186, 204, 235, 238, 269, 341, 342, 351, 368, 476, 477, 538, 605, 620, 621, 771, 816, 817, 886, 902, 903, 955, 1039, 1094, 1097, 1139, 1141, 1173.
Moineau (Jean), charron, 924.
Moineaux (Sas de), 211.
Moire de soie (Peinture sur), 1094, 1140.
Mois de l'année ou Mois de Lucas (Les), tapisseries, 116, 117, 119, 298, 299.
Moïse frappant la roche, tapisserie, 115, 298.
Molard (Michel), gr. en méd., 111, 297.
Molière (Martin), maç., 158.
—— (Pierre), marchand, 1169.
Mollet (Armand-Claude), jard., 1076, 1202.
—— (Charles), jard., 219, 376, 452, 503, 650, 798, 935.
Mollière (La veuve), 495.
Monceaux (Château de), 127-129, 190, 199, 217, 277, 307, 308, 357, 373, 420, 443, 444, 492, 496, 501, 550, 586, 647, 648, 699, 733, 792, 796, 841, 865, 866, 932, 958, 999, 1064,

TABLE ALPHABÉTIQUE.

1080, 1081, 1095, 1127, 1129, 1130, 1134, 1141, 1189, 1193.
Monceaux, bâtiments de l'avant-cour, 733.
—— capitainerie, 999.
—— chapelle du Roi, 866.
—— murs du parc du bas, 999.
—— palissades, 999.
—— parc, 389, 443, 642, 817.
—— pont de l'avant-cour, 999.
—— portes des pavillons communiquant avec le parterre, 586.
—— terrasse, 999.
Monchevreuil (M. de), 747.
Moncot ou Moncault (Charles), ter., 60, 313, 413.
Moncousin (Michel), dit Le Bressan, charp., 339, 469.
Monet, parqueteur, 523, 675.
Monget (Thomas), garde du pavillon du Chesnay, 194, 358, 907.
Mongrand, marchand de marbres, 3, 10, 12, 17, 66.
Monnaie d'Irlande, 285.
Monnaies (Hausse des), 240, 387.
Monnard, entrepreneur, 670.
Monneau (Jean), charron, 1052.
Monnier, sc. fondeur, 103, 291, 388, 422, 431, 553, 554, 700, 702, 705, 844, 1094, 1140.
Monnoyer (Jean-Baptiste), dit Baptiste, p. de fleurs, 88, 119, 301, 437, 580, 857, 996, 1125.
Monredon, invalide. — Voy. Brouillet.
Mons (Cartes de Vauban pour les projets d'attaque de), 692.
—— (*La Prise de*), tab., 720, 722, 852, 990.
Monsieur, frère du Roi, 855.
Montagne (Mathieu van Plattenberg ou de Platte), p. — Voy. de Montagne.
Montaigu, près Saint-Germain, 149, 151.
Montant, sc., 37.
Montauboüin (Jean), ter., 154, 602.
Montberon (Aqueduc de), 1164.
Montceaux (Butte de), dans la forêt de Fontainebleau, 1177.
Mont-de-Parnasse (Fontaine du), 687.
Montesson (Transport de bois de chêne de), 622.
Montfort (Forêt de), 61, 64, 265, 468, 475, 590.
—— (Routes de la forêt de), 411, 540, 693, 835, 977.

Mont-Louis (Jardin du P. Lachaise à), au faubourg Saint-Antoine, 133, 734.
Montmorency (Maison du s' Le Brun à), 434, 579.
Montpellier, 273, 386, 419, 514, 515, 544, 659, 664, 708, 711, 870, 930, 1006.
Montplaisin, invalide employé à Fontainebleau, 496, 642, 792, 929, 1064, 1193.
Montreüil (Jacques), inspecteur au château de Marly, 639, 785, 901, 918, 1057, 1188.
Montreuil (Conduite d'eaux de) à Vincennes, 81, 113, 434, 848.
—— (Fleurs levées à), 743.
—— (Gros mur à), 1096.
Montrouge (Remises à gibier de), 586, 589, 734, 871.
Morcourt, 882.
More à cheval (*Le*), tapisserie, 858, 993.
Moreau (François), 303.
—— (Guillaume), éclusier à Maintenon, 488, 489, 633, 783, 1051.
—— (Jacques), 900.
—— (Pierre), 437.
—— carreleur, 425, 565.
—— inspecteur à Maintenon, 215.
—— inspecteur des ouvriers à Versailles, 732, 865, 999.
Morel (André), mat., 74, 276, 416, 549, 696, 841, 1116.
—— (Claude), mat., 981, 1148.
—— (Simon), men., 128, 308, 1079, 1129.
—— (Vincent), scr., 31, 176, 177, 344, 1082, 1130.
—— aumônier des Bâtiments, 789.
Morell (André), antiquaire, 12, 123, 267, 304, 385, 418.
Moret (Jean), ter., 332.
Moriette (Louis), fontainier, 72, 275, 414, 547, 1144.
Morin (Gabriel), voit., 107, 293.
—— le jeune (Jean), voit., 827.
—— (Pierre), dit Lapierre, invalide, 199, 363.
—— maç., 848.
Morlaix (Manufactures de), 194, 359, 489, 638.
Morland (La machine du chevalier), 949, 1005.

Morlet, directeur des plants des parcs et avenues, 1056, 1091, 1138, 1153, 1191.
Morlet, toiseur, 64, 195, 412, 641, 692, 788, 811, 871, 920, 954, 1008, 1091, 1138.
Morlon, marchand, 1178.
Mortier de chaux et sable, 684, 833.
—— de fonte du laboratoire du Jardin royal des plantes, 722.
—— de terre, 605.
Mortiers, 118.
Mortillon (Bonaventure), charp., 908, 1045.
—— (Les héritiers de Bonaventure), 1089, 1186.
—— (Louis), charp., 181, 348, 627, 776.
Morue (Digue de la), au-dessus de Chatou, 173, 342, 477, 478, 1042.
Mosin (Jean), tap., 115, 119, 298, 435, 577, 726, 810, 859, 870.
Mosnier (Gassion), voyageur au Levant, 239, 273, 386, 419, 514, 515, 544, 659, 664, 708, 711, 811, 870, 950, 1006.
—— (M¹¹ᵉ), voyageur au Levant, 14, 68.
—— sc. — Voy. Monnier.
Mottard (Bertrand), marinier pêcheur, 925, 1055, 1185.
Motte (Guillaume), ter., 332, 460, 469, 610, 749, 759, 883, 1021, 1160, 1162.
—— (Pierre), ter., 152, 162, 323, 332, 468, 601, 610, 749, 759, 883, 889, 1021, 1160.
Moulages, 93, 95, 100, 103, 104.
Moule de la statue équestre de l'hôtel de Vendôme, 707, 847, 854.
Moules, 91, 93, 98, 99, 103, 106, 168, 288, 290, 430, 534-560, 671, 701, 844, 992.
—— de bas-reliefs, 704.
—— d'enfants de plâtre, 704.
—— de plâtre d'après l'antique, 722.
Moulin (François), ter., 162.
—— (Martin), manœuvre, 58.
—— (Martin), ter., 23, 45, 131, 253, 254, 401, 409, 530, 685, 693, 828, 834, 835, 871, 923.
Moulineau, près Saint-Cyr, 20, 56, 267.
—— (Bergerie de), 130, 131.

86

1284　　　COMPTES DES BÂTIMENTS DU ROI.

Moulineau (Château de), 130, 131, 1111.
—— (Faisanderies de), 63, 256, 258, 263, 264, 267, 269, 315, 362, 409, 411, 445, 540, 688, 693, 835, 873, 977.
—— (Moulin de), 130, 131.
—— (Parc de), 130.
Moulineaux (Port de), près Meudon, 1155, 1156.
Moulins à chapelets, 178.
—— à vent, 3.
—— d'acier, 347, 481.
—— pour élever les eaux, 189.
—— (Remises des), 1014.
Moulins (Élection de), 958, 959.
Moulures de bronze, 922.
—— de bronze ciselées et dorées, 689.

Moulures de cuivre et bronze doré pour les glaces, 33, 572, 681, 922, 1186.
Mousquetaires (Maisons occupées par les), à la Halle-Barbier. — Voy. *Halle-Barbier*.
Mouton (Louis), mat., 74, 276, 416, 549, 696, 841, 927, 981.
—— (La veuve de Louis), 982.
—— inspecteur à la rivière d'Eure, 214, 372, 373.
Muette (Château de la), au bois de Boulogne, 133, 598, 699, 714, 842, 983, 1014.
Mufles de lion, fleurs, 450, 591, 734.
—— de lions sculptés en pierre de liais, 289, 291, 423.
Muguet (François), imprimeur libraire. 59, 268, 413, 541, 691, 978.

Muids (Fourniture de), 319, 475.
Mellotin (Robert), compagnon serrurier blessé, 634.
Mulots (Fioles et cloches de verre pour prendre les), 604.
Mûriers (Pépinières de). 65, 320, 321, 510, 658.
Murs de soutènement, 605, 606, 610.
Musard, fontainier, 72, 275, 414, 540, 547, 691, 695, 840, 980, 1115, 1144, 1188.
Muscat (Marcottes de), 136.
—— de Portugal, 267.
Muscats de Vincennes, 741, 875.
Muse Uranie (*La*), stat., 948.
Musique (Messe en), 125, 305, 441.
Musset (Firmin), p., 78, 280.
Muzard, fontainier. — Voy. Musard.

N

Nacelles (Fourniture de), 178.
Nainville (Nicolas de), fondeur, 104, 269, 292, 387, 388, 432, 572, 707, 722, 750, 854, 991, 1122.
Namur (Voyage de peintres au camp du Roi devant), 720.
—— (Prise de), tab., 720, 721, 852, 853, 990.
Nanterre (Pierre dure de), 341, 342, 620, 1038, 1039, 1172.
Nantes (Envoi de caisse de graines de), 992.
Napolitain (Le fondeur), 95.
Narcisses (Oignons de), 1027, 1163, 1164.
—— d'Angleterre, 135, 450.
—— blancs doubles, 135, 447, 450, 591, 875, 877.
—— de Constantinople, 133, 137, 146.
—— jaunes, 135.
—— nonpareilles, 450, 591, 875, 876, 877, 1013.
—— printanières, 875, 876, 877.
—— simples tardives, 135.
Nardin, men., 1183.
Nattes (Fourniture de), 186, 294, 461, 602, 769.
Nature (*La*), tab., 89.
Naurissart (Jean), paveur, 598.
Navarre (Pierre), ter., 324.
Navicelles de porphyre, 572.
Neiges (Enlèvement des), 43, 255, 537,

602, 611, 674, 683, 746, 750, 767, 837, 963, 970, 978, 1035.
Neiges (Travaux pendant la fonte des), 692.
Nenet (La veuve), charp., 952, 1007.
Nervures à pierres de taille, 1023.
Neuilly, 83, 286.
—— (Avenues de), 517.
—— (Pont de), 1095, 1154.
Neveu (Jean), voit., 282.
—— baigneur, 303.
Nicolas (Louis), dit La Violette, invalide, 199, 642, 792, 929.
Nicole (Martin), vigneron à Chatou, 234.
—— (Martin), voit., 168, 332, 734.
Nigelles (Moulin de), 1001.
Nils (Jacques), gr. en médailles, 112.
Nimègue (Ville de), planche gravée, 991, 1123.
Nivard ou Nivart (Mathurin), chapelain de la maison des Gobelins, 862, 996, 1124.
Nivellements, 114, 263, 408, 537, 693, 832, 974, 1110, 1146.
Nivelon (La veuve de Bonaventure), jard., 223, 380, 507, 655.
—— (Claude), p., 909.
—— (René), jard., 69, 185, 203, 224, 273, 367, 382, 420, 500, 508, 545, 646, 713, 795, 1002, 1189.
—— (Zabulon), jard., 656, 803, 940, 1068, 1071, 1198.

Nivelon, dessinateur, 118, 194, 300, 437, 579, 728, 861, 996, 1125, 1145.
—— men., 777.
Nivet (Louis), men., 29, 48, 147, 164, 175, 245, 255, 320, 334, 403, 522, 925, 1019, 1053, 1102, 1149, 1152, 1183.
Noailles (Jardin du duc de). — Voy. *Saint-Germain*.
Noblet (Jean), 269, 295, 412, 641.
Nocq ou Noé (Louis), dit La Ramée, invalide, 212.
Nocret (Jean), p., 1094, 1140.
Noé (Louis), invalide. — Voy. Nocq.
Noël (Jacques), fermier de la seigneurie de Trappes, 951, 1006.
—— fondeur, 387.
—— ser., 390, 480.
Nœuds de soudure, 346, 481, 1149.
Nogaret (Étienne), invalide, 199, 362.
Nogent (Le chevalier de). 713, 1001, 1088, 1135.
Nogent (Canal de Maintenon à), 1087.
Noiret (Étienne), dit Saint-Estienne, invalide, 364.
—— (Pierre et Denis), fondeurs, 32, 78, 176, 344, 480, 624, 773, 905, 1041, 1043, 1174.
Noisy (Château de):
—— abreuvoir pour la fontaine couverte, 927.
—— allées du parc, 466, 606, 1036.

TABLE ALPHABÉTIQUE.

Noisy, allées du potager, 1038, 1171.
— allées en face du château, 466.
— allées en terrasse du potager, 1036.
— appartement de M. DE BEAUVILLIERS, 927.
— appartement du duc de Bourgogne, 927.
— avenue, 9, 140, 606. 878, 891.
— avenues d'ormes, 608, 616.
— basse-cour du chenil : logements du sellier et du maréchal de la vénerie, 1035-1037.
— basse-cour du chenil : nouveaux bâtiments, 1036, 1037.
— bois, 606, 609, 1164.
— château, 1035-1038, 1094, 1141, 1171, 1172, 1184.
— chemin de la chapelle de Bourepos, 1037.
— chenil (Nouveau), 925, 926, 927, 946, 1035-1038.
— cour du nouveau chenil, 927, 1035.
— cour de la ferme, 817.
— cours du château, 927.
— (Curé de), 769.
— démolitions, 668, 927, 955.
— dôme couvrant la grotte du château, 1171.
— écuries nouvelles, 926, 927, 1037.
— faisanderies, 61.
— (Fonds de), 616.
— fossé du pourtour du château, 927.
— garenne forcée, 946, 1003, 1035, 1036, 1038, 1171.
— garennier (Loge du), 1035, 1036, 1037.

Noisy, murs de clôture du parc, 327, 464, 816, 1035, 1036, 1171.
— ormes, 1098.
— parc, 159, 160, 163, 327, 329, 464, 755.
— parterre à gauche du château, 815, 926.
— parterre à droite du château, 816, 926.
— pompe du puits, 806, 867, 897.
— pompes, 927.
— porte, 236.
— potager (Murs de clôture du nouveau), 925, 946, 1035-1038.
— potager (Nouveau), 816, 926. 1035-1038, 1171, 1172.
— puits de la basse-cour du chenil, 1038.
— rigole, 464.
— route de Marly, 466, 606, 609, 1028.
— routes des bois, 464, 466.
— (Travaux de), 947.
— treillages pour des espaliers, 1038.
— (Village de), 162, 464, 466, 606, 608, 616.
Nolant ou Noilant (Nicolas), corroyeur, 827, 1040, 1041, 1107.
— (Pierre), corroyeur, 1174, 1185.
Nolin, gr., 111.
Non-jouissances (Remboursement de), 4, 9, 15, 18, 66, 68, 69, 228, 231, 271, 272, 384, 385, 418, 511-516, 542-545, 585, 659, 661, 663, 708, 709, 711-713, 805, 806, 866, 867, 943-945, 950, 953-955, 1000-1003,

1006, 1008, 1009, 1077, 1084, 1085, 1087, 1088, 1091, 1092, 1127, 1133-1135, 1138, 1139.
Normandie, 184, 346.
— (Charmille envoyée de), 443, 455.
— (Forges de), 53, 216.
— (Inspecteur des toiles en), 513, 543.
— (Péage de la petite) près de Versailles, 514.
Noar (Louis), dit LA RAMÉE, invalide, 212.
Nouel (Nicolas), poseur de pierre blessé, 198.
Novembre, pièce de la tenture des Belles Chasses de Guise, 727, 860.
Novion (Le premier président DE), 430, 721.
Noyau de la statue équestre du Roi (Terre rouge pour former le), 283, 430.
Noyers (Transport et plantation de gros), 1016.
— de la pépinière du Pecq (Arrachage de), 879.
Noyers, manufacture de dentelles, 132, 310.
Nuit (La), stat., 947, 1004.
Numidie (Demoiselles de), pour la Ménagerie, 386, 419, 659, 708.
Nuret (Nicolas), dit LAMPOIX ou LAMBOIS, invalide employé à Trianon, 199, 363.
Nymphe à la coquille, stat., 99, 104, 292, 430, 431, 855.
Nymphes, stat., 104, 292.

O

Oms (Maison du sr) à Chambord, 351, 352.
Observatoire, 124, 125, 219, 284-286, 304, 425, 429, 568, 569, 699, 714, 718, 719, 723, 787, 842, 851, 855, 949, 983, 988, 992, 1005, 1061, 1118, 1119, 1122, 1192.
— (Grandes lunettes de l'), 304.
— instruments pour observations astronomiques, 441.
— (Logement du portier de l'), 124, 284.
— (Machines et logements de l'), 124.

Observatoire (Miroirs ardents de l'), 124.
— (Pendules de l'), 219, 376, 503, 650, 798, 935, 1076.
— (Terrasses de l'), 124, 125.
— (Tour de bois de l'), 107.
— (Verres de lunette pour l'), 124.
Ocars, pêcheur, 64.
Octobre, pièce de la tenture des Belles Chasses de Guise, 726, 727, 859.
Oculus Christi, fleurs, 450, 734, 739, 740.
Odiot (Louis), jard., 311.
OEilletons d'artichauts, 1038.

OEillets (Marcottes et touffes d'), 475, 618.
— doubles, 136, 591.
— d'Espagne, 136, 311, 447, 450, 452, 591, 739, 876, 900, 1013, 1154.
— de Flandre, 618.
— de poète, 876.
Oignons de fleurs (Fourniture et transport d'), 24, 29, 109, 113, 114, 135-137, 146, 237, 303, 311, 438, 450, 452, 586, 590, 591, 593, 607, 733, 734, 739, 740, 741, 757, 865,

86.

875-877, 880, 888, 1013, 1017, 1153, 1154, 1157, 1185.
Oignons de fleurs (Jardin de Toulon pour la culture des), 738, 741, 865, 880, 1152.
—— de jacinthes, de narcisses, de tubéreuses, de tulipes. — Voy. ces mots.
Oing (Fourniture de vieux), 682, 769.
Oise (Inspection de tuyaux de fer sur l'), 1063.
—— (Rivière d'), 176, 346, 881, 882, 1016, 1044, 1158.
Oiseaux achetés au Levant. — Voy. Levant.
OLIVIER fils (André), jard. à Trianon, 789.
—— jard. à Trianon, 42.
OLLIVIER (Louis), faucheur, 339, 371.
OPENORD (Jean), ébéniste, 34, 123, 650, 798, 934, 1075, 1202.
Opéra (Salle de l'), au Palais-Royal, 567.
Or battu en feuille (Fourniture d'), 700, 1032.
—— bruni (Bordures de tableaux d'), 966, 1104.
—— bruni (Culs-de-lampe dorés d'), 824, 825.
—— filé, 108, 115, 119, 295, 297, 301, 433, 435, 574, 576-578, 580, 724-727, 858-860.
—— moulu (Dorures d'), 826, 968.
—— pour la dorure du dôme des Invalides, 552, 700.
—— (Grand) pour dorure, 824, 1031, 1104.
—— (Petit) pour dorure, 824, 1031.
—— sali (Fleurs de lis d'), 825.
ORANGE (Prince et princesse d'), 122.
—— (Philippe-Guillaume, prince d'), 123.
Oranges de Portugal, 267, 293.
—— (Transport d'), 109, 1113.
Orangers (Achat et transport d'), 134, 223, 293, 312.
—— (Chariots pour le transport des), 528, 821, 1052.
—— (Chèvre pour lever les gros), 1158.
—— (Cueillette des fleurs d'), 821.
—— (Greffes d'), 744.
—— (Seaux pour), 1103.
—— (Soins pour la conservation des) pendant l'hiver, 744.

Orangers de Choisy, 922, 1052, 1053, 1081, 1157.
—— de Fontainebleau, 2, 65, 227, 270, 380, 484, 500, 507, 511, 542, 628, 646, 655, 661, 665, 710, 712, 779, 939, 941, 942, 1000, 1047, 1067, 1071, 1091, 1138, 1147.
—— du Jardin royal, 1019.
—— de Meudon, 1081, 1152, 1155, 1157.
—— de la pépinière du Roule, 143, 317, 453, 743, 1158.
—— des Tuileries, 87, 200, 282, 283, 365, 426, 429, 433, 454, 458, 497, 569, 593, 643, 719, 744, 793, 850, 975, 930, 1012, 1013, 1066, 1150, 1158.
—— de Versailles, 315, 454, 528, 547, 593, 821, 969, 1103.
—— de Versailles envoyés à Saint-Germain, 603.
—— en palissade, 241, 274, 547, 694.
—— venus de Rome, 293.
Ordonnances pour la conservation des cygnes, 880.
Oreilles d'ours, fleurs, 590.
Orgues (Buffets d'), 47, 49, 57, 106, 261, 407, 536.
—— (Cabinets d'), en marqueterie, 106, 665, 712.
ORIRUIE enlevée par Borée, groupe, 948, 1004.
O. léans, 134.
ORLÉANS (Le duc D'), 221, 378, 506, 653, 799, 801, 936, 937.
Orme (Billes d'), 310, 331, 447, 469, 1018.
Ormes (Allées d') en portique, 1024, 1026, 1029.
—— (Arrachage d'), 135-137, 141, 142, 145, 146, 195, 197, 446, 455, 496, 587, 590, 598, 735-737, 1098.
—— (Avenues d'), 608, 759, 760.
—— (Boutures d'), 137, 142.
—— (Cages pour la conservation des), 156, 326, 604, 606, 616, 752, 817.
—— (Échenillage d'), 143.
—— (Graine d'), 316, 317, 447, 449, 455, 590, 874, 875, 879.
—— (Marcottes d'), 310, 735, 743, 879.
—— (Pépinière d'), 141, 142, 161, 313, 316, 317, 445, 449, 466, 474,

475, 587, 590, 597, 683, 732, 735, 736, 738, 743, 744, 872, 878, 998, 1013-1015, 1024, 1156.
Ormes (Perches d'), 925, 1055.
—— (Plantation d'), 133, 134, 136, 138, 140, 141, 145, 152, 155, 157, 161, 170, 312, 324, 328-331, 340, 445-447, 451, 460, 464, 467, 473, 587, 590, 593, 597, 606, 608, 616, 656, 672, 736, 743, 745, 872, 878, 879, 880, 883, 889, 890, 928, 962, 1015, 1028, 1156.
—— (Regarnissement d'), 1025.
—— (Taille d'), 827.
—— (Transport d'), 155, 169, 195, 444, 446, 451, 453, 466-468, 496, 587, 590, 593, 598, 606, 736, 737, 740, 754, 879, 1018, 1026, 1156.
—— armés d'épines, 346.
—— de la route des Loges, 817.
—— de mauvaise espèce (Remplacement d'), 768, 1028.
—— en motte, 618, 767, 879, 889, 1018, 1028.
—— en quinconce, 475.
—— enterrés en mannequin, 756, 757, 890, 1024.
—— mis en réserve, 340, 473, 735, 756.
—— morts (Remplacement d'), 466, 468, 469, 601, 608, 672, 749, 755, 756, 883, 890.
—— protégés par des pieux, 519.
—— protégés par des tranchées, 590.
—— provenant de l'Artois, 590, 598, 740, 744.
—— provenant de Flandre, 735, 743, 756, 872, 879, 1018.
Ormilles et semis (Plant d'), 134, 140, 310, 313, 319, 447, 453, 455, 588, 593-597, 734-737, 873, 874, 877, 924, 1015, 1155-1157.
Ornières (Comblement d'), 264, 269, 410, 466, 611, 756, 758, 834, 891, 1025, 1027, 1028, 1087, 1107.
Orsigny (Étang d'), 670, 1112.
—— (Chaussée de l'étang d'), 63.
Orsoy (Prise d'), planche gravée, 290.
Orties (Arrachage d'), 927.
Osier (Fourniture d'), 251, 311, 312, 414, 475, 541, 547, 694, 839, 898-900, 946, 980.
—— (Mannes et mannequins d'), 137, 144, 145, 179, 317, 328, 338, 340,

TABLE ALPHABÉTIQUE. 1287

455, 470, 473-475, 481, 767, 1032, 1033, 1168.
Osier (Paniers d') à feu, 625, 1043.
—— (Plant d'), 173, 320, 413, 732, 1145.
—— broyé (Seaux d'), 170, 751.
—— doré, 743.
—— franc (Bottes d'), 1033, 1168.
—— pour brise-vents, 146, 597, 875.
Osiers (Fermage de plantations d'), 669, 818, 960, 1098.
Ossements, 76.
Oudart (Pierre), employé à Maintenon, 915.
Oudin, toiseur, 706, 1062.
Oudinet, copiste, 123, 304, 439, 582, 836.
Oudot, musicien, 125, 305, 441.
Outils (Fourniture, réparation et transport d'), 347, 371, 457, 474, 481, 529, 617, 767-769, 880, 900, 905, 970, 1157.
—— (Manches d'), 827.

Outils brûlés (Indemnité pour), 944, 1001.
—— et équipages (Vente d'), 815, 956.
—— rechaussés d'acier, 344.
Ouvriers à journées, 22, 25, 42, 58, 64, 80, 129, 145, 146, 157, 158, 171, 172, 178, 179, 185, 206, 211, 252, 262, 263, 318, 326, 340, 347, 350, 369, 372, 400, 408, 412, 455, 458, 463, 476, 481, 482, 484, 528, 529, 537, 540, 541, 596, 598, 605, 612, 618, 619, 626, 629, 683, 692, 693, 746, 752, 769, 770, 775, 779, 827, 828, 832, 837, 874, 878, 885, 888, 891, 901, 906, 907, 911, 926, 927, 963, 969, 970, 974, 977, 978, 984, 999, 1017, 1023, 1024, 1029, 1031, 1033-1035, 1038, 1042-1044, 1047, 1050, 1055, 1107, 1110, 1114, 1161, 1170-1172, 1176, 1179, 1188.
—— blessés ou tués, 194-197, 346,

353-355, 494-496, 625, 634, 635, 789, 790, 841, 1043.
Ouvriers charpentiers et serruriers chargés de la pose de la croix du dôme des Invalides, 635.
—— de la pépinière du Roule, 318, 361, 493, 640, 742, 784, 788, 920, 921, 1017, 1157.
—— des pépinières des environs de Versailles, 742, 828, 1018, 1157.
—— employés à la statue équestre du Roi, 847.
—— flamands des Gobelins, 119, 301, 437, 580, 729, 862.
—— travaillant aux plants d'arbres de Paris, Vincennes, Marly et Versailles, 361, 493, 635, 640, 742, 784, 789, 1056.
—— travaillant la nuit, 528.
Oves et feuillages sculptés dans l'église des Invalides, 553.
Oyttes grises, volatiles exotiques, 514, 544.

P

Pacault (Daniel), dit Francœur, invalide employé aux puits de Ville-d'Avray, 199, 262, 364.
Padelain (Jean), ramoneur, 41, 57, 170, 219, 251, 262, 296, 338, 349, 376, 407, 461, 474, 503, 528, 536, 574, 617, 650, 690, 750, 768, 798, 826, 831, 898, 935, 969, 974, 991, 1021, 1033, 1076, 1202.
Paillassons, 146, 250, 456, 597, 672.
—— brise-vents, 312, 456.
—— pour la conservation des fraisiers, 743, 875.
Paille (Loge de), 606.
—— de seigle pour garantir de la gelée les lauriers thyms, 769, 887, 1024.
—— longue pour les glacières et les paillassons, 39, 42, 58, 79, 107, 146, 244, 250, 270, 279, 310, 312, 338, 345, 398, 413, 473, 474, 522, 529, 587, 597, 619, 625, 683, 691, 716, 743, 821, 826, 828, 875, 900, 904, 925, 963, 970, 974, 1027, 1028, 1030, 1101.
Pailliers, 750, 991.
Paillet (Antoine), p., 35, 248, 280,

396, 525, 678, 824, 966, 1105, 1146, 1187.
Paillet, élève peintre, 630, 785, 916, 917, 1057.
Paix des Grecs et des Romains (La), groupe de marbre, 93, 948, 1004.
Paix de Nimègue (La), vase de marbre, 92.
Paizet (Madeleine), jard., 500.
Palais-Royal, 83, 84, 86-88, 90, 108, 136, 200, 201, 216, 282, 284-286, 295, 296, 364, 373, 425, 427-429, 432, 498, 501, 565-569, 572, 574, 643, 647, 719, 721, 724, 799, 855, 936, 946, 1003, 1087, 1090, 1131, 1138.
—— (Académie d'architecture au), 218, 374, 502, 649.
—— appartement de Monsieur, 429, 430, 571, 572.
—— appartement de la princesse de Montauban, 566, 722.
—— appartements de Madame, 389, 427, 429, 1135.
—— archives de Monsieur, 427, 568.
—— balustres en bois sculpté, 427, 430, 431.

Palais-Royal, basse-cour et cours, 201, 365, 498, 644, 645.
—— cour des cuisines, 201, 645.
—— grande galerie, 571.
—— grande porte, 220, 377, 504, 651.
—— jardin, 365, 498, 566, 644, 645.
—— magasin du Roi, 574.
—— porte de la basse-cour du côté de la rue de Richelieu, 644, 645.
—— porte de la cour des cuisines, 365, 498, 644, 645.
—— salle des comédies, 201, 365, 498, 644, 645.
—— salle de l'Opéra, 567.
—— (Transport des antiques du) au Louvre, 722.
—— (Transport de tableaux du) au Louvre, 717.
Palfour (Moulin et machine de), 949, 1005, 1150.
Palis de la forêt de Fontainebleau, 181, 184, 318, 348, 350, 483, 484, 627, 628, 776, 779, 908, 910, 1044, 1045, 1047.
—— pour enclore faisanderies et garennes, 186, 461, 485, 603, 630,

666, 747, 748, 750, 779, 882, 912, 1048.
Palis renversés par les tempêtes, 603.
Palissade (Buis en). 223, 380, 450, 507, 655.
—— (Orangers en), 241, 274, 547, 694.
—— (Tonte de bois en forme de), 454, 656.
—— de chênes autour des faisanderies, 839.
—— de planches et de fagots de bois de bruyère, 838.
Palissades (Élagage de), 958.
—— de charmille, 241, 451, 617, 742, 745, 753, 820, 891, 897-899, 979, 1025, 1115, 1154.
—— du château de Monceaux, 999.
—— du grand parterre de Fontainebleau, 1046.
—— du jardin de Vincennes, 1015.
—— de jasmins d'Espagne, 200. 394, 497, 643, 793, 930, 1010, 1066, 1145.
—— du parc de Saint-Germain, 202, 326, 365, 462, 498, 604, 644, 752, 793, 885, 1022, 1065, 1141.
Palissage de tilleuls, 1024.
Pallas (La veuve), concierge du sérail de Vincennes, 1146.
Pallées de pieux, 902, 1039.
Pallées ou palles, oiseaux pour la Ménagerie, 659, 708.
Palles (François), ter., 152.
Pallu, jard., 1185.
Palmarin (Jean), gondolier vénitien, 841, 982, 1117, 1144.
Palmarini (Palmarin), gondolier vénitien, 73, 277, 416, 549, 697, 806, 841, 865, 943, 954, 982, 1000, 1008, 1091, 1117, 1138, 1144.
Palmettes (Vase de marbre orné de), 1079.
Palmier à dattes, 121.
Palu (Jean), fermier des bois de l'abbaye de Saint-Victor, 1055.
Pan et Sirinx, Termes en marbre, 97.
Panaches de sculpture, 701.
Pancaloxio (Barthélemy), gondolier vénitien, 73, 277, 416, 549, 697, 841, 982, 1117, 1144.
Pancartes de douane, 773, 905.
Pandore, Terme, 950, 1006.
Paniers à cheval, 455.

Paniers à fraises, 145, 455, 596, 742, 878.
—— à fruits, 145, 317, 455, 595, 742.
—— de fleurs en terre envoyés de Lisbonne, 435.
—— d'osier (Fourniture de), 145, 455, 481, 482, 595, 596, 1033.
—— d'osier à feu, 625, 1043.
—— de papagaye envoyés de Lisbonne, 295.
—— de pierre (Sculpture de), 35, 36, 248.
—— pour porter de la glace, 1033.
Panloups (Carrières des), 620, 622.
Panneaux de bois de chêne, 421.
—— de fer, 482.
—— de toile, 1037.
—— de vitraux peints, 1121.
—— en sculpture, 422, 556, 701-705.
Pannier (Eustache), vannier, 619.
Pansements d'ouvriers blessés, 346, 625, 1043, 1044.
Papagaye (Paniers de) envoyés de Lisbonne, 295.
Papelet (Jacques), corroyeur, 773.
Papier à dessiner (Fourniture de), 412, 439, 540, 541, 583, 602, 691, 978, 1063, 1080.
—— d'impression (Fourniture de), 992.
Parajot (Jean), chaufournier, 173, 342.
Parent, p., 570.
Paret (Plaine de), 114.
Paris (Antoine), maç., 282, 425, 565, 714, 848, 986.
—— (La veuve d'Antoine), 1117.
—— (Germain), jard., 735, 738, 872, 875, 1014, 1154.
—— (Lucas), voit., 598.
—— scr., 86.
Paris, 107, 112, 114, 127, 178, 190, 193, 195-197, 239, 267, 269, 293, 303, 304, 311, 317, 346, 357. 412. 426, 451, 452, 540, 1184-1186, 1190.
—— abbaye de Saint-Germain-des-Prés, 945, 1003.
—— abbaye de Saint-Victor : ses bois dans la forêt de Sénart, 1055.
—— abbaye de Sainte-Geneviève, 805, 866, 950, 1006, 1092, 1139.
—— aqueduc d'Arcueil, 83.

Paris, Arsenal, 433.
—— Bastille, 123, 267, 304.
—— Calvaire, au Marais, 1012.
—— collège de Combrai, 3, 66, 227, 271, 386, 419, 516, 545, 659, 708. 810, 870, 1083, 1131.
—— collège des Quatre-Nations, 238.
—— congrégation des Pères de la Mission de Saint-Lazare, 1078, 1080, 1127, 1129.
—— couvent de l'Assomption, 82.
—— égout, 666.
—— faubourg Saint-Antoine, 319, 734, 878, 1014.
—— faubourg Saint-Honoré, 453, 666.
—— (Festin donné à S. M. par la Ville de), méd., 122.
—— fontaine du Mont-de-Parnasse, 687.
—— For-l'Évêque, 82, 282, 283.
—— Halle-Barbier. — Voy. ce mot.
—— hôtel Phelipeaux, 717.
—— hôtel Pontchartrain, 513. 543.
—— jardin du Père La Chaise, 133. 734.
—— jardin médicinal du faubourg Saint-Victor, 221, 378, 652.
—— La Salpêtrière, 1012.
—— magasins du Roi, 234.
—— maison de la Croix blanche, rue Saint-Denis, 1017.
—— maison du sr Manessier, 958.
—— manufacture de camelots projetée, 956.
—— officiers de la Ville, 122.
—— paroisse de Saint-Hippolyte, 119, 301, 437, 580, 729, 862.
—— paroisse de Saint-Roch, 113, 295, 573, 723, 856, 992.
—— paroisses (Charités des) des environs, 303, 581.
—— pompe du Pont-Neuf, 189, 193, 359, 493, 640, 787.
—— Pont-Rouge, 200, 365.
—— Pont-Royal, 82, 84, 283, 643, 793, 881, 930, 1067.
—— port au plâtre, 923.
—— port de la Conférence, 453, 734.
—— port du Guichet, 135, 433.
—— port de l'Ile Louviers, 281.
—— port Saint-Paul, 1014.
—— port de la Tournelle, 1016.
—— (Prévôt de), 1135.

TABLE ALPHABÉTIQUE. 1289

Paris, rue des Bons-Enfants, 201, 365, 498, 644.
— rue du Chantre, 82, 87, 427, 724, 815, 985, 987, 990, 992.
— rue Frémenteau, 281.
— rue Montorgueil, 959.
— rue Richelieu, 201, 365, 498, 644.
— rue Saint-Honoré, 82, 86, 200, 295, 365, 428, 498.
— rue Saint-Thomas-du-Louvre, 513, 543, 692.
— rue Saint-Vincent, 428, 565, 732, 992.
— rue de Tournon, 718, 719.
— rue Vivien, 132, 309, 442, 585, 660, 709, 806, 867, 945, 954, 1001, 1008, 1091, 1120, 1138.
— (Rues de), 144.
— (Transports de) à Fontainebleau, 908.
— (Transports de) à Versailles, Marly et Trianon, 433, 434, 470, 479, 490.
PARISET, men., 48.
PARISIEN, ser., 51, 78, 257.
PARISOT, ingénieur, préposé aux travaux de la rivière d'Eure, 212, 214, 216, 372, 373, 442, 488, 633, 634, 667, 733, 784, 915, 998, 1057, 1145, 1181.
Parlement de Paris : greffier de la première chambre des Enquêtes, 1022.
PARMENTIER (Étienne), ter., 141, 312.
— (François), garde morte-paye du château du Louvre, 931, 1070.
— (Michel), jard., 311, 452.
Parnasse (Le), tapisserie, 114, 115, 297, 298, 435, 436, 578, 859, 994.
Parquet (Mise en couleur de), 691.
— (Pose et travaux de), 613, 674, 675, 745, 964.
— de marqueterie à fleurs, 681.
— en marqueterie (Dessin colorié de), 689.
PARROCEL, p., 35, 90.
PARY, papetier, 123, 304, 439, 883.
PASCAU (Daniel), dit FRANCOEUR, invalide employé à l'aqueduc de Ville-d'Avray, 363.
PASQUIER (François), apprenti tapissier, 115, 435, 577.
— (Jean-Charles), dit LA MONTAGNE, invalide, 197, 198, 496.
— sc., 100.

PASQUIER (La veuve de), marbrier, 106.
Passage du Rhin (Le), estampe, 90.
— tenture peinte sur moire de soie, 1094, 1140.
Passe de fer (Jeux de), 613.
PATENOSTRE (Claude), concierge du chenil de Saint-Germain, 202, 366, 645, 794.
— (La veuve de Pierre), concierge du chenil, 931, 1065, 1195, 1196.
— (Louis), aumônier des Bâtiments. 1192.
PATISSIER (Pierre), charp., 81, 178, 426.
Pattes (Fourniture de), 256, 267, 308, 404, 533, 688, 693, 830, 922, 1108.
Pâtures (Fermage de), 669, 818, 960, 1098.
PAUL, scieur de long, 564.
PAULART ou POLARD (Charles-François), fondeur, 17, 53, 72, 168, 177, 212, 228, 240, 259, 271, 275, 346, 390, 392, 400, 405, 415, 481, 518, 534, 548, 615, 624, 664, 681, 689, 691, 696, 711, 746, 765, 839, 897, 974, 981, 1009, 1017, 1031, 1042, 1106, 1109, 1115, 1143, 1157, 1183.
PAULLY (André), entrepreneur, 180, 347, 483.
PAULY (François), ter., 347, 349, 482.
Pavé (Petit), 660, 959, 1096.
— à chaux et sable, 749, 923.
— à ciment, 690, 749, 923.
— de champ, 460, 600.
— de grès (Ouvrages de), 38, 56, 57, 63, 88, 151, 166, 178, 187, 205, 211, 249, 250, 261, 266, 286, 323, 335, 336, 352, 388, 398, 407, 408, 411, 460, 471, 481, 483, 486, 518, 526, 536, 539, 565, 570, 598, 601, 614, 625, 627, 680, 690, 706, 720, 754, 763, 775, 777, 781, 782, 825, 831, 835, 837, 851, 883, 896, 910, 914, 923, 926, 951, 968, 973, 989, 999, 1007, 1021, 1037, 1043, 1050, 1091, 1106, 1109, 1112, 1120, 1149, 1150, 1160.
— de libage, 173, 342, 346, 476, 905.
— de marbre, 37, 105, 106, 168, 249, 293, 560, 561, 680, 923, 993.
— de marbre à compartiments de marqueterie, 556, 560, 705, 706, 846, 991.

Pavé de marqueterie de cuivre, 681.
— de pierre dure, 476, 905, 1038.
— de pierre sèche, 413, 837.
— fendu en trois, 236.
— neuf (Ouvrages de gros), 749, 896.
PAVIE (Eustache), vannier, 767.
Pavillons (Toile pour), 826.
PAYANT (Urbain), men., 85, 427, 567, 717.
PAYEN, sa maison vis-à-vis les Gobelins. 850.
PAYENS (Ed. COLBERT DE VILLACERF, marquis de). — Voy. COLBERT.
PAYS ou LE PAYS ou PAYET (La veuve de Julien), tanneur, 176, 480, 623, 778, 904.
Paysages en peinture, 166, 966, 1083, 1105, 1121, 1132.
Peaux d'agneaux (Fourniture de), 840.
Pêche de la rivière d'Eure (Location de la), 669, 818.
Pêchers (Fourniture de), 311, 447, 603, 1021.
— de haute tige, 740, 1038.
— greffés sur prunier, 447.
— morts (Remplacement de), 1021.
— nains, 311.
Pêcheurs (Les), tapisserie, 116, 117, 436, 994.
Pecq (Bateau livré au), 708.
— (Jardin du Roi au), 156, 474.
— (Nouveau chemin du), 151.
— (Pépinière près du pont du), 135, 140, 879, 1157.
— (Ponts du), 140, 905, 1016.
— (Port du), 1042, 1044.
— (Pressoir du), 1020.
Peintres envoyés au camp du Roi devant Namur, 720.
— (Élèves), 188, 355, 490, 639, 731, 916, 1057.
Peinture (Impressions de), 129, 166, 187, 336, 352, 486, 631, 764, 778, 909, 927, 948, 1005, 1045, 1172.
— (Travaux de grosse), 34, 55, 78, 178, 248, 260, 286, 287, 396, 406, 429, 430, 471, 525, 535, 614, 678, 689, 708, 721, 764, 824, 881, 883, 896, 906, 923, 927, 966, 973, 990, 1020, 1029, 1037, 1054, 1094, 1104, 1109, 1121, 1141, 1150, 1151, 1159, 1186.
— à blanc de céruse, 708.

Peinture à compartiment, 89, 90, 286.
—— à huile, couleur de chair, 782.
—— à nouveau des tableaux de la tenture indienne, 720, 721, 852, 853.
—— couleur de bronze, 260, 406, 472, 535, 615, 1089.
—— couleur d'eau bronzée pour cuvettes de bains, 167.
—— de blanc à huile, 748, 1151.
—— de marbre feint, 471.
—— de perspectives, 88, 966.
—— en bronze de la statue équestre, 280.
—— en détrempe, 678, 679, 1032, 1159, 1168, 1175.
—— en manière de paysage, 166, 966.
—— en miniature, 90, 287, 294, 295, 664, 990.
—— façon de porcelaine, 1089.
—— sur des bustes et figures de bronze, 286.
—— sur moire de soie, 1094, 1140.
—— sur vélin, 90.
—— sur verre, 552, 705, 984, 1121.
Peintures à fresque, 224, 248, 508, 655, 802, 1094, 1140.
—— à huile, 224, 615, 655, 802, 896.
—— de MIGNARD, 680, 990.
—— des Maisons royales (Direction des), confiée au sr MIGNARD, 502. 649, 797, 938.
—— pour tapisseries, 299, 430, 989, 990.
Pélican pour la Ménagerie, 68.
PELLERIN (Jean), jard., 136, 448.
—— trompette des gendarmes de la Garde, 1078, 1092, 1128, 1140.
Pelles (Fourniture de), 243, 399, 529, 750, 767, 884, 898, 1021, 1032, 1168.
PELTIER (Jean), carrier, 131.
Pendule pour le Dauphin, 37, 397.
Pendules, 125.
—— de l'Académie des sciences, 219, 376, 503, 650, 798, 935, 1076.
—— de l'Observatoire, 219, 376, 503, 650, 798, 935, 1076.
Pensées jaunes, 590, 1013.
—— jaunes et violettes, 591.
Pépinière de charmille, 473, 616, 619, 735, 754, 760, 769, 872.
—— de fleurs, 757, 759.
—— de glands, 596.

Pépinière de marronniers, 1157.
—— de merisiers, 142, 449.
Pépinières, 310-312, 444, 445, 455, 587, 588, 635, 732, 734-739, 742, 743, 872, 1014, 1017, 1018, 1157.
—— Voy. Aulneau, Chèvreloup, Marly, Pecq (Le), Roquancourt, Saint-Antoine, Trianon, Versailles, Vézinet.
—— de bois blanc, 316, 319, 445, 446, 448, 451, 455, 587, 590, 593, 595, 596, 732, 735-744, 755, 872, 873, 877, 1014, 1015, 1018.
—— de mûriers, 65, 320, 321, 510, 658.
—— d'ormes, 141, 142, 161, 313, 316, 317, 445, 449, 593, 683, 732, 872-874, 1013-1015.
Perce-neiges (Achat de), 135, 136.
Perche pour servir de chevron, 1101.
PERCHERON (Jean), taillandier, 27, 31, 395.
—— compagnon fondeur, 251.
—— dit LOCHON. — Voy. LOCHON.
Perches à croc, 147, 243, 969.
—— de bois de chêne, 764, 874, 1055.
—— de châtaignier, 25, 142, 236, 241, 316, 595, 764, 890, 963, 1100, 1154, 1164.
—— du cinquantin, 743.
—— de fresne, 1165, 1171.
—— d'orme, 925, 1055.
—— pour clayonnage, 334.
—— pour caroner des tapis, 427.
—— pour soutenir les arbres, 475, 597, 738, 1028.
—— pour treillages, 24, 142, 312, 595, 607, 734, 743, 757, 820, 874, 875, 888, 963, 1024, 1028, 1100.
—— provenant de la forêt de Marly, 169, 1026.
PERDRIMAINE, ter., 80, 83.
Perdrix (Blé pour la nourriture des), 184, 349, 483, 628, 778, 911, 1179.
—— mises dans les parquets de Fontainebleau, 629, 911, 1047.
—— rouges pour la Ménagerie, 664, 711.
Pères de l'Église, statues en pierre, 555, 559, 560.
PERGOT (Silvain), maç., 342, 346, 476, 620, 771, 1038, 1172.
PERIGORD, ouvrier blessé, 196.
PÉRIGORD (François), carrier, 620.

PERIN (Christophe), voit., 114.
Periou (Remise de), près Chambord. 186.
PERY, voiturier, 820.
PERLOINS (François), chaudronnier, 573.
PERNELLE (Firmin), 113.
PERNOU, concierge de l'Académie de peinture, 1193.
PERRAIN (Louis), p., 552.
PERRAULT (Claude), médecin, 126.
—— greffier de l'Écritoire, 191, 360, 492, 640, 788, 920, 1059, 1147, 1191.
—— maç., 11, 179, 180.
—— toiseur, 1152.
Perray (Aqueducs du), 599, 746, 975, 977.
—— (Avenues et rigoles du), 188, 205, 206, 358, 368, 369, 451, 458, 490, 598, 746.
—— (Étang du), 598, 637, 663, 837, 838, 975.
—— (Faisanderies du), 61.
—— (Garde-rigoles du), 746, 785, 865, 1057, 1114, 1190.
—— logement de garde, 999, 1126.
—— (Maisons du village inondées par l'étang du), 663.
—— (Maisons et jardins au), 714.
—— (Paroisse du), 270.
—— (Plaine du), 977, 1114.
PERRIER (Nicolas), charp., 61.
—— (Philippe), 1038.
—— (René), men., 687.
—— maç., 538.
—— (La veuve), prop., 132, 309, 443, 585, 733, 1142.
—— ter., 64, 409.
Perrons de marbre, 660.
PERROT, employé dans le petit parc et à Trianon, 190, 357, 491, 528, 636, 786, 917, 1060, 1063, 1148, 1190, 1193.
Perse (Iris de), 133.
—— (Lilas de), 136.
PERSÉE et ANDROMÈDE, groupe, 93.
Persée (Ile) au Canada, 14, 69.
PERSONNE (Nicolas), vitr., 999.
Perspective des Maisons royales (Vues en), 218, 375, 503.
Perspectives (Peintures et tableaux de), 88, 966.
PETIT (Antoine), charp., 129, 1083, 1131.

TABLE ALPHABÉTIQUE. 1291

PETIT (Cosme), portier de la cour du Cheval Blanc, 204, 226, 367, 384, 500, 510, 647, 658, 795, 804, 942, 1069, 1073, 1200.
—— (Jacques), cordier, 210.
—— (Philippe), terrassier, 1177.
—— (Thomas), p., 167, 552.
—— commissaire des pauvres de la paroisse de Saint-Roch, 296.
—— contrôleur à Fontainebleau, 191, 229, 272, 385, 418, 515, 544, 662, 710, 810, 870, 950, 1006, 1086, 1135.
—— contrôleur des bâtiments de Saint-Germain et de Marly, 1094, 1140.
—— directeur du balancier, employé aux médailles, 6-8, 10-14, 16, 18, 67, 122, 124, 305, 441, 583, 584, 731, 864, 997, 1126.
—— doreur, 90.
—— (Les enfants du s'), prop., 132, 309.
—— ser., 405.
—— vitr., 54.
Petit Sénateur (Le), stat., 967.
PETITBON (Thomas), charp., 686.
Peuplier (Planches de), 960.
Pharmacie (Écoles de), au Jardin royal, 643.
PHELYPEAUX (M. DE), 513, 543.
PHILIPPE (Jacques), voit., 740.
—— employé au magasin de la place Vendôme, 786, 917.
—— parqueteur, 964.
PHILIPPES, inspecteur des ouvriers de la pépinière du Roule, 921, 928, 1061, 1063, 1190.
Philosophe, Terme de marbre, 96, 100, 101.
Phlegmatique (Le), stat., 952, 1007.
PIAT (Claude), 175.
PIAU (Louis), ser., 150, 165, 220, 322, 378, 505, 652, 748, 800, 936.
Picarantes, fleurs, 136.
PICARD, charp., 698.
—— ser., 258.
Picardie, 213.
PICAULT (Charles), garde de la basse-cour du Cheval Blanc à Fontainebleau, 1073, 1139.
Picéas, arbres, 138, 200, 839, 878, 1014, 1115, 1182.
PICHARD (Gilles), fermier de Mme DE MAINTENON, 663, 712.

COMPTES DES BÂTIMENTS. —— III.

PICHON (Joseph), chapelain de la Savonnerie, 118, 300, 437, 580, 787, 920, 996, 1126.
—— invalide, 199, 362.
PICHOT (Fleury), charp., 181.
—— (Roland), couv. de chaume, 531, 674, 963, 1101.
PICOT, employé aux Bâtiments, 189, 356.
PICOU (Jean), jard., 602.
Picpus (Allée de), 596.
Pics (Fourniture de), 170, 750.
Piédestaux des cascades de Marly, 886, 901, 1001, 1034.
—— de la lanterne du dôme des Invalides, 421, 551, 552.
—— de statues ou de vases, 84, 104, 249, 262, 292, 337, 341, 397, 526, 615, 660, 668, 723, 753, 818, 823-825, 854, 855, 944, 970, 1023.
—— pour grilles de cheminées, 397.
Piémont (Fleurs du), 311.
Pierre (Étang de), 264.
Pierre d'Arcueil, 185, 668.
—— de Caen blanche, 910.
—— de démolition, 774.
—— de liais, 117, 290, 432, 572, 1092, 1138.
—— de molière ou meulière, 606, 610, 1179, 1173.
—— de rapport (Table de), 861.
—— de Saint-Cloud (Coquilles sculptées en), 825, 961.
—— de Saint-Leu, 80, 291, 424, 559, 679, 950, 1006.
—— de taille (Fourniture et transport de), 186, 351, 390, 485, 519, 586, 753, 818, 1033.
—— de taille (Tampons de), 685.
—— de Tonnerre, 41, 185, 827.
—— de Trossy, 35-37, 337.
—— de vergelée, 620, 621, 622, 626, 904.
—— dure (Chapiteaux et pilastres de), 553, 701, 702, 704.
—— dure (Consoles, festons et attributs en), 704.
—— dure (Fourniture de), 771, 772.
—— dure de Nanterre, 341, 342, 620, 1038, 1039.
—— dure des carrières des Panloups, 620, 622.
—— sèche (Murs de), 606, 745, 837, 975, 1023.

Pierre sèche (Pavé à), 837.
—— sèche (Pierrée à), 886.
—— sèche (Remplissage d'aqueducs avec de la), 902.
—— tendre (Chapiteaux-pilastres en), 559.
Pierrée glaisée, 671.
Pierrées à chaux et à ciment, 1023.
—— de Compiègne, 61.
—— de Fontainebleau, 180.
—— de Marly, 327, 339, 463, 464, 605, 606, 610, 611, 753, 886, 894, 1023, 1028, 1164.
—— de Trianon, 392, 670.
—— de Versailles, 44, 45, 243, 252, 253, 263, 391, 392, 400, 410, 530, 669, 671, 673, 817-821, 835, 836, 961, 969, 977, 1101, 1102, 1113.
—— de Vincennes, 113.
—— pour la machine de la rivière de Seine, 476, 478.
Pierres fines (Sciage et polissage de), 117, 299, 436, 579, 728, 860, 861, 995, 1124.
Pieux (Fourniture de), 761, 894.
—— de la digue de Marly (Remplage des), 476, 477, 903, 1039.
—— pour protéger des voitures les arbres des avenues, 140, 313, 316, 449, 469, 519, 590, 598, 738, 739, 874, 1158.
—— pour soutenir les terres, 620, 902, 1039.
PIGALLE (Philippe-Claude), corroyeur, 623, 773, 904, 1040.
PIGIEUX, soldat, 23.
PIGNIÈRE, inspecteur à Maintenon, 372.
PIGNON (Aubin), ter., 602.
PIGNEAU (Le s'), à Maintenon, 211.
Pilastres (Dessins de), 680.
—— corinthiens de l'église des Invalides, 553.
—— d'ordre composite de l'église des Invalides, 553, 559.
PILLET (Gilles), jard., 590.
Pilous, 118.
PIN (Jacques), marchand de bois, 334.
PINARD (Jacques), maç., 82, 119, 120, 282, 425, 565.
—— (Thomas), maç., 425, 565.
PINAULT, garde de la prévosté de l'Hôtel, 1194.
—— marchand de cailloux, 1176.
PINEAU (Baptiste), sc., 100, 288, 525.

87

PINEAU (La veuve de Baptiste), 1090, 1137.
PINET, garçon fontainier, 275, 412, 548, 695, 840, 980, 1115, 1144.
PINGUET, men., 777, 1045.
Pioches (Fourniture de), 170.
PION, chargé de la nourriture des carpes et des cygnes à Fontainebleau, 70, 203, 225, 278, 367, 383, 420, 500, 509, 545, 646, 657, 713, 795, 804, 941, 1002, 1069, 1072, 1139, 1148, 1199.
PIOT (Louis), ser., 1076, 1203.
—— (Nicolas), manœuvre tué, 353.
PIPAULT (Simon), maç., 8, 127.
Piquets (Fourniture de), 210, 211, 262, 266, 269, 474.
PIRAUT, marchand de toiles, 407.
PIRLOT, couvreur en paille, 79.
Pistons de pompes, 174, 175, 178, 343-347, 479, 622, 623, 772, 773, 904, 905, 1040, 1041, 1174, 1185.
PITAN (Le s'), 956.
PITRE (Pierre LE CLERC, dit), ter., 21, 45, 62, 146, 154, 162, 204, 205, 207, 208, 331, 368, 370, 451, 468, 599, 962, 975, 1084, 1099, 1132, 1182.
PITTACUS, l'un des Sept Sages de la Grèce, Terme, 1079, 1128.
PIVET, garçon fontainier. — Voy. PINET.
Pivoines, fleurs, 450, 452.
Pivots des croix horizontales sur la rivière, 1175.
Plafond de glaces, 681.
—— du modèle du grand autel des Invalides, 552.
Plafonds en peinture, 89.
Plan du château et des jardins de Fontainebleau et de Choisy, 918.
—— des conduites d'eau de Montreuil à Vincennes, 848.
Planchers de dosses de bateaux, 613.
Planches (Sciage de), 592.
—— de chêne d'entrevoux, 1160.
—— de cuivre des Bâtiments du Roi, 540.
—— de peuplier, 960.
—— de sapin de chêne (Fourniture de), 269, 334, 343, 573, 600, 761, 762, 772, 1019, 1102.
—— gravées, 109-111, 296, 433, 573, 575, 723, 724, 810, 857, 869, 991, 1123, 1129.

Planches pour tendre les tapisseries de la Fête-Dieu, 567, 573, 715, 723.
Plans des bâtiments (Copie des), 921.
—— des Maisons royales (Levés de), 354, 692, 855, 1057, 1063.
—— du jardin de Meudon, 1114.
—— de la ville de Versailles, 412.
—— en relief des places de guerre, 431, 572.
—— et profils des bâtiments de la place de l'hôtel de Vendôme, 195, 354, 494, 634.
—— levés à Meulan et à Fontainebleau, 791.
Plantes (Achat, transport et recherche de), 25, 121, 133-137, 146, 207, 302, 437, 438, 447, 450-452, 1013.
—— aromatiques, 208.
—— médicinales, 120.
—— peintes et dessinées en miniature (Suite de), 287, 433, 570, 852.
—— rares (Culture et recherche de), 303, 437, 438, 730, 1063.
—— rares (Planches gravées de), 575.
—— vivaces, 877, 924, 1013, 1154.
Plants d'arbres des avenues, 133-142, 145, 154, 156, 157, 162, 170, 181, 185, 192, 196, 310-315, 328-331, 340, 347, 348, 361, 444-449, 451, 455, 456, 460, 462, 464, 466, 468, 469, 473, 474, 483, 494, 495, 497, 587-590, 593, 594, 596-598, 601-604, 606-611, 619, 627, 635, 640, 651, 656, 734-739, 742-744, 749, 751, 754, 755, 759, 776, 784, 788-790, 811, 820, 871-878, 889, 890, 908, 920, 921, 924, 928, 936, 954, 970, 1008, 1013, 1015, 1018, 1021, 1024, 1044, 1051, 1054, 1056, 1091, 1092, 1100, 1138, 1150, 1153, 1155-1157.
Plaques de cuivre rouge, 551.
—— de cuivre découpé, 171.
Plates-formes de charpente, 47, 612.
Plâtre (Aires en), 248.
—— (Carreaux de), 606.
—— (Corniches de), 680.
—— (Creux et jets de), 433, 844, 855, 856, 992.
—— (Fourniture de), 21, 83, 108, 168, 478, 621, 771, 818, 855, 903, 1039, 1173.
—— (Modèle en) du nouveau jardin de Trianon, 969.

Plâtre (Modèle en) de la pièce d'eau au-dessous du Dragon, 1093.
—— (Modèle en) de la statue de saint Charlemagne, 703.
—— (Modèle en) de Terme, 809.
—— (Modèles en) de chapiteaux et colonnes, 289.
—— (Modèles en) des ornements de plomb du dôme des Invalides, 553.
—— (Modèles en) des quatre Évangélistes sculptés aux angles du dôme des Invalides, 553.
—— (Moulages en) d'après l'antique, 722.
—— (Moule en) de la statue équestre du Roi, 288.
—— (Moules en) d'enfants, 704.
—— (Moules en) de statues et d'ornements, 288, 290, 423, 430, 431, 554-557, 559, 560, 701, 844, 992.
Plessis (Aqueducs du), 59.
Pliants en marqueterie, 664, 711.
Plinthes de bronze, 854.
—— de marbre, 765, 1149.
Plomb (Carreaux entourés de), 286.
—— (Chapiteaux en) du dôme des Invalides, 555, 702.
—— (Consoles en), 555.
—— (Coquilles de), 809, 869, 945-948, 950-952, 1003, 1004, 1006, 1007, 1080, 1082, 1083, 1090, 1129, 1131, 1132, 1137, 1140.
—— (Couronne de), au-dessus du dôme de la chapelle de Marly, 336.
—— (Couvertures de), 354, 677, 750, 752, 832, 885.
—— (Crampons de), 723.
—— (Cuvettes de), 947, 948, 951, 1004, 1006, 1090, 1137.
—— (Festons en), 555.
—— (Figure en) du dôme des Invalides, 556, 558, 559, 560.
—— (Figures et animaux de), 967.
—— (Fleurs de), 248.
—— (Fleurs de lis en), 555.
—— (Grilles de), 723.
—— (Ornements de) du dôme des Invalides, 553-555, 700, 702, 706.
—— (Tables de), 527, 677.
—— (Têtes de chérubins en), 555.
—— (Transport de vieux), 179.
—— (Tuyaux de), 3, 9, 39, 67, 130, 209, 254, 260, 335, 346, 537, 601,

TABLE ALPHABÉTIQUE. 1293

614, 790, 880, 896, 899, 901, 1031, 1034, 1042, 1053, 1149.
Plomb (Vases de), 869, 945, 946, 948, 950-952, 1003, 1004, 1006, 1007, 1080, 1082, 1083, 1093, 1129, 1131, 1132, 1140.
—— (Vieux) donné en payement, 151, 234, 390, 1128, 1136.
—— d'Angleterre, 41, 67, 209.
—— de Hull, 59, 209, 237.
—— en barres, 268.
—— en tables, 335, 601, 614, 883, 896, 1031, 1042.
—— et étain (Achat et fourniture de), 151, 209, 211, 235, 323, 335, 345, 371, 382, 421, 471, 598, 624, 700, 720, 763, 774, 843, 851, 951, 999, 1006, 1020, 1134, 1137, 1159.
—— neuf en retailles, 712.
Plombs des toitures emportés par les vents, 406. 525.
—— moulés, 809, 868.
Pluie (Housse pour garantir un portique de la), 769.
PLUMARD, inspecteur à Maintenon, 215.
PLUMARD (Antoine), manœuvre blessé, 197.
Plumes (Fourniture de), 412, 439. 540, 583.
Plus (Lieu dit les) ou les *Pleux*, à Fontainebleau, 180.
PLUTON enlevant Proserpine. — Voy. *Enlèvement de Proserpine*.
POCHET (Charles), dit SAINT-REMY, invalide, 212.
POCLET (Valentin), 731.
Poêles de cuivre, 707.
—— de fer, 742.
Poëme héroïque (*Le*), stat., 1080. 1129.
—— *pastoral* (*Le*), Terme, 947, 1004.
—— *satyrique* (*Le*), stat., 1088, 1136.
Poids (Ajustage de), 832, 898.
Poinçons de lettres orientales, 122. 573.
—— de médailles, 86, 110-112, 122, 285, 296, 297, 573.
Point du Jour (*Le*), stat., 91, 98, 289, 290, 855, 1087, 1135.
Pointes (Fourniture de), 257.
POIREMOLLE (Raymond), paveur, 187, 352, 353, 486, 487, 631, 781, 914, 1050.
POIRET (Madeleine et Anne), jard., 69, 203, 223, 273, 357, 380, 507, 646, 654, 795, 802, 939, 1067, 1070.

POIRET (Nicolas), jard., 223, 380, 507, 654, 802, 939, 1067, 1070.
—— (Thomas), couv., 687, 835, 977, 1113.
POIRIER (François), jard., 142, 313, 446, 448, 449, 594, 738, 789.
—— (Joachim), ter., 23.
—— sc., 196, 289, 704, 845.
Poiriers (Fourniture de), 311, 603.
—— de haute tige, 311.
—— en buisson, 1038.
—— nains greffés sur franc, 447.
—— sauvages, 447.
POISSEFLOT, maç., 1111.
Poisson le jeune (Jacques), copiste, 191.
—— (Jean), charp., 84, 119.
—— (Louis), p., 166, 220, 323, 336, 377, 411, 471, 505, 614, 652, 748, 764, 800, 883, 896, 906, 927, 936, 1020, 1032, 1037, 1076, 1159, 1168, 1171, 1203.
—— (Paul-Mathieu), maître des œuvres de charpenterie, 798, 934, 1075, 1202.
Poisson des étangs vendu au profit du Trésor, 517, 518.
Poissons sculptés du bassin de Vénus à Versailles, 572.
Poissy, 447.
—— (Bac de), 1019, 1021.
—— (Pont de), 157, 881-883, 1019, 1159.
POITEVIN (Antoine), charp., 186, 388, 485, 630, 780.
POITIERS, chirurgien, 791.
POITRINCOURT (DE), prop., 309, 442.
Poix de Bourgogne, 767.
—— de Portugal, 269.
—— grasse, 294, 434, 573.
—— noire, 566.
POLARD, fondeur. — Voy. PAILLART.
Polissage de marbres, 502.
—— de pierres fines, 117, 299, 436, 579, 728, 861, 995, 1124.
Pologne (*Le Roi de*), méd., 122.
POLONNOIS (Laurent), Suisse, 193.
Pommeray (*Le buisson*), 210, 371, 1085.
Pommes de cuivre pour rampes d'escaliers, 256.
Pommiers (Fourniture de), 311.
POMONE, Terme de marbre blanc, 853.
Pompes (Corps de), 174, 175, 178, 239, 269, 345-347, 457, 480, 482, 572, 622, 623, 625, 744, 772-774,

806, 809, 829, 868, 904-906, 928, 1040, 1041, 1044.
Pompes aspirantes, 481, 620, 621, 624, 626, 927, 1043.
—— inventées par Rennequin SCALEM, 346.
Ponceaux, 38, 606, 684, 685.
—— des faisanderies de Moulineaux et de Rennemoulin, 362.
Pont de bois, 179.
Pontavert, 176, 1043, 1044, 1176.
Ponteau- (Moulin de), 1135.
Pontgouin (Moulins de la baronnie de), 512, 661, 709, 805, 867.
—— (Seigneurie de), 281, 272, 513, 543, 669, 818, 1097.
Pontons pour garantir des nids de cygnes, 597.
Ponts (Démolition de petits), 1097.
—— dans la forêt de Montfort, 61.
—— de bois de la forêt de Saint-Léger, 266.
—— de la forêt de Compiègne, 65, 270, 417, 542, 698, 1111.
—— provisoires dans le parc de Choisy, 924.
—— sur les rigoles et fossés, 263, 409, 538, 612, 686.
Porcelaine (Cuvettes à fleurs en), 461.
Porchefontaine (Étangs de), 411, 691, 835, 871, 875.
Porphyre (Tables, vases et navicelles de), 104, 106, 193, 490, 572.
—— du Canada, 14, 69.
Port de mer et architecture, tableau de Claude LORRAIN, 1121.
Porte-clapets de plomb, 481, 624, 897.
Porte cochère de chêne, 881.
Portée commune, 740, 741.
Portement de croix, dessin d'après MIGNARD, 248.
Portes de fer, 29-31. 206, 246, 257, 520, 533, 834.
Portières de tapisserie, 577, 578, 726, 727, 860, 994, 995, 1001.
Portique en marbre, 432, 769.
Porto-Venere (Marbre de), 606, 711.
Portor (Marbre), 17, 66, 238.
PORTRAIT (Jacques), men., 147, 320, 427, 458, 745, 881, 1019, 1158.
Portrait gravé sur cuivre, 296.
Portraits de Louis XIV, 287, 430, 721, 990.

87.

Port-Royal (Chaussée au-dessous du Petit), 458.
—— (Étangs du Petit), 206, 458, 518, 598-600, 746, 838, 975.
Portugal, 42, 59, 113, 267.
—— (Poix de), 269.
POTAGE (François), charp., 27.
POTEAU (Pierre), jard., 62, 141, 142, 235, 313, 316, 449, 694.
—— (Robert), jard., 62, 313.
Poteaux (Fourniture de), 321, 323, 348, 894, 1029.
—— indicateurs pour les routes, 183, 627, 698, 891, 1111.
—— pour protéger les arbres des voitures, 449.
—— pour tendre les tapisseries de la Fête-Dieu, 459, 460, 567, 600, 715, 747, 881, 882, 1019, 1159.
Potée fine, terre préparée pour former le moule de la statue de l'hôtel de Vendôme, 562, 706, 707.
POTEL (Michel ou Noël), charp. de bateaux, 470, 474.
POTENOT, mathématicien, 126, 306, 440.
POTIER (Étienne), carrier, 476.
Potin (Fourniture de), 234, 235, 516, 517, 666-669, 812, 814-816, 957, 958, 1095, 1096, 1098.
—— (Vieux), 667.
POTONE (Jacques), ter., 266, 269, 410, 539, 686, 692, 977.
—— (Pierre), ter., 1112.
Pots à brûler, 178, 345, 481, 625, 774, 906, 1043, 1176.
Pots de faïence (Fourniture de), 325, 768.
—— de terre (Fourniture et transport de), 108, 137, 144, 168, 169, 461, 475, 592, 617, 730, 741, 766, 878, 884, 898, 1016, 1156.
POTTEAU (Pierre), jard. — Voy. POTEAU.
POUGEOIS (Nicolas), vitr., 78, 280, 923, 1053, 1184.
POUGET, contrôleur de la Maison du Roi, 237.
Pougues (Fontaines de), 221, 378, 505, 652, 800, 937, 1076, 1204.
POULAIN (Claude), ser., 120, 302.
Poulains de charpente, 84.
Poules pintades, 514, 544, 659, 708, 950, 1006.
—— sultanes, 14, 68, 386, 419, 514, 544, 659, 708, 811, 870, 950, 1006.

POULTIER (Jean), sc., 100, 183, 291, 422, 424, 559, 560, 703, 704, 845, 846, 1082, 1131.
Poupées de fonte, 345.
Pousses rongées par les lapins, 236.
POUSTE, tap., 42.
Poutres (Fourniture et sciage de), 182, 183, 254, 426, 564.
POUTRINCOURT (Le s^r DE), prop., 132, 585, 732, 865, 998, 1011, 1145.
PRAMORT (François), limousin, 196.
Pré-Clos (Chaussée de l'étang du), 409, 538, 745, 837, 1112.
—— (Gardes du), 268, 358, 490, 636, 638, 785, 918, 1057, 1113, 1191.
Prédication aux ouvriers flamands des Gobelins, 119, 301, 437, 580, 729, 862.
PREDOT, maç., 1082, 1131.
PRELLE (Le s'), 1051.
Premier Écuyer (Logement de M. le), 82, 86-88, 284, 285, 287, 295, 427, 429, 565, 567-569, 681, 717, 719, 849, 850, 852, 987, 988, 990, 1118, 1119.
Premier Président (Portrait du Roi donné au), 287.
Prés affermés, 669, 818, 960, 1000, 1098.
—— compris dans la nouvelle enceinte de Vincennes, 1008.
—— compris dans le fonds de Marly, 66, 228, 271, 384, 418, 511, 542, 659, 708, 805, 866, 943, 1000, 1091, 1188.
—— enclos dans le parc de Versailles, 950.
—— occupés pour décharge de matériaux, 1133.
PRESSON (Nicolas), vitr., 443.
PRESTY, marchand, 59.
Prêt d'argent à une ville par ordre du Roi, 235.
PREVOST (Pierre), taupier, 1188.
—— entrepreneur d'une manufacture de camelots de Bruxelles, 956.
Prie-Dieu de menuiserie, 1053.
PRIEUR (Guy), inspecteur à la recoupe de Marly, 192, 358.
—— (Jacques), voit., 169.
Primevères, fleurs, 447, 450, 591.
Princesses de Perse (Les), tapisserie, 114.

Printemps (Le), stat., 952, 1007.
—— (Le), tapisserie, 577, 578, 857.
Prise de Mons, tab., 720, 722, 852.
Prise de Namur (La), tab., 720, 722, 852.
Prise de Valenciennes (La), estampe, 90.
Prisonniers de guerre au château de Vincennes, 664.
PRIVA (Antoine), dit QUATRE-VENTS, invalide, 212.
Procès intenté pour la destruction d'un cygne, 319.
PROSERPINE (Enlèvement de). — Voy. Enlèvement.
Prophètes, statues, 556.
PROTÉE et ARISTÉE, groupe, 102, 853, 991, 1121, 1122.
PROU (Jacques), sc., 100, 107, 337, 554, 703, 1080, 1129.
Proust (Jean), commis de la poste à Liège, 175, 195, 343, 480, 495.
PROUVAIS (Nicolas), charp., 343, 612, 1195.
—— (Pierre), 1041.
Provence, 137, 146.
—— (Oignons de tubéreuses venues de), 319, 451.
Provost (Nicolas), jard., 134.
—— fondeur, 33.
PRUDHOMME (Jean), potier de terre, 461, 475, 592, 617, 741, 766, 884, 898.
Prunay, 179, 476, 1172.
—— (Aqueduc de), 1039.
—— (Décharge des eaux de), 621.
Prunes confites de Guimaroins, 267.
Pruniers (Fourniture de), 311.
—— de tige, 738.
—— sauvageaux, 311.
PSYCHÉ, stat., 98.
PUGET (Pierre), sc., 93, 385, 418, 663, 711.
Puisards, 180, 279, 347, 706.
Puits (Cordes à), 144, 210, 300, 453, 579, 728, 741, 861.
—— (Travaux et curage de), 83, 108, 186, 207, 209, 210, 295, 370, 402, 433, 459, 477, 478, 539, 604, 609, 610, 618, 724, 927, 971, 1017, 1038, 1039.
—— avec pavage de grès, 754.
—— d'aqueduc, 685.
PUREL, employé aux Bâtiments, 267, 412, 540.
PUTEAUX (La veuve), 1183.

TABLE ALPHABÉTIQUE. 1295

Puteaux (Maison du s' MANESSIER à), 958, 959.
Pyramide (Modèle de), 555.

Pyramide du dôme de l'église des Invalides, 552-554.
Pyrénées (Marbres des), 11, 14, 17, 68, 69, 106, 113, 132, 193, 228-231, 234, 271, 309, 362, 388, 389, 511, 518, 542, 724, 856.

Q

Quatre-Vents (Aqueducs dans le fonds des), 211.
—— (Logement du s' FILLEYAUX), 210, 371.
—— (Logement et magasins du s' LEDUC aux), 211, 634.

Quatre-Vents (Village des), 210, 215, 371.
Québec (Marquis DE DINONVILLE. gouverneur de), 14, 68.
QUENTIN, paveur, 208.
QUERNEL (Jean), mat., 276, 415, 696, 994, 1121.
841, 1148.

QUESNEAU, inspecteur des travaux de la rivière d'Eure, 213, 214.
QUINAULT (Philippe), poète, 126.
Quinconce (Plantation d'arbres en), 444, 445, 587, 1196.

R

Rabesques. — Voy. Arabesques.
Rabot (Allées passées au), 891.
RABY (La veuve), charp., 186, 187, 351, 353, 485, 487, 629, 780, 912, 1048.
RACHER (Antoine), 129.
Racineaux, 47.
RACINE (Jean), poète, 125, 305, 439.
—— (Maximilien), 915, 1051, 1181.
Racines (Arrachage de), 736.
Racles, 827, 865.
Radiers, 372.
RAFFRONT (Laurent), voit., 324.
RAGON (Eustache et François), garçons jard., 1188.
RAGUILLE (Pierre), ter., 151.
RAINSSANT (Pierre), numismate, 123, 125, 237, 304.
—— (La veuve de), 306.
Raisins conservés pour l'hiver, 325, 750.
Ramasse (Chariot de la) à Marly, 612-614, 618, 761, 763, 1171.
Ramonages et visites de cheminées, 41, 57, 108, 169, 170, 219, 251, 262, 296, 325, 338-340, 349, 376, 399, 407, 432, 461, 473, 474, 503, 528, 536, 537, 574, 603, 617, 618, 650, 682, 690, 724, 750, 767, 768, 798, 826, 831, 884, 898, 899, 924, 928, 935, 969, 974, 991, 1021, 1033, 1062, 1076, 1106, 1110, 1122, 1160, 1194.
Rampes de fer, 30, 50, 246, 256, 257, 396, 404, 1167.
RAMZAY (Guillaume), dit HUILE ou L'ÉCOSSAIS, invalide employé à Monceaux, 199, 363, 496, 642, 792, 817, 928, 929, 1064, 1193.

Rance (Marbre de), 79, 105, 958.
RAON (Jean), sc., 85, 101, 104, 291, 292, 294, 422, 558, 703, 844, 853, 947, 1004, 1085, 1132.
RAPHAËL, p., 89, 114, 115, 287, 297, 298, 430, 435, 570, 575-577, 720, 725, 808, 856-858, 868, 989, 993, 994, 1121.
RAPPE (François), marchand de tableaux, 1121.
Rasement de la butte de Montboron, 1084.
Râteaux à dents de fer, 614, 895.
Râteliers et mangeoires, 262, 403, 407, 686.
Ratissage d'herbe, 1025.
Ratissoires (Fourniture de), 762, 763, 895.
—— de faux, 470.
BATTEAU (Pierre), ter., 155, 1017.
RATTIER (Jacques ou Jean), ter., 162, 468, 611.
Ravines (Aqueducs pour le passage des), 464, 1160.
—— (Comblement de), 409, 530, 594, 607, 610, 755-758, 834, 891-893, 1112.
—— (Fossés d'écoulement des eaux des), 316, 327, 369, 370, 382, 391, 392, 410, 446, 467, 530.
—— (Recoupe enlevée par les), 465, 891, 1025.
—— (Sable et boue entrainés par les), 892.
RAVINET, commissaire des pauvres de la paroisse de Saint-Roch, 992.
RAYOLLE, sc., 55, 101, 423, 434, 555, 723, 945, 1002.

REBOURS (Marguerite), prop., 733.
—— (Le s'), 733.
—— dit LA BRIE. — Voy. LABRIE.
Recepages, 347, 349, 389, 448, 734, 735, 776, 872, 873, 956.
Réchauds de fer, 1053.
Récoltes (Achat de), 668.
—— (Indemnité pour perte de), 663, 711, 712, 768.
Reconnaissance d'Achille (La), statue, 854, 991, 1080, 1129.
Recoupes, 24, 147, 159, 161, 163, 241, 282, 319, 328-333, 425, 464-467, 474, 530, 607, 609, 610, 671, 672, 754-756, 758, 769, 819, 820, 848, 890-893, 897, 921, 1025, 1162, 1163, 1182.
RUTEAU (Nicolas), fermier du Vaucheron, 616, 760, 766, 898, 1026, 1165, 1172.
Regard du canal de l'étang du Trou-d'Enfer, 467.
Regards d'aqueducs, 253, 327, 341, 401, 434, 530, 563, 606, 620, 673, 771, 774, 775, 809, 869, 902, 962, 1173.
—— de cascades, 887, 888.
—— de l'étang de Roquancourt, 970.
—— des fontaines, 44, 45, 64, 81, 113, 173, 268, 534, 671, 682, 969, 1102.
—— de ventouses, 180.
REGEMPIED (Claude), jard., 872, 1012, 1013, 1155.
—— (Jean), jard., 143, 316, 589, 592.
Régiment de Bourbonnais, 193.

Régiment de Guiche, 194.
Régiments de Feuquières, de la Marine, de Normandie, de la Sarre, de Stoppa, 213.
Règles de bois pour réservoirs, 266.
Réglet (Blaise), garçon fontainier, 840, 980, 1115, 1144.
Regnard (Jacques), concierge de l'Académie, portier du Louvre, 125, 305, 441. 583.
—— gr., 122.
—— jard. de Choisy, 944.
—— sc., 101, 558, 704, 705, 844, 845.
Regnaudin (Thomas), sc., 85, 101, 107, 218, 375, 502, 649, 797, 934, 951, 1006, 1075, 1201.
Regnault, charp., 1158.
Regnaux, inspecteur à Maintenon, 215.
Regnier (Guillaume), mat., 78, 276.
—— (Georges). — Voy. Renaud.
—— sc., 101, 291.
Regnouf (Louis), pav., 9, 15, 38, 56, 78, 166, 178, 219, 236, 249, 261, 266, 280, 335, 375, 388, 398, 407, 411, 471, 481, 503, 518, 526, 536, 539, 562, 570, 614, 625, 650, 666, 680, 690, 706, 720, 763, 775, 798, 825, 831, 835, 851, 896, 905, 923, 926, 934, 951, 959, 967, 973, 989, 1007, 1037, 1043, 1054, 1076, 1096, 1105, 1109, 1112, 1120, 1149, 1150, 1168, 1184, 1202.
Religionnaire (Marchand), non payé, 800.
Reliures, 122, 978.
Remises à gibier, 61, 113, 138, 141, 143, 153, 156, 186, 235, 314-316, 323-325, 410, 444, 445, 447, 455, 456, 485, 539, 586-589, 596, 602, 630, 685, 734-737, 743, 748, 750, 780, 813, 835, 871-878, 877, 879, 884, 912, 956, 1014, 1015, 1021, 1048, 1078, 1154.
Remy (Michel), men., 13, 28, 48, 77, 219, 255, 279, 375, 403, 427, 503, 564, 568, 650, 717, 798, 821, 829, 934, 964, 972, 976, 1075, 1088, 1089, 1102, 1112, 1136, 1137, 1148, 1202.
—— (Nicolas), garde des avenues, 198.
—— (Pierre), men., 1108.
Renard (Étienne), meunier, 1181.

Renard (Pierre), jard., 922, 1001, 1055, 1142, 1152, 1182, 1185, 1187.
Renaud (Georges) ou Regnier, mat., 416, 549, 696, 841, 981, 1116, 1148.
Renaudin, sc. — Voy. Regnaudin.
Renault (Louis), ter., 154.
—— (Philippe), ser., 170, 177, 344, 480, 568, 623, 745, 774, 905, 1041, 1043, 1174.
—— vidangeur, 690.
Rênes de cuivre pour les chevaux du groupe d'Apollon, 678.
Rennemoulin, 145.
—— (Curé de), 66.
—— (Faisanderies de), 63, 256, 258, 263, 264, 267, 269, 315, 362, 409, 411, 445, 540, 688, 693, 835, 977.
—— (Remise à gibier de), 138, 139, 314, 444, 445, 455, 456, 587, 588, 596, 735, 736, 872, 873, 1014.
—— (Renommée (La), groupe de marbre, 107.
—— portière de tapisserie, 577, 578, 726, 727.
Renoncules cramoisies, 134, 135.
Rentes sur la Ville, 1009.
Rentoilage de tableaux, 721.
Réservoir de cuivre, 258.
Restaurations de figures de marbre, 526.
—— de tableaux, 10, 63, 68, 86, 113. 802.
Retailles de plomb, 831.
Retz (Robert), voit., 155.
Retz (Aqueducs de), 460, 489, 600, 602, 639, 749, 752, 784, 810, 869, 917, 1057, 1160, 1188.
—— (Étangs de), 153, 171, 321, 749.
—— (Fonds de), 149, 151, 600.
Revellois, commis des manufactures de Saint-Malo, 194, 359, 489, 638.
Révérend, ter., 22, 519.
Revêtements de marbre, 1122.
Revoir (Jean), gr. en médailles, 112.
Revues de troupes par le Roi, 712.
Rhimberg (La prise de), planche gravée, 109.
Rhin (Armes des dix villes prises sur le) méd., 111.
—— (Prise des quatre villes sur le), méd., 111.
Ricard (Jean), concierge du château de Madrid, 220, 377, 504, 651, 800, 936, 1076, 1202.
—— p., 1094, 1140.

Richard (Antoine), jard., 619.
—— (Gilles), concierge de la petite écurie de Saint-Germain, 202, 366, 499, 645, 794, 931, 1065, 1196.
—— (Jean), 915.
—— gr. sur pierres fines, 122.
Richemont, 420, 500, 607.
Richomme (Étienne), prieur curé de Croissy-la-Garenne, 943, 955, 1000, 1009, 1091, 1138.
Richon (Nicolas), voit., 106, 144, 293, 317, 432, 451-454, 590, 666, 734, 739, 856, 872.
—— (La veuve de Nicolas), 369.
Ricond (Mathieu), invalide, 199, 363.
Rideaux de treillis, 269.
Rigault, libraire, 856.
—— men., 281.
Rigoles, 204, 205, 254, 341, 401, 402, 409, 410, 451, 458, 476-478, 514, 592, 606, 612, 621, 686, 692, 693, 783, 738, 745, 746, 770-772, 774, 837, 889, 893, 902, 962, 977, 978, 1039, 1052, 1085, 1100, 1112, 1113, 1132.
Rigollet (Pierre), ter., 61, 64, 264, 265, 409, 411, 539, 540, 693.
Rinbaut, sc., 631.
Rinceaux (Vase de marbre orné de), 1079.
Ringuet (Antoine), charron, 26, 27, 58, 144, 242, 243, 262, 317, 393, 400, 407, 451-454, 521, 673, 821, 969, 1106.
Rivan, charron, 243.
Rivault (François), marchand de paille, 58.
Rivaux (Gilles), 42.
Rivet (Antoine), men., 7, 13, 28, 47, 86, 209, 244, 255, 285, 334, 393, 403, 421, 427, 522, 531, 650, 674, 790, 798, 934, 1075, 1202.
Rivié, voit., 889, 898.
Rivière, charp., 182.
—— jard., 768.
Rivière (Terre de la), 513, 543.
Rivoire (Antoine), entrepreneur, 15, 69.
Robbe, charp., 84.
Robefoin (Sas ou écluse de), 488.
Robelin père, entrepreneur, 209, 213, 214, 372, 373, 783, 784.
—— fils (Claude), ingénieur, 213, 214, 371-373, 488, 489, 633, 634,

783, 915, 916, 1012, 1051, 1057, 1095, 1097.
ROBERT (Jacques), jard., 143, 269, 312.
—— (Jean), jard., 24, 42, 137, 241, 312, 313, 316, 369, 413, 449, 456, 594, 738.
—— sc., 99, 102, 291, 167, 336, 423, 558, 560, 571, 702, 704, 845, 949, 1005.
ROBILLARD, doreur, 33, 55, 167, 247, 337.
—— (Les enfants de feu), plombier, 582.
ROBIN (Claude), corroyeur, 1040, 1174.
ROBINE (François), voit., 1027.
Robinets de conduites, 341, 405, 434, 625, 672, 723, 1122.
—— de cuivre, 32, 52, 113, 258, 346, 405, 525, 534, 688, 830, 896, 1031, 1109.
—— de fonte, 168, 170, 537, 991.
—— dorés, 167, 337.
Rocailles, 274, 399, 414, 527, 547, 682, 694, 839, 1106, 1114, 1115, 1143, 1169.
ROCHE (Jean), charp. blessé, 197.
Roche de Bayeux pour la cascade de Marly, 1114.
ROCHEBOIS (Laurent), men., 717, 849, 987, 1118.
ROCHEFORT (Pierre), ter., 152.
Roche-Guyon (La), 457, 597.
ROCHELOIS, charp., 26, 522, 686.
ROCHER (Louis), maç., 11, 158, 172, 327, 463, 543, 605, 753, 885, 944, 1001, 1023, 1086.
—— (Les héritiers de), 1097, 1134.
Rochers de la forêt de Fontainebleau, 181, 183, 348, 1046.
Roches à Fontainebleau (Rasement de), 348.
ROCHET (Jean), maç., 269.
ROCHETTE, sc., 129.
—— (La veuve de), 1095, 1141.
ROCHON, concierge des Gobelins, 118, 300, 301, 437, 580.
ROETTIERS (Joseph), gr. en médailles, 112, 189, 361.
ROGER (André), commis du s' DE LA CHAPELLE-BESSÉ, 188, 355, 493, 639, 784, 916, 1056, 1192.
—— (Jacques), voit., 130.
—— (Joseph), sc. et fondeur, 103,

292, 387, 388, 396, 397, 431, 808, 854, 1087.
ROGER (Martin), ter., 715.
—— (Michel), chaufournier, 130, 205, 409, 546, 598, 684, 745, 837.
—— (Pierre), ser., 29, 50, 75, 219, 236, 238, 239, 245, 257, 267, 278, 375, 394, 404, 421, 503, 523, 533, 552, 650, 675, 688, 700, 798, 822, 843, 922, 934, 964, 984, 1053, 1075, 1102, 1108, 1150, 1184, 1202.
—— linger, 399.
—— (La veuve), prop., 132, 309, 443, 585, 733, 1142.
Rognures de cuir, 960.
Roi (Le) porté par deux Maures, tapisserie, 116, 436.
Rois esclaves (Les), stat., 952, 1007.
ROLLE (Michel), mathématicien, 126, 306, 440.
ROMAIN (Jules), p., 114, 115, 297, 298, 435, 575-577, 725, 808, 857, 858, 868, 993, 994.
—— ouvrier blessé, 353.
Rome, 94, 99, 106, 107, 127, 293, 307, 439, 572, 584, 731, 732, 864, 1126.
—— (Livres d'estampes venant de), 978.
Ronces (Arrachage de), 736, 928.
Rondelles, 480, 1185.
—— de cuir pour ajustage des gerbes des fontaines, 528.
RONFARD (La veuve de Gaspard), tanneur, 773.
Ronsières, 723.
ROQUANCOURT (Le s' DE), prop., 732, 998.
Roquancourt, 52, 57, 139, 141, 142.
—— (Aqueducs de la montagne ou conduites de), 3, 4, 6, 8, 10, 12, 17, 60, 64, 259, 263, 335, 406, 413, 605, 609, 610, 619, 689, 902.
—— (Bois de), 888, 890, 956, 1024, 1025, 1028.
—— (Chapelle de), 264, 266, 267, 410.
—— (Chapelle de Sainte-Geneviève dans l'église de), 238, 411.
—— (Chaussée de l'étang de), 811.
—— (Étang de), 9, 46, 254, 355, 406, 408, 456, 689, 832, 870, 956, 970.

Roquancourt (Mur du parc entre Saint-Antoine et), 316, 317, 319, 590, 596, 735, 738, 873, 874, 875.
—— (l'épinière près), 143, 145, 313, 315, 318, 389, 449, 596, 597, 734, 738, 873, 874, 998, 1015.
—— (Réservoirs de), 53, 140, 141, 354, 541.
ROSAY ou ROZAY (Denis), garde des avenues et rigoles, 358, 490, 636, 638, 784, 918, 1113, 1191.
ROSE (Arnoul), voit., 1092, 1138.
—— (Louis), ter., 22.
Roseaux, 26, 402.
—— (Couverture de), 674.
—— de cuivre, 247, 395, 947, 1004.
ROSÉE (Denis), garde au grand aqueduc de Buc, 188, 358, 1057.
ROSIER, men., 1118.
Roses en sculpture, 423, 702.
—— feuilles d'eau en sculpture, 558, 844, 846.
—— trémières, 450.
Rosettes de boutons de portes, 257.
Rosiers (Achat de), 134, 136, 1154.
—— de Gueldre, 136, 450, 452.
—— en boule, 740.
—— jaunes, 136.
—— muscats, 136.
ROSSIGNOL (Jean-Baptiste), mat., 74, 276, 416, 548.
—— (Robert), maç., 21.
—— (La veuve), ser., 182, 349, 482, 627, 777, 909, 1045, 1082, 1130, 1177.
Rotator (Le), stat., 95, 99, 104, 286.
ROTIER (La veuve du s'), carrier de Saint-Cloud, 961.
Roue de la Samaritaine, 716.
ROUEN (Jacques), laboureur, 162, 610, 749, 759, 893, 1028.
—— (Martin), glaiseur, 475, 612, 617.
Rouen, 5, 107-109, 170, 179, 195, 267, 293, 354, 435, 457, 495, 528, 626, 635, 751, 774, 789, 827, 879, 881, 905, 928, 1042, 1062, 1194.
—— (Coadjuteur et archevêque de), 132, 309, 442, 585, 660, 709, 806, 807, 945, 954, 1001, 1008, 1091, 1138.
—— (Cygnes échappés jusques vers), 457, 881, 1016, 1017.
—— (Marchand de), 60.

Rouen (Protection des nids de cygnes à), 1156.
—— (Transport de roche de Bayeux à), 1114.
Roues de binards, 848.
Roues de poulies, 827, 865.
ROUGIBAUD ou ROUGERON (Jean), dit BAIS-DE-FER, invalide employé à Monceaux, 199, 363, 364.
BOUILLÉ ou ROUILLIER (Joseph), ser., 11, 100, 322, 334, 459, 600, 613, 635, 748, 882, 895, 926, 1020, 1030, 1037, 1159, 1167.
Roule (Jardin du), 87, 133, 143, 144, 316-319, 446, 451-455, 457, 493, 494, 589, 593, 595, 596, 739-742, 744, 784, 872, 877, 878, 881.
—— (Bassins du jardin du), 744.
—— (Carrés d'ifs du jardin du), 589, 592, 593, 878.
—— (Murs de clôture du jardin du), 741, 1158.
—— (Orangerie du), 83, 143, 147, 283, 287, 317, 429, 569, 699, 719, 743, 744, 842, 851, 881, 897, 983, 988, 1119, 1158.
—— (Ouvriers de la pépinière du), 318, 354, 361, 455, 493, 495, 640, 742, 784, 788, 878, 920, 921, 1017, 1157.
—— (Pépinière du), 82, 134, 137, 143-147, 192, 284, 285, 317-319, 427, 428, 446, 451-455, 493, 495, 589, 591-593, 595, 596, 598, 640, 734, 738-740, 745, 784, 871, 872, 875-878, 880, 920, 1012, 1013, 1016, 1017, 1056, 1061, 1063, 1082, 1131, 1155-1158, 1190.

Roule (Bassins de la pépinière du), 880, 1017, 1157.
—— (Garçons jardiniers de la pépinière du), 192, 361, 494, 640.
—— (Logements de la pépinière du), 745, 881, 1018, 1019.
—— (Pompes et conduites de la pépinière du), 457, 744, 745, 880.
—— (Puits à roue de la pépinière du), 744, 880, 1017.
Rouleaux de bois pour le balancier des médailles, 296.
—— de fer fondu, 624.
—— pour rouler les tapis, 85.
Roulette (Chariot de la), dans le parc de Marly, 608, 612, 613.
Roulettes de cuivre, 614, 763.
ROULEAU ou ROULLOT, marchand droguiste, 118, 300, 437, 580, 729, 861.
Roulons, 686, 751.
ROUSSEAU (Jean), 1051.
—— (Louis), ter., 153, 468.
—— (Nicolas), cordier, 40, 250, 399, 457, 527, 682, 968.
—— sc., 702, 844.
ROUSSEL (Mathieu), jard. inspecteur à Marly, 193, 1038.
—— (H.), gr. en médailles, 111, 297.
—— jard., 46, 690, 928.
—— sc., 167, 337.
ROUSSELET, sc., 101, 423, 558.
—— élève sculpteur, 639, 785, 916, 917, 1057.
Rousselière (Ferme de la), 513.
ROUSSELOT, employé à Monceaux, 129, 190, 357, 492, 637, 639, 785, 787, 918, 919.
Routes (Élargissement des croisées des), 779.

Routes (Régalement et bombement de), 602, 603, 607, 608, 611, 890-893, 899, 1025, 1038.
—— de la forêt de Compiègne, 65, 270, 417, 542, 698, 835, 842, 983, 1062.
—— de la forêt de Fontainebleau (Percement de), 907, 908.
—— de la forêt de Montfort, 411, 540, 693, 835, 977.
—— de la forêt de Sénart, 694, 835, 977.
—— passées au croissant, 464, 469, 473, 475, 608, 755, 756, 891, 1025.
—— passées à la herse, 616, 766.
—— pelées, 349.
—— remblayées, 609, 610.
—— tondues, 612, 618.
ROYBOT (Jean-Marin), p., 708.
ROYER (Jean-Philippe), 518.
—— (Joseph), fondeur, 32, 155, 177, 345, 371, 483, 517, 624, 744, 745, 775, 868, 897, 906, 927, 1042, 1175.
—— ter., 519.
ROZE (François), ter., 62.
—— (Louis), ter., 264.
Rozette de Suède, cuivre, 240.
ROZIER (Gabriel), men., 568.
ROZIÈRE, men., 284.
Ruban (Fourniture de), 832.
RUBY (Antoine), dit LA JEUNESSE, 530.
RUEL (Nicolas), voit., 144, 317, 451, 454.
Rungis (Fontaine de), 376, 504, 630, 799, 935, 1074, 1201.
—— (Nivellements de), 114.

S

Sable de rivière, 26, 76, 130, 163, 169, 205, 243, 282, 332, 368, 393, 402, 474, 478, 521, 607-609, 618, 678, 749, 755, 757, 758, 767, 772, 820, 828, 880, 888, 892, 893, 898, 922, 924, 927, 962, 963, 1025, 1026, 1029, 1032, 1039, 1052, 1062, 1100, 1170, 1171, 1173, 1194.
Sablières, 698.
Saclay (Aqueduc et rigoles de), 61-64, 358, 409, 410, 538, 541, 686, 692, 977, 1089, 1112, 1136.
Saclay (Chaussée de l'ancien étang de), 413.
—— (Étangs de), 63, 362, 410, 517, 670, 691, 835, 977, 1189, 1190, 1192.
—— (Garde à cheval de), 637, 746, 785, 918, 1057.
—— (Marnière de l'étang de), 410.

Saclay (Nouvel étang de), 62, 63, 264-265, 269, 409, 686, 976, 977.
—— (Pavillon du garde de l'étang de), 269, 692.
—— (Plaine de), 189, 356, 410, 491, 539, 636, 746, 838, 917, 977, 1060, 1061, 1089, 1114, 1136, 1148.
—— (Vente du poisson de l'ancien étang de), 517.

TABLE ALPHABÉTIQUE. 1299

Sages de la Grèce (PITTACUS, l'un des Sept), Terme, 1079, 1126.
SAINFRAY, 641, 788, 818, 919, 1058.
SAINT (Charles), ter., 154.
SAINT-ANGE, 1.
Saint-Antoine, près Versailles, 142, 146.
—— (Avenue de), 38, 313, 449, 594.
—— (Église de), 141.
—— (Fontaines de), 874, 879.
—— (Jardins de), 735, 743, 879, 1166.
—— (Mur du parc de Versailles jusqu'à Roquancourt, vers). — Voy. *Roquancourt*.
—— (Pépinière de), 313, 444, 447, 589, 594, 735, 738, 740, 742, 743, 872-875, 1014, 1018, 1155, 1157.
—— (Porte de), 236, 444, 1154, 1155.
SAINTARD. — Voy. SAINT-FARD.
Saint-Arnoul (Aqueduc de), 370.
SAINT-ART (Eustache), ter., 153, 354.
Saint-Aubin (Carrière de), 186.
SAINT CHARLEMAGNE, stat., 556, 704.
Saint-Cloud, 196, 354, 393, 495, 597, 635, 743, 789, 879, 880, 928, 1062, 1194.
—— (Avenues de), 448, 1015.
—— (Bassins de pierre transportés de Versailles à), 722.
—— (Fontaine de MONSIEUR à), 103, 105, 722.
—— (Galerie de), tapisserie en six pièces, 287, 301, 430, 435, 439, 570, 575, 577, 578, 720, 725-727.
—— (Pierre de), 21, 961.
—— (Pont de), 673, 833, 880, 881, 1016, 1017, 1156.
—— (Port de), 521. 673, 962, 963, 1100.
Saint-Cyr, 23, 48, 52, 70, 260.
—— (Abbaye de Saint-Louis à), 259. 260, 535, 951, 1006, 1086, 1089, 1132, 1134, 1135, 1137.
—— (Allées de), 596, 877.
—— (Aqueducs de), 263, 401, 413, 589, 818, 820, 1017.
—— (Avenue de), 9.
—— (Bâtiments de), 45, 64, 687.
—— (Broderies de), 108, 192, 295, 359, 362, 433, 491, 638.
—— (Buffet d'orgues de), 57.

Saint-Cyr (Chemin de) à la grille de Gallyc, 410.
—— (Cuisine de), 830.
—— (Église paroissiale de), 44, 47, 49, 50, 267.
—— (Établissement de la Communauté royale de Saint-Louis à), méd., 110, 297.
—— (Faisanderies de), 61.
—— (Jardin de), 46, 55.
—— (Jeu d'anneau tournant à), 245, 251.
—— pompes, 47, 51, 195, 354, 625, 928.
—— (Réservoir de), 22, 242, 520, 528, 671, 818, 819, 962, 967, 969.
—— (Transport d'arbres de) à Marly, 446.
—— (Travaux de sculpture sur bois à), 1084.
Saint-Denis (Domaines de l'abbaye de), 951, 1006.
—— (Plaine de), 113, 1095, 1154.
—— (Remises à gibier de la plaine de), 141, 316, 448, 589, 813, 956.
—— (Remises à gibier nouvelles de), 871, 877.
Saint-Dié, près Chambord, 186.
SAINT-ESTIENNE (Étienne NOIRET, dit), invalide, 199, 364.
SAINT-EUSTACHE, scieur de long, 97.
SAINT-FARD, marchand, 51, 405.
Saint-Georges-du-Bois (LE BOSSU, abbé de l'abbaye de), 954, 1008.
SAINT-GERMAIN (Dominique), portier du Cours-la-Reine, 880.
Saint-Germain, 267, 331, 338, 357, 358, 364, 373, 376, 476, 503, 635, 650, 935, 1004, 1078, 1146, 1176, 1192.
—— abreuvoir, 152, 321, 325, 750.
—— abreuvoir (Ancien), 600, 747, 881, 1019.
—— allée du petit parc (Grande), 603.
—— allée en face de la terrasse, 154.
—— allées et palissades, 202, 366, 461, 462, 498, 644, 793, 930, 1065, 1141, 1150, 1196.
—— allées du grand parterre en broderie, 1150, 1195.
—— allées nouvelles du parc, 460.
—— appartement de M. DE LA FEUILLADE, 459, 1020.

Saint-Germain, appartement de Monseigneur, 601, 751.
—— appartement du Roi, 322.
—— appartement de la Reine et du Dauphin, 150, 461.
—— appartement de la princesse VILDEGRAVE, 748.
—— appartements, 324, 603, 750, 943, 1019.
—— appartements de la Dauphine, 751.
—— appartements de M. et Mme DE MONTCHEVREUIL, 885.
—— appartements occupés par le roi et la reine d'Angleterre, 322, 325, 326, 1091.
—— (Aqueducs conduisant les eaux à), 149, 151, 321.
—— avenue des Loges, 316, 465.
—— avenue de Poissy, 743.
—— avenue de Versailles, 318, 515.
—— avenue du Vésinet, 140, 316, 324.
—— avenues, 140, 152, 310, 316, 445, 737.
—— balustrade du château, 149, 151.
—— basse-cour, 149.
—— berceaux et portiques, 150.
—— boulingrin, 11, 149, 150, 152-154, 157, 202, 311, 323-325, 366, 460, 498, 601, 604, 644, 749, 750, 793, 883, 884, 930, 1021, 1065, 1142, 1150, 1160, 1196.
—— cabinet du Dauphin, 150.
—— cabinet occupé par le roi d'Angleterre, 1159.
—— cabinets du château, 155.
—— canaux et collines du château neuf, 202, 366, 499, 644, 794, 931, 1065, 1195, 1196.
—— capitainerie, 150, 156, 600, 750.
—— capitainerie (Petit bâtiment joignant la), 747, 882, 883.
—— chancellerie, 461, 750, 1021.
—— chapelle, 157, 747, 943, 1000.
—— Charité (Maison de la), 751.
—— château neuf, 149-153, 157, 202, 220, 311, 321, 325, 366, 377, 460, 499, 505, 602-604, 645, 652, 749-751, 794, 800, 885, 931, 936, 1019, 1021, 1064, 1194, 1196.
—— château neuf : voûte du passage, 1019.

Saint-Germain, château vieux, 152, 202, 220, 322, 377, 499, 505, 645, 652, 794, 800, 931, 936, 1021, 1065, 1076, 1091, 1196, 1202.
—— château vieux : appartements et cours (Nettoyage des), 664, 710, 943, 1000, 1091, 1137.
—— châteaux, 149-151, 156, 157, 200, 202, 216, 320, 322, 325, 326, 458-462, 501, 600, 601-605, 647, 747-749, 752, 881, 882, 884, 932, 1012, 1019-1021, 1081, 1084-1086, 1090, 1130, 1132, 1133, 1137, 1158-1161, 1188, 1189.
—— chemin de Marly, 459.
—— chenil, 202, 366, 499, 645, 794, 931, 1065, 1195.
—— conduites d'eau, 751.
—— cour du chenil, 823.
—— cour des cuisines, 11, 13, 149, 150, 155, 157, 169, 321-323, 459, 460, 747, 881, 1019, 1159.
—— cour du donjon, 460.
—— couverture d'ardoise du château, 462.
—— couverture de plomb du château, 750, 752, 883, 885, 1029, 1160.
—— (Dépenses de), 149-167, 171, 191, 321-326, 458-463, 600-605, 747-752, 793-794, 796, 881-885, 1128, 1143, 1158-1161.
—— descentes du château, 220, 377, 505, 652, 800, 986, 1196.
—— écurie (Petite), 202, 366, 499, 645, 794, 931, 1065, 1196.
—— écuries du manège, 321, 751, 1019, 1021.
—— église paroissiale, 600, 747, 881, 1019.
—— égout de la terrasse, 747.
—— enclos du petit bois, 203, 366, 498, 644, 793, 930, 1065.
—— (Fonds de), 1166.
—— forêt, 43, 153, 156, 179, 311, 312, 323, 324, 347, 473, 479, 481, 609, 617, 619, 622, 747, 750, 760, 891, 1026, 1034, 1165.
—— forêt : la Muette, 882.
—— forêt (Murs de clôture de la), 884.
—— forêt : vente de Bourbon, 135.
—— forêt : vente de Saint-Léger, 157, 747.
—— fosses d'aisances, 750, 1022.

Saint-Germain, fossés du château, 603, 882, 884, 1142.
—— geôle, 321, 459.
—— girouette du dôme, 1020.
—— glacières, 149, 196, 326, 463, 605, 885, 1022.
—— grottes et fontaines, 377, 499, 504, 652, 800, 936, 1074, 1201.
—— hôpital, 459.
—— horloge du château, 202, 324, 366, 461, 499, 603, 645, 751, 794, 931, 1022, 1065, 1196.
—— hôtel du Maine, 150, 321, 324, 461, 604, 752, 1022.
—— hôtel du Maine : manège, 749.
—— jardin du château neuf, 324, 447, 603, 884, 931, 1065, 1165, 1195.
—— jardin (Nouveau) en gazons, 202, 366, 499, 644, 794, 931, 1065, 1142, 1150, 1195.
—— jardin potager, 644, 793, 931, 1065.
—— jardin (Vieux), 202, 365, 366, 498, 644, 793, 930, 1065, 1141.
—— jardins, 133, 135, 136, 447, 644.
—— jardins des ducs d'Aumont et de Noailles, 149.
—— jaugeage des eaux, 114.
—— jeu de paume, 600, 602, 747.
—— logement de l'apothicaire de la reine d'Angleterre, 459.
—— logements de jardinier, 326, 752, 998.
—— loges des Suisses, 157, 462, 604, 752, 885, 1012, 1022, 1145, 1161.
—— magasin, 151, 155, 157, 169, 321-323, 325, 461, 489, 600, 601, 603, 604, 748, 750, 751, 786, 883-885, 917, 919, 957, 1020-1022, 1160.
—— mail, 155.
—— maison de la veuve Leclerc au village de la Frette, 882.
—— maisons dépendantes du château, 1160.
—— maîtrise des eaux et forêts, 1034.
—— manège, 604, 749.
—— mémoires de travaux, 494.
—— murs de clôture du parc, 157, 462, 604, 752, 881, 882, 884, 1022, 1161.
—— murs de clôture et piliers butants de la forêt, 747, 882, 1012.

Saint-Germain, offices, 321, 458, 459, 882.
—— orangerie, 156, 202, 326, 365, 461, 462, 498, 604, 644, 752, 793, 885, 930, 998, 1022, 1065, 1126, 1141, 1150, 1196.
—— orangers envoyés de Versailles, 603.
—— oratoires de l'appartement de la Reine, 323.
—— palis de la forêt, 604, 750.
—— parc (Grand et petit), 151-157, 169, 310, 323, 324, 451, 455, 460, 462, 496, 517, 601-604, 642, 749, 751, 752, 883, 885, 1021, 1065, 1142, 1147, 1160, 1196.
—— parc (Nouvelles palissades du), 202, 326, 365, 462, 498, 604, 644, 752, 793, 885, 930, 1022, 1065, 1141.
—— parc (Palissades du petit), 1141.
—— parterre, 154, 157, 325.
—— parterre (Grand), de nouvelle création, 202, 366, 498, 644, 793, 930, 1065, 1141, 1196.
—— parterre (Portes du grand), 202, 325, 366, 499, 645, 794, 931, 1065.
—— parterre aux gazons de la Dauphine, 132, 325, 326, 462, 605, 752, 998, 1126.
—— parterre devant les grottes du château neuf, 202, 366, 499, 644, 794, 931, 1065, 1195.
—— parterre du château neuf, 603.
—— parterre en broderie, 1150, 1195, 1196.
—— parterres à côté de la fontaine du château neuf, 366, 499, 644, 793, 931, 1065.
—— pavillon de la Dauphine, 324, 882.
—— pavillon (Cloche du petit), 747, 750.
—— Pères Récollets, 155, 195, 354, 490, 626, 638, 791, 1043, 1061.
—— perrons, 462, 604, 752, 885, 1012, 1022, 1145, 1161.
—— plants d'arbres, 152, 153, 155-157, 192, 323, 324, 326, 354, 361, 455, 460, 462, 495, 594, 601, 602, 604, 635, 737, 749, 751, 789, 883, 1021, 1160.
—— pont-levis de la nouvelle entrée du château, 1020.

TABLE ALPHABÉTIQUE. 1301

Saint-Germain, porte de Carrière-sous-Poissy, 157.
—— porte de Poissy, 590.
—— porte de Pontoise, 154.
—— portes du parc, 202, 220, 366, 377, 499, 505, 645, 652, 800, 931, 936.
—— potager, 202, 366, 498, 499, 644, 751, 793, 930, 1065.
—— quinconces d'ormes, 1196.
—— Religion (Maison de la), 202, 366, 499, 645, 794, 931, 1065, 1196.
—— remises à gibier, 323, 603.
—— routes des Doges, 140, 156, 316, 326, 445, 589, 604, 738, 752, 818, 874.
—— routes du parc, 590, 602.
—— routes du petit parc (Nouvelles), 157, 751.
—— séjour des Anglais, 884.
—— séjour du roi et de la reine d'Angleterre, 664, 710.
—— surintendance, 202, 366, 461, 499, 645, 794, 931, 1021, 1065, 1160, 1195, 1196.
—— terrasse (Grande), 137, 1022, 1161, 1196.
—— terrasse (Loges sur la), 748.
—— terrasses du château, 154, 157, 326, 462, 602, 604, 751, 752, 885, 1012, 1141, 1145.
—— transport et vente de bois et planches, 479, 481, 601, 1026, 1160.
—— tripot, 202, 499, 645, 931, 1065, 1195.
Saint-Germain (Château du Val de):
—— appartement du Roi, 325, 459.
—— basse-cour du château, 1159.
—— espaliers et contre-espaliers, 602-604, 751, 1021.
—— fruits du jardin portés au Roi, 751.
—— glacière, 157, 326.
—— jardin, 156, 325, 366, 447, 460, 462, 496, 499, 602, 603, 645, 749, 751, 794, 884, 931, 1065, 1142, 1147, 1195.
—— jardin : logement des jardiniers à Carrières-sous-Bois, 998, 1126.
—— jardin : muscats, 884.
—— pavillon, 202, 366, 499, 644, 794, 931, 1065, 1142, 1147, 1195.
—— treillages, 603.

Saint-Germain, verger du jardin du Val, 749.
Saint-Hérem (Le marquis de), capitaine du château de Fontainebleau, 185, 222, 349, 379, 484, 500, 629, 653, 778, 801, 910, 938, 1046, 1069, 1070, 1179, 1200.
Saint-Jame (Parc de), près Marly, 1162.
Saint-Jean, ter., 162.
Saint-Laurent (Le fleuve), 14, 69.
Saint-Léger, portier des Gobelins, 581, 728, 861, 996, 1124.
Saint-Léger (Château de), 60, 61, 63, 221, 263, 266, 378, 408, 410, 505, 652, 684, 686-688, 800, 833, 835, 937, 975, 977, 1076, 1111-1113, 1203.
—— étangs de la forêt, 413, 540.
—— forêt, 64, 266, 468.
—— glacières, 206, 263, 413, 540, 691.
—— haras, 408, 538, 684, 686-688, 833, 835, 836, 975, 977, 1111, 1132.
—— routes, 411.
Saint-Leu, 743.
—— (Pierre de), 80, 291, 424, 559, 950, 1006.
Saint Louis, stat., 558.
Saint-Louis (Fête de la), 126, 305, 441.
Saint-Malo (Manufactures de), 194, 359, 489, 638.
Saint-Martin (Le s'), 7.
—— (Mme de), prop., 713, 1001, 1002, 1088, 1135.
—— invalide. — Voy. Legrand.
Saint-Martin (Moulin de), 713, 1002, 1088, 1135.
Saint-Maur (Pont de), 456, 1016.
Saint-Maurice, charp., 26.
Saint-Mesmyn (Ed. Colbert de Villacerf, seigneur de). — Voy. Colbert.
Saint-Non (Carrières de), 193.
—— (Village de), 668.
Saint-Phal (Ed. Colbert de Villacerf, seigneur de). — Voy. Colbert.
Saint-Piat, 958.
Saint-Pierre (Îles), au Canada, 14, 69.
Saint-Pierre (Regard de), 81.
Saint-Quentin (Chapelle de), 204.
—— (Étang de), 514, 544.
Saint-Valery (Manufactures de), 191, 359, 489, 638.
Saint-Vrin, 134.
Sainte-Marie, sc., 556.

Salicon (Pierre), mat., 73.
Salin (Jean), jard., 332.
Salins (La ville de), planche gravée, 857, 991, 1123.
Sallé (Nicolas), voit., 143.
Sallettes de gazon, 223, 380, 507, 655.
Samaritaine (Carillon de la), 354.
—— (Conduite des eaux de la), 88, 434, 570, 989.
—— (Horloge et cadran de la), 1122.
—— (Pompe de la), 82, 281, 429, 434, 493, 569, 572, 573, 699, 716, 719, 842, 851, 983, 986, 987, 988, 1041, 1058, 1118, 1119, 1121, 1189.
—— (Roue de la pompe et parc de la), 566, 568, 716.
—— (Vanne de la), 716.
Samois (Eaux de) conduites à Fontainebleau, 18, 180, 184, 350, 484, 628, 779, 910, 1047.
—— (Village de), 1178.
Samson, entrepreneur, 12, 15, 19, 20, 60.
—— receveur des consignations du Parlement de Paris, 75.
Sandra, marchand de fers, 623.
Sandrié, charp., 425.
Sang de dragon, 210.
Sangles garnissant des tapisseries, 434.
Sanglier (Le), stat. de marbre, 765.
Sanguin (Le), stat., 1134.
Sanguin, seigneur de Roquancourt, 870.
Sans-Souci (Antoine Cochart, dit), employé à la rivière d'Eure, 210, 362.
Sapin (Chevrons, cloisons, planches et pièces de), 6, 60, 108, 109, 143, 170, 427, 523, 600, 668, 687, 844, 1158.
Sarda, charp. blessé, 496.
Sarrabach ou Sarabat (Daniel), élève peintre, 188, 355, 490.
Sarrasin, sc., 91.
Sarre (Régiment de la), 213, 372.
Satisfaction d'Espagne (La), méd., 110.
Satory (Aqueduc de) au Parc-aux-Cerfs à Versailles, 45, 46, 62, 63, 259, 538, 539.
—— (Aqueducs de), 204, 205, 1107.
—— (Bois du coteau de), 587.
—— (Étang de), 408.
—— (Glacières de), 25, 28, 43, 244, 252, 400, 528, 529, 683, 821, 828, 963, 970, 1101.

88.

Satory (Hauteurs de), 9, 388, 594.
—— (Maisons de), 538, 539.
—— (Moulins de), 72, 73, 264, 409.
—— (Moulins de) : leur démolition, 1112.
—— (Plaine de), 46, 53, 264, 265, 409, 410, 539, 834.
—— (Réservoirs de), 63, 254, 928.
—— (Trou de), 252.
SAULNIER (Romain), vannier, 743.
—— (La veuve), 351.
SAUDET (Thomas), men., 183, 348, 482, 627, 777, 908, 955, 1009, 1045, 1151, 1177.
SAUVAGE (Jean), ser., 976.
—— vannier, 42, 683.
Sauvageons (Fourniture de), 1183.
Sauveterre (Brèche grise de), marbre, 238.
SAUVIN (Jean), éclusier à Maintenon, 488.
SAVARY (Nicolas), mat., 74, 276, 353, 416, 549, 696, 841, 981, 1116, 1148.
SAVASTE (Nicolas), marchand de bois, 765, 768.
SAVAU, voit., 672.
SAVET (Pierre), jard., 241, 339.
Savon, 618.
—— noir (Fourniture de), 174.
—— propre aux manufactures, 114, 195.
Savonnerie (Manufacture et ouvrages de la), 4, 5, 10, 16, 18, 66, 67, 85, 86, 90, 114, 119, 120, 229, 230, 271, 272, 285, 286, 297, 301, 302, 385, 386, 419, 425, 428, 429, 435, 511-513, 515, 542-544, 565, 569, 575, 638, 660, 662, 699, 709, 710, 719, 806, 807, 809, 810, 851, 867-869, 983, 988, 1079, 1081, 1086, 1119, 1128, 1130, 1135, 1192.
—— (Chapelle de la), 119, 189, 300, 360, 437, 490, 580, 638, 787, 920, 996, 1061, 1125.
—— (Dessins coloriés pour les tapisseries de la), 287, 944, 1001.
—— (Horloge de la), 119, 302.
—— (Perches pour enrouler des tapis de la), 427.
Savonnière (Moulin de), 1002.
Scabellons de marbre, 106, 107, 1194.
—— de marqueterie, 398.
—— de sculpture, 825.

SCABOL (Roger), sc. et fondeur, 1087, 1135.
SCAVET, ter., 24.
Sceaux, 446.
—— (Terre de), 585.
Scellés et inventaires de tableaux et dessins, 434.
SCHOUDY (Compagnie de), du régiment suisse de STOPPA, 213.
Sciage (Bois de), 599.
—— de bois et planches, 243, 343, 522, 528, 564, 673, 772, 1040, 1101.
—— de marbre et albâtre, 107, 294, 432.
—— de pierres fines, 117, 299, 436, 579, 728, 860, 861, 995, 1124.
Scie tournante pour évider l'intérieur de vases de marbre, 1005.
Scies (Fourniture de), 905.
—— de cuivre pour lapidaire, 300.
—— fermantes (Fourniture de), 475.
Scipion allant à la bataille, tapisserie, 117, 298, 299.
—— *dans son trône*, tap., 298, 435.
—— *qui reçoit les officiers*, tapisserie, 116, 298.
Sculpteurs (Élèves), 188, 355, 490, 639, 731, 916, 1057.
—— envoyés à Rome, 731.
Sculpture (Modifications et ouvrages de), sous la conduite de GIRARDON, 560, 561, 721.
Sceaux (Fourniture de), 29, 118, 179, 243, 300, 313, 345, 346, 436, 539, 579, 617, 625, 728, 750, 774, 874, 884, 898, 964, 1021, 1032, 1043, 1103, 1168.
—— de merrain, 1102.
—— d'osier brayé, 170, 751.
—— ferrés, 147, 148, 209, 880, 1103, 1107.
—— tombés dans un puits (Repêchage de), 900.
SEBERT, élève peintre, 188, 355, 490, 638, 785, 916.
SEBILLE (Étienne), jard. et ter., 136, 142, 313.
Secret pour l'alliage de l'argent et du fer, 431.
Sedan (Église de), 114.
—— (Transports de cuirs par le coche de), 178, 346, 623, 626, 772, 773, 1040, 1041.

SEDEA (Mathieu), gondolier vénitien, 73, 277, 416, 548, 1117.
—— (Pierre), gondolier vénitien, 550, 697, 841, 982, 1144.
SEDILEAU, mathématicien, 80, 125, 126, 306, 440.
SEGUIN, 931, 1070.
SEIGNELONGE, portier de l'Observatoire, 193, 360, 441.
SEIGNEUR (François), ramoneur, 924.
Seine (Appartement du s' DEVILLE, à la Machine de), 1175.
—— appartements du pavillon près le grand puisard et des ouvriers à la Machine, 1173.
—— aqueduc conduisant les eaux de la Machine sur la butte de Montboron, 61, 62, 269, 346, 408, 410, 514, 538, 539, 684, 691, 693, 790, 833, 902, 1039.
—— aqueduc de décharge du grand puisard, 770.
—— aqueduc de la Machine, 11, 66, 172, 342, 408, 478, 479, 620, 621, 696, 773, 902, 903, 1017, 1018, 1039.
—— aqueduc de la tour de la Machine, 173, 177, 907.
—— aqueducs des puisards, 620, 621, 775.
—— bac près du pont de Poissy, 1019.
—— bâches des puisards de la Machine, 176, 346, 480, 482, 494, 495, 623, 625, 773-775, 904, 906, 1041-1043, 1174, 1176.
—— balanciers de la Machine, 176, 344.
—— bateau de la Machine, 907.
—— bâtiments de la basse-cour du s' DEVILLE, 1038, 1043.
—— bâtiments de la Machine, 621, 622, 624, 775, 904, 906, 1042, 1133, 1173, 1175.
—— bras nouveau, 173, 477, 621, 902, 903, 1039.
—— bras vieux, 902.
—— canal de la Machine, 1039, 1176.
—— carrières de la Machine, 173.
—— chaînes des chevalets de la Machine, 176.
—— chapelle de la Machine, 175, 193, 354, 490, 626, 638, 791, 1043, 1061.
—— charpentes et mouvements de la

TABLE ALPHABÉTIQUE. 1303

Machine, 174, 177, 478, 622, 772, 893, 903, 906, 1040, 1173.
Seine, chaussée le long de la Machine, 173, 620.
—— chevalets de la Machine, 172, 176, 341, 476-478, 770-772, 774, 775, 903, 906, 1038, 1039, 1172, 1173.
—— conduites à feu de la Machine, 775, 906, 1042.
—— conduites de la Machine sur la rivière, 1042, 1116.
—— conduites montantes de la tour de la Machine, 1042.
—— corps de pompe de la Machine, 174-176, 178, 239, 259, 343-347, 479, 482, 621-623, 772-774, 868, 904-906, 1040, 1041, 1044, 1174.
—— courbes des rouets de la Machine, 174, 179, 479, 481, 622, 772, 903, 1040.
—— coursières de la Machine, 176, 620, 773, 1040, 1041.
—— cuirs de la Machine, 175, 176, 178, 195, 343, 346, 354, 479, 480, 495, 623, 634, 772, 773, 791, 904, 905, 1040, 1041.
—— (Dégâts causés par le débordement de la) au Cours-la-Reine, 457.
—— digue de la chaussée, 346.
—— digue proche la Machine, 343, 623.
—— digues des îles, 774, 1041, 1152.
—— employés à la Machine, 1189, 1192, 1194, 1195.
—— estacade, 174.
—— (Étiage de la), 193-195, 358.
—— forge des serruriers de la Machine, 175, 773, 1043.
—— forges et fonderies de la Machine, 172, 176, 177, 343, 344, 479, 480, 772, 774, 904, 1040, 1174, 1175.
—— glacière de la Machine, 342, 346, 625, 626, 904, 907.
—— grande digue de la rivière, 172-174, 341, 342, 476, 477, 620-622, 626, 772, 903-905, 1038, 1039, 1172.
—— héritages enclavés dans la clôture de la Machine, 172.
—— îles proche la Machine, 172-174, 177, 178, 343, 902, 903, 1041, 1042, 1145.

Seine, logement de la grande forge au bas de la Machine, 904, 1043.
—— (Machine de la rivière de), 65, 172-179, 227, 271, 341-347, 353, 371, 385, 418, 476-482, 492, 495, 514, 544, 620-626, 635, 659, 708, 770-775, 786, 805, 866, 898, 902-907, 941, 981, 1000, 1038-1044, 1059, 1060, 1063, 1077, 1078, 1082, 1090, 1127, 1128, 1131, 1137, 1145, 1146, 1150, 1152.
—— magasin à goudron de la Machine, 903, 904.
—— magasins de la Machine, 13, 172, 176-179, 343, 345, 347, 390, 478-480, 482, 517, 622, 625, 668, 772, 903, 904, 1040, 1041, 1174.
—— manivelles de la Machine (Réparation des), 907, 1042-1044, 1174.
—— moulins à chapelets de la Machine, 178.
—— mur de l'aqueduc de la Selle, 620, 621, 903, 1039, 1173.
—— mur de clôture de la Machine (Contreforts ou éperons du), 476, 477, 771, 1172.
—— ouvriers de la Machine, 190, 357, 626, 637, 773-775, 906, 907, 917, 1042-1044.
—— ouvriers de la Machine blessés ou malades, 1043.
—— paniers d'osier à feu pour la Machine, 625, 1043.
—— pavillons de la Machine, 175, 903, 906.
—— perron de la Machine (Grand), 476.
—— plombs de la Machine, 343, 494, 624, 774, 904.
—— pompes venant de Liège, 175.
—— (Pont de bois sur la rivière de), 179.
—— portes de clôture de la Machine, 624, 1175.
—— prés gâtés sur le bord de la rivière, 768.
—— puisard de la Machine (Grand), 620, 621, 624, 771, 1043, 1173.
—— puisard des sources, 479, 481, 482, 624, 1039, 1043.
—— puisards de la Machine, 175-178, 197, 341, 343-346, 477, 478, 481, 620, 622, 624-626, 770-772, 774, 775, 809, 868, 903, 906, 1038, 1041-1043, 1175.

Seine, puisards des pompes aspirantes, 620, 621, 624, 626, 1043.
—— puits de l'angle, 45, 341, 775, 902, 1039.
—— puits du réservoir à mi-côte, 341.
—— réservoir des sources à mi-côte, 341, 476, 478, 621, 1042.
—— réservoirs, 172.
—— robinets des conduites de la Machine, 625.
—— roues de la Machine, 174, 175, 178, 179, 479, 622, 772, 903, 904, 905, 1040, 1174.
—— sable extrait de la rivière, 621.
—— terrasse de la tour de la Machine, 177.
—— tour au bout des piles (Petite), 479.
—— tour de la Machine, 173, 175-177, 179, 341, 345, 346, 477, 494, 621, 1042, 1175.
—— transport de manivelles, 1044.
—— tuyaux de conduites de la Machine, 228, 271, 341, 514, 664, 696, 711, 839, 981, 1042.
—— vannes de la Machine, 178, 341, 902.
Selle (Conduites d'eau au-dessous de la), 172, 346, 620, 621, 902, 903, 1039.
—— (Curé de la), 805, 866, 945, 1003.
Sellier (André), greffier au village de Marly, 1026.
—— (Nicolas), maç., 82.
Seman, voit. par eau, 388.
Semillard, marchand de fer, 280.
Semis, 347, 349, 410, 447, 449, 460, 475, 483, 874, 879, 908, 1044.
—— d'ormille gardé contre les bêtes fauves, 319.
Sénart (Forêt de), 410, 639, 1055, 1056, 1185.
—— (Routes et fossés dans la forêt de), 694, 835, 977, 1113.
Senarmont (Logement du s^r Parisot à), 212, 372.
Senonches (Forêt de), 590.
Septembre, pièce de la tenture des *Belles Chasses de Guise*, 727, 859.
Sépultures (Transport de), 76, 80.
Sérancolin, marbre, 238, 240, 813, 814, 816, 958.
Serce ou profil de la campane du dôme des Invalides, 700.

Serra (Pierre), gondolier vénitien, 277, 416.
Serfouettes de fer (Fourniture de), 318.
Sergent, men., 334.
Serges, façon de Londres (Manufacture de), 194.
Serin, 1107.
Seringats (Achat de), 135, 450, 452.
Sermagnac (Catherine de), jard., 223, 380, 507, 655.
Séron, médecin des Bâtiments. — Voy. Céron.
Serpentin (Vases de), 572.
Serpes (Fourniture de), 827, 900, 924.
Serpettes (Fourniture de), 475, 768.
Serrures, 322, 344, 405.
Sesto Mario, groupe de marbre, 97, 107, 426, 809, 868.
Sevin (Pierre), p. et dessinateur, 90.
Sèvres, 42, 262, 354.
—— (Pont de), 435, 827.
—— (Port de), 26, 58, 170, 293, 827.
—— (Transport de bateaux à), 691.
Siam (Roi de), 4, 5, 66, 67, 90.
Sibralque, sc., 1003.
Sicile (Marbres de), 388, 482.
Silène, Terme, 1090, 1137.
Silvestre (Israël), gr., 218, 375, 503.
Simon (René), charp. blessé, 495, 635.
—— p., 571, 852, 989.
—— ter., 181, 410, 539, 694, 835, 977, 1113, 1178.
Simonneau le jeune, gr., 110, 296.
Simonnet (Antoine), maç., 770.
—— (Georges), ser., 206, 369, 458, 541, 600, 746.
Simples (Jardinier des), à Amsterdam, 120.
Sinfray, employé aux Bâtiments, 818, 856, 1058, 1123, 1191.
Slodtz (Sébastien), sc., 102, 294, 559, 704, 705, 844, 845, 853, 991, 1121, 1122.
Smyrne, 356.
Socles de bronze en forme de rocher, 397.
—— de vases ou de statues, 104, 291, 292, 396, 397, 526, 572, 660, 854, 855, 1105.
Sodea (Pierre), gondolier vénitien. — Voy. Sedea.
Soie (Achat de), 118, 119, 433, 575.

Soie (Manufacture de), à Vienne, 15, 69.
—— blanche, 437, 579, 580.
—— blanche décrusée, 301.
—— chamois, 575.
—— commune, 297-299, 435, 436, 575-579, 725, 857.
—— cramoisie, 297-299, 435, 436, 576-578, 725.
—— écrue préparée pour la teinture, 996.
—— grenadine aurore, 108, 295, 575, 724.
—— mi-grenade, 725.
Solano (Charles), marchand de marbres, 806.
—— (Daniel), marchand de marbres, 806, 867.
Soldats employés à des travaux publics, 170, 207, 210, 400.
Soleils vivaces, fleurs, 450.
Solives (Fourniture de), 283, 622, 904.
Solus, 20.
Sommes de fumier. — Voy. Fumiers.
Sommiers, 698.
Son (Fourniture de), 579, 861.
Sonnettes, 524.
Sora (Jean-Baptiste), gondolier vénitien, 73, 277, 416, 548.
—— (Joseph), gondolier vénitien, 73, 277, 416, 548.
Sorin (François), marchand, 251, 482, 528, 682, 827, 1185.
Souches (Arrachage de), 161, 162, 330, 446, 464-466, 469, 607-609, 611, 757, 890, 899, 1098.
Soucret (Pasquier), jard., 184, 350, 484, 628, 779, 911, 1047.
Soudures, 33, 38, 39, 151, 165, 177, 178, 235, 237, 238, 246, 260, 272, 335, 345, 388-390, 398, 517, 518, 527, 534, 573, 574, 601, 614, 624, 667-669, 677, 681, 689, 700, 720, 744, 774, 813, 815, 817, 823, 843, 851, 880, 896, 905, 927, 957, 958, 960, 965, 973, 989, 1031, 1054, 1078, 1095-1098, 1104, 1118, 1128, 1149.
Souet (Jean), tap., 862, 994, 1124.
Soufre (Fourniture de), 251, 528.
Sougier (Michel), ter., 633.
Soulaigre (Henri), concierge du vieux château de Saint-Germain, 202, 220, 366, 377, 499, 505, 645, 652, 664,

710, 794, 800, 931, 936, 943, 954, 1000, 1008, 1065, 1076, 1091, 1137, 1196, 1202.
Soupapes des étangs, 32, 33, 44, 50, 52, 59, 63, 64, 131, 170, 204, 205, 209, 257, 333, 354, 355, 413, 458, 532-534, 537, 541, 598-600, 688, 723, 745, 746, 827, 830, 837, 896, 901, 972, 975, 976, 1017, 1082, 1112.
Sources (Dessèchement de), 886.
Soye (Nicolas), ter., 820.
Soyer (Maison du s'), rue Montorgueil, 959.
Spazemant, p., 1105.
Spées ou cépées. — Voy. Cépées.
Sphinx, 36.
Squelette de l'éléphant (Le), planche gravée, 109.
Squelettes préparés pour le Jardin royal, 582.
Stains (Parc du château de), 135.
Statue équestre de Louis XIV sur la place de l'hôtel de Vendôme, 79, 80, 83-85, 87, 93, 95, 114, 196, 279, 280, 283, 288, 289, 294, 297, 355, 424, 428, 430, 431, 434, 496, 561-563, 571, 573, 574, 635, 642, 705-708, 799, 791, 816, 847, 854, 927-929, 984, 985, 1063, 1064, 1123, 1149.
—— équestre de Louis XIV par le Cavalier Bernin, 104, 660.
—— équestre de Marc-Aurèle, 668.
Statues (Transport de), 426, 433, 434.
—— du dôme des Invalides, 421, 422, 553-555, 557-560.
—— de marbre, 19, 70, 85, 91-94, 96, 97, 99, 101, 102, 106, 107, 193, 566, 986, 1003-1007, 1082.
—— de marbre envoyées d'Italie, 293.
—— de pierre, 421-423.
Stockholm, 6, 33, 600, 109.
Stoppa (De) ou Stouppe, colonel des Suisses, 112, 213, 970.
Strasbourg (Fortifications de), méd., 112.
—— (Ornements de broderie pour l'église de), 687.
Stuc (Ouvrages de), 56, 679, 680, 1093, 1140.
Sualem (Rennequin), charp. liégeois de la Machine de Seine, 190, 346, 357, 492, 637, 786, 917, 1060, 1174, 1189.

TABLE ALPHABÉTIQUE. 1305

Suart (Mathieu), comite de la galère, 74, 276, 415, 550, 696, 841, 981, 1116, 1144.
Suède, 52.
—— (Balancier de), pour le monnayage, 86, 99, 109, 285, 292, 296.
Suif (Fourniture de), 251, 528, 1160.
Supligeau (D^{lle}), fabricante de dentelles, 4, 19, 66.
Support de pendule, 397.
Supports de cuivre doré, 398.
Suresnes, 195, 354, 495, 593, 635, 743, 789, 928, 1062, 1194.
Surville (M. et Mme de), 1097.

T

Table (Polissage de), 579, 861.
—— à bordure de cuivre doré, 1106.
—— de cuivre rouge pour sciage de pierres fines, 860.
—— de lapis, 861.
—— de pierre, 117.
—— de pierre de rapport, 861.
Tableau d'autel pour une chapelle de Fontainebleau, 778.
Tableaux, 76, 109, 110, 193, 248, 286-288, 290, 291, 296, 301, 411, 525, 1104.
—— (Achat de), 35, 54, 55, 65, 86, 88-90, 429, 430, 570, 571, 808, 852, 853, 1083, 1121.
—— (Collage et rentoilage de), 721.
—— (Nettoyage et conservation de), 78, 79, 113, 381, 396, 656, 678, 802, 824, 939, 966, 1071, 1105, 1146, 1147.
—— (Scellés et inventaire de), 434.
—— d'après les dessins de Raphaël et de Jules Romain, pour les Gobelins, 808, 852, 858, 868, 989, 1121.
—— du Cabinet du Roi et de l'Académie de peinture, 717, 862.
—— de cheminées, 90.
—— de l'église des Capucines, 280.
—— de fleurs, 990.
—— de la galerie de Saint-Cloud. — Voy. Saint-Cloud (Galerie de).
—— de l'hôtel de Gramont, 119, 301, 434, 580, 729, 996, 1125.
—— du magasin de Versailles, 1183.
—— de Mme de Louvois à Meudon (Achat des), 1081, 1130.
—— de paysage, 166, 966, 1083, 1105, 1121, 1132.
—— de la Tenture indienne. — Voy. Tenture indienne.
—— des réservoirs (Impression de), 412.
—— peints en miniature, 808, 868.
—— représentant des Vues de Versailles, 570, 808, 852, 868, 1083, 1132.

Tables d'albâtre Montabuto, 293, 432, 490.
—— de cuisine (Fourniture de), 322.
—— du caveau de la chapelle de la Reine, au Val-de-Grâce, 1121.
—— de la hauteur des eaux (Impression de), 541.
—— de plomb sur futaine, 527.
—— de porphyre, 490.
—— et tablettes de marbre, 106, 107, 249, 293, 438, 790, 825, 855, 956, 991, 1186, 1194.
—— incrustées de pierres fines, 995.
—— pour fruiterie, 532.
—— pour jetons, 439, 583.
—— pour la fruiterie de Vincennes, 716.
—— pour les agates, 836.
Tabourets en tapisserie de la Savonnerie, 10, 66, 301, 385, 386, 419, 512, 515, 543, 544, 660, 662, 709, 710, 806, 807, 809, 810, 867-869, 944, 1001, 1079, 1081, 1086, 1128, 1130, 1135.
Tabourreur (Claude), maç., 598.
Taconvoit, compagnon menuisier blessé, 790.
Taffetas (Fourniture de), 108.
—— aurore, 433, 575.
Taillard d'Hauteclair (Simon), ter., 180, 181, 347, 626, 776, 908, 1044.
Tailler ou Thaillèr (Claude), portier de la porte du parc de Saint-Germain, 220, 377, 505, 652.
Tailly, commis de la poste de Compiègne, 417, 542, 698, 842, 984, 1062, 1194.
Tallemant (L'abbé François), écrivain, 125, 305, 439.
Tambours de marbre, 107, 278, 279, 294, 432.
Tampons de bois, 343.
—— de cuivre, 52, 572.
—— de pierre de taille, 685.

Tanevot, manœuvre, 58.
Tannevot (Claude), men., 949, 1005.
—— fils, surveillant le transport des terres à Trianon, 1061, 1063, 1189.
Tansand (Guillaume), 603.
Tapis de la Savonnerie, 4, 5, 10, 16, 18, 66, 67, 85, 229, 230, 271, 272, 287.
Tapisserie (Dessins de), 434, 436, 578, 852.
—— (Dessins de bordure de), 430, 570, 571, 720, 1001.
—— (Tableaux pour faire en), 88, 89, 287, 430, 436, 570, 575, 576, 579, 720, 721, 852, 853, 989, 990, 1121.
Tapisseries de la Galerie de Saint-Cloud, 287, 301, 430, 435, 436, 570, 575, 577, 578, 720, 725-727, 857, 859, 860, 993, 994.
—— de la Tenture indienne. — Voy. Tenture indienne.
—— de basse lisse, 88, 89, 116, 117, 119, 298, 299, 435, 436, 577, 578, 720, 726, 727, 810, 859, 860, 870, 944, 994, 1001.
—— de haute lisse, 114, 115, 297, 298, 301, 434, 435, 570, 575-577, 720, 721, 725, 726, 808, 852, 853, 856-859, 868, 993, 994.
—— des Gobelins (Or et soie blanche pour les), 580.
—— en cours d'exécution montrées au Roi, 725.
—— faites par les tapissiers des Gobelins à leurs frais, 1001.
—— sur les métiers (Frise aurore pour la conservation des), 581.
—— tendues pour la Fête-Dieu, 84, 263, 321, 323, 426, 459, 460, 573, 600, 715, 723, 747, 881-883, 986, 1020, 1159.
Tarabana (Marc), gondolier vénitien, 73.
Tarbes, 309.

Tardieu (Claude), paveur, 905.
Tarenot, 1055.
Targettes, 104, 308, 394, 431, 866.
—— à panache, 236.
—— dorées, 247.
Targue, sorte de résine ou poix noire, 566.
Tarières (Fourniture de), 481.
Tarlet (Claude), marbrier, 846.
Tarnot, Tarnault ou Tarrenot (Jean), men., 563, 687, 1183.
Tartarie (La grande), 125.
Tassaux, marques pour les draperies étrangères, 434.
Tassin (Étienne), men., 913, 1049.
Tassou (Guillaume), taillandier, 475.
Taubin, sc. et fondeur, 103, 292, 387, 388, 431, 1087, 1135.
Taules, 344.
Taupes prises dans les jardins royaux, 40, 58, 107, 251, 262, 295, 338, 339, 399, 432, 473, 527, 528, 536, 574, 616, 768, 827, 899, 901, 923, 969, 1034, 1055, 1106, 1170, 1187.
Taupin (Pierre et la veuve), voit., 61, 130, 269, 590.
—— sc., 37, 55, 102, 261, 291, 396, 554, 560, 679, 704, 825, 845, 846, 1187.
Taureau (Antoine), laboureur, 143.
Taureaux (Les Deux), tapisserie, 298, 299, 435, 858, 993.
Tavernier (Jean), ser., 952, 1007, 1053.
Tavernier l'aîné (Louis), ser., 29, 49, 68, 237, 256, 404, 411, 524, 533, 676, 688, 823, 830, 834, 946, 955, 957, 972, 976, 1003, 1103, 1108.
Taviel (Gabriel), 303.
Taxe des pauvres, 113, 295, 573, 723, 856, 992.
Teinture en soie et en laine, 85, 117, 118, 300, 436, 437, 579, 581, 728, 729, 861, 862, 995, 996.
Teinturerie des Gobelins, 85, 118, 300, 301, 436, 437, 579, 581, 716, 728, 729, 861, 862, 995.
Tellier (Jean), entrepreneur, 60.
—— (Nicolas), charron, 1052.
—— (Pierre), couv., 28, 244.
Tempêtes (Pâtis renversés par les), 603.
Tenture de la *Galerie de Saint-Cloud.* — Voy. Tapisseries.
—— des *Mois* de Lucas. — Voy. *Mois de l'année.*

Tenture indienne (La), suite de tapisseries, 88, 89, 116, 117, 298, 299, 435, 436, 720, 721, 852, 853, 858, 993, 994.
—— peinte sur moire de soie, 1094, 1140.
Térébenthine (Fourniture de), 294, 434, 673.
Termes, stat., 91, 93, 94, 96-101, 853-855, 869, 946, 947, 950, 966, 990, 1003, 1004, 1006, 1007, 1079, 1082, 1083, 1085, 1090, 1093, 1106, 1121, 1128, 1131, 1132, 1137, 1140, 1194.
—— (Dessins de), 824.
Terrasses et jardinages, 158-163, 241-242, 253, 264-265, 279, 282, 313-316, 328-330, 342, 368, 370, 401, 402, 409, 425, 450, 464-467, 478, 487, 519, 520, 530, 531, 539, 566, 586, 599, 606-609, 611, 620, 633, 671, 672, 685, 715, 733-735, 740, 745, 749, 751, 754, 757-759, 771, 819, 828, 834, 837, 838, 848, 871, 891-893, 911, 926, 961, 962, 970, 971, 975, 977, 1012, 1014, 1027, 1029, 1036, 1039, 1084, 1107, 1108, 1112, 1132, 1155.
Terre (La), stat., 949, 1005.
Terre (Enlèvement de mauvaise), 466, 467, 520, 592, 607, 608, 610, 671, 756-758, 889, 891, 893, 962, 1027, 1028, 1036.
—— (Rapport de bonne), 466, 467, 519, 539, 592, 593, 603, 607, 608, 610, 611, 671, 672, 737, 740, 749, 756-759, 820, 889, 892, 893, 962, 1013, 1024, 1027, 1028, 1036, 1052, 1078, 1092, 1099, 1128, 1140.
—— (Régalement de buttes de), 757.
—— d'égout, 317, 453, 454, 589, 592, 593, 871, 1012, 1013, 1155.
—— de saule, 24, 241, 393, 673.
—— franche, 144, 453, 1012.
—— neuve, 1021.
—— noire, 83.
—— préparée (Modèles de statues et trophées en), 809, 869, 1093, 1140.
—— préparée pour le moule de la statue équestre de l'hôtel de Vendôme, 562, 706.
—— préparée pour orangers, 603.
—— rouge, 283.

Terreau (Fourniture et transport de), 144, 241, 242, 251, 452-454, 466-468, 474, 475, 521, 592, 593, 609, 611, 734, 750, 757-759, 765, 766, 769, 871, 889, 923, 1013, 1027, 1155, 1156, 1164.
—— consommé, 453, 592.
—— de couche, 453, 1012.
Terrenot, employé à Choisy, 924.
Terres acquises par le Roi, 270, 1078, 1091, 1127.
—— affermées, 669, 818, 1098.
—— bénites, 76, 80.
—— comprises dans la nouvelle enceinte de Vincennes, 1008.
—— comprises dans l'avenue de Versailles à Villepreux, 1094, 1141.
—— ensemencées, 185, 324, 460, 483, 514, 544, 602, 626, 628, 668, 750, 778, 910, 951, 1006, 1021, 1046.
—— labourables converties en bois, 418, 445, 511, 543, 588, 659, 709, 736, 805, 866, 943, 1000, 1091, 1138.
—— occupées par l'aqueduc de Maintenon, 1084.
Tesnier (Valentin), couv., 186, 187, 351, 353, 485, 487, 630, 780, 912, 1049, 1179.
Tessier (René), dit La Violette, invalide, 362-364.
—— garçon fontainier, 72, 275, 414, 548, 695, 840, 980, 1115, 1144.
Tête du Roi (La), méd., 297.
Têtes de chérubins, en bois sculpté, 1054.
—— de chérubins, en pierre, 556.
—— de chérubins, en plomb, 555.
Texier (Germain), apprenti tapissier, 298, 435, 576, 858.
Traunier, charp., 1174.
Théâtre d'eau (Le), du jardin de Versailles, planche gravée, 296.
Thébaïde (Chèvres de la) pour la Ménagerie, 14, 68, 386, 419, 811, 870, 950, 1006.
Théophraste (Le philosophe), Terme, 1082, 1131.
Thermomètres, 124, 125.
Thévenard (Philippe), 434.
Thévenet (Jean), chirurgien, 346, 625, 1043.
Thévenin (Louis), dit Le Lorrain, invalide, 212.

TABLE ALPHABÉTIQUE. 1307

THÉVENOT (Pierre), maç., 219, 375, 503, 538, 649, 798, 812, 833, 934, 1075, 1202.
—— garde de la Bibliothèque, 121, 303, 438, 582.
THIBAULT (Eustache), jard., 597, 741, 875, 1015, 1066.
—— (Les héritiers d'Eustache), 1083, 1131.
—— (François), maç. blessé, 194.
—— (Michel), jard., 143, 201, 312, 365, 456, 457, 498, 644, 793, 930, 1131.
—— p., 54, 260, 406, 535.
THIERRY (Alexandre), facteur d'orgues, 57.
—— (François), jard., 159, 328.
—— (Nicolas), concierge du chenil ou de la ménagerie de Fontainebleau, 69, 225, 273, 383, 420, 509, 545, 657, 713, 803, 941, 1002, 1072, 1139.
—— men., 334.
THOMAS (Michel), ter., 40, 1051.
—— (Pierre), garçon fontainier, 72, 275, 414, 548, 695, 788, 840, 899, 901, 916, 980, 1034, 1061, 1115, 1144.
—— (Pierre), jard., 1066, 1155, 1197.
THOMASSIN, gr., 724.
THORÉ, jard., 969.
THUILLEAU (Jean), jard., 311, 617.
THUILLIER (Claude), portier du parc de Saint-Germain, 800, 936, 1196.
THUILLOT, invalide, 212.
THURET (Jacques), horloger, 219, 376, 503, 650, 798, 934, 1076, 1202.
THUYAC (Pierre), jard., 617.
—— (Toussaint), jard., 617.
TIERCELIN (Les héritiers de), p., 1994, 1141.
TIGER (Mathurin), charron, 182, 483, 627, 778, 908, 1046.
—— élève sculpteur, 639, 785, 916, 917, 1057.
Tilleux (Palissage des), 1024.
Tillots ou tilleuls (Plant de), 133, 312, 446, 736, 1018.
Tillots de Hollande, 134, 136, 446.
TIQUET, employé à la fonderie de la place Vendôme, 114, 431, 574.
TIRANT (La dame), 911.
Tirants de fer, 278, 428, 562.
Tirefonds (Fourniture de), 30, 33.

TIREL (Pierre), paveur, 38, 63.
TIREMANT, receveur des consignations de la Cour des Aides, 272.
TIRON, fondeur, 431.
TISSERANT (Guillaume), vitr., 183, 203, 224, 349, 367, 381, 483, 499, 508, 627, 646, 656, 777, 794, 803, 909, 939, 1068.
—— (La veuve de Guillaume), 1071, 1147, 1177, 1198.
TITIEN (VÉNUS du), 10, 68, 86, 113.
TOCQUEVILLE, prop., 194.
Toile (Panneaux de), 1037.
—— grise pour rideaux, 118.
—— jaune pour la tente de la galère, 682.
—— pour lever des ormes en motte, 618.
—— pour pavillons, 826.
Toiles (Fournitures de), 41, 113, 262, 407, 535, 691, 832.
—— ayant servi de modèles pour l'exhaussement d'attiques, 163.
Toiles cirées, 41, 42.
—— de Bretagne, 512, 543.
—— de chasse, 157.
—— de Normandie, 513, 543.
—— peintes (Saisie d'outils servant à la fabrication de), 268.
—— pour coller des cartes, 412, 541, 978.
—— pour tableaux, 434.
—— tendues dans l'église des Invalides pour les dessins grandeur naturelle des Évangélistes, 552.
—— tendues dans l'église des Invalides pour dessiner les ornements de la voûte du dôme, 552.
TOINETTI (La dame), marchande de médailles, 122.
Toisés de marbres, 113, 294, 724.
Toisés d'ouvrages, 112, 185, 189, 190, 294, 349, 357, 434, 483, 491, 573, 636, 665, 706, 712, 723, 786, 855, 917, 992, 1010, 1060, 1062, 1123, 1145, 1152, 1153.
Tôle, 708.
—— (Machines fumivores de), 1099.
Tombeau de M. DE LOUVOIS, par GIRARDON. — Voy. LOUVOIS.
—— de MAZARIN. — Voy. MAZARIN.
Tombereau (Fourniture d'un), 924.
Tombes de l'ancienne église des Capucines, 79.

Tonnerre (Manufacture de dentelles de), 132, 310, 442, 584.
—— (Pierre de), 41, 185, 827.
Tonnerre (Trophée de sculpture brisé par le), 679.
Tonnes et tonneaux, 318, 874.
Torchères de sculpture pour le dôme des Invalides, 422, 563.
—— de sculpture pour Marly, 167, 337, 338.
TORRENT (Claude), 438.
Torse antique représentant BACCHUS, 289.
TOUIN (Pierre), voit., 205.
TOULET (Jacques), concierge de la Surintendance à Fontainebleau, 69, 203, 226, 273, 367, 384, 420, 500, 510, 545, 646, 658, 713, 795, 804, 941, 1002, 1069, 1073, 1139, 1199.
Toulets pour les vaisseaux du canal, 682.
Toulon, 127, 385, 418, 711, 733.
—— (Jardin de fleurs à), 181, 308, 443, 452, 586, 693, 733, 741, 865, 880, 1152.
TOULOUZAIN, scr. — Voy. LAVIEUX.
TOULOUZIN, men., 394, 523, 675, 815, 817, 822, 964, 1102.
TOURANGEAU, marchand de bois, 442.
Tourillons, 774.
Tournage de vases en bronze, 924.
TOURNAY (Guillaume), maître du coche de Sedan, 178, 346, 480, 623, 773, 1040.
TOURNEFORT (Le s' DE), botaniste, 121, 303, 437.
Tourniquets, 78.
Tournure de vis, 296.
TOUROLLE ou TUROLA, garde des meubles du Roi, 222, 379, 507, 654, 801, 829, 938, 1070.
TOUROUDE (Nicolas), jard., 42, 241, 598.
TOUSET, men., 923, 1053.
TRALLARD DE LA MOTHE (Louis), 956.
Traîneau, 84.
Traîneaux pour nettoiement des neiges, 837.
—— pour transport de statue, 426.
Traite (Droits de), 905.
Tranches de marbre, 293, 294, 572, 724, 812-816, 856, 991, 1097.
TRAPLIN (André), ter., 780.
Trappes, 196, 309, 355, 369.

89

Trappes (Agrandissement de l'étang de), 663, 711.
—— (Aqueducs et rigoles de), 204, 205, 369, 458, 746.
—— (Chaussées de l'étang de), 205, 368, 451, 599, 745, 976, 1114.
—— chaussées des marnières, 368, 451, 745, 977.
—— (Débordement de l'étang de), 1006.
—— (Digues de l'étang de), 206, 368, 369.
—— (Étang de), 59, 204, 205, 206, 368, 451, 458, 490, 599, 600, 637, 745, 746, 837, 838, 976, 977.
—— garde-rigoles, 746, 785, 791, 918, 1057, 1114, 1190, 1192.
—— logement du s' de Sainte-Catherine, 585, 732, 998, 1126.
—— (Pavillons des regards et des garde-rigoles de), 206, 358, 369, 468, 490, 638, 785, 918, 1057.
—— (Ravine de), 369.
—— (Travaux de la plaine de), 189, 356, 491, 599, 630, 786, 917, 977, 1061, 1112, 1114, 1148.
—— (Terre et seigneurie de), 951, 1006.
—— (Vannes de l'étang de), 599.
Traquets ou taquets (Fourniture de), 699.
Travail de nuit à Trianon, 528.
Travaux (Arpentage des bois et héritages occupés par les), 978, 1113.
—— (Indemnité pour occupation d'héritages par les), 953, 1003, 1008, 1078, 1080, 1081, 1087, 1127, 1129, 1130, 1134.
Traverses pour tendre les tapisseries de la Fête-Dieu, 986.
Tréau (Martin), ter., 45, 521, 1013.
Trèfles en boule, 591. — Voy. *Trifolium*.
Trémet (Gaspard), jard., 118.
—— (La veuve de Gaspard), jard., 301, 487, 579, 729, 861.
Treubeux (Étienne), concierge de la surintendance de Saint-Germain, 794, 931, 1065, 1196.
Treuou (Charles), ter., 210, 371.
Treillages, 24, 121, 142, 154, 159, 286, 242, 313, 339, 369, 392, 402, 449, 475, 520, 525, 531, 539, 566, 595, 608, 606, 607, 615, 672, 685, 734, 751, 753-755, 757, 760, 776,

820, 874, 887, 896, 963, 1024, 1028, 1031, 1036, 1037, 1046, 1100, 1103, 1104, 1150.
Treillages pour espaliers, 1038.
Treillis de Brie pour tente, 826.
—— de fil de fer, 171, 250, 398, 473, 475, 678, 690, 900, 969, 1031, 1055, 1103, 1106, 1168.
—— de fil de laiton, 536, 677, 823.
—— pour tente (Fourniture de), 399, 826, 1107.
Treslin (Claude), ter., 152.
Tréteaux, 894.
Trevan (Joseph), mat., 74, 276, 416, 549, 696, 841, 981, 1116, 1148.
Trianon, 23, 24, 37, 38, 42, 43, 53, 61, 62, 107, 143, 168, 169, 193, 195-199, 243-245, 269, 292, 295, 393-396, 491, 519, 636, 945, 946, 1002, 1003, 1062, 1089, 1100, 1190, 1193-1195.
—— aile neuve (Grande), 392, 674.
—— allées et palissades, 241, 392, 446, 519, 595, 671, 819, 879, 1018.
—— aménagements (Nouveaux), 518, 519.
—— appartement (Nouvel), 521, 526, 676, 678.
—— appartement du Roi (Nouvel), 678-680, 966, 1105.
—— appartements, 675, 676, 791.
—— aqueducs et conduites des eaux, 391, 392.
—— atelier de maçonnerie, 519.
—— avant-cour du château, 392.
—— avenues des environs, 1158.
—— balustrade, 21, 37, 679.
—— baraque des fontainiers, 674.
—— baraques pour couvrir les orangers et les fleurs, 694, 965.
—— bassin de pierre, 671, 672.
—— bassins du nouveau jardin, 1099, 1106, 1143.
—— bassins et cascades, 23, 33, 250, 251, 396, 528, 928, 1009.
—— bâtiments nouveaux (Construction de), 515, 516, 520, 629, 661, 666, 1099, 1101, 1106, 1142, 1143, 1147.
—— berceaux, 239.
—— bois (Grands), 735, 736.
—— bois du jardin (Allées et carrés du), 742.

Trianon, bosquet du devant, 1100.
—— bosquets, 138, 312, 314, 444, 446, 450, 872.
—— bosquets nouveaux (Petites salles de deux), 1099.
—— buis (Plantation de), 734, 739, 742.
—— cabinet du couchant, 89.
—— cabinet des glaces, 31, 33, 40, 246, 681.
—— cabinet du Roi (Petit), 398, 432, 1102.
—— cascade haute, 1106.
—— chambre des fleurs, 89.
—— chambre des jeux, 89.
—— chambre du Roi, 679, 681.
—— chambre du sommeil, 89.
—— chambres, 396.
—— chapelle, 90.
—— chapelle (Frise au-dessus de la grande porte de la), 790.
—— charmille (Plantation de), 735, 1100.
—— château, 357, 391, 661, 665, 676, 683, 722, 963, 964, 1086, 1134.
—— château (Démolition du), 194, 666.
—— chaussée, 409.
—— corps de garde, 961, 1099, 1102, 1149.
—— corps de garde suisse, 1103.
—— cour, 680.
—— cour des cuisines, 961, 1096.
—— cours de l'ancien bâtiment, 1098.
—— couvertures d'ardoise, 27, 522, 674.
—— couvertures de cuivre, 674.
—— couvertures de plomb, 59, 677, 683.
—— culture des fleurs, 456, 742.
—— damas broché d'or pour l'ameublement, 6, 8, 12, 16, 66, 233.
—— (Dépenses de), 3, 4, 7, 9, 10, 13, 14, 16-18, 21-23, 26, 28-38, 42, 43, 91-94, 104, 244-246, 252, 393-396, 519-529, 673-681, 683, 709, 711, 807, 817, 867, 961-970, 1078, 1099, 1101-1107, 1130, 1136, 1148-1150.
—— épine blanche (Plantation d'), 740.
—— fontaine des trois jets au haut des sources, 24, 242.

TABLE ALPHABÉTIQUE.

Trianon, fontaines, 32, 38, 39, 49, 50, 72, 242, 259, 275, 415, 525, 548, 695, 839, 840, 967, 968, 980, 981, 1011, 1107, 1115, 1116, 1145.
— fontaines (Conduites des), 406, 696, 839, 974, 1116.
— futaie proche les glacières, 446.
— galerie, 10, 36, 37, 42, 88, 89, 91, 92, 95, 97, 101, 287, 289.
— galerie (Bas-reliefs en bois sculpté pour la), 290.
— galerie (Figures en bois sculpté du fronton de la), 289, 290.
— garde-meuble (Armoires du), 31.
— garde-robe, 967, 1103.
— glacières, 28, 43, 241, 242, 244, 252, 400, 446, 528, 529, 674, 683, 821, 828, 963, 970, 1101.
— grilles, 34.
— ifs (Plantation d'), 742.
— jardin (Modèle en plâtre du), 969.
— jardin (Nouveau), 962, 1084, 1099, 1100, 1106, 1134, 1156, 1189.
— jardin du Roi (Petit), 105, 133-137, 144, 250, 311, 739.
— jardin des sources, 392, 672.
— jardins, 24, 25, 42, 133, 134, 136, 141, 146, 148, 237, 241-243, 252, 274, 310, 312, 318, 391-393, 413, 414, 446, 449, 450, 452, 521, 547, 587, 589, 670-673, 675, 694, 735, 740, 742, 820, 824, 839, 878, 879, 970, 979, 980, 1010, 1013, 1014, 1150, 1157, 1158.
— jeu d'anneau tournant, 245, 247.
— logements des officiers, 1102.
— marbres, 32, 33, 249, 432, 573, 660, 680.
— marronniers (Plantation de), 1100.
— murs de clôture, 392.
— nappe d'eau du bois, 104.
— offices, 680.
— offices (Ateliers des), 672.
— offices (Bâtiments de la cour des), 1099, 1102, 1103.
— offices (Combles des), 522.
— offices (Démolition et reconstruction de partie des), 518, 520, 522, 524, 529, 670.
— offices (Mur des), 672.
— offices (Nouveaux), 675, 678.

Trianon, offices (Soupiraux de la cour des), 678.
— offices (Voûtes des caves des), 519.
— orangerie, 41, 144, 148, 394, 524, 677, 823.
— orangers plantés en palissade, 694.
— ormes, 827, 928, 962.
— parterres, 24, 25, 42, 242, 683, 875.
— pavillons et berceaux, 29, 38.
— pépinière, 21, 23-26, 28-32, 38, 40, 42, 43, 108, 241, 242, 246, 247, 250-252, 393, 395, 400, 521, 528, 529, 672, 673, 683, 819, 820, 828, 962, 970, 979, 980, 1010, 1102, 1103, 1107, 1114, 1150.
— pépinière (Baraques de la), 244, 245, 354, 524, 677, 1102.
— pépinière (Puits de la), 243.
— pépinière haute, 1102.
— péristyle, 105, 680.
— pins (Plantation de), 1018.
— place (Grande), 398.
— plant nouveau, 1100.
— rampes vers le canal, 521, 683.
— réservoirs, 21, 26, 49, 72, 241, 275, 415, 695.
— salle de bal, 88.
— salle de billard, 230, 272, 287.
— salle de la chapelle, 679.
— salle des gardes (Appartement attenant à la), 523.
— salle de musique, 89.
— salle des seigneurs, 105, 680.
— salon, 105, 289, 290.
— salon des sources, 89, 660.
— salon rond, 680.
— sculptures en bois pour les appartements, 5, 10, 35, 92-102, 288-291, 396, 679.
— sculptures en marbre et en pierre, 91-103, 105, 106, 248, 289, 525, 526, 660, 679.
— serre des grands orangers en palissade, 71.
— serres, 23, 29, 41, 42.
— sources (Les), 241, 242, 520, 820.
— tableaux pour les appartements et la galerie, 89, 286, 287, 430, 570, 808, 824, 852, 853, 1083, 1104, 1105, 1121.

Trianon, tableaux représentant les fontaines de Versailles, 852.
— tables de marbre et d'albâtre, 293, 432.
— (Tapisserie pour), 1121.
— terrasses du jardin, 675, 822.
— transport de figures et vases de marbre, 790.
— transport de fleurs à Marly, 529.
— travaux de démolition, 518.
— trophées en sculpture au-dessus des croisées, 35.
— vases et ornements des combles, 36, 248, 249.
— (*Vues de Versailles et de Marly* pour), tab., 852, 868.
Trianon-sous-Bois, appartements du Roi, 35.
— chambres, 825.
— rampes de fer de l'escalier, 246, 248, 396.
— (Tableaux pour), 287.
— terrasse du bout de l'aile, 22, 31, 32, 964.
— vases de la rampe de fer, 247.
Tribuot, facteur d'orgues, 67, 261, 407, 536.
Tricadeau (Antoine), jard., 139, 315, 318, 389, 447, 455, 588, 596, 737, 873, 1015.
Tricot (Claude), maç., 82, 281, 934, 1075, 1085, 1133, 1201.
— procureur au Châtelet, 836.
Tricquet, 297.
Triel (Chaux de), 173.
Trifolium, fleurs, 136.
Trille ou Trilre, men., 120, 284, 427, 567, 716.
— (La veuve), 849.
Tringles de cuivre doré, 104, 572.
— de fer, 257.
Trinquant ou Trinquet (François), vitr., 187, 188, 352, 353, 486, 487, 631, 781, 913, 1050, 1180.
Triomphe d'Alexandre (Le), tapisserie, 115.
— *d'Apollon (Le)*, tapisserie, 993.
— *d'Hercule (Le)*, tapisserie, 993.
— *de Mars (Le)*, tapisserie, 993.
— *de Minerve (Le)*, tapisserie, 993.
— *de la Religion (Le)*, tapisserie, 994.
— *de Thétis (Le)*, groupe, 1093, 1140.

89.

Triomphe de Vénus (Le), tapisserie, 993.
Tritons du bassin de Vénus à Versailles, 572.
Tronson (Jean), jard., 136, 448, 590.
Trophées (Bas-reliefs de), 103.
—— (Chutes de) au dôme des Invalides, 555, 702.
—— de bronze, 809, 869.
—— de sculpture en pierre, 35, 679.
Trossy (Pierres de), 35-37, 337.
Trou-d'Enfer, allées au pourtour du canal, 466, 467, 468.
—— (Aqueducs des réservoirs de Marly au), 405, 406, 620, 902.
—— (Avenues et routes de la plaine du), 159, 160, 162, 328, 464, 1029.
—— (Bois derrière l'étang du), 888.
—— (Canal de l'étang du), 328, 331, 332, 340, 464-467, 607, 609, 612, 754, 888, 893, 1163.
—— (Chaussées de l'étang du), 158-160, 235, 327-329, 465, 610, 757, 1134, 1164.
—— (Étang du), 143, 158, 169, 170, 193, 194, 327, 328, 331-334, 364, 463, 465-467, 475, 606-609, 619, 620, 754, 757, 828, 1023, 1161.
—— (Ferme du), 618, 754.
—— (Gazonnages du), 169, 170, 193, 235, 328, 464, 606, 607.
—— (Grille du), 166, 1029.
—— (Mares dans les allées du), 466, 1029.
—— (Plaine du), 158, 331, 467, 608, 609, 612, 620, 755, 757, 1025, 1162, 1164.
—— (Puits de la ferme du), 900, 1038.
—— (Réservoir de l'étang du), 406, 467, 474.
—— (Troupeau du), 4, 66, 228, 271, 384, 418, 511, 543, 659, 709, 805, 866, 943, 1000, 1091, 1138.
Troupes pour les travaux de la rivière d'Eure (Campements de), 663, 712.
Trou-Salé (Aqueducs, chaussées et étang du), 59, 60, 62, 63, 264, 410, 541, 684, 686, 692, 745, 807, 867, 1085, 1112, 1132.
Trousson, 915.
Trouvé, ter., 912, 1048.
Truitté (Pierre), jard., 133, 135, 311.
Trumel (Antoine), jard., 8, 67, 229,

272, 513, 543, 665, 670, 712, 713, 945, 947, 1002, 1004, 1092, 1139.
Tubéreuses (Oignons de), 146, 319, 393, 744, 880.
—— envoyées de Provence et de Lyon, 319, 451, 880, 1017, 1157.
Tuby (Jean-Baptiste), sc., 92, 218, 238, 375, 502, 554, 581, 649, 729, 797, 843, 862, 934, 996, 1075, 1124, 1201.
Tuileries (Château des), 9, 84-88, 108, 200, 216, 220, 284-286, 296, 312, 364, 373, 426, 428, 429, 431, 432, 497, 501, 568, 569, 643, 647, 665, 699, 718, 794, 796, 842, 849, 850, 932, 952, 983, 986, 988, 989, 1007, 1082, 1118, 1119, 1193.
—— allée des marronniers d'Inde, 200, 364, 497, 643, 793, 930, 1066, 1197.
—— allée de picéas, 200, 364, 497, 643, 793, 930, 1066, 1197.
—— allées, 282, 365, 497, 643, 793, 930, 1010, 1066, 1145, 1197.
—— appartement du s^r de Clinchamps, 87.
—— appartement de Mme de Montespan, 87.
—— appartements du Roi et de la Reine, 104.
—— avenues, 136, 140, 192, 313, 316, 361, 362, 445, 451, 494, 495, 589, 592, 635, 641, 666, 738, 874, 921, 1015, 1095, 1154, 1155.
—— bassin octogone (Grand), 282.
—— bassin rond (Grand), 916.
—— bassins du jardin, 425, 566, 715, 848, 986, 1117.
—— chambres et cours, 200, 364, 497, 643, 792, 929, 1010, 1066, 1144.
—— conduites de décharge des bassins, 282, 986, 1117.
—— conduites des eaux de la Samaritaine, 281, 570, 986.
—— conduites des fontaines, 1118.
—— fer à cheval, 200, 364, 365, 497, 643, 793, 930, 1010, 1066, 1145, 1197.
—— fossés devant le fer à cheval, 566.
—— galerie des ambassadeurs, 722.
—— glacières, 107, 294.
—— groupes et figures de marbre, 723.

Tuileries, horloge, 992.
—— jardin, 497, 643, 723, 930, 1053, 1066, 1118, 1197.
—— jardin (Exclusion des gens de livrée du), 856.
—— jardin à fleurs (Petit), 83, 134, 136, 200, 282, 364, 497, 643, 792, 930, 1010, 1066, 1145, 1197.
—— loges des portiers, 569, 719, 850, 989, 1067.
—— maison des cygnes, 284, 569, 699, 842, 849, 851, 1119.
—— maison occupée par le s^r Le Nostre, 569, 850, 989, 1120.
—— maisons adjacentes, 719.
—— manège, 200, 365, 1197.
—— orangerie, 87, 200, 282, 283, 365, 426, 429, 453, 454, 458, 497, 569, 593, 643, 719, 744, 793, 850, 875, 930, 989, 1012, 1013, 1019, 1066, 1120, 1150, 1155, 1158, 1197.
—— ouvrages de marqueterie et de bronze, 712, 722.
—— palissades en jasmins d'Espagne, 200, 364, 497, 643, 793, 930, 1010, 1066, 1145, 1197.
—— parterre, 83.
—— parterre (Grand), 200, 364, 497, 643, 792, 929, 1010, 1066, 1144, 1197.
—— parterres en broderie, 200, 364, 497, 643, 792, 930, 1010, 1066, 1197.
—— parterres en gazon, 200, 364, 497, 643, 792, 930, 1010, 1066, 1144, 1197.
—— pavillon (Gros), 283, 426.
—— pavillon de la porte (Incendie du petit), 856.
—— (Place des), 426, 567, 573, 715, 723, 986.
—— plans en relief des places de guerre, 431, 572.
—— plants d'arbres des avenues, 200, 220, 354, 361, 365, 377, 497, 504, 635, 641, 643, 651, 789, 793, 799, 881, 930, 936, 1010, 1056, 1066.
—— (Pont des), 82, 84.
—— porte du jardin du côté du manège, 365, 498, 643, 793, 930, 1067.
—— porte du jardin du côté du Pont-Rouge, 200, 365.

Tuileries, porte du jardin du côté du Pont-Royal, 283, 426, 498, 643, 793, 930, 1067.
—— porte du jardin du côté de la rue Saint-Honoré, 365, 498, 643, 793, 930, 1067.
—— salle des comédies, 200, 364, 497, 643, 792, 929, 1010, 1066, 1144, 1197.
—— salle des machines, 283, 426.
—— terrasse de l'orangerie, 108, 282.
Tuiles (Fourniture et transport de), 131, 169, 175, 224, 236, 348, 381, 477, 622, 627, 656, 668, 772, 775, 776, 802, 815, 894, 904, 925, 939, 956, 1040, 1068, 1071.
—— à claire-voie (Couverture de), 1018.
Tulipes (Achat de), 134, 135, 447, 450, 590, 591, 877.
—— (Oignons de), 618, 875, 876, 928, 1027, 1163, 1164.

Tulipes bosüels blanches, 135, 876, 877.
—— curieuses, 876.
TURET (Philippe), 353.
TURGIS (M. DE), chevau-léger de la garde du Roi, 808, 868, 943, 1000, 1077, 1127.
TUROLA. — Voy. TOUROLLE.
TURPIN, marchand de laines, 299, 436, 579, 728, 860.
TUYAU (Toussaint), dit GROANEZ, jard., 155, 170.
Tuyaux d'aisances (Dégorgement de), 832, 974, 1110.
—— de bois de sapin, 143.
—— de bronze doré, 337.
—— de cuivre, 171, 346, 534, 572, 573, 775, 1031.
—— de cuivre rouge, 434.
—— de descente, 537, 753.
—— de descente, peints et ornés de fleurs de lis, 825.
—— de fer, 17, 44, 49, 50, 52, 53, 72,

168, 259, 275, 350, 390, 405, 406, 415, 481, 484, 533, 534, 537, 548, 628, 629, 639, 664, 671, 689, 696, 711, 746, 765, 779, 790, 839, 897, 899, 910, 916, 955, 974, 981, 1034, 1047, 1063, 1109, 1143, 1148, 1170, 1178, 1183.
Tuyaux de fonte, 52, 53, 216, 228, 240, 259, 271, 405, 481, 497, 518, 534, 1009, 1110, 1116, 1149.
—— de grès, 45, 149, 172, 180, 184, 282, 341, 350, 484, 563, 599, 628, 682, 751, 779, 809, 810, 819, 869, 910, 971, 1047, 1148, 1178, 1183, 1185.
—— de plomb, 3, 9, 39, 67, 130, 209, 254, 260, 335, 346, 537, 601, 614, 774, 790, 880, 896, 899, 901, 1034, 1053, 1149, 1170, 1183.
—— rompus par la gelée, 271.
TUTLEAU (Zacharie), 346.

U

ULYSSE, Terme de marbre, 99, 952, 1007.
URANIE (La Muse), stat., 1004.
Urnes de pierre de Trossy, 37.

Usseau (Drap d'), 412.
Ustensiles (Fourniture d'), 898, 900.
—— de teinturerie, 861.
—— pour serrer la glace, 529.

Ustensiles servant à la peinture, 434.
Utrecht (*Vue de la ville d'*), planche gravée, 575, 724, 857.

V

VAILLANT, garde-magasin à Saint-Germain, 1058, 1189.
—— inspecteur du pavage, 356, 920.
—— sc., 102.
Vaisselle d'argent, 957, 958.
Val-de-Grâce, caveau de la chapelle de la Reine, 1117, 1119, 1121, 1122.
VALENTIN, ser., 182.
Valérianes, fleurs, 450.
VALIÈRE (Jacques), voit. par eau, 1173.
VALLÉE (Jacques), voit., 603, 616, 766.
—— (Nicolas), ter., 205, 279, 1061.
—— (Philippe), jard., 899, 900, 1027.
—— commis du trésorier des Bâtiments à Maintenon, 956.
—— entrepreneur, 815, 818.
VALLERAND (Thomas), ser., 30, 49, 209, 235, 236, 238, 245, 256, 394, 404,

523, 532, 552, 600, 676, 688, 700, 822, 830, 834, 843, 923, 945, 955, 957, 964, 972, 976, 1002, 1053, 1103, 1108, 1112.
VALLIÈRE (Pierre), 345.
VALLOIS (Pierre), garde des avenues du palais des Tuileries, 784, 921.
Valmy (Pont de). — Voy. *Valvin*.
Valusseau (Aqueducs proche), 409.
Valvin (Pont de), 908.
—— (Port de), 185, 1014.
—— (Transport de terre de) à Fontainebleau, 185.
VANAIME (Gilles), ter., 154.
VAN CLÈVE (Corneille), sc., 5, 36, 55, 79, 80, 102, 280, 421, 424, 557, 704, 705, 843, 844, 848, 946, 1003, 1075, 1093, 1140, 1201.
VANDERBULST, marchand de Rouen, 6, 41, 60, 67, 108, 170, 175, 208, 209,

237, 240, 293, 388, 434, 528, 625, 751, 773, 905, 1042, 1175.
VAN DER MEULEN (Adam-François), p. flamand, 2, 65, 86, 90, 92, 93, 99, 227, 270, 288, 290, 291, 385, 418, 571.
—— (La veuve d'Adam-François), 662, 710, 793, 990.
Vannes (Construction et réparation de), 204, 205, 333, 369, 599, 716, 838, 902.
VANTE (Jean), marchand de planches, 334.
Vanves (Marronniers transportés de) à Marly, 879.
VARIN (Nicolas), jard. à Fontainebleau, 69, 184, 203, 224, 273, 350, 367, 389, 420, 484, 500, 508, 545, 628, 646, 656, 713, 795, 803, 940, 1002, 1068, 1072, 1139, 1147, 1198.

VADIN (Nicolas), maç., 6, 11, 179, 347, 482, 626, 1079, 1128.
—— employé à la Chambre des Comptes, 836, 978, 1062, 1063.
—— sc., 36, 100, 103, 291, 294, 422, 423, 431, 553, 554, 556, 700, 702, 705, 844, 1088, 1136.
VARISSE (Dominique), ramoneur, 41, 57, 108, 169, 219, 251, 262, 325, 376, 432, 503, 528, 537, 574, 603, 618, 650, 682, 750, 767, 798, 826, 1106, 1110, 1202.
—— (Jean), ramoneur, 1160, 1185.
—— (Pierre), ramoneur, 339, 340, 399, 461, 473, 724, 831, 884, 899, 935, 969, 974, 991, 1033, 1076, 1122.
Vases appartenant à Mme DE LOUVOIS, acquis par le Roi, 1081.
—— d'argent ciselés avec bas-reliefs, 953.
—— de bronze, 824, 854, 924, 956.
—— de marbre, 37, 91, 92, 94, 96, 100-102, 107, 114, 193, 249, 288, 291, 355, 490, 513, 543, 663, 683, 710, 721, 790, 807, 809, 824, 853, 854, 867, 945, 947, 949, 950, 956, 990, 1003-1006, 1079, 1080, 1082, 1084, 1092, 1097, 1128, 1129, 1131, 1132, 1139, 1186, 1194.
—— de pierre, 553, 679, 846.
—— de plomb, 869, 945, 946, 948, 950-952, 1003, 1004, 1006, 1007, 1080, 1082, 1083, 1093, 1129, 1131, 1132, 1140.
—— de porphyre, 104, 106, 193, 490, 572.
—— de sculpture pour Marly, 167, 337, 338.
—— de serpentin, 572.
VASSÉ, sc., 951, 1006.
VAUBAN (M. DE) : ses cartes des projets d'attaque de Mons, 692.
Vaucheron (Nicolas REDEAU, fermier du), 1026, 1165, 1172.
Vaucrosson (Aqueduc de l'étang de), 539.
Vaumartin (Vilage de), 668.
VAUVRAY (DE) ou VAUVRÉ, intendant de la marine, 319, 385, 418, 711.
Vaux-d'Écrouy (Bois du fond des), 757, 1024-1026, 1028.
VAVASSEUR (Jean), ser., 987.
VAVOQ (Amant), apprenti tapissier, 298, 435, 858.

VAVOQ (Jean-Baptiste), apprenti tapissier, 298, 435, 576, 858.
—— (Toussaint), apprenti tapissier, 298, 435, 576, 858.
VEDEAU (Pierre), men. — Voy. VEYDEAU.
VEILLET (Jacques), men., 29, 48, 128, 147, 308, 320, 403, 458, 1079, 1084, 1129, 1132.
Vélin (Miniatures sur), 90, 570, 852, 990.
Velours de Gênes, 123.
VENDÔME (Le duc DE), 76.
—— (Hôtel de), 113, 359, 573, 723, 856, 992, 1189.
—— (Acquisition de l'hôtel de), 20, 76.
—— (Bibliothèque du Roi à l'hôtel de), 517, 561, 642, 985.
—— (Démolition et ouvrages de l'hôtel de), 6, 7, 9, 12, 13, 15, 16, 76-80, 236, 356, 516, 1096.
—— fosses d'aisances, 562.
—— logement des inspecteurs des Bâtiments, 77, 562.
—— logements, 984, 985, 1123.
—— magasins, 563, 786, 917, 911, 1059, 1098.
—— moulins pour élever les eaux, 189.
—— (Place royale de l'hôtel de), 76, 95, 279, 424, 425, 428, 491, 496, 561-563, 635, 636, 641, 984.
—— (Plans et profils de l'hôtel de), 195, 354, 495, 634.
—— places à vendre, 434, 984.
—— (Statue équestre de l'hôtel de), 79, 80, 83-85, 87, 93, 95, 114, 262, 279, 283, 288, 289, 294, 297, 424, 428, 430, 431, 434, 446, 561-563, 571, 573, 574, 642, 706-708, 790, 791, 816, 847-854, 927-929, 984, 985, 1063, 1064, 1123, 1149, 1193, 1194.
Venise, 697.
—— (Glaces de), 39, 250, 398, 399, 958, 968, 1005.
Ventouses, 986.
Vents (Bois mort abattu par les), 516, 812, 959, 960.
—— (Dommages causés aux toitures de Saint-Germain par les grands), 462.
VÉNUS, tab. du TITIEN, 10, 68, 86.
—— Callipyge, stat., 1083, 1132.
—— dans son char, tapisserie, 993.

VÉNUS de Médicis, stat., copie d'après l'antique, 948, 1004.
—— de Richelieu, stat., 98, 853, 855.
—— et ADONIS dans un paysage, tabl. du TITIEN, 123.
—— et ADONIS, suite de sept tableaux, 89.
—— et ADONIS, tapisserie, 994.
—— et l'AMOUR, groupe de marbre, 91, 1087, 1135.
—— honteuse, stat., 99, 104, 292, 430, 431, 855.
VERDENEUIL (Nicolas), ter., 173, 342.
VERDIER (François), p., 90, 119, 188, 287, 301, 360, 437, 580, 641, 729, 788, 862, 918, 996, 1061, 1079, 1124, 1129, 1145, 1149.
—— (Jean), couv. de chaume, 674, 687.
Vergelé (Pierre de), 620-622, 626, 904.
Verges de vitres, 417.
VERUES (Le Père), jésuite, 122, 125
VERNE (Étienne), ter., 1182.
VERNEUIL (Le s^r), 812.
VERNIER, jard., 739, 876, 1154.
Vernis couleur de bronze, 248, 678.
—— d'esprit-de-vin, 1186.
Vernon, 146, 319, 597, 743, 1173, 1176.
Vernonet, 1173, 1176.
VERON (Claude), 279.
Véroniques, 450, 739.
—— doubles, 591, 739, 876.
Verre blanc (Fourniture de), 197.
VERRET (La veuve), plâtrière, 168.
Verroux à ressort, 104, 523, 866.
—— sur platine, 523.
Versailles, 59, 90, 99, 104, 106, 107, 114, 123, 132, 143, 144, 193-195, 211, 216, 239, 243, 247, 261, 262, 267, 277, 304, 317-319, 373, 384, 393, 396, 403, 408, 412, 425, 433, 434, 447, 501, 506, 510, 598, 647, 653, 658, 796, 804, 932, 938, 1074, 1078, 1100, 1128, 1184-1186, 1191, 1194.
(Dépenses de), 19-60, 239-277, 391-417, 519-537, 669-697, 817-841, 961-983, 1099-1117.
Versailles (Château de), 103, 239, 242, 246-248, 252, 254-262, 391, 393-

TABLE ALPHABÉTIQUE.

398, 400, 519-529, 661, 665, 667, 669, 673-683, 709, 711, 732, 808, 821-827, 867, 868, 937, 945, 946, 951-953, 961, 963-970, 1003-1008, 1062, 1081, 1084-1086, 1090, 1093, 1094, 1099, 1101-1107, 1130, 1132-1137, 1141, 1143, 1146, 1148-1151.

Versailles (Château) :

Aile (Grande), 43, 46-52, 54-55, 58, 105, 106, 195, 196, 198, 252-262, 292, 293, 354, 362, 394, 400-407, 494, 522, 524, 529, 531-533, 535, 537, 821, 964, 965, 1109.
— (Appartements de la grande), 402-404, 406, 533, 667.
— (Comble de la grande), 689, 968.
— (Deuxième cour de la grande), 254, 261.
— (Gros pavillon double de la grande), 1136.
— (Pavillon de la grande), 45, 51, 52, 257, 261, 403, 404.
— (Réservoirs du bout de la grande), 242, 400-402, 531, 535, 685, 689.
— (Salon d'en haut de la grande), 660.
— droite, 526.
— neuve, 531, 667, 963, 968, 1093, 1104, 1140.
— neuve (Trophée de pierre sur la balustrade au bout de l'), 679.
Appartement des bains, 527, 968.
— des bains (Pièce octogone de l'), 674.
— du marquis DE BARBEZIEUX, 526, 667, 668.
— du s' BASTIDE, 237.
— de la duchesse DE BEAUVILLIERS, 1109.
— du duc DE BERRY (Armoire en bibliothèque de l'), 824.
— du duc DE BERRY (Cheminées de l'), 687.
— de Mlle DE BLOIS, 524.
— du duc DE BOURGOGNE, 257, 403.
— du duc DE BOURGOGNE (Armoire en bibliothèque de l'), 824.
— du duc DE BOURGOGNE (Cheminées de l'), 678.

Appartement du comte DE BRIONNE, 255, 256.
— de M. DE CHARTRES, 527.
— de Mme DE CHEVREUSE, 407.
— de la princesse DE CONTI, 29, 40, 522, 527, 679, 966, 968.
— de la princesse DE CONTI : chambre de Mlle CHOUIN, 522.
— de la duchesse DE CRÉQUI, 269.
— du Dauphin, 39-42, 527, 818-820, 968, 1098, 1102, 1122, 1143.
— du Dauphin (Nouvel), 821, 822, 826, 961, 963, 968.
— de la Dauphine, 394, 396, 522.
— de Mme la Duchesse, 34, 241.
— de M. FAGON, 961.
— du duc DE FOIX, 668.
— de la duchesse DE GUISE, 523.
— de la maréchale DE LA MOTHE, 827.
— du duc DE LA ROCHEFOUCAULD, 1102, 1105.
— de la duchesse DU LUDE, 1105.
— du duc DU MAINE, 669.
— de la duchesse DU MAINE, 966.
— de Mme DE MAINTENON, 239, 240, 243-245, 249, 525, 1122.
— de M. MANSART, 670.
— de Mme DE MONCHEVREUIL, 964.
— de Mme DE MONTESPAN, 40.
— de Mme DE MORNAY, 28.
— de Mme D'O, 679.
— de M. DE PONTCHARTRAIN, 523, 525.
— de M. le Premier, 854.
— des Princesses, 523.
— de la Reine (Grand), 1129.
— du Roi (Nouvel ou petit), 522, 661-663, 671, 673, 674, 722, 812, 824, 854.
— du Roi : antichambre servant de salle à manger, 525.
— du Roi : galerie, 665, 712.
— du Roi : galerie des bijoux, 722.
— du Roi : grande antichambre, 35, 523.
— du Roi : salon ovale et cabinet le précédant, 824, 825.
— du comte DE TOULOUSE, 1104.
— du précepteur du comte DE TOULOUSE, 668.
— de la duchesse DE VENTADOUR, 522.
— de M. DE VALENTINE, 971.
Appartements du Roi (Grands), 40, 251, 523, 527, 968, 1129.

Appartements du Roi (Grands) : chambre du trône, 679.
— (Grands et petits), 28, 395, 397, 518, 675, 968, 1151.
— de l'aile neuve, 1093, 1140.
— neufs du château, 679.
Attiques du château, 404.
Avant-cour, 520, 529, 671, 819, 946-962, 1003, 1099.
Bâtiment neuf du château (Petit), 675-681, 812, 821.
Bâtiments (Démolitions de), 817.
— des dehors du château, 402, 404-407, 529-532, 534-537, 667, 684-691, 791, 807, 808, 828-832, 867, 868, 945, 946, 952, 970-974, 1002, 1003, 1007, 1062, 1088, 1094, 1107-1110, 1130, 1136, 1141-1143, 1148-1151.
Bibliothèque du duc DE BOURGOGNE, 536.
Broderies des meubles du Roi, 574, 667, 724.
Bureau des plans, 836, 921, 1114.
Cabinet du duc D'ANJOU, 536.
— des bains, 34.
— du duc DE BEAUVILLIERS, 679.
— de la duchesse DE BEAUVILLIERS, 407.
— du duc DE BOURGOGNE, 408.
— de M. BONTEMPS, 822.
— de la duchesse DE CHARTRES, 967, 968.
— du Conseil, 397, 664, 711, 720.
— des bijoux du Dauphin, 526, 664, 711.
— doré du Dauphin, 680.
— de la Dauphine, 269.
— des glaces du Roi, 397.
— (Grand) de Mme DE MAINTENON, 35.
— des médailles, 12, 122-124, 303, 304, 389, 418, 439, 516, 582-584.
— (Grand) de Monseigneur, 825, 956, 968, 991, 1105.
— de Monsieur, frère du Roi, 678, 681.
— du Roi, 394, 396, 399, 523, 717.
— du Roi (Tableaux du), 35, 102.
— des tableaux du Dauphin, 34.
— des Termes, 396.
— du comte DE TOULOUSE, 967.
Cabinets de Monseigneur, 31, 34, 36,

Versailles (Château) :

40, 394, 396-399, 525, 526, 678, 680, 825, 826.
Cartes des eaux, 692, 978.
Chambre de Madame la Dauphine, 35, 393, 396-398, 681.
— de Mme de Maintenon (Grande), 678.
— de Monseigneur (Petite), 1105, 1106, 1122.
— du Roi, 247.
— du trône, 232.
— de Mme d'Usicora, 675.
Chancellerie, 44, 47, 48, 55, 57, 400, 536, 829, 831, 1090, 1137.
— (Jardin de la), 146, 319, 414, 547, 694, 838, 880, 979.
Chapelle du château, 19, 49, 55, 232, 234, 236, 252, 254, 255, 260, 263, 272, 353, 354, 400, 660.
— (Antiphonaires de la), 662, 7.6.
— (Cloches de la), 1104.
— (Cour de la), 261, 404.
— (Petite sacristie de la), 237.
— (Salon de la tribune de la), 254, 292.
Cheminées (Travaux et machines pour empêcher la fumée dans les), 519, 670, 962.
Chenil, 253, 256, 532, 533, 806, 832, 807, 971.
— (Chapelle du), 56.
— (Cours du), 695, 839, 980.
— (Forge du maréchal du), 684, 686-688.
— (Jardin du), 71, 274, 311, 414, 445, 449, 547, 694, 839, 980.
— (Logements du), 403.
Combles du château, 27, 28, 522, 963.
— (Ornements de cuivre et de plomb des), 244, 258.
— (Tuyaux de descente ornés et peints des), 825.
Commun (Grand), 43, 45, 48, 50, 51, 253, 255, 262, 401, 403, 405, 530, 684, 691, 829, 832, 974, 1083.
— (Aqueduc du grand), 685.
Corps de garde français, 671, 683.
— de garde des Suisses, 635.
Cour des bains, 669, 1103.

Cour de marbre, 680, 825.
Couverture d'ardoise du château, 522.
— en planches de cuivre, 28, 33, 52, 244, 258, 403, 534, 823, 963, 968, 1104.
— de plomb, 537, 832.
— de plomb emportée par les vents, 525.
Démolition de bâtiments, 668.
Dessins des statues et Termes du jardin, 824, 966.
Écurie (Grande), 44, 47, 48, 255, 402, 530, 531, 534, 1088, 1133, 1136.
— (Petite), 44, 48, 253-255, 403, 529-531, 533, 535, 536, 667, 684, 832, 1110.
Écurie (Manèges de la grande et de la petite), 530, 535, 832, 971.
Écuries (Grandes et petites) du Roi, 9, 50, 52, 253, 256, 262, 355, 401, 403, 404, 407, 530, 532, 533, 537, 684, 691, 830, 928, 971, 1063, 1086, 1108.
— (Bâtiments dans la cour derrière les petites), 529, 531.
— (Manège couvert des petites), 666, 828, 829.
— (Nouvelles), 44, 252.
— de M. Bontemps, 400.
— de Madame la Dauphine, 44, 47, 48, 56, 255, 355.
— des gardes du corps, 44, 48, 253, 255, 256, 259, 401, 403, 407, 686, 687.
— des gardes du corps (Puits des), 402.
— de Mme de Maintenon, 239.
— du manège, 44, 47, 48, 50, 56, 832, 1133.
— de la Reine, 690, 832.
— de la Surintendance, 39, 58.
Escalier (Grand) ou escalier du Roi, 243-245, 248-250, 393, 394, 396, 527, 969.
— (Balustres et ornements du grand), 251.
— (Peinture à fresque du grand), 248.
— de marbre, 672.
Fosses d'aisances, 251, 399, 527, 536, 682, 690, 691, 827, 832, 968, 974, 1106, 1110.
Gages des officiers, matelots et gon-

doliers du canal, 73, 275, 415, 416, 548, 549, 696, 697, 810, 841, 981, 982, 1116, 1117, 1144, 1148.
Galerie, 37.
— (Corps de logis double joignant la), 667.
— (Grande), 110, 809, 869.
— (Bas-reliefs de métal de la grande), 1005.
— (Dessin de la grande), 194.
— (Grand salon du bout de la grande), 900.
— (Petite) du Roi, 34, 102, 109, 296, 527, 679, 690.
— des bijoux, 722.
— d'eau, 820.
— peinte par Mignard, 680.
Garde-meuble, 400.
Garde-robe du duc d'Anjou, 403, 533.
— du Dauphin, 674.
Gardes des avenues, rigoles et étangs, 358, 412, 541, 692.
Globe de marbre, 762.
Horloge (Mouvement de l'), 237.
Lieux communs, 261, 262, 667, 1106.
Logement des arpenteurs, 412, 541, 1011.
— des inspecteurs des Bâtiments, 1152.
— du s^r Jolly, 1126.
— du s^r Lefebvre, contrôleur des Bâtiments, 309, 585, 640, 733, 998, 1126.
— du s^r Marchand, 999, 1126.
— du s^r Moreau, inspecteur des ouvriers, 732.
— de M. de Pomponne, 529, 532, 533, 535.
— du s^r Tocrolle, 829.
Logements des Suisses des portes du parc, 235, 236, 266, 267, 269, 410, 411, 684, 687, 689, 833-835.
— des Missionnaires, 1088, 1136.
Magasin des démolitions, 58, 262, 356, 408, 491, 537, 636, 666, 692, 786, 832, 917, 974, 1060, 1110, 1147, 1190, 1195.
— des démonstrations, 686.
— du fer, 237, 238, 256, 262, 390, 404, 813, 922, 955, 957, 1128, 1131.

TABLE ALPHABÉTIQUE.

Versailles (Château) :

Magasin des glaces, 968.
— des illuminations, 393, 522.
— des marbres, 958-960, 967.
— des plombs, 238, 262, 268, 336, 388-390, 408, 491, 517, 518, 537, 636, 667, 668, 691, 692, 786, 813, 815, 817, 832, 917, 957, 958, 960, 974, 1060, 1095-1098, 1110, 1128, 1147.
— du poids du fer, 408, 491, 530, 531, 533, 537, 688, 691, 692, 830, 832, 974, 1060, 1108, 1110.
Magasins, 13, 14, 17, 41, 42, 49, 51, 52, 60, 99, 105, 106, 169, 170, 234, 235, 237, 239, 240, 247, 263, 404, 405, 516, 660, 667, 675, 682, 957, 971, 1183, 1186.
Manège, 46.
Modèles des bâtiments, 256.
Offices, 259, 261.
Ouvrages de marqueterie, 34, 398, 526, 665, 681, 711, 712.
Pavillon en aile (Démolition d'un) pour construire la chapelle, 234, 236.
Place d'armes du château, 831, 974.
Salle des ballets, 47.
— des gardes, 674, 969.
Sculpture sur bois pour les appartements, 35, 36, 55, 56, 260, 396, 397, 536, 825, 1084, 1093, 1105, 1109, 1131, 1132, 1137, 1140.
Surintendance des Bâtiments, 16, 44, 46, 47, 50, 54-56, 69, 221, 253-255, 257-262, 355, 356, 362, 378, 401-403, 405, 406, 491, 505, 529, 531-536, 541, 572, 636, 641, 652, 679, 684, 687-691, 724, 800, 828, 829, 831, 832, 854, 920, 928, 937, 965, 970, 973, 1059, 1105, 1107, 1189.
— (Appartements de la), 536, 537.
— (Bureau de la), 691, 836, 919, 978, 1113.
— (Chapelle de la), 191, 359, 491, 639, 789, 921, 1061.
— (Cours et offices de la), 536.
— (Escalier de la), 404.

Surintendance (Jardin de la), 685, 690, 789, 838, 1114.
— (Livres et portefeuilles de la), 724.
Tableaux du Roi, 248, 525, 678, 824, 966, 1105.
— et bordures des Gobelins, 579.
Tables de marbre et porphyre amenées de Rome, 572.
Terrasse au pied du château (Petite), 669.
Transport de tapisseries des Gobelins, 725, 856.
Volière du cabinet du duc d'Anjou, 536.
Vue gravée du château, 109, 296.
Vues des fontaines et ornements de jardins, tab. pour Trianon, 570, 808, 852, 868, 1083, 1132.

Versailles (Parcs, Eaux et Fontaines) :

Allée de l'ancienne ceinture du parc, 594.
— d'Apollon, 391.
— au-dessus des étangs de Porchefontaine, 871, 875.
— de Bacchus, 25.
— de Bailly, 266, 878.
— d'eau, 24, 30, 197.
— de la pièce de Neptune, à Trianon, 25.
— de la Pyramide, 103, 105, 106, 292, 431.
— du réservoir de Satory, 736.
— royale, 96, 98, 100-102, 288, 291, 660, 671, 721, 104, 853.
— Saint-Antoine, 23, 25, 38, 139, 594.
— des tilleuls, 738.
— le long du canal vers Trianon, 25.
— le long du Mail, 138, 1149.
— plantée d'épicéas, 138.
Allées, 265, 274, 413, 446, 546, 595, 694, 820, 839, 961, 979, 1009, 1144.
— autour de Trianon, 819.
— du cours, 147.
— du pourtour de la pièce des Suisses, 71, 252, 274, 392, 400, 414, 546, 547, 694, 839, 1115.
— proche Gailye, 138.
Aqueduc amenant les eaux de la Ma-

chine sur la butte de Montboron 61, 62, 269, 346, 408, 410, 514, 538, 539, 684, 691, 693, 790, 833, 902, 1017, 1018, 1082, 1158.
Aqueduc amenant les eaux de Saclay au Parc-aux-Cerfs, 62, 63.
— conduisant l'eau de Trappes à la butte de Montboron, 409, 412, 538, 539, 693, 832, 837, 838, 971, 980.
— dans le grand Commun, 685, 971.
— dans l'hôtel de Grammont, 402.
— dans le jardin du potager, 253, 688, 971.
— dans le bois de Fosse-Repose, 833, 834.
— de Fontenay amenant les eaux à la Ménagerie, 9, 684, 685, 690.
— de communication proche le puits de Langle, 45.
— de la butte de Picardie, 540.
— de décharge de la pièce de Neptune et de l'étang de Clagny, 833.
— de la grande et petite écurie, 401.
— du gros mur, 534.
— de niveau au canal, 833.
— du Parc-aux-Cerfs. — Voy. ci-après : Parc-aux-Cerfs.
— de la rue de l'Orangerie, 530.
— proche le Mail, 539.
— de Saint-Cyr à la Ménagerie, 539, 818-821, 833, 835, 962, 1017.
— de Satory au Parc-aux-Cerfs, 45, 538.
— sous l'escalier de marbre, 672.
Aqueducs (Regards d'), 253, 401, 530, 809.
— des environs de Versailles, 409, 1108.
— le long du château, 661, 710.
— sous la grande aile, 50.
— souterrains du côté de la Pyramide, 520.
Arc de triomphe, 1090, 1138.
— (Allée de l'), 879.
— (Bancs de marbre de l'), 397.
— (Bosquets de l'), 879.
— (Figures et animaux de plomb de l'), 967.
Avenue de Marly, 57, 139, 313, 315, 449, 588, 735, 737, 738, 873, 875.

Versailles (Parcs, Eaux et Fontaines) :

Avenue de la Ménagerie à Saint-Cyr, 138, 738.
— de Paris, 315, 588, 737, 873, 956, 1014, 1015.
— de Saint-Antoine à Clagny, 313, 315, 449, 588, 737, 873.
— de Saint-Antoine à Glatigny, 313, 315, 588, 737, 873.
— de Saint-Cloud, 44, 56, 402, 594, 828, 831, 1018.
— de Versailles, 296.
— de Viroflay, 449.
— de Villepreux, 1094, 1141.
— en face du château, ou grande avenue, 139, 594, 874, 875.
Avenues, 59, 133, 136, 137, 139, 140, 142, 143, 146, 188, 199, 310, 312-315, 318, 363, 444, 445, 447-449, 451, 455, 456, 587, 588, 590, 593-596, 735-738, 742, 744, 813, 872, 873, 875, 878, 1014, 1018.
— proche Trianon, 140, 967, 1018.
Bains d'Apollon, 856.
— (Dessin à la plume des), 808.
— (Cabinets des), 249.
Bassin d'Apollon, 689, 827, 1009.
— de l'Encelade, 250, 822.
— de Latone, 683, 689, 827.
— du Pavillon, 682.
— du Point du jour, 680.
— de la Pyramide, 967, 1105.
— de Saturne, 661, 710.
— des Trois-Fontaines, 682.
— de Vénus, 92, 95, 672, 680.
Bassins de marbre, 30, 38, 92, 95, 96, 98, 100, 103, 104, 106, 197, 242, 249, 397, 399, 432, 677, 680, 827, 1105.
— des Cabinets du parc, 680.
— des Couronnes, 661, 710.
— des Lézards, 669, 672.
— de la Montagne, 1106.
— devant le château (Grands), 680, 1093, 1140.
— du parterre, 292, 431, 809, 869, 1087, 1093, 1135.
Bosquet du côté de la Cérès (Grand), 669.
— des Trois-Fontaines, 879.
Bosquets, 133, 134, 136, 142, 311, 313-315, 318, 397, 445, 446,

449, 520, 525, 587, 595, 596, 739, 903.
Butte de Montboron, 45, 72, 189, 515, 540, 695, 790, 1084, 1115, 1131.
— (Réservoirs de la), 50, 53, 63, 64, 402, 405, 412, 541, 685, 828.
— de la petite Normandie, 9.
— de Picardie, 540, 594.
Canal, 2, 21, 22, 26, 27, 30, 43, 64, 65, 71-73, 138, 227, 246, 264, 270, 274, 391, 392, 413, 415, 416, 418, 512, 543, 547, 625, 682, 683, 694, 806, 839-841, 979, 1009, 1101, 1115, 1194, 1195.
— (Aqueduc et fontaine de la décharge du), 275, 415, 548, 695, 840, 980, 1011, 1116.
— (Barques du), 243, 394, 400, 521, 523, 550, 586.
— (Bateau de Trianon sur le), 673.
— (Chaloupes du), 399, 400, 828.
— (Charpentiers et calfats du), 635, 696, 841, 922, 981, 1116, 1144.
— (Galère du), 40, 73, 233, 271, 399, 415, 521-523, 550, 586, 673, 682, 696, 826, 841, 965, 981, 1116.
— (Galiotes du), 73, 550.
— (Gondoles du), 520, 1107.
— (Gondoliers du), 2, 65, 73, 227, 270, 275-277, 385, 416, 512, 543, 548-550, 661, 697, 709, 806, 841, 867, 943, 965, 981, 1000, 1008, 1091, 1117, 1138, 1144.
— (Heu du), 521, 522, 673, 676.
— (Jak du), 29, 673.
— (Magasins du), 195, 354, 355, 417, 524, 550, 697, 840, 982, 1117.
— (Mariniers de rame du), 275, 415, 549, 698, 840, 841, 982, 1116.
— (Officiers et matelots du), 73, 74, 275, 276, 415, 548, 549, 696, 697, 840, 841, 981, 982, 1116, 1117, 1144.
— (Picées plantés au bout du), 839, 979, 1115.
— (Tente de la galère du), 399, 682, 826.
— (Vaisseaux et bâtiments du), 27,

30, 40, 41, 43, 131, 243, 251, 276, 394, 400, 415, 522, 528, 549, 586, 625, 626, 675, 682, 696, 826, 865, 1010, 1101, 1107.
Canal (Vaisseaux du), canons, 103.
Cascades, 682.
Château d'eau, 258, 405, 406, 1149.
Colonnade, 92, 95.
— (Bas-reliefs de la), 105, 292, 947, 1004.
— (Bassins de marbre de la), 95, 98, 100, 103-105.
— (Bosquet de la), 660.
Conduite des eaux de Ville-d'Avray, 12, 15, 60, 235.
Conduites, 44, 49, 50, 52, 53, 71, 72, 392, 395, 405, 406, 414, 415, 534, 535, 547, 664, 671, 695, 696, 711, 832, 974.
— du château d'eau, 405, 406, 1149.
— des fontaines publiques, 407.
— des fontaines et réservoirs, 535, 536, 548, 688, 839, 981, 1009, 1109, 1116, 1143.
— du jardin potager, 688.
Eaux bonnes à boire (Conduites des), 10, 15, 19, 20, 45, 53, 59, 60, 144, 253, 254, 263, 264, 266, 408, 409, 411, 415, 493, 537, 640, 684-686, 690, 693, 829, 830, 832, 835, 869, 921, 974, 976, 1017, 1110, 1113, 1147.
Faisanderies du grand parc, 256, 258, 839, 977, 979, 1115.
— de l'ancien parc, 141, 594.
Figuerie, 262.
Fontaine de Latone, 23, 39, 106, 242, 292, 293, 526, 947, 1004.
— de Latone (Bassins de la), 683, 689.
— de Latone (Grenouilles et lézards pour la), 526.
Fontaines (Entretien et ornements des), 32, 247, 274, 275, 414, 415, 547, 548, 695, 696, 823, 839, 840, 980, 981, 1110, 1115, 1116, 1136, 1143, 1151.
— (Tableaux représentant les), 89, 570, 852, 868.
— des dehors du château, 830, 1109.
— du jardin, 30, 32, 33, 40, 52, 53, 71, 72, 247, 249, 259, 274, 275, 395, 414, 415, 525, 528,

TABLE ALPHABÉTIQUE. 1317

Versailles (Parcs, Eaux et Fontaines) :

532-534, 547, 548, 682, 688, 695, 823, 827, 839, 965, 968, 1009, 1011, 1089, 1102, 1104, 1107, 1115, 1116.
Fontaines de la Montagne ou la Montagne d'eau, 1100, 1102-1104, 1148, 1150.
— du potager, 830.
Glacières, 26, 28, 39, 42, 250, 393, 398, 522, 523, 528, 533, 674, 821, 828.
—. proche la fontaine, 827.
Grille de la cour des autruches, 524.
— de Gallye, 146, 408, 410.
Grilles des entrées des bosquets, 525.
— du jardin, 59, 678.
— du parc, 411, 412, 540.
Grotte de la Ménagerie, 525, 1106.
Groupe d'Apollon, 678.
Groupes d'enfants, 1087.
— et figures de bronze, 292, 431, 572, 678, 869, 950, 1087.
— figures et vases de marbre, 93-99, 101, 102, 249, 274, 288, 291, 397, 414, 547, 682, 690, 807, 809, 838, 854, 867, 868, 945-952, 979, 1003-1007, 1010, 1079, 1080, 1082, 1083, 1085-1088, 1090, 1093, 1119, 1128, 1131-1136, 1140, 1143.
— et figures de pierre de Saint-Leu, 950, 1006.
— figures et animaux de plomb, 967.
Iak, 29, 673.
Île Royale, 25.
— (Chaussée de l'), 825, 961.
— (Coquilles de l'), 819, 961, 966.
Jardin du duc de Beauvilliers, 818.
— du Roi, 137, 246.
—. de la vénerie, 147.
Jardins, 133, 243, 247, 251, 252, 312, 320, 393, 394, 397, 399, 400, 413, 446, 453, 519-521, 526, 527, 529, 546, 596, 671, 673, 675, 677-679, 682, 689, 692, 694, 810, 818, 820, 855, 867, 869, 879, 945-953, 962, 970, 979, 1018, 1064, 1079, 1080, 1082-1088, 1090, 1092, 1093, 1101, 1102, 1103, 1106, 1129, 1131-1140, 1143, 1150, 1192, 1193.

Labyrinthe, 20, 37, 292, 432, 660, 820.
— (Bosquets du), 963.
— (Figures et animaux de plomb du), 967.
— (Fontaines du), 291.
Logement des garde-chasse du grand parc, 833, 834.
— des jardiniers et fontainiers, 20, 28.
— des matelots, 879.
Mail, 26, 27, 62, 138, 274, 414, 547, 694, 742, 819, 839, 957, 979, 1011, 1115.
— (Aqueduc pour recevoir les eaux du), 22.
Marais (Buffets du), 681.
— (Chêne vert du), 247.
— (Roseaux du), 395, 947, 1004.
Ménagerie, 22, 23, 36, 38, 53, 68, 240, 273, 313, 386, 391, 399, 410, 419, 514, 515, 519, 522, 525, 544, 614, 659, 664, 675, 682, 708, 711, 811, 819, 870, 950, 964, 1006.
— (Abreuvoir de la), 819.
— (Fontaines de la), 839, 961, 1116.
— (Glacières de la), 25, 28, 39, 43, 244, 252, 400, 529, 821, 828, 963, 970, 1101.
— (Grilles de la), 839, 979, 1115.
— (Jardin de la), 527.
— (Lavoir de la), 962.
— . (Réservoir de la), 405, 684-685, 690, 817-819.
— du désert, 587.
Murs du grand et du petit parc (Anciens et nouveaux), 3, 65, 139-142, 228, 235, 264-267, 269, 271, 315, 317, 360, 364, 368, 369, 385, 401, 408, 409, 418, 447, 448, 512, 538, 543, 545, 588, 590, 596, 597, 659, 668, 684, 708, 785-787, 787, 806, 833, 834, 866, 872, 874, 875, 899, 919, 950, 1092, 1111.
— de terrasse, 397.
Orangerie, 8, 9, 20, 22, 23, 25, 27, 29, 31, 32, 34-37, 71, 104, 107, 144, 147, 148, 241, 246, 274, 292, 312, 317, 320, 371, 394, 395, 400, 453, 454, 457, 458, 520, 521, 523, 524, 528, 546,

593, 603, 675, 677, 682, 683, 694, 818-821, 828, 839, 950, 962, 965, 969, 979, 1006, 1009, 1018, 1100, 1103, 1114, 1143.
Orangerie (Aire de ciment au-dessus de l'), 241, 242, 252, 671, 1107.
— (Chariots et machines de l'), 27, 31, 1106.
— (Escaliers de l'), 241, 671, 1106, 1149.
— (Grilles de l'), 250.
— (Jardin de l'), 315, 413, 593, 660.
— (Logement du jardinier de l'), 961.
— (Parterre de l'), 21, 250.
— (Planches gravées représentant l'), 111.
— (Rampes de l'), 671, 970.
— (Vases, groupes et corbeilles de pierre pour les piliers de l'), 35-37, 248, 249, 950, 1006.
— (Vases de marbre sur la balustrade de l'), 355, 391, 683, 853.
— (Vases de porphyre de l'), 104.
— (Voûte de l'), 681, 970.
Palissades du jardin, 878, 979.
Parc (Ancien), 313, 315, 587, 594, 596, 785.
— (Fermes de l'ancien), 448.
Parc (Grand), 9, 139, 140-142, 258, 263, 264, 312, 314, 410, 411, 447, 448, 455, 539, 546, 669, 684, 690, 833-835, 878, 879, 976, 1015, 1078, 1080, 1111, 1112, 1127, 1129.
— (Avenues du grand), 451, 539.
— (Grilles du grand), 885, 976.
— (Les vingt-deux pavillons du tour du grand), 686, 689, 690, 835, 975, 976, 1112.
— (Portes du grand), 411, 975, 976, 1112.
Parc (Petit), 9, 28, 38, 43, 60-62, 64, 71, 94, 240, 251, 253, 263-267, 269, 275, 357, 362, 399, 408, 410, 411, 491, 527, 539, 636, 661, 681, 684, 686, 690, 710, 786, 833-835, 873, 917, 1014, 1015, 1059, 1111, 1112.
— (Bosquets du petit), 739.
— (Fossés et pierrées du petit), 409-411, 540, 686, 693, 835, 872, 977, 1113.

90.

Versailles (Parcs, Eaux et Fontaines) :

Parc (Gardes du petit), 410.
— (Nouvel accroissement du petit), 742, 807, 867, 878.
— (Ponceaux du petit), 685.
— (Porte de la Miguière au petit), 538, 541.
— (Portes du petit), 411.
— (Routes du petit), 411, 693, 835, 977.
— (Vases et figures de marbre du petit), 27, 37, 40, 71, 91-101, 102, 249, 408, 513, 543, 547.
Parc-aux-Cerfs, 22, 44, 45.
— (Aqueduc de la Guérinière au), 537.
— (Aqueducs du), 401, 408, 534, 540, 693, 830.
— (Avenue du), 530, 531.
— (Glacières du), 47, 58, 259, 262, 408, 531, 537, 693, 832, 971, 974.
— (Hangar du), 531, 537, 974.
— (Murs de clôture du), 1092, 1138.
— (Réservoirs du), 44-47, 50, 52, 53, 63, 64, 253, 254, 257, 263, 275, 412, 414, 537, 547, 685, 693, 980, 1115.
Parcs, 62, 133, 134, 138-141, 146, 310, 311, 313, 315, 316, 318, 445-447, 449, 451, 455, 456, 518, 527, 587, 588, 594-596, 734-736, 738, 742, 813, 872, 873, 975, 1018.
— (Augmentation des) du côté de Chevreuse, 514.
Parterre (Grands bassins du), 103, 1087.
— du Midi, 20, 249, 660.
— du Nord, 106, 249, 672.
Parterres, 92, 450, 572, 589, 1149.
— et bosquets (Vues et perspectives des), 88.
Pavillon de Saint-Nom dans le grand parc, 568.
— de Saint-Philippe dans le grand parc, 538, 546.
Pavillons des Suisses du grand et du petit parc, 687, 834, 835, 976, 1112.
— du grand parc, 686, 690, 835, 975, 976, 1112.
— du tour du grand parc. — Voy. ci-dessus : Parc (Les vingt-deux pavillons du grand).
Pépinière de charmilles, 1156.
— de merisiers dans le grand parc, 142, 449, 874.
— d'ormes et bois blancs, 316, 319, 445, 451, 587, 588, 590, 593, 597, 735, 736, 738, 739, 742-744, 872, 873, 877, 1013-1015, 1156, 1157.
Pépinières des environs, 742, 874, 878, 1018, 1157.
— du grand parc, 135, 137, 142, 143, 145, 146, 236, 312, 316, 318, 444, 453-456, 507, 588, 590, 593, 595, 735, 736, 738, 740, 744, 877, 1015, 1018, 1156, 1157.
— proche la porte Saint-Antoine, 589, 594, 596, 597, 735, 738, 740, 742, 743, 873, 874, 1014, 1018, 1115, 1157.
Pièce d'eau au-dessous du Dragon, 809, 869, 878, 951, 1093, 1140.
— au-dessus du Mail, 138, 736.
Pièce de l'Île Royale, 827.
— de Neptune, 30, 519, 827, 833, 1099, 1101.
— d'eau des Suisses, 6, 9, 22, 24, 26, 31, 42, 64, 139, 198, 449, 819, 820, 878, 928, 979, 1107, 1115.
Plants des avenues et du parc, 138-142, 192, 196, 310-316, 361, 446-449, 451, 455, 493, 587-590, 593, 594, 596, 640, 735-738, 742, 784, 872, 878, 879, 921, 1018, 1056.
— de bois blanc en réserve, 742, 872, 873.
— d'ifs en réserve, 879.
— le long de la ceinture du parc, 735, 737.
Poissons mis dans les réservoirs, 64, 412.
Porte de la Croix-Saint-Philippe, 264, 669.
— de Marantais, 976.
— de Marly, 899.
— de Saint-Cyr, 834.
— des Suisses, 1112.
— de Toussu, 976.
— de Voisins, 976.
Portes du jardin, 398.

Potager, 9, 45, 48, 50, 56, 58, 70, 71, 139, 253, 258, 262, 274, 413, 452, 453, 511, 530, 531, 533, 534, 536, 537, 546, 687, 688, 694, 819, 828, 838, 979, 1010, 1114, 1143.
— (Bassin du nouveau), 46.
— (Châssis pour les primeurs du), 255, 532, 535.
— (Cuvettes du), 534.
— (Fruiterie du), 532.
— (Jardin du), 253.
— (Pavage le long du mur du), 973.
— (Piliers butants contre le), 364.
— (Treillages du), 531.
Pré Saint-Pierre (Le), 410.
Quinconges ou quinconces, 138.
Remises à gibier dans le grand parc, 61, 138-140, 143, 312, 315, 410, 444, 445, 447, 448, 539, 587, 588, 596, 685, 737, 835, 879, 1010, 1013, 1154.
Réservoir du bout de l'aile neuve, 242, 520.
— de cuivre, 405, 973.
— de Jambette, 22, 391, 392, 672.
— du jeu de longue paume, 961.
— hors le petit parc, 1009.
— sous terre de Latone, 520.
Réservoirs et rigoles, 43, 44, 46, 188, 204, 252, 254, 266, 401, 409, 410, 412, 413, 529, 535, 688, 689, 693, 819, 837, 962.
— au-dessus de Trianon, 840, 980, 1011, 1116.
— de la butte de Montboron, 972, 1084.
— du château d'eau, 405.
— des fontaines du château, 532, 533, 688, 840.
— (Tableaux des), 412.
Rocailles, 274, 399, 414, 527, 547, 682, 694, 839, 979, 1009, 1106, 1114, 1115, 1143.
Routes des environs, 64, 265, 412, 540, 693, 835, 976, 977, 1113.
Salle du bal, 399, 591.
— (Cascades de la), 527.
— du Conseil au petit parc, 391, 400, 447, 450, 452, 590, 739.
— du Conseil (Bassins de la), 391.
— du Conseil (Machines des ponts de la), 527.
— du Conseil (Vases de la), 572.

TABLE ALPHABÉTIQUE.   1319

Versailles (Parcs, Eaux et Fontaines) :

Transport de bassins de pierre à Saint-Cloud, 722.
— de bois de construction pour les vaisseaux du canal, 586.
— de charmilles de la forêt de Lyons, 448, 455, 735, 740, 877.
— de conduites de fer à Marly, 765.
— de figures et vases de marbre, de bronze et de pierre, de Paris à Versailles, 790, 854-856, 1123, 1194.
— de fruits, 455.
— de tuyaux, 537.
— de vases de marbre à Marly, 683, 856.

Vase de marbre représentant la *Paix de Nimègue*, 92.

Vases de marbre, 291, 408, 682, 683, 854, 945, 947, 949, 990, 1003-1006, 1082, 1084, 1092, 1128, 1129, 1131, 1132, 1139, 1194.
— de marbre ornés de branches de lierre et de palmettes, 1079.
— de marbre, rouge et blanc, de Languedoc, 1080, 1129.
— de plomb, 945, 946, 948, 949, 1003, 1004, 1006, 1007, 1129, 1131, 1132.
— de porphyre et de serpentin, amenés de Rome, 572.

Versailles (Ville et Environs) :

Boues (Enlèvement des), 393.
— (Transport des) à Trianon, 521.
Carte des environs, 1011.
Chemin de Buc, 807, 867.
— de Marly, 266.
— de Saint-Cyr, 38, 408, 961, 962, 967.
— de Saint-Germain, 754, 756, 759.
— de Trianon, 43, 392, 967.
Cimetière de la paroisse, 815.
Église (Ancienne), 338.
— paroissiale, 806, 867, 1086, 1130, 1131, 1134-1136.
Étangs des environs, 62, 260, 412, 413, 541, 686, 692, 836-838, 976, 977, 1113.
Fontaine Saint-Pierre, 682, 819.

Fontaines publiques, 44, 52, 54, 253, 257, 258, 260, 407, 415, 534, 548, 678, 810, 840, 869.
Hôtel de Beauvilliers, jardin et basse-cour, 961.
— de Conti, jardin et bassins, 530, 531, 534.
— de Duras, 57, 252, 400, 532.
— de Grammont, 402.
— des Inspecteurs, 190, 262, 357, 492, 637, 786, 832, 918, 1060.
— des Inspecteurs, appartement du s' Mesny, 536.
— de La Feuillade, 536, 684, 691, 829.
— de La Feuillade : four de la boulangerie royale, 536.
— de Limoges, 44, 57, 190, 252, 256, 262, 357, 404, 405, 492, 534, 637, 786, 918, 1060, 1110.
— de Louvois, 400.
— de Mademoiselle, 50.
— de Seignelay, 56.
— de la Trésorerie des Bâtiments, 959.
Maison de M. et Mme Dufresnoy, acquise par le Roi, 836, 870.
Maisons louées à Versailles, 132, 309, 443.
Marché, 46.
Paroisse, 55, 261.
— (Buffet d'orgues de la), 47, 49, 57, 261, 407, 536.
— (Ouvrages de sculpture sur bois de la), 1082.
— (Tableau du maître-autel de la), 54.
Pavé de la ville, 46, 57.
Place Dauphine, 46.
— du marché (Nouvelles fontaines de la), 53.
Plans de la ville, 412.
Récollets (Les), 43, 191, 269, 359, 491, 530, 639, 789, 867, 921, 1061, 1088, 1134, 1135.
— (Cloche de l'église des), 269, 991.
— (Tableaux des), 55.
— (Vitraux des), 533.
Rue du Cheuil, 46, 56.
— de l'Étang, 56.
— de l'Orangerie, 1152.
— de Paris, 856.
— de la Pompe, 45, 56.

Rue du Potager, 971.
— de Satory, 56.

Vertumne, Terme de marbre blanc, 853.
— et Pomone, groupe, 950, 1006.
Veste (Inspection de tuyaux de fer sur la), 1063.
Veydeau (Pierre), mon., 13, 29, 48, 77, 245, 255, 279, 394', 675, 821, 922, 963, 1052, 1075, 1085, 1088, 1089, 1101, 1133, 1136, 1137, 1183, 1202.
Vezan, charp., 182.
Vézinet, avenue de la garenne, 324, 738, 874.
—— avenues, 316, 445, 460, 589, 1078, 1156.
—— (Chemin condamné au travers du bois de), 748.
—— garenne, 153, 461, 517, 1078, 1127.
—— (Pavillon de la garenne du), 748, 1019.
—— pépinière, 590, 748.
—— (Plaine du), 808, 868, 943, 1000.
—— remises de la garenne, 153, 156, 324, 325, 459, 460, 602, 666, 748, 750, 884, 1021, 1078.
Viard, pépiniériste, 310, 447.
Victoire (La), gravure d'après Dominique Guidi, 660.
Victoire, méd., 111.
Vidal, marchand de ferraille, 668.
Vidotti (François), mat., 74, 276, 416, 549, 696, 841, 981, 1116, 1148.
—— (Honnorat), mat., 74, 276, 416, 549, 696, 697, 841, 981, 982, 1116, 1148.
—— (Jean), mat., 74, 276, 416, 549, 696, 841, 982.
—— (Nicolas), gondolier vénitien, 73, 277, 416.
—— (La veuve de Nicolas), 416.
Vieille-Église (Étang de), 360, 490, 637, 785, 918, 1057, 1114, 1190.
—— (Paroisse de), 270.
—— (Rigole de), 205, 746, 1112.
Vienne, manufacture de soie, 15, 69.
Viennée, voit., 1155.
Vierge (La), tab. du Dominiquin, 102.
Vietie, prieur du prieuré de Notre-Dame de Maintenon, 1087, 1135.
Vieuxpont (La veuve), jard. à Fontaine-

bleau, 203, 224, 367, 381, 500, 508, 646, 656, 795, 803, 940, 1068, 1071, 1198.
Vigier, sc., 167, 337, 991, 1080, 1129.
Vigne muscat (Plantations de), 311, 875.
Vignes (Arrachage de), 265.
—— comprises dans la nouvelle enceinte de Vincennes, 1008.
—— vierges (Fourniture et plantation de), 136, 162, 392, 464.
Vigneux, maç., 946, 1004.
Vigon (Jean), ter., 154, 160, 329, 460, 609, 611, 758, 893, 927, 1028, 1037, 1164.
Vilain (Charles), couv., 28, 244.
—— marchand, 210.
—— marchand de monnaies, 122, 123.
Vilaine, sc. et doreur, 102, 291.
Vilbon (Ferme de), près Meudon, 1182.
Vildegrave (La princesse), 748.
Villacerf (Edmond Colbert, marquis de).
— Voy. Colbert.
Villacouplay (Plaine de), carte des travaux, 1146.
—— (Étang de), 1182.
Villaine (Le marquis de), lieutenant des gardes du corps, 1094, 1141.
Villeroy (Étang de), 63.
Ville-d'Avray, conduites des eaux à Versailles, 15, 19, 20, 60, 235, 253, 363.
—— (Fontaine de), 263, 268.
—— (Pont près de), 684.
—— (Puits de), 199.
—— (Routes dans les bois de), 685, 693.
Villedieu (Aqueducs de la), 205.
Villedo (François) ou Vildot de Clermont, maître des œuvres de maçonnerie des Bâtiments du Roi, 218, 375, 503, 649, 797.
Villemenan ou Villeman, garde des avenues et rigoles, 188.
Villeneuve, inspecteur des carrières de grès, 213, 214, 372, 373, 489.
—— portier du jardin des Tuileries, 200, 365, 498, 643, 793, 930, 1067, 1197.
Villeneuve-le-Roy, 1182, 1185.
Villeneuve-Saint-Georges, 597, 743.
—— (Pont de), 456, 457.
Villepreux (Avenue ou chaussée de), 834, 1094, 1141.

Villepreux (Faisanderies de), 61, 362.
—— (Grilles de la chaussée de), 411.
—— (Remise entre Rennemoulin (1), 138, 139, 314, 444, 445, 455, 456, 587, 588, 596, 735, 736, 835, 872, 873, 1014, 1015, 1154.
—— (Ruisseau de), 56, 263.
—— (Village de), 60, 62, 264, 668, 669.
Villers (Les s``), 542.
Villers-Cotterets (Château et domaine de), 221, 378, 506, 653, 801, 937.
Villete, marchand, 124.
Villette (Philippe), tailleur de pierre, 886.
Villiard, préposé aux travaux des eaux bonnes à boire et au pavé, 59, 191, 263, 346, 360, 493, 537, 640, 693, 788, 791, 832, 921, 974, 1059, 1062, 1147, 1189, 1194.
Villiers (Dominique), invalide employé à la Surintendance, 362.
Villiers (Étang, chaussée et aqueduc de), 64, 413, 686, 976.
—— (Moulins de), 511, 542, 699, 709, 713, 1001.
Villiers-le-Bel, manufacture de dentelles, 4, 19, 67.
Villiers-le-Morhier (Habitants de), 1097.
Vimare (Nicolas), 764, 899.
Vin (Fourniture de), 769.
Vinage, droit de passage, 773.
Vinasse ou Vinache, fondeur, 95, 103, 289, 290, 292, 430, 431, 855.
Vincennes (Dépenses du château de), 75, 81, 82, 88, 105, 113, 114, 198, 200, 201, 216, 277, 285-286, 364, 373, 420, 425, 427-429, 501, 550, 563-565, 570, 647, 699, 717-720, 724, 792, 794, 796, 842, 847-851, 932, 949, 953, 983, 985, 986-988, 990, 991, 1005, 1008, 1051, 1064, 1083, 1089, 1095, 1117-1121, 1132, 1137, 1141, 1147, 1188.
—— allée des Pins, 737.
—— allées de la petite garenne, 737.
—— antichambre du Roi, 90.
—— appartement de M. de Bernaville, 714.
—— appartements du maréchal de Bellefonds, 81, 90, 848, 852.
—— appartements de la Reine Mère, 81, 287, 294.

Vincennes, appartements du Roi et de la Reine, 90, 99, 113.
—— avenues du château, 137-139, 143, 146, 192, 313, 314, 354, 361, 445, 446, 449, 587, 598, 640, 666, 735, 736, 738, 872, 873, 920, 921.
—— avenues du Cours, 595, 596, 736, 1015.
—— basse-cour du château, 282.
—— bassins, 723, 1118.
—— bois brûlé du parc, 434.
—— bois morts abattus par les vents dans le parc, 516, 812, 959, 960, 1097.
—— chambre (Grande) de la Reine, 89.
—— château : troisième quartier, 564.
—— chaussée de l'étang, 848.
—— conduites d'eaux, 81, 113, 434, 563, 574, 599, 848, 974, 1118.
—— cours (Nouveau), 235.
—— culture des fraisiers, 456, 743, 875.
—— donjon, 426, 563, 564.
—— écurie (Grande) du Roi, 283.
—— écuries du haras, 283, 426.
—— écuries de la Reine, 283, 426.
—— étang de la ménagerie, 564.
—— fontaines du château, 201, 365, 498, 991, 1118.
—— fontaines du jardin, 644, 793, 930, 1066.
—— fossés du château, 564, 574.
—— fraises du jardin portées au Roi, 145, 455, 596, 742, 878.
—— fruiterie, 716, 717.
—— fruits destinés au Roi, 145, 317, 455, 595, 596, 742.
—— garde-meuble, 425.
—— garenne (Petite) du parc, 143.
—— jardin (Palissades du), 1015.
—— jardin fruitier du château, 143, 145, 146, 291, 295, 312, 317, 365, 455-457, 498, 563, 595-597, 644, 738, 740-743, 793, 875, 930, 1014, 1066, 1155, 1157, 1197.
—— manège, 434.
—— ménagerie, 715.
—— murs du parc, 563.
—— muscat et chasselas du jardin, 741, 875.
—— offices, 723.
—— parc, 136, 137, 143, 389, 434, 666, 736, 737, 875, 879, 1097.

TABLE ALPHABÉTIQUE.　1321

Vincennes, parc (Agrandissement du), 807, 868, 955, 1008.
—— parc (Logement des portiers du), 81.
—— parc (Nouvelle enceinte du), 314, 1008.
—— parc (Petit), 107, 295, 432, 564, 574.
—— parc (Petit appentis du), 716.
—— plants d'arbres, 453, 495, 635, 660, 735, 784, 788, 789, 920, 921.
—— potager du château, 534.
—— prisonniers de guerre au château, 564.
—— Sainte-Chapelle, 295.
—— sérail pour les bêtes, 563, 714, 716, 1146.
—— serre (Nouvelle), 742.
—— statues autour du château (Dessins des), 848, 853, 1118.
—— terrasses du château, 295, 425.
—— tourelles du donjon, 564.
—— transport de statues antiques de marbre à Marly, 1118, 1123, 1149.
—— tribune nouvelle et cabinet attenant à la Capitainerie, 564, 714-719, 850, 852.
Vincenot, copiste, 123, 304, 439, 582.
Vincent (Pierre), ter., 834.
—— taillandier, 528.
Vinerville (Moulin de), 1002.
Vinquevet (Jacques), jard., 454.

Vionnet (Jacques), pav., 429, 565, 570, 720.
—— (Jean), frotteur, 294.
Vireflay, avenue de Versailles, 449.
Viroles, 86.
Vinot (Joseph), charp., 84, 283, 426, 563, 566, 715, 848, 986.
—— (La veuve de Joseph), 1094, 1141.
Vis, 31, 51, 86, 109, 209, 285, 524, 613.
—— d'acier du balancier des médailles, 296.
Vitraux de l'église des Invalides. — Voy. Invalides : vitraux.
Vitry (Philippe), plombier, 219, 375, 503, 650, 798, 934.
—— (Thomas), plombier fontainier, 169, 171, 338-340, 354, 474, 475, 494, 617, 619, 767-769, 900, 953, 980, 1008, 1034, 1143, 1151, 1170.
—— compagnon fontainier, 72, 275, 414, 547, 695, 840, 1115.
Vitry, 447.
Vivien (Jean), marchand de soies, 108, 295, 433, 575, 724.
Vizier, sc., 102, 422, 558, 704, 846, 854.
Vleuguels (Nicolas), élève peintre, 1057.
Vlizy ou *Velizy* (Plaine de) : carte des travaux, 1146.

Voeren (Claude), ter., 161, 330.
Voirie (Antoine), portier de l'Observatoire, 441, 584, 787, 920, 1061, 1122.
—— (La veuve), portier de l'Observatoire, 1192.
Voirien (Claude), ter., 466, 609, 1029.
Voiriot (Nicolas), p., 34.
Voisin, jard., 589.
Voisins, 538, 546.
Voleurs (Bâtiments inachevés de la Place Vendôme servant de refuge aux), 985.
Volière du duc d'Anjou, 536.
Voltigeant (Henri), garde des bateaux de Fontainebleau, 69, 203, 225, 273, 367, 383, 420, 500, 509, 545, 646, 657, 713, 795, 803, 940, 1002, 1068, 1072, 1139, 1199.
Voûtes d'aqueduc (Doubles), 1017, 1018.
Voyage de Louis XIV à Compiègne, 542, 983.
—— de Louis XIV à Fontainebleau, 251.
Vue de Marly, tab., 852.
Vues des Maisons royales, 218, 375, 503.
Vues de Versailles, tab., 570, 808, 852, 868, 1083, 1132.
Vuillesme, marchand de cuirs, 623.

W

Warin. — Voy. Varin.
Watigny (Forgeron de), mandé pour travailler à la Machine de Marly, 907, 1042.

Y

Yaucourt (Maison et Seigneurie de), 818, 1098.
Ypres (Prise de la citadelle d'), gravure, 296.
Yvart, p. et dessinateur, 117, 299, 436, 580, 721, 727, 860, 862, 995, 1124, 1145.
—— le jeune, p., 437, 578.
Yvelin (Simon), pêcheur, 26, 243, 393, 521.

Yvelin (La veuve), 673, 820.
Yvet (Gervais), voit., 42.
Yvon (Étienne), couv., 16, 18, 27, 47, 63, 75, 77, 85, 164, 175, 219, 236, 237, 243, 254, 267, 277, 278, 283, 375, 393, 402, 420, 421, 426, 503, 522, 531, 539, 550, 551, 567, 650, 667, 668, 674, 687, 698, 716, 798, 815, 821, 829, 834, 842, 848, 923, 925, 934, 963, 971, 975, 982, 986,

1009, 1018, 1036, 1052, 1075, 1101, 1108, 1120, 1146, 1148, 1174, 1183.
—— (La veuve d'Étienne), couv., 1304.
—— (Georges), couv. en chaume, 1030.
—— (Laurent), couv. en paille, 345, 473, 617.

TABLE DES MATIÈRES

CONTENUS DANS CE VOLUME.

	Page.
AVERTISSEMENT	1

	Colonnes.
ANNÉE 1688 : RECETTE	1
DÉPENSE	9
Versailles : Maçonnerie	19
Terrasses	22
Carreaux de terre cuite; carreaux de Hollande pour Trianon	23
Recoupes et treillages	24
Labours	25
Sable de rivière; fumiers; charpenterie	26
Ouvrages de charronnage et autres; couverture	27
Menuiserie	28
Seaux; serrurerie	29
Vitrerie	31
Plomberie; ouvrages de cuivre	32
Dorures au feu; ouvrages de bronze doré	33
Marqueterie; vernis; peinture et grosse peinture	34
Sculpture	35
Marbrerie	37
Pavé; boissellerie; soudure	38
Conduites; ouvrages de fil de laiton; fournitures de paille; glaces, façon de Venise	39
Chaudronnerie; cordages; vidange de fosses; taupes	40
Ramonages; ouvrages de tourneur; plombs d'Angleterre; artifices	41
Dépenses extraordinaires; ouvriers à journées	42
Grande aile de Versailles : Maçonnerie	43
Tuyaux de grès; carrelage; ouvrages de terrasse	45
Arbres fruitiers; charpenterie	46
Couverture; menuiserie	47
Serrurerie	49
Ouvrages de cuivre; conduites de fer de fonte	52
Contre-cœurs; vitrerie; plomberie; peinture	54
Grosse peinture; dorure au feu; sculpture	55
Pavé	56
Marbrerie; orgues; vidange de fosses; ramonage de cheminées	57
Divers; dépenses extraordinaires; ouvriers à journées	58

	Colonnes.
Diverses dépenses extraordinaires de Versailles	59
Compiègne, Saint-Léger et divers : Maçonnerie; charpenterie	60
Grès; terrasses	61
Pavé; serrurerie et fil de fer; couverture	63
Routes; diverses dépenses; entretiens du château de Compiègne	64
Établissement des pépinières de mûriers	65
Fonds libellés	66
Jardin potager de Versailles	70
Entretenements du jardin de Versailles et de Trianon	71
Entretenements des conduites et fontaines de Versailles	71
Gages des meuniers des deux moulins de Satory	72
Gages des officiers, matelots et gondoliers servant sur le canal de Versailles	73
Diverses maisons royales : Couverture	75
Église des Invalides : Maçonnerie; serrurerie; charpenterie; consignations	75
Nouveau couvent des Capucines de l'hôtel de Vendôme : Maçonnerie; transport de terres	76
Charpenterie; couverture; menuiserie; serrurerie	77
Vitrerie; plomberie; pavé; peinture	78
Sculpture; marbrerie; diverses menues dépenses	79
Vincennes : Maçonnerie; charpenterie; couverture; menuiserie	81
Serrurerie; vitrerie	82
Diverses Maisons Royales : Maçonnerie	82
Fournitures de plâtre; ouvrages de ciment; terrasses; charpenterie	83
Payements d'ouvrages de charpenterie et autres ouvrages	84
Couverture; menuiserie	85
Serrurerie	86
Vitrerie	87

	Colonnes.
Pavé; peinture	88
Sculpture	91
Bronze	103
Marbrerie	104
Marqueterie; voitures	106
Taupes; goudronnages	107
Étoffes et fournitures; vidanges; ramonage de cheminées; achats et transports	108
Tournure de vis	109
Gravure	109
Diverses dépenses	112
Ouvrages des Gobelins et de la Savonnerie	114
Maisons des Gobelins et de la Savonnerie	119
Jardin Royal	120
Bibliothèque	121
Cabinet des médailles	122
Diverses dépenses du Cabinet des médailles	123
Académies des sciences et française	124
Gratifications aux gens de lettres	125
Académie de peinture et sculpture de Rome	127
Académie de peinture, sculpture et architecture de Paris	127
Château de Monceaux : Maçonnerie	127
Charpenterie; couverture; serrurerie; menuiserie	128
Plomberie; sculpture; peinture; rôles d'ouvriers et menues dépenses	129
Couvent de l'Annonciade de Moulan : Maçonnerie; charpenterie; menuiserie	129
Charpenterie; menuiserie	129
Serrurerie	130
Moulin de Moulineau	130
Dépenses de Toulon et de Marseille	131
Manufactures de dentelles de fil. — Marbres de Languedoc et des Pyrénées. — Loyers de maisons	132
Plants d'arbres et de fleurs	133
Voitures d'arbres; labours et fossés	137
Treillages	142
Fumiers	143
Pots de terre; mannequins	144
Ouvriers à journées de la pépinière du Roule	145
Ouvriers de divers endroits	145
Diverses dépenses	146
Caisses pour les orangers	147
Saint-Germain-en-Laye : Conduites de grès; maçonnerie; charpenterie	149
Couverture; menuiserie; serrurerie	150

	Colonnes.
Vitrerie; plomberie; pavé; peinture; labours et terrasses	151
Dépenses extraordinaires de Saint-Germain	155
Entretenements du château de Saint-Germain	156
Ouvriers à journées	157
Marly : Maçonnerie	157
Terrasses et jardinages	158
Sable; charpenterie	163
Couverture; menuiserie	164
Serrurerie; vitrerie	165
Plomberie; pavé; peinture	166
Sculpture; dorure	167
Chaudronnerie et conduites de fer; marbrerie; horlogerie; rocaille; plâtre; voitures	168
Dépenses extraordinaires de Marly	169
Entretenements du château de Marly; ouvriers à journées	171
Machine de la rivière de Seine : Maçonnerie	172
Terrasses	173
Charpenterie	174
Couverture; menuiserie; charbon; cuirs de Liège	175
Voitures; serrurerie	176
Ouvrages de cuivre; plomberie	177
Vitrerie; goudronnages; chandelles et autres ustensiles; pavé; peinture; diverses dépenses	178
Ouvriers à journées	179
Fontainebleau : Maçonnerie	179
Labours	180
Routes; terrasses; charpenterie	181
Couverture; plomberie; serrurerie	182
Menuiserie; vitrerie; pavé; peinture; sculpture	183
Entretenements de Fontainebleau et gratifications	184
Ouvriers à journées; diverses dépenses	185
Chambord : Voitures; maçonnerie; charpenterie; couverture; menuiserie	186
Serrurerie; vitrerie; peinture; pavé; menues dépenses et entretenements	187
Gages par ordonnances particulières	188
État des inspecteurs	189
Gratifications	194
Gages d'Invalides	197
Gages suivant l'état : Tuileries	200
Palais-Royal; Vincennes; Jardin Royal	201
Saint-Germain-en-Laye; Fontainebleau	202
Aqueducs : Maçonnerie; terrasses	204
Chaux; voitures; charpenterie	205
Menuiserie; serrurerie; vitrerie; ouvriers du S[r] DE SAINTE-CATHERINE	206
Rivière d'Eure	206
Maçonnerie; grès	207

TABLE DES MATIÈRES.

Colonnes.

Pavé; terrasses; charbon de terre................ 208
Plombs; menuiserie; serrurerie; peinture et dorure; diverses dépenses......................... 209
Rôles d'ouvriers; remboursements................ 211
État des invalides employés sous le s' FILLEY; dépenses faites sous le s' PARISOT..................... 212
Gages d'employés à la rivière d'Eure.............. 213
Tuyaux de fer de fonte; gratifications............. 216

Gages des officiers des Bâtiments................ 216
  Officiers qui ont gages pour servir dans toutes les Maisons Royales et Bâtiments de Sa Majesté........ 217
  Officiers servant Sa Majesté pour l'entretenement des maisons et châteaux ci-après nommés : Louvre; Cours de la Reine; Palais-Royal; Collège de France; Madrid; Saint-Germain-en-Laye.............. 220
  Saint-Léger; Pougues; Versailles; Jardin médicinal; Hôtel des Ambassadeurs; Château-Thierry; Villers-Cotterets................................. 221
  Gages des officiers du château de Fontainebleau.... 222

ANNÉE 1689 : RECETTE....................... 227
DÉPENSE................................... 239

Château de Versailles : Maçonnerie................ 239
  Carreaux de terre cuite; jardinages et perches de châtaignier................................... 241
  Terrasses; treillages; chaux...................... 242
  Sable de rivière; charpenterie et charronnage; couverture.................................... 243
  Machines pour la fumée; menuiserie.............. 244
  Serrurerie.................................. 245
  Vitrerie; plomberie........................... 246
  Soudure; ouvrages de cuivre; dorure.............. 247
  Vernis; peinture; sculpture..................... 248
  Marbrerie; pavé............................. 249
  Ouvrages de fil de fer et de laiton; fourniture de paille; glaces, façon de Venise; rocailles; diverses dépenses.................................. 250
  Ouvriers à journées........................... 252

Grande aile et environs de Versailles : Maçonnerie.... 252
  Carrelage; terrasses........................... 253
  Charpenterie; couverture....................... 254
  Menuiserie.................................. 255
  Serrurerie.................................. 256
  Ouvrages de cuivre........................... 258
  Couverture de chaume; conduites de tuyaux de fonte; vitrerie.................................... 259
  Plomberie; peinture; sculpture.................. 260
  Pavé; marbrerie; diverses dépenses............... 261
  Ouvriers à journées........................... 262
  Rôles d'ouvriers sous VILLIARD.................. 263

Parcs et jardins de Versailles : Maçonnerie.......... 263
  Terrasses et jardinages........................ 264

Colonnes.

Charpenterie; menuiserie; pavé; serrurerie........ 266
Couverture; dépenses extraordinaires............. 267
Bornes.................................... 269

Château de Compiègne. — Fonds libellés............ 270

Entretenement du jardin potager de Versailles. — Entretenement des conduites et fontaines de Versailles...... 274

Gages des officiers, matelots et gondoliers servant sur le canal de Versailles........................... 275

Couvertures des Maisons Royales.................. 277

Église des Invalides : Maçonnerie; charpenterie; couverture; menuiserie; serrurerie; menues dépenses... 278

Place Royale et église des Capucines : Maçonnerie; grès; terrasses; charpenterie; menuiserie; serrurerie.... 279
  Vitrerie; plomberie; pavé; peinture; sculpture..... 280
  Diverses menues dépenses...................... 281

Diverses Maisons royales : Maçonnerie............. 281
  Ciment; terrasses............................ 282
  Charpenterie; couverture...................... 283
  Menuiserie.................................. 284
  Serrurerie.................................. 285
  Vitrerie; pavé; peinture....................... 286
  Sculpture.................................. 288
  Fonte de bronze............................. 291
  Marbrerie.................................. 292
  Marqueterie; voitures; diverses dépenses......... 293
  Taupes; broderies de Saint-Cyr; vidanges......... 294
  Ramonage de cheminées; tourneur de vis......... 295

Gravure.................................... 296

Briques. — Ouvrages des Gobelins et de la Savonnerie... 297

Maisons des Gobelins et de la Savonnerie........... 302

Jardin Royal................................ 302

Bibliothèque. — Cabinet des médailles............. 303

Académies des sciences et française............... 304

Gratifications aux gens de lettres................. 305

Académie de peinture et sculpture de Rome. — Académie de peinture, sculpture et architecture de Paris...... 307

Monceaux : Maçonnerie; charpenterie; serrurerie..... 307
  Menuiserie; peinture; menues dépenses.......... 308

Couvent de l'Annonciade de Meulan. — Diverses dépenses de Toulon, Marseille et autres endroits........... 308

Marbres de Languedoc et des Pyrénées. — Loyers de maisons.. 309

Manufactures de dentelles de fil. — Plants d'arbres et de fleurs..................................... 310
  Fossés..................................... 313
  Labours................................... 314

91.

	Colonnes.
Fumiers	316
Mannequins	317
Ouvriers de la pépinière du Roule et autres endroits.	318
Diverses dépenses	319
Caisses pour les orangers; pépinières de mûriers	320
Saint-Germain : Maçonnerie; charpenterie	321
Couverture; menuiserie; serrurerie; vitrerie	322
Plomberie; pavé; peinture; labours	323
Terrasses; fumiers; dépenses extraordinaires	324
Ouvriers à journées	326
Marly : Maçonnerie	327
Jardinages et labours	328
Terrasses	329
Sable de rivière	332
Charpenterie; couverture; menuiserie	333
Serrurerie	334
Vitrerie; plomberie; pavé	335
Peinture; sculpture	336
Dorure; chaudronnerie et ouvrages de cuivre	337
Horlogerie; voitures; dépenses extraordinaires	338
Entretenements du château de Marly; ouvriers à journées	340
Machine de la rivière de Seine : Maçonnerie; conduites de grès; cailloux et moellons	341
Chaux; terrasses; charpenterie	342
Couverture; charbon; cuirs et manivelles	343
Fer et serrurerie	344
Ouvrages de cuivre; plomberie; vitrerie; diverses dépenses	345
Ouvriers à journées	347
Fontainebleau : Maçonnerie; plants et labours	347
Routes; charpenterie; couverture; menuiserie	348
Serrurerie; vitrerie; pavé; peinture; diverses dépenses	349
Entretenements de Fontainebleau et gratifications; journées d'ouvriers	350
Chambord : Maçonnerie; charpenterie; couverture; menuiserie	351
Serrurerie; plomberie; vitrerie; peinture; pavé; menues dépenses et entretenements	352
Gratifications	353
Gages par ordonnances particulières	355
État des inspecteurs	356
Gages d'invalides	362
Gages suivant l'état : Tuileries	364
Palais-Royal; Vincennes; Jardin Royal; Saint-Germain-en-Laye	365
Étangs de Trappes et d'Arcy : Maçonnerie et pavé; terrasses	368

	Colonnes.
Menuiserie; serrurerie; treillage; fascines; journées d'ouvriers	369
Rivière d'Eure : Maçonnerie	369
Grès; terrasses; chaux	370
Charbon de terre; diverses dépenses	371
Rôles d'ouvriers	372
Gages des officiers des Bâtiments	373
Officiers qui ont gages pour servir généralement dans toutes les Maisons Royales et Bâtiments de Sa Majesté	374
Officiers servant Sa Majesté pour l'entretenement des maisons et châteaux ci-après nommés : Louvre; Cours de la Reine; Palais-Royal; Collège de France; Madrid; Saint-Germain-en-Laye	377
Saint-Léger; Pougues; Versailles; Jardin médicinal; Hôtel des Ambassadeurs; Château-Thierry; Villers-Cotterets	378
Gages des officiers du château de Fontainebleau	379
ANNÉE 1690 : RECETTE	383
DÉPENSE	391
Versailles : Maçonnerie; carreaux de terre cuite; terrasses	391
Jardinage; fumiers	392
Sable de rivière; charpenterie; couverture; menuiserie	393
Serrurerie	394
Vitrerie; plomberie; ouvrages de cuivre et de fer blanc; dorure	395
Peinture; sculpture	396
Marbrerie	397
Marqueterie; pavé; soudure; fil de fer; paille; glaces; façon de Venise	398
Rocailles; cordages; vidange de fosses; taupes; ramonage de cheminées; dépenses extraordinaires	399
Ouvriers à journées	400
Grande aile : Maçonnerie	400
Carreaux de terre cuite; terrasses	401
Treillages; charpenterie; couverture	402
Menuiserie	403
Serrurerie	404
Ouvrages de cuivre; tuyaux de fer de fonte	405
Vitrerie; plomberie; peinture	406
Pavé; marbrerie; divers; dépenses extraordinaires	407
Ouvriers à journées	408
Environs de Versailles : Maçonnerie	408
Terrasses	409
Charpenterie; menuiserie	410
Serrurerie; pavé; peinture; routes et fossés	411
Ouvriers à journées; dépenses extraordinaires	412
Entretenement du jardin potager de Versailles	413

TABLE DES MATIÈRES.

	Colonnes.
Entretenement des conduites et fontaines de Versailles	414
Gages d'officiers et matelots servant sur le canal de Versailles	415
Compiègne	417
Fonds libellés	418
Entretenement des couvertures des Maisons royales	420
Invalides : Maçonnerie; charpenterie; couverture; menuiserie; serrurerie; plomberie; sculpture	421
Hôtel de Vendôme : Maçonnerie	423
Charpenterie; sculpture	424
Diverses Maisons royales : Maçonnerie	424
Terrasse; charpenterie	425
Couverture	426
Menuiserie; serrurerie	427
Vitrerie	428
Pavé; peinture	429
Sculpture	430
Figures de bronze	431
Marbrerie; marqueterie; taupes; ramonage de cheminées; voitures	432
Vidanges; gravure de planches; broderies; diverses dépenses	433
Ouvrages des Gobelins et de la Savonnerie	435
Jardin Royal	437
Bibliothèque	438
Cabinet des médailles. — Académie de peinture et de sculpture de Rome. — Gratifications aux gens de lettres	439
Académies des sciences et françoise. — Académie de peinture, sculpture et architecture de Paris	441
Manufactures de dentelles de fil. — Loyers de maisons	442
Diverses dépenses	443
Monceaux : Maçonnerie; couverture; vitrerie; menuiserie	443
Menues dépenses	444
Jardins royaux : Labours	444
Plants d'arbres	449
Fleurs; terrasses; maçonnerie	450
Voitures de fleurs; fumiers et autres ouvrages	451
Mannequins	454
Ouvriers à journées du Roulle; ouvriers de divers endroits	455
Diverses dépenses du s' Ballon	456
Orangerie de Versailles : Peinture; serrurerie; menuiserie	457
Ouvriers à journées sous le s' de Sainte-Catherine	458

	Colonnes.
Saint-Germain : Maçonnerie	458
Charpenterie; menuiserie; serrurerie; vitrerie	459
Pavé; labours; terrasses	460
Dépenses extraordinaires	461
Entretenements de Saint-Germain-en-Laye	462
Ouvriers à journées	463
Marly : Maçonnerie	463
Jardinages	464
Terrasses et labours	465
Charpenterie	469
Couverture; menuiserie; serrurerie	470
Vitrerie; plomberie; pavé; peinture	471
Sculpture; chaudronnerie	472
Horlogerie; voitures; dépenses extraordinaires	473
Entretenements de Marly	475
Journées d'ouvriers	475
Machine de la rivière de Seine : Moellons et maçonnerie	476
Chaux et ciment	477
Terrasses; charpenterie	478
Couverture; charbon; cuirs	479
Serrurerie; ouvrages de cuivre	480
Chandelles; pavé; cordages; diverses dépenses	481
Ouvriers à journées	482
Fontainebleau : Maçonnerie; menuiserie; serrurerie; plans et labours	482
Vitrerie; pavé; charronnage; diverses dépenses	483
Entretenements de Fontainebleau; ouvriers à journées	484
Chambord : Maçonnerie; charpenterie; couverture	485
Menuiserie; serrurerie; vitrerie; peinture; pavé	486
Menues dépenses et entretenements de Chambord	487
Rivière d'Eure et grand aqueduc de Maintenon : Maçonnerie; grès; terrasses	487
Éclusiers; diverses dépenses; peinture; gages des employés à la rivière d'Eure	488
Gages par ordonnances particulières	489
Gratifications	494
Gages d'Invalides	496
Gages suivant l'état : Tuileries	497
Palais-Royal; Vincennes; Jardin Royal; Saint-Germain-en-Laye	498
État de Fontainebleau	499
Gages des officiers des Bâtiments	501
Officiers qui ont gages pour servir généralement dans toutes les Maisons Royales et Bâtiments de Sa Majesté	502
Officiers servant Sa Majesté pour l'entretenement des maisons et châteaux ci-après nommés : Louvre; Cours de la Reine; Palais-Royal; Collège de France; Madrid; Saint-Germain-en-Laye	504

	Colonnes.
Saint-Léger; Pougues; Versailles; Jardin médicinal; Hôtel des Ambassadeurs; Château-Thierry	505
Villers-Cotterets	506
Gages des officiers du château de Fontainebleau	506
Pépinières de mûriers	510
ANNÉE 1691 : Recette	511
Dépense	519
Versailles et Trianon : Maçonnerie; terrasses	519
Ouvrages de mastic; gazon et treillages	520
Sable de rivière; fumier et terreaux; charpenterie	521
Couverture; menuiserie	522
Serrurerie	523
Vitrerie; plomberie	524
Ouvrages de cuivre; peinture; sculpture	525
Marbrerie; pavé; marqueterie et bronze doré	526
Soudure; glaces; dépenses extraordinaires	527
Ouvriers à journées	528
Grande aile et dehors de Versailles : Maçonnerie	529
Terrasses	530
Charpenterie; couverture; menuiserie	531
Serrurerie	532
Ouvrages de cuivre; tuyaux de fer de fonte; vitrerie	534
Plomberie; peinture; sculpture	535
Pavé; ouvrages de bronze; dépenses extraordinaires	536
Ouvriers à journées	537
Divers Bâtiments royaux : Maçonnerie; charpenterie	538
Terrasses et treillages; couvertures; pavé	539
Entretenements des routes et fossés; diverses dépenses	540
Compiègne	541
Fonds libellés	542
Parcs de Versailles et de Trianon : Chaux; grès; entretenement du jardin potager de Versailles; entretenements des jardins de Versailles, Trianon et autres	546
Sculpture	547
Gages des officiers et matelots servant sur le canal de Versailles	548
Entretenements des couvertures des Maisons Royales	550
Église des Invalides : Maçonnerie; charpenterie et menuiserie; couverture; ouvrages de cuivre	551
Serrurerie; peinture et dorure; plomberie	552
Sculpture	553
Marbrerie	560
Place Royale de l'hôtel de Vendôme : Maçonnerie; charpenterie; vitrerie	561
Pavé; fondeurs; plomberie; serrurerie; sculpture; diverses dépenses	562
Vincennes : Maçonnerie; charpenterie	563
Ciment; couverture; menuiserie; serrurerie, vitrerie	564
Pavé	565

	Colonnes.
Diverses Maisons royales de Paris : Maçonnerie; carreaux de terre cuite	565
Ciment; terrasses; treillages; charpenterie	566
Couverture; menuiserie	567
Serrurerie	568
Vitrerie	569
Pavé; peinture	570
Sculpture	571
Ouvrages de cuivre et de bronze; marbrerie	572
Diverses dépenses	573
Broderies	574
Gravures. — *Ouvrages des Gobelins et de la Savonnerie*.	575
Jardin Royal	581
Bibliothèque. — *Cabinet des médailles*	582
Académie de peinture, sculpture et architecture de Paris. — *Académies des sciences et française*	583
Académie de peinture, sculpture et architecture de Rome. — *Manufactures de dentelles de fil*	584
Loyers de maisons	585
Dépenses de Toulon, Marseille, etc.	586
Monceaux : Maçonnerie; menues dépenses	586
Jardinages : Labours et échenillages	586
Buis et plants d'arbres	589
Oignons de fleurs	590
Fumiers et terreaux	592
Voitures; fossés et terrasses	593
Échenillages d'arbres; mannequins	595
Ouvriers à journées de la pépinière du Roule et de divers endroits	596
Diverses dépenses	597
Étangs de Trappes : Maçonnerie et terrasses; charpenterie et charronnage; serrurerie	599
Saint-Germain-en-Laye : Maçonnerie; charpenterie; menuiserie; serrurerie	600
Vitrerie; plomberie; pavé; dorure; labours	601
Dépenses extraordinaires	602
Entretenements de Saint-Germain-en-Laye	604
Ouvriers à journées	605
Marly : Maçonnerie	605
Jardinages et terrasses	606
Menus ouvrages de terrasse	611
Charpenterie	612
Menuiserie; serrurerie	613
Vitrerie; plomberie; ouvrages de cuivre; pavé; peinture	614
Sculpture; tuyaux; marbrerie	615
Voitures; dépenses extraordinaires	616
Entretenements de Marly; ouvriers à journées	619

TABLE DES MATIÈRES.

	Colonnes.
Machine de la rivière de Seine : Maçonnerie et terrasses.	620
Charpenterie	621
Couverture	622
Manivelles; cuirs; serrurerie	623
Peinture; plomberie; vitrerie; ouvrages de cuivre	624
Diverses dépenses	625
Ouvriers à journées	626
Fontainebleau : Maçonnerie; labours	626
Charpenterie ; couverture ; menuiserie; serrurerie; vitrerie; pavé; charronnage	627
Entretenements de Fontainebleau; diverses dépenses.	628
Ouvriers à journées	629
Chambord : Maçonnerie; charpenterie	629
Couverture; menuiserie	630
Serrurerie; vitrerie; peinture; sculpture; pavé	631
Menues dépenses et entretenements de Chambord	632
Rivière d'Eure : Maçonnerie; grès et pierre; éclusiers	632
Diverses dépenses; terrasses	633
Gages des employés de la rivière d'Eure	634
Gratifications	634
Gages par ordonnances particulières	636
Gages d'Invalides	642
Gages suivant l'état : Tuileries ; Palais-Royal	643
Vincennes; Jardin Royal; Saint-Germain-en-Laye	644
État de Fontainebleau	645
Gages des officiers des Bâtiments	647
Officiers qui ont gages pour servir généralement dans toutes les Maisons Royales et Bâtiments de Sa Majesté	648
Officiers servant Sa Majesté pour l'entretenement des maisons et châteaux ci-après nommés : Louvre; Cours de la Reine; Palais-Royal; Collège de France; Madrid	651
Saint-Germain-en-Laye; Saint-Léger; Pougues; Versailles; Jardin médicinal; Hôtel des Ambassadeurs	652
Château-Thierry ; Villers-Cotterets	653
Gages des officiers du château de Fontainebleau	653
Pépinières de mûriers	658
ANNÉE 1692 : Recette	659
Dépense	669
Versailles et Trianon : Maçonnerie	669
Terrasses	671
Jardinages et fumiers	672
Sable de rivière; charpenterie	673
Couverture; menuiserie	674
Serrurerie	675
Vitrerie	676

	Colonnes.
Plomberie; ouvrages de cuivre et de fil de laiton	677
Dorure; grosse peinture	678
Sculpture	679
Marbrerie; pavé; marqueterie	680
Ouvrages de soudure; glaces	681
Diverses dépenses	682
Ouvriers à journées	683
Dehors de Versailles : Maçonnerie	683
Jardinages et terrasses	685
Charpenterie	686
Couverture; menuiserie	687
Serrurerie; ouvrages de cuivre	688
Tuyaux de fer; vitrerie; plomberie; peinture	689
Sculpture; pavé; diverses dépenses	690
Ouvriers à journées	692
Entretenement des routes du petit parc et autres	693
Jardin potager à Versailles; entretenement des jardins de Versailles et de Trianon	694
Entretenement des conduites et fontaines de Versailles et de Trianon	695
Gages des officiers et matelots servant sur le canal de Versailles	696
Château de Compiègne	697
Entretenement des couvertures des Maisons Royales	698
Église des Invalides : Maçonnerie; charpenterie; menuiserie	699
Serrurerie; plomberie; vitrerie; dorure	700
Sculpture	701
Peinture; marbrerie	705
Diverses dépenses	706
Statue équestre de la Place Royale : Maçonnerie; pavé; fonderie	706
Bois à brûler; fers	707
Grosse peinture; menues dépenses	708
Fonds libellés	708
Diverses Maisons Royales : Maçonnerie	714
Terrasses; charpenterie	715
Couverture; menuiserie	716
Serrurerie; vitrerie	718
Plomberie; pavé; peinture	720
Sculpture	721
Fonte; ébénisterie; glaces; marbrerie; diverses dépenses	722
Broderies. — Gravure	724
Ouvrages des Gobelins et de la Savonnerie	725
Jardin Royal	729
Académies de peinture, sculpture et architecture de Paris et de Rome	731

	Colonnes.
Loyers de maisons et héritages	732
Dépenses de Toulon et de Marseille. — Monceaux : Maçonnerie; serrurerie	733
Serrurerie	733
Labours, fumiers et jardinages	733
Oignons de fleurs et plants d'arbres	739
Terrasses et voitures	740
Diverses dépenses des jardins; pots de terre	741
Ouvriers à journées de la pépinière du Roule et des pépinières des environs de Versailles	742
Diverses dépenses sous le s' Ballon	743
Pépinière du Roule : Maçonnerie; menuiserie	744
Serrurerie; jardinages	745
Étangs de Trappes : Maçonnerie et chaux; terrasses	745
Serrurerie; ouvriers à journées sous le s' de Sainte-Catherine; diverses dépenses	746
Saint-Germain : Maçonnerie; charpenterie	747
Menuiserie; serrurerie; vitrerie; peinture	748
Pavé; terrasses et labours	749
Dépenses extraordinaires	750
Entretenements de Saint-Germain-en-Laye; ouvriers à journées	752
Marly : Maçonnerie	753
Terrasses et jardinages	754
Charpenterie	760
Couverture; menuiserie	761
Serrurerie	762
Vitrerie; plomberie; ouvrages de cuivre; pavé	763
Peinture; sculpture; nouveaux berceaux des contre-allées du jardin de Marly	764
Ouvrages de marbre; conduites de fer; voitures	765
Pots de terre; cordages	766
Mannes; sable de rivière; dépenses extraordinaires	767
Entretenements de Marly	769
Journées d'ouvriers	770
Machine de la rivière de Seine : Maçonnerie	770
Chaux, ciment et plâtre; terrasses	771
Charpenterie; couverture; cuirs	772
Diverses dépenses	773
Serrurerie; plomberie; vitrerie	774
Ouvrages de cuivre; pavé; ouvriers à journées	775
Fontainebleau : Maçonnerie	775
Treillages; labours; charpenterie; couverture	776
Menuiserie; serrurerie; vitrerie; plomberie; pavé	777
Peinture; charronnage; diverses dépenses; entretenements de Fontainebleau	778
Ouvriers à journées	779
Chambord : Maçonnerie	779
Charpenterie; couverture; menuiserie	780
Serrurerie; vitrerie; pavé	781

	Colonnes.
Peinture et sculpture; menues dépenses et entretenements	782
Rivière d'Eure : Maçonnerie	782
Grès; éclusiers; diverses dépenses	783
Gages des employés de la rivière d'Eure	784
Gages par ordonnances particulières	784
Gratifications	789
Gages d'Invalides	791
Gages suivant l'état : Tuileries	792
Vincennes; Saint-Germain-en-Laye	793
Fontainebleau	794
Gages des officiers des Bâtiments	796
Officiers qui ont gages pour servir généralement dans toutes les Maisons Royales et Bâtiments de Sa Majesté	797
Officiers servant Sa Majesté pour l'entretenement des maisons et châteaux ci-après nommés : Louvre; Cours-la-Reine; Palais-Royal	799
Collège de France; Madrid; Saint-Germain-en-Laye; Saint-Léger; Pougues; Versailles; Jardin médicinal; Hôtel des Ambassadeurs	800
Château-Thierry; Villers-Cotterets	801
Gages des officiers du château de Fontainebleau	801
ANNÉE 1693 : Recette	805
Dépense	817
Versailles : Maçonnerie	817
Terrasses et jardinages; fumiers	819
Sable de rivière; charpenterie	820
Couverture; menuiserie	821
Serrurerie	822
Vitrerie; plomberie; ouvrages de cuivre et de fil du laiton	823
Dorure; peinture	824
Sculpture; marbrerie; pavé	825
Ouvrages de bronze; glaces; ramonages de cheminées; diverses dépenses	826
Journées d'ouvriers	827
Environs de Versailles : Maçonnerie; terrasses; charpenterie	828
Couverture; menuiserie; serrurerie	829
Ouvrages de cuivre; vitrerie	830
Plomberie; peinture; pavé; marbrerie; ramonage de cheminées	831
Dépenses extraordinaires; ouvriers à journées	832
Parcs de Versailles : Maçonnerie; menuiserie	833
Terrasses; couverture; serrurerie; vitrerie	834
Pavé; routes	835
Diverses dépenses	836

TABLE DES MATIÈRES.

	Colonnes.
Étangs des environs de Versailles : Maçonnerie	836
Terrasses; charpenterie; ouvriers à journées	837
Entretenement du jardin potager de Versailles; entretenements des jardins de Versailles et de Trianon	838
Entretenement des conduites et fontaines de Versailles et de Trianon	839
Gages des officiers et matelots servant sur le canal	840
Entretenements des couvertures des Maisons Royales	841
Château de Compiègne	842
Hôtel royal des Invalides : Maçonnerie; serrurerie; plomberie; vitrerie; peinture; sculpture	843
Marbrerie	846
Statue équestre du Roi de l'hôtel de Vendôme	847
Maisons Royales : Maçonnerie	847
Terrasses; charpenterie; couverture	848
Menuiserie; serrurerie	849
Vitrerie	850
Plomberie; pavé; peinture	851
Sculpture	853
Bronze; marbrerie	854
Diverses dépenses	855
Gravures. — Ouvrages des Gobelins	857
Jardin Royal	863
Académie de peinture, sculpture et architecture de Paris. — Académie de peinture, sculpture et architecture de Rome	864
Loyers de maisons. — Dépenses de Toulon et de Marseille. — Dépenses du château de Monceaux	865
Fonds libellés	866
Labours et jardinages	871
Fleurs et plants d'arbres	875
Mannequins; pots de terre; ouvriers à journées de la pépinière du Roule; ouvriers à journées des pépinières des environs de Versailles	878
Diverses dépenses	879
Saint-Germain-en-Laye : Maçonnerie	881
Charpenterie; menuiserie; serrurerie	882
Plomberie; vitrerie; peinture; pavé; labours	883
Dépenses extraordinaires	884
Ouvriers à journées; entretenements de Saint-Germain	885
Marly : Maçonnerie	885
Labours et jardinages	887
Plants d'arbres	890
Ouvrages de terrasse	891
Charpenterie	893
Couverture; menuiserie	894

	Colonnes.
Serrurerie; vitrerie	895
Plomberie; ouvrages de cuivre; pavé; peinture	896
Sculpture; marbrerie; conduites de fer; voitures	897
Diverses dépenses	898
Entretenements de Marly	900
Ouvriers à journées	901
Machine de la rivière de Seine : Terrasses et maçonnerie	902
Charpenterie	903
Couverture; charbon; cuirs	904
Serrurerie; clous; pavé	905
Vitrerie; peinture; ouvrages de cuivre; diverses dépenses	906
Ouvriers à journées	907
Fontainebleau : Maçonnerie	907
Labours; couverture; charpenterie; menuiserie	908
Serrurerie; vitrerie; peinture; plomberie	909
Pavé; diverses dépenses; entretenements de Fontainebleau	910
Ouvriers à journées	911
Chambord : Maçonnerie et terrasses	911
Charpenterie; couverture	912
Menuiserie; serrurerie; vitrerie	913
Pavé; diverses menues dépenses	914
Rivière d'Eure : Maçonnerie; grès	914
Éclusiers; diverses dépenses	915
Gages par ordonnances particulières	916
Château de Choisy : Diverses dépenses	921
Château de Noisy : Maçonnerie; charpenterie; couverture	925
Menuiserie; serrurerie; vitrerie; jardinages et terrasses; pavé; dépenses diverses	926
Gratifications	927
Gages d'Invalides	929
Gages suivant l'état : Tuileries	929
Vincennes; Saint-Germain-en-Laye	930
Gages des officiers des Bâtiments	932
Officiers qui ont gages pour servir généralement dans toutes les Maisons Royales et Bâtiments de Sa Majesté	933
Officiers servant Sa Majesté pour l'entretenement des maisons et châteaux ci-après nommés : Louvre; Cours de la Reyne; Palais-Royal; Collège de France; Madrid; Saint-Germain-en-Laye	935
Saint-Léger; Pougues; Versailles; Jardin médicinal; Hôtel des Ambassadeurs; Château-Thierry; Villers-Cotterets	937
Gages des officiers du château de Fontainebleau	938
ANNÉE 1694 : Recette	941
Dépense	961

COMPTES DES BÂTIMENTS. — III.

	Colonnes.
Versailles : Maçonnerie; terrasses et ouvrages de conroy.	961
Fumiers; sable de rivière	962
Treillages; glacières; charpenterie; couverture; menuiserie	963
Serrurerie	964
Vitrerie; plomberie	965
Dorure; peinture; sculpture	966
Marbrerie; pavé; ouvrages de cuivre et de bronze	967
Glaces de miroir; cordages; vidanges	968
Ramonnage de cheminées; charronnage; diverses dépenses; ouvriers à journées	969
Dehors de Versailles : Maçonnerie; terrasses	970
Tuyaux; glacières; charpenterie; couverture; menuiserie	971
Serrurerie; vitrerie	972
Plomberie; grosse peinture; pavé; bronzes; marbrerie; vidanges	973
Ramonages; conduites de fer; ouvriers à journées sous le s' LAMBERT et sous le s' VILLIARD	974
Parcs et environs de Versailles : Maçonnerie; charpenterie; couverture	975
Menuiserie; serrurerie; vitrerie; entretenements des routes et fossés	976
Terrasses; ouvriers à journées sous le s' DE SAINTE-CATHERINE	977
Diverses dépenses	978
Entretien du jardin potager de Versailles; entretenement des jardins de Versailles et de Trianon	979
Entretenement des fontaines de Versailles et de Trianon	980
Gages des officiers, gondoliers et matelots servant sur le canal de Versailles	981
Entretenement des couvertures des Maisons Royales	982
Château de Compiègne	983
Église des Invalides : Serrurerie; peinture sur verre	984
Place Royale : Maçonnerie; vitrerie	984
Sculpture et fonderie; diverses dépenses	985
Diverses Maisons Royales de Paris : Maçonnerie	985
Charpenterie; couverture; menuiserie	986
Serrurerie	987
Vitrerie	988
Plomberie; pavé; peinture	989
Sculpture	990
Ouvrages de fonte; marbrerie; ramonages de cheminées	991
Moules; diverses dépenses	992
Ouvrages des Gobelins	993
Jardin Royal	996
Académie de peinture, sculpture et architecture de Paris	997

	Colonnes.
Académie de peinture, sculpture et architecture de Rome. — Loyers de maisons	998
Château de Monceaux	999
Fonds libellés	1000
Parties payées en rentes sur la Ville en déduction du fonds d'un million	1009
Pépinière du Roule et jardins des Maisons Royales : Jardinages et fumiers	1012
Fleurs et plants d'arbres	1013
Labours, terrasses et fossés	1014
Mannequins; diverses dépenses	1016
Ouvriers de la pépinière du Roule	1017
Ouvriers des pépinières des environs de Versailles; maçonnerie; couverture	1018
Menuiserie; serrurerie; plomberie	1019
Saint-Germain-en-Laye : Maçonnerie; charpenterie	1019
Menuiserie; serrurerie; plomberie; vitrerie; peinture	1020
Pavé; labours; diverses dépenses	1021
Entretenements du château de Saint-Germain-en-Laye	1022
Journées d'ouvriers	1023
Marly : Maçonnerie	1023
Jardinages et fumiers; plants d'arbres et fleurs	1024
Terrasses	1027
Charpenterie	1029
Couverture; menuiserie; serrurerie	1030
Vitrerie; plomberie; ouvrages de cuivre; peinture et dorure	1031
Sculpture; marbrerie; cordages; mannes d'osier	1032
Diverses dépenses	1033
Entretenements de Marly; ouvriers à journées	1034
Château de Noisy : Maçonnerie	1035
Terrasses et jardins; charpenterie; couverture; menuiserie	1036
Serrurerie; vitrerie; peinture; pavé; diverses dépenses	1037
Journées d'ouvriers	1038
Machine de la rivière de Seine : Maçonnerie	1038
Cailloux de vigne; ouvrages de terrasse; charpenterie	1039
Couverture; cuirs	1040
Serrurerie	1041
Plomberie; ouvrages de cuivre; vitrerie; diverses dépenses	1042
Journées d'ouvriers	1044
Fontainebleau : Maçonnerie; labours	1044
Charpenterie; menuiserie; serrurerie; peinture; plomberie	1045

TABLE DES MATIÈRES.

Colonnes.
Pavé; charronnage; diverses dépenses; entretenements de Fontainebleau............... 1046
Ouvriers à journées.......................... 1047

Chambord : Maçonnerie..................... 1047
Terrasses; charpenterie.................... 1048
Couverture; menuiserie; serrurerie......... 1049
Vitrerie; pavé; diverses dépenses.......... 1050

Rivière d'Eure : Appointements d'éclusiers de la rivière d'Eure............... 1050
Menues dépenses à Maintenon............... 1051

Château de Choisy : Maçonnerie; glacières....... 1051
Plants d'arbres; charpenterie et charronnage; couverture; menuiserie.............. 1052
Serrurerie; vitrerie; plomberie........... 1053
Pavé; ouvrages de cuivre doré; peinture; dorure; sculpture; diverses dépenses............ 1054
Ouvriers à journées; gages des employés à Choisy.. 1055

Gages payés par ordonnances............... 1056
Gratifications............................ 1062
Gages d'Invalides......................... 1064
Gages suivant l'état : Saint-Germain-en-Laye....... 1064
Vincennes; les Tuileries.................... 1066
Fontainebleau............................... 1067
Gages des officiers des Bâtiments.......... 1070
Gages des officiers des Bâtiments payés sur la recette générale d'Alençon............. 1074

ANNÉE 1695 : RECETTE........................ 1077
DÉPENSE..................................... 1099

Versailles : Maçonnerie; terrasses......... 1099
Fumiers; sable de rivière; treillages...... 1100
Glacières; charpenterie; couverture; menuiserie. 1101
Serrurerie.................................. 1102
Vitrerie.................................... 1103
Plomberie; chaudronnerie; ouvrages de dorure; peinture...................... 1104
Sculpture; marbrerie; pavé................. 1105
Ouvrages de bronze; rocailles; diverses dépenses. 1106
Ouvriers à journées........................ 1107

Environs de Versailles : Maçonnerie; terrasses....... 1107
Charpenterie; couverture; menuiserie; serrurerie.. 1108
Vitrerie; plomberie; grosse peinture; pavé; ouvrages de cuivre; sculpture; conduites de fer de fonte.. 1109
Diverses dépenses; ouvriers à journées..... 1110

Château de Compiègne...................... 1110

Parcs de Versailles et château de Saint-Léger : Maçonnerie; charpenterie................ 1111

Colonnes.
Serrurerie; menuiserie; vitrerie; pavé; terrasses... 1112
Entretien des routes et fossés; diverses dépenses... 1113
Ouvriers à journées; entretien du jardin potager de Versailles; entretenements des jardins de Versailles et de Trianon............ 1114
Entretenements des fontaines de Versailles et de Trianon............................... 1115

Gages des officiers, matelots et gondoliers du canal de Versailles....................... 1116

Diverses Maisons Royales : Maçonnerie....... 1117
Plomberie; charpenterie; menuiserie........ 1118
Serrurerie; vitrerie........................ 1119
Pavé; couverture............................ 1120
Peinture sur verre; peinture; sculpture.... 1121
Ouvrages de bronze; marbrerie; ramonages de cheminées; diverses dépenses........... 1122

Statue équestre de la Place Vendôme........ 1123
Gobelins.................................. 1124
Jardin Royal. — Académie de peinture, sculpture et architecture de Paris.......... 1125
Académie de peinture, sculpture et architecture de Rome. 1126
Loyers de maisons......................... 1126
Château de Monceaux. — Fonds libellés..... 1127
Parties payées en augmentations de gages, en déduction du fonds d'un million......... 1141
Plants d'arbres et fleurs................... 1153
Fumiers et voitures; labours et jardinages.. 1155
Diverses dépenses........................... 1156
Ouvriers de la pépinière du Roule; ouvriers des pépinières.................. 1157
Maçonnerie; charpenterie; serrurerie....... 1158

Saint-Germain : Maçonnerie................ 1158
Charpenterie; menuiserie; serrurerie; plomberie; vitrerie; peinture................. 1159
Pavé; labours; diverses dépenses; entretenements de Saint-Germain................ 1160
Journées d'ouvriers......................... 1161

Marly : Maçonnerie; jardinages et terrasses...... 1164
Voitures; plants d'arbres et fleurs; charpenterie... 1165
Couverture; menuiserie..................... 1166
Serrurerie; vitrerie; plomberie; ouvrages de cuivre. 1167
Pavé; peinture; diverses dépenses.......... 1168
Sculpture................................... 1169
Sable de rivière; marbrerie; entretenements de Marly; journées d'ouvriers.............. 1170

Château de Noisy : Maçonnerie; terrasses; grosse peinture....................... 1171
Diverses dépenses; journées d'ouvriers..... 1172

92.

	Colonnes.		Colonnes.
Machine de la rivière de Seine : Maçonnerie; moellons et cailloux	1172	Vincennes; Tuileries	1197
Chaux et plâtre; terrasses; charpenterie	1173	Fontainebleau	1198
Cuirs; couverture; serrurerie	1174	*Gages des officiers des Bâtiments payés en une assignation sur la capitation de Franche-Comté :* Ordonnances particulières	1200
Peinture; conduites de fer et autres; ouvrages de cuivre; vitrerie; diverses dépenses	1175	État particulier	1201
Journées d'ouvriers à la Machine	1176		Pages.
Fontainebleau : Maçonnerie	1176	RÉCAPITULATION DES SOMMES DÉPENSÉES DANS LES BÂTIMENTS DU ROI DE 1688 À 1695	1205
Routes; labours; charpenterie; menuiserie; serrurerie; vitrerie	1177	Château de Versailles	1206
Entretenements de Fontainebleau; diverses dépenses	1178	Grande aile et dehors de Versailles	1206
Ouvriers à journées	1179	Versailles et Trianon : Jardins; potager; conduites; canal	1208
Chambord : Maçonnerie; charpenterie; couverture	1179	Château de Saint-Germain	1208
Menuiserie; serrurerie; vitrerie; pavé; diverses dépenses	1180	Château de Marly	1210
		Château de Fontainebleau	1210
Rivière d'Eure : Menues dépenses	1180	Machine de la rivière de Seine ou de Marly	1212
Appointements d'employés de la rivière d'Eure	1181	Rivière d'Eure et aqueducs	1212
Choisy et Meudon : Maçonnerie	1181	Hôtel et église des Invalides; couvent des Capucines; place Vendôme	1214
Terrasses	1182	Diverses Maisons Royales	1214
Tuyaux de fer et de grès; jardinages; charpenterie; couverture; menuiserie	1183	Académies; Gobelins; gravure; gages d'officiers; fonds libellés	1216
Serrurerie; vitrerie; soudure et plomberie; pavé	1184	Récapitulation, par année, de la dépense des Bâtiments de 1688 à 1695	1216
Diverses dépenses	1185	LISTE DES ARTISTES, LITTÉRATEURS ET SAVANTS NOMMÉS DANS LES COMPTES DES BÂTIMENTS DE 1688 À 1695	1219
Peinture et dorure; sculpture	1186		
Marbrerie; entretenements	1187		
Ouvriers à journées de Choisy	1188		
Gages par ordonnances	1188	TABLE ALPHABÉTIQUE DES COMPTES DES BÂTIMENTS DE 1688 À 1695	1223
Gages d'Invalides. — Gratifications	1193		
Gages suivant l'état : Saint-Germain-en-Laye	1195	TABLE DES MATIÈRES	1324

ERRATA.

Col. 301, lignes 36, 41, 42 : desseins de tabouret ou desseins de forme, *lisez* : dessus de tabouret, dessus de forme.

Col. 434, ligne 43 : s^r Lebrunet, *lisez* : s^r LEBRUN.

Col. 484, ligne 5 : 1249" 23^s, *lisez* : 1249" 3^s.

Col. 488, ligne 30 : la voûte de Bois Richou, *lisez* : la route de Bois Richeu.

Col. 529, ligne 19 : les berbes, *lisez* : les herbes.

Col. 537, dernière ligne : 20^d, *lisez* : 2^d.

Col. 770, ligne 15, D'OUVRIRES, *lisez* : D'OUVRIERS.

Col. 835, ligne 26 : ceux des Faisanderie, des Moulineaux, *lisez* : ceux des faisanderies des Moulineaux.

Col. 883, ligne 10 : SERRURERIE, *lisez* : VITRERIE.

Col. 899, ligne 45 : 19 douzièmes, *lisez* : 19 douzaines.

Col. 908, ligne 34 : Valmy, *lisez* : Valvin.

FIN DU TOME TROISIÈME.

SE TROUVE À PARIS

À LA LIBRAIRIE HACHETTE ET Cie,

BOULEVARD SAINT-GERMAIN, 79.

www.ingramcontent.com/pod-product-compliance
Lightning Source LLC
Chambersburg PA
CBHW060903300426
44112CB00011B/1321